DAS GROSSE BIBELLEXIKON
Band 2: Haar – Otniel

DAS GROSSE BIBELLEXIKON

Band 2: Haar – Otniel

Herausgegeben von
Helmut Burkhardt
Fritz Grünzweig
Fritz Laubach
Gerhard Maier

R. BROCKHAUS VERLAG WUPPERTAL
BRUNNEN VERLAG GIESSEN

DAS GROSSE BIBELLEXIKON
Band 2
Haar – Otniel

Herausgegeben von:
Dr. Helmut Burkhardt
Dr. h. c. Fritz Grünzweig
Dr. Fritz Laubach
Dr. Gerhard Maier

Fachberater:
Prof. Dr. Otto Betz
Prof. Dr. Martin Metzger
Prof. Dr. Siegfried Mittmann
Dr. Rainer Riesner
Prof. Dr. Hans-Peter Rüger
Prof. Dr. Walter Rebell

Redaktion:
Klaus Günther M.A.
Rita Schneider
Uwe Swarat
Carsten Peter Thiede M.A.

Umschlaggestaltung:
Carsten Buschke, Solingen

Umschlagfotos:
British Museum
Camera Press
Maurice Chuzeville, Louvre, Paris

Satz: Breklumer Druckerei
Manfred Siegel KG

Druck und Einband:
Druckhaus Neue Stalling, Oldenburg

ISBN 3-417-24612-1
(R. Brockhaus Verlag Wuppertal und Zürich)
ISBN 3-7655-5422-7
(Brunnen Verlag Gießen)

Inhalt

I. Autoren

A.C.
R.A. Cole, B.A., B.D., M.Th., Ph.D., University of Sydney.

A.D.
A. Deubler, Prof., Fremdingen.

A.E.C.
A.E. Cundall, B.A., B.D., London Bible College.

A.F.W.
A.F. Walls, M.A., B.Litt., University of Aberdeen.

A.G.
A. Gelston, M.A., University of Durham.

A.R.
A. Ross †, Prof., M.A., B.D., D.D.

A.R.M.
A.R. Millard, M.A., M.Phil., F.S.A., University of Liverpool.

A.St.
A. Strobel, Prof., Dr. theol., Deutsches Evangelisches Institut für Altertumswissenschaft des Heiligen Landes, Jerusalem.

A.van S.
A. van Selms, Th. D., University of Pretoria.

B.Br.
B.Brockhaus, Dozent, Bergneustadt.

B.F.C.A.
B.F.C. Atkinson †, M.A., Ph. D.

B.F.H.
B.F. Harris, B.A., M.A., B.D., Ph. D., Associate Prof., Macquarie University, New South Wales.

B.H.
B. Huwyler, wiss. Assistent. Evangelisch-Theologische Fakultät, Universität Basel.

B.O.B.
B.O. Barnwell, B.A., M.A., Rhodes University, S. Africa.

B.P.
B. Pixner OSB, Dozent, Jerusalem.

B.Schw.
B. Schwank OSB, Prof., Dr. theol., Erzabtei Beuron.

C.D.St.
C.D. Stoll, Pfr., Studienleiter, Tübingen.

C.D.W.
C. de Wit, Dr. phil., Prof. em., Conservateur honoraire Musées Royaux d'Art et Histoire, Bruxelles.

C.J.D.
C.J. Davey, B.Sc., M.A., Victoria, Australia.

C.J.H.
C.J. Hemer †, M.A., Ph. D.

C.P.Th.
C.P. Thiede, M.A., Lektor, Privatdozent, Wuppertal, London.

D.A.H.
D.A. Hubbard, B.A., B.D., Th.M., Ph.D., D.D., L.H.D., Fuller Theological Seminary, Pasadena, California.

D.F.P.
D.F. Payne, B.A., M.A., The Queen's University, Belfast.

D.G.S.
D.G. Stradling, Magdalen College, Oxford.

D.H.F.
D.H. Field, B.A., Oak Hill College, London.

D.H.W.
D.H. Wheaton, M.A., Oak Hill College, London.

D.J.W.
D.J. Wiseman, O.B.E., M.A., D. Lit., F.B.A., F.S.A., University of London.

D.R.H.
D.R. Hall, M.A., M.Th., Superintendent Minister of the North of Scotland Mission Circuit of the Methodist Church, Aberdeen.

D.Sch.
D. Schneider, Pfr., Lemgo.

D.T.
D.H. Trapnell, M.A., M.D., F.R.C.P., F.R.C.R., Consultant Radiologist, Westminster Hospital, London.

D.W.B.
D.W. Baker, A.B., M.C.S., M.Phil., Bethel College, St. Paul, Minnesota.

D.W.G.
D.W. Gooding, M.A., Ph. D., M.R.I.A., The Queen's University, Belfast.

E.A.J.
E.A. Judge, M.A., Macquarie University, New South Wales.

E.E.E.
E.E. Ellis, Prof., Ph. D., New Brunswick. Theological Seminary, New Jersey.

E.J.Y.
E.J. Young †, B.A., Th. M., Ph. D.

E.M.B.
E.M. Blaiklock, O.B.E., M.A., Litt. D., Prof. em., University of Auckland.

E.M.B.G.
E.M.B. Green, Prof., M.A., B.D., Regent College, Vancouver.

E.M.Y.
E.M. Yamauchi, Prof., B.A., M.A., Ph. D., Oxford, Ohio.

F.C.F.
F.C. Fensham, M.A., Ph. D., D.D., University of Stellenbosch.

F.F.
F. Flückiger, Dr. theol., Pfr., Affoltern i.E.

F.F.B.
F.F. Bruce, Prof.em., M.A., D.D., F.B.A., University of Manchester.

F.Fe.
F. Fellert, wiss. Mitarbeiter, Fakultät für Evangelische Theologie, Ruhr-Universität Bochum.

F.H.P.
F.H. Palmer, M.A., Lichfield.

F.N.
F. Ninow, M.A., Darmstadt.

F.N.H.
F.N. Hepper, F.I.Biol., B.Sc., F.L.S., Royal Botanic Gardens, Kew.

G.G.G.
G.G. Garner, B.A., B.D., Australian Institute of Archaelogy, Melbourne.

G.I.D.
G.I. Davies, M.A., Ph. D., University of Cambridge.

G.L.
G. Lüderitz, cand. theol., Tübingen.

G.M.
G. Maier, Dr. theol., Rektor des Albrecht-Bengel-Hauses, Tübingen.

G.O.
G. Ogg †, M.A., B.Sc., D.D., D.Litt.

G.S.M.W.
G.S.M. Walker †, M.A., B.D., Ph. D.

G.Sch.
G. Schimanowski, Dr. theol., Pfr., Wuppertal.

G.T.M.
G.T. Manley †, M.A.

G.W.G.
G.W. Grogan, B.D., M.Th., Bible Training Institute, Glasgow.

H.B.
H. Burkhardt, Dr. theol., Pfr., Dozent, Prediger-Seminar St. Chrischona, Bettingen/Basel.

H.Br.
H. Bräumer, Dr. theol., Vorsteher der Lobetalarbeit e.V., Celle.

H.E.
H. Egelkraut, Dr. theol., Pfr., Dozent, Evang. Missionsschule der Bahnauer Bruderschaft, Weissach im Tal.

H.G.
H. Günther, Prof., Dr. theol., Theologische Hochschule, Oberursel (Ts.).

H.Ha.
H. Hafner, Pfr., Marburg.

H.K.
H. Krimmer, Dr. theol., Pfr., Dettingen/Teck.

H.L.E.
H.L. Ellison, B.A., B.D., Moorlands Bible College.

H.P.
H. Petri, Prof., Dr. theol., Katholisch-Theologische Fakultät der Universität Regensburg.

H.Pe.
H. Pehlke, Th.M., Th.D., Dozent, Freie Theologische Akademie Gießen.

H.P.R.
H.P. Rüger, Prof., Dr. theol., Evangelisch-Theologisches Seminar der Universität Tübingen.

H.W.N.
H.W. Neudorfer, Dr. theol., Pfr., Freudenstadt-Wittlensweiler.

I.H.M.
I.H. Marshall, Prof., B.A., M.A., B.D., Ph.D., University of Aberdeen.

J.A.M.
J.A. Motyer, M.A., B.D., Trinity College, Bristol.

J.A.T.
J.A. Thompson, M.A., M.Sc., B.D., B.Ed., Ph.D., University of Melbourne.

J.E.Ta.
J.E. Taylor, M.A., Bishop of St. Albans.

J.C.
J. Cochlovius, Dr. theol., Pfr., Studienleiter, Krelingen.

J.D.D.
J.D. Douglas, M.A., B.D., S.T.M., Ph.D., Editor-at-Large, Christianity Today.

J.E.
J. Eber, wiss. Mitarbeiter, Theologische Fakultät, Universität Erlangen.

J.E.G.
J.E. Goldingay, B.A., St. John's College, Nottingham.

J.G.B.
J.G. Baldwin, B.A., B.D., Trinity College, Bristol.

J.G.G.N.
J.G.G. Norman, B.D., M.Th., Pastor of Rosyth Bapthist Church, Fife.

J.G.S.S.T.
J.G.S.S. Thompson, B.A., M.A., B.D., Ph.D., Minister at Wigtown, Scotland.

J.H.H.
J.H. Harrop, M.A., University of Sierra Leone.

J.I.P.
J.I. Packer, M.A., D.Phil., D.D. Regent College, Vancouver, BC.

J.M.H.
J.M. Houston, M.A., B.Sc., D.Phil., Regent College, Vancouver, BC.

J.P.U.L.
J.P.U. Lilley, M.A., F.C.A., Magdalen College, Oxford.

J.R.
J. Rea, Prof., M.A., Th.D., Anaheim, California.

J.T.
J.A. Thompson, B.A., M.Div., Th.M., Ph.D., American Bible Society.

J.T.W.
J.T. Whitney, M.A., L.C.P., Ph.D., South East Essex Sixth Form College.

J.v.O.
J. van Oorschot, Dr. theol., Pastor, Marburg.

J.W.D.
J.W. Drane, M.A., Ph.D., University of Sterling.

J.W.M.
J.W. Meiklejohn, M.B.E., M.A. Inter-School Christian Fellowship in Scotland.

K.A.K.
K.A. Kitchen, B.A., Ph.D., University of Liverpool.

K.B.
K. Brandt, Pastorin, Bad Salzuflen.

K.G.
K. Günther, M.A., Lektor, Wuppertal.

K.H.M.
K.H. Michel, Pfr., Mainz.

K.L.Mck.
K.L. Mckay, B.A., M.A., The Australian National University, Canberra.

K.W.
K.Wetzel, Dr. theol., Asian Theological Seminary, Manila.

L.M.
L.L. Morris, M.Sc., M.Th., Ph.D., Melbourne.

M.A.M.
M.A. MacLeod, M.A., Director, Christian Witness to Israel.

M.B.
M.Beeching, B.A., B.D., M.Ed., Cheshire College of Education, Alsager.

M.Br.
M. Brändl, M.A., Tübingen.

M.F.P.
M.F. Printz, Pfarrvikar, Karlsruhe.

M.G.K.
M.G. Kline, Th.M., Ph.D., Prof., Gordon Cornwell Theological Seminary, South Hamilton, Mass.

M.H.
M. Holland, Pfr., Korntal.

M.J.
M. Janz, Pastor, Lüdenscheid.

M.J.S.
M.J. Selman, B.A., M.A., Ph.D., Spurgeon's College, London.

M.J.S.R.
M.J.S. Rudwick, M.A., Ph.D., Prof., Freie Uniservität Amsterdam.

M.W.
M. Wacker, Studienassistent, Tübingen.

N.H.
N. Hillyer, B.D., S.Th., A.L.C.D., Hatherleight, Devonshire.

O.B.
O. Betz, Prof.em., Dr. theol., Evangelisch-Theologische Fakultät, Universität Tübingen.

O.H.
O. Hofius, Prof., Dr. theol., Evangelisch-Theologische Fakultät, Universität Tübingen.

O.K.
O. Kohler, Drs.phil., Stuttgart.

P.Z.
P. Zimmerling, Theologe, Reichelsheim.

R.A.H.G.
R.A.H. Gunner, B.A., M.Th., Brooklands Technical College, Weybridge, Surrey.

R.A.S.
R.A. Stewart, M.A., B.D., M.Litt.

R.D.
R. Deines, cand.theol., Tübingen.

R.E.N.
R.E. Nixon †, Prof., M.A.

R.F.
R. Findeisen, Neumünster.

R.F.
R. Frische, Pfr., Eriswil i.E.

R.G.
R. Gebauer, Dr. theol., wiss. Assistent, Theologische Fakultät, Universität Erlangen.

Ri.Sch.
R. Schneider, Theologin, Sulzfeld.

R.J.A.S.
R.J.A. Sheriffs, B.A., B.D., Ph.D., Rhodes University, Grahamstown.

R.J.B.
R.J. Bauckham, M.A., Ph.D., University of Manchester.

R.J.T.
R.J. Thompson, M.A., B.D., Th.M., D.Theol., New Zealand Baptist Theological College, Auckland.

R.J.W.
R.J. Way, M.A., Minister of St. Columba's United Reformed Church, Leeds.

R.K.H.
R.K. Harrison, M.Th., Ph.D., D.D., University of Toronto.

R.P.G.
R.P. Gordon, M.A., Ph.D., University of Cambridge.

R.P.M.
R.P. Martin, M.A., Ph.D., Fuller Theological Seminary, Pasadena, California.

R.R.
R. Riesner, Dr. theol., Forschungsstipendiat der Unverstität Tübingen, Dusslingen.

R.S.
R. Scheffbuch, Dekan, Schorndorf.

R.Sz.
R. Schultz, B.A., M.D., M.A., Dozent, Freie Theologische Akademie, Gießen.

R.T.B.
R.T. Beckwith, Ph.D., M.A., Latimer House, Oxford.

R.V.G.T.
R.V.G. Tasker †, M.A., D.D.

S.F.
S. Findeisen, Pastor, Neumünster.

S.M.
S. Mittmann, Prof., Dr. theol., Biblisch-Archäologisches Institut, Universität Tübingen.

T.C.M.
T.C. Mitchell, M.A., Deputy Keeper, Department of Western Asiatic Antiquities, British Museum.

T.H.J.
T.H. Jones, M.A., B.D., A.M.B.I.M., Hind Leys College, Shepshed, Leicestershire.

T.P.
T. Pola, wiss. Assistent, Evangelisch-Theologische Fakultät, Universität Tübingen.

T.Sch.
T. Schirrmacher, Dr. theol. (NL), Dozent, Bonn.

U.K.
U. Krolzik, Dr. theol., M.A., Kirchen- und Dogmengeschichtliches Seminar, Universität Hamburg.

U.S.
U. Swarat, Dr. theol., Pastor, Dozent, Theologisches Seminar des Bundes Evangelisch-Freikirchler Gemeinden in Deutschland, K.d.ö.R., Hamburg.

U.W.
U. Worschech, Dr. phil., Dozent, Darmstadt.

U.We.
U. Westerheide, Theologin, Extertal-Silixen.

V.S.
V. Schmidt, Realschullehrer, Ratzeburg.

W.Bm.
W. Bühlmann, Prof., Dr. theol., Theologische Fakultät Luzern, Theologische Hochschule Chur.

W.B.S.
W. Bittner-Schwob, Dr. theol., Pfr., Fahrwangen (AG).

W.E.
W. Eisenblätter, Dr. theol., Dozent, Theologisches Seminar des Bundes Evangelisch-Freikirchlicher Gemeinden in Deutschland, K.d.ö.R., Hamburg.

W.G.
W. Grimm, Dr. theol., Pfr., Stuttgart.

W.H.
W. Haubeck, Dr. theol., Dozent, Theologisches Seminar des Bundes Freier evangelischer Gemeinden in Deutschland, K.d.ö.R., Dietzhölztal-Ewersbach.

W.N.
W. Neuer, Dr. theol., Gomaringen.

W.O.
W. Osborne, M.A., M.Phil., The Bible College of New Zealand.

W.P.
W. Popkes, Dr. theol. habil., Dozent, Theologisches Seminar des Bundes Evangelisch-Freikirchlicher Gemeinden Deutschland, K.d.ö.R., Hamburg.

W.R.
W. Rebell, Prof., Dr. theol., Fachbereich Evangelische Theologie, Gesamthochschule Siegen.

W.Sch.
W. Schlichting, Dr. theol., Pfr., Christusbruderschaft, Falkenstein.

W.T.
W. Trick, Studienassistent, Tübingen.

W.W.W.
W.W. Wessel, M.A., Ph.D., Bethel College, St. Paul, Minn.

W.Z.
W. Zwickel, wiss. Mitarbeiter, Theologische Fakultät, Universität Kiel.

Namentlich nicht gekennzeichnete Artikel wurden aus dem Lexikon zur Bibel, hrsg. von F. Rienecker, übernommen und für das vorliegende Lexikon redaktionell überarbeitet.

II. Übersetzer

Dieter Bode, Lörrach; Sigrid Buttkewitz, Essen; Irene Buttkus, Marburg; Beate Gorman, Marl; Christiane Halket, Hamburg; Gudrun Hoffmann, Solingen; Reinhilde Klatte, Helmstedt; Uwe Krüger, Lörrach; Regina Pagel, Haan; Thomas Pfeiffer, Hilden; Gerhard Raabe, Hannover; Thomas Sandner, Retz (A); Dr. Eckhard J. Schnabel, Manila; Albert Martin Steffe, Lörrach; Dagmar Völker, Tübingen; Johannes Volkert, Lörrach; Ingo Zwinkau, Burgthann.

III. Abkürzungen

Die Abkürzungen folgen weitgehend dem von S. Schwertner für die Theologische Realenzyklopädie (TRE) zusammengestellten Abkürzungsverzeichnis.
Die Schreibweise der bibl. Bücher und – mit wenigen Ausnahmen – der bibl. Orts- und Personennamen folgt der LÜ 1984; die Schreibung außerbibl. Namen orientiert sich am Handbuch der Archäologie (HdArch), Vorderasien I.

1. Allgemeine Abkürzungen

a.a.O.	am angegebenen Ort
Abb.	Abbildung(en)
ad loc.	ad locum (zu der Stelle)
ägypt.	ägyptisch
akkad.	akkadisch
allg.	allgemein
amorit.	amoritisch
Anm.	Anmerkung
apostol.	apostolisch
arab.	arabisch
aram.	aramäisch
Art.	Artikel
asiat.	asiatisch
assyr.	assyrisch
AT	Altes Testament
äthiop.	äthiopisch
atl.	alttestamentlich
babylon.	babylonisch
Bd. / Bde.	Band / Bände
bes.	besonders
bibl.	biblisch
byzantin.	byzantinisch
bzgl.	bezüglich
bzw.	beziehungsweise
ca.	circa
christl.	christlich
cm	Zentimeter
d.h.	das heißt
d.i.	das ist
ders.	derselbe
dt.	deutsch
dies.	dieselbe
edomit.	edomitisch
eds.	(engl.) Herausgeber
et al.	et alii
etc.	et cetera
Ev./Evv.	Evangelium/-lien
evang.	evangelisch
evtl.	eventuell
fem.	feminin
f/ff	folgender/-de
Frag.	Fragment
franz.	französisch
FS	Festschrift
g	Gramm
geb.	geboren
ggf.	gegebenenfalls
griech.	griechisch
ha	Hektar
hebr.	hebräisch
hellen.	hellenistisch
Hrsg.	Herausgeber
hrsg.	herausgegeben von
Hs(s).	Handschrift(en)
ibid.	ibidem
i.e.	id est
israelit.	israelitisch
Jh.	Jahrhundert (e)
Jt.	Jahrtausend
jüd.	jüdisch
kanaan.	kanaanäisch/-itisch

Kap.	Kapitel
kg	Kilogramm
klass.	klassisch
km	Kilometer
latein.	lateinisch
Lit.	Literatur
LXX	Septuaginta (griech. Übersetzung des AT)
m	Meter
Mio.	Millionen
mm	Millimeter
Ms (s).	Manuskript (e)
MT	Masoretischer Text
N	Norden
n. Chr.	nach Christus
ND	Nachdruck
neubearb.	neubearbeitet
NF	neue Folge
nördl.	nördlich
Nr.	Nummer
NS	New Series (Neue Reihe)
NT	Neues Testament
ntl.	neutestamentlich
O	Osten
o. g.	oben genannt
op.cit.	opere citato (im zitierten Werk)
östl.	östlich
palästin.	palästinisch
par.	und Parallelstelle(n)
paulin.	paulinisch
pers.	persisch
phöniz.	phönizisch
Pl.	Plural
rel.	religiös
röm.	römisch
S	Süden
S.	Seite(n)
s.	siehe
s. a.	siehe auch
semit.	semitisch
Sg.	Singular
sog.	sogenannte(-r,-s)
Sp.	Spalte
s. u.	siehe unten
südl.	südlich
sumer.	sumerisch
syr.	syrisch
Tab.	Tabelle
türk.	türkisch
u. a.	unter anderem(-n)
u. a.m.	und andere mehr
u.ä.	und ähnliche
usw.	und so weiter
u. W.	unseres Wissens
Übers.	Übersetzung
u.ö.	und öfter
V.	Vers(e)
v. a.	vor allem
v. Chr.	vor Christus
Verf.	Verfasser
vgl.	vergleiche
Vulg.	Vulgata
W	Westen
westl.	westlich
wörtl.	wörtlich
Z.	Zeile(n)
z. B.	zum Beispiel
zeitl.	zeitlich
z. T.	zum Teil
z.Zt.	zur Zeit

2. Biblische Bücher

Am	Amos
Apg	Apostelgeschichte
1Chr	1. Chronik
2Chr	2. Chronik
Dan	Daniel
Eph	Epheser
Esr	Esra
Est	Ester
Gal	Galater
Hab	Habakuk
Hag	Haggai
Hebr	Hebräer
Hes	Hesekiel
Hiob	Hiob
Hld	Hoheslied
Hos	Hosea
Jak	Jakobus
Jer	Jeremia
Jes	Jesaja
Joel	Joel
Joh	Johannes
1Joh	1. Johannes
2Joh	2. Johannes
3Joh	3. Johannes
Jona	Jona
Jos	Josua
Jud	Judas
Klgl	Klagelieder
1Kön	1. Könige
2Kön	2. Könige
Kol	Kolosser
1Kor	1. Korinther
2Kor	2. Korinther
Lk	Lukas
Mal	Maleachi
Mi	Micha
Mk	Markus
Mt	Matthäus
1Mo	1. Mose (Genesis)
2Mo	2. Mose (Exodus)
3Mo	3. Mose (Levitikus)
4Mo	4. Mose (Numeri)
5Mo	5. Mose (Deuteronomium)
Nah	Nahum
Neh	Nehemia
Obd	Obadja
Offb	Offenbarung
1Petr	1. Petrus
2Petr	2. Petrus
Phil	Philipper
Phlm	Philemon
Pred	Prediger
Ps	Psalm(en)
Ri	Richter
Röm	Römer
Rut	Rut
Sach	Sacharja
1Sam	1. Samuel
2Sam	2. Samuel
Spr	Sprüche (Sprichwörter)
1Thess	1. Thessalonicher
2Thess	2. Thessalonicher
1Tim	1. Timotheus
2Tim	2. Timotheus
Tit	Titus
Zef	Zefania

3. Außerkanonische Schriften, rabbinisches sowie urchristliches Schrifttum

äthHen	äthiopisches Henochbuch
grBar	griechische Baruch-Apokalypse
3–4Esr	3.-4. Esrabuch
grHen	griechisches Henochbuch
hebrHen	hebräisches Henochbuch
Jdt	Judit
Jub	Jubiläenbuch
1–4Makk	1.-4. Makkabäerbuch
OrMan	Gebet Manasses
PsSal	Psalmen Salomos
Sir	Jesus Sirach
slHen	slavisches Henochbuch
syrBar	syrische Baruch-Apokalypse
TestAss	Testament Assers
TestBen	Testament Benjamins
TestDan	Testament Daniels
TestGad	Testament Gads
TestIss	Testament Issaschars
TestJos	Testament Josefs
TestJud	Testament Judas
TestLev	Testament Levis
TestNaf	Testament Naftalis
TestR	Testament Rubens
TestSeb	Testament Sebulons
TestSim	Testament Simeons
Tob	Tobit
Weish	Weisheit Salamos
ZusDav	Zusätze zu David
ZusEst	Zusätze zu Ester

Mischna-, Tosefta-, Talmudtraktate

BB	Baba Batra
bBM	Baba Mesica
Ber	Berakhot
bChag	Chagiga
Ket	Ketubbot
m	Mischna
Meg	Megilla
Mid	Middot
Pes	Pesachim
RHSh	Rosch HaSchana
Sanh	Sanhedrin
Suk	Sukka
Taan	Tacanit
Zeb	Zebachim

Midraschim, Targumim

b	Talmud Bavli (babylonischer Talmud)
BerRab	Bereschit Rabba
TgPeJ	Targum Pseudo-Jonatan (Targum Jerusalem I)
y	Talmud Yerushalmi

Urchristliches Schrifttum

1/2Clem.	1./2. Clemensbrief
Clem.Hypot.	Clemens von Alexandria: Hypotyposeis
Clem.Strom.	Clemens von Alexandria: Stromateis
Did	Didache
Diog	Diognetbrief
Eus.h.e.	Eusebius: Historia Ecclesiastica
Eus.InPs	Eusebius: Psalmenkommentar
Eus.onom.	Eusebius: Onomasticon de locis
Eus.praep. Ev.	Eusebius: Praeparatio Evangelica
Herm	Hirt des Hermas
Ign.Eph.	Brief des Ignatius an die Epheser
Ign.Magn.	Brief des Ignatius an die Magnesier
Ign.Phld.	Brief des Ignatius an die Philadelphier
Ign.Pol.	Brief des Ignatius an die Polykarp
Ign.Röm.	Brief des Ignatius an die Römer
Ign.Sm.	Brief des Ignatius an die Smyrnäer
Ign.Trall.	Brief des Ignatius an die Trallianer
Iren.haer.	Irenäus: Adversus haereses
Justin Dial. c.Tr.	Justinus: Dialog mit Tryphon
Orig.c.Cels.	Origenes: Contra Celsum
Orig.Comm. in Joann.	Origenes: Johannes-kommentar

PsClem	Pseudoklementinen
Tert.praescr.	Tertullian: De praescriptione haereticorum
Tert.pudic.	Tertullian: De pudicitia

4. Fachliteratur

AASOR
Annual of the American Schools of Oriental Research

ABBA
Abhandlungen der bayerischen Benedictiner-Akademie

ABR
Australian biblical review

ADAJ
Annual of the Department of Antiquities of Jordan

AEHL
The Archaeological Encyclopedia of the Holy Land, Jerusalem 1986

AfO
Archiv für Orientforschung

AJA
American Journal of Archaeology (1,1885–11, 1896) and of the History of Fine Arts

AJPh
American Journal of Philology

AJSL
American Journal of Semitic Languages and Literatures

AKG
Arbeiten zur Kirchengeschichte

AnBib
Analecta biblica

ANEP
Ancient Near East in Pictures relating to the Old Testament

ANET
Ancient Near Eastern Texts relating to the Old Testament

ANRW
Aufstieg und Niedergang der römischen Welt

AnSt
Anatolian Studies

ANT
Apocrypha Novi Testamenti. Assen

AOT
Altorientalische Texte zum Alten Testament (hrsg. von H. Greßmann)

AOTS
D. W. Thomas (ed.): Archaeology and Old Testament Study, 1967

ARAB
Ancient records of Assyria and Babylonia

ARE
Ancient records of Egypt

ARW
Archiv für Religionswissenschaft

AS
Assyriological Studies

ASAE
Annales du Service des Antiquités de l'Égypte. Cairo 1,1900-

ATA
Alttestamentliche Abhandlungen

ATD
Altes Testament Deutsch. Neues Göttinger Bibelwerk. Hrsg. von O. Kaiser, L. Perlitt.

AThANT
Abhandlungen zur Theologie des Alten und Neuen Testaments

AVTRW
Aufsätze und Vorträge zur Theologie und Religionswissenschaft

AzK s. AKG

AzTh
Arbeiten zur Theologie

BA
Biblical Archaeologist

BANE
G. E. Wright (ed.): The Bible and the Ancient Near East, 1961

BAr
Bulletin archéologique du comité des traveaux historiques et scientifiques

BARev
Biblical Archaeology Review

BASOR
Bulletin of the American schools of oriental research

BAT
Botschaft des Alten Testaments

BBW
Brockhaus Biblisches Wörterbuch

BC
F. J. Foakes-Jackson, K. Lake: The Beginnings of Christianity, 5 vols., 1920–33

BC
Bibl. Commentar über das Alte Testament. Hrsg. von K. F. Keil und F. Delitzsch

BDB
F. Brown, S. R. Driver, C. A. Br. Diggs: Hebrew and English Lexicon of the Old Testament, 1906

BeO
Bibbia e oriente

BE(T)
Bibliotheca ecclesiastica Torino

BEvTh
Beiträge zur evangelischen Theologie

BHH
Biblisch-Historisches Handwörterbuch. Hrsg. von B. Reicke, L. Rost, Bde. 1–3, 1963–1966, Bd. 4, 1979.

BHTh
Beiträge zur historischen Theologie

Bib
Biblica, Commentarii Periodici..., Roma 1, 1920

BiBe
Biblische Beiträge

BiBl
Biographische Blätter

BiKi
Bibel und Kirche

BiLe
Bibel und Leben

Bill.
H. L. Strack, P. Billerbeck: Kommentar zum Neuen Testament aus Talmud und Midrasch. Bd. 1, 1982; Bd. 2, 1983; Bd. 3, 1985; Bd. 4, 1986; Bd. 5/6, 1979.

BJRL
Bulletin of the John Rylands library

BKAT
Biblischer Kommentar Altes Testament. Hrsg. von S. Herrman, H. W. Wolff.

BKB
Brockhaus Kommentar zur Bibel. Bde. 1–4, 1980–1985.

BL
Bibel-Lexikon

BNB
British national bibliography

BNTC
Black's New Testament commentaries

BO
Beiträge zur Orientalistik

BR
Biblical Research

BRL
Biblisches Reallexikon. Hrsg. von K. Galling, ²1977.

BS
Bibliotheca sacra

BSOAS
Bulletin of the school of Oriental and African studies

BT
Bibliothèque de theologie. Paris u. a.

BTAVO s. TAVOB

BU
Biblische Untersuchungen

BW
Biblical world

BWAT
Beiträge zur Wissenschaft vom Alten Testament

BZ
Biblische Zeitschrift

BZAW
Beihefte zur Zeitschrift für die alttestamentliche Wissenschaft

BZNW
Beihefte zur Zeitschrift für die neutestamentliche Wissenschaft

CAH
Cambridge Ancient History

CAT
Commentaire de l'Ancien Testament

Cath(M)
Catholica. Münster

CBQ
Catholic biblical quarterly

CChr
Corpus Christianorum

CCL
Corpus Christianorum Series Latina

CD
Damaskusschriften (Qumran)

CGT
Cambridge Greek Testament

CIG
Corpus inscriptionum Graecarum

CIJ
Corpus inscriptionum Judaicarum

CIL
Corpus inscriptionum Latinarum

CIS
Corpus inscriptionum Semiticarum

CNFI
Christian News from Israel

CNT
Coniectanea neotestamentica

COT
Commentar op de Oude Testament

CP
Classical Philology

CSCO
Corpus scriptorum Christianorum orientalium

CSEL
Corpus scriptorum ecclesiasticorum Latinorum

DAC
J. Hastings (ed.): Dictionary of the Apostolic Church, 2 vols., 1915–1918

DBS
Dictionnaire de la Bible , Supplément, 1928–

DCG
J. Hastings (ed.): Dictionary of Christ and the Gospels, 2 vols., 1906–1908

DHGE
Dictionnaire d'histoire et de géographie ecclésiastiques

Ditt. Syll.
W. Dittenberger, Sylloge inscriptionum Graecarum, 3 1915–1924

DJD
Discoveries in the Judean Desert

DOTT
D. W. Thomas (ed.): Documents of Old Testament Times, 1958

EA
Martin Luther, Sämmtliche Werke, Erlangen

EAEHL
M. Avi-Jonah (ed.): Encyclopaedia of Archological Excavations in the Holy Land, 1975–78

EAT
El Amarna Texte

EB
Die Heilige Schrift in deutscher Übersetzung. „Echter Bibel".

EBB
Elenchus bibliographicus biblicus

EBr
Encyclopaedia Britannica

EdF
Erträge der Forschung

EGL
Evangelisches Gemeindelexikon, Wuppertal 1978

EGT
W. R. Nicoll: The Expositor's Greek Testament, 6 1910

EH
Eastern Horizon

EHS.T
Europäische Hochschulschriften. Reihe 23: Theologie

EJ
Encyclopaedia Judaica, Jerusalem 1–16, 1971

EKG
Evangelisches Kirchengesangbuch

EKK
Evangelisch-katholischer Kommentar zum NT. Hrsg. von J. Blank, R. Schnackenburg, E. Schweizer, U. Wilckens, 1969 ff.

EKL
Evangelisches Kirchenlexikon. Kirchl.-theol. Handwörterbuch, hrsg. von H. Brunotte, O. Weber, 1962.

EKL3
Evangelisches Kirchenlexikon. Internationale Theologische Enzyklopädie, hrsg. von E. Fahlbusch u. a., 1985 ff.

ELS
D. Baldi: Enchiridion Locorum Sanctorum, Jerusalem, 1955

ENT
Einführung in das NT

EQ
Evangelical Quarterly

ERE
Encyclopaedia of religion and ethics

ESI
Excavations and Surveys in Israel, Jerusalem

ET s. ExpT

EtB
Etudes Bibliques

EvQ
Evangelical Quarterly

EvTh
Evangelische Theologie

EWNT
Exegetisches Wörterbuch zum NT. Hrsg. von H. R. Balz, G. Schneider. Bde. I–III, 1980–1983.

ExpT
Expository Times

FGLP
Forschungen zur Geschichte und Lehre des Protestantismus

FHG
Fragmenta historicorum Graecorum

FKGG
Forschung zur Kirchen- und Geistesgeschichte

FolOr
Folia orientalia, Krakau 1, 1959–

FRLANT
Forschungen zur Religion und Literatur des Alten und Neuen Testaments

FT
Forum theologicum

FThSt
Freiburger theologische Studien

GN
Gute Nachricht.
Das NT in heutigem Deutsch

GNT
Grundrisse zum Neuen Testament

GTT
J. Simons: Geographical and Topographical Texts of the Old Testament, 1959

HAT
Handbuch zum Alten Testament

HDAC
J. Hastings: Dictionary of the Apostolic Chruch, 1915–18

HdArch
Handbuch der Archäologie, Vorderasien I (B. Hrouda, 1971)

HDB
J. Hastings (ed.): Dictionary of the Bible. 5 vols., 1898–1904.

Hdt. Hist.
Herodot: Historien

Hesp.
Hesperia. Princeton N.J.

HIL
Das Heilige Land

HKAT
Handkommentar zum Alten Testament

HNT
Handbuch zum Neuen Testament

HSS
Harvard Semitic Series

HThK
Herders theologischer Kommentar zum NT. Hrsg. von A. Wikenhauser u. a., 1953 ff.

HThR
Harvard Theological Review

HTR
s. HThR

HUCA
Hebrew Union College Annual

HZ
Historische Zeitschrift

IB
Introduction à la bible

IBA
D. J. Wiseman: Illustrations from Biblical Archaeology, 1958.

IBD
The Illustrated Bible Dictionary, hrsg. von D. Guthrie, D. J. Wiseman u. a., 1980

ICC
International Critical Commentary of the Holy Scriptures

IDB
G. A. Buttrick et al. (eds.): The Interpreter's Dictionary of the Bible, 4 vols., 1962

IDBS
G. A. Buttrick et al. (eds.): Interpreter's Dictionary of the Bible, Supplement vol., 1976

IEJ
Israel Exploration Journal

INT
Introduction to the New Testament

IOT
Introduction to the Old Testament

IP
Instrumenta patristica

Iraq
Iraq. British school of Archaeology in Iraq. London 1934–1940

ISBE
International Standard Bible Encyclopedia, 5 vols. 1930

ISS
Ismaili society series

JAOS
Journal of the American Oriental Society

JbAC
Jahrbuch für Antike und Christentum

JBL
Journal of Biblical Literature

JBR
Journal of bible and religion

JCS
Journal of cuneiform studies

JEA
Journal of Egyptian Archaeology

JESHO
Journal of (the) economic and social history of the orient

JET
Jahrbuch für evangelikale Theologie

JHS
Journal of Hellenic Studies

JJS
Journal of Jewish Studies

JNES
Journal of Near Eastern Studies

Jos.ant.Jud.
Josephus (Flavius): Antiquitatum Judaicarum libri XX

Jos.bell.Jud.
Josephus (Flavius): De bello Judaico

Jos. c.Ap.
Josephus (Flavius): Contra Apionem

Jos.vita
Josephus (Flavius): De vita sua

JPOS
Journal of the Palestine Oriental Society

JQR
Jewish Quarterly Review

JRS
Journal of Roman studies

JSHRZ
Jüdische Schriften aus hellenistisch-römischer Zeit

JSJ
Journal of the study of Judaism in the Persian, Hellenistic an Roman period

JSNT
Journal for the Study of the New Testament

JSOR
Journal of the society of oriental research

JSOT
Journal for the Study of the Old Testament

JSSt
Journal of Semitic Studies

JThS
Journal of Theological Studies

JTVI
Journal of the Transactions of the Victoria Institute

Juv.Sat.
Juvenal: Satiren

KAT
Kommentar zum Alten Testament

KBL
L. Köhler, W. Baumgartner: Lexikon in Veteris Textamenti libros

KD
K. Barth: Die kirchliche Dogmatik. 1932 ff.

KEK
Kritisch-exegetischer Kommentar über das NT. Begr. von A. W. Meyer; Hrsg. von F. Hahn,

KlP
Der Kleine Pauly, Lexikon der Antike in 5 Bd., 1979

KNT
Kommentar zum Neuen Testament, Hrsg. von Th. Zahn., u. a. 1–18, 1903–1926

KuD
Kerygma und Dogma

LÄ
Lexikon der Ägyptologie

LDB
Y. Aharoni: Das Land der Bibel, 1984

LingBibl
Linguistica Biblica

LSJ
H. G. Liddell: R. Scott, H. S. Jones: Greek-English Lexikon, 1940

LThK
Lexikon für Theologie und Kirche. Hrsg. von J. Höfer, K. Rahner, 1957–1968.

LÜ
Die Bibel nach Martin Luthers Übersetzung, neu bearbeitet 1984

MB
Le Monde de la Bible

MM
Miscellanea mediaevalia

MS
Mediaeval studies

NA
Neues Archiv der Gesellschaft für ältere deutsche Geschichtskunde

NB
Nihon bukkyo

NBCR
D. Guthrie et al. (eds.), The New Bible Commentary Revised, 1970

NIDBA
E. M. Blaiklock, R. K. Harrison (eds.): The New International Dictionary of Biblical Archeology, 1983

NJB
Neue Jerusalemer Bibel

NKZ
Neue Kirchliche Zeitschrift

Nov Test
Novum Testamentum, Leiden

NTApo
E. Hennecke, W. Schneemelcher (Hrsg.): Neutestamentliche Apokryphen, 2 Bde.

NTD
Das Neue Testament Deutsch. Neues Göttinger Bibelwerk. Hrsg. von G. Friedrich, P. Stuhlmacher.

NTS
New Testament Studies, London

OBO
Orbis bliblicus et orientalis

ÖTKNT
Ökumenischer Taschenkommentar zum NT

OLB
O. Keel, M. Küchler, C. Uehlinger: Orte und Landschaften der Bibel, Bd. 1, 1984; Bd. 2, 1982.

OTMS
H. H. Rasley (ed.): The Old Testament and Modern Study, 1951

OTS
Oudtestamentische Studien

PEF
Palestine Exploration Fund

PEFA
Palestine Exploration Fund Annual

PEFQS
Quarterly statement. Palestine exploration fund

PEQ
Palestine Exploration Quarterly

PG
Patrologiae cursus completus. Accurante Jacques-Paul Migne. Series Graeca

PJ
Palästinajahrbuch des deutschen evangelischen Instituts

PJB s. PJ

PL
Patrologiae cursus completus. Accurante Jacques-Paul Migne. Series Latina

Plin.epist.
Plinius (der Jüngere): epistulae

Plin.nat.
Plinius (der Ältere): Naturalis historia

PLO
Porta linguarum orientalium

PO
Patrologia orientalis

POC
Proche-Orient chrétien

POTT
D. J. Wiseman (ed.): Peoples of Old Testament Times, 1973

PRE
Paulys Real-Encyclopädie der classischen Alterthumswissenschaft, 1894–1963

PRU
Le Palais royal d'Ugarit

PTR
Princeton Theological Reviews

QD
Quaestiones disputatae

QDAP
Quarterly of the department of antiquities in Palestine

QS
Qirjat sefer

RA
Revue d'assyriologie et d'archéologie orientale

RAC
Reallexikon für Antike und Christentum 1941 ff.

RB
Revue biblique

RE
Realencyklopädie für protestantische Theologie und Kirche

RevEB
Revidierte Elberfelder Bibel

RG
Religion und Geisteskultur

RGG
Religion in Geschichte und Gegenwart. Handwörterbuch für Theologie und Religionswissenschaft, 3 1957–1965

RH
Revue historique. Paris

RHLR
Revue d'histoire et de littérature religieuses

RHPhR
Revue d'histoire et de philosophie religieuses

RHR
Revue de l'histoire des religions

RLA
Reallexikon der Assyriologie

RNT
Regensburger Neues Testament

ROL
Revue de l'Orient latin

RQ
Römische Quartalschrift für christliche Altertumskunde

RSEHA
Revue sémitique d'épigraphie et d'histoire ancienne

RSR
Recherches de science religieuse

SB
s. Bill.

SBF
Studium biblicum Franciscanum

SBFLA
Studii biblici Franciscani liber annuus

SBS
Stuttgarter Bibelstudien

SC
Sources chrétiennes

ScrHie
Scripta Hierosolymitana, Jerusalem, 1954 ff.

Sen.epist.
Seneca: Epistulae Morales ad Lucilium

SJT
Scottish Journal of Theology

SOC
Studia orientalia Christiana

SPTR
W. M. Ramsey: St Paul the Traveller and Roman Citizen, 1920

SSN
Studia semitica Neerlandica

StTh
Studia theologica. Lund u. a.

StUNT
Studien zur Umwelt des Neuen Testaments

Tac.ann
Tacitus: annales

Tac.hist.
Tacitus: historiae

TARWPV
Theologische Arbeiten aus dem rheinischen wissenschaftlichen Prediger-Verein

TAVO(B)
Tübinger Atlas des Vorderen Orients (Beiheft)

TB
Theologische Bücherei

TBLNT
Theologisches Begriffslexikon zum NT. Studienausgabe in 2 Bd., Wuppertal, 1986

TCL
Textes cunéiformes. Musée du Louvre. Departement des antiquités orientales. Paris 1, 1910ff.

TDNT
s. ThWNT

TDOT
s. ThWAT

TGI
K. Galling (Hrsg.): Textbuch zur Geschichte Israels, 1979

THAT
Theologisches Handwörterbuch zum AT. Hrsg. von E. Jenni, C. Westermann, Bd. I; 1984; Bd. II; 1984

THB
Tyndal House Bulletin

ThBeitr.
Theologische Beiträge, Wuppertal

ThGl
Theologie und Glaube

ThHK
Theologischer Handkommentar zum NT. Hrsg. von E. Fascher, J. Rohde, Chr. Wolff.

ThL
Theologische Lehrbücher

ThLZ
Theologische Literaturzeitung

ThQ
Theologische Quartalsschrift, Tübingen

ThR
Theologische Rundschau

ThWAT
Theologisches Wörterbuch zum AT. Hrsg. von G. J. Botterweck, H. Ringgren. 5 Bde., 1973–1986.

ThWNT
Theologisches Wörterbuch zum NT. Begründet von G. Kittel.
Hrsg. von G. Friedrich. 1933–1979.

ThZ
Theologische Zeitschrift, Basel

TNBC
F. Davidson (ed.): The new Bible Commentary, 1953

TNTC
Tyndale New Testament commentaries

TOTC
Tyndale Old Testament commentaries

TR
Tempelrolle (Qumran)

TRE
Theologische Realenzyklopädie. Hrsg. von G. Müller. Bisher erschienen die Bde. I, 1977 bis XVII, 1988.

TSAJ
Texts and Studies. American Academy for Jewish research

TSF
Théologie sans frontières

TWBR
A. Richardson (ed.): A Theological Word Book of the Bibel, 1950

TynB
Tyndale Bulletin

UF
Ugarit-Forschungen

UTS
Untersuchungen zur Theologie der Seelsorge

VD
Verbum domini

VGT
J. H. Moulton, G. Miligan: The Vocabulary of the Greek Testament illustrated from the Papyri and other Nonliterary Sources, 1930

VigChr
Vigiliae Christianae

VT
Vetus Testamentum

WA
M. Luther: Werke. Kritische Gesamtausgabe. (Weimarer Ausgabe)

WB
Welt der Bibel

WDB
Westminster Dictionary of the Bible, 1944

WM
Wörterbuch der Mythologie

WMANT
Wissenschaftliche Monographien zum Alten und Neuen Testament

WStB
Wuppertaler Studienbibel

WThJ
Westminster Theological Journal

WuA
Wort und Antwort. Salzburg

WuD
Wort und Dienst

WUNT
Wissenschaftliche Untersuchungen zum Neuen Testament

Xen.an
Xenophon: Anabasis

Xen.Kyr.
Xenophon: Kyrupaideia

YOS
Yale Oriental Series

ZA
Zeitschrift für Assyriologie

ZAW
Zeitschrift für die Alttestamentliche Wissenschaft

ZBK
Zürcher Bibelkommentar

ZDMG
Zeitung der Deutschen Morgenländischen Gesellschaft

ZDPV
Zeitung des Deutschen Palästina-Vereins

ZKG
Zeitung für Kirchengeschichte

ZNW
Zeitschrift für die Neutestamentliche Wissenschaft

ZPE
Zeitschrift für Papyrologie und Epigraphik

ZThK
Zeitschrift für Theologie und Kirche

ZÜ
Zürcher Bibel

IV. Umschrift

Hebräisch:

Aleph	= ’
Bet	= b
Gimel	= g
Dalet	= d
He	= h
Waw	= w
Zajin	= s
Chet	= ch
Tet	= th
Jod	= j
Kaph	= k
Lamed	= l
Mem	= m
Nun	= n
Samek	= s̀
Ajin	= ‘
Pe	= p(h)
Sade	= z
Qoph	= q
Resch	= r
Sin	= ś
Schin	= sch
Taw	= t
Patach	= a
Kamatz	= ā
Kamatz Chatuf	= o
Segol	= ä
Sere	= ē
Chirik	= i
Cholem	= ō
Kubutz	= u
Segol mit Jod	= ä
Sere magnum	= ē
Chririk magnum	= ī
Cholem magnum	= ō
Schuräk	= ū
Schwa	= e
Chatef Patach	= a
Chatef Segol	= ä
Chatef Kamatz	= o

Griechisch:

α	= a
β	= b
γ	= g
ε	= e
ζ	= z
η	= ē
ϑ	= th
ι	= i
ϰ	= k
λ	= l
μ	= m
ν	= n
ξ	= x
ο	= o
π	= p
ϱ	= r
σ,ς	= s
τ	= t
υ	= y
φ	= ph
χ	= ch
ψ	= ps
ω	= ō
ῥ	= rh
῾	= h
γξ	= nx
γγ	= ng
αυ	= au
ευ	= eu
ου	= ou [ū]
υι	= yi

Fotonachweis

ACL
A.C.L. Bruxelles (S. 556)

AEHL
Archaeological Encyclopedia of the Holy Land (hrsg. von A. Negev), 1986 (S. 876)

AMM
A.M. Morris (S. 546)

AMO
Ashmolean Museum, Oxford (S. 781)

AP
A. Parrot (S. 503, 854, 925)

ARM
A.R. Millard (S. 817, 864, 578, 599)

ASCS
American School of Classical Studies (S. 928)

AU
Andrews University, Michigan (S. 569)

BL
British Library (S. 541)

BM
British Museum (S. 502, 503, 506, 507, 509, 512, 513, 514, 515, 520, 521, 522, 523, 534, 545, 563, 583, 587, 601, 607, 622, 640, 651, 656, 694, 747, 788, 789, 790, 791, 792, 794, 814, 815, 825, 838, 847, 848, 849, 855, 856, 860, 864, 865, 876, 882, 899, 911, 921, 934, 937, 960, 988, 989, 999, 1003, 1004, 1012, 1037, 1038, 1040, 1051, 1058, 1059, 1093, 1095)

BN
Bibliothèque Nationale (S. 1033)

BPK
Bildarchiv Preussischer Kulturbesitz. Ägyptisches Museum, Staatliche Museen, Preussischer Kulturbesitz, Berlin (West), (S. 888).

BPL
Barnaby's Picture Library (S. 501, 946, 1056)

BRL
Biblisches Reallexikon (hrsg. von Kurt Galling), ²1977 (S. 939)

BSAI
British School of Archaeology in Iraq (S. 512, 694, 695, 774, 955)

CBL
Chester Beatty Library (S. 901, 929, 941, 1067, 1081)

CH
C. Hemer (S. 868)

CP
Camera Press (S. 528, 602, 719)

CR
Cornelia Riesner (S. 819)

DJW
D.J. Wiseman (S. 772, 774, 1061)

FMB
Fondation Martin Bodmer (S. 705, 902)

FN
F. Ninow (S. 987)

FNH
F.N. Hepper (S. 769, 835, 836, 837, 918, 1019, 1085, 1087)

GIO
Photograph, Griffith Institute, Ashmolean Museum, Oxford (S. 883)

GNJ
G. Nalbandian, Jerusalem (S. 945)

HK
H. Knübel (S. 724)

HSM
Harvard Semitic Museum (S. 1072)

IA
Institut of Archaeology. By permission of the Wellcome Trust. (S. 731, 860)

IM
Israel Museum (S. 661, 712, 939, 949, 950)

JCL
J.C. Lennox (S. 1097)

JCT
John C. Trever (S. 504, 679)

JDH
J.D. Hawkins (S. 504, 571, 572)

JEF
Jericho Excavation Fund (S. 532, 655, 814)

JLH
John L. Hillelson Photographie Agency (S. 845)

JPK
J.P. Kane (S. 514, 606, 697, 737, 765, 854, 957, 1086)

KAK
K.A. Kitchen (S. 625, 978, 985, 1092)

KHMW
Kunsthistorisches Museum Wien (S. 823)

KK
K. Kenyon (S. 1046)

KMK
Koptisches Museum, Kairo (S. 1020)

KSJ
G. Kroll SJ, Auf den Spuren Jesu (S. 1034)

MC
Maurice Chuzeville/Louvre, Paris (S. 502, 505, 513, 527, 608, 638, 755, 856, 925, 935, 964, 1094)

MEPhA
Middle East Photographic Archive, London (S. 538, 582, 637, 815, 865, 888, 906, 920, 965, 1007, 1008, 1038, 1042)

MH
M. Holford (S. 793, 839, 1089)

NA
N. Avigad (S. 652)

NMBL
National Museum of Beirut, Libanon (S. 528)

NPAI
National Parks Association, Israel (S. 948)

OIUC
Oriental Institute, University of Chicago (S. 574, 753, 826, 853, 857, 951, 1002)

PAC
P.A. Clayton (S. 502, 722, 746, 791, 793, 825, 847, 849, 952, 954, 1003)

PEF
Palestine Exploration Fund (S. 750)

PHAN
P.H.A. Neumann (S. 987)

PP
Picturepoint, London (S. 635, 640, 944, 1002, 1049)

RC
R. Cleave, Pictorial Archive (S. 666)

RG
Ray Gardner (S. 566, 612, 630, 903, 904, 915, 944, 1014, 1049)

RH
Robert Harding Picture Library (S. 787, 1013, 1015, 1054)

RM
Rockefeller Museum (S. 603, 714, 783, 1021)

RP
R. Pitt (S. 546, 766, 877)

RR
R. Riesner (S. 509, 579, 657, 659, 669, 673, 675, 676, 677, 766, 777, 813, 847, 909, 933, 1076)

RS
Ronald Sheridan's Photo-Library (S. 537, 602, 683, 777, 780, 795, 877, 889, 911, 915, 947, 1035)

RVO
Riyksmuseum van Oudheden, Leiden (S. 1006, 1063)

RVS
R.V. Schoder (S. 980, 984)

S
Shell U.K. Administrative Services (S. 695)

SAOB
The State Antiquities Organisation, Baghdad (S. 1040)

SAOS
School of Archaeology and Oriental Studies (S. 864)

SH
Sonia Halliday Photographs (S. 526, 563, 575, 633, 928, 949, 991, 1010, 1012, 1035)

SI
Foto Scala Firenze, Italien (S. 771, 793, 935, 1005, 1057)

SMB
Staatliche Museen zu Berlin/DDR, Ägyptisches Museum (S. 509, 546, 711, 790, 960)

SOAS
School of Oriental and African Studies (S. 525)

SZC
Sisters of Zion Convent (S. 566)

TAU
Institute of Archaeology, Tel-Aviv University/Avraham Hay (S. 850)

TNT
K. Aland, B. Aland: Der Text des Neuen Testamentes, 1982 (S. 940)

UMUP
University Museum, University of Pennsylvania (S. 912)

UW
U. Worschech (S. 1103)

WAG
Walters Art Gallery, Baltimore (S. 1040)

YY
Y. Yadin (S. 826)

ZR
Zev Radovan (S. 584, 737, 870, 1086)

Der Wesir Ramose und seine Frau mit Perücken nach der Haarmode ihrer Zeit. Aus der Grabanlage des Ramose in Theben. Ca. 1385-1380 v.Chr. (BPL)

HAAR. Gewöhnlich scheinen die Israeliten – Männer wie Frauen – ihr Haar bis zu einer beträchtlichen Länge getragen zu haben. 2Sam 14,26 spricht mit Bewunderung von Absaloms Haarpracht. Nur wegen des Gewichts mußte er es einmal im Jahr schneiden lassen. Friseure werden zwar erwähnt (Hes 5,1), ihre Aufgabe bestand jedoch weniger darin, das Haar zu schneiden, als es zurechtzumachen. Zur Zeit des NT war es eine »Unehre« für einen Mann, langes Haar zu tragen (1Kor 11,14), auch wenn Paulus diese Äußerung für eine Gemeinde in Griechenland machte. Die Frauen dagegen trugen ihr Haar sowohl in atl. als auch in ntl. Zeit lang und praktisch ungeschnitten. Im Talmud werden Friseure für Frauen erwähnt, aber die Wurzel des Wortes (*megaddela*) bedeutet eher »flechten« als »schneiden«. Kahlköpfigkeit war unbeliebt, vielleicht wegen ihrer möglichen Verbindung mit Aussatz (vgl. 3Mo 13), und die Anspielung der Jugendlichen auf *Elisas Kahlköpfigkeit war offensichtlich eine beabsichtigte Kränkung.

In Ägypten war es üblich, die Haare zu schneiden und den Bart abzurasieren, und *Josef mußte sich den dortigen Sitten anpassen (1Mo 41,14). Dunkles Haar wurde bei beiden Geschlechtern bewundert; graues Haar war respektheischend und wurde entsprechend gewürdigt (*Alter). In der Tat wird Gott selbst mit grauem (oder weißem) Haar beschrieben (Dan 7,9; vgl. Offb 1,14). *Herodes der Große andererseits bevorzugte offenbar eine jugendliche Erscheinung, denn er färbte sein Haar, als es zu ergrauen begann. Das Haar wurde auf verschiedene Arten behandelt: Simson hatte sieben Zöpfe; Frauen flochten ihr Haar häufig; Soldaten, die in die Schlacht zogen, ließen es lose hängen; ungekämmtes Haar war ein Zeichen von Trauer; zerzaustes Haar zeigte Angst und Not an. Das Scheren des Haares mußte nach bestimmten Vorschriften geschehen: das

Stirnhaar durfte niemals abgeschnitten werden (3Mo 19,27), da dies ein Merkmal bestimmter heidnischer Bräuche war (vgl. 5Mo 14,1). Bis zum heutigen Tag befolgen orthodoxe Juden diesen Brauch; kleine Jungen kann man mit kurzgeschnittenem Haar sehen, nur vor den Ohren hängen Locken herunter. Hes 44,20 instruiert die Priester, wie sie ihr Haar zu tragen haben. Der *Nasiräer durfte sein Haar für die Dauer seines Gelübdes nicht schneiden lassen und mußte es dann vollständig abscheren. Diese Rasur bedeutete Reinigung (3Mo 14,8). Ein weiterer Sonderfall war *Simson: Das Geheimnis seiner Kraft lag darin, daß er sein Haar nicht schnitt. Es galt als Zeichen der Gastfreundschaft, das Haupt eines Gastes zu salben (Lk 7,46), auch bei festlichen Anlässen wurde der Kopf oft gesalbt (vgl. Ps 45,8). Der Schwur auf das Haar (oder den Kopf) war ein Brauch, den Jesus nicht gutheißen konnte (Mt 5,36).

In Metaphern und Gleichnissen bezeichnet Haar eine nicht zu zählende Menge, Bedeutungslosigkeit und Genauigkeit (Ps 40,13; Mt 10,29f; Ri 20,16).

Literatur: L. Köhler: Der hebräische Mensch, 1980. D.F.P.

Darstellung auf einem Sarkophag: die ägyptische Prinzessin Kawit wird frisiert. Ca. 2100 v.Chr. (PAC)

Statuette aus Tello, Babylonien: Die Frau trägt das Haar offen, nur im Nacken wird es von gekreuzten Bändern zusammengehalten. Höhe 22 cm, Gips. Ca. 2600 v.Chr. (MC)

Kunstvoll zu einem Turban frisiertes Haar. Porträtbüste der Römerin Claudia Olympias. Ca. 115 n.Chr. (BM)

HABAKUK, BUCH.

1. Die literarische Konzeption des H.-Buches ist nicht leicht zu durchschauen, zumal der ursprüngliche Textbestand an vielen Stellen – auch an Schlüsselstellen wie 2,5 – nicht mehr zweifelsfrei geklärt werden kann.

Einigermaßen deutlich erscheint nach der Überschrift 1,1 ein doppelter Gesprächsgang: Auf die leidenschaftliche Klage des Propheten mit den aus dem Psalter bekannten »Urschreien« der Theodizee »Wie lange, Herr . . .?« und »Warum. . .?« (1,2-4) folgt eine erste Antwort Gottes (1,5-11): Das schnelle und grausame Volk der »Chaldäer« (Neubabylonier) wird Jahwe »aufstellen« mit verheerender Wirkung. Unklar bleibt der Sinn. Will das Gotteswort etwa nur die Klage bestätigen? Oder damit trösten, daß mächtige Eroberer die bisherige »Gewalt und Unterdrückung « (vgl. 1,2f) beenden werden? Wenn ja, haben dann die Chaldäer den Auftrag, Israel aus der Gewalt der Ägypter, die unter Necho II. vorübergehend (609-605 v.Chr.) noch einmal die Oberherrschaft über das Land ausübten, zu befreien? Oder sind sie zur Bestrafung israelit. Gewaltmenschen und Ausbeuter aufgeboten? Im zweiten Gesprächsgang enthüllt sich in der Klage des Propheten, daß die von Jahwe als Gerichtsvollstrecker eingesetzten Chaldäer ihren Auftrag weit überschreiten, wenn sie Menschen wie Fische im Netz wegschleppen und ohne Erbarmen ganze Völker morden (1,12-17). Die zweite Antwort Jahwes (2,2-4) besteht aus einer Anweisung zur Niederschrift der folgenden Offenbarung (2,2f) und der knapp for-

Das Bildnis einer unbekannten Römerin zeigt die Ende des 1., Anfang des 2. Jh.n.Chr. getragene Frisur (vgl. 1Petr 3,3). (BM)

Assyrischer Würdenträger mit langem, schwarzgelocktem Haar und Bart. Wandgemälde aus dem Palast von Til Barsip in Syrien. 8. Jh.v.Chr. (AP)

mulierten Ansage eines doppelten Ausgangs: »Siehe, an dem Vermessenen hat meine Seele keinen Gefallen, aber der Gerechte bleibt durch seine Treue leben.« (2,4).

Bei den fünf anschließenden Weherufen (2,5-20) kann man fragen, ob sie überhaupt von Anfang an gegen die babylon. Großmacht gerichtet waren. Daß sie 2,4 entfalten, wie manche Ausleger meinen, hat keinerlei Anhalt im Text.

Das Buch schließt mit einem mehrphasigen liturgischen Stück, das durch eine redaktionelle Überschrift (3,1) als »Bittgebet des Propheten Habakuk« ausgewiesen ist. Sein Aufbau ist trotz der Textverderbnis an mehreren Stellen klar genug zu erkennen; die häufige Annahme einer Heterogenität oder Mehrschichtigkeit ist überflüssig, wenn man sieht, daß der Prophet selber sein wohl im Heiligtum vorgebrachtes Gebet und die darauf erlebte Gotteserscheinung niedergeschrieben hat:

a. mit einer Rückbesinnung verbundener Bittruf um Erbarmen (V.2);

b. die Epiphanie als Antwort Gottes:

V. 3–7: »Er«-Schilderung (objektiv darstellender Stil),

V. 8-15: aus der Perspektive des Propheten (Anredestil);

c. die Reaktion des Propheten auf die Epiphanie (V. 16);

d. das aus der hautnahen Erfahrung Gottes resultierende Vertrauen: in der Vision des majestätisch von Paran kommenden Gottes ist ihm die baldige Befreiung von der frevlerischen Großmacht überwältigende Gewißheit geworden (V. 17-19).

2. Am ehesten dürften diejenigen Forscher im Recht sein, welche die Prophetie des Habakuk kurz vor 600 v.Chr. ansiedeln. Noch ist die erste Eroberung Jerusalems 598 v.Chr. nicht geschehen, und noch hat Israel einen Gesalbten (3,13). Aber schon gehört die relativ glückliche Regierungszeit des Königs *Josia (bis 609 v.Chr.) der Vergangenheit an und schon grollt der Donner der Chaldäer, einer aggressiven Weltmacht, vor dunklem Horizont (1,5ff).

Die Bedeutung des Buches liegt darin, daß wir in Habakuk einmal einen Vertreter der Kultprophetie näher kennenlernen (vgl. als Indizien den Titel »Prophet« 1,1; die Art des Offenbarungsempfangs 2,1; 3,2.16; die Psalmensprache 1,2ff.12f; 3,2.18f) Hier kommt einer jener sonst nur (meist kritisch) »besprochenen« (beamteten?) Propheten selbst zu Wort, über die etwa *Jeremia und *Micha mit so großer Bitterkeit urteilten: »Wenn sie mit ihren Zähnen etwas zu beißen bekommen, rufen sie Heil, aber wenn einer nicht gibt, was sie wünschen, dann eröffnen sie den Krieg gegen ihn« (Mi 3,5f). Im Unterschied zu den »freien Propheten« wie *Amos, Jeremia und Micha erscheint Habakuk nicht als der von Jahwe Bedrängte, sondern als der Jahwe mit der Frage nach seiner Gerechtigkeit in der Weltgeschichte leidenschaftlich Bedrängende. *Offenbarung wird ihm

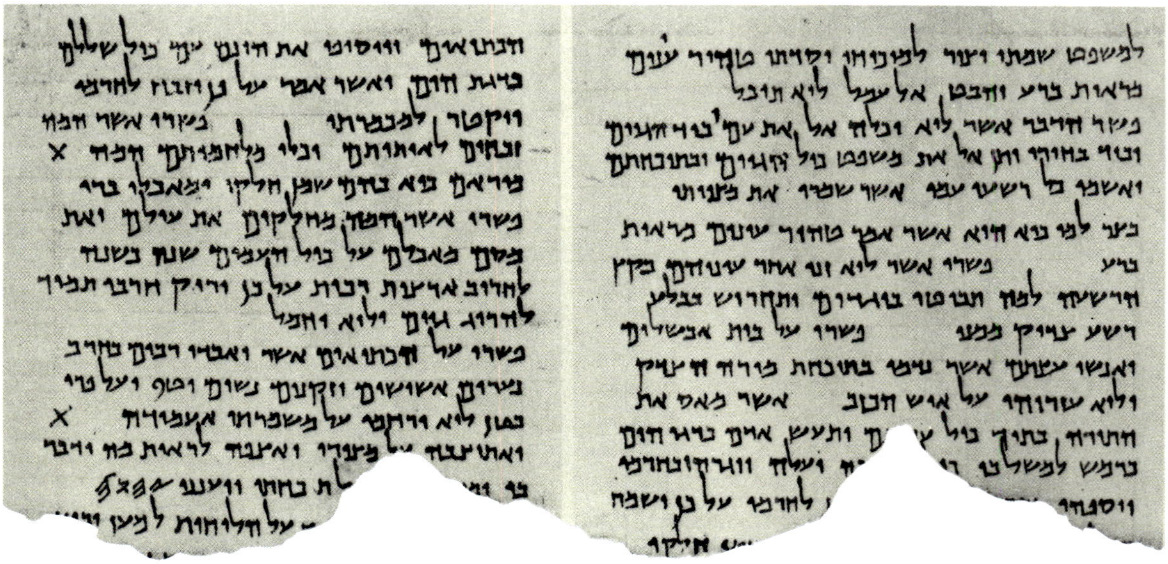

Teil eines Habakuk-Kommentars (1,12-2,2), aus den Schriftrollen vom Toten Meer. Der Kommentator war der Meinung, die Prophetie würde sich auf religiöse und politische Ereignisse seiner Zeit beziehen. 1. Jh.v.Chr. (JCT)

nicht aufgezwungen; vielmehr sucht er sie mit allen Mitteln herbeizuführen: »Ich will auf meinen Wachtturm treten . . . und spähe aus, um zu sehen . . .« (2,1). Im Offenbarungsempfang überwiegt das visionäre Moment (1,1.5; 2,1).

Alle diese Züge weisen schon zur späteren Apokalyptik (vgl. etwa Dan 10,2-5; 12,4.6.12 mit Hab 1,2ff; 2,1-4).

Literatur: K. Elliger: Das Buch der zwölf kleinen Propheten, ATD 25, 1975; P. Jöcken: Das Buch Habakuk. Darstellung seiner kritischen Erforschung, 1977; E. Otto: Die Theologie des Buches Habakuk, VT 35/1935, S. 274-95. W.G.

Der Fluß Habor (heute: Hābūr), der an den Ruinen von Gosan (Tell Halaf) in Syrien vorbeifließt. (JDH)

HABOR. Fluß (der heutige Habur), der das Wasser mehrerer Flüsse aus dem Mardin-Gebiet in südwestl. Richtung zum mittleren Euphrat führt. Er fließt durch die assyr. Provinz *Gosan (*nahar gōzān*, »Fluß von Gosan«), einen der Orte, an den die Israeliten von den Assyrern verbannt wurden (2Kön 17,6; 18,11; 1Chr 5,26). T.C.M.

HABSUCHT. Das Verlangen nach dem, was man nicht hat, beginnt mit der Unzufriedenheit mit dem, was man hat. Dieses selbstsüchtige Begehren ist Sünde, denn Unzufriedenheit beeinträchtigt nicht nur die Bruder- und Nächstenliebe, sondern ist auch eine Beleidigung des himmlischen Vaters, der für alle sorgt und jedem das gibt, was er zur Erhaltung des Lebens braucht (Mt 6,19-34). Ganz scharf urteilt die Bibel, daß der Habgierige ein Mensch ist, der dem Herrn abgesagt hat (Ps 10,3), ja, daß die Geldgier eine Wurzel alles Übels sei (1Tim 6,10). Weil H. Götzendienst ist (Kol 3,5), insofern als der Mensch Geld und Gut zu seinem Gott macht, soll der Christ sich davor hüten (Lk 12,15; Hebr 13,5).

Als wirksame Waffe gegen die Versuchung der H. gibt die Schrift dem Gläubigen das erste und letzte Gebot, die 4. Bitte des Vaterunsers (Mt 6,11) und die Verheißungen in Mt 6,33 und Hebr 13,5f. Wer diese Weisungen beachtet, gelangt zur Unabhängigkeit und rechten Freiheit den Menschen und dem Geld gegenüber und hat die Frömmigkeit, die zu allen Dingen nütze ist (1Tim 4,8; 6,6-8).

HACKE
s. Waffen u. Geräte

HADAD. Name einer syr. Gottheit (hebr. *hadad*; akkad. *[H]ad[d]u* oder *Adad*, »Donner«), der Gott des Sturms, der in den Ras-Schamra-Texten (*Ugarit) auch *Baal genannt wird. In Aleppo gab es einen Hadad-Tempel. Die Eigennamen Hadad sowie (als dialektale Variante) Hadar sind vermutlich Abkürzungen von Namen, die mit diesem göttlichen Element zusammengesetzt sind, wie z.B. *Hadad-Eser, *Ben-Hadad, *Hadad-Rimmon. Obwohl vier Herrscher des edomitischen Königreichs diesen Namen trugen, ist damit noch nicht bewiesen, daß H. ein spezifisch edomitischer Name war.

1. Enkel *Abrahams und Sohn *Ismaels (1Mo 25,15; 1Chr 1,30). Der Name H. aus dem MT wird durch Versionen der LXX gestützt, während »Hadar« dem syr. Text und anderen Ms-Quellen folgt.

2. Sohn Bedads, der aus Awit stammte und die Midianiter in der Ebene von Moab besiegte. Sein Nachfolger als König von Edom war Samla (1Mo 36,35f; 1Chr 1,46f).

3. Ein späterer König Edoms, der nach 1Chr 1,50 aus Pagu stammte.

4. Ein Edomiter der herrschenden Familie zur Zeit Salomos. Als kleines Kind floh er nach Paran, als Joab seine Familie ermordete, nachdem Edom von Juda erobert worden war. Er suchte Zuflucht in Ägypten, wo er die Tochter des Pharao heiratete; sein Sohn Genubat wuchs am ägypt. Hof auf. Als H. vom Tod Davids und Joabs erfuhr, kehrte er nach Edom zurück und intrigierte gegen Salomo (1Kön 11,14-22.25). D.J.W.

HADAD-ESER. Diesen aram. Eigennamen, der »[der Gott] *Hadad ist

[mein] Helfer« bedeutet, trugen mindestens zwei Könige der Region Damaskus (2Sam 10,16-19; 1Chr 18,3-8).

1. Hadad-Eser, Sohn Rehobs, war König von Zoba, östl. von Hamat. Sein Gebiet umfaßte einst Teile des Flußufers des Euphrat (2Sam 8,3). Er wurde von David geschlagen, und die vergoldeten Schilde seiner Leibwache wurden zusammen mit Beute aus den Städten Tebach und Berotai aus H.s Territorium trotz des Anrückens von Ersatztruppen aus Damaskus als Trophäen nach Jerusalem gebracht. Daraufhin sandte Toï von Hamat, sein Erzfeind, Geschenke an David (V. 10). H. regierte jedoch weiter in seinem Gebiet und unterstützte später die Ammoniter in ihrem Krieg gegen David (2Sam 10,16-19; 1Chr 18,3-8). Als die Israeliten die syr. Kräfte erneut besiegten, wurde *Reson, ein Flüchtling vom Hofe H.s König in Damaskus und intrigierte gegen Salomo (1Kön 11,23).

2. Ein H. (assyr. *Adad-idri*), König von Damaskus, wird als einer der Verbündeten genannt, der zusammen mit *Ahab von Israel *Salmanassar III. im Jahr 853 v.Chr. bei Karkar entgegentrat (DOTT, S. 47-48). D.J.W.

HADAD-RIMMON. In Sach 12,11 wird die künftige Klage um den leidenden Messias in Jerusalem mit der »von Hadad-Rimmon im Tal von Megiddo« verglichen. Im Doppelnamen scheint der westsemit. Vegetationsgott *Hadad mit dem ihm wesensverwandten Hauptgott von *Damaskus (2Kön 5,18), *Rimmon, verschmolzen zu sein. Die beiden Namen könnten sich aber auch auf *Baal in seiner Funktion als Donnergott beziehen. Die Textvarianten zeigen, daß schon früh Verständnisschwierigkeiten bestanden. 1. Möglich wäre die Anspielung auf eine Kultklage um H.R., die aber nirgends bezeugt wird (M. Delcor). 2. Wahrscheinlicher ist eine um den bei *Megiddo gefallenen *Josia gehaltene Königsklage (2Chr 35,25). Die Möglichkeit eines Ortsnamens zeigt das *Rimmon (arab. Rummanēh) nördl. von *Nazareth (Jos 19,13). In der Tat setzt Hieronymus (PL 25,1515) H.R. mit »Maximianopolis in der Ebene von Maggedon« gleich, das der Pilger von Bordeaux (333 n.Chr.) 17 Meilen (27 km) von *Cäsarea Maritima und 10 Meilen (15 km) von *Jesreel entfernt vorfand (CSEL 39,19). Das entspricht der Lage von El-Ledschūn (von latein. *legio*) am Paß von Megiddo, wo sich später ein röm. Militärposten befand (Z. Ilan, Z. Zuck: ESI 5,1986, 59f). Eine Erinnerung an den Namen H.R könnte aber auch das arab. Dorf Rummanēh 8 km südsüdöstl. von Megiddo erhalten haben.

Literatur: M. Delcor: VT 3 (1953) 67-77; H. Bardtke: BHH II, 1964, 621f; F.M. Abel: Géographie de la Palestine II, 31967, 340. R.R.

HADER, HADERN. Der Begriff H. bezeichnet in der Bibel:

1. Streit, Unfrieden und Feindschaft der Menschen untereinander (Spr 6,14).

2. Auflehnung des Menschen gegen Gott (1Sam 2,10; Jes 45,9).

3. Zorn Gottes dem widerstrebenden Menschen gegenüber (Jes 57,16; Ps 103,9).

HADERWASSER. (Hebr. *meribā*).

1. Quelle in der Nähe von *Kadesch, in der Wüste Zin (4Mo 27,14). Dort haderte Israel mit Mose, weil kein Wasser vorhanden war (4Mo 20,1ff). Der Ungehorsam des Mose und Aaron bei dieser Gelegenheit kostete sie das Betreten des verheißenen Landes (5Mo 32,51; Ps 106,32). Die Stätte lag an der Südgrenze Kanaans (Hes 47,19; 48,28).

2. Ein anderer Ort in der Nähe von Refidim trägt nach einem ähnlichen Ereignis ebenfalls den Namen H. (*Massa und Meriba; 2Mo 17,7).

HADONIRAM. (»Mein Herr ist erhaben«). Beamter, der während Salomos Herrschaft für die Zwangsarbeit verantwortlich war (1Kön 4,6; 5,28). Wahrscheinlich jener Adoram, der bereits während der Herrschaft Davids und Rehabeams (1Kön 12,18: »Adoram«; 2Sam 20,24: »Hadoram«; 2Chr 10,18) dafür verantwortlich war. Leute aus Israel steinigten ihn zu Tode, was den Auftakt ihrer Revolte und der Teilung der Monarchie unter Jerobeam im Jahre 922 v.Chr. bedeutete. D.W.B.

HAGAR. Semit. Name der Leibmagd *Saras, der »Flucht« bedeuten könnte (arab. *hegira*). Es ist anzunehmen, daß Abraham H. während seines Aufenthalts in Ägypten erworben hat.

Als Abraham und Sara an der Erfüllung der Verheißung (1Mo 15,2-6) eines Erben zweifelten, versuchten sie – in Übereinstimmung mit der damaligen Rechtsauffassung (belegt durch Texte aus Ur und Nuzi), aber gegen Gottes Willen – zu einem Sohn und Erben zu kommen. Sara bedrängte Abraham, einen Sohn mit ihrer Magd zu zeugen. So wurde *Ismael, der Sohn einer Sklavin (1Mo 16), geboren. Als H. schwanger war, verachtete sie ihre unfruchtbare Herrin Sara und floh vor deren Zorn in die Wüste. An einer Wasserquelle befahl Gott ihr, zu Sara zurückzukehren und versprach ihr viele Nachkommen. In Erinnerung an dieses Eingreifen Gottes nannte man den Brunnen »Brunnen des Lebendigen, der mich sieht« (*Beer Lahai Roi). Dann wurde Abraham und Sara der verheißene Sohn Isaak geboren (1Mo 21,1-7). Als Ismael Mutwillen mit Isaak trieb, befahl Gott Abraham (gegen die damaligen Sitten), H. und ihren Sohn zu vertreiben (Gordon, BA 3/1940, S. 3), denn das von Abraham ausgehende Geschlecht sollte nach Isaak benannt werden. Mit Ismael hatte Gott anderes vor (1Mo 21,12-14). In der Wüste zeigte Gott H., die den Ismael unter einen Busch gelegt hatte, um seinen Tod nicht mit ansehen zu müssen, eine Wasserstelle. Ismael wuchs in Paran (im NO des Sinai) als Jäger auf, und H. verschaffte ihm eine Frau aus ihrer ägypt. Heimat (1Mo 21,15-21).

Paulus tadelt die Gemeinde in *Galatien, weil sie nach einer »Rechtschaffenheit« trachtet, die sie durch eigene Anstrengung beim Befolgen der Gesetzesvorschriften erlangen will, anstatt fortzufahren im Glauben an Christus (Gal 3-5). Der Apostel erinnert an die Geschichte von H. und Ismael sowie an Sara und Isaak. Ismael war der durch menschliche Planung und Anstrengung geborene Sohn Abrahams und H.s, der Sklavin. Ähnlich waren auch die Juden (d.h. »das heutige Jerusalem«) »Söhne« des

Hadad, der syrische Sturmgott. Er steht auf einem Stier und hält Blitzbündel als Symbol seiner Macht in den Händen. Basaltstele aus Arslan Tasch, Syrien. Höhe 1,35 m. Ca. 740 v.Chr. (MC)

Bronzefigurine einer syrischen Gottheit, möglicherweise des Sturmgottes Hadad oder Rimmon (»Donnerer«). Höhe 11,4 cm. Spätes 2. Jt.v.Chr. (BM)

Sinai-Bundes; ihr Unvermögen, diesen Bund fehlerlos zu halten, verdeutlicht die Macht der Sünde und die Nichtigkeit des Versuchs, Gerechtigkeit durch eigenes Bemühen zu erlangen. Isaak war der verheißene Sohn, empfangen im Glauben, ein Geschenk der Gnade Gottes: seine Geburt versinnbildlicht den Bund der Verheißung und Gnade (vgl. 1Mo 15), und alle, die im Geist wiedergeboren sind und glauben, werden zu Isaak gerechnet. Da Isaak der wahre Erbe war, und H. und Ismael verstoßen wurden, wurde das Gesetz als begrenzte Phase in Gottes Heilsplan zu seiner Zeit durch den Bund des Glaubens ersetzt, der endgültig und ewig mit Christus geschlossen wurde (Gal 4,21-5,1). K.A.K.

HAGARITER. Ein Stamm oder Sippenverband, der östl. von *Gilead lebte und zur Zeit Sauls von Israeliten angegriffen wurde (1Chr 5,10.18-22); in Ps 83,6-8 werden die H. als Feinde Israels aufgeführt. Auf einer Inschrift von Tiglatpilesar III. (745-727 v.Chr.) werden sie in Verbindung mit aram. Stämmen erwähnt. Auch auf nabatäischen, sabäischen und anderen Inschriften taucht der Name auf. Vermutlich handelt es sich dabei um die bei Strabo, Ptolemäus und Plinius erwähnten Agraioi. Die Ähnlichkeit mit dem Namen *Hagar führte zu der Vermutung, daß sie von ihr abstammten (Ismaeliten); dies ist jedoch nicht zu belegen. R.P.G.

HAGEL. (Hebr. *barad;* griech. *chalaza*). H. entsteht bei der plötzlichen Abkühlung von mit Wasserdampf gesättigten Luftschichten. Wie alle Naturgewalten wird auch der H. in Ps 148,8 zum Lobpreis und zur Verherrlichung des Schöpfers aufgerufen.

In der Bibel erscheint der H. häufig als Strafgericht Gottes (Jes 30,30): über Pharao (2Mo 9,18.22; Ps 105,32), die Amoriter (Jos 10,11), Davids Feinde (Ps 18,13ff), Israel (Hag 2,17) und zuletzt in den Endgerichten Gottes über diese Erde (Offb 8,7; 16,21). Salmanassar V. (726-722 v.Chr. vgl. Jes 28,2.17) und Nebukadnezar (605-562 v.Chr.; vgl. Hes 13,11.13) werden wegen ihrer verheerenden Macht mit Hagelstürmen verglichen.

HAGGAI, BUCH.

I. INHALT.

Das Haggaibuch enthält vier Botschaften in zwei Kapiteln. Die erste ruft zum Bau des Tempels auf (1,1-15), die zweite spricht von der Herrlichkeit des neuen Tempels (2,1-9), die dritte von der notwendigen Heiligkeit der Bauleute (2,10-19) und die vierte enthält eine Verheißung für den Davididen *Serubbabel (2,20-23). Der Wiederaufbau des Tempels (Zweiter Tempel) bildet also das Hauptthema des Buches.

II. ABFASSUNGSZEIT UND VERFASSER.
Der Prophet Haggai (griech. *Aggaios,* latein. *Aggaeus,* auf deutsch vielleicht »meine Feste« mit der Bedeutung »der am Festtag Geborene«) war vermutlich ein Priester und trat in der Zeit vom 29. August bis zum 18. Dezember 520 v.Chr. auf, sehr wahrscheinlich sogar bis 515 v.Chr. (vgl. Esr 5,2ff; 6,14). Ob er selbst oder ein Schüler das Haggaibuch verfaßte, muß offen bleiben. Aber der Abstand von den tatsächlichen Geschehnissen kann nicht groß gewesen sein. Das Buch ist also spätestens 500 v.Chr. entstanden, eher etwas früher.

III. DIE ZEITGESCHICHTLICHE SITUATION
539 v.Chr. hatten die Perser die Babylonier besiegt und waren zur neuen Weltmacht aufgestiegen. 538 v.Chr. erlaubte der pers. König *Kyrus die Rückkehr der Juden aus dem Exil nach Jerusalem (vgl. 2Chr 36, 22f; Esr 1,1ff). 537 v.Chr. kehrten die ersten unter Serubbabel und dem Hohenpriester Josua zurück (Esr 1-3).

Die Rückkehrer betrieben rasch den Wiederaufbau des Tempels. Offenbar waren die im Lande verbliebenen Juden weniger am Wiederaufbau interessiert, da sie sich mit der Tempelruine abgefunden hatten (vgl. Jer 41,44f; Klgl 1,4.19; 2,9; 5,13f).

Da gelang es den Samaritanern, den Tempelbau zu stoppen. Von 536 bis 520 v.Chr. ruhte die Arbeit zwangsläufig aufgrund ihrer Intrigen. Nur der Brandopferaltar war restauriert (vgl. 3,2ff; 4,1-5.24). Inzwischen wurde jedoch Serubbabel offizieller pers. »Statthalter von Juda« (Hag 1,1.14; 2,2.21) – irgendwann zwischen 530 und 520 v.Chr. Es ist bemerkenswert, daß die Perser einen solchen Mann, der Davids Nachfahre und von fürstlicher Abstammung war, zum Provinzchef ernannten. Es war jedoch pers. Gewohnheit, »den Fürsten besiegter Völker die Statthalterschaft über ihr ehemaliges Reich« zu belassen (Sellin). Übrigens bleibt es umstritten, ob Juda damals eine eigene pers. Provinz bildete oder nur eine Unterprovinz der größeren Provinz Samaria. Jedenfalls gehörte es zur 3. pers. Satrapie, die Babylonien, Syrien und Palästina umfaßte (vgl. Esr 5,3-6,13). Eine neue Situation entstand auch durch die Thronbesteigung von Darius I. Hystaspes (522-485 v.Chr.), der nach schweren Kämpfen seinen Thron behaupten konnte. Was war

Diese Stele aus Kurch berichtet, daß Hadad-Eser (Adad-'idri), der König von Damaskus, seine Verbündeten, die mit ihm in Karkar, Syrien, gegen Salmanassar III. von Assyrien kämpften, mit 20000 Infanteristen, 1200 Kavalleristen sowie 1200 Streitwagen unterstützte. Einer seiner Bündnispartner, der hier auch namentlich erwähnt wird, war Ahab von Israel (Ahabbu māt Siralaia). *853 v.Chr.* (BM)

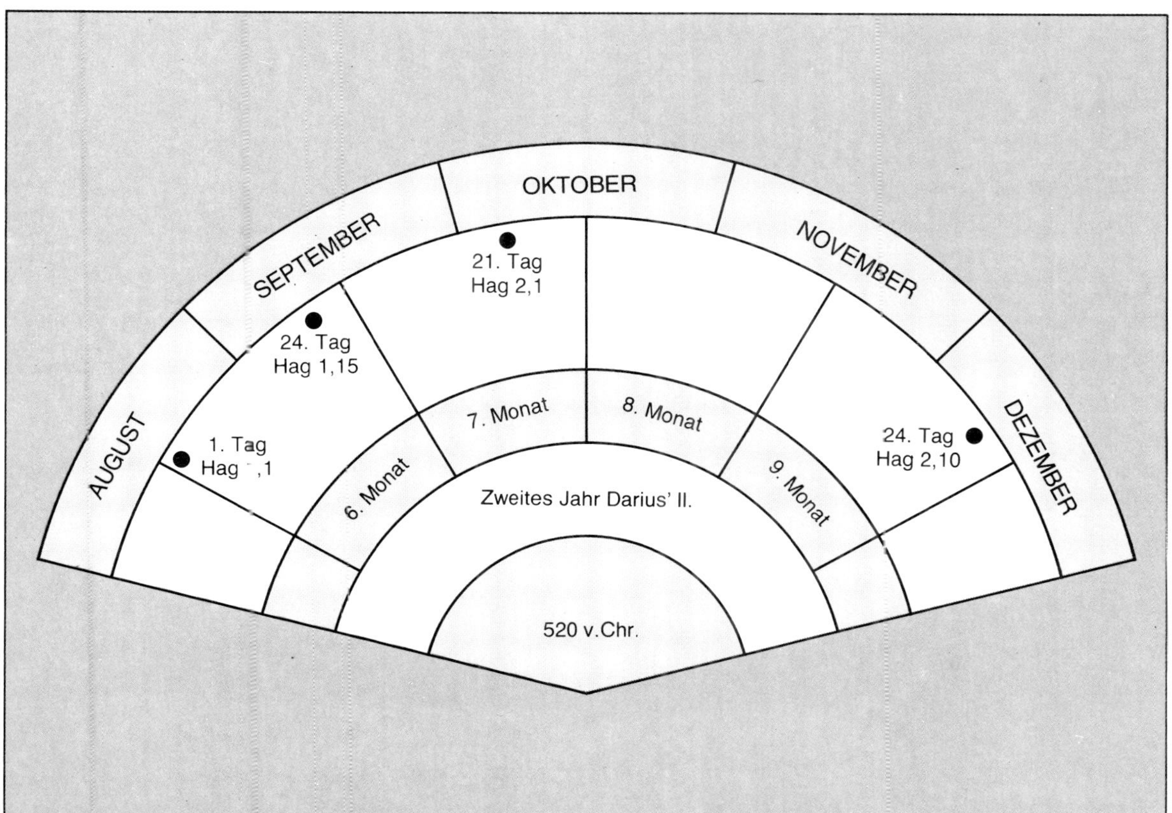

Historische Daten, denen im Buch Haggai prophetische Aussagen zugeordnet sind.

der innere Zustand Judas um 520 v.Chr.? Jahrelange Dürre, Mißernten, wirtschaftliche Not, Egoismus und geistliche Lähmung kennzeichneten die Lage (vgl. Hag 1,2ff.6.9ff; 2,15ff.19). In diese Lage hinein verkündete Haggai seine Botschaft.

IV. ZUR GESCHICHTE DES TEXTES UND SEINER AUSLEGUNG.
Die 1961 publizierten Funde aus dem Wadi Murabba'at bei Qumran enthalten auch Hag 1,12-2,10 und 2,12-23, also ca. zwei Drittel des hebr. Textes. Sie weichen nur an zwei Stellen (2,1; 2,3) geringfügig vom bisher bekannten hebr. Text ab. Dieser ist also außerordentlich zuverlässig.

Das Haggaibuch hat im Kanon einen festen Platz. Es steht sowohl in der hebr. wie in der griech. Bibel an 10. Stelle unter den »kleinen Propheten«. Seine kanonische Würde steht außer Zweifel.

Die Auslegungsgeschichte beginnt u.W. mit dem Sirachbuch (ca. 175 v.Chr.). In Sir 49,11f wird offensichtlich Hag 2,23 zitiert. Das 3. Esrabuch (ca. 150-100 v.Chr.) beschäftigt sich ebenfalls mit Serubbabel (3Esr 6,26ff). Qumran und der Talmud sind an Haggai interessiert. In b Megilla 3a wird zu Dan 10,7 erklärt, damals seien Haggai, *Sacharja und *Maleachi bei *Daniel gewesen. War also Haggai selbst ein Exilierter? Neben Sacharja und Maleachi gilt Haggai als einer der letzten Propheten (b Baba batra 15a; b Megilla 3a.15a). Die Rabbinen diskutierten z.B. Hag 2,10-14 (b Pesachim 166/176).

V. DIE BEZIEHUNG ZUM NEUEN TESTAMENT.
Hag 2,6.21 wird in Hebr 12,26f als Heilige Schrift zitiert, und als echte Prophetie auf die kommende eschatologische Verwandlung gedeutet.

Möglicherweise gehen die Jesusworte in Joh 14,27 und Mt 28,20 auf Hag 2,9 bzw. 1,13 zurück.

Serubbabel gehört in die Familientafel Jesu hinein (Mt 1,12f; Lk 3,27). So hat sich Hag 2,20ff in Jesus erfüllt.

VI. WESENTLICHE THEOLOGISCHE INHALTE.
1. Erster Schwerpunkt ist der Tempelbau. Auch Esr 5,1f; 6,14 markieren Haggai als den Propheten, der maßgeblich zum Wiederaufbau des Tempels beitrug. Größter Wert wird hier darauf gelegt, daß dem Bau die Umkehr vorausgeht und heilige Menschen bauen (Hag 1,2ff.12ff; 2,10ff). Bezüglich des Tempelbaus existiert also eine Verbindung zwischen Hesekiel und Haggai.

2. Zweiter Schwerpunkt ist die *Eschatologie. Vor allem hieran knüpft dann das NT an (s.o. V.). Prophezeit werden zum einen endzeitliche Ereignisse: Erschütterung des Kosmos und der Völkerwelt, Ende der Weltreiche, Herrlichkeit des neuen Tempels, messianischer Friede (2,1ff.20ff). Prophezeit wird zum andern der messianische Erlöser: Über den Davididen Serubbabel läuft die davidische Verheißung weiter. Er ist allerdings nur »Siegelring«, der nicht verlorengeht, und nicht schon der *Messias. Der Messias soll erst noch aus seinen Nachfahren kommen (2,20ff).

3. Manche Forscher meinen, Haggai habe in 2,10-14 die Samaritaner vom Tempelbau ausgeschlossen. Haggai sei also daran schuld, daß sich die Samaritaner vom Judentum abgespalten hätten. Diese Deutung beruht jedoch auf einem Mißverständnis. Denn Hag 2,10-14 richtet sich nicht gegen die Samaritaner, sondern an die Judenschaft selbst. Der Bruch mit den Samaritanern ereignete sich erst später.

4. Haggai gehört an einen wichtigen Wendepunkt der israelit. Geschichte. Einerseits setzt er die Mosebücher und die früheren Propheten voraus (vgl. Hag 2,10-14 mit 3Mo 6,11ff; 22,4; 4Mo 19,11ff; 5Mo 28 und 30; Hag 2,23 mit Jer 22,24ff; Hag 2,17 mit Am 4,9). Andererseits bildet er zusammen mit *Sacharja den Anfang einer neuen Epoche (vgl. Esr 5,1ff; 6,14). Beide wenden sich an Serubbabel und Josua (Hag 1,1ff; 2,20ff; Sach 4,6), beide ermutigen zum Tempelbau (Hag 1-2; Sach 4), beide verkündigen den messianischen Frieden (Hag 2,9; Sach 9,9ff); beide bemühen sich um die geistliche Wiederherstellung Israels nach dem Exil. Jedoch ist Haggai der lehrhaftere von beiden. Er eröffnet zusammen mit *Maleachi (vgl. Hag 2,10ff mit Mal 1,6ff) schon die Zeit der rabbinisch-jüd. Lehrüberlieferung.

Literatur: P.R. Ackroyd: Studies in the Book of Haggai, JJS 2/1951, S. 163-176; 3/1952, S. 1-13; F.I. Andersen: Who Built the Second Temple?, ABR 6/1958, S. 1-35; A. Bentzen: Quelques remarques sur le mouvement messianique parmi les juifs aux environs de l'an 520 avant Jésus-Christ, RHPhR 10/1930, S. 493-503; K.-M. Beyse: Serubbabel und die Königserwartungen der Propheten Haggai und Sacharja. AVTRW, 52/1971; G. Buccellati: Gli Israeliti di Palestina al tempo dell'esilio, BeO, 2/1960, S. 199-209; Th. Chary: Les prophètes et le culte à partir de l'exil, BT, 111/1955; A. Fernandez: El profeta Ageo 2, 15-18 y la fundacíon del segundo templo, Bib 2/1921, S. 206-215; K. Galling: Serubbabel und der Wiederaufbau des Tempels in Jerusalem, Verbannung und Heimkehr. FS Wilhelm Rudolph, 1961, S. 67-96; A. Gelston: The Foundations of the Second Temple, VT 16/1966, S. 232-235; E. Hammershaimb: Some Aspects of Old Testament Prophecy from Isaiah to Malachi, 1966; F. Hesse: Haggai, Verbannung und Heimkehr. FS Wilhelm Rudolph, 1961, S. 109-134; F. James: Thoughts on Haggai and Zechariah, JBL 53/1934, S. 229-235; E. Janssen: Juda in der Exilszeit, FRLANT 69 (= NF, 51), 1956; K. Koch: Haggais unreines Volk, ZAW 79/1967, S. 52-66; M.-J. Lagrange: Notes sur les propheties messianiques des derniers prophètes, RB 3/1906, S. 67-83; R.A. Mason: The Purpose of the 'Editorial Framework' of the Book of Haggai, VT 27/1977, S. 413-421; H.G. May: 'This People' and 'This Nation' in Haggai, VT 18/1968, S. 190-197; F.S. North: Critical Analysis of the Book of Haggai, ZAW 68/1956, S. 25-46; A. Poebel: Chronology of Darius' First Year of Reign, AJSL 55/1938, S. 142-165; 285-314; J.W. Rothstein: Juden und Samaritaner, BWAT 3/1908; G. Sauer: Serubbabel in der Sicht Haggais und Sacharjas. Das ferne und nahe Wort. FS Leonard Rost, hrsg. von F. Maass, 1967, S. 149-207; E. Sellin: Serubbabel, 1898; R.T. Siebeneck: The Messianism of Aggeus and Proto-Zacharias, CBQ 19/1957, S. 312-328; L. Waterman: The Camouflaged Purge of Three Messianic Conspirators, JNES 13/1954, S. 73-78. G.M.

HAHN
s. Tiere

HAKELDAMA. (Griech. *Akeldamach* von aram. *haqēl demā'*, »Blutacker«). Nach der Petrus-Rede in Apg 1,18f kaufte *Judas I. vom Verratsgeld dieses Grundstück. Weil er dort offenbar eines gewaltsamen Todes starb, wurde es »Blutacker« (griech. *chōrion haimatos*) genannt. Mt 27,3-10 spricht davon, daß die Hohenpriester für das Verratsgeld »den Töpferacker als Begräbnisplatz für die Fremden [d.h. jüd. Jerusalem-Pilger]« kauften. Gemäß dieser Fassung erhielt das Grundstück seinen Namen nach dem unschuldig vergossenen Blut Jesu (Mt 27,4) und dem dafür bezahlten Blutgeld (27,6). Der Ort des Selbstmordes von Judas wird bei Mt (27,5) nicht genannt. Die Unterschiede in den beiden unabhängigen Überlieferungen haben verschiedene Gründe. Wie es volkstümlichen Erzählungen entspricht, ist der vorhandene Ortsname etwas unterschiedlich erklärt. In der Formulierung der zwei Überlieferungen wurden in verschiedener Weise atl. Wendungen benutzt, die das Ende von Gottlosen beschreiben (Benoit, 169-176). Beide Traditionen stimmen aber darin überein, daß der Name »Blutakker« im Zusammenhang mit dem Verrat des Judas aufkam. Dagegen bleibt es reine Vermutung, der Acker habe seinen Namen daher bekommen, daß er mit einem Gemisch aus Blut und Wasser von den Tempelopfern (vgl. Mischna, Joma 5,6) gedüngt worden sei (Y. Yadin, Die Tempelrolle, 1985, 150–152).

Besonders Mt zeigt Ortskenntnis (Benoit, 179-181). Beim »Töpferakker« dürfte es sich um ein Gelände in der Nähe des »Scherben-(oder Töpfer)tores« (Jer 19,1f) handeln (vgl. Mt 27,9 mit Jer 18,1-3; 32,6-15), und das weist auf den Ausgang des *Hinnom-Tals. Hier sucht auch mindestens seit dem 4. Jh. die christl. Tradition (ELS 575-580) fast ohne Schwanken H. Das Gelände dürfte durch das griech.-orthodoxe Onophrius-Kloster und ein riesiges Grabgewölbe der Kreuzfahrer-Zeit (G. Dalman: Orte und Wege Jesu, ^{4}1967, 351f) in etwa bezeichnet sein. In der Nähe befinden sich Stollengräber (s.*Begräbnis- und Trauersitten II.5) aus ntl. Zeit. Ein Selbstmord des Judas an einer mit seinem Verrat verbundenen Stätte scheint aus psychologischer Erfahrung nicht unmöglich. Überhaupt hafteten ja an diesem Teil des *Hinnom-Tals schaurige Erinnerungen und Erwartungen. Vielleicht denkt Apg 1,18 auch daran, daß Judas kopfüber in ein Mas-

Blick über den Unterlauf des Hinnom-Tals, das heute zu den Grünanlagen Jerusalems zählt, nach Osten zum südlichsten Ölberg-Ausläufer (Berg des Ärgernisses). Auf der Ebene in der rechten Bildmitte liegt Hakeldama. (RR)

sengrab bei H. geworfen wurde (A. Schlatter: Topographie und Geschichte Palästinas, 1893, 217ff.).

Literatur: C. Schick: PEFQS 24 (1892), 283-289, G. Dalman: Jerusalem und sein Gelände, 1930, 207f; C. Kopp: Stätten der Evangelien, [2]1964, 408-411; P. Benoit: Exegese und Theologie, 1965, 167-181; G. Kroll: Auf den Spuren Jesu, [10]1987, 354f; H.J. Klauck: Judas, 1987, 92–109. R.R.

HAKEN.

1. Hebr. *chāch* (Hes 29,4; 38,4), *chāchī* (2Mo 35,22: »Spangen«; 2Kön 19,28; Jes 37,29: »Zaum« Hes 19,4.9 RevEB). Ein H. oder Ring wurde durch die Nase eines gezähmten Tieres gesteckt, um es zu führen bzw. bei einem wilden Tier, um es zu zähmen.

2. *chōchīm* (2Chr 33,11, »Nasenringe«). Assyr. Denkmäler verdeutlichen diese Methode, Gefangenen Nasenringe anzulegen.

3. *schepattayim* (Hes 40,43: »Gabelhaken«); möglicherweise ein zweizakkiger Haken zum Abziehen des Fells eines Tieres; die Bedeutung ist aber ungewiß.

4. *mazmērōt*, »Winzermesser« (Jes 2,4: »Sichel«; Jes 18,5; Mi 4,3: »Sicheln«). Kleine sichelförmige Messer der Winzer, die leicht in eine Kriegswaffe umzuwandeln waren und als solche wahrscheinlich auch benutzt wurden.

5. *waw* (2Mo 26,32: »Nägel«) wird nur in Verbindung mit dem Wandbehang der *Stiftshütte gebraucht.

6. Hebr. *agmon* (Hiob 40,25: »Angel«), *chakkā* (Hiob 40,26: »Haken«; Jes 19,8: »Angeln«; Hab 1,15: »Angel«), *sinnā* und *sīrōt dūgā* (Am 4,2: »Fischhaken«) und das griech. Wort *ankistron* (Mt 17,27: »Angel«) bedeuten alle »Fisch- bzw. Angelhaken«. N.H.

HAKKOZ. »Dornstrauch«.

1. Oberster der 7. Priesterabteilung z.Zt. Davids (1Chr 24,10). Glieder seines Geschlechtes kehrten mit *Serubbabel aus der babylon. Gefangenschaft heim, konnten aber ihre Abstammung nicht nachweisen und waren somit vom Priesterdienst ausgeschlossen (Esr 2,61.62; Neh 7,63.64). Nach Neh 3,4.21 scheint dieser Nachweis wenigstens einzelnen doch geglückt zu sein.

2. Nachkomme Judas (1Chr 4,8). An dieser Stelle fehlt der hebr. Artikel *ha*, darum lautet der Name nur Koz.

HALACH. Ort in Assyrien, an den die Israeliten aus Samaria verbannt wurden (2Kön 17,6; 18,11; 1Chr 5,26). Es gibt keinen Zweifel darüber, daß es sich um das assyr. Halachhu handelt, eine Stadt und einen Bezirk nordöstl. von Ninive, nach denen eines der Stadttore von Ninive benannt war. Andere Ortslagen von H. sind wenig wahrscheinlich. A.R.M.

Tirhaka von Ägypten und Äthiopien und Ba'ali von Tyrus werden als Gefangene des assyrischen Königs Asarhaddon dargestellt. Ihnen wurden Ringe durch die Nasen gezogen, an denen sie der Sieger führt. Diorit-Stele aus Zincirli, ca. 670 v.Chr. (SMB)

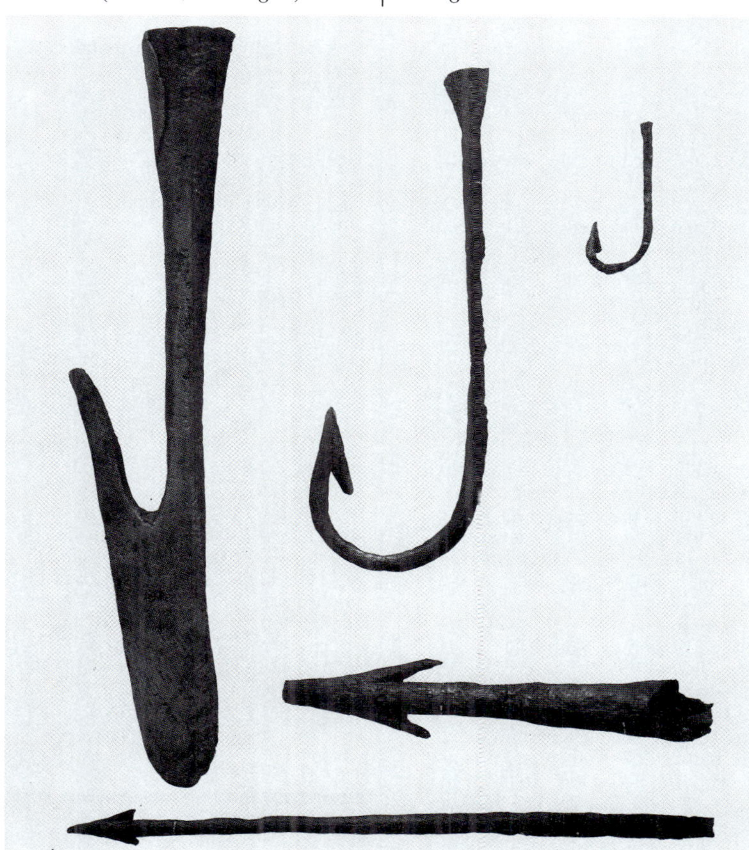

Fischhaken und Harpunen aus Kupfer und Bronze, die in der alten Stadt Ur nahe des Persischen Golfes gefunden wurden. Ca. 2800-2500 v.Chr. (BM)

HALHUL. (Hebr. *chalchūl,* vielleicht von *chll,* »bohren«). Ort in *Juda (Jos 15,58), nach Hieronymus (Onom 87,11f) bei *Hebron gelegen. Der Name ist durch das 7 km nördl. dieser Stadt liegende arab. Dorf H. erhalten, das die höchstgelegene Siedlung (1019 m) *Judäas bildet. In einer Moschee, der vielleicht eine byzantin. Kirche vorausging (Mader, 35-38), wird das Grab des Propheten *Jona gezeigt, das wohl schon in ntl. Zeit ein Teil der jüd. Tradition (Vit Proph 6) hier in der Grabstätte des Richters *Kenas gesucht hat (J. Jeremias: Heiligengräber in Jesu Umwelt, 1958, 88-90). Die ältere Überlieferung führt allerdings nach *Gat-Hefer in *Galiläa. Wahrscheinlich handelt es sich beim legendären Kenas-Grab um eine idumäische Überlieferung, die nach der Zwangsjudaisierung *Idumäas mit Jona verbunden wurde, um jeden prophetischen Anspruch Galiläas (vgl. Joh 7,52) abzuweisen. Etwa 1 km nördl. von H. in der Nähe des atl. *Bet Zur liegt an einem alten Straßenverlauf eine Quelle, die von der frühbyzantin. Tradition vielleicht richtig als Taufort des äthiopischen Kämmerers durch den Evangelisten *Philippus (Apg 8,26-40) bezeichnet wird (OLB 2, 715-718). Es sind nur noch spärliche Reste einer byzantin. Kirche vorhanden (Mader, 10-15).

Literatur: A.E. Mader: Altchristl. Basiliken und Lokaltraditionen in Südjudäa, 1918 (ND 1967); OLB 2, 669f. R.R.

HALLJAHR
s. Sabbatjahr

HALLELUJA. Dies ist eine Transkription des liturgischen hebr. Rufes *hallelū-jā,* »preiset den Herrn« (Jah ist die Abkürzung von Jahwe), der 24 mal in den Psalmen auftaucht. Obwohl H. nur eine Variante von mehreren Lobesrufen ist, deutet die Tatsache, daß sie mit einer Ausnahme (Ps 135,3) immer zu Beginn oder am Schluß eines Psalms steht, deren Verfasser alle unbekannt sind und die so vermutlich zu den späteren gehören, darauf hin, daß H. ein vereinheitlichter Lobesruf bei der Anbetung im Tempel nach dem Exil geworden war. Die Psalmen, in denen H. vorkommt, kann man einteilen: 1. Ps 104-105 (am Schluß), 106 (am Anfang und Ende, wobei letzteres ein Teil der Doxologie zum vierten Psalmenbuch ist). 2. Ps 111-113 (zu Beginn), 115-117 (am Ende); mit ziemlicher Sicherheit ist die LXX-Version richtig, die Wiederholung vom Ende des Ps 113 an den Anfang von Ps 114 zu setzen und so die Reihe zu vervollständigen. 3. Ps 135, am Anfang und Ende; die LXX stellt letzteren richtigerweise an den Anfang von Ps 136. 4. Ps 146-150 zu Beginn und am Ende eines jeden Psalms.

Aus dem NT ('Alleluja', Offb 19,1.3f.6) wurde der Ruf in den christl. Gottesdienst übernommen. Die meisten der Hallelujapsalmen spielen eine besondere Rolle im Synagogengottesdienst. Ps 113-118, das ägypt. Hallel, werden am *Passafest, zu *Pfingsten sowie zum *Laubhüttenfest und zum *Tempelweihfest gesungen: die Ps 113 und 114 werden vor dem Mahl gesungen, Ps 115-118 nach dem dritten Kelch (vgl. Mk 14,26). Die Ps 135-136 werden am Sabbat gesungen, und das große Hallel (Ps 146-150), mit Ps 145, bei allen Gottesdiensten am Morgen. H.L.E.

HALLE SALOMOS. (Griech. *stoa tou Solomōntos*). Einschiffige, über eine Länge von 400 Ellen (ca. 200 m) sich an der Ost-Mauer des herodianischen Tempelplatzes erstreckende Säulenhalle (Jos.ant.Jud. XX, 221; bell.Jud. V, 185). Der Name könnte damit zusammenhängen, daß bei der östl. Umfassungsmauer im Gegensatz zu den übrigen das ältere Mauerwerk aus pers. oder vorexilischer Zeit sichtbar war (E.M. Laperrousaz: Syria 52, 1973, 241-259), so daß man sie *Salomo zuschrieb. Die H.S. war Heiden zugänglich, diente als Ort von Predigt und Lehre, weshalb auch Jesus (Joh 10,23) und die Apostel (Apg 3,11; 5,12) hier wirkten.

Literatur: M. Hengel: ZDPV 99 (1983), 154. R.R.

HALS.

1. Das hebr. Wort *ʿōreph* wird für den Hals oder Nacken verwendet; es wird auch mit »Rücken« übersetzt, wenn es für Feinde, die umkehren und fliehen, gebraucht wird (z.B. 2Mo 23,27 RevEB). Es erscheint in der Schilderung von Konflikt- und Kampfsituationen (1Mo 49,8; Hiob 16,12) und wird bildhaft gebraucht zur Beschreibung der Harten oder Halsstarrigen, womit Unnachgiebig- oder Widerspenstigkeit gemeint sind (5Mo 31,27; 2Kön 17,14; Jes 48,4).

2. Auch der hebr. Ausdruck *gārōn* bezeichnet den H. (Jes 3,16; Hes 16,11) oder die Kehle (Ps 5,10; Jer 2,25) und somit auch die Stimme (Jes 58,1, »erhebe deine Stimme«, wörtl. »mit deiner Kehle«).

3. Das gebräuchlichste hebr. Wort für den H. allgemein ist *sawwā'r*; für das Tragen eines Jochs, das Knechtschaft symbolisiert (1Mo 27,40; Jer 30,8); für das Tragen eines Halsbands (1Mo 41, 42); für das Um-den-Hals-Fallen bei der Umarmung (1Mo 33,4) oder für den Nacken unter dem *Fuß eines Eroberers (Jos 10,24).

4. Das griech. Wort *trachēlos* findet sich im Zusammenhang mit der Umarmung (Lk 15,20), dem Unterjochtsein (Apg 15,10) und dem Urteilsspruch Jesu (Mt 18,6). Paulus spricht davon, daß Priszilla und *Aquila »ihren Hals hingehalten haben« und spielt dabei auf die röm. Todesstrafe der Enthauptung an (Röm 16,4). Von griech. *trachēlos* kommt das Verb *trachēlizō,* »den Hals oder die Kehle darbieten«, das in Hebr 4,13 im Partizip Perfekt des Passivs im Sinn von »bloßgelegt, aufgedeckt« verwendet wird. B.O.B.

HALSSTARRIG. Im Sinne von »ungehorsam, unbeugsam, eigensinnig« wird das Bild vom Zugtier gebraucht, das den Hals nicht beugt, um sich anschirren zu lassen. Hauptsächlich wird dieses Bild auf das Volk Israel angewendet, das der Lenkung Gottes hartnäckig widerstrebt, sich seiner Führung eigenwillig entzieht (2Mo 32,9; Jer 7,26; Apg 7,51).

HAM. (Hebr. *chām,* LXX: *cham*; Etymologie ungewiß).

1. Einer der Söhne Noahs, vermutlich der zweite (1Mo 5,32; 6,10; 7,13; 9,18; 1Chr 1,4.8; vgl. 1Mo 9,20-24) und Stammvater vieler Nachkommen (*Völkertafel). In 1Chr 4,40 sowie in den Ps 78,51; 105,23.27; 106,22 wird der Name zur Bezeichnung eines Zweiges seiner Nachkommenschaft verwendet: Ägypten (*Mizrajim). Von seinem bibl. Gebrauch her bezeichnet der Ausdruck »hamitisch« – nach dem heutigen Forschungsstand – für eine Gruppe von Sprachen, darunter auch Ägypt. Diese Bezeichnung beschränkt sich auf linguistische Merkmale, eine hamitische »Rasse« weist die gegenwärtige anthropologische Forschung nicht aus. Im bibl. Sinn dürfte jedoch die genetische Abstammung impliziert sein. Aufgrund der halbnomadischen Lebensform und Ehen zwischen Angehörigen verschiedener Völker sowie sprachlichen Wandels bedeutet gemeinsame Abstammung von Ham nicht unbedingt gemeinsame Heimat, Sprache oder sogar Rasse in einer erkennbaren Form. Es gibt mehrere Erklärungen für die Verfluchung *Kanaans aufgrund dessen, was H. getan hatte (1Mo 9,20-27). Plausibel wäre die, daß Kanaan etwas getan hatte, über das nicht berichtet wird, das aber wert war, verflucht zu werden, und daß der Ausdruck »sein jüngster Sohn« (*benō haqqātān,* wörtl. »sein Sohn/Enkel, der kleine«) in V. 24 auf Kanaan bezogen sein könnte. Dies würde mit der zweimaligen Aussage übereinstimmen (V. 18 und 22), daß Ham der Vater Kanaans war.

2. Ham. Der Name einer Stadt, deren Einwohner, die Susiter, durch Kedor-Laomer zur Zeit Abrahams vernichtet wurden (1Mo 14,5). Die Ortslage ist unbekannt; man vermutet sie im Transjordanland. In der LXX (*hama autois*) wird das hebr. *behām,* »in Ham«, wie *bāhem,* »mit ihnen«, übersetzt. T.C.M.

HAMAN. Im Buch *Ester erscheint H. als Wesir des *Ahasveros (Xerxes I., 485-465 v.Chr.), der aufgrund persönlicher Rachemotive plant, die im pers. Reich wohnenden Juden an einem bestimmten Tag (13. Adar) ermorden zu lassen. H. wird durch *Ester gestürzt und an dem Galgen erhängt, den er für *Mordechai, den Vetter und Vormund Esters, hatte errichten lassen (Est 7,10). H. wird als *Agagiter (Est 3,1) bezeichnet. Sein Name kann von dem der elamitischen Gottheit Hum(b)an abgeleitet sein.

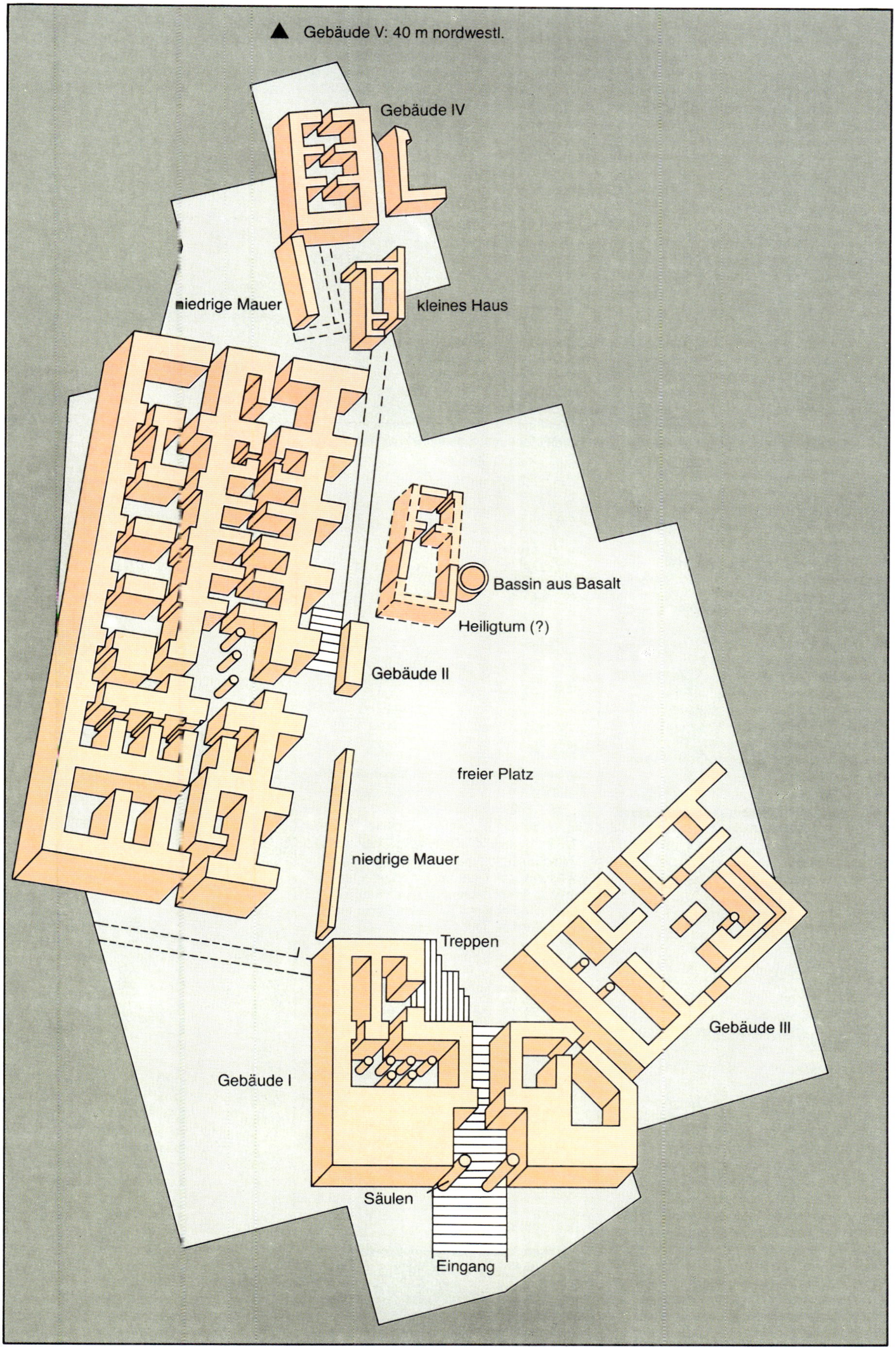

Diese Skizze zeigt die Anordnung der wichtigsten Gebäude der Zitadelle von Hamat vor ihrer Zerstörung durch Sargon II. von Assyrien.

»Hamat« (hmt), *in aramäischer Schrift in eine Elfenbeintafel geritzt, die vermutlich von Sargon II. (721-705 v.Chr.) erbeutet und nach Kelach/Nimrud gebracht wurde. 9,2 cm x 6,5 cm. 8. Jh.v.Chr.* (BSAI)

Die befestigte Stadt Hamat wird von der Armee Salmanassars III. von Assyrien angegriffen. Ein Bronzerelief von den Toren des Tempels in Balawat bei Nimrud (Irak). Ca. 845 v.Chr. (BM)

HAMAT-ZOBA
s. Zoba

HAMMER
s. Waffen u. Geräte

HAMAT. (Hebr. *chamat,* »Festung, Zitadelle«). Eine Stadt am Ostufer des Orontes, an einem der Haupthandelswege von Kleinasien nach S. Nach 1Mo 10,18 ist H. eine kanaan. Stadt. Zu Davids Zeit, unter König Toï, war sie Israel freundlich gesinnt (2Sam 8,9f; 1Chr 18,9f). In 2Sam 8,10 wird Toïs Sohn Joram genannt. Dies ist wahrscheinlich eine Kurzform von *Hadoram (1Chr 18,10). Salomo beherrschte die Stadt (2Chr 8,4), später wurde sie von Jerobeam II. (ca. 780 v.Chr., 2Kön 14,28) und Sargon II. (ca. 721 v.Chr., vgl. 2Kön 18,33f; Jes 36,18f; 37,13.18f) erobert. Ein Teil ihrer Bewohner wurde von den Assyrern in *Samaria angesiedelt, wo sie ihre Gottheit Aschima verehrten (2Kön 17,24ff). Ein dänisches Team legte zwischen 1931 und 1938 Paläste aus dem 9. und 8. Jh.v.Chr. frei (s. E. Fugmann: Hama, l'Architecture des périodes préhellénistiques, 1958). Es wurden Inschriften in hetitischen Hieroglyphen, Keilschrift und Aramäisch gefunden. Nach der babylon. Chronik holte Nebukadnezar die 605 v.Chr. aus Karkemisch fliehenden Ägypter in Hamat ein (vgl. D.J. Wiseman: Chronicles of Chaldean Kings, 1956, S. 69). In griech. und röm. Zeit war die Stadt unter dem Namen Epiphaneia bekannt; heute heißt sie Hama. Die Nordgrenze Israels reichte in der Idealvorstellung bis »Labo von Hamat«, das mit »dahin, wo es nach Hamat geht« wiedergegeben wurde, z.B. 4Mo 34,8; Jos 13,5; Am 6,14; vermutlich handelt es sich um das heutige Lebwe, nordnordöstl. von Baalbek, an der Wasserscheide des Beka-Tals, nahe einer Quelle des Orontes, sowie an einer Richtung N nach H. führenden Straße gelegen (vgl. R. North: Mélanges de l'Université S.Joseph, 46/1970-1, S. 71-103). J.G.G.N./A.R.M.

HAMMAT. (Hebr. *chammath,* »heiße Quelle«). Ort in *Naftali (Jos 19,35), der auch als Levitensiedlung in Jos 21,32 (*Hammot-Dor) und 1Chr 6,61 (*Hammon) erwähnt wird. H. ist gleichzusetzen mit den heißen Quellen von Hammam Tabarîje (neuhebr. Hammej Teverja) auf dem Gebiet des ntl. *Tiberias.

Literatur: F.M. Abel: Géographie de la Palestine II, ³1967, 342. R.R.

HAMMON. (Hebr. *chamōn,* »heiße Quellen«?). Nördl. Grenzort von *Asser (Jos 19,28), der mit dem arab. Dorf Umm El-ʿAwamid, 8 km nördl. von der libanesisch-israelischen Grenze bei Rosch Ha-Niqra an der Mittelmeerküste, zu identifizieren ist. Hier fand E. Renan einen dem »Milk-Astart, dem Gott von Hammon« geweihten Stein. In 1Chr 6,61 ist das Hammot-Dor von Jos 21,32 in H. verschrieben.

Literatur: F.M. Abel: Géographie de la Palestine II, ³1967, 342. R.R.

HAMMURABI. (Akkad. [amorit.] *Hammu-Rapi,* »[der Gott] Hammu heilt«).

1. König von Babylon, ca. 1792-1750 v.Chr., sechster König in der Linie der ersten amorit. Dynastie.

2. Der Name zweier Könige von Jamhad (Aleppo), der erste ca. 1760 v.Chr.

3. König von Kurda, Mitte des 2.Jt.v.Chr.

4. Verbreiteter Eigenname im 2.Jt.v.Chr., besonders in Obermesopotamien. Früher wurde 1. mit Amrafel (1Mo 14,1) identifiziert.

Ein Text aus *Mari berichtet, daß H. (1.) als »Herrscher von Babylon« 10 oder 15 Könige hatte, die »mit ihm gingen«, genau wie sein Zeitgenosse Rim-Sin von Larsa, während Ibal-Piel von Eschnunna 20 hatte. Aus dem gleichen Mari-Brief geht hervor, daß all diese Regenten weniger Macht besaßen als der Herrscher von Jamhad. Anfänglich wollte H. die Kontrolle über *Babylonien und die Wasser des Euphrat erlangen. Bis zum Jahr 1764 v.Chr. hatte er eine Koalition, bestehend aus Soldaten von Assur, Eschnunna und Elam, geschlagen. Im Jahr darauf besiegte er Rim-Sin und 1761 v.Chr. wurde Zimrilim von *Mari geschlagen. H. zeichnete ein besonderer Herrschaftsstil aus, mit dem er versuchte, Mesopotamien unter einem einzigen Herrscher zu vereinigen. Heute wird er als schwacher Administrator eingestuft. Eine Auswahl seiner Rechtsansichten (sie stellen keinen »Kodex« dar, z.B. fehlen Gesetze bezüglich Mord) ist überliefert auf einer Dioritstele, die 1902 bei Susa gefunden wurde. Darauf berichtet H. dem Volksgott Marduk über seine Rolle als »König der Gerechtigkeit« gegen Ende seiner Regierungszeit. Die 282 Abschnitte der Gesetze H.s decken in etwa die Bereiche Diebstahl (1-25), Eigentum (26-49), Handelsrecht (100-126), Ehe (127-161), Priesterinnen (178-184), Adoption (185-194), Körperverletzung (195-240), landwirtschaftliche Angelegenheiten (241-267), Preise und Löhne (268-277) sowie Sklaven betreffend (278-282) ab. Einige Fallbeispiele ähneln früheren Gesetzessammlungen (Ur-Nammu, Lipit-Ischtar, Eschnunna). Bestimmte Sätze aus H.s Sammlung sind inhaltlich mit atl. Texten vergleichbar, z.B. falsche Zeugen betreffend (2Mo 23,1-3; 5Mo 19,16-20), Recht von Sklaven (vgl. 2Mo 21,1f), Verlust von zur Aufbewahrung gegebenen Tieren (vgl. 2Mo 22,9-14). Eine Reihe von Fällen betreffend Ehe, Scheidung und sexuelle Vergehen, z.B. die Todesstrafe für beide Seiten bei Ehebruch mit einer verheirateten Frau (vgl. 5Mo 22,22) wird ähnlich behandelt. In anderen Fällen sind die Vergehen die gleichen, die Strafen jedoch unterschiedlich, wobei die hebr. durchweg die humaneren sind. In den meisten Fällen bestehen Unterschiede in der juristischen Behandlung, aber ein exakter Vergleich mit dem AT ist schwierig, da nur der ermittelte Tatbestand (ohne Beweise) genannt wird, gefolgt vom mündlichen Rechtsspruch. Deshalb repräsentieren die Gesetze H.s eine lokale babylon. Manifestation der Einstellung gegenüber Gesetz und Ordnung, die eine Zeitlang in einem großer Teil des alten Vorderen Orients herrschte.

Literatur: AOT, S. 380-410. D.J.W.

HAMOR. (»[männl.] Esel«). Name des Herrschers der Stadt *Sichem zur Zeit Jakobs (1Mo 33,19-34,31), von deren Einwohnern (wörtl. »Söhnen«, eine übliche semit. Wendung) *Jakob ein Stück Land erwarb (1Mo 33,18ff; Jos 24,32). Sowohl H. als auch sein Sohn Sichem fielen bei dem Blutbad, das *Simeon und *Levi an den männlichen Einwohnern der Stadt als Rache für die Schändung ihrer Schwester *Dina anrichteten. Während der Zeit der Richter war H.s Name noch immer mit Sichem verbunden (Ri 9,28). Im NT, in seiner dramatischen Rede vor dem Hohen Rat, sieht *Stephanus Abrahams Kauf der *Machpela-Höhle und Jakobs Erwerb des Landstücks bei Sichem zusammen – Merkmal einer aus dem Stegreif erzählten Geschichte Israels und kein Fehler des Lukas (Apg 7,16).

In bibl. Zeit war die Benutzung von Tiernamen für Personen wie z.B. Hamor, »Esel«, nicht ungewöhnlich. Vgl. Meranum (»Welpe«), der Name eines Arztes auf den Mari-Tafeln aus der Zeit der Patriarchen (Bottéro und Finet: Archives Royales de Mari, 15, 1954, S. 152; vgl. Mendenhall: BASOR 133, 1954, S. 26). Auch Ägypten bietet viele Beispiele dafür. Das Töten eines Esels war mitunter Teil eines Bündnisschlusses (Mendenhall, op.cit.); den Ausdruck »Söhne des Hamor« aber als »Mitglieder eines Bündnisses« zu interpretieren, wie es von Albright (Archaeology and the Religion of Israel, 1953, S. 113) vorgeschlagen wurde, ist unnötig. »Sohn« eines Ortes oder einer Person bedeutet oft lediglich ein Einwohner dieses Ortes oder ein Mitglied des Stammes zu sein, vgl. die häufige Wendung »Kinder (Söhne) Israels«, »Töchter Jerusalems«. K.A.K.

Dieses Bildnis aus schwarzem Granit (Diorit) zeigt vermutlich Hammurabi, den König von Babylon (ca. 1792-1750 v.Chr.). Aufgefunden in Susa, Iran. Höhe ca. 15 cm. (MC)

Reliefplatte aus Kalkstein mit einer Abbildung des Königs Hammurabi von Babylon. Der Provinzstatthalter Itur-aschdum widmete sie der Göttin (Asch)ratum. Breite 38 cm. Ca. 1760 v.Chr. (BM)

HANAN. Kurzform von Hananja.

1. Sohn Maachas, einer der Helden Davids (1Chr 11,43).
2. Benjaminit, Sohn Schaschaks (1Chr 8,23).
3. Benjaminit aus der Nachkommenschaft Sauls und Jonatans (1Chr 8,38; 9,44).
4. Sohn Jigdaljas. Seine Söhne besaßen z.Zt. Jeremias eine Kammer am Tempel (Jer 35,4).
5. Stammvater einer Familie der Tempelknechte, die mit Serubbabel aus der Verbannung zurückkehrte (Esr 2,46; Neh 7,49).
6. Levit z.Zt. Nehemias (Neh 8,7; 10,11), vielleicht derselbe wie der Sohn Sakkurs (Neh 13,13).
7. Zwei Familienhäupter, die unter Nehemia die Verpflichtung auf das Gesetz unterzeichneten (Neh 10,23.27).

HANANEL. Nach Neh 3,1 ein Turm in *Jerusalem, zwischen dem Schaf- und dem Fischtor im NO der Stadt gelegen. Er wird mit dem »Turm der Hundert« in Verbindung gebracht. Einige Gelehrte setzen sie auch gleich oder rechnen sie zu derselben Festung. Die hebr. Schreibweise lautet *chanan'ēl*, »Gott ist gnädig«.

HANANI. Kurzform von *Hananja.
1. Levit und Leiter der 18. Musikabteilung des Tempels z.Zt. Davids (1Chr 25,4.25).
2. Seher und Vater des Propheten *Jehu. *Asa hatte ihn ins Gefängnis werfen lassen, weil H. sein Bündnis mit dem heidnischen König Ben-Hadad von Syrien getadelt hatte (1Kön 16,1; 2Chr 16,7-10).
3. Bruder Nehemias, der ihm zuerst von der Not der Juden im zerstörten Jerusalem berichtete (Neh 1,2ff). Zusammen mit H., dem Burgvogt, hatte er später die oberste Befehlsgewalt in Jerusalem (Neh 7,2).
4. Priester aus dem Geschlecht Immers, der eine heidnische Frau genommen hatte (Esr 10,20).
5. Levit z.Zt. Nehemias (Neh 12, 36).

HANANIAS. Griech. Form des hebr. Namens Hananja (»Jahwe ist gnädig gewesen«).
1. Apg 5,1ff: ein Glied der *Urgemeinde in Jerusalem, dessen Beitrag für die gemeinsame Kasse niedriger war, als er behauptete; er fiel tot zu Boden, als seine Unehrlichkeit aufgedeckt wurde.
2. Apg 9,10ff: ein Nachfolger Jesu in Damaskus, ein frommer Mann nach dem Gesetz, der sich mit Saulus von Tarsus unmittelbar nach dessen Bekehrung befreundete und ihm den Auftrag Christi übermittelte.
3. Apg 23,2; 24,1: H., Sohn des Nedebäus, war von 47-58 n.Chr. Hoherpriester und Präsident des *Sanhedrin zu der Zeit, als Paulus sich vor diesem Gremium zu verantworten hatte. H. war bekannt für seine Habgier. Im Jahr 66 wurde er von den Zeloten wegen seiner pro-röm. Sympathien getötet. F.F.B.

HANANJA. (»Jahwe ist gnädig gewesen«). Ein hebr. Name, der oft im AT und in seiner griech. Form *Hananias/Ananias auch in späterer Zeit auftaucht.
1. Ein Kultprophet, Sohn Asurs, dem Jeremia widerspricht (Jer 28), nachdem er öffentlich im Tempel erklärt hatte, daß in zwei Jahren – entgegen Jeremias Prophezeiung von 70 Jahren (25,12) - die Beute, die Nebukadnezar aus Jerusalem mitgenommen hatte, zurückgegeben würde, die Gefangenen zurückkehren würden und die Macht Babylons gebrochen sein würde. Er bekräftigte seine Worte, indem er als symbolische Handlung das Joch um Jeremias Hals entfernte, das dieser als Symbol der Unterwerfung unter Babylon trug (27,2f.12), und zerbrach. Jeremias Anklage »Der Herr hat dich nicht gesandt« (28,15) bewahrheitete sich durch den Tod H.s zwei Monate später.
2. Vater eines Prinzen unter Jojakim, König von Juda (Jer 36,12).
3. Großvater Jirijas, des Wachoffiziers, der Jeremia als vermeintlichen Überläufer festnahm (Jer 37,13).
4. Einer von Daniels Gefährten während der Gefangenschaft, der in Schadrach umbenannt wurde (Dan 1,6f.11.19).
5. Sohn Serubbabels (1Chr 3,19.21).
6. Ein Benjaminiter (1Chr 8,24).
7. Anführer einer der Musikgruppen, die von David für den Tempelgottesdienst bestimmt wurden (1Chr 25,4.23).
8. Hauptmann in Usijas Armee (2Chr 26,11).
9. Burgvogt, dem Nehemia die Verantwortung für Jerusalem übertrug (Neh 7,2).
10. Verschiedene Personen, die in den Aufzählungen von Esra und Nehemia auftauchen (Esr 10,28; Neh 3,8.30; 12,12.41). J.B.Tr.

»Martha, die Tochter Hananjas« (Mrth bt Hnnyh): *Inschrift auf einem in Jerusalem aufgefundenen Ossuar. Auf solchen Behältern für Gebeine mußte zur Identifizierung der Name des Toten stehen. 40 v.Chr.-70 n.Chr.* (JPK)

Frauen und Kinder klatschen in die Hände bei einer Prozession elamitischer Musikanten anläßlich der Thronbesteigung des Prinzen Ummanigasch. Relief am Palast Assurbanipals in Ninive. Ca. 640 v.Chr. (BM)

HAND. Im Vergleich zum griech. Wort *cheir* (das nur mit »Hand« übersetzt wird, in zusammengesetzten Wörtern wie z.B. *cheiropoiētos*, »mit den Händen gemacht«), haben die beiden am häufigsten mit »Hand« übersetzten Begriffe im Hebr. eine sehr weite Bedeutung. *yād* wird ebenso wie *kaph* unterschiedlich übersetzt, wobei sich alle auf die primäre Bedeutung »Aushöhlung« oder »Handfläche« beziehen, die ihren Ursprung in einem Ausdruck haben, der »gebogen« oder »gekrümmt« bedeutet. *Kaph* ist ebenfalls ein Buchstabe des hebr. Alphabets, der wahrscheinlich seine Form beschreibt. Im hebr. Denken hat die H., ähnlich wie andere Körperteile, nahezu autonome Funktionen (1Sam 24,11). Die Ausgeglichenheit der Ausdrücke »meine Kräfte« und »meiner Hände Stärke« in 5Mo 8,17 sowie weitere Beispiele von Parallelismus deuten an, daß es keine absolute Autonomie bedeutete, da der ursprüngliche Bezug auf der Aktion des ganzen Individuums liegt, auch wenn die Aufmerksamkeit gleichzeitig speziell auf das ausführende Körperteil gerichtet ist (vgl. Mt 5,30). Wie der *Arm wird auch die H. (besonders die rechte) als Symbol von Macht und Gewalt gebraucht. Bei der H. jedoch geht die figurative Bedeutung noch einen Schritt weiter als bei »Arm«, s. z.B. Jos 8,19. In einigen sehr gebräuchlichen Ausdrücken wird die H. als Symbol der Macht verwendet, z.B. »in« oder »aus der Hand seiner Feinde« (Ps 31,16; Mk 14,41). Umgekehrt symbolisiert das Fallenlassen der Hände Schwäche oder Mangel an Entschlossenheit; die Hände stärken heißt, dem abzuhelfen (Jes 35,3; Ri 9,24). Linkshänder werden besonders erwähnt (Ri 3,15). Das Erheben der Hände ist ebenso ein Zeichen von Gewalt (1Kön 11,26) wie von demütiger Bitte (2Mo 9,33; 17,11; Ps 28,2), wobei die *Gestik die Tat verdeutlicht. Das Wort *kaph,* das auf die offene Handfläche hinweist, wird häufiger in letzterem Sinn verwendet. Durch einen Händedruck (Hiob 17,3; RevEB) wurde ein Vertrag geschlossen, ebenso durch das Legen der H. unter die *Hüfte (1Mo 24,9) des anderen oder das Heben der H., wie es heutzutage im Gerichtssaal gemacht wird (1Mo 14,22; 2Mo 17,16). Die Berührung durch die Hände einer Person hielt man für die Übertragung von Autorität, Macht oder Segen, wobei die rechte H. diesbezüglich bedeutsamer als die linke war; oft wurden aber beide Hände benutzt (1Mo 48,13f; 5Mo 34,9). Das Auflegen der Hände des Opfernden auf den Kopf des Opfertiers bedeutete vermutlich Identität mit dem Opfer (3Mo 1,4). Die Weitergabe des Heiligen Geistes oder das Vollbringen von Wundern geschieht im NT durch das Auflegen der Hände (Mk 6,5; Apg 8,17-19; 19,11 vgl. *Handauflegung). Dies ist ein Hinweis darauf, daß es im hebr. Denken, und in einem gewissen Umfang auch im NT, eine enge Beziehung zwischen »Körper« und »Geist« gab, die nach griech. Denken getrennt gesehen werden.

»Absaloms Mal« (2Sam 18,18) heißt wörtl. »Absaloms Hand«. B.O.B.

HANDAUFLEGUNG.
Handauflegung oder Erheben der Hände gehört zur Segnung (*Segen); so hat auch Jesus gesegnet (vgl. Mk 10,16; Lk 24,50). Bei Krankenheilungen hat Jesus ebenfalls die Hände aufgelegt (Mk 6,5; 8,23.25; Lk 4,40; 5,13; 13,13). Seinen Jüngern hat er befohlen, dasselbe zu tun (Mk 16,18); so wird diese Praxis auch von den ersten Christen berichtet (Apg 9,17; 28,8). Über dem allem aber bleibt klar: »Jesus Christus macht gesund« (vgl. Apg 9,34; siehe auch Apg 3,6f; 3,12ff). Die H. ist also weder magisch zu verstehen noch symbolisch, als ob von einem Menschen eine geistliche Segenskraft zum Kranken hinüberfließen würde. Glaube an den rettenden Jesus und Gesundheit sind beide durch den auferstandenen lebendigen Jesus gewirkt (vgl. Apg 3,16). Mit der H. der Nachfolger Jesu wird diese rettende Zuwendung Jesu »auf den Kopf zugesprochen«.

Die Ausgießung des Heiligen Geistes ist nicht an eine H. gebunden (vgl. Apg 10,44-48), kann sich aber mit der fürbittenden H. verbinden (vgl. Apg 8,14-19; 19,1-6). Auch hier geht es um das Erbitten und um den auf die Person gezielten Zuspruch der rettenden Zuwendung Jesu, die verläßlich ist. So wenig Menschen den Segen der Taufe vermitteln (vgl. 1Kor 1, 14ff), so wenig »vermitteln« Menschen den Segen des Heiligen Geistes durch die H.

Besonders deutlich wird die H. im Zusammenhang mit einer Einsetzung in ein geistliches Amt bezeugt: Die Leviten werden durch »die Israeliten« mittels Handauflegung zum Dienst berufen (4Mo 8,10); Josua, »in dem der Geist ist«, wird von Mose durch H. zum »Hirten« des Volkes Israel bestellt (4Mo 27,15-23). In gleicher Weise werden in der Gemeinde des Neuen Bundes die sieben Almosenpfleger, »Männer voll heiligen Geistes und Weisheit«, zum Dienst in der Gemeinde durch H. und Gebet bestellt (*Diakon); Paulus und Barnabas werden zur ersten Missionsreise durch die Gemeinde mit Gebet und H. entsandt (Apg 13,1-3). Solche Berufung zum Dienst soll nicht »zu bald« erfolgen (1Tim 5,22; vgl. 1Tim 3,6.10); es soll offensichtlich eine Zeit der Bewährung vorausgehen. Bei wem aber durch Männer mit geistlichem Durchblick besondere Gaben zum Dienst in der Gemeinde erkannt worden sind, den berufen *Älteste durch H. fürbittend und segnend zu solchem Dienst (vgl. 1Tim 1,18; 4,14). Aber auch die so erkannte, bestätigte und in Dienst genommene Gabe kann unwirksam werden, wenn sie nicht gebraucht wird (1Tim 4,14), wenn sie nicht »erweckt« wird (2Tim 1,6). Die unter H. segnend zugesprochene Dienstgabe hat es nicht mit aufsehenerregenden Wunderkräften zu tun, sondern mit dem »Geist der Kraft, der Liebe und der Besonnenheit«, der im Gegensatz steht zum »Geist der Furcht« (2Tim 1,7).

Es geht nicht an, aus der bibl. Erwähnung dieser ordinierenden H. eine Theorie zu konstruieren, daß neben der allgemeinen Ausgießung des Heiligen Geistes die H. eine »zweite Geistausgießung« und verbunden mit der Übertragung außerordentlicher Geistesgaben eine zusätzliche Geistes-»fülle« vermittele.

Literatur: E.Lohse: ThWNT IX, 1973, S. 417f.420ff. R.S.

Syrische Botschafter am ägyptischen Hof erheben bittend ihre Hände. Darstellung aus dem Grab des Sebek-hotep in Theben. Ca. 1420 v.Chr. (BM)

HANDEL und VERKEHR.

I. HANDEL.
Handel, die professionelle Vermittlung des Gütertauschs zwischen Produzenten und Verbrauchern, wird dort möglich und nötig, wo die gesellschaftliche und technische Entwicklung Bedürfnisse weckt, die durch die autarke Hauswirtschaft nicht befriedigt werden können. Vor allem die – im Vorderen Orient um die Wende vom 4. zum 3. Jt. aufkommende – Stadtkultur schuf mit ihrer geballten und arbeitsteiligen Bevölkerung die für einen permanenten H. notwendige Nachfrage. H. war im Altertum vor allem Warenhandel, Austausch von beweglichen Gütern (einschließlich Sklaven), und beruhte bis zur Einführung des Geldes im 7. Jh. v.Chr. ausschließlich auf dem Prinzip des Warentauschs, der allerdings auch eines bestimmten Wertmessers bedurfte. Als Verrechnungsbasis, aber auch als Zahlungsmittel diente schon seit dem 3. Jt. vor allem Silber. So zahlte *Abraham beim Kauf der Höhle *Machpela 400 Schekel Silber nach dem »Kurs der Händler« (*sōhēr:* 1Mo 23,16). Neben dem Binnenhandel, der es vor allem mit dem internen Austausch von Landesprodukten, speziell Naturalien, zu tun hatte und sich im Torgebäude der städtischen Regionalzentren abspielte (1Mo 23,18; 2Kön 7,1), stand der Fernhandel mit landesfremden Produkten (insbesondere Rohstoffe, Edelmetalle und -steine, Luxusgüter, Aromata etc.), der überwiegend königliches Monopol war und durch Handelsverbindungen und -verträge abgesichert werden konnte. So räumten sich die Könige von N-Israel und *Aram (*Damaskus) in ihren Hauptstädten Handelsniederlassungen in Form von Basargassen ein (1Kön 20,34). In Hes 27,12.14.16.19.22 u.ö. ist die Rede von Depositwaren (*'izbōn,* »das, was man hinterläßt«), die *Tyrus in ausländischen Filialen »hinterläßt«, damit sie durch Handelsvertreter gegen einheimische Güter eingetauscht werden (in V. 13.17.19 u.ö. werden die Waren von Tyrus als *ma'ărāb,* »Tauschgut«

HANDBREIT
s. Maße und Gewichte

bezeichnet, vgl. W. Zimmerli, BKAT XIII/2, [2]1979, 650). Zu einer partnerschaftlichen Form von Handelsverbindungen s.u.

Palästina, der südwestl. Ausläufer des »fruchtbaren Halbmonds«, ist Teil der syropalästin. Landbrücke zwischen den großen Schwemmländern Mesopotamien und Ägypten und als solcher ein ausgesprochenes Durchgangsgebiet, durchzogen von internationalen und transkontinentalen Marsch- und Handelswegen, die zugleich Bahnen des wirtschaftlichen und kulturellen Austauschs waren. Internationale Dimensionen erreichte dieser Austausch erstmals in der Frühen Bronzezeit (ca. 3150–2000 v.Chr.), dem Zeitalter der ersten Urbanisierung, in dem sich gleichzeitig mit dem Aufblühen der frühen Hochkulturen des Nil- und Zweistromlands in Palästina eine Stadtkultur entwickelte. Einen gesteigerten und neuartigen Bedarf an Rohstoffen – hartes Gestein für Statuen, Kupfer, Holz, Elfenbein, Edelsteine, Aromata u.a.m. – deckten die großen Stromoasen durch weitausgreifende Handelsbeziehungen und Expeditionen zu Wasser und zu Lande. Das Einzugsgebiet mesopotamischer Importe reichte von Afghanistan und Indien bis in die Region des Persisch-arabischen Golfs und zum Mittelmeer; ägyptische Aktivitäten erstreckten sich über das Rote Meer bis nach Punt (östl. Sudan und nördl. Äthiopien), über das Mittelmeer bis zum Libanon, dem Hauptlieferanten von Holz. Umschlaghafen war hier Gubla (Byblos, heute Dschbēl), wohin die Pharaonen des Alten Reiches ganze Flotten sog. »Byblosfahrer« (Bezeichnung auch für Schiffe auf dem Roten Meer) entsandten. Auch in Palästina ist diese Kulturepoche gekennzeichnet durch eine rege Einfuhr und einen starken Einfluß von Gütern und handwerklichen Techniken der näheren und weiteren Umwelt; umgekehrt fand etwa palästin. Keramik ihren Weg nach Ägypten (vgl. dazu J.B. Hennessy, The Foreign Relations of Palestine during the Early Bronze Age, 1967; A. Ben-Tor, The Trade Relations of Palestine in the Early Bronce Age, JESHO 29 (1986), 1–27).

In der Mittleren und Späten Bronzezeit (ca. 2000–1200 v.Chr.) orientierte sich der mesopotamische H. vor allem nach W. Assur am oberen Tigris besaß zu Anfang des 2. Jt. v.Chr. eine Handelsniederlassung im rund 1000 km weit entfernten Kanisch (Kültepe) in Zentralanatolien, wo man vor allem Textilien und Zinn zur Herstellung von Bronze gegen Silber und Gold verkaufte. Die Tausende altassyr. Keilschrifttexte von Kültepe geben uns nicht nur Auskunft über Handelsrouten, Waren und deren Herkunfts- bzw. Zielorte, sondern auch über die Geschäftspraxis der hier ansässigen Händler und deren heimatlicher Handelshäuser. Knotenpunkt des mesopotamisch-syr. Handelsverkehrs war die Stadt *Mari (Tell Harīrī) am mittleren Euphrat. Ihre Handelspartner, denen sie vor allem Zinn lieferte, waren u.a. Hattuscha (Bogazköy) in Anatolien. *Ugarit (Rās esch-Schamra) und Gubla/Byblos an der syr. Küste, Lais/Dan (Tell el-Qādī) und *Hazor (Tell Waqqāṣ) in Nordpalästina (vgl. A. Malamat, Syro-Palestinian Destinations in a Mari Tin Inventory, IEJ 21, 1971, 31–38). Mari wiederum bezog Kupfer aus Zypern. Im 2. Jt. v.Chr. intensivierten sich auch die Handelsbeziehungen des östl. Mittelmeerraums, und mit ihnen nahm die Schiffahrt an Umfang und Bedeutung zu. Das Schwergewicht des Seehandels verlagerte sich nun auf die syr.-palästin. Küste, Zypern, *Kreta und die Ägäis. An der südsyr. Küste behauptete immer noch Gubla/Byblos seine alte Vorrangstellung. Weiter nördl. war Ugarit das Umschlagszentrum des Mittelmeerhandels. Ugarit spielte aber nicht nur eine Vermittlerrolle, sondern exportierte auch eigene Produkte – Textilien, Purpurwolle, Buchsbaum, Öl, Wein und Getreide, das bisweilen neben ägyptischem Getreide zur Abwendung von Hungersnot über See in das Hetiterreich transportiert wurde. Das Florieren des Mittelmeerhandels dokumentieren ägyptische und ugaritische Texte, aber auch die Funde »kanaanäischer« Wein- und Ölkrüge in Ägypten und nicht zuletzt die massenhafte Verbreitung mykenischer und zyprischer Keramik im gesamten ostmediterranen Bereich während der Späten Bronzezeit (ca. 1550–1200 v.Chr.). Den syr. Seehandel mit Ägypten illustriert anschaulich eine Wandmalerei im Grab der Kenamun in Theben (Zeit Amenophis III., 1402–1364 v.Chr.), die eine Flotille syr. Handelsschiffe an der Reede bzw. dem Kai des Flußhafens von Theben darstellt. Die Ladung besteht vor allem aus Gefäßen mit Öl und Wein, aber auch zwei gefleckte Buckelrinder sind dabei (ANEP 111). Nach wie vor deckte Ägypten seinen Bedarf an Holz aus den syr. Küstengebirgen; Kupfer bezog es aus Zypern, erschloß aber in der Ramessidenzeit (13.–11. Jh.) auch die Kupfervorkommen der Sinaihalbinsel. Zum H. im weiteren Sinne gehört auch der Austausch von »Geschenken« zwischen den Pharaonen der Amarnazeit (14. Jh.) und den mesopotamischen Herrschern. Ägypten lieferte neben Ebenholz und Elfenbein vor allem Gold, das im Zweistromland Verrechnungsgrundlage, aber auch direktes Zahlungsmittel geworden war; Babylonien schickte Edelsteine, vor allem Lapislazuli, Assur Pferde und Streitwagen.

Für das 1. Jt. v.Chr. gewährt uns zunächst das AT aufschlußreiche Einblicke in die Welt des H.s. Mit dem rapiden Aufstieg des davidischen Großreichs trat Israel auch in den Kreis der vorderasiatischen Handelsmächte ein. Schon David pflegte in dieser Hinsicht gute Beziehungen zu Hiram von Tyrus (2Sam 5,11 = 1Chr 14,1; 1Kön 4,15), die Salomo beträchtlich ausbaute und vertraglich absicherte (1Kön 5,26). Sie betrafen zum einen die Lieferung von Bauholz aus dem Libanon im Austausch gegen landwirtschaftliche Produkte, vor allem Weizen und Olivenöl (1Kön 5,15–32 = 2Chr 1,18; 2,1–15; 1Kön 9,10–14), zum andern eine Kooperation bei weitausgreifenden Handelsunternehmungen auf dem Roten Meer (1Kön 9,26–28; 10,11–12). Auf der Hafeninsel Ezjon-Geber (Dchezīret Farʿūn) im N des Golfs von el-ʿAqaba/ *Elat ließ Salomo, gewiß mit Hilfe der Tyrer, Schiffe bauen und schickte sie, bemannt mit tyrischen und israelit. Matrosen, zum – höchstwahrscheinlich im südl. Arabien gelegenen – Goldland Ofir, woher sie Gold, Silber, Edelsteine, Edelhölzer und Affen brachten. Wahrscheinlich bezieht sich auf diese Unternehmungen auch 1Kön 10,22, wo davon die Rede ist, daß die Tarsis-Schiffe Salomos mit den Schiffen Hirams ausfuhren und drei Jahre, d.h. mindestens ein Jahr und je einen Teil von zwei weiteren Jahren unterwegs waren. Unter den importierten Handelsgütern wird hier noch *Elfenbein genannt. Eine Wiederholung dieses Unternehmens unter dem judäischen König *Joschafat scheiterte, weil die von ihm gebauten Tarsis-Schiffe schon im Hafen von Ezjon-Geber zu Bruch gingen (1Kön 22,48–50; 2Chr 20,35–37). Ein Kooperationsangebot des nordisraelit. Königs *Ahasja fand keine Gegenliebe. Der althergebrachte kanaan. Terminus technicus für derartige Verbindungen lautet *ʰbr* (Vgl. 2Chr 20,35f). Er begegnet bereits im Reisebericht des ägyptischen Tempelbeamten Wenamun (um 1076 v.Chr.), der, um Holz für die heilige Barke des Gottes Amun gegen Stoffe, Pergament, Seile, Linsen, Trockenfisch sowie Gold- und Silbergefäße einzuhandeln, über die mittelpalästin. Hafenstadt Dor nach Gubla/Byblos segelte (vgl. TGI, [3]1979, 44). – Zu Lande betrieb Salomo Transithandel mit Pferden aus Ägypten und dem zilizischen Quwe, ferner mit ägyptischen Streitwagen, die über Handelsagenten in die aramäischen Staaten bis hinauf nach Nordsyrien exportiert wurden (1Kön 10,28f).

Zur führenden mediterranen Handelsmacht stiegen seit dem Beginn des 1. Jt. die Phönizier auf, allen voran Tyrus und Sidon. Seit dem 8. Jh. gingen sie dazu über, befestigte Hafensiedlungen im Ausland anzulegen, und diese Art der Kolonisation erfaßte schließlich den gesamten Mittelmeerraum bis hin nach Spanien (vgl. K. Galling, Der Weg der Phönizier nach Tarsis in literarischer und archäologischer Sicht, ZDPV 88, 1972, 1–18.140–181; H.G. Niemeyer (Hrsg.), Phönizier im Westen. Madrider Beiträge 8, 1982). Allerdings blieben die Phönizier nicht ohne Konkurrenz. Im 8. Jh. begannen auch die griech. Seestädte mit der Anlage von Handelsstützpunkten außerhalb des Mutterlandes, so etwa an der nordsyr. Küste. Die weltweiten Verbindungen von Tyrus illustriert anschaulich Hes 27,12–24, eine Liste von Handelsländern und ihrer Waren, die in ein Klagelied über die visionär vorweggenommene Zerstörung des »Prachtschiffs Tyrus« durch *Nebukadnezar II. (605–562 v.Chr.) eingeschaltet ist. Der Bogen

Gegenüberliegende Seite: Handelsstraßen in Palästina zur Zeit des Alten und Neuen Testaments.

spannt sich vom südspanischen Tarsis (Silber, Eisen, Zinn, Blei) über Kleinasien (Sklaven, Kupfergeräte, Pferde, Maultiere) und Rhodos (Elfenbein, Ebenholz) bis nach Nordmesopotamien (kostbare Textilien, Seile), südwärts von Damaskus (Wein, Wolle) über Israel (Naturalien) und Edom (kostbare Steine und Stoffe) bis nach Arabien (Eisen, Gold, Edelsteine, Kleinvieh, Stoffe, Aromata). *Phönizien selbst war berühmt für seine Purpurfärberei. In pers. Zeit beherrschten Tyrus und Sidon weitgehend auch den Handel an der palästin. Küste, wo sie die Mehrzahl der wichtigen Häfen in Besitz hatten, z.T. dank pers. Übereignung. *Gaza war damals den Arabern zur zollfreien Nutzung überlassen; es diente ihnen als mittelmeerischer Umschlaghafen für die Güter aus Indien, Ostafrika und Südarabien, die sie über die von ihnen kontrollierte Weihrauchstraße (s.u.) heranschafften (vgl. S. Mittmann, Die Küste Palästinas bei Herodot, ZDPV 99, 1983, 130–140).

Ihre Nachfolge traten in hellen. Zeit die *Nabatäer an, die ihre Stellung bis 106 n.Chr. behaupten konnten. In Palästina erfuhr der Außenhandel unter den Ptolemäern, Seleukiden und Römern eine bedeutende Intensivierung und Internationalisierung, die vor allem den neu aufblühenden Städten zugute kamen. Wie stark aber diese Entwicklung im Zuge einer allgemeinen Hellenisierung den Lebensstil des ganzen Landes prägte, zeigt dem Archäologen etwa die Allgegenwart von Henkeln und Scherben rhodischer Weinamphoren in den hellen. Siedlungen Palästinas. Bezeichnend ist auch, was im Jerusalem der Zeit Jesu über Fernhandelsverbindungen aus aller Herren Länder zusammenkam, vor allem im Tempel und natürlich nicht ohne Vermittlung und Hilfe der weltweiten Diaspora: Getreide aus Ägypten, getrocknete Feigen aus Zypern, beides zur Bekämpfung von Hungersnot, Sklaven aus Tyrus und Sidon, aus Sidon auch Glas, Holz aus dem Libanon, kostbare Stoffe aus Babylonien und Indien, Gold, Kupfer, Eisen und Aromata aus Arabien.

Literatur: H.G. Goven: Hebrew Trade and Trade Terms in Old Testament Times, JSOR 6/1922, 1–16; J. Jeremias: Jerusalem zur Zeit Jesu, ^{2}1958, 33–66; W. Cullican: The First Marchant Venturers. The Ancient Levant in History and Commerce, 1966; F.M. Heichelheim: An Ancient Economic History, I–III, 1958–1970; W. Helck: Die Beziehungen Ägyptens zu Vorderasien im 3. und 2. Jahrtausend v.Chr., Ägyptische Abhandlungen, Bd. 5, ^{2}1971; W.F. Leemann: Handel, in: RLA 1972–1975, 76–90; W. Raunig: Bernstein – Weihrauch – Seide. Waren und Wege der antiken Welt, 1971; M. Hengel: Judentum und Hellenismus, WUNT 10, ^{2}1973, bes. 61–105; K. Galling: Handel und Verkehr, BRL^{2}, 1977, 134–138; W. Helck: Handel, in: LÄ II, 1977, 943–948; W. Helck: Die Beziehungen Ägyptens und Vorderasiens zur Ägäis bis ins 7. Jahrhundert v.Chr., 1979; H. Klengel: Handel und Händler im Alten Orient, 1979 (Literatur!).

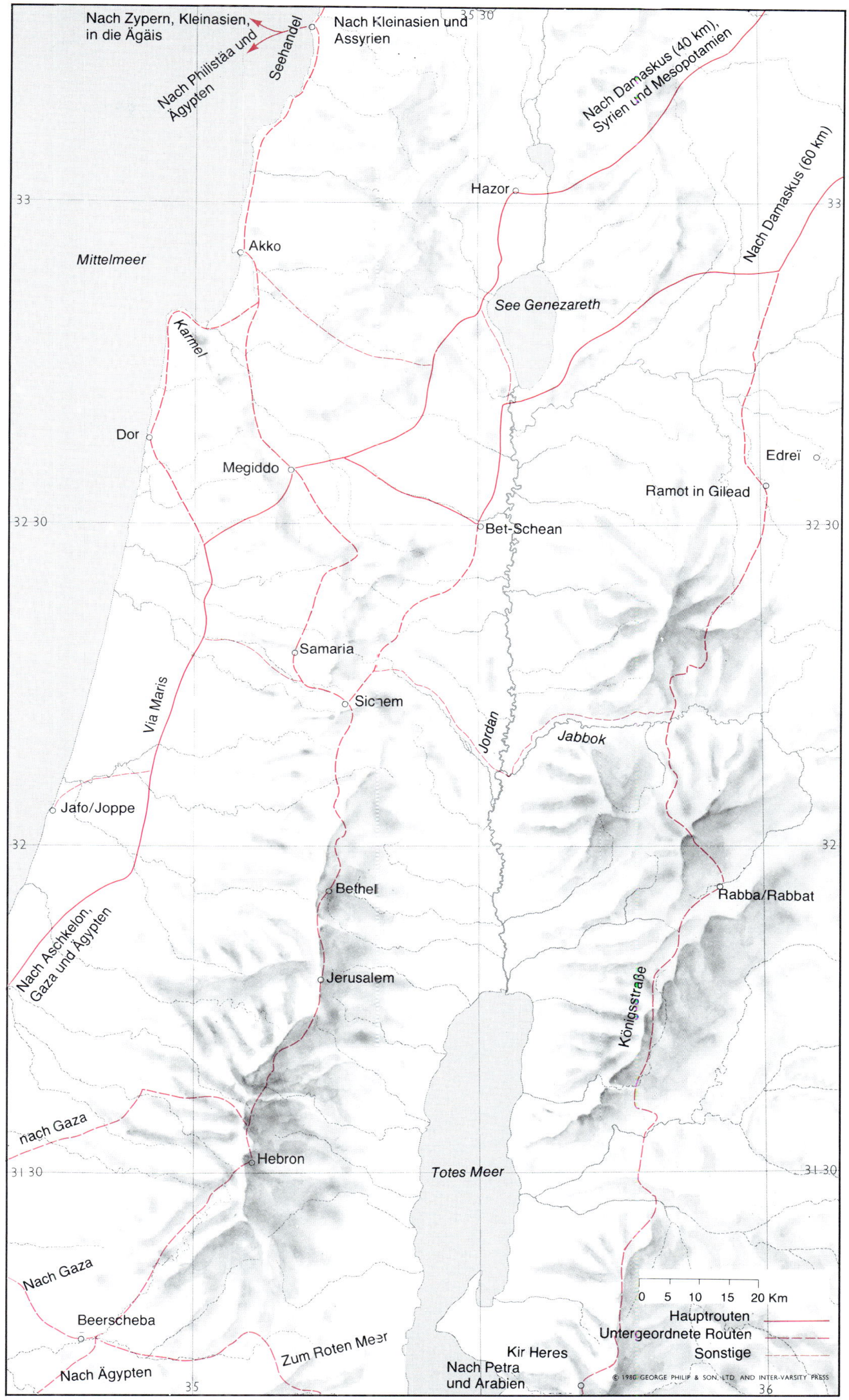

II. VERKEHR.
1. Landverkehr.
a. Straßen.
Hebr. *derek*, »Weg«, *mesillā*, »(aufgeschüttete) Straße, Fahrdamm«, griech. *hodos*, »Weg«.

Über das Straßenwesen der alten Welt gibt es bis zur röm. Zeit nur höchst unzureichende Nachrichten. Nur hier und da einmal erwähnen die Quellen die eine oder andere Straße oder erlauben die Rekonstruktion gewisser Routen. So sind für Mesopotamien einige wenige Itinerare überliefert (G. Frantz-Szabo, Itinerare, RLA V, 1976–1980, 216–220), und für die altsyr. Zeit bieten die Keilschrifttafeln von Kanisch (s.o.) aufschlußreiche Hinweise auf mesopotamisch-anatolische Handelswege (Kh. Nashef, Rekonstruktion der Reiserouten zur Zeit der altassyr. Handelsniederlassungen, Beihefte zum Tübinger Atlas des Vorderen Orients B 83, 1987).

Von besonderer Bedeutung für den internationalen und transkontinentalen Handel waren seit dem 3. Jt. v.Chr. die Weihrauchstraße, die, zumeist entlang dem Westrand der arab. Halbinsel, den Indischen Ozean mit dem Mittelmeer verband, und die Seidenstraße, die von Nordsyrien (Ausgangspunkt später *Antiochia am Orontes) über Nordmesopotamien und -persien nach China führte. Die Verbindung zwischen Ägypten und dem Zweistromland vermittelte die Straße, die zunächst an der nordsinaitischen und süd- und mittelpalästin. Küste entlangzog, sodann hinter dem Karmel zur Megiddo-Ebene hinüberlief, von wo aus man entlang der nordpalästin.-phönizischen Küste oder durch das obere Jordantal und die Biqā'-Hochebene (zwischen Libanon und Antilibanon) nach Mittelsyrien gelangte. Auf diesen Routen zogen die Pharaonen der 18. und 19. Dynastie nach Ausweis ihrer Inschriften bei ihren zahlreichen Asienfeldzügen nordwärts. Die Heerstraße vom Nildelta nach Palästina (ägypt. »Horusweg«; 2Mo 13,17: »Weg zum Philisterland«) stand schon zu Anfang des 3. Jt. unter der Kontrolle der Ägypter, wie eine ägyptische Straßenstation am mittleren Südrand der palästin. Küstenebene (vgl. S. Mittmann, Eretz-Israel 15, 1981, 1–9) zeigt.

Von einer staatlichen Straßenpflege und -sicherung hören wir Genaueres erst wieder im 1.Jt. v.Chr.

Der verkehrsgeographische Zusammenhalt des neuassyr. Imperiums basierte auf einem Netz von Hauptstraßen, die die offizielle Bezeichnung *ḫarrān scharri*, »Königsstraße«, trugen. Sie dienten der militärischen Sicherung, der Kontrolle des Handels, der Beförderung von Truppen, Amtsträgern und Kurieren und hielten damit vor allem die Verwaltungszentren der assyr. Provinzen mit der Zentrale des Reiches in enger und ständiger Verbindung. Diese Straßen waren offenbar nicht durchgängig befestigt, aber durch Forts und Wachthäuser geschützt, die in gewissem Umfang auch als Rast- und Pferdewechselstationen, insbesondere für den königlichen Kurierdienst, fungierten. Dieses System orientierte sich naturgemäß an längst bestehenden Routen. Das Vorhandensein vorassyr. »Königsstraßen«, d.h. von einheimischen Herrschern angelegter Straßen, bezeugen für das südl. und mittlere Ostjordanland 4Mo 20,17 und 21,22 (nach B. Oded, JNES 29, 1970, 184 Anm. 53, Anlehnung an den neuassyr. Sprachgebrauch), ferner die große Stelenin-schrift des Königs *Mescha von Moab (Mitte 9. Jh.), der sich Z. 26 rühmt, er habe »die aufgeschüttete Straße im Arnon(tal) gemacht«, d.h. eine Kunststraße quer durch das cañonartige Durchbruchstal des *Arnon, das *Moab zerteilte.

Literatur: A. Alt: Assyrische Königsstraßen in Palästina und Syrien, ZDPV 67, 1945, 147–159; B. Oded: Observations on Methods of Assyrian Rule in Transjordania After the Palestinian Campaign of Tiglatpileser III, JNES 29, 1970, 177–186, 181–185; K. Kessler: Untersuchungen zur historischen Topographie Nordmesopotamiens, Beihefte zum Tübinger Atlas des Vorderen Orients B 26, 1980, 183–236.

Mehr noch als das assyr. Großreich war das Weltreich der Perser auf ein reibungslos funktionierendes Kommunikationssystem angewiesen. Die achämenidischen Herrscher übernahmen das von den Assyrern und Babyloniern überkommene Verkehrsnetz, bauten es planmäßig aus und ließen die wichtigsten Strecken nach Stadien und Parasangen vermessen. Von besonderer Bedeutung und den Römern noch bekannt war die ca. 2600 km lange »Königsstraße«, die vom Reichszentrum Susa nach Mesopotamien und Kleinasien, nach Sardis, führte, gut gesichert und ausgestattet mit Karawansereien und Poststationen (Herodot V,52–54). Herodot (VIII,98) rühmt die Schnelligkeit des pers. Post- und Kurierdienstes, die im wesentlichen auf dem stafettenartigen Wechsel von Pferden und »Eilboten« (vgl. auch Est 3,12f; 8,10) im Abstand von Tagesetappen beruhte. Diese »Reiterpost« hätten die Perser »Angareion« genannt – eine Bezeichnung, die sich vom babylon. *egertu*, »Brief«, herleitet und den Zusammenhang des pers. mit dem assyr. Postwesen belegt. Der pers. Post sind wohl die visionären Reiter nachempfunden, die im ersten Nachtgesicht des Propheten Sacharja (Sach 1,8–15) »die ganze Erde begehen« (1,10f), um deren politischen Zustand zu erkunden.

Literatur: O. Bucci: L' attivité legislativa del sovrano achemenide e gli archivi reali persiani, Revue Internationale des Droits de l'Antiquité 25/1978, 724–31 (zum pers. Postwesen); J. Wiesehöfer: Beobachtungen zum Handel des Achämenidenreiches, Scripta Mercaturae 2, 1980, 5–15 (zum Straßennetz).

Im Altertum sonst unerreicht war der technische Standard und geographische Umfang des röm. Straßenbaus. Seit Augustus war der Kaiser oberster Bauherr. In den Provinzen delegierte er die *cura viarum*, die Verantwortung für Bau und Instandhaltung der Straßen an Statthalter, Prokuratoren oder Sonderbeauftragte. Für die beträchtlichen Bau- und Reparaturkosten kamen hier Kommunen, Anlieger und Grundbesitzer auf. Die Konzipierung und Trassierung der Straßen oblag der Armee, die über das technische Personal zur Vermessung etc. verfügte, und folgte vor allem dem Gebot eines gradlinigen, steigungsgünstigen und kostensparenden Verlaufs. Dazu waren etwa Felsformationen zu begradigen und zu schneiden, Hanglagen gegen Rutschgefahr abzusichern, Straßenführungen in nassem Gelände zu erhöhen, Brükken zu bauen. Nicht wenige der Straßen waren befestigt durch eine Bettung unterschiedlicher Dicke und Schichtung und eine Pflaster- oder gewalzte Kiesdecke. Entlang der Straßen erster Ordnung standen in Meilenabständen (ca. 1,5 km) Meilensteine, bis zu 3 m hohe Steinsäulen mit viereckigem Sockel. Sie trugen in der Regel eine latein. – selten griech. – Inschrift, die in jedem Falle an erster Stelle, wenn nicht ausschließlich den Namen des Kaisers samt seinen Titeln nannte, dazu die Zahl der Meilen vom letzten oder bis zum höchsten größeren Ort. Nachtherbergen *(mansiones)* und Pferdewechselstationen *(mutationes)* dienten in erster Linie dem amtlichen Reise- und Nachrichtendienst *(cursus publicus)*, dem zur Orientierung Straßenkarten und Wegverzeichnisse (Itinerarien) zur Verfügung standen. Eine Anschauung von diesen Hilfsmitteln geben etwa die sog. Tabula Peutingeriana, eine Straßenkarte des spätröm. Imperiums, und das Itinerar des Pilgers von Bordeaux (333 n.Chr.). Von unschätzbarem Wert ist das ermittelte System röm. Straßen und Strecken für die historische Topographie Palästinas, weil einschlägige Quellen wie die frühchristl. Pilgerberichte oder das Onomastikon (Namenbuch) des Bischofs Euseb von Caesarea in Palästina (ca. 260/65–339/40 n.Chr.), das bibl. mit zeitgenössischen Ortsnamen kombiniert, Lageangaben mit Hilfe von Meilendistanzen der Straßen vornehmen. Paulus benutzte auf seinen Missionsreisen häufig die Römerstraßen des Reiches, so die Militärstraße durch *Pisidien und *Lykaonien (Apg 13,14.51; 14,6), die Via Egnatia durch *Mazedonien (Apg 16,12; 17,1.10) oder die Via Appia nach Rom (Apg 28,15).

Literatur: K. Miller: Itineraria Romana, (²1916), 1964; K. Miller: Die Peutingersche Tafel, 1962; P. Thomsen: Die römischen Meilensteine der Provinzen Syria, Arabia und Palästina, ZDPV 40, 1951, 1–103; C. Kuhl: Römische Straßen und Straßenstationen in der Umgebung von Jerusalem, Palästinajahrbuch 24/1928, 113–140; M. Avi-Yonah: Map of Roman Palestine, QDAP 5, 1936, 139–193; M. Avi-Yonah: The Development of the Roman Road System in Palestine, IEJ 1, 1950–51,54–60; A. u. M. Levi: Itineraria picta, 1967; R. Chevallier: Roman Roads, 1976; H. Donner: Pilgerfahrt ins Heilige Land, 1979; H.-Chr. Schneider: Altstraßenforschung, 1982 (Literatur!).

b. Transportmittel.
Im Verkehr des Altertums spielte das Pferd keine Rolle. Es kam im 2. Jt. v.Chr. als Zugtier für Streitwagen, im 1. Jt. allmählich auch als Reittier für Militär und Meldewesen (s.o.) in allg. Gebrauch. Die wichtigsten Trag- und Reittiere waren zunächst Esel und Maultiere, Esel auch im internationalen Karawanenverkehr. Erst gegen Ende des 2. Jt. löste den Karawanenesel weitgehend das Kamel ab, das selbst bei sommerlicher Hitze noch fünf Tage lang ohne Wasser eine Maximallast von 400 kg bis zu 50 km pro Tag befördern kann. Kamelkarawanen beschleunigten also bei vergrößerter Transportkapazität den Lastverkehr und erschlossen neue und nähere Routen durch vormals unpassierbare Wüstengebiete. Damit fand nun auch Südarabien, Umschlagsland vor allem für Aromata aus Indien und Ostafrika, über die Weihrauchstraße einen direkten und dauerhaften Anschluß an den fruchtbaren Halbmond und die Levante (Kamele bringen Güter von Saba nach Jerusalem: 1Kön 10,2; von Damaskus nach Samaria: 2Kön 8,9; von Gilead nach Ägypten: 1Mo 37,25). Dagegen hatte der von Rindern gezogene Lastwagen wegen des mangelhaften Zustands der Straßen und der geringen Ladekapazität bis in die röm. Zeit hinein für den Fernverkehr nur eine untergeordnete Bedeutung (vgl. H.-Chr. Schneider, Die Bedeutung der römischen Straßen für den Handel, Scripta Mercaturae 2/1980, 85–96). Um so größer war in dieser Hinsicht das Gewicht des Seeverkehrs.

2. Seeverkehr.
Seeschiffahrt war zunächst im wesentlichen Küstenschiffahrt. Die Schiffe segelten vor allem tagsüber in Sichtverbindung mit dem Land und seinen markanten Orientierungspunkten (Berge, Kaps etc.). Nachts gingen sie vor Anker, sofern nicht die Gestirne als Lichtspender und Richtungspunkte die Weiterfahrt erlaubten. Verlor man auf hoher See die Orientierung, wiesen mitgeführte Landvögel, etwa Krähen oder Tauben (vgl. 1Mo 8,7–12), den Weg zum festen Gestade. Spätestens im 1. Jt. war die Nautik soweit entwickelt, daß man nach den Sternen steuernd das Mittelmeer überqueren und im Atlantik bis zur südl. Hemisphäre vordringen konnte. Daß die Küstenschiffahrt daneben ihre Bedeutung behielt, zeigen die Küstenbeschreibungen, *periploi*, »Umfahrten« genannt, die seit dem 6. Jh., zuerst bei Puniern und Griechen, in Gebrauch kamen. Über die syropalästinische Küste des 4. Jh. informiert nach nautischen Gesichtspunkten (Hafenorte, z.T. mit politischer Zugehörigkeit, Flußeinfahrten, Vorgebirge etc.) der Periplous des Pseudo-Skylax. War der Sternenhimmel bedeckt, verloren die Hochseeschiffe leicht die Richtung; und das war neben der Gefahr von Seestürmen der Grund, weshalb die Hochseeschiffahrt in der winterlichen Regenzeit, von Oktober etwa bis April, ruhte (vgl. Apg 27,9ff). Die kritische Situation, die die Nähe des Landes, besonders bei Nacht und stürmischer See, heraufbeschwören konnte, suchte man durch Ausloten der Wassertiefe zu meistern (Apg 27,14). Als Häfen dienten offene Buchten, Becken mit vorgelagerten Riffen oder Inseln als Wellenbrecher und künstliche Hafenbecken im Schutz von Molen und Mauern. Einen Hafen des letztgenannten Typs ließ Herodes der Große in seiner Neugründung *Caesarea maritima anlegen, die die Römer nicht zuletzt dank ihrer zentralen Küstenlage und ihres Hochseehafens zur Hauptstadt der röm. Prokuratur Judäa und der späteren Provinz Palästina erhoben.

Literatur: K. Lehmann, Hartleben: Die antiken Hafenanlagen des Mittelmeeres, Klio, Beiheft XIV, NF 1, (1923), 1963; A. Köster: Das antike Seewesen, (1923), 1969; C.A. Rost: Seewesen und Seehandel in der Antike, 1968; O. Keel: Vögel als Boten, OBO 14, 1977; L. Casson: Die Seefahrer der Antike, 1979; H. Müller-Karpe (Hrsg.): Zur geschichtlichen Bedeutung der frühen Seefahrt, Kolloquien zur Allgemeinen und Vergleichenden Archäologie, 1982; O. Höckmann: Antike Seefahrt, 1985.

S.M.

HANDWERK/KUNSTHANDWERK.

Die Bewohner Palästinas übten die gleichen grundlegenden H.e aus wie ihre Nachbarn. Sie konnten die meisten ihrer Gebrauchsgegenstände aus Ton, Metall, Fasern, Holz und Stein selbst herstellen. Diese Arbeiten zu verrichten war Aufgabe jedes erwachsenen Mannes. Er wurde von seiner Frau unterstützt, die zu Hause spann, webte und kochte. Durch Kontakte zu anderen, technologisch fortgeschrittenen Völkern lernten die Israeliten schnell spezialisierte Handwerke kennen und ihren Bedürfnissen anzupassen. Es gab also vermutlich immer wieder herausragende Handwerker unter ihnen, auch wenn die Archäologen bisher nur wenige Beispiele ihrer Arbeit zutage förderten.

Es gibt Hinweise darauf, daß die Israeliten Kunstfertigkeit schätzten, selber nicht außergewöhnlich erfinderisch oder künstlerisch begabt waren. Die Fähigkeiten des Judäers Bezalel in dieser Richtung wurden als göttliche Gabe betrachtet (2Mo 31,3; 35,31; vgl. 28,3). Die Arbeit mit Eisen hatte man von den Philistern gelernt (1Sam 13,20) und die Geheimnisse des Färbens von den Phöniziern.

Die Phönizier schickten auch Konstrukteure, Vorarbeiter und Handwerker zur Unterstützung der einheimischen Arbeiter, die für Großprojekte wie den Bau von Davids Königspalast und des Tempels von Jerusalem (s.u. III.) zur Verfügung standen. Im 1.Jh.v.Chr. wurde die Kunst der Glasherstellung aus Tyrus importiert.

I. HANDWERKE UND HANDWERKERZÜNFTE.
Aus Gründen der Wirtschaftlichkeit und der Versorgung lebten die Fachhandwerker in größeren Orten und Städten und arbeiteten gewöhnlich in besonderen Vierteln wie in den heutigen Basaren (*suq*). Das führte zur Entstehung von Handwerkervereinigungen oder Zünften, »Geschlechter« genannt, die ihren Sitz manchmal in der Stadt hatten, die das Zentrum ihres Handwerks bildete. Beispiele dafür sind die Färber und Weber in Tell beit Mirsim (Eglon; vgl. 1Chr 4,21). Im nachexilischen Wohngebiet benjaminitischer Geschlechter gab es ein »Tal der Zimmerleute« (1Chr 4,14; Neh 11,35); Töpfer (Mt 27,7) und Walker (2Kön 18,17) hatten eigene »Felder« außerhalb der Stadtmauern Jerusalems. Ein Zunftmitglied wurde »Sohn« seines H.s genannt (z.B. bei den Goldschmieden, Neh 3,8.31 RevEB Anm.). Zur Zeit des NT waren die Zünfte mächtige politische Gruppen, die mit kaiserlicher Lizenz arbeiteten. Demetrius führte die Zunft der Silberschmiede in Ephesus an (Apg 19,24), und die Bezeichnung Alexanders als Kupferschmied (griech. *chalkeus*) schließt seine Mitgliedschaft in solch einer Zunft ein (2Tim 4,14).

Ein allg. Ausdruck (hebr. *chārāsch*, »einer, der eingräbt, ersinnt, erfindet«) wird gleichermaßen für Handwerker oder »Kunsthandwerker« im allg. (2Mo 38,23; 2Sam 5,11) wie für Facharbeiter im Metallbereich, sei es nun Kupfer (2Chr 24,12; Jes 40,19) oder Eisen (Jes 44,12; 2Chr 24,12), benutzt. Er schloß diejenigen ein, die das Grundmetall zubereiteten und veredelten (Jer 10,9), und wurde ebenfalls verwendet für Zimmerleute (Jes 44,13; 2Kön 12,12), Steinmetze (2Sam 5,11), Steingraveure (2Mo 28,11) oder Personen, die sich auf die Herstellung von Götzenbildern spezialisiert hatten (Jes 44,9-20).

II. GRUNDWERKZEUGE.
Aus prähistorischer Zeit hat man in Palästina aus Feuerstein gefertigte Messer, Schaber und Hacken gefunden. Sie wurden lange Zeit als Grobwerkzeuge, Sicheln, bei denen die Feuersteine halbkreisförmig in Mörtel gesetzt sind, oder zum Feueranzünden verwendet. Holzwerkzeuge, Steinhammer und Stößel waren frühen Ursprungs. Sofern vorhanden, wurde meteoritisches Eisen ebenso wie einheimisches Kupfer seit ca. 6000 v.Chr. verwendet (1Mo 4,22). Kupfer wurde in Palästina seit 3200 v.Chr. regelmäßig verarbeitet; nach Ankunft der Philister, ca. 1190 v.Chr. gab es auch eine Fülle von Eisenwerkzeugen. Auf Holzgriffe gepaßte Axteisen benutzte man zum Fällen von Bäumen (5Mo 19,5), Messer (1Mo 22,6) zu allen möglichen Zwekken, das Essen eingeschlossen (Spr 30,14). Manchmal werden Werkzeuge unter den hebr. Sammelbegriffen *keli*, »Gefäße, Instrumente«, zusammengefaßt, ähnlich kann *chäräb* Schwert, Messer oder jedes andere scharfe Schneideinstrument meinen. In stän-

HANDFASS
s. Kultgeräte

HANDSCHRIFTEN
s. Texte und Übersetzungen

HANDSCHRIFTEN VOM TOTEN MEER
s. Schriftenfunde vom Toten Meer

digem Gebrauch waren eiserne Äxte (2Kön 6,5), Sägen (1Kön 7,9), Breitbeile, Hacken, Schaber, Meißel, Ahlen, Bogenbohrer und Nägel (Jer 10,3f). Ihre Spuren sind auf ausgegrabenen Objekten sichtbar.

III. ARCHÄOLOGISCHE ZEUGNISSE.

1. Der Töpfer.

Die älteste bekannte Tonware entdeckte man in N-Syrien und datiert sie auf etwa 8000 v.Chr. Doch erst seit ca. 4000 v.Chr. arbeiteten die Töpfer mit einer langsam gedrehten Scheibe; um 3000 v.Chr. wurde die schnell drehende Scheibe entwickelt. Der Töpfer, dessen Arbeit in Jer 18,3f beschrieben wird, saß auf einem Stein und betätigte mit seinen Füßen eine große, in eine Vertiefung eingelassene Stein- oder Holzscheibe, die eine höher angebrachte Steinscheibe in Bewegung setzte, auf der das Gefäß geformt wurde. Die Werkstatt eines Töpfers mit einer solchen »Scheibe« wurde in *Lachisch entdeckt (ca. 1200 v.Chr.). In *Megiddo, *Geser und *Hazor fanden sich aus der Königszeit stammende kleinere Stein- oder Tonräder, die sich in einer Steckscheibe drehten. Der Ton für feinere Gefäße oder Schlicker wurde gewonnen, indem man gröberen Ton im Wasser mit den Füßen heraustrat (Jes 41,25). (Für die Entwicklung und die verschiedenen Arten der Töpferwaren vgl. *Töpferei.) An vielen Stellen Palästinas fanden sich Brennöfen von Töpfereien, doch blieb selten mehr als der »Feuerraum« erhalten. In Megiddo lagen drei U-förmige Öfen außerhalb einer Töpferwerkstatt (8.-7. Jh.v.Chr.).

2. Der Bauarbeiter.

Die Herstellung luftgetrockneter *Ziegelsteine für den Bau einer gewöhnlichen Wohnung war Teil der Saisonarbeit des Bauern, der sein Hausdach deckte, indem er die Dachbalken mit Stroh abdeckte und Lehm darüber strich. Solche Gebäude mußten ständig ausgebessert werden. In einigen Fällen wurden in einer Schablone hergestellte Ziegelsteine auch gebrannt; dies war vermutlich die Arbeit des Töpfers. Das hebr. Wort *bānā*, »bauen«, »wiederaufbauen, ausbessern«, war in Gebrauch sowohl für Fach-, als auch für ungelernte Arbeiter (1Chr 34,11), wie man sie für die Arbeit an jedem großen Projekt gebrauchte, das die Arbeit von Steinmetzen, Zimmerleuten und vielen Trägern und Hilfsarbeitern umfaßte. Große Gebäude wurden unter der Aufsicht eines »Baumeisters« (griech. *architektōn*; 1Kor 3,10) geplant und errichtet. Ein Bauplatz wurde zunächst mit einer Meßschnur (2Sam 8,2; Sach 2,5; 1Kön 7,15) oder einer leinenen Schnur (Hes 40,3), die in Ellen eingeteilt war (1Kön 7,15.23), vermessen. In hellen. Zeit verwendete man einen ebenfalls in Ellen eingeteilten Schilfrohrstab (Offb 11,1; 21, 15). Meßergebnisse wurden schriftlich festgehalten und auf einem Plan eingezeichnet. Die Arbeit des Vermessers diente auch als Bild des göttlichen Gerichts (Jes 28,17; Jer 31,39).

Assyrische Handwerker tragen Werkzeuge. Relief am Palast Sanheribs in Ninive. Ca. 690 v.Chr. (BM)

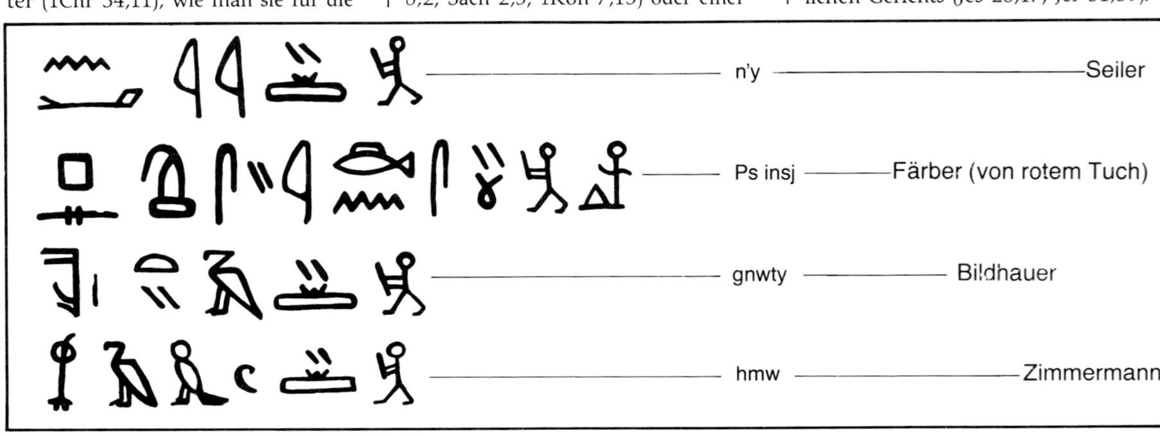

Die Bezeichnung verschiedener Handwerke im alten Ägypten in Hieroglyphen (mit Transliteration).

Das Fortschreiten eines Bauwerks kontrollierte der Baumeister mit einem »Bleilot«, einer Schnur mit einem Blei- oder Zinngewicht (*anak*; Am 7,7f), einem Stein (Sach 4,10) oder einem anderen schweren Gegenstand daran (hebr. *mischqäläṫ*, LÜ: Meßschnur; 2Kön 21,13), um die vertikale Struktur zu prüfen. Dies wurde zum Bild für die Wahrheitsprüfung (Jes 28,17). Die Metapher des Bauens wird häufig verwendet: Gott baut als Baumeister die Städte Judas (Ps 69,36), das Geschlecht Davids (Ps 89,4f) und seine Stadt Jerusalem (Ps 147,2) auf. Auch die ntl. Gemeinde wird mit einem Bauwerk verglichen (1Kor 3,9; 1Petr 2,4-6). Paulus benutzt das Wort »bauen, errichten« (griech. *oikodomeō*) etwa 20mal. Die Gläubigen sind in Christus gegründet (*epoikodomeō*; Kol 2,7) und werden dementsprechend ermahnt, sich auf ihren Glauben zu erbauen (Jud 20).

3. Der Zimmermann.
Sowohl *Josef (Mt 13,55) als auch Jesus (Mk 6,3) kamen aus dem alten Zimmermannshandwerk (griech. *tektōn*). Ein Holzfacharbeiter (hebr. *charasch ʿēzīm*) führte sämtliche Zimmermannsarbeiten beim Hausbau aus: das Dach, die Türen, die Fenster und den Treppeneinbau. An Möbelstücken fertigte er Liegen, Betten, Stühle, Tische und Fußbänke. Einige Beispiele dieser Kunst sowie fein geschnitzte Schalen, Löffel und Dosen haben in den Gräbern von Jericho (ca. 1800 v.Chr.) die Zeit überdauert. Der Zimmermann fertigte auch Werkzeuge für die Landwirtschaft an wie Pflüge, Joche, Dreschschlitten (2Sam 24,22) oder Stecken (Jes 28,27f) und Bewässerungsgeräte. In den großen Städten bauten Zimmerleute, die sonst Karren herstellten, in Kriegszeiten Streitwagen (Hld 3,9). In der Levante scheint der Schiffbau ein Monopol der Phönizier geblieben zu sein. Sein Zentrum war in Tyrus, wo Schiffe aus dem Holz einheimischer Zypressen mit Zedernmasten und Eichenrudern gebaut wurden (Hes 27,5f; *Schiffe). Einige Zimmerleute fertigten auch Götzenbilder an (Jes 44,13-17). Die Holzarbeiten für die Einrichtung der Stiftshütte führten die Israeliten zwar selbst aus (2Mo 25); für den Bau von Davids Palast (2Sam 5,11) und die Einrichtung des Tempels durch Salomo wurden aus Tyrus sowohl Holz als auch erfahrene Zimmerleute gesandt. Ebenso wurde beim Bau des zweiten Tempels (Esr 3,7) verfahren, sowie möglicherweise bei den Ausbesserungsarbeiten am Tempel, von denen 2Chr 24,12 berichtet.

Nur wenige Spezialisten (2Mo31,5; 35,33) fertigten Holz-, vielleicht auch Knochen- und Elfenbeinschnitzereien an. Sie stellten die beiden Cherubim für den ersten Tempel (1Kön 6,23) sowie weitere kunsthandwerkliche Objekte her. Dafür wurden Harthölzer, Ebenholz, Sandel- und Buchsbaumholz importiert, während die einheimischen Hölzer (Zeder, Zypresse, Eiche, Esche, vgl. Jes 44,14, sowie Akazie) für die meisten Schreinerarbeiten und das Holz des Maulbeerbaums gewöhnlich für landwirtschaftliche Geräte verwendet wurden (*Pflanzen).

Zu den Werkzeugen eines Zimmermanns (Jes 44,13) gehörten ein Meßinstrument (*säräd*, LÜ: »Schnur«), Zirkel oder Stechzirkel (*mechūgā*), Breitbeil (*maqzuʿā*), kleine Axt, (*maʿazād*), eiserne Sägen (einige zweischneidig), Feilen (Jer 10,4), Bogenbohrer und Hammer (*halmūt*, Ri 5,26; *maqqäbät*, Jes 44,12) ebenso wie verschiedene Meißel und Ahlen, von denen man einige Exemplare entdeckt hat. An Holzobjekten aus der Mittleren Bronzezeit und der israeliti-

Die Werkzeuge eines ägyptischen Zimmermanns aus Theben:
a. bronzene Axt
b. bronzenes Sägeblatt
c. große Krummaxt mit Bronzeblatt
d. kleine Handsäge mit Bronzeblatt
e. Horn mit Ausguß (Ölkanne)
f. grüner Schleifstein
g. Modell einer Krummaxt mit Bronzeblatt
h., i., j. hölzerner Drillbogen mit zwei Werkzeugen aus Metall, wahrscheinlich Bohrer
k. Bronzemeißel mit hölzernem Griff
l. Ahle aus Bronze. (BM)

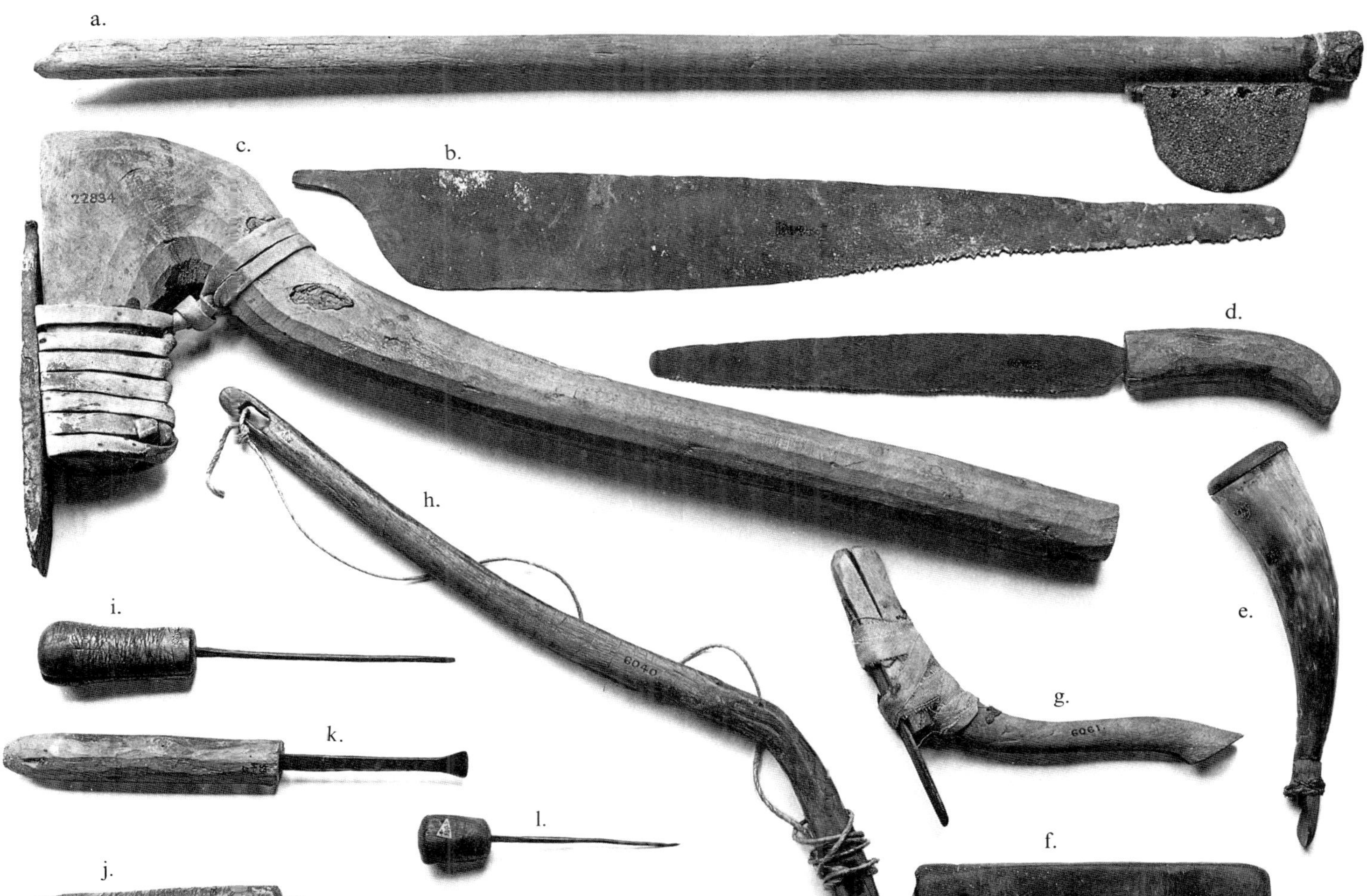

Holzhammer eines ägyptischen Steinmetzen. Neues Reich (1552-1070 v.Chr.). (BM)

schen Königszeit kann man sowohl Nagel- als auch Dübelverbindungen sehen. Bis zur Römerzeit wurden auch verschiedene Arten von Holzhobeln und Schabeisen verwendet.

4. Der Steinmetz.
Stein, vom Transport und von der Bearbeitung her kostenaufwendig, wurde bei Privathäusern als Extravaganz angesehen; bei bedeutenderen öffentlichen Gebäuden wurde Stein nur sehr sparsam für wesentliche Konstruktionsteile benutzt (*Eckstein, *Architektur). Während man in Ägypten Granit, Sandstein, Quarzit und Kalkstein als Bausteine brach, war in Palästina zu diesem Zweck nur Kalkstein verfügbar. Blöcke für den Tempel wurden schon im Steinbruch bearbeitet. Der Steinmetz benutzte weitgehend die gleichen Werkzeuge wie der Zimmermann. Er sägte den Kalkstein (1Kön 7,9) und behaute ihn mit Hammer und Meißel oder einem schweren Hammer. Große Steinblöcke brach man, indem man Holzkeile mit Holzhämmern in sie hineintrieb und die Keile sich mit Wasser vollsaugen ließ, bis der Block unter der Ausdehnung zersprang. Diese Methode war im Vorderen Orient damals weit verbreitet. Harter Stein wurde durch wiederholtes Schlagen mit einem schweren Hammer aus Metall (hebr. *pathisch*) zurechtgehauen. Von einem solchen Hammer ist die Rede, wo die Wirkung von Gottes Wort (Jer 23,29) und des mächtigen Babylon (Jer 50,23) beschrieben werden soll. Der Steinmetz haute auch Gräber in die Naturhöhlen der Berge oder trieb Schächte in den Hang, von denen aus Kammern gegraben wurden (Jes 22,16). Eindrucksvolle Beispiele solcher Familiengräber fand man in Bet-Schemesch (8. Jh.v.Chr.) und um Jerusalem (8. Jh.v.Chr. und 1. Jh.v.Chr. – 2. Jh.n.Chr.). Beim Anlegen tiefer Silos oder Zisternen wie in Lachisch, Megiddo und Gibeon mußten etwa 400.000 m^3 Kalkstein in Handarbeit weggeschafft werden. Dort wie auch in den von Steinmetzen und Mineuren gegrabenen Wassertunneln sind die Spuren der Meißel noch sichtbar (*Bergbau, *Architektur, *Siloah). In der Königszeit wurden große Säulenbasen aus Stein geschnitten; ab dem 10. Jh.v.Chr. verwendete man behauenes und am Rand geglättetes Mauerwerk. In der hellen. Periode setzte man bei herodianischen Gebäuden in Jerusalem, *Machpela sowie an anderen Stätten riesige Steinblöcke ein, die so sorgfältig behauen waren, daß sie ohne Mörtel auf- bzw. aneinandergesetzt werden konnten. Noch heute ist es unmöglich, auch nur eine Messerklinge in die Fugen einzuführen. Auch im Megiddo des 9. Jh. ist solch eine sorgfältige Arbeit zu sehen. An einer Reihe von Bauwerken wie etwa auf den Stufen der Synagoge in *Kapernaum sind die Steinmetzzeichen noch zu sehen. Steinmetze wurden auch mit dem Eingravieren von Inschriften auf Steinoberflächen betraut. Dabei scheinen sie Kursivinschriften kopiert zu haben, denn Beispiele auf dem Grab des Schebna, im Siloah-Tunnel und auf dem Samaria-Fragment lassen keine Anpassung an das Schreibmaterial erkennen. Feinere Gravuren findet man auf *Siegeln.

5. Der Metallarbeiter.
In Palästina wurde Kupfer seit 3200 v.Chr. geschmolzen und gegossen. Seit 2000 v.Chr. verwendete man eher Bronze; selbst nach der Einführung von Eisen blieb dieses Metall beliebt. Salomo ließ große Werkstükke wie die Säulen für den Tempel von einem Schmied aus Tyrus aus Bronze herstellen. Dieser goß sie im Tonboden des Jordantals zwischen Sukkot und Zaretan (1Kön 7,46; 2Chr 4,17). Aufgrund seiner Härte wurde Eisen bei der Herstellung von landwirtschaftlichen Geräten und Waffen bevorzugt; doch erforderte es kompliziertere Techniken der Herstellung und Instandhaltung. Ursprünglich hatte Israel keine Kenntnis der Eisenverarbeitung und bezog seine Eisenwerkzeuge von den Philistern (1Sam 13,19-22).

Der Schmied arbeitete innerhalb der Stadt; er benutzte einen Schmelzofen, dem mit Hilfe eines Blasebalgs Luft zugeführt wurde. So wurde der Schmied allgemein als »der (die Kohlen) anbläst« bezeichnet, ein Name, der mit dem gebräuchlichen akkad. Wort *nappāhu* (Jes 54,16) verwandt ist. Kupfer und Bronze wurden in Schmelztiegeln geschmolzen (hebr. *mazreph*, Spr 17,3; 27,21) und dann in Stein- oder Tongußformen gegossen. Eisen dagegen wurde durch das Schlagen auf einem Amboß (hebr. *pa'am*, Jes 41,7) geschmiedet. Der Eisenschmied wurde demzufolge »der den Amboß schlägt« genannt, während der Bronzeschmied, der grobe Gußstücke durch Hämmern entgraten mußte, »der mit dem Hammer glättet« (Jes 41,7) hieß. Diese Handwerker konnten auch durch Löt-, Niet- und Angußverfahren komplizierte Gegenstände herstellen. Ein derartiges Objekt ist der kleine Bronzeständer aus Megiddo, der – sofern er wirklich israelit. Herkunft ist – zeigt, daß ihre technischen Fertigkeiten ebenso gut wie die ihrer Nachbarn waren.

Die Schmiede stellten eine Vielzahl von Metallgefäßen und -werkzeugen her, Pflugscharen, Spitzen von Ochsen-Treibstöcken, Gabeln, Radachsen und Beile ebenso wie kleinere Nadeln, Fibeln (ab 10. Jh.v.Chr.), Bilder, Figurinen und kleine Geräte. Die Herstellung von Messern, Dolchen, Schwertern, Lanzen, Speerspitzen und anderen Waffen (*Waffen und Geräte), macht deutlich, wie leicht dieselben Handwerker mit ihren Händen Geräte sowohl für den Krieg als auch für den Frieden herstellen konnten (Jes 2,4; Joel 4,10; Mi 4,3). Schmuck besaßen die Frauen schon seit frühesten Zeiten; für sie war es die einzige Möglichkeit, persönlichen Reichtum zu besitzen und zu bewahren. Gold- und Silberschmiede benutzten Blasrohre, um ihre kleinen Schmelzöfen anzufachen, und gossen ihre Produkte in Steatit- oder Tongußformen. Die alten Gold- und Silberschmiede arbeiteten nach dem Wachsausschmelz-, Granulierungs-, Filigran- oder cloisonne-Einlege-Verfahren.

6. Der Gerber.
Aus Leder, d.h. gegerbten Schafs- und Ziegenfellen, stellte man verschiedene Kleidungsstücke her (3Mo 13,48; 4Mo 31,20) einschließlich Sandalen und Gürteln (2Kön 1,8; Mt 3,4). Zusammengenähte Häute waren auch wegen ihrer geringen Kosten als Gefäße oder Behälter für Wasser (1Mo 21,14), Wein (Mt 9,17) und andere Flüssigkeiten (Ri 4,19) geeignet. Mitunter wurden die Häute so zusammengenäht, daß sie die Form einer Flasche hatten. Für Zelte wurde Leder nur selten verwendet (2Mo 25,5; 4Mo 4,6), dafür aber gewöhnlich für militärische Ausrüstung wie Helme, Köcher, Streitwagenzubehör, Schlingen und Schilde, wobei letztere mit Öl eingerieben wurden, damit der Bezug geschmeidig blieb und nicht einriß (2Sam 1,21; Jes 21,5). Sandalen aus Seehunds- oder Tümmlerleder (RevEB: »Delphinhaut«) waren Luxusartikel (Hes 16,10), obwohl wahrscheinlich genauso wie in Ägypten und Assyrien für Betten, Stuhlbezüge und andere Einrichtungsgegenstände feines Leder verwendet wurde. Da Gerben eine mit üblen Gerüchen verbundene Arbeit war, wurde sie zumeist außerhalb der Stadt in der Nähe eines Wasserlaufs ausgeführt. Der Besuch des Petrus bei Simon dem Gerber außerhalb von Joppe (Apg 9,43; 10,6.32) verdeutlicht, wie weit er seine Skrupel vor der Berührung mit allem kultisch Unreinen schon überwunden hatte. Die Arbeit begann damit, daß tierisches Fett mit Steinschabern oder Metallmessern vom Fell entfernt wurde. Durch Schaben, Eintauchen in Urin oder Kälken löste man die Haare ab. Dann wurde die Haut entweder geräuchert, mit Öl eingerieben oder mit geeignetem Holz, Rinde oder Blättern gegerbt. Waren die Haare oder der Pelz nicht entfernt, wurde die Haut mit Alaun, das vom Toten Meer oder Ägypten stammte, behandelt, in der Sonne getrocknet und anschließend mit Öl eingerieben, um sie geschmeidig zu machen.

7. Der Färber.
Die alte Kunst des Färbens war den Israeliten seit dem Auszug aus Ägypten bekannt; Felle, die für die Stiftshütte bestimmt waren, wurden scharlachrot gefärbt mit dem Saft zerdrückter Koschenilleschildläuse, die auf Eichen lebten (2Mo 26,1.31; 36,8; 3Mo 14,4). Der schwarz-purpurne oder rotviolette »tyrische« oder »kaiserliche« Farbstoff, der aus den »Purpurschnecken« (*purpura* und *murex*) gewonnen wurde, die man an den Küsten des östlichen Mittelmeers fand, mußte fast ausschließlich von den Phöniziern bezogen werden. Er wurde zum Färben teurer Kleider verwendet, die Rang und Würde ausdrückten (Ri 8,26; Spr 31,22; Lk 16,19; Offb 18, 12). Der Handel damit wird in Ras Schamra-Texten erwähnt (ca. 14. Jh.v.Chr.). auch beim »Purpur« im Stoff der Stiftshütte (2Mo

26,31; 28,5), im Tempelvorhang – »blauer und roter Purpur und Scharlach« sind hier Varianten desselben Farbstoffs (2Chr 3,14) – sowie in den Gewändern, die Jesus bei seinem Verhör umgelegt wurden (Joh 19,2.5) handelt es sich um diesen Farbstoff. Auf Bitten Salomos (2Chr 2,6) lehrten Handwerker aus Tyrus die Israeliten diese Technik. In *Thyatira handelte Lydia mit Stoff, der ähnlich behandelt war (Apg 16,14; s. JNES 22, 1963, S.104ff)

In Palästina wurden gelbe Farbstoffe aus gemahlener Granatapfelschale hergestellt; die Phönizier verwendeten auch Safran und Gelbwurz. Blau gewann man aus der Indigopflanze (*Indigofera tinctoria*), die aus Syrien oder Ägypten importiert wurde und ursprünglich aus Indien stammte. Waidküpe (Färberwaid, *Isatis tinctoria*) war seit 300 v.Chr. bekannt.

In Tell beit Mirsim (Eglon) wurden sechs oder sieben Färbereien ausgegraben. Dies bedeutet, daß die Textilherstellung dort ein Haupthandwerk war. Bei Tell Amal in der Nähe von *Bet-Schean fand man viele Töpfergefäße, in denen Fadenstränge gefärbt wurden, sowie Geräte aus der Weberei, z.B. Webstuhlgewichte.

8. Der Walker.

Die Kunst, Stoff zu walken, zu reinigen und zu bleichen, war von großer Bedeutung, da Kleidung teuer war und man die Fasern vor dem Färben von ihrem natürlichen Öl oder Appreturmittel säubern mußte. Mancherorts waren der Walker und der Färber ein und dieselbe Person.

Gewöhnlich arbeitete der Walker außerhalb der Stadt an einem Wasserlauf. Er reinigte den Stoff, der unter Wasser auf einem Stein lag, durch Treten. Deshalb wurde er auch »Trampler« (hebr. *kobes*) genannt. In Jerusalem nannte man die Stätte außerhalb der Ostmauer, an der die Kleidung zum Trocknen in der Sonne ausgebreitet wurde, »Walkerfeld« (2Kön 18,17; Jes 7,3; 36,2). Nach altkirchlicher Überlieferung wurde Jakobus, der Bruder Jesu, von der Zinne des Tempels gestürzt und dann von einem Walker mit dem Holz, womit er die Stoffe preßte, erschlagen (Hegesippus von Jerusalem und Clemens von Alexandria bei Eus. h.e. II, 1,5; 12-18). Über die Kleider Christi bei der Verklärung heißt es: Sie »wurden hell und sehr weiß, wie sie kein Bleicher [griech. *gnapheus*, Tuchscherer] auf Erden so weiß machen kann« (Mk 9,3).

Zum Reinigen wurde mitunter aus Ägypten importiertes Natron (Salpeter) verwendet, das dort, mit weißem Ton vermischt, als Seife gebraucht wurde (Spr 25,20; Jer 22,22). Alkali war in Pflanzenasche reichlich vorhanden, und »Seife« (hebr. *bōrît*, *kālî*) gewann man durch Verbrennen der Sodapflanze (*Salsola kali*). Bei der »Lauge der Wäscher« (Mal 3,2) handelte es sich wahrscheinlich um *bōrît*-Asche, da Kalium und Natriumnitrat in Syrien und Palästina wohl nicht bekannt waren, obwohl sie in Babylonien gefunden wurden.

Weitere Handwerke s. *Elfenbein, *Glas, *Kosmetik, *Kunst, *Musik; *Ägypten, *Assyrien und *Babylonien.

Literatur: F. Nötscher: Biblische Altertumskunde, 1940; C. Singer (ed.): A History of Technology, 1, 1958; G.E. Wright:

Schreiner und andere Handwerker bei der Arbeit. Kopie eines ägyptischen Wandgemäldes im Grab Nebamuns und Ipukis. Theben, ca. 1380 v.Chr. (BM)

Ein ägyptischer Zimmermann arbeitet mit einer Krummaxt. Ca. 1400 v.Chr. (BM)

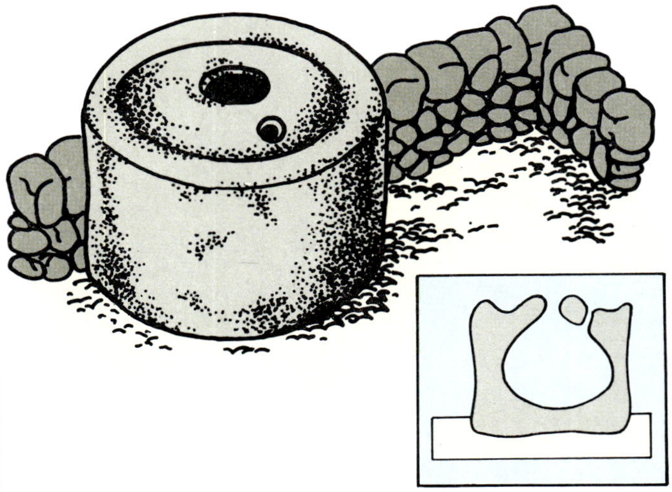

Färber-Küpe (Färbekessel) aus Tell beit Mirsim (Debir?). Der geringe Durchmesser der Öffnung auf der Oberseite deutet darauf hin, daß einzelne Fasern oder Stränge, nicht großflächige Gewebe gefärbt wurden. 7. Jh.v.Chr.

Biblische Archäologie, 1958, S. 191-198; R.J. Forbes: Studies in Ancient Technology, 1-8, 1955-64; A. Reifenberg: Ancient Hebrew Arts, 1950; A. Lucas: Ancient Egyptian Materials and Industries, 1962; J. Jeremias: Jerusalem zur Zeit Jesu, ^{3}1963; D. Strong, D. Brown: Roman Crafts, 1976.

D.J.W.

HANNA. (Hebr. *channā*, »Gnade«). Sie war die Lieblingsfrau Elkanas, eines Ephraimiters, der in Ramatajim-Zofim lebte (1Sam 1). Peninna, die zweite Frau Elkanas, die Kinder hatte, kränkte H., die keine Kinder hatte. H. gelobte, daß sie - falls sie einen Sohn gebären sollte – diesen Gott als *Nasiräer weihen würde. H. gebar einen Sohn und nannte ihn *Samuel. Ihr Lobgesang (1Sam 2,1-10) läßt vermuten, daß sie eine Prophetin war. Er enthält die erste Nennung des Königs als Messias (»sein Gesalbter«). In Marias Lobgesang nach der Ankündigung der Geburt Christi (Lk 1,46-55: »Magnificat«) finden sich Entsprechungen zu H.s Loblied. Jedes Jahr, wenn sie nach Silo kam, um zu opfern, brachte sie Samuel ein Oberkleid. Nach ihrem Sohn Samuel gebar H. noch drei Söhne und zwei Töchter (1Sam 2,19.21). J.W.M.

HANNAS. Hannas oder Hananos, Sohn Sets, wurde 6 n.Chr. zum Hohenpriester ernannt und 15 n.Chr. abgesetzt. Im NT wird er auch noch nach 15 n.Chr. als Hoherpriester erwähnt. Dafür lassen sich drei Gründe anführen:

1. Obwohl die Römer Hohepriester absetzten und neue ernannten, sahen die Juden das Amt des Hohenpriesters als eines auf Lebenszeit an. In der *Mischna (Horajot 3.4) heißt es: Ein Hoherpriester im Amt unterscheidet sich von einem Priester, der aus seinem Hohenpriesteramt ausgeschieden ist, nur durch den Stier und den Zehnten des Efa, die am Versöhnungstag geopfert werden.

2. Der Titel »Hoherpriester« wird in der Apostelgeschichte und bei Josephus sowohl Mitgliedern der Priesterfamilien gegeben, aus denen die meisten Hohenpriester ernannt wurden, als auch jenen, die das Amt des Hohenpriesters ausübten.

3. H. hatte großen persönlichen Einfluß auf die nachfolgenden Hohenpriester. Fünf seiner Söhne sowie sein Schwiegersohn *Kaiphas wurden Hohepriester. Bei der Verhandlung gegen Jesus führte H. eine Voruntersuchung vor dem offiziellen Verhör durch Kaiphas durch (Joh 18,13-24). Wenn es bei Lk 3,2 heißt, Hohepriester waren H. und Kaiphas, so ist damit angedeutet, daß H., der Schwiegervater Kaiphas', sowohl de facto durch seinen persönlichen Einfluß als auch de jure nach strengem jüd. Recht die hohepriesterliche Gewalt mit Kaiphas teilte, obwohl letzterer der offiziell von Rom ernannte Hohepriester war (vgl. Apg 4,6). D.R.H.

HANNATON. (Hebr. *channathōn*). Grenzort in *Sebulon (Jos 19,14) zwischen Neah (unidentifiziert) und dem Tal von Jiftach-El, wahrscheinlich das Wadi El-Malik nordwestl. von *Nazareth. Nach verschiedenen Vorschlägen hat sich jetzt die Identifizierung von A. Alt (PJB 22, 1926, 62ff) mit Tell El-Bedewīje an der Westseite der Battōf-Ebene und ca. 17 km nordwestl. des *Tabor weitgehend durchgesetzt. Die Besiedlung reicht hier bis in die Mittlere Bronzezeit zurück (W.F. Albright: BASOR 11, 1923, 11). H. lag an einer wichtigen Straße, die vom *Jordan-Tal durch Unter-*Galiläa nach *Akko an der Mittelmeerküste führte. Wie die Erwähnung in den *Amarna-Briefen (Nr. 8, 245: Hinatuna) und in den Annalen von *Tiglatpilesar III. zeigt, war H. in der Spätbronze- und Eisenzeit eine wichtige Stadt. Manche Forscher setzen H. auch mit dem Asochis (Jos.ant.Jud. XIII, 337; vita 207.233.304) der ntl. Zeit gleich.

Literatur: F.M. Abel: Géographie de la Palestine II, ^{3}1967, 343; C.E. Armerding: NIDBA, 1983, 277f; A. le Borgne, M. Nothmann: MB 52 (1988), 53.

R.R.

HANUN. (Hebr. *chanūn*, »der Begnadigte«).

1. Sohn und Nachfolger des Ammoniterkönigs Nahasch. Er ließ die Gesandten, die David beim Thronwechsel im Gedenken an seine Freundschaft mit dem verstorbenen Herrscher nach Rabba gesandt hatte, festnehmen, ihnen den Bart halb abrasieren und die Kleidung bis zum Gürtel wegschneiden. Mit dieser schweren Beschimpfung brach er den Krieg vom Zaun, der trotz seines Bündnisses mit den Syrern in zwei Feldzügen zur völligen Niederlage der Ammoniter führte (2Sam 10,1-14; 12,26-31; 1Chr 19,1-20,3).

2. Israelit, der unter Nehemia beim Mauerbau mithalf (Neh 3,13).

3. Sohn Zalafs, der ebenfalls am Mauerbau unter Nehemia beteiligt war (Neh 3,30).

HARA. Neben *Halach, *Habor und *Gosan ein weiterer Ort, an den Tiglatpilesar III. (745-727 v.Chr.) aufständische Israeliten 734-732 v.Chr. brachte (1Chr 5,26). Ein assyr. Ort dieses Namens ist nicht bekannt. In 2Kön 17,6; 18,11 jedoch wird hebr. *hārāʾ* als »Städte der Meder« interpretiert; der Ausdruck, den die LXX wiedergibt, könnte das hebr. Wort *hārē*, »Berglandschaft«, meinen. D.J.W.

HARADA. »Beben, Angst, Menschenfurcht« – eine Station auf der Wüstenwanderung Israels (4Mo 33,24.25), deren genaue Lage unbekannt ist.

HARAN. (Hebr. *char(r)an*; akkad. *harrānu*, »Kreuzung«; griech. *charrhan*, Apg 7,4).

1. Die Stadt liegt ca. 32 km südöstl. von Urfa (Edessa) in der Türkei am Fluß Balich, an der Hauptverbindungsstraße von Ninive nach Aleppo. *Terach lebte dort mit Abram (1Mo 11,31; vgl. Apg 7,2.4), bevor letzterer nach Kanaan auswanderte (1Mo 12,1). H. war die Heimatstadt von Isaaks Braut *Rebekka. *Jakob flüchtete vor *Esau dorthin (1Mo 29,4), heiratete *Lea und *Rahel, die Töchter *Labans, und alle seine Kinder (mit Ausnahme von Benjamin) wurden dort geboren (1Mo 29,32-30,24). H. wird in Texten aus der Ur-III-Periode (ca. 2000 v.Chr.) als Standort eines Tempels (é.hul.hul) zur Anbetung des Mondgottes *Sin erwähnt; die Besiedlung ist durch archäologische Funde bezeugt. Nach *Mari-Briefen aus dem 2.Jt.v.Chr. machte die strategische Lage der Stadt sie zum Ziel amoritischer Stämme und später zu einem assyr. Zentrum. Adadnarari I. befestigte die Stadt (ca. 1310 v.Chr.) und baute einen Tempel, der durch Tiglatpilesar I. (1117-1077 v.Chr.) verschönert wurde. H. wurde nach einem Aufstand 763 v.Chr. geplündert; ein Ereignis, das *Sanherib dazu benutzte, Jerusalem einzuschüchtern (2Kön 19,12; Jes 37,12). Die Stadt wurde von Sargon II. wiederaufgebaut, der Tempel durch Asarhaddon (675 v.Chr.) und Assurbanipal instandgesetzt und neu eingerichtet. Nach dem Fall Ninives (612 v.Chr.) wurde H. die letzte Hauptstadt Assyriens bis zur Einnahme durch die Babylonier 609 v.Chr. Das Interesse der Chaldäerdynastie an babylon. Tempeln führte zur Rekonstruktion der Sin-Tempel in H. und Ur. Im erstgenannten wurde die Mutter von Nabonidus (die 104 Jahre alt wurde), im letzteren seine Tochter zur Hohenpriesterin ernannt. H. war eine blühende Handelsstadt mit Verbindungen zu Tyrus (Hes 27,23). Der Ort, der 1951-53 und 1959 ausgegraben wurde, weist deutlich eine Besiedlung vor der assyr. Periode auf. Die vorzufindenden Ruinen stammen hauptsächlich von der röm. Stadt, in deren Nähe die Parther Crassus (53 v.Chr.) töteten, sowie von der späteren Besetzung durch sabäische und islamische Herrscher in H., damals Carrhae genannt.

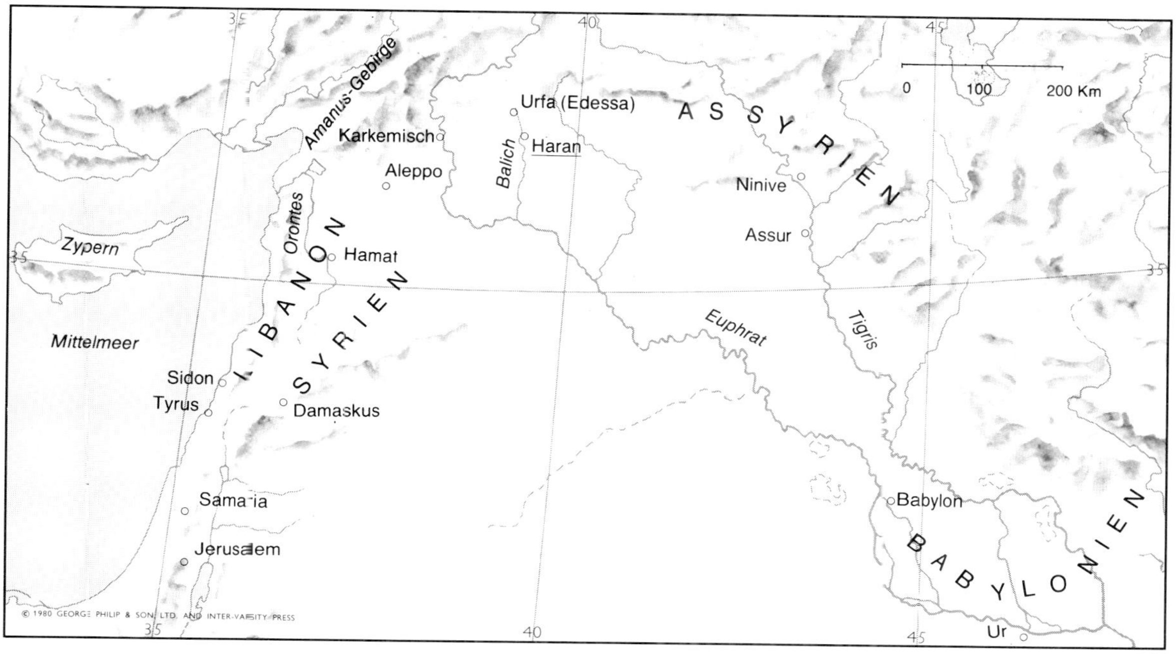

Haran (»Kreuzung« oder »Straße«) liegt an einer strategisch wichtigen Stelle zwischen Mesopotamien und dem Mittelmeer.

Diese Stele aus Haran zeigt König Nabonid von Babylon, der den Mondgott (Mondsichel: Sin), den Sonnengott (Scheibe mit Strahlenkranz: Schamasch) und die Göttin Ischtar (göttliche Krone) anbetet. Die darunterstehende Inschrift beschreibt den Wiederaufbau des Sin-Tempels. Höhe 1,87 m. 555-539 v.Chr. (SOAS)

2. Haran kommt auch als Personenname vor:

a. Ein Sohn Terachs, ein Bruder Abrahams und Nahors, Vater von Lot, Milka und Jiska, starb in Ur (1Mo 11,26-33).

b. Ein Mann aus Juda, Sohn Kalebs, den dieser mit seiner Nebenfrau Efa hatte (1Chr 2,46).

c. Ein Levit, ein Sohn Schimis, des Gerschoniters (1Chr 23,9). D.J.W.

HARARITER. Bezeichnung für einige der Helden Davids: Schamma, der Sohn Ages (2Sam 23,11), der möglicherweise identisch ist mit Schamma (2Sam 23,11.33); Jonatan, der Sohn Schages (1Chr 11,34) und Ahiam, der Sohn Sachars (1Chr 11,35). Die Bezeichnung H. ist außerhalb der Bibel unbekannt. Sie kann die eines Stammes oder einer Stadt sein, oder einfach »Bergbewohner« bedeuten, abgeleitet von hebr. *har*, »Berg, Hügel«. T.C.M.

HÄRESIE. Das griech. Wort *hairesis* heißt eigentlich »Wahl«; diese Bedeutung hat es in der gesamten LXX. Bei klassischen Autoren jedoch kann es sich auf eine Philosophenschule beziehen, der sich bestimmte Leute anschlossen. Ähnlich verwendet das NT den Begriff, um eine »Gruppe« zu bezeichnen, womit Eigenwille oder sektiererischer Geist angedeutet werden soll. Keine der so bezeichneten Gruppen ist aber völlig getrennt von ihrer ursprünglichen Gemeinschaft. Die *Sadduzäer (Apg 5,17: »Partei«) und *Pharisäer (Apg 15,5; 26,5) stellen Parteien innerhalb der jüd. Religionsgemeinschaft dar; derselbe Begriff wird gebraucht, um das Christentum zu beschreiben, wie es von außen gesehen wird (Apg 24,5.14; 28,22: »Sekte«). Josephus benutzt den gleichen Ausdruck, um auch die *Essener zu beschreiben, die sich von der Gemeinde abgespaltet hatten (ant.Jud. 13.171; 18.18-22). Wenn Gruppen innerhalb der Gemeinde auftauchen, werden sie »Spaltungen« genannt (1Kor 11,19, wo Paulus andeutet, daß sie – wenn sie auch schlecht sind – doch etwas Gutes haben: Sie machen deutlich, wer die wahren Christen sind.). Solche Spaltungen werden als Werk des Fleisches (Gal 5,20) angesehen und hauptsächlich als Bruch der gegenseitigen Nächstenliebe, so daß der ketzerische Mensch, d.h. derjenige, der nur seine eigene Gruppe bilden oder ihr folgen will, nach zwei Ermahnungen ausgeschlossen werden muß (Tit 3,10). Der einzige ntl. Beleg von »Häresie« im Sinne von Meinungsirrtum oder *Irrlehre findet sich in 2Petr 2,1, wo darauf hingewiesen wird, daß der Erlöser selbst verleugnet wird.

Die bekanntesten unter den im NT genannten Häresien sind: Gnostizismus jüd. Typs (Kol 2,8-23) und Doketismus (1Joh 4,2f; 2Joh 7).

Literatur: H.D. Betz, A. Schindler, W. Huber: TRE XIV, 1985, S. 313-348. G.S.M.W./R.T.B.

HARFE
s. Musik/-instrumente

HARMAGEDON. Nach Offb 16,16 (*Hebraisti* ein hebr. (oder aram.) Wort. Angesichts der Wiedergabe der LXX von *Megiddo (Ri 1,27; 2Chr 35,22) mit *Magedōn* steht der Ausdruck wahrscheinlich für hebr. »Berg von Megiddo«. Der strategisch wichtige Paß bei Megiddo war Schauplatz entscheidender Schlachten von Pharao Thutmosis III. (1468 v.Chr.) über die Zeit des AT (Ri 5,19: *Debora; 2Kön 9,27; 23,29: *Josia, vgl. 2Chr 35,22; Sach 12,11) bis hin zum Feldzug des englischen Generals Allenby, der 1917 Palästina eroberte. Dennoch muß man mit einer Auffassung als konkretem Ortsnamen vorsichtig sein. Der Ausdruck, der sonst nirgends belegt ist, paßt kaum zu den topographischen Gegebenheiten. Als Versammlungsort der Könige der Völker zum endzeitlichen Krieg gegen

Gott (Offb 16,14-16) stellt der »Berg von Megiddo« ein Bild für die »Aufgipfelung« widergöttlicher Macht (vgl. Offb 19,19-21) und den Gegenpol (Hebr 12,22ff vgl. Offb 21,10) zum endzeitlichen Gottesberg dar. Im Hintergrund dürften die Prophetie vom endzeitlichen Kampf *Gogs auf den »Bergen Israels« (Hes 38-39), aber in jüd. Auslegungsweise verbunden, vielleicht auch Ri 5,19; Jes 14,13 und Sach 12,11 (*Hadad-Rimmon) stehen.

Literatur: J. Jeremias: ThWNT I, 1933, 467f; A. Strobel: EWNT I, 1980, 367f. R.R.

HARNISCH
s. Waffen u. Geräte

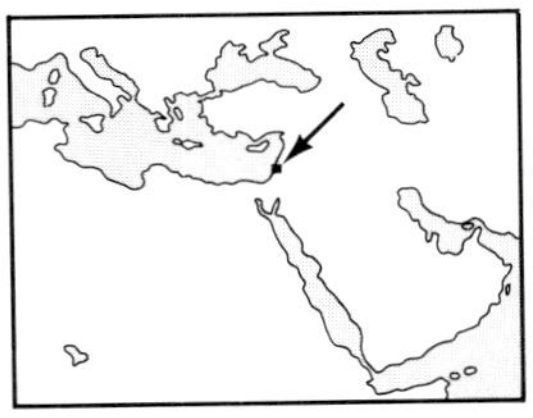

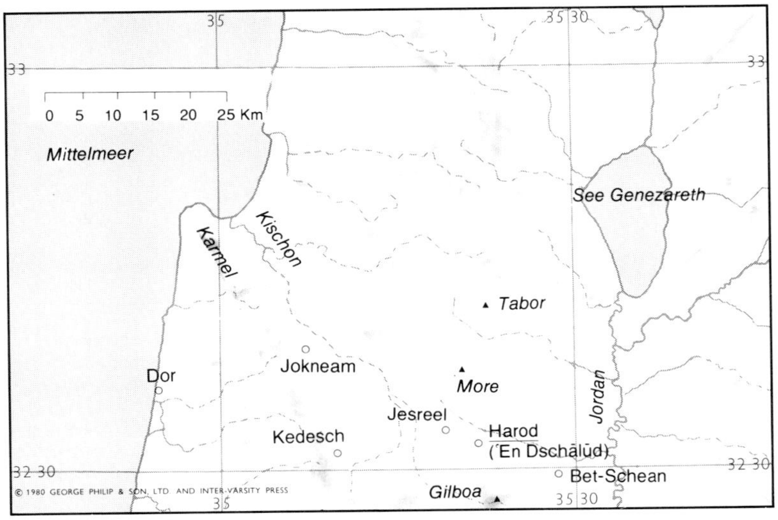

Die Lage von Harod am Fuß des Berges Gilboa.

Die Harod-Quelle am Fuße des Berges Gilboa bei Jesreel. (SH)

HAROD. (Hebr. *charōd,* »zitternd«). Eine ergiebige Quelle am Fuß des Berges *Gilboa, östl. von *Jesreel, die nach O in das Tal von *Bet-Schean fließt. Hier verringerte *Gideon sein Heer in zwei Etappen von 32.000 auf 300 Soldaten (Ri 7,1-8), als er den Midianitern entgegentrat. Wahrscheinlich lagerte *Saul mit seiner Armee hier vor der verhängnisvollen Schlacht auf dem Berg Gilboa (1Sam 29,1; vgl. 31,3). Zwei von Davids »Helden«, Schamma und Elika (2Sam 23,25; 1Chr 11,27: Schammot), kamen aus H., das möglicherweise mit dem modernen 'Ain Jalud zu identifizieren ist. A.E.C.

HAROSCHET DER HEIDEN. (Hebr. *charoschet ha-gōjim*). Hier in der Gegend des *Kischon (Ri 4,13) unterhielt *Sisera sein Feldlager (Ri 4,2). Man hat an eine Flurbezeichnung (»bewaldete Höhe«?) gedacht (B. Mazar, HUCA 24, 1952/3, 80-84), aber die Verfolgung des Sisera durch *Barak bis H. spricht eher für einen Ort (Ri 4,16), dessen Lokalisierung allerdings unsicher ist. Tell 'Amr nordwestl. von *Megiddo (W.F. Albright, JPOS 2, 1922, 54,ff) und Tell El-Harbadsch südwestl. von Haifa (J. Lilley, NBD, 1962, 505), wo aber Siedlungsspuren vor dem 10. Jh.v.Chr. fehlen, wurden vorgeschlagen. Unwahrscheinlich ist eine Identifizierung mit dem Muraschti der *Amarna-Briefe (14. Jh.v.Chr.), denn dann müßte der Ort in der *Scharon-Ebene gesucht werden (E.M. Blaiklock: NIDBA, 1983, 229). Vielleicht deutet der Zusatz »der Heiden« darauf hin, daß H. in jener Zeit außerhalb des israelit. Siedlungsgebietes lag.

Literatur: E.G. Kraeling: Bible Atlas, 1956, 151; LDB, S. 231. R.R.

HARREN. In der Bibel begegnet H. auf den Herrn, auf Gott in heilsgeschichtlichem Sinne (Ps 37,9; Hab 2,3 u.ö.). Es hat die Bedeutung des geduldigen Ausschau-Haltens auf die endliche Hilfe Gottes (Ps 40,2; 42,6; Spr 20,22). H. ist so in erster Linie ein Zeichen des Glaubens. Der harrende Mensch weiß um die Wirklichkeit Gottes (Jes 25,9).

Auf den Herrn zu h. ist letztlich eine Gabe Gottes an seine Kinder. H. zu können, ist nicht das Ergebnis menschlicher Willensschulung nach Art der *Stoiker mit dem Ziel der (griech.) *ataraxia,* (latein.) *tranquillitas animi,* der unbedingten, unerschütterlichen Seelenruhe. Es ist vielmehr Wirkung und Frucht des Heiligen Geistes (Gal 5,22). Der auf Gott harrende Mensch weiß: Gott ist gegenwärtig (Ps 33,18 RevEB), er ist kein ferner Gott. H. ist das Warten darauf, daß Gott in allem Geschehen sich als der Handelnde erweist. H. ist nicht Passivität, sondern Entfaltung von Glaubenskraft: Die auf den Herrn h., haben die Verheißung ständiger Kraftzufuhr aus der Welt Gottes (Jes 40,31).

Nicht nur der Mensch, sondern auch Gott selber ist ein Harrender. Er harrt auf den Menschen, daß der sich von seiner Güte und Barmherzigkeit bewegen lasse, ihm sein Herz zu schenken und in Gehorsam seinen heiligen Willen zu tun (1Petr 3,20).

Das H. Gottes offenbart Gottes Liebe. Im Gleichnis vom Verlorenen Sohn hat Jesus selbst das göttliche H. in treffender Weise dargestellt (Lk 15,11ff).

HART, HÄRTIGKEIT.

1. Im wörtlichen Sinn bezeichnet h. die physikalische Beschaffenheit eines Gegenstandes oder Stoffes (5Mo 8,15; Jos 9,5; Dan 2,40).

2. Im übertragenen Sinn kommt h. in mehreren Varianten vor:

a. zur Bezeichnung schwerer körperlicher Arbeit (2Mo 6,9) bzw. schwerer Belastung (Steuer, Tribut, persönliche Notlage, Strafe, prophetischer Auftrag – vgl. 1Kön 12,14; Hiob 30,25; Spr 20,30; Jes 21,2);

b. als Adverb, um der Aussage eines Verbs Nachdruck zu verleihen (vgl. 1Mo 19,9; 20,18; Ri 2,15; Ps 65,4; Mt 27,13; Mk 15,3; Phil 1,23).

c. In Verbindung mit reden bedeutet es »unfreundlich, feindselig«, auf den Inhalt der Rede bezogen »schwer zu ertragen« (1Mo 42,7; 1Kön 12,13; 14,6; Spr 15,1; Mal 3,13; Joh 6,60).

d. In der Beziehung des Menschen zu Gott und göttlichen Geboten bedeutet h. »hartnäckig, von Gott abgewandt, unzugänglich, ungläubig« (Jes

48,4; Jer 5,3; Hes 2,4; 3,7; Mk 16,14).

e. In Beziehung zu den Mitmenschen bedeutet es »unbarmherzig« (2Mo 7,14; Jes 19,4; Mt 18,8; Mk 10,5).

f. Gottes Tun wird als h bezeichnet, wenn er strafende Gerechtigkeit ausübt (1Sam 5,7; Ps 60,5) Er scheint dem Menschen in Not unbarmherzig, wenn seine Weisheit die Hilfe zurückhält, den Bitten nicht sofort Gehör schenkt (Jes 63,15).

HASAËL. (Hebr. *chazā'ēl, chazāh'ēl*, »El sieht« oder »den Gott anschaut«). Ein mächtiger König Syriens (Arams), Gottes Geißel für Israel während der Herrschaft *Jorams, *Jehus und *Joahas'. *Elia wurde beauftragt, ihn als einen der drei zu salben, die dazu bestimmt waren, die Ausrottung der Baal-Anbetung, die er begonnen hatte (1Kön 19,15-17), zu beenden. Später, als Sendbote *Ben-Hadads II. zu *Elisa, erfuhr H., daß er König und ein Unterdrücker Israels werden sollte. Diese Prophezeiung setzte er rasch in die Tat um, indem er Ben-Hadad ermordete und den Thron bestieg (2Kön 8,7-15). Bei *Ramot in Gilead kämpfte er gegen Joram (2Kön 8,28f; 9,14-15), besiegte Jehu mehrmals, wobei er das Gebiet östl. des Jordan bis zum Arnontal im S (2Kön 10,32-33) verwüstete. Er fuhr mit seinen Angriffen während der Regierung des Joahas fort, und nur durch Gottes Gnade wurde Israel vor der völligen Zerstörung verschont (2Kön 13,3.22f). 2Kön 12,18f erwähnt einen syr. Einfall nach SW-Palästina, der vermutlich zum Ziel hatte, die Handelswege zu sichern. *Gat wurde eingenommen und Jerusalem bedroht. Nur durch eine Tributzahlung aus dem Tempelschatz wurde H. von der Einnahme Jerusalems abgehalten. Syriens Vormachtstellung wurde erst nach H.s Tod gebrochen, als sein Sohn, Ben-Hadad III., dreimal von *Joasch von Israel besiegt wurde (2Kön 13,24f). Als einer der syr. Herrscher, die Israel schwer bedrängten, war H. in Israels Erinnerung präsent, so daß *Amos ein halbes Jh. später bei der Gerichtsankündigung über Syrien seinen Namen erwähnt, um die Macht Syriens zu symbolisieren (Am 1,4).

H.s Name erscheint ebenfalls in keilschriftlichen assyr. Inschriften als Gegner von Salmanassar III. ab 841 v.Chr. Die Wortwahl eines Textes zeigt, daß den Assyrern nicht nur bekannt war, daß H. ein unrechtmäßiger Machthaber war (»Sohn eines Niemand«, ANET, S. 280), sondern auch, daß sein Vorgänger das Opfer einer Intrige war (Weidner: AfOL 13, 1940, S. 233f). H. muß vor 841 v.Chr. auf den Thron gelangt sein, da seine Truppen und die des Israeliten *Joram 842 bei Ramot in Gilead gegeneinander kämpften; 843 v.Chr. dürfte (nach Unger, Israel and the Arameans of Damascus, 1957, S. 75), dafür als Datum in Frage kommen. 837 v.Chr. kämpften Salmanassar III. und H. erneut gegeneinander. Danach wird 30 Jahre lang kein Zusammenstoß zwischen diesen beiden Königreichen erwähnt, bis Adadnarari III. ca. 805-802 v.Chr. den nun älter gewordenen H. durch Einschüchterung zur Unterwerfung bewegte (ANET, S. 281-282; DOTT, S. 51-52). Er sprach von ihm als *Marî*, aram. für »Herr«. In Syrien wurde der anfangs gefürchtete H. offensichtlich als »der Herr« par excellence bekannt. Dieser Beiname wurde einfach von den assyr. Chronisten übernommen. H. »bedrängte Israel, solange Joahas lebte« (2Kön 13,22). Letzterer regierte etwa von 818/17-802/1 v.Chr. und überlebte somit H. – zumindest um kurze Zeit. Die Beute der Assyrer aus dem Damaskus H.s umfaßte auch Elfenbeinarbeiten. Zwei Stücke trugen die Inschrift *l-mr'n Chz'l*, »gehört unserem Herrn Hasaël«; auf einem weiteren ist die Figur eines Prinzen abgebildet, möglicherweise eine Darstellung H.s selbst. J.G.G.N./K.A.K.

HASCHABJA. »Der Herr hat angerechnet« (d.h. das Wohlverhalten des Menschen).

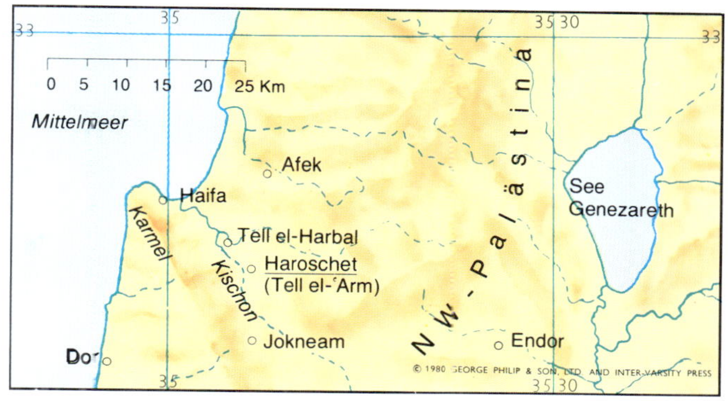

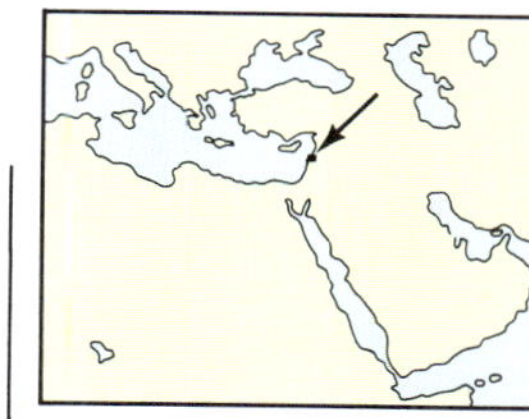

Die Lage von Haroschet.

Diese Elfenbeinfigur zeigt vermutlich König Hasaël von Damaskus (844-802 v.Chr.). Aus Arslan Tasch, Syrien. (MC)

Intarsie aus Elfenbein mit dem Namen Hasaëls, des Königs von Damaskus (844-802 v.Chr.). Aus Arslan Tasch, Syrien. (MC)

1. Levit aus dem Geschlecht Meraris, Vorfahr Etans (1Chr 6,30).
2. Vater Asrikams, ein anderer Merariter (1Chr 9,14).
3. Sohn Jedutuns, Leiter der 12. levitischen Sängerabteilung (1Chr 25,3.19).
4. Levitischer Amtmann über das Westjordanland z.Zt. Davids (1Chr 26,30).
5. Sohn des Kemuël, Fürst des Stammes Levi z.Zt. Davids (1Chr 27,17).
6. Oberster der Leviten z.Zt. Josias (2Chr 35,9).
7. Einer der Leviten, die Esra nach Jerusalem begleiteten (Esr 8,19.24). Er ist wohl auch bei der Unterzeichnung des Bundes (Neh 10,12) und unter den Obersten der Tempelsänger genannt (Neh 12,24).
8. Oberster über den halben Bezirk Keïla z.Zt. Nehemias (Neh 3,17).
9. Levit, Nachkomme Asafs (Neh 11,22).
10. Haupt der Priesterfamilie Hilkia z.Zt. des Hohenpriesters Jojakim (Neh 12,21).

HASCHMONA. Station auf dem Wüstenzug Israels (4Mo 33,29.30). Eusebius nennt es Asemonas oder Asemon in der Nähe von *Kadesch. Trumbull meint H. in den Ruinen nahe bei Ain Kseime gefunden zu haben, 14 km nordwestl. von Kadesch.

HASE
s. Tiere

HASEL
s. Pflanzen

HASMONÄER
s. Israel (V); Makkabäer

HASS, HASSEN. Emotionale Ablehnung, die sich steigert bis zur Vernichtung des Gehaßten. Daher ist in jeder Regung des Hasses wurzelhaft schon der Totschlag eingeschlossen (1Joh 3,15). H. ist nicht an sich gut oder böse, sondern wird es erst durch seine Motive und seinen Gegenstand. Triebhafter H. gegen Gott (Ps 81,16), Gottes Ordnung (Spr 6,16-19) und den Gerechten (Ps 34,22) ist böse. Bewußter H., d.h. strikte Ablehnung gegenüber gottlosem Wesen (Ps 45,8) und Götzendienern (Ps 31,7), ist gut; und er wird mit ganzem Ernst gefordert als Ablehnung des Eigenlebens auf dieser Welt (Joh 12,25), aller menschlichen Bindungen, wenn sie dem Willen des Herrn entgegenstehen (Lk 14,26; vgl. Mt 10,37), und alles dessen, was von der Sünde befleckt ist (Jud 23). Im AT wird dazu aufgefordert, den H. der anderen durch das eigene Verhalten zu überwinden (2Mo 23,5), und es ist verboten, den Bruder zu hassen (3Mo 19,17). Das NT verbietet dann auch den H. gegen den Feind (Mt 5,43f), denn alle Menschen sind Gegenstand der werbenden Liebe Gottes und seiner Gemeinde (1Tim 2,4).

HATTUSCH.
1. Priester, der mit *Serubbabel aus Babylon heimkehrte (Neh 12,2).
2. Nachkomme Davids, der mit Esra aus Babylon zurückkehrte (Esr 8,2).
3. Sohn Haschabnejas, der einen Teil der Mauer Jerusalems aufbaute (Neh 3,10).
4. Priester, der die Verpflichtung auf das Gesetz unterzeichnete (Neh 10,5).
5. Nachkomme Serubbabels (1Chr 3,22).

HAUPT/KOPF. Das Haupt (hebr. *rōsch*; griech. *kephalē*) wird in der Bibel nicht als Sitz des Verstandes, sondern als Quelle des Lebens angesehen (Mt 14,8.11; Joh 19.30). »Den Kopf erheben« bedeutet, selbstbewußt, zielorientiert zu leben (Ri 8,28; Ps 27,6; 1Mo 40,13, aber vgl. das Wortspiel in V. 19) oder Leben von Gott selbst zu erwarten (Ps 24,7.9 RevEB; Lk 21,28). Den Kopf mit der Hand oder mit Staub und Asche bedecken heißt, um den Verlust eines Lebens zu trauern (2Sam 13,19; Klgl 2,10). Haupt-sein meint Überlegenheit in Rang und Macht einem anderen gegenüber (Ri 11,11; 2Sam 22,44). Wenn aber von Christus gesprochen wird als dem H. seines Leibes, nämlich der Gemeinde (Eph 5,23; Kol 2,19) als dem H. eines jeden Mannes (1Kor 11,3), des ganzen Universums (*hyper panta*, Eph 1,22) und aller Mächte und Gewalten (Kol 2,10), aber auch wenn der Mann das H. der Frau genannt wird (1Kor 11,3; Eph 5,23; vgl. 1Mo 2,21f), dann überwiegt dabei die Grundbedeutung des Begriffs H. als des »Woher« und »um willen« des Lebens. (Schlier 678).

Die Gemeinde ist der Leib Christi, und er ist ihr H. (Eph 4,15f; Kol 1,18): die beiden kann man nicht trennen. In dieser Einheit von H. und Leib lenkt Christus, das H., das Wachsen des Leibes zu sich hin: Er ist nicht nur die Seinsquelle des Leibes (1Kor 10,16f), sondern auch die Vollendung seines Lebens (Eph 4,15f; Kol 1,19f; vgl. *Eckstein). Daher entzweit jeder Dienst für einen anderen geistlichen Mittler die lebenswichtige Verbindung zwischen den Gliedern und Christus, dem H., der die Quelle all ihres Seins ist (Kol 2,18f).

Literatur: F. Foulkes: Ephesians, TNTC, 1963, S. 65f.124.155ff; K. Munzer: TBLNT I, ^{4}1986, S. 634-636; H. Schlier: ThWNT III, 1938, S. 672-681; S. Bedale: ›The Me-

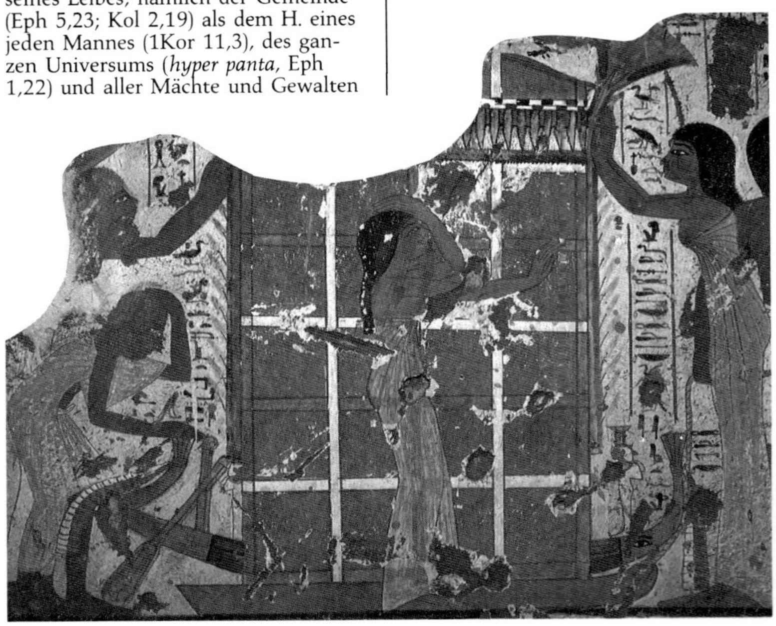

Ägyptische Klageweiber bedecken den Kopf mit den Händen, während sie dem Sarg des Verstorbenen folgen. Wandgemälde im Grab von Nebamun und Ipuki in Theben. Ca. 1350-1300 v.Chr. (CP)

Als Geste der Trauer bedecken Frauen ihren Kopf mit den Händen. Darstellung auf dem Steinsarkophag des Königs Dhiram von Byblos. Länge ca. 2,30 m. Ca. 1000 v.Chr. (NMBb)

aning of kephale in the Pauline Epistles«, JThS n.s. 5, 1954, S. 211ff; H.J. Grabathuler: Jesus Christus, Haupt der Kirche – Haupt der Welt, 1965 (Forschungsbericht). F.H.P.

HAUPTMANN. H. lautet die allg. übliche Bezeichnung für einen Anführer oder Oberbefehlshaber (4Mo 14,4; Ri 11,6), die so auch in bildlicher Rede verwendet wird (Spr 6,7).

Meist sind mit Hauptleuten die militärischen Führer (5Mo 20,9: »Heerführer«; 1Sam 17,18; 1Chr 27,3; Jes 22,3), vor allem die höheren Offiziere in Israel (2Kön 9,5; 25,2; Mk 6,21), Ägypten (2Mo 15,4), Assyrien (2Chr 32,9; Jes 36,9), Babylon (Jer 51,57) und Persien (Neh 2,9), darunter die Befehlshaber der Leibwache (1Mo 37,36; 40,3.4; 2Kön 5,8) gemeint. Der Feldherr oder Oberbefehlshaber war bei Philistern (1Mo 21,22), Kanaanäern (Ri 4,2), Syrern (2Sam 10,16; 2Kön 5,1) und Israeliten (1Sam 14,50; 2Sam 19,14; 24,2; 1Kön 4,4; 16,16; 2Kön 4,13) der »Feldhauptmann«. In Israel befehligte er das Volksaufgebot, zu dessen Einberufung ihm ein besonderer Schreiber zur Seite stand (2Kön 25,19). Die Führer einzelner Heeresabteilungen heißen Hauptleute (2Sam 18,5), ohne daß damit ein bestimmter Rang angegeben ist. Dann folgen die israelit. Offiziersränge der Hauptleute über 1000, 100 und 50 (4Mo 31,14; 1Sam 8,12; 2Sam 18,1; 2Kön 1,9; Jes 3,3). Der H. und die Hauptleute des Tempels (Lk 22,4.52; Apg 4,1; 5,24.26) sind der Befehlshaber und die Unterführer der levitischen Tempelwache in Jerusalem.

Im NT bezeichnet H. verschiedene röm. Offiziere und Zivilbeamte.

Der *Centurio* (Mt 8,5; 27,54; Mk 15,39.44; Apg 10,1; 21,32) war der Führer einer Hundertschaft (Centurie) – sechs Centurien bildeten eine röm. Kohorte. Dieser Rang gehörte noch zu den Unteroffizieren und bot im allg. keine weiteren Aufstiegsmöglichkeiten. Er wird genauer als Unterhauptmann (vgl. Apg 24,23; 27,1; 28,16) von dem obersten (Apg 23,10) oder Oberhauptmann (Apg 22,26-29; 23,17-19) unterschieden. Dieser, der *Tribunus militum* (Apg 22,24; 24,7.22) oder mit griech. Rangbezeichnung *Chiliarch* (»Befehlshaber über 1000«), führte eine Kohorte, den 10. Teil der röm. Legion. Ein Oberhauptmann war Kommandant der röm. Garnison in Jerusalem (Joh 18,12; Apg 21,31). Der oberste Hauptmann (Apg 28,16) dagegen trägt eine andere Rangbezeichnung, er ist der Befehlshaber des Lagers, hier der Prätorianerkohorte der kaiserlichen Leibwache in Rom.

Apg 16,20.35 erwähnt *Prätoren* (»Stadtrichter«), die beiden obersten Beamten, die an der Spitze einer röm. Provinzstadt (hier *Philippi) standen und jedes Jahr neu gewählt wurden.

HAURAN. (Hebr. *chawrān*) Ein Gebirge vulkanischen Ursprungs (heute arab. Dschebel Ed-Drūs) ca. 100 km östl. von der Südspitze des Sees *Genezareth am Rand der Wüste. Es ist wahrscheinlich in Ps 68,16 mit dem »Berg von *Baschan« gemeint. In der endzeitlichen Grenzbeschreibung Hes 47,16.18 bezeichnet H. die assyr. Provinz, die das Gebirge sowie weitere Teile von Baschan umfaßte. In röm. Zeit hieß Auranitis eine Provinz, die im wesentlichen nur aus dem Gebirge bestand. Zusammen mit Basanitis (*Baschan; *Betanien II) und *Trachonitis kam sie 23 v.Chr. an *Herodes den Großen (Jos.ant.Jud. XV, 343; bell.Jud. I, 398), nach dessen Tod (Jos.ant.Jud. XVII, 319; bell.Jud. II, 95) zur Tetrarchie des *Philippus (vgl. Lk 3,1: *Idumäa). Auf dem H. befand sich eine der jüd. Signalstationen zwischen Jerusalem und Babylonien (Mischna, Rosch Ha-Schanah 2,4). Die Gegend ist heute genauso wie im Altertum die Kornkammer Syriens.

Literatur: D. Sourdel: Les cultes de Hauran à l'époque romaine, 1952; E. Schürer: History of the Jewish people I, 1973, 336-338. R.R.

HAUS. Die hebr. und griech. Begriffe *bajit* bzw. *oikos, oikia* werden in Bezug auf verschiedene Arten von Gebäuden sowie in der Bedeutung von »Haushalt, Familie« verwendet. Vor allem im NT ist die Vorstellung vom »Haus Gottes« zu einer theologischen Konzeption entwickelt.

Architektonische Informationen in der Bibel wurden maßgeblich durch Ergebnisse archäologischer Ausgrabungen ergänzt; dennoch ist ein vollständiges Bild der Häuser, in denen die Menschen lebten, noch nicht für alle Perioden möglich.

I. IM ALTEN TESTAMENT.

Das hebr. Wort *bajit*, das über 2000mal auftaucht, hat seine Entsprechung in vielen semit. Sprachen. Es bezeichnet im AT alle Arten von Wohnanlagen von Palästen (z.B. Jer 39,8) und Tempeln (z.B. 1Kön 8,13) bis hin zu privaten Häusern (z.B. 2Mo 12,7; 5Mo 6,7) und möglicherweise sogar Zelten (1Mo 33,17). Als Baumaterial für Häuser wurden gewöhnlich Stein, Lehmziegel, Holz und Mörtel verwendet (3Mo 14, 37.39.45; Am 5,11). Oft baute man sie an die Stadtmauern (Jos 2,15). Einige waren von hervorragender Qualität (5Mo 8,12; Hag 1,4) wie Davids Zedernpalast (2Sam 7,2.7; vgl. 1Kön 7,2; Jes 22,8) oder die luxuriösen, elfenbeinverzierten Häuser von Samaria (1Kön 22,39; Am 3,15). *bajit* wird oft mit anderen Substantiven verbunden, um bestimmte Gebäude oder Gebäudeteile zu bezeichnen, z.B. Winter- und Sommerhäuser (Jer 36,11; Am 3,15), Gefängnisse (1Mo 39,20ff; 2Kön 25,27), den Harem des pers. Königs (Est 2,9ff.) und vor allem den Tempel von Jerusalem (»Haus Gottes«, 1Chr 9,11.13.26; »Haus Jahwes«, 1Kön 7,12.40). In anderen Zusammensetzungen wird *bajit* auch gebraucht, um die Lebensqualität oder Lebensart in einem H. oder Gebäude zu beschreiben, z.B. Annehmlichkeit, Fröhlichkeit (Hes 26,12f; Mi 2,9; Pred 7,4 RevEB), Trauer (Jer 16,5; Pred 7,2.4) und Widerspenstigkeit (Hes 2,5f). Noch weitergehend kann *bajit* das »Heim« verschiedener Tiere bezeichnen (Schwalbe, Ps 84,4; Reiher, Ps 104,17; Spinne, Hiob 8,14f; 27,18; Wildesel, Hiob 39,5f; Kalb, 1Sam 6,7.10) und für verschiedene Behälter wie etwa Riechfläschchen (Jes 3,20) oder Stangenringe (2Mo 25,27) verwendet werden. Gelegentlich bezieht es sich auf die Vergänglichkeit des menschlichen Körpers (Hiob 4,19; vgl. 2Kor 5,1-10) und selbst auf die Scheol (Hiob 38,20). Eine wichtige Bedeutung von *bajit*, die in über einem Viertel aller Belege auftritt, ist »Haushalt, Familie«, womit auch Familien, die in Zelten leben, gemeint sein können (4Mo 16,32; 5Mo 11,6 RevEB). Die in der Bibel häufig vorkommenden Ausdrücke »Vaterhaus« und »Haus Israel« beruhen auf der Sitte, eine Familie, einen Stamm oder ein Volk nach einem Vorfahren oder Anführer zu benennen. Schließlich kann »Haus« sowohl die Personen (einschließlich der Sklaven) als auch den Besitz (1Mo 39,1f; 2Mo 20, 17; 1Kön 13,8 RevEB) eines Haushalts bezeichnen.

II. IM NEUEN TESTAMENT.

Der atl. Gebrauch des Wortes wird weitgehend auch im NT beibehalten. *oikos* erscheint sowohl in wörtlichem als auch in bildhaftem Sinn, bedeutet also neben »Haus« auch »Haushalt, Familie, Rasse«. Das seltenere Wort *oikia* ist im NT weitgehend synonym mit *oikos*, obwohl es mitunter die spezielle Bedeutung »Besitz« annimmt, etwa in dem Ausdruck »die Häuser der Witwen fressen« (Mk 12,40). Im NT begegnet »Haus« häufig als Bezeichnung des Tempels – sowohl in seiner irdischen als auch in seiner himmlischen Gestalt. Jesus sprach etwa in beiderlei Sinn von »meines Vaters Haus« (Joh 2,16; 14,2); es sollte ein Bethaus für alle Völker (Mk 11,15-17; vgl. Jes 56,7; 60,7, LXX) und nicht ein »Kaufhaus« (Joh 2,16, vgl. Sach 14,21) sein.

Eine ganz wesentliche Entfaltung des Gedankens von »Gottes Haus« ergab sich mit seiner Anwendung auf die Gemeinde (z.B. Eph 2,19-22; Hebr. 3,1–6), deren Gemeinschaftscharakter durch die Wendungen »geistliches Haus« (1Petr 2,5) und »Gottes Tempel« (1Kor 3,16; 6,19) unterstrichen wird. Im Gegensatz zu den heidnischen Tempeln und ebenso zum Steintempel von Jerusalem sind die Gläubigen »lebendige Steine« (1Petr 2,5) in einem Tempel, der von Jesus, dem Sohn Gottes (Hebr 3,3.6), gebaut wurde. In diesem Gotteshaus, dem Pfeiler der Wahrheit (1Tim 3,15), sind alle Gläubigen Priester (1Petr 2,5.9), die allzeit Opfer darbringen (Hebr. 13,15f), im Gehorsam gegen Gott und ohne Angst vor dem letzten Gericht (1Joh 4,17).

Die ntl. Rede von der Familie, dem Haus und der Hausgenossenschaft Gottes läßt sich nicht recht verste-

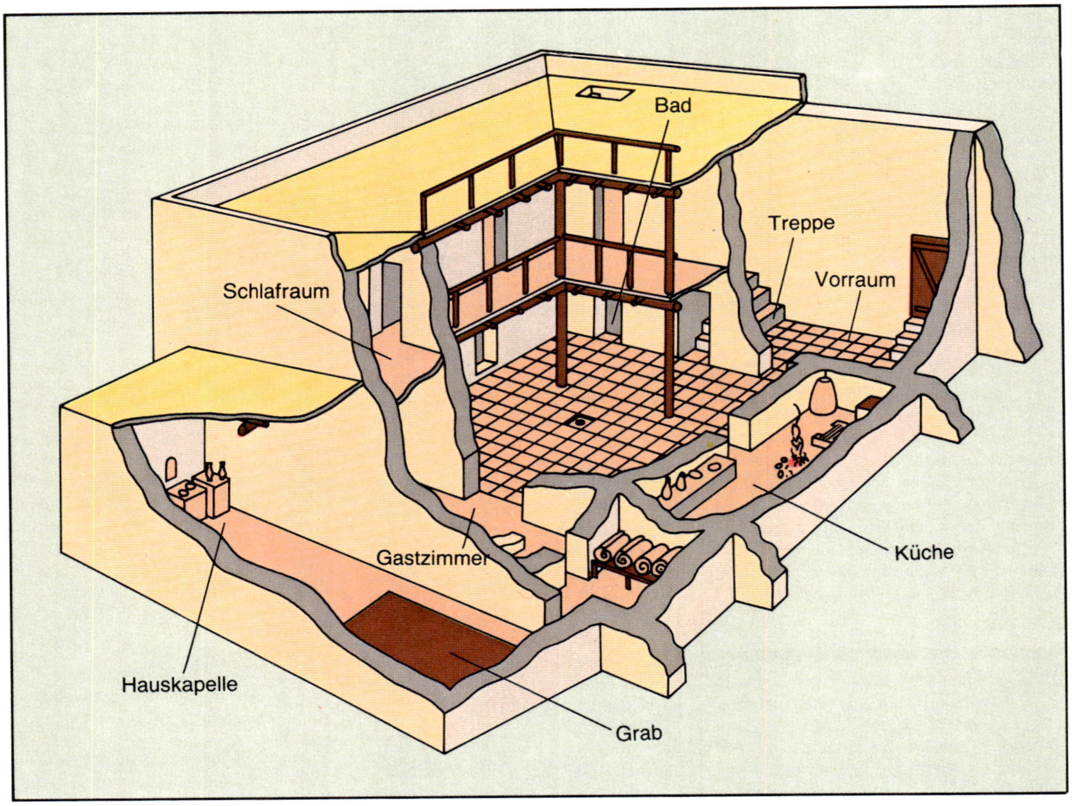

Zweistöckiges Gebäude mit gepflastertem Innenhof und einem Flachdach, das von einem Geländer umgeben ist. Schnittzeichnung eines in Ur ausgegrabenen Hauses, aus der Zeit um 1800 v.Chr.

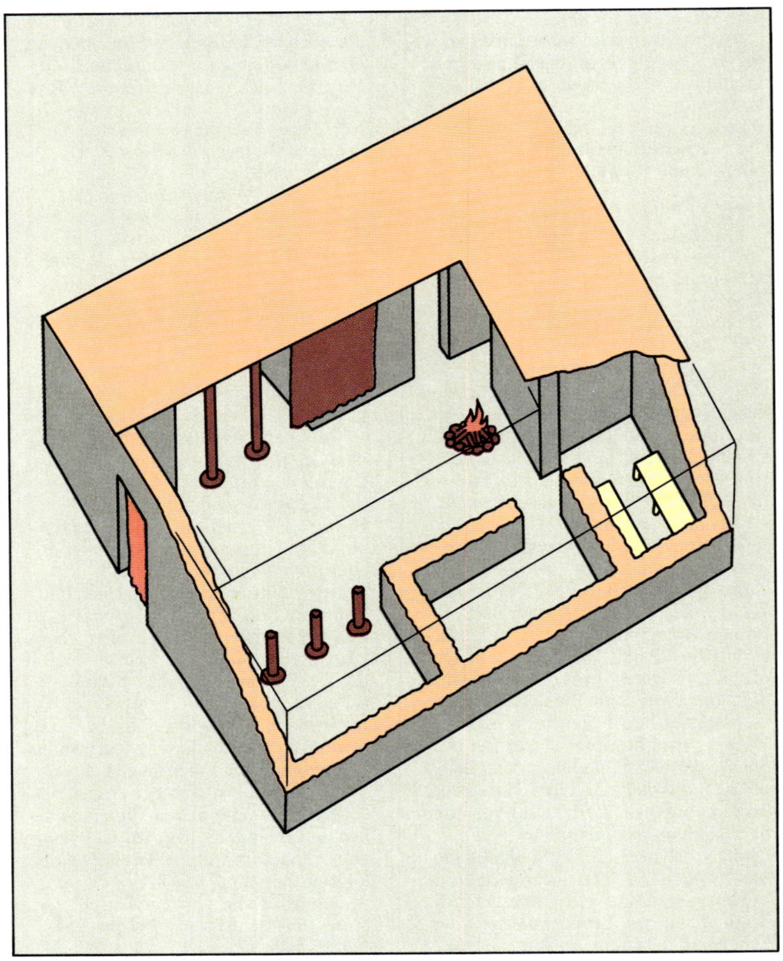

Typisches israelitisches Haus mit vier um einen Innenhof angeordneten Räumen. Schnittzeichnung nach Ausgrabungen in Tell el-Fara.

hen, wenn man nicht bedenkt, welche Rolle das Haus als Ort der Begegnung und der Gemeinschaft im frühen Christentum spielte (z.B. 2Tim 4,19; Phlm 2; 2Joh 10). Ganze Haushalte bekehrten sich zu Gott (z.B. Apg 16,34; 1Kor 1,16), und das Brotbrechen (Apg 2,46), die Evangelisation (Apg 5,41) und die Lehre (Apg 20,20) fanden »hier und dort in den Häusern« statt.

III. ARCHÄOLOGISCHER BEFUND.

1. Allgemeines

Die überwiegende Mehrzahl der Häuser im alten Palästina wurde in befestigten Städten gebaut, obwohl es auch viele offene Filialdörfer gab. Selbst der Bauer, der die Erntezeit draußen auf dem Felde verbrachte, lebte häufig in der Stadt, und die Tennen lagen immer in der Nähe der Stadt. Große Städte konnten ein Gebiet von 8 ha (80 000 m^2) bedecken; aber die meisten Städte und Dörfer waren wohl nicht größer als 2 – 2,5 ha (20–25 000 m^2). Die Häuser standen gewöhnlich eng beieinander, besonders wenn die Stadt auf einem Hügel gebaut war und mit dem verfügbaren Raum sparsam umgegangen werden mußte. Stadtplanung kennt man bereits aus der Mitte des 3. Jt.v.Chr. Während der israelit. Periode zeigt die Anlage der Städte häufig einen zentralen Häuserkomplex, umgeben von einer Straße und einer Mauer mit daran angebauten Häusern (z.B. Tell beit Mirsim, Tell en-Nasbe). Größere Häuser standen häufig im W der Stadt, um dem Rauch und dem Staub zu entgehen, den die vornehmlich von W wehenden Winde weitertrugen. Die Fundamente variieren je nach Größe und Bedeutung des Hauses, waren aber in allen Fällen wichtig, weil heftige Regenfälle schwere Schäden verursachen konnten (vgl. Mt 7,24-27) und weil Palästina ein Erdbebengebiet ist. Die Fundamente reichten manchmal bis in den jungfräulichen Boden oder bei großen Häusern sogar bis auf das anstehende Felsgestein hinab; oft wurden aber auch die Überreste früherer Mauern und Fundamente beim Bau neuer Häuser wiederverwendet. Bei abfallendem Gelände legte man Fundamente auf ebenen Terrassen an. Häufig lieferte die Fundamentierung den Grundriß des Hauses. Es könnte sein, daß beim Legen der Fundamente auch Menschenopfer dargebracht wurden (Jos 6,26; 1Kön 16,34), aber die Zeugnisse dafür sind nur spärlich.

Die Wände privater Häuser bestanden gewöhnlich aus unbehauenen Steinen und Lehmziegeln; wo es nicht genug Steine gab, bestand das ganze Haus aus Lehmziegeln auf steinernem Fundament. Auf der Innenseite der Mauern waren die Ziegel mit wasserdichtem Mörtel überzogen – manchmal nur bis zur halben Höhe der Mauer –, während die Fußböden aus Mergelton gemacht waren, der die starke Belastung durch nackte Füße aushielt. In reicheren Häusern war der Fußboden – selbst im Hof – gepflastert. Zur Stützung der Wände wurden manchmal Wandpfeiler aus Quadersteinen an den Ecken und in regelmäßigem Abstand entlang der Wände gesetzt oder - während der mittleren und späten Königszeit – horizontal gelegte Steinpfeiler, besonders in der oberen Hälfte der Wände, eingezogen. Bis zu 1 m dick konnten die Wände sein; Innenwände waren jedoch häufig dünner. Türen wurden in einem Rahmen, bestehend aus zwei Türpfosten, Türsturz und Stufe oder Schwelle, eingehängt. Die Türöffnung war im allg. niedriger als Menschengröße. Die Tür ging normalerweise nach innen auf; durch leistenartige Vorsprünge an Türsturz und Schwelle wurde ein Schwingen nach außen verhindert. Die Schwelle diente auch dazu, Wasser und Schmutz abzuhalten. Die Pfosten waren aus Holz (2Mo 21,6; 5Mo 15,17) oder Stein (Jes 6,4 RevEB). Die Tür konnte abgeschlossen oder verriegelt werden (vgl. 2Sam 13,17f).

Fenster kannte man in Palästina seit dem 4. Jt.v.Chr. Im Erdgeschoß waren sie selten, da während der längsten Zeit des Jahres genügend Licht durch die offene Tür hineinfiel. Wo es sie im Erdgeschoß gab, lagen sie gewöhnlich in der Wand gegenüber dem Eingang. Die Fenstergröße wurde so gering wie möglich gehalten, um die Temperatur im Sommer niedrig und im Winter hoch zu halten. Assyr. Wandreliefs der israelit. Stadt *Lachisch zeigen Fenster hoch oben in den Türmen der äußeren Stadtmauer; mehr als einmal (Jos 2,15; 1Sam 19,12) boten solche Fenster in den Stadtmauern eine Fluchtmöglichkeit. Elfenbeinschnitzereien verschiedener Herkunft, die das Ge-

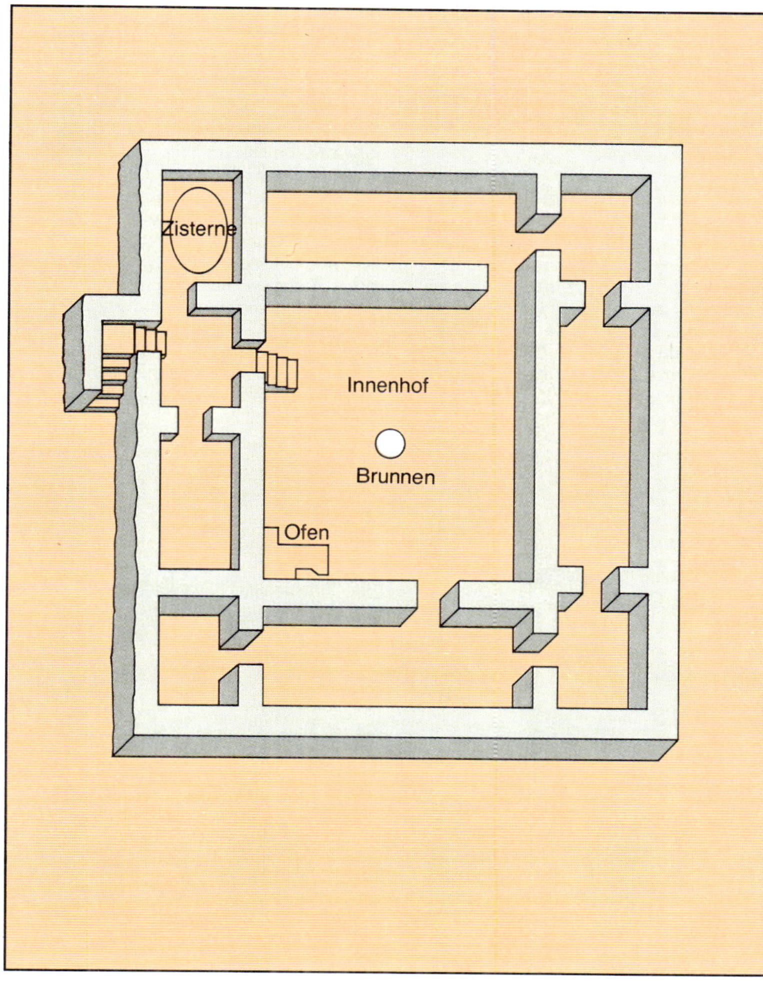

Grundriß eines Hauses in Palästina im frühen 2. Jt.v.Chr. Vom Innenhof führen Stufen zum oberen Stockwerk, wo sich die Haupt-Wohnräume befinden.

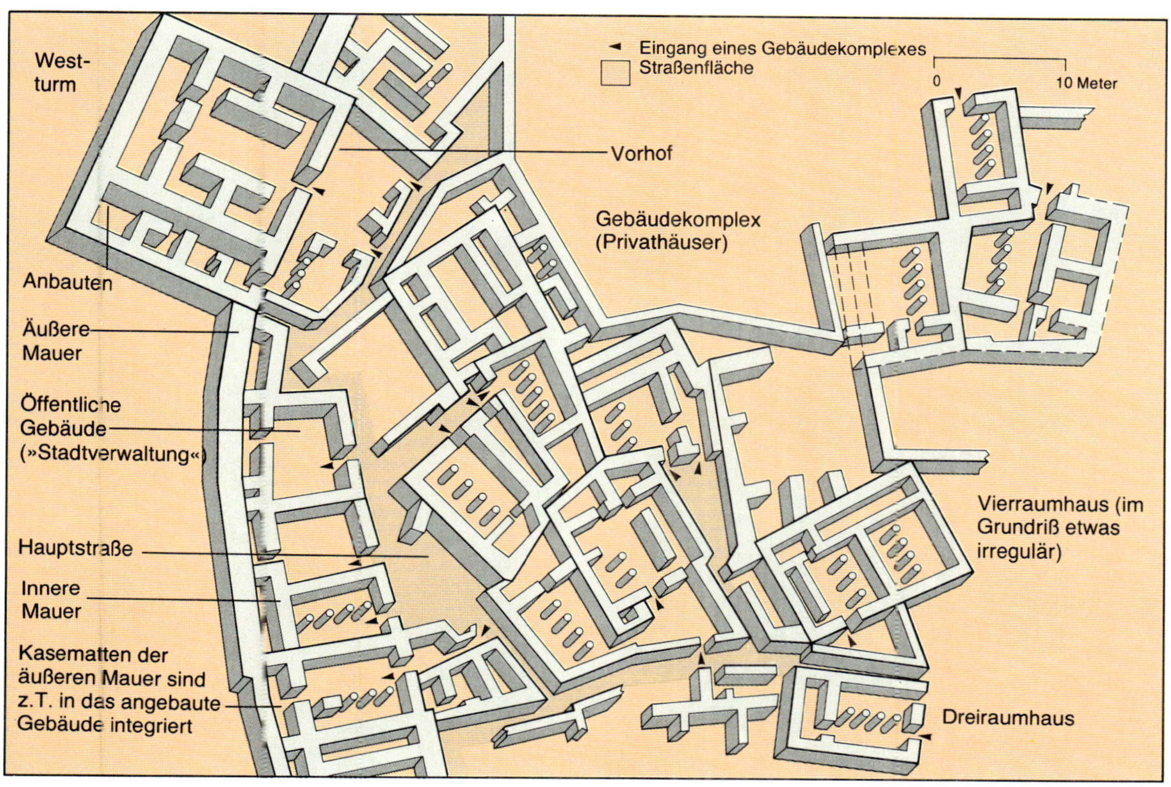

Nach Ausgrabungen im Tell beit Mirsim (Debir?) rekonstruierter Stadtplan (Palästina im 8.–7. Jh. v.Chr.). Typische Vierraumhäuser sind in Blöcken angeordnet oder schließen sich an die ringsum verlaufende Stadtmauer an.

sicht einer Frau in einem Fenster mit Balustrade zeigen, haben vielleicht etwas mit den Gitterfenstern zu tun, die es nach dem AT in Außenmauern gab (Ri 5,28; 2Kön 1,2; Spr 7,6; Hld 2,9).

Viele Häuser hatten zwei Stockwerke. Da aber aus dem alten Israel kein Gebäude mit einem komplett überdachten Erdgeschoß oder einer Decke erhalten geblieben ist, ist die Originalhöhe eines Gebäudes nicht immer sicher. Oben gelegene Räume erreichte man mit Hilfe einer Treppe oder Leiter. In diesen Räumen wohnte und schlief man (vgl. 2Kön 9,13.17); auch Gäste wurden dort untergebracht (1Kön 17,19; 2Kön 4,10f). Die Dächer bestanden aus Balken, die mit Zweigen und einer dicken Lehmschicht bedeckt wurden; manchmal wurden diese Balken auch durch eine Reihe von Säulen entlang der Mitte des Raums gestützt. Man benutzte etwa 60 cm breite Steinwalzen, um den Dachbelag flach und wasserfest zu halten. Dennoch mußten die Dächer jedes Jahr vor Beginn der Regenzeit neu geglättet werden, um Risse abzudichten, die in der Sommerhitze entstanden waren. Im Sommer schlief die Familie häufig auf dem Dach oder nutzte es, um Trauben, Feigen, Flachs u.a. in der Sonne zu trocknen. Nach 5Mo 22,8 mußte als Vorsichtsmaßnahme ein Geländer errichtet werden. Während der pers. Zeit baute man in Palästina schon Gewölbedächer; ebenso tauchen Ziegeldächer in vorrtl. Zeit auf. Die Dachfläche war auch ein Ort der Anbetung, sei es des Baal oder »des Himmels Heer« (Jer 19, 13; Zef 1,5) oder des wahren Gottes (Apg 10,9).

2. Das Leben im Haus.

In bibl. Zeit war das Haus normalerweise ein Ort zum Wohnen, für Vorratshaltung oder auch für Wirtschafts-, Handwerks- und Handelszwecke. Es gibt Indizien dafür, daß in Häusern gefärbt, gewebt und Getreide gemahlen wurde. In Jericho wurde Getreide offenbar in engen Buden verkauft, die an die Außenmauer des Hauses angefügt waren. Der Bauer lebte mit allem, was er besaß, im Haus. Ausreichende Lebensmittelvorräte für den Winter, Tierfutter, Vorratskrüge und landwirtschaftliche Geräte – alles wurde im Haus untergebracht. Bei sehr kaltem und nassem Wetter sowie in Kriegszeiten mußte die Familie das Haus oder zumindest den Hof auch mit ihren wichtigsten Tieren teilen. Kultische Gegenstände wie Hörneraltäre, Weihrauchständer, Bronzegegenstände und Figurinen wurden ebenfalls in großer Zahl in Häusern gefunden. Viele Bewohner israelit. Städte praktizierten sicher einheimische Kulte – im Gegensatz zur offiziellen Verehrung Jahwes.

Die Möbelausstattung im Haus hing vom Reichtum seiner Bewohner ab. Arme konnten sich nur die Küchenausrüstung und Bettzeug leisten. Die Möbel, die in Elias Gästezimmer standen, waren typisch für die einer Durchschnittsfamilie (2Kön 4,10): ein Bett, ein Tisch, ein Stuhl, eine Lampe. Die Reichen schliefen in einem

So könnte die Ausstattung eines Raumes in der Mittleren Bronzezeit ausgesehen haben (Jericho). (JEF)

Einrichtungsgegenstände und Töpferwaren aus einem Grab in Jericho. Dies dürfte die übliche Ausstattung eines wohlhabenden Haushalts gewesen sein. (JEF)

Bett, die Ärmsten auf eine Schilfrohrmatte auf dem Boden. Man brauchte viel Bettzeug, denn die Winter in Palästina sind kalt und feucht. Es gab Truhen für Kleider und Bettzeug. Die Möbelstücke der Reichen waren mit Elfenbeineinlagen verziert; andere imitierten dies bisweilen mit gewöhnlichen Knocheneinlagen. In die Elfenbeineinlagen wiederum waren manchmal Gold und Edelsteine eingesetzt. Auch der Handwebstuhl fehlte in vielen Häusern nicht.

Um das Haus im Winter warm zu halten, kochte man oft drinnen. Bei sehr kaltem Wetter verwendete man als Heizung ein mit glühender Holzkohle gefülltes Ton- oder Bronzebekken; dies war allerdings nicht sehr wirksam. Ein Ofen wurde in der Regel im Hof des Hauses errichtet. Er war oben hohl, konnte am Sockel einen Durchmesser von 60 cm haben und etwa 30 cm hoch sein. Aufgebaut war der Ofen aus wechselnden Schichten von Lehm und Tonscherben. Im Innern des Hauses hatte man steinere oder tönerne Vorratsbehälter. Zur Aufbewahrung der Wintervorräte wurden große Krüge verwendet, und zum Mahlen des Getreides hatte man eine Handmühle. Mehl wurde in einem Krug mit großer Halsöffnung aufbewahrt, Olivenöl in einem speziell geformten Gefäß. Häufig gab es auch eine große steinerne in den Boden eingelassene Reibschale, auf der verschiedene Nahrungsmittel zubereitet werden konnten, indem man sie mit einem Stößel zermahlte. Hatte man keine Zisterne im Haus, benutzte man zur Wasseraufbewahrung einen großen Krug und kleinere Gefäße, um das Wasser von der Quelle zu holen. Bei Ausgrabungen wurden Kochtöpfe mit großen Öffnungen zum Umrühren des Essens gefunden sowie enghalsige zum Erhitzen von Flüssigkeiten; außerdem eine große Vielfalt von Schalen, in denen das Essen serviert wurde. Die Reichen besaßen goldenes und silbernes Geschirr und bronzene Küchenkessel. Am 6, 4–6 beschreibt das luxuriöse Leben in Israel von seiner schlechtesten Seite.

3. Architekturgeschichtliche Entwicklungen.

a. Vorisraelitische Zeit.

Die ältesten Häuser in Palästina waren stabile, einräumige, meist rund oder rechteckig angelegte Bauten. Häuser mit zwei Räumen tauchen ca. 5000 v.Chr. in Jericho auf und aus dem Chalkolithikum (um 3400 v.Chr.) sind Häuser mit künstlerischen Wandbildern erhalten geblieben. Im 3. Jt.v.Chr. waren zweiräumige, meist rechtwinklige Häuser stärker verbreitet. Das größte bekannte Haus dieser Periode steht in et-Tell (Ai); es ist ca. 18m lang und hat sogar drei gleiche rechtwinklige Räume. Apsisförmige Häuser wurden in verschiedenen Grabungsorten aus dem frühen 3. Jt. gefunden.

Beim Wiedererwachen städtischen Lebens in der Mittleren Bronzezeit gewann in Palästina das H. mit Hof eine weite Verbreitung; die Armen

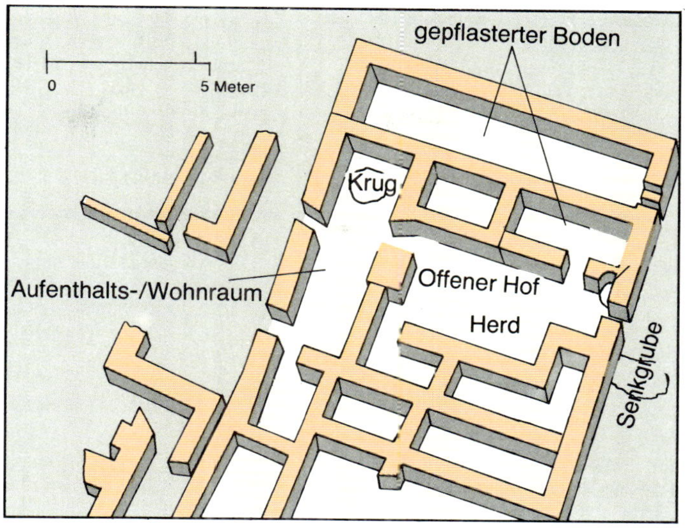

Ein typisches israelitisches Haus mit Hof, ausgegraben in Sichem (Gebäude 1727, Schicht VII), ca. 748-724 v.Chr.

lebten aber weiterhin in einräumigen Hütten. Die Räume wurden an einer oder mehreren Seiten des Hofes gebaut; Räume an allen vier Seiten sind in Palästina zu dieser Zeit jedoch selten. In Tell beit Mirsim (Eglon) entdeckte man ein großes Haus etwa aus der Zeit um 1600 v.Chr., dessen Hof allein 11m X 6m maß und dessen sechs überdachte Räume auf zwei Etagen eine Fläche von ca. 140 m^2 einnahmen. Ein etwa 100 Jahre älteres, komplexeres Beispiel aus Taanach hatte 1m dicke Wände von guter Qualität, sorgfältig verputzte Fußböden und eine Treppe im Hausinnern; das Erdgeschoß maß ca. 210 m^2.

b. Israelitische Zeit.

Wo die Israeliten kanaan. Städte wieder aufbauten, waren die Häuser von geringer Qualität, auch wenn das Niveau sich zur Zeit Davids und Salomos – teilweise aufgrund phönizischen Einflusses - rasch erhöhte. Die armseligsten Häuser, von denen viele in Tell Quasile gefunden wurden, bestanden aus einem einzigen Raum mit einem Hof. Der in der vorexilischen Zeit am weitesten verbreitete Haustyp war das sog. Vierraumhaus. Es war rechteckig und hatte eine feste Raumanordnung: drei parallele Räume mit einem in voller Breite vorgelagerten Querraum. Der zentrale »Raum« war gewöhnlich ein eingeschlossener Hof, durch den man die anderen Räume betreten konnte; die Seitenräume waren häufig zweigeteilt und durch Säulen abgetrennt. Die Qualität solcher Häuser schwankte sehr stark. Derselbe Grundriß wurde auch für monumentale und öffentliche Gebäude, z.B. in Hazor und Tell beit Mirsim verwendet.

c. Hellenistische Zeit.

Einige hellen. Städte in Palästina zeigen deutlich den Versuch einer Stadtplanung nach rechtwinkligem Muster. Die Reichen erweiterten ihre Häuser jetzt um ein Bad. Zur ntl. Zeit hatten die Wohlhabenden ein Winterparadies aus Jericho gemacht, noch luxuriöser als Pompeji – es bedeckte ein größeres Gebiet und hatte geräumige Gärten. Das reiche Haus in Palästina zur Zeit des NT war dem überall anzutreffenden röm. ähnlich. Es hatte einen äußeren Hof mit angrenzenden Räumen und dahinter einen zweiten Hof mit angrenzenden Räumen, in denen man sehr zurückgezogen leben konnte.

d. Königspaläste.

Das AT liefert nur eine knappe Beschreibung von Salomos Palast. Der genauere Bericht über den Bau des Tempels läßt Vermutungen darüber zu, wie der Palast aussah, denn er wurde von denselben Architekten und Handwerkern entworfen und gebaut. Das Mauerwerk bestand aus sorgfältig behauenen Steinen, die in Schichten von Läufern und Bindern angeordnet waren. Für die Innendekoration benutzte man Edelhölzer. Die Ausgrabung des Gouverneurspalastes in Megiddo wirft ein Licht auf Salomos Bauprogramm. Der Palast der Omri-Dynastie in Samaria wurde wohl von phönizischen Arbeitern errichtet. Hier lebte der König getrennt von seinem Volk in einer Zitadelle mit sehr starken Mauern, zumindest teilweise abgeschirmt von der Armut eines großen Teils seiner Bevölkerung. Wundervolle Elfenbein-Einlegearbeiten sind der Beweis eines luxuriösen Lebensstils (vgl. Am 6,4-6) und stehen in deutlichem Gegensatz zu ärmeren Gebieten der Stadt. Der Palast des Herodes in Jerusalem mit seinen ausgedehnten Gärten erfüllte ebenso wie sein Winterpalast in Jericho höchste Ansprüche.

Literatur: A. Kuschke: BRL², 242-247 (Lit.!); H. Rösel: ibid. 138-141 (Lit.!); V. Fritz: Paläste während der Bronze- und Eisenzeit in Palästina, ZDPV 99, 1983, 1-42; ders.: Die syrische Bauform des Hilani und die Frage seiner Verbreitung, Damaszener Mitteilungen 1, 1983, 43-58; F.Braemer: L'architecture domestique du Levant à l'Age du Fer, 1982; H.K. Beebe: BA 31/ 1968, S. 38-58; Y. Shiloh: IEJ 20, 1970, S. 180-190; H.A. Hoffner, ThWAT II,1977, S. 107.116: O. Michel: ThWNT V, 1968, S. 119-134; S.M. Paul, W.G. Dever (eds.): Biblical Archaeology, 1973; A.C. Bouquet: Everyday Life in New Testament Times, 1955.

M.J.S.

Diese Bronzefigurine der Göttin Lama läßt an die in der Bibel erwähnten teraphim *denken, die ihrem Besitzer Schutz gewähren sollten. Aus Ur. Höhe: 10 cm, ca. 2000 v.Chr.* (BM)

HAUSHALT
s. Familie

HAUSGEMEINDE.
1. Die »Hausgemeinde« begegnet uns in den Paulusbriefen als feststehender Begriff: *hē kat 'oikon autōn (autēs, sou) ekklesia* (Röm 16,5; 1Kor 16,19; Kol 4,15; Phlm 2). Darüber hinaus zeigt die Apostelgeschichte, daß die Jerusalemer *Urgemeinde sich nicht nur im Tempel (5,42), sondern auch »hin und her in den Häusern« versammelte (*kat 'oikon*; 2,46; 5,42; vgl. 1,13; 12,12). Dabei ist die H. neben der Pflege der Gemeinschaft der Christen untereinander auch Ort der Mahlfeier (2,46; vgl, 20,7) und der Lehre und Verkündigung des Evangeliums (5,42; vgl. 20,7.8).

2. Aus biblisch-theologischer Sicht. Mit der sichtbaren Gestaltwerdung der ntl. *Gemeinde als H. geht das geistlich-theologische Verständnis der Gemeinde als des Hauses Gottes (*oikos tou theou*; 1Tim 3,15; 1Petr 4,17) im bildhaften Sinn einher. Deutlich wird dies auch in Hebr 3,1-6, wo im Rückgriff auf 4Mo 12,7 Christus als der Sohn über Gottes Haus herausgestellt wird.

3. Aus biblisch-archäologischer Sicht. Archäologische Funde aus jüngerer Zeit veranschaulichen die Bedeutung der H.n für die junge Christenheit. In *Kapernaum hat das Haus des Petrus (vgl. Mt 8,14) wohl schon im 1. Jh. als Versammlungsraum einer Gemeinde und dann im 2. und 3.Jh. als Kirche gedient. Andere Ausgrabungen in *Nazareth, Rom und Dura-Europos zeigen ebenfalls Häuser, in denen sich vermutlich H.n versammelten (vgl.*Hauskirche).

4. Aus systematisch-theologischer Sicht. In der H. findet das allgemeine Priestertum aller Glaubenden eine angemessene Organisationsform. Die Frage nach dem Verhältnis von H. und Ortsgemeinde wird im NT dahingehend beantwortet, daß die Ortsgemeinde sich aus verschiedenen H.n zusammensetzt. Von daher stellen die aus den im Pietismus entstandenen Bibelkreisen hervorgegangenen Hauskreise eine zeitgemäße Form der H. innerhalb der Ortsgemeinde dar. Für Christen in der Verfolgungssituation findet – auch in der Gegenwart – die Kirche häufig nur in H.n ihre sichtbare Gestalt.

Literatur: O. Michel: Das Zeugnis des NT von der Gemeinde, ^{2}1983, S. 13.14; R. Riesner: Apostolischer Gemeindebau, 1978, S. 35-43; M. Green: Evangelisation zur Zeit der ersten Christen, 1970, S. 239-257; P.J. Spener: Pia Desideria, ^{2}1975, S. 55-61.

K.W.

HAUSGENOSSEN. Der Begriff bezeichnet zunächst die Personen, die im gleichen Haus beisammen wohnen (vgl. 2Mo 3,22).

Hiob 19,15 unterscheidet jedoch zwischen dem Gesinde und den H., d.h. Familienangehörigen. Ebenso werden wir unter den H. Paschhurs seine Familie zu verstehen haben (Jer 20,6), auch Jesus gebraucht den Ausdruck im gleichen Sinn (Mt 10,36; vgl. Mi 7,6). 1Tim 5,8 gebietet dem Christen, seine H., d.h. seine Verwandten, nicht zu vernachlässigen, da er damit zugleich seinen Glauben verleugnen würde.

Mt 10,25 nennt Jesus die Jünger seine H., und Eph 2,19 bezeichnet Paulus die Gläubigen als H., d.h. Familienangehörige Gottes.

HAUSGÖTZEN.
Die Wiedergabe des hebr. *terafim* mit »Hausgötzen« ist mißverständlich und trifft nicht in jedem Fall den Sinn der im AT vorkommenden 15 Belegstellen (1Mo 31,19.34.35; Ri 17,5; 18,14.17.18.20; 1Sam 15,23; 19,13.16; 2Kö 23,24; Hes 21,26; Hos 3,4; Sach 10,2).

1. Sprachliche Herleitung: Nach neueren Erkenntnissen handelt es sich um eine hebraisierte Form des hetitisch-hurritischen Wortes *tarpich* mit der Bedeutung »Geist, Dämon« (H.A. Hoffner). Die im Hebr. nur in der Pluralform vorkommenden *terafim* können demnach als eine Art Schutzgeist im persönlich-familiären Bereich aufgefaßt werden.

2. Form und Funktion. Eine einheitliche Form und Funktion läßt sich aus den Belegstellen nicht erheben. Die Beschreibungen in 1Mo 31,30, wo Laban die *terafim* als »mein Gott« (bzw. »meine Götter«) bezeichnet (vgl. V. 32; hier stellen die *terafim* wohl Familiengötter/Idole dar, deren Besitz nach hurritischem Brauch das Recht auf Familienführung und Familienbesitz verleiht; Belege hierfür liefern Nuzi-Texte), und 1Sam 19, wo die *terafim* als Attrappe für den ruhenden David dienen (trotz der Pluralform handelt es sich offensichtlich um nur eine Figur), können so verstanden werden, als ob es sich um mehr oder weniger große Statuen oder Statuetten wohl in Menschengestalt handelt (das ergänzende Ziegenhaargeflecht in 1Sam 19,13 paßt zu dem haarlosen Kopf einer menschenartigen Figur). Nach Ri 18f aber sind *terafim* deutlich vom Götterstandbild *(päsäl umassekah)* zu unterscheiden und dürfen daher nicht damit verwechselt werden. Die übrigen Stellen weisen sämtlich auf einen mehr mantischen Zusammenhang, wonach die *terafim* zusammen mit dem *Efod zum Orakel gebraucht werden. Dies legt sich schon bei den *terafim* des Micha in Ri 18f nahe und ist auch deutlich aus der Art der Entscheidungsfindung durch Nebukadnezar (Hes 21,26) abzulesen. So werden die *terafim* eine ähnliche Bedeutung gehabt haben wie heute noch in manchen Gegenden Maskottchen, Amulette und selbst Kruzifixe, wenn Glaube und Aberglaube eine unheilige Allianz miteinander eingehen.

3. Archäologische Hinweise. Diese sind nicht eindeutig. Im Laufe der Ausgrabungen der letzten Jahre sind auch an zentralen Stellen israelit. Kultur wie in Jerusalem Ton- und Bronzefiguren verschiedener Größe gefunden worden, die mit rel. Praktiken in Verbindung gebracht werden (z.B. Frauenfiguren im Zusammenhang des Fruchtbarkeitskultes). Ob es sich dabei in jedem Fall um *terafim* handelt, muß jedoch offen bleiben.

4. Theologische Beurteilung. Sie ist im Zusammenhang des Ausschließlichkeitsanspruches des Gottes Israels durchweg negativ. Eine direkt verurteilende Darstellung findet sich nur in 1Sam 15,23; 2Kö 23,24 und Sach 10,2. Doch läßt der Zusammenhang auch der weiteren Belegstellen deutlich erkennen, daß die *terafim* zu Fehlformen des Glaubens gehören. So werden die *terafim* Labans in 1Mo 19 der Lächerlichkeit preisgegeben, indem eine Frau in ihrer (vorgeblichen) Unreinheit darauf sitzt. Die *terafim* des Micha in Ri 18f werden als Menschenwerk in einem »häuslichen Winkelkult« (Seybold) herausgestellt und sind im Zusammenhang mit dem Schnitzbild als Vorläufer des später durch Jerobeam in Dan institutionalisierten Götzendienstes in Konkurrenz zum Jerusalemer Heiligtum (1Kö 12) anzusehen. Auch die profane Verwendung der *terafim* als den schlafenden David vortäuschende Puppe in 1Sam 19 macht diese lächerlich. All diese Stellen wie insbesondere Hos 3,4 belegen das faktische und wohl auch häufige Vorkommen von *terafim* im atl. Israel vom Königshaus an bis in die einfachsten Häuser. Sie gehörten zur zum Synkretismus neigenden Mischform des Kultes genauso wie die Opferbräuche oder das Königtum. Grundsätzlich läuft der Glaube Gefahr, die ausschließliche Ausrichtung auf den einen Gott zu verfehlen, wenn materielle Größen im Vordergrund stehen. Dabei kann Gott diese Größen durchaus zur Durchführung seiner eigenen Ziele benutzen (Hes 21,26) und läßt sich auch über Orakel durch den Efod (Loswerfen) befragen. Aber er läßt sich damit nicht fassen und nicht festlegen. Jahwe ist mehr und größer als alle Größen, die dem Menschen wunderbar und hilfreich erscheinen. Diese Einsicht muß, wenn Fehlentwicklungen überhandnehmen, drastisch deutlich gemacht werden. So ist es zu verstehen, daß die Kultreform des Hiskia (2Kö 18,4) sich nur auf die öffentlichen Einrichtungen mit den wichtigsten Kultgegenständen beschränkte, die Reform des Josia (2Kö 23) aber viel weitgehender war und auch in den familiären Bereich mit den Geisterbeschwörern, Zeichendeutern, *terafim* usw. (2Kö 23,24; der Zusammenhang mit spiritistischen Praktiken ist hier auffällig!) eingriff.

Wenn menschliche Initiative, Mahnung und Erinnerung (durch Propheten und Könige) nichts mehr bewegen, macht Gott selbst auf dem Weg geschichtlichen Gerichtshandelns seine Konkurrenzlosigkeit deutlich, auch dort, wo die fortgeschrittene Zeit die geläuterte Einsicht nach dem Gericht des Exils wieder vernebelt hat (Sach 10,2). Jahwes Überlegenheit und Unvergleichlichkeit im geschichtlichen Handeln an seinem Volk und an dieser Welt ist das geheime Thema aller Texte, die nüchtern und realistisch von der Tatsache heidnischer Bräuche wie den *terafim* in Israel zeugen.

Literatur: C.H. Gordon: Biblical Customs and the Nuzi Tablets, BA 3, 1940, 1-12; H.A. Hoffner: BS 124/1967, 230-238; JNES 27/1968, 61-68; ThWAT I, 1973, 143; H.D. Preuß: Verspottung fremder Religionen im Alten Testament, 1971; K.Seybold: THAT II, [3]1984, 1057-1060. C.D.St.

HAUSHALTER. Die Bibel greift gelegentlich wie selbstverständlich auf früher geläufige Begriffe und Vorstellungen zurück, die wir heute nur mühsam und z.T. nur andeutungsweise wieder anschaulich rekonstruieren können. Der Begriff H. wird bei der wichtigsten Stelle (1Petr 4,10) auf die einzelnen Mitglieder einer Gemeinde und ihren Dienst untereinander angewendet: hier spiegeln sich die bürgerlichen Rechtsverhältnisse der damaligen Zeit wider:

Ein Hausbesitzer, ein ländlicher Großgrundbesitzer oder eine Kommune läßt die Verwaltung ihres Besitzes und Gutes durch andere Personen wahrnehmen; sie werden »Verwalter« genannt (das ältere Wort »Haushalter« kommt heute fast nur noch in der LÜ und der ZÜ vor). Bei der Tätigkeit eines Verwalters ist im Blick auf 1Petr 4,10 aber zu beachten, daß kaum ein Dienst im Sinne von Bewahren und Behalten vor Augen steht. Die Aufgabe des Verwalters besteht vielmehr vor allen Dingen im freien Verteilen der vorhandenen Güter.

Vgl. neben 1Kor 4,1 besonders auch Lk 12,42: »Wer ist denn der treue und kluge Verwalter, den der Herr über seine Leute setzt, damit er ihnen zur rechten Zeit gibt, was ihnen zusteht?«

Dieses Austeilen geschieht natürlich nach bestimmten Regeln und Tarifen, denn es gilt darüber Rechenschaft abzulegen: »Von Verwaltern aber verlangt man, daß sie sich als treu erweisen« (1Kor 4,2 EÜ).

Bei einem Landgut ist dabei wahrscheinlich an den Tageslohn gedacht (vgl. Mt 20,8 *epitropos*, »Verwalter«); oder an die Essensrationen der Arbeiter (vgl. auch 1Mo 44,1 – wenn auch damals in der Umgebung eines ägypt. Vizekönigs die Verhältnisse noch einmal anders waren); oder an die Staatsgelder (Röm 16,23: »Erastus, der Stadtkämmerer«; nach 1Kor 9,17 ist dem Apostel Paulus »das Amt [eines Verwalters?] anvertraut«).

Diese gute Ordnung bei der Verteilung ohne alle Willkür ist dann sicher auch bestimmend bei der Übertragung dieser Vorstellung auf die »Verwaltung« oder »Leitung« einer Hausgemeinde (Tit 1,7). Manche Ausleger verbinden diese Funktionsbezeichnung dann auch mit dem Gedanken einer göttlichen Verwaltung der Welt (Eph 1,10; 3,2.9 u.ö.: *oikonomia*). Der dort an »Haushalter/Haushalterschaft« anklingende Begriff hat aber vermutlich mehr den umgreifenden Klang des heilsgeschichtlichen Planes Gottes mit der Welt, der durch den Auftrag seiner Boten zur Verwirklichung kommt (vgl.Kol 1,25).

Wenn es bei der Tätigkeit des Haushalters jedoch um die reichlich vorhandenen »Vorräte Gottes« geht (1Petr 4,10), dann kann es sich dabei nicht etwa um ein sparsames Umgehen mit diesen anvertrauten Gütern handeln, sondern vielmehr um ein regelrechtes »Aus-dem-Vollen-Schöpfen«! Im Zusammenhang mit 1Kor 4,1 ist aber daran zu denken, daß der Verwalter bei seiner Aufgabe gleichzeitig auch seinen »Chef« repräsentiert; darum kann der Apostel zu den Gemeindegliedern in Korinth gerade im Blick auf etwaige »Konkurrenten« sprechen:

»Ihr seht also, wie man von uns denken muß. Wir sind Menschen, die Christus in seinen Dienst gestellt hat, um Gottes Geheimnisse zu verwalten.« (GN)

Literatur: T.A. Kantonen: Lebendige Gemeinde. Theologie der Haushalterschaft, 1958; J. Goetzmann: TBLNT I, [4]1986, S. 636-645; C. Spicq: Notes de Lexicographie Néotestamentaire Bd. 2 (OBO 22/2), 1978, S. 606-613. G.Sch.

HAUSKIRCHE. Ihre Vorgängerin hatte die christl. H. in den jüd. Haussynagogen. Der reine Wortgottesdienst der *Synagoge und ihre ursprüngliche Organisationsform als privater Religionsverein machte die gottesdienstliche Versammlung in Wohnhäusern möglich. Bereits seit den Anfängen im 2. Jh.v.Chr. wurden allerdings auch spezielle Synagogengebäude errichtet bzw. Räume in Privathäusern ausschließlich für Gemeindezwecke gebraucht. Eine ähnliche Entwicklung gab es im Christentum auch schon in vorkonstantinischer Zeit. In *Kapernaum ist die Abfolge von einem vorösterlichen Versammlungsraum über eine judenchristl. H. bis hin zu einer byzantin. Basilika des 5.Jh. eindrücklich belegt. Auf eine ausschließlich gottesdienstliche Nutzung des Raums, der zum Komplex des *Petrus-Hauses (Mk 1,29 u.ö.) gehörte, weisen schon im 1.Jh. der mehrfach erneuerte Verputz sowie die große Zahl von Tonlampen-Bruchstücken (vgl. Apg 20,8). Am Ort des Hauses, wo Jesus das letzte *Abendmahl hielt (Mk 14,15; Lk 22,12) und sich nach Ostern die Jerusalemer Urgemeinde sammelte (Apg 1,13), errichteten um 75 n.Chr. aus *Pella zurückgekehrte Judenchristen unter Simon, Sohn des *Kleopas, ein synagogenartiges Gebäude, von dem noch Reste vorhanden sind (*Obergemach). Ein vergleichbarer Bau aus dem 2./3. Jh. wird für *Nazareth angenommen. Ob sich unter der Basilika von *Emmaus Spuren einer Hauskirche aus dieser Zeit finden (J.P. Kirsch, RömQ 41, 1933, 23-28), ist sehr unsicher.

Inwieweit sich die Tradition über H.n aus ntl. Zeit unter den röm. Basiliken S. Clemente (F. Guidobaldi, San Clemente, 1978), Sta. Pudenziana (C.P. Thiede, Simon Peter, 1986, 235f), neuerdings unter S. Lorenzo in Lucina sowie an anderen Stellen (Klauck 78) auch archäologisch stützen läßt, ist ebenfalls umstritten (J.M. Petersen, VigChr 23, 1969, 264-272).

Vorbyzantin. sind aber mit Sicherheit die durch Wandmalereien als christl. erwiesenen Räume unter SS. Giovanni e Paolo (F. Mancinelli, Katakomben und Basiliken, 1981, 3-6). Das besterhaltene Beispiel einer vorkonstantinischen H. findet sich in der röm. Grenzgarnison Dura Europos am mittleren Euphrat (C.H. Kraeling, Excavations at D.-E. VIII/2: The Christian Building, 1967). In einem Privathaus wurde der Hauptwohnraum durch Abriß einer Trennmauer so erweitert, daß sich 60 bis 70 Personen versammeln konnten (A. Effenberger, Frühchristliche Kunst, 1986, 87-89). Einen kleinen Nebenraum wandelte man durch ein nach dem Vorbild des Grabes Jesu (*Begräbnis II.6.) gestaltetes Taufbecken (vgl. Röm 6,1ff) und christl. Wandmalereien in eine Taufkapelle um (Snyder 70f). Das Becken diente kaum noch dem vollen Untertauchen von Erwachsenen (vgl. Did 7,3). Die H. wurde um 240/5 eingerichtet und 256 zerstört. Vermutlich traf sich die Gemeinde auch schon vorher in diesem Privathaus, das nach dem Umbau nur noch Gottesdienststätte war (A. von Gerkan, FS T. Klauser, 1964, 143-149). H.n gab es in Europa noch bis ins 4. und 5. Jh. hinein, Beispiele im deutschen Sprachraum dafür sind Augsburg und Mühlbach/Isar (K. Gamber, Domus Ecclesiae, 1968, 33-62). Typisch für diese Gebäude ist eine halbkreisförmige Sitzbank (der spätere *synthronos*) für die Presbyter.

Die Anmietung öffentlicher Räume scheint in der frühen Zeit eine erwähnenswerte Ausnahme gewesen zu sein (Apg 19,9 »Schule des Tyrannus«). Vor allem reichere Glieder stellten den *Hausgemeinden Versammlungsräume zur Verfügung (Apg 12,12f; 18,2f, vgl. Röm 16,5.23; 1Kor 16,19; Phlm 2; PsClemRecg 71,2). Daß es an einem Ort verschiedene Hausgemeinden geben konnte, wird zwar in Frage gestellt (M. Gielen, ZNW 77, 1986, 109-125), sollte man aber angesichts von Röm 16,5.14f nicht bestreiten. Vielleicht schon im 2. Jh. gingen H.n in den Besitz von Gemeinden über (T. Lorenzen, ThZ 43, 1987, 342). Oftmals dürften die Hausväter (vgl. 1Kor 16,15) auch Vorsteher der Hausgemeinden gewesen sein (E. Dassmann, FS T. Klauser, 1984, 82-97).

Literatur: P. Testini: Archeologia Cristiana, 1958, 547-558; W. Rordorf: ZNW 55 (1964), 110-128; B. Bagatti: The Church from the Circumcision, 1971, 112-133; R. Riesner: Apostolischer Gemeindebau, 1978, 37-41; R. Banks: Paul's Idea of Community, 1980, 33-42; H.J. Klauck: Hausgemeinde und Hauskirche, 1981; G.F. Snyder: Ante Pacem, 1985, 67-118; P. Stuhlmacher: Der Brief an Philemon, EKK 18, [2]1981, 70-75. R.R.

HAWILA. (»Kreis/Bezirk«).

1. Ein Land (hebr. *'erez*) nahe *Eden, durch welches der Fluß Pischon floß (*sābab*) und in welchem

HAWWOT-JAÏR
s. Dörfer Jaïrs

Gold, Bedolachharz und Schoham-Edelsteine gefunden wurden (1Mo 2,11-12), dessen geographische Lage aber nicht zu identifizieren ist.

2. Ein Gebiet, das im Ausdruck »von Hawila an bis nach Schur« vorkommt; es war von Ismaeliten (1Mo 25,28) und Amalekitern (1Sam 15,7) bewohnt. Deshalb lag es wahrscheinlich in der Gegend des Sinai und Nordwestarabiens

3. Ein Name, der zweimal in 1Mo 10 auftaucht: einmal als Nachkomme *Hams durch *Kusch (1Mo 10,7; 1Chr 1,9) und ein anderes Mal als Nachkomme *Sems durch *Joktan, *Eber, *Schelach und *Arpachschad (1Mo 10,29; 1Chr 1,23). Diese können vollkommen unabhängig voneinander sein. Da aber die mit ihnen verbundenen Namen auf ein mögliches Siedlungsgebiet in Südarabien und gegenüber des Bab El-Mandeb in Afrika hinweisen, kann der Name einen starken Stamm bezeichnen, der eine schwächere Gruppe absorbiert hatte. T.C.M.

HAZEROT. Eine Station auf dem Wüstenzug der Israeliten (4Mo 11,35; 33,17f), wo Mirjam aussätzig wurde (4Mo 12,1-16; vgl. 5Mo 1,1). H. wird allg. mit ʿAjin Chodara identifiziert, einer Oase mit Brunnen auf dem Weg vom Sinai nach Aqaba. C.D.W.

HAZOR. Ein Ortsname, der wahrscheinlich »Siedlung« oder »Dorf« bedeutet und deshalb für mehrere Orte im AT verwendet wurde. Der bedeutendste darunter war die befestigte Stadt im Gebiet von Naftali (Jos 19,36).

I. IM ALTEN TESTAMENT.

Die Stadt H. lag im N Palästinas. Bei der Eroberung war sie der Königssitz *Jabins (genannt »König von Hazor«, *melek-hāzōr*, Jos 11,1), der ein Bündnis gegen Josua organisiert hatte. Die Israeliten vereitelten dies jedoch, Jabin wurde getötet, H. wurde zerstört und niedergebrannt (Jos 11,1-13; 12,19). H. war die einzige Stadt, die auf diese Weise - vielleicht wegen ihrer früheren Bedeutung (Jos 11,10) - niedergebrannt wurde; aber trotz dieser Zerstörung bedrohte ein späte-

OBER-STADT	UNTER-STADT	PERIODE	MERKMALE
I	nicht mehr besiedelt	Hellenistische (3.-2. Jh.v.Chr.)	Zitadelle
II		Persische (4. Jh.v.Chr.)	Zitadelle, Bauernhäuser, Gräber
III		Assyrische (7. Jh.v.Chr.)	Zitadelle
IV		8. Jh.v.Chr.	Unbefestigte Siedlung
V		8. Jh.v.Chr.	Zerstörung durch Tiglatpileser III., 732 v.Chr.
VI		8. Jh.v.Chr.	Stadt Jerobeams II., zerstört durch ein Erdbeben
VII		9. Jh.v.Chr.	Wiederaufbau von Teilen aus der Schicht VIII
VIII		9. Jh.v.Chr.	Dynastie der Omriden
IX		Ende 10. - Anfang 9. Jh.n.Chr.	Brand (Ben-Hadad I.)
X		Mitte 10. Jh.v.Chr.	Stadt Salomos
XI		11. Jh.v.Chr.	Israelitische Siedlung
XII		12. Jh.v.Chr.	Vorübergehend von Israeliten besiedelt
XIII	1a	13. Jh.v.Chr.	Zerstörung durch israelitische Stämme in der zweiten Hälfte des 13. Jh.v.Chr.
XIV	1b	14. Jh.v.Chr.	Amarna-Zeit
XV	2	15. Jh.v.Chr.	Thutmosis III. - Amenophis II.
Nach XVI		Mittlere Bronzezeit II-C	Gräber in der zerstörten Stadt
XVI	3	17.-16. Jh.v.Chr.	Zerstörung durch Feuer (Ahmose)
XVII	4	18.-17. Jh.v.Chr.	Gründung der Unterstadt Mitte des 18. Jh.v.Chr. (Mari-Dokumente)
Vor XVII	noch nicht gegründet	Frühe Mittlere Bronzezeit II-B	Unbefestigte Siedlung, vor allem Grabstätten, wenige Gebäude
XVIII		21.-20. Jh.v.Chr.(Mittlere Bronzezeit I)	
XIX-XX		26.-24. Jh.v.Chr.(Frühe Bronzezeit III)	Chirbet - Kerak - Kultur
XXI		27. Jh.v.Chr. (Frühe Bronzezeit II)	

Siedlungsschichten der Ober- und Unterstadt von Hazor.

rer König mit demselben Namen, der dieses Mal den Titel »König von Kanaan« (*melek-kena'an*, Ri 4,2.24) trug, Israel zur Zeit Deboras. Obwohl Sisera, seinem Feldhauptmann, 900 Streitwagen zur Verfügung standen, konnten die Israeliten unter der Führung *Baraks ihn besiegen und Jabin vernichten (Ri 4; 1Sam 12,9). Etwa zwei Jahrhunderte später wurde H. zusammen mit *Jerusalem, *Megiddo und *Geser durch Salomo befestigt, als dieser sein Königreich aufbaute (1Kön 9,15). Im 8.Jh.v.Chr. aber, zur Zeit *Pekachs von Israel, kam Tiglatpilesar III. von Assyrien, zerstörte die Stadt und verschleppte die übrig gebliebene Bevölkerung nach Assyrien (2Kön 15,29).

II. ARCHÄOLOGISCHER BEFUND. H. wurde 1875 von J.L. Porter mit dem verlassenen Hügel von Tell El-Qedah, etwa 8 km südwestl. vom *Hule-See in Galiläa, identifiziert. J. Garstang nahm 1928 einige Sondierungen vor; aber die ersten größeren Ausgrabungen wurden zwischen 1955 und 1958 sowie 1968-69 von einem israelischen Archäologenteam unter Y. Yadin durchgeführt. Die Stätte liegt an einem in nordöstl. Richtung zeigenden Abhang und besteht aus dem von einem Erdwall auf der W- bzw. bergaufwärts gelegenen Seite begrenzten Stadtgebiet mit einer Fläche von etwa 10 ha und einem im N daran angrenzenden Gebiet von ca. 50 ha. Die erste Siedlung wurde im 3. Jt. mit einem Erdwall auf der West- bzw. bergaufwärts liegenden Seite gegründet; die Unterstadt kam im frühen 2. Jt.v.Chr. dazu, vermutlich in der Hyksos-Periode. Ausgrabungen lassen erkennen, daß sich die Stadt über das gesamte Gebiet ausgebreitet hatte und während ihrer Blütezeit etwa 40000 Menschen dort gelebt haben. Einen weiteren Hinweis auf die Bedeutung der Stadt in jener Zeit lieferte die Entdeckung eines Tonkrugs mit akkad. Inschrift (die bisher älteste in Palästina entdeckte), die als *Ischme-ilam* entziffert werden konnte, ein akkad. Eigenname, womöglich der eines mesopotam. Kaufmanns. Die Unterstadt von H. war nur etwa fünf Jahrhunderte lang bewohnt; im 13.Jh.v.Chr. wurde sie zerstört (Grabungsschicht 13). Die Forscher schreiben ihre Zerstörung *Josua zu. Unter den Überresten dieser Stadt wurden ein kanaan. Tempel sowie ein kleiner Altar gefunden. Während die Unterstadt verlassen lag, wurde der Hügel durch die Kanaanäer und anschließend durch die Israeliten wieder be-

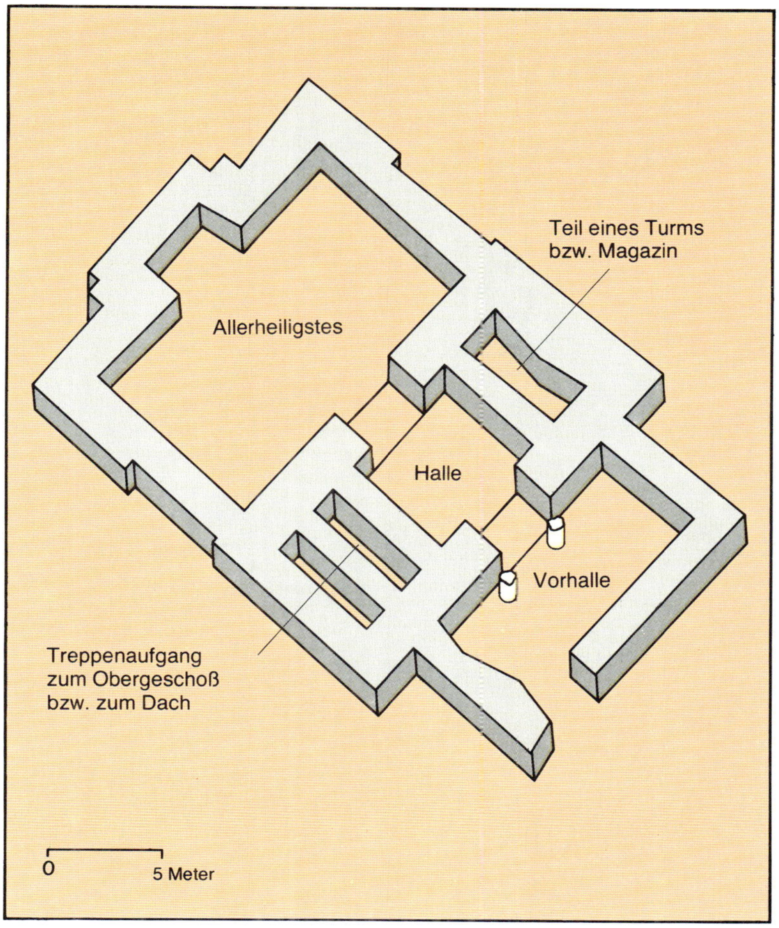

Skizze eines kanaanäischen Tempels in Hazor, der im 14. Jh.v.Chr. erbaut und ein Jh. später, möglicherweise von Josua und den Israeliten, zerstört wurde.

Hazor: die Reste der israelitischen Zitadelle aus dem 9.-8. Jh.v.Chr. (RS)

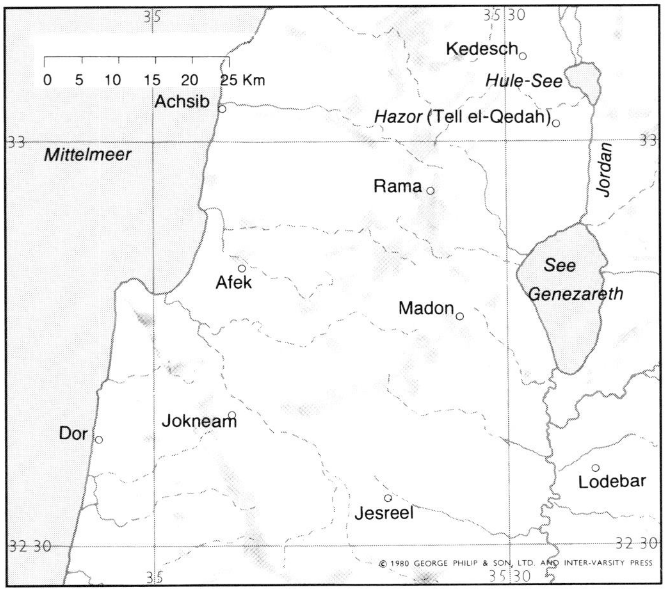

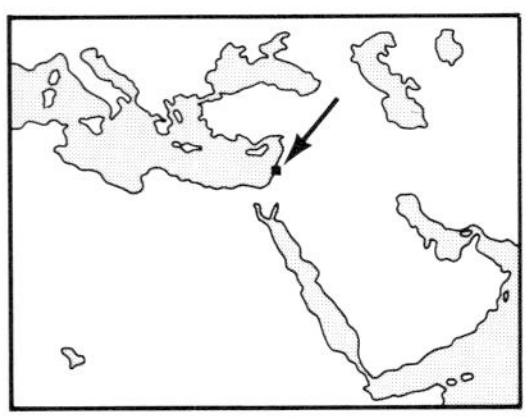

Die Lage von Hazor.

siedelt. Man fand ein Stadttor und eine Kasemattenmauer aus der Zeit Salomos, die ziemlich genau denen glichen, die in *Megiddo und *Geser (vgl. 1Kön 9,15) gefunden wurden. Zeugnisse aus der späteren israelit. Periode umfassen ein öffentliches Säulenbauwerk aus der Zeit *Ahabs, eine Festung, die eine dicke Ascheschicht enthielt, in welcher man ein Bruchstück eines Weinkrugs fand, auf dem der Name Pekach steht (*pqch*), sowie weitere Zeichen gewaltsamer Zerstörung, vermutlich durch Tiglatpilesar III., der die Stadt 732 v.Chr. einnahm (2Kön 15,29).

III. AUSSERBIBLISCHE BELEGE.
Zum ersten Mal wird H. in ägypt. Verwünschungstexten aus dem 19. Jh.v.Chr. als kanaan. Stadt erwähnt, die eine Gefahr für das Reich darstellen könnte. H. erscheint in den Mari-Briefen (*ha-zu-ra*) aus dem ersten Viertel des 2. Jt. und in einem etwas späteren babylon. Text als ein bedeutendes politisches Zentrum am Weg von Mesopotamien nach Ägypten. Auf einer Tafel wird vom Herrscher als einem »König« (*scharrum*) gesprochen, ein Titel, der gewöhnlich nicht für die Herrscher von Städten verwendet wurde (vgl. Jos 11,1). H.s Bedeutung wird weiterhin angezeigt durch die Erwähnung babylon. Botschafter, die dorthin kamen. Der Name eines Königs lautete Ibni-Adad. Es handelt sich dabei um eine akkad. Form, vermutlich mit babylon. Einfluß; Kontakte bestanden auch nach N und W, was an den Geschenken des Königs an Ugarit und Kreta (Kaptara) deutlich wird. H. taucht auf den Listen der Territorien auf, die von den ägypt. Pharaonen Thutmosis III., Amenophis II. und Sethos I. im 15. und 14. Jh.v.Chr. erobert wurden. Später wird die Stadt in den *Amarna-Briefen aus dem 14. Jh. erwähnt, wobei noch immer vom Herrscher als einem König (*schar ha-zu-ra*) gesprochen wird. Schließlich taucht der Name der Stadt auf einem ägypt. Papyrus (Anastasi I.) aus dem folgenden Jh. in einem militärischen Zusammenhang auf. Auf diese Weise bestätigen Texte und Ausgrabungen die bibl. Zeugnisse bezüglich der Bedeutung dieses Ortes.

Ein kanaanäische Stele aus Hazor zeigt Hände, die im Gebet zur Mondscheibe und -sichel erhoben sind. Höhe ca. 60 cm. 13. Jh.v.Chr. (MEPhA)

IV. WEITERE ORTE DESSELBEN NAMENS.
1. Ein Ort im S Judas (Jos 15,23), dessen Lage unbekannt ist.
2. Hazor-Hadatta, »Das neue Hazor« (Jos 15,25), ein Ort in Südjuda, dessen Lage unbekannt ist.
3. Ein anderer Name für Kerijot-Hezron (Jos 15,25) in Südjuda; die Lage ist unbekannt, vielleicht identisch mit 2.
4. Ein Ort in Benjamin (Neh 11,33), vermutlich das heutige Chirbet Hazzur.
5. Ein Gebiet, das von halbnomadischen Arabern bewohnt wurde, wird bei Jeremia erwähnt (49,28.30.33).

Literatur: Y. Yadin et al.: Hazor I, 1958; Hazor II, 1960; Hazor III-IV, 1961, Y. Yadin: Hazor (Schweich Lectures, 1970), 1972.

T.C.M.

HEBAMME. (Hebr. *mejalledet*, »eine, die bei der Geburt hilft«). Die H. half bei der Geburt, indem sie das Neugeborene nahm, die Nabelschnur durchtrennte, es mit Wasser wusch, mit Salz abrieb und in Windeln wickelte (Hes 16,4). Dann benachrichtigte sie den Vater (Jer 20,15). In der hebr. Überlieferung werden H.n zum ersten Mal z.Zt. Jakobs erwähnt, als sie sich um *Rahel (1Mo 35,17) und *Tamar (1Mo 38,28) kümmerten; im letzteren Fall band die H. einen roten Faden um das Handgelenk des Erstgeborenen der Zwillinge. In Mesopotamien und Ägypten sowie bei den Hebräern hockten sich die Frauen bei der Geburt oft auf zwei Steine (*'obnajim*, 2Mo 1,16 RevEB, Fußnote) oder saßen auf einem Gebärstuhl. All dies kann anhand alter Quellen verdeutlicht werden. Im ägypt. Papyrus Westcar aus der Hyksos-Periode (ca. 1700/1600 v.Chr.) wird berichtet, wie drei Göttinnen der Frau eines Priesters bei der Entbindung dreier Söhne halfen: jede nahm ein Kind in den Arm, durchtrennte die Nabelschnur, wusch es, legte es auf ein Tuch auf einer kleinen Ziegelbank und ging dann zum Vater, um ihm die Nachricht zu überbringen (M. Lichtheim, Ancient Egyptian Literature, 1, 1973, S. 220-21). Dieser Text illustriert ebenfalls Wortspiele bei der Namensgebung für die Neugeborenen wie in 1Mo und an anderen Stellen. Auf ägypt. wurden die beiden Ziegel oder Steine (und auch der Gebärstuhl) *db't*, »der (die) Ziegel« oder *mshnt* genannt, wobei dem letztgenannten Wort in der Hieroglyphenschrift ein oder zwei Ziegel oder ein Gebärstuhl (Grundriß) etc. folgte. Auf das ägypt. Wort *msi*, »gebären«, folgte häufig die Hieroglyphe einer hockenden Frau während der Geburt. In einem späteren Text wird die Figur tatsächlich auf zwei Ziegeln oder Steinen hockend abgebildet. (W. Spiegelberg, Ägyptologische Randglossen zum Alten Testament, 1904, S. 19-25; H. Rand, IEJ 20, 1970, S. 209-2112, pl. 47).

K.A.K.

HEBE, HEBOPFER, HEBESCHULTER.

I. BEGRIFF.
Die H. oder das Hebopfer (hebr. *terumah*) ist eine heilige *Abgabe, die als Teil von einem Ganzen »abgehoben« wurde und dem Herrn, dem Heiligtum oder den Priestern zukam. Die rabbin. Auffassung, daß mit der Darbringung der H. allg. eine Zeremonie, ähnlich dem Weben (s. *Opfer), verbunden war, kann aus der Bibel nicht belegt werden.

II. VERSCHIEDENE HEBOPFER IM ALTEN TESTAMENT.
1. Die freiwillige Beisteuer zum Bau und zur Instandhaltung des Heiligtums bei der ersten Einrichtung des Gottesdienstes (2Mo 25,2ff; 35,5ff; 36,3ff jeweils RevEB), zum Bau und zur Reparatur des salomonischen Tempels (1Chr 29,2ff; 2Kön 12,5; 22,4ff), zum Opferdienst (2Chr 30,24) und zum Bau des zweiten Tempels (Esr 8,25 RevEB).
2. Die gesetzlich vorgeschriebene Kopfsteuer, für die jeder über 20 Jahre alte Israelit als H. jährlich einen halben Silberling für das Heiligtum zu geben hatte (2Mo 30,13ff; Mt 17,24).
3. Die H. vom Opfer. Beim Sündopfer wurden das Fett, die Nieren usw. abgehoben und auf dem Brandopferaltar angezündet (3Mo 4,8ff), beim Speisopfer wurde ein Teil mit dem ganzen Weihrauch als H. verbrannt (3Mo 2,9; 6,8; Hes 45,13). Die H. beim Dank- bzw. Friedensopfer bestand aus einem der vier Kuchen (3Mo 7,14).
4. Die Kuchenhebe bestand aus Teig, der, von dem Ganzen des Teiges abgesondert, dem Priester zu übergeben war (4Mo 15,19.21; vgl. Neh 10,38). Die jüd. Überlieferung

bestimmt den Mindestumfang dieser H. mit dem 24. Teil der gesamten Teigmasse, sie wurde seit der Zerstörung des Tempels verbrannt.

5. Die Zehntenhebe der Leviten war der Zehnte von allem, was sie vom Volk als dessen Zehnten empfingen. Sie gaben diese Zehntenhebe (den Zehnten vom Zehnten) als Hebopfer an die Priester weiter (4Mo 18,26f; Neh 10,39).

6. Die Priesterhebe war die Abgabe vom Ertrag der Öl-, Wein- und Getreideernte einschließlich der Schafschur an die Priester (4Mo 18,11-13; 5Mo 18,3.4; Neh 13,5). Wo Zehnten und H. nebeneinander genannt werden, ist diese H. gemeint (2Chr 31,12; Neh 10,38-40 RevEB; Mal 3,8), an deren Genuß die ganze Familie des Priesters teilhatte (3Mo 22,1-16). Zur Sammlung und Aufbewahrung dieser H. dienten besondere Tempelzellen (2Chr 31,11; Neh 12,44; Mal 3,10), die von eigens eingesetzten Aufsehern verwaltet wurden.

7. Bei der Priesterweihe (2Mo 29; 3Mo 8) kam die sog. Hebeschulter des Einsetzungswidders auf den Altar, während die Webebrust der Weihe Aarons dem als Priester amtierenden Mose zufiel. Bei allen ferneren Priesterweihen wie beim Dankopfer erhielt der die Handlung vollziehende Priester beide Stücke (3Mo 10,14f; 7,34; vgl. 4Mo 6,20). Das hebr. *schokh* meint die rechte Hinterkeule des Opfertieres (3Mo 7,32-34), die Vorderkeule heißt hebr. *zeroa* (4Mo 6,19; 5Mo 18,3).

HEBER.

1. Nachkomme Assers, Sohn Berias (1Mo 46,17; 4Mo 26,45; 1Chr 7,31f).

2. Mann Jaëls, bekannt als H. der Keniter (Ri 4,11.17; 5,24), obwohl er getrennt von den übrigen Kenitern oder Nomadenschmieden lebte. Der Kontext deutet darauf hin, daß er ein bedeutender Mann war.

3. Nachkomme Judas, der Vater Sochos (1Chr 4,18).

4. Sohn Elpaals, ein Benjaminiter (1Chr 8,17). J.D.D.

HEBRÄER. Der Ausdruck *ʿibrī* findet sich im AT nur im Bericht über die Söhne Israels in Ägypten (1Mo 39-2Mo 10), im Gesetz zur Befreiung hebr. Diener (2Mo 21; 5Mo 15; vgl. Jer 34), in der Aufzeichnung der Gefechte zwischen Israeliten und Philistern z.Zt. Samuels und Sauls (1Sam 4; 13-14; 29) sowie in 1Mo 14,13 und Jona 1,9. Der patronymische Ausdruck »Hebräer«, *ʿibri*, für Abraham und seine Nachkommen, kann bis zu seinem Vorfahr Eber (1Mo 10,21ff; 11,14ff) zurückverfolgt werden.

Dementsprechend dient diese Bezeichnung dazu, die Abraham zuteil gewordene Offenbarung mit dem Bundesversprechen an Sem zu verbinden. Die Doxologie *Noahs, die den Bundesschluß Jahwes mit der Familie *Sems (1Mo 9,26) preist, wird in der Doxologie von *Melchisedek (1Mo 14,19-20) aufgegriffen, die Gottes Bundessegen auf Abraham, den H., d.h. den Nachkommen Sems, feiert. Daß die göttliche Gunst Abraham, dem H., in einem Konflikt zuteil wird, in dem er eine militärische Allianz mit den »Söhnen Kanaans« gegen die Kräfte eines elamitischen »Sohnes Sems« (vgl. 1Mo 10,15ff.22) bildet, deutet an, daß die von Noah angekündigte Erwählung Sems durch den Bundesschluß von den eberitischen (hebr.) Semiten (vgl. 1Mo 11,10-26) in ganz besonderer Weise erkannt wurde.

Die breite Bedeutung von *ʿibrī* in 1Mo 14,13 ist auch für 1Mo 39-2Mo 10 anzunehmen (vgl. besonders 1Mo 40,15; 43,32; 2Mo 2,11). Jedoch könnte der Gebrauch dort nicht einheitlich sein, da in 2Mo 5,1-3 (vgl. 3,18) H. und Israeliten einfach gleichgesetzt zu werden scheinen. Mose bezeichnet z.B. seine Brüder als »Hebräer« und spricht auch vom »Gott der Hebräer«.

Angesichts der nicht eindeutig festgelegten Verwendung der Bezeichnung *ʿibrī* muß das Auftauchen nichtisraelit. oder sogar nicht-abrahamitischer *ʿibrīm* in außerbibl. Texten aus der Zeit der Patriarchen und der Zeit Moses nicht überraschen. Nach einer verbreiteten Theorie sind die *ha-Bi-ru*, die in zahlreichen Texten des 2.Jt.v.Chr. erwähnt werden, solche *ʿibrīm*. Der Ausdruck *ha-Bi-ru* wird gewöhnlich als Appellativum betrachtet, das eine soziale oder Berufsgruppe bezeichnet; einige sehen aber eine ethnische Komponente in dieser Bezeichnung. Die phonetische Gleichsetzung von *ʿibrī* und *ha-Bi-ru* ist jedoch sehr umstritten. Das in den *Amarna-Briefen bestätigte Vorhandensein von *ha-Bi-ru* in Kanaan kann nicht ohne weiteres mit der israelit. *Landnahme in Zusammenhang gebracht werden.

Ausgehend von der Interpretation des Ausdrucks *ha-Bi-ru* in Dienstverträgen von *Nuzi als Appellativum, das »fremder Sklave« bedeutet, nahm man an, daß *ʿibri* in der Gesetzgebung in 2Mo 21,2 und 5Mo 15,12, deren Begriffe eng mit den Bestimmungen der *ha-Bi-ru*-Verträge übereinstimmen, keine spezifische ethnische Identität bezeichnet, sondern den Status eines Fremden, und daß deshalb *ʿäbäd ʿibrī* wie das nuzische Wort *ha-Bi-ru* »ausländischer Sklave« bedeutet. Die Interpretation von *ha-Bi-ru* in den Nuzi-Texten scheint jedoch ungenau zu sein; die bibl. Gesetzgebung beschäftigt sich mit israelit. Sklaven. 5Mo 15,12 nennt den hebr. Sklaven »deinen Bruder« (vgl. V. 3; Jer 34,9.14). Es wird eingewendet, daß 3Mo 25 einem Israeliten untersagt, was 2Mo 21 für einen *ʿäbäd ʿibrī* erlaubt. 2Mo 21,2ff erlaubt jedoch nur eine freiwillige Verlängerung eines Dienstverhältnisses, während 3Mo 25,44ff untersagt, ein Dienstverhältnis zwangsweise zu verlängern. Das Gesetz über *Sabbatjahr und Erlaßjahr in 3Mo 25 ist ein dem hebr. Sklaven gewährtes nachträgliches Privileg, das der freien Entscheidung des Sklaven auf freiwilligen, lebenslangen Dienst nachgeordnet war (2Mo 21,5f).

Es wurde behauptet, daß die *ʿibrīm* in 1Sam 13 und 14 nichtisraelit. Söldner seien (eine die *ha-Bi-ru* kennzeichnende Rolle). In 13,3-4 sind »die Hebräer« offensichtlich identisch mit »ganz Israel«. Außerdem wird in 13,6 von den »Männern Israels« gesprochen, die die Philister in 14,11 als »Hebräer« bezeichnen. 1Sam 13,19f (vgl. auch 4,5-9) bietet eine ähnliche Identifizierung der *ʿibrīm*. 1Sam 13,6f unterscheidet die *ʿibrīm* nicht von den »Männern Israels«; es werden vielmehr zwei Gruppen von Israeliten beschrieben. V. 6 bezieht sich auf die, die vom Wehrdienst ausgenommen waren und sich später in den Bergen westl. des Jordan versteckten. V. 7 bezieht sich auf Israeliten, hier »Hebräer« genannt, die von Saul ausgewählt worden waren, später aber desertierten und östl. des Jordan Zuflucht suchten (das Heer Sauls wird dezimiert: 13,2.11.15; 14,2). Selbst wenn man annimmt, daß die *ʿibrīm* in 14,21 für den Feind gekämpft haben, könnte es sich um israelit. Überläufer gehandelt haben.

Der Originaltext von V. 21 jedoch stützt die Auslegung, daß eine Anzahl H. den Mut verloren hatten, sich später aber Saul im Kampf gegen die Philister wieder anschlossen. Dabei handelt es sich um jene in 13,7 erwähnten *ʿibrīm*. Zusammen mit den Männern Israels, die sich im Gebirge von Ephraim (14,22; vgl. 13,6) verkrochen hatten, kehrten sie zurück, um die Reihen von Sauls wider Erwarten triumphierender Armee zu füllen. *ʿibrī* wird im AT also durchgehend im ethnischen Zusammenhang gebraucht. In Texten, die Äußerungen von Nicht-Israeliten wiedergeben, haftet der Erwähnung der *ʿibrī* meist ein despektierlicher Zug an. Die Vermutung, daß *ʿibrī* eine Alternative für »Israelit« darstellt in Situationen, in denen die Person kein freier Bürger auf freiem Boden ist, erscheint im Kontext der atl. Belegstellen diskutabel. Aber selbst, wenn solch eine zusätzliche Bedeutung beabsichtigt wäre, gälte sie weder grundsätzlich noch auf Dauer. Im NT findet man »Hebräer« als einen ausschließlichen Begriff für Juden, die nicht entscheidend durch die Hellenisierung beeinflußt wurden (Apg 6,1), jedoch auch als Ausdruck, der Juden generell von Nicht-Juden unterscheidet (2Kor 11,22; Phil 3,5).

Literatur: H.P. Stähli: THAT II, ^{3}1984, 200-204; M. Noth: FS für O. Procksch, 1934, S. 9ff; A. Jirku: Die Wanderungen der Hebräer im 3. und 2. vorchristlichen Jahrtausend, 1934; H. Donner: Geschichte des Volkes Israel und seiner Nachbarn in Grundzügen, Teil 1, 1984, S. 70f. M.G.K.

HEBRÄERBRIEF.

I. THEMA.

Der Hebräerbrief ist ein Sendschreiben an angefochtene Christen, die ermahnt und getröstet werden sollen

(13,22). Sein Verfasser macht den Lesern deutlich:

1. Die Geschichte des Christus stellt tatsächlich den *Höhepunkt der Offenbarung* dar, die Gott im Alten Bund begonnen hat (1,1f); denn Christus hat durch sein Selbstopfer die Vergebung der Sünden für die Menschen erwirkt, den Neuen Bund vermittelt und als vollkommener Hoherpriester den Zugang zum himmlischen Heiligtum eröffnet.

2. Aus diesem Grunde gebührt es sich, zu Christus als dem Anfänger und Vollender des Glaubens aufzusehen und trotz aller Anfechtungen fest zu bleiben, um so das noch unsichtbare Ziel der himmlischen Gottesstadt zu erreichen. Die Erkenntnis der Heilsoffenbarung in Christus rechtfertigt somit die Glaubenstreue.

II. FORM.
Der H. weicht insofern von der Form der Paulusbriefe ab, als er kein Präskript mit Absender und Adresse und auch kein Proömium mit einer Danksagung für die Glaubenstreue der Gemeinde enthält. Solch ein Fehlen des Präskripts ist in vorderasiatischen Briefformularen möglich (vgl. den 1. Johannesbrief). In 13,22-25 erscheint allerdings ein Briefschluß mit persönlichen Angaben, Grüßen und einem Abschiedswunsch.

Dieses Schreiben an die Hebräer wird manchmal als »Epistel« bezeichnet, d.h. als eine lehrhafte, erst nachträglich in Briefform gekleidete Abhandlung (A. Deißmann), oder als Lehrschrift (Th. Zahn) bzw. religiöser Traktat oder als Predigt-Homilie über atl. Texte, zumal sein Aufbau den Regeln der Rhetorik folgen soll (O. Michel, A. Vanhove, J. Swetnam, H. Thyen u.a.). Aber der H. ist beides: Mahnrede (13,22) und Brief (»Ich habe euch nämlich in kurzen Worten geschrieben«, ibid.). Der Briefschluß 13,22-25 ist keine spätere Hinzufügung, zumal schon in 13,18 bestimmte Elemente eines solchen Schlusses erscheinen, und der Verfasser in Abschnitten wie 5,11-14; 6,1-8; 10,32-39 auf spezielle Probleme der ihm offenbar persönlich bekannten Empfänger eingeht. Auch die Überschrift »An die Hebräer« kennzeichnet dieses Schreiben als einen Brief.

III. INHALT UND THEOLOGISCHER GEDANKENGANG.
Das **Thema** wird in 1,1-3 gegeben. In Teil I (1,4-4,13) wird die Größe der endzeitlichen Offenbarung vor allem an der erhabenen Stellung des erhöhten Gottessohnes gezeigt (Christologie).

1. **Der zur Rechten Gottes Eingesetzte** (1,13; vgl. Ps 110,1) **steht über den Engeln**, den Boten des Gotteswortes im Alten Bund (1,4-2,18). Denn er wurde mit dem einzigartigen Prädikat »Sohn« von Gott angeredet (1,4f); sein Wort hat deshalb höchste Autorität (1,3; 2,1-4).

2. Freilich geht der Erhöhung des Christus dessen **freiwillige Selbsterniedrigung** unter die Engel vorauf: Er wurde Mensch und erlitt den Tod (2,8f). Aber gerade dadurch wurde er ein vollkommener Führer zum Heil, und wegen seines Gehorsams wurde er von Gott erhöht (2,5-18). Dieser parabelartige Weg des Christus - aus der himmlischen Präexistenz in die Tiefe menschlichen Leidens und dann hinauf zum Thron Gottes – entspricht dem in Phil 2,5-11 überlieferten Bekenntnis von Jesu Präexistenz, Erniedrigung und Erhöhung. Das vielleicht schon vorpaulin. und nach Jes 53 aufgebaute »Christuslied« Phil 2,5-11 hat – wie die christologischen Ausführungen des H.s – auch paränetische Bedeutung (vgl. Phil 2,5): Gesinnung und Weg der Christen sollen durch Christus, den Anfänger und Vollender des Glaubens (12,2), bestimmt sein.

3. Grundlegend für 3,1-4,12 ist die rabbinische Regel, der letzte Erlöser (d.i. Messias) müsse wie der erste Erlöser (d.i. Mose) sein. Aber als der Herr des göttlichen Hauses ist Christus größer als Mose, der in diesem Haus als ein treuer Diener gewaltet hat (3,1-6). Außerdem war es weder Mose noch Josua gelungen, das Volk Gottes zu dem ihm verheißenen Ruheort zu bringen (nach Ps 95,5-11, der in 3,17-19 ausgelegt wird), zumal Israel sich als ungehorsam erwies (3,7-19). Diese Verheißung wurde erst durch Christus verwirklicht; er qualifiziert deshalb die Gegenwart als eine Zeit der Entscheidung (4,1-13).

In Teil II (4,14-12,29) wird der heilschaffende Dienst des Gottessohnes ausführlich beschrieben (Soteriologie). Christus hat als vollkommener Priester nach der Ordnung Melchisedeks (Ps 110,4) sich selbst für uns als Opfer dargebracht und so den Kult Israels in den Schatten gestellt.

1. Weil er gehorsam war, als Sündloser gelitten und die Sünden Vieler gesühnt hat, konnte er den freien Zugang zu Gott eröffnen (4,14-5,10). Deshalb ist es geboten, am Bekenntnis zum Gottessohn festzuhalten (4,14, vgl. Mk 8,38f) und ihm glaubend zu gehorchen (5,9).

2. Die volle Erkenntnis des priesterlichen Dienstes Christi bedeutet einen Fortschritt gegenüber den Anfangslehren und Grundartikeln des christlichen Glaubens wie Buße, Glauben an Gott, Taufe, Handauflegung, Auferstehung der Toten und Endgericht (5,11-6,3); diese bedürfen der Ergänzung durch die theologische Besinnung auf die Einmaligkeit und Einzigartigkeit der messianischen Diakonie (6,9ff).

3. Aus dem endzeitlichen, ein für allemal geschehenen Opfertod Jesu ergibt sich, daß es eine Wiederholung der Buße, eine zweite Zusendung der Vergebungsgnade für einen abgefallenen Christen, grundsätzlich nicht geben kann (6,4-8). Statt dessen werden diejenigen, die der Verheißung fest vertrauen, volle Gemeinschaft mit Gott erhalten, nachdem Christus die Bahn gebrochen hat und in das Allerheiligste des himmlischen Heiligtums als Hoherpriester eingetreten ist (6,9-20).

4. Mit diesem priesterlichen Dienst des Messias wird die Geschichte der Offenbarung Gottes vollendet und die Israel befohlene Kultordnung als vorläufige enthüllt. Das wird vom bibl. Zeugnis selbst bestätigt. Denn mit der Zusage eines ewigen Priesters nach der Ordnung Melchisedeks (Ps 110,4) wird der in der Tora gebotene Opferdienst der Leviten als zeitlich befristet eingestuft (7,1-3). Auch dadurch, daß der in 1Mo 14,17-20 erwähnte *Melchisedek, Priesterkönig von Salem, von Abraham, dem Ahnherrn der levitischen Priester, den Zehnten erhielt (7,4, vgl. 1Mo 14,18), gab Gott zu erkennen, daß das Priestertum nach der Ordnung Melchisedeks dem der levitischen Priester überlegen ist (7,4-10). Der endzeitliche Hohepriester wird nicht aus dem priesterlichen Stamm Levi, sondern aus dem königlichen Stamm Juda hervorgehen (7,14). Er ist der dem David verheißene Messias (2Sam 7,12-14), der zur Rechten Gottes thronen wird (Ps 110,1) und den Gott als »ewigen Priester nach der Ordnung Melchisedeks« anredet (7,11-28). Durch seinen Sühnetod auf Golgatha wurde der davidische Messias Jesus der Zusage aus Ps 110,4 gerecht. Im H. wird die Bedeutung des Todes Jesu dadurch hervorgehoben, daß dieser als hohepriesterliches Selbstopfer dargestellt wird: Im Allerheiligsten des himmlischen Heiligtums hat Jesus sein eigenes Blut Gott dargebracht (8,1-9,28). Diese eine ewige Sühne schaffende Blutsprengung ermöglichte die Schließung des Neuen Bundes (Jer 31,34; vgl. 2Mo 24,8) und erweist damit den stets wiederholten Opferdienst und die Blutsprengung am Großen Versöhnungstag als nunmehr obsolet gewordenes Provisorium (10,1-18).

5. **Die paränetisch geforderte, notwendige Antwort** des Menschen auf diese endzeitliche Offenbarung **ist der Glaube**, der die Treue, das Beharren auch in Drangsalen, einschließt (10,19-12,28). Der Glaubende hält an dem Bekenntnis der Hoffnung fest und bleibt bei den Versammlungen der Gemeinde (10,19-39). Da die Vollendung des Heils, nämlich der Zugang zur Stadt Gottes und zum himmlischen Heiligtum, der Zukunft vorbehalten ist, bedarf es des Vertrauens, das man nicht wegwerfen darf (10,35), sowie eines Glaubens, der mit der Hoffnung verbunden ist und auf die noch nicht sichtbaren Heilsgüter gerichtet bleibt (11,1). Während der Kult des Alten Israel nur ein Schatten der Versöhnung durch Christus ist und der Bund mit Israel durch einen neuen vollendet wird, ist die Glaubenshaltung der Väter auch für die Christen vorbildlich. Deshalb wird diesen eine lange Reihe von Glaubenszeugen vor Augen geführt, von Abel bis zu den Märtyrern unter Antiochus Epiphanes; ja, auch der gewaltsame Tod der Apostel Petrus und Paulus (11,37) mag in der Reihe 11,4-38 enthalten sein. Das dem Glauben verheißene Ziel, nämlich das Erreichen der himmlischen Gottesstadt als des ewigen Ruheortes

(11,10.13-16), wurde von diesen Frommen zwar geschaut, aber nicht erreicht; erst durch den priesterlichen Dienst Christi ist es in greifbare Nähe gerückt (11,39-12,2).

6. Die Zeugen des Alten Bundes beweisen, daß zur Glaubenstreue auch die **Bereitschaft zum Leiden** gehört. Der Christ soll es als heilsame Züchtigung des himmlischen Vaters ansehen (12,3-11); seinem Glauben wird – mit dem Kommen Gottes zum Gericht – das Schauen folgen (12,12-29). Der jetzt noch von der Welt verachtete Christ geht so den Weg seines Herrn, der außerhalb der Stadt Jerusalems litt (13,10-17); andererseits bereitet er sich in der Gemeinde der Glaubenden auf die Gemeinschaft des erlösten Gottesvolkes mit der himmlischen Gemeinde vor (13,1-9; vgl. 12,22f).

IV. DIE THEOLOGISCHE DARSTELLUNG DER JESUSTRADITION.

1. Der Verfasser des H.s steht auf dem Boden des **christologischen Bekenntnisses**, wie es in Röm 1,3f, 1Kor 15,3f und Phil 2,5-11 von den ersten Christen formuliert und vor allem von Paulus entfaltet worden ist; dieses Bekenntnis entspricht auch dem **messianischen Sendungsbewußtsein Jesu** und seinem Entschluß, das eigene Leben für die Vielen als Lösegeld dahinzugeben (Mk 10,45). Auch der in der Kraft des Geistes Zeichen, Wunder und Heilungen vollziehende Jesus der Evangelien ist im H. vorausgesetzt und erwähnt (2,3f; vgl. Apg 2,22). Dem Beispiel der anderen ntl. folgend, deutet der Verfasser dieses Briefes die Größe des Christusgeschehens mit Hilfe der Heiligen Schrift, d.h. des Alten Testaments; er hat, noch häufiger als dies in den anderen ntl. Briefen geschieht, das Gesetz, die Propheten und die Psalmen zitiert und diese auch ausgelegt (nach dem Text der griech. Bibel). Das Alte Testament war für ihn gültiges Gotteswort. Aber dieses weist über die Geschichte Gottes mit Israel hinaus auf eine Zukunft hin, die den atl. Opferkult als vorläufig erscheinen läßt. So wird das Christusgeschehen als das in der Schrift vorhergesagte, von Gott längst vorgesehene Ziel der *Heilsgeschichte erwiesen. Im H. erscheinen die schon von Jesus und von den ntl. Autoren gebrauchten Beweistexte für die Stellung des Messias vor Gott: 2Sam 7,14 (1,5), Ps 2,7 (1,5; 5,5; 7,28), Ps 8,5-7 (2,6-9) für den Weg des Gottessohnes zu den Menschen und für sein sühnendes Leiden: Jes 53 (Anspielungen in 4,15; 5,2f.8; 9,28) und Ps 22 (vorausgesetzt in 5,7-10) und schließlich für die Erhöhung des Gottessohns: Ps 110,1 (1,3.13; 8,1; 10,12); die letztere wird auch in Ps 45,7; 102,26-28 entdeckt (1,8-13). Die Darstellung des endzeitlichen Priestertums Jesu ist vor allem von Ps 110,4, der Zusage vom ewigen Priestertum nach der Ordnung Melchisedeks, inspiriert (5,6; 6,20; 7,3.11.15. 17.21.24.28); mit ihr verbunden ist die Schilderung Melchisedeks in 1Mo 14,17-20 (7,1-10). 1Mo 14,17-20 beweist dem Verfasser, daß der Priesterkönig von Salem Gestalten wie Levi und Aaron überlegen war. Denn durch seinen leiblichen Ahnherrn Abraham hatte Levi das Priestertum Melchisedeks als das eigentliche, vor Gott geltende, anerkannt; Abraham – und virtuell in ihm anwesend auch Levi – hatte dem Priesterkönig von Salem den Zehnten entrichtet (7,4; vgl. 1Mo 14,20). Für die Christologie des H.s noch bedeutsamer war die Zusage von Ps 110,4, weil sie dem zur Rechten Gottes erhöhten Herrn Davids, d.h. dem Messias, gegeben wurde (vgl. Mk 12,35-37 und 2Sam 7,12-14): Der ewig regierende Davidide und Gottessohn (2Sam 7,12ff) wird auch der ewige Priester nach der Ordnung Melchisedeks sein. Hermeneutisch bedeutsam ist der exegetische Schritt von der Inthronisationszusage (Ps 110,1), die schon für Jesus und das urchristliche Christus-Credo maßgebend war, zu Ps 110,4: Mit seinem Opfer am Kreuz hat der messianische Gottessohn Jesus sich dieser Zusage, ein ewiger Priester nach der Ordnung Melchisedeks zu sein, als würdig erwiesen: Wie Melchisedek, der »gerechte König«, ist der Messias Jesus König und Priester zugleich. Die priesterliche Rolle des messianischen Königs wurde kirchengeschichtlich wichtig für das Selbstverständnis des Vicarius Christi: Im Mittelalter wurde das Amt des Papstes theologisch und rechtlich als ein Priesterkönigtum begründet (H. Feld).

Zwei paulinische Aussagen über die Wirkung des Kreuzes Jesu werden im H. analog zum atl. Kult neu gedeutet:

a. Die Glaubenden haben durch Christus **Zugang zur Gnade Gottes** (Röm 5,1f).

b. Durch das Christusgeschehen wird die Verheißung eines **Neuen Bundes** (Jer 31,31-34; vgl. Hes 36,27-29) erfüllt (2Kor 3,4-18; vgl. Mk 14,24); der Apostel kann sich als Diener des Neuen Bundes (2Kor 3,6) und als einen Mittler der mit diesem Bund geschenkten Herrlichkeit bezeichnen (V. 10f). Der Verfasser des H.s zeigt die neue Wirklichkeit mit Hilfe eines Vergleichs: Im Alten Bund wurde der Zugang zur Gnade Gottes durch die Opfer der Priester und vor allem durch den Dienst des Hohenpriesters am Großen Versöhnungstag erlangt. Aber solche ständig wiederholten – weil nur begrenzt wirksamen – Opfer ermöglichten nicht den Übergang zur vollkommenen, von Sünden – und deshalb auch von Op-

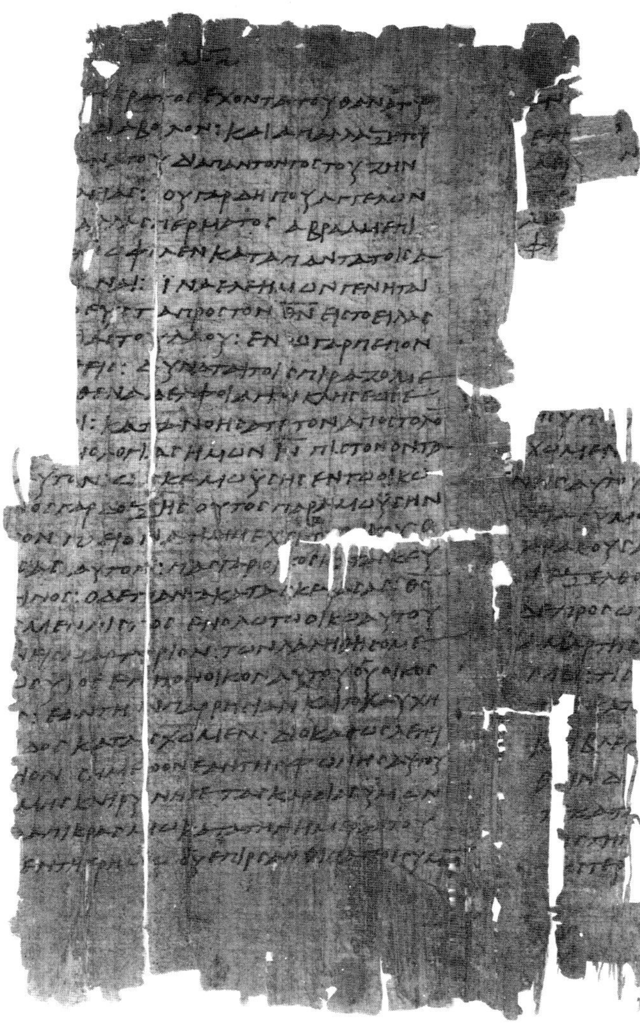

Ein Teil des Hebräerbriefs in Griechisch auf die Rückseite einer Papyrusrolle geschrieben, die ursprünglich eine Zusammenfassung der Römischen Geschichte des Livius enthielt. Aufgefunden in Oxyrhynchus, Ägypten. 3.-4. Jh.n.Chr. (BL)

fern - freien Ordnung des Neuen Bundes (Jer 31,31-34). Dieser Übergang aber wurde durch die Lebenshingabe des Gottessohnes am Kreuz erreicht, weil sie als endzeitlicher Akt definitive, die Sünden ein für allemal sühnende, Wirkung hat. Nach Hebr 10,10 hat Christus seinen Leib als Opfer dargebracht und uns so geheiligt; nach 10,10f ist er – analog zur Blutsprengung des Hohenpriesters am Großen Versöhnungstag (3Mo 16; Hebr 9,6-29; 12,12) – durch den Vorhang vor dem Allerheiligsten des himmlischen Heiligtums hindurchgegangen, und zwar »durch sein Fleisch«, d.h. aufgrund der Hingabe seines fleischlichen Leibes (10,19f; O. Hofius). Das Prädikat der Ewigkeit, das den Messias (2Sam 7,12ff) und den Priester nach der Ordnung Melchisedeks auszeichnet (Ps 110,4), wird als definitive Geltung gedeutet. Das einmalige Opfer des Messias gilt ein für allemal, bewirkt die generelle Tilgung der Sünden und ist somit Voraussetzung für die Gabe des Neuen Bundes (Jer 31,34; vgl. Hebr 8,8-12; 10,15-18, wo jeweils Jer 31,31-34 zitiert wird). Dieses Opfer ermöglicht den Zugang zu Gott und die Gemeinschaft des Volkes mit ihm (10,19f); dadurch wird Christus zum Priester nach der Ordnung Melchisedeks, zum Mittler der Ordnung des Neuen Bundes (12,24). Trotz grundsätzlicher Übereinstimmung werden hier die Akzente etwas anders gesetzt als in der Theologie des Paulus. Für Paulus bedeutet der durch Christus ermöglichte Zugang zu Gott den jetzt schon hergestellten Frieden und die Versöhnung mit ihm (Röm 5,1.10f nach Jes 53,5). Und das Kennzeichen des Neuen Bundes ist das gegenwärtige Wirken des heiligen Geistes und die vom Geist bzw. Herrn geschenkte Freiheit vom Buchstaben des Gesetzes (2Kor 3,6.17). Dagegen betont der Verfasser des H.s vor allem die heiligende Kraft des Opfers Jesu (10,14.22) und verweist den Glaubenden auf die Zukunft: Die Gemeinschaft mit Gott wird erst bei der Parusie (9,28) und dem Kommen Gottes voll verwirklicht werden (12,18-24). Das gegenwärtige Wirken des Geistes ist kaum erwähnt (6,4); die Gemeinschaft mit den Engeln in der himmlischen Gottesstadt wird erhofft (12,22-24). Das himmlische Jerusalem (12,22) ist der den Christen neu verheißene Ruheort von Ps 95 (3,7-4,7), mit dessen sichtbarer Offenbarung die Sabbatfeier der Endzeit beginnt (4,8-11; O. Hofius).

2. Die Wirkung des hohenpriesterlichen Dienstes Jesu liegt auch darin begründet, daß dieser mit seiner Selbsterniedrigung und Fleischwerdung die Menschen als Brüder annahm (2,11); gerade durch seine Solidarität konnte er viele Gotteskinder zur Herrlichkeit führen (2,9-11; vgl. Phil 2,8f). Die Kondeszendenz (Herablassung) des Messias entspricht dem Ratschluß Gottes, der nicht etwa nur in Jes 52,13-53,12, sondern auch in Ps 8,5-7 entdeckt wird (2,5-9). Wie Paulus hat unser Verfasser diesen Psalm christologisch verstanden, aber nicht nur auf die Erhöhung, sondern auch auf die Erniedrigung des Menschensohnes bezogen, der für eine kurze Zeit unter den Engeln stand (2,6f; vgl. 1Kor 15,27). Die Erniedrigung bis hin zum Kreuzestod war Voraussetzung für die folgende Erhöhung (1,3; 2,9; vgl. Phil 2,7-11) und auch für die Wirkung der messianischen Erlösung: Ein treuer Hoherpriester muß seinen Brüdern in allem gleich werden; er muß selbst den Tod erleiden, um die Macht des Todes, der Sünde und des Satans brechen zu können (2,14-18), und er muß genau so versucht werden wie seine Brüder (4,15). Diese **Gemeinschaft zwischen dem Erlöser und den zu Erlösenden** ist nicht etwa ein gnostisches Motiv, sondern eher von Jes 53,5 herzuleiten. Im H. wird diese Stelle ähnlich wie bei Paulus und im Targum verstanden: »Durch die Gemeinschaft mit ihm« (*bachaburāto*) wird uns Heilung, d.h. Vergebung der Sünden, gewährt. Während der Targum diese Gemeinschaft als die des Toralehrers mit den Schülern versteht, und Paulus an ein Mitsterben mit Christus denkt (Röm 6,3), ist sie nach dem H. durch die *Inkarnation des Gottessohnes hergestellt worden, der als treuer Hoherpriester seinen Brüdern gleich werden muß (2,14-18).

3. Der Verfasser unseres Briefes betont den heiligenden Dienst des Christus auch deshalb, weil er die **Heiligkeit und Macht Gottes** ganz ernst nimmt: Dieser ist ein verzehrendes Feuer (12,29); schrecklich ist es, in die Hände des lebendigen Gottes zu fallen (10,31). Nicht nur Christus (9,28), sondern auch Gott kommt zum Weltgericht, und zwar – wie in der jüd. Apokalyptik (äthHen 1) – analog zur Sinaitheophanie (12,18-21): Damals hat nicht nur das Volk Israel, sondern auch Mose gezittert (12,21); viel schrecklicher noch wird die Ankunft zum Endgericht sein, bei der nicht nur die Erde, sondern auch der Himmel erschüttert werden wird (12,26). Nur diejenigen, die jetzt schon vom Blut Christi besprengt sind (12,24) und an seiner unerschütterlichen Herrschaft teilnehmen, werden bestehen können (12,28).

4. Die **Sakramente Taufe und Abendmahl** werden im H. nur kurz erwähnt. Die Taufe, der die Buße voraufgeht und die durch Handauflegung vollzogen wird, vermittelt die Himmelsgabe des heiligen Geistes (6,2-5). Wichtig ist, daß man nicht aus der Taufgnade herausfällt, da es keine Möglichkeit einer zweiten Buße gibt (6,6). Sie ist wegen der Einmaligkeit des Opfers Jesu ausgeschlossen; man kann den Sohn Gottes, der für unsere Sünden gestorben ist, nicht noch einmal kreuzigen (ibid.). Auf das **Herrenmahl** ist wohl die Aussage 13,10 zu beziehen, nach welcher die im Zelt Dienenden nicht auch vom Altar der Christen essen dürfen. Wie in 1Kor 10,18-22 wird das Herrenmahl mit einem nicht-christlichen Opfermahl verglichen; aber wie Paulus hat unser Verfasser die Ausschließlichkeit dieses Mahls betont.

5. Wichtig ist die **Haltung des Glaubens**, die Hebr 11 definiert und anhand von bibl. Zeugen illustriert wird; deren Frömmigkeit wird grundsätzlich dem Glauben zugeschrieben. E. Gräßer, H. Köster, H. Braun und andere meinen, das Glaubensverständnis im H. unterscheide sich erheblich von dem bei Jesus und Paulus, zumal in 11,1 (griech) *pistis* durch Begriffe der griech. Philosophie (z.B. *hypostasis*) definiert werde. Aber der berühmte Satz: »Es ist aber der Glaube eine feste Zuversicht des Erhofften, ein Überführtsein von Dingen, die nicht zu sehen sind« (11,1), ist eher eine preisende als definierende Erklärung des festen, auch in Zeiten der Anfechtung sich bewährenden Glaubens. Außerdem wird diese hebräisch-alttestamentlich gedacht: Schon vom Begriff her ist das Glauben (*hă'ămin*) ein Sich-Festmachen und -Gründen und daher auch ein Fest-Stehen und Bleiben (*he'amen*): Die Verkündigung vom Heil in Christus wurde bei den Hörern »festgemacht« (2,3f). Die Beschreibung des Glaubens in 11,1 steht deshalb im Einklang mit der Haltung der Glaubenszeugen in 11,4-38 sowie mit Aussagen wie Kol 1,23 und Eph 3,17, in denen ebenfalls die Festigkeit des Glaubens hervorgehoben wird; Hebr 13,9 spricht vom Herzen, das durch Gottes Gnade gefestigt ist. Während das folgenschwere Versagen und Zurückweichen des Menschen in Hebr 10,37-39 mit Hilfe von Hab 2,3f eingeschärft wird, liegt dem darauf folgenden Lobpreis des festen Glaubens die Stelle Jes 28,16 (LXX) zugrunde. In ihr verheißt Gott, er werde auf dem Zion ein festes Fundament und einen bewährten Stein legen; der (daran) Glaubende werde nicht weichen. Die Haltung des Glaubens entspricht dessen Gegenstand, dem unerschütterlichen Bauwerk Gottes, in dem man letztlich Rettung und Ruhe findet. Mit diesem Bau Gottes in Jes 28,16 findet der H. die Gottesstadt des himmlischen Jerusalem angekündigt (12,22), auf welche Glaube und Hoffnung der jüd. und der christl. Frommen gerichtet sind (11,10.14.16; 13,14).

V. DER RELIGIONSGESCHICHTLICHE HINTERGRUND DES HEBRÄERBRIEFS.

1. Im Anschluß an R. Bultmann, der die ntl. Christologie vor allem von einem **gnostischen Erlösermythos** beeinflußt sah, hat E. Käsemann (Das wandernde Gottesvolk, 1938) auch die Theologie des H.s vom Hintergrund angeblich gnostischer Spekulationen des Judentums her zu erklären versucht. Dabei hat er nicht nur das Wandern des Gottesvolkes zur Rückkehr der Seele in die himmlische Heimat in Beziehung gesetzt, sondern auch den hohepriesterlichen Dienst Jesu mit dem Selbstopfer eines himmlischen Urmensch-Hohenpriesters verglichen. Aber für die Zeit des frühen Judentums und des ntl. Chri-

stentums läßt sich kein so cher Mythos nachweisen; er fehlt auch in den neugefundenen koptisch-gnostischen Texten von *Nag Hammadi. Wie O. Hofius in wichtigen Monographien gezeigt hat, sind die Vorstellungen und Begriffe des H.s von **alttestamentlichen, apokalyptischen** und vor allem **christlichen Traditionen** und Lehren her einleuchtend zu deuten: Der Verfasser erwartete, wie seine aktualisierende Auslegung von Ps 95 zeigt, die endzeitliche Offenbarung eines von Gott längst zubereiteten Ruheortes und einer ewigen Sabbatfeier für diejenigen, die durch das Selbstopfer Christi erlöst sind und fest bleiben. Auch das himmlische Heiligtum und der Vorhang vor dem Allerheiligsten in Hebr 8-10 sind an atl. Texten orientiert; die nach dem Vorbild des himmlischen Heiligtums angefertigte Stiftshütte (2Mo 25,9) gab dem Autor die Möglichkeit, sich den hohepriesterlichen Dienst Christi vor Gott vorzustellen (vgl. 2Mo 25-27; 3Mo 16). Schließlich wird mit diesem Dienst an die Sendung des irdischen Jesus angeknüpft. Dieser wurde nach Mk 1,24; Joh 6,69 als »der Heilige Gottes« bezeichnet – wie Aaron, das große Vorbild der Hohenpriester (vgl. Ps 106,16).

2. Nach der Entdeckung der *Schriften vom Toten Meer hat man den H. zu der jüd. Glaubensrichtung der *Essener in Beziehung gesetzt, die in diesen Handschriften zur Sprache kommen. Wie im H. findet man in den essenischen Texten die eschatologische Auslegung wichtiger Schriftstellen, z.B. 2Sam 7,12-14; Ps 2,7; Hab 2,3f; Jes 28,16; jedoch waren diese Schriftworte auch schon für Jesus und andere ntl. Autoren bedeutungsvoll. Auch haben die Essener die *Heiligung betont, da sie das Kommen Gottes zum Gericht erwarteten, und zwar als Manifestation seiner alles Unreine verzehrenden und die Welt erschütternden heiligen Majestät; dabei diente – wie in Hebr 12 – die Sinaitheophanie als Vorbild. Schließlich wurde von den Essenern der Stand und der Dienst der Priester hochgeschätzt und ein priesterlicher Messias erwartet, während man den gegenwärtigen Kult in Jerusalem kritisierte und durch einen Gottesdienst des Gebets und des Toragehorsams ersetzte (vgl. dazu Hebr 12,28; 13,10.15f). Aber die Abwertung des Opferkults im Tempel wird im H. vom Selbstopfer Christi her vollzogen; auch fehlt in der christl. Gemeinde die Gliederung in Klerus und Laien. Schließlich spielten bei den Essenern die Engel und die gottesdienstliche Gemeinschaft mit ihnen eine große Rolle. Vor allem wurde der Erzengel Michael als Beschützer der Frommen verehrt; wahrscheinlich ist dieser mit dem Namen »Melchisedek« in dem gleichnamigen Fragment aus der Höhle 11 von Qumran gemeint. H. Kosmala und Y. Yadin haben deshalb vermutet, der H. sei ursprünglich an Essener bzw. zum Christentum übergetretene Essener gerichtet gewesen; er sollte diesen zeigen, daß Christus auch den Dienst eines endzeitlichen Hohenpriesters auf vollkommene Weise versehen habe und auch höher stehe als alle Engel, einschließlich des Engelfürsten Michael. Aber die Funktion des hohenpriesterlichen Messias in Qumran ist vor allem die eines Lehrers, nicht eines Erlösers; andererseits sind dort die Engel nicht wie im H. Boten des göttlichen Worts (2,2; vgl. Apg 7,59; Gal 3,19).

3. Auch eine enge Beziehung zwischen dem Verfasser des H.s und dem jüd. Philosophen und Exegeten *Philo von Alexandria hat man aufweisen wollen (E. Ménégoz; C. Spicq), ja, im ersteren sogar einen ehemaligen Schüler Philos gesehen. Außer bestimmten Begriffen und Wendungen sei vor allem die Unterscheidung zwischen irdischen und himmlischen Gütern und die bleibende Wirklichkeit der letzteren in Philos Werken und dem H. zu finden (vgl. Hebr 11,3 mit Philo: De Conf. Ling. § 172). Beiderseits wird der Glaube betont, ferner hat auch Philo über Melchisedek spekuliert und ihn mit dem göttlichen Logos gleichgesetzt. Aber während Philo platonisch-stoisch denkt und exegesiert und keine eschatologische Ausrichtung der Heilsgeschichte kennt, sieht der Verfasser des H.s im Christusgeschehen die endzeitliche Vollendung der Offenbarung. Und die großen Gestalten des Alten Israel sind für ihn nicht allegorisch zu deutende Repräsentanten von zeitlos gültigen Tugenden wie bei Philo, sondern Träger eines Glaubens, der auf die heilsgeschichtliche Zukunft gerichtet ist. Deshalb besteht ein beträchtlicher Unterschied hinsichtlich der Einschätzung des AT und seiner Auslegung: Nach Philo enthält es die ganze Weisheit Gottes, vorausgesetzt, daß man diese mit Hilfe einer spiritualisierenden Deutung zu entdecken vermag; für den Verfasser des H.s bietet die Bibel Israels das prophetische Zeugnis von der Heilsvollendung durch Christus. Dieses bekundet direkt und indirekt die Vorläufigkeit der Kultordnung des Alten Bundes (4,6-8; 7,11; 8,7).

4. Schließlich gibt es mannigfache Berührungen zwischen dem 1. Brief des Bischofs Clemens von Rom an die Korinther und dem H.

VI. VERFASSERSCHAFT UND ZEIT DER ABFASSUNG.

Clemens von Rom scheint den H. gekannt zu haben, ebenso der etwas spätere Hirt des Hermas. Freilich hat keiner von ihnen den H. ausdrücklich zitiert oder dessen Titel genannt. Dieser wurde jedoch schon von Tertullian bezeugt (De pudicitia 20). Im 3. Jh. wurde der H. in der griech. (alexandrinischen) und der syr. Kirche als kanonisch anerkannt und als ein Brief des Paulus überliefert. Diese Einschätzung kommt auch in der Stellung des Briefs in den uns bekannten ältesten Handschriften zum Ausdruck: Im Codex Vaticanus und im Sinaiticus steht Hebr zwischen 2Thess und 1Tim; im Papyrus 46 (3. Jh.) zwischen Röm und 1Kor. In der latein. Kirche des Westens erfolgte die Anerkennung erst im 4. Jh.; der H. fehlt noch im Canon Muratori und im afrikanischen Kanon (um 360 n.Chr.). Irenäus und Hippolyt sollen die Herkunft von Paulus bestritten haben. Tertullian hielt Barnabas für den Verfasser; auch Lukas und Clemens wurden schon früh dafür in Betracht gezogen. Aber das Urteil, der Brief stamme von Paulus, setzte sich durch und blieb für lange Zeit unangefochten. Es wurde im Konzil von Trient bestätigt (Sessio IV) und von den katholischen Exegeten bis ins 20. Jh. hinein festgehalten, zum Teil allerdings auf das 13. Kapitel eingeschränkt (Vanhoye). Aber schon die alexandrinischen Theologen Pantänus, Clemens und Origenes betonten, Sprache und Stil des H.s seien nicht so schlicht wie bei Paulus (Eus.h.e.VI, 25,11-14). Den Reformatoren galt der H. nicht als paulinisch. Ihnen mißfiel die Bestreitung der zweiten Buße in 6,4-6. Deshalb stellten sie den H. zu den für weniger wichtig gehaltenen Schriften Jak, Jud und Offb. Im 19.Jh. wurde die paulinische Herkunft mit wissenschaftlichen Argumenten bezweifelt. Außer der Verschiedenheit von Sprache und Stil gebe es theologische Unterschiede: An die Stelle der Rechtfertigung trete im H. die Heiligung; auch werde das Gesetz anders bewertet als bei Paulus. Die Hoffnung des Christen sei im H. nicht so sehr auf die Auferstehung der Toten gerichtet als vielmehr auf eine Einbürgerung in der himmlischen Gottesstadt. Der Verfasser des H.s will selbst *kein Apostel* sein; vielleicht war er der ehemalige Leiter der »Hebräer« (13,18f.23). Er hat sein Evangelium nicht unmittelbar von Christus erhalten wie Paulus (Gal 1,12), sondern wurde von denen unterwiesen, die den Herrn gehört haben (2,2-4); er rechnet sich demnach zu den Christen der zweiten Generation. Aus diesem Grunde wird die Herkunft von Paulus heute kaum noch ernstlich behauptet. Freilich erinnert nicht nur die Überschrift »An die Hebräer« an einen paulin. Gemeindebrief, sondern auch das Christuszeugnis dieses Schreibens. Man sucht deshalb auch heute noch den Verfasser *im Kreis der Mitarbeiter des Paulus*, etwa in Apollos (so schon M. Luther, heute: H. Montefiore, C. Spicq), in Lukas (schon von Origenes erwähnt, dann bei H. Grotius u.a.), in Philippus, der den Brief von Cäsarea nach Jerusalem sandte (W. Ramsey). Beachtenswert bleibt noch immer das Urteil des Origenes, ein Schüler des Paulus habe dessen Gedanken mit eigener Formulierung niedergeschrieben; wer das gewesen sei, wisse Gott allein (Eus.h.e.VI, 25,11).

Das große Thema des H.s, nämlich der hohepriesterliche Dienst Christi, findet sich auch im *Johannesevangelium angedeutet (Kap. 17); ferner wird dort – wie in Hebr 13,20 – Jesus als Hirte bezeichnet und die Sendung (Hebr 3,1: Jesus der Gesandte - *apostolos*) des Sohnes vom Vater in vielfältiger Weise ausgeführt.

VII. DIE EMPFÄNGER DES HEBRÄERBRIEFES.

1. Die Überschrift »An die Hebräer« findet sich in allen Handschriften und Übersetzungen; daß sie später hinzugesetzt sei (H. Thyen; E. Gräßer), ist bloße Vermutung. Die Bezeichnung »Hebräer« (*hebraioi*) wurde von Griechen und Römern kaum benutzt, ist aber bei Philo häufig zu finden. Im NT meint sie die hebr. bzw. aram. sprechenden Juden (Phil 3,5) oder auch die *Judenchristen (2Kor 11,22; Apg 6,1; vgl. 9,29). Schon Pantänus, der Lehrer des Clemens von Alexandria, meinte, der H. sei an die Judenchristen Palästinas gerichtet worden (Eus.h.e.VI, 14,2ff). Da aber der Verfasser selbst ein sehr gutes und bisweilen kunstvolles Griechisch schreibt und das AT in der griech. Übersetzung zitiert, müssen die Adressaten griech. sprechende Christen bzw. Juden gewesen sein. Für judenchristl. Empfänger könnte die Warnung sprechen, vom lebendigen Gott abzufallen (3,15), dann das Argument 7,11, oder die Aufforderung 13,13, aus dem Lager hinauszugehen, schließlich das Reden Gottes zu den Vätern (1,1); für *Heidenchristen passen Aussagen wie 3,12; 6,1f; 9,14; 13,4. Hinsichtlich der Überschrift »An die Hebräer« wird auch ein Spiel mit dem hebr. Verbum *ʿabar*, »hinübergehen« erwogen: Die Christen sind Menschen, die in der Welt keine bleibende Stätte haben, sondern zur zukünftigen »hinübergehen«. Durchschlagend ist keines dieser Argumente.

2. Das gilt auch für die Annahme, Essener oder ehemalige Glieder dieser jüd. Religionsgemeinschaft könnten die ursprünglichen Adressaten dieses Briefes gewesen sein. Abgesehen von den oben (V.2.) genannten Einwänden wollten die Essener als ein geistliches Heiligtum selbst das Land entsühnen (1 QS 8,6); die Botschaft vom Sühnetod Jesu hätte auf sie wohl kaum großen Eindruck gemacht.

3. Was den Bestimmungsort des H.s betrifft, hatte man besonders an Rom und z.T. an Jerusalem gedacht; auch Korinth wurde erwogen. In Rom gab es im 1.Jh.n.Chr. viele Juden, aber auch Christen, die sowohl jüd. als auch heidnischer Herkunft waren. Und wie Paulus im Römerbrief Themen erörterte, die gerade den atl.-jüd. Hintergrund des christl. Glaubens betrafen, so tut das ähnlich der H. Zur Adresse »Rom« würden auch die 13,24 erwähnten Grüße »derer von Italien« passen; diese könnten aus Rom vertriebene Judenchristen gewesen sein (J. Wettstein; F.F. Bruce, J.A.T. Robinson). Für Jerusalem als Bestimmungsort wird die Diakonie für die Heiligen (12,10) geltend gemacht sowie die Tatsache, daß die Jerusalemer Christen sich am Tempelkult beteiligten. Weniger überzeugend ist der Hinweis auf 12,22: »Ihr seid zum Berg Zion gekommen, zur Stadt des lebendigen Gottes«; denn dort ist das himmlische Jerusalem gemeint.

4. Die Zeit der Abfassung wird durch den 1. Clemensbrief (90-100 n.Chr.) begrenzt. Für eine Zeit vor 70 n.Chr. scheint zu sprechen, daß der Verfasser den Tempel in Jerusalem und den Opferkult als noch bestehend voraussetzt. Aber die Ausführungen über die jüd. Opfer und die Einrichtung des Heiligtums sind nicht im Blick auf den Jerusalemer Tempel, sondern nach der Beschreibung der Stiftshütte (2Mo 25-27) gemacht; denn diese ist das Abbild des himmlischen Heiligtums (2Mo 25,9), auf das es dem Verfasser eigentlich ankommt. Eine frühe Datierung läßt sich dennoch gut begründen (A. Strobel; J.A.T. Robinson; W. Manson): Eine Kritik an dem in der Tora befohlenen Opferkult sei sinnlos, wenn dieser nicht mehr existiere. Ferner passe die Aussage 12,4: »Noch habt ihr nicht bis aufs Blut widerstanden im Kampf gegen die Sünde« gut zur Zeit unmittelbar vor der Neronischen Verfolgung (vgl. aber 10,32).

Literatur: H. Feld: Der Hebräerbrief. EdF 228, 1985 (gute Übersicht über den Stand der Forschung). *Kommentare:* M. Luther: Vorlesung über den Hebräerbrief 1517 (WA 57); J. Calvin: In Epistolam ad Hebraeos, Genf 1549 (Corp. Ref 83); A. Schlatter: Erläuterungen zum Neuen Testament III, 1910, S. 183-338; H. Windisch: Der Hebräerbrief (HNT 14), 1913, ²1931; O. Michel: Der Brief an die Hebräer, ¹²1966; C. Spicq: L' Epitre aux Hebreux, 1952-53; F.F. Bruce: The Epistle to the Hebrews, 1969; W. Barclay: Der Brief an die Hebräer, 1970; A. Strobel: Der Brief an die Hebräer, NTD 9, 1984. *Monographien und Aufsätze:* E. Käsemann: Das wandernde Gottesvolk, 1939, ⁴1961; E. Grässer: Der Glaube im Hebräerbrief, 1965; O. Hofius: Katapausis, 1970; ders.: Der Vorhang vor dem Thron Gottes, 1972; O. Betz: Firmness in Faith (Hebr 11:1 and Isa 28:16), in: FS A.T. Hanson, 1986.

O. B.

HEBRÄISCH. Bezeichnung für die Umgangs- und Schriftsprache des israelit. Volkes; auf H. ist – mit Ausnahme weniger aram. Teile – das AT verfaßt (2Kön 18,26.28; Jes 36,11.13; 2Chr 32,18).

Von den semitischen Sprachen, die in engem Zusammenhang mit dem H. stehen, sind uns heute das Ugaritische der Texte von Ras Schamra an der nordsyr. Küste, das Phönizische, Reste des Kanaanäischen und das Moabitische der Mescha-Inschrift bekannt. Sie bilden zusammen eine Gruppe des Nordwestsemitischen, zu dem weiterhin das Aram. gehört.

Zur Entstehung des H. vermutet man, daß es Abraham entweder schon in Kanaan angetroffen und übernommen habe, oder daß es aus der Verschmelzung seines aram. Dialektes mit dem Kanaan. erwachsen sei. Jedenfalls dürfen wir es als die Sprache Jakobs und seiner Familie bei ihrer Übersiedlung nach Ägypten betrachten. Vgl. auch 1Mo 31,47, wo Laban den Steinhaufen aram. benennt, dem Jakob den entsprechenden hebr. Namen gibt.

Eine Verwendung des H. auch in der Schrift ist von Anfang an wahrscheinlich. Das aus dem Phön. entwickelte Alphabet besteht aus 22 Konsonantenzeichen; die in unseren heutigen Texten vorhandenen Vokalpunkte sind erst von jüd. Gelehrten, den Masoreten, zwischen 600 und 800 n.Chr. der überlieferten Lesung entsprechend hinzugesetzt worden. Neben dem AT besitzen wir noch eine Reihe anderer Schriftdenkmäler: die umfangreichsten und wichtigsten sind der Kalender von *Geser um 900 v.Chr., die Ostraka (beschriebene Tonscherben s. *Papyri und Ostraka) von Samaria aus dem 8. Jh.v.Chr., die Inschrift im Siloahtunnel aus der Zeit Hiskias (um 700 v.Chr.), die *Lachisch-Briefe aus den letzten Jahren vor der Zerstörung Jerusalems (586 v.Chr.) und die Handschriften vom Toten Meer (s. *Schriftenfunde vom Toten Meer).

Wenn das H. als Schriftsprache auch bis in diese Zeit als einheitlich erscheint, so ist doch in der lebendigen Entwicklung der Umgangssprache mit manchen Dialektunterschieden zwischen den einzelnen Stämmen zu rechnen. Ein Beispiel dafür ist in Ri 12,6 (Schibbolet: Sibboleth) erhalten. Während und nach der babylon. Gefangenschaft unterlag das H. immer stärker dem Einfluß des Aram. Dies entwickelte sich allmählich zur internationalen Verkehrssprache (wie es im 2. Jt.v.Chr. das Akkadische gewesen war). Im AT sind neben einzelnen Worten an anderen Stellen vor allem Teile der Bücher *Daniel und *Esra aram. geschrieben. Das H. lebte später nur noch als gottesdienstliche und Gelehrtensprache weiter.

Z.Zt. Jesu und der Apostel war das Aram. die Umgangssprache in Palästina. Sie ist auch immer gemeint, wo im NT von H., hebr. Sprache oder hebr. Namen die Rede ist (Lk 23,38; Joh 5,2; 19,13.17.20; Apg 21,40; 22,2; 26,14; Offb 9,11; 16,16). Wo Reden wörtlich wiedergegeben sind – wie Mk 5,41; 7,34; Joh 20,16 - handelt es sich um aram. Worte. Apg 6,1 unterscheidet zwischen aram. und griech. sprechenden Judenchristen.

Seit Ende des 19./Anfang des 28. Jh. ist mit der Bewegung des Zionismus aus dem alten H. wieder eine moderne Umgangs- und Schriftsprache geworden, die heute die offizielle Landes- und Amtssprache des Staates Israel darstellt.

HEBRON. (Hebr. *chebrōn*, »Bündnis«; der ältere Name der Stadt lautet Kirjat-Arba, »Tetrapolis«). Die höchstgelegene Stadt Palästinas, 927 m über dem Meeresspiegel des Mittelmeers, 30 km südsüdwestl. von Jerusalem. Die Feststellung, daß sie »sieben Jahre vor Zoan in Ägypten gebaut wurde« (4Mo 13,22), bringt ihre Gründung mit der »Ära von Tanis« (ca. 1720 v.Chr.) in Verbindung. Abraham lebte eine beträchtliche Zeitlang in ihrer Nähe (*Mamre); in seiner Zeit zählte die dort wohnhafte Bevölkerung (»das Volk des Landes«) zu den Nachkommen Hets (*Hetiter), von denen

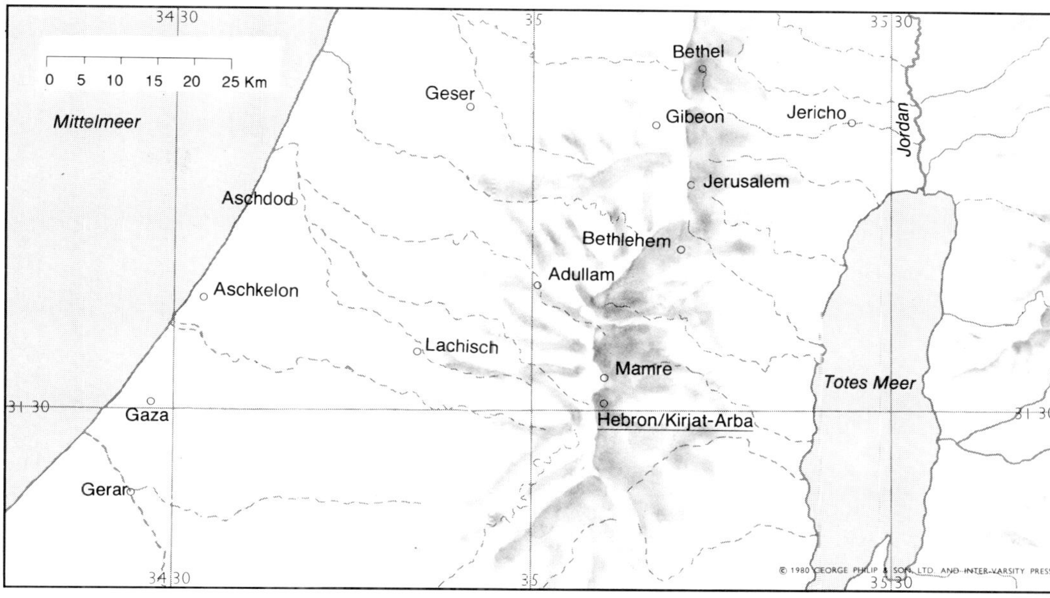

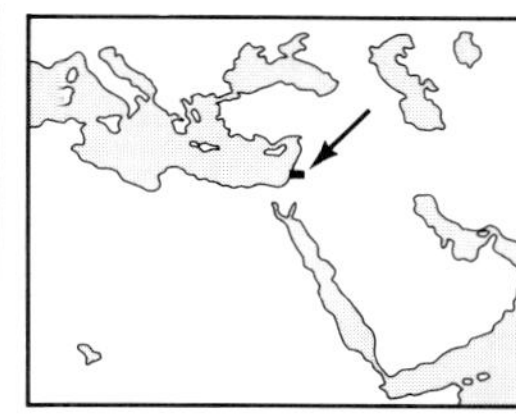

Hebron, der Ort, an dem Abraham begraben wurde.

Abraham das Feld von *Machpela mit der darauf befindlichen Höhle als Familiengrab (1Mo 23) erwarb. Dort wurden er und *Sara, *Isaak und *Rebekka sowie *Jakob und *Lea begraben (1Mo 49,31; 50,13). Nach Josephus (ant.Jud. 2.199; 3.305) wurden auch die Söhne Jakobs mit Ausnahme von Josef dort begraben. Die traditionelle Grabstätte des Patriarchen liegt innerhalb des großen *Charam el-Halīl,* des »Grundstücks des Freundes« (d.i. Abraham; vgl. Jes 41,8) mit seinem herodianischen Mauerwerk. Während der Wüstenwanderung der Israeliten erforschten die zwölf Kundschafter, die ausgesandt wurden, um über das Land Kanaan zu berichten, die Gegend von H. Zu jener Zeit war sie von »Anaks Söhnen« bevölkert (4Mo 13,22.28.33). Nach Israels Einzug in Kanaan schloß sich Hoham, der König von H., der Koalition gegen *Gibeon an, die von Adoni-Zedek, dem König von Jerusalem, angeführt wurde. Josua tötete Hoham (Jos 10,1-27). H. selbst und das umliegende Gebiet wurde durch Kaleb von den Anakitern erobert und ihm als Familienbesitz geschenkt (Jos 14,12ff; 15,13f; Ri 1,10.20). In H. wurde David zum König von Juda (2Sam 2,4) und zwei Jahre später auch zum König von Israel (2Sam 5,3) gesalbt. Es war siebeneinhalb Jahre lang seine Hauptstadt. Später rief Absalom in dieser Stadt zum Aufstand gegen seinen Vater (2Sam 15,7ff). *Rehabeam befestigte H. (2Chr 11,10). Der Name der Stadt erscheint auf königlichen Krughenkeln, die in *Lachisch und

Ein Krughenkel aus dem 7. Jh.v.Chr., mit einem amtlichen Stempel versehen, der die hebräischen Wörter »königlich« und »Hebron« (lmlk, hbrn) *enthält.* (BM)

anderen Orten gefunden wurden. Dies weist auf ihre Bedeutung als ein Verwaltungszentrum in Judäa während der Herrschaft Hiskias hin. Nach Ende der babylon. Gefangenschaft war H. einer der Orte, an dem Zurückkehrende sich niederließen (Neh 11,25; Kirjat-Arba = Hebron). Später wurde H. von Idumäern bewohnt, aus deren Hand Judas Makkabäus die Stadt eroberte (1Makk 5,65). Während des Krieges von 66-70 n.Chr. wurde H. durch Simon bar-Giora besetzt, dann aber von den Römern erstürmt und niedergebrannt (Jos.bell. Jud. 4.529,554). Unter dem Namen *el-Halīl* zählt H. zu den vier heiligen Städten der Moslems.

Literatur: D. Baly: Geographisches Handbuch zur Bibel, 1973; OLB 2, S. 670-696.

F.F.B.

HEER. Anders als ihre ägypt. und mesopotamischen Nachbarn hatten die Könige von Israel und Juda offenbar kein Interesse daran, ihre militärischen Heldentaten auf Reliefs und Bildern verewigen zu lassen. Unsere Beschreibung des israelit. Militärwesens hängt deshalb weitgehend von den Berichten über Feldzüge und den sonstigen Hinweisen ab, die im AT zu finden sind.

1. Zusammensetzung. Wie man an der Geschichte von Debora und Barak sehen kann, begann die israelit. Armee als Stammesmiliz, die nur in Krisenzeiten zusammengerufen und von einem Mann mit charismatischen Eigenschaften angeführt wurde. Die organisatorische Grundlage bildete der Stammesverband, der – jedenfalls theoretisch – ein 1000 Mann starkes Kontingent stellte (1Sam 10,19). Einige Stämme erlangten wegen ihrer Fertigkeit im Umgang mit bestimmten Waffen eine besondere Berühmtheit (z.B. Ri 20,16; vgl. 1Chr 12,2). Durch Saul bekam Israel den Grundstock eines stehenden Heeres, das zu Anfang nicht mehr als 3000 Soldaten umfaßte (1Sam 13,2). Wie schon die Einführung des Königtums so erklärt sich auch die Schaffung dieser regulären Streitmacht aus der ständigen Bedrohung durch die Philister. Duelle zwischen Einzelkämpfern als Möglichkeit, übermäßiges Blutvergießen zu vermeiden, scheinen den Philistern vertrauter gewesen zu sein als den Israeliten (1Sam 17). Es wird aber auch von einem stellvertretenden Wettstreit zweier Gruppen von *ne 'arim* (wörtl. »junge Männer«, gelegentlich auch Fachbegriff für »ausgewählte Truppen«) der Armeen Davids und Isch-Boschets (2Sam 2,12-17) berichtet. Davids Heer umfaßte sowohl reguläre Kontingente (2Sam 15,18) wie Milizkräfte. In 2Sam 23,8ff werden die befehlshabenden Offiziere in Davids Armee aufgeführt: »die Drei« und »die Dreißig«. Dies waren hauptsächlich Männer, die sich schon bewährt hatten, als David noch Anführer einer Gruppe von Freibeutern war und sich vor Saul versteckt halten mußte. Bestandteil der regulären Kontingente waren auch ägäische Söldner (Kreter und Pleter), die als königliche Leibwache fungierten (2Sam 15, 18-22; wo auch Philister aus Gat erwähnt werden). Die Miliz war in zwölf Bataillone (LÜ: »Ordnungen«) aufgeteilt, von denen jedes je einen Monat lang Dienst tat (1Chr 27, 1-15). Sollte David eine Streitwagenabteilung besessen haben, dann kann sie jedenfalls nur klein gewesen sein (vgl. 2Sam 8,3f); erst zu Salomos Zeit nahmen Streitwagen die ihnen entsprechende Stellung ein (1Kön 5,6; 10,26). Es gibt keine Belege dafür, daß Israel jemals eine nennenswerte Kavallerie besaß. Das Nordreich übernahm nach der Reichsteilung den Großteil der Streitwagen, aber schon gegen Ende des 9. Jh.v.Chr. hatten syr. Raubzüge diesen Vorteil wieder

zunichte gemacht (2Kön 13,7). (*Hauptmann)

2. Lager. Das Lager (hebr. *machanäh*) hatte vermutlich die Form eines Kreises oder Vierecks (vgl. 4Mo 2). Der König und seine kommandierenden Generäle befanden sich in jedem Fall in der Lagermitte (1Sam 26,5). Daß die Soldaten in Zelten schliefen (hebr. *sukkot*, wörtl. »Laubhütte«; vgl. 2Sam 11,11; 1Kön 20,12.16), wird von Yadin (S. 274-275, 304-310) bestritten; er liest vielmehr Sukko, d.h. einen Ortsnamen. Während eines Gefechts wurde der Troß im Lager von einer Abteilung Soldaten bewacht (1Sam 25,13). Auch Zivilisten durften das Lager betreten, um Nahrung zu bringen und Neuigkeiten auszutauschen (1Sam 17,17-30).

3. Das römische Heer. Die Hauptabteilung des röm. Heeres war die *Legion, die theoretisch aus 6000 Soldaten bestand, tatsächlich aber nur zwischen 4000 und 6000 Mann stark war. Eine Legion gliederte sich in zehn Kohorten auf und jede Kohorte in sechs Zenturien. Jeder Zenturio befehligte zwischen 70 und 100 Mann. Es gab auch Reserve-Kohorten und kleine Kavallerieeinheiten, alae genannt, die hauptsächlich aus Provinzbewohnern, jedoch nicht aus Juden, bestanden (Jos.ant.Jud. 14.204). Die Anwesenheit einer »Italischen Abteilung« (Apg 10,1) in Syrien ca 69 n.Chr. ist durch Inschriften belegt; es handelte sich dabei um eine Reserve-Kohorte, die aus röm. *Freigelassenen bestand.

4. Engelheere. Die ursprüngliche Bedeutung des atl. Ausdrucks »Herr der Heerscharen« (Jahwe *zeba 'ot*) ist ungewiß; er kann sich auf Gottes Souveränität über die Heere Israels beziehen (1Sam 17,45) oder auf Engelheere unter seinem Befehl (Jos 5, 13-15; 1Kön 22,19; 2Kön 6,17). Im AT herrscht die zweite Bedeutung vor. Im letzten Kampf zwischen Gut und Böse erscheint Christus als Anführer des himmlischen Heeres (Offb 19,14), das die Heere des Tiers und der Könige auf Erden besiegt (Offb 19,19).

Literatur: Y. Yadin: The Art of Warfare in Biblical Lands, 1963; R. de Vaux: Das Alte Testament und seine Lebensordnungen, Bd. I, [2] 1966; K. Elliger: Die dreißig Helden Davids, in: Kleine Schriften zum Alten Testament, 1966, S. 72–118. R.P.G.

Das Lager der 10. römischen Legion, die unter Flavius Silva 72–73 n.Chr. Masada belagerte. (RP)

Das Zelt des assyrischen Königs im Feldlager. Dem König wird ein Getränk angeboten, während ihm ein Bett bereitet wird. In einem benachbarten Zelt zerlegt ein Metzger ein geschlachtetes Tier. (SMB) (AMM)

HEERSCHAREN, HERR DER

s. Namen Gottes

HEFER.

1. Sohn des *Gilead aus dem Stamm *Manasse; seine Nachkommen wurden Heferiter genannt (4Mo 26,32; 27,1).

2. Sohn Aschhurs, des Vaters von Tekoa aus dem Stamme Juda (1Chr 4,5f).

3. Ein Mecheratiter, einer der Helden Davids (1Chr 11,36).

4. »Wasserloch«. Kanaan. Königsstadt (Jos 12,17); sie gehörte zum 3. Verwaltungsbezirk Salomos (1Kön 4,10). Man sucht den Ort in Ibsar am Wadi el-Hawarit in der Saronebene oder in Tulkarm südl. von Socho.

HEIDEN. (Hebr. *gōjīm*, griech *ethnē*).

1. Beide Worte bezeichnen allg. Nationen oder Völker, haben in der Bibel aber auch die spezielle Bedeutung von Menschen, die Götzendienst treiben (2Kön 16,3; Hes 23,30), Unreinheit verkörpern (Esr 6,21) und Feinde des wahren Gottes und seines Volkes sind (Ps 79,1.10; Jer 10,25; Klgl 1,3.10; Hes 34,29; 36,7.15). Das deutsche Wort H. bedeutet ursprünglich wohl »Bewohner der Heide«, da das Christentum auf dem Lande wesentlich später und schwerer Eingang fand als in den Städten.

2. Mit der Berufung *Abrahams setzt Gott einen deutlichen Unterschied zwischen seinem auserwählten Volk und den Völkern der H. (1Mo 12,1-3). Israel ist das Volk seiner Offenbarung und Gegenwart (4Mo 14,14), das sich seiner Besonderheit gegenüber den H. stets bewußt bleiben soll (3Mo 18,24-28; 20,23; 4Mo 23,9; Hes 5,7.11; 20,32; vgl. Mt 6,7.32), das aber für alle Völker zum Segen werden wird, wenn aus ihm der *Messias kommt, dem am Ende der Zeiten auch alle Heiden dienen werden (Ps 72,11; Jes 2,2-4; 25,6-8; Sach 14,16-19).

3. Andererseits kennt das AT auch schon vorher die Offenheit einzelner H. für Gott und sein Wirken an ihnen und durch sie, z.B. bei *Jitro, dem Ratgeber und Schwiegervater Moses (2Mo 18), bei *Rut, die wie *Rahab in die Ahnenreihe Jesu aufgenommen ist (Mt 1,5), der Witwe von Zarpat (1Kön 17), *Naaman, der durch *Elisa geheilt und bekehrt wurde (2Kön 5), den Niniviten, die sich auf die Predigt des Jona hin bekehrten (Jona 3,5ff), *Kyrus, dem Gesalbten des Herrn (Jes 45,1), und anderen. Das AT berichtet nicht nur von der Verstockung Pharaos, dem Wüten *Sanheribs und dem Trotz *Nebukadnezars, sondern bereitet auch auf das Pfingstfest, auf die Ausgießung des heiligen Geistes über alles Fleisch vor (Joel 3; Apg 2).

4. Im NT wird anfänglich die Kluft zwischen Juden und H. noch nicht überbrückt. Jesus weiß sich zunächst nur zum Volk Israel gesandt (Mt 15,24) und verbietet auch seinen Jüngern, zu den H. zu gehen (Mt 10,5). Nur einzelne H. erkennen den Herrn im Glauben (Mt 8,10) und durchbrechen die Grenze (Mt 15,21-28). Nach der *Auferstehung Jesu wird das anders. Der Herr, dem alle Macht im Himmel und auf Erden gegeben ist, sendet seine *Jünger nun bis ans Ende der Welt (Mt 28,18ff; Eph 2,11-22). Petrus bekommt in einer göttlichen Offenbarung den Auftrag, zu dem heidnischen Hauptmann Kornelius nach Cäsarea zu gehen. Während seiner Verkündigung empfangen die H. den heiligen Geist, wie ihn vorher die *Judenchristen empfangen hatten (Apg 10-11). Von da an wächst die heidenchristl. Gemeinde, vor allem durch die Arbeit des Heidenapostels *Paulus (Apg 9,15; 22,21; 26,17.18; Gal 2,7), wenn auch die Einheit von Juden- und *Heidenchristen nicht ohne Schwierigkeiten bewahrt werden kann (*Apostelkonzil). Als die »eingepfropften wilden Öltriebe« bringen die H. nun gute Frucht, bis einst ihre Vollzahl in die Gemeinde Gottes eingegangen sein wird, die geistliche Blindheit von Israel weicht und dieses Volk endlich zur Erkenntnis seines *Messias kommt (Röm 11,16-27; 2Kor 3,14-16). Dann wird eine Herde und ein Hirte sein (Joh 10,16).

HEIDENCHRISTEN.

1. Die **Heidenmission** bedeutete eine entscheidende Wende in der Geschichte des Urchristentums. Jesus selbst hatte zwar seinem Volke Israel gedient (Röm 15,8; Mt 15,24), dabei jedoch auch das Heil der Völker bedacht, an ihn glaubende Heiden angenommen (Mt 8,5-13; 15,21-28) und durch die Hingabe seines Lebens »den Vielen« (=allen) die Rettung angeboten (Mk 10,45; vgl. Joh 3,16). Der universale Missionsbefehl (Mt 28, 16-20; Apg 1,8) stellt somit die sachgemäße Folgerung aus dem Kreuz und der Erhöhung Jesu dar.

2. **Paulus** erhielt schon bei seiner Berufung die Gewißheit, der erhöhte Herr habe ihn mit der Verkündigung des Evangeliums unter den Völkern beauftragt, ihn zum Apostel der Heiden gemacht (Gal 1,16; Apg 26,17f); in einer Abmachung mit Petrus wurde ihm die Aufgabe, die Missionierung der »Unbeschnittenen« zu übernehmen, offiziell zuerkannt (Gal 2,8). Auch die für den Glauben an Christus gewonnenen Heiden pflegte der Apostel weiterhin als »Völker« (LÜ: »Heiden«-griech. *ethnē*, Röm 11,13; 15,9) bzw. als »Griechen« (*hellēnes*, Röm 10,12) zu bezeichnen. Diese wurden durch den Sühnetod des Christus an das Gottesvolk angeschlossen (Eph 2,16-18; Röm 15,10-12 nach 5Mo 32,43, vgl. Jes 11,1.10) bzw. in den Ölbaum Israel eingepflanzt (Röm 11,13-24). Denn trotz seines gegenwärtigen Ungehorsams gegenüber dem Christusglauben bleibt Israel das Volk Gottes, und zwar wegen der unkündbaren Gnadengaben und der Berufung Gottes (Röm 11,29-31; vgl. Jes 55,3); es wird nicht verstoßen werden (Röm 11,2) und die ihm gegebenen heilsgeschichtlichen Vorzüge (Röm 3,1-3; 9,4f) nicht verlieren. Aber auch die Heidenchristen werden zu Erben der Zusagen Gottes an Israel und damit zu Kindern Gottes und zu seinem Volk (1Petr 2,9). Denn die dem Abraham gegebene Verheißung für die Völker (1Mo 12,1-3; 17,5f) wird durch den Sühnetod des Christus und das Angebot der Rechtfertigung allein durch den Glauben eingelöst, so daß den Heiden das Heil auch ohne die Bedingungen der Beschneidung und des Gesetzesgehorsams geschenkt werden kann. Das hatte Gott dadurch angezeigt, daß er Abraham aufgrund seines Glaubens für gerecht erklärte (1Mo 15,6), obwohl Abraham damals nicht beschnitten und gleichsam noch Heide war (vgl. 1Mo 17). Abrahams Weg zum Heil deutet demnach auf eine mögliche **Umkehrung** der erwarteten **heilsgeschichtlichen Abfolge: Juden-Heiden** (vgl. Röm 11,25). Deshalb wies Paulus die Ansicht pharisäisch beeinflußter Kreise in Jerusalem, die Beschneidung sei auch für die Heidenchristen heilsnotwendig (Apg 15,1.5), energisch zurück (Gal 2,4-6), zumal solch ein Verlangen das Vertrauen in die eschatologische Wirkung und Alleingenügsamkeit des Kreuzes erschüttern mußte.

3. Eine Regelung der **Tischgemeinschaft** zwischen den an das Gesetz gebundenen *Judenchristen und den gesetzesfreien Heidenchristen, die für gemischte Gemeinden wie *Antiochia lebensnotwendig war, wurde durch das sog. »Aposteldekret« (Apg 15,20.29) ermöglicht; den Heidenchristen wurden ethische und rituelle Minimalforderungen im Sinne der noachitischen Gebote auferlegt. Wie schwer es zunächst für die Jerusalemer Urgemeinde war, die schützende und auch isolierende Mauer der Gebote für rituelle Reinheit zu durchbrechen (vgl. Eph 2,14) und auch Heiden für die Kirche Christi zu gewinnen, zeigt die Bekehrung des äthiopischen Hofbeamten (Apg 8,26-40) und die des Hauptmanns Kornelius (Apg 10,47f); denn erst die Kraft des heiligen Geistes gab dazu den Anstoß. In größerem Stil wurde die Heidenmission nicht etwa von den Aposteln in Jerusalem, sondern von den »*Hellenisten« und von Paulus betrieben, wobei die Gemeinde in Antiochia und später die in *Thessalonich, *Korinth und *Ephesus Hilfe bot. Dennoch wurde Jerusalem als Mutterkirche und Stätte der Jesusgeschichte und -tradition auch von den Heidenchristen anerkannt, was in der Kollekte des Paulus einen sichtbaren Ausdruck fand (2Kor 8f).

Literatur: J. Jeremias: Jesu Verheißung für die Völker, 1959; L. Goppelt: Christentum und Judentum, 1954; W.L. Knox: St. Paul and the Church of the Gentiles, 1939.

O.B.

HEILIG.

I. BEGRIFF UND BEDEUTUNG.
Im alten Israel hat man das Wesen der Heiligkeit Gottes und des Heiligen besonders stark empfunden und klar zum Ausdruck gebracht; das geschah auch im frühen Judentum und wurde von den an Christus Glaubenden auf etwas andere Weise bezeugt. Zum Begriff »heilig« (hebr. *qādōsch*, griech. *hagios*) gehören das Verbum »heiligen« (hebr. *qādasch*; griech. *hagiazein*) und das Nomen »*Heiligung« (hebr. *qiddusch*; griech. *hagiasmos*). Verwandt sind die Adjektive »(kultisch) rein« (hebr. *thāhōr*; griech. *hagnos*) und »fromm« (hebr. *chāsīd*; griech. *hosios*) sowie »heilig« (griech. *hieros*) und »ehrwürdig« (*semnos*); das Gegenteil von hebr. *qādosch* ist *chōl*, »profan«. »Heilig« ist Gott selbst und das ihm Zugehörende und Gemäße, das vom profanen, alltäglichen Bereich Abgesonderte und Abgeschiedene (das hebr. Wort *qādōsch* ist viel-

HEIL
s. Erlösung

HEILAND
s. Hoheitstitel Jesu

HEILEN
s. Krankheit; Krankenheilung

leicht von *qādad,* »abschneiden« herzuleiten). »Heilig« ist demnach ein Verhältnisbegriff: Der Mensch erfährt das Wesen des Heiligen bei einer Begegnung mit dem sich sichtbar und hörbar offenbarenden, ihn anrufenden oder berufenden Gott; dabei wird er sich seiner Unwürdigkeit, seiner Sünde und Schuld bewußt. Heilige Orte und Dinge sehen meist wie die profanen aus. Aber ihre Beziehung zu Gott macht sie heilig, und dadurch wird auch ihr Verhältnis zu den Geschöpfen verändert: sie sind deren Verfügungsgewalt entzogen und verlangen von ihnen eine ehrfürchtige, distanzierte Haltung.

II. GOTT UND DIE OFFENBARUNG SEINER HEILIGKEIT.

1. Heilig ist Gott in seinem unbegreiflichen Anderssein: »Ich bin Gott und nicht ein Mensch und bin der Heilige unter dir« (Hos 11,9). Seine Heiligkeit wird vom Menschen als numinose, Schaudern und Furcht erregende, lebensbedrohende Macht erfahren, die aber auch fasziniert und provoziert (R. Otto). So zeigt der von Mose geschaute brennende – aber nicht verbrennende – Dornbusch einen heiligen Ort und die Gegenwart Gottes an, und zwar auf eine Weise, die Staunen und Neugier hervorruft und zugleich ehrfürchtige Scheu gebietet (2Mo 3,2-6). Der Berg Sinai wird während der Gegenwart Gottes durch eine Grenze geschützt (2Mo 19,12). Ferner soll Mose das Volk »heiligen«. d.h. es vor dem Kommen Gottes in den Zustand ritueller Reinheit versetzen (V. 10f). Der heilige Gott ist deshalb so bedrohlich, weil alles Unheilige, d.h. Unreine und Sündige, vor ihm nicht bestehen kann (Jos 24,19f; 1Sam 6,20) und wie von Feuersglut verzehrt wird (Jes 6,3-5; 2Mo 19,10-15.21; 20,18). Weil Gott heilig ist, erscheint er dem unreinen Menschen als furchtbar (Ps 99,3 RevEB): wer ihm zu nahe tritt, büßt mit dem Verlust seines Lebens (1Sam 6,19f; 2Mo 33,20). Die Heiligkeit Gottes wirkt somit verzehrend wie der Lichtglanz seiner Herrlichkeit (Jes 10,16f); Gottes Erscheinen wird durch Donner und Blitze (2Mo 19,16-19) und durch Erdbeben angekündigt (2Mo 20,18; vgl. Hebr. 12,18–29). Furcht und Vertrauen (Jes 29,23; Ps 130,4), Sich-Niederwerfen (Sir 50,19), Anbetung (Jes 6,3) und Lobpreis sind sachgemäße Verhaltensweisen gegenüber dem heiligen Gott. Dieser tritt eifernd für seine Einzigkeit ein; der Abfall zu anderen Göttern wird schwer bestraft (Jos 24, 19f).

2. Die Heiligkeit Gottes wird aber nicht nur als Lichtglanz und überwältigende Majestät erfahren (Jes 64,1f; Hes 20,40), sondern hat auch sittliche Qualität, geht mit Gerechtigkeit einher (Jes 5,16). Sie manifestiert sich deshalb auch im Gericht an den Unterdrückern (2Mo 15,11f; Hes 28,22; 38,16). Für das unterdrückte Israel bedeutet dies Heil und Rettung (3Mo 11,45; Ps 89,35f): der »Heilige Israels« ist der Erlöser (Jes 41,14; 43,3.14). Dieser doppelte Aspekt von Heiligkeit – a. als überirdischer Herrlichkeit und b. als Gerechtigkeit – bedeutet, daß der Mensch vor Gott seine Schuld sowohl als rituelle Unreinheit wie auch als sittliches Versagen erfährt.

III. ISRAEL ALS HEILIGES VOLK.

1. Gott offenbart seine Heiligkeit auch dadurch, daß er sich Israel als Eigentum und heiliges Volk erwählt (2Mo 19,5f; 3Mo 11,45; 5Mo 28,9f). Er ist deshalb der »Heilige Israels« (oft bei Jesaja; Hes 39,7: »Der Heilige in Israel«); er heiligt Israel kraft seiner Heiligkeit (2Mo 31,13; 3Mo 21,8). Weil Gott heilig ist, soll auch Israel heilig sein, d.h. seiner Berufung würdig leben; Sein und Sollen sind eng miteinander verbunden (3Mo 11,44; 19,2). Heiligkeit erfordert rituelle Reinheit (3Mo 11,43f), aber auch sittliche Vollkommenheit (3Mo 18-20). Als ideale Entsprechung zum heiligen Gott müßte Israel ein königliches Priestertum sein (2Mo 19,6); streng genommen ist es aber nicht fähig, dem heiligen Gott zu dienen (Jos 24,19f). Deshalb bedarf es eines »Heiligkeitsgesetzes« (3Mo 17-26), das ähnlich wie das Priestergesetz (in 2Mo-4Mo) und das deuteronomische Gesetz (5Mo 12-26) sowohl der Bewahrung der Heiligkeit dienen als auch zu ihrer Wiederherstellung, d.h. zur Tilgung von Makeln und zur Sühnung von Sünden anleiten soll. Der Zustand der Heiligkeit wird durch unreine Dinge gefährdet, z.B. durch unreine Speisen, entstellende Krankheit, sexuelle Unreinheit, Geburt und Tod. Zur Tilgung von Makeln und Sündenschuld sind Waschungen bzw. Opfer notwendig (3Mo 12-15 sowie die Kap. 6f.16).

2. Das Kultpersonal, vor allem die Priester und der Hohepriester, sollen besonders heilig und auch frei von körperlichen Mängeln sein (3Mo 21; vgl. Ps 106,16: Aaron ist der Heilige Gottes). Das Gleiche gilt von Menschen, die sich für eine bestimmte Zeit Gott weihen, so etwa die *Nasiräer (4Mo 6,2-12) oder die berufenen Gottesmänner, in denen der Geist auf ungewöhnliche Weise zugegen ist (2Kön 4,9; vgl. 1Kön 17,24).

3. Bestimmte Orte werden durch Gottes Wahl und Gegenwart geheiligt, so der Berg Sinai-Horeb (2Mo 3,5 zitiert in Apg 7,33; 2Mo 19,10-15.21). Gott wohnt in einem heiligen Tempel (Mi 1,2); nach 2Mo 15,17 wird er von Gottes Händen erbaut. Wie die Stiftshütte so trägt der Tempel den Namen »Heiligtum« (*qōdäsch* 2Mo 28,43; 1Kön 8,8). Im engeren Sinne wohnt Gott im Allerheiligsten (*qōdäsch* in 3Mo 16,2f; häufiger: *qōdäsch qōdaschīm,* vgl. 2Mo 26,33f). Auch der von Menschen nach Gottes Weisung erbaute Tempel ist heilig (Ps 65,5; 79,1). In ihm werden Gott Opfergaben dargebracht, die als »Heilige Dinge« (*qōdaschīm*) bezeichnet werden (3Mo 22,10-16).

4. Schließlich gibt es auch heilige Zeiten. Was Gott als erstes »heiligte«, war der siebente Tag, der *Sabbat: Gott segnete ihn und zeichnete ihn als geheiligt und ihm gehörend dadurch aus, daß er an ihm ruhte (1Mo 2,3; vgl. 3Mo 23,3). Deshalb soll der Sabbat auch für Israel heilig sein (2Mo 31,14), ebenso die großen *Feste, bei denen jeweils am ersten und am siebten Tag wie an jedem Sabbat eine »heilige Festversammlung« stattfinden soll (2Mo 12,16; 3Mo 23,2ff).

IV. HEILIGUNG IM FRÜHEN JUDENTUM.

1. Im Judentum spricht man von Gott als dem »Heiligen, gepriesen sei er«. Die Qumrangemeinde hat das Kommen Gottes zu Heil und Gericht erwartet und deshalb ein heiliges, rituell reines und ethisch vollkommenes Leben angestrebt, und zwar nach dem Modell der Existenz des Volkes Israel am Berg Sinai. Im rabbinischen Schrifttum erscheinen neue Nomina wie *qeduschschāh* und vor allem *qiddusch,* »Heiligung«. Sie bezeichnen den Akt, mit dem der Mensch die Heiligkeit Gottes existentiell anerkennt und vor der Welt bezeugt. Wichtig ist die Heiligung des (Gottes-) Namens (*qiddusch ha-schēm*). Durch sie weiht man sich Gott, rühmt ihn als seinen Herren, und im Konfliktfall opfert man sogar das eigene Leben für Gottes Ehre; das Martyrium ist höchster Ausdruck der Heiligung seines Namens. Ferner wird der rechtliche Vollzug einer Verlobung als »Heiligung« bezeichnet; darüber wird im Mischnatraktat Qidduschin, (»Heiligungen«) gelehrt. Auch der Vollzug ritueller Waschungen der Priester trägt diesen Namen, und als »Heiligung des Tages« gilt das Gebet, das man beim Beginn des Sabbats oder eines Feiertages spricht.

2. Wie in der ersten Bitte des Vaterunsers heiligt man lobpreisend den Namen Gottes: »Heilig bist Du und furchtbar ist Dein Name! Es gibt keinen Gott außer Dir! Gepriesen seist Du, heiliger Gott!« (so die dritte der »Achtzehn Bitten«, die den Namen *Qeduschschāh',* »Heiligung«, trägt und die Gemeinde für das Sanctus einstimmen soll). Besonders wichtig ist das sog. Qaddisch-Gebet, eine Doxologie, die am Schluß des abendlichen Gottesdienstes an den Werktagen und am Sabbat in einem hebraisierenden Aramäisch gesprochen wird: »Gepriesen und geheiligt sei Dein großer Name!«. In der Hekhaloth-Literatur, in welcher der himmlische Gottesdienst visionär erlebt wird, spielt das Sanctus von Jes 6,3 eine wichtige Rolle.

V. HEILIGKEIT IM NEUEN TESTAMENT.

1. Auch Jesus und die Verfasser der ntl. Schriften bezeugen die Ehrfurcht Israels vor der Heiligkeit Gottes und der Gott geheiligten Personen und Dinge; jedoch gibt es einige wichtige Änderungen.

Gott ist heilig (Offb 4,8), dazu auch sein Name (Lk 1,49); letzterer soll nach der ersten Vater-Unser-Bitte mit Gottes Hilfe verherrlicht werden (Mt 6,9; Lk 11,2). Im Himmel geschieht das bereits, dort wird das

Sanctus (Jes 6,3) ohne Unterlaß gesungen (Offb 4,8). Auch das Gloria der Engel (Lk 2,14) ist in seiner dreigliedrigen Form dem Sanctus nachgebildet (D. Flusser). Jesus kann Gott als »Heiliger Vater« anreden (Joh 17,11), wobei er - wie im Vaterunser- das kindliche Vertrauen mit der Ehrfurcht vor Gottes heiliger Majestät verbindet. Heilig sind die Engel (Mk 8,38par; Apg 10,22; Jud 14; Offb 14,10), und Israel ist die heilige Erstlingsgabe unter den Völkern (Röm 11,16). Heilig ist Jerusalem (Mt 4,5; 27,53; Offb 11,2), aber man sehnt sich nach dem himmlischen Jerusalem und nach dessen vollkommener Heiligkeit (Hebr 9,24; Offb 21,2.10; 22,19). Der Tempel ist heilig (Mt 24,15; Apg 6,13; 21,28), besonders das Tempelgebäude, die Stiftshütte (Hebr 8,2; 9,1f) und das Allerheiligste (Hebr 9,24f; 13,11, vgl. auch 9,12). Aber dieses Tempelhaus kann nun auch ein Bild für das lebendige Heiligtum der Gemeinde Christi sein, die vom heiligen Geist geleitet wird (1Kor 3,17; Eph 2,21). Im Rückblick erscheint der Berg der Verklärung als heilig (2Petr 1,18). Jedes Erstgeborene ist Gott heilig (Lk 2,23), ebenso das Opfer (Röm 12,1); in Mt 7,6 meint »das Heilige« (*to hagion*) das Opferfleisch. Als »heilig« wird nun auch der Bund bezeichnet (Lk 1,72) sowie das Gesetz (Röm 7,12) und das Gebot (ebd., vgl. 2 Petr 2,12), ebenso die Propheten (Lk 1,70; Apg 3,21; 2Petr 3,2) und die Apostel (Eph 3,5), ferner der Glaube (Jud 20); alle diese Größen haben mit dem heiligen Geist zu tun. Dagegen wird nicht mehr von heiligen Zeiten gesprochen.

2. Johannes der Täufer gilt als heilig und gerecht (Mk 6,20), ebenso Jesus (Apg 3,14). Vor allem wird nun Jesus als »der Heilige Gottes« bekannt (Mk 1,24; Lk 4,34; Joh 6, 69), denn er ist durch den heiligen Geist gezeugt worden (Lk 1,35) und ist mit dem Geist gesalbt (Mk 1,10–12; Lk 4,18). Als der Heilige tritt er in der Kraft dieses Geistes den unreinen Geistern entgegen (Mk 1,24), als der von Gott Geheiligte (Joh 10,36) spricht er das Leben schenkende Wort (Joh 6,6) und heiligt sich selbst als Opfer für andere (Joh 17,19). Im Gebet der Gemeinde wird er als »heiliger Knecht (Sohn)« Gottes gepriesen (Apg 4,27.30); als Herr der Gemeinde und Richter der Welt ist er der »Heilige und Wahrhaftige« (Offb 3,7). Wie bei Gott, dem »Heiligen Israels« so wird auch beim Gottessohn die Heiligkeit dadurch offenbar, daß er die Seinen erlöst und heiligt. Durch seinen Sühnetod ist Jesus für uns zur Heiligung (griech. *hagiasmos*) und zur Erlösung geworden (1Kor 1,30). Weil Christus das Gottesvolk nicht von der Macht politischer Feinde, sondern von der Knechtschaft der Sünde befreit (Mt 1,21), kann sein Erlösungswerk auch kultisch als Heiligung bzw. als Dienst des endzeitlichen Hohenpriesters beschrieben werden (Hebr 5-10; Joh 17).

3. Das Volk Israel ist zwar heilig als Erstlingsgabe und als Ölbaum, dessen Wurzel (nämlich Abraham) heilig ist (Röm 11,16), aber die zu Christus Gehörenden sind nun das geheiligte, von Sünden gereinigte Volk des Neuen Bundes; sie können deshalb als »Heilige« bezeichnet werden (*hoi hagioi* Röm 8,27 u.ö.). Im engeren Sinn meint Paulus mit den »Heiligen« die Mitglieder der Jerusalemer Urgemeinde (Röm 15,25f.31; 1Kor 16,1 u.ö.). Die Christen sind die von Gott einzeln »berufenen Heiligen« (Röm 1,7; 1Kor 1,2) und die durch Christus Geheiligten (*hēgiasmenoi* 1Kor 1,2; vgl. 6,11), wobei sein Blut (d.h. sein sühnender Tod) Kraft und Grund dieser Heiligung ist (Hebr 9,13f; 13,12). Die passive Verbform *hēgiasmenoi* (vgl. auch Apg 20,32; 26,18) verrät, daß die Heiligkeit des Christen ganz von Gott geschenkt (Joh 17,17) bzw. von Christus erwirkt ist, der sich für sie als Opfer heiligt (Joh 17,19). Im Ritus der Taufe wird das Heil übereignet, denn die Glaubenden werden gewaschen und geheiligt (1Kor 6,11; Eph 5,26). Dadurch wird der Getaufte zu einem Tempel des heiligen Geistes (1Kor 6,19, vgl. 2Tim 2,21).

4. Wie im AT so erfordert auch nach christl. Anschauung der Indikativ der Heiligkeit den Imperativ des heiligen Wandels (1Petr 1,16) und des heiligen Dienstes. Auf die Christen wird die Verheißung 2Mo 19,5f übertragen: Sie sind ein königliches Priestertum und ein heiliges Volk (1Petr 2,9; Offb 1,6; 5,10; 20,6). Sie sollen deshalb einen reinen und untadeligen Wandel führen (Eph 1,4; 5,27; Kol 1,22; 1Petr 1,15) und danach streben, vollkommen heilig und von aller Befleckung des Fleisches frei zu werden (2Kor 7,1); sie sollen die Herzen (Jak 4,8) und Seelen (1Petr 1,22) reinigen. Der Stand der Heiligkeit wird auch im Zusammenleben mit den Christen und Mitmenschen bewährt (2Kor 1,12): Man soll in Keuschheit leben (1Tim 5,2 RevEB) und sich der Hurerei enthalten (1Kor 6,13ff). Durch einen christlichen Ehegatten wird auch der heidnische Partner geheiligt (1Kor 7,14); d.h. es besteht kein Grund dazu, ihn als unrein und für das Zusammenleben verboten anzusehen. Auch die Kinder aus solchen gemischten Ehen sind heilig, d.h. Gott zugehörig (ebd.).

Literatur: R. Otto: Das Heilige, 1917, [17]1929; R. Asting: Die Heiligkeit im Urchristentum, 1930; E. Gaugler: Die Heiligung im Zeugnis der Hl. Schrift, 1948; F. Nötscher: Heiligkeit in den Qumranschriften, Rev Qumran 2,1959/60; D. Flusser: Sanktus und Gloria, in: FS O. Michel, 1963, S.129-152; J. A. Elliot: The Elect and the Holy, Nov Test Bd. 12, 1966. O.B.

HEILIGTUM. Die hebr. Wörter *miqdāsch* und *qōdāsch* bezeichnen einen Ort, der für die Anbetung Gottes, aber auch von Göttern reserviert ist. In der Bibel werden diese Wörter fast ausschließlich für den Ort benutzt, an dem Jahwe verehrt wird. Verwandte Sprachen wie z.B. das Kanaan. der früheren Bewohner Palästinas kennen dieselben Ausdrücke und verwenden sie zur Bezeichnung von Anbetungs- und Opferstätten. Ausgrabungen förderten eine breite Vielfalt von Heiligtümern zutage, die bis ins 4.Jt.v.Chr. zurückreichen. Das bis heute umfangreichste Material (Kultbilder und Werkzeuge) wurde in *Megiddo ausgegraben.

Israels frühestes H. war das Zelt, die *Stiftshütte, in der die *Bundeslade aufbewahrt wurde (2Mo 25,8 etc.). 2Mo 25-31 und 36-40 beschreiben die verschiedenen Teile dieser Hütte im einzelnen; 3Mo berichtet detailliert über die dort zu praktizierende Kultordnung.

Nachdem das Volk Israel in Palästina seßhaft geworden war, plante David in Jerusalem den Bau einer festen Kultstätte (1Chr 22,19; 28,19 etc.) und Salomo führte diesen Plan aus.

Während der Zeit der Könige führte der Abfall von Gott dazu, daß fremde Kultpraktiken in den Tempel gelangten. Die Propheten Hesekiel und Zefanja warfen dem Volk Gottes vor, sein H. zu entweihen (Hes 5,11; 23,39; 28,18 etc.; Zef 3,4). Israels Heiligtümer wurden zunächst an den Orten errichtet, an denen Gott seinem Volk erschienen war oder »seinen Namen wohnen ließ«. Schließlich wurde *Jerusalem das offizielle Kultzentrum (s. auch *Höhe, *Tempel).

Im NT bedeutet H. (griech. *naos*) das heilige Haus, die Wohnstätte Gottes, sowohl im wörtlichen (z.B. Mk 14,58; 15,38; Joh 2,19) als auch im übertragenen Sinn (z.B. 1Kor 3,16f; 6,19) im Unterschied zu »Tempel« (*hieron*), womit die den gesamten Tempelbezirk umfassende Anlage gemeint ist (z.B. Mk 11,11.15; Lk 2,27.46; Joh 2,14). J.A.T.

HEILIGUNG.

I. BEDEUTUNG.
Heiligung (griech. *hagiasmos* von *hagiazo*, im rabbinischen Hebräisch: *qiddūsch*) meint das Handeln, durch das der heilige Gott bestimmte Orte, Zeiten, Gegenstände und vor allem das Volk Israel aus der profanen Welt absondert und seinem Wesen angleicht. Der davon betroffene Mensch soll sich seinerseits heiligen, sich der Wahl und des Wirkens Gottes würdig erweisen, zumal er ein Werkzeug des göttlichen Heiligungswillens werden kann. H. ist ein heilsökonomisches Handeln; die H. der gefallenen Schöpfung ist Ziel und Ende der Werke Gottes. Da sie den Menschen als ganzen angeht, kann sie sowohl kultisch-rituell vollzogen werden, also die äußere Reinheit meinen, als auch die Läuterung von Herz und Sinn, Dichten und Trachten bewirken.

II. IM ALTEN TESTAMENT.
1. Im AT fehlt ein dem griech. *hagiasmos*, »Heiligung«, exakt entsprechender hebr. Begriff. Dabei ist aber die Sache der H. nicht etwa griechisch, sondern ganz alttestamentlich-jüdisch gedacht und auch im NT vor diesem Hintergrund zu verstehen.

HEILIGE SCHRIFT
s. Bibel

Das zeigen die im AT häufig vorkommenden Verben *qiddesch* und *hiqdîsch*, »heiligen, weihen« und »heilig halten«.

Was von Gott auf besondere Weise beansprucht wird und ihm gehören soll, muß ihm »geheiligt« werden. Er selbst hat als Abschluß der Schöpfung den 7. Tag geheiligt, d.h. ihn als Tag der Ruhe vor den anderen Wochentagen ausgezeichnet (1Mo 2,3; vgl. 2Mo 20,11). Dieser Setzung entspricht Israel dadurch, daß es den Sabbat heiligt, an ihm keine Arbeit verrichtet (2Mo 20,8f; 5Mo 5,12f). Auch Feste, Versammlungen (2Kön 10,20; Joel 2,16) bzw. Fasten (Joel 1,14) werden geheiligt, d.h. gottesdienstlich begangen. Vor allem hat Gott Israel geheiligt, es aus allen Völkern erwählt und dadurch abgesondert (3Mo 29,8; 21,8; Hes 20,12; 37,28; vgl. 2Mo 19,5f). Deshalb soll Israel selbst heilig sein (3Mo 11,44; 19,2), Gott als den Heiligen ehren (5Mo 32,51) und die ihm besonders zugeeigneten Personen, Orte und Zeiten heilig halten. Vor allem soll es als heiliges Volk (2Mo 19,6) mit seiner ganzen Existenz die Wirklichkeit seines Gottes als des Einen und Wahren vor der Welt bezeugen (Jes 43,10f).

2. Vor einer unmittelbaren Begegnung mit Gott sind besondere Maßnahmen der H., wie Waschungen und sexuelle Enthaltsamkeit, geboten (2Mo 19,10-14; Jos 7,13). Dementsprechend verhält sich Israels Heerbann (Jer 51,27f; vgl. 2Sam 11,14), denn der Kampf wird geheiligt, d.h. zum heiligen Krieg erklärt (Mi 3,5; Jer 6,4). Auch der *Nasiräer, der sich für eine bestimmte Zeit Gott geheiligt hat, gelobt Enthaltsamkeit (Ri 13,5ff; Am 2,11f; 4Mo 6,13-20). Außerdem gehört Gott alles Erstgeborene; es ist deshalb ihm zu weihen (2Mo 13,2; 34,19). Gott selbst heiligt einen Propheten wie *Jeremia (1,5), d.h. er sondert ihn schon im Mutterleib für seinen Dienst aus. *Jesaja wird vor seiner Aussendung entsühnt (6,6f). *Hesekiel verkündigt die H. Israels als großes endzeitliches Ziel, wobei ein ewiger Friedensbund geschlossen und ein wahrer Davidide eingesetzt wird (Hes 37,23-28). Gott wird dann seinen großen Namen, der von den Heiden entweiht ist, heiligen (Hes 36,23); er will seine Heiligkeit dadurch erweisen, daß er dem sündigen Menschen durch Gericht und Vergebung hindurch treu bleibt (H. Gese; vgl. Hes 20,14). In der Verkündigung der Propheten tritt die H. als Sündenvergebung und Läuterung des Herzens besonders hervor (Jer 33,8; vgl. Ps 51,12); Jesaja verbindet die Reinigung mit dem Tun der Gerechtigkeit (Jes 1,15-17).

3. Unter dem Eindruck des Exils werden Sühne und H. in der von der Forschung gewöhnlich als Priesterschrift bezeichneten Schicht des AT besonders hervorgehoben und durch rituelle Gebote und ausführliche Opfervorschriften erläutert und angeordnet. Die Anweisungen für die rituelle Reinigung (3Mo 11-15) sind durch die Heiligkeit Gottes bedingt (3Mo 17-23) und die Opfer dienen in erster Linie der H. des Menschen durch die Sühnung der Sünden. Dabei stehen die Stiftshütte (2Mo 29,43f) und später der Tempel als Stätte Gottes im Mittelpunkt (vgl. Hes 37,28); die H. ist vorwiegend an den Kult gebunden. Das Subjekt der kultischen H. ist scheinbar der Priester. Aber es sind Gottes Heiligkeit und Herrlichkeit, die durch ihn vermittelt werden und sühnend, heiligend wirken (2Mo 24,16; 29,42f; 40,34f; 3Mo 16). Die Priester selbst werden geheiligt, d.h. für ihren Dienst, bei dem sie dem heiligen Gott besonders nahe treten, geweiht (2Mo 28,41; Hes 48,11); dementsprechend sollen sie vom Volk als heilig geachtet werden (3Mo 21,8). Die Mittel der rituellen H. sind Wasser, Feuer und vor allem Blut. Höhepunkt der kultisch vollzogenen H. ist der Große Versöhnungstag, an dem der Hohepriester die Blutsprengung im Allerheiligsten vollzieht (3Mo 16,16).

4. Der Mensch kann zum Mittler der H. von Zeiten, Orten und kultischen Gegenständen werden. Stets soll aber Israel sich dessen bewußt sein, daß Gott selbst der Heiligende ist (2Mo 31,13; 3Mo 20,8ff). Er weihte die Stiftshütte, den Altar, dazu Aaron und dessen Söhne als Priester (2Mo 29,43f). Aber Mose vollzog die Investitur der letzteren, indem er sie salbte und ihnen die Hände füllte (2Mo 28,41; 29,33), und er heiligte die Stiftshütte und den Altar, die Lade und die Kultgegenstände (2Mo 30,26-29; 3Mo 8,10-13). Ebenso weihte Salomo die Mitte des Tempelhofes, an der er Opfer darbrachte (1Kön 8,64). Solche Weihe verleiht den heiligen Dingen einen unverlierbaren Charakter; wer sie berührt, »verfällt dem Heiligtum« (2Mo 30,29). Auch jeder Israelit kann Gott etwas heiligen und zwar durch ein Gelübde, indem er ein eigenes Kind oder etwas von seinem Besitz dem Heiligtum übereignet (3Mo 27; Neh 12,47); davon ausgenommen ist, was ohnehin Gott gehört, so etwa das Erstgeborene oder der Zehnte. Werden geheiligte Menschen oder Dinge profanisiert, so können sie entsühnt und neu geweiht werden (3Mo 8,15; 4Mo 6,11).

5. Das große Modell solcher H. war das Sinaigeschehen. Hier erhielt Mose den Auftrag, das Volk (2Mo 19,10ff) und den Berg zu heiligen. Durch eine Begrenzung schied er den heiligen Bereich vom profanen (2Mo 19,23).

III. IM JUDENTUM.

1. Auch in den Schriften von *Qumran fehlt noch ein hebr. Nomen für »Heiligung« (*qiddûsch*), obwohl der heilige Dienst für Gott und das Land Israel, dazu die Erwartung eines heiligen Krieges, die leitenden Motive im Leben dieser Gemeinde waren. In Qumran galt die im heiligen Geist ausgelegte Tora als die Grundlage der H. Diese wurde kultisch-rituell, noch mehr aber als sittliche Erneuerung verstanden und unter dem Eindruck der Naherwartung des Endes rigoros verwirklicht. Das geschah durch eine Demokratisierung der priesterlichen Tora für die Heiligung: Tauchbad und heiliges Mahl, strenge Beachtung der heiligen Zeiten sowie sexuelle Enthaltsamkeit sind dafür kennzeichnend. Vor allem aber wurden die geistige und körperliche Kraft sowie der private Besitz dadurch geheiligt, daß man sie dem Dienst der heiligen Gemeinde weihte (Gemeinderegel, Damaskusschrift). Ein Programm für die H. ganz Israels bieten die Tempelrolle, die Kriegsrolle und die Gemeinschaftsregel.

2. Das rabbinische Judentum band die H. an den Gehorsam gegenüber der schriftlich und mündlich überlieferten Weisung (Tora, s. *Gesetz); nach rabbinischer Anschauung hatte der heilige Geist mit den letzten Propheten zu wirken aufgehört. Das hebr. Nomen *qiddûsch*, »Heiligung«, wurde geprägt und etwa für die Bestimmung des Neumonds und der Festzeiten verwendet (b Bathra 121 a). Der Sabbat wurde dadurch geheiligt, daß man bei seinem Eintreten den Qiddusch-Segen sprach und dadurch den heiligen Tag von dem profanen schied. Israels von Gott geschenkte H. erfolgte vor allem durch die Gebote (b Ber 60 a); die Schüler der Gelehrten konnten als »heiliges Volk« bezeichnet werden (b Meg 27 b). Besonders wichtig ist die »Heiligung des Namens« (*Heilig). Ferner ist bemerkenswert, daß die »Antrauung« (Heirat) als »Heiligung« (*qiddûschîn*) bezeichnet wurde: Der Vater »heiligt« seine Tochter, die er einem Mann als Ehefrau gibt (m Qid 2,1). Diese Bezeichnung der Eheschließung ist keineswegs eine Profanisierung des Wortes »Heiligung«; sie beruht vielmehr auf der Tatsache, daß Gott seinen heiligen Bund mit Israel einer Eheschließung vergleichen konnte (vgl. Hos 2; Hes 16).

IV. IM NEUEN TESTAMENT.

1. Im NT wird die H. als ein uns zuvorkommendes, unverdientes Gnadenmittel Gottes betont und das ihm entsprechende Verhalten des Glaubenden aufgezeigt. Zwei von griech. *hagios*, »heilig«, abgeleitete Verben werden verwendet: a. *hagnizein* bezeichnet die Selbstheiligung des Menschen, so die rituelle Reinigung der Juden vor einem hohen Fest (Joh 11,55) oder den Abschluß des von Paulus übernommenen Nasiräats (Apg 21,24-26; vgl. 4Mo 6,9-20), aber auch die H. von Herz und Seele (Jak 4,8; 1Petr 1,22; 1Joh 3,3). b. Weit häufiger erscheinen das Verb *hagiazein*, »heiligen«, und das davon abgeleitete Nomen *hagiasmos*, »Heiligung«; vgl. auch *hagiosynē* und *hagiotēs*, »Heiligkeit«.

Unsere H. ist von Gott gewollt (1Thess 4,3), d.h. sie gründet in Gottes heilsgeschichtlichem Plan; er hat uns nicht zur Unreinheit, sondern »zur Heiligung« berufen (ibid. 4,7). Jesus Christus ist der Mittler der H. Aber sowohl beim Wirken des irdischen Jesus als auch im Evangelium der Apostel tritt die kultische Seite der H. zurück. Da es nach Jesu Weisung nicht auf die äußere Reinheit, sondern auf die Lauterkeit des Herzens ankommt (Mk 7,18-23; vgl. Mt 5,8), und da für Paulus die Juden und Heiden trennende Scheidewand der rituellen Satzungen durch Christi Tod abgebrochen ist (Eph 2,14f), erfolgt im NT eine Reduktion und Konzentration der H.: Sie wird vor allem als Frucht der Sündenvergebung verstanden und dem sühnenden Tod des Gottessohnes zugeschrieben. Die Mittel der H., nämlich Wasser und Blut, werden zum Kreuz Christi in Beziehung gesetzt (Hebr 10,29; 13,12; vgl. Joh 19,34): Jesus hat uns durch sein Blut geheiligt (Hebr 2,11; 9,13; 13,12; vgl. 10,10.14); dadurch hat er die Verheißung, die mit seinem Namen »Jesus« gegeben war, erfüllt: Er hat das Volk Gottes von seinen Sünden gerettet (Mt 1,21). Seine Selbsthingabe hatte das Ziel, die Gemeinde zu heiligen (Eph 5,25-27); dadurch geht die Verheißung für Israel, es solle ein Königreich von Priestern und ein heiliges Volk sein (2Mo 19,5f), für die an Jesus Glaubenden in Erfüllung (1Petr 2,9; Offb 1,6; 5,10).

2. Jesus nahm die Ansicht und das Anliegen der atl.-jüd. Tradition auf, wenn er den Tempel und den Altar nicht nur als heilige, sondern auch als heiligende Größen zu verstehen lehrte (Mt 23,17.19). Das gilt auch von der ersten Bitte des Vaterunsers, Gottes Name möge geheiligt werden (Mt 6,9; Lk 11,2; vgl. das jüdische Qaddisch-Gebet und die 3. Benediktion des Schmone Esre). Gott selbst wird dafür sorgen, daß sein Name geheiligt wird (vgl. Hes 36,23), und zwar mit der Aufrichtung seiner endzeitlichen Königsherrschaft und der sichtbaren Offenbarung seiner Macht und Herrlichkeit (vgl. Mt 6,9.13). Dadurch werden die Völker zur Anerkennung und zum Lob des wahren Gottes geführt (Hes 36,23); dies bedeutet die H. »des Namens«, aber auch die der bekennenden Menschen. Zu der atl.-jüd. Auffassung von H. tritt die christologische hinzu: Jesus hat sich als Messias ganz in die Heils- und Heiligungsökonomie Gottes einbeziehen lassen und die »Heiligung des Namens« dadurch vollzogen, daß er sein Leben als Lösegeld »für die Vielen« in den Tod gab (Mk 10,45; 4,24). Vor allem im vierten Evangelium erscheint Jesu Lebenshingabe als H.: Der Vater heiligt den Sohn (Joh 10,36), d.h. bestimmt ihn als Mittler der H. und als ein sühnendes Opfer für die sündige Menschheit (Joh 3,16). Und der Sohn heiligt sich selbst und gibt sein Leben dafür, daß die Glaubenden »durch die Wahrheit« geheiligt werden (Joh 17,17.19). Die »Wahrheit« wird in dem endzeitlichen Handeln Gottes offenbar, der nicht durch den Gehorsam der Menschen gegenüber dem Gesetz, sondern aus Gnaden die Welt heiligen will (Joh 1,17; 3,16). Auf diese Weise der H. antworten die Jünger dadurch, daß sie das Wort der Wahrheit annehmen und verkündigen (Joh 17,17f) und so - zusammen mit dem Geist der Wahrheit – Jesus in der Welt bezeugen (Joh 15,26f).

3. Paulus sieht in der H. die »Frucht« des Kreuzes (vgl. Röm 6,22). Nach Gottes heilsgeschichtlichem Beschluß ist Christus für uns »zur Weisheit und zur Gerechtigkeit und zur Heiligung und zur Erlösung geworden« (1Kor 1,30). Mit diesen prägnanten Heilsbegriffen faßt der Apostel die Botschaft von Jes 53 zusammen, die für die Darstellung von *Rechtfertigung und H. als Gnadengaben Gottes sehr wichtig war: Christus hat als der leidende Gottesknecht uns weise und gerecht gemacht (Jes 52,13; 53,11; vgl. Dan 12,3); er hat uns geheiligt, indem er uns »von unseren Verschuldungen gereinigt hat« (Jes 53,5; lies *medakke'*, vgl. LXX und Offb 1,5). Wir haben die »Frucht zur Heiligung« dadurch, daß der messianische Knecht Gottes uns von der Sünde befreit und zu »Knechten Gottes« gemacht hat (Röm 6,22). Rechtfertigung und H. gehören somit eng zusammen; denn beide werden als Frucht des Kreuzes geschenkt. Die Rechtfertigung geschieht aufgrund des Glaubens (Röm 5,1); die H. des Glaubenden beginnt konkret mit der Taufe (Röm 6,3ff). Für diese wird die rituelle Sprache zwar beibehalten. Die Taufe ist ein Bad der Wiedergeburt (Tit 3,5), sie reinigt als »Wasserbad im Wort« (Eph 5,26). Aber entscheidend ist die Reinigung des Herzens (vgl. 1Kor 6,11; Hebr 10,22). Diese beginnt damit, daß der Glaubende in Christi Tod getauft, mit ihm begraben wird und aufersteht (Röm 6,3f; 1Kor 15,3f und Jes 53), d.h. kraft des Todes Christi der Sünde abstirbt und in einem neuen Leben wandelt (Röm 6,4-6). Das Leben in der Kraft der durch Christi Tod geschenkten H. sieht konkret so aus, daß der Getaufte seine Glieder nicht mehr der Unreinheit und Gesetzlosigkeit dienstbar macht, sondern mit ihnen der Gerechtigkeit dient (Röm 6,19).

4. Im Hebräerbrief, in dem die H. besonders betont wird, erscheint Christus als der endzeitliche Hohepriester, der im himmlischen *Heiligtum sein Blut dargebracht hat (10,19-21). Dieser Dienst bewirkt mehr als die Opfer des Alten Bundes und als der Große Versöhnungstag. Durch ihn sind die Geheiligten »für immer vollendet« (Hebr 10,14); sie selbst dürfen nun mit reinen Herzen zu Gott hinzutreten (10,22).

5. Die Christen sind »Heilige« nicht aufgrund ihres eigenen Strebens, sondern als die durch Christus »Geheiligten« (1Kor 1,2; Apg 20,32; 26,18). Die H. ist noch nicht abgeschlossen, sondern wird von Gott vollendet werden (1Thess 5,23); der Christ soll in der H. »bleiben« (1Tim 5,23), im Licht »bleiben« (1Joh 2,10), der Heiligung »nachjagen« (Hebr 12,14), sich weiter heiligen (Offb 22,11). Als Kraft der H. gilt der heilige Geist (Röm 15,16; 2Thess 2,13), bzw. das Wort Gottes und das Gebet (1Tim 4,5), die Wahrheit (Joh 17, 17.19).

6. Die jüd. Hochschätzung der Heirat als H. wird auch im NT sichtbar. Das gilt von der Mahnung, den Ehepartner heilig zu halten (1Thess 4,4), oder von der rechtlichen Entscheidung des Paulus, der heidnische Ehepartner sei durch den gläubigen geheiligt; ebenso seien die Kinder aus solch einer Mischehe rein (1Kor 7,14). Der Grund für die heiligende Kraft des ehelichen Zusammenlebens liegt aber jetzt in der Tatsache, daß die Liebe Christi zur Gemeinde mit einer Ehe verglichen werden kann (Eph 5,28-33), und daß die Kirche den Leib Christi darstellt, von dem Kräfte der H. ausgehen (1Kor 12,4ff).

Literatur: vgl. Literatur zu *Heilig; A. Köberle: Rechtfertigung und Heiligung. Eine biblische, theologiegeschichtliche und systematische Untersuchung, 1929; O. Betz: Rechtfertigung und Heiligung, in: G. Müller (Hrsg.): Rechtfertigung, Realismus, Universalismus in biblischer Sicht, FS für Adolf Köberle zum 80. Geburtstag, 1978, S. 30-44.

O.B.

HEILLOS
s. Belial

HEILSAM. Übersetzung verschiedener hebr. Worte, deren Bedeutung wörtl. etwa mit »gut« (Ps 119,66) oder »wohlgefällig« (Spr 10,32) wiederzugeben ist. H. steht hier meist im Zusammenhang mit menschlicher Rede. Im NT spricht Tit 2,11 von der »heilsamen [rettenden] Gnade Gottes« (griech. *sotērios*). Sonst hat h. stets die Bedeutung »gesund« (1Tim 1,10; 6,3 u.ö.; griech. *hygiainon*), und zwar mit Bezug auf die Lehre.

HEILSGESCHICHTE.

I. GESCHICHTE UND OFFENBARUNG.

Heilsgeschichte ist ein theologischer Begriff, der eine Beziehung der Geschichte zum Handeln Gottes ausdrückt. Gottes verborgenes Walten in der Geschichte wird aufgedeckt vom prophetischen Wort. Deshalb ist das Geschichtsbild der Bibel, das auf dieser prophetischen Erhellung beruht, ein prophetisches Geschichtsbild. Es übergreift das historisch Verifizierbare, rückschauend im Blick auf Schöpfung und Urstand, vorausschauend hinsichtlich der eschatologischen Zukunft. Aber auch theologische Aussagen über geschichtliches Geschehen gründen im offenbarenden Wort: Daß Gott Israel zu seinem Eigentumsvolk erwählt hat, kann mit historischen Methoden ebensowenig nachgewiesen werden wie die theologische Aussage, daß Jesus Gottes Sohn ist (vgl. 1Kor 2,7ff). Heilsgeschichtliche Theologie geht daher vom prophetischen Geschichtsverständnis der Bibel aus und hat dieses als ihre Grundlage aufzuarbeiten. Prophetie verkündet nicht Geschichte, sondern Gottes Handeln in der Geschichte, sie kann sich äußern in zeichenhafter Bildrede, in Visionen, in Gleichnissen, in Zeitverkürzungen und in Hervorhebungen von

Einzelzügen eines Geschehens. In der Bibel selbst aber geschieht Interpretation früherer Prophetie durch die spätere, z.B. atl. Aussagen im NT, was wegweisend sein kann für die Interpretation offenbarungsgeschichtlicher biblischer Aussagen in der Verkündigung. – Die Offenbarung im Wort ist jedoch nicht ein »Wortgeschehen« über oder außerhalb der Geschichte. Das gilt zentral dort, wo das Wort Mensch geworden ist, in Jesus Christus (Joh 1,14). Es gilt aber auch für die Verheißung Israels, die unablösbar ist von der Geschichte Abrahams und seiner Nachkommen. Es gilt auch für das Gesetz Gottes, das hineingehört in die Geschichte des Mose und des Auszugs aus Ägypten. Es gilt für die Verbindung der messianischen Heilsprophetie mit dem Königshaus Davids und Jerusalem. Und es gilt schließlich für die Verbindung der universalen Heilsbotschaft des Evangeliums mit den Ereignissen von Karfreitag und Ostern und mit der Aussendung der Apostel. Die Bibel ist Offenbarungsbuch und Geschichtsbuch, und der unauflösbare Zusammenhang von prophetischem Wort und Geschichte, in der Gottes Handeln erhellt wird, ist ein wesentlicher Aspekt des Begriffs »Heilsgeschichte«.

Systematische heilsgeschichtliche Theologie war erst nach Abschluß des bibl. Kanons möglich und setzt diesen voraus. Das Wort »Heilsgeschichte« findet sich (wie der Ausdruck »Geschichte«) in der Bibel noch nicht, es ist später geprägt worden als Bezeichnung für die biblische Sicht der (historischen) Vorgänge. – Heilsgeschichtlich ist das epochale Zeitverständnis der Bibel: Die Zeit vom Sündenfall bis zum Endgericht ist der gegenwärtige bzw. der »alte« Äon. Dem ersten (atl.) Bund folgt der »neue Bund«, der im Opfer des Todes Christi gründet (Hebr 8,7-9,28).

II. DIE URGESCHICHTE.
Heilsgeschichte ist die Geschichte im Blick auf die göttlichen Verheißungen, d.h. auf das von Gott gegebene eschatologische Ziel. Aber alles Heilsgeschehen erfolgt auf dem Hintergrund einer von Sünde und Auflehnung gegen Gott geprägten Weltgeschichte. Die atl. Propheten sind nicht nur Heils-, sondern auch Gerichtspropheten. Christus, der Retter, ist gekommen, um uns aus der »gegenwärtigen bösen Weltzeit« herauszureißen (Gal 1,4). Hoffnung auf das Heil, das von Gott kommt, ist begleitet von einer pessimistischen Beurteilung des Menschen. »Alles Trachten des menschlichen Herzens ist böse immerdar« (1Mo 6,5). Alle stehen unter der Herrschaft der Sünde (Röm 3,9). Gerade die »Urgeschichte« (1Mo 1-11) unterstreicht diese Sicht. Sie geht aus dem Sündenfall hervor. Der Mensch will »sein wie Gott«, (selber) wissend, was gut und böse ist. Die Folge der Abkehr von Gott ist die Entfremdung von Mensch zu Mensch (1Mo 3,7), die Feindschaft zwischen Mensch und Tier (Schlange: 1Mo 3,13), die Abhängigkeit der Frau vom Mann (1Mo 3,16) und des Mannes von den harten Bedingungen des Kampfes um die Nahrung (1Mo 3,17ff). Der »Fluch« bleibt: Die Geschichte nach dem Fall beginnt mit dem Brudermord Kains und endet im Aufweis der allgemeinen Sündhaftigkeit (1Mo 6,5-7) und der Androhung des Unterganges und mit der Sintflut als Gericht über die damalige Menschheit. Was der Sündenfall aufdeckte, erweist sich als allgemeine Grundbefindlichkeit des Menschen (vgl. Röm 5,12-14).

Das Heil Gottes wird in der Urgeschichte bezeugt durch die Rettung Noahs (1Mo 7-8) und im Noahbund (1Mo 9). Die schöpfungsmäßige Herrschaft des Menschen über die Erde (1Mo 1,28) wird bestätigt, aber der Fluch der Entzweiung, der vom Fall her über der sündigen Welt liegt, verändert diese Herrschaft: Der Mensch verbreitet Furcht und Schrekken über die Tierwelt (1Mo 9,2). Er darf sich vom Fleisch der (ausgebluteten) Tiere nähren. Aber das Menschenleben wird geheiligt. Der Mensch ist Partner Gottes, und wer Menschen tötet, frevelt gegen Gott. Das ist das erste allgemeine Menschheitsgebot (1Mo 9,5ff). – Und die Verheißung des Noahbundes ist, daß fortan keine Sintflut mehr die Menschheit mit Vernichtung bedrohen soll, »solange die Erde steht« (1Mo 8,22-9,11).

Seit Irenäus (2.Jh.n.Chr.) wird öfter auch die Stelle 1Mo 3,15 als Heilsweissagung auf Maria bzw. Christus bezogen: »Er wird der Schlange den Kopf zertreten« (d.h. dem Satan). In der Bibel findet sich diese Auslegung nicht.

In 1Mo 10 wird die Ausbreitung der Völker »auf der Erde« geschildert, und in der Geschichte vom Turmbau (1Mo 11) wird gezeigt, wie sich auch die Völker entzweiten. Die Stadt und der Turm haben die Funktion einer Metropole; diese soll die Zerstreuung der Völker verhindern und der Glorifizierung ihrer Erbauer dienen. Der Mensch erscheint hier als Weltplaner, und er tut es ohne Gott, zu seinem eigenen Ruhm. Die Sprachverwirrung, bewirkt durch das Eingreifen Gottes, entzweit die Völker und macht die Erfüllung des Planes unmöglich. Auch in dieser Geschichte geht es letztlich um das »Sein wie Gott«, um Welt- und Zukunftsplanung und Erhöhung des eigenen Namens.

Die Urgeschichte zeigt einige Grunddaten bibl. Geschichtstheologie: Die allgemeine Sündhaftigkeit der Menschen, welche das Gericht Gottes nach sich zieht, dann die Rettung der Wenigen, die Gott treu sind, und beides hineingenommen in die Zielbestimmtheit aller Geschichte auf das endgültige Heil (und Gericht) hin.

III. DER ALTE BUND.
In mehreren atl. Texten wird rückschauend die Väterzeit bis zu Mose und zur Landnahme unter Josua als eine Zeit besonderer geschichtlicher Heilserweisungen Gottes an seinem Volk gesehen (so in Jos 24,2-15; 5Mo 6,20-24; 26,6-9, sowie Ps 78; 105; 106 und Neh 9,9-20). Israel »kennt« Gott aufgrund dieser heilsgeschichtlichen Erfahrung und auch aufgrund der geschichtlichen Offenbarung des Namens Gottes (1Mo 3,13-15). Die Gotteserfahrung ist hineingenommen in den Zusammenhang des Bundes Gottes mit dem Volk Israel, der mit Abraham beginnt. Der »*berit Abraham*«, d.h. der mit Abraham begründete Bund Gottes, der die Nachkommen Abrahams mit diesem verbindet, ist die Wurzel des Alten Testamtens, besiegelt durch das Zeichen der Beschneidung. Der Bund ist Segnung; Abraham ist bestimmt, ein Segen zu sein (1Mo 12,1ff), und die Segnung des Abrahamsbundes besteht ewig (1Mo 17,7), weil Gott treu ist, trotz der wiederholten Untreue Israels.

Der Bund, den Gott mit Mose und dem Volk schloß (2Mo 24ff), ist Erneuerung und Erweiterung des Bundes mit Abraham. Gott offenbart Mose seinen Namen, gibt sich aber als der Gott Abrahams zu erkennen (2Mo 3,6.15; 6,3) und verheißt, Israel in das Land zu führen, das er Abraham, Isaak und Jakob versprochen hat (2Mo 6,8). Aber zur Erfüllung der Landverheißung kommt das Gesetz des Bundes, das dem Volk am Sinai auferlegt wurde. Abraham war ein Volk seiner Nachkommenschaft und ein Land verheißen. Beides erfüllt sich mit der Landnahme. Aber Israel ist nicht einfach das heilige Volk in einer gottlosen Welt. Der Abfall kündet sich schon am Sinai an (2Mo 32). Aber die Androhung des Gerichts über das Volk, das den Bund bricht, und die Verheißung der Bewahrung und des Heils, wenn Israel keinen andern Göttern nachfolgt und die Satzungen des Bundes hält, ist grundlegend (3Mo 26; 5Mo 28-30). Das Einströmen syrischer Kulte, vor allem des Baalskultes, geschieht in starkem Maß nach der Teilung des Reiches Israel um 931 v.Chr.; heftige Auseinandersetzungen erfolgen zur Zeit der Propheten *Elia (1Kön 17-19.21) und *Elisa (2Kön 2-13), dann der Propheten *Hosea und *Amos (um 750 v.Chr.). Die Gerichtsdrohung der Propheten geht bis zur Androhung des Untergangs des Nordreiches Israel (Hos 1,8-9; Hos 8; Am 3,9ff; 5,16ff). Im Jahr 721 v.Chr. wurde Samaria dann auch durch die Assyrer zerstört, die Bevölkerung deportiert. Auch dem Untergang des Reiches Juda und der Zerstörung Jerusalems im Jahr 587 v.Chr. ging die prophetische Gerichtsdrohung und die Ankündigung der Katastrophe voran (Jer 1,14ff; 2; 27; Hes 4-23).

Das Heil ist gegründet im Bundesverhältnis, wie es ausgesprochen ist in der oft zitierten Bundesformel: »Ich will euer Gott sein und ihr sollt mein Volk sein« (2Mo 6,7; 3Mo 26,12; Jer 7,23; 31,33; Hes 11,20; 37,27 u.ö.). Auch wenn das Volk in den Zeiten des Abfalls den Bund gebrochen hat, so wird Gott ihn erneuern als einen ewigen Bund (Jer 31, 31ff; Hes 37,26). Der Bund ist nicht eine Naturgegebenheit, er ist geschichtlich entstanden, als ein »Gnadenverhältnis«, »begründet durch eine historische Anfangstat« (W. Eichrodt). Die Erhaltung des Volkes Israel im Altertum und nach der Vertreibung aus dem Lande (nach dem jüdischen Krieg in den Jahren 70/132 n.Chr.) ist an sich schon heilsgeschichtlicher Tatbestand.

Die Heilserwartung des Alten Testaments läßt sich hauptsächlich auf zwei Überlieferungsstränge atl. Prophetie zurückführen: auf die Tradition der Väterzeit und auf die Jerusalemer Tradition, die eng verbunden ist mit dem Königshaus Davids und mit dem Tempel. Zur ersteren gehören die auf Abraham zurückweisenden Verheißungen (Landverheißung, Segnung des Volkes) und das Bundesverständnis der Sinaiüberlieferung. Zur Jerusalemer Tradition gehören die Hoffnungen auf das künftige Jerusalem als Gottesstadt, in der Gott wohnt, d.h. im Tempel gegenwärtig ist (Jes 2,2-3; 4,5; 60; 62; Hes 40ff; Sach 8), dann insbesondere die messianischen Verheißungen, die im Anschluß an 2Sam 7,12-16 die Hoffnung auf eine künftige Zeit des Gottesfriedens verbinden mit dem von Gott erwählten Sproß aus dem Hause Davids (Ps 132; Jes 55,3-5; Jer 33,14ff; vgl. die Rufe der Menschenmenge beim Einzug Jesu in Jerusalem Mt 21,9; Mk 11,10; Joh 12,13). Aber die verschiedenen Überlieferungen werden auch verbunden, so Am 9,11ff und besonders Hes 37. Die Heilserwartung ist im Judentum noch diesseitig, nämlich Wiederherstellung des Reiches für Israel, wie es einst nach der Landnahme und insbesondere in der Zeit Davids schon bestanden hatte (vgl. die Grenzziehung und die Verteilung des Landes an die Stämme Hes 47,13-48). Allerdings tauchen Visionen einer wunderbaren Erneuerung nicht nur des Volkes, sondern auch des Landes auf (Jes 11,1-9; 35; 54,11-17; 60). Und auch die Verheißung der neuen Schöpfung findet sich bereits (Jes 65,17; 66,22). Die messianische Friedenszeit, wie überhaupt Frieden (Schalom), ist letztlich Gabe und Segnung Gottes. Wie die Gerichte, die die Propheten ankünden, Handeln Gottes sind, so ist es auch Gott, der Heil und Frieden schafft (Jes 44,23-28; 45,7; Jer 1,12; 23,20; Hes 36,36; 37,13f u.ö.). Durch Ankündigung von Heil und Endgericht erhält alle Geschichte ein Ziel. – Die Gewißheit, daß in Gericht und Heil der Wille Gottes zum Ziel kommt, ist ebenso Voraussetzung der prophetischen Verkündigung wie die andere, daß das Wort Gottes dem Menschen die Freiheit gibt, umzukehren und den Willen Gottes zu tun. Die Abwendung von Gott ist schuldhaft, Nicht-Erkennen Gottes ist Folge der Nicht-Anerkennung Gottes. Das Paradox der Spannung zwischen göttlicher Allmacht und menschlicher Freiheit wird nicht rational aufgelöst noch wird eine Gleichsetzung von göttlicher Allmacht mit dem hellen. Begriff des Schicksals (*heimarmene*) oder einem kosmischen Kausalzusammenhang versucht.

Die Heilsgeschichte ist wirklich Geschichte, in der unberechenbare Entscheidungen fallen. Das Buch Jona zeigt das beispielhaft: Jona verkündet im Auftrag Gottes, d.h. im Sinne echter Prophetie, der Stadt Ninive den Untergang innerhalb von 40 Tagen (Jona 3,4). Aber weil die Stadt Buße tut, wird sie verschont. Gerichtspredigt will zur Buße rufen, darin liegt ihre Verheißung; umgekehrt ist Heilsankündigung mit dem Bußruf verbunden (Jes 30,15; 55,6-7; Jer 4,1f; Joel 2,12f; Sach 1,3). Auch Jesus verbindet Heilsankündigung und Gerichtsdrohung mit dem Bußruf (Mk 1,15; Lk 15,7; 15,11-32, vgl. Apg 2,38; 3,19f; 5,31). Heilsgeschichtliche Prophetie enthüllt wohl eine Teleologie der Geschichte, die sich mit Begriffen wie Gottesherrschaft, Gericht, aber auch Frieden, neue Schöpfung, ewiges Leben umschreiben läßt, auch offenbart sich Gott in ihr als der Gerechte, Heilige, Barmherzige und Liebende; aber sie läßt sich nicht systematisieren und in den Rahmen eines berechenbaren Geschichtsablaufes einordnen.

IV. JESUS.

Jesu Auftreten ist (Gal 4,4) »Erfüllung« der Zeit, d.h. jetzt kam der Nachkomme Abrahams (vgl. Gal 3,10), dem die Verheißung gilt, daß durch ihn alle Völker gesegnet würden (1Mo 12,3): Die Heilszeit, die in der atl. Prophetie oft mit der Hoffnung auf den Messias, den Davidssproß, verbunden wurde. So ist Jesus auch nach den Evangelien Nachkomme Abrahams und Davids (Mt 1,1; 2,6; Lk 1,32; 1,55; 1,68ff; 2,30-32). Bei seiner Taufe (Mk 1,9-11 par.; Joh 1,32-34) empfing er die Gewißheit seiner messianischen Berufung. Er bewahrte diese Gewißheit als Geheimnis. Erst im Todesbekenntnis (Mk 14,62 par.) hat er es enthüllt in Verbindung mit der eschatologischen Aussage seines Kommens. Den Jüngern hatte er verboten zu sagen, daß er der Messias sei (Mt 16,20). Entgegen der Erwartung vieler wollte Jesus sich nicht selbst oder durch Menschen als Messias inthronisieren (Mt 21,9 par.; Joh 6,15). Der Vater selbst mußte es tun. Seine Predigt war ausgerichtet auf das nahe Kommen des Reiches Gottes (Mt 4,17; Mk 1,15), wie dieses schon Johannes der Täufer angekündigt hatte. Jesus wußte sich zu den Juden gesandt (Mt 15,24), auch die Jünger schickte er zur Mission unter die Juden (Mt 10,5f). Im Anschluß an atl. Prophetie verkündet er die Offenbarung der Königsherrschaft Gottes (vgl. Ps 47; 99; Jes 24,23; 52,7) und zugleich das kommende Gericht über alle Welt. Die messianische Zeit bricht an: In Jesu Wirken ist das Gottesreich schon gegenwärtig (Mt 11,4ff par.; Mt 12,28 par.). An der Stellung zu seiner Person entscheidet sich jetzt, wer im Gericht in das Reich aufgenommen wird (Mt 10,32f par.; 11,6 par.; 25,31-46). Deshalb besteht das Heil nicht in der Übernahme einer Lehre, vielmehr in der Jüngerschaft, Nachfolge: beides ist personhafte Beziehung zu Jesus. Er ist es, der die Jünger in die Nachfolge beruft. Und wer die Jünger aufnimmt, der nimmt ihn auf (Mt 10,40). So entsteht Gemeinde als Wirkung seines Rufes zur Nachfolge.

Jesus ist gekommen, alle Gerechtigkeit zu erfüllen (Mt 3,15). Er bestätigt das atl. Gesetz (Mt 5,18), dessen Forderung er gegen jede Abschwächung schützt: Ihr sollt vollkommen sein wie Gott (Mt 5,48). Wer den Bruder »Narr« schimpft, ist des ewigen Feuers schuldig (Mt 5,22). Höchstes Gebot ist die Liebe zu Gott und zum Nächsten (Mk 12,28-31 par.). – Aber neben dem Gebot steht die Barmherzigkeit. Jesus hat Vollmacht, Sünden zu vergeben (Mk 2,5). Wer umkehrt zu Gott findet Barmherzigkeit (Mt 9,13; Lk 15,7.11ff, 18,3). Jesu Barmherzigkeit mündet in seiner Lebenshingabe. Er gibt »sein Leben als ein Lösegeld für viele« (Mk 10,45). Die Abendmahlsworte enthüllen das Geheimnis seines Leidens: Sein Blut wird vergossen für die vielen (Mk 26,28 par.). Die Passion gehört zum »Leben Jesu«. Die Berichte der Evangelien sind auf die Passion hin ausgerichtet. Jesu Kreuzigung ist das zentrale heilsgeschichtliche Ereignis, in dem sein irdisches Wirken endet und von dem die apostolische Missionspredigt ausgeht (Röm 3,25; 1Kor 1,23; 15,3; 1Petr 2,24; Hebr 9,15; Offb 7,14).

Nach seinem Tod trennt sich die Jüngergemeinde nicht vom Judentum. Die apostolische Verkündigung ist ein grundlegendes Zeugnis, daß Gott den Gekreuzigten vom Tode auferweckt und zum Herrn und Messias erhöht hat (Apg 2,32-36; 10,36-43; Röm 10,9; 1Kor 15,3-5; Phil 2,6-11). Die Zugehörigkeit zu seiner Gemeinde gründet wie zuvor die Jüngerschaft in der Lebensbeziehung zu ihm, der jetzt der auferstandene, erhöhte Christus ist. Weil Jesus jetzt als der auferstandene, himmlische Christus lebt, ist die Beziehung zu ihm nun Glaubensbeziehung. Eine Verkündigung, die nur das Leben und Sterben des irdischen Jesus kennte, nicht den Auferstandenen, wäre Verkündigung eines toten, nicht des lebendigen Christus. – Die judenchristl. Urgemeinde hoffte, daß Christus gemäß atl. Erwartung (Jes 60; Hes 37) das Reich für Israel wieder aufrichten würde (Apg 1,6). Aber solche Hoffnung war schon im AT begleitet vom Ruf zur Umkehr zu Gott. Deshalb predigten auch die Jünger-Apostel die Buße, damit das Heil für Israel komme (Apg 2,38f; 3,19ff). Aber nach den ersten großen Missionserfolgen nach Pfingsten setzte die Verfolgung ein (Apg 4; 5,17ff; 6,8-8,2; 12,1-5). Vor dem nahenden jüd. Krieg, der dann im Jahr 70 n.Chr. zur Zerstörung Jerusalems führte, floh die Gemeinde ins Ostjordanland. Um 80 n.Chr. wurde sie aus der jüdischen Gemeinschaft (Synagoge) ausgestoßen. Reste des Judenchristentums hielten sich noch bis ins 3. Jh.

V. DIE BESONDERE GNADENZEIT DER VÖLKERMISSION.

In Röm 3,26 spricht Paulus von der Gerechtigkeit, die in der »jetzigen Zeit« (*kairos*) den rechtfertigt, der an Jesus glaubt. Und in Röm 16,25-27; Eph 3,3; Kol 1,26; Tit 1,3 redet Paulus von dem Mysterium, welches in früheren Zeiten verborgen war, jetzt aber geoffenbart worden ist: das Geheimnis der dem Apostel anvertrauten Gnadenbotschaft des Evangeliums, das auch den Heiden, die glauben, die Verheißung des Heils in Christus gibt. Jetzt ist die Zeit der Gnadenerweisung (2Kor 6,2). Paulus war sich also bewußt, daß die Zeit der Völkermission eine heilsgeschichtliche Zeitperiode ist, die so in der atl. Prophetie nicht vorausgesagt war. Sie ist erst möglich und Wirklichkeit geworden durch Jesu Tod und Erhöhung. Der Vater hat Jesu Selbstopfer als Sühne angenommen für die Sünde aller, die an ihn glauben. Jesu Lebenshingabe, seine Auferweckung und Erhöhung sowie die Ausgießung des heiligen Geistes sind schon erfülltes Reich-Gottes-Geschehen. Aber die Vollendung durch das Gericht und die neue Schöpfung stehen noch aus und sind durch die Zwischenzeit der Weltmission aufgehalten. Die Befreiung vom Gesetz in dieser Zeit bedeutet nicht Verzicht auf die Heiligung. Aber das neue Leben, das im Glauben beginnt, bringt jetzt Früchte der Heiligung aus den Gaben des heiligen Geistes. Die Liebe, die im Gesetz Forderung war, ist nun geistliche Gabe, die heiligt (Röm 5,5; Kol 3,14; 1Petr 4,8; 1Joh 4,16). Geistliches Leben ist »Glaube, der in der Liebe tätig ist« (Gal 5,6). Durch den Geist ist die Gemeinde mit dem auferstandenen Christus, ihrem Haupt, als sein geistlicher »Leib« verbunden (Eph 1,18ff; 2,16; 4,4-6). Und in dieser Verbindung, d.h. in Christus, ist die Gemeinde schon jetzt in ihrer geschichtlichen Gestalt zugleich eschatologische Gemeinschaft, in der Künftiges schon gegenwärtig ist (Phil 3,20; Kol 3,3; Hebr 12,18f).

Gottes barmherzige Zuwendung in Christus gilt allen Menschen, Juden und Heiden (Röm 11,32), deshalb muß das Evangelium allen Menschen verkündet werden. Aber der Entscheidungscharakter des Wortes Gottes wird dadurch nicht aufgehoben. Die in Christus geschehene Heilstat wird gepredigt und im Glauben ergriffen. Wer glaubt, wird gerettet (Mk 10,5; Joh 1,12; 6,16ff; Apg 15,11; 16,32; Röm 3,28; 10,10; 1Kor 1,18-21; Gal 3,26; Eph 2,8; Hebr 11,6). Wer sich dem Glauben versagt, der steht unter dem Gericht (Joh 3,18). Diese Ankündigung ist durch die Universalität der Gnadenbotschaft nicht aufgehoben: an der Annahme oder Abweisung dieser Botschaft kündet sich die künftige Scheidung im Gericht schon gegenwärtig an. Auch Paulus verkündet das Gericht (Röm 2,5-11; 14,10ff; 2Kor 5,10; 2Tim 4,8) und er redet von jenen, die verloren gehen (1Kor 1,18; 2Kor 2,15; 4,3; 2Thess 2,9-12). Gott war (2Kor 5,19) »Welt mit sich versöhnend« (»Welt« ohne Artikel, »versöhnend« griech. Partizip Präsens); dieser Prozeß geht weiter im »Wort von der Versöhnung«, aufgrund dessen Paulus auffordert: »Laßt euch versöhnen mit Gott« (2Kor 5,20). Analog bei Joh: »Also hat Gott die Welt geliebt, daß er seinen Einziggeborenen (Sohn) dahingab, damit jeder, der glaubt, nicht verloren geht, sondern ewiges Leben hat« (Joh 3,16). Auch die Möglichkeit des Abfalls vom Glauben wird aufgezeigt (2Thess 2,3ff; 1Joh 2,15ff; 5,16; Offb 3,1-5), ohne daß eine zweite Bußgnade besteht (Hebr 6,4ff; 10,26f). Die Gewißheit, daß Christus am Ende dieser Zeit sich offenbaren wird zum Gericht, ist durchgehend die Voraussetzung der apostolischen Verkündigung (Apg 10,42; 17,31; 2Kor 5,10; Phil 2,16; 1Thess 5,2; 2Tim 4,8; 2Petr 2,9; 3,12; Offb 6,17; 16,14 u.ö.).

VI. CHRISTUS UND DIE WELT.

Schon die atl. Endzeitprophetie (Apokalyptik) kündet den »Tag« des Herrn als Endgericht an und vorher eine Zeit gottfeindlicher Erhebung der Völker und des teilweisen Abfalls Israels (Jes 24-27; Daniel; Joel; Ps 2). Im Gericht zerbirst die Welt (Jes 24, 19). Auch Israel wird heimgesucht und geläutert, aber gerettet (Jes 24; Dan 7; 10-12; Joel 3-4; Sach 12-14). Im NT werden die Hauptmotive der atl. Apokalyptik beibehalten. Aber nun ist offenbart, daß Christus, zur Rechten Gottes erhöht (vgl. Ps 110), von Gott zum Herrn (*kyrios*) und Richter eingesetzt ist (Mt 24,9-41 par.; 25,31ff; Apg 10,42; 1Kor 15,20-28; 2Thess 4,1-10; Offb 20,11-15). Die Übertragung des Gerichts an den Sohn ist schon im AT angezeigt (Ps 2; vgl. Ps 110; Jes 11,4; PsSal 17). Aber Jesus Christus ist beides: der himmlische Richter und der Erlöser, der sein Leben hingab. Die Menschensohn-Worte der Evangelien sind Leidensankündigung in der Tradition von Jes 53 und Sach 12,10ff (Mk 9,31; 10,45 u.a.) und Erhöhungsaussage nach Dan 7,13-14 (vgl. Mk 8,38; 14,62; Lk 17,30 u.a.). Bei Paulus ist Christus durchgehend der für uns Gekreuzigte und der Erhöhte. Offb beschreibt den himmlischen Christus als das »Lamm«, das vor Gott für die Seinen eintritt (Offb 5,6-9), aber zugleich Richter ist (Offb 6,16–17; 21,11ff).

Nach Offb 20,1-6 geht dem Endgericht eine Friedenszeit voran, das 1000jährige Reich. Es beginnt mit der ersten Auferstehung der Toten (der Märtyrer und Zeugen Christi, Offb 20,4) und der Entmachtung Satans (Offb 20,1-3), setzt aber das Bestehen der Völkerwelt noch voraus. Das Friedensreich wird von Gott herbeigeführt, und Christus selber und die Auferstandenen regieren darin »als Könige die tausend Jahre« (Offb 20,6). Schon im AT finden sich Aussagen über eine Friedenszeit vor der neuen Schöpfung (Jes 60-62; Hes 40-48). In Offb 20 aber gilt das Heil allen Völkern, nicht nur Israel. Nach der Friedenszeit erhält Satan noch einmal Macht und verführt die Völker zum letzten Krieg gegen die Heiligen und Jerusalem: Feuer fällt vom Himmel zur Vernichtung der Welt (analog dem Wasser der Sintflut) und der »Tag« des Endgerichts ist gekommen. Wer im »Buch des Lebens« steht, wird aufgenommen in die neue Schöpfung zum ewigen Leben, Satan und die übrigen versinken im ewigen Feuer (Offb 20,11ff). Die neue Schöpfung – neuer Himmel und neue Erde – werden geschaut in den Visionen vom himmlischen Jerusalem und vom Paradies (Offb 21,1ff). Die Verheißung des Bundes ist erfüllt: Sie werden sein Volk sein und er wird ihr Gott sein (Offb 21,3). Weltende und neue Schöpfung werden aufgedeckt als eine grandiose Stufenfolge eschatologischer Geschehnisse.

Aber die gegenwärtige Zeit ist noch die Zeit der Völkermission, deren Dauer nicht zu errechnen ist. Jesus sagte: Ich bin nicht gekommen, Frieden zu bringen, sondern das Schwert bzw. die Entzweiung (Mt 10,34; Lk 12,51). Dieses Wort lehnt an Mi 7,6 (4Esr 12f) an: Jesus sieht eine Zeit allgemeiner Entzweiung kommen. Das Evangelium weckt Widerstand, Zwiespalt, Verfolgung (vgl. auch Mt 24,1-44 par). Dieser Situation entspricht auch die Aussicht in die geschichtliche Zukunft, wie sie der Offb zu entnehmen ist: Satan ist auf die Erde geworfen und verfolgt die Gemeinde Christi (Offb 12). Diese ist bedrängt und auch von innerem Abfall bedroht. Trotzdem läßt sich das Evangelium nicht aufhalten, Christus sammelt sein Volk für sein königliches und priesterliches Reich (Offb 5). Der Seher sieht die 144 000 Geretteten aus dem Volk Israel (Offb 7,1-8) und die Unzählbaren aus allen Völkern, die der Versuchung widerstehen und »mit dem Blut des Lammes« rein gemacht werden (Offb 7,9-17). Die unermeßliche Menge der Heiligen läßt an eine sehr lange Missionszeit denken, um so mehr, als die Völker und deren Herrscher das Evangelium überwiegend ablehnen. Die »Welt« ist repräsentiert durch die »große Stadt«, die die Zeugen Christi tötet (Offb 11,7ff; 17). Der gefährlichste Widersacher ist das Tier aus dem Abgrund, d.h. der Antichrist, dem Satan Macht gibt und der die Heiligen besiegt (Offb 13,7). Der Mensch (Menschensohn) kommt von oben (Offb 14,14); was von unten kommt, ist das Tier, der Drache, die satanische Macht (Offb 13,1-18). Das Tier hat sieben Köpfe, d.h. es übt seine Macht nicht nur durch einen einzigen Herrscher aus. Krieg, Gewalt, sündhaftes Tun geht vom Menschen aus, oft in Abhängigkeit von gottwidrigen Mächten. Gottes Allmacht ist nicht einfach Allwirksamkeit. Der Mensch ist frei im Rahmen der ihm schöpfungsgemäß gegebenen Freiheit und Verantwortung. Aber Gottes Allmacht bedeutet, daß alles menschliche Tun letztlich den von Gott gesetzten Zielen dienen muß. Gott kann daher auch Kriege, die Menschenwerk sind, als Werkzeuge seines Gerichts verwenden. Es ist schon

»Zorn« Gottes, wenn Gott sich abwendet und Menschen ihren sündhaften Gedanken und Begierden preisgibt (vgl. Röm 1,18ff). Die Offb spricht von Gottes Zorngericht durch Kriege, Feuer, Naturkatastrophen und Krankheiten (die sieben Posaunen: Offb 8,6-9,21; sieben Zornesschalen: Offb 15,5-17,21).

Eine Chronologie der Ereignisse läßt sich kaum herstellen, denn die Offb besteht aus Visionen, die stets Aspekte des Ganzen spiegeln und ihre Aufreihung erfolgt nicht chronologisch, sondern nach der Zahl sieben, der Zahl der Schöpfungstage. Sieben ist symbolische Zahl für eine ganze Zeit, in diesem Fall für die Zeit von der Erhöhung Christi bis zum Ende dieses Äons. Die Predigt des Evangeliums und die immer neu sich ausbreitende Mission ist das Heilsgeschehen eben dieser gegenwärtigen Heilszeit.

VII. THEOLOGIE.
In der Kirche und Theologie des Altertums und bis heute hat sich das heilsgeschichtliche Verständnis der Geschichte durchgesetzt: die Überzeugung, daß Geschichte ein Ziel hat, eine Teleologie auf Heil (und auf Gericht bzw. Untergang der bösen Mächte) und daß die ganze Menschheit in den Zusammenhang dieser Teleologie hineingehört. Grundlegend für die Theologie wurden die Schwerpunkte des sog. Apostolikums; Schöpfung, Christologie, Kirche, Vollendung. – Das christliche Zeitdenken wirkte sich auch im profanen Denken aus (z.B. Jahreszählung von Christi Geburt an). Im säkularen Zeitbewußtsein wurde das zyklische, an der Natur orientierte Geschichtsdenken durch eine teleologische, auf Glück, Frieden und Gerechtigkeit weisende Vision ersetzt (Vico, Turgot, Hegel, Comte, Saint-Simon, Marx, Bloch). Vollständig konnte sich die heilsgeschichtliche Theologie in der Kirche nicht durchsetzen, weil die Kirchenlehre seit der Spätantike in bleibende Abhängigkeit von der griech. Philosophie geriet (Platon, Neuplatonismus, Aristoteles): Gott und Mensch wurden nicht mehr vom Handeln, sondern ontologisch vom »Sein« bzw. »Wesen« her verstanden und das Wandelbare auf unwandelbare Gründe zurückgeführt (ewige Ideen, lex aeterna, ewiger Ratschluß), was sich mit der biblischen Botschaft vom Handeln des lebendigen Gottes in der Geschichte nur noch beschränkt verbinden läßt.

Heilsgeschichtliche Aspekte werden betont von Irenäus (2. Jh.n.Chr.), der die Geschichte unter den drei Perioden des natürlichen Gesetzes, des mosaischen Gesetzes und des Gesetzes Christi einteilt und als ihr Ziel die Wiederherstellung des paradiesischen Urstandes sieht. Für Augustinus (354-430 n.Chr.) ist die Gemeinde Jesu Christi die eschatologische »Bürgerschaft Gottes«, deren ewige Zukunft die himmlische Polis ist. Die Gemeinde lebt aber in der Welt, dem *saeculum*, das verkörpert ist im röm. Weltreich: Eine Welt der Sünde, der Ruhmsucht und der Kriege, die keine andere Zukunft hat als ihren schließlichen Untergang. Ihr Bestes ist noch, wenn sie Recht und Frieden schützt. Gottes Heil, beginnend mit der Verheißung Abrahams, geschieht in Jesus Christus; in ihm ist es Eschatologie, d.h. es führt durch die Auferstehung in das ewige Leben. Das *saeculum* als solches hat keine Hoffnung. – Eine besondere heilsgeschichtliche Theologie entstand im reformierten Protestantismus, die dann auch Impulse an den lutherischen Pietismus weitergab. Für diese Theologie stand der »Bund« Gottes im Mittelpunkt. Sie unterschied den Werkbund (mit Adam beginnend), der Gerechtigkeit durch Werke fordert und der durch die Sünde gebrochen wurde, und den Gnadenbund, der mit Abraham begann und in Christus erfüllt wird: Er bringt das im Glauben geschenkte Heil aus Gnade. Zum Bund gehört auch das Reich Gottes, das Gott in Christus verwirklicht. Es ist schon gegenwärtig in der Geistausgießung und im Aufbau der Gemeinde als Leib Christi, aber zur Vollendung kommt es, Gott verherrlichend, in der himmlischen neuen Schöpfung. Angefangen hat diese Theologie bei Zwingli, Bullinger, auch Calvin, Hyperius, Ursinus, voll ausgebildet wurde sie durch Joh. Coccejus. Spener, J.A. Bengel und F. Chr. Oetinger knüpften an sie an, insbesondere an den Reichsgedanken. Heilsgeschichtliche Aspekte wurden im 19. Jh. betont durch G. Menken, sowie J. Chr. Hofmann, dann durch die Reich-Gottes-Theologie (R. Rothe, J. Chr. Blumhardt u.a.) und heute durch O. Cullmann.

Die heilsgeschichtliche Theologie ist biblische (nicht nur alt- bzw. neutestamentliche Theologie), weil sie gerade die verschiedenen »Zeiten«, von der Urgeschichte bis zur Vollendung, als einen Gesamtzusammenhang sieht. Sie kann das, weil sie von der prophetischen Sicht der Geschichte, die von Gottes Handeln zeugt, ausgeht. Historie ist nur Medium dieses Zeugnisses, oft nur zeichenhaft, exemplarisch, in visionären Bildern gebraucht. Heilsgeschichte könnte wieder Grundlage einer biblischen Theologie sein, die das vielgestaltige Zeugnis der Bibel als *eine* Botschaft versteht.

Literatur: C.A. Auberlen: Der Profet Daniel und die Offenbarung des Johannes, [3]1874, ND 1986; H. Bietenhard: Das tausendjährige Reich, 1955; F.F. Bruce: Zwei Testamente - eine Offenbarung, 1972; O. Cullmann: Heil als Geschichte, [2]1967; ders.: Christus und die Zeit, [2]1962; F. Flückiger: Theologie der Geschichte, 1970; L. Goppelt: Theologie des Neuen Testaments, [3]1980; W. Kamlah: Christentum und Geschichtlichkeit, 1951; K. Löwith: Weltgeschichte und Heilsgeschichte, 1953; E. Sauer: Der Triumph des Gekreuzigten, [8]1962; H. Schumacher: Das tausendjährige Königreich Christi auf Erden, 1964; H. Stadelmann (Hrsg.): Epochen der Heilsgeschichte, 1984; K.G. Steck: Die Idee der Heilsgeschichte: Hofmann-Schlatter-Cullmann, 1959.

F.F.

HEIMLICHKEIT, HEIMLICH.
Heimlich und verborgen handelt, wer das Licht scheut, weil er seine böse Absicht (Mt 2,7) oder sein schändliches Tun (Eph 5,12; 2Kor 4,2) verbergen will oder sich vor anderen fürchtet (Joh 19,38). H. ist das Merkmal des Wandels in der Finsternis und das Geständnis, daß man sich seines Unrechts bewußt ist (Joh 3,20.21). Nach der Schrift sind heimlich zu halten nur die Geheimnisse des Mitmenschen (Spr 25,9), das Almosen (Mt 6,1-4) und das persönliche Gespräch mit Gott im Gebet (Mt 6,5.6). Bei den beiden letzten ist das Vergelten durch Offenbarmachen Gottes Sache (Mt 6,4). Zu Gottes H. (Mt 13,35) und heimlicher Weisheit (1Kor 2,7) s. *Geheimnis.

HEIMSUCHEN.
1. In der Bibel begegnet – bis auf Spr 19,23 – H. als ein Handeln Gottes. Gott sucht heim; d.h. er besucht die Menschen, er stellt mit ihnen Verbindungen her, er kümmert sich um sie. Dieses H. hat immer das Heil des Heimgesuchten zum Ziel, auch oder gerade wenn es ein richtendes und strafendes H. ist. So unterscheiden wir zweierlei Arten des göttlichen H.s: ein gnädiges und ein richtendes. Beide aber gehören untrennbar zusammen. Ein Mensch ohne Heimsuchung Gottes wäre in der Tat ein von Gott Verlassener.

2. Gnädiges Heimsuchen. Wenn die Stunde Gottes herbeigekommen ist, seine Verheißungen zu erfüllen, dann sucht er die auf ihn wartenden Menschen heim: Abrahams Frau *Sara (1Mo 21,1), *Hanna, die Mutter Samuels (1Sam 2,21), Israel in Ägypten (1Mo 50,24; vgl. 2Mo 3,16). So erlebt Israel in den Tagen Jesu die Zeit seiner gnädigen Heimsuchung (Lk 1,68; 7,16 LÜ jeweils: »besucht«). Es gereicht Israel zum Verderben, daß es diese Zeit nicht erkannte (Lk 19, 44). Schon die Psalmisten beteten, Gott möge sein Volk h., um es zu erhalten (vgl. Ps 89,33). Aber auch die Heiden sucht Gott heim, indem er durch die Predigt des Evangeliums sich aus ihnen ein Volk zubereitet, das ihm dient (Apg 15,14). Nicht zuletzt in den geistlichen und leiblichen Wohltaten, die er ihnen erweist (Ps 65,10), erfahren die Menschen Gottes H.

3. Richtendes Heimsuchen. Schon das AT bezeugt Gottes Langmut und Erbarmen, aber er sucht auch die Sünde heim: »der die Missetat der Väter heimsucht bis ins dritte und vierte Glied an den Kindern derer, die mich hassen« (2Mo 20,5; 4Mo 14,18). Die Übertreter wird Gott mit Schrecken, Krankheit, Krieg und Flucht h. (3Mo 26,16). Zahlreich sind im AT die Worte, die von solchem strafenden H. Gottes reden (vgl. Hiob 7,18; Ps 59,6; Jes 13,11; 24,21; Jer 6,6). Auch für dieses H. hat Gott seine bestimmten Zeiten (2Mo 32,34; Jer 46,21). Propheten sprechen von einem »Tag« (Jes 10,3) und einem »Jahr« der Heimsuchung (Jer 23,12). S.a. *Gericht.

HEILSGEWISSHEIT
s. Wissen, Gewißheit

HEIRAT
s. Ehe

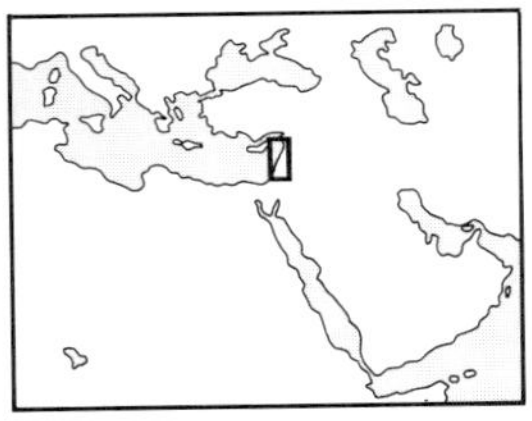

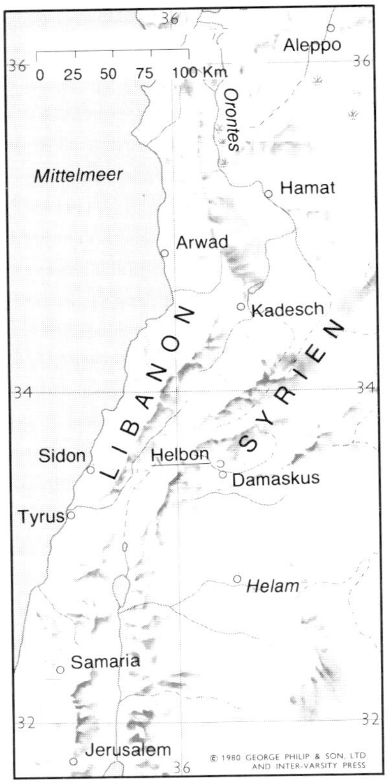

Die angenommene Ortslage von Helam und Helbon.

HELAM. Eine Stadt in Baschan, etwa 60 km östl. des Jordanabflusses aus dem See Genezareth, vermutlich das heutige Alma; der Ort, an dem David die syr. Streitkräfte unter *Hadad-Eser, verstärkt durch syr. Truppen von jenseits des Euphrats, besiegte (2Sam 10,16ff), nachdem zuvor Davids Hauptmann Joab eine ammonitisch-syr. Allianz geschlagen hatte. Die Erwähnung der griech. Form Eliam als Teil eines Ortsnamens in Hes 47,16 in der LXX ließ eine Ortslage an der Grenze zwischen Damaskus und Hamat vermuten, daneben gab es auch den Versuch, H. mit Alema (1Makk 5,26) in Zusammenhang zu bringen. R.A.H.G.

HELBON. (Hebr. *chelbōn*, »fetter, fruchtbarer Ort«). Nach Hes 27,18 ein Ort, der Wein nach *Tyrus ausführte (A. R. Millard, JSS 7, 1962, 201-203). Auch antike Autoren (Poseidonius, FHG III, 276; Strabo XV, 735; Athenäus I, 28) rühmen Wein und Honig aus H., das wahrscheinlich mit dem arab. Dorf Khalbun 25 km nördl. von *Damaskus, in einem Tal des Anti-*Libanon, zu identifizieren ist. Hier finden sich eine ansehnliche Felsnekropole und Spuren aus griech.-röm. Zeit. Der Schreiber des Genesis-Apokryphon aus *Qumran hat das *Hoba von 1Mo 14,15 durch H. ersetzt (1QGenAp 22,10).

Literatur: F.M. Abel, A. Barrois, RB 42, (1933), 255-262. R.R.

HELDAI. (Vgl. hebr. *cheled*, »Lebensdauer«; arab. *halada, chuldun*).

1. Nach 1Chr 27,15 war H. einer von Davids streitbaren Helden, der im 12. Monat zum Führer einer Heeresabteilung von 24 000 Soldaten ernannt wurde. Er war Netofatiter; ein Nachfahre Judas aus dem Geschlecht Otniels (vgl. Ri 1,12-15). Der »Heled« in 1Chr 11,30 ist zweifellos dieselbe Person. Er wird ein freier Mann genannt (hebr. *gibbōr chajil*, V. 26), einer der Heerführer. Der in 2Sam 23,29 erwähnte »Heled« könnte identisch mit der o.g. Person sein.

2. Zusammen mit Tobija und Jedaja erwähnt Sach 6,10 einen Heldai; ihnen wurde – als sie aus dem Exil zurückkehrten – Gold und Silber genommen, um davon eine Krone für Jeschua, den Hohenpriester, zu machen.

HELEZ. Das hebr. Wort *chelez* könnte »Lenden«, vielleicht auch »Stärke« bedeuten.

1. Einer von Davids Helden. Der in 2Sam 23,26 erwähnte H. ist vermutlich derselbe wie der in 1Chr 11,27 und 27,10 genannte. 1Chr. 27,10 bezeichnet H. als einen von den »Söhnen Ephraims«. Es ist möglich, daß er – als Nachkomme Ephraims – als Peletiter angesehen wurde, als einer, der – ohne jegliche Verbindung zu Juda – in Bet-Pelet lebte.

2. Sohn Asarjas aus dem Stamm Juda (1Chr 2,39). F.C.F.

HELKAT. (Hebr. *chelqat*, »Feldstück«). Grenzort im S des Stammes

Tonfigur eines Gefangenen, die mit Fluchformeln beschrieben wurde in der Absicht, dadurch die magische Vernichtung der im Text genannten Herrscher, Städte (darunter vielleicht auch Helam) und Länder zu bewirken; Ägypten. Ca. 1800 v.Chr. (ACL)

*Asser (Jos 19,25) und Levitenstadt (Jos 21,31), die auch mit dem *Hukkok von 1Chr 6,60 gemeint ist. Früher suchte man H. in dem arab. Dorf Jerkāh, dem Arkē des Josephus (ant.Jud. V. 85; VIII, 37), 14 km nordöstl. von *Akko. A. Alt (PJB 25,1929, 38f) identifizierte dann H. mit Tel El-Harbadsch, 10 km südöstl. von Haifa, am Unterlauf des *Kischon. Doch suchen andere hier *Haroschet der Heiden. Auch Tell-El-Qassīs, ca. 3 km weiter südl. am Kischon, wurde vorgeschlagen (Y. Aharoni, IEJ 9, 1959, 119f). Wahrscheinlich ist H. als *hrkt* in einer Ortsliste des Pharao Thutmosis III. (um 1460 v.Chr.) genannt, und das paßt besser zu einer südl. Lokalisierung.

Literatur: F.M. Abel: Géographie de la Palestine II, ³1967, 347. R.R.

HELLENISTEN.

I. VORKOMMEN UND WORTBEDEUTUNG.
Von »Hellenisten« (griech. *hellēnistai*, LÜ: »Griechen«) ist erstmals in Apg 6,1 und Apg 9,29 die Rede (Apg 11,20 ist *hellēnas*, »Griechen«, die ursprüngliche Lesart). Die Bezeichnung lehnt sich an die politisch-kulturell-religiöse Bewegung des »Hellenismus« an, einen großangelegten Versuch, von der Zeit Alexanders des Großen und seiner Nachfolger an östl. und westl.-griech. Kultur zu vereinigen, wobei die griech. Sprache ein wichtiges Band darstellte.

In der jüngeren Vergangenheit hat man die H. der Apostelgeschichte auf verschiedene Weise zu identifizieren versucht (als Proselyten: Schille 1967; als Qumran Nahestehende: Cullmann 1953; als Heidenchristen: Wetter 1922; als Samaritaner: Spiro-Mann 1967 u.a.). Seit einiger Zeit hat sich die älteste Meinung als wohl immer noch gültig erwiesen: Die H. waren Diasporajuden, die Griech. als Muttersprache erlernt hatten (vgl. * Diaspora).

II. DIE HELLENISTEN DER APOSTELGESCHICHTE.
In Apg 6 begegnen uns »Hellenisten« und »Hebräer« im Rahmen der Jerusalemer Urgemeinde. Waren die H. aus verschiedenen, vor allem aber rel. Gründen aus ihrer Heimat in die heilige Stadt gezogen und hatten sich dort mit Leuten gleicher Herkunft zusammengeschlossen, so waren die »Hebräer« von Geburt aramäischsprachige Juden aus Palästina. Die Sprachbarriere ist nicht zu unterschätzen, wirkte sie sich doch auch im gemeinsamen Gottesdienst sehr hindernd aus. Im sozialen Bereich der Urgemeinde kam es zu Versorgungsengpässen, wobei vielleicht jede Seite der anderen bösen Willen vorwarf. Zur Lösung des Konfliktes erhielten führende Männer der H. eine Aufgabe an der Gesamtgemeinde (die sieben »Armenpfleger« von Apg 6,5, deren Namen die Herkunft aus der Diaspora bestätigen). Da die H. durch ihre Herkunft in Theologie und Leben anders geprägt waren (geringere Einschätzung des Tempelkults, missionarischer Eifer auch für Heiden), kam es zwischen *Stephanus und radikal frommen jüd. H. zu einer Auseinandersetzung, die zu seiner Verhaftung, zum Prozeß und zur Hinrichtung (Lynchjustiz?) führte (Apg 6,8-7,60). Die Verteidigungsrede des Stephanus enthält Hinweise auf das Denken der H. Auffällig ist ihr Drang zur Heidenmission (*Philippus), ihre heilsgeschichtliche Denkweise, die Betonung des Geisteswirkens, die Zurückhaltung gegenüber Tempelkult und Gesetz, eine altertümliche Christologie und die Hochschätzung der Taufe. Damit waren Problempunkte im Verhältnis auch zum hebr. Gemeindeteil gegeben, der allerdings mit wachsender Missionstätigkeit der H. und vor allem des *Paulus sowie mit der Radikalisierung des Judentums bis hin zum jüd. Krieg 66-70 n.Chr. an Einfluß verlor. Deutlich sind die Verbindungslinien von den H. zu *Paulus, der selbst aus der Diaspora kam und durch Gottes Eingreifen vom Verfolger zum Nachfolger Christi wurde.

Literatur: H. Windisch: ThWNT II, 1935, S. 501ff; M. Hengel: Zwischen Jesus und Paulus, ZThK 72/1975, S. 151-206; H.-W. Neudorfer: Der Stephanuskreis, 1983 (Literatur!). H.W.N.

HEMAN. (»Treu«).
1. Einer der Weisen, den Salomo an Weisheit übertraf, nach 1Kön 5,11 ein Sohn Mahols; 1Chr 2,6 nennt ihn einen Sohn Serachs aus dem Geschlecht Judas.
2. Ein Kehatiter, Levit, Sohn Joels, einer der von David für das Haus des Herrn bestellten Sänger (1Chr 6,33; 15,17.19; 16,41; 25,1.4-6; 2Chr 5,12; 35,15).
3. Esrachiter, der in der Überschrift von Ps 88 genannt wird. Er könnte identisch sein mit dem unter 1. genannten. J.G.G.N.

HENA. Eine Stadt, die von ihrem Gott vor dem Ansturm der Assyrer nicht gerettet werden konnte – nach den Worten des Rabschake, des Abgesandten *Sanheribs (2Kön 18,34). In der LXX wird sie als Ana am Euphrat identifiziert. Es wurde versucht, Hena und Iwa als arab. Sternnamen und folglich als Namen von Gottheiten zu deuten. Bei Iwa handelt es sich jedoch mit ziemlicher Sicherheit um einen Ort, der mit Awa (2Kön 17,24.31) identisch ist (vgl. Karte S. 558). M.A.M.

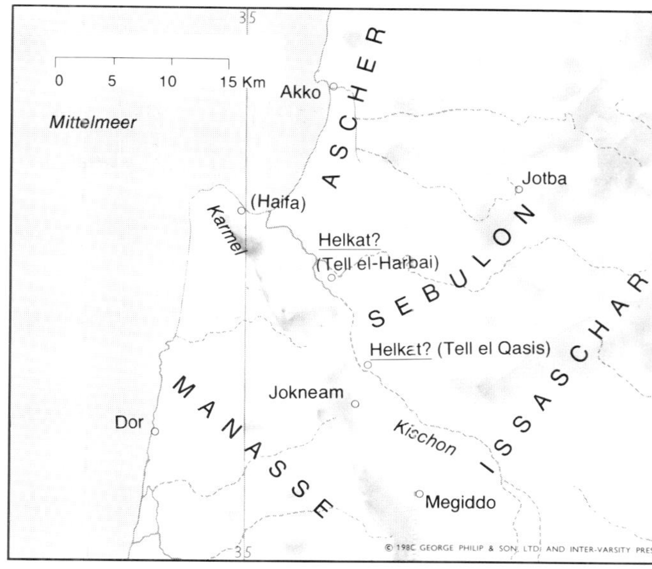

HENOCH.
1. Ein Sohn Kains (1Mo 4,17), nach dem eine Stadt benannt wurde.
2. Sohn Jereds und Vater Metuschelachs (1Mo 5,18.21). H. war ein Mann, der ein geheiligtes Leben führte und sich einer engen Gemeinschaft mit Gott erfreute (1Mo 5,22.24: »wandelte mit Gott«, vgl. 1Mo 6,9; Mi 6,8; Mal 2,6). Wie Elia (2Kön 2,11) wurde auch H. in das Reich Gottes entrückt (1Mo 5,24).

Ps 49,15f und 73,24 lassen an die Geschichte H.s denken. Das Beispiel von H.s Himmelfahrt spielt eine Rolle bei der Entstehung der Hoffnung der Juden auf ein Leben mit Gott nach dem Tod. (Im apokryphen Buch Weish 4,10-14 wird H. ebenfalls als das herausragende Beispiel der Hoffnung eines Gerechten auf das ewige Leben beschrieben).

Hebr 11,5f führt die Himmelfahrt H.s auf seinen Glauben zurück; der Ausdruck »daß er Gott gefallen habe« ist die LXX-Übersetzung, die sonst lautet: »wandelte mit Gott« (1Mo 5,24). Jud 14f zitiert eine Prophezeiung, die in äthHen 1,9 H. selbst zugeschrieben wird.

In der zwischentestamentlichen Periode war H. eine bedeutende Gestalt (vgl. Sir 44,16; 49,16; Jub 4,14-26; 10,17 und äthHen). Wahrscheinlich wurde die Geschichte von H. in der babylon. Diaspora ausgeschmückt als Gegenstück zu jener von den weisen Männern aus vorsintflutlicher Zeit, die in der mesopotamischen Mythologie vorkommt. So wurde H. zum Begründer der Schreibkunst gemacht und als der erste weise Mann angesehen, der himmlische Offenbarungen über die Geheimnisse des Universums empfangen und diese späteren Generationen schriftlich weitergegeben haben soll. In der früheren Überlieferung werden seine wissenschaftlichen Kenntnisse hervorgehoben, die er sich auf Reisen durch den Himmel mit engelgleichen Führern erworben hat; dazu kommen astronomische, kosmographische und meteorologische Lehren sowie der in Qumran verwendete Sonnenkalender. H. soll auch Gottes Prophet gegen die gefallenen Engel gewesen sein. In einer späteren Überlieferung (2.Jh.v.Chr.) werden seine ethischen Lehren und besonders seine apokalyptischen Offenbarungen über den Verlauf der Weltgeschichte bis zum Tag des Gerichts betont. In den Gleichnissen (äthHen 37-71) wird er mit dem messianischen Sohn der

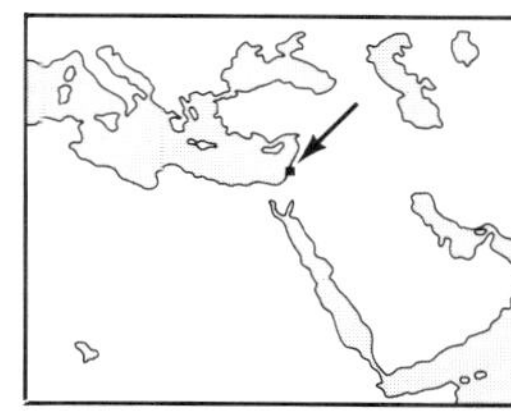

Mögliche Ortslage von Helkat.

HELM
s. Waffen u. Geräte

HEMD
s. Kleidung

HENNE
s. Tiere

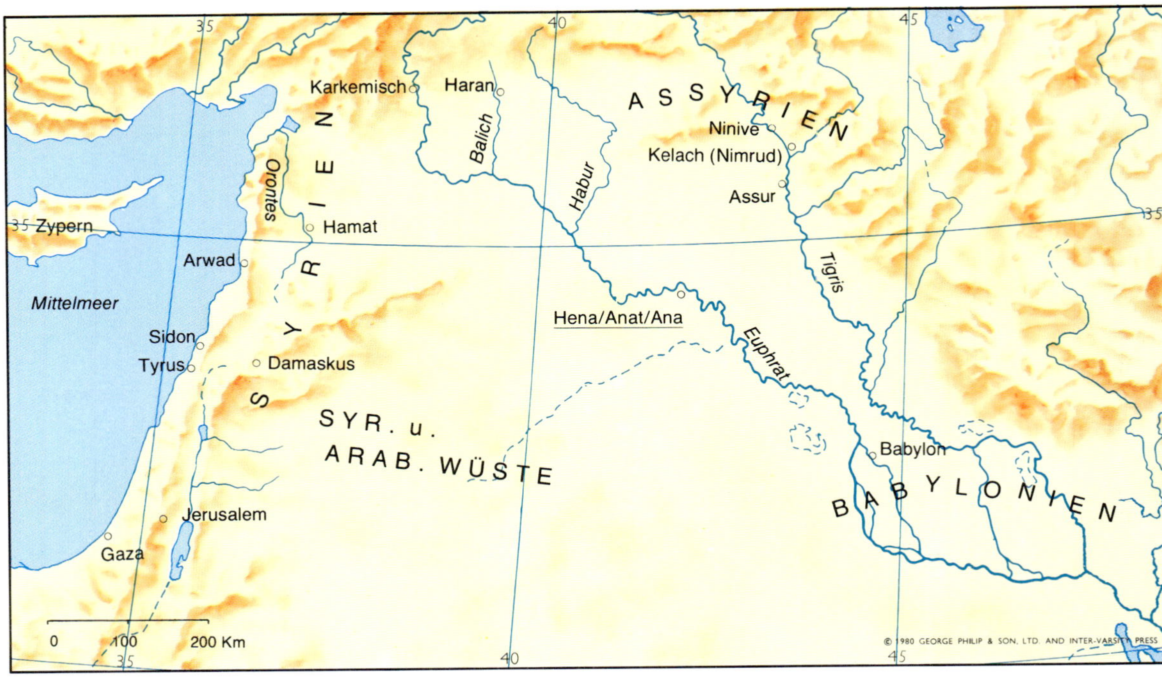

Hena (Ana) am Euphrat (s.S. 557).

Menschheit (71,14-17) identifiziert. Einige spätere jüd. Überlieferungen sahen in ihm die beinahe göttliche Figur Metatron (TPsJ, 1Mo 5,24; hebrHen). Frühe christl. apokalyptische Schriften erwarten häufig seine Rückkehr - zusammen mit *Elia – auf die Erde vor deren Ende. Das 1. Henochbuch (äthHen) zählt zu den wichtigsten zwischentestamentlichen Werken. Der vollständige Text existiert nur in äthiopisch; aber Abschnitte davon sind in griech. Sprache vorhanden, und wichtige Fragmente des aram. Originals sind nun aus den Funden von Qumran verfügbar. ÄthHen besteht aus fünf Büchern: Einleitung (1-5), angelologisches Buch (6-36), messiologisches Buch (37-71), astronomisches Buch (72-82), Geschichtsbuch (83-90), paränetisches Buch (91-105), Schluß (106-108). Die Handschriften von Qumran (vgl. *Schriftenfunde vom Toten Meer) enthalten Fragmente aller dieser Bücher außer den Gleichnissen, die nun allg. auf nicht früher als 1. Jh.n.Chr. datiert werden. In Qumran fanden sich auch Fragmente eines bislang kaum bekannten Buches der Riesen, das vermutlich das ursprünglich fünfte Buch des Henoch-Pentateuchs war und später durch die Gleichnisse (messiologisches Buch) ersetzt wurde.

Die Handschriften von Qumran tragen wesentlich zur Bestimmung der Entstehungszeit dieser Werke bei. Die ältesten Abschnitte sind das astronomische Buch (72-82) und die Kap. 6-19: Diese wurden nicht später als im 2. Jh.v.Chr., vielleicht bereits im 5. Jh.v.Chr., geschrieben. Das angelologische Buch (6-36; bes. 6-19) kann nicht später als Mitte des 1. Jh.v.Chr. geschrieben worden sein und stammt vermutlich aus der Mitte des 3. Jh.v.Chr. Das Geschichtsbuch stammt aus dem Jahr 165 oder 164 v.Chr. Das paränetische Buch (91-105) und das Buch der Riesen (ersetzt durch das messiologische Buch, 37-71) könnten Ende des 2. Jh.v.Chr. entstanden sein.

Weitere Werke unter dem Namen H. kommen aus dem christl. Zeitalter. Die Gleichnisse (äthHen 37-71), die deswegen von hohem Interesse sind, weil sie womöglich den Hintergrund für den Begriff des »Menschensohnes« in den Evangelien deutlich machen, scheinen ein jüd. Werk zu sein, auch wenn manche für einen christl. Ursprung plädieren. Das 3. Henochbuch (hebrHen) ist ein jüd. Werk, dessen Entstehungszeit umstritten ist. Das 2. Henochbuch (slavHen) ist ein spätes christl. Werk, das möglicherweise jüd. Material beinhaltet.

Literatur: P. Sacci: TRE XV, 1986, S. 42-54 (Literatur). R.J.B.

HERBERGE. Übernachtungsstätte für Reisende, die aber durch die orientalische Gastfreundschaft häufig entbehrlich war (2Mo 2,20; Ri 19,15-21; 2Kön 4,8; Apg 28,7; Hebr 13,2). Die öffentliche H. (vgl. Jer 41,17) war eine Art Schutzraum für Mensch und Tier. Ähnlich einer modernen Karawanserei bestand sie aus einem großen quadratischen Raum mit einem Brunnen in der Mitte und Räumen für die Reisenden, Kammern für das Gepäck und Ställen für das Vieh ringsherum. Die Gasträume waren ohne jegliches Mobiliar. Der Reisende breitete seinen Teppich auf dem Fußboden aus; sonst diente sein Mantel als Lager und Decke zugleich. Manchmal war ein Aufseher dort, der Nahrungsmittel verkaufte (Lk 10,34.35).

In Lk 2,7 bezeichnet das griech. Wort ganz allgemein die Unterkunft, d.h. hier vermutlich das Haus der Verwandten Josefs. Vgl. *Gastfreundschaft.

HERD. Feuerstätte des Hauses (Jes 30,14; 30,33 LÜ: Feuergrube). Es handelt sich dabei um eine runde Vertiefung im Boden, in einer Ecke des Hauses. Das Loch bzw. die Grube war meist von einer Steinreihe umgeben, auf die man den Kochtopf stellen konnte. Gebraten wurde über dem offenen Feuer. Der H. spielt für das israelit. Leben bei weitem nicht die Rolle wie für das europäische. Hes 43,15 (LÜ: Opferherd) meint wohl den Altar in Jerusalem, auf dem ständig das Opferfeuer brannte. Jes 31,9 ist mehr an das verzehrende Feuer des göttlichen Zornes gedacht.

HERDE
s. Viehzucht

HERES. (»Sonne«).

1. Für »Gebirge Heres« (Ri 1,35) ist besser Har Heres, »Sonnenberg«, zu lesen. Diese Stadt ist vermutlich mit Ir-Schemesch (Jos 19,41), auch *Bet-Schemesch (Jos 15,10) genannt, identisch. Vielleicht haben wir H. aber auch im heutigen Hirsa, 2,5 km südöstl. von Jalo (*Ajalon) zu suchen.

2. Anhöhe oder Paß, über die/den *Gideon nach seinem Sieg über die *Midianiter zurückkehrte (Ri 8,13).

HERMAS. Mitglied einer Gruppe von Christen, die z.T. namentlich in Röm 16,14 gegrüßt werden. Diese Gruppe bildete wahrscheinlich eine Hausgemeinde.

Der Name H. ist eine damals weit verbreitete verkürzte Namensform. Origenes nimmt an, daß der hier gegrüßte H. der Verfasser des »Hirt des Hermas« sei (s. *Apostolische Väter), wofür er aber keine Belege anführen kann. A.F.W.

HERMENEUTIK. In der H. geht es um das Verstehen und Auslegen eines sprachlichen Textes. Das griech. Wort *hermeneuein* meint: »aussagen, deuten, auslegen, erklären«, auch »übersetzen«; bei Platon kommt H. im Sinne von »Auslegungskunst« vor. Als Methodenlehre gibt es H. aber erst seit der Neuzeit und zwar zunächst auf die Auslegung der Bibel bezogen (M. Flacius Illyricus, J.K. Dannhauer), dann auch als allgemeine Verstehenslehre (J. Clauberg, J.M. Chladenius). Die hermeneutischen Arbeiten und Entwürfe von Fr. Schleiermacher und W. Dilthey beeinflussten stark die philosophische H. im 20.Jh. (M. Heidegger, H.-G. Gadamer); von dorther empfing wiederum die »hermeneutische Theologie« (R. Bultmann, E. Fuchs, G. Ebeling u.a.) wesentliche Impulse, der es (unter den Stichworten »Entmythologisierung«, »existentiale Interpretation«) um eine zeitgemäße Interpretation der bibl. Schriften zu tun war. Um die Frage nach einer der Bibel angemessenen H. wurden und werden (besonders wieder im 19. und 20.Jh.) z.T. heftige Kontroversen geführt; das unterstreicht die zentrale Bedeutung dieser Frage.

I. BIBLISCHE GRUNDLAGEN.
Das Judentum der Zeit zwischen den beiden Testamenten besaß bereits eine ausgeführte Auslegungstechnik für die (atl.) Schrift. Mit dem Auftreten Jesu jedoch begann ein ganz neuer Kampf um die rechte Schriftauslegung. Denn schon Jesus selber bezog atl. Worte auf sich und sein Kommen (z.B. Lk 4,18-21; Mt 11,4-6) und überbot mit unerhörter Autorität atl. Gesetzesweisungen (Mt 5,21-48). Besonders das Kreuzesgeschehen wurde als Erfüllung atl. Weissagung (vor allem Jes 53) begriffen und bereits von Jesus so gelehrt (Mk 10,45; Lk 24,25-27). Daraus ergab sich die *christologische Auslegung des AT*, die im NT durchweg geübt wird. Sie ordnet das Kommen Jesu Christi in einen heilsgeschichtlichen Kontext ein, der die gesamte bisherige Gottesgeschichte mitumfaßt, und vermag damit die tiefere Einheit des atl. und ntl. Gotteszeugnisses zu bewahren und zu bewähren: das Christusgeschehen als die eschatologische Heilsoffenbarung des Gottes Israels bestätigt die göttliche Erwählung dieses Volkes und qualifiziert die im AT bezeugte Geschichte und das atl. Wort als Geschichte und Wort auf Christus hin. Von daher ist die atl. Schrift in ihrer Beziehung zu Jesus Christus zu sehen (»sie ist's, die von mir zeugt«, Joh 5,39), aber auch umgekehrt das Geschehen und das Wort des NT von seiner Vorgeschichte und seinem Hintergrund im Alten Bund her zu verstehen und auszulegen.

Um die rechte Lehre und Auslegung angesichts von Irrlehrern geht es an den beiden Hauptstellen, an denen das NT ausdrücklich von der *Inspiration der Schrift* spricht. Paulus ermutigt *Timotheus zum unbeirrten Festhalten an der apostolischen Überlieferung (2Tim 1,13f) und unter der Weisung dessen, was er bei Paulus empfangen hat, zur Beharrlichkeit in der Lehre und der Auslegung der Schrift, »die dir Weisheit geben kann zur Rettung durch den Glauben an Jesus Christus« und »die, als von Gottes Geist durchweht [*theopneustos*], nütze ist zur Lehre, zur Zurechtweisung, zur Besserung, zur Erziehung in der Gerechtigkeit« (3,15f). Zu solcher Glauben erweckenden und bewahrenden Lehre und Auslegung ist Timotheus ausdrücklich von Paulus unter *Handauflegung beauftragt und ermächtigt worden (1Tim 4,13f). Schriftauslegung ist also kein jedermann freigegebenes, beliebiges Geschäft. Gerade weil bereits in den Propheten des Alten Bundes »der Geist Christi« war und ihnen schon die kommenden Leiden und die Herrlichkeit Christi bezeugt hat (1Petr 1,11), weil daher »nie eine Prophetie aus menschlichem Willen hervorgebracht worden ist, sondern, vom heiligen Geist getrieben, Menschen im Auftrag Gottes geredet haben«, darum kann und darf das prophetische Wort der Schrift niemals »Sache eigenmächtiger Auslegung« sein (2Petr 1,20f), sondern es wird in der Gemeinde ausgelegt kraft desselben Geistes Christi und unter der leitenden und bewahrenden Autorität des apostolischen Amtes (1,16-18; 3,15f). Im Grunde wird hier bereits die Autorität der (atl.) Schrift auf das Wort des Petrus und in 3,15f auf die Paulusbriefe ausgedehnt, ein Anspruch, der dann noch viel stärker in Offb 22,19 erhoben wird. Das bedeutet für die Schriftauslegung: Weil das Menschenwort der Bibel *Wort in der Kraft des heiligen Geistes* ist, bleibt *seine Auslegung gebunden an die Gemeinde*, die im Hören auf den Geist Christi in ihren Ordnungen lebt und sein Wort verkündigt und lehrt.

II. ASPEKTE AUS DER AUSLEGUNGSGESCHICHTE.
Die alte Kirche stand in ihrer Schriftauslegung vor einer doppelten Front: sie hatte die Einheit von Altem und Neuem Bund gegenüber dem Judentum und der Irrlehre der Gnosis zu vertreten. Vor dem Rabbinat behauptete sie die Einheit des Heilshandelns Gottes mit Hilfe ihrer christologischen Auslegung des AT, gegenüber der marcionitischen Häresie (z.B.) hielt sie am AT fest mit ihrem Bekenntnis zur Einheit von Schöpfer und Erlöser, wie es sich schon in den frühesten Glaubensbekenntnissen findet. In diesen Auseinandersetzungen bildete sich eine *Lehre vom doppelten Schriftsinn* heraus: die Bibel ist sowohl buchstäblich zu verstehen nach ihrem Wortsinn (sensus litteralis bzw. historicus) als auch übertragen nach ihrem geistlichen Sinn (sensus spiritualis bzw. mysticus). Der geistliche Sinn wurde entfaltet in einer typologischen und allegorischen Auslegung, wobei sich im NT die typologische Auslegung von atl. Ereignissen und Sachverhalten häufig findet (z.B. 1Kor 10,1-13), während die allegorische von atl. Worten die Ausnahme bleibt (z.B. Gal 4,24ff). Doch wurde in den folgenden Jahrhunderten (bis zur Reformation) gerade die Allegorese zur beliebtesten Methode. Sie bot die Möglichkeit zu allerlei – oft sehr wilden – Spekulationen darüber, was diese oder jene Bibelstelle (etwa die für griech. Empfinden sehr anstößigen anthropomorphen Gottesaussagen des AT) »in Wahrheit« sagen und bedeuten. Doch ebenfalls schon sehr früh trat neben die Vorliebe für die geistliche bzw. allegorische Auslegung der Schrift (z.B. bei Origenes und der »alexandrinischen Schule«) die Betonung der buchstäblichen Auslegung in historisch-philologischer Genauigkeit (so in der »antiochenischen Schule« im 4. Jh.). In Variationen zieht sich dieser Gegensatz durch die gesamte Schriftauslegung des Mittelalters. Es ist noch erwähnenswert, daß die »geistliche« Auslegung Hand in Hand ging mit einer ganz bestimmten, ursprünglich heidnischen *Inspirationsvorstellung*, wonach das biblische Wort auf prophetisch-ekstatische Weise vom Heiligen Geist eingegeben wurde und so ein fehlerlos-vollkommenes göttliches Buch entstand. Dieses Verständnis, unter dem Eindruck der montanistischen Schwärmerei zunächst etwas zurückgenommen, wurde von Augustin wieder aufgegriffen und erneuert: die Evangelisten etwa hätten nur geschrieben, »was sie von dem diktierenden (!) Haupt [d.i. Christus] erfuhren«. Ihre Worte sind daher stets auch Zeichen für tiefere göttliche Wahrheiten und deshalb geistlich-übertragen auszulegen.

Die H. des *Mittelalters* wurde beherrscht von der *Lehre vom vierfachen Schriftsinn*, wie sie zuerst Johannes Cassian (gest. 435) ausformulierte. Über dem buchstäblichen, historischen Sinn (*littera* oder *historia*) erheben sich, analog zu Glaube, Liebe und Hoffnung und Vergangenheit, Gegenwart und Zukunft umfassend, die drei geistlichen Sinne, nämlich *allegoria* (Heilsgeheimnis), *tropologia* (Ethik) und *anagoge* (Zukunftsverheißung). So eröffnete solche vierfache Schriftauslegung eine universale Weltsicht, die, wie es mittelalterlichem Denken entsprach, schlechthin alles im Himmel und auf Erden einbezog. Wichtigste Hilfe und Autorität der Auslegung waren die altkirchl. Väter und zunehmend auch die antiken Philosophen, allen voran Aristoteles, dessen Logik im 13.Jh. besonders in die scholastische Bibelauslegung eindrang. Nur einige wenige protestierten gegen solche »Überfremdung« der traditionellen kirchl. H. durch die Philosophie. Und hier schon wurzelt die Spannung, die in den folgenden Jahrhunderten die hermeneutische Debatte bestimmte, zwischen einer stärker kirchlich-dogmatisch ausgerichteten und einer stärker an profan-wissenschaftlichen Methoden orientierten Schriftauslegung! Zur Alternative und schließlich zum Gegensatz wurde beides in der Zeit der

Aufklärung, vorbereitet von der humanistischen H., besonders der des Erasmus von Rotterdam.

Eine eindrucksvolle Einheit weist dagegen die Schriftlehre und H. M. Luthers auf. Für ihn ist die Schrift vor allem »Wort Gottes«, was ganz wörtlich zu nehmen ist: *hier redet Gott selbst!* Darum kann Luther nicht mehr trennen in Buchstabe und Geist, Litteral- und Spiritualsinn, sondern der einfache Buchstabensinn ist der geistliche Sinn, eben weil Gottes Geist sich an den äußeren Buchstaben und den Wortlaut der Schrift in seiner ganzen Menschlichkeit und Niedrigkeit gebunden hat (»der heilige Geist ist der allereinfältigste Schreiber und Redner«); und hier geschieht es immer wieder, daß der lebendige Gott, im Gesetz tödlich aufdeckend und richtend und im Evangelium gnädig Vergebung und Leben schenkend, zu uns spricht. Von daher hat die Schrift eine einzigartige Autorität auch gegenüber aller kirchlichen Tradition (»das Wort Gottes ist in unvergleichlicher Weise über der Kirche«). Sie ist »in sich selbst und von sich aus völlig gewiß, sehr leicht verständlich, gänzlich unverhüllt, Interpret ihrer selbst, alles und jedes prüfend, beurteilend und erhellend«. Und darum gilt es, ans Schriftstudium alle Kraft und »unsern Schweiß zu setzen«, weil nur solche Mühe »uns des Geistes der Schrift gewiß macht«, »durch den sie allein verstanden werden kann« und »der nirgends lebendiger und gegenwärtiger gefunden werden kann als in seiner Schrift, die er geschrieben hat«. Im Hören auf den Wortlaut der Schrift bekommen wir es mit dem Heiligen Geist zu tun, der allein das Schriftverständnis aufschließt und ihre rechte Auslegung ermöglicht.

Die (lutherische) Orthodoxie sah in der Schrift vor allem die offenbarte »Lehre von Gottes Wesen und Willen« (J. Gerhard), die vom Heiligen Geist den biblischen Autoren »in den Griffel diktiert worden ist« (D. Hollaz). Mit dieser *Verbalinspirationslehre* nahm sie die altkirchlichen und besonders augustinischen Vorstellungen wieder auf und perfektionierte sie: Die ganze Schrift (alle Sachverhalte, Worte und Buchstaben bis hin zur hebr. Vokalisation) ist vom Heiligen Geist »auf übernatürliche und außergewöhnliche Weise« den Propheten, Evangelisten und Aposteln eingegeben worden, weshalb sie in jeder Hinsicht völlig irrtumslos ist (A. Calov). Die Menschlichkeit und Geschichtlichkeit der Schrift tritt damit zurück zugunsten eines metaphysisch-rationalistischen Offenbarungsmodells.

Während die Orthodoxie die Schrift einseitig dogmatisch auslegte, verstärkte im Gegenzug die beginnende *Aufklärung* deren historische Erklärung (z.B. H. Grotius), wandte sich mit *bibelkritischen* Beobachtungen gegen die Verbalinspirationslehre, schließlich überhaupt gegen den biblischen Offenbarungsanspruch (besonders im englischen Deismus) und führte die Vernunft mit ihrer »natürlichen« Sittlichkeit als oberste Auslegungsinstanz ein (B. Spinoza). Die bibl. Offenbarung wurde relativiert als nur vorläufiges »Vehikel« zur Beförderung der allgemeinen, sittlichen Vernunftwahrheit (Lessing, Kant). In alledem *verband sich historische Bibelkritik mit einem von außen an die Schrift herangetragenen Auslegungskriterium* – eine Synthese, die für die H. des *Neuprotestantismus* wegweisend wurde. So unterschied J.S. Semler ein überzeitlich-unveränderliches »Wort Gottes«, nämlich die moralische »Lehre Christi«, die »außer und über aller Kritik steht«, von der geschichtlich gewordenen äußeren Gestalt der Schrift, die Gegenwart historisch-kritischer Untersuchung ist und das Wort Gottes nur »enthält«. Damit brauchte es zur Auslegung einen »*Kanon im Kanon*«, den Semler im »Geist Christi« sah (letztlich nichts anderes als die moralische Vernunft der Aufklärung).

Das hermeneutische Schema Semlers setzte sich weithin bis in unsere Gegenwart durch. Im 19.Jh. war es ein bestimmtes Religionsverständnis, das als Norm und Raster die Schriftauslegung festlegte (Fr. Schleiermacher, A. Ritschl), in der »hermeneutischen Theologie« des 20.Jh. dann ein bestimmtes Existenzverständnis, nach dem die Schrift zu interpretieren war - jeweils begleitet von intensiver historisch-kritischer Erforschung der Schriftgestalt. Was bei Luther eins war, die historische Arbeit am Wortlaut der Schrift und ihre geistliche Auslegung, das wurde nun mit Absicht geschieden: der *historisch-kritischen Methodik* steht die *hermeneutisch-theologische Methodik* gegenüber, »verbunden« nur durch einen Glaubensbegriff, der auf jegliche äußere, z.B. historische Sicherung bewußt verzichtet (so vor allem bei R. Bultmann).

Daneben behauptet sich allerdings das Erbe der *pietistischen Hermeneutik*, die von der Inspiration und Einheit der Schrift ausgeht, von daher die Wiedergeburt des Auslegers als die entscheidende Voraussetzung rechter Schriftauslegung betrachtet, sich aber zugleich um exegetische Genauigkeit müht (J. Rambach, J.A. Bengel). In der Nähe zur pietistischen H. stehen *Einzelgänger* wie J.G. Hamann, J.Chr.K. v.Hofmann oder A. Schlatter, die die Wahrnehmung der Besonderheit der Schrift und ihres geschichtlichen Gotteszeugnisses auch vor der wissenschaftlichen Kritik durchzuhalten versuchten und so eine Verbindung von allgemeiner und spezifisch bibl. H. anstrebten.

Gegenwärtig haben wir es (bei fließenden Übergängen und vielen Nuancierungen) mit etwa vier hermeneutischen Positionen zu tun:

1. Die *radikal-kritische Position* kennzeichnet ein starker historischer Skeptizismus, dessen exegetische Arbeit die Schrift in eine Unzahl von widersprüchlichen Einzelaussagen und Vorstellungen auflöst, von denen kaum noch theologische Verbindlichkeit ausgeht.

2. Die *Position der gemäßigten Kritik* ist im Bewußtsein des besonderen Offenbarungsanspruchs der Bibel offen für eine Methodenüberprüfung der Exegese und verlangt als Einstellung zu ihr wenigstens eine »kritische Sympathie« (W.G. Kümmel) oder lehrt eine »Hermeneutik des Einverständnisses mit den biblischen Texten«, die sich »an den durch die Bibel selbst gesetzten hermeneutischen Maßstäben« zu orientieren und auch die dogmatische Tradition zu beachten hat (P. Stuhlmacher). Während diese beiden Positionen, wenn auch in unterschiedlicher Weise, grundsätzlich positiv zur historisch-kritischen Schriftforschung stehen, lehnen die beiden folgenden sie grundsätzlich ab:

3. Die *neupietistische H.*, wie sie z.B. G. Maier vertritt, fordert eine »historisch-biblische Methode«, die sich sowohl der Sachkritik wie der Beurteilung der Schrift anhand eines »Kanons im Kanon« enthält, aber dennoch in gebührender Achtung und persönlicher Glaubenshaltung die Schrift gründlich erforscht.

4. Die *Position des protestantischen Fundamentalismus*, die etwa die »Chicago-Erklärung über die Irrtumslosigkeit der Bibel« ausdrückt, geht von einem fehlerlos wörtlich-inspirierten Urtext der Schrift aus, so daß es in ihr höchstens »scheinbare Unstimmigkeiten«, aber keine echten Fehler und Widersprüche geben kann; rechte Schriftauslegung muß daher in jedem Fall auf dieser dogmatischen Glaubensvoraussetzung basieren.

III. PROBLEME – SACKGASSEN – WEGE.

Wenn man nun den bibl. Befund und die Auslegungsgeschichte ein wenig überblickt, zeigen sich ganz bestimmte Probleme, Sackgassen, aber auch Wege der H.

1. Geschichtsbezogenheit der Heiligen Schrift.

Ein Grundproblem in der Auslegungsgeschichte ist die häufige Vernachlässigung der Geschichtsbezogenheit des biblischen Wortes und Gotteszeugnisses. Sowohl die Allegorese wie das orthodoxe Verständnis von *Offenbarung als übernatürlicher (per Diktat) eingegebener Lehre (*doctrina*) sehen das Wesen der Schriftaussagen in zeitlosen, geistig-metaphysischen Wahrheiten. Die Grundlage allen bibl. Zeugnisses ist jedoch Gottes geschichtliches Wirken in Wort und Tat, das sein Zentrum im Heilshandeln in Jesus Christus hat. Nur aufgrund dieser Geschichte wissen wir wirklich, wer Gott ist, und auf ihr »ist der Glaube aufzubauen« (M. Luther: »Ex historia aedificanda est fides.«). Offenbarung ist eben dieses *Reden und Handeln Gottes in Israel, das in Jesus Christus zum Ziel gekommen ist.* Und in dieser zielgerichteten Geschichtsoffenbarung liegt auch der Zusammenhang von AT und NT begründet. Eine Auslegung, die dies nicht genügend berücksichtigt, geht am Kern der bibl. Aussage vorbei.

2. Autorität der Heiligen Schrift. Die Autorität der Heiligen Schrift beruht daher zuerst einmal auf der *Autorität der besonderen Geschichte*, deren Urkunde sie ist: sie bezeugt aus unmittelbarer Nähe die geschichtliche Selbstoffenbarung Gottes, darin zugleich den Weg zum Heil und zu einem Leben nach Gottes Willen. Zur Autorität der Schrift gehört damit auch die *Autorität ihrer Zeugen und Verfasser*, die in besonderer Nähe zu Gottes Wirken standen, von ihm ergriffen, geläutert und verwandelt wurden und in Gottes Auftrag verkündigten (vgl. 1Joh 1). Darum ist ihr Wort auch nicht mehr nur Menschenwort, sondern »in Wahrheit Gottes Wort, das in euch wirkt, die ihr glaubt« (1Thess 2,13), und das heißt: durch sie redet Gott selbst. Hierin liegt noch einmal ganz besonders die Autorität der Heiligen Schrift: es ist die *Autorität des redenden Gottes selber*, der das Wort der Schrift zu seinem eigenen macht und dadurch Glauben weckt und Leben schenkt. Dieser dreifachen Autorität der Schrift entspricht die bibl. Lehre von ihrer *Inspiration: Gottes Geist war immer auch da, wo Gott in der Geschichte redete und handelte; Jesus ist der im Geist gesalbte Christus (Mk 1,10; Lk 4,18), seine Worte sind »Geist und Leben« (Joh 6,36). Der Heilige Geist war auch in den Propheten (1Petr 1,11), sprach »durch den Mund Davids« (Apg 1,16) und durch die Apostel (Apg 4,8). Und ebenso hat es die Gemeinde Jesu unter der Schrift zu allen Zeiten erfahren, daß Gottes Geist sie durchs Schriftwort ergriff, überhaupt ins Leben rief und auch erneuerte. »So halten wir dafür, daß die Schrift zwar durch den Dienst von Menschen, aber tatsächlich doch aus Gottes eigenem Mund zu uns kommt« (J. Calvin)

3. Konsequenzen für die Auslegung der Heiligen Schrift.
Auf die Autorität des durch geschichtsbezogenes Menschenwort der Schrift in der Kraft des Heiligen Geistes redenden Gottes hat die Kirche mit der *Kanonbildung* geantwortet und damit die Besonderheit und göttliche Würde dieses Wortes anerkannt. Kirchliche H. kann daher nicht mehr hinter diesen Entscheid zurückgehen und so tun, als wäre die Heilige Schrift ein Buch wie jedes andere, das allein durch allgemeine geschichtswissenschaftliche und hermeneutische Methoden auszulegen sei. Solche Auslegung stellte sich selbst außerhalb des Lebensraums der *Kirche*, der zugleich der *Verstehensraum der Schrift* ist. Denn »die heiligen Schriftsteller meinen niemand ausreichend verschmeckt zu haben, der nicht 100 Jahre mit den Propheten die Gemeinde geleitet hat. . .«, wie Luthers letzte Notizen sozusagen als hermeneutische Bilanz festhalten.

Die Schrift ist für die Kirche geschrieben und nur in ihr zu verstehen, sofern die Kirche aus dem Geist der Schrift lebt. Denn die andere hermeneutische Weisung Luthers will, daß die Heilige Schrift »verstanden werde durch sich selbst und ihren eigenen Geist«. Damit wird nicht eine »Hermeneutik der Wiedergeburt« gefordert; gerade in der Schriftauslegung ist der Heilige Geist nämlich nie unser Besitz, sondern immer ans Wort der Schrift gebunden. *Auslegung im Geist der Schrift* hat daher aufgrund der Eigenart der Heiligen Schrift stets zwei Seiten: eine geschöpfliche und eine geistliche. Weil Gottes Geist immer auch Geschöpfliches gebraucht, kann das geschichtliche Zeugnis der Schrift vom Wirken Gottes als in Dienst genommenes Menschenwort auch auf geschöpfliche Weise wahrgenommen, verstanden und historisch nachgeprüft werden. Und hier können und sollen die entsprechenden wissenschaftlichen Disziplinen in ihren Grenzen ganz gewiß der Schriftauslegung dienen. Weil aber Gottes Offenbarung in dieser Welt immer auch in Verhüllung geschieht, und die Heilige Schrift in ihrer menschlichen Niedrigkeit daran teilhat, braucht es auch eine geistliche Weise, Gottes Weg und Wort zu erkennen, zu verstehen und im Glauben anzunehmen. Dies wird möglich, wo der Herr der Schrift selbst seinen Jüngern die Schrift öffnet und auslegt (Lk 24,25-27). Beide Seiten aber, *geschöpfliche Wahrnehmung und geistliches Erkennen, gehören untrennbar zusammen*, wie eben Geschichte und Wirken Gottes, Wort und Geist, Menschenwort und Gotteswort in der Heiligen Schrift untrennbar zusammengehören. Solche charakteristische *Einheit von Göttlichem und Menschlichem* ist aller Schriftauslegung vorgegeben. Zugleich hat die Schrift die Kraft, ihre Ausleger unversehens selber im Licht Gottes auszulegen, ihre Auslegung zum Ausgelegtwerden durch die Heilige Schrift werden zu lassen.

Literatur: G. Ebeling: RGG³ III, 1959, 242-262; C.v. Bormann, L. Schmidt, W. Schenk: TRE XV, 1986, S. 108-150; P. Stuhlmacher: Vom Verstehen des Neuen Testaments, ²1986; J. Cochlovius, W. Zimmerling: Evang. Schriftauslegung, 1987; J. Gribomont, G. Bernt, L. Hödl, H. Riedlinger: Lexikon des Mittelalters, 1980ff, Bd. 2, 41-65; M. Luther: Vorrede zur Assertio omnium articulorum. . . (1520), deutsch in: Evang. Schriftauslegung, hrsg. v. J. Cochlovius, W. Zimmerling, 1987, S. 23-29; K.-H. Michel: Anfänge der Bibelkritik. Quellentexte aus Orthodoxie und Aufklärung, 1985; ders.: Geschichte und Wahrheit. Von den Voraussetzungen der Schriftauslegung, ThBeitr 18/1987, S. 120-132; H. Lindner: Johann Georg Hamann über Bibel und Offenbarung, ThBeitr 6/1975, S. 198-206; H. Hempelmann: Grundfragen der Schriftauslegung, 1983; A. Schlatter: Atheistische Methoden in der Theologie? neu hrsg. von H. Hempelmann, 1985; G. Maier: Heiliger Geist und Schriftauslegung, 1983.

K.H.M.

HERMES. In der griech. Mythologie galt H. als Sohn des Zeus, den ihm die Nymphe Maia geboren hatte. Als kundiger und allzeit hilfsbereiter Geleiter der Reisenden führte H. auch die in die Unterwelt reisenden Seelen. In der Rolle des Sprechers und Dieners des Zeus (»Götterbote«, vgl. Apg 14,12) findet sich H. ebenso wie als Gott der Herden, der Rede- und Schreibkunst, als Meister der Vortragskunst, als der Geber guter Gelegenheiten und nicht zuletzt auch als »Beschützer« der Schelme und Diebe.

Der Name H. geht auf eine Bezeichnung von Steinmalen, Orientierungspunkten und Wegweisern zurück und bedeutet ursprünglich »der vom Steinhaufen«. Die Steinmale waren im Freien aufgestellte, vierkantige, von einem bärtigen Hermeskopf gekrönte Pfeiler (Hermen). In der Spätantike spielte H. Trismegistos (»Hermes, der dreimal Größte«, d.h. »der Allergrößte«) in den *Hermetischen Schriften die Rolle des Weisen und Gesetzgebers, dessen Weisheit in vielen Büchern niedergelegt war.

K.G.

HERMETISCHE SCHRIFTEN. Eine Literatursammlung, die mit dem Namen des »Hermes Trismegistos« (»Hermes, der dreimal Größte«) in Verbindung gebracht wird.

I. URSPRUNG UND CHARAKTER. Die Schriften stellen eine Verschmelzung ägypt. und griech. Denkweisen dar, die oft von mystischer, persönlicher Religiosität erfüllt sind. Der hellen. Synkretismus identifizierte Thoth, den ägypt. Schreibergott, mit dem griech. *Hermes, dessen Funktionen ähnlich waren. Auf diese Weise wurde der Name des alten und weisen »Hermes Trismegistos« mit einem Großteil der magischen und astrologischen Kenntnisse der ägypt. Tempel verknüpft, die nun mit griech. Wissenschaft versetzt und in Offenbarungsform dargeboten wurden. Die Literatur dieser Art, die uns erhalten blieb, mag auf das frühe 2. Jh.v.Chr. zurückgehen.

Dauerhafteres Interesse finden jedoch die deutlicher philosophischen und religiösen Abhandlungen in griech. Sprache, die von verschiedenen unbekannten Autoren verfaßt wurden und in denen Hermes, Tat (eigentlich eine Nebenform von Thoth, aber als selbständig betrachtet), Asclepius und andere als Lehrer und Schüler auftreten. Die Abhandlungen stammen zumeist aus dem 2. und 3. Jh.n.Chr.; einige mögen auch etwas früher entstanden sein. Die wichtigsten noch vorhandenen Stücke sind eine Gruppe von achtzehn Abhandlungen (von denen eine aus Fragmenten rekonstruiert wurde), die in der christl. Manuskripttradition überliefert wurden, und ein langes, Asclepius gewidmetes Traktat, das in einer latein. Übersetzung und in der *Nag Hammadi Bibliothek auch in einer koptischen Version erhalten geblieben ist. Zusätzlich gibt es etwa 30 hermetische Fragmente in der Anthologie des Stobaeus (5. Jh.n.Chr.) und weitere bei anderen frühen Schriftstellern. Im Kodex 6 der Nag Hammadi Bibliothek sind neben der kopt. Version von Asclepius 21-29 drei weitere hermetische Schriften enthalten: Der »Authentikos Logos« (»Die maßgebliche Lehre«), ein Dialog »Über die Achtheit und Neunheit« und »Das Gebet der Danksagung«. Asclepius und die Schrift über die Achtheit und Neunheit erwähnen eigens Hermes, alle jedoch enthalten Ähnlichkeiten mit den schon vorher bekannten hermetischen Schriften. Obwohl das »Gebet« sehr kurz ist, ist es doch wertvoll, weil es die hermetischen Kultpraktiken erhellt.

Einige Abhandlungen haben die Form von Briefen; andere sind sokratische Dialoge. Der berühmteste unter ihnen, der Poimandres, ist eine Vision, die an die des Hermas erinnert (*Apostolische Väter).

II. INHALT.
In gewisser Weise kann man den Poimandres als ein typisch hermetisches Werk betrachten. In ihm macht Poimandres (vielleicht koptisch *p-emi-n-re*, »Wissen des [Sonnen]gottes«), genannt der »Geist [*Nous*] der höchsten Gewalt«, Hermes das Angebot, ihm zu offenbaren, was er wissen möchte: »die Dinge, die sind, und ihre Natur zu verstehen und Gott zu kennen«. Es folgt die Erzählung von der Weltschöpfung und vom Sündenfall des Menschen. Erstere hat Elemente, die 1Mo entnommen sind; die zweite beschreibt, wie der Archetyp Mensch, Gottes Ebenbild, eine verhängnisvolle Umarmung mit der Natur einging und folglich ein vermischtes Wesen wurde, sterblich und unsterblich zugleich. Ein Entkommen aus der Todeshand der Natur ist jedoch denen möglich, die Buße tun und die Verdorbenheit aufgeben, bis der Aufstieg der Seele mit dem Tod vollendet ist, wenn Körper, Leidenschaft, Gefühl ganz aufgegeben werden und der Mensch in Gott eingeht.

Nicht alle hermetischen Schriften sind so zusammenhängend, aber das Ziel, das im Poimandres ausgedrückt wird, und die Auffassung, die sich hier zeigt, herrschen allgemein vor. Das Ziel heißt Wissen; der sterbliche Körper ist der Fluch; Wiedergeburt (in der Abhandlung 13 enthusiastisch beschrieben), die Reinigung der Seele vom Makel der Materie, das höchste Gut: die endgültige Befreiung der Seele und die Einverleibung in Gott. Es erklingt auch ein warmer Ton der Andacht und Hingabe; der Appell an die achtlose Menschheit im Poimandres und der noch leidenschaftlichere Ruf der Abhandlung 7 sind bewegend; die gelegentlich eingestreuten Hymnen sind inbrünstig und stürmisch.

Dieser mystischen Frömmigkeit wird eine ziemlich angestaubte Philosophie hinzugefügt, die vom Ursprung her teils platonisch, teils stoisch ist, mit freier Verwendung kosmogonischer Mythen. Auch jüd. Quellen haben etwas beigesteuert, und die Sprache der LXX hallt wider. Man kann in der Tat die Meinung vertreten, daß ursprünglich jüd. Einflüsse eine Religiosität dieser Art anregten. Die verschiedenen Elemente stehen nicht immer im Zusammenhang; innerhalb der Sammlung gibt es Unvereinbarkeiten und Widersprüche. Die ganze Tendenz ist monotheistisch, aber nicht auf polemische Art. Über Zeremonie und Sakramente wird wenig gesagt. Obwohl es keinen Hinweis auf eine hermetische »Kirche« gibt, gibt es in dem Dialog von Nag Hammadi »Über die Achtheit und Neunheit« einen Bezug auf eine Bruderschaft, die aus hermetischen Heiligen bestand, und im »Gebet der Danksagung« einen Hinweis auf kultisches Küssen und das Essen von Nahrung ohne Blut.

III. DIE HERMETISCHEN SCHRIFTEN UND DIE BIBEL.
Daß die hermetischen Schriften das AT gebrauchen, ist – wie gesagt – unbestreitbar. Die Beziehung zwischen der hermetischen Religion und dem NT dagegen wird unterschiedlich eingeschätzt. Der Kirchenvater Lactantius (um 315 n.Chr.), der glaubte, daß »Hermes« in grauer Vorzeit geschrieben habe, war hocherfreut über seinen Monotheismus und die Anrede Gottes als »Vater« (Divinae Institutiones 1.6). Jüngere Schriftsteller weisen auf feinere Parallelen mit dem NT in Gedankengut und Sprache hin, von denen aber nicht alle von gleicher Bedeutung sind. Der *Logos etwa ist im hermetischen Denken gleichzeitig kosmisch und eine Aktivität der Seele, aber nicht personal. Für eine Aussage wie »Du, der Du mit einem Wort alle Dinge, die sind, geschaffen hast« (Poimandres 21) braucht kein anderer Hintergrund angenommen zu werden als 1Mo; im Original steht kein bestimmter Artikel. Auffallender sind Aussagen wie »Niemand kann vor der Wiedergeburt errettet werden« (Abhandlung 13.1), »Wer den Leib liebt, bleibt in der Dunkelheit« (Poimandres 19) und der »johanneische« Wortschatz von Licht und Dunkelheit, Leben und Tod, Glaube und Zeugnis. Ein direkter Einfluß des NT auf spätere hermetische Schriften ist nicht unmöglich, aber nicht bewiesen; direkter Einfluß der hermetischen Literatur auf das NT wäre allerdings noch schwerer zu begründen. Wie auch immer: die erhaltenen rel. hermetischen Schriften sind nahezu sicher später als der Großteil des NT entstanden und entstammen erkennbar einer feststehenden Tradition; und es mögen die Recht haben, die sagen, daß Johannes teilweise ein Publikum mit Glauben und Bildung von dieser Art vor Augen hat. Wir müssen jedoch bedenken, daß die Hermetica nur ein Beispiel zeitgenössischer Frömmigkeit sind; und zu der Sprache der Johannes-Schriften lassen sich auch im jüd., in seinem Kern bibl. Dualismus von Qumran Parallelen finden.

Was den Inhalt betrifft, so zeigt sich, daß die hermetischen Parallelen dem am nächsten stehen, was man als Nebenfragen des NT bezeichnen könnte: nämlich dem Verlauf der Erlösung und nicht so sehr ihrem Wesen und den Mitteln, mit denen sie bewirkt wird. Ihr Verständnis der Sünde als Unwissenheit oder Leidenschaft, die abgestreift werden müssen, statt als Rebellion, die der Versöhnung bedarf, ihr Sehnen nach einer Erlösung, die eine Vergöttlichung durch Vereinigung mit Gott einschließt, zeigen, daß die Antriebskräfte der Hermetiker in eine heidnische und nicht in eine bibl. Richtung gingen. Und obwohl die ethische Unterweisung der Hermetica nachdrücklich und hochgesteckt ist, läßt ihre gegenweltliche Natur der Konkretheit der biblischen Ethik keinen Raum. C.H. Dodd sagt mit Recht: Von dem reinen und unbefleckten Gottesdienst, von dem Jak 1,27 spricht, erfüllten die Hermetiker nur den zweiten, nicht den ersten Teil. (Vgl.*Gnosis).

Literatur: A.D. Nock, A.J. Festugière: Corpus Hermeticum², 4 Bde., 1960 (mit franz. Übersetzung); vgl. auch W. Scott: Hermetica, 4 Bde., 1924-36; A. J. Festugière: La Révélation d'Hermès Trismégiste, 4 Bde., 1944-49; C.H. Dodd: The Bible and the Greeks, 1935; ders.: The Interpretation of the Fourth Gospel, 1953, S. 10ff. Zu den neuen Hermetica: J. Doresse: The Secret Books of the Egyptian Gnostics, 1960, S. 275ff; L.S. Keizer: The Eighth Reveals the Ninth, 1974; The Nag Hammadi Library in English, hrsg. von J.M. Robinson, 1977.

A.F.W.

HERMON. (Hebr. *chermōn*, »durch Bann [*cherem*] geweihter Berg«?). Die Mehrzahl *chermōnim* (Ps 42,7 vgl. 89,13) spielt entweder auf die drei fast gleichhohen Gipfel (bis 2814 m) an oder bringt als emphatischer Plural die Größe des Berges zum Ausdruck. Dieser südl. Teil des Anti-*Libanon heißt heute arab. Dschebel Esch-Schech, »Berg des Greises«, oder Dschebel El-Teldsch, »Schneeberg«. Der H. liegt gegenwärtig im Dreiländereck Syrien – Libanon – Israel, ist von großer strategischer Bedeutung und war deshalb in den Kriegen von 1967 und 1973 hart umkämpft. Die hohen Niederschläge (1000 mm) gehen zumeist als Schnee nieder, der an geschützten Stellen das ganze Jahr über liegen bleibt. Das Schmelzwasser ist eine der Hauptursachen für die *Jordan-Quellen am Südfuß, deren stärkste bei Banyas (*Cäsarea Philippi) entspringt. Der H. war berühmt für seinen Reichtum an Wasser (Ps 133,3), Wald (Hes 27,5) und Wildtieren (Hld 4,8). Noch am Beginn des 20. Jh. kamen dort Bären vor.

Der H. ist ein Hauptsiedlungsgebiet der einer Geheimreligion anhängenden Drusen, die vielleicht von den Iuräern (*Iuräa) abstammen (S. Dar, PEQ 120, 1988, 26–44). Bei den *Ammonitern soll der H. Senir geheißen haben (5Mo 3,9), womit sonst im AT (Hld 4,8; 1Chr 5,23) wie auch in den Annalen Salmanassars III. (*saniru*) nur der nördl. des H. gelegene Teil des Anti-Libanon gemeint ist. Als Name bei den *Sidoniern wird Sirjon angegeben (5Mo 3,9), womit in hetitischen Texten wie offenbar auch in Jos 11,17 der gesamte Anti-Libanon bezeichnet wird. Vielleicht ist 5Mo 4,48 (*hor si'ōn,* »das ist der Hermon«) daraus entstanden (P.C. Craigie: Deuteronomy, 1976, 147), aber der Ausdruck kann auch »sehr hoher Berg« heißen (KBL 919, vgl. Hiob 20,6), was vortrefflich zum H. paßt. Den vorisraelit. Bewohnern war der Berg heilig, was Namen wie *Baal-H. (Ri 3,3; 1Chr 5,23) zeigen. Der H. gehörte zum Gebiet des *Og von *Baschan (Jos 12,5), fiel dem Stamm *Manasse zu (Jos 13,11, vgl. 11,3.17; 12,1) und wurde zur nördl. Landmarke des israelit. Gebietes (5Mo 3,8; Jos 11,17; 13,5). Kanaan. Kulte sind in einem Vertrag zwischen den *Hetitern und dem Amoriter Aziru um 1350 v.Chr. erwähnt. Nach einer wahrscheinlichen Korrektur von Am 4,3 werden die Bewohner *Samarias »hermonwärts« (hebr. *ha-chermōnāh*), d.h. in Richtung Assyrien, gejagt. Nichts spricht für eine Identifizierung der Ortsbezeichnung mit Armenien. Heidnischer Götterglaube fand im H.-Gebiet bis weit in die spätröm. Zeit Anhänger, wie mehrere Tempel aus dieser Zeit belegen (S. Dar, Y. Tepper: ESI 4, 1985, 75f).

Der H. spielt in den Schriften essenisierender Gruppen eine gewisse Rolle. Er gilt als Ort des Engelsturzes von 1Mo 6,1-6 (äthHen 6,6; 13,7.9), aber auch besonderen Offenbarungsempfanges (äthHen 12-16; TestLev 2-5). Offensichtlich waren derartige Kreise auch in der Gegend ansässig (G.W.E. Nickelsburg, JBL 100, 1981, 582-590) und erwarteten hier den Anbruch der Endzeit (Riesner, 54f; *Damaskus). Das *Petrus-Bekenntnis bei *Cäsarea Philippi (Mt 16,13-19/ Mk 8,27-29) führt in das H.-Gebiet. Mit dem »sehr hohen Berg« (griech. *horos hypsēlos*) der Verklärung (Mt 17,1/Mk 9,2) könnte nach der Ausdrucksweise von TestLev 2,5 (vgl. 4Q213 Z. 16f und 5Mo 4,43MT) der H. gemeint sein. Auf ihn scheint auch die früheste Tradition (Eus. In Ps 88, 13 [PG 23.1092]') zu deuten, gegen die sich aber schon seit der Mitte des 4. Jh. die Lokalisierung auf dem *Tabor durchsetzte (ELS 320ff). Aufgrund einer falschen Interpretation von Ps 41,7 nannten die byzantin. Christen den Hügel Ha-*More (Ri 7,1), ca. 7 km südl. des Tabor, H. und verbanden ihn mit einem Aufenthalt Jesu (J. Wilkinson: Egeria's Travels, 1981, 192; *Nain).

Literatur: C. Kopp: Die Heiligen Stätten der Evangelien, ²1964, 299f; A. van den Born: Bibellexikon, ³1982, 713; S. Dar: ESI 5 (1986), 78-81; R. Riesner: TynB 38 (1987), 54-58. R.R.

Der schneebedeckte Hermon in Nordgaliläa, 2274 m über dem Meeresspiegel, von SO aus gesehen. (SH)

HERODES.

1. Herodes der Große, König der Juden 37-4 v.Chr., geboren ca. 73 v.Chr. Sein Vater Antipater, ein Jude idumäischer Herkunft, erlangte nach der röm. Eroberung eine sehr einflußreiche Position in Judäa und wurde 47 v.Chr. durch Julius Cäsar zum Prokurator von Judäa ernannt. Er wiederum ernannte seinen Sohn H. zum Militärpräfekten von Galiläa, und dieser zeigte seine Qualitäten mit Nachdruck, indem er die Räuberei in jener Region unterdrückte. Der röm. Gouverneur in Syrien war so beeindruckt von seiner Energie, daß er ihn zum Militärpräfekten von Coelesyrien machte. Nach der Ermordung Cäsars und dem anschließenden Bürgerkrieg genoß H. das Wohlwollen von Antonius. Als die Parther Syrien und Palästina besetzten und den Hasmonäer Antigonus auf den Thron von Judäa hoben (40-37 v.Chr.), gab der röm. Senat auf Anraten von Antonius und Octavian H. den Titel »König der Juden«. Nach drei Jahre dauernden Kämpfen, in denen H. ein König ohne Land war, konnte er den Thron besteigen und regierte Judäa 33 Jahre lange als loyaler »Freund und Verbündeter« Roms. Bis 31 v.Chr. war H.' Position trotz Antonius' Wohlwollen unsicher aufgrund der Machenschaften von Kleopatra, die Judäa und Coelesyrien zu einem ptolemäischen Königreich vereint sehen wollte. Diese Gefahr wurde durch die Schlacht bei Actium (31 v.Chr.) beseitigt, nach der H. durch Octavian (Augustus), den neuen Herrscher des röm. Reiches, in seinem Königreich bestätigt wurde. Eine andere Gefahrenquelle für H. war die Familie der Hasmonäer (s.*Makkabäer), die Ärger darüber empfanden, von einem, den sie als Emporkömmling betrachteten, vom Thron verdrängt worden zu sein. Obwohl er in diese Familie hineinheiratete, als er Mariamne, die Enkelin des früheren Hohenpriesters Hyrkan II., zur Frau nahm, führte sein Argwohn H. dazu, sich nach und nach der führenden hasmonäischen Überlebenden, einschließlich Mariamnes selbst (29 v.Chr.), zu entledigen.

H. befriedete die Gebiete an der Nordostgrenze, und Augustus fügte sie seinem Königreich hinzu. H. förderte die Kulturpolitik des Kaisers durch verschwenderische Bauvorha-

Herodianische Münzen. Rechts: bronzene pruta *mit Anker, die griech. Inschrift lautet: »von König Herodes« (Herodes I. 40-4 v.Chr.). Durchmesser 11 mm. Die linke Münze bildet einen federgeschmückten Helm ab, auf ihr ist zu lesen: »von dem Ethnarchen« (Herodes Archelaus, Ethnarch von Judäa, 4 v.Chr. bis 6 n.Chr.). Durchmesser 13 mm.* (BM)

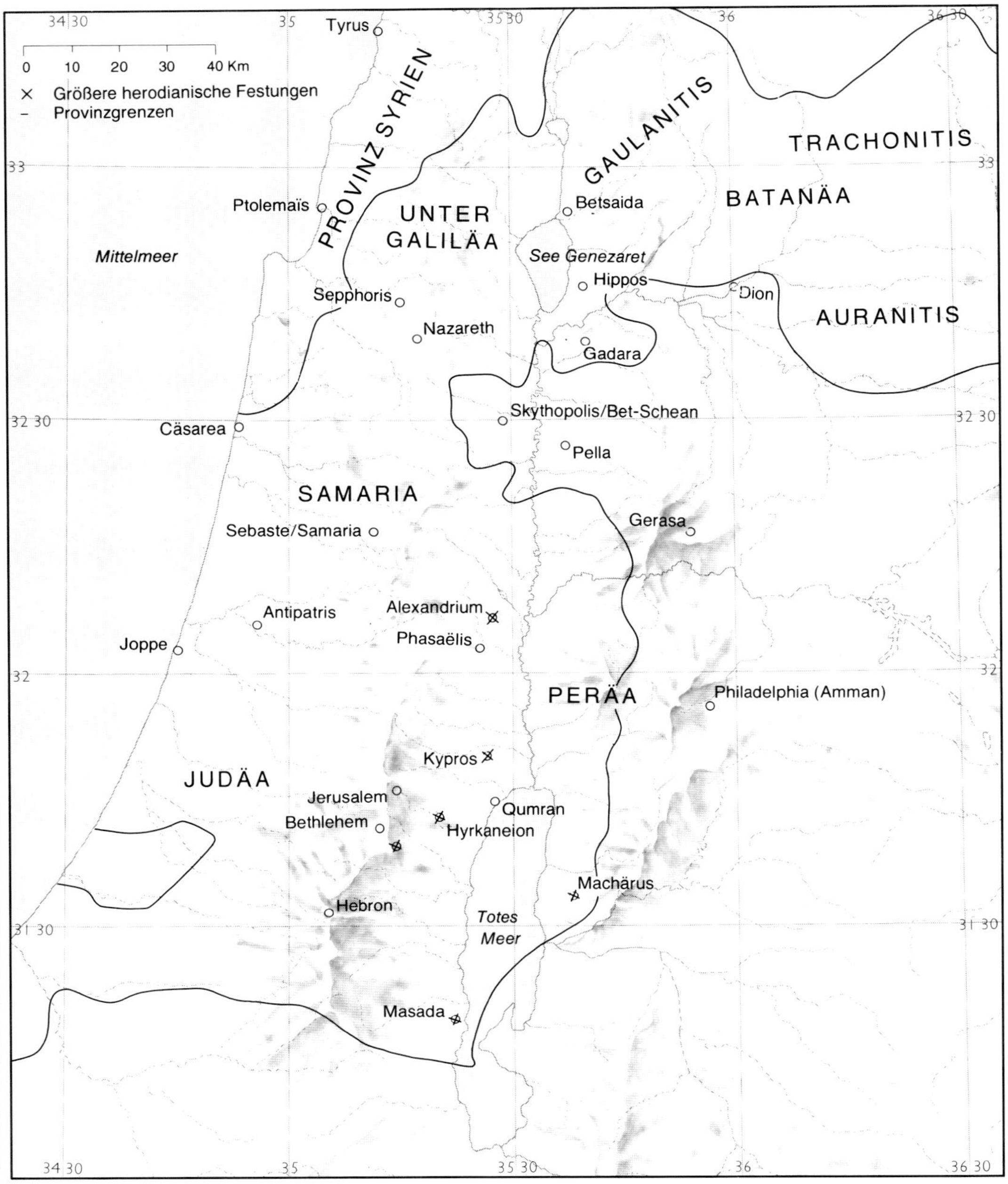

Das Königsreich Herodes des Großen.

ben, nicht nur in seinem Reich, sondern auch in fremden Städten (z.B. Athen). In seinem Reich baute er *Samaria wieder auf und benannte es – nach dem Kaiser – Sebaste (griech. *Sebastos*, latein. *Augustus*); er baute den alten Stratonsturm an der Mittelmeerküste wieder auf, ließ einen künstlichen Hafen errichten und nannte die Stadt *Cäsarea (Maritima) – ebenfalls zu Ehren des Kaisers. Im ganzen Land wurden weitere Siedlungen und Festungen angelegt. In Jerusalem errichtete H. an der Westmauer einen Palast für sich selbst; nordwestl. des Tempels hatte er bereits die Burg *Antonia (benannt nach Antonius) wiederaufgebaut. Sein größtes Projekt war der Wiederaufbau des Tempels in Jerusalem, der im Jahr 21/20 v.Chr. begann. Trotz des außergewöhnlichen Aufwands, den H. beim Wiederaufbau des Tempels betrieb, gelang es ihm nicht, sich bei seinen jüd. Untertanen Sympathie zu verschaffen. Seine idumäische Abstammung wurde nie vergessen. Seiner Religion nach war H. zwar Jude und sah seine Aufgabe darin, den Tempel des Gottes Israels in Jerusalem wieder zu errichten; gleichzeitig ließ er aber auch Tempel für heidnische Gottheiten erbauen. Schließlich wurde ihm auch nicht nachgesehen, daß er die Hasmonäer vollends ausgelöscht hatte. Mit diesem rigorosen Vorgehen konnte er seine familieninternen Probleme keineswegs beheben. Es gab nämlich Konflikte zwischen seinen weiblichen Verwandten und seinen Ehefrauen sowie zwischen den Kindern seiner verschiedenen Ehefrauen. Alexander und Aristobul, seine beiden Söhne, die er mit Mariamne hatte, wuchsen in Rom auf und waren seine designierten Erben. Durch ihre hasmonäische Abstammung (von seiten ihrer Mutter) waren sie annehmbar für das jüd. Volk. Aber ihre privilegierte Stellung schürte den Neid ihrer Halbbrüder, besonders von H.' ältestem Sohn Antipater, der seinen Vater gegen sie aufzubringen versuchte. Schließlich (7 v.Chr.) wurden Alexander und Aristobul für schuldig befunden, sich gegen ihren Vater verschworen zu haben, und exekutiert. Antipater zog keinen Nutzen aus ihrem Tod, denn drei Jahre später wurde auch er ein Opfer von H.' Argwohn. Er wurde nur wenige Tage vor H. eigenem Tod (4 v.Chr.) hingerichtet. H.' Argwohn tritt deutlich zutage in dem bibl. Bericht über den Besuch der drei Weisen aus dem Morgenland und die Tötung der Knaben in Bethlehem (Mt 2). Die Erinnerung an H. ist daher mehr mit blutigen Exzessen verknüpft als mit seinen administrativen Leistungen. Seinem Testament entsprechend wurde sein Königreich an drei seiner Söhne aufgeteilt: Judäa und Samaria fielen an Archelaus (Mt 2,22), Galiläa und Peräa an Antipas und die Gebiete im NO an Philippus (Lk 3,1). Dieses Vermächtnis wurde von Augustus bestätigt.

2. Archelaus – auf seinen Münzen läßt er sich als »Herodes der Ethnarch« bezeichnen. Er herrschte in Judäa »anstatt seines Vaters Herodes« (Mt 2,22) von 4 v.Chr. bis 6 n.Chr., aber ohne den Titel eines Königs. Er war H.' ältester Sohn, seine Mutter war die Samaritanerin Malthake. Archelaus hatte den schlechtesten Ruf aller Söhne H.' Er beleidigte das rel. Empfinden der Juden, als er Glaphyra heiratete, die Witwe seines Halbbruders Alexander. Er führte die Baupolitik seines Vaters fort; sein repressives Herrschen wurde jedoch unerträglich. Schließlich reiste eine Abordnung seiner Untertanen aus Judäa und Samaria nach Rom, um Augustus vor einer regelrechten Revolte zu warnen, wenn Archelaus nicht entfernt würde. Daraufhin wurde Archelaus abgesetzt und verbannt. Judäa wurde eine röm. Provinz, verwaltet von Präfekten, die vom Kaiser ernannt wurden.

3. Antipas – »Herodes der Tetrarch« (Lk 3,19) war der zweite Sohn, den H. mit Malthake hatte. Vom Königreich seines Vaters erbte er Galiläa und Peräa. In den Evv. begegnet er als der, der *Johannes den Täufer gefangennehmen und enthaupten ließ (Mk 6,14-28). Pilatus ließ Jesus nach der Gefangennahme im Verlauf des Prozesses auch vor H. Antipas bringen (Lk 23,7ff). Jesus selbst hat H. Antipas einmal als »Fuchs« bezeichnet (Lk 13,32). H. Antipas dürfte der fähigste unter den Söhnen des H. gewesen sein. Wie sein Vater war er ein großer Bauherr; die Stadt *Tiberias am See Genezareth wurde von ihm erbaut (22 n.Chr.) und erhielt ihren Namen zu Ehren des Kaisers Tiberius. H. Antipas heiratete die Tochter des nabatäi-

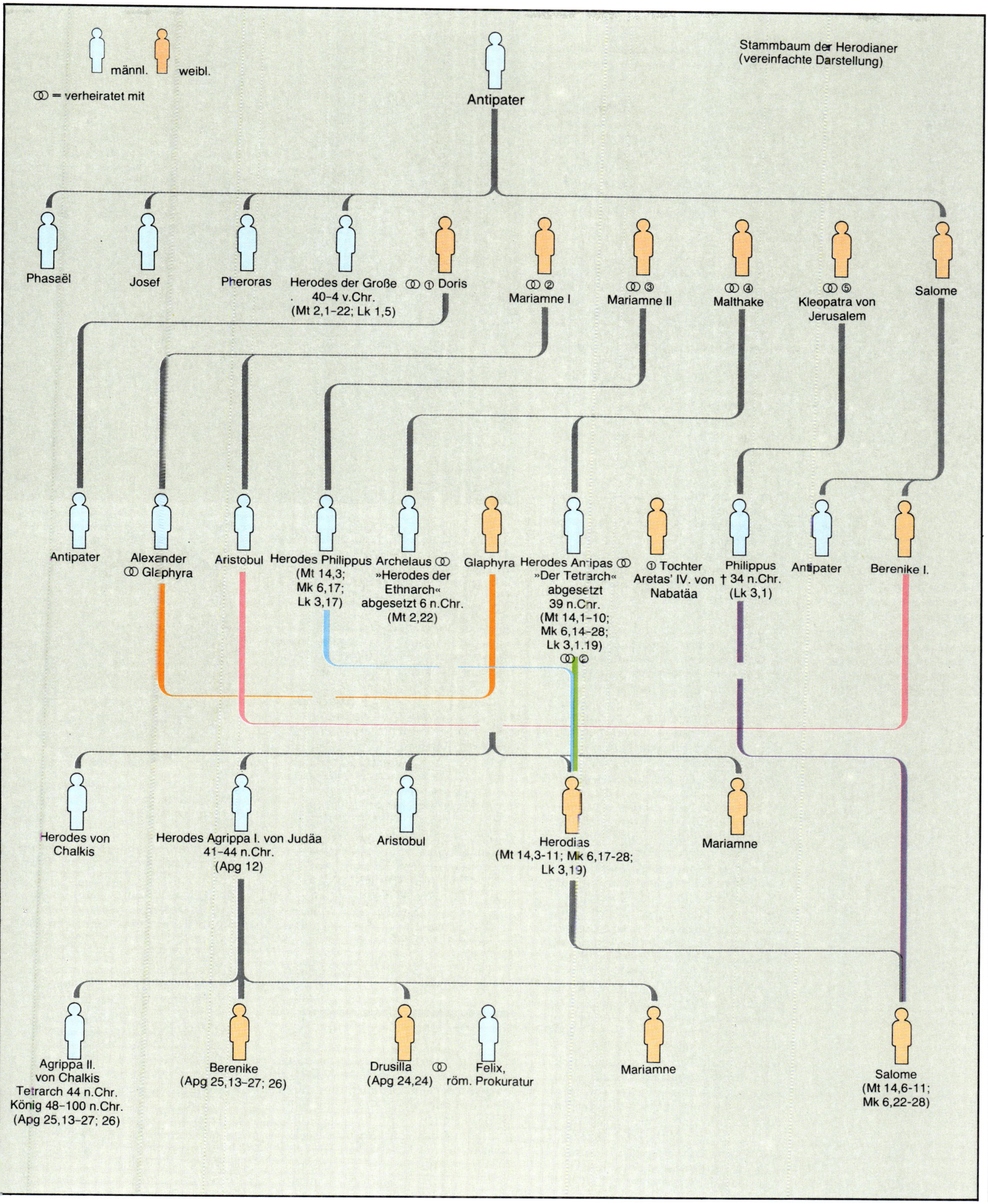
männl.
weibl.
⚭ = verheiratet mit
Stammbaum der Herodianer
(vereinfachte Darstellung)
Antipater
Phasaël
Josef
Pheroras
Herodes der Große
40–4 v.Chr.
(Mt 2,1–22; Lk 1,5)
⚭ ① Doris
⚭ ② Mariamne I
⚭ ③ Mariamne II
⚭ ④ Malthake
⚭ ⑤ Kleopatra von Jerusalem
Salome
Antipater
Alexander ⚭ Glaphyra
Aristobul
Herodes Philippus (Mt 14,3; Mk 6,17; Lk 3,17)
Archelaus ⚭ »Herodes der Ethnarch« abgesetzt 6 n.Chr. (Mt 2,22)
Glaphyra
Herodes Antipas ⚭ »Der Tetrarch« abgesetzt 39 n.Chr. (Mt 14,1–10; Mk 6,14–28; Lk 3,1.19)
⚭ ②
① Tochter Aretas' IV. von Nabatäa
Philippus † 34 n.Chr. (Lk 3,1)
Antipater
Berenike I.
Herodes von Chalkis
Herodes Agrippa I. von Judäa 41–44 n.Chr. (Apg 12)
Aristobul
Herodias (Mt 14,3-11; Mk 6,17-28; Lk 3,19)
Mariamne
Agrippa II. von Chalkis Tetrarch 44 n.Chr. König 48–100 n.Chr. (Apg 25,13–27; 26)
Berenike (Apg 25,13–27; 26)
Drusilla (Apg 24,24)
⚭
Felix, röm. Prokuratur
Mariamne
Salome (Mt 14,6-11; Mk 6,22-28)

Herodes der Große erbaute einen seiner Paläste auf dem Masada-Felsen an der Westküste des Toten Meeres. Auf den Terrassen finden sich die Überreste seines Badehauses und der Vorratsräume. (SZC)

schen Königs *Aretas IV., ließ sich dann aber von ihr scheiden, um *Herodias, die Frau eines seiner Halbbrüder, zu heiraten. Nach den synoptischen Evv. zog Johannes der Täufer den Zorn des Antipas auf sich, als er dessen zweite Ehe als unrechtmäßig anprangerte. Nach Josephus (ant.Jud. 18,118) scheint H. Antipas befürchtet zu haben, die Kritik Johannes des Täufers könnte bei seinen Anhängern eine Revolte auslösen. Aretas nahm dem H. Antipas die seiner Tochter zugefügte Beleidigung übel und nutzte einige Jahre später die Gelegenheit, Krieg gegen ihn zu führen (36 n.Chr.). Die Armee des H. Antipas erlitt eine schwere Niederlage. Josephus berichtet, daß viele die Niederlage als eine göttliche Vergeltung für die Ermordung Johannes des Täufers ansahen. Im Jahr 39 n.Chr. wurde Antipas von seinem Neffen Agrippa (s. 4.) vor Kaiser Gaius (*Caligula) als Verschwörer denunziert. Er wurde von seiner Tetrarchie abgesetzt und lebte bis zu seinem Tod im Exil.

4. Agrippa I. – »der König Herodes« (Apg 12,1). Er war ein Sohn von Aristobul und ein Enkel H. des Großen. Nach der Hinrichtung seines Vaters 7 v.Chr. wuchs er in enger Verbindung mit der kaiserlichen Familie in Rom auf. Im Jahr 23 n.Chr. mußte er wegen seiner Schulden Rom verlassen. Seine Schwester Herodias, die H. Antipas kurz zuvor geheiratet hatte, setzte sich dafür ein, daß ihm in Tiberias eine Zeitlang Schutz und Unterstützung durch seinen Onkel Antipas zuteil wurde. Er zerstritt sich jedoch mit Antipas und kehrte 36 n.Chr. nach Rom zurück. Dort beleidigte er Kaiser Tiberius und wurde gefangengenommen. Nach dessen Tod im darauffolgenden Jahr wurde er vom neuen Kaiser Gaius (*Caligula) freigelassen und empfing von diesem auch den Königstitel zusammen mit Gebieten nordöstl. von Palästina. Nach Antipas' Verbannung 39 n.Chr. kamen Galiläa und Peräa zu Agrippas Königreich hinzu. Als *Claudius im Jahr 41 n.Chr. röm. Kaiser wurde, erweiterte er Agrippas Königreich um Judäa und Samaria, so daß dieser nun über ein Königreich regierte, das beinahe so groß war wie das seines Großvaters. H. Agrippa warb um das Wohlwollen seiner jüd. Untertanen, die ihn als Hasmonäer (wegen seiner Großmutter Mariamne) anerkannten. Sein Vorgehen gegen die Apostel rief möglicherweise deshalb kaum Kritik hervor, weil diese zuvor Kontakte mit Nichtjuden aufgenommen hatten (Apg 12,2f; 10). Agrippas plötzlicher Tod im Alter von 54 Jahren (44 n.Chr.) wird von Lukas (Apg 12,20ff) und Josephus (ant.Jud 19.343ff) erwähnt; beide Berichte ergänzen sich.

H. Agrippa hinterließ einen Sohn, Agrippa II. (s. 5.) und zwei Töchter: Bernike (geb. 28 n.Chr.), erwähnt in Apg 25,13ff, und Drusilla (geb. 38 n.Chr.), die die dritte Frau des Prokurators Felix (vgl. Apg 24,24) wurde.

5. H. Agrippa II. – Sohn des H. Agrippa I. (s. 4.), geboren 27 n.Chr. Er wurde als zu jung befunden, um Nachfolger im Königreich seines Vaters zu werden. Später jedoch verlieh ihm der röm. Kaiser *Claudius den Königstitel zusammen mit Gebieten nördl. und nordöstl. von Palästina, die durch Kaiser Nero im Jahr 56 n.Chr. vergrößert wurden. H. Agrippa II. änderte den Namen seiner Hauptstadt Cäsarea Philippi in Neronias um als Schmeichelei an den späteren Kaiser. Von 48-66 n.Chr. hatte er das Vorrecht, die jüd. Hohenpriester zu ernennen. Auf diplomatischem Weg versuchte er, einen Krieg zwischen Juden und Römern im Jahr 66 n.Chr. zu verhindern. Als seine Bemühungen scheiterten, blieb er Rom treu und wurde mit einer weiteren Vergrößerung seines Königreichs belohnt. Apg 25, 13-26,32 berichtet, wie H. Agrippa II. und der Apostel Paulus einander begegnen.

Literatur: M. Grant: Herodes der Große, 1982; A.H.M. Jones: The Herods of Judaea, [2]1967; S. Perowne: Herodes der Große, 1957; ders.: Herodier, Römer und Juden, 1958; G. Prause: Herodes der Große. König der Juden, 1977/1980; S. Sandmel: Herodes, Bildnis eines Tyrannen, 1968; A. Schalit: König Herodes. Der Mann und sein Werk, 1969. F.F.B.

Bronzemünze des Herodes Antipas, der den Titel Tetrarch (Vierfürst) trug, geprägt während der Regierungszeit des röm. Kaisers Tiberius. Das Palmenmotiv könnte auf landwirtschaftliches Gedeihen hinweisen oder den Baum der Erkenntnis darstellen. (RG)

HERODIANER. (Griech. *Herōdianoi*). Laut Mk 3,6 faßten sie zusammen mit *Pharisäern einen Todesbeschluß gegen Jesus, nach Mt 22,16/Mk 12,13 versuchten beide Gruppen ihm durch die Frage nach der Kaisersteuer eine Falle zu stellen.

a. Sprachlich kann der Ausdruck Beamte (B. Reicke, BHH II, 1964, 703) oder Anhänger (so LÜ) des herodianischen Königshauses meinen (vgl. die ähnliche Ausdrucksweise bei Jos.ant.Jud. XIV, 450; bell.Jud. I, 319), doch wäre das Bündnis einer solchen Gruppe mit Pharisäern eher erstaunlich.

b. So denken andere Forscher an eine regierungsfreundliche rel. Gruppierung, etwa die Boethusäer, die Anhänger einer unter Herodes dem Gr. eingesetzten hohepriesterlichen Familie. Dafür könnte sprechen, daß in Mk 8,15 neben dem »Sauerteig (d.h. der falschen Lehre) der Pharisäer« auch vor dem des Herodes gewarnt wird, und zwar in einem Zusammenhang (Mk 8,14-21), der an Vorschriften der Tempelrolle (11QMiqd 15,11-14) aus *Qumran erinnert (Y. Yadin, The Temple Scroll, 1983, 138f). Da die Boethusäer einige Auffassungen mit den *Essenern teilten, braucht man bei den H.n nicht notwendig (C. Daniel, RQ 6, 1967, 31-55; 7, 1970, 397-402) an Essener zu denken. Die Parallelstelle Mt 16,6 spricht vom »Sauerteig der Sadduzäer«. *Sadduzäer und Boethusäer, die sich beide vom Hohenpriester *Zaddok herleiteten, werden auch in der rabbinischen Literatur oft austauschweise gebraucht (A. Schlatter, Geschichte Israels, [3]1925, 167). Altkirchliche Nachrichten über eine jüd.-rel. Gruppe der H. sind in ihrem Wert umstritten (E. Bikerman, RB 47, 1938, 184-197).

Literatur: H.H. Rowley: JTS 41 (1940), 14-27; H. Hoehner: Herod Antipas, [2]1980, 331-342; A. van den Born: Bibellexikon, [3]1982, 715.

R.R.

HERODIAS. Die Tochter (Mk 6,17; Lk 3,19) von Aristobuls (Sohn Herodes'des Großen und Mariamnes) und Berenikes heiratete zunächst ihren Onkel Herodes Philippus (Sohn Herodes des Großen mit einer zweiten Mariamne und nicht zu verwechseln mit *Philippus, dem Tetrarchen) und dann ihren Onkel Herodes Antipas, den Tetrarchen (vgl.*Herodes). Mit ihrem ersten Mann hatte sie eine Tochter, Salome, die ihren Großonkel Philippus, den Tetrarchen heiratete. Die Identität von Herodes' Tochter in Mk 6,22ff ist ungewiß. Als Antipas 39 n.Chr. verbannt wurde, begleitete ihn H. und verzichtete auf den Gunsterweis, den Gaius der Schwester seines Freundes Agrippa (*Herodes) erbringen wollte. F.F.B.

HERRLICHKEIT.

I. IM ALTEN TESTAMENT.
Das hebr. Wort *kābōd* kommt vom Stamm *kābad*, »schwer sein«, und bezeichnet das, was schwer oder gewichtig macht und Ansehen verleiht. Das kann z.B. Reichtum sein (1Mo 31,1; Ps 49,17), Pracht (Est 1,1) oder Macht (Jes 16,14). Von daher hat es auch die Bedeutung von »Wert« oder »Ehre«. »Ehren« bedeutet die Gewichtigkeit, Macht oder Autorität einer Person anerkennen (1Sam 6,5; Ps 66,2; 115,1). Was einem Menschen oder einem Gegenstand Ansehen verschafft, ist seine *kābōd* im Sinne von Herrlichkeit wie z.B. die Lade die H. Israels (1Sam 4,22) und Jahwe die H. des frommen Israeliten (Ps 3,4) oder Israels (Ps 106,20; Jer 2,11) ist. Gelegentlich kann das hebr. Wort zum Synonym von »Seele« werden und insofern die Bedeutung von »Ich« annehmen (1Mo 19,6).

Im AT geht es aber vor allem um die H. Jahwes. Sie ist das, was ihm Ansehen verschafft und dem Menschen Ehrfurcht abverlangt; seine H. bewirkt vor allem seine Macht und Heiligkeit (2Mo 14,4.17; 16,7; 29,43–46; 4Mo 14,21f; 20,6–12; Jes 6,3; 35,2; 40,5; Ps 19,2; 29,3). Insofern kann mit der H. Jahwes dann die sich offenbarende Macht und die mit sichtbaren Phänomenen verbundene Gegenwart Gottes bezeichnet werden.

Im *Pentateuch ist die Rede von der H. Jahwes, die Israel beim Auszug aus Ägypten begleitete und die sich in der Wolke zeigte, die es durch die Wüste führte (2Mo 16,7.10; 40,36–38). Die H. Jahwes ließ sich auf dem Sinai nieder, wo sie Mose und Israel als Wolke sowie als leuchtendes und verzehrendes Feuer sahen (2Mo 24,15–18; 5Mo 5,24). Unverhüllt kann niemand Gottes Angesicht oder seine H. schauen und am Leben bleiben; dennoch wird Mose eine gewisse Schau gewährt (2Mo 33,18–23; vgl. auch 2Mo 34,5–8; 5Mo 5,24f).

Jahwes H. erfüllte die Stiftshütte (2Mo 40,34f) und erschien besonders zur Opferstunde (5Mo 9,6.23). Später gilt dann der Tempel als Ort, an dem die H. Gottes wohnt (1Kön 8,11; 2Chr 7,1–3). Erfüllt die H. Jahwes das Zelt oder den Tempel, kann niemand hineingehen (2Mo 40,35; 1Kön 8,11).

Andere Aussagen beziehen die H. Jahwes auf sein Wesen bzw. seinen Charakter. Jahwe ist der »König der Herrlichkeit« (Ps 24,8); seine H. erfüllt die Erde (Jes 6,3; Ps 72,19); sie ist erhaben über alle Völker und überragt den Himmel (Ps 113,4). Seine H. kann er an niemanden abtreten (Jes 42,8; 48,11). Sie wird über dem Zion erstrahlen (Jes 60,1–3.19f) und alle Völker, die seinen Namen oder seine H. früher nicht kannten, werden sie jetzt schauen (Jes 66,18f; Ps 97,6). In seiner Berufungsvision sah der Prophet *Hesekiel über einem Thron etwas wie blinkendes Kupfer, ein Gebilde wie ein Mensch, wie Feuer und strahlendes Licht: »So war die Herrlichkeit des Herrn anzusehen« (Hes 1,27f). In einer Zukunftsvision nimmt die H. Besitz von dem neuen Tempel, »der Stätte des Thrones und der Fußsohlen Gottes« (Hes 43,1–7).

II. IM NEUEN TESTAMENT.
In Übereinstimmung mit der LXX wird im NT *kābōd* mit *doxa* übersetzt. Die im profanen Griech. übliche Bedeutung von »Meinung« fehlt im NT gänzlich; die ebenfalls bezeugte Bedeutung von »Ruhm«, »Ehre« (Lk 14,10; 1Kor 11,15; 1Thess 2,6) oder »Pracht« (Mt 4,8; 6,29) findet sich gelegentlich. In den meisten Texten geht es wie im AT um die H. Gottes, die sich nun aber vor allem in der Person und im Werk Jesu Christi, dem »Abglanz seiner Herrlichkeit« (Hebr 1,3) offenbart.

In den Aussagen über die H. Gottes gibt es verschiedene Bedeutungsnuancen; auch wird das Moment der Sichtbarkeit einmal mehr und einmal weniger betont. So sahen die Hirten die H. Gottes bei der Geburt Christi; Stephanus sah sie und Jesus zur Rechten Gottes (Apg 7,55). Nach Offb 15,8 erfüllt die H. Gottes den Tempel und erleuchtet das neue Jerusalem (21,23). In den zahlreichen ntl. Doxologien wird die H. Gottes im Handeln bejahend anerkannt (Röm 4,20) bzw. als etwas Seiendes festgestellt (Lk 2,14; 19,38; Röm 11,36; 16,27; Phil 4,20; Offb 1,6; 4,9).

Von besonderer Bedeutung ist aber die Tatsache, daß das NT in ähnlicher Weise auch von der H. Christi spricht. Durch die H. des Vaters wurde Christus auferweckt (Röm 6,4) und aufgenommen in die H. (1Tim 3,16; 1Petr 1,21). Stephanus sieht den erhöhten Christus in der Sphäre der H. Gottes (Apg 7,55). Die *doxa*-Prädikationen Gottes werden auch auf Christus übertragen (1Petr 4,11; Hebr 13,21; Offb 5,12). Christus wird als »Herr der Herrlichkeit« bezeichnet (1Kor 2,8; Jak 2,1).

In den synoptischen Evv. ist von der H. Jesu vor allem im Blick auf seine Wiederkunft die Rede (Mk 8,38; 10,37; 13,26 par.; Mt 19,28; 25,31). Bei Lk kommt der Begriff auch in der Verklärungsgeschichte (9,31) vor, der Sache nach enthalten die Parallelberichte (Mk 9,2f; Mt 17,2) das gleiche. Die H., die Christus durch sein Leiden empfängt (Lk 24,26; 1Petr 1,11.21; Hebr 2,9), ist die Macht, die er mit seinem Vater teilt (Mk 8,38) und die sich am Ende der Welt offenbaren wird (Tit 2,13; 1Petr 4,13; 5,1). Insofern wird also die eschatologische Dimension der H. Christi besonders thematisiert.

Im JohEv. spricht Jesus von der H., die er beim Vater hatte, bevor die Welt war (17,5; vgl. 1,1). Die H. des fleischgewordenen *Logos (1,14) offenbart sich in seinen Wundern (*Zeichen) (2,11; 11,4.40) und in seiner gesamten irdischen Wirksamkeit, die zugleich der Verherrlichung des Vaters dient (17,4; 4,34). Vor allem durch seinen freiwillig übernommenen Tod (10,17) werden Jesus selber und der Vater verherrlicht (13,31f; 21,19; 17,1.4f).

Wie Jesus durch Leiden und Tod zur H. gelangte, so können auch die Gläubigen in der Nachfolge Jesu Anteil an seiner H. erhalten (Joh 12,26; Röm 5,2; 8,17f; 9,23; 1Petr 4,13; 5,1.4.10). Diese H. wird gelegentlich als ein himmlisches Licht (Mt 13,43) oder als Anteil an der königlichen Macht Gottes oder Christi beschrieben (Mt 19,28; Lk 22,30; 1Kor 6,2f; 1Thess 2,12; Offb 3,21). Das Wort H. dient häufig zur Charakterisierung dessen, was den Menschen als Vollendung verheißen ist.

Doch wird diese Berufung zur H. (1Thess 2,12) schon jetzt wirksam; denn die Hoffnung auf sie wird durch den Besitz des Geistes verbürgt (Röm 5,2.5); die H. wird also als schon gegenwärtiger Besitz aufgefaßt. Das zeigen auch die Aussagen, in denen H. und Rechtfertigung miteinander in Beziehung gesetzt werden (Röm 8,30). So spiegelt die gläubige Gemeinde aufgrund des Wirkens des Geistes die H. des Herrn wider (2Kor 3,18). An der H. Christi haben vor allem die Anteil, die mit Christus leiden (1Petr 4,14). Aufgrund göttlicher Berufung ist der Nachfolger Christi, der Diener des Neuen Bundes, mit H. ausgezeichnet (2Kor 3,4–11).

Literatur: S. Aalen: TBLNT I, [4]1986, 204–207–; G. Kittel, G. von Rad: ThWNT II, 1935, 235–245.

H.P.

HERRSCHAFT. Neben den Begriffen »Reich« und »Reich Gottes« begegnet in der Bibel einigemale auch das Wort H.

1. Im AT scheint H. im gleichen Sinn wie Reich gebraucht zu werden. »Deine Herrschaft (hebr. *malkut*, «Königtum», dem griech. *basileia* Königs-

HERR
s. Namen Gottes; Hoheitstitel Jesu Christi

HERRENMAHL
s. Abendmahl

Gegenüberliegende Seite: Ausgrabungen am Tell Hesban (das biblische Heschbon), am Jordan. (AU)

herrschaft entsprechend) währet für und für« (Ps 145,13). Wenn es in der messianischen Weissagung heißt, daß die H. »auf seiner Schulter« (nämlich des Friedefürsten) ist (Jes 9,5f), so ist es jene H. oder jenes Reich, das Christus einst am Ende in die Hände Gottes des Vaters zurücklegen wird (1Kor 15,24; vgl. Ps 103,22; Dan 6,27; Sach 9,10).

2. Im NT wird H. (griech. *kyriotes*) in strenger Abgrenzung gegen den Begriff »Reich« (griech. *basileia*) fast ausschließlich von den Engelmächten gebraucht. Wenn Paulus von der Gesamtheit aller durch Christi Vermittlung geschaffenen Dinge spricht, von dem Sichtbaren und dem Unsichtbaren, so gehören auch die himmlischen Mächte mit in dieses Bild von der Gesamtschöpfung hinein. Die vier Ausdrücke »Throne, Herrschaften, Mächte oder Gewalten« (Kol 1,16) umfassen die Wirklichkeit aller Engelmächte. In seiner Auferstehung und Himmelfahrt hat Christus sich zum Herrscher aufgeschwungen über alle H. im Himmel (Eph 1,21). Wenn er am Ende des gegenwärtigen Zeitalters selber seine Königsherrschaft dem Vater überantworten wird, wird er alle diese H. aufheben (1Kor 15,24). Paulus denkt gewiß hier vor allem an die Finsternismächte.

Nur an zwei Stellen im NT liegt ein anderer Sprachgebrauch vor. Freche Menschen »verachten die Herrschaft« (2Petr 2,10; Jud 8), d.h. sie verachten Gott und den Herrn Jesus Christus. Wie jene Finsternismächte wird auch diese Menschen das volle Gericht treffen. Vgl. *Macht/Gewalt; *Staat/Obrigkeit.

HERZ. (Hebr. *lēb* oder *lēbāh*; griech. *kardia*). Der Ausdruck wird verwendet für das Zentrum von Dingen. Es gibt wenige, aber keineswegs spezifische Verweise auf das körperliche Organ an sich; am deutlichsten 1Sam 25,37. In 2Sam 18,14 und 2Kön 9,24 scheint eine weitergehende Bedeutung im Sinne von »innere Organe« vorzuliegen; denn Absalom blieb am Leben, obwohl drei Stäbe sein »Herz« durchbohrt hatten. Diese ungenaue physiologische Definition ist typisch für das hebr. Denken bezüglich der inneren Organe. In Ps 104,15 beispielsweise wirken sich Essen und Trinken auf das »Herz« aus. Auch wenn dies physiologisch gesehen nicht stimmt, trifft es zu, wenn unter »Herz« das Innere der Menschen im weitesten Sinn verstanden wird.

Die Hebräer dachten eher von subjektiven Erfahrungen als von objektiven wissenschaftlichen Beobachtungen her und sprachen meistens vom ganzen Menschen mit all seinen physischen, psychischen und geistigen Attributen. Das H. galt als der lenkende Mittelpunkt all dieser Attribute. Es macht einen Menschen oder ein Tier zu dem, was er bzw. es ist, und lenkt all seine Taten (Spr 4,23). Charakter, Persönlichkeit, Wille, Verstand sind moderne Ausdrücke, die alle einen Teil der Bedeutung des Worts »Herz« in seinem bibl. Gebrauch widerspiegeln (vgl. jedoch *Leib).

Gegenüberliegende Seite: Ostrakon (Tonscherbe), auf dem ein Ausschnitt aus einem ammonitischen Inventarverzeichnis (die Güter eines königlichen Haushalts) erhalten ist. Heschbon. 10,5 cm. 6. Jh.v.Chr. (AU)

Im AT werden (nach einer Aufstellung von H. Wheeler Robinson) die Worte *lēb* und *lēbāb* in folgenden Bedeutungen verwendet:

a. physisch oder figurativ (»Mitte«; 29mal);

b. Persönlichkeit, Innenleben oder Charakter im allg. (257mal, z.B. 2Mo 9,14; 1Sam 16,7; 1Mo 20,5);

c. emotionale Bewußtseinszustände im weitesten Sinne (166mal); Rausch (1Sam 25,36); Freude oder Leid (Ri 18,20; 1Sam 1,8); Angst (1Sam 4,13); Mut und Furcht (1Mo 42,28); Liebe (2Sam 14,1);

d. geistige Aktivitäten (204mal): Aufmerksamkeit (2Mo 7,23); Nachdenken (5Mo 7,17); Erinnerung (5Mo 4,9); Verstand (1Kön 3,9); technische Fertigkeit (2Mo 28,3);

e. Wille oder Absicht (195mal; z.B. 1Sam 2,35).

Im NT wird das Wort H. in einer ähnlichen Bedeutungsvielfalt verwendet. C. Ryder Smith schreibt dazu: »Es [das H.] verliert seinen körperlichen Bezug nicht gänzlich, denn es besteht aus ›Fleisch‹ (2Kor 3,3), aber es ist der Sitz des Willens (z.B. Mk 3,5), des Verstandes (z.B. Mk 2,6.8) und der Gefühle (z.B. Lk 24,32). Das heißt, daß ›Herz‹ von allen ntl. Begriffen der Bedeutung ›*Person‹ am nächsten kommt.« Obwohl H. auch mit Gefühlen in Verbindung gebracht wird, ist die Verbindung anderer Organe (*Eingeweide usw.) mit Emotionen doch häufiger. H. ist jedenfalls ein umfassender Begriff, und die Bibel unterscheidet nicht die rationalen oder geistigen Prozesse in der Weise, wie es die griech. Philosophie tut. C. Ryder Smith meint, daß »das erste große Gebot« vermutlich heißen soll: »Du sollst den Herrn, deinen Gott, lieben *(agapein)*, das heißt, mit deiner ganzen Seele und deinem ganzen Verstand und all deiner Kraft« (Mk 12,30.33).

Das H. als das Innere und Eigentliche des Menschen entscheidet auch darüber, wie der Mensch ist. Von Gott heißt es, daß er nicht auf das Äußere, sondern auf das H. sieht (1Sam 16,7). Als Zentrum des Menschen ist das H. auch der wichtigste »Ort« der Begegnung des Menschen mit Gott. Sicher ist das H. des Menschen böse von Jugend auf (1Mo 6,5; 8,19; Jer 17,9); der Mensch kann sein H. verhärten vor dem Anruf Gottes (Ps 95,7f), so daß Hes 11,19 von einem »steinernen Herz« sprechen kann. Was aus dem H. kommt, insofern in ihm böse Gedanken, Mord, Ehebruch, Unzucht, Diebstahl und Verleumdungen wohnen, macht den Menschen unrein (Mt 15,18f).

Die Hinwendung zu Gott verlangt eine Änderung des Herzens. »Ein zerbrochenes und zerschlagenes Herz« wird Gott nicht verschmähen (Ps 51,19). Bei dieser Bekehrung wird aber immer wieder die Initiative von Gott ausgehen. Er wird das H. der Menschen beschneiden (5Mo 30,6; Röm 2,29); David betet, daß Gott ihm ein reines H. schaffe (Ps 51,12). Jesus verheißt denen, die ein »reines Herz« haben, daß sie Gott schauen werden (Mt 5,8; vgl. auch Ps 24,4). Jeremia verheißt einen neuen Bund, dessen Besonderheit darin besteht, daß Gott das Bundesgesetz in das H. der Menschen schreiben wird (Jer 31,33). Nach Hesekiel wird Gott das H. aus Stein aus der menschlichen Brust entfernen und ein H. aus Fleisch schenken, das die Satzungen und Gebote Gottes beachtet (Hes 11,19f). Paulus sieht das in der christl. Gemeinde verwirklicht (2Kor 3,3).

Der Fromme ist mit seinem H. bei Gott (1Kön 15,14); Gottes Gesetz wohnt in seinem H. (Ps 37,31); er ist ein Mann nach dem H. Gottes (von David gesagt – 1Sam 13,14). Im NT wird an diese Aussage angeknüpft und gesagt, daß Gott seinen Geist in unser H. gegeben habe (Röm 5,5; 2Kor 1,22; Gal 4,6). Durch den Glauben soll auch Christus in den Herzen der Menschen wohnen (Eph 3,17).

Literatur: C. Ryder Smith: The Bible Doctrine of Man, 1951; H. Wheeler Robinson: The Christian Doctrine of Man, 1911; F. Baumgärtel, J. Behm: ThWNT III, 1938, 609ff; H. Köster: ThWNT VII, 1964, 548ff; Th. Sorg: TBLNT I, 4 1986, 680–683; H.-W. Wolff: Anthropologie des Alten Testaments, 4 1984. H.P.

HESCHBON. (Hebr. *cheschbōn*, »Plan, Berechnung«). Eine Stadt Moabs, die von Sihon, dem König der Amoriter, eingenommen und zu seiner Residenzstadt gemacht wurde (4Mo 21,26). Nach seiner Niederlage gegen die Israeliten (21,21-24) wurde H. dem Stamm Ruben gegeben (32,37). Später erhielt sie Gad, dessen Land an das Rubens grenzte. Diese beiden sprachen sie den Leviten zu (Jos 21,39). Zur Zeit Jesajas und Jeremias, einer Epoche wirtschaftlicher Blüte, hatte Moab die Stadt H. zurückgewonnen (Jes 15,4; Jer 48,2; u.ö.), aber zur Zeit von Alexander Jannäus befand sie sich erneut in der Hand Israels (Jos.ant.Jud. 13.397). Überreste von Teichen und Kanälen sind in einem Arm des heutigen Wadi Hesbān zu sehen, an dem die Stadt lag (vgl. Hld 7,5). Ausgrabungen in Tell Hesbān haben seit 1968 Bauwerke aus der Eisenzeit, etwa von 1200 v.Chr. aufwärts, freigelegt. Es gibt aber keine Spuren aus der Späten Bronzezeit, die mit Sihon in Verbindung gebracht werden könnten. In der Nähe von H. gab es jedoch einige Stätten aus der Späten Bronzezeit. M.A.M./A.R.M.

HESEKIEL, BUCH.

I. PERSON.

Hesekiel (hebr. *jechäsqēl*, »Gott macht fest/Gott macht stark«) ist der Name des dritten der sog. großen Propheten. H., der Sohn des Busi (Hes 1,3) war Priester und Prophet zugleich

(Hes 1,1-3). Mit großer Wahrscheinlichkeit wurde er 597 v.Chr. (2Kön 24,14ff) mit König *Jojachin nach Babylonien ins Exil geführt. Er hielt sich am Fluß Kebar auf. Dort wurde er fünf Jahre später zum Propheten berufen (Hes 1,2). Zur selben Zeit weissagte der Prophet Jeremia unter König *Zedekia in Jerusalem. Nach seiner Berufung zum Propheten lebte H. noch mindestens 22 Jahre (Hes 29,17) und gab Gottes Weisung an sein Volk weiter.

Über H.s Leben ist wenig bekannt. Obwohl er über detaillierte Kenntnisse des Jerusalemer Tempels und des Kultes verfügte, gibt es keinen Beleg, daß er dort auch als Priester gedient hätte. H. war verheiratet (Hes 24, 16.18); seine Frau starb, als Nebukadnezar 587 v.Chr. Jerusalem belagerte. Von Kindern H.s ist nichts bekannt. H. war der erste Prophet, der außerhalb des Landes Israel/Juda berufen wurde und seinen Auftrag ausübte. Unter den Verbannten in Babylon gab er Gottes Wort weiter durch Reden und Zeichen. Aus Hes 8,1; 14,1; 20,1; 33,30-33 geht hervor, daß Menschen in sein Haus kamen, um göttliche Weisung von ihm zu erfahren. Ob er öffentlich weissagte, ist nicht auszumachen.

II. DER GESCHICHTLICHE HINTERGRUND.

H.s Zeit kennzeichnen große politische Veränderungen in der israelit. Geschichte. Das assyr. Weltreich war zerfallen. In der Schlacht bei Karkemisch (605 v.Chr.) hatte Ägypten unter Pharao Necho – und das mit ihm paktierende Juda – eine empfindliche Niederlage durch die unter Nebukadnezar erstarkte Großmacht Babylon erlitten. Der judäische König *Jojakim (608-598 v.Chr.) nahm die neu entstandene politische Lage nicht ernst genug, sondern versuchte, sich mit dem geschwächten Ägypten aufs neue zu verbünden. Als Jojakims Nachfolger *Jojachin (598/7 v.Chr.) regierte, nahm Nebukadnezar in einer Blitzaktion Jerusalem ein. Jojachin wurde mit der Oberschicht der Bevölkerung und etlichen Handwerkern nach Babylon deportiert, an seiner Stelle wurde Zedekia zum König über Juda eingesetzt. Unter Zedekias Regierung (597-587 v.Chr.) spitzten sich die Verhältnisse noch weiter zu. Im 10. Monat des 9. Regierungsjahres Zedekias begann eine zweieinhalb Jahre währende Belagerung Jerusalems (vgl. Jer 37; 38), die am 9. Tag des 4. Monats im 11. Regierungsjahr Zedekias mit der Einnahme der Stadt endete (Jer 39,2). Die Stadt wurde 587 v.Chr. dem Erdboden gleichgemacht. Zu der Vernichtung der Stadt kam die Zerstörung des Tempels hinzu, die Auflösung der sinngebenden Lebensmitte.

III. AUFBAU DES HESEKIELBUCHS.

Die Eroberung Jerusalems durch die Babylonier (Hes 33,21f) teilt das H.-buch in zwei große Abschnitte. Im ersten Abschnitt (Hes 1-32) verkündigt H. dem Volk fast ausschließlich Buße und Gericht. Nach der Katastrophe über Jerusalem ändert sich seine Botschaft. Er spendet Trost und predigt das kommende Heil für Gottes Volk und Land:

Einleitung und Berufung (1-3)

Gericht über das Volk Israel (1-24)

1. Die Zeichen des Gerichts (4-5)
2. Das kommende Gericht (6-7)
3. Der Tempel in Jerusalem (8-11)
4. Zeichenhandlungen (12)
5. Gegen falsche Prophetie (13)
6. Gottes Antwort an Götzendiener (14)
7. Gleichnis vom unbrauchbaren Rebholz (15)
8. Jerusalem – ein treuloses Weib (16)
9. Gleichnisse (17)
10. Gott fordert Umkehr (18)
11. Klagelied um Israels Königshaus (19)
12. Israels ständiger Ungehorsam und Gottes Gericht (20-24)

Gericht über die Nationen (25-32)

1. Gegen Nachbarvölker (25)
2. Gegen Tyrus (26-28)
3. Gegen Ägypten (29-32)

Das kommende Heil (33-39)

1. Der Wächterdienst (33)
2. Israels Erneuerung (34-37)
3. Gegen Gog und Magog (38-39)

Das neue Gottesreich (40-48)

1. Der neue Tempel (40-42)
2. Der neue Gottesdienst (43-44)
3. Die neue Landverteilung und der neue Opferdienst (45-46)
4. Das neue Land (47-48)

IV. ZUR FORSCHUNG.

H. hat einen feststehenden Platz in der Liste der Väter, an denen Gott handelte, im Buch Sir aus dem 2. Jh.v.Chr. (Sir 49,10). Im 1. Jh.n.Chr. gab es jedoch Bestrebungen, das H.-buch aus dem öffentlichen Gebrauch zu nehmen. Dafür gab es drei Gründe.

a. Manche hielten Kap. 16 als für die Öffentlichkeit ungeeignet;

b. Kap. 1 und Parallelstellen fanden Verwendung in theosophischen Spekulationen (die Anhänger der Märkabah- [= Wagen] Mystik hielten sie für den Schlüssel zu allen Geheimnissen der Schöpfung);

c. Vor allem aber schienen zahlreiche Einzelheiten in den Kap. 40-48 im Widerspruch zum Gesetz Moses zu stehen, das bereits als unwandelbar galt. Die Mühen des Hananja ben Hezekiach, der die scheinbaren Diskrepanzen auflöste, garantierten H. eine öffentliche Stellung im pharisäischen Kanon.

Diese Stellung wurde selten angegriffen, und J. Skinner konnte 1898 sagen (HDB, 1, S. 817a): »Das Buch Hesekiel existiert (abgesehen von einem leicht entstellten Text) in der Form, in der es die Hand des Autors verlassen hat. . . . Weder die Einheit noch die Authentizität Hesekiels sind je von mehr als einer kleinen Minderheit von Gelehrten in Frage gestellt worden. Es trägt nicht nur das Gepräge eines einzigen Geistes in seinem Stil, seiner Bildersprache und seiner Denkweise, sondern ist darüber hinaus in der Anlage so klar und verständlich geordnet, daß die Überzeu-

gung, einen einheitlichen literarischen Text vor sich zu haben, gänzlich unwiderlegbar wird.«

Trotz der Überzeugungskraft der Argumente begann sich seit 1924 die Auffassung zu wandeln. Die Angriffe auf die Einheit und die Authentizität H.s können in drei Gruppen eingeteilt werden.

1. Fragen zur Datierung des Hesekielbuchs:

C.C. Torrey sah in dem Buch H. ein Pseudepigraph, geschrieben um 230 v.Chr., das die Greuel der Herrschaft Manasses beschreibt. Ein Herausgeber hätte es nicht später als 200 v.Chr. in die jetzige Form gebracht. M. Burrows kam durch linguistische Untersuchungen zu einem ähnlichen Schluß. L.E. Browne setzte seine Datierung in die Zeit Alexanders des Großen an. Im allg. wird das H.-buch als ein Komplex verstanden, der im Verlauf eines längeren Zeitabschnitts – beginnend mit der Abfassung bestimmter Einheiten durch H. – seine jetzige Gestalt fand. Die Zeitpunkte der verschiedenen Redaktionen werden recht unterschiedlich festgelegt.

2. Fragen zum Ort der Prophetien Hesekiels: Weil manche Aussagen des H.-buchs den Eindruck machen, der Prophet habe direkt zur Bevölkerung Jerusalems geredet, fragte Hentrich (Ezechielprobleme 1933), ob nicht mit einer Wirksamkeit des Propheten in Jerusalem zu rechnen sei. Und er stellte die These auf, H. sei ein Jerusalemer Prophet gewesen. Die Exulanten unter Jojachin können nicht seine Zuhörer gewesen sein. Doch dem stehen die Abschnitte des H.-buchs entgegen, die auf das Exil als Verkündigungsort hinweisen. Deshalb stellte 1934 Oesterley-Robinson (An Introduction to the Books of the Old Testament, S. 328f) die These auf: H. wirkte von 602-597 v.Chr. in Jerusalem, wurde dann nach Babylon deportiert und wirkte im Exil weiter. Andere, wie O.R. Fischer (The Unity of the Book of Ezekiel«, 1939 unveröffentlicht) und R.H. Pfeiffer (Introduction to the Old Testsament, 1941) »lösen« die Frage nach dem Ort der Weissagungen H.s, indem sie die These aufstellen: H. wurde mit Jojachin deportiert, kehrte infolge seiner Sendung zum Haus Israel wieder nach Jerusalem zurück, wo er die Greuel von Kap. 8 sieht und Jerusalems Zerstörung ansagt, um dann aufgrund eines neuen Auftrags wieder zu den Deportierten zurückzukehren.

Die Rechtfertigung dieser Auffassung ist die traditionelle Fehlinterpretation der Weissagungen H.s vor 586 v.Chr., die so verstanden wurden, als seien sie an das dem Untergang geweihte Jerusalem gerichtet. Ihre große Schwäche ist die – damit zusammenhängende - äußerst weitreichende Neuordnung des Textes des H.-buchs und das Fehlen jeder angemessenen Motivation für die Entstehung der tatsächlichen Tätigkeit H.s.

3. Fragen zur Einheit des Buches: Indem G. Hölscher (1924) vor allem auf den Gegensatz zwischen Poesie und Prosa im H.-buch Bezug nahm, schrieb er am Ende H. selbst nur 170 Verse (hauptsächlich Poesie) von den insgesamt 1273 Versen zu, den Rest einem levitischen Herausgeber zwischen 500 und 450 v.Chr. W.A. Irwin (The Problem of Ezekiel) kam 1943 mit anderen Methoden zu ähnlichen Schlüssen. Er schrieb H. 251 echte Verse zu. Viele lehnen auch eine Autorschaft H.s in den Kap. 40-48 ab. Ihre Argumentation ist eine Aufforderung zu einer gründlicheren Exegese, aber sie hat nicht die Zustimmung der Mehrheit gefunden, obwohl redaktionelle Einfügungen zunehmend anerkannt werden.

Es ist festzustellen, daß diese intensiven kritischen Studien sich größtenteils gegenseitig aufgehoben haben. Zwar haben sie zu einem tieferen Verständnis vieler Aspekte des Buches geführt, doch bleibt die Grundhaltung im allgemeinen dieselbe wie vor 1924. Seit der Arbeit von C.G. Howie (1950) ist eine allg. Rückkehr zu eher konservativen Positionen zu bemerken. Wenige Theologen zweifeln noch daran, daß es sich um ein Werk der Exilszeit handelt, das von H. selbst verfaßt wurde. G. Fohrer zweifelt in den ersten 39 Kap., hauptsächlich auf seine subjektive Einschätzung gegründet, nur noch die Autorschaft von knapp über 100 Versen an, und auch dieser Vorbehalt berührt keine wesentlichen Teile der Botschaft des H.-buchs. Derselbe Theologe zweifelt die Autorschaft etwa der gleichen Anzahl von Versen in den letzten neun Kapiteln an; aber hier scheinen die Beweggründe in noch stärkerem Maß subjektiv zu sein.

Insgesamt scheint eine allg. Bewegung weg von der Auffassung stattzufinden, H. habe während der ersten Phase seiner Tätigkeit in Jerusalem geweissagt. Einer der Kommentare aus jüngster Zeit, (W. Zimmerli, 1979), vertritt eine im wesentlichen konservative Position. Childs (1979) betont die Würde der kanonischen Endgestalt des Textes und fordert auf, wieder nach dem Sinn der vorliegenden Endgestalt zu fragen.

V. DIE BOTSCHAFT HESEKIELS

Da H., wie alle Propheten, von seiner Berufung her zu verstehen ist, steht dieses Ereignis am Anfang des Buchs. Charakteristisch für H. ist, daß er Gottes Wort vor allem durch Visionen empfängt und sie dann in Form von Gleichnisreden und Zeichenhandlungen weitergibt. All dies findet sich schon in Kap. 1-3 programmatisch vor.

H. wird zum Wächter über das Volk berufen (Hes 3,17ff), der im Auftrag Gottes die Sünde des Volkes – und später (Kap. 25-32) auch die Sünde der Nationen – aufzudecken hat. Die Verdeutlichung der Sünde ergeht an den einzelnen Menschen, den H. in seelsorgerlicher Weise auf seine Verantwortung anspricht. Gerichtsbotschaft und Untergangsdrohungen stehen im 1. Teil seiner Wirksamkeit (bis Kap. 32) so stark im Vordergrund, daß die Zusage von Gottes Heil fast vollständig fehlt. Gott will das Gericht bis zum Ende durchführen, denn er spricht: »Ihr sollt erfahren, daß ich der Herr bin.«

Die Sünde des Volks zeigt H. an der Art seiner Gottesdienste auf (Hes 8-11). Götzenbilder (Hes 8,3ff), Männer, die vor dem Tempel die Sonne anbeten (Hes 8,16ff), u.a. bewirken den Auszug der Herrlichkeit Gottes aus dem Tempel, der Ort der Begegnung mit Gott sein soll. Nachdem Tempel und Stadt von Gott verlassen sind, ist das Gericht unabwendbar. In Kap. 16 und 23 wird im Bild von der Ehe und ihrer Perversion, der Hurerei, besonders hart die Abwendung des Volkes von Gottes Liebe angeprangert.

Doch Gottes Gericht will nicht die Zerstörung, sondern zielt auf den Neuanfang mit Israel; es dient der Läuterung. Ohne Gemeinschaft mit Gott und ohne Gottes Gegenwart ist Leben nicht möglich. In Kap. 33-48 wird in dreifacher Weise davon gesprochen, wie dieser Neuanfang zwischen Gott und seinem Volk aussehen soll.

1. Gott sendet seinem Volk einen guten Hirten, der es sammelt und Juda und Jerusalem vereinigt (Kap. 34; 37).
2. Das Land Israel soll wieder neu bewohnt und bebaut werden und Frucht bringen (Kap. 36).
3. Die steinernen Herzen der Menschen werden von Gott durch fleischerne ersetzt (Kap. 36,26f). Der Schöpfer wirkt ein Neues (Hes 37; Auferweckung der Totengebeine).

Der Neuanfang drückt sich für das Volk auch in einer Neuordnung des Ortes der Begegnung mit Gott, nämlich des Tempels und des Gottesdienstes, aus. Das schließt eine neue Ordnung des Landes mit ein. Erst wenn dieser Neuanfang vollzogen ist (Kap. 40-48), kehrt Gott zu seinem Volk zurück (Hes 43,2ff), ist wieder Gemeinschaft zwischen Gott und seinem Volk möglich.

Literatur: H. Brandenburg: Hesekiel, [3]1982; M. Burrows: The Literary Relations of Ezekiel, 1925; B.S. Childs: Introduction to the Old Testament as Scripture, 1979; G.A. Cooke: The Book of Ezekiel, ICC, 1936; G. Fohrer und K. Galling: Ezechiel, 1955; G. Hölscher: Hesekiel: Der Dichter und das Buch, 1924; C.G. Howie: The Date and Composition of Ezekiel, 1950; W.A. Irwin: The Problem of Ezekiel, 1943; »Ezekiel Research since 1943«, VT 3, 1953, S. 54-66; J.B. Taylor: Ezekiel, TOTC, 1969; C.C. Torrey: Pseudo-Ezekiel and the Original Prophecy, 1930; W. Zimmerli: Ezechiel, BKAT XIII 1, [2]1979; XIII 2, [2]1979; ders.: TRE X, 1982, S. 766–781. H.L.E./Red.

HETITER. (Hebr. *chittīm, benē chet*). Das AT bezeichnet mit »Hetiter« ein großes Volk, das dem gesamten Syrien »von der Wüste bis zum Libanon und von dem großen Strom Euphrat bis an das große Meer gegen Sonnenuntergang« (Jos 1,4) seinen Namen gab, als auch eine ethnische Gruppe,

Eines der großen Tore in der äußeren Mauer der hetitischen Hauptstadt Hattusa aus dem 14.-13. Jh. v.Chr. Bogazköi, Türkei. (JDH)

Luwische Hieroglyphen-Inschrift des Hetiters Wasu-Sarmas (Wassurme), des Königs von Tabal, der den Assyrern in den Jahren 738 und 732 v.Chr. Tribut leistete. Hier berichtet er über eine Schlacht gegen sieben verbündete anatolische Könige. Aus Topada, Türkei. (JDH)

die seit der Erzväterzeit bis nach der israelit. Besiedlung (1Mo 15,20; 5Mo 7,1; Ri 3,5) dort lebte und wörtlich »die Kinder Hets« (1Mo 23,3 u.ö.) genannt wurde, nach ihrem Vorfahren Het, einem Sohn Kanaans (1Mo 10,15).

I. DAS REICH DER HETITER.
Das hetitische Reich wurde um 1800 v.Chr. durch ein indogermanisches Volk begründet, das sich etwa zwei Jahrhunderte zuvor in kleinasiatischen Stadtstaaten angesiedelt hatte. Den Namen »Hetiter« übernahmen sie von den Chattiern, den früheren Bewohnern ihres Siedlungsgebietes, deren Erbe in der hetitischen Kunst und Religion sowie in Namen und Titeln von Göttern und Königen klar erkennbar ist. Als sich das hetitische Reich ausweitete, wurde die Bezeichnung »Hetiter« auf die Völker und Gebiete, die es sich eingliederte, ausgedehnt. Ein früher hetitischer König, Tutchalijas I. (ca. 1720 v.Chr.), wurde – mit allem Vorbehalt – mit »Tidal, dem König von Völkern« von 1Mo 14,1 identifiziert. Um 1600 v.Chr. dehnte Chattusilis I. seine Herrschaft auf Teile Nordsyriens aus. Sein Nachfolger Mursilis I. errichtete in Chattusa (dem heutigen Bogazköi) östl. des Halys eine neue Hauptstadt, den dort 1906 entdeckten Archiven verdanken wir großenteils unsere Kenntnis der hetitischen Geschichte und Literatur. Mursilis I. eroberte Aleppo und überfiel anschließend ca. 1560 v.Chr. Babylon – ein Ereignis, das den Sturz der ersten babylon. Dynastie mit herbeiführte. König Telipinus (ca. 1480 v.Chr.) war der große hetitische Gesetzgeber. Zwischen den hetitischen Gesetzen und denen des Pentateuch bestehen auffallende Ähnlichkeiten, und zwar eher im Detail und in der Anordnung als in der Gesamtkonzeption. Während die Gesetze des Pentateuch wie die großen semit. Gesetzescorpora des Vorderen Orients die lex talionis (vgl. 2 Mo 21, 23-25) als Grundprinzip anwenden, sind die hetitischen Gesetze geprägt von dem spezifisch indogermanischen Prinzip der Entschädigung (Wergeld). Auch zwischen dem Formular hetitischer Vasallitätsverträge und dem atl. Bundesformular wurden Analogien festgestellt. Weitere wichtige Berührungspunkte gibt es bei der Leviratsehe und dem Vorgehen zur Ermittlung des göttlichen Willens oder kommender Geschehnisse mit Hilfe von Teraphim und *sobot* (»vertraute Geister«).

Den Höhepunkt seiner Macht erreichte das hetitische Reich unter Suppiluliuma I. (ca. 1380-1350 v.Chr.). In seiner Provinz Kizzuwatna im SO Kleinasiens wurde zum ersten Mal im Vorderen Orient Eisen geschmolzen, und zwar in einem solchen Ausmaß, daß man mit Recht vom Beginn des Eisenzeitalters sprechen kann. Er dehnte sein Reich über Obermesopotamien und Syrien bis in den S des Libanon aus. So gerieten die H. in Konflikt mit dem ägypt. Drang nach N; die Feindseligkeiten zwischen den beiden Mächten dauerten bis 1284 v.Chr., als Chattusilis III. und Ramses II. in einem Nicht-Angriffspakt den Orontes als gemeinsame Grenze anerkannten.

Der Zusammenbruch des hetitischen Reiches um 1200 v.Chr. wurde durch feindliche Übergriffe vom W her verursacht.

II. DIE HETITISCHEN KÖNIGREICHE.
Mit dem Zusammenbruch des hetitischen Reiches wurden 24 Stadtstaaten der Tabali (»Tubal« im AT) Erben des hetitischen Stammlandes nördl. des Taurus. In Syrien behielten

Der hetitische König Warpalawas steht in anbetender Haltung vor dem Sturmgott Tarhun, der als ein Fruchtbarkeits- und Vegetationsgott dargestellt ist. Felsrelief aus Ivriz im Taurus-Gebirge. Höhe des Königs ca. 2,40 m, des Gottes 4,20 m. Spätes 8. Jh.v.Chr. (JDH)

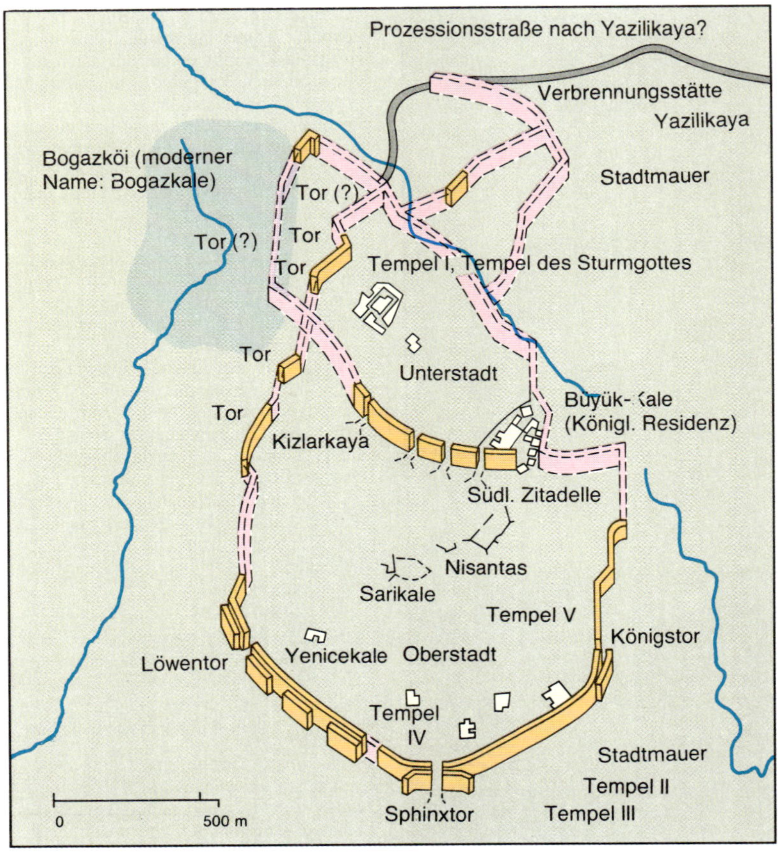

Skizze der hetitischen Hauptstadt Hattusa (Bogazköi), errichtet im 16. Jh.v.Chr. durch Mursilis I.

sieben Stadtstaaten, die zum Hetiterreich gehört hatten, den Namen »Hetiter« einige Jahrhunderte lang bei; ihre Herrscher wurden »die Könige der Hetiter« genannt. Hamat am Orontes und Karkemisch am Euphrat waren die bedeutendsten dieser sieben Städte. Hamat war mit David verbündet (2Sam 8,9ff), dessen Königreich an »Kadesch im Land der Hetiter« (2Sam 24,6; Tachtim-Chodschi) grenzte. Salomo trieb mit »allen Königen der Hetiter« Handel und verband sich durch Heirat mit ihnen (1Kön 10,28f; 11,1). Im 9. Jh.v.Chr. konnte ihre militärische Stärke die Armee von Damaskus durch bloße Gerüchte in Panik versetzen (2Kön 7,6). Im darauffolgenden Jh. jedoch wurden sie der Reihe nach durch die Assyrer bezwungen; Hamat fiel 720 v.Chr. und Karkemisch 717 (vgl. 2Kön 18,34; 19,13; Jes 10,9).

Die zeitgenössischen assyr. und babylon. Quellen (bis zur chaldäischen Dynastie) bezeichnen das gesamte Syrien (einschließlich Palästinas) regelmäßig als »Hatti-Land«; im Jahr 711 v.Chr. kann Sargon II. von dem Volk von Aschdod als »den treulosen Hatti« sprechen.

Die Sprache der sieben hetitischen Königreiche ist durch Hieroglyphentexte bekannt, die in den letzten Jahren entziffert werden konnten. Zweisprachige Inschriften in Hieroglyphenhetitisch und Phönizisch, die in Karatepe in Zilizien entdeckt wurden

Gesamtansicht der Ruinen des großen hetitischen Tempels (Tempel I) in Hattusa, der wahrscheinlich dem Wettergott geweiht war. (JDH)

Gebiete unter hetitischem Einfluß.

(1946-47), trugen erheblich zur Entzifferung bei. Die Sprache dieser Texte ist nicht identisch mit der offiziellen Sprache des früheren hetitischen Reiches, die in Keilschrift geschrieben war und 1917 als indogermanische Sprache identifiziert wurde. Sie ähnelt eher der Sprache der Luvier, einer verwandten indogermanischen Sprache.

III. DIE HETITER KANAANS.
Die H. Kanaans erscheinen in der Erzväterzeit als Bewohner des Gebirges von Juda, besonders des Gebiets um Hebron. Man hat vermutet, daß sie ein Zweig der vorindogermanischen Hatti waren oder aus einem Teil des hetitischen Reiches kamen; das hetitische Reich selbst erstreckte sich nie so weit nach S. Sie könnten auch nur den Namen mit den Hetitern aus dem N gemeinsam gehabt haben. Die einfachste Erklärung wäre jedoch, daß auch hier wie in den assyr. und babylon. Urkunden mit den Hetitern die Einwohner Syriens und Palästinas gemeint sind. In 1Mo 23 sind die Hetiter die in Hebron ansässige Bevölkerung (»das Volk des Landes«), unter denen Abraham als »Fremdling und Beisasse« lebte und von denen er den Acker in *Machpela mit seiner Höhle als Erbbegräbnis erwarb. Der Bericht von diesem Kauf soll »durchdrungen sein von komplizierten Spitzfindigkeiten hetitischer Gesetze und Bräuche, die der Zeit Abrahams genau entsprechen« (M.R. Lehmann, BASOR 129, 1953, S. 18; für eine andere Auffassung s. aber G.M. Tucker, JBL 85, 1966, S. 77ff). Esau kränkte seine Eltern, als er zwei »Hetiterinnen... Töchter des Landes« (1Mo 27,46; vgl. 26,34f) heiratete – offenbar im Gebiet von Beerscheba. Nach Hes 16,3.45 hatte Jerusalem eine gemischte Bevölkerung aus Hetitern und Amoritern. Man meinte, daß der Name *Araunas, des Jebusiters (2Sam 24,16ff), hetitisch sei, und Uria, der Hetiter, der offensichtlich aus Jerusalem stammte, war einer von Davids »Helden« (2Sam 23,39). Auch Ahimelech, einer von Davids Begleitern während seiner Ächtung, wird als Hetiter bezeichnet (1Sam 26,6). Der letzte Hinweis auf die Hetiter Kanaans bezieht sich auf die Zeit Salomos (2Chr 8,7).

Literatur: O.R. Gurney: The Hittites, ²1966; ders.: Some Aspects of Hittite Religion, 1976; O.R. Gurney, J. Garstang: The Geography of the Hittite Empire, 1959; S. Lloyd: Early Anatolia, 1956; L. Woolley: A Forgotten Kingdom, 1953; E. Akurgal: Hethitische Kunst, 1962; G. Walser (Hrsg.): Neuere Hethiterforschung, 1964; H.A. Hoffner: Some Contributions of Hittitology to OT Study, TynB 20, 1969, S. 29ff; ders.: The Hittites and Hurrians, in: POTT, S. 197ff; F. Cornelius: Geschichte der Hethiter, ³1979; J. Lehmann: The Hittites, 1977; F. Sommer: Hethiter und Hethitisch, 1947; A. Götze: Kleinasien, ²1957; J. Friedrich: Die hethitischen Gesetze, 1959. F.F.B.

HEUCHELEI, HEUCHELN, HEUCHLER.

1. Als H. ist ein Verhalten zu bezeichnen, bei dem Handlungen, Gebärden und Worte des Menschen nicht seinem Inneren entsprechen. H. kann sich in einzelnen zweckbedingten, durchaus bewußten Akten äußern, aber auch zu einem Zustand werden, dessen fortgesetzte Äußerungen fast unbewußt geworden sind.

Es gibt mehrere, in ihrer Bedeutung leicht unterschiedliche hebr. Wörter, die glatte Reden (Ps 5,10; 12,3-4) und gottlose Gesinnung bezeichnen; dabei ist die Absicht der Täuschung nicht unbedingt eingeschlossen. Das griech. Wort *hypokritēs* bedeutet zunächst »Schauspieler«, meint also einen Menschen, der eine Maske trägt und die Rolle einer anderen Person spielt.

2. Wer Menschen gegenüber heuchelt, täuscht Gefühle vor, die er

HEUSCHRECKE
s. Tiere

HIDDEKEL
s. Tigris

Ein hetitischer Gefangener, abgebildet auf einer Fayence-Kachel aus Ägypten. Höhe 25 cm. Ca. 1170 v.Chr. (OIUC)

nicht empfindet, um sich Vorteile zu verschaffen oder seinem Nächsten zu schaden (Spr 28,23; 29,5; Mt 22,18). Auch Petrus heuchelt, als er sich aus Menschenfurcht auf die Seite einer Autorität (Gesetz) stellt, die er in Wirklichkeit nicht mehr anerkennt (Gal 2,13).

3. Als H. Gott gegenüber bezeichnet Ps 78,36 die Hinwendung zu Gott ohne innere Umkehr. Häufig wird der Ausdruck H. im NT auf Pharisäer und Schriftgelehrte angewandt. Bei vielen von ihnen war der ursprüngliche Eifer, Gott zu dienen, verflacht und veräußerlicht. Mit einer leergewordenen Form der Frömmigkeit täuschten sie andere und sich selbst (Mt 6,2.5.16). Ja, sie erfüllten diese Form mit einem ihr fremden, gegen Gott gerichteten Geist (Mt 23,13).

Darin besteht die Gefahr aller zur Gewohnheit gewordenen Frömmigkeit, daß man sich mit der äußeren Form begnügt und dadurch dem Gericht Gottes verfällt (Mt 15,7.8; 16,3; Lk 12,1).

HEUTE.

I. WORT UND BEGRIFF.
Im Hebr. wie auch im Griech. bedeutet das entsprechende Wort »an diesem Tage« (auch latein. *hodie* und althochdeutsch *hiu-tac*, »heute«). Gemeint ist der gegenwärtig ablaufende Tag. So ordnet Mose an: »Eßt dies heute, denn heute ist der Sabbat des Herrn« (2Mo 16,25; vgl. 2Mo 13,14; Jak 4,13 u.ö.). Natürlich kann h. auch im weiteren Sinn »zu dieser Zeit« bedeuten (z.B. Mt 11,23).

II. DAS EWIGE IM HEUTE.
Der der Vergangenheit nachtrauernde oder von ihr beschwerte, Zukunftsträumereien hingegebene oder sich vor dem Kommenden fürchtende Mensch verliert sein H. Der gegenwärtige Augenblick bleibt unerfüllt. Wenn aber das Ewige in das Zeitliche hineinragt, gewinn der Mensch sein H. zurück. In dem H. der Engelbotschaft (Lk 2,11) steht die Zeit still, ragt die Ewigkeit in die Zeit hinein. Die Hirten auf Bethlehems Feld erleben ein H., das nicht mehr vergeht. Ähnlich erging es den Zeugen der Predigt Jesu in Nazareth, als er sagte: »Heute ist dieses Wort der Schrift erfüllt vor euren Ohren« (Lk 4,21). Dieses H. eröffnet die »angenehme Zeit«, den »Tag des Heils« (2Kor 6,2). Solch ein H. erfuhren Zachäus (Lk 19,9) und der Verbrecher am Kreuz (Lk 23, 43). Schon lange bevor durch den Fall des Menschen die Zeit zur Nichtigkeit wurde, hatte Gott den Einbruch der Ewigkeit in die Zeit geplant. »Du bist mein Sohn, heute habe ich dich gezeugt« (Ps 2,7 u.ö.). Auch schon im AT gewinnt die flüchtige Zeit durch Gottes Kundgebungen Ewigkeitsgehalt (2Mo 14,13; 5Mo 9,1; 11,26f; Jos 22,31; 1Sam 11, 13). Dem vergänglichen H. der unerlösten Welt setzt Gott sein bleibendes H. eines langandauernden Heilstages (Jes 49,8.9) entgegen.

III. DER ENTSCHEIDUNGSCHARAKTER UNSERES HEUTE.
Das flüchtige H. der verrinnenden Lebenszeit und das bleibende H. eines langen Heilstages rufen in die Entscheidung: »Wenn ihr doch heute auf seine Stimme hören wolltet« (Ps 95, 7f u.ö.). Erschwerend fällt ins Gewicht, daß diese Gnadenzeit einmal zu Ende geht. Darum ist Wachsamkeit und gegenseitige Ermahnung geboten, »solange es 'heute' heißt« (Hebr 3,13).

HEZRON. (»Schlanker«).

1. Dritter Sohn *Rubens (1Mo 46, 9; 4Mo 26,6); seine Nachkommen bilden das Geschlecht der Hezroniter.

2. Sohn des *Perez und Enkel *Judas (1Mo 46,12). Seine Nachkommen, die das judäische Geschlecht der Hezroniter bilden (4Mo 26,21), werden 1Chr 2,9-3,24; 4,3-7 aufgezählt. Auch David und das judäische Königsgeschlecht gehören dazu.

3. »Hürde«. Ort an der Südgrenze Judas, westl. von Kadesch-Barnea (Jos 15,3). Die genaue Lage ist unbekannt.

HIERAPOLIS. Stadt in der röm. Provinz Asia, im W des asiat. Teils der heutigen Türkei. H. lag etwa 10 km nördl. von *Laodizea auf der anderen Seite des breiten Lykostals. Die Stadt war bei ergiebigen heißen Quellen errichtet worden, die bekannt waren für ihre Heilkräfte. Es gab auch eine unterirdische Öffnung, aus der plutoniumhaltiges Gas entwich, die aber später, etwa im 4. Jh.n.Chr., durch die Christen zugeschüttet wurde. Das heiße Wasser ergoß sich über terrassenartige Gesteinsformation; durch Kalkablagerungen bildeten sich weiße Klippen, die dem Ort den heutigen Namen Pamukkale (»Baumwollschloß«) gaben. Diese natürlichen Gegebenheiten machten H. (»heilige Stadt« anstatt des früheren »Hieropolis«, »Stadt des Heiligtums«) zu einem Zentrum heidnischer Bräuche, auf denen die Bedeutung der Stadt und ihr Wohlstand in erster Linie beruhten. Die Gemeinde in H. dürfte gegründet worden sein, als Paulus in Ephesus lebte (Apg 19,10), vielleicht durch Epaphras. Sie wird nur in Verbindung mit ihren engen Nachbarn *Kolossä und *Laodizea erwähnt (Kol 4,13). In Offb 3,15-16 könnten die berühmten heißen Quellen gemeint sein im Gegensatz zum kalten Wasser in Kolossä und dem lauwarmen in Laodizea. Nach Polykrates, Bischof von Ephesus ca. 190 n.Chr., den Euseb (h.e. 3.31) zitiert, wurde der Apostel Philippus in H. begraben. Jedoch werden in den Quellen Apostel und Evangelist verwechselt. Auch Papias sowie der stoische Philosoph Epiktet wurden mit der Stadt in Verbindung gebracht.
M.J.S.R./C.J.H.

HILKIJA. (Hebr. *chilqījāhū,chilqījā*, »mein Besitz ist Jahwe«).

1. Vater Eljakims, des Hofmeisters Hiskias (2Kön 18,18.26.37; Jes 22,20; 36,3.22).

2. Hoherpriester während Josias Herrschaft. Bei den Ausbesserungsarbeiten am Tempel fand er das Gesetzbuch und gab es dem Schriftgelehrten Schafan. H. zählte zu der Abordnung, die der König zur Prophetin *Hulda sandte, um Gottes Willen in dieser Angelegenheit zu erfahren. Außerdem trug H. dazu bei, Josias Reform zu verwirklichen (2Kön 22-23; 2Chr 34; 35,8).

3. und 4. Leviten aus der Familie von *Merari (1Chr 6,30; 26,11).

5. Einer, der bei dem Schriftgelehrten Esra stand, als dieser das Gesetz Gottes von einer hölzernen Kanzel aus verlas (Neh 8,4).

6. Eines der »Häupter der Priester«,

die mit Serubbabel nach Judäa zurückgekehrt waren (Neh 12,7.21). Möglicherweise identisch mit 5.

7. Vater des Propheten *Jeremia und Mitglied der Priesterfamilie von *Anatot (Jer 1,1). Vermutlich ein Nachkomme Abjatars, des Hohenpriesters z.Zt. Davids, der von Salomo vertrieben wurde, weil er *Adonija unterstützt hatte (1Kön 2,26). H. könnte der amtierende Priester der ländlichen Gemeinde in Anatot gewesen sein.

8. Vater Gemarjas, einer der Botschafter, die *Zedekia zu *Nebukadnezar schickte (Jer 29,3).

HIMMEL.

A. Himmel und Weltbildvorstellung.

Die bibl. Aussagen über den bzw. die H. müssen im vorab gegen Mißverständnisse abgegrenzt werden: Sie sind keine naturwissenschaftlichen Aussagen im modernen Sinn und demnach auch keinem wissenschaftlichen Weltbild oder -modell verpflichtet. Dies bedeutet einerseits, daß die verschiedenen Aussagen nicht in apologetischer Manier mit neuzeitlich-naturwissenschaftlichen Modellen des Alls harmonisiert werden dürfen; andererseits ist zu betonen, daß ein wie auch immer im einzelnen gestaltetes, mythologisches Weltbild nicht der Aussageintention der bibl. Texte entspricht: »Der oft gewagte Versuch, z.B. das babylonische Weltbild graphisch zu erfassen, ist und bleibt ein den alten Vorstellungsintentionen ferner und fremder Versuch. Wohl ist nicht daran zu zweifeln, daß die antike Weltorientierung, vom Standort der Erde ausschauend, nach einem Oben und nach einem Unten und nach dem Fernen fragt. Aber schon die Erklärung, der Himmel werde als ›drittes Stockwerk‹ gedacht, unterstellt eine starre, statische Registrierungsweise und ein Fixierungsvornehmen, das der Wirklichkeit des antiken Weltverständnisses kaum gerecht wird« (H.-J. Kraus, Theologie der Psalmen, BKAT XV/3, S. 57, vgl. a. ThWNT V, 502, 28f). Das Entscheidende ist, daß der Mensch beschreibt, was er sieht; das Wahrgenommene ergibt sein Bild von der Welt und verbindet ihn so mit allen Menschen, die von ihren natürlichen Anlagen her in derselben Art und Weise wahrnehmen. Dieses allgemeinmenschliche Weltbild (das zugleich ein Daheimsein in eben dieser so erkannten Welt ermöglicht) ist in den bibl. Himmelsaussagen vorauszusetzen. So ergibt sich aus der Perspektive des auf der Erde lebenden Menschen, daß Höhe Herrschaft und Macht (Ps 102,20; 148,1) bedeutet, während Tiefe als Strafe Gottes verstanden wird (vgl. Jes 14,12.15). Die kosmologischen Bilder sind aber zugleich ihrem Wesen nach dem Geschichtshandeln Gottes untergeordnet: Dem Geschaffenwerden von Erde und H. am Anfang der Geschichte (1Mo 1,1) stehen die Aussagen von

Ungewöhnliche Felsformationen in Hierapolis (Pamukkale, Türkei), entstanden durch Kalkablagerungen aus den heißen Quellen, für die der Ort berühmt war. (SH)

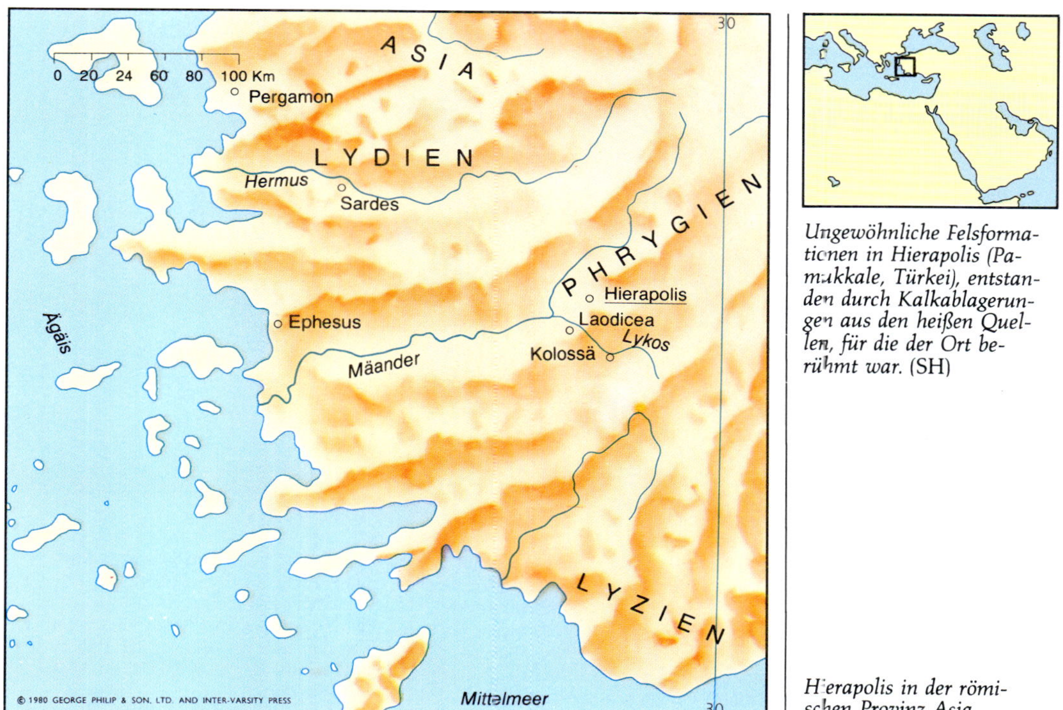

Hierapolis in der römischen Provinz Asia.

Vergehen (Ps 102,27; Jes 51,6; Mt 24,35; Offb 20,11) und Neuschöpfung von Erde und H. (Jes 65,17; Offb 21,1) gegenüber. Als Kontinuum bleibt allein Gottes schöpferisches und damit geschichtsmächtiges Handeln, der darum immer wieder Ziel der doxologischen Aussagen über H., Erde und alles, was sie enthalten, ist. Darum werden auch H., Erde und mit ihnen alles Geschaffene aufgefordert, Gott zu loben (vgl. Ps 19,2; 69,35; 96,11); darum auch die Aussage in Hiob 15,15, daß vor Gott der geschaffene und damit der Vergänglichkeit und Sünde potentiell unterworfene H. nicht rein ist. Mit dem Bekenntnis zur Schöpfung von H. und Erde durch Gott ist weiter festgehalten, daß Gottes Sein und Wohnen nicht von ihnen abhängt. Dieser Glaube der bibl. Autoren um das Geschaffensein des ganzen Kosmos bewahrte sie davor, Gott an einen bestimmten Ort zu binden. Gott wohnt, wo er wohnen will (vgl. 1Kön

Die Anlage der alten Stadt Hierapolis (vgl. S. 574).

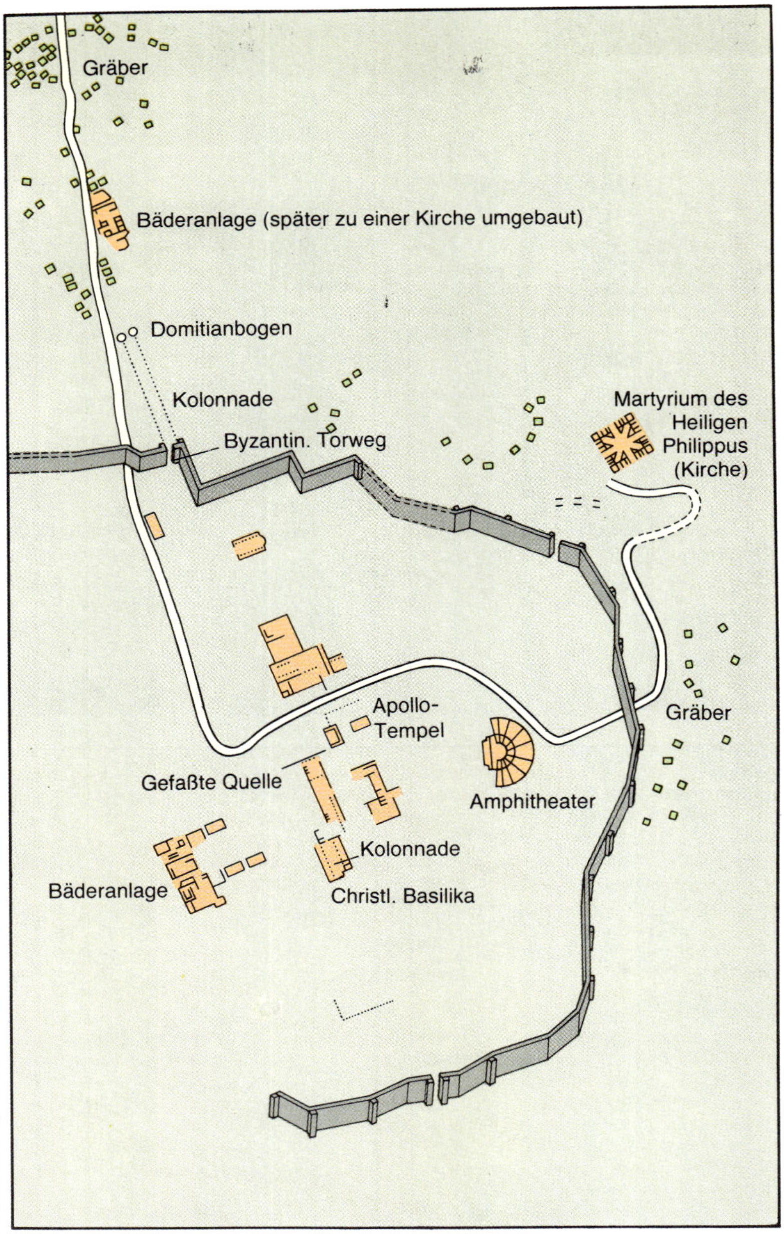

8,12f.16.27.29f; Jes 57,15). Zudem sind die Aussagen über ein Wohnen Gottes nicht zu trennen von seiner Allgegenwart, wie sie besonders Ps 139,1b-10 (vgl. auch Ps 73,23-26) ausdrückt. Hier sind die bibl. Vorstellungen von den altorientalischen und griech. scharf zu trennen, wo die Götter räumlichen Grenzen unterworfen sind, wie besonders die zahlreichen Lokalgottheiten zeigen (vgl. E. Erle: Das Weltbild der Bibel, S. 45f). In dem so umrissenen Rahmen ist nun die Frage nach dem Ort und Wesen des H.s bzw. der H. zu stellen.

B. Zum Wortgebrauch.

I. IM ALTEN TESTAMENT. Verschiedene hebr. Worte, die sich in ihrem Bedeutungsumfang nicht streng voneinander abgrenzen lassen, werden in dt. Übersetzungen mit »Himmel« wiedergegeben.

1. Mit 458 Belegen (420 hebr., 38 aram.; immer im Plural) ist *schāmmajim* das weitaus wichtigste. Das Wort bezeichnet den von Erde und Meer verschiedenen Raum, d.h. für den Menschen alles, was sich über der Erd- oder Wasseroberfläche befindet. Das atl. Hebr. besitzt kein Wort für »Luft«, so daß auch dieses Wortfeld z.T. mit der Vokabel *schāmmajim* abgedeckt wird (bes. deutlich an dem Ausdruck »Vögel des Himmels« [38x]; vgl. a. 2Sam 18,9; Absalom, als er sich im Baum verfängt, schwebt »zwischen Himmel und Erde«; vgl. Hes 8,3; Sach 5,9). Wie im Dt. finden darum meteorologische und astronomische Phänomene am bzw. vom H. herab statt: Wasser (Jer 10,13), Regen (1Mo 8,2), Tau (1Mo 27,28), Reif (Hiob 38,29), Schnee (Jes 55,10), Feuer (1Mo 19,24), Staub (5Mo 28,24), Hagel (Jos 10,11) kommen vom H. herab, ebenso das Manna in der Wüste (2Mo 16,15.31ff; Ps 105,40: »Himmelsbrot«). Aus dieser menschlichen Erfahrung heraus entstand der Gedanke von Vorratskammern für den Wind (Jer 49,36; Hiob 37,9.12), Schnee und Hagel (Hiob 38,22), die am oder im H. vorgestellt wurden. Doch wurden solche Aussagen nie in einer Himmelstopographie systematisiert (wie sehr viel später in Teilen der jüd. Literatur, z.B. äthHen 14.71; BarApk = 3Bar). Es blieb bei den im übrigen sehr seltenen Bildern, zu denen noch die Fenster (1Mo 7,11; 8,2; 2Kön 7,2.19; Mal 3,10), Türen (1Mo 28,17; Ps 78,23) und Säulen (Hiob 26,11) bzw. Grundfesten des H.s gehören (2Sam 22,8). Nirgends wird im AT auch nur der Versuch unternommen, daraus eine einheitliche Vorstellung zu gewinnen. Vielmehr stehen alle diese Bilder im Zusammenhang mit Gottes schöpferischem oder (im positiven oder negativen Sinn) heimsuchenden Handeln.

Sonne, Mond und Sterne sind Phänomene am H., eben weil sie *über* dem Menschen sind (vgl. 1Mo 15,5; Jos 10,13; Hiob 38,32f; Ps 19,5b-7).

Der Gedanke an eine Mehrzahl von übereinanderliegenden H.n, wie die Pluralform von *schāmmajim* und die Wendung »Himmel des Himmels« (5Mo 10,14; 1Kön 8,27 u.ö.) nahezulegen scheinen, ist zwar angedeutet, aber im AT nirgends entfaltet. Der menschlichen Anschauung war eben nur der eine H. zugänglich. Erst sehr spät entstanden die Spekulationen über mehrere H. (die als himmlische Paläste oder Tempel verstanden wurden, vgl. TestLev, AscJes, bChag 12b, sowie die gesamte Hekhalotliteratur, zugänglich in der Reihe TSAJ, vgl. *Apokalyptik III.), von denen wir auch im NT lesen (2Kor 12,2f; Hebr 4,14). Zum H. als Wohnung Gottes vgl. C.

2. Die Himmelswölbung oder die Feste (Firmament) des H.s. Im Schöpfungsbericht (1Mo 1,6-20) wird die Erschaffung der Feste (hebr. *rāqia'*, 19x im AT) erwähnt, die als Wasserscheide zwischen dem irdischen und himmlischen Ozean dient. Dabei sollte nicht an eine dicke Metallplatte o.ä. gedacht werden: Das dem Subst. *rāqia'* zugrundeliegende Verb *rq'* bedeutet »zerstampfen« und »ausbreiten«. Das Überziehen eines Götzenbildes mit einer dünnen Goldschicht wird mit dem Wort bezeichnet (Jes 40,19).Von daher ist *rāqia'* am Besten zu verstehen als »das Ausgehämmerte«, also »das Dünngemachte, das Ausgedehnte« (vgl. S.R. Külling: Fundamentum 3/1981, S. 8), mit dem der H. (als Raum oberhalb der Erde) begrenzt wird. Diese die Erde umgebende Hülle, die manchmal auch nur H. heißen kann, wird weiter mit einem ausgespannten Teppich (Ps 104,2), einem dünnen Schleier (Jes 40,22), einem durchsichtigen Gebilde aus Saphir (2Mo 24,10) oder einem gegossenen Spiegel verglichen (Hiob

37,18). Gerade diese bildhafte Sprache zeigt, daß hier nicht mit naturwissenschaftlichen Termini, sondern in hymnischen Bildern geredet wird. Über dieser Feste war Wasser (1Mo 1,7), das bei der Sintflut die Erde überschwemmte (vgl. ThWAT IV, Sp. 633ff, Art. mabbul).

3. Gelegentlich nehmen noch andere Wörter die Bedeutung von H. an, so vor allem *mārom* (»Höhe«), das im Sinne von »Himmelshöhe« (Ps 18,17; 102,20; 144,7) verstanden wird, und seltener *schechaqim* (»Wolken«), die als Teil des H.s für diesen selbst stehen (5Mo 33,26: H. und Wolken als Synonyma, so Jes 45,8; Jer 51,9; Ps 36,6 u.ö.; vgl. Hiob 37,18; Ps 89,7.38).

II. IM NEUEN TESTAMENT.

1. Die Himmelsvorstellung des NT ist weitgehend mit der des AT identisch. Dabei garantiert besonders das griech. Wort *ouranos* als Übersetzung für hebr. *schāmmajim* (von den 458 hebr. Belegen sind 443 mit *ouranos* übersetzt) in der LXX die Kontinuität. Die hebr. Pluralform wurde weitgehend (sinngemäß) mit einer Singularform wiedergegeben. Erst in den Makk.-büchern, der Weish und anderen AT-Apokryphen, die nicht aus dem Hebr. übersetzt, sondern ursprünglich in Griech. verfaßt waren, taucht der Plural »die Himmel« (*ouranoi*) zahlreicher auf. Es zeigt sich daran, daß erst im hellen. Zeitalter die Himmelsspekulationen mit verschiedenen Himmeln, Orten und genauer Topographie aufkamen. Damit verbunden erleben die Vorstellungen der Himmelsreise von Menschen bzw. Seelen eine deutliche Blüte (vgl. A.F. Segal: Heavenly Ascent in Hellenistic Judaism, Early Christianity and their Environment, ANRW II 23.3, 1980, 1333-1394, Lit.!); im AT bestehen hierfür nur ganz vage Ansätze (Hiob 38,22-24; Ps 139,8; Spr 30,4), die eher auf die Unmöglichkeit einer solchen Reise hinweisen. Entwicklungsansätze boten – ohne daß dies in der Intention der Texte selbst liegt – die Entrückung *Henochs und *Elias, sowie die Visionen *Hesekiels. Von den 284 *ouranos*-Stellen im NT stehen 94 im Plural; davon allein 58 Stellen bei Mt (vgl. die Wendungen »der Vater in den Himmeln« und »Königreich der Himmel«). Hier wie bei den meisten anderen Stellen dürfte das hebr. Wort für den Plural ausschlaggebend gewesen sein, wenn auch die Vorstellung von mehreren H.n im NT etwas deutlicher zutage tritt. Sie fehlt aber bezeichnenderweise in der Offb, die nach Offb 4,1f noch am ehesten eine Himmelsreise wiedergibt.

2. Wie im AT ist der H. primär alles, was sich oberhalb des Menschen befindet: Die Vögel leben unter dem H. (Mt 6,26), d.h. in der Luft, meteorologische (Mt 16,2f; Jak 5,18) und astronomische (Mt 24,29; Offb 6,13; 12,4) Phänomene haben am H. ihren Ort. Darum kann auch die Präposition *anō* (»oben«) stellvertretend für »Himmel« stehen (Joh 8,23; 11,41), ebenso wie »hinaufsteiger« (*anabainō*) für die Rückkehr Jesu zum Vater gebraucht werden kann (Joh 6,62; vgl. Joh 3,13; 6,33: das Kommen Jesu in die Welt wird dementsprechend als ein »Herabsteigen«, *katabainō*, beschrieben).

Das Weltall wird bezeichnet als »Himmel und Erde« (Mt 5,18.34f; Lk 12,56 u.ö.), bzw. als »Himmel, Erde und Meer« (Apg 4,24; Offb 14,7). In Phil 2,10 wird der Herrschaftsbereich Christi unterteilt in himmlisch, irdisch, unterirdisch. Deutlich ist hier wieder das unter A. erwähnte Erfassen der Wirklichkeit vorausgesetzt. Für den Menschen erscheint das ihn Umgebende dreigeteilt: Er steht auf der Erde, hat über sich den H. und unter sich die »Unterwelt«, die er oft mit Wasser in Verbindung bringt, da Land immer von Wasser umgeben erscheint. Dieses »Weltbild des Altertums, von dem wir getrost als dem Weltbild der menschlichen Wahrnehmung sprechen können, das auch unser Weltbild ist, wenn wir unverbildet sind, gestattet allein das vollmenschliche Verhältnis zur Welt, die geistige Erfassung der Welt« (H. Gese, Die Frage des Weltbildes, in: Zur biblischen Theologie, S. 212).

C. Der Himmel als Ort Gottes.

1. Über dem Menschen befindet sich der H., und über dem Menschen steht Gott. Der H. steht für das Hohe, Erhabene, Unendliche (Ps 102,22). »Die Wahrnehmung des Himmels ist die der Grenze zur Transzendenz« (H. Gese, a.a.O., S. 211). Weil Gott selber der Hohe, Erhabene und für den Menschen Jenseitige ist, wird Gott als der Höchste (1Mo 14,18f; Ps 83,19), als Gott des H.s (1Mo 24,3.7; Offb 11,13.16) bezeichnet, dabei wissend, daß Gott doch über allen H.n (1Kön 8,27; 2Chr 2,5; Ps 57,6; Eph 4,10) ist und zugleich unendlich nahe (Ps 34,19; 145,18). Dahinter steht die Erfahrung und Überzeugung: Wo Jahwe gegenwärtig ist, »da tut sich die himmlische Welt auf« (H.J. Kraus, a.a.O., S. 92). Himmlische und irdische Welt sind nicht getrennt voneinander, sondern eng aufeinander bezogen, einander durchdringend (Jer 23,24). Ein statisches Weltbild mit drei Stockwerken vermag diese Dynamik nicht zu erfassen.

Dennoch gilt, daß neben dem Zion besonders der Himmel als Wohnung Gottes bezeichnet wird (5Mo 4,39; Jes 63,15; Ps 2,4; 89,12 u.ö.). Gott herrscht im H. als in einem geschöpflichen Bereich. Das himmlische Geschehen ist auf die Erde gerichtet: So wie dort Gottes Herrschaft besteht und sein Wille geschieht, soll es auch auf Erden sein (Mt 6,10). Entsprechend bekennt das NT, daß Jesus als Gottes Sohn vom H. herab kam (Joh 3,13) und nach seiner Auferstehung dorthin zurückkehrte (*Himmelfahrt).

Die Bildworte vom verschlossenen (5Mo 11,17; 1Kön 8,35) oder geöffneten H. (1Mo 28,12.17; Mal 3,10; Mt 3,16f par.; Joh 1,51; Offb 19,11) spiegeln die jeweilige Erfahrung der Glaubenden mit ihrem Gott wider: Gott wird als fern und geschieden erlebt (Pred 5,1; Jes 64,1) oder als der, der vom H. herab gnädig den Menschen heimsucht (Ps 18,10; Lk 2,9-15a; Offb 21,2). Der offene H. bei Jesu Taufe ist Zeichen dafür, daß in ihm der H. offen ist für den Menschen (vgl. Joh 10,9; 14,2).

II. DER HIMMLISCHE HOFSTAAT UND TEMPEL.

1. Wo Gott ist (s.C.I.), sind auch seine Diener: Er hält mit ihnen Rat und Gericht im H. (1Kön 22,17; Dan 7,9ff); sie dienen ihm (Jes 6,3; Hes 10; Dan 7,10; Offb 4 und 5) und bitten für die Menschen vor seinem Thron (Mt 18,10; Offb 5,8). Außerdem fungieren sie als Mittler zwischen Gott und den Menschen, d.h. zwischen H. und Erde (1Mo 28,12; Ri 6,21: der Engel des Herrn wird unsichtbar, sobald er seinen Auftrag erfüllt hat; er kehrt gleichsam in die himmlische Dimension zurück; so auch Ri 13,20; vgl. Apg 7,38; Gal 3,19; Hebr 2,2).

Im AT gehört auch *Satan zum himmlischen Hofstaat, wo er als Verkläger auftritt (Hiob 1,6; Sach 3,1f). Zu seinem Anhang gehören Mächte und Gewalten (1Kor 8,5; Eph 2,2; 3,10; 6,12), die im H. (Eph 2,2: Luftraum) ihr Unwesen treiben. Das Wort Jesu über den vom H. stürzenden Satan (Lk 10,18; vgl. Offb 12,9f.13) zeigt, daß dessen Macht überwunden ist (Kol 2,10.15). Die himmlische Welt hat nur einen Herrn: Jesus Christus.

2. Von besonderer Bedeutung für das NT, speziell den Hebräerbrief, ist die Vorstellung vom himmlischen Heiligtum, dessen Abbild die Bundeslade und später der Tempel darstellt (vgl. 2Mo 25,9.40; 26,30; Apg 7,44; Hebr 8,5). In ihm hat Jesus als Hoherpriester ein vollgültiges Opfer ein für allemal dargebracht, nachdem er die zur irdischen und damit vergänglichen Welt gehörenden H. (Plural, Hebr 1,10ff) durchschritten hat (4,14). Er hat sein Opfer im wahren Heiligtum dargebracht (9,24) und sitzt nun zur Rechten des Thrones Gottes, der sich im himmlischen Allerheiligsten befindet (vgl. 2Mo 37,1-9).

III. DER HIMMEL ALS ORT DER HEILSGÜTER UND DER ESCHATOLOGISCHEN HOFFNUNG.

Alt- und neutestamentlicher Glaube erwartet alles Heil von Gott und seinem Sohn, dem Messias. Darum ist auch das Heil dort aufbewahrt, dort zu suchen und zu finden, wo Gott selber ist. Und dies ist der H. in jenem metaphysischen Sinn, in dem er auch Gottes Wohnung ist (vgl. Mt 6,20; 19,21; Lk 6,23; Kol 3,1ff; 1Petr 1,4). Weil Christus im H. zur Rechten des Vaters sitzt, darum reden die Glaubenden von ihrem Bürgerrecht im H. (Phil 3,20; vgl. Joh 14,2), weil ihnen die Verheißung gilt, daß sie sein werden, wo ihr Herr auch ist (Joh 17,24). Sterben bedeutet, bei Christus zu sein (Phil 1,23), und darum ist es legitim zu sagen, daß die Toten in Christus im H. sind (vgl. Offb 6,9 und *Eschatologie).

Als letzter Zielpunkt christlicher

Hoffnung ist der neue H. und die neue Erde genannt, wo das himmlische Jerusalem als Wohnort dienen wird und Gottes Wohnung bei den Menschen sein wird (Offb 21f).

Zum »dritten Himmel« bei Paulus (2Kor 12,2) vgl. *Paradies.

Literatur: H. Traub, G. von Rad: ThWNT V, 1954, 496-543; B. Siede, H. Bietenhard: TBLNT I, [4]1986, 683-695; U. Schoenborn: EWNT II, 1981, 1328-1338; J.A. Soggin: THAT II, [3]1984, 965-970; K. Barth, KD III/3, 486-558; E. Lerle: Das Weltbild der Bibel, 1973; H. Gese: Die Frage des Weltbildes, in: Zur biblischen Theologie, [2]1983, 202-222; H. Bietenhard: Die himmlische Welt im Urchristentum und Spätjudentum (WUNT I/2), [2]1954; O. Hofius: Katapausis. Die Vorstellung vom endzeitlichen Ruheort im Hebräerbrief (WUNT I/11), 1970; ders.: Der Vorhang vor dem Thron Gottes (WUNT I/14), 1972. R.D.

HIMMELFAHRT. Von der Himmelfahrt Jesu Christi wird in Lk 24,50-53 und Apg 1,9-11 berichtet; vgl. auch Mk 16,19. Außerdem wird sie an mehreren Stellen im NT erwähnt bzw. vorausgesetzt, so in: Joh 6,62; 20,17; Apg 1,2.22; 2,33f; 3,21; 1Kor 15,5-8; Eph 4,8-10; 1Tim 3,16; Hebr 4,14; 9,24; 1Petr 3,22. Am häufigsten werden für H. die griech. Verben *analambanō* »aufnehmen, in die Höhe nehmen« im Passiv und *anabainō* »hinaufsteigen« im Aktiv gebraucht.

Traditionsgeschichtlich knüpfen die Berichte von der H. Christi an atl. und jüd. Erzählungen über Entrükkungen an. Auch in der hellen.-röm. Antike gab es Entrückungserzählungen, z.B. von Romulus und Herakles. Im AT wird von der Entrückung Elias (2Kön 2,1-12) und Henochs (1Mo 5, 24) erzählt. Die jüd. Überlieferung nahm dies auf (Sir 44,16; 48,9-11; 49,14; 1Makk 2,58; äthHen 70,1-3; slHen 67) und sprach darüber hinaus von der Entrückung Esras (4Esr 14,9.49), Baruchs (syrBar 46,7; 76,1-5) und Moses (Jos.ant.Jud. 4,326). Neben Berührungen gibt es erhebliche Unterschiede zur ntl. Überlieferung über Christi H. Die Entrückung einzelner gerechter Menschen beendete ihr irdisches Leben, ohne daß sie zu sterben brauchten. Jesus dagegen war gestorben, und seine H. beendete seine Erscheinungen nach der Auferwekkung.

Das Geschehen der H. Christi wurde von den Jüngern als Augenzeugen beobachtet (Apg 1,9.21f), allerdings nur, bis eine Wolke ihn ihren Blicken entzog. Die Frage, ob Lukas bei seiner Darstellung von einem Weltbild ausgeht, in dem der *Himmel, in den Jesus aufgenommen wird, als über der Erde befindlich vorgestellt ist, läßt sich so beantworten: Wenn jemand sichtbar die Erde verläßt, ist dies nur nach oben möglich. Die Wolke ist für Lukas weniger ein »Himmelsfahrzeug« als vielmehr ein Zeichen der verhüllten Gegenwart Gottes (vgl. z.B. 2Mo 24,15-28; Lk 9,34f). Wenn der Himmel als das Ziel seiner Aufnahme Jesus bis zu seiner Wiederkunft aufnimmt (Apg 3,21), so ist damit die unsichtbare Welt Gottes gemeint, nicht aber der sichtbare Himmel (Firmament) über uns.

Im Blick auf Christus selbst finden sich folgende Aspekte seiner H. in den ntl. Aussagen:

1. Die H. markiert den Abschluß einerseits des irdischen Wirkens Jesu (vgl. Apg 1,21f), andererseits der Erscheinungen nach seiner Auferwekkung, durch die er sich seinen Nachfolgern gegenüber als lebendig erwies (Apg 1,2f; vgl. 1Kor 15,5-8).

2. Sie ist die Heimkehr Jesu Christi zum Vater und die Verherrlichung durch ihn (Joh 6,62; 20,17; 1Tim 3,16; 1Petr 1,20f).

3. Sie ist die Erhöhung Jesu Christi zur Rechten Gottes und die Einsetzung in seine Herrschaft (Apg 2,33-36; Mk 16,19). Er ist jetzt schon der Herr über alle irdischen, kosmischen und himmlischen Mächte (Mt 28,18; Röm 14,9; Eph 1,20-22; 1Petr 3,22). Endgültig wird er bei seiner Wiederkunft als Herr und Richter der Welt offenbar werden (Lk 21,27f; Apg 1,11; Phil 2,9-11; 3,20f; 1Thess 1,10). Daß Christus als Herr zur Rechten des allein wahren Gottes erhöht wurde, unterscheidet seine H. von allen religionsgeschichtlichen Parallelen.

Für seine Gemeinde bedeutet Christi H.:

1. Durch den von ihm nach seiner H. gesandten Heiligen *Geist ist Christus überall und zu jeder Zeit gegenwärtig. Die Glaubenden werden durch die Gabe des Geistes für ihren Auftrag ausgerüstet (Lk 24,49; Joh 14,16f; 15,26f; Apg 1,8; 2,33).

2. Die Glaubenden haben seit der H. Christi den Auftrag, durch Wort und Tat Zeugen des erhöhten Herrn zu sein. Durch sie will er sein Werk auf der Erde tun. Dieser Auftrag gilt bis zu seiner Wiederkunft (Mt 24,14; 28,19f; Mk 16,15; Lk 24,46-48).

3. Seit der H. haben die Glaubenden einen Fürsprecher bei Gott, der sie versteht, für sie eintritt und ihnen hilft (Röm 8,34; Hebr 4,14-16; 7,25).

4. Die Glaubenden haben eine feste Hoffnung, weil die H. Christi seine Wiederkunft verbürgt. Wie er in den Himmel aufgefahren ist, wird er als Herr der Welt wiederkommen, um allezeit bei ihnen zu sein (Joh 14,2f; Apg 1,11; 1Thess 4,16f).

Literatur: A. Weiser, H.G. Pöhlmann: TRE XV, 1986, S. 330-341. W.H.

HINNOM-TAL. Wenn *gê' ben-hinnōm* »Tal des Sohns des Hinnom« (Jos 15,8; 18,16; 2Kön 23,10 [Variante: »Tal der Söhne Hinnoms«]; 2Chr 28,3; 33,6; Jer 7,31f; 19,2.6; 32,35) der ursprüngliche Name dieses Tals in der Umgebung von *Jerusalem war, so dürfte er auf einen Kanaanäer der vorisraelit. Zeit zurückgehen. Ist hebr. *gê-hinnōm* (Varianten zu Jos 15,8; 18,16; außerdem Neh 11,30) keine bloße Verkürzung, dann wäre auch eine Ableitung von »trauern« oder »schlafen« (im Sinn von tot sein) möglich. Beides würde auf Begräbnisstätten hindeuten. Auf alle Fälle hatte der Name vorher nicht denselben negativen Klang wie später (vgl. Jer 7,32).

Eine Gleichsetzung des H.-Tals mit dem *Kidron-Tal, wie früher vorgeschlagen, ist unmöglich (J. Simons, Jerusalem, 1952, 10-12). Der H. wird immer ein Trockental (*gaj*) genannt, während der Kidron ein (Winter-) Bach (*nachăl*) heißt, wie es auch den heutigen Verhältnissen entspricht. Ebenfalls ausscheiden muß die Identifizierung mit dem Längstal zwischen westl. und östl. Altstadthügel, das Josephus Tyropöon, d.h. vielleicht Käsemacher Tal, nannte (bell.Jud. V, 140). Die Grenzbeschreibung in Jos 15,8f (vgl. 18,15f) schließt das aus, da sonst Jerusalem (gegen Jos 18,28; Ri 1,21) zu *Juda und nicht zu *Benjamin gerechnet werden müßte. Für eine Gleichsetzung mit dem heute arab. Wadi er-Rabābi genannten Tal spricht vor allem auch, daß der H. vor dem Scherbentor verlief (vgl. Jer 19,2), während das Längstal zur Zeit des Propheten *Jeremia schon in die Stadtmauer einbezogen war (*Jerusalem).

Das H.-Tal beginnt beim Mamilla-Teich nordwestl. der Altstadt Jerusalem. Einige Forscher sehen im »Oberen Teich« (Jes 7,3; 36,2; 2Kön 18,17) einen möglichen Vorgänger dieses mindestens schon in herodianischer Zeit bestehenden Teichbeckens (Dalman, 202f), doch wird dafür auch *Betesda vorgeschlagen. Nach einem ersten Verlauf in südöstl. Richtung begrenzt der H. als Nord-Süd-Tal die Jerusalemer Altstadt im Westen. Nahe der Biegung in eine W-O-Richtung liegt der Sultansteich, dessen Vorgänger in ntl. Zeit der »Schlangenteich« (Jos.bell.Jud. V, 108) war.

Das ganze Tal diente von der vorexilischen bis hinein in die byzantin. Zeit, teilweise auch noch danach, als Begräbnisstätte. In einer vorexilischen Grabanlage an der Südwestecke des Tals (Ketef Hinnom) wurden reiche Grabbeigaben gefunden (R. Riesner, ThBeitr 19, 1987, 104-108), darunter auch zwei Silberplättchen mit Teilen des Priestersegens aus 4Mo 6,24-26 (*Gebetsriemen). Die Kupferrolle von *Qumran (3Q15 1,1-6) nennt im nördl. Teil Schatzverstecke in Gräbern (B. Pixner, RQ 11, 1983, 342). Manche Forscher nehmen an, daß die Grabanlage für die Familie *Herodes' des Großen am Westhang oberhalb des Schlangenteiches lag (*Königsgräber). Am Ausgang des H.-Tals ist der »Blutacker« (*Hakeldama) zu suchen (Mt 24,4-6; Apg 1,18f).

Unweit der Einmündung des H. ins Kidron-Tal, gegenüber dem heutigen arab. Dorf Silwan (*Siloah), muß der *Tofet genannte Ort gelegen haben (Jer 19,2), wo unter den judäischen Königen *Ahas (2Kön 16,3; 2Chr 28,3) und *Manasse (2Kön 21,6; 2Chr 33,6) für den kanaan. Gott *Moloch Kinder durchs Feuer gehen mußten oder als Opfer verbrannt wurden (Jer 32,35). *Josia beendete diesen Kult durch die Entweihung der Stätte (2Kön 23,10). Jeremia verfluchte den Ort, der ein »Würgetal« für alle am

HIMMELREICH
s. Reich Gottes

HIN
s. Maße u. Gewichte

Götzenkult Beteiligten werden sollte (Jer 7,31-34; 19,6). Manche Ausleger verbinden auch andere Gerichtsandrohungen mit dem H.-Tal und datieren sie deshalb in die Zeit nach Jeremia (Jes 30,29-33; 66,24; Joel 3,2.12.14).

Wohl aufgrund dieser Verfluchungen beschreibt die essenernahe Schrift äthHen (Kap. 26-27), ohne den Namen zu nennen, im 2.Jh.v.Chr. den H. als »verfluchte Schlucht« (P. Riessler, Altjüd. Schrifttum, [5]1984, 355ff), wo sich das Gericht über die Gottlosen vollziehen wird (R. Riesner, BiKi 40; 1985, 71). Von solchen Erwartungen her konnte der aram. Name *gēhinnām/gēhēnna* im Judentum der ntl. Zeit zum Sinnbild für den endzeitlichen Strafort (*Hölle) werden (J. Jeremias, ThWNT I, 1933, 655f). Der Name wurde von manchen ohne örtlichen Bezug als bloßer Begriff verwendet, während andere das künftige Gericht an diesem konkreten Ort erwarteten und einige hier wohl auch den Eingang zum schon existierenden unterirdischen Strafort sahen. Jesus hat den Begriff (gräzisiert *geenna*) ebenfalls gebraucht, wenn er vom künftigen Gericht redete (Mt 5,22.29.30; Mt 18,9/Mk 9,43; Mt 10,28/Lk 12,5; Mt 23,15.33). Ob in der aus Jes 66,24 für die *gēhēnna* übernommenen Beschreibung »wo ihr Wurm nicht stirbt und ihr Feuer nicht verlöscht« (Mk 9,48) auch an beim Scherbentor gelegene Müllplätze gedacht ist, kann man fragen. Außerhalb der Worte Jesu begegnet der Ausdruck im NT nur noch im judenchristl. *Jakobus-Brief (3,6).

Literatur: L.H. Vincent: Jérusalem I, 1912, 124-134; G. Dalman: Jerusalem und sein Gelände, 1930, 199-208; J. Chaine: DBS III, 1938, 563-572; H. Kosmala: BHH II, 1964, 723; L.T. Bailey: BA 49 (1986), 187-191. R.R.

Blick auf das griechisch-orthodoxe Onuphrius-Kloster am Südhang des Hinnom-Tals, wo Hakeldama zu suchen ist. Rechts von der Klostereinfriedung befindet sich das Gewölbe eines riesigen Massengrabes aus der Kreuzfahrerzeit. Links am Bildrand verläuft das Kidron-Tal, die Ölbaumpflanzungen in der linken unteren Ecke bezeichnen den Ort des Siloah-Reiches. (RR)

HIOB. (Hebr. *'ijjōb*). Abgesehen vom gleichnamigen Buch sowie flüchtigen Verweisen auf ihn in Hes 14,14.20; Jak 5,11 gibt es keine zuverlässigen Informationen über die Gestalt des H. Man kann nicht nachweisen, daß jüd., christl. und moslemische Legenden über H. fest in einer vorbibl. Form der Geschichte verwurzelt sind. Abgesehen von der Überlieferung der Lage von H.s Haus (s.u.), die aber auch nur eine Schlußfolgerung aus dem bibl. Text sein kann, haben wir den Eindruck populärer oder frommer Dichtung.

Wenn man den Daniel (*dānī'ēl*) in Hes 14,14 nicht mit dem Daniel (*dānijjē'l*) der Exilszeit, sondern mit der in ugarit. Inschriften erwähnten Person gleichsetzt, kann man mit einiger Gewißheit alle drei Namen in Hes 14,14 einem sehr frühen Datum zuordnen. Erscheint dieser Anhaltspunkt nicht akzeptabel, dann gibt es keinen weiteren Hinweis darauf, wann H. lebte. Die Lage des Landes Uz, in dem H. lebte, ist ungewiß. Heute tendiert man dazu, es an der Grenze Edoms anzusiedeln; einige Stellen im Buch lassen sich als edomitisch ansehen. Die Überlieferungen, nach denen das Land Uz im *Haurangebirge (*Baschan) liegt, sind jedoch weitaus wahrscheinlicher. H. war sehr wohlhabend und hatte eine hohe gesellschaftliche Position inne; darauf geht das Buch H. jedoch kaum ein, es betont vor allem H.s Position unter den Weisen. Legenden, die ihn zum König machen, entbehren historischer Grundlagen.

Mit göttlicher Erlaubnis raubte Satan H. seinen Wohlstand, seine zehn Kinder und schließlich seine Gesundheit. Es herrscht keine Übereinstimmung über die Art seiner Krankheit; am häufigsten werden Elephantiasis, Erythem und Pocken genannt. Diese Diskrepanz ergibt sich aus der poetischen Sprache, in der die Symptome geschildert werden. H.s Verwandte und Mitbürger interpretierten seinen Zustand als Strafe Gottes für schwere Sünden und warfen ihn aus der Stadt, woran der Pöbel seine besondere Freude hatte. H.s Frau schloß sich der allgemeinen Überzeugung an und drängte ihn, sein unabwendbares Ende durch das Verfluchen Gottes zu beschleunigen. Als Elifas, Bildad und Zofar, drei von H.s Freunden, ebenso wohlhabend und einflußreich wie er und auch weise Männer, seine Lage sahen, teilten sie die öffentliche Meinung und konnten nur sieben Tage lang trauernd und schweigend neben ihrem geschlagenen Freund im Müll vor den Toren der Stadt sitzen. Die

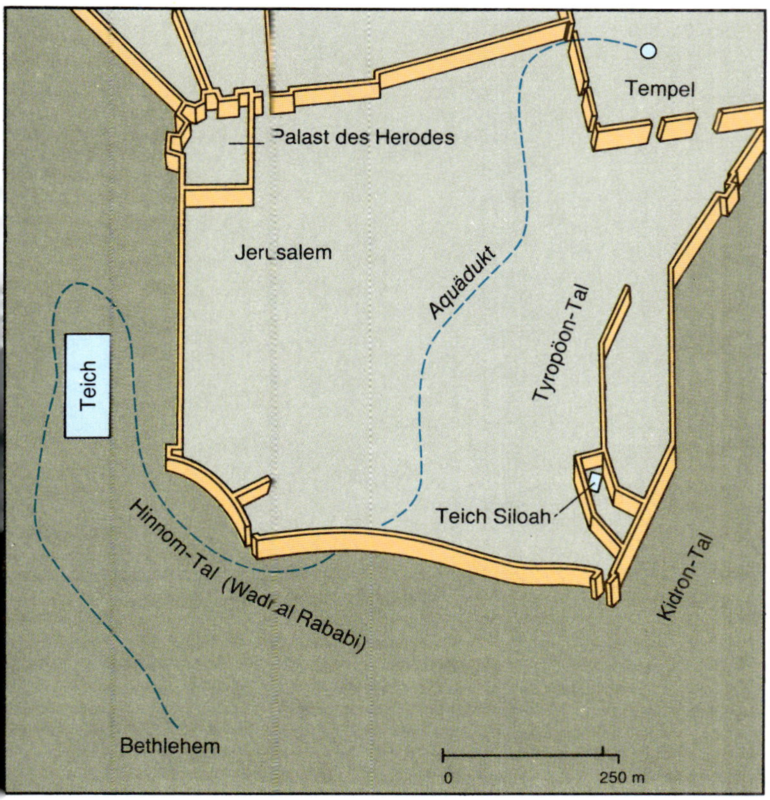

Das Hinnom-Tal (Gehenna), Jerusalem.

Gründe, die zu H.s Qualen geführt haben könnten, werden von seinen Freunden ausführlich erörtert. Die Diskussion offenbart den Bankrott traditioneller Weisheit und Theologie angesichts eines außergewöhnlichen Schicksals. Das fehlende Verständnis seiner Freunde läßt aber H. nicht irre werden an Gott, der H. schließlich heil werden läßt, ihm zehn Kinder schenkt und seinen Reichtum verdoppelt. H.L.E.

HIOB, BUCH.

I. EIGENART, AUFBAU, INHALT.
Das Hiobbuch trägt seinen Titel nach der Hauptgestalt, dem leidenden, mit Freunden und Gott um Antwort ringenden *Hiob. In der hebr. Bibel zählt H. zu den »Schriften«, nach modernerer Einteilung zu den Lehr- oder Weisheitsbüchern des AT. Wie kaum sonst ein Buch der Bibel gilt es als große Dichtung, ja Weltliteratur. Das hat mehrere Gründe: die gewählte Sprache des Buches (110 Wörter sind im übrigen AT nicht verwendet); seine dichterische Gestalt: es ist eine Art Drama in Versen mit einem Prosa-Rahmen; seine Hauptgestalten, Hiob und seine Freunde, keine Israeliten – darin zeigt sich ein internationaler Zug des Buches; vor allem aber ist das H. mit Grundfragen des Menschseins befaßt: nach dem Sinn des Leidens und nach der Gerechtigkeit Gottes (vgl. unten, III.).

Der Aufbau des Buches ist zwar klar und übersichtlich, gibt aber auch Fragen auf.

1. Prolog (Kap. 1-2), Rahmenerzählung in Prosa: Hiobs Frömmigkeit, Glück und zwei Bewährungsproben.
2. Beginn des Hauptteils: Hiobs Klagen und Reden mit den drei Freunden Elifas von Teman, Bildad von Schuach und Zofar von Naama.
Erster Redegang (Kap. 3-11): Drei Klagen Hiobs und drei Gegenreden der Freunde.
3. Zweiter Redegang (Kap. 12-20): Drei Reden Hiobs und drei Reden der Freunde.
4. Dritter Redegang (Kap. 21-27): Zwei Reden Hiobs und zwei Reden der Freunde (Zofar antwortet nicht mehr).
5. Ein Gedicht (Kap. 28) über die Verborgenheit der Weisheit.
6. Hiobs Schlußrede (Kap. 29-31) und Herausforderung an Gott.
7. Vier Reden Elihus (Kap. 32-37) über die erzieherische Bedeutung des Leids.
8. Zwei Reden Gottes aus dem Wettersturm und zwei Antworten Hiobs (Kap. 38-42,6).
9. Epilog (42,7-17), Rahmenerzählung in Prosa (vgl. den Anfang des Buches): Hiobs Rechtfertigung und neues Glück.

Das Buch ist nach Zweier- oder Dreier-Einheiten gegliedert. Doch hinter diesem gut gegliederten Aufbau verbergen sich nicht unerhebliche Spannungen. Der Aufgabe der Bewältigung von Leid wird recht unterschiedlich entsprochen. In der Erzählung am Anfang wird die satanische Versuchung (Satan ist ein Ankläger bei Gott und nicht die böse Gegenmacht) von Hiob in beispielhafter Geduld ertragen; im dann folgenden Redenteil begehrt er auf. Er kann es nicht ertragen, daß Gott ihn, den Gerechten, leiden läßt (9,21ff; 27,2ff). Für ihn zerbricht eine Welt, die für seine Freunde anscheinend noch heil ist; nach ihnen bekommt jeder das, was er verdient, auch Hiob. Eine andere Antwort gibt Elihu, der wortreich von der heilsamen Pädagogik des Leidens (36,22) redet. Die letzte Antwort aber, die der Herr selbst gibt, als er im Wetter erscheint, redet gar nicht mehr vom Leiden, sondern hält Hiob die Wunder der Schöpfung vor, vor allem die wilden Tiere, Behemot und Leviatan.

Mit dieser Antwort in der Gotteserscheinung gibt sich der rebellische Hiob, so seltsam das auch ist, zufrieden: »Ich hatte von dir nur vom Hörensagen vernommen; aber nun hat mein Auge dich gesehen« (42,5). Daraufhin erfolgt die Rechtfertigung Hiobs und die Verurteilung seiner Freunde, Hiobs Fürbitte und das glückliche Ende des Buches. Die Frage nach dem Sinn unschuldigen Leidens wird also auf mehreren Ebenen angegangen, letztlich aber nur durch Gottes Gegenwart und Eingreifen zur Ruhe gebracht.

II. EINHEITLICHKEIT UND ENTSTEHUNG.
So klar auch der Aufbau des Buches ist, die Einheitlichkeit scheint an einigen Stellen doch empfindlich gestört zu sein. Warum ist nach den ersten zwei Kapiteln vom Satan nicht mehr die Rede, wird also nicht mitgeteilt, daß er die »Wette« um Hiobs Gottesfurcht verloren hat? – Wie ist das Kapitel 28, ein Weisheitsgedicht, zwischen all den umgebenden direkten Reden zu verstehen? Soll Hiob der Sprecher sein? In den drei nächsten Kapiteln wirkt er aber gar nicht so abgeklärt wie Kap. 28. – Bei Kap. 32-37 fällt auf, daß von dem hier redenden Elihu weder vorher noch nachher die Rede ist und keiner der übrigen Sprecher auf ihn Bezug nimmt. – Schließlich ist immer wieder gefragt worden, ob die Gottesreden am Schluß nicht eine recht unbefriedigende Antwort auf Hiobs Herausforderungen seien, da sie nur die überlegene Macht und Weisheit des Schöpfers demonstrieren, auf die Hiob dann mit Schweigen und Buße reagiert.

Solche Beobachtungen zum Aufbau haben zu literarkritischen Vorschlägen in bezug auf die Entstehung des H. geführt. Danach wird die Geschlossenheit des Buches in Frage gestellt, indem der Prosarahmen (Kap. 1-2 u. 42,7-17) einem älteren »Volksbuch« zugeschrieben wird (vgl. H.-P. Müller: Das Hiobproblem, 1978, S. 36-48). Das Weisheitsgedicht (Kap. 28) und die Elihureden (Kap. 32-37) gelten als spätere Einschübe (die Diskussion zuletzt bei H.D. Preuß, Einführung in die alttestamentliche Weisheitsliteratur, 1987, S. 82-87). Selbst von den Gottesreden hieß es früher bisweilen, daß sie nicht zur ursprünglichen Hiobdichtung gehört hätten. Das wird heute jedoch weitgehend wieder verworfen (vgl. z.B. O. Keel: Jahwes Entgegnung an Hiob, 1978, S. 35-44 und passim).

Solche literarkritischen Operationen, die das Ursprüngliche von den späteren Zutaten trennen möchten, müssen in jedem Fall, gerade aber auch beim Buch H. mit größter Skepsis behandelt werden. Wir kennen weder den Autor noch die Entstehungszeit des Buches. Die Auskunft des Talmud, daß Mose der Verfasser sei (vgl. Traktat Baba batra 14-15) beruht wohl nur auf frommer Vermutung. Mose scheidet allein deswegen als Autor aus, weil die Heilsgeschichte Israels in keiner Weise erwähnt wird. Meistens wird heute eine Entstehung im 5. Jh.v.Chr. angenommen (vgl. Preuß, S. 103; R.K. Harrison: Introduction, S. 1041), weil die traditionelle Weisheit in der Krise gezeigt wird (s.u. III.), weil das Buch Jesus Sirach (49,11) Hiob nach Hesekiel und vor dem Zwölfprophetenbuch nennt, und weil sprachliche Beobachtungen aram. Einflüsse festgestellt haben. Damit ist eine lange Vorgeschichte der Hiobüberlieferung natürlich nicht ausgeschlossen. Hes 14,14. 20, die altertümlichen Züge der Rahmenerzählung sowie verwandte mesopotamische Texte aus dem 2.Jt.v.Chr. (vgl. Preuß, S. 93-99) lassen alte Überlieferungen erkennen, die in der Hiobdichtung Niederschlag gefunden haben. Zugleich muß aber betont werden, daß die jetzige Gestalt des Buches keineswegs zusammengestükkelt wirkt, sondern ein einheitliches Ganzes darstellt, das in seinem Redenteil sich bis zum Höhepunkt der Gottesreden und Hiobs Antwort steigert, und dessen Rahmenerzählung integrierender und unverzichtbarer Teil des Buches ist (vgl. H. Groß, Ijob, Die Neue Echterbibel, 1986, S. 9).

III. BIBLISCH-THEOLOGISCHE BEDEUTUNG UND WIRKUNG.
Die leidenschaftlichen Fragen Hiobs drehen sich um ein Hauptproblem: Warum widerfährt ihm, dem Gottesfürchtigen, dem Gerechten, Unglück? Herkömmlich ist dieses Problem als das der Theodizee, der Rechtfertigung Gottes, bezeichnet worden. Doch handelt es sich nicht um eine philosophische, sondern um eine existentielle, unser Menschsein zutiefst bewegende Frage nach dem Leid und nach Gott. Geht es im Jeremiabuch (z.B. Kap. 20) um das Leiden des Berufenen, in Jesaja 52f wie in der Passionsgeschichte Jesu um das stellvertretende Leiden, so bei H. um das sinnlose und unverstandene Leiden des Unschuldigen, das zur Anfrage und Anklage gegenüber Gott wird. – H. gehört also in die Nähe vieler Klagepsalmen, die Gott das Leid vorhalten und um eine Wende bitten. Besonders Psalm 73 kommt H. nahe. Doch fehlt dem H. die Wende zum

Vertrauen oder gar zum Lob, statt dessen zeigen sich Elemente des Rechtsstreites, die die Klagen bisweilen (z.B. 16,18-21; 31,35) in eine Art Prozeß gegen Gott umschlagen lassen. Auch die dramatische Form der Dichtung in Rede und Gegenrede unterscheidet H. von den Psalmen.

Viele Indizien, auch die fehlende Heilsgeschichte, deuten darauf hin, daß das H. von den Traditionen der atl. und darüber hinaus der altorientalischen Weisheit ausgeht. Das Weltordnungsdenken der klassischen Weisheit, wie sie sich etwa im Sprüchebuch (z.B. Kap. 10), aber auch in anderen Schriften des AT (z.B. 5Mo 28; Ps 1) niederschlägt, ist in eine tiefe Krise geraten. Ein weiteres Zeugnis für diese Krise der Weisheit ist das *Predigerbuch. Galt bisher: »Der Herr kennt den Weg der Gerechten, aber der Gottlosen Weg vergeht« (Ps 1,6), so scheint es jetzt gerade umgekehrt auf der Welt zu gehen: »Er bringt den Frommen um wie den Gottlosen« (Hiob 9,22). Die im gesamten Alten Orient anerkannten Regeln einer funktionierenden Entsprechung von Tun und Ergehen (von manchen Auslegern fälschlich als »Vergeltungsdogma« bezeichnet) sind gestört: Der Gerechte oder Fromme leidet unschuldig (Hiob 10,7; 19,6 u.ö.), und dieses Unrecht ist für Hiob unerträglich. Seine Freunde suchen gemäß dem überlieferten Tun-Ergehen-Zusammenhang nach der Schuld Hiobs, die sein Unglück herbeigeführt habe (z.B. 22,4-10). Doch für Hiob ist dieses Erklärungsmodell der klassischen Weisheit zerbrochen, und das Rätsel des Leids bleibt unerklärt, auch und gerade wenn für alle Beteiligten feststeht, daß es von Gott kommt. Doch zwischen Gott und Mensch gibt es kein einklagbares System und noch keinen Vermittler, nach dem Hiob sich sehnt (16,19; 19,25); es bleibt nichts als die unmittelbare Begegnung, die in der Gotteserscheinung und -rede am Schluß des Buches auch erfolgt.

In der Leidenschaft seines Fragens und in der Eindringlichkeit seiner Sprachgewalt ist das Buch Hiob unvergleichlich in der Bibel. Und weil es das Problem des sinnlosen Leidens aufgreift, das die Menschheit zu allen Zeiten bewegt hat, darum ist es immer wieder zu den großen Dichtungen der Menschheit gerechnet worden. Dantes »Divina Commedia« (14.Jh.), Goethes »Faust« (1808/1832) und Joseph Roths »Hiob, Roman eines einfachen Mannes« (1930) spiegeln literarisch die große Wirkung des H. zu allen Zeiten. Philosophen wie I. Kant, G.F.W. Hegel und S. Kierkegaard haben sich mit dem Hiobthema auseinandergesetzt. H. ist ein Buch des Glaubens, aber auch letzter Fragen des Menschen, und darum geht seine Bedeutung und Wirkung weit über das Volk Gottes hinaus. Das NT spricht von der vorbildlichen »Geduld Hiobs« (Jak 5,11), mehr aber noch vom Leiden Christi, zu dem seine Nachfolger berufen sind, damit sie auch an seiner Herrlichkeit teilhaben (Röm 8,17f). Erst durch Christus erweist sich also die Wahrheit des Schlusses vom H., daß Gott größer ist als unser Leid und alle Versuche, es zu deuten.

Literatur: H. Lamparter: Das Buch der Anfechtung, [5]1979; A. Weiser: Das Buch Hiob, [7]1980; G.v. Rad: Weisheit in Israel, [3]1985, S. 267-291; H.H. Rowley: Job. New Century Bible, 1970; F. Hesse: Hiob, 1978; H.-P. Müller: Das Hiobproblem, 1978; H. Groß: Ijob, Neue Echterbibel, 1986; H.D. Preuß: Einführung in die alttestamentliche Weisheitsliteratur, 1987, S. 69-113. W.E.

HIPPOS. Der griech. Name übersetzt die aram. Bezeichnung *sūsitā*, »Pferd«. Dieses Tier ist auf den Münzen der *Dekapolis-Stadt H. abgebildet. Sie lag wohlbefestigt gegenüber von *Tiberias am O-Ufer des Sees *Genezareth als weithin sichtbare »Stadt auf dem Berge« (vgl. Mt 5,14) auf einer strategisch beherrschenden Höhe (Kalcāt El-Hūsn), welche eine wichtige Straße nach *Damaskus kontrollierte. Die Stadt wurde von den Seleukiden im 3. Jh.v.Chr. begründet, durch Alexander Jannäus erobert (Jos.ant.Jud. XIV, 75), vom röm. Feldherrn Pompejus 63 v.Chr. aber den Juden wieder weggenommen (Jos.bell.Jud. I, 156). Zur großen Enttäuschung der heidnischen Bewohner erhielt *Herodes der Große die Stadt von Kaiser *Augustus (Jos.ant.Jud. XV, 217; bell.Jud. I, 396). Die Stadt weist den typisch hellen. Bauplan auf (eine Hauptstraße mit rechtwinklig kreuzenden Nebenstraßen). Inschriftenfunde zeigen den hohen Stand griech. Bildung in H., ein Nymphäum ist Zeuge der heidnischen Religiosität. Das Territorium der Stadt reichte bis an den See (Hos.Vita 153). In der Nähe des heutigen Kibbuz En Gev wurden beträchtliche Hafenanlagen entdeckt (M. Nun, Maʿaganīm unemalim, 1987, 13–18). Während der Antike bedeutete der Weg über den See eine erhebliche Zeitersparnis (j Schebiit VIII 38a). In die Gegend von H. führt die Heilung des besessenen *Geraseners (Mk 5,1–10 par.). In byzantin. Zeit verfügte H. als wichtiger Bischofssitz über mindestens vier Kirchen, darunter eine Kathedrale. Nach der Niederlage der Byzantiner in der Schlacht am nahegelegenen Fluß *Jarmuk (636) wurde die Stadt aufgegeben. Der Name lebte in dem des nahegelegenen, heute zerstörten arab. Dorfes Sussijeh weiter.

Literatur: C. Epstein: EAEHL II, 1976, 521-523; E. Schürer: History of the Jewish People II, 1979, 130-132; J. Murphy-O'Connor: Das Heilige Land, 1981, 349-351. R.R.

HIRAM. König von *Tyrus und Zeitgenosse Davids und Salomos. Er regierte von 979/8-945/4 v.Chr. (nach Albright von 969-936 v.Chr.).

1. Name.
Hebr. *Hīrām* bzw. *Hīrōm* (1Kön 5,15-32), griech. *H(e)iram* (LXX) oder *Chūrām* ist ein phönizischer Name, der wahrscheinlich Ahiram (4Mo 26,38) entspricht oder eine Abkürzung davon ist und »mein Bruder ist erhaben« bedeutet, genauso wie Hiël für Ahiel steht (1Kön 16,34). H. oder Huram (-abi), war auch der Name des Kupferschmieds aus Tyrus, der mit einer Frau aus Naftali (1Kön 7,13f; 2Chr 2,12) verheiratet war und von König H. gesandt wurde, damit er Salomo helfe.

2. Beziehungen zu Juda.
H. war ein großer Bewunderer Davids (1Kön 5,15) und schickte Material und Handwerker zur Errichtung seines Palastes in Jerusalem (2Sam 5,11; 1Chr 14,1). Nach der Thronbesteigung Salomos sandte H. Botschafter, um erneut Kontakte zu knüpfen. Das Ergebnis war ein Handelsvertrag, nach dem Salomo Holz und Fachhandwerker für den Bau des neuen Tempels in Jerusalem erhielt. Als Gegenleistung bekam H. von Salomo jährliche Lieferungen an Weizen und Öl (1Kön 5,25), woran es den phönizischen Städten mangelte. Zusätzliche Zahlungen in Form von Gerste und Wein waren offensichtlich für die Unterstützung der Arbeiter aus Tyrus erforderlich, die zur Unterweisung der Israeliten geschickt wurden (2Chr 2,9ff). Unter den Fachleuten befanden sich auch solche, die vertraut waren mit der Herstellung von Textilmustern und Farbstoffen. Zwanzig Jahre später, nach der Fertigstellung des Tempels, gab Salomo H. 20 Dörfer in Galiläa, vermutlich nahe Tyrus, und erhielt dafür 120 Talente Gold (1Kön 9,10-12). Solche Grenzberichtigungsverträge zwischen Völkern sind von frühen syr. Abkommen (z.B. *Alalah) bekannt. Diese Verträge, die zum wirtschaftlichen Vorteil beider Seiten konzipiert waren, wurden durch Handelstätigkeiten ergänzt, bei denen Salomos seetüchtige *Schiffe sich H.s Flotte anschlossen, um Gold, Silber und Elfenbein, aber auch Affen und Pfauen (1Kön 10,22; 2Chr 9,21), zu importieren. Die Schiffe, die von *Ezjon-Geber nach *Ofir segelten, wurden von erfahrenen Lotsen H.s begleitet (1Kön 9,26-28; 2Chr 8,17f). Die Handelsbeziehungen *Phöniziens zur Zeit H.s umfaßten Kolonien in Nordafrika und Spanien.

3. Die Herrschaft Hirams.
Abgesehen vom AT wird die Regentschaft H.s von Josephus (ant.Jud. 8.50-54; C.Ap. 1.17f) vermerkt, gestützt auf die Historiker Menander und Dios. Nach dieser Quelle war H. (LXX: *Chiram*, griech. *Heiramos*, *Heiromos*) der Sohn Abi-Baals und regierte 34 Jahre lang, bevor er im Alter von 53 Jahren starb. Der Tempelbau begann in seinem elften Jahr, d.h. im vierten Jahr Salomos (1Kön 6,1). H. führte gegen Zypern Krieg, um Tributleistungen durchzusetzen, und befestigte die Insel Tyrus, auf der er Tempel zu Ehren von Astarte-Melkart (später Herkules) bauen und die älteren Tempel ausschmücken ließ.

Genau wie Eupolemos und Alexander Polyhistor berichtet auch Josephus vom Briefwechsel bezüglich des Tempelbaus zwischen H. und Salomo, der im Staatsarchiv von Tyrus aufbe-

HIRSCH
s. Tiere

HIRSE
s. Ernährung

wahrt wurde. Josephus teilt ebenfalls mit, daß sich die beiden Könige gegenseitig Rätsel gaben, bis Salomo von einem jungen Mann aus Tyrus namens Abdemon besiegt wurde. Clemens von Alexandria und Tatian berichten, daß Salomo eine Tochter H.s heiratete; (vgl. die Aussage, daß es unter seinen Frauen auch sidonische gab, 1Kön 11,1f). D.J.W.

HIRTE. In der Bibel wird das Wort im eigentlichen und im übertragenen Sinn gebraucht. In beiden Fällen gilt dem Hirten Lob oder Kritik. Im Mittelpunkt steht der Aspekt des zuverlässigen Sorgens, entweder für Schafe oder für anvertraute Menschen, und zwar dann auf politischem oder geistlichem Gebiet. Homer und andere Schriftsteller bezeichnen häufig Könige und Statthalter als H.n (vgl. Ilias 1.263; 2.243 u.ö.). Dieser Gebrauch begegnet uns, freilich vertieft, in Hes 34.

Der H. übt ein wichtiges Gewerbe aus, das bis in die Zeit Abels zurückreicht (1Mo 4,2). In einem trockenen, steinigen Land mußte er Gras und Wasser finden (Ps 23,2), seine Herde vor Wetter und wilden Tieren beschützen und verirrte Tiere zurückholen (Hes 34,8; Mt 18,12 u.ö.). Fernab menschlicher Siedlungen trug er alles Lebensnotwendige in einer Tasche bei sich (1Sam 17,40.49) und lebte im Zelt (Hld 1,8). Manchmal standen ihm Hunde zur Verfügung (Hiob 30,1). Hielten sich H.n und Herden ständig in einer Stadt auf, dann war dies ein Zeichen für deren Entvölkerung und Untergang durch göttliches Gericht (Jer 6,3; 33,12; Zef 2,13-15). Der H. mußte jedes verlorene Schaf ersetzen (1Mo 31,39), wenn er seine Sorgepflicht verletzt hatte (2Mo 22, 10-13). Er sollte stark, zuverlässig und selbstlos sein, was für viele H.n tatsächlich zutraf. Doch fanden sich auch Raufbolde unter ihnen (2Mo 2,17.19) und solche, die ihrer Aufgabe nicht gewachsen waren (Sach 11; Nah 3,18; Jes 56,11 u.ö.).

Im AT wird Gott oft als der »Hirte Israels« bezeichnet (1Mo 49,24; Ps 23,1; 80,1), zärtlich in seiner Fürsorge (Jes 40,11), aber auch fähig, die Herde im Zorn zu zerstreuen und gnädig vergebend wieder zu sammeln (Jer 31,10). Manchmal liegt der Akzent mehr auf dem Gericht, wenn menschliche H.n und Schafe gleicherweise verurteilt und bestraft werden müssen (Jer 50,6; 51,23; Sach 13,7). Manchmal schwingt Mitleid mit, wenn die Schafe von denen verlassen wurden, die eigentlich für sie verantwortlich waren (4Mo 27,17; 1Kön 22,17; Mk 6,34 u.ö.). Direkt als H.n bezeichnet werden Mose (Jes 63,11) und – Kyrus, der heidnische Handlanger der Pläne Gottes (Jes 44,28). Eins der ernstesten Kapitel des AT ist Hes 34 mit dem Urteil über den schlechten H.n (vgl. Jer 23,1-4; 25,32-38). Sich selbst haben diese H.n versorgt, nicht die Schafe. Um selbstsüchtigen Gewinns willen haben sie sie getötet und zerstreut und ihr Hirtenamt aufgegeben. Doch Gott wird die Herde wieder sammeln und die H.n bestrafen. Einen H.n wird Gott bestellen (Hes 34,23): eine Verheißung, die Jesus auf sich bezogen hat (Joh 10).

Im NT ist Jesus der H., ja der Oberhirte (Hebr 13,20; 1Petr 2,25). In Joh 10 spricht er ausführlich darüber auf dem Hintergrund von Hes 34. Kernpunkt ist die Niedertracht derer, die nur kommen, um »zu stehlen, zu schlachten und umzubringen«, die Benutzung der »Tür« als Kennzeichen des guten H.n und die Vertrautheit der Schafe mit der Stimme ihres H.n ist zu beachten. Daraus ergeben sich die Erkenntnisse über die Person Jesu, der »die Tür« ist, und der Vergleich zwischen dem guten H.n und dem Mietling. Ebenso betont Johannes die Verbindung zwischen Christus, seinen Nachfolgern und Gott, das Hinzukommen der Schafe, die »nicht aus diesem Stall sind«, und die Abweisung derer, die in Wahrheit keine Schafe Jesu sind.

Literatur: J. Jeremias: ThWNT VI, 1959, 484-501. H.W.N./R.A.S.

HISKIA. (Hebr. *chisqījā* oder *chisqījāhū*, »Jahwe ist [meine] Stärke«).

1. Der 14. König von Juda, ein Sohn Ahas'. Er war 25 Jahre alt zu Beginn seiner Herrschaft und regierte 29 Jahre lang (2Kön 18,2; 2Chr 29,1). H. war fromm (2Kön 18,5) und sorgte dafür, daß die überlieferten Lehren (Spr 25,1) aufgezeichnet und bewahrt wurden. H.s Bedeutung spiegeln die drei Berichte über seine Regentschaft wider (2Kön 17-20; Jes 36-39; 2Chr 29-32). Es gibt Probleme bei der Chronologie seiner Regentschaft; er scheint von ca. 729 v.Chr. an zusammen mit Ahas regiert zu haben und ca. 716 v.Chr. alleiniger König geworden zu sein. Der Fall von Samaria (722 v.Chr.) erfolgte also im sechsten Jahr seiner Regierung (als Ko-Regent, 2Kön 18,10), während *Sanherib im 14. Jahr H.s (als alleiniger Herrscher; 2Kön 18,13) in Juda (701 v.Chr.) einfiel. Die Erkrankung des Königs und seine Genesung fanden kurz vor Sanheribs Invasion statt, als H. weitere 15 Jahre Herrschaft versprochen wurden (2Kön 20). Angesichts der heidnischen Bräuche, die seit Ahahs' Unterwerfung unter die Assyrer (vgl. Jes 2,6ff; 8,16ff) eingeführt worden waren, führte H. eine bedeutende Kultreform im ersten Jahr seiner Alleinherrschaft durch (2Chr 29,3ff). Er führte die alleinige Anbetung Jahwes im gereinigten und renovierten Tempel wieder ein, bekräftigte den *Bund zwischen Jahwe und seinem Volk und führte das Passafest wieder ein (2Chr 30). Dazu lud er auch Israeliten aus dem N ein (2Chr 30,5ff). H. zerstörte die heidnischen *Höhen in der Umgebung (2Kön 18,4; 2Chr 31,1) und zerschlug die eherne Schlange, die Mose in der Wüste gemacht hatte, die aber zu einem Götzenbild geworden war (2Kön 18,4).

H. leistete Widerstand gegenüber der assyr. Oberherrschaft und schloß sich mit Juda einer anti-assyr. Erhebung an, die von Ägypten angezettelt und von *Aschdod angeführt wurde. Juda muß auf Warnungen Jesajas gehört haben (Jes 20), denn obwohl Sargon II. behauptet, er habe *ia-u-di*,

Ein Hirte treibt einen Ochsen mit einem Stachelstock an. Das Relief am östl. Treppenaufgang der Säulenhalle in Persepolis, Iran, zeigt eine Prozession, bei der König Darius I. Tribut überbracht wird. Ca. 500 v.Chr. (MEPhA)

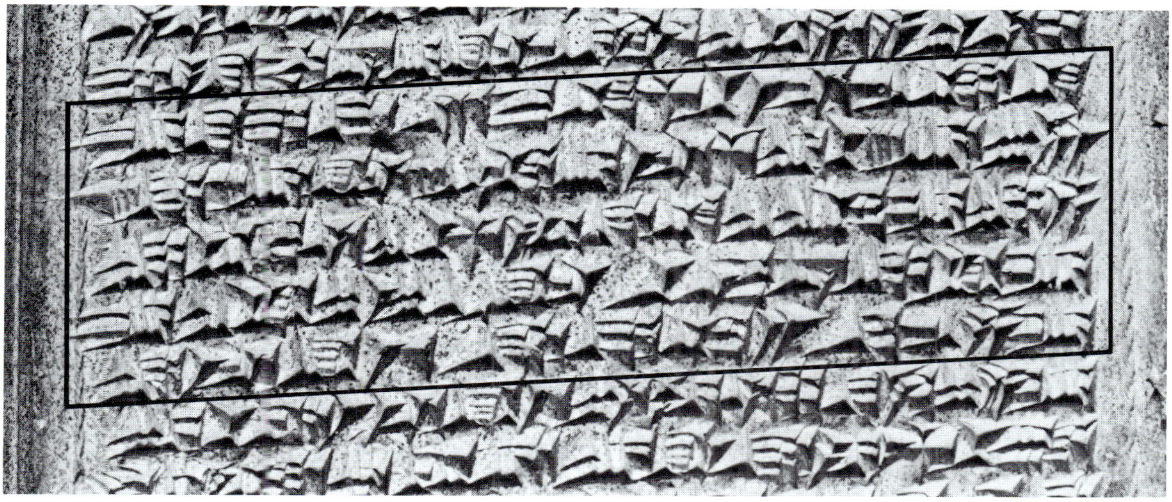

Ausschnitt aus dem Tonprisma Sanheribs (s.u.), aus dem hervorgeht, daß der König 46 Städte und Dörfer in Juda erobert und den »Judäer Hiskia gleich einem Käfigvogel in seiner Residenz Jerusalem« eingeschlossen hat. (BM)

Ein sechsseitiges Tonprisma, auf dem in Keilschrift die frühen Feldzüge Sanheribs von Assyrien aufgezählt werden, einschließlich seines Angriffs auf Hiskia von Juda im Jahre 701 v.Chr. Höhe 38 cm. Ninive. 691 v.Chr. (BM)

»Juda«, unterworfen (vgl. DOTT, S. 61; siehe auch N. Na'aman, BASOR 214, 1974, S. 27), gibt es im AT keine Belege für eine Invasion zu jener Zeit. Als Sargon starb (705 v.Chr.), beherbergte H., der eine Gelegenheit sah, gegen Sargons Sohn Sanherib zu rebellieren, Abgesandte von *Merodach-Baladan (2Kön 20,12-19; Jes 39), dem chaldäischen Rebellen, und erhielt Zusagen auf Unterstützung von seiten Ägyptens. H. verstärkte die Schutzmaßnahmen in Jerusalem und ließ u.a. den *Siloah-Tunnel zur Sicherung der Wasserversorgung graben (2Kön 20,20; Jes 22,9ff). Sanheribs eigene Aufzeichnungen seines Feldzugs im W stellen H. als Anführer der Rebellion dar (ANET, S. 287-288; DOTT, S. 64-69). Sanherib behauptet, 46 befestigte Städte eingenommen zu haben, H. »gleich einem Käfigvogel in seiner Residenz Jerusalem« eingeschlossen zu haben, jedoch nicht, die Stadt erobert zu haben. Das AT berichtet von Jahwes Eingreifen, indem er das assyr. Heer zerstörte (2Kön 19,32-36).

Die Erwähnung *Tirhakas, des Königs von Äthiopien, in 2Kön 19,9 hat zu der Vermutung Anlaß gegeben, Sanherib habe einen zweiten Feldzug, ca. 688 v.Chr., nach Juda unternommen, da Tirhaka 701 v.Chr. zu jung gewesen sei, um daran teilzunehmen, und zu jener Zeit auch noch nicht »König« genannt wurde. Es ist jedoch erwiesen, daß er zu jenem Zeitpunkt 20-21 Jahre alt war. Möglicherweise trug Tirhaka zu dieser Zeit den Königstitel noch nicht offiziell, z.Zt. der Abfassung der Kriegsberichte war Tirhaka jedoch König gewesen (vgl. K.A. Kitchen, The Third Intermediate Period in Egypt, 1972, S. 385-386 und 823-824).

2. Oberhaupt einer Familie, die mit Esra aus dem babylon. Exil zurückkehrte (Esr 2,16; Neh 7,21), und einer derjenigen, die den neuen Bund mit Jahwe besiegelten (Neh 10,18). Sein Name wird in zwei Formen wiedergegeben, wobei Ater die akkad. Form ist. In Neh 10,18 handelt es sich um zwei verschiedene Männer. D.W.B.

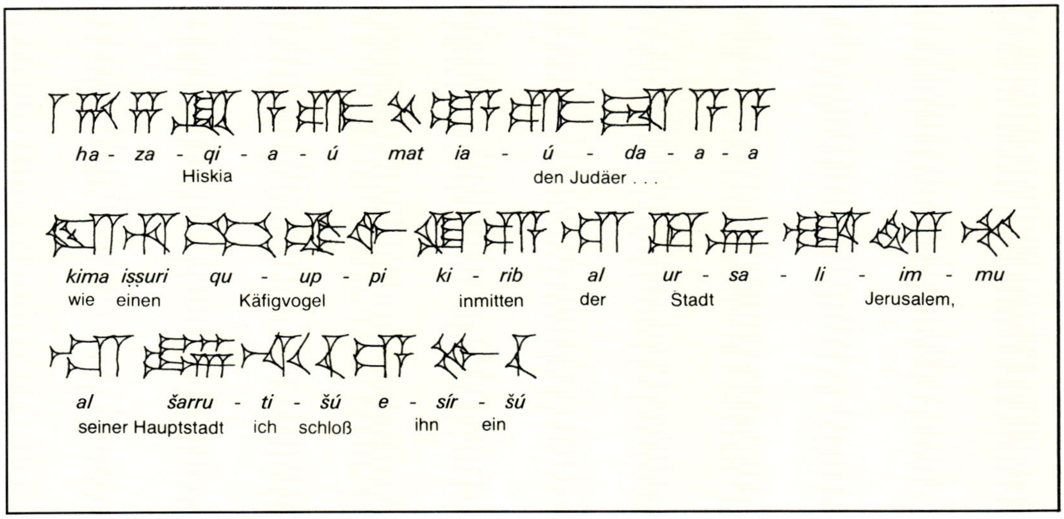

Hiskia wird namentlich auf einem Tonprisma erwähnt, das über den Feldzug Sanheribs von Assyrien gegen Jerusalem und dessen Belagerung im Jahre 701 v.Chr. berichtet.

HIWITER. Bezeichnung eines der Söhne Kanaans (1Mo 10,17; 1Chr 1,15) sowie früherer Einwohner Syriens und Palästinas, die neben Kanaanitern, Jebusitern, Perisitern, Girgaschitern und Amoritern (2Mo 3,8; 23,28; 5Mo 7,1) und in Verbindung mit den Arkitern, die im Libanon gelebt haben (1Mo 10,17), erwähnt werden. Hauptsiedlungsgebiet der H. sind das Libanongebirge (Ri 3,3) und die Hermonkette bis zum Tal, das nach Hamat führt (Jos 11,3), wo sie noch z.Zt. Davids lebten, der sie nach Sidon und Tyrus aufführt (2Sam 24,6f). H. wurden als Arbeiter für Salomos Bauvorhaben verpflichtet (1Kön 9,20; 2Chr 8,7). Andere wurden in Sichem angesiedelt, dessen Gründer als ein Sohn Hamors, eines H.s, beschrieben wird, der z.Zt. Jakobs (1Mo 34,2) aus der Nähe von Gibeon gekommen war (Jos 9,7; 11,19).

Oft werden die H. (hebr. *Chiwwī*; griech. *Heuaios*) mit den *Horitern (*Chorri[m]*) gleichgesetzt; man vermutet einen Schreibfehler bei den hebr. Buchstaben *w* und *r*. Die Ableitung von hebr. *hawwā*, »Zeltdorf«, ist ebenso ungewiß wie die Identifizierung der H., die an anderer Stelle nicht belegt sind.

Literatur: H.A. Hoffner: TynB 20/1060, S. 27-37. D.J.W.

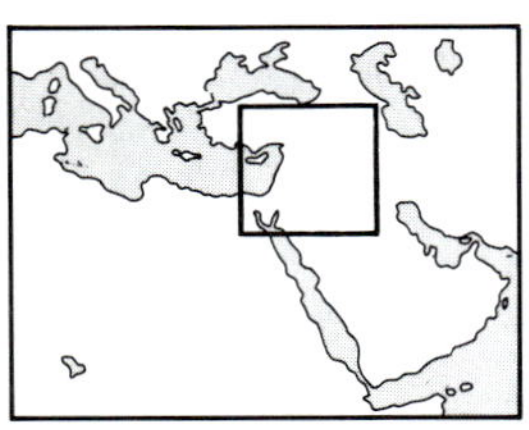

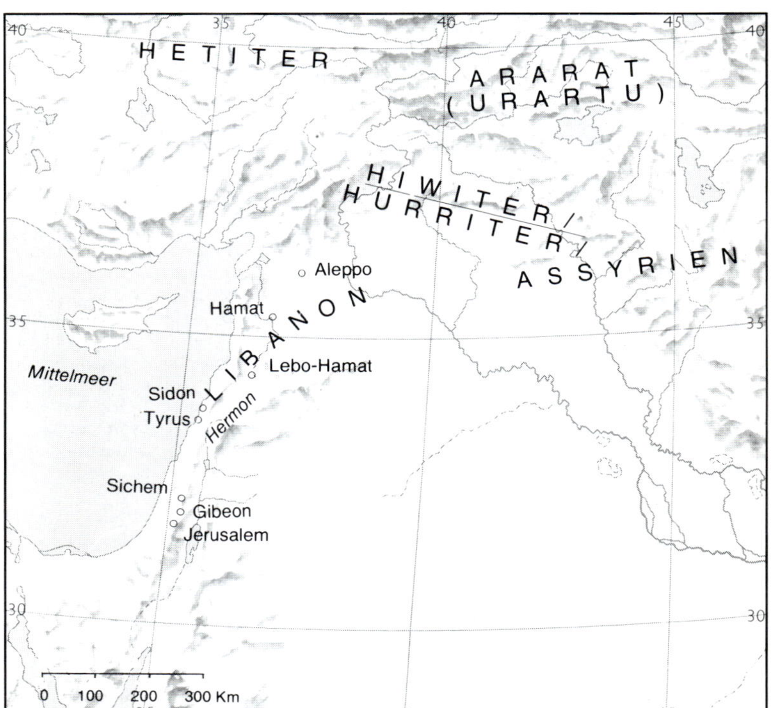

In erster Linie hurritisch (»hiwitisch«) besiedelte Gebiete.

HOBA. (Hebr. *chōbah*). Ort, bis zu dem *Abraham die Könige der Süd-Ebene verfolgte (1Mo 14,15). H. lag »zur Linken (d.h. nördl.) von *Damaskus«. Die Erwähnung eines griech. Chōba in Jdt 4,4; 15,4 (EÜ) trägt nichts zur Identifizierung bei. Entweder handelt es sich hier um bloße Reminiszenzen an Jos 6 und 11 (F.M. Abel: Géographie de la Palestine II, ³1967, 299) oder um eine Straßenstation östl. der späteren herodianischen Festung Alexandreion im mittleren *Jordan-Tal (M. Avi-Yonah, Gazetteer of Roman Palestine, 1976, 49). Die *Amarna-Briefe (14. Jh.v.Chr.) erwähnen ein Land Ube. Manche identifizieren H. mit Tell El-Salihīje, das aber 20 km östl. von Damaskus liegt, andere mit Mischrifeh 20 km nordöstl. von Homs. Besser würde *Helbon passen, das im Genesis-Apokryphon von *Qumran für H. steht (1QGenAp 22,10). Die ganze Gegend um Damaskus scheint für manche jüd. Gruppen aufgrund des Abraham-Feldzugs mit endzeitlichen Erwartungen verbunden gewesen zu sein (R. Riesner, TynB 38, 1987, 54-58). Nach Eusebius (Onom 172,1) wohnten im H. *(Chōba)* von 1Mo 14,15 zu seiner Zeit Judenchristen. Neben der Identifizierung dieses Orts mit Helbon/Khalbun 25 km nördl. von Damaskus (A. von Harnack) wird aber auch eine solche mit Kaukāb (*Kochaba) 16 km südl. von Damaskus vertreten (B. Bagatti, LA 11, 1960/1, 295-300).

Literatur: A. von Harnack: Mission und Ausbreitung des Christentums, 1924, 636; J.A. Fitzmyer: The Genesis Apocryphon, 1971, 171. R.R.

HOBAB. (Hebr. *chōbāb*, »Geliebter«). 4Mo 10,29 spricht von »Hobab, dem Sohn Reguëls, aus Midian« als vom Schwager Moses (Ri 1,16; 4,11; vgl. 2Mo 2,18). Nach anderer Überlieferung könnte H. aber auch der Schwiegervater Moses sein (vgl. 4Mo 10,29; Ri 1,16; 4,11 jeweils RevEB). Islamische Überlieferungen identifizieren H. mit *Jitro, andere vermuten, daß Reguël und Jitro ein und dieselbe Person sind (2Mo 2,18; 3,1). Letzteres würde heißen, daß H. Moses Schwager war. J.D.D.

HOCH, ERHABEN. Der Prophet *Jesaja trat im Rahmen seiner Beauftragung (736 v.Chr) ins Tempelinnere, in die königliche Ratsversammlung Gottes (vgl. Am 3,7) ein. Dort schaute er »den Herrn sitzen auf einem hohen und erhabenen Thron« (Jes 6,1). Gott thront im Jerusalemer Tempel, im unendlichen Raum auf der Bundeslade, seinem Fußschemel, so daß Jesaja nur den Saum von Gottes Gewand sehen kann. Vor dem (qualitativ) hohen und erhabenen Gott vergeht der selber hoch sein wollende, stolze Mensch (Jes 2,6-22, bes. V. 12-14;

vgl. 6,5 und nachexilisch-eschatologisch Ps 99,2; 113,4; Dan 11,12). Doch will paradoxerweise der hocherhabene Gott nicht die Vernichtung des Menschen, sondern »wohnt« sowohl im himmlischen *Heiligtum als auch bei den niedrig sein wollenden Menschen, die das *Gericht Gottes (i.e. Zurechtrückung) persönlich erfahren haben (Jes 57,14-19; Ps 138,6). Gottes Einwohnung bei den Menschen sieht das NT endzeitlich in der Menschwerdung Jesu verwirklicht (Joh 1,14), so daß *Paulus den Weg von Erniedrigung und Erhöhung Jesu in Jes 52f vorgezeichnet findet und wegen der in der Exilszeit durch Jes 52,13 von Jes 6,1 aufgenommenen Wendung »hoch und erhaben sein« seine eigene Beauftragung vor Damaskus im Lichte von Jes 6 nun als Schau des erhöhten »Herrn« (Jesus) bezeichnet, die ihn als »Gesandten« (*Apostel) autorisiert (1Kor 9,1f; Jes 6,8). Auch in der Johannesoffenbarung ist die Hoheit und Erhabenheit Gottes von Jes 6,1 her als selbstverständlich vorausgesetzt (Offb 4,2.9.10; 5,1.7.13; 6,16; 7,10.15; 19,4; 21,5).

Literatur: O. Betz: Wie verstehen wir das Neue Testament?, 1981, 67-71. T.P.

HOCHMUT. Das Wort kommt im AT wesentlich häufiger vor als im NT. Das hebr. Stammwort bedeutet »sich erheben« (*ga'wah* z.B. Jes 9,8) oder »überheben« (*zadon* z.B. Jer 49,16) oder »hoch sein« (z.B. *gaboah* Jes 5,15; Spr 16,5). Sehr häufig steht es im Zusammenhang mit dem Gericht Gottes, das auf den Hochmut folgt (Jes 10,12; 13,11; 16,6; Spr 16,18.19; Ps 31,24), dem der Mensch entgehen zu können glaubt. Eine Wurzel des H.s ist, sich nicht damit zufrieden zu geben, Gottes Ebenbild zu sein (1Mo 1,27), sondern »sein wollen wie Gott« (1Mo 3,5). Das führt dazu, sich selbst einen Namen machen zu wollen wie beim Turmbau zu Babel (1Mo 11,4), obwohl es doch nur einen Namen gibt, den wir zu ehren haben (2Mo 20,7) und durch den wir selig werden (Apg 4,12).

In der LXX wird meist das griech. Wort *hybris* für H. gebraucht, das wörtlich das erdrückende »Übergewicht«, die körperliche und seelische Mißhandlung besagt. Dahinter steht die theologische Deutung: Wer Gottes Ehre nicht anerkennt (Jes 13,11), erdrückt in seinem H. nur zu schnell seinen Mitmenschen. Gegen diesen H. haben sich die Propheten im Auftrag Gottes wenden müssen (Am 6,8; 8,7; Hos 5,6; 7,10). In der Weisheitsliteratur stellt sich Gott noch deutlicher schützend vor den Gerechten und Demütigen, der vom Hochmütigen bedrängt wird.

Im NT kommt das Wort »Hochmut« selten vor. Im Neuen Bund wendet sich Gott stärker gegen die Folgen des H.s, der die Gläubigen mißhandelt, z.B. in der Verfolgung (2Kor 12,10; 1Tim 1,13; vgl. 1Thess 2,2; Apg 14,5) bis hin zum Mord (Mt 22,6; vgl. Röm 1,30; 1Tim 1,13).

Der H. hat eine weitere Wurzel in der Selbstüberschätzung des Menschen, der Gottes Güte und Geduld falsch deutet, als ob Gott es nicht so genau nähme mit seinen Geboten und mit seiner Ehre. Dementsprechend begegnet im hymnischen und paränetischen Zusammenhang, d.h. in der Anbetung der Gemeinde und in der Ermahnung, der Aufruf, doch ja nicht hochmütig zu sein (Lk 1,51; vgl. dazu Ps 89,11; Mk 7,22; Röm 1,30; 2Tim 3,2).

In 1Joh 2,16 findet sich die Beobachtung, daß H., die Mißachtung Gottes, des Schöpfers, und Begierde, die Sehnsucht nach den irdischen Dingen der Schöpfung, eng miteinander zusammenhängen.

H. kann sich auch verdeckt zeigen. Wer vom christl. Glauben weiß, daß »Gott dem Demütigen Gnade« gibt (1Petr 5,5), und sich deshalb auch »demütig« verhält, muß sich fragen lassen, wie weit seine *Demut echt ist und sein Stolz ihn in der Demut überheblich macht. Gott will dem Menschen seine Persönlichkeit nicht nehmen, sondern ihm bewußt machen, daß auch sein froher Mut und sein Selbstbewußtsein Geschenk Gottes sind, zu dem der Mensch sich bekennen darf, von dem er sich aber trennen muß, wenn Gott es will und wo es um Gottes Ehre geht. M.H.

HOFFNUNG.

I. VORBEMERKUNG.

Für christl. Verständnis gehören H. und *Glaube eng zusammen. H. weist hin auf die geschichtliche Dynamik des Glaubens; und nach der berühmten ntl. Definition (Hebr 11,1) ist der Glaube »ein zuversichtliches Rechnen mit dem Erhofften«. Dieser Zusammenhang gilt bereits im alltäglichen Sprachgebrauch: Handel und Wirtschaft etwa beruhen auf »Treu und Glauben« und: Wer arbeitet, soll sich einsetzen »auf die Hoffnung hin, daß er seinen Anteil empfangen werde« (1Kor 9,10f). Wer hofft, rechnet mit der verläßlichen Erfüllung einer empfangenen Zusage. H. ist somit ein rechtlich wirksames Vertrauen auf das Handeln dessen, von dessen Zusagen man sich praktisch abhängig macht. Das bibl. Reden von H. gewinnt seine volle Bedeutung vor dem Hintergrund des Bundes Gottes mit den Menschen, mit dem Volk Israel und der Gemeinde Jesu Christi. Zukunft erschließt sich für den Menschen im Mitgehen mit Gott durch die Zeit, H. ist deshalb nach vorne bewegter Glaube. Horizont bibl. H. ist die fortschreitende Erfüllung des heilvollen Plans Gottes im Raum der Geschichte. Ganz anders das außerbibl. Reden von H.: Die griech. Antike kennt keinen eindeutig positiven H.sbegriff. Schlechte und gute Erwartungen können wechseln. Die von Menschen entworfenen Zukunftsbilder und H.en sind äußerst trügerisch. Die griech. *elpis* beflügelt nicht, trägt vielmehr den Unterton von Beunruhigung und Unsicherheit.

II. HOFFNUNG IM ALTEN TESTAMENT.

Das hebr. Wort für H., *tiqwā*, ist abgeleitet von einem Verb, das ursprünglich bedeutet: »gespannt sein«, »sehnsüchtig aus sein«. Einige andere Verben im gleichen Bedeutungszusammenhang betonen das Moment des Wartens und »Harrens« bzw. des entschlossenen Zuflucht-Nehmens. Die meisten Belege für »hoffen« im AT finden sich in den Psalmen sowie bei den Propheten.

1. H. ist im atl. Bundesvolk bewegter Glaube, welcher konkret mit einem baldigen Kommen Gottes und mit einer von Gott gewirkten Wende zum Guten rechnet. Aktuell wird solches sehnsüchtige Ausschau-Halten nach Gott zunächst in der Not-Situation (Ps 25,1f; Jes 8,17; 25,9; 26,8); hoffendes Vertrauen auf Gott und Rechnen mit seiner Hilfe ist darüber hinaus zu allen Zeiten gefordert und angebracht (Ps 40,5; 62,9; 112,7; Jer 17,7). Denn in der Ausrichtung auf Gott empfängt der Mensch Zukunft und neue H. (Jer 29,11; 31,17 RevEB). Während ohne H. alles aus ist (Hiob 7,6f; Hes 37,11), bedeutet H. haben soviel wie Zukunft haben (Spr 23,18; 24,14). Indem der Hoffende auf Gottes Heil wartet (1Mo 49,18), geht er in der Treue Gottes vorwärts (Ps 25,5).

2. Auf Gott selbst richtet sich die H. des Gläubigen. Zwar wünscht sich der Beter die Hilfe Gottes (Ps 78,22; 119,123), Erweise seiner Güte (Ps 33,18.22; 52,10; 130,7; 147,11), Gottes tröstendes Wort und Weisung (Ps 119,81; 130,5; Jes 42,4), gleichwohl konzentriert sich dies alles auf Gott selbst: »Auf ihn hofft mein Herz, und mir ist geholfen« (Ps 28,7). Der Bundesgott, der schon den Vorvätern Treue bewies (Ps 22,5f), ist der eigentliche Grund der H., ja ist selbst Inbegriff aller Zuversicht (Ps 46,2; 61,4; 71,5). Er ist »die Hoffnung Israels« (Jer 17,13). Darum hoffen auf ihn, die seinen zuverlässigen Namen kennen (Ps 9,11).

3. Wer sich so auf den Herrn verläßt, daß er sagt: »Du bist mein Gott« (Ps 31,15), der wird gesegnet und glücklich gepriesen (Ps 40,5; Jer 17,7), da Gott wirklich sein Wort an ihm erfüllt: Der so Hoffende wird nicht beschämt (Ps 69,7; 119,116; Jes 49,23), sondern in eine ungeahnte Weite geführt (Ps 31,7ff). Weil der Herr ihm so freundlich begegnet (Klgl 3,25), ihn mit Güte und Wohltun umfängt (Ps 31,20; Jes 64,3), darum werden feindliche Angriffe ihn nicht treffen (Ps 14,6; 61,4). In wechselnden Zeiten weiß sich der Hoffende in Gottes Hand (Ps 31,16). Er bekommt neue Kraft (Jes 30,15; 40,31), wird frei von Furcht (Jes 12,2) und ist gewiß, daß ihm Gottes Erbe niemand wegnehmen kann (Ps 37,9).

4. Während ohne das Trauen auf Gott alle H. wie Rauch zergeht (Spr 10,28; Weish 5,15), baut der Glau-

HOCHPFLASTER
s. Gabbata

HOCHZEIT
s. Ehe

bende auf die Verheißung: »Gott ist Israels Hilfe und Schild« (Ps 115,9). In dieser Gewißheit drückt sich die H. dann aus in Zuversicht (Ps 71,5), in Ehrfurcht vor dem Herrn (Ps 33, 18; 40,4), in stillem, aufmerksamem Warten auf ihn (Ps 37,5ff), im gespannten Ausspähen nach Gott (Ps 69,4) und im konkreten Hingeben der eigenen Wege unter die göttliche Regie (Ps 37,5).

5. Die Hoffnungsperspektive geht im AT über das Wohl des einzelnen und sogar über das Wohl Israels hinaus: Die sog. »Königspsalmen« (Ps 91ff) zeigen deutlich, daß die H. Israels auf die sichtbare Erscheinung und umfassende Durchsetzung der Heils-Herrschaft Gottes zielt. Die Weite dieses Horizontes läßt für die, die Gottes Hilfe erfahren haben, ebensowenig Stagnation zu wie für solche, die gegenwärtig etwas vom Gerichtshandeln Gottes spüren (Jes 26,8). Die Zukunft wird Gott gehören – und deshalb auch all denen, die an seinem Bund festhalten. So ist im AT »Harren auf Gott« kein Zeichen von Schwäche, vielmehr Ausdruck des »starken und getrosten Herzens« (Ps 31,25).

II. HOFFNUNG IM NEUEN TESTAMENT.

Während von H. in den Evv. unmittelbar nicht die Rede ist, findet sich der griech. Begriff *elpis* besonders häufig bei paulin. Briefen sowie in 1Petr und Hebr.

1. Wie im AT richtet sich im NT die H. vom Menschen weg auf den lebendigen Gott (2Kor 1,10; 1Tim 4,10; 5,5; 6,17; 1Petr 1,21). Näherhin ruht die christl. H. auf Jesus Christus (1Kor 15,19; 1Thess 1,3.10). Christus ist für die Apostel der eigentliche Inbegriff der H. (Kol 1,27; 1Tim 1,1). Christl. Hoffen geschieht nicht nur auf Christus hin, sondern vor allem von ihm her, ja vollzieht sich als »Hoffen im Herrn« (Phil 2,19, wie auch das Glauben: Phil 2,24). Während Abraham, der Prototyp gelebter H., auf pure Verheißung hin, ohne sichtbare Anhaltspunkte, nach Gottes Geheiß aufbricht (Röm 4,18), lebt der Christ im vollen Rundhorizont bereits verwirklichten und noch ausstehenden Handelns Gottes. Denn in Christus sind Gottes große Verheißungen schon in unvergleichlicher Weise erfüllt (Mt 12,21; 2Kor 1,20). Dies ist die durchschlagend neue Situation: Der Erhoffte ist gekommen (Röm 15,12; vgl. Jes 11,10)! Gott hat durch die Machttat der *Auferstehung Jesu Christi alle Verheißungen ratifiziert und lebendige H. aller Gläubigen initiiert (1Petr 1,3). Die »Hoffnung des Evangeliums« (Kol 1,23) ist gegenüber aller atl. die »bessere Hoffnung«, denn sie beruht auf der offenbar gewordenen »Macht des unzerstörbaren Lebens« (Hebr 7,16.19). Weil alles christl. Leben von der wirksamen Präsenz des Auferstandenen und seines Geistes geprägt ist (Röm 8,23ff; 15,13; Gal 5,5), darum ist die Erwartung nach ausstehender Verheißung völlig auf den Ton der Freude gestimmt (Röm 5,2; 12,12). Für die Gläubigen hat durch die göttliche Berufung zum Evangelium wahrhaftig ein neues Leben begonnen (Eph 1,18; 4,4; 1Petr 1,3), während die Heiden, die »fremd den Testamenten der Verheißung« und »ohne Gott in der Welt« leben, »ohne Hoffnung« sind (Eph 2,12; 1Thess 4,13).

2. In der Freude über die uns geschenkte H. (2Thess 2,16) wächst die Erwartung auf die noch ausstehenden Hoffnungsgüter: Christl. H. konzentriert sich auf die persönliche, sichtbare und herrliche Wiederkunft Jesu Christi (1Kor 1,7; 1Thess 1,3.10; Tit 2,13). Dann wird das Heil restlos erfüllt (1Thess 5,8) und die Gemeinschaft mit Christus vollendet sein (1Thess 4,13f). Dann werden die Gläubigen »ihn sehen, wie er ist« (1Joh 3,2f). Das Kommen Christi als das alles verändernde Ereignis (Phil 3,20) wird die Auferstehung des Leibes ebenso zur Folge haben wie den »neuen Himmel und die neue Erde, in welchen Gerechtigkeit wohnt« (Apg 23,6; 24,15; 26,6ff; 2Petr 3,13). Das Sichtbarwerden des Reiches Gottes läßt auch das »reiche Erbe der Heiligen« nicht im Verborgenen (Eph 1,19; Kol 1,5; Hebr 6,11f). Dieser Horizont des Reiches Gottes steht fest, und von dorther gibt es für Paulus H. bis ins Persönlichste hinein: daß Christus, der Herr der Geschichte, in jeder Situation an seinem Zeugen verherrlicht werde – nicht zuletzt auch durch Leiden (Röm 8,18; 2Kor 4,17f; Phil 1,20).

3. Weil die von Gott verbürgte H. fest im kommenden, ewigen Reich verankert ist (Hebr 6,18f), darum ist freimütige Zuversicht das Kennzeichen der Gläubigen (2Kor 3,12; Hebr 11,1). Die H., welche Christen neben dem Glauben und der Liebe als Reichgottes-Merkmal prägt (1Kor 13,13; Kol 1,4f; 1Thess 1,3), ist – wie alle Gaben Gottes – in der Gegenwart zu bewähren. Es gilt, die geschenkte H. durch alle Anfechtungen hindurch mit Eifer festzuhalten (Kol 1,23; Hebr 3,6; 6,18; 10,23). Durch die H. ist den Gläubigen der lange Atem der Geduld geschenkt (Röm 8,25; 1Kor 13,7; 1Thess 1,3; Hebr 6,11). Solche Ausdauer läßt nicht passiv werden, sondern spornt an zum »Warten und Eilen« (2Petr 3,12). H. wird zum starken Antrieb der *Heiligung, der Verähnlichung mit Jesus schon heute (1Joh 3,3). Als Alliierte der Zukunft Christi ist die christl. Gemeinde in einer Welt voller Ungewißheit und Angst dazu gerufen, Vortrupp der H. zu sein im Bekenntnis zur Herrschaft Gottes (Hebr 10,23).

Literatur: R. Bultmann, H. Rengstorf: ThWNT II, 1935, S. 515-531; W. Zimmerli: Der Mensch und seine Hoffnung im Alten Testament, 1968; E. Brunner: Das Ewige als Zukunft und Gegenwart, 1965; P. Schütz: Charisma Hoffnung. Von der Zukunft der Welt, 1962; E. Hoffmann: TBLNT I, [4]1986, 722-728; H.-J. Kraus: Reich Gottes: Reich der Freiheit. Grundriß systematischer Theologie, 1975. R.F.

HOFMEISTER. Der hebr. Titel bezeichnet den obersten Verwalter und das Hofamt des Palastvorstehers (1Kön 4,6; 16,9; 18,3; 2Kön 18,18; Jes 22,15; 36,3). Über seinen Aufgabenkreis sind wir nicht weiter unterrichtet. Vermutlich war er für die Versorgung der Hofhaltung zuständig, hatte wie der entsprechende assyr. Beamte die Verantwortung für das Hofzeremoniell und vermittelte den Zutritt zum König. Auf die Bedeutung seiner Stellung weisen Jes 22,21f und die Angabe, daß Jotam während seiner Regentschaft die Pflichten des Palastvorstehers und des obersten Richters erfüllte (2Kön 15,5). Nach einem Siegelabdruck aus Lachisch trug ein *Gedalja, wahrscheinlich der Sohn Ahikams (2Kön 25,22), diesen Titel. Vgl. *Haushalter.

HOFNI und PINHAS. Die beiden Söhne *Elis, »Priester des Herrn« in *Silo (1Sam 1,3). Beide Namen kommen aus dem Ägypt. und bedeuten »Kaulquappe« bzw. »der Nubier«. Sie werden als »ruchlose Männer« beschrieben, die »nichts nach dem Herrn fragten« (1Sam 2,12). Sie mißbrauchten ihre Privilegien als Priester (s. *Priester und Leviten), verlangten mehr als den ihnen zustehenden Anteil an den Opfern und bestanden unter Androhung von Gewalt darauf, diesen, wann und wie sie ihn wollten, zu erhalten, so daß das Volk das Opfer des Herrn verachtete. Deshalb und wegen ihrer Unzüchtigkeit wurde über das Haus Elis ein Fluch ausgesprochen, zuerst von einem unbekannten Propheten (1Sam 2,27-36), später von Samuel (1Sam 3,11-14). H. u. P. starben in der Schlacht gegen die Philister bei Afek (1Sam 4,11). J.W.M.

HOFRA. *Cha'a'ibrē Wachibrē*; griech. *Apries*, war der vierte Pharao der 26. Dynastie, der von 589 bis 570 v.Chr. herrschte. Ebenso wie bei *Schischak, *Tirhaka und *Necho läßt sich die hebr. Form *chōphra'* am besten von seinem Namen *(Wa)chibrē* ableiten. Ausdrücklich erwähnt wird der Pharao H. nur in Jer 44,30; aber einige Verweise auf den »Pharao« bei den Propheten meinen ihn. Kurz nach H.s Thronbesteigung erbat *Zedekia Soldaten von ihm, vermutlich um gegen *Nebukadnezar vorzugehen (Hes 17,11-21). H. marschierte während der Belagerung Jerusalems durch Nebukadnezar in Palästina ein (Jer 37,5; vielleicht auch Jer 47,1!), unterstützt von seiner Flotte (Herodot Hist. 2.161). Im Jahr 588 v.Chr. prophezeite *Hesekiel gegen die Ägypter (Hes 29,1-16) und *Jeremia sah H.s Rückzug voraus (Jer 37,7). Die Babylonier setzten die Belagerung Jerusalems gerade so lange aus, um H. zurückzuschlagen (Jer 37,11). Ob tatsächlich eine Schlacht stattfand, ist ungewiß.

Nach einem Feldzug in Libyen, der katastrophal ausging, und einem Aufstand, der damit endete, daß Amasis (Ahmose) Mitregent wurde, wurde H. in der Auseinandersetzung mit Amasis getötet (vgl. Jer 44,30). K.A.K.

HÖHE. Das hebr. Wort *bāmā*, wiedergegeben mit »Höhe«, kommt im MT mehr als 100 mal vor, und zwar in zweifacher Bedeutung: als Höhe oder Anhöhe im wörtl. Sinn und im Sinn von Altar. Die zwanzig Belege, die auf nicht-kultische Verwendung Bezug nehmen, haben den Begriff H. ausschließlich in der Pluralform und in poetischen Passagen. Im Gegensatz zu anderen Wörtern für H. weckt die Pluralform *bāmōt* immer Assoziationen mit Dominanz und Kontrolle. Schlachten wurden oft an Berghängen ausgetragen; deshalb war der Besitz der H. oft gleichbedeutend mit Herrschaft über das Land (4Mo 21,28; 2Sam 1,19.25). Man nahm in Israel an, daß Gott auf den H.n »einhertritt« oder »tritt« (Am 4,13; Mi 1,3), daß er Israel (5Mo 32,13; Jes 58,14) oder einen einzelnen Menschen (2Sam 22,34; Ps 18,34; Hab 3,19) »auf die Höhen der Erde« stellt. Rundsiegel porträtieren *Baal auf den Bergen sitzend, und in den Ras Schamra-Texten (*Ugarit) wird er *rkb rpt*, »Wolkenreiter«, genannt. Sowohl die akkad. als auch die ugarit. Sprache hatten engverwandte Bezeichnungen für H. und für die mittlere Region des Körpers. Die gedankliche Verbindung von H. mit Herrschen könnte auch der Grund dafür gewesen sein, daß man dort Altäre errichtete. Es ist anzunehmen, daß Israel, trotz der Warnungen Moses (5Mo 12, etc.), nach der Landnahme die kanaan. Altäre übernahm. Mit Sicherheit verwendeten treue Anbeter Gottes *bāmōt* in der frühen Zeit der Könige. Samuel amtierte bei einem besonderen Opfer, als Saul vor geladenen Gästen gesalbt wurde (1Sam 9); später schloß sich Saul einer Gruppe von Propheten an, die in Verzückung und mit Musikbegleitung (Harfe, Pauke, Flöte und Zither) von einer H. (*bāmā*), herabkamen (1Sam 10,5). Zur Zeit Samuels hatte *Gibeon eine einzigartige Stellung inne und war bekannt als die »große Höhe«. Die *Stiftshütte sowie der Bronzealtar, den *Bezalel, der Sohn Uris, gefertigt hatte, wurden dort aufbewahrt. Ebenfalls in Gibeon forderte Gott Salomo in einem Traum über den Charakter seiner Herrschaft heraus (1Kön 3; 2Chr 1). Nach der Teilung des Königreiches ca. 925 v.Chr. bildeten die *bāmōt* eine neue Gefahr für die Reinheit von Israels Glauben. Im nördl. Königreich baute *Jerobeam »Höhenheiligtümer« als Teil seiner Kampagne, die Aufmerksamkeit seiner Untertanen von Jerusalem abzulenken (1Kön 12,28-32). So verführte er Israel zur Sünde: wenn die H.n auch häufig nominell Gott geweiht waren, trugen sie doch deutlich kanaan. Merkmale: Bilder, Steinmale, Ascherapfähle – daneben gab es Prostitution und andere Fruchtbarkeitsriten. Die zwei Jahrhunderte, in denen das nördl. Königreich bestand, waren gekennzeichnet von Blutvergießen, Instabilität und Abtrünnigkeit: bibl. Geschichtsschreibung zufolge waren die H.n (*bāmōt*) eine der Hauptursachen des moralischen und rel. Niedergangs (2Kön 17,9ff). Im südl. Königreich war die Situation wenig besser. Der Höhenkult lebte unter *Rehabeam wieder auf. Versuche von *Asa und *Joschafat, dies zu unterdrücken, blieben ohne Erfolg. *Hiskia führte eine gründliche Reform durch (2Kön 18,1-8), aber sein Sohn *Manasse, der »Greuel getan hat, die ärger sind als alle Greuel, die die Amoriter getan haben, die vor ihm gewesen sind«, ließ die H.n wieder aufrichten. Unter *Josia wurde eine weitreichende Säuberung durchgeführt (2Kön 23); seine Nachfolger jedoch ließen die Altäre erneut aufstellen, bis die babylon. Armee das judäische Königreich zerschlug. Von da an ist kaum mehr etwas von Höhenheiligtümern bekannt.

Pharao Hofra (Ha'a'ibrē') *bringt Schalen mit Wein als Opfergabe dar. Teil einer Stele. 589-570 v.Chr.* (BM)

Untersuchungen des Höhenkults offenbaren die Verwirrung der politischen und rel. Führungsschicht in Israel. Der *Talmud und die Rabbinen unterschieden streng zwischen »großen« und »kleinen« Höhen bzw. behaupteten, daß der Bann zeitweise aufgehoben gewesen sei. J. Wellhausen versucht, dieses Problem mit der Annahme zu lösen, das spezielle Gesetz über Heiligtümer sei bis zur Zeit Josias nicht in Kraft gewesen; das 5. Buch Mose sei lediglich ein »frommer Schwindel«. Wahrscheinlicher ist jedoch, daß Samuel, Saul und Salomo diese Altäre einfach für Gott beanspruchen wollten, ohne die synkretistischen Gefahren zu erkennen, die Mose klar gesehen hatte, und die durch die Geschichte eindrücklich bestätigt wurden.

Nach Meinung W.F. Albrights bestanden die Höhenheiligtümer hauptsächlich aus Grabaltären; jedoch weist weder ein ausgegrabener Altar noch ein bibl. Beleg auf eine Begräbnisstätte hin. P.H. Vaughan vermutet, daß *bāmōt* runde oder flache Kultplattformen waren, auf denen die kultischen Handlungen erfolgten. Auch wenn einige H.n Plattformen

Die »Große Höhe« von Petra, Jordanien. Auf der Altar-Plattform mit dem Opfertisch könnten Blutopfer vollzogen worden sein. Wahrscheinlich handelt es sich um ein nabatäisches Heiligtum (2. Jh.v.Chr. – 2. Jh.n.Chr.), an dessen Stelle sich vorher ein edomitisches befand. (ARM)

besaßen, scheint der Begriff eher die gesamte Kultstätte, einschließlich Altar, Steine, Gebäude etc., zu bezeichnen.

Man kann eine allmähliche Entwicklung bei der Wahl der H.n erkennen. Altäre auf H.n waren kennzeichnend für die frühe Periode (4Mo 22,41; 1Sam 9); später findet man H.n in Städten (2Kön 17,9) oder, in einem Fall, in einem Tal (Jer 7,31). Bis zum Ende der Monarchie wurde der Ausdruck H. auf viele Arten lokaler Altäre und Heiligtümer angewendet. So werden 2Kön 23 ein kleiner Toraltar, königliche Kultzentren für fremde Götter, große öffentliche Altäre und lokale ländliche Altäre als *bāmōt* bezeichnet. Altäre außerhalb von Siedlungen sind aus Naharia, *Samaria, *Jerusalem und *Petra bekannt. *bāmōt* auf Anhöhen von Städten kennt man von *Megiddo und *Arad. Altäre an tiefergelegenen Stellen in Städten findet man in *Hazor, *Dan und Jerusalem. Kleine Toraltäre sind aus Tirza und Dan bekannt. Bibl. Belege über die Struktur, den Kult und die Tendenz eines Altars, seinen Status zu ändern, lassen sich durch archäologische Entdeckungen verdeutlichen. So entsteht ein detailliertes Bild über die Zeit, in der Israel »so viele Götter wie Städte hatte« (Jer 2,28). S. *Altar.

Literatur: W.F. Albright: Supplement to VT 4, 1957, S. 242-258; L.H. Vincent: RB 55/1948, S. 245-278.438-445; P.H. Vaughan: The meaning of 'bāmā' in the Old Testament, 1974; M. Clauss: Geschichte Israels, 1986, S. 65f.194 u.ö., H. Balz-Cochonis: Gomer. Der Höhenkult Israels im Selbstverständnis der Volksfrömmigkeit. Untersuchungen zu Hosea 4,1-5,7. EHS.T 191, 1983.

J.T.W.

HOHEITSTITEL JESU CHRISTI. Ein Titel ist eine Bezeichnung, die sich auf die spezielle Funktion einer Person bezieht oder deren besonderen Stand beschreibt und so auch die Ehrenstellung anzeigen kann, die jemandem zuerkannt werden soll. *Johannes z.B. war als »der Täufer« bekannt, weil dieser Ausdruck seine charakteristische Funktion beschrieb. Eine solche Funktion muß nicht einzigartig sein; es gab viele Menschen, die mit Formeln wie »X, der Prophet« oder »Y, der König« bezeichnet werden konnten.

Namen und Titel sind eng miteinander verbunden. Manchmal konnte zum Titel werden, was zuvor ein Name gewesen war und umgekehrt. Dies wird am Beispiel der röm. Kaiser besonders deutlich. Ursprünglich war »Caesar« der Familienname des Julius Caesar und seines adoptierten Neffen Octavian, der der erste röm. Kaiser wurde; danach wurde der Name zum Titel mit der Bedeutung »der Kaiser« (Phil 4,22; obwohl im NT meist ohne Artikel gebraucht, z.B. Mk 12,14-17, bleibt er dennoch ein Titel). Octavian selber bekam 27 v.Chr. vom röm. Senat den Titel »Augustus« verliehen; dieser bedeutet »der Erhabene« und wurde im Griech. mit »sebastos« (der »Verehrungswürdige«) wiedergegeben.

Als solcher konnte er von späteren Kaisern benutzt werden (Apg 25,21.25); für die meisten Menschen gilt er heute jedoch als der Name des ersten Kaisers, weil man Octavian seit der Verleihung dieses Titels eben mit diesem benannte.

Die Bedeutung eines Titels kann verändert werden durch den Charakter und das Handeln einer bestimmten Person, die ihn trägt und ihm einen neuen Stempel aufdrückt. Der Aufgabenbereich eines Königs in Großbritannien z.B. hat sich im Laufe vieler Jahrhunderte so drastisch gewandelt, daß der Titel nicht mehr denselben Sinngehalt trägt, den er bei seinem anfänglichen Gebrauch hatte. Der einfache Titel »der Führer« ist so stark durch den speziellen Charakter Adolf Hitlers, der ihn als politischen Titel in Deutschland annahm, geprägt worden, daß er für eine weitere Benutzung im politischen Bereich ganz unbrauchbar geworden ist.

Schließlich kann eine Person unter Umständen auch so beschrieben werden, daß dabei klar wird: sie hat eine Stellung inne oder übt eine Funktion aus, die mit einem bestimmten Titel verbunden ist - ohne daß der Begriff selber auf sie in diesem Zusammenhang angewendet wird. So könnte man etwa von einem, der einen Thron usurpiert hat, sagen: »X war (faktisch) König, nur nicht dem Namen nach«.

Diese recht allgemeinen Überlegungen sind wichtig für eine Betrachtung der Hoheitstitel, die Jesus im NT erhält, und werden uns beim Studium dieses Themas vor manchem Trugschluß bewahren.

I. DIE FÜR JESUS WÄHREND SEINES IRDISCHEN LEBENS VERWENDETEN TITEL.

Der Name »**Jesus**« war für seinen Träger nicht eigentlich ein Titel. Er ist jedoch ein bedeutungsvoller Name: die griech. Form von »Joschua«, d.h. »Jahwe ist Heil«. Die Verfasser des NT waren sich dieser Bedeutung wohlbewußt (Mt 1,21). Der Name bezeichnete auf diese Weise die Funktion, die Jesus zugeschrieben wurde, und diese fand später in dem Titel »**Heiland**« ihren Ausdruck, der zunächst einfach eine Beschreibung der Funktion Jesu war (Apg 5,31; 13,23; Phil 3,20), dann jedoch Teil seines Würdetitels wurde (2Tim 1,10; Tit 1,4; 2Petr 1,11). »Jesus« war der persönliche Name des Heilands, und obwohl Eingeweihte bei seiner Nennung die titulare Bedeutung immer noch mithören, ist er inzwischen für viele Menschen wahrscheinlich nichts weiter mehr als ein Name. (So denkt z.B. normalerweise auch niemand mehr daran, daß Johannes »Gott ist gnädig« heißt, wenn er diesen Namen ausspricht.)

»Jesus« war in der ersten Hälfte des 1. Jh.n.Chr. kein seltener Name. Freilich ist es bezeichnend, daß er gegen Ende jenes Jahrhunderts allmählich ganz außer Gebrauch kam: für Christen war er zu heilig, als daß sie ihn als Eigennamen noch hätten benutzen wollen, für Juden zu verhaßt. Um Jesus (Christus) von anderen Trägern dieses Namens zu unterscheiden, wurde er »Jesus von Nazareth« oder »Jesus der Nazarener« genannt. Der Gebrauch dieses Ausdrucks mag angesichts der Ähnlichkeit mit dem Wort »Nasiräer« auch eine gewisse theologische Bedeutung erlangt haben.

Aufgrund seiner charakteristischen Tätigkeit war Jesus als **»Lehrer«** (**»Rabbi«**, **»Meister«**) bekannt und wurde wie jeder andere jüdische Lehrer mit diesem Titel angesprochen (Mk 4,38; 9,17.38; 10,17 u.a.). Gelegentlich, wenn nicht die Gefahr der Verwechslung mit anderen Lehrern bestand, konnte er auch einfach »der Lehrer« genannt werden (Mk 5,35; 14,14; Joh 11,28). Jüdische Lehrer wurden in der Regel mit **»Rabbi«** angesprochen (wörtl. »mein Großer«) – einer Respektsbezeichnung, die schließlich so viel wie »der verehrte (Lehrer)« bedeutete. Diese Anredeform wurde auch von den Jüngern für Jesus verwendet (Mk 9,5; 11,21; 14,45); allerdings wurde sie nicht gebraucht, um von ihm in der dritten Person zu sprechen. Bei Lk wird Jesus manchmal als **»Meister«** angeredet (*epistatēs*; Lk 5,5; 8,24 u.a.); dieser Begriff drückt den Respekt seiner Jünger und Anhänger für Jesus aus und diente vielleicht eher dazu, sein Verhältnis zu Menschengruppen zu umschreiben als das zu Einzelpersonen. Ein weiterer respektvoller Begriff war **»Herr«** (*kyrie*, der Vokativ zu *kyrios*). In den Evangelien gibt er wahrscheinlich ein ursprüngliches *rabbī* oder aram. *marī* (»mein Herr«) wieder, das eine Ehrfurchtsbezeichnung darstellte (Mk 7,28; Mt 8,2.6.8 u.a.). Obwohl sich diese Anredeform einfach auf Jesus als Respekt heischenden Lehrer beziehen mag (Lk 6,46; Joh 13,13f), besteht Grund zu der Annahme, daß Jesus manchmal in seiner Eigenschaft als Träger wunderwirkender Kräfte so angeredet wurde (G. Vermes, Jesus the Jew, 122-137). Der Begriff wird von Mt und Mk nicht zur Bezugnahme auf Jesus durch eine dritte Person benutzt (außer Mt 21,3; Mk 11,3), Lk jedoch nennt Jesus auch in erzählenden Abschnitten nicht selten »den Herrn« (Lk 7,13; 10,1.39.41 u.a). Dieser Gebrauch läßt vermuten: Lukas war sich zwar dessen wohl bewußt, daß die volle Bedeutung des Titels erst mit der Auferstehung verwirklicht würde, er wollte aber zeigen, daß Jesus auch während seines irdischen Wirkens schon mit einer ähnlichen Autorität handelte, wie er sie in vollem Maße nach der Auferstehung besaß.

Die Tatsache, daß Jesus für mehr angesehen wurde als ein gewöhnlicher jüdischer Lehrer, bringt der Begriff **»Prophet«** zum Ausdruck (Mt 21,11.46; Mk 6,15; 8,28; Lk 7,16.39; 24,19; Joh 4,19; 6,14; 7,40; 9,17). Diese Einschätzung seiner eigenen Stellung wurde von Jesus anerkannt und auch ausgesprochen (Mk 6,4; Lk 4,24; 13,33f). An sich unterschied weder der Titel »Lehrer« noch der Titel »Prophet« Jesus von anderen Lehrern und Propheten seiner Zeit – mochten das nun jüd. rel. Führer sein oder manche Gruppen von frühchristl. Gemeindeleitern (z.B. Apg 13,1). Allerdings hätte die frühe Kirche natürlich geltend gemacht, Jesus sei der Lehrer und Prophet par excellence.

Trotzdem wurde wahrscheinlich der Ausdruck »der Prophet« in manchen Fällen in einem einzigartigen Sinn verwendet. Das *Judentum erwartete das Kommen des *Elia oder einer ihm ähnlichen Gestalt, um das Ende einzuleiten, und es gab hier und da die Überlegung, ob Johannes der Täufer oder Jesus für dieser sog. eschatologischen oder letzten Propheten zu halten sei (vgl. Joh 1,21.25). In dieser Sache herrschte offensichtlich einige Unklarheit, da Johannes es abstritt, jener Prophet zu sein, während Jesus behauptete, Johannes sei tatsächlich der Elia (Mt 17,12f). Diese Unklarheit würde verschwinden, wenn sich der Hinweis in Joh 1,21.25 auf das Kommen eines letzten Propheten wie Mose bezöge (5Mo 18,15-19); Petrus identifizierte Jesus als diesen »mosaischen« Propheten (Apg 3,22-26). Dies würde es erlauben, Johannes als einen anderen Vorboten des Endes anzusehen: als Propheten wie Elia. Die Schwierigkeit mag davon herrühren, daß man im Judentum die beiden Gestalten nicht streng auseinanderhielt. Es ist wahrscheinlich, daß Jesus sich selber in der Rolle des mosaischen Propheten sah. Er gebrauchte den Titel in diesem Zusammenhang nicht, verstand sich jedoch als den, der das Werk Moses wieder in Kraft setzte und den Auftrag des Propheten erfüllte, der in Jes 61,1-3 redet. Er benutzte Abschnitte aus Jes 29,18f; 35,5f und 61,1, um sein eigenes Wirken im Sinne einer Neuschöpfung der paradiesischen Zustände während der Exoduszeit und der Wüstenwanderung zu beschreiben, d.h. im Sinne des Wirkens Moses (Lk 4,18f; 7,22). Von hier aus gesehen mag auch das Lehren Jesu, in dem er das Gesetz des Mose neu auslegte, bedeutsam sein.

Ebenso wie Jesus sein Wirken als das eines Gesetzgebers und Propheten (*Mose und *Elia/*Elisa; vgl Lk 4,25-27) verstand, war sein Denken wahrscheinlich auch von der jüd. Vorstellung der Weisheit beeinflußt, wenn ihm auch der direkte Titel »Weisheit« in den Evv. nicht beigelegt ist (vgl. aber 1Kor 1,24.30). Im AT und in der zwischentestamentlichen Literatur begegnen wir dem Gedanken der personifizierten Weisheit als einer Helferin Gottes bei der Schöpfung und (in Gestalt des Gesetzes) als der Leiterin des Volkes Gottes (Spr 8,22-36). Der Weise par excellence war *Salomo, und es ist kein Zufall, daß Jesus den Anspruch erhob, in seinem Wirken sei Größeres als Salomo gegenwärtig (Mt 12,42). Man stellte sich vor, daß die Weisheit ihre Sendboten zu den Menschen schicke, um ihnen Gottes Wege zu enthüllen (Spr 9,3-6). Zuweilen redete Jesus so, als sei er ein solcher Sendbote (Lk 11,49-51) oder als müsse er selber mit der Weisheit identifiziert werden (Lk 13,34; vgl. Mt 23,34-37).

Die Hoffnungen der Juden galten vor allem der Aufrichtung von Gottes Herrschaft oder Reich, und diese Hoffnung verband sich oft mit der Erwartung eines Bevollmächtigten Gottes, der dessen Herrschaft ausüben sollte. Diese Gestalt sollte ein König sein, von Gott gesalbt und aus dem Geschlecht Davids stammend. Der Ausdruck **»Gesalbter«**, der zur Bezeichnung eines Königs, Priesters oder Propheten dienen konnte, wurde in der zwischentestamentlichen Zeit schließlich zum terminus technicus für diesen Bevollmächtigten Gottes, nach dem man Ausschau hielt. Das hebr. Wort lautete *maschiach*, und dieses wurde im Griech. mit **»Messias«** wiedergegeben. Das entsprechende griech. Wort für **»Gesalbter«** war *christos*; daraus entstand das deutsche Wort **»Christus«**. Da man den kommenden Herrscher als König und Sohn (d.h. Nachkommen) Davids erwartete, wurden diese beiden Begriffe ebenfalls als Titel oder Bezeichnungen für ihn gebraucht.

Es steht völlig außer Zweifel, daß Jesus von den Römern aufgrund der Anschuldigung zum Tode verurteilt wurde, er erhebe den Anspruch, der König der Juden zu sein (Mk 15,26). Die Frage ist, ob er dieses Amt ausdrücklich beansprucht oder einfach in der Rolle eines Messias gehandelt hat. Jesus hat den Messiastitel nur selten direkt in den Mund genommen. In Mk 12,35 und 13,21 (vgl. Mt 24,5) spricht er vom Messias und von Messiasprätendenten, ohne jedoch sich selbst unmittelbar als Messias zu erkennen zu geben. In Mt 23,10 und Mk 9,41 wird er als Lehrer seiner Jünger dargestellt, offensichtlich vor allem im Hinblick auf die Situation der frühen Kirche. Mt 16,20 bezieht sich lediglich auf V. 16 zurück. Daraus folgt, daß Jesus selber sich in seiner öffentlichen Verkündigung vor der Volksmenge nicht als Messias bezeichnet, sondern den Titel bestenfalls einigemale im Gespräch mit seinen Jüngern verwendet hat (vgl. Joh 4,25f). Das Gleiche gilt auch für den Titel »Sohn Davids«; die Frage nach dem Davidssohn in Mk 12,35-37 identifiziert Jesus nicht ausdrücklich mit demselben. Auch beanspruchte Jesus nicht öffentlich den Titel eines »Königs« (Mt 25,34.40 wendet sich an die Jünger). Andererseits konnten jedoch viele Handlungen Jesu als messianisch beurteilt werden. Seine Taufe mit dem Geist wurde von ihm selbst (Lk 4,18) wie auch von der frühen Kirche (Apg 4,27; 10,38) als eine Salbung angesehen. Er proklamierte die kommende Herrschaft Gottes, verband deren Ankunft eng mit seinem eigenen Wirken (Mt 12,28) und handelte mit einer Vollmacht, die den Eindruck erweckte, als stehe er an Gottes Stelle (Mk 2,7). Es ist nicht verwunderlich, daß die Frage, ob er der erwartete König sei, in der Luft lag (vgl. Joh 4,29; 7,25-31), und daß die Volksmenge ihn gern zum König gemacht hätte (Joh 6,15). Bei seinem Verhör wurde er gefragt, ob er der Messias sei, und in dieser kritischen Situation bekannte er sich nun öffentlich dazu (Mk 14,61f; vgl. Joh 18,33-38). Schon zu einem früheren Zeitpunkt hatte Petrus ihn als den Messias bezeichnet, und Jesus hatte dieses Bekenntnis nicht zurückgewiesen (Mk 8,29f); Menschen, die in ihrer Not auf seine barmherzige Hilfe hofften, redeten ihn als »Sohn Davids« an (Mk 10,47f).

Aus alledem wird ersichtlich, daß Jesus, obwohl er implizit als Messias handelte, sich doch darüber ausschwieg und sogar etwaige Hinweise auf seine Messianität zu unterdrükken suchte (Mk 8,30). Für diese Haltung hat man verschiedene Erklärungen gefunden. Wir brauchen nicht auf die Ansicht einzugehen, die Evangelisten hätten die Sachlage falsch dargestellt; Jesus sei weder von sich selbst noch von jemand anderem als Messias angesehen worden; erst nach der Auferstehung habe die Kirche ihm diesen Titel verliehen (so W. Wrede, Das Messiasgeheimnis in den Evangelien. Zugleich ein Beitrag zum Verständnis des Markusevangeliums, (1901) ³1963; dagegen: J.D.G. Dunn: TynB 21/1970, 92-117). Ein wichtiger Gesichtspunkt für eine Erklärung ist sicherlich, daß Jesu Vorstellung vom Auftrag des Messias sich erheblich von derjenigen vieler Juden unterschied, die vom Messias die Initiative zu einer politischen Erhebung und die Befreiung des Landes von den Römern erwarteten. Auch wenn es Juden gab, denen mehr das Ideal einer geistlichen Wirksamkeit des Messias vorschwebte, mußte Jesus doch vor einer Fehlinterpretation im Sinne einer politischen Messianität auf der Hut sein. (Es sollte keiner Erwähnung bedürfen, daß Jesus sich in keiner Weise der Befürwortung von Gewaltmaßnahmen anschloß, wie sie von politischen Revolutionären seiner Zeit propagiert wurde; das abschließende Wort zu diesem Thema hat M. Hengel gesprochen: War Jesus Revolutionär? 1970; vgl. ders.: Christus und die Macht, 1974).

Als weiterer Gesichtspunkt mag in Betracht kommen, daß Jesus die Messianität nicht beanspruchen wollte, bevor er sich durch seine Taten als Messias ausgewiesen hatte oder die Menschen die wahre Bedeutung seines Dienstes erkannt hatten. Auf diese Weise befreite er den Messiasgedanken von den diesseitigen, politischen Hoffnungen, die man mit ihm verband, und legte ihn wieder im Sinne der atl. Vorstellung von der machtvollen Heilstat Gottes aus.

Zweifellos vermitteln die Evv. jedoch den Eindruck, Jesus habe den Gebrauch einer anderen Bezeichnung bevorzugt: **Menschensohn** (beachte den Begriffswechsel in Mk 8,29f/31 und 14,61/62!). Dieser im Griech. ungewöhnliche Ausdruck kann nur als Übersetzung einer dem Semit. eigentümlichen Wendung entstanden sein (hebr. *ben ' adam*; aram. *bar ' änascha*), die entweder ein einzelnes Individuum der Gattung »Mensch« (z.B. Hes 2,1) oder die Menschheit insgesamt meint (z.B. Ps 8,5). In Dan 7,13f beschreibt diese Wendung einen, der »wie eines Menschen Sohn« (LÜ) oder »wie ein gewöhnlicher Mensch« (Erklärung in der Bibelübersetzung von H. Menge) aussah, der mit den Wolken des Himmels vor den »Alten an Tagen« (= Ewigen) gebracht wird und von ihm immerwährende Herrschaft über alle Völker empfängt. Im Aram. zur Zeit Jesu war es anscheinend möglich, diese Wendung in manchen Situationen als demütige Selbstbezeichnung zu gebrauchen; freilich gehen die Meinungen darüber auseinander, ob sie für eine Aussage benutzt wurde, die für die Menschheit im allgemeinen und deshalb auch für den Sprecher im besonderen zutraf, oder ob man mit ihr etwas aussagte, das den Sprecher allein betraf.

Die Wendung begegnet in den Worten Jesu recht häufig, und die betreffenden Stellen in den Evv. haben zu einer lebhaften Diskussion geführt. 1. Einerseits nahm man an, daß die Bedeutung dieser Wendung sich von Dan 7,13f herleitet; in diesem Falle bezieht sie sich auf das zukünftige Kommen einer himmlischen, in apokalyptischer Symbolsprache beschriebenen Gestalt (Mk 13,26; 14,62) und auf deren Rolle beim Jüngsten Gericht (Mk 8,38; Mt 10,23; 19,28; 25,31; Lk 12,8f; 17,22-30; 18,8). Einige Forscher meinen, die frühe Kirche habe als erste diese Vorstellung benutzt, um die zukünftige Rolle Jesu zu beschreiben (so N. Perrin, A Modern Pilgrimage in New Testament Christology, 1974); andere behaupten aufgrund von Lk 12,8f, Jesus habe das Kommen einer von ihm unterschiedenen apokalyptischen Gestalt erwartet, die sein Werk rechtfertigen würde, und erst die frühe Kirche habe später Jesus selbst mit dieser zukünftigen Gestalt identifiziert (so H.E. Tödt, Der Menschensohn in der synoptischen Überlieferung, [4]1978); wieder andere meinen, Jesus habe sein eigenes zukünftiges Kommen als Menschensohn erwartet (so O. Cullmann, Die Christologie des Neuen Testaments, [5]1975).

Neben diesen »zukünftigen« Aussagen stehen andere, die von der gegenwärtigen Autorität und Erniedrigung des Menschensohnes sprechen (Mk 2,10.27f; Lk 6,22; 7,34; 9,58; 12,10; 19,10) und sein Leiden, Sterben und Auferstehen voraussagen (Mk 8,31; 9,9.12.31; 10,33f.45; 14,21.41; vgl. Lk 24,7). Es ist schwer (aber nicht unmöglich, s.u.) zu verstehen, wie solche Aussagen von dem in Dan 7,13f beschriebenen »Sohn des Menschen« gemacht werden konnten; deshalb glauben viele Ausleger, der Gebrauch der Bezeichnung »Menschensohn« in solchen Worten sei der frühen Kirche zuzuschreiben: Nachdem diese Jesus mit dem kommenden »Sohn des Menschen« gleichgesetzt hatte, sei sie dazu übergegangen, denselben Titel auch in Aussagen über sein irdisches Wirken und seine Passion zu verwenden. Andere Ausleger meinen, Jesus habe unter dem Einfluß der Weissagung vom leidenden Gottesknecht (Jes 52,13-53,12) eine eigene schöpferische Neuinterpretation der Rolle des Menschensohnes entwickelt.

2. Andererseits nehmen einige Forscher den Gebrauch von *bar ' änasch (a)* als einer aram. Selbstbezeichnung zum Ausgangspunkt und meinen, Jesus habe die Wendung lediglich benutzt, um auf sich selbst zu verweisen. Im Rahmen dieser Ansicht gelten die Aussagen in den Evv., die keinen apokalyptischen Inhalt haben und sich lediglich auf Jesus als Mensch beziehen, am ehesten als authentisch: Später erst habe der Gebrauch des Titels durch Jesus die Kirche zu Dan 7 zurückgeführt, worauf sie begann, die Lehre Jesu im Sinne der Apokalyptik zu interpretieren (G. Vermès, a.a.O., S. 160-191).

Wahrscheinlich haben manche Forscher sich dadurch irreführen lassen, daß sie beharrlich nach einem einzigen gemeinsamen Ursprung für alle Menschensohn-Worte suchten und die Mehrdeutigkeit des Begriffs nicht ernst genug nahmen. Zweifellos konnte er als Selbstbezeichnung gebraucht werden, obwohl freilich die genauen Umstände, unter denen man dies als angemessen empfand, unsicher bleiben. Gleichzeitig kann aber nicht bestritten werden, daß dem Ausdruck auch das Gewicht eines Titels zukommen konnte. C.F.D. Moule hat richtig beobachtet, daß der Gebrauch des Artikels der Wendung den Sinn verleihen kann: »der (ganz bestimmte) Menschensohn« (nämlich der in Dan 7 genannte; s. Neglected Features in the Problem of the Son of Man; in: J. Gnilka (Hrsg.), Neues Testament und Kirche, 1974, 413-428). Die Tatsache, daß diese Gestalt des Daniel'schen Menschensohnes in manchen Bereichen jüd. Denkens eine Rolle spielte, beweisen die Anklänge im äthHen und 4Esr (obwohl die Datierung der relevanten Abschnitte im äthHen bekanntlich unsicher ist). Der beste methodische Ansatz ist wohl noch immer, Dan 7,13f zum Ausgangspunkt zu nehmen und in dem dort erscheinenden Menschensohn eine Gestalt – vielleicht den Führer oder Repräsentanten Israels – zu sehen, mit der Jesus sich identifiziert. Diese Gestalt ist mit Vollmacht ausgestattet und dazu bestimmt, die Welt zu regieren; der Weg zu dieser Herrschaft aber führt durch Erniedrigung, Leiden und Verwerfung. Es ist nicht allzuschwer, Jesus zu verstehen, wenn er in dieser Weise von sich spricht – vorausgesetzt man darf annehmen, daß er seine eigene Verwerfung und darauf folgende Rechtfertigung durch Gott vorhergesehen hat. Diese Annahme wird durchaus wahrscheinlich, wenn wir folgendes in Rechnung stellen: a. Jesu realistische Einschätzung der Situation, in welcher er einen Dienst ausübte, der ihn mit den ihm feindlich gesonnenen jüd. Autoritäten in Konflikt brachte, und b. Jesu Bereitschaft, das Leben eines Frommen zu führen, wie es im AT vorgezeichnet ist – demnach also mit Ablehnung und Verfolgung zu rechnen und sein Vertrauen allein auf Gott als den Erlöser zu setzen. Dieser Typus des verfolgten Frommen begegnet uns in bestimmten Psalmen (besonders in Ps 22; 69), in den Weissagungen vom leidenden Gottesknecht und im Lebensschicksal der »Heiligen des Höchsten« bei Daniel. Wir finden es auch im Buch der Weisheit Salomos (wenngleich es zweifelhaft ist, ob dieses Werk Jesus direkt beeinflußt haben kann) und in den volkstümlichen Legenden, in denen die Juden das Schicksal der makkabäischen Märtyrer verherrlichten.

Angesichts solch eines beachtlichen Hintergrunds wäre es eher befremdlich, wenn Jesus sein Lebensschicksal nicht in diesem Sinne verstanden hätte. Andererseits blieb seine Redeweise für seine Zuhörer sicherlich rätselhaft – sie fragten nämlich: »Wer ist denn dieser Menschensohn?« (Joh 12,34). Vermutlich wählte Jesus diese Ausdrucksweise sogar bewußt als Mittel, um seinen eigenen Anspruch zu verhüllen und somit keine falschen Erwartungen zu erwecken. Sie beanspruchte zwar Autorität, eine Autorität jedoch, die von den Menschen weithin abgelehnt wurde. Indem Jesus diese Wendung vom »Menschensohn« gebrauchte, erhob er also den Anspruch, der letztgültige Beauftragte Gottes für die Menschen zu sein: zur Herrschaft bestimmt, von Israel aber verworfen, zum Leiden verurteilt, von Gott aber gerechtfertigt.

Eines der Vorbilder, welche das Verständnis Jesu von seinem Auftrag als Menschensohn mitbestimmten, war die Gestalt des »Knechtes Jahwes« (*Knecht Gottes). Dieser Titel selbst wurde von Jesus nicht benutzt. (Lediglich Mt 12,18-21 kommt einem Gebrauch des Titels schon sehr nahe: er begegnet dort in einem Zitat aus Jes 42,1-4). Trotzdem spricht vieles dafür, daß Jesus sich in der Rolle eines von Gott Beauftragten sah, der kam, um zu dienen und sein Leben als Lösegeld für viele zu geben (Mk 10,45; vgl. 14,24; Jes 53,10-12), und der deshalb »zu den Übeltätern gerechnet wurde« (Lk 22,37; vgl. Jes 53,12; R.T. France, TnyB 19/1968, 26-52).

Während die oben genannten Titel den Auftrag Jesu beschreiben, finden seine Stellung und Beziehung zu Gott ihren Ausdruck in der Bezeichnung **»Sohn Gottes«**. Der Gebrauch dieses Titels für Engel und andere himmlische Wesen scheint für seine Anwendung auf Jesus nicht von zentraler Bedeutung zu sein. Viel wichtiger ist die Art und Weise, wie er im AT benutzt wurde, um das Volk Israel im ganzen und dessen König im besonderen zu bezeichnen sowie das Verhältnis, in welchem sie zu Gott standen; es umfaßte göttliche Fürsorge und Schutz einerseits und menschlichen Dienst und Gehorsam andererseits.

Es ist möglich, daß man schon kurz vor der ntl. Zeit begann, den Messias in einem speziellen Sinne als den Sohn Gottes zu betrachten (Qumran). Auch hatte sich der Gedanke herausgebildet, daß Gott einzelnen Frommen seine besondere Fürsorge und Aufmerksamkeit zuwende.

Jesus selber war sich zweifellos einer ganz besonderen Beziehung zu Gott bewußt: er redete ihn im Gebet mit dem vertraulichen Wort »Abba« an (Mk 14,36). Eben von diesem Hintergrund her sollten wir verstehen, was Jesus meint, wenn er den Begriff »Sohn« gebraucht, um sein Verhältnis zu Gott als seinem Vater auszudrükken (Mt 11,27; Lk 10,22). Hier erhebt er den Anspruch, zwischen ihm und Gott bestehe dieselbe innige Vertrautheit wie zwischen einem Sohn und seinem Vater, so daß er allein dazu befähigt sei, Gott den Menschen zu offenbaren. Doch gibt es Geheimnisse im Plan des Vaters, die selbst dem Sohn verborgen sind (Mk 13,32). Obwohl der Volksmenge jene Anspielung nicht klar geworden sein mag, ist es wahrscheinlich, daß der Verweis auf den Sohn des Eigentümers im Gleichnis von den bösen Weingärtnern (Mk 12,6) ein verhüllter Hinweis auf Jesus selbst und sein Schicksal war. Dieses Bewußtsein von einer einzigartigen Sohnschaft geht weit über das allgemeine Gefühl eines Kindschaftsverhältnisses zu Gott hinaus, das etwa ein frommer Jude gehabt haben mag. Es wird auch erkennbar aus der Art und Weise, wie Gott selbst Jesus in den Berichten von dessen Taufe und Verklärung als seinen Sohn anspricht (Mk 9,7; 11,11), und ebenso aus der Art, wie Satan und die Dämonen ihn anreden (Mt 4,3.6; Mk 3,11; 5,7). Diese Belege zeigen, daß Jesus selbst äußerst zurückhaltend war und sein Wissen um seine einzigartige persönliche Beziehung zu Gott kaum öffentlich preisgab. Trotzdem hegten die jüd. rel. Führer offensichtlich den Verdacht, daß er Ansprüche dieser Art erhebe (Mk 14,61; Lk 22,70) – Ansprüche, die er gelegentlich vielleicht offener äußerte, als es die synoptischen Evv. vermuten lassen. Im *Johannesevangelium vollzieht sich Jesu Selbstoffenbarung mehr in der Öffentlichkeit. Dies mag jedoch darin begründet sein, daß Johannes seinen Lesern ganz bewußt die volle Tragweite des Lebens Jesu mit besonderer Deutlichkeit vor Augen stellen wollte. In dem Titel »Sohn Gottes« kommt jedenfalls am vollsten zum Ausdruck, was Jesus war.

II. DER GEBRAUCH VON HOHEITSTITELN IN DER ERSTEN ZEIT DER KIRCHE.

Ein Zeitraum von etwa 20 Jahren trennt Tod und Auferstehung Jesu von den frühesten Dokumenten des NT (den ersten Paulusbriefen), die zuverlässig datiert werden können. Zur Zeit des Paulus war der Gebrauch verschiedener Titel zur Bezeichnung Jesu schon durchaus üblich; ganz offensichtlich benutzte dieser bereits eine vorhandene, voll entwickelte Terminologie, welche er als bekannt voraussetzen konnte und seinen Lesern nicht erst erklären mußte. Es ist jedoch schwierig, den Gebrauch der verschiedenen Titel und das mit ihnen verbundene theologische Verständnis von Jesus während dieser vorliterarischen Periode zu verfolgen. Dabei müssen wir so vorgehen, daß wir Stellen in den ntl. Schriften aufzuspüren suchen, die mit einiger Wahrscheinlichkeit einen traditionellen Gebrauch der Titel widerspiegeln; dies ist freilich ein subjektives Unterfangen und führt zu mehr oder minder glaubwürdigen Hypothesen. Man kann auch den in der Apg gegebenen Bericht über die frühe Kirche heranziehen; es muß jedoch beachtet werden, daß Lukas einige Jahre nach den Ereignissen schrieb, die er berichtet, und daß er daher unvermeidlich dazu neigte, diejenige Terminologie zu übernehmen, die seinen Lesern vertraut war. Vergleichen wir damit etwa, wie auch bei uns eine bekannte Persönlichkeit meist mit ihrem späteren Titel benannt wird, selbst wenn von ihrer früheren Lebenszeit die Rede ist. Trotzdem können wir, wenn wir die gebotene Vorsicht walten lassen, in der Erforschung der frühen Entwicklung der Jesus beigelegten Titel ein paar Schritte weiterkommen.

Einige Forscher haben mit wahrhaft erstaunlicher Kühnheit eine Folge von Stufen im christologischen Denken der frühen Kirche postuliert. Sie gehen dabei von der Annahme aus, ein ursprünglich ganz in jüd. Begriffen ausgedrücktes Verständnis von Jesus sei durch eine Interpretation abgelöst worden, die zunehmend von hellen. Denken geprägt war. Dieses wiederum sei der Kirche zunächst durch das Diasporajudentum und später direkt durch die heidnische Welt vermittelt worden (F. Hahn, R.H. Fuller). Obwohl eine generelle Entwicklung in dieser Richtung zweifellos stattfand, ist diese Hypothese nicht dazu geeignet, bestimmte Entwicklungsstufen mit irgendwelcher Sicherheit ausfindig zu machen; denn es ist klar, daß die Kirche seit ihren frühesten Tagen Einflüssen verschiedenster Art ausgesetzt war und daß wir es zudem mit dem christologischen Denken einer ganzen Reihe verschiedener, mehr oder minder selbständiger Gemeinden zu tun haben. Es ist nicht möglich, eine einfache fortlaufende Entwicklungslinie aufzuspüren, die sich durch den komplizierten Denkprozeß etwa der ersten 20 Jahre der christlichen Kirche hindurchziehen würde. So viel jedoch können wir sagen: dieser Zeitraum bewies bei der Ausbildung der Christologie eine Kreativität des Denkens, die einmalig ist (I.H. Marshall, NTS 19/1972/73, 271-287).

Es wird manchmal behauptet, das Interesse der frühen Kirche an Jesus sei ursprünglich rein funktional und nicht etwa ontologisch gewesen (O. Cullmann). Sie habe sich mehr damit befaßt, was Jesus tat, als damit, was er war, und habe keine metaphysischen Fragen nach seinem Status gestellt. Diese Alternative trennt in ihrer Schroffheit jedoch wohl etwas, das ursprünglich zusammengehörte: Funktion und Status können nicht so einfach geschieden werden. Zweifellos war der frühen Kirche wichtig, was Jesus erwirkt hatte. Aber gerade die Art des von ihm vollbrachten Werkes mußte unvermeidlich die Frage aufwerfen, in welchem Verhältnis zu Gott er von Anfang an gestanden habe; dies spiegelt sich in den Titeln wider, mit denen man ihn kennzeichnete. Innerhalb dieses Zeitraums kamen die meisten der gewöhnlichen »menschlichen« Bezeichnungen für Jesus, die man während seiner irdischen Wirksamkeit für ihn verwendet hatte, außer Gebrauch; lediglich in Erzählungen von seinem Erdenleben blieben sie weiterhin bewahrt. Titel wie »Rabbi« und »Lehrer« waren jetzt nicht mehr angemessen. Die Bezeichnung »Prophet«, die von einem tieferen Verständnis des Volkes für den Auftrag Jesu gezeugt hatte, kam ebenfalls außer Gebrauch. Zwar wurde sie weiterhin noch auf ihn angewandt (Apg 3,22f; vgl. 7,37), doch begegnet sie nicht mehr als wirklicher Titel Jesu. Überraschend ist es, daß die Wendung »Menschensohn« praktisch vollständig von der Bildfläche verschwand; als Titel findet sie sich nur noch auf den Lippen des sterbenden Stephanus (Apg 7,56). Sonst taucht »Menschensohn« lediglich noch in einem Zitat aus dem AT (Hebr 2,6: Zitat von Ps 8,5) und in einer Beschreibung Jesu in der Offb auf (1,13; 14,14; vgl. Dan 7,13f). Der Menschensohn-Gedanke war aber wahrscheinlich noch immer lebendig. Zum einen ist es möglich, daß an einer oder zwei Textstellen, wo Jesus als »der Mensch« dem ersten Menschen, Adam, gegenübergestellt wird (Röm 5,15; 1Kor 15,21.47; vgl. 1Tim 2,5) eine Übertragung des Ausdrucks »Menschensohn« in verständlicheres Griechisch vorliegt. Zum andern haben die Evv. den Gebrauch des Begriffs im Munde Jesu bewahrt. Wie bereits erwähnt, gibt es Ausleger, die behaupten, die Verwendung dieses Ausdrucks sei erst in der frühen Kirche aufgekommen, oder zumindest sei die Mehrzahl der Zeugnisse, in denen er begegne, von der frühen Kirche in Anlehnung an wenige echte Worte Jesu geschaffen worden. Solche Vermutungen sind höchst unwahrscheinlich; dennoch können wir die Möglichkeit nicht ausschließen, daß bei einigen wenigen Worten die Einfügung des Titels der frühen Kirche zuzuschreiben ist. Sehr wahrscheinlich ist dies im JohEv. der Fall, wo uns die Lehren Jesu in einer Form überliefert sind, die es uns unmöglich macht, die wirklichen Worte Jesu von dem interpretierenden Kommentar des Evangelisten zu unterscheiden und aus ihm herauszulösen. Wesentlich ist jedoch, daß die deutlichere Auslegung dessen, was der Titel »Menschensohn« beinhaltet und mit einschließt, von Johannes im Rahmen eines Evangeliums geboten wird und in Form einer Lehre, die Jesus selbst zugeschrieben wird und letztlich auf seinen eigenen Worten beruht (vgl. unten IV.). Es gibt keinen Anhaltspunkt dafür, daß die frühe Kirche den Titel »Menschensohn« unabhängig von der Jesus-Überlieferung benutzt hätte. Offensichtlich war sie der Auffassung, er werde nur als Selbstbezeichnung im Munde Jesu angemessen gebraucht (einzige Ausnahme: Apg 7,56). Er wurde auch nie zu einer Bezeichnung, die man in Bekenntnisaussagen verwendet hätte (ausgenommen vielleicht Joh 9,35).

Obwohl der Titel »Knecht Gottes« in den Evv. nicht vorkommt, haben wir gesehen, daß die damit verbundenen Motive in der Beschreibung des Heilswerkes Jesu als eines Dienstes für »die Vielen« gegenwärtig waren. Das gleiche Motiv erscheint wieder im Denken der frühen Kirche. Besonders offenkundig wird das in 1Petr 2,21-25, wo die Passion und der Tod Jesu in einer Sprache beschrieben werden, die sich an Jes 53 anlehnt. Nicht ganz so klar erkennbar ist es in einer Anzahl traditioneller Formeln bei Paulus, welche die Bedeutung des Todes Jesu zum Ausdruck bringen (Röm 4,25; 8,34; 1Kor 11,23-25; 15,3-5; Phil 2,6-11; 1Tim 2,6; J. Jeremias, ThWNT V, 698-713). Der Titel selbst (*pais*) findet sich in Apg 3,13.26; 4,27.30, wo Jesus als der Knecht Gottes vorgestellt wird, der von den Juden in den Tod dahingegeben, von Gott aber auferweckt und verherrlicht wurde, um eine Quelle des Segens für sein Volk zu sein. Wenngleich Jesus hier durch einen Titel bezeichnet wird, den auch David (Apg 4,25: *pais*) und die Propheten (Offb 11,18; 22,9: *doulos*) tragen, sind es doch vor allem die Weissagungen (Jes 42,1-4; 52,13ff), welche die frühe Kirche beeinflußt haben. Allerdings taucht der Titel »Knecht Gottes« dann bis zu den *Apostolischen Vätern nicht mehr auf. Er geriet deshalb in den Verdacht, eher eine lukanische als eine ursprüngliche Bezeichnung für Jesus zu sein. Wahrscheinlicher ist es aber, daß der Titel in der palästin. Kirche benutzt wurde und dann schließlich außer Gebrauch kam, weil er in der Form *pais* doppeldeutig war (*pais* kann »Kind«, aber auch »Knecht« bedeuten) und in der Form *doulos* (»Sklave«) nach Subordinatianismus klang (eine in der frühen Trinitätslehre auftauchende Auffassung, daß Christus dem Vater untergeordnet, also nicht schlechthin Gott, sondern bloßer Bote oder göttliche Kraft sei).

Nach der dem Petrus zugeschriebenen, am Pfingstfest gehaltenen Rede bedeutet die Auferstehung, daß Gott den Jesus, den die Juden gekreuzigt hatten, »zum Herrn und zum Christus gemacht« hatte (Apg 2,36). Dieser Text liefert den Schlüssel für die Entwicklung der christologischen Titel. Die Auferstehung war das entscheidende Ereignis, das die Nachfolger Jesu zu einer neuen Einschätzung seiner Person führte, und diese Neubewertung fanden sie mit der Verleihung des Geistes durch den erhöhten Jesus bestätigt (Apg 2,33). Jesu Anspruch, eine Art von »messianischer« Gestalt zu sein, war nun von Gott durch seine Auferweckung von den Toten beglaubigt und in seiner Wahrheit bekräftigt worden. Derjenige, der unter der sarkastischen Inschrift des Pilatus: »Der König der Juden« gestorben war, hatte sich nun als König in einem viel tieferen Sinn erwiesen. Der Titel »König« als solcher scheint jedoch nicht allzu oft benutzt worden zu sein. Es stimmt zwar, daß in der apostol. Verkündigung der König das »König-Reich Gottes« ersetzte, aber das Wort war vermutlich politisch gefährlich (Apg 17,7) und wurde deshalb möglichst vermieden (Offb 17,14; 19,16); beachtenswert ist jedoch, daß der politisch ähnlich verdächtige Titel »Herr« häufig benutzt wurde. »Messias« - ein außerhalb des hebr. Sprachraumes unverständlicher Begriff - wurde weniger durch »König«, als vielmehr durch »Christus« ersetzt. In dieser Form begann der Titel seine ursprüngliche Bedeutung »Gesalbter« zu verlieren (vgl. aber 2Kor 1,21) und mehr den Sinn von »Heiland, Retter« anzunehmen. Er wurde besonders in Aussagen über den Tod und die Auferstehung Jesu benutzt (Röm 5,6.8; 6,3-9; 8,34; 14,9; 1Kor 15,3-5; 1Petr 3,18; W. Kramer, Christ, Lord, Son of God, 1966). Jesus war der Christus als der Eine, der gestorben und auferstanden war. Obwohl »Christus« mehr und mehr statt eines Titels ein Name für Jesus wurde, schwang doch stets noch etwas von der titularen Würde mit, so daß »Christus« kaum je allein in Verbindung mit dem Titel »Herr« gebraucht wurde (z.B. in der Kombination »der Herr Christus«, Röm 16,18; Kol 3,24), sondern eher in der Form: »der Herr Jesus Christus«.

Apg 3,20f zeigt Jesus als den, der dazu bestimmt ist, am Ende der Zeit als der Christus zu erscheinen. Demzufolge wurde (bes. von F. Hahn) behauptet, die früheste Christologie der Kirche sei nur auf das zukünftige Kommen Jesu ausgerichtet gewesen, und die verschiedenen Titel »Menschensohn«, »Christus« und »Herr« hätten ursprünglich dazu gedient, die Funktion Jesu am Ende der Zeit anzuzeigen; erst später (aber immer noch in der vorliterarischen Zeit) habe man erkannt, daß der Eine, der am Ende als Christus und Herr kommen würde, schon jetzt kraft seiner Auferstehung und Erhöhung den Status eines Christus und Herrn besaß (und daß Auferstehung und Erhöhung einen bereits geltenden Status bestätigten). Diese Theorie ermangelt jeder Grundlage. Apg 3,20f kann nur bedeuten, daß der Eine, der bereits als Christus eingesetzt worden ist, am Ende der Zeit wiederkommen wird. Jesus ist nicht der Messias *designatus*, sondern *ist schon* der Messias. In der Tat konnte die frühe Kirche nur aufgrund der Auferstehung und dessen, was sie in bezug auf die Person Jesu bedeutete, zuversichtlich seine Parusie (*Wiederkunft) als Menschensohn erwarten. Folglich waren es Tod und Auferstehung, welche die Bedeutung des Ausdrucks **»Christus«** bestimmten: die christl. Botschaft war nach Ansicht des Paulus ausschließlich an dem »gekreuzigten Christus« orientiert (1Kor 1,23; 2,2). Der andere Titel, der in Apg 2,36 hervortritt, ist **»Herr«**. Durch die Auferstehung hatte Gott erwiesen, daß Jesus tatsächlich der Herr war, und aufgrund dieses Ereignisses wandte die Kirche die Worte aus Ps 110,1 auf ihn an: »Der Herr sprach zu meinem Herrn: Setze dich zu meiner Rechten, bis ich deine Feinde zum Schemel deiner Füße mache« (Apg 2,34f). Dieser Text war bereits von Jesus verwendet worden, als er lehrte, daß der Messias Davids Herr sei (Mk 12,36), und in seiner Antwort an den Hohenpriester bei seinem Prozeß (Mk 14,62). Wenn Jesus nun der Herr war, so folgte daraus als Aufgabe für die frühe Kirche, Menschen zur Anerkennung dieser Stellung Jesu zu führen. Neubekehrte wurden Glieder der Kirche durch das Bekenntnis zu Jesus als dem Herrn: »Wenn du mit deinem Munde bekennst, daß Jesus der Herr ist, und in deinem Herzen glaubst, daß ihn Gott von den Toten auferweckt hat, so wirst du gerettet« (Röm 10,9; vgl. 1Kor 12,3). Die große Bedeutung dieses Bekenntnisses wird in Phil 2,11 deutlich; der Höhepunkt des Heilsplanes Gottes ist, daß die ganze Schöpfung Jesus Christus als Herrn anerkennt. In diesem Bekenntnis mag sehr wohl ein polemischer Ton mitschwingen, denn es stellt Jesus den anderen »Herren« gegenüber, die in den Kulten der hellen. Welt verehrt wurden. Natürlich anerkannten die Juden nur einen Gott und Herrn, die Heiden jedoch beteten »viele Götter und Herren« an; im Gegenteil zu ihnen bekannten die Christen »einen Gott, den Vater,. . . und einen Herrn, Jesus Christus« (1Kor 8,6). Auch der röm. Kaiser wurde von seinen Untertanen als Herr ausgerufen (*dominus*), und nachfolgende Herrscher forderten in zunehmendem Maße eine totale Ergebenheit; dies sollte in späterer Zeit die Christen in schwere Gewissenskonflikte bringen.

Ein wichtiger Beleg für den frühchristl. Gebrauch des Titels »Herr« für Jesus ist der in 1Kor 16,22 auf aram. überlieferte Ausdruck »*maranatha*«. Er stellt eine Kombination von zwei Wörtern dar und bedeutet »Unser Herr, komm!«, oder: »Unser Herr ist gekommen/wird kommen«. Die Ausleger sind sich im unklaren, ob es ursprünglich ein Gebet um die Parusie Jesu als des Herrn (vgl. Offb 22,20) oder eine Verheißung seines nahen Kommens war (vgl. Phil 4,5). Die aram. Überlieferung dieses Satzes in einer griech. sprechenden Kirche beweist, daß er ursprünglich in einer aram. sprechenden Kirche benutzt wurde, d.h. wahrscheinlich schon in den frühesten Tagen der palästin. Gemeinde aufkam. Belege aus Qumran haben die Möglichkeit einer solchen

Entwicklung in einer aramäischsprachigen Umgebung bestätigt J.A. Fitzmyer, NTS 20/1073/74, 386-391).

Der letzte in diesem Abschnitt zu behandelnde Titel ist: **»Sohn Gottes«**. Er war möglicherweise besonders eng mit der Predigt des Paulus verbunden: es ist aufschlußreich, daß Apg 9,20 den Titel mit dessen Verkündigung in Verbindung bringt, und daß er sonst nur noch einmal in der Apg begegnet – in einem Zitat von Ps 2,7 in der Predigt des Paulus im pisidischen Antiochia (Apg 13,33). Hier wird die Verheißung »Du bist mein Sohn, heute habe ich dich gezeugt« von Paulus auf die Auferstehung bezogen, die als die Zeugung Jesu zu neuem Leben angesehen wird. Gemeint ist damit jedoch nicht, daß Jesus durch die Auferweckung von den Toten Gottes Sohn wurde, sondern daß Gott ihn von den Toten erweckte, weil er sein Sohn war (vgl. Weish 2,18). Der gleiche Gedanke begegnet wieder in Röm 1,3f, was allg. als vorpaulin. Formel angesehen wird, die besagt, daß Jesus durch die Auferstehung von den Toten als Sohn Gottes in Kraft eingesetzt wurde. In 1Thess 1,9f wird die Sohnschaft Jesu wieder mit der Auferstehung verbunden und diese Tatsache als Fundament für die Hoffnung auf seine Wiederkunft angesehen.
Zwei weitere Elemente scheinen in dieser frühen Periode mit dem Titel »Sohn« verbunden gewesen zu sein. Das eine ist der Gedanke der Präexistenz des Sohnes; eine Anzahl von Texten spricht davon, daß Gott seinen Sohn sandte (Joh 3,17; Röm 8,3; Gal 4,4; 1Joh 4,9f.14) und setzt dabei eindeutig voraus, daß der Sohn bei dem Vater war, ehe er in die Welt kam. Dieser Gedankengang ist (ohne die direkte Verwendung des Titels »Sohn«) ganz deutlich in dem vorpaulin. Hymnus in Phil 2,5-11 ausgesprochen (R.P. Martin, Carmen Christi, 1967). Hier erscheint Jesus als göttliche Gestalt, die ihre himmlische Existenzweise gegen eine menschliche, irdische Existenz in Niedrigkeit eintauscht. Obwohl der Hymnus davon spricht, daß er »sich selbst entäußerte«, indem er die Gestalt Gottes mit der eines Knechtes vertauschte (s. *Kenosis), zeigt die Tatsache, daß Paulus Jesus während seines Lebens und Sterbens als Sohn Gottes betrachtete, daß er den Hymnus nicht so interpretierte, als habe der Sohn seine göttliche Natur aufgegeben, um Mensch zu werden. Vielmehr »entäußerte er sich selbst, indem er die Gestalt eines Knechtes annahm. . .; und dies beinhaltete notwendig ein Verbergen seiner Herrlichkeit als göttliches Abbild, so daß er im menschlichen Fleisch als das Bild des inkarnierten [fleischgewordenen] Gottes erscheinen konnte« (R.P. Martin, a.a.O., S. 194).

Das andere mit dem Sohnestitel verbundene Element ist, daß Gott ihn im Leiden und Sterben dahingegeben hat (Röm 4,25; 8,32; Gal 2,20; vgl. Joh 3,16). Es mag hier eine gewisse Verbindung zu dem atl. Vorbild Abrahams bestehen, der seinen Sohn Isaak dahinzugeben bereit war, um seinen Glauben und Gehorsam zu erweisen (1Mo 22,12.16). So behielt auch Gott seinen Sohn nicht zurück, sondern gab ihn freiwillig dahin, um unsere Sünden zu tilgen. Durch den Gebrauch des Titels »Sohn« wird die Größe des göttlichen Opfers um so klarer herausgestellt.

Es ist nicht sicher, zu welchem Zeitpunkt die Tradition von der jungfräulichen Geburt Jesu das christologische Denken der Kirche zu beeinflussen begann. Beide Geburtsgeschichten deuten an, daß die Umstände der Geburt Jesu zunächst verschwiegen wurden (vgl. Mt 1,9; Lk 2,19.51), und es spricht sehr wenig dafür, daß die Tradition von der jungfräulichen Geburt die Kirche beeinflußt hat, bevor sie in die Evv. übernommen wurde. In beiden Berichten wird Jesus als Sohn Gottes dargestellt (Mt 2,15; Lk 1,32.35), dessen Geburt als Sohn Marias auf das Wirken des Heiligen Geistes zurückzuführen ist; nur als der Sohn Gottes ist er qualifiziert für das Amt und die Aufgabe des Messias (Lk 1,32f). Und nicht allein dies, sondern als der Sohn Gottes kann er auch **»Immanuel«** genannt werden, »Gott mit uns«; seine Gegenwart auf Erden ist gleichbedeutend mit der Gegenwart Gottes selber. Die zwei Berichte gehen nicht ein auf die Frage nach der Beziehung zwischen der Empfängnis Jesu durch den Geist und seiner Identität mit dem präexistenten Sohn Gottes; ihnen geht es ausschließlich darum, wie der Sohn Marias als Sohn Gottes geboren werden konnte.

III. DER GEBRAUCH CHRISTOLOGISCHER TITEL BEI PAULUS.

Im vorangegangenen Abschnitt wurde deutlich, daß die entscheidenden Schritte in der Entwicklung des christologischen Vokabulars der Kirche bereits stattgefunden hatten, bevor Paulus seine Briefe schrieb. Er benutzt in ihnen ein bereits existierendes Vokabular und kann voraussetzen, daß die von ihm verwendeten Ausdrücke seinen christl. Lesern allg. bekannt sind. Demzufolge braucht nur wenig über den für Paulus charakteristischen Gebrauch der Titel gesagt zu werden. Dies mag auch damit zusammenhängen, daß er selber stark an der Entwicklung der frühkirchlichen Theologie beteiligt war und seinen eigenen Beitrag zum gemeinkirchlichen christologischen Denken bereits geleistet hatte, bevor er mit der Abfassung seiner Briefe begann. In bewußtem Gegensatz zu dem von R. Bultmann übernommenen Schema (Theologie des NT, 1952, Kap. III) lehnt es L. Goppelt daher mit Recht ab, ein »Kerygma der hellenistischen Kirche neben Paulus« darzustellen, denn dies führe schlicht zu »unhistorischen Abstraktionen«. Er verkennt zwar nicht, daß es mannigfaltige Strömungen im Denken der frühen Kirche gab, bevorzugt es jedoch, die Theologie des Paulus im Lichte der Traditionen, die er empfing, und der Situationen, in denen er wirkte, zu behandeln (L. Goppelt, Theologie des Neuen Testaments, [3]1981, 360-361).

Zwei Titel, die man in den Briefen des Paulus erwarten könnte, erscheinen dort auffälligerweise überhaupt nicht oder zumindest selten. Paulus bezeichnet Jesus als »Knecht« und verwendet die mit diesem Titel verbundenen Motive nur, wenn er traditionelles Material aufnimmt. Dagegen versteht er sich selbst und seine Mitarbeiter als Knechte Gottes (*doulos*); lediglich ein einziges Mal nennt er Jesus einen »Diener« (*diakonos*; Röm 15,8) der Beschneidung (d.h. der Juden). Auch sieht er die Rolle des Gottesknechtes in dem missionarischen Zeugnis der Kirche erfüllt (Röm 10,16f; 15,21; vgl. Apg 13,47).

Der konkrete Name **Jesus**, für sich allein gebraucht, steht bei Paulus ziemlich selten (etwa 16 Belege), obwohl er in Kombination mit anderen Begriffen natürlich häufig vorkommt. Die Hälfte der betreffenden Stellen findet sich in 2Kor 4,10-14 und 1Thess 4,14, wo Paulus davon spricht, wie Tod und Auferstehung Jesu im Leben der Gläubigen nachvollzogen werden. Im übrigen verwendet er »Jesus« hauptsächlich, wenn er davon redet, welche anderen Titel dem Träger dieses Namens zugesprochen werden sollten (1Kor 12,3; vgl. 2Kor 11,4; Phil 2,10).

Bei Paulus wurde **»Christus«** zur meistgebrauchten Bezeichnung für Jesus. Seine Botschaft war das »Evangelium Christi« (z.B. Gal 1,7), und eine nähere Betrachtung der Stellen, an denen das Wort »Christus« erscheint, bringt bereits eine paulin. Theologie in nuce ans Licht (vgl. die hervorragende Bearbeitung dieses Themas bei W. Grundmann, ThWNT IX, 536-557). Paulus übernimmt den traditionellen Gebrauch des Titels - besonders im Blick auf Tod und Auferstehung Jesu –, verwendet ihn aber vielfach auch in anderer Weise. Das charakteristisch paulin. Element tritt im Gebrauch des Ausdrucks »in Christus« zutage, durch welchen Christus als der bestimmende Faktor bezeichnet wird, der das Leben der Gläubigen prägt (J.K.S. Reid, Our Life in Christ, 1963, Kap. I). Dabei bezieht sich dieser Ausdruck weniger auf die mystische Vereinigung mit einer himmlischen Gestalt, als vielmehr auf die historischen Fakten von Kreuzigung und Auferstehung, die unsere Existenz bestimmen. So geschieht die Rechtfertigung »in Christus« (Gal 2,17); der einzelne Christ ist »ein Mensch in Christus« (2Kor 12,2), und die Gemeinden sind »in Christus« (Gal 1,22 im griech. Wortlaut); das christl. Zeugnis geschieht ebenfalls »in Christus« (1Kor 4,15; Phil 1,13 griech.; 2Kor 2,17). An jedem Punkt ist das christl. Leben durch die mit Christus faktisch gegebene neue Situation bestimmt.

Wiederholt verwendet Paulus die Kombination **»Jesus Christus«** als Titel. Manchmal begegnen die Worte in umgekehrter Reihenfolge: »Christus Jesus«; eine befriedigende Erklärung für die wechselnde Wortstellung wurde jedoch bisher nicht gefunden. Grammatikalische Gründe mögen für die Umstellung mitverantwortlich sein; auch wurde angenommen, Paulus habe durch die Voranstellung des einen oder anderen Begriffs jeweils den menschlichen Jesus oder den himmlischen, präexistenten Christus betonen wollen. Jedenfalls scheint keinerlei Unterschied zwischen dem Gebrauch des zusammengesetzten Titels »Jesus Christus« (bzw. »Christus Jesus«) und dem des einfachen Titels »Christus« zu bestehen – außer dem, daß der kombinierte Titel als emphatischer und würdevoller empfunden wurde.

Die Verwendung des Begriffs **»Herr«** durch Paulus ist im wesentlichen die gleiche wie in der vorpaulin. Kirche. Besonders hier besteht kein Grund, den Einfluß einer heidnischen Anrufung von Kultgottheiten zu beschwören, um die Eigenheiten des paulin. Gebrauchs zu erklären. Diese Hypothese hat sich – samt der damit verbundenen Behauptung, vieles in der paulin. Theologie resultiere aus der Übernahme von ursprünglich heidnischen Gedanken ins Christentum – immer klarer als unnötig und unhaltbar erwiesen (O. Cullmann, a.a.O., Kap. 7). Natürlich mußten Christen, die Jesus bereits als Herrn anerkannten, genauer bestimmen, was sie mit diesem Titel im Gegensatz zur heidnischen Verehrung anderer Herren meinten (1Kor 8,6); aber dies bedeutet noch lange nicht, daß der christl. Gebrauch des »Herr«-Titels aus dem Heidentum stamme.

Weil das Bekenntnis zu Jesus als dem Herrn das Merkmal des Christen war, und weil es für Christen keinen anderen Herrn gab, war es für Paulus natürlich, einfach von »dem Herrn« zu sprechen, wenn er Jesus bezeichnen wollte. Es ist richtig, daß derselbe Titel zur Benennung Gottes des Vaters benutzt wurde und dies zu einer gewissen Unklarheit führen kann, ob nun Gott oder Jesus gemeint ist (dies trifft besonders für die Apg zu; J.C. O'Neill, SJT 8/1955, 155-174); im allgemeinen wird »Herr« jedoch von Paulus für Gott nur in Zitaten aus dem AT gebraucht, so daß das Risiko einer Verwechslung gering ist.

Während der Titel »Christus« die Nebenbedeutung von »Heiland« bekommen hatte, drückte »Herr« vor allem die erhöhte Stellung Jesu aus, seine Herrschaft über das Universum und insbesondere über die Gläubigen, die seine Herrschaft anerkennen. Der Titel »Herr« wird daher vor allem verwendet, wo die Verpflichtung der Christen zum Gehorsam gegen Jesus zum Ausdruck gebracht wird (z.B. Röm 12,11; 1Kor 4,4f). Paulus gebraucht ihn jedoch auch in recht freier Weise, um den irdischen Jesus zu bezeichnen (1Kor 9,5), besonders in bezug auf das später so benannte »Mahl des Herrn« (1Kor 10,21; 11,23.26), oder wenn er sich auf vom irdischen Jesus gegebene Anweisungen bezieht (1Kor 7,10.25; 9,14 u.a.). Es überrascht nicht, daß die Formel »in Christus« durch die Wendung »in dem Herrn« ersetzt wird, wenn sie im Kontext von Ermahnungen und Geboten begegnet (Eph 6,1; Phil 4,2; Kol 4,17 u.a.). Trotzdem läßt sich der Gebrauch der beiden Titel nicht scharf abgrenzen, und manchmal benutzt Paulus den einen, wo wir von ihm den anderen erwarten würden.

Zusammengesetzte Benennungen, die auch den Titel »Herr« enthalten, sind bei Paulus häufig und dienen offensichtlich dazu, die so bezeichnete Person zu erhöhen. Das urchristl. Bekenntnis »Jesus (Christus) ist Herr« steht hinter der neugebildeten Wendung »der Herr Jesus Christus« (2Kor 4,5). Paulus spricht oft von »unserem Herrn« und betont damit sowohl die Notwendigkeit einer persönlichen Hingabe an Jesus, als auch die rettende Hilfe und Fürsorge Jesu für sein Volk. Diese Formel findet sich in den Eingangsgrüßen der Paulusbriefe, wo »Gott, unser Vater und der Herr Jesus Christus« als Ursprung des geistlichen Segens zusammengenommen sind. W. Grundmann (ThWNT IX, S. 553f) hat vermutet, daß hinter dieser Formel die atl. Wendung »der HERR Gott« zu suchen sei, die im christlichen Gottesdienst zu »Gott dem Vater« in dem ihm zugeordneten »Herrn Jesus Christus« umgeformt worden sei, um anzuzeigen, wer Jesus zum Herrn habe, der habe auch Gott zum Vater. Ob diese Erklärung nun richtig ist oder nicht – zwei Dinge sind jedenfalls beachtenswert: Erstens sind hier Gott, der Vater, und Jesus ganz selbstverständlich in einer Weise nebeneinandergestellt, die von einer Gleichheit des Status zeugt. Die Unterordnung Jesu unter den Vater ist zwar immer sorgfältig gewahrt (1Kor 15,28; Phil 2,11), aber kein anderes Wesen wird jemals in dieser Weise dem Vater an die Seite gestellt. Zweitens hat der atl. Gebrauch von »Herr« als Titel für Gott zweifellos die christl. Formulierung beeinflußt. Dies geht aus Phil 2,10f hervor: hier wird die Sprache von Jes 45,22-25 aufgenommen; was aber dort von Gott ausgesagt ist, wird hier auf Jesus übertragen. In ähnlicher Weise wird in Röm 10,9.13 ein Zitat aus Joel 3,5, das vom Anrufen des Namens des Herrn (d.h. Jahwes) spricht, auf Jesus angewendet. Ein solcher Sprachgebrauch ist keineswegs auf Paulus beschränkt (vgl. Joh 12,38; Hebr 1,10; 1Petr 3,14f; Jud 24f; Offb 17,14; 19,16). Wenn Paulus schließlich auf den »Tag unseres Herrn« verweist, versteht er unter dem »Herrn« hier zweifellos nicht mehr Jahwe, sondern Jesus (1Kor 1,8; 2Kor 1,14).

Ließe man sich rein von der Statistik leiten, so müßte man schließen, **»Sohn Gottes«** (mit 15 Belegen) sei für Paulus viel weniger wichtig gewesen als »Herr«, welches mindestens zehnmal so häufig in seinen Schriften auftaucht. Andererseits jedoch benutzt Paulus (wie M. Hengel, Der Sohn Gottes. Die Entstehung der Christologie und die jüdisch-hellenistische Religionsgeschichte, [2]1977, Kap. 3 gezeigt hat) diesen Titel für Jesus, wenn er den Inhalt seines Evangeliums zusammenfaßt (Röm 1,3f; Gal 1,16f), und neigt dazu, ihn für wichtige Aussagen zu reservieren. Er benutzt ihn, wenn es ihm besonders um die Frage der Beziehung zwischen Gott und Jesus geht, und er hat, wie wir oben sahen, die traditionellen Aussagen aufgenommen, die davon sprechen, daß Gott seinen präexistenten Sohn in die Welt sandte und dahingab, damit er für uns sterbe. Paulus betont besonders die Tatsache, daß es das Werk des Sohnes ist, durch welches wir als Gottes Kinder angenommen werden können (Röm 8,29; Gal 4,4-6).

Noch einige andere Bezeichnungen gebraucht Paulus in diesem Zusammenhang: Jesus wird beschrieben als das ***»Ebenbild des unsichtbaren Gottes«** (Kol 1,15; vgl. 2Kor 4,4); er ist der ***Erstgeborene** aller Schöpfung (Röm 8,29; Kol 1,15-18) und der **Geliebte** (Sohn) Gottes (Eph 1,6). Diese Wendungen sollten allerdings eher als Beschreibungen Jesu denn als Titel verstanden werden. Das Gleiche gilt auch für andere Ausdrücke, die verschiedene Funktionen Jesu beschreiben, wie etwa ***Haupt** (Eph 1,22) oder sogar **Heiland** (Phil 3,20; Eph 5,23 nach dem griech. Wortlaut).

Es ist umstritten, ob Paulus Jesus den Titel **»Gott«** zuerkannt hat. Die Auslegung von Röm 9,5 ist nicht eindeutig, der Text muß aber wahrscheinlich doch als Doxologie verstanden werden, in der Christus als Gott gepriesen wird (B.M. Metzger, in: B. Lindars/S.S. Smalley (Hrsg.): Christ and Spirit in the New Testament, 1973, 95-112). Ebenso zweideutig ist 2Thess 1,12.

In der Zeit bis zur Abfassung der Pastoralbriefe beginnt die reiche Vielfalt der Titel, die für die früheren paulin. Schriften charakteristisch war, zu verschwinden. **»Sohn Gottes«** wird gar nicht mehr verwendet. Weder **»Jesus«** noch **»Christus«** wird für sich allein gebraucht (außer in 1Tim 5,11), sondern nur in kombinierter Form, gewöhnlich in der Reihenfolge **»Christus Jesus«**. **»Herr«** dagegen wird sowohl als selbständiger Titel als auch in Verbindung mit anderen Bezeichnungen Jesu verwendet. In mehreren Fällen liegen vermutlich Beispiele von formalen Bekenntnisaussagen vor, die in feierlichem Stil formuliert sind und sich auf traditionelle Vorlagen gründen (1Tim 1,15; 2,5f; 6,13; 2Tim 1,9f; 2,8; Tit 2,11-14; 3,6). Daß Jesus hier der Titel **»Gott«** zugesprochen wird, steht außer Zweifel (Titl 2,13), und den Titel »Heiland« trägt er hier mit Gott gemeinsam (2Tim 1,10; Tit 1,4; 2,13; 3,6).

IV. DIE HOHEITSTITEL JESU IM JOHANNEISCHEN SCHRIFTTUM.

Im JohEv. begegnet ein ähnlicher Sprachgebrauch wie in den anderen Evv. Das Ev. befaßt sich mit den Taten des Menschen **»Jesus«**; die kombinierte Form **»Jesus Christus«** wird nur an zwei Stellen gebraucht, wo das Werk Jesu in seiner gesamten Bedeutung von einem nachösterlichen

Standort aus betrachtet wird (Joh 1,17; 17,3 – der letztere Abschnitt ist aus der Sicht des Sohnes gesprochen, der »das Werk vollendet« hat, das ihm der Vater aufgetragen hatte). Obwohl der Ausdruck **»Herr«** häufig im Vokativ verwendet wird, um Jesus anzureden, begegnet er in der Erzählform als Bezeichnung für Jesus kaum (nur: Joh 4,1; 6,23; 11,2); das ändert sich nach der Auferstehung, die Jesus seinen neuen Status verlieh. Es ist jedoch bedeutsam, daß Jesus selber seine Stellung als die eines **»Meisters«** beschreibt (Joh 13,13f.16; 15,15.20), der seinen Untergebenen Befehle erteilen kann – obwohl er in seinen Jüngern mehr Freunde als Knechte sieht.

Besonders wichtig ist im JohEv. die Frage, ob Jesus der von den Juden und auch von den Samaritanern erwartete **»Messias«** sei. Das Ev. ist sogar zu dem Zweck geschrieben, die Leser zum Glauben an die messianische Gottessohnschaft Jesu zu führen (Joh 20,31). Im Unterschied zu den anderen Evv., in denen der Begriff »Messias« selten erscheint, wird Jesus im JohEv. klar als solcher bekannt (1,41; 4,29; 11,27); interessanterweise hat der johanneische Jesus selbst nie von sich explizit als »Messias« geredet. Andere titelähnliche Bezeichnungen, die im JohEv. für Jesus verwendet werden, sind z.B.: der »Kommende« (Joh 11,27; 12,13; vgl. Mt 11,3), der »Heilige Gottes« (Joh 6,69; vgl. Mk 1,24), der »Heiland« (Joh 4,42), das »Lamm Gottes« (Joh 1 29.36), der »Prophet« (Joh 6,14; 7,40) und der »König von Israel« (Joh 1,49; 12,13; 18,33-38; 19,3.14-22). Einige davon finden sich auch in den synoptischen Evv.

Jesu charakteristische Selbstbezeichnung »Sohn des Menschen« spielt auch im JohEv. eine wichtige Rolle. Hier erhält sie einen neuen Akzent, der in den synoptischen Evv. fehlt. Die himmlische Herkunft des Menschensohns wird hervorgehoben, sein Hinabsteigen in die Welt, seine Verherrlichung am Kreuz und seine Bedeutung als Geber des Lebens (Joh 3,13; 5,27; 6,27.53.62; 12,23.34; 13,31).

Es ist nicht notwendig, für den Gebrauch dieses Titels im JohEv. ein Mitwirken fremder Einflüsse anzunehmen. Dennoch unterscheidet sich die johanneische Sprache so deutlich von jener der synoptischen Evv., daß sich der Schluß nahelegt, die Worte, die zwar letztlich auf der wirklichen Lehre Jesu beruhen, seien vom Evangelisten oder seinen Quellen bis zu einem gewissen Grade neu gestaltet worden (S.S. Smalley, NTS 15/1968/69, 278-301).

Der wichtigste Hoheitstitel für Jesus ist im JohEv. zweifellos **»Sohn Gottes«**. Er zeigt die Innigkeit der Beziehung zwischen dem Vater und seinem präexistenten, einzigen Sohn (Joh 3,16-18); es ist ein Verhältnis gegenseitiger Liebe (Joh 3,35; 5,20) und kommt in der Weise zum Ausdruck, wie der Sohn dem Vater gehorsam ist (Joh 5,19), und dieser ihm das Amt des Richters und des Lebensbringers anvertraut (Joh 5,17-30). Die einzigartige Sohnesbeziehung Jesu zu Gott, die wir schon in den synoptischen Evv. finden, wird hier besonders klar zum Ausdruck gebracht (Joh 11,41; 12,27f; 17,1). Im wesentlichen sind es die gleichen Gedanken, die der im Prolog des Evangeliums erscheinende Titel ***Logos** (oder: Wort) beinhaltet. So eng wird der Logos mit Gott identifiziert, daß es nicht überrascht, wenn Jesus tatsächlich als »Gott« bezeichnet wird. Dies ist eindeutig im Bekenntnis des Thomas der Fall (Joh 20,28), wo die Erscheinung des auferstandenen Jesus zur Erkenntnis seines göttlichen Standes führt; außerdem wird Jesus wahrscheinlich in Joh 1,18 als »der Eingeborene« (Sohn) beschrieben, »der Gott ist und in des Vaters Schoß ist« (allerdings ist der griech. Text hier unsicher).

Schließlich ist bemerkenswert, daß das JohEv. verschiedene »Ich-bin«-Worte enthält, in denen Jesus sich Prädikate wie »der gute Hirte« oder »der wahre Weinstock« beilegt. Manchmal lautet die Formulierung auch einfach: »ich bin es« (Joh 4,26; 6,20; 8,24.28.58; 13,19). Da diese Worte die Selbstvorstellung Jahwes - etwa von Jes 43,10; 48,12 – aufnehmen, sollen sie wahrscheinlich als verhüllte Hinweise auf die Gottheit Jesu verstanden werden. Die Verwendung von Hoheitstiteln in den Johannesbriefen entspricht weitgehend derjenigen im Ev., obwohl natürlich die Art, wie vom irdischen Jesus in einem Ev. erzählt wird, verschieden ist von der Weise, wie vom auferstandenen Herrn in einem Brief geschrieben wird. Es ist eine seltsame, aber sicher unwichtige Tatsache, daß 3Joh die einzige ntl. Schrift ist, die niemals Jesus erwähnt. Im 1Joh ist **»Jesus«** oft das Subjekt von Aussagen, in denen seine Bedeutung als **»Christus«** oder **»Sohn Gottes«** zum Ausdruck gebracht wird (1Joh 2,22; 4,15; 5,1.5). Vielleicht ging es hier einfach um die Frage, ob Jesus wirklich der von den Juden erwartete Messias sei; die Forschung ist sich jedoch weitgehend einig, daß sich die Auseinandersetzung eher darum drehte, ob in Jesus eine wahre und bleibende *Inkarnation Gottes stattgefunden habe. Die Gegner des Johannes leugneten anscheinend eine wahre und dauernde Einheit zwischen dem Messias oder Sohn Gottes und Jesus (1Joh 4,2; 2Joh 7), und Johannes mußte daher betonen, daß Jesus Christus wahrhaftig in Wasser und Blut gekommen war, d.h. in seiner Taufe und seinem Tod. Deshalb benutzt er den vollen Titel »sein Sohn Jesus Christus« (1Joh 1,3; 3,23; 5,20), um den Gegenstand des christl. Glaubens zu bezeichnen. Nur der Sohn Gottes kann der **»Heiland«** der Welt sein (1Joh 4,14). Der Ausdruck **»Herr«** fehlt in den Johannesbriefen.

In der Offenbarung tritt vor allem **»Jesus«** als Bezeichnung hervor, ebenso wie im Hebräerbrief. Der vollere Titel **»Jesus Christus«** wird nur in der Einleitung des Buches als feierliche Benennung verwendet (Offb 1,1f.5). (Der) **»Christus«** oder **»sein Christus«** kommt immerhin viermal vor (Offb 20,4.6; 11,15; 12,10) – ein Beweis dafür, daß die Vorstellung vom Messias als dem Bevollmächtigten Gottes bei der Aufrichtung seiner Herrschaft für Johannes sehr lebendig war. Der gleiche Gedanke ist auch darin erkennbar, daß die göttlichen Hoheitstitel **»König«** und **»Herr«** für beide, Gott und Jesus, gebraucht werden (Offb 15,3; 17,14; 19,16). Das bezeichnende Würdeprädikat für Jesus ist in der Offb jedoch ohne Zweifel ***»Lamm«** (*arnion*); es kommt hier 28mal vor, sonst aber nirgends (das in Joh 1,29.36; Apg 8,32 und 1Petr 1,19 gebrauchte griech. Wort lautet anders). Das Lamm verbindet die paradoxen Merkmale, geschlachtet oder geopfert (Offb 5,6) und doch zugleich der »Herr« zu sein, würdig der Anbetung (Offb 5,8). Es bekundet seinen Zorn über das Böse (Offb 6,16) und führt das Volk Gottes in der Schlacht an (Offb 17,14); und doch wirkt sein Blut als Opfer für die Sünde (Offb 7,14) und läßt die Märtyrer siegreich überwinden (Offb 12,11).

V. DIE HOHEITSTITEL JESU IM ÜBRIGEN NEUEN TESTAMENT.

Unter den übrigen Schriften des NT zeichnet sich wohl der Hebräerbrief durch einen besonders charakteristischen Gebrauch der Hoheitstitel aus. So verwendet er ganz einfach wieder den Namen **»Jesus«**, um damit den Einen zu bezeichnen, der Erniedrigung und Tod erlitt und doch von Gott erhöht wurde (Hebr 2,9; 13,12). Ebenso kann er auch einfach vom **»Herrn«** (Hebr 2,3; 7,14) oder **»Christus«** sprechen (Hebr 3,6.14 u.a. 9). Obwohl sich der Verfasser zweifellos dessen bewußt ist, daß »Christus« eigentlich »Gesalbter« heißt (Hebr 1,9), benutzt er dieses Wort doch eher wie einen Namen, der durch andere Titel erläutert werden muß. Er beschreibt Jesus als einen Urheber des Heils und des Glaubens (Hebr 2,10; 12,2) und benutzt damit einen Ausdruck, der als christologischer Titel auch sonst gebräuchlich gewesen sein mag (vgl. Apg 3,15; 5,31). Vor allem jedoch sieht er Jesus als den **»Hohenpriester«** und erläutert darum dessen Werk mit Hilfe der aus der atl. Opfertora entlehnten Begrifflichkeit. Stellt dieser Ausdruck mehr eine Beschreibung des Werkes als einen Titel Jesu dar, so ist der Begriff **»Sohn«** der bedeutsame Titel, der ihm zugrundeliegt. Erst nachdem der Verfasser die Identität Jesu als des Gottessohnes, der über die Engel und Mose erhöht ist, nachgewiesen hat, zeigt er in einem weiteren Schritt, wie gerade diese Stellung Jesus dafür qualifiziert, der Hohepriester und Mittler zwischen Gott und den Menschen zu sein. Er macht ausgiebigen Gebrauch von Ps 2,7 (Hebr 1,5; 5,5) und Ps 110,4, um den Status Jesu zu definieren. Und er betont, wie ungeheuerlich es ist, das durch solch einen erhabenen Retter erwirkte Heil zu verwerfen (Hebr 6,6; 10,29).

Bei Jakobus ist bemerkenswert, daß er nur zweimal auf den **»Herrn Jesus Christus«** verweist (Jak 1,1; 2,1); wenn er jedoch vom Kommen des Herrn spricht (Jak 5,7f), meint er zweifelsohne ebenfalls Jesus.

Im 1. Petrusbrief wird »Jesus« nirgends für sich allein als Name gebraucht, der Verfasser bevorzugt **»Jesus Christus«**. Einmal verwendet er **»Herr Jesus Christus«** in einem traditionsgeprägten Satz (1Petr 1,3). Er verweist jedoch oft auf »Christus« – und dies interessanterweise besonders im Zusammenhang mit Leiden und Sterben (1Petr 1,11.19; 2,21; 3,18 u.a.), was uns bereits oben als der charakteristische ursprüngliche Gebrauch des Titels begegnete. Ebenso spricht der Autor von dem Bekenntnis zu Christus als dem **»Herrn«** (1Petr 3,15; vgl. 2,13) in einer Weise, die wiederum an den frühen Sprachgebrauch erinnert.

Für den 2. Petrusbrief ist die Verwendung von **»Herr Jesus Christus«** kennzeichnend. Auch der Titel **»Heiland«** kommt hier häufig vor (2Petr 1,1.11; 2,20; 3,2.18), und in 2Petr 1,1 wird Jesus als **»unser Gott und Heiland«** (nach dem griech. Text, vgl. RevEB) bezeichnet. Der Sprachgebrauch des Judasbriefes ist ziemlich ähnlich wie der des 2Petr, beide Verfasser benutzen die ungewöhnliche Form *»despotes«* (**»Herr«**) für Jesus (2Petr 2,1; Jud 4), vielleicht, weil der Gedanke an den Loskauf von Sklaven im Hintergrund steht. Der Ausdruck war nicht besonders beliebt, da er an willkürlichen Despotismus erinnerte.

VI. ABSCHLUSS.

Die Lehre des NT von der Person Jesu ist nicht auf das beschränkt, was durch die hier in aller Kürze besprochenen Hoheitstitel ausgedrückt wird. Wir müßten ebenso berücksichtigen, was über den Charakter und das Handeln Jesu während seines irdischen Lebens und in seinem himmlischen Stand gesagt ist; auch wäre es wichtig, die verschiedenen Glaubensbekenntnisse und literarischen Werke in Betracht zu ziehen, die geschaffen wurden, um die Bedeutung Jesu zum Ausdruck zu bringen. Trotzdem fassen die Hoheitstitel als solche schon viel von der ntl. Lehre zusammen. Die Beschäftigung mit ihnen läßt erkennen, wie das Denken der Jünger zunächst durch ihre erste Verbindung mit Jesus während seines Erdenlebens geformt wurde, wie es dann entscheidend gefestigt wurde, als sie ihn als den auferstandenen Herrn erfuhren, und wie es schließlich im Verlauf ihrer Mission und ihrer Lehrtätigkeit in der jüd. und hellen. Welt sich entfaltete. In ganz unterschiedlicher Weise bekunden die Hoheitstitel die überragende Bedeutung Jesu als Sohn Gottes, seinen Erlösungsauftrag als Messias und Heiland und seine Ehrenstellung als der Herr.

Die frühe Kirche zog ein reiches Quellenmaterial heran, um zu erklären, wer Jesus war. Primär entnahm sie ihren Stoff dem AT, das sie als von Gott eingegebene Prophetie auf das Kommen Jesu betrachtete. Andererseits scheute sie sich nicht, auch Titel zu verwenden, die in der nichtjüd. Welt bedeutungsvoll sein konnten. Manche Titel erwiesen sich als besser, andere als weniger geeignet; in ihrer Gesamtheit jedoch bezeugen sie die Tatsache, daß Gott in Jesus entscheidend gehandelt hat, um die Welt zu richten und zu retten, und sie rufen alle dazu auf, anzuerkennen, daß dieser Jesus in Wahrheit eins ist mit Gott und der Verehrung würdig, die Gott selber zukommt.

Literatur: O. Betz: Jesus und das Danielbuch, Bd. II: Die Menschensohnworte und die Zukunftserwartung des Paulus (Dan 7,31f), 1985; J.A. Bühner: Der Gesandte und sein Weg im vierten Evangelium, 1977; O. Cullmann: Die Christologie des Neuen Testaments, [5]1975; M. Hengel: Der Sohn Gottes, [2]1977; S. Kim: »The Son of Man« as the Son of God, WUNT 30, 1983; A. Schlatter: Die Geschichte des Christus, [2]1923; ders.: Die Theologie des Neuen Testaments I, Das Wort Jesu, 1909.

I.H.M./O.B.

HOHEPRIESTERLICHES GEBET
s. Gebet; Johannesevangelium

HOHER RAT
s. Sanhedrin

HOHERPRIESTER
s. Priester u. Leviten

HOHESLIED. Das Hohelied Salomos. Die hebr. Bezeichnung *schir haschschirim*, wörtl. »Lied der Lieder«, bedeutet als die höchste Steigerungsform: »Das schönste der Lieder«. So schreibt auch die griech. LXX: *Aismá asmaton* und die latein. Vulgata: *Cantus Canticorum*, von Luther zutreffend übersetzt: »Das Hohelied«. Seine Hochschätzung zeigt sich darin, daß das H. (seit dem 8.Jh.n.Chr.) als erste der bibl. Festrollen am 8. Tag des jüd. Passafestes verlesen wird.

I. KANONISIERUNG.

Das H. ist die Zusammenstellung von Liedern, die die Liebe singt. Es fand seinen Platz im bibl. Kanon aufgrund der tiefen Übereinstimmung der geschöpflichen Liebe zwischen Mann und Frau mit dem atl. Gottesglauben. Damit zeigt es sich in schroffem Gegensatz zur Vergötzung des Eros in Israels Umwelt.

Die Aufnahme in den atl. Kanon (Abschluß in der 2. Hälfte des 1.Jh.) war nicht unumstritten: Die Mischna (Yadayim 3,5) scheint anzudeuten, daß das H. nicht ohne weiteres als kanonisch akzeptiert wurde. Nachdem es von einigen Rabbinen bejaht, von anderen abgelehnt wurde, rühmt Rabbi Akiba (ca. 50-135 n.Chr.) es in Superlativen: »Die ganze Welt ist des Tages nicht wert, an dem das Hohelied Israel gegeben wurde; alle Schriften sind heilig; und das Lied der Lieder ist die allerheiligste.«

Er begründet dies allerdings durch die allegorische Auslegungsweise, die er zuerst auf das H. anwandte (s.u. V. 1.). Da das H. sich damals längst im Kanon fand, entfällt die allegorische Auslegungsmöglichkeit als Begründung für seine Aufnahme in den Kanon.

II. AUTOR UND ABFASSUNG.

Der hebr. Ausdruck *lischlōmōh* (1,1) kann »von Salomo«, aber auch »für Salomo« bedeuten. Salomos Begabung als Dichter ist in 1Kön 5,12 (vgl. Ps 42 und 127) bezeugt: In 3000 Sprüchen und 1005 Liedern nahm er die ganze Schöpfung auf. Im Buch der »Sprüche Salomos« wird die Weisheit Gottes für den Menschen und die Welt vor Augen gestellt. Im »Prediger Salomo« kommt die Nichtigkeit des von Gott abgefallenen Lebens zur Sprache.

Die Abfassungszeit des H.s zeigt regen Kontakt mit anderen Kulturen. Lehnworte aus dem Pers. (*pardes*, »Lustgarten«) und Griech. (*appiruon* von *phoreion*, »Sänfte«), Aramaismen sowie das »s« als Relativpronomen deuten evtl. auf eine späte redaktionelle Hand. Eine Datierung in die griech. Periode (300 v.Chr.) ist freilich nicht zwingend notwendig angesichts der Beweise für den Verkehr zwischen Kanaan und Ionien seit Salomos Zeit. Ebenso ist das Vorkommen von Aramaismen kein Beweis für ein spätes Abfassungsdatum.

Der Autor kennt Palästinas und Syriens Geographie vom Toten Meer bis zum Libanon. Es werden vorwiegend Orte aus dem N genannt (z.B. Scharon 2,1; Libanon 3,9; 4,8.11.15 u.ö.; Amana, Senir, Hermon 4,8; Tirza 6,4; Damaskus 7,5; Karmel 7,6). Die Beschreibung der Orte zeugt von einem Erleben der Landschaft Israels.

III. STIL- UND SPRACHFORM.

Das H. zeigt hochentwickelte Stil- und Sprachformen und kunstvolle Ausdrucksmittel hebr.-orientalischer Lyrik. Es weist bei dynamisch wechselnder Thematik eine einheitliche Wortwahl auf und deutet durch einige refrainartige Wiederholungen eine gewisse Gliederung und Steigerung zum Ende hin an (8,6f). Die zahlreichen Versuche, einen straffen Aufbau nachzuweisen, sind angesichts der Vielzahl entgegengesetzter Vorschläge als gescheitert anzusehen. Ebenso ist die lange vertretene Auffassung, es handle sich um eine Sammlung volkstümlicher Liebeslieder (J.G. Herder), durch neuere Erkenntnisse zur Kunstform hebr. Lyrik überholt.

Die Aussagen des H.s erfolgen überwiegend dialogisch oder im Selbstgespräch der beiden Liebenden. Die Gemeinschaft, in der sie leben, wird gelegentlich einbezogen: die »Töchter« und die Einwohner Jerusalems (z.B. 1,5; 2,7 etc. 3,6-11) sowie die Brüder Sulamiths (8,8f; vgl. 7,1).

Die Gestalt der Aussagen ist durch die elementare Erfahrung der Liebe bestimmt. Sie gestaltet sich vorwiegend in intensiven Sprachbildern der ebenso elementaren Alltagswelt des Hirtendaseins: die ganze Natur wird zur Sprachhelferin der Liebe in unbändiger Kraft und zugleich unübertrefflicher Zartheit - eine Verbindung, die der guten Schöpfung Gottes entspricht.

Manche Vergleichsbilder wirken in unserer Kultur fremd, ja befremdend. Ein Verstehen kann sich erschließen, wenn man jene Erfahrungswelt elementar nachzuvollziehen sucht.

IV. SINNDEUTUNG.

Der Sinn des H.s als bibl. Buch deutet sich aus dem Gesamtzusammenhang der Bibel (vgl. M. Luther: »Die Bibel legt sich selber aus«). So zeigt sich die Sprache natürlicher Liebe zwischen Mann und Frau im H. als der Vollzug des Menschseins im Sinne Gottes als Gottes »Ebenbild« (1Mo 1,26f): wie Gott aus Liebe das Leben schuf, so gibt der Mensch – als Mann und Frau - in der Liebe Leben weiter. Sie ist eine »Flamme des Herrn« (8,6), und also nach Gottes Sinn, wenn sie in Gottes Liebe gegründet und geborgen ist. Dann wird in ihr Gottes Liebe so transparent, daß sie zum Gleichnis des Himmelreiches (»Hochzeitsgleichnisse«, vgl. Mt 22,2; 25,10; Lk 12,36; Offb 19,7.9 u.a.) und der Gemeinde Jesu (Eph 5,32f) werden.

Die Sprache der Liebe, wie das H. sie zeigt, verwirklicht zudem das Ziel, mit dem der Mensch als Mann und Frau erschaffen wurde: sie sind in der »Zuwendung« zueinander zur gegenseitigen »Mitteilung«, zur Teilgabe und Teilhabe aneinander gewiesen (1Mo 2,18 hebr. wörtlich), zum geistigen Austausch des Gespräches. Dies kommt im H. vor allem seitens der Frau zum Ausdruck. In diesem Sinne ist das H. eine Sehhilfe und Sprachschule für die Liebe im Glauben, die in der Einheit des Wir die Unterscheidung im Du und im Ich wahrt und damit die Freiheit eröffnet, einander selbst zu begegnen.

Im H. kommt auch die Gefährdung der Liebe in einer von Gott abgefallenen Welt zum Ausdruck durch ein Fehlverhalten, welches die Freiheit zum Reifen bedroht. Darum werden die Wachstumsgesetze und schützenden Grenzen der Liebe sorgfältig gewahrt (vgl. 2,7.15). Auch bitteres Leid der Trennung und Schmerz über die Bosheit kommen zur Sprache (6,7f u.a.). So zeigt das H. in bibl. bestimmter Auslegung seinen Sinn, in einer helfenden und heilenden Wirkung, im Zentrum des Menschseins als Gottes Ebenbild: in der Liebe als dem höchsten aller geschöpflichen Güter (8,7b).

V. AUSLEGUNGSWEISEN.

Kaum ein Buch der Bibel hat eine solche Fülle verschiedenster und auch gegensätzlicher Auslegungen erfahren wie das H. Die Beurteilung dieser Auslegungen ergibt sich aus einer bibl. Sinndeutung des H.s. Darin wird deutlich:

1. Die Liebe Gottes und die Liebe des Menschen sind einander im Sinne der Ebenbildlichkeit wesensmäßig – und untrennbar - verbunden. Wenn eine Auslegung im H. nur die Gottesliebe herausliest, verfehlt sie die bibl. Aussage ebenso wie dann, wenn sie hier nur die Menschenliebe findet.

2. Die Liebe des Menschen ergibt sich im Sinne der Ebenbildlichkeit wesensmäßig aus der Liebe Gottes. Eine Auslegung, die die Menschenliebe als in sich »göttlich« sieht, oder die die Gottesliebe als »menschlich« auffaßt, verfehlt die Grundaussage des H.s als Buch der Bibel, von deren Gesamtzeugnis her sich der Sinn und die hohe Stellung des H.s in der Bibel ergibt. Der Wert einer Auslegungsweise zeigt sich darin, ob und wie weit sie diese bibl. Sinngebung zur Geltung bringt und dadurch dem Wortsinn dient. Insofern ist sie bibl. sachgemäß im Dienst einer bibl. wörtlichen Auslegung.

Im einzelnen finden sich vor allem folgende Auslegungstypen des H.:

1. Allegorische Auslegung.

Allegorie (von griech. *allegorein*, bzw. *allos agoreúō*, »anders sagen«) sieht in den Worten einen »höheren« bzw. »tieferen« Sinn als den wörtlichen. In der jüd.-rabbinischen Allegorese des H.s werden der Geliebte und die Geliebte auf Gott und Israel übertragen und deren Liebeserfahrung auf die Erfahrung Israels zu seiner Geschichte von den Erzvätern über den Auszug aus Ägypten, die Wüste, den Sinai, das Bundeszelt und den Tempel etc. Dies kann als Deutung der Vergangenheit des Volkes, seiner jeweiligen Gegenwart und seiner Zukunft geschehen. Als erster Allegoretiker des H.s gilt Rabbi Akiba (ca. 50-135 n.Chr.). Die christl. Auslegung des H.s hat sich – gewiß unter dem Einfluß asketischer und mystischer Einstellung – spätestens seit dem 6. Jh. ganz der allegorischen Deutung angeschlossen. Sie deutete das H. auf die Liebe Christi zur Gemeinde. Christl. Exegeten standen den Rabbinen in einer phantasievollen Interpretation der Einzelheiten in nichts nach. Luther setzte der christl. Auslegung des H.s dann die Norm, indem er die Auslegung im bibl. Gesamtzusammenhang im wörtl. grammatischen, vom Verf. gemeinten Sinne forderte (sensus historicus), »darauf sich unser Glaube ohn alles Wanken möge bauen« (WA 6,307). Daneben blieb die katholische Auslegung des H.s auf Christus und Maria bzw. die Kirche (mariologische bzw. ekklesiologische Allegorese) bestehen. Sie wirkte in der Auslegung auf Christus und die Gemeinde bis ins 19. Jh. in der reformatorischen Orthodoxie und im Pietismus weiter.

2. Typologische Auslegung.

Typologie (von griech. *typos*, »das Geprägte«) wahrt den unmittelbaren Wortsinn, doch sieht ihn zugleich geprägt von einer über ihn hinausgehenden Bedeutung, für die er als »Abschattung« bzw. »Vorschattung« einer höheren Dimension, die sich hier etwa als Urbild abbildet und so transparent und faßbar wird. Typologische Deutung sucht diesem Gesamtzusammenhang zu dienen.

In der bibl. Auslegung sucht sie vor allem ihrem Weissagungscharakter zu entsprechen. In der Auslegung des H.s, wo dieser fehlt, stellt sie die Liebe und Hingabe der Beziehung zwischen Christus und der Gemeinde heraus. (Vgl. dazu M.G. Unger, Introductory Guide to the Old Testament, 2, 1956, und die Arbeiten von W. Eichrodt und G.v. Rad).

3. Dramaturgische und ritualistische Auslegung.

Von Origines über Milton bis Franz Delitzsch findet sich der Versuch, im H. den Text eines Dramas zu erkennen. Da aber im Text selbst jeder Hinweis darauf fehlt, die Komplexität der Dialoge nicht dramaturgisch ist und im semitischen Raum Dramen unbekannt sind, ist diese Theorie wenig wahrscheinlich. Die Erforschung heutiger syr. Hochzeitssitten durch J.G. Wetzstein gab K. Budde den Anlaß, das H. als eine Sammlung von Hochzeitsliedern aufzufassen, die denen ähneln, die beim Ablauf des einwöchigen Hochzeitsritus gebraucht werden. Obschon Anklänge durch das Thema bedingt sind, ist der zeitliche Abstand von mehr als zweieinhalb Jahrtausenden zu bedenken.

4. Profane Auslegungsweisen.

Das Verständnis des H.s als bloß erotische Dichtung ist aus frühesten Anfängen bekannt. Es entnimmt das H. profanisierend seinem gesamtbibl. Deutungszusammenhang. Als profane Gegenbewegung findet sich im 19. Jh. die moralische Auslegung, welche das H. als bloße Darstellung der Ideale von Liebe und Treue versteht. Das vor allem durch J.G. Herder (1744-1803) ausgearbeitete Verständnis des H.s als Sammlung volksliederhafter Liebesdichtung versteht das Buch nicht mehr in seinem bibl. vorgegebenen Sinn. Das gilt auch für die Versuche einer religionsgeschichtlichen Auslegung, welche das H. aufgrund einiger Analogien und Anklänge zu außerisraelit. Liebesdichtung - etwa im Bereich des Tammuzkultes (vgl. Hes 8,14) – von dort ableitet und versteht (T.J. Meck).

VI. BIBLISCHE BEURTEILUNG DER AUSLEGUNGSWEISEN.

Die Vielzahl der Auslegungsweisen und die verwirrende Fülle oft gegensätzlicher Ergebnisse läßt nach deren bibl. Bewertung suchen. Bibl. Beurteilung fragt danach:

1. ob eine solche Auslegungsweise in der Bibel selbst vorgegeben ist, oder ob sie als etwas Sachfremdes von außen an die Bibel herangetragen wird;

2. ob die Auslegung im bibl. Gesamtsinn erfolgt, oder ob sie einem anderen, unbibl. Sachzusammenhang entspricht.

Zu 1: Allegorisches und typologisches Denken können der bibl. Sicht für die Bildstruktur – die Gleichnishaftigkeit und damit Vergleichsfähigkeit – der Schöpfung entsprechen. Darum finden sich Elemente beider Auslegungsweisen in der Bibel, wobei sie vielfach Mischformen eingehen. Hingegen finden sie sich dort nie als Auslegungsmethoden, die in prinzipieller und strikter Handhabung das Verständnis wissenschaftlich-methodisch erschließen sollen. Dies ist außerbibl. und sachfremd an die Bibel herangetragen.

Das allegorische Denken ist modernem Bewußtsein recht fremd und wird darum abgewehrt. In der Bibel findet es sich dagegen als eine Ausdrucksform, die unbewußte Wirklichkeit bildhaft zum Tragen bringt. Dies kennen wir etwa in Traumerfahrungen. So findet sich Allegorie z.B. in prophetischen Traumgesichten (Sacharja, Daniel) und zur Verdeutlichung des Wirklichkeitszusammenhanges zwischen Altem und Neuem Bund (z.B. 1Kor 10; Gal 4,21-31).

Das typologische Denken ist heutigem Denken aufgrund des Bewußtseins für die Analogiestruktur der Sprache und des Denkens nachvollziehbar. Allegorische Elemente finden sich vielfach im AT und NT (z.B. Röm 5,14 wörtl.; auch häufig in Hebr).

Für die Auslegung des H.s bedeutet dies, daß allegorische und typologische Auslegungselemente zwar nicht unbibl. sind, aber im H. selbst kein Anhalt für oder Hinweis auf die Notwendigkeit gegeben ist, sie zur Erschließung des bibl. Verständnisses einzubeziehen. Hier ist das wörtl. Verstehen das eigentliche; ein übertragenes Verstehen kann sich bestenfalls am Rande im Spielraum gesamtbibl. Zusammenhänge einstellen.

Dramaturgische, ritualistische und die profane Auslegungsweise erfolgen von vornherein in einem außerbibl. Zusammenhang. Von ihnen lassen sich lediglich einige zutreffende Beobachtungen aufnehmen, falls sie ihrem außerbibl. Deutungszusammenhang entnommen werden und im bibl. Zusammenhang sachgemäße Bewertung erfahren.

Zu 2: Im bibl. Gesamtzusammenhang des H.s (s. IV.) ist zu klären, ob und wie die Ergebnisse der Auslegung ihm entsprechen: Ist die schöpfungsgemäße Verbindung zwischen Gott und dem Menschen als Mann und Frau – sowie deren sündhafte Trennung - wahrgenommen? Und ist dieser Bund zugleich in der Verordnung Gottes vor dem Menschen – in der Unterschiedlichkeit – gewahrt? Die Antwort ist von «Fall zu Fall» zu ermitteln. An ihr entscheidet sich die bibl. Sachgemäßheit der Auslegung.

Die Verbindung in der Unterscheidung ist bei der Allegorese aufgegeben, wenn sie die Abkehr von der geschöpflichen Dimension vollzieht und damit den wörtl. Sprachsinn – einschließlich der Sprache über den Körper der Liebenden – verläßt. In der typologischen Auslegung ist dies aufgrund ihres Ernstnehmens der Schöpfung – und damit des normalen Wortsinnes – die Unterschiedenheit zwischen Gott und Mensch in ihrer Prägung durch den Schöpfer eher gewährleistet. Die profanen Auslegungsweisen führen vor Augen, wie der Sinn der Auslegung verfehlt wird, wenn dem Ausleger der eigene Zugang zur bibl. Gesamtaussage fehlt: die Auslegung verfehlt das Eigentliche.

VII. ERGEBNIS.

Das H. führt – als bibl. Buch – das geschöpfliche Wunder der Liebe von Mann und Frau in ihrer Gottebenbildlichkeit vor Augen. Es gibt dem Wunder zugleich Sprache, so daß es sich in der Mitteilung der Liebe verwirklichen kann. Darin hat es eine heiligende – und zutiefst heilende – Wirkung im Brennpunkt der Gottebenbildlichkeit und ihrer Gefährdung: «Er sandte sein Wort und machte sie gesund» (Ps 107,20; Joh 17,17ff; 1Mo 3,1-13).

Literatur: H. Brandenburg: Sprüche, Prediger, Hoheslied, in: Das lebendige Wort, [2]1982; H. Graf Reventlow/P. Kuhn/U. Köpf/J.M. Vincent: TRE XV, 1986, S. 499–514; W. Rudolph: Das Hohelied. KAT XVII, 1-3, 1962; G. Gerleman: Das Hohelied, BKAT XVIII, [2]1981; G.v. Rad: Theologie des AT, Bd. 1, [8]1982, Bd. 2, [7]1980; W. Eichrodt: Theologie des AT, Bd. I. [8]1968, Bde. II/III, [6]1974. R.F./S.F.

HÖHLE. Im allg. wird das hebr. Wort *me'ārā* mit H. wiedergegeben; nur in Hiob 30,6 ist es das hebr. Wort *chōr*, (LÜ: Steinklüfte). Natürliche H.n sind keine Seltenheit in Palästina, da nahezu das gesamte Berggelände westl. des Jordan (außer eines Basaltschichtenkopfes im S von Galiläa) aus Kalkstein und Kreide besteht. Schon seit frühester Zeit wurden solche H.n als Behausungen, Verstecke und Grabstätten benutzt.

1. Behausung.

In Tell Abu Matar, südl. von *Beerscheba, wurden bemerkenswerte Höhlenwohnungen aus dem 34./33.Jh.v.Chr. ausgegraben. Große H.n waren zu mehrräumigen Wohnungen ausgeschlagen; die einzelnen Räume waren durch Gänge verbunden. Im frühen 2.Jt.v.Chr. wohnten *Lot und seine beiden Töchter nach dem Untergang von Sodom und Gomorra in einer H. (1Mo 19,39); *David und seine Streifschar benutzten die große H. bei *Adullam (1Sam 22,1; 24) und *Elia wohnte in einer H. bei Horeb (1Kön 19,9-13).

2. Zufluchtsstätte.

*Josua trieb fünf kanaan. Könige in die Enge, die sich daraufhin in einer H. bei Makkeda (Jos 10,16ff) versteckten. Auch Israeliten verbargen sich auf diese Weise vor Midianitern (Ri 6,2) und Philistern (1Sam 13,6). *Elias Freund *Obadja versteckte 100 Propheten in H.n, »hier fünfzig und da fünfzig«, vor dem Schwert *Isebels (1Kön 18,4.13); vgl. Jes 2,19; Hebr 11,38. Auch im Jordantal sowie am Toten Meer wurden Spuren in H.n gefunden, die diese als Zufluchtsorte durch die Jahrhunderte hindurch ausweisen (s. auch *Schriftenfunde vom Toten Meer).

3. Grabstätte.

Seit prähistorischer Zeit dienten H.n als Grabstätten (*Begräbnis- und Trauersitten). Beispiele in der Heiligen Schrift sind die H. von *Machpela, die von *Abraham als Erbbegräbnis erworben wurde (1Mo 23; etc.), sowie die H., in der Lazarus bestattet war, den Jesus von den Toten auferweckte (Joh 11,38).

Literatur: K.M. Kenyon: Die Bibel im Licht der Archäologie, 1980; dies.: Archäologie im Heiligen Land, 1967. K.A.K.

HÖLLE. Das deutsche Wort H. gibt das griech. *géenna/Gehenna* wieder, das in den bibl. Schriften nur im NT begegnet (Vorkommen: 12 mal; bis auf eine Ausnahme nur bei den Synoptikern: Mt 5,22.29f; 10,28; 18,9; 23,15.33; Mk 9,43.45.47; Lk 12,5; Jak 3,6). Die LXX kennt es noch nicht.

Géenna stellt die Gräzisierung des aram. *gēhinnām* dar, das auf das hebr. *gēhinnōm*, Tal von Hinnom (Jos 15,8; 18,16; Kurzform von *gē bān(benē)hinnōm* »Tal des Sohns (der Söhne) Hinnoms«, (Jos 15,8; 2Kön 23,10) zurückgeht. Damit bezeichnete man ursprünglich ein Tal im Süden Jerusalems (heute: Wādi er-rabābi), in dem z.Zt. der Könige *Ahas (734-715 v.Chr.) und *Manasse (697-642 v.Chr.) Kinderopfer dargebracht wurden (2Kön 23,10; 1Chr 28,3; 33,6; Jer 7,31; 32,35; 3Mo 18,21; »zum Moloch hingeben«, wobei *Moloch wohl nicht einen Gott meint, sondern als Begriff für Opfer steht – vgl. WM 1/1, S. 299f). Josua ließ das Tal verunreinigen. Nach Jer 7,32; 19,6f wird es zur Stätte künftigen Gerichts.

Deshalb sieht die jüd. *Apokalyptik seit dem 2. vorchristl. Jh. hier den Ort, an dem sich nach dem Endgericht die Feuerhölle öffnet (äthHen 90,26f; 27,1ff; 54,1ff; 56,3f). Bald wurde mit Gehenna die endzeitliche Feuerhölle überhaupt bezeichnet (4Esr 7,36; syrBar 59,10; 85,13; Sib 1,103 u.ö.). Dies gilt auch für das NT. Im 1.Jh.n.Chr. verdrängt der Begriff Hölle den des Totenreichs (*scheōl; hadēs*) und wird zusätzlich auf den Strafort der Gottlosen zwischen Tod und Auferstehung bzw. Endgericht angewandt.

Das NT unterscheidet allerdings deutlich zwischen beiden. Der Hades (Totenreich) nimmt zeitlich begrenzt die Seelen der Verstorbenen *vor* der Auferstehung und dem Endgericht auf (Apg 2,27.31; Lk 16,23.26; nach 1Petr 3,19; Lk 16,23; 23,43; 2Kor 5,8 u.ö. nur die Gottlosen und nicht die Gerechten). Die Gehenna (Hölle) dagegen ist der Strafort *nach* dem Gericht und auf ewig (Mk 9,43; Mt 25,41.46). Dort werden Leib und Seele vernichtet, wohingegen im Hades der Tote leiblos existiert (Apg 2,26f. 31).

Die H. ist als bereits vorhanden gedacht (Mt 25,41). Sie tritt aber erst nach der allgemeinen Auferstehung und dem Endgericht als feuriger Abgrund in Erscheinung. In unlöschbarem Feuer (Mk 9,43) werden dort die Gottlosen (vgl. Mt 23,15: Sohn der Gehenna; Gegensatz in Mt 8,12: Söhne des Reiches), der Satan und die Dämonen nebst Tod und Totenreich vernichtet (Mt 25,41; Offb 19,20; 20,10.14f). Hinweise auf die Qualen solcher Bestrafung werden im Unterschied zur Apokalyptik und späteren kirchlichen Praxis nur sehr zurückhaltend gegeben (als Metaphern: Feuer; Finsternis: Mt 25,30; 2Petr 2,17; Tod: Offb 2,11; Gefängnis und zu bezahlende Schuld: Mt 5,25f). Ihre Erwähnung dient stets dazu, »die Gewissen wachzurütteln zur Furcht vor

dem Zorn des himmlischen Richters (Mt 10,28)« (J. Jeremias). Es fehlt gleichfalls die Vorstellung des Satans als Fürsten der H., dem die Sünder zur Bestrafung übergeben werden. Vielmehr unterliegt gerade er dem vernichtenden Zorn Gottes, der in der Gehenna straft.

Letztlich unklar bleibt nach den ntl. Stellen, ob der Gottlose in der H. als vernichtet oder als endlos in jener Gottesferne existierend gedacht wird. Nach Offb 20,10 könnte man annehmen, daß in ihr mit »Teufel, Tier und falschem Propheten« auch die Gottlosen für immer gepeinigt werden. Sie werden hier jedoch nicht erwähnt. Schwierigkeiten bereitet auch die Ausdeutung von Mk 9,48. Will das bruchstückhafte Zitat aus Jes 66,24 hier wie ursprünglich im AT die ewige Qual der Menschen in der H. herausstellen oder, wie der Mk-Text es nahelegt, die H. in Erinnerung an das Hinnomtal beschreiben, den Ort immer neuer Verwesung und Bestattungsfeuer? Andere Texte weisen eher auf eine Vernichtung der Gottlosen hin (Mt 10,28; Offb 20,14f).

Keinerlei Anzeichen gibt es jedoch dafür, daß jemand, der »in die Hölle geworfen wurde«, sie je wieder verläßt. Auffallend bleibt in allen Texten die Zurückhaltung bei den Angaben zum Schicksal der endgültig Verurteilten. Gerade daraus erwuchsen der weiterfragenden und z.T. spekulierenden Theologie und Gemeinde ihre Probleme.

Literatur: J. Jeremias: ThWNT I, 1933, S. 655f; Bill., Bd. 4/2, S. 1016-1165; Zur Religions- und Kirchengeschichte: A.V. Ström, T. Rasmussen: TRE XV, 1986, S. 445-454.

J.v.O.

HOMOSEXUALITÄT. Die Bibel geht auf das Problem homosexueller Neigungen nicht näher ein, aber sie verurteilt homosexuelles Verhalten indirekt und direkt mit allem Nachdruck. In den Erzählungen von Sodom und von Gibea (1Mo 19,1-25; Ri 19,13 – 20,48) geht es keineswegs, wie etwa D.S. Bailey annimmt, nur um Bruch der Gastfreundschaft (weder der doppelte Gebrauch des Wortes »erkennen«, *jādaʿ*, noch das stellvertretende Angebot von Lots Töchtern bzw. der Konkubine des Leviten werden auf diese Weise ausreichend erklärt). Vielmehr handeln beide Berichte eindeutig von versuchter homosexueller Vergewaltigung.

Die Aussagekraft der Verbote der H. im mosaischen Gesetz wird oft unter Hinweis auf ihren religionsgeschichtlichen Kontext begrenzt. Homosexuelles Verhalten sei im Alten Orient mit götzendienerischer Kultprostitution verbunden gewesen (1Kön 14,24; 15,12; 22,47). Dementsprechend zielten die strengen Warnungen des levitischen Gesetzes (3Mo 18,22; 20,13) ebenfalls hauptsächlich auf den Götzendienst: das Wort »Greuel« (*tōēbāh*), das an beiden Stellen auftaucht, sei ein rel. Begriff, der häufig für abgöttische Praktiken verwendet werde. Aber diese die Schärfe der biblischen Gebote relativierende Auslegung übergeht in exegetisch unzulässiger Weise den eindeutig unkultischen Kontext der Gebote in den uns vorliegenden Texten (Eichrodt).

In Röm 1 verurteilt Paulus homosexuelle Akte sowohl zwischen Männern als auch zwischen Frauen (V. 26f). Dabei gehen seine Ausführungen insofern weiter, als er die strikte Ablehnung der H. theologisch vom Schöpfungshandeln Gottes her begründet. H. geht auf den schlechten »Tausch« zurück, den der gefallene Mensch machte, als er sich von seinem Schöpfer abwandte (V. 25f). Deshalb ist jeder homosexuelle Akt »unnatürlich« (*para physin*, V.26), d.h. er läuft der von der Schöpfung her gegebenen sexuellen Orientierung des Menschen zuwider.

In anderen Briefen verweist Paulus weitere zwei Male auf homosexuelle Praktiken. Beide Male stehen sie auf einer Liste verbotener Aktivitäten und schlagen denselben verurteilenden Ton an. In 1Kor 6,9f stehen praktizierende Homosexuelle unter den Ungerechten, die das Reich Gottes nicht erben werden (aber mit dem befreienden, Hoffnung weckenden Zusatz: »und solche sind einige von euch gewesen«). In 1Tim 1,9f erscheinen sie auf der Liste der »Ungerechten und Ungehorsamen«. Letzteres ist besonders wichtig, weil die gesamte Liste eine aktualisierte Version der zehn *Gebote darstellt. Paulus bezieht sich auf das 6. bzw. 7. Gebot (über Ehebruch) mit seinem Verweis auf »Unzüchtige« (*pornoi*) und »Knabenschänder« (*arsenokoitai*) - Wörter, die den gesamten außerehelichen Geschlechtsverkehr umfassen – ob nun hetero- oder homosexuell. Sind die zehn Gebote für immer gültig, dann wird die Bedeutung dieser Anwendung noch weiter erhöht.

Man hat angenommen, daß die

Sandstein-Felswände am Westufer des Toten Meeres, im Vordergrund die vierte der Qumran-Höhlen. (ARM)

HOMER
s. Maße u. Gewichte

Bedeutung von *arsenikoites* in 1Kor 6,9 und 1Tim 1,10 auf den »männlichen Prostituierten« (vgl. Vulg.: *masculorum concubitores*) begrenzt sei. An linguistischen Beweisen für diese Ansicht mangelt es jedoch; das Wort selbst taucht allerdings nur selten in der Literatur zur Zeit des NT auf. Es steht wohl außer Zweifel, daß Paulus das homosexuelle Verhalten (aber nicht die homosexuellen Menschen) in den allgemeinsten und theologisch umfassendsten Ausdrücken verurteilen wollte, die er kannte.

Literatur: K. Bockmühl: Homosexualität in evangelischer Sicht, 1963 (s. besonders: W. Eichrodt: H.- Andersartigkeit oder Perversion? S. 7-25); D.H. Field: The Homosexual Way – A Christian Option?, 1976; J.J. McNeill: The Church and the Homosexual, 1977; Van den Aardweg: Das Drama des gewöhnlichen Homosexuellen, 1985.

D.H.F./H.B.

HONIG, HONIGWABE
s. Ernährung

HOR.

1. Berg an der Grenze *Edoms, auf dem *Aaron starb (4Mo 20,22-29; 33,37-39; 5Mo 32,50), an anderer Stelle auch Moser genannt (5Mo 10,6). Der Ort lag in der Gegend von *Kadesch (4Mo 20,22; 33,37). Genauer heißt es »Hor, der Berg«, was darauf hindeutet, daß er aus der Landschaft herausragte. Josephus (ant.Jud. 4.82) meinte, der Berg H. liege in der Nähe von *Petra, und es gibt Überlieferungen, die ihn als Dschebel Nebi Harun identifizieren, einen 1460 m hohen Gipfel im W Edoms. Dieser liegt jedoch weit entfernt von Kadesch.

Mit dem Berg H. könnte auch der Dschebel Madeira gemeint sein, nordöstl. von Kadesch an der NW-Grenze Edoms gelegen, denn Israel brach vom Berg H. auf, um das Land der Edomiter zu umgehen (4Mo 21,4), und Aaron könnte dort begraben worden sein (4Mo 20,22-29). Jedoch sollte der Ort entlang dem Weg von Kadesch-Barnea nach Arad gesucht werden, weil er im Zuge dieser Reise erwähnt wird.

2. Berg an der N-Grenze Israels, wahrscheinlich einer der Gipfel des Libanongebirges in der Nähe der Küste. Nach Jos 13,4 umfaßte die N-Grenze des Landes, das noch einzunehmen war, die Region von Byblus und erstreckte sich bis nach Afek an der amoritischen Grenze. H. war also vermutlich einer der nordwestl. Gipfel des Libanongebirges nördl. von Byblus, wie z.B. Ras Schakkah (vgl. 4Mo 34,7). J.A.T.

HOREB
s. Sinai

HÖREN. Das Vorkommen des Wortes H. sowohl im AT als auch im NT zeigt etwas von der Bedeutung, die es für das Verhältnis von Gott und Mensch in der Bibel hat: Einerseits stellt das H. des Menschen die Entsprechung zu der *Offenbarung des Wortes dar (vgl. ThWNT I, S. 217). Darum ist das H. die Form, in der ein Mensch Zugang zum christl. Glauben erhält (Röm 10,14).

Andererseits ist das H. und Erhören Gottes die Weise, in der er auf das betende Reden des Menschen eingeht, wodurch er sich aber auch vom Nicht-Hören der anderen menschlichen Götter und Götzen unterscheidet (1Kön 18, bes. V. 26 u. 37; 1Joh 5,14; Offb 9,20).

AT und NT sind sich darin einig, daß das H., nicht das Schauen, das Wesen des Gottesverhältnisses in der gegenwärtigen Weltzeit prägt. Für das AT zeigt sich das am eindrücklichsten an dem »Höre, Israel«, das zum täglichen Bekenntnis des rabbinischen Judentums geworden ist (5Mo 6,4). Auch die Gesichte der Propheten haben letztlich das Ziel, sie zur Predigt des Wortes Gottes zuzurüsten. Israel, die Völker, ja Himmel und Erde, sollen dieses Wort hören (2Mo 23,22; 5Mo 6,3; Jes 1,2.10; Jer 2,4; Am 7,16). »Höre des Herrn Wort« ist das Zentrum der prophetischen und der atl. Verkündigung überhaupt. »Nicht hören (wollen)« ist der entscheidende Vorwurf, den die atl. Bücher dem Menschen machen (5Mo 18,19; Jer 7,13; Hos 9,17).

Auch die ntl. Offenbarung ist »Wort«, das gehört wird, »Botschaft«, »Verkündigung« (ThWNT I, S. 220). Das gilt gerade auch deswegen, weil das Kommen Jesu Christi, sein Tun und Reden »Wort« Gottes, Anruf Gottes an den Menschen ist (vgl. die synonyme Verwendung des Ausdrucks Augen- bzw. Ohrenzeugen in Lk 1,2 und Hebr 2,3). Durch ihn hat Gott zuletzt zum Menschen geredet (Hebr 1,2).

Darin, daß die bibl. Gottesoffenbarung wesentlich Wort Gottes ist und die Antwort des Menschen im H. besteht, ist sie sowohl von den griech. Mysterien als auch von der orientalischen *Gnosis fundamental unterschieden. Bei diesen liegt der Ton darauf, daß der Mensch die Gottheit im Schauen wahrnimmt (ThWNT I, S. 217; vgl. in diesem Zusammenhang auch das atl. Bildverbot 2Mo 20,4).

I. HÖREN IM ALTEN TESTAMENT.

Im AT gibt es hauptsächlich drei Begriffe für »hören«, die verschiedene Grade des H.s zum Ausdruck bringen. Am häufigsten kommt das Wort *schāmaʿ* (mehr als 1150 mal) vor. Es meint soviel wie »zuhören«. Daneben findet sich oft das Wort *āsan*, das soviel wie »scharf zuhören« bedeutet (z.B. 4Mo 23,18; Ri 5,3; Ps 78,1; Jes 1,2.10; 8,9; 32,9; 42,23; 51,4; Jer 13,15). Schließlich gibt es das Wort *qāschab*, das soviel wie »die Ohren spitzen, aufmerken« bedeutet (1Sam 15,22). Dabei meint *schāmaʿ* neben dem H. auf seiten des Menschen (1Mo 3,10) auch das H. auf seiten Gottes (Ps 94,9).

Bezeichnend ist, daß *schāmaʿ* gleicherweise hören und gehorchen bedeutet (2Mo 24,7). Gehorchen geht aus dem rechten H. hervor und hat das Tun zur Folge. Darum hatte das Volk Israel zu Mose am Sinai gesagt: »Alles, was der Herr, unser Gott, mit dir reden wird, das wollen wir hören und tun« (5Mo 5,27). Nach dem Zeugnis des AT kommt der Mensch in Verbindung mit Gott nicht, indem er denkend oder sehend, d.h. auf idealistischem oder mystischem Wege sich bemüht, Gott zu begreifen oder wahrzunehmen. Er findet zu Gott allein dadurch, daß er auf Gottes Gebot hört und es zu erfüllen trachtet (Mi 6,8).

Selbst in der atl. Apokalyptik, in der das Schauen von Bildern aus der unsichtbaren Welt Gottes und der Zukunft in den Vordergrund tritt, ist die Vision meist mit dem H. von Worten, die sie deuten, verbunden (Dan 8,16ff u.ö.).

II. HÖREN IM NEUEN TESTAMENT.

Im NT wird durchweg nur ein Wort für H. gebraucht, das mit seinen verschiedenen Komposita etwa 430 mal vorkommt (am häufigsten in den Evv.): *akouo*.

Vom H. hängt unser Leben ab, denn der Mensch lebt von einem jeden gesprochenen Wort, das durch den Mund Gottes geht (Mt 4,4; 5Mo 8,3). Jesus selbst ist der Prototyp des hörenden Menschen. Er redet und tut nur das, was er von Gott gehört hat (Joh 5,30; 8,26; 15,15). Entsprechend ist das Ziel der Verkündigung des Evangeliums, vom rein physischen H. zur verstehenden Annahme, d.h. zum Glauben (Mt 8,10; 9,2; 17,20 u.ö.), und zum Tun (Mt 7,16. 24.26; Röm 2,13 u.ö.) zu gelangen. Dabei ist für die ntl. Autoren der Gehorsam des Glaubens (Röm 1,5; 16,26) eine Gnadengabe Gottes (Joh 6,45; 8,47), wie bereits im AT Gott das hörende Ohr und das sehende Auge schenkte (Spr 20,12). Alle, die Gott im Glauben an Jesus Christus gehorsam geworden sind (Hebr 5,9 u.ö.), d.h. wörtlich: die »darunterhören« (s.a. Röm 10,17), werden selbst Zeugen Jesu, deren Wort die nachfolgenden Generationen hören sollen (Lk 10,16; Joh 17,20).

Neben dem rechten H. gibt es ein Daneben-, ein Vorbeihören (Hebr 2,2).

Die atl. Propheten warnen vor den verhängnisvollen Folgen, wenn dem physischen H. kein H. mit dem Herzen folgt (Jes 6,9f; vgl. Lk 8,15). Das Gericht der *Verstockung ist jedoch kein willkürliches und despotisches Handeln Gottes; vielmehr ist das Nicht-mehr-Hören-Können Strafe für die Unempfänglichkeit und Gleichgültigkeit des Volkes (Mt 13,13-15).

Eigentümlich ist dem NT das Ineinander von Sehen und H., das an der Person Jesu deutlich wird (Mt 11,4; 13,16; Mk 4,12 par.). Der Grund hierfür liegt darin, daß in der irdischen Wirksamkeit Jesu, insbesondere in seiner Auferstehung (1Kor 15,5ff u.ö.), die neue Welt Gottes bereits inmitten unserer vergehenden Welt angebrochen ist.

Leben in der Verbindung zu Gott besteht also darin, daß man auf Gott hört, seinen Willen tut, während das vollkommene Sehen dem Ende der

Die »Horiter« werden im allgemeinen mit den Hurritern identifiziert, die einen Teil des Königsreichs Mitanni in Nordsyrien und Mesopotamien bildeten. Diese Vase in typisch mitannischem Stil kommt aus Alalah, Nordsyrien. 15.-14. Jh.v.Chr. (BM)

Zeiten vorbehalten bleibt (1Kor 13,12).

Literatur: G. Kittel: ThWNT I, 1933, 216-225; H. Langenberg: Das hörende Herz, [2]1978; ders.: Biblische Begriffskonkordanz, [5]1979, 173-176; J. Gnilka: Zur Theologie des Hörens nach den Aussagen des NT: BiLe 2/1961, 71-81; G. Schneider: EWNT I, 1980, 126-131. P.Z.

HOR-GIDGAD. Einer der israelit. Lagerplätze in der Wüste (4Mo 33, 32.33; 5Mo 10,7). Seine Lage ist nicht bekannt, obwohl die Nähe zu *Bene-Jaakan und *Jotbata darauf hindeutet, daß er sich in den Bergen westl. des Wadi *Araba befand. Die Vermutung, daß der Name in Wadi Hadahid, welches in diesem Gebiet liegt, erhalten geblieben ist, erscheint vom linguistischen Standpunkt aus unwahrscheinlich. G.I.D.

HORI, HORITER/HURRITER. Die früheren Einwohner Edoms, die von Kedor-Laomer besiegt wurden (1Mo 14,6). Sie sollen die Nachfahren Seirs, des Horiters (1Mo 36,20), sein und eine ethnisch von Refaïm zu unterscheidende Gruppe bilden. Sie wurden von Esaus Söhnen vertrieben (5Mo 2,12.22). Esau selbst scheint die Tochter Anas, eines horitischen Anführers (1Mo 36,25), geheiratet zu haben. Nach dem Wortlaut der LXX siedelten H. (hebr. *chōrī*, griech. *chorraios*) auch an einigen Orten in Zentralpalästina, einschließlich *Sichem (1Mo 34,2) und *Gilgal (Jos 9,6-7; LÜ dagegen: Hiwiter). Die Osthoriter können weder archäologisch noch linguistisch (semit. Eigennamen in 1Mo 36,20-30) als Hurriter identifiziert werden. Manche glauben, daß die Prä-Edomiter Höhlenbewohner (*chōr*) waren und setzen dies mit dem ägypt. Namen für Palästina (*hr* = *hurru*) gleich, der mit Israel auf der Stele Merenptahs, ca. 1225 v.Chr., angeführt ist. Die präisraelit. Jebusiter, die von Abdi-Hepa während der *Amarna-Periode beherrscht wurden, scheinen Hurriter gewesen zu sein; *Arauna (Ornan, *'rwnh, 'wrnh*, 2Sam 24,16; *'rnn*, 1Chr 21,18) ist das hurritische Wort *(ewirne)* für »König/Herr«.

Hurritisch, eine nicht-semit. (kaukasische?) Sprache, wurde von einem Volk gesprochen, das Teil der einheimischen Bevölkerung Nordsyriens und Obermesopotamiens ca. 2300 v.Chr. war. Ab dem 18. Jh.v.Chr. ist ihre Präsenz sowohl in *Mari und *Alalah als auch in den hetitischen Archiven, in denen sich hurritische Mythen und Literatur von ca. 1500-1380 v.Chr. befinden, gut belegt. Zu jener Zeit korrespondierte das hurritische Königreich Mitanni, in dem Könige mit indo-arischen Namen herrschten, mit Ägypten (z.B. Tuschratta-Amenophis IV.) und hatte Einfluß auf Assyrien (vgl. *Nuzi). Hurritische Eigennamen finden sich im gesamten syr. Palästina (*Alalah, *Taanach, *Sichem), und einige bibl. Namen könnten hurritischer Herkunft sein: Ana, Ajja, Dischon, Schamgar, Toï und Eliab (D.J. Wiseman, JTVI 72, 1950, S. 6).

Hori war auch der Eigenname eines Edomiters (1Mo 36,22; 1Chr 1,39) sowie eines Simeoniters (4Mo 13,5).

Literatur: G. Wilhelm: Grundzüge der Geschichte und Kultur der Hurriter, 1982. D.J.W.

Ein Brief des Königs Tusratta von Mitanni (einem Königreich, das über die Hurriter bzw. Horiter herrschte) an den Pharao Amenophis III. von Ägypten. Da das nicht-semitische Hurritisch, das sonst auch in babylonischer Keilschrift geschrieben wurde, nicht weit verbreitet war, fand der Schriftverkehr auf Babylonisch statt, weil dies die Verkehrssprache im 2. Jt.v.Chr. war. (BM)

Ein gehörnter Altar aus Megiddo. Die vorspringenden Teile dienten ursprünglich vielleicht dazu, eine Schale mit Räucherwerk zu halten. Höhe 0,54 m. 10.-9. Jh.v.Chr. (RS)

HORMA. Eine bedeutende Stadt im *Negeb, das durch Soldaten Judas und Simeons (Ri 1,17) zerstörte frühere kanaan. Zefat; ihr König war von *Josua besiegt worden (Jos 12, 14). Der israelit. Name »heilig« erinnert an das Opfer der eroberten Stadt unter einem nationalen Eid, den das Volk Israel nach einer vorher erlittenen Niederlage geleistet hatte (4Mo 21,1-3). H. stand mit *Arad in Verbindung, ist aber nicht identisch damit; vgl. Jos 12,14; Ri 1,16f. Die Reihenfolge in Jos 15,30f; 19,4f deutet an, daß H. im N des Gebietes Simeons lag, in Richtung Ziklag. W.F. Albright vermutete Tell es-Scheri'ah als den einzigen Ort in dieser Gegend mit ausgedehnten Überresten aus der späten Bronzezeit (BASOR 15,1924). In 4Mo 14,45; 5Mo 1,44 wird eine südlichere Lage in Richtung *Kadesch angedeutet bis zu dem Ort, wohin die Kanaaniter verfolgt wurden. J. Garstang vermutete Tell el-Milh (Tel Malhata), 22 km östl. von *Beerscheba (so S. Talmon, IEJ 15, 1965, S. 239; M. Kochavi, RB 79, 1972, S. 543ff; aber vgl. EAEHL, S. 771); heute jedoch scheint es wahrscheinlich, daß dies das kanaan. *Arad war (LDB, S. 185). Neuere Ausgrabungen in und bei Chirbet el-Mesas (Tel Masos), 6 km westl., förderten eine ausgedehnte israelit. Siedlung sowie Befestigungen an der Südseite aus der Mittleren Bronzezeit zutage. Diese Ortslage dürfte der Stadt H. entsprechen (Y. Aharoni, IEJ 22, 1972, S. 243; BA 39, 1976, S. 66-76). J.P.U.L.

HORNISSE
s. Tiere

HORN. (Hebr. *qeren*; griech. *keras*).
1. Bezeichnung für die Hörner des Widders (1Mo 22,13; Dan 8,3), des Ziegenbocks (Dan 8,5) und des Stiers (5Mo 33,17; Ps 22,21; 92,11). Das H. diente als Ölgefäß bei feierlichen Salbungen (1Sam 16,1.13; 1Kön 1,39). Das H. des Widders wurde auch als *Musikinstrument gebraucht (Jos 6,5 RevEB).

Das Widderhorn (schofar) *wurde als Kriegssignal und zur Ankündigung besonderer Feste benutzt.* (CP)

2. Die hornförmigen Vorsprünge an den vier Ecken der *Altäre in der Stiftshütte und im Tempel trugen ebenfalls die Bezeichnung H. (Ein solcher Altar wurde in *Megiddo gefunden). An diese Hörner wurde das Opferblut gestrichen (2Mo 29,12; 3Mo 4,7.18; etc.); sie galten als Zufluchtsorte (vgl. die Schicksale von *Adonija und *Joab, 1Kön 1,50ff; 2,28ff).
3. In *Zedekias Weissagungen (1Kön 22,11) sowie in *Sacharjas Vision (Sach 2,1ff) symbolisierten Hörner Macht. Häufig wird das Wort in poetischen Schriften metaphorisch gebraucht. »Alle Hörner der Gottlosen will ich abhauen. Es sollen erhöht sein die Hörner des Gerechten.« (Ps 75,11 RevEB). Er ließ Davids Sproß (Horn) aufgehen (Ps 132,17 RevEB; Hes 29,21 RevEB). Von ihm wird als »Horn meines Heils« (2Sam 22,3 RevEB; Ps 18,3 RevEB; vgl. Lk 1,69 RevEB) gesprochen. Dies kann aber auch eine Metapher sein, basierend auf dem Bild von den Hörnern des Altars als dem Ort der Sühne.
4. In den apokalyptischen Visionen in Dan 7 und 8 sowie Offb 13; 17 repräsentieren die Hörner der Tiere Herrschergestalten der jeweiligen Weltreiche. J.B.Tr.

HORONAJIM. Stadt in *Moab (Jes 15,5; Jer 48,3.5.34), die am Fuß einer Hochebene nahe *Zoar lag. Die Inschrift in Zeile 32 auf dem *Mescha-stein bezieht sich darauf. Einige identifizieren H. mit El-Arak, 500 m unterhalb der Hochebene, wo es Quellen, Gärten und Höhlen gibt. Es kann sich dabei aber auch um Oronae handeln, das den Arabern von Alexander Jannäus weggenommen und dem nabatäischen König wiedergegeben wurde (Jos.ant.Jud. 13.397; 14.18). J.A.T.

HOSEA/HOSCHEA. Kurzform »(Der Herr) ist Hilfe, Rettung«.
1. Ein Sohn Nuns, der von Mose *Josua genannt wurde (4Mo 13,8.16).
2. Sohn Asasjas, Fürst des Stammes Ephraim unter David (1Chr 27,20).
3. Sohn Beeris, der Prophet (s. *Hosea, Buch).
4. Der Sohn Elas, der letzte König des israelit. Nordreiches (2Kön 15,30; 17,1-6; 18,9-12). Er regierte 732/1-724/3 v.Chr. und kam auf dem Weg einer Verschwörung gegen Pekach, den Sohn Remaljas, den er tötete, auf den Thron. König Tiglatpilesar III. von Assyrien berichtet darüber: »Pakahah, ihren König, brachten sie zu Fall; Ausi setzte ich über sie ein.« Die Erhebung H.s fand also die Zustimmung des Assyrerkönigs. Das von den Assyrern eroberte Gebiet in Galiläa (vgl. *Pekach) und im Ostjordanland (1Chr 5,26) aber blieb verloren, Israel war nun auf Samaria und Ephraim beschränkt. Zwar tat auch H., was dem Herrn mißfiel, jedoch nicht so wie seine Vorgänger (2Kön 17,2). Vielleicht hörte er auf die Propheten, etwa seinen Namensvetter H.; aber das können wir nur vermuten. Nach 2Kön 17,3 rückte Salmanassar V. gegen ihn heran, worauf sich H. unterwarf und Tribut zahlte. H. wird beim Thronwechsel in Assyrien nach dem Tod Tiglatpilesars III. (727 v.Chr.) einen Versuch gemacht haben, durch die Verweigerung weiterer Tributzahlung seine Unabhängigkeit zurückzugewinnen. Als *Salmanassar aber König Luli von Tyrus und Sidon angriff, der am tatkräftigsten Widerstand leistete, ergab sich auch H. Bald darauf suchte er von neuem seine Lage durch Verhandlungen mit Ägypten zu verbessern und unterließ

zugleich die jährliche Tributleistung an Assyrien. Das führte zu seiner Gefangennahme durch Salmanassar und zum Fall Samarias nach dreijähriger Belagerung. Israel wurde in die Verbannung geführt (2Kön 17,4-6). Von H.s weiterem Schicksal hören wir nichts mehr. Die Eroberung Samarias fiel in das 9. Regierungsjahr H.s (723/2 v.Chr.) und erfolgte demnach mindestens ein Dreivierteljahr vor dem Tode Salmanassars. Zwar rühmt sich dessen Nachfolger Sargon später dieses Sieges; aber die Bibel erwähnt Sargon in diesem Zusammenhang nicht.

5. Israelit, der unter Nehemia die Verpflichtung auf das Gesetz unterzeichnete (Neh 10,24).

HOSEA, BUCH.

I. ZEIT UND ORT DER VERKÜNDIGUNG HOSEAS.

Amos' jüngerer Zeitgenosse Hosea tritt ungefähr in dem Vierteljahrhundert von 750-725 v.Chr. auf. Der einzige Schriftprophet, der aus dem Nordreich stammte und dort auch wirkte, hat seine Landsleute durch die letzte, sehr bewegte Phase des Staates Israel begleitet.

Drei Schwerpunkte seiner Verkündigung zeichnen sich ab:

1. In den letzten Jahren des nordisraelit. Königs *Jerobeam II. († 746 v.Chr.) dürften vor allem die Worte 2,4-15 und 4,4-5,7 ergangen sein. Es war eine Zeit der Waffenruhe und des Wohlstandes. Wirtschaft und Kultus florierten. Freilich verschärften sich gerade in diesen Jahren die sozialen Gegensätze, ging die Schere zwischen Reich und Arm immer weiter auseinander, grassierte kanaan. Religiosität und gefährdete zunehmend den Jahweglauben.

2. Die Verkündigung von 5,8-9,9 spiegelt die Situation des syrisch-ephraimitischen Kriegs (733 v.Chr.; 5,8ff) und die Jahre danach. *Aram und das Nordreich hatten vergeblich versucht, den judäischen König Ahas für eine Koalition gegen Assur zu gewinnen. Daraufhin belagerte man Jerusalem mit dem Kriegsziel, einen willigeren König einzusetzen. Ahas indes rief den assyr. Großkönig zu Hilfe, und der ließ sich nicht zweimal bitten. Die Folge: Eroberung von Damaskus und Untergang des Aramäerreiches 732 v.Chr.; Eingliederung der fruchtbarsten Landstriche Nordisraels in das assyr. Provinzialsystem. Nur ein Rumpfstaat »Ephraim« bleibt vorerst bestehen.

3. In die letzten Jahre des verbleibenden Rumpfstaates mit seiner Hauptstadt Samaria fallen die in 2,16f und 9,10-14,1 aufgezeichneten Worte Hoseas. 727 v.Chr. starb der Assyrerkönig Tiglatpilesar III.; der durch eine Palastrevolution auf den Thron von Samaria gekommene Hochea ben Ela (732-724 v.Chr.) knüpfte spätestens jetzt Kontakte mit der weiten Großmacht, nämlich mit Assyriens Erzfeind Ägypten, und stellte die Tributzahlungen ein (vgl. 2Kön 17,4). Assur antwortete mit einer radikalen Strafaktion; nach dreijähriger Belagerung wurde die Hauptstadt Samaria erobert und der Reststaat Ephraim 722 v.Chr. ebenfalls in eine assyr. Provinz verwandelt. Die Oberschicht der Hauptstadt wurde deportiert.

Stücke von Hosea 2,8-14 mit Kommentar (4Q p Hos[a]) aus der Höhle 4 von Qumran. Spätes 1. Jh.v.Chr. (RM)

II. ZUR PERSON HOSEAS.

Biographische Angaben über den Propheten, dessen Namen »Er (Jahwe) rettet« bedeutet, sind knapp. Wir erfahren gerade den Namen des Vaters: Beeri (1,1), der Frau: Gomer (1,3) und dreier Kinder (1,4ff: die Symbolnamen Jesreel, Kein-Erbarmen, Nicht-mein-Volk). Weder geographische Heimat noch Zeit und Umstände der Berufung des Propheten werden uns mitgeteilt, geschweige denn ein früherer Beruf. Die öffentlichen Auftritte des »freien, nicht...beamteten Sprechers« (H.W. Wolff) werden behindert und mit Spott übergossen: »Ein Narr der Prophet, verrückt (*meschūggā'*) der Geistesmann« (9,7), höhnen seine Gegner. Immerhin zeigt diese Stelle, daß Hosea, anders als Amos, die Bezeichnung *»nābī'«* (»Prophet«) für sich gelten ließ (vgl. 6,5; 9,8; 12,11.14). Das bedeutet, daß man ihn sich nicht als einen einzelgängerischen Oppositionellen vorzustellen braucht. »Er sieht sich selbst durchaus in Gemeinschaft mit anderen Propheten, vor allem als Glied einer Kette von prophetischen Jahweboten, die er bis auf Mose zurückführt.« (H.W. Wolff).

III. DER AUFBAU DES BUCHES.

Die Botenspruchformel »So spricht der HERR...« fehlt bei Hosea fast ganz. Das erschwert die Abgrenzung der einzelnen Verkündigungseinheiten gegeneinander. Da diese aber für ein gegliedertes und verstehendes Lesen unabdingbar ist, geben wir nachfolgend Umfang, Abfolge und Benennung der Perikopen im Kommentar von H.W. Wolff als Hilfe:

1,1: Titel des Buches; 1,2-9: Die Prophetenfamilie als Gottes Denkzeichen; 2,1-3: Der große Jesreeltag; 2,4-17: Verfahren wegen Treulosigkeit; 2,18-25: Der Tag des Neuen Bundes; 3,1-5: Wie Jahwes Liebe wirkt; 4,1-3: Rechtsstreit Jahwes mit Israel; 4,4-19: Hurengeist im Gottesdienst; 5,1-7: Der Erzieher der Unbekehrbaren; 5,8-7,16: Umkehr im Zusammenbruch?; 8,1-14: Windessaat bringt Sturmesmahd; 9,1-9: Das Ende der Festfreuden; 9,10-17: Verflogene Herrlichkeit; 10,1-8: Zerbrochene Altäre; 10,9-15: Krieg – Frucht falschen Vertrauens; 11,1-11: Konsequenz der Liebe; 12,1-15: Verrat am prophetischen Wort; 13,1-14,1: Aufruhr gegen den Retter führt zum Tode; 14,2-9: Heilung aus freier Liebe; 14,10: Der Schlußsatz des Überlieferers. Darüber hinaus kann man die Verkündigung Hoseas mit W. Rudolph in drei große Blöcke gliedern: Kap. 1-3; 4-11; 12-14.

IV. DIE BOTSCHAFT.

1. Alle Klage und Anklage, jedes Drohwort und Heilswort, das Hosea zu Israel sagt, basiert auf einer ganz bestimmten Auffassung des Verhältnisses zwischen Jahwe und Israel. Entzöge man Hosea diese Basis, wäre alles, was er verkündigt, ohne Überzeugungskraft. Hosea geht davon aus, daß Jahwe sich durch eine geschichtliche Heilstat aufs engste und in unverbrüchlicher Liebe Israel verbunden hat (11,1.4). Während andere Propheten das Verhältnis Jahwes zu Israel viel stärker in Kategorien des Rechts oder von Herrschaft und Gehorsam fassen, setzt Hosea eine fast partnerschaftliche Beziehung voraus, ein intimes und sehr verletzliches Vertrautsein, wie es aus dem Umgang zweier Personen miteinander erwächst. (Im hebr. Hosea-Text steht hierfür wiederholt das Verbum *jādāʿ*, »erkennen«, z.B. 2,22; 5,3f; 6,3; 8,2; 11,3; 13,4f). Von daher ist Gottes wichtigste Forderung, daß man in Israel dieser Liebesbeziehung entspreche und gegen Gott und die Mitmenschen *chäsäd* übe (4,1; 6,4.6; 12,7) – was man im Deutschen nur sehr unzureichend wiedergeben kann und am besten mit »Liebe und Treue« übersetzt. *Chäsäd* bezeichnet eine tiefe Verbundenheit zwischen Personen, die über das hinausgeht, was Recht und Pflicht ist, die nicht gesetzlich gesichert werden kann. Einen klassischen Ausdruck hat dieses Gottesverständnis in Hoseas auf das zukünftige Heil gerichtetem Wort bekommen: »Ich traue dich [Israel] mir an auf ewig; ich traue dich mir an um den Brautpreis von Gerechtigkeit und Recht, von 'Lieb und Treu' und Erbarmen. Ich traue dich mir an um den Brautpreis meiner Treue – dann wirst du Jahwe 'erkennen'« (2,21f).

Das von Hosea geprägte Ehegleichnis (2,4ff u.a.) hat freilich eine zweite Wurzel in der Auseinandersetzung mit dem kanaan. Mythos. Die kanaan. Sexualriten hängen mit der »Auffassung vom Land als Mutterschoß zusammen, der *Baals Regen als Sperma empfängt, und mit dem Kultbrauch der Heiligen Hochzeit, bei der in . . . sympathetischer bzw. imitativer Magie dieses Geschehen herbeigeführt wird, wenn Priesterin und König bzw. Kultdirne und Priester etc. sich miteinander vereinen« (J. Jeremias, S. 70). Jahwes Partnerin dagegen ist weder eine Göttin (es gibt neben ihm überhaupt keine weitere Gottheit mehr) noch Mutter Erde, sondern das Volk Israel, und seine Liebe ist nicht sexueller Natur; er liebt Israel freilich leidenschaftlich, aber eben im Sinne einer auf Dauer angelegten Lebensgemeinschaft. Darüber hinaus vergleicht Hosea Jahwes Liebe zu Israel auch mit der Liebe der Mutter, die den Säugling an ihre Wange hebt, sich zu ihm neigt und ihm zu essen gibt (vgl. 11,4 RevEB Anm.).

2. Die Hauptanklagepunkte in der Predigt Hoseas verstehen sich von daher fast von selbst. Mit immer wieder anderen Vokabeln zeiht Hosea Israel der schaudererregenden Untreue; die Schuld Israels liegt also primär auf der Beziehungsebene. Israel hat gehurt (1,2; 2,7; 3,3; 4,12-15; 9,1), will Jahwe nicht mehr kennen (2,10; 5,4; 11,3), vergaß ihn (2,15; 4,6 u.ö.), verhielt sich treulos (5,7; 6,7), täuschte (7,3; 10,13; 12,1) und betrog ihn (12,1.8), war die Falschheit in Person (10,2). Wie ein enttäuschter Ehemann steht Jahwe da; die ehebrecherische Frau ist ihren Liebhabern nachgelaufen (2,7.15; 11,2); »sie weiß es nicht, daß ich ihr gab Korn, Most und Olivensaft« (2,10). Hier wird deutlich, daß Jahwe den Wirkungsbereich des kanaan. Gottes Baal für sich beansprucht.

Der Maßstab, den Hosea anlegt, ist offensichtlich der *Dekalog, primär natürlich das erste und zweite Gebot (vgl. etwa 3,1; 8,4-6; 13,4), aber auch die ethischen Gebote (4,2). In deutlicher Akzentverlagerung zu Amos bleibt die Sozialkritik eher allgemein. *Chäsäd*, Liebe und Treue, werden in allen Lebensvollzügen vermißt (4,1); unter diesen Umständen bedeutet Jahwe der Kultbetrieb nichts (6,6, zitiert in Mt 9,13). Mit scharfen Worten nimmt Hosea die Stände ins Visier: Die Priester haben in ihrer ureigenen Aufgabe, »Gotteserkenntnis« zu vermitteln, versagt und das Volk, das doch von Leitbildern lebt und der Lehre bedarf, im Sündigen noch übertroffen (4,4ff; 5,1; 6,9).

Legitimation, Sinn und Zukunft des Königtums werden gar prinzipiell in Frage gestellt: »Von selbst machen sie Könige, wider meinen Willen« (8,4; vgl. 1,4; 3,4; 13,11). Schlimme Buhlerei schilt Hosea ihre schwankende Außenpolitik; statt bei Jahwe suchen sie Hilfe und Heilung durch Anbiederung an eine Großmacht wie Ägypten oder Assyrien: »Sie sind von sich aus hinaufgezogen nach Assur. Ein Wildesel bleibt für sich, Ephraim aber spendet Liebesgeschenke« (8,9; vgl. 5,13; 7,8ff; 10,4; 12,2).

Geschichtliche Reminiszenzen vor allem in Kap. 9-12 dienen Hosea dazu, die Schuld Israels als ein Phänomen »von Anfang an« aufzuweisen. Neben Exodus und Landnahme kommt besonders die Wüstenzeit als nur kurz währendes Glück der ersten Liebe zur Sprache (9,10; 13,5; vgl. 2,5.16f). An Ahnvater *Jakob zeigt Hosea die wurzelhafte Verderbtheit Israels (12,3ff), und Sauls Königtum war von vornherein eine Strafe Gottes (13,11). »Die theologische Bedeutung besteht darin, daß die Schuld der Gegenwart im Licht ihrer Anfänge als Schuld gegen den Gott der Liebe und Erwählung, gegen den Herrn der Heilsgeschichte aufgedeckt wird« (H.W. Wolff).

Im Kern lautet Hoseas Anklage, daß Israel Jahwe wie einen Baal feiert und Gottes Wirken damit auf die Garantierung von Fruchtbarkeit, Wohlstand und Erfolg reduziert, den eigenen Wohlstand statt den Geber der Gaben anbetet bzw. Wohlstandsanspruch mit Dankbarkeit verwechselt (J. Jeremias).

3. Das von Hosea angesagte Gericht hat den Charakter des Entzugs der Schöpfungsgaben und Heilsgüter. Kult und Königtum, ja das Land wird Israel wieder genommen werden. Assur wird das Land mit Krieg überziehen und die Bevölkerung in die Verbannung schleppen; Exodus und Landnahme wird Jahwe rückgängig machen: Israel muß nach Ägypten zurückkehren (8,13; 9,3.6; 11,5).

Ein Wiederheilwerden der zerbrochenen Beziehung ist nur durch das Gericht hindurch möglich. Jahwe trennt Israel von allen Quellen der Götzendienerei und allen Kulturgütern ab. Aber die neuerliche Wüste ist nicht nur Ort des Gerichts, sondern zugleich jener Nullpunkt, auf den Jahwe Israel zurückwirft, um die erste Liebe zu erneuern: »Drum seht, ich selbst locke sie jetzt. Ich bringe sie in die Wüste und umwerbe ihr Herz. Dann gebe ich ihr von dorther ihre Weinberge und die Ebene Achor als Tal der Hoffnung. Dorthin wird sie willig folgen wie in ihrer Jugend Tagen, wie damals, als sie aus dem Lande Ägypten heraufzog« (2,16f). So will das Gericht etwas völlig anderes als Vergeltung. Nachdem die Mahnung zur Umkehr immer wieder nichts gefruchtet hat, setzt Gott sein Liebesringen um sein Volk mit drastischeren Mitteln fort: Im Gericht versperrt er selbst den Zugang zu den Abgöttern (2,8). Das Gericht zielt auf »Umkehr« – 19mal begegnet dieses Schlüsselwort (hebr. *schūb*) bei Hosea! Schlußendlich aber stellt sich heraus, daß Israel sich nicht einmal durch Jahwes Gerichte vom unheilvollen Weg abbringen ließ (z.B. 11,7). Jetzt hilft nur noch eines: »Ich heile ihre Abtrünnigkeit, ich liebe sie aus freien Stücken«(14,5). Eine einzigartige Umkehr Gottes selbst (!), ein Umsturz in seinem Herzen (11,8) schenkt Israel das Leben: »Wie soll ich dich preisgeben, Ephraim, ich dich ausliefern, Israel? Wie kann ich dich preisgeben gleich Adma, dich wie Zebojim behandeln? Mein Herz kehrt sich gegen mich, meine Reue entbrennt mit Macht. Nicht vollstrecke ich meinen glühenden Zorn, nicht will ich wiederum Ephraim verderben. Denn Gott bin ich und nicht ein Mann, in deiner Mitte ein Heiliger. . .« (11,8f). »Damit aber weist die Hosea gewordene göttliche Offenbarung ganz deutlich hin auf den neuen Bund, der ja darauf gründet, daß Gott in Jesus Christus für die schuldige Menschheit das verdiente Gericht erleidet und der Liebe Raum gibt« (M. Holland, S. 19).

4. Daß in den symbolischen Handlungen von Kap. 1 und 3 die Frau jeweils das auf den Höhenheiligtümern fremdgehende Israel verkörpert, ist ebenso deutlich wie die Unheilsbedeutung des Sohnes »Jesreel« (vgl. 2Kön 9f) und der Töchter »Ohne Erbarmen« und »Nicht mein Volk«. Letzterer Name signalisiert den Widerruf von 2Mo 3,14; 6,7; 3Mo 26, 12! Bezüglich der Einzelheiten von Kap. 1 und 3 bleiben viele Fragen offen: »Handelt es sich um ein und dasselbe Ereignis oder zwei verschiedene, um ein und dieselbe Frau oder um zwei? Heiratete Hosea bewußt, in göttlichem Auftrag, eine Dirne oder erkannte er erst rückblickend, im Verlauf der Ehe, die Untreue seiner Frau?. . . Und welchen Sinn hat 'Huren' - eheliche Untreue, Tempelprostitution oder Teilnahme an Fremdkult, speziell an einem kanaan. Sexualritus?« (W.H. Schmidt). Viele Ausleger vermuten heute mit H.W. Wolff, daß Hosea von Gott geheißen wurde, eine jener Frauen zu heiraten, »die sich dem in Israel eingedrungenen bräutlichen Initiationsritus unterwarfen. . ., bei dem der Gottheit die Jungfrauschaft geopfert und damit Fruchtbarkeit erwartet wird« (S. 14f). Das ist eine plausible Erklärung von Kap. 1. Kap. 3 indes scheint eher von einer anderen Frau zu sprechen, und zwar von Kauf und Einsperrung einer Dirne. Diese Handlung kündigt an, daß Jahwe das hurerische Leben in Israel lahmlegen, und die mitschuldigen Institutionen, Königtum und Priestertum, zerschlagen wird.

V. DIE SPRACHE HOSEAS

Hosea fasziniert durch eine Fülle von Bildern und durch die Art, wie er sie frei gestaltet. Offenbar ist er in allen Lebensbereichen, besonders in der Tier- und Pflanzenwelt, zuhause. Wenn er Jahwe je nach seiner Aussageabsicht als Ehemann (2,4ff), Mutter (11,1ff), Arzt (7,1;11,3 RevEB; 14,5), Hirte (13,5f), Vogelfänger (7,12) zeigt und ihn sogar mit dem Löwen (5,14; 13,7), dem Leoparden (13,7), der Bärin (13,8), dem Tau (14,6), dem Regenguß (6,3) und dem fruchtbaren Baum (14,9) vergleicht, so waren dies schon phantasievolle Metaphern; vollends mußte der Vergleich Jahwes mit Eiter und Fäulnis« (5,12 RevEB) schockieren!

Im übrigen waltet im Hoseabuch durchgängig der Satzrhythmus: zwei- oder dreigliedriger Parallelismus membrorum (zwei bzw. drei Zeilen eines Verses sind eng aufeinander bezogen; s. *Dichtung).

I. DIE ÜBERLIEFERUNG DER HOSEAWORTE

Hat Hosea selber »Auftrittsskizzen« seiner mündlichen Vorträge angefertigt (so H.W. Wolff)? Oder haben seine Schüler eine frühe Niederschrift und wohldurchdachte Komposition) seiner Worte besorgt (so J. Jeremias)? Jedenfalls rechnen die meisten Ausleger mit einer mehrschichtigen, jeweils aktualisierenden judäischen Redaktion, greifbar etwa in 1,1; 1,7; 3,5; 4,15; 5,5b; 6,11. Flüchtlinge hätten beim Untergang Samarias 722 v.Chr. Hoseas Botschaft nach Juda mitgebracht. Manche Forscher führen den relativ schlechten Textzustand auf den langen Überlieferungsweg zurück.

Im hebr. Kanon fand die Verkündigung Hoseas an erster Stelle im Zwölfprophetenbuch Platz.

VII. WIRKUNGSGESCHICHTE.

J. Jeremias faßt im Vorwort zu seinem Kommentar zusammen: »Flüchtlinge brachten Hoseas Botschaft in den Süden. Sie wurde hundert Jahre später vom jungen Jeremia entschieden aufgegriffen und bestimmte zugleich stark das deuteronomische Programm, das seinerseits wiederum weite Teile der Spätschriften des Alten Testaments prägte.«

Hosea, den das NT nicht von ungefähr öfters zitiert (vgl. z.B. Mt 2,15: Hos 11,1; MT 9,13; 12,7: Hos 6,6; Lk 23,30: Hos 10,8; Röm 9,25ff: Hos 2,1.25; 1Kor 15,55: Hos 13,14; 1Petr 2,10: Hos 1,6.9; 2,25), hat uns die Geschichte Gottes mit Israel und mit der Gemeinde Jesu als leidenschaftliche »Liebesgeschichte« verstehen gelehrt und für die Beziehung Gottes zu seinem Volk die Metapher »Ehe« in die Sprache des bibl. Glaubens eingeführt – ein bedeutsamer Schritt in der Entwicklung des personalen Gottesbegriffes.

Literatur: M. Holland: Der Prophet Hosea, 1980; J. Jeremias: Der Prophet Hosea, 1983; W. Rudolph: Hosea, 1966; H.W. Wolff: Hosea, ³1976. W.G.

HOSIANNA. Dieser Ausruf, der im NT sechsmal vorkommt (Mt 21,9 [2mal].15; Mk 11,9f; Joh 12,13; immer im Zusammenhang mit dem Einzug Jesu in Jerusalem) stammt aus Ps 118,25: das hebr. *hoschij ʿāh nāh* (in dt. Übers. mit »Hilf doch« wiedergegeben) ist ein Bittruf an Jahwe der in den Tempel kommenden Wallfahrer, auf den die Priester beim Eintritt in das Heiligtum mit der Erteilung des Segens (Ps 118,26f) antworten. Ähnliche Bittrufe an Gott (Ps 12,2; 20,10; 28,9; 60,7; 108,7) oder den König (2Sam 14,4; 2Kön 6,26) finden sich oft im AT; singulär ist aber die Verbindung *hoschij ʿāh nāh* (Imperativform mit verstärkender Partikel) von Ps 118,25.

Erst in späterer Zeit wurde Ps 118 Teil der Liturgie beim Laubhütten- und Passafest, wo das aus Ps 113-118 bestehende »Hallel« (LÜ: »Lobgesang«, vgl. Mt 26,30; Mk 14,26: Nach dem Abendmahl sang es Jesus mit seinen Jüngern) gesungen wurde. Die Prozession der Priester um den Brandopferaltar beim Laubhüttenfest war begleitet vom wiederholten Rufen des »Ach Herr, hilf doch! Ach, so hilf doch!«, das aus dem H.-Ruf von Ps 118,25 entwickelt wurde (vgl. Sukka 4,5). Das Rufen war vom Schütteln des Feststraußes begleitet, der selbst als *Hoscha ʿna* bezeichnet werden konnte (b Sukka 37b). Die Wandlung des Laubhüttenfestes vom Bitt- zum Freudenfest brachte es mit sich, daß auch H. statt eines Hilferufes mehr und mehr zum Jubelruf wurde. So ist das Wort auch im NT zu verstehen, wo die Menge der galiläischen Festpilger Jesus einen triumphalen Einzug in Jerusalem bereitet, indem sie Ps 118,25f auf ihn anwendet. Da die messianische Deutung des Psalmes (und des gesamten Hallel!) im Judentum zur Zeit Jesu verbreitet war (vgl. J. Jeremias: Die Abendmahlsworte Jesu, S. 247-251; Bill. I, S. 849), und er im NT mehrfach auf Jesus bezogen wird (vgl. Mt 23,39; Lk 13,35; 19,38; Apg 4,11; 1Petr 2,7; Hebr 13,6), sollte die H.-Akklamation in der Einzugsperikope ebenfalls messianisch gedeutet werden, wie ja auch der Hinweis auf den messianischen Titel »Sohn Davids« (Mt 21,9; vgl. Joh 12,13: der König Israels) nahelegt. Bei Lk fehlt das H., weil es für griech. Leser ein unverständliches Fremdwort darstellt. Aber auch er bezeichnet den, der kommt, als König und ersetzt das H. durch »Friede sei im Himmel und Ehre in der Höhe« (Lk 19,38), das deutlich an Lk 2,14 erinnert. Somit ist auch bei ihm deutlich, daß der H.-Ruf dem gilt, der als Messias Heil und Frieden bringt. Später wird die messianische Deutung noch bei Eusebius (h.e. II, 23,14) bezeugt. Anzumerken ist noch, daß die dem hebr. Wort *hoschij ʿāh* zugrundeliegende Wurzel (»helfen«, »retten«) auch dem Namen Jesus (*Jehoschuaʿ*) zugrunde legt. Im urchristl. Gottesdienst fand der H.-Ruf liturgische Verwendung zu Beginn des Herrenmahls, das eingeleitet wurde mit: »Es komme die Gnade und vergehe diese Welt. Hosianna dem Gott (oder Sohn) Davids« (Did 10,6).

Literatur: E. Lohse: ThWNT IX, 1973, 682-684; W. Rebell: EWNT III, 1983, 1217f; J. Jeremias: Die Abendmahlsworte Jesu, ⁴1967, 246-252; ders.: Die Muttersprache des Matthäus, in: ABBA, 1966, 258-260; Bill. I, 845-850; H.J. Kraus: Theologie der Psalmen, BKAT XV/3, 1979, 243-245. R.D.

HUKKOK. (Hebr. *chūqoq* »Feld, Feldstück«). Nach Jos 19,34 ein Ort an der S-Grenze von *Naftali, im allg. mit Jakūk, 8 km westl. von *Kapernaum, identifiziert. Ein moderner Kibbuz in der Nähe trägt jetzt wieder diesen Namen. Doch da die Gleichsetzung nicht ganz ohne Schwierigkeiten ist, schlägt Y. Aharoni (LDB 273.442) Chirbet El-Dschemeimeh vor. 1Chr 6,60 nennt eine Levitenstadt H. in *Asser, aber das ist so gut wie sicher ein Schreibfehler für das in der parallelen Liste Jos 21,31 genannte *Helkat, in das die LÜ deshalb korrigiert.

Literatur: F.M. Abel: Géographie de la Palestine II, ³1967, 65. R.R.

HULDA. Diese Prophetin war die Frau Schallums, des Hüters der Kleider (entweder der priesterlichen oder königlichen Gewänder; sie lebte im zweiten (westl. ?) Bezirk Jerusalems.

HUFE
s. Maße u. Gewichte

Modell der Doppel- und Dreifach-Tore am herodianischen Tempel, die nach der im AT erwähnten, in Jerusalem wohnhaften Prophetin Hulda benannt waren. (JPK) (HC)

Nach der Auffindung des Gesetzbuchs im Haus des Herrn (2Kön 22,14; 2Chr 34,22), schickte der König *Josia den Hohenpriester Hilkija, den Schriftgelehrten Schafan und andere zu H., um den Fund von ihr begutachten zu lassen (ca. 621 v.Chr.). Sie erkannte das Buch als Wort Jahwes und prophezeite in seinem Namen Unheil gegen Jerusalem und Juda nach Josias Tod. Obwohl auch *Jeremia und *Zefanja zu jener Zeit weissagten, ist es bemerkenswert, daß H. in dieser kultischen Angelegenheit zu Rate gezogen wurde. M.B.

HUND
s. Tiere

HUNDERT, TURM DER
s. Hananel

Eine Frau und zwei Männer (möglicherweise Semiten), erleiden den Hungertod. Ausschnitt aus einem Relief am Aufweg zur Pyramide des Königs Unis, Saqqara (ca. 2400 v.Chr.).

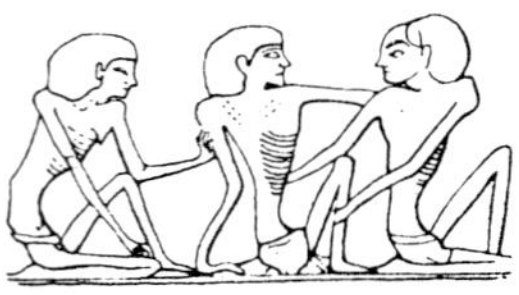

HUNGER UND DURST.
1. Im Gegensatz zum freiwilligen *Fasten sind H. und D. der von außen aufgezwungene Mangel an Speise und Trank. Das warme Klima des Vorderen Orients mit seinem regenlosen Sommer, die weiten Steppen- und Wüstengebiete machen H. und D. zu einer allg. Erfahrung (2Sam 17,29), wobei der Wassermangel besonders gefährlich ist. Man kennt auch die Täuschung des Wunschtraums: beim Erwachen sind H. und D. ungestillt wieder da (Jes 29,8). Nach überstandener Gefahr dankt man Gott, daß er gesättigt und getränkt hat (Ps 107, 5.9). Wie der Herr *Hagar und *Ismael in der Wüste (1Mo 21,15-19), *Simson nach seinem Sieg (Ri 15,18f) vor dem Verdursten bewahrte, so schafft er auch die Quellen, an denen das Wild seinen D. löscht (Ps 104,11), speist die Hungrigen (Ps 146,7; Lk 1,53) und läßt den Gerechten nicht darben (Spr 10,3).

2. Darum fordert Gott auch immer wieder auf, die Hungrigen zu speisen und die Durstigen zu tränken (Jes 21,14; 58,7.10; Hes 18,7.16; Mt 25,35.37), wobei auch der Feind mit eingeschlossen ist (Spr 25,21; Röm 12,20). Wer das unterläßt, macht sich schuldig (Mt 22,7; 25,42.44). Die *Ammoniter und *Moabiter sind von der Gemeinde des Herrn ausgeschlossen, weil sie Israel auf seinem Weg von Ägypten nicht mit Wasser und Brot entgegengekommen sind (5Mo 23,4f). Andererseits wird ein Becher kalten Wassers nicht unbelohnt bleiben (Mt 10,42; vgl. Spr 25,25). H. und D. gehören auch zu den Entbehrungen des Apostels (1Kor 4,11; 2Kor 11,27). Paulus weiß davon, satt zu sein wie zu hungern (Phil 4,12). Zur Stillung von H. und D. ist nach dem Gesetz das Traubenpflücken und Ährenraufen auf fremdem Eigentum erlaubt (5Mo 23,25f; Mt 12,1). Man erbarmt sich sogar des quälenden D.es des Gekreuzigten (Joh 19,28f). Umso unmenschlicher ist es, dem Hungrigen die Garben zu nehmen und den, der die Kelter tritt, dürsten zu lassen (Hiob 24,10f).

3. Fehlender Regen und Mißernten bringen Hungersnöte über das Land (Lk 15,17). Abraham begab sich deshalb nach Ägypten (1Mo 12,10), und Jakob fand in den sieben Hungerjahren mit seiner ganzen Familie dort Zuflucht (1Mo 41-46). In der *Urgemeinde veranlaßte die Voraussage einer Hungersnot z.Zt. des Claudius die Heidenchristen zur Hilfe für die Gemeinde in Jerusalem (Apg 11,28-30). In Kriegszeiten herrschten H. und Schwert (Jes 51,19; Jer 5,12; 14,15), als ihre Folge auch die Pest (Jer 27,8). Einer belagerten Stadt werden H. und D. vielfach gefährlicher als die Waffen des Feindes (2Chr 32,2.4.11; 2Kön 6,25; 7,12; 25,3). Sie führen zu unvorstellbaren Zuständen: schließlich essen Frauen ihre eigenen Kinder (5Mo 28,53-57; 2Kön 6,28f; Klgl 2,19f; 4,4-9f; 5,10). Daher werden in den Weissagungen immer wieder H. und D. als Gerichtszeichen genannt (5Mo 28,48; 32,24; Jes 5,13; 65,13; Hes 5,12.16f).

4. In der Wüste entgingen die Israeliten dem Untergang durch H. und D. nur durch die Hilfe Gottes, der ihnen Wachteln, Manna und Wasser aus dem Felsen bescherte (2Mo 16; 17,1-7; 4Mo 20,1-13). Es gehörte mit zu den eindringlichsten Erfahrungen der Wüstenwanderung, daß sie in dieser Zeit nicht gedürstet noch gehungert hatten (Neh 9,15.20; Ps 78,15-20; Jes 48,21). Entsprechend kennzeichnet es die kommende Heilszeit, daß aller H. und D. gestillt werden wird (Jes 41,17f; 49,10 und Offb 7,16; Jes 55,1 und Offb 21,6; 22,17). Doch handelt es sich nicht mehr allein um die Befriedigung leiblicher Bedürfnisse. Das Wasser, das Gott auf das Durstige ausgießen will, ist sein Geist (Jes 44,3). Dieses lebendige Wasser vermittelt Jesus, und wer es empfangen hat, wird nicht mehr D. noch H. leiden (Joh 4,10-15; 6,35; 7,37-39). Auch das ungestillte Verlangen nach Gerechtigkeit (Mt 5,6; Lk 6,21), nach Gottes Wort (Am 8,11. 13) und nach Gott selber (Ps 42,3; 63,2; 143,6) wird einst gestillt. Wer aber Falsches vom Herrn verkündigt, läßt die Hungrigen aushungern und wehrt den Durstigen das Trinken (Jes 32,6).

HUR. (Hebr. *chūr*, »Kind«? s.a. *Hori/Horiter).
1. Ein Israelit, der zusammen mit Aaron Mose in der Schlacht gegen Amalek bei Refidim die Hände stützte (2Mo 17,10.12). Bevor Mose auf den Berg Sinai stieg, ordnete er an, daß H. Aaron bei etwaigen Rechtsstreitigkeiten zur Seite stehen sollte (2Mo 24,14).

2. Ein Nachkomme Kalebs (1Chr 2,19-20) und Großvater *Bezalels (2Mo 31,2; 35,30; 38,22; 1Chr 4,1; 2Chr 1,5).

3. Einer der fünf Könige der Midianiter, die mit Bileam von den Israeliten (4Mo 31,8; Jos 13,21) getötet wurden.

4. Der Vater eines von Salomos zwölf Amtsleuten (1Kön 4,8). Der Mann, dem der Distrikt im Gebirge Ephraim unterstand, wird nicht mit Namen genannt.

5. Der Vater Refajas, der beim Wiederaufbau der Mauern half und zur Zeit Nehemias Vorsteher des halben Bezirkes von Jerusalem war (Neh 3,9). T.C.M.

HURE, HUREREI. Nicht unbegründet wird die Prostitution als das älteste Gewerbe der Menschheit bezeichnet. Mit der Erschaffung des Menschen als Mann und Frau (1Mo 1,27) am Anfang ist auch eines der großen Themen gestellt, die die Menschheitsgeschichte bestimmt haben. Trotz unmißverständlicher Unvereinbarkeit mit dem Willen Gottes gehört die Prostitution zur gesellschaftlichen Wirklichkeit des Lebens im AT wie im NT.

I. ZUR ZEIT DES ALTEN TESTAMENTS.
Zur Zeit des AT gehörte die Prostitution wie selbstverständlich zu den gesellschaftlichen Gegebenheiten. Dafür gibt es mehrere Anhaltspunkte:

1. Zahlreiche sprachliche Hinweise
Jedes ungeregelte, unrechtmäßige geschlechtliche Verhalten zwischen Mann und Frau galt als Hurerei, hebr. *zenut* (*zona*, »Hure«). Die einfache Gleichsetzung von *zānah*, »huren«, mit Verben wie »entweihen« (*hālal* 3Mo 19,29; 21,9), »sich verun-

reinigen« (*tāmā'*, Ps 106,39 Hes 20,30; 23,30; Hos 5,3) u.ä., sogar »ehebrechen« (*nā'ap*, Jer 13,27; Hos 4,13f) läßt dabei keinen Zweifel an der ethischen Einordnung. Hurerei ist vom Anspruch des göttlichen Willens her eine Schandtat, die vor Gott nicht bestehen kann und entsprechend schwer bestraft wird (1Mo 38,24; 3Mo 19,29; 20,6; 21 9; 5Mo 22,21; Ps 73,27).

Der göttlichen Ächtung entspricht eine menschlich-moralische in der Weisheit. Die Warnungen vor der Verführerin (Spr 2,16ff; 5,1ff; 6,20-7,27) kommen aus der Erfahrung von Liebe und Schmerz und zerbrochenen Beziehungen. Im Unterschied zum Ehebruch, der speziell die geschlechtliche Exklusivität durch den Verkehr mit einem/r Fremden durchbricht (es kann auch von der Hurerei eines Mannes gesprochen werden 4Mo 25,1), ist Hurerei im theologisch normativen Sinn allg. als jede Art geschlechtlicher Beziehung *außerhalb* und *vor der Ehe* aufzufassen (vgl. 5Mo 22,20.21).

2. Die historischen Verhältnisse.

Neben der in allen Völkern wie Gesellschaftsschichten verbreiteten Gelegenheits- und gewerblichen Prostitution (vgl. 1Mo 38,15.24, 5Mo 22,21; Ri 19,2) war das atl. Gottesvolk besonders für die kultische Prostitution anfällig. Die Attraktivität des kanaan. Baalismus (Verehrung des männlichen Baal und der weiblichen Astarte) in Fragen agrarischer und familiärer Fruchtbarkeit (bis hin zu Menschenopfern) muß sehr groß gewesen sein. Es ist eine nüchterne Tatsache und vielfach zu belegende Erfahrung, daß der Mensch über seine Geschlechtlichkeit verführbar ist. Nur auf diesem illusionslos gezeichneten Hintergrund ist die scharfe Polemik der Propheten zu verstehen (z.B. Jer 2,24f; 3,1ff; Hes 16,15ff; 23,1ff; Hos 4,10ff), die mit der kultischen Prostitution zugleich die Untreue gegenüber dem Gott Israels brandmarken (vgl. 3Mo 20,5.6; 17,7; 4Mo 14,33; 15,39; 25,1; Ri 2,17; 8,27.33; Jes 23,17; Ps 73,27; 106,39 u.ö.). Die Berichte über einzelne Kultreformen sprechen ausdrücklich auch von der Existenz von am Tempel für solchen Dienst angestellten Dirnen und männlichen Hierodulen (1Kön 14,24; 15,12; 22,47; 2Kön 23,7), die in der Bevölkerung offensichtlich ein gewisses Ansehen genossen.

3. Die theologische Wertung.

Es gibt keinen bibl. Text, in dem die Prostitution, aus welchem Anlaß und zu welchem Zweck auch immer, gutgeheißen würde. Sowohl in Einzelfällen (1Mo 38) wie auch allg. und grundsätzlich verwickelt sich der Mensch, ob Mann oder Frau, damit in Schuld, ergeben sich daraus auch belastende menschliche Verwicklungen. Ein anschauliches Beispiel für den Zusammenhang von geschlechtlicher Verführung und Abirrung, Zerrüttung menschlicher Ordnung und der Verletzung der Heiligkeit Gottes ist Davids Ehebruch mit *Batseba und in dessen Folge die Liquidierung ihres Ehemannes *Uria (2Sam 11; vgl. Wolff, S. 253-256).

Die von Gott gewollte und bejahte Geschlechtlichkeit hat ihren Ort ausschließlich in der *Ehe als dem exklusiven, lebenslänglich intendierten Verhältnis zwischen einem Mann und einer Frau. So war das 6. Gebot (2Mo 20,14) nötig, um diese von Gott gesetzte einmalige und ausschließliche Verbindung von Mann und Frau gegen ihre ständige Gefährdung und Versuchung zu schützen. Ein Einbruch in diesen Schutzraum zerstörte nicht nur die Vertrauensgemeinschaft zwischen Mensch und Mensch. Er hatte (und hat) verheerende Folgen im ganzen gesellschaftlichen Zusammenleben und löst die glaubensmäßige Rückbindung an Gott auf. Auf diese Erkenntnis stützte sich z.B. der Rat des Sehers Bileam, der so das Gottesvolk schwächen sollte (4Mo 25,1f; 31,16; vgl. Offb 2,14).

Eine mit der theologischen Wertung zusammenhängende Begründung für die Ächtung der Hurerei liegt umgekehrt auch in der individuellen und nationalen Ehre jungfräulicher Unberührtheit der unverheirateten Frau (Locher, 237).

Am prophetischen Bild der politischen Hurerei wird der enge Zusammenhang zwischen Glaube und Geschlechtlichkeit deutlich. Der Abfall des Gottesvolkes zu den kanaan. Gottheiten mit ihrem Fruchtbarkeitskult bedeutet den Treuebruch gegenüber Gott. Dies gilt aber auch insbesondere für die außenpolitischen Entscheidungen des Königs und seiner Minister. Marksteine der Geschichte Israels sind die Stationen, an denen es darum ging, entweder sich allein

Syrische männliche Kultfigurine aus dem frühen 2. Jt.v Chr. (Mittlere Bronzezeit II A), Flachguß in Metall Höhe 23,7 cm. (BM)

Diese Goldfigurine der babylonischen Göttin Lama, die als Fürsprecherin galt, könnte als Amulett getragen worden sein. Frühes 2. Jt.v.Chr. (BM)

auf die Hilfe Gottes zu verlassen und stillzuhalten, oder aus politischer Einsicht heraus sich eigenmächtig menschliche Bündnispartner oder Fluchtwege zu suchen und Gottes Macht damit zu diskreditieren (vgl. 2Mo 14,10-14; 4Mo 13,25-14,9.39-45; Jos 6; Ri 7; 1Sam 11; 24,5-8.11; 26,8f; 2Kön 6,15f; 2Chr 35,20-24; Jes 7,1-9; 28,15f; 30,15f; 36f). Das darin zum Ausdruck kommende mangelnde Vertrauen auf die größere Macht Gottes wird von den Propheten wiederum im Bild der Hurerei gebrandmarkt. Besonders Hesekiel klagt das Volk solcher politischer Hurerei an, und auch bei Jeremia finden wir dasselbe Motiv (Jes 2,21; Jer 2,25; 3,2; 22,20; Hes 16,15.25-34.57; 23,1-21). Letztlich wird Hurerei damit zum Ausdruck für den Glaubensabfall par excellence.

II. IM NEUEN TESTAMENT.

In ntl. Zeit sah die Situation in Judäa wie im übrigen röm. Reich nicht viel anders aus:

1. Sprachliche Bedeutung.

Das griech. Wort *porneía* (davon die deutsche Ableitung »Porno«, »Pornographie«) entspricht dem hebr. *zenut* im Sinne von »Unzucht, Hurerei« (*porneúo*, »Unzucht treiben«, *porné*, »Prostituierte, Dirne«, *pórnos*, »Unzüchtiger, Hurer«) und beschreibt die verschiedenen Weisen außerehelicher sexueller Verhaltensweisen, die von der gesellschaftlichen oder rel. Norm abweichen (auch Homosexualität, Promiskuität, Pädophilie u.ä.). Im Unterschied zum umgangssprachlichen Koiné-Griechisch konnte in der jüdisch-rabbinischen Tradition *porneía/zenut* speziell auch die unerlaubten Verwandtschaftsehen nach 3Mo 18,6-18 im Sinne von Blutschande/Inzucht bezeichnen. Diese Bedeutung wird von vielen Auslegern gern hinter dem Verbotskatalog des Apostelkonzils (Apg 15,29) gesehen.

2. Historische Verhältnisse.

Auch im ntl. Judentum gab es Prostitution. Dies ergibt sich aus einzelnen Aussagen in den Evv. (Mt 21,31f; Mk 7,21; andeutungsweise Lk 7,36ff). Umgekehrt setzen die Bestimmungen des *Talmud die Tatsache der Prostitution voraus. Der Nachdruck der ntl. Belegstellen liegt jedoch auf der Auseinandersetzung des christl. Glaubens mit der hellen.-röm. Kultur im missionarischen Vordringen. Die rel. Ächtung der Hurerei im Judentum findet in diesem Raum keine Entsprechung. Insbesondere der wirtschaftliche und kulturelle Umschlagplatz der Hafenstadt *Korinth mit ihrer verbreiteten Tempelprostitution bot einen breiten Nährboden ungebundene Geschlechtlichkeit, die auch für die neu entstandene christl. Gemeinde zur Herausforderung werden konnte (1Kor 5,1ff; 6,12ff).

3. Theologische Wertung.

Die Aussagen des Paulus zur Prostitution machen unmißverständlich klar, daß Unzucht neben anderen Untugenden vom Reich Gottes ausschließt und dem Götzendienst gleichgestellt wird (1Kor 6,9f; Gal

5,19-21; vgl. Offb 21,8; 22,15). Zwischen der christl. Gemeinde und den Unzüchtigen besteht eine rigorose Trennung. Dies hängt wie in den Aussagen des AT damit zusammen, daß Geschlechtsverhalten und Gottesbeziehung zusammengehören (1Kor 6,13-19). Dabei geht es nicht um moralische Ansichten. In der Bibel wird damit das tiefe Geheimnis zum Ausdruck gebracht, daß die Einheit, Einzigkeit und Ausschließlichkeit der ehelichen Gemeinschaft von Mann und Frau in der Einheit, Einzigkeit und Ausschließlichkeit Gottes selbst begründet ist. So kann der Prophet Maleachi mit unvergleichlicher Schärfe und Prägnanz zur Treue am »Weib deiner Jugend« auffordern und sagen, daß Gott die Scheidung haßt (Mal 2,10-16; der Anfang von V. 16 ist als Ausspruch Gottes »Ich hasse die Scheidung« zu übersetzen). Der bei ihm erstmals auftretende Abstrakt-Begriff *»Bund« für die Ehe ist der gleiche, der auch das Bundes- oder Verpflichtungsverhältnis zwischen Gott und seinem Volk beschreibt. In dieser Linie ist dann schließlich das Bild der *Ehe und des Verhältnisses von Mann und Frau in Eph 5,22f zu verstehen.

Die Trennlinie zwischen Unzüchtigen und Gemeinde ist aber durchlässig. Ein Unzüchtiger, eine Hure können zum Glauben kommen (Mt 21,31; 1Kor 6,11). Dies geht so weit, daß eine Hure im Stammbaum Jesu erscheint (Mt 1,5; vgl. Jos 2,1; Hebr 22,31; Jak 2,25). Im Unterschied zum atl.-jüd. Verständnis sind Unzüchtige nicht grundsätzlich aus der Gemeinde ausgeschlossen. Unzucht/Hurerei ist wie jede andere Sünde vergebbar (Mt 12,31). Durch die Versöhnung in Christus ist ein Neuanfang möglich, der zugleich eine Abkehr vom alten, unzüchtigen Leben bedeutet (1Kor 6,11). Insofern eröffnet das Angebot des Evangeliums, das aus der illusionslosen Wirklichkeit der gesellschaftlichen Verhältnisse keinen Hehl macht, eine hoffnungskräftige, verändernde Perspektive.

Literatur: F. Hauck, S. Schulz: ThWNT VI, 1959, 579-595; J. Kühlewein: THAT I, [4]1984, 518-520; C. Locher: Die Ehre einer Frau in Israel, 1986; H. Reißer: TBLNT II, [4]1986, 1506-1509; H.W. Wolff: Anthropologie des Alten Testaments, [2]1974 C.D.St.

HUSCHAI. Die Geschichte von H., dem Arkiter (vgl. Jos 16,2), seine Ergebenheit dem König gegenüber und seine Bereitschaft, einen gefährlichen Auftrag für ihn durchzuführen, hat modellhaften Charakter (2Sam 15, 32ff). Die Ankunft H.s auf den Höhen östl. von Jerusalem, wo David Halt machte, sowie seine erfolgreiche Mission machten den Rat *Ahitofels zur Torheit und waren die Antwort auf Davids Gebet (V. 31). In einer Liste von Davids Beamten führt der Chronist auch H. als »des Königs Freund« auf (1Chr 27,33; vgl. 2Sam 15,37). Baana, H.s Sohn, erscheint auf der Liste von Salomos Amtsleuten (1Kön 4,7.16). G.T.M.

HUSCHIM. »Die sich beeilen«.
1. Sohn Dans (1Mo 46,23), der in 4Mo 26,42 Schuham genannt wird.
2. Sohn des Benjaminiten Aher (1Chr 7,12).
3. Eine der beiden Frauen Schaharajims, die Mutter von Abitub und Elpaal (1Chr 8,8.11). G.W.G.

HÜTER. Das Wort bezeichnet zunächst den *Hirten, insbesondere den Schafhirten (1Sam 17,20; das gleiche Wort wird 1Mo 4,9 gebraucht), aber auch in übertragener Bedeutung Gott als den H. Israels (Ps 121,4). Im Hohenlied werden Hüterin und H. der Weinberge genannt (Hld 1,6; 8,11.12 LÜ: Wächter). Die Leviten, die das Heiligtum zu bewachen hatten, heißen »Hüter (an) der Schwelle« (2Kön 23,4; 1Chr 9,22.23), Torhüter (Neh 3,29; 1Chr 26,1-12; 1Chr 9,17f). Ob der H. der Kleider (2Kön 22,14) das Amt eines Kleiderverwalters im Tempel oder im Königspalast innehatte, ist unbekannt. Hofbeamte waren die pers. Haremsaufseher, die H. der Frauen und der Nebenfrauen (Est 2,8.14.15). Unter den »Hütern im Hause«, die im Alter anfangen zu zittern (Pred 12,3), werden die Hände verstanden.

HYMENÄUS. Ein Irrlehrer, der zusammen mit *Alexander (1Tim 1,19-20) und Philetus (2Tim 2,17) genannt wird. Paulus' Übergabe von Hymenäus und Alexander an den Satan läßt an 1Kor 5,5 denken; beide Passagen wurden als Exkommunikation (d.h. Ergeben in Satans Wirkungskreis) und Auferlegung körperlicher Strafe ausgelegt. Dies ist keineswegs unvereinbar, die verbale Ähnlichkeit mit Hiob 2,6 sowie mit verschiedenen anderen erzieherischen Handlungen in der apostol. Kirche (vgl. Apg 5,3-11; 8,20-24; 13,9-11; 1Kor 11,30) lassen vermuten, daß physische Folgen zumindest eingeschlossen waren. Auf alle Fälle war die Züchtigung – wenn auch drastisch – doch gnädig und heilend in ihrer Absicht. Jedoch hatte sie noch keine Reue hervorgerufen, als 2Tim 2,17 geschrieben wurde. Die Irrlehre des H. und anderer, die im bildhaften, medizinischen Begriff mit »wie ein Brand fressend« beschrieben wird, lastete noch immer auf Paulus' Herzen. H.' Lehre bestand in einer »Vergeistigung« (Spiritualisierung) der Auferstehungslehre (einschließlich des Jüngsten Gerichts), der gegenüber das griech. Denken schon immer abgeneigt war. In *Korinth hatte es bereits ähnliche Mißverständnisse gegeben (1Kor 15,12). In der griech. Mythologie ist H. der Name des Hochzeitsgottes. A.F.W.

HYMNUS. Das griech. Wort *hymnos* wird als Bezeichnung von Liedern oder Oden verwendet, die das Lob von Göttern oder Helden zum Inhalt haben; gelegentlich benutzen es auch die LXX-Übersetzer, um das Lob Gottes in Liedform zu beschreiben, z.B. Ps 40,4; 65,1; Jes 42,10. Im NT taucht das Wort nur in Eph 5,19 und Kol 3,16 auf, als Verb *(hymneō)* in Mt 26,30 sowie in der Parallelstelle Mk 14,26 (jeweils bezogen auf das Singen des zweiten Teils des Hallel: Ps 115-118), in Apg 16,25 (wo Paulus und Silas im Gefängnis singen) und in Hebr 2,12 (ein Zitat aus Ps 22,23, LXX). Es ist jedoch klar, daß das Singen geistlicher Lieder ein Merkmal des Lebens in der apostol. Gemeinde war, wie es in 1Kor 14,15.26; Jak 5,13, den christl. Lobgesängen, aufgezeichnet von Lukas, sowie in den Doxologien an anderen Stellen im NT bezeugt wird. Sie waren spontaner Ausdruck christlicher Freude, ein Mittel der Unterweisung im Glauben (Kol 3,16) und ein integraler Bestandteil des Gottesdienstes in der Synagoge. Die Dreiteilung in Psalmen, *Lobgesänge und geistliche *Lieder *(ōdai)* kann nicht streng vorgenommen werden, da die Begriffe einander überlappen. Trotzdem kann man zwei Kompositionsstile unterscheiden. Der erste richtete sich in Form und Stil nach dem Psalm des AT und war ein christl. Gegenstück zu den psalmodischen Schriften, z.B. den Psalmen Salomos und der Zeit v.Chr. oder den Erntedanklobgesängen *(Hōdājōt)*, der *Qumran-Sekte. In diese Kategorie fallen auch die folgenden Lobgesänge: Lk 1,46-55 (Magnificat); 1,68-79 (Benedictus); 2,29-32 (Nunc Dimittis). Die zweite Gruppe besteht aus Doxologien (wie Lk 2,14; 1Tim 1,17; 6,15-16; Offb 4,8.11; 5,9.12-13; 7,12; etc.), die wohl auch in gemeinsamen Gottesdiensten gesungen wurden. Einige andere Passagen werden von Kommentatoren als Lobgesänge beschrieben, wobei die Majestät des Themas den Schreiber zu poetischer Sprache veranlaßte, z.B. 1Kor 13; Röm 8,31-39; Eph 1,3-14; Phil 2,5-11. Es ist jedoch ungewiß, ob sie vertont waren oder liturgisch vorgetragen wurden. Fragmente liturgischer oder Glaubensformeln wurden in Eph 5,14; 1Tim 3,16; 2Tim 2,11-13; Tit 3,4-7 entdeckt.

Literatur: K.H. Bartels: TBLNT II, [4]1986, 906-911; G. Delling: Der Gottesdienst im NT, 1952; C. Westermann: Das Loben Gottes in den Psalmen, 1954; G. Schille: Frühchristliche Hymnen, 1962; P.G. Walsh, C. Hannick: TRE XV, 1986, 756-770.
J.B.Tr.

HURITER
s. Hiwiter

HUSAM
s. Teman

HÜTTE
s. Haus;
Stiftshütte;
Zelt

HYAZINTH
s. Edelsteine

Gegenüberliegende Seite: Die Göttin Baalath, die »Herrin von Byblos«, nimmt ein Trankopfer des Königs Yehawmilk von Byblos entgegen, das er ihr anbetend darbringt. Darunter ein phönizischer Text Höhe der Stele 1,13 m. Ca. 450 v.Chr. (MC)

IBZAN. Aus Ri 12,8-10 ist bekannt, daß I. als Nachfolger von Jeftah sieben Jahre Richter in Israel war. Nach der Schilderung seines Reichtums – er hatte dreißig Söhne – scheint er ein einflußreicher Mann gewesen zu sein. I. stammte aus *Bethlehem (in Sebulon, Jos 19,15, etwa 11 km westnordwestl. von Nazareth gelegen) und wurde dort auch begraben. In der Annahme, daß es sich um Bethlehem in Juda handelte, identifizierten ihn jüd. Kommentatoren mit *Boas.

J.P.U.L.

ICH-BIN-WORTE.

I. HERKUNFT UND BEDEUTUNG.

Die Aussage: »Ich bin. . .« (griech. *Ego Eimi*; hebr.: *'Anī hū'*) im Munde Jesu ist als indirekte Offenbarung seines messianischen Sendungsbewußtseins zu verstehen. Das zeigt das entscheidende Bekenntnis: »Ich bin es« (nämlich »der Messias und Gottessohn«, Mk 14,62), auf das alle Ich-bin-Worte bezogen sind. Dieser dem Christus eigentümliche Sprachgebrauch ist hinsichtlich der Herkunft und des heilsgeschichtlichen Gewichts mit den Hoheits- bzw. Huldformeln zu vergleichen, mit denen Gott im AT durch ein »Ich bin. . .« seinen Namen und sein heilbringendes Handeln offenbart. Das zeigen vor allem die johanneischen Schriften: Nach dem vierten Ev. bezeugt sich der irdische Jesus mit den *Ego-Eimi*-Aussagen als der von Gott in die Welt gesandte Sohn und als Bringer des Heils; in der Offb bekundet sich der erhöhte Christus mit Hoheitsaussagen Gottes als der Erste und Letzte (1,17; 22,13, vgl. Jes 44,6; 48,12). Die aus gnostischen Texten (Oden Salomos, mandäisches Schrifttum) stammenden Parallelen sind erheblich später entstanden und können deshalb für die Ich-bin-Worte Jesu nicht vorausgesetzt werden.

II. ALTES TESTAMENT.

Die Hoheitsaussagen und heilsgeschichtlichen Zusagen, mit denen Gott in einem Ich-bin-Wort seine Heiligkeit, Hoheit und Hilfe für Israel im AT offenbart, sind Entfaltungen des Gottesnamens, wie er nach 2Mo 3,14 dem Mose offenbart wurde. Der durch das geheimnisvolle »Ich bin, der Ich bin« gedeutete Name JHWH meint - wie der erläuternde Kontext zeigt (2Mo 3,15-17; vgl. 6,2-8) – die Zeitüberlegenheit Gottes, ferner seine Bereitschaft, sich in der Zeit heilsgeschichtlich zu verwirklichen und Israel aus seinem Elend herauszuführen. Als der Seiende umgreift Gott die Urzeit und die Endzeit, und verwirklicht sich dadurch, daß die Welt durch sein Wort entstand, das er auch in der Endzeit sprechen wird (so Targum Neofiti zu 2Mo 3,14). In diesem Sinne wird 2Mo 3,14 auch im Lied Moses gleichsam ausgelegt (5Mo 32,39): Das »Ich, Ich bin« (*'anī anī hū'* V. 39a) bedeutet die Ewigkeit (V. 40) und die Ausschließlichkeit Gottes (V. 39b), dann seine Herrschaft über Tod und Leben (V. 39c), seine Macht, zu schlagen und zu heilen (V. 39d) und seine Unüberwindlichkeit (V. 39e.41). Auch diese Aussage wurde eschatologisch gedeutet: Wer das Leben schenkt, kann auch die Toten wieder beleben, und als Herr der Welt wird er im Endgericht offenbar (Midrasch r. zur Stelle). Vor allem hat Jesaja den Gottesnamen durch Ich-bin-Worte ausgelegt, in denen Gott auf die von ihm selbst aufgeworfene Frage: »Wer?« (40,12ff; 41,2ff; 44,7) auf dem Forum der Welt Antwort gibt, die heidnischen Götter als Nichtse verurteilt, dem gedemütigten Israel die Einzigkeit und Wirklichkeit seines Herrn vor Augen führt und ihm die baldige Erlösung durch einen neuen Exodus zusagt. In Jes 42,8 gibt Gott wie in 2Mo 3,14 seinen Namen JHWH kund, der in 43,10-13 durch ein doppeltes »Ich bin« auf den Retter und Lenker der Geschichte (V. 11, vgl. 45,21; 46,10) gedeutet wird: die Welt soll »an mich glauben und erkennen, daß ich es bin« (V. 10). Die Einzigkeit Gottes wird betont: »Vor mir ward kein Gott gebildet und nach mir wird keiner sein« (V. 10b); »Ich bin der Erste und der Letzte« (44,6; 48,12). Gott ist der Schöpfer von Himmel und Erde (48,13), »der das Licht bildet und die Finsternis schafft, der Heil wirkt und Unheil schafft« (45,7); dieser einzige Gott und Herr der Heerscharen ist »der König Israels und sein Erlöser« (44,6); der Tröster, der die Furcht vor den sterblichen Menschen vertreibt (51,12).

III. NEUES TESTAMENT.

1. Die Antwort: »Ich bin's«, die Jesus auf die Frage nach seiner Messianität und Gottessohnschaft vor Kaiphas abgelegt hat (Mk 14,62), führte zum Todesurteil. Freilich darf man dies nicht so deuten, als habe Jesus dabei den verbotenen Gottesnamen (*schem hamephōrash, 'anī wehū'*) ausgesprochen und sich dadurch des todeswürdigen Vergehens der Blasphemie schuldig gemacht; vielmehr wurde der Messiasanspruch als gotteslästerlich verurteilt. Dieses »Ego Eimi« der Passionsgeschichte wird weniger durch das »Ich bin's« beim Seewandel (Mk 6,50 par) vorbereitet als vielmehr durch die Aussagen: »Ich bin gekommen, um. . .« (bzw. »der Menschensohn ist gekommen, um. . .«; Mt 5,17; 11,19; Mk 2,17; 10,45; Lk 9,56; 19,10). Diese »Elthon-Worte« sind nicht etwa Bildung der über Jesu Wirken reflektierenden Gemeinde (R. Bultmann), sondern echtes Jesuszeugnis, in dem sich dieser als Gesandter vorstellt (vgl. *apestálēn* Mt 15,24) und seinen Auftrag, das am Kreuz endende Erlösungshandeln, bekanntgibt. Anders als die falschen Messiasse, die sich selbst verkündigen: »Ich bin der Christus!« (Mt 24,5), wies Jesus nur indirekt auf seine messianische Sendung hin, indem er von seinem Auftrag sprach.

2. Auch die Ich-bin-Worte des JohEv.s sind vom Botenrecht her zu verstehen (vgl. 5,24; 6,35-38); in ihnen wird das »Ich« stark betont. Das »Ego Eimi« spricht der »vom Himmel« zur Erde herabgestiegene Menschensohn (3,13), der als Gesandter den sendenden Vater vor den Menschen vertritt (6,38f; vgl. Mischna Berakhoth 5,5). Die Sendung von Gott her sowie die Tatsache, daß der göttliche *Logos auch Mittler der Weltschöpfung war (1,3), erklärt und rechtfertigt die Hoheit der Ich-bin-Worte im vierten Ev. und besonders deren bewußte Anlehnung an entsprechende Selbstaussagen Gottes im AT, vor allem bei Jesaja. Sie bilden das positive Gegenstück zu dem »Ich bin nicht«, mit dem *Johannes der Täufer bestritt, der endzeitliche Prophet oder der Messias zu sein (Joh 1,20f). Und anders als bei den Selbstaussagen Gottes bei Jesaja sind bei den meisten Ich-bin-Worten Jesu bildliche Ausdrücke als Prädikate verwendet: »Ich bin das Brot des Lebens« (6,35.41.48.51); »Ich bin das Licht der Welt« (8,15; 9,5), »die Tür zu den Schafen« (10,7.9), »der gute Hirte« (10,11.14) und »der wahre Weinstock« (15,1.5). Mit diesen Bildern bezeichnet sich Jesus als Bringer des ewigen Lebens. Hoheits- und Heilsaussage fallen zusammen; denn was Jesus nach diesen Aussagen ist, bietet er den Menschen als endzeitliche Gabe an. Der vom Vater gesandte Sohn gibt ja sich selbst für die Menschen dahin, sühnt durch seinen Tod die Sünde der Welt und schenkt damit die Gabe des ewigen Lebens, den Zugang zu Gott. Das kommt in den unbildlichen Ich-bin-Worten zum Ausdruck: »Ich bin die Auferstehung und das Leben« (11,25); »Ich bin der Weg, die Wahrheit und das Leben« (14,6). Als Mittler von Gottes Gnade führt Jesus den bei Jesaja verkündigten Heilsplan Gottes im Weltmaßstab und im Horizont der Endzeit durch (Joh 1,29; 3,16 vgl. Jes 43,25; 53,4-12; 55,1-3). Wie in Jes 43,10 erscheint in Joh 8,28; 9,9; 13,19 das absolut gebrauchte, revelatorische »Ich-bin«, vgl. Joh 8,28: »Wenn ihr den Sohn des Menschen erhöht haben werdet, dann werdet ihr erkennen, daß ich es bin und nichts von mir aus tue. . .« Gerade am Kreuz Jesu wird sichtbar, daß das »Ich bin« des Gesandten nicht etwa bei diesem halt machen, sondern zur Erkenntnis des Sendenden, des »Ich bin« Gottes (Jes 43,10), führen soll. Jesus will der *Offenbarung und Verherrlichung Gottes dienen; wer ihn gesehen und erkannt hat, der hat auch den Vater gesehen und erkannt (Joh 14,7-10).

Es ist wichtig, daß man die funktionale, durch das Botenrecht legitimierte Einheit von Gott und Messias, Vater und Sohn (vgl. 10,30; 17,21-23) auch bei den Ich-bin-Worten Jesu beachtet. Sonst könnte man diese so verstehen, als wolle Jesus sich Gott gleichmachen (Joh 5,18) und die in den atl. Ich-bin-Worten betonte Einzigkeit Gottes antasten. Allerdings hat auch das »Ich bin es«, mit dem Jesus sich zu erkennen gibt (Joh 6,20; 18,5-8), im vierten Ev. eine epiphanieartige, göttliche Gewalt: Die zu seiner Verhaftung ausgesandten Soldaten weichen vor Jesus zurück und fallen zu Boden (18,6).

3. In der Johannesoffenbarung spricht Jesus das »Ego Eimi« aufgrund seiner Erhöhung, bei der ihm »der Name über alle Namen« gegeben wurde (vgl. Phil 2,10; Jes 45,23). Die Versicherung Gottes: »Außer mir ist keiner« (Jes 44,6, vgl. 43,10; 45,5) scheint aufgehoben zu sein, seitdem der Auferstandene zur Rechten Gottes thront. Der Seher auf Patmos vernimmt zunächst das »Ich bin«, mit dem Gott sich ihm als *Alpha und Omega offenbart (1,8; vgl. Jes 44,6; 48,12). Dann aber hört er auch aus dem Munde des Menschensohns die Hoheitsaussage: »Ich bin der Erste und der Letzte« (1,17; vgl. Jes 44,6). Hinzugefügt ist »und der Lebendige« (1,18): Wie Gott in dem Ich-bin-Wort 5Mo 32,39, so ist der erhöhte Christus nicht nur lebendig in sich selbst, sondern auch ein Herr über Leben und Tod: Er hat die Schlüssel des Totenreichs (1,18; vgl. 2,23) und gibt als der Ewige – als Alpha und Omega, Anfang und Ende – aus der Quelle des Lebenswassers zu trinken (21,6, vgl. Jes 48,12; 55,1). In Offb 22,12-15 werden die bisher gemachten Ich-bin-Aussagen von Christus wiederholt (V. 13). Dabei erweist er sich als endzeitlicher Richter (V. 12.15) und Geber des ewigen Lebens (V. 14). Wie die Rabbinen das göttliche »Ich bin« in 5Mo 32,39 endzeitlich deuten konnten, so hat auch Jesu »Ego Eimi« im JohEv. und in der Offenbarung eschatologische Geltung; es offenbart den Bringer des ewigen Heils.

Literatur: J.-A. Bühner: Der Gesandte und sein Weg im 4. Evangelium, 1977; E. Schweizer: Ego Eimi. Die religionsgeschichtliche Herkunft und die theologische Bedeutung der johanneischen Bildreden, [2]1956; C.H. Dodd: The Interpretation of the Fourth Gospel, [6]1963; O. Betz: Der Paraklet, 1963.

O.B.

IDDO. Personenname, der, in Nuancen unterschiedlich artikuliert, mehrmals in der Bibel vorkommt, dessen Bedeutung und Abstammung jedoch unklar ist.

1. Vater des Ahinadab, eines der Offiziere Salomos (1Kön 4,14: *'iddō*).

2. Ein Levit aus dem Geschlecht Gerschon (1Chr 6,6: *'iddō*), aber in 6,26 Adaja genannt.

3. Ein Stammesfürst des Ostgebietes von Manasse (1Chr 27,21: *jiddō*).

4. Ein Seher und Prophet, dessen »Gesichte« dem Chronisten als Quelle dienten (2Chr 9,29: *je 'dō*; dagegen 2Chr 12,15 und 13,22: *'iddō*).

5. Der Großvater des Propheten Sacharja (Sach 1,1.7: *'iddō*; Esr 5,1; 6,14: »Vater«, *'iddō*).

6. Einer derjenigen, die sich nach der Rückkehr aus dem Exil von ihren nicht-israelit. Frauen trennten (Esr 10,43: *jaddaj*).

7. Oberhaupt einer der Priesterfamilien, die mit Serubbabel nach Jerusalem zurückgekehrt waren (Neh 12,4: *'iddō*; 12,16: *'iddoj*).

J.G.B.

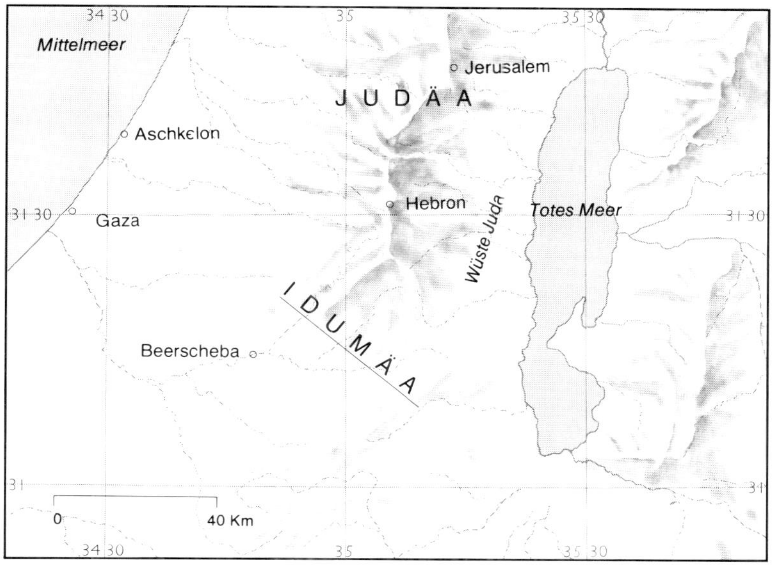

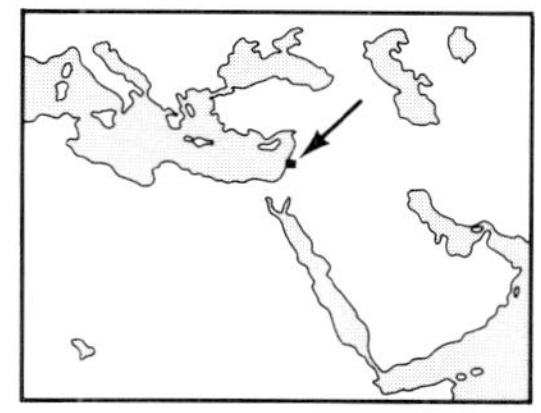

Idumäa, das frühere Edom.

IDUMÄA. In der LXX gibt *Idoumaia* oft das hebr. *Edom wieder. Während der hellen. Zeit wurde I. nur noch als Bezeichnung des edomitischen Restsiedlungsgebietes in Süd-*Judäa verwendet (1Makk 4,29; 5,65). Der Hasmonäer Johannes Hyrkanus besiegte um 128 v.Chr. die Idumäer und zwang sie durch die Beschneidung zum *Judentum überzutreten (Jos.ant.Jud. XIII. 258). Unter Persern (Diod XIX 95,2) und Syrern (2Makk 12,32-37) bildete I. eine Satrapie bzw. Eparchie, die auch die südl. *Schefela umfaßte, in röm. Zeit war es nur noch eine Toparchie *Judäas im Gebiet um *Hebron. Der vom jüd. König Alexander Jannäus 108 v.Chr. zum Strategen I.s ernannte Antipater (FHG III 417,25) gewann unter röm. Herrschaft (ab 63 v.Chr.) großen Einfluß (Jos.ant.Jud. XIV, 10). Er war idumäischer Abstammung und wurde der Vater von *Herodes dem Großen. Im jüd. Aufstand 66-70 n.Chr. nahmen Idumäer starken Anteil an den Kämpfen gegen die Römer (Jos.bell.Jud. IV, 521ff; V, 248ff). Nach dem Untergang der jüd. Selbstverwaltung verschwindet I. aus der Geschichte.

Nach Mk 3,8 kamen auch Volksmassen aus I., um Jesus zu hören. In der parallelen Aufzählung Mt 4,25 ist I. ausgelassen, entweder weil es aus atl. Sicht dem judenchristl. Evangelisten als Heidenland galt (G. Lohfink, Bergpredigt, 1988, 25-29) oder von ihm zu *Judäa gezählt wurde (vgl. Jos.bell.Jud. III, 55). Die Taufe des äthiopischen Kämmerers »auf der Straße nach *Gaza« (Apg 8,26-40) vollzog sich vermutlich auf idumäischem Gebiet (*Halhul).

Literatur: A. Robert: DBS IV, 1949, 195-199; M. Gihon: IEJ 17 (1967) 27-42; H. Donner: KIP II, 1967, 1342; A. van den Born, W. Baier: BL 768; A. Negev: Archäologisches Lexikon zur Bibel, 1972, 178.

R.R.

IJIM/IJE-ABARIM. »Steinhaufen«.

1. Grenzstadt im S Judas, zwischen Baala und Ezem genannt (Jos 15,29), vermutlich Der el-Ghawi, ca. 20 km nordöstl. von Beerscheba.

2. I. (4Mo 33,45) = Ije-Abarim (V. 44 und 4Mo 21,11), Station des Wüstenzuges. Wörtlich »die Hügel von Abarim«. Vielleicht das heutige Mahai, südöstl. vom Toten Meer.

IJON. Eine Stadt im N *Naftalis, die zusammen mit *Dan und *Abel-Bet-Maacha von den Syrern unter *Ben-Hadad eingenommen wurde (1Kön 15,20; 2Chr 16,4). 733 v.Chr. wurde die Stadt von Tiglatpilesar III. erobert (2Kön 15,29). Möglicherweise ist I. identisch mit Dan-Jaan in 2Sam 24,5 (RevEB). Im allg. wird I. identifiziert mit Tell Dibbin, 30 km nördl. vom Hule-See.

D.W.B.

IKABOD. Diesen Namen erhielt der Sohn des Pinhas bzw. Enkel Elis, als die Nachricht, daß die Philister die Bundeslade genommen hatten und Pinhas und Eli gefallen waren, bei der Schwiegertochter Elis die Geburt auslöste, in deren Verlauf sie starb. Drei Erklärungen dieser Namen sind möglich:

1. *'īkabōd* als Frageform: »wo ist die Herrlichkeit?«;

2. *'īkabōd* mit negativem Partikel »Nicht-Herrlichkeit« (vgl. Jos.ant.Jud. 5,360);

3. der Name steht für *'abī-kabōd*: »mein Vater ist die Herrlichkeit«.

R.P.G.

IKONION. Eine Stadt in Kleinasien, die in Apg 13,51; 14,1 und 2Tim 3,11 als Ort erwähnt wird, an dem die Verkündigung des Paulus auf Widerstand stieß, und in Apg 16,2 als Ort, an dem Timotheus dem Paulus empfohlen wurde. I. lag am Rand ei-

IGEL
s. Tiere

IIAR
s. Kalender

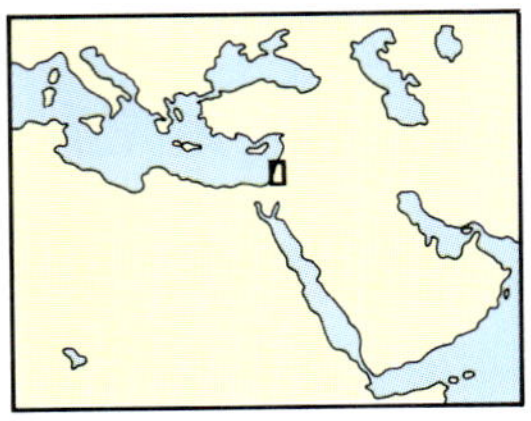

Die mögliche Ortslage von Ijon.

IMMANUEL
s. Hoheitstitel Jesu

Römische Münze aus Ikonion mit einem Bild des Herakles. Durchmesser 22 mm. (RG)

Gegenüberliegende Seite: oben: Ikonion in der römischen Provinz Galatien, Kleinasien.

unten: Illyrien und die umliegenden Provinzen zur Zeit des Paulus.

nes Plateaus und war gut mit Wasser versorgt – ein produktives und reiches Gebiet. Die Stadt war phrygischen Ursprungs, ihr Name lautete Kawania: die Religion war bis in röm. Zeit hinein phrygisch: angebetet wurde eine Muttergottheit, der Eunuchen-Priester dienten. Für einige Zeit war I. die Hauptstadt *Lykaoniens. Nach politisch wechselvoller Geschichte wurde I. schließlich in das Königreich *Galatien einbezogen und etwas später in die röm. Provinz Galatia. I.s Ruhm und Ruf wuchs unter röm. Herrschaft beträchtlich: *Claudius ehrte die Stadt mit dem Titel Claudonicum, unter Hadrian wurde I. zur Ehrenkolonie (da dort selbst keine röm. Bürger lebten). Zur Zeit des NT erhielt I. die Verfassung einer hellen. Stadt, die Rechtsprechung der Versammlung lag in den Händen von jährlich zu ernennenden Beamten.

Die Erwähnung I.s in Apg 14 läßt trotz der Kürze verschiedene Interpretationen zu. Der sogenannte westl. Text berichtet von zwei Angriffen auf Paulus – einen offenen und einen zweiten versteckten – nach denen der Apostel flieht. Zwei Gruppen von jüd. Führern werden erwähnt, »die Oberen der Synagoge« und die »Führer«, eine Unterscheidung, die epigraphisch zu rechtfertigen ist. Der Codex Vaticanus und sich auf ihn berufende Texte sind schwieriger und sprechen nur von einem – langen – Angriff. Hier können die Führer in V. 5 mit den Beamten der Stadt gleichgesetzt werden, wie Ramsay vorschlägt. Ob der alte Unzialtext jedoch eine schlechte Kurzfassung ist, oder der westl. Text ein Versuch zur Berichtigung eines vielleicht verfälschten Texts, ließ sich bisher nicht aufklären.

I. ist der Schauplatz der in den apokryphen Paulus- und Theklaakten berichteten Ereignisse.

Literatur: P. Vielhauer: Geschichte der urchristlichen Literatur, 1975, S. 699ff. J.N.B.

ILLYRIEN. Eine gebirgige Region nordwestl. von Mazedonien und Griechenland an der Ostküste der Adria gelegen, in etwa dem heutigen Jugoslawien und Albanien entspricht. Der Name leitet sich von der Bezeichnung eines der Stämme ab, dem die Griechen bei ihrem Vordringen nach N begegneten. Die Bewohner I.s sprachen Dialekte, auf die das moderne Albanisch zurückzuführen ist. Die Römer gerieten zunächst im 3.Jh.v.Chr. mit den Bergvölkern dieses Gebietes in Konflikt, erst im 1.Jh.n.Chr. gelang es ihnen, das Gebiet vollends einzunehmen und in die Provinzen Pannonien und Dalmatien aufzuteilen. Paulus sagt bei der Abfassung des Römerbriefes (15,19), daß ihn sein evangelistisches Wirken bis nach I. geführt hat, aber es ist nicht bekannt, wann und von woher kommend er es betreten hat (möglicherweise von Mazedonien aus, das er nach seinem Wirken in Ephesus aufsuchte, Apg 20,1). I. war das erste latein. sprechende Gebiet, das Paulus während seines apostol. Dienstes besuchte, und könnte somit der Vorbereitung für seine geplante Missionsreise in das latein. sprechende Spanien gedient haben (Röm 15,24.28).
B.F.C.A.

INDIEN.

I. FRÜHZEIT.

Hebr. *hoddu*, geht zurück auf altpersisch *hindu* (vgl. Sanskrit *sindhu*), das in Inschriften der Perserkönige Darius I. und Xerxes I. erwähnt wird. Das so bezeichnete Gebiet war derjenige Teil des Industales und der Ebenen östl. der afghanischen Berge, die Darius I. dem pers. Reich einverleibt und zu dessen Ostgrenze gemacht hatte (Herodot 3,94; 4,40.44). Nach Est 1,1; 8,9 (RevEB) reichte der Herrschaftsbereich Ahasveros' (Xerxes I.) »von Indien bis Kusch (Äthiopien)«, *Hoddu* und *kusch*; das stimmt mit den Angaben in den altpers. Inschriften Xerxes' I. überein (vgl. die Liste der Länder in R.G. Kent: Old Persian, Grammar, Texts, Lexicon, 1953, S. 151, Z. 25, 29 und § 3, die Indien (*Hindusch*) und Äthiopien (*Kuschija*) enthält). Aber schon lange vorher, ca. 2100 v.Chr. (Ur III. Zeit), ist Handel zwischen I. und Mesopotamien durch Texte und Funde von Siegeln aus dem Industal in Mesopotamien bezeugt. Einige Historiker nehmen an, daß*Ofir das indische (S)upara bezeichnet. Aus I. stammten die Kriegselefanten, die von Alexander und seinen seleukidischen Nachfolgern verwendet wurden (vgl. 1Makk 1,17 u.ö.) In der griech.-röm. Zeit kamen viele exotische Produkte aus Indien, gewöhnlich über Südarabien und von dort entweder über das Rote Meer oder auf dem Landweg an der Westseite Arabiens (zu Reiserouten und Seeweg vgl. van Beek und Hourani: JAOS 78, 1958, S. 146-147 und 80, 1960, S. 135-139). Griech. Fürstentümer konnten sich einige Zeit in Teilen Nordwestindiens halten (vgl. W.W. Tarn: The Greeks in Bactria and India, 1938. Zu Indern in Ägypten während der griech.-röm. Zeit vgl. H.I. Bell: Cults and Creeds in Graeco-Roman Egypt, 1953, S. 48; E. Bevan: History of Egypt under the Ptolemaic Dynasty, 1927, S. 155; Modelle aus Memphis: Petrie: Memphis I, 1909, S. 16-17, Tafel 39).

II. SPÄTERE ZEIT.
Zwischen dem 1.Jh.v.Chr. und ca. 200 n.Chr. knüpften Indien und die Mittelmeerländer engere Handels- und Kulturbeziehungen, angeregt durch die röm. Nachfrage nach östl. Luxusgütern und erleichtert dadurch, daß man die Natur des Monsuns zu verstehen begann. So wurde ein regelmäßig befahrener Seeweg zu den Tamilenstädten (heute Cranganore und Kottayam), bis Madras (Sopatma) und darüber hinaus eröffnet. Dies ist der Hintergrund, vor dem man die Berichte von der Einführung des Christentums in I. betrachten muß. Die einmütige Tradition der alten südindischen Kirche führt ihre Gründung auf den Apostel Thomas zurück. Auch die gnostisierenden Thomasakten (*Apokryphen des Neuen Testaments) berichten von einer Wirksamkeit des Thomas in Indien. Inhaltlich ist die Geschichte eine reine Legende, aber J.N. Farquhar zeigt, daß sie genaue Kenntnis von Indien des 1.Jh. widerspiegelt; er schließt daraus, daß Thomas zuerst im Punjab und später in Südindien wirkte (BJRL 11, 1926; 12, 1927). Frühe Berichte über Thomas in Indien, die eindeutig von diesen Akten unabhängig wären, sind jedoch nicht vorhanden (A. Mingana, BJRL 11/ 1926, 12, 1927). Pantinus, der Lehrer des Clemens von Alexandria, soll schon vor 130n.Chr. Missionar in I. gewesen sein und dort Christen gefunden haben, die vom Apostel Bartholomäus das MtEv. in hebr. Sprache erhalten hatten (Eus. h.e., V,10,3); vielleicht handelt es sich hier nur um eine ungenaue Beschreibung Adens oder eines anderen Teils von Arabien. Das hohe Alter der syr. Kirche Südindiens ist unbestreitbar: die Frage nach der apostolischen oder nachapostolischen Gründung muß offen bleiben. K.A.K.

INKARNATION.

I. WORTBEDEUTUNG.
Inkarnation kommt von dem latein. *in carne*, »im Fleisch«, und heißt »Fleischwerdung« oder »Menschwerdung«. Weder das Substantiv Inkarnation noch das Adjektiv inkarniert sind bibl. Ausdrücke, aber die griech. Entsprechung zu *in carne: en sarki*, »im Fleisch«, kommt in einigen wichtigen ntl. Ausführungen über die Person und das Werk Jesu Christi vor. So heißt es im Hymnus, der 1Tim 3,16 zitiert wird: »Er ist offenbart im

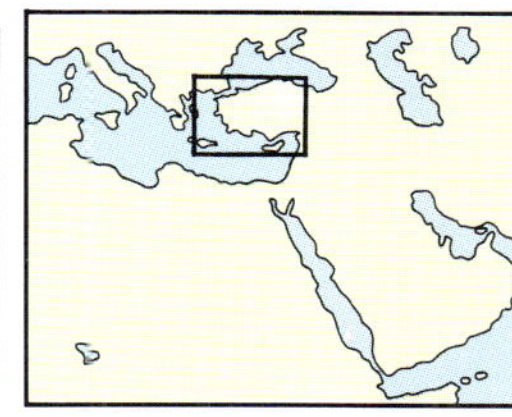

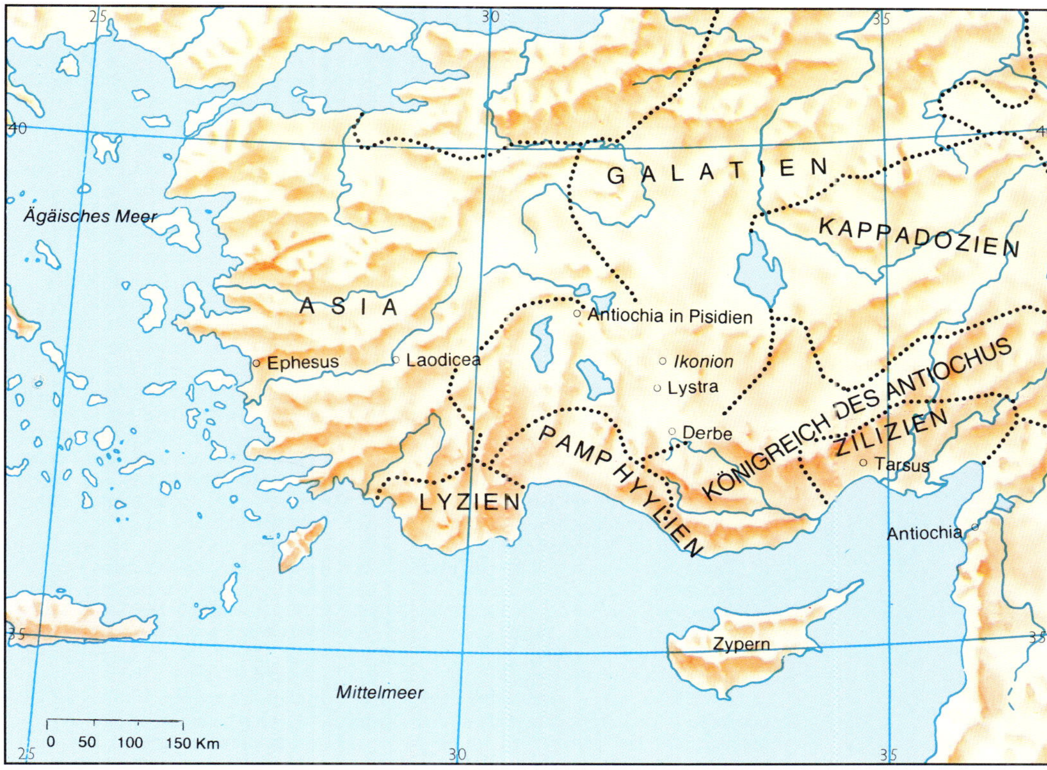

Fleisch«. Dem Geist des Antichristen schreibt es Johannes zu, daß jemand leugnet, Jesus Christus sei »in das Fleisch gekommen« (1Joh 4,2f; 2Joh 7). Paulus sagt, daß Christus sein Versöhnungswerk »in dem Leib seines Fleisches« tat (Kol 1,22 RevEB; vgl. Eph 2,15), und daß Gott, indem er seinen Sohn »in der Gestalt des sündigen Fleisches« sandte, »die Sünde im Fleisch« verdammte (Röm 8,3). Petrus spricht von Christus als dem, der für uns »im Fleisch« gelitten hat (*sarki*, Dativ: 1Petr 3,18; 4,1). Alle diese Texte betonen unter verschiedenen Gesichtspunkten dieselbe Wahrheit: daß uns Christus gerade durch sein Kommen und Sterben »im Fleisch« erlöste. In der Theologie bezeichnet man sein Kommen als Inkarnation, sein Sterben als Sühne.

Was bedeutet *»Fleisch« in diesen Textstellen? In der Bibel hat dieses Wort (hebr. *bāsār, sche'ēr*; griech. *sarx*) ursprünglich physiologische Bedeutung: »Fleisch« als der feste Stoff, der mit Blut und Knochen den körperlichen Organismus von Mensch und Tier bildet (vgl. 1Mo 2,21; Lk 24,39; 1Kor 15,50). Da das hebr. Denken Körperorgane mit seelischen Funktionen in Zusammenhang bringt, umfaßt der Begriff »Fleisch« im AT ebenso die psychologische wie die physische Seite des Menschen (vgl. die Parallelen zwischen »Fleisch« und »Herz« in Ps 73,26 und zwischen »Fleisch« und »Seele« in Ps 63,2). Das Wort hat jedoch mehr als nur anthropologische Bedeutung. In der Bibel ist Fleisch ein theologisch bedeutsames Symbol – ein Symbol für das erschaffene und abhängige Leben, das Mensch und Tier gemein ist, ein Leben, das von Gott kommt und das im Gegensatz zu Gottes eigenem Leben einen physischen Organismus zum Bestehen braucht. Daher ist »Fleisch« ein Gattungsbegriff für Mensch oder Tier oder für beide zusammen (vgl. 1Mo 6,12; 7,15.21f). Sie sind Schöpfungen Gottes, deren Leben auf der Erde nur die vergleichsweise kurze Zeit dauert, für die Gott ihnen den Atem eingibt. In diesem theologisch entwickelten Sinn ist »Fleisch« also nicht etwas, das der Mensch hat, sondern das er ist. Kreatürliche Schwäche und Vergänglichkeit sind seine Merkmale (Jes 40,6). So betrachtet ist »Fleisch« der Gegensatz zu »Geist«, der ewigen und unerschöpflichen Energie, die von Gott kommt und Gott ist (Jes 31,3; vgl. 40,6-31).

Jesu Christi Kommen und Sterben »im Fleisch« bedeutet also, daß er in der Seinsweise und unter den Bedingungen des erschaffenen körperlichen und seelischen Lebens kam und starb, oder anders ausgedrückt, daß er als Mensch starb. Das NT bekräftigt aber auch, daß er, obwohl er starb, in Ewigkeit Gott war und sein wird. I. bedeutet also, daß in gewissem Sinn Gott zum Menschen gemacht wurde, ohne sein Gottsein aufzugeben. Johannes unterstreicht dies im Prolog seines Evangeliums: »das Wort« (Gottes Schöpfungswerkzeug, das »im Anfang«, vor der Schöpfung, nicht nur »bei Gott«, sondern Gott selbst war, Joh 1,1-3) »ward Fleisch« (Joh 1,14).

II. URSPRUNG DES GLAUBENS.
Eine derartige Behauptung mag vor dem Hintergrund des atl. Monotheismus betrachtet gotteslästerlich oder unsinnig erscheinen und wurde vom orthodoxen Judentum auch immer so verstanden. Der göttliche Schöpfer war anscheinend zu seiner eigenen Schöpfung geworden – auf den ersten Blick ein theologischer Widerspruch. Woher kam die Überzeugung, die Johannes' fremdartiger Behauptung zu Grunde lag? Wie kam es zum Glauben der frühen Kirche, daß Jesus von Nazareth der fleischgewordene Gott war? Man nahm an, daß dieser Glaube nicht durch Jesu eigene Werke und Worte begründet wurde, sondern später entstand. Es wurde der Versuch unternommen, seinen Ursprung auf jüd. Theorien von einem präexistenten übermenschlichen Messias zurückzuführen oder auf polytheistische Mythen von Erlöser-Göttern, die charakteristisch für hellen. Mysterienreligionen und gnostische Kulte waren. Heute kann man davon ausgehen, daß diese Versuche fehlgeschlagen sind. Die Unterschiede zwischen diesen jüd. und heidnischen Vorstellungen und dem Christusglauben des NT sind ausnahmslos von grundsätzlicher Bedeutung und tiefer verwurzelt als die oberflächlichen Ähnlichkeiten. Es wurde auch nachgewiesen, daß der faktische Anspruch auf Göttlichkeit den meisten der unbestrittenen Worte des historischen Jesus zugrundeliegt, die in den synoptischen Evv. überliefert sind. Eine faktische Anerkennung dieses Anspruchs war auch die Grundlage des Glaubens und des Gottesdienstes der ältesten palästinischen Kirche, wie sie in den ersten Kapiteln der Apostelgeschichte beschrieben wird (deren substantielle Historizität heute kaum noch bestritten wird). Die einzige befriedigende Erklärung dafür ist, daß Jesu eigenes Leben, sein Werk, sein Tod und seine Auferstehung die Jünger schon vor seiner Himmelfahrt von seiner persönlichen Göttlichkeit überzeugte. Eben dies wird uns im Johannesevangelium berichtet (besonders Joh 20,28ff). In Übereinstimmung damit erfahren wir in der Apostelgeschichte, daß die ersten Christen zu Jesus als ihrem Herrn beteten (7,59) – sogar schon vor Pfingsten (1,24: der »Herr«, der Apostel erwählt, ist sicherlich »der Herr Jesus« aus V. 21, vgl. V. 3). Von Pfingsten an wurde in seinem Namen getauft (2,38; 8,16; 19,5). Sein Name wurde angerufen, und an seinen Namen wurde geglaubt (d.h. an ihn selbst: 3,16; 9,14; 22,16; vgl. 16,31). Jesus wurde als der eine verkündigt, der Buße und Vergebung der Sünden gibt (5,31). Selbst wenn die Göttlichkeit Jesu also nicht von Anfang an klar in Worten ausgedrückt wurde (in der Apostelgeschichte finden wir jedenfalls keinen Hinweis darauf), war sie dennoch Bestandteil des Glaubens, in dem die ersten Christen lebten und beteten: *lex orandi lex credendi*, »das Gesetz des Betens ist das Gesetz des Glaubens«. Die theologische Formulierung des Glaubens an die I. entstand später, aber der Glaube selbst existierte, wenn auch nur unzusammenhängend zum Ausdruck gebracht, in der Kirche von Anfang an.

III. STANDPUNKT DER VERFASSER DES NEUEN TESTAMENTS.
Es ist wichtig, die Natur und die Grenzen des Interesses festzustellen, das das ntl. Denken über I. bewegt. Besonders Paulus, Johannes und der Verfasser des Hebräerbriefes befassen sich mit diesem Thema vergleichsweise ausführlich. Die metaphysischen Fragen nach dem Modus der I. und die psychologischen nach dem inkarnierten Dasein, die seit dem 4.Jh.n.Chr. in der Diskussion um den Christusglauben eine große Rolle spielten, werden von den ntl. Verfassern nirgendwo genannt, geschweige denn behandelt. Ihr Interesse an Christus ist nicht philosophisch und theoretisch begründet, sondern religiös und auf das Evangelium bezogen. Für sie ist Christus kein metaphysisches Problem, sondern der göttliche Erlöser und alles, was sie über seine Person sagen, ist durch den Wunsch veranlaßt, ihn zu verherrlichen, indem sie sein Werk darstellen und dessen zentrale Bedeutung im Heilsplan Gottes geltend machen. Sie versuchen nie, das Geheimnis seiner Person zu lösen; es genügt ihnen, die I. als Tatsache zu verkünden, als Teil der großen Taten Gottes, durch die er den Sündern Erlösung bringt. Die Verfasser des NT erklären die I. nur so weit, daß sie sie als Teil des allumfassenden Planes Gottes zur Erlösung der Menschheit zeigen (s. z.B. Röm 8,3; Phil 2,6-11; Kol 1,13-22; Joh 1,18; 1Joh 1,1-2,2; und das Hauptthema im Hebr 1; 2; 4,14-5,10; 7,1-10,18).

Die Ausschließlichkeit dieses evangelischen Interesses wirft auch Licht auf die ansonsten erstaunliche Tatsache, daß das NT nirgendwo die *jungfräuliche Geburt Jesu als Zeugnis für die Verbindung von Gott und Mensch in seiner Person anführt – ein Gedankengang, der später in der Theologie ausführlich behandelt wurde. Das Schweigen der ntl. Verfasser braucht nicht, wie einige meinten, zu bedeuten, daß sie von der jungfräulichen Geburt nichts wußten. Es läßt sich ausreichend dadurch erklären, daß das Interesse an Jesus im NT um ein anderes Thema kreist, nämlich um seine Beziehung zum Heilsplan Gottes. Bewiesen wird dies durch die Art und Weise, wie die Evangelisten Matthäus und Lukas die Geschichte der jungfräulichen Geburt wiedergeben. Beide betonen nicht die einzigartige Natur der Person, die auf so wunderbare Weise geboren wurde, sondern daß Gott auf diese Weise seine lange vorhergesagte Absicht wahrmachte, sein Volk aufzusuchen und zu erlösen (vgl. Mt 1,21ff; Lk 1,31ff.68-75; 2,10f.29-32). Die einzige

Bedeutung, die sie und andere Verfasser des NT in der I. sehen, ist unmittelbar soteriologisch. Die von Westcott popularisierte Spekulation der Skotisten, daß die I. zuerst der Vollendung der Schöpfung diente und erst in zweiter Linie und nebenbei der Erlösung der Sünder, findet im NT nicht die geringste Unterstützung.

Die Apostel sehen klar, daß sowohl die Göttlichkeit als auch die Menschheit Jesu von wesentlicher Bedeutung für sein Werk als Erlöser ist. Eben weil Jesus Gott der Sohn ist, müssen sie seine Offenbarung von Herz und Sinn des Vaters als vollkommen und endgültig betrachten (vgl. Joh 1,18; 14,7-10; Hebr 1,1f). Sein Tod ist der größte Beweis für Gottes Liebe zu den Sündern und für seinen Willen, Gläubige zu segnen (vgl. Joh 3,16; Röm 5,5-10; 8,32; 1Joh 4,8-10). Die apostolischen Verfasser erkennen, daß Jesu göttliche Sohnschaft die ewige Dauer, sündlose Vollkommenheit und grenzenlose Kraft seines Dienstes als Hoherpriester gewährleistet (Hebr 7,3.16.24-28). Sie wissen, daß er kraft seiner Gottheit den Teufel, den »gewappneten Starken«, der Sünder in hilfloser Knechtschaft hält (Hebr 2,14f; Offb 20,1f; vgl. Mk 3,27; Lk 10,17f; Joh 12,31f; 16,11), besiegen und vertreiben konnte. Sie sehen aber auch, daß es für den Sohn Gottes unumgänglich war, »Fleisch zu werden«, da er nur so seinen Platz als »zweiter Mensch« einnehmen konnte, durch den Gott mit der Menschheit handelt (1Kor 15,21f; 15,47ff; Röm 5,15-19); nur so konnte er zwischen Gott und Mensch vermitteln (1Tim 2,5) und nur so für Sünden sterben, denn nur Fleisch ist sterblich. Die Verbindung von »Fleisch« und Tod ist in der Tat so stark, daß das NT den Ausdruck nicht auf Christi Menschheit in ihrem verherrlichten und unvergänglichen Zustand anwendet: mit »den Tagen seines Fleisches« (Hebr 5,7 RevEB) wird Christi Zeit auf der Erde bis hin zum Kreuz bezeichnet.

Man müßte von daher erwarten, daß das NT jede Leugnung dessen, daß Jesus Christus zugleich wahrer Gott und wahrer Mensch war, als fluchwürdige und das Evangelium zerstörende Irrlehre betrachtet; und genau das trifft zu. Die einzige derartige Leugnung, die es kennt, ist die doketische Christologie (der Überlieferung nach von Kerinth begründet), die die Realität des »Fleisches« Christi verneint (1Joh 4,2f) und somit auch einen leiblichen Tod (»Blut«, 1Joh 5,6). Johannes verurteilt dies in seinen ersten beiden Briefen als verderblichen Irrtum, der durch den Geist des Antichristen inspiriert wurde, als Verleugnung sowohl des Vaters als auch des Sohnes (1Joh 2,22-25; 4,1-6; 5,5-12; 2Joh 7,9ff). Man nimmt gewöhnlich an, daß das JohEv. die Realität von Jesu Erfahrung menschlicher Gebrechlichkeit (Müdigkeit, 4,6; Durst, 4,7; 19,28; Tränen, 11,33ff) mit dem Ziel betont, eben diesen doketischen Irrtum an der Wurzel zu treffen.

IV. ELEMENTE DER NEUTESTAMENTLICHEN LEHRE.

Der Sinn der ntl. Botschaft, daß »Jesus Christus in das Fleisch gekommen ist«, kann man unter drei Gesichtspunkten betrachten.

1. Die fleischgewordene Person.

Das NT bestimmt die Identität Jesu übereinstimmend durch den Bezug auf den einen Gott des atl. Monotheismus (vgl. 1Kor 8,4.6; 1Tim 2,5 mit Jes 43,10f; 44,6). Die grundlegende Definition ist, daß Jesus Gottes Sohn ist. Diese Bestimmung ist in Jesu eigenem Denken und Lehren verwurzelt. Das Bewußtsein, in einem einzigartigen Sinn »der Sohn« zu sein, das ihn von der übrigen Menschheit unterschied, geht mindestens auf sein dreizehntes Lebensjahr zurück (Lk 2,49). Es wurde bestätigt, als seines Vaters Stimme bei seiner Taufe vom Himmel zu ihm sprach: »Du bist mein lieber Sohn« (Mk 1,11; vgl. Mt 3,17; Lk 3,22; *agapētos*, das in allen drei Berichten vorkommt, hat die Bedeutung »einzig geliebter«: so auch in dem Gleichnis Mk 12,6; vgl. die ähnlichen Worte vom Himmel herab bei der Verklärung, Mk 9,7; Mt 17,5). Als er bei seinem Verhör unter Eid befragt wurde, ob er »der Sohn Gottes« sei (eine Formulierung, die im Munde des Hohenpriesters wahrscheinlich nicht mehr bedeutete als »davidischer Messias«), antwortete er nach dem Bericht von Markus und Lukas in einer Weise bejahend, die praktisch den Anspruch auf persönliche Göttlichkeit darstellte: *egō eimi* (so Mk 14,62; bei Lk 22,70: »ihr sagt es, *egō eimi*«). *egō eimi*, das betonte »ich bin«, waren Worte, die kein Jude in den Mund nehmen würde, denn sie drückten die Selbstvorstellung Gottes aus (2Mo 3,14). Jesus, der laut Markus diese Worte schon früher in ähnlich suggestiver Weise gebraucht hatte (Mk 6,50; vgl. 13,6; auch die lange Reihe von *egō eimi*-Worten im Johannesevangelium: Joh 4,26; 6,35; 8,12; 10,7.11; 11,25; 14,6; 15,1; 18,5ff vgl. *Ich-bin-Worte), wollte also vollständig klar machen, daß die göttliche Sohnschaft, die er beanspruchte, nichts weniger als persönliche Göttlichkeit war. Für diese »Gotteslästerung« wurde er dann auch verurteilt.

Wenn Jesus von sich als dem »Sohn« spricht, geschieht das immer in Zusammenhängen, die ihn als Gott einzigartig nah oder als von Gott einzigartig geliebt bezeichnen. In den synoptischen Evv. findet man dazu vergleichsweise wenige Stellen (Mt 11,27 und Lk 10,22; Mk 13,32 und Mt 24,36; vgl. Mk 12,1-11), viele dagegen bei Johannes, und zwar sowohl in Jesu eigenen Worten als auch im Kommentar des Evangelisten. Johannes zufolge ist Jesus Gottes »eingeborener« Sohn (*monogenēs*: 1,14.18; 3,16.18). Er lebt ewig (8,58; vgl. 1,1f) und steht in einer unveränderlichen Beziehung vollkommener Liebe, Einheit und Gemeinschaft mit dem Vater (1,18; 8,16.29; 10,30; 16,32). Als Sohn kann er nichts von sich aus tun (5,19); er lebt, um seinen Vater zu verherrlichen (17,1.4), indem er den Willen des Vaters tut (4,34; 5,30; 8,28f). Er kam auf die Erde, weil sein Vater ihn »sandte« (42 Belege) und ihm eine Aufgabe gab, die er dort erfüllen sollte (4,34; 17,4; vgl. 19,30). Er kam in seines Vaters Namen, d.h. als sein Stellvertreter (5,43), und weil all sein Reden und Tun dem Gebot des Vaters entsprach (7,16ff; 8,26ff; 12,49f; 14,10), offenbarte sein irdisches Leben seinen Vater in vollkommener Weise (14,7ff). Wenn er sagt, daß sein Vater größer ist als er (14,28; vgl. 10,29), heißt das nicht, daß er ihm in irgendeinem wesentlichen oder nebensächlichen Punkt unterlegen ist. Vielmehr ist Unterordnung unter den Willen und die Initiative des Vaters für ihn natürlich und notwendig. Sein Vater ist größer als er, weil er in seiner Beziehung zu ihm von Natur aus immer frei und froh als sein Sohn handelt. Das heißt jedoch nicht, daß er in der Wertschätzung und Verehrung durch Menschen seinem Vater untergeordnet ist. Im Gegenteil, denn der Vater sucht die Ehre des Sohnes nicht weniger als der Sohn die des Vaters. Der Vater hat dem Sohn seine zwei großen Werke übertragen: Leben zu geben und Gericht zu halten, »damit sie alle den Sohn ehren, wie sie den Vater ehren« (5,21ff). Das bedeutet, daß der Vater alle Menschen dahin führt, wie Thomas zu handeln (20,28) und den Sohn auf die gleiche Weise wie den Vater anzuerkennen – nämlich als »meinen Herrn und Gott«.

Das NT enthält noch andere Denkrichtungen, dem Gedanken der göttlichen Sohnschaft untergeordnet, die ebenfalls die Göttlichkeit Jesu von Nazareth verkünden. Hier folgen die wichtigsten:

a. Johannes identifiziert das ewige göttliche Wort mit Gottes personhaftem Sohn Jesus Christus (Joh 1,1-18; vgl. 1Joh 1,1-3; Offb 19,13; *Logos).

b. Paulus spricht vom Sohn als dem »Ebenbild Gottes« sowohl nach der Fleischwerdung (2Kor 4,4) als auch davor (Kol 1,15). Phil 2,6 sagt er, daß Jesus vor der I. »in göttlicher Gestalt [*morphē*] war«: eine Formulierung, deren genaue Auslegung umstritten ist, die aber J.B. Phillips ziemlich sicher richtig mit den Worten wiedergibt: »immer... Gott von Natur«. Hebr. 1,3 nennt den Sohn den »Abglanz seiner [Gottes] Herrlichkeit und das Ebenbild seines Wesens«. Diese Aussagen, die in einem monotheistischen Bezugssystem gemacht wurden, das jeden Gedanken an die Existenz zweier Götter völlig ausschließt, schließen ganz eindeutig ein, (1) daß der Sohn als Person göttlich ist und ontologisch gesehen eins mit dem Vater, (2) daß der Sohn all das, was im Vater ist, vollständig verkörpert oder, negativ ausgedrückt, daß es in bezug auf Göttlichkeit oder Charakter keine Seite oder kein Teil gibt, das der Vater besitzt und der Sohn nicht.

c. Paulus kann eine atl. Weissagung, die die Anrufung des »Herrn« (Jahwe) betrifft, auf den Herrn Jesus beziehen und zeigt dadurch an, daß sie in ihm ihre wahre Erfüllung findet (Röm 10,13: Zitat aus Joel 3,5; vgl. Phil 2,10f, das sich auf Jes 45,23 bezieht). Ähnliches findet sich im Hebräerbrief, dessen Verfasser Moses Aufruf an die Engel, Gott zu dienen (5Mo 32,43 LXX, Ps 97,7) und die Aussage des Psalmisten: »Gott, dein Thron bleibt immer und ewig« (Ps 45,7) als Worte zitiert, die der Vater in bezug auf seinen Sohn gesprochen hat (Hebr 1,6.8). Das zeigt, daß beide Verfasser Jesus für göttlich halten.

d. Der ntl. Brauch, Jesus als »Herrn« zu bezeichnen – der Titel, der den Göttern der hellen. Religion gegeben (1Kor 8,5) und in der LXX zur Umschreibung des Gottesnamens gebraucht wurde - bedeutet, daß ihm implizit Göttlichkeit zugeschrieben wird.

2. Das Wesen der Inkarnation.

Als das Wort »Fleisch wurde«, hörte seine Göttlichkeit nicht auf und wurde auch nicht vermindert oder eingeschränkt. Auch seine göttlichen Aufgaben nahm es weiterhin wahr. Wir hören, daß Christus es ist, der die Schöpfung in geordnetem Dasein erhält und der alles Leben gibt und bewahrt (Kol 1,17; Hebr 1,3; Joh 1,4), und diese Funktion wurde während seiner Zeit auf Erden ganz gewiß nicht außer Kraft gesetzt. Als er in die Welt kam, »entäußerte« er sich seiner sichtbaren Herrlichkeit (Phil 2,7; Joh 17,5) und wurde in diesem Sinn »arm« (2Kor 8,9). Aber das heißt ganz und gar nicht, daß seine göttlichen Kräfte, wie die sog. *Kenosis-Theologie behauptet, geschmälert wurden. Das NT betont vielmehr, daß die Göttlichkeit des Sohnes durch die I. nicht verringert wurde. Paulus sagt: In dem Menschen Jesus Christus »wohnt die ganze Fülle der Gottheit leibhaftig« (Kol 2,9; vgl. 1,19).

Die I. des Sohnes Gottes war also keine Abschwächung seiner Göttlichkeit, sondern ein Erwerben des Menschseins. Gott der Sohn kam nicht, um einem Menschen innezuwohnen, wie es der heilige Geist später tun sollte (I. und Einwohnung gleichzusetzen ist das Wesen der nestorianischen Irrlehre). Es war vielmehr so, daß der Sohn in Person ein völlig menschliches Leben zu führen begann. Er umgab sich nicht einfach, wie Apollinaris meinte, mit einem menschlichen Körper und nahm den Platz der Seele ein. Er nahm sowohl eine menschliche Seele als auch einen menschlichen Leib an, d.h. er ging in das menschliche Seelenleben ebenso ein wie in die Leibeserfahrung. Sein Menschsein war vollständig: er wurde »der Mensch Christus Jesus« (1Tim 2,5; vgl. Gal 4,4; Hebr 2,14.17). Und sein Menschsein ist ewig. Obwohl er jetzt in den Himmel erhoben ist, »ist er weiterhin Gott und Mensch in zwei unterschiedenen Naturen und einer Person in Ewigkeit« (Westminster Shorter Catechism, Q 21; vgl. Hebr 7,24).

3. Der Stand der Inkarnation.

a. Es war ein Stand der Abhängigkeit und des Gehorsams, weil die I. die Beziehung zwischen Vater und Sohn nicht veränderte. Sie blieben in ungebrochener Gemeinschaft, indem der Sohn sagte und tat, was der Vater ihm auftrug, und in keinem Augenblick den erkannten Willen des Vaters überschritt (vgl. die erste Versuchung, Mt 4,2ff). Daß er nach seinen eigenen Worten den Zeitpunkt seiner Wiederkunft nicht kannte (Mk 13,32), sollte man nicht mit Thomas von Aquin für einen erbaulichen Vorwand halten und auch nicht als Beweis dafür nehmen, daß er sein göttliches Wissen zum Zweck der I. abgelegt hatte (Kenosis-Christologie) Es zeigt einfach, daß es nicht des Vaters Wille war, daß er dieses Wissen zu diesem Zeitpunkt haben sollte. Als Sohn wünschte er nicht, mehr zu wissen, als der Vater ihn wissen lassen wollte.

b. Es war ein Stand der Sündlosigkeit und der Tadellosigkeit, weil die I. das Wesen und den Charakter des Sohnes nicht veränderte. Daß sein ganzes Leben ohne Sünde war, ist an mehreren Stellen belegt (2Kor 5,21; 1Petr 2,22; Hebr 4,15; vgl. Mt 3,14-17; Joh 8,46; 1Joh 2,1f). Daß er von der Erbsünde ausgenommen war, ergibt sich aus der Tatsache, daß er nicht für eigene Sünden starb (vgl. Hebr 7,26), sondern stellvertretend als ein Gerechter, der den Platz der Ungerechten einnahm (vgl. 2Kor 5,21; Röm 5,16ff; Gal 3,13; 1Petr 3,18). Daß er unfehlbar war und nicht sündigen konnte, ergibt sich daraus, daß er Gott der Sohn blieb (vgl. Joh 5,19.30). Ein Abweichen vom Willen des Vaters war nach der I. so wenig möglich wie vorher. Seine Göttlichkeit war die Garantie dafür, daß er im Fleisch jene Sündlosigkeit erreichen würde, die die Voraussetzung dafür bildete, daß er als ein »unschuldiges und unbeflecktes Lamm« sein Blut vergoß (1Petr 1,19).

c. Es war ein Stand der Versuchung und des moralischen Konflikts, weil die I. einen wirklichen Eingang in die Bedingungen menschlichen sittlichen Lebens darstellte. Obwohl er, weil er Gott war, der Versuchung nicht nachgeben konnte, mußte er dennoch, weil er Mensch war, die Versuchung bekämpfen, um sie zu überwinden. Seine Göttlichkeit schützte ihn nicht vor der Versuchung, von dem Willen des Vaters abzuweichen, oder davor, die Anspannung und den Schmerz zu erleben, die wiederholte heimtückische Versuchungen in der Seele auslösen können. Sie gab ihm jedoch die Gewißheit, daß er gegen die Versuchung kämpfen und sie besiegen könne, so wie es bei den Versuchungen am Anfang seines messianischen Dienstes geschah (Mt 4,1ff). Der Verfasser des Hebräerbriefes betont, daß Jesus kraft seiner eigenen Erfahrung der Versuchung und kraft seines Wissens um die Kostspieligkeit des Gehorsams in Versuchung geratenen und irrenden Christen Mitleid erweisen und Hilfe gewähren kann (Hebr 2,18; 4,14ff; 5,2.7ff; *Jesus Christus).

Literatur: E. Brunner: Der Mittler, 1927; L. Hodgson: And was made Man, 1928; D.M. Maillie: God was in Christ, 1948; L. Berkhof: Systematic Theology, 1949, S. 305-330; G.C.Berkouwer: The Person of Christ, 1954; K. Barth, Die Kirchliche Dogmatik, I, 2, 1956, S. 134-221; V. Taylor: The Person of Christ in New Testaments, 1958; W. Pannenberg: Grundzüge der Christologie, [5]1976; C.F.D. Moule: The Origin of Christology, 1977; M. Hengel: Der Sohn Gottes, [2]1977; I.H. Marshall: Die Ursprünge der neutestamentlichen Christologie, dt. Übers. 1986. J.I.P.

INSEKTEN
s. Tiere

INSEL. Etymologisch ließe sich der hebr. Begriff aufgrund eines sinnverwandten arab. Wortes als »bewohnbares Land« deuten, zutreffend ist aber die Wiedergabe mit »Gestade« oder »Küstengebiet«. Im allg. werden im AT damit die I.n und Küsten des Mittelmeeres beschrieben. Auch der Begriff der Ferne ist miteinbegriffen, z.B. Jes 66,19; Jer 31,10. Gelegentlich scheint der Begriff für Zypern oder griech. I.n zu stehen (vgl. Jer 2,10; Jer 47,4: »Kaftor«, d.h. wahrscheinlich Kreta). In Jes 42,15 bedeutet der hebr. Begriff »trockenes Land« im Gegensatz zu Wasser. Jes 40,15 wird der Begriff parallel zu »Völkern« gebraucht und in 41,5 parallel zum »Ende der Erde«.

Im NT ist der Gebrauch eindeutig. Mehrere I.n werden erwähnt: z.B. *Zypern (Apg 4,36; 13,4; 15,39), *Kreta und Kauda (Apg 27), *Malta/Melite (Apg 28,1) und *Patmos (Offb 1,9). J.G.G.N.

INSPIRATION.

I. BEGRIFF.

Der Begriff I. stammt aus der latein. Bibelübersetzung, in der 2Tim 3,16 so beginnt: »*Omnis scriptura divinitus inspirata*« (»alle Schrift, von Gott eingegeben,«). Vgl. dazu 2Petr 1,21: »*Spiritu sancto inspirati, locuti sunt sancti Dei homines*« (»getrieben von dem heiligen Geist, haben Menschen im Namen Gottes geredet«). Für »*divinitus inspirata*« steht im Griech. »*theopneustos*«, für »*Spiritu sancto inspirati*« steht »*hypo pneumatos hagiou pheromenoi*«. »Inspiration« bedeutet also die Eingebung, im speziellen bibl. Zusammenhang die göttliche Eingebung, die durch das Wirken des Heiligen Geistes zustande kommt.

Es sei nur kurz bemerkt, daß die Bibel auch eine I. von seiten des Bösen kennt (vgl. Joh 13,2; Apg 5,3). Wo man aber theologisch von »Inspiration« ohne nähere Erläuterungen redet, da ist die I. durch den Heiligen Geist bzw. von Gott her gemeint.

II. ZUR GESCHICHTE DER INSPIRATIONSLEHRE.

1. Sie beginnt praktisch schon im NT. Mt 5,17f; Joh 10,35 zeigen, daß Jesus die damalige Heilige Schrift Israels bis ins Kleinste hinein als inspiriert und erfüllungsmächtig verstand. Paulus ging ebenfalls von der wörtlichen I. aus (vgl. dazu III.): »Man kann nicht schriftgläubiger sein als er« (Campenhausen).

Justin, Irenäus, Tertullian setzten diese Linie fort. Auch Origenes war ein betonter Vertreter der Verbalinspiration. Ihm zufolge ist die Bibel »unter dem Anhauch des Heiligen Geistes niedergeschrieben«, »ganz und gar vollkommen«, ohne Widersprüche. Weil sie von Gott stammt, spricht Origenes gerne von »göttlichen Schriften«. Augustin vertrat ebenfalls die Verbalinspiration. Er betonte vor allem die Irrtumslosigkeit und Widerspruchslosigkeit der Heiligen Schriften (*nihil in eis omnino errasse, nihil fallaciter posuisse*, Epist. 82,3,24). Das geschriebene Evangelium stellt so etwas wie den gegenwärtigen Herrn und den »Mund Christi« dar (*quasi praesentem dominum, Os Christi*, Tract in Joann 30,1; Serm 85,1,1). Sogar die Gedächtnisfehler der Apostel – die es also geben konnte! – wurden vom Heiligen Geist verursacht, um uns zu belehren. Augustin zufolge haben wir es in der Bibel mit einem Diktat des Heiligen Geistes zu tun. Damit waren die Grundlinien für das ganze Mittelalter ausgelegt. Die Widerspruchslosigkeit, Irrtumslosigkeit, Vollkommenheit, Einheit und Wahrheit der wörtlich inspirierten Bibel bildeten die Grundlage der gesamten christlichen Theologie bis zur Schwelle der Reformation.

2. Obwohl die Forscher darüber streiten, ob Luther eine Verbalinspiration vertreten hat, so ist er doch von der I. der Bibel ausgegangen. Bleiben Luthers Urteile zwiespältig, ist die Stellung Calvins umso klarer. Nach Calvin ist die ganze Bibel vom Heiligen Geist diktiert. Die menschlichen Verfasser sind lediglich »authentici Spiritus Sancti amanuenses« (Inst IV, 8,9). M. Flacius, der größte Hermeneut der lutherischen Reformation, lehrt die I. der ganzen Schrift (*Scipturam esse divinitus ... inspiratam*). Gott ist der Urheber der Schrift.

3. Die altprotestantische Orthodoxie hat die I. der Schrift bis ins Kleinste durchdacht. Sie wird getragen von der Überzeugung der Verbalinspiration (wörtliche Inspiration). Auch Nebensachen sind inspiriert, weil sie zum Verständnis des Zusammenhangs helfen. Eine ausgereifte Form dieser Verbalinspirationslehre liegt bei David Hollaz (1648-1713) vor: Alle einzelnen Worte der Schrift sind inspiriert und vom Heiligen Geist diktiert (*Omnia et singula verba, quae in s. codice leguntur, a spiritu s. prophetis et apostolis inspirata et in calamum dictata sunt*). Die I. umfaßt den Auftrag und Impuls, zu schreiben, die Vorstellung von den Dingen und die Vorstellung von den Worten.

4. Die Theologie der Aufklärung brachte darin einen radikalen Bruch. »An keinem Punkt der Dogmatik« hat die »historisch-kritische Aufklärungstheologie des 18. Jh. so radikal mit den orthodoxen Traditionen gebrochen wie hinsichtlich der Schriftlehre« (O. Merk). Schon J.A. Turretini in Genf (1671-1737) machte sich frei von der Theopneustie. Bei J.S. Semler (1725-1791) wird die Inspirationslehre völlig preisgegeben. Man verteidigt teilweise noch die Realinspiration (wesentliche Inhalte, und nur diese, sind inspiriert) oder die reine Personalinspiration (die menschlichen Verfasser sind von Gott inspirierte Menschen, aber ihre Schriften sind fehlerhaft). Beispielsweise unterschied R. Rothe (1799-1867) zwischen *Offenbarung und Schrift, hielt nur die erstere für inspiriert und sah in der Schrift Fehler und Irrtümer. Die Entwicklung ging bis dahin, daß man bei modernen Dogmatikern (z.B. W. Elert, W. Trillhaas) die altprotestantische Inspirationslehre als »Irrlehre« bezeichnete).

Was sind die Gründe dieses Bruches? a. Ein Hauptargument lautet, geschichtliche Bibelforschung und I. seien unversöhnbare Gegensätze. b. Die Schrift weise Widersprüche auf, was keine I. mehr erlaube. c. Sie sei außerdem fehlerhaft und (gelegentlich) irrtümlich.

5. Unser Überblick wäre unvollständig, wenn wir nicht auch theologische Positionen erwähnen würden, die nach wie vor die I. der Schrift vertreten. Dazu gehört a. die bekenntnisgebundene protestantische Forschung, b. die evangelikale Bewegung (vgl. die Basis der Evangelischen Allianz von 1846) einschließlich des kontinentalen Pietismus, c. die offizielle katholische Doktrin. Noch 1964 formulierte die Instructio der Päpstlichen Bibelkommission, die I. habe die Verfasser der Evangelien »vor jedem Irrtum bewahrt« (*ab omni errore praeservabat*). Sogar das Vaticanum II bezeichnete die bibl. Bücher »als heilig und kanonisch, weil sie, unter der Einwirkung des Heiligen Geistes geschrieben (*Spiritu Sancto inspirante*), ... Gott zum Urheber haben«.

III. DIE INSPIRATION NACH DEM ZEUGNIS DER SCHRIFT.

Die entscheidende Frage lautet: Was sagt die biblische Offenbarung über sich selbst?

1. Nach dem Zeugnis des NT ist die Gesamtheit der anerkannten Heiligen Schriften Israels inspiriert. Das ergibt sich eindeutig aus 2Tim 3,16: »Alle Schrift ist von Gott eingegeben« (oder: »Jede Schriftstelle stammt aus Gottes Geist«). Also nicht nur die Verfasser oder einige wichtige Inhalte der Schrift sind inspiriert, sondern die »ganze Schrift« selbst. Deshalb kann Paulus in Röm 1,2 von »heiligen Schriften« sprechen. Allerdings bezieht sich dieses Urteil zunächst nur auf das AT.

2Petr 1,21 erklärt die I. noch genauer: »von Gott her redeten Menschen, getrieben vom Heiligen Geist«. Daraus ergibt sich dreierlei: a. »Menschen haben geredet«, keine Instrumente, in normaler menschlicher Sprache, nicht Zungenrede, Ekstase o.ä. b. Sie haben aber nicht von einem menschlichen Standpunkt her geredet, sondern »von Gott her«. D.h. von Gott gesandt, bevollmächtigt, als seine Boten. c. Diese besondere Situation schuf der »Heilige Geist«, der sie »trieb«, d.h. trug, bewegte, bewahrte und lenkte.

Im tieferen Sinne ist also Gott selbst der Urheber dieser Äußerungen – gerade in ihrer Schriftform! – gewesen. Deshalb kann Gott gelegentlich sogar als Schreiber geschildert werden (2Mo 24,12; 31,18; 32,15f). Deshalb kann die Redewendung »Gott sagt« durch die Redewendung »die Schrift sagt« ersetzt werden (vgl. Mt 22,31f; 1Kor 15,3f; Gal 3,8). Deshalb darf die Schriftform der Offenbarung nachträglich nicht verändert werden: »Ihr sollt nichts dazutun ... und nichts davontun« (5Mo 4,2; 13,1; Spr 30,6; Offb 22,18f).

Gerade die Schriftform der Offenbarung wird Josua anbefohlen (Jos 1,8). Durch schriftliche Fixierung sollen die Propheten das Weiterwirken ihrer Botschaft stützen (Jes 8,16; Jer 36,1ff; Dan 12,4). Den Propheten liegt die Tora in Schriftform vor (Hos 8,12; Mi 6,8; Mal 3,22), ja sie greifen auf schriftliche Überlieferungen früherer Propheten zurück (Dan 9,2). Auch die Psalmen setzen eine schriftlich fixierte Tora voraus (Ps 119,6.18). Insgesamt ergibt sich, daß die Bibel selbst die schriftgewordene Offenbarung als unabänderlich und als unverbrüchlich betrachtet. Vgl. Jesu Aussagen in Mt 5,17f; Joh 10,35.

Weil Gott selbst der Urheber der schriftlichen Offenbarung ist, treten in der Bibel die menschlichen Verfasser zurück. Es ist »der Herr, der durch den Propheten geredet hat« (Mt 1,22 u.ö.), es ist »die Schrift«, die etwas »sagt« oder verkündigt (1Kor 15,3f; Gal 3,8).

Es sei bemerkt, daß die alte jüd. Auslegung die soeben genannten Gesichtspunkte teilte und betonte. Wie R. Longenecker darlegt, waren alle jüd. Ausleger des 1.Jh.n.Chr. von der göttlichen I. der heiligen Schriften überzeugt. Sie glaubten, es hier mit den Worten Gottes zu tun zu haben. Deshalb war ihnen auch der mehrfache Schriftsinn möglich und geläufig.

2. Doch wie steht es mit der Inspiration des NT? Halten wir zuerst fest: Das NT bezeugt den Abschluß der Heilsoffenbarung in der Zeit Jesu und seiner Apostel (Hebr 1,1f). Es gibt keine »Fortschreibung« der Bibel oder neue heilsbegründende Offenbarung in späteren Zeiten. Deshalb müssen Christen z.B. den Koran ablehnen.

Sodann gilt es, die einzelnen Schriften des NT mit ihrem Anspruch zu hören:

Eindeutig ist der Befund bei der Johannes-Offenbarung. Mit der Aussage in 22,18f stellt sie sich auf dieselbe Stufe wie die Mose-Tora in 5Mo 4,2. Sie will also von Anfang an »heilige Schrift« sein (vgl. auch 1,1.10f; 2,1.12).

Für die Paulusbriefe bezeugt 2Petr 3,15f, daß es schon in ntl. Zeit eine Sammlung von Paulusbriefen gab, deren Umfang allerdings nicht bestimmt wird. Diese Paulusbriefe sind in von Gott gegebener Weisheit verfaßt, werden wie die Heilige Schrift zitiert und mit den »übrigen« heiligen »Schriften« auf eine Stufe gestellt.

Paulus selbst bezeichnete seine mündliche Verkündigung »nicht als Menschenwort, sondern wahrhaftig als Gottes Wort« (1Thess 2,13). Er schreibt unter der Leitung des Heiligen Geistes (1Kor 2,10.13; 7,40; 14,37; 2Kor 3,5ff; 4,13; Gal 1,8.11). Sein Selbstzeugnis stimmt also mit dem 2Petr zusammen.

Das JohEv. gestaltet seinen Anfang parallel zum Anfang der hebr. Bibel (vgl. 1,1ff mit 1Mo 1,1ff). Der Verfasser betont am Schluß, »daß sein Zeugnis wahr ist« (21,24). »Wahr« bedeutet: a. subjektiv wahr, b. objektiv wahr, c. in Übereinstimmung mit Gott. Das Ev. betont auch die Verheißung Jesu, daß der im Jünger wirkende Geist »euch in alle Wahrheit leiten wird« (Joh 16,13; vgl. 14,26). Das JohEv. beansprucht wenigstens indirekt, auf einer Ebene mit den heiligen Schriften Israels zu stehen. Ähnliches läßt sich beim MtEv. beobachten (vgl. Mt 1,1 mit 1Mo 5,1; Mt 1,17; 23,34; 28,19). Weiter ist zu berücksichtigen, daß die Jesusworte der Evangelienüberlieferung in den übrigen Schriften des NT wie die heilige Schrift behandelt werden (vgl. z.B. 1Kor 7,10ff; 1Thess 4,15ff; 1Tim 5,18 mit Joh 18,9.32). Insgesamt kommt den Worten und Taten Jesu heilsbegründende und normierende Bedeutung zu. Jesus selbst als der messianische Geistträger ist schlechthin inspiriert (vgl. Mt 3,13ff par).

Schließlich beansprucht auch der offensichtlich allen Johannesbriefen gemeinsame Verfasser, unter Geistesleitung zu schreiben (vgl. 1Joh 1,1-4; 2,20; 4,1ff; 5,6; 3Joh 12).

Fassen wir zusammen: a. Die meisten Schriften des NT sind nach ihrer Selbstaussage inspiriert (Paulusbriefe, Johannesoffenbarung, Johannesbriefe, Jesuslogien). b. Einige Schriften lassen einen indirekten Anspruch erkennen, inspiriert zu sein (z.B. JohEv.; MtEv.). c. Mit Ausnahme des Hebräerbriefes geben sich aber auch die anderen Schriften des NT als entweder von Augenzeugen und Aposteln verfaßt (Petrusbriefe, Jakobusbrief, Judasbrief) oder als auf autoritative Augenzeugen zurückgehend (MkEv., Doppelwerk des Lk). d. Wenn später also die Kirche aufgrund des *Testimonium Spiritus Sancti internum* die I. aller kanonischen ntl. Schriften anerkannte, stand sie darin im Einklang mit der Offenbarung selbst.

IV. GRUNDLINIEN EINER BIBLISCHEN INSPIRATIONSLEHRE

Jede Inspirationslehre rührt an ein Geheimnis, das sich nur wahren, nicht aber paragraphenmäßig entfalten läßt. Wir haben es hier mit einer pneumatischen Realität zu tun. Immerhin gibt es gewisse, von den Selbstaussagen der Schrift gebotene Grundzüge:

1. Eine biblisch orientierte Inspirationslehre kann nicht hinter die Erkenntnis zurück, daß eben die Schrift – und nicht nur ein menschlicher Verfasser! – inspiriert ist. Eine reine Personalinspirations- oder reine Realinspirationslehre verbietet sich von daher. Vielmehr müssen wir davon ausgehen, daß die ganze Schrift in ihrem ursprünglichen Wortbestand inspiriert ist.

2. Der Vorgang der I. ist selbst ein (heils-) geschichtliches Handeln Gottes. Aber dieses Handeln erfolgt »auf vielerlei Weise« (*polytropoos*, Hebr 1,1). Die I. kann also nicht mit einem Diktat gleichgesetzt werden. Zwar gibt es Fälle des Diktats (z.B. Jes 8,1 oder die Sendschreiben der Offenbarung). Aber daneben steht der Schreibbefehl, ohne daß die Niederschrift Wort für Wort diktiert ist (z.B. 2Mo 17,14; Jer 36,1f.27f; Offb 1,11). Hierbei ist die Freiheit der Wortwahl gegeben. Unter Umständen überspannt die I. einen lange dauernden Prozeß, der erst mit der Fertigstellung der betreffenden Schrift beendet ist (z.B. Jer 36,1ff). Neben den Schreibbefehl tritt die göttliche Bestätigung für ein vom Verfasser inzwischen abgeschlossenes Buch (z.B. Dan 12,4). Das Beispiel des Danielbuches ist deshalb interessant, weil es offenkundig die Archive des neubabylon. und pers. Staates benutzt. Auch dieser ganze Arbeitsprozeß wird von der I. umschlossen. Ein weiteres interessantes Beispiel bildet das Doppelwerk des Lukas. Er arbeitet mit historischen Quellen (Augenzeugen, evtl. Reisetagebücher), hat Methode (Lk 1,1-4) und ist gewissermaßen der Geschichtswissenschaftler unter den Evangelisten. Dieser Gesamtprozeß von den Quellen bis zur Endfassung aber stand unter der Leitung des Heiligen Geistes, wie die Kirche durch Aufnahme in ihren Kanon feststellte. Insgesamt läßt sich die I. als ein geschichtlicher Gesamtvorgang definieren, dessen Verlauf von Gott so gelenkt wird, daß am Ende das Gott offenbarende Wort entstanden ist.

3. Bei Anerkennung der I. der ganzen Schrift stellt sich die Frage: Wie verhalten sich hier Gotteswort und Menschenwort zueinander? Es gab immer wieder zwei Fehlwege: Betonte man allein die Aktivität des die Schrift hervorbringenden Gottesgeistes, dann wurden aus den menschlichen Verfassern leicht »Instrumente«, »Griffel«, und aus dem Gesamtvorgang wurde ein Mechanismus; betonte man aber nur die menschliche Tätigkeit, dann hatte man nur noch »die Theologie des Matthäus« usw., aber nicht mehr das Reden des lebendigen Gottes vor sich.

Halten wir fest: Die bibl. I. hat mit *Ekstase, Mechanismus u.ä. nichts zu tun. Es ist darum falsch, dem NT oder der Kirche vorzuwerfen, sie hätten sich einem ekstatischen Inspirationsverständnis verschrieben (sei nun *Philo oder ein anderer der Schuldige). Vielmehr sind die menschlichen Verfasser als Persönlichkeiten mit bewußter Aktivität, Gedächtniskraft, Sprachstil usw. von Gott in Dienst genommen. Sie bleiben Persönlichkeiten mit konkreten geschöpflichen Gaben und an konkreten Orten der Geschichte. Sie haben auch jeweils spezifische, unterschiedliche Aufträge. Ihre Einsicht, vor allem in die Konsequenzen ihrer Botschaft, blieb begrenzt (vgl. Mt 13,17; 1Petr 1,10f). Und dennoch waren sie Hörende und Gehorchende.

Andererseits haben wir ernstzunehmen, daß diese menschlichen Verfasser eben Boten und nicht Ko-Autoren der göttlichen Botschaft gewesen sind. Sie reden ja nicht »über Gott«, sondern »von Gott her« (2Petr 1,21). Gott bleibt der Sendende und der eigentlich Redende.

Von daher verbietet sich die Aufteilung der Schrift in einen menschlichen, fehlbaren »Faktor« und einen göttlichen, unfehlbaren Faktor. Der Bibel näher steht die Vorstellung einer »concursio«, bei der sich Göttliches und Menschliches komplementär verhalten. Augustin hat bereits das Richtige gesehen. Für ihn war die Bibel sowohl ganz ein Werk Gottes, als auch ganz ein Werk des Menschen. Mit ihm zusammen wird man darauf verzichten müssen, bestimmte Teile dem Menschen, und andere Teile Gott zuzuweisen. Die Bibel will ein Einheitliches und Ganzes sein, wobei sich Menschenwort und Gotteswort unauflöslich miteinander verbinden: »von Gott her redeten Menschen« (2Petr 1,21).

4. Damit stellt sich auch die Frage nach den Fehlern in der Schrift. Sie wurde schon im 2.Jh.n.Chr. innerkirchlich diskutiert (Kanon Muratori). Die Gnostiker des 2.Jh.n.Chr. (z.B. Ptolemäus) und heidnische Gegner (z.B. Porphyrius, gest. 304) behaupteten Fehler und Widersprüche in der Bibel.

Wir haben schon erwähnt, daß bis zur Reformation die Fehlerlosigkeit und Widerspruchslosigkeit der Bibel von der gesamten Kirche vertreten wurde. Typisch ist hier die Bemerkung Justins (gest. ca. 165 n.Chr.): »Ich bin schlechterdings überzeugt, daß keine andere Schriftstelle einer anderen widersprechen kann, und werde eher zugeben, daß ich das Gesagte nicht begreife« (Dial 65,2). Noch um 1700 argumentierte die protestantische Dogmatik (z.B. Calov) auf der Linie: Wenn die Schrift auch nur an einer einzigen Stelle irrt, wird die ganze Schrift unzuverlässig.

Sobald die Inspirationslehre aufgegeben wurde, behandelte man die Bibel jedoch als ein Buch mit Fehlern und Widersprüchen. Das wird schon bei Richard Simon (1638-1712) deutlich, der durch den Nachweis von bibl. Irrtümern das Schriftprinzip der Protestanten zerstören wollte. Damit war der Bibelkritik der Weg gebahnt.

Hört man die Bibel selbst, dann ist sie wahr, verläßlich (Ps 33,4), fest (2Petr 1,19), wirksam (Mt 5,18), wegweisend (Ps 119,105) und verbindlich (Joh 10,35). Man sollte von diesen offensiven bibl. Begriffen ausgehen und nicht von defensiven, wenn auch gutgemeinten, wie etwa der Irrtumslosigkeit (inerrancy). Andererseits gibt uns die Bibel kein Recht, von ihrer Fehlerhaftigkeit zu sprechen. Man findet in der Bibel keine Bibelkritik (auch und gerade nicht bei Jesus! vgl. Mt 5,17ff; Joh 10,35). Im Zusammenhang mit der Inspirationslehre ergeben sich folgende Beobachtungen: a. Bei näherer Prüfung schrumpfen die angeblichen Fehler der Schrift erheblich zusammen. b. Im Bereich des dynamisch-verwandelnden Verstehens und des ethischen Verstehens ist die Bibel fehlerlos. c. Im kognitiven Verstehenszusammenhang tauchen ernsthafte Probleme nur im Bereich der historischen Forschung auf. c. Wir müssen damit rechnen, daß Gottes Absicht gar nicht an jeder Stelle dahin ging, uns historisch zu informieren. So bleibt es ein legitimer Weg, historische Probleme offen zu lassen. – Auf jeden Fall müssen wir die Bibel sagen lassen, was sie selbst sagen will. Von ihren eigenen Zwecken her betrachtet ist sie fehlerlos. Wir müssen also, wie Luther in der Vorrede zum ersten Band seiner deutschen Schriften von 1539 bemerkte, »die Apostel und Propheten lassen auf dem Punkt sitzen und wir hienieden zu ihren Füßen hören, was sie sagen, und nicht sagen, was sie hören müssen« (WA 50,657).

Literatur: K. Aner: Die Theologie der Lessingzeit, 1929; H. Freiherr von Campenhausen: Die Entstehung der christlichen Bibel, BHTh, 39/1968; W. Elert: Morphologie des Luthertums, I, 1931; J.A. Fitzmyer: Die Wahrheit der Evangelien, SBS 1/1965; P. Gennrich: Der Kampf um die Schrift in der deutsch-evangelischen Kirche des neunzehnten Jahrhunderts, 1898; K. Girgensohn: Die Inspiration der Heiligen Schrift, [2]1926; R.M. Grant: A Short History of the Interpretation of the Bible, [2]1963; C.F.G. Henry: Revelation and the Bible, 1958; R.N. Longenecker: Biblical Exegesis in the Apostolic Period, 1975; I.H. Marshall: Biblical Inspiration, 1982; O. Merk: Anfänge neutestamentlicher Wissenschaft im 18. Jahrhundert, in: G. Schweiger (Hrsg.): Historische Kritik in der Theologie, Studien zur Theologie und Geistesgeschichte des Neunzehnten Jahrhunderts, 32, 1980, S. 37-59; G. Moldaenke: Schriftverständnis und Schriftdeutung im Zeitalter der Reformation, Teil I, Matthias Flacius Illyricus,FKGG 9, 1936; J.I. Packer: Beyond the Battle for the Bible, 1980; I.S. Palmer: The Authority and Doctrine of Scripture in the Thought of John Calvin, EvQ, 49/1977, S. 30-39; B. Ramm: Special Revelation and the Word of God, 1961; J. Reinhard: Die Prinzipienlehre der lutherischen Dogmatik von 1700 bis 1750, 1906; H. Schmid: Die Dogmatik der evangelisch-lutherischen Kirche, [3]1853; K. Scholder: Ursprünge und Probleme der Bibelkritik im 17. Jahrhundert, FGLP, 10. Reihe, Bd. 33, 1966; G. Schrenk: ThWNT I, 1933, S. 742-773; E. Schweizer: ThWNT VI, 1959, S. 452-453; O. Semmelroth, M. Zerwick: Vaticanum II über das Wort Gottes, SBS 16, 1966; H. Steubing (Hrsg.): Bekenntnisse der Kirche, 1985; A.C. Sundberg: The Bible Canon and the Christian Doctrine of Inspiration, Interpretation 29/1975, S. 352-371; W. Trillhaas: Dogmatik, 1962. G.M.

INWENDIGER MENSCH. Paulus gebraucht die Wendung »inwendiger Mensch« (*ho esō anthrōpos*) dreimal (Röm 7,22; 2Kor 4,16; Eph 3,16), und zwar komplementär zum »äußeren Menschen« (explizit nur 2Kor 4,16).

Der Ausdruck »inwendiger Mensch« bezeichnet in der platonischen Philosophie das mit der sittlichen Veranlagung gleichgesetzte Denkvermögen. Der »äußere Mensch« wird demgegenüber als uneigentlich abgegrenzt. So bezeichnet z.B. Epiktet das Innere als den eigentlichen Menschen, als die sittlich freie Persönlichkeit. Im hellen. Judentum setzt Philo den inwendigen Menschen mit dem menschlichen Geist (*nous*) gleich, der »der Mensch im Menschen ist, und zwar der bessere im schlechteren und der unsterbliche im sterblichen« (Congr 97).

Paulus greift zwar das antithetische Begriffspaar inwendiger und äußerer Mensch auf, prägt es jedoch um. Sachlich knüpft er an den atl. Begriff »Herz« (*lēb*) an (vgl. 1Petr 3,4), der das Zentrum des bewußt lebenden Menschen bezeichnet. Gemeint ist der ganze Mensch unter dem Aspekt des Denkens und Entscheidens.

1. In Röm 7,22f steht der inwendige Mensch in Parallele zur Einsicht und zum Urteilsvermögen (*nous*) und wechselt im Kontext mit »ich«. Paulus geht es nicht um einen anthropologischen Dualismus, sondern er bezeichnet mit dem inwendigen Menschen einen Aspekt des Menschseins, der dem Gesetz Gottes freudig zustimmt (V. 16.22) und das Gute tun will (V. 19.21). Darin würde sich die Geschöpflichkeit des Menschen realisieren, doch bleibt diese Zustimmung zum Gesetz Gottes ohnmächtig der eigenen Sündhaftigkeit verfallen. Dieses Ich bzw. der inwendige Mensch ist keine allgemeine anthropologische Kategorie, sondern eine Beschreibung des frommen Menschen (vgl. z.B. Ps 119,16.47). Der inwendige Mensch in Röm 7,22 »ist der wahre Fromme Israels, der Einsicht in das Gesetz Gottes hat und es von ganzem Herzen bejaht«, aber gleichzeitig die allgemeine Verfallenheit an die Macht der Sünde immer wieder neu erfährt (O. Michel, Römer S. 235). Paulus sieht auf seine eigene Existenz als frommer Jude vor seiner Begegnung mit Christus zurück.

2. In 2Kor 4,16-18 entspricht der Gegensatz von inwendigem und äußerem Menschen dem von Unsichtbar und Sichtbar. Dieses steht unter eschatologischem Aspekt: Während das Sichtbare zeitlich und damit endlich ist, ist das Unsichtbare ewig, weil es der Auferweckung mit Jesus teilhaftig wird (V. 14). Da diese leiblich erfolgt, geht es nicht wie in der hellen. Philosophie um den Gegensatz von Seele und Körper. Unter Leiden, Bedrängnis und Schmerzen geht der äußere, natürliche Mensch mit seiner Kraft zugrunde. Gleichzeitig wird der inwendige erneuert, empfängt neue Kraft zum Leben und Dienst für die Gemeinde. Der inwendige Mensch entspricht so dem in Christus neu geschaffenen Menschen (vgl. 2Kor 5,17).

3. Ähnlich ist der Begriff in Eph 3, 16-19 gebraucht. Der Geist Gottes bewirkt, daß der inwendige Mensch an Kraft gestärkt wird. Dieses geschieht parallel zum Wohnen und Wirken Christi im Herzen. Der inwendige Mensch ist so der neue Mensch, in dem Christus mit seiner Liebe Gestalt gewinnt (V. 18f) und der seine Kraft durch Gottes Geist empfängt.

Beim inwendigen Menschen geht es also in 2Kor 4,16 und Eph 3,16 um den glaubenden neuen Menschen in Christus, während in Röm 7,22 der fromme, nicht an Christus glaubende Mensch gemeint ist, der dem Gesetz Gottes zustimmt, es aber ohnmächtig nicht erfüllen kann.

Literatur: J. Behm: ThWNT II, 1935, S. 696f; N. Walter: EWNT II, 1981, 161-164. W.H.

IRA.

1. Ein Jairiter, der ein »Priester Davids« genannt wird (2Sam 20,26), eine schwerverständliche Bezeichnung, da er nicht zum Stamm Levi gehörte. Peschitta (syr. Bibelübersetzung) liest statt Jaïr »aus Jattir«, (Stadt im Gebiet Levi). Andererseits kann »Priester« hier auch »hoher Beamter« bedeuten oder einen Ehrentitel darstellen (vgl. 2Sam 8,18; 1Chr 18,17).

2. Ein Jattiriter, einer der Helden Davids (2Sam 23,38). Möglicherweise ist er identisch mit 1., wenn die Peschitta-Lesart korrekt ist.

3. Einer der Helden Davids, Sohn des Ikkesch aus Thekoa (2Sam 23,26). M.A.M.

IRDEN. Bezeichnung für aus Erde oder Ton hersgestellte Gegenstände. Beim Reinigungs-, Eifer- und Sündopfer waren irdene Gefäße vorgeschrieben, die z.T. nach Gebrauch zerbrochen werden mußten (3Mo 14,5; 4Mo 5,17; 3Mo 6,21). Nach Jer 32,14 dienten irdene Gefäße auch zur Aufbewahrung von Schriftstücken, um sie vor Witterungseinflüssen zu bewahren. Die *Schriftenfunde vom Toten Meer haben diese Aufbewahrungsart bestätigt. In übertragener Bedeutung steht »irdene Töpfe/Gefäße« für »gewöhnliche, leicht zerstörbare Dinge« (Klgl 4,2; 2Kor 4,7).

IRDISCH. Die Bedeutung »von dieser Erde stammend, dieser Erde im Wesen zugehörig« (vgl. *Irden) steht im Gegensatz zu »himmlisch«. In ähnlicher Weise werden die Gegensatzpaare: natürlich (fleischlich) – geistlich; verweslich – unverweslich; Adam – Christus (1Kor 15,40ff) gebraucht.

Da alles Irdische unter dem Gesetz der Sünde steht (1Kor 15,47f; Röm 5,12ff; 7,14.23), ist irdische Gesinnung stets gegen Gott gerichtet (Phil 3,18f; Jak 3,15).

IRRLEHRE.

Das griech. *hairesis* – von dem unser Fremdwort für Irrlehre, »Häresie«, stammt – meint in seiner ursprünglichen Bedeutung »Wahl«, dann aber

INTERPRETATION
s. Auslegung

auch das, was gewählt wurde, nämlich »Partei« bzw. die »philosophische Schule«. Es ist also eine bestimmte Lehre mit gewissem Autoritätsanspruch im Blick. So wird der Begriff auch im NT gebraucht, wenn von der »Partei« der *Pharisäer bzw. der *Sadduzäer gesprochen wird (vgl. Apg 5,17; 15,5; 26,5). Auch die christl. Gemeinde wird von außen her als eine »Partei« bzw. »Sekte« im Judentum gesehen (vgl. Apg 28,22; 24,5.14 »nach dem Weg [Vulg.: *sectam*], den sie eine hairesis nennen«).

Daß solche Parteien auch abweichende Lehren vertraten, wird im 1. Korintherbrief deutlich. Die einzelnen Gruppen dort (vgl. 1Kor 1,11ff) sind nicht nur Teile, die zur Gesamtgemeinde gehören, sondern sie setzen sich selbst absolut. Obwohl nicht ganz klar wird, wo die Abgrenzungen inhaltlich liegen, wird doch an der Berufung auf einzelne Namen, die für eine Lehre stehen, deutlich, daß es um einander widerstreitende Lehrinhalte geht.

Im Galaterbrief führt der Apostel Paulus eine Lehrauseinandersetzung mit solchen, die falsch lehren. Die Lehre - das ist das Evangelium Christi und von Christus, wie es der Apostel vom Herrn selbst empfangen hat (vgl. Gal 1,12) – steht gegen ein »anderes Evangelium« (vgl. Gal 1,6ff), wohl ein *Evangelium, das das alte Gesetz verpflichtend zur Rettung benennt. Ganz nüchtern sagt der Apostel deshalb gegen solche Irrlehrer: »Wenn jemand euch ein Evangelium predigt, anders als ihr es empfangen habt, der sei verflucht« (Gal 1,9). Solche falschen Lehrer und Irrlehrer werden auch im 1.Timotheusbrief von Paulus energisch zurechtgewiesen (vgl. 1Tim 1,3ff); ja, solche »ketzerischen« Menschen sollen nach zwei ernsthaften Ermahnungen in der Gemeinde keinen Platz mehr haben (vgl. Tit 3,10).

Zunehmende Verführung, Irrlehrer und Irrlehren kennzeichnen die »letzte Zeit«: Falsche Christusse werden viele verführen; falsche Propheten werden mit Zeichen und Wundern die Gemeinde von Christus wegbringen wollen (vgl. Mt 24,5.23f), so sagt es Jesus selbst voraus. Paulus redet betont von den I.n der letzten Zeit, die an ihren ethischen Konsequenzen deutlich werden (vgl. 2Tim 3,1-9, vgl. auch 1Tim 4,1). Ebenso spricht der Apostel Petrus das Gerichtsurteil über die falschen Lehrer und ihre I.n (vgl. 2Petr 2,1).

Das letzte Buch der Bibel zeigt die Rettung als volle Bindung an das Wort. Wer etwas wegnimmt oder dazu tut von und zum Wort der Wahrheit, setzt sein ewiges Leben auf's Spiel (vgl. Offb 22,18f). Die rechte Lehre ist bibl. gesehen nie ein theologisches System, sondern die Anerkenntnis Jesu Christi, in der der Jünger sich ihm ausliefert und gehorsam seinem und seiner Beauftragten und Bevollmächtigten Zeugenwort, wie es überliefert ist, lebt. I. verweigert die volle Anerkennung Christi und fügt

Die Familie Isaaks.

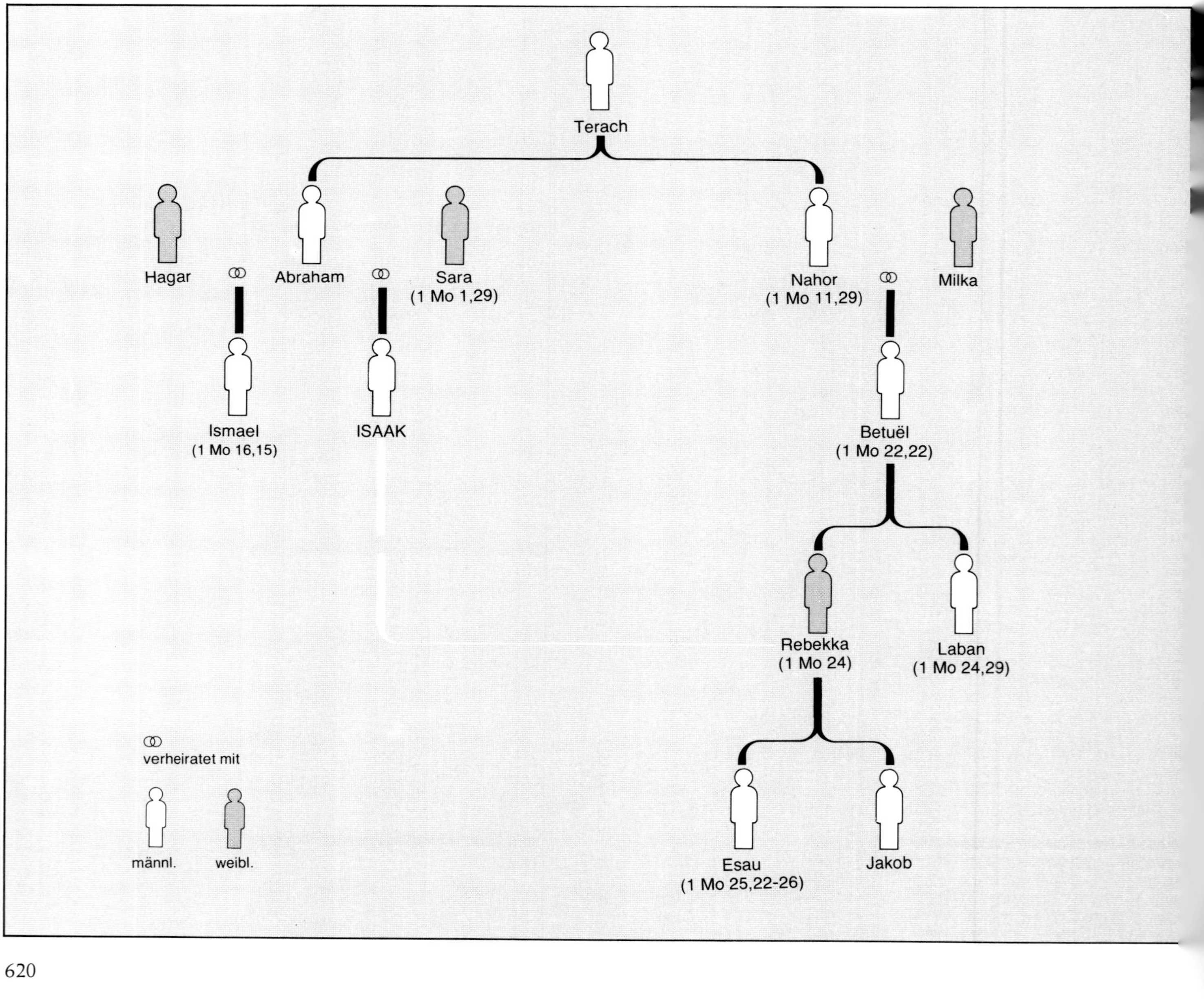

seinem Evangelium menschliche Weisheit hinzu.

Literatur: L.Goppelt: Kirche und Häresie nach Paulus, Gedenkschrift W.Elert 1955; H.D. Betz, A. Schindler, W. Huber: TRE XIV, 1985, S. 313-348 (Lit.!). H.K.

ISAAK. (Hebr. *Jizchak*, »er lacht« oder »Gelächter«). Nach 1Mo 17,19 gab Gott dem Sohn, den er *Abraham und *Sara verheißen hatte, noch vor dessen Geburt diesen Namen, weil Abraham bei der Verheißung gelacht hatte (V. 17). Später wird noch von einem ungläubigen Lachen Saras berichtet, ohne daß hier der Name I. erwähnt wird (1Mo 18,12-15). Als I. geboren war, sagte Sara: »Gott hat mir ein Lachen bereitet; denn wer es hören wird, der wird über mich lachen« (1Mo 21,6). Der Name wird also mit dem Unglaublichen und Wunderbaren der Geburt I.s in Verbindung gebracht: Abraham war 100 Jahre alt und Sara 90, als I. geboren wurde (1Mo 17,17; 21,5).

I. wurde wohl in der Gegend von *Gerar oder von *Beerscheba geboren (vgl. 1Mo 20,1; 21,14.31), nach der Chronologie der Erzväterzeit um 2065 bzw. 1890 v.Chr. Am 8. Tag nach der Geburt beschnitt ihn Abraham (V. 4). Als I. entwöhnt war, wohl mit 2 oder 3 Jahren, wurde ein Festmahl gefeiert (V. 8). Sara sah dabei, daß *Ismael, der damals etwa 15-16 Jahre alt war, »Mutwillen trieb« (LÜ) mit I. (V. 9). Es gelang ihr, Abraham - nachdem Gott ihm offenbart hatte, er solle auf sie hören – zu bewegen, *Hagar mit ihrem Sohn fortzuschicken (V. 11-14; vgl. Gal 4,21-31).

Wir wissen nicht, wie alt I. war, als Gott Abraham versuchte und von ihm forderte, seinen Sohn als Brandopfer darzubringen. Jedenfalls zeigt I. kindlichen Gehorsam und kindliches Vertrauen seinem Vater Abraham gegenüber (1Mo 22,1-19). Als I. 40 Jahre alt war, heiratete er *Rebekka, die Abrahams Knecht als Frau für I. aus Mesopotamien geholt hatte. Sie war die Tochter Betuëls, des Sohnes von Nahor und Milka, und die Schwester Labans (1Mo 24; 25,20). Sara war damals schon tot (1Mo 23; 24,67). Bei seiner ersten Begegnung mit Rebekka war I. gegen Abend aufs Feld hinausgegangen, um nachzusinnen oder zu beten (LÜ; V. 63). I. macht den Eindruck eines stillen Mannes, weniger aktiv als Abraham oder *Jakob. 20 Jahre lang blieb I.s Ehe mit Rebekka kinderlos. Dann wurden dem 60jährigen I. die Zwillinge *Esau und Jakob geboren (1Mo 25,25.26). Zu der Zeit lebte Abraham noch, 160jährig. Er starb mit 175 Jahren, und seine Söhne I. und Ismael begruben ihn in der Höhle *Machpela (V. 7-10).

Nach Abrahams Tod segnete Gott I., der damals bei dem Brunnen *Beer Lahai-Roi wohnte (V. 11). Später wird über I.s Aufenthalt bei dem Philisterkönig *Abimelech in *Gerar berichtet, wo er - wie früher Abraham - seine Frau als seine Schwester ausgab. Abimelech entdeckte den Betrug, als er sah, wie I. Rebekka liebkoste (1Mo 26,8). Diese Ereignisse dürften noch vor der Geburt von Esau und Jakob liegen; denn wir hören im gleichen Zusammenhang (V. 1-6) von einer Erscheinung des Herrn, der I. eine zahlreiche Nachkommenschaft verheißt. Danach wohl wird I. für seine Frau gebeten haben, und der Herr ließ Rebekka Mutter werden (1Mo 25,21).

Schon in Gerar wurde I. außergewöhnlich gesegnet, so daß er sehr reich wurde (1Mo 26,12-22). Bei dem folgenden Streit um die Brunnen ging er den Philistern zweimal aus dem Wege und zog über Rehobot (LÜ: »Weiter Raum«) nach Beerscheba. Dort empfing er eine Offenbarung Gottes, baute einen Altar und rief den Namen des Herrn an (V. 23-25). In Beerscheba kam Abimelech mit seinem Freund Ahuschat (*Freund des Königs) und seinem Heerführer Pichol zu I., und sie schlossen ein Bündnis miteinander (V. 26-31). Am selben Tag brachten I.s Knechte die Nachricht, daß sie einen neuen Brunnen gegraben hätten, den er Scheba (»Schwur«) nannte. Daher heißt der Ort Beerscheba (V. 32.33).

Als Greis erblindete I. Darum konnte er von Rebekka und Jakob getäuscht werden, so daß Jakob den Erstgeburtssegen erhielt, der dann auch gültig blieb (1Mo 27). Damals muß I. 137 Jahre alt gewesen sein (vgl. 1Mo 30,25; 29,20.27; dazu 41,46; 45,6 mit 47,9). Daraus ergibt sich, daß Jakob bei der Geburt Josefs im 14. Jahr seines Aufenthalts bei Laban 91 Jahre alt war, bei seiner Flucht nach Mesopotamien also 77 und I. entsprechend 137 Jahre (vgl. 1Mo 25,26). Bemerkenswert ist, daß er trotz dieses hohen Alters noch weitere 43 Jahre lebte. 13 Jahre nach Jakobs Rückkehr aus Mesopotamien starb I. 180jährig; seine Söhne Esau und Jakob begruben ihn (1Mo 35,27-29). Vgl. auch Hebr 11,9.20.

Literatur: J.A. Stamm: Der Name Isaak. FS A.S. Schädelin, 1950, S. 33-38; C. Westermann: Genesis I,2, BKAT, 1981.

ISAI. Enkel des *Boas und Vater *Davids. Er lebte in *Bethlehem und wird im allg. als »der Bethlehemiter« bezeichnet, einmal auch als »Efratiter aus Bethlehem-Juda«. I. hatte acht Söhne (1Sam 16,10.11), von denen aber nur sieben dem Namen nach bekannt sind (1Chr 2,13-15). Der achte wird namentlich nicht genannt, weil er möglicherweise keine Nachkommen hatte, es sei denn, daß der Elihu in 1Chr 27,18 nicht mit Eliab identisch ist.

Ausleger, die alter jüd. Tradition folgen (Targ. Rut 4,22), setzen Nahasch (2Sam 17,25) mit I. gleich. Als weitere Lösungsvorschläge bieten sich an: Entweder waren Abigal und Zeruja Töchter aus einer früheren Ehe von I.s Frau mit Nahasch, oder Nahasch ist ein weiblicher Name und steht für die Mutter der Töchter. I. wird zuletzt erwähnt, als David seine Eltern zur Sicherheit nach Moab schickte (1Sam 22,3.4). M.A.M.

ISCH-BOSCHET. Man nimmt an, daß der Name (2Sam 2-4) ursprünglich Eschbaal hieß. Er wurde von Schreibern verändert, die *boschet*, »Schande«, schrieben anstelle des offensichtlich heidnischen Gottesnamens *Baal. In 1Chr 8,33; 9,39 erscheint die Form Eschbaal. In letzter

Isais Familie nach 1Chr 2,13-17.

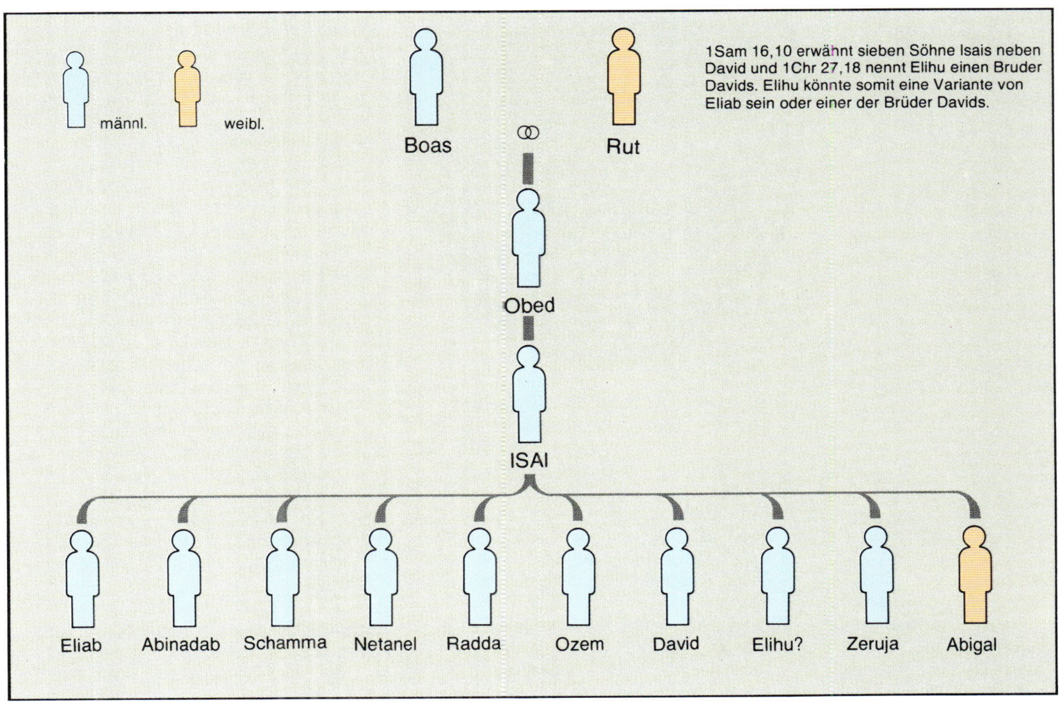

Zeit wurde diese Deutung stark angezweifelt, *boschet* wird nunmehr als göttliches Attribut, »Stolz, Stärke« gedeutet. I. und Eschbaal könnten verschiedene Namen für einen Mann gewesen sein (so auch Mefiboschet und Merib-Baal; s. M. Tsevat: HUCA 46, 1975; S. 71-87). Als Sohn Sauls (»Jischwi« in 1Sam 14,49, eine verschriebene Form von Jischia, d.h. Jischbaal), wurde I. in Mahanajim außerhalb der Reichweite der Philister von Abner, dem Kommandanten seines Vaters, zum König von Israel gemacht. Als Davids Macht wuchs, versuchte Abner mit ihm zu intrigieren, wurde aber ermordet. I.s Anhänger verloren den Mut, und zwei seiner Offiziere, Rechab und Baana, ermordeten ihn während seiner Mittagsruhe (2Sam 2-4).

Der Tod I.s ermöglichte es David, dem Haus Sauls die Herrschaft über ganz Israel abzunehmen. A.R.M.

ISEBEL.

1. Tochter Etbaals, des Priesterkönigs von *Tyrus und Sidon. Sie war mit *Ahab verheiratet, um eine Allianz zwischen Tyrus und Israel zu festigen, durch die Ahabs Vater *Omri versucht hatte, die Feindschaft zwischen *Damaskus und *Israel auszugleichen. Ahab sorgte dafür, daß I. ihren Gott *Baal in *Samaria, ihrer neuen Heimat, weiter verehren konnte (1Kön 16,31-33).

I. hatte ein energisches Wesen und pflegte intensiv den Kult des Melkart,

Der Name Isebel (izbl) *in phönizischen Schriftzeichen auf einem Skarabäussiegel ägyptischen Stils. Grauer Opal. 1,3 × 2,2 × 1 cm. 9.–8. Jh.v.Chr.* (BM)

des tyrischen Baal; 450 seiner Propheten und 400 Propheten der Göttin Aschera wurden von ihr versorgt, als Ahab König geworden war (1Kön 18,19). Sie drang darauf, daß ihr Gott mindestens die gleichen Rechte wie der Gott Israels hatte. Daraus ergab sich der Konflikt mit dem Propheten *Elia. Auf dem Berg *Karmel wurde eine Entscheidung zwischen dem Gott Israels und Baal herbeigeführt, aus der der Gott Israels triumphierend hervorging (1Kön 18,17-40). Diese Niederlage und das Massaker an ihren Propheten verringerten I.s Eifer jedoch nicht, sie steigerten ihn vielmehr.

I.s Auffassung von absoluter Monarchie unterschied sich von der hebr. Vorstellung des Bundes zwischen Gott, König und Volk. Bei dem Geschehen um Nabots Weinberg untergrub sie in Anmaßung und Gewissenlosigkeit Ahabs Herrschaft (1Kön 21,8).

Nach Ahabs Tod hatte I. in ihrer Rolle als Königinmutter weitere 10 Jahre während der Herrschaft *Ahasjas und zu Lebzeiten *Jorams politischen Einfluß in Israel. Als Joram von Jehu getötet worden war, legte sie königliche Gewänder an (2Kön 9,30ff) und erwartete Jehu, auf dessen Befehl sie 482 v.Chr. von zwei oder drei Kämmerern aus dem Fenster gestürzt wurde (vgl. 1Kön 21,23).

2. In dem Brief an die Gemeinde in Thyatira (Offb 2,20) ist »Isebel« die Bezeichnung für eine Frau, die als Prophetin auftritt und zu Unmoral und Götzendienst unter dem Deckmantel der Religion verführt. Dies könnte sich auf eine Einzelperson oder eine Gruppe in der Gemeinde beziehen und läßt erkennen, daß der Name I. zum Inbegriff für den Abfall von Gott geworden war. M.B.

ISKARIOT
s. Judas Iskariot

ISMAEL.(»Gott hört«).

1. Sohn *Abrahams und *Hagars, der ägypt. Sklavin, die Sara ihrem Mann zur Nebenfrau gegeben hatte. Als der Engel des Herrn der geflohenen Hagar (1Mo 16,6) zurückzukehren befahl, sagte er ihr vorher, daß sie einen Sohn haben würde, den sie I. nennen sollte, denn der Herr hatte ihr Elend gehört. I. würde ein »wilder Mensch« sein, seine Hand gegen alle und aller Hand gegen ihn; und allen seinen Brüdern sollte er vor dem Gesicht (d.h. zugleich: östl. von ihnen) wohnen (V. 11.12). Hagar kehrte zurück und gebar einen Sohn; Abraham, der damals 86 Jahre alt war, nannte ihn I. (V. 15.16). Mit 13 Jahren wurde I. beschnitten (1Mo 17,25). Als der dann von Sara geborene *Isaak entwöhnt wurde, spottete I. über ihn. Dieser Spott führte zu Hagars und I.s Vertreibung, die *Sara gefordert und der Gott zugestimmt hatte (1Mo 21,8-19). In der Wüste von Beerscheba umherirrend, erwartete Hagar den Tod ihres Sohnes; aber der Engel Gottes wies sie zu einem Brunnen. Als I. aufgewachsen war, wohnte er in der Wüste Paran und wurde ein Bogenschütze. Seine Mutter nahm ihm eine Frau aus ihrer Heimat Ägypten (V. 20.21). I. und Isaak begruben gemeinsam ihren Vater Abraham (1Mo 25,9). Die Söhne I.s werden V. 12-18 aufgezählt; außerdem hatte er eine Tochter, die *Esau heiratete (1Mo 28,9; 36,3). I. starb im Alter von 137 Jahren (1Mo 25,17).

2. Sohn Azels und Nachkomme Jonatans (1Chr 8,38: Jismael, vgl. dagegen RevEB; 9,44).

3. Vater des Judäers Sebadja, der z.Zt. Joschafats oberster zivilrechtlicher Richter war (2Chr 29,12: Jismael, vgl. dagegen RevEB).

4. Sohn Johanans, der am Sturz Ataljas beteiligt war (2Chr 23,1: Jismael, vgl. dagegen RevEB).

5. Sohn Netanjas, des Sohnes Elischamas, ein Mann aus der judäischen Königsfamilie. Er ermordete *Gedalja, den Nebukadnezar nach der Einnahme Jerusalems zum Statthalter eingesetzt hatte (2Kön 25, 22-26; Jer 40,7-41,18 Jismael, vgl. dagegen RevEB). Zu diesem Mord hatte ihn der Ammoniterkönig Baalis angestiftet (Jer 40,14). Gleichzeitig erschlug I. die Juden, die bei Gedalja in Mizpa waren, und die dortige chaldäische Truppe (Jer 41,3). Am folgenden Tag kamen 80 Männer aus *Sichem, *Silo und *Samaria vorbei, die auf dem Weg nach Jerusalem waren; von ihnen ließ er nur 10 am Leben (V. 4-9). Danach zog er mit dem Rest des in Mizpa übriggebliebenen Volkes ab, um zu den Ammonitern auszuweichen. Aber Johanan, der Sohn Kareachs, und die Hauptleute, die ihn begleiteten, verfolgten ihn mit ihren Leuten, holten ihn am Teich bei *Gibeon ein und befreiten das weggeführte Volk. I. aber entkam mit acht Männern und brachte sich bei den Ammonitern in Sicherheit (V. 10-15).

6. Ein Priester aus dem Geschlecht Paschhur, der eine heidnische Frau genommen hatte (Esr 10,22).

ISMAELITER
s. Ismael

ISRAEL. (Hebr. *jisrā'ēl*, »Gott kämpft«).

I. DER NAME ISRAEL.

1. Der neue Name wurde Jakob nach seinem nächtlichen Ringkampf bei Pnuël verliehen: »Du sollst nicht mehr Jakob heißen«, sagte sein übernatürlicher Gegner, »sondern Israel; denn du hast mit Gott und mit Menschen gekämpft [*sārītā*, von *sāra*, »kämpfen«] und hast gewonnen« (1Mo 32,29). Zu diesem Bericht vgl. Hos 12,4f, Jakob habe »im Mannesalter mit Gott gekämpft [*sāra*]. Er kämpfte [*wājjāsar*, vom gleichen Verb] mit dem Engel und siegte«. Die Umbenennung wird laut 1Mo 35,10 in Bethel bestätigt, wo der allmächtige Gott vor Jakob erscheint und sagt: »Du heißt Jakob; aber du sollst nicht mehr Jakob heißen, sondern Israel sollst du heißen. Und so nannte er ihn Israel.« Von da an taucht I. im gesamten AT auch als Synonym für Jakob auf, am häufigsten, wenn die Nachkommen des Erzvaters als »die Kinder (oder das Volk) Israel« bezeichnet werden (hebr. *benē jisrā'ēl*).

2. Das Volk, das von den 12 Söhnen Jakobs abstammt, wird als »Israel« (1Mo 34,7 u.ö.), »das Volk Israel« (2Mo 1,9 u.ö.), »die zwölf Stämme Israels« (1Mo 49,28) oder »die Israeliten« (1Mo 32,33 u.ö.) bezeichnet.

Die früheste Erwähnung dieses Volks in außerisraelischen Aufzeichnungen finden sich in einer Inschrift Merenptahs, des Pharaos von Ägypten (1224-1204 v.Chr.): »Israel liegt brach und hat kein Saatkorn« (TGI S. 39f). Die nächsten außerisraelischen

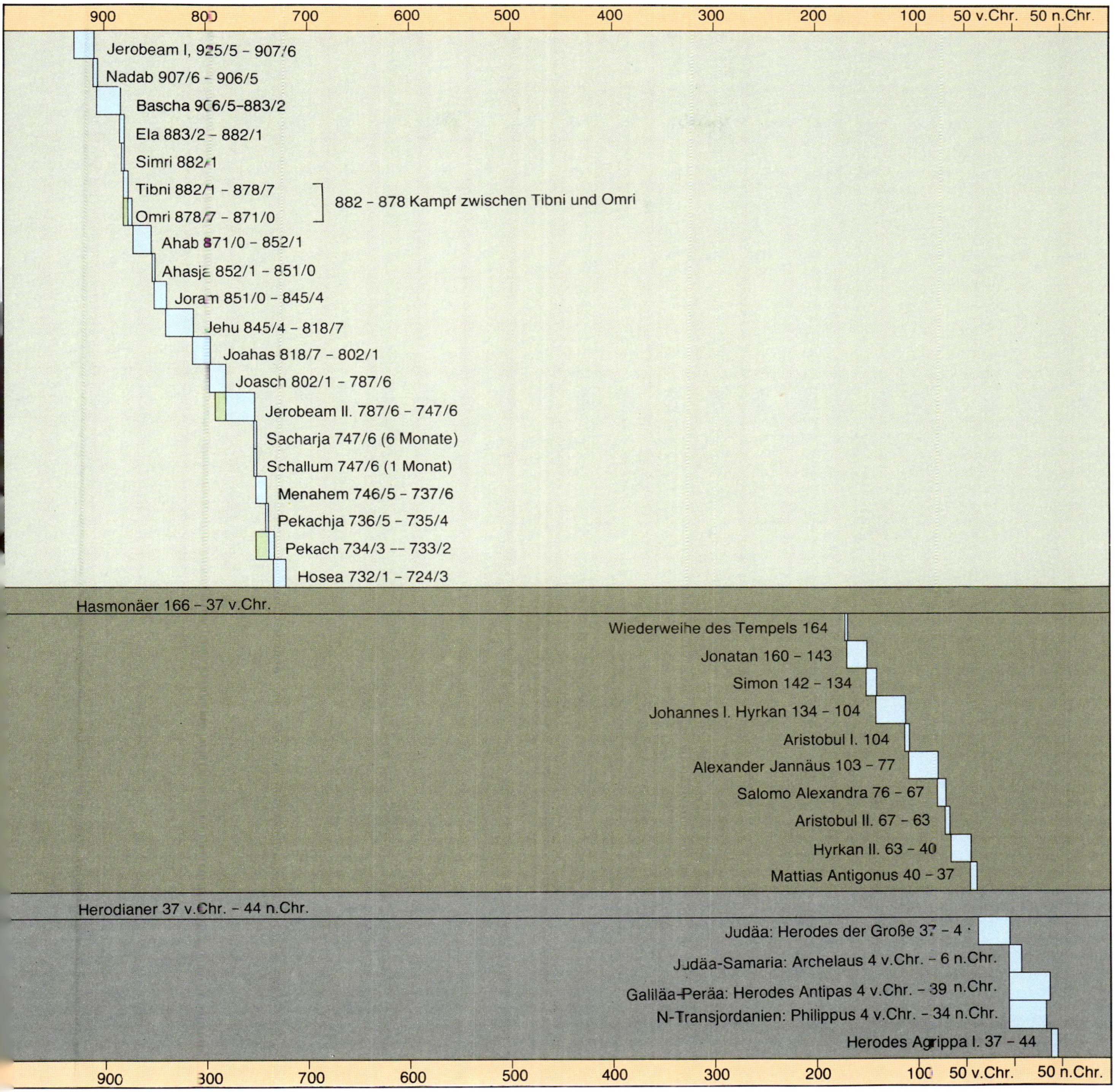

Die Könige Israels bis zur Regierungszeit von Herodes Agrippa I.

Belege folgen in Inschriften Salmanassars III. von Assyrien um 853 v.Chr., der »Ahab von Israel« erwähnt (TGI S. 49f), und Meschas von Moab, dessen Siegesinschrift wiederholt auf Israel Bezug nimmt (um 840 v.Chr.), darunter auch mit der Prahlerei: »Israel ist dahin, dahin für immer« (TGI S. 51f; vgl. *Meschastein).

I. ISRAELS ANFÄNGE.
Merenptahs Erwähnung von I. fällt praktisch mit dem Beginn der Volksgeschichte zusammen, denn die Geburt I.s als Nation geschah durch den *Auszug aus Ägypten, der in Merenptahs oder seines Vaters Regierungszeit fiel. Einige Generationen zuvor waren die Ahnen I.s, Mitglieder eines Hirtenstammes, während einer Hungersnot nach Ägypten gezogen und hatten sich im Wadi Tumilat niedergelassen. Die ersten Könige der 19. Dynastie in Ägypten rekrutierten sie in großer Zahl als Zwangsarbeiter für den Bau befestigter Städte an Ägyptens NO-Grenze. Unter diesen Bedingungen hätten sie ihren Mitsklaven völlig assimiliert werden können, wäre nicht der Glaube ihrer Vorfahren durch *Mose neu erweckt worden. Der kam im Namen des Gottes ihrer Väter zu ihnen und führte sie aus Ägypten unter einer Reihe von Wundern heraus, durch die er sie lehrte, die Macht dieses Gottes, die zu ihrer Befreiung aufgeboten wurde, anzuerkennen. Unter Moses Führung zogen sie nach O

Die Stämme Israels.

über den »Weg durch die Wüste des Jam Suph«, bis sie den Ort erreichten, an dem der Gott ihrer Väter sich Mose unter seinem Bundesnamen Jahwe offenbart und ihn beauftragt hatte, sie aus Ägypten herauszuführen. Dort, am Fuß des Berges Sinai, traten sie in eine besondere Bundesbeziehung mit Jahwe ein. Durch die Errettung aus der ägypt. Sklaverei hatte er sich bereits als ihr Gott erwiesen; jetzt verpflichteten sie sich, sein Volk zu sein. Diese Verpflichtung schloß Gehorsam gegenüber den »Zehn *Geboten« ein, in denen Jahwe seinen Willen kundtat. Ihn allein sollten sie anbeten; kein Bildnis durfte seinen Platz einnehmen; sie sollten seinen Namen gebührend ehren; jeder siebte Tag war ihm vorbehalten; und in Gedanken, Worten und Werken sollten sie miteinander in einer Weise umgehen, die dem Bund angemessen war, der sie zusammenschloß. Sie sollten ein für Gott auserwähltes Volk sein und auch etwas von seiner Gerechtigkeit, Gnade und Wahrheit in ihrem Leben ausdrücken.

Diese Haltung läßt sich als praktischer Monotheismus bezeichnen. Mit der Frage, ob die Götter benachbarter Völker in irgendeiner Weise existierten oder nicht, belasteten wahrscheinlich weder Mose noch seine Nachfolger ihre Gedanken; ihre Aufgabe war die Anerkennung Jahwes als erhabenen und alleinigen Gott.

Mose war nicht nur der erste und größte Gesetzgeber I.s; in seiner Person vereinigten sich die Ämter von Prophet, Priester und König. Er schlichtete ihre Streitfälle und lehrte sie die Prinzipien rel. Pflicht; er führte sie von Ägypten zum Jordan, und als er starb, ließ er nicht einen undisziplinierten Haufen von Sklavenarbeitern zurück, sondern eine wohlgeordnete Heerschar, die bereit war, Kanaan zu erobern und zu besiedeln.

Dieses Heer war, schon bevor es Kanaan in Besitz nahm, als eine Konföderation aus zwölf Stämmen organisiert, deren Zusammenhalt die gemeinsame Abstammung, aber mehr noch die gemeinsame Teilhabe am Bund mit Jahwe gewährleistete. Sichtbares Zeichen ihrer Bundeseinheit war die heilige Lade, die in einem Zelt-Heiligtum untergebracht war. Diese Lade stand im Zentrum ihres Lebens, wenn sie Halt machten, führte sie aber an, wenn sie unterwegs oder in der Schlacht waren. Sie schlossen enge Bündnisse mit anderen Nomaden, wie etwa den Kenitern (mit denen Mose durch Heirat verbunden war), den Kenisitern und den Jerachmeelitern, die anscheinend im Laufe der Zeit in den Stamm Juda integriert wurden. Möglicherweise war es ein Bündnisbruch von seiten der Amalekiter, einer weiteren Nomadenschar, der für die erbitterte Fehde verantwortlich war, die I. über viele Generationen mit ihnen führte. Ein Bündnis mit solchen Hirtengemeinschaften unterschied sich deutlich von einem Bündnis mit der seßhaften Landbevölkerung Kanaans, deren Fruchtbarkeitskulte der reinen Anbetung Jahwes sehr abträglich waren. Ihr Bund mit Jahwe verbot den Israeliten strengstens, mit den Kanaanitern gemeinsame Sache zu machen.

Bedeutendstes Zentrum für die Stämme I.s während ihrer Wüstenzeit war Kadesch-Barnea, offensichtlich (wie der Name zeigt) ein Heiligtum und ebenso (wie sein alternativer Name En-Mischpat zeigt) ein Ort, an dem Streitfälle verhandelt und Urteile gesprochen wurden. Nachdem sie Kadesch-Barnea verlassen hatten, drangen einige von ihnen im N zum Zentralnegeb vor, aber der Hauptteil zog südl. und östl. des Toten Meeres weiter und umging dabei die Gebiete ihrer edomitischen, ammonitischen und moabitischen Verwandten, die sich erst kurz zuvor als feste Königreiche etabliert hatten. Weiter nördl. im Transjordanland lagen die amoritischen Königreiche von *Sihon und *Og, in die sie einfielen. Die Streitkräfte von Sihon und Og wurden im Kampf vernichtet und ihre Gebiete besetzt – später als Ruben, Gad und Ost-Manasse bekannt. So wurde ein Teil der Israeliten bereits vor der Überquerung des Jordan seßhaft, um Ackerbau zu treiben.

III. DIE BESIEDLUNG KANAANS.

Der Überquerung des Jordan folgte rasch die Einnahme und Zerstörung der Festung *Jericho. Von Jericho aus drangen sie, eine befestigte Stadt nach der anderen einnehmend, ins Herz des Landes vor. Ägypten war nicht mehr in der Lage, seinen früheren kanaan. Vasallen beizustehen; lediglich die westl. Küstenstraße mit dem Paß von Megiddo als nördlichstem Punkt wurde von ihm noch kontrolliert. Aber selbst in dieser Region schob die Einwanderung der Philister (um 1190 v.Chr.) dem Vordringen ägypt. Einflusses bald einen Riegel vor.

Eine Koalition von fünf Militärgouverneuren kanaan. Festungen wollte die Israeliten daran hindern, sich vom zentralen Hügelland, wo Gibeon und die angegliederten Städte der hiwitischen Tetrapolis sich ihnen unterstellt hatten, nach S zu wenden. Als die Koalition am Paß von *Bet-Horon vernichtend geschlagen wurde, stand der S den Invasoren offen. Obwohl die Streitwagentruppen kanaan. Zitadellen sie daran hinderten, in den Ebenen zu operieren, beherrschten und besetzten die Israeliten bald die zentralen und südl. Hochebenen, ebenso das galiläische Hochland nördl. der Ebene *Jesreel.

Die Stämme, die sich im N niederließen, waren von ihren Genossen in Zentralkanaan durch eine Kette kanaan. Festungen in der Ebene Jesreel abgeriegelt, die sich vom Mittelmeer bis zum Jordan erstreckte. Noch stärker war Juda im S von den Stämmen der Mitte durch das Bollwerk Jerusalem abgeschnitten, das für 200 Jahre eine Enklave der Kanaanäer blieb.

In einem besonderen Fall vereinigten die nördl. und die zentralen Stämme ihre Streitkräfte, um sich gegen die Militärgouverneure der Ebene Jesreel zu erheben, durch die sie ständig zu Leibeigenen erniedrigt wurden. Ihr gemeinsamer Aufstand wurde in der Schlacht von *Kischon (um 1125 v.Chr.) mit Erfolg gekrönt, als ein plötzllicher Sturm die Wasserläufe über die Ufer treten ließ und die Streitwagen der Kanaanäer außer Gefecht setzte, so daß ihnen die leicht bewaffneten Israeliten einfach beikommen konnten. Doch selbst in diesem Fall, bei dem der Aufruf zum Handeln alle Stämme im N, in der Mitte und im Transjordanland erreichte, scheint Juda keine Nachricht erhalten zu haben; es war von den übrigen Stämmen total abgeschnitten.

Wenn sich die Stämme I.s – wie er geschehen – an das Band ihres Bundes erinnerten, reichten ihre vereinten Kräfte aus, den Feinden Widerstand zu leisten. Aber gemeinsame Aktionen dieser Art waren selten. Dem Abflauen der Gefahr folgte regelmäßig eine Zeit der Anpassung an kanaan. Lebensformen. Diese Anpassung führte zu Mischehen und zur Imitation kanaan. Fruchtbarkeitsriten, so daß die Ehre, die Jahwe, dem Gott der Väger, der Israel aus Ägypten geführt und zu seinem Volk gemacht hatte, gebührte, auf Baal, den Fruchtbarkeits- und Regengott übertragen wurde. Das schwächte den Zusammenhalt des Bundes, so daß die Israeliten eine leichte Beute für ihre Gegner wurden. Nicht nur wollten die Stadtstaaten der Kanaanäer sie zu Sklaven erniedrigen; von Zeit zu Zeit hatten die Israeliten Angriffe von Stämmen jenseits des Jordan zu erdulden, von den Moabitern und Ammonitern, ihren Verwandten, aber noch verheerender waren Raubzüge von Beduinen. In diesen Zeiten der Not waren es die charismatischen Gestalten der »Richter«, nach denen die gesamte Landnahmezeit gemeinhin benannt wird, die das Volk nicht nur zum Sieg über seine Feinde führten, sondern auch zur Treue gegenüber Jahwe aufriefen.

Die massivste und hartnäckigste Bedrohung israelit. Unabhängigkeit kam jedoch aus dem W. Kurz nachdem die Israeliten den Jordan überquert hatten, ließen sich Seeräuberbanden aus der Ägäis an der Westküste Kanaans nieder und formierten sich in den fünf Stadtstaaten *Aschdod, *Aschkelon, *Ekron, *Gaza und *Gat, von einem *seren* regiert – einem der »fünf Fürsten der Philister«. Diese *Philister gingen mit den Kanaanäern Ehen ein und wurden bald selbst in Sprache und Religion zu Kanaanäern; sie bewahrten jedoch die politischen und militärischen Traditionen ihrer Heimatländer. Nachdem sie ihre Pentapolis etabliert hatten, brachten sie weitere Gebiete Kanaans unter ihre Kontrolle, einschließlich der Teile, die von Israeliten beansprucht wurden. Militärisch waren ihnen die Israeliten nicht gewachsen. Die Philister beherrschten die Kunst der Eisenverarbeitung und hielten das Monopol darin. Als die Israeliten mit dem Einsatz eiserner Geräte in der Landwirtschaft begannen, bestanden die Philister darauf, daß diese Geräte ausschließlich von philistäischen Schmieden geschärft wurden. Damit wollte man sicherstellen, daß die Israeliten kein eisernes Kriegsgerät schmiedeten, mit dem sie sich gegen ihre Lehnsherren erheben konnten.

Schließlich weiteten die Philister ihren Einfluß über die Ebene Jesreel hinaus bis zum Jordan aus. Durch ihre Vorherrschaft war zwar nicht die Existenz, wohl aber die nationale Identität der Israeliten bedroht. In jenen Tagen war *Silo im Gebiet von Ephraim Standort der Stiftshütte, wo die heilige Lade von einer Priesterschaft gehütet wurde, die ihre Abstammung auf Aaron, den Bruder Moses zurückführte. Diese Priesterschaft spielte eine führende Rolle in einem Aufstand mehrerer Stämme gegen die Philister, der völlig fehlschlug. Die Lade wurde geraubt, Silo und das Heiligtum zerstört und die gesamte Priesterschaft praktisch ausgelöscht (um 1050 v.Chr.). Alle sichtbaren Zeichen, die die Stämme I.s verbanden, waren verschwunden, und mit ihnen anscheinend auch I.s nationale Identität. Daß sie nicht verschwand, sondern vielmehr noch verstärkt wurde, war dem Charakter und Unternehmungsgeist *Samuels zu verdanken, dem größten unter den charismatischen Führern I.s zwischen *Mose und *David. Samuel vereinigte – wie Mose – die Eigenschaften von Prophet, Priester und Richter in sich, und er machte seine eigene Person zum Sammelpunkt des nationalen Lebens. Unter seiner Führung kehrte I. zur Bundestreue zurück, und mit der Rückkehr rel. Hingabe lebte auch das Nationalbewußtsein wieder auf.

Mit zunehmendem Alter Samuels wurde die Frage der Nachfolge akut. Der allg. Wunsch nach einem König wurde laut, und schließlich gab Samuel diesem Verlangen nach und ernannte den Benjaminiten *Saul zum

Auf dieser Siegesstele des Königs Merenptah von Ägypten ist erstmals Israel ('Ysrail') genannt: die erste Erwähnung in einem außeralttestamentlichen Text. Schwarzer Granit. (KAK)

Herrscher. Sauls Regierung begann vielversprechend mit einer prompten Antwort auf eine feindselige Machtdemonstration der Ammoniter sowie einem erfolgreichen Einsatz gegen die Philister im zentralen Hochland. Solange Saul Samuels Weisungen auf rel. Gebiet folgte, ging alles gut, aber Sauls Erfolge nahmen ab, sobald ein Zwist die beiden trennte. Der Tod ereilte ihn am Berg Gilboa in einer Schlacht gegen die Philister, die ein mutiger, aber vergeblicher Versuch war, die nördl. Stämme jenseits der Ebene Jesreel mit I. zu vereinigen. Die Umklammerung I.s durch die Philister war nun fester denn je (um 1010 v.Chr.).

IV. DAVID UND SALOMO.

Der Mann, der I. in die Lage setzte, das Joch der Philister abzuwerfen, war *David aus dem Stamm Juda, eine Zeitlang Heerführer unter Saul und später ein Söldner bei den Philistern. Nach Sauls Tod wurde er sogleich zum König von Juda gemacht, und zwei Jahre später berief ihn auch die Gesamtheit der Stämme I.s zu ihrem König. Durch eine Serie glanzvoller Militäroperationen fügte er den Philistern entscheidende Niederlagen zu; die Philister wurden so zu seinen Vasallen. Durch die Einnahme von Jerusalem im siebten Jahr seiner Regentschaft erhielt Davids Königreich eine starke und strategisch günstig gelegene Hauptstadt und zusätzlich einen neuen rel. Mittelpunkt. Die Bundeslade wurde aus *Kirjat-Jearim zurückgeholt und auf dem Berg Zion feierlich in einem heiligen Zelt aufgestellt, das später durch den Tempel Salomos ersetzt wurde.

Nachdem David I.s Unabhängigkeit und Vorherrschaft in Kanaan erreicht hatte, begann er durch Eroberungen und Diplomatie ein Reich aufzubauen, das von der ägypt. Grenze und dem Golf von Aqaba (*Elat, Ezjon-Geber) bis zum Oberlauf des Euphrat reichte. Dieses Reich hinterließ er seinem Sohn Salomo, der seinen Finanzhaushalt durch grandiose Bauprogramme und den Unterhalt eines glanzvollen Hofes überlastete. Zur effektiveren Nutzung der Einnahmequellen seines Reiches gliederte er es in zwölf Verwaltungsbezirke, die an die Stelle der alten Stammesgliederung traten, und erhob nicht nur hohe Steuern, sondern verordnete bei öffentlichen Vorhaben auch Zwangsarbeit, schließlich sogar für Israeliten. Diese Belastungen wurden mit der Zeit untragbar. Gegen Ende seiner Herrschaft hatten die meisten der unterworfenen Nationen ihre Unabhängigkeit zurückgewonnen, und nach seinem Tod (um 930 v.Chr.) teilten sich die Stämme I.s in zwei Königreiche - das Nordreich I., das sich von der Treue gegenüber dem Thron Davids lossagte, und das Südreich Juda, bestehend aus den Stammesgebieten von Juda und Benjamin, über die weiterhin die Nachkommen Davids und Salomos in ihrer Hauptstadt Jerusalem regierten (*Juda).

V. DAS KÖNIGREICH ISRAEL.

*Jerobeam, der Gründer der eigenständigen Monarchie im N, erhob die beiden alten heiligen Stätten *Dan (im äußersten N) und *Bethel (nahe der Grenze zu Juda) zu nationalen Heiligtümern. Die sichtbaren Sockel der dort aufgestellten goldenen Kälber verkörperten in beiden Fällen Jahwes unsichtbaren Thron. (Im Tempel von Jerusalem erfüllten die goldenen Cherubim diese Funktion.) Noch früh in Jerobeams Regierungszeit wurden beide hebr. Königreiche von den Ägyptern unter Schischak verwüstet. Da das Südreich davon offenbar stärker betroffen war, mußte das Nordreich keinen Versuch der davidischen Dynastie befürchten, die Kontrolle über ihre verlorenen Territorien zurückzugewinnen.

Eine ernsthaftere Bedrohung entwickelte sich jedoch im N. Das aram. Königreich von Damaskus, gegründet z.Zt. Salomos, begann um 900 v.Chr mit Übergriffen auf israelit. Gebiet. Die in den folgenden 100 Jahren immer wieder ausbrechenden Konflikte brachten I. zeitweise in eine verzweifelte Lage.

Die Sicherheit des Königreichs I. wurde zudem durch häufige Palastrevolten und dynastische Wechsel beeinträchtigt. Nur die von *Omri (um 880 v.Chr.) und *Jehu (um 841 v.Chr.) gegründeten Dynastien überdauerten mehr als zwei Generationen. .

Jerobeams Sohn wurde von Bascha, einem seiner Heerführer, im Jahr nach seiner Thronbesteigung ermordet; nach 20 Jahren Regierungszeit Baschas fiel auch dessen Sohn einem ähnlichen Geschick zum Opfer. Es folgten einige Jahre des Bürgerkriegs, aus dem Omri als Sieger hervorging.

Omri gründete mit *Samaria eine neue Hauptstadt seines Königreichs. Außenpolitisch stärkte er seine Position, indem er Moab im O des Toten Meeres unterwarf und eine Wirtschaftsgemeinschaft mit Phönizien bildete. Sein Sohn Ahab heiratete eine phönizische Prinzessin, *Isebel, und beendete auch die Feindschaft zwischen seinem Königreich und Juda durch eine Allianz, die bis zum Sturz der Dynastie Omris andauerte.

Der kommerzielle Nutzen aus der Verbindung mit Phönizien war groß, aber auf rel. Gebiet führte sie zur Wiedereinführung der Baalsanbetung, wobei Isebel eine führende Rolle spielte. Hauptverfechter der reinen Jahwe-Anbetung war der Prophet *Elia, der auch die Abkehr des Königs von der alten Bundestreue auf sozialem Gebiet anprangerte (vor allem im Fall Nabots, des Jesreeliters) und den kommenden Untergang des Hauses Omri ankündigte.

Der Krieg mit Damaskus ging auch während der Herrschaft Omris und seiner Nachkommen weiter, mit Ausnahme von nur drei Jahren in Ahabs Regierungszeit, als die Könige von I., Damaskus und benachbarten Staaten ein Militärbündnis schlossen, um gegen den anrückenden assyr. König Salmanassar III. anzutreten. Sie lieferten ihm bei Karkar am Orontes eine Schlacht (853 v.Chr.), nach der er 12 Jahre lang nicht mehr in die westl. Länder einfiel. Sein Rückzug gab das Signal für den Bruch des Bündnisses und die Wiederaufnahme der Kämpfe zwischen I. und Damaskus.

Der Auslöschung des Hauses Omri durch Jehus Revolution (845 v.Chr.) folgte die Unterdrückung der offiziellen Baalsanbetung. Die Revolution wurde von den Prophetenschulen unterstützt, die keinen Grund hatten, das Haus Omri zu lieben. Aber gegenüber den Aramäern schwächte sie das Königreich I. wesentlich, und die ersten 40 Jahre der Dynastie Jehu waren für I. Jahre fortgesetzter Drangsal. Nicht nur die transjordanischen Territorien I.s, sondern auch die nördl. Provinzen wurden von den Feinden überrannt; die Aramäer drangen in die Ebene Jesreel ein und zogen entlang der Mittelmeerküste südl. bis nach Gat. I.s Lage war aussichtslos, bis der assyr. König Adadnarari III. im Jahre 803 v.Chr. in Syrien einfiel, Damaskus plünderte und tributpflichtig machte. Der damaszenische Druck auf I. ließ nach, und die Israeliten nutzten die Wendung des Schicksals aus und eroberten viele der Städte zurück, die die Aramäer ihnen genommen hatten.

In all den Jahren der Drangsal gab es einen Mann in I., dessen Mut und Vertrauen zu Jahwe niemals schwankten – der Prophet *Elisa. Mit Recht nannte ihn der König I.s auf seinem Sterbebett den »Wagen Israels und sein Gespann« (2Kön 13,14). Elisa starb mit einer Vorhersage des Sieges über die Aramäer auf seinen Lippen.

Die erste Hälfte des 8. Jh.v.Chr. bezeugt eine Rückkehr des Wohlstands in I., vor allem unter Jerobeam II., dem vierten König der Dynastie Jehus. Beide hebr. Königreiche waren frei von äußerer Bedrängnis; Damaskus war nach der rohen Behandlung durch die Assyrer zu schwach, um die Angriffe wieder aufzunehmen. Jerobeam erweiterte die Grenzen seines Reiches, und der Reichtum der Nation nahm gewaltig zu.

Aber der wachsende Wohlstand konzentrierte sich in den Händen eines relativ kleinen Teils der Bevölkerung – der wohlhabenden Händler und Landbesitzer, die sich auf Kosten der Landarbeiter bereicherten. Kleinbauern, die zuvor ihre eigenen Felder bestellt hatten, waren nun in großer Zahl gezwungen, als Leibeigene auf den immer größer werdenden Gütern ihrer reichen Nachbarn zu arbeiten und in dieser Stellung das Land, das ihnen einst selbst gehört hatte, für fremde Herren zu bestellen. Diese zunehmende Ungleichheit zwischen zwei Gruppen frei geborener Israeliten forderte Anklagen durch Propheten wie *Amos und *Hosea heraus; dies um so mehr, als die reichen Ausbeuter ihrer armen Nächsten peinlich genau auf die Einhaltung dessen achteten, was sie für ihre rel. Pflichten hielten. Die Propheten be-

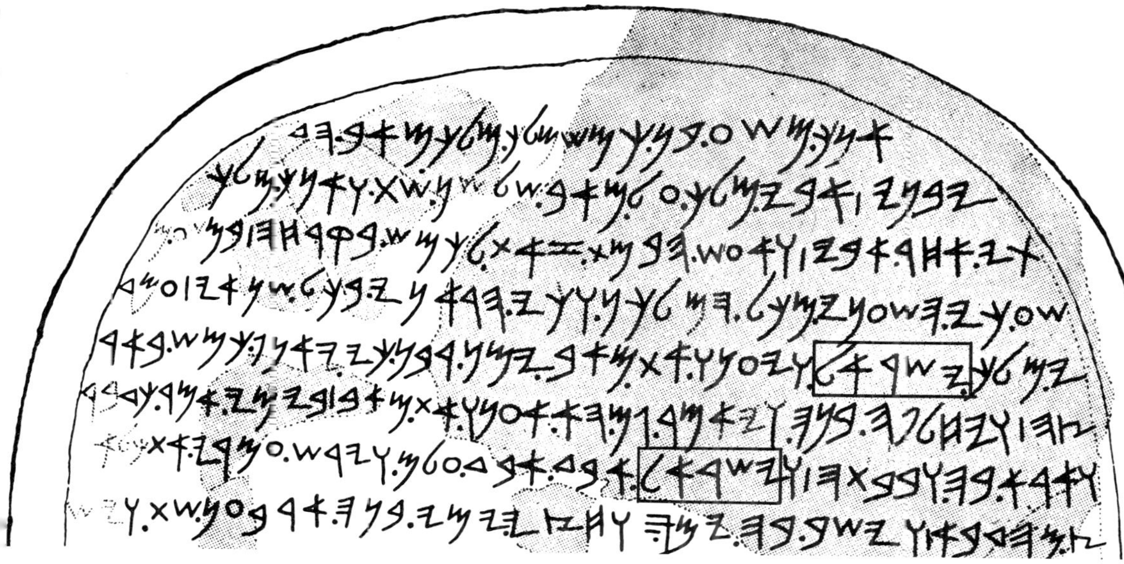

König Mescha von Moab behauptet nach seinem Angriff gegen Israel z.Zt. des Königs Ahab (Z. 7): »Israel ist dahin, dahin für immer«. Fragment einer Inschrift, gefunden in Dibon, Jordanien. Ca. 830 v.Chr.

tonten unermüdlich, daß Gott von seinem Volk nicht Opfer gemästeter Tiere forderte, sondern Gerechtigkeit und Bundestreue. Weil es dem Volk daran mangelte, hatte es größeres Unheil zu erwarten als alles bisher dagewesene.

Etwa um 745 v.Chr. endete die Dynastie Jehus wie sie begonnen hatte: durch Mord und Revolution. In jenem Jahr wurde Tiglatpileser III. König von Assyrien und begann einen Eroberungsfeldzug, der in weniger als 25 Jahren der Existenz I.s und der Unabhängigkeit Judas ein Ende setzte. Menahem von I. (um 745-738 v.Chr.) zahlte Tribut an Tiglatpileser, aber Pekach (um 735-732 v.Chr.) verfolgte eine anti-assyr. Politik und verbündete sich zu diesem Zweck mit Damaskus. Tiglatpilesar nahm Damaskus ein, schaffte die Monarchie ab und wandelte das Gebiet in eine assyr. Provinz um; die nördl. und transjordanischen Gebiete I.s wurden abgetrennt und ebenfalls zu assyr. Provinzen. Die oberen Bevölkerungsschichten dieser Gebiete wurden deportiert und durch Einwanderer aus anderen Teilen des assyr. Reiches ersetzt. Als Hosea, der letzte König I.s, auf Betreiben Ägyptens Tributzahlungen an Assyrien zurückhielt, wurde er gefangengesetzt. Seine Hauptstadt Samaria wurde 722 v.Chr. nach dreijähriger Belagerung erstürmt und zum Regierungssitz der assyr. Provinz Samaria gemacht. Bei einer weiteren Deportation gingen nach assyr. Berichten 27.290 Menschen in die Gefangenschaft; ausländische Siedler nahmen ihren Platz ein.

I. DIE PROVINZ SAMARIA.

Die Deportation der Israeliten aus den nördl. und transjordanischen Gebieten erfolgte so gründlich, daß diese Regionen ihren israelit. Charakter nahezu verloren. Anders in der Provinz Samaria: Die Einwanderer nahmen im Laufe der Zeit die israelit. Religion an – »die Verehrung des Gottes dieses Landes« (2Kön 17,26ff) – und verschmolzen vollständig mit den Israeliten, die nicht verschleppt worden waren. Diese *Samariter, wie die Bevölkerung der Provinz Samaria später genannt wurde, wurden jedoch von der Bevölkerung Judas im S als rassische und rel. Mischlinge verachtet, insbesondere seit dem Ende des 6. Jh.v.Chr.

Judas König *Hiskia versuchte (um 705 v.Chr.), die rel. Einheit I.s wiedererstehen zu lassen, indem er das Volk von Samaria einlud, zur Anbetung nach Jerusalem zu kommen; aber dieses Vorhaben vereitelte Sanheribs Invasion in Juda (701 v.Chr.). Erfolgreicher war das Vorgehen von Hiskias Urenkel *Josia, der den Rückgang assyr. Macht nutzte, um seine politische Souveränität und rel. Reform auf die Gebiete auszudehnen, die früher zum Reich I. gehört hatten (622 v.Chr.). Die Tatsache, daß er Pharao Nechos Vormarsch bei Megiddo zu stoppen versuchte, ist ein deutliches Zeichen für die Expansion seines Reiches. Als er dort fiel, wurden auch alle Hoffnungen auf eine Wiedervereinigung ganz I.s unter einem Fürsten aus dem Hause Davids zerstört (609 v.Chr.). Das Land I.s kam unter die Hegemonie der Ägypter, denen einige Jahre später die Babylonier folgten (Eroberung und Zerstörung Jerusalems 587 v.Chr.)

Die Babylonier scheinen die assyr. Provinzialverwaltung im W fortgesetzt zu haben. Nach der Ermordung *Gedaljas, des Statthalters über Juda unter den Babyloniern, wurde das Gebiet von Juda mit Ausnahme des Negeb (mittlerweile von Edomitern besetzt) der Provinz Samaria angegliedert (um 582 v.Chr.). In dieser Hinsicht brachte die pers. Eroberung (539 v.Chr.) keine große Veränderung mit sich. Allerdings wurde den unter Nebukadnezar deportierten Männern Judas die Rückkehr erlaubt, um sich in Jerusalem und Umgebung anzusiedeln, was nun zur eigenständigen, jedoch kleinen Provinz Judäa wurde, unter einem vom pers. König ernannten Statthalter (*Juda, V.).

Die Samariter zeigten den Rückkehrern freundliches Entgegenkommen und boten eine Zusammenarbeit beim Wiederaufbau des Jerusalemer Tempels an, aber dieses Entgegenkommen wurde von den Judäern nicht begrüßt. Sie befürchteten sicher, von der weitaus größeren Zahl der Samariter absorbiert zu werden und hatten auch ernsthafte Zweifel an deren rassischer und rel. Reinheit. Als Folge wurde der alte Graben zwischen ihnen, der in diesem Moment hätte überwunden werden können, tiefer denn je, und die Samariter nutzten jede Gelegenheit, die Judäer bei den pers. Machthabern zu denunzieren. Sie konnten zwar den Wiederaufbau des Tempels, der 538 v.Chr. von *Kyrus genehmigt worden war, nicht verhindern, aber ihre Behinderung judäischer Versuche, Jerusalem zu befestigen, war eine Zeitlang erfolgreich. Als jedoch Artaxerxes I. 445 v.Chr. *Nehemia als Statthalter nach Juda sandte, mit ausdrücklichem Auftrag zum Wiederaufbau der Mauern Jerusalems, konnten die Samariter und andere Nachbarn Judas ihren Verdruß zwar auf verschiedene Weise äußern, angesichts des königlichen Erlasses aber nichts Entscheidendes dagegen unternehmen.

Zu dieser Zeit war *Sanballat Statthalter von Samaria und blieb es viele Jahre lang. 408 v.Chr. wird er in einem Brief der jüd. Kolonie von Elephantine (*Papyri und Ostraka) in Ägypten erwähnt, die auf die Protektion der Söhne Sanballats hoffte, um vom pers. Hof die Genehmigung für den Wiederaufbau ihres Tempels zu erhalten, der zwei oder drei Jahre zuvor in einem anti-jüd. Aufstand zerstört worden war. Dieser Tempel war mehr als ein Jh. zuvor für die rel. Be-

Die Königreiche Israel und Juda.

dürfnisse einer jüd. Gemeinde errichtet worden, die ägypt. Könige der 26. Dynastie an der Südgrenze ihres Reiches als Sicherung gegen Übergriffe aus Äthiopien angesiedelt hatten. Vor ihrem Schreiben an Sanballats Söhne hatten die Juden Elephantines versucht, die Hilfe des Hohenpriesters in Jerusalem zu gewinnen, der ihr Gesuch jedoch nicht beachtet hatte; ohne Zweifel war er gegen die Existenz einer Konkurrenz zum Tempel in Jerusalem. Sanballats Söhne zeigten größeres Engagement – nicht überraschend angesichts der Beziehungen zwischen Samaria und Jerusalem – und bekamen die notwendige Genehmigung für den Wiederaufbau des Elephantiner Tempels.

Die Tatsache, daß sich die Elephantiner nicht an Sanballat, sondern an dessen Söhne wandten, läßt darauf schließen, daß zwar Sanballat noch immer offiziell Statthalter war, die Söhne aber, möglicherweise wegen seines Alters, viele seiner Pflichten bereits übernommen hatten.

Die Elephantine-Papyri, die uns die Informationen über diese jüd. Gemeinschaft in Ägypten geben, sind deshalb von besonderem Interesse, weil sie das Bild einer Gruppe von Juden vermitteln, die offenbar in keiner Weise von der Reform aus den Tagen Josias beeinflußt war. Dadurch bildet sie einen starken Kontrast zu den Juden, die aus dem Exil in die Gegend um Jerusalem zurückgekehrt waren und die, wie auch ihre Brüder in Babylonien, die Lektion des Exils gelernt hatten. Die aus dem Exil Zurückgekehrten zeichneten sich vor allem durch striktes Festhalten an der Tora aus, insbesondere an jenen Abschnitten, die die Unterscheidung des Volkes des Gesetzes von allen anderen Gemeinschaften zum Ziel hatten. Das Erscheinen der Juden als Volk des Gesetzes im engsten partikularistischen Sinne ist vor allem mit dem Werk *Esras verbunden, unter dem das Gesetz des Pentateuch zur anerkannten Verfassung des jüd. Tempelstaates wurde, der der Oberhoheit des pers. Hofes unterstellt war.

Das Werk Esras (der vollen Rückhalt beim Statthalter Nehemia fand) ließ es immer unwahrscheinlicher werden, daß der Graben zwischen den Samaritern und den Judäern überwunden werden könne. Einige Zeit vor 400 v.Chr. war ein Sproß der Jerusalemer hohenpriesterlichen Familie namens Manasse, der eine Tochter Sanballats geheiratet hatte, von seinem Schwiegervater zum Hohenpriester des alten Heiligtums auf dem Berg Garizim, nahe Sichem, bestellt worden, wo mit königlicher Erlaubnis ein Tempel erbaut wurde. Die damit ins Leben gerufene Konkurrenz zum Jerusalemer Kultus hat bis heute überlebt - erstaunlicherweise auf das gleiche Gesetzbuch begründet, das auch die Juden anerkennen.

VII. UNTER DEN MAZEDONIERN.

Die Eroberung des Pers. Reiches durch *Alexander den Großen brachte weder für Samaria noch für Judäa wesentliche Veränderungen. Diese Provinzen wurden nun von gräco-mazedonischen Statthaltern statt von pers. regiert, Tribut mußte nun dem neuen Lehnsherren entrichtet werden. Die im Pers. Reich weit verstreute jüd. *Diaspora – Haman übertrieb nicht, wenn er sie gegenüber Xerxes als »zerstreut und abgesondert unter allen Völkern in allen Ländern deines Königsreichs« beschrieb (Est 3,8) – fand nun neue Siedlungszentren, vor allem in *Alexandria und *Kyrene. Hellen. Einfluß wurde bei ihnen immer deutlicher. In mancher Hinsicht war das gut; man denke vor allem a[n] die Situation der griech.-sprechenden Juden Alexandrias, die im 3. und 2. Jh.v.Chr. die Übersetzung des Penta[-]teuch und anderer atl. Schriften ins Griech. erforderlich und so auch der nichtjüd. Welt die Kenntnis des Got tes I.s zugänglich machte (*Texte und Übersetzungen, AT). Auf der anderen Seite gab es aber auch die Tendenz, Elemente der hellen. Kultur nachzuahmen, die mit dem Heidentum verbunden waren, und so die Unterscheidung zwischen Jahwes »erwähltem Volk« und dessen Nachbarn zu verwischen. Wie skrupellos eine bedeutende jüd. Familie sich an Lebensgewohnheiten unter der hellen. Monarchie anpassen konnte, illustriert der Bericht des Josephus über das Schicksal der Tobiaden, die sich als Steuereintreiber der Ptolemäer und später der Seleukiden bereicherten.

Zwei der Herrscherhäuser, die das Weltreich Alexanders erbten, bestimmten hauptsächlich die Geschichte I.s: die Ptolemäer in Ägypten und die Seleukiden, die Syrien und die Länder jenseits des Euphrat beherrschten. Zwischen 320 und 198 v.Chr. weitete sich die Herrschaft der Ptolemäer von Ägypten nach Asien hin aus, und zwar bis zum Libanon und an die phönizische Küste, Judäa und Samaria eingeschlossen. 198 v.Chr. hatte der Sieg der Seleukiden bei Paneas unweit der Jordanquellen zur Folge, daß Judäa und Samaria nur an Antiochia statt an Alexandria Abgaben zahlen mußten. Die Niederlage, die dem seleukidischen König Antiochus III. 190 v.Chr. durch die Römer bei Magnesia beigebracht wurde, und die hohen Reparationszahlungen, die sie ihm auferlegten, hatten für seine Untertanen einschließlich der Juden einen massiven Anstieg der Besteuerung zur Folge. Als sein Sohn Antiochus IV. versuchte, diese Situation durch die Eroberung der Herrschaft über Ägypten zu korrigieren (in zwei Feldzügen 169 und 168 v.Chr.), zwangen ihn die Römer zur Aufgabe dieser Pläne. Judäa, an der SW-Grenze seines Reichs gelegen, wurde nun zu einer Region von strategischer Bedeutung, und Antiochus meinte, daß es berechtigte Gründe gebe, an der Treue seiner jüd. Untertanen zu zweifeln. Er beschloß daher, durch schlechte Ratgeber verleitet, das jüd. Volkstum und die jüd. Religion zu beseitigen. Der Höhepunkt dieser Politik war die Einrichtung eines heidnischen Kultes – die Verehrung des Zeus Olympios (dessen Name von den Juden in »Greuelbild der Verwüstung« umgewandelt wurde, 1Makk 1,57) – im Tempel von Jerusalem im Dezember 167 v.Chr. In gleicher Manier wurde der samaritanische Tempel auf dem Garizim für die Verehrung des Zeus Xenios bestimmt.

Viele fromme Juden zogen in dieser Zeit das Martyrium dem Verleugnen ihrer Religion vor. Andere griffen gegen ihren Oberherrn zu den Waffen, unter ihnen auch Mitglieder der Priesterfamilie der Hasmonäer, angeführt von Mattatias von Modein und seinen fünf Söhnen. Sein Sohn Judas Makkabäus tat sich vor allem im Guerillakrieg hervor. Durch seine Anfangserfolge über die königlichen Truppen konnte er viele seiner Landsleute hinter sich bringen, darunter viele von den Frommen I.s, den Chasidim, die erkannten, daß passiver Widerstand angesichts der Bedrohung ihrer nationalen und rel. Existenz nicht ausreichte. Der König entsandte weitere Truppenkontingente, aber auch sie konnten gegen die unkalkulierbare Taktik des Judas und seiner Männer nichts ausrichten.

Als dem König das Scheitern seiner Politik bewußt wurde, schlug er Judas vor, Unterhändler nach Antiochia zu senden, um über Friedensbedingungen zu sprechen. Da Antiochius die Rückeroberung abtrünniger Territorien im östl. Teil seines Reiches plante, war es ihm wichtig, daß an seiner ägypt. Grenze Ruhe herrschte. Die Hauptbedingung der Juden war natürlich die vollständige Aufhebung des Verbots zur Ausübung der jüd. Religion. Dies wurde

Israel in der Zeit zwischen den Testamenten.

Goldmünze (aureus) *mit dem Bild des römischen Kaisers Vespasian (Vater von Titus, der 70 n.Chr. Jerusalem eroberte), der im Jahre 67 n.Chr. eine jüdische Revolte in Galiläa niederschlug. Durchmesser 19 mm.* (RG)

Oben Mitte: Bronzemünze (pruta) *von Hyrkanus II., dem Sohn der Königin Salome Alexandra, die ihn zum Hohenpriester machte. Seine Münzen tragen seine Titel: Hoherpriester und Haupt der Gemeinschaft der Juden. Durchmesser 14 mm. 63-40 v.Chr.* (RG)

Oben rechts: Bronzemünze (pruta) *des Aristobul I. (104–103 v.Chr.) mit der Inschrift: »der Hohepriester Jehuda und die Gemeinschaft der Juden«. Durchmesser 14 mm.* (RG)

zugestanden; den Juden wurde wieder die Ausübung der Religion ihrer Väter erlaubt. Diesem Zugeständnis folgte sogleich die Reinigung des Tempels vom Götzenkult und seine erneute Weihung zur jahrhundertealten Verehrung des Gottes I.s. Die Tempelweihe gegen Ende des Jahres 165 v.Chr. (zu deren Gedenken seither das Chanukkafest gefeiert wird; vgl. Joh 10,22; *Tempelweihfest) wurde sicherlich nicht als Friedensschluß betrachtet, mag aber unter den gegebenen Umständen akzeptiert worden sein.

Es wurde jedoch rasch deutlich, daß Judas samt seinen Brüdern und Anhängern die Rückgewinnung der rel. Freiheit nicht genügte. Da sie ihren Erfolg durch Waffengewalt erzielt hatten, führten sie ihren Kampf weiter, um auch die polit. Unabhängigkeit zu erreichen. Der Tempelweihe folgte die Befestigung des Tempelberges gegenüber der Burg oder Akra (*Jerusalem, IV.), in der eine königliche Garnison lag. Judas entsandte bewaffnete Abteilungen nach Galiläa, ins Transjordanland und in andere Gebiete, in denen isolierte jüd. Gemeinden lebten, und brachte sie in die von seinen Truppen kontrollierten Teile Judäas in Sicherheit.

Über eine derartige Zunahme der Feindseligkeiten konnte die seleukidische Regierung nun nicht mehr hinwegsehen; sie mobilisierte weitere Streitkräfte gegen Judas. Dieser fiel im Frühjahr 160 v.Chr. im Kampf, und eine Zeitlang schien seine Sache verloren. Aber die Ereignisse entwickelten sich zugunsten seiner Nachfolger. Nach dem Tod Antiochus' IV. 164 v.Chr. flammten immer wieder Bürgerkriege zwischen rivalisierenden Thronanwärtern und ihren jeweiligen Mitstreitern im seleukidischen Reich auf. Jonatan, der Bruder des Judas, der die Führung der Aufständischen übernommen hatte, wartete den passenden Moment ab und erzielte durch diplomatisches Vorgehen rasche und erstaunliche Fortschritte. 152 v.Chr. ermächtigte Alexander Balas, der als Sohn Antiochus' IV. den Thron beanspruchte (die Gültigkeit dieses Anspruchs läßt sich nur schwer beurteilen), Jonatan zur Beibehaltung einer eigenen Streitmacht in Judäa und ernannte ihn zum Hohenpriester der Juden – als Gegenleistung für Jonatans Zusicherung von Unterstützung.

Die Eingriffe Antiochus' IV. in die rel. Angelegenheiten der Juden, die letztlich zum Aufstieg der Hasmonäer führten, hatten damit begonnen, daß er nach eigenem Gutdünken unter Mißachtung alter Gepflogenheiten Hohepriester ein- und absetzte. Nun empfing ein Hasmonäer die Würde des Hohenpriesters aus den Händen eines Mannes, dessen Berechtigung, sie zu verleihen, auf dem Anspruch beruhte, Sohn und Nachfolger Antiochus' IV. zu sein. So weit hatte man sich schon von den hohen Idealen, mit denen der Kampf begonnen hatte, entfernt.

Die frommen Gruppierungen, die den Hasmonäern Hilfe gewährt hatten, als es schien, daß nur deren Macht die rel. Freiheit zurückgewinnen konnte, waren nach dem Erreichen dieses Ziels geneigt, sich damit zu begnügen und standen den dynastischen Ambitionen der Hasmonäer zunehmend kritisch gegenüber. Aber kein Aspekt dieser Ambitionen erzürnte sie mehr als die hasmonäische Übernahme der Hohepriesterwürde. Einige von ihnen erkannten nur die zadokidische Hohepriesterschaft als legitim an und erwarteten den Tag, an dem wieder die Söhne Zadoks in einem gereinigten Tempel Dienst tun würden (*Schriftenfunde vom Toten Meer). Einem Zweig der zadokidischen Familie wurde die Gründung eines Tempels im ägypt. Leontopolis und die Ausübung des hohenpriesterlichen Dienstes dort erlaubt; aber ein Tempel außerhalb des Landes I. konnte von keinem *chasid* (»Frommen«) unterstützt werden, der noch Achtung vor dem Gesetz hatte.

143 v.Chr. wurde Jonatan von einem der rivalisierenden Thronprätendenten des seleukidischen Königreiches gefangengenommen und getötet, aber sein Bruder Simon trat seine Nachfolge an und führte die Juden zu völliger Unabhängigkeit vom heidnischen Joch. Diese Unabhängigkeit wurde im Mai 142 v.Chr. durch ein Reskript des seleukidischen Königs Demetrius II. gewährt, das die Juden von der Tributpflicht befreite. Simon ließ diesem diplomatischen Erfolg die Beseitigung der letzten Spuren seleukidischer Herrschaft in Gestalt der Festung von Gasara (Geser) und der Zitadelle von Jerusalem folgen. Da Demetrius sich auf einen Feldzug gegen die Parther eingelassen hatte, konnte er nichts dagegen unternehmen. Für die Freiheit und den Frieden, die Simon ihnen gebracht hatte, wurden ihm von seinen jüd. Volksgenossen außerordentliche Ehrungen zuteil. Auf einer Zusammenkunft der jüd. Volksversammlung im September 140 v.Chr. wurde beschlossen, ihn unter Berücksichtigung seiner patriotischen Verdienste sowie der seiner Brüder zum Ethnarchen oder Fürsten des Volkes, Oberbefehlshaber der Armee und erblichen Hohenpriester zu ernennen. Diese dreifache Autorität vererbte er seinen Nachkommen und Nachfolgern.

134 v.Chr. wurde Simon von seinem Schwiegersohn Ptolemäus, dem Sohn Abubs, in Jericho ermordet, der damit die Macht über Judäa zu erlangen hoffte. Johannes Hyrkan, Simons Sohn, vereitelte jedoch die Pläne des Mörders und sicherte sich die Nachfolge seines Vaters.

Der seleukidische König Antiochus VII., der in der Spätzeit Simons den Versuch unternommen hatte, erneut die Herrschaft über Judäa zu gewinnen, konnte Johannes Hyrkan in dessen ersten Regierungsjahren Tributpflicht auferlegen. Der Tod von Antiochus VII. in einer Schlacht gegen die Parther 128 v.Chr. beendete jedoch endgültig die seleukidische Oberherrschaft über Judäa.

VIII. DIE DYNASTIE DER HASMONÄER.

Im siebten Jahr des Johannes Hyrkan wurde schließlich der unabhängige Staat Judäa gegründet, 40 Jahre nachdem Antiochus IV. dessen alte Verfassung als eines autonomen Tempelstaates innerhalb des Reiches abgeschafft hatte. Der Glaube der *chasidim*, das militärische Genie des Judas und das staatsmännische Geschick Simons hatten den Juden, unterstützt durch die wachsende Zersplitterung und Schwäche in der seleukidischen Regierung, mehr eingebracht (was äußere Werte betraf) als sie durch Antiochus IV. verloren hatten. Es war deshalb nicht verwunderlich, daß spätere Generationen die ersten Jahre der Unabhängigkeit unter Johannes Hyrkan als eine Art goldenes Zeitalter betrachteten.

In die Zeit von Johannes Hyrkan fiel auch der endgültige Bruch zwischen der Mehrheit der *chasidīm* und der Familie der Hasmonäer. Johannes war verärgert über ihre Einwände gegen seine Ausübung des Hohenpriesteramtes und brach mit ihnen. Seit dieser Zeit erscheinen sie in der Geschichtsschreibung als *Pharisäer, obwohl nicht sicher ist, daß sie diesen Namen (hebr. *perūschīm*, »die Abgesonderten«), wie häufig vermutet wurde, wegen ihres Rückzuges aus der Allianz mit den Hasmonäern erhielten. 50 Jahre blieben sie in Opposition zur Regierung. Jene rel. Führer, die die Regierung unterstützten und den Hohen Rat stellten, tauchen seit etwa der gleichen Zeit unter dem Namen *Sadduzäer auf.

Johannes Hyrkan nutzte die zunehmende Schwäche des seleukidischen Königreiches, um seine eigene Macht auszuweiten. Eine seiner ersten Aktionen nach der Erringung der jüd. Unabhängigkeit war die Invasion in samaritanisches Gebiet und die Belagerung Samarias, das ein Jahr standhalten konnte, dann aber erstürmt und zerstört wurde. Auch Sichem wurde eingenommen und das samaritanische Heiligtum auf dem Garizim zerstört. Die Samaritaner baten den seleukidischen König um Hilfe, aber die Römer warnten ihn vor einer Intervention. Die Hasmonäer hatten in einer früheren Phase ihrer Kämpfe einen Vertrag mit den Römern geschlossen, den Johannes nun erneuerte.
Im S seines Reiches kämpfte Johannes siegreich gegen die Idumäer und zwang ihnen die jüd. Religion und die Beschneidung auf. Er unterwarf die griech. Städte im Transjordanland und fiel in Galiläa ein.

Sein Eingreifen in Galiläa wurde von seinem Sohn und Nachfolger Aristobul I. (104-103 v.Chr.) fortgeführt, der den unterworfenen Galiläern das Judentum aufzwang, wie es sein Vater mit den Idumäern getan hatte.

Nach Josephus nahm Aristobulus den Titel »König« anstelle des Titels »Ethnarch« an, den sein Großvater und (soweit wir wissen) auch sein Vater getragen hatte, und trug ein Diadem als Zeichen seines königlichen Standes. Offensichtlich hoffte er, auf diese Weise größeres Ansehen bei seinen nichtjüd. Nachbarn zu gewinnen, während seine Münzen ihn in seiner jüd. Untertanen angemessener Sprache als »Juda der Hohepriester« auswiesen.

Aristobul starb (möglicherweise an Tuberkulose) nach einjähriger Herrschaft. Nachfolger wurde sein Bruder Alexander Jannäus (103-76 v.Chr.), der Aristobuls Witwe Salome Alexandra heiratete. Ein für das Amt des Hohenpriesters weniger geeigneter Mann als Jannäus ist kaum vorstellbar. Er absolvierte die Pflichten seines heiligen Amtes bei feierlichen Anlässen in einer Weise, die mit Absicht die Gefühle vieler seiner rel. eingestellten Untertanen verletzte (vor allem die der Pharisäer). Das Hauptziel seiner Regierung waren militärische Eroberungen. Bei der Verfolgung dieses Zieles erlitt er viele Rückschläge, aber gegen Ende seiner Regierungszeit hatte er praktisch alle jene Gebiete unter seine Kontrolle gebracht, die in der Blütezeit der israelit. Geschichte zu I. gehört hatten – auf Kosten alles dessen, was im Erbe seines Volkes geistlich wertvoll war.

Griech. Städte an der Mittelmeerküste und im Transjordanland waren seine bevorzugten Angriffsziele; eine nach der anderen belagerte und eroberte er, wobei sein rücksichtsloser Vandalismus deutlich machte, wie wenig ihn die wahren Werte der hellen. Zivilisation kümmerten. Er orientierte seinen Lebensstil am Muster der eher primitiven hellen. Duodezfürsten Westasiens. Der Unmut über ihn wuchs bei vielen seiner jüd. Untertanen so sehr, daß sie, als er 94 v.Chr. im Transjordanland durch die Nabatäer eine vernichtende Niederlage erlitten hatte, gegen ihn revoltierten und dabei sogar die Hilfe des seleukidischen Königs Demetrius III. in Anspruch nahmen. Für andere jüd. Untertanen des Jannäus war das jedoch, obwohl auch sie keine Sympathien für ihn hegten, ein unter patriotischen Gesichtspunkten unerträglicher Vorgang, daß ein seleukidischer König bei einer Revolte gegen ein Mitglied der hasmonäischen Familie zu Hilfe gerufen wurde, sie stellten sich daher auf die Seite ihres bedrängten Königs und ermöglichten ihm, den Aufstand niederzuschlagen und die seleukidischen Kontingente zu verjagen. An die Grausamkeit der Rache, die Jannäus an den Anführern der Revolte nahm (darunter offenbar auch führende Pharisäer), erinnerte man sich noch lange danach mit Schrecken.

Jannäus hinterließ das Königreich seiner Witwe Salome Alexandra, die neun Jahre als Königin regierte. Die Hohepriesterwürde verlieh sie ihrem ältesten Sohn, Hyrkan II. In einem wesentlichen Punkt widerrief sie die Politik ihrer Vorgänger: sie versöhnte sich mit den Pharisäern und hörte während ihrer gesamten Regierungszeit auf deren Rat.

Ihrem Tod im Jahre 67 v.Chr. folgte ein Bürgerkrieg zwischen den Anhängern ihrer Söhne, Hyrkan II. und Aristobul II., die beide die Herrschaft über Judäa anstrebten. Aristobul war ein typischer hasmonäischer Fürst, ehrgeizig und aggressiv; Hyrkan dagegen war ein Schwächling, der leicht von denjenigen zu manipulieren war, die ihn aufgrund eigener Interessen unterstützten. Unter diesen war der Idumäer Antipater, dessen Vater unter Jannäus Statthalter von Idumäa gewesen war, die dominierende Persönlichkeit.

Dem Bürgerkrieg zwischen den beiden Brüdern und ihren Mitkämpfern wurde 63 v.Chr. durch die Römer Einhalt geboten – mit der Folge, daß Judäas kurzlebige Unabhängigkeit unter den Hasmonäern zu Ende ging.

IX. DIE RÖMISCHE VORHERRSCHAFT.

Im Jahre 66 v.Chr. beauftragten der Senat und das Volk von Rom Pompeius, den bedeutendsten Feldherrn jener Zeit, den Krieg, der mit Unterbrechungen seit mehr als 20 Jahren mit Mithradates, dem König von Pontus geführt wurde, erfolgreich zu beenden. Mithradates hatte sich in Vorderasien aus den Ländern des zerfallenen seleukidischen Königreiches und angrenzender Staaten ein eigenes Reich erkämpft. Pompeius brauchte nicht lange, um Mithradates zu schlagen (der auf die Krim floh und dort Selbstmord beging); danach jedoch sah sich der Römer mit der Notwendigkeit einer politischen Neuordnung Vorderasiens konfrontiert. 64 v.Chr. annektierte er Syrien als röm. Provinz und wurde von verschiedenen Gruppierungen des jüd. Staates gebeten, auch in ihre Angelegenheiten einzugreifen und den Bürgerkrieg zwischen den Söhnen des Jannäus zu beenden.

Aufgrund von Antipaters genauer Einschätzung der Lage erklärte sich Hyrkans Seite bereit, mit Rom zusammenzuarbeiten; im Frühling 63 v.Chr. öffneten sich dann die Tore Jerusalems für Pompeius. Den Tempel jedoch, der für sich befestigt war und von Anhängern Aristobuls gehalten wurde, konnten die Truppen des Pompeius erst nach dreimonatiger Belagerung einnehmen.

Judäa wurde nun Rom tributpflichtig. Es verlor die griech. Städte, die die hasmonäischen Könige erobert und annektiert hatten, und die Samaritaner wurden von der jüd. Kontrolle befreit. Hyrkan wurde als Hoherpriester und Oberster des Volkes bestätigt; weil aber die Römer ihn nicht als König anerkennen wollten, mußte er sich mit dem Titel »Ethnarch« zufrieden geben. Antipater unterstützte ihn weiterhin; er war entschlossen, die Wendung der Ereignisse für seine eigenen Interessen auszunutzen, die allerdings weitgehend (das muß eingeräumt werden) mit den Interessen Judäas zusammenfielen.

Aristobul und seine Familie versuchten ständig, einen Aufstand gegen Rom anzustiften und sich selbst dadurch die Macht in Judäa zu sichern. Viele Jahre lang blieben diese Versuche jedoch erfolglos. Die nachfolgenden röm. Statthalter hielten Judäa und Syrien fest im Griff, da diese Provinzen direkt an das rivalisierende Parther-Reich angrenzten. Die strategische Bedeutung des Gebietes läßt sich aus der Vielzahl dominierender Persönlichkeiten der röm. Geschichte ablesen, die während dieser Zeit auch in der Geschichte Judäas eine Rolle spielten – Pompeius, der es für Rom annektierte; Crassus, der 54-53 v.Chr.

als syrischer Statthalter den Tempel Jerusalems und viele andere Tempel in Syrien plünderte, um Mittel für einen Krieg gegen die Parther aufzutreiben, 53 v.Chr. aber bei Carrhae von ihnen geschlagen und getötet wurde; Julius Caesar, der zum Beherrscher der röm. Welt wurde, nachdem er Pompeius 48 v.Chr. bei Pharsalus geschlagen hatte; Cassius, einer der Mörder Caesars, der als Prokonsul von Syrien ab 44 v.Chr. Judäa starke finanzielle Belastungen auferlegte; Antonius, der die östl. Provinzen beherrschte, nachdem er und Octavian die Mörder Caesars und deren Anhänger 42 v.Chr. bei Philippi besiegt hatten; und schließlich Octavian selbst, der Antonius und Kleopatra 31 v.Chr. bei Actium besiegte und anschließend als Kaiser Augustus das röm. Reich allein regierte. Während aller Wechselfälle der röm. Bürger- und Eroberungskriege hielten Antipater und seine Familie an ihrer Politik fest, jederzeit den höchsten Repräsentanten der röm. Macht im O zu unterstützen, gleichgültig wer er war und welcher Partei innerhalb des röm. Staates er angehörte. Vor allem Julius Caesar hatte Grund, für Antipaters Unterstützung im Winter 48/47 v.Chr. dankbar zu sein, als er in Alexandria belagert wurde; er verlieh nicht nur Antipater selbst, sondern allen Juden besondere Privilegien.

Dieses Vertrauen, das die Römer aus langjähriger Erfahrung in Antipaters Familie setzen konnten, wurde in besonderem Maße 40 v.Chr. bekundet, als die Parther in Syrien und Palästina einfielen und es Antigonus, dem letzten lebenden Sohn Aristobuls II., ermöglichten, den hasmonäischen Thron wieder zu besteigen und als jüd. König und Hoherpriester zu regieren. Hyrkan II. wurde verstümmelt, so daß er das Amt des Hohenpriesters niemals wieder ausüben konnte. Antipater war mittlerweile gestorben, aber man wollte auch seine Familie liquidieren. Einer seiner Söhne, Phasael, wurde gefangen und getötet; Herodes jedoch, der begabteste unter Antipaters Söhnen, entkam nach Rom, wo er vom Senat auf Betreiben von Antonius und Octavian zum König der Juden ernannt wurde. Seine Aufgabe war es jetzt, Judäa von Antigonus zurückzugewinnen (diesen hatte der röm. Befehlshaber in Syrien unbehelligt gelassen, nachdem die Parther vertrieben waren), und dann sein Königreich nach den Interessen Roms zu regieren als dessen »Freund und Verbündeter«. Die Aufgabe war nicht leicht, und ihr erfolgreicher Abschluß 37 v.Chr. durch die Eroberung Jerusalems nach einer dreimonatigen Belagerung brachte Herodes den bitteren Haß seiner neuen Untertanen ein, der trotz aller Anstrengungen seinerseits nicht zu überwinden war. Antigonus wurde in Ketten zu Antonius geschickt, der seine Hinrichtung befahl. Herodes wollte seine Position für die Juden dadurch legitimieren, daß er Mariamne heiratete, eine hasmonäische Fürstin, aber diese Heirat brachte ihm nur weitere Schwierigkeiten ein. Während der ersten sechs Jahre seiner Regierung war Herodes' Stellung nicht gesichert. Obwohl Antonius sein Freund und Schutzherr war, wollte Kleopatra – wie schon ihre ptolemäischen Vorfahren – Judäa ihrem Reich angliedern und versuchte, ihren Einfluß auf Antonius dahingehend auszunutzen. Herodes profitierte zwar außenpolitisch vom Sturz Antonius' und Kleopatras' (31 v.Chr.) und von seiner Bestätigung als König durch Augustus, aber innenpolitisch konnte er weder mit seiner Familie noch mit dem jüd. Volk Frieden gewinnen. Dennoch regierte er Judäa mit sicherer Hand und diente den Interessen Roms sogar besser als es ein röm. Statthalter getan haben könnte. (Zu näheren Einzelheiten seiner Regierung s. *Herodes, 1.).

Als Herodes 4 v.Chr. starb, wurde das Königreich unter dreien seiner Söhne aufgeteilt. Archelaus regierte bis 6 n.Chr. als Ethnarch über Judäa und Samaria; Antipas herrschte bis 39 n.Chr. als Tetrarch über Galiläa und Peräa; Philippus erhielt als Tetrarchie das Gebiet östl. und nordöstl. des Sees Genezareth, das sein Vater im Interesse des Kaisers befriedet hatte, und regierte es bis zu seinem Tod 34 n.Chr. (*Herodes, 2.3; *Philippus, 2.)

Antipas hatte den politischen Scharfsinn seines Vaters geerbt und führte die undankbare Aufgabe weiter, die Interessen Roms in seiner Tetrarchie und den angrenzenden Gebieten zu vertreten. Archelaus dagegen besaß zwar die Brutalität, nicht aber das Genie seines Vaters und brachte seine Untertanen bald soweit, daß sie eine Eingabe an den Kaiser in Rom sandten mit der Bitte, ihn zu entfernen, um den Ausbruch eines Aufstandes zu verhindern. Archelaus wurde daraufhin abgesetzt und verbannt, seine Tetrarchie erhielt wieder den Status einer röm. Provinz dritten Grades. Damit ihr jährlicher Tribut an die kaiserliche Staatskasse festgelegt werden konnte, führte der Statthalter von Syrien, *Quirinius, eine Volkszählung in Judäa und Samaria durch. Diese Zählung provozierte den Aufstand von *Judas dem Galiläer, dessen Ideale, obwohl der Aufstand niedergeschlagen wurde, in der Partei der *Zeloten weiterlebten. Sie vertraten die Ansicht, daß Tributzahlungen an den röm. Kaiser und jeden anderen heidnischen Herrscher einem Verrat am Gott I.s gleichkomme.

Nach der Volkszählung erhielt Judäa (wie die Provinz von Judäa und Samaria genannt wurde) einen Präfekten als Statthalter. Diese Präfekten wurden vom Kaiser ernannt und waren dem Prokonsul von Syrien unterstellt. Die ersten röm. Präfekten besaßen das Recht, den Hohenpriester I.s zu ernennen – ein Privileg, das nach dem Ende der hasmonäischen Dynastie in den Händen des Herodes und anschließend des Archelaus gelegen hatte. Die Präfekten verkauften das heilige Amt dem Meistbietenden, und dementsprechend niedrig war auch sein rel. Ansehen. Kraft seines Amtes saß der Hohepriester dem *Sanhedrin vor, der die inneren Angelegenheiten des Volkes verwaltete.

Unter den frühen Präfekten ist vor allem Pontius *Pilatus durch seine Rolle im Prozeß gegen Jesus bekannt geworden; neben den ntl. Berichten stehen hier die Charakterbilder, die Josephus und Philo von ihm gezeichnet haben. Der Bau des Tempels und eines Aquädukts zur besseren Wasserversorgung Jerusalems läßt die materiellen Vorteile erkennen, die die röm. Herrschaft für die Juden mit sich brachte; daß Pilatus darauf bestand, die Kosten für diese Wasserleitung aus dem Tempelschatz zu bestreiten und so die rel. Gefühle der Juden verhöhnte, veranschaulicht einen anderen Aspekt röm. Herrschaft, der weitgehend für die Revolte des Jahres 66 n.Chr. verantwortlich war: die mangelnde Sensibilität vieler Statthalter und ihrer Beauftragten in bezug auf die rel. Gefühle der Bewohner des Landes.

Eine kurze Zeit, zwischen 41 und 44 n.Chr., war Judäa von der Verwaltung durch röm. Präfekten befreit. Herodes Agrippa I., ein Enkel Herodes' des Großen und Mariamnes hatte vom röm. Kaiser Gajus 37 n.Chr. die frühere Tetrarchie des Philippus als Königreich verliehen bekommen. Nach der Absetzung und Verbannung von Antipas (39 n.Chr.) wurden diesem Reich Galiläa und Peräa angegliedert, 41 n.Chr. kamen auf Veranlassung des röm. Kaisers Claudius noch Judäa und Samaria hinzu (*Herodes, 4). Weil er (durch Mariamne) von den Hasmonäern abstammte, war Agrippa I. bei seinen Untertanen beliebt. Sein unerwarteter Tod im Jahre 44 n.Chr. im Alter von 54 Jahren hatte jedoch zur Folge, daß die Provinz Judäa, die nun nicht nur Samaria, sondern auch Galiläa umfaßte, wieder unter die Herrschaft röm. Statthalter, jetzt *Prokuratoren genannt, fiel. Agrippas Sohn, Agrippa der Jüngere (*Herodes, 5), war zu jung, um mit der Verantwortung seines Vaters betraut zu werden. Ein Zugeständnis wurde dem jüd. Empfinden allerdings gemacht: Das Privileg zur Ernennung des Hohenpriesters, das Agrippa von den Präfekten übernommen hatte, gelangte nicht in die Hände der Prokuratoren zurück, sondern wurde zunächst Agrippas Bruder Herodes von Chalkis verliehen und später (nach dessen Tod 48 n.Chr.) Agrippa dem Jüngeren.

X. DAS ENDE DES ZWEITEN STAATSWESENS.

Innerhalb von ca. 20 Jahren nach dem Tod Herodes Agrippas I. vervielfachten sich die Schwierigkeiten in Judäa. Nach der kurzen Regierungszeit durch einen jüd. König war dem Volk die erneute Einsetzung von Prokuratoren verhaßter denn je; und diese selbst taten wenig, um die Gefühle ihrer jüd. Untertanen zu schonen. Es gab eine Serie von Aufständen, angezettelt von Pseudomessiassen wie *Theudas, der von einer Kavallerieabteilung des Prokurators Fadus (44-46 n.Chr.) getötet wurde, oder von führenden Zeloten wie Jakobus und Simon (beide Söhne von Judas dem Galiläer), die der Prokurator Tiberius Julius Alexander (46-48 n.Chr.) kreuzigen ließ. Auch die Tatsache, daß Alexander ein jüd. Renegat war, Sproß einer bedeutender jüd. Familie aus Alexandria (Neffe Philos), konnte ihn bei den Juden Judäas nicht beliebt machen.

Während Fadus und Alexander Prokuratoren waren, wurde Judäa schwer von der in Apg 11,28 erwähnten Hungersnot getroffen. Josephus berichtet, daß Helena, die Königinmutter von Adiabene östl. des Tigris, während dieser Zeit Korn von Ägypten und Feigen in Zypern kaufte, um die hungernden Menschen in Judäa zu versorgen. Die Mitglieder der königlichen Familie von Adiabene waren die prominentesten jüd. Proselyten jener Zeit; einige von ihnen kämpften sogar 66 n.Chr., als der Krieg gegen die Römer ausbrach, auf seiten der Juden. Unter dem Prokurator *Felix wuchs die Unzufriedenheit in Judäa. Felix hatte sich vorgenommen, die Provinz energisch von Aufständischen zu säubern. Seine harten Maßnahmen waren vorübergehend von Erfolg begleitet, stießen jedoch einen Großteil der Bevölkerung vor den Kopf, in deren Augen die Aufständischen nicht Kriminelle, sondern Patrioten waren.

Die letzten Jahre der Prokuratur des Felix waren von heftigen Auseinandersetzungen zwischen jüd. und nichtjüd. Einwohnern Cäsareas überschattet, die sich aus einem Streit über bürgerliche Privilegien entwickelt hatten. Felix sandte die Anführer beider Parteien nach Rom, um den Fall vom Kaiser entscheiden zu lassen, er selbst wurde jedoch abberufen und durch den Prokurator *Festus ersetzt (59 n.Chr.). Der Streit wurde zugunsten der Nichtjuden entschieden, und die jüd. Verärgerung über diese Entscheidung zusammen mit der Ausnutzung des Sieges seitens der Nichtjuden war einer der Faktoren, die zur Explosion im Jahre 66 n.Chr. führten.

Festus war ein relativ gerechter und milder Statthalter, aber er starb im Amt 62 n.Chr., und seine Nachfolger, Albinus und Florus, spielten durch ständige Verletzungen der nationalen und rel. Gefühle der Juden den anti-röm. Extremisten in die Hände. Schließlich provozierte die Entweihung des Tempelschatzes durch Florus, der 17 Talente daraus beschlagnahmte, einen Aufstand, der unter großem Blutvergießen niedergeschlagen wurde. Die gemäßigten Teile der Bevölkerung, unterstützt vom jüngeren Agrippa, rieten zur Zurückhaltung, aber das Volk war nicht gewillt, auf sie zu hören. Sie schnitten die Verbindung zwischen der Burg Antonia und den Tempelhöfen ab, und der Tempelhauptmann, Führer der Kriegspartei in Jerusalem, setzte die kaiserliche Autorität formell ab, indem er die täglichen Opfer für den Kaiser beendete.

Florus hatte inzwischen die Kontrolle über die Ereignisse verloren, und selbst die Intervention des syr. Statthalters Cestius Gallus mit stärkeren Truppenkontingenten als sie Florus zur Verfügung standen, brachte keinen Erfolg. Gallus mußte umkehren, und seine Armee erlitt auf dem Rückzug über den Paß von Bet-Horon schwere Verluste (November 66 n.Chr.).

Die aufständischen Juden werteten dies als Erfolg und ließen sich von trügerischem Optimismus leiten. Die Politik der Extremisten schien aufzugehen: Rom konnte vor ihnen nicht bestehen. Ganz Palästina war im Kriegszustand.

Vespasian jedoch, der mit der Niederschlagung der Revolte betraut wurde, ging seine Aufgabe methodisch an. Im Jahre 67 schlug er den Aufstand in Galiläa nieder. Einige der Anführer konnten allerdings nach Jerusalem fliehen, und ihre Anwesenheit dort verstärkte die inneren Zwistigkeiten, die die Stadt während der vorhergegangenen Jahre und Monate erschütterten. Im Sommer 68, als Vespasian nach Jerusalem vorrückte, kam aus Rom die Nachricht von Neros Entthronung und Tod. Der folgende Bürgerkrieg im Herzen des Weltreichs gab den Verteidigern Jerusalems neue Hoffnung; aus ihrer Sicht hatte es den Anschein, als seien

Die Felsenfestung Masada, erbaut von Herodes dem Großen (34–4 v.Chr.), mit Blick auf das Tote Meer. Sie war der letzte Außenposten, den die Juden bei ihrem Aufstand gegen die Römer halten konnten (bis 74 n.Chr.). (SH)

Rom und das Weltreich am Rande des Zusammenbruchs und stehe Daniels 5. Reich kurz vor seiner Errichtung auf den Ruinen Roms. Von Cäsarea aus beobachtete Vespasian den Gang der Ereignisse in Rom. Am 1. Juli 69 wurde er selbst in Alexandria vom Statthalter Ägyptens zum Kaiser erklärt (von Alexander, dem gleichen abtrünnigen Juden, der zuvor Prokurator von Judäa gewesen war). Dem Beispiel Alexandrias folgten rasch Cäsarea, Antiochia und die Armeen fast aller östl. Provinzen. Vespasian kehrte nach Rom zurück, um den kaiserlichen Thron zu besteigen und überließ es seinem Sohn Titus, die Niederschlagung der Revolte in Judäa zu Ende zu bringen. Ende 69 war ganz Judäa unterworfen – mit Ausnahme von Jerusalem und drei Festungen oberhalb des Toten Meeres.

Im Frühling des Jahres 70 wurde Jerusalem eingeschlossen. Bis zum Mai war die Hälfte der Stadt in röm. Hand, aber die Verteidiger weigerten sich noch zu kapitulieren. Am 24. Juli wurde die Burg Antonia gestürmt; 12 Tage stellte man die tägl. Opfer im Tempel ein, und am 29. August wurde das Heiligtum selbst in Brand gesetzt und zerstört. Vier Wochen später hatte Titus die gesamte Stadt eingenommen. Sie wurde dem Erdboden gleichgemacht, mit Ausnahme eines Teils der West-Mauer, zu der drei Palasttürme des Herodes gehörten, die nun einer röm. Garnison als Hauptquartier dienten. Das letzte noch nicht zerschlagene Zentrum der Revolte war die fast uneinnehmbare Festung Masada, südwestl. des Toten Meeres. Eine Abteilung der Zeloten hielt dort bis zum Frühling 74 durch und zog schließlich den Massenselbstmord der drohenden Gefangennahme vor.

Judäa wurde als Provinz unter einem eigenen kaiserlichen Legaten reorganisiert, der direkt dem Kaiser verantwortlich und in keiner Weise dem Legaten von Syrien unterstellt war; im Gegensatz zu den Prokuratoren befehligten die kaiserlichen Legaten von Judäa auch eigene Legionen. Die Tempelsteuer, die Juden in der ganzen Welt für den Unterhalt des Gotteshauses in Jerusalem gezahlt hatten, wurde weiterhin erhoben, nun aber für den Unterhalt des Jupitertempels auf dem Kapitol in Rom verwendet.

Mit dem Verschwinden der Tempelhierarchie und des Sanhedrin als formeller Institution ging die größte innere Autorität für das jüd. Volk auf einen neuen Sanhedrin von Rabbinen über, zuerst geleitet von Jochanan Ben Zakkai, einem Lehrer aus der Schule Hillels. Dieser rel. Rat übte seine Kontrolle mit Hilfe der Synagogen aus und begann mit der Kodifizierung des traditionellen, mündlich überlieferten Lehrmaterials, das im Laufe der Zeit in der Mischna bis gegen Ende des 2.Jh.n.Chr. niedergeschrieben wurde. Es war in weiten Teilen das Verdienst von Jochanan Ben Zakkai, seinen Kollegen und ihren Nachfolgern, daß I.s nationale und rel. Identität den Untergang des Tempels und des 2. jüd. Staates im Jahre 70 überlebte (*Talmud und Midrasch).

S.a. *Juda; *Archäologie; *Opfer; *Gesetz usw., sowie die Artikel zu einzelnen Königen und Orten.

Literatur: M. Noth: Geschichte Israels, 91981; J. Bright: Geschichte Israels von den Anfängen bis zur Schwelle des Neuen Bundes, 1966; E.L. Ehrlich: A Concise History of Israel, 1962; F.F. Bruce: Zeitgeschichte des NT, 1986; R. de Vaux: The Early History of Israel, 2 Bde. 1977; S. Hermann: Geschichte Israels in alttestamentlicher Zeit, 21980; J.H. Hayes und J.M. Miller (Hrsg.): Israelite and Judaean History, 1977. E. Schürer: Geschichte des jüdischen Volkes im Zeitalter Jesu Christ, 3 Bde, 1901-1909; R. Kittel: Geschichte des Volkes Israel, 3 Bde. 1912-1929; A. Schlatter: Geschichte Israels von Alexander dem Großen bis Hadrian, 1925; M. Metzger: Grundriß der Geschichte Israels, 51979; H. Donner: Geschichte des Volkes Israel und seiner Nachbarn in Grundzügen, 1, 1984, 2, 1986; M. Clauss: Geschichte Israels. Von der Frühzeit bis zur Zerstörung Jerusalems (587 v.Chr.), 1986.

F.F.B

Das dem Stamm Issaschar zugeteilte Land.

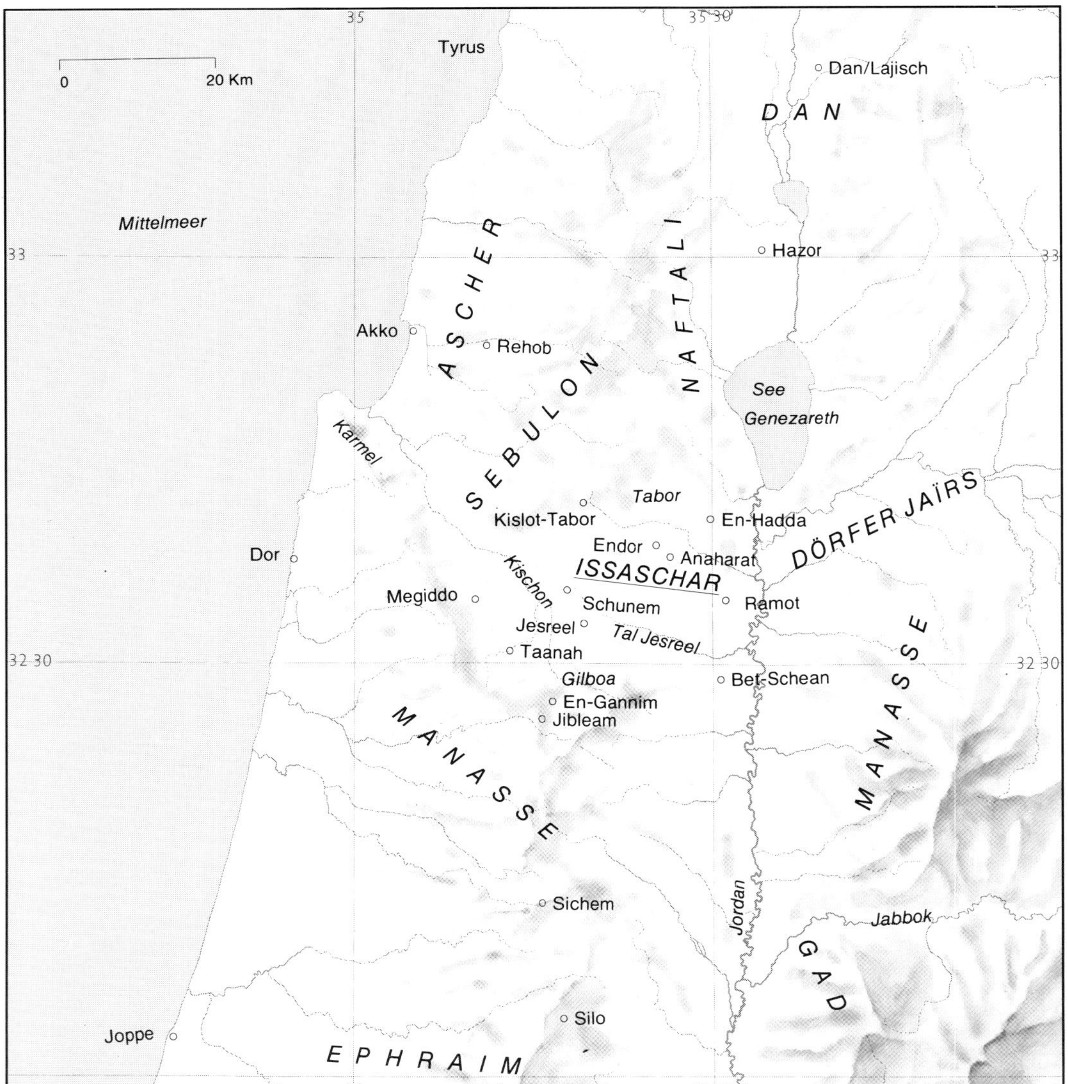

ISRAEL GOTTES. Paulus' Aussage: »Nicht alle sind Israeliten, die von Israel stammen« (Röm 9,6), liegt auf der gleichen Linie wie die prophetische Behauptung, daß das Volk, das den Namen *Israel zurecht trägt, nur ein kleiner »Rest« gläubiger Seelen innerhalb des Volkes Israel sein könnte. Im NT erscheint der Gedanke des »Restes« in den Predigten *Johannes des Täufers, der behauptet, daß die Abstammung von *Abraham an sich wertlos ist (Mt 3,9; Lk 3,8). Jesu Berufung von Jüngern, die eine »kleine Herde« um ihn bilden und das Reich empfangen sollten (Lk 12,32; vgl. Dan 7,22.27), kennzeichnet ihn als Gründer des neuen Israel; die zwölf *Apostel bestimmte er ausdrücklich zu Richtern der »zwölf Stämme Israels« in der neuen Welt (Mt 19,28; Lk 22,30). Die »kleine Herde« sollte durch »andere Schafe« vergrößert werden, die nicht zum jüd. »Stall« gehörten (Joh 10,16).

Ob der Ausdruck »das Israel Gottes«, der im NT nur einmal vorkommt (Gal 6,16), nur gläubige Juden bezeichnet oder gläubige Juden und Nichtjuden ohne Unterschied, ist umstritten; die zweite Annahme ist wahrscheinlicher, besonders wenn der Ausdruck als Beifügung zu »alle, die sich nach diesem Maßstab richten« aufgefaßt wird. Aber daß die Gemeinde der Jesusgläubigen ohne Rücksicht auf ihre natürliche Herkunft im ganzen NT als das neue Israel betrachtet wird, ist unbestreitbar. Sie sind »die zwölf Stämme in der Zerstreuung« (Jak 1,1), »die Fremdlinge in der Zerstreuung« (1Petr 1,1 LÜ), die in Formulierungen, die aus atl. Beschreibungen Israels entlehnt sind, als »das auserwählte Geschlecht, die königliche Priesterschaft, das heilige Volk, das Volk des Eigentums« (1Petr 2,9) benannt werden.

Aber der Grundstock dieses neuen Israel ist jüdisch (Röm 11,18). Während der größere Teil des »Israel nach dem Fleisch« zur Zeit durch eine teilweise und vorübergehende Blindheit daran gehindert ist, seine angestammte Hoffnung in Jesus zu erkennen, kommt doch die Zeit, in der ihnen die Decke von den Augen genommen wird (2Kor 3,16) und sie durch Glauben wieder eingesetzt werden als Glieder der geliebten Gemeinde. Ihre gegenwärtige Verstockung dauert nur, »bis die Fülle der Heiden zum Heil gelangt ist; und so wird ganz Israel gerettet werden« (Röm 11,25f).

Literatur: L. Gillet: Communion in the Messiah, 1942; M. Simon: Verus Israel, 1948, G. Schrenk: Was bedeutet »Israel Gottes«? Judaica 1949/1950; A. Oepke: Das Neue Gottesvolk, 1950; J. Munck: Paulus und die Heilsgeschichte, 1954; ders.: Christus und Israel, 1956; P. Richardson: Israel in the Apostolic Church, 1970. F.F.B.

ISSASCHAR. 1. Neunter Sohn Jakobs und fünfter Sohn Leas (1Mo 30,18; 35,23). Der Name mag eine Verbindung des hebr. *'isch*, »Mensch«, und *sākār*, »Lohn«, sein. Somit hieße I. »Lohnarbeiter«, obwohl andere eine weniger offensichtliche Verbindung mit einer verbalen Form vorschlagen, die »Möge (Gott) Gnade zeigen« bedeutet.

I.s Stammesgebiet erstreckte sich zwischen dem Gilboa-Gebirge und den Hügeln von Untergaliläa am Ostende der Ebene Jesreel. Die Grenzen lassen sich jedoch nicht exakt bestimmen. In einigen Aufstellungen (z.B. Ri 1,30) wird I. nicht erwähnt und mag zu *Sebulon gezählt worden sein (so wie *Simeon und *Juda zusammengefaßt wurden). Das nördl. Stammesgebiet von *Manasse scheint sich teilweise mit dem Gebiet I.s überlappt zu haben. Sechzehn Städte und dazugehörige Dörfer werden I. zugeschrieben.

Die enge Beziehung zwischen Sebulon und I. zeigt sich auch darin, daß sie gemeinsam durch *Mose gesegnet wurden (5Mo 33,13.19). Der hierbei erwähnte Berg ist zweifellos der *Tabor, auf dem sich ein gemeinsames Heiligtum befand.

I. spielte bei dem Feldzug, der von *Debora angeführt wurde, eine Rolle. Wahrscheinlich kam sie aus diesem Stamm (Ri 5,15), obwohl dies nicht ausdrücklich erwähnt wird (Ri 4). Die Schlacht gegen *Sisera, die auf dem Stammesgebiet I.s begann, beendete die kanaan. Vorherrschaft über die tiefer gelegenen Gebiete. Neben Debora stammte auch der weniger bedeutende Richter Tola aus I. (Ri 10,1), ebenso der Usurpator *Bascha (1Kön 15,27).

Der Segen *Jakobs (1Mo 49,14.15) wurde als Hinweis darauf angesehen, daß während der Amarna-Zeit (14.Jh.v.Chr.) Teile des Stammes I. im Lande wohnten. Diese konnten sich gegenüber den kanaan. Oberherren dadurch behaupten, daß sie ihnen ein gewisses Maß an Zwangsarbeit leisteten. Aber der in dem Segen enthaltene Vorwurf mag auch nur eine Feststellung dafür sein, daß die Menschen von I. durch materiellen Wohlstand unterwürfig und entkräftet waren. Z.Zt. Salomos war I. einer der zwölf Regierungsbezirke, die von ihm eingerichtet wurden (1Kön 4,17). Z.Zt. Davids war der Stamm für seine Weisheit bekannt (1Chr 12,32), eine Tatsache, die in der Erklärung des Talmuds wieder auftaucht, in der es heißt, daß die weisesten Mitglieder des *Sanhedrins aus I. kamen.

2. Siebter Sohn Obed-Edoms, eines levitischen Torwächters z.Zt. Davids (1Chr 26,5). A.E.C.

ITALIEN. Seit Caesar ist I. als Bezeichnung der appeninischen Halbinsel bekannt (Apg 18,2). Bereits in vorchristl. Zeit hatten sich viele Juden nach I. begeben und dort auch Gemeinden gebildet; die ältesten sind aus Rom und Puteoli bekannt. Die Vertreibung der Juden aus Rom auf Anordnung des Kaiseres *Claudius dürfte der Grund dafür gewesen sein, daß Paulus *Aquila und Priszilla in *Korinth traf (Apg 18,2). I. war das Ziel des Apostels, als er nach seiner *Berufung an den Kaiser zusammen mit anderen Gefangenen in *Cäsarea ein Schiff bestieg (Apg 27,1.6). Christen aus Puteoli nahmen Paulus auf (Apg 28,14), auf der Via Appia kamen ihm Brüder aus Rom entgegen (Apg 28,15). In Hebr 13,24 grüßen »die Brüder aus Italien« die Empfänger des Briefes.

ITAMAR. Jüngster Sohn *Aarons (2Mo 6,23; 1Chr 24,1). Er wurde mit Aaron, *Nadab, *Elihu und *Eleasar als Priester eingesetzt und geweiht (2Mo 28,1; 3Mo 8,13). Unter seiner Leitung berechneten die Leviten, wieviel Gold, Silber und Bronze zur Herstellung der Stiftshütte verwendet wurde (2Mo 38,21). I. hatte die Aufsicht über den Dienst der Gerschoniter und Merariter, denen während des Zuges durch die Wüste der Transport des heiligen Zeltes übertragen war (4Mo 4,21-33). Zu I.s Nachkommen vgl. 1Chr 24,3-6. Ein Priester seines Geschlechts wird noch nach der babylon. Gefangenschaft ge-

Das Forum in Rom. (PP)

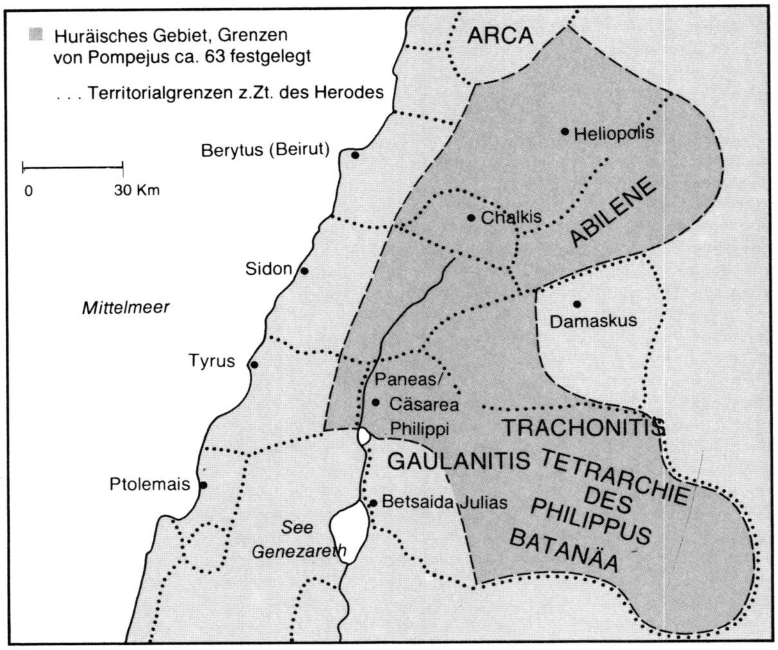

Ituräa und angrenzende Gebiete in Syrien.

nannt (Esr 8,2). Das Amt des Hohenpriesters befand sich seit *Eli aus unbekannten Gründen für einige Zeit in den Händen der Nachkommen I.s. Durch die Absetzung *Abjatars fiel es mit Zadok wieder an das Geschlecht Eleasars zurück.

ITTAI. (»[Gott] ist mit mir«).

1. Anführer von 600 Männern aus *Gat, der kurz vor *Absaloms Rebellion zu David stieß. Seine Treue war so groß, daß er sich weigerte, den König zu verlassen, als dieser ihn anwies, zurückzukehren (2Sam 15,19-22). Die Bezeichnung »Gatiter« zeigt an, daß I. ein Philister war, wahrscheinlich ein »Freischärler«, der in David einen Anführer fand, der seiner Loyalität wert schien. Mit *Joab und *Abischai war er einer der drei Hauptleute Davids (2Sam 18,2).

2. Ein Benjaminiter. Einer der dreißig Helden Davids (2Sam 23,29; 1Chr 11,31). J.G.G.N.

ITURÄA. (Griech. *Itouraia*). Ein Gebiet nördl. von *Galiläa, in dem sich ein arab. Volksstamm niedergelassen hatte, dessen Ursprung man auf *Jetur, einen der zwölf Söhne *Ismaels, zurückführte (1Mo 25,15f; 1Chr 1,31). Nach 1Chr 5,19 kämpften die Israeliten bei der Landnahme im Ostjordanland auch gegen den Stamm Jetur. In der zweiten Hälfte des 2.Jh.v.Chr. eroberten die bisher nomadischen Ituräer einen Teil von Süd-*Syrien und ließen sich dort nieder. Der politische Mittelpunkt ihres Reiches wurde Gerrha/Chalkis, der religiöse Baalbek/Heliopolis, wo Bauten Zeugnis von der rasch voranschreitenden Hellenisierung geben. 105/4 v.Chr. eroberte der Hasmonäer Aristobul einen Teil des Landes (Jos.ant.Jud. XIII, 318), wohl Nord-Galiläa, dessen Bewohner durch Beschneidung zwangsjudaisiert wurden. Zwischen 85 und 40 v.Chr. erfuhr I. unter Ptolemäus, Sohn des Menäus, als röm. Klientelfürsten seine größte Ausdehnung (Jos.ant.Jud. XIV, 126; Strabo XVI, 2,10). Nachdem sein Nachfolger Lysanias 34 v.Chr. von Antonius hingerichtet worden war, teilten die Römer I. auf (Jos.ant.Jud. XV, 360; XVII, 189.319). Von den vier Teilen kam das Gebiet um Paneas (*Cäsarea Philippi) 20 v.Chr. an *Herodes den Großen und nach seinem Tod 4 v.Chr. an seinen Sohn *Philippus. Über *Abilene, nordwestl. von *Damaskus, herrschte unter Kaiser *Tiberius als Tetrarch *Lysanias, später (ab 41 n.Chr.) die jüd. Könige Agrippa I. und Agrippa II. (s. *Herodes; Jos.ant.Jud. XVIII, 327; XIX, 257; XX, 138). Die Ituräer galten als kriegerisches Volk (Cicero, Phil 2,212) und sind mehrfach als röm. Hilfstruppen erwähnt, so auch auf dem Grabmal eines ituräischen Bogenschützen, das man aus der ersten Hälfte des 1. Jh.n.Chr. in Mainz fand (CIL XIII, 7041). Vielleicht sind die im *Hermon-Gebiet ansässigen Drusen Nachkommen der Ituräer (s. Dar, PEQ 120, 1980, 26–44).

Wenn es in Lk 3,1 heißt, Philippus sei Tetrarch über »das ituräische und trachonitische Land« gewesen, so ist damit (wie bei *Herodes Antipas) nur ein Teil seines Herrschaftsgebiets genannt. Erwägenswert bleibt immer noch die Auffassung des Eusebius, der beide Bezeichnungen in Lk 3,1 identifizierte und auf das Gebiet der *Trachonitis bezog (onom. 110,27-29; 161,1-4). Grammatisch ist es durchaus möglich, »trachonitisches Ituräa« zu übersetzen (C.J. Hemer, Themelios 2, 1977, 84f).

Literatur: B. Kanael: BHH II, 1964, 788-790; B. Schaller: KIP II, 1967, 1492; W. Schottroff: ZDPV 88 (1982), 124-152.R.R.

JAASANJA. (»Jahwe hört«).
1. Judäischer Heerführer, Sohn eines Maachiters, der *Gedalja bei Mizpa unterstützte (2Kön 25,23; Jer 40,8). Ein Siegel, das in Mizpa (Tell en-Nasbeh) gefunden wurde, mit der Inschrift »Jaasanja, Diener des Königs«, kann J. zugeschrieben werden, aber der Name war häufig und wurde auf Scherben aus *Lachisch und *Arad gefunden.
2. Sohn Jirmejas, ein Oberhaupt der Rechabiter (Jer 35,3).
3. Sohn Schafans, eines Ältesten aus Israel, der Hesekiel (Hes 8,11) in einer Vision erschien, wie er Götzenbildern in Jerusalem Räucherwerk darbrachte.
4. Sohn Asurs, der von Hesekiel am Osttor des Tempels gesehen wird (Hes 11,1). D.J.W.

JABBOK. Einer der östl. Zuflüsse des Jordans, ca. 32 km nördl. des Toten Meeres. Er entspringt in der Nähe von Amman (*Rabba) in Jordanien und ist insgesamt etwa 96 km lang. Heute wird er Wadi Zerqa genannt. Er bildete die Grenze zwischen dem Gebiet der Ammoniter und dem der Gaditer und Rubeniter (5Mo 3,16), nachdem die Israeliten den Amoriter-König Sihon südl. des J. besiegt hatten (4Mo 21,21ff). Es ist der gleiche Fluß, den Jakob durchwatete (1Mo 32,23), als er mit dem Engel rang und anschließend seinen Namen änderte. Es mag sich hier um ein Wortspiel handeln: J. heißt auf hebr. *yabbōq*, während »[und] ... rang« *wa]yēʾābēq* heißt. D.F.P.

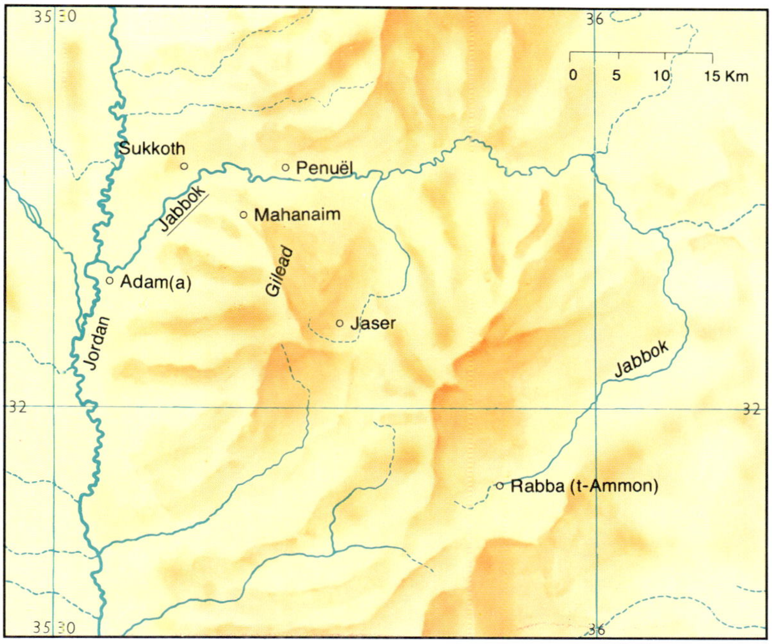

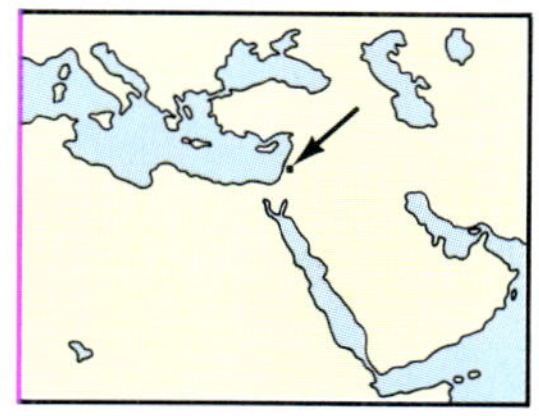

Der Jabbok.

Der Jabbok (heute: Zerqa*) nahe seiner Quelle bei Amman, Jordanien.* (MEPHA)

JABESCH IN GILEAD. Eine israelit. Stadt östl. des Jordan in *Gilead. Die Bewohner der Stadt hatten sich geweigert, am Krieg gegen die Gileaditer teilzunehmen; dafür wurden alle Einwohner der Stadt erschlagen mit Ausnahme von 400 Mädchen im heiratsfähigen Alter, die Männern aus dem Stamm Benjamin als Frauen gegeben wurden (Ri 21,6-14). Zur Zeit des Königs *Saul wohnten Israeliten in J., und als die Stadt von den *Ammonitern belagert wurde, kam Saul ihr zu Hilfe und vertrieb die Belagerer (1Sam 11,1-13). Als Saul getötet worden war, und die Philister seinen Leichnam an der Stadtmauer von Bet-Schean zur Schau gestellt hatten, waren es Männer aus J., die ihn abnahmen und unter einem Baum in J. bestatteten (1Sam 31).
Eusebius berichtet, daß J. zu seiner Zeit ein Dorf war, das auf einem Hügel lag am Weg, der von *Pella nach Gerasa führt (Eus.onom 110,12). J.P.U.L.

JABIN. (»[Gott] nimmt wahr«).
1. König von *Hazor, Führer einer Allianz von Fürsten aus dem N, die im Kampf von Josua besiegt wurde. Josua erschlug J. anschließend (Jos 11,1-14).
2. Ein weiterer König von Hazor (Ri 4,2: »König von Kanaan«), der 20 Jahre lang die Israeliten grausam unterdrückte. Die Befreiung kam mit *Barak und *Debora, die J.s Feldhauptmann *Sisera besiegten (Ri 4,3-16); ein bemerkenswerter Sieg, der im Deboralied festgehalten ist (Ri 5). Dieser Sieg führte zur Vernichtung J.s (Ri 4,23.24), auf die in Ps 83,9 hingewiesen wird. J.D.D.

JABNE/JABNEEL. (Hebr. *jabneʾēl*, »Gott läßt bauen«).
1. Jabneel (Jos 15,11) oder Jabne (2Chr 26,6), in hellen. Zeit Jamnia genannt, ist die heutige arab. Stadt Jebna auf halbem Weg zwischen *Aschdod und Tel Aviv (*Joppe) an der großen Überlandstraße von *Ägypten nach *Damaskus. Ein bekannter Hafen (Plin.nat.V, 13,68) befand sich in der Nähe (Mīnet Rubīn, neuhebr. Jabne Jam). Der Ort, der an der Nordgrenze des *Philister-Gebietes lag, kam erst unter *Usia (ab 786 v.Chr.) an *Juda (2Chr 26,6). Judas der Makkabäer verwüstete die Stadt (2Makk 12,9), die aber erst wieder unter Alexander Jannäus (nach 103 v.Chr.) jüd. wurde (Jos.ant.Jud. XIII, 395). Sie erlebte danach mehrere Herrschaftswechsel (Jos.bell.Jud. I,

Zwei freistehende, Jachin und Boas ähnliche Säulen, von Kapitellen gekrönt, an der Außenseite eines Tempelmodells aus Ton. Idalion, Zypern. Höhe 21 cm. Eisenzeit. Ca. 10–9. Jh.v.Chr.
(MC)

156; II, 98.167; IV, 130.444). Die Bevölkerung bestand noch in hasmonäischer Zeit vorwiegend aus Nichtjuden (2Makk 12,8), in der ntl. Epoche überwog aber offensichtlich schon das jüd. Element (Philo, Leg Gai 200-203). Nach der Zerstörung *Jerusalems (70 n.Chr.) wurde J. unter Jochanan Ben Zakkai, der den Grundstock zur Rechtssammlung der *Mischna legte, zum Mittelpunkt jüd. Schriftgelehrsamkeit. Welchen Einfluß eine hier um 90 n.Chr. stattfindende Gelehrtenversammlung auf die Bildung des jüd. Kanons und auf die Abgrenzung vom Christentum hatte, ist in der neueren Forschung sehr umstritten (J. Maier, Geschichte der jüdischen Religion, 1972, 93ff). Nach dem Bar-Kochba-Aufstand (132-135 n.Chr.) gab es in J. auch eine große Gemeinde von *Samaritanern. Vom 4. bis 7.Jh. war die Stadt Bischofssitz.

Literatur: K.D. Schunck: BHH II, 1964, 791; E. Schürer: History of the Jewish People II, 1979, 109f; OLB II, 30-37.

2. Jabneel an der Süd-Grenze von *Naftali (Jos 19,33). Nach dem Jerusalemer Talmud (Meg I, 1) Kefar Jama, das mit dem Ruinenhügel Kafr Dschemma (arab.), 11 km südwestl. von *Tiberias, zu identifizieren ist. Die Siedlungsspuren umfassen die ältere Eisenzeit sowie die röm., byzantin. und arab. Epoche (F.M. Abel: Géographie de la Palestine II, ³1967, 563). Ein in der Nähe neugegründeter Kibbuz erhielt wieder den Namen J. Das von Josephus (bell.Jud. II, 573) genannte Jamnith kann kaum mit J. gleichgesetzt werden (A. Neubauer: Géographie du Talmud, 1868, 25), da es in Ober-*Galiläa lag. R.R.

JACHIN UND BOAS. Verzierte Bronzepfeiler oder -säulen, die am Eingang zum Tempel Salomos in Jerusalem aufgerichtet waren (1Kön 7,21; 2Chr 3,15-17). Als Nebukadnezar Jerusalem 587 v.Chr. einnahm, wurden sie zerbrochen und nach Babylon gebracht (2Kön 25,13).

I. BESCHREIBUNG UND KONSTRUKTION.

Die Säulen waren 18 Ellen hoch (ca. 9 m) und hatten 12 Ellen Umfang (ca. 2 m Durchmesser). Ihre Kapitelle waren 5 Ellen hoch (ca. 2,5 m; 1Kön 7,15.16). Der Chronist gibt die Höhe mit 35 Ellen an (2Chr 3,15), was wahrscheinlich der Höhe beider Säulen entspricht (1Kön 7,15: 18 Ellen pro Säule). Für das Einsetzen der Säulen in Fundamente und Kapitelle wird 1 Elle berechnet. Als der Tempel zerstört wurde, sollen die Kapitelle 3 Ellen hoch gewesen sein (2Kön 25,17); diese Verkleinerung geht wahrscheinlich auf die Zeit zurück, als Joasch (2Kön 12,6ff) oder Josia (2Kön 22,3ff) den Tempel renovierte (vgl. Jer 52,22f). Dies ist der Deutung vorzuziehen, die frühere Zahl sei falsch gelesen oder fehlerhaft überliefert worden.

Es sind schon verschiedene Versuche unternommen worden, das Kunstwerk, das hier beschrieben wird, zu veranschaulichen (1Kön 7,17-22.41.42; Jer 52,22.23). Anscheinend war das Kapitell wie vier geöffnete, umgedrehte Lotusblüten *(schuschān)*, gearbeitet, 4 Ellen breit, und darüber wie eine umgedrehte Schüssel. Diese Schüssel oder dieser Knauf war in einem Netzwerk gefaßt, das von zwei Reihen Granatäpfeln eingefaßt war.

Die Säulen und Kapitelle wurden von Hiram, einem Handwerker aus Tyrus (1Kön 7,13.14), gegossen, der in dem Gebiet zwischen Sukkot und Zaretan arbeitete (1Kön 7,46). Sie waren hohl (Jer 52,21) und wurden wahrscheinlich in ähnlicher Technik gegossen wie unter Sanherib, als er große mythische Tiere in Bronze gießen ließ (ARAB, 2, 1927, S. 169; s.a. Underwood: Man 58, 1958, S. 42). Möglicherweise wurde auch eine Gießmethode wie bei mittelalterlichen Kanonenrohren angewandt.

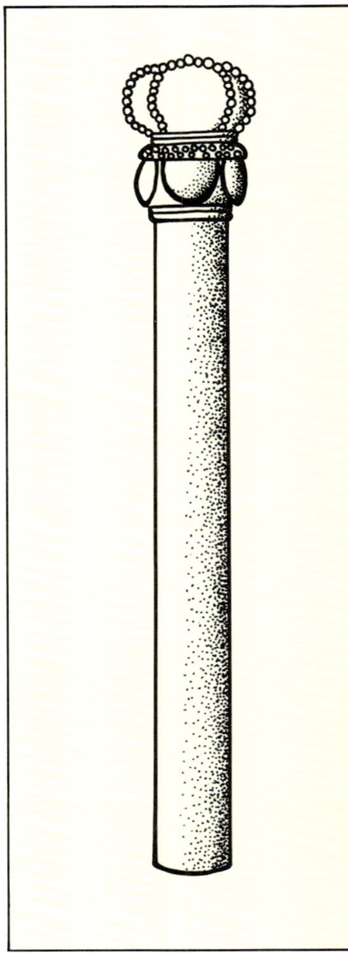

Rekonstruktion einer der beiden freistehenden Säulen am Eingang des salomonischen Tempels, die Jachin und Boas genannt wurden.

II. ZWECK.
Obwohl der Gedanke naheliegend ist, daß die Säulen das Dach der Vorhalle trugen, erwähnt die Beschreibung im AT sie eher bei der Einrichtung anstatt bei architektonischen Elementen des Tempels. Sie sollen »vor« (1Kön 7,21; 2Chr 3,17) der Vorhalle plaziert worden sein. Es gibt auch andere Hinweise auf freistehende Säulen am Eingang von Tempelheiligtümern. Fundamente für Säulen wurden in Tempeln des 13.Jh.v.Chr. in *Hazor und Kamid el-Loz gefunden, in einem phönizischen Tempel in Kition sowie in einem israelit. Tempel in *Arad. Ob die Säulen von 1Kön 7 freistehend waren, ist nicht zu entscheiden. Das Aussehen der Säulen kann abgeleitet werden von Modellschreinen aus Ton, die in Palästina und Zypern gefunden wurden (13.-9.Jh.v.Chr.), und von Elfenbeinarbeiten, die in Arslan Tasch und Nimrud gefunden wurden. Tempelprägungen auf griech. und röm. Münzen aus Zypern und Phönizien und Beschreibungen von Herodot (hist.2.44), Strabo (3.4.170) und Lukian (De Syria dea 15.27) zeigen, daß Säulenpaare mindestens bis zum 2.Jh.v.Chr. an Tempeleingängen aufgestellt wurden.

Die Bedeutung der Säulen ist unbekannt. Vielleicht zeigen sie die göttliche Präsenz an wie die Säulen aus Feuer und Rauch es während der Wanderung des Volkes Israel durch die Wüste (2Mo 33,9; 5Mo 31,15) taten.

III. NAMEN.
Möglicherweise enthalten die Namen der Säulen eine Erinnerung an Davids Vorfahren. Mütterlicherseits erscheint der Name Jachin im Geschlecht der Simeoniter (4Mo 26,12). Zu Davids Vorfahren väterlicherseits zählt *Boas, der Mann der *Rut (Rut 2-4). Er ist der Großvater *Isais, des Vaters Davids. Wahrscheinlicher ist, daß Jachin und Boas die ersten Worte einer Inschrift sind, vielleicht: »Jahwe wird einen Thron ewiglich befestigen (Jachin)« und »In der Kraft (Boas) Jahwes soll der König frohlocken«.

D.J.W./C.J.D.

JAËL. (»Wilde Ziege«). Frau des Keniters *Heber, die Mörderin *Siseras (Ri 4,17-21). Zu ihrer Zeit herrschten die Kanaanäer unter der Führung *Jabins, des Königs von *Hazor, über Israel; sein Feldhauptmann war Sisera. Beiläufig (Ri 4,11) wird die Präsenz der Keniter in Zaanannim, an der Grenze von *Naftali, erklärt. Normalerweise wurde Naftali mit dem Stamm *Juda in Zusammenhang gebracht. Ihre Fertigkeiten in der Metallbearbeitung machten die Keniter zu nützlichen Verbündeten der Kanaanäer (Ri 4,17). Nachdem die Israeliten unter *Debora und *Barak den Kanaanäern eine vernichtende Niederlage zugefügt hatten, floh der Großteil der besiegten Armee nach W. Sisera jedoch, der sein Kommando aufgegeben hatte, machte sich nach N auf, wahrscheinlich, um in Hazor Schutz zu suchen. J. erkannte Siseras entscheidende Bedeutung (vgl. Ri 4,22) und bot ihm Gastfreundschaft an, die ihm Schutz garantierte. Da das Errichten der Zelte Frauenarbeit war, konnte J. ihn rasch töten, indem sie einen Zeltpflock in seine Schläfe stieß. Von einer Frau getötet zu werden, galt als Schande

Die Familie Jafets nach 1Mo 10,1-4.

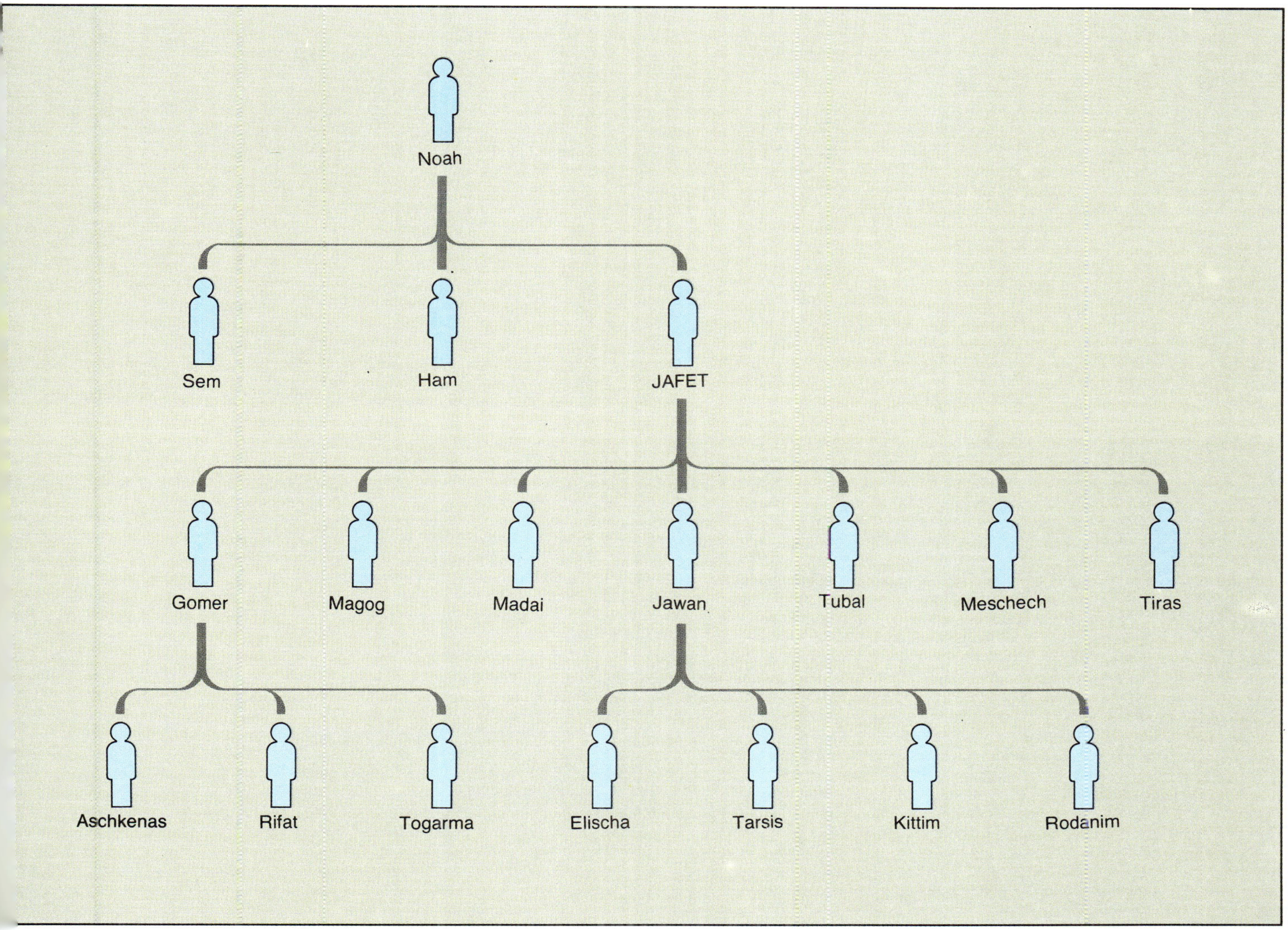

Detail aus dem Relief von Ninive, das eine Löwenjagd zeigt.

Nilpferdjagd im ägyptischen Sumpfland. Flachrelief aus dem Grab des Wesirs Mereruka, Saqqara, Ägypten. Altes Reich, 6. Dynastie. Ca. 2350 v.Chr. (PP)

(vgl. Ri 9,54). So erfüllte sich Deboras Prophezeiung, daß die besondere Ehre, Sisera zu erschlagen, einer Frau zukommen würde (Ri 4,9). Der Sieg unter Debora und Barak befreite Israel auf immer von kanaan. Unterdrükkung und gab Israel die Kontrolle über die strategisch wichtige *Jesreel-Ebene. Im Deboralied wurde der Sieg unsterblich gemacht (Ri 5). Man nimmt an, daß das Lied aus der gleichen Zeit stammt; es zeigt eine unbändige Freude an J.s unmoralischer Handlung (Ri 5,24-27). Obwohl man die Tat nicht gutheißen kann, darf man nicht die natürliche menschliche Reaktion der lange Zeit unterdrückten Israeliten beim Tod ihres Erzfeindes übersehen. Mehrere unwahrscheinliche Berichtigungen wurden vorgeschlagen, um den überraschenden Bezug auf J. in Ri 5,6 zu beseitigen. Das Argument dafür ist, daß, obwohl Schamagar und J. lebten, als Israel unterdrückt wurde, keiner von beiden Rettung bringen konnte. Sie wurde erst durch Deboras Mut bewirkt. A.E.C.

JAFET. (»Gott mache ihm weiten Raum«). Sohn Noahs, der meistens als letzter der drei erwähnt wird (1Mo 5,32; 6,10; 7,13; 9,18.23.27; 1Chr 1,4), aber seine Nachkommen werden als erste in 1Mo 10,2 und 1Chr 1,5-7 aufgeführt. Er war der Vorfahr einer Anzahl von Stämmen und Völkern. Die meisten von ihnen hatten Namen, die in historischer Zeit mit Gebieten im N und W des Vorderen Orients in Verbindung gebracht wurden, besonders in Anatolien und der Ägäis (*Völkertafel). J. und seine Frau waren unter den acht Menschen, die der Sintflut entgingen. Bei einem späteren Vorfall bedeckten er und Sem die Blöße ihres Vaters *Noah (1Mo 9,20ff). In seiner prophetischen Rede danach betete Noah, daß Gott J. größer machen solle, und daß »er« in den Zelten Sems wohnen und Kanaan sein Knecht sein solle

Ausschnitt eines Reliefs aus dem Palast Assurbanipals in Ninive. Es zeigt den König, der bei der Löwenjagd einen Löwen mit dem Speer erlegt. Mitte des 7.Jh.v.Chr. (BM)

(1Mo 9,27). Viele Auslegungen beziehen das »er« eher auf Gott als auf J., aber beide Deutungen sind möglich. Folgt man der letzteren Möglichkeit, mag der Hinweis zugunsten des Evangeliums sein, das zuerst zu den Nachkommen Sems gelangte und später zu den Völkern im NT. J. wurde jedoch mit der griech. mythologischen Figur Iapetos, einem Sohn der Erde und des Himmels, in Verbindung gebracht, der viele Nachkommen hatte. Da der Name nicht griech. Ursprungs ist, mag er eine Form des bibl. Namens sein.

Literatur: D. Neisman: The Two Genealogies of Japheth, in: H.A. Hoffner (Hrsg.) Orient & Occident, 1973, S. 119ff; D. J. Wiseman: Genesis 10: Some Archaeological Considerations, JTVI/87, 1955, S. 14ff. T.C.M.

JAFIA. (Von hebr. *jf'*, »[Gott] möge erstrahlen«).

1. Kanaan. König von *Lachisch, der bei der Landnahme von den Israeliten geschlagen wurde (Jos 10,3).
2. Ein Sohn *Davids, der in Jerusalem geboren wurde (2Sam 5,15).
3. Ein anscheinend auch schon in den *Amarna-Briefen (14. Jh.v.Chr.) als Japu erwähnter Ort im Gebiet von *Sebulon (Jos 19,12), heute das arab. Dorf Jafa, 2 km südwestl. von *Nazareth. In ntl. Zeit war J. eines der größten Dörfer in *Galiläa (Jos. vita 230), wahrscheinlich der Vorort des kleinen Weilers Nazareth. J., von Josephus im Jüdischen Aufstand befestigt (bell.Jud. II, 573), diente ihm zeitweise als Hauptquartier (vita, 270) und wurde 67 n.Chr. von den Römern in einem überaus blutigen Kampf zerstört (bell.Jud. III, 289-306). Wiederum reiches jüd. Leben bezeugen die Reste einer Synagoge aus dem 3./4. Jh. (R. Riesner: Jesus als Lehrer, ³1988, 236). Seit dem 16. Jh. gilt J. entgegen der byzantin. Tradition (*Betsaida) als Heimatort der *Zebedäus-Söhne *Jakobus und *Johannes. Aus unbekannten Gründen ist eine legendäre Kreuzfahrer-Überlieferung (Bagatti, 125-127) aus dem 13. Jh. von Schefa Amr, ca. 20 km nordwestl. von Nazareth, nach J. verlegt worden.

Literatur: B. Bagatti: Antichi villaggi cristiani di Galilea, 1971, 96-102; D. Barag: EAEHL II, 1976, 541-543; G. Kroll: Auf den Spuren Jesu, ¹⁰1987, 82. R.R.

JAGD, JÄGER. Die Erzvätergeschichten des AT stellen die Hebräer als in erster Linie mit der Aufzucht ihrer Herden und anderer halbseßhafter landwirtschaftlicher Arbeit beschäftigt dar. Als Zeitvertreib spielte die Jagd so gut wie keine Rolle. Man betrieb sie normalerweise nur, wenn der Hunger dazu trieb oder wilde *Tiere, die im Altertum in Palästina sehr zahlreich waren (2Mo 23,29), die Sicherheit der Hebräer und ihrer Herden bedrohten (Ri 14,5; 1Sam 17,34). Einzelne wie Ismael (1Mo 21,20) oder Esau (1Mo 25,27) waren jedoch für ihre Verwegenheit bei der Jagd berühmt.

Dieses assyrische Relief zeigt Männer, die Vögel, Kaninchen und Rotwild jagen. Palast Sargons II. in Chorsabad. Ca. 710 v.Chr. (BM)

Im Gegensatz dazu verbrachten anscheinend die alten Mesopotamier und Ägypter beträchtlich mehr Zeit mit der J. Viele assyr. Denkmäler und Flachreliefs stellen königliche Jagden dar; das läßt auf eine lange Tradition schließen, die durchaus auf Nimrod, den gewaltigen Jäger der Urzeit (1Mo 10,8f), der Assyrien besiedelte (1Mo 10,11), zurückgehen könnte. Während die Mesopotamier Löwen und andere Raubtiere jagten, bevorzugten die Ägypter den Fang von Wild und Raubvögeln. Dabei wurden häufig Hunde und Katzen eingesetzt.

Das karge Essen der Hebräer in alter Zeit wurde gelegentlich durch Delikatessen wie Rebhuhn (vgl. 1Sam 26,20), Gazellen- und Hirschfleisch (5Mo 12,15 RevEB) bereichert. An Salomos Tafel gab es auch Rehbock (1Kön 5,3). So allgemeiner Natur sind die atl. Hinweise auf die J., daß nur wenige Tiere genauer bezeichnet werden. Fast nichts wird über Jagdmethoden oder die -kleidung des Jägers

Vogelfang im ägyptischen Sumpfland. Teil eines Wandgemäldes im Grab des Nebamun, Theben. Neues Reich, 18. Dynastie. Ca 1422-1411 v.Chr. (BM)

JAFO
s. Joppe

ausgesagt. In Hassuna im Irak wurde das Lager eines Jägers ausgegraben. Es enthielt Waffen, Vorratsgefäße und Werkzeuge, die auf ca. 5000v.Chr. datiert wurden. In der Bibel werden Köcher und Bogen (1Mo 27,3), Spieße (Hiob 40,31), Schleudern (1Sam 17, 40), Netze (Hiob 19,6), Schlingen der Vogelsteller (Ps 91,3 RevEB) und Fallgruben (Hes 19,8)für größere Tiere wie Bären erwähnt.

Obwohl die J. im alten Palästina durchaus keine alltägliche Angelegenheit war, waren ihre Methoden doch allen so vertraut, daß man von ihnen auch im übertragenen Sinne sprach (Hiob 18,10; Jer 5,26). Auch das NT verwendet einige wenige Jagdmetaphern (vgl.Mt 22,15;Lk 11,54; Röm 11,9 mit einem Zitat aus Ps 69,23f).

Literatur:E. W. Heaton: Everyday Life In Old Testament Times, 1956, S. 112ff; K.Galling: BRL[2] 1977, S.150-152. R.K.H.

JAHASIËL. (»Gott möge ansehen« [das Elend, um zu helfen]).

1. Anhänger Davids aus Benjamin, der sich ihm in Ziklag anschloß (1Chr 12,5).

2. Priester vor der Bundeslade z.Zt. Davids, der die Aufgabe hatte, Trompete zu blasen (1Chr 16,6).

3. Sohn Hebrons, ein Levit (1Chr 23,19; 24,23).

4. Sohn Secharjas, Levit aus dem Geschlecht Asaphs, der König *Joschafat den Sieg über *Moab und *Ammon ankündigte (2Chr 20,14ff).

5. Vater Schechanjas, der z.Zt. des Königs Artaxerxes aus Babylon zurückkehrte (Esr 8,5).

JAHAT.

1. Ein Sohn Reajas aus dem Geschlecht *Juda (1Chr 4,2).

2. Levit, Sohn Libnis, Nachkomme *Gerschoms (1Chr 6,5.28).

3. Levit aus dem Geschlecht der Gerschoniter, Sohn *Schimis (1Chr 23,10.11).

4. Levit, Sohn Schelomits, ein Jizhariter (1Chr 24,22).

5. Aufseher der Handwerker, die z.Z. *Josias am Tempel arbeiteten (2Chr 34,12).

JAHAZ. Ort in der Ebene von *Moab, ca. 7 km nördl. von *Dibon und gut 20 km vom O-Ufer des Toten Meeres entfernt gelegen; dort besiegte Israel den Amoriterkönig *Sihon (4Mo 21,23f; 5Mo 2,32f; Ri 11,20f). Der Ort gehörte zum Gebiet des Stammes *Ruben und wurde den meraritischen Leviten übertragen (Jos 13,18; 21,34.36). Das Gebiet ging später an Israel verloren, aber *Omri eroberte es bis nach J. zurück. Der *Mescha-Stein (Zeilen 18-20) erwähnt, daß »der König von Israel Jahaz erbaut hat, und er lebte dort, als er gegen mich kämpfte«. Mescha vertrieb die Bewohner und fügte J. seinem Herrschaftsbereich zu.

M. du Buit lokalisiert den Ort etwas abseits von der Straße durch das zentrale Hochland, nördl. vom Wadi Wali. Y. Aharoni schlägt Chirbet el-Mudejine am Rand der Wüste vor (LDB, 349.351). Die Stadt war zur Zeit Jesajas und Jeremias noch immer in der Hand der Moabiter (Jes 15,4; Jer 48,21.34). J.A.T

JAHR
s. Kalender

JAHRESTAG / GEBURTSTAG. Die Nachricht von der Geburt eines Kindes, bes. eines Sohnes, war eine frohe Botschaft (Jer 20,15) und bot oft Anlaß zu einem Fest. Sowohl von den Ägyptern wie von den Persern sind uns auch jährlich wiederholte Geburtstagsfeiern bekannt (1Mo 40,20; Herodot 1,133). In hellen. Zeit wurden die Königs-, in der röm. Kaiserzeit auch die Kaisergeburtstage häufig zu großen Festen (vgl. Mt 14,6; Mk 6,21).

JAHRESZEITEN
s. Kalender

JAHWE
s. Namen Gottes

JAÏR (»Er läßt erleuchten/strahlen«).

1. Nachkomme *Manasses, der im Zuge von Eroberungen östl. des Jordans unter Mose mehrere Dörfer an der Grenze von *Baschan und *Gilead (4Mo 32,41) einnahm und sie »*Dörfer Jaïrs« nannte (vgl. 5Mo 3,14; 1Kön 4,13).

2. Richter, der 22 Jahre lang in Israel Recht sprach (Ri 10,3-5). Seine dreißig Söhne besaßen dreißig Städte in Gilead, mit denen der Name »Dörfer Jaïrs« in Verbindung gebracht wird; J. wurde in Kamon begraben.

3. Vater *Mordechais (Est 2,5), ein Benjaminiter.

4. Vater *Elhanans, eines der Helden Davids, der einen Gatiter erschlug (2Sam 21,19). M.A.M.

JAÏRUS (griech. Form von *Jaïr). Vorsteher der Synagoge, dessen Tochter von Jesus geheilt wurde (Mk 5,21-43; Lk 8,41-56; vgl. Mt 9,18-26). Der Name wird bei Mk und Lk genannt, aber nicht von Mt. Zu J.s Pflichten gehörte die Leitung des Gottesdienstes in der Synagoge und die Auswahl derer, die das Gebet leiteten, die Schriften lasen und predigten. Es gab im allg. in jeder Synagoge nur einen *archisynagōgos* (Mt beschreibt ihn einfach als *archōn*, das hier die gleiche Bedeutung hat).

J. kam zu Jesus, nachdem dieser – aus der *Dekapolis kommend - den See Genezareth überquert hatte und in der Nähe von *Kapernaum an Land gegangen war. J.' zwölfjährige Tochter lag im Sterben, und er bat Jesus, sie zu heilen. Auf dem Weg zu J.' Haus heilte Jesus die Frau, die an einer Blutung litt. Dann kam die Nachricht, daß das Mädchen tot sei. Die meisten Anwesenden waren der Ansicht, es sei nicht nötig, Jesus weiter zu bemühen, und sie spotteten über seine Bemerkung, daß das Mädchen nicht tot sei, sondern schlafe. Jesus schickt die Menschen bis auf Petrus, Jakobus, Johannes und die Eltern des Mädchens weg. Als Jesus die Hand des Kindes ergriff, erwachte es wieder zum Leben. Er befahl, ihr zu essen zu geben und nicht über diese Tat zu reden.

Vom literarischen Standpunkt her ist die Zusammenfassung der Geschichte bei Matthäus interessant. Er erweckt den Eindruck, daß das Kind schon tot war, als J. an Jesus herantrat. Bemerkenswert ist auch, daß Mk den aram. Satz *talîtā kūm* überliefert. R.E.N.

JAKOB. Etwa ein Viertel des 1. Mose-Buches ist der Lebensgeschichte J.s, des Vaters des erwählten Volkes, gewidmet. Schriftliche Zeugnisse aus dem 2.Jt.v.Chr. bieten umfangreiches Material über die näheren Hintergründe zu den Erzählungen von 1Mo 26-50. Obwohl damit weder die Existenz des Erzvaters noch die Historizität der Erzählung bewiesen ist, zeigt das doch, daß es sich hierbei nicht um spätere Textsammlungen mit anachronistischen, phantasiereichen Details aus der Zeit des Exils handelt, sondern um Berichte, die zu einem früheren Zeitpunkt (*Patriarchen) verfaßt wurden. Es ist unwahrscheinlich, daß eine Sammlung von Erzählungen, die die Hauptfigur an vielen Punkten auch in einem ungünstigen Licht erscheinen läßt, um eine nur in

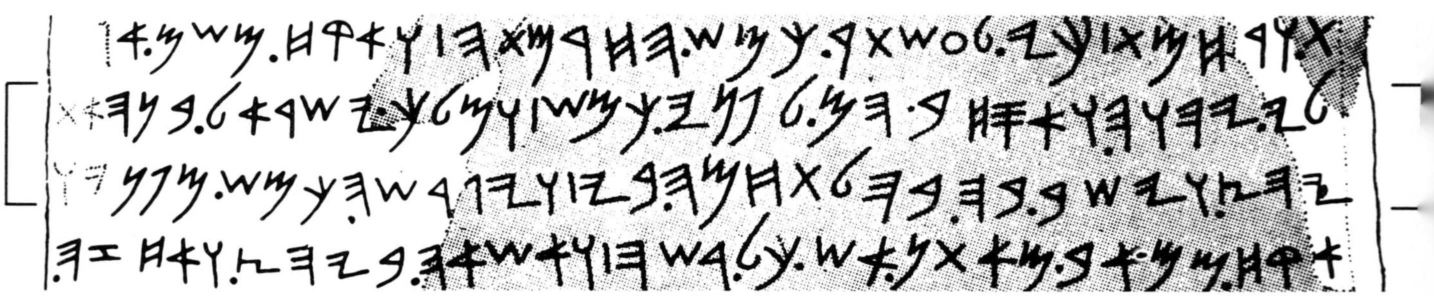

Ausschnitt aus der Inschrift der Mescha-Stele: »Der König von Israel hatte Jahaz erbaut und wohnte darin während seines Feldzugs gegen mich«. Die Moabiter behaupten hier, Jahaz von Ahab zurückerobert zu haben (Zeilen 18 und 19 der Mescha-Stele, gefunden in Diban, Jordanien. Ca. 830 v.Chr.)

der Sage existierende Person zentriert wäre.

I. DATIERUNG.

Genaue Lebensdaten von Jakob lassen sich nicht angeben, da bibl. und außerbibl. Zeugnisse darüber unterschiedliche Angaben machen (*Chronologie des AT). Das heute zur Verfügung stehende Quellenmaterial läßt auf das 18.Jh.v.Chr. schließen. Diese Datierung würde bedeuten, daß Jakob sich vor Beginn der Hyksosdynastie, die ihr Zentrum bei Tanis im östl. Nildelta (*Zoan) hatte, nördl. von *Goschen, nicht weit vom ägypt. Hof, niedergelassen hat. Aufgrund weiterer bibl. und archäologischer Zeugnisse kann man auch davon ausgehen, daß *Abraham zwischen dem 20. und 19.Jh.v.Chr. gelebt hat.

II. BIOGRAPHIE.

Als Jakob zur Welt kam, umklammerte er die Ferse (*hebr.ʿāqēb*) seines vor ihm geborenen Zwillingsbruders *Esau (1Mo 25,26) und erhielt so den Namen »der Fersenhalter«. Eine mögliche Übersetzungsvariante von hebr. *jaaqōb* »er klammerte sich fest«, ließe an ein beabsichtigtes Wortspiel mit einem damals geläufigen Namen *jaaqōb-il*, »Gott möge beschützen« oder »Gott hat beschützt« denken. Keilschriftliche und ägypt. Dokumente dieser Zeit enthalten Personennamen mit derselben Wurzel (*ʿqb*); sie umfassen auch einige Parallelformen, die innerhalb der westsemit. Völkergruppe (*Amoriter) geläufig waren.

Eine weitere Übersetzungsmöglichkeit für die hebr. Wurzel *ʿqb* »bei der Ferse ergreifen, einholen« wäre die, daß J. seinen Bruder »verdrängte«, indem er ihn zuerst um das Erstgeburtsrecht betrog und sich dann den Segen des Vaters, der von jeher dem Erstgeborenen zustand, erschlich. Der erstgeborene Sohn erbte normalerweise mehr vom väterlichen Besitz als die anderen Kinder, mitunter zwei Drittel des gesamten Erbes (vgl. 5Mo 21,16). Außer dieser materiellen Erbschaft kam dem Haupterben auch eine besondere soziale und rel. Stellung als Haupt der Familie zu. Diese Rechtspraxis ist aus zeitgenössischen Unterlagen wie auch aus bibl. Berichten bekannt. Die kurze Erzählung über Esaus Verkauf seines Erstgeburtsrechts für ein Linsengericht an J. sagt nichts darüber aus, wie dieser Tausch bestätigt oder urkundlich festgehalten wurde. Ein Dokument aus dem 15.Jh.v.Chr. berichtet, daß ein Mann aus Assyrien das väterliche Erbe verkaufte. Aus einem Schriftstück aus dem gleichen Umfeld geht hervor, daß das mündlich gegebene Versprechen eines Mannes an seinen Sohn vor einem Gericht verbindlich war (s. ANET, S. 220). So war auch Isaaks Versprechen unwiderruflich, wie der Bibeltext betont (1Mo 27, 33f). Auf diese Weise wurde J. der Träger von Gottes Verheißung und der Erbe des Landes Kanaan (vgl. Röm 9,10-13), während Esau ein weniger fruchtbares Land erhielt, das als Edom bekannt wurde. *Rebekka, die Mutter der beiden, ermöglichte es J., dem Zorn Esaus zu entrinnen und nach Mesopotamien, ihrer alten Heimat, zu flüchten (1Mo 28,1ff). Als Begründung führte sie die Notwendigkeit einer Heirat J.s mit einer Frau ihres Stammes an, um so Mischehen zu vermeiden, wie Esau sie mit Frauen des eigenen Volkes eingegangen war.

Die im Mittelpunkt von J.s Leben stehende Begebenheit ereignete sich während seiner Flucht Richtung N. Am Ende einer langen Tagesreise erreichte J. das Gebirge bei *Bethel, etwa 100 km von Beerscheba entfernt. Der erste Abschnitt der Flucht sollte offensichtlich so weit wie möglich von zu Hause weg führen. Es könnte sein, daß J. die Stelle, an der der Altar seines Großvaters stand, bekannt war (1Mo 12,8). Während er schlief, sah er im Traum eine Leiter, die von der Erde bis zum Himmel reichte und über der der Herr, der Gott Abrahams und Isaaks, stand. Dieser erneuerte gegenüber J. die an Abraham ergangene Verheißung und sagte ihm seinen Schutz zu. Zur Erinnerung an seinen Traum richtete J. ein Steinmal auf und weihte es, indem er Öl darüber goß (1Mo 28,11ff). Solche Gedenksteine (*Masseben) wurden des öfteren an heiligen Orten errichtet, und so sollte auch dieser Ort gekennzeichnet werden, an dem Gott sich J. offenbart hatte.

Der Bericht macht hier einen Sprung von Bethel in das Gebiet von Haran, das J. am Ende seiner Reise erreichte. Genauso wie Abrahams Knecht kam auch J. zunächst an einen Brunnen vor der Stadt. Dort begegnete ihm seine Cousine *Rahel, die ihn in das Haus seines Onkels *Laban führte, von dem er sofort herzlich aufgenommen wurde. Nach Ablauf eines Jahres erklärte sich J. bereit, seinem Onkel zu dienen, um dann nach sieben Jahren dessen Tochter Rahel heiraten zu dürfen (1Mo 29,1ff). Die Hochzeit wurde gebührend in Anwesenheit von Zeugen gefeiert, die dem mündlichen oder schriftlichen Ehevertrag beiwohnten, der in Babylonien gesetzlich erforderlich war, um einer Frau den Status einer Ehefrau zuzusichern. Als Entschuldigung dafür, daß er J. seine Tochter Lea anstatt Rahel zur Ehefrau gab, berief sich Laban auf eine althergebrachte Sitte, nach der die älteste Tochter zuerst verheiratet werden mußte. J. fügte sich Labans Willen und kam mit ihm zu der Übereinkunft, Rahel nach Abschluß der Woche (wahrscheinlich am Ende der Hochzeitsfeierlichkeiten) zu heiraten. Anstelle des Geldes, das dem Schwiegervater zukam, mußte J. diesem weitere sieben Jahre dienen (*Ehe).

Während der zwanzig Jahre, die J. in Labans Haus verbrachte, wurden ihm elf Söhne und eine Tochter geboren. Lea gebar ihm vier Söhne, während Rahel zunächst unfruchtbar blieb. Sie tröstete sich über ihren Kummer dadurch hinweg, daß sie J. ihre Magd Bilha gab und die von ihr geborenen Söhne an Kindes Statt annahm (*Adoption). Lea tat desgleichen mit ihrer Magd Silpa, die ebenfalls zwei Söhne gebar. Die Auffassung, daß eine Adoption durch die Adoptivmutter dieselbe fruchtbar mache, mag zu diesem Entschluß beigetragen haben (vgl. Sarai und Hagar, 1Mo 16,2). Lea selbst gebar zwei weitere Söhne und eine Tochter, bevor Rahel Josef zur Welt brachte. Einige der Namen von J.s Kindern kommen auch in zeitgenössischen Texten vor, obwohl von den uns bekannten bibl. Gestalten darin nichts erwähnt wird.

Haran war ein wichtiges Handelszentrum, bot aber auch fruchtbares Acker- und Weideland. Man nimmt an, daß Laban ein Haus in der Stadt hatte, das er im Sommer und zur Erntezeit bewohnte, während er im Winter seine Herden auf die Weiden ins Gebirge trieb. Als Haupt einer offensichtlich recht wohlhabenden Familie verfügte er mit Sicherheit über ein hohes Maß an Autorität im privaten wie auch im öffentlichen Bereich. Wahrscheinlich bat J. Laban, nach Hause zurückkehren zu dürfen, nachdem er vierzehn Jahre für seine beiden Ehefrauen gedient hatte und Rahel ihren ersten Sohn geboren hatte. Da er sich aber so erfolgreich um Labans Herden gekümmert hatte, ließ dieser J. nur ungern gehen (1Mo 30,25ff) und schloß mit ihm erneut einen Vertrag. In diesem versprach Laban J. alle nicht-reinrassigen Tiere, falls er weiterhin für ihn arbeiten würde. Mit dem dadurch verdienten Geld hätte J. seine Familie ernähren können, wenn Laban sein Versprechen nicht erneut gebrochen hätte und die Tiere ausgesondert hätte, die J. zustanden. Dieser jedoch, einem an ihn im Traum ergangenen Rat folgend, machte sich den Betrug des Schwiegervaters zunutze, ohne das mit ihm getroffene Abkommen zu verletzen. Der auf diese Weise von J. erworbene Reichtum erregte den Neid von Labans Söhnen, da sie den Eindruck hatten, er betrüge sie um das ihnen zustehende Erbe (1Mo 31,1). Durch einen Befehl Gottes überwand J. alle Zweifel, die ihn davon abhalten konnten, Labans Haus ohne dessen Zustimmung zu verlassen. Rahel und Lea unterstützten seinen Plan, da sie der Ansicht waren, daß ihr Vater die eigentlich ihnen zustehende Aussteuer für seine eigenen Zwecke verwendet hatte (*Ehe). So machte sich J. auf die Flucht, während Laban zur Schafschur fort war. Durch einen Vorsprung von zwei Tagen gelang es J., bis ins Gebirge *Gilead jenseits des Jordan zu gelangen, bevor ihn Laban einholen konnte (1Mo 31,22ff). Eine Verfolgungsdauer von sieben Tagen, in denen Laban über 600 km zurücklegte, kann ein Kamel durchaus durchhalten. Obwohl Laban als Grund für seine Verfolgung J.s überstürzte Abreise angab, ging es ihm eigentlich um seine gestohlenen *Hausgötzen (Teraphim). Wenn der Besitz dieser Götterbilder damals ein Symbol für die Vorherrschaft in der Familie war, so hatte Rahel diese an J. gegeben, um ihm damit eine geho-

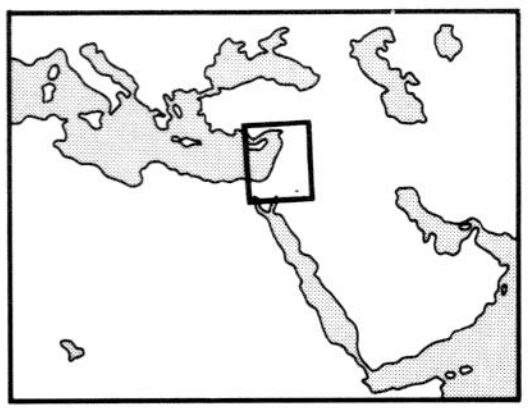

Palästina und Syrien zur Zeit Jakobs.

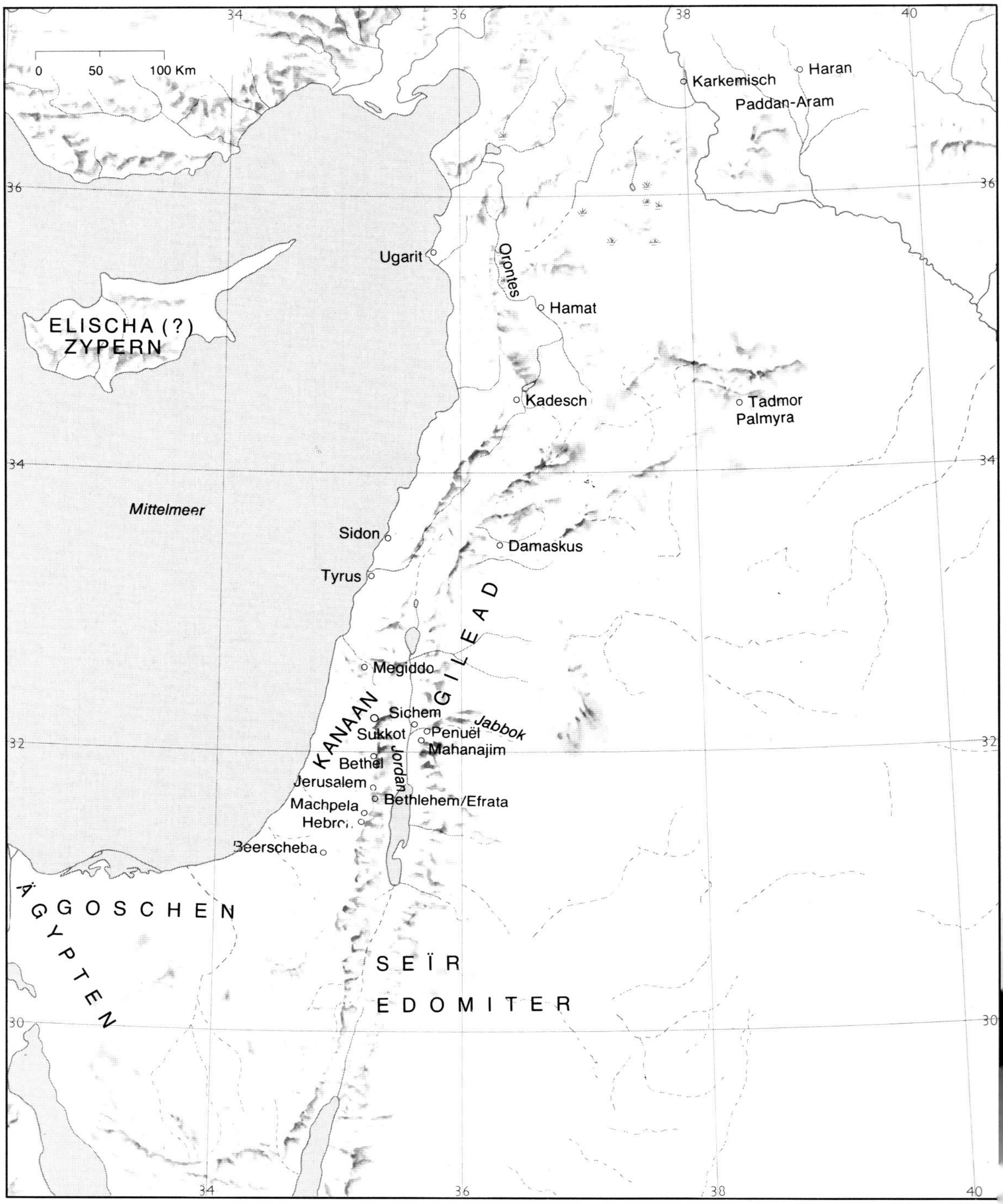

bene Position zu verschaffen. Mit Hilfe eines Tricks war es ihr gelungen, die Götterbilder zurückzubehalten. Als Antwort auf Labans Vorwürfe erinnerte J. diesen an seine guten Dienste und daran, daß er alle nötigen Voraussetzungen für einen guten Schafhirten erfüllt hatte, ohne dafür belohnt worden zu sein. Wieder wurde ein Vertrag geschlossen, dessen Bedingungen Laban aufgrund seiner Position als Familienoberhaupt festsetzte: seine Töchter sollten in Zukunft immer gut von J. behandelt werden, und dieser sollte sich neben Lea und Rahel keine weitere Frau mehr nehmen. Als Erinnerung an den Vertrag wurde ein Steinmal und ein Steinhaufen errichtet, die auch gleichzeitig als Grenzpunkt zwischen Labans und J.s Gebiet dienen sollten. Danach wurde als Zeichen des beiderseitigen guten Willens ein Schlachtopfer gebracht und ein gemeinsames Mahl gehalten (vgl.*Bund).

Am anderen Morgen zog J. weiter nach *Mahanajim, wo ihm die Engel Gottes begegneten. Danach schickte er Boten zu seinem Bruder Esau, die erkunden sollten, wie dieser ihm gesonnen war (1Mo 32,1ff). Als er sich dem Gebiet Esaus näherte, teilte er seine Leute und seinen Besitz in zwei Teile, wovon er nur den einen mit sich nahm und seinem Bruder ein großes Geschenk überbringen ließ. Dann bat er Gott um gnädige Bewahrung. Beim Überqueren des Flus-

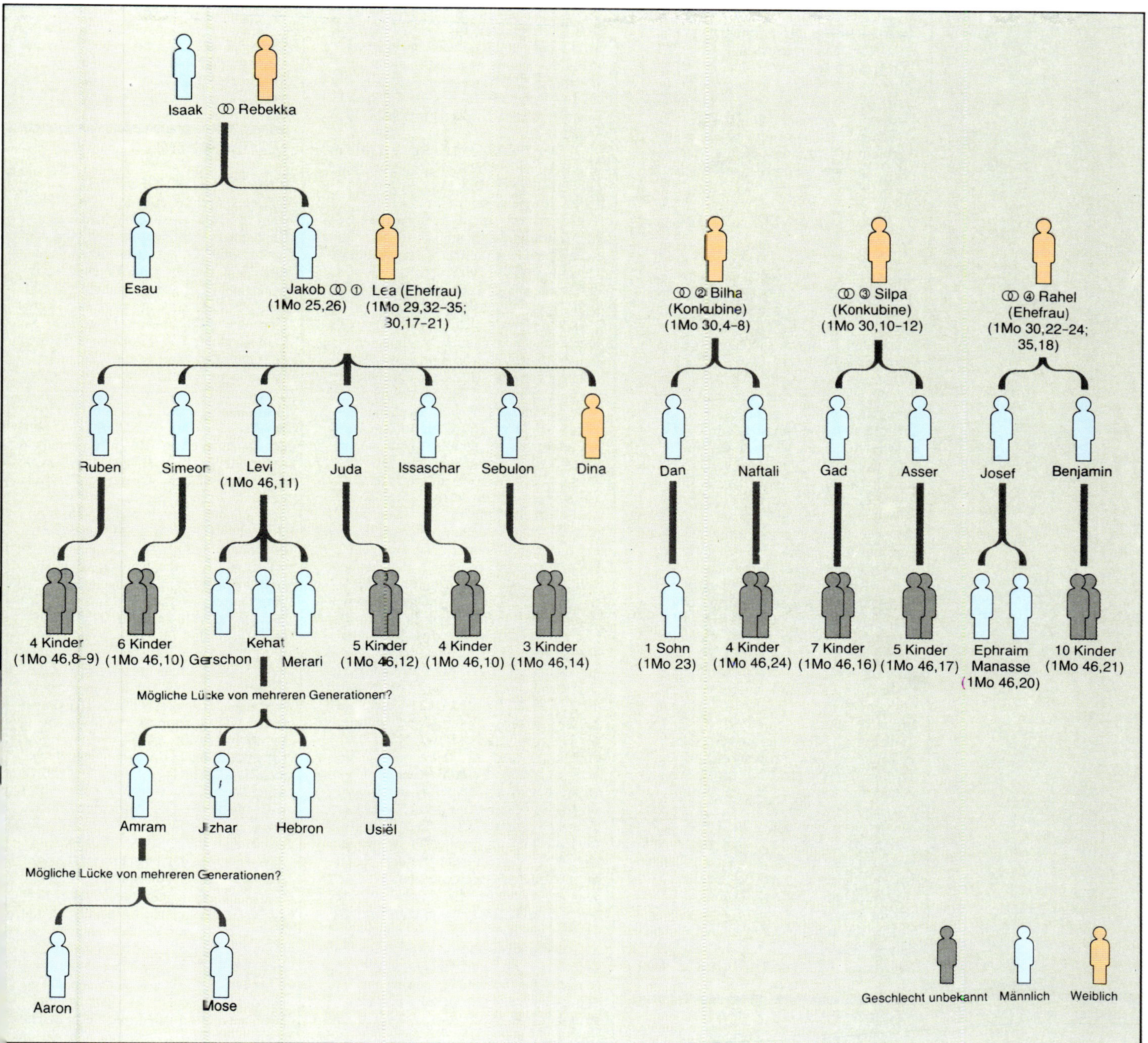

Jakob und seine Nachkommen.

es *Jabbok bei Pnuël wurde J. jedoch n einen Kampf mit einem Fremden erwickelt, der ihn besiegte, indem er das Hüftgelenk verrenkte. Diese Be- ebenheit verstand J. als Erlösung von allem Übel« (1Mo 48,16), und er Name Israel sollte zeigen, daß J. ie unheimliche Möglichkeit des ampfes mit Gott hatte (Hos 12,4), obei er aber unterlag, wie die Ver- tzung deutlich macht. Da J. Gewis- ensbisse durch Esaus freundliche Be- rüßung nicht überwunden werden onnten, zog J. weiter nach *Sukkot, nstatt Esau zu folgen. Von Sukkot us gelangte er in eine Stadt in der ähe von *Sichem und erwarb dort ein Stück Land. Doch waren J. und seine Familie in diesem Gebiet bald verhaßt, nachdem seine Tochter Dina vom Sohn des Fürsten geschändet worden war und J.s Söhne dafür grausame Rache geübt hatten (1Mo 34,1ff). Gott befahl ihm daraufhin, nach Bethel zu ziehen, was wahrscheinlich außerhalb der Rechtshoheit von Sichem lag, und ihm zu dienen. Bevor die Familie weiterzog, ließ J. die Götterbilder, die er von *Paddan-Aram mitgebracht hatte, vergraben. Wie schon einmal zuvor baute J. auch hier einen Altar und goß ein Trankopfer darauf, weil Gott sich ihm hier geoffenbart hatte. Desgleichen tat er, ohne ein Trankopfer darzubringen, am Grabe Rahels bei *Efrata (1Mo 35,1-20). Nach dem Tode Isaaks (1Mo 35,28-29) machte er sich in dem Gebiet von *Hebron seßhaft und ernährte sich wie auch in Haran von Viehzucht und Ackerbau. Als er, von Hungersnot betroffen, nach Ägypten gerufen wurde, verschaffte er sich zuerst Gewißheit, ob er Beerscheba verlassen sollte (1Mo 46,1ff).

Vor seinem Tode rief J. die Söhne Josefs zu sich und segnete sie, wobei er dem jüngeren Sohn den Vorzug gab (1Mo 48). Der Segen über die zwölf Söhne J.s ist in einem poetischen Abschnitt festgehalten, der uns die Bedeutung der Namen in einer Art Wortspiel vermittelt (1Mo 49,1-17). J. starb im Alter von über 130 Jahren und wurde in der Familiengruft bei *Machpela in der Nähe von Hebron bestattet (1Mo 50,13).

Seine Nachkommen nannten sich nach ihm *Israel, ein Name, der parallel zu dem Namen J. gebraucht wird.

III. BEZÜGE IM NEUEN TESTAMENT.

Jakob, der Sohn Isaaks, begegnet uns in den Genealogien von Mt 1,2 und Lk 3,34. Von noch größerer Bedeutung ist die immer wieder auftauchende Verbindung von Abraham, Isaak und J., durch die hervorgehoben wird, daß auch J. in Gottes Reich aufgenommen wurde (Mt 8,11; Lk 13,28). Bei allen drei Synoptikern finden wir das Wort aus 2Mo 3,6: »Ich bin der Gott Abrahams, der Gott Isaaks, der Gott Jakobs« als einen Ausspruch Jesu wieder (Mt 22,32; Mk 12,26; Lk 20,37 sowie Apg 7,32). Diese eingängige Formel, die auch aus der jüd. Liturgie bekannt ist, betont die Würde Gottes und hebt hervor, daß er es war, der mit den Erzvätern einen Bund schloß und seine Verheißungen erfüllte. Petrus bedient sich fast der gleichen Formel, um seiner Verkündigung von dem, was Gott in Christus vollbracht hat, Gewicht zu verleihen (Apg 3,13). Auch Stephanus erwähnt J. mehrere Male (Apg 7,12,14-15.46), wobei er in V. 46 vom Gott J.s spricht und diesem Erzvater dadurch eine zentrale Bedeutung in der Religionsgeschichte zukommen läßt. Paulus erwähnt J. zweimal, das erste Mal, um Gottes Absichten bei seiner Erwählung hervorzuheben (er erwählte J., bevor dieser geboren war, Röm 8,11-13); das zweite Mal steht J.s Name stellvertretend für das ganze Volk (Röm 11,26). Im Hebräerbrief wird J. schließlich wegen seines großen Glaubens erwähnt (Hebr 11,9.20f).

Ein J. erscheint auch als Vater Josefs im Geschlechtsregister Jesu bei Matthäus (Mt 1,15-16). A.R.M./L.M.

JAKOBSBRUNNEN
s. Sychar

JAKOBUS.

1. Der Sohn des *Zebedäus, ein galiläischer Fischer, wurde von Jesus zusammen mit seinem Bruder *Johannes als einer der zwölf Jünger berufen (Mt 4,21 par.). J. wird – vermutlich als der Ältere - in den Evv. stets (außer Lk 8,51; 9,28) vor Johannes genannt. Gemeinsam mit *Petrus werden sie mehrfach aus dem Jüngerkreis durch die Teilnahme an besonderen Ereignissen herausgehoben: Auferweckung der Tochter des *Jaïrus (Mk 5,37 par.), *Verklärung Jesu (Mt 17,1 par.) und Gethsemane (Mk 14,33 par.). Die Zebedäussöhne wurden von Jesus *Boanerges (d.h. Donnersöhne) genannt (Mk 3,17). Vermutlich weist dies auf ihren stürmischen Eifer hin. Dieser zeigte sich in ihrer Absicht, ein samaritanisches Dorf zu vernichten, weil es Jesus nicht beherbergen wollte (Lk 9,54), und an ihrem Streben nach den Ehrenplätzen im Reich Jesu (Mk 10,35 par.; s.a. Mk 9,38 par.). Jesus kündigte ihnen in diesem Zusammenhang das Martyrium an, das J. 44 n.Chr. erlitt, als *Herodes Agrippa I. ihn mit dem Schwert hinrichten ließ (Apg 12,2).

2. Der Sohn des *Alphäus zählt in allen Apostelverzeichnissen zum Kreis der Zwölf (Mt 10,3 par.; Apg 1,13). Über ihn ist sonst nichts bekannt. Wenn er, was nicht nachweisbar ist, mit Jakobus dem Jüngeren bzw. Kleineren (*mikros*) identisch ist, so gehörte seine Mutter Maria zu den Frauen, die Jesus aus Galiläa nachfolgten (Mt 27,56 par.; Mk 16,1 par.).

3. Der Bruder Jesu stand dem Wirken Jesu wahrscheinlich wie seine Brüder Joses, Simon und Judas skeptisch gegenüber (Joh 7,5; vgl. Mk 3,21.31–35 par.). Erst nachdem der auferstandene Christus ihm erschienen war (1Kor 15,7), glaubten J. und seine Brüder an Jesus (Apg 1,14; vgl. 1Kor 9,5). J. gewann bald Autorität in der Gemeinde. Paulus lernte ihn bei seinem ersten Jerusalemer Aufenthalt um 35 n.Chr. dort kennen (Gal 1,18f). Zu dieser Zeit war Petrus noch der maßgebliche Apostel. Im Jahre 44 n.Chr. scheint J. den abwesenden Petrus vertreten zu haben (Apg 12,17). Da die Apostel wegen drohender Verfolgung und missionarischer Reisen häufig ortsabwesend waren, traten in Jerusalem die Ältesten mit J. an der Spitze als Gemeindeleitung an ihre Stelle (Apg 11,30; 12,17; 15,4). Beim *Apostelkonzil (48 n.Chr.) gelten J., Petrus und Johannes als die führenden Männer (Gal 2,9). Als Paulus um 57 n.Chr. nach Jerusalem kam, um die Kollekte seiner Missionsgemeinden zu überbringen, wurde die Gemeinde von J. und den Ältesten geleitet (Apg 21,18). Man darf die Haltung von J. nicht mit den in Gal 2,12 genannten judaistischen Scharfmachern gleichsetzen. Vielmehr war er ein Mann des Ausgleichs, der nach Apg 15,13ff das entscheidende Wort sprach, das die gesetzesfreie Heidenmission legitimierte und die Gemeinschaft von *Juden- und *Heidenchristen bewahrte. Selbst hat J. seine Frömmigkeit in Übereinstimmung mit dem atl. Gesetz gelebt und dies wohl auch von den Judenchristen gefordert. Darauf verweist der ihm nach judenchristl. Überlieferung verliehene Ehrenname »der Gerechte« (Eus.h.e. 2,23,4ff). J. fand den Tod, als nach Festus der Posten des röm. Prokurators vakant war (ca. 62 n.Chr.) und der Hohepriester Ananos II. dies ausnutzte, um die Jerusalemer Gemeinde zu verfolgen. Dabei wurden J. und einige Gemeindeglieder gesteinigt (Jos. ant. Jud. 20,200). J. gilt traditionell als der Verfasser des *Jakobusbriefs, der sich als »einen Knecht Gottes und des Herrn Jesus Christus« bezeichnet (Jak 1,1).

4. Der Vater des Apostels *Judas (nicht des Iskariot); dieser wird nur in den lukanischen Apostellisten genannt (Lk 6,16; Apg 1,13), während sonst statt seiner Thaddäus genannt ist (Mt 10,3 par.; Mk 3,18).

Literatur: K. Aland: RGG[3] III, 525f; K.H. Rengstorf: BHH II, 1964,, 799f; K. Niederwimmer: EWNT II, 1981, 411-415; E. Ruckstuhl: TRE XVI, 1987, S. 485-488. W.H.

JAKOBUSBRIEF.

I. INHALT UND GESTALT.

Der J. spricht eine Fülle von Themen an: Anfechtung, Armut und Reichtum, Vollkommenheit und Gespaltenheit, Gebet, Theodizee, Reden und Tun, Glaube und Werke, Barmherzigkeit, Lehren, Weisheit, Streit, Freundschaft zu Gott und zur Welt, Demut und Hochmut, Ungerechtigkeit, Geduld, Eid, Krankheit, Seelsorge. Das alles wird in der Form der Anrede an »(meine) Brüder« vorgebracht, überwiegend in Imperativen (statistisch einmal in jedem zweiten der 108 V.). Der warnende, mahnende, korrigierende Ton dominiert (»so nicht, Brüder!« 3,10); die Leser werden vor Selbsttäuschung und Irrtum gewarnt (z.B. 1,13 »niemand meine. . .«). Briefcharakteristika finden sich nur 1,1; sonst trägt das Schreiben eher predigthafte Züge. Ähnlich wie beim 1. Petrusbrief handelt es sich wohl um ein Rundschreiben, und zwar an das weltweit verstreute Gottesvolk: »zwölf Stämme in der Zerstreuung« (1,1 übertragen verstanden). Die Forschung hat mancherlei Wege beschritten, um Gestalt, Gliederung und Struktur des J.s zu bestimmen. Die verbreitetste Auskunft lautet, der J. sei eine paränetische Lehrschrift ohne großen inneren Zusammenhang (Kontextproblem), die sich in allgemeiner Weise an unterschiedliche Adressaten wende (Situationsproblem). Die Auskunft läßt jedoch zu viele Fragen offen und bedarf zumindest erheblicher Modifikationen. Die ebenfalls verbreitete Ansicht, der J. sei von seinem »Zentrum« (2,14-26: Glaube-Werke) her zu lesen, ist genauso einseitig. Andere Versuche setzen bei der Theorie ein, J. sei ein Midrasch (über Hos 10,2 bzw. Ps 12,1-5 oder Hiob 1-2 und 42) oder ein christianisiertes Jakobs-Testament; die Form sei dem hellen. Brief entliehen oder folge einem rhetorischen Modell. Manche Gliederungen rechnen mit 3 Teilen, andere mit 5, 7, 8, 9 bis hin zu 25. Auch diese Theorien lassen zu wünschen übrig. Eine befriedigende, allg. akzeptierte Lösung der Strukturfrage mitsamt der oft in der Tat schwierigen Gedankenfolge liegt noch nicht vor. Wahrscheinlich muß man mit einem dynamischeren, weniger statischen Textbegriff operieren, der die Traditionsverflochtenheit des J.s stärker einbezieht. Dazu zählt auch die Beobachtung, daß Kap. 1, das in gewissem Sinn eine Themenexposition bietet, und 5,7-20 einen Rahmen des Schreibens bilden. Dieser Rahmen hat in der Sache Berührungen mit anderen Traditionen (bes. 1Petr) und ist im Ton grundsätzlicher, ruhiger und eher seelsorgerlich gestaltet. Der Mittelteil

(2,1-5,6) behandelt demgegenüber anscheinend aktuelle Fragen in größerer Ausführlichkeit und Direktheit.

II. QUERVERBINDUNGEN UND TRADITION.

Der J. steht in einer weitverzweigten Tradition. Wir finden mancherlei Anklänge an die weisheitliche Lehre des Judentums (Spr, Sir usw.), Berührungen mit der Bergpredigt Jesu (z.B. »Hörer und Täter«, Eidesverbot) und deutliche Parallelen zum 1Petr (bes. Jak 1 und 5). Sie könnten aus der Tradition einer Art Anfängerunterweisung stammen, die vor Anfechtungen warnte und den geraden Weg wies. Daraus erklären sich auch die rudimentären Taufspuren 1,18.21; 2,7, die in 1Petr sehr viel deutlicher sind (Sachzusammenhang Taufe und Versuchung; so neben Mt 3-4 par. auch 1Kor 10). Jedenfalls schöpft der J. aus einer breiten Überlieferung, in die er seine eigenen Akzente setzt; daraus wiederum erklärt sich am ehesten die z.T. schwierige Gedankenfolge. Vor allem aber bietet sich damit eine Lösung für den Mangel an Aussagen über Christus und das Heil an; denn solche Aussagen wären gerade der Ausgangspunkt für eine Anfängerunterweisung (der Taufe folgt die Versuchung). Die Verbindung zu paulinischem Gedankengut reicht wahrscheinlich über 2,14-26 (Glaube und Werke) hinaus, wie Vergleiche zwischen 3,13-18 (Weisheit) mit 1Kor 1-3 und Gal 5,22 sowie zwischen Jak 2,8-13 mit Gal 3-5 und Röm 13 und andere Beobachtungen zeigen. Die Adressaten des J.s scheinen sich hinter vorgeschobenen, mißbrauchten paulin. Motiven zu verstecken, die Jakobus einreißen muß. Gewiß setzt er dabei die Akzente z.T. anders als Paulus, aber er stimmt im Anliegen durchaus mit diesem überein. Beide wollen einen »Glauben, der durch die Liebe tätig ist« (Gal 5,6), und ein friedvolles, aufbauendes Christentum.

III. ABFASSUNGSVERHÄLTNISSE.

Wir erfahren kaum etwas Direktes über Verf., Adressaten und historische Situation, so daß wir auf Rückschlüsse angewiesen sind. Zwar fußt der Verfasser in jüd. Tradition, aber judenchristl. Themen (*Beschneidung, *Sabbat, Reinheitsgebote, *Jerusalem, *Tempel, *Israel) erscheinen nicht. Die Empfänger sind eher im hellen. Bereich zu suchen. Darauf verweisen neben der Angabe 1,1 und dem guten Griechisch vor allem die »paulinischen« Motive. Von Verfolgungen ist nichts zu spüren; den Empfängern geht es eher zu gut, liebäugeln sie doch mit den Einflußreichen, mißachten darüber die Bedürftigen (2,1-7.15-6), richten sich in der Welt ein und treiben Fernhandel (Kap. 4, bes. 4,13-7). Evtl. gehören sogar Großgrundbesitzer zum Sympathisantenkreis der Kirche (5,1-6). Das alles deutet auf fortgeschrittene Verhältnisse in spät- bzw. nachpaulin. Zeit im Raum der hellen. Gemeinden. Der Verfasser nennt sich lediglich »Gottes und des Herrn Jesus Christus Knecht« (1,1); die Angabe reicht für eine klare Identifizierung nicht aus. Die altkirchliche Tradition sieht in ihm den Bruder Jesu, der 62 n.Chr. als Märtyrer in Jerusalem starb. Jedenfalls sollte man aus seinem Namen kein Gegenprogramm zu Paulus herleiten; denn der Herrenbruder scheint ein Mann des Ausgleichs gewesen zu sein. Von diesem Geist ist auch unser Brief durchzogen, wann immer er des näheren fertiggestellt wurde. Daß sich der Brief ausgleichend zwischen die jüd. und christl. Gruppen während des jüd. Krieges (vor 70 n.Chr.) stellen wollte, ist wenig wahrscheinlich. Wie so oft im NT tritt der Verfasser hinter seinem Anliegen in den Hintergrund. Auch der Abfassungsort (neben Jerusalem wird u.a. Rom vorgeschlagen) bleibt uns unbekannt.

IV. DIE BOTSCHAFT.

Der J. ist ein Korrekturschreiben, keine theologische Grundlegung. Er korrigiert Mißstände in der Christenheit, die vor allem mit dem Reden zusammenhängen, und zwar dem tatenlosen wie dem verletzenden (z.B. 1,19-27; 2,15f; 3,7-18), ist doch die Zunge das problematischste Organ (3,2ff). Jakobus wendet sich an eine »Kirche der Wörter«, wo gerade das Lehrerwesen durch unbedachtes Hinzudrängen gefährdet ist (3,1f). Als Dienstträger erwähnt er sonst nur noch die Ältesten, die aber eher Heilungscharisma und Seelsorge versehen (5,14ff; vgl. 1Kor 12,9.28). Die Mißstände bedrohen den Bestand der Gemeinde, wo der Arme, den doch Gott erwählt hat (2,5), mißachtet wird; sie bedrohen die Glaubwürdigkeit des Glaubens (2,1ff), die Integrität des Gebets (1,6-8; 4,1ff) und des Gottesdienstes (2,1-5; 3,8-12); man macht Gott für das eigene Versagen verantwortlich (1,13ff) und irrt von der Wahrheit ab (5,19). Die soziale Problematik, die Jakobus sehr am Herzen liegt, ist aufs engste mit theologischen, ekklesiologischen und anthropologischen Faktoren verknüpft. Eine Aufsteigermentalität unter vielen Christen opfert Frömmigkeit und Bruderschaft dem eigenen Vorteil; Nächstenliebe und Barmherzigkeit werden verletzt, der Glaube verfällt dem »Ansehen der Person«. Streit, Rücksichtslosigkeit und Verleumdung zerstören den Frieden und die Beziehung zu Gott. Jakobus will diese Mißstände beheben. Dabei ist er radikal und zugleich maßvoll. Er ruft zur Echtheit des Christseins zurück. Die Quelle der Mißstände ist der gespaltene Mensch selber (1,8), bei dem Wort und Tat, Glaube und Werk, Theorie und Liebe, Bruderschaft und Beruf, Gott und Welt usw. nicht richtig einander zugeordnet werden. Jakobus fordert keine Nivellierung der Verhältnisse, keinen totalen Besitzverzicht, sondern die liebevolle, barmherzige, friedliche Rücksichtnahme aufeinander. Deshalb geißelt er vor allem das Unrecht und den Machtmißbrauch (2,6f; 5,1-6). Bei dem allen übt Jakobus Seelsorge am Menschen, dessen Gier die Sünde gebiert (1,14f; 4,1-3), die sich zerstörerisch für ihn und seine Mitwelt auswirkt. Die Seelsorge will zurücklenken zum »Anfang« (vgl. 1,17f.21); sie orientiert sich am Menschenbild des »Ebenbildes Gottes« (3,9). Jakobus will den »integrierten Christenmenschen«; sein Schreiben ist Seelsorge und Aufruf dazu (5,19f). Die Überwindung der Gespaltenheit gelingt damit, daß wir uns vertrauensvoll, geduldig und demütig Gottes Wirken und Willen anvertrauen (1,2ff; 5,7ff). Jakobus ruft zur Gottesgewißheit (1,17); deshalb auch ist ihm das Gebet so wichtig. Die Überwindung der Gespaltenheit übersteigt jede nur individuelle Vervollkommnung; sie wirkt sich von Gottes Wesen selber her als Barmherzigkeit und Nächstenliebe aus (1,27; 2,8-13). Wirklicher Glaube ist deshalb wirksamer Glaube (2,14-26), wobei Jakobus, genau besehen, den Glauben nicht abwerten, sondern schützen will (2,1).

Jakobus erinnert seine Leser an die Anfangsschritte des Glaubens, der sich bewähren soll. Jakobus führt sie dabei zugleich in eine Krisis, um die Echtheit des Christseins zu überprüfen; niemand täusche sich selber, schon gar nicht über Gottes Gericht (2,13; 5,7ff). Selig wird der gepriesen, der den Anfechtungen geduldig standhält (1,12; 5,11). Der Brief wird zum Test- und Korrekturschreiben; die Kirchen »haben sich dadurch ernsthaft geschädigt, daß sie Jakobus nur ganz oberflächlich Gehör gewährten« (Schlatter: Jak 8,7).

Literatur: Kommentare: G.R. Beasley-Murray: (Kl. Kasseler Bibelhilfe), 1968; P.H. Davids: NIGTC 1982; M. Dibelius: KEK 15, Ergänzungen von H. Greeven, Nachtrag von F. Hahn, [6]1984; S. Laws: BNTC, 1980; F. Mußner: HThK 13/1, [4]1981; E. Ruckstuhl: EB, 1986; A. Schlatter: [3]1984; J. Schneider: NTD 10, 1961; W. Schrage: NTD 10, [12]1980; F. Vouga: CNT 13a, 1984; H. Windisch: HNT 15, bearb. von H. Preisker, 1951;

Abhandlungen und Aufsätze: E. Baasland: Der Jakobusbrief als neutestamentliche Weisheitsschrift: StTh 36/ 1982, 119-139; P.F. Barkman: Der heile Mensch, 1968; W. Bieder: Christliche Existenz nach dem Zeugnis des Jakobusbriefes: ThZ 5/ 1949, 93-113; G. Braumann: Der theologische Hintergrund des Jakobusbriefes: ThZ 18/ 1962, 401-410; C. Burchard: Gemeinde in der strohernen Epistel, in: D. Lührmann, G. Strecker (Hrsg.): Kirche. FS G. Bornkamm, 1980, 315-328; ders.: Jakobus und Paulus, 1953; ders.: Glaube und Werke bei Paulus und Jakobus, 1961; H. Frankemölle: Gespalten oder ganz, in: H.-U. v. Brachel, N. Metter (Hrsg.): Kommunikation und Solidarität, 1985, 160-178; M. Hengel: Jakobus der Herrenbruder – der erste »Papst«?, in: E. Gräßer, O. Merk (Hrsg.): Glaube und Eschatologie. FS W.G. Kümmel, 1985, 71-104; R. Hoppe: Der theologische Hintergrund des Jakobusbriefes, 1977; E. Lohse: Glaube und Werke – zur Theologie des Jakobusbriefes: ZNW 48/1957, 1-22; U. Luck: Weisheit und Leiden: ThLZ 92/ 1967, 253-258; ders.: Der Jakobusbrief und die Theologie des Paulus: ThGl 61/1971, 161-179; ders.: Die Theologie des Jakobusbriefes: ZThK 81/ 1984, 1-30; G. Maier:

Reich und arm, 1980; F. Mußner: »Direkte« und »indirekte« Christologie im Jakobusbrief: Cath(M) 24/ 1970, 111-116; ders.: Die Tauflehre des Jakobusbriefes, in: H. Auf der Maur, B. Kleinheyer (Hrsg.): Zeichen des Glaubens. FS B. Fischer, 1972, 61-67; W. Nauck: Freude am Leiden: ZNW 46/ 1955, 68-80; B. Noack: Jakobus wider die Reichen: StTh 18/ 1964, 10-25; R. Obermüller: Hermeneutische Themen im Jakobusbrief: Bib 53/ 1972, 234-244; W. Popkes: Adressaten, Situation und Form des Jakobusbriefs, 1986; W. Pratscher: Der Herrenbruder Jakobus und die Jakobustradition, 1985; E. Schawe: Die Ethik des Jakobusbriefes: WuA 20/ 1979, 132-138; G. Schille: Wider die Gespaltenheit des Glaubens. TheolVers IX/ 1977, 71-89; A. Schlatter: Der Glaube im Neuen Testament, [6]1982; W. Schrage: Ethik des Neuen Testaments, 1982; J. B. Soucek: Zu den Problemen des Jakobusbriefes: EvTh 18/ 1958, 460-468; J. Thomas: Anfechtung und Vorfreude: KuD 14/ 1968, 183-206; E. Trocmé: Les Eglises pauliniennes vues du dehors: Jacques 2,1 à 3,13: StudiaEvang II/ 1964, 660-669; R. Walker: Allein aus Werken: ZThK 61/ 1964, 155-192; J. Wanke: Die urchristlichen Lehrer nach dem Zeugnis des Jakobusbriefes, in: R. Schnackenburg u.a. (Hrsg.): Kirche des Anfangs. FS H. Schürmann, Freiburg 1978, 489-511; K. Weiß: Motiv und Ziel der Frömmigkeit des Jakobusbriefes: TheolVers VII/ 1976, 107-114; W.H. Wuellner: Der Jakobusbrief im Licht der Rhetorik und Textpragmatik: LingBibl 43/ 1978, 5-66; A.F. Zimmermann: Die urchristlichen Lehrer, 1984; J. Zmijewski: Christliche »Vollkommenheit«, in: A. Fuchs (Hrsg.): Studien zum Neuen Testament und seiner Umwelt A/V, 1980, 50-78. W.P.

JAMIN. (»Glück«).
1. Enkel Jakobs, Sohn Simeons; seine Nachkommen wurden Jaminiter genannt (1Mo 46,10; 2Mo 6,15; 4Mo 26,12).
2. Sohn Rams, Nachkomme des Judäers Jerachmeel (1Chr 2,27).
3. Levit z.Zt. Esras (Neh 8,7).

JANNES UND JAMBRES. Paulus spricht von bestimmten falschen, moralisch gefährlichen Lehrern, die sich der Wahrheit widersetzen wie »Jannes und Jambres« sich Moses widersetzten (2Tim 3,6-8). Diese Namen erscheinen nicht im AT, aber außerbibl. Anspielungen zeigen, daß die ägypt. Zauberer aus 2Mo 7; 8 gemeint sind. Ähnlich wie diese nutzten die von Paulus angegriffenen Lehrer abergläubische Gefühle durch eine glaubhaft dargestellte Verzerrung der Wahrheit aus.

Die Namen unbekannter Herkunft begegnen in verschiedenen Formen. Das sogenannte »Zadokitische Werk«, das jetzt zur *Qumran-Literatur gerechnet wird, läßt »Yohaneh und seinen Bruder« auf Betreiben Belials sich gegen Moses und Aaron erheben (7.19, in: R.H. Charles, Pseudepigrapha, 1913; 5.19, in: C. Rabin, The Zadokite Documents, [2]1958, S. 21); der babylon. Talmud spricht von »Yohane und Mamre« (Menahoth 85a; die Schreibung des zweiten Namens erscheint in den meisten latein. und einigen griech. Mss. von 2Tim 3,8 als »Mambres«). Für die jüd. Legende waren J. und J. wichtig, sie sprach ihnen sogar die Vaterschaft von *Bileam zu. Heidnische Quellen beziehen sich – nicht immer eindeutig – auf einen oder beide (vgl. Plin.nat. 30.1.11; Apuleius, Apologie 90; Numenius aus Apamea in Eusebius, Praep. Ev. 9.8.1), was die Bekanntheit der Geschichte widerspiegelt. Die Erwähnung der beiden Namen und die Bezugnahme auf 2Mo 7; 8 durch Paulus zeigen, daß die Gestalten zu jener Zeit allg. bekannt waren. A.F.W.

JAREB. Name oder Beiname eines assyr. Königs, dem Israel tributpflichtig war (Hos 5,13; 10,6). Als Personennamen verstanden, könnte er sich auf Tiglatpilesar III. (745-727 v.Chr.) beziehen im Zusammenhang mit dem Versuch Menahems, die Assyrer 738 v.Chr. abzufinden, oder mit der Bitte Ahas', des Königs von Juda (742-726 v.Chr.), der assyr. König möge ihm im Krieg gegen Rezin von Syrien und Pekach von Israel (2Kön 16,7-10) beistehen.

Da der übliche bestimmte Artikel im hebr. Text hier weggelassen ist, ist anzunehmen, daß *melech jārēb* ein Titel ist, der zu übersetzen wäre mit »Kriegerischer (oder kämpferischer) König«; sieht man *malchirab* als alte Form von *melech rab*, dann handelte es sich um den gebräuchlichen assyr. Königstitel: »Großer König«. D.J.W.

JARMUK. Stärkster östl. Zufluß des *Jordan, der wenig südl. des Sees *Genezareth einmündet und merkwürdigerweise in der Bibel nie erwähnt wird, auch wenn er vermutlich in 1Mo 31,21; 2Sam 8,3 gemeint ist. Auf den Münzen der *Dekapolis-Stadt *Gadara heißt er einfach der »Fluß von Gadara«. Der in der Mischna genannte Name J., der in ähnlicher Form (*Hieromices*) bei Plinius (nat. V,74) begegnet, ist wahrscheinlich eine Semitisierung des griech. *Hieromychos*, »heilige Schlucht« (Abel I,483). Laut Joh 1,28 taufte *Johannes auch im südwestlichsten Teil der Batanäa an einem der nördl. Jordan-Zuflüsse (*Betanien II). Nach der Kupferrolle (3Q15 8,1-10,4) von *Qumran gab es Schatzverstecke der *Essener auch im Gebiet des J. (B. Pixner, RQ 11, 1983, 350-354), wahrscheinlich im Zusammenhang mit ihren Siedlungen im »Land *Damaskus«. Der heutige arab. Name des J. (Scherī'at El-Menādire) könnte auf die Mandäer hinweisen, eine heute noch in Resten im Iran ansässige Taufsekte, die nach Ansicht vieler Forscher ursprünglich aus der Jordan-Gegend stammt (K. Rudolph, Mandäer I, 1960, 248-252) und wirre Erinnerungen an *Johannes den Täufer erhalten hat. Vielleicht besteht ein Zusammenhang der Sekte mit babylon. Juden, die *Herodes der Große in der Batanäa ansiedelte, um den jüd. Pilgerweg von Mesopotamien nach Palästina zu schützen (Jos.ant.Jud. XVII, 22-31). Eine ihrer Siedlungen war Bathyra, nicht weit von einem *Kochaba genannten Ort, in dem später essenisierende Judenchristen wohnten. Die Schutzmaßnahme des Herodes zog auch viele andere fromme Juden von überall her an (Jos.ant.Jud. XVII, 26). Das J.-Gebiet wurde seit dem Ende des 1.Jh.n.Chr. zu einem Schmelztiegel verschiedener re. Gruppen, besonders von Sekten der *Gnosis.
Palestine I, [3]1967, 171-174.483f; G. Sauer: BHH II, 1964, 804. B.P.

JARMUT.
1. Tel Yarmut (Chirbet Yarmuk) war eine bedeutende amorit. Stadt in beherrschender Position über dem Wadi Surar, 5 km südl. von Bet-Schemesch gelegen. Mauern und Keramik aus der Späten Bronzezeit deuten darauf hin, daß dort vor der Landnahme Israels auf einer Fläche von 2-3 ha 1500-2000 Menschen gewohnt haben (Jos 10,3; 15,35; Neh 11,29).
2. Eine levit. Stadt in Issaschar (Jos 21,29), sonst als Remet (Jos 19,21) oder Ramot (1Chr 6,59) bezeichnet; die Ägypter nannten das Gebiet »die Hügel von Jarmuta«. Y. Aharoni (LDB, S. 189) schlägt vor, den heutigen Ort Khokav-hajjarden, das Belvoir der Kreuzfahrerzeit, 10 km nördl. von *Bet-Schean, mit der Ortslage von J. zu identifizieren. J.P.U.L.

JASCHAR, BUCH. Bei Jos 10,13 und 2Sam 1,18 wird das Buch des Jaschar (»der Redliche«) erwähnt. Salomos Worte in 1Kön 8,12.13 findet man nach LXX, die sie nach 8,53 einordnete, »im Buch der Lieder«. Alle drei Zitate sind in poetischem Stil. Möglicherweise stammen noch mehr Zitate alter Poesie aus diesem verlorengegangen Buch. Einige Gelehrte sehen in ihm »das Buch von den Kriegen« (4Mo 21,14). Da die Zitate von Metrik, Stil und Inhalt her unterschiedlich sind und aus verschiedenen Zeiten stammen, ist es unwahrscheinlich, daß das Buch ein »nationales Epos« war; es war eher eine Liedersammlung mit kurzen historischen Einleitungen. Sie muß unter Salomo oder später entstanden sein. Der Name J. dürfte mit *Jeschurun verwandt sein. A.van S.

JASER. Stadt im ammorit. Königreich von *Sihon, die von Israel eingenommen wurde (4Mo 21,32). Ein Teil des Weidelandes wurde an den Stamm *Gad abgetreten. Später ging die Stadt an die meraritischen Familien im Stamme Levi.

Z.Zt. der Herrschaft Davids fand man »angesehene Männer« in J. (1Chr 26,31). Im Zusammenhang mit der Volkszählung Davids wird die Stadt erwähnt (2Sam 24,5). Die Moabiter gewannen die Herrschaft über J.

wahrscheinlich kurz vor dem Untergang Samarias (Jes 16,8.9; Jer 48,32, wobei »das Meer« das Tote Meer meinen dürfte). Judas Makkabäus nahm die Stadt ein und plünderte sie ca. 164 v.Chr. (1Makk 5,7.8). Die Ortslage von J. könnte mit Chirbet Gazzir am Wadi Scha ʿib identisch sein. A.R.M.

JASON. Der griech. Name des sagenhaften Führers der Argonauten war weitverbreitet, und griech. sprechende Juden scheinen ihn manchmal anstelle des ähnlich klingenden, aber auffallend jüd. Namens Jesus, d.h. Josua, gebraucht zu haben.

1. Paulus' Gastgeber in Thessalonich (Apg 17,5-9). Ein von Juden aufgewiegelter Mob stürmte sein Haus. Da man Paulus und Silas nicht finden konnte, wurden J. und einige Bekehrte ergriffen und vor dem Politarchen (dem obersten Beamten der Stadt) angeklagt, Aufwieglern Unterschlupf gewährt zu haben. Die Gefangenen wurden freigelassen, nachdem sie Bürgschaft geleistet hatten. Lukas sagt nicht, ob dazu auch das Versprechen gehörte, die Missionare nicht zu verstecken, oder ob sie damit nur versprochen hatten, die öffentliche Sicherheit zu wahren. Auf jeden Fall verließ Paulus die Stadt überstürzt (Apg 17,19) und unter Umständen, die eine baldige Rückkehr ausschlossen (vgl. 1Thess 2,18). J. war vermutlich Jude (vgl. Apg 17,2 mit 18,2-4) und wohl auch Christ (vgl. Apg 17,7).

2. Christ aus Korinth, der in Röm 16,21 Grüße sendet. »Verwandter« bedeutet hier »Mitjude« (s.a. Röm 9,3; 16,7.11). J. mag identisch sein mit 1; falls Sosopater der *Sopater aus Apg 20,4 ist, verbindet hier Paulus vielleicht zwei Mitbürger aus Mazedonien.

3. J., ein Sohn des Eleasar, war zusammen mit Eupolemus 161 v.Chr. als Gesandter des Judas Makkabäus in Rom (1Makk 8,17-21; 12,16; 14,22).

4. J. von Kyrene hat als Geschichtsschreiber über die Makkabäerkriege berichtet (2Makk 2,23). A.F.W.

JAUCHZEN. Dem deutschen Wort »Jauchzen« (abgeleitet von dem Ausruf »juch«) entspricht weder im Hebr. noch im Griech. ein genaues Äquivalent. Darum findet sich das Wort in den verschiedenen dt. Übersetzungen an unterschiedlichen Stellen und ungleich häufig. Statt »jauchzen« sind Verben wie jubeln, preisen, singen, loben u.ä. gebraucht. Auch die ganze Terminologie des Wortfeldes *Freude wird gelegentlich mit J. in Verbindung gebracht. Die zahlreichen Überschneidungen in den Wortbedeutungen sind im AT, bes. in den Psalmen und verwandten Texten, begründet, wo diese Vokabeln häufig im *parellelismus membrorum* (vgl. *Dichtung) als Synonyma auftauchen.

I. IM ALTEN TESTAMENT

1. Die wichtigsten hebr. Begriffe sind *rānan*, »jubeln« und *rāwaʿ*, »laut schreien«, davon die Substantive *rinnāh*, »Freudenruf«, (aber auch gelegentlich »Klageruf« oder »Gebetsruf«) und *terûʿāh*, »Lärm« (bes. Kriegslärm und Festlärm, daher dann auch »Jubel« und »Freude«). Seltener sind *zāhal*, (eigentlich »wiehern«, dann bei Menschen: »jubeln«, vgl. Jes 12,6; 54,1; Jer 31,7; wo die LÜ *zāhal* mit »jauchzen« übersetzt), *ʿalas*, »jubeln, frohlocken« (vgl. bes. Zef 3,14, wo das Wort parallel mit *rānan, rāwaʿ* und *sāmach* steht) und *gājal*, »frohlocken, jauchzen« (in Sach 9,9 parallel zu *rāwaʿ*).

2. Wie dieses J./Jubeln formal vorzustellen ist, zeigen ebenfalls die damit durch den parellelismus membrorum verbundenen Ausdrücke *sāmar*, (meist) »musizieren«, *schājar*, »singen«, *sāmach*, »sich freuen« (mit lauten Freudenäußerungen verbunden) und *machaʾ* kap, »in die Hände klatschen«, (Ps 98,9 RevEB).

Besonders die Psalmen 47, 81,2-4; 95,1-3; 96,1-3; 98,5-8; 100; 149; 150 zeigen, daß J. ein Ausdruck überströmender Freude an Gott und seinen Taten ist, wobei Musik und Gesang eine herausragende Stelle innehaben. Ort dieser Freudenfeste war vor allem, aber nicht notwendigerweise, das Jerusalemer Heiligtum, das wohl so etwas wie ein Tempelorchester besaß.

3. Das J. galt Jahwe, der in den betreffenden Psalmen vor allem als König (Ps 47; 95; 98; vgl. 1Chr 16,31-33; Zef 3,14f; Sach 9,9), Weltherrscher (Ps 98, 100), Richter (Ps 67,5; 89,15-17), Heilbringer (Ps 65; 66) und Schöpfer (Ps 89,12-14; vgl. Hiob 38,6f) gefeiert wird. Darum werden auch die ganze Schöpfung (1Chr 16,33; Ps 89,13; Jes 49,13) und alle Völker (Ps 47,2) aufgefordert, in diesen Jubel einzustimmen, besonders natürlich Israel, an dem Jahwe in besonderer Weise herrlich gehandelt hat. Im Jesajabuch ist die Befreiung Israels aus dem Exil Ursache des jauchzenden Jubels (12,6; 42,10-12; 49,13; 54,1) der Erlösten.

In 5Mo 32,43 und Jer 31,7 ist Gottes helfendes Handeln an Israel als dem Volk Gottes Grund des J.s. Gott selber ist der Bejauchzte.

4. Nach 4Mo 23,21 sieht der Seher *Bileam keine Not und Trübsal im Volk Gottes, da Gott bei ihnen ist und »Jubel« ihm entgegenschallt, der eines Königs würdig ist. Gott als König bedeutet Heil. In Sach 9,9 wird dieser Jubel neu aufgenommen: Gott wird wieder als König bei seinem Volk einziehen als Gerechter und als Helfer. Im NT hat sich dies erfüllt, als Jesus in Jerusalem einzog (vgl. Mt 21,5; Joh 12,15, wo immer Sach 9,9 zitiert wird). Ihm galt der Königsjubel, der sich in dem *Hosianna-Rufen äußerte.

II. IM NEUEN TESTAMENT.

Dennoch kommt im NT das dt. Wort »Jauchzen« mit einer Ausnahme (Gal 4,27 in dem Zitat von Jes 54,1) in den gängigen Übersetzungen überhaupt nicht vor (vgl. die Konkordanzen zur Übersetzung; ZÜ und LÜ). Das griech. Verb *agalliaomai*, »jauchzen, jubeln, sich freuen«, das in der LXX-Übersetzung des Psalters meistens hebr. *rānan* wiedergibt, kommt im NT 11 mal vor (das dazugehörige Substantiv 5 mal) und wird in der LÜ fast immer mit »Freude«, »sich freuen«, »fröhlich sein« übersetzt, in der EÜ gelegentlich mit »jubeln«. Bis auf Joh 5,35 sind die Ursache dafür immer Gott, seine Hilfe und seine Taten. Besonders der eschatologischen Heilstat Gottes, die mit Jesu Geburt begann (Lk 1,14.44.47), gilt die jubelnde Freude (vgl. 1Petr 4,13; Jud 24; Offb 19,7).

Der Mensch erlangt diese Freude, indem er zum Glauben an Jesus Christus findet (Apg 16,34), und in der Gemeinde wird sie erfahren bei der Feier des *Abendmahles (vgl. Apg 2,46: *en agalliasei*). Wie im AT gehört dazu auch der »Königsjubel«, der sich im NT durch »Jesus ist Herr« (1Kor 12,3) ausdrückt.

Literatur: R. Ficker: THAT II,²1979, 781,786; R. Bultmann: ThWNT I,1933, 18-20. R.D.

JAWAN. Einer der Söhne *Jafets (1Mo 10,2; 1Chr 1,5) und Stammvater von *Elischa und *Tarsis, der *Kittäer und *Rodaniter (1Mo 10,4; 1Chr 1,7), die Verbindungen zu den Gebieten im N und W des Vorderen Orients haben. Es wird allgemein akzeptiert, daß dieser Name (hebr. *Jāwān*) mit dem griech. *Iōnes* gleichzusetzen ist, das als Iaones, wahrscheinlich für Iawones, bei Homer (Ilias 13.685) erscheint und sich auf das Volk bezieht, das später Ionien seinen Namen gab. Der Name erscheint auch in assyr. und achämenidischen Inschriften (Iāmanu bzw. Jauna). Jesaja erwähnt die Nachkommen Jawans (LXX: Hellas) neben Tubal als eines der Völker, das ferne Inseln und Gestade bewohnte (Jes 66,19). Z.Zt. Hesekiels trieben die Nachkommen J.s (LXX: Hellas) Handel mit Sklaven, Bronzegefäßen und Garn mit der Stadt Tyrus (Hes 27,13.19). Der Name J. («Griechenland») in den Prophezeiungen Daniels bezieht sich auf das Königreich Alexanders von Mazedonien, und bei Sach 9,13 steht der Begriff (LÜ: Griechenland; LXX: Hellenes) wahrscheinlich für die Griechen aus Seleucia. T.C.M.

JEBUSITER. Ethnischer Name eines Volkes (4Mo 13,29; Jos 11,3), das in den Bergen in der Umgebung von Jerusalem wohnte (Jos 15,8; 18,16). Als Nachkommen des dritten Sohnes *Kanaans (1Mo 10,16; 1Chr 1,14) sind die J. als eigenständige Minderheitengruppe neben Völkern wie den *Amoritern und *Hetitern aufgeführt. »Jebus« war der Name, den sie *Jerusalem, der Hauptstadt ihres Gebietes (Ri 19,10.11; 1Chr 11,4.5; Jebusi in Jos 18,16.28), gegeben hatten, »Jebusiter« hießen die Bewohner der Stadt (1Mo 15,21; 2Mo 3,8; vgl. Hes 16,3.45; Sach 9,7). Falls *Melchisedek nicht Herrscher von Jerusalem (*Sa-

JEBUS
s. Jebusiter
s. Jerusalem

Mit diesen Steinen besserten die Israeliten im 10. Jh. v.Chr. jebusitische Terrassen an der Ostseite Jerusalems aus, die Häuser trugen.

lem) war, ist Adoni-Zedek (König von Jerusalem) der früheste im AT erwähnte König (Jos 10,1), der seine Verbündeten (Jos 10,5) dazu bewegte, die Stadt vor den Israeliten zu beschützen, die in das Gebiet eindrangen. Adoni-Zedek wurde mit seinen Verbündeten bei *Bet-Horon geschlagen (Jos 10,10). Nach den *Amarna-Tafeln (ca. 1400 v.Chr.) regierte in *Urusa-limmu* Abdihepa, dessen Name, wie der der späteren jebusitischen Herrscher *Arauna (2Sam 24,24) oder Ornan (1Chr 21,15), nicht semit. sondern wahrscheinlich horitisch. Jebus wurde nach der Einnahme durch die Männer von Juda niedergebrannt (Ri 1,8), doch die ursprünglichen Einwohner gewannen die Kontrolle zumindest bis zu Davids Angriff wieder zurück (2Sam 5,6). Die Jebusiter durften in Jerusalem bleiben, bis ihr Grund und Boden aufgekauft war (vgl. 1Kön 9,20f) oder die jebusitische Minderheit von den Judäern, die eine neue Stadt auf dem Berg Zion bauten, absorbiert war (Ri 1,21; 19,11).

D.J.W.

JEDAJA (»Er [Gott] hat eine Wohltat erwiesen«, »Der Herr hat gewußt«, »Der Herr hat sich gekümmert [um], hat sich [jemandes] angenommen«).

1. Simeoniter, Sohn Simris (1Chr 4,37).
2. Sohn Hamurafs; er half bei der Ausbesserung der Mauer von Jerusalem (Neh 3,10).
3. Leiter der 2. Priesterabteilung z.Zt. Davids (1Chr 24,7); seine Nachkommen kehrten mit *Serubbabel aus Babylon heim (Esr 2,36; Neh 7,39).
4. Zwei Priester, die mit Serubbabel heimkehrten (Neh 12,6.7); ihre Familien werden auch in der nächsten Generation genannt (Neh 12, 19.21).
5. Jude, der z.Zt. Sacharjas noch in der Verbannung in Babylon lebte (Sach 6,10.14).

JEDIAËL. (»Von Gott gekannt«).

1. Sohn *Benjamins, Stammvater eines Geschlechts (1Chr 7,6.10.11).
2. Hauptmann aus *Manasse, der zu *David nach *Ziklag kam (1Chr 12,20), um sich ihm anzuschließen.
3. Sohn Simris,einer der Helden Davids (1Chr 11,45).
4. Sohn Meschelemjas, Torhüter z.Zt. Davids (1Chr 26,1.2).

JEDUTUN. Levit, der von David dazu bestimmt wurde, die Tempelmusik zusammen mit Heman und Asaf zu überwachen. Er ist auch unter dem Namen *Etan bekannt (1Chr 6,29 u.ö.), was möglicherweise sein Name vor der Berufung war. Eine Variation des Namens, Jeditun, erscheint mehrmals als »Ketib« (im Text des AT überlieferte, weniger gute oder fehlerhafte Lesart im Unterschied zu der am Rand vermerkten Lesart; z.B. Ps 39). Bei Ps 39 heißt es einfach »für (*l*) Jedutun«, während bei den Ps 62 und 77 »'al Jedutun« steht, was »nach« oder »über« heißen kann. Wenn letzteres richtig ist, bezeichnet J. die Familie oder die Zunft der Sänger, die nach ihm benannt war. Die Familie amtierte auch nach der Rückkehr aus der Verbannung weiter in dieser Funktion (Neh. 11,17). M.A.M.

JEFTAH. Einer der späteren (ca. 1100 v.Chr.) hebr. Richter (Ri 11,1-12,7), dessen Name (hebr. *j ptach*) wahrscheinlich eine Abkürzung von *jiptach-el* ist, »Gott öffnet [sc. die Gebärmutter]«, und als Eigenname im Sabäischen zitiert wird (NBCR, S. 267). Als Sohn einer heidnischen Prostituierten und des damals noch kinderlosen *Gilead war J. der Meinung, daß er gesetzwidrig von den jüngeren ehelichen Söhnen Gileads enterbt worden sei. Er floh in das Land Tob. Von dort aus plünderte er mit einer Streifschar, die er um sich gesammelt hatte, Ortschaften und Karawanen. Wie David mit seiner Schar (1Sam 22,2; 27,8.9; 30) mag auch J. israelit. Dörfer vor plündernden Stämmen, zu denen wohl auch die Ammoriter zählten, geschützt haben. Daher baten ihn die Ältesten von Gilead, ihr Oberbefehlshaber zu sein, als die Israeliten auf der anderen Seite des Jordans von einer großen Invasion der Ammoniter bedroht wurden. J. stimmte erst zu, als ihm versprochen wurde, daß er auch nach Ende der Kämpfe ihr Oberhaupt (d.h. Richter) sein würde. Dieses Übereinkommen wurde durch Eid in Mizpa besiegelt (Ri 11,11; 1Mo 31,48.49). J.s Versuch, die Ammoniter auf diplomatischem Weg von ihrem Vorhaben abzubringen, schlug fehl (Ri 11,12-28).

Gottes Geist gab J. Mut und Einfallsreichtum für seine Aufgabe. Er zog nach Gilead und Manasse, um zusätzliche Truppen zu beschaffen. Dann überschritt er den *Jabbok, um zum israelit. Hauptquartier in Mizpa zu gelangen. Dort schwor er, bevor er sich gegen die Ammoniter aufmachte, seinem Gott einen Eid (Ri 11,30f), wie es bei alten Völkern üblich war. Mit Absicht versprach J. Jahwe ein menschliches Opfer, er dachte wahrscheinlich an einen Sklaven, denn ein Tier hätte als Opfer eines Volksführers nicht gereicht. Die LXX-Übersetzung: *ho emporeuomenos* (wer immer des Wegs kommt), zeigte schon vor langer Zeit, daß dies die richtige Interpretation ist. V. 31 sollte heißen: »wer immer mir entgegenkommt. . soll dem Herrn gehören, und ich will's als Brandopfer darbringen«. J. lebte unter Heiden die heidnischen Göttern Menschenopfer darbrachten (vgl. 2Kön 3,27), und in einer Zeit, in der Moses Gesetz wenig bekannt war und praktiziert wurde. J. mag ernsthaft – wenn auch fälschlicherweise – (3Mo 18,21; 5Mo 12,31) angenommen haben, »daß Jahwe mit einem Opfer besänftigt werden müßte, das so kostbar war wie die, die auf den Altären von Kemosch und Moloch bluteten« (F.W. Farrar).

Nachdem die Ammoniter besiegt waren (vgl. Hebr 11,32), kehrte J. triumphierend in sein Hauptquartier zurück und traf auf seine Tochter, sein einziges Kind, das eine Siegesprozession anführte (vgl. 1Sam 18,6; 2Mo 15,20). J. war voller Schmerz der Meinung, daß er seinen Schwur halten müßte, und brachte sie als Brandopfer dar. Er weihte sie nicht einem Leben im Zölibat (eine Ansicht, die erst von Rabbi Kimchi geäußert wurde), denn es gibt keinen Hinweis dafür, daß weibliche Dienerinnen in der Stiftshütte oder im Tempel Jungfrauen sein mußten. J. war mit seinen Brüdern, den Ephraimitern, so streng wie mit seinen Feinden, den Ammonitern, und mit sich selbst, was seine Tochter betraf. Die Ephraimiter waren gekränkt, weil sie an seinem Sieg nicht teilhatten und bedrohten sein Leben. J.s Reaktion war hart; die Schlacht am Jordan kostete allen 42 000 Mann aus dem Stamm Ephraim das Leben (Ri 12,1–6). J.R.

JEHIËL. (»Gott möge sich lebendig/wirksam erweisen)«.

1. Levit der zweiten Ordnung, der als Sänger den Psalter spielte und mit anderen die Bundeslade nach Jerusalem geleitete. Später blieb dies sein Dienst in der Hütte, die David für die Lade als vorläufiges Heiligtum errichtet hatte (1Chr 15,18.20; 16,5).
2. Levit, Nachkomme Gerschoms, Sohn Ladans (1Chr 23,8); seine Nachkommen wurden Jehiäliter genannt (1Chr 26,21f).
3. Sohn Hachmonis z.Zt. Davids (1Chr 27,32).
4. Sohn *Joschafats, des Königs von Juda (2Chr 21,2-4).
5. Levit aus dem Geschlecht *Asafs, der unter König Joschafat weissagte (2Chr 20,14).
6. Sohn Hemans und Levit z.Zt. des Königs Hiskia (2Chr 29,14; 35,8).
7. Vorsteher im Tempel z.Zt. des Königs Josia (2Chr 35,8).
8. Vater *Obadjas, der mit *Esra aus Babylon zurückkehrte (Esr 8,9).
9. Vater Schechanjas, Sohn Elams (Esr 10,2), wohl derselbe, der seine heidnische Frau entließ, z.Zt. Esras (Esr 10,26).
10. Priester, der sich ebenfalls von seiner heidnischen Frau trennte, z.Zt. Esras (Esr 10,21).

JEHU. (Hebr. *jehû*, Bedeutung unklar; möglicherweise eine Abkürzung von *jehôhû*, »Jahwe ist er«).

1. Ein ungewöhnlich geschickter benjaminitischer Krieger aus *Anatot, der *David bei *Ziklag unterstützte (1Chr 12,3).
2. Sohn Hananis, ein Seher, der das Ende der Dynastie *Baschas voraussah (1Kön 16,1-7). Er prophezeite auch für *Joschafat (2Chr 19,2) und schrieb dessen Herrschergeschichte auf (20,34).
3. Sohn Joschafats (2Kön 9,2f), der als 10. König das Nordreich von Israel 28 Jahre regierte (ca. 842-815 v.Chr.: 2Kön 10,36) und dessen 4. Dynastie gründete.

Die rel. Abtrünnigkeit Israels nahm unter der Herrschaft von *Ahab und *Joram ein solches Ausmaß an (2Kön 8,27), daß *Elisa einen Prophetenjünger damit beauftragte, J. zum König zu salben (9,1-13). J., der sich der Unterstützung durch Jorams Armee sicher sein konnte. J. ging nach *Jesreel, wo sich der nach einer Schlacht bei *Ramot in Gilead verwundete König Joram aufhielt (8,28.29). J. tötete Joram von Juda und Ahasja, den König von Israel (9,21-27; vgl. 2Chr 22,9). Als neuer König rückte J. in Jesreel ein und ließ *Isebel umbringen. Dann löschte er alle Opponenten aus, indem er Ahabs Familie (2Kön 10,1-11) zusammen mit Mitgliedern der Familie Ahasjas, die zu Besuch weilten (2Kön 10,11-17), hinrichten ließ. Anschließend ging er daran, die göttliche Verehrung Baals auszumerzen, indem er die Priester durch eine

JEHOVA
s. Namen Gottes

König Jehu von Israel (oder sein Gesandter) beugt sich nieder vor Salmanassar III. von Assyrien. Die Männer hinter Jehu bringen Tribute. Diese Kalkstein-Stele (»der Schwarze Obelisk«) stand ursprünglich in Nimrud. Ca. 840 v.Chr. (BM)

List zu einem Treffen veranlaßte, bei dem er sie niedermetzeln und auch ihren Tempel zerstören ließ (2Kön 10, 18–28).

J. verehrte jedoch selbst die goldenen Kälber in *Bethel und *Dan (V. 29-31). Dafür wurde er bestraft, als die Syrer unter *Hasaël Teile seines Reiches annektierten. (V. 32f).

Der Schwarze Obelisk von *Salmanassar III. (858-824 v.Chr.) erwähnt Tributzahlungen von *ia-ū-a mar hu-um-ri*, »Jaw, Sohn von *Omri« (TGI, S. 50f). Diese werden allg. als Zahlungen Jehus von Israel angesehen, die im AT nicht erwähnt werden. Er oder sein Vertreter ist in gebeugter Haltung vor dem König abgebildet. Jaw mag auch eine Abkürzung von Joram selbst sein (P.K. McCarter, BASOR 216, 1974, S. 5-7). In beiden Fällen wäre der Zeitpunkt 841 v.Chr. (E.R. Thiele, BASOR 222, 1976, S. 19-23). D.W.B.

JEÏËL.
1. Stammvater der Einwohner von Gibeon, ein Vorfahr König *Sauls (1Chr 9,35.36.39).
2. Levit, Torhüter und Harfenspieler z.Zt. Davids (1Chr 15,18.21; 16,5).
3. Schreiber z.Zt. des Königs Usija (2Chr 26,11).
4. Oberster aus dem Stamme *Ruben (1Chr 5,7).
5. Levit z.Zt. des Königs Hiskia (2Chr 29,13).
6. Nachkomme Adonikams, der mit Esra aus der babylon. Gefangenschaft heimkehrte (Esr 8,13).
7. Israelit, der sich von seiner heidnischen Frau trennte, z.Zt. Esras (Esr 10,43).

JERACHMEEL. (»Möge Gott Mitleid haben«).
1. Vorfahr der Jerachmeeliter, einer Sippe, die an der Südgrenze Judas wohnte, (»der Negeb der Jerachmeeliter«: 1Sam 27,10; vgl. 30,29); sie war verwandt mit den Kalebitern (vgl. 1Sam 25,3), und ihr Stammesgebiet grenzte an das der Keniter an. Wie die Kalebiter wurden sie von dem Stamm Juda absorbiert; ihre Adoptivbeziehung zu anderen Zweigen des Stammes wird in 1Chr 2,9.25ff aufgezeigt, zusammen mit den Unterteilungen der jerachmeelitischen Sippe selbst. Sie spielen im AT eine untergeordnete Rolle.
2. Sohn von Kis (1Chr 24,29), einem Mitglied der Merariter-Sippe im Stamm Levi.
3. Mitglied der königlichen Familie Judas (Jer 36,26), das eine offizielle Position am Hof *Jojakims innehatte. F.F.B.

»Jerachmeel, der Sohn des Königs« (ljrhm'l bn hmlk) steht auf diesem Siegelabdruck aus Ton, der auf das späte 7. Jh.v.Chr. zu datieren ist. Möglicherweise ist hier der Jerachmeel gemeint, der Jeremias Schriftrolle verbrannte (Jer 36,26.27). 12 x 10 mm. (NA)

JEREMIA. (Hebr. *Jirmejāhū*). Bedeutung ungewiß; im AT gibt es mehrere Personen dieses Namens.
1. J., der Prophet.

a. Er entstammte einem im Gebiet des Stammes Benjamin (in *Anatot) ansässigen levitischen Priestergeschlecht. Man kann davon ausgehen, daß er daher bestens mit den Überlieferungen seines Volkes vertraut war. Über keinen der atl. Schriftpropheten sind wir so gut informiert wie über J., gewährt er uns doch einen tiefen Einblick in seine empfindsame Seele, die die Schwere seines Auftrages kaum ertragen konnte.

b. J. wurde als junger Mann von Gott berufen. Wegen seiner Jugend und Ungeübtheit in der Rede versuchte er, dem Zugriff Gottes zu entkommen (Jer 1,6f). Doch die Zusage Gottes, ihn zur »eisernen Säule« und »zur ehernen Mauer« zu machen, gab seiner Persönlichkeit eine Festigkeit, die sie von Natur aus nicht besaß.

c. Dennoch ist J. zeit seines Lebens ein Mann von hoher Sensibilität geblieben. Die ersten Kap. seines Buches zeigen einen Gott, der selbst aufs höchste innerlich betroffen ist von der Sünde seines Volkes (Jer 1,1-13). J. als sein Prophet kann darum nicht in kalter Sprache einfach das kommende Gericht verkündigen, sondern er leidet selbst am meisten unter dem, was da aus Gottes Richterhand kommen soll (z.B. Jer 4,19-22).

d. Aber J. leidet nicht nur unter der drohenden Katastrophe, die er schon als eine gegenwärtige innerlich erlebt. Da er das Gericht nicht verschweigen darf, ist er den Nachstellungen seiner Verwandten (Jer 11, 18ff), der Tempelpolizei (Jer 20, 1ff) und der falschen Propheten (Jer 26, 11ff; 28,1ff), die dem Volk Heil und Frieden verkündigen und nicht auf dessen Sünde achten, ausgesetzt. In der letzten Phase seiner öffentlichen Wirksamkeit ist J. den Verfolgungen des Jerusalemer Festungskommandanten preisgegeben, der seine auf die Verteidiger demoralisierend wirkende Verkündigung dadurch unterbindet (Jer 37,11ff), daß er ihn in eine Zisterne werfen läßt. Später wird J. in eine Art Schutzhaft genommen, bis Nebukadnezars Soldaten ihn bei der Eroberung der Stadt befreien (Jer 39).

e. J. hat alle diese Erfahrungen in seinen sogenannten »Konfessionen« (Bekenntnissen) verarbeitet: Jer 11, 18-23; 12,1-15; 15,10-12.15-21; 17, 12-18; 18,18-23; 20,7-18. Der Prophet klagt vor Gott – wie es ihm der Gottesdienst seines Volkes mit seinen vielen Gebetsformularen vorgab –, wie sehr ihn sein Auftrag an die Grenze seines Menschseins geführt hat, so daß er im Begriff ist, ihn an Gott zurückzugeben. Besonders die letzte Konfession ist in ihrer Schrecklichkeit nicht zu überbieten; J. verflucht den Tag seiner Geburt und möchte als ein Ungeborener ewig im bergenden Mutterschoß sein Dasein fristen.

f. Obwohl er als von Gott berufener Prophet getreulich das Amt der Fürbitte ausübt (Jer 7,16; 11,14; 14,11), zeigt er in seiner letzten Konfession, daß er als Mensch letztlich nicht in der Lage ist, für sein Volk vor Gott einzutreten. Da, wo Jesus am Kreuz gehorsam und gottergeben seinen Vater bis zuletzt im Gebet anruft, wird der Prophet J. von einer Finsternis überfallen, die ihn an Gott verzweifeln läßt.

g. J.s Leben muß trotz aller verzweifelten Versuche, von seiner Berufung loszukommen, ganz in den Dienst für seinen Gott gestellt bleiben. Trotz allen Widerstrebens fühlt er sich mit geheimnisvoller Kraft zu dem Gott, dessen Gericht er verkündigen muß, hingezogen (Jer 15,16; 20,7). Wenn Gott sein Volk richtet, dann verläßt er es. Zum Zeichen dafür muß J. Zeit seines Lebens ehelos bleiben (Jer 16,1ff) und darf die in seinem Volk übliche Klage beim Tode eines Volksgenossen nicht mitmachen (Jer 16,5ff).

h. Nach der Eroberung Jerusalems durch die Babylonier wird J. aus der Haft befreit; es wird ihm freigestellt, ob er mit den Exulanten nach Babylon ziehen oder im Land bei den wenigen Verbliebenen leben will. Er entscheidet sich für ein Bleiben im Lande der Väter. Als der von Nebukadnezar eingesetzte Statthalter *Gedalja ermordet wird, flieht eine Reihe von Judäern aus Angst vor der Vergeltung der Babylonier nach Ägypten. Aus unerklärlichen Gründen wird der Prophet J. von diesen gezwungen, ebenfalls nach Ägypten zu flüchten. Dort prangert J. wieder den Götzendienst seines Volkes an. In Ägypten verliert sich seine Spur.

i. J. hat einen »Schreiber« gehabt, der ihm bei der Abfassung und schriftlichen Niederlegung seiner Worte behilflich war: Baruch (Jer 36,1ff). Vielleicht war dieser der einzige Mensch, der J. näher stand. Ein kleines Kapitel (Jer 45) ist ausschließlich Baruch gewidmet. Daraus ist ersichtlich, daß er mehr als nur ein Gehilfe J.s war; denn er vollzieht das, was er aufzuschreiben hat, mit innerer Trauer und Bewegung nach. Ebenso wie J. wird auch seinem Mitarbeiter geboten, angesichts der Schwere des Gerichts, das über Juda kommen wird, für sich selbst nichts Großes zu begehren (Jer 45,5). So hatte der mit dem Gerichtsleiden seines Volkes aufs Äußerste verbundene Prophet wenigstens einen Menschen, mit dem er das teilen konnte, was Gott ihm auftrug.

2. Benjaminit, der zu David in Ziklag überging, um ihn gegen Saul zu unterstützen (1Chr 12,5);
3. Zwei Männer, die zu David nach Ziklag kamen, um ihn gegen Saul zu unterstützen (1Chr 12,11.44);
4. Sippenoberhaupt aus dem Stamm Manasse (1Chr 5,24).
5. Vater der Hamutal, der Frau des Königs *Josia (639-609 v.Chr.) und Großvater des Königs *Joahas (609 v.Chr.). J. wohnte in Libna (2Kön 23,31);
6. Vater *Jaasanjas, aus dem Geschlecht der Rechabiter (Jer 35,3);
7. Priester, der mit *Serubbabel und *Jeschua aus Babylon nach Jerusalem zurückkehrte (Neh 12,1.12);
8. Priester, der sich verpflichtete, nach dem Gesetz des Nehemia zu leben (Neh 10,3). D.Sch./W.E

JEREMIA, BUCH.

I. PERSON s. *JEREMIA.

II. ZEITGESCHICHTLICHER HINTERGRUND.

J.'s Lebenszeit fällt in eine Epoche der Geschichte des Südreiches Juda mit der Metropole Jerusalem, die hinsichtlich der politischen Umwälzungen zu den bewegtesten Zeiten der israelit. Geschichte gehört. Als Gott J. zum Propheten berief (627 v.Chr.), war *Josia (639-609 v.Chr.) schon zwölf Jahre König auf dem Davidsthron.

Das assyr. Weltreich war im Begriff zu zerfallen, weshalb sich Josia anschickte, allmählich sein Territorium nach N hin auszudehnen. Gesamtisraelit. Hoffnungen keimten im Volk wieder auf. Nach 2Chr 34,4-7 hatte Josia gleich zu Anfang seiner Regierung mit rel. Reformen begonnen. Aber erst im Jahre 622 v.Chr. begann infolge der Auffindung einer Gesetzesrolle im Jerusalemer Tempel – die in irgendeiner nicht näher feststellbaren Weise mit unserem 5. Buch Mose/*Deuteronomium in Zusammenhang stand – Josias umfassende Kultreform (2Kön 23). Er schaffte die Höhenheiligtümer ab, die eine Mischform aus Jahweglauben und Baalsfrömmigkeit (Sexualkult zur Garantie der Fruchtbarkeit des Landes) pflegten. Fortan gab es nur in Jerusalem die Möglichkeit, Gott die gebotenen Opfer darzubringen. Diese an sich lobenswerte Reform, für die ihm die Bibel auch höchstes Lob zuteil werden läßt, führte aber auch zu neuen Schwierigkeiten. Es ist wahrscheinlich, daß der »arbeitslos« gewordene »niedere Klerus«, jene oft im J.-Buch vorkommenden Prophetenscharen, nunmehr in Jerusalem am zentralen Heiligtum erschien und sich nur äußerlich der Kultreform anpaßte. Diese Prophetenscharen – sie traten immer in Massen auf - verstärkten auf sehr oberflächliche Weise eine fatale Heiligtumstheologie: wie die Kap. 7 und 26 nahelegen, lautete ihre Parole »Hier ist der Tempel des Herrn«, was bedeutete: weil Gott im Tempel ist, kann dieser Tempel auch nicht zerstört werden; darum ist auch keine Gefahr von einem »Feind aus dem Norden« (Jer 1,13 u.ö.) zu fürchten. Das Ergebnis der Reformpolitik lautete so, wie sie J. aufs schärfste verurteilen mußte: weil sich alles rel. Leben auf das zentrale Heiligtum konzentriert hatte, entstand fälschlicherweise ein Vertrauen auf den Tempel, das alle wahre Gotteserkenntnis verleugnete. J.s Urteil über die josianische Reform lautet deshalb: »Sie bekehren sich, aber nur mit halben Herzen« (Jer 3,10).

Daneben betrieb Josia eine auf territoriale Ausdehnung bedachte Konsolidierung seines an sich kleinen Reiches. Die Grenzen des ehemaligen davidischen Großreiches stand manchem Judäer wieder vor Augen. J. (vgl. Kap. 30) hat diese Expansion mit der Ansage einer kommenden inneren Erneuerung auch des Nordreiches begleitet.

Törichterweise hat Josia sich dem Pharao *Necho in der Schlacht bei *Megiddo (609 v.Chr.) entgegengestellt, obwohl dieser Palästina nur zu einem Kriegszug gegen das untergehende Assur als Durchzugsgebiet benötigte. Vielleicht erhoffte sich Josia von einem militärischen Sieg über die Ägypter eine Sicherung seiner Südgrenze. Josia erlag den schweren Verletzungen, die er in der Schlacht erlitten hatte (2Kön 23,29). Trotz aller indirekten Kritik, die J. auch an Josia hatte, beklagte er seinen Tod in echter Trauer (Jer 22,10ff).

Nach einem möglicherweise zwanzigjährigen Schweigen nimmt der Prophet nach dem Tode Josias, unter *Joahas (609 v.Chr.) und dem nach 3 Monaten von Pharao Necho an seine Stelle gesetzten *Jojakim (608-598 v.Chr.), erneut im Auftrag Gottes zu diesen Vorgängen Stellung: da das Südreich Juda nicht bereit ist, eine echte Umkehr zu Gott zu vollziehen, gibt es nur – als Antwort Gottes auf diesen Ungehorsam – ein Warten auf die Abhängigkeit vom inzwischen erstarkten babylon. Weltreich. Darum ist eine Bündnispolitik mit Ägypten zwecklos. Das einzige, was jetzt noch sinnvoll ist, ist die Beugung unter das babylon. Joch. Durch diese, den herrschenden Militärs in Jerusalem höchst unerwünschte Botschaft, setzt sich J. der Verfolgung der Mächtigen im Staat Juda aus. In der Schlacht bei *Karkemisch (605 v.Chr.) erlitten die Ägypter unter Pharao Necho eine empfindliche Niederlage durch die unter Nebukadnezar erstarkte babylon. Großmacht.

J. verkündigte nun die endgültige Vormachtstellung Nebukadnezars (Jer 25,15ff), der man sich zu beugen habe. Die Einnahme der Philisterstadt *Aschkelon sollte als ernsthafte Mahnung an Jojakim gelten (vgl. Jer 47,5ff). Aber dieser kümmerte sich nicht um die neu entstandene politische Lage, sondern versuchte sich mit dem geschwächten Ägypten aufs neue zu verbünden. Dazu trieb er eine aufwendige Hofhaltung (Jer 22,13ff) und ließ den Götzendienst auf den Höhen wieder zu (2Kön 23,37). J. kündigte ihm das Gericht Gottes und die Schändung seines Leichnams an (Jer 22,19). In Jojakims Regierungszeit beginnen die Nachstellungen J.s, die auf sein empfindsames Gemüt nachhaltig einwirkten (vgl. seine »Konfessionen«). Auch eine auf eine Schriftrolle geschriebene letzte Mahnung zur Umkehr schlug Jojakim in den Wind (Jer 36,1ff). Nach 2Chr 36,6f ist Jojakim später nach Babylon verschleppt worden; andere Stellen berichten von seinem Tod (2Kön 24,1ff).

*Jojachin (598/597 v.Chr.) folgte seinem Vater auf dem Davidsthron, regierte aber nur wenige Monate, weil Nebukadnezar die Verhältnisse nach Jojakims Tod bzw. Rücktritt endgültig regeln wollte und zu diesem Zweck in einer Blitzaktion im Jahre 597 v.Chr. nach Palästina kam und die Stadt Jerusalem kampflos einnahm. Jojachin wurde mit etlichen Handwerkern und Mitgliedern der Oberschicht nach Babylon deportiert. Zum großen Schmerz der Judäer wurde der Tempel geplündert und die heiligen Geräte abtransportiert. 36 Jahre später wurde Jojachin in Babylon begnadigt und bei der Tafel des Nachfolgers Nebukadnezars zugelassen (2Kön 25,27ff; Jer 22,24ff).

*Zedekia (597-587 v.Chr.) war der letzte Davidssohn auf dem Thron in Jerusalem. Da auch er sich nicht den Babyloniern unterwerfen wollte, kündigte J. die Zerstörung der Stadt an (Jer 21,1ff). Der König war charakterlich schwach und war dem Einfluß seiner Militärs vollends ausgeliefert. In seiner Regierungszeit erreichte die Auseinandersetzung J.s mit den falschen Propheten den Höhepunkt (Jer 28,1ff). Zedekia setzte wie seine Vorgänger auf Hilfe durch Ägypten. Darum erschien Nebukadnezar erneut vor der Stadt. Diesmal ging Jerusalem zur Verteidigung über, so daß die babylon. Streitmacht eine Belagerung begann. Während der Wochen der Belagerung kam es zu heimlichen Treffen zwischen Zedekia und dem inhaftierten Propheten J., wobei der König für sich ein günstiges Gotteswort aus dem Mund des gefangenen Propheten begehrte. J. konnte ihm nur Bekanntes sagen: durch eine Kapitulation würde das Schlimmste vermieden und Zedekia käme lebend davon. Da der König aber praktisch machtlos war, nahmen die Dinge ihren Lauf. Bei der Erstürmung der Stadt gelang es Zedekia zu flüchten; er wurde aber von Nebukadnezars Truppen eingeholt, seine Söhne wurden vor seinen Augen getötet, er selbst wurde geblendet und in Ketten nach Babylon gebracht. Fortan erscheint sein Name nicht mehr.

III. AUFBAU DES JEREMIABUCHES. Eine Gliederung dieses umfangreichen Buches ist ein weitgehend subjektives Unternehmen. Hier sollen nur große Abschnitte hervorgehoben oder Schwerpunkte benannt werden.

Kap. 1: Jeremias Berufung;
2-6: Gottes Klage; Gerichtsankündigung über sein Volk;
7-10: falsche Vorstellungen von der Sicherheit des Tempels;
11-12: Jeremia und der Bund;
13: Warnungen;
14: Vergebliche Bitte;
15-17.20: Einsamkeit des Propheten; Klagegebete;
21-29: Könige und falsche Propheten;
29: Brief an die Exulanten der 1. Wegführung;
30-33: Künftiges Heil und neuer Bund;
32: Jeremias Ackerkauf in Anatot;
34-39: Belagerung und Zerstörung Jerusalems:
36-45: Leidenszeit Jeremias;
36: Schriftrolle Baruchs;
45: Wort an Baruch;
46-51: Weissagungen gegen andere Völker;
52: Eroberung Jerusalems (stimmt

in vielem mit 2Kön 24,18ff überein).

IV. BOTSCHAFT DES JEREMIABUCHES.

1. Gottes Ehebund mit seinem Volk.

Die ersten Kap. dieses Buches lassen uns einen Blick in das Herz der Verkündigung des frühen J. tun. Er denkt in den Begrifflichkeiten und Anschauungsweisen des Bundes. In Jer 2,1 faßt er das zusammen, was er von der Überlieferung der Frühzeit seines Volkes für wichtig hielt: Treue, Liebe und gehorsame Nachfolge sind die Antwort Israels auf Gottes Gnadenwahl (»Da war Israel dem Herrn heilig. . .«). Er sieht im Gottesverhältnis seines Volkes persönliche Zuneigung ebenso wie Gehorsam als die entscheidenden Punkte für eine Beziehung zwischen Gott und seinem Volk an.

2. Des Volkes Ehebruch.

Demgegenüber ist die Wirklichkeit z.Zt. J.s ganz anders. Sein Volk hat sich den kanaan. Fruchtbarkeits- und Sexualkulten »auf den Höhen« ergeben, um so die Garantie für ein Leben voller leiblicher Güter zu haben. J. nennt dieses Vergessen der Erlösungstat Gottes und der Bundesgesetzgebung am Sinai »Hurerei«. :». . .auf allen hohen Hügeln und unter allen grünen Bäumen triebst du Hurerei« (Jer 2,20).

3. Das Angebot der Rückkehr in den gebrochenen Bund.

An sich ist die Strafe nach dem Mosegesetz bei Ehebruch eindeutig: der schuldig gewordene Gesetzesbrecher muß sterben. Doch J. verkündigt im Namen seines Gottes etwas sehr Ungewöhnliches: die Rückkehr der abtrünnig gewordenen Ehefrau Israel/ Juda in den Ehebund mit Gott ist möglich. So lautet die zentrale Botschaft des frühen J.: »Kehre zurück, du abtrünniges Israel, spricht der Herr, so will ich nicht zornig auf euch blicken. Denn ich bin gnädig, spricht der Herr, und will nicht ewiglich zürnen. Allein erkenne deine Schuld, daß du wider den Herrn, deinen Gott gesündigt hast und bist hin- und hergelaufen zu den fremden Göttern unter allen grünen Bäumen, und ihr habt meiner Stimme nicht gehorcht« (Jer 3,12f). In keinem anderen Prophetenbuch ist so viel von Umkehr die Rede wie im Buch J. Und doch wird immer so von der Umkehr geredet, daß sie für das jetzt existierende Juda/Israel keine zu verwirklichende Möglichkeit mehr ist. Umkehr-Predigt ist darum Predigt von der verweigerten Umkehr. Das Erstaunliche ist, daß J. trotzdem nicht aufgehört hat, sein Volk wieder in den Bund mit Gott zu rufen.

4. Die Gabe der Umkehr und des Neuen Bundes in der Endzeit.

In Jer 3,21-25 lesen wir denn auch ein »liturgisches Formular«, für eine in der Zeit nach dem Gericht, der Endzeit, tatsächlich stattfindende radikale Umkehr des Volkes. Diese Umkehr wird erst in Jer 31,31-34 näher beschrieben und angekündigt. Das Wesen des Neuen Bundes besteht darin, daß Gottes Forderung nicht mehr wie ein unerfüllbares und darum zum Scheitern führendes Gesetz vor dem einzelnen Israeliten steht, sondern daß Gottes Prinzipien im Zuge einer Neuschaffung des gerichteten Volkes in seinem Inneren Raum gewonnen haben. Der Neue Bund schenkt eine Gotteserkenntnis, die nicht mehr mühsam gelehrt werden muß, sondern die gegeben wird, weil jeder einzelne im Volk die Erfahrung der Sündenvergebung machen wird.

5. Die Erneuerung des Königs- und Priesteramtes.

J. hat wie andere Propheten auch die bittere Erfahrung machen müssen, daß die von Gott bestallten Diener, allen voran der König auf dem Davidsthron, dann aber auch die Tempelpriesterschaft, nicht in der Lage waren, den Willen Gottes zu erkennen und zu tun. Zu der Ansage des Neuen Bundes gehört darum auch die Verheißung der Erneuerung des davidischen Königtums sowie einer neuen Priesterschaft (Jer 33,14ff). Dieses alles wird in einem durch Gottes Gnade wiederhergestellten Land stattfinden, das Gott durch das Exil von den Sünden gereinigt hat. J.s Ackerkauf in Anatot (Jer 32) weist zeichenhaft auf die kommende Neubesiedlung des Landes der Väter hin. Dann wird das aufs neue gesegnete Land wieder reiche Früchte bringen (Jer 31,1ff), die Gott wegen der Sünde seiner Bewohner jetzt zurückhalten muß.

6. Der Kampf gegen eine falsche Sicherheit.

Es sieht so aus, als habe J. nach dem großen Restaurationsprogramm des Königs Josia den Schwerpunkt seiner Botschaft für die jetzt lebende Generation verlagert. Die von den - durch Königswort aufgelösten – Höhenheiligtümern an das zentrale Heiligtum in Jerusalem gezogenen Priesterscharen hatten, als Judas Könige sich auf politische Bündnisse mit Ägypten verließen, die Meinung unterstützt, als sei nunmehr der Tempel in Jerusalem der für alle Zeiten geschützte Bergungsort, auf den man sich in Notzeiten immer zurückziehen könne. Sie verstanden die Verheißungen über die Gottesstadt so, daß auch Ungehorsam diese nicht zunichte machen würde. Gegen diese Bestrebung, sich auf den Tempel – anstatt auf den lebendigen Gott – zu verlassen, ist J. zu Felde gezogen (Jer 7; 26), indem er die Zerstörung des Tempels und der Stadt ankündigte.

7. Der Kampf gegen die Falschprophetie.

Eng mit einer maßstablos gewordenen Tempelpriesterschaft war wohl ein Typ von Prophetentum verbunden, der mit jener Hand in Hand arbeitete. Jer 23,9ff gibt davon ein anschauliches Bild. J., der zeit seines Lebens unter dem Wort Gottes gelitten hat und sich seiner Unheimlichkeit immer wieder zu entziehen suchte (was ihm letztlich aber nie gelang), kämpft gegen die oberflächliche Verkündigung jener Propheten, die nur von einem gnädigen Gott wissen, der sich selbstverständlich immer wieder seines Volkes erbarmt. Sie kennen keinen Gott, der richtet und sich im Gericht als der Heilige erweist. So sagt J. diesen Propheten über Gott: »Bin ich nur ein Gott, der nahe ist, spricht der Herr, und nicht auch ein Gott, der ferne ist?« (Jer 23,23). Während J. das Wort Gottes immer als ein seinem natürlichen Wünschen und Begehren gegenüber fremdes erfuhr, verkündigen jene Propheten »Gesichte aus ihrem Herzen«, also das, was dem natürlichen Empfinden entspricht. J. ist in dieser Auseinandersetzung nicht so aufgetreten, daß er seine Gegner hätte überzeugen können. Die Szene mit dem Falschpropheten *Hananja (Jer 28) zeigt, daß J. beim öffentlichen Auftreten auch den Kürzeren ziehen konnte. Seine Stärke lag allein im Wort Gottes, das sich einstellt, wann es Gott gefällt (Jer 15,16).

8. Die Beugung unter das babylonische Joch.

Als J. sah, daß seine Umkehrpredigt nicht die Herzen erreichte, verkündigte er im Namen seines Gottes das Züchtigungsgericht, das durch die Hand der Babylonier unter deren König Nebukadnezar vollzogen werden sollte (Jer 18; 19; 25). Dabei nennt er den Babylonier-König »meinen Knecht« (Jer 25,9): Gott ist auch der Herr der Israel/Juda feindlich gesonnenen Völker und kann sie als Werkzeug seiner Gerichte gebrauchen. J. hat sich durch diese Verkündigung die Feindschaft der Machthaber in Jersualem eingehandelt. Als er beim Anrücken der Babylonier ein einigermaßen erträgliches Geschick für die Judäer sah, wenn Juda sich ergeben würde, wurde er inhaftiert. Aber J. hielt auch in den letzten geheimen Gesprächen mit dem judäischen König Zedekia daran fest, daß die Beugung unter das babylon. Joch das Gehorsamsgebot der Stunde sei.

9. Hoffnung für die Exulanten der ersten Wegführung.

Im Jahre 597 v.Chr. erschien Nebukadnezar in einer Blitzaktion in der Stadt Jerusalem und deportierte einen Teil der führenden Bevölkerungsschicht; außerdem nahm er auch Geräte aus dem Tempel mit. Damit hatte das Gericht am Volk Gottes in Juda begonnen. J. hat aber gemäß seinem Auftrag in der Berufungsstunde das »Bauen« und »Pflanzen« nach dem »Niederreißen« und »Zerstören« verkündigt. Er wußte, daß Gott jenseits des Gerichts sich wieder seines Volkes annehmen würde. Darum sieht er die Exulanten der ersten Wegführung bereits unter dem Licht der Gnade Gottes stehen (Jer 24) und schreibt ihnen sogar einen Brief (Jer 29), in dem er sie ermuntert, in der Gefangenschaft nicht zu resignieren, sondern durch Familiengründungen den äußeren Fortbestand des Volkes zu sichern. »Denn ich weiß wohl, was ich für Gedanken über euch habe, spricht der Herr: Gedanken des Friedens und nicht des Leides, daß ich euch gebe das Ende, des ihr wartet« (Jer 29,11). Das bevorstehende Erbarmen Gottes erwartet allerdings eine innere Umkehr bei allen Volksgliedern (Jer 29,13f). Ohne daß J. dies ausdrücklich sagt, darf man doch davon ausgehen, daß er ähnliche Gedanken auch über die Bevölkerungsteile der zweiten, viel umfassenderen Wegführung hatte (vgl. Jer 52,31ff).

10. Das Gericht an den Gerichtswerkzeugen.

In den Kap. 46-51 seines Buches stehen Aussprüche gegen kleinere Völker in Israels Nachbarschaft, vor allem aber ausführliche Gerichtsworte über Babylon. Obwohl Gott fremde Völker als Werkzeuge zum Vollzug seines Gerichtes heranziehen kann, bedeutet dies nicht, daß die von Gott beauftragten Völker nun willkürlich ihre ungezügelte Bosheit über Gottes Volk ausgießen könnten. Sie alle haben ihr von Gott gegebenes Maß, das sie nicht überschreiten dürfen. Da sie es aber doch getan haben, stehen sie - wie Gottes Eigentumsvolk – unter dem Richterspruch des Gottes, der auch ihr Herr ist. Mit Ausnahme Babylons als dem Urbild des Antigöttlichen haben aber auch die anderen Völker Aussicht, wie Juda nach dem Gericht Gottes Erbarmen zu finden.

Literatur: R. Blanchet u.a.(Hrsg.): Jeremia. Prophet in einer Zeit der Krise, 1986; S. Herrmann: TRE XVI, 1987, S. 568-586; H.-J. Kraus: Prophetie in der Krisis – Studien zu Texten aus dem Buch Jeremia, 1964; J.Kroeker: Jeremia, [5]1982; H. Lamparter: Prophet wider Willen (Jeremia), [3]1982; G. v. Rad: Die Konfessionen Jeremias, in: Gesammelte Studien zum Alten Testament II, 1973; W. Rudolph: Jeremia. Handbuch zum AT, Bd. 12, [3]1968; D. Schneider: Der Prophet Jeremia, [3]1984; J. Schreiner: Jeremia. Die neue Echterbibel, 1981; A. Weiser: Das Buch Jeremia. ATD 20/21,[8]1981; C. Westermann: Jeremia, 1967.

D.Sch.

JEREMOT.

1. Benjaminiter, Sohn Berias (1Chr 8,14).
2. Sohn Muschis, Levit aus der Nachkommenschaft Meraris (1Chr 23,23; 24,30).
3. s. *Jerimot (4)
4. Sohn Asriels, Stammesfürst über Naftali z.Zt. Davids (1Chr 27,19).
5. Drei Israeliten, die sich von ihren heidnischen Frauen trennten, z.Zt. Esras (Esr 10,26.27.29).

JERICHO. Der Name (hebr. *jerîchō* bzw. *jerēchō*) ist am ehesten von *jārēach*, »Mond«, abzuleiten (W.F. Albright, Die Religion Israels, 1956, 206). Vermutlich hängt der Name mit dem Kult des kanaan. Mondgottes zusammen. J., heute die arab. Stadt er-Rîcha, liegt ca. 10 km nördl. des Toten Meers und 8 km westl. des Jordan (vgl. 4Mo 26,3.63) am O-Abfall des Gebirges *Juda (vgl. Jos 16,22). Mit 259 m unter dem Meeresspiegel ist J. die am tiefsten gelegene Stadt der Welt. Die Elisa-Quelle (arab. 'En Es-Sultān) mit 4500 l Wasser pro Minute schafft mitten in der Mondlandschaft der Wüste Juda eine subtropische Oase mit üppiger Vegetation. In 2Chr 28,15 wird J. die »Palmenstadt« genannt. Manche Forscher deuten diese Bezeichnung in 5Mo 34,3; Ri 3,13 ursprünglich auf das südöstl. von *Arad gelegene *Tamar (OLB 2, 267-270), sicher ist das aber nur bei Ri 1,16.

I. DAS ALTTESTAMENTLICHE JERICHO.

Schon Eusebius unterschied drei verschiedene Städte J. aus unterschiedlicher Zeit (onom. 104, 25-31). Die älteste Siedlung (Tell Es-Sultān) liegt an der Quelle rund 2,5 km nördl. des heutigen Stadtzentrums. Von dieser ursprünglichen Siedlung wurde der Name J. auf die ganze Oase übertragen, von der uns Strabo (XVI 2,41) und besonders Josephus (bell. Jud. IV, 468-475) enthusiastische Schilderungen hinterlassen haben. Das ntl. J. (Tulūl Abu El-ʿAlā'iq) lag 1,5 km westl. der modernen Stadt zu beiden Seiten des Wādi Qelt, durch das eine zum Teil bis heute erhaltene röm. Wasserleitung zusätzliches Wasser in die Oase bringt. Noch byzantin. Pilgerberichte beschreiben J. geradezu als Paradies (ELS 348). Die Größe der Oase veränderte sich je nach Intensität von Bewässerung und Anbau. So wuchsen während der Türkenzeit am Ende des 19. Jh. nicht einmal mehr Palmen. Nachdem während des britischen Mandats das Räuberunwesen beendet wurde, blühte J. wieder auf. Obwohl J. nicht an einem internationalen Verkehrsweg lag, besaß es doch durch die Jordan-Furten im O lokale Bedeutung als Umschlagplatz. Da es weit und breit die einzige größere Siedlung war, dient es im AT als Orientierungspunkt. Der *Nebo liegt gegenüber von J. (5Mo 32,49; 34,1). Mose ließ in den Steppen *Moabs auf der Höhe von J. das Volk lagern (4Mo 22,16), musterte die Wehrfähigen (4Mo 26,3.63) und gab seine letzten Anweisungen (4Mo 33,50ff; 35,1ff). Gegenüber der Stadt zogen die Israeliten laut Jos 3-5 durch den Jordan und schlugen ihr Lager bei *Gilgal östl. von J. auf (Jos 4,19).

Nach Jos 6 war J. die erste kanaan.

Ausgrabungen in Jericho (Schnitt 1), bis zur präkeramischen Jungsteinzeit B. Im Hintergrund der »Berg der Versuchung«. (JEF)

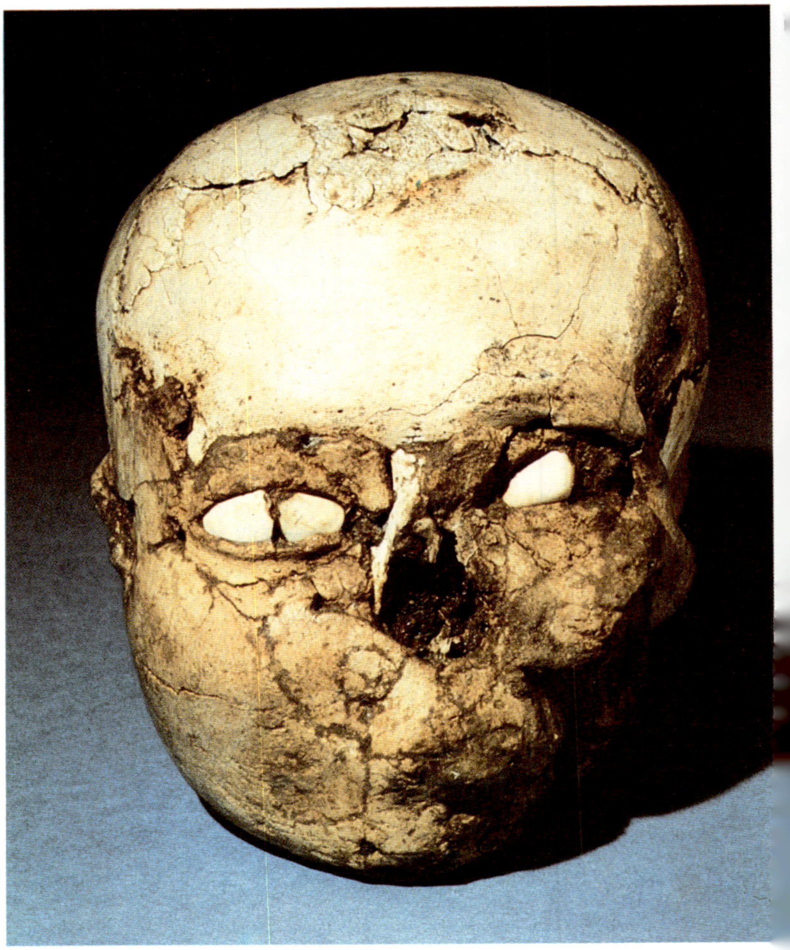

Einer von mehreren mit Gips überzogenen, bemalten Schädeln, die man in Jericho fand, vielleicht ein Hinweis auf Ahnenkult. (BM)

Stadt, die durch Josua unter wunderbarer Einwirkung Gottes von den Israeliten gewaltsam eingenommen und völlig zerstört wurde. Die dem *Bann verfallene Stadt sollte unter Fluchandrohung nicht wieder aufgebaut werden (Jos 6,26). Das Gebiet wurde dem Stamm *Benjamin zugeteilt (Jos 18,21) und bildete dessen N-Grenze gegen *Ephraim (Jos 16,1.7; 18,12). Falls in Ri 3,13 mit der Palmenstadt J. gemeint sein sollte, hat der Moabiterkönig *Eglon die Ruinenstätte erobert. Ob 2Sam 10,5 eine Siedlung z.Zt. Davids voraussetzt, bleibt undeutlich. Unter *Ahab unternahm es Hiël, J. wieder aufzubauen, durch den Verlust seiner Söhne erfüllte sich an ihm nach 1Kön 16,34 Josuas Fluch. Der Wortlaut weist eher auf ein Gründungsopfer als auf einen Unfall hin (H. Muszynski, VD 46, 1968, 259-274). Wenig später existierte bei J. (2Kön 2,4f) um *Elia ein prophetischer Jüngerkreis (R. Riesner, Jesus als Lehrer, [3]1988, 279-282). Gegenüber von J. auf der anderen Seite des Jordan wurde der Prophet in den Himmel entrückt (2Kön 2,7-13). Das Verderbnis der Quelle unter *Elisa (2Kön 2,19-22) hat man mit zeitweiliger Radioaktivität erklärt (I.M. Blake, PEQ 99, 1967, 86-97; 102, 1970, 92-101), aber das ist schon allein geologisch umstritten (E. Mazor, PEQ 101, 1969, 46f). In der Nähe von J. wurde der fliehende König *Zedekia 587 v.Chr. von den Babyloniern gefangen genommen (2Kön 25,5). Ehemalige Bewohner von J. kehrten nach dem Exil in ihre Stadt zurück (Esr 2,34; Neh 7,36) und halfen beim Wiederaufbau der Mauern *Jerusal-

Vereinfachter Querschnitt der Ausgrabung K.M. Kenyons in Jericho, der die Erosion von Schichten aus der Mittleren Bronzezeit sowie späterer Schichten auf der Spitze des Hügels erkennen läßt.

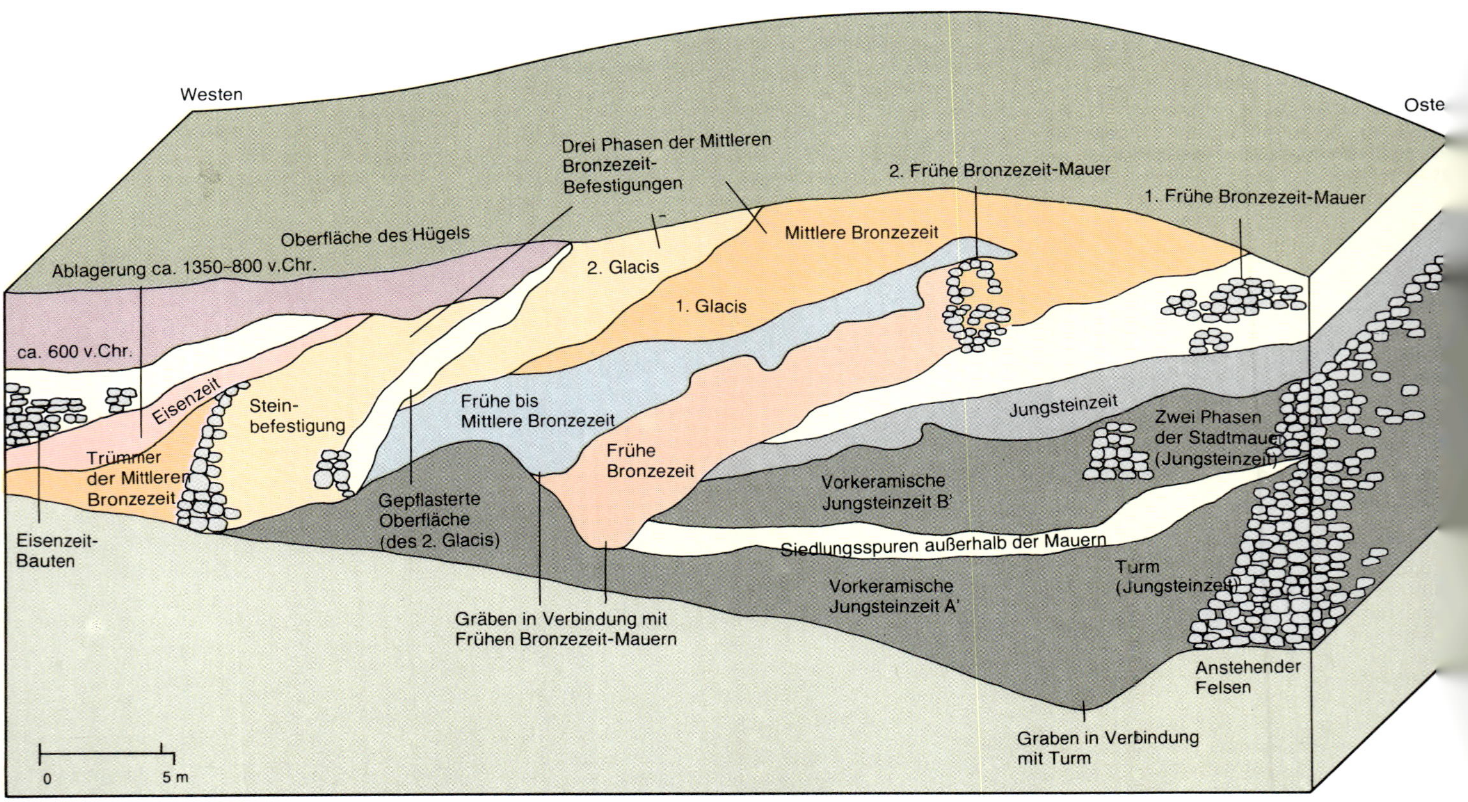

ems (Neh 3,2). Nach aufgefundenen Krugstempeln gehörte J. während der pers. Zeit zur Satrapie Jehud (BRL[2], 156). Ob die Stadt von Artaxerxes III. zerstört wurde (Solinus 35,4), ist umstritten (D. Barag, BASOR 183, 1966, 6-12).

Nach einiger Unsicherheit im 19. Jh. wurde Tell Es-Sultān vor allem durch F.J. Bliss als das atl. J. identifiziert (PEFQS 1894, 176). Der Tell ist ca. 21 m hoch, 150 m breit 350 m lang und umfaßt somit eine Fläche von rund 4 ha. Eine Probegrabung von C. Warren (1868/9) brachte keine verwertbaren Ergebnisse. Die deutsch-österreichische Kampagne unter E. Sellin und C. Watzinger (1907/9) wurde zwar genau dokumentiert (Jericho, 1913), litt aber unter der damals noch völlig unsicheren Keramikbestimmung. Die moderne archäologische Arbeit in J. begann mit dem Engländer J. Garstang (1930/36). Er stieß auf die älteste steinzeitliche Siedlungsschicht, irrte aber in der Zuweisung einer gewaltsam zerstörten Doppelmauer an Josua um 1400 v.Chr. (The Story of Jericho, 1940, teilweise korrigiert [2]1948). Einen neuen Abschnitt in der Archäologie Palästinas bedeutete K.M. Kenyons ausgedehnte Grabungen. Ihre zum Teil posthum publizierten Ergebnisse (Excavations at Jericho I-V, 1960/83) ergeben folgendes Bild der Besiedlungsgeschichte:

1. Die ältesten menschlichen Spuren (vielleicht ein Quell-Heiligtum) stammen aus der mittleren Steinzeit (9. Jt.v.Chr.).

2. Darauf folgen Siedlungsreste einer vorjungsteinzeitlichen halb-nomadischen Bevölkerung.

3. Die Entdeckung einer umfangreichen vorkeramischen Siedlung der Jungsteinzeit zwischen 7000 und 5000 v.Chr. brachte J. den Ruf ein, die älteste bekannte Stadt der Welt darzustellen. Der ein oder andere Tell im Ghor (mittleres Jordantal) könnte allerdings noch älter sein. Jedenfalls stammen unsere genauesten Kenntnisse über die Steinzeit in Palästina aus J. Bereits um 7000 v.Chr. wurde die erste Mauer aus unbearbeiteten Steinen errichtet. Zu ihr gehörte ein heute noch bis zu 9 m Höhe erhaltener, imposanter Turm mit einer Innentreppe. Die Siedlung umfaßte damals schon den größten Teil des Tells und bot etwa 3000 Menschen Raum. Sorgfältig unter den Hausböden beigesetzte Schädel weisen auf einen Ahnenkult hin. Wie eine Erosionsschicht um 6000 v.Chr. zeigt, war die Besiedlung in der vorkeramischen Steinzeit allerdings einmal unterbrochen, die Gründe dafür sind unklar (K.M. Kenyon, EAEHL II 554f). In der zweiten Phase nach 6000 v.Chr. wurden Schädel mit Lehm und Muscheln wieder »lebensähnlich« gemacht.

4. Während der keramischen Jungsteinzeit wies J. keine eigentliche Stadtkultur auf, im ganzen 4. Jt. war der Tell sogar unbesiedelt.

5. Am Ende des 4. Jt. wurde J. vor allem durch eine auf Steinfundament errichtete Mauer aus luftgetrockneten Lehmziegeln zu einer Stadt der Frühbronzezeit ausgebaut. Diese Mauer weist nicht weniger als siebzehn nachgewiesene Bauphasen auf. Vor allem auch die an den Rändern des Jordangrabens vorhandene Erdbebentätigkeit (Z.H. El-Isa, SHAJ II, 1985, 229-235) dürfte immer wieder neue Reparaturen nötig gemacht haben. Diese um 2350 v.Chr. durch Feuer zerstörte Befestigung hielt J. Garstang fälschlich für die Mauern von Josuas J.

6. Am Beginn der Mittleren Bronzezeit (bis 1800 v.Chr.) war J. nur sehr schwach besiedelt, während sich in der Nähe zahlreiche Gräber finden. Die große Zahl erklärt sich aus dem Übergang zu Einzelbestattungen (T.L. Thompson, BZAW 133, 1974, 165-171).

Steinzeitlicher Turm in Jericho (Et-Tell). Der unten sichtbare Eingang führt zu einer Treppe im Inneren des Turms. (RR)

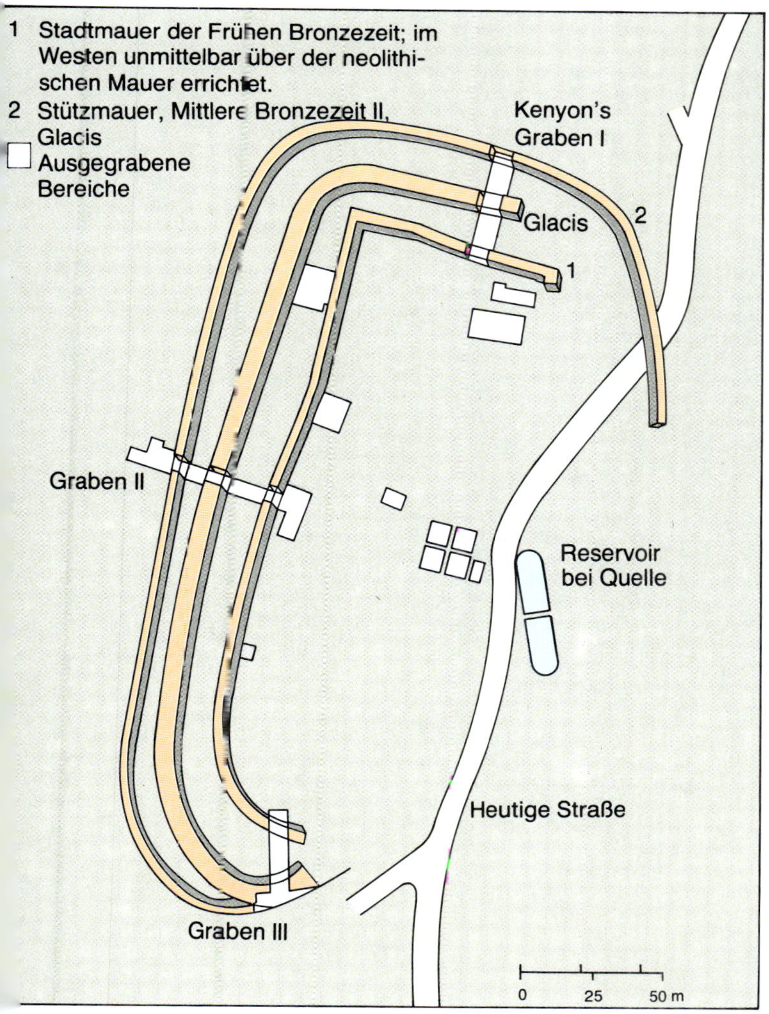

*Anlage der Mauer von Jericho in der Frühen Bronzezeit sowie des Glacis (vgl. *Festungsbau und Belagerungstechnik) in der Mittleren Bronzezeit.*

Alte Siedlungen in der Umgebung von Jericho.

7. Der Ausgang der Mittleren Bronzezeit sah wieder eine stark befestigte Stadt. Die neuerrichtete Mauer umfaßte jetzt auch die Quelle am O-Hang des Tells, ein Graben bot zusätzlichen Schutz. Aus dieser Zeit stammen viele durch das heißtrockene Wüstenklima gut konservierte Einzelfunde aus Grabbeigaben wie eingelegte Schmuckkästchen, Bronzedolche, hölzerne Kämme, Alabastergefäße u.a. Nach K.M. Kenyon fand diese Stadt um 1550 v.Chr. durch einen Feldzug der Ägypter bei der Vertreibung der Hyksos ein gewaltsames Ende.

8. Danach lag der Tell etwa 150 Jahre unbewohnt da.

9. Zwischen 1400 und 1325 v.Chr. existierte in der Spätbronzezeit eine offenbar kleine Siedlung, auf die lediglich Reste eines Hauses sowie Gräber hinweisen.

10. Darauf folgt wiederum eine Siedlungslücke bis etwa 1200 v.Chr.

11. Von da an gibt es während der ganzen Eisenzeit eine schwache, aber kontinuierliche Besiedlung auf dem Tell (H. und M. Weippert, ZDPV 92, 1976, 105-148). Besonders zu nennen ist ein palastähnliches Gebäude (10./9. Jh.), das mit den Baumaßnahmen Hiëls zusammenhängen könnte. Spätestens seit der Eisenzeit gab es auch kleinere Siedlungen außerhalb des Tells (OLB 2, 496f). Die eisenzeitl. Stadt hatte ganz offensichtlich keine Befestigung mehr und endete mit der babylon. Eroberung (587 v.Chr.).

12. In pers. Zeit (500-350 v.Chr.) existierte eine bescheidene Siedlung auf dem N-Teil des Hügels.

13. In der hellen. Epoche erlischt die Besiedlung. Es gibt nur noch einige röm. Gräber (1.Jh.n.Chr.).

14. Die letzte kleine Siedlung auf dem Tell stammt aus spätbyzantin. Zeit (6./7.Jh.n.Chr.).

Der archäologische Befund in J. stellt für den atl. *Landnahmebericht ein großes Problem dar. Der Einfall der Israeliten in *Kanaan wird entweder nach bibl. Hinweisen (Ri 11,26; 1Kön 6,1) auf um 1400 v.Chr. oder aufgrund der Theorie von W.F. Albright (BASOR 58, 1935, 10-18) um 1250 v.Chr. datiert. Danach aber wäre J. zu Josuas Zeit entweder gerade neu besiedelt worden (9.) oder hätte gar nicht existiert (10.). Hier liegt einer der Gründe, warum heute die gemäßigt-konservative Auffassung der Albright-Schule kaum noch Anhänger findet (J.M. Miller, PEQ 109, 1977, 87-93; Diskussion in: Biblical Archaeology Today, 1985, 31-96). Vielmehr sehen sich jene Forscher bestätigt, die im Gefolge von M. Noth (Geschichte Israels, [6]1966, 67-82) und A. Alt (Kleine Schriften I, 1959, 89-125) in der Landnahme einen im wesentlichen friedlichen Infiltrationsprozeß von Nomaden sehen (V. Fritz, BA 50, 1987, 84-100) oder neuerdings mit einer Revolte der unterdrückten kanaan. Unterschicht rechnen (N.K. Gottwald, The Tribes of Yahweh, 1979).

Alternative, konservative Interpretationsversuche sind von sehr unterschiedlicher Qualität. Gewaltsam ist es, die Identität des atl. J. mit Tell Es-Sultān zu bestreiten (C.U. Wolf, BR 9, 1966, 42-51). Häufiger wird die Ansicht vertreten (K.A. Kitchen, IBD II, 1980, 749-751), der auch K.M. Kenyon zuneigte (Digging Up Jericho, 1957, 260f), die spärlichen spätbronzezeitl. Reste seien Spuren von Josuas J. Die Bewohner hätten entweder die Befestigung aus der Mittleren Bronzezeit weiter benutzt oder eine spätbronzezeitl. Mauer sei – wie die Siedlung aus dieser Zeit – der Erosion zum Opfer gefallen. Aber gegen die totale Erosions-Hypothese spricht, daß sich auch in den abgewaschenen Schichten am Hügelfuß keine nennenswerten Reste aus der Späten Bronzezeit finden. Außerdem bliebe dann unerklärt, warum nach ähnlichen Siedlungslücken sich dennoch Reste der Eisen-, pers. und spätbyzantin. Zeit erhalten haben.

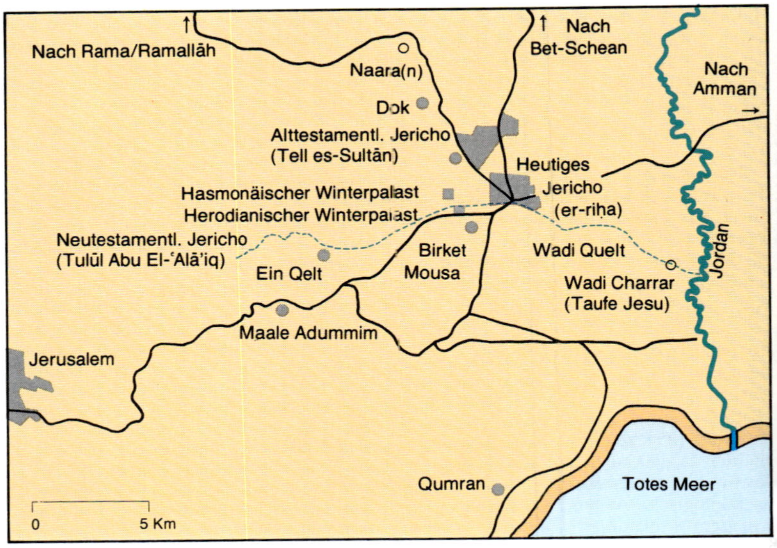

Nun zeigt aber gerade auch am Beispiel von J. die weiter verfeinerte Keramikbestimmung, daß die Abgrenzungen von Mittlerer und Später Bronzezeit nicht so fest liegen, wie man lange dachte; auch muß mit örtlichen Abweichungen gerechnet werden (P. Bienkowski, Jericho in the Late Bronze Age, 1986). Nach B.G. Wood (Palestinian Pottery of the Late Bronze Age, 1985) zeigt ein korrigierter Keramikbefund für J., daß die in der Mittleren Bronzezeit befestigte Stadt (7.) noch am Beginn der Späten Bronzezeit bestand und erst um 1400 v.Chr. zerstört wurde. Ähnliche Umdatierungen schlägt er auch für die Zerstörungsschichten anderer Städte vor. Noch weiter geht J. Bimson, der K.M. Kenyons Zeitbestimmung der seltenen, aber für die Zerstörung des mittel- bzw. spätbronzezeitl. J.s wichtigen Bichrom-Keramik kritisiert und das Ende der Stadt in die zweite Hälfte des 15. Jh.v.Chr. ansetzt (Redating, 115-184). Seine Argumentation ist Teil einer umfassenderen These, welche in moderner Form wieder eine Frühdatierung von *Auszug und Landnahme vertritt (BAR 13/5, 1987, 40-67; 15/4 (1988), 52–55; dagegen B. Halpern, BAR 13/6, 1987, 56-61). Die spärlichen spätbronzezeitl. Reste (9.) verbindet Bimson mit dem Ansiedlungsversuch unter Eglon (Ri 3,13). So muß die wissenschaftliche Debatte über die Frühzeit der israelit. Besiedlung Kanaans weitergeführt werden.

Aber auch abgesehen von der archäologischen Problematik wirft die Überlieferung von der Eroberung J.s (Jos 6) Fragen auf. Das zwischen den *Kundschaftern und der Hure *Rahab vereinbarte Zeichen für ihre Verschonung (Jos 2,18) steht in einer gewissen Spannung zur plötzlich eintretenden wunderbaren Zerstörung, die der Bittprozession der Israeliten folgt (Jos 6,3-21). So fragte man, ob die historische Einnahme in der literarischen Form eines späteren Gedächtnisritus bei einem Fest geschildert wird. Trotz der starken Betonung des Wunderhaften in Jos 6 haben gerade auch konservative Forscher das taktische Feldherrngeschick des Josua hervorgehoben (J. Garstang, Joshua-Judges, 1931, 135-161; Y. Kaufmann, Conquest of Palestine, 1953, 91-97; K.A. Kitchen, IBD II, 750f). Besonders Y. Yadin (The Art of Warfare in Biblical Lands, 1963) und A. Malamat (BARev 8/2, 1982, 24-35) haben zu erklären versucht, wie zahlenmäßig unterlegene Nomaden befestigte Städte einnehmen konnten. So darf eine geschichtliche Bewertung weder die archäologischen Tatsachen noch den Charakter der literarischen Darstellung vernachlässigen.

Literatur: J.R. Bartlett: Jericho, 1982; K.H. Bernhardt: TRE XVI, 1987, 586-588; J. Bright: BHH II, 1964, 816-819; J.J. Bimson: Redating the Exodus and Conquest, [2]1981; H.J. Franken: OTS 14 (1965), 189-200; V. Fritz: Kleines Lexikon der Bibl. Archäologie, 1987, 97-100; K.M. Kenyon: EAEHL II, 1976, 550-564; dies.: Archäologie im Heiligen Land, [2]1976, 189-212; dies.: Die Bibel im Licht der Archäologie, 1980, 35-45; K.A. Kitchen: IBD II, 1980, 748-751; J. Murphy-O'Connor: Das Heilig Land, 1981, 256-258; A. Negev: Archäolo

Römerstraße zwischen Jericho und Jerusalem. Aufstieg nach Bachurim (2Sam 16,5). Der Blick geht nach Norden in die Wüste Juda. (RR)

gisches Lexikon zur Bibel, 1972, 187f; . Nelis: BL ^{2}1968, 814-818; OLB 2,492-497.532-550; K. Prag: BASOR 264, 1986, 61-72; A. Rabinovich: MB 18, 1981, 47; R. Riesner: ThBeitr 14, 1983, 79-86; W.H. Shea: ISBE II, 1982, 230-238; J.A. Thompson: NIDBA 258-261; L. Wächter: ThVers 11, 1979, 33-43.

I. DAS NEUTESTAMENTLICHE ERICHO.

Seit Alexander dem Großen (336-323 v.Chr.) war die Oase Privatbesitz des jeweiligen Herrschers. Sir 24,18 erwähnt die Rosenzucht von J. Um 160 v.Chr. erbaute der syr. General Bakchides am Ausgang des Wādi Qelt zwei Festungen (1Makk 9,50f). Auf der von ihm selbst errichteten Festung Dok nordwestl. von J. wurde Simon der Makkabäer ermordet (1Makk 16,15). Bei J. fand die Entscheidungsschlacht im Bruderkampf der letzten Hasmonäer statt (Jos.bell.Jud. I, 117-122), der die Römer ins Land rief. Von J. her eroberte Pompeius *Jerusalem (Strabo XVI, 2,40). Kleopatra bekam die Oase von ihrem Liebhaber Mark Anton geschenkt, verpachtete sie dann aber an Herodes den Großen. Nach Kleopatras Selbstmord wurde ihm J. von Kaiser *Augustus 30 v.Chr. übergeben (Jos.bell.Jud. I, 407).

Auch hier entfaltete Herodes eine großartige Bautätigkeit. In der Nähe eines hasmonäischen Palastes (vgl. Jos.ant.Jud. XV, 54) errichtete er am Ausgang des Wādi Qelt zu beiden Seiten des Tals einen Doppelpalast, der durch eine Brücke verbunden war. Den Palast stattete er luxuriös mit mehreren Schwimmbecken und einem Wintergarten aus (vgl. Jos.bell.Jud. I, 407). 1950ff. (J.L. Kelso, D.C. Baramki. Excavations at NT Jericho, 1957; Excavations at Herodian Jericho, 1958) und 1973ff (E. Netzer, 25, 1975, 89-100; BASOR 228, 1977, 1-13) hat man diese Gebäude ...ch und nach freigelegt. Die Anlagen wurden durch Herodes' Nachfolger Archelaos weiter ausgebaut (vgl. Jos.ant.Jud. XVII, 340). Etwa 1km ...dl. des alten Tell erbaute Herodes eine Pferderennbahn (Jos.bell.Jud. I, 659), heute Tell El-Samrat (OLB 2, 512f). Noch nicht gefunden wurde unter anderem das Amphitheater des Herodes (Jos.bell.Jud. I, 667), in dem nach seinem Tod vornehme Juden umgebracht werden sollten, damit der Herrscher nicht unbeweint bliebe (Jos.bell.Jud. I, 659f). Das herodianische J. mit seinen Bauten aus netzförmigem Mauerwerk (*opus reticulatum*) bringt ein Stück augusteisches Rom nach Palästina. Besonders wichtig sind die reichen Grabfunde, darunter auch die *Begräbnis-Stätte einer Priesterfamilie namens Goliath (R. Hachlili, BAR 5/4, 1979, 28-35). Nach der Kupferrolle aus *Qumran gab es um J. besonders viele Schatzverstecke der *Essener (3Q15 5,12-7,16), was auf eine größere Zahl von Gemeinschaftssiedlungen der Sekte in dieser Gegend verweist (B. Pixner, RQ 11, 1983, 348-350).

Die wahrscheinlich zutreffende frühbyzantin. Überlieferung (ELS 170ff) verlegt die Taufe Jesu (Mt 3,13-17 par.) im Jordan an die Einmündung des Wādi El-Charrār westl. von J. (Kopp 154f). Verschiedene byzantin. Bauten (OLB 2, 527-532) bezeugen das Alter der Tradition. *Johannes der Täufer wählte wahrscheinlich diesen Ort, weil er bereits in der jüd. Überlieferung mit der Himmelfahrt des Elia (2Kön 2,5-14) verbunden war (R. Riesner, TynB 38, 1987, 35-39; *Betanien II). Als »Berg der Versuchung« (Mt 4,1-11 par.) wurde offenbar schon in frühbyzantin. Zeit (ELS 189f) der Dschebel Qarantal, der Ort der ehemaligen hasmonäischen Festung Dok (OLB 2, 550-554), bezeichnet. Auf das Alter dieser Tradition könnte auch hinweisen, daß der Jerusalemer Talmud hier ein Bauwerk annimmt, das im Verdacht des Götzendienstes steht (jAZ 39c). Möglicherweise gab es auf dem Berg eine essenische Einsiedelei (3Q15 7,11-13). Vielleicht hängt die christl. Ortsüberlieferung mit der Erinnerung zusammen, daß sich Jesus ähnlich wie ein essenischer Eremit zu gesammelter Einsamkeit in die Wüste bei J. zurückzog (J. Daniélou, Qumran und der Ursprung des Christentums, 1958, 29f). Die Versuchungsgeschichten bewahren jedenfalls Erinnerungen an wirkliche Erfahrungen Jesu am Beginn seines Wirkens (F. Neugebauer, Jesu Versuchung, 1986).

In J. traf Jesus den Generalabgabenpächter *Zachäus, der zur Oberschicht der hellen. Stadt gehörte (Lk 19,1-10). Nach Lk 18,35-43 heilte Jesus, von Galiläa kommend, vor, laut Mk 10,46-52 (vgl. Mt 20,29-34) nach J. einen Blinden. Man hat den Unterschied damit erklären wollen, daß Mt/Mk vom alten, Lk aber vom neuen J. reden (P. Ketter, Bibl 15, 1934, 411-418). Gegen diesen Harmonisierungsversuch spricht aber, daß Josephus in seiner Ausdrucksweise beide Stätten deutlich unterscheidet (Jos.bell.Jud. IV, 459), was dann die Evv. nicht täten. Eine beachtenswerte byzantin. Tradition (C. Kopp 316) lokalisiert die Heilung (wie Mt/Mk) nach dem ntl. J. am Eingang des Wādi Qelt. Durch dessen Schlucht stieg die Römerstraße nach Jerusalem empor, von der noch viele Reste zu sehen sind, auch wenn in den letzten Jahren viel zerstört worden ist und weiter zerstört wird (J. Wilkinson, BA 38, 1975, 10-23). Die erhaltene Form der Straße darf kaum früher als der Beginn des 2. Jh.n.Chr. datiert werden (R. Beauvéry, RB 64, 1957, 72-101), aber der Verlauf kann sich nicht sehr von dem der ntl. Zeit unterscheiden. Diese Straße benutzte Jesus bei seinem letzten Gang nach Jerusalem (Lk 19,11.28) und auf sie spielte er im Gleichnis vom barmherzigen Samariter an (Lk 10,30).

Wenn man den Pseudoclementinischen Recognitionen glauben darf, dann bestand schon vor 70 n.Chr. in J. eine judenchristl. Gemeinde (PsClemR 1,72). Von J. aus ließ dann Vespasian 68 n.Chr. seine Belagerungsmaschinen nach Jerusalem bringen (Jos.bell.Jud. IV, 450ff). Mischna-Texte (OLB 2,503) setzen für das 2.Jh. in J. ein reges jüd. Leben voraus, das noch bis in die byzantin. Zeit andauerte, wie zwei Synagogen in der Nähe des atl Tell und bei Naaran zeigen (OLB 2, 518–520.555–559). Ab dem 4.Jh. war J. Bischofssitz. Die byzantin., die früh-arab. und die Kreuzfahrerstadt lagen schon im Gebiet des heutigen Ortes (OLB 2, 516-518).

Literatur: G. Dalman: Orte und Wege Jesu, ^{4}1967, 257-265; G. Foerster, G. Bacchi: EAEHL II, 1976, 564-575; C. Kopp: Die heiligen Stätten der Evangelien, ^{2}1964, 312-319; G. Kroll: Auf den Spuren Jesu, ^{10}1987, 289-297; OLB 2, 497-515. R.R.

JERIMOT.

1. Benjaminit, Sohn Belas (1Chr 7,7).
2. Benjaminit, Sohn Bechers (1Chr 7,8).
3. Benjaminit, der sich in Ziklag David anschloß (1Chr 12,5).
4. Sohn Hemans, levitischer Sänger z.Zt. Davids (1Chr 25,4).
5. Sohn Davids; seine Frau hieß *Abihajil und war die Tochter von Davids Bruder *Eliab. Ihre Tochter Mahalat heiratete König *Rehabeam, den Sohn Salomos (2Chr 11,18).

JEROBEAM. Die Bedeutung dieses Namens könnte lauten: »möge das Volk sich vermehren«; möglicherweise aber auch »möge er für das Volk kämpfen« d.h. gegen Rehabeams Unterdrückung.

1. Erster König von Israel nach der Teilung in Israel (Nordreich) und Juda (Südreich). Er lebte ca. 931-910 v.Chr. (1Kön 11,26-14,20; 2Chr 10,2-13,20). J., der Sohn Nebats, scheint ein reicher Landbesitzer gewesen zu sein (*gibbōr chajjil*, 1Kön 11,28); er konnte sich und andere für den Krieg ausrüsten, obwohl seine Mutter Zerua Witwe war. Als *Salomo den *Millo baute, übertrug er dem Efraimiter J. die Aufsicht über die Arbeiter der Nordstämme. Später verbannte der König Salomo – wohl aus Angst vor einer Revolte – J. nach Ägypten. Erst mit Salomos Tod endete J.s Verbannung. Der Text der LXX enthält einen zuverlässig überlieferten Midrasch (der sich teilweise auf Hadads Erfahrungen stützt, 1Kön 11,14-22). Er versucht die unvollständigen bibl. Informationen von J.s Flucht nach Ägypten zu vervollständigen. Der Nachfolger Salomos, Rehabeam, lehnte es ab, eine nachsichtigere Politik als sein Vater Salomo einzuleiten. Das führte zur Erfüllung von Ahijas Prophezeiung (1Kön 12,29ff): das Königreich wurde gespalten. Der Stamm Benjamin blieb als einziger loyal zu Juda, auf seinem Gebiet wurde eine Reihe von Grenzscharmützeln zwischen den beiden Königen (1Kön 14,30) ausgetragen. J. wurde König über die übrigen 10 Stämme Israels im Nordreich. Der Konflikt mit Juda (1Kön 15,6-7) und der politische Druck von Damaskus und den Philisterstädten veranlaßten J., Schlüsselpositionen wie *Sichem, *Pnuël und *Tirza, die der Reihe nach als Hauptstädte dienten (1Kön 12,25; 14,17), zu befestigen.

J. lud den Zorn Gottes auf sich, als er in Dan und Bethel Höhenheiligtümer baute. Sie dienten dem Götzendienst und machten dem Tempel in Jerusalem den Rang streitig. J. besetzte sie mit einer neugebildeten Priesterschaft, die nicht zum Stamm Levi gehörte. Dabei wurde der Zeitpunkt des Laubhüttenfestes geändert (1Kön 12,31.32). Die verrufenen Kälberstatuen waren wahrscheinlich nicht Repräsentanten der Gottheit, sondern der Sockel, auf denen der unsichtbare Jahwe stehen sollte (vgl. W.F. Albright: From the Stone Age to Christinanity, ²1957, S. 299-301). Sie bedrohten den Glauben des Bundesvolkes, indem sie eine Vermischung der Jahwe-Verehrung mit dem Fruchtbarkeitskult Baals förderten und so eine prophetische Warnung auf sich zogen (z.B. 1Kön 13,1ff: Mann Gottes; 1Kön 14,14-16: Ahija). J.s Thronbesteigung durch die Wahl des Volkes statt durch Erbrecht verurteilte das nördl. Königreich von Anfang an zu dynastischer Instabilität. J.s Königskult war seinen Nachfolgern Vorbild. Sie werden allg. abschätzig beurteilt, weil sie J.s Sünden (Götzendienst) fortsetzten (z.B. 1Kön 16,26).

2. Jerobeam II. (ca. 793-753 v.Chr.) Der 4. König der Dynastie Jehu und einer der berühmtesten Herrscher Israels (2Kön 14,23-29). Für ein Jahrzehnt war er Mitregent seines Vaters und führte Joaschs aggressive Expansionspolitik fort. Unterstützt durch die Feldzüge des Assyrers Adad-Nirari (805-802 v.Chr.), die das aram. Königreich zu Fall brachten, und dadurch, daß Assyrien mit Armenien beschäftigt war, konnte er Israels Grenzen fast so wiederherstellen, wie sie zu Salomos Zeiten waren, und erfüllte damit die Prophezeiung Jonas, des Sohnes Amittais (2Kön 14,25).

J.s Regierungsbefähigung, zusammen mit vergleichsweise wenig feindlichen Angriffen, brachten nie gekannten wirtschaftlichen Reichtum für das Land. Ausgrabungen in *Samaria geben einen Eindruck von der Großartigkeit der Stadt. Durch die Propheten *Amos und *Hosea wurden Luxus, Unterdrückung der Armen und der falsche Gottesdienst verurteilt (z.B. Am 5,5.7.11.12.21-26; 6,1-8; 8,4-14).

Amos' Prophezeiung des Untergangs des Nordreiches Israel (Am 7,ˌ bewahrheitete sich, als Schallums erfolgreicher Coup gegen Secharja (dessen Name zeigt, daß J. noch etwas Achtung vor Jahwe empfand, 2Kön 15,8-12) das Ende des Hauses Jehu bedeutete.

Literatur: M. Clauss: Geschichte Israel Von der Frühzeit bis zur Zerstörung Jerusalems (587 v.Chr.), 1986; H. Donner: Ge

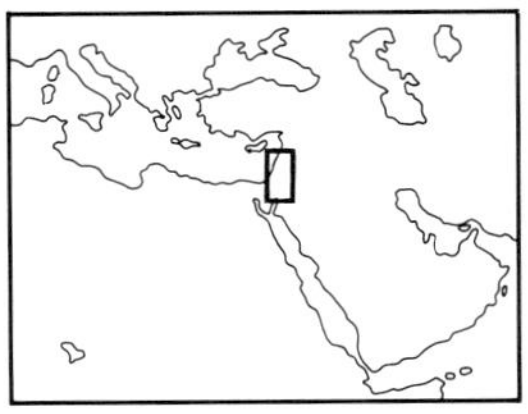

Israel und Juda während der Regierungszeit Jerobeams II.

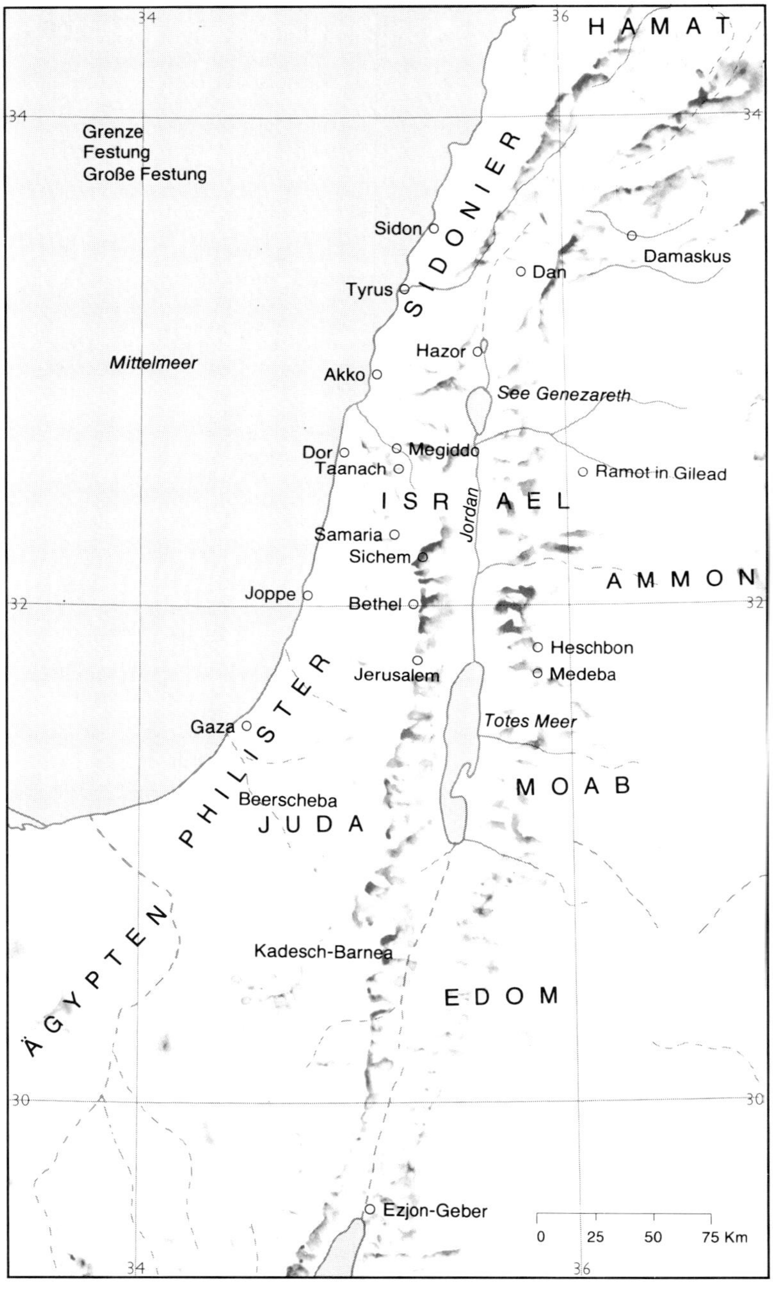

Siegel mit der Inschrift: »Eigentum Schemas, des Dieners Jerobeams« (lschmʿ ʿbd jrbʿm), vermutlich ist Jerobeam II. (787/6–747/6 v.Chr.) gemeint. Der brüllende Löwe galt als Symbol für Juda. Länge 3,8 cm. Megiddo. (IM)

chichte der Völker Israel und seiner Nachbarn in Grundzügen, Teil 2, 1986. J. Bright: Geschichte Israels, 1966. D.A.H.

EROHAM. (»Weich/zart«).
1. Levit, Großvater des Propheten amuel (1Sam 1,1; 1Chr 6,12-19).
2. Benjaminit (1Chr 8,27).
3. Benjaminit aus Gedor, dessen wei Söhne zu David nach Ziklag kanen (1Chr 12,8).
4. Vater des Stammesfürsten über an z.Zt. Davids (1Chr 27,22).
5. Vater des Obersten Asarja z.Zt. ojadas (2Chr 23,1).
6. Benjaminit, Vater Jibnejas, Beohner Jerusalems (1Chr 9,8).
7. Priester in Jerusalem, Vater Adajas (1Chr 9,12; Neh 11,12).

ERUSALEM. Die Stadt ist für die rei monotheistischen Weltreligionen dentum, Christentum und Islam on größter Wichtigkeit. Für Juden itt zur rel. die politische Bedeutung s Hauptstadt des wiedergegründeten aates Israel. Als eine der schönsten r Welt gilt die Altstadt von J. Sie rgt vermutlich noch einmal so viel schichtliche Geheimnisse wie sie r intensiven archäologischen Erforhung der vergangenen Jahrzehnte eisgegeben hat.

NAMEN.

Die dt. Namensform J. schließt sich die alte semit. Bezeichnung an. ie vieles war auch die Behauptung reilig, J. werde in den Keilschrifturnden von *Ebla (um 2500 v.Chr.) wähnt (J.D. Muhly, BARev 9/6, 83, 74). Das wäre angesichts der ündung der Stadt am Beginn des t.v.Chr. auch erstaunlich gewesen. eitgehend akzeptiert ist eine Erhnung in ägypt. Ächtungstexten s 19./18. Jh.v.Chr. als *ruschalimum* B III, 791). In den *Amarna-Brie (um 1400 v.Chr.) an den Pharao nenophis IV. nennt der Stadtkönig Abdiheba seinen Hauptort *urusalim* (ANET 487-489). Auf assyr. Denkmälern findet sich der Name *ursalimmu* (ANET 288). Die Ableitung des Namens ist umstritten (BHH II, 821f). Die meiste Zustimmung hat die Etymologie »Gründung [*ʿir*] des [kanaan. Gottes] Schalem« gefunden.

Im AT kommt der Name rund 600 mal vor, allerdings nie im Pentateuch. Es ist aber wahrscheinlich, daß in der Endfassung der Mose-Bücher an einigen Stellen (z.B. 1Mo 14,18 [*schālēm*]; 22,2) verdeckt auf J. hingewiesen wird (U. Cassuto, Biblical and Oriental Studies I, 1973, 71-78). Die Konsonantenform des Namens ist *jrschlm*, was höchstwahrscheinlich als *jerūschālēm* ausgesprochen wurde. Die Masoreten vokalisierten den Namen allerdings wie eine Dual (Doppel)-Form als *jerūschalajīm*. So lautet auch heute die offizielle neuhebr. Bezeichnung.

Die LXX bietet als Umschrift des Namens *Ierousalēm*. Seit dem 2. Jh.v.Chr. begegnet auch die Form *Hierosolyma* (1-4Makk; Josephus u.a.). Dabei handelt es sich offenbar um eine Anspielung auf den heiligen (griech. *hieros*) Charakter der Stadt aufgrund des Tempels. Schon das AT (Jes 48,2; 52,1; Neh 11,1; Dan 9,24) spricht deshalb von J. als »Stadt der Heiligkeit« (*ʿīr haqqōdesch*). Ähnlich nennt Mt (4,5; 27,53) J. die »heilige Stadt« (*hē hagia polis*). Münzen des ersten jüd. Aufstands (66-70 n.Chr.) tragen die Umschrift *jruschl(j)m (h)qdschh*, »Jerusalem die Heilige«. Der heutige arab. Name von J. lautet Al-Quds, »die Heiligkeit«. Im NT wird fast ausschließlich (Ausnahmen sind z.B. AT-Zitate) die hellen. Form *Hierosolyma* verwendet. Nur Lk wechselt offenbar ganz bewußt ab, indem er in atl.-heilsgeschichtlichen und jüd. Zusammenhängen *Ierousalēm* gebraucht (J.K. Elliott, TRE XVI, 1987, 610f).

Nach seinen Bewohnern, den *Jebusitern (Ri 19,11, vgl. Jos 15,8; 18,16; 26), wird J. im AT auch *Jebus genannt (Ri 19,10f; 1Chr 11,4f). Dabei könnte es sich um eine Namensrückbildung aus späterer Zeit handeln, jedenfalls war das kaum die von den ursprünglichen Einwohnern gebrauchte Bezeichnung.

*Zion meinte zuerst die jebusitische und darauf die davidische Festung auf dem SO-Hügel (2Sam 5,7), später dann diesen selbst (2Chr 5,2f vgl. 1Kön 8,1). Noch später wurde der Name auf die ganze Stadt übertragen, haftete aber vor allem am Tempelberg. Mindestens seit dem 2.Jh.n.Chr. hieß der SW-Hügel Zion. Vielleicht wurde diese Namenswanderung dadurch unterstützt, daß man schon in der Makkabäer-Zeit die Davidsstadt auf dem W-Hügel suchte (Vincent-Stève I, 179ff). Das war jedenfalls die Ansicht des Josephus (bell.Jud. V, 137), die dann bis ans Ende des 19. Jh. zu falschen Auffassungen über die Topographie J.s führte.

Wohl schon 1Mo 22,2, aber dann deutlich Josephus (ant.Jud. I, 222-226) und die Rabbinen identifizieren den Berg *Morija mit dem Tempelberg. Die rabbinische Deutung (GenR 56,10) des ersten Namensbestandteils in J. von *rʾh*, »ausersehen« (vgl. 1Mo 22,14), und des zweiten von *schalōm*, »Friede«, her dürfte auch im NT schon vorausgesetzt sein, wie Lk 19,42 (K.H. Rengstorf, NTD 3, [11]1966, 220) und Hebr 7,2 (als Herrscher von Schalem ist *Melchisedek »König des Friedens«) zeigen (*Königsgrund).

Literatur: G. Fohrer: ThWNT VII, 1964, 292-299; H. Kosmala: BHH II, 1964, 820-822; H. Schultz: TBLNT II, 1967, 752; L.H. Vincent, A.M. Stève: Jérusalem de l'Ancien Testament I, 1954, 1-26; II, 1956, 611-632; P. Welten: TRE XVI, 1987, 590.

II. LAGE.

J. liegt östl. der heutigen Wasserscheide zwischen dem Mittelmeer und dem *Jordan-Graben, etwa 50

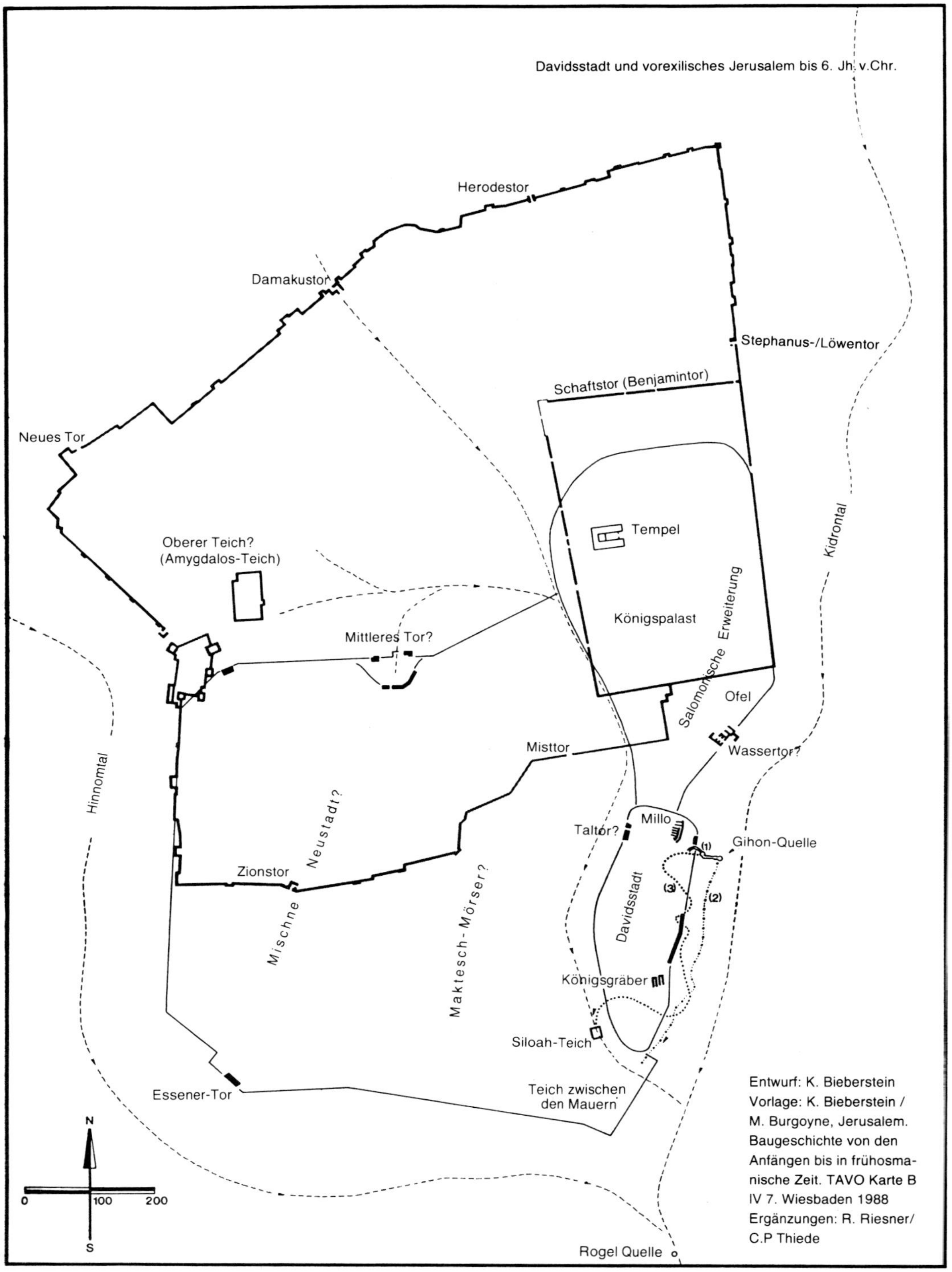

km von der Küste und 25 km vom N-Ende des *Toten Meers entfernt. Die alte Wasserscheide verlief über den Skopus-Berg (814 m), die *Ölberg-Kette (bis zu 827 m) und den »Berg des Ärgernisses« (742 m) östl. der Stadt zum »Berg des Bösen Rates« (797 m), heute der Sitz der UNO im S. Durch Erosion hat sich der *Kidron-Bach einen Abfluß nach SO zum Toten Meer freigemacht.

Die Wasserscheide ist auch zugleich eine Wetterscheide. Vor allem vom Mittelmeer kommende Wolken lösen sich oft, ohne abzuregnen, über J. auf (vgl. Hos 6,4; Jes 44,22). Die durchschnittliche Regenmenge liegt zwischen 500 und 600 mm. Sie fällt fast ausschließlich in den Monaten Dezember bis Februar. In dieser Zeit kann die Temperatur auch unter 0°C sinken, so daß es zu Schneefällen kommt. Die Sommertemperaturen schwanken zwischen 25 bis 35°, können aber auch über 40° erreichen. Gefürchtet ist der heiße, oft extrem sandhaltige O-Wind, Chamsin oder arab. Scharkije genannt. Die dann manchmal bis auf 0% abfallende Luftfeuchtigkeit kann das Herz angreifen und die Menschen reizbar machen (vgl. Jona 4,8).

J. gehört gerade noch zum Bereich des Mittelmeerklimas. Schon jenseits des Ölbergs beginnt ein schmaler Steppengürtel, der in die Wüste Juda übergeht. Auch hinsichtlich der Vegetation (Öl- und Feigenbäume, Zypressen, Kiefern) ist J. typisch mediterran. Am Ende des Frühlings im April/Mai kann allerdings der heiße Wüstenwind das frische Grün von einem Tag auf den andern ausdörren (vgl. Jes 40,7).

In der Antike verliefen die Hauptverkehrswege zwischen Ägypten und Mesopotamien in der Küstenebene und auf dem Kamm des ostjordanischen Gebirges (»Königsweg«). J. lag aber nahe dem Kreuzungspunkt von zwei wichtigen Nebenverkehrswegen. Einer führte vom Mittelmeer über den Ölbergkamm zu den Jordanfurten östl. von *Jericho. Der andere Weg über den Kamm des Gebirges Juda, der etwas westl. der Altstadt verläuft, konnte Wichtigkeit erlangen, wenn die Küstenstraße (z.B. durch die *Philister) oder der »Königsweg« (durch Wüstenvölker) gesperrt waren. Seine relative strategische Bedeutung erhielt J. durch die Lage auf der verhältnismäßig schmalen Kulturlandbrücke zwischen den Weltreichen am Nil und in Mesopotamien. Diese geographische Situation bedingte auch die wechselvolle politische Geschichte mit.

Die einzige ganzjährig fließende Quelle ist die Marienquelle (arab. ʿEn Sitti Marjam), die im Kidrontal etwa 9 m unter der heutigen Talsohle entspringt. Diese bibl. *Gihon-Quelle (1Kön 1,33.38 u.ö.) war der Grund für die Anlage einer andauernden Siedlung an jener Stelle. Etwa 400 m südl. des Gihon liegt die *Rogel-Quelle (arab. Bīr ʿAjjūb, »Hiobsbrunnen«). Es handelt sich um einen Grundwasserbrunnen (1Kön 1,9 u.ö.), der wahrscheinlich mit der Drachenquelle (Neh 2,13) gleichzusetzen ist. Die Wasserversorgung stellte in allen Phasen der Geschichte von J. ein großes Problem dar, dem man durch den Bau von Zisternen und Teichen sowie Kanälen und Wasserleitungen zu begegnen versuchte. Wenn Tacitus von einer Quelle auf dem Tempelberg spricht (hist. V, 12), so hängt das wahrscheinlich mit den riesigen Zisternen unter dem Tempelplatz zusammen (s.u.), die von Zeit zu Zeit ins Kidrontal abgelassen wurden.

Das Gebiet der heutigen Altstadt ist durch drei Haupttäler gegliedert. Die O-Begrenzung bildet das nach S immer tiefer eingeschnittene Kidrontal. Im W und S ist die Stadt vom *Hinnom-Tal umfaßt. Ein weiteres Tal, das nördl. des heutigen Damaskustors beginnt und wenig oberhalb

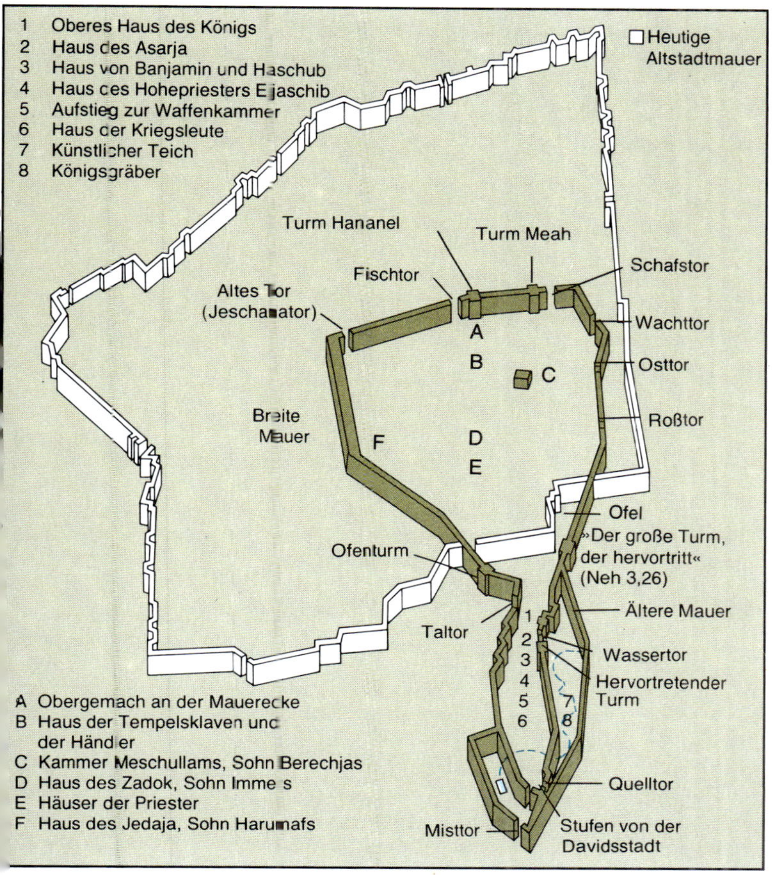

Jerusalem nach dem Wiederaufbau durch Nehemia im 5. Jh.v.Chr. (nach unsicherer Quellenlage).

er Vereinigung von Hinnom- und idron-Tal in das letztere mündet, ilt das Stadtgebiet in einen größen und höheren W- sowie einen -Hügel. Die Zweiteilung der Stadt itt schon in den Beschreibungen on Tacitus (hist. V, 11) und Josephus ell.Jud. V, 136) klar hervor. Der Nae des Stadttales wird im AT cht klar genannt (doch vgl. A. van elms, ZAW 91, 1979, 170-175). Eige vermuten im *maktēsch*, »Mörr«, von Zef 1,11 den Oberteil dieses ls. Josephus nennt es das Tyroon-(Käsemacher?-)Tal (bell.Jud. V, 0). Die beiden O- und W-Anhöhen ssen sich jeweils noch in einen N- d S-Teil untergliedern. Auf dem edrigsten SO-Hügel (bis zu 720 m) die älteste Stadt oberhalb der Gin-Quelle. Der NO-Hügel (744 m) g später den Tempel. Der SW-Hü wurde zum Zion der späteren ristl. Tradition, auf dem NW-Hügel 72 m) errichtete Herodes der Große e mächtige Festung im Gebiet der utigen Zitadelle (volkstümlich »Daspalast«).

Während also J. an drei Seiten von hältnismäßig tief eingeschnittenen lern geschützt war, bildete die Seite immer ein Problem für die teidigung. Man versuchte hier m Mauerbau kleinere Täler einzuiehen, die heute aufgrund absichter oder bei Zerstörungen hervorufener Verschüttungen kaum hrzunehmen sind. Auch die drei Haupttäler, besonders das Stadttal (arab. El-Wad), sind durch den Schutt der Jahrhunderte aufgefüllt, der an manchen Stellen eine Höhe von bis zu 30 m erreicht. Der Ausdruck »hochgebaute Stadt« stimmt nur, wenn man J. von den Tälern aus betrachtet. Vom Kamm des Gebirges Juda im W oder gar vom Ölberg im O gesehen liegt die Stadt im Tal. Für die heutige Orientierung muß man sich klar machen, daß wesentliche Teile der atl. und ntl. Stadt südl. der heutigen Altstadtmauer aus der Türkenzeit (nach 1520) liegen. Dagegen wurde der NW-Teil der heutigen Altstadt (Christl. Viertel) erst nach 41 n.Chr. von einer Mauer umfaßt.

Literatur: F.M. Abel: Géographie de la Palestine I, ³1967, 372-375; LDB; D. Amiran, A. Shachar, I. Kimhi: Urban Geography of Jerusalem, 1973; E.W. Cohn: New Ideas about Jerusalem's Topography, 1987; G. Dalman: Jerusalem und sein Gelände, 1930; Y. Karmon: Israel – Eine geographische Landeskunde, 1983, 212-233; H. Kosmala: BHH II, 1964, 823-827; G.A. Smith: Historical Geography of Jerusalem, 1907; T. Tobler: Topographie von Jerusalem I/II, 1853/4; L.H. Vincent: Jérusalem antique, 1912.

III. DIE KANAANÄISCHE STADT.

Funde von Feuersteinwerkzeugen reichen im *Refaïm-Tal südwestl. von J. weit in vorgeschichtl. Zeit zurück (O. Bar-Yosef, EAEHL II, 1976, 579f). Die ersten Siedlungsreste im Gebiet der Altstadt stammen aus dem 4.Jt.v.Chr. Schon in dieser Zeit zogen die Gihon-Quelle und die bei ihr liegenden Höhlen Menschen an. Der bisher älteste Fund eines vereinzelten Hauses läßt sich auf ca. 3000 v.Chr. datieren (Shiloh 25). Aus der Frühen Bronzezeit stammen auch Gräber auf dem SO-Hügel (L.Y. Rahmani, BA 44, 1981, 229f) sowie in Silwan (*Siloah) am O-Hang des Kidron-Tals und auf dem Ölberg. In der Mittleren Bronzezeit, etwa um 1800 v.Chr., wurde die erste ummauerte Stadt angelegt. Sie wurde erst durch K.M. Kenyon während ihrer Grabungen 1961-67 identifiziert. Wenig nördl. der Gihon-Quelle legte sie eine Mauer von ca. 2,5 m Dicke und einen Turmansatz frei, die aus teilweise grob behauenen Steinen errichtet waren (Jerusalem 81-84). Diese Mauer hat Y. Shiloh auch weiter südl. ausgegraben (City 12-26). Im selben Areal (E[1]) konnte er auch Häuserreste aus dieser Zeit nachweisen (IEJ 34, 1984, 57). Ob das schon 1927/8 von J.W. Crowfoot (Excavations in the Tyropoeon Valley, 1929) gefundene Tor im Stadttal zur kanaan. Stadt gehörte, ist nicht gesichert (Otto 26-28). Der Hauptbegräbnisplatz lag während der Mittleren Bronzezeit offenbar auf dem Tempelberg (R. Gonen, BARev 11/3, 1985, 44-55). Einige der Gräber wurden in ntl. Zeit in jüd. Ritualbäder (*miqwaot*) umgewandelt.

Der wichtigste Fund aus der Späten Bronzezeit (1550-1200 v.Chr.) ist eine mächtige Terrassenkonstruktion am NO-Hang, durch die eine Plattform von über 200 m² entsteht. Vielleicht handelt es sich um den Unterbau des kanaan. Königspalasts (Shiloh 26). Manche Forscher vermuten hier auch den *Millo von 2Sam 5,9 (P. Welten, TRE XVI, 1987, 593, doch s. u.!), während andere die Konstruktion mit den Kidron-Terrassen (*sadmot qidrōn*) von 2Kön 23,4 identifizieren (L.E. Stager, JNES 41, 1982, 111-121). Die ummauerte Fläche der kanaan. Stadt betrug 4 ha und bot etwa 2000 Einwohnern Platz (M. Broshi, RB 82, 1975, 5-14). Bei der Bevölkerung handelte es sich um W-Semiten, die man zu den Kanaanäern zählen kann (vgl. 1Mo 10,16; Hes 16,3f). Das AT bezeichnet sie genauer als *Jebusiter (Jos 15,63; Ri 1,21). Ihr Stadtkönigtum reichte in der Späten Bronzezeit von *Bet-Horon bis *Kegila und befand sich unter ägypt. Oberherrschaft. Auf einen gewissen Hochstand der damaligen Kultur weisen die Grabfunde, deren wichtigste auf dem Ölberg (besonders bei der Kirche Dominus Flevit) gemacht wurden (S.J. Saller, Excavations at Dominus Flevit II, 1964).

Literatur: G. Kroll: Auf den Spuren Jesu, ¹⁰1987, 97-106; K.M. Kenyon: Digging Up Jerusalem, 1974, 76-97; B. Mazar, K.M. Kenyon: EAEHL II, 1976, 580-597; E. Otto: Jerusalem, 1980, 21-41; Y. Shiloh: Excavations at the City of David, 1984; L.H. Vincent, M. A. Stève: Jérusalem de l'Ancien Testament II, 1956, 611-632; P. Welten: TRE XVI, 1987, 591-593.

IV. DAVID UND SALOMO.

Es scheint, daß die Israeliten trotz ihres Sieges über den Jerusalemer Stadtkönig *Adoni-Zedek und die von ihm angeführte Koalition kanaan. Fürsten (Jos 9-10) nur Teile des Stadtstaats erobern konnten (vgl. Ri 1,8). Die Stadt selbst jedenfalls blieb jebusitisch (Jos 15,63; Ri 1,21; 19,12), bis *David sie 997 v.Chr. einnahm (2Sam 5,6-8, vgl. 1Chr 11,4ff). Wahrscheinlich hatten die guten Befestigungen J. so lange standhalten lassen. Allerdings war die jebusitische Stadt in ihrer letzten Phase aufgrund der Territoriumsverluste, nicht nur durch die Israeliten, sondern auch durch die *Philister (H. Donner, Geschichte des Volkes Israel I, 1984, 173f), nicht mehr sehr mächtig und dazu außenpolitisch isoliert. Die Deutung des Eroberungsberichts, der textkritisch sehr schwierige Probleme bietet, ist untrennbar mit der Interpretation der archäologischen Entdekkungen verbunden (R. Wenning, E. Zenger, UF 14, 1982, 279-294). Am naheliegendsten scheint es immer noch, den *zinnōr* (LÜ: »Schacht«) mit dem Warren's Shaft zu identifizieren, der seinen Namen nach dem Entdekker C.W. Warren trägt. Es handelt sich um einen Treppenschacht, der innerhalb der Jebusitermauer zu einem 13 m tiefen senkrechten Schacht führt, aus dem das Wasser der Gihon-Quelle mit Eimern geschöpft werden kann (Y. Shiloh, BARev 7/4, 1981, 24-39). Schwer zu deuten (H.J. Stoebe, ZDPV 73, 1957, 73-99) ist allerdings die Wendung »an den Schacht schlagen« (*nagaʿ zinnōr*). Stieg Joab den Schacht empor? Dann müßte man in *ʿalāh zinnōr* verbessern (so LÜ). Oder entdeckte Davids Söldnerführer den verborgenen Abfluß der Quelle? Wurde ihr Wasser nach außen geleitet, dann stieg es nicht mehr im Schacht empor und konnte von den Bewohnern der Stadt nicht mehr erreicht werden (S. Loffreda, SBFLA 34, 1984, 59–72).

Zur Eroberung von J. hatte David nicht den Heerbann Israels aufgeboten, sondern bemächtigte sich der Stadt durch einen Handstreich seiner Söldner. Dadurch wurde J. persönliches Eigentum des Königs und dessen eigenständige Stellung gegenüber den Stämmen verstärkt. Wegen der Überführung der *Bundeslade nach J. (2Sam 6; 1Chr 13; 15) kam es zu einer engen Verbindung zwischen der Erwählung der Stadt als Ort des Heiligtums sowie dem Bund Gottes mit David und seinen Nachkommen (Ps 132 vgl. Ps 2,6; 110,3; 2Sam 7,11-16. S. *Jerusalem – in seiner theologischen Bedeutung).

Für seinen Palast ließ David Bauholz aus dem *Libanon kommen (2Sam 5,11; 7,2). Ob es sich um einen Neubau handelte oder nur um eine Reparatur und Erweiterung des kanaan. Königspalastes ist nicht ganz deutlich. Später errichtete David ein eigenes Haus für seine Frauen (2Sam 20,3) sowie Unterkünfte für seine Söldner (»Helden«, 2Sam 10,7; 23,8-39, vgl. Neh 3,16). Diese Gebäude lassen sich bisher nicht identifizieren, wie man überhaupt noch keine Häuserreste sicher der Zeit Davids zuschreiben kann: Aus der davidisch-salomonischen Epoche stammt eine bis zu drei Stockwerke hohe Treppenrampe am N-Ende der Jebusiterstadt (Kenyon 101-103; Shiloh 27f). Sie wurde wahrscheinlich am Ort (*Ofel) des kanaan. und späteren davidischen Königspalastes errichtet. Man darf diese mächtige Treppenstruktur mit einer Reihe von Forschern für den *Millo halten, den *Salomo erbauen ließ (1Kön 9,15.24; 11,27). Wenn es 2Sam 5,9 heißt: »David baute rings um die Burg eine Mauer vom Millo an nach innen zu«, so bedeutet das nicht, daß der Millo zu seiner Zeit schon existierte. Der Verfasser des Königsbuchs beschreibt mit diesem seinen Lesern bekannten Ortsnamen die Ausdehnung der (Reparatur-?) Arbeiten unter David.

Der Glanz der salomonischen Epoche (ca. 965-926 v.Chr.) zeigt sich auch daran, daß die Stadt auf den NO-Hügel ausgeweitet wurde. Dadurch vergrößerte sich ihre Fläche auf etwa 10 ha, und die Bevölkerungszahl wuchs auf ca. 5000 (M. Broshi, BARev 4/2, 1978, 10-12). Über den größten Teil der Bauvorhaben Salomos besitzen wir keine archäologischen Kenntnisse, da die islamischen Religionsbehörden z.Zt. keine Ausgrabungen auf dem Tempelberg erlauben. Sicher der salomonischen Zeit (vgl. 1Kön 9,15) zuweisen läßt sich eine Kasemattenmauer (Areal H) auf der N-Seite des SO-Hügels wenig oberhalb der Jebusitermauer (Kenyon, 114f). E.M. Laperrousaz (BARev 13/3, 1987, 34-44) hält das älteste sichtbare Stück der O-Mauer des Tempelplatzes für salomonisch, während es die Mehrheit der Forscher der Perserzeit zuweist (Otto, 99). Ungeklärt ist das Alter eines offenbar vorhellen. Tors unter dem gegenwärtigen früharab. »Goldenen Tor«. Dieses unterirdische Tor wurde 1969 durch Zufall entdeckt und ist jetzt leider wieder unzugänglich gemacht (J. Fleming, BARev 9/1, 1983, 24-37). Es wäre nicht ausgeschlossen, daß es zum vorexilischen Tempel zählte. Von den Kultgegenständen des Tempels wurde wohl das Bruchstück eines Elfenbeinzepters gefunden, das einem Priester im 8.Jh.v.Chr. gehörte und die bisher älteste bekannte Inschrift des Gottesnamens trägt (A. Lemaire, BARev 10/1, 1984, 24-29). Für eine konkrete Vorstellung von Salomos Palast und Tempel sind wir also gegenwärtig neben den bibl. Berichten (1Kön 6-7) auf vergleichbare Bauten aus der altorientalischen und da besonders der phönizischen (vgl. 1Kön 5,32; 7,13ff) Umwelt angewiesen (V. Fritz, BARev 13/4, 1987, 38-49). Um einen ersten Innenhof (1Kön 7,12) waren Gebäude wie das »Libanonwaldhaus«, offenbar eine Art Schatzkammer (vgl. 1Kön 10,16f), eine Säulenhalle mit Vorhalle sowie eine Thron- und Gerichtshalle angeordnet (1Kön 7,1-7). An einem zweiten Innenhof, der vielleicht mit dem »inneren Hof« von 2Kön 20,4 und dem späteren »Wachthof« (2Kön 11,5f.19; Jer 32,5; Neh 3,25) identisch war, lag Salomos eigener Wohnpalast sowie der seiner ägypt. Frau (1Kön 7,8). Innerhalb dieses offensichtlich recht großen Palastkomplexes bildete der *Tempel (1Kön 6) eine Art »Palastkapelle«.

Unter Salomo wurde J. nicht nur zur Hauptstadt eines zentralistisch organisierten Reichs von beträchtlicher Größe (1Kön 4), sondern auch ein Ort, an dem zeitgenössische Kunst und Wissenschaft gepflegt wurden (1Kön 5,1-14). Man hat geradezu von einer »salomonischen Aufklärung« gesprochen (R. Riesner, Jesus als Lehrer, [3]1988, 154-159). Am Ende der Regierungszeit Salomos kam es allerdings zu rel. und sozialen Zerfallserscheinungen. Durch den großen Harem des Königs wurden Fremdkulte hoffähig (1Kön 11,1-8). Die ausgedehnten Baumaßnahmen machten Fronarbeit notwendig (1Kön 5,27-31) und führten zu Staatsverschuldung (1Kön 9,10-14) sowie überhöhten Steuern. Als Salomos Sohn *Rehabeam die Steuerlast noch erhöhen wollte, kam es 926 v.Chr. zum Abfall des N-Reichs von der Davidsdynastie (1Kön 12,1-19), bei der nur die Stämme *Juda und *Benjamin verblieben (1Kön 12,21).

Literatur: K.M. Kenyon: Digging Up Jerusalem, 1974, 98-128; H. Kosmala: BHH II, 1964, 837-841; G. Kroll: Auf den Spuren Jesu, [10]1987, 107-116; A. Malamat, in: H. Shanks, B. Mazar: Recent Archaeology in the Land of Israel, 1985, 161-172; B. Mazar: Der Berg des Herrn, 1979, 39-47.91-96.151-158; J. Murphy-O'Connor: Das Heilige Land, 1981, 107-114; E. Otto: Jerusalem, 1980, 42-60; H. Shanks: BARev 11/6 (1985) 22-38; Y. Shiloh: Excavations at the City of David, 1984; ders. in: Biblical Archaeology Today, 1985, 451-462; ders.: BARev 14/2 (1988) 14-27; J. Simons: Jerusalem in the Old Testament, 1952, 60 225; L.H. Vincent: Jérusalem Antique, 1912, 142-196; L.H. Vincent, M.A. Stève: Jérusalem de l'Ancien Testament I, 1954, 51-80.313-323; II, 1956, 373-431.633-654; P. Welten: TRE XVI, 1987, 593-595.

V. DIE HAUPTSTADT DES SÜDREICHS.

Schon im fünften Jahr Rehabeams plünderten ägypt. Truppen Tempel und königlichen Palast (1Kön 14,25f. Auch unter *Joram (847-845 v.Chr.) nahmen Philister und *Araber J. zeitweilig ein (2Chr 21,16f). In den ersten 150 Jahren nach der Reichsteilung hatte das N-Reich die stärkere Machtposition. So verlor *Amazja von *Juda den Krieg gegen *Joasch von Israel, der deshalb um 790 v.Ch die Mauer zwischen Ephraim- und Ecktor niederreißen ließ (2Kön 14,1 2Chr 25,23). Es muß sich um N-Tor gehandelt haben, die aber nicht in den Tempelbezirk führten wie das Benjamintor (Jer 20,2). Bereits diese Angabe läßt es als möglich erscheinen, daß es schon am Beginn des 8. Jh.v.Chr. ein ummauertes Viertel auf dem W-Hügel gab. Dieser beim Fisch- (=Ephraims-)Tor gelegene Stadtteil wurde später *mischnēh*,

»zweites (Viertel)« genannt (2Kön 22,14; Zef 1,10f). Weitere Baumaßnahmen werden von *Usia (781-740 v.Chr.) berichtet, der die Mauern erneuerte sowie am Eck- und Taltor neue Türme erbaute (2Chr 26,9). Sein Sohn *Jotam (740-736 v.Chr.) ließ im Tempelbereich das »Obere Tor« errichten und die Ofel-Mauern renovieren (2Chr 27,3 vgl. Jos.ant.Jud. IX, 236f). Auch auf diese Vorsorge war es zurückzuführen, daß die verbündeten Truppen Syriens und des Nordreichs 733/2 v.Chr. J. vergeblich belagerten (2Kön 16,5). Trotz der Warnung des Propheten Jesaja (Jes 7,1-9) verbündete sich aber König *Ahas (735-727 v.Chr.) mit den *Assyrern, was zur Einrichtung eines heidnischen Nebenkults im Tempel führte (2Kön 16,10-16). Die im Zusammenhang damit genannten Baumaßnahmen (2Kön 16,17f) sind schwer zu deuten.

Auch die archäologischen Funde weisen darauf hin, daß J. im 8./7. Jh. v.Chr. auf den W-Hügel ausgeweitet wurde. Die Entdeckung einer mächtigen Mauer von bis zu 7 m Breite im N-Teil des heutigen jüd. Viertels durch N. Avigad (Jerusalem 31–60) hat endgültig die sog. minimalistische Position widerlegt, nach der die Stadt sich erst in hellen. Zeit auf den W-Hügel ausdehnte. Eine etwas spätere Mauer vom Ende des 7. Jh.v.Chr. mit einem Tor erweiterte das Stadtgebiet noch ein wenig nach N. Für eine Einbeziehung des gesamten W-Hügels durch eine bis zu den Abhängen des Hinnom-Tals reichende Mauer spricht nicht nur der notwendige Schutz für den *Siloah-Teich, sondern vor allem auch die Entdeckung vorexilischer Mauern im Gebiet der Zitadelle (H. Geva, IEJ 29, 1979, 84–91; 33, 1983, 56–58) und des Essener-Tors (B. Pixner, D. Chen, S. Margalit, ZDPV 104, 1988). Die Ausgrabungen im Armenischen Viertel (A.D. Tushingham, Excavations in Jerusalem I, 1985) können wegen des dort besonders gestörten Geländes dagegen diese Frage nicht entscheiden (S. Gibson, PEQ 119, 1987, 81–96). Die geradezu explosionsartige Ausdehnung der Stadt am Ende des 8. Jh.v.Chr. unter *Hiskia (726–697 v.Chr. vgl. Jes 22,9f; 2Chr 32,5) und wohl auch unter seinem Sohn *Manasse (696–642 v.Chr.) dürfte mit dem Zustrom von Flüchtlingen aus dem 722/1 v.Chr. gefallenen N-Reich (2Kön 17) zusammenhängen (M. Broshi, IEJ 24, 1974, 21–26). Das Stadtgebiet vervierfachte sich auf rund 40 ha. und die Bevölkerungszahl stieg auf etwa 25 000.

Auf dem O-Hügel hat man die Stadt nur wenig zwischen der jebusitischen N-Mauer und dem Tempelbereich erweitert (K.M. Kenyon 131). Die salomonische O-Mauer wurde aber mehrere Male erheblich repariert (Kenyon 130f; Shiloh 28). Relativ gut erhaltene Häuserreste aus dem 8./7. Jh. v.Chr. fand man in den unteren Teil der Treppenstruktur hineingebaut (H. Shanks, BARev 11/6, 1985, 27-32). Vor allem eines von ihnen (Areal G) zeigt deutliche Spuren der Zerstörung unter *Nebukadnezar 587 oder 586 v.Chr. (Kenyon 166–171; Shiloh 29) – ein eindrückliches Zeugnis für das Gericht Gottes, das die Propheten und unter ihnen besonders Jeremia voraussagten. Einzelfunde von Möbelresten, Terrakottafiguren und Säulenfragmenten (Y. Shiloh, BARev 14/2, 1988, 21) weisen auf den relativen Wohlstand der damaligen Zeit. Von besonderer Wichtigkeit war der Fund von 51 Tonsiegeln mit Namensangaben, darunter wahrscheinlich auch von Gemarjahu, Sohn des Schafan (Jer 36,9-12.25f) z.Zt. des Propheten *Jeremia (Y. Shiloh, D. Tarler, BA 49, 1986, 196-209). Vielleicht stammen auch andere auf dem Antiquitätenmarkt von J. aufgetauchte Tonsiegel zum Verschluß von Schriftstücken, wie z.B. eines von Jeremias Sekretär *Baruch, Sohn des Nerijahu (Jer 36,4), aus einem Archiv der Davidsstadt (H. Shanks, BARev 13/5, 1987, 58-65).

Um die Stadt auf eine zu erwartende assyr. Belagerung vorzubereiten, unternahm König Hiskia ein Großprojekt. Bisher wurde das Wasser aus der Gihon-Quelle durch einen etwa 400 m langen Kanal, der teils als Tunnel und teils offen in den Felsen gehauen war, in einen Teich gebracht, der wenig südl. des S-Endes der Davidsstadt lag (»Unterer Teich«, Jes 22,9). Abzugskanäle (die »stillen Wasser von Siloah«? vgl. Jes 8,6) bewässerten die Gärten im Kidrontal (vgl. 2Kön 9,27; 21,18 u.ö.). Nun ließ Hiskia einen Stollen unter der Davidsstadt schlagen, der das Wasser in einen neuen Teich zwischen Jebusiter-Mauer und neuer Stadtmauer führte (Jes 22,11; 2Chr 32,2-5; Sir

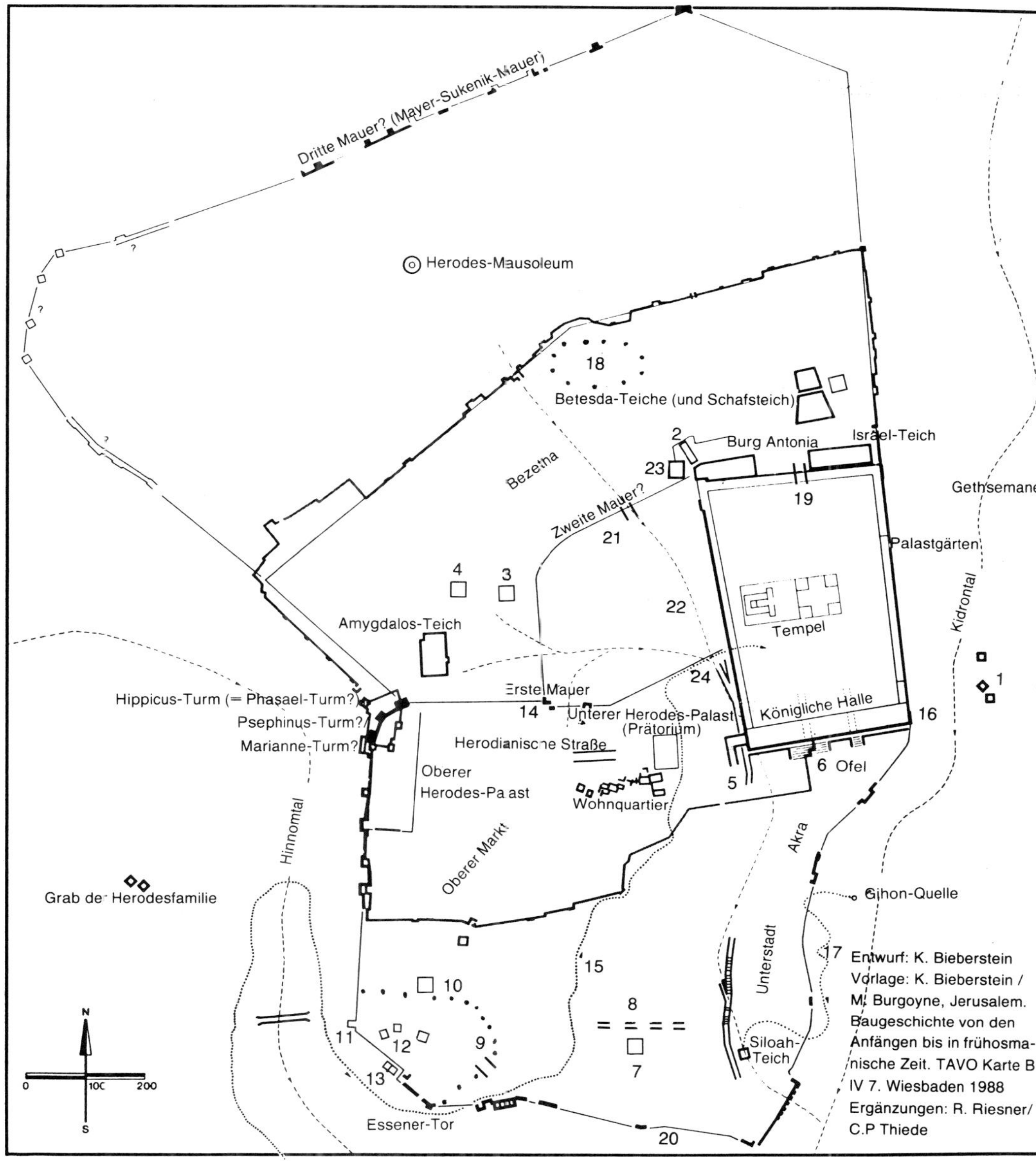

1 Hellenistische Gräber (»Grab des Absalom«)
2 Strouthion-Doppelteich
3 Golgatha
4 Grab Jesu
5 Robinson-Bogen
6 Zweifaches/ Dreifaches Tor
7 Kaiphas-Palast
8 Stufenstraße
9 Essener-Viertel
10 Abendmahlssaal
11 Bethso (nach B. Pixner)
12 Ritualbäder
13 Essenisches Doppelbad
14 Gennath/Gartentor
15 Aquädukt des Pilatus
16 »Zinne des Tempels«
17 Hiskia-Tunnel
18 Königliche Steinbrücke
19 Schaftstor
20 Hakeldama (Blutacker)
21 Fischtor/Ephraimtor
22 Tyropöontal
23 Ecce-Homo-Bogen
24 Wilson-Bogen

Luftaufnahme von Jerusalem (RC).

48,17; vgl. 2Kön 20,20). Die Baumaßnahme ist auch durch eine 1880 am S-Ausgang des Tunnels gefundene Inschrift bezeugt, die zu den wichtigsten Schriftdokumenten des vorexilischen Hebr. zählt und heute in Istanbul ausgestellt ist. Es handelt sich für die damalige Zeit um eine großartige Ingenieurleistung, da der Tunnel von beiden Seiten vorangetrieben wurde und die Arbeitstrupps trotz mehrmaliger Richtungsänderungen aufeinander trafen. Wenn J. 701 v.Chr. der assyr. Belagerung standhalten konnte, war das neben der vorauschauenden Planung des Königs aber vor allem dem wunderbaren Eingreifen Gottes durch eine verheerende Plage zu verdanken (2Kön 19,20-37).

Wo sich der »Obere Teich« befand, an dem Jesaja dem Ahas entgegentrat (Jes 7,3) und Hiskia mit dem Abgesandten des assyr. Königs verhandelte (2Kön 18,17/Jes 36,2), ist umstritten. Statt in den ja erst unter Hiskia angelegten Siloah-Teich (NJB 478) ist an die älteste Anlage bei *Betesda zu denken oder vielleicht auch an den sog. Hiskia-Teich nördl. der Zitadelle (K. Bieberstein, TRE XVI, 1987, nach 593), den Josephus vermutlich Amygdalos nennt (bell.Jud. V, 468). Wohl ebenfalls schon aus der vorexilischen Zeit stammt ein Teich im Kidron-Tal in der Nähe der Davidsgräber (Neh 3,16), der bei Josephus (bell.Jud. V, 145) »Salomo-Teich« heißt (D. Adan, IEJ 29, 1979, 92-100).

In vorexilischer Zeit gab es offenbar noch kein generelles Verbot von Bestattungen innerhalb J.s. So wurde eine anscheinend für Offizielle eingerichtete Nekropole am W-Hang des Stadttals auch nach dem Mauerbau des 8.Jh. v.Chr. noch weiter verwendet (Mazar, 167f). Vornehme Gräber gab es aber auch außerhalb der Stadt am W-Hang des Kidron-Tals im Bereich des heutigen arab. Dorfs Silwān (D. Ussishkin, in: Jerusalem Revealed 63-65) und im oberen Hinnom-Tal (Avigad, 58). Vielleicht wurden am Ende der Königszeit aus Raummangel neue *Königsgräber nördl. der Stadt auf dem Gelände der heutigen École Biblique angelegt (G. Barkay, A. Kloner, BARev 12/2, 1986, 22–39; 13/4, 1987, 54-56). Besonders sensationell war die Entdeckung einer nicht ausgeraubten Grabkammer des 7.Jh.

v.Chr. am SW-Hang des Hinnom-Tals (R. Riesner, ThBeitr 18, 1987, 104-108; s. *Begräbnis- und Trauersitten I.3).

Literatur: R. Amiran, in: Y. Yadin: Jerusalem Revealed, 1976, 75–78; N. Avigad: Discovering Jerusalem, 1983, 23-60; ders., in: Biblical Archaeology Today, 1985, 469-475; M. Ben-Dov: In the Shadow of the Temple, 1985, 31-56; K.M. Kenyon: Digging Up Jerusalem, 1974, 129-171; H. Kosmala: BHH II, 1964, 841f; G. Kroll: Auf den Spuren Jesu, [10]1987, 116-119; B. Mazar: Der Berg des Herrn, 1979, 48-58.91-97.158–172; ders., in: Biblical Archaeology Today, 1985, 463-468; E. Otto: Jerusalem, 1980, 61-93; Y. Shiloh: Excavations at the City of David, 1984; L.H. Vincent: Jérusalem de l'Ancien Testament II, 1956, 639-654; P. Welten: TRE XVI, 1987, 595f.

VI. DIE PERSISCHE ZEIT.

Entgegen dem Eindruck von 2Chr 36,20f/Esr 3,2 war J. nach der Zerstörung durch Nebukadnezar nicht völlig von Einwohnern verlassen, sogar der Tempeldienst wurde offenbar noch in eingeschränktem Maß fortgesetzt (Jer 41,4f). J. hatte aber aufgehört, Hauptstadt eines selbständigen Staats zu sein und gehörte jetzt zur babylon. Provinz *Samarien. Während das *Kyros-Edikt schon 538 n.Chr. den nach Babylon Verschleppten die Rückkehr erlaubte, begann der Wiederaufbau des Tempels unter dem Davididen *Serubbabel sowie den Propheten *Haggai und *Sacharja erst ab etwa 520 v.Chr. (Esr 2,68; 3,3). Der an der alten Stelle genau nach dem Vorbild des vorangegangenen errichtete Tempel (Esr 6,3-7) wurde 515 neu eingeweiht. Den ältesten sichtbaren Teil der O-Mauer des Tempelplatzes schreibt man gewöhnlich dieser Zeit zu (s.o.).

Schon unter *Nehemia wurde J. in der Mitte des 5.Jh.v.Chr. Hauptstadt der neugegründeten pers. Tempelprovinz Jehud, deren Name auf zahlreichen, auch in J. gefundenen Krughenkeln begegnet (BRL[2], 304-405). Die Bezeichnung erscheint weiter auf in J. gefundenen Münzen (Mazar, 62). Das fast völlige Fehlen selbst von Streukeramik aus pers. Zeit auf dem W-Hügel spricht gegen die heute kaum noch vertretene Ansicht (E.M. Laperrousaz, FolOr 21, 1980, 179-85), auch der W-Hügel sei damals wieder besiedelt worden. Sogar auf dem O-Hügel wurde wegen der starken Zerstörungen am Abhang des Kidron-Tals die Mauerlinie bis auf den Kamm zurückgenommen (Kenyon, 182-186; Shiloh, 29). Das Stadtgebiet betrug kaum noch 10 ha und bot rund 4500 Bewohnern Raum. Trotz dieses mehr als bescheidenen Wiederanfangs wurde J. durch die Reformen des Schriftgelehrten *Esra schnell zum rel. Mittelpunkt des sich jetzt formierenden Frühjudentums (R. Riesner, Jesus als Lehrer, [3]1988, 127-9.160-163). Die öffentliche Verlesung des Gesetzes durch Esra am Platz des Wasser-Tors enthält schon die wesentlichen Elemente des späteren *Synagogengottesdiensts (Neh 8,1-8).

Das Buch Nehemia gibt uns die ersten detaillierteren Beschreibungen von J. (Neh 2,11-15; 3,1-32; 12,27-39). Die Identifizierung der einzelnen Orientierungspunkte in Neh 3 ist nicht leicht (H.G.M. Williamson, PEQ 116, 1984, 81-88). Der Text scheint teilweise schlecht überliefert zu sein, besonders Tore können ihren Namen im Lauf der Zeit ändern, und oft fehlen archäologische Kontrolldaten. Einigkeit besteht aber weithin darüber, daß die Beschreibung in Neh 3 im N beginnt, entgegen dem Uhrzeigersinn läuft und den W-Hügel nicht umfaßt. Im NO lag das Schaftor (Neh 3,1 vgl. Joh 5,2, *Betesda), ihm folgte das Fischtor (Neh 3,3 vgl. 2Chr 33,14; Zef 1,10). Beide trugen ihren Namen nach den in der Nähe stattfindenden Märkten (vgl. Neh 13,16). Wenn beim Fischtor noch besonders die Türme Meah (hebr. »hundert«) und Hananel (vgl. Jer 31,38; Sach 14,10) erwähnt werden (Neh 3,1), weist das auf die strategisch wichtige NW-Ecke hin, die später durch die Festung *Antonia gesichert wurde. Auf der W-Seite der N-Mauer lag das Jeschana-Tor (Neh 3,6; 12,39 LÜ: »altes Tor«), wohl so genannt, weil von hier eine Straße zur gleichnamigen pers. Zollstation führte. Schaf-, Fisch- und Jeschana-Tor sind wahrscheinlich mit dem vorexilischen Benjamin- (Jer 37,13; 38,7), Ephraim- (2Kön 14,13; 2Chr 25,23 vgl. Neh 8,16) und Eck-Tor (2Kön 14,13; Jer 31,38) zu identifizieren. Ob das Mittel-Tor (Jer 39,3) mit dem Fisch- bzw. Ephraimstor gleichgesetzt werden kann, ist unsicher.

Bei der südl. des Jeschana-Tors gelegenen »breiten Mauer«, bis zu (nicht an) der gebaut wurde (Neh 3,8), könnte es sich um die östl. Fortsetzung der von N. Avigad gefundenen vorexilischen Mauer handeln, die in dieser Gegend auf die ältere Mauer des Tempelbergs gestoßen sein muß. Das Taltor (Neh 3,13 vgl. 12,38; 2,13) wird meist mit dem von J. W. Crowfoot am W-Hang des Stadt-Tals aufgefundenen Tor identifiziert, dessen vorauszusetzende vorexilische Existenz (vgl. 2Chr 26,9) aber mit modernen Methoden überprüft werden müßte.

Das Mist-Tor (Neh 3,13f vgl. 2,13; 12,31) ist kaum ein von F.J. Bliss (Excavations at Jerusalem, 1898) beim Siloah-Teich freigelegtes Tor, da dieses sich in der späteren (hiskianischen?) Mauer befindet. Das Mist-Tor muß wahrscheinlich an der alleräußersten SO-Ecke der alten Davidsstadt gesucht werden. Das Quell-Tor (Neh 3,15 vgl. 12,37), entweder nach dem Siloah-Ausfluß oder noch eher nach dem Rogel-Brunnen so genannt, darf man ziemlich sicher mit einem kleinen Durchlaß gleichsetzen, den R. Weill 1923/4 fand (Cité de David II, 1947). Der von ihm entdeckte Treppenaufgang kann kaum etwas anderes sein als »die Stufen, die von der Stadt Davids herabführen« (Neh 3,15). Ebenfalls auf den SO deutet die Erwähnung der »Gräber Davids« und eines Teichs (Neh 3,16).

Da Neh 3,26 das Wassertor ausdrücklich aus dem erneuerten Mauerverlauf herausnimmt, dürfte es sich um das oberhalb der Gihon-Quelle vorauszusetzende Tor der jebusitisch-davidischen Stadt gehandelt haben (vgl. Neh 12,27). Es folgte die Ofel-Mauer (Neh 3,27). Über Roßtor (Neh 3,28) und Wacht-Tor (Neh 3,31) wissen wir nicht viel mehr, als daß sie an der O-Seite des Tempelbergs gelegen haben müssen. Wegen Neh 3,29 zwischen ihnen auch noch ein Ost-Tor anzunehmen (IBD II, 755), scheint sehr unsicher. Ob ein erst 1986 entdecktes Tor mit deutlichen Brandspuren von Nebukadnezars Eroberung unterhalb der Tempel-S-Mauer und ca. 90 m östl. der Hulda-Tore sich mit einem dieser Tore verbinden läßt, bleibt abzuwarten. (E. Mazar, ESI 5, 1987, 56-58; J. Briend, MB 52, 1988, 52).

Literatur: N. Avigad: Discovering Jerusalem, 1983, 61-63; M. Ben-Dov: In the Shadow of the Temple, 1985, 57-60; K.M. Kenyon: Digging Up Jerusalem, 1974, 172-186; H. Kosmala: BHH II, 1964, 842f; G. Kroll: Auf den Spuren Jesu, [10]1987, 119-122; B. Mazar: Der Berg des Herrn, 1979, 59-62.173-182; E. Otto: Jerusalem, 1980, 94-109; Y. Shiloh: Excavations at the City of David, 1984; J. Simons: Jerusalem in the Old Testament, 1952, 437-458; L.H. Vincent: Jérusalem de l'Ancien Testament II, 1956, 655-676; P. Welten: TRE XVI, 1987, 596f.

VII. DIE HASMONÄISCHE EPOCHE.

Die pers. Herrschaft über J. wurde 330 v.Chr. von *Alexander dem Großen beendet. Ab 302 v.Chr. gehörte die Stadt für ein volles Jh. zum Reich der ägypt. Ptolemäer. Um 200 v.Chr. wurden unter dem Hohenpriester Simon II. im Rahmen der weitreichenden jüd. Autonomie größere Bauvorhaben, darunter auch der Doppelteich bei *Betesda, durchgeführt (Sir 50,1-4). Auf die beginnende Hellenisierung der Stadt weist, daß in dieser Zeit zum ersten Mal der gräzisierte Name *Hierosolyma* auftaucht (Polybios bei Jos.ant.Jud. XII, 136). Schon zwischen 219 und 217 v.Chr. konnte der syr. Seleukide Antiochus III. nach Palästina vordringen. Er nahm wohl auch J. ein, mußte es aber nochmals den Ptolemäern überlassen (vgl. 3Makk 1,8ff). Nach der Schlacht bei Paneas (*Cäsarea Philippi) wurde J. dann ab 198 v.Chr. seleukidisch.

Als um 180 v.Chr. die Römer das Reich der Seleukiden zu bedrängen anfingen, versuchten diese den Tempelschatz in ihre Hand zu bekommen (vgl. 2Makk 3). Die vom syr. König Antiochus IV. Epiphanes (175-164 v.Chr.) betriebene Hellenisierung, d.h. die Einführung griech. Kultur und Religion, wurde durch eine einheimische Partei unterstützt, die unter Führung des Hohenpriesters Jason stand (M. Hengel, Judentum und Hellenismus, [2]1973). 175 v.Chr. erreichte er die Umwandlung von J. in eine griech. Polis mit dem Namen »Antiochia in Jerusalem« (2Makk 4,9). Macht- und wirtschaftspolitische Interessen der Oberschicht schienen über die Bindung an Gesetz und jüd. Sitte zu siegen. Mittelpunkt der Assimilationsbestrebungen war ein Gymnasium, das westl. des Tempelbezirks im Gebiet vor der heutigen Klagemauer erbaut wurde (1Makk 1,14; 2Makk 4,7-15).

Mit der Einführung des Kults des Zeus Olympios wollte Antiochus IV. die Hellenisierung vollenden (2Makk 6,1f). In J. brachen bürgerkriegsähnliche Unruhen aus. Antiochus betrat das Heiligtum und plünderte den Tempel (2Makk 5,11-26). 167 v.Chr. ließ er die Stadt zerstören und im Gebiet »der Stadt Davids« eine starke Festung (Akra) errichten, um vor allem den Tempelbereich überwachen zu können (1Makk 1,33-36). Die Lage dieser seleukidischen Akra gehört zu den schwierigsten Problemen der Topographie von J. (Otto, 115-117). Nicht mehr zu halten ist ein Ansatz im Bereich der Zitadelle. Eine Lokalisierung auf dem W-Hügel gegenüber der SW-Ecke des Tempelplatzes (Vincent II, 175-192) würde voraussetzen, daß man schon damals die Davidsstadt dort suchte (vgl. 1Makk 1,33; 4,60). Unter Berufung auf Josephus (ant.Jud. XII, 252; bell.Jud. I, 39; V, 137 u.ö.) verlegen die meisten Forscher heute die Akra auf den O-Hügel. Aber auch hier schwanken die Ansetzungen stark. Genannt werden der ganze SO-Hügel (Simons, 146-157), die vorhellen. Mauerreste an der O-Mauer des Tempelplatzes (Y. Tsafrir, in: Jerusalem Revealed, 1976, 85f) oder Mauern südl. der Hulda-Tore (Ben-Dov, 65-71). Die archäologische Identifizierung wird durch den Umstand erschwert, daß die verhaßte Burg von den Juden geschleift wurde (Jos.ant.Jud. XIII, 215).

Angesichts der Entweihung des Tempels durch Zeus- und Dionysos-Kult (2Makk 6,1ff) gewann die von den Söhnen des Priesters Mattatias angeführte Aufstandsbewegung (1Makk 2,1ff) großen Zulauf (vgl. Dan 11,31-35). Schon 164 v.Chr. konnte Judas der Makkabäer J. erobern. Im Gedenken an die Wiedereinweihung des Tempels wurde von nun an das Chanukka-Fest (*Tempelweihe) gefeiert (1Makk 4,36-59). Wenn Judas »den Berg Zion ringsum mit hohen Mauern und starken Türmen« versah (1Makk 4,60), dann ist nach den neueren archäologischen Erkenntnissen wohl nur der O-Hügel gemeint. Die Makkabäer-Brüder Jonatan (ab 152 v.Chr.) und Simon (143-134 v.Chr.) begründeten entgegen der Davidsverheißung eine neue Dynastie der Familie Hasmon. Weil zu dieser Zeit im O-Mittelmeerraum ein Machtvakuum herrschte, konnten die Hasmonäer ihre Herrschaft erheblich ausweiten, und auch J. erstand zu neuem Glanz.

Wohl unter der Regierung von Johannes Hyrkanus I. (134-105 v.Chr.) wurde der W-Hügel wieder durch eine Mauer in die Stadt einbezogen. Wie die Funde im N des Jüd. Viertels (Avigad, 65-74), südl. der Zitadelle am W-Hang des Hinnom-Tals (M. Broshi, BA 40, 1977, 11f) und beim Essener-Tor zeigen, war sie teilweise auf dem Zug der vorexilischen Mauer errichtet. Hasmonäische Befestigungen, darunter den sog. Macalister-Turm, hat man auch auf dem O-Hügel nachgewiesen (Kenyon, 188-204; Shiloh, 20f.29f). Eine Beschreibung dieser sog. »Ersten Mauer« erhalten wir durch Josephus (bell.Jud. V, 136.142–145).

Wegen der starken Umwandlung der Stadt unter *Herodes dem Großen wurden nur wenige hasmonäische Häuserreste, u.a. im Gebiet der Zitadelle (R. Amiran, A. Eitan, in: Jerusalem Revealed, 1976, 52–54), ausgegraben. Zahlreich sind die Funde von Münzen und Krugstempeln, die zum Teil auch den Namen von J. tragen (Avigad, 75-79). Umstritten ist die Lage des hasmonäischen Palastes (vgl. Jos.ant.Jud. XX, 189ff; bell.Jud. II, 344) auf dem W-Hügel (E.W. Cohn, Jerusalem's Topography, 1987, 73-114). Am meisten spricht für das Gelände gegenüber der SW-Ecke des Tempelplatzes, wo heute die Reste der Marien-Kirche der deutschen Kreuzritter und die neue Porat-Joseph-Jeschiwa liegen (B. Pixner, ZDPV 95, 1979, 76-78; *Prätorium). Klar zu lokalisieren ist dagegen der Felsen an der NW-Ecke des Tempelplatzes, der die Vorgängerin der Festung *Antonia, nämlich die syr. Burg Baris (Jos.ant.Jud. XV, 403f; XVIII, 90f vgl. 1Makk 13,52) trug, die ihren Namen von der »Birah, die zum Haus (Gottes) gehörte« (Neh 2,8; 7,2) erhielt. Im Gebiet der Antonia legte man in hasmonäischer Zeit Reservoirs für die Wasserversorgung an.

Das Stadtgebiet erreichte nunmehr eine Ausdehnung von über 50 ha und als Bevölkerungszahl werden um die 35 000 Einwohner geschätzt. Einen besonders guten Eindruck vom hellen. Baustil der Hasmonäer-Zeit vermitteln die Monumentalgräber im Kidron-Tal südöstl. der SO-Ecke des Tempelplatzes (Mazar, 200-202), besonders das der Priesterfamilie Hesir (vgl. 1Chr 24,15) mit seinen dorischen Säulen.

Literatur: N. Avigad: Discovering Jerusalem, 1983, 64-80; M. Ben-Dov: In the Shadow of the Temple, 1985, 61-71; K.M. Kenyon: Digging Up Jerusalem, 1974, 188-204; H. Kosmala: BHH II, 1964, 844f; B. Mazar: Der Berg des Herrn, 1979, 62-70.183f; E. Otto: Jerusalem, 1980, 110-126; U. Rappaport, in: H. Shanks: Recent Archaeology, 1985, 173-178; Y. Shiloh: Excavations at the City of David, 1984; J. Simons: Jerusalem in the Old Testament, 1952, 131-156.226-281; L.H. Vincent, M.A. Stève: Jérusalem de l'Ancien Testament II, 1956, 677-698; P. Welten: TRE XVI, 1987, 597.

VIII. DIE HERODIANISCH-NEUTESTAMENTLICHE ZEIT.

Unter König Alexander Jannäus (103-76 v.Chr.) traten in J. die Parteigegensätze zwischen den *Pharisäern und *Sadduzäern immer deutlicher hervor (Jos.ant.Jud. XIII, 227). Seiner frommen, pharisäerfreundlichen Frau Alexandra Salome gelang es nur noch kurze Zeit, das Reich zusammenzuhalten. Nach ihrem Tod (67 v.Chr.) brach ein Bürgerkrieg aus, dessen Nutznießer die Römer wurden. 63 v.Chr. eroberte Pompeius die Stadt (F.M. Abel, RB 54, 1947, 243-255). Es hatte nichts genutzt, die Brücke abzubrechen (Jos.ant.Jud. XIV, 58; bell.Jud. I, 145ff), welche Tempelplatz und W-Hügel über das Stadttal hinweg verband (Jos.ant.Jud. XV, 410; bell.Jud. II, 344).

In den Wirren nach der Ermordung Julius Cäsars (44 v.Chr.) setzte Herodes der Große auf den späteren Kaiser *Augustus, der damals noch den Namen Octavianus trug. Nach längerer Belagerung konnte Herodes 37 v.Chr. J. einnehmen (Jos.bell.Jud. I, 342ff; ant.Jud. XIV, 465ff). Spuren seines Durchbruchs wurden vermutlich im Bereich der Zitadelle gefunden (Otto, 128). Die über dreißigjährige Regierungszeit (37-4 v.Chr.) des Herodes brachte der Stadt einen enormen Aufschwung und eines der ehrgeizigsten Bauprogramme der Antike. J., wie es Jesus auf den früheren Pilgerreisen (Lk 2,41ff) und während seines öffentlichen Wirkens sah (Joh 2,13ff; 5,1ff; 7,10ff; 8–9; Mk 11–16 par.), trug den Stempel prachtvoller herodianischer Architektur. Auch wenn noch nicht alle Bauten wie etwa Theater und Amphitheater (Jos.ant.Jud. XV, 268; bell.Jud. II, 44) lokalisiert werden konnten (Vincent,Stève III, 798f; Dalman, Gelände, 149f), hat uns doch die archäologische Arbeit, besonders seit der Wiedervereinigung von J. im Jahr 1967, eine Fülle von Einsichten vermittelt. Einen guten Eindruck vom Glanz der herodianischen Stadt kann sich der J.-Besucher am nach Plänen von M. Avi-Yonah hergestellten Monumental-Modell im Holy-Land-Hotel verschaffen, auch wenn bei Einzelheiten Vorsicht angebracht ist.

Gigantisch waren die Baumaßnahmen des Herodes im Tempelbereich (M. Ben-Dov, Shadow 73–148; BARev 12/6, 1986, 40–59). Im Grunde wurde um den weitergehenden Opferbetrieb herum ein völlig neuer (dritter) *Tempel errichtet (Jos.ant.Jud XV, 268-296; bell.Jud. V, 184-227; Mischna, Traktat Middoth). Durch ungeheure Aufschüttungen und gewaltige Mauern erhielt der Tempelplatz seine heutigen Ausmaße von rund 300 x 450 m. Die herodianische N-Begrenzung ist uns unbekannt, sie dürfte aber etwas südl. der heutigen arab. Mauer gelegen haben. Der Verlauf der O-Mauer ist mit dem der heutigen identisch, allerdings sind ältere Mauerteile nur am S-Ende (bei der sog. »Zinne des Tempels«, vgl. M 4,5/Lk 4,9) freigelegt worden. Von dieser SO-Ecke wurde der Herrenbru der *Jakobus herabgestürzt und in de Nähe im Kidron-Tal begraben (Eus.h.e. II, 23,12-18). Nach Josephus (bell.Jud. V, 184-189) ließ Herodes ir O die ältere Mauer größtenteils stehen; Grabungen (s.o.) bestätigen das.

Großzügig ausgegraben wurde durch B. Mazar (Der Berg des Herrn 1979; BARev 6/4, 1980, 44-59) das ganze Gebiet bei der S-Mauer. Die Grabung erfuhr fragwürdige politische und einige berechtigte archäologische Kritik (H. Shanks, BARev 12/6, 1986, 20-39). Die Ausgrabungen sind Besuchern zugänglich und umfassen aus ntl. Zeit vor allem eine teilweise erhaltene, prächtige Freitreppe aus weißem Kalkstein, die zu den Hulda-Toren (heute das zugemauerte Doppelte und Dreifache Tor) führte. Hinter ihnen lag die sog. »Königliche Säulenhalle«, von deren Pracht und Größe Josephus schwärmt (ant.Jud. XI, 411-416). In ihrem Bereich könnte sich die Tempelreinigung Jesu (Mt 21,12-17 par.) als Zeichenhandlung abgespielt haben (B. Mazar, in: D. Flusser, Die letzten Tage Jesu, 1982, 143-148). Im Bereich der SW-Ecke wurden zahlreiche Ritualbäder gefunden, die der kultischen Reinigung vor dem Tempelbesuch dienten (vgl. Joh 11,55).

An der W-Mauer unweit der SW-Ecke fällt ein Bogenansatz auf, der nach seinem Entdecker Robinson-Bogen genannt wird. Es handelte sich um einen Treppenaufgang, der die herodianische Ladenstraße im Stadttal überbrückte und auf den Tempelplatz führte. Das Gelände vor der Klagemauer dürfte in etwa den Platz anzeigen, den Josephus Xystos nennt (bell.Jud. II, 344). In der Synagoge links vor der Klagemauer und auch weiter stadteinwärts sind die Reste einer herodian. Brücke (Wilson-Bogen) zu sehen, die (wahrscheinlich als Nachfolgerin der hasmonäischen Konstruktion) das Tyropöon-Tal überspannte und den W-Hügel (»Oberer Markt« genannt, vgl. Jos.bell. V, 137) mit dem Tempelbezirk verband. Inzwischen wurde unterirdisch entlang der W-Mauer bis fast zur NW-Ecke des Tempelplatzes gegraben und der Gang im Jubiläumsjahr der Unabhängigkeit Israels (1988) auch Besuchern zugänglich gemacht. Die dabei entdeckten Zugänge in den Tempelbereich durften wegen des Einspruchs der islamischen Religionsbehörde nicht weiter erforscht werden (M.A. Zimmerman, BARev 7/3, 1981, 34-41). Aus den Untersuchungen von C.W. Warren (Underground Jerusalem, 1876) wissen wir, daß sich unter dem Tempelplatz riesige Zisternen befinden, die das für den Opferbetrieb notwendige Wasser bereitstellten. Warren berechnete ihren Inhalt auf 45-50 000 m³.

Ob bei gelegentlichen Reparaturarbeiten auf dem Tempelplatz gefundene Mauerreste (A.S. Kaufman, BARev 9/2, 1983, 40-61) mit dem herodianischen Tempel in Verbindung stehen, kann augenblicklich nicht weiter nachgeprüft werden. Der Festungsfelsen der Antonia hat wahrscheinlich in die NW-Ecke des Tempelplatzes hineingeragt und wurde erst in arab. Zeit abgeschlagen. In diesem ganzen Gelände sind archäologische Untersuchungen durch die Anlage eines Parks unmöglich gemacht. Die kleinsten beim Bau der Tempelmauer verwandten Steine wiegen zwei Tonnen. Der größte bisher (nördl. des Wilson-Bogens) gefundene mißt 12 x 4 x 3 m und wiegt fast 400 Tonnen (M. Ben-Dov, BARev 12/6, 1986, 46). Es handelt sich zwar nicht um den größten Baustein der Antike, der wurde mit rund 970 Tonnen in Baalbek (Libanon) gefunden (R. Reich, BARev 13/3, 1987, 61f). Aber die Dimensionen der Steine rechtfertigen doch die Begeisterung der Jünger bei ihrem Anblick (Mk 13,1f). Die Fortbewegung dieser gewaltigen Quader war eine großartige Ingenieurleistung (M. Stein, BARev 7/3, 1981, 42–47).

Vielleicht schon in hasmonäischer Zeit (A. Issar, IEJ 26, 1976, 130-136), spätestens aber unter Herodes wurde eine Fernwasserleitung von den heute sog. »Teichen Salomos« südl. von *Bethlehem nach J. angelegt (A. Mazar, in: Jerusalem Revealed, 1976, 79–84; OLB 2, 729-731). Das herbeigeführte Wasser sowie auch Regenwasser (vgl. Jos.bell.Jud. V, 157) wurde in einem System von Teichen gespeichert (J. Wilkinson, PEQ 106, 1974, 33-51). Im N des Tempelplatzes waren das der Israel- und *Betesda-Teich (Joh 5,2) sowie vor der Antonia der Strution-Teich (Jos.bell.Jud. V, 467). Wenig nordöstl. der Zitadelle liegt der Hiskia- oder Patriarchenbadeteich, den Josephus wohl als Amygdalos-(Turm?-)Teich erwähnt (bell.Jud. V, 468). Dagegen ist uns der herodianische Name des Mamilla-Teichs nordwestl. der Altstadt im israelischen Unabhängigkeitspark unbekannt. Beim Sultansteich im Hinnom-Tal westl. der Stadtmauer dürfte es sich um den Schlangenteich handeln (Jos.bell.Jud. V, 108). Der *Siloah-Tunnel mündete in den gleichnamigen Teich (Joh 9,7) im äußersten SO der Stadt. Nicht weit von den Davidsgräbern im Kidron-Tal liegt der Salomo-Teich des Josephus (bell.Jud. V, 145). Ein weiteres namentlich unbekanntes Reservoir befindet sich wenig nordöstl. des heutigen Stephans- oder Löwentors.

Nicht an Pracht sparte Herodes auch bei seinen Palästen, von denen er in J. drei besaß (Jos.ant.Jud. XV,

Teilweise rekonstruierte herodianische Prachttreppe, die vom Süden in die sogenannte »Königliche Halle« am Südende des Tempelplatzes führte. Im dreieckigen Schatten unterhalb der silbernen Kuppel der Al-Aksa-Moschee sieht man einen Teil des zugemauerten »Doppelten Tors«, durch das Jesus sicher mehr als einmal gegangen ist. (RR)

292). Nicht als Wohnpalast benutzt wurde die Burg Antonia (Kroll, 340-345), sie diente vor allem zur Aufnahme einer Garnison, die den riesigen Tempelplatz zu überwachen hatte (vgl. Apg 21,31ff). Ab 22 v.Chr. ließ Herodes im NW der Stadt einen völlig neuen Palast erbauen (Jos.bell.Jud. I, 40,2; II, 44; V, 177-183; ant.Jud. XV, 318), der aus zwei Teilen bestand. Im NW, im Bereich der heutigen Zitadelle, wurde am höchsten Punkt der damaligen Stadt eine Festung errichtet, die durch Signalzeichen mit anderen herodianischen Fluchtburgen rings um J. in Verbindung stand (Jos.bell.Jud. V, 161-176). Hauptbestandteil waren drei gewaltige Türme, Hippikus, Mariamne und Phasael, von denen der letzte mit 90 Ellen (ca. 40 m) der höchste war. Reste dieser Festung (Kroll, 345-349) wurden 1935/48 (C.N. Johns, QDAP 14, 1950, 121-190) und ab 1968 (R. Amiran, A. Eitan, in: Jerusalem Revealed, 1976, 52–54; H. Geva, IEJ 33, 1983, 55–67) ausgegraben. Ob ein bis zu fast 20 m Höhe erhaltener herodianischer Turm mit Hippikus oder Phasael zu identifizieren ist, bleibt umstritten (H. Geva, IEJ 21, 1981, 57–65). Südl. der Festung lag der eigentliche Wohnpalast, von dem aber lediglich Substruktionen und Aufschüttungen für eine riesige Plattform von 300–350 × 60 m übrigblieben (D. Bahat, M. Broshi, in: Jerusalem Revealed, 1976, 55f; A.D. Tushingham, Excavations in Jerusalem I, 1985, 1–180). In diesem Palast dürfte der Besuch der Magier spielen, die etwas von der panischen Furcht ahnen ließ, die der alternde Herodes vor Umsturzversuchen hatte (Mt 2,1–12).

Nach der kurzen Regierungszeit des Herodes-Nachfolgers Archelaos (vgl. Mt 2,22) kam *Judäa ab 6 n.Chr. als röm. Provinz unter die direkte Verwaltung eines Statthalters. Ihm fielen die Königspaläste in J. zu. Allerdings residierten die Präfekten in *Cäsarea am Meer und kamen in der Regel nur zu den politisch brisanten Wallfahrtsfesten nach J. (Mt 27,15ff par.). Viele Forscher sehen im oberen Herodes-Palast die Stätte der Verurteilung Jesu durch Pilatus (Mt 21,1ff par.). Aber das *Prätorium lag im ehemaligen Hasmonäer-Palast, den Herodes nach dem Neubau offenbar zu Verwaltungszwecken benutzte (B. Pixner, ZDPV 95, 1979, 78-83). Hier hatte der König seine eigene Frau Mariamne zum Tode verurteilt (Jos.bell.Jud. I, 443; ant.Jud. XV, 229). Ob *Herodes Antipas während der Feste (vgl. Lk 23,6-12) im oberen Palast, in der Burg Antonia oder in einem eigenen Amtssitz wohnte, wissen wir nicht. Die Kreuzfahrertradition, die auf das Gebiet nördl. des Tempelplatzes weist, ist kaum brauchbar. Einen herodianischen Anbau des Hasmonäer-Palasts bildete vielleicht ein von N. Avigad (Discovering, 95–119) als »Palatial Mansion« bezeichnetes Gebäude mit wunderbaren Mosaiken aus derselben Schule wie die in den Herodes-Palästen von *Masada. In unmittelbarer Nähe geben gut erhaltene Häuserreste Einblick in das Leben der Jerusalemer Oberschicht (Avigad, 83–94). Eine Fülle von Bädern diente sowohl rituellen wie erholsamen Zwecken. Zu den Einzelfunden gehören Fresko-Fragmente, luxuriöse Steintische (die bisher einzigen im Palästina des NT), in griech. Stil dekoriertes Geschirr und sogar Theater-Tickets (Avigad, 143–202; BARev 9/6, 1983, 48–63). Eines der Häuser, das einem Mitglied der aus dem Babylon. Talmud (Pes 57a) bekannten Priesterfamilie Kathros gehörte (»Burnt House«), zeigt besonders deutliche Brandspuren von der Zerstörung Jerusalems 70 n.Chr. (Avigad, 120-138; BARev 9/6, 1983, 66-75). Die Frage nach dem Tagungsort des Hohen Rats (*Sanhedrin) wird dadurch erschwert, daß er seinen Sitz gerade um das Jahr des Prozesses Jesu (30 n.Chr) verlegte. Er zog aus der »Quaderhalle« im Inneren des Tempelbezirks (b Sanh 88b) in die »Läden« um (Sanh 41,2), die vermutlich mit der »Königlichen Halle« an der S-Mauer des Tempelplatzes gleichzusetzen sind.

Von der sog. »Zweiten Mauer« (Jos.bell.Jud. V, 146.158), die wahrscheinlich Herodes der Große errichtete (B.E. Schein, BA 44, 1981, 21-26), kennen wir nur den Ansatz bei einem Tor im äußersten NW des Jüd. Viertels (Avigad, 69). Es handelt sich wahrscheinlich um das von Josephus (bell.Jud. V, 146) genannte Gennath-(Garten-)Tor, wo die zweite von der ersten Mauer nach N abzweigte. Der vorauszusetzende Mauerverlauf läßt die Grabeskirche deutlich außerhalb der alten Stadt, so daß sich von hier aus keine Probleme für die Echtheit des *Golgatha-Felsens an dieser Stelle ergeben.

Positive Ergebnisse erbrachten die archäologischen Forschungen der letzten Jahre auch für die Frage nach der Authentizität der Ortstradition über den Abendmahlssaal auf dem SW-Hügel (*Obergemach). Entgegen früheren Ansichten war er seit der Hasmonäer-Zeit wieder durch eine Mauer in die Stadt einbezogen (s.o.). In der äußersten SW-Ecke wurde in frühherodianischer Zeit ein Tor angelegt. Es handelt sich um das von Josephus (bell.Jud. V, 145) erwähnte Essener-Tor (R. Riesner, ZDPV 104, 1988). Aufgrund der aufgefundenen Architekturfragmente ist es bisher das einzige Tor der ntl. Zeit, von dem eine Rekonstruktionszeichnung angefertigt werden kann (D. Chen, ZDPV 104, 1988, Fig. 4). Seinen Namen trug das Tor nach dem in seiner Nähe liegenden Wohnviertel von *Essenern (B. Pixner, ZDPV 104, 1988), von dem u.a. Ritualbäder inner- und außerhalb der Stadtmauer erhalten sind (B. Pixner, FS B. Bagatti, 1976, 245-284; R. Riesner, ANRW II/26, 1989). In der Nähe dieses Viertels lag der erste Versammlungsort der Urgemeinde (Apg 1,13; 2,1ff), wo auch schon Jesus selbst sein letztes *Abendmahl (Mk 14,12-26 par.) gehalten hatte (R. Riesner, BiKi, 40, 1985, 64-76). Die Ortsüberlieferung wird durch einen judenchristl. Synagogalbau bezeichnet, dessen Reste im Unterteil des legendären »Davidsgrabs« erhalten sind (Kroll, 312-318).

Wenig nördl. des Abendmahlssaals wurden relativ gut erhaltene Reste vornehmer herodianischer Häuser mit Freskofragmenten gefunden (M. Broshi, in: Jerusalem Revealed, 1976, 57–60), die allerdings wieder zugeschüttet wurden. Die Tradition über die Lage des Hohepriesterlichen Palasts (Mt 26,58ff par.) in dieser Gegend (armenische Erlöserkirche) ist allerdings spät und legendär. Wahrscheinlich lag er bei der Kirche St. Peter in Gallicantu am SW-Abhang des heutigen Zionsbergs (E. Power, DBS II, 1934, 691-756). Durch dieses Gebiet führt vom *Siloah-Teich her kommend eine Stufenstraße aus ntl. Zeit.

Einer der größten Streitpunkte der Archäologie des ntl. J. ist der Verlauf der sog. »Dritten Mauer« (P. Benoit, Exégèse et Théologie IV, 1982, 292-310), die *Herodes Agrippa II. (vgl. Apg 12,1ff) nach 41 n.Chr. im N baute (Jos.bell.Jud. V, 147-155). Neuere Untersuchungen konnten im Gegensatz zu früheren (Kenyon, 238-250) im Bereich des heutigen Damaskus-Tors keine Spuren eines Tors aus der Zeit vor 70 n.Chr. nachweisen (M. Magen, Qadmoniot 17, 1984, 117-120). Aus der Zeit vor 70 n.Chr. stammen Reste einer Mauer, die 1925/7 (E.L. Sukenik, L.A. Mayer, Excavations of the Third Wall, 1931) und 1972 (S. Ben-Arieh, in: Jerusalem Revealed, 1976, 60–62) freigelegt wurden. Die Beschreibung des Josephus scheint eher auf diese Mauer zu passen (A. Kloner, Levant 18, 1986, 121-129). Ihr provisorischer Charakter könnte sich daraus erklären, daß Herodes auf Intervention der Römer den Bau abbrechen mußte (G. Schmitt, ZDPV 97, 1981, 153-170). Andere Interpretationen etwa als Verteidigungswall der Zeloten von 70 n.Chr. (E.W. Hamrick, BA 40, 1977, 18-23) sind weniger überzeugend (H. Shanks, BARev 13/3, 1987, 46-57).

Reiche Gräberfunde (Jerusalem Revealed, 1976, 63–74) illustrieren die ntl. Angaben zum Grab Jesu (*Begräbnis- und Trauersitten II.6). Neben den vorherrschenden Stollengräbern existieren aus der Zeit vor 70 n.Chr. auch Bankbogengräber, so auf dem Ölberg (B. Bagatti, J.T. Milik, Excavations at Dominus Flevit I, 1958). Im Gegensatz zu einem Fund aus der judäischen *Schefela (A. Kloner, Qadmoniot 19, 1966, 102–105) wurden in J. beide Gräbertypen aber noch nicht in ein und derselben Grablege nachgewiesen. Wahrscheinlich nördl. des Damaskustors an der Hauptausfallstraße nach N lag das Mausoleum *Herodes des Großen (*Königsgräber). Die monumentalste Grabanlage aus ntl. Zeit liegt noch weiter nördl. und wurde von der zum Judentum übergetretenen Königin Helena von Adiabene errichtet, die während der Hungersnot unter *Claudius (vgl. Apg 11,27) J. durch Nahrungsmittel unterstützte (Jos.ant.Jud. XX, 51f.95f). Eine andere vornehme Grabanlage, die vo manchen mit der Herodes-Familie verbunden wird, liegt westl. der Altstadt beim King-David-Hotel. Diese Anlage bietet wie das Grab der Helena ein schönes Beispiel für eine Rollsteinkonstruktion. Großes Aufsehen erregte mit Recht der Fund von Gebeinen eines Gekreuzigten im nordöstl. Vorort Giv'at Hamivtar (*Kreuz/Kreuzigung). Juden christl. Gräber lagen im Kidron-Tal (*Begräbnis- und Trauersitten II.5) u.a. bei *Gethsemane.

Die Schätzungen über die Bevölkerung von J. in ntl. Zeit gehen auseinander. Am meisten genannt wird die Zahl von etwa 50 000 (M. Broshi, BARev 4/2, 1978, 12-14). Doch wird auch eine Größe von bis zu 200 000 Einwohnern einschließlich der Vororte vertreten (A. Byatt, PEQ 105, 1973, 51-60). Zu den großen Wallfahrtsfesten, besonders *Passa, konnte sich die Zahl der Menschen verdrei- bis vervierfachen. Dann wurde das Stadtgebiet religionsgesetzlich ausgeweitet (*Betfage), so daß die Pilger – wie Jesus und seine Jünger in Gethsemane (Mt 26,36ff) – im Freien übernachten konnten (vgl. Jos.bell.Jud. II, 10-13; ant.Jud. XVII, 217).

Religiös wie wirtschaftlich war das Leben in J. durch die Existenz des Tempels geprägt (Jeremias, 142-165). Er sicherte mit seinen Opfer- und Pilgerbetrieb den Lebensunterhalt des größten Teils der Bevölkerung (M. Broshi, JJS 38, 1987, 31–37). Wenn die Hohepriesterschaft beim Prozeß gegen Jesus rasch eine aufgehetzte Volksmenge zusammenzubringen vermochte (Mk 27,15ff par.), so konnte sie dabei auch mit seiner Ansage der Tempelzerstörung (Mt 24,1f; 26,61 par.) Stimmung machen (G. Theissen, Soziologie des Urchristentums, [2]1983, 142–159). In J. ließen sich viele fromme Juden im fortgeschrittenen Alter nieder. Sie konnten durch wirtschaftliche Schwierigkeiten rasch verarmen und zur Unterschicht der in der heiligen Stadt ohnehin zahlreichen Bettler absinken. So waren viele, darunter auch Christen (vgl. Gal 2,10; 1Kor 9,1; 2Kor 8,9; Röm 15,26–28; Apg 24,17), auf auswärtige Unterstützung angewiesen. Durch die starke Präsenz einer überaus reichen Schicht aus dem Tempeladel, dem herodianischen Hof und den Großkaufleuten gab es starke soziale Gegensätze, welche revolutionäre Stimmungen anheizten (Mk 15,7). Als die *Zeloten während des ersten Jüd. Aufstands J. eroberten, war eine ihrer ersten Maßnahmen die Vernichtung der Schuldverschreibungen (Jos.bell.Jud. II, 427f).

Am rel. Mittelpunkt des Judentums war der Pharisäismus sehr stark vertreten, der in der Mittelschicht der Handwerker seine Stütze hatte (Jeremias, 114-123). In J. existierte eine große Zahl von *Synagogen, die meisten von ihnen wohl nur einfache Haussynagogen (R. Riesner, Jesus als Lehrer, [3]1988, 133-137). Eine aus herodianischer Zeit stammende Stifterinschrift, die nahe den *Königsgräbern auf dem SO-Hügel gefunden wurde, könnte zu der in Apg 6,9 genannten »Synagoge der Libertiner« gehört haben (CIJ II, 332-335). Vor 70 n.Chr. war J. (vgl. Apg 5,34) auch der unumstrittene Hauptsitz jüd. Schriftgelehrsamkeit (M. Hengel, Urchristliche Geschichtsschreibung, [2]1984, 71f). So erhielt hier auch *Paulus seine höhere Ausbildung, ja wahrscheinlich hatte er schon seine Elementarschulzeit in J. (Apg 22,3) verbracht (Riesner, 241). Durch die Wallfahrten wurde die Stadt zum Bezugspunkt der gesamten jüd. Diaspora (vgl. Apg 2,9ff; 21,27). Es war deshalb auch von missionsstrategischer Bedeutung, wenn die Urgemeinde J. zu ihrem ersten Zentrum machte (Apg 1,4.8 vgl. 1Kor 14,34).

Literatur: N. Avigad: Discovering Jerusalem, 1983, 64-204; M. Avi-Yonah, in: Y. Yadin: Jerusalem Revealed, 1976, 9–13; ders., in: The World History of the Jewish People V/7, 1975, 206-249; ders.: EAEHL II, 1976, 598-610; M. Ben-Dov: In the Shadow of the Temple, 1985, 73-184; W. Bühlmann: Wie Jesus lebte, 1987, 76-122; G. Dalman: Orte und Wege Jesu, [4]1967, 277–402; J. Jeremias: Jerusalem zur Zeit Jesu, [3]1969; K.M. Kenyon: Digging Up Jerusalem, 1974, 205–255; dies.: Die Bibel im Licht der Archäologie, 1980, 89–97; C. Kopp: Die heiligen Stätten der Evangelien, [2]1964; H. Kosmala: BHH II, 1964, 844–847; G. Kroll: Auf den Spuren Jesu, [10]1987; S. Margalit, in: A.L. Eckardt: Jerusalem – City of Ages, 1987, 44-65; B. Mazar: Der Berg des Herrn, 1979, 70-86.97-140.184-210; E. Otto: Jerusalem, 1980, 127-164; S. Safrai: Die Wallfahrt im Zeitalter des Zweiten Tempels, 1981; E. Schürer: History of the Jewish People II, 1979; J. Simons: Jerusalem in the Old Testament, 1952, 35-59.282-343.459-504; H.Schultz, R. Riesner: Jesus und Jerusalem, 1978; L.H. Vincent, M.A. Stève: Jérusalem de l'Ancien Testament I/II, 1954/6; L.H. Vincent, F.M. Abel: Jérusalem Nouvelle I-III, 1914/26; P. Welten: TRE XVI, 1987, 597-599; J. Wilkinson: Jerusalem as Jesus knew It, 1978.

IX. DIE SPÄTRÖMISCHE STADT.

Nach dem kurzen Zwischenspiel des Königtums von Herodes Agrippa II. (41-44 n.Chr.) kam J. mit Judäa wieder unter die direkte Herrschaft röm. Statthalter. Deren Mißwirtschaft und mangelndes Einfühlungsvermögen ließen die zelotische Stimmung anwachsen. Wie stark sie gerade auch in J. war, sehen wir 57 n.Chr. an der

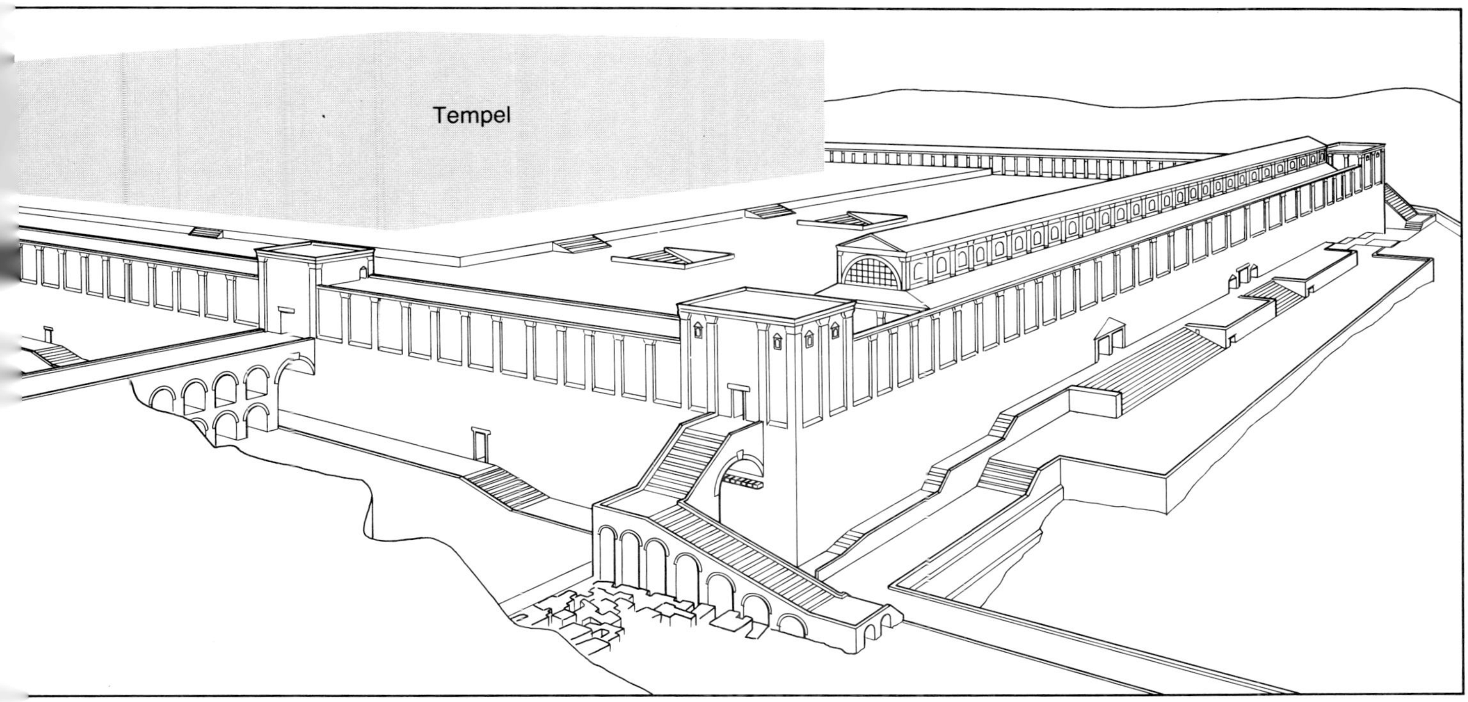

Rekonstruktion der Süd-West-Ecke des Herodianischen Tempels nach jüngsten Ausgrabungen. Ein monumentaler Treppenaufgang führt zum Portal der königlichen Stoa. Rechts sind die Hulda-Tore zu sehen.

Verhaftung des *Paulus (Apg 21,27-23,22) und 62 n.Chr. am Martyrium des »Herrenbruders« Jakobus (Jos.ant.Jud. XX, 200; Eus. h.e. II, 23,8-19). Selbst dieser für seine Gesetzestreue bekannte Judenchrist wurde jetzt wegen seines Bekenntnisses zur Messianität Jesu als außerhalb der jüd. Gemeinschaft betrachtet. Dennoch hielt die Urgemeinde auch unter seinem Bischofsnachfolger Simon, Sohn des *Kleopas, an der Präsenz in der heiligen Stadt fest (B. Pixner, in: J. Plöger, Heilige im heiligen Land, 1982, 146-152.300-304). Erst bei Ausbruch des jüd. Kriegs (66-70 n.Chr.) verließ die Gemeinde aufgrund prophetischer Weisung (vgl. Mk 13,14ff; Offb 12,6ff) die Stadt (Eus.h.e. III, 5) und floh nach *Pella im O-Jordan-Land. Die Zerstörung J.s, die Jesus vorausgesagt hatte (Mt 23,37-39; 24,2 par.; Lk 19,41-44), wurde nicht nur von den Christen, sondern auch von vielen Juden (4 Esr; Bill. I, 945-949; II, 253f) als Gericht Gottes betrachtet.

Als 66 n.Chr. der Aufstand losbrach, sprang der Funke am *Laubhüttenfest, nicht zuletzt auch durch die vielen Pilger aus *Galiläa, sogleich auf J. über. Im Anblick der heranmarschierenden Römer kam es dann 69 n.Ch. zum Bürgerkrieg zwischen den gegensätzlichen zelotischen Fraktionen in J. (Jos.bell.Jud. IV, 135ff). Am 14. Nisan (Anfang April) 70, als J. voller *Passa-Pilger war, ließ *Vespasian die Stadt einschließen. Schon nach einmonatiger Belagerung durchbrach der Kronprinz *Titus die dritte N-Mauer (bell.Jud. V, 302) und nach nur weiteren zehn Tagen die zweite (bell.Jud. V, 331ff). Dann beschloß Titus, die Stadt auszuhungern und umgab sie deshalb (ähnlich wie in *Masada noch gut sichtbar) mit einem Wall, um jede Flucht zu unterbinden. Es kam aufgrund des Hungers zu unbeschreiblichen Szenen bis hin zum Kannibalismus (bell.Jud. V, 424ff). Ende Juni fiel das Hauptbollwerk der Aufständischen, die Antonia, welche sofort geschleift wurde (bell.Jud. VI, 23ff). Am 6. August begann der Angriff auf den Tempelbezirk, wobei das Heiligtum, vielleicht gegen den Willen des Titus, in Flammen aufging (bell.Jud. VI, 249ff). Einige Kultgeräte, so der Siebenarmige Leuchter und der Schaubrottisch, wurden gerettet und später im Triumphzug mitgeführt, wie noch heute am Titus-Bogen in *Rom zu sehen. Im September brach der letzte Widerstand auf dem W-Hügel zusammen (bell.Jud. VI, 392ff), wo an mehreren Stellen die Brandschicht jener Tage freigelegt wurde.

Obwohl schwer zerstört und mit einer starken röm. Garnison belegt, blieb J. auch nach 70 n.Chr. eine jüd. Siedlung. Um 73/4 n.Chr. kehrte ein Teil der Urgemeinde zurück und errichtete unter Simon Bar-Kleopha am Ort des Abendmahlssaals eine Synagogenkirche (*Obergemach). Auch wenn es einige Heidenchristen gegeben haben wird, war die Gemeinde mehrheitlich judenchristl. (Eus. DemEv III,5) und wurde von jüd.-stämmigen (vielleicht davidischen) Bischöfen (Eus.h.e. IV, 5) geleitet (A. Schlatter, Synagoge und Kirche, 1966, 99-173).

Auf seiner Orientreise 130 n.Chr., während der er auch J. besuchte (ELS 477f), beschloß Kaiser Hadrian (117-138 n.Chr.), die Stadt in eine röm. Kolonie umzuwandeln. Das war einer der wesentlichen Gründe für den Ausbruch eines Aufstands (132-135 n.Chr.), dessen Führer Simon Bar-Kochba (»Sternensohn« vgl. 4Mo 24,17) vom damals berühmtesten Schriftgelehrten Akiba zum Messias proklamiert wurde (j Taan 68d). Ob die Aufständischen auch J. erobern konnten, ist umstritten (P. Schäfer, Der Bar-Kokhba-Aufstand, 1981, 78-101), aber aufgrund der Quellen nach wie vor wahrscheinlich (S. Applebaum, in: U. Rappaport, Judaea and Rome, 1983, 242–246). Die Judenchristen beteiligten sich nicht am Aufstand und wurden deshalb von ihren Landsleuten verfolgt.

Nach dem Zusammenbruch der Erhebung wurde die Gründung der Colonia Aelia Capitolina ohne jede Rücksicht durchgeführt. Das Judentum sollte an seinem rel. Zentrum im Mark getroffen werden. Der Tempel wurde in ein heidnisches Heiligtum zu Ehren des Jupiter Capitolinus umgewandelt und mindestens eine Statue des Hadrian aufgerichtet. *Betesda funktionierte man zu einem Äskulap-Tempel um und *Siloah wahrscheinlich zu einem Nymphäum (Quell-Heiligtum). Das Aussehen der Stadt wurde drastisch verändert, indem man ihren Schwerpunkt nach N verlegte. Auf gewaltigen Aufschüttungen über *Golgatha errichteten die Römer ein W-Forum mit einem Venus-Tempel. Ein weiteres O-Forum wurde im Bereich der Antonia angelegt und mit einem Triumph-Tor, dem heutigen Ecce-Homo-Bogen, versehen. Reste eines anderen Siegesbogens sind unter dem heutigen Damaskustor erhalten. Südl. der gegenwärtigen King-David-Street (Verlauf der ehemaligen ersten N-Mauer) schlug die Legio X Fretensis ihr Lager auf, welches den ganzen Raum des Armenischen Viertels einnahm. Der Bauplan der röm. Kolonie prägt bis heute den Verlauf der Straßen in der Altstadt.

Seit dem Beginn der röm. Kolonie hatte J. einen ersten heidenchristl. Bischof, Markus (Eus.h.e. V, 12). Wohl schon unter Kaiser Antoninus Pius (138-161) wurden die Bestimmungen gegen die Juden gelockert und spätestens seit den severischen Kaisern ab 193 n.Chr. gab es in Aelia wieder eine jüd. wie auch eine judenchristl. Gemeinde (B. Lifshitz, ANRW II 8, 1977, 487). Die Judenchristen konnten sich wahrscheinlich auf dem außerhalb der Kolonie liegenden SW-Hügel bis in die byzantin. Zeit als Sondergemeinschaft halten. Schon im 2.Jh.n.Chr. hören wir mit Bischof Melito von *Sardes von einem heidenchristl. J.-Pilger (Eus.h.e. IV, 26) und an der Wende vom 3. zum 4. Jh. von beträchtlichen Besuchermassen (Eus. DemEv VI, 18,23).

Literatur: N. Avigad: Discovering Jerusalem, 1983, 205f; M. Avi-Yonah: EAEHL II, 1976, 610–613; M. Ben-Dov: In the Shadow of the Temple, 1985, 185–206; E.W. Cohn: New Ideas about Jerusalem's Topographie, 1987, 115–140; K.M. Kenyon: Digging Up Jerusalem, 1974, 256-264; W.H. Mare: The Archaeology of the Jerusalem Area, 1987, 201-216; B. Mazar: Der Berg des Herrn, 1979, 87-90.211-220; E. Otto: Jerusalem, 1980, 159-173; J. Wilkinson: TRE XVI, 1987, 617-619.

X. DIE BYZANTINISCHE EPOCHE.

Nachdem sich Kaiser Konstantin 312 n.Chr. dem Christentum zugewandt hatte, setzte in J. eine rege Kirchbautätigkeit ein. Als treibende Kraft erwies sich dabei die fromme Kaiserinmutter Helena, die vielleicht judenchristl. Herkunft war (B. Fischer, in: Heilige im heiligen Land, 1982, 117-121). Ab 326 n.Chr. wurden über den drei »Geehrten Höhlen« gewaltige Basiliken errichtet. So neben der Geburtskirche in *Bethlehem in J. über Golgatha die Auferstehungsbasilika und über einer als Ort der Lehre Jesu geltenden Grotte auf dem *Ölberg die Eleona-Kirche. Wenn an so wichtigen evangelischen Stätten wie *Gethsemane und dem Ort des Abendmahls erst gegen Ende des 4.Jh. Kirchen errichtet wurden, könnte das darauf hindeuten, daß sich diese Plätze bis dahin noch im Besitz von Judenchristen befanden. Erst im 5.Jh. entstanden Kirchen am Ort des *Prätoriums und des *Palasts des Hohenpriesters, die man vorher bewußt als Trümmerstätten liegengelassen hatte. So geschah es mit dem Tempelgelände wegen der Weissagungen Jesu während der gesamten byzantin. Zeit. Generell ist zu sagen, daß frühbyzantin. Ortstraditionen, die noch in Verbindung mit judenchristl. Lokalüberlieferungen stehen, ein hohes Maß an Vertrauen verdienen.

Eine nochmalige Erweiterung von J. gab es unter der Kaiserin Eudokia in der Mitte des 5.Jh. Sie ließ den S-Teil der Stadt wieder ummauern, dabei wurde eine eher »kosmetische« Mauer meist direkt über der Hasmonäer-Befestigung errichtet. Den röm. Cardo Maximus, eine Säulenstraße mit Läden in N-S-Richtung, hat man verlängert. Der Cardo wurde teilweise im Jüd. Viertel eindrucksvoll restauriert. Die größte Kirche war die im 6.Jh. unter Kaiser Justinian (527-565 n.Chr.) errichtete Hagia-Maria-Nea, die erst 1970ff wiederentdeckt worden ist. Einen einmaligen Eindruck der byzantin. Stadt in ihrer größten Ausdehnung gibt das herrliche *Madaba-Mosaik (um 560 n.Chr.). Ein kleineres Mosaik von 587 n.Chr., das vor allem die Grabeskirche zeigt, wurde 1986 in Jordanien entdeckt (M. Piccirillo, Um er-Rasas/Kastron Mefaa, 1986). In der byzantin. Zeit erlebte J. einen Höhepunkt der Pilgerreisen. Einblick in die damalige Wohnkultur geben die Ausgrabungen südl. der Tempelmauer. Abgesehen von den Wallfahrten spielte J. kirchlich eine untergeordnete Rolle. Es blieb als Bischofssitz der Metropolitie von *Cäsarea untergeordnet. Nicht zu unterschätzen ist allerdings der Einfluß J.s auf die Entwicklung der Liturgie in der Reichskirche, wobei auch judenchristl. Traditionen weitergegeben wurden (G. Kretschmar, in: Jerusalemer Heiligtumstraditionen, 1987, 29–111). Spätestens Kaiserin Eudokia (438 n.Chr.) hat ein Ansiedlungsverbot für Juden in J. aufgehoben. Es existieren aber Hinweise auf eine frühere jüd. Präsenz im byzantin. J (M. Avi-Yonah, Geschichte der Juden, 1962, 166; S.P. Brock, BSOAS 40, 1977, 267-286). Genauso wie unter Bar-Kochba blieb auch unter Kaiser Julian dem Abtrünnigen (361-363) der Versuch Episode, im Tempel wieder den jüd. Opferkult einzurichten (S.P. Brock, PEQ 108, 1976, 103-107).

Literatur: N. Avigad: Discovering Jerusalem, 1983, 208-246; M. Avi-Yonah: EAEHL II, 1976, 613-626; M. Ben-Dov: In the Shadow of the Temple, 1985, 225-272; H. Donner: Pilgerfahrt ins heilige Land, 1979; E. D. Hunt: Holy Land Pilgrimage, 1984; K.M. Kenyon: Digging Up Jerusalem, 1974, 265-274; W.H. Mare: The Archaeology of the Jerusalem Area, 1987, 217-262; B. Mazar: Der Berg des Herrn 1979, 221-233; A. Ovadiah: Corpus of Byzantine Churches in the Holy Land, 1970; G. Stemberger: Juden und Christen im Heiligen Land. Palästina unter Konstantin und Theodosius, 1987; J. Wilkinson: Jerusalem Pilgrims before the Crusaders, 1977; ders. TRE XVI, 1977, 619-624. R.R.

XI. DIE ISLAMISCHE PERIODE.

Im Mai 614 eroberte ein pers. Heer Jerusalem, zerstörte dabei die außerhalb der Stadtmauer gelegenen Kirchen und tötete viele Christen. Durch den Islam rel. und militärisch erstarkt, griffen die Araber auf ganz Palästina und Syrien über (636 Schlacht am *Jarmuk). Unter Führung des Patriarchen Sophronius gelang die zweijährige Verteidigung J.s. Ein Vertrag mit Omar garantierte den Christen in der 638 eingenommenen Stadt Unversehrtheit und freie Glaubensausübung. Unter den Omajaden entstanden auf dem Tempelplatz der Felsendom (691/92) und die Aksa-Moschee (705-750). Auf die verehrte Felsplatte, wo die jüd. Überlieferung die Opferung Isaaks und den Altar des Priesterkönigs Melchisedek lokalisierte, wurde nun auch legendär die Himmelfahrt des Propheten Mohammed verlegt, für die in der 17. Sure eine Ortsangabe fehlt. Nach Mekka und Medina ist J. mit diesem Heiligtum (Haram es – sarif) die drittwichtigste Stadt des Islam. Die abassidische Herrschaft (nach 750) verschärfte die Lebensbedingungen der Christen. Durch Vermittlung Karls des Großen bei Kalif Harun er – Rasid erfolgte erstmals die Errichtung einer latein.-westl. Kirche mit Hospiz und Bibliothek (vor 870, Muristan bei der heutigen Erlöserkirche). Benediktinermönche setzten die Präsenz latein. Christen an diesem Ort fort (Kirche Sancta Maria Latina, 1043 zerstört).

Ab 969 beherrschten die schiitischen Fatimiden Palästina. Unter Sultan al-Hakim wurde die Grabeskirche 1008 zerstört. 1072 fiel die Stadt an die türkischen Seldschuken, deren militärische Bedrohung für das byzantin. Reich neben gelegentlichen Behinderungen christl. Pilgerfahrten und sozialen Spannungen in den Herkunftsländern der Kreuzritter zu den Hauptursachen der Kreuzzüge gehörte. Die Befreiung der vom Wirken Christi gewürdigten und durch die Herrschaft der Heiden »entehrten« Stadt J. war ein zentrales Motiv der Kreuzzugsaufrufe (Papst Urban II., Bernhard von Clairvaux, u.a.). Im Verlauf des ersten Kreuzzugs (1096-1099) eroberte das abendländische Ritterheer am 15. Juli 1099 J. (Angriff vom SW und vom N, beim heutigen Herodestor) und ermordete einen Großteil der Stadtbewohner.

Die Kreuzfahrer errichteten das »lateinische Königreich von Jerusalem« (ab 1100). Zahlreiche Kirchenbauten hielten die Erinnerung an christl. Memorialstätten fest (St. Anna-Kirche am Teich *Betesda, St. Maria in Monte Sion mit dem *Obergemach). Die 1187 von Sultan Saladin eroberte Stadt wurde 1229 durch Verhandlungen Kaiser Friedrichs II. nochmals an die Christen zurückgegeben, fiel aber 1244 endgültig in den moslemischen Machtbereich. Seit 1291 stand J. unter mamelukischer Herrschaft. Die 1333 gegründete »Custodia Terrae Sanctae« begründete die Anwesenheit des Franziskanerordens in der Stadt. Die von 1516 bis 1917 währende Zugehörigkeit zum Osmanischen Reich brachte den christl. Gemeinschaften und Pilgern Duldung, aber auch Verfolgungen. 1551 wurden die Franziskaner vom Zion vertrieben. Auch Streitigkeiten zwischen den Angehörigen verschiedener christl. Konfessionen waren häufig. Die unter Sultan Suleiman dem Prächtigen (1520-1566) errichtete Stadtmauer um die Altstadt prägt das Stadtbild J.s bis in die Gegenwart.

Literatur: F. Heyer: Kirchengeschichte des Heiligen Landes, 1985, 98-175; H.E. Mayer: Geschichte der Kreuzzüge, [6]1985; E. Otto: Jerusalem, 1980, 197-226; R. Pernoud: Die Kreuzzüge in Augenzeugenberichten, [4]1977; J. Prawer: The latin Kingdom of Jerusalem, 1972; S. Runciman: Geschichte der Kreuzzüge, 3 Bde, 1958-60; G. le Strange: Palestine under the Moslems, ND 1965, 83-223.

XII. 19. UND 20. JAHRHUNDERT

Die zeitweilige ägypt. Herrschaft über Palästina (1831-1840) erhöhte die Rechtssicherheit in J. Bis 1917 gehörte die Stadt dann wieder zum Osmanischen (türkischen) Reich. Im 19.Jh. wuchs das Interesse und Engagement europäischer Nationen und Kirchen im Heiligen Land und in J. Die Pilgerfahrten nahmen spürbar zu. Eine Intensivierung der Forschungen zur bibl. Archäologie und Topographie von J. setzte ein (E. Robinson 1838; T. Tobler 1853; C.W. Warren, 1876-1870 u.a.). Mehrere Nationen traten in Konkurrenz zu Frankreich als der traditinellen Schutzmacht für die Christen. 1837 richtete England das erste europäische Konsulat in J. ein. Verschiedene Initiativen zielten auf eine Verstärkung und Verlebendigung christl. Lebens in der Stadt. Anfangs endzeitlich begründet war die Ansiedlung der württembergischen Templer im Stadtteil Refaim (P. Saver, Sie zog das Heilige Land, 1985). 1841 wurde das anglikanisch-preußische Bistum gegründet, u.a. mit dem 1846–1879 vom Preußenkönig Friedrich Wilhelm IV. berufenen Basler Missionsschüler Samuel Gobat. 1847 wurde das latein. Patriarchat von J. errichtet. Von der Pilgermission St. Chrischona (Basel) und anderen Missionen ausgesandte Handwerker, Architeckten, Pädagogen, Mediziner und Theologen förderten die Entwicklung der Stadt. Zahlreiche Kirchbauten und diakonische Einrichtungen entstanden: Christ Church (1849, am Jaffa-Tor), Syrisches Waisenhaus (1860, eine Gründung J.L. Schnellers). Die von Kaiserswerther Diakonissen betreute Mädchenschule Thalita-Kumi wurde 1866 von C. Schick erbaut, der zu den archäologischen Pionieren in J. zählt. Die deutsche lutherische Erlöserkirche (Muristan), Architekt Adler) wurde 1898 in Anwesenheit Kaiser Wilhelms II. eingeweiht. Verhandlungen der deutschen Regierung mit Sultan Abdul

Treppenpodium (»stepped structure«) in der Davidsstadt, das vermutlich Salomo am Ort des kanaanäischen und späteren davidischen Königspalasts errichtet hat. Am Fuß des Podiums wurden in der späten Königszeit Privathäuser gebaut. Rechts oben sieht man ein Stück der hellenistischen Stadtmauer. (RR)

Hamid II. im Vorfeld der Orientreise des Kaisers führten zur Überlassung eines Grundstücks auf dem Zion (SW-Hügel) an die deutschen Katholiken. Der »Deutsche Verein vom Heiligen Lande« errichtete dort Kirche (1910) und Kloster »Dormitio« (*Obergemach), die seit 1906 von deutschen Benediktinern betreut werden. 1903 begannen die Arbeiten an der »August-Viktoria-Stiftung« auf dem Ölberg, heute Hospital, Kirche und Sitz des »Deutschen Evangelischen Instituts für Altertumswissenschaft des Heiligen Landes«. Sein langjähriger Leiter G. Dalman (1855-1941) leistete Pionierarbeit auf dem Gebiet der bibl. Topographie und Landeskunde.

Die jüd. Bewohner J.s hatten sich an der Verteidigung Jerusalems gegen die Kreuzfahrer beteiligt und waren von ihnen mit der übrigen Bevölkerung ausgerottet worden. Spätestens seit dem 13. Jh. siedelten wieder jüd. Gelehrte in der Stadt und unterhielten dort Schulen und Synagogen. Um 1800 bildeten Juden ein Viertel, um 1850 etwa die Hälfte der Stadtbevölkerung mit ansteigender Tendenz. Der jährlich am Passafest ausgesprochene Wunsch »Das kommende Jahr in Jerusalem« erhielt die Verbindung der Diaspora-Juden mit der Stadt aufrecht, deren alter Name in der von Theodor Herzl begründeten Bewegung des »Zionismus« anklingt. Die um 1880 einsetzenden Einwanderungswellen (Alijot) vor allem osteuropäischer Juden nach Palästina verstärkten den jüd. Anteil in der von Arabern und Juden gemeinsam bewohnten Stadt. Jüd. Wohngebiete entstanden auch im W und NW außerhalb der Altstadtmauern. Nach dem Sieg über die türkische Armee zog General Allenby mit britischen Truppen am 7. Dezember 1917 in die Stadt ein. Als Folge des »Unabhängigkeitskriegs« (1948) blieb J. in einen arabischen, zu Jordanien gehörenden, und einen jüd. Sektor geteilt. Israelische Soldaten eroberten im »Sechs-Tage-Krieg« (1967) die Altstadt mit der Westmauer des Tempels (»Klagemauer«). Das jüd. Viertel der Altstadt (»Jewish Quarter«) wurde wieder aufgebaut; großzügige Ausgrabungen begannen. Im November 1977 sprach Ägyptens Staatspräsident Sadat vor der Knesset. Der Staat Israel erklärte J. am 30. Juli 1980 zu seiner unteilbaren Hauptstadt, was bisher ohne internationale Anerkennung blieb. Von den gegenwärtig rund 430 000 Einwohnern sind ca. 300 000 Juden, 100 000 Moslems und 20 000 Christen.

Literatur: D. Bahat: Jerusalem 1985, 68-87; Y. Ben-Arieh: Jerusalem in the 19th Century, 1984; A. Carmel: Christen als Pioniere im Heiligen Land, 1981; S. Elan: Deutsche in Jerusalem von der Mitte des 19. Jahrhunderts bis zum 1. Weltkrieg, 1984; M. Gilbert: Jewish History Atlas, [3]1985, 29.85; P. Gradenwitz: Das Heilige Land in Augenzeugenberichten, 1984, 30-46.119-147. O.K.

Literatur im Überblick:

1. Nachschlagewerke: M. Avi-Yonah, in: A. Negev: Archäologisches Lexikon zur Bibel, 1972, 189-194; C. Colpe: KlP II, 1967, 1141-1144; H. Donner: BRL[2], 1977, 157-165; V. Fritz: Kleines Lexikon der Biblischen Archäologie, 1987, 101-105; H. Kosmala: BHH II, 1964, 820-850; W.S. LaSor: ISBE II, 1982, 998-1032; W.H. Mare, R.K. Harrison: NIDBA, 1983, 261-270; B. Mazar, K.M. Kenyon, M. Avi-Yonah, N. Avigad: EAEHL II, 1976, 580-641; L.H. Vincent: DBS IV, 1949, 897-966; P. Welten: TRE XVI, 1987, 590-609.

2. Pläne und Karten: M. Avi-Yonah: Der Bibelatlas, 1981; D. Bahat, Jerusalem - Selected Plans of Historical Sites and Monumental Buildings, 1980; H. Donner, H. Cüppers: Die Mosaikkarte von Madeba I, 1977; M. Gilbert: Jerusalem – Illustrated History Atlas, [2]1978; J. Monson (Hrsg.): Studienatlas zur Bibel, 1983.

3. Bildbände: F.F. Bruce: Jesus (Bildführer zur Bibel), 1981; Erez Israel. Das Panorama des Heiligen Landes, 1987; H. und M. Jacoby: Halleluja Jerusalem, 1980; C. Masom, P. Alexander: Großer Bildführer zur Bibel, 1987; A. Millard: Schätze aus biblischer Zeit, 1986; Merian Heft 12/26: Jerusalem; H. Schultz, R. Riesner: Jesus und Jerusalem, 1978; J. und L. Uris: Jerusalem, 1981.

4. Geschichte: M. Avi-Yonah: Geschichte des Heiligen Landes, 1975; D. Bahat: Jerusalem – 4000 Jahre Geschichte, 1985; M. Ben-Dov, M. Naor, Z. Aner: The Western Wall, 1983; A.L. Eckardt (Hrsg.): Jerusalem - City of Ages, 1987; M. Gilbert: Jerusalem, 1985; C. Kopp: Die heiligen Stätten der Evangelien, [2]1964; G. Kroll: Auf den Spuren Jesu, [10]1987; F. Laubscher: Geschichte einer Stadt, 1979; B. Lifshitz: ANRW II/8, 1977, 444-489; J. Madaule: Jerusalem, die heilige Stadt dreier Religionen, 1982; R.M. Mackowski: Jerusalem - City of Jesus, 1980; E. Otto: Jerusalem – die Geschichte der heiligen Stadt, 1980; F.E. Peters: Jerusalem, 1985; N.A. Silberman: Digging for God and Country, 1982; L.H. Vincent: Jérusalem antique, 1912; L. H. Vincent,M.A. Stève: Jérusalem de l'Ancien Testament I/II, 1954/6; L.H. Vincent, F.M. Abel: Jérusalem Nouvelle I-III, 1914-26.

5. Archäologie: N. Avigad: Discovering Jerusalem, 1983; B. Bagatti: Recherches sur le site du Temple, 1979; M. Ben-Dov: Jerusalem's Fortifications, 1983; ders.: In the Shadow of the Temple, 1985; P. Benoit, FS B. Bagatti I, 1976, 111-126; Biblical Archaeology Today, 1985, 435-488; F.J. Bliss, A.C. Dickie: Excavations at Jerusalem, 1898; J.W. Crowfoot, G.M. Fitzgerald: Excavations in the Tyropoeon Valley, 1929; G. Dalman: Jerusalem und sein Gelände, 1930; K.M. Kenyon: Jerusalem – Die Heilige Stadt, 1968; dies.: Digging Up Jerusalem, 1974; G. Kroll: Auf den Spuren Jesu, [10]1987; W.H. Mare: The Archaeology of the Jerusalem Area, 1987; B. Mazar: Der Berg des Herrn, 1979; H. Shanks (Hrsg.): Recent Archaeology in the Land of Israel, 1985, 129-160; Y. Shiloh: Excavations at the City of David, 1984; J. Simons: Jerusalem in the Old Testament, 1952; A. Strobel: FS O. Michel, 1974, 344-361; A.D. Tushingham: Excavations in Jerusalem I, 1985; L.H. Vincent: Jérusalem sous terre, 1911; C.W. Warren: Underground Jerusalem, 1976; R. Weill: La cité de David I/II, 1920/47; Y. Yadin (Hrsg.): Jerusalem Revealed, 1976.

6. Reiseführer: R. Gonen: Führer zu den heiligen Stätten der Christenheit, 1988; E. Gorys: Das Heilige Land, [4]1985; M. Mehling: Knaurs Kulturführer: Heiliges Land, 1986; J. Murphy-O'Connor: Das Heilige Land, 1981; H.C. Nayhauss: Heilige Stätten: Pilgerziel Jerusalem, 1988; E. Noort: Israel, 1987.

7. Bibliographie: K. Bieberstein, H. Bloedhorn: Bibliographie zur Topographie und Archäologie Jerusalems, 1989; P. Welten: TRE XVI, 1987, 602-609. R.R.

JERUSALEM – in seiner theologischen Bedeutung.
Die Frage nach der theologischen Bedeutung von J. in der Bibel ist untrennbar mit dem weiter gehenden Thema des *Israel von Gott verheißenen und geschenkten Landes verbunden. Bibl. abgesicherte Antworten sind hier besonders wichtig, weil es um folgenschwere politische Probleme geht (C. Chapman, Wem gehört das Heilige Land?, 1984), aber auch um das christl. Verhältnis zum Judentum (O. Michel, Dienst am Wort, 1986, 169–185.228–248).

I. JERUSALEM IM ALTEN TESTAMENT.

Mit der Überführung der *Bundeslade nach J. versuchte David, die neu eroberte Hauptstadt seines Reichs auch zum rel. Mittelpunkt zu machen und ihr durch die Anwesenheit des Heiligtums den Schutz Gottes zu sichern (2Sam 6). Gott erwies sich aber darin als der gnädig Unverfügbare, daß er durch das Wort des Propheten *Nathan den Bau eines Tempels untersagte, dafür aber David ein »Haus«, d.h. eine Familiendynastie, verhieß (2Sam 7,5-16). Nachdem der König auf Anordnung des Sehers *Gad einen provisorischen Kult einrichten durfte (2Sam 24,18-25), baute dann sein Sohn *Salomo den ersten Tempel (1Kön 5-6). Das im Zusammenhang mit der Übertragung der Bundeslade überlieferte »Gebet Salomos« (1Kön 8,22-29) wehrt einem magischen Mißverständnis der Gegenwart Gottes im Heiligtum: Es ist Unterpfand dafür, daß Israel im Gebet Gott erreichen kann. Unter dem Stichwort *Zion bestimmte von nun an die Verbindung von Tempelzusage und Davidsverheißung die Geschichte des Gottesvolkes.

In der Zeit der großen Assyrernot erneuerten *Jesaja (Jes 2,1–5; 7; 11; 37,35) und Micha (Mi 4) die Zionsverheißung. Der Glaube an die Unversehrbarkeit von J. erfuhr durch die wunderbare Bewahrung der Stadt vor *Sanherib eine ungeheure Steigerung. Man drohte zu vergessen, daß neben der Heilsverheißung auch immer die prophetische Gerichtsandrohung über das ungehorsame J. steht (Jes 3-5; 29,1-4; Mi 3 u.ö.). In der weltgeschichtlichen Umbruchszeit des Wechsels der assyr., babylon. und pers. Weltreiche gaben die Propheten im verschwindend kleinen Israel der Zionsweissagung weltweite, ja kosmische Dimensionen: Völkerkampf um J. (Mi 4,11; Joel 2; Sach 12; vgl. Ps 46,7ff; 48,5ff) und Völkerwallfahrt zum Zion (Jes 2,2-4; 60; Hag 2,7; Sach 8,22; 14,16f) zeigen, daß es übe die Bewahrung Israels hinaus um die völlige Durchsetzung der Gottesherrschaft auf der ganzen Erde geht.

Die Maßnahmen des Hiskia (2Kön 18,1-4) und vollends des *Josia (2Kön 22-23) verwirklichten die Forderungen von 5Mo 12: Nun war J. nicht mehr bloß Israels Zentralheiligtum, sondern der einzige legitime Kultort. Aber wenn damit auch die Gefahr beseitigt war, daß über die Ortsheiligtümer das Heidentum eindringen konnte, so drohte jetzt ganz Israel Verderben, wenn sich in der Hauptstadt Fremdkulte breit machten. Der Prophet *Jeremia mußte dafür J. das Gericht ankündigen (Jer 7; vgl. Zef 3). Allerdings war die Überzeugung weit verbreitet, der Stadt könne nichts geschehen, da sie ja Berg (Ps 2,6; 15,1; Jes 56,7), Wohnung (Ps 9,12; 43,3; Jer 10,25) und Thron Gottes sei (Jer 3,17; Hes 43,7). Jeremias Gerichtsansage ging mit der Eroberung J.s durch *Nebukadnezar in Erfüllung, unvergessen blieb aber auch die Weissagung eines endzeitlichen Herrschers aus dem Davidshaus (Jer 23,5ff) und eines neuen Bundesschlusses in der heiligen Stadt (Jer 31,31-40). Mitten im Zusammenbruch des gegenwärtigen J. kaufte Jeremia einen Acker in *Anatot als Unterpfand für die heilvolle Zukunft der Stadt (Jer 32). Kaum irgendwo stehen Gericht und Heil für J. so unmittelbar nebeneinander.

Vom Heimweh der nach Babylon Verbannten spricht ergreifend Ps 137. Er hat auch die Zionssehnsucht des nachntl. Judentums wachgehalten. Noch heute betet der fromme Jude im dreimaligen Achtzehn-Bitten-Gebet und beim Tischsegen täglich um den Wiederaufbau J.s und die Herstellung von Davids Königtum. Die Rückkehr aus dem Exil geschah unter dem Davididen *Serubbabel (Esr 2,2; Neh 7,7), an den sich auch messianische Hoffnungen knüpften (Hag 2,22ff; Sach 4,11–14 vgl. 6,10f). Unter *Nehemia, der wohl ebenfalls davidischer Abstammung war (W.T. v. der Smitten, JSJ 5, 1974, 41–47) vollzog sich der Wiederaufbau der Mauern von J. Danach hören wir merkwürdigerweise erst wieder im Zusammenhang der Familie Jesu von Davididen.

Wurde J. also nach dem Exil auch nicht zum Sitz einer erneuerten Davidsdynastie, so bekam es doch erneut seine Rolle als rel. Mittelpunkt Israels. Zeugnis davon geben die Wallfahrtspsalmen (Ps122;125). Besonders durch das Wirken des *Esra wurde der Tempel zum Sammelort der atl. Überlieferungen (R. Riesner, Jesus als Lehrer, [3]1988, 159-163). Es kam zur für den atl. Kanon grundlegenden Verbindung von gesetzlichen, prophetischen und weisheitlichen Schriften. Der Grund für die Weiterexistenz des Judentums über alle historischen Katastrophen hinweg wurde durch den nunmehr festen Bezug auf die schriftliche Tora gelegt.

Die Makkabäer-Zeit brachte gerade in J. die größte Bedrohung, sich der neuen Welteinheitskultur des Hellenismus zu assimilieren. Der militärische Kampf um die Freiheit J.s war auch eine rel. Überlebensfrage. Wie vieles wurde damals die unmittelbare Bindung des Judentums an das Land der Väter theologisch tiefer begründet und so zur tragenden Überzeugung (D. Mendels, The Land of Israel as a Political Concept in Hasmonean Literatur, 1987). Wegen der illegitimen Übernahme des Hohenpriestertums durch die Hasmonäer trennten sich die *Essener vom Tempel, aber das von ihnen erwartete endzeitliche Heiligtum sollte wieder in J. stehen. Wenn Herodes der Große in J. gigantische Baumaßnahmen durchführte, dann auch mit der Absicht, durch die Pracht der gegenwärtigen heiligen Stadt von endzeitlichen Zionshoffnungen abzulenken.

Literatur: G. Fohrer: ThWNT VII, 1974; 291-318; H. Gese: Vom Sinai zum Zion, [2]1984, 113-129; J. Schreiner: Sion-Jerusalem, Jahwes Königssitz, 1963; J.J. Stamm: Der Staat Israel und die Landverheißungen der Bibel, [2]1961; G. Strecker (Hrsg.): Das Land Israel in biblischer Zeit, 1983; P. Welten: TRE XVI, 1987, 600f.

II. JERUSALEM IM NEUEN TESTAMENT.

Jesus hat über *Galiläa hinaus J. zum Zentrum seines Ringens um Israel gemacht. Mit der Ablehnung seines Umkehrrufs in der heiligen Stadt stellte er sich als letzter in die Reihe der von ihr abgewiesenen Gottesboten (Mk 12,1-12; Mt 23,34-39 par.). Nun blieb nur noch die Ansage des Gerichts über Stadt und Tempel (Mt 24,2 par.; Lk 19,41-44; 23,28-31). Aber gerade nach J., den Ort seiner vermeintlichen Verwerfung, wird er zum Endgericht zurückkehren (vgl. Mt 23,39; 26,64 par.). Jesus blieb in der Linie der atl. Prophetie, als er neben das Gericht über die heilige Stadt wegen ihres Ungehorsams die Aussicht auf künftiges Heil stellte. Mit der Ansage beim letzten *Abendmahl, erst wieder in der Gottesherrschaft von der Frucht des Weinstocks zu trinken (Mk 14,25 par.), bezog sich Jesus auf die Verheißung des endzeitlichen Dankopfermahls auf dem Zion (Jes 25 6-8). Besonders eindrücklich wird diese Zeichenhandlung, wenn Jesus sie in einem *Obergemach auf dem SW-Hügel vollzog, der damals im Gegensatz zum AT als der Zion galt. Jesu Erwartung war nicht die einer zelotischen Aufrichtung der Herrschaft Israels, sondern richtete sich wie Jes 25 ganz auf den souveränen Eingriff Gottes. Aber im

Reste eines vorexilischen Privathauses in der Davidsstadt, das Brandspuren von der Zerstörung unter Nebukadnezar (587 v.Chr.) aufweist. Links oben ein Turm der hellenistischen Stadtmauer. (RR.)

Ausgrabungen unterhalb vom südlichen Ende des Tempelplatzes. Links in der Mauer sieht man das zugemauerte herodianische »Dreifache Tor«. Der Blick geht nach Nordosten zum Ölberg. (RR)

irdischen J. wird der Himmel zuerst auf die Erde kommen. Wenn Jesu Kreuzigung und Auferstehung in J. geschahen, so wurde auch durch diese örtliche Festlegung deutlich, daß die atl. Heilsgeschichte in ihm seine Vollendung findet.

Obwohl sich auch in Galiläa Jesus-Gemeinden bildeten, war doch von Anfang an J. der Mittelpunkt der palästin. Urkirche. Hier in der heiligen Stadt, auf die auch die gesamte Diaspora schaute, wollte man erneut durch Wort- und Lebenszeugnis Israel für den Glauben an den Messias Jesus gewinnen (Apg 2). Für die Heiden hoffte man auf die von Jesus bestätigten (Mt 8,11f par.) großen Weissagungen von der Völkerwallfahrt (Apg 15,13-18, vgl. Am 9,11f). Erst die Verfolgung der *Hellenisten führte zu einer nennenswerten direkten Heidenmission (Apg 6-8; 11,19ff). Eine Anerkennung des Tempels als Opferstätte war allerdings auch für die konservativen Judenchristen nicht mehr möglich. Wie schon Jesus selbst (Mk 11,17 par.) galt ihnen das Heiligtum als endzeitliches Bethaus für alle Völker (Jes 56,7).

Bei aller eigenen Unabhängigkeit achtete *Paulus die Urgemeinde in J. als Hüterin der Jesus-Überlieferungen (1Kor 15,3ff), von der die gesamte christl. Verkündigung ihren Ausgang nahm (Röm 15,19; 1Kor 14,36; vgl. Jes 2,3). Trotz erheblicher Spannungen hielt der Apostel durch mehrere J.-Besuche (Apg 9,26–30; 11,30; 15; 18,22; 21,15ff) und vor allem durch die Veranstaltung einer *Kollekte (Gal 2,10; 1Kor 16,1–4; Röm 15,25–32) die Verbindung mit den Jerusalemer Judenchristen und dmit letztlich auch mit dem jüd. Mutterboden des Christentums (vgl. Röm 9–11) aufrecht. Wenn Paulus erwartete, daß nach der Bekehrung Israels »der Erlöser vom Zion kommt« (Röm 11,26), so darf man auch für diese Stelle annehmen: Jesus erscheint aus dem himmlischen Heiligtum, das sich am Ende an den Ort des irdischen herabsenkt (vgl. Gal 4,21-26; Phil 3,20). So ist Gott durch die Verheißung für J. nicht einfach verfügbar, aber er hält der Stadt die Treue, denn »seine Gaben und Berufung können ihn nicht gereuen« (Röm 11,29). Wie Paulus hat sein selbständiger Mitarbeiter *Lukas über dem Engagement für die Heidenmission die Hoffnung zugunsten Israels nicht aufgegeben (vgl. Apg 26,6). J. ist für ihn nicht nur die prägende Muttergemeinde der gesamten Christenheit (H.J. Klauck, Kairos 28, 1986, 129-151), auch als Stätte zukünftiger Hoffnung bleibt sie wichtig, selbst wenn das nur verhalten angedeutet wird (Apg 1,6f.11). Ein nicht ganz leicht deutbares Doppelgesicht trägt das Joh-Ev. Kein anderer Evangelist hat seine Darstellung so auf J. konzentriert und besitzt so gute Ortskenntnisse (B. Schwank, EA 57, 1981, 427-442). Gleichzeitig erscheint Jesus nach Joh an jüd. heiligen Orten, um ihren Kult in seiner Person zu vollenden und zu ersetzen (Joh 2,13-22; 5; 7). Deshalb ist der zukünftige Gottesdienst weder an den *Garizim noch an J. gebunden (Joh 4,21), sondern (»in Geist und Wahrheit« vgl. Joh 15,26) auf Jesus bezogen. Auch Johannes hält aber fest, daß die Heilsgeschichte im jüd. Gottesvolk ihren Ausgang nahm (Joh 4,22).

Die theologische Bedeutung des irdischen J. kann man so zusammenfassen:

1. Es ist durch Kreuz und Auferstehung Jesu der zentrale Ort der Heilsgeschichte und als ehemalige Stätte des Tempels gleichzeitig ein unübersehbarer Hinweis auf die untrennbare Verbindung von altem und neuem Bund.

2. Die Erforschung und der Besuch der mit dem AT und NT verbundenen konkreten Orte in J. kann uns davor bewahren, die Heilsgeschichte zu vergeistigen. Gott handelt so wirklich in der Geschichte, daß man an einigen Orten noch sehen kann, welche Steine sich bewegt haben (vgl. Lk 19,40).

3. Wenn J. heute eine vorwiegend von Juden besiedelte Stadt in einem unabhängigen Staat ist, dann liegt darin ein unübersehbares Zeichen von Gottes Treue zum alten Bundesvolk.

4. Gleichzeitig steht J. im Brennpunkt internationaler politischer Spannungen und ist im Inneren von nationalem und rel. Haß zerrissen. Kaum irgendwo wird auch die Spaltung der Christenheit so deutlich wie in der heiligen Stadt. So bedeutet das heutige J. ebenfalls einen unübersehbaren Hinweis darauf, daß die Vollendung noch aussteht.

5. J. stellt schließlich ein konkretes Erinnerungszeichen für die Vollendung der bibl. Hoffnung dar. Welche zukünftigen Ereignisse aufgrund atl. und ntl. Prophetie mit J. zu verbinden sind, ist selbst unter evangelikalen Christen sehr umstritten. Bei der Beantwortung solcher Fragen ist größte exegetische Vorsicht und eine wirkliche Kenntnis der Zeitgeschichte nötig. So scheitert z.B. ein Versuch, Jer 31,38-40 mit der Erweiterung des modernen J. in allen Einzelheiten zusammenzubringen (J. McDowell, Bibel im Test, 1987, 456-460), an Unkenntnis der Topographie. Wenn von manchen zuversichtlich der Wiederaufbau des Tempels erwartet wird, so macht nachdenklich, daß 1948 ein wohlvorbereiteter Versuch unter dramatischen Umständen scheiterte (L. Collins, D. Lapierre, O Jerusalem, 1972, 414ff). Man kann über dieses Thema nicht reden, ohne die gesamte zukünftige Rolle Israels im NT zu bedenken (J. van Oorschot, Hoffnung für Israel, 1988). Bleiben so viele Einzelheiten noch undeutlich, J. als Erscheinungsort des wiederkommenden Christus hat eine gute bibl. Basis.

Literatur: W.D. Davies: The Gospel and the Land, 1974 (dazu kritisch: S. Talmon, D. Flusser: CNfI 25, 1975, 132-139; P. Benoit: RB 83, 1976, 591–596); J.K. Elliott: TRE XVI, 1987, 609-612; L. Hartman: EWNT II, 1981, 431-439; E. Lohse: ThWNT VII, 1964, 318-338; H. Schultz, TBLNT II, ⁴1986, 753-757; J.C. de Young: Jerusalem in the New Testament, 1960.

III. DAS HIMMLISCHE JERUSALEM

Schon im AT wird gelegentlich die Zukunft von J. in einer Weise geschaut, die eine rein irdische Wiederherstellung übersteigt (Jes 2,2; Mi 4, Hes 17,22; 40,2; Sach 14,10). Während der größere Teil des Judentums eine, wenn auch wunderbare, Aus-

Blick vom Ölberg auf die SO-Ecke (sog. »Zinnes des Tempels«) des Tempelplatzes. Links unterhalb der Al-Aksa-Moschee erstreckt sich ein großes Ausgrabungsgebiet, das u.a. eine herodianische Prachttreppe aus weißem Kalkstein umfaßt. Links von der Kurve der modernen Straße beginnt sich der unscheinbare Hügelsporn der Davidsstadt nach Süden herabzusenken. Die auffallennde Kirche links oben (St. Peter in Callicantu) steht in der Gegen des neutestamentlichen Hohenpriester-Palastes. (RR)

weitung des irdischen J. erwartete (ThWNT VII, 325), begegnet in einigen Gruppen auch die Hoffnung auf ein im Himmel aufbewahrtes J., das endzeitlich offenbar werden wird (4Esr 7,26; 13,36). Offenbar war diese Erwartung vor allem in den *Essenern nahestehenden apokalyptischen Kreisen verbreitet (äthHen 90,28f; ApkBar 4,2-6). Die Tempelrolle von *Qumran enthält einen im Detail ausgeführten, aber von Hes 45-48 unterschiedenen Entwurf für das endzeitliche Heiligtum, das im irdischen J. stehen soll (vgl. auch 1QS 8,7f; 1QH 6,25; 7,8f).

Drei Schriften im NT, die am irdischen J. leiden, sprechen besonders deutlich vom himmlischen J. Paulus stellt dem irdischen J. als Sinnbild der Befangenheit im Gesetzesdienst das himmlische gegenüber (Gal 4,22-30), in dem die Christen Bürgerrecht haben, während sie in der Welt Fremdlinge sind (Phil 3,20). Vielleicht an eine judenchristl. Gruppe in J., die in der Gefahr stand, sich wieder dem jüd. Tempelgottesdienst zuzuwenden, ist der Hebräerbrief gerichtet (Hebr 13,11f). Der Verfasser erinnert seine Leser daran, daß sie schon zum himmlischen J. mit dem Gottesdienst der Engelheere gehören (Hebr 12,22f). Die Pilgersehnsucht nach dieser »bleibenden Stadt« (Hebr 13,14), zu der die Gläubigen wie Abraham unterwegs sind (Hebr 11,10), hat immer wieder Dichter wie J.M. Meyfart (»Jerusalem, du hochgebaute Stadt«) oder G. Tersteegen (»Kommt Kinder, laßt uns gehen«) zu tiefen geistlichen Liedern inspiriert. Während der Tempel oft bildlich für die Kirche steht, dient das endzeitliche J. nur ausnahmsweise (Mt 5,13) als Hinweis auf die messianische Gemeinde (anders T. Holtz, Christologie der Apokalypse, [2]1971, 191–195; R.H. Gundry, NT 29, 1987, 254-264).

Die am stärksten ausgeführte Schilderung des himmlischen J. und gleichzeitig einer der eindrücklichsten Hoffnungstexte der Bibel überhaupt findet sich in Offb 21. Ein Hauptunterschied gegenüber vergleichbaren zeitgenössischen Beschreibungen im Judentum (Tob 13,16-18; Bill. III 850) besteht darin, daß der Seher keinen Tempel mehr schaut, »denn der Herr, der allmächtige Gott, ist ihr Tempel, er und das Lamm« (Offb 21,22). Obwohl das irdische J. in der Offb als der Ort der Verwerfung Jesu durch Israel (Offb 11,8) und auch der Verfolgung der christl. Gemeinde erscheint (Offb 11,2), wird es nicht völlig aufgegeben. Sehr wahrscheinlich ist nach Offb 14,1 der irdische *Zion der Ort, an dem das himmlische J. die Erde erreicht (vgl. Joel 3,5; Apg 2,21). Während die Straßen des himmlischen J. nur knapp erwähnt sind (Offb 21,18.21), werden die aus kostbaren Steinen errichteten Mauern und die zwölf Perlentore ausführlich geschildert (Offb 21,12-21 vgl. Jes 54,11f; 60). Die Jerusalemer Altstadt besitzt eine der schönsten Stadtmauern der Welt. Auch insofern vermag ein Besuch des irdischen J. zum Gleichnis zu werden und die Freude auf das himmlische J. zu stärken. Das Hoffnungsbild der himmlischen Stadt kann Christen besonders nachdrücklich daran erinnern, daß die Vollendung der Welt keine menschliche Möglichkeit darstellt, sondern allein durch einen neuen, souveränen Schöpfungsakt Gottes herbeigeführt wird.

Literatur: H. Kosmala: BHH II, 1964, 848f; E. Lohse: ThWNT VII, 1964, 324f; M. Rissi: Die Zukunft der Welt, 1966; H. Schultz: TBLNT II,[4]1986, 756f; G. Stählin: Wissen und Wahrheit, 1973, 85-94. R.R.

Blick vom Arabischen Dorf Silwan über das Kidron-Tal zur Davidsstadt, die nicht mehr als die untere Bildhälfte einnimmt. Ganz rechts oberhalb der einzelstehenden Kiefer liegt das Ausgrabungsfeld von Frau Kenyon bei der Gihon-Quelle. Links reicht der freigelegte Felsen bis in den Talgrund. Die dort sichtbare quadratische Öffnung gehört zu den vorexilischen Königsgräbern. Die am weitesten links zu sehende Zypressen-Gruppe steht in der Nähe des Siloah-Ausflussees (Siloah-Teich). Die mächtige Kirche links oben (Dormitio-Abtei) bezeichnet die Gegend des Abendmahlssaals. Rechts oben sind der weiße Turm der deutschen lutherischen Erlöserkirche und daneben die Kuppel der Grabeskirche zu sehen. (RR)

JESAJA. (Hebr. *jeschajāhū*, »Jahwe ist Heil/Hilfe«, »Jahwe rettet«). Im AT werden mehrere Männer dieses Namens erwähnt, von denen jedoch bis auf den Propheten J. sehr wenig überliefert ist.

1. Jes 1,1: Sohn eines Amoz (hebr. *amoz*, zu unterscheiden von dem Propheten *Amos: hebr. *amos*), der sonst nicht weiter bekannt ist. Gelegentlich wurde die Vermutung geäußert, er sei über eine Nebenlinie mit dem judäischen Königshaus verwandt, wobei man sich auf die Erzählungen und Orakel das J.-Buchs stützte. Eindeutig ist nur, daß J. wie selbstverständlich Zugang zum Königshaus hatte.

J. war verheiratet; in Jes 8,3 wird seine Frau »die Prophetin« genannt, vielleicht weil auch sie prophetisch wirkte. Von zwei Söhnen wird berichtet, die beide symbolische Namen trugen (Jes 8,18): Schear-Jaschub, »ein Rest wird umkehren« (Jes 7,3) und Macher-Schalal-Chasch-Bas, »Raubebald-Eilebeute« (Jes 8,1-4).

J. wirkte unter den jüd. Königen *Usija (787-736 v.Chr.), *Jotam (756-741 v.Chr.), *Ahas (741-725 v.Chr.) und *Hiskia (725-697 v.Chr.). Er hatte eine entscheidende Gottesbegegnung (viele setzen hier erst J.s Berufung an), »als der König Usija starb« (Jes 6,1), d.h. 736 v.Chr. Sein letztes mit ziemlicher Sicherheit zu bestimmendes Auftreten fand z.Zt. von *Sanheribs Feldzug 701 v.Chr. statt (oder ca. 688 v.Chr., wenn man einen zweiten Feldzug Sanheribs gegen Jerusalem annimmt). Der späteren Überlieferung nach soll J. unter *Manasses Herrschaft (696-642) getötet worden sein (2Kön 21,16), weil er behauptete, den Herrn gesehen zu haben (Jes 6). Doch ist es auch möglich, daß J. unter Manasses Herrschaft überlebte. Das Nichterscheinen von Manasses Namen in Jes 1,1 könnte auch darauf zurückzuführen sein, daß J. kein öffentliches Amt bekleidete, nachdem Manasse König geworden war.

J. wirkte in Juda. Er war ein Zeitgenosse des Propheten *Micha, dessen Wirksamkeit sich besonders auf das Nordreich erstreckte.

2. 1Chr 3,21: Sohn *Hananjas, aus dem Geschlecht Davids.

3. 1Chr 25,3.15: Sohn Jedutuns, einer der prophetischen Männer z.Zt. Davids, die auf Harfen, Psaltern und Zimbeln spielen sollten.

4. 1Chr 26,25: Levit, Sohn des Eliëser.

5. Neh 11,7: Benjaminit, dessen Nachkomme Sallu nach der Rückkehr aus babylon. Gefangenschaft in Jerusalem wohnte.

6. Esr 8,7: Sohn Ataljas, der mit Esra aus Babel nach Israel zurückkehrte. Ri.Sch.

JESAJA, BUCH.

I. ZUR PERSON JESAJAS.
s. *Jesaja.

II. DIE ZEIT JESAJAS.

Die erste Hälfte des 8. Jh. v.Chr. war für Israel unter *Jerobeam II. (ca. 787-747 v.Chr.) und für Juda unter *Usija (790-787-736 v.Chr.) eine große Blütezeit. Sie ging großenteils auf die Schwäche des Königreichs *Aram zurück und auf das Stillhalten Assyriens an seiner W-Grenze. Usijas Herrschaft kann man als die blühendste Zeit Judas seit der Unterbrechung der Monarchie nach Salomos Tod bezeichnen. Unter Usija und *Jotam waren Reichtum und Luxus in Juda reichlich vorhanden; dies spiegelt sich in Jes 2-4 wider. Aber mit der Machtübernahme Tiglatpilesars III. (745-727 v.Chr.) in Assyrien begann dieses von neuem, den Ländern im W sein Joch aufzuzwingen. *Pekach von Israel und *Rezin von Damaskus bildeten eine Koalition gegen Assyrien und versuchten, *Ahas von Juda zu bewegen, ihr beizutreten. Als Ahas ablehnte, drohten sie, ihn abzusetzen und einen Günstling (»Sohn des Tabeal«) auf seinen Thron zu setzen (734 v.Chr.). J.s Handeln zu dieser Zeit wird in Kap. 7 beschrieben. Ahas beging die Torheit, den assyr. König um Hilfe zu bitten. So wurde Juda ein Satellitenstaat Assyriens. 732 v.Chr. nahmen die Assyrer Damaskus ein, annektierten das Gebiet Israels nördl. der Ebene Jesreel und ließen *Hosea den Rest des nördl. Königsreichs als Vasall regieren. Als er sich dagegen auflehnte, belagerte *Salmanassar V. (727-722 v.Chr.) *Samaria (723/2 v.Chr.), und sein Nachfolger *Sargon II. (721-705 v.Chr.) nahm es im Jahr seiner Machtübernahme ein. Trotzdem gab es verschiedene Freiheitsbewegungen, die sich gegen die assyr. Vorherrschaft richteten. Bei dieser Gelegenheit erhob J. seine Stimme wieder, nachdem er sich nach seinem vergeblichen Protest gegen Ahas' Außenpolitik 734 v.Chr. zurückgezogen hatte (Jes 8,16ff). Er warnte Juda, an derartigen Bewegungen teilzunehmen, besonders davor, sich auf ägypt. Hilfe zu verlassen. Nach Jes 14,28 sandten die Philister in Ahas' Todesjahr eine Delegation nach Jerusalem, um eine anti-assyr. Allianz zu arrangieren; bei dieser Gelegenheit sprach Jesaja wieder eine Warnung aus (Jes 14,29-32).

Unter *Hiskia gab es andere Bewegungen dieser Art. Erwähnenswert ist die Revolte von Aschdod, die 711 v.Chr. niedergeschlagen wurde, als die Assyrer Aschdod belagerten und einnahmen (vgl. Jes 20,1). Juda und Ägypten waren in diesen Aufstand verwickelt. Möglicherweise sollte man Jes 18 in diese Zeit datieren; damals regierte eine äthiopische Dynastie in Ägypten. Nach Sargons Tod (705 v.Chr.) gab es überall Erhebungen gegen seinen Nachfolger Sanherib (704-681 v.Chr.). Juda war neben Israel einer der revoltierenden Staaten. Das führte 701 v.Chr. zu Sanheribs Feldzug. Das Nordreich Israel wurde erobert und die Bevölkerung nach Assyrien deportiert. Auch Juda wurde überrannt und Jerusalem belagert. Doch gelang es den Judäern, Jerusalem zu halten. Die Kap. 36-37 halten Sanheribs Bedrohung der Stadt fest, ebenso Jerusalems Befreiung sowie J.s Tätigkeit während dieser gefährlichen Zeit.

III. AUFBAU DES JESAJABUCHES.

Obwohl die einzelnen Kap. nicht in einer nach unserem Empfinden und Verständnis logischen Ordnung aufgebaut sind, kann man bestimmte Grundlinien erkennen, die eine zeitliche Aufeinanderfolge für einige Kap. nahelegen. Kap. 1-5 enthalten Prophetien aus J.s frühester Zeit, die vor der Tempelvision im Jahre 736 v.Chr. anzusetzen sind. Kap. 1 enthält darüber hinaus eine Disposition der gesamten Prophetie J.s. (Darum haben wir in Jes 2,1 auch einen bewußten Neueinsatz der Prophetenworte vor uns). Die Kap. 7,1-9,7 sind mit großer Sicherheit der Zeit um den syr.-ephraimitischen Krieg (734 v.Chr.) zuzuordnen. Kap. 18-20 führen uns in die Zeit zwischen 715-711 v.Chr., als das judäische Königshaus im Bund mit anderen palästin. Kleinstaaten versuchte, sich des assyr. Drucks zu erwehren. Die Kap. 28-37 kann man der letzten (uns bekannten) Wirkungsepoche J.s zurechnen (705-701 v.Chr.). Der Höhepunkt dieser Jahre ist die wunderbare Errettung Jerusalems von den es belagernden Assyrern unter ihrem König Sanherib.

Deutlich ist, daß die Kap. 40-55 zu einem überwiegenden Teil den Eindruck machen, als rührten sie aus der Zeit des Exils (587-538 v.Chr.). Aus den Kap. 56-66 läßt sich gut die Situation der aus dem Exil Heimgekehrten rekonstruieren. Von daher ergibt sich eine chronologische Spanne, die mehr als 200 Jahre umfaßt.

Für viele andere Kap. kann man keine genaue chronologische Einordnung vornehmen. Wenn man sich die Worte gegen die fremden Völker ansieht (Kap. 13-19), so kann man mit Ausnahme der Babylon-Kap. (13 u. 14) durchaus eine Nähe zu den Kap. 7-11 feststellen; denn auch die fremden Völker sind durch die assyr. Bedrohung in ihrer Existenz gefährdet (was aber vom Propheten als Gericht Gottes gedeutet wird).

Die Kap. 24-27, die Gottes umfassendes Gericht und die Erneuerung der Welt jenseits einer Totenauferweckung ankündigen, passen durchaus in die Abfolge der Kap. 1-23 hinein: Nachdem Gott sowohl Israel als auch den Völkern das Gericht angesagt hat (darin eingeschoben einige mehr oder weniger deutliche Heilsankündigungen), wird das Bisherige in einer Art »Grundsatzprophetie« zusammengefaßt. In den Kap. 36-39 (mit Kap. 35 als Vorwegnahme dessen, was dann in Kap. 40ff entfaltet wird) wird die Rettung der Stadt Jerusalem als Abschattung der kommenden Errettung von ganz Israel aus dem Exil erzählt. Insofern fügen sich jene Kap. sinnvoll in den Gesamtverlauf der Prophetie J.s ein.

IV. DAS PROBLEM DER VERFASSERSCHAFT.

1. Darstellung der neueren kritischen Bibelauslegung.

Allg. bekannt (und zumeist akzeptiert) ist die grobe Einteilung der 66 Kap. des J.buches in Kap. 1-39 (»Protojesaja« - erster Jesaja), Kap. 40-55 (»Deuterojesaja« – zweiter Jesaja), Kap. 56-66 (»Tritojesaja« – dritter Jesaja), wobei man jeweils verschiedene Verfasser annimmt. In den Kap. 1-39 findet man nach Ansicht der Kritiker wenige echte jesajanische Worte.

Als sekundär ausgeschieden werden vor allem: die Heilsankündigungen in Jes 2,1-4; 4,2-4 und 11,1-10. Bei Jes 9,1-6 gibt es allerdings einige Stimmen, die diese Verse J. zuerkennen wollen. Nicht jesajanisch sollen insbesondere die Sprüche gegen die Völker in Kap. 13-21 sowie die sog. »Jesaja-Apokalypse« in Kap. 24-27 sein. Ebenfalls zählt man die erzählenden Stücke Kap. 36-39 einer späteren Redaktion zu. So kommen im Grunde nur wenige Stücke auf das Konto des J., vor allem Jes 6,1-9,6 und dann Teile aus den Kap. 22;28-34. Der Hauptgrund für diese Meinung liegt darin, daß man J. als einen Gerichtspropheten ansieht: Gott richtet alles Hohe, um sich selbst als den Heiligen darzustellen. Was an Heil angekündigt wird, soll aus der späteren Redaktion und aus »Deuterojesaja« stammen.

Für die Kap. 40-55 soll ebenfalls J. als Verfasser nicht in Frage kommen. Als Indiz dafür wird der neue Stil angeführt, der in den Texten von Kap. 40-55 Verwendung findet. Man spricht heute von den Redegattungen des »Disputationswortes«, der »Gerichtsrede« und vor allem des »Heilsorakels«, die man sich allesamt im Umkreis des Diaspora-Gottesdienstes der judäischen Exilsgemeinde vorstellt. »Deuterojesaja« soll an diesen Gottesdiensten einen starken Anteil gehabt haben, so daß er von dort vor allem die Redeform des priesterlichen »Heilsorakels« übernommen habe: der Prophet spricht wie ein Priester, der den zu ihm getretenen bußfertigen Volksgliedern das Heil und die Zuwendung Gottes zuspricht (»Fürchte dich nicht. . .«, Jes 43,1ff).

Ein weiteres Argument dafür, daß in Kap. 40-55 ein anderer Verfasser spricht, soll auch die neue Sicht des von Gott Gesandten sein: in Kap. 1-39 ist es der Messias-Friedenskönig, der mit starker Hand sein Volk im erneuerten Gottesbund bewahrt, während es in Kap. 40-55 jener geheimnisvolle *Knecht Gottes ist, der schließlich durch sein stellvertretendes Leiden und Sterben die Wiederaufrichtung des Volkes Gottes (unter Einbeziehung der Völker) ermöglicht. Zweifellos ist das starke Bild vom leidenden Gottesknecht ein neues und bis dahin im AT noch nicht vorkommendes Motiv und insofern auch ein neues Element innerhalb der Jesaja-Prophetie. Aber dabei darf nicht übersehen werden, daß gerade die Aussagen über den Gottesknecht allemal den Sieg und die Aufrichtung

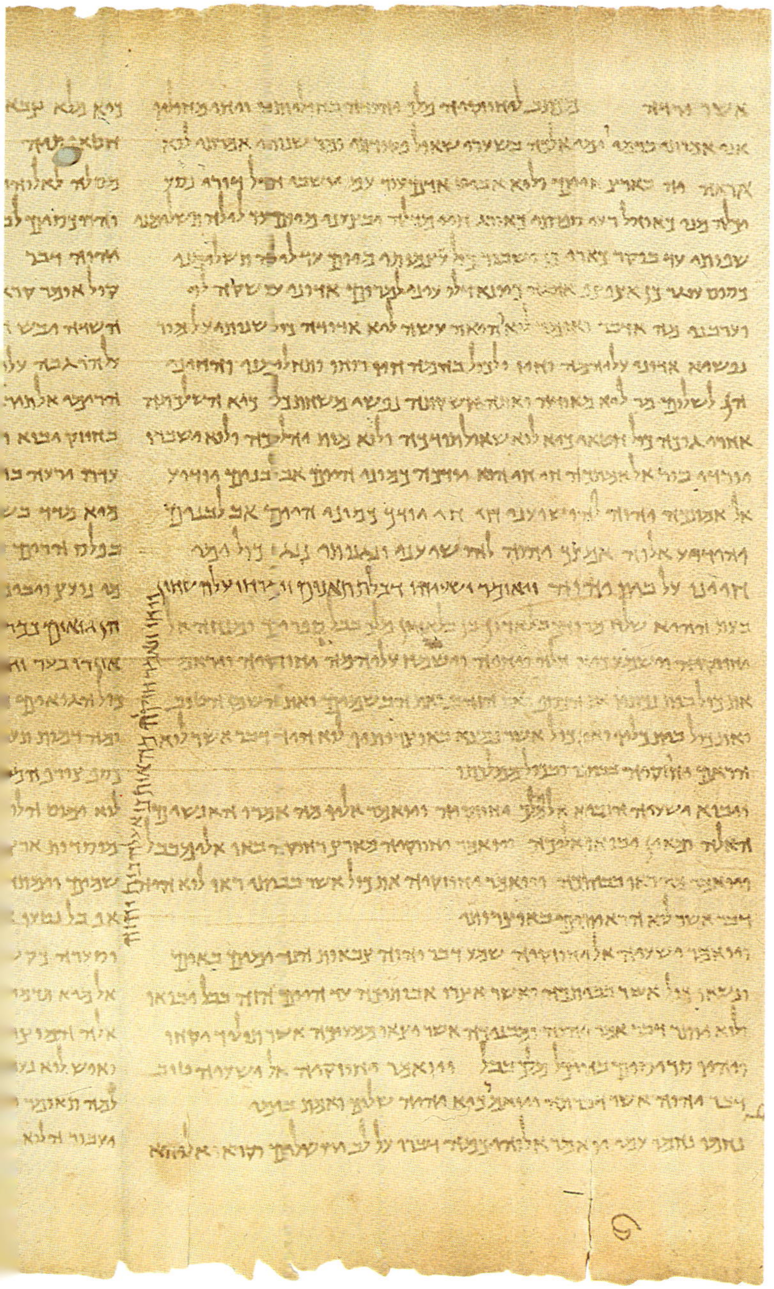

Ein Teil der ältesten vollständigen Kopie des Jesaja-Buches auf Hebräisch: eine Schafleder-Rolle von 7,34 m Länge, die in Höhle 1 von Qumran am Toten Meer gefunden wurde (1Q Is[a]). Die abgebildete Kolumne enthält Jes 38,8-40,2. 2.Jh.v.Chr. (JCT)

s Gottesreiches durch den hingengsvollen Dienst des Knechtes verndigen. In der Aufrichtung der ottesherrschaft haben das Bild vom essianischen Friedenskönig und das m leidenden und schließlich siegenn Gottesknecht ihren gemeinsamen rn.

Schließlich weist man darauf hin, ß *Kyrus, der König der Meder d Perser, der im Jahre 538 v.Chr. Rückkehr der Judäer ermöglichte s 44,28; 45,1), unmöglich von eim Propheten namentlich erwähnt rden sein kann, der kurz nach 700 Chr. aufhörte zu reden. Für die krihe Bibelauslegung ist das Erscheii dieses Perserkönigs auf der Bühder Geschichte die geschichtliche ranlassung für »Deuterojesaja«, nunmehr mit der Gnadenbotschaft an die Exulanten zu beginnen. Würde man, wenn man an der Einheitlichkeit des Jesajabuches festhält, nicht aus J., dem Propheten, einen Vorhersager machen, der, anstatt die großen Geschichtspläne seines Gottes zu verkündigen, diese und jene Einzelheiten vorhersagt? Fest steht auf jeden Fall, daß J. Tiefenschau der Geschichte nach dem Untergang der Assyrer das Reich der Babylonier heraufkommen sah. Aber auch dieses Reich der Chaldäer sah er dem Gericht Gottes anheimgegeben (vgl. Kap. 13 u. 14). Er wußte, daß Gott Männer beauftragt, sie »salbt« und ihnen dadurch die Vollmacht und die äußeren Mittel gibt, um vorhandenen Mächten ein Ende zu bereiten und neue Reiche zu gründen. Der Name des Kyrus ist nicht so sehr mit dem Verlauf der Sätze verbunden, daß er nicht auch fehlen könnte: was über »Kyrus« gesagt ist, kann auch von einem anderen von Gott beauftragten Herrscher gesagt werden. Mit anderen Worten: es ist denkbar, daß im Zuge der Endredaktion der Rolle durch Schüler der Name des Kyrus in den Text hineinkam. Der theologischen Grundlinie nach ist aber der Auftrag dieses Herrschers von J. angekündigt worden. Auch dieses Argument, das aus der Erwähnung jenes Perserkönigs Schlüsse für die Autorschaft zieht, kann nicht das hergeben, was die kritische Bibelauslegung ihm entnimmt.

Wie Kap. 6 eindrucksvoll zeigt, ist J. im gottesdienstlichen Leben seines Volkes zu Hause. Wenn wir uns von hier aus klarmachen, daß die prophetische Tiefenschau J.s ihn mit den kommenden Bedingungen und Situationen seines Volkes derart einsmachte, daß er ihre künftigen Lebensbedingungen schon in sich selbst mitvollzog, dann ist es nicht schwer, sich vorzustellen, wie sehr er von dem Gedanken betroffen war, daß sein Volk in der Gefangenschaft nur noch den Gottesdienst haben würde. Darum redet er ab Kap. 40 oft wie einer, der an diesem Gottesdienst der Exilierten teilnimmt. Somit erübrigt sich auch das Argument, die andere Sprache verrate einen anderen Autor.

Deutlich ist der Einschnitt nach Jes 55,13. Es scheint ein neuer Ton in der Sprache des Propheten hörbar zu werden – nunmehr geht es nicht nur um Gottes Handeln (wie hauptsächlich in Jes 40-55), sondern um »Gerechtigkeit«, die das Volk üben soll (Jes 56,1) und die sich im Halten des Sabbats (Jes 56,6) niederschlägt. Überhaupt fällt die Aufteilung der Gemeinde in »Gerechte« und »Frevler« auf (Jes 57). Schließlich ist auch die Ankündigung von Gottes herrlichem Zug durch die Wüste zu einer Aufforderung an Menschen geworden, alle Steine und Anstöße aus dem Weg zu räumen (Jes 57,14). Besonders aus den eben skizzierten Gründen glaubt die kritische Bibelauslegung, daß der Abschnitt Jes 56-66 insgesamt nicht mehr auf der Höhe der deuterojesajanischen Gnadenbotschaft stehe, sondern die gänzlich andere Situation nach der Rückkehr der Exulanten vor Augen habe. Die neue Situation in der alten Heimat sei von einer aufkommenden ängstlichen Gesetzlichkeit geprägt, die in das nunmehr entstehende Judentum vorausweise. Die von der kritischen Forschung früher je und dann behauptete Zusammengehörigkeit von Jes 40-66 ist heute durchweg aufgegeben worden. Man nennt daher den dritten Teil des Buches J. »Tritojesaja« (dritter Jesaja). Im Unterschied zu »Deuterojesaja« erkennt man in ihm aber keine Einzelpersönlichkeit als Verf., sondern sieht darin eine Sammlung von nachexilischen Texten aus verschiedenen Zeiten.

Doch die vollständige Loslösung der Kap. 56-66 von den Kap. 40-55 kann auch von der kritischen Bibelauslegung nicht durchgehalten werden. In dem Mittelstück (Kap. 60-62) findet sie deutliche Anklänge an »Deuterojesaja«, was die Vielzahl der Heilsworte angeht. Zwar ist dieses Mittelstück von »Volksklageliedern« gerahmt (Jes 59,1-14 und Jes 63,7-64,11), die man sich durchaus in der Zeit nach dem kümmerlichen Neuanfang in Jerusalem entstanden vorstellen kann, aber es ist zu bedenken, daß die vielen Heilsworte bei »Deuterojesaja« auch Klagegottesdienste während der Exilszeit in Babylon zum Hintergrund haben. Nun hat man gesagt, daß die in Kap. 60-62 wiedergegebenen starken Visionen von der Herrlichkeit Jerusalems das Nichtvorhandensein dieses Glanzes in der geschichtlichen Wirklichkeit zur Voraussetzung haben. Jedoch ist seit Jes 2,1-4 klar, daß die Erwartung der neuen Gottesstadt als eines Zentrums für die Völker zur ursprünglichen Verkündigung J.s gehört. Weil J. auch den Neuanfang jenseits des Gerichtes in seiner prophetischen Schau gesehen hat, wird man die Kap. 56-66 als eine Weisung für die Zeit nach der Rückkehr aus dem Exil ansehen können. Man darf daraus jedoch nicht die Berechtigung ableiten, sie als mit den vorangegangenen Texteinheiten inhaltlich unvereinbar darzustellen.Es ist auch richtig beobachtet, daß die Mahnungen, verbunden mit Anweisungen für den konkreten Gehorsam in diesen letzten Kap. (abgesehen von dem Mittelstück Jes 60-62) vorherrschen. Aber auch der von der Forschung hochgeschätzte »Deuterojesaja« kennt die Mahnung, zwar nicht so konkretisiert in Richtung auf den praktischen Gehorsam, sondern eher grundsätzlich. So ruft er die Generation im Exil zum Hören und Sehen auf (Jes 43,8; 49,18; 51,1 u.ö.). In dieser Situation ging es noch nicht um die Bewährung der Befreiung durch Gott im Alltag. Es kam auf die grundlegende Hinwendung zum gnädigen Gott an, die sich zunächst an einer einzigen Stelle konkretisieren sollte, nämlich indem der Auszug aus Babylon im Gehorsam vollzogen wird (Jes 48,20). Bei aller Unterschiedlichkeit der Blöcke Jes 40-55 und Jes 56-66 sollte diese innere Einheit nicht übersehen werden. Sie wird auch je und dann von der kritischen Bibelauslegung gesehen. Man hilft sich dann mit der Behauptung, daß sich »Tritojesaja« (wiewohl keine Einzelperson) in einer Schülerschaft zu »Deuterojesaja« befunden habe.

Seit Jes 1,28ff ist jedoch eindeutig, daß die kommende Errettung, die Gott allein herbeiführen wird, den konkreten Gehorsam nach sich ziehen muß. Mit anderen Worten: es gibt auch nach der Offenbarung von Gottes allumfassendem Heil und der Heimführung der Gefangenen in das Land der Väter die Möglichkeit, daß man sich Gott entzieht und dann erst recht seinem endgültigen Gericht verfällt. Was J. im grundlegenden und seine Botschaft zusammenfassenden Abschnitt Kap. 1,1-2,5 gesagt hat, wird in den späteren Kap. nur noch entfaltet.

Von daher darf man die in Jes 56ff häufig begegnende Aufteilung der Gemeinde in »Gerechte« und »Frevler« nicht als eine Verengung der universalistischen Heilsbotschaft der Kap. 40-55 verstehen. Die Rückführung der heilsuniversalistischen Stücke auf eine direkte Schülerschaft von »Deuterojesaja« und der ermahnenden Texte auf einen gesetzlich-engen Autorenkreis erübrigt sich dadurch.

2. Argumente für Jesaja als Autor des Jesaja-Prophetenbuches.

a. Unter der Autorschaft eines bibl. Buches verstehen wir nicht einfach das Anfertigen eines Manuskriptes durch die in der Buchüberschrift genannte Persönlichkeit. Nach Jes 8,16 hatte J. Schüler, die das von ihm Gehörte und Geschaute überlieferten, also den Grundbestand bewahrten, schließlich die Gnadenbotschaft z.Zt. des babylon. Exils gleichsam »novelliert« wieder »herausgaben«, die J. ihnen schon vorher offenbart hatte. So kann J. mit seinem Schülerkreis, der mindestens bis zum Exil anzunehmen ist, als eine geistige Einheit gesehen werden.

b. Die Tatsache, daß der wohl wichtigste atl. Abschnitt, nämlich Jes 40-55, nicht mit einem namentlich genannten Propheten in Verbindung gebracht wird, will uns unmißverständlich zeigen, daß diese Kap. (ebenso dann auch Jes 56-66) mit Jes 1-39 in Zusammenhang gelesen werden wollen. Von daher legt sich eine einheitliche Verfasserschaft, nämlich die des J., des Sohnes des Amoz, von selbst nahe.

c. Die für uns älteste Handschrift der J.-Rolle aus den Höhlenfunden von Qumran ist etwa in das Jahr 120 v.Chr. zu datieren. Sie enthält nicht die geringsten Spuren von einer Zusammensetzung der Rolle durch eine Vielfalt von Bearbeitungen. Hätten diese wirklich stattgefunden, so hätte die in jeder Beziehung auf Sorgfalt bedachte rel. Gruppe der Qumran-Essener davon irgendeine Notiz überliefert.

d. Wenn schon im 1. Kap. (z.B. 1,27) das Gericht, das J. verkündigen soll, mit der kommenden Heilsabsicht Gottes begründet ist, dann erwartet man logischerweise auch ausführlichere Worte über das Heil, das kommen soll. Darum gehören die Kap. 40-66 auch aus inneren Gründen mit zur ursprünglichen Prophetie J.s hinzu. Unterschiede im Stil erklären sich nicht nur durch die verschiedenen Zeitepochen, in denen J. wirkte, sondern vielmehr aus den unterschiedlichen Situationen, für die er sprach.

e. Daß im NT kein atl. Prophet so häufig zitiert wird wie J., und zwar durchgängig als ein einziger Autor, rundet die Reihe der Argumente für eine jesajanische Autorschaft der Kap. 1-66 ab.

V. DIE BOTSCHAFT JESAJAS.

1. Entgegen der landläufigen Meinung sollte man in Kap. 6 nicht J.s erstmalige Berufung zum Propheten erkennen wollen, weil Jes 1,1 deutlich sagt, daß er schon vor dem Todesjahr des Königs Usija, nämlich z.Zt. des Königs Jotam (756-741 v.Chr.) gesprochen hat. König Jotam konnte zwar später seine Regierung nicht mehr aktiv ausüben, weil er vom Aussatz befallen war – darum war sein Sohn Usija schon zu seinen Lebzeiten Mitregent –, doch wird man davon ausgehen können, daß in seiner aktiven Königszeit J. angesichts eines Rüstungs- und Befestigungsbestrebens Judas seine kritische Stimme erhob und den Hochmut Judas ankreidete (Jes 1-3). Damit steht J. ganz in der Linie der testamentarischen Verfügung des Mose, wie sie uns im 5.Buch Mose (Deuteronomium) überliefert wurde: wer Gott ungehorsam ist, steht unter dem Fluch Gottes und wird dem Gericht anheimgegeben. In dieser ersten Zeit der Wirksamkeit J.s, die man zeitlich nicht genau bestimmen kann, herrscht die Anklage vor, die noch auf Besserung wartet (Jes 1,18f). Erst im Todesjahr des Usija im Jahre 736 v.Chr. erhält J. den Auftrag, sein Volk durch die Verkündigung des Zornes Gottes auf das kommende Gericht hin zu verschließen (Jes 6,1ff). Und noch viel später wird ihm in einer erneuten Beauftragung geboten, die Verkündigung der Gnade Gottes zu beginnen (Jes 40ff).

2. Wie sehr die beiden großen Teile des Buches J. innerlich zusammengehören, erkennen wir, wenn wir uns dem Brennpunkt der Verkündigung J.s zuwenden, nämlich seiner Botschaft von dem »Heiligen Israels«. Das gottesdienstliche Bekenntnis der Erhabenheit, Macht, Unvergleichlichkeit und Richtervollmacht Gottes wird von J. in jener bekannten Tempelvision (Jes 6) als ein persönliches Widerfahrnis erlebt. Im Licht dieser sich offenbarenden Heiligkeit und Herrlichkeit Gottes erkennt J. seine eigene Sünde und seine Verflochtenheit in die Sünde seines Volkes. Die Demütigung, die er als das Ziel des richterlichen Handelns Gottes seinem Volk ansagt, erfährt er in bestürzender Weise zuerst an sich selbst. Die Heiligkeit Gottes verzehrt wie ein Feuer alles, was der Mensch in angemaßter Selbstherrlichkeit in seinem Leben zum Zuge kommen lassen wil (Jes 5,24; 33,14). Im kommenden Gericht stellt Gott seine von seinem Volk entehrte Hoheit und Heiligkeit wieder her (Jes 5,15f). Aber gerade dies wollen J.s Zeitgenossen nicht hören: er soll sie in Ruhe lassen mit dem Heiligen Israels (Jes 30,11). – Das Besondere an der Heiligkeit Go tes liegt nun darin, daß der »Heilige Israels« gerade infolge des Gerichtes als solcher – nämlich als Heiliger - wieder gesucht und gefürchtet wird. Der »Heilige Israels« wird wieder he lig im Gericht und darum in neuer Weise als der Gott Israels verehrt! Darauf weisen Stellen wie Jes 10,20 17,7; 29,19 hin. Hier liegen auch di

Wurzeln für die Heilsankündigung im zweiten Teil des Buches. Denn es fällt auf, daß sich dort der »Heilige Israels« als der Retter und Erlöser seines Volkes ankündigt (Jes 41,14; 43,3; 47,4; 49,7; 54; 55,5; 60,9). Im Begriff der Heiligkeit Gottes sind also Gericht und Gnade zusammengeschlossen. Nun wird der »Heilige Israels« zugleich der Heilige für die Völker, indem er auch sie richtet – und sich schließlich ihrer erbarmt.

3. Es geht eine Linie von der pointierten Verkündigung dieser Heiligkeit Gottes in Gericht und Gnade hin zur Unterstreichung der Alleinigkeit Gottes in Kap.40,12ff; 43,10f; 44; 45; 46. Der Gott, der sich an »seinem Tag« als der einzig Hohe und Erhabene erweist, der alles Hohe, das Menschen in ihrer Verblendung aufgebaut haben, niederreißt, kann nicht vor den Götzen der Völker kapitulieren. Zweifellos ist der Götzendienst schon immer die große Sünde Israels gewesen, aber sie zeigt sich im ersten Teil des Buches mehr als politische Sünde: der Götze ist das Paktieren mit der ausländischen Macht z.B. mit Ägypten. Während des Exils aber treten die imponierenden Götterbilder Babylons in den Gesichtskreis Israels. Hier geht die Versuchung durch das Götzenbild anders vor sich: aus lauter Verzagtheit und Unfähigkeit, das Wort des verheißenden Gottes aufzunehmen, erliegt das Volk mehr oder weniger der Faszination der sichtbaren, greifbaren Bilder. Angesichts dieser Versuchung verkündigt J. der Generation im Exil Gottes ausschließlichen Anspruch, der einzige und wahre Gott zu sein (Jes 43,11). Israel hat die Stimme seines einzigen Gottes zu hören – der auch der einzige Gott für die Völker ist –, der in seiner Heiligkeit keine andere Macht neben sich dulden kann. Dann erweisen sich auch die Hersteller der Götzenbilder als Toren, und ihre Arbeit, die der Prophet in allen technischen Details nachzeichnet, wird als sinnlose Tätigkeit entlarvt (Jes 44,9ff).

4. Dieser einzige, heilige Gott macht Geschichte. Darin unterscheidet er sich von allen Götzen. Gott hat einen »Plan«, einen »Ratschluß« gefaßt, den er in der Geschichte seines Eigentumsvolkes, aber auch in der Geschichte der Völker verwirklicht. Dieser Begriff ist normalerweise in der Politik beheimatet, weil Staaten zur Aufrechterhaltung eines geregelten öffentlichen Lebens Pläne schmieden und auch durchführen (Jes ...14; 19,11). Auch das Juda der Zeit ... geht mit politisch-militärischen Plänen um und sucht in der von Assyrien gefährdeten Zeit Unterstützung bei den philistäischen Stadtstaaten, in Ägypten und in Äthiopien. Judas Sünde ist es, daß es diese Pläne ohne seinen Gott macht (Jes 29,15; ...1). Gottes Plan aber ist wunderbar (Jes 28,29), vor ihm erschrecken die Völker (Jes 19,17). So wollte Gott durch das Aufkommen der assyr. Macht die Kleinstaaten im palästin. Raum erschüttern, um sein erwähltes Volk aufs neue mit sich zu verbinden. Darum war es nicht angemessen, wenn die Könige Judas sich aus Angst vor Assyrien um militärische Bündnisse bemühten; das widersprach dem Plan und dem Ratschluß Gottes. Über diesen Plan Gottes kann man nicht spekulieren, man hat ihn vielmehr im Glauben anzunehmen. Dies zeigt J. an der Begegnung mit dem König Ahas (Jes 7,9). Diesen von Juda geforderten Glauben kann er auch als Stillesein und Hoffen bezeichnen (Jes 30,15). Nichts anderes hat J. von Hiskia erwartet während der assyr. Belagerung im Jahre 701 v.Chr. durch Sanherib.

Doch Juda hat sich nicht glaubend und hoffend in diesen Plan seines Gottes hineingefunden. Darum muß Gott sein Volk richten, indem er es schließlich in das Exil führen läßt. Doch der Plan Gottes sieht vor, daß mitten im Gericht etwas Neues geschieht (Jes 43,18f). Dieses Neue ist nicht mit dem zu vergleichen, was früher in Israel geschah. Und doch wird dieses Neue mit Worten angesagt, die Israel aus dem früheren Heilshandeln seines Gottes kennt. Es sind die Verheißungen eines neuen Exodus. Wie damals, als Israel dem Pharao durch das Meer und durch die Wüste entkam, so soll Israel jetzt den Babyloniern durch die Wüste entkommen (Jes 48,20ff). Wie unter Mose, so wird das Volk auch jetzt wunderbar auf diesem Weg in das Land der Väter geleitet. Dazu muß Gott seine Schöpfung in Bewegung bringen, damit sie seinem Volk die Bedingungen einer erfolgreichen Heimkehr liefert.

5. Es ist hoch bedeutsam, daß bei diesem »zweiten Exodus« - ähnlich wie schon beim ersten – grundlegende Aussagen über Gottes Schöpfervollmacht formuliert werden (Jes 45,12). Sie umfaßt gleichermaßen Erde und Himmel. Aber sie umfaßt ebenso die menschliche Geschichte und die Unheils- und Heilsgeschichte seines Volkes. Gottes Herrschaft über Natur und Geschichte bilden eine innere Einheit: das ist die Auslegung der Heiligkeit Gottes!

6. Doch das Erschütternde geschieht, daß auch die Exilsgeneration, die Gott in solch einer neuen und wunderbaren Weise anredet, unfähig ist, das Handeln Gottes wahrzunehmen. Sie ist in Blindheit befangen (Jes 43,8). Man gewinnt den Eindruck, daß die Kraft des Wortes Gottes (wie es die »Rahmung« des zweiten Buchteils zeigt; Jes 40,8; 55,11) in der Exils-Generation keineswegs zu ihrer letzten Auswirkung kommt. Furcht, Zagen, Resignation und Protest sind noch nicht überwunden. Und das ändert sich auch nach der Heimkehr in das Land der Väter nicht! Die Verstockung, die J. aufgetragen bekam (Jes 6,9), ist immer noch nicht aufgehoben. Obwohl nach Jes 40,2 die Strafe für die Sünde vorbei ist, ist die Sünde als Macht und als die das Leben bestimmende Realität noch nicht aufgehoben. Darum ergeht in Jes 43, 22ff eine scharfe Erinnerung an Israels Sünde, aber auch zugleich die Ankündigung ihrer Vergebung. Nicht anders ist die Situation nach dem Exil, wie Kap. 59 zeigt: neue Verschuldungen sind zwischen Gott und sein Volk getreten. Vergebung der Sünden bedeutet noch nicht das Ende des Sündigens! So wird auch die Züchtigung jenseits des Gerichtes immer wieder neu Wirklichkeit.

7. Wir schauen noch einmal zurück: Wenn J. als einziger Prophet im AT in derart umfassender Weise das Gericht (Jes 1-39), den Neuanfang (Jes 40-55) und die praktische Bewährung nach diesem Neuanfang (Jes 56-66) im Blick hat, dann fragt man sich, ob die ständig aufs neue erwähnte und beklagte Sünde Israels das Letzte ist, was J. zu sagen hat. Gibt es zu dem Problem der immer wieder von neuem geschehenden Sünde keine tiefere Antwort als die, daß sie immer wieder von neuem vergeben werden muß? Nun stoßen wir bei J. auf etwas gänzlich Neues, das zuvor im AT noch nicht gesagt worden ist: die Schau vom stellvertretenden Leiden und Sterben des Gottesknechtes. Zunächst sah J. die Erneuerung des Gottesvolkes aus dem Gericht heraus im Rahmen der Erneuerung des davidischen Königtums. Kap. 9 und 11 zeigen, daß der kommende Gesalbte das Reich des Stammvaters David wieder aufrichten, zugleich aber seine Herrschaft über die ganze Welt und die ganze Kreatur ausdehnen wird. Dieses ist nur möglich, weil der kommende *Messias durch die Salbung mit dem Geist Gottes zu völligem Gehorsam gegenüber Gott fähig ist. Und zum Messias gehört die Stadt des Messias. Daher durchzieht die Weissagung über die Erneuerung der Gottesstadt nach ihrer Zerstörung das ganze Buch (Jes 2,1ff; 4,2ff; 60ff). Aber wie ist es möglich, daß etwas wirklich Neues geschehen wird? Man kann es nur der Einwirkung einer göttlichen Inspiration zuschreiben, wenn J. das Königsamt in einem neuen Licht sieht: der kommende Geistgesalbte ist darin ein königlicher Mensch, daß er die Schuld Israels und der ganzen Welt auf sich nimmt wie ein Knecht und damit den Grundstein zu einer buchstäblich »neuen Welt« legt (Jes 53,1ff).

8. Daß die Völker ebenfalls im Blick dieses stellvertretenden Handelns stehen, ist einmal durch die weltumspannende Messias-Herrschaft im ersten Teil des Buches vorbereitet worden. Zum anderen aber ist es auch in der Erkenntnis über die Schwere der Schuld der Völker begründet, die Gott zum Teil als Werkzeug des Gerichtes dienten, sich aber darin versündigten. Darum sind die Gerichtssprüche über die Völker (Jes 13ff) nicht das Letzte, was über sie zu sagen ist. Macht man sich die weltverändernde Tat des Gottesknechtes deutlich und erkennt man, daß sein Leben jenseits seines mit der Sünde der ganzen Welt beladenen Todes von grundsätzlich neuer Qualität ist, dann erscheinen auch die Kap. 24-27 in einem neuen Licht.

9. Das universale Weltgericht mit der Hoffnung auf eine Totenauferstehung ist eine Konsequenz der universalen Versöhnungstat des Gottesknechtes. Das Weltgericht bekommt durch den Gottesknecht einen neuen Stellenwert. Wenn er die Sünden der Vielen trägt, kann es sich beim Weltgericht nicht um eine Weise der Vergeltung handeln, bei der die Frommen belohnt und die Ungerechten bestraft werden. Es kommt auf die Stellung der Völker zum Handeln Gottes an, ob sie sich entschlossen dem Gott Israels und seinem Volk zuwenden. Wenn die Auferstehung der Toten im Blick ist, dann ist auch die Herrschaft des die Sünden der ganzen Welt tragenden Gesalbten keine bloße Verlängerung der üblichen irdischen Machtausübung. Dann ist sie eine Herrschaft von gänzlich neuer Qualität. Sich Löwen, die Gras fressen, vorzustellen, ist dann auch keine unüberwindliche Schwierigkeit mehr. Das ist die Hoffnung auf den neuen Himmel und die neue Erde, die daher konsequenterweise am Ende dieses gewaltigen Prophetenbuches steht (Jes 65,17). Und zuletzt: der Gehorsam der Erlösten, der in den Kap. 56ff im Blick ist, ist in aller seiner Vorläufigkeit und Bruchstückhaftigkeit aufgehoben in der Erwartung des abschließenden Werkes Gottes.

VI. DAS JESAJABUCH IM NEUEN TESTAMENT.

1. Neben dem Buch der Psalmen ist das J.-Buch das im NT am meisten zitierte atl. Buch. In erster Linie geschieht die Aufnahme J.s. durch die zitierten Messiasverheißungen. Mt 1,22f. deutet die Ankündigung der Geburt eines Immanuel (=Gott ist mit uns) auf den Jesus, der von der Jungfrau Maria geboren wurde (vgl. ebenso Jes 9,5f, das die Königsherrschaft Jesu umschreibt Lk 1,32).

2. Aber der kommende Messias ist ein Herrscher, der seine Herrschaft aufgrund seines Knechtsdienstes verliehen bekommt. Die Geistsalbung macht den Gottgesandten zum Knecht. Jes 11,2 und Jes 42,1ff werden bei der Taufe Jesu durch Johannes erfüllt (vgl. Mt 3,17; Mt 12,17ff; auch Mt 17,5). Wenn der Apostel Paulus in 1Kor 15,3f das in allen Gemeinden verbindliche Grunddatum des Glaubens wiedergibt (»Christus ist für unsere Sünden gestorben nach der Schrift . . . und auferstanden am dritten Tage nach der Schrift«), so bezieht sich dies auf Jes 53,4f.10f. Auch Einzelheiten aus der Passionsgeschichte finden sich schon in Jes 53, dort besonders in V.7 (geduldiges Leiden). Doch nicht nur die Sünden, sondern auch die Krankheiten der Menschen hat Jesus als der Gottesknecht auf sich genommen (vgl. Mt 8,17). Die Gabe der Heilung hat Jesus in Erfüllung von Jes 35,5ff innegehabt.

3. Das J.-Buch hilft auch zur Deutung des »Mißerfolges«, den Jesus im Laufe seiner Wirksamkeit als Gottesknecht zu tragen hatte. Die Reich-Gottes-Botschaft, besonders anschaulich in den Gleichnissen verkündigt, bewirkt bei den Zeitgenossen Jesu das genaue Gegenteil von dem, was sie eigentlich bezwecken sollte. Sie verstockt die Hörer Jesu. Damit liegt Jesus auf der gleichen Linie wie J. zu seiner Zeit, der den Auftrag hatte, seine Zeitgenossen für die Gnadenbotschaft zu »verschließen« (womit wir das Wort »verstocken« wiedergeben; vgl. Jes 6,9ff). Dieses »Verschließen« meint aber kein endgültiges Gericht, sondern einen zeitlich befristeten Verschluß für Gottes Gnadenbotschaft (aufgrund einer allgemeinen Unbußfertigkeit). So hat auch Paulus in Röm 11,8 die Blindheit Israels (die ebenfalls später wieder aufgehoben wird) gedeutet unter Berufung auf den Verstockungsauftrag, den J. bekommen hatte. J. wird der große atl. Bürge für Gottes Gericht (vgl. die Übernahme des Bildes vom unfruchtbaren Weinberg aus Jes 5 in Mt 21,33 im Gleichnis von den bösen Weingärtnern).

4. Der Abschnitt in Jes 40 mit der Ankündigung des Wüstenzuges Gottes und der Aufforderung zu einer angemessenen Wegbereitung des sich offenbarenden Gottes ist in der Person und der Botschaft *Johannes des Täufers noch einmal Wirklichkeit geworden. Allerdings liegen die Akzente nun etwas anders: J. sah, daß in der Wüste ein Weg für den mit seinem Volk heimkehrenden Gott bereitet werden soll, während Johannes der Täufer seinerseits schon in der Wüste sich aufhielt und die Wegbereitung als eine umfassende Buße verkündigte. In der Person des Täufers kommt die ganze Struktur des J.-Buches wieder zum Vorschein: Bevor Gott endgültig handelt, kündigt er das an.

5. Es gibt weiterhin enge Beziehungen zwischen den Schlußkapiteln der Johannes-Offenbarung (Gottesstadt, neuer Himmel und neue Erde, Offb 21-22) und den Schlußkapiteln des J.-Buches (Jes 60-66). Die Königsherrschaft des aus dem Leiden und Sterben kommenden Messias ist nicht ohne die Erneuerung der Gottesstadt denkbar, und diese Gottesstadt hat ihr Wesen in der Gegenwart der Herrlichkeit Gottes. Die Vorstellung, daß es vor dem Endgericht ein Völkergericht und eine die Völker umgreifende weltweite Katastrophe gibt, (Off 17-19) ist aus Jes 24-27 entnommen).

6. Schließlich weist das J.-Buch auch auf die Hinkehr der Völker zum Gott Israels hin. Indem Gott sein Volk richtet und dabei seine Herrlichkeit offenbart, beginnen auch die Völker nach Gott zu fragen (vgl. Jes 2,1-4): Weil der Gottesknecht schließlich stellvertretend für »die Vielen« in den Tod geht, haben auch die Völker einen Zugang zu Gott, zu seinem Volk und zu seiner Stadt. Das schafft die Voraussetzung für die Wiederaufnahme von Jes 45,22f durch Jesus nach Mt 28,18ff, die das missionarische Handeln der Kirche bedingte und bedingt.

Literatur: Franz Delitzsch: Jesaja, (³1879) 1984; Edward J. Young: The Book of Jesaja, 1965, 3 Bde.; D. Schneider: Jesaja, 1988ff; O. Kaiser: Der Prophet Jesaja 1-12, ⁵1981; ders.: Der Prophet Jesaja 13-39, ³1984; C. Westermann: Das Buch Jesaja Kapitel 40-66, ⁴1981; J. Kroeker, Jesaja, 1961; O. Kaiser: TRE XVI,1987, S.636-658; H.Wildenberger: Jesaja 1-12. BKAT X,1, ²1980; ders.: Jesaja 13-27. BKAT X,2,1978; ders.: Jesaja 28-39. BKAT X,3, 1982; K.Elliger: Jesaja 40–45. BKAT XI,1, 1978.

D.Sch.

JESCHUA. Dies ist eine spätere Form des Namens Josua (dieselbe Person wird bei Nehemia und Esra Jeschua genannt, bei Haggai und Sacharja Josua). Es gibt Zweifel über die Anzahl der Namensträger, aber die nachfolgenden kann man unterscheiden.

1. Oberhaupt einer Priestersippe (1Chr 24,11:).

2. Levit, der bei Hiskias Neuordnung der Versorgung der Priester und Leviten erwähnt wird (2Chr 31,15).

3. Hoherpriester, der zusammen mit anderen die Israeliten aus Babylon zurückführte (Esr 2,2 u.ö.).

4. Mann aus *Pahat-Moab, der mit Serubbabel und anderen aus der Gefangenschaft zurückkehrte (Esr 2,6).

5. Oberhaupt eines Priestergeschlechts, das mit den »Söhnen Jedajas« in Verbindung gebracht wird (Esr 2,36).

6. J., Sohn des Asanja (Neh 10,10).

7. Eines der Oberhäupter der Leviten (Neh 12,24).

8. Vater Esers, Vorsteher von Mizpa (Neh 3,19). J. ist auch ein Ortsname in Juda (Neh 11,26), der mit Schema (Jos 15,26; 19,2) gleichgesetzt wird. L.M.

JESCHURUN. (»Der Aufrechte« oder nach LXX »der Geliebte«). Eine poetische Variante des Namens Israel (5Mo 32,15; 33,5.26). J. wird für den erwählten Knecht Gottes gebraucht (Jes 44,2), das entsprechende griech. Wort steht in der LXX für Jesus (Eph 1,6) und für die Kirche (Kol 3,12; 1Thess 1,4; Jud 1). Möglicherweise ist der Name auch als »Volk des Gesetzes« zu interpretieren (vgl. D.J. Wiseman: Vox Evangelica 8, 1973, S. 14). D.W.[illegible]

JESREEL. (Hebr.*jisreʾ ēl*, »Gott sät ein«).

1. Stadt in den Bergen Judas (Jos 15,56); Geburtsort Ahinoams, einer der Frauen Davids (1Sam 25,43).

2. Stadt im Stammesgebiet von Issachar; in der nach ihr benannten Ebene gelegen (Jos 19,18; Hos 1,5). Die Stadt und ihre Umgebung sind mit wichtigen Ereignissen aus der Geschichte Israels verknüpft. An der Quelle bei J. versammelten sich die Israeliten vor ihrem Angriff auf die Philister bei Gilboa (1Sam 29,1). J. war Teil von *Isch-Boschets kurzlebigem Königreich (2Sam 2,8ff), war Verwaltungsbezirk Salomos (1Kön 4,12) und Schauplatz der tragischen Ereignisse um Nabot und seinem Weinberg (1Kön 21,2ff). Hier wurde

*Joram, als er sich von seinen Kriegsverletzungen erholen wollte (2Kön 8,29), von *Jehu erschlagen. Seine Leiche wurde bezeichnenderweise auf den Weinberg geworfen (2Kön 9,24-26), den sich *Ahab und *Isebel auf unrechtmäßige Weise angeeignet hatten (1Kön 21). Danach wurden auf Jehus Betreiben Isebel selbst (2Kön 9,30-37) und Mitglieder des Hofes Ahabs getötet (2Kön 10,1-11). J. wird mit dem heutigen Zer'in gleichgesetzt, ungefähr 90 km nördl. von Jerusalem.

3. Symbolischer Name des ältesten Sohnes *Hoseas (Hos 1,4) und Israels (Hos 2,24).

4. Judäer, Sohn Hurs (1Chr 4,3).

J.D.D.

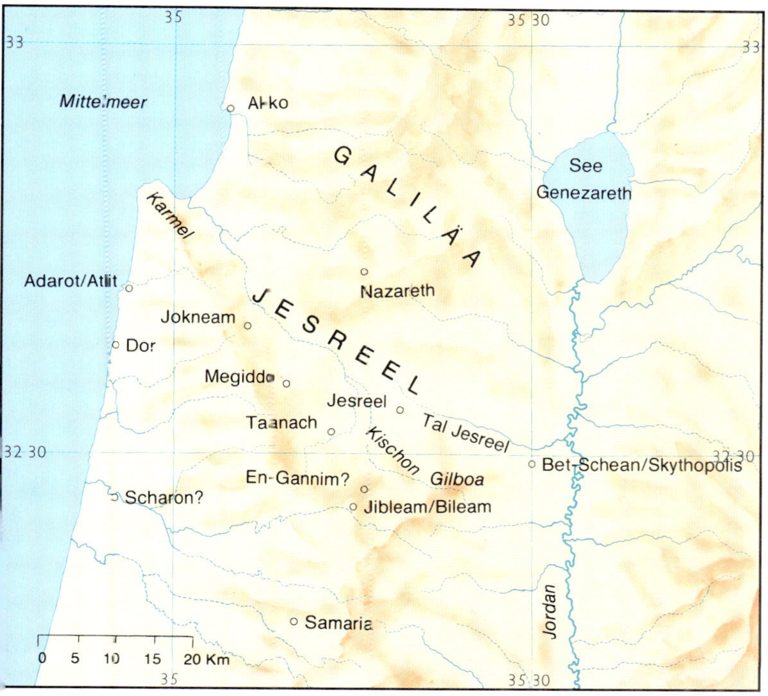

Jesreel, eine Alluvialebene in der Form eines Dreiecks nordwestl. des Jesreel-Tales.

Die Jesreel-Ebene von Taanach (Ruinenfeld) aus gesehen. (RS)

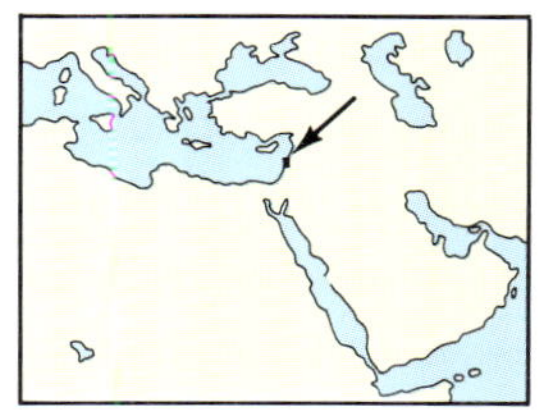

Jesreel im Stammesgebiet von Issaschar.

JESUS CHRISTUS.
Ein allgemeiner Artikel zum Leben und zur Lehre Jesu Christi kann einzelne Ereignisse und Themen nur kurz berühren. Von den zahlreichen Verweisen auf Artikel zu speziellen Themen (am Ende der Abschnitte und im Text) sollte daher ausgiebig Gebrauch gemacht werden.

I. DIE QUELLEN.

1. Nichtchristliche Quellen.

Von frühen Angaben, die den Anspruch erheben können, von christl. Quellen unabhängig zu sein, sind nur sehr wenige erhalten. Die einzige direkte Erwähnung durch einen röm. Historiker ist eine bloße Notiz über die Hinrichtung Jesu auf Befehl des Pontius Pilatus in Judäa während der Herrschaft des Tiberius (Tac. ann. 15,22). Andere frühe Nachrichten über Christen in röm. Quellen erwähnen Jesus nicht als historische Gestalt. Der jüd. Historiker *Josephus bietet nur einen Kurzbericht über Jesus, der allg. als christl. überarbeitet angesehen wird. Der ursprüngliche Text bezeichnete Jesus wahrscheinlich als angesehenen Wundertäter und Lehrer, der eine beachtliche Gefolgschaft anzog und durch Kreuzigung unter Pilatus hingerichtet wurde; aber sogar diese Angaben werden in Frage gestellt (Jos.ant.Jud 18,64). Eine Anzahl ziemlich dunkler Stellen im Talmud, deren Bezugnahme auf Jesus in den meisten Fällen nur hypothetisch ist, trägt keine genaueren historischen Informationen bei, außer daß

Jesus am Vorabend des Passa nach angemessener Verhandlung gehängt wurde als Zauberer und als einer, der »Israel in die Irre führte« (San 43a). Nichtchristl. Angaben beweisen also das Faktum von Jesu Existenz, seine Beliebtheit beim Volk, seine Hinrichtung und die ungefähre Datierung (Pilatus war 26-36 n.Chr. im Amt).

2. Christliche Quellen.

a. Zahlreiche Berichte über Leben und Lehre Jesu gibt es außerhalb des NT in frühchristl. Schriften (*Apokryphen NT). Einige sind eindeutig legendenhaft und wollen die Lücken in den Berichten der kanonischen Evv. füllen oder das wunderhafte Element erhöhen. Andere sind offensichtlich mit der Absicht verfaßt, gnostische und andere abweichende Ansichten zu verbreiten. Einige dieser Werke entstanden recht früh (im frühen 2. Jh.), das meiste ihres historisch glaubwürdigen Materials basiert jedoch eindeutig auf den kanonischen Evv. Nur das »Thomasevangelium« soll nach allg. Ansicht möglicherweise unabhängige, authentische Überlieferung bewahren; viele seiner Worte sind jedoch durch den Gnostizismus (*Gnosis) beeinflußt, bzw. weisen Parallelen in den kanonischen Evv. auf.

b. Für unser Bild von Jesus sind wir also praktisch fast ganz auf die vier kanonischen Evv. angewiesen. Die restlichen Schriften des NT bieten nur einige isolierte Worte und Traditionen (z.B. Apg 20,35; 1Kor 11,23-25).

Die Zuverlässigkeit der Evv. als historische Quellen ist stark umstritten. Ihr primärer Zweck ist eindeutig mehr als eine bloße Aufzählung von Fakten; es ist aber nicht so eindeutig, daß ihre zugegebenermaßen »werbende« Absicht notwendigerweise ihre historische Exaktheit in Frage stellt. Studiert man die Evv. im Lichte vergleichbarer Literatur ihrer Zeit, besonders dessen, was über jüd. Überlieferungsgrundsätze bekannt ist, so stellt sich heraus, daß es zwar eine beachtliche Freiheit hinsichtlich der Auswahl und des Wortlauts von Logien und Erzählstoff gab, so daß die eigenen Gedanken und Absichten eines jeden Verfassers in der Weise der Zusammenstellung zutage treten, daß aber die Evangelisten vor allem bemüht waren, eine sorgfältig bewahrte Überlieferung der Worte und Taten Jesu weiterzugeben. Vgl. weiterhin *Evangelien, die Artikel zu den einzelnen Evangelien, *Tradition, und *Texte und Übersetzungen.

II. ÄUSSERE VERHÄLTNISSE.

1. Die Zeit.

Jesus wurde kurz vor dem Tode *Herodes des Großen (4 v.Chr.) geboren (Mt 2,1.13-15); das exakte Datum kann nicht festgelegt werden. Sein öffentliches Wirken begann, als er »etwa dreißig Jahre alt« war (Lk 3,23); dies war einige Zeit nach dem Beginn der Tätigkeit *Johannes des Täufers etwa 28 n.Chr.(Lk 3,1ff). Die Dauer seines Wirkens ist wiederum nicht genau festzustellen, eine Zeit von rund drei Jahren wird jedoch allg. angenommen (aufgrund der beiden in Mk 2,23 und 6,39 vor dem letzten Passa angegebenen Frühjahre und der drei Passafeste von Joh 2,13; 6,4; 12,1). Dies würde für die Kreuzigung eine Datierung auf etwa 33 n.Chr. ergeben; wenn die Evv. angeben, daß das Passafest im Jahr der Kreuzigung (14./15. Nisan) auf einen Freitag fiel (obwohl auch dies umstritten ist (vgl. *Abendmahl), so würde die astronomische Berechnung für 33 n.Chr. diese Datierung unterstützen. Sicherheit über die genauen Daten ist jedoch nicht zu erlangen.(*Chronologie des NT).

2. Der Ort.

Praktisch das gesamte öffentliche Wirken Jesu fand in *Palästina statt. Nur wenige Reisen in das Gebiet außerhalb Palästinas werden berichtet, z.B. nach *Phönizien und in die *Dekapolis (Mk 7,24.31) sowie nach *Cäsarea Philippi am Südhang des Hermongebirges (Mk 8,27). Jesus begegnete Johannes dem Täufer zuerst im Jordantal, und das Joh-Ev. berichtet von einer frühen Tätigkeit Jesu in diesem Gebiet und in *Judäa (Joh 1,28-43; 2,13-4.3), die vor der Gefangennahme des Johannes datiert (3,24; 4,1-3); nach ihr begann die galiläische Wirksamkeit (Mk 1,14). Von da an war also das Hauptwirkungsgebiet *Galiläa, unterbrochen von Reisen nach Jerusalem, die Johannes mit Festen in Zusammenhang bringt, bis zum letzten Passabesuch.

3. Historische Situation.

a. Palästina hatte zur Zeit der Geburt Jesu etwa 60 Jahre unter röm. Herrschaft gestanden. Es handelte sich um eine indirekte Herrschaftsausübung durch einheimische Fürsten, unter denen Herodes der Große der berühmteste war. Die Aufteilung seines Königreiches unter seine Söhne brachte drei regionale Herrscher an die Macht, von denen *Herodes Antipas, der Tetrarch von Galiläa und Peräa, während der gesamten Wirksamkeit Jesu im Amt blieb. Das ist der Herodes, dem wir in den Evv. (außerhalb der Kindheitsgeschichten) begegnen. Archelaos, der Judäa und Samaria übernahm, wurde nach 10 Jahren Mißregierung abgesetzt, und sein Gebiet wurde direkt der kaiserlichen Herrschaft in der Person eines römischen Präfekten unterstellt, der dem Statthalter der Provinz Syrien verantwortlich war. Der Präfekt z.Zt. des Wirkens Jesu war Pontius *Pilatus.

Die röm. Herrschaft brachte den unterworfenen Völkern zwar Vorteile, war aber nicht beliebt. Besonderen Anstoß erregte das Steuersystem, das die ohnehin hohen offiziellen Abgaben durch die inoffizielle Profitmacherei der *Zöllner weiter in die Höhe trieb. Diese wurden daher zu einer gefürchteten und verhaßten Gruppe – einerseits als Ausbeuter, andererseits als Kollaborateure der Besatzungsmacht. Der Hauptgrund für den Unwillen gegen die Römer war jedoch die Tatsache, daß man ihnen politisch unterworfen war – eine Lage also, die viele als unvereinbar empfanden mit dem Status Israels als Volk Gottes.

b. Die verschiedenen jüd. Reaktionen auf diese Situation lassen sich an den Stellungnahmen der »Parteien« ablesen, die sich zu dieser Zeit im *Judentum herausgebildet hatten. Die priesterlichen *Sadduzäer, die zusammen mit der Laienvertretung der »Ältesten« die reale Herrschaft über die Juden unter der röm. Besatzung ausübten (*Sanhedrin), scheinen mehr an der Erhaltung des status quo und der korrekten Beachtung des Tempelrituals als an irgendeinem ideologischen Widerstand gegen die römische Herrschaft interessiert gewesen zu sein. Die *Pharisäer, obwohl in manchen Fällen geneigt, Widerstandsbewegungen zu unterstützen, kümmerten sich hauptsächlich um das Gesetz und die komplizierte Aufgabe seiner rigorosen Anwendung auf das tägliche Leben. Die *Essener und verzichteten auf politisches und soziales Engagement zugunsten einer klösterlichen Zurückgezogenheit. (Die *Schriftrollen vom Toten Meer bieten das lebendige Zeugnis einer solchen separatistischen Gruppe in *Qumran.) Es gab aber auch eine starke und volkstümliche Bewegung des politischen Aktivismus (*Zeloten; der Name einer solchen, später im 1. Jh. auftretenden Gruppe wird oft – etwas ungenau - gebraucht, um ganz allg. die verschiedenen Parteien zu bezeichnen, die diesen Standpunkt vertraten), besonders seit der fehlgeschlagenen Revolte des Judas von Galiläa, die durch die Volkszählung (*Schätzung) 6 v.Chr. ausgelöst wurde. Einzelne Ausbrüche von Widerstandskämpfen, besonders in Galiläa, führten schließlich zu dem Jüdischen Krieg 66-70 n. Chr.

c. Galiläa, die Heimatprovinz Jesu, war in mancher Hinsicht von Judäa, dem jüd. Kernland, verschieden. Seine Bevölkerung, bis kurz zuvor noch großenteils heidnisch und geographisch von Judäa durch das feindliche Territorium Samarias getrennt, wurde von den judäischen Juden als rel. fragwürdig, wenn nicht gar noch halb heidnisch verachtet. Der deutliche nördl. Akzent ließ einen Galiläer in Jerusalems Gesellschaft sofort auffallen. Dieser unterschiedliche Hintergrund könnte ein bedeutsamer Faktor in Jesu Umgang mit den jüd. Autoritäten gewesen sein. Das gilt auch für sein Ansehen bei den Römern, für die »galiläisch« fast gleichbedeutend mit »aufständisch« war.

d. Die Sprachen Palästinas im 1. Jh.n.Chr. bilden ein komplexes Problem. Es ist ziemlich klar, daß sowohl Aram. als auch Hebr. und Griech. gesprochen wurde. Aram. war höchstwahrscheinlich Jesu Muttersprache; ein Galiläer hatte aber auch mit ziemlicher Sicherheit brauchbare Griechischkenntnisse, und Hebr. (in einer dem späteren Mischna-Hebräisch ähnlichen Form) könnte gut die Verständigungsbasis für Jesu Diskussionen mit den rel. Autoritäten in Jerusalem gewesen sein.

Gegenüberliegende Seite: Orte, an denen Jesus öffentlich wirkte.

III. JESU GEBURT UND KINDHEIT.

Einzelheiten der Geburt Jesu sind nur in den Evv. nach Matthäus und Lukas aufgezeichnet, wobei jedes Ev. offensichtlich verschiedene Quellen benutzt: Matthäus konzentriert sich mehr auf den Anteil *Josefs an den Ereignissen, während Lukas eine eingehende Kenntnis der Erlebnisse *Marias zeigt sowie der ihrer Verwandten *Elisabeth, der Mutter Johannes des Täufers, die nach allg. Ansicht – direkt oder indirekt – nur von Maria selbst stammen kann. Es ist daher umso bemerkenswerter, daß die beiden Evv. mit ihren voneinander unabhängigen Quellen hinsichtlich des entscheidenden Faktums übereinstimmen: des übernatürlichen Ursprungs der Geburt Jesu, ohne Mitwirkung eines menschlichen Vaters (*Jungfrauengeburt).

Die Umstände der Geburt und Kindheit Jesu stehen in auffallendem Kontrast zur übernatürlichen Weise seiner Empfängnis. Er wurde im Stall eines überfüllten Dorfwirtshauses geboren und wuchs in einem ganz normalen Heim in dem unbedeutenden galiläischen Dorf *Nazareth auf, das zuvor noch nie schriftlich erwähnt worden war. Seine Familie gehörte wohl der Schicht an, die wir »Mittelstand« nennen würden; der »Zimmermann« (in Wirklichkeit eher eine Art Bauunternehmer) war ein qualifizierter Handwerker, der vermutlich auch Arbeiter beschäftigte und eine respektable Persönlichkeit im Dorfleben darstellte (*Handwerk und Kunsthandwerk). Die Evangelienberichte lassen jedoch erkennen, daß die Familie nicht sehr wohlhabend war (Lk 2,24; vgl. 3Mo 12,8), und die Gleichnisse Jesu spiegeln gelegentlich die Erfahrung eines Heims wider, in dem Komfort und Geld beschränkt waren (vgl. Lk 11,5-10; 15, 8-10). Die Tatsache, daß Josef nach den Geburts- und Kindheitsberichten nicht mehr erwähnt wird und Jesus im Dorf als »Marias Sohn« (Mk 6,3) bezeichnet wurde, nimmt man oftmals als Hinweis dafür, daß Josef in der Jugend Jesu starb und Jesus als den ältesten Sohn zurückließ, der das Familiengeschäft führen und seine vier jüngeren Brüder und eine unbekannte Anzahl von Schwestern versorgen mußte (Mk 6,3).

Unter diesen Umständen konnte Jesus nicht nach höherer Bildung streben. Seine profunde Kenntnis der atl. Schriften zeigt, daß er die übliche Ausbildung eines jüd. Kindes in der dörflichen Synagogenschule (*Synagoge/Schule) erhielt. Die einzige in den Evv. bewahrte Erzählung aus seiner Kindheit läßt eine ungewöhnliche Begabung für rel. Diskussionen erkennen (Lk 2, 42-50). Darüber hinaus wissen wir von Jesu Kindheit nichts, obwohl seine spätere Verkündigung zeigt, daß er mit den Ereignissen und Charakteren des täglichen Lebens auf dem Lande wohlvertraut war.

IV. DER BEGINN DES ÖFFENTLICHEN WIRKENS.

1. Johannes der Täufer.

Den Anlaß zum Heraustreten Jesu aus der Verborgenheit bildete die Wirksamkeit Johannes des Täufers, eines judäischen Verwandten Jesu, der als Asket in der judäischen Wüste aufgewachsen war. Sein Ruf zur Buße angesichts des nahen Gottesgerichtes bewog große Volksmengen dazu, sich von ihm im Jordan taufen zu lassen. Unter diesen Männern der Täuferbewegung fand Jesus – mit aktiver Unterstützung durch Johannes – seine ersten Jünger (Joh 1,35-42). Johannes erkannte in Jesus den Richter, dessen Kommen er angekündigt hatte (Mk 3,11f u.ö.). Obwohl die Art, wie Jesus später seinen Auftrag ausführte, bei ihm einige Zweifel weckte (Mt 11,2-3), scheint Johannes diese Aner-

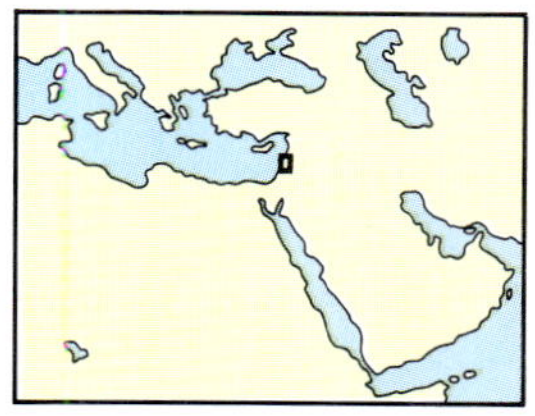

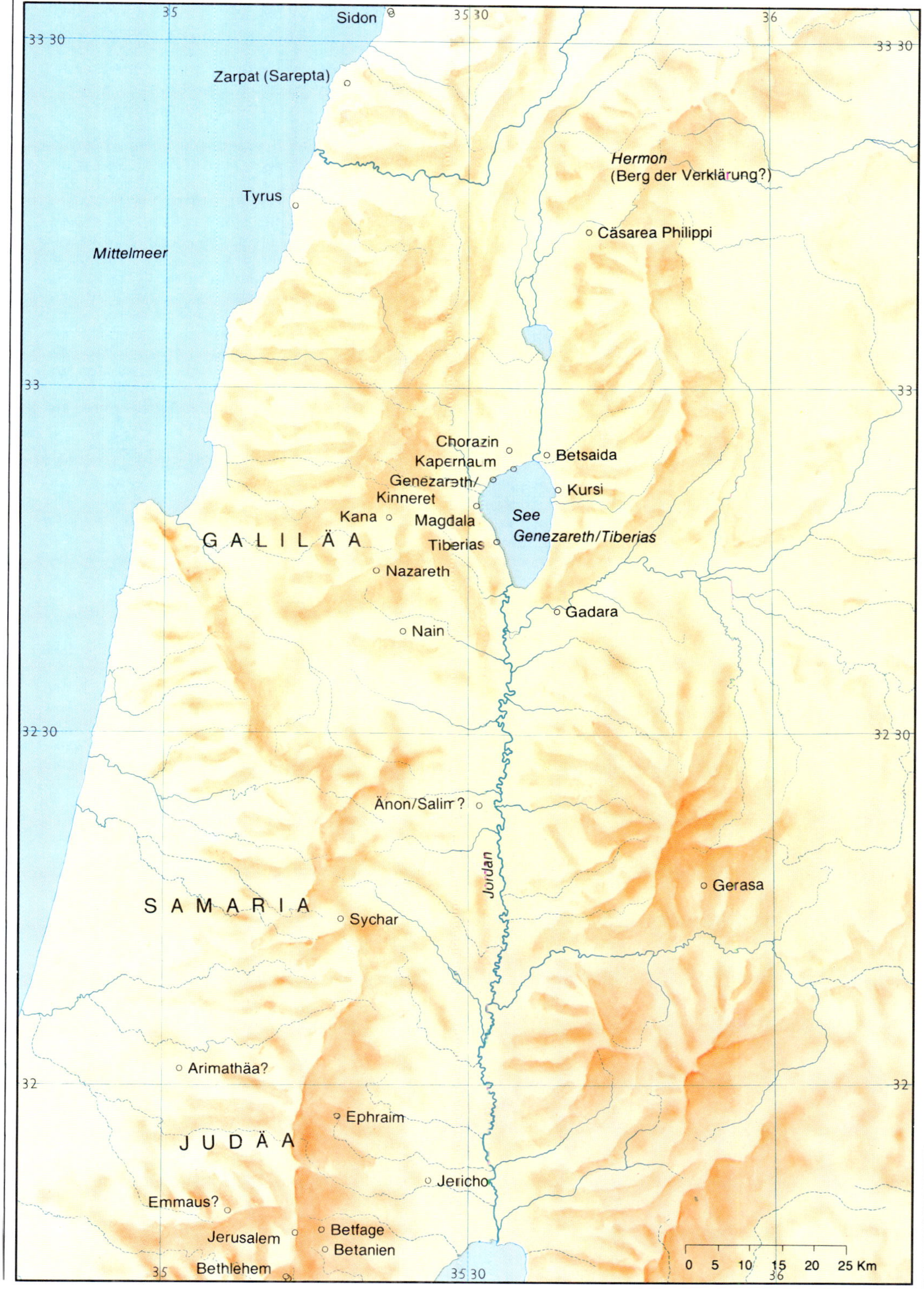

kennung nicht zurückgenommen zu haben, wenn auch einige seiner Jünger während der ganzen Zeit eine Sonderexistenz weiterführten (Apg 18,24f; 19,1-5).

2. Die Taufe Jesu.

Jesu Taufe durch Johannes war dasjenige Ereignis, das besonders deutlich den Beginn seines Wirkens bezeichnete. Warum Jesus sich einer Taufe unterwarf, deren ausdrückliche Sinngebung die Buße zur Vergebung der Sünde war, ist viel diskutiert worden. Christen sind sich (in der Linie des NT, z.B. Joh 8,46; Hebr. 4,15; 1Petr 2,22) darüber einig, daß es nicht ein Bewußtsein persönlicher *Sünde war, das Jesus dazu trieb. Wahrscheinlicher ist die Erklärung, daß er sich mit dem identifizieren wollte, wofür Johannes eintrat: ein »Bekenntnis« zu dem gereinigten und erneuerten Israel, das Johannes forderte und dessen Ideale ein wichtiges Element in Jesu eigener Predigt bilden sollten. Darüberhinaus versetzte er sich durch seine Identifikation mit denen, die dem Bußruf des Johannes folgten, in die Lage, Repräsentant dieser Menschen zu sein.

Seine eigene rätselhafte Erklärung: »So gebührt es uns, alle Gerechtigkeit zu erfüllen« (Mt 3,15), könnte dafür sprechen, daß er seine Sendung von der des Gottesknechts (*Knecht Gottes) her verstand, der durch sein Leiden für sein Volk »die Vielen« dazu führen sollte, daß sie als gerecht vor Gott anerkannt würden (Jes 53,11). Was auch immer Jesu eigene Absicht war- seine Taufe führte faktisch zu einer entscheidenden Offenbarung seiner zukünftigen Aufgabe (Mk 1, 10f). Das sichtbare Herabkommen des Heiligen Geistes (*Geist, heiliger) auf ihn bezeichnete ihn als den in Jes 11,2; 42,1 und 61,1 verheißenen Erlöser, während eine Stimme vom Himmel ihn mit an Ps 2,7 und Jes 42,1 erinnernden Worten ansprach, von denen die ersteren den Gesalbten des Herrn als dessen Sohn anreden und die letzteren den Knecht vorstellen, der von Gott berufen ist, sein Volk zu erlösen. Auf diese Weise sind mehrere bedeutsame Stränge messianischer Hoffnung des AT miteinander verflochten, und die entscheidende Rolle Jesu im Erlösungsplan Gottes zeichnet sich deutlich ab.

3. Die Versuchung Jesu.

Die gleich darauf folgende *Versuchung (Mt 4,1-11; Lk 4,1.13) war im Grunde ein Ausloten dessen, was es bedeutete, der »Sohn Gottes« zu sein, als der er soeben bei seiner Taufe proklamiert worden war. »Bist du Gottes Sohn. . .« ist das Thema der Herausforderungen, und eine nähere Betrachtung der Antworten Jesu zeigt, daß ihr Zielpunkt weniger die Weise war, in der sein Wirken vollzogen werden sollte, als vielmehr seine eigene Beziehung zu Gott. Die Versuchung, Steine in Brot zu verwandeln, sollte die Fürsorge und Weisheit seines Vaters in Frage stellen und anzweifeln, ob er auch für diese Zeit des Fastens sorge. Die Versuchung, sich von der Zinne des Tempels hinabzuwerfen, sollte den Vater zwingen, den Schutz seines Sohnes unter Beweis zu stellen, statt daß seine Fürsorge im Vertrauen angenommen wurde. Die dritte Versuchung sollte die notwendige unerschütterliche Treue des Sohnes gegenüber seinem Vater ins Wanken bringen. Die drei Erwiderungen Jesu sind aus 5Mo 6-8 entnommen; sie verweisen auf die Lektionen, die das Volk Israel aus seinen Erfahrungen in der Wüste lernen sollte, und wollen verdeutlichen, daß nun Jesus die Rolle des Volkes als Sohn Gottes übernimmt und sich durch seine Standhaftigkeit in Situationen, in denen Israel versagte, als wahrer Sohn erweist.

Die Begegnung mit dem Satan, die eine lange Zeit der Zurückgezogenheit nahe beim Jordantal abschloß, diente also dazu, Jesu Verständnis von seiner einzigartigen Stellung als Sohn Gottes, das als ein Schlüssel für die Durchführung seines Auftrags angesehen werden muß, zu festigen. Es wird nirgends gesagt, daß diese Versuchungen die einzigen waren, denen Jesus in seinem Leben ausgesetzt war (vgl. Hebr 4,15) – nicht einmal, daß diese typisch waren. Sie standen im Brennpunkt einer entscheidenden Zeitspanne, die der Vorbereitung für Jesu Lebensaufgabe diente.

4. Der Wechsel nach Galiläa.

Nun begann die öffentliche Wirksamkeit Jesu, und zwar zunächst anscheinend im Jordantal, wobei – wie bei Johannes – das Taufen im Mittelpunkt stand (Joh 3,22; 4,1f). Jesus erschien vielen als ein zweiter Täufer, und bald kam eine gewisse Rivalität zwischen den beiden Gruppen der Jünger auf, obwohl Johannes dies nicht fördern wollte (Joh 3,26-30). Diese Art des Wirkens wurde jedoch bald beendet, einmal durch Jesu wachsende Popularität, die auch den Behörden bekannt wurde, besonders aber durch die Verhaftung Johannes des Täufers durch Herodes Antipas. Diese erfolgte einerseits wegen seiner Kritik an der Heirat des Antipas – so berichten die Evv. – andererseits, wie Josephus bemerkt, wegen des Verdachts politischer Unruhestiftung – eine Anklage, die ebenso leicht das Wirken Jesu bedrohen konnte. In dieser Situation zog sich Jesus in seine Heimatregion Galiläa zurück und änderte die Art seines Wirkens: Er wurde ein Wanderprediger und vollzog Heilungswunder. Wir erfahren von keiner Tauftätigkeit Jesu mehr (vgl. II.2. zur geographischen Lage seiner Wirkungsstätten).

V. MERKMALE DES ÖFFENTLICHEN WIRKENS JESU.

1. Sein Lebensstil.

Trotz seiner »mittelständischen« Herkunft (vgl.III) wählte Jesus eine Lebensweise ohne jede finanzielle Absicherung. Er und seine Jünger lebten von den Beiträgen und der Gastfreundschaft derer, die sein Wirken unterstützten (Mt 10,8-11; Lk 8,3; 10,38-42). Er lehrte sie, im Blick auf materielle Bedürfnisse Gott zu vertrauen (Mt 6,24-34), und forderte von einem Anwärter auf die Nachfolge, all seinen Besitz wegzugeben (Mk 10,17-22). Er hatte mit seinen Jüngern eine gemeinsame Kasse (Joh 12,6; 13,29), die aber nur für ihre elementaren Bedürfnisse ausreichte. Armut war für Jesus keine Katastrophe (Lk 6,20f.24; Mk 10,23-31). Er war unverheiratet und ohne festen Wohnsitz. So war er frei, predigend und heilend in Palästina umherzuziehen.

In der ersten Zeit seines Wirkens wurde er eingeladen, in *Synagogen als Gastlehrer zu sprechen (Mk 1,29. 39; Mt 9,35; Lk 4,16-27). Später wird das Lehren in einer Synagoge jedoch nicht mehr erwähnt (weil seine radikale Lehre unannehmbar erschien?), dagegen lehrte Jesus die Volksmenge unter freiem Himmel und widmete seine Zeit zunehmend der Unterweisung seines engsten Jüngerkreises.

2. Seine Jünger.

Wie andere jüd. Lehrer, so sammelte auch Jesus eine Gruppe von *Jüngern. Die »Volksmenge« kam und ging, lauschte Jesus eifrig, trat aber nicht in eine verbindliche Nachfolge. Die »Jünger« waren solche, die mehr oder weniger ihr ganzes Schicksal mit ihm verbanden und ihn auf seinen Reisen begleiteten. Aus diesen Nachfolgern wählte Jesus einen inneren Kreis von »Zwölf« (oft *»Apostel« genannt, obwohl der Begriff im NT nicht auf sie beschränkt ist), und aus diesen Zwölf wurde noch eine besondere Gruppe, bestehend aus *Petrus, *Jakobus und *Johannes, bei mehreren bedeutsamen Gelegenheiten als Jesu engste Begleiter ausersehen.

Die *Nachfolge bestand in einer vorbehaltlosen und exklusiven Hingabe an Jesus. Zu ihr gehörte – zumindest für den inneren Kreis – die Annahme seines Lebensstils (jedoch nicht das endgültige Verlassen von Haus und Familie, wie der Fall des Petrus zeigt: Mt 1,29-31; 1Kor 9,5) und die Bereitschaft, um seinetwillen Verfolgung und Ausgestoßensein zu erleiden (Mt 10,16-39). Es spricht für die Autorität und Anziehungskraft Jesu und seiner Lehre, daß er dennoch Menschen in seine Nachfolge rufen und erwarten konnte, ernstgenommen zu werden. Die Mehrzahl seiner Jünger waren Galiläer. Vom inneren Kreis stammten wahrscheinlich alle aus Galiläa außer *Judas Iskariot (sofern sein Name »Mann aus Kerijot« bedeutet). Nach Charakter und Herkunft waren sie jedoch sehr verschieden – angefangen vom pessimistischen *Thomas bis zum impulsiven *Petrus, und von *Matthäus dem Zöllner (und daher Angestellten der romtreuen Regierung) bis zu *Simon dem »Zeloten«. Eine solche Gruppe zusammengehalten und sie zum Fundament der größten Religion der Welt gemacht zu haben – schon das ist eine nicht geringe Leistung Jesu.

3. Seine soziale Haltung.

Ein immer wieder vorgebrachter Einwand der jüd. Oberschicht gegen Jesus war seine Gewohnheit, mit zweifelhaften Leuten, besonders mit

»Zöllnern und Sündern«, den Außenseitern der anständigen Gesellschaft, Umgang zu pflegen. Daß er mit ihnen sogar Mahlzeiten hielt, war besonders anstößig. Jesus verteidigte sein Handeln jedoch als unverzichtbar für seinen Dienst, der ihn an alle Notleidenden wies, ungeachtet ihres sozialen Standes (Mk 2,17; vgl. Lk 15,1-2 und die Fortsetzung). Er wandte sich Frauen von zweifelhaftem Ruf, die von anderen gemieden wurden, freundlich zu und sprach mit ihnen (Lk 7.36-50; Joh 4,7ff); ja, er fand sogar bei *Samaritanern, den traditionellen Feinden der Juden, gastliche Aufnahme (Joh 4,39-42; Lk 17, 11-19). Sein Gleichnis vom barmherzigen Samariter (Lk 10,29-37) ist ein gewagter Angriff auf das althergebrachte jüd. Vorurteil. Mit Heiden kam Jesus nur selten in Berührung, aber die wenigen direkten Kontakte hatten ein positives Ergebnis (Mt 8,5-13; 15,22-28); auch seine Lehre machte deutlich, daß er Heiden nicht als minderwertig betrachtete, sondern ihnen einen Platz neben den Juden in Gottes Heilsplan zuwies (Mt 8,11.12; Lk 4,25-27). Diese Weigerung, sich durch konventionelle gesellschaftliche Schranken behindern zu lassen, kennzeichnet auch seine Beziehung zu Reichen und Armen. Die meisten seiner engsten Jünger scheinen der gleichen sozialen Schicht angehört zu haben wie er (sie waren hauptsächlich Fischer, die Boote besaßen und Arbeiter beschäftigten; Mk 1,20). Seine Predigt wurde dennoch von den Armen anerkennend aufgenommen (z.B. Mt 11,5), während er andererseits auch wohlhabende und einflußreiche Nachfolger hatte (z.B. *Nikodemus und *Josef von Arimatäa; Joh 19,38-42) und auch in gutsituierten Kreisen verkehrte (Lk 7,36; 14,1ff). Er war offensichtlich von Reichtum und Armut an sich unbeeindruckt (Mk 12,41-44; Lk 12,13-21). Von seinen Nachfolgern forderte Jesus die gleiche Unbekümmertheit gegenüber künstlichen Schranken (Lk 14,7-14) und verdammte streng eine gleichgültige Vernachlässigung der weniger Glücklichen (Lk 16.19-31).

In all dem ging es Jesus um die wirkliche – leibliche und geistliche – Not derer, denen er begegnete, und um solcher Not abzuhelfen, konnte er sich ohne Bedenken über Konventionen und Tabus hinwegsetzen.

4. Diskussionen über das Gesetz. Auseinandersetzungen Jesu mit den jüd. rel. Führern, besonders den Schriftgelehrten und *Pharisäern, nehmen einen großen Teil der Evangelienberichte ein. Jesus besaß keine formelle Schriftgelehrtenausbildung (Joh 7,15); seine Lehrweise und sein Jüngerkreis jedoch ließen ihn in der Rolle eines *Rabbi erscheinen, und er wurde auch manchmal als solcher angeredet. Der Inhalt seiner Lehre allerdings trennte ihn in vielen Punkten von der herkömmlichen Schriftgelehrsamkeit und bildete einen wichtigen Grund für die Feindschaft, die schließlich zu seinem Tod führte.

Eine zentrale Frage war die der Autorität. Zur Debatte stand nicht die Autorität des atl. Gesetzes an sich, sondern die Vollmacht, es zu interpretieren (*Gesetz im AT/ im NT). Die Tradition der Schriftgelehrten hatte ein komplexes und ständig wachsendes Gebäude mündlich überlieferter Lehre geschaffen, das die präzise Anwendung des Gesetzes auf die kleinsten Bereiche des täglichen Lebens regelte, und diese Tradition wurde selbst als autoritativ angesehen. Streitfragen legte man durch Berufung auf frühere Lehrer bei. Demgegenüber achtete Jesus Regeln der rabbinischen Überlieferung, die sich nicht klar im AT fanden, gering und zitierte niemals eine andere Autorität als sich selbst (und natürlich das AT); man beachte seine Formel: »Ihr habt gehört... Ich aber sage euch...« (Mt 5,21f.27f.31f u.ö.). Die kontroversen Punkte sind sehr deutlich in der Diskussion über Verunreinigung (Mk 7,1-23) zu sehen, in der Jesus Pharisäer und Schriftgelehrte explizit der Umgehung atl. Forderungen aufgrund selbstgemachter Regeln anklagt und die Frage ritueller Verunreinigung als relativ unwichtig beiseiteschiebt; ebenso in den zahlreichen Zusammenstößen wegen der Einhaltung des *Sabbats (z.B. Mk 2,23-3,6; Lk 13,10-17), einem der besonders sorgfältig regulierten Gebiete schriftgelehrter Überlieferung. Hier brach Jesus durch das Dickicht der Gesetzgebung hindurch die Bahn zu der eigentlichen Intention des Sabbats und beanspruchte für sich das Recht, zu bestimmen, wie der Sabbat richtig geheiligt werde.

Die Reihe der sechs Antithesen in der *Bergpredigt (Mt 5,21-48) illustriert ebenfalls Jesu radikale Gesetzesauslegung: er geht über den Wortlaut einer Vorschrift hinaus und schaut auf die Gesinnung, die hinter einer Handlung steht; er bewertet Grundsätze höher als Einzelgebote, und dies um so viel, daß er letztere sogar außer Kraft zu setzen scheint (Mt 5,38f). Diese radikale Haltung in Gesetzesfragen ließ Jesus zu einer Gefahr für den Stand der Schriftgelehrten werden, und die Aufnahme seiner Ansichten beim Volk machte es notwendig, ihn zu beseitigen. Der Konflikt wurde offenbar leidenschaftlich ausgetragen; beide Seiten benutzen eine sehr starke Sprache (Mk 3,22; Mt 23,1-36). Es war mehr die kleinliche Gesetzlichkeit der maßgeblichen Schriftgelehrten als ihre Tradition selbst, die Jesus in Frage stellte.

5. Seine Wunder.

Christl. und nichtchristl. Quellen bezeugen, daß Jesus seinen Zeitgenossen als Wundertäter bekannt war. Bei der Mehrzahl der uns berichteten *Wunder handelt es sich um wunderbare Heilungen; die Evv. stellen das Heilen – oft einer größeren Zahl von Menschen – als ein durchgehendes Merkmal des Wirkens Jesu dar (Mk 1,32-34; 3,7-11; 6,55f; Lk 7,21-23). Oft sind mit seinen Heilungswundern Exorzismen verbunden (obwohl sie gewöhnlich sorgfältig davon unterschieden werden, z.B. Mk 1,32-34; Lk 13,32; vgl. *Satan). Beide Arten des Heilshandelns wurden auch von seinen Jüngern erwartet, als sie in seinem Namen auszogen (Mk 6,13; Mt 10,8). Sie sind unerläßlich mit Jesu Predigt verbunden als Aspekte eines umfassenden Angriffs auf die Mächte des Bösen - in ihrer körperlichen wie in ihrer geistlichen Manifestation. Heilen und Exorzismus gehörten zum Handeln göttlicher Männer im Judentum des 1.Jh., aber von keiner zeitgenössischen Gestalt wird eine auch nur annähernd so intensive Heilungstätigkeit berichtet wie von Jesus (*Krankheit; *Krankenheilung). Die Art der Leiden, die er heilte, ist sehr vielfältig: sie reichen von Lähmungen bis zur Blindheit, vom Aussatz bis zum abgetrennten Ohr. Auch sind drei Fälle berichtet, in denen Jesus soeben Verstorbene ins Leben zurückrief. Anders als manche zeitgenössischen Exorzisten gebrauchte er kaum ein oder gar kein Ritual; ein bloßes Befehlswort war oft das einzige Mittel (Mt 8,8f.16). Der überwältigende Eindruck, den Jesus hinterließ, war der: er besitzt einfach Vollmacht über körperliche und geistliche Übel und erbarmt sich über Notleidende. Sein Heilungswirken war keine Werbung um Anerkennung, auch war es nicht primär dazu bestimmt, etwas zu beweisen, sondern es war die spontane Antwort seines Erbarmens auf menschliche Not, wo er ihr begegnete. Die Zahl der anderen Wunder Jesu (»Natur«-Wunder) ist verhältnismäßig gering, aber auch bei ihnen läßt sich in den meisten Fällen dasselbe Motiv des Handelns erkennen: eine spontane und unbefangene Reaktion auf eine bedrückende Not – so bei der Speisung hungriger Volksmengen, dem Beschaffen von Wein in einer Notlage, der Versorgung mit Fischen nach einer Nacht vergeblicher Arbeit und der Stillung eines Sturmes auf dem See. Daß Jesus solche Probleme mit Wundern löste, war weniger eine bewußte Demonstration von Macht als vielmehr eine natürliche Handlung, Auswirkung seiner Person und seiner Sendung. Nur das Wandeln auf dem Wasser und das plötzliche Verdorren des Feigenbaums sind wohl eher vollzogen worden, um das Wesen seiner Person und seines Auftrags zu lehren als einer bestimmten Not zu begegnen. Die Wunder sind daher nicht der Beweis für die göttliche Natur Jesu, obwohl sie diese voraussetzen. Sie sind unerläßlicher Teil eines umfassenden Dienstes der *Erlösung und der Besiegung des Bösen.

6. Seine politische Haltung.

Die Anklage, aufgrund der Jesus schließlich verurteilt wurde, lautete auf politischen Aufruhr (Lk 23,2): er habe beansprucht, »König der Juden« zu sein. Obwohl dieser Titel in seinen Reden nie vorkommt, sprach Jesus doch oft vom »Reich Gottes« als dem Ziel seiner Sendung (vgl. VII.4.); eine solche Sprache war - besonders in Galiläa – offen für eine nationalistische Mißdeutung.Die anfängliche Begeisterung für ihn entsprang wohl zum guten Teil der Hoffnung, er würde einen Aufstand gegen Rom anführen – einer Hoffnung, die in dem vergeblichen Versuch gipfelte, ihm den Titel eines »Königs« aufzuzwingen (Joh 6,14f). Nach dieser Begebenheit scheint die Unterstützung für ihn nachgelassen zu haben, und er verwendete mehr Zeit darauf, seine Jünger über die wahre Natur seines Dienstes zu belehren.

Einige moderne Autoren haben zu zeigen versucht, daß Jesu Absichten tatsächlich politischer Art gewesen seien und daß die geistliche Natur seines Königtums eine später erfundene Eintragung in die Evv. darstelle, die seine wahren revolutionären Ziele vertuschen sollte. Sicherlich war Jesus politischen und sozialen Problemen gegenüber nicht so blind, wie manche pietistischen Christen gemeint haben; aber diese einseitige politisch-revolutionäre Sicht würde eine grundsätzliche Revision der Evv. auf äußerst dünner Grundlage bedeuten. Der Jesus der Evv. war sorgfältig darauf bedacht, Mißverständnisse hinsichtlich des Wesens seiner Sendung zu korrigieren (Mk 8,27-38; 12,35-37; 14,61f). Er vermied Publicity und öffentliche Auftritte bis zur letzten Woche seines Wirkens. Er weigerte sich auch, den nationalistischen Standpunkt zu unterstützen, als er über die Berechtigung der röm. Steuerabgaben befragt wurde (Mk 12,13-17), und der röm. Präfekt sprach ihn von der Anklage des Aufruhrs frei (Lk 23,13-16). Jesu offen ausgesprochene Kritik an der jüd. Nation seiner Tage, die er wegen ihrer Ablehnung der Boten Gottes ihrem endgültigen Gericht in Gestalt der nahen Zerstörung Jerusalems entgegengehen sah (Lk 11,47-51; 13,25-35 u.ö.), ist mit nationalistischen Sympathien ganz unvereinbar. Die Umstände seines Wirkens setzen ihn unvermeidlich politischen Verdächtigungen aus; es liegt jedoch klar zutage, daß er selbst andere Absichten hatte, wenn auch einige seiner Nachfolger erwarteten, er werde eine nationalistische Rolle übernehmen (*Messias).

VI. DAS ENDE DES WIRKENS JESU.

1.Die letzte Woche in Jerusalem. Jesus unternahm seinen letzten Besuch in Jerusalem in voller Absicht mit dem Wissen, daß er zur endgültigen Konfrontation mit den Behörden führen und in seinem eigenen Tod gipfeln würde (Lk 13,33; 18,31-33). Dieser Besuch fand zur Zeit des *Passa statt, als Jerusalem voll von Pilgern war und die Themen von Tod und Erlösung das Bewußtsein beherrschten. Einige Ereignisse sind dabei von besonderer Bedeutung.

a. Der Einzug.

Jesu Ankunft in Jerusalem war mit Absicht dramatisch. Anstatt unbemerkt inmitten Tausender von Pilgern anzukommen, inszenierte er einen aufsehenerregenden Ritt in die Stadt auf einem Esel; dabei grüßten ihn seine Jünger und andere Pilger mit *»Hosianna«-Rufen (Mk 11,1-10). Das war ein sichtbarer Hinweis auf Sach 9,9f, die prophetische Ankündigung des auf einem Esel in Jerusalem einziehenden Königs. Die Absicht des Einzugs war eindeutig, einen messianischen Anspruch zu erheben. Von der Volksmenge, unter der viele frühere Anhänger Jesu aus Galiläa gewesen sein mögen, wurde er auch so verstanden. Die Weissagung spricht zwar von einem Friedenskönig, aber viele interpretierten diese Handlung wohl eher in einem militanten, nationalistischen Sinn.

b. Die Tempelreinigung.

Auch eine der ersten Taten Jesu bei seiner Ankunft war eine bewußte Zeichenhandlung. Er jagte die Händler aus dem Tempelbereich, die dort zur Passazeit mit offizieller Genehmigung der priesterlichen Behörden Opfertiere und die offizielle Währung feilboten (Mk 11,15-18). Diese Handlung brachte nicht nur Jesu Ablehnung der rel. Führung und deren Einstellung zum Gottesdienst zum Ausdruck. Sie erinnerte auch unvermeidlich an Worte wie Mal 3,1-4 und Sach. 14,21 und unterstrich somit noch deutlicher seinen messianischen Anspruch. (Es muß übrigens beachtet werden, daß das Objekt der »Gewaltaktion« Jesu nicht die röm.Regierung war, sondern die jüd. Führung; die Tempelreinigung war also nicht Ausdruck nationalistischen Kämpfertums.)

c. Streitgespräche.

Jene Woche war durch eine Reihe von Gesprächen mit den rel. Führern gekennzeichnet. Einige besonders charakteristische Streitgespräche sind auch aufgezeichnet worden. Sie betreffen die Herkunft von Jesu Vollmacht (Mk 11,27-33), seine Haltung zur röm. Steuerpflicht (Mk 12, 13-17), das größte Gebot (Mk 12,28-34) und die Stellung des Messias als »Sohn Davids« (Mk 12,35-37). Solche Streitgespräche wurden öffentlich geführt, da Jesus im Tempelbezirk lehrte, und ihr Ziel war es, ihm entweder blasphemische oder politisch verwerfliche Aussagen zu entlocken, die man gegen ihn verwenden konnte. Jesus vermied Antworten, die ihn belasten konnten, vermochte aber dennoch wichtige Lehren zu erteilen. Er machte darüber hinaus seine Ablehnung der gegenwärtigen Führung Israels deutlich, und zwar im Gleichnis von den bösen Weingärtnern (Mk 12,1-12) und ganz besonders in der fortgesetzten Polemik gegen Schriftgelehrte und Pharisäer (Mt 23). Er sagte auch noch genauer und mehr ins Einzelne gehend die kommende Zerstörung Jerusalems und des Tempels voraus (Mk 13).

d. Das letzte Mahl.

Dieses »Abschiedsmahl« war ebenfalls eine im voraus geplante (Mk 14,2-6) und vorsätzliche Handlung. Es stellte in gewissem Sinn ein *Passamahl dar, obwohl es, in der Voraussicht, daß es am nächsten Abend zu spät sein würde, möglicherweise einen Tag vor dem offiziellen Festtermin gehalten wurde (s. *Abendmahl III.). Während des Mahles gab Jesus seinen engsten Jüngern wichtige letzte Anweisungen angesichts seines nahe bevorstehenden Abscheidens und offenbarte auch, daß er durch einen aus ihren Reihen verraten werden würde (obwohl er den Verräter nicht genau identifizierte, außer vielleicht gegenüber Johannes: Joh 13, 23-26).

Den Höhepunkt des Mahles aber bildete das symbolische Mitteilen von Brot und Wein, die er als Zeichen dafür gab, daß sein bevorstehender Tod eine Erlösungstat für seine Jünger (und über sie hinaus für »viele«) sein sollte. Diese symbolische Handlung (vollzogen im Ablauf der vom Erlösungsgedanken geprägten Passafeier) war die klarste Aussage, die Jesus je über die sühnende Wirkung seines Todes gemacht hat; deshalb wurde sie auch zu Recht, wie er es selbst bestimmt hatte, der Mittelpunkt des Gottesdienstes seiner Nachfolger. Sie setzte auch allen Zweifeln ein Ende, die seine Jünger vielleicht noch daran haben mochten, ob seine Hingabe in den Tod wirklich der Wille seines himmlischen Vaters für ihn war.

2. Gerichtsverhandlung und Tod. Jesus wurde in aller Stille nachts am Fuße des *Ölbergs gefangengenommen. Judas als eingeweihter Informant ermöglichte es den Behörden, ihn unter den Tausenden von Pilgern herauszufinden, die an diesem Berghang übernachteten. Jesus lehnte es ab, sich der Verhaftung zu entziehen oder zu widersetzen und nahm sie nach seinem Hingabegebet in *Gethsemane als Willen Gottes an.

Eine Reihe von Verhören während dieser Nacht und des folgenden Morgens (Freitag) bildete den sogenannten *»Prozeß Jesu«. Ein erstes, vermutlich ganz inoffizielles Verhör vor dem ehemaligen Hohenpriester *Hannas (Joh 18,12-23) brachte kein formelles Ergebnis. Es folgten zwei Vernehmungen vor *Kaiphas und dem Hohen Rat, die eine nachts und die andere am frühen Morgen. Die erstere war vermutlich ein hastig einberufenes, vorläufiges Verhör, die letztere eine Versammlung des gesamten Hohen Rates, die die Ergebnisse der ersten Vernehmung bestätigte und einen formellen Urteilsspruch des Inhalts fällte, daß Jesus der Blasphemie schuldig sei. Was genau als seine Gotteslästerung angesehen wurde, ist nicht sicher, aber gewiß waren die Annahme des Messiastitels und die Anspielung auf Ps 110,1 und Dan 7,13, durch die Jesus seine zukünftige Rechtfertigung und Herrschergewalt vorhersagte, die entscheidenden Faktoren. Auf Gotteslästerung stand nach jüd. Recht die Todesstrafe. Deren Verhängung war jedoch zu jener Zeit dem röm. Präfekten vorbehalten (vgl. *Prozeß Jesu); außerdem war Gotteslästerung nach röm. Recht kein zulässiger Grund für eine Anklage. Jesus wurde deshalb *Pilatus unter der Anklage der Volksaufwiegelung überstellt, die auf den Gebrauch des Titels »König der Juden« gegründet wurde. Daß es Pilatus widerstrebte, Jesus einer Schuld zu überführen, ist hauptsächlich auf seine Abneigung gegen seine jüd. Untertanen und deren rel. Anliegen zurückzuführen. Die Erkenntnis, daß die Anklage künstlich aufgebaut und Jesu Laufbahn nicht die eines politischen Revolutionärs gewesen war, konnte seinen Widerwillen nur verstärken. Aber seine Versuche, ein Urteil zu vermeiden, etwa den Fall an Herodes Antipas zu übergeben (Lk 23,6-12), oder durch das Angebot, Jesus aufgrund der traditionellen Passaamnestie freizulassen (Mk 15,6-15), durch eine Übergabe zur Geißelung (*Geißel) ohne Vollzug der Todesstrafe (Joh 19,1-5) und durch eine schlichte Erklärung der Unschuld Jesu (Lk 23,22 u.ö.) sich der Sachen zu entledigen, erwiesen sich angesichts einer arrangierten Kundgebung des Hasses gegen Jesus sämtlich als erfolglos. Entscheidend war das Beharren der jüd. Führer auf dem Standpunkt, eine Bedrohung der röm. Regierung könne nicht ignoriert werden; es enthielt zugleich die Drohung, eine Nichtverurteilung Jesu werde den Vorgesetzten des Pilatus gemeldet (Joh 19,12). Jesus wurde zur Kreuzigung verurteilt (vgl. *Kreuz/ Kreuzigung). Sie war die Todesstrafe für einen kriminellen Sklaven oder auch für einen Aufrührer gegen die kaiserliche Macht. Die öffentlich zur Schau gestellten Todesqualen waren bewußt als Abschreckungsmittel gegen andere potentielle Aufrührer gedacht. Jesu Kreuzigung war nicht ungewöhnlich in der Art, wie sie durchgeführt wurde. Das Ungewöhnliche an ihr war, wie er sie ertrug. Trotz der brutalen Grausamkeit der röm. Geißelung, der Verspottung durch die Soldaten, trotz der Last des schweren Kreuzesbalkens und der Kreuzigung selbst ist der Inhalt der am Kreuz gesprochenen Worte Vergebung und Sorge für andere und ein Gebet zu seinem Vater (*Worte Jesu am Kreuz). Seine Haltung beeindruckte den röm. Hauptmann (Mk 15, 39; vgl. Lk 23,47) und sogar einen der Mitgekreuzigten (Lk 23,40-42).

Ungewöhnlich war auch die Schnelligkeit und Plötzlichkeit seines Todes; Gekreuzigte starben sehr selten noch am gleichen Tag, und dann auch nur nach einer längeren Zeit zunehmender Bewußtlosigkeit. Jesus starb schnell und offenbar durch einen bewußten Willensakt (Lk 23,46; vgl. Joh 19,30). Sein letzter Ruf: »Es ist vollbracht« (Joh 19,30) zeigt ihn nicht als ein Opfer der Geschehnisse, sondern in voller Herrschaft über die Situation, als zielbewußt Handelnden in einem Drama von entscheidender Bedeutung.

Jesu Begräbnis paßt ebenfalls nicht in den üblichen Rahmen und verrät, wieviel Rückhalt er doch noch in einflußreichen Kreisen hatte. Die Leichname Gekreuzigter blieben normalerweise unbestattet. Das Felsengrab des Josef von Arimatäa war vermutlich eines von vielen in der näheren Umgebung (*Begräbnis- und Trauersitten).

3. Auferstehung und Himmelfahrt. Daß Jesu Grab an dem der Kreuzigung folgenden Sonntagmorgen leer vorgefunden wurde, wird in unterschiedlicher Weise von allen vier Evv. bezeugt und kann historisch nicht ernsthaft angefochten werden. Erklärungen dieser Tatsache, die ohne eine buchstäbliche *Auferstehung seines Leibes auskommen wollen, sind gänzlich spekulativ und haben noch mehr handfeste Einwände gegen sich als die Tatsache, die sie anfechten wollen.

Die Evv. und Paulus (1Kor 15) bezeugen zusammengenommen wahrscheinlich elf verschiedene Begegnungen mit dem auferstanden Jesus in der Zeit unmittelbar nach jenem Sonntagmorgen. Daß es Begegnungen vielfältiger Art waren, daß sie meist ganz unerwartet eintraten und ganz unterschiedlichen Gruppen zuteil wurden (von Einzelpersonen bis zu einer Gruppe von mehr als 500) – das alles macht es unmöglich, sie als Halluzinationen abzutun. Die Schwierigkeit, sie alle miteinander in Einklang zu bringen, läßt es ganz unwahrscheinlich erscheinen, daß es sich hier um irgendeine wohlüberlegte, abgekartete Sache zum Zwecke eines frommen Betruges gehandelt haben sollte. (Dasselbe gilt für die Berichte von der Auffindung des leeren Grabes).

Aus diesen Gründen gelangten die Christen zu der Überzeugung, daß Jesus leiblich vom Grab auferstanden ist – mit einem Körper, der von zeitlichen und räumlichen Schranken befreit war (er konnte durch verschlossene Türen gehen, plötzlich erscheinen und verschwinden), aber der doch physisch ganz real war, Brot brechen und essen und sogar mit einem Gärtner oder einem Wandergefährten verwechselt werden konnte.

Einige Wochen lang erschien Jesus auf diese Weise wiederholt seinen Jüngern: Er lebte nicht mit ihnen zusammen oder reiste mit ihnen, sondern kam zu ihnen in einzelnen Begegnungen. Nachdem er sie so von seinem Sieg über den Tod überzeugt und ihnen versichert hatte, daß sie auch weiterhin auf seine Gegenwart und Hilfe vertrauen konnten, auch wenn er physisch abwesend war, verließ er sie in einer Weise, die deutlich zeigte, daß seine leibliche Gegenwart nicht länger notwendig war (Apg 1,9-11; *Himmelfahrt). Es war ihre zukünftige Aufgabe, den Dienst weiterzuführen, den er begonnen hatte und in dem er immer im Geist bei ihnen sein würde (Mt 28, 18-20).

VII. DIE LEHRE JESU.

Jesu Lehre läßt sich nicht leicht in systematischer Form darstellen; sie wurde von ihm nicht als geordnete Abhandlung entfaltet, sondern in sehr vielfältigen Situationen und Begegnungen des realen Lebens. In einem Artikel dieser Art können wir nur bestimmte Schlüsselthemen und Schwerpunkte seines Lehrens herausgreifen und uns auf diejenigen konzentrieren, die in seiner Zeit und im Judentum des 1.Jh. besonders markant und unerwartet waren.

1. Formen des Lehrens.

Formal hat Jesu Lehrweise viel mit den Methoden gemeinsam, die von den jüd. Lehrern angewandt wurden. Seine Argumentation mit Schriftworten, seine ethischen Ermahnungen, seine Verhaltensregeln, seine Gleichnisse und seine eschatologischen Weissagungen haben, was ihre Lehrmethoden betrifft, sämtlich Parallelen im rabbinischen oder sektiererischen Judentum jener Zeit. Dies gilt auch für die rhythmische oder manchmal poetische Form, in die ein Teil seiner Lehre gegossen war und die eine Hilfe für das Memorieren darstellte. Es ist der Ton und der Inhalt seiner Lehre, was deren Einmaligkeit ausmacht. Während z.B. das Gleichnis eine verbreitete und anerkannte Lehrform darstellte (*Gleichnisse Jesu), gibt es in der jüd. Literatur nichts, das der Lebendigkeit, der Variationsbreite und der bloßen Zahl von Jesu Gleichnissen, viel weniger noch dem lehrmäßigen und ethischen Gewicht, das sie besitzen, gleichkäme.

Es ist charakteristisch für die Lehre Jesu, daß sie nicht in einem akademischen Rahmen (etwa einer Vorlesung vergleichbar) vorgetragen wurde. Sie erwuchs aus persönlichen Begegnungen, Fragen von Suchenden, Diskussionen mit den rel. Autoritäten (die gewöhnlich den Anstoß dazu gaben), und der Notwendigkeit, seine Jünger angesichts seines eigenen, nahe bevorstehenden Leidens und Sterbens und ihrer Aufgabe, seinen Dienst danach fortzuführen, zu unterweisen. Obwohl Jesus die Volksmenge tatsächlich »lehrte«, oft stundenlang (z.B.Mk 6,34f), tragen so sorgfältig aufgebaute Reden, wie wir sie in den Evv. finden (z.B. die *Bergpredigt und die Reden im *Johannesevangelium), eher die Merkmale einer späteren Zusammenstellung von Worten Jesu als von wörtlichen Aufzeichnungen wirklicher Ansprachen.

Besonders charakteristisch für Jesu Lehrweise sind Epigramme, einprägsame Formulierungen, die oft absichtliche Übertreibungen und Paradoxien benutzen, um etwas überzeugend herauszustellen (z.B. Mk 10,25; 12,17; Lk 9,24.58.60.62). Illustrationen sind häufig und anschaulich. Manchmal verwandte er visuelle Hilfmittel oder Zeichenhandlungen (z.B. Mt 18,2; Joh 13,1-15). Jesu Lehren kann niemals eintönig gewesen sein und ist deshalb viel einprägsamer als eine mehr formelle oder stilisierte Lehrweise, vor allem jedoch ist es nie rein theoretisch, sondern lebensbezogen.

2. Der Gebrauch des Alten Testaments.

Jesus gründete seine Lehre auf das AT. Seine in den Evv. aufgezeichneten Worte enthalten mehr als 40 wörtliche Zitate aus dem AT, etwa 60 klare Anspielungen oder andere Bezugnahmen auf atl. Abschnitte sowie gut über 100 weitere mögliche Anklänge an das AT, bei denen schwer zu sagen ist, ob sie beabsichtigt waren oder ob das Denken Jesu einfach von atl. Worten und Gedanken so erfüllt war, daß er sich unwillkürlich in einer Art und Weise ausdrückte, die an das AT erinnert. Jesus benutzte das AT bei allen Themen seiner Lehre. Er besprach dessen gesetzliche und ethische Forderungen und nahm sie als Ausgangsbasis für sein eigenes ethisches Lehren (z.B. Mt 5,17-48; Mk 10,2-9; 12,28-31). Er gebrauchte auch dessen historische Berichte, um bestimmte Aspekte seiner eigenen Lehre zu veranschaulichen (z.B. Mk 2,25f; Mt 12,40-42; 24,37-39). In Streitgesprächen mit den rel. Führern berief er sich normalerweise auf das AT als letzte Autorität und schalt sie manchmal ob ihres Unvermögens, dessen grundlegende Prinzipien zu erfassen (z.B. Mk 7,6-13; 12,24; Mt. 12,3-7). Besonders jedoch in den Aussagen über die Natur seiner eigenen Person und Sendung macht Jesus vom AT Gebrauch, und zwar in ganz verschiedener Weise.

Manchmal zitiert er einfach klare atl. Weissagungen, um zu zeigen, daß sie nun in ihm ihre Erfüllung finden. Viele von ihnen sind Vorhersagen des kommenden *Messias, und ihre Deutung auf Jesus kann einen Christen nicht überraschen (zum Einzelnen s.u.: 7.). Aber viele der Abschnitte, auf die Jesus sich in diesem Zusammenhang bezieht, erwähnen nicht einen Messias, sondern nur Gott selbst als kommenden Richter und Erlöser. So bezieht sich z.B. Mt 11,5 auf Jes 35,5f; Lk 19,10 auf Hes 34,16.22; Lk 22,20 auf Jer 31,31; auch diese Prophetenworte sieht Jesus in seinem Kommen erfüllt. Noch bemerkenswerter ist, daß auch viele Passagen, die in keiner Weise prophetisch, sondern bloß Berichte von historischen Personen, Ereignissen usw. sind, dennoch als Vorbilder aufgenommen werden, die in seinem Wirken »erfüllt« sind (z.B. Mt 12,40-42, wo auf Jona und Salomo Bezug genommen ist; Mt 4,4.7.10 bezogen auf die Wüstenerfahrungen Israels in 5Mo 8,3; 6,16.13; und Mk 12,10, wo Ps 118, 22f zitiert wird). Diese letztgenannte Weise, das AT zu gebrauchen, wird im übrigen NT (besonders im Hebr) noch weiter entwickelt und ist allgemein als *»Typologie« bekannt. Zahlreiche beiläufige Anspielungen in der gesamten Lehre Jesu zeigen, daß er in seinem Wirken nicht nur die expliziten Weissagungen des AT »erfüllt« sah, sondern zugleich den ganzen Plan des Heilshandelns Gottes in der Geschichte Israels, das im AT berichtet wird.

3. Die Zeit der Erfüllung.

Die ersten Worte, die aus Jesu galiläischer Wirksamkeit aufgezeichnet sind, bieten eine konzentrierte Aussage über die Grundvoraussetzung seiner gesamten Lehre: »Die Zeit ist erfüllt, und das Reich Gottes ist herbeigekommen« (Mk 1,15). Das LkEv. nennt als zentrale Aussage Jesu bei seinem ersten öffentlichen Auftreten die Behauptung: »Heute ist dieses Schriftwort [Jes 61,1f] erfüllt vor euren Ohren« (Lk 4,21). Während seines gesamten Wirkens ist dieses Merkmal gegenwärtiger Erfüllung von zentraler Bedeutung. Es war die Ankunft des Messias, das Kommen des von den Juden seit langem erwarteten Tages Jahwes, die Erfüllung aller Hoffnungen des AT (vgl.7.). Obwohl er den Titel »Messias« nicht offen gebrauchte (vgl.7. und *Messias), stritt er nie ab, daß dies seine Rolle sei, und als Johannes der Täufer ihn direkt danach fragte, antwortete er mit einer klaren Bestätigung (Mt 11,2-6: eine Anspielung auf Jes 35,5f; 61,1).

Das Kommen Jesu bedeutet somit nach seiner eigenen Lehre den Beginn eines neuen Zeitalters. Die vielen Jahrhunderte der Erwartung weichen nun der Erfüllung. Jesu Gebrauch der Typologie (vgl. 2.) sieht sein Wirken nicht einfach als Wiederholung des vorausgegangenen Geschichtshandelns Gottes, sondern als dessen Höhepunkt. Dieses ist jetzt die letzte und definitive Tat Gottes und eröffnet die verheißenen Tage des Heils (und des Gerichts). In Jesus selbst, in seinem Lehren und besonders im rettenden Dienst seines Leidens, seines Todes und seiner Rechtfertigung ist alles Handeln Gottes an den Menschen fortan zusammengefaßt. Wo diese zentrale Bedeutung Jesu nicht erkannt wird, muß ein gut Teil seiner Lehre unverstanden bleiben. Er bestätigt nicht nur, was im AT bereits da war, sondern bringt das, worauf das AT vorauswies und worin seine Aufgabe erfüllt wird. Von nun an kann das AT selbst nur noch christologisch recht verstanden werden.

Somit gestattet es Jesus nicht, die Erfüllung der Prophetie im Weltgeschehen zu suchen und sein Wirken dabei auszuklammern. Er selbst ist der Brennpunkt der Erfüllung, und diese Erfüllung ist mit seinem Kommen bereits eingetreten.

Diese wichtige Bedeutung Jesu wird in seiner Ankündigung eines »Neuen *Bundes« beim letzten Abendmahl zusammengefaßt (Lk 22,20; 1Kor 11,25). Der mit Israel am Sinai geschlossene Bund (2Mo 24 u.ö.) wird nun, wie Jeremia vorausgesagt hatte (Jer 31,31-34), durch einen neuen Bund abgelöst, der durch den Opfertod Jesu aufgerichtet wird. Ein neues Zeitalter hat begonnen.

4. Das Reich Gottes.

Dieser Gedanke der gegenwärtigen Erfüllung und eines neuen Zeitalters tritt besonders in Jesu Lehre vom Reich Gottes zutage. Er gebrauchte den Begriff in sehr verschiedenen Zusammenhängen, so daß sein Inhalt sorgfältig differenziert werden muß. Der Begriff bezeichnet die Souveränität Gottes, die Situation, in der Gott herrscht und die Zügel in der Hand hat. Obwohl Gott einerseits immer regiert, ist es ebenso eine Tatsache, daß der Mensch seine Herrschaft ablehnt und gegen ihn rebelliert. Das »Kommen des Reiches Gottes« bezeichnet daher die praktische Verwirklichung der Herrschaft Gottes in menschlichen Belangen, und dieses Kommen des Reiches war es, was Jesus zu Beginn seines Wirkens ausrief (Mk 1,15). Andere Worte bekräftigen die Botschaft, daß sein Kommen bereits die Herrschaft Gottes in Kraft gesetzt habe (z.B. Mt 12,28; Lk 17,20f). So konnte er davon sprechen, daß Menschen in das Reich Gottes »hineinkommen« oder es »empfangen« (Mk 10,15.23-25; Lk 12,31; 16,16), und seinen Jüngern versichern: »Das Reich Gottes ist euer« (Lk 6,20; vgl. Mt 5,3.10).

Andererseits ist das Reich Gottes in einem wichtigen Sinn noch Zukunft: es wird »kommen mit Kraft« (Mk 9,1; vgl. Mt 6,10; Lk 19,11; 22,18). Denn die Annahme der Souveränität Gottes, die durch Jesu Wirken allen Menschen angeboten wurde und die sich in der Erfahrung derer schon verwirklichte, die ihm nachfolgten (in diesem Sinne war das Reich Gottes bereits gegenwärtig), würde eines Tages weltweites Ereignis werden – nämlich dann, wenn alle Menschen an jedem Ort die Herrschaft Gottes anerkennen würden.

Diese zukünftige *Vollendung ist der äußerste Horizont der Proklamation des Reiches Gottes durch Jesus, aber sie ist nur der endgültige Abschluß eines Prozesses, der bereits mit Jesu irdischem Wirken begonnen hat. Um ein neues Zeitalter zu bringen, ist Jesus gekommen: es ist das Zeitalter der Herrschaft Gottes. Wo einzelne Menschen auf seine Verkündigung eingehen, wird diese Herrschaft aufgerichtet. Das »Schon jetzt« und das »Noch nicht« finden sich zu einem großartigen Geschichtspanorama zusammen, dessen Höhepunkt noch aussteht. In seinem Zentrum jedoch steht Jesus selbst, denn nur in der Annahme seiner Lehre und durch den Glauben an sein Erlösungswerk kann ein Mensch wieder zu einer echten Verbundenheit mit Gott gelangen und in das Reich Gottes »hineinkommen«.

5. Gott der Vater.

In das Reich Gottes hineinzukommen heißt also im Grunde, Gottes Herrschaft anzuerkennen. Und das erfordert ein neues Verhältnis zu Gott. Deshalb lehrte Jesus seine Nachfolger, die durch sein Wirken in das Reich Gottes hineinkamen, Gott als ihren Vater anzusehen. Dieses sehr persönliche Bild des Verhältnisses eines Jüngers zu Gott begegnet in den Evv. sehr häufig und gehört zu den markantesten und neuartigsten Zügen der Lehre Jesu. Er lehrte sie, Gott als unseren »Vater im Himmel« anzusprechen (Mt 6,9; *Gebet des Herrn), und in ganz praktischen Dingen wie Nahrung und Kleidung auf seine väterliche Fürsorge und Versorgung zu vertrauen, denn »euer himmlischer Vater weiß, daß ihr all dessen bedürfet« (Mt 6,25-34). Sie können ihrem Vater zutrauen, er werde sie beschützen und mit allen guten Dingen versorgen (Mt 10,28-31; 7,7-11). Als Kinder ihres Vaters müssen sie versuchen zu sein wie er: vollkommen (Mt 5,43-48).

Jesu Lehre über das Vatersein Gottes ist daher keine allg. Aussage über Gottes Wohlwollen gegenüber seiner Schöpfung, sondern meint ein besonderes Liebes- und Vertrauensverhältnis, zu dem nur diejenigen gelangen, die in das Reich Gottes gekommen sind. Es steht zu einem vagen Universalismus genauso im Gegensatz wie zu einer rein formalen Religiosität. Es ist eine exklusive und höchst persönliche Beziehung. Doch wenn schon Jesu Lehre von Gott als dem Vater seiner Jünger etwas Neues darstellte, so war sein Anspruch, selbst in einem noch exklusiveren Sinn der Sohn Gottes zu sein, noch bemerkenswerter. Er redet Gott regelmäßig mit »Vater« oder »mein Vater« an und setzt damit eine Intimität voraus, wie sie in der jüd. Religion vorher noch niemals vorgekommen war (vgl. J. Jeremias, Abba, 1966).

Im JohEv. betrifft die überwiegende Anzahl der Bezugnahmen auf Gott als den Vater (und es sind gut über 100) den Vater Jesu. Die Exklusivität dieser Beziehung zeigt sich in der Tatsache, daß Jesus sich nicht einmal mit seinen Jüngern in der Weise verbunden sah, daß sie alle Söhne Gottes in demselben Sinne seien: wenn er »unser Vater« sagt, schloß er sich selbst in das »unser« nie mit ein, sondern sprach vielmehr von »meinem« Vater und von »eurem« Vater. Mt 11,27 faßt das Verhältnis zusammen: »Alles ist mir übergeben von meinem Vater; und niemand kennt den Sohn als nur der Vater; und niemand kennt den Vater als nur der Sohn und wem es der Sohn offenbaren will«.

So gibt es zwei verschiedene Weisen, mit Gott als dem Vater verbunden zu sein: dort die wesenhafte Einheit von Vater und Sohn, die das exklusive Vorrecht Jesu ist; hier das Privileg des Jüngers, in das nur Jesus ihn einsetzen kann, Gott als seinen Vater im Himmel zu erkennen und ihm zu vertrauen. In Jesu Lehre findet sich kein Hinweis auf eine allgemeiner verstandene Vaterschaft Gottes, die alle Menschen umfassen würde.

6. Die Ethik des Reiches Gottes. Jesu Angriff auf den Legalismus und seine Tendenz, persönliche Notlagen über konventionelle Regeln zu stellen (vgl.V.3.4.), spiegeln sich auch in der Ethik, die er für seine Nachfolger entfaltet. Sie bringt keine Abschwächung der moralischen Forderung; das Leitbild ist Vollkommenheit (Mt 5,48). Die Gerechtigkeit, die er fordert, ist größer als die des pedantischsten Legalisten (Mt 5,20). Ihre Größe liegt jedoch nicht in einer weiteren Vermehrung der Anzahl von Verhaltensregeln (tatsächlich hat Jesus keinen Versuch gemacht, eine vollständige Ethik für alle Lebensgebiete zu entwerfen), sondern in einer tiefgreifenden Kritik der Motive und der Grundhaltung. Es gibt zwar immer noch Einzelgebote (die *Bergpredigt enthält viele davon), Jesu Forderung konzentriert sich jedoch auf das die Heilung bestimmende Denken (z.B. Mt 5,21-28; Mk 7,14-23). Am bemerkenswertesten in seiner Lehre ist der zentrale Platz, den er der Liebe zuweist (z.B. Mk 12,28-34; vgl. Lk 6,27-35; Mt 7,12; Joh 13,34f; 15,12-17 u.ö.). Damit die Liebes-Forderung nicht in Sentimentalität abgleitet, wird der barmherzige Samariter als ein Beispiel der im Handeln tätigen Liebe vorgestellt (Lk 10,25-37) und das selbstlose Dienen zum Kriterium wahrer Größe erhoben (Mk 10,42-45).

Eine solche praktische Liebe muß unvermeidlich Auswirkungen auf die soziale Haltung und Handlungsweise haben. Soweit die Evv. berichten, entwickelte Jesus ebensowenig spezielle Vorschläge zu einer Gesellschaftsreform wie er sich an politischer Agitation beteiligte (vgl.V.6.). Aber sowohl sein Leben (vgl.V.1.3.) als auch seine Lehre sind dazu angetan, ein bequemes Hinnehmen des sozioökonomischen status quo zu untergraben. Besonders seine Hochschätzung der Armut (Lk 6,20-25; Mk 10,17-31; Mt 6,19-24) und seine Aufforderung zu uneingeschränker Freigebigkeit (Lk 6,34f; 12,33; 14,12-14; Mk 10,41) schaffen die Grundlage – wenn nicht sogar das gedankliche Gerüst – für eine recht radikale Sozialethik, (vgl. R.T. France, »God and Mammon: the practical relevance of the teaching of Jesus«; EQ 51/1979, 3ff).

Jüngerschaft ist somit eine ernsthafte und völlige Hingabe, die einen drastischen Verzicht – nicht nur auf materiellen Besitz, sondern auch auf gutes Ansehen und verwandtschaftliche Beziehung - bedeuten kann (Mk 10,28-31; Mt 10,34-39). Sie ist nichts für Halbherzige (Lk 9,62). Sie erfordert vielmehr eine totale Umorientierung, so daß Gott und nicht der Mensch zum Angelpunkt im Leben und Denken eines Menschen wird (Mt 6,33 und der gesamte Komplex Mt 6) und der beherrschende Beweggrund nicht die Aussicht auf Belohnung durch Menschen oder auch durch Gott ist, sondern die Dankbarkeit für die vergebende Gnade Gottes (Mt 18,23-35; Lk 7,36-47).

Es ist vor allem diese Neuorientierung – weniger sind es besondere ethische Einzelregeln –, die die Ethik Jesu als radikal heraushebt im Vergleich zum Legalismus oder Humanismus, der die besten rel. Systeme seiner Zeit kennzeichnete.

7. Der Sendungsauftrag Jesu. Wir haben gesehen, daß Jesus sich selbst als denjenigen ansah, der beim Heraufführen des Reiches Gottes die zentrale Rolle spielte. In seinem Wirken sollten die Hoffnungen des AT ihre Erfüllung finden. Mit anderen Worten: er war der *Messias.

Doch hat Jesus selber die Messianität kaum jemals unter Benutzung dieses Titels beansprucht. Die einzige Begebenheit, bei der er aus eigener Initiative diesen Anspruch erhob, spielte sich außerhalb des jüd. Gebiets ab (Joh 4,25f). Wenn andere ihn als Messias (»Christus«) bezeichneten, so akzeptierte er dies, war aber selber sorgsam bemüht, den Titel an sich zu vermeiden, und benutzte statt dessen regelmäßig die Bezeichnung »Menschensohn« (Mk 8,29-33; 14,61f; *Messias II.1.) Die populäre jüd. Messiashoffnung war fest an ein politisches und nationalistisches Verständnis des kommenden Erlösungstages gebunden, während Jesus keine derartigen politischen Absichten hatte (vgl. V.6.). Er selbst verstand seine Sendung als Messias in einem Sinne, den das populäre Judentum unter diesem Namen nicht erkannt hätte; so war schon der Titel an sich problematisch.

Aber obwohl Jesus den Titel des »Messias« vermied (und ebenso die politisch noch mehr belastende Bezeichnung »Sohn Davids«, die zwar andere für ihn gebrauchten, die er aber nie für sich benutzte), verwies er doch ausdrücklich auf manche Gestalten der atl. Weissagungen und sah sie in seinem Wirken erfüllt. Vier oder fünf solcher Vorbilder treten in seiner Lehre besonders hervor, und die Auswahl ist höchst aufschlußreich. Er war der in Ps 110,1 vorgestellte »Herr Davids« (Mk 12,35-37; 14,62), der niedrige und verworfene Hirte/König, der einigemale in Sach 9-13 begegnet (Mt 21,1-11; 24,30, 26,31), der leidende Gottesknecht aus Jes 53 (Mk 10.45; 14,24; Lk 22,37; *Knecht Gottes, II.1.) und die mit diesem verwandte Gestalt des Gesalbten des Herrn in Jes 61,1 (Lk 4,18ff; Mt 11,4f) sowie der gerechtfertigte und inthronisierte »Menschensohn« von Dan 7,13f (Mk 8,38; 13,26; 14,62; Mt 19,28; 25,31; 28,18). Das Gewicht liegt also, außer im Falle von Dan 7,13f (vgl. dazu unten: 9.), sehr stark auf dem Leiden, dem Verworfensein und Sterben, auf einer eher niedrigen als beherrschenden Stellung.

Sogar die in Mk 12,35-37 erzählte Debatte über Ps 110,1 soll vor allem dazu dienen, Jesus von dem Titel »Sohn Davids« mit seinen politischen Implikationen zu distanzieren; die beherrschende atl. messianische Gestalt, ein König wie David, taucht sonst in Jesu Auswahl nicht auf, sondern wird abgelöst durch das Bild des Leidens und der Erniedrigung. Aus diesem Grunde wohl bezeichnete Jesus sich selbst in der Regel als »Menschensohn«. Andere Titel hatten bereits einen klar definierten, meist nationalistischen Inhalt, aber »Menschensohn« war im normalen Judentum nicht als messianischer Titel gebräuchlich (obwohl Dan 7,13f oft als messianische Prophetie angesehen wurde, ohne jedoch den Titel als solchen zu benutzen). Dieser ziemlich rätselhafte Ausdruck (vgl. Joh 12,34) ermöglichte es Jesus, seine eigene Vorstellung von der messianischen Sendung näher zu bestimmen. (Vgl. weiter *Messias, II.1.; *Hoheitstitel Jesu Christi.)

Die Notwendigkeit seines Leidens und Sterbens ist ein durchgehendes Thema der Lehre Jesu (bes. Mk 8,31; 9,31; 10,33f aber auch Mk 9,12; 10,38.45; 12, 6-8; 14, 8.21-25; Mt 26,54; Lk 7,25; 9,31; 12,50; 133,32f; 22,37; Joh. 10,11-15; 12,23-25 etc.); oftmals wird betont, daß es so geschehen muß, weil es geschrieben steht.

Der Zweck dieses Leidens und Sterbens ist ganz eindeutig in den Bezugnahmen auf Jes. 53 aufgedeckt. Dort ist von dem Dienst des Gottesknechts die Rede, der für die Sünden seines Volkes leidet, um ihretwillen stirbt und so »vielen Gerechtigkeit schafft«; auf diese Weise sollte auch Jesus »sein Leben geben als Lösegeld für viele« (Mk 10,45), und sein »Blut des Bundes« sollte »vergossen werden für viele zur Vergebung der Sünden« (Mt 26,28). Dies ist Opferterminologie: Ziel des Todes Jesu war, das letztgültige Opfer zu sein, das die Vergebung der Sünden und die Wiederherstellung der Gemeinschaft zwischen Gott und Mensch ermöglichen und so die Auflehnung des Menschen beenden und das Reich Gottes herbeiführen würde. Diese Erlösungstheologie begegnet in Jesu Lehre nur selten und andeutungsweise, die Richtung dorthin ist jedoch unverkennbar. In der Folgezeit wurde sie in der weiter entwickelten Theologie des Paulus und der anderen ntl. Verfasser aufgenommen, (vgl. *Versöhnung; *Erlösung.)

8. Das Volk Gottes.

Es wird oft behauptet, daß Jesus keine Kirche gründen wollte. Sofern man unter »Kirche« eine formale, hierarchische Organisation versteht, ist dies zweifellos richtig. Das Verständnis von Jesu Sendung jedoch, wie es oben skizziert wurde, schließt unumgänglich die Schaffung einer neuen Gemeinschaft derer mit ein, die durch sein erlösendes Opfer Zugang zum Reich Gottes erlangt haben. Diese Gemeinschaft, die sich zunächst auf die ihn unmittelbar umgebende Gruppe seiner Jünger begrenzte, aber dazu bestimmt war, ungeachtet des völkischen oder sozialen Hintergrundes alle zu umfassen, die seine Verkündigung annahmen, spielt in seiner Lehre eine bedeutende Rolle.

Das Wort »Kirche« oder »Gemeinde« (*ekklēsia*) begegnet nur zweimal in den Evv. In Mt 18,17 bezieht es sich auf eine örtliche Gruppe von Nachfolgern Jesu, die unter ihren Mitgliedern Streitfälle zu schlichten hat, während Mt 16,18 die ntl. Sicht einer universalen Kirche als ständiger Repräsentantin Jesu auf Erden vorschattet. Aber auch andere Begriffe enthalten denselben Gedanken einer umgrenzten Gemeinschaft: z.B. Gottes »kleine Herde« (Lk 12,32; vgl. Mk 14,27; Joh 10,16), seine Familie (Mk 3,34f; 10,29f; Mt 10,25) und die Gäste bei seinem Festmahl (Mk 2,19; Mt 8,11f; 22,1-14).

Bis dahin war Israel als Nation das besondere Volk Gottes gewesen. Nun lehrte Jesus, daß das wahre Volk Gottes sowohl weiter als auch enger als Israel gefaßt sein werde: Heiden werden einen Platz bei dem Festmahl bekommen, einige Juden hingegen nicht (Mt 8,11f; vgl. Mt 22,1-10). Johannes der Täufer hatte vor dem Irrtum gewarnt, daß Jude-Sein an sich schon eine Erlösungsgarantie sei (Mt 3,8-10), und Jesus nahm dieses Thema auf. In vielen Bildern und Anspielungen wird der Eindruck vermittelt, daß das wahre Israel nun auf Jesus selbst (s. o. 3.; ebenso IV.3.) und auf diejenigen, die seinen Bußruf annehmen, begrenzt ist. Diese Überzeugung – in der Erwählung von zwölf Jüngern zur Gründungsgemeinde symbolisch angezeigt (vgl. bes. Mt 19,28) und in der Aufrichtung eines »neuen Bundes« ausgedrückt (Lk 22,20 etc.) – macht verständlich, weshalb Jesus, der doch sein eigenes Wirken bewußt auf Israel beschränkte (Mt 10,5f; 15,24), seine Jünger nach seiner Auferstehung aussenden konnte, um aus allen Völkern Nachfolger zu berufen (Mt 28,19; Lk 24,47; Apg 1,8) und ein Gottesvolk zu bilden, das von allen Enden der Erde her zusammengeführt ist (Mk 13,27). (*Israel Gottes.)

9. Die Zukunft.

Jesus erwartete ein zukünftiges »Kommen des Reiches Gottes« (vgl. o.4.). Auf welche Weise und wann genau er es erwartete, ist jedoch nicht systematisch geklärt und steht verschiedenen Interpretationen offen. Von folgenden Stufen innerhalb dieses Vollendungsprozesses scheint Jesus jedoch deutlich gesprochen zu haben:

a. Jesus sagte mehrmals voraus, daß er nach seinem Leiden die Kraft und Regierungsgewalt des »Menschensohnes« von Dan 7,13f empfangen werde (s.o.7.). Für welche Zeit dieser ihn rechtfertigende Akt erwartet wurde, ist nicht immer deutlich, aber in Mt 28,18 – nach seiner Auferstehung – behauptet Jesus, diese Vorhersage sei schon erfüllt. Mk 14,62 scheint ebenfalls eine unmittelbar bevorstehende ihn rechtfertigende, Erhöhung in den Blick zu fassen, welche seine Richter selbst miterleben sollen.

b. Ein zukünftiges Ereignis, das Jesus klar und wiederholt vorhersagte, ist die Zerstörung Jerusalems und seines Tempels (Mk 13,2 und die folgende Rede; Lk 21,20ff; vgl. auch Mt 23,37-39; Lk 23,28-31). Sie wird als unvermeidliches Resultat der jüd. Ablehnung von Gottes letzter Einladung dargestellt (Lk 13,34f; 19,41-44; vgl. Mt 22,7), und sie wird über die jetzige Generation kommen (Mt 23,36; Mk 13,30). Es ist wahrscheinlich, daß einige von Jesu Worten über das »Kommen des Menschensohnes« (wieder in Aufnahme von Dan 7,13f) sich – zumindest teilweise – eher auf dieses Ereignis beziehen als auf sein zweites Kommen, zumal auch sie eine Erfüllung zu Zeiten der gegenwärtigen Generation im Blick haben (Mk 8,38-9,1; Mt 10,23; Mk 13,26.30). Dieser Gerichtsakt wäre dann eine weitere Manifestation seiner Rechtfertigung und Erhöhung. Es herrscht keine Übereinstimmung darüber, inwieweit sich die Ölbergrede auf die Zerstörung des Tempels bezieht, mit der sie anhebt, und inwieweit auf eine fernere Zukunft. Sicher aber nimmt das Schicksal Jerusalems einen hervorragenden Platz in Jesu Zukunftserwartungen ein und wird im Zusammenhang mit seinem eigenen Wirken gesehen.

c. Andererseits wird Dan 7,13f auch auf das letzte Gericht gedeutet (Mt 25,31-34; vgl. Mt 19,28). Dieser »Tag des Gerichts«, am umfassendsten in Mt 25,31ff gezeichnet, wird in Jesu Verkündigung häufig erwähnt und gilt sowohl Einzelpersonen als auch Gemeinschaften und Völkern (z.B. Mt 10,15.32f; 11,22-24; 12,36. 41f). Auch in diesem letzten Gericht spielt Jesus eine zentrale Rolle.

d. Jesus weissagte auch sein eigenes zweites Kommen bzw. seine *parousia* (der Begriff begegnet in den Evv. nur Mt 24,3.27.37.39), manchmal auch »Tag des Menschensohnes« genannt. Diese Parusie wird so unverkennbar und so weltweit sichtbar sein wie ein Blitz (Lk 17,24). Sie wird plötzlich und ganz unerwartet kommen (Mt 24,37-44; Lk 17,26-35) und erfordert ständige Bereitschaft (Mt 24,42-51; 25, 1-13). Ihr Zeitpunkt kann nicht vorausberechnet werden; sogar Jesus selber nahm nicht für sich in Anspruch, ihn zu kennen (Mk 13,32).

Diese vier Aspekte der Lehre Jesu von der Zukunft gehen ineinander über, so daß es nicht immer möglich ist zu sagen, welcher genau gemeint ist. Allg. jedoch repräsentiert a. einen konstanten Zustand seit der Auferstehung, bezieht sich b. auf ein spezielles, innerhalb einer Generation erwartetes zukünftiges Ereignis, und bilden c. und d. zwei Aspekte der letzten Erfüllung, wenn das Reich Gottes vollständig aufgerichtet wird; alle aber sind bezogen auf Jesu bleibende Stellung als erhöhter und inthronisierter »Menschensohn«. Exegetische Differenzen über die Zugehörigkeit spezieller Stellen sollten nicht diese durchgehende Grundstruktur in Jesu Sicht vom kommenden Reich Gottes verdunkeln dürfen. Ein solches Verständnis seiner Lehre gibt der Annahme keinen Raum, Jesus habe das Ende der Welt in sehr naher Zukunft erwartet; es bietet die Gewähr dafür, daß sein Aufruf zum ständigen Bereitsein für uns heute genauso bindend ist wie für jene, die ihn zuerst hörten, (*Eschatologie)

Literatur: O. Betz: Was wissen wir von Jesus, ^{2}1967; ders.: Probleme des Prozesses Jesu, in; ANRW II, 25, 1, 1981; ders.: Jesus der Messias Israels, WUNT 42, 1987; M. Black: An Aramaic Approach to the Gospels and Acts, ^{3}1967; J. Blinzler: Der Prozeß Jesu, ^{4}1969; F.F. Bruce: Zeitgeschichte des Neuen Testaments, 1986; G. Dalman: Jesus - Jeshua. Die drei Sprachen Jesu. (1922) 1967; A. Edersheim: The Life and Times of Jesus the Messiah, 2 Bde., 1883 (wichtig für den jüd. Hintergrund); R.T. France: The Man They Crucified: a Portrait of Jesus, 1975; ders.: Jesus and the Old Testament, 1971; W. Grimm: Die Verkündigung Jesu und Deutero Jesaja, 1981; M.Hengel: War Jesus Revolutionär?,1973; O. Hofius: Jesu Tischgemeinschaft mit den Sündern, 1967; J. Jeremias: Die Abendmahlsworte Jesu, ^{4}1967; ders.: Neutestamentliche Theologie I: Die Verkündigung Jesu, ^{2}1973; ders.: Die Gleichnisse Jesu, ^{9}1974; ders.: Abba. Studien zur neutestamentlichen Theologie und Zeitgeschichte, 1966; J. Klausner: Jesus of Nazareth, 1929 (eine jüdische Studie); I.H. Marshall: I believe in the historical Jesus, 1977; R. Riesner: Jesus als Lehrer, WUNT 2/7 ^{3}1987; E. Stauffer: Jesus war ganz anders, 1967; P. Stuhlmacher: Das Evangelium der Versöhnung in Christus, 1979.

R.T.F./ O.B.

JETER (»Über's Maß, Überfluß« -nach Koehler- oder Kurzform: »Er [Gott] ist reichlich gewesen, hat mit Überfluß gegeben« – so Noth).

1. Ältester Sohn *Gideons (Ri 8,20).
2. Sohn Jadas, ein Judäer, der kinderlos starb (1Chr 2,32).
3. Weiterer Judäer, Sohn *Esras (1Chr 4,17).
4. Mann aus dem Stamm Asser (1Chr 7,38), augenscheinlich identisch mit Jitram, dem Sohn Zofachs in V. 37.
5. Vater *Amasas, des Heerführers Absaloms (1Kön 2,5.32), ein Ismaeliter (1Chr 2,17). 2Sam 17,25 wird er als Israeliter bezeichnet, doch das ist wahrscheinlich ein Schreibfehler.

JIBLEAM. Kanaan. Stadt im nördl. Grenzland von *Manasse, deren Gebiet sich bis nach (nicht »in«) Issaschar erstreckte (Jos 17,11). Während der israelit. Besiedlung wurden die kanaan. Einwohner unterworfen, aber nicht vertrieben (Ri 1,27). J. ist wahrscheinlich mit der levitischen Stadt Bileam aus 1Chr 6,70 identisch. J. taucht in ägypt. Listen als *Ybr'm* auf. Heute befindet sich hier Chirbet Bil'ameh, ca. 16 km südöstl. von *Megiddo an der Straße nach *Bet-Schean (2Kön 9,27). K.A.K.

JISCHIJA. (Vielleicht: »Der Herr möge vergessen machen«).

1. Sohn Jisrachjas, Urenkel *Issaschars (1Chr 7,3).
2. Benjaminit, der sich David in Ziklag anschloß (1Chr 12,7).
3. Levit aus dem Geschlecht Kehats (1Chr 23,20; 24,25).
4. Sohn Rehabjas, Nachkomme Moses (1Chr 24,21; vgl. 23,17).
5. Nachkomme Harims; er trennte sich z.Zt. Esras von seiner heidnischen Frau (Esr 10,31).

JITRO. Moses Schwiegervater *Reguel (2Mo 2,18), der Priester in Midian, der in 2Mo 3,1; 4,18; 18,1-27 Jitro genannt wird. Er brachte *Zippora und ihre Söhne zum Berg Horeb, um dort Mose zu treffen. Zum Dank für die Erlösung Israels brachte J. ein Opfer für Jahwe dar (2Mo 18,1-12). Hier riet er Mose auch, die Rechtsprechung einem anderen zu übertragen, weil die Arbeitsbelastung für Mose zu groß geworden war (2Mo 18,13ff). Mose überredete J.s Sohn *Hobab beim Aufbruch vom Sinai, sich den Israeliten anzuschließen (4Mo 10,29). In Ri 1,16 und 4,11 wird »Hobab der Keniter« Moses *chotēn* genannt, vielleicht ein weitgefaßter Begriff für »Verwandter«. Der einzige Hinweis für J.s kenitische Abstammung wird uns in Ri 1,16 und 4,11 gegeben. Der Name J. dürfte »Überlegenheit« bedeuten. J.P.U.L.

JOAB. (»Jahwe ist Vater«).

1. Sohn der Zeruja, der Halbschwester *Davids, und Bruder *Abischais und *Asaëls (2Sam 2,18). Der Name seines Vaters, der in Bethlehem begraben war (2Sam 2,32), wird nicht genannt. Alle drei Brüder gehörten zu Davids Vertrauten. Zum ersten Mal wird J. erwähnt, als er mit seinen Brüdern Asaël und Abischai Davids Armee bei *Helkat-Hazzurim gegen *Isch-Boschets Rebellenverband unter *Abner zum Sieg führte (2Sam 2,12-17). Auf der Flucht tötete Abner J.s Bruder Asaël in Notwehr und wurde später selbst von J. heimtükkisch ermordet, scheinbar aus Blutrache (2Sam 2,23; 3,27.30), aber wahrscheinlich auch, weil Abners neuentdeckte Treue zu David ihn mit einem möglichen Rivalen im Ringen um die Gunst des Königs konfrontierte.

David war wegen dieses Mordes über seinen Neffen verärgert, er betrauerte Abner als »Fürsten und Großen« und prophezeite, daß Gott den Mörder strafen werde (2Sam 3,31-39). Zunächst aber wurde J. nach Einnahme der jebusitischen Burg Zion zum Hauptmann (Oberbefehlshaber) des Heeres Davids ernannt (2Sam 5,8; 1Chr 11,6.8).

J. erwies sich als geschickter Befehlshaber, der bei der Etablierung der Monarchie sehr hilfreich war, aber sein Charakter war zwiespältig. Abgesehen von seinen eigenen Gewalttätigkeiten und seinem Opportunismus, ist seine Grausamkeit z.B. daran erkennbar, wie schnell er Davids Mordplan im Blick auf *Uria umsetzte (2Sam 11,6-25). J. konnte jedoch auch großmütig sein, z.B. als er zeigte, daß er David die Einnahme von Rabba verdankte (2Sam 12,26-31). Bemerkenswert und überraschend ist die Tatsache, daß J. – allerdings vergeblich – versuchte, David von einer Volkszählung abzubringen (2Sam 24,2-4).

Bei einer anderen Gelegenheit spielte J. die Rolle des Friedensstifters und versöhnte David und Absalom (2Sam 14,23.31-33), aber später, als Absaloms Schuld offensichtlich war, half er, ihn zu töten (2Sam 18,14-33), trotz Davids ausdrücklichem Befehl, das Leben des jungen Mannes zu schonen. Danach setzte David *Amasa als Befehlshaber an J.s Stelle ein (2Sam 19,14), aber der findige J. warf Schebas Revolte nieder und ergriff die erste Gelegenheit, den neuen Befehlshaber zu ermorden, der sich als ungeeignet erwiesen hatte (2Sam 20,3-33). Danach scheint J. wieder für einige Zeit in der Gunst des Königs gestanden zu haben (2Sam 20,22; 24,2).

Am Ende der Herrschaft Davids schwankte J.s Treue zum König, und mit *Abjatar und anderen unterstützte er *Adonija, der den Thron für sich beanspruchte (1Kön 1,5-53). Er mißachtete damit Davids Beschluß, daß Salomo sein Nachfolger werden sollte (1Kön 2,28). Dieses eine Mal war J. auf der falschen Seite und bezahlte schließlich dafür – auf Anordnung Davids – mit dem Leben, als er – mit Salomos stillschweigender Duldung – von *Benaja vor dem Altar in *Gibeon ermordet wurde, wohin er zum Schutz geflohen war (1Kön 2,28-34).

2. Judäer, Sohn des Secharja (1Chr 4,14; vgl. Neh 11,35); J. war der Stammvater des Tals der Zimmerleute.
3. Eine Familie, die mit *Serubbabel aus dem Exil zurückkehrte (Esr 2,6; Neh 7,11). Wahrscheinlich ist der J. in Esr 8,9 die gleiche Person. J.D.D.

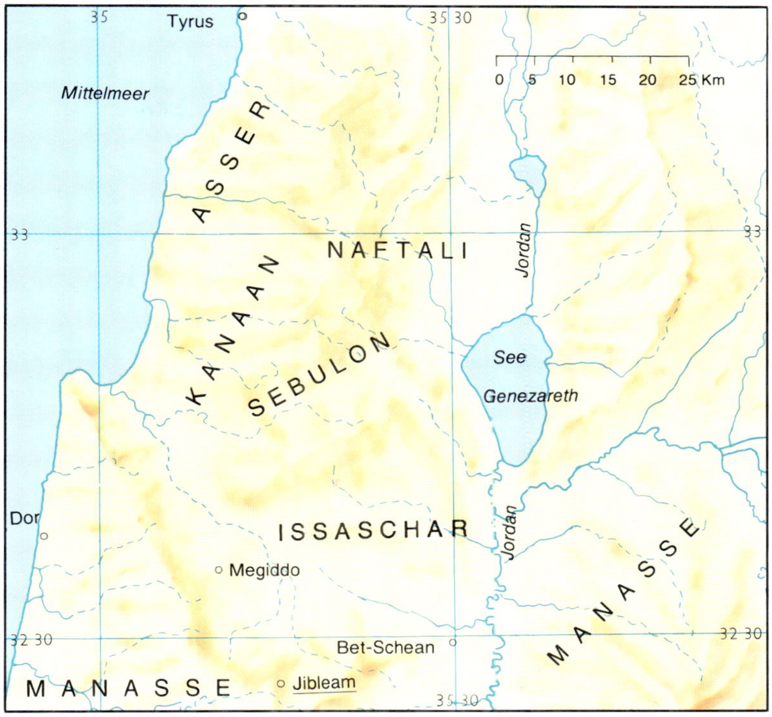

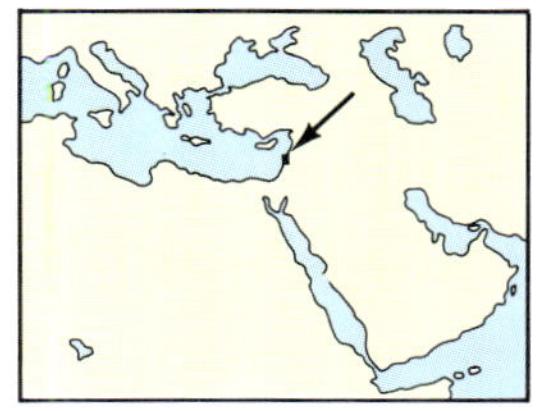

Jibleam im Gebiet Manasses (Chirbet Bel'ameh).

Die »Joasch«-Stele an der linken Seite des Altars. (BSAI)

JOACH. (»Der Herr ist Bruder«).
1. Sohn *Asafs, Kanzler des Königs *Hiskia (2Kön 18,18.26.37; Jes 36,3.22).
2. Levit, Sohn Simmas aus dem Geschlecht *Gerschoms (1Chr 6,6).
3. Sohn *Obed-Edoms, des Türhüters vor dem Heiligtum z.Zt. Davids (1Chr 26,4).
4. Sohn Simmas und Vater Edens, Levit z.Zt. König Hiskias (2Chr 29,12).
5. Der Sohn des *Joahas war Kanzler des Königs *Josia (2Chr 34,8).

JOAHAS. (»Jahwe hat ergriffen«).
1. Andere Namensform von *Ahasja, bei der der göttliche Name vorangestellt statt angehängt ist (s. *Ahasja). J. hieß einer der Söhne des Königs *Joram (ca. 840-841 v.Chr.; 2Chr 21,17; 25,23).
2. Sohn *Jehus; 11. König des Nordreiches Israel. J. behielt die Verehrung heidnischer Götter bei. Das bestrafte Jahwe mit wiederholtem Heranrücken der Syrer unter *Hasaël und dessen Sohn *Ben-Hadad (2Chr 13,2.3). Schließlich war J.' Heer so erschöpft, daß er Jahwe um Hilfe bat (2Kön 13,4; vgl. V. 22). Doch eine grundlegende Abkehr von den »Sünden Jerobeams« fand nicht statt (2Kön 13,6). J. wurde in Samaria begraben. Sein Sohn *Joasch folgte ihm auf den Thron (2Kön 13,9).
3. Sohn *Josias (1Chr 3,15), der nach dem Tod seines Vaters in Megiddo 18. König von Juda wurde (609 v.Chr.; 2Kön 23,30). Nach einer Regierungszeit von drei Monaten wurde er von Pharao *Necho in dessen Hauptquartier nach Ribla in Hamat verschleppt, dann nach Ägypten; dort starb er (2Kön 3,33.34). Jeremia nannte ihn *Schallum (Jer 22,11.12; vgl. 1Chr 3,15), ein Hinweis darauf, daß J. sein Herrschername war. D.W.B.

Dieser Keilschrifttext erwähnt »Joahas von Juda« als einen, der Tiglatpilesar III. von Assyrien Tribut leistet (2Kön 16,7f). Nimrud, um 734 v.Chr. (BM)

JOASCH. (»Jahwe hat gegeben«).
1. Vater *Gideons; Mitglied des Abiësriter-Zweiges im Stamm *Manasse, der in *Ofra lebte (Ri 6,11-32). J. betete *Baal und *Aschera an und hatte dafür seinen eigenen Altar, den Gideon auf Jahwes Geheiß zerstörte und durch einen Altar für Jahwe ersetzte (Ri 6,25-27). J. schützte seinen Sohn vor den Bewohnern von Ofra, indem er zu ihnen sagte: »Ist Baal Gott, so streite er für sich selbst, weil sein Altar niedergerissen ist.« Möglicherweise war es J., der Gideon in Jerubbaal umbenannte (Ri 6,32).
2. Benjaminitischer Krieger, der David unterstützte, obwohl er ein Verwandter Sauls war (1Chr 12,1-3).
3. »Sohn« König *Ahabs, zu dem der Prophet *Micha ins Gefängnis gebracht wurde, nachdem er Ahab durch eine ungünstige Prophezeiung verärgert hatte (1Kön 22,26; 2Chr 18,25f). Möglicherweise meint hier »Sohn des Königs« einen Beamtentitel und keinen Verwandtschaftsgrad.
4. Sohn *Ahasjas, achter König von Juda (ca. 837-800 v.Chr.). Als *Atalja, die Königinmutter, beim Tod ihres Sohnes *Ahasja die königliche Familie auslöschte, versteckte seine Tante Joscheba J. sechs Jahre lang unter dem Schutz ihres Mannes *Jojada, des Hohenpriesters (2Kön 11,1-6; 2Chr 22,10-12). Im Alter von sieben Jahren wurde er von Jojada zum König ausgerufen, Atalja wurde hingerichtet (2Kön 11,7-20; 2Chr 23,1-15).

J.s Regierungszeit dauerte 40 Jahre (2Kön 12,2), wobei Ataljas sechsjährige Herrschaft dazugerechnet worden sein mag. J. baute den Tempel mit Hilfe Jojadas wieder auf (2Kön 12,5-16; 2Chr 24,4-14), gestattete aber die erneute Ausübung heidnischer Praktiken nach Jojadas Tod (2Chr 24,17.18). Als er daraufhin von Secharja, dem Sohn Jojadas, gerügt wurde, ließ er zu, daß dieser vom Volk getötet wurde (2Chr 24,20-22). Um einer syr. Invasion unter *Hasaël zuvorzukommen, bestach er König Hasaël von Aram mit dem Tempelschatz (2Kön 12,18.19). J. wurde bei einem Umsturzversuch seiner Offiziere getötet (2Kön 12,21.22; 2Chr 24,25.26).
Sein Sohn Amazja folgte J. als König von Juda.
5. Sohn *Joahas'; 12. König von Israel, der ca. von 801-786 v.Chr. regierte (2Kön 13,10). Israel wurde während seiner Regierungszeit von drei Seiten her bedrängt. Eine Stele von Adad-Nirari III. von Rimah verzeichnet, daß ihm 796 v.Chr. Tribut von »Ju'usu von Samaria« gezollt wurde (S. Page, Iraq 30, 1968, S. 139ff, vgl. A. Malamat, BASOR 204, 1971, 37ff, was die Lesart des Namens betrifft). Die Aramäer unterdrückten Israel, aber J. konnte verlorengegangenes Gebiet wiedergewinnen (2Kön 13,22-25). J. wurde dabei von dem alternden Propheten *Elisa unterstützt (V. 14-19). J. gelang es, die *Edomiter im *Salztal zu schlagen und die Stadt *Sela einzunehmen. *Amazja, der König von Juda, forderte J. heraus und wurde von ihm besiegt. J. plünderte Jerusalem und nahm Geiseln mit (2Kön 14,8-14; 2Chr 25,17-24). D.W.B.

JOBAB.
1. Jüngster der dreizehn Söhne Joktans (1Mo 10,29; 1Chr 1,23).
2. König von Edom, Sohn Serachs von Bozra (1Mo 26,33.34; 1Chr 1,44.45).
3. Nordkanaan. König zu Madon, den Josua besiegte (Jos 11,1-15).
4. Benjaminit, Sohn Saharaims, ein Familienhaupt in Moab (1Chr 8,9).
5. Benjaminit, Sohn Elpaals, Familienhaupt in Jerusalem (1Chr 8,18).

JOCH. Als J. wird der Holzbalken oder Rahmen bezeichnet, mit dem zwei Tiere vor den Pflug oder Wagen zusammengespannt werden. Von daher kann J. auch das Gespann selbst, d.h. zwei Ochsen oder Rinder meinen (1Kön 19,19.21; Hiob 1,3; Jer 51,23; Lk 14,19). Das J. wird mit Stricken befestigt, durch Knoten, die zum Abschirren gelöst werden müssen (Jes 58,6). Das Gesetz verbietet, ungleiche Tiere z.B. ein Rind und ein Esel, in ein J. zu spannen (5Mo 22,10). Die Tagesleistung eines J.s Rinder beim Pflügen bildet das Flächenmaß des Ackers (1Sam 14,14; vgl. *Maße und Gewichte). Kühe, die zum Opfer dienen sollen, dürfen noch nie im J. gezogen (4Mo 19,2; 5Mo 21,3), d.h.

noch nicht den Menschen gedient haben (vgl. 1Sam 6,7).

Am häufigsten wird das J. als Bild der Herrschaft verwendet. Jeremia geht zum Zeichen der kommenden Herrschaft Babylons öffentlich mit einem J. auf dem Hals umher. Als der falsche Prophet *Hananja das hölzerne J. als Ankündigung der Befreiung zerbricht (vgl. 3Mo 26,13; Hes 30,18; Nah 1,13), läßt Gott ein eisernes J., eine umso härtere, übermächtige Herrschaft voraussagen (Jer 27; 28; vgl. 5Mo 28,48). Ein Volk erringt die Unabhängigkeit, wenn es das fremde J. gewaltsam vom Halse reißt (1Mo 27,40) oder wenn das J. von ihm genommen wird (Jes 14,25). Das drückt zugleich aus, daß die Befreiung nicht aus eigener Kraft geschieht. J. bedeutet aber nicht nur ungerechte oder fremde Herrschaft, die zu schwer und hart ist, um ertragen werden zu können (1Kön 12,4; Jes 47,6), sondern ebenso die gerechte und sanfte Herrschaft Gottes (Mt 11,29.30). Dieses J. hat Israel immer wieder zerbrochen, weil es den Götzendienst nicht lassen wollte (Jer 2,20; 5,5). Auch Paulus warnt die Gläubigen, nicht mit Andersartigen, nämlich Ungläubigen, im selben J. zu ziehen (2Kor 6,14). Die Arbeits- oder Lebensgemeinschaft mit Ungläubigen darf nicht zum J. werden, d.h. dahin führen, daß der Gläubige in seinem Handeln von den gottlosen Maßstäben des anderen abhängig wird. Mit dem Bild des J.s spielt Paulus hier wahrscheinlich auf 5Mo 22,10 an.

Das J. in der Jugend tragen, heißt: dem Herrn früh gehorchen lernen (Klgl 3,27). In Apg 15,10; Gal 5,1 ist mit J. die Herrschaft der Gesetzesvorschriften gemeint. Mit »Sklaven unter dem Joch« sind leibeigene Sklaven gemeint (1Tim 6,1).

JOCHEBED. (»Jahwe ist Ruhm«?). Mutter *Moses, *Aarons und *Mirjams (2Mo 6,20; 4Mo 26,59). Sie war eine Tochter *Levis und heiratete ihren Neffen *Amram. Nach der LXX-Fassung von 2Mo 6,20 waren sie Cousin und Cousine. J.G.G.N.

JOEL. (»Jahwe ist Gott«).

1. Sohn Petuëls, der Prophet; s. *Joel-Buch.
2. Levit, Vorfahr des Propheten *Samuel (1Chr 6,21; vgl. V. 18).
3. Erstgeborener Sohn des Propheten *Samuel, der sich als Richter zu Beerscheba als bestechlich erwies, ebenso wie sein Bruder Abija (1Sam 8,1-3). J. war der Vater des levitischen Sängers *Heman (1Chr 6,18; 15,17).
4. Vater Schemajas (1Chr 5,4).
5. Gaditer, der zu *Gilead in *Baschan wohnte (1Chr 5,12).
6. Sohn Jisrachjas, aus dem Geschlecht *Issaschar (1Chr 7,3).
7. Bruder eines Nathan, einer der Helden z.Zt. Davids (1Chr 11,38).
8. Oberster z.Zt. Davids aus der Sippe der gerschonitischen Leviten (1Chr 15,7), der wohl mit J., dem Sohn Ladans, identisch ist (1Chr 23,8). Dieser J. war einer der Aufseher über die Schätze des Hauses Gottes (1Chr 26,22).
9. Sohn Pedajas, Stammesfürst über Westmanasse z.Zt. Davids (1Chr 27,20).
10. Sohn Joschibjas, ein Simeoniter (1Chr 4,35).
11. Sohn *Asarjas, Levit z.Zt. *Hiskias (2Chr 29,12).
12. Israelit, der sich nach der Rückkehr aus dem Exil von seiner heidnischen Frau trennte (Esr 10,43).
13. Sohn Sichris, der nach der Rückkehr aus dem babylon. Exil in Jerusalem wohnte (Neh 11,9).

JOEL, BUCH.

I. INHALT UND AUFBAU.

Das Thema des Buches J. ist der Tag des Herrn und sein nahe bevorstehendes Kommen (1,15; 2,1.11; 3,4; 4,14). J. besteht aus zwei Hauptteilen. Kap. 1-2 haben die Gerichtsbedeutung des Tages des Herrn für Israel im Blick. Kap. 3-4 schauen in fernere Zeit (3,1: ». . .nach diesem. . .«) und lassen die Ereignisse aus Kap. 1-2 Vorbedeutung gewinnen für größere, endgültige Ereignisse. Außerdem stellt dieser zweite große Hauptabschnitt die Gerichtsbedeutung des Tages des Herrn für die Heidenvölker dar.

Am Ende beider Teile steht eine große Heilsverheißung für Israel mit der Verheißung der Gotteserkenntnis (2,27; 4,17).

Die Einleitung (1,1-4) bezieht sich auf die gesamte Prophetenschrift und ist dreigeteilt. V. 1 weist die Rede des Propheten Joel als Wort des Herrn aus, V. 2 und 3 rufen auf zum Hören und Weitererzählen der ungeheuerlichen Botschaft von noch nie Dagewesenem. V. 4 ist quasi das Motto für den Tag des Herrn: es gibt kein Entrinnen (vgl. Am 5,19). Am Anfang des mit V. 5 beginnenden ersten Abschnittes stehen zwei Unheilsworte (V. 5-7 und V. 8-9) mit einem Weckruf und dessen Begründung. Das erste Unheilswort betrifft die Verwüstung des Landes durch ein mächtiges Volk, womit

Der Text auf dieser Stele enthält den Namen des israelitischen Königs Joasch (Ja'asu), was belegt, daß Israel zusammen mit anderen Stadtstaaten König Adadnarari III. von Assyrien um 796 v.Chr. Tribut entrichtete. Aus dem assyrischen Tempel in Tell Rimah, NW-Irak. (BSAI)

Kahlfraß durch einen Heuschreckenschwarm (vgl. Joel 1,1-12). (S)

vordergründig zunächst ein Heuschrekkenheer gemeint ist. Das zweite Unheilswort trifft Israel in seiner Beziehung zu Gott: der Opferdienst im Tempel ist nicht mehr möglich. In V. 10-12 und V. 16-18 werden die Folgen der Katastrophe ausgemalt: Dürre und Hungersnot. Dazwischen steht V. 13-15, ein Fastenaufruf mit V. 15 als Höhepunkt, einem Weheruf aufgrund der Nähe des Tages des Herrn. Das Kap. gipfelt in einem Gebet des Propheten (V. 19f).

Kap. 2 ist wie ein zweiter Durchgang und gleichzeitig eine Steigerung von Kap. 1. Das mächtige Volk aus 1,6 wird in 2,1-11 wie ein kriegerisches Heer, das eine vernichtende Wirkung ausübt, gezeichnet; ähnlich wie Heuschrecken, ähnlich auch wie eine feindliche Armee, aber doch viel schlimmer. Himmel und Erde erbeben, Sonne und Mond verfinstern sich. Gott selbst ist es, der dieses Heer befehligt.

Der nun folgende Ruf zur Umkehr (V. 12-13) ist der Zielpunkt der ersten beiden Kapitel. Durch eine Bekehrung von ganzem Herzen wird vielleicht eine Wende eintreten (V. 14). Parallel zu Kap. 1 findet sich auch in Kap. 2 ein Aufruf zum Fasten (V. 15-17). Den ersten Abschluß bildet eine große Heilszusage (V. 18-27), in der die bisher beschriebene Not in ihr Gegenteil verkehrt wird. Dürre und Hunger werden zu Fruchtbarkeit und Überfluß.

In Kap. 3 wird die Ausgießung des Geistes, die im AT immer nur an einzelnen geschah, für alles Fleisch angekündigt; hier als weiteres Vorzeichen des Tages des Herrn.

Das letzte Kap. handelt von der endgültigen Wende am Tage des Herrn. Mit beißendem Sarkasmus werden die Heidenvölker aufgerufen zur Generalmobilmachung gegen Israel. Aber letztlich ist es der Herr selbst, der sie im Tal Joschafat (»Jahwe richtet«) zusammengebracht hat, um sie zu richten wegen des Unrechts, das sie an seinem Erbe Israel getan haben (s. *Joschafat, Tal).

Besonders erwähnt werden in einem Zwischenabschnitt (V. 4-8) *Tyrus, *Sidon und die *Philister mit ihren Untaten an Isrsaeliten.

Das Buch J. endet mit der Zusage von immerwährendem Heil für Juda und Jerusalem (V. 17-21). Eine Quelle wird im Tempel entspringen (vgl. Hes 47; Sach 14,8). Aber Ägypten und Edom wird Verwüstung angekündigt.

II. ABFASSUNGSZEIT.

Von Joel (»Jahwe ist Gott«) wissen wir nur seinen Namen und den seines Vater Petuël (1,1). Eine zeitliche Einordnung seines Auftretens wird uns nicht gegeben. Auch gewinnt man hierfür aus dem Inhalt des Buches keine eindeutigen Hinweise. Traditionell wurde J. zu den ältesten Schriftpropheten gezählt und in das 8.Jh.v.Chr. datiert. Die neueren Vorschläge differieren sehr stark zwischen dem 9.Jh.v.Chr. und dem 3.Jh.v.Chr. Eine schwache Mehrheit der Forscher findet sich bei der Datierung um 400 v.Chr. Die Gründe gegen eine Ansetzung Joels als Zeitgenossen von *Amos und *Hosea sind hauptsächlich folgende: Joel 3,2; 4,2, 4,17 setzen Exilierung und eine Besatzung Jerusalems voraus; Joels Abhängigkeit von älterer Prophetie, z.B. Jes 13; Jer 4-6; die Bedeutung von Ältesten und Priestern (1,2.13f; 2,16f); das Vorhandensein von Tempel und Stadtmauer (z.B. 2,7; 2,17); das tägliche Speis- und Trankopfer (z.B. 1,9); der Sprachgebrauch. Alle diese Argumente jedoch sind letztlich nicht zwingend und bedürfen einer erneuten Überprüfung.

Am schwerwiegendsten ist das erste Argument, Exilierung und Besatzung Jerusalems seien schon erlebte Tatsachen. Aber wir wissen nicht mehr, welche konkreten Ereignisse an den o.g. Stellen gemeint sein können. Außerdem stößt man in Prophetenschriften immer wieder auf das Phänomen, daß noch zukünftige Begebenheiten wie schon geschehen erscheinen (vgl. z.B. Am 9,14). Auch sind die angeblichen Bezugnahmen auf andere Propheten umgekehrt denkbar. Die weiter angeführten Beobachtungen können alle auch für das 8.Jh.v.Chr. zutreffen. Das Sprachargument schließlich steht ebenfalls auf schwachen Füßen, denn es betrifft nur zwei sog. Aramaismen, und gerade dieses sprachliche Problem ist z.Zt. wieder offen. Des weiteren kann bei allen nachexilischen Datierungsversuchen nicht befriedigend erklärt werden, wer der »Nördliche« (2,20) sein soll. Auch ist schwer verstehbar, warum J. nur die älteren Feinde Israels nennt, die Philister (vgl. Am 1,6), Tyrus (vgl. Am 1,9), Sidon, Ägypten und Edom (vgl. Am 1,11). So kann man es weiterhin für denkbar halten, daß der Prophet im 8. Jh.v.Chr. auftrat, vielleicht um 750 v.Chr., dem Jahr des Regierungsantritts von Tiglatpilesar III., dem großen Assyrerkönig, der sein Reich zur Weltmacht ausbaute. Bereits 740 v.Chr. besetzte er den Nordteil Syriens, 733 v.Chr. eroberte er fast ganz Israel und deportierte die Oberschicht des Landes. So wäre die tödliche Bedrohung, der glimpfliche Ausgang und die Verschonung Judas und Jerusalems eine erste Erfüllung von Joels Prophetie.

III. BOTSCHAFT.

So wenig umfangreich das Buch J. auch ist, so unglaublich inhaltsreich ist es doch. Ein Bogen der Geschichte Gottes mit seinem Erbe Israel und mit der Völkerwelt spannt sich von der Zeit der Propheten bis ins Eschaton.

Das Gericht Gottes beginnt bei seinem eigenen Volk. Die Mittel des Gerichtes erscheinen als böse Mächte, als Empörer gegen Gott, sind aber gleichzeitig seine Werkzeuge (2,11). Auch der große Feind, der sich mit seinem Großtun (2,20) hervortut und der mit seiner Vermessenheit als Typos für Satan verstanden werden kann, ist in Gottes Hand. Der Wendepunkt für das Gottesvolk ist die Buße, die Umkehr zum Herrn von ganzem Herzen; rituelle Frömmigkeit allein wird von Gott abgelehnt (2,12f; vgl. Am 5,21ff).

Die Perspektive und das Ziel aller Heimsuchungen ist das Heil, das Erkenntnis und Lob Gottes beinhaltet (2,26f; 4,17; vgl. 1Kor 13,12). Wie die atl. Prophetie überhaupt, so sieht auch die Prophetie Joels die Unglücksfälle wie Heuschreckenplage, Hunger, Krieg nicht als nebeneinanderstehende Einzelereignisse, sondern als Vorboten, mehr noch, Präfigurationen des einen, letzten, großen Gerichts. Gott antwortet durch sie auf die Gottlosigkeit der Menschen; auch die Kreatur ist in Mitleidenschaft gezogen (1,18.20; 2,22; vgl. auch Röm 8,22).

Schon mehrfach hat sich in der Geschichte die Prophetie Joels erfüllt, aber der eine letzte »Tag der Abrechnung« steht noch aus (vgl. z.B. Mk 13,24-37). Die bisherigen Katastrophen sind deshalb aber nicht nur Chiffre oder Modell hierfür, sondern sie sind Geburtswehen des jüngsten Gerichts (vgl. Mt 24,3-14). Darum nennt Joel diese auch zeitlich getrennten Geschehnisse den »Tag des Herrn«, der nahe bevorsteht (1,15; 2,1; 4,14).

Die prophetische Sprache ist sehr bildreich und verbietet von vorneherein ein Verständnis auf nur einer Ebene. So läßt z.B. die Beschreibung der Raupen, der Heuschrecken, der Käfer und des Geschmeisses in 1,4 ahnen, daß auch noch anderes gemeint sein kann, ebenso wie »Weinstock« und »Feigenbaum« in 1,7 nicht nur die Pflanze, sondern Gottes Volk meinen.

Joel 3 wird im Neuen Testament von Petrus in der Pfingstpredigt aufgegriffen (Apg 2,16-21), die Ausgießung des Geistes ist der Beginn des letzten Aktes der Weltgeschichte. 3,5, die Errettung durch Anrufen des Namens des Herrn, wird auch in Röm 10,13 aufgenommen.

Die Völker werden am Tag der Abrechnung gerichtet. Der Maßstab ist dabei ihr Verhältnis zum Volk Gottes und damit zu Gott selbst (4,2; vgl. Mt 25,31-46).

Zusammengefaßt lauten die Grundaussagen des Buches J.:

1. Gott lenkt die Weltgeschichte und führt sie an sein Ziel. Diese Linie läßt sich durch die ganze Bibel ziehen bis hin zur Offenbarung des Johannes
2. Joel zeigt Gott als den Gott des Gerichts und der Gnade, als den zornigen und den gnädigen Gott.
3. Im Mittelpunkt steht der Ruf zur Umkehr.
4. Das Ziel Gottes ist Rettung und Heil für alle, die den Namen des Herrn anrufen. Von Joel 3,5 führt ein Weg zu Apg 4,12, zu dem Heil allein durch den Namen Jesu Christi.

Literatur: H. Brandenburg: Die kleinen Propheten I, ^{3}1982; H. Frey: Das Buch der Kirche in der Weltwende, ^{6}1977; W. Rudolph: Joel-Amos-Obadja-Jona, KAT XIII 2, 1971; H.W. Wolff: Dodekapropheton 2, Joel, Amos, BKAT XIV,2, ^{3}1985; G.W. Ahlström: Joel and the Temple Cult of Jerusalem, VT. S XXI, 1971; W.S. Prinsloo: The Theology of the Book of Joel, BZAW, 163, 1985; J. Jeremias: TRE XVII, 1987, 91–97. U.W.

JOHANAN. (»Jahwe ist gnädig/barmherzig«).
1. Ein Sohn Kareachs, ein jüd. Hauptmann, der *Gedalja bei seiner Berufung zum Statthalter nach dem Fall Jerusalems unterstützte (2Kön 25,23; Jer 40,8), erbot sich, Jismael, der Gedaljas Ermordnung plante, zu töten (Jer 40,13-16). Das Angebot wurde zurückgewiesen, die Warnung ignoriert, und Jismael konnte seinen Mordplan ausführen. J. verfolgte ihn, rettete die Menschen, die Jismael gefangen genommen hatte (Jer 41,11-16), und brachte sie – gegen den Rat Jeremias, der sich den Flüchtenden anschloß - nach Ägypten (Jer 43,1-7), wo er sie vor der zu erwartenden Rache der Babylonier, die Gedalja eingesetzt hatten, sicher glaubte.
2. Ältester Sohn *Josias, des Königs von Juda (1Chr 3,15).
3. Sohn Eljoënais (1Chr 3,24), ein Nachkomme Serubbabels.
4. Levit, Enkel des Ahimaaz (1Chr 5,35).
5. Benjaminit, der sich David in Ziklag anschloß (1Chr 12,4).
6. Ephraimit, Vater des *Asarja (2Chr 28,12, im Hebr. heißt er »Jehohanan«).
7. Sohn Katans, Rückkehrer aus der babylon. Gefangenschaft z.Zt. des Artaxerxes (Esr 8,12).
8. Hoherpriester z.Zt. *Jojakims, Sohn Eljaschibs (Neh 12,22.23).
9. Gaditer, der zu David überlief (1Chr 12,13).
10. Torhüter aus dem Geschlecht Korachs, Sohn Meschelemjas (1Chr 26,3).
11. Judäer; einflußreicher Mitarbeiter König *Joschafats (2Chr 17,15).
12. Israelit, der nach der Rückkehr aus Babylon eine heidnische Frau geheiratet hatte (Esr 10,28).
13. Sohn Eljaschibs, der z.Zt. Esras im Tempel eine Kammer besaß (Esr 10,6).
14. Sohn Tobijas, des Gegners Nehemias (Neh 6,18.19).
15. Priester, Oberster des Geschlechts von Amarja (Neh 12,13).
16. Sohn Resas, Enkel *Serubbabels; Vorfahr Jesu (Lk 3,27). J.D.D.

JOHANNES. (Griech. Form des hebr. *Jōchānān* »Jahwe ist gnädig/barmherzig«).
1. Der Vater des Simon Petrus. Die Ü nennt ihn manchmal Jona (Mt 16,17); in Joh 1,42; 21,15-17 haben die guten Hss. Johannes.
2. Mitglied eines Hohenpriestergeschlechts z.Zt. der Apostel (Apg 4,6).
3. J. Markus s. *Markus.
4. s. *Johannes der Apostel.
5. s. *Johannes der Täufer.

JOHANNES, APOSTEL. Unsere Informationen über J. stammen aus dem NT und den Schriften der Kirchenväter. Seine Bedeutung für die christl. Theologie ist sehr hoch einzuschätzen, wenngleich mit seiner Person manche noch offenen Fragestellungen verbunden sind.

Johannes (»Jehohanan«), ein jüdischer Name, als Inschrift auf einem in Jerusalem gefundenen Ossuarium aus der Zeit zwischen 40 v.Chr. bis 135 n.Chr. (JPK)

I. IM NEUEN TESTAMENT.
1. In den Evv. begegnet uns J., der vermutlich ein Sohn des *Zebedäus und der jüngere Bruder des *Jakobus war, als einer der *Jünger Jesu (Mt 4,21f par.; Mt 10,2 par.), dessen Berufung besonders berichtet wird. Sein Vater betrieb ein Fischereiunternehmen am See *Genezareth, vermutlich bei *Kapernaum. Die beiden Brüder erhielten (wegen ihres stürmischen Temperaments?) von Jesus den Beinamen *»Boanerges« (»Söhne des Donners« Mk 3,17). Sie waren es, die ein samaritanisches Dorf vernichten wollten, weil es Jesus die Aufnahme verweigert hatte (Lk 9,54). Womöglich meinten sie, eine besondere Stellung innerhalb des Zwölferkreises innezuhaben, weswegen sie von Jesus besondere Auszeichnung erwarteten (Mt 20,20ff; Mk 10,37). Auch ihre Mutter gehörte zum Kreis um Jesus.
Daß Jesus den Apostel J. wertschätzte, zeigt die Tatsache, daß er zum engsten Kreis um ihn zählte. Mehrmals wird berichtet, J. habe mit *Petrus und seinem Bruder *Jakobus zusammen wichtige Erlebnisse mit seinem Herrn geteilt: die Erweckung der Tochter des *Jairus (Mk 5,37), die *Verklärung Jesu (Mt 17,1ff) und den Gebetskampf Jesu im Garten *Gethsemane (Mt 26,37). Zusammen mit Petrus sandte ihn Jesus zur Vorbereitung des letzten *Passamahls aus (Lk 22,8). Im *JohEv. wird J. namentlich nicht erwähnt (vgl. aber Joh 21,2!). Zusammen mit den Frauen und Petrus gehörte J. aber zu den ersten Auferstehungszeugen, wenn er mit dem »Lieblingsjünger« Jesu zu identifizieren ist.
2. Damit ist als Hauptproblem der Johannesforschung bereits die Frage nach seiner Identifizierung genannt. Ist der Apostel J. identisch mit dem Verfasser des JohEv., der *Johannesbriefe und der *Offenbarung des Johannes oder wenigstens eines Teils dieser Schriften? War er jener namenlose Jünger des Täufers Johannes von Joh 1,35ff? Die einzigen Hinweise im NT sind: a. der »Lieblingsjünger« Jesu (Joh 13,23; 19,26), der – wenn nicht ein völlig Unbekannter – nur der *Zebedaide sein kann; b. die Hinweise auf Augenzeugenschaft in Evangelium und Briefen. Völlige Sicherheit ist hier nicht zu erzielen.
Unklar sind auch die familiären Zusammenhänge. Man hat vermutet, daß *Salome die Mutter des J. war (aufgrund von Mt 27,56 und Mk 16,1 sowie Joh 19,25 und Mk 15,40). Sie wäre dann eine Schwester der Mutter Jesu und die Zebedaiden folglich Jesu Vettern. Auch hier bleiben letzte Fragezeichen.
3. Auch in der Urchristenheit, von der die *Apostelgeschichte berichtet, spielte J. eine Rolle. Eng verbunden mit Petrus stand er im Brennpunkt der Auseinandersetzung mit dem *Judentum Jerusalems. Mutig in Wort und Tat (Apg 4), dürften diese beiden wohl als die Hauptvertreter der christl. Gemeinde gegolten haben. Die einfachen Fischer vom See Genezareth im halbheidnischen *Galiläa verblüfften die Jerusalemer Autoritäten durch ihr vollmächtiges Auftreten (Apg 4,13). Später wurde J. von der Urgemeinde mit Visitationsauftrag in die von *Philippus neugegründete Gemeinde der Samaritaner geschickt (Apg 8,14). Im Auftrag der anderen Apostel legten er und Petrus den Samaritanern, die durch *Philippus bekehrt worden waren, die Hände auf, so daß sie den Heiligen Geist empfingen (Apg 8,14ff). Noch um die Mitte der 40er Jahre galt J. als eine »Säule« der Urgemeinde (Gal 2,9).
4. Wenn J. der Verfasser der Briefe und der Offenbarung ist, worauf auch Apg 4,13 zu weisen scheint, dann wäre er in der 2. Hälfte des 1. Jh. mit seelsorgerlichen und gemeindeleitenden Aufgaben betraut gewesen. Vermutlich hat es ihn nach Kleinasien verschlagen, von wo aus er auf die Insel *Patmos verbannt wurde (Offb 1,9).

II. BEI DEN KIRCHENVÄTERN.
Mehr Informationen über den Apostel J. bieten die Schriften der Kirchenväter. Ein frühes Märtyrerschicksal, von dem ein (unzuverlässiger) Zweig der Kirchenväter berichtet, dürfte angesichts des Fehlens konkreter Hinweise und des Vorhandenseins einer anderslautenden Meinung im NT kaum anzunehmen sein. Bei Georgios Hamartolos, einem

Chronisten aus dem 9.Jh. und in der »Christlichen Geschichte« des Philippus von Side (um 430 n.Chr.), von der ein wichtiges Fragment 1889 durch C. de Boor entdeckt wurde, findet sich eine Nachricht über Papias, der um 115 n.Chr. Bischof von *Hierapolis in Kleinasien war. Darin wird behauptet, Papias sage im zweiten Buch seiner »Auslegungen der Herrenworte«, daß beide Söhne des Zebedäus in Erfüllung der Weissagung Jesu (Mk 10,39) von Juden ermordet wurden. Eine gewisse Unterstützung scheint Philippus von Side durch eine um 375 n.Chr. geschriebene syr. Märtyrerliste zu bekommen, in der zum 27. Dezember eingetragen ist: »Johannes und Jakobus, die Apostel, in Jerusalem«. In einem Heiligenkalender von Karthago aus dem Jahr 505 lautet der Eintrag am selben Tag »Johannes der Täufer und der Apostel Jakobus, den Herodes tötete«. Da der Täufer in diesem Kalender bereits am 24. Juni genannt wird, hat man angenommen, daß der Eintrag vom 27. Dezember ursprünglich ebenso wie in der syr. Märtyrerliste dem Apostel Johannes galt. Es ist jedoch sehr zweifelhaft, ob das syr. Martyrologium eine von der griech. sprechenden Kirche unabhängige alte Überlieferung bewahrt hat. Immerhin überliefert noch das vermutlich recht späte JohEv. ein Herrenwort, das auf ein langes Leben des Johannes schließen läßt (Joh 21,22). Auch der gemeinsame Tag der beiden Apostel Jakobus und J. in alten Märtyrerkalendern beweist nicht, daß beide zugleich gestorben sind. Ebenso bedeutet das Wort vom Trinken des Kelches Christi und vom Getauftwerden mit der Taufe Christi nicht notwendigerweise, daß beiden ein gewaltsames Ende bestimmt war.

Dagegen weiß ein breiter, zeitlich weit zurückgehender und vermutlich auf zuverlässigeren Quellen beruhender Strang der altkirchlichen Literatur davon zu berichten, daß J. später (seit wann?) in *Ephesus gewirkt habe (so etwa Irenäus, Polykrates, die Monarchianerprologe, Hieronymus u.a.). Dort stand er in Auseinandersetzungen mit dem Irrlehrer Kerinth. Die Verbannung nach *Patmos dürfte unter Kaiser *Domitian (81-96 n.Chr.) gewesen sein. Nach Georgius Monachus wurde J. von dessen Nachfolger *Nerva von der Insel zurückgerufen und in Ephesus angesiedelt. Nach Irenäus lebte J. bis zur Regierungszeit Kaiser *Trajans (98-117 n.Chr.). Bischof Polykrates von Ephesus (um 190 n.Chr.) fügt hinzu, daß J. in Ephesus entschlief, nachdem er Zeuge (griech. *martys*) und Lehrer gewesen sei (Eus. h. e. III,31,3). Papias von Hierapolis hatte J. noch selbst gehört.

Hieronymus wiederholt die Überlieferung, daß J. bis ins hohe Alter in Ephesus lebte, und berichtet darüber hinaus, daß er, als er zu den Versammlungen getragen werden mußte, ständig wiederholte: »Kinder, liebet einander.« Das einzige Zeugnis, das gegen die Überlieferung vom Aufenthalt des Apostels J. in Ephesus sprechen könnte, ist negativer Art. Demnach sei es auffällig in der uns erhaltenen Literatur aus dem Kleinasien der ersten Hälfte des 2.Jh., vor allem in den Ignatiusbriefen und im Polykarpbrief (*Apostolische Väter), daß J. nicht an einer einzigen Stelle erwähnt wird, wenn er wirklich, wie die Schriftsteller am Ende des 2.Jh. behaupten, sich lange Zeit in Ephesus aufgehalten und großen Einfluß ausgeübt hat. Aber auch wenn das Fehlen von Hinweisen auf J. auffällig ist, kann es doch lediglich ein Zeichen dafür sein, daß »sein Ansehen und sein Einfluß am Anfang und am Ende des Jahrhunderts unterschiedlich waren« (so V.H. Stanton: The Gospels as Historical Documents, I, S. 236). Auf jeden Fall reicht der Einwand nicht aus, um die später so fest verankerte Überlieferung zu erschüttern. Westcott kam zu dem Resultat, daß »nichts in der frühen Kirchengeschichte besser bezeugt sei als der Aufenthalt und die Arbeit von Johannes in Ephesus«. Zwar schrieb Westcott dies, bevor die Zeugnisse für einen frühen Märtyrertod des Johannes gesammelt wurden, aber diese Zeugnisse sind – wie wir gesehen haben – nicht ausreichend und verläßlich genug, um die bestimmten Aussagen des Mannes zu widerlegen, der das Bischofsamt in Ephesus Ende jenes Jahrhunderts bekleidete (Polykrates).

Literatur: Eusebius von Caesarea: Kirchengeschichte, hrsg. und eingeleitet von H. Kraft, [2]1981; F.F. Bruce: Die Glaubwürdigkeit der Schriften des Neuen Testaments, [2]1984; O. Cullmann: Der johanneische Kreis, 1975; Th. Zahn: Forschungen zur Geschichte des neutestamentlichen Kanons und der altkirchlichen Literatur, VI, 1900.

H.W.N.

JOHANNES, TÄUFER.
Als Sohn eines schon bejahrten Paares, des Priesters *Zacharias und seiner Gattin *Elisabeth, wurde J. ca. 7 v.Chr. in einer Stadt in Juda, wohl in *Kerem, (Lk 1,39) geboren. Die Zeit vor seiner öffentlichen Wirksamkeit verbrachte J. in der *Wüste (Lk 1,80). Dort erging ca. 27 n.Chr. der Ruf an ihn, als *Prophet zu wirken (Lk 3,2). Der Täufer ist ca. 34 Jahre alt, als er aus der Verborgenheit hervortritt (Mt 3,1) und als Prediger in der Wüste *Judäa beginnt. Aus den verschiedenen bibl. Angaben ergibt sich, daß hier das Land am unteren *Jordan gemeint ist, vermutlich in der Nähe der Stelle, wo die Straße von Jerusalem ins Ostjordanland in einer Furt den Jordan querte (vgl. zur Lokalisierung aber auch *Betanien II; Joh 1,28).

Z.Zt. Jesu erwarteten viele Juden den Anbruch der Heilszeit von Geschehnissen in der Wüste, vermutlich auch die *Essener und Einsiedler, die sich dort niederließen. Nach Hos 2,16 führt Gott *Israel zu einer neuen Heilszeit noch einmal in die Wüste (vgl. Jer 2,2f). In der Wüste geschahen viele Wunder der Mosezeit. Auch Jes 40,3 kündigt einen Heilsweg durch die Wüste an. *David erfuhr Gottes Hilfe in der Wüste Judäa. Dort erfochten die *Makkabäer im 2. Jh.v.Chr. ihre Siege. Die Wüste Judäa am unteren Jordan hat noch eine besondere Bedeutung. Hier ist nach 2Kön 2,6ff *Elia zum Himmel gefahren. Tritt J. gerade hier auf, so zeigt er damit, daß er Elias Werk fortsetzt und der verheißene Elia von Mal 3,23 ist.

In seiner äußeren Erscheinung repräsentierte J. prophetische Einfachheit. Nach Mt 3,4 trug er ein Gewand aus Kamelhaaren (härene Kleidung ist die Kleidung der Büßenden und Armen) und einen ledernen Gürtel um seine Hüften (wie Elia nach 2Kön 1,8). Auch seine Nahrung war von einer Art, daß er kein Geld brauchte, um sie zu erwerben: Heuschrecken und wilder Honig.

J. kam nicht zu den Menschen, sondern die Menschen »gingen zu ihm hinaus« (Mt 3,5). Die Aufzählung »*Jerusalem« – »ganz Judäa« - »die ganze Jordangegend« (in Mt 3,5) macht das breite Echo deutlich, das J. fand. Es zeigt aber auch etwas von der Stärke und Sehnsucht jüd. Messiaserwartung.

Was erwarteten die Menschen vom Täufer? Sie erlebten J. als Prediger und konnten von ihm getauft werden, wobei sie ihre *Sünden bekannten. Von der Predigttätigkeit J.' berichtet neben den vier Evangelisten auch der jüd. Schriftsteller *Josephus (ant.Jud. XVIII 116-119). Mt 3,2 faßt die Johannespredigt zusammen: »Tut Buße! Denn die Gottesherrschaft ist nahe herbeigekommen.« »Bekehrt euch!« ist der Ruf der Propheten, seit Israel auf Abwegen ging (z.B. Jer 3,6-14; Hes 33,11f; Hos 14,2; Joel 2,12f; Jona 3,8; Mal 3,24). Für die Hinkehr zu Gott und die Abkehr vom Weg der Sünde hat aber J. eine neue Begründung: »die Gottesherrschaft/das Himmelreich ist nahe herbeigekommen«. Umkehr ist notwendig, weil der, der an Gottes *Reich teilhaben will, rein sein muß. Somit ist die Täuferbotschaft beides: Frohbotschaft und Gerichtsaussage. (Genauso lautet Jesu Botschaft nach Mt 4,17). J. redet jedoch nicht von der Vertreibung der Römer. Er sagt auch nichts über die Verwandlung sozialer Strukturen oder die Entfernung der *Herodianer. Er stellt nur eines heraus: die Sünde muß entfernt werden.

Wer dazu bereit war, seine Sünde zu bekennen, konnte durch J. getauft werden (Mt 3,6). Was der Täufer tat, war in der Geschichte Israels vorbereitet. So besaß das Sündenbekenntnis in Israel eine lange Tradition (vgl. 2Mo 32,30ff; 3Mo 4-5; Dan 9,4ff; Ps 32; 51). Die Priester wuschen sich vor ihrem heiligen Dienst (vgl. 2Mo 29,4; 30,17ff; 40,30f; 3Mo 8,6; 16,4). Wenn ein Heide sich bekehrte, wurde er untergetaucht. Strikten Vorschriften unterlagen die Reinigungsbäder, die die Essener mehrfach am Tag nahmen. Doch J. ist, soweit uns bekannt ist, in der Geschichte Israels der erste, der andere zur Taufe untertauchte. Früher mußte man sich selbst untertauchen, um rein zu werden (2Kön 5,10ff). Auch die Essener vollzogen die Reinigungsbäder an sich selbst (1QS III,9; CD X,11; Jos.bell.Jud. II, 128.145-50); auch mußten sie ihre Waschungen wiederholen, während die Taufe des Johannes einmalig war.

Nach Mt 3,7 (s.a. Mk 1,5; Lk 3,7) kamen »viele« von den *Pharisäern und *Sadduzäern »zur Taufe«. Überraschenderweise wird in den bibl. Berichten nicht von Essenern berichtet, die sich taufen ließen, obwohl diese sehr nahe bei den Taufstellen lebten. Vermutlich haben sie infolge ihrer Lehre von der Vorherbestimmung (vgl. v.a. 1QH XV, 12-20) nicht daran geglaubt, daß das ganze Volk zu Gott umkehren könne. Auch hierin unterscheidet sich J. von dieser jüd. Gruppe. Außerdem zogen die Essener die Menschen aus der Welt heraus, in klosterartige *Gemeinschaften hinein, anstatt sie wie J. und Jesus zur Bewährung in die Welt hineinzusenden (vgl. Mk 3,14; Lk 3.8-14). Aber auch von Sadduzäern und Pharisäern grenzt sich J. ab. Durch die Anrede »Schlangenbrut« (Mt 3,7) werden die pharisäischen und sadduzäischen Führer als Verführer und Sünder gebrandmarkt, für die es nur den Weg der Umkehr gibt. Zu einer echten Umkehr gehört jedoch die ihr entsprechende Frucht. Nicht die äußere Zugehörigkeit, nicht die Tradition entscheidet über das Verhältnis zu Gott, sondern die vollzogene Umkehr (Mt 3,8-10).

Die *Taufe des J. geschieht mit Wasser. Sie besteht in einer handgreiflichen *Reinigung, die zugleich die innere Reinigung symbolisiert, so daß Israel bereit wird, den kommenden Herrn zu empfangen. Doch eines konnte J. nicht: neues Leben von Gott vermitteln. Hierin unterscheidet sich seine Taufe von der durch Jesus bewirkten Taufe »mit dem heiligen Geist und mit Feuer« (Mt 3,11; vgl. Joh 1,33). Auf diesen *Messias zielen Taufe und Predigt J.', auf den Messias, der sowohl den Geretteten das Reich verschafft als auch Gericht hält.

Unter denen, die zu J. kamen, um sich taufen zu lassen, war Jesus. Jeder Bericht über Jesu Wirken beginnt bei dessen Begegnung mit J. (s. Mt 3,1ff; Mk 1,2ff; Lk 3,21-23; Joh 1,6ff; auch Simon *Petrus, Apg 10,37ff; *Paulus, Apg 13,23ff). Der Taufe Jesu ging ein Gespräch zwischen beiden voraus (von dem nur Mt 3,14f berichtet). J. hielt Jesus entgegen, daß die Taufe Jesu durch ihn gegen das Gottesrecht verstoße: »Ich habe es nötig, von dir getauft zu werden.« Damit drückt der Täufer aus, daß Jesus näher bei Gott steht als er, Jesus der Messias ist, dessen Ankunft J. verkündet hat: »Der, der nach mir kommt, ist vor mir gewesen, denn er war eher als ich«. In allen vier Evv. wird diese Verkündigung J.' weitergegeben (Mt 3,11; Mk 1,7; Lk 3,16; Joh 1,27.30. J. beugte sich unter Gottes Willen und taufte Jesus. Nach Joh 1,32 konnte er dabei auch einen Blick über die irdische Welt hinaus tun, als

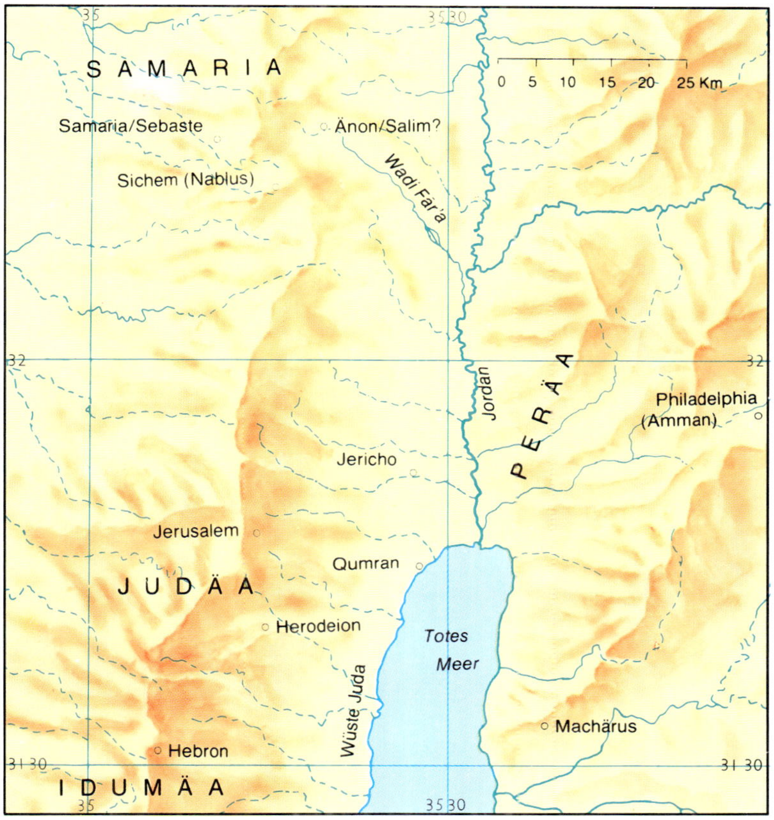

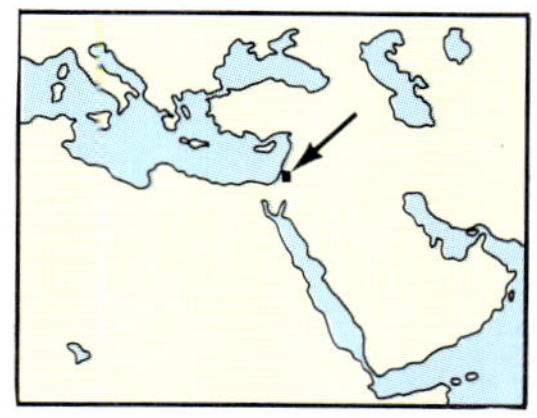

Das Gebiet, in dem Johannes der Täufer wirkte.

»sich...der Himmel auftat« (Mt 3,16).

Die Evv. bezeugen den Beginn der öffentlichen Wirksamkeit Jesu nach seiner Taufe durch J. Manches deutet darauf hin, daß die Zeit des gleichzeitigen Wirkens Jesu und J.' kurz war. Jesus scheint nach Lk 4,1.14 bald nach *Galiläa gezogen zu sein.

J.' Tätigkeit beschränkte sich nicht auf das Jordantal. Nach Joh 3,23 wirkte er in der Zeit nach der Taufe Jesu jordanaufwärts in *Änon, »weil dort viel Wasser war«. Vielleicht gab es noch einen anderen Grund für den Ortswechsel; einiges spricht für die Vermutung, daß J. *Herodes Antipas ausweichen wollte. Nach seinem Aufenthalt in Änon muß J. dennoch in das Territorium des *Herodes Antipas, wahrscheinlich nach *Peräa, zurückgekehrt sein. Hier erregte er bei dem Herrscher den Verdacht, der Führer einer Massenbewegung mit unbekannten Zielen zu sein (Jos. ant.Jud. XVIII, 116-17; vgl. Mt 14,5). J. widersprach vom AT her der Scheidung und dem Ehebruch des Herodes Antipas und der *Herodias. Dadurch zog er die Feindschaft des Paares, besonders den Haß der Frau, auf sich. Schließlich wurde J. in der peräischen Festung von *Machärus gefangengesetzt. Seine Lage im Gefängnis war dazu angetan, ihn in Zweifel zu stürzen. Denn die »Werke des Christus« waren insgesamt andere als er wohl selbst erwartet hatte. Er sprach (Mt 3,10.12) von der »Axt« an der Wurzel, von der »Worfschaufel« des Kommenden und vom Gericht dieses Messias über die »Spreu«. Aber Jesus übte unbegreifliches Erbarmen, ging in Niedrigkeit durch Galiläa, predigte und warb in Israel und bereitete seine Jünger nicht auf Triumph, sondern auf Haß, Fluch, Beschimpfung, Leiden und Martyrium vor. Mit seinen Zweifeln schickte J. seine Jünger zu Jesus (Mt 11,2ff), um sich zu vergewissern.

Jesus macht Mt 11,11 die höchste Aussage über J.: es gebe keinen größeren unter den Menschen als J. Damit stellt ihn Jesus noch über *Mose und Elia. Denn er ist das letzte und wichtigste Glied in der Reihe der Propheten. Er stand als Bindeglied zwischen Altem und Neuem *Bund.

In Mt 14,3-12; Mk 6,24-29 wird die Enthauptung J.' geschildert. Sie muß auf der Burg *Machärus stattgefunden haben, denn der Wunsch der Tochter der Herodias: »Gib mir hier auf einer Schale den Kopf Johannes des Täufers« (Mt 14,8) konnte ihr umgehend erfüllt werden (vgl. Jos.ant.Jud. XVIII, 16-19). Damit starb J. den Tod des Propheten, der die Menschen – und das schließt den Herrscher mit ein – mit Gottes Willen konfrontiert hatte.

Seine Jünger begruben J.' Leichnam und einige von ihnen haben sich womöglich Jesus angeschlossen (Mt 14,12). Es ist anzunehmen, daß beim Tod J.' eine Spaltung in seiner Jüngerschaft entstand. Die frühe Gemeinde sieht sich später mit der Taufpraxis der Johannesjünger konfrontiert (Apg 19,1-7). Daraus kann man schließen, daß ein Teil seiner Anhänger auch weiterhin zusammengeblieben war; möglicherweise haben sie die Taufsekte der *Mandäer beeinflußt, die noch heute im Irak anzutreffen ist.

Die Nachwirkung des J. fand ihre bis heute gesellschaftlich bedeutsamste Ausformung im ca. 1099 gegründeten Johanniterorden, dem »Ritterlichen Orden St. Johannis vom Spital zu Jerusalem«, der seit der Reformation in Johanniter (evang.) und Malteser (kath.) getrennt ist. Die bekanntesten Einrichtungen dieses der Diakonie und dem »Kampf gegen den Unglauben« verpflichteten Ritterordens sind die Johanniter-Unfallhilfe (JUH) bzw. der Malteser-Hilfsdienst (MHD).

In der Kunstgeschichte gehört J. zu den am häufigsten dargestellten Personen aus dem Umfeld des frühen Christentums. Eine Sonderstellung nimmt der Isenheimer Altar des Mathis Grünewald ein: Dort steht J. – gegen die Geschichte – neben dem *Kreuz und verweist auf den Gekreuzigten als den, der wachsen muß (Joh 3,30). Die Bildform der »Deesis« zeigt seit dem 12. Jh. typologisch J. neben *Maria zu Seiten des Weltenrichters Christus.

Literatur: F.F. Bruce: Johannes der Täufer, in: ders., Zeitgeschichte des Neuen Testaments, 1986, I, S. 157-67; O. Dietz: Eine Stimme in der Wüste, 1979; R. Hiestand: Die Anfänge der Johanniter, in: J. Fleckenstein/M. Hellmann (Hrsg.): Die geistlichen Ritterorden Europas, 1980, S. 31-80; F.-A. v. Metzsch: Johannes der Täufer. Darstellungen in der bildenden Kunst, 1989; B. Reicke: The Historical Setting of John's Baptism, in: E.P. Sanders (Hrsg.), Jesus, the Gospels and the Church. Essays in Honor of W.R. Farmer, 1987, S. 209-24; J.A.T. Robinson: The Priority of John, 1985, S. 158-89; H.H. Rowley: The Baptism of John and the Qumran Sect, in: A.J.B. Higgins (Hrsg.), New Testament Essays in Honour of Th.W. Manson, 1959, S. 218–29. Ri.Sch./C.P.Th.

JOHANNESBRIEFE.

I. DER JOHANNEISCHE TRADITIONSKREIS.

Sprachgestalt und Thematik von 1-3 Joh zeigen eine große Nähe zum JohEv. Wir erkennen eine Tradition, die unter der Bindung an einen Zeugen, der sie verbürgt (Joh 21,24a), von einem ganzen Kreis (21,24b) weitergegeben wird. Weitergabe, Vertiefung und Entfaltung bilden für diesen Kreis eine Einheit, sind also keine Gegensätze.

Man spricht heute gerne von einer »johanneischen Schule« (Culpepper), die einen eigenen Stil entwickelt und pflegt. Das bedeutet, daß als »Verfasser« nicht mit einer Einzelperson, sondern mit einem Schulkreis gerechnet werden muß. Andererseits wird in den johanneischen Schriften nicht nur historisch, sondern auch literarisch eine Einzelperson erkennbar. Der »Älteste« aus 2 und 3Joh ist zweifellos als Einzelperson zu verstehen. Die Bezeichnung *»Ältester« aber verweist auf Traditionsbildung, die mit einer klaren Autoritätsregelung verbunden ist. Als »Ältester« verbürgt er die Tradition innerhalb eines Kreises und eines Gemeindeverbandes, der dieser Tradition verpflichtet ist.

Die Grundanliegen der drei J. laufen wohl parallel. Hinter den beiden kleineren Briefen erkennen wir eine Einzelperson, die auch als Verfasser des ersten Briefes anzusehen ist und sich für die Leitung des Gemeindekreises sowie die Bewahrung und Auslegung der Tradition verantwortlich weiß. Was literarisch gelten mag, das gilt aber auch in Fragen der Autorität: Der Älteste steht innerhalb eines Tradentenkreises, der sein Zeugnis bestätigt und weiterhin als glaubwürdig verbürgt.

II. ZUR LITERARISCHEN FORM DER BRIEFE.

2 und 3Joh sind echte Briefe, die den Platz eines normalen Papyrusblattes (ca. 20 mal 25 cm) beanspruchen. Sie haben Adresse und Briefschluß, sind also formal mit antiken Briefdokumenten vergleichbar. Dem 1Joh dagegen fehlen alle Kennzeichen eines echten Briefes. Er stellt ein Lehr- und Mahnschreiben dar, das der Verfasser an seine Gemeinde bzw. seinen Gemeindekreis in einer konkreten Situation richtet.

III. SPRACHE UND DENKSTIL.

Der Verfasser schreibt ein Griechisch, in dem semit. Sprach- und Denkformen deutlich durchscheinen. Einzelne Grundthesen, die bekenntnisartig formuliert sind, werden in assoziierenden Denkschritten weiterentfaltet. Dabei werden sie vertieft, indem sie teilweise schlußfolgernd, teilweise wiederholend, teilweise antithetisch nebeneinandergestellt werden. Wichtig ist, wie Lehre und Ermahnung in einem endzeitlichen Bezugsfeld einander zugeordnet werden. Die Erkenntnis, daß die Gemeinde in der »letzten Stunde« (1Joh 2,18) und damit in besonderer Anfechtung steht, läßt die Ermahnung wichtig werden. Aus dem Zuspruch der Liebe und der Gabe der Gotteskindschaft (3,1), deren Erfüllung gleichwohl noch aussteht (3,2f), folgen die Auseinandersetzung mit der Unreinheit und der Kampf mit der Sünde (3,4ff). Der Dualismus der johanneischen Schriften ist alttestamentlich-ethisch und als solcher zugleich eschatologisch. In der letzten Stunde wachsen sowohl Glaube als auch Irrlehre lehrmäßig und ethisch in ihre volle und deutlich erkennbare Gestalt hinein. Hier werden Parallelen zur apokalyptischen Entfaltung der Geschichtsschau erkennbar (*Apokalyptik).

Wichtig ist zu sehen, in welcher Weise der Verfasser des 1Joh bibl. Motive und historische Jesustradition in Erinnerung ruft, weitergibt und gleichzeitig auf die aktuelle Auseinandersetzung hin vertieft. Neben den Rückverweis auf die Geschichte Jesu als den »Anfang« der johanneischen Tradition (1,1ff) tritt der Verweis auf den Schöpfungsbeginn, so daß z.B. 2,13f gar nicht so recht deutlich wird, welcher »Anfang« gemeint ist. Den ganzen 1Joh durchziehen Motive aus 1Mo 1-4. Zum Denken an den »Anfang« (1,1; vgl. 2,14 u.a.) gehört auch der Gegensatz »Licht-Finsternis« (1,5ff; 2,8ff u.a.; 1Mo 1,3f). Das Bedenken des »Anfangs«, der durch die Geschichte Jesu Christi gegeben und für die johanneische Tradition unwiderruflich geworden ist (1,1ff), wird mit dem Bedenken des Schöpfungs-Anfangs verbunden. Damit hat der Kreis einen Schlüssel zum Verständnis der gegenwärtigen Auseinandersetzungen, aber auch des Bösen und seines Geheimnisses. Dem entspricht auch der Verweis auf den Bruderhaß der Irrlehrer, der auf dem Hintergrund der Auseinandersetzung von Kain und Abel verstanden und expliziert wird (1Joh 3,11ff). Auch die Bezeichnung des Bösen als »Menschenmörder von Anfang an« ist als Rückverweis auf 1Mo 2-4 zu erkennen. Religionsgeschichtlich verweisen diese Bezüge deutlich auf ein Denken, das im Rahmen frühjüd. Mystik steht; auch priesterliche Züge sind unverkennbar (1,9; 2,2; 4,10).

Hier liegt ein bisher vernachlässigter Schlüssel zum johanneischen Denken. In der Schöpfungs- und Sündenfallgeschichte wird ein »prophetischer« Verweis auf die zwei Abstammungen (vgl. 3,9f) erkannt, aus denen die johanneische Gemeinde bzw. die Irrlehrer stammen. Und doch handelt es sich nicht um einen geschichtslosen, allein an der ewigen Vorherbestimmung orientierten Dualismus, der Gottes- und Teufelskinder als von vornherein vorherbestimmt ansieht. Wird gesagt, daß die Glieder der johanneischen Gemeinde »vom Tod ins Leben hinübergegangen« sind (3,14; vgl. Joh 5,24), so ist damit auf einen geschichtlichen Vorgang hingewiesen. Darum kann von ihnen gesagt werden, daß Gottes »Lebenskeim« (Samen, griech. *sperma*) in ihnen bleibt (3,9 RevEB; LÜ: »Gottes Kinder«). Es geht um den Vorgang einer neuen Zeugung, die zwar Gott allein zum Urheber hat und die allein aus dem Tod ins Leben hineinführt, die sich aber dennoch in einem menschlichen geschichtlichen Prozeß verwirklicht. Sie bewirkt die ethische Neuausrichtung, auch wenn der Kampf mit der Sünde bleibt und das Angewiesensein auf Reinigung, Vergebung, Umkehr und die Fürbitte Jesu nicht dahinfällt. Die Neuschöpfung ist da, die Verwandlung aber steht noch aus. Diese Spannung gehört grundlegend zum Geheimnis jenes Denkens, das uns in den johanneischen Briefen entgegentritt.

IV. DAS GEGENÜBER DER JOHANNESBRIEFE.

Deutlich ist, daß hinter den J.n konkrete und schwerste Auseinandersetzungen stehen. Die Irrlehrer entstammen dem eigenen Gemeindeverband, kommen also selbst aus dem johanneischen Traditionskreis (2,19). Wir können damit rechnen, daß sie Eigenarten johanneischen Denkens weitergetragen, andere Ansätze überspitzt haben. Sie scheinen aber folgende Grundeinsichten johanneischer Christologie zu leugnen:

- die Einheit zwischen Jesus und Christus (2,22a)
- die Einheit zwischen Vater und Sohn (2,22b)
- Jesus Christus ist im Fleisch gekommen (4,2; vgl. 2Joh 7)
- Jesus Christus ist durch Wasser und Blut gekommen (1Joh 5,6).

Sie berufen sich dabei auf Erkenntnis, die ihnen durch einen »prophetischen« Geist zugekommen ist (4,1ff). Ihre Behauptung, durch Jesus »im Licht« zu sein (2,9; vgl. 1,6f), widerspricht ihrer konkreten Lebensführung, die vom »Haß« gegen den Bruder gekennzeichnet ist. Sie scheinen zu denken, daß sie frei von Sünde sind (1,8.10) und die Reinigung durch Jesu Blut und seine Fürsprache nicht (mehr?) nötig haben.

Die Auseinandersetzung, die in Joh 4,1ff (vgl. 2Joh 7) anklingt, scheint den Kernpunkt zu bilden. Unter Berufung auf Geisterfahrung und damit in prophetischer Autorität wird das Kommen Jesu Christi »in/im Fleisch« geleugnet. Man muß zwar noch keinen ausgebildeten Doketismus dahinter sehen; der Ansatz dazu ist aber da. Doketismus ist eine »Schein-Christologie«, die Meinung, daß der göttliche Christus nicht gänzlich oder nur scheinbar Fleisch angenommen habe und Mensch geworden sei; damit wird die Identität des göttlichen Christus mit dem irdischen Jesus geleugnet. Für Johannes aber ist dieser Ansatz schon eindeutig und außerdem eschatologisch qualifiziert: der in der Tradition bereits angekündigte und also auch erwartete Irrlehrer (Verführer) und Antichrist (es handelt sich um mehr als nur um eine Einzelperson; 2,18) meldet sich in dieser Bewegung bereits erkennbar und unwiderruflich an.

Kap. 4,1ff macht auch deutlich, daß diese Irrlehre sich als prophetische Bewegung versteht und durch die Aussendung von »Propheten in die Welt« eine intensive Werbetätigkeit ausübt. 2 und 3Joh geben konkreten Einblick in Fragen, die mit dieser Werbe-Bewegung gegeben sind.

Die doketische Christologie der Irrlehrer ist mit einer doketischen Ethik verbunden. Durch geistliche Erkenntnis meinten die Irrlehrer, den gewöhnlichen Christen überlegen zu sein (vgl. 2,20.27; 2Joh 9). Haben wir es mit einer Vorform von *Gnosis (»Erkenntnis«) zu tun, jener später weit verbreiteten geistig-rel. Bewegung, die von der Scheidung zwischen dem Geist und der Materie ausgeht? Wenn nach der Meinung der Irrlehrer der Geist uns von der endlichen Materie, also dem Leib, befreit, dann ist auch der Kampf gegen die Sünde im Leib nicht mehr nötig. Möglicherweise leugneten sie auch, die Erlösung durch den Tod Jesu Christi zu brauchen. Auf jeden Fall behaupteten sie, sündlos zu sein (1,8.10). Doch welcher Sündenbegriff der Irrlehrer verbirgt sich hinter diesen Aussagen? Haben sie im Sinn der späteren Gnosis bereits Sünde als »Verhaftet-Sein« an Materie, also an Leiblichkeit verstanden, während Johannes in ihr eine an Gottes Gebot verwiesene ethische Kategorie sieht (3,4.7f)? Unter dieser Voraussetzung wären ihre Aussagen und Argumente einigermaßen nachvollziehbar, wenn wir auch zugeben müssen, daß die Aussagen des Briefes nur annähernd und vorläufig ein Bild der Gegner nachzeichnen lassen. Deutlich ist jedoch: Johannes stellt dem christologischen Bekenntnis (4,2) das ethische Bekenntnis (3,10 u.ö.) gleichwertig als Erkenntnis-Regel zur Seite: »Daran sind die Kinder Gottes und die Kinder des Teufels zu erkennen: Jeder, der nicht Gerechtigkeit tut, stammt nicht von Gott, und (ebenso), wer seinen Bruder nicht liebt.«

Lassen sich die Irrlehrer historisch einordnen? Zwei Irrlehren der frühen Christenheit stehen der Gruppe, mit der die johanneischen Gemeinden zu tun haben, sehr nahe. Ignatius von Antiochia (um 110) kämpft in mehreren seiner Briefe (vgl. Ign.Smyrn. 1-3; Trall. 9-10) gegen Doketen, die eine »Schein«-Christologie vertreten und leben: Jesus ist nicht von einer Jungfrau geboren worden, hat nicht am Kreuz gelitten und ist nach der Auferstehung nicht erschienen. Bei aller Parallelität reichen die Texte nicht aus, hier historisch eine Identität anzunehmen.

Zwischen 100 und 125 n.Chr. (oder bereits Ende des 1. Jh.?) wirkten der Gnostiker Kerinth und seine Anhänger im kleinasiatischen Christentum (vgl. Irenäus, haer. III, 26,1). Für ihn war Jesus ein guter Mensch, dem der leidensunfähige himmlische Christus in Form einer Taube von der Taufe ab bis kurz vor der Kreuzigung innewohnte (vgl. Neugebauer, 28ff; Klijn/Reinink, 3ff).

Sicherlich richten sich Thesen, daß Jesus der Christus bzw. der Sohn *ist* und eben nicht nur während einer Periode seines Lebens *war*, gegen solche Anschauungen. Unser Wissen vom konkreten Hintergrund der johanneischen Gemeinden und ihrer Auseinandersetzungen lassen aber auch da keine letzten Schlüsse zu.

V. DER INHALT DES 1. JOHANNESBRIEFES.

Bedingt durch den johanneischen Denkstil verweigert sich der Brief dem Versuch einer linear-logischen Analyse. Der eine Konfliktpunkt, der zum Anlaß dieses Schreibens geworden ist, wird in immer neuen Anläufen von verschiedenen Seiten her betrachtet.

Der Brief beginnt mit einem Vorwort (1,1-4), das auf den Inhalt, das Ziel und die geschichtlich-sinnenhafte Gebundenheit des johanneischen Zeugnisses verweist. Die Gemeinschaft untereinander wird durch dieses Zeugnis gewahrt.

Die Aussage: »Gott ist Licht. Keine Finsternis ist in ihm« (1,5), wird feierlich auf Jesus zurückgeführt und bestimmt als erste These den folgenden Abschnitt (1,5-2,17). Das Gegensatzpaar Licht-Finsternis wird auf die Situation hin angewandt, indem konkrete Antithesen vorgestellt werden: »Wenn wir sagen. . .« So werden an die Aussage über Gottes Geheimnis Sätze über die Selbsteinschätzung des Christen und sein Verhältnis zur Sünde angeschlossen. Bewältigung der Sünde ist möglich. Sie vollzieht sich aber nur durch Wahrheit, Bekenntnis, Vergebung und Reinigung aufgrund dessen, daß Jesus das »Sühnopfer« für die Sünden der ganzen Welt ist.

Mit 2,3 wird das Verhältnis zwischen Erkenntnis und dem Halten der Gebote eingeführt. Gotteserkenntnis ist Trug, wenn sie sich nicht im Halten der Gebote zeigt (2,3-6). Gebote aber hat der johanneische Kreis keine neuen, sondern nur das alte »neue Gebot« der Bruderliebe (2,7-11). Das ethische Verhalten (die Bruderliebe bzw. der Bruderhaß) zeigt, ob Licht oder Finsternis einen Menschen bzw. einen Gemeindekreis bestimmen. Die Voraussetzung des johanneischen Schreibens aber besteht gerade darin, daß hier eine konkrete Scheidung eingetreten ist: ». . . ihr *habt*«. Damit ist das Verhältnis zwischen Gemeinde und Welt klar bestimmt, auch wenn es weiterhin umfochten bleibt (2,12-17).

In 2,18 kann man eine neue These sehen, die sich aber bereits angekündigt hat: »Kinder, es ist die letzte Stunde.« Auch hier wird die Gemeinde auf die Tradition (»wie ihr gehört habt«) und auf die gegenwärtige Erfahrung (»so sind jetzt wirklich viele Widerchristen aufgetreten«) verwiesen. Beide zusammen ermöglichen Erkenntnis des eschatologischen Umbruchs, der sich nun vollzieht. Nun werden Behauptungen der Irrlehrer zurückgewiesen, daß ihnen besondere Erkenntnis zuteil geworden sei, die es zu erwerben gelte. Nein, mit der ergangenen Salbung ist dem Gemeindeglied »*alle* Erkenntnis« (2,20; vgl. 27; oder soll es heißen: »in *allen* ist die Erkenntnis«?) gegeben. Der Inhalt dieser besonderen »Erkenntnis« wird in den christologischen Abwehrsätzen (2,22f) greifbar: »Jesus ist der Christus.« Was aufgetragen bleibt, ist nur noch das Bleiben im Wort Jesu und das Warten auf seine Zusage hin, bis Jesus sich bei seiner Wiederkunft zeigen wird (2,18-29).

Von zentraler Bedeutung scheint 3,1-10 zu sein. Die »doppelte Abstammung« der Gemeinde von Gott bzw. der Irrlehrer vom Teufel wird als »Zeugung« erfaßt (vgl. 3,9 »Lebenskeim«, *sperma*; LÜ: »Kinder«). Der Begriff der Gottes-Kindschaft hängt an der Tatsache des *Ursprungs* in einer *Zeugung*. Damit aber ist gegeben: Einerseits der ethische Ansporn zur Reinigung in der Spannungszeit vor der eschatologischen Vollendung. Das paulinische »schon jetzt – noch nicht« tritt hier in anderer Denkform vor uns: Die Wirklichkeit wird zugesprochen (3,1), auch wenn die Verwandlung noch aussteht (3,2). Hinter 3,4-10 scheinen konkrete gegnerische Thesen zu stehen. Haben sie behauptet, daß durch die göttliche Neuzeugung der Mensch so erneuert werde, daß er von Sünde nicht mehr berührt werden kann? Kann also auch eine Sünde, die er *tut*, ihn nicht mehr berühren? Nein, sagt Johannes, auch das Tun berührt mich noch und am Tun zeigt sich, wer ich bin.

Löst man den Abschnitt von seinem aktuellen Hintergrund, dann klingt 3,9 so, als ob ein aus Gott gezeugter Christ nicht mehr sündigen kann. Und wenn er sündigt? Ist er dann noch nicht aus Gott gezeugt? Der 1Joh zeigt aber sonst, daß er um die bleibende Verführbarkeit des Christen noch weiß, ja die Sündlosigkeit geradezu als Lüge hinstellt; sonst würden Stellen wie 2,1f.15; 3,3 u.a. sinnlos. Gemeint ist hier, daß das uns immer noch verborgene neue Menschsein, das uns durch Gottes Zeugung jetzt schon zugesprochen ist, nicht in die Sünde führt, also nicht die Tat der Sünde als Freiheit von der Sünde feiern kann.

In 3,11-18 wird das ethische Verhalten anhand der Kainsgeschichte vertieft.

Die Zuversicht trotz der Spannung, in der die Gemeinde durch die eschatologische Situation gestellt ist, wird in 3,19-24 näher begründet: Gottes Zusage, Gebetserhörung, Halten der Gebote, Bleiben in ihm. Dazu kommt die Gabe des Geistes. Sie ist das Siegel für das Bleiben Jesu in den Seinen.

Mit 4,1 beginnt ein neuer Abschnitt, der auf konkretes Geschehen Bezug nimmt. Die Irrlehre wird als Bewegung gekennzeichnet, die ihre Botschaft durch verschiedene Sendboten verbreitet, die als Propheten auftreten und sich auf eine Unmittelbarkeit des Geistes berufen. Prüfung des Geistes ist erforderlich, benötigt aber ein Kriterium. Als Kriterium wird ein der Situation dieser Herausforderung entsprechendes Bekenntnis formuliert: »Jesus Christus ist im Fleisch gekommen.« Der Stellenwert dieser Auseinandersetzung wird geklärt: Es geht um das letzte Geheimnis von Christ und Widerchrist; ja das Auftreten dieses Geistes, der die volle Menschwerdung Christi leugnet, kennzeichnet den Anbruch antichristlicher Zeit (4,1-3). Was sich hier vollzieht, ist aus zwei Ursprüngen heraus zu begreifen: »Ihr stammt von Gott. . .« (4,4), »Sie stammen von der Welt. . .« (4,5). Was geschichtlich nebeneinander und gegeneinander steht, hat eine tiefere Dimension. Mit dem *Ursprung* ist eine *Einwohnung* gegeben, die letztlich entscheidend ist: »Der in euch ist größer als der in der Welt« (4,4). Was geschieht, das ist Ausgestaltung eines Geheimnisses in konkreten geschichtlichen Prozessen (4,1–5).

Wie aber gestaltet sich Gottes Geheimnis in den Menschen, die »von ihm stammen«? Es ist die Eingestaltung der Liebe Gottes in die Gestalt der Gemeinde hinein. Wie in 1,5 wird auch hier zunächst ein Satz über Gott vorangestellt, der dann in das Leben der Menschen hinein entfaltet wird und werden muß: »Gott ist Liebe« (4,8). Daß es in diesem Satz (und so im ganzen johanneischen Denken!) nicht um (philosophische) *Wesensbestimmung*, sondern um *Bekenntnis* als Antwort auf geschichtliches Gotteshandeln geht, zeigt 4,9. Liebe zeigt sich am konkreten Tun, an der Sendung des Sohnes als Sühnopfer.

Das für Johannes typische Wort *epiphanein*, das unsere Übersetzungen gewöhnlich mit »offenbaren« übersetzen, heißt eigentlich »aufscheinen lassen«, d.h. dem sinnhaften Wahrnehmen zugänglich machen. Es geht nicht um innere Prozesse, die von den Sinnen gelöst wären. Durch die Sinne und in Vertiefung ihrer Funktionen macht Gott sich dem Menschen wahrnehmbar.

Die Liebe wird als Beziehungsbegriff in die Weite und die Tiefe entfaltet: von Gott zu uns, von uns zu ihm, von uns zu den Brüdern; auch zeitlich: von uns zum Gericht. Nicht nur Bezüge, sondern auch Antithesen: Liebe und Furcht bzw. Liebe und Bruderhaß schließen sich aus. Zur Front gegen die Irrlehrer gehört, daß Liebe Gebot Jesu ist (4,7-21).

Der lebendige Bezug der johanneischen Tradition zur geschichtlichen Gestalt Jesu wird nicht nur in 1,1-4 behauptet, sondern scheint überraschend oft im 1Joh durch. 1,5 nimmt ein Wort Jesu auf; mit dem Liebesgebot wird ein Gebot Jesu zitiert (2,7f; vgl. Joh 13,34), während in 4,21 auf das Doppelgebot der Liebe verwiesen wird (Mt 22,36-40).

5,1-5 setzt den Gedanken vertiefend fort: Glaube, Liebe, Halten der Gebote und Überwindung der Welt bilden eine Einheit und sind Kennzeichen des »Ursprungs« aus Gott. Diese Einheit ist für das Verständnis des Glaubensbegriffs in 5,4 zu beachten.

5,6-12 wird der Argumentationsgang durch das Stichwort »Zeugnis« weitergeführt. »Zeugnis« ist eine biblisch-rechtliche Kategorie, die für das johanneische Erkenntnisdenken grundlegend ist: Das Zeugnis von zwei oder drei Zeugen gilt juristisch als Beweis (Joh 8,17 u.ö.; vgl. 5Mo 17,6; 19,15). Hinter 5,6 könnte das Argument der Gegner stehen, der himmlische Sohn Gottes sei zwar in der Taufe über Jesus gekommen, habe ihn aber vor dem Tod verlassen. Insofern ist er »im Wasser« gekommen. Johannes nennt als zweiten Zeugen »das Blut«, den Kreuzestod Jesu. Der dritte Zeuge ist »der Geist«, der als das Lebenswasser durch Jesu Tod und Auferstehung gegeben ist (vgl. Joh 7,39).

Das Zeugnis Gottes für seinen Sohn besteht im prophetischen Wort Gottes in der Schrift (vgl. Joh 5,37ff), das das Leben als Gabe verheißt, indem Gott seinen eigenen Sohn gibt. Und darum steht die These in 5,12 nach rechtlichen Kategorien fest: »Wer den Sohn hat, der hat das Leben. Wer den Sohn Gottes nicht hat, der hat das Leben nicht.«

5,13-15 machen deutlich, wie für johanneisches Denken Erkenntnis und Gebetszuversicht nahtlos zusammenhängen. Mit 5,16-21 schließt die Schrift etwas überraschend, indem für die Gebetszuversicht ein Spezialfall und seine Grenze durchdacht werden: Die Fürbitte für Sünder soll geübt werden. Aber sie hat ihre Grenze da, wo es um »Sünde zum Tode« geht. Gemeint ist im Zusammenhang des 1Joh wohl der Abfall vom johanneischen Bekenntnis und Gemeindeverband. So schließt der Brief mit dem Hinweis auf die Tiefe und auf die Bedeutung der Kluft, die sich auftut zwischen der Gemeinde, die aus Gott stammt, und der Welt, die vom Bösen herkommt und beherrscht wird.

VI. HINTERGRUND UND INHALT DES 2. UND 3. JOHANNESBRIEFES.

Falsche Lehrer reisten von Gemeinde zu Gemeinde und brachten als neue, vom Geist eingegebene »Erkenntnis« (griech. *Gnosis*), daß der Sohn Gottes gar nicht Fleisch, d.h. Mensch geworden war (vgl. 2Joh 7 mit 1Joh 4,3). Die Spaltung von der Mutterkirche, die sich im ersten Brief schon zeigt, scheint nun vollzogen. Ist es so, daß weite Teile des johanneischen Gemeindeverbandes den Irrlehrern folgten?

Im Gegensatz zum sog. ersten Brie handelt es sich hier um echte Briefe. Geschrieben sind sie von einem, der sich »der Älteste« nennt. Der **zweite Brief** richtet sich an »die auserwählte Herrin und ihre Kinder« (1-3), ein Deckname für eine Gemeinde (»Herrin«: die Gemeinde des Herrn; »ihre Kinder«: die Mitglieder der Gemeinde; vgl. zur symbolischen Anrede 1Petr 5,13). Der Brief bringt zunächs die Bestärkung im Liebesgebot (4-6). Erst daraus folgernd kommt der Hinweis auf den Irrlehrer, den Widerchrist, der Christi Menschwerdung leugnet. Dem folgt die Ermahnung zur Standhaftigkeit, die mit dem Hinweis, solche Sendboten nicht aufzunehmen, ja nicht einmal zu grüßen, verbunden ist (7-11).

Der Brief schließt mit der Hoffnung, durch persönliche Gemeinschaft »vollkommene Freude« zu erfahren (12; vgl. 1Joh 1,4).

Der **dritte Brief** ist an *Gajus, ein Einzelperson, gerichtet. Dieser hat Freunde des »Ältesten« aufgenomme (3-8), während *Diotrephes, der der Erste (der Gemeindeleiter? oder der Leiter einer Nachbargemeinde?) sein will, sich diesen widersetzt und sie aus der Gemeinde hinausstößt (9f). Damit gerät er in direkten Widerspruch zum Ältesten. Wahrscheinlic erkennen wir hier die Schwierigkeiten, die das Verhältnis innerhalb eines solchen Gemeindeverbands zwischen Einzelgemeinde und Mutterge meinde mit sich brachte. Diotrephes scheint sich das Recht des *»Bischof vorbehalten und sich gegen die Einmischung einer »Kirchenleitung« ge wehrt zu haben.

Nach der Mahnung, dem Guten und nicht dem Bösen nachzufolgen, und einem Lob des *Demetrius (wahrscheinlich ein Bote des Ältesten und Überbringer des Briefes) schließt der Brief mit Grüßen.

VII. KREIS, ÄUSSERES ZEUGNIS, ORT UND ZEIT DER ABFASSUNG DER JOHANNESBRIEFE.

Unsere Kenntnis des frühen Christentums und speziell des johanneischen Christentums ist so fragmentarisch, die historischen Schlüsse aus den einzelnen Texten sind so verschieden möglich, daß sich nur etwas Vorläufiges sagen läßt. 1Joh 1,1-4 verweist deutlich auf die Augenzeugenschaft dessen, der hinter der johanneischen Tradition steht. Der Verweis gilt sicherlich dem sogenannten Lieblingsjünger Jesu (Joh 19,35; 21,7.20-24; vgl. 13,23; 20,2). Läßt sich aus dem Text schließen, daß er noch ebt, also Verfasser der Briefe ist? Man wird es annehmen können, solange kein anderer Grund das Gegenteil nahelegt. Zur Abfassung vgl. Art. Johannesevangelium, Zur Verfasserfrage.

Nach Eusebius wurde der 1Joh von Polykarp von Smyrna (um 110) zitiert und war Papias (ca. 140 und Justin (um 150-160) bekannt. Von Irenäus von Lyon (ca. 180; haer II, 7.5.8), dem muratorischen Kanon 180-200; 26ff) und Clemens von Alexandria (um 200) wurde er als Werk des Evangelisten Johannes akzeptiert. Nach Eusebius wurde seine Echtheit nie in Frage gestellt. Die schwache äußere Bezeugung des 2 und 3Joh kann gut mit dem geringen Umfang dieser Briefe erklärt werden.

Die Datierung hängt an vielen Fragen, die durch den Zusammenhang mit dem JohEv. bzw. der Offenbarung noch weiter kompliziert werden. Denkt man für das JohEv. an eine Entstehungszeit um 80 bis etwa 90, dann sind die Briefe wohl einige Zeit später geschrieben. Der zweite und der dritte Brief reflektieren eine fortgeschrittene und verschärfte Situation.

Die Frage des Abfassungsortes hängt an dem Bild, das man sich von der Geschichte der johanneischen Gemeinden machen kann. Haben sie zunächst als judenchristl. Gemeinden in relativer Distanz zur Jerusalemer Mutterkirche im nördl. Ostjordanland (Batanäa, Gaulanitis) also im Herrschaftsbereich Herodes Agrippas II. (53-92) gelebt (Wengst)? Die alten Nachrichten, die von Ephesus als Sitz des johanneischen Kreises sprechen, könnten eine spätere Stufe reflektieren, als – vielleicht durch den Bruch des johanneischen Christentums mit dem Judentum – die Situation auch in diesem Landesteil unzumutbar wurde und große Teile – vielleicht sogar der Gemeindekern – nach Ephesus auswanderten. Dann könnten die Briefe, trotz ihres stark judenchristl. Hintergrundes, um 95-100 in Ephesus geschrieben sein. Waren es Heidenchristen aus dem Hinterland von Ephesus, die die johanneische Tradition so anders verstanden und interpretierten? Man muß sich deutlich vor Augen halten, daß alle diese Angaben hypothetische Größen bleiben, abhängig vom gegenwärtigen Stand unserer historischen Erkenntnis.

Literatur: Kommentare: H. Balz, W. Schrage: NTD 10, [13]1986; R. Bultmann: KEK XIV, [8]1969; F.F. Bruce: (1970) 1983; E. Ruckstuhl: Neue Echter Bibel, Kommentar zum NT, Lieferung 17–19, 1985; R. Schnackenburg: HThK XIII/3, [7]1984; K. Wengst: ÖTKNT Bd. 16, 1978;

Monographien: K. Wengst: Häresie und Orthodoxie im Spiegel des ersten Johannesbriefes, 1976; vgl. die Literaturangaben beim Artikel *Johannesevangelium. W.B.S.

JOHANNESEVANGELIUM

Ein allgemein anerkanntes Bild des Johannesevangeliums (JohEv.) zu zeichnen ist unmöglich. Kaum sonst innerhalb des NT sind Fragen bis in Details hinein so kontrovers. Das hängt zunächst mit der verschiedenartigen Bewertung und Einordnung historischer Beobachtungen zusammen. Dazu kommt, daß wir über die Verhältnisse und die Beziehungen der verschiedenen Gruppen des Urchristentums in Palästina und in Syrien des ersten Jh. zu wenig wissen. Das JohEv. spricht in konkrete Verhältnisse und Auseinandersetzungen hinein.

I. DIE ZIELANGABE DES JOHANNESEVANGELIUMS.

Das JohEv. hat einen eindeutigen Aufriß:

Kap. 1 – 12: Jesu öffentliche Wirksamkeit;

Kap. 13 – 17: Jesu Wirksamkeit im Jüngerkreis;

Kap. 18 – 20(21): Jesu Leiden, Tod und Auferstehung.

Bei näherem Zusehen fallen dabei zwei Stellen auf, die literarisch eine Schlüsselfunktion besitzen: In 12,37ff faßt der Evangelist mit dem Stichwort »Zeichen« deutend die öffentliche Wirksamkeit Jesu zusammen. Dasselbe geschieht dann nochmals in 20,30f. Hier wird deutlich und gleichzeitig sehr differenziert das Ziel des ganzen Ev.s angegeben: Von der Wirksamkeit Jesu werden einzig seine Taten hervorgehoben: »Noch viele andere Zeichen tat Jesus. . .«. Der Zeugenkreis, der rechtlich für diese Taten Jesu einstehen kann, wird angegeben: ». . .vor seinen Jüngern«. Gleichzeitig aber wird deutlich, daß die vorliegende Schrift bloß eine Auswahl der Taten Jesu nennen und keine Gesamtdarstellung der Wirksamkeit Jesu (im Unterschied zu den Synoptikern?) geben will. Für diese Auswahl wird ein klares Kriterium genannt, mit dem gleichzeitig das Ziel des JohEv.s markiert ist: Das Bekenntnis »Jesus ist der Christus und zwar als der Sohn Gottes« wird durch die Zeichentaten Jesu, die in diesem Ev. ausgewählt sind und von den Jüngern (rechtlich!) bezeugt werden können, als glaubwürdig erwiesen. In diesem an das offensichtlich umkämpfte Bekenntnis gebundenen Glauben (es geht also um die inhaltliche Seite!) ist der Gemeinde das Heilsgut des »Lebens« im Namen Jesu gegeben. Im Grunde spitzt sich alles auf den Zeichenbegriff zu.

II. DER BEGRIFF »ZEICHEN«.

1. Bereits im AT und in seinem religionsgeschichtlichen Umfeld wird der Begriff »Zeichen« präzis und differenziert verwendet: Zum Zeichen wird ein Ereignis, wenn es zuvor angekündigt und mit einem genauen Informationsgehalt verbunden wird (vgl. Mt 26,48). Solche »Zeichen« können in wunderhaften, aber auch in alltäglichen Handlungen bestehen. Theologisch wichtig wird der Begriff dadurch, daß bereits im AT und verstärkt im zeitgenössischen Judentum die Fähigkeit, »Zeichen anzusagen«, die natürlicherweise nicht vorauszusehen waren, immer stärker zur Legitimation *prophetischer* Sendung erklärt wird (vgl. 1 Sam 10,1-9; 5 Mo 13,1ff; bSanh 89b; weiteres Material s. *Zeichen). Parallel dazu gilt, daß vom kommenden *Messias*, der vom kommenden Propheten deutlich unterschieden werden muß, zwar Wunder (Machttaten, griech. *dynameis*), nie jedoch »Zeichen« erwartet werden.

Geradezu auffallend ist es nun, wie die synoptischen Evn. den Begriff »Zeichen« für die Taten Jesu nicht nur vermeiden, sondern ausdrücklich zurückweisen (vgl. Mt 12,38 par.; 16,1-4 par.). Wenn nun gerade dieser Begriff bei Johannes zu einem zentralen christologischen Begriff wird, dann muß das seine Gründe haben.

2. Es scheint so zu sein, daß Johannes den Zeichenbegriff für die Taten Jesu aus der Auseinandersetzung, in der er steht, übernommen hat. Er kann das, weil auch die Taten Jesu angekündigt waren (vom Vater in den Schriften; vgl. 5,36-39) und nun eingetroffen sind. Insofern also sind Jesu Taten wirklich Zeichen.

Aber der Informationsgehalt, der mit diesen Zeichentaten verbunden ist, scheint umkämpft. Die Verbindung, die zwischen Zeichen und der erwarteten Sendung des Propheten besteht, wird bei Johannes zurückgewiesen. Die Mitte der Darstellung der öffentlichen Wirksamkeit Jesu (Kap. 1-12) bildet deutlich die Speisung der 5000 in Galiläa (6,1-15) und die anschließende Rede (6,22-71). Keine andere Tat Jesu erinnert deutlicher an ein Mosewunder, an die Speisung durch Manna. Dieser Schluß wird »als sie dieses Zeichen sahen« tatsächlich gezogen: »Dieser ist in Wahrheit der Prophet, der in die Welt kommen soll« (6,14). Nicht nur das Ausweichen Jesu (6,15), sondern auch die ganze nachfolgende Rede zeigt, daß Jesus nicht der Prophet, nicht der neue Mose ist. Er ist das eschatologische Manna, das Gott verteilt, ja er ist der, der sich selbst als »Brot des Lebens« für die Welt dahingibt (6,32ff.51b). Dasselbe gilt auch für die übrigen Zeichentaten Jesu. Sie erweisen ihn nicht als den kommenden Mose, sondern als den Christus, der als der davidische Messias der »Sohn Gottes« ist.

Wie sehr die Erwartung des davidischen Messias mit der Erwartung von Heilungen und Rettungswundern verbunden war, zeigen u.a. Jes 11,2: »Geist der Kraft(taten)«; 42,7: »Blindenheilung«; 61,1f: »Heilung«; Sach 6,12f: »Tempelbau«. Vgl. auch den engen Zusammenhang zwischen der Anrede »Davidssohn« und der Bitte um Heilung in Mk 10,47f; Mt 9,27; 20,30; 15,22 sowie Mt 12,13 und 21,14f.

III. ZUR HISTORISCHEN SITUATION.

Nach diesen Beobachtungen ist wohl auch die Zielformulierung des JohEv.s zu lesen: Jesus ist der Christus, der Sohn Gottes – und nicht der Prophet wie Mose! Das sollen und können ausgerechnet die Taten Jesu erweisen. Das aber setzt voraus, daß es im Umkreis des JohEv.s christl. Gruppen gab, die Jesus unter Berufung auf seine als Zeichen aufgefaßten Taten als den »Prophet[en], der in die Welt kommen soll« (6,14!), verstanden haben.

Haben sie damit die Gemeinden auch zur aktiven Teilnahme am politischen Befreiungskampf führen wollen? Politische Töne sind auch sonst, vor allem im lukanischen Werk, durchaus zu vernehmen (vgl. Lk 9,54f; 16,16b; 24,21; Apg 1,6). Einzelne Züge im JohEv. lassen erahnen, wie stark die Auseinandersetzung mit der unmittelbar politischen Frage gewesen sein muß (neben Joh 6 v.a. 8,30ff: die Abgrenzung von einem zelotischen Freiheitsbegriff; Joh 10,1ff: die Abgrenzung Jesu von zelotischen Führern, »Räuber« als Fachterminus für Zelotenführer bei Jos.bell.Jud. 2,264; vgl. Hengel, Zeloten 25-47; 11,47ff und 18,30: die politische Motivation des Todesbeschlusses; 18,33-19,22: die genaue Klärung, in welchem Sinn Jesu Königtum zu verstehen ist). Von Josephus wissen wir zudem, daß Führer des jüd. Widerstandes im Verlauf des Freiheitskampfes gegen Rom ganze Dörfer vernichteten, die sich dem aktiven Widerstand gegen Rom nicht angeschlossen hatten. Solche Auseinandersetzungen könnten den Hintergrund bilden, in den hinein das JohEv. seine Darstellung der Geschichte Jesu entfaltet.

IV. DAS GEGENÜBER DES JOHANNES.

1. In der Auslegung hat man immer wieder danach gefragt, ob Johannes sich an Menschen außerhalb der Gemeinde wendet, also ein missionarisches Ziel verfolgt, oder ob er sich an Gemeinden richtet, die er stärken will. Die Auffassung, daß es dem JohEv. (20,30f) um den Erweis der Glaubwürdigkeit eines genau umschriebenen Bekenntnisses geht, läßt nun viel stärker an umkämpfte Gemeinden denken, die in ihrer Auffassung, wie die Sendung Jesu zu verstehen sei, gestärkt werden müssen. Wer aber ist dieses Gegenüber, gegen das angekämpft wird?

2. Auffallend ist, daß sowohl für das JohEv. wie für sein Gegenüber die Geltung des bibl. Wortes festzustehen scheint. Gerungen wird nur noch darum, wer auf dieses Wort zurecht seine Hoffnung setzen kann (5,37-39.45-47; vgl. auch die vielen direkten und indirekten Bezugnahmen auf Stellen des AT).

3. Auffallend ist auch, wie die Rolle des Petrus im JohEv. gezeichnet wird. Die Autorität des Petrus wird durchaus festgehalten, während die Eigenständigkeit, ja in gewissem Sinn der Vorrang des Lieblingsjüngers und seiner Tradition im Gegenüber zu Petrus gewahrt werden soll (13,23ff; 19,25-27 im Gegenüber zur Verleugnung des Petrus? – vgl. mit 18,15; 20,1-10; 21,20-23). Ist Petrus bzw. die Tradition, die sich auf Petrus beruft, in den Konflikt, den das JohEv. voraussetzt, hineingezogen? Es ist immerhin zu beachten, daß in einer späteren und historisch schwer einzuordnenden judenchristl. Tradition von Petrus die Auffassung vertreten wird, Jesus sei »der wahre Prophet« (vgl. Bittner, Jesu Zeichen, 50, Literatur!).

V. DER »LIEBLINGSJÜNGER«.

Das JohEv. ist Deutung von Jesu Wirksamkeit, Tod und Leben in der Form eines Geschichtsberichtes, der sich auf das Zeugnis des Jüngers, den Jesus liebte (21,20.24), stützt. Wer war dieser Jünger? An folgenden Stellen wird er erwähnt, auch wenn das nicht immer ausdrücklich oder formal gleich geschieht: namenlos (1,35–40; 19,35; 21,2.24); Jünger, den Jesus lieb hatte (13,23–26; 19,26f; 20,2ff; 21,7.20); der andere Jünger (20,2–8).

Geht man von diesen Stellen aus, dann ergibt sich folgendes Bild: Er war bei der ersten Begegnung mit Jesus, aus der sich die Jüngerbewegung ergeben hat, ebenso mit dabei (1,35ff), wie er bei der letzten Begegnung mit dabei ist. Während der öffentlichen Wirksamkeit Jesu jedoch taucht er nie auf. Erst ab Kap. 13 ist er wieder da. Auch hier wird seine Gestalt so gezeichnet, daß ständig sein Verhältnis zu Petrus bestimmt wird. Er liegt beim Abschiedsmahl an der Brust Jesu. Wenn der »andere Jünger« von 18,15f mit dem Lieblingsjünger identisch ist, begleitet er Jesus bis zur Gefangennahme und dann zum Hof des Hohenpriesters, bei dem er bekannt ist. Der Lieblingsjünger ist Zeuge der Kreuzigung, eilt am Ostermorgen zum Grab und kommt bereits dort zum Glauben (20,8). In Kap. 21 wird dann in einem Wort des Auferstandenen seine Stellung zu Petrus bestimmt.

Wer war nun der »Lieblingsjünger«? Man hat in ihm traditionell Johannes, den Zebedäussohn, gesehen. Eine Schwierigkeit für diese Gleichsetzung besteht darin, daß er in 21,2.7 von den Zebedaiden deutlich unterschieden zu sein scheint. Welche Hinweise haben wir noch? Wenn er nach 18,15 mit dem Hohenpriester bekannt war, gehört er wohl nach Jerusalem. Das könnte dann gut das reiche Sondergut über die Wirksamkeit Jesu in Jerusalem erklären. Nach 13,23.25 und 21,10 handelt es sich um den Jünger, der während des Abschiedsmahls Jesu den Ehrenplatz einnahm. Nehmen wir an, daß es sich dabei um das auch von den Synoptikern berichtete Abendmahl und dabei um das Passamahl handelte, dann stellt sich sofort die Frage nach dem Todesdatum bzw. der Chronologie der letzten Tage Jesu. Jesus ist nach Joh 19,31 am Rüsttag des Passafestes gestorben. Da das Abschiedsmahl Jesu nach der synoptischen Überlieferung als Passamahl gefeiert wurde (Mk 14,14 par.), ergibt sich ein scheinbarer Widerspruch. Er kann sich nur so lösen, daß Jesus mit seinen Jüngern das Passamahl nach dem damals verbreiteten priesterlichen Kalender der Essener gefeiert hat, also zu einem anderen Zeitpunkt als dem des offiziellen Kalenders. Wir wissen heute, daß die Urgemeinde ihren Sitz innerhalb des Essenerviertels hatte, also besondere Beziehungen zu den Essenern besaß (vgl. Riesner, Essener). Das macht den Erklärungsversuch wahrscheinlich, daß der Ort des letzten Abendmahls Jesu das Gästehaus der Essener in Jerusalem war. Damit gewinnt die These, die im »Lieblingsjünger« den Verwalter und Wirt des essenischen Gästehauses sieht, der Mitglied der essenischen Gemeinschaft, damit wohl auch ehelos und vielleicht auch Priester war (vgl. Ruckstuhl, Jünger), einige Wahrscheinlichkeit.

In der Forschung hat man die Gestalt des Lieblingsjüngers neben Johannes, dem Apostel, auch mit Lazarus, Matthias u.a. identifiziert. Der Vorschlag, in ihm eine symbolhaft gemeinte »ideale« Gestalt (Träger des apostolischen Zeugnisses, Heidenchristentum, johanneisches Prophetentum usw.) zu sehen, ist angesichts der konkreten Züge und des Konkurrenzverhältnisses zu Petrus nicht annehmbar.

VI. VERFASSERSCHAFT UND ENTSTEHUNGSZEIT.

Die traditionelle Sicht identifiziert Johannes, der Sohn des Zebedäus und Apostel mit dem Lieblingsjünger und sieht in ihm den Verfasser des JohEv.s. Zum ersten Mal (ca. 180) finden wir sie bei Irenäus (Adv. Haer. III,1.1f). Johannes, der Herrenjünger, der auch an seiner Brust gelegen hatte, habe selbst das Ev. herausgegeben, als er in Ephesus in Asien weilte (vgl. Polykrates in Eus.h.e. V,24,2ff und Clemens von Alexandria, der eine Tradition kleinasiatischer Presbyter weitergibt in Eus.h.e. VI,14,7; II,15,1). Das JohEv. wird in diesen Zeugnissen zeitlich hinter und sachlich über die Synoptiker gesetzt. Johannes habe die Lücke, derzufolge den Synoptikern die Erzählung vom Anfang des Wirkens Jesu fehlt, schließen wollen (Eus.h.e. II,24,7,11). Der von der kleinasiatischen Tradition unabhängige Kanon Muratori (röm. Tradition) und der antimarcionitische Prolog zum JohEv. ergeben ziemlich genau dasselbe Bild. Auch die Wirksamkeit des Apostels in Ephesus wird von verschiedenartigen Traditionen dieser

Das Johannesevangelium auf Griechisch (6,58-64 und 6,64-71). Papyruskodex Bodmer II, kopiert um 200 n.Chr. (FMB)

Zeit bezeugt. Da auch diese Traditionen historisch nicht voneinander abhängen, haben wir eine Wirksamkeit des Johannes in Kleinasien anzunehmen.

So geschlossen einerseits das Bild ist, das im Verfasser des JohEv.s den Zebedaiden sieht, der mit dem Lieblingsjünger identifiziert wird, so umkämpft waren doch Verfasserschaft und Kanonizität bis zum Anfang des . Jh. Gnostische Irrlehrer (vor allem aus der valentinianischen Gnosis) haben sich in erster Linie auf das JohEv. berufen.

Nun kennen wir aus den Fragmenten, die Eusebius aus dem umfangreichen Werk des Papias überliefert (h.e. 3,39,1-7), einen weiteren Johannes. Papias nennt ihn Johannes, den Ältesten (Presbyter), der zwar auch ein persönlicher Jünger Jesu war, den er aber vom Johannes des engsten Jüngerkreises deutlich unterscheidet. Eine ganze Reihe von Forschern haben in diesem Ältesten den Verfasser der Johannesbriefe und des JohEv.s gesehen. Diesem Ältesten schrieb nun Eusebius zwar die Abfassung der Offenbarung, nicht jedoch die des JohEv.s .

Wir können also feststellen, daß die altkirchliche Tradition in großer Einhelligkeit das JohEv. dem Zebedaiden Johannes zuschreibt und es in seiner späten Wirksamkeit in Ephesus den kleinasiatischen Gemeindekreis geschrieben sein läßt.

Einige innere Gründe scheinen diese Meinung zu stützen. Sprache (ein gutes, aber semitisierendes Griechisch; vgl. Schlatter, Sprache und Heimat), genaue Kenntnis der Topographie (B. Schwank) und der rel. Verhältnisse z. Zt. Jesu erweisen den Verfasser eindeutig als Palästiner. Daß der Adressatenkreis außerhalb Palästinas zu suchen ist, scheinen die Stellen zu bestätigen, an denen hebr. und aram. Worte übersetzt (z.B. 1,38.41f; 9,7; 19,13.17; 20,16) und Ortsangaben erklärt werden (1,28; 4,5; 6,1; 11,1.54). Dazu tritt endlich die auffallende Tatsache, daß das Ev. – mit Ausnahme von 21,2 – nie von den Zebedaiden spricht, die doch nach dem Zeugnis der synoptischen Evv. zum engsten Jüngerkreis gehört haben (vgl. Mk 5,37; 9,2; 14,33). Unabhängig davon, wie man in der Verfasserfrage entscheidet, muß dieses Schweigen erklärt werden. Die Gründe, die im Verfasser des JohEv.s den Jünger und Apostel Johannes sehen, sind nach wie vor gewichtig. (Schnakkenburg, Kommentar I, 63-76; Robinson)

Und doch bleiben Fragen. Würden die oben genannten Beobachtungen stimmen, die im »Lieblingsjünger« den Hausvater des essenischen Gästehauses in Jerusalem sehen, dann wäre danach zu fragen, welche Rolle dieser »Lieblingsjünger« innerhalb der johanneischen Tradition gehabt hat und in welchem Verhältnis er zum Apostel Johannes stand. Außerdem erkennen wir im johanneischen Denken eine ganze Reihe priesterlicher Denkformen, die so den synoptischen Evv. fremd sind, jedoch sehr gut ins Bild eines priesterlich geschulten Lieblingsjüngers passen. Polykrates (Bischof von Ephesus, Ende 2. Jh.) berichtet (Eus.h.e. III, 31.3; V, 24.2), der Lieblingsjünger Johannes sei ein Priester gewesen, der den (hohe-?)priesterlichen Stirnschild [Mitra, griech. *petalon*] getragen habe und in Ephesus begraben liege (vgl. Bruce, Men and Moviments, 126ff). Verbindet sich das priesterliche Denken auch noch mit einer Kenntnis ekstatischer Traditionen und Fähigkeiten, dann könnte sich daraus die Eigenheit johanneischer Schau Jesu im Gegenüber zur synoptischen Tradition erklären: Hier schaut ein Zeuge, der durch seine Kenntnis und seine Fähigkeit an Jesus anderes und in gewissem Sinne »mehr« und »tiefer« sieht als das für den übrigen Jüngerkreis gelten kann: Jesus ist der, der in der himmlischen Welt zuhause ist und aus ihr heraus in die irdische Wirklichkeit kommt und vom Vater Kunde gibt (1,18; vgl. 3,10-13 u.ö.). Endlich verweist die christologische Zielformulierung (20,30f) mit ihrem zeitgeschichtlichen Kontext genau in die Verhältnisse und in die Auseinandersetzungen, die wir aus Palästina kennen, kaum jedoch nach Kleinasien. Einige Stellen (z.B. 12,34) und besonders der Prolog lassen sich aber als Abgrenzung gegen Irrlehrer verstehen, wie sie nach der altkirchlichen Überlieferung Kerinth, der Gegner des Johannes in Ephesus, vertrat (Neugebauer).

Mehr läßt sich im Moment, bedingt durch unser begrenztes historisches Wahrnehmen, schwerlich ausmachen. Wie hängt Johannes, der Zebedaide mit dem priesterlichen Lieblingsjünger zusammen? Vielleicht können uns neue, genauere Beobachtungen zeigen, daß es sich hierbei gar nicht um Alternativen handelt. Vgl. J.V. Andersen, Studia Theologica, Vol. 19 (1965), 22–29.

Die Schwierigkeiten, die sich in der Frage nach der Entstehungszeit ergeben, sind damit schon angeklungen. Auf der einen Seite haben wir im JohEv. eigenständige Traditionen vor uns, denen größtes Alter und größter historischer Wert zukommt. Ihnen ist unmittelbare Nähe zu den Ereignissen nicht abzusprechen. Das hat dazu geführt, daß man mit einigem Recht sogar vom JohEv. als dem ältesten Ev. gesprochen hat (Robinson). Richtig ist auch, daß die Bemerkungen, die auf einen drohenden Ausschluß der Christen aus der Synagoge hinweisen (9,22; 12,42; 16,2), historisch nicht einfach auf die sog. Synode in Jamnia (um 90 n.Chr.) hinweisen, sondern durchaus eine frühere Zeit widerspiegeln können. Aber das Alter von Überlieferungen ist noch nicht einfach identisch mit dem Alter der Abfassung des Ev.s selber. Die altkirchliche Tradition jedenfalls legt die Entstehung des JohEv.s in die letzten Lebensjahre des Johannes. Spätestens im letzten Jahrzehnt des 1. Jh. hat es seine endgültige Gestalt gefunden.

Wir rechnen damit, daß das JohEv. das Traditionsmaterial der aramäischsprechenden Urgemeinde Jerusalems bewahrt hat. Dem widerspricht auch der Hinweis auf die Heimat der johanneischen Gemeinden im südsyrischen Raum nicht. Seit Jahrhunderten waren jüd. Gruppen, die in Palästina Schwierigkeiten hatten (Gruppen mit priesterlich-ekstatischer Tradition, die in Gegensatz zum Jerusalemer Tempel gerieten, z.B. Henochkreise, Täufergruppen, frühes Essenertum), in dieses politisch von Jerusalem unabhängige Gebiet ausgewandert. Das bedeutete schon für das Judentum, daß die ältesten palästin. Traditionen in Südsyrien aufbewahrt wurden. Analoges scheint für den johanneischen Gemeindekreis zu gelten. Wir rechnen daher beim JohEv. mit der sprachlichen Fixierung ältester palästin. Traditionen des aramäischsprechenden Urchristentums (vgl. immer noch Burney, Aramaic Origin) im südsyrischen Raum. Zieht man die altkirchliche Tradition von der ephesinischen Heimat des JohEv.s in Betracht, wird man höchstens von einer kleinasiatischen Ausprägung sprechen (vgl. XI).

VII. DER HINTERGRUND JOHANNEISCHEN DENKENS.

Die späte Datierung des JohEv hängt aber nicht zuletzt zusammen mit der Bewertung der johanneischen Christologie. Man meint bis heute oft, bei den Synoptikern eine einfache und also »ursprüngliche« Christologie vor sich zu haben, die erst später durch die Kirche denkerisch weiterentwickelt worden sei. Johannes vertritt demnach eine sehr späte »hohe« Christologie. Dieses Argument ist aber nur dann einleuchtend, wenn man ein solches Entwicklungsmodell zugrundelegt. Dann braucht es einen möglichst großen zeitlichen Rahmen, in dem diese »Entwicklung« vor sich gegangen ist. Doch dieses Entwicklungsmodell ist in letzter Zeit immer fraglicher geworden. Wie, wenn hinter Johannes nicht eine spätere, sondern eine sehr alte Denkform steht, die von Anfang an zu der der Synoptiker parallel steht?

Welcher Denkhintergrund steht nun hinter dem Johannesevangelium? An Vorschlägen mangelt es in der Forschungsgeschichte keineswegs. Waren es die frühen Gnostiker? Von ihnen wurde das JohEv. geschätzt, weil es ihrem griech. Denkgeist so gut zu entsprechen schien. Später hat man das JohEv. dann in Verbindung mit der Mystik gesehen und in die Nähe hellen. Spekulationen gerückt. Eine breite Auslegungstradition erkennt die große Nähe zur atl. Weisheitstradition. Erst spät hat man die tiefe Verwurzelung des JohEv.s im Judentum erkennen gelernt.

Zunächst ist das JohEv. aber verwurzelt im frühen Christentum. Wir wissen noch immer viel zu wenig über Gestalt und Gruppierungen des Urchristentums der ersten Zeit. Aber trotz allen Verschiedenheiten steht Johannes unbestritten im vielfältigen Strom der urchristl. Tradition. Er weiß von Jesu Menschwerdung, von seiner Sendung durch den Vater, von seinem Tod am Kreuz für die Welt, von seiner Auferstehung, von der Sendung des Heiligen Geistes usw. Hinter dem JohEv. aber stehen besondere Denkformen des *Judentums, die in Kreisen des *Judenchristentums selbstverständlich übernommen wurden und noch lange sehr lebendig gewesen sein müssen. Einerseits kennt Johannes eine reiche Auswahl atl. Themen, Verheißungen, Bilder usw. (Schöpfung, Sinai: 1,1-18; Väterverheißung: 4,12; Menschensohn, Auferstehung, Passa und Manna, Gesetz, messianische Traditionen usw.). Wie seine Gegner erkennt er die verbindliche Geltung des AT an und zeigt Kenntnis jüd.-exegetischer Traditionen und hermeneutischer Regeln des Judentums. Dazu kommt die Kenntnis zahlreicher Details der Topographie (*Jerusalem, *Samaria und *Galiläa), des jüd. Festkalenders und rel. Gebräuche.

Aber das Judentum z.Zt. des Urchristentums war vielfältig. Einerseits kennt Johannes Diskussionen, die uns aus dem pharisäischen Judentum bekannt sind (Frage um die Sabbat-Heiligung: 5,17; Zusammenhang von Manna und Gesetz: 6,45; der verborgene Messias: 7,27). Seit der Entdekkung der Qumran-Rollen hat man aber auch vielfältige Parallelen zwischen Johannes und dem Denken und dem Sprachgebrauch der *Essener erkannt: der Dualismus zwischen Licht und Finsternis; zwischen der Gemeinde, die sich als Endzeitgemeinde versteht, und der »Welt«; die Begabung mit dem Heiligen Geist usw. Das alles sind Grundgedanken, die je auf ihre Weise den Essenern und dem JohEv. zugrundeliegen. Aber die unbestreitbare Nähe kann die bleibende und auch grundlegende Differenz nicht überdecken (Vgl. J.H. Charlesworth, John and Qumran, 1972).

Eine Reihe von Forschern (J. Bowman, E.D. Freed, W.A. Meeks, G.W. Buchanan) haben auf eine grosse Nähe zwischen dem JohEv. und den Samaritanern hingewiesen.

Was uns in den Qumranschriften schriftlich faßbar wird, ist eine priesterliche Denkform. Sie unterscheidet sich deutlich von der des Pharisäismus, in Einzelheiten auch von dem Priestertum, das z.Zt. Jesu die Priesterschaft am Jerusalemer Tempel stellte, war aber wohl in weiten Teilen des Judentums verbreitet. Vieles, was uns aus Strömungen des sog. »esoterischen« Judentums bekannt ist, scheint ursprünglich integraler Bestandteil des priesterlichen jüd. Denkens gewesen zu sein. Das mag auch für das Judentum zutreffen, das uns in den Quellen der Samaritaner, der Oden Salomos, der Mandäer u.a. greifbar wird. Wir haben zu lernen, daß das Judentum z.Zt. Jesu weiter und vielfältiger war, als uns das aus der Optik einer späteren Zeit, in der das pharisäisch-rabbinische Judentum dominierte, erscheint.

Der priesterliche Grundgehalt johanneischen Denkens zeigt sich an vielen Einzelheiten: in der Aufmerksamkeit auf Reinheitsfragen (2,6) und den Ort der Anbetung (2,10ff; 4,20ff; 15,3), die beide durch das Kommen des Messias Jesus verwandelt werden; in der Tatsache, daß im Messias nich[t] nur der Erbauer des Tempels (2,29; vgl. Sach 6,12 und 2 Sam 7,12f), sondern auch der eschatologische Geber von Geist und Reinheit vor den Menschen steht (7,37-39; 14,16f; vgl. Hes 36,25-27; 47,1-12 u.ö.); im Messias Jesus berühren sich himmlische und irdische Welt. Die himmlische Welt wird für den, der sehen kann, erfahrbar, wird »Geist und Wahrheit« (4,24). Die im Tempel »wohnende« und dem Menschen wahrnehmbare Offenbarungsgestalt Gottes hat nach den priesterlichen Traditionen des A[T] zwei Formen: Gottes »Name« (5 Mo 12,11; 14,23 u.ö.; vgl. 12,5.21; 14,24 ua.; Joh 17,6) und Gottes »Herrlichkeit« (Hes 1,26-28; 2,12.23; 8,2-4; 10,4f u.ö. Joh 2,11; 12,41 und 1,14). Jesus ist der »Menschen-Sohn«, d.h. Gottes Offenbarungsgestalt als »Mensch« (Hes 1,26ff; Dan 7,3ff). Jesus selbst aber ist nach Johannes eb[enso] diese Herrlichkeit (12,41; 1,14) und offenbart, indem er sich den Menschen zeigt, den Namen Gottes (17,[6]; vgl. *Ich-bin-Worte). Und so tauche[n] auch in Joh 17,1-26, dem sog. hohe[n] priesterlichen Gebet, die drei Grund[-] begriffe priesterlichen Denkens in merkwürdiger Zusammenstellung a[uf:] Name, Herrlichkeit und Heiligkeit/ Heiligung. Was Gott in seinem himmlischen Heiligtum ist, das wir[d] er nun für die irdische Welt anschaubar an Jesus und inmitten seiner Gemeinde: in seiner Herrlichkeit, in der Offenbarung seines Namens und in der Heiligung derer, die zum Messias Jesus gehören.

Nicht identisch, aber doch damit zusammenhängend sind die ekstatischen Überlieferungen, die bei Johannes erkennbar werden. Jesus ist der einzige, der von der himmlischen Welt Kunde bringt (1,18), der selbst von der himmlischen Welt herabgestiegen ist (3,13ff) und der den Vater allezeit sieht (5,19). In ihm kommt die »Herrlichkeit Gottes« in menschlicher Gestalt, also als »Menschensohn« anschaubar in diese Welt (12,41; 1,14; vgl. 12,23.34). Ja, den Jüngern wird versprochen, daß sie Jesus als Menschensohn und so als das Urbild des wahren, von Gott erwählten Israel in seiner Verbindung mit der himmlischen Welt »sehen« werden (1,51).

Diese Einzelheiten verweisen auf einen judenchristl. Kreis mit priesterlichem Grundcharakter, der um ekstatische Tempeltraditionen und ein Sehen der himmlischen Welt weiß, diese Traditionen aber im geschichtlichen Kommen Jesu als des Sohnes Davids, des Messias Israels, endzeitlich erfüllt sieht. Bei bleibenden Differenzen sind Parallelen zu Qumran, den Täuferkreisen (Henoch-Literatur) und den Oden Salomos nicht zu übersehen.

VIII. JOHANNEISCHE CHRISTOLOGIE.

Wir haben die johanneische Christologie in einer Gestalt vor uns, die in der konkreten Auseinandersetzung mit einer politisch motivierten Propheten-Christologie formuliert ist (s.o.). Man muß daher die Grundgestalt johanneischer Christologie von ihrer polemischen Zuspitzung im JoEv. zu unterscheiden versuchen.

In der aktuellen Ausformung liegt der Höhepunkt johanneischer Christologie darin, daß in Jesus der Christus, der Sohn Gottes, geglaubt wird (20,30f). Damit wird die davidische Messianologie (2Sam 7,12ff u.ö.) mit Hilfe der Zeichen-Konzeption gegen die prophetische Sendungskonzeption, die sich auf Mose (5Mo 18,15.18) beruft und unmittelbar politisch (im Sinn einer »Befreiungs-Theologie«) zugespitzt ist, gestellt.

Das zeigt sich deutlich daran, daß die Bezeichnung Jesu als »Prophet« im Ev. zwar erwogen, aber nie positiv und reflektiert auf Jesus bezogen wird (,40.52; v.a. 6,14f; vgl. auch 4,19 mit 4,25 bzw. 9,17 mit 9,35.38. Die Bezeichnung als Prophet wird zur Erkenntnis des Messias bzw. des Menschensohns hin vertieft). Anders ist es bei der Bezeichnung Jesu als »König«. Auch sie wird für Jesus verwendet (,49; 12,13.14-16 [Ps 118,25 und Sach 9,9]; v.a. im Passionsbericht ,33-19,22 und 6,14f). Der Passionsbericht nimmt gegen eine unmittelbar politische Interpretation dieses Titels deutlich Stellung (vgl. 18,36), ohne ihn jedoch zurückzuweisen.

Nach dem Zeugnis des Josephus ist deutlich, daß der Königstitel einem Mitglied des davidischen Hauses vorbehalten war (vgl. Jos.ant.Jud. 14,41. 386.403f; Jos.bell.Jud. 2,53.90f). Das ist ein Indiz, daß auch das JohEv. um die davidische Herkunft Jesu weiß (6,14f).

Auch die Erörterung der »Freiheit« in 8,30ff muß auf diesem Hintergrund verstanden werden. Außer den politischen Freiheitskämpfern hätte wohl niemand eine Aussage wie 8,33 gewagt, stand doch Israel seit langer Zeit unter politischer Fremdherrschaft. Erst wenn man unter »Freiheit« einen politischen Begriff erkennt, gewinnt die Auseinandersetzung ihre Schärfe. Münzfunde und Belege bei Josephus und den Rabbinen zeigen zudem, daß z.Zt. Jesu »Freiheit« ein zentrales politisches Schlagwort war (verstanden als politische Befreiung).

Jenseits der unmittelbaren Zuspitzung johanneischer Christologie spielt für Johannes die Frage nach der »Stunde« Jesu (2,4; 7,6.30; 8,20; 12,23; 13,1) eine entscheidende Rolle. Jesus geht einen Weg, auf dem er intensiv nach der »Stunde«, die für ihn von Gott kommt, Ausschau hält (vgl. v.a. 7,1-10). Mit der Frage der Griechen (12,20ff) ist sie für ihn gekommen. Was steht dahinter? Nach Jes 11,10 werden »an jenem Tag«, an dem Gott den Messias (11,1ff) als »Panier der Völker« aufrichten, und d.h. nach der aram. Sprachgestalt »kreuzigen« lassen wird (Jes 11,12), »die Heiden nach ihm fragen« (11,10). Eben das geschieht durch die Frage der »Griechen« (Joh 12,20ff) – und daran erkennt Jesus seine Stunde (Joh 12,23) und auch die genaue Art seines Todes (12,33; vgl. 18,32; 3,14 und 8,28; im Aram. ist »erhöhen« = »kreuzigen«). Durch dieses Handeln wird Gott selbst sein zerstreutes Volk aus den Völkern »sammeln« und »loskaufen« (Jes 11,11; vgl. Joh 11,51f; 10,14ff). Hinter der johanneischen Christologie steht deutlich die davidische Messianologie: er ist der vom Geist begabte eschatologische »Sohn Gottes« (2Sam 7,14; Jes 11,1ff u.ö.).

Das Verständnis Jesu als »Sohn Gottes« ist Johannes wichtig, weil er so die Christologie gegen eine unmittelbar politische Ausdeutung abgrenzen kann. Dazu aber nimmt er noch eine Vielzahl anderer Traditionen auf, die er in seine Christologie integriert. Einmal knüpft er an Jakob-Israel-Traditionen an (1,45-51 und auch 2,1-11; vgl. 2,11 mit TgPsJ Gen 27,25). Im Rahmen der jüdischen Jakobstraditionen bedeutet das, daß in Jesus das »Urbild« des wahren Jakob-Israel, der in der himmlischen Welt am Thron Gottes aufbewahrt ist, vor den Menschen steht (1,51; vgl. TgGen 28,12ff und die Verbindung mit Hes 1,26ff und 1Mo 1,26ff; wahrscheinlich steht dahinter mystische Tradition, wie sie uns literarisch erst aus späterer Zeit, hebr Henoch/Metatron, deutlich erkennbar wird; damit sind sehr frühe Vor-Formen der jüd. Märkabah-Tradition vorausgesetzt. Wahrscheinlich handelt es sich dabei um altes priesterliches Wissen, wie es uns z.B. in liturgischen Fragmenten aus Qumran [4QSl; vgl. auch Stellen in den Oden Salomos] greifbar wird).

Diese Jakob-Israel-Tradition aber ist bei ihm unmittelbar mit der Menschensohntradition verbunden (1,51) und verrät die Kenntnis ekstatischer Wirklichkeit. Die unmittelbare Verbindung und der Austausch zwischen himmlischer und irdischer Welt wird an Jesus als dem Menschensohn für die Jünger anschaubar. Auch sonst sehen wir, daß christologische Argumentationen in der Bezeichnung Jesu als »Menschensohn« ihren Höhepunkt erfahren (3,13f; 9,17.35ff; 12,23.34). Menschensohn, das aber ist Gottes »Thron-Herrlichkeit«, die in menschlicher Gestalt wahrnehmbar wird (Hes 1,26-29 u.ö.) und so als Gottes Offenbarungsgestalt, als himmlischer »Menschensohn« die Rolle des irdischen, des davidischen Messias-Königs übernehmen wird (Dan 7,13ff; vgl. dazu Bittner, Gott, Menschensohn, Davidssohn). Als Menschensohn ist Jesus der in seiner Identität vorläufig verborgene davidische Messias (12,34; vgl. 7,26f), geht den Weg durchs Leiden (12,23f) und ist gleichzeitig der schon gegenwärtige und gleichzeitig kommende Weltenrichter in der Vollmacht Gottes (5,27).

So verbinden sich die Elemente johanneischer Christologie zu einer Einheit: Jesus ist die himmlische Herrlichkeit, die von Jesaja visionär geschaut worden war (12,41), ist die Herrlichkeit, die er nun auch anschaubar macht (2,11; vgl. 1,14 und 17,1.4 u.ö.), ist der Name Gottes, der in ihm als Mensch erscheint (17,6 u.ö.; vgl. *Ich-bin-Worte). Es ist genau umgekehrt, wie man oftmals in der Forschung vermutet hat: hier wird nicht der irdische Jesus nachträglich von der Gemeinde verherrlicht; er wird geschaut als himmlische Herrlichkeit Gottes, die »historisch« in unsere Welt kommt und in ihr anschaubar (1,14), ja »angreifbar« wurde (1Joh 1,1ff). Einzelne Züge lassen vermuten, daß auch durch diese Entfaltung bewußte Abgrenzungen vollzogen werden: Nur Jesus bringt Kunde von der himmlischen Welt, da nur er »im Schoß des Vaters sitzt« (1,18); niemand hat Gott bzw. seine Gestalt jemals gesehen bzw. seine Stimme gehört (5,37; 1,18), ja niemand ist wahrhaft in den Himmel hinaufgestiegen (3,13). Wir erkennen hier die Nähe zu ekstatischen Gruppen, die aus eigener Erfahrung himmlisches Wissen für sich beanspruchen. Es handelt sich hier um priesterliches Wissen und um Erfahrung, die die Grundlage des Tempelgottesdienstes bilden. Der Tempel mit seinem Gottesdienst ist das Tor, an dem die himmlische Welt die irdische berührt und verwandelt.

Aber nun wird deutlich, wie gerade diese Tempeltraditionen sich für Johannes organisch mit der Christologie verbinden. Johannes kommt von der Schau des himmlischen Tempels her. Er erkennt in der Gestalt des irdischen Jesus in seiner historischen Sendung vom Vater die himmlische Urgestalt des wahren »Jakob-Israel«, die himmlische »Herrlichkeit«, den einwohnenden »Namen« Gottes, den »Menschensohn«. Und so erkennt und beschreibt er nun den irdischen Jesus und sieht, daß in seinem »Leib« der neue, der eschatologische Tempel schon da ist, von dem Reinigung, Heiligung und Geistbegabung für die Jünger kommen (7,37ff; vgl. 2,21; 15,2f; 17,17.19). Damit werden, verborgen und doch wirklich, die Reinheitsvorschriften durch die messianische Fülle abgelöst (2,1-11), der irdische Tempel durch den im Messias gekommenen eschatologischen Tempel (2,13-22), der in der Auferstehung neu »errichtet« wird (2,19ff), ja jeder Anbetungsort wird im Messias, der »Geist und Wahrheit« selbst ist und gibt, abgelöst (4,23-26).

Auffallend ist nun, wie Johannes die christologischen Aussagen, vor allem die Sohnes-Christologie, in die Rechtsvorstellungen des jüd. Gesandtenrechtes einzeichnet (vgl. Bühner). Im irdischen Jesus erkennt er den davidischen Messias, den Sohn Gottes als den himmlischen Gesandten, den Sohn vom Vater, in dem Gott als der Vater selbst seine Gegenwart aufleuchten läßt. Der Weg beginnt oben, in der himmlischen Welt, und führt über den Abstieg wieder zum Aufstieg. Entscheidend ist die Grundlage des Botenrechtes: »Der Gesandte eines Menschen gilt (rechtlich) wie dieser selbst« (z.B. mBer V,5 usw.; vgl. Bühner, 209ff). Der Gesandte wird damit zum »Repräsentanten« des Senders. Damit ist auch die rechtliche Grundlage für die Identifikationsformeln gegeben, die Jesus volle Göttlichkeit zuschreiben (z.B. Joh 10,30; 14,9 u.ö., vgl. *Ich- bin-Worte). In Jesus als dem Gesandten ist Gott als Vater im Sohn rechtlich gegenwärtig und anschaubar, obwohl er von ihm unterschieden bleibt.

Eng mit der Christologie verbunden ist bei Johannes der Geistgedanke. Gott selber ist der »Geist« (4,24), der in Jesus als »Geist und Wahrheit« in dieser Welt erscheint. Jesus ist als Messias nicht nur Träger des Geistes und seiner Gaben (Weisheit, Einsicht = Menschenkenntnis, [Wunder-] Kraft, Rechtsfindung usw., vgl. Jes 11,1ff), sondern auch der Geber des Geistes (7,37ff; vgl. Hes. 47,1ff), durch den die neue Welt als Neuschöpfung Wirklichkeit wird (3,5ff). Der Geist ist aber als »Geist der Wahrheit« auch »Paraklet« (Fürsprecher, Anwalt, Beistand 14,16f.26; 15,26; 16,7-11; vgl. 16,13-15). Nach 14,16f repräsentiert er auf neue Weise die Gegenwart Jesu, indem er »lehrt und erinnert« (14,26), Jesu Wirken also vergegenwärtigt und vertieft. Der rechtliche Charakter, der in dieser Vorstellung liegt, wird in 15,26 und 16,7-11 (vgl. Mk 13,9-13) deutlich.

Wieviele dieser Einzelkonzeptionen, die hier zur Einheit geworden sind, gehen auf Johannes den Täufer und seinen Jüngerkreis zurück (1,35ff)? Soweit wir sehen, stand der Täufer offensichtlich in lebendigem Kontakt zu alten priesterlichen Traditionen. Die Verbindung zwischen der Gottessohnschaft des Messias und seiner bleibenden Geistbegabung wird ausdrücklich mit dem Täufer-Zeugnis in Zusammenhang gebracht (1,32). Der Täuferkreis, dem womöglich auch der Lieblingsjünger angehört hat (vgl. 1,35.40f nach anderer Lesart), könnte gut die Brücke zwischen priesterlicher und urchristl. Tradition gebildet haben (vgl. auch Apg 6,7). Verbindungen zwischen beiden Kreisen sind auch sonst bezeugt (Joh 3,22ff; 4,1f).

Nach wie vor umstritten ist die Stellung des »Prologs« (1,1-18) zum übrigen JohEv. Ist er Schlüssel für das Ev., oder ist er aus ganz anderer Situation heraus später angefügt? Verschiedene Fragen sind nach wie vor ungelöst. Wo liegt der Höhepunkt dieses Textes? Hat er eine antidoketische Ausrichtung (»das Wort wurde *Fleisch*« V. 14), oder herrscht vielmehr die Antithese gegen Mose (V. 18) vor? Tatsache ist, daß hervorgehobene Themen des Prologs wie die Bezeichnung Jesu als präexistentes »Wort Gottes« im Ev. nicht mehr auftauchen, andererseits Hauptthemen des Ev.s im Prolog nicht wiederzufinden sind. Das scheint die These nahezulegen, daß der Prolog eine andere Situation voraussetzt als das Ev. Und doch sind Sprache und Vorstellungswelt johanneisch. Die Vorstellung der Präexistenz der Weisheit als (Schöpfungsmittler-)»Wort« bei Gott ist aus der Weisheitstheologie (Spr 8,22-31) bekannt, die dieses Wort allerdings mit dem Gesetz des Mose verbindet (Sir 24).

Zur Auffassung, daß die johanneische Christologie Spiegelbild der Auseinandersetzungen ist, in denen die johanneische Gemeinde stand, vgl. XI.

IX. EINZELTHEMEN JOHANNEISCHER VERKÜNDIGUNG.

Die johanneische Verkündigung unterscheidet sich in ihrer Begrifflichkeit teilweise sehr stark von der synoptischen. Heilsgut ist das »Leben« (20,31), das dem Glaubenden gegeben wird. Damit ist das Lieblingswort für die Erlösung genannt (vgl. 14,6), die Jesus als Heilsgabe und Ziel seiner Sendung weitergibt (10,10).

Als »Leben« und »Licht« steht Jesus in Gegensatz zur »Welt« (8,12; vgl. 14,27; 16,33; 15,18ff u.ö.). Der Dualismus zwischen dem Jüngerkreis und der »Welt« ist gebunden an die Sendung Jesu und ethisch ausgeprägt (vgl. 1Joh). Darin liegt eine bleibende Differenz zu Formen eines prinzipiellen Dualismus.

Die Aussagen, die von der Gegenwart des letzten Tages (4,23; 5,25) und damit des letzten Gerichtes im Kommen Jesu (vgl. 5,24ff; 3,19-21) sprechen, haben in der Forschung (Bultmann u.a.) dazu geführt, daß man von einer realisierten Eschatologie sprach: In der Begegnung mit Jesus realisiert sich bereits das endgültige Gericht Gottes. So richtig diese Beobachtung ist, so wenig ist zu übersehen, daß Johannes weiterhin von einer kommenden Stunde bzw. dem kommenden Gericht (5,28f; 6,39f.44.57; 12,48) und der noch ausstehenden Ankunft Jesu (14,3; 21,23) weiß. Kein anderes Ev. betont so stark die Differenz zwischen der Zeit vor und nach Ostern (2,22; 7,39; 12,16.32; 16,12f.23f). Johannes weiß um die zukünftige Vollendung der Geschichte. Daß er darüber anders spricht, hat seinen Grund darin, daß er keine Gesamtdarstellung der Wirksamkeit und der Verkündigung Jesu geben will (vgl. Bittner, Geschichte und Eschatologie).

Der Ausdruck »Gemeinde/Kirche« kommt bei Johannes nicht vor. Die Sache aber ist so deutlich wie in keinem anderen Ev. ausgedrückt. Jesus ist als der »Hirte« die Erfüllung der Erwartung des AT. Nach Hes 34, 11f.23 wird Gott selbst Hirte über seine Herde werden, indem er seinen Knecht David zum Hirten bestellt. So ist Jesu Messianität mit dem Gemeindegedanken, der »Herde«, verbunden (10,1ff) und gleichzeitig gegen die (zelotischen) Führer im Freiheitskampf gegen Rom abgegrenzt (10,8ff). Jesus führt die Seinen nicht in den Tod wie die falschen Hirten, sondern geht freiwillig und stellvertretend für sie in den Tod (10,11-18). Im »Bleiben« in oder bei Jesus bzw. in seinem Wort mitten in aller Anfechtung liegt das Geheimnis der Gemeinde begründet (8,30; 10,27ff; 15,1-10 u.ö.). Die Grundregel, auf die Jesus die Seinen verpflichtet, ist die Bruderliebe, durch die die Gemeinde verbunden sein soll. Sie wird zum »neuen Gebot« (13,34; vgl. 1Joh 1,7-11; 3,11ff). In diesem Gebot sind die übrigen Gebote gültig aufgenommen und nach dem Vorbild des Handelns Jesu (Joh 13,1ff) erneuert. Diese Liebe aber ist Frucht und bleibendes Kennzeichen der Liebe zu Jesus (14,15.21.23), ist also auch Halten der Gebote (vgl. Röm 13,8ff).

Der Anteil, den Jesus den Seinen durch die Gegenwart des Heiligen Geistes gibt, zeigt sich in einer außerordentlichen Zuversicht im Gebet (14,13f; 15,7.16b; 16,23f; vgl. 1Joh 5,14f) bzw. im Vorrecht, »im Namen Jesu« (d.h. im Recht des Gesandten, den, der ihn gesandt hat, vollgültig zu vertreten; 20,21ff) zu handeln (vgl. z.B. 14,12). Dieses Recht hängt mit dem »Bleiben« der Jünger in Jesus oder dem Bleiben Jesu in ihnen (15,4 u.ö.) bzw. der Einwohnung von Vater und Sohn in dem, der Jesus liebt und sein Wort hält (14,23), zusammen. Die Sendung der Gemeinde geht (zeitlich) über den irdischen Auftrag Jesu hinaus (17,15.20f), setzt aber die Sendung Jesu fort (20,21; vgl. 17,23; 14,12).

X. VERHÄLTNIS ZU DEN SYNOPTIKERN.

Lange Zeit stand die Forschung unter der Frage, ob und inwiefern der Stoff des JohEv.s mit dem synoptischen Überlieferungsmaterial zusammenhängt. Hat Johannes diese Über lieferung gekannt? Wenn ja, in welcher Form? Nimmt er zu Einzelheiten korrigierend Stellung?

Fest steht, daß Johannes innerhalb einer reichen urchristl. Tradition steht, aus der er seine Kenntnis bezieht. Wo historische Angaben auftauchen, da ist er nicht nur gut informiert, sondern auch bis in Details hinein präzis. Spannungen zu topographischen Angaben der Synoptiker bestehen: z.B. Anfang der galiläischen Wirksamkeit in *Kana, nicht in *Kapernaum; Herkunft des Petrus aus *Betsaida, nicht aus Kapernaum. In der Passionsüberlieferung fällt die Parallele zur Tradition, die bei Lukas verarbeitet wird, auf. Eindeutige literarische Abhängigkeiten lassen sich aber weder hier noch bei den oft diskutierten Parallelen (vgl. 4,46-54 mit Mt 8,5-13 par.; 6,1-15 mit Mt 14,13-21 par.; 6,16-21 mit Mt 14,22-27 par.) erweisen. Die synoptische und die johanneische Tradition beruht auf je eigenen Überlieferungsprozessen, die unter verschiedenen Gesichtspunkten stehen. Wo Spannungen auftauchen, da ist mit eigenständigem und historisch hohem Wert der johanneischen Überlieferung zu rechnen.

Der Aufriß der Geschichte Jesu scheint sich von dem der Synoptiker deutlich zu unterscheiden. Und doch sind zunächst im großen Rahmen die Parallelen dominierend. Beide erkennen in der Wirksamkeit Johannes des Täufers die entscheidende Vorstufe, von der die Wirksamkeit Jesu nicht zu trennen ist. Beide wissen davon, daß die Tätigkeit Jesu in Galiläa begann, daß es nach der Speisung am See Genezareth zum Umbruch kam, der auf den entscheidenden Konflikt in Jerusalem zutrieb. In der Darstellung der letzten Tage in Jerusalem besteht dann große Parallelität zwischen beiden Traditionen.

Die Hauptdifferenz scheint darin zu bestehen, daß Johannes die Geschichte Jesu mit dem jüd. Festkalender verbindet und von verschiedenen Aufenthalten Jesu in Jerusalem berichtet (z.B. 2,13.23; 12,1: *Passa; 5,1: Fest der Juden; 7,1ff: *Laubhüttenfest; 10,22: *Tempelweihfest). Je nachdem, wie man die Feste identifiziert, kommt man dadurch zu einer Wirksamkeit über zwei bis drei Jahre. Der Aufriß der Synoptiker weiß nur von einem Zug Jesu nach Jerusalem. Woran liegt das? Details zeigen, daß auch die synoptische Tradition mit verschiedenen Aufenthalten Jesu in Jerusalem rechnet (z.B. Mt 23,37/Lk 13,34; vgl. Riesner, Jesus als Lehrer, 37f). Die synoptische Tradition stellt das in ihr verarbeitete Material zwar nicht ausschließlich, aber doch stärker nach sachlichen Gesichtspunkten zusammen als Johannes, bei dem der Versuch, eine geschichtliche Ordnung zu bewahren, deutlicher ist.

Zum Problem werden Texte, in denen die johanneische Darstellung der synoptischen widerspricht. Manche »Widersprüche« sind nur scheinbar und lösen sich bei genauerer Untersuchung auf (z.B. Frage des Abendmahls-Datums bzw. des Todestages Jesu; vgl. dazu V.; der Lieblingsjünger; Verhältnis zwischen 4,46ff und den synoptischen Parallelen usw.). Manche Spannungen bleiben bis heute: Hat Johannes die Tempelreinigung aus theologischen Gründen an den Anfang der Wirksamkeit Jesu gerückt? Aber es gibt sonst keine Hinweise darauf, daß Johannes mit der Überlieferung so verfahren ist.

Entscheidender ist die Frage nach der unterschiedlichen Sprache. Bestimmte Themen und Leitworte, die für die synoptische Darstellung der Verkündigung Jesu zentral sind (z.B. Reich Gottes, Dämonen, Umkehr) fehlen beinahe oder ganz, während andere erscheinen (z.B. Wahrheit, Leben, Licht/Finsternis, Welt usw.). Einige Begriffe sind parallel, doch sind auch da Differenzen nicht zu übersehen.

Die synoptische Darstellung der Worte Jesu scheint auf einem ganz bestimmten Vorgang zu beruhen. Jesus hat im Stil der Lehrer seiner Zeit Ergebnisse seiner öffentlichen wie seiner Jüngerlehre geformt und als Überlieferung seinen Jüngern anvertraut. Die synoptischen Jesusworte sind zum großen Teil Verdichtungen, hinter denen längere Erörterungen und Schulgespräche stehen.

Die johanneische Darstellung hat einen ganz anderen Stil. Sie will weniger die Ergebnisse der Gespräche Jesu in der Öffentlichkeit bzw. im Jüngerkreis wiedergeben, sondern deren Verlauf darstellen. Tatsächlich lassen sich Themen und Einzelworte der johanneischen Tradition als Umformungen synoptischer Jesusworte verstehen. Die Hypothese, die johanneischen Jesusworte stellten eine späte Form des Nachdenkens über die Jesustradition dar, bleibt schwierig. Waren denn Johannes die Grenzen zwischen dem Wort Jesu und dem eigenen Nachdenken unwichtig? Sind denn mit dem »Erinnern« an die Worte Jesu (2,22; 14,26; vgl. 12,16) Neubildungen aus Eingebung des Geistes verstanden? Das würde dem, was wir sonst vom Umgang mit Tradition wissen, widersprechen und ist auch für Johannes nicht vorauszusetzen.

Daß die johanneische Tradition auch in ihrer sprachlichen Form nicht von Jesus gelöst werden kann, darauf machen die »johanneischen Bruchsteine« der synoptischen Überlieferung (z.B. Mt 11,25-27) unübersehbar aufmerksam und sollten im Urteil vorsichtig machen.

XI. ZUR LITERARISCHEN ENTSTEHUNG DES JOHANNESEVANGELIUMS.

Bis zum Ende des 19. Jh. wurde das JohEv. als Einheit gelesen, ohne darin ein Problem zu sehen. Mit dem Beginn der kritischen Exegese hat man immer mehr gelernt, Spannungen und Abbrüche im Text zu entdecken und Umstellung zu vermuten. Die Annahme, das JohEv. sei in einem Zug geschrieben, hat man aufgegeben. Vorstufen werden vermutet.

Die wichtigste Hypothese ist die »Semeia-Quellen-Hypothese«. Sie setzt an der Zählung der Zeichen (griech. *sēmeia*) Jesu an. Die Hochzeit zu Kana wird 2,11 als erstes, die Heilung in 4,54 als zweites Zeichen gezählt. Da 2,23 jedoch von weiteren Zeichen die Rede ist, ergebe sich, daß die Zählung einer Quelle entstamme, die vom Ev. übernommen worden sei. Diese Hypothese, die durch den Kommentar von Rudolf Bultmann (weitergeführt z.B. von R. Fortna und J. Becker; vgl. Bittner, Zeichen 2ff) umfassende Wirkung bekam, verband sich aber mit einem weiteren, zentralen Argument: Diese »Zeichen-Quelle« müsse eine Evangelienschrift gewesen sein, die eine primitive Wunderchristologie vertreten habe. Jesus werde durch seine Wunder als der Messias erwiesen. Johannes habe diese Christologie bekämpft. Da Johannes der Gemeinde dieses Zeichen-Evangelium aber nicht mehr habe wegnehmen können, habe er es in seine Evangelienschrift eingebaut, um sie dadurch zu entkräften. Das Hauptargument ist also nicht literarisch, sondern christologisch: Es bestehe eine unausgleichbare Spannung zwischen der Christologie des JohEv.s und dem der »Zeichenquelle«.

Die Grundpfeiler dieser Hypothese sind schwer erschüttert. Die Zählung der Zeichen in 2,11 und 4,54 bezieht sich deutlich auf Kana in Galiläa, so daß kein Widerspruch zu 2,23 besteht. Das Argument, die Quelle unterscheide sich im Stil deutlich von dem des Evangelisten, ist wohl endgültig widerlegt (Schweizer, Ruckstuhl u. a. gegen Fortna). Nachdem also das Stilargument, das die Semeia-Quellen-Hypothese stützen sollte, gegenstandslos geworden istwird nun auch zunehmend das christologische Argument fraglich (Brown, Ringen um die Gemeinde; vgl. umfassend Bittner, Zeichen). Daß das JohEv. christologische Spitzenaussagen der Quelle, die es doch radikal bekämpft, unkorrigiert übernimmt, (12,37ff; 20,30f), ist völlig unwahrscheinlich.

Zur Hypothese der »Zeichenquelle« tritt die Hypothese einer »Reden-Quelle«, aus der das Material der großen Jesus-Reden stammen soll (Bultmann). Doch mit dem Wegfall der Semeia-Quellen-Hypothese (vgl. auch Heekerens) fallen gleichzeitig die Argumente, die für die eigenständige Existenz einer Reden-Quelle sprechen. Es ist auch nicht so, daß diese Reden die Zeichen Jesu korrigierend kommentieren; denn gerade Joh 2,1ff und 4,46ff werden nicht durch Reden kommentiert, während wichtige Reden (z.B. 7,14ff; 8,12ff; 10,1ff) keinen Bezug auf Zeichentaten Jesu nehmen.

Verschiedene Details zeigen, daß hinter dem JohEv. ein reiches Maß fest geformter, mündlicher Traditionen steht, aus denen ausgewählt worden ist. Das JohEv. ist nicht isoliert vom Strom urchristl. Jesusüberlieferung. Seine Traditionen haben großes Alter und stehen parallel zu denen, die hinter den Synoptikern stehen; sie hängen wurzelhaft-geschichtlich mit diesen zusammen, sind aber von ihnen in ihrer weiteren Geschichte zumindest literarisch unabhängig (vgl. Dodd, Historical Tradition).

Nun haben sich in den letzten Jahren deutlich neue Ansätze artikuliert, die aus dem Schema literarischer Quellen herausführen sollen. Das JohEv. wird als Spiegel geschichtlicher Auseinandersetzungen um die Christologie aufgefaßt, die sich in den johanneischen Gemeinden abgespielt haben. Dieses christologisch entworfene und geschichtlich dargestellte »Schichtenmodell« (vgl. M.L. Martyn, R.E. Brown) setzt voraus, daß die urchristl. Gemeinden die ihr bekannten Jesustraditionen nur in dem Maß wichtig genommen haben, als sie sie für ihre aktuellen Auseinandersetzungen »auswerten« konnten. Es handelt sich um »Bedürfnis-Hypothesen«, die sich einseitig an den vorausgesetzten aktuellen Gemeinde-Situationen orientieren. Damit wird das JohEv. nicht mehr als Darstellung der Geschichte Jesu und seiner Verkündigung, sondern der Gemeinde und ihres Selbstverständnisses verstanden. Einzelne christologische Themen, die im JohEv. auftauchen, werden als Belege geschichtlich voneinander zu unterscheidender Spannungen innerhalb der johanneischen Gemeinden aufgefaßt und nun zu einem historischen Bild eben dieser Geschichte verarbeitet.

Dieses Modell arbeitet mit einer ganzen Reihe von Voraussetzungen, die weder historisch noch methodisch begründbar sind. Hier werden Grenzen zwischen dem Anlaß der Evangelien-Abfassung, der durchaus aus aktueller Situation erwächst, und der Entstehung von Tradition, die geschichtliches Wissen zu bewahren und weiterzugeben hat, vermischt. Die damit vorausgesetzte Meinung, die urchristl. Gemeinden hätten kein Bewußtsein für die Differenz zwischen historischer Überlieferung und eigenem Bedürfnis gehabt, widerspricht allem geschichtlichem Wissen der damaligen Zeit und auch dem expliziten Zeugnis der johanneischen Tradition.

Wir rechnen damit, daß Johannes zu eigenständig geprägten urchristl. Traditionen Zugang hatte, die in seinem Ev. verarbeitet sind. Daß er Quellen-Schriften benützt hat, ist nicht zu erweisen. Dagegen ist mit verschiedenen Stadien der Entstehung zu rechnen. Deutlich ist das bei den beiden Abschnitten 7,53-8,11 (Ehebrecherin) und 5,3b-4 (Bewegung des Wassers). Beide Texte fehlen in den besten Handschriften, obwohl sie selbst alte Traditionen wiedergeben. Zu vermuten ist auch, daß Kapitel 21 einen Nachtrag darstellt, das JohEv. also einmal mit 20,31 geendet hat. Inhaltliche und stilistische Argumente machen aber deutlich, daß Kap 21 aus derselben Tradition wie das Ev. stammt. Schwieriger ist die Frage nach dem Prolog (1,1-8). Wichtige Themen des Prologs werden im Ev. nicht mehr aufgenommen, während Grundthemen des Ev.s im Prolog nicht anklingen. Aber auch der Prolog gehört deutlich in den Strom johanneischer Tradition.

Schwieriger sind Beobachtungen, daß einzelne Verse und Abschnitte ursprünglich an einem anderen Ort gestanden haben. So soll sich 7,23 auf 5,1-18 beziehen. Gehört darum Kapitel 6 vor Kapitel 5? Knüpft 7,15-24 an 5,47 an? Der Abschnitt 12,44-50 wird von manchen Textzeugen nach 12,36a eingefügt, so daß das Kapitel mit der Abschlußbemerkung des Evangelisten schließt. Verschiedene Vorschläge wurden für die Abschiedsreden (Kap 13 – 17) bzw. für die Passionsgeschichte gemacht.

So sehr Einzelbeobachtungen richtig sind, ist doch die Annahme großer Umstellungen zu weit gegriffen. Johannes hat oft und bewußt Teile seiner Traditionen in andere Abschnitte hinübergenommen, um so übergreifende Zusammenhänge deutlich herauszustellen. An einzelnen Stellen wird man statt mit Umstellungen eher mit späteren Erweiterungen rechnen. So knüpft z.B. 18,1 direkt an 14,31 an. Die literarischen Probleme des JohEv.s werden vielleicht lösbar sein, wenn wir tieferen Einblick in die Geschichte und die Auseinandersetzungen der urchristl. Gemeinden in Jerusalem und Südsyrien gewinnen. (vgl. dazu VI.).

XII. »GNOSIS« UND JOHANNESEVANGELIUM.

Immer wieder wurde ein Zusammenhang zwischen johanneischem und gnostischem Denken sowohl behauptet als auch energisch bestritten. Es sind allerdings sowohl religionsgeschichtlicher Ursprung als auch Entstehungszeit der *Gnosis nach wie vor heftig umstritten. Vor allem sind die Definitionen, was man unter Gnosis zu verstehen bzw. wie man ausgebildete Gnosis von Vorformen gnostischen Denkens zu unterscheiden habe, keineswegs einheitlich.

Daß es gnostische Systeme vor Johannes gegeben hat, legen die Quellen bisher in keinem Fall nahe. Auch von »Vorstufen« zu sprechen ist schwierig. Es sind eher Ansätze da, die später eklektisch aufgegriffen und zu Systemen verarbeitet wurden, ihrerseits aber nicht zwingend zur Gnosis führen mußten. Die Parallelen zwischen dem JohEv. und späteren Entwürfen der Gnosis sind nicht Grund genug, hypothetisch eine vorjohanneische Gnosis anzunehmen. Es scheint eher umgekehrt zu sein, daß sich die spätere Gnosis gerne der johanneischen Tradition bedient hat.

In der Forschung hat man im Zusammenhang des JohEv.s bisher der Gnosis sehr große, der jüd. Mystik dagegen sehr geringe Aufmerksamkeit geschenkt. Durch Funde in Qumran (z.B. Teile von Liturgien in 4QSl) wird deutlich, daß Vorformen späterer Mystik wesentlich älter sind als bisher angenommen. Sie gehören eindeutig in vorchristl. Zeit und religionsgeschichtlich in das priesterliche Umfeld, von dem aus wir das JohEv. zu verstehen haben. Damit ergibt sich ein neues Bild. Wirklichkeitsschau und Erlösungsauffassung des JohEv.s ist nicht gnostisch auf »Erkenntnis« ausgerichtet, sondern hat priesterlich-ekstatische Wurzeln und ist auf »Schau« hin ausgerichtet. Zwischen diesen Denkansätzen liegen tiefere Unterschiede, als man wohl bisher angenommen hat. Auch eine ganze Reihe von judenchristl. Quellen, die in diesem Zusammenhang stehen (z.B. Oden Salomos), müssen von daher neu bewertet werden.

Literatur: Kommentare:
R. Bultmann: Das Evangelium des Johannes, [20]1978; A. Schlatter: Das Evangelium nach Johannes, [4]1975; R. Schnackenburg: Das Johannesevangelium, 4 Bde. 1965ff; Th. Zahn: Das Evangelium des Johannes ([5/6]1921), 1983.

Monographien und Aufsätze (Auswahl): Ch. K. Barrett: Das Johannesevangelium und das Judentum, 1970; J. Becker: Wunder und Christologie, in: A. Suhl: Der Wunderbegriff im Neuen Testament, 1980, 435-463; O. Betz: Der Messias, 1987; W.J. Bittner: Gott – Menschensohn – Davidssohn, Freiburger Zeitschrift für Philosophie und Theologie 32/1985, 343-372; ders.: Geschichte und Eschatologie im Johannesevangelium, in: H. Stadelmann: Glaube und Geschichte, 1986, 154-180; ders.: Jesu Zeichen im Johannesevangelium, WUNT II/26, 1987; J. Bowman: The Fourth Gospel and the Jews, 1975; R. E. Brown: The Community of the Beloved Disciple, 1979, (dt. gekürzt: Ringen um die Gemeinde, 1982); F.F. Bruce: Men and Movements in the Primitive Church, 1979; J.A. Bühner: Der Gesandte und sein Weg im 4. Evangelium. WUNT II/2, 1977; ders.: Denkstrukturen im Johannesevangelium, ThBeitr 13/1982, 224-231; C.F. Burney: The Aramaic Origin of the Fourth Gospel, 1922; J.D.G. Dunn: Let John be John, in: P. Stuhlmacher: Das Evangelium und die Evangelien, 1983, 309-339; R.T. Fortna: The Gospel of Signs, 1970; H.-P. Heekerens: Die Zeichenquelle der johanneischen Redaktion, 1984; M. Hengel: Der Sohn Gottes, [2]1977; S. Kim: »The 'Son of Man'« as the Son of God, 1983; O. Michel: Dienst am Wort, 1986; F. Neugebauer: Die Entstehung des Johannesevangeliums, 1968; R. Riesner: Jesus als Lehrer, [3]1988; ders.: Essener und Urkirche in Jerusalem, BiKi 40/1985, 64-76; ders.: Jesus and the Essene Quarter of Jerusalem, in: Charlesworth (ed.): Jesus and the Dead Sea Scrolls (erscheint in Kürze); ders.: Bethany beyond the Jordan (Joh 1:28) – Topography, Theology and History in the Fourth Gospel, TynB 38/1987, 29-63; J. A. T. Robinson: The Priority of John, 1985; ders.: Wann entstand das Neue Testament? 1986; E. Ruckstuhl: Die literarische Einheit des Johannesevangeliums, (1951) 1988; ders.: Zur Chronologie der Leidensgeschichte Jesu, SNTU 10/1985, 27-61; ders.: Der Jünger, den Jesus liebte. Geschichtliche Umrisse, BiKi 40/1985, 77-83; ders.: Der Jünger, den Jesus liebte, SNTU 11/1986, 131-167; A. Schlatter: Die Kirche Jerusalems vom Jahr 70 bis 130, in ders.: Synagoge und Kirche bis zum Barkochba-Aufstand, 1966, 99-173; ders.: Die Sprache und Heimat des vierten Evangelisten, 1902; B Schwank: Ortskenntnisse im Vierten Evangelium?, EA 57/1981, 427-442; A. Strobel: Die Stunde der Wahrheit 1980.

W.B.S

JOJACHIN. (Hebr. *jehojakin*, »Jahwe wird errichten«; in 1Chr 3,16: »Jechonja«, vgl. Mt 1,11.12; Jer 22,24.28: »Konja«).

J. wurde nach dem Aufstand und Tod seines Vaters *Jojakim von den Babyloniern (*Nebukadnezar) zum König von Juda ernannt (6. Dez. 598 v.Chr.). Seine kurze Herrschaft von 3 Monaten und 10 Tagen (2Chr 36,9; Jos.ant.Jud. 10.98) wird in 2Kön 24,6-8; 2Chr 36,9.10 beschrieben. Sie ist dadurch gekennzeichnet, daß er »tat, was dem Herrn mißfiel« (2Chr 36,9). Der Prophet *Jeremia sagte das Ende seiner Herrschaft und der Dynastie voraus (Jer 22,24-30). Nach Josephus (Jos.ant.Jud. 10,99) besann sich Nebukadnezar eines anderen und kehrte zurück, um Jerusalem zu belagern. Er verschleppte den 18jährigen König, seine Mutter Nehuschta, seine Familie und die jüd. Oberschicht in die Gefangenschaft nach Babylon. Dieses historische Ereignis wird sowohl im AT (2Kön 24,10-16; 2Chr 36,10) als auch in der babylon. Chronik beschrieben. Die Stadt Jerusalem fiel am 16. März 597 n.Chr. und J.s junger Onkel Mattanja (*Zedekia) wurde zum Nachfolger bestimmt (2Kön 24, 17; 2Chr 36,10).

In Babylon wurde J. als königliche Geisel behandelt. Auf babylon. Tafeln, datiert zwischen 595 und 570 v.Chr., wird er (Ja'u-kīn) mit seinen fünf Söhnen als Empfänger von Verpflegung am Hof aufgeführt (E.F. Weidner, Mélanges syriens offerts M. René Dussaud, 2, 1939, S. 923ff; TGI, S. 78f). Möglicherweise verwaltete während seiner Gefangenschaft ein Haushofmeister, *Eljakim, J.s Besitzungen in Juda, wenn das Siegel mit der Inschrift »Eljakim, Diener von Jawkin« richtig gedeutet wird (DOTT, S. 224). Die Juden in Babylon berechneten die Jahre nach der Dauer von J.s Gefangenschaft (Hes 1,2). Nach dem Tod Nebukadnezars erwies Amel-Marduk (*Ewil-Merodach) 561 v.Chr. J. besonderes Wohlwollen, entließ ihn aus dem Gefängnis und ließ ihn mit an seiner Tafel speisen (2Kön 25,27-30; Jer 52,31-34). J.s ältester Sohn Schealtiël (1Chr 3,17), der Vater *Serubbabels, wurde 598 v.Chr. geboren. Weitere Söhne: Malkiram, Schenazzar, Jekamja, Hoschama und Nedabja, werden in 1Chr 3,18 genannt. D.J.W.

JOJADA. Hebr. *jehōjādā'*, »Jahwe weiß« – ein beliebter Name z.Zt. des AT.

1. Vater Benajas (2Sam 8,18), ein Held aus Kabzeel im Negeb (1Chr 11,22); Benaja war ein Offizier Davids.
2. Führer der Aaroniter, der David bei Hebron unterstützte (1Chr 12,28).
3. Sohn des Benaja und Enkel J.s, ein Ratgeber Davids (1Chr 27,34).
4. Hoherpriester am Tempel von Jerusalem unter den Königen *Ahasja, Atalja und *Joasch. Er heiratete Joscheba, die Schwester des Königs Ahasja (2Chr 22,11), und spielte eine bedeutende Rolle in der Politik. Nach dem Tod Ahasjas vereitelte er den Versuch der Königinmutter Atalja, »alle aus dem königlichen Geschlecht« umzubringen. Er und seine Frau versteckten ihren Neffen Joasch sechs Jahre im Tempelbereich, nachdem Atalja den Thron an sich gerissen hatte (2Chr 22,12; 2Kön 11,3). Im Zuge eines Staatsstreichs holte J. Joasch als den rechtmäßigen Herrscheer Judas aus dem Versteck (2Chr 23,1ff; 2Kön 11,4ff). Zu seinem Schutz wurde ein Vertrag geschlossen, ein weiterer bei Joaschs Ernennung zum König (2Kön 11,17). Solange Joasch minderjährig war, regierte J. in seinem Namen. Er zerstörte die Heiligtümer Baals und reorganisierte den Levitendienst. Er half bei der Wahl der zwei Frauen für Joasch zur Sicherung der königlichen Nachfolge (2Chr 24,3). Nach einem Tadel von Joasch selbst setzte er den Tempel wieder instand (2Kön 12,7ff). Als J. im Alter von 130 Jahren starb, wurde er in Anerkennung seiner politischen Verdienste im königlichen Grab beigesetzt (2Chr 24,15ff.
5. Priester in Jerusalem vor dem Exil z.Zt. Jeremias (Jer 29,26); J.s Amt hatte *Schemaja übernommen.
6. Sohn Paseachs, der mit Nehemia aus der Verbannung zurückkehrte und einen Beitrag zum Wiederaufbau leistete (Neh 3,6). M.B.

Der Text auf dieser in Babylon gefundenen Tafel erwähnt »Jojachin, König von Juda« und seine Söhne als Empfänger von Lebensmittelrationen, die an Gefangene ausgegeben wurden. Breite 9,5 cm. 593 v.Chr. (SMB)

JOJAKIM. (Hebr. *Jehōjāqīm*, »Jahwe hat errichtet«; vgl. 3Esr 1,37-39). König von Juda (609-598 v.Chr.), Sohn *Josias (639-609 v.Chr.) und älterer Bruder *Joahas', dessen Platz er auf Anordnung des Pharaos Necho II. von Ägypten einnahm. Sein Name wurde zum Zeichen seiner Abhängigkeit in Eljakim geändert (2Kön 23,34; 2Chr 36,4). Seine Regierungszeit ist in 2Kön 23,34-24,6; 2Chr 36,4-8 aufgezeichnet und steht als letzte Eintragung in der – nicht mehr feststellbaren – »Chronik der Könige von Juda« (2Kön 24,5). Um die ägypt. Abgaben zahlen zu können, erhob er hohe Grundsteuern (2Kön 23,35). Mit Zwangsarbeitern baute er kostspielige Gebäude (Jer 22,13-17); J. wird als tyrannischer und habsüchtiger Herrscher beschrieben. Der rel. Zerfall unter seiner Regierung ist von den zeitgenössischen Propheten *Jeremia und *Habakuk aufgezeichnet worden. Josias Reformen gerieten in Vergessenheit, man kehrte zum Götzendienst zurück und führte ägypt. Götterbilder und Zeremonien ein (Hes 8,5-17). J. vergoß viel unschuldiges Blut (2Kön 24,4) und ließ den Propheten Uria ermorden, weil er sich ihm widersetzte (Jer 26,20.21). Er bekämpfte Jeremia (Jer 36,36) und verbrannte persönlich die Schriftrolle, aus der ihm Jehudi die Worte des Propheten vorgelesen hatte (Jer 36,23). J. war »ungerecht und von Natur aus schlecht, er war weder ehrfurchtsvoll gegen Gott noch gütig zu den Menschen« (Jos.ant.Jud. 10.83), d.h., er folgte der Tradition der Sünden Manasses (2Kön 24,3). Im vierten Regierungsjahr J.s (605 v.Chr.) besiegte *Nebukadnezar die Ägypter bei *Karkemisch und gewann die Kontrolle über Palästina bis zur ägypt. Grenze (Jer 25,1; 46,2); im darauffolgenden Jahr erschien J. zusammen mit anderen Herrschern vor Nebukadnezar, um sich ihm zu unterwerfen (Jer 36,9-29; babylon. Chronik). Drei Jahre später, zweifellos ermutigt durch die ägypt. Niederlage gegen die Babylonier 601 v.Chr., aber gegen den Rat Jeremias, rebellierte J. gegen Babylon (2Kön 24,1). Nebukadnezar schritt zuerst nicht ein, sondern sandte babylon. Garnisonstruppen mit Syrern, Moabitern und Ammonitern, die Juda überfallen sollten (2Kön 24,2). 3 Monate und 10 Tage bevor Jerusalem an die babylon. Belagerer fiel, starb J. mit 36 Jahren (am 6. Dez. 598 v.Chr.) auf dem Weg in die Gefangenschaft (2Chr 36,6). Nebukadnezar ließ seine Leiche außerhalb der Stadtmauern hinwerfen (Jos.ant.Jud. 10.97), wie es Jeremia prophezeit hatte (Jer 22,28f). 2Kön 24,6 findet sich kein Hinweis auf ein Begräbnis. J.s Sohn *Jojachin war sein Nachfolger als König von Juda. D.J.W.

Verwandtschaftsverhältnis zwischen Joahas, Jojachin und Jojakim.

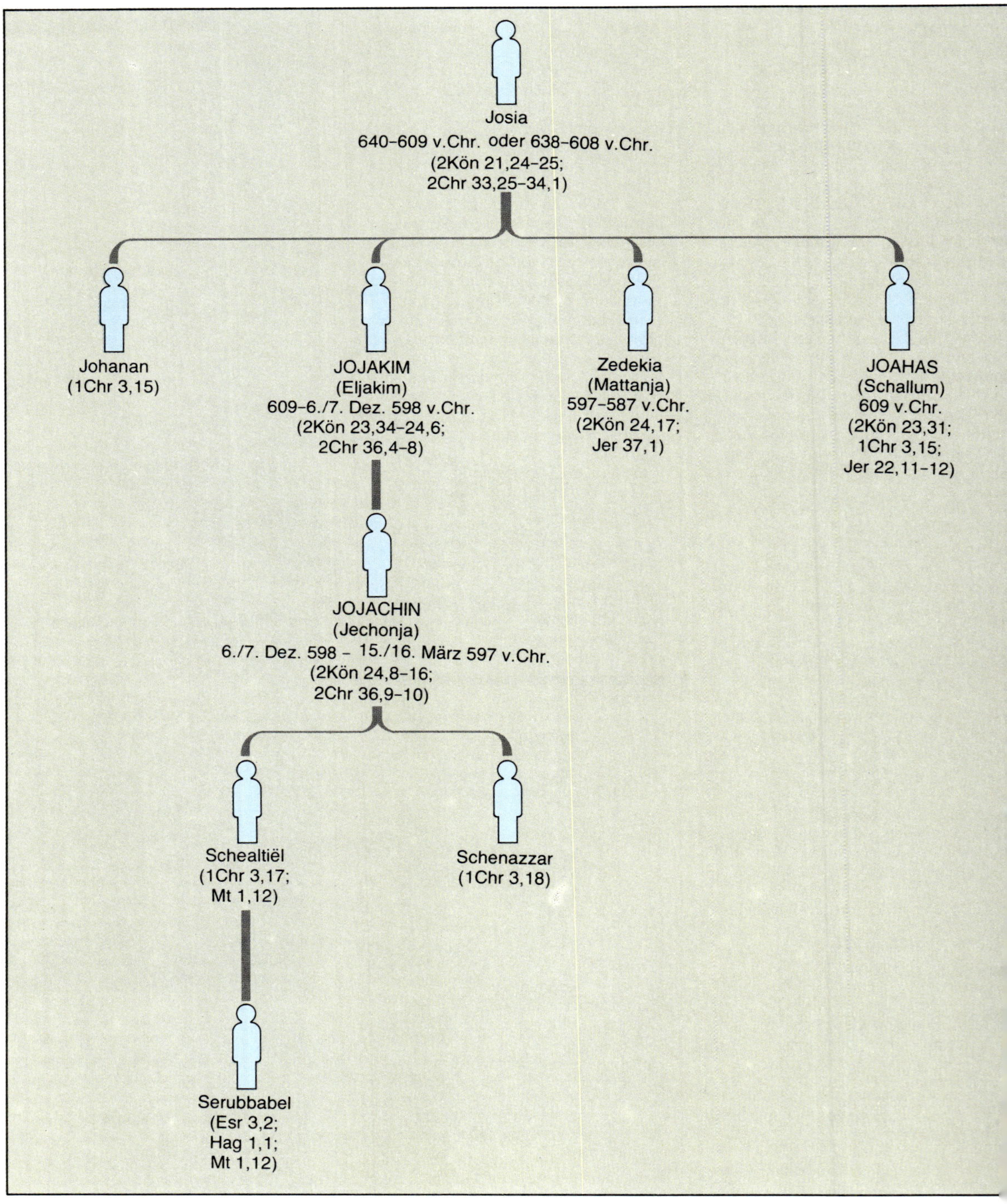

Balustrade eines Fensters am Palast von Ramat Rahel bei Jerusalem. Möglicherweise handelt es sich um das von Jojakim, dem König von Juda (608-598 v.Chr.) errichtete Bauwerk, auf das Jer 22,13-17 Bezug nimmt. (IM)

JOKMEAM. (Hebr. *joqme'ām*, »das Volk möge aufrichten«). Nach 1Chr 6,53 eine Levitenstadt in *Ephraim, wahrscheinlich eine Verschreibung für das im Hebr. sehr ähnlich aussehende *Kibzaim aus der parallelen Liste in Jos 21,22 (W. Rudolph, Chronikbücher, 1955, 62). In 1Kön 4,12 ist J. eine andere Namensform für *Jokneam. R.R.

JOKNEAM. (Hebr. *joqne'ām*). Eine schon in der Liste (Nr. 113) des Pharao Thutmosis III. genannte kanaan. Königsstadt am Südhang des *Karmel (Jos 12,22). J. lag an der Südgrenze von *Sebulon, der »Bach gegenüber« könnte der *Kischon sein (Jos 19,11). Der Ort zählte zu den Levitenstädten dieses Stammes (Jos 21,34). Unter *Salomo gehörte J. zum 5. Gau (1Kön 4,12: *joqme'ām*), dessen Grenze der alten Stammesgrenze gefolgt zu sein scheint. In röm. Zeit hieß J. Cammona (Eus. onom. 116,21). An der Identität mit Tell Qēmun, ca. 12 km nördl. von *Megiddo, kann kein Zweifel bestehen. 1977 begannen hier Ausgrabungen (A. Ben-Tor, IEJ 28, 1978, 57-82; 29, 1979, 65-83; 33, 1983, 30-54). Streukeramik weist auf einen Siedlungsbeginn in der Späten Bronzezeit hat. Während des 10. Jh. v.Chr., wohl unter Salomo, hat man eine starke Stadtmauer erbaut. Die Stadt wurde in der zweiten Hälfte des 8. Jh.v.Chr. von den Assyrern (vgl. 2Kön 15,29) zerstört, danach bald als unbefestigter Ort wieder besiedelt, ab der hellen. Zeit aber nur noch sporadisch. Die Kreuzfahrer errichteten hier die Festung Caymont (Mons Cain).

Literatur: F.M. Abel: Géographie de la Palestine II, [3]1967, 365f; M. Noth: Josua, [3]1971, 115; V. Fritz: Kleines Lexikon der biblischen Archäologie, 1987, 105f. R.R.

JONA. Hebr. Eigenname, der »Taube« bedeutet. Die ntl. Form des Namens ist normalerweise Jonas.

1. Prophet unter der Regierung Jerobeams II. von Israel im 8. Jh. v.Chr. J. kam aus Gat-Hefer, einer Stadt in der Nähe Nazareths. Sein Vater hieß Amittai. J. sagte die Gebietsvergrößerung Jerobeams auf Kosten Syriens voraus (2Kön 14,25). Dieser J. ist auch die zentrale Gestalt des Buches, das seinen Namen trägt, *Jona, Buch.

2. Vater des Simon Petrus nach Mt 16,17. Einige Handschriften nennen ihn in Joh 1,42; 21,15ff auch Jona, aber die besser bezeugte Lesart ist hier »Johannes«. D.F.P.

JONA, BUCH.

INHALT UND ERZÄHLDUKTUS. Für das Verständnis des J., einer Perle atl. Erzählkunst, ist es wichtig, Jona 1,1; 3,1 und 4,1 als strukturbildende Einsätze zu erkennen. Sie gliedern das Geschehen in drei Akte:

- Kap. 1,1-2,11: Der verweigerte Botengang;
- Kap. 3: Der gehorsam vollbrachte Botengang;
- Kap. 4: Der Nachhilfeunterricht für einen Propheten.

1. Dem Auftrag Jahwes, der bösen Weltstadt *Ninive das Gericht anzukündigen, entzieht sich der Prophet durch Flucht: Ein Schiff soll ihn nach Tarsis in Spanien (?), also in eine möglichst weit entfernte Stadt in der Gegenrichtung bringen (Jona 1,1-3). Im hereinbrechenden Seesturm wird der Prophet mit der gestörten Jahwebeziehung zum »Störenfried«: Die Besatzung kann sich nur retten, indem sie diesen schwersten Ballast über Bord wirft. In ihrer Not, die die Besatzung auf Jahwes Zorn über J. zurückführt, im Hilferuf zu Jahwe und im Dankopfer nach der erfahrenen Rettung werden die heidnischen Matrosen, den frommen Betern Israels gleich, zu wirklichen Jahwe-Bekennern. Eine paradoxe Situation! Denn mit Jahwes Propheten geht es im Gegenzug Stufe um Stufe bergab. Nach Jafo war J. »hinabgestiegen«, dann ins Unterste des Schiffes, danach in den Tiefschlaf; schließlich wird er in die Meerestiefe geworfen und vom großen Fisch verschlungen. Tiefer geht es nicht mehr! In dieser »tiefen Not« freilich findet J. zurück. Das bezeugt ein Dankpsalm, wie er im Psalter stehen könnte (Jona 2,3-10). Nach drei Tagen und Nächten speit der Fisch Jona ans Land. Damit ist Jona durch die Todeskrise hindurch gerettet und als Prophet »wiedergeboren«.

2. Dem zweiten Anruf Jahwes folgt Jona aufs Wort (freilich ohne inneres Ein-Verständnis; um dieses bemüht sich Gottes »Nachhilfeunterricht« im letzten Akt).

Vor das innere Auge des Lesers wird in dichtgeraffter Form die idealtypische Geschichte eines Gotteswortes gemalt, das Erfolg hat. Der Bote macht sich auf den (weiten, mühevollen und gefährlichen) Weg, überall in der von Gewalt triefenden Hauptstadt Assurs das Gericht anzudrohen. Die Botschaft läßt einen befristeten Raum von 40 Tagen, und ihn nutzen die Niniviten zu einer allumfassenden Umkehr mit einem Aufgebot aller den Israeliten bekannten Bußriten. Der König, erster Widerpart und Ansprechpartner des Propheten, geht als primus inter pares in der Buße voran! Als Folge davon hält Gott das angekündigte Unheil zurück.

3. Jona indes blickt scheel, weil Gott so gütig ist (vgl. zu Jona 4,1.4 Mt 20,15. Daß ein Prophet mit seiner Rolle unter Umständen nicht einig geht, zeigt sich u.a. auch in der Verkündigung Jeremias.) Das israelit. Glaubensbekenntnis ist Jona wohlbekannt (Jona 4,2 = 2Mo 34,6; Ps 103,8 u.ö.), aber innerlich akzeptieren kann er es nicht. Seinen Todeswunsch nimmt Gott freilich nicht für bare Münze, sondern will ihm aufs neue zurechthelfen. Wie vordem den Fisch, so »bestellt« der Schöpfer eine schattenspendende Staude, um sie Jona schon am nächsten Tag durch einen ebenso prompt »bestellten« Wurm wieder zu entziehen. Jona bedauert die Staude und verfällt in Wut und Selbstmitleid. Er liefert da-

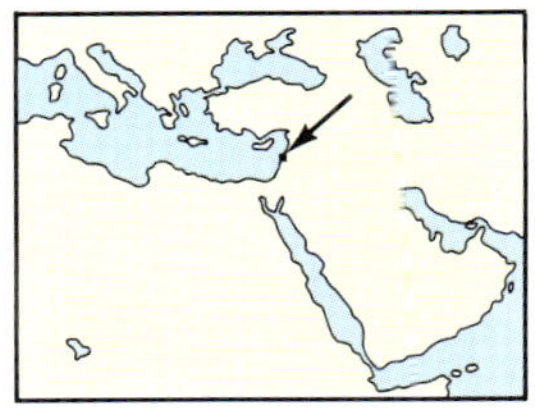

Die Lage von Jokneam in Sebulon.

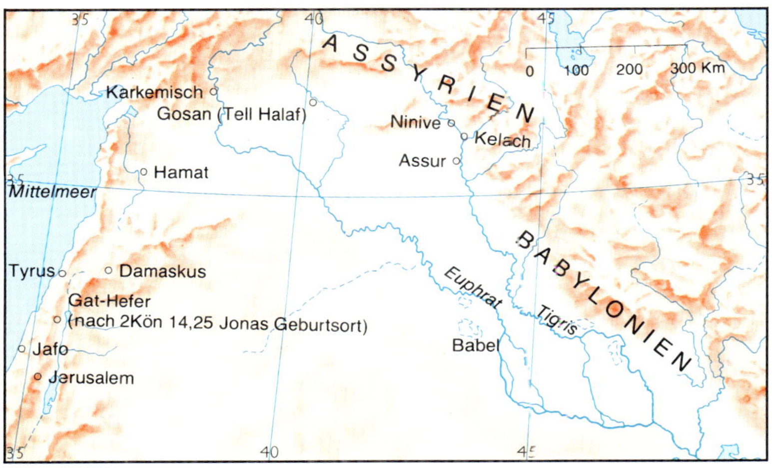

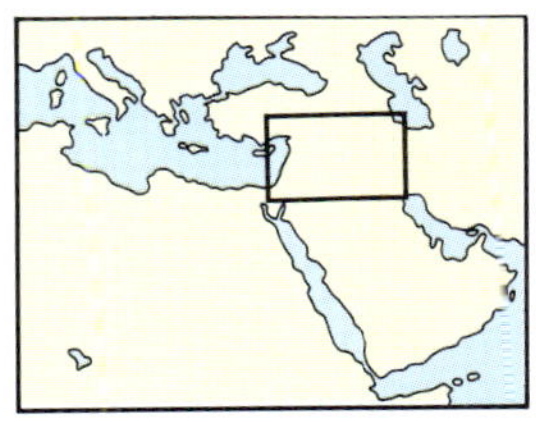

Der Wirkungsbereich des Propheten Jona.

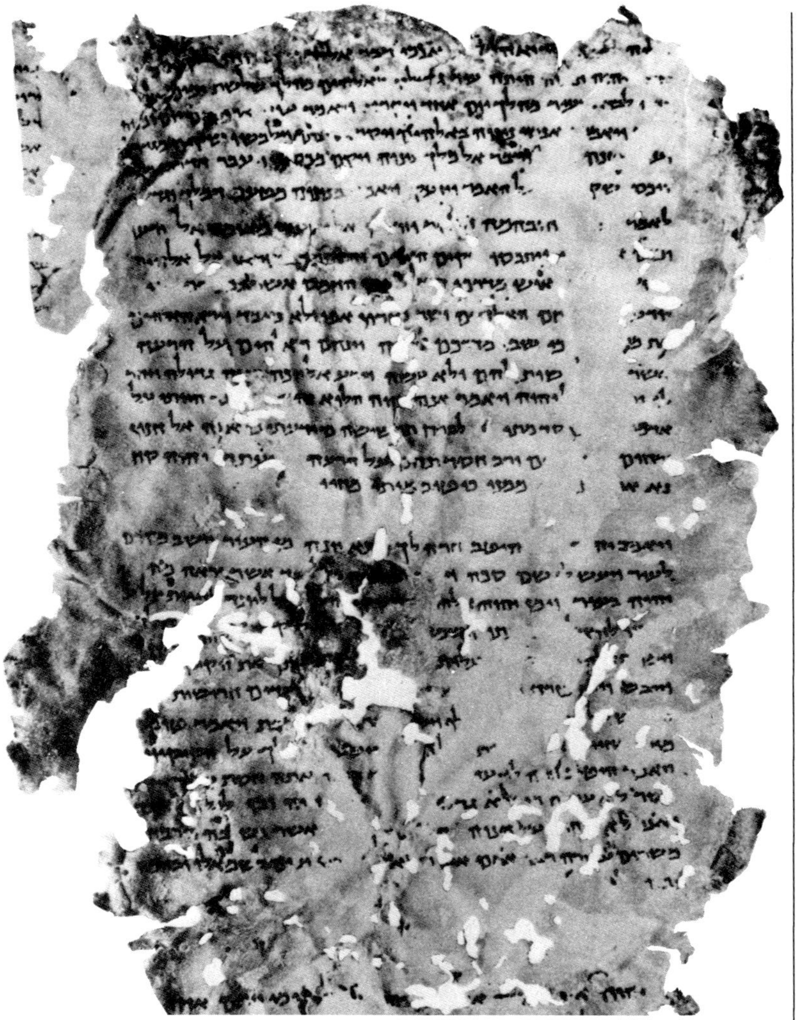

Jona 3,2-4,1 – Teil einer Schriftrolle mit dem Text der Kleinen Propheten. Gefunden in Murabba'at, Judäa. Originallänge 4,9 m. 1. Jh.n.Chr. (RM)

mit Jahwe das entscheidende Argument, um »vom Geringeren auf das Größere« zu schließen: »Und mich dürfte Ninive nicht dauern, die große Stadt, in der es mehr als hundertzwanzigtausend Menschen gibt, die zwischen rechts und links nicht zu unterscheiden wissen, und viele Tiere?« (Jona 4,11).

II. VERFASSER, ZEIT UND ORT. EIGENART DES JONABUCHS.

Unbestritten in der Auslegungsgeschichte ist, daß sich die Erzählung auf den in 2Kön 14,23-27 erwähnten »nationalen Heilspropheten« Jona bezieht, der zur Zeit *Jerobeams II. (787-747 v.Chr.) im Nordreich wirkte.

Kontrovers verhandelt wird die Frage, ob das Jona als geistgewirkte Lehrdichtung oder als zuverlässiger Bericht über tatsächliches Geschehen verstanden werden will. Die unten zur Lektüre empfohlenen Kommentare von H.W. Wolff und G. Maier repräsentieren zwei konträre Positionen; fast alle Jona-Interpretationen lassen sich einem dieser beiden Auslegungstypen zuweisen.

1. Nach H.W. Wolff beweisen Wortschatz, Stil und Erzählmotive, daß das Büchlein erst in nachexilischer Zeit, von einem uns unbekannten Autor, abgefaßt ist. Die offene Frage, mit der das Lehrstück endet, sei charakteristisch für die Absicht, die der humorvolle Autor mit seiner »satirischen Novelle« verfolge: »Der Erzähler macht Jona zum Sprecher jenes mürrischen Gemurmels unter den Gottesfürchtigen der nachexilischen Zeit, die es unsinnig finden, Gott weiter zu dienen, und nutzlos, nach seinen Geboten zu fragen (Mal 3,14), nachdem man angesichts des Glückes der Bösen vergeblich fragt: 'Wo bleibt der Gott des Gerichts?'« (S. 149f). Alle, die wie Jona (unter vorgegebener oder tatsächlicher Theodizeenot) sich trotzig weigern, die »Gedanken Gottes zu denken« (Mk 8,33; vgl. Jes 55,8ff), will der Erzähler mit zarter Freundlichkeit und liebevoller Ironie für Gottes umfassende Güte gewinnen.

2. Demgegenüber vertritt G. Maier ein historisches Verständnis des J. Es handele sich um einen Bericht, den der Prophet Jona, Sohn Amittais (2Kön 14,25), entweder selber oder durch einen Schreiber abfaßte. Er hat das Wirken und das Erleben des Propheten zum Gegenstand. Die Berichte über Elia und Elisa sind die nächsten formalen Parallelen. »Uns scheint, daß die Erinnerung an die Ereignisse im Buch noch recht lebendig ist und die Abfassung wohl noch im 8.Jh. erfolgte.« (S. 26).

Über den Abfassungszweck urteilt G. Maier: »Fassen wir J. . . . als geschichtlichen Bericht auf, dann sind wir nicht mehr gezwungen, alles auf einen bestimmten Lehrzweck zu verengen. . . Vielmehr haben in einem geschichtlichen Bericht verschiedene Aussagen und Interessen ihren Platz und ihre Berechtigung. So ist es denkbar, daß J. mit diesem Bericht eine Rechtfertigung seines Wirkens in Ninive geben wollte. Darüber hinaus konnte sein Bericht antworten auf die bedrängende Frage, warum der Herr das heidnische Assyrien nicht zerschlug, und zugleich eine warnende Leuchte für Israel werden, den Weg der Umkehr und des Gehorsams nicht zu verlassen.« (S. 28)

Ihren Platz hat die Jonaerzählung weit vorn im Zwölfprophetenbuch erhalten, das Jesus Sirach (ca. 180 v.Chr.) abgeschlossen vorliegt (Sir 49,10).

Das NT sieht Jesu Tod und Auferstehung in Jonas dreitägigem Aufenthalt im Fischbauch vorabgebildet (Mt 12,40). Jesus selber vergleicht seine eschatologische Umkehrpredigt mit der des Jona: »Die Männer von Ninive werden beim Gericht gegen diese Generation auftreten und sie verurteilen; denn sie haben sich nach der Predigt des Jona bekehrt. Hier aber ist einer, der mehr ist als Jona.« (Mt 12,41).

Literatur: G.H. Cohn: Das Buch Jona im Lichte der biblischen Erzählkunst, SSN 12, 1969; H.W. Wolff: BKAT XIV 3, 1977; G. Maier: Der Prophet Jona, 1976. W.G.

JONADAB. (»Jahwe ist großzügig/erweist sich willig«).

1. Sohn Schammas, eines Bruders Davids. J. ermöglichte es Davids Sohn Amnon, seine Halbschwester *Tamar zu vergewaltigen (2Sam 13,3-19). J.s Kenntnis von Amnons Tod scheint auf Mittäterschaft hinzuweisen, obwohl er sein erklärter Freund war (2Sam 13,30-33).

2. Keniter, Sohn Rechabs (1Chr 2,55; Jer 35,6). Er verbot seiner Sippe Landwirtschaft zu betreiben, Weinberge zu besitzen und ihre Erträge zu verbrauchen und an festen Orten zu wohnen (Jer 35,6-10). Aber dies mag nur die Kodifizierung schon bestehender Praxis gewesen sein. J. war ein eifriger Verehrer Jahwes und half *Jehu, die Verehrung des Götzen Baal zu unterdrücken (2Kön 10,15.23).

M.A.M.

JONATAN. (Hebr. *jehonātān* oder *jonātān*, »Jahwe hat gegeben«).

1. Sohn Gerschoms (Ri 17;18), Nachkomme Moses (oder nach anderem hebr. Text: Manasses). J. wurde von dem Ephraimiter Micha angestellt, um als Priester den Götzendienst auf dem Gebirge Ephraim zu

leiten; später wurde er Priester und Begründer einer Priesterfamilie der Daniter, »bis sie aus dem Land gefangen weggeführt wurden« (Ri 18,30).

2. Ältester Sohn *Sauls und seiner Frau Ahinoam (1Sam 14,49.50); er war der rechtmäßige Erbe seines Vaters, was seine Loyalität und Liebe zu David, dem Nachfolger Sauls, um so bewundernswerter macht (1Sam 20,31ff). J. begann den Kampf gegen die Philister zu Gibea (1Sam 13,3). Seine Tapferkeit und sein Mut als Krieger, an die Davids Klagelied erinnert (2Sam 1,22), zeigen sich deutlich bei seinem Angriff auf eine Garnison der Philister bei Michmas und Geba; ein Vorfall, der zeigt, daß J. Loyalität nicht nur anbieten, sondern auch erwecken konnte (1Sam 14,7). Man erinnert sich jedoch besonders wegen seiner eigenen Treue zu David an ihn; eine Treue, die erschwert wird, weil sie im Gegensatz steht zu seiner Liebe und zu seiner Pflicht gegenüber Saul, seinem Vater, dem Monarchen. Je mehr der König, von Gott verlassen und ein Opfer zunehmender Ängste und Leidenschaften, Haß gegen den »Mann nach Gottes Herzen« entwickelte, der sein Nachfolger werden sollte, desto mehr wurde J., als er dem Bruderpakt treu blieb, den er mit David nach Goliats Tod geschlossen hatte (1Sam 18,1-4), zu Widerstand und Betrug gegenüber seinem Vater getrieben. J. setzte auch sein Leben dafür auf's Spiel (1Sam 19,1-7; 20). Die Trennungsszene zwischen den beiden Freunden ist bewegend. J. scheint seinen Vater auf den beiden Feldzügen gegen David nach Engedi (1Sam 24) und Hachila (1Sam 26) nicht begleitet zu haben. Beim Sieg der Philister über Israel am Berg Gilboa wird J. zusammen mit seinem Vater und den Brüdern (1Sam 31,2) getötet.

3. Onkel Davids (1Chr 27,32), der, falls hebr. *dôd* auch mit »Neffe« zu übersetzen ist, derselbe J. ist, der nach 2Sam 21,21.22 und 1Chr 20,6.7 einen Riesen erschlug, der sechs Finger und sechs Zehen hatte.

4. Sohn des Priesters *Abjatar; zusammen mit Ahimaaz, dem Sohn des Priesters Zadok, hielt J. während Absaloms Aufstand gegen David die Verbindung zwischen Davids Freund Huschai in Jerusalem und dem geflohenen König David aufrecht (2Sam 15,36; 17,15-22). Nach 1Kön 1,41-49 brachte er *Adonija die Nachricht von Salomos Einsetzung zum Nachfolger Davids.

5. Held Davids, Sohn Schages, des Harariters (2Sam 23,32; 1Chr 11,34).

6. Sohn Jadas aus dem Geschlecht Juda (1Chr 2,32.33).

7. Sohn Usijas, Davids Vorratsverwalter in Stadt und Land (1Chr 27,25).

8. Levit z.Zt. des Königs *Joschafat (2Chr 17,8).

9. Schreiber unter König *Zedekia, dessen Haus der Prophet *Jeremia gefangen gehalten wurde (Jer 37,15.20; 38,26).

10. Sohn Kareachs, einer der Judäer, die nach der Eroberung Jerusalems durch die Babylonier zu Gedalja nach Mizpa kamen (Jer 40,8).

11. Oberster des Priestergeschlechts Malluch (Neh 12,14) und Bilga (Neh 12,18) z.Zt. des Hohenpriesters Jojakim.

12. Vater des Priesters Secharja, der z.Zt. Nehemias die Trompete blies (Neh 12,35).

13. Vater Ebeds, der mit *Esra aus Babylon nach Israel zurückkehrte (Esr 8,6).

14. Sohn Asaëls, der sich Esra widersetzte, als dieser die Mischehen auflösen wollte (Esr 10,15).

T.H.J./Ri.Sch.

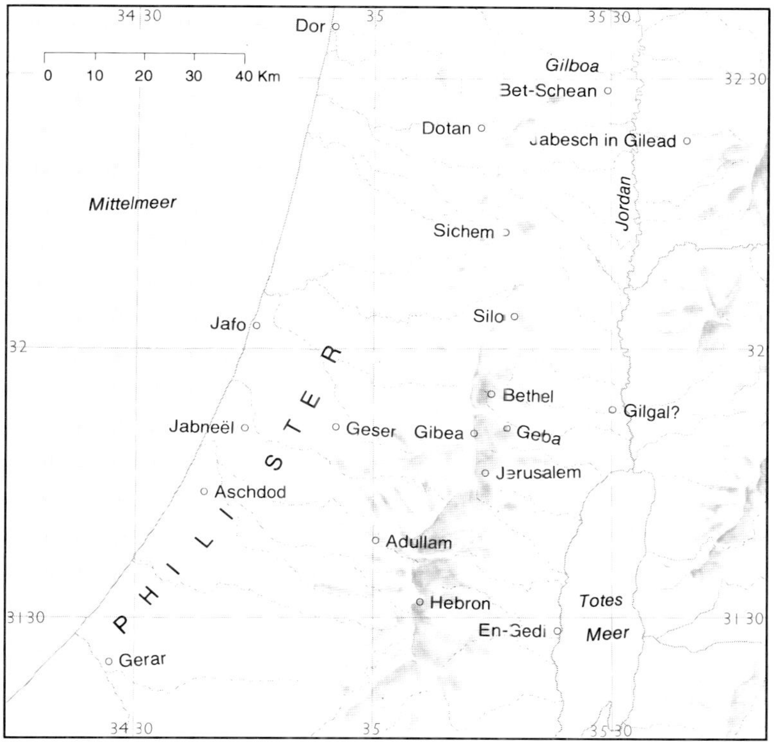

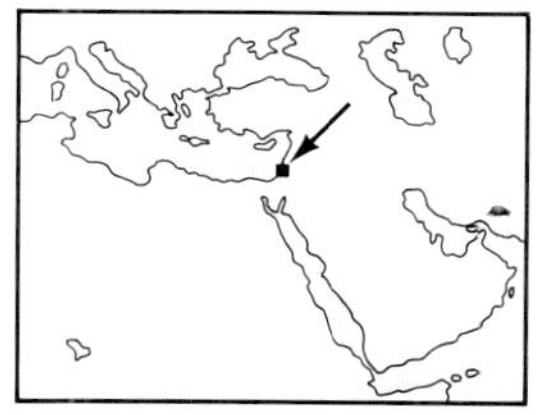

Orte, die mit der Person und der Zeit Jonatans in Zusammenhang stehen.

JOPPE. (Hebr. *jāphô* von *jāphā* »schön sein«, griech. *Joppē*). Heute die arab. Vorstadt Jaffa südl. vom 1909 in den Stranddünen gegründeten Tel Aviv. Hier springt ein bis zu 36 m hoher Felshügel an der sonst schnurgeraden Sandküste vor. Felsklippen bilden einen natürlichen Wellenbrecher von bis zu 120 m Länge. So entstand ein allerdings von N-Winden (vgl. Jos.bell.Jud. III, 419ff) gefährdeter Hafen. Die Wichtigkeit von J. war durch seine Lage an der großen Überlandstraße von *Ägypten nach *Damaskus gegeben sowie dadurch, daß es der nächste Hafen für das 56 km ostsüdöstl. gelegene *Jerusalem war. Eine Reihe ständig fließender Quellen machten eine größere Siedlung möglich.

Während einzelne menschliche Spuren bis in das 5. Jt.v.Chr. zurückreichen, finden sich Zeichen kontinuierlicher Besiedlung seit der Mittleren Bronzezeit (17. Jh.v.Chr.). J. wurde im 15. Jh. von Pharao Thutmosis III. erobert und ist im 14. Jh. zweimal in den *Amarna-Briefen sowie im 13. Jh. im Papyrus Anastasi (ANET 478) als ägypt. Festung erwähnt. Aus der Zeit von Pharao *Ramses II. (1279-1213 v.Chr.) wurden ansehnliche Architekturfragmente mit seinem Namen gefunden. Noch in vorphilistäische Zeit gehört wohl auch der Tempel einer löwenartigen Gottheit (EAEHL 540). Eine Zerstörungsschicht aus dem dritten Viertel des 13. Jh. wird von den Ausgräbern einem Einfall von Seevölkern zugeschrieben, eine weitere vom Ende desselben Jh. geht vielleicht auf Pharao Merenptah zurück. Die Siedlung der *Philister war eher bescheiden.

Nach Jos 19,46 (»Jerakon mit dem Gebiet gegenüber von Jafo«) lag J. offenbar außerhalb des vom Stamm *Dan beanspruchten Gebiets. J. wird als Holzhafen für den Bau des ersten (2Chr 2,15; vgl. 1Kön 5,22-26) und zweiten Tempels (Esr 3,7) sowie als Ausgangspunkt der Flucht *Jonas über das Meer (Jona 1,3) erwähnt, gehörte also seit der frühen Königszeit zum Großreich Israel. Vielleicht wurden die Libanon-Zedern aber auch nach Tell Qasile geflößt (B. Mazar, IEJ 16, 1966, 282f). Hier, wenig nördl. der Mündung des Jarkon ins Mittelmeer, befand sich seit philistäischer Zeit eine Siedlung (T. Dothan, I. Dunayevski, A. Mazar, EAEHL IV, 1978, 963-975), deren Landwirtschaft und Handel auch unter Israel prosperierte (E. Yamauchi, NIDBA 442f). 701 v.Chr. eroberte der Assyrerkönig *Sanherib (ANET 287) J. Schon im 7. Jh.v.Chr. bestanden Beziehungen zu *Griechenland. Aufgrund der Legende von Perseus und Andromeda wurde ein Felsen im Meer vor J. als die Stelle bezeichnet, wo die mythische Hel-

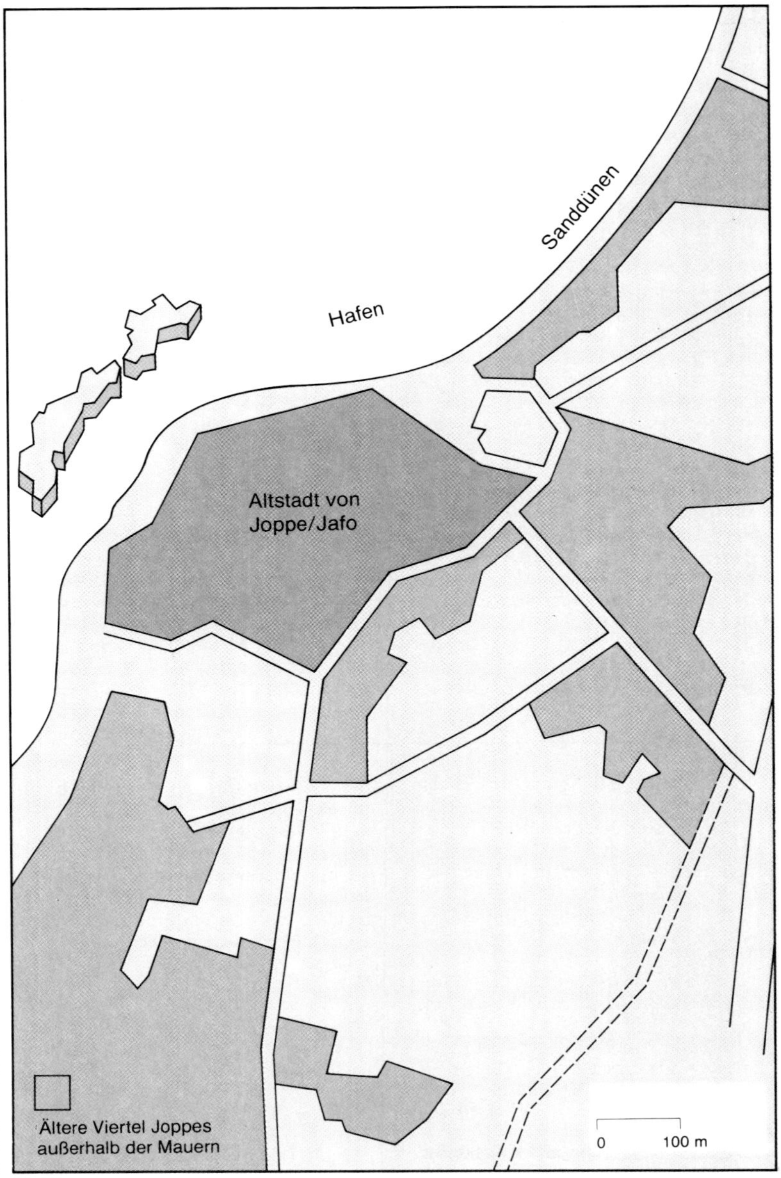

Die Lage des Hafens und der Altstadt von Joppe.

din angekettet war (Plin. nat. V., 14, 69). Die Perser verliehen den Hafen im 5. Jh.v.Chr. an den König Eschmunazar von *Sidon, der in seiner Sarkophaginschrift (ANET 505) J. wegen seines Kornreichtums (vgl. 1Kön 5, 25) rühmt. Ansehnliche Ruinen, darunter wohl auch ein Tempel, zeigen die Bedeutung der Stadt in pers. Zeit.

Die Blüte J.s setzte sich in der hellen. Epoche fort, was neben den Ausgrabungen auch die Briefe des Geschäftsmannes Zenon (um 250 v.Chr.) beweisen. Aus dieser Zeit stammt ein zypriotischen Tempeln verwandter Kultbau. J. war in den *Makkabäer-Kriegen stark umkämpft (2Makk 12,3-6; 1Makk 10,75f). Der Hasmonäer Jonatan eroberte 146 v.Chr. die Stadt (1Makk 12,33f), und sein Bruder Simon vertrieb die heidnischen Einwohner (1Makk 13,11; 15,35; Jos.ant.Jud. XIII, 202). Nun besaß der neugegründete jüd. Staat einen Zugang zum Meer (1Makk 14,34 vgl. 14,5), über den vor allem der Verkehr in die ägypt. *Diaspora lief (Aristeas-Brief § 115). Der röm. Feldherr Pompeius eroberte 63 v.Chr. J. und übergab es den wieder vorhandenen nichtjüd. Bewohnern (Jos.bell.Jud. I, 156ff), doch Cäsar erstattete J. zwischen 48 und 44 v.Chr. an die Juden zurück (Jos.ant.Jud. XIV, 205). *Herodes der Große begann hier 37 v.Chr. seinen Eroberungsfeldzug Palästinas (Jos.ant.Jud. XIV, 396f). Durch den Ausbau von *Cäsarea Maritima verlor J. unter Herodes' Herrschaft viel von der früheren Bedeutung. Nach dem Tod des Archelaos (6 n.Chr.) bis zum Beginn des jüd. Aufstandes gehörte J. zur röm. Provinz *Judäa. 66 n.Chr. eroberte Cestius Gallus die rebellierende Stadt und rottete ihre Bevölkerung aus (Jos.bell.Jud. II, 507ff). Nach der Rückeroberung störten die Aufständischen von hier aus die Getreidelieferungen von Ägypten nach Rom. 67 n.Chr. nahmen die Römer J. im Handstreich, die in Schiffen Fliehenden versanken in einem N-Sturm (Jos.bell.Jud. III., 414-431). Auf den Ruinen der Stadt errichtete Kaiser *Vespasian die Kolonie Flavia Joppa. Zum Andenken an die Vernichtung der jüd. Flotte (S. Tolkowsky, PEFQS 60, 1928, 153-163) schlugen die flavischen Herrscher Münzen mit den Aufschriften »Judaea Navalis« und »Victoria Navalis«. Wie Gräberfunde zeigen, existierte aber selbst während dieser Epoche in J. ein starkes jüd. Bevölkerungselement.

In J. gab es schon in früher Zeit eine christl. Gemeinde. Die offenbar zur dortigen Witwengemeinschaft (*Obergemach) gehörige *Tabita wurde von *Petrus vom Tod auferweckt (Apg 9,36-42). Daß diese Jüngerin (*mathētria*) auch den griech. Namen Dorkas, »Gazelle«, trug (Apg 9,36), weist auf die sonst ebenfalls deutliche starke Hellenisierung der Juden von J. Wenn Petrus bei seiner Evangelisationstätigkeit in Judäa auch bis J. gelangte und sich längere Zeit im Haus von *Simon dem Gerber aufhielt (Apg 9,43), das am Meer lag (Apg 10,6), so kommt damit schon die Ausbreitung des Christentums in den gesamten Mittelmeerraum in den Blick. Einen Durchbruch zur Heidenmission bedeutete es dann, als dem Apostel auf dem Dach jenes Hauses durch eine Vision klar wurde, daß er der Einladung des heidnischen Zenturio *Kornelius nach Cäsarea Maritima folgen sollte (Apg 10,1-23 vgl. 11,5-11). Nach der Chronologie der Apg (vgl. 12,20ff) war das vor 43 n.Chr.

Die byzantin. Stadt (Eus. onom. 110,24) war seit dem 4. Jh.n.Chr. Bischofssitz. Ein Pilgerbericht aus dem 6.Jh. erwähnt das Grab der Tabita (CChr 152). Ein solches, das allerdings aus dem 3. Jh.n.Chr. stammt, wird heute 1,5 km südl. vor Jaffa im Hof der russisch-orthodoxen St. Petrus-Kirche gezeigt. Immerhin liegt es im Gebiet des röm. Friedhofs (1.-4. Jh.n.Chr.) und der arab. Name Dschebel Dabita könnte wenigstens für die Gegend auf eine ältere Tradition hinweisen (OLB 2,28). Ein Pilgerbericht des 8. Jh. kennt am Ort der Auferweckung Tabitas eine Petruskirche, die in der Kreuzfahrerzeit einen Nachfolgebau hatte; die heutige Kirche stammt aus dem 17. Jh. Auf dem Vorplatz dieser franziskanischen Petrus-Kirche ist in einer offenen Grabung u.a. ein Privathaus aus ntl. Zeit zu sehen. Es verfügte über ein Becke für rituelle Waschungen (vgl. Mk 7,3f; Lk 7,44), der jüd. Besitzer trug einen griech. Namen (Ariston). Auch andere Grabungsareale sowie ein Museum geben einen guten Einblick in die Geschichte J.s. Am Ort einer Moschee aus dem 18. Jh. soll das »Haus Simons des Gerbers am Meer« (Apg 10,6) gestanden haben. In dieser Gegend suchten es auch schon die Kreuzfahrer. Ob sie dabei einer älteren Überlieferung folgten, ist bei den in ihrer Zeit blühenden Legendenbildung sehr fraglich. So sollen von J. aus die drei Weisen aus dem Morgenland vor Herodes nach Tarsus ge flohen sein. *Jakobus, Sohn des *Zebedäus, wurde angeblich in J. enthauptet (vgl. Apg 12,1f) und sein Körper durch Engel ins armenische Kloster nach *Jerusalem gebracht (OLB 2,22).

Literatur: S. Tolkowsky: The Gateway of Palestine, 1924; J. Kaplan: BA 35 (1972), 66-95; H. und J. Kaplan: EAEHL II, 1976, 532-541; B. Bagatti: Antichi villaggi cristiani di Samaria, 1979, 177-182; J. Murphy-O'Connor: Das Heilige Land, 1981, 354-357; OLB 2, 1982, 12-28; E.M. Yamauchi: NIDBA, 1983, 271-273. R.R.

JORAM. (»Jahwe ist erhaben«).

1. König von Israel, 851-845 v.Chr.; letzter Herrscher der Dynastie *Omri (2Kön 1,17-9,25). J. war ein Sohn *Ahabs und *Isebels. Obwohl man von ihm sagt, daß er einen Teil der heidnischen Gottesverehrung Israels abschaffte, folgte er insgesamt doch den unorthodoxen Bräuchen seiner Vorgänger im Nordreich (2Kön 3,1-3). J. kämpfte die Rebellion der Moabiter, der Vasallen Israels, nieder (*Mescha-Stein) und errang einen eindrucksvollen, aber nicht endgültigen Sieg (2Kön 3,4-27). Später wurde er in einer Schlacht mit den Syrern (*Aram) verwundet (2Kön 8,28.29). Der Konflikt zwischen Israel und Syrien steht mehrmals auch im Hintergrund, wenn der Prophet *Elisa auf den »König Israels« Bezug nimmt (2Kön 5,1-3; 6,8-23; 6,24-7,20; vgl. 8,1-6). J. wurde von *Jehu getötet, als er sich von einer Verwundung in seiner Hauptstadt Jesreel erholte. Sein Nachfolger wurde *Jehu (2Kön 9,10). Die Ermordung J.s geschah auf Betreiben Elisas hin, der sie als Beginn des letzten Gerichts Gottes über Ahab und Isebel angekündigt hatte, die immer noch lebten und dem Bösen in Jesreel Vorschub leisteten (2Kön 9,7-10.22). Die Ermordung J.s und die Ausrottung des Hauses Ahab war eine weitere Erfüllung der Prophezeiung Elisas im Blick auf Ahab und Isebel (2Kön 9,24-26.30-37; vgl. 1Kön 21,17-29).

2. König von Juda 847-845 v.Chr. (2Kön 8,16-24; 2Chr 21). Er war Sohn und Nachfolger *Joschafats, ehrte aber die Politik seines gottesfürchtigen Vaters um. Er heiratete Atalja, eine Tochter des Königs Ahab von Israel und somit eine Schwester des Königs J. von Israel (851-845 v.Chr.; s.1.). Dies führte in Israel zu der gleichen gottlosen Regierung wie sie von Ahab und Isebel her bekannt war. Während J.s Regierungszeit befreiten sich Edom und Libna aus ihrer Abhängigkeit von Juda, Philister und Araber drangen in ein Königreich ein und plünderten . J. starb an einer Krankheit und ging dahin »unbedauert« (2Chr 21,20); sein Sohn Ahasja wurde sein Nachfolger in Juda (2Chr 22,1).

3. Prinz aus Hamat (2Sam 8,9-12). Nach 1Chr 18,9-11 soll sein richtiger Name Hadoram gewesen sein.

4. Priester z.Zt. Joschafats (2Chr 17,8).

5. Sohn Jesajas, Levit z.Zt. Davids (1Chr 26,25). J.E.G.

JORDAN. Der Jordangraben stellt geophysikalisch eine Besonderheit dar. Aus einem Grabenbruch entstanden, ist er die tiefste Depression des kontinentalen Erdreliefs. Die drei Quellflüsse des J. sammeln sich im (weitgehend trockengelegten) Hule-See etwa 70m über dem Meeresspiegel. Etwa 15km weiter südl. bei der Einmündung in den See *Genezareth verläuft der Fluß bereits etwa 200km unter dem Meeresspiegel, seine Einmündung in das Tote Meer liegt etwa 390m unter NN. Der J. (hebr. *yarden*) ist der größte Fluß in Palästina, der ganzjährig Wasser führt. Die direkte Entfernung zwischen dem Hule-See und dem Toten Meer beträgt ca. 110km, die Länge des J. erreicht aber wegen des mäandernden Verlaufs etwa 300km.

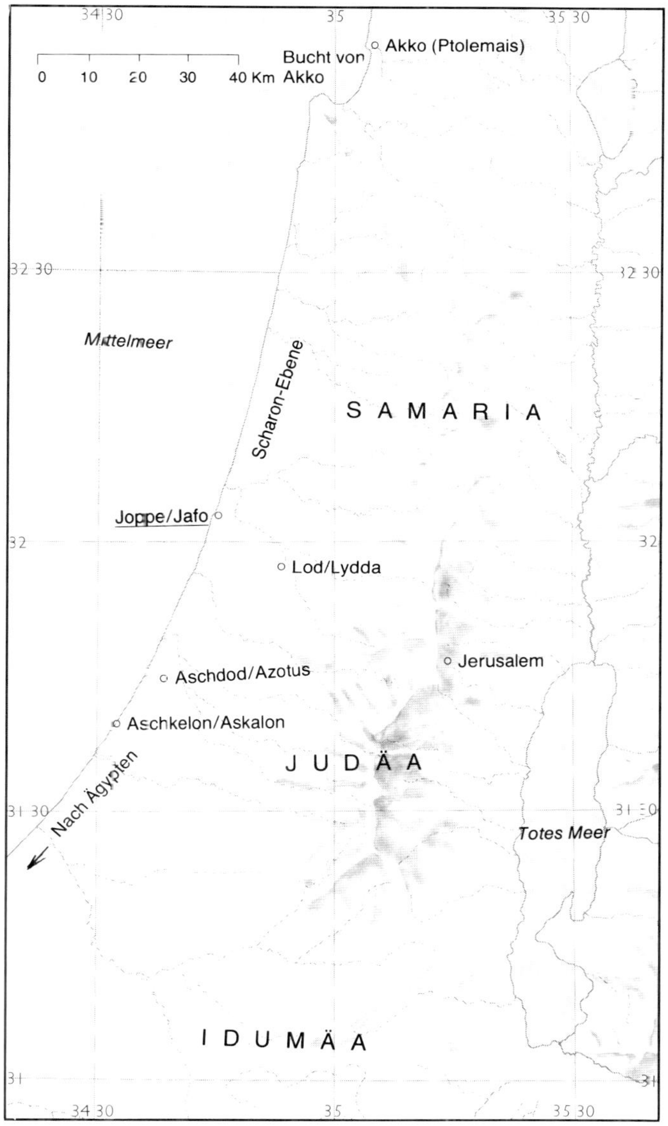

I. ARCHÄOLOGISCHER BEFUND.

Archäologische Fundstätten im Jordantal belegen, daß es sich hier um eines der ältesten Gebiete städtischer Besiedlung handelt. Der natufzeitliche Übergang von der jägerischen zur städtischen Lebensform dürfte sich um 7000 v.Chr. vollzogen haben. Eine Bevölkerung, die Keramik produzierte, erscheint etwa 5000 v.Chr., die spätneolithische Keramik (der Jungsteinzeit-B-Kultur) läßt erstmals Verbindungen mit anderen Siedlungsstätten des Jordantals und im N des »Fruchtbaren Halbmondes« erkennen. Kupfer kam im Chalkolithikum (ca. 4500-3200 v.Chr.) in Gebrauch, z.B. in Teleilat Ghassul, etwas nördl. des Toten Meeres. In Ghassul lassen sich drei Besiedlungsschichten des 4. Jt. nachweisen, die auf einen mit Hilfe von Bewässerungstechnik betriebenen Ackerbau schließen lassen. Die Ghassul-Kultur findet sich an vielen Stellen in Palästina, dominierend aber im Jordantal, z.B. in Mefdschir, Abu Habil, Dschiftlik, *Bet-Schean, En-Gedi, Tell esch-Schune und südl. des Sees Genezareth.

Gegen Ende des 4.Jt. kamen mindestens drei Bevölkerungsgruppen in das Jordantal, drangen von N her in die Jesreelebene vor, wo sie sich in unbefestigten Dörfern niederließen, und von O her über Jericho in das Gebirgsland. Diese Zeit bezeichnet K.M. Kenyon als proto-urban. In der darauffolgenden Epoche entstanden Stadtstaaten im Jordantal, z.B. *Jericho im S, *Bet-Schean im mittleren Bereich und Bet-Yerah (Chirbet el-Kerak) im N. Diese befestigten Städte trieben Handel mit Ägypten und Mesopotamien.

Etwa 2200 v.Chr. drangen »amorit.« Nomaden in das Tal ein und zerstörten viele der städtischen Zentren. Möglicherweise waren diese Nomaden Teil einer größeren Völkerwanderung zwischen 2300 und 1900 v.Chr., d.h. etwa bis zum Beginn der Mittleren Bronzezeit. Mit dem Vordringen der Hyksos-Kultur aus dem N geht der Bau komplizierter, tief gestaffelter Verteidigungsanlagen in Städten wie Jericho einher. Nach dem Sieg der Ägypter über die Hyksos wurden die großen befestigten Städte des Jordantals wie Bet-Schean und Hazor wieder aufgebaut und mit ägypt. Garnisonstruppen besetzt. Um die Wende von der Bronze- zur Eisenzeit drangen die Israeliten vom Jordantal her nach Palästina vor. Für die Zerstörung der Städte Hazor, Debir und Lachisch gibt es archäologische Belege, für die Einnahme Jerichos durch Josua liegen jedoch keine eindeutigen archäologischen Befunde vor.

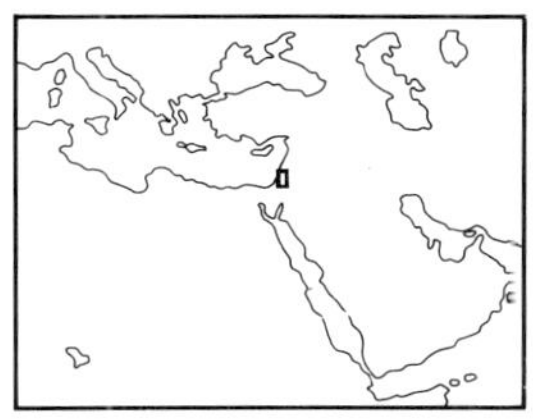

Joppe, eine Hafenstadt Palästinas.

II. TOPOGRAPHISCHE MERKMALE.

1. Das Hule-Becken.

Das Jordantal beginnt am Fuß des Berges *Hermon (2774m), aus dessen Kalksteinuntergrund die Quellflüsse des J. entspringen. Die Einwohner von Dan, dem nördlichsten Grenzort Israels, kontrollierten den wichtigen Handelsweg nach Syrien; im Segen Jakobs werden sie mit einer Schlange bzw. einer Otter verglichen

Der Stammbaum Jorams und Joschafats.

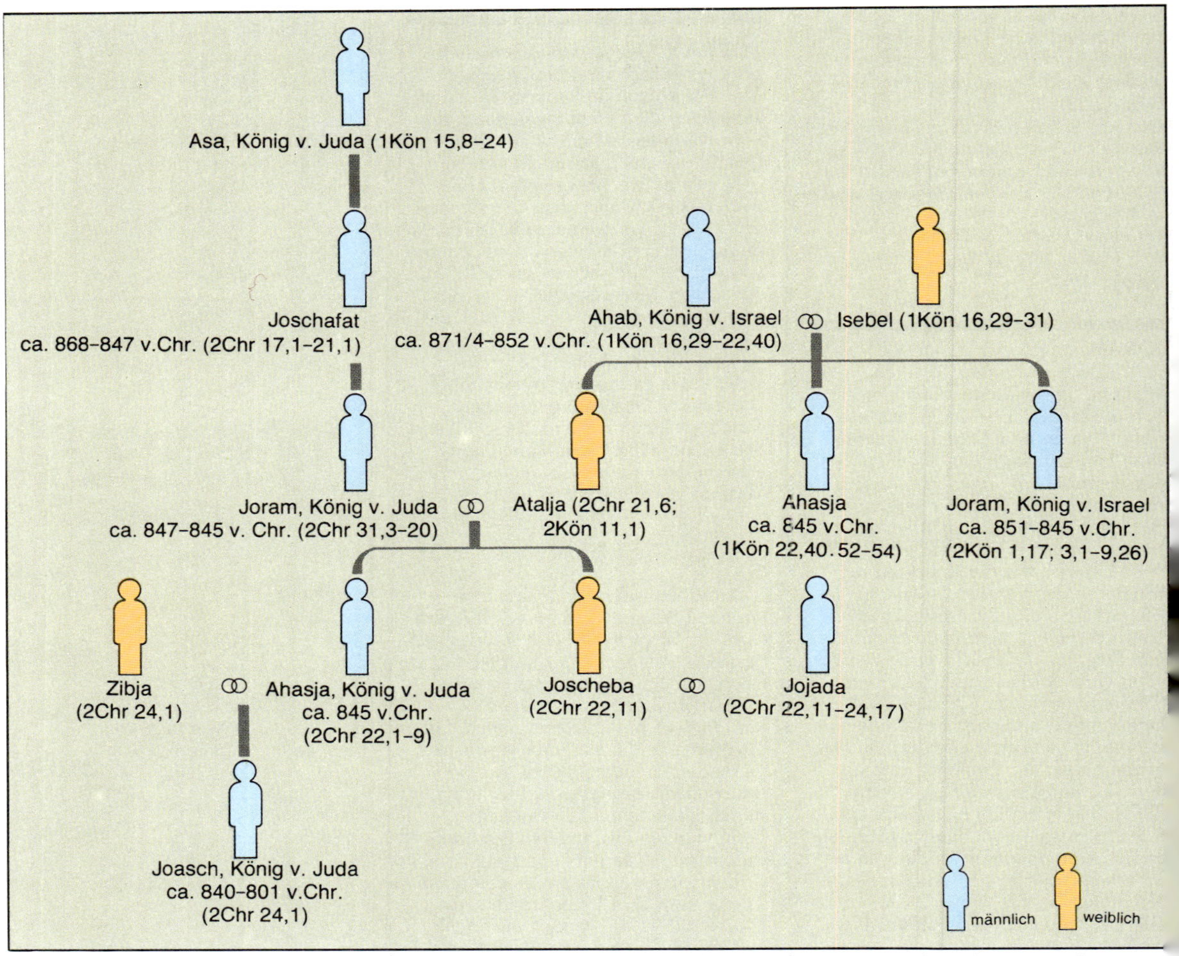

(1Mo 49,17). Weiter südl. schließt sich das Hule-Becken an, eine Senke von etwa 5 × 15 km. Lavaströme blockierten das Tal, und in die so gebildete Basaltbarre von etwa 15 km Länge hat der J. ein schluchtartiges Bett mit einem Gefälle von ca. 280 km hineingeschnitten. Auf einem westl. Randplateau, von dem aus das Hule-Becken zu überblicken ist, lag die große kanaan. Stadt *Hazor.
2. Der See Genezareth.

Südl. der Basaltbarre, etwa 213 km unter dem Meeresspiegel, fließt der J. in den See *Genezareth, der etwa ca. 21 km lang und bis zu 13 km breit ist. Nach der weitgehenden Trockenlegung des Hule-Sees ist er der einzige Süßwassersee Palästinas und zudem durch Fischreichtum ausgezeichnet. Seine größte Tiefe beträgt 50 m. Von der jahreszeitlich wechselnden Temperaturschichtung des Wassers und der entsprechenden Vertikalbewegung der Fische her ist die Aufforderung Jesu an die Fischer zu verstehen, die Netze dort auszuwerfen, »wo es tief ist« (Lk 5,4). Die Methoden des Fischfangs, von denen die Evv. sprechen, werden auch heute noch praktiziert: mit dem Angelhaken (Mt 17,27), mit dem runden Netz (Mt 4,18; Mk 1,16), mit dem Schleppnetz, das vom Boot ausgebracht wird (Mt 13,47f), mit Tiefseenetzen (Mt 4,18f; Mk 1,19f) und mit Hilfe von zwei Booten (Lk 5,10).

Z.Zt. Jesu war das Seeufer relativ dicht besiedelt. Jesu Gerichtsworte werden über die kultivierte Stadtbevölkerung von *Chorazin, *Betsaida und *Kapernaum ausgesprochen (Mt 11,20-24), in deren Synagogen jüd. Leben pulsierte (Mt 12,9; Mk 1,21; 3,1; 5,22; Lk 4,31; 6,6; 8,41). *Jairus, der Vorsteher der Synagoge, lebte dort (Mk 5,22), ebenso der Zenturio, der den Juden eine Synagoge hatte bauen lassen (Lk 7,5), und Levi, der Zollbeamte (Mt 9,9; Mk 2,14; Lk 5,27). Östl. von Kapernaum befand sich *Betsaida, von dort kamen *Philippus, *Andreas und *Petrus (Jh 1, 44). An der Ostküste des Sees lag das dünner besiedelte Gebiet der Gadarener, wo die Heiden Schweine züchteten (Lk 8,32). Der See, die steil abfallenden Felsen, das karge Land und die Distelfelder geben den Hintergrund für das Gleichnis vom Sämann (Mk 4,1-10), während im Frühling die Blütenteppiche aus Narzissen, Anemonenn und Iris besonders eindrucksvoll sind.

Die umgebenden Berge, besonders die im W, beherrschen das Panorama. Sie spielen eine wichtige Rolle bei der Predigttätigkeit Jesu. Hier lehrte er seine Jünger (Mt 5,1) und erschien ihnen als der auferstandene Herr (Mt 28,16). An der NO-Ecke des Sees geschah wahrscheinlich die Speisung der Fünftausend (Lk 9,10-17).
3. das antike und südl. Jordantal.

Es erstreckt sich etwa 110 km zwischen dem See Genezareth und dem Toten Meer. Ungefähr 8 km südl. des Abflusses aus dem See Genezareth mündet von O her der *Jarmuk in den J. und verdoppelt dessen Wassermenge. Das Flußbett hat eine stellenweise bis zu 50m tiefe Rinne in den Talgrund eingegraben. Sie heißt auf arab. wegen ihrer dichten Ufervegetation ez-Zor, »das Dickicht«, die breite Talsohle darüber el-Ghor, die Niederung«. In diesem Abschnitt sind deutlich drei geologische Zonen zu unterscheiden: die breite Oberterrasse der Pleozänschicht, die tiefere Terrasse der Quartärschicht und der gelegentlich überflutete schmale Uferstreifen entlang des Flußbettes, eingefaßt von den zerfurchten Abhängen der Quattara (Mergelbänke). Mehr al[s] der J. selbst bilden Quattara und Zor zusammen eine natürliche Barriere (Jos 22,25). Die Nordhälfte des Ghor ist eine weite, kultivierte Fläche, in der Mitte verengt sich das Ta[l] bis auf wenige Kilometer. Nach S hi[n] wird der Jordangraben immer arider und unfruchtbarer, am Toten Meer gibt es im Jahresdurchschnitt nur 50 mm Niederschlag. Das Ödland de[r] Quattara aus Mergel und Ton ist grotesk geformt und fällt steil zur Sohle der Jordanrinne ab. Der Zor, der von abwechslungsreicher Vegeta[-]tion bedeckt ist, steht dazu in starkem Kontrast, daher rührt wohl au[ch] der Name *gā'ōn hayyardēn* (»Dickicht des Jordans« oder »Pracht des Jordans«; Jer 12,5; 49,19; 50,44; Sach 11,3; vgl. Ps 47,5; 59,12). Die schmalen Uferstreifen, die im Frühjahr teilweise überflutet sind (Jos 3,15), dienen wilden Tieren als Aufenthaltsort; so ist die Frage zu verstehen: »wenn du schon im Land, wo keine Gefahr ist, Sicherheit suchst, was willst du tun im Dickicht des Jordans?« (Jer 12,5).

Zwischen dem Jarmuk und dem Jabbok führen neun weitere Flüsse von O her dem J. ganzjährig Wasser zu. Deshalb ist vor allem die Ostseite des Ghor besiedelt: dort lagen Sukkot, Zafon und Pella. Auf den Wasserreichtum ist auch der Anblick zurückzuführen, der sich Lot bot: »wie der Garten des Herrn« (1Mo 13,10). Zwischen Sukkot und Zaretan ließ *Salomo Kupfer verhütten (1Kön 7,46; 2Chr 4,17). In diesem Abschnitt des Jordantals gibt es eine Reihe von Furten, bis zur Zeit der röm. Besatzung wurden keine Brükken über den Jordan geschlagen. In der Nähe der Einmündung des Jabbok überquerten *Abraham und *Jakob den Fluß (1Mo 32,10), ebenso die Midianiter, die von *Gideon verfolgt wurden (Ri 7,24; 8,4f); zweimal überquerte *David den J. während der Rebellion *Absaloms (2Sam 17,22f; 19,15ff). Zwischen der Jabbokmündung und dem Toten Meer ist es wegen der Tiefe und schnelleren Strömung jedoch schwieriger, den Fluß zu überqueren. Die Stelle, an der das Volk Israel den J. durchquerte, lag auf der Breite von Jericho (Jos 3; 4; Ps 114,3.5). Zwischen der Jabbokmündung und Bet-Nimra hat der J. auf 26 km keine Zuflüsse (Jes 15,6), und es gibt dort nur wenige Ortschaften. In der Nähe von Quellen finden sich westl. des J. Oasenstädte wie Jericho, östl. des J., im Steppengebiet von Moab (4Mo 20, 1f) lag Schittim, von wo aus die Kundschafter des Volkes Israel gesandt worden waren, um das verheißene Land und die Stadt Jericho zu erkunden (Jos 2,1f).

Literatur: D. Baly: Geographisches Handbuch zur Bibel, 1973; N. Glueck: The River Jordan, 1946; Y. Karmon: Israel. Eine geographische Landeskunde, Wissenschaftliche Länderkunden, Bd. 22, 1983, 126–29; K.M. Kenyon: Digging up Jericho, 1957; G. Kroll: Auf den Spuren Jesu, [10]1987; M. Noth: Der Jordan in der alten Geschichte Palästinas, ZDPV 72, 1956, 123–48; E. Orni, E. Efrat: Geographie Israels, 1966, 78–101; R. Riesner: Die Mauern von Jericho, ThBeitr 14/1983, 79–86; E.B. Smick: Archaeology of the Jordan Valley, 1973.

J.M.H.

JOSABAD. (»Der Herr hat bedenkt«).

1. Gederatiter, der in Ziklag zu David kam (1Chr 12,5).

2. Zwei der Manassiten, die sich auf dem Weg von Afek nach Ziklag David anschlossen (1Chr 12,21).

3. Levit z.Zt. des Königs *Hiskia (2Chr 31,13).

4. Oberster der Leviten z.Zt. des Königs *Josia (2Chr 35,9).

5. Sohn Jeschuas, Levit z.Zt. *Esras (Esr 8,33). Weitere Leviten des gleichen Namens werden noch Esr 10,23; Neh 8,7; 11,16 genannt, ohne daß wir entscheiden können, um wieviel verschiedene Personen es sich handelt.

6. Priester, der eine heidnische Frau genommen hatte (Esr 10,22).

JOSCHAFAT. (Hebr. *jehōschāpāt*, »Jahwe hat gerichtet«).

1. Sohn Ahiluds, Beamter unter David und Salomo (2Sam 8,16; 20,24; 1Kön 4,3; 1Chr 18,15).

2. Sohn Paruachs, einer von zwölf Amtleuten, die von Salomo über Israel eingesetzt wurden (1Kön 4,17; vgl. V. 7).

3. Sohn und Nachfolger *Asas als vierter König von Juda (873-849 v.Chr.). J. rüstete Juda gegen Angriffe, indem er Städte im N befestigte und mit Garnisonstruppen belegte (2Chr 17,2.12-19). Er brach auch mit der bisherigen Praxis, indem er einen Gleichheitspakt mit *Ahab von Israel einging und eine von Ahabs Töchtern, *Atalja, mit seinem Sohn *Joram verheiratete (2Chr 18,1; vgl. 21,6; 2Kön 8,18). Diese neue Allianz hatte Auswirkungen auf andere Völker, einschließlich der Philister und Araber, die J. Tribut leisteten (2Chr 17,10.11). Aber die Verbindung mit

Das »Zor«, das »Dickicht des Jordans« (Jer 12,5). (CP)

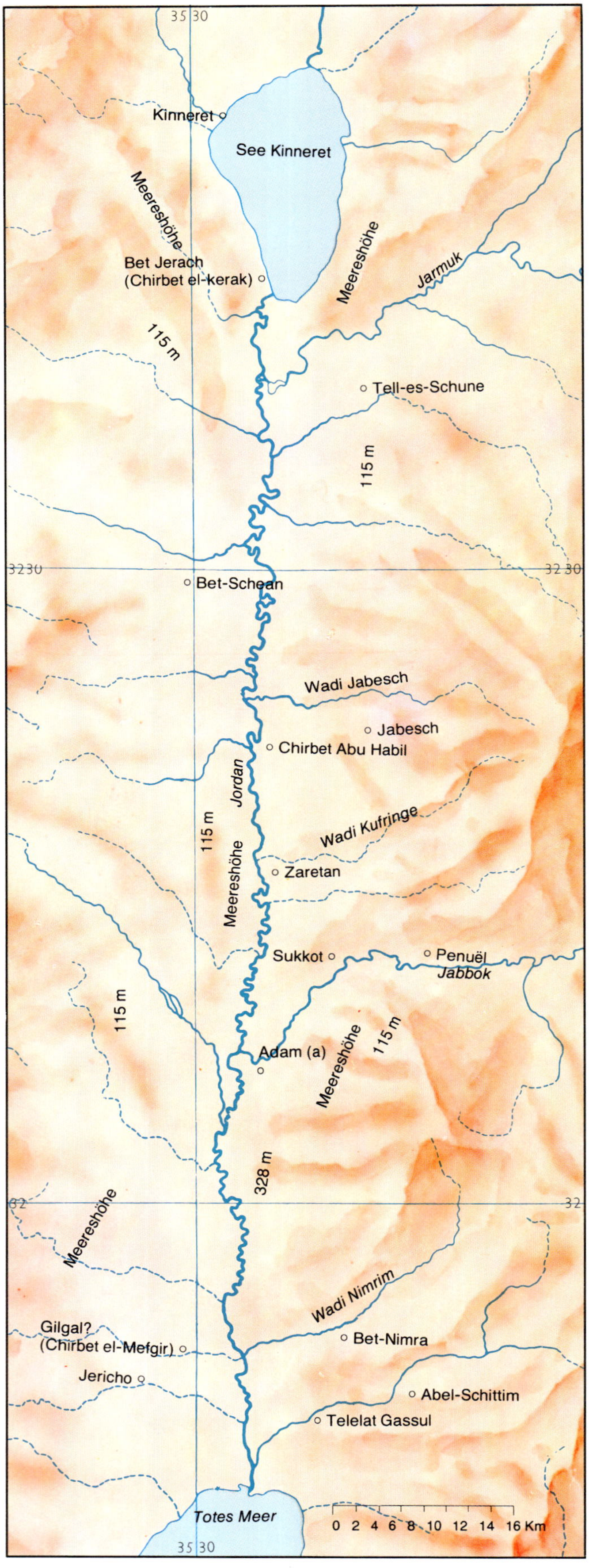

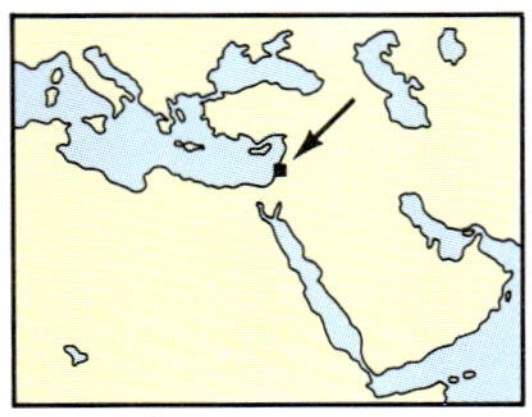

Das Jordantal in alttestamentlicher Zeit.

Juda unter dem König Joschafat.

Gegenüberliegende Seite:
Das Jordantal in neutestamentlicher Zeit.

dem abtrünnigen Israel führte nach J.s Tod fast zu Judas Ruin (2Kön 11,1-3).

J.s Regierungszeit zeichnet sich aus durch das Festhalten an Jahwes Weisungen (1Kön 22,42; 2Chr 20,32). Er rottete die heidnische Gottesverehrung aus (1Kön 22,43.46) und stellte Wanderlehrer zur Verfügung, die das Gesetz Moses predigten (2Chr 17,7-9). Er gestaltete das Rechtssystem neu, indem er in Städten mit Schlüsselpositionen Richter ernannte und ein Appellationsgericht in Jerusalem einrichtete (2Chr 19,4-11).

4. Vater *Jehus, des 10. Königs von Israel (2Kön 9,2). D.W.B.

JOSCHAFAT, TAL. Diesen Namen gibt der Prophet *Joel dem Ort des letzten Gerichts (Joel 4,2.12). In beiden Versen wird »Joschafat« (d.h. »Jahwe hat gerichtet«) mit Aussagen verknüpft, daß Gott richten wird (hebr. *schāpat*). Daher ist es möglich, daß das »Tal Joschafat« ähnlich wie das »Tal der Entscheidung« (Joel 4,14) symbolisch für Gottes Strafgericht steht und keine geographische Angabe sein soll.

Zur Identifikation des Tales J. gibt es verschiedene Vorschläge: Manche Ausleger gehen davon aus, daß Joel nicht an einen bestimmten Ort dachte; z.B. übersetzt Targum Jonathan diesen Namen mit »Ebene der richterlichen Entscheidung«, und Theodotion gibt ihn als »Ort des Strafgerichts« wieder. Da Joel den geographischen Begriff »Tal« benutzt, glaubt aber die Mehrzahl der Forscher, daß ein bestimmter Ort gemeint ist. Ibn Ezra schlägt das Tal von Beracha vor südl. von Bethlehem, wo Joschafats Truppen sich nach dem Sieg über ihre Feinde sammelten (2Chr 20,26); aber Sach 14 verlegt den Ort des Strafgerichts in die Nähe von Jerusalem, und nach äthHen 53,1 versammeln sich alle zum Strafgericht in einem tiefen Tal nahe dem Tal Hinnom. Jüd., christl. und moslemische Tradition identifiziert den Ort des jüngsten Gerichts mit dem *Kidron-Tal zwischen Jerusalem und dem Ölberg. Daher wurden dort viele Menschen begraben, Moslems besonders am Westhang, Juden am Osthang des Tales. Ein griech.-röm. Grab am Osthang wurde fälschlicherweise für das Grab des Königs Joschafat gehalten.

Schon z.Zt. des Pilgers von Bordeaux (333 n.Chr.) und Eusebius' Onomasticon (»Koilas«) wurde der Name Joschafat mit diesem Tal in Verbindung gebracht. Einige wenden dagegen ein, daß Joel das Wort »weites Tal« benutzt, während das Kidron-Tal »Bergschlucht« genannt wird. Andere identifizieren das Tal J. mit dem »Königsgrund« (2Sam 18,18), ein Tal, das von NW her in das Kidron-Tal mündet (so C.F. Keil, E.G. Kraeling), oder mit dem *Hinnomtal westl. und südl. von Jerusalem (so G.W. Wade). J.T.

JOSCHOBAM.
1. J., der Sohn Hachmonis, war einer der Helden Davids (1Chr 11,11);
2. J., ein Korachiter, war Davids Mitkämpfer in Ziklag in der Auseinandersetzung mit *Saul (1Chr 12,7);
3. J., der Sohn Sabdiels, war der »Erste aller Hauptleute des Heeres« z.Zt. *Salomos (1Chr 27,2.3). Sollte er mit 1. identisch sein, müßte man dessen Beinamen (»Sohn Hachmonis«) auf den Stammvater der Familie (vgl. V. 32) beziehen. J. ist gleichzusetzen mit Joscheb-Baschebet (LÜ: Jischbaal), einem Tachkemoniter (vgl. 2Sam 23,8 RevEB, Anm.).

JOSEF. Der Name J. bedeutet: »Er möge hinzufügen« (noch andere Kinder).

JOSEF. DER SOHN JAKOBS UND RAHELS.
J. ist der erstgeborene Sohn *Rahels, der von *Jakob bevorzugten Frau. Als Rahel nach langer Unfruchtbarkeit endlich einen Sohn zur Welt brachte, begrüßte sie diesen mit dem Dank- und Bittgebet: Gott hat meine Schmach weggenommen! Jahwe gebe mir noch einen anderen Sohn (1Mo 30,23.24). Die beiden Zeitwörter im Doppelruf Rahels lauten »wegnehmen« (hebr. *'asaph*) und »hinzufügen« (hebr. *jāsaph*). J. ist für Rahel der Wegnehmer ihrer Schmach der Kinderlosigkeit und zugleich der erwünschte »Mehrer«, d.h. der, der als erster einen zweiten mit sich bringen möge.

J. wurde noch während des Aufenthaltes Jakobs bei *Laban geboren, und zwar ca. sechs Jahre vor dem Wegzug Jakobs aus Paddan-Aram (vgl. 1Mo 30,23f mit 1Mo 31,41). Das Leben J.s wird entfaltet in der sogenannten »Josefsgeschichte« (1Mo 37-50).

Die Erzählungen im 1. Buch Mose halten sich nahezu alle in den Grenzen eines Umfangs von ungefähr 20-30 Versen. Die Josefsgeschichte hat dagegen 392 Verse und ist eine in sich abgeschlossene Einheit.

Das Hauptthema der Josefsgeschichte ist »die Hand Gottes, die alle Irrnisse menschlicher Schuld zu einem gnädigen Ende führen will« (G.v. Rad, Josephsgeschichte, S. 36). Nach eigenen Worten war es Gott, der J. nach Ägypten »geschickt« hat, nicht seine Brüder. Das Ziel der Führungen Gottes ist die »Lebenserhaltung«, die schließlich zu einem »großen Entrinnen« führt (vgl. 1Mo 45,4-8).

Die Josefsgeschichte ist die Vorbereitung des Auszugs des Volkes Israel aus Ägypten. Sie erzählt, wie das Volk nach Ägypten gekommen war, bis es durch Jahwe, den Gott der Väter, aus Ägypten herausgeführt wurde.

Die Josefsgeschichte gliedert sich in sieben Teile:

1. Josef im Hause seines Vaters (37,1-17).

Jakob bevorzugte Josef. Er liebte ihn mehr als seine anderen Söhne und ließ ihm ein königliches Kleid anfertigen (37,3f, vgl. 2Sam 13,18f), so daß J. Neid und Ehrfurcht bei seinen Brüdern erregte (37,4). J. selbst war ausgezeichnet durch Träume, die ihm eine glänzende Zukunft voraussagten (37,5-11).

Die Träume J.s waren Gleichnisträume.

a. Der Garbentraum handelt von J. und seinen Brüdern. J. und seine Brüder waren mit dem Binden von Garben beschäftigt. Eine Garbe richtete sich auf, blieb stehen, die anderen verneigten sich vor ihr. Die Brüder verstanden den Traum. Sie sagten: »Du möchtest wohl gern König über uns sein« (37,8).

b. Der Traum von Sonne, Mond und Sternen handelte nicht nur von den Brüdern, sondern bezog Vater und Mutter mit ein. Jakob fand es anmaßend, daß die Eltern sich vor J. verneigen sollten. Er maß dem Traum aber eine solche Wichtigkeit zu, daß er ihn im Gedächtnis behielt (37,11).

2. Der Verkauf des Josef (37,18-36).

Die Träume erregten den Neid und die Mißgunst der Brüder. Die Brüder waren entschlossen, J. zu töten. *Ruben verhinderte diesen Plan. Auf den Rat *Judas hin verkauften sie ihren Bruder nach Ägypten (37,26f; 45,4). Als Käufer bzw. als Weiterverkäufer in Ägypten werden einmal Ismaeliter, ein anderes Mal Midianiter genannt. »Ismaeliter« kann eine allg. Bezeichnung für Wüstenstämme sein. Die »Midianiter« waren ein Bruderstamm der ismaelitischen Wüstenstämme, d.h. die Bezeichnung Ismaeliter schließt die Midianiter ein. So kann es einmal heißen, die Midianiter verkauften J. an Potifar (37,36), zum anderen, Potifar kaufte J. von den Ismaelitern (39,1).

Als J. sich seinen Brüdern zu erkennen gab, sagte er: »Ich bin es, den ihr nach Ägypten verkauft habt« (45,4). Das hebr. Wort für »verkaufen«, *mākar*, kann im AT auch so viel bedeuten wie »preisgeben«, »verstoßen«, ohne daß an einen Geschäftsvorgang zu denken ist (vgl. 5Mo 32,30; Ri 2,14; 3,8; 4,2; 10,7; 1Sam 12,9; Jes 50,1; Hes 30,12).

Nachdem die Brüder J. verstoßen hatten, versuchten sie durch ein Täuschungsmanöver ihre Schandtat zu verdecken. Sie verwischten ihre Spuren dadurch, daß sie den blutbefleckten Rock J.s zuerst in andere Häuser schickten, bis er schließlich zu Jakob kam. Jakob zerriß seine Kleider und

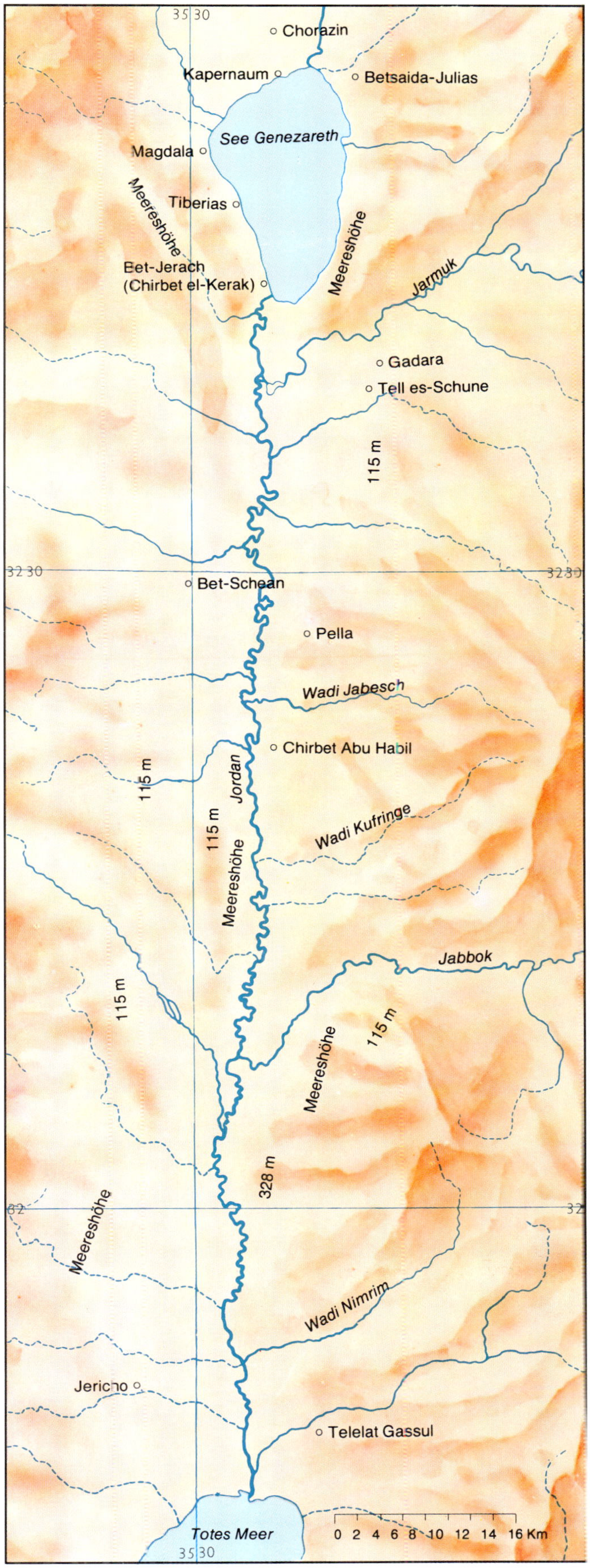

So wie Josef kamen viele Asiaten aus Palästina mit Händlern nach Ägypten. Dieses Wandgemälde zeigt Ibscha, den »Herrscher eines fremden Landes«, der ein buntes, knielanges Gewand trägt und sich an der Spitze einer Karawane befindet, die Chnumhotep III. von Ägypten Kosmetika überbringt. Aus dem Grab des Chnumhotep, Beni Hasan. Ca. 1890 v.Chr. (PAC)

weigerte sich, irgendeinen Trost anzunehmen.

3. Josef im Hause Potifars (39,1-20).

Es war etwa um das Jahr 1600 v.Chr., als J. nach Ägypten verkauft wurde. Sein Aufenthalt in Ägypten fällt in die Zeit der Hyksosdynastie (1785-1540 v.Chr.). Die Hyksos kamen aus dem N über die syr.-palästin. Landbrücke. Die Mehrzahl der auf den Hyksos-Skarabäen erwähnten Namen erscheint in semit. Sprache. Der Name »Hyksos« bedeutet »Herrscher der Fremdländer« und sagt nichts über ihre Herkunft aus. In Ägypten wird er seit der 12. Dynastie (1991-1785 v.Chr.) gebraucht, um »asiatische Häuptlinge« zu bezeichnen. Da es keine Berichte über eine gewaltsame Eroberung Ägyptens durch die Hyksos gibt, ist an eine lange Zeit der Unterwanderung zu denken. Ein letzter Einwanderungsschub ermöglichte den Hyksos die Übernahme der Herrschaft in Ägypten von 1785-1540 v.Chr. Diese Periode wird das Zweite Zwischenreich genannt. Mit den Hyksos kam ein Strom fremder Einflüsse in das sich sonst streng abschließende Ägypten, und zwar auf allen Gebieten, selbst in der Sprache und Schrift.

Potifar war ein hoher Beamter am Hof eines der Hyksospharaonen. Sein Titel war »Oberster der Schlächter«, d.h. ihm unterstanden die Gerichtsbarkeit, die Leibwache und das Gefängnis. Außerdem heißt es von Potifar, er war »Kämmerer Pharaos« (39,1). »Kämmerer« (hebr. *sārîs*) heißt wörtl. übersetzt »Verschnittener« bzw. »Eunuch«. Eunuchen sind an ägypt. Höfen erst spät bezeugt (vgl. Apg 8,27). Bei den Hyksos jedoch ist eine »Mischung von asiatischen und ägyptischen Gebräuchen« (Montet, S. 117f) anzunehmen. An ihren Höfen gab es Eunuchen. Das Verschnittensein Potifars ist eine Erklärung für das Verhalten seiner Frau. Ihre Aufdringlichkeit stimmt damit überein, daß in Ägypten die Frauen als leichtfertig und untreu galten (Montet, S. 124).

Die alte ägypt. Weisheit rät den Männern: »Willst du die Freundschaft dauern lassen in deinem Hause, in dem du Zutritt hast, als Herr oder als Bruder oder als Freund, an welchem Ort du auch eintrittst, hüte dich, den Frauen zu nahen. Ein Ort, wo sie sind, ist nicht gut« (Erman, S. 92f). Als Potifars Frau nicht von J. abließ, floh dieser, »um nicht der Versuchung zu erliegen« (B. Jacob, S. 730). J.s Handeln war Flucht vor der Unzucht (vgl. 1Kor 6,18-20).

Ungefähr gleichzeitig mit der versuchten Verführung J.s durch die Frau des Potifars sind die Ereignisse zwischen *Juda und *Tamar (1Mo 38). Wie die versuchte Verführung, so sind die Schwagerehe (Levirat), und die Notprostitution (*Prostitution) Grenzfälle der Sexualethik. Im AT sind Mann und Frau in den Familienverband eingeordnet. Der eheliche Verkehr ist sorgfältig geregelt (3Mo 18). Grenzfälle der Sexualethik ereignen sich in der Regel außerhalb der Großfamilie.

4. Josef im Gefängnis (39,21-40,23).

Die Anklage J.s durch die Frau Potifars und das Vorzeigen seines Rokkes als Indiz hätten ausgereicht, J. hinrichten zu lassen. Es ist anzunehmen, daß Potifar den wahren Sachverhalt ahnte, denn er ließ J. nur gefangennehmen. Im Gefängnis ereignete sich dasselbe wie in Potifars Haus: »Jahwe war mit Josef« (1Mo 39,2). Jahwe verschaffte J. die Zuneigung aller. Der Oberste im Gefängnis hatte Vertrauen zu J. Zwei hohen Hofbeamten, dem Vorsteher der Mundschenke und dem Bäcker, deutete J. ihre Träume. Es waren Berufsträume. Aus dem Traum des Mundschenks liest J. dessen Unschuld heraus, den des Bäckers deutet er als Straftraum. Der Deutung J.s entsprechend wurde der Mundschenk wieder in sein Amt eingesetzt, der Bäcker wurde hingerichtet.

Der Mundschenk verlor J. aus dem Gedächtnis. Als aber der Pharao träumte und keiner seine Träume deuten konnte, brachte der Mundschenk J. ins Gespräch.

5. Die Weisheit Josefs und seine Einsetzung zum Wesir (41,1-57).

An den Hof gerufen, deutete J. dem Pharao die beiden Königsträume. Dabei zog er aus den inhaltlich verwandten Träumen die Nutzanwendung. J. erkannte, daß die Träume Pharaos keine Wunschträume waren, die von einem Gegensatz durchkreuzt werden, sondern Wahrträume. J. übersetzte die schon vorliegenden Erkenntnisse des Zukünftigen aus der Bildersprache des Traumes. Die Weisheit J.s übertraf die Kenntnisse der vom Pharao an den Hof gerufenen Weisen. Pharao sprach zu J. »es gibt keinen, der so einsichtig und weise wäre wie du« (41,39).

Pharao überträgt J. die Autorität des Wesirs. Er übergibt ihm den Siegelring, das Gewand aus Leinen, wie es die Priester trugen, die Goldkette, das Ehrenzeichen des Vorstehers der Richter und den zweiten Staatswagen. Mit dem Heroldsruf *Abrek*, »Freund des Königs« (Delitzsch, S. 469), gab er die Macht J.s im Reich bekannt. J. bekommt den Namen Zafenat Paneach, d.h. »der, der den Schlüssel zum Geheimnisvollen hat« (Hirsch, S. 542). J. heiratet Asenat, die Priestertochter aus On. Diese bringt ihm zwei Söhne, Manasse und Ephraim, zur Welt.

6. Die Reisen der Brüder nach Ägypten (42-45).

Nachdem sich die Hungersnot, der J. durch die Anlage von Vorräten in Kornspeichern Einhalt gebieten konnte, auch auf die syr.-palästin. Land-

Josef wurde vom Pharao mit einem hohen Amt (1Mo 41,42) betraut. Diesen feierlichen Akt gibt die Darstellung aus dem Grab des Paser wieder, die dessen Einsetzung als Wesir Sethos' I. darstellt. Theben, ca. 1300 v.Chr.

rücke ausgebreitet hatte, zogen zehn
ler Brüder J.s nach Ägypten, um Ge-
reide zu kaufen. Es ist anzunehmen,
laß J. die Brüder bereits erwartet und
on vornherein spezielle Anweisun-
gen gegeben hatte. J. war entschlos-
en, die Brüder zu prüfen. Er wollte
ie nicht bestrafen, auch handelte er
icht aus niedriger Rachsucht. Alles,
vas er tat, hatte das eine Ziel zu
erhindern, daß das einmal Gesche-
ene sich noch einmal wiederholte.
Die Prüfungen J.s sollen das jetzige
Vesen der Brüder erkennen lassen.
u diesem Zweck beschuldigt er die
rüder der Spionage, behält *Simeon
ls Gefangenen zurück und verlangt,
aß sie bei ihrer nächsten Reise
Benjamin mit nach Ägypten bringen.
n dem Verhalten der Brüder Benja-
in gegenüber will J. erkennen, ob
e Brüder sich gewandelt haben. J.
ßt in Benjamins Sack einen Becher
rstecken. Es war kein Wertstück
ıs Gold, sondern ein Silberbecher,
dem J. einen persönlichen Bezug
tte. J. pflegte aus diesem Becher zu
inken (44,5). In den meisten Über-
tzungen heißt es außerdem: »Josef
legte aus ihm wahrzusagen« (44,5).
ese Übersetzung und Annahme, J.
be sich an der Wahrsagerei in
rm der Hydromantie beteiligt, ist
cht zwingend. Das Wort für »wahr-
gen (hebr. *nāchasch*) kann auch so-
el heißen wie »auf einen Nebenum-
nd Gewicht legen, sich darum sor-
n«. Dann heißt der Text: Das ist
ch der Becher, aus dem mein Herr
nkt, und er wird darin (d.h. in seinem Verschwinden) ein übles Zeichen sehen (vgl. B. Jacob, S. 793ff). Die Brüder lassen Benjamin nicht im Stich. Sie kehren geschlossen zu J. zurück. Juda erklärt sich in einer großartigen Rede (44,18-34) bereit, stellvertretend für Benjamin zu leiden. Daraufhin gibt sich J. zu erkennen. Die Brüder kehren zu ihrem Vater zurück und überbringen ihm die Einladung des Pharao, nach Ägypten zu ziehen.

7. Jakob in Ägypten (46-50).

Jakob und seine Söhne bekommen das Land *Goschen vom Pharao zugewiesen (46,34). Es ist das beste Weideland Ägyptens (vgl. Hertz, S. 171). Im Land Goschen wurden Jakob und seine Söhne zu einem großen Volk (47,27). Jakob starb im Alter von 147 Jahren (47,28). Vor seinem Tod nahm er J. das Versprechen ab, ihn nicht in Ägypten, sondern im Land seiner Väter zu begraben (47,29). Dann segnete er Ephraim und Manasse, die Söhne J.s, und nahm diese an Kindes Statt an (48). Schließlich segnete Jakob alle seine Söhne (49).

J. starb in Ägypten im Alter von 110 Jahren (50,22.26). Zuvor ließ er die Söhne Israels schwören: »Wenn Gott sich dereinst euer gnädig annehmen wird, dann sollt ihr meine Gebeine von hier mitnehmen« (50,25).

II. SONSTIGES VORKOMMEN DES NAMENS JOSEF ZUR ZEIT DES ALTEN TESTAMENTS.

1. J. aus dem Stamm *Issaschar war der Vater Jigals. Jigal wurde von Mose als Vertreter seines Stammes entsandt, um Kanaan auszukundschaften (4Mo 13,7).

2. J., ein Nachkomme *Asafs, war Vorsteher der 1. Sängerklasse (1Chr 25,2.9).

3. J., ein Israelit aus den Söhnen Sakkais, gehörte zu denen, die ihre fremdländischen Frauen verstießen (Esr 10,42).

4. J., das Haupt der Priesterfamilie Schebanja z.Zt. des Hohenpriesters *Jojakim (Neh 12,14).

5. J., der Simeoniter war ein Ahnherr Judits (Jdt 8,1).

6. J., ein Sohn Sacharjas, nahm mit Judas Makkabäus am Feldzug gegen Nikanor teil (2Makk 8,22).

7. J. heißen zwei Ahnherren Jesu (Lk 3,24.30).

III. JOSEF AUS DEM HAUSE DAVIDS.

J., der Nährvater Jesu, war ein Nachkomme Davids (Mt 1,20; Lk 1,27; 2,4; 3,31). Er war der Bräutigam *Marias (Mt 1,18-20.24f). J. stammte aus *Bethlehem (Lk 2,4) und wohnte in *Nazareth (Mt 2,23; Lk 2,4.39.51).

In die Geschichte ging J. ein als »Zimmermann« (Mt 13,55). Das Wort im Urtext heißt wörtlich übersetzt »Bauhandwerker« (griech. *tekton*). J. baute Häuser aus Lehm und Stein. Er machte Höhlen bewohnbar und versah sie mit Vorbauten, er schlug Treppen in den Fels und Vertiefungen in den Stein. Die Bezeichnung »Zimmermann« entstand erst im Mittelal-

Josef mit dem Jesusknaben. Ikone aus dem Mönchskloster auf Patmos. Nicht datiert – Frühe Neuzeit. (HK)

ter, da zu jener Zeit Häuser aus Holzfachwerk errichtet wurden.

Die Heimatstadt J.s, Bethlehem, war bekannt als Stadt der Bauhandwerker und Steinmetzen, die von dort aus in das ganze Land gerufen wurden. Unverheiratete Bauhandwerker hielten sich oft lange in anderen Gebieten Palästinas auf. So ist es zu erklären, daß J. aus Bethlehem in Nazareth arbeitete. Dort wurde ihm Maria als Verlobte versprochen. Bei der Anordnung der Schätzung hatte J. Maria bereits geheiratet. Zur Steuerschätzung aber mußte er in seinen Heimatort ziehen. Dort ließ er sich mit Maria, seiner Frau, in die Steuerlisten eintragen. Sie machten sich, obwohl Maria hochschwanger war, auf den Weg von Nazareth nach Bethlehem.

Als J. von der Schwangerschaft Marias hörte, suchte er zunächst einen Ausweg. Von zwei Möglichkeiten wollte J. keinen Gebrauch machen: von einer Anzeige und vom Scheidebrief. J. hätte Maria verklagen und ihre Bestrafung fordern können. Die gesetzliche Strafe für die Untreue der Braut war die Steinigung (5Mo 22,23f; Joh 8,1-11). Als Tochter aus priesterlichem Geschlecht (vgl. Lk 1,36) hätte Maria nach damaligem Recht mit einer verschärften Strafe rechnen müssen. Sie wäre verbrannt worden.

Der Scheidebrief ist die öffentliche Entlassung der Frau aus der Ehe bzw. der Verlobten aus dem Eheversprechen. Eine Entlassene aber war damals eine lebenslänglich Gezeichnete. Ihre Ehre war für immer angetastet.

J. fand einen anderen Ausweg: Er entschied sich für das heimliche Verlassen Marias. Er stellte Maria weder vor Gericht, noch brachte er sie in Schande. Er entschloß sich, Maria in aller Stille (»heimlich«, Mt 1,19) zu verlassen. Damit nahm er selbst die Schuld auf sich. Bei der heimlichen Trennung treffen die härtesten Urteile nicht Maria, sondern J. Jesus aber wäre als uneheliches Kind einer verlassenen Braut geboren worden. In Gottes Augen war der Plan J.s falsch! Der so gut scheinende Ausweg war nicht Gottes Weg. J. war im Begriff, sich selbst aufzugeben, nur um Maria nicht den Richtern auszuliefern. Da griff Gott ein und redete zu J. im Traum (Mt 1,20ff).

Der Traum J.s unterscheidet sich von den Träumen, in denen Gott zu Heiden sprach. Gott gibt J. im Traum nicht nur einen Auftrag, sondern erklärt ihm auch das wunderbare Geschehen: »was sie empfangen hat, das ist von dem heiligen Geist« (Mt 1,20). Im Traum eröffnet Gott J. ein neues Verstehen. Dazu kommt ein zweites Unterscheidungsmerkmal des Traumes J.s von den Träumen der Heiden: J. erscheint im Traum ein Bote Gottes. Wenn Gott in Träumen zu Heiden spricht, werden keine Engelerscheinungen erwähnt. Durch Engel redet Gott im Traum nur zu Glaubenden. Im Traum zeigt der Gottesbote J. den Weg, den er gehen soll. Er spricht: »Nimm Maria, deine Verlobte, als Ehefrau zu dir« (Mt 1,20). Mit diesen Worten wird J. als Vater Jesu eingesetzt. J. tut, was der Engel ihm aufgetragen hat (Mt, 1,24). Der Sohn Gottes wird adoptiert von einem Handwerker. Er wird ein Kind einer einfachen, in Nazareth wohnenden Familie und so vor dem Schicksal einer Halbwaisen bewahrt. J. übernimmt dem Kind gegenüber die Pflichten eines Vaters.

Durch die Adoption Jesu durch J. bekommt Jesus das Recht eines leiblichen Sohnes J.s. Jesus ist hineingenommen in das Geschlecht Davids. Maria, eine Verwandte der *Elisabeth und des *Zacharias (Lk 1,36), gehörte zu der von Aaron ausgehenden priesterlichen Linie. J. aber war ein Nachkomme Davids (Mt 1,20; vgl. Lk 3,23.31). J. wurde der Nährvater Jesu und trug so zur Erfüllung der Verheißung bei, die dem Hause Davids gegeben war. Jesus war durch die im Gehorsam vollzogene Adoption durch J. unanfechtbar in den Stammbaum des Hauses Davids eingefügt. Mit Jesus war der erwartete und ersehnte Messias, der »Sproß aus dem Hause Davids«, gekommen (2Sam 7,12-16; Ps 132,17; Jer 23,5; 33,15; Röm 15,12; Offb 5,5; 22,16).

Im Unterschied zu Maria tritt J. während des öffentlichen Wirkens Jesu nicht mehr auf.

IV. SONSTIGES VORKOMMEN DES NAMENS JOSEF IM NEUEN TESTAMENT.

1. J. hieß einer der Brüder Jesu. Neben J. werden als Brüder Jesu außerdem genannt: Jakobus, Simon und Juda (Mt 13,55; 27,56; Mk 6,3).
2. J. von Arimatäa war ein Mitglied des Hohen Rates (*Sanhedrin), ein reicher Mann und ein geheimer Jünger Jesu. Von Pilatus erhielt er den Leichnam Jesu und bestattet ihn in seinem eigenen Grab (Mt 27,57-60; Mk 15,43-46; Lk 23,50-53; Joh 19,38-42).
3. J., genannt Barsabbas, mit dem Beinamen Justus. Er bewarb sich neben *Matthias um die Nachfolge des *Judas Iskariot im Jüngerkreis (Apg 1,23).
4. J. ein Levit aus Zypern, der von den Aposteln den Beinamen *Barnabas erhielt (Apg 4,36). Er war ein Vetter des Johannes Markus (Kol 4,10).

Literatur: F. Delitzsch: Genesis, 1887; J.H. Hertz (Hrsg.): The Pentateuch and Haftorahs, ^{2}1961; S.R. Hirsch: Der Pentateuch, 1. Teil, Die Genesis, 1867; G. von Rad: Das erste Buch Mose (Genesis), ATD 2–4, ^{6}1961; ders.: Die Josephsgeschichte, in: Gottes Wirken in Israel, 1974; C. Westermann: Genesis (37–50), BKAT I/3., 1982; A. Erman: Ägypten und Ägyptisches Leben im Altertum, neu bearbeitet von H. Ranke, 1923; P. Montet: Das alte Ägypten und die Bibel, o.J.; E. Otto: Ägypten, der Weg des Pharaonenreiches, ^{5}1979; L. Schmidt: TRE XVII, 1987, 255–258.

H.Br.

JOSEPHUS, FLAVIUS.

J., 37/38 n.Chr. bis etwa 100, jüd. General und Schriftsteller, stammte aus einer Familie des Jerusalemer Priesteradels. Er wurde rabbinisch erzogen und will schon mit 14 Jahren so gelehrt gewesen sein, daß Hohepriester und Vornehme Jerusalems seinen Rat einholten. Mit 16 hat er angeblich nacheinander die Lehren der *Pharisäer, *Sadduzäer und *Essener studiert und danach drei Jahre in der Wüste mit einem Einsiedler namens Bannus gelebt. 19jährig schloß er sich den Pharisäern an und wandte sich der Politik zu. Im Jahre 64 reiste er nach Rom und erreichte dort die Freilassung einiger Priester. 66 kehrte er nach Judäa zurück; im selben Jahr begann der jüd. Aufstand gegen Rom. Nach J.' eigenen Angaben riet er gegen den Krieg – wie viele Juden der Oberschicht. Nach den jüd. Anfangserfolgen schloß J. sich aber der Revolution an und wurde zum Oberbefehlshaber zelotischer Gruppen um Johannes von Gischala, die seiner Entschlossenheit, wohl mit Recht, mißtrauten. Als *Vespasian mit drei Legionen und Hilfstruppen im Frühjahr 67 in Galiläa einrückte, floh die jüd. Armee unter J. kampflos. J. verschanzte sich schließlich mit einem Großteil seiner Truppen in der Festung Jotabata. Diese fiel nach 47-tägiger Belagerung, J. versteckte sich mit 40 anderen in einer Zisterne. Einem gemeinsamen Selbstmordbeschluß entzog er sich in undurchsichtiger Weise, ergab sich den Römern und weissagte Vespasian die Kaiserwürde. Die Prophezeiung traf 69 ein, J. wurde freigelassen und führte seitdem den Gentilnamen seines kaiserlichen Patrons Flavius. Auf Seiten der Römer kehrte J. mit *Titus nach Judäa zurück. Während der Belagerung Jerusalems wurde er eingesetzt, um die Verteidiger zur Kapitulation zu überreden. Nach Kriegsende erhielt er ein Landgut. J. ließ sich in Rom nieder und lebte in einem Haus des Kaisers etwa 30 Jahre von einer kaiserlichen Pension und den Erträgen seines Landbesitzes als Literat. J. war viermal verheiratet, von seinen 3 Söhnen lebten, als er seine Autobiographie verfaßte, noch drei.

Werke:

1. »Über den jüdischen Krieg« (De bello iudaico), in 7 Büchern, vollendet auf Griechisch zwischen 75 und 79, schildert Aufstieg und Untergang des jüd. Staates vom Aufstand der Makkabäer bis 73 n.Chr. Buch I-II: Knappe Darstellung der Geschichte bis zum Ausbruch des Krieges mit Rom (66 n.Chr.); III: Die Ereignisse in Galiläa; IV: Die Eroberung Judäas; V-VI: Der Höhepunkt, Belagerung und Zerstörung Jerusalems; VII: Das tragische Ende. Die Darstellung der Zeit bis 6 n.Chr. (I,31-II,116) geht wahrscheinlich auf die Weltgeschichte des Nikolaus von Damaskus, einen Freund und Ratgeber *Herodes des Großen, zurück (Tendenz: Positive Schilderung des Herodes); die Quelle ist – mitunter recht ungeschickt – gekürzt. Die Darstellung der Zeit von 6-66 ist lückenhaft. Für die Zeit danach konnte J. auf seine Erinnerung, eigene Aufzeichnungen und die Kriegstagebücher von Vespasian und Titus zurückgreifen. Tendenzen sind: Positive Darstellung des jüd. Volkes und der Oberschicht (Die Schuld am Krieg wird einer Gruppe von Fanatikern angelastet), Romfreundlichkeit, Verherrlichung von Vespasian und Titus, Apologie des eigenen Handelns. Diese Tendenzen stören teilweise den [illegible]agischen Aufbau. Der griech. Fassung ging eine verschollene aram. Darstellung des Krieges voraus, die vermutlich als röm. Propagandaschrift [illegible] die Juden des Ostens gesandt worden war. Der griech. »Krieg« wurde mit Hilfe von Mitarbeitern verfaßt und ist das stilistisch beste Werk des [illegible] Als Geschichtsquelle vor allem für die Zeit ab 66 ist der Bericht des Augenzeugen trotz der teilweise tendenziösen Darstellung von unersetzlichem Wert.

2. »Die jüdische Archäologie« (Antiquitates Iudaicae), in 20 Büchern, erschienen 93/94, ist ein kompilatorisches Werk über die Geschichte des jüd. Volkes von der Schöpfung der Welt bis zum Ausbruch des jüd. Krieges (66 n.Chr.). Buch I-X: Die Geschichte bis zum babylon. Exil; XI-[illegible]: Rückkehr, Herrschaft der Perser und Makedonier bis zum Makkabäeraufstand; XIII-XIV: Herrschaft und Untergang der Hasmonäer; XV-XVII: Herodes und Archelaos; XVIII-XX: Die Herrschaft der Römer bis zum Kriegsbeginn. Buch I-XIII, 212 geht hauptsächlich auf die bibl. Bücher (meist LXX), den Aristeasbrief und 1Makk zurück, unter Einschaltung von bestätigenden oder ergänzenden Zeugnissen griech. Historiker und zahlreicher Legenden, vielleicht aus der alexandrinischen Gelehrtentradition übernommen. Danach, bis XVII, sind Strabo, Nikolaus von Damaskus und eine weitere Herodesbiographie die Hauptquellen, durch andere Quellen, Legenden etc. erweitert (besonders wichtig: offizielle Dokumente). In den drei letzten Büchern wurden zumindest ein röm. Geschichtswerk, eine Hohepriesterliste, Dokumente und mündliche Überlieferung benutzt. Ähnlich wie im »Krieg« ist die frühere Geschichte gerafft, je näher J. an die eigene Zeit kommt, desto breiter und ausführlicher erzählt er. Das Werk ist apologetisch: Bei grundsätzlicher Anerkennung von Moral und Wertvorstellungen der politisch überlegenen griech.-röm. Kultur wird in einer hellen. literarischen Form (vgl. die »Römische Archäologie« in 20 Büchern des Dionysius von Halikarnassus) die Altehrwürdigkeit und Philanthropie des Judentums betont. Einige anstößige Geschichten (1Mo 38, 2Mo 32, 4Mo 12) werden weggelassen. J. will der griech. lesenden Welt zeigen, daß nur die von dem Gesetzgeber Mose gegebene soziale Ordnung, die auf Gott zurückgeht, wahres menschliches Glück ermöglicht.

3. »Das Leben des Josephus« (Vita), als Anhang an die Archäologie publiziert (aber vielleicht erst späteren Datums), ist ein autobiographischer Bericht, der in seinem Hauptteil (28-413) dazu dient, das Verhalten des J. während des Krieges in Galiläa (66/67) zu verteidigen, nachdem J. sich – vor allem in seiner Romfreundlichkeit – durch eine verschollene Schrift des Justus von Tiberias über den jüdischen Krieg persönlich angegriffen fühlte. Die Darstellung weicht von der im »Krieg« ab, einiges ist stark beschönigt. Stilistisch ist es das schwächste Werk des J.

4. »An die Griechen« oder »Über das hohe Alter des jüdischen Volkes« (Contra Apionem), geschrieben nach 93, ist eine Apologie des Judentums (vgl. oben 2.). I,1-56: Über die jüd. Geschichtsschreibung im Vergleich zur griech. (älter und wahrer); I,57-218: Beweise der Altehrwürdigkeit des jüd. Volkes aus nichtjüd. Schriften; II,1-144: Widerlegung antijüd. Angriffe (des alexandrinischen Grammatikers Apion und anderer); II,145ff: Über das jüd. Gesetz im Vergleich mit griech. Verfassungen. Das Werk stellt jüd. Theologie und das Judentum in hellen. rationaler Form dar; wertvoll ist es vor allem wegen der Sammlung von Zitaten antijüd. Polemik und als Beispiel antiker jüd. Apologetik.

Literatur: Textausgaben: Flavius Josephus: Opera. (hrsg. von B. Niese, 1885-95) [2]1955 (6 Bde. u. Index); H.St.J. Thackeray et al.: 1926-65 (Loeb Classical Library, 9 Bde., mit engl. Übers.); Flavius Josephus: De Bello Judaico. Der Jüdische Krieg. griech./deutsch, hrsg. und mit Anm. versehen von O. Michel, O. Bauernfeind, ab 1962; Flavius Josephus: Jüdische Altertümer. Übers. von H. Clementz, [6]1985; L.A. Feldmann: Josephus and Modern Scholarship (1937-1980), 1984 (kritisch kommentiert); G. Hölscher: Pauly-Wissowa, RE 9,2, Sp. 1934-2000; R. Laqueur: Der jüdische Historiker Flavius Josephus, 1920; H.St.J. Thackeray: Josephus, The Man and the Historian, (1926) 1967; T. Rajak: Josephus, the Historian and his Society, 1983. G.L.

JOSES. (Griech. Form des hebr. Namens Josef).

1. Einer der Brüder Jesu (Mk 6,3). Die besseren Hss. bieten seinen Namen als Josef.

2. Nach Apg 4,36 hieß *Barnabas ursprünglich J. Auch hier haben die besseren Hss. Josef.

3. Sohn der *Maria und Bruder des jüngeren *Jakobus (Mt 27,56; Mk 15,40).

JOSIA. (Hebr. *jōschijjāhū*, bzw. als *jōschijjā*, »Möge Jahwe geben«).

1. 17. König von Juda. Der Sohn *Amons und Enkel *Manasses wurde vom »Volk des Landes« im Alter von 8 Jahren nach der Ermordung seines Vaters zum König gemacht (639-609 v.Chr.; 2Kön 21,24-25,1; 2Chr 33,25-34,1).

Die Macht Assyriens, das noch die Oberherrschaft über Juda hatte, war im Begriff zu zerfallen. Deshalb schickte sich J. an, sein Territorium nach N hin auszudehnen. Nach 2Chr 24,4-7 wandte sich J. gleich zu Anfang seiner Regierungszeit wieder zu Jahwe und führte rel. Reformen durch. Aber erst im Jahre 622 v.Chr. begann infolge der Auffindung einer Gesetzesrolle im Jerusalemer Tempel - die in einer nicht näher feststellbaren Weise mit dem *Deuteronomium/5. Buch Mose, in Zusammenhang stand – J.s umfassende Kultreform (2Kön 23). Er schaffte die Höhenheiligtümer ab, wo eine Mischform aus Jahweglauben und Baalsfrömmigkeit (Sexualkult zur Garantie der Fruchtbarkeit des Landes) gepflegt wurde. Er und sein Volk schlossen einen neuen Bund mit Jahwe (2Kön 23,1-3; 2Chr 34,29-33), wobei die Gesetzesrolle als allg. Gesetzgebung anerkannt wurde. J. ließ auch das Passafest in seit den Tagen Samuels nicht mehr gekanntem großen Stil feiern (2Kön 23,21-23; 2Chr 35,1-19). Fortan gab es nur in Jerusalem die Möglichkeit, Gott die gebotenen Opfer darzubringen. Diese an sich lobenswerte Reform, für die ihm die Bibel auch höchstes Lob zuteil werden läßt, führte aber auch zu neuen Schwierigkeiten. Es ist anzunehmen, daß der »arbeitslos« gewordene »niedere Klerus«, jene oft im Jeremia-Buch erwähnten Prophetenscharen, nunmehr in Jerusalem am zentralen Heiligtum erschien und sich nur äußerlich der Kultreform anpaßte. Diese »Propheten« – sie traten immer in Massen auf – verstärkten auf sehr oberflächliche Weise eine fatale Heiligtumstheologie.

Das Ergebnis der Reformpolitik J.s mußte der zu dieser Zeit wirkende Prophet *Jeremia aufs schärfste verurteilen (Jer 7; 26). 609 v.Chr. kam *Necho II. von Ägypten von dem ägypt. Außenposten in Megiddo aus den Assyrern in Haran zu Hilfe (A.K. Grayson, Assyrian and Babylonian Chronicles, 1975, S. 96, 11.66-69). Der Assyrerkönig war von Babyloniern und Medern aus seiner Hauptstadt vertrieben worden. Obwohl Necho II. Palästina nur als Durchzugsgebiet benötigte, sah J. Ägypten als Bedrohung seines eigenen Königreiches an und trat ihm in Megiddo entgegen. Vielleicht erhoffte sich J. von einem militärischen Sieg über die Ägypter eine Sicherung seiner Südgrenze. J. wurde jedoch schwer verletzt und starb in Jerusalem (2Kön 23,29.39; 2Chr 35,20-24).

2. Sohn *Zefanjas, der z.Zt. *Sacharjas lebte (Sach 6,10). D.W.B.

JOSUA.

1. Josua, der Sohn Nuns, ein Enkel *Elischamas, aus dem Stamm Ephraim (1Chr 7,27) wurde von seiner Familie *hōschea*, »Heil/Rettung« genannt (4Mo 13,8). Dieser Name taucht im Stamm Ephraim wiederholt auf (1Chr 27,20; 2Kön 17,1; Hos 1,1). *Mose fügte den Namen Gottes hinzu und nannte ihn *Jehōschua*, »Jahwe ist Heil/Rettung« (5Mo 32,44; 2Mo 33,11 u.a.), was im Deutschen normalerweise mit Josua wiedergegeben wird. Der griech. Name Jesus spiegelt die aram. Kurzform *jēschū'* wider (vgl. Neh 3,19, u.ö.).

Z.Zt. des Auszugs aus Ägypten war J. ein junger Mann (2Mo 33,11). Mose wählte ihn zum persönlichen Gehilfen und gab ihm Befehlsgewalt über eine Abteilung der noch nicht organisierten Stämme, die die plündernden Amalekiter abzuwehren hatte (2Mo 17,8ff). Als Vertreter der Ephraimiten bei der Erkundung Kanaans (4Mo 13-14) unterstützte J. *Kalebs Empfehlung, mit der Invasion zu beginnen. Kaleb, der Ältere und die führende Persönlichkeit, wird in diesem Zusammenhang manchmal allein genannt. Aber es ist unwahrscheinlich, daß es eine Version dieser Episode gab, die J. ausschließt, oder daß ein späterer Historiker leugnete oder nicht davon wußte, daß J. auch dem Fluch über das ungläubige Volk entkam.

Als Mose am Sinai allein vor dem Herrn stand, hielt J. Wache (2Mo 24,13ff). In der Stiftshütte lernte er, dem Herrn zu dienen. In den folgenden Jahren kam zweifellos etwas von Moses Geduld und Sanftmut zu J.s Tapferkeit hinzu (2Mo 24,13; 32,17f; 33,11; 4Mo 11,27f). Am Jordan wurde J. formell zu Moses militärischem Nachfolger geweiht, gleichrangig mit dem Priester *Eleasar (4Mo 27,18ff; 34,17; vgl. 5Mo 3,21ff; 31, wo J.s Position besonders betont wird). Zu dem Zeitpunkt war J. wahrscheinlich 70 Jahre alt.

J. besetzte das Gebiet von *Gilgal und baute die Stellung aus, kämpfte erfolgreich gegen kanaan. Bündnisse und führte weitere Operationen an, solange gemeinsames Vorgehen Israels erforderlich war. Die Besiedlung des Landes hing von der Initiative der Stämme ab. J. wollte sie in Silo, wo das Nationalheiligtum eingerichtet wurde (Jos 22), durch eine formale Aufteilung der Gebiete erreichen.

Am Ende seines Lebens versammelte er alle Stämme Israels zu einem Landtag nach *Sichem (Jos 24). J. starb mit 110 Jahren und wurde in Timnat-Serach begraben.

2. Josua ben Josedech (bei Esr und Neh im hebr. Text Jeschua genannt) war Hoherpriester z.Zt. des Wiederaufbaus von 537 v.Chr. an. Unter ihm wurde der Altar wiederhergestellt und der Tempel eingeweiht. Er wurde prophetisch der »Zweig«, »Sproß« oder »Schößling« (Sach 6,12) genannt.

3. Josua von *Bet-Schemesch, der Besitzer des Feldes, auf dem die Bundeslade abgeladen wurde, als die Philister sie an Israel zurücksandten (1Sam 6,14).

4. Stadtoberster von Jerusalem z.Zt. des Königs *Josia (2Kön 23,8). J.P.U.L.

JOSUA, BUCH. Josua schildert das Eindringen der Stämme Israels unter Josua in Kanaan, die sog. Landnahme (Kap. 1-12), Landverteilung (13-22), Abschiedsrede Josuas, Bundeserneuerung in Sichem und Josuas Tod (23f). Die Erkundung des Landes, der Übergang über den Jordan, die Errichtung des Lagers und eines Brückenkopfes bei Gilgal und Jericho, das Vordringen in das Bergland um Ai und Bethel, die damit verbundene Niederlage und der anschließende Sieg sowie das Bündnis mit den Gibeoniten werden breit ausgemalt. Es sind exemplarische Ereignisse. Die Eroberung des S und des N werden nur summarisch dargestellt. Der 1. Teil schließt mit der Feststellung: »So nahm Josua das ganze Land ein« (11,23) und zählt die unterworfenen Könige auf (12). Der 2. Teil öffnet mit der Feststellung, daß noch viel Land einzunehmen bleibt (13,1) und der Aufzählung der in kanaan. Hand verbliebenen Gebiete. Auffällig detailliert werden der Besitz Judas, die Niederlassung der Keniter in Hebron, das Erbe der Josefstämme und Benjamins beschrieben. Das Erbe der übrigen Stämme wird nur summarisch aufgezählt. Mit der Nennung der Freistädte und der Levitenstädte sowie der Erzählung von der Rückkehr der Ostjordanstämme endet der 2. Teil. Den Abschluß bildet Josuas geistliches Testament, das mit dem Bundesschluß bei Sichem gekrönt wird. Mit der Niederlassung in Kanaan wurde die Verheißung Gottes an die Väter eingelöst. Der Herr gab ihnen Ruhe, wie er den Vätern geschworen hatte (21,43-45; 23,14).

A. Inhaltsübersicht.

I. LANDNAHME (1,1-12,24).

1. Die Vorbereitung (1,1-5,15): Amtseinführung Josuas, Kundschafter, Überquerung des Jordan, Beschneidung und Passa im Lager bei Gilgal.

2. Ausbau des Brückenkopfes (6,1-8,35): Eroberung Jerichos, Niederlage und Sieg bei Ai, Gesetzesverkündigung und Bundesschluß bei Sichem.

3. Einnahme des restlichen Landes (9,1-12,24): Bündnis mit den Gibeoniten, Eroberung des Südens und des Nordens sowie Auflistung der unterworfenen Könige.

II. LANDVERTEILUNG (13,1-22,34).

1. Auflistung uneroberter Gebiete und Verteilung des Ostjordanlandes unter Mose (13,1-33).

2. Verteilung des Westjordanlande (14,1-19,51): Zuweisung an das Haus Kaleb (Keniter), den Stamm Juda, di Josefstämme und Benjamin sowie di restlichen 6 Stämme.

3. Sonderbestimmungen (20,1-22,34): Freistädte, Levitenstädte, Rückkehr und Verpflichtung der Ostjordanstämme.

III. JOSUAS VERMÄCHTNIS UND TOD (23,1-24,33).

1. Josuas theologische Schlußermahnung (23,1-16).

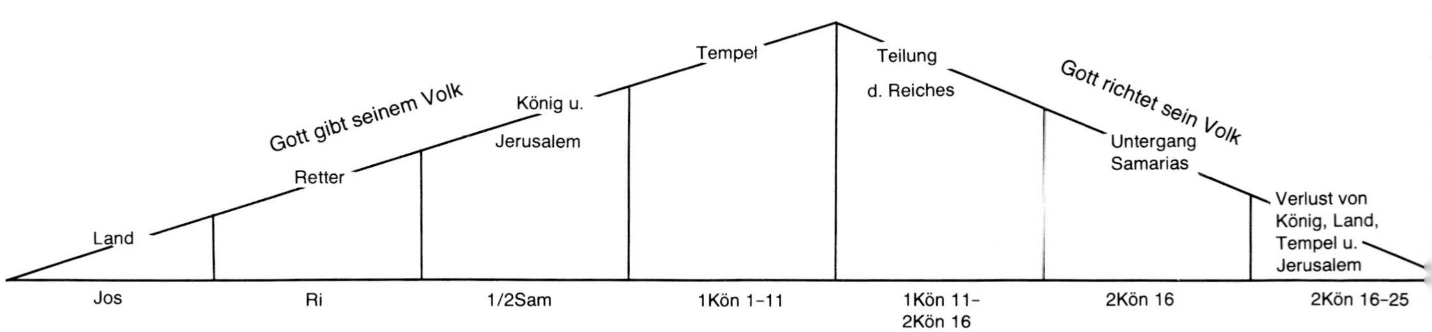

2. Historischer Rückblick und Bundesschluß in Sichem (24,1-28).
3. Josuas und Eleasars Tod; Bestattung der Gebeine Josefs (24,29-33).

B. Platz im Kanon, Zielsetzung und Darstellungsweise.

In der hebr. Bibel eröffnet Jos die Reihe der vorderen Propheten, zu denen weiterhin Ri, 1/2Sam und 1/2Kön zählen. Diese Unterteilung der Prophetenschriften in vordere (*nebi'im ri'schonim*) und hintere Propheten (*nebi'im 'ächaronim*: Jes, Jer, Hes und die Zwölf [kleinen Propheten]) stammt aus dem Mittelalter. Die Bezeichnung erklärt der Babylonische Talmud (Baba Batra 14b/15a) so, daß diese Schriften von Propheten abgefaßt sind. Doch auch vom Inhalt her erklärt sie sich. Die ganze hier geschilderte Geschichte Israels ist von Propheten begleitet, die dem Volk Gottes in jeder Situation das jeweils aktuelle Gotteswort mitteilen. Am Gehorsam bzw. Ungehorsam gegenüber dem Gesetz und dem prophetischen Gotteswort entscheidet sich, ob Israel im Lande bleibt oder der Gabe des Landes verlustig geht (vgl. Jos 23,15f; 2Kön 17,13.23). Das ist nicht eine Theologie der Gesetzlichkeit, denn aller Gesetzesbefolgung voraus geht die Erwählung und Erlösung des Volkes (2Mo 20,1) und die unverdiente Gabe des Landes (5Mo 7,7; 9,4). Der geforderte Gehorsam ist nichts anderes als »die eigentlich selbstverständliche Antwort auf Gottes vorlaufendes Heilshandeln und Folge der Liebe und Furcht Gottes« (O. Kaiser, 137). Zudem handelt es sich um Geschichtsschreibung unter prophetischer Perspektive: Es wird gezeigt, wie sich Gottes Wort in der Geschichte in Gnade und Gericht verwirklicht. Dabei behandeln die vorderen Propheten ein zusammenhängendes Thema: Israels Weg von der Landgabe zum Landverlust. In beidem bewährt sich Gottes Treue zu seinem Wort.

Trotz der Integration in das größere Ganze eignet Jos (und Ri) eine unübersehbare Selbständigkeit und innere Geschlossenheit. Sie bilden die Brücke zwischen Mosezeit und nachfolgender Geschichte. Die Gabe der Tora ist mit 5Mo abgeschlossen. Ihr ist nichts hinzuzufügen; sie ist zu befolgen (Jos 1,8; 8,31.34). Moses Werk, der Auszug, findet mit dem Einzug in Kanaan seinen Abschluß. Wüstenwanderung und wunderbare Ernährung gehen mit Passa und erstem Mahl vom Getreide des Landes zu Ende (5,10ff). Die Verheißung an die Väter wird eingelöst (21,43ff). Aufgrund dieser Verflechtung versuchte man Jos dem Pentateuch zuzuordnen und sprach vom Hexateuch (vor allem G.v. Rad). Doch die Zeit der Gewährung der Tora ist eine in sich geschlossene Größe, und auch Jos schildert ein in sich abgeschlossenes Geschehen: die Inbesitznahme des verheißenen Landes von Josuas Amtsantritt bis zu seinem Tod. Bei der zielstrebig angelegten Darstellung geht es

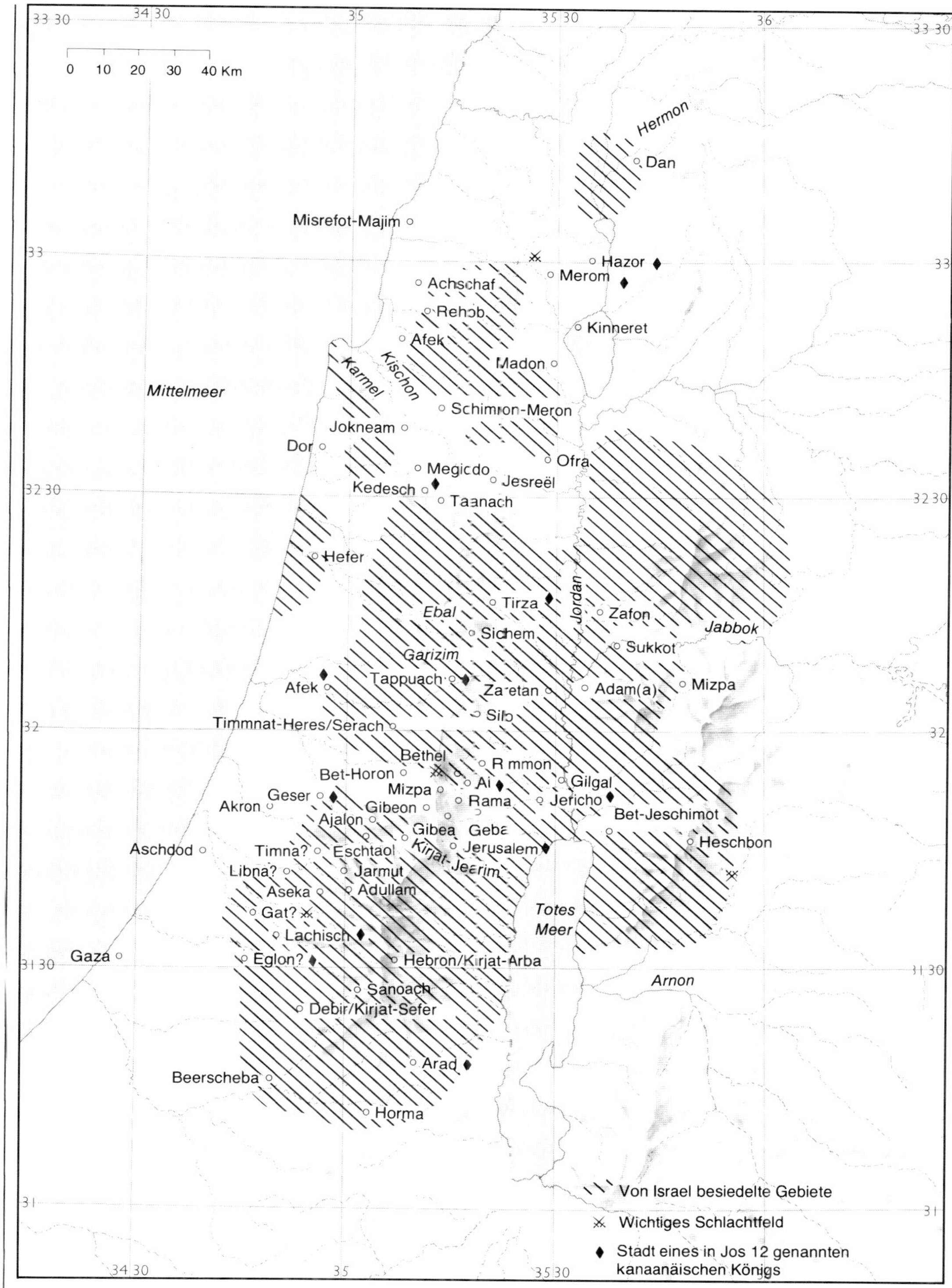

Die israelitischen Siedlungsgebiete in Palästina unter Josua.

sowohl um das Werk Josuas als auch um die Tat Gottes, der durch ihn dem Volk die verheißene Gabe des Landes zueignet: Der Herr hat es gegeben und sie nahmen's ein (1,6ff; 6,16b; 21,43f; 24,8.12f). Man sollte also weniger von »Landnahme« als von »Landgabe« reden. So war alles eingetreten, was der Herr dem Hause Israel verkündigt hatte (21,45; 23,14).

Die Tatsache, daß Gott der Geber des Landes ist, bestimmt die Darstellung des Buches Jos. In den exemplarischen Kapiteln 5-8 wird deutlich, daß das Volk die Gabe Gottes nur soweit einnehmen kann, wie es der Weisung Gottes folgt. Wird der Bund übertreten (7,15), ist Gott nicht mit seinem Volk (7,12), und es kann seine Feinde nicht überwinden. Deshalb muß Israel das Gesetz Moses immer wieder hören und vor Augen haben (8,30ff). Eine Verbindung mit Bewohnern des Landes ist nur möglich, wo diese sich unter Bund und Weisung Gottes stellen (Kap. 9). Die summarische Darstellung in Kap. 10 und 11 will das Bild abrunden und zeigen, daß Josua das ganze Land einnimmt (11,23), weil Gott für Israel streitet (10,14). Auch die Landzuweisung geschieht auf Geheiß Gottes (14,1ff). Wenn die Stämme ihr jeweiliges Gebiet als Erbteil zugesprochen bekommen, so wird damit unterstrichen, daß Gott der Eigentümer des Landes bleibt (3Mo 25,23). Das Land ist eine an den Geber gebundene Gnadengabe, deren Israel verlustig geht, wenn es sich von dem Geber lossagt (Jos 23,15f). Deshalb steht am Schluß die Bundeserneuerung mit dem Bekenntnis: Jahwe ist unser Gott; ihm wollen wir dienen (24,18ff).

C. Abfassung, Quellen und Entstehungszeit.

Josua ist nicht Verfasser, sondern Zentralgestalt des Buches. Es ist wie die anderen Geschichtsbücher des AT anonym. Aufgrund seiner Nähe zum Pentateuch versuchte man seit Wellhausen die vermuteten Pentateuchquellen auch bei Jos nachzuweisen (vor allem Eißfeldt, Rudolph, Weiser, Fohrer u.a.). Bei der konkreten Quellenzuweisung gingen die Ansichten aber so weit auseinander, daß dieser Versuch heute als gescheitert anzusehen ist. Die literarkritischen Thesen des Pentateuch bewähren sich nicht bei Jos (M. Noth, Josua VIII). Indes spricht die Schrift selbst von zugrundeliegenden Quellen. Zu erwähnen sind zunächst Niederschriften Josuas (24,26), das Buch des Gesetzes (24,26; 1,8) und das »Buch des Redlichen« (10,13 vgl. 2Sam 1,18). Auch hinter den Landverteilungslisten (Kap. 13ff) darf man alte Überlieferungen vermuten. Die im ersten Teil des Buches verschiedentlich begegnende Bemerkung »bis auf diesen Tag« (10,27; 8,29; 7,26; 4,9) macht zudem deutlich, daß hier Erzählungen aus alter Zeit, höchstwahrscheinlich der unmittelbaren Landnahmezeit erhalten sind (R. Rendtorff, Das Alte Testament, 1983). Wann sie erstmals schriftliche Gestalt erhielten, muß wohl offenbleiben. In den vorderen Propheten wird allg. auf ältere Quellen verwiesen (z.B. 1Kön 11,41), und das unterstreicht den historischen Wert dieser Schriften. Wann die verschiedenen Überlieferungen erstmals zu einem Ganzen zusammengefügt wurden, ist nicht genau festzustellen. Da Jerusalem für den Verfasser des Buches Jos noch in Jebusiterhand ist und nirgendwo sich ein Hinweis auf ein entstehendes Königtum findet, darf man annehmen, daß das spätestens in der ausgehenden Richterzeit – vielleicht durch Samuel – geschah. Die heutige Gestalt des Buches geht wahrscheinlich auf eine spätere Bearbeitung zurück, die allg. der sog. »deuteronomistischen Schule« zugeschrieben wird. Ob diese Männer nur eine »deueronomistische Bearbeitung« vornahmen oder die vorderen Propheten zu einem »Deuteronomistischen Geschichtswerk« zusammenfügten, und wie tief die Eingriffe im einzelnen gingen, ist umstritten. Fest steht, daß zwischen 5Mo und Jos eine sachliche, sprachliche und theologische Verbindung besteht, und daß wir von Jos bis 2Kön eine fortlaufende Geschichte haben, die ihre letzte Gestalt erst nach Abschluß der berichteten Ereignisse, d.h. nach 560 v.Chr. erhalten haben kann (vgl. 2Kön 25,27-30). Da aber über Alter und Herkunft des 5. Mosebuches die Akten noch nicht geschlossen sind (O. Kaiser, S. 134), und weil auch damit zu rechnen ist, daß einzelne Teile schon vorher abgeschlossen wurden und die theologischen Einsichten spätestens zur Zeit der frühen Schriftpropheten vorlagen, darf man einen erheblichen Teil der sog. »deuteronomistischen Bearbeitung« in der Zeit Hiskias ansetzen (Rendtorff, S. 194-199). Zu dieser Zeit ist auch das Vorliegen älteren Quellenmaterials noch erklärbar, was nach dem Untergang Samarias und Jerusalems problematisch erscheint. Die »Männer Hiskias« (Spr 25,1) sammelten und ordneten auch sonstige alte Überlieferungen.

D. Historische Bewertung.

Das »deuteronomistische Geschichtswerk« ist als ganzes ein Ruf zur Umkehr aus der Zeit nach dem Untergang Judas und Jerusalems. Es will zeigen, daß die nationale Katastrophe nicht auf eine Schwäche Gottes, sondern auf die Untreue des Volkes zurückzuführen ist (2Kön 17,7ff). Am Ende setzt es mit der Freilassung Jojachins ein Zeichen der Hoffnung. Auch wo Gott sein Volk züchtigen muß (2Sam 7,14f), steht er zum Bund mit den Vätern und wird neues Heil setzen. Die bibl. Geschichtsbücher wollen nicht historische Dokumente im modernen Sinn sein, sondern Lob Gottes und Verkündigung seiner Taten als Zuspruch und Anspruch an sein Volk. Diese Gesamtintention bestimmt Auswahl, Anordnung und Kommentierung des Materials. Das bedeutet nicht, daß die berichteten Ereignisse ungeschichtlich seien. »Der historische Wert eines solchen biblischen Buches ist wesentlich größer, als es uns vor einem Menschenalter vorkam« (Hertzberg, S. 10). Aufgrund der archäologischen Untersuchungen der letzten Jahre (vgl. etwa die Grabungsarbeiten bei Hazor oder die wahrscheinliche Auffindung des Altars Josuas auf dem Ebal durch Prof. Mazar) besteht kein Anlaß mehr zu dem überspitzten Skeptizismus, wie er vor allem die Geschichtsschreibung von M. Noth kennzeichnet. Er will in den Darstellungen des ersten Teils von Jos ausschließlich ätiologische Sagen erkennen, die zwar alten Datums, aber dennoch historisch wertlos seien, da sie lediglich Erklärungsversuche für bestimmte Gebräuche bzw. Erscheinungen darstellten, die spätere Generationen erdacht haben (vgl. Geschichte Israels, S. 79 u.ö.). Zudem hat J. Bright die methodischen Schwächen des Nothschen Ansatzes aufgedeckt. Das besagt nicht, daß alle Probleme ausgeräumt seien. Um die Zerstörung Jerichos und die Einnahme Ais ranken sich z.B. noch manche Fragen (A. Millard, Schätze aus biblischer Zeit, 1986, S. 96-100). Die Archäologie kann die bibl. Überlieferung nicht beweisen, da sie selbst nicht eindeutig ist, doch kann sie ihr größere Wahrscheinlichkeit verleihen (Bright, S. 93). Hinsichtlich der eigentlichen Vorgänge bei der Landnahme konkurrieren die Infiltrations-, Invasions- und Revolutionshypothese miteinander. Nach der Infiltrationshypothese (M. Noth, Geschichte Israels, [7]1969, S. 68) »hat sich die Landnahme im großen ganzen in einer ziemlich stillen und friedlichen Weise vollzogen«. Das Zusammenfinden der Stämme und ihre Vereinigung zu dem einen Volk Israel vollzog sich erst im Lande. Im Zuge des Weidewechsels ließen sich die israelitischen Halbnomaden zuerst in den dünner besiedelten Landesteilen nieder, weideten dann auch die abgeernteten Äcker ab, um sich schließlich für dauernd im Lande festzusetzen. Das alles ohne Gewaltanwendung in einem Vorgang von längerer Dauer. Nach der Invasionshypothese drang Israel unter Josua gewaltsam in das Land ein und eroberte es in einem Zuge. Bei der Revolutionshypothese (vor allem G. Mendenhall) geht man davon aus, daß die Stämme Israels nicht von außen eindrangen, sondern daß es sich um eine soziale Auseinandersetzung handelte, bei der die sozial benachteiligten Bevölkerungselemente gegen die herrschende Stadtbevölkerung unter Berufung auf den »Jahwismus« revoltierten. Insgesamt scheint die Landnahme ein komplexe Vorgang gewesen zu sein, bei dem der Großteil der Stämme unter Josua über den Jordan in einem kriegerischen Unternehmen in das Land eindrang und sich festsetzte; kleinere Stammesgruppen scheinen von S her eingedrungen zu sein (s. 4Mo 21,3; R 1,16f). Gelegentlich scheint es auch zum Zusammenschluß mit im Lande lebenden Bevölkerungsgruppen gekommen zu sein (vgl. Jos 9 und das Gebiet um Sichem, das anscheinend ohne Kampfhandlung eingenommen wurde, 8,30ff). Insgesamt ist die Landnahme eine Übergangssituation, deren Einschätzung wesentlich davo beeinflußt wird, wie man die voraus gehende und die folgende Epoche sieht. Entscheidend ist, daß das Volk am Sinai als Gottes Volk konstituie wurde und daß der dortige Bundesschluß für Israels Glauben und Lebe maßgebend ist, daß es unter Josua i das Land eindrang und sich festsetz und daß die Zugehörigkeit zu Israel sich daran entschied, ob man in de Bund mit Jahwe eintrat. Die Darste lung in Ri 1 ist nicht ein zweiter Landnahmebericht, sondern setzt di Anwesenheit Israels im Lande vora In Jos ist einmal die Rede davon, d. Josua das ganze Land im Kampfe e genommen hat (11,16.19.23). Dann wieder heißt es, daß noch viel Lanc einzunehmen bleibt (13,1.13; 15,63; 17,13 u.ö.). Die scheinbare Diskrepanz, die dem ursprünglichen Autor nicht entgangen sein kann, erklärt sich so, daß Josua das Volk tatsächlich ins Land brachte und *de jure* das Ganze in Besitz nahm. Die Liste in Kap. 12 unterstreicht das (vgl. Gutbrod, 99). *De facto* muß Israel das ihm Zugeeignete erst noch ergreifen, was sich lange hinziehen und zur ernsthaften Erprobung seines Glaubens werden wird.

E. Theologische Perspektiven; Geistliche Dimensionen.

Josua führt Jahwes Kriege (nicht: Heilige Kriege), deren entscheidendes Merkmal ist, daß Gott selbst für sein Volk streitet (Jos 10,14; 2Mo 14,14) und daß sie nicht der Ausbreitung des Glaubens, sondern der Einnahme des dem Volk von Gott zugesprochenen Landes dienen. Der eigentlich Handelnde ist Jahwe. Schon vor der Schlacht hat er das Land und seine Bewohner Israel in die Hände gegeben (2,24; 6,2.16; 8,1.18; 10,8.19). Er verwirrt die Feinde, daß sie feige werden (2Mo 15,14-16; Jos 2,24 10,2 u.ö.), bietet die Elemente im Kampf auf (10,11; 24,7) und bringt so das Volk in das Land (24,8). Das Volk schließt sich im Glauben und Gehorsam Jahwe an. Die Beute steht unter dem Bann; sie gehört Jahwe; das Volk darf sich daran nicht vergreifen (6,18). Zentrale Elemente aus dem Bereich des Krieges Jahwes werden traditionsgeschichtlich durch die ganze Bibel weitergeführt und dabei biblisch-theologisch umgestaltet, vertieft und entfaltet. Gottes Eintreten für die Seinen mündet in der Rechtfertigung des Sünders als alles überragende Gnadentat Gottes. So tritt der Gottesknecht für die Seinen unter Hingabe seines Lebens ein (Jes 53), und Jesus erschließt den Seinen die Gnadengabe Gottes durch die Hingabe seines Leibes und Blutes. Ist im AT die »Gabe« bzw. das Erbe (Ps 16,5f) das Land, ist es im NT das ewige Leben (vgl. z.B. Röm 6,23; 8,17; 1Petr 1,4ff). Die Zueignung des Landes an Israel ist wie die des ewigen Lebens Gnadenakt Gottes. Durch das ganze AT und NT hindurch prägen Glaube und Gehorsam das Verhältnis des Menschen zu Gott. Wo sie verweigert werden, kann auch die Gabe Gottes nicht empfangen bzw. behalten werden (Jos 7f; vgl. Jes 7,9), denn es geht immer in erster Linie um den Geber. Durch den Krieg trifft Gottes Gericht die Bewohner des Landes. Der Gerichtsaspekt wird im Zuge der traditionsgeschichtlichen Weiterführung der Motive nicht ausgeblendet. Im AT erscheinen die sprachlichen Motive wieder in der Beschreibung des »Tages Jahwes«, der ursprünglich der Tag der Offenbarung der Macht Gottes über seine Feinde ist, aber im Rahmen der Prophetie und Apokalyptik zum universalen Gerichtstag über alle gottwidrigen Mächte wird (z.B. Jes 13; Joel 1; 2). In diesem Sinne erscheinen die den Sieg Jahwes begleitenden Phänomene auch in den Wiederkunftsreden Jesu (Mt 24; Mk 13) und in der Offb. So zeigt sich im Krieg Jahwes Gott selbst als Herr und Richter der Völker. Israel ist in diesem Falle sein Gerichtswerkzeug, wie Gott im Verlauf der Geschichte immer wieder Völker als Gerichtswerkzeuge über andere Völker gebraucht hat. Diese Völker können ebenfalls dem Gericht Gottes verfallen, wenn sie sich wider Gott erheben (vgl. Jes 10,5-27; Hab 2,5ff). Bei seinem letzten Gericht wird Gott sich nicht menschlicher Mittel bedienen, sondern unmittelbar eingreifen, denn nur er kann richten ohne schuldig zu werden. So zeigt sich insgesamt eine Strukturgleichheit zwischen Gottes Handeln in Jos und seinem Wirken im NT.

Daneben gilt allgemein: »Es ist geschrieben uns zur Warnung, auf die das Ende der Zeiten gekommen ist« (1Kor 10,11). In diesem Sinne bezeugt Jos Gottes Treue zu seinem Bund und den Verheißungen. Es zeigt, wie es zum Versagen des Volkes kommt (Jos 7), wie Israel in seinem Ungehorsam schon den Grund für den späteren Abfall legt (17,13; 18,3), und daß Gottes Volk nur da vorangehen kann, wo es im Glauben, im Gehorsam und in der Zucht des Lebens wandelt. Die dem Volk zugesagte Ruhe wird indes nur unvollständig erreicht (Jos 11,23; vgl. Ps 95,11; Hebr 4,1-11); sie wird dadurch zum Typus der in Christus angebotenen Ruhe wie auch Rahab (Jos 2) zum Typus des durch den Glauben an Christus Gerechtfertigten wird (Hebr 11,31). So bezeugt Jos zwar insgesamt die Einlösung der Verheißung Gottes an die Väter im irdischen Bereich. Damit erschöpft sich jedoch die Verheißung nicht, sondern sie weitet sich zu neuen Dimensio-

Hinweise in 4. und 5. Mose, die in Josua wieder aufgegriffen werden

Josua	4 Mo	5 Mo	Inhalt	Anmerkungen
1,1-9		31	Amtseinführung Josuas	Besonders 5Mo 31,6-7f; 12b; 23
1,3-4		11,24	Grenzen des Landes	Kleine Formulierungsunterschiede
1,12-15	32	3,18f	Die Ostjordanstämme	Starke Ankläge an 5 Mo doch auch klare Abweichungen
8,30-35		11,29-32; 27	Gesetzesverlesung in Sichem	Jos kürzt ab, erwähnt aber Lade und Fremdlinge
12,1-6	21,21-35	2,26-3,17; 4,45-49	Eroberung des Ostjordanlandes	5Mo 3,1f = 4Mo 21,33f. Verwandtschaft im Ausdruck zwischen Jos und 5Mo
13,6-7	34,13.17		». . . so teile nun dies Land«	Verben anders
13,8-12; 15-31	32,33-42	2,36; 3,8ff	Besiedlung des Ostjordanlandes	Unterschiedliche Beschreibung Aroër in 5Mo und Jos
13,14.33	18,24	1,28-36	Kein Erbteil für Levi	Vgl. 5Mo 18,1f.
14,1	34,17		Josua und Eleasar	Vgl. Jos 19,51
14,6ff.	14,24	1,28-36	Kalebs Erbe	
15,1-4	34,3-5		Grenze nach Süden	»Euer« in Jos 15,4 wie in 4Mo 34,3
17,3-6	27,1-11		Erbtöchter	
18,4-10	34,13-29		Aufteilung des restlichen Landes	4Mo nennt 10 »Fürsten«, Jos 21 »Schreiber«.
20	35,9-29	19,1-13	Freistädte	Jos erweitert die Aufnahmebedingen sehr knapp
20,8		4,41-43	Freistädte im Ostjordanland	
21	35,2-8		Levitenstädte	
23,3		1,30	»Gott hat für euch gestritten«	Vgl. 2Mo 14,14
23,6		5,32	»weicht nicht ab«	
23,8		10,20 etc.	»dem Herrn . . . anhangt«	»sollen nicht gehört werden«, v.7; vgl. 2Mo 23,13
23,13	35,55		»zum Stachel in eueren Augen«	seninîm nur hier.

Abschnitte aus dem 4. und 5. Mosebuch, auf die im Buch Josua Bezug genommen wird.

JUBELJAHR
s. Sabbatjahr

nen, die ihre letzte Erfüllung in Christus und seinem Reich finden. Die Diskussion über historische Sachverhalte darf den theologischen Gehalt, die traditionsgeschichtliche Kraft und die seelsorgerlichen Perspektiven von Jos nicht überlagern.

F. Text und Übersetzungen.

Der hebr. Text ist gut erhalten. Die LXX zeigt Abweichungen, die aber vermutlich nur zum geringen Teil auf eine vom masoretischen Text abweichende Vorlage zurückgehen.

Literatur: Text: A.G. Auld: Joshua, the Hebrew and Greek Texts, in: Studies in the Historical Books of the OT, hrsg. von J.A. Emerton, SVT 30, 1979, S. 1ff.

Kommentare: H.J. Blaire: BKB I, 1980, S. 277-304; K. Gutbrod: Das Buch vom Lande Gottes, BAT 10, [4]1986; H.W. Hertzberg: Die Bücher Josua, Richter, Ruth, ATD 9, [5]1974; M. Noth: Das Buch Josua, HAT 7, [3]1971;

Einzelstudien zur Geschichte: A. Alt: Kleine Schriften I, [4]1968, II, [4]1977; J. Bright: Altisrael in der neueren Geschichtsschreibung, AThANT 40, 1961; G. Mendenhall: »The Hebrew Conquest in Palestine«, BA 25/1962, 66-87; M. Weippert: Die Landnahme der israelitischen Stämme in der neueren wissenschaftlichen Diskussion, 1967; G. Schmitt: Der Landtag von Sichem. Arbeiten zur Theologie I, 15, 1964.

Zum Krieg Jahwes: G. von Rad: Der heilige Krieg im alten Israel, [5]1969; R. de Vaux: »Der heilige Krieg«. Das Alte Testament, und seine Lebensordnungen, [2]1966, 69-84.

Zum Deuteronomistischen Geschichtswerk: O. Kaiser: »Das Problem des Deuteronomistischen Geschichtswerkes«, in: Einleitung in das Alte Testament, [5]1984, 172–178; H.W. Wolff: »Das Kerygma des deuteronomistischen Geschichtswerks«, in: Gesammelte Studien zum Alten Testament, TB 22, 308-324. H.E.

JOTA. Das Jota ist der »kleinste Buchstabe«, Mt 5,18 (LÜ, EÜ): *iōta hen ē mia keraia ou mē parelthē apo tou nomou,* »es soll auch nicht ein Jota oder ein Strichelchen von dem Gesetz vergehen« (RevEB). Seit Aeneas Tacticus (367 v.Chr. General im Arkadischen Bund) ist das Jota als ausgeschriebenes Wort auch umgangssprachlich als kleinster griech. Buchstabe geläufig. Hier geht das Wort Jesu aber auch auf den kleinsten Buchstaben der hebr. Schrift zurück, das *yôd.*

Links: der kleinste Buchstabe des hebräischen Alphabetes, jôd.
Mitte und rechts: die Buchstaben resch *und* dälet, *die durch die Hinzufügung einer Serife zum letzteren auseinandergehalten werden.*

Die Unveränderbarkeit bzw. die Gefahr von Veränderungen selbst des kleinsten Buchstaben des Gesetzes wurde rabbinisches Gedankengut, so im Midrasch (Haggada Bereschit 75,2 (51a): »Ein Yod von dir wird in Ewigkeit nicht vergehen«; vgl. auch Levitikus Rabba 19,2).

Der zweite Teil der Aussage Jesu, der eine modifizierte Parallele in Lk 16,17 hat, verweist auf das Strichelchen, *keraia,* das, im übertragenen Sinne, für eine geringfügige Sache auch in der profangriech. Literatur des 1. Jh. nachgewiesen ist (Dion Chrysostomos, Plutarch; vgl. zuvor auch Philo, In Flaccum 131–33). Im technischen Sinne bezeichnet *keraia* einen kleinen Haken oder Strich an einem Buchstaben, oder ein Akzentzeichen. In der hebr. Schrift kann damit der Buchstabe *wāw* oder eher eine kleine Serife (LÜ: Tüpfelchen) gemeint sein, die ähnlich dem griech. *keraia* als Unterscheidungsmerkmal dient.

Die Unverletzlichkeit des von und in Jesus erfüllten Gesetzes (es wird diskutiert, ob hier nur die Tora oder das ganze AT gemeint ist), selbst im kleinsten ist dadurch differenziert, daß eine Grenze gesetzt wird (»Bis Himmel und Erde vergehen«, Mt 5,18a), während Jesus von seiner eigenen Lehre sagt, daß sie über das Vergehen von Himmel und Erde hinaus bleiben wird (Mt 24,35; Mk 13,31; Lk 21,33).

Literatur: D. Barends: Lexicon Aineium, 1955; R. T. France: Matthew, 1985, 114–15; W. Grundmann: Das Evangelium nach Matthäus, [4]1975, 146–48; G. Schwarz: *iōta hen ē mia keraia* (Matthäus 5,18), ZNW 66, 1975, 268f. C.P.Th.

JOTAM. (»Jahwe ist vollkommen«).

1. Jüngstes der 70 ehelichen Kinder Jerubbaals (*Gideon) und einziger Überlebender des Massakers, das *Abimelech an seinen Brüdern verübte. Durch das Gleichnis der Bäume, die den Brombeerstrauch zum König wählten (eine Ehre, die vorher von der Zeder, dem Olivenbaum und der Weinrebe abgelehnt wurde), warnte J. die Sichemiter vor Abimelech (Ri 9,5ff). Die Warnung blieb unbeachtet, und der Fluch, den er aussprach (Ri 5,20), erfüllte sich drei Jahre später (Ri 9,57).

2. Sohn *Usias (Mt 1,9) und Vater *Ahas'; 12. König von Juda. J. begann seine Herrschaft als Mitregent ca. 756 v.Chr. Als man erkannt hatte, daß sein Vater an Lepra litt (2Kön 15,5) war J. bis 741 v.Chr. alleiniger Herrscher (*Chronologie des Alten Testaments). Als gottesfürchtiger Mann baute J. das hohe Tor des Tempels, befestigte und vergrößerte das Gebiet Judas und unterwarf die Ammoniter (2Kön 15,32-38; 2Chr 27,3-6).

3. Sohn Jahdais und Nachkomme Kalebs (1Chr 2,47). J.D.D.

JOTBA. (Von hebr. *jtb,* »gut sein«). Nach einer historisch unsicheren Nachricht der Mischna (Arak 9,6) war der Heimatort von Meschullemet, der Mutter des Königs *Amon von *Juda (2Kön 21,19), schon unter *Josua ein befestigter Ort. Um 734 v.Chr. wurde er von *Tiglatpilesar III. erobert (ANET 283). J. ist mit Chirbet Dschefat, ca. 10 km nördl. von *Sepphoris, zu identifizieren, wo die Besiedlung bis in die Späte Bronzezeit zurückreicht (W.F. Albright, JBL 58, 1939, 184f). Hier, nicht weit vom ntl. *Kana in *Galiläa, bestand auf einem nach fast allen Seiten abfallenden Berg die starke Festung Jotapata, deren Namen im heutigen Kibbuz Jodefat weiterlebt. Der Ort war ein Zentrum des antiröm. Aufstandes (Jos.bell.Jud. III, 141-288). Noch jetzt sind eindrucksvolle Zisternen zu sehen. In einer von ihnen hielt sich Josephus versteckt, ehe er sich 67 n.Chr. Vespasian ergab (bell.Jud. III. 316-338). Vielleicht noch vor dem Bar-Kochba-Aufstand wurde J. Sitz einer der 24 Priesterklassen (G. Dalman: Orte und Wege Jesu, [4]1967, 112) und bis mindestens ins 3. Jh. hinein war es ein jüd. Ort (b Zeb 110b; Meila 13b).

Literatur: F.M. Abel: Géographie de la Palestine II, [3]1967, 366; B. Schaller: KlP II, 1967, 1444; A. Negev: Archäologisches Lexikon zur Bibel, 1972, 197f. R.R.

JOTBATA. (»Gut sein«). Lagerplatz der Israeliten auf ihrer Wanderung durch die Wüste (4Mo 33,33.34); 5Mo 10,7 schildert J. als ein »Land mit Wasserbächen«. Daher wird J. entweder mit ʿAin Tābah in der *Araba nördl. von *Elat oder (mit größerer Wahrscheinlichkeit) mit Tuwēbe, ca. 11 km südl. von Elat an der Westküste des Golfs von Aqaba (vgl. LDB, 205) gleichgesetzt. W.O.

JUDA.

I. JAKOBS SOHN.

Der vierte Sohn Jakobs und Leas (1Mo 29,35) wurde Juda (hebr. *jehūdāh*) genannt. Der Name wird abgeleitet von *jādah* »loben, preisen«. In 1Mo 49,8 findet sich das Wortspiel zu dieser Bedeutung. J. nahm eine führende Rolle unter seinen Brüdern ein. Er beteiligte sich nicht an der Rache, die *Simeon und *Levi für ihre Schwester Dina an Sichem nahmen (1Mo 34). Von ihm kommt der Vorschlag, Josef zu verkaufen anstatt zu töten (1Mo 37,26f). J. heiratete die Tochter des Kanaaniters Schua, die ihm die Söhne Er, Onan und Schela gebar (1Mo 38). Bei der zweiten Reise der Jakobssöhne nach Ägypten bürgte J. seinem Vater für Benjamin. Er bot an, an Benjamins Stelle Josefs Sklave zu werden. (1Mo 43,8f; 44,18-34). J. war Jakob vorausgesandt worden, als dieser zu Josef zog (1Mo 46,28). Als Jakob seine Söhne segnet, wird J. eine besondere Verheißung zugesprochen (1Mo 49,8ff). Sein Sohn Perez, den ihm seine Schwiegertochter Tamar gebar, wurde der Stammvater Davids und so auch Jesu (1Mo 38,12ff; Rut 4,18-22; 1Chr 2,5.9-16; Lk 3,33).

II. ANDERE PERSONEN DIESES NAMENS.

Nach der babylon. Gefangenschaft wurde J. zu einem beliebten Namen unter den Juden. Das AT erwähnt einen levitischen Zeitgenossen Esras (Esr 10,23), der seine Ehe mit einer heidnischen Frau auflöste; unter Nehemia einen führenden Benjaminiter (Neh 11,9); einen Leviten bei der Rückkehr unter Serubbabel (Neh 12,8); einen Oberen (Neh 12, 34) und einen Priester unter Nehemia (Neh 12,36). Im NT wird der Name in hellenisierter Form als *Judas wiedergegeben.

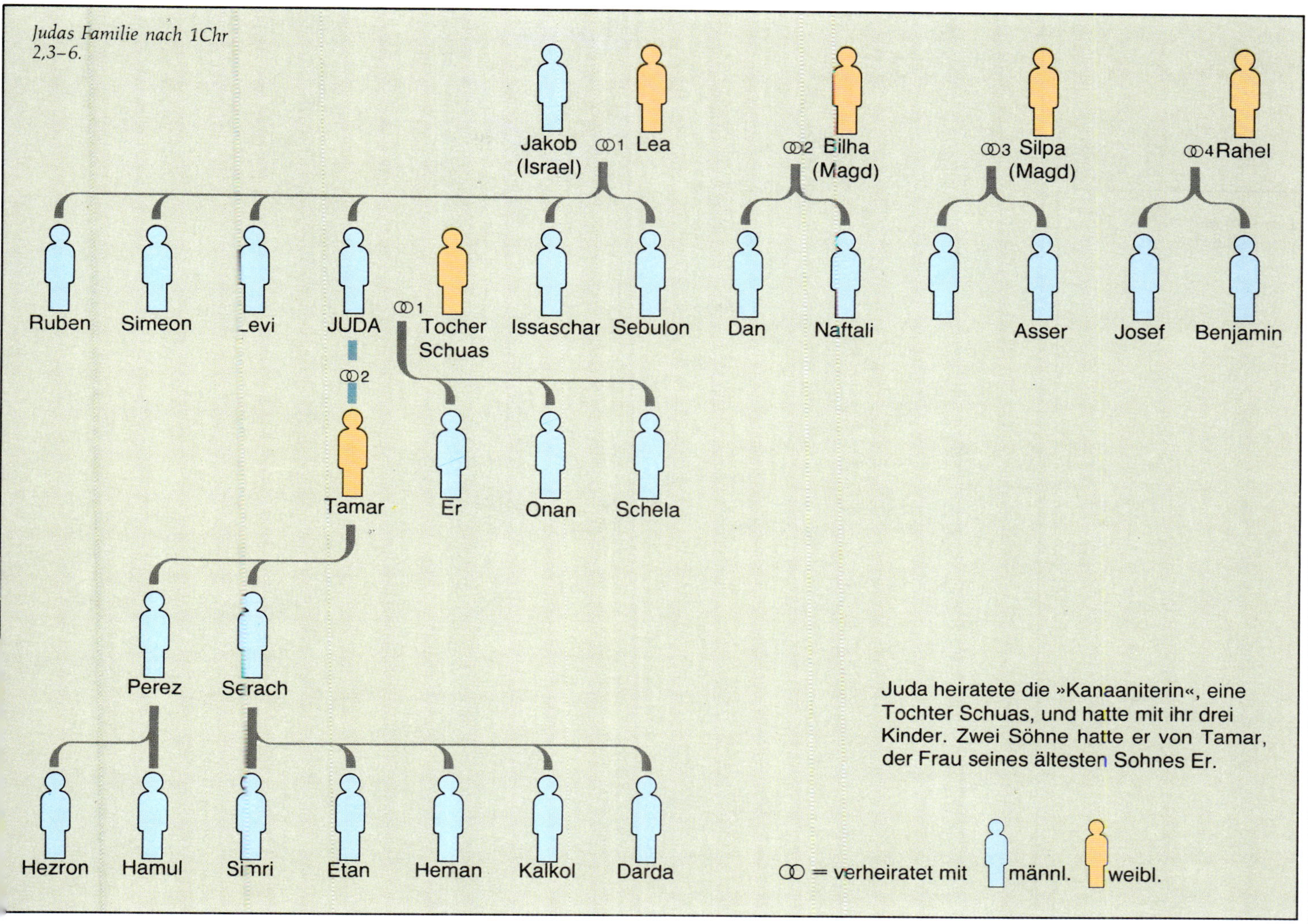

Judas Familie nach 1Chr 2,3–6.

Juda heiratete die »Kanaaniterin«, eine Tochter Schuas, und hatte mit ihr drei Kinder. Zwei Söhne hatte er von Tamar, der Frau seines ältesten Sohnes Er.

II. DER STAMM JUDA.

1. Vom Auszug aus Ägypten bis Saul.

J. spielt in der Geschichte des Auszugs aus Ägypten keine besondere Rolle, obwohl erwähnt wird, daß er die Vorhut anführte (4Mo 2,9). In den Zahlen der zwei Volkszählungen aus dieser Zeit gibt es keinen bedeutenden Unterschied (4Mo 1,27; 26,22).

Achan, ein Mitglied des Stammes J., war die Ursache für Israels Niederlage vor Ai (Jos 7). Dies mag der Grund für J.s Sonderauftrag gewesen sein, einen unabhängigen Angriff auf die Kanaanäer anzuführen (Ri 1,1f). Es wird keine Erklärung dafür gegeben, aber es ist klar, daß J. seinen Anteil nicht durch das Los in Silo zugeteilt bekam (Jos 18,1-10), sondern vor der Eroberung (Ri 1,3); vgl. die ähnliche Behandlung Ephraims und des Halbstammes Manasse (Jos 16-17). Sein Stammesgebiet wurde im N von den Gebieten *Dans und *Benjamins begrenzt und verlief annähernd östl. und westl. vom Nordende des Toten Meeres, südl. von Jerusalem und der gibeonitischen Tetrapolis bis zum Mittelmeer. Seine West- und

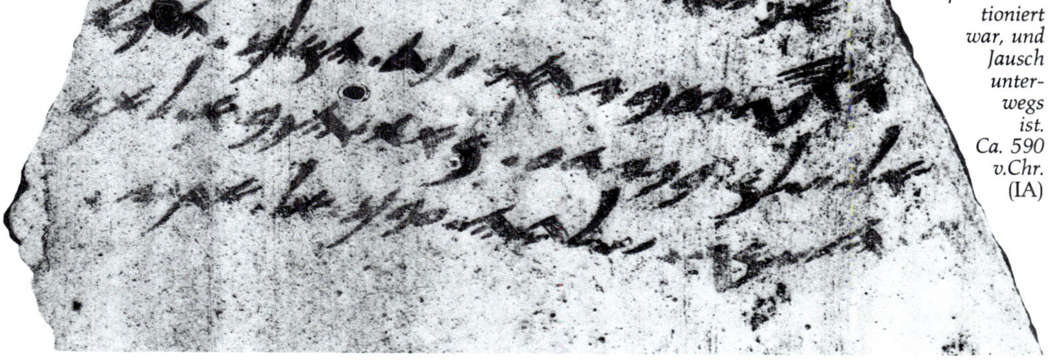

Die Situation Judas zur Zeit des Propheten Jeremia und die hebräische Schrift zu jener Zeit dokumentieren die Lachisch-Briefe. Sie waren an Jausch gerichtet, den Militärgouverneur von Lachisch. Der abgebildete Text spricht von einem anonymen Propheten (hebr. nabi*) – einige Wissenschaftler identifizieren ihn mit dem biblischen Jeremia – der als Bote zwischen Hoschajahu, der auf einem Außenposten stationiert war, und Jausch unterwegs ist. Ca. 590 v.Chr.* (IA)

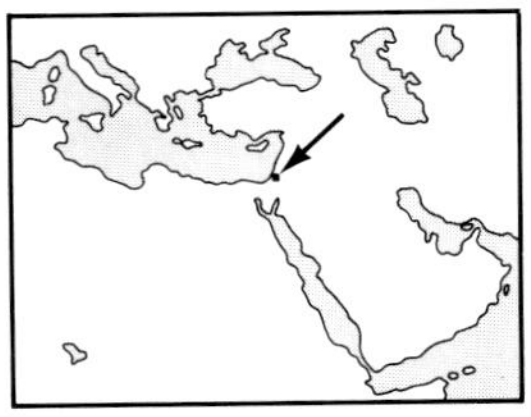

Das dem Stamm Juda zugeteilte Land.

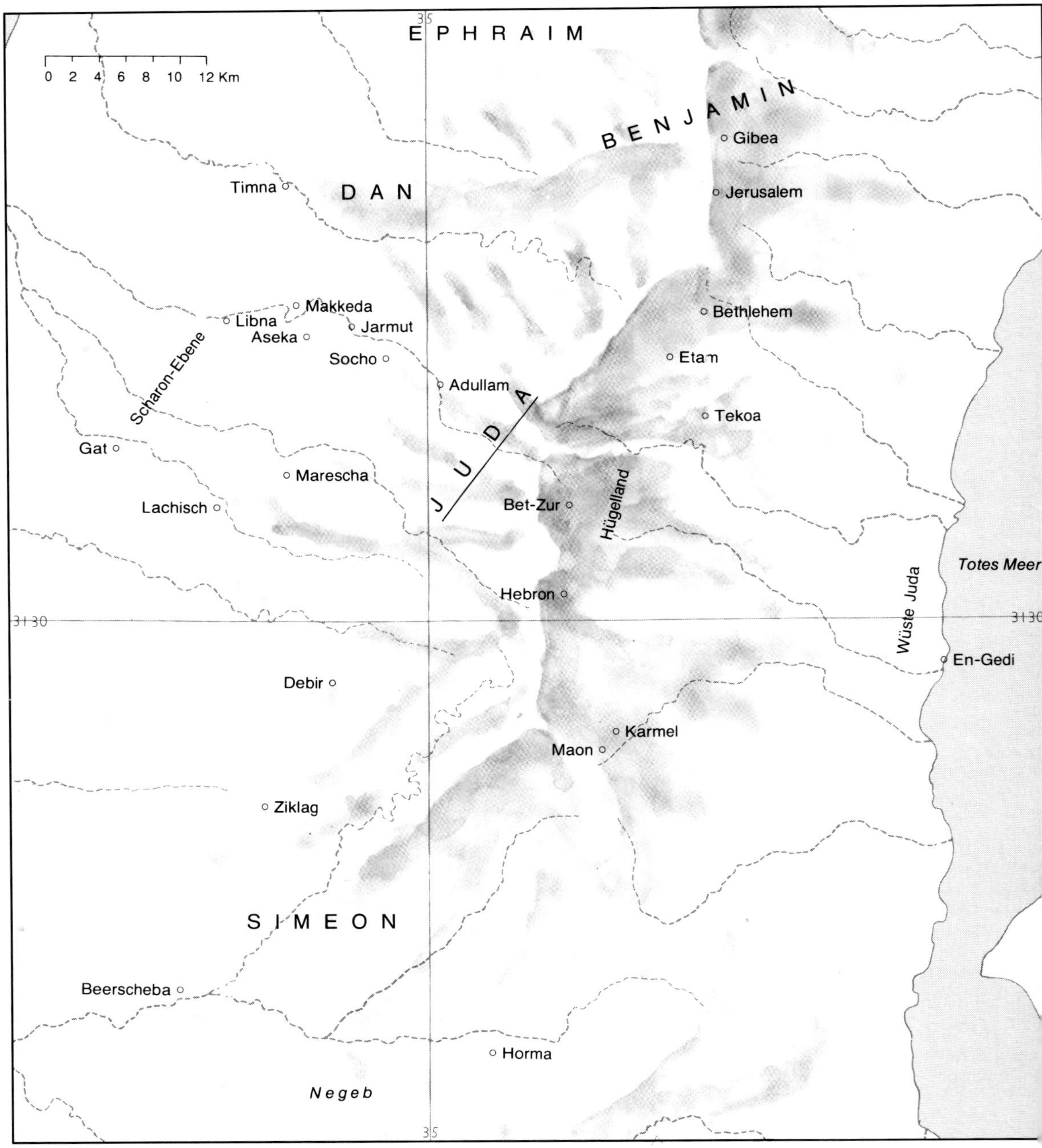

Ostgrenzen waren die Küstenebene und das Tote Meer; es erstreckte sich nach S, soweit Ackerbau möglich war (vgl. Jos 15).

J. überrannte zuerst den größten Teil der Küstenebene: Die Philister versuchten jedoch wieder, sich dort festzusetzen (Ri 1,18.19; 3,3; Jos 11,22; 13,2f). Da J. freiwillig den besten Teil des ihm zugeteilten Gebietes an Simeon abgab (Jos 19,1.9), kann man annehmen, daß er hoffte, Simeon als Puffer zwischen sich und der nicht eroberten Küstenebene zu haben.

Das Problem, Jerusalem nicht halten zu können (Ri 1,8.21), und die Existenz der nur zum Teil abhängigen gibeonitischen Tetrapolis (Jos 9; 2Sam 21,1f) bildeten eine psychologische Grenze zwischen J. und den Zentralstämmen. Obwohl Kontakt aufrecht erhalten wurde (vgl. Ri 19,10-13), scheint sich J. immer mehr nach Hebron im S orientiert zu haben als zum Heiligtum in Silo. J. stellte zwar den ersten Richter, Otniel (Ri 3,9-11), und beteiligte sich an dem Kampf gegen Benjamin (Ri 20,18), aber man erwartete offenbar nicht, daß er sich am Kampf gegen Jabin und Sisera beteiligte (Ri 5). Daher wandte sich J., als er den Philistern gegenüber tributpflichtig geworden war (Ri 15,11), nicht an die anderen Stämme. Diese scheinen daran auch keinerlei Anteil genommen zu haben.

Die Trennung scheint allg. anerkannt worden zu ein, denn zu Sauls Zeit wird J.s Anteil getrennt aufgeführt (1Sam 11,8; 15,4; 17,52; 18,16)

2. Unter David und Salomo.

Nach Sauls Tod setzte sich diese Spaltung fort, als David in Hebron zum »König über das Haus Juda« gekrönt wurde (2Sam 2,4). A. Alt hat wahrscheinlich recht mit seiner Behauptung, daß die Krönung Davids als König über »ganz Israel« (2Sam 5,1-5) diesen zum König eines Doppelkönigreiches machte, in dem J. seine getrennte Identität wahrte. Während Absaloms Rebellion scheint J. Neutralität gewahrt zu haben, während das Nordreich sich dem Rebellen anschloß.

Es gibt keinen Beweis dafür, daß Salomo J. im Vergleich zu den anderen Stämmen favorisiert hätte (vgl. 1Kön 4,19 RevEB, Fußnote).

IV. DAS KÖNIGREICH JUDA.

1. Seine Beziehung zu Israel.

Wenn A. Alts Auffassung richtig ist, handelten J. und Israel, indem sie verschiedene Könige akzeptierten, in Übereinstimmung mit ihren Rechten als selbständige politische Einheiten. Abgesehen von Jerobeam scheinen die Könige Israels nicht die Zerstörung J.s gewollt zu haben (vgl. 2Kön 14,13f). Die Propheten bestritten nie das Existenzrecht Israels, obwohl sie die Zeit voraussahen, in der es wieder zu »David« zurückfinden würde.

Bei der Trennung vom Nordreich scheint sich für J. das Erbe von *Salomos Reichtümern vorteilhaft ausgewirkt zu haben, obwohl es, verglichen mit dem Nordreich, weniger fruchtbares Land und eine geringere Bevölkerungszahl hatte. Auch wenn bisweilen das Gegenteil behauptet wird, gibt es keinen Beweis dafür, daß *Rehabeam später das prophetische Verbot Schemajas mißachtet (1Kön 12,22-24) und Jerobeam angegriffen hätte. Der Verdacht, *Schischak wollte mit seinem Angriff auf J. (1Kön 14,25f) seinen Verbündeten Jerobeam unterstützen, läßt sich nicht erhärten. Durch den Überfall Schischaks verlor J. den Reichtum, den Salomo zusammengetragen hatte, und war somit Israel nun ständig materiell unterlegen, obwohl Israel auch unter Schischaks Angriff zu leiden hatte. J. war offensichtlich für sein eigenes Gedeihen auf ein reiches Israel angewiesen.

J.s politische Bedeutung zeigt sich auch darin, daß er *Edom soweit zu kontrollieren vermochte, wie es für die Sicherung des Handelsweges zum Golf von Aqaba notwendig war. *Rehabeam unternahm keinen Versuch, den ohnehin geringen Einfluß seines Vaters auf das Gebiet zu stabilisieren. *Joschafat scheint das Land zunächst völlig unterworfen zu haben (1Kön 22,47), mußte aber später einen Vasallenkönig einsetzen (2Kön 3,9). Edom erlangte unter Joschafats Sohn *Joram die Unabhängigkeit wieder (2Kön 8,20-22). *Amazja eroberte Edom ungefähr ein halbes Jh. später zurück (2Kön 14,7), und erst 60 Jahre später, unter *Ahas' Herrschaft, gewann Edom seine Selbständigkeit zurück (2Kön 16,6). Danach scheint J. keinen weiteren Versuch unternommen zu haben, Edom zu erobern.

Ein entscheidender Sieg *Abijas stellte das Gleichgewicht zwischen den Königreichen J. und Israel wieder her (2Chr 13). *Asa, dem der fähige Bascha gegenüberstand, konnte das Reich nur aufrechterhalten, indem er sich mit *Ben-Hadad, dem König von Damaskus, verbündete (1Kön 15,18-20). Die Dynastie *Omris, die sich durch den Machtzuwachs von *Damaskus und mehr noch durch *Assyrien bedroht sah, schloß Frieden mit J., der später durch die Heirat *Ataljas, der Tochter *Ahabs (vielleicht auch seine Schwester; 2Kön 8,26), mit Joram besiegelt wurde. Man behauptet zwar, daß J. zu jener Zeit Israels Vasall gewesen sei, wahrscheinlicher ist jedoch, daß Joschafat Israel als Puffer zwischen seinem Reich und Assyrien haben wollte Dies ist die naheliegende Erklärung dafür, warum J. nicht auf der Liste der Feinde *Salmanassars steht. J. scheint mit Ausnahme der Schlacht von Ramot in Gilead (1Kön 22,1-38) nur Beobachter gewesen zu sein, während Israel und Damaskus sich gegenseitig die Existenz streitig machten. Daher fühlte sich Joschafat am Ende seiner langen Herrschaft stark genug, Ahasjas Aufforderung abzulehnen, zu einem gemeinsamen Unternehmen nach Ofir aufzubrechen, nachdem das erste fehlgeschlagen war (1Kön 22,48f; vgl. 2Chr 20,35-37). Das annähernde Gleichgewicht der Kräfte zwischen beiden Königreichen zu jener Zeit zeigt sich auch darin, daß *Jehu nicht wagte, seine Anti-Baal-Kampagne auf J. auszudehnen, obwohl er *Ahasja von J. getötet hatte (2Kön 9,27). Auf der anderen Seite versuchte Atalja nicht, den Tod ihres Sohnes zu rächen.

In dem Jahrhundert zwischen Jehus Thronbesteigung und dem Tod Jerobeams II. und Usias hielten Not und Wohlergehen J.s und Israels Schritt. Der Wohlstand trat im S wahrscheinlich etwas später als im N ein, wie sich auch die Erkenntnis der Nichtigkeit des Reichtums etwas später einstellte.

2. Bedrohungen von außen.

Bis zum Zusammenbruch Israels ist die Geschichte J.s nicht von äußerer Bedrohung bestimmt. Schischaks Invasion war ein letztes Aufflackern der Macht Ägyptens, die die vorrückenden Assyrer in die Defensive zwangen. Die Philister waren so geschwächt, daß sie J. nur angriffen, als es selbst unter *Joram (2Chr 21,16) und *Ahas (2Chr 28,28) am schwächsten war. Auf der Höhe seiner Macht, als *Hasaël Israel fast zerstört hatte, wurde *Joasch Damaskus tributpflichtig, wenn auch nur auf kurze Dauer. Ernsthaft bedrohlich waren in dieser Zeit nur jene plötzlichen Bewegungen, die von den Nomaden und Halbnomaden der Wüste ausgingen. Serach, »der Kuschiter« (2Chr 14,9), war wahrscheinlich ein Araber (vgl.

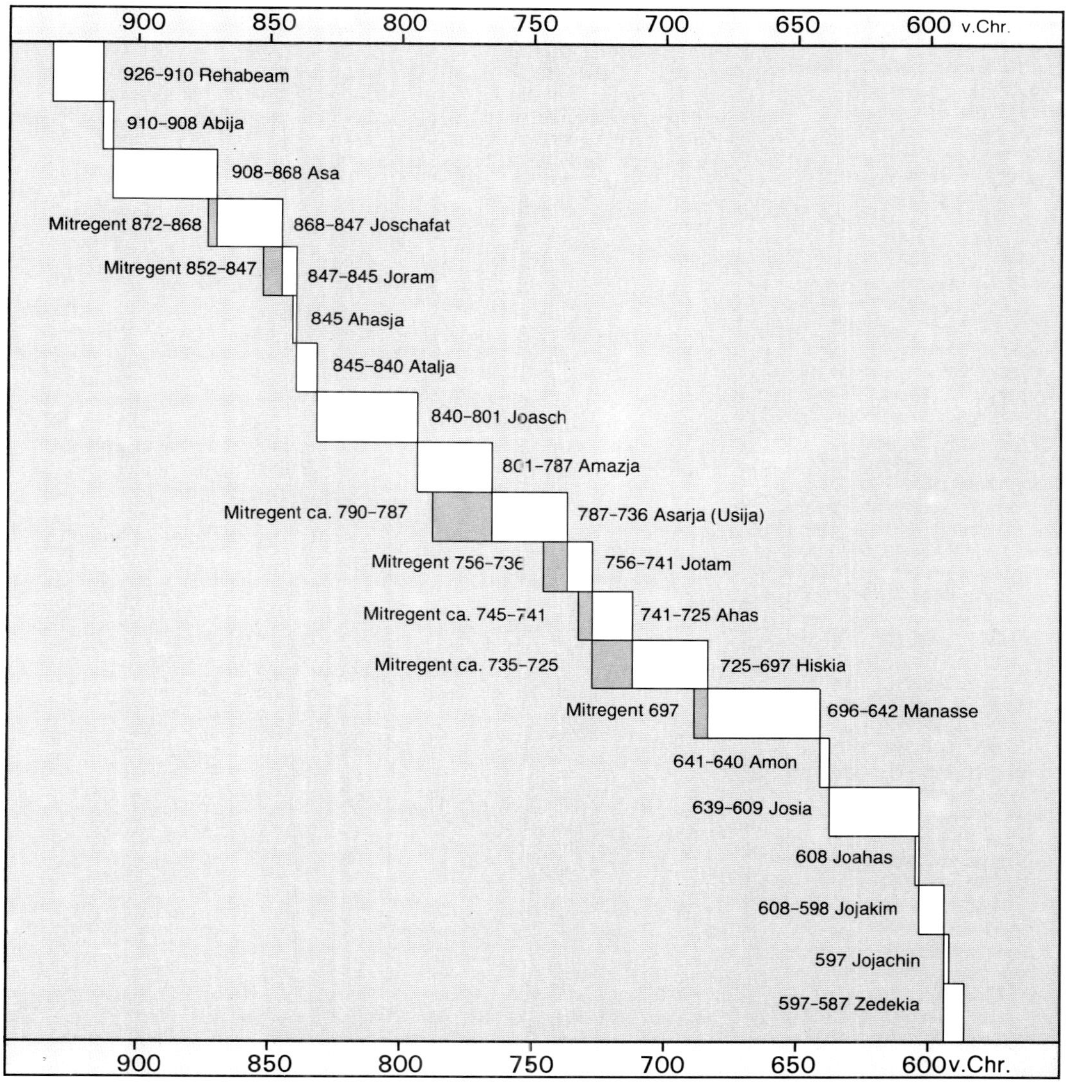

Regierungszeiten der Könige von Juda.

1Mo 10,7) und kein Äthiopier, d.h. Sudanese. Eine weitere Bedrohung ging von den überraschenden Einfällen der Bewohner der transjordanischen Steppe aus (2Chr 20,1.10).

3. Juda und Assyrien.

Wie oben erwähnt, scheinen die früheren Angriffe Assyriens J. nicht berührt zu haben. Als Damaskus und Israel Ahas angriffen (2Kön 16,5), war dies ein letzter verzweifelter Versuch, die im W ehemals mächtigen Staaten gegen das Vorrücken Tiglatpilesars III. zu vereinigen. Es gibt keinen Grund anzunehmen, daß J. von den Assyrern bedroht wurde, denn wenn sie Ägypten herausfordern wollten, würden sie es kaum durch vorzeitiges Vorrücken an seine Grenze im O alarmiert haben. Durch die Anerkennung der assyr. Oberhoheit besiegelte Ahas das Schicksal J.s (2Kön 16; Jes 7). Auf der einen Seite blieb J. Vasall, bis sich das herannahende Schicksal Assyriens (612 v.Chr.) vorhersehen ließ; auf der anderen Seite wurde es in Intrigen, die von Ägypten ausgingen, verwickelt und litt darunter. *Hiskias Revolte 705 v.Chr., die vier Jahre später von Sanherib niedergeworfen wurde, reduzierte J. auf einen Bruchteil seiner früheren Größe (Jes 1,4-9). Ein Großteil der Bevölkerung ging zugrunde oder wurde als Gefangene verschleppt. Ein großer Teil des Landes ging verloren, fiel dann aber doch wieder an J. zurück, was unberechtigte Hoffnungen weckte (vgl. J. Bright: A History of Israel, [2]1972, S. 282-286,296-308; DOTT, S. 64-70).

4. Erneuerung und Niedergang.

Eine Erneuerung rel. und nationaler Gefühle unter dem jungen König *Josia begann kurz nach Assurbanipals Tod (631 v.Chr.), als die Schwäche Assyriens offensichtlich wurde. Die Reformschritte, auf die 2Chr 34,3.8 hinweisen, zeigen, wie eng verknüpft Religion und Politik waren, da jeder Schritt für sich gesehen eine Zurückweisung der assyr. Religion und damit der politischen Kontrolle war. Auf der Höhe der Reform 621 v.Chr. war Josia unabhängig, obwohl er wahrscheinlich formal Assyrien noch tributpflichtig war. Er übernahm die assyr. Provinzen Samaria und Ostgaliläa mit oder ohne Zustimmung des Oberherren (2Chr 34,6) und gewann das Gebiet zurück, das Hiskia als Strafe für seine Rebellion verloren hatte. Ungewiß ist, ob das Vordringen der Skythen, das Assyrien den tödlichen Stoß versetzte, Auswirkungen auf J. hatte oder es überhaupt erreichte.

Es gibt kein Anzeichen dafür, daß Josia dem Feldzug des Pharao *Psammetich, den dieser zur Unterstützung Assyriens 616 v.Chr. führte, Widerstand leistete, aber als Pharao *Necho 609 v.Chr. wieder angriff, sah Josia aufgrund der veränderten internationalen Lage keine andere Chance, J.s Unabhängigkeit zu wahren, und nahm den Kampf auf. Er starb jedoch in der Schlacht bei *Megiddo. Für die Vermutung, daß er im Bündnis mit der immer mehr in den Vordergrund tretenden Macht *Babylon gehandelt hätte, gibt es keinen Beleg, obwohl dies nicht ganz auszuschließen ist.

Nach seinem Sieg entthronte Ägypten Josias Sohn *Joahas und ersetzte ihn durch seinen Bruder *Jojakim, der jedoch die babylon. Oberherrschaft bald nach *Nebukadnezars Sieg bei Karkemisch (605 v.Chr.) akzeptieren mußte (Dan 1,1; 2Kön 24,1). 601 v.Chr. wurde Nebukadnezar von Pharao Necho in einer Schlacht nahe der ägypt. Grenze Einhalt geboten. Beim Rückzug Nebukadnezars nach Babylon rebellierte Jojakim. J. wurde von babylon. Truppen und Hilfstruppen verwüstet (2Kön 24,2). Jojakim starb im Dezember 598 v.Chr., bevor ihn die volle Strafe für seine Rebellion traf, die Todesursache ist unbekannt. *Jojachin, sein 18jähriger Sohn, übergab Jerusalem am 16. März 597 v.Chr. an Nebukadnezar.

Sein Onkel *Zedekia wurde der letzte König von J., aber er rebellierte 589 v.Chr. gegen die Baylonier. Im Januar 588 v.Chr. stand das babylon. Heer vor den Mauern Jerusalems. Im Juli 587 v.Chr. wurden die Mauern erstürmt, Zedekia wurde gefangengenommen; seine Söhne wurden vor seinen Augen erschlagen, anschließend wurde er geblendet und in Ketten nach Babylonien geführt. Einen Monat später wurde Jerusalem mit dem salomonischen Tempel niedergebrannt, die Mauern geschleift.

5. Exil (597-538 v.Chr.).

Abgesehen von einer nicht genannten Zahl Gefangener, die in die Sklaverei verkauft wurden, ließ Nebukadnezar 597 v.Chr. die Oberschicht der Bevölkerung wegführen (2Kön 24,14; Jer 52,28; die unterschiedlichen Angaben gehen auf verschiedene Gruppen von Gefangenen zurück). Einige wenige, einschließlich der königlichen Familie, wurden »Gäste« Nebukadnezars in Babylon. Andere, z.B. *Hesekiel, wurden in Babylon angesiedelt, wo sie anscheinend volle Freiheit hatten, außer dem Recht, ihren Wohnort zu wechseln. Ausgebildete Handwerker wurden zu mobilen Arbeiterkolonnen zusammengefaßt, die Nebukadnezar bei seinen Bauvorhaben einsetzte. Die Zerstörung Jerusalems ließ die Gesamtzahl der Gefangenen ansteigen (2Kön 25,11), und Jer 52,29 zeigt, daß es noch eine weitere Gruppe gab, die für die Verbannung bestimmt war. Der Mord an Gedalja, den Nebukadnezar zum Statthalter von J. gemacht hatte, führte zu einer größeren Flucht nach Ägypten (2Kön 25,25f; Jer 41,1-43,7). Als Strafe dafür fand 582 v.Chr. eine weitere Deportation nach Babylon statt (Jer 52,30).

Anschließend lag J. fast leer und verlassen da (s. W.F. Albright, S. 140-142). Das Gebiet südl. einer Linie zwischen Bet-Zur und *Hebron, das wohl 597 v.Chr. von J. getrennt worden war, besiedelten nach und nach Edomiter. Für J. war dieses Gebiet daher verloren bis zur Einnahme durch *Johannes Hyrkanus nach 129 v.Chr. und dessen erzwungener Judaisierung der Bevölkerung. Das Restgebiet wurde dem Statthalter von Samaria unterstellt.

V. JUDA NACH DEM EXIL.

1. Erneuerung.

Babylon fiel 539 v.Chr. an *Kyrus, im Jahr danach befahl er den Wiederaufbau des Tempels von Jerusalem (Esr 6,3-5). Dies war von dem Versprechen begleitet, daß die Verbannten und ihre Nachkommen zurückkehren durften (Esr 1,2-4). Die Namensliste in Esr 2, die insgesamt etwa 43 000 Personen umfaßt, könnte die Zeit von 538-522 v.Chr. umfassen.

Scheschbazar, ein Mitglied der davidischen Königsfamilie, scheint Kyrus' Beauftragter zur Überwachung des Wiederaufbaus des Tempels gewesen zu sein; er wird nach der Fundamentlegung zurückgekehrt (oder gestorben?) sein (Esr 5,14.16). Es gibt keinen Anhaltspunkt dafür, daß J. bis zur Zeit *Nehemias politisch von Samaria getrennt war; der Titel »Statthalter«, der Scheschbazar gegeben wurde, gibt eindeutig den hebr. Begriff *pächāh* wieder. *Serubbabel als rechtmäßiger Erbe des königlichen Hauses, scheint keine offizielle Stellung innegehabt zu haben, der Titel *pächāh* war wahrscheinlich eine Ehrenbezeichnung (Hag 1,1; 2,21; auffallend ist, daß er Esr 5,3-17 nicht erscheint). Andere jüd. Führer, die von den *Persern eingesetzt wurden, trugen den Titel *pächāh* in den folgenden Jahrzehnten.

Z.Zt. *Esras in der zweiten Hälfte des 4.Jh. war klar geworden, daß politische Unabhängigkeit und Erneuerung der Monarchie Davids allenfalls für die fernere Zukunft zu erhoffen waren. Esra versuchte, die Juden nicht mehr zu einem Nationalstaat vielmehr zu einer rel. »Gemeinde« zu sammeln. Die Umstände, daß Judäa unter den Persern politisch unbedeutend war und weithin Frieden im Land herrschte, begünstigten die anhaltende Unterweisung des Volkes in der Tora. Die einzige politische Unruhe zu dieser Zeit könnte eine Deportation nach Babylon und Hyrkania dargestellt haben, ein Ereignis, über das indes Ungewißheit besteht (vgl. Jos.c.Ap. 1.194).

2. Das Ende Judas.

Die Feldzüge *Alexanders dürften Judäa kaum betroffen haben, aber die Gründung der Stadt *Alexandria lockte viele aus Judäa an. Alexandria konkurrierte bald mit den Metropolen Babylons und Persiens und überholte sie an Reichtum und Einfluß. Die Aufteilung von Alexanders Reich unter seine Generäle hatte zur Folge, daß Palästina zu einem Streitobjekt zwischen *Syrien und Ägypten wurde. Bis 198 v.Chr. war es in der Hand der ägypt. Ptolemäer, wurde dann aber Teil des syr.-*seleukidischen Reiches.

Die Extravaganz der reichen hellenisierten Oberschicht Jerusalems, zum großen Teil Priester, und die unausgewogenen Bemühungen von *Antiochus Epiphanes (175-163 v.Chr.), sein Reich zu hellenisieren, die zum Verbot der Beschneidung und des Sabbats führten und die Verehrung griech. Götter forderten, schafften ein Bündnis aus rel. Eifer und unterschwellig vorhandenem Nationalismus. Die Juden erreichten zunächst rel. Autonomie und dann politische Freiheit (140 v.Chr) zum ersten Mal wieder seit Josia. 76 v.Chr. reichten die Grenzen des Landes von *Dan bis *Beerscheba. (Zur Geschichte dieses Aufstiegs und plötzlichen Zusammenbruchs s. *Israel.) Als die Römer die letzten Überreste politischer Unabhängigkeit 70 n.Chr. zerstörten, und bes. nach dem Niederwerfen der Revolte Bar Kochbas 135 n.Chr. hörte Judäa auf, jüd. Land zu sein, aber der Name J. in der Form »Jude« wurde zum Namen aller, die in der ganzen Welt verstreut waren und an dem Gesetz Moses festhielten, unabhängig von ihrem Stammes- oder nationalen Ursprung.

Literatur: John Bright: A History of Israel, ²1972; A.R. Millard: »The Meaning of the Name Judah«, ZAW 86, 1974, S. 246f; J.A. Montgomery, H.S. Gehman: The Books of Kings, ICC, 1951; W.O.E. Oesterley: A History of Israel, ²1932; F.F. Bruce: Israel and the Nations, 1963; H. Donner: Geschichte des Volkes Israel und seiner Nachbarn. I,1984, II,1986; S. Herrmann: Geschichte Israels in alttestamentlicher Zeit, ²1980; E. Janssen: Juda in der Exilszeit. Ein Beitrag zur Frage der Entstehung des Judentums. FRLANT 69, 1956; H. Spieckermann: Juda unter Assur in der Sargonidenzeit. FRLANT 129, 1982; A. Alt: Die Staatenbildung der Israeliten in Palästina, Kleine Schriften Bd. 2, 1953, S. 1-65; W.F. Albright: The Archaeology of Palestine, ²1954. H.L.E.

UDÄA. Der griech. Name *hē Ioudaia*, zu dem eigentlich immer *chōra*, Land«, zu ergänzen wäre (Mk 1,5: das jüdische Land«), dürfte von der ram. Herkunftsbezeichnung *jehūdaj* bgeleitet sein. Das griech. Adjektiv *oudaios/ia* begegnet zuerst bei den ristoteles-Schüler Klearchos um 350 Chr. (nach Jos.c.Ap. I, 179), in der XX wird es nur in den Apokryphen ebraucht. Ein Vergleich von 1 und Makk zeigt, daß der von Nichtjuden eprägte Sprachgebrauch sich zögernd und zwar zuerst bei hellenisierten den – durchsetzte (K.G. Kuhn, hWNT III, 1938, 361-366). Im NT ird *Ioudaia* wie ein Hauptwort als eographischer Eigenname verwandt. der vorntl Literatur (Bauer, Wb 19) und dann vor allem bei Josephus 3achmann, 69-71) begegnet J. in vei verschiedenen Bedeutungen:

1. J. kann in engerem Sinn geographisch das Gebiet des ehemaligen idreichs meinen, das hauptsächlich is dem Stamm *Juda bestand. Bei r Rückwanderung von Juden aus m babylon. Exil wurde ein Gebiet iederbesiedelt, das im O vom *Jordan, im S durch *Idumäa, im W von ydda und im N durch Ramatajim Arimatäa) begrenzt war.

2. In einer weiteren Bedeutung nn J. aber auch für das gesamte von Juden bewohnte oder beherrschte Gebiet Palästinas gebraucht werden. An welches Gebiet dabei jeweils gedacht ist, wurde von der wechselvollen Geschichte zwischen *Nehemia und Bar-Kochba mitbeeinflußt.

Z.Zt. der Rückwanderung (ab 538 v.Chr.) war das alte Stammesgebiet Judas mit dem Zentrum *Jerusalem *Samaria unterstellt. Unter Nehemia (445-433) erhoben es die *Perser zur eigenständigen Provinz (*medināh*; vgl. Esr 2,1). Münzen der spätpers. und frühhellen. Zeit tragen die Aufschrift *jehūd* oder *jehūdāh* (A. Kindler, D. Jeselsohn, IEJ 24, 1974, 73-78). Die Hasmonäer konnten in der zweiten Hälfte des 2. Jh.v.Chr. das Gebiet des neuen selbständigen jüd. Staats im N und im Ostjordanland erheblich erweitern (1Makk 5,45; 7,10; 11,28.34; 12,38). Nach der Neuordnung der

Das Königreich Juda.

Verhältnisse durch den röm. Feldherrn Pompeius (64 v.Chr.) verblieben allerdings nur noch *Peräa und *Galiläa bei J., das vom Hasmonäer Hyrkanus II. als *Hoherpriester ohne Königstitel regiert wurde (Jos.ant.Jud. XIV, 73-75; bell.Jud. I, 153-155). *Herodes der Große (37-4 v.Chr.) konnte sein Herrschaftsgebiet von Roms Gnaden noch einmal auf die Größe des Hasmonäerreichs ausweiten (Jos.ant.Jud. XV, 217; bell.Jud. I, 396; vgl. Lk 1,5). Aber nach der Verbannung seines Sohnes Archelaos 6 n.Chr. (vgl. Mt 2,22) kam J. zusammen mit Samaria und Idumäa als imperatorische Provinz unter einem Präfekten (Landpfleger), der in *Cäsarea Maritima residierte, bis 41 n.Chr. unter direkte röm. Verwaltung (Jos.ant.Jud. XVII, 355; XVIII 2; bell.Jud. II, 117 vgl. Lk 3,1). Einer der Statthalter war Pontius *Pilatus (26-36 n.Chr.). Nach der kurzen Wiederherstellung des herodianischen Reichs unter *Agrippa I. (41-44 n.Chr. vgl. Lk 12,19) gelangte J., diesmal zusammen mit Galiläa, erneut unter röm. Prokuratoren wie *Felix und *Festus (Jos.ant.Jud. XIX, 354-366; bell.Jud. II, 220; vgl. Apg 23,24; 24,27). Die Mißgriffe der Statthalter verstärkten die Aufstandsbewegung der *Zeloten, die sich schließlich im ersten jüd. Krieg (66-70) entlud und mit der Zerstörung Jerusalems endete. Zwischen 70 und 135 n.Chr. war J. eine eigene röm. Provinz mit Statthaltern in senatorischem Rang. Der pseudomessianische Bar-Kochba-Aufstand blieb auf J. beschränkt. Nach seinem Scheitern wurde J. der röm. Provinz Syria-Palaestina eingegliedert und hörte damit auf, als eigenständige politische Größe zu bestehen.

Bei Mt, Mk und Joh sowie größtenteils auch bei Lk liegt der engere geographische Gebrauch von J. vor. Das zeigt sich u.a. daran, daß entsprechende Wendungen (Betz, 468f) oft an das AT anklingen, am deutlichsten Lk 1,39 (vgl. 2Sam 2,1 und auch Lk 2,4; 21,21): »in eine Stadt Judas« (*Kerem), aber auch z.B. »Jerusalem und (ganz) Judäa« (Mt 3,5; 4,25 vgl. 2Kön 24,20; Sach 14,21). *Johannes der Täufer stammte aus dem »Bergland (*oreinē*) von Judäa« (Lk 1,65), womit wohl die unmittelbare Umgebung von Jerusalem gemeint sein dürfte (vgl. Plin.nat.V, 14). Jesus wurde »im *Bethlehem Judäas« (Mt 2,1.5 vgl. Ri 17,7; Rut 1,2; Lk 2,4) geboren. Der Täufer wirkte in der »Wüste von Judäa« (Mt 3,1 vgl. Ri 1,16; Ps 63,1; Jes 40,3), wo sie an den *Jordan stößt (Mt 3,5f), d.h. in der Umgebung von *Jericho. An der Einmündung des von O kommenden Wadi El-Charrār lokalisiert eine wahrscheinlich zutreffende Überlieferung (C. Kopp, Die heiligen Stätten der Evangelien, [2]1964, 153-166) auch die Taufe Jesu (Mt 3,13-17).

Nach Mt und Mk kommt Jesus erst am Ende seines öffentlichen Wirkens zum letzten Passa nach J. Lk 4,44 scheint schon eine vorherige Tätigkeit dort anzudeuten (vgl. auch Mt 23,37), jedenfalls hatte Jesus auch Zuhörer aus J. (Mt 4,25; Mk 3,7; Lk 6,17 vgl. Lk 5,17). Lk 7,17 verlegt den Ort *Nain nicht von Galiläa (vgl. 7,11 mit 7,1) nach J., sondern sagt nur, daß die Nachricht über die unmittelbare Umgebung hinaus auch dorthin gelangte (Bachmann, 109-112). Wenn Lk vorgeworfen wird, er lasse J. direkt an Galiläa grenzen, so bedeutet das eine Überinterpretation von Lk 17,11 und Apg 9,31 (Hengel, 177). Bei Joh ist J. der wichtigste Schauplatz des Wirkens Jesu, den er nur gelegentlich nach Galiläa verläßt (Joh 3,22; 4,3.47.54; 7,1.3; 11,7). Im vierten Evangelium könnte die betonte Feindschaft »der Juden (*Ioudaioi*)« auch eine geographische Färbung (Judäer) haben (M. Lowe, NovT 18, 1976, 101-130). Ob mit »Judäa jenseits des Jordans« (Mt 19,1 vgl. Mk 10,1) das J. gegenüber liegende, jüd. besiedelte Peräa gemeint sein soll, scheint sehr fraglich (*Betanien II). Nach der Endzeitrede Jesu bildet J. den Mittelpunkt apokalyptischer Bedrängnis (Mt 24,16/Mk 13,14/Lk 21,21 vgl. 1Makk 2,28).

Wie oft bei Lk ein erweiterter Gebrauch von J. vorliegt, ist im einzelnen umstritten. Die engere Bedeutung muß man überall annehmen, wo J. neben Samaria oder Galiläa genannt wird (Apg 1,8; 8,1; 9,31). An anderen Stellen macht sie der geographische Kontext wahrscheinlich: Von J. mit dem für Juden weisungsgebenden Zentrum Jerusalem (Apg 28,21) gehen urchristl. Propheten (Apg 11,29; 21,10), judaisierende Eiferer (Apg 11,1ff; 15,1), aber auch die Missionstätigkeit des *Paulus (26,20) aus. Eindeutig ist der erweiterte Sinn in Lk 23,5 und Apg 10,37 (vgl. Apg 10,39 »das Land der Juden«), wo Jesu Wirken in J. von Galiläa her beginnt. Möglich ist die weitere Bedeutung auch in Lk 1,5 (Königreich Herodes' des Großen) und 3,1 (röm. Provinz). Daß Paulus J. im engeren Sinn gebraucht, liegt nahe (1Thess 2,14; Gal 1,22; 2Kor 1,16; Röm 15,31), läßt sich aber nicht sicher entscheiden.

Ein besonderes Problem stellt, wie schon die Textvarianten bei den Kirchenvätern (Armenien, Syrien, Indien) zeigen, die Nennung von J. in Apg 2,9 dar, die schlecht in die Aufzählung von Herkunftsländern der gerade in Jerusalem weilenden Juden paßt. Viele Ausleger rechnen hier deshalb mit einem späteren Zusatz. Das wäre unnötig, wenn in der – wohl aus vorlukanischer Tradition stammenden – Liste J. das nordsyr. Gebiet Ja'udi (vgl. 2Kön 14,28?) meinen würde (O. Eißfeldt, Kleine Schriften IV, 1968, 99-131). Für eine solche Deutung spricht der geographische Zusammenhang (*Mesopotamien, J., *Kappadozien).

Literatur: B. Kanael: IEJ 7 (1957), 98-106; W. Nauck: BHH II, 1964, 901; E. Schürer: History of the Jewish People I, 1973; M. Bachmann: Jerusalem und der Tempel, 1980, 67-131; O. Betz: EWNT II, 1981, 468-470; M. Hengel: ZDPV 99 (1983), 151f; F.F. Bruce: Zeitgeschichte des NT I/II, ND 1986; R. Riesner: TynB 38 (1987), 48-53. R.R.

JUDA, GEBIRGE/WÜSTE.

1. Das Gebirge J. wird im O vom Toten Meer, im W von der *Schefela (Küstenebene) bzw. dem Reich der Philister begrenzt. Im S endet es etwa 25 km südl. von *Hebron, nördl. von *Jerusalem setzt es sich im Gebirge Ephraim fort.

2. Das Gebirge hat die Form eines Daches, das steil zum Toten Meer hin abfällt (dieses Gebiet heißt auch Wüste Juda) und nach W wesentlich flacher in die fruchtbare Talebene der Schefela übergeht. Der Dachfirst, das judäische Bergland, ist stellenweise nur 1-3 km breit. Im südl. Teil, dem Bergland von Hebron, erreicht das Gebirge J. eine Höhe von etwa 900 m. Nördl. von Hebron liegt seine höchste Erhebung, der Dschebel el Batrak (1025 m). Der nördl. Teil, das Bergland um Bethlehem und Jerusalem, ist etwa 750 m hoch, darüber erhebt sich der Ölberg mit 812 m. Im N Jerusalems rechnet man das Gebiet bis zur Höhe el-Asur (1011 m) zwischen Silo und Bethel meist noch zum Gebirge J., dann geht es ins Gebirge Ephraim und ins Hügelland von Samaria über.

JUDAS. (Griech. Form des hebr. »Juda«).

1. Bruder des Herrn (Mt 13,55; Mk 6,3). Vielleicht der Autor des *Judasbriefes, der sich selbst »Bruder von Jakobus« nennt (*Brüder Jesu).

2. Sohn des Jakobus und einer der zwölf Apostel (Lk 6,16), auch Thaddäus genannt (Mt 10,3; Mk 3,18; in manchen Handschriften steht Lebbaios: Mt 10,3). Einige betrachten ihn als den Verfasser des Judasbriefes.

3. *Judas Iskariot.

4. Ein Galiläer, der nach Josephus (Jos.ant.Jud. 18,3) in Gamala geboren wurde. Er führte einen Aufstand gegen die Römer an (Apg 5,37), den Josephus auf 6 n.Chr. datiert. *Quirinius besiegte die Rebellen, J. wurde erschlagen.

5. Jude, in dessen Haus Paulus in Damaskus wohnte (Apg 9,11).

6. Ein bewährtes Mitglied der Jerusalemer Gemeinde mit dem Zunamen Barsabbas, der zusammen mit *Silas von den Ältesten gewählt wurde, um Paulus und Barnabas nach Antiochia zu begleiten, um dort die Entscheidung der Apostel über die Frage der Beschneidung (*Apostelkonzil) mitzuteilen (Apg 15,22-33). J.D.D.

JUDASBRIEF.

I. AUFBAU DES BRIEFES.

Der Brief ist in sechs Teile gegliedert:

1–2: Eingangsgruß;
3–4: Anlaß und Ziel des Briefes;
5-7: Drei alttestamentliche Gerichtsbeispiele;
8–16: Schilderung der Verführer;
17-23: Rat und Weisung an die Gemeinde;
24–25: Abschließende Doxologie.

Die kahlen Hügel der »Wüste Juda« zwischen Jerusalem und dem Toten Meer. (ZR)

II. VERFASSER, DATIERUNG UND KANONIZITÄT.

Der J. zählt zu den sog. *»Katholischen Briefen« des NT. Der Autor dieses kurzen Schreibens stellt sich vor als »Judas, ein Knecht Jesu Christi und Bruder des *Jakobus« (V. 1). In der frühen Kirche gab es nur einen Jakobus, auf den man sich in dieser Weise, ohne nähere Bestimmung, beziehen konnte: den »Bruder des Herrn«, wie er in Gal 1,19 genannt wird. Dies deutet hin auf eine Identifikation des Autors mit dem Judas, der in Mt 13,55 und Mk 6,3 zu den *Brüdern Jesu gezählt wird. Über sein Leben ist nichts Näheres bekannt. Zwei Enkelsöhne des Judas wurden Hegesipp zufolge von *Domitian (81-96 n.Chr.) vernommen und dann entlassen, als er hörte, daß sie dem Haus Davids entstammten (Eus. h.e. 3,20,1-6).

Die Zeit der Entstehung des Briefes ist ebenso wie die Verfasserschaft in der Forschung umstritten. Mit Vorbehalt darf er auf die zweite Hälfte des 1. Jh.n.Chr. datiert werden, noch vor dem Tod des Jakobus (nach Josephus, ant.Jud. 20, 200-201 wohl 61/62 n.Chr.; vgl. E.E. Ellis). Ausdrückliche Benutzung des Jud finden wir gegen Ende des 2. Jh. u.a. bei Tertullian (De cultu feminarum 1,3) und im Kanon Muratori, wenig später bei Clemens von Alexandria (Paidagogos 3,8,44; Stromateis 3,2,11; Judas-Kommentar GCS 3, 206-09); Anspielungen auf Jud gibt es aber schon Anfang des 2. Jh. in der Didache (2,7; 3,6) und im Barnabas-Brief (2,10) sowie bei Polycarp, Phil 3,2; 11,4 (s. *Apostolische Väter). Dennoch war die Kanonizität des Briefes einige Zeit umstritten (vgl. Eus. h.e. 2,23, 25). Der Jud ist schon in bohairisch-sahikischen NT-Übersetzungen (Ende 2. Jh.) sowie im p ^{72} und im p ^{78} (beide 3. Jh.) enthalten.

III. ANLASS UND ZWECK DES BRIEFES.

Judas hatte ursprünglich eine Abhandlung über »unser aller Heil« (V. 3) geplant, als er sich genötigt sah, eine polemische Auseinandersetzung aufzunehmen, um den apostol. Glauben zu verteidigen. Diese Rechtfertigung war durch das beunruhigende Vordringen einiger in die Gemeinden einbrechender Irrlehren notwendig geworden. Im diesem Falle ging es nicht um eine asketische Lehrmeinung wie jene, die Paulus im *Kolosserbrief angreift, sondern um eine Haltung, die sich wohl auf die Lehre des Paulus von der christl. Freiheit berufen hat, diese Freiheit jedoch als Freizügigkeit fehlinterpretierte und als »Vorwand für das Fleisch« (vgl. Gal 5,13) mißbrauchte. Dies wird angedeutet durch Judas' Beschreibung der betreffenden Irrlehrer als »gottlose Menschen, die die Gnade unseres Gottes dazu mißbrauchen, ein zügelloses Leben zu führen, und die Jesus Christus, unseren einzigen Herrscher und Herrn, verleugnen« (V. 4).

IV. INHALT.

Unter den Christen, an die Judas schreibt, gab es solche, die sich den Zugang zur Gemeinde nicht auf rechtmäßige Weise, d.h. durch Buße und Glauben, erworben hatten (V. 4: »nebeneingeschlichen«). Sie verbinden mit der Berufung auf Gottes Gnade die wilde, zuchtlose Befriedigung ihrer Triebe (V. 4: »Ausschweifung«; V. 8: »beflecken das Fleisch«; V. 16: »nach ihren Begierden wandeln«). Auch geben sie nicht zu, daß Jesus der Herr der Gemeinde ist (V. 4). Sie lästerten gegen die, die Herrlichkeit haben (V. 8). Das machte die Gemeinschaft mit ihnen unmöglich, schloß sie aus der Gemeinde aus. An drei Beispielen aus dem AT (5-7) wird Gottes Richtersein vor Augen gestellt. Das erste Beispiel weist auf das aus Ägypten ausgezogene murrende Israel auf der Wüstenwanderung hin (4Mo 14,35), um aufzuzeigen, daß keine noch so reiche Erfahrung der Gnade Gottes die Sünde straflos macht und Gottes Gerichtsernst wegwischen kann. Trotz, Murren und Mißtrauen läßt er nicht zu. Das zweite Beispiel, die Engel, die menschliche Frauen begehrten (1Mo 6,1-4), dient denen als Warnung, die sich der Unreinheit ergaben. Denn Empfangenes muß bewahrt werden; sonst entsteht aus dem großen Vorzug der tiefe Fall. Das dritte Beispiel, Sodom und Gomorra (1Mo 18,20; 19,5-7), macht sichtbar, was die Ausschweifung von Gott zu erwarten hat. Obwohl Gottes Ernst in der Schrift deutlich bezeugt ist, gehen die Neuerer in der Gemeinde denselben Weg. Ganz anders der Erzengel Michael (9), der nicht einmal den Teufel zu lästern wagte (5Mo 34,6; Sach 3,2). Michael nimmt das Gericht gegen ihn nicht in die eigene Hand, sondern ehrt Gott als den alleinigen Richter. Die neuen Lehrer dagegen werfen mit ihren lästernden Urteilen ohne Scheu um sich (10). Ihren großen Worten mißt Judas keine Bedeutung zu. Denn ein Wissen, das uns die Sinne zuleiten, haben auch die Tiere. Nochmals werden (V. 11) drei Gestalten aus der Schrift zusammengestellt, an denen mit besonderem Ernst deutlich wird, was Sünde ist und was aus ihr entsteht: *Kain (1Mo 4,8), *Bileam (4Mo 22,34; 31,16) und die Rotte *Korach (4Mo 16). Kain erhob sich aus Neid und Haß gegen den Bruder und wurde deswegen aus Gottes Nähe gewiesen, wurde unstet und flüchtig. Bileam wollte Israel verderben, weil es ihn reute, den Lohn zu verlieren, den ihm seine Weissagung eintragen soll-

»Judas (Jehuda), *der Sohn des Johannes (Jehohanan), des Sohnes des* Jethro (Jethua)*«. Inschrift auf einem Ossuar aus Jerusalem. 40 v.Chr. bis 70 n.Chr.* (JPK)

te. Die Rotte Korach lehnte sich gegen Mose auf und stritt mit ihm um Ehre und Herrlichkeit. Alle diese Fehlhaltungen treffen auch auf die neuen Christen zu, die in die Gemeinde eingedrungen sind. Sie werden deshalb auch bei den Liebesmahlen zur Gefahr für die Gemeinde, weil sie hier für ihre neue Frömmigkeit werben (12a).

Judas stellt die Unfruchtbarkeit der Irrlehrer (»sie weiden sich selbst«, 12a) durch beredte Gleichnisse dar (12b; 13). Sie haben den anderen nichts zu geben, was ihnen heilsam wäre und echte Erkenntnis Gottes vermittelte. Sie machen großen Lärm, geben hohe Versprechungen und fordern für sich Unterwerfung und Verehrung. Das Urteil, das sie erwartet, wurde schon durch Henoch vorhergesagt (14f; vgl. äthHen 1,9). Die Weissagung der Apostel rechnet das Auftreten von Irrlehrern und die Zerrüttung der Gemeinde zu den Zeichen der letzten Zeit (17-18; vgl. 2Petr 3,23; 1Tim 4,1). Weil sich die Irrlehrer hoch über die Christen erheben, droht die Einheit der Gemeinde zu zerbrechen (19). Doch gegen alle, die der Sünde der falschen Geistlichkeit verfallen, hat die Gemeinde barmherzig zu bleiben (22). Aber die Barmherzigkeit hat je nach der Haltung der Irrenden eine spezifische Aufgabe. Die, die noch zweifeln, haben sich noch nicht ganz von der Wahrheit getrennt. Da soll die Gemeinde zugreifen und zu ihrer Rettung beitragen. Aber wenn die Irrenden in ihrer Sünde hart geworden sind, kann man sie nicht mehr retten. Auch mit ihnen soll zwar nicht unbarmherzig umgegangen werden, doch soll man sich vor der Nähe zu ihnen hüten (23). Den Christen zur Ermutigung schließt Judas mit einer Doxologie, dem lobpreisenden Aufblick zu Jesus Christus, der trotz allem Schweren und Gefährlichen seine Gemeinde behüten und zu seinem Ziel führen wird. Deshalb steht im Jud beides nebeneinander: Sünden, die in der Gemeinde geschehen können und die Gottes Gericht trifft, aber auch der sichere Heilsstand der Gemeinde, die behütet und zum Ziel geführt wird.

Literatur: R. Bauckham: Jude, 2 Peter, 1983; C. Bigg: The Epistles of St. Peter and St. Jude, [2]1902; E.E. Ellis: Prophecy and Hermeneutic in Jude, in: ders., Prophecy and Hermeneutic in Early Christianity, 1978, 223-36; H. Frankemölle: 1. und 2. Petrusbrief, Judasbrief, 1987; E. Fuchs/P. Reymond: La deuxiéme épître de Saint Pierre. L'épître de Saint Jude, [2]1988; M. Green: 2 Peter and Jude, [2]1987; W. Grundmann: Der Brief des Judas und der zweite Brief des Petrus, [3]1986; R. Heiligenthal: Der Judasbrief. Aspekte der Forschung in den letzten Jahrzehnten, ThR 51, 1986, 117-29; U. Holmer/W. de Boor: Die Briefe des Petrus und Judas, [4]1982; J.N.D. Kelly: The Epistles of Peter and Jude, 1969; F. Maier: Der Judasbrief. Seine Echtheit, Abfassungszeit und Leser, 1906; B. Reicke: The Epistles of James, Peter and Jude, 1964; J.A.T. Robinson: Die Petrusbriefe und der Judasbrief, in: ders., Wann entstand das Neue Testament, 1986, 149-210; K.H. Schelkle: Der Judasbrief bei den Kirchenvätern, in: Abraham unser Vater, FS O. Michel, 1963, 40-16; ders.: Die Petrusbriefe. Der Judasbrief, [5]1980; G. Sellin: Die Häretiker des Judasbriefes, ZNW 77, 1986, 206-25; F. Spitta: Der zweite Brief des Petrus und der Brief des Judas, 1885; G. Wohlenberg: Der erste und zweite Petrusbrief und der Judasbrief, [3]1923.

F.F.B./C.P.Th.

JUDAS ISKARIOT.

I. NAME UND HERKUNFT.

In der synoptischen Aufstellung der zwölf *Apostel, die Jesus »bei sich haben« wollte (Mk 3,14), erscheint J.' Name immer zuletzt, meistens zusammen mit einem entehrenden Stigma (z.B. »der ihn verriet«, Mk 3,19; Mt 10,4; Lk 6,16; vgl. Joh 18,2.5). Wir können ihn mit Jerobeam I. im AT vergleichen, der mit Schrecken als der erwähnt wird, »der Israel sündigen gemacht hat«.

Das Wort »Iskariot« wird J.' Namen in den synoptischen Texten und in Joh 12,4 angehängt, während in den anderen Hinweisen von Johannes die Texte beträchtliche Unterschiede aufweisen. In Joh 6,71 und Joh 13,26 wird ein Simon Iskariot als J.' Vater erwähnt. In Joh 13,2.26 wird von einem Simon als Vater des J. gesprochen. Iskariot wird näher erklärt durch die Hinzufügung *apo Karjōtū* (in selteneren Lesarten von Joh 6,71; 12,4; 13,2.26; 14,22). Diese zusätzlichen Informationen, die Johannes bietet, bestätigen die Ableitung von »Iskariot« von dem hebr. *'isch qerījōt,* »ein Mann aus Kerijot«. Kerijot liegt nach Jer 48,24 und Am 2,2 in Moab, aber es gibt auch eine mögliche Gleichsetzung mit Kerijot-Hezron (Jos 15,25), 19 km südl. von Hebron. Diese geographische Erklärung ist der Ansicht vorzuziehen, die das Wort über eine aram. Form auf *sikarios,* »ein Mörder«, zurückführt (vgl. Apg 21,38) und damit in J. einen Anhänger der Zelotenbewegung sieht, (O. Cullmann, [2]1961, S. 15f; dagegen M. Hengel, 1961, S. 49).

II. LEBEN.

J. Iskariot war der Schatzmeister der Apostel (Joh 13,29), während ein anderer Text des Joh von ihm als Dieb spricht (12,6), evtl. aus dem Grund, weil er das Geld, das ihm anvertraut war, veruntreute.

Die letzten Abschnitte der Evv. werden überschattet durch den Verrat dieses »Einen von den Zwölf«, wie er wiederholt genannt wird (Mk 14,10; 14,20; Joh 6,71; 12,4). U. übte Kritik an Maria, die die Füße Jesu mit kostbarer Salbe salbte (Joh 12,3-6). Der Kommentar des Evangelisten will die Habgier des Judas betonen, der nur den Preis der Salbe sah und nicht die Handlung, die Jesus lobte (Mk 14,6). Im Anschluß an diesen Vorfall in *Betanien ging J. zum Hohenpriester und verriet Jesus (Mt 26,14-16; Mk 14,10.11; Lk 22,3-6). Markus berichtet nur von der Tatsache des Verrats und fügt hinzu, daß J. von den Priestern Geld versprochen wurde.

Matthäus gibt den Betrag an, möglicherweise ein Angeld auf eine vereinbarte Summe (mit einer unausgesprochenen Anspielung auf Sach 11,12 und vielleicht auf 2Mo 21,32; vgl. Mt 27,9), und nimmt Bezug auf Jer 32,9. Lukas gibt die tiefe Bedeutung der Handlung wieder, wenn er berichtet, daß der *Satan in den Verräter hineinfuhr und diese ruchlose Sünde anregte (vgl. Joh 13,2.27). Alle Synoptiker stimmen darin überein, daß J. beschloß, eine günstige Gelegenheit abzuwarten, um Jesus »persönlich« an seine Feinde auszuliefern, d.h. heimlich mit List (für diese Wiedergabe in Lk 22,6; Mk 14,1.2; s. J. Jeremias, Die Abendmahlsworte Jesu, [4]1967, S. 72).

Diese Gelegenheit bot sich an dem Abend, an dem Jesus sich mit den Zwölf zum letzten Mahl im Obergemach eines Hauses versammelte (Mk 14,17ff par.). Mit prophetischem Blick sieht Jesus die Tat des Verräters voraus. Im Bericht bei Mk wird Judas nicht namentlich erwähnt, und es scheint allgemeine Verwirrung gegeben zu haben, was die Identität des Verräters betraf. Den Dialog in Mt 25,25ff könnte man sich im Flüsterton vorstellen, während der Bericht bei Joh die Tradition aus erster Hand bewahrt, mit der Frage des geliebten Jüngers und Jesu Handlung mit dem Passabrot.

Danach übernahm Satan die Kontrolle über den Mann, der sein Gefangener geworden war, und J. ging hinaus in die Nacht (Joh 13,27-30).

Der Plan für die Verhaftung Jesu, für die alle Vorkehrungen getroffen waren, wurde ausgeführt. Das Geheimnis, das J. verriet, war offensichtlich der Treffpunkt in *Gethsemane. Die Gruppe Soldaten, von J. angeführt, kam zu Jesus. Das Erkennungszeichen war eine Ironie in sich. »Den, den ich küssen werde, ergreift.« Damit war das Werk des Verräters vollbracht.

Mt 27,3-10 berichtet von J.' trauriger Reue. Der Bericht in Apg 1,18 und das groteske Zeugnis von Papias, Frag. 3, das von Apollinaris von Laodizea bewahrt wurde, vervollständigen die Hinweise auf das Ende des J. Papias erzählt, wie J.' Körper anschwoll (dies kann eine mögliche Bedeutung von Apg 1,18 für »vornüber stürzen« sein) und er auf seinem eigenen Land starb. Es gab mehrere Versuche, die Berichte in Einklang zu bringen (z.B. Augustinus' Vorschlag, daß der Strick riß und J. durch den Fall starb entsprechend Apg 1,18; auf diese Weise wurde der Bericht bei Matthäus und der der Apg vereinigt). Aber schlimmer noch als die schrecklichen Einzelheiten dieser Berichte ist das einfache, sachliche Urteil in Apg 1,25: »diesen Dienst und das Apostelamt. . ., das Judas verlassen hat, um an den Ort zu gehen, wohin er gehört«. Der Apostel war ein Abtrünniger geworden und hatte das Schicks erlitten, das ein solcher Mensch verdient.

Der Mensch J. stellt vor Fragen. Es ist schwer zu sagen, ob ihn allein die Geldgier trieb – was aber im NT nicht ausdrücklich gesagt ist. Oder ob er einer aus der Zelotenbewegung war, der enttäuscht war, weil er auf ein irdisches Königreich Jesu und eine entscheidende Stellung dabei hoffte. In Joh 13,2.27 steht allein die Erklärung, daß der Satan in J. gefahren ist.

Literatur: O. Cullmann: Der zwölfte Apostel: Vorträge und Aufsätze. 1925-1962, hrsg. v. K. Fröhlich, 1966, S. 214-222; ders.: Der Staat im Neuen Testament, ²1961; M. Hengel: Die Zeloten, 1961; A. Schlatter: Der Evangelist Matthäus, 1929; ders.: Das Evangelium des Lukas, ²1960; J. Schniewind: Das Evangelium nach Markus, NTD 1, ⁷1956; ders.: Das Evangelium nach Matthäus, NTD 2, ⁷1954; Th. Zahn: Das Evangelium des Johannes (⁵/⁶1921), 1983; F. Schulthess: Zur Sprache der Evangelien. ZNW 21/1922, S. 216-258; K. Lüthi: Judas Iskarioth in der Geschichte der Auslegung von der Reformation bis zur Gegenwart, 1955. R.P.M.

JUDENCHRISTEN.

1. Die J. konnten von Paulus als *hoi ek peritomēs*, »die aus der Beschneidung«, als Christen jüd. Herkunft, bezeichnet werden (Gal 2,12); er sprach auch von den »Armen« (*ptōchoi*) unter den Heiligen in Jerusalem« (Röm 15,26, vgl. Gal 2,10). In Apg 9,2 erscheint die Bezeichnung *hoi tēs hodon ontes*, »die zum Weg Gehörenden«, wobei »der Weg« (Apg 19,9.23; 22,4; 24,14, RevEB) die christl. Glaubenshaltung und vor allem Lebensweise meint. Von den Juden wurden sie später *nozrīm* »Nazarener« genannt (12. Bitte des Achtzehn-Bitten-Gebets). Als Selbstbezeichnung kommt »die Armen« (*ʿaebjōnīm*, daher Ebjoniten) in Frage; der Name »Christen« (Apg 11,26; 26,28; 1Petr 4,16, vgl. Tac.ann. XV, 44: »Chrestiani«) ist ein Latinismus und eine Fremdbezeichnung.

Die J. wollten von sich aus keine besondere Glaubensrichtung oder Sekte sein. Sie führten das gesetzlich geregelte Leben frommer Juden und hielten sich an die Reinheits- und Speisegebote (vgl. Apg 10,14). Aber der Gesetzesgehorsam galt ihnen nicht als Weg, die Gerechtigkeit vor Gott zu erlangen (vgl. Gal 2,16; Apg 15,10f), und der Tempel in Jerusalem diente ihnen nur als Stätte des Gebets (Apg 3,1).

2. In der Apostelgeschichte werden zwei Gruppen von Judenchristen erwähnt, die sich schon sehr früh in Jerusalem herausgebildet hatten:

a. die »Hebräer« (*hebraioi*, Apg 6,1), d.h. die hebr. und aram. sprechenden Christen vorwiegend palästinischer Herkunft. Die Leitung über sie hatten die zwölf *Apostel und mehrere *Älteste/Presbyter (Apg 15,6). Sie hielten nicht nur an der »Lehre der Apostel« fest, sondern praktizierten auch die von Jesus mit seinen Jüngern vorgelebte *Gütergemeinschaft und feierten durch eben diese Gütergemeinschaft ermöglichte Gemeinschaftsmahle, das »Brotbrechen« (Apg 2,42). Der Verzicht auf privates Eigentum hat wohl auch zur Bezeichnung »die Armen« geführt.

b. Daneben gab es die Gruppe der »*Hellenisten« (*hellēnistai*, Apg 6,1; 9,29; als Text-Variante auch in 11,20), d.h. der griech. sprechenden J. Nach Apg 6,1 hatten sie sich wegen der unzureichenden Versorgung ihrer Witwen eine eigene Organisation gegeben. Dafür maßgebend war wohl auch der sprachliche Unterschied, der sich – abgesehen von der ausdrücklichen Bezeichnung »Hellenisten« – auch schon im Pfingstbericht andeutet (Apg 2,5-12): Die nach Jerusalem verzogenen Juden aus der *Diaspora beherrschten das Hebr. und Aram. nicht mehr bzw. nicht in ausreichendem Maße. Sie hatten deshalb in Jerusalem eigene Synagogen eingerichtet, in denen Gottesdienst und Lehre auf griech. abgehalten wurden (vgl. Apg 6,9; 24,12). Analog dazu hielten die Hellenisten eine eigene Mahlfeier; dafür wurden sieben Diakone bestellt (Apg 6,3).

3. Während die »Hebräer« im »*Obergemach« ihren Versammlungsraum hatten (Apg 1,13), kamen die »Hellenisten« wohl im Haus der *Maria, der Mutter des *Markus, zusammen (Apg 12,12). Wahrscheinlich befanden sich diese Stätten in der Nähe des Essenerviertels im SW Jerusalems.

4. Beide Gruppen waren missionarisch tätig, und zwar zunächst unter ihren jüd. Landsleuten (vgl. Apg 3-5; 8; 10-11). Nach der Hinrichtung des *Stephanus und der darauf einsetzenden *Verfolgung begannen die Hellenisten in *Samaria, dem palästin. Küstengebiet, in Syrien und auch in Zypern mit der Verkündigung des Evangeliums, wobei es dann auch zur Missionierung der Heiden, vor allem in Antiochia, kam (Apg 11,20 lies: *hellēnas*; 13,1ff). Während der Glaube an Kreuz und Auferstehung Jesu die gemeinsame Grundlage bildete (vgl. 1Kor 15,1-5; Röm 1,3f), war das Verhältnis zum *Judentum verschieden: Bei den »Hebräern« urteilten pharisäisch beeinflußte Kreise, die *Beschneidung der *Heidenchristen und damit auch der Gesetzesgehorsam seien heilsnotwendig (Apg 15,1.5, vgl. Justin Dial. c.Tr. 47,3); auch lehnten sie die Tischgemeinschaft mit den gesetzesfreien Heidenchristen ab (vgl. Gal 2,12). Auf der anderen Seite konnte der Hellenist Stephanus sogar die Grundpfeiler des Judentums, nämlich das Gesetz Moses und den Tempelkult, kritisieren (Apg 6,1.13f). Durch den jüd. Aufstand gegen Rom (66-70 n.Chr.) und den Bar-Kochba-Krieg (132-135 n.Chr.) wurden die J. in Palästina schwer in Mitleidenschaft gezogen (Eus.h.e. III, 5-8).

Literatur: M. Hengel: Juden, Griechen und Barbaren, 1976; J. Daniélou: Théologie du Judéochristianisme, 1958; R. Riesner: Essener und Urkirche in Jerusalem, in: BiKi 2/1985, S. 64-76; Brian Capper: In der Hand des Ananias, in: Rev Qumran 46 (1986), S. 223-237. O.B.

JUDENTUM. Der Begriff faßt verschiedene Formen von Religion der Juden etwa seit der Perserzeit zusammen, nachdem im babylon. Exil und danach Nachkommen der ehemals im Tempelstaat Juda lebenden Personen sich als die Erben der alten Religion Israels verstanden und organisierten. Der Begriff hat ethnische – aber nicht rassische - Konnotationen. Jude ist, wer von einer jüd. Mutter geboren ist (diese traditionelle Definition hat ihren Ursprung vielleicht schon in der Perserzeit), oder wer durch einen Ritus zum J. übergetreten ist. Und er hat juristische Implikationen: Juden hatten Privilegien oder waren rechtlich benachteiligt. In den sozialpolitischen und juristischen Sonderstellungen der Juden gegenüber den Angehörigen anderer Religionen findet der Begriff J. auch am ehesten seine Berechtigung; religionswissenschaftlich ist eine Einheit weniger faßbar.

Für das J. der Jahrhunderte um Christi Geburt findet sich manchmal der Ausdruck »Spätjudentum«. Der Ausdruck ist irreführend, weil er suggeriert, das J. hätte danach keine nennenswerte Geschichte mehr gehabt. Die Geschichte des J.s erstreckt sich von der Antike bis in die Gegenwart. Dieser Artikel beschränkt sich auf eine Darstellung der Geschichte des antiken J.s.

538 v.Chr., im ersten Jahr nach der Eroberung Babylons durch die Perser, verfügte Kyros II. die Heimkehr der deportierten Judäer, die Wiedererrichtung des Jerusalemer Tempels und die Wiederaufnahme des Kultes (Esr 1; 6,3-5). Etwa 18 Jahre lang lag dann die Statthalterschaft der Provinz Jehud noch in der Hand der davidischen Dynastie, danach wurden Gouverneure vom pers. Hof eingesetzt und die Selbstverwaltung der Tempelstaatprovinz, soweit sie möglich war, wurde vom Hohenpriester und einem Rat von Notablen ausgeübt. Während des Tempelbaus kam es zu Auseinandersetzungen zwischen den Heimkehrern und Teilen der Landesbevölkerung, die sich am Aufbau und damit an der späteren Wirtschafts- und Verwaltungsmacht des Tempels beteiligen wollten (Esr 4). In den Nachbarprovinzen – *Ostjordanland und *Samaria – gab es ebenfalls Jahweverehrer, die am Tempel interessiert waren. Eine teilweise Integration dieser Gruppen wurde dann unter Esra und *Nehemia (etwa ab Mitte des 5. Jh.v.Chr.) zurückgedrängt, die eine »jüdisch« separatistische Religionspolitik durchsetzten, während gleichzeitig die ursprüngliche Heimkehrergemeinde durch neue Heimkehrerwellen verstärkt wurde. Ehen mit nicht-»jüdischen« Frauen (solche, die nicht zur Gruppe der Heimkehrer gehörten; es ist nicht gesagt, daß sie alle eine wesentlich andere Religion hatten) wurden aufgelöst, die Frauen mit den Kindern weggeschickt (Esr 10; Neh 13,23ff). Die Ausgrenzung der Einwohner Samarias führte später (vermutlich im 4. Jh.v.Chr.) dazu, daß die

Samariter einen eigenen Tempel auf dem Berg Garizim errichteten und den Kult in Jerusalem für ungültig erklärten.

Die Reformation unter Esra und Nehemia war im wesentlichen eine konservative Restauration auf der Grundlage eines schriftlichen Gesetzes, das Esra nach Jerusalem mitbrachte (Esr 7,14) und das wohl mit dem Pentateuch (Tora) oder zumindest mit dessen juristisch relevanten Teilen identisch war (Neh 8,1; »das Buch der Tora des Mose«). Beide handelten in pers. Auftrag; die Tora war somit pers. – staatlich anerkanntes Recht für Juden. Die Privilegien der priesterlichen Oberschicht wurden ausgebaut, der Kult und die verschiedenen Tempelsteuern organisiert (Neh 10,33ff; 12,44ff; 13,10ff), das Justizwesen gemäß der Tora geregelt (Esr 7,25f) und ein Schuldenerlaß durchgeführt (Neh 5). Die Tora, als Offenbarung des göttlichen Willens und als Entscheidungsgrundlage in Rechtssachen trat an die Stellen, die vor dem Exil im wesentlichen Prophetie, Priesterlehren, Rechtstraditionen eingenommen hatten. Außerdem existierten wohl das sog. deuteronomistische Geschichtswerk (Jos bis 2Kön) und die meisten Prophetenbücher. Heilige Schriften wurden ein wesentlicher Bestandteil der jüd. Religion, und sie waren Grundlage der Rechtssprechung. Dies hatte eine Konsequenz: Die Tora deckte nur einen Teil des Rechts ab; für juristische Entscheidungen, für die Auslegung der Tora und Anpassung an die jeweiligen Gegebenheiten wurden Schriftgelehrte nötig, die die Schriften und Traditionen studierten, Recht sprechen und lehren konnten. Das Ideal eines professionellen Schriftgelehrten zeichnet das Buch Jesus Sirach (*Ecclesiasticus*, 38,25-39,15), dessen Verfasser – Anfang des 2. Jh.v.Chr. – selbst ein Schriftgelehrter war (Sir, Vorrede, 1-4).

Nach der Eroberung Persiens durch *Alexander den Großen in der Zeit der Diadochenreiche herrschten in Palästina zunächst die Ptolemäer, ab 198 v.Chr. die Seleukiden. Die hellen. Kultur beeinflußte zunehmend Verwaltung, Wirtschaft und Lebensstil in den Städten. Vor allem unter den Seleukiden ergriff sie auch Teile der jüd. Oberschicht und aufstrebenden Mittelschicht, die wohl in der Angleichung an die Kultur der politisch Herrschenden auch persönliche Vorteile sahen. Unter dem seleukidischen Herrscher Antiochus IV. Epiphanes (175-164) kam es zur Krise. Jeschua (er hellenisierte seinen Namen zu *Jason), ein Bruder des Hohenpriesters Onias III., bot (etwa 174) Antiochus eine hohe Summe für das Hohepriesteramt und erhielt es. Er ließ in Jerusalem ein Gymnasium einrichten, Wettspiele wurden abgehalten, Jerusalemer konnten das Bürgerrecht von Antiochia erwerben (2Makk 4). Das frühere, noch von Antiochus III. (223-187) bestätigte Recht der Juden, nach ihren »väterlichen Gesetzen« (schriftliche Tora und Überlieferung der Schriftgelehrten) zu leben, war damit in einigen Bereichen praktisch aufgehoben – zugunsten der hellenophilen Kreise. Ein Menelaos, der nicht aus der hohepriesterlichen Familie war, erhielt 171 ebenfalls für Geld das Hohepriesteramt. In den darauffolgenden Unruhen, in die Antiochus eingriff (es kam zu einem Blutbad in Jerusalem, der Tempelschatz wurde konfisziert), formierte sich der Widerstand der traditionelleren Juden, was 167 eine Religionsverfolgung auslöste: Im Tempel wurde ein hellen. Kult eingeführt; Beschneidung, Halten des Sabbats, Besitz einer Torarolle waren bei Todesstrafe verboten (2Makk 6; Dan 11,30-35). Auf dem Land trieben dazuhin die hohen Steuern die Bevölkerung in unzugängliche Gebiete und in den Widerstand, und es kam zum Aufstand unter Führung der Makkabäer (Hasmonäer), in welchem die *Chasidim* (Asidäer, die »Frommen«, eine Gemeinschaft, die die Tradition der Schriftgelehrten aufrecht erhielt; 1Makk 2,42; 2Makk 14,6) eine bedeutende Rolle spielten. Der Aufstand führte schließlich zum Erfolg: 150 v.Chr. kam es zu einem Kompromiß mit den Seleukiden, ein Hasmonäer wurde seleukidischer Statthalter und Hoherpriester, ab 141 v.Chr. herrschten die Hasmonäer souverän, das Hohepriesteramt wurde – entgegen der Tradition - in der hasmonäischen Familie erblich.

In der griech. sprechenden Diaspora gestaltete sich die Begegnung des J.s mit dem Hellenismus weniger konfliktreich, hier gab es auch keine vergleichbaren sozialen und politischen Gegensätze. Etwa 160 v.Chr. gründete Onias IV., Sohn des oben erwähnten Hohenpriesters Onias III., einen Tempel in der Gegend von Heliopolis in Ägypten, dessen Kult bis 73 n.Chr. bestand, aber anscheinend nur von den Juden der näheren Umgebung beachtet wurde. In Alexandria entwickelte sich eine blühende jüd.-griech. Gelehrten- und Literatentradition. Schon im frühen 3. Jh.v.Chr. war hier der Pentateuch ins Griech. übersetzt worden - möglicherweise das erste große Übersetzungswerk der Weltliteratur (LXX). Zu Reibereien und (z.T.) zu schweren kriegerischen Auseinandersetzungen mit der nichtjüd. Bevölkerung kam es erst später unter der Römerherrschaft, als die verschiedenen Bevölkerungsteile in neue rechtliche und wirtschaftliche Konkurrenzen traten.

In Palästina regierten die Hasmonäer bis zur Eroberung Jerusalems durch Pompeius (63 v.Chr.). Das Herrschaftsgebiet wurde über *Judäa hinaus allmählich beträchtlich erweitert und die Bevölkerung in den eroberten Gebieten oft gezwungen, zum J. überzutreten. Galiläa im N und Idumäa im S wurden so jüd. Daß die Hasmonäer als Hohepriester nicht aus der traditionellen hohenpriesterlichen Familie waren und teilweise den üblichen hellen. Herrschaftsstil annahmen, hatte innenpolitisch-rel. Folgen: Die *Chasidim* (s.o.) dürften sich schon seit 162 mehr und mehr von den Hasmonäern und ihren politischen Zielen getrennt haben. Etwa Mitte des 2. Jh.v.Chr. sagte sich eine Gruppe mit Endzeiterwartungen, die sich als Angehörige eines »Neuen Bundes« sahen, vom Tempelkult und dessen »Frevelpriester« los und gründete eine klosterartige Gemeinschaft in *Qumran, die wahrscheinlich in den Rahmen der in dieser Zeit erstmals bezeugten *Essener gehört. Jetzt werden auch die *Pharisäer erwähnt, charakterisiert durch das Bestreben, ein Leben gemäß der Tora in der traditionellen Interpretation der Schriftgelehrten zu führen. Manche von ihnen hatten vermutlich vorher zu den *Chasidim* gehört. Von dem jüd. Staat, der weniger nach der Tora (einschließlich der mündlichen Überlieferung) und mehr nach zeitgemäßen politischen Gesichtspunkten geleitet wurde, distanzierten sie sich weitgehend oder waren in der Opposition - außer wenn sie von einem Herrscher favorisiert wurden (wie von Salome Alexandra, 76-67 v.Chr.). Politisch und damit auch theologisch standen ihnen die *Sadduzäer gegenüber, die die gesamte mündliche Tradition ablehnten und nur die schriftliche Tora als autoritativ anerkannten. Dies bedeutet, daß für die Sadduzäer das öffentliche und private Leben nicht im selben Maß wie für die Pharisäer durch die rel. Überlieferung geregelt war. Die Verwaltung des Staates konnte weitgehend durch politische und ökonomische Interessen bestimmt werden – wenn auch im Rahmen der schriftlichen Tora, welche ziemlich wörtlich interpretiert wurde. Außerdem lehnten sie mit der mündlichen Tradition auch die reich entwickelte Engel- und Dämonenlehre ab sowie die Auferstehung samt der damit zusammenhängenden messianischen Eschatologie. Letzteres dürfte sich wieder auf ihren politischen Standpunkt ausgewirkt haben, denn die Aufstände der Römerzeit nährten sich nicht zuletzt auch von eschatologischen Hoffnungen. Aus soziologischer Sicht war der Gegensatz zwischen Sadduzäern und Pharisäern ähnlich dem, der bis zum Makkabäeraufstand zwischen den hellenisierenden jüd. Kreisen und den traditionelleren Frommen bestanden hatte: Die Sadduzäer waren eine relativ kleine Gruppe, die aus Teilen der priesterlichen Aristokratie und der wohlhabenden Oberschicht bestand; von den Pharisäern kamen auch viele aus der Mittelschicht, sie hatten die meisten Anhänger im Volk. Beide Gruppen waren in der »Gerusia« vertreten, einem Rat mit juristischen, administrativen und Regierungsfunktionen, der sich aus dem Notablengremium der Perserzeit entwickelt hatte; unter den Römern hieß dieses Gremium *Sanhedrin (Synedrion).

Die erwähnten rel. Parteien bestanden auch unter der Römerherrschaft (ab 63 v.Chr.) bis zum jüd. Krieg von 66-70 n.Chr. Nach dem Tode des röm. Vasallenkönigs Herodes des Großen (37-4 v.Chr.) gewannen Org nisationen von Freiheitskämpfern so an Bedeutung, daß Josephus, die Hauptquelle für diese Zeit, ihre rel.-politische Ideologie als »vierte Philosophie« bezeichnet (neben Essenern, Pharisäern, Sadduzäern); am nächsten standen sie den Pharisäern. Im Widerstand gegen die Volkszählung unter Quirinus (6/7 n.Chr., vgl. – anachronistisch – Lk 2,1-3) sammelte Judas der Galiläer Aktivisten um sich, auf die die »Sikarier« zurückgehen dürften (latein. *sica*, »Krummdolch«), bekannt wegen ihrer Attentate auf Römer und Kollaborateure. In und um Jerusalem während des Aufstandes gegen Rom (66-70) hatten als Zeloten bezeichnete, deutlich antiaristokratisch eingestellte Gruppen (sie wählten auch einen Hohenpriester im Losverfahren), entscheidenen Einfluß auf den Verlauf der Dinge. Gemeinsam waren wohl allen Aktivisten eine politisch radikale Interpretation der Tora (»nur Gott allein ist der Herr Israels«) und akute eschatologische Hoffnungen. Hand in Hand mit der Zuspitzung der politischen Situation kam es anscheinend zu einer Zunahme prophetischer Bewegungen verschiedenen Charakters: *Johannes der Täufer um 30 n.Chr., Theudas um 45, ein »Ägypter« in den 50er Jahren (vgl. Apg 21,38) und andere. Um 30 n.Chr. entstand auch die Gemeinschaft um den »Messias«, Lehrer und Wundertäter Jesus von Nazareth, die sich nicht in die politisch-messianischen Bewegungen einreihen läßt. Später wurden auch Nichtjuden aufgenommen; nach dem Aufstand unter Hadrian (132-135 n.Chr.) wurde sie hauptsächlich von Anhängern getragen, die keine Juden (nach röm. und jüd. Rechtsauffassung) waren, und die Judenchristen wurden damit nicht nur im J., sondern auch im Christentum zu einer Minderheit.

Mit der Zerstörung des Tempels endete eine Epoche der jüd. Geschichte, die »Zeit des zweiten Tempels« (538 v.Chr.-70 n.Chr.). Das Ende des Tempelkults und des Tempels als Wirtschaftsmacht brachte die Priester zwar nicht um alle Einnahmen, aber um ihre Bedeutung. Die Auflösung des Sanhedrins und der jüd. Selbstverwaltung entmachtete auch die Sadduzäer. Die zelotischen Gruppen waren politisch gescheitert und weitgehend vernichtet oder zerstreut. Die Siedlung in Qumran war von den Römern erobert worden, die Essener verschwanden von der Bildfläche. Religionspolitisch handlungsfähig blieben auf die Dauer nur die Christen und die Pharisäer. Die griech. sprechende Diaspora verwaltete sich teilweise noch lokal nach jüd. Recht und produzierte noch einige literarische und apologetische Werke (s. z.B. Josephus), aber 115 kam es zu blutigen Aufständen der Juden in Libyen, Ägypten, Zypern, in deren Folge die Juden in diesen Gebieten weitgehend ausgerottet wurden, und das griech. Diasporajudentum insgesamt seine eigenständige kulturelle Bedeutung innerhalb des J.s großenteils verlor. 132, unter Hadrian, kam es in Judäa noch einmal zu einer großen - messianischen – Rebellion unter Führung des Simon ben Kosiba (Bar Kochba, »Sohn des Sterns« – eine messianische Bezeichnung in Anspielung an 4Mo 24,17ff). Auf den Sieg der röm. Truppen (135) folgte eine Religionsverfolgung (bis 138) in Palästina, mit Verbot der Sabbatfeier, der Beschneidung (dies auch außerhalb Palästinas), der Ordination und des Schulbetriebs. Jerusalem wurde eine römische Kolonie mit dem Namen Aelia Capitolina, Juden wurde das Betreten der Stadt verboten. Damit war klar, daß es auf lange Zeit keinen Tempel mehr geben würde.

Die Pharisäer und unter diesen vor allem die Schriftgelehrten - ab 70 mit dem Titel »Rabbi« oder, seltener, »Rabban« – formten nach den beiden Katastrophen von 70 und 135 das J. Um 70, in der Überlieferung nach einer Flucht aus dem belagerten Jerusalem, gründete Rabban Jochanan ben Zakkai in Jamnia (*Jabne, in der Küstenebene) mit röm. Erlaubnis eine Schule, wo die mündlich tradierte Überlieferung weitergegeben werden konnte, und unter seinem Vorsitz bildete sich ein Gerichtshof (*Bet Din*), in gewissem Sinn eine Fortsetzung des Sanhedrins, wo so wichtige Dinge wie die Ordnung des Kalenders oder Fragen, die mit dem Aufhören des Tempelkults zusammenhingen, autoritativ entschieden werden konnten. Von den zwei auf Schammai und Hillel (beide letztes Drittel des 1. Jh.v.Chr.) zurückgehenden Schulen, deren zum Teil unterschiedliche Entscheidungen in Fragen des Rechts und des rel. Brauchs überliefert waren, setzte sich allmählich die Schule Hillels durch; das Haupt der hillelitischen Schule mit dem Titel »Nasi« (»Patriarch«, »Präsident«) wurde dann später, bis 425, zum offiziellen Repräsentanten der im röm. Reich lebenden Juden. In der Zeit nach 70 wurde die Synagogenliturgie entwickelt, der Kanon der heiligen Schriften wurde festgelegt (Prediger und Hoheslied wurden aufgenommen, Jesus Sirach und alles später Geschriebene, was natürlich auch die Evv. betraf, ausgeschlossen), der Text wurde standardisiert, Aquila stellte eine diesem Text entsprechende neue griech. Übersetzung der heiligen Schriften her, und Rabbi Akiba – so jedenfalls die Überlieferung – systematisierte die *Halacha* thematisch in sechs Ordnungen mit je zahlreichen Traktaten. *Halacha* ist die das juristische und rel. Leben betreffende Lehre im Gegensatz zur *Haggada*, deren Inhalt historischer, legendärer, wissenschaftlicher, theologischer oder ethischer Art ist. Das Werk von Sammlung, Ordnung und Vereinheitlichung wurde nach 135 in Galiläa fortgesetzt. Um 200 redigierte Rabbi Jehuda ha-Nasi (»Rabbi«) die halachische Überlieferung auf der Basis der Lehre (*Mischna) Rabbi Meirs, eines Schülers von Rabbi Akiba, und diese von »Rabbi« redigierte Mischna (Überlieferung, Lehre) setzte sich durch, so daß schließlich alle rabbinischen Schulen einen einheitlichen Codex besaßen, nach dem die Halacha gelernt werden konnte. Tradiert wurden die Mischna und andere rabbinische »Literatur« in erster Linie mündlich durch Auswendiglernen.

Babylonien hatte eigene Schultraditionen besessen, über deren Besonderheiten wenig bekannt ist. Schon in vorchristl. Zeit bestanden Kontakte zu den Schulen in Palästina, und mit der Zeit setzten sich die palästin. Traditionen durch. Kurz nach 200 wurde die Mischna »Rabbis« auch in Babylonien die Grundlage des Halachastudiums, die Einheit des rabbinischen J.s war damit gewährleistet.

Um 220 endet in der Sicht der rabbinischen Religionsgeschichte die Zeit der Tannaiten (Lehrer), und es folgt die amoräische Periode, die Zeit der Kommentatoren der tannaitischen Lehre. In dieser Zeit entstand in Palästina und in Babylonien je ein *Talmud, bestehend aus der *Mischna* und der *Gemara* (»Vollendung« – Erklärungen und Diskussionen zu den Sätzen der Mischna, nebst Ergänzungen, »Baraitot«, durch alte Traditionen, die nicht in die Mischna aufgenommen waren). Der – nicht zu allen Mischnatraktaten existierende – palästinische Talmud wurde Anfang des 5. Jh. redigiert, der – vollständige – babylonische war Anfang des 6. Jh. abgeschlossen. Außerdem wurde altes, nicht in der Mischna enthaltenes halachisches Material in der *Tosefta* (»Ergänzung«) gesammelt, und exegetische Werke (*Midraschim*) wurden tradiert oder neu geschaffen.

Die Herrschaft des Christentums brachte für die Juden im röm. Reich vor allem ab 400 deutliche Verschlechterungen ihrer rechtlichen Stellung. In Babylonien kam es, nachdem der Zoroastrismus Staatsreligion im Sassanidenreich geworden war, ab der 2. Hälfte des 3. Jh. gelegentlich zu Verfolgungen. Unter dem Kalifen Omar I (634-644) wurden Syrien, Palästina und das Sassanidenreich von den Arabern erobert; die tolerantere Haltung der islamischen Herrscher ermöglichte dem J. eine neue Blütezeit.

Literatur: Encyclopaedia Judaica (16 Bde.), 1971; F.R. Achroyd: Israel under Babylon and Persia, 1970; S.W. Baron: A Social and Religious History of the Jews (bisher 18 Bde., Bd. 1 u. 2: »Ancient Times«), 1952ff; E. Bickermann: Der Gott der Makkabäer, 1937; E.R. Goodennough: Jewish Symbols in the Graeco-Roman Period (13 Bde.), 1953ff; M. Grant: The Jews in the Roman World, 1973; M. Hengel: Judentum und Hellenismus, ²1973; ders.: Juden, Griechen und Barbaren, 1976; ders.: Die Zeloten, ²1976; R.A. Horsley: 'The Zealots', NT 28, 1986, 159-192; ders.: J. Hanson: Bandits, Prophets and Messiahs: Popular Movements at the Time of Jesus, 1986; L. Jacobs: A Jewish Theology, 1973; J. Maier, P. Schäfer: Kleines Lexikon des Judentums, 1981; J. Maier: Grundzüge der Geschichte des Judentums im Altertum, 1981; G.F. Moore: Judaism in the First Centuries of the Christian Era. The Age of the Tannaim (3 Bde.), 1927ff; J. Neuner: A History of the Jews in Babylonia (5 Bde.), 1965ff; ders.: Judaism in Society, 1984; ders.: Ancient Judaism and Modern Category-Formation, 1986; A. Schalit: König Herodes, der Mann und sein Werk, 1969; S. Schechter: Aspects of Rabbinic Theology, ^{2}1961; E. Schürer: The History of the Jewish People in the Age of Jesus Christ (175 B.C. – A.D. 135), 1973ff (Quellen, Literatur); R.M. Seltzer: Jewish People, Jewish Thought, 1980; A.H. Silver: A History of Messianic Speculation in Israel from the First through the Seventeenth Centuries, (1927) 1959; E.M. Smallwood: The Jews under Roman Rule from Pompey to Diocletian, 1976; H.L. Strack, G. Stemberger: Einleitung in Talmud und Midrasch, ^{7}1982. G.L.

JUDITH
s. Apokryphen (AT)

JUGEND. Zeitlich exakt voneinander unterschiedene Lebensphasen, wie sie die moderne Entwicklungspsychologie kennt, finden sich in der Bibel nicht. Dennoch werden auch hier mehrere Lebensabschnitte vorausgesetzt: In 5Mo 32,25 und Ps 148,12 sind es drei (Kindheit, Jugendzeit und Alter), in Hes 9,6 und Jer 51,22 vier (Kindheit, Jugendzeit, Erwachsenenalter und Alter) und in Jer 6,11 fünf (Kindheit, Jugendzeit, Erwachsenenalter, Alter und hohes Alter). Die Begriffe für die Heranwachsenden lauten an den genannten Stellen *bāchūr* »Jüngling« bzw. *betūlā* »Jungfrau«. Daneben können für Jüngling auch *naʿar* und *jäläd* stehen.

Eine den angeführten atl. Stellen vergleichbare ntl. Stelle ist 1Joh 2,12-14; hier werden drei Lebensstufen unterschieden (Kindheit, Jugend und Erwachsenenalter), wobei als Begriff für die Heranwachsenden *neaniskos,* »Jüngling«, steht. Genau wie für das AT können wir auch für das NT nicht angeben, bis wann die Jugendzeit reichte. Möglicherweise konnte noch ein Mann von 40 Jahren als *neaniskos* bzw. *neanias* (so der Begriff für »Jüngling« in der Apg) bezeichnet werden.

Die Bewertung der Jugendzeit und des Heranwachsenden ist in der Bibel nicht einheitlich. Dem Heranwachsenden können einerseits bereits wichtige Aufgaben anvertraut werden, andererseits weiß die Bibel aber auch von der Unreife und Eigensinnigkeit der Jugend. Jeremia wird schon im jugendlichen Alter zum Propheten berufen (Jer 1,4ff) und Timotheus hat bereits als junger Mann eine wichtige Stellung in der Gemeinde inne; ausdrücklich wird gesagt, daß ihn keiner seiner Jugend wegen geringachten soll (1Tim 4,12). Demgegenüber setzt Jes 3,4f voraus, daß dann, wenn die Jugend ans Regieren kommt, das Chaos über das Volk hereinbricht. In Ri 8,20 wird deutlich, daß für den Jugendlichen Unentschlossenheit typisch ist. Und in Joh 21,18 wird die Erfahrung zum Ausdruck gebracht, daß man in der Jugend unbelehrbar ist und eigene Wege geht; die Jugend ist eine Zeit, in der man in besonderer Weise zur Sünde neigt (vgl. Ps 25,7; Hiob 13,26). Daß bei den Sünden der Jugend vor allem an sexuelle Verfehlungen zu denken ist, lehren Hes 23,3 (wo vom Unzuchttreiben in der Jugend die Rede ist) und 2Tim 2,22 (»Fliehe die Begierden der Jugend«).

Der jüd. Vater, der gemäß der patriarchalischen Ordnung stärker der Herr seiner Kinder war als ein Vater im heutigen Sinne, unterwies seine Söhne von früher Kindheit an im Gesetz; in bezug auf seine Töchter war es seine Hauptaufgabe, sie so zu behüten, daß sie ohne Schande verheiratet werden konnten. Ab 13 Jahren war der heranwachsende Knabe für die Einhaltung der Gebote selber verantwortlich; der gute Trieb in ihm galt von nun an als stark genug, um dem bösen Trieb widerstehen zu können.

Hart waren die Strafen für den heranwachsenden Sohn, wenn er den Eltern nicht gehorchte. Häufig wurde von der körperlichen Züchtigung Gebrauch gemacht (Spr 13,24: »Wer seine Rute schont, der haßt seinen Sohn«), und selbst die Todesstrafe konnte für einen störrischen Sohn von seinen Eltern bei den Ältesten der Stadt beantragt werden (5Mo 21,18-21). Als Normalfall scheinen die atl. Schriften allerdings vorauszusetzen, daß Kinder gehorsam sind und ihren sittlichen Pflichten den Eltern gegenüber nachkommen. Einzugehen ist bei der Behandlung der Jugendzeit auch auf die Eheschließung, da in der Regel sehr früh, in jugendlichem Alter, geheiratet wurde. Der Bräutigam war oft erst 18 Jahre alt, die Braut 12-14 Jahre. Die Eheschließung wurde bereits gültig mit der vollzogenen Verlobung, folglich galt eine Verlobte, deren Bräutigam vor der Hochzeit starb, als Witwe. Aufgelöst werden konnte eine Verlobung nur durch einen Scheidebrief. Ehelosigkeit gab es sehr selten, da sie dem Schöpfungsbefehl, fruchtbar zu sein und sich die Erde untertan zu machen (2Mo 1,28), widersprach.

Literatur: W. Jentsch: Urchristliches Erziehungsdenken, 1951; G. Schneider: EWNT II, 1981, S. 1136-1139; H.W. Wolff: Anthropologie des AT, 1973. W.R.

JULIUS. Familienname der Cäsaren, der seit deren Machtübernahme weitverbreitet war aufgrund des Brauches, neuen Bürgern den Namen des Beamten zu geben, unter dessen Schirmherrschaft der Familie politische Rechte gewährt wurden. Der *Hauptmann (Zenturio), der Paulus nach Rom begleitete (Apg 27,1), dürfte von seiner Funktion, jedoch nicht von seiner Abstammung her, zu jener Klasse der Julier gehört haben, da wohl kein adliges Mitglied des Julier-Hauses in diesem Rang gedient haben würde. Seine Einheit (die »Augusteische Kohorte«, s. *Heer) könnte (nach Mommsen und Ramsay) für den regulären Kurierdienst zuständig gewesen sein. Der Begriff entspricht genau der »cohors Augusta«, die aus Inschriften bekannt ist. Daß sie eine Hilfs- (d.h nichtbürgerliche) Truppe war und daher wohl kaum als Eskorte für einen Römer gedient haben würde, ist kein ernsthafter Einwand, da der Hauptmann selbst offenbar ein Bürger war. Unabhängig davon, ob er zur Beförderung politische Rechte erhalten hat oder von der Legion zur Hilfstruppe abgestellt wurde, gehörte der Hauptmann wie Paulus zu der stolzen und wachsenden Gruppe neuer Bürgerfamilien, die die röm. Staatskunst im Osten geschaffen hat. E.A.J.

JÜNGER. Ein Jünger (griech. *mathētēs* von *manthanō,* »lernen«) ist ursprünglich der Schüler eines Lehrers. Der entsprechende hebr. Begriff *limmūd* ist im AT selten (Jes 8,16; 50,4; 54,13 vgl. Jer 13,23); in den rabbinischen Schriften jedoch ist der *talmīd* (vgl. 1Chr 25,8) ein gebräuchlicher Begriff für den Schüler eines Rabbi, bei dem er die traditionelle Überlieferung studiert. In der griech. Welt waren die Philosophen in ähnlicher Weise von Schülern umgeben. Da Schüler oft auch die besonderen Ansichten ihrer Lehrer übernehmen, bezeichnet der Begriff auch die Anhänger einer bestimmten Lehrmeinung in Philosophie oder Religion.

Der jüd. Gebrauch des Begriffs ist im NT für die J. der Pharisäer belegt (Mk 2,18). Die Juden betrachteten sich letztlich als J. Moses (Joh 9,28), weil dessen Lehre die Grundlage der rabbinischen Unterweisung darstellte. Die Nachfolger *Johannes des Täufers waren als seine J. bekannt (Mk 2,18; Joh 1,35). Der Ausdruck wurde wahrscheinlich auf die eng mit ihm Verbundenen angewandt. Sie beteten und fasteten nach seinen Anweisungen (Mk 2,18; Lk 11,1); einige kümmerten sich auch um ihn während seiner Gefangenschaft und sorgten für seine Beerdigung (Mt 11,2-7; Mk 6,29).

Obwohl Jesus (wie Johannes) kein offiziell anerkannter Lehrer war (Joh 7,14f), war er bei dem Volk doch als Lehrer oder Rabbi bekannt (Mk 9,5; 11,21; Joh 3,2). Seine Anhänger bezeichnete man als J. Das Wort kann auf alle bezogen werden, die auf seine Botschaft eingingen (Mt 5,1; Lk 6,17; 19,37), oder auch nur auf die, die ihn auf seinen Reisen begleiteten (Mk 6,35; Lk 8,2f; 10,1), besonders aber auf die zwölf *Apostel (Mk 3,14). Jüngerschaft gründete auf einem Ruf Jesu (Mk 1,16-20; 2,13f; Lk 9,59-62, sogar Lk 9,57f setzt Jesu Einladung voraus). Sie schloß persönliche Bindung an ihn ein, die sich in der *Nachfolge und in vollkommener Treue ausdrückte (Mk 8,34-38; Lk 14,26-33). In zumindest einigen Fällen bedeutete sie auch: Verlassen der Heimat, Aufgabe von Beruf und Besitz im wörtlichen Sinn (Mk 10,21. 28), in jedem Fall jedoch die Bereitschaft, Jesu Ansprüche an die erste Stelle zu setzen. Diese Haltung ging weit über das hinaus, was eine normale Schüler-Lehrer-Beziehung ausmachte und gab dem Wort »Jünger« einen neuen Sinn. Glaube an Jesus und Bindung an ihn bestimmen das Geschick des Menschen beim Jüngsten Gericht (Lk 12,8f).

Die J. wurden von Jesus unterrich

tet und dazu berufen, als seine Repräsentanten seine Botschaft zu verkünden, Dämonen auszutreiben°und Kranke zu heilen (Mk 3,14f. Obwohl dieses Wirken hauptsächlich den zwölf Aposteln aufgetragen war, blieb es doch nicht auf sie beschränkt (Mk 5,19; 9,38-41; Lk 10,1-16).

Nach Lukas hießen die Mitglieder der Urgemeinde »Jünger« (Apg 6,1f u.ö.). Das zeigt, daß diejenigen, die J. des irdischen Jesus waren, den Kern der Gemeinde bildeten, und daß die Beziehung zwischen dem irdischen Jesus und seinen Jüngern das grundlegende Muster bildete für die Beziehung zwischen dem auferstandenen Herrn und den Gliedern seiner Gemeinde. Das Wort Jünger taucht jedoch außerhalb der Evv. und der Apostelgeschichte nicht mehr auf. Andere Verfasser des NT gebrauchen eine Vielfalt von Begriffen (Gläubige, Heilige, Brüder), um das Besondere der Jüngerschaft nach Ostern adäquat auszudrücken.

Literatur: K.H. Rengstorf: ThWNT IV, 1942, S. 417-464; E. Schweizer: Erniedrigung und Erhöhung bei Jesus und seinen Nachfolgern, [2]1962; M. Hengel: Nachfolge und Charisma, 1968; R. Riesner: Jesus als Lehrer, [3]1988, S. 408ff. I.H.M.

JUNGFRAU. Das hebr. *betûlâ* stammt von einer Wurzel, die »teilen« bedeutet und das gebräuchliche Wort für eine Frau ist, die noch keinen Geschlechtsverkehr hatte (griech. *parthenos*). Metaphorisch wird es für Völker und Ortsnamen verwendet, z.B. für Israel (Jer 18,13; 31,4.21; Am 5,2); die jungfräuliche Tochter Zion Jes 37,22); Juda (Klgl 1,15); Sidon Jes 23,12); Babel (Jes 47,1); Ägypten Jer 46,11). Das andre hebr. Wort *'almâ* stammt von einer Wurzel, die »sexuell reif sein« bedeutet und sich auf eine Frau im heiratsfähigen Alter bezieht, die noch keine Kinder hat, aber verheiratet sein kann. Es kommt im AT siebenmal vor und wird übersetzt mit »Jungfrau« (Jes 7,14; Hld 1,8; Ps 68,26); »Mädchen« (Hld 1,3; 2Mo 2,8; 1Mo 24,43) und »Weib« (Spr 30,19). Die griech. Entsprechung ist meistens *neanis*, »junge Frau«, aber in 1Mo 24,43 (für Rebekka) und in Jes 7,14 wird *parthenos* gebraucht. Daher wurde der Abschnitt in Jes 7 seit frühchristl. Zeit als Prophezeiung der *jungfräulichen Geburt Christi angesehen (Mt 1,23).

Die ursprüngliche Bedeutung von Jesajas Zeichen für Ahas ist wahrscheinlich, daß in weniger als 9 Monaten (Lesart der LÜ, EÜ: »schwanger und wird. . .gebären«) sich das Blatt wenden würde und einem Kind der Name Immanuel, »Gott ist mit uns«, gegeben würde. Die messianische Interpretation basiert auf der Übereinstimmung zwischen dem Namen Immanuel, der knapp und präzise den Glauben der frühen Christen an die Gottheit Christi ausdrückt, und der LXX-Wiedergabe »die Jungfrau *[he parthenos]* wird schwanger sein und einen Sohn gebären«, die eine legitime Übersetzung des Hebr. ist. Sie bringt jedoch in das Zeichen für Ahas die Andeutung hinein, daß die Mutter Immanuels eine bestimmte Frau sei, die z.Zt. der Niederschrift des Jesaja-Abschnitts noch eine J. war (d.h. in mindestens 9 Monaten würde ein Sohn Immanuel genannt werden). So bietet sich Mt und der frühen Kirche die Gelegenheit, eine bemerkenswerte wörtliche Übereinstimmung mit dem Geschehen bei der Geburt Jesu Christi zu sehen. J.B.Tr.

JUNGFRAUENGEBURT. Im Apostolischen Glaubensbekenntnis bekennen alle Christen der Welt von Jesus Christus: »geboren von der Jungfrau Maria«. Hauptbelegstellen für die Lehre von der J. sind Mt 1,18-25 und Lk 1,26-38; 2,1-7. Die beiden Berichte sind in ihrer Überlieferung voneinander unabhängig. Beide bezeugen, daß Christus ohne Mitwirkung eines menschlichen Vaters durch den Heiligen Geist gezeugt wurde (Mt 1,20; Lk 1,35). Matthäus legt darauf Wert, daß Christus in die Familie Josefs hineingeboren wurde und damit ein Nachkomme Davids ist (Mt 1,1-17; 13,55). Die Empfängnis des Kindes bleibt ein Geheimnis, sie wird in der Erzählung nicht erwähnt. In ntl. Zeit wurde die Empfängnis auf einen Zeitpunkt drei Monate vor der Feststellung der Schwangerschaft datiert. Aus den rechtlichen Schriften, zu denen sich *Josef veranlaßt sah, kann man folgern, daß er einen anderen Mann als Vater des zu erwartenden Kindes ansah. Durch einen Traum wird ihm aber von Gottes Bote die Wahrheit offenbart: Marias Schwangerschaft ist auf das Wirken des Heiligen Geistes zurückzuführen. Die Geburt Jesu »von der Jungfrau Maria« wird weiter durch die Bemerkung in Vers 25 bestätigt, daß Josef sie nicht »erkannte« (RevEB; vgl. 1Mo 4,1), bis Jesus geboren wurde. Durch die Namengebung erkennt Josef die Vaterschaft nach menschlichem Recht an (vgl. 1Mo 21,3). Matthäus zeigt mit dem ersten seiner elf Erfüllungszitate (V. 22f) an, daß die Hoffnung des atl. Bundesvolkes auf einen Retter aus Davids Stamm erfüllt ist. Schon sein Name »Jesus« offenbart das Wesen seiner Befreiungstat: Er soll Israel aus seinen Sünden retten. Auch der hellen. gebildete Lukas spielt auf die Worte von Jes 7,14 in der damals gängigen griech. Übersetzung an (1,31) und weist den Leser auf die atl. Verheißungen hin, indem er auf Bethlehem und die davidische Herkunft Josefs eingeht (Lk 1,27; 2,4). Er stellt aber im Gegensatz zu Matthäus die Geburt Jesu in einen weltgeschichtlichen Rahmen hinein (2,1). Lukas weist in 1,27 direkt darauf hin, daß Maria Jungfrau war. Anders als Matthäus schildert Lukas den Dialog des Engels mit Maria und nicht mit Josef. Vers 34 bestätigt die Jungfräulichkeit Marias, kann aber nicht als Gelübde ewiger Jungfräulichkeit interpretiert werden. Bei Lukas wird das Geheimnis der jungfräulichen Empfängnis Christi als »Kommen« des Heiligen Geistes über Maria ausgesagt (Lk 1,35). Vom »Kommen« des Geistes beim Pfingstgeschehen spricht in ähnlicher Weise Apg 1,8. Eventuell steht hinter dieser Redewendung Jes 32,15. In Parallele zu dieser Aussage steht die zweite, daß die Kraft des Höchsten Maria »überschatten« wird. Dieser Begriff wird auch gebraucht, wenn von Gottes Anwesenheit in der Wolke über der Stiftshütte die Rede ist (2Mo 40,35). Jesu Empfängnis kann also nicht mit Redewendungen aus dem geschlechtlichen Bereich, sondern nur in Begriffen der Einwohnung Gottes durch den Geist in Maria verständlich gemacht werden. Bei Lukas wird nun die Gottessohnschaft Christi in einen ursächlichen Zusammenhang mit der Jungfrauengeburt gebracht (Lk 1,35, vgl. V.32). Der Gottessohn-Titel drückt das Wesen der Person aus, der dieser Titel beigelegt wird. Das »Heilige«, das Maria gebären wird, ist als das Göttliche bzw. das Gottgehörige zu verstehen. Die jungfräuliche Empfängnis Jesu wird im NT nur an den beiden Stellen bei Matthäus und Lukas erwähnt. Das Fehlen weiterer Belege kann nicht als Zeugnis für oder gegen die Jungfrauengeburt vorgebracht werden. Die Andeutung einer vaterlosen Geburt, in Joh 8,41 von Gegnern Jesu angesprochen, weist zumindest auf Gerüchte hin, die über die angeblich uneheliche Geburt Jesu im Umlauf waren. Klar ist das Zeugnis des NT jedoch im Blick auf Jesu Sein bei Gott, bevor er Mensch wurde (Phil 2,6-11; Kol 1,16; Hebr 2,7; Joh 1,1-18). Umstritten ist in der Wissenschaft die Frage, ob die jüd. Apologetik Jesu Geburt auf ein außereheliches Verhältnis der Maria mit einem Legionär Panthera zurückführt (vgl. babylon. Talmud Schabbat 104b, Sanhedrin 67a; jer. T. Schabbat XIV, 4; Tosefta Chullin II,22-24; gegen eine Deutung auf Christus: J. Maier). Der heidnische Christengegner Celsus (Origenes, Contra Celsum I,32-37) jedenfalls behauptet, Panthera sei der uneheliche Vater Christi gewesen.

Das apokryphe Protevangelium des Jakobus (2.Jh.) ist das erste Zeugnis für die Behauptung, die Jungfräulichkeit der Maria sei auch durch den Geburtsvorgang nicht verletzt worden (19,3-20,1). Diese Lehre gehört bis heute zum Inhalt des katholischen Begriffs der J. Daraus entwickelte sich die katholische Lehre von der Jungfräulichkeit Marias vor, in und nach der Geburt Jesu. Auf evangelischer Seite wird die Jungfräulichkeit Marias überwiegend auf Empfängnis und Geburt Jesu bezogen. Doch sogar in den lutherischen Bekenntnisschriften wird zweimal die Überzeugung vertreten, daß Maria immerwährende Jungfrau geblieben sei (Schmalkaldische Artikel I,4, latein. »semper virgo«; Formula Concordiae, SD VIII, BSLK S. 1024). Die sog. religionsgeschichtlichen »Parallelen« zur J. aus der Umwelt des NT erweisen sich bei näherer Untersuchung nicht als Hintergrund für das analogielose Geschehen, das im NT berichtet wird. Als Handeln Gottes kann die jungfräuliche Empfängnis nur im Vergleich mit dem atl. Gedanken der »Schechinah« (Einwohnung) Jahwes, z.B. in der Wolke oder in der Stiftshütte, gesehen werden. Das NT geht aber auch in diesem Fall über das atl. Vorbild hinaus. Die Lehre von der J. hat für die Menschwerdung Christi große Bedeutung. Karl Barth versteht die J. als »Zeichen der Fleischwerdung des Wortes, auf daß ihr wisset, daß wir es hier mit der freien Gnade zu tun haben« (Credo, S.65). Das Wunder ist ein Zeichen für das Geheimnis Jesu Christi: Er ist wahrhaftlicher Mensch und wahrhaftiger Gott.

Literatur: K. Barth: Credo, 1935, ^{7}1948; Bekenntnisschriften der ev.-luth. Kirche, 1986; G. Delling: ThWNT V, 1954, S. 824-835; H. Denzinger-A. Schönmetzer: Enchiridion Symbolorum, 1976, Nr. 502, 503, 533, 1880, 2800; R.H. Gundry: Matthew, A Commentary on His Literary and Theological Art, 1982; J. Maier: Jesus von Nazareth in der talmudischen Überlieferung, 1978; I.H. Marshall: The Gospel of Luke, 1978; E. Pax: LThK Bd.5, 1210-12121; H.L. Strack/P. Billerbeck: Das Evangelium nach Matthäus, 1982. J.E.

JUNIA(S). Im Röm 16,7 grüßt *Paulus »Andronikus und Junias, meine Stammverwandten und Mitgefangenen, die berühmt sind unter den Aposteln und schon vor mir in Christus gewesen sind« (LÜ). Der größte Teil der altkirchlichen Überlieferung (F.X. Pölzl, Mitarbeiter des Weltapostels, 1911, 391) hat hier den zeitgenössisch sehr gut bezeugten Frauennamen Junia gefunden (Julia in Pap. 46 [um 200] ist ein Schreibfehler; vgl. Röm 16,15). Dann wären Andronikus und Junia wohl wie die vorher erwähnten Priska und *Aquila (Röm 16,3) ein Ehepaar gewesen. Offenbar schon Origenes (In Epist. ad Rom. 10,21ff [PG 14, 1280ff]), dann (wie an der Akzentsetzung ersichtlich) ab dem 9./10. Jh. fast die ganze handschriftliche Überlieferung und schließlich die meisten neuzeitlichen Ausleger mit wenigen Ausnahmen (z.B. M.J. Lagrange, Épitre aux Romains, ^{2}1922, 366) rechneten hier dagegen mit einem Männernamen Junias. Er ist allerdings nicht belegt, und man müßte die sonst nicht bezeugte Verkürzung eines Namens wie Junianus annehmen. Das scheint angesichts des Patrobas (eigentlich Patrobios) von Röm 16,14 nicht unmöglich. Heute neigt man aber mehrheitlich zum Frauennamen und will daraus Folgerungen für das kirchliche *Amt ziehen (B. Brooten, in: E. Moltmann-Wendel, Frauenbefreiung, ^{2}1978, 148-151). Abgesehen von der keineswegs eindeutig geklärten Namensform (P. Lampe, ZNW 76, 1985, 132-134) sind noch zwei weitere Fragen zu bedenken: Gehörten die beiden Genannten zum *Apostel-Kreis (vgl. Gal 1,19; 1Kor 15,7) oder waren sie (nach einer möglichen Übersetzung) in dessen Augen geachtet (Th. Zahn, Der Brief des Paulus an die Römer, ^{2}1910, 608)? Auch ist nicht gewiß, ob *apostolos* hier nur allg. Gemeindegesandter heißt (vgl. 2Kor 8,23; Phil 2,25), oder ob es um das von Paulus enger umschriebene Amt des »Apostels Jesu Christi« geht. Origenes erwog die Zugehörigkeit zum Kreis der 72 *Jünger (Lk 10,1), aber es ist nicht deutlich, daß er dabei einer Überlieferung folgt (PG 14, 1280). In der späteren griech.-byzantin. Liturgie-Überlieferung wird nur Andronikus zu den 72 gezählt, während Junia ihn nachösterlich als Mitarbeiterin begleitet haben soll (PG 117,461). Nicht ganz sicher ist auch, was hier der Ausdruck »Stammverwandter« (griech. *syggenēs*) bedeutet. Es kann sich um Blutsverwandte im weiteren (Juden) oder engeren Sinn (z.B. Benjaminiten, vgl. Phil 3,5) handeln, doch auch eine übertragene Bedeutung wie »Vertrauter« ist nicht völlig auszuschließen (Fabrega, 49f). Aber ihre Zugehörigkeit zur christl. Gemeinde noch vor Paulus macht eine jüd. Herkunft doch überaus wahrscheinlich (O. Michel, Der Brief an die Römer, ^{5}1978, 475f).

Literatur: W.H. Ollrog: Paulus und seine Mitarbeiter, 1979, 51f; U. Wilckens: Der Brief an die Römer, EKK VI/3, 1982, 135f; V. Fabrega: JbAC 27/8 (1984/5) 47-64; R.R. Schulz: ET 98 (1987), 108-110. R.R.

JUSTUS. (Griech. *Ioustos*, latein.: der »Gerechte«). Im Fall der *Judenchristen unter 1. und 2. handelt es sich um einen Beinamen, der wohl auf die hebr. Ehrenbezeichnung *zaddīq* (griech. *dikaios*) zurückgeht und unter Juden und Proselyten häufig vorkommt.

1. Beiname des *Josef Barsabas (Apg 1,23);
2. Jesus, genannt Justus (Kol 4,11);
3. Beiname eines Heidenchristen in *Korinth (Apg 18,7), der Titius (Kodex Vaticanus, 4. Jh.) oder Titus (Kodex Sinaiticus, 4. Jh.) hieß. In sein an die Synagoge gebautes Haus zog *Paulus nach der Abwendung von der jüd. Gemeinde. J. zählte vor seiner Bekehrung offenbar zum Kreis der mit dem Judentum sympathisierenden *Gottesfürchtigen und gehörte nachher zum kleinen, aber einflußreichen wohlhabenderen Teil der christl. Gemeinde (G. Theißen, Studien zur Soziologie des Urchristentums ^{2}1983, 252). Eine Identifizierung mit dem Apostelmitarbeiter *Titus, wie Chrysostomus annahm, ist wegen Gal 2,1-10 nicht möglich (F.X. Pölzl, Mitarbeiter des Weltapostels Paulus, 1911, 105). Aufgrund von Röm 16,23 hat man J. mit *Gajus identifizieren wollen (E.J. Goodspeed, JBL 69, 1950, 382ff), aber dieser wird eher in Apg 19,29 genannt. Auch muß Paulus bei seinem späteren Aufenthalt in Korinth nicht denselben Gastgeber gehabt haben.

Literatur: J.B. Lightfoot: Colossians, (1879) 1982, 238. R.R.

JUTTA. (Hebr. *jūttah*, »ebener Ort«). Eine befestigte Priesterstadt in *Juda (Jos 15,55; 21,16), heute das große arab. Dorf J., ca. 10 km südl. von *Hebron. Manche suchten hier aufgrund von Lk 1,39 («eine Stadt Judas») den Geburtsort von *Johannes dem Täufer (Th. Zahn, Das Evangelium des Lucas, ^{4}1920, ND 1988, 91-96). Aber eine Verschreibung von *tt* zu *d* ist philologisch schwer möglich. Vor allem gibt es für J. keinerlei Tradition, während *Kerem (Ain Karim westl. von Jerusalem) eine alte Ortsüberlieferung besitzt. Noch im 4. Jh. war J. ein jüd. Dorf (Eus.onom. 108,8f).

Literatur: F.M. Abel: Géographie de la Palestine II, ^{3}1967, 366f; OLB II, 750. R.R.

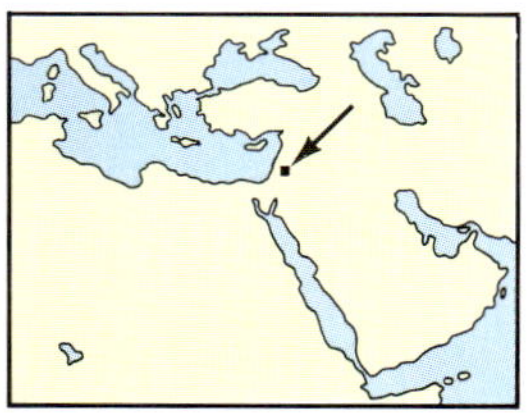

Die Lage von Jutta (heute: Jatta).

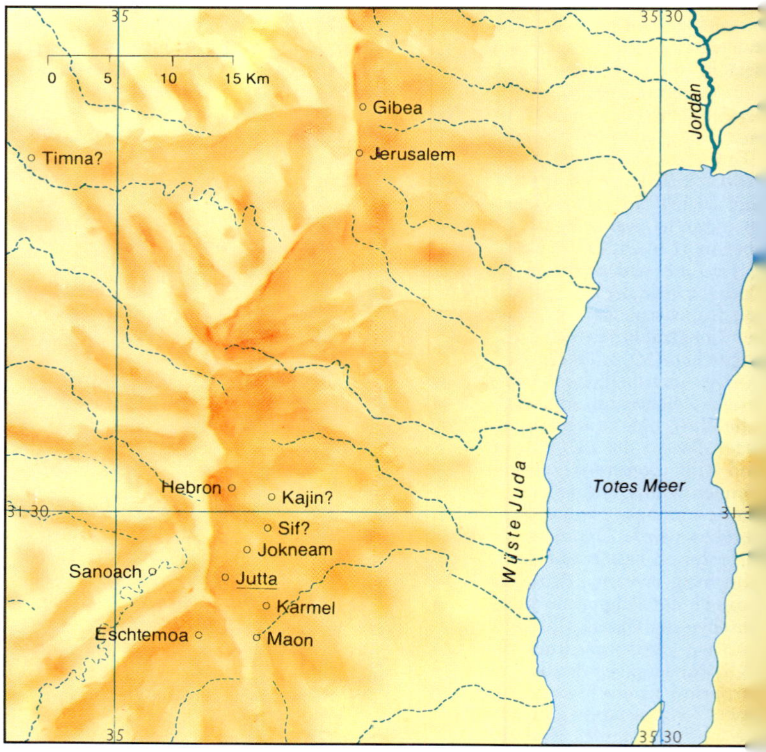

KABUL. Ein Ort an der W-Grenze von *Asser (Jos 19,27), der wie zwanzig andere Städte von *Salomo aufgrund von Finanzschwierigkeiten an König *Hiram von *Tyrus abgetreten wurde (1Kön 9,11-13). Ob 2Chr 8,2 denselben Vorgang gerade umgekehrt schildert, ist umstritten (W. Rudolph, Chronikbücher, 1955, 219). Möglich wäre, daß Hiram bei der Einverleibung des Küstengebiets von Asser auf den kleinen, relativ unbedeutenden Inlandstreifen um K. (»Land Kabul« 1Kön 9,13?) verzichtete (LDB, 317f). In 1Kön 9,13 wird K. volkstümlich von hebr. *ke-bal*, »wie nichts«, gedeutet. Nach Josephus wäre der Name *Chabalōn* vom Phönizischen im Sinn von »unangenehm« abgeleitet (ant.Jud. VIII, 142), und in der rabbinischen Literatur werden noch andere Erklärungen gegeben. In ntl. Zeit war K. (*Chaboulōn*) der westlichste Punkt von Unter-*Galiläa (Jos.bell.Jud. III, 38). Wahrscheinlich ist K. auch mit dem reichen, befestigten Ort *Zaboulōn* (Jos.bell.Jud. II, 503f) gemeint (vgl. Jos. vita 213.234), der die jüd. Grenze gegenüber dem Gebiet von *Ptolemais bildete. Derselbe Name begegnet als Bezeichnung des einzigen galiläischen Bischofssitzes zur Zeit des Konzils von Nicäa (325 n.Chr.). Die Ortslage bezeichnet heute das arab. Dorf *Kābūl*, ca. 15 km südöstl. von *Akko/Ptolemais, wo Keramikfunde auf einen Siedlungsbeginn in der Bronzezeit hindeuten (A. Alt, PJB 25, 1929, 43).

Literatur: F.M. Abel: Géographie de la Palestine II, [3]1967, 287; A. Negev: Archäologisches Lexikon zur Bibel, 1972 198; M. Avi-Yonah: Gazetteer of Roman Palestine, 1976, 48. R.R.

KADESCH.

1. Kadesch-Barnea. Ein Ort im NO der Sinaihalbinsel: eine Quelle, eine Siedlung und ein Wüstengebiet (Ps 29,8). Als Kedor-Laomer und seine Verbündeten durch das Transjordanland nach S marschierten, zogen sie über das Seïrgebirge bis nach El-Paran und von dort nach En-Mischpat (d.i. Kadesch). Sie unterwarfen die Amalekiter und besiegten danach die Könige der *Städte der Ebene am Toten Meer (1Mo 14,5-9). Der flüchtenden *Hagar begegnet Gott bei der Quelle *Beer-lachai-roi »zwischen Kadesch und Bered« auf dem Weg nach Schur (1Mo 16,7.14). Auch nach 1Mo 20,1 lag K. an dieser Straße. Die Israeliten hielten sich bei ihrer Wüstenwanderung mehrmals in der Gegend von K. am Rande der Wüste von Paran und Zin auf (4Mo 13,26; 20,1; 5Mo 1,19.46). Von dort sandte Mose *Kundschafter nach Kanaan. Über das Seïrgebirge ist der Ort vom Horeb oder Sinai aus in elf Tagen zu erreichen (5Mo 1,2; Y. Aharoni, The Holy Land: Antiquity and Survival, 2/3, S. 289f.293).

In K. wurde Israel wegen seines Zweifels an der Zusage Gottes, ihm das gelobte Land zu geben, verurteilt, 40 Jahre durch die Wüste zu ziehen, bis eine neue Generation herangewachsen war (4Mo 14,32-35; vgl. 5Mo 2,14). Nach einiger Zeit kehrte Israel nach K. zurück (4Mo 33,36-37), wo *Mirjam begraben wurde (4Mo 20,1). Damals versagte auch Mose Gott die Ehre, als er Wasser aus dem Felsen schlug; deshalb durfte er das verheißene Land nicht betreten (4Mo 20,10-13; 27,14; 5Mo 32,51). Auch sandte er von dort vergeblich Boten zum König von Edom, um für Israel die Durchzugserlaubnis zu erlangen (4Mo 20,14-21; Ri 11,16-17). K.-Barnea bildete später den Südzipfel der SW-Grenze Judas, die dort nach W und dann nach NW biegt, um entlang dem »Bach Ägyptens« (4Mo 34,3-5; Jos 15,2-4) das Mittelmeer zu erreichen. Auch Hesekiel (47,19; 48,28) erwähnt K. als Grenzort.

K.-Barnea wird oft mit der Quelle ʿAin Qudeis, etwa 110 km südwestl. der Südspitze des Toten Meers oder 80 km südwestl. von Beerscheba, identifiziert, deren Wassermenge allerdings unbedeutend ist. Bei ʿAin Qudeirat, etwa 8 km nordwestl. von ʿAin Qudeis gibt es mehr Wasser und Vegetation, daher ist die Identifikation mit K. Barnea wahrscheinlicher (s. Aharoni, op.cit., S. 295-296). Vermutlich lagerten die Israeliten bei den Quellen, deren bedeutendste Qudeirat ist. Die Ortslage von Qudeirat/Qudeis stimmt mit den topographischen Angaben des bibl. Berichts überein. (E.K. Vogel, Bibliography of Holy Land Sites, 1974, S. 6; Y. Aharoni in: B. Rothenberg, Gods Wilderness, 1961, S. 121ff; T.L. Thompson, The Settlement of Sinai and the Negev in the Bronze Age, 1975).

2. Kedesch in Jos 15,23 im Südzipfel *Judas ist vermutlich mit K.-Barnea identisch (vgl. 15,3; s. *Kedesch 1.).

Schließlich ist die Berichtigung von Tachtim-Hodschi (nach MT) in 2Sam 24,6 in »das Land der Hetiter nach Kadesch zu« (nach LXX) nicht überzeugend, da das K. am Orontes zu Davids Zeit längst keine Bedeutung mehr hatte.

Literatur: OLB II, 177-185; LDB, 56-60. K.A.K.

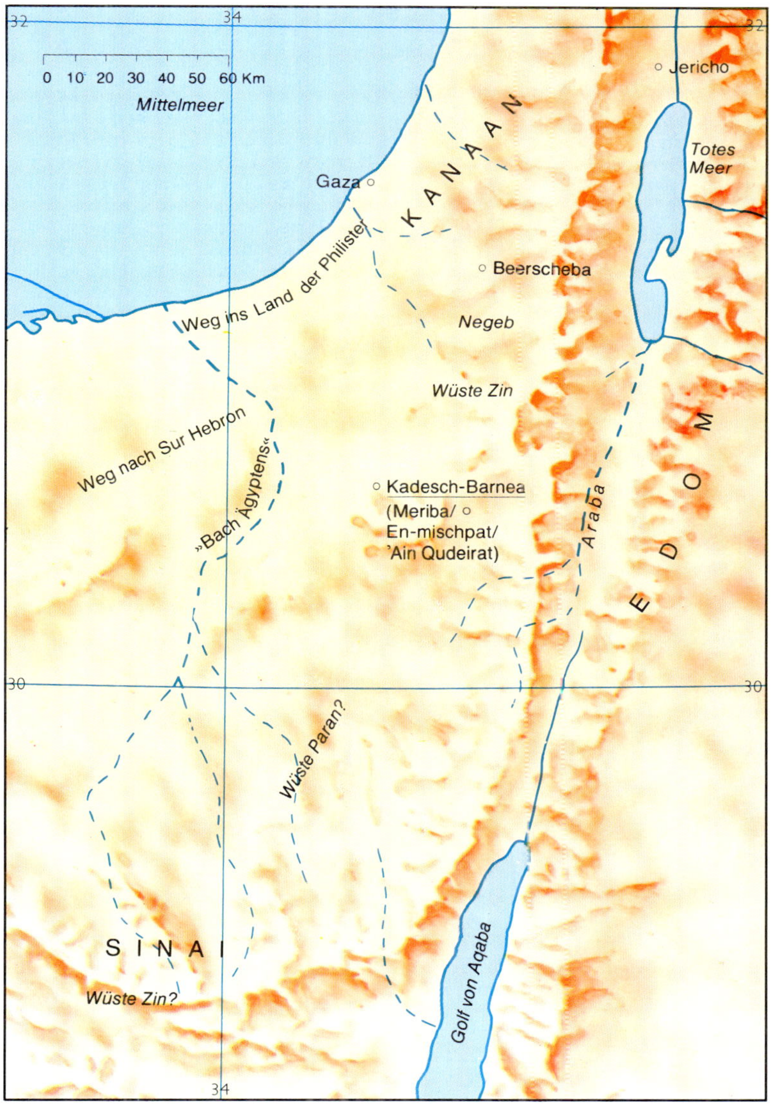

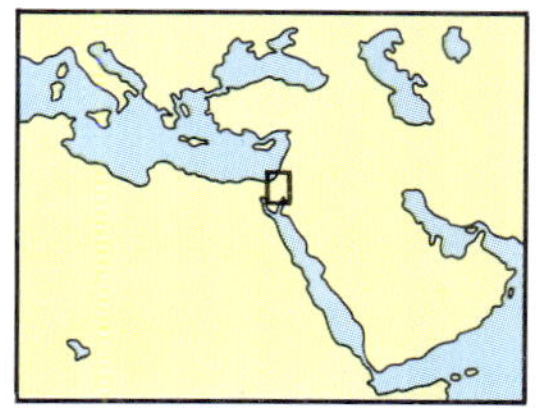

Die wahrscheinliche Lage von Kadesch-Barnea (das heutige ʿAin Qudeirat).

Der Thronsaal des bronzezeitlichen, minoischen Palastes in Knossos. Kreta (vermutlich das biblische Kaftor). Weitgehend rekonstruiert, ca. 1450–1400 v.Chr. (Spätminoisch II). (PAC)

KADMIËL. (Hebr. *qadmî'el,* »Gott/El ist der erste/von alters her«). Name eines Leviten, der mit *Serubbabel aus der babylon. Gefangenschaft zurückkehrte (Esr 2,40; Neh 7,43; 12,8.24) und mit dem Beginn des Tempelneubaus (Esr 3,9), dem Tag der nationalen Buße (Neh 9,4-5) und der Besiegelung des Bundes (Neh 10,10) befaßt war. J.G.G.N.

KADMONITER. Ein Volk, dessen Name (*qadmōni*) der Form nach identisch ist mit dem Adjektiv *qadmōni,* »östlich« (z.B. Hes 47,18). Deshalb könnte der Name einfach »die Östlichen« bedeuten und eine andere Bezeichnung für *bene-qädäm* »Kinder des Ostens« sein. Das Wort erscheint nur einmal als Name (1Mo 15,19 mit bestimmtem Artikel) in der Liste der Völker, die von Abraham abstammen. T.C.M.

KÄFER
s. Tiere

KAFTOR. Heimat der Kaftoriter (5Mo 2,23), ein Volk, das in der Völkertafel genannt wird, und dort wie die Kasluhiter zu den Vorfahren der *Philister zählt (1Mo 10,14; 1Chr 1,12). K. war das Land, aus dem die Philister kamen (Jer 47,4; Am 9,7), und es sind vermutlich die Philister als frühere Bewohner K.s, auf die 5Mo 2,23 Bezug nimmt. Vermutlich ist der bibl. Name gleichzusetzen mit dem ugaritischen *kptr* und dem *kapta-ra* aus einem Schultext aus Assur, der auf einen Text aus dem 2.Jt. v.Chr. zurückgehen könnte. Viele Gelehrte meinen, daß das ägypt. *kftyw* auch dieses Volk bezeichnet, das aller Wahrscheinlichkeit nach von *Kreta kommt. Auf dem Höhepunkt seiner Macht im 2.Jt.v.Chr. kontrollierte das minoische Kreta einen Großteil des Mittelmeerraumes. Dies paßt zu der bibl. Beschreibung von K. als »*'ij*«, ein Begriff, der sowohl »Insel« als auch »Küste« bedeutet. West-Asien wurde in der Kunst und auf anderen Gebieten vom Mittelmeerraum beeinflußt. Das erklärt den Gebrauch der Bezeichnung K. für eine architektonische Form, offenbar für ein Säulenkapitell, das in der LÜ mit »Knauf« (2Mo 25,31-36; 37,17-22; Am 9,1; Zef 2,14) übersetzt wird. T.C.M.

KAHL. In Israel galt Kahlköpfigkeit bei Mann (2Kön 23; vgl. 2Sam 10,4) und Frau (Jes 3,17.24; vgl. 1Kor 11,5.6) als häßlich und schimpflich und wurde entsprechend verspottet. Daneben ist der kahlgeschorene Kopf Zeichen tiefer Trauer (5Mo 21,12f; Jes 22,12; Jer 7,29; 16,6; Hes 7,18; 27,31; Am 8,10; Mi 1,16 u.ö.; s. *Begräbnis- und Trauersitten), bei den Männern kommt noch das Rasieren des Bartes hinzu (Jes 15,2; Jer 48,37; vgl. 41,5). Besondere heidnische Formen dieses Brauchs, bei denen man nur bestimmte Stellen des Haupt- bzw. Barthaares abschor, waren den Israeliten als dem *Volk Gottes verboten (5Mo 14,1; 3Mo 19,27). Für die Priester wird dieses Verbot noch näher bestimmt (3Mo 21,5; Hes 44,20).

Kahlscheren des Hauptes gehörte weiter zur Beendigung des *Nasiräergelübdes (4Mo 6,9.18; vgl. Apg 18,18; 21,24). Bei der Levitenweihe (4Mo 8,7) und zur Reinigung des Aussätzigen (3Mo 14,8) wurde der ganze Körper kahlgeschoren.

KAIN. (Hebr. *qajin*).

1. Ältester Sohn von Adam und Eva (1Mo 4,1), bei dessen Geburt Eva sagte: »Ich habe einen Mann gewonnen.« Da es unwahrscheinlich ist, daß dieser Bericht ursprünglich in hebr. abgefaßt wurde, kann die Stichhaltigkeit des Wortspieles nicht beurteilt werden. Man kann auch aus den Etymologien des Namens keine Rückschlüsse ziehen. K. war Bauer (1Mo 4,2). *Abel, sein Bruder, war Hirte. Da K. »vom Bösen stammte« (*ek tou ponērou,* 1Joh 3,12) und nicht nach dem Willen Gottes lebte (Hebr 11,4) wurde sein Opfer (*minchā*) verworfen (1Mo 4,3-7). Daraufhin tötete er Abel (1Mo 4,8). Gott bestrafte K., indem er ihn zu einem unsteten Wanderer, vielleicht einem Nomaden, im Lande Nod machte (1Mo 4,9-16). Um ihn vor Ermordung zu schützen, machte Gott selber ein »Zeichen« (*'oth,* »Zeichen, Merkmal«, vgl. 1Mo 9,12-13) »an« (*le*) ihn. Die Art des »Zeichens« ist unbekannt. K. war *Henochs Vater. Zum Konflikt zwischen K. und Abel hat man Parallelen aus der sumer. Literatur herangezogen, in denen Streitgespräche über die jeweiligen Vorzüge des Ackerbaus bzw. der Viehzucht erörtert werden. Aber keiner der Texte spricht davon, daß der Bauer den Hirten tötet.

2. Der Name einer Stadt, geschrieben mit bestimmtem Artikel (*haqqajin*) im S des Gebiets von Juda (Jos 15,57). Vermutlich ist der Ort mit dem heutigen Chirbet Jaqin im SO von Hebron identisch, (s. A. Alt, Palästina-Jahrbuch 22/1926, S. 76f). T.C.

KAIPHAS. Josef, genannt K., wurde Hoherpriester 18 n.Chr. und von Vitellius, dem Statthalter in Syrien, 36 n.Chr. wieder abgesetzt (Mt 26,57; Lk 3,1f; Joh 11,49; Apg 4,6). Als Schwiegersohn von Hannas (Joh 18,13) scheint er eng mit diesem zusammengearbeitet zu haben. Er amtierte als Hoherpriester beim Prozeß gegen Jesus und während der in den ersten Kap. der Apg erwähnten Verfolgungen. D.R.H.

KAISER. Das NT entstand in einer Welt, die zum röm. Kaiserreich gehörte. Der Bezug zwischen *Heilsgeschichte und Profangeschichte wird besonders in den lukanischen Schriften hergestellt (z.B. Lk 2,1; 3,1; 20,22; Apg 25,21.25.26; 26,32).

Der Name *Caesar ist schon in der Zeit des Augustus (31 v.Chr - 14 n.Chr.) zum Titel für das Oberhaupt des röm. Reichs geworden. Das lag begründet in der Legitimierung Octavians (Augustus) als Princeps nach der *Adoption durch seinen Großonkel Gajus Julius Caesar. Aus dem Eigennamen war eine Herrscherbezeichnung geworden. Die K. leiteten ihre Rechtsstellung entweder aus einem (wirklichen oder fiktiven) Senatsauftrag oder aus monarchischen Doktrinen der hellen. Königreiche ab.

K. in ntl. Zeit waren *Augustus (31 v.Chr.-14 n.Chr.), *Tiberius (14-37 n.Chr.), Gajus *Caligula (37-41), *Claudius (41-54), *Nero (54-68), Galba/*Otho (68–69), *Vespasian (69-79), *Titus (79-81) und *Domitian (81-96), *Nerva (96–98), *Trajan (98–117). Im NT werden von ihnen erwähnt: Augustus (Lk 2,1), Tiberius (Lk 3,1, er ist auch Mt 22,17 Mk 12,14; Lk 20,22; Joh 19,12 gemeint), Claudius (Apg 18,2) und Nero (Apg 25,12.25.26; 26,32), ohne daß hier dessen Name ausdrücklich genannt ist. Apg 25,25 wird der K. unter einem weiteren Ehrentitel als »Sebastos« (Verehrungswürdiger), erwähnt. Die K. haben – mit Ausnahme Caligulas – die von Caesar den Juden eingeräumten rel. Rechte geachtet; nur sollte im Tempel ein Kaiseropfer dargebracht und – nach 70 n.Chr. – eine Kopfsteuer entrichtet werden. Von dieser rel. Toleranz profitierte die Kirche auch nach der neronischen Verfolgung, bis Domitian (81–96) und Trajan (96-117) den *Kaiserkult gegen sie ausspielten.

Das Judentum war in Kaisertreue und in *Zeloten gespalten in seiner Einstellung zum röm. Kaisertum. Zu den ntl. Aussagen s. *Staat/Obrigkeit. Ri.Sch.

KAISERKULT. Der K. ist eine röm. Form der orientalischen und hellen. Herrscherverehrung.

Der röm. Staat, repräsentiert durch den Senat, verlieh, nachdem ein Kaiser verstorben war, durch die *consecratio* (»Vergöttlichung«) göttliche Ehren (Tac.ann. 15,74). Der K. geht auf Augustus (31 v.Chr. – 14. n.Chr.) zurück. Der ermordete Caesar (100-44 v.Chr) war zum *Divus* erklärt worden, worauf sich sein Adoptivsohn Augustus als *Divi Filius* (»Sohn des Göttlichen«) bezeichnete. Augustus wurde 29 v.Chr. in die Liste der altröm. Staatsgötter aufgenommen. In jedem Haus sollte dem Geist des im Kaiser erschienenen Göttlichen geopfert werden. Augustus erlaubte, daß ihm – zusammen mit der Göttin »Rama« – in den Provinzen Tempel gebaut wurden, die einen eigenen Kult pflegten. Unter seinen Nachfolgern weiteten *Caligula (37-41 n.Chr.), *Nero (54-68 n.Chr.) und *Domitian (81-96 n.Chr.) den K. aus. Sie errichteten sich selbst Tempel. Caligula ließ darin sein Bild aufstellen. Als er auch im Tempel in Jerusalem sein Bild aufrichten lassen wollte, stieß er auf erbitterten Widerstand der jüd. Bevölkerung. Nero ließ sich als »Gott« anreden (Dio Cass. 63,1ff). Die Griechen gaben ihm den Titel »junger Sonnengott der Griechen«, »Zeusbefreier für ewig« (Ditt. Syll. ^{3}814). Auch Domitian legte großes Gewicht auf göttliche Ehren. Seine Erlasse begannen mit der von ihm geprägten Titulatur: »Unser Herr und Gott befiehlt, daß... geschehe« (Sueton, Dom. 13). Auf seinen Reichsmünzen ließ er sich als Jupiter darstellen.

Der jungen christl. Kirche blieb die Auseinandersetzung mit dem K. nicht erspart. Zwar akzeptierte sie grundsätzlich die Vertreter politischer Macht, doch den Anspruch der göttl. Verehrung eines Menschen mußte sie ablehnen. Dies führte zu Verfolgungen der christl. Kirche, die in den verschiedenen Provinzen des röm. Reichs mit unterschiedlicher Härte durchgeführt wurden (s.a. *Staat/Obrigkeit).

Literatur: J. Moreau: Die Christenverfolgungen im Römischen Reich, 1961; J. Speigl: Der römische Staat und die Christen, 1970; R.M. Grant: Christen als Bürger im Römischen Reich, 1981. Ri.Sch.

KALB, GOLDENES.

1. Das goldene Götzenbild, das *Aaron und die Israeliten nach dem Auszug am *Sinai herstellten, während Mose auf dem Berg war. Als Mose sah, daß sie es mit Opfern, Gelagen und Orgien als Gott verehrten, zerstörte er es (2Mo 32,1-8.18-24.35; 5Mo 9,16.21; Neh 9,18; Ps 106,19-20; Apg 7,41). Es gibt Ansätze, dieses Götzenbild als eine Nachbildung des ägypt. Apis-Stiers von Memphis (s. IBA, S. 39, Taf.33) oder des Mnevis-

Die ägyptische Gottheit Apis, das Stierkalb von Memfis. Länge 15 cm. 4. Jh.v.Chr. (BM)

Stiers von Heliopolis zu erklären, aber diese waren zu weit von *Goschen entfernt, um den Hebräern wirklich vertraut gewesen zu sein. Im Ost-Delta gab es allerdings auch Stierkulte, die die Hebräer später am Sinai nachgeahmt haben könnten. Im SW von Goschen (Tumilat-Gebiet) gab es im 10. unterägypt. Bezirk mit dem Namen »Schwarzer Stier« eine Mischform aus der Horus-Anbetung und einem Stier- oder Kalbkult. Weiter nördl. und entlang der NW-Grenze von Goschen selber besaß der 11. unterägypt. Bezirk ebenfalls einen mit der Horus-Anbetung verknüpften Stierkult; darüber hinaus gibt es noch weitere Belege (s. E. Otto, Beiträge zur Geschichte der Stierkulte in Ägypten, 1938, S. 6-8.32f). In Ägypten galt der Stier oder das Kalb als Symbol der Fruchtbarkeit in der Natur und der körperlichen Kraft (vgl. Otto, op.cit., S. 1f.24f u.ö.) und konnte wie anderswo im Nahen Osten mit der Anbetung der Himmelsgestirne verbunden werden. (Vgl. Wainwright, JEA 19, 1933, S. 42-52, besonders S. 44-46. Für bestimmte Vorbehalte s. Otto, op.cit., S. 7; vgl. Apg 7,41f)

Im nahen *Kanaan war der Bulle oder das Kalb das Tier *Baals oder *Hadads, des Sturmgottes, des Gottes der Fruchtbarkeit und der Vegetation. Es symbolisierte wie in Ägypten Fruchtbarkeit und Kraft. Beachtet man die engen Verbindungen zwischen Kanaan und dem ägypt. Ost-Delta (*Ägypten, *Mose) und die Anwesenheit vieler Semiten im Delta neben den Israeliten, dann ist es möglich, den Götzendienst am Sinai als eine Mischform der ägypt. und kanaan. Stier- und Kalbkulte mit ihrer Betonung von natürlicher Kraft und Fruchtbarkeit zu sehen. Jedenfalls bedeutet die Verehrung des Kalbes eine Herabsetzung des Gottes Israels (vgl. »Fest des HERRN«, 2Mo 32,5) zu einem amoralischen (zum Unmoralischen neigenden) Naturgott, entsprechend den Göttern der benachbarten Völker. Das hieß, daß er dann allzu leicht mit den Baalen identifiziert werden konnte. Jahwe lehnte es ab, sich mit dem Gott des Kalbes gleichsetzen zu lassen. Er verurteilte den Kult als die Anbetung eines »anderen Gottes« und daher als Götzendienst (2Mo 32,8).

2. Bei der Reichsteilung wollte Israels erster König, *Jerobeam I., der großen Anziehungskraft des Tempels von Jerusalem in Juda entgegenwirken. Er ließ zwei goldene Kälber in *Bethel und *Dan errichten, wo künftig die Zentren der Anbetung Jahwes durch Israel (1Kön 12,28-32; 2Kön 17,16; 2Chr 11,14-15; 13,8) sein sollten. In Syrien-Palästina stellte man den Gott Baal oder Hadad gewöhnlich als auf einem Stier oder Kalb, dem Sinnbild seiner Fruchtbarkeits- und Körperkraft, stehende Gestalt dar (s. ANEP, S. 170, 179). Jerobeams Tat hatte dieselben verheerenden Folgen wie die Aarons und des Volkes: Die Herabwürdigung Jahwes zu einem Naturgott und daher seine Identifikation mit den Baalen Kanaans. Hiermit verbunden war eine Akzentverschiebung von Rechtschaffenheit, Gerechtigkeit und einem beispielhaften moralischen Standard zu rein physischen und materiellen Erwägungen, tendierend zu Unmoral mit einem rel. Hintergrund, mit sozialer Zersetzung und dem völligen Verlust jeglichen Gespürs für die göttlich bestimmte Mission seines auserwählten Volkes. All dies gehörte zu dem Götzendienst, der die »Sünde Jerobeams, des Sohnes Nebats«, war.

*Jehu (2Kön 10,28f) beseitigte zwar die offensichtliche und ausdrückliche Baalsanbetung in Israel, nicht aber die Kälber eines baalisierten Jahwe. Hosea (8,5f; 13,2f) prophezeite das nahe Ende einer solchen »Anbetung«.

K.A.K.

KALEB.

1. Dritter Sohn Hezrons, des Sohnes Perez', Jerachmeels jüngster Bruder: »Keluvai« (1Chr 2,9). Von ihm wird in 1Chr 2,18ff eine Abstammungslinie über Efrata zu *Bezalel gezogen, dem Haupthandwerker von Mose; in 2,24 zu den Siedlern von Tekoa; in 2,50ff zu den Siedlern von *Kirjat-Jearim, Bethlehem, Netofa, Zora, Eschtaol, Bet-Gader u.a. (die in 2,55 genannten kinitischen Familien sind möglicherweise entfernt verwandt).

2. »Bruder von Jerachmeel« (1Chr 2,42), vermutlich derselbe wie 1, von dem eine Abstammungslinie gezogen wurde zu den Städten Sif, Maon und Bet-Zur (auch die Namen Hebron und Tappuach erscheinen). Diese Liste mag sich teilweise auf K. 3, den Vater von Achsa (V. 49), beziehen.

3. K. ben Jefunne, ein Mann aus dem Stamm Juda, dessen Treue bei der Meuterei in Kadesch ihn vor dem dort ausgesprochenen Fluch bewahrte (4Mo 14,24). Er erhielt bei der Verteilung des Westjordanlandes Hebron als Erbteil (Jos 14,12-14; 15,13-17). Aus Jos 14,6; 1Chr 4,13-15 geht hervor, daß er ein Kenasiter war. Nabal war sein Nachkomme.

J.P.U.L.

KALENDER.

I. IM ALTEN TESTAMENT.

Es gibt keine genaue hebr. Entsprechung für das latein. *calendarium.* Der Jahresablauf wurde im allg. unter Bezug auf die Monate, den Saat-Ernte-Zyklus in der Landwirtschaft oder wichtige Festtage bestimmt.

1. Das Jahr (hebr. *schana* – so benannt nach dem Wechsel oder der Aufeinanderfolge der Jahreszeiten) begann ursprünglich mit dem siebten (Herbst)Monat Tischri (2Mo 23,16; 34,22), der Zeit, die auch den Anfang des Sabbatjahres markierte (3Mo 25,8-10). In Ägypten haben sich die Hebräer wahrscheinlich nach dem Sonnenjahr gerichtet, das 12 Monate umfaßte. Jeder Monat hatte 30 Tage, dazu kamen zusätzlich 5 Tage, d.h. es waren insgesamt 365 Tage (Herodot, 2.4). Danach folgte das hebr. Jahr dem westsemit. K. mit 12 Mondmonaten pro Jahr (1Kön 4,7; 1Chr 27,1-15). Es ist unklar, ob der Jahresanfang aus rituellen Gründen ins Frühjahr (Nisan) verlegt wurde, da es einige Belege dafür gibt, daß für Verwaltungszwecke das Jahr vom Herbstmonat Tischri an gerechnet wurde (*Chronologie des Alten Testaments).

2. Der Monat (s. Abb.). Das hebr. Jahr bestand aus zwölf Mondmonaten, die begannen, wenn die dünne Sichel des Neumonds zum ersten Mal bei Sonnenuntergang sichtbar wurde. Der Tag des Neumondes war heilig. Ein Monat (hebr. *yerach,* *»Mond«) wurde mit 29/30 Tagen berechnet, so daß das Mondjahr ungefähr 11 Tage kürzer war als das Sonnenjahr. Deshalb war es notwendig, von Zeit zu Zeit einen dreizehnten Monat einzuschieben, damit der Neujahrstag nicht vor das Frühjahr fiel (März-April). Es gibt keine genauen Einzelheiten, wie die Hebräer das an den Zyklen von Saat und Ernte orientierte Jahr mit dem Mondjahr in Einklang brachten. Vielleicht schalteten sie einen zweiten Adar (zwölften Monat) oder Elul (sechsten Monat) im Mondzyklus von 3, 6, 11, 14, 17 oder 19 Jahren dazwischen. Es scheint auch möglich, daß man Monate nach dem Adar einschob (4Mo 9,11; 2Chr 30,2.3; vgl. 1Kön 12,32.33), vielleicht auch nach dem Nisan (vgl. 2Chr 30,2ff), wie es in Mesopotamien üblich war. Ein K., der sich streng nach dem Sonnenjahr richtete, liegt dem Jubiläenbuch (ca. 105 v.Chr.) zugrunde (vgl. äthHen 72-82). Die Beobachtung der Herbst-Tagundnachtgleiche, »Ausgang des Jahres« (s. 2Mo 23,16), und der Frühlings-Tagundnachtgleiche, »als das Jahr um war« (2Kön 20,26 RevEB; 2Chr 36,10 RevEB), war wichtig für die Fixierung des Jahres und damit der Feiertage. Das Jahr begann also mit dem Neumond, der dem Frühlingsäquinoktium am nächsten war, wenn die Sonne im Widder stand (Jos.ant.Jud. 3.201) und das Passafest am vierzehnten Tag des Nisan mit dem ersten Vollmond zusammenfiel (2Mo 12,2-6). Die ersten Monatsnamen waren wahrscheinlich in Palästina gebräuchliche Bezeichnungen der Jahreszeiten und unterschieden sich von den Monatsbezeichnungen in Texten aus Syrien (Ras-Schamra, Alahah, Mari). Einige sind auch aus dem Phönizischen bekannt. Abib, »Reife des Korns« (2Mo 13,4); Siw (1Kön 6,1.37); Etanim (1Kön 8,2) un[d] Bul (1Kön 6,38), deren Bedeutung unbekannt ist, sind die einzigen noc[h] vorhandenen Namen aus dieser Zeit. Zu allen Zeiten wurden Monate gezählt; erster (2Mo 12,2), zweiter (1Mo 7,11), dritter (2Mo 19,1), vierter (2Kön 25,3), fünfter (4Mo 33,38), sechster (1Chr 27,9), siebter (1Mo 8,4), achter (Sach 1,1), neunter (Esr 10,9), zehnter (1Mo 8,5), elfter (5Mo 1,3), zwölfter (Est 3,7). Nach dem Exil wurden die Monatsnamen des babylon. K.s übernommen (s. Abb.).

3. Die Jahreszeiten – das Jahr in der Landwirtschaft. Obwohl die He-

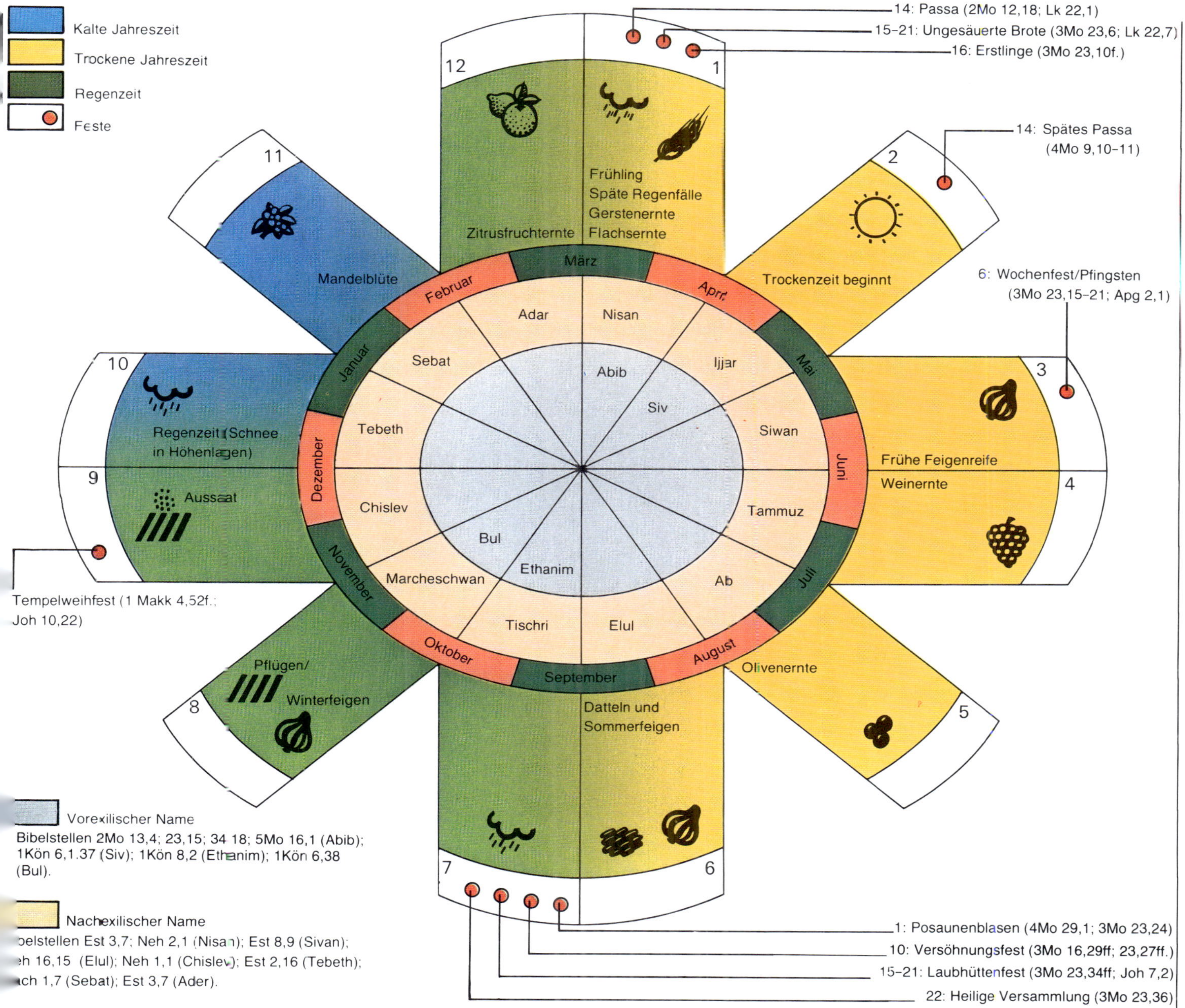

raer einen K. benutzten, der auf Mondmonaten basierte, bestimmten ie als Bauern die Zeit eher in bezug uf die Jahreszeit als nach den Monatsnamen – oder -zahlen. So konnte as Jahr, das sich in Palästina in die rockenzeit (April-September und ie Regenzeit (Oktober-März) einteien läßt, unterteilt werden in »Saat« November-Dezember) und »Ernte« April-Juni; 1Mo 8,22). Weiter wurde nterteilt in: »Weizen-« (1Mo 30,12; i 15,1) oder »Gerstenernte« (2Sam 1,9; Rut 1,22) für März-April; »Zeit es Pflügens und Erntens« (2Mo 4,21) für März und »Zeit der Weinauben« (4Mo 13,20) für den Monat ammuz (Juni-Juli). »Die ersten Ren« (gestützt auf den alten Staatskander, der im Monat *Tischri* begann) len im September-Oktober, die »späteren Regen« im März-April. Die »Sommerfrucht« (*qājis*) von August-September gab dem »Sommer« seinen Namen, der auch »Hitze« genannt wurde. Die Monate *Tebet* und *Schebat* waren die »kalten« Monate. Mit diesen atl. Angaben läßt sich der »Kalender« vergleichen, der etwas ungelenk von einem Schuljungen im 10.Jh.v.Chr. auf Stein geschrieben worden ist, wahrscheinlich ein Palimpsest, der 1908 in *Gezer gefunden wurde. Der Text, dessen Übersetzung schwierig ist, listet Arbeiten auf, die Bauern im Laufe von 12 Monaten, beginnend im Herbst, zu verrichten haben: »Zwei Monate der Lagerung. Zwei Monate der Saat. Zwei Monate des Wachsens im Frühjahr. Monat des Flachsraufens. Monat der Gerstenernte. Monat, wenn alles (andere) geerntet wird. Zwei Monate des Beschneidens (von Wein). Monat der Sommerfrucht« (vgl. DOTT, S. 201-203).

4. Andere Möglichkeiten der Zeitrechnung nehmen bestimmte »Zeiten« oder einen Festtag als Orientierung (*'iddān*, Dan 7,25; *mō'ēd*, Dan 12,7; *zemān*, Pred 3,1; Neh 2,6; vgl. Ps 104,27). Historische Ereignisse werden normalerweise nach den Regierungsjahren von Königen datiert oder nach entscheidenden nationalen Ereignissen (der Aufenthalt in Ägypten; der Auszug aus Ägypten, 2Mo 12,40); der Bau des ersten Tempels (1Kön 6,1); oder die 70jährige Gefangenschaft in Babylon (Hes 33,21); oder das Erdbeben unter der Herrschaft Usias (Am 1,1; Sach 14,5).

D.J.W.

Darstellung des israelischen Kalenders, mit den Jahreszeiten und Festen und ihren heutigen Entsprechungen.

Hebräischer Kalender mit Aufzählung der verschiedenen landwirtschaftlichen Aufgaben des Jahres. Aus Geser. Höhe 11 cm. 10. Jh. v.Chr. (PEF)

II. ZWISCHEN DEN TESTAMENTEN.

Das »Jahr der griech. Herrschaft« (1Makk 1,10) bezeichnet die seleukidische Ära, die offiziell am ersten Tag des mazedonischen Monats Dios (September/Oktober) 312 v.Chr. begann. Dieser Zeitrechnung folgt 1Makk, obwohl in einigen Quellen des Buches (unter dem Einfluß babylon. Zählung, die das Jahr vom Nisan an rechnete) dieser Zeitraum vom März/April 311 v.Chr. an gerechnet wird.

III. IM NEUEN TESTAMENT.

Zeitangaben beziehen sich im NT gelegentlich auf nichtjüd. Herrscher. Das ausführlichste Beispiel findet sich bei Lk 3,1f; das öffentliche Wirken *Johannes des Täufers beginnt demnach »im 15. Jahr der Herrschaft des Kaisers Tiberius« (d.h. 27-28 n.Chr. nach der Berechnung, die unter dem vorhergehenden seleukidischen Reich beibehalten worden war und in dem ein neues Regierungsjahr im September/Oktober beginnen sollte); daneben wird aber auch verwiesen auf weltliche oder geistliche Herrscher in Judäa und benachbarten Gebieten. (Vgl. die Datierung in bezug auf die Kaiser *Augustus, Lk 2,1, und *Claudius, Apg 11,28, die Provinzstatthalter Quirinius, Lk 2,2, und Gallio, Apg 18,12, und Herodes, König der Juden, Mt 2,1; Lk 1,5). Meistens berechneten die Schreiber des NT die Zeit jedoch nach dem laufenden jüd. K. (oder Kalendern). Dies unterstreichen Hinweise auf jüd. Feiertage und andere heilige Anlässe, besonders im vierten Evangelium; vgl. Joh 2,13.23 (Passafest); 5,1 (Fest); 6,4 (Passafest); 7,2 (Laubhüttenfest; in V. 37: »am letzten Tag des Festes« ist der achte Tag gemeint; vgl. 3Mo 23,26; 4Mo 29,35; Neh 8,18); 10,22 (Tempelweihfest am 25. Tag des Kislew; vgl. 1Makk 4,59); 11,55ff (Passafest). Vgl. auch Mt 26,2; Mk 14,1; Lk 22,1 (Passafest und Tag der ungesäuerten Brote); Apg 2,1 (Pfingsten); 12,3f (Passafest und Tag der Ungesäuerten Brote); 20,6 (Tag der Ungesäuerten Brote); 20,16 (Pfingsten); 27,9 (wo »das Fasten« den Versöhnungstag bezeichnet; zu dieser Zeit wurde die Schifffahrt auf dem Mittelmeer wegen des Winters eingestellt); 1Kor 16,8 (Pfingsten).

Als Wochentage wird der Sabbat oft erwähnt. Der »zweiterste Sabbat« (Lk 6,1 RevEB Fußnote) ist wahrscheinlich ein Fachausdruck, dessen Bedeutung nicht mehr mit Sicherheit bestimmt werden kann. Freitag ist der »Rüsttag« (griech. *paraskeuē*), »der Tag vor dem Sabbat« (griech. *prosabbaton*; Mk 15,42; vgl. Joh 19,31); der »Rüsttag für das Passafest« (Joh 19,14) bedeutet »Freitag in der Passawoche« (griech. *paraskeuē tou pascha*). Der »erste Tag der Woche« (griech. *mia sabbatou* oder *mia tōn sabbaton*, d.h. ein Tag nach dem Sabbat) erhält eine neue Bedeutung, da er der Auferstehungstag war (vgl. neben den Auferstehungsberichten in den Evv. Apg 20,7; 1Kor 16,2); er wurde auch »der Tag des Herrn« genannt (griech. *kyriakē hēmera*) in Offb 1,10. Im allg. folgte der jüd. K. z.Zt. des NT (mindestens vor 70 n.Chr.) der sadduzäischen Zeitrechnung, nach der sich auch die Gottesdienste im Tempel richteten. So war Pfingsten der fünfzigste Tag nach der Darbringung der ersten Gerstengabe als Schwingopfer, d.h. der fünfzigste Tag (einschließlich) nach dem ersten Sonntag nach Passa (vgl. 3Mo 23,15f); daher fiel es immer auf einen Sonntag wie im christl. K. Die pharisäische Zeitrechnung, die nach 70 n.Chr. zugrundegelegt wurde, interpretiert »Sabbat« in 3Mo 23,25 als Fest der Ungesäuerten Brote und nicht des wöchentlichen Sabbats; in diesem Fall fiel Pfingsten immer auf den gleichen Monatstag (eine wichtige Überlegung für die, in deren Augen es der Jahrestag der Gesetzgebung war), aber nicht auf den gleichen Wochentag. Wichtiger noch als die geringfügigen Unterschiede im Kalender zwischen Sadduzäern und Pharisäern war die Spaltung zwischen Sadduzäern und Pharisäern einerseits und jenen auf der anderen Seite, die dem »sektiererischen« K. folgten, bekannt aus dem Jubiläenbuch und aus der Qumran-Literatur. Falls Jesus und seine Jünger diesem K. folgten, läßt sich erklären, warum sie das Passafest vor Jesu Verhaftung abhielten, während die Hohenpriester und ihre Gefolgsleute es erst nach der Kreuzigung feierten (Joh 18,28). F.F.B

KALK, KALKSTEIN. Kalkgestein kommt in Palästina häufig vor. Wo jedoch die Bibel von K. spricht, ist gebrannter und gelöschter K. gemeint. Der Kalkstein wurde nach dem Abbau zerkleinert (vgl. Jes 27,9), mit trockenem Buschwerk in abwechselnden Schichten in eine Mulde von etwa 1 m Tiefe gelegt und das ganze danach angezündet (vgl. Jes 33,12). Darauf deckte man die Mulde wie einen Kohlenmeiler mit Grasnarbe zu und ließ nur eine kleine Öffnung für Luftzufuhr und Rauchabzug. Nach dem Brennvorgang wurde der K. mit Wasser gelöscht.

Gelöschter K. ergab mit Lehm, Ton, Asche oder Stroh vermischt, Mörtel, der als Binde- und Verputzmasse beim Mauerbau verwendet wurde, sofern man sich nicht mit Lehmmasse begnügte, die Steine oder Ziegel lose aufeinandersetzte oder in kalksteinarmen Gebieten reinen Asphalt oder ein Lehm-Asphaltgemisch benützte.

Ein ähnliches Gemisch, dem allerdings mehr Wasser zugesetzt wurde, verwendete man beim Verputzen von Mauern und Wänden, um sie wetterfest zu machen und ihnen einen weißen Anstrich zu geben (Tünche, Bewurf: 3Mo 14,41; Hes 13,10ff; 22,28; Dan 5,5). Vom Übertünchen rissiger Wände her wird die getünchte Wand auch zum Bild für den falschen Schein (Apg 23,3).

Nach 5Mo 27,2-4 wurden gelegentlich Gedenksteine mit K. überzogen und dann beschrieben. Wahrscheinlich wurden die Schriftzeichen in den Kalküberzug eingeritzt.

Im NT erfahren wir, daß Gräber einen weißen Kalkanstrich erhielten (Mt 23,27), um sie weithin sichtbar zu machen. Dadurch sollte verhütet werden, daß man sich durch Berühren verunreinigte.

Menschengebeine, die zu K. verbrannt werden (Jes 33,12; Am 2,1) dienen als Bild für die völlige Vernichtung.

KALNE, KALNO.

1. Eine Stadt, die von Nimrod im Land Schinar (1Mo 10,10) gegründet wurde. Da keine Stadt dieses Namens in Babylon bekannt ist, schlagen einige Forscher das hebr. *kullānē*, »sie alle« vor. Dies könnte eine zusammenfassende Redewendung sein, die solche alten Städte wie Ur und Nippur (im Talmud b mit K. identifiziert) mit einschloß. Diejenigen, die K. in Nordmesopotamien lokalisieren, setzen sie mit 2. und ebenso mit Kanne gleich, einer Siedlung, die zusammen mit *Haran und *Eden als Handelspartner von Tyrus erwähnt wird (Hes 27,23), deren Lage am mittleren Euphrat angenommen wird.

2. Mit aram. Städten verbundener Ortsname in Jes 10,9, Am 6,2 (LXX »alle« – s. 1.). Eine Stadt Kullania wird in assyr. Tributlisten erwähnt. Sie steht in Verbindung mit Arpad. Das heutige Kullan Köy liegt 16 km südöstl. von Arpad (AISL 51, 1935, S. 189-191). D.J.W.

KAMPF/KÄMPFEN.

Das Leben eines Christen ist K. Er beginnt bereits mit dem Schritt auf den schmalen Pfad des Glaubens (Lk 13,24) und ist dann Kennzeichen der *Nachfolge Christi (Phil 1,30; 1Tim 6,12). Dieser K. des Glaubens muß unterschieden werden vom K. ums Dasein und allen kriegerischen Auseinandersetzungen zwischen Menschen und Völkern. Er ist der einzig als »gut« qualifizierte K. (1Tim 6,12; 2Tim 4,7), »weil er der einzige Kampf ist, der Gott völlig auf seiner Seite hat, und weil er der einzige Kampf ist, der von einem bereits völlig errungenen Siege ausgeht« (…inde, 88). Dementsprechend unterscheidet die Bibel auch begrifflich zwischen Krieg/Streit und K.

I. BEGRIFFLICHE UNTERSCHEIDUNG.

1. K. als kriegerische Auseinandersetzung ganzer Gruppen wird im AT in der Regel durch die Wortgruppe *lacham,* »kämpfen«, »streiten«, im NT durch die Wortgruppe *polemos/polemeō* ausgedrückt und im Deutschen meist mit *»Krieg« oder »Streit« übersetzt. Für den persönlichen Zwist wird die Wortgruppe *machē/machomai* gebraucht. Beide Wortgruppen erscheinen nie als Begriffe für den geistlichen K. des Christen. Dieser soll gerade nicht streitsüchtig (*amachos*) sein. Der Herr selbst und seine Engel werden den letzten großen Streit (*polemos*) gegen Satan und die, die ihm nachfolgen, führen (Offb 2,16; 12,7 u.ö.).

2. Für den geistlichen K. des Christen verwendet das NT drei Begriffe, die alle aus der Sprache des Wettkampfes stammen.

a. Am häufigsten findet sich die Wortgruppe »*agōn/agōnizomai*« (15 mal), die ursprünglich »Versammlungsort (für den Wettkampf)«, dann »Wettkampf« und schließlich übertragen »Anstrengung«, »Mühe«, »Gefahr« bedeutet. Damit ist der bewußte Einsatz aller Kräfte zum Erreichen eines Zieles gemeint (1Kor 9,25).

b. Daß dieses Ziel nur durch Leiden erreicht werden kann, darauf weist die Wortgruppe »*athlēsis/athleō*« (5 mal) hin. Das Verbum bedeutet »(wett)kämpfen« und übertragen »sich mühen«, »Mühsal erdulden«, »leiden« (Phil 1,27; 4,3; 2Tim 2,5; Hebr 10,32).

c. Nur einmal (Eph 6,12) taucht der Begriff *palē,* »(Ring)kampf« auf, der ursprünglich bei dem klassischen, aus fünf Kämpfen bestehenden Pentathlon den letzten K. bezeichnet. Damit ist der Ernst und Entscheidungscharakter dieses K.es ausgedrückt.

II. BEDEUTUNG.

Der K. des Glaubens ist in mehrfacher Hinsicht ein besonderer K. Dies – und daß er nicht mit einem Glaubenskrieg verwechselt werden kann – wird über die begriffliche Unterscheidung hinaus deutlich, wenn man sich die Ziele, die Mittel und die Gegner des K.es vor Augen hält:

1. Die Ziele: Nicht gegen, sondern für die anderen! Als ein K. für die anderen ist das erste Ziel des K.es die Ausbreitung des Evangeliums (Phil 1,27; 4,3; 1Thess 2,2). Als solcher soll dieser K. »nicht töten, sondern lebendigmachen, nicht verwunden, sondern heilen, nicht berauben, sondern beschenken« (Dannenbaum, 60). Dann ist es ein K. (Kol 2,1f) darum, daß jeder Mensch, der durch die enge Pforte des Glaubens getreten ist (Lk 13,24), seine Vollkommenheit ganz und ausschließlich in Christus hat (Kol 1,28-2,3). Nicht das eigene Heil steht im Vordergrund, sondern das aller Berufenen Gottes. Als Verheißung für einen solchen K. wartet der Siegeskranz, die Krone der Gerechtigkeit (2Tim 2,5; 4,7) auf den Kämpfenden.

2. Die Mittel: Nicht fleischlich, sondern geistlich! Die Waffen des K.es sind nicht fleischlich, sondern geistlich (2Kor 10,4; vgl. Joh 18,36). Auch ein guter Zweck heiligt nicht falsche Mittel. Den Siegespreis erhält nur, wer nach den vom Herold verkündeten Spielregeln kämpft (*nomimōs,* 2Tim 2,5). So ist der gute K. (1Tim 6,12) dadurch als »gut« qualifiziert, daß er Frucht des Geistes zum Ziel hat (vgl. Gal 5,22), unter Leiden durchgestanden wird (Phil 1,30; Hebr 10,32) und im Gebet unterstützt wird (Röm 15,30; Kol 4,12). Ein solcher K. erwartet das Entscheidende von Gott und darf teilhaben an dem durch Christus am Kreuz bereits errungenen Sieg. Trotzdem macht Paulus deutlich, daß der ganze Einsatz des Kämpfers und sein äußerster Verzicht vonnöten ist (1Kor 9,24-27). Nicht in der Art mönchischer Askese, die den Leib in Mißachtung niederschlägt, sondern in der Weise des Sportlers oder des Soldaten (2Tim 2,4). Sie müssen ihren Leib, ja den ganzen Menschen, völlig in der Gewalt haben, um das jeweilige Ziel zu erreichen. Dazu sind *Nüchternheit (2Tim 4,5) und Übung (1Tim 4,7) erforderlich.

3. Die Gegner: Nicht Menschen, sondern Sünde und Satan! Gegner sind letztlich nicht die Menschen (»Fleisch und Blut«, Eph 6,12), sondern zum einen »die Sünde, die uns ständig umstrickt« (Hebr 12,1.2) und zum anderen »die überirdischen Mächte und Gewalten, die finsteren Beherrscher dieser Welt, die Geistesmächte der Bosheit« (Eph 6,12). Der geistliche Kämpfer sieht die Wirklichkeit Satans hinter den Widerständen in dieser Welt und weiß deshalb, daß er aus eigener Kraft mit menschlichen Waffen nicht siegen kann. Aber er weiß auch um den, der Sünde und Satan bereits besiegt hat, Jesus Christus, und daß er von ihm »geistliche Waffen« holen kann (Eph 6,13ff), mit denen er dann auch siegen kann (2Kor 10,4f, s.a.*Mitarbeiter).

Literatur: J. Kühlewein: THAT II, [2]1979, 674; G. Weihmeier: ibid, 277; A.S. van der Woude: ibid, 502; A. Ringwald, K. Dahn, H.-G. Link, W. Günther: TBLNT II, [4]1986, 769–775. M.F.P.

KANA.

Wahrscheinlich von hebr. *qānāh*, »Schilfrohr« (EWNT II, 1981, 613).

1. Nach Jos 19,28 ein Ort an der N-Grenze von *Asser, der auch in einer Eroberungsliste des Pharao *Ramses II. (ANET 256) genannt wird (LDB, 190). Heute das arab. Dorf Qāna, 10 km südöstl. von *Tyrus (Abel, II, 412).

2. Zur Unterscheidung von diesem K. heißt der ntl. Ort immer »Kana in *Galiläa« (Joh 2,1.12; 4,46; 21,2). Hier vollbrachte Jesus nach Joh 2,1-12 sein erstes *Zeichen, indem er Wasser in Wein wandelte. Die Fülle des *Weins ist Hinweis auf den Anbruch der Heilszeit (vgl. 1Mo 49,11f; Jes 25,6; Joel 2,19; 4,18). Auch das zweite Zei-

KALMŪS
s. Kräuter und Gewürze

KAMEL
s. Tiere

KÄMMERER
s. Eunuch

KAMOS
s. Kemosch

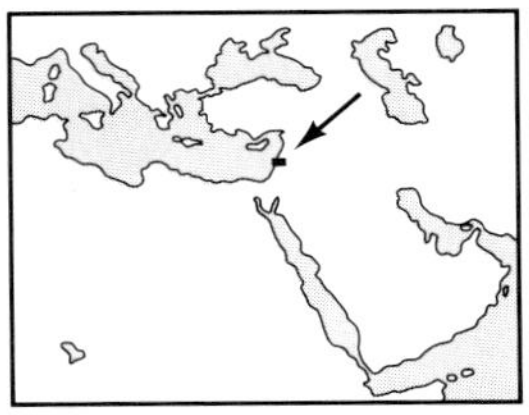

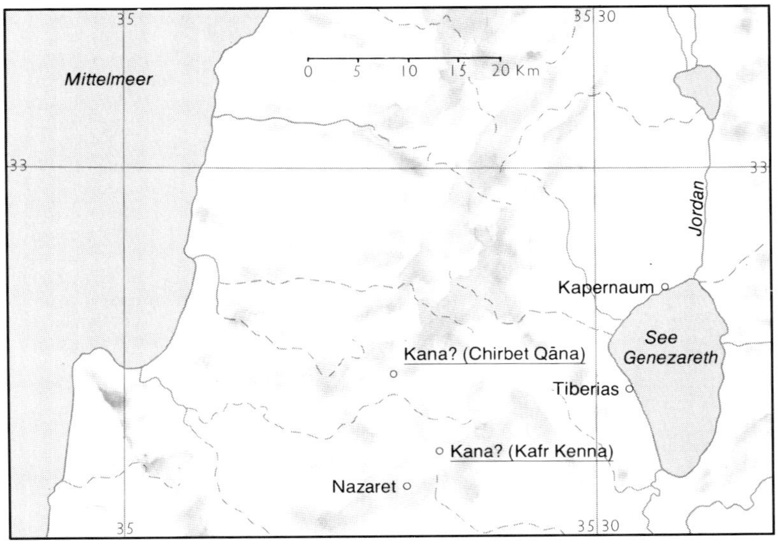

Die Lage des neutestamentlichen Kana.

chen des Johannes-Evangeliums, die Heilung des Sohns eines Königlichen (Beamten?, Militärs?, vgl. Mt 8,5-13/Lk 7,1-10) in *Kapernaum ist mit K. verbunden, da sich Jesus während der Fernheilung hier aufhielt (Joh 4,46-54). Aus K. stammte nach Joh 21,2 *Nathanael (vgl. Joh 1,46-49). Dagegen irrte Hesychius (PG 93, 1405), wenn er K. für die Heimat von *Simon Kananäus hielt. Der unterscheidende Zuname *Kananaios* (Mt 10,3/Mk 3,18) ist, wie die Parallelstellen Lk 6,15/Apg 1,13 (*zēlōtēs*) zeigen, von aram. *qan'ānā'*, »Eiferer« (*Zelot), abgeleitet (M. Hengel, Die Zeloten, ^{2}1976, 72f). Josephus nennt mehrere Orte mit Namen K., davon aber nur einen in Galiläa (Vita 86). Die hebr. Schreibweise des Orts (*qānāh*) kennen wir aus einer Liste von Priestersiedlungen, die nach dem Bar-Kochba-Aufstand für K. die Familie Eljaschib bezeugt (Dalman, 110f). Ob Eusebius das ntl. K. bei Tyrus suchte (onom. 116,5) ist nicht ganz klar, da vielleicht auch das galiläische K. in Asser lag (Abel II, 412). Hieronymus in seiner Übersetzung des Onomastikon jedenfalls unterscheidet beide K. (Onom. 117, 3–7).

a. Der heute von Pilgern als K. besuchte Ort ist das arab. Großdorf Kafr Kenna, 6 km nördl. von *Nazareth. Man findet hier von der Bronze- bis zur Neuzeit ununterbrochene Siedlungsspuren (LA 15, 1964/5, 269-290). Aufgrund der Lage zwischen *Gat-Hefer und *Rimmon ist Kafr Kenna nach der Ortsliste Jos 19,13 vielleicht mit dem sonst unbekannten Eth-Kazin im Stamm *Sebulon zu identifizieren (Abel, II, 63). Beim rund 3 km nordöstl. von Kafr Kenna gelegenen Chīrbet Kenna mit Siedlungsresten aus der röm. Zeit (LA 15, 1964/5, 264f) könnte es sich um Garis handeln (C. Möller, G. Schmitt, Siedlungen Palästinas, 1976, 67f), wo Josephus sein Feldlager aufschlug (vita 395.412). Seit seiner ersten Erwähnung (1047) wird Kafr Kenna bis in die Kreuzfahrerzeit hinein immer nur mit dem Grab des Propheten *Jona, das heute noch 2 km südwestl. bei El-Meschhed (*Gat-Hefer) verehrt wird, verbunden, nie aber mit dem Hochzeitswunder (Kopp, Stätten, 191). Die Kreuzfahrer suchten K. einhellig in Chīrbet Qānā (2.b.), und es wäre eine völlige Ausnahme, wenn man im 17.Jh. zu einer älteren zutreffenden Lokalisierung zurückgekehrt wäre. Damals verlegten die Griechisch-Orthodoxen das Wunder hierher und die Franziskaner folgten, wenn auch zögernd (Kopp, Stätten, 194f). Dabei dürfte die philologisch unmögliche (S. Klein, Beiträge zur Geographie und Geschichte Galiläas, 1909, 57) Gleichsetzung der Namen Kafr Kenna (»Dorf der Schwiegertochter«) und *Qānāh* eine Rolle gespielt haben. Auch archäologische Untersuchungen haben keine Bestätigung der Ortsansetzung gebracht. Beim Bau der Franziskaner-Kirche (1883) anstelle einer Moschee hat man Reste eines synagogalen Gebäudes aus dem 4./5. Jh. entdeckt (F. Hüttenmeister, G. Reeg, BTAVO B 12/1, 1977, 246-249), darunter auch eine Stifterinschrift für Jose, Sohn des Tanchum (CIJ II 987). Da in Karm Er-Ras, ca. 500 m weiter nordwestl., ebenfalls verstreute Reste eines synagogalen Gebäudes gefunden wurden (LA 15, 1964/5, 265-269), hat man für die Synagoge unter der Franziskanerkirche eine judenchristl. Herkunft angenommen (B. Bagatti, Antichi villaggi cristiani di Galilea, 1971, 42-48). Aber ohne zusätzliche Evidenz bleibt das eine bloße Annahme. Neuere Grabungen links von der Kirche (S. Loffreda, LA 19, 1969, 328-348) haben weder klare Reste eines Gebäudes aus dem 1.Jh. noch eindeutige Spuren der nach den Pilgerberichten zu erwartenden Kirche ergeben. Die älteren Funde sind teilweise in den Kirchbau einbezogen, so auch die Stifterinschrift im Fußboden. Am Ort einer anderen Moschee errichteten die Franziskaner eine weitere Kirche. Sie gilt heute als »Haus des Bartholomäus«, den eine mittelalterliche Tradition unzutreffend mit Nathanael identifiziert (R. Schnackenburg, Johannesevangelium I, ^{5}1981, 313). Auch wenn Mosaikfunde auf ein älteres, rel. Zwecken dienendes Gebäude weisen könnten (LA 15, 1964/5, 281), fehlt hier doch jede Ortsüberlieferung.

b. Die überwiegende Mehrheit der modernen Forscher lokalisiert K. in Chīrbet Qānā rund 14 km nördl. von Nazareth am Nordrand der Battof-Ebene, die in röm. Zeit *campus Asochis* hieß (M. Avi-Yonah, Gazetteer of Roman Palestine, 1976, 33). Hier hat sich der alte Name erhalten und in der teilweise sehr fruchtbaren, aber an manchen Stellen auch versumpften Ebene wachsen unterhalb des Tell Schilfrohre. Der Ort wird zum ersten Mal auf einem Eroberungsrelief (ANET, 283) von *Tiglatpilesar III. (732 v.Chr., vgl. 2Kön 16,9) genannt (LDB, 390). Eine Siedlung gab es auf dem Hügel mindestens seit 1200 v.Chr. (A. Alt, PJB 23, 1927, 47), einen florierenden Ort aber vor allem vom 1. bis 6. Jh.n.Chr. (J.F. Strange, IEJ 32, 1982, 255). Spärlich sind die Oberflächenfunde aus früharab. und Kreuzfahrer-Zeit. Danach scheint das Leben hier weitgehend aufgehört zu haben. K. lag auf halbem Weg an der wichtigen Römerstraße (vgl. Jos. vita, 394ff) von *Ptolemais (*Akko) am Mittelmeer nach Taricheä (*Magdala) am See *Genezareth (BZ 23, 1979, 284). Andere Stichstraßen führten zu den wichtigen Orten Garabe und Asochis sowie zur ehemaligen galiläischen Landeshauptstadt *Sepphoris. Vor allem bewachte K. den Aufstieg zur bedeutenden Festung Jotapata (*Jotba). So ist verständlich, daß Josephus während des ersten jüd. Aufstandes (66/7 n.Chr.) hier zeitweise sein Hauptquartier aufschlug (vita, 86). Die byzantin. Pilgerberichte sind oft nicht klar (ELS, 206f), können aber alle auf Chīrbet Qānā bezogen werden (Kopp, Stätten, 189-191). Wenn der Pilger von Piacenza (570 n.Chr.) eine Quelle nennt, wie sie in Kafr Kenna vorhanden ist, aber in Chīrbet Qānā fehlt, so kann er auch eine Zisterne meinen. Der Tell ist mit einem Netz großer und kleiner Zisternen überzogen. Spuren eines rel. Gebäudes, ob Synagoge, Kirche oder Tempel, konnten bisher nicht nachgewiesen werden. Datierung und Deutung eines großen Gebäudekomplexes in N-S-Richtung auf dem Gipfel des Hügels und anderer Bauten (LA 15, 1964/5, 252-263) sind noch nicht klar. Spärliche Reste eines Kolumbariums (Behälter für die Urnen von Feuerbestattungen) weisen zeitlich unbestimmt auf die Anwesenheit einer heidnischen Gruppe. Wie die Ansiedlung von Priestern zeigt, war K. aber mindestens nach 135 n.Chr. ein jüd. geprägter Ort (s.o.). Eine Grotte am Südfuß des Hügels bezeichnen Inschriftenreste (LA 15, 1964/5, 256-260) als die in der Kreuzfahrer-Zeit verehrte Höhle des Weinwunders (Kopp, Stätten, 192f). Eine ältere Verehrung ist möglich (BZ 23, 1979, 280f), aber auch hier könnten nur eingehendere archäologische Untersuchungen weiteren Aufschluß geben.

3. Das Tal von K., das die S-Grenze von *Manasse gegen *Ephraim bildete (Jos 16,8; 17,9), ist das heutige Wādi Qānā zwischen *Tappuach und *Afek (*Antipatris), das in den Jarkon mündet (LDB, 270).

Literatur: F.M. Abel: Géographie de la Palestine II, [3]1967, 291f.412f; B. Bagatti: LA 15 (1964/5), 251-292; G. Dalman: Orte und Wege Jesu, [4]1967, 108-114; A. Henry TSF 1/1969, 8-14; 1/1970, 16-20; C. Kopp: Das Kana des Evangeliums, 1940; ders.: Die heiligen Stätten der Evangelien, [2]1964, 184-195; G. Kroll: Auf den Spuren Jesu, [10]1987, 179-183; R.A. Mackowski: BZ 23 (1979), 278-284; O. Michel: Dienst am Wort, 1986, 148-153; A. Negev: Archäologisches Lexikon zur Bibel, 1972, 201f; R. Riesner: BiKi 43 (1988), 69–71. R.R.

KANAAN. Sohn *Hams, Enkel Noahs, der Ham verfluchte (1Mo 9,18.22-27). In 1Mo 10,15-19 werden elf Geschlechter aufgezählt als seine Nachkommen, die, wie geschichtlich belegt ist, vor allem Phönizien und besonders Syrien-Palästina bewohnten, (s. *Kanaan, Land). K.A.K.

KANAAN, KANAANÄER/KANAANITER. Name eines semit.-sprachigen Volkes und seines Territoriums in Syrien-Palästina.

I. DER NAME.

Der Name K. (hebr. *kena'an*) wird traditionell mit dem des Stammvaters K. in Verbindung gebracht. Das besagt sowohl 1Mo 10,15-19 als auch die kanaan.-phöniz. Überlieferung, die auf Sanchunjathon zurückgeht und von Philo von Byblus bewahrt wurde. Nach griech. und phönizischen Quellen bezieht sich der Name K. auf die Kanaaniter/Phönizier (W.F. Albright: The Role of the Canaanites in the History of Civilization, in: BANE, 1961, S. 328-362). Die Bedeutung des Wortes K. ist umstritten. Früher hat man es gerne mit Wörtern für »Purpurfarbe«, besonders im Hurritischen, in Verbindung gebracht (so E.A. Speisser, Language 12, 1936, S. 124); diese Ableitung ist jedoch von B. Landsberger (JCS 21, 1967, S. 106f) widerlegt worden.

II. DIE AUSDEHNUNG KANAANS.

In der Bibel und in außerbibl. Texten hat der Begriff K. drei verschiedene Bedeutungen:

1. Von Hause aus bezeichnet K. das Land und die Bewohner der syr.-palästin. Küste, besonders des eigentlichen Phönizien. Das geht hervor aus 1Mo 10,15-19, wo neben Sidon, dem »Erstgeborenen« K.s (vgl. Jes 23,11f) auch die Arkiter, Siniter, Arwaditer, Zemariter und Hamatiter, letztere im Orontestal, genannt werden. Nach 4Mo 13,29 (vgl. Jos 5,1; 11,1-3) wohnen die Kanaaniter am Meer und am Jordan, während die *Hetiter, *Jebusiter und *Amoriter auf dem Gebirge leben. Die Inschrift des Idrimi von Alalah (15. Jh.v.Chr.) erwähnt die Flucht dieses Königs nach Ammia im

Festlich gekleideter kanaanitischer Gefangener aus Syrien, dargestellt auf einer ägyptischen Fayencekachel. Höhe 25,5 cm. 1195–1164 v.Chr. (Ramses III.). (OIUC)

Land K. (S. Smith: The Statue of Idrimi, 1949, S. 72-73; ANET, S. 557-558).

2. Im weiteren Sinne kann sich Kanaan(iter) auch auf das Hinterland, auf Syrien-Palästina im allg. beziehen. Daher schließt 1Mo 10,15-19 auch die Hetiter, Jebusiter, Amoriter, Girgaschiter und *Hiwiter mit ein in die »Geschlechter der Kanaaniter« (V. 18). Dieses größere Gebiet umfaßte nach V. 19 den Küstenstreifen von *Sidon bis *Gaza, erstreckte sich landeinwärts bis zu den Städten Sodom, Gomorra (*Städte der Ebene), *Adma und *Zebojim am Toten Meer und reichte (nordwärts ?) bis nach Lescha (genaue Lage unbekannt). S. auch 4Mo 34,1-2 mit der ausführlichen Grenzbeschreibung in den Versen 3-12. Ri 4,2.23f nennt *Jabin von *Hazor »König von Kanaan«. Dieser erweiterte Sprachgebrauch findet sich auch in frühen außerbibl. Texten. In den *Amarnabriefen (14.Jh.v.Chr.) verwenden die Könige von Babylon und anderer Staaten »Kanaan« manchmal für die syr.-palästin. Gebiete Ägyptens im allg. Und die ägypt. Papyri Anastasi IIIA (Z. 5-6) und IV 16, Z. 4) aus dem 13.Jh.v.Chr. erwähnen »kanaanäische Sklaven aus Huru« (d.i. Syrien-Palästina; R.A. Caminos, Late Egyptian Miscelanies, 1954, S. 117.200).

3. Der Ausdruck Kanaan(iter) kann auch die spezielle Bedeutung »Kaufmann, Händler« haben, war doch der Handel eine typisch kanaan. Tätigkeit. In der hebr. Bibel findet sich diese Bedeutung in Hiob 40,30; Spr 31,24; Jes 23,8; Hes 16,29; 17,4; Hos 12,8; Zef 1,11 und Sach 14,21. Eine Stele des Pharao Amenophis II. (1438-1412 v.Chr.) führt unter seinen syr. Gefangenen »550 maryannu /adlige Streitwagenkämpfer, 240 ihrer Frauen, 640 *kn'nw*, 232 Fürstensöhne und 323 Fürstentöchter« auf (ANET, S. 246). Daraus schließt B. Maisler (BASOR 102, 1946, S. 9), daß die »540 *kn'nw* (d.i. Kanaaniter)«, die sich in so großer Gesellschaft befinden, zum »Kaufmannsadel der Küsten- und Handelsstädte Syriens und Palästinas« gehörten; das ist jedoch ungewiß.

III. DIE SPRACHE.

Die Frage, was »Kanaanäisch« ist und was nicht, ist immer noch umstritten. Innerhalb der größeren Gruppe der nordwestsemit. Sprachen und Dialekte können das bibl. Hebr. (vgl. Jes 19,18) und die westsemit. Glossen und Begriffe in den Amarnabriefen zu Recht mit dem Moabitischen und Phönizischen als »Südkanaanäisch« bezeichnet werden. Selbständig, aber verwandt sind Aramäisch und Ja'udisch. Zwischen diesen beiden Gruppen steht das Ugaritische. Manche betrachten letzteres als eine selbständige nordwestsemit. Sprache. Andere halten es für Kanaanäisch und ordnen es wie das Hebr. ein. Im Ugaritischen selber läßt sich eine Sprachentwicklung beobachten. Danach ist das Ugaritische des 14./13. Jh.v.Chr. dem Hebr. näher als die Sprache der großen Epen (W.F. Albright, BASOR 150, 1958, S. 36-38). Deshalb kann man mit allem Vorbehalt das Südkanaanäische (Hebr. usw.), das Nordkanaanäische (Ugaritisch) und das Aram. unter dem Begriff nordwestsemit. Sprachen zusammenfassen. (Zu dieser Frage vgl. S. Moscati, The Semites in Ancient History, 1959, S. 97-100, der - ziemlich radikal - auf den Begriff »Kanaanäisch« verzichten möchte, und J. Friedrich, Scientia 84, 1949, S. 220-223). Texte aus der nordsyr. Stadt Ebla sind in einem Dialekt geschrieben, der nach dem Entzifferer G. Pettinato, der ihn »Paläokanaanäisch« nennt, westsemit. zu sein und Ähnlichkeiten mit dem Südkanaanäischen zu haben scheint (Orientalia N.S. 44, 1975, S. 361-374, bes. 375ff; s. *Sprache des AT).

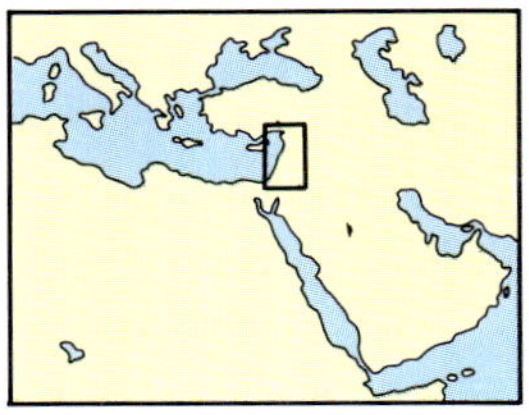

Kanaan und seine Nachbarn.

IV. KANAANÄISCHE GESCHICHTE.

Die Anwesenheit semit. sprechender Völker in Palästina im 3.Jt.v.Chr. ist bisher nur durch zwei semit. Ortsnamen in einem Text aus jener Zeit explizit belegt: *Ndî*, das das Element *'il(u)*, »Gott«, enthält, und *n..k..*, das mit *'ayin*, »Quelle«, beginnt. Beide Namen erscheinen auf einer ägypt. Grabszene der 5./6. Dynastie um 2400 v.Chr.

Dennoch ist die Frage, ob dies auf die Anwesenheit von Kanaanitern in Palästina hinweist und wann diese dorthin gekommen sind, noch ungelöst. Sicher ist nur, daß um 2000 v.Chr. Kanaaniter in Syrien-Palästina wohnten und um 2300 v.Chr. in Ebla/Nordsyrien ein nordwestsemit. Sprachelement bildeten.

Im 2. Jt.v.Chr. war Syrien-Palästina in eine Anzahl kanaan. Stadtstaaten aufgeteilt. Aus dem 19./18. Jh. sind viele Orts- und Herrschernamen in den ägypt. Ächtungstexten aufgeführt. (Über die Organisation einiger palästin. Staaten in dieser Zeit s. A. van Selms, Studies on the Book of Genesis, OTS 12, 1958, S. 192-197).

In der Zeit von ungefähr 1500-1380 v.Chr. gehörten diese Kleinstaaten zum asiat. Teil des ägypt. Reiches. Im 14. Jh.v.Chr. gerieten die im N gelegenen unter hetitische Vorherrschaft, während die im S formell weiterhin zu Ägypten gehörten. Im frühen 13. Jh. erlangte Ägypten die Kontrolle über Palästina und die syr. Küste wieder zurück (die Hetiter behielten N – und Mittelsyrien), aber auch diese Kontrolle verschwand allmählich (s. H. Klengel: Geschichte Syriens 1-3, 1965-1970). So hatten sich die Israeliten im späten 13. Jh. mit den Kanaanitern, aber - abgesehen von dem erfolglosen Feldzug Merenptahs – nicht mit den Ägyptern auseinanderzusetzen. Die Eroberung K.s durch Ramses III. war in Wirklichkeit nur ein Vorstoß entlang der Küste und auf den Hauptstraßen.

Am Ende des 13. Jh.v.Chr. wurden die kanaan. Stadtstaaten von politischen Unruhen erschüttert. Nach dem *Josuabuch drangen die Israeliten unter Josua über den Jordan in Palästina ein, erlangten die Kontrolle über das Bergland und besiegten eine Reihe kanaan. Könige. Für die Hebräer war die Eroberung K.s die Erfüllung einer Verheißung an ihre Vorväter (1Mo 17,8; 28,4.13f; 2Mo 6,2-8). Sie sollten das Gebiet der Völker des Landes, die Gott vor ihnen her hinaustreiben würde, in Besitz nehmen und ihnen gegenüber keine Gnade üben (vgl. 5Mo 7,1-6). Dieser Auftrag war nach 5Mo begründet in dem göttlichen Urteil über die beständige Bosheit der betreffenden Völker (vgl. 5Mo 9,5), nicht aber in irgendeinem Vorzug Israels.

In der Zwischenzeit hatten die Seevölker (einschließlich der Philister) das Hetiterreich zerstört und waren durch Syrien und Palästina gezogen. An der ägypt. Grenze wurden sie von Ramses III. abgewehrt. Manche von ihnen, vor allem die Philister, ließen sich an der palästin. Küste nieder. Schließlich drangen in diesem und dem folgenden Jahrhundert immer mehr Aramäer in das Innere Syriens vor. Infolgedessen herrschten die Kanaaniter nur noch im eigentlichen Phönizien mit seinen Häfen und in einigen isolierten Fürstentümern. Vom 12. Jh.v.Chr. an entwickelten sich die bronzezeitl. Kanaaniter in ihrer neuen, beengten Situation zu den seefahrenden Phöniziern des 1. Jt. Ihr Zentrum bildete das berühmte Königreich von Sidon und Tyrus. (Zur Geschichte der Kanaaniter, bes. zu ihrem Fortbestehen als Phönizier, s. W.F. Albright: BANE, S. 328-362).

V. KANAANÄISCHE KULTUR.

Unser Wissen über die kanaan. Kultur stammt aus zwei Hauptquellen: zum einen aus Texten in alphabetischer und babylon. Keilschrift, die in *Ugarit (Ras Schamra an der syr. Küste) und an einigen anderen Orten gefunden wurden; zum anderen aus Gegenständen und Überresten, die bei Ausgrabungen von Städten und Grabanlagen zutage gekommen sind.

1. Kanaanäische Gesellschaft.

Die meisten kanaan. Stadtstaaten waren Monarchien. Der König besaß umfassende Macht im Blick auf militärische Ernennungen und Zwangsaushebungen, auf Einziehung von Ländereien und ihre Verleihung für geleistete Dienste; er hatte Anspruch auf Abgaben, einschließlich Zehnten, Zöllen, Grundsteuern usw., sowie auf Fronarbeit. Das ergibt sich aus den Texten von Alalah (18.-15. Jh.v.Chr.)

und Ugarit (14.-13. Jh.v.Chr.; s. I. Mendelsohn, BASOR 143, 1956, S. 17-22) und spiegelt sich wider in Samuels Verurteilung des Königtums (1Sam 8; um 1050 v.Chr.). Militärische, rel. und wirtschaftliche Angelegenheiten unterstanden direkt dem König. Daneben war die Königin eine wichtige Persönlichkeit, an die hohe Beamte sich gelegentlich wandten. Der Hof war in größeren Staaten wie Ugarit vorzüglich organisiert (dazu vgl. A.F. Rainey: The Social Stratification of Ugarit, 1962).

Die Keimzelle der Gesellschaft bildete die Familie. Für die Periode des 19.-15. Jh.v.Chr. zeigen die großen Epen aus Ugarit die Hauptzüge des Familienlebens (A. van Selms, Marriage and Family Life in Ugaritic Literatur, 1954). Was das 14. und 13. Jh. angeht, liefern Rechtsurkunden weitere Informationen. Zu den größeren sozialen Einheiten zählten neben den Städten mit den ihnen assoziierten Dörfern (C. Virollaud: Syria 21, 1940, S. 123-151; C.H. Gordon: Ugaritic Literature, 1954, S. 124), wozu man die Verteilung der Städte mit ihren Dörfern in Jos 13ff vergleichen kann, vor allem die zahlreichen Gilden. Diese umfaßten die Erzeuger von Grundnahrungsmitteln (Hirten, Vogelfänger, Fleischer und Bäcker), Handwerker (mit Kupfer oder Bronze und Silber arbeitende Schmiede, Töpfer, Bildhauer, Haus-, Boot- und Wagenbauer) und Händler, die sowohl im örtlichen als auch im Fernhandel tätig waren. Ebenso waren Priester und anderes Kultpersonal (s.u.), aber auch Musiker in Gilden oder Verbänden organisiert. Auch gab es verschiedene Klassen von Kriegern. Mehrere in Palästina gefundene beschriftete Speerspitzen gehörten vielleicht spätkanaan. Söldnertruppen aus dem 12. und 11. Jh.v.Chr., ähnlich denen, welche nach Ri 4 von einem *Sisera oder *Jabin befehligt wurden. Sie verdeutlichen darüber hinaus den uneingeschränkten Gebrauch der frühen westsemit. Alphabet-Schrift. Man nimmt an, daß es in der kanaan. Gesellschaft Palästinas im 12. Jh.v.Chr. eine scharfe Trennung zwischen den Patriziern der Oberschicht und den halbfreien Leibeigenen der Unterschicht gab. Der Unterschied zu den insgesamt recht niedrig gestellten homogenen Israeliten zeigt sich vielleicht hier und dort in Ausgrabungsbefunden.

2. Literatur.

Die kanaan. Literatur ist hauptsächlich durch nordkanaan. Texte aus Ugarit belegt. Dazu gehört das umfangreiche, leider nur bruchstückhaft überlieferte Baal-Epos (Taten und Schicksal des Baal/Hadad), die Aqhat-Sage (Geschicke des einzigen Sohns des guten Königs Dan'el), die Geschichte von König Keret (seiner Familie beraubt, gewinnt er durch Eroberung eine neue Frau und erregt den Zorn der Götter) und zahlreiche andere Fragmente. Alle diese Texte stammen in der vorliegenden Gestalt aus dem 14./13. Jh.v.Chr. Die erhabene Poesie der frühen Epen mit ihrem

Bronzefigurine einer kanaanitischen Gottheit aus Ugarit mit vergoldeter Kopfbedeckung und Silberauflage auf dem Körper. Höhe 17,9 cm. 15.–14. Jh. v.Chr. (MC)

charakteristischen Vokabular und ihren festen Redewendungen beweist den archaisierenden Charakter eines Teils der atl. Dichtung. Vollständige Übersetzungen der wichtigsten Texte, die für die kanaan. Religion außerordentlich aufschlußreich sind, finden sich bei C.H. Gordon, Ugaritic Literature, 1949; G.R. Driver, Canaanite Myths and Legends, 1956; A. Jirku, Kanaanäische Mythen und Epen aus Ras Schamra-Ugarit, 1962; J. Aistleitner, Die mythologischen und kultischen Texte aus Ras Schamra, 1964; A. Caquot, M. Sznycer, A. Herdner, Textes Ougaritiques I, 1974, Auszüge in ANET, S. 129-155 sowie bei W. Beyerlin, Religionsgeschichtliches Textbuch zum Alten Testament, 1975, S. 205-243.

3. Religion.

Die Kanaaniter hatten ein umfangreiches Pantheon, an dessen Spitze der Göttervater El stand. Prominenter waren jedoch *Baal (»Herr«), d.h. der Sturmgott Hadad, und *Dagon, denen in Ugarit und anderwärts Tempel geweiht waren. Von den Göttinnen sind vor allem *Aschera, die Gemahlin Els, sowie *Astarte (Aschtoret) und Anat zu nennen; letztere traten fast ausschließlich in Verbindung mit Baal auf und galten als Göttinnen der Liebe und des Krieges. Kothar-und-Chasis war (wie Hephaistos und Vulcanus bei Griechen bzw. Römern) Handwerker-Gott. Daneben gab es zahlreiche untergeordnete Götter und Göttinnen.

Tempelanlagen fanden sich in Palästina in *Bet-Schean, *Megiddo, *Lachisch, *Sichem und besonders in *Hazor, in Syrien in Qatna, Alalah und Ugarit. Die ugarit. Texte erwähnen eine Vielzahl von Tieren, die den Göttern geopfert wurden: Rinder, Schafe (Widder und Lämmer) und Vögel, einschließlich Tauben. Dazu kamen natürlich Trankopfer. Ausgrabungen von Tierknochen an verschiedenen Orten Palästinas bestätigen dieses Bild.

Für Ugarit ist der Titel Hoherpriester (*rb khnm*) belegt. Daß die *qdschm* der Ugarittexte männliche Kultprostituierte (LÜ: Tempelhurer) waren, ist gut möglich; jedenfalls waren die *qdschm* ein integrierender Bestandteil der kanaan. Religion, während sie in Israel verboten waren (5Mo 23,18f). Menschenopfer in der kanaan. Religion des 2. Jt. haben sich bisher nicht archäologisch einwandfrei nachweisen lassen. Die Ugarittexte und ägypt. Urkunden semit. Ursprungs zeigen deutlich, daß Sexus und Eros in der kanaan. Religion eine nicht unwesentliche Rolle spielten. Das macht es verständlich, daß Israel mit seinem einzigartigen Auftrag sich politisch und religiös gegenüber dem Kanaanitertum abgrenzte, erklärt aber auch, wieso die kanaan. Kultur während fast aller Epochen der Geschichte des alten Israel eine außerordentlich starke Anziehung auf israelit. Einzelne und Gruppen ausübte.

Literatur: W.F. Albright: Die Religion Israels im Lichte der archäologischen Ausgrabungen, 1956; H. Gese: Die Religion Altsyriens, 1970; H. Ringgren: Die Religionen des Alten Orients, 1979; H. Donner: Geschichte des Volkes Israel und seiner Nachbarn in Grundzügen, I, 1984, II, 1986. H.P.R.

KANDAKE. Name oder – zutreffender – Titel der äthiopischen Königin, deren Minister (»Kämmerer«) sich durch den Dienst des *Philippus bekehrte (Apg 8,27). Zur Größe ihres Königreiches, das vermutlich eher in Obernubien (Meroe) als im heutigen Äthiopien lag, s. *Äthiopien. Herrscherinnen, vermutlich Königin-Mütter, die diesen Titel während der hellen. Periode trugen, sind in der Literatur gut belegt, z.B. Pseudo-Callistenes (3.18), Strabo (17.820), Plinius (nat. 6.186). D.A.H.

KANINCHEN
s. Tiere

KANNE. Stadt, die in Handelsbeziehungen mit *Tyrus stand (Hes 27,23). Sie wird mit *Haran und *Eden in Mesopotamien zusammen genannt, mehr wissen wir nicht über ihre Lage. Man hat in K. auch eine andere Namensform für Chalne oder Kalno vermutet.

KANON (AT).

I. UMFANG.

1. Die heutige **hebr. Bibel** (AT) enthält folgende Bücher: 5 Bücher Mose – Josua – Richter – die beiden Samuelbücher – die beiden Königsbücher – Jesaja – Jeremia – Hesekiel – Hosea- Joel - Amos – Obadja – Jona – Micha – Nahum – Habakuk – Zefanja – Haggai - Sacharja - Maleachi – Psalmen – Hiob – Sprüche – Rut - Hoheslied – Prediger (Kohelet) – Klagelieder – Ester – Daniel - Esra/Nehemia – die beiden Chronikbücher. Nach unserer heutigen Zählweise sind das 39 Bücher.

Dieser Umfang deckt sich mit dem atl. Kanon der reformatorischen Kirchen. Doch befolgt die evangelische Bibel (z.B. Lutherbibel; Revidierte Elberfelder Bibel) eine andere Anordnung. Sie fügt das Buch Rut hinter Richter ein, stellt die Chronikbücher hinter die Königsbücher, ordnet Esra, Nehemia und Ester nach den Chronikbüchern ein, zieht Hiob vor die Psalmen, setzt nach den Psalmen zuerst mit den Sprüchen, dann mit dem Prediger und dem Hohenlied fort und läßt erst jetzt die Propheten beginnen, wobei Daniel hinter Hesekiel und die Klagelieder nach Jeremia eingeordnet werden. Den Schluß bilden die sog. »Kleinen Propheten«, wobei deren Reihenfolge dieselbe ist wie in der hebr. Bibel.

2. Wieder anders verfährt die **griech. Bibel** (LXX), die die Grundlage der heutigen katholischen Bibel bildet. Sie weist folgende Reihenfolge auf: 5 Bücher Mose – Josua – Richter – Rut - 4 Königsbücher (1 und 2Sam, 1 und 2Kön) – die beiden Chronikbücher (Paralipomena) – Esra (mit Nehemia) – Ester (einschließlich von Zusätzen gegenüber der hebr. Bibel) - *Judit* – *Tobit* (Tobias) – zwei *Makkabäerbücher* – Psalmen – Proverbia (Sprüche) – Prediger (Kohelet, Ecclesiastes) – Hoheslied – Hiob – *Weisheit Salomos* – *Sirach* – Hosea – Amos – Micha – Joel – Obadja – Jona – Nahum – Habakuk – Zefanja – Haggai – Sacharja – Maleachi – Jesaja – Jeremia – *Baruch* – Klagelieder – *Brief des Jeremia* – Hesekiel – Daniel (einschließlich von Zusätzen gegenüber der hebr. Bibel: Susanna, Bel, Drache, Gebet Asarjas, Gesang der drei Männer im Feuerofen). Die griech. Bibel zählt also mehr Bücher (nämlich 46) als die hebr.

3. Sowohl der *verschieden große Umfang* als auch die *unterschiedliche Anordnung der Bücher* in der hebr., evangelischen und katholischen Bibel sind verwirrend. Hinzu kommen noch die unterschiedlichen Bezeichnungen für einzelne Bücher.

Die Verwirrung löst sich, wenn man erkennt, daß es – abgesehen von der unterschiedlichen Anordnung – nur zwei Grundmodelle gibt: die hebr. und die griech. Bibel.

Die zweite grundlegende Beobachtung ist die, daß die griech. Bibel eine spätere Erweiterung der hebr. Bibel darstellt. Die hebr. Bibel ist also eindeutig der Grundstock des AT.

4. Was in der griech. Bibel über diesen Grundstock hinausgeht, nennt man in der evangelischen Kirche **»Apokryphen«**, in der katholischen Kirche dagegen »deuterokanonische« Bücher (inspirierte bibl. Bücher zweiter Ordnung). Jedoch ist zu beachten, daß die katholische Kirche ebenfalls von »Apokryphen« spricht. Diese katholischen Apokryphen sind jedoch andere als die der evangelischen Kirche. Es handelt sich hier um Bücher, die teilweise von früheren Kirchenschriftstellern benutzt, aber von der ganzen Kirche nie als bibl. Bücher anerkannt wurden (3. Esra, 3. und 4. Makkabäer, Oden, Psalmen Salomos).

Es empfiehlt sich, im folgenden vom eindeutigen Grundstock, nämlich der hebr. Bibel, auszugehen.

II. ZUR GESCHICHTE DES HEBRÄISCHEN BIBELKANONS.

Wie entstand der hebr. Bibelkanon?

1. Um diese Frage zu beantworten griffen bisher viele Wissenschaftler auf eine »Synode von Jamnia« (oder *Jabne) zurück, die um 95 n.Chr. stattgefunden haben soll. Erst auf dieser »Synode« sei der jüd. Kanon zu einem Abschluß gelangt.

Neue Forschungen haben jedoch gezeigt, daß a. in Jamnia zwar ein jüd.-pharisäisches Lehrhaus existierte, aber keine »Synode« stattgefunden hat, und daß b. der jüd. Kanon schon vor Errichtung dieses Lehrhauses abgeschlossen war (so z.B. I.H. Eybers, S.Z. Leiman, J.P. Lewis, P. Schäfer). Die Annahme einer solchen Synode gehört also zu den »fundamentalen Irrtümern« (S.Z. Leiman).

2. Bei der Beantwortung unserer Frage setzt man besser bei ***Josephus** an, einem jüd. Schriftsteller aus der

Das Alte Testament: Gruppierung der Bücher

I Das Gesetz (Pentateuch)	1.Mose	1.Mose
	2.Mose	2.Mose
	3.Mose	3.Mose
	4.Mose	4.Mose
	5.Mose	5.Mose
II Die Propheten	Josua	Josua
	Richter	Richter
	Samuel	Rut
	Könige	1./2. Samuel
	Jesaja	1./2. Könige
	Jeremia	1./2. Chronik
	Hesekiel	Esra
	Hosea	Nehemia
	Joel	Ester
	Amos	Hiob
	Obadja	Psalmen
	Jona	Sprüche
	Micha	Prediger
	Nahum	Hoheslied
	Habakuk	Jesaja
	Zefania	Jeremia
	Haggai	Klagelieder
	Sacharja	Hesekiel
	Maleachi	Daniel
III Die Schriftwerke (Hagiographa)	Psalmen	Hosea
	Sprüche	Joel
	Hiob	Amos
	Hoheslied	Obadja
	Rut	Jona
	Klagelieder	Micha
	Prediger	Nahum
	Ester	Habakuk
	Daniel	Zefanja
	Esra	Haggai
	Nehemia	Sacharja
	Chronik	Maleachi

Das Gesetz

Die Propheten

Weisheitsschriften

Geschichtliche Schriften

*Vgl. auch *Apokryphen (AT)*

Reihenfolge der (kanonischen) Bücher des AT nach der Biblia Hebraica und den üblichen christlichen Bibelausgaben.

Zeit des Paulus (geb. 37/38 n.Chr., † ca. 100 n.Chr.).

Dieser sagt in seiner Schrift Contra Apionem, vermutlich 95 n.Chr.: »Nicht Zehntausende einander widersprechender und widerstreitender Bücher gibt es bei uns [d.h. den Juden], sondern nur 22 Bücher, die die Beschreibung des ganzen Zeitraumes [jüd. Geschichte] enthalten; sie werden mit Recht für glaubwürdig angesehen. Zu ihnen gehören die fünf Bücher Moses. . . Vom Tode des Mose bis zu Artaxerxes, der nach Xerxes als König der Perser regierte, haben die nachmosaischen Propheten die Begebenheiten ihrer Zeit in 13 Büchern aufgezeichnet. Die übrigen vier [Bücher] enthalten Loblieder auf Gott und Lebensregeln für die Menschen. Von Artaxerxes bis in unsere Zeit ist zwar alles und jedes aufgezeichnet, doch es verdient nicht die gleiche Glaubwürdigkeit wie das Vorhergehende, da die genaue Nachfolgeschaft der Propheten fehlt.« Josephus setzt hinzu, daß bisher niemand gewagt habe, bei diesen 22 Büchern etwas hinzuzufügen oder wegzunehmen oder umzustellen (c.Ap. I, 38-42. Nach der Übersetzung von Rudolf Meyer).

Kann man Josephus Glauben schenken, dann besagen seine Feststellungen folgendes: a. der jüd. Kanon liegt zu seiner Zeit bereits fest; b. er ist Heilige Schrift, an der niemand etwas verändern darf (vgl. 5Mo 4,2; Offb 22,18f); c. er wurde auch tatsächlich nicht verändert; d. in diesem Kanon gibt es keine Widersprüche; e. er enthält 22 Bücher; f. er weist drei Abteilungen auf: Tora (Mosegesetz), Propheten, übrige Schriften (Ketabim oder Hagiografen). Letzteres entspricht dem heutigen jüd.-hebr. Kanon, der in die Tora (5 Bücher Moses), die Propheten (von Josua bis Maleachi) und die sog. »Schriften« (Ketubim, von den Psalmen bis zu den Chronikbüchern) gegliedert ist.

Über die 22 Bücher, die Josephus hier erwähnt, besteht weitgehend Einigkeit in der Forschung. Die ersten fünf sind ja dem Mose zugewiesen. Die 13 prophetischen Bücher bestehen aus: Josua – Richter und Rut – Samuelbücher – Königsbücher – Jesaja - Jeremia und Klagelieder – Hesekiel – Hiob – Zwölfprophetenbuch (von Hosea bis Maleachi) – Daniel – Chronik – Esra – Ester. Die vier übrigen Schriften setzen sich aus Psalmen, Sprüche (Proverbia), Prediger (Kohelet) und Hoheslied zusammen.

Auch wenn die Reihenfolge teilweise anders ist, decken sich die 22 Bücher des Josephus doch genau mit dem heutigen hebr. Kanon. Ausdrücklich spricht Josephus von einem Kanon *aller* Juden, und nicht nur dem Kanon einer bestimmten Religionspartei, z.B. der Pharisäer.

3. Die Ergebnisse, die wir bei Josephus ca. 95 n.Chr. gewonnen haben, werden bestätigt durch den **4. Esra**. Zwar spricht diese Schrift, die ca. 80-100 n.Chr. entstanden ist, von 24 bibl. Büchern. Aber sehr wahrscheinlich zählt 4. Esra 14,44ff, Rut und Klagelieder extra, so daß im Endergebnis derselbe Kanon vor unseren Augen steht wie bei Josephus.

4. Der jüdische Philosoph **Philo** (geb. ca. 15/10 v.Chr., † ca. 45/50 n.Chr.), ein Zeitgenosse Jesu, kann ebenfalls die Darstellung des Josephus bestätigen (De vita contemplativa 24).

5. Eine letzte Bestätigung erbringt das **NT**. Jesus und Paulus setzen einen festen Kanon heiliger Schriften voraus (Joh 5,39; Röm 1,2; 1Kor 15,3f). Lk 24,44 läßt die typische hebr. Dreiteilung dieses Kanons erkennen: Mosetora – Propheten - Psalmen, stellvertretend für die »Schriften« (Ketubim oder Hagiografen; vgl. auch Lk 24,27). In Mt 23,35 beginnt Jesus mit einem Beispiel aus dem ersten Buch des heutigen hebr. Kanons (Abel, 1Mo 4,8ff) und schließt mit einem Beispiel aus dem letzten Buch des heutigen hebr. Kanons (Sacharja, 2Chr 24,20ff). Daraus kann man den Schluß ziehen, daß Jesus die hebr. Bibel im selben Umfang benutzte, wie wir sie heute vorfinden (auch wenn die Reihenfolge der Bücher z.T. abweichen mochte).

Festzuhalten ist: Alle Anhaltspunkte deuten darauf hin, daß der hebr. Kanon bereits zur Zeit Jesu und seiner Apostel abgeschlossen war. Daß man in *Qumran auch andere Bücher als die bibl. benutzte, ist dagegen kein Einwand. Zweitens hat sich ergeben, daß der damalige hebr. Kanon aus denselben Büchern bestand wie der heutige hebr. Kanon.

6. Wie alt ist nun dieser hebr. Kanon? Betrachtet man das um 175 v.Chr. entstandene **Sirachbuch**, dann macht man dort ähnliche Beobachtungen wie bei Josephus und im NT. Das Lob der Väter in Sir 44-49 beginnt nämlich mit Beispielen aus dem 1. Mosebuch und endet mit Nehemia (49,15). Wenn man annehmen darf, daß Ester aus dogmatischen Gründen (Abneigung des Priesters Ben Sira gegen das Purimfest?) weggelassen wurde, hätten wir im Sirachbuch dieselbe Abfolge wie bei den mosaischen und prophetischen Büchern des Josephus, nämlich von der Urzeit bis in die Zeit des Artaxerxes (Neh 2,1ff). Wir hätten auch eine Parallele zu Jesus in Mt 23,35 vor uns.

Obwohl eine letzte Gewißheit fehlt, so ist doch die Vermutung begründet, daß der hebr. Kanon schon z.Zt. des Siraziden derselbe war wie z.Zt. des NT. Das wird durch die Dreiteilung Mosetora – Propheten – Ketubim in der um 130 v.Chr. geschriebenen Vorrede nur bestätigt.

7. Dieser Annahme scheint nun das **Danielbuch** zu widersprechen. Denn viele Forscher datieren es auf ca. 165 v.Chr. Wie soll aber der hebr. Kanon schon um 175 v.Chr. abgeschlossen gewesen sein, wenn das Danielbuch erst um 165 v.Chr. entstanden ist? Selbst Forscher wie I.H. Eybers und S.Z. Leiman setzen deshalb den Abschluß der Ketubim bzw. des ganzen hebr. Kanons in die Zeit um 160 v.Chr.

In Wirklichkeit ist jedoch das Danielbuch weit früher (6. oder 5. Jh. v.Chr.) entstanden. Das ergibt sich a. aus Josephus, der berichtet, man habe dieses Buch *Alexander dem Großen gezeigt (ant.Jud. XI, 337); b. aus den Qumranschriften, die Daniel wie andere atl. Propheten behandeln; c. dem 1. Makkabäerbuch, das in 2,51-61 Daniel und seine Freunde wie Gestalten einer weit zurückliegenden Vergangenheit erwähnt; d. aus dem Anspruch des Buches selbst, das die letzte Offenbarung auf 536 v.Chr. datiert (Dan 10,1).

Das Danielbuch steht also einer früheren Ansetzung des hebr. Kanons nicht im Wege.

8. Am besten prüft man die **Entstehung der einzelnen Abteilungen des hebr. Kanons** jeweils für sich.

Nach dem bibl. Selbstzeugnis hat **Mose** selbst für die Aufbewahrung seiner Schriften Sorge getragen (5Mo 31,9ff.24ff). Josua hatte sie bereits vorliegen und benutzte sie (Jos 1,8; 8,30ff; 23,6). Von daher kann man annehmen, daß die Abfassung der 5 Bücher Moses schon in die mosaische Zeit fällt. Damit stimmt zusammen, daß David dem Salomo auftrug, das Gesetz Moses zu beachten (1Kön 2,3), und daß nach dem Bericht der Königsbücher schon zur Zeit der frühen Könige das Mosegesetz einschließlich des 5. Mosebuches angewandt wurde (z.B. 2Kön 14,6 z.Zt. *Amazjas, der etwa 801-787 v.Chr. regierte). Damit stimmt weiter zusammen, daß Propheten des 8. und 7. Jh.v.Chr. offensichtlich das Mosegesetz in Schriftform vorliegen haben (Hos 8,12f; Jer 8,8f). So rechnet denn auch die frühe jüd. Auslegung mit einer Abfassung durch Mose (Sir 45,1ff; Philo, De specialibus legibus IV,61; Jos.ant.Jud. IV, 194ff; c.Ap. I,38ff; vgl. Joh 5,46f; Lk 16,31; 24,27.44). Moderne Forscher wenden dagegen ein, daß nach 2Kön 22,8ff und 2Chr 34,14ff das *Deuteronomium (5. Mosebuch) erst zur Zeit *Josias entstanden sei, also ca. 630-620 v.Chr. Denn dieses Buch sei es, das man damals aufgefunden habe, und zwar als ein bisher unbekanntes Buch. Diese Ansicht widerstreitet aber aufs heftigste dem atl. Bericht. Denn **2Kön 22,13** besagt ganz klar, daß »unsere Väter nicht den Worten dieses Buches gehorcht haben«. Dasselbe besagt **2Chr 34,21**. Es ist also so gewesen, daß man das in 2Kön 22 und 2Chr 34 erwähnte Buch während der fast 60-jährigen gottlosen Regierungszeit des *Manasse und *Amon vergessen hatte. Das »Buch« ist weit älter als die Zeit Josias. Es darf auch nicht einfach mit dem 5. Mosebuch gleichgesetzt werden, sondern bezeichnet sehr wahrscheinlich das gesamte Gesetz - »Buch« des Mose.

Insgesamt haben wir also keinen Grund, an der Abfassung der 5 Mosebücher während der mosaischen Zeit zu zweifeln. Vgl. noch Esr 3,2; Neh 8,1ff; 10,29ff; 13,1ff; Mal 3,22.

9. Wann wurde der **Prophetenkanon** abgeschlossen? ***Jesaja** im 8. und ***Jeremia** im 7./6. Jh.v.Chr. hinterließen schriftliche Aufzeichnungen (Jes 8,16; Jer 29,1ff; 36,1ff). ***Daniel** hat-

schon im 6. Jh.v.Chr. Jeremia-Schriftrollen vorliegen (Dan 9,2). 520 v.Chr. griff ***Haggai** ebenfalls auf jeremianische Aussagen zurück (vgl. Jer 22,24ff mit Hag 2,23). Daniel hat sein Buch als geschlossene Größe hinterlassen (Dan 12,4). Ca. 480-450 v.Chr. wirkte der letzte alttestamentliche Prophet, *Maleachi. Um 400 v.Chr. scheint also der Prophetenkanon der hebr. Bibel fertig vorzuliegen.

10. Schwieriger ist die Frage zu beantworten, wann die **»Schriften«** (Ketubim oder Hagiografen) abgeschlossen wurden. Da das von vielen Rabbinen hochgeschätzte Sirachbuch nicht mehr in den hebr. Kanon aufgenommen wurde (vgl. Tosefta Jadajim 2,13) und auch keine spätere Schrift dort erscheint, kann man vermuten, daß der sog. Schriftenkanon etwa um 200 v.Chr. abgeschlossen war. Dies bleibt jedoch eine Vermutung. Immerhin wird sie durch 2Makk 2,13-15 gestützt.

11. Zusammenfassung: Die uns verfügbaren Nachrichten weisen darauf hin, daß der **hebr. Bibelkanon**, der heute noch von Juden und reformatorischen Kirchen benutzt wird, bereits um **200 v.Chr.** fertig vorlag. Er ist sukzessive entstanden: zuerst die Tora in mosaischer Zeit, dann die Propheten (von Josua bis Maleachi) bis etwa 400 v.Chr., und schließlich die »Schriften« (Ketubim) bis etwa 200 v.Chr. Danach wechselte nur noch die Reihenfolge der bibl. Bücher.

III. ZUR GESCHICHTE DER GRIECHISCHEN BIBEL UND DER APOKRYPHEN.

1. Seit dem 3. Jh.v.Chr. wurde die atl. Bibel von Juden in die damalige Weltsprache Griech. übersetzt. Dabei kam der jüd. Gemeinde in *Alexandria eine zentrale Rolle zu. Von den siebzig (oder zweiundsiebzig) Ältesten«, die in Alexandria diese Übersetzung durchgeführt haben sollen, erhielt die griech. Bibel den Namen **Septuaginta** (»Siebzig«, abgekürzt LXX).

2. Die Einzelheiten sind aber unklar. Es gibt offensichtlich keine genau faßbare Abgrenzung des griech. Bibelkanons. I.H. Eybers bemerkte deshalb, niemand wisse, was überhaupt in der LXX gestanden habe.

3. Vor allem ist das Schicksal und die Wertung derjenigen Bücher unsicher, welche von den reformatorischen Kirchen ***Apokryphen** genannt werden. Das gilt auch hinsichtlich der frühen Christen. Im NT werden die Apokryphen nirgends als Schrift zitiert. Das Henochbuch, das in Jud 14 zitiert wird, ist keine Apokryphe, sondern höchstens ein Pseudepigraphon (Schrift unter falscher Verfasserangabe). Dasselbe gilt für die Himmelfahrt Mosis, falls diese in Jud 4 zitiert würde, und für die Elia-Apokalypse, falls diese von Paulus in 1Kor 2,9 benutzt würde (was ziemlich unwahrscheinlich ist). Woher 1Kor 9,10 stammt, wissen wir nicht. Auch in der Zeit nach dem NT ist es schwer zu sagen, wie die Christen die »Apokryphen« bewertet haben. Z.B. besaßen Melito von Sardes (2. Jh. n.Chr.), Origenes (3. Jh.n.Chr.) und Hieronymus (4./5. Jh.n.Chr.) im AT denselben Kanon wie die Juden, also ohne die Apokryphen. Das Konzil von Laodizea (363 oder 400 n.Chr.) bestimmte den Kanon ohne die Apokryphen als den maßgeblichen Kanon des AT. Erst das Konzil von Trient hat im Jahre 1546 die sog. Apokryphen in den Kanon aufgenommen. Es fällt jedoch auf, daß das Vaticanum II in seiner Konstitution »über das Wort Gottes« den Umfang des atl. Kanons offen ließ (Kap. 4).

4. Auch wenn Forscher wie A.C. Sundberg fordern, daß die reformatorischen Kirchen ihre Kanon-Entscheidung revidieren und die Apokryphen in ihre Bibel aufnehmen müßten, besteht kein Grund zu einer solchen Kanonrevision.

Einer Aufnahme der Apokryphen stehen nach wie vor drei Gründe entgegen: a. Sie sind im Kanon Jesu und seiner Apostel als Heilige Schrift nicht nachzuweisen; b. sie sind durch ihre Geschichte als nachträgliche Erweiterungen des hebr. Kanons charakterisiert und damit in ihrem Wert sehr unsicher; c. die Geschichte hat ferner gezeigt, daß eine wahre christl. Kirche auch ohne die Apokryphen entstehen kann.

Es muß deshalb bei Luthers Urteil bleiben, wonach die Apokryphen »der Heiligen Schrift nicht gleich gehalten, aber doch nützlich und gut zu lesen sind«.

IV. DER KANON DES ALTEN TESTAMENTS IN DER CHRISTLICHEN BIBEL.

1. Die **Bekenntnisschriften** äußern sich gelegentlich über den Kanon des AT.

So sagt die lutherische Confessio Virtembergica von 1552: »Heilige Schrift nennen wir diejenigen kanonischen Bücher des Alten und Neuen Testaments, über deren Geltung in der Kirche niemals ein Zweifel bestanden hat.« (Art. XXX). Damit waren die sog. Apokryphen aus dem Bibelkanon ausgeschieden und der hebr. Kanon (AT) zur bekenntnismäßigen Grundlage erhoben.

Die reformierten Bekenntnisse gehen noch einen Schritt weiter. Die Confessio Gallicana von 1559, die auf einen Entwurf Calvins zurückgeht, formuliert in Art. 3: »Diese ganze Heilige Schrift ist enthalten in den kanonischen Büchern des Alten und Neuen Testaments.« Dann folgt eine Aufzählung der atl. und ntl. Bücher, wobei die atl. Bücher ebenso angeordnet sind wie in unserer lutherischen Bibelübersetzung, also von den Mosebüchern bis zu Maleachi. In Art. 4 wird dann festgestellt: »Wir erkennen an, daß diese Bücher kanonisch sind und die sichere Regel unseres Glaubens.« Daraus ergibt sich: a. Alle Bücher des AT und des NT haben dieselbe kanonische Würde. Das AT ist also nicht etwa »deuterokanonisch« (kanonisch zweiter Ordnung). b. Alle Bücher des AT und des NT sind in gleicher Weise inspiriert (Art. 5: »Wir glauben, daß das in diesen Büchern enthaltene Wort von Gott ausgegangen ist«). c. Die hier nicht erwähnten Bücher, nämlich die Apokryphen, bleiben von der kanonischen Würde und von der Inspiration ausgeschlossen.

Auf dieser Linie fahren die späteren reformierten Bekenntnisse fort. Auch das anglikanische Bekenntnis von 1571, die 39 Artikel, zählt in Art. 6 die kanonischen Bücher des AT auf und scheidet die Apokryphen aus dem Kanon aus. Zum AT bemerkt es in Art. 7 ausdrücklich: »Das Alte Testament widerspricht dem Neuen nicht.« Damit wird der Kirche die Aufgabe gestellt, beide Testamente gleichwertig auszulegen und als Einheit zu begreifen. Schon 1566 hatte die Confessio Helvetica Posterior davon gesprochen, »daß die kanonischen Schriften der heiligen Propheten und Apostel beider Testamente das wahre Wort Gottes sind« (1. Kap.).

Im Westminster-Bekenntnis von 1647 finden wir erneut eine Aufzählung der Bücher des Alten und des Neuen Testaments, die Betonung ihrer Inspiration und auch die Feststellung, daß sie alle gemeinsam zur »Richtschnur von Glauben und Leben« dienen (Kap. 1). Ebenso deutlich wird dort die Inspiration und kanonische Würde der Apokryphen verneint: »Die Bücher, die gemeinhin Apokryphen genannt werden, sind, weil sie nicht von Gott eingegeben sind, kein Teil des Kanons der Schrift.«

Wir können diese Linie bis zur Basis der Evangelischen Allianz von 1846 verfolgen, deren erste Bestimmung lautet: (Wir glauben an) »Die göttliche Inspiration, Autorität, und Allgenugsamkeit der Heiligen Schriften.« Ja, sie läßt sich auch im 2. Artikel der Lausanner Verpflichtung von 1974 aufweisen. Dort heißt es: »Wir bekräftigen die göttliche Inspiration, die gewißmachende Wahrheit und Autorität der alt- und neutestamentlichen Schriften in ihrer Gesamtheit als das einzige geschriebene Wort Gottes.«

2. Auf katholischer Seite entspricht diesen reformatorischen Bekenntnissen die Entscheidung des **Tridentinum** (Konzil von Trient) von 1546. Auch hier werden »alle Bücher des Alten und des Neuen Testaments« grundsätzlich auf dieselbe Ebene gestellt, »denn« – so bemerkt das Tridentinum – »der eine Gott ist ja der Verfasser von beiden«. Eine zweite Gemeinsamkeit bezüglich der reformatorischen Bekenntnisschriften liegt darin, daß alle kanonischen Bücher des AT und NT aufgezählt werden.

Der Unterschied liegt in der Behandlung der Apokryphen. Diese wurden in Trient beim Kanon des AT mit aufgezählt. Sodann traf das Tridentinum folgende Entscheidung: »Wer aber diese ganzen Bücher mit allen ihren Teilen, so wie sie in der katholischen Kirche seit je gelesen werden und in der alten lateinischen Vulgata-Ausgabe enthalten sind, [also einschließlich der Apokryphen!] nicht als heilig und kanonisch anerkennt. . ., der sei verdammt.« Der Katholik ist also verpflichtet, an die Inspiration und kanonische Würde der Apokryphen zu glauben.

3. Macht man nun den Versuch, die **Gemeinsamkeit** der **reformatorischen** und **katholischen Kirche** zu beschreiben, dann besteht in folgenden Punkten eine Übereinstimmung: a. Nur eine festumrissene Anzahl von Büchern hat das Recht, im Kanon der christl. Bibel zu stehen. b. Alle diese Bücher sind inspiriert. c. Der Kanon des AT ist keineswegs zweitrangig gegenüber dem Kanon des NT. d. Der »Minimalkanon« des AT in der evangelischen Bibel kann nicht weiter verringert werden; d.h. diese Bücher müssen auf jeden Fall in einem christl. Kanon des AT enthalten sein.

Strittig ist nur, ob dieser »Minimalkanon« ausgedehnt und durch die Apokryphen ergänzt werden muß. Auch die katholische Kirche macht hier insofern einen Vorbehalt, als sie die Apokryphen nur als Bücher »zweiter Ordnung« (deuterokanonisch) behandelt. Daß die reformatorischen Kirchen ihrerseits keinen Grund haben, die Apokryphen des AT als kanonisch anzuerkennen, wurde oben unter III.4. ausgeführt.

4. Gelegentlich hat es **Versuche** gegeben, das **AT aus der christl. Bibel zu entfernen**. Z.B. lehnte es der Irrlehrer Marcion im 2. Jh.n.Chr. ab, das AT als von Gott eingegeben zu betrachten. Er wies es vielmehr dem »Demiurgen«, dem Judengott und Schöpfer dieser Welt, zu, der nicht mit dem wahren Gott identisch sei. Während der Zeit der Aufklärung geriet das AT häufig in ein sehr negatives Licht. Der Theologe J.S. Semler (1725-1791) wollte sich mit einem »Auszug« aus dem AT begnügen, was in der Praxis auf die Abschaffung des atl. Kanons hinausgelaufen wäre. Aus ganz anderen Motiven haben die sog. »Deutschen Christen« im Dritten Reich gegen das AT Front gemacht. Doch alle diese Anläufe sind gescheitert.

5. Aus der Tatsache, daß der Kanon des AT zum Gesamtkanon der christl. Bibel gehört, ergeben sich weitreichende **Folgerungen**:

a. Auf diese Weise besitzen Christen und Juden eine gemeinsame Bibel, eben soweit es das AT betrifft. Der heilsgeschichtliche Zusammenhang zwischen dem Gottesvolk des Alten Bundes und dem Gottesvolk des Neuen Bundes wird damit eindrucksvoll dokumentiert. Solange wir das AT im Kanon haben, können wir diesen Zusammenhang mit Israel niemals auflösen.

b. Das Miteinander von AT und NT verpflichtet uns, die Einheit der Bibel aufzuspüren und festzuhalten. Wo christliche Theologen das AT im Widerspruch zum NT sehen, stellen sie sich in einen Gegensatz zur früheren Christenheit und zu den Entscheidungen der Kirche, ja sogar in einen Gegensatz zum NT selbst (vgl. 2Tim 3,16; 2Petr 1,21; Röm 1,2; 1Kor 15,3-5).

c. Die Anwesenheit des AT in unserer christl. Bibel nötigt uns, auch das AT als Wort Gottes auszulegen, nicht nur als Dokument einer vergangenen Religionsgeschichte. Vgl. das Urteil des Paulus in 1Kor 10,11, wonach das AT »uns zur Warnung geschrieben« ist, sowie die Aussage in Hebr 1,1, wonach »Gott vorzeiten zu den Vätern geredet hat durch die Propheten«. Wer sagt, daß es im AT Kapitel oder ganze Bücher gebe, denen jede Bedeutung für uns Christen abgehe, der löst die Einheit der beiden Testamente nachträglich wieder auf.

d. Erst das AT ermöglicht uns einen genügenden Einblick in die Heilsgeschichte. Das AT weist uns auf die Notwendigkeit eines Neuen Bundes hin, es führt uns in seiner Prophetie auf Christus zu, ja es informiert uns über Gottes Weg mit der Menschheit seit den Tagen der Schöpfung. So wird es ein einzigartiger Beleg für die göttliche Sendung Jesu Christi.

e. Allerdings muß das AT im Lichte des NT verstanden werden. Der sog. hermeneutische Schlüssel (Schlüssel des Bibelverständnisses) liegt also im NT. Erst die Erfüllung deckt den ganzen Sinn der Verheißung auf. Erst der auf Erden erschienene Gottessohn zeigt uns, was der wahre Wille Gottes ist. Und doch wird das NT nicht zur Antithese des AT. Das AT bleibt vielmehr der von Gott bestätigte Pädagoge auf Christus hin (Gal 3,24) und das von Jesus dankbar gepriesene Wort des Vaters, von dem Jesus sagen konnte, es würde nicht der kleinste Buchstabe vergehen, »bis daß es alles geschieht« (Mt 5,18).

Literatur: F.F. Bruve: The Canon of Scripture, 1988; I.H. Eybers: Some Remarks about the Canon of the Old Testament, Theologia Evangelica (University of South Africa), VIII, 1975, 88–177; F. Hesse: Das Alte Testament als Buch der Kirche, 1966; J.L. Koole: Die Gestaltung des alttestamentlichen Kanons, 1977, 224–238; S.Z. Leiman: The Canonization of Hebrew Scripture, The Talmudic and Midrastic Evidence, 1976; J.P. Lewis: What Do We Mean By Jabneh?, JBR, 32/1964, 125–132; R. Meyer: ThWNT, III, 1938, 979-987; A. Oepke: ThWNT, III, 1938, 959-979; S. Pedersen: Die Kanonfrage als historisches und theologisches Problem, StTh, 31/1977, 83–136; P. Schäfer: Die sogenannte Synode von Jamnia, Judaica, 31/1975, 54–64.116–124; G. Schrenk: ThWNT, I, 1933, 742-773; O. Semmelroth, M. Zerwick: Vaticanum II über das Wort Gottes, SBS, 16/1966; A.C. Sundberg: The Bible Canon and the Christian Doctrine of Inspiration, Interpretation, 29/1975, 352–371.

G.M.

KANON (NT).

Die Kanongeschichte des NT umfaßt mehrere Jahrhunderte. Die uns verfügbaren geschichtlichen Fakten sind seit langem bekannt und weithin unstrittig, abgesehen von gelegentlichen Datierungsproblemen. Im wesentlichen gleichen sich deshalb die Darstellungen dieses besonderen Stückes der Kirchengeschichte. Schwieriger ist dagegen zu erfassen, was dabei an Beweggründen, Zielsetzungen, Notwendigkeiten, Interessen und Ansichten mitspielte, hängt doch die Kanongeschichte eng mit dem Verständnis von Schrift, Kirche, Glaube, Autorität, Tradition und Theologie zusammen. Die Frühe Kirche ließ sich erstaunlich viel Zeit bei der Kanonbildung; einerseits gab es relativ früh einen festen Grundstock an allgemein anerkannten Schriften, andererseits zog sich die Festlegung der am Ende 27 Bücher noch über Jahrhunderte hin. Wichtig ist also zu verstehen, was die Kanonwerdung bedeutete und was sich damit verband. Es mag dem Verständnis helfen, den geschichtlichen Verlauf von seinem Abschluß her zurückzuverfolgen (nicht ihn wie üblicherweise chronologisch nachzuzeichnen).

I. DIE ABSCHLUSSPHASE DER KANONBILDUNG.

Athanasius von Alexandria legte sich 367 n.Chr. in seinem 39. Osterfestbrief auf die heutigen 27 Bücher fest (4 Evangelien, Apg, dann die 7 Katholischen Briefe!, 14 Paulusbriefe, d.h. mit Hebr und Joh-Offenbarung). Sie seien die »Heilsquellen«; nur in ihnen werde »die Lehre der Seligkeit verkündet«; andere dagegen seien nicht »kanonisiert«, dienten aber zum Vorlesen an Neulinge (Weisheit, Sirach, Ester, Judit, Tobias, Didache, Hirt des Hermas). Davon zu unterscheiden seien Machwerke und Fälschungen der Ketzer. Teilweise der Einfachheit halber gilt 367 weithin als Abschlußdatum des ntl. Kanons; genau besehen war aber das, was Athanasius unternahm, weder ganz neu noch das letzte Wort. Neu war die Verwendung des Wortes »Kanon«, und wirkungsgeschichtlich entscheidend war die Autorität des Autors, die eine lange dauernde Unklarheit beenden half. Die Festlegung durch Athanasius wirkte sich zudem regional unterschiedlich aus, denn sein Einfluß erstreckte sich außer au Ägypten vor allem auf den Westen. Erhebliche Teile der Ostkirche folgte noch längere Zeit der Linie des Eusebius von Cäsarea (s.u.), dessen Liste zwar mit der des Athanasius praktisch identisch war, aber gegenüber der Offenbarung des Johannes Skeps zeigte; diese blieb im Osten bis ins 10. Jh. umstritten. In der latein. Westkirche erfolgte die Festlegung gegen Ende des 4. Jh. in mehreren Stufen, wobei der Einfluß des Osten spürbar ist (Athanasius, Hieronymus u.a.) und die Nordafrikaner sich etw mehr Zeit ließen (Synoden: 382 Ro 393 Hippo Regius, 397 Karthago). I Westen war statt der Joh-Offenbarung der Hebräerbrief umstritten; schließlich wurde er den Paulusbriefen zugeschlagen. In Syrien dauerte die Angleichung an die griech. Kirc bis ins frühe 5. Jh. Hier wurde die Evangelienharmonie Tatians (Diatessaron) nur langsam durch die vier

Einige Hauptetappen der Kanonbildung des NT im Westen

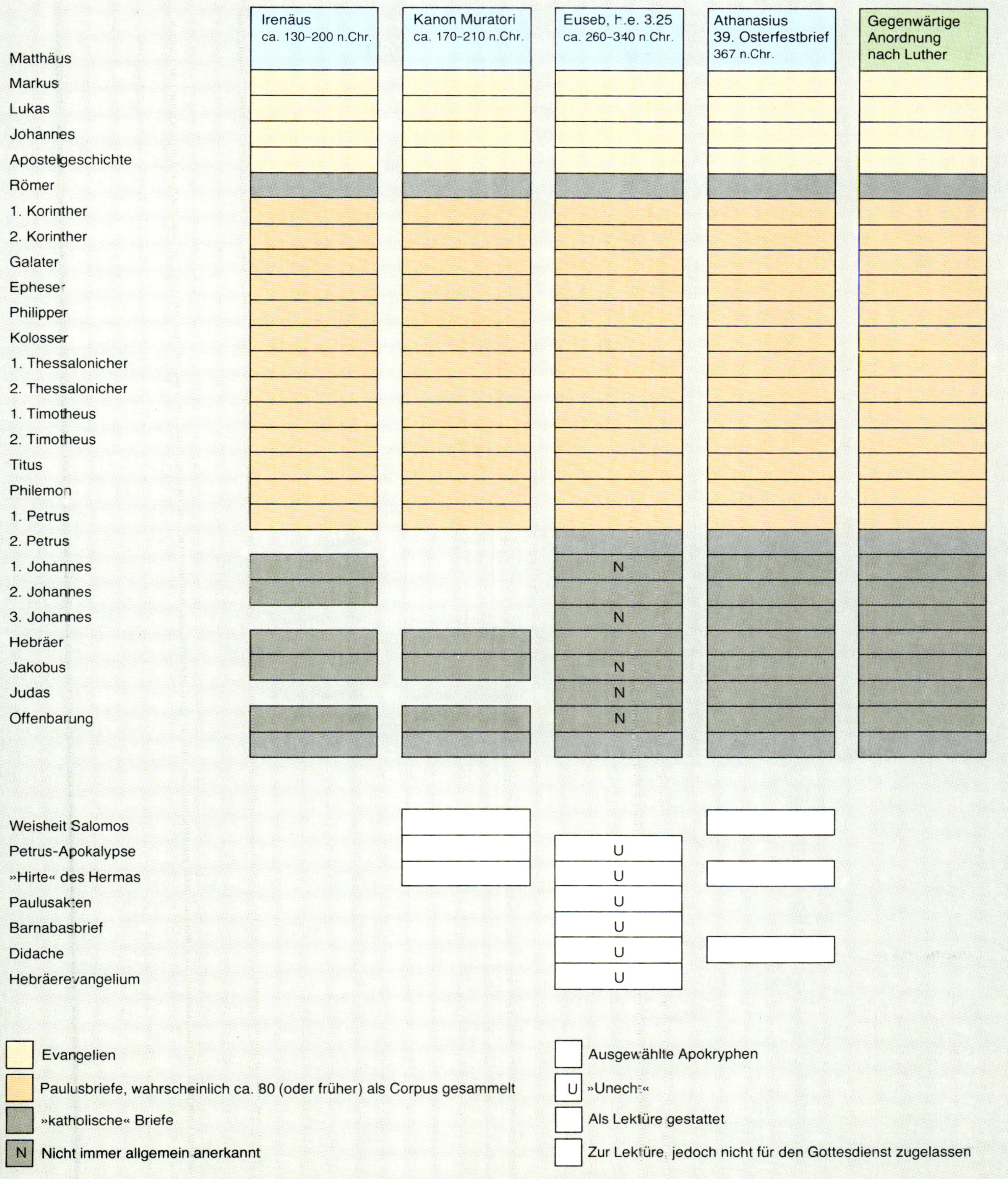

»getrennten« Evangelien verdrängt. Noch schwerer hatten es Joh-Offenbarung und die vier kleinen Katholischen Briefe (2Petr, 2-3Joh, Jud). Zudem spaltete sich die syr. Kirche (Nestorianer), was zu unterschiedlichen Kanones führte. Was bedeutete der »Abschluß des Kanons«? Am ehesten bedeutete er eine klärende Entscheidung, und zwar in der Umgrenzung. Die wesentliche Substanz des NT und dessen Geltung standen längst fest; dazu zählten: Mt, Mk, Lk, Joh (Syrien bildet mit dem Diatessaron einen Sonderfall), Apg, 13-14 Paulusbriefe (Problem: Hebr), 1Petr, 1Joh, nicht unumstritten: Jak, im Osten umstritten: Joh-Offenbarung. Zur Debatte stand die Geltung der übrigen ntl. Bücher (neben Hebr, Offb und z.T. Jak, bes. 2Petr, 2-3Joh, Jud) und einiger anderer altkirchlicher Schriften (1-2Clem, Didache, Barnabas, Hirt des Hermas; s. *Apostolische Väter). Hier existierte seit langem ein Unsicherheitsfeld. Die Kanonisierung bedeutete zunächst eine klärende »Auflistung«, damit aber auch eine Kennzeichnung als verbindliche Lehr- und Glaubensgrundlage. Eine solche Grundlage existierte gewiß bereits, aber die Einheitlichkeit von Glaube, Lehre, Kirche und Gottesdienst verlangte nach Eindeutigkeit. Praktische Fragen traten hinzu, vor allem die Textfestlegung für die großen Bibelabschriften in der Zeit der beginnenden Reichskirche. (Der Codex Sinaiticus um 350 z.B. enthält nach Offb noch Barn und Hermas, der Codex Alexandrinus aus dem 5. Jh. noch 1 u. 2Clem). Die Begrenzung diente zudem der Abgrenzung gegenüber allerlei ketzerischen Schriften, die nach wie vor im Umlauf waren; doch diese Entscheidung barg in sich selber keine Probleme. Es bedurfte, auf's Ganze gesehen, nur noch der klärenden Entscheidung, genauer: einer Art Ratifikation von herangereiften Entscheidungen.

II. DIE PHASE DES REIFENS.

Die Kirche hatte mit den Verhältnissen, wie sie vor der Kanonfestlegung bestanden, etwa 150 Jahre gelebt und anscheinend auch recht gut leben können. Seit dem Ausgang des 2.Jh.s stand das NT im W wie O (abgesehen von Syrien) in seinen wesentlichen Teilen fest. Das älteste erhaltene Verzeichnis der ntl. Schriften, der sog. Kanon Muratori (Ende 2.Jh., Rom), nennt die 4 Evv. (wobei er die Augenzeugenschaft erwähnt), Apg, Paulusbriefe an 7 Gemeinden (Symbolzahl) und an 4 Einzelpersonen (Phlm, Tit, 1-2Tim), 3 Kathol. Briefe (Jud, zwei Joh-Briefe), Weisheit Salomos (!), Offenbarung des Johannes und des Petrus (letztere werde aber nicht in allen Kirchen gelesen). Hermas möge man lesen, aber nicht im öffentlichen Gottesdienst; er sei nämlich erst vor kurzem entstanden, also nicht apostolisch. Darüber hinaus verwirft das Verzeichnis andere (häretische) Schriften.

Etwa der gleichen Ansicht sind Irenäus (seit 178 Bischof zu Lyon), Clemens Alexandrinus († ca. 215) und Tertullian (ca. 150-225). Alle nennen die 4 Evv. (für Irenäus eine Symbolzahl), dazu die Paulusbriefe (13 bei Irenäus und Tertullian, 14 bei Clem. Alex., d.h. Hebr. gilt ihm als paulinisch) und die Apg. Während für Irenäus das Übrige noch nicht feststeht, akzeptieren Clem.Alex. und Tert. wohl auch 1Petr, 1Joh, Jud und Offb. Es fehlen also einige Katholische Briefe (darunter Jak.). Der Alexandriner hat dafür noch andere Schriften (neben Barn, 1.Clem, Did, Herm. u.a. die Petrusapokalypse).

Im Laufe des 3. und des frühen 4. Jh. wandelte sich das Bild im großen Ganzen nicht. Die Autorität der Evv., der Paulusbriefe und der Apg stand längst fest. Die großen Katholischen Briefe (1Petr, 1Joh) hatten sich dazugesellt, die kleinen (2Petr, 2 u. 3Joh, Jud) gewannen in ihrem Gefolge zunehmend an Geltung. Mehr Zeit brauchte Jak, von dem es erst ab ca. 200 sichere Bezeugungen gibt, zuerst in Palästina und Ägypten, während der W und Syrien länger zögerten. Die bereits erwähnte Problematik des Hebr im W und der Offb im O reicht weit zurück. Beim Hebr ließ die offene Verfasserschaft Zweifel aufkommen; Barnabas, Clemens und Lukas wurden zeitweilig als Autor erwogen, bis sich von Alexandria her die Zuweisung an Paulus durchsetzte und die apostolische Herkunft gesichert wurde. Daneben erwies sich die Frage der zweiten Buße als hinderlich (vgl. Hebr 6,4-8 und die rigorose Praxis der Montanisten und Novatianer). Auch bei der Offb schufen Verfasserschaft und ketzerische Verwendung Probleme. Schon früher war sie (wie die anderen Joh-Schriften) durch allzu große Beliebtheit bei Ketzern ins Zwielicht geraten. Gegenüber Montanisten und anderen extremen Apokalyptikern drängte man die Offenbarungs-Literatur zurück; so erwähnt Origenes die sog. Petrus-Offenbarung gar nicht mehr, während Clem.Alex. sie noch kommentiert hatte. Dionysius, 247-265 Bischof zu Alexandria, wies die Joh-Offb aufgrund eines sprachlichen, stilistischen und inhaltlichen Vergleichs einem anderen Verfasser zu als dem des Ev.s und der drei Briefe. Beide Aspekte, ketzerische Verwendung und Verfasserfrage, brachten der Offb im O für lange Zeit Schwierigkeiten.

Während also der Grundstock des Kanons recht klar dastand, bedurfte es an den Rändern noch der Ausreifung. Der Reifungsvorgang war nicht nur ein theologischer, sondern auch ein kirchlicher. Die allgemeine Anerkennung bestimmter Schriften setzt einen Konsens voraus, der in der damaligen Lage (einschließlich Verfolgungen) quer über alle Provinzgrenzen und ohne den Konsens tragende Organe keineswegs leicht zu erreichen war, sondern wachsen mußte. Wesentliche Hilfe leisteten die Gelehrten Origenes (ca. 185-254) und Eusebius von Cäsarea (ca. 260-340), die nach Art der klassischen Literaturwissenschaft System hineinbrachten. Origenes erstellte eine dreifache Klassifizierung, und zwar nach dem Grundsatz der allgemeinen oder mehrheitlichen Anerkennung in der gesamten Kirche.

1. Allgemein akzeptiert: 4 Evv., 13 Paulusbriefe, 1Petr, 1Joh, Apg und Offb (!); dazu aber auch Barn;

2. Umstritten: 2Petr, 2-3Joh, Hebr, Jud; ferner Hermas und Didache, evtl. auch das sog. Hebräer-Ev.(!).

3. Fälschungen (Ägypter-, Thomas-Evangelium usw.). Eusebius' Klassifizierung geht ähnliche Wege.

zu 1. Allgemein anerkannt sind auch hier: 4 Evv., Apg, 14 Paulusbriefe (mit Hebr), 1Petr, 1Joh.

Die umstrittenen Schriften seien zu unterteilen:

zu 2: a. mehrheitlich anerkannt: Jak, Jud, 2Petr, 2-3Joh,

b. unechte Schriften: darunter Hermas, Petrus-Offenbarung, Barn.

Die dritte Gruppe enthält auch hier eindeutig abgelehnte Fälschungen, die in Charakter, Form und Inhalt nicht apostolisch und orthodox seien. Unschlüssig war sich Eusebius über die Offb; sie erscheint sowohl in Gruppe 1 als auch in 2.b. Davon abgesehen bilden die Gruppen 1 und 2.a jedoch bereits unser NT; es bedurfte dann nur noch der klärenden Entscheidung. Der Konsens war langsam, aber gründlich gereift. Man orientierte sich an gewachsenen, bewährten Überzeugungen in der Kirche. Diese wiederum folgten vor allem den Kriterien des Alters (Herkunft aus der Apostelzeit) und der Echtheit (evangeliumsgemäßer Inhalt); aber auch praktische Aspekte (Universalität der Aussage bei den kleinen Briefen; Gebrauch in den Kirchen) wirkten mit. Ein festes oder gar starres Regelwerk wurde dafür jedoch nicht entwickelt.

III. DIE PHASE DER AUSEINANDERSETZUNGEN.

Auch im 3. und 4. Jh. spielte die Abgrenzung gegen Häresien noch eine Rolle; die Kanongeschichte wurde davon jedoch am stärksten im 2.Jh. beeinflußt. Ja, die wichtigsten Weggabelungen der Kanonbildung fallen in diese Zeit, in der eine von der Sache her durchaus stetige Entwicklung in die Turbulenzen von Quertreibereien geriet.

Zur stetigen, folgerichtigen Entwicklung gehörte dreierlei:

1. Die mit zunehmendem geschichtlichen Abstand wachsende Bedeutung der christl. Anfangsphase und deren Autorität (die »Worte des Herrn« und der Apostel);

2. die Formierung eines »neuen« Testaments neben dem »alten«;

3. das Vordringen der »Schrift« gegenüber der zwar lebendigen, aber immer weniger kontrollierbaren mündlichen Überlieferung.

Diese drei Faktoren beeinflußten sich gegenseitig. Das oberste Interes[se] galt naturgemäß der Jesus-Tradition den »Herrenworten«, »dem Evangelium« bzw. »den *Evangelien«: so schon um 115 n.Chr. (Ignatius), dan[n] in der Didache (ca. 120, nach J.A.T. Robinson schon 40-60), bei Papias (ca. 110/30), im 2.Clemensbrief (ca. 130/40), bei Barnabas (ca. 130/35, nach J.A.T. Robinson schon ca. 75) und in Polykarps Philipperbrief (Datierung schwierig, z.T. um 115, z.T. evtl. aber auch erst 20-30 Jahre später). Zwar rühmte Papias noch die mündliche Tradition, aber wie andere betonte er Verläßlichkeit und Alter aufgrund der Augenzeugenschaft der Jünger. Bezeichnungen wie »der Herr sagt«, »im Evangelium«, »die Schrift«, »es steht geschrieben« überlagern sich. Justin der Märtyrer († ca. 165) erwähnt »Apostelmemoiren« (Evv.), die im Gottesdienst vorgelesen würden; sie stammten »von den Aposteln oder deren Nachfolgern«. Der Evangeliumsteil (unsere 4 Evv.) des NT formierte sich stetig als höchste Autorität für die Christen. Die Erstellung einer Evangelienharmonie durch Tatian (ca. 175) kann u.U. als Anzeichen dafür gedeutet werden, daß sich die Tradition noch nicht völlig verfestigt hatte, könnte aber auch als ein didaktisches, missionarisches oder seelsorgerliches Unternehmen anzusehen sein, das die unangefochtene Autorität der vier Evv. bereits voraussetzt; auf jeden Fall blieb sie eine Ausnahme. Seit ca. 150 genießen die 4 Evv. weithin dasselbe kanonische Ansehen wie das AT. Dazu gesellte sich ebenfalls seit dem Beginn des 2. Jh. das »Apostolikon«, hauptsächlich die Paulusbriefe; die Apg bildete eine inhaltliche Klammer zwischen beiden. Man hatte schon früh Paulusbriefe gesammelt; Paulus' Autorität wurde um 150 zeitweilig zwar in Mitleidenschaft gezogen (s.u.), aber seit ca. 180 steht das Apostelwort faktisch ebenbürtig neben den Evv. Dazu rechnen auch 1Petr, 1Joh (beide schon Papias und Polykarp bekannt) und Offb (so Papias und Justin).

Die Entwicklung wurde durch zwei Tendenzen gekreuzt; die eine drängte zu einem viel weiteren, die andere zu einem kurzen Kanon. Das 2. Jh. zeigte mancherlei gnostische, apokalyptische und ekstatisch-pneumatische Bewegungen. Die Rolle des prophetisch-ekstatisch redenden Geistes geriet dabei in Mißkredit (Montanismus). Geheimlehren und -offenbarungen kamen in größerer Zahl in Umlauf, wie Funde von regelrechten Bibliotheken (*Nag Hammadi) belegen. Unter Gnostikern war besonders die »Extrabelehrung« der Jünger durch Jesus beliebt; sie rechneten mit einem Mehr an Offenbarung, wobei das Offenbarungsverständnis stark zeitlos und esoterisch war, obschon auch Berührungen mit der allg.-kirchlichen Evv.-Tradition existierten (z.B. Evangelium des Thomas, des Philippus, der Wahrheit usw.). Zu diesen theologisch abweichenden Schriften kamen volkstümliche (z.B. Paulus-, Petrus-, Johannes-Akten u.a.), abgesehen von den sog. *Apostolischen Vätern (Did, 1-2 Clem, Barn, Herm) und dem judenchristl. Schrifttum. Diese ganze Flut mußte eingedämmt werden; in der sog. Großkirche hielt man sich deshalb an die bewährte Überlieferung. Zeitweilig geriet in diesem Zusammenhang Joh ins Zwielicht; die antimontanistischen sog. Aloger verwarfen um 170 JohEv. und Offb als angebliche Produkte des Gnostikers Kerinth, weil Joh bei den Gnostikern geschätzt wurde. Auf der anderen Seite geriet Paulus zeitweise ins Problemfeld, weil sich Markion vor allem auf ihn berief. Markion propagierte (um 140) einen Kurzkanon: Lk und 10 Paulusbriefe (ohne 1-2 Tim, Tit), zugleich unter Ablehnung des AT, weil dessen Gott ein anderer als der von Jesus und Paulus verkündigte sei; aufgrund dieser Theologie »bereinigte« Markion auch die Schriften seines Kanons. Markion schuf nicht als erster einen Kanon; er konnte auf bereits vorliegende Sammlungen zurückgreifen. Aber indem er ein bestimmtes Prinzip verfocht, forderte er eine abgrenzende und klarstellende Reaktion heraus.

Die Kanonbildung im 2. Jh. war somit eine Geschichte von Gebrauch und Mißbrauch, von Sammlung und Sichtung, vom richtigen Maß zwischen Zuviel und Zuwenig, von Auseinandersetzungen zur Rechten und Linken, von Offenheit und Festigkeit. Angesichts der zu leistenden Aufgaben und der Probleme ist die Kontinuität und Gradlinigkeit erstaunlich. Man wußte um einen eisernen Bestand an bewährtem Material, dem man sich anvertraute und das man als zweiten Teil der Bibel zur Anerkennung brachte. Diese Entwicklung ist nur verständlich, wenn die Basis der ntl. Kanonbildung bereits im 1.Jh. lag.

IV. DIE ENTSTEHUNGSPHASE.

Die Datierung der Schriften des NT ist in manchen Fällen unsicher; über 100 braucht man jedoch kaum hinauszugehen. Leider fehlen uns für diesen Zeitraum viele Informationen. So wissen wir nicht genau, wann es zur Sammlung der drei (Synoptiker) oder vier Evv. kam; 1Clem (96 in Rom, nach J.A.T. Robinson schon Anfang 60), Ignatius (um 115) und Did (ca. 120 oder schon 40-60) äußern sich darüber unklar, anders dagegen erst Papias (ca. 110/130). Für längere Zeit gab es noch mündliche Jesus-Tradition; doch ab ca. 125 ist mit einem ziemlich festen 4-Evv.-Teil zu rechnen. Diese 4 Evv. (Mt, Mk, Lk, Joh) hatten in der sog. Großkirche nie ernsthafte Konkurrenz; nur Gnostiker und Judenchristen (über die wir wenig wissen; Hebräer-Evangelium?) gingen zum Teil andere Wege. Wichtig ist zudem, daß die Autorität Jesu absolut unangefochten war; der Inhalt selber rief also zur Kanonisierung der Evv. Das »Wort des Herrn« stellte sich nicht nur neben das AT, sondern leitete auch dessen Auslegung (Mt 5), ist doch Christus die Erfüllung des alten Bundes (z.B. Mt 1-3; 5,17-20; Lk 24; Apg 2; 2Kor 1; Gal 3; Eph 1; 1Petr 1; Hebr). Das NT entwickelte sich als »Christusbuch« (H. von Campenhausen). Die Evv. dienten verschiedenen Zwecken in den Gemeinden (Lesung im Gottesdienst, Unterweisung, Verkündigung, Mission, Apologetik). Unabhängig von ihrer endgültigen Abfassung bahnte sich diese Entwicklung an, etwa wenn Paulus Weisungen des Herrn anführen kann (1Kor 7,10.25; 9,14), Streit- und Schulgespräche Jesu zusammengestellt wurden (z.B. Mk 2,1-3,6), Bergpredigtmaterial vielfältig verwendet und die Passion nach Ablauf (Mk 14-16 par) und Bedeutung (1Kor 15,1ff) sehr früh berichtet wurde.

Aus dem Apostelteil des NT sind wir am besten über die Paulusbriefe informiert. Sie waren nicht nur situative Gelegenheitsschriften, sondern »schriftlich fixierte, adressierte apostolische Rede« mit Autoritätsanspruch (Berger). Paulus war sich genau bewußt, was *Evangelium ist und was nicht (Gal 1; 2Kor 11); und er wußte dabei um die unaustauschbare Rolle der *Apostel als Auferstehungszeugen (1Kor 9 und 15). Auch der Geistbesitz spielte eine Rolle (1Kor 7,40). Die Briefe wurden in den Gemeinden vorgelesen und zwischen ihnen ausgetauscht (1Thess 5,27; Kol 4,16 u.ö.). Wahrscheinlich kam es in diesem Zusammenhang bald zu Briefsammlungen (2Petr 3,15f), doch dürfte sich erst gegen das Jahrhundertende ein »Paulus-Kanon« (evtl. noch ohne die Pastoralbriefe, s. Markion) abzeichnen. Für die Heranbildung des gesamten Apostelteils wirkten noch eine Reihe weiterer Faktoren mit: Aufnahme von Predigt- und Katechesematerial (Hebr, 1Petr, Jak) und von hymnisch-liturgischem Gut (Eph, Kol, Offb), Darlegung des sich fortsetzenden Heilsplans Gottes (Apg) und immer wieder Weisung für die christl. Lebensgestaltung. All das wurde den Gemeinden nicht zur beliebigen Auswahl, sondern in der Gewißheit der notwendigen Orientierung vermittelt. Auch der Apostelteil drängte also von seiner Entstehung her zur verbindlichen Übernahme.

V. GESAMTWÜRDIGUNG.

Die Geschichte des ntl. Kanons erstreckt sich über eine recht lange Zeit. Der Mangel an Eile läßt auf ein großes Maß an Konsens, Kontinuität und Vertrauen schließen. Das Vertrauen war nur möglich, weil sehr früh ein Grundstock anerkannter verbindlicher Orientierung heranwuchs. Die Lage wurde dadurch erleichtert, daß die Kirche wegen des AT nie ohne heilige Schrift dastand. Die Kirche vertraute sich dem Bewährten an; sie schuf nicht den Kanon in einem Entscheidungsakt eigenen Rechtes, sondern bekannte sich zu dem, was ihr aus ihrer Gründungszeit »übergeben« worden war. Der Rückbezug zum Ursprünglichen im zeitlichen wie inhaltlichen Sinn bildete deshalb das wesentliche Kriterium für die Kanonisierung, ohne daß spezielle Offenbarungs- oder Inspirationstheorien entwickelt werden mußten. Selbstverständlich bedurfte es für die Kanonisierung der Entscheidungsträger, deren Wort Geltung fand. Aber der Abschluß erfolgte durchaus in mehreren Etappen, nicht in einem einzigen gesamtkirchlichen Akt. Neben der

»Apostolizität« (Dokument des Ursprungs samt »Nähe zum Herrn«) achteten die Entscheidungsträger auf die »Universalität«, d.h. den kirchlichen Konsens.

Die ntl. Kanonbildung ging den Weg zwischen Kurz- und Weitkanon. Das Achten auf das Ursprüngliche verwehrte eine Verengung im Sinn Markions ebenso wie eine die Integrität vernachlässigende Aufnahmefreudigkeit nach Art der Gnostiker oder der Vulgärfrömmigkeit. Zu beiden Seiten hin diente der Kanon als verbindlicher Orientierungsrahmen. Der Rahmen ließ durchaus eine Spannweite bestehen (vier verschiedene Evv., Röm 13 und Offb 13, Paulus und Jakobus usw.); man erkannte auch so die Einheit des NT, ohne im Stil Tatians eine Evangelienharmonie vorzuziehen. Man kann nicht anders, als die Weisheit, die Umsicht und den Mut der frühen Kirche bei ihrer Auswahl zu bewundern; niemand könnte eine bessere treffen.

Die Erstellung des Orientierungsrahmens schuf keine neue Praxis des Umgangs mit den ntl. Schriften; sie dienten auch vorher schon der Lehre, dem Gottesdienst usw. Das Neue der Kanonisierung bildete die »Definition des Rahmens, um klarzustellen, wo die Heilsquellen« (Athanasius) fließen und wo nicht.

Literatur: P.R. Ackroyd, C.F. Evans (Hrsg.): The Cambridge History of the Bibel, I 1978 (1970); K. Aland: Das Problem des neutestamentlichen Kanons, in: ders.: Studien zur Überlieferung des Neuen Testaments und seines Textes, 1967, S. 1-23; K. Berger: Apostelbrief und apostolische Rede, ZNW 65/1974, S. 190–231; F.F. Bruce: The Canon of Scripture, 1988; H. Burkhardt: Motive und Maßstäbe der Kanonbildung nach dem Canon Muratori, ThZ, 30/1974, S. 207–211; H.v. Campenhausen: Die Entstehung der christlichen Bibel, 1968; O. Cullmann: Die Tradition und die Festlegung des Kanons durch die Kirche des 2. Jahrhunderts, in: ders.: Die Tradition als exegetisches, historisches und theologisches Problem, 1954, S. 42–54; E. Flesseman-van Leer: Prinzipien der Sammlung und Ausscheidung bei der Bildung des Kanons, ZThK 61/1964, S. 404–420; I. Frank: Der Sinn der Kanonbildung, 1971; E. Hennecke, W. Schneemelcher: Neutestamentliche Apokryphen, I, ^{4}1968, II, ^{4}1971; W.G. Kümmel: Einleitung in das Neue Testament, ^{2}1983, §§ 35–37; ders.: Notwendigkeit und Grenze des neutestamentlichen Kanons, in: ders.: Heilsgeschehen und Geschichte, 1965, S. 230-259; B.M. Metzger: The Canon of the New Testament, Its Origin, Devalopment and Significance, 1987; K.-H. Ohlig: Die theologische Begründung des neutestamentlichen Kanons in der alten Kirche, 1972; A. Sand: Kanon. Von den Anfängen bis zum Fragmentum Muratorianum (Handbuch der Dogmengeschichte, hrsg. v. M. Schmaus u.a., I, 3a/1) 1974; A.C. Sundberg: Towards a Revised History of the New Testament Canon, in: F.L. Cross (Hrsg.): Studia Evangelica IV, 1968, S. 452-461; A. Wikenhauser, J. Schmid: Einleitung in das Neue Testament, ^{6}1972, §§ 4-10; Th. Zahn: Geschichte des neutestamentlichen Kanons, I, 1888/89, II, 1890/92; ders.: Grundriß der Geschichte des Neutestamentlichen Kanons, (^{2}1904) ^{3}1985. W.P.

KAPERNAUM.

1. Name und Lage.

Die meisten ntl. Handschriften lesen *Kapharnaoum*, was eine Umschrift des hebr. Namens *kephar nachūm* »Dorf des Nahum« darstellt, wie er sich auch in einem rabbin. Kommentar (Kohelet Rabbah) zu Pred 1,8 und 7,26 findet (Bill. I, 159f). Josephus nennt die Quelle von *Kapharnaoum* (bell.Jud. III, 517) und auch den Ort selbst, wobei hier die vorzuziehende Lesart *Kepharnakōn* (vita 403) das hebr. Chet mit k wiedergibt. Minuskelhandschriften des NT, die von der lokal (vielleicht antiochenisch) bedingten Namensform des Kodex Alexandrinus (5. Jh.) abhängig sind, bieten *Kapernaoum*. Über die latein. Bibelübersetzung *(Capernaum)* kam dieser Name in die LÜ. Ein Zusammenhang der Ortsbezeichnung mit dem atl. Propheten *Nahum ist äußerst unwahrscheinlich, da dessen Grab erst im 16. Jh. vereinzelt in K. angenommen wurde (J. Jeremias, Heiligengräber in Jesu Umwelt, 1958, 100f). Der arab. Name der Ruinenstätte (Tell Chūm) hängt nicht mit dem alten hebr. zusammen, sondern mit dem Grab des R. Tanchum, das man im Mittelalter in K. verehrte. Die wahrscheinlich legendäre Grabtradition dürfte an den alten Ortsnamen angeknüpft haben (C. Möller, G. Schmitt, Siedlungen Palästinas, 1976, 128).

Das ganze NW-Ufer des Sees *Genezareth war nach der Kreuzfahrerzeit für christl. Pilger wegen der Malariagefahr (vgl. Mk 1,30) und der Unsicherheit durch Räuber kaum erreichbar. So brachen hier im Gegensatz zu *Jerusalem die Ortsüberlieferungen ab. Die Identifizierung von K. blieb deshalb während des ganzen 19. Jh. schwankend, und eine öfter vertretene Lokalisierung war Chirbet Minje bei *Genezareth (Kopp, 216. 229f). Heute kann kein Zweifel mehr daran bestehen, daß K. mit Tell Chūm gleichzusetzen ist. Schon die Angaben der Evangelien und des Josephus weisen darauf hin. K. lag a. am Seeufer (Mt 4,13), b. nahe einer politischen Grenze, die eine Zollstation (griech. *telōnion*, Mk 2,14) und einen Militärposten (Mt 8,5-13/Lk 7,1-10) nötig machte, sowie c. nicht weit von Genezareth (Mk 6,53; Joh 6,22.59). Daß K. der dem *Jordan am nächsten gelegene Ort des galiläischen NW-Seeufers war, geht auch aus Josephus hervor, der von Julias (*Betsaida) sogleich über den Fluß in Richtung *Magdala nach K. gelangte (vita 403). Mit dieser Lage stimmen die Pilgerberichte aus der byzantin. und Kreuzfahrerzeit, ja sogar noch solche aus dem 17. Jh. (ELS 296-304) überein.

1838 identifizierte der amerikanische Topograph E. Robinson herumliegende Trümmer als Bestandteile einer *Synagoge, machte aber auch den Zweifel an der Lage von K. einflußreich (Biblical Researches in Palestine II, ^{11}1874, 403-408). 1866 führte der englische Forscher C.W. Wilson die erste kleine Grabung durch. In den folgenden Jahren wurden die Trümmer von den Bewohnern von *Tiberias und durch Beduinen schwer geplündert, bis es 1894 G. Baldi gelang, den größten Teil des Ruinenfelds für die Franziskaner-Kustodie zu erwerben. 1905 gruben die deutschen Forscher H. Kohl und C. Watzinger die Synagoge aus und veröffentlichten eine Rekonstruktion (Antike Synagogen in Galiläa, 1916, 204-206). 1921 entdeckte der Franziskaner G. Orfali südl. der Synagoge eine oktogonale byzantin. Kirche, später begann er mit der Rekonstruktion der Synagoge, die wohl die eindrucksvollste in ganz *Galiläa ist. Seit 1968 führen die beiden Franziskaner-Archäologen V. Corbo und S. Loffreda systematische Ausgrabungen durch, die noch nicht abgeschlossen sind, aber schon jetzt eine Fülle wichtiger Erkenntnisse vermittelt haben. 1978 fingen auf dem griech.-orthodoxen Gelände nordöstl. der Synagoge Grabungen unter der Leitung von V. Tsaferis an, die ebenfalls fortgesetzt werden.

2. Der Ort.

Einzelfunde aus der Stein- und Bronzezeit bezeugen eine sporadische Besiedlung (V. Corbo, S. Loffreda, SBFLA 35, 1985, 375-390). Frühe Gebäudereste sind bisher nur aus dem 13. Jh.v.Chr. nachgewiesen. Die eigentliche Geschichte von K. beginnt nach dem Exil mit Funden aus dem 5. Jh.v.Chr. (V. Corbo, SBFLA 34, 1984, 371-384). Diese pers. Siedlung breitete sich in hellen. Zeit ab dem 2. Jh.v.Chr. wesentlich weiter aus. Während der beiden jüd. Aufstände (66-70 und 132-135 n.Chr.) erlitt K. keine nennenswerten Zerstörungen. Während der Hauptblüte in der byzantin. Zeit zog sich der Ort etwa 1 km am See hin und reichte bis zu 200 m ins Land hinein. Auf etwa 6 ha mögen 1500 Menschen gewohnt haben. Während des Persereinfalls (614) oder bei der arab. Eroberung (638) wurde K. zerstört. Das Gelände um die Synagoge hat man damals aufgegeben, aber auf dem griech.-orthodoxen Gelände einen neuen Ort errichtet. Dieser erlebte einen wirtschaftlichen Abstieg und wurde noch vor der Ankunft der Kreuzfahrer in der Mitte des 10. Jh. von den moslemischen Bewohnern aufgegeben. Die europäischen Reisenden ab dem 18. Jh. fanden nur noch ein paar ärmliche Fischerhütten und die Zelte der Beduinen.

Der ntl. Ort war nach hellen. Vorbild einem einigermaßen regelmäßigen Bauplan folgend angelegt. Die auch für Wagen befahrbaren Hauptstraßen verlaufen alle in N-S-Richtung zum See. Sie werden rechtwinklig von engen Gassen geschnitten. So entstehen Wohninseln, die alle ein ähnliches Aussehen haben. Sie bestehen aus mehreren kleinen Häusern, die aus unbehauenen Basaltsteinen gemauert sind. Die Gebäude liegen um einen gepflasterten Innenhof gruppiert, zu

»Insel II« in Kapernaum, mit Wänden, Fensterrahmen und einem Hof im Vordergrund. Gebaut aus lokalem Basaltgestein. Ständige Bewohnung vom 1. Jh. v.Chr. bis zum 7. Jh.n.Chr. (JPK)

dem sich auch Fenster öffner. Auf den Höfen spielte sich das tägliche Leben ab, wie Öfen und Mühleneinrichtungen zeigen. Die Häuser dienten als Schlaf- und Lagerräume. Die höchstens 3 m hohen Mauern trugen ein Dach aus einem Stock- und Schilfgeflecht, das durch Lehm stabilisiert war. So setzt es zutreffend Markus (2,4) voraus, der wohl auch hier petrinischer Überlieferung folgt. Dagegen hat sich Lukas die Szene wohl wie in einer hellen. Statt mit einem Ziegeldach vorgestellt (5,19). Auf diese Dächer konnte man oft über Treppen gelangen (vgl. Lk 5,19), von denen einige noch erhalten sind. Die Wohninseln boten e ner ganzen Großfamilie Platz (vgl. Mk 1,29-31). Wegen der Nähe des Sees gab es keine gesonderten hygienischen Einrichtungen und auch keine Zisternen.

Auch wenn sich K. nicht mit den hellen. *Dekapolis-Städten vergleichen läßt, war es doch ein vergleichsweise wohlhabendes Großdorf. Es besaß ausgedehnte Hafenanlagen für den damals sehr ertragreichen Fischfang (M. Nun, Ma'aganim ungealim qedummim bekinneret, 1987, 5f). Bei den Ausgrabungen hat man zwei Angelhaken (vgl. Mt 17,27) gefunden (Loffreda, Recovering 57). Vielleicht wurden an der Zollstation vor allem die hohen Abgaben der Fischer für ihren Fang eingezogen (W.H. Wuellner, Fishers of Men, 1967, 23f.43f). Die Landwirtschaft muß vergleichsweise hochentwickelt gewesen sein. Es wurden zahlreiche Ölpressen und Getreidemühlen gefunden, für die K. ein Herstellungsort war. Einen anderen Handwerkszweig stellte die Produktion von Glaswaren dar, von denen die Archäologen eine ganze Reihe unversehrt fanden (S. Loffreda, SBFLA 34, 1984, 385–408). An einer der Hauptstraßen hat man offenbar Läden ausgegraben.

Anscheinend durch einen Streifen unbebauten Geländes vom jüd. Dorf getrennt (vgl. Lk 7,6) liegt ein aus sorgfältig behauenen Steinen gemauerter größerer Gebäudekomplex mit röm. Bädern, den der Ausgräber V. Tsaferis dem 1. Jh.n.Chr. zuweist (ESI 4, 1986, 59). Hier könnte am ehesten der Posten der heidnischen Garnison zu suchen sein (R. Riesner, BiKi 42, 1987, 172f). Ein aufgefundener Meilenstein beweist, daß zumindest unter Hadrian (117–138 n.Chr.) eine kaiserliche Straße K. passierte (LOffreda, Recovering, 18–20). An dieser Straße lag ein jüd. Mausoleum aus dem 1. oder 2. Jh.n.Chr. (V. Corbo, SBFLA 27, 1977, 145–155). Neben fünf dekorierten Steinsärgen enthielt das Grab an den Wänden auch acht Stollen (hebr. *kokīm*) für die Aufnahme von Gebeinkästen (*Begräbnis- und Trauersitten).

Jesus machte K. in der ersten Zeit seines Wirkens zu seinem Wohnsitz (Mt 4,13-17; vgl. Joh 2,12), um von hier aus mit seiner Predigt ganz Galiläa zu erreichen (R. Riesner, Jesus als Lehrer, [3]1988, 353f). K. wurde so zu »seiner Stadt« (Mt 9,1). Nachdem Jesu Umkehrruf abgewiesen wurde (sog. »galiläische Krise«), sprach er wie über *Chorazin und *Betsaida auch über K. den Weheruf aus (Mt 11,20-24/Lk 10,13-15). Manchmal wird die heutige Zerstörung K.s mit dieser Gerichtsandrohung verbunden (J. McDowell, Bibel im Test, 1987, 454-456). Aber dagegen spricht der archäologische Befund. Die allmähliche Aufgabe von K. im 10. Jh. als Erfüllung der Gerichtsansage Jesu zu verstehen, ist ein allzu mechanisches Verständnis von Prophetie. In der Tat redet der Weheruf auch vom Geschick der Hörer Jesu im Jüngsten Gericht, ohne daß eine innergeschichtliche Wirkung zwingend eingeschlossen wäre. Zwei Stätten des Ortes sind besonders mit dem Wirken Jesu verbunden: das Haus des *Petrus und die *Synagoge. Da offensichtlich während der ganzen vorbyzantin. Zeit auch *Judenchristen in K. wohnten, verdienen die byzan-

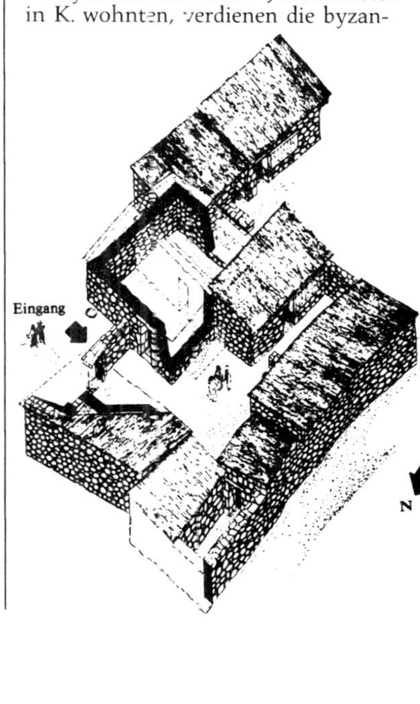

Rekonstruktionszeichnung des Hauses aus dem 1. Jh., das Petrus gehört haben könnte. Wie die meisten Häuser dieser römischen Zeit bestand es aus einer Ansammlung von Räumen, die sich um zwei Innenhöfe gruppierten. Der Mittelhof diente als Familienküche. Tiere könnten in dem anderen Hof gehalten worden sein. Der größte Raum des Hauses, hier schwarz umrandet, wurde später der Zentralraum einer Hauskirche. Zu dieser Zeit wurde in den Raum ein zweigeschossiger Gewölbebogen gebaut, um das beeindrukkend hohe Dach zu stützen. © Museum of the Studium Biblicum Franciscanum.

Kapernaum/Petrus-Haus: Blick über das dreifache Oktogon des byzantin. Memorialbaus in Richtung See. Das mittlere Oktogon (mit einem die Mosaiken schützenden Blechdach) steht über dem Wohnhaus der ntl. Zeit. (RR)

tin. Ortsüberlieferungen Vertrauen. Und in der Tat können sie durch die modernen archäologischen Entdeckungen unterstützt werden.

3. Das Petrus-Haus.

Es wird mehrfach in den Evangelien erwähnt (Mt 9,27-31; Mk 1,29; 2,1; 3,20; 9,33) und bereits dort als eine Art erste *Hauskirche dargestellt (H.J. Klauck, Hausgemeinde und Hauskirche, 1981, 56-61; A. Lancelotti, La Terra Santa, 1983, 48–69). Bei ihrem Besuch in K. (383 n.Chr.) fand die spanische Pilgerin Egeria das Haus des Apostels noch stehen, aber in eine Hauskirche (*domus ecclesiae*) umgewandelt (ELS 299). Ob es sich dabei um den Kirchbau des judenchristl. Konvertiten Josef von Tiberias unter Kaiser Konstatin handelte (Epiphanius, Haer. XXX, 4,1 [PG 41, 425]) oder ob dieser Bau in Tabgha errichtet war (s.u. 5.), ist umstritten.

Die von Egeria erwähnte Hauskirche fanden die Ausgräber im Bereich der achteckigen byzantin. Kirche aus dem 5. Jh. Dieser Bau mit seinen ineinander liegenden drei Oktogonen war nicht für die Versammlung einer Gemeinde bestimmt, sondern sollte als Memorialbau die Erinnerung an eine wichtige Stätte wachhalten, wobei es sich hier nur um das traditionelle Petrus-Haus handeln kann. Das mittlere Mauerachteck steht genau über einem Haus, das schon im 1. Jh.n.Chr. existierte. Dieses Haus bildete auch den Mittelpunkt der Hauskirche des 4. Jh. Sie war von einer hohen Mauer umgeben, für die einige andere Wohnhäuser zerstört werden mußten. Der zentrale Raum erhielt ein stabiles Dach, das durch einen neueingezogenen Mauerbogen gestört wurde. Der ganze Komplex erinnert an die Anlage des Jerusalemer Tempels (Loffreda, Recovering, 63). Vielleicht war die hohe Einfriedung eine Art Ghetto-Mauer, mit der sich die judenchristl. Restgemeinde von den Byzantinern absondern wollte.

Der Zentralraum wies auch schon vor dem 4. Jh. gegenüber allen bisher in K. aufgefundenen Gebäuden charakteristische Unterschiede auf. Dieser Raum war ursprünglich fast quadratisch (ca. 8 x 8 m). Der Zugang in der Nähe der NW-Ecke des Hauses ist noch teilweise erhalten. Ab der zweiten Hälfte des 1. Jh.n.Chr. unterschied sich der Zentralraum dadurch von anderen Häusern, daß er einen mindestens sechsmal erneuerten festen Fußboden erhielt, auch wurden die Wände weiß verputzt. Im Gegensatz zu anderen Räumen und früheren Wohnphasen fanden sich in diesen Fußbodenschichten keine Bruchstücke von Haushaltsgeräten, wohl aber ungeheuer zahlreiche von herodianischen Tonlampen. Schon das weist auf einen judenchristl. Gemeinderaum, in dem Lichter eine wichtige Rolle spielten (vgl. Apg 20,7f). Der rel. Charakter des Raums wird in den nächsten beiden Jh. vollends deutlich. Man hat u.a. viele Graffiti gefunden, deren älteste bis an den Beginn des 3. Jh. zurückreichen (E. Testa, Cafarnao IV, 1972). Mehrere Male erscheint der Name Jesu und zweimal auch der des Petrus. Die Inschriften sind griech. (110), aramäisch (10), altsyrisch (9) und latein. abgefaßt, was auf einen regen Pilgerverkehr hinweist. Eine altsyrische Inschrift bietet ein Fragment von syrBar 4,9-15, ein judenchristl. Einschub in eine apokryphe jüd. Schrift, der vom *Abendmahl handelt. Unter den Symbolen finden sich Kreuze, Christusmonogramme und auch ein Boot.

Ursprünglich hieß wohl die gesamte Wohninsel »Haus des Petrus«. Vielleicht war mit dem besonders geehrten Raum eine Erinnerung an den Aufenthaltsort Jesu verbunden. Vor dem einzigen Eingang im O der Wohninsel befand sich nicht nur

Die rekonstruierte Synagoge in Tell Hum (Kapernaum), 4. Jh., errichtet über der Synagoge aus der Zeit Jesu (Mk 1,21). (RP)

die Straße, sondern ein kleiner Platz. Hier kann man sich vorstellen, daß sich fast »die ganze Stadt an der Tür versammelte« (Mk 1,33). Tatsächlich nicht weit vom Petrus-Haus, wie es Mk 1,29 vorauszusetzen scheint, liegt die Synagoge (vgl. Mk 1,21-28).

4. Die Synagoge.

Schon ihre Untersuchung durch Kohl und Watzinger hatte ergeben, daß sie nicht aus der ntl. Zeit stammen konnte, auch wenn das noch von einigen vertreten wurde (G. Orfali, Capharnaüm, 1922, 74-76). Zu den Überraschungen der modernen Ausgrabungen gehörte, daß die Synagoge noch später datiert werden muß als das Ende des 2. Jh.n.Chr. Reiche Münzfunde unter den Böden legen ihren Bau an das Ende des 4. Jh. fest. Der sich im O anschließende, teilweise überdachte Hof, wahrscheinlich das Lehrhaus (hebr. *bej ha-midrasch*), wurde erst um die Mitte des 5. Jh. hinzugefügt. Die Spätdatierung wird zwar noch von einigen Forschern (z.B. G. Foerster, in: L.I. Levine, Ancient Synagogues, 1981, 57-59) bestritten, ist aber auch durch die verwendeten byzantin. Maßverhältnisse zusätzlich gesichert (D. Chen, SBFLA 28, 1978, 193-202; ZDPV 102, 1986, 134-143). Andere Synagogen in Galiläa, so z.B. in *Chorazin, werden ebenfalls zunehmend spät datiert, was zeigt, daß die Juden auch in byzantin. Zeit Gottesdiensträume errichten durften.

Die dreischiffige, byzantin. Synagoge aus prächtigem weißem Kalkstein ist auf den Mauern eines älteren Basaltsteinbaus erbaut, der geringfügig anders ausgerichtet war. Es handelt sich ebenfalls um eine Synagoge, nach der aufgefundenen Keramik wahrscheinlich aus dem 3. Jh. (S. Loffreda, BeO 26, 1984, 103-114). Unter den Seitenschiffen der beiden Synagogen hat man die Reste von Privathäusern gefunden. Dagegen wurde der Platz unter den Hauptschiffen im . Jh.n.Chr. geräumt und mit einem Pflaster versehen, das größer ist als das aller Innenhöfe. Wahrscheinlich haben wir es hier mit dem Boden der Synagoge zu tun, die der heidnische Centurio zur Zeit Jesu errichtete oder usbaute (Lk 7,5). Das älteste Gebäude kann einen Raum von 8 x 20m umfaßt haben und war vermutlich n eher bescheidenes Gebäude. Ob n Stein mit eingraviertem siebenarmigem Leuchter und Widderhorn hebr. *schofar*), der an anderer Stelle gefunden wurde, von einer der beiden teren Synagogen stammt, ist noch nklar.

5. Die Quelle.

Sie wird von Josephus erwähnt ell.Jud. III, 517). Es kann sich dabei ır um die ergiebigen, teilweise warmen und mineralhaltigen Quellen on Tabgha, 2 km südwestl. von K., ndeln. Der Name ist eine arab. erballhornung von griech. *Heptapen*, »Siebenquell«. Das warme Wasser zieht besonders nachts, wenn der e auskühlt, die Fische an. So war r schon immer ein guter Fischund, wie auch ein kleiner antiker Hafen zeigt (M. Nun, Sea of Kinneret, 1977, 88f). In unmittelbarer Nähe führte die später »Via Maris« (vgl. Mt 4,15) genannte Überlandstraße vorbei, die Ägypten mit *Damaskus verband. Die unmittelbare Umgebung der Quellen ist wegen des felsigen Untergrunds für landwirtschaftliche Nutzung ungeeignet. Alles das machte Tabgha zu einem günstigen Versammlungsort für größere Volksmengen.

In der Tat trifft hier schon im 4. Jh. Egeria auf drei Ortsüberlieferungen aus dem Wirken Jesu (ELS 281f). Bei einer heute noch sichtbaren Felstreppe in den See wurde die Erscheinung des Auferstandenen vor Petrus und anderen Jüngern nach Joh 21 lokalisiert. Eine kleine Kirche, in der ein Fels als Altar diente (vgl. Joh 21,9), wurde hier schon im 4. Jh. errichtet. Ihren Platz nimmt heute eine kleine Franziskanerkirche ein. Am Rand der sich anschließenden kleinen fruchtbaren Ebene wurde ein Felsen als derjenige bezeichnet, auf welchen der Herr bei der wunderbaren Speisung der Fünftausend (Mk 6,30-44) die fünf Brote und zwei Fische gelegt hatte. Auch hier errichtete man schon im 4. Jh. eine einfache Kirche, die im 5. Jh. durch eine byzantin. Basilika ersetzt wurde, welche die schönsten Mosaiken des heiligen Landes mit Pflanzen- und Tiermotiven enthielt (J. Shenhav, BARev 10/3, 1984, 22-31). Diese byzantin. Kirche wurde in den letzten Jahren durch den deutschen Verein vom Heiligen Land nach antiken Vorbildern wiederaufgebaut. Als Erinnerungsort der Seligpreisungen fand schon Egeria eine Höhle bezeichnet, bei der es nur um die etwa 200 m östl. der Brotvermehrungskirche liegende sog. Hiobshöhle gehen kann (B. Pixner, BA 48, 1985, 203). Später wanderte der Ort der Bergpredigt weiter den Berg hinauf (Kopp, 259–269), und heute wird ihrer bei einer modernen Kirche auf seiner Höhe gedacht. Da es in K. Judenchristen gab, die Ortsüberlieferungen bewahren konnten, sind auch die Traditionen von Tabgha ernsthaft zu prüfen. Vielleicht wird der Siebenquell in den Evangelien unter den Namen *Dalmanuta (Mk 8,10) und Magadan (Mk 15,39) erwähnt. Etwa auf halbem Weg zwischen K. und Tabgha liegt eine kleine Bucht, deren Ufer ein natürliches halbkreisförmiges Theater bilden, das nach modernen Untersuchungen eine ausgesprochen gute Akustik besitzt (B.C. Crisler, BA 39, 1976, 135–138). Hier könnte man sich eine Predigt Jesu wie die von Lk 5,1ff vorstellen.

Literatur: N. Avigad: EAEHL I, 1975, 286-290; W. Bösen: Galiläa, 1985, 83-96; J.A. Comber: CBQ 39 (1977), 497–504; V. Corbo, SBFLA 36 (1986), 297-308; V. Corbo, S. Loffreda, A. Spijkerman, E. Testa: Cafarnao I-IV, 1972/5; G. Dalman: Orte und Wege Jesu, [4]1967, 142-163; V. Fritz: Kleines Lexikon der Biblischen Archäologie, 1987, 109-111; R. Gonen: Führer zu den Heiligen Stätten, 1988, 75-79; C. Kopp: Die heiligen Stätten der Evangelien, [2]1964, 215-229.259-281; G. Kroll: Auf den Spuren Jesu, [10]1987, 214-223; S. Loffreda: Die Heiligtümer von Tabgha, 1978; ders.: Ein Besuch in Kapharnaum, 1978; ders.: Recovering Capharnaum, 1985; J. Murphy-O'Connor: Das Heilige Land, 1981, 208-212; A. Niccacci: SOC 18 (1985), 231-256; B. Pixner: BA 48 (1985), 196-206; ders.:

Rekonstruktionszeichnung der alten Synagoge in der Entwicklung vom 1.–3. Jh.

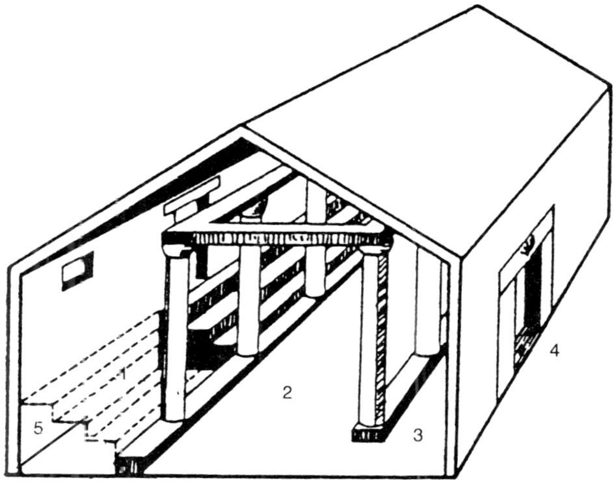

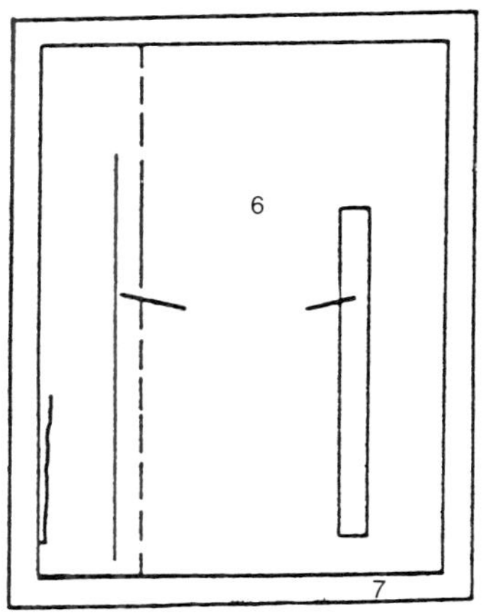

1 Seitenschiff
2 Hauptschiff
3 Seitenschiff
4 Eingang
5 Mögliche Verlängerungen der Bänke
6 Basaltplattenreihe (Stybbat)
7 Basaltmauer

KAPITELL
s. Säule

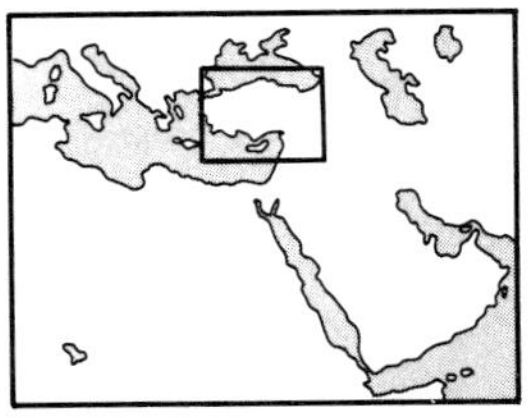

Kappadozien, eine Provinz des röm. Reiches im östl. Kleinasien

MB (1985), 32–36; R. Riesner: BiKi 39 (1984), 136–138; 41 (1985), 133–135; B. Sapir, D. Neuman: Capernaum, 1967; A.M. Schneider: Die Brotvermehrungskirche, 1934; J.F. Strange, H. Shanks, in: C.P. Thiede (Hrsg.): Das Petrusbild in der neueren Forschung, 1987, 145–62; dies.: BARev 9/6 (1983), 24–31; V. Tsaferis: BA 46 (1983), 198–206. R.R.

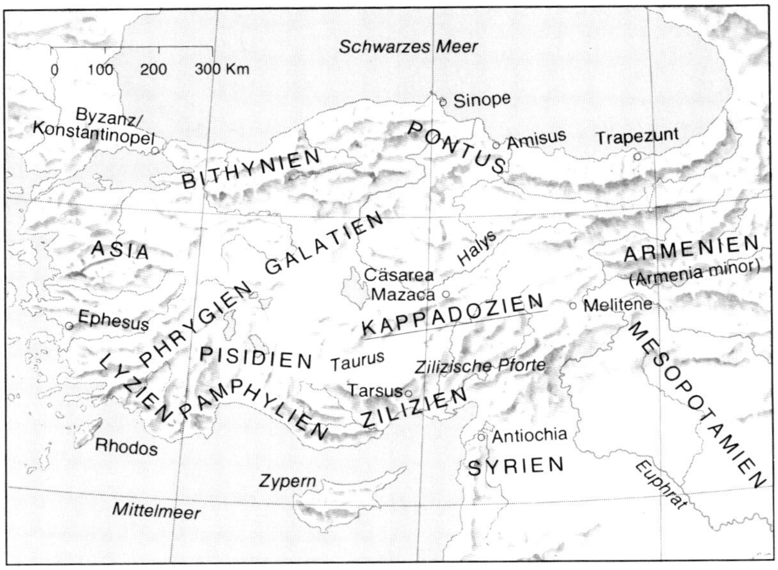

KAPPADOZIEN. Eine Hochlandprovinz, stellenweise bis zu 900 m über NN im O Kleinasiens, begrenzt im S durch das Taurusgebirge, im O durch den Euphrat und im N durch *Pontus; der genaue Grenzverlauf ist jedoch ungewiß. Nach dem Tod des Archelaus ernannte *Tiberius K. 17 n.Chr. zur röm. Provinz. 70 n.Chr. vereinigte Vespasian diese mit Armenien zu einem der großen Grenzbollwerke des röm. Reiches. Unter späteren Kaisern, besonders *Trajan, nahmen die Bedeutung und Größe der Provinz erheblich zu. Sie lieferte beträchtliche Mengen an Schafen und Pferden. Der Handelsweg zwischen Zentralasien und den Häfen am Schwarzen Meer führte durch K.; das Gebiet war von Tarsus aus durch die Zilizische Pforte leicht erreichbar. Juden aus K. hielten sich am Pfingstfest in Jerusalem auf (Apg 2,9). Einige der in der Zerstreuung lebenden Gläubigen, an die Petrus schrieb, lebten in K. (1Petr 1,1). J.W.M.

KARKEMISCH. Die Stadt (heute Jerablus) kontrollierte den wichtigsten Übergang über den Euphrat, etwa 100 km nordöstl. von Aleppo. Ein Text aus dem 18. Jh. v.Chr. erwähnt K. zuerst als unabhängiges Handelszentrum (*Mari, *Alalah). Als syr. Stadtstaat verbündete K. sich im 2. Jt. mit *Ugarit und anderen Staaten (Mitanni) und existierte nach Ini-Tesub (um 1100 v.Chr.) als neohetitischer Staat, bis Pisiris 717 v.Chr. von Sargon II. besiegt wurde. Darauf wurde K. einer assyr. Provinz angegliedert. Jes 10,9 erwähnt dieses Ereignis. 609 v.Chr. rückte Necho II. von Ägypten über *Megiddo vor, um K. zurückzuerobern (2Chr 35,20). Die Stadt diente dann seiner Armee als Ausgangsbasis für Angriffe auf die Babylonier. Im Mai/Juni 605 v.Chr. führte Nebukadnezar II. seine Truppen in einem Überraschungsangriff in die Stadt. Die Ägypter wurden in einem Kampf Mann gegen Mann in und außerhalb der Stadt vernichtend geschlagen (Jer 46,2) und bis nach Hamat verfolgt. Einzelheiten über diese Schlacht, die den Babyloniern die Kontrolle über den W brachte, sind in der Babylon. Chronik festgehalten.

Ausgrabungen brachten 1912 und 1914 hetitische Skulpturen, Teile einer Palastanlage, Spuren jener Schlacht sowie einer weiteren babylon. Eroberung ans Tageslicht.

Literatur: D.G. Hogarth, C.L. Wooley: Carchemisch, 3 Bde., 1914-52; H.A. Hoffner: ZPEB, 1, 1975, 752-54. D.J.W.

KARMEL. (»Gartenland«, »fruchtbares Land«). Mit dieser Bedeutung kommt das Wort im Hebr. häufig vor (vgl. Jes 16,10; Jer 4,26; 2Kön 19,23; 2Chr 26,10). Es kann sogar für frische Getreideähren verwendet werden, wie in 3Mo 2,14; 23,14. So erhielt das Kalksteingebirge seinen Namen vermutlich von dem üppigen Buschwerk und dem Waldbestand, die es bedeckten. Im AT tragen zwei Orte diesen Namen.

1. Eine etwa 50 km lange Hügelkette, die sich von der S-Küste der Bucht von Akko südöstl. erstreckt bis zur Ebene von Dotan. Strenggenommen ist der K. die höchste Erhebung der Hügelketten (530 m). Die Hügelkette verläuft etwa 20 km landeinwärts und bildet eine Grenze des Stammesgebiets Asser (Jos 19,26). Diese stark bewachsene und wenig bewohnte Region konnte über zwei Hauptpässe bei *Jokneam und *Megiddo und einen kleineren bei *Taanach überquert werden. Zwischen den ersten beiden Pässen sind die Hügel niedriger und weniger fruchtbar, weisen aber steile Abhänge auf. Die wichtige N-S-Verbindung liegt auf der O-Seite des K. und führt durch die Ebene von Dotan. Das wegen der hohen Niederschläge üppige Wachstum auf dem K. ist bezeugt in Am 1,2; 9,3; Mi 7,14; Nah 1,4; Hld 7,6 mit einem treffenden Vergleich mit dichtem Haar. Die drohende Gestalt *Nebukadnezars von Babylon, der gegen Ägypten zog, wird mit den felsigen Höhen des Karmel und des Tabor verglichen (Jer 46,18).

Zu den Feinden, die Josua besiegte, gehörte auch »der König von Jokneam am Karmel« (Jos 12,22). Am K. forderte *Elia im Namen seines Gottes die Propheten des Baal und der Aschera, der von *Isebel propagierten Götzen, heraus und errang einen eindrucksvollen Sieg über sie (1Kön 18, 1-19,2). Der Text macht deutlich, daß die Götter Isebels in Verruf kamen. Da Isebel aus *Tyrus stammte, handelt es sich bei Baal wahrscheinlich um den dort verehrten Hauptgott Baal-Melkart. Sein Kult breitete sich auch in Aram aus. Baal wurde noch 200 n.Chr. auf dem K. als »Zeus Heliopolites Carmel« angebetet. Nach Elia nennen die Araber den Berg noch heute Dschebel mar Elias. Auch Elias Nachfolger Elisa hielt sich am K. auf (2Kön 2,25; 4,25).

2. Stadt in Juda (Jos 15,55), heute Chirbet el-Karmil (bzw. Kermel oder Kurmul), etwa 12 km südsüdöstl. von *Hebron, in einer hügeligen, ländlichen Gegend gelegen (Baly, S. 164), ideal für die Herden, die Nabal dort z.Zt. Davids weidete (1Sam 25). Nabals Frau *Abigajil war eine Karmeliterin; Hezro, einer der Leibwächter Davids (2Sam 23,35; 1Chr 11,37) stammte wahrscheinlich von dort. Saul kam dort nach der Schlacht gegen die Amalekiter vorbei und ließ ein Siegeszeichen errichten (1Sam 15,12).

Literatur: D. Baly: Geographisches Handbuch zur Bibel, 1973; LDB, 23f, 240f. D.J.W.

KARMI. Der Name läßt an das hebr. Wort für »Weinberg« denken.

1. *Rubens vierter Sohn (1Mo 46,9), der Stammvater der Karmiter (4Mo 26,6).

2. Sohn Sabdis aus dem Stamme *Juda und Vater *Achans (Jos 7,1; 1Chr 2,7).

KARTA. (»Stadt«?). Nach Jos 21,34 eine Levitenstadt in *Sebulon. Die Annahme einer irrtümlichen Wiederholung von *Kartan aus Jos 21,32 (LDB, 311) wird nicht von allen Forschern geteilt. Viele identifizieren K.

Bewaldete Hügel in der Karmel-Kette. (FNH)

mit der vom Pilger von Borceaux 333 n.Chr. erwähnten röm. Straßenstation Certha (CSEL 39,19), die im Gebiet der Kreuzfahrerfestung Atlit, 15 km südl. des *Karmel-Vorgebirges am Mittelmeer, angenommen wird (F.M. Abel: Géographie de la Palestine II, [3]1967, 414). Die Funde reichen hier von der Mittleren Bronze- bis zur Römerzeit und umfassen vor allem auch am Tell Megadim Reste einer antiken Poststation (C.N. Johns, EAEHL I, 1975, 130–140). Da aber fraglich ist, ob *Sebulon bis an das Meer heranreichte, denken andere an den Trümmerhügel von El-Artije (A. Negev: Archäologisches Lexikon zur Bibel, 1972, 210). RR

KARTAN. Levitenstadt in *Naftali (Jos 21,32), die in der Parallelliste 1Chr 6,61 *Kirjatajim heißt, was eine Dualform von hebr. *qěrět*, »Stadt«, sein könnte (W. Rudolph: Chronikbücher, 1955, 62). Vielleicht mit Chirbet el-Qurējē, 11 km westnordwestl. von Kedesch Naftali (*Kedesch 4), zu identifizieren. (F.M. Abel: Géographie de la Palestine II, [3]1967, 415). Falls man K. für denselben Ort wie *Rakkat in Jos 19,35 hält, wäre es im S bei *Tiberias zu suchen. R.R.

KATHOLISCHE BRIEFE. Als Sammelbegriff umfaßt »katholische Briefe«, heute oft auch »allgemeine« oder »Kirchenbriefe« genannt, die sieben Sendschreiben des NT, die nicht nach ihren Empfängern, sondern nach ihren Verfassern bezeichnet werden: *Jak, *1-2Petr, *1-3Joh, *Jud.

Katholikos erscheint als Wort nicht im griech. NT; erst spätere Handschriften (der Kodex P, 9. Jh., für Jak; ansonsten nur wenige Minuskeln) fügen es den Überschriften der sieben Briefe hinzu. Als Terminus technicus findet sich *katholikē epistolē* zuerst bei Apollonius von Ephesus (ca. 197 n.Chr.), einem Anti-Montanisten, der dem Montanisten Themiso(n) vorwirft, »in Nachahmung des Apostels« einen »katholischen Brief« verfaßt zu haben (Eus. h.e. 5,18,5). Aus dem Kontext geht hervor, daß der Brief des Themiso(n) an die Kirche als ganze, nicht nur an die Montanisten gerichtet war, der Begriff *katholikos* auch hier also wie im profanen Gebrauch »allgemein« und »allgemeingültig« meint. Welchen Apostel Themiso(n) nachahmte, ist nicht überliefert; T. Barnes (Expositor 6/8, 1903, S. 40-62) vermutet den *2Petr. Bis ins 4. Jh. ist mit »katholischen Briefen« noch nicht die geschlossene Einheit der sieben gemeint. Clemens von Alexandria (Strom. 6,97,3, verfaßt ca. 200 n.Chr.) bezeichnet noch den Brief des Jerusalemer *Apostelkonzils, Apg 15, 23-29, als *katholikē.* Auch Origines, der alle sieben nennt und als apostolisch und kanonisch akzeptiert (Homilie in Jos 7,1, verfaßt ca. 240 n.Chr.), kann an anderer Stelle den von ihm ansonsten nicht als kanonisch angesehenen *Barnabas-Brief als *katholikē epistolē* bezeichnen (Contra Celsum 1,63). Erst mit der Kirchengeschichte des Euseb (zwischen 296 und 326 n.Chr.) setzt sich der Begriff auch im heutigen Sinne durch (h.e. 2,23,25; 6,14,1). Euseb gibt dem Begriff dabei auch die Bedeutung von »authentisch«, »anerkannt« mit; so kann er schreiben, daß die Petrusakten, das Petrusevangelium, die Petruspredigt (*Kerygma Petrou*) und die Petrusapokalypse anders als 1 und 2 Petr »soviel wir wissen, nie zu den katholischen Schriften gezählt wurden« (h.e. 3,3,2). Der gleiche Euseb kann allerdings auch die Briefe des Dionysius von Korinth († ca. 170 n.Chr.) als »katholische Briefe an die Kirchen« bezeichnen (h.e. 4,23,1).

Man grenzt heute den Begriff »katholische Briefe« zu sehr ein, wenn man ihn auf die allgemeine Kirche, auf eine allgemeine Leserschaft beziehen will. 2 und 3 Joh würden in diese Definition nicht hineinpassen; auch 1Petr wendet sich nach eigenem Bekunden an eine begrenzte Leserschaft, und ursprünglich dürfte das auch für die anderen gegolten haben, ohne daß wir heute die Adressaten noch einwandfrei identifizieren könnten. Die Zusammenstellung der nicht-paulinischen Briefe (mit Ausnahme des lange mit Paulus oder seinem Umkreis in Verbindung gebrachten *Hebräerbriefs) ist »allgemeiner«, umfassender vielleicht auch im Sinne Augustins, der die Formel fand, daß die katholischen Briefe der Apostel den Glauben nur in Verbindung *mit* Werken sähen, während Paulus ihn eher *ohne* Werke hervorhebe (De fide et operibus 14 21). Eine solche Deutung konnte ihre äußere Rechtfertigung später auch in der Abfolge der Briefe des NT entdecken: während das Corpus Paulinum mit dem *Römerbrief beginnt, steht bis heute in der griech. und latein. Bibel an erster Stelle der katholischen Briefe der *Jakobusbrief. (Eine Ausnahme machen hier die Listen, die aufgrund der kirchengeschichtlichen Bedeutung des *Petrus seine Briefe vor Jak stellen: Konzil von Karthago, 397 n.Chr.; Decretum Gelasianum, 5./6. Jh., u.a.; im 5. und 6. Jh. wurden gelegentlich 1-3Joh an die erste Stelle gesetzt.)

Literatur: B.M. Metzger: The Canon of the New Testament. Its Origin, Development and Significance, 1987; Th. Zahn: Grundriß der Geschichte des Neutestamentlichen Kanons, [3]1985. C.P.Th.

KASUISTIK
s. Gesetz

KATTAT. Ein Ort in *Sebulon (Jos 19,15), am ehesten an seiner W-Grenze (M. Noth: Josua, [3]1971, 116). Nach dem Jerusalemer Talmud (j Meg I,1) Qetonith, das mit Chirbet Qotēna, 8 km südwestl. von Tell Qemūn (*Jokneam), zu identifizieren ist (F.M. Abel: Géographie de la Palestine II, [3]1967, 415). Manche setzen K. allerdings mit dem *Kitron von Ri 1,30 gleich. R.R.

KAUF. Der K. ist ein Rechtsgeschäft, das im kleineren persönlichen Rahmen wie im größeren des *Handels stattfindet und schon sehr früh in der Geschichte Israels bekannt ist. Unter Zeugen, die in der Regel in der Kaufurkunde mit erwähnt werden, wird mündlich oder schriftlich (vgl. Jer 32,10ff) ein Kaufpreis in *Geld (vgl. 1Mo 23,15; Jer 32,10) oder einem Sach- bzw. Naturalwert festgelegt, für den der gekaufte Gegenstand in den Besitz des Käufers übergeht; vgl. die anschauliche Schilderung des Grundstückskaufes Abrahams (1Mo 23,4ff). Neben Grundstücken, Lebensmitteln (2Kön 7,1) und Kleidung (Spr 31,24) sind auch Rechte und Ansprüche verkauft worden, wie die Geschichte Jakobs (1Mo 25,31ff) zeigt. Das AT erwähnt auch den Verkauf von Menschen als Sklaven (vgl. 1Mo 37,36; 2Mo 21,2). Zum Brautpreis bei der Hochzeit vgl. *Ehe.

In den Städten gibt es Straßenverkäufer, aber auch ansässige Händler oder Krämer für Gewürze, Lebensmittel, Bekleidung, Waffen, Öl (vgl. Jer 13,1; Mt 25,9; Mk 16,1; Lk 22,36; Joh 4,8). Getreide und Lebensmittel werden meist auf dem Markt am Tor feilgeboten (2Kön 7,1), es gibt aber auch in der Art des orientalischen Bazars offene Verkaufsbuden in den Straßen, oft an einem Platz gesammelt (vgl. 1Kön 20,34). So gehört K. und Handel zu den Selbstverständlichkeiten des täglichen Lebens (Lk 17,28; Offb 13,17). Der Käufer geht unter Umständen ein Wagnis ein, um dafür einen größeren Wert zu erlangen (vgl. Mt 13,36). Vor der Versuchung, beim K. durch falsche Waage, Gewichte oder Maße zu übervorteilen, warnen die Propheten (Mi 6,10f; Hos 12,8). Für den Christen gilt die Mahnung, auch im Handel treu und zuverlässig zu sein (1Thess 4,6). Im bildlichen Sinn wird davon gesprochen, daß Gott sein Volk in Feindeshand verkauft, d.h. dem Feind zum Eigentum, zur Verfügung übergeben hat (Ri 2,14) oder daß der Mensch unter die Sünde, d.h. unter ihre Herrschaft, verkauft ist (Röm 7,14). Umgekehrt kann dann auch vom Loskauf des Volkes gesprochen werden (Jes 52,3; vgl. *Lösegeld).

Ebenso wird die Weisheit als Gut genannt, das des K.s wert ist (Spr 17,16; 23,23). Der K. des weißen Kleides der Gerechtigkeit wird empfohlen (Offb 3,18) und sogar das Himmelreich im Bilde der Perle als im eigentlichen und tiefsten Sinne kaufenswert bezeichnet (Mt 13,45f), was heißt, daß der Mensch allen Besitz einsetzen, ja sich selbst hingeben soll, um Anteil an den Gütern Gottes zu erhalten.

KEDAR. (»Schwarz«, »schwärzlich«?). 1. Sohn Ismaels (1Mo 25,13; 1Chr 1,29), Vorfahr des gleichnamigen Stammes.

2. Nomadenstamm in der syr.-arab. Wüste von Palästina bis Mesopotamien. Im 8. Jh.v.Chr. war K. in S-Babylon (I. Eph'al, JAOS 94/1974, S. 112) bekannt, Jesaja prophezeite seinen Untergang (Jes 21,16-17). Der Stamm errichtete »Dörfer« (Jes 42, 11), wahrscheinlich einfache Lager (H.M. Orlinsky, JAOS 59, 1939, S. 22ff) aus schwarzen Zelten (Hld 1,5). Als Besitzer großer Herden (Jes 60,7) pflegte der Stamm Handel mit *Tyrus (Hes 27,21). Geographisch waren Kittim (Zypern) im W, im Mittelmeer, und K. im O, in der Wüste, entgegengesetzte Pole (Jer 2,10). Das Leben bei den »Zelten Kedars« erschien dem Psalmisten als ein barbarisches Exil (Ps 120,5).

Ähnlich wie die Nebajot und andere arab. Stämme gerieten die Kedariter mit Assurbanipal im 7. Jh.v.Chr. in Konflikt (W. Weippert, Welt des Orients 7, 1973-74, S. 67). Wie jene wurden sie 599 v.Chr. von Nebukadnezar II. von Babylon angegriffen (vgl. D.J. Wiseman, Chronicles of Chaldaean Kings, 1956, S. 32), was Jeremia vorhergesagt hatte (Jer 49, 28). In der pers. Periode kontrollierten mehrere Könige von K. nacheinander ein Gebiet, durch das die wichtige Landroute von Palästina nach Ägypten führte, und galten bei den pers. Herrschern als deren Bewacher. Einer der Könige von K. war Geschem (Gaschmu) – ein Gegner Nehemias (Neh 6,1-6); Geschems Sohn Qaynu wird auf einer silbernen Schale aus einem Heiligtum im ägypt. Ost-Delta »König von Kedar« genannt (s. I. Rabinowitz, JNES 15, 1956, S. 1-9, Tab. 7; W.J. Dumbrell, BASOR 203, 1971, S. 33-44; A. Lemaire, RB 81/1974, S. 63-72). K.A.K.

KEDESCH. (Von hebr. *kdsch,* »heilig sein«). Name mehrerer Orte, an denen vermutlich alte Heiligtümer standen, und die zum Teil schwer voneinander zu unterscheiden sind.

1. Ein Ort im S von *Juda an der Grenze zu *Edom (Jos 15,23), heute meist mit *Kadesch-Barnea identifiziert.

2. In 1Chr 6,57 ersetzt die gersonitische Levitenstadt K. das *Kisjon vor Jos 21,28 (vgl. 19,20) in der paralleler Ortsliste des Stammes *Issaschar. Vielleicht wird der Ort auch in einer Eroberungsliste des ägypt. Pharao Thutmosis III. (15. Jh.v.Chr.) genannt (M. Noth: Josua, [3]1971, 129). Wenn man dieses K. mit den meisten heutigen Forschern bei Tell Abu Qudēs auf halbem Weg zwischen *Taanach und *Megiddo ansetzt, dann könnte es auch mit der kanaan. Königsstadt K. (Jos 12,22) zu identifizieren sein, die am ehesten in der Gegend der *Jesreel-Ebene zu suchen ist (Noth, 72f). Tell Abu Qudēs war außer eine schwächeren Besiedlung in pers., hellen. und röm. Zeit zwischen dem 14. und der ersten Hälfte des 8. Jh.v.Chr ein stattlicher Ort, der jeweils in der ersten Hälfte des 12. und 8. Jh. (durch die Assyrer?) zerstört wurde. Ein Weihrauchopfer-Altar in einem großen Langraum belegt einen Kultort der israelit. Zeit. Dieser Befund führte den Ausgräber dazu, das K.

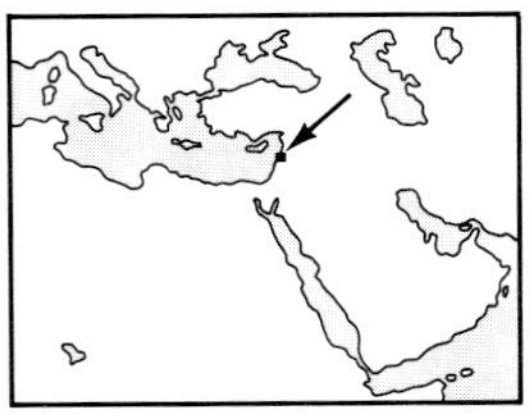

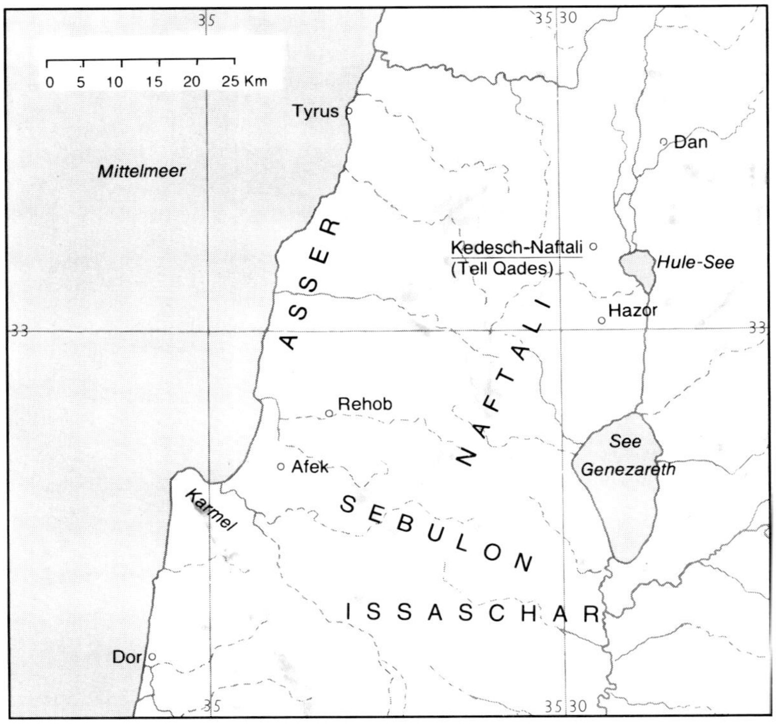

Kedesch in Naftali (das heutige Tell Qades)

von Ri 4,11 hier zu suchen (E. Stern, EAEHL II, 1977, 702f).

3. Nach Ri 4,11 sammelte *Barak in K. »nicht weit von der Eiche von *Zaanannim« Truppen aus den Stämmen *Sebulon und *Naftali (4,9f) zur Schlacht gegen *Sisera in der Gegend des *Tabor (4,12ff). Eine aufgrund dieser Ortsangaben sehr befriedigende Lokalisierung ist Chirbet El-Qadisch, östl. von *Jabneel auf den Randbergen am S-Ende des Sees *Genezareth, mit vielen Funden aus israelit. Zeit (LDB 232f). Dagegen werden die topographischen Angaben bei einer Identifizierung mit dem unter 4. behandelten K. unverständlich, auch wenn diese Ansicht immer noch vertreten wird (D.J. Wiseman: IBD II, 1980, 847). Eher schon könnte die als »Kedesch in Naftali« bezeichnete Heimat des Barak (Ri 4,6) mit diesem Ort gemeint sein. Aber der Zusammenhang spricht doch eher für 3., denn auch Chirbet El-Qadisch liegt in Naftali. Gegen eine Identifizierung von Baraks Heimatort mit K. kann man einwenden, daß die Israeliten sich angesichts des feindlichen Streitwagenheers (Ri 4,3) kaum in der Ebene *Jesreel gesammelt hätten.

4. Wohl der Unterscheidung von den anderen Orten dient der Name »Kedesch in Galiläa (hebr. *gelīl*) auf dem Gebirge Naftalis« (Jos 20,7 vgl. 21,32; 1Chr 6,61). Die Stadt wurde den Leviten zugeteilt (Jos 21 32) und als Freistadt ausgewiesen (Jos 20,7). Nach der Ortsliste von Jos 19,37 lag dieses K. im N von Naftali. Wahrscheinlich bezeichnete der Landschaftsname *galīl* ursprünglich nur die Gegend um dieses K. (*Galiläa). K. lag an einer Hauptstraße und wurde 734 v.Chr. von *Tiglatpilesar III. als eine der ersten israelit. Städte erobert (2Kön 15,29 vgl. Tob 1,2). Auch eine der wichtigsten Schlachten der *Makkabäer gegen Demetrius II. von *Zilizien fand hier (*Kēdes en tē Galilaia*) um 145 v.Chr. statt (1Makk 11,63. 73). In ntl. Zeit war K. (griech. *Kedasa*) ein tyrischer Grenzort gegen Galiläa (Jos.ant.Jud. XIII, 154), dessen Bewohner in starker Feindschaft zu den Juden standen (Jos.bell.Jud. IV, 105) und am Beginn des Aufstands 66 n.Chr. von ihnen ausgerottet wurden (Jos.bell.Jud. II, 459f). Beim Belagerungsfeldzug gegen *Gischala schlug Titus hier sein Lager auf (Jos.bell.Jud. IV, 104). Es mag sein, daß Jesus auf seiner Wanderung in tyrisches Gebiet (Mt 15,21/Mk 7,24) die Straße an K. vorbei benutzte (B. Pixner, HlL 119/ 2-3, 1987, 6.10). Die Erzählung von der *Syro-Phönizierin (Mt 15,22-28/ Mk 7,25-30) spiegelt die Spannungen im tyrisch-galiläischen Grenzgebiet (G. Theissen, ZNW 75, 1984, 202-225) wider. Noch Eusebius war die Ortslage bekannt (onom. 116,11).

Der Name blieb durch die arab. Siedlung Qades, 10 km nordwestl. von *Hazor, erhalten, die im Mittelalter eine Art Zentrum von Ober-Galiläa bildete, im 18. Jh. zurückging und im israelischen Unabhängigkeitskrieg zerstört wurde. Bei der ehemalien arab. Ortslage reichen die Siedlungsspuren bis in die Eisenzeit zurück. Auf einem südl. davon gelegenen Tell, der später als Dreschplatz diente, beginnt die Besiedlung in der Frühen Bronzezeit (Y. Aharoni, EAEHL II, 1976, 406-408). Am Fuß der beiden Tells entspringt eine starke Quelle, und in ihrer Nähe liegen imposante Ruinen eines Mausoleums und eines spätröm. Tempels, dessen Architekturelemente zum besten gehören, was wir aus dem 2./3. Jh.n.Chr. aus dem O-Teil des Römerreichs kennen (A. Ovadiah, ESI 2, 1984, 88; 3, 1985, 92).

Literatur: F.M. Abel: Géographie de la Palestine II, [3]1967, 415f; G. Dalman: Orte und Wege Jesu, [4]1967, 212-214; A. Negev: Archäologisches Lexikon zur Bibel, 1972, 211f; N.L. Lapp, in: Harper's Bible Dictionary, 1985, 523. R.R.

KEGILA. Stadt in der *Schefela in *Juda (Jos 15,44), die David gegen die Philister verteidigte (1Sam 23,1-13). Ein Teil ihrer Einwohner beteiligte sich nach Rückkehr aus der babylon. Gefangenschaft am Aufbau der Stadt Jerusalem (Neh 3,17.18 RevEB; im Urtext beide Male dasselbe Wort: *qāʿilāh*). Gewöhnlich setzt man K. mit Chirbet Kila am Wadi es-Sur gleich (etwa 13 km nordwestl. von Hebron). Zwischen zwei Seitentälern erhebt sich hier ein steiler Hügel. Auf seiner ziemlich ebenen Fläche, die auch von dem Bergrücken, zu dem der Hügel gehört, noch durch eine 17 m tiefe Einsenkung getrennt ist, lag die alte Stadt, 108 m lang und 105 m breit. Auf den Hängen fand man Scherben aus der Königszeit. Eine Quelle im Tal gibt reichlich Wasser.

KEHAT, KEHATITER. K., der zweite Sohn *Levis, war der Stammvater einer der drei großen levitischen Familien. Zu seinem »Haus« zählten Amram, Jizhar, Hebron und Usiel. *Mose und *Aaron waren Amramiter (2Mo 6,18). In der Wüste trugen die Kehatiter die Möbel und Geräte der Stiftshütte. Sie lagerten auf der Südseite der Stiftshütte. Die männlichen Mitglieder der Sippe, die älter als einen Monat waren, zählten 8600; im Dienst (d.h. im Alter zwischen 30 und 50 Jahren) standen 2750 (4Mo 3,27-32; 4,36). Nach der Landnahme erhielten die K., die als Nachkommen Aarons Priester waren, dreizehn Städte, den übrigen K.n wurden zehn Städte zugeteilt (Jos 21,4-5). Im Zuge der Neuordnung der Dienste durch David übernahmen die K. eine Vielzahl von Ämtern, u.a. auch einen Teil des Singens im Tempel (1Chr 6,39-46; vgl. 9,32f; 26,23-32). Die K. wer-

Elfenbeingeschnitzter, ursprünglich mit Blattgold bedeckter Frauenkopf. Wahrscheinlich Teil der Ausschmückung des Palastmobiliars. Bekannt als »Mona Lisa« des alten Irak. Kelach, ca. 8. Jh.v.Chr. (SI)

den im Zusammenhang mit *Joschafat, *Hiskia und *Josia erwähnt (2Chr 20,19; 29,12; 34,12) und bei der Rückkehr aus dem Exil (vgl. Esr 2,42 mit 1Chr 9,17-19; die Korachiter waren Kehatiter; s.a. *Korach).

D.W.G.

KEHELATA. »Einberufung, Versammlung, Volksgemeinde«, Station Israels auf dem Wüstenweg (4Mo 33,22.23) zwischen Rissa und dem Gebirge Schefer vielleicht mit Makhelot identisch (vgl. LXX).

KELACH. Eine von *Nimrod in Assyrien (1Mo 10,11f) gegründete Stadt. Das assyr. *Kalhu* (heute Nimrud) liegt 40 km südl. von *Ninive am O-Ufer des *Tigris. Die Ausgrabungen von Sir H. Layard 1845-48, der British School of Archaeology 1949-63 sowie der irakischen Regierung zusammen mit polnischen Expeditionen 1970-76 erhellen die Geschichte der Stadt von der prähistorischen bis in die hellen. Zeit. Sondierungen zeigen frühe Einflüsse aus dem S, bevor die Hauptzitadelle (550 x 370 m) von Salmanassar I. (um 1250 v.Chr.) und nochmals von Assurnasirpal II. (879 v.Chr.) wieder aufgebaut wurde. Die Stadt umfaßte damals etwa 40 km² und hatte etwa 60 000 Einwohner. Von K. aus griff Salmanassar III. Syrien an. Sein Schwarzer Obelisk, der von *Jehus Unterwerfung berichtet, und Stelen, die *Ahab erwähnen, standen ursprünglich auf dem Hauptplatz. In-

KEIL
s. Waffen und Geräte

KEILSCHRIFT
s. Schrift

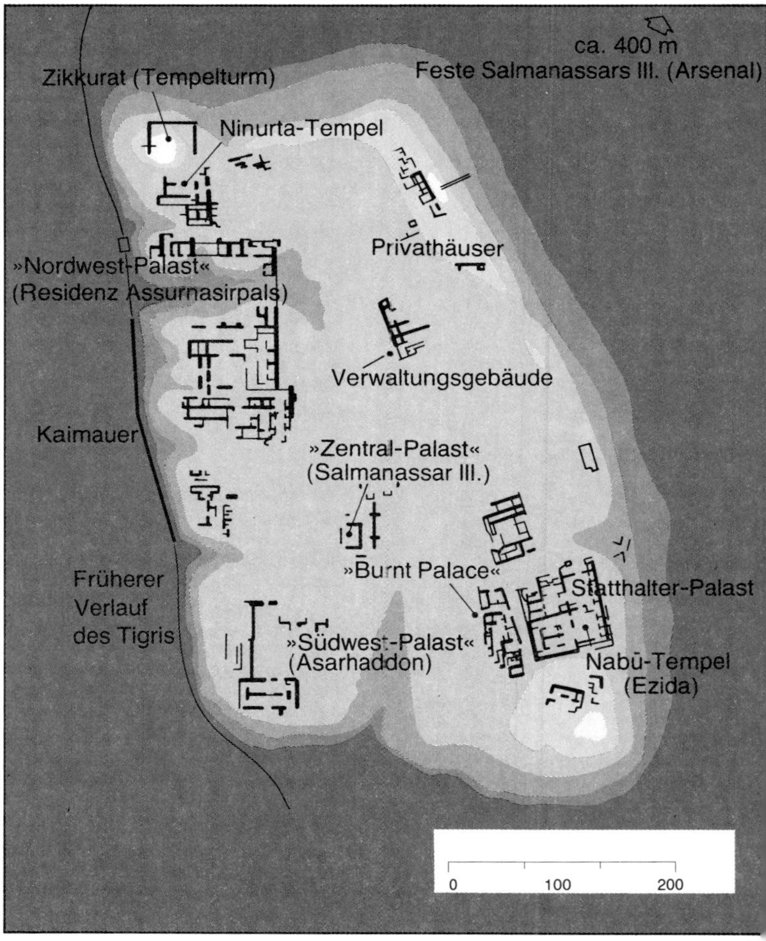

Plan der Zitadelle von Kelach (Nimrud).

Blick über die Ausgrabungen in Kelach, mit der Zikkurat und dem Palast Assurnasirpals II. (DJW)

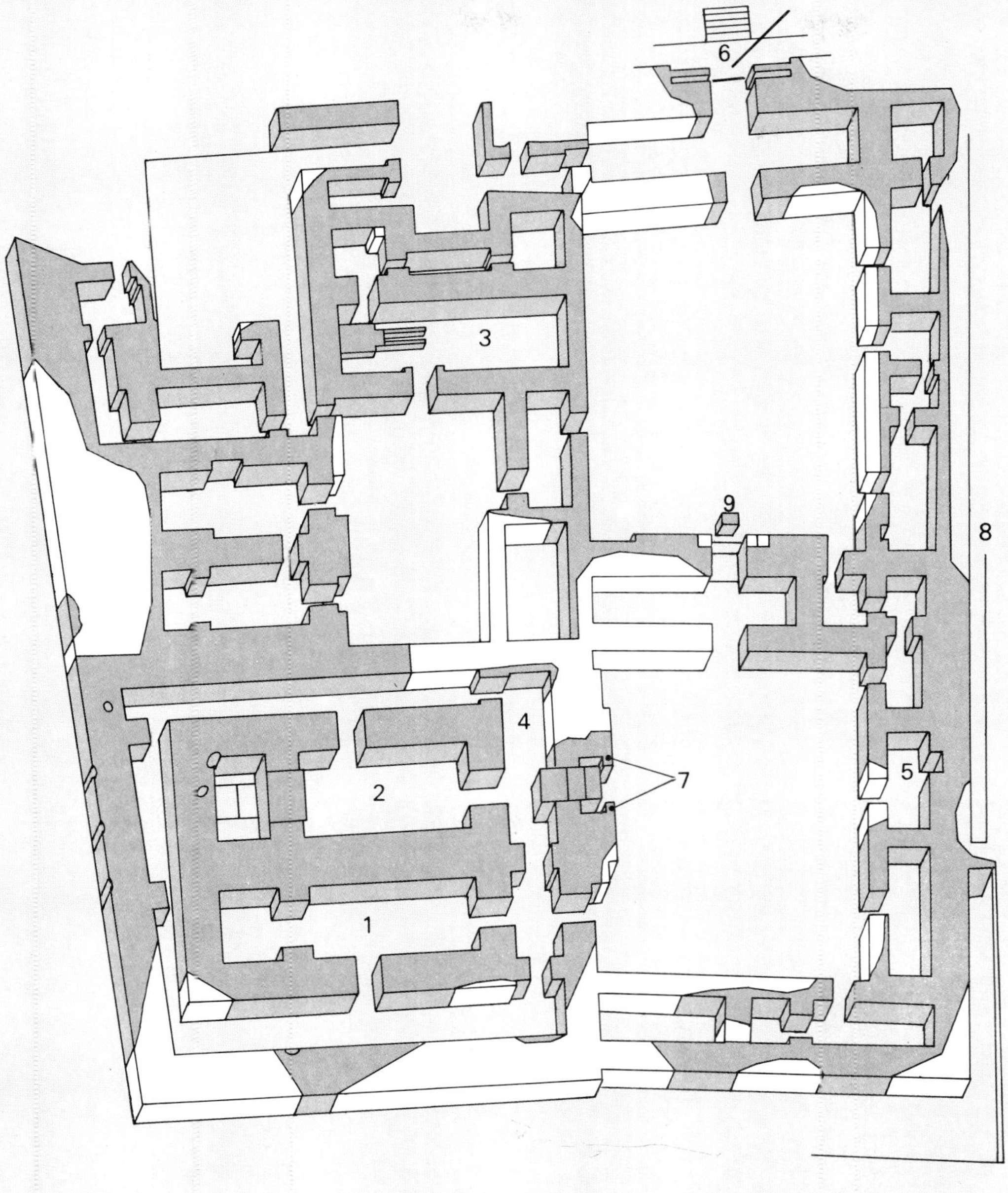

1 Taschmetuum-Heiligtum
2 Nabū-Heiligtum
3 Thronsaal
4 Kiste mit Gold- und Silberknöpfen (Fundstelle)
5 »Bibliothek« (Tontafeln)
6 Fischtor
7 Statuen
8 Stadtmauer
9 Altar

Grundriß des Nabu-Tempels in Kelach.

Stele Assurbanipals II. mit seinen militärischen Taten, baulichen Leistungen und dem zehntägigen Fest für 59654 Menschen zur Feier der Eröffnung der neuen Zitadelle und des Palastes von Kelach (Nimrud), ca. 876 v.Chr. (BSAI)

Reste des Tempelturms (Zikkurat) von Kelach. (DJW)

schriften berichten über Tiglatpilesars III. und Sargons II. Angriffe auf Israel und Juda von diesem assyr. Militärstützpunkt aus. Eine Liste aram. Personennamen belegt wohl die Anwesenheit von (angesiedelten) Gefangenen. Sargon II., der Eroberer *Samarias, lagerte seine Beute in K. Asarhaddon ließ hier seinen Palast bauen und seine Vasallenverträge mit unterworfenen Völkern auf Tafeln aufzeichnen, die im Nabu-Tempel aufgestellt wurden. Viele der Skulpturen, Elfenbeinschnitzereien, Metallgegenstände und Waffen, die in der Zitadelle und in den Mannschaftsunterkünften der Burg Salmanassars in der äußeren Stadt gefunden wurden, zeigen die Pracht der Beutestücke aus Syrien und Palästina sowie die Macht der assyr. Armee. 612 v.Chr. fiel K. in die Hände der Meder und Babylonier.

Literatur: S. Lloyd: Die Archäologie Mesopotamiens, 1981, 247ff. D.J.W.

KELCH
s. Becher

KELLER
s. Haus

KELTER
s. Wein

KEMOSCH. Gott der Moabiter (4Mo 21,29; Jer 48,46), der auch von König Mescha in seiner Inschrift (*Mescha-Stele) genannt wird. Mescha suchte die Hilfe des Götzen im Kampf gegen Israel durch das Opfer seines eigenen Sohnes zu gewinnen (2Kön 3,27). *Salomo baute ein Höhenheiligtum für K., das *Josia zerstörte (1Kön 11,7.33; 2Kön 23,13). Nach assyr. Keilinschriften wurden auch Eigennamen mit dem Gottesnamen K. gebildet. *Sanherib erwähnt auf seinem sechsseitigen Tonprisma (II,52) Kammu-su-na-ad-bi als König von *Moab. Auffällig ist, daß Jeftah (Ri 11,24) K. den Gott der *Ammoniter nennt; diese haben demnach zu der Zeit den Nationalgott Moabs ebenfalls verehrt.

KEMUËL.

1. Sohn *Nahors, des Bruders Abrahams; Stammvater der Aramäer (1Mo 22,20f).
2. Sohn Schiftans und Fürst des Stammes Ephraim, der mitverantwortlich war für die Verteilung des Landes Kanaan (4Mo 34,24).
3. Vater Haschabjas, eines Stammesfürsten der Leviten unter David (1Chr 27,17).

KENAS.

1. Enkel *Esaus; edomit. Stammeshäuptling (1Mo 36,11.15.42). Manche Kommentatoren meinen, daß K. der Vorfahr der Kenasiter war.
2. Bruder *Kalebs und Vater *Otniels und Serajas (Jos 15,17; Ri 1,13; 3,9.11; 1Chr 4,13).
3. Enkel Kalebs, Sohn Elas (1Chr 4,15). R.A.H.G

KENASITER. (Hebr. *qenissī*). Eine bedeutende edomitische Sippe, die ihre Abstammung über *Kenas von Elifas, *Esaus ältestem Sohn, herleitet (1Mo 36,11.15.42; 1Chr 1,36-53). Sie schloß sich teilweise dem Stamm Juda an; 1Chr 4,13ff erwähnt ihren Beitrag zur Geschichte Israels. V. 15 ist schwierig; womöglich lautet die ursprüngliche Lesart so: »...[Namen verloren]; diese waren die Söhne Kenas«. Auf *Kalebs kenasitische Abstammung wird durch die Bezugnahme auf Jefunne verwiesen (4Mo 32, 12; Jos 14,6.14). »Otniel, Sohn des Kenas« (z.B. Ri 1,13; 3,9.11) bedeutet vielleicht nur »Otniel, der Kenasiter«. Sonst wäre dieser Kenas Kalebs jüngerer Bruder und Otniel sein Neffe. Kalebs Geschichte läßt darauf schließen, daß seine Familie bereits vor dem Auszug einen festen Platz im Stamm Juda hatte (vgl. 4Mo 13,6); daher könnten sich Jefunnes Vorfahren dem Stamm zuerst angeschlossen haben.

1Mo 15,19 nennt die K. zusammen mit neun Völkern, die das Abraham verheißene Land bewohnen. Zu dem Land, das offenbar nach Siedlungen, die nach Abrahams Zeit entstanden, bestimmt wurde, gehört der *Negeb jedoch kein Teil von Edom selbst (vgl. 5Mo 2,5). J.P.U.L.

KENAT. (Hebr. *qenāt*, »Besitz«). Eine Stadt im N des *Ostjordanlandes, die Nobach von den Amoritern eroberte. Er gab ihr seinen Namen (4Mo 32, 42). Später wurde K. von Geschur und Aram eingenommen (1Chr 2,23). Der Name erscheint in mehreren ägypt. Texten aus dem 2. Jt.v.Chr. (vgl. LDB, 179 u.ö.). K. wird gewöhnlich mit den ausgedehnten Ruinen bei Kanatha, etwa 25 km nordöstl. von *Bozra, identifiziert, während F.-M. Abel (Géographie de la Palestine II, 417) und M. Noth, (vgl. PJB 37/1941, 80f) unter Bezugnahme auf Ri 8,11 eine Lage westl. oder nordwestl. des heutigen Amman vorziehen. J.D.D./G.I.D.

KENCHREÄ. Heute Kechries, 11 km südwestl. von *Korinth, am Saronischen Golf. Der griech. Name *Kegchreai* soll auf Kenchreias zurückgehen, einen Sohn des Meeresgottes Poseidon mit der Nymphe Peirene. K. war der östl. Hafen von Korinth, von dem aus der Seeverkehr nach *Athen, Kleinasien, *Syrien und *Ägypten ging. K. nahm am großen Aufschwung von Korinth in röm. Zeit teil. Beide Städte wurden durch eine Pflasterstraße verbunden, die von Gräbern gesäumt war und teilweise noch sichtbar ist. Einen natürlich vorhandenen Hafen, der wohl schon in der griech. Epoche genutzt wurde, hat man unter den Römern durch je eine große N- und S-Mole wesentlich verbessert. Die alte griech. Stadt, die noch kaum angegraben ist, lag auf einer Anhöhe im NW, der Ort der ntl. Zeit direkt am Hafen. Nach der »Beschreibung Griechenlands« des Pausanias gab es in K. neben einer berühmten Bronzestatue des Poseidon Heiligtümer der Aphrodite und Isis sowie des Heilungsgottes Asklepios (II, 2,4). Der größte Teil der Hafenanlagen befindet sich heute unter Wasser, da sich die Küste (zum Teil aufgrund von Erdbebentätigkeit) abgesenkt hat. 1963ff wurde in K. unter Einsatz der Unterwasser-Archäologie ausgegraben. Bei der NW-Mole liegt auf dem Land ein röm. Bau, bei dem es sich vermutlich um den Aphrodite-Tempel handelt, der wohl auch mit dem Heiligtum auf Akrokorinth zusammenhing. Bei der S-Mole ist ein ehemaliges Isis-Heiligtum sichtbar, das Ende des 4. Jh. in eine christl. Basilika umgewandelt wurde. Schon unter Wasser liegen ein weiterer vermutlicher Tempel sowie bedeutende Glasmosaiken. Von den fünf Erwähnungen K.s in der Antike finden sich zwei im NT. Wahrscheinlich von Korinth aus entstand in K. eine christl. Gemeinde, in der *Phoebe, die offenbar aus der Oberschicht stammte, als Diakonisse Dienst tat (Röm 16,1). In K. unterzog sich Paulus am Ende seines über achtzehnmonatigen Aufenthalts in Korinth (vgl. Apg 18,11; ca. 50-52 n.Chr.) einem Nasiräat und brach dann von hier aus mit *Aquila und Priszilla nach Syrien auf.

Literatur: W. Michaelis: ZNW 25 (1926), 144-154; J.G. Hawthorne: Archaeology 18 (1965), 191-200; R.V. Schoder: Das antike Griechenland aus der Luft, 1975, 111-113; R. Scranton, J.W. Shaw, L. Ibrahim: Kenchreai. Eastern Port of Corinth I, 1978; J. Wiseman: The Land of the Ancient Corinthians, 1978, 64-69; J. Murphy-O'Connor: St. Paul's Corinth, 1983, 17-22.
R.R.

KENITER. Die K. waren ein midianitischer Stamm (4Mo 10,29; Ri 1,16; 4,11). Das midianitisch-kenitische Gebiet lag südöstl. vom Golf von Aqaba. Die K. erscheinen zum ersten Mal als Bewohner Kanaans z.Zt. der Erzväter (1Mo 15,19). Später wird Mose der Schwiegersohn des K. Reguel (2Mo 2,18ff). Mose fordert dessen Sohn *Hobab auf, die Israeliten ins verheißene Land zu begleiten (4Mo 10,29). K. zogen mit dem Stamm Juda nach Kanaan (Ri 1,16; 1Sam 27,10) und lebten im Südteil Kanaans südl. von Arad (Ri 1,16). Saul verschonte sie im Krieg gegen die Amalekiter (1Sam 15,6). David pflegte Freundschaft mit ihnen (1Sam 30,29). Die Rechabiter, die am Wiederaufbau Jerusalems nach dem Exil beteiligt waren (Neh 3,14), waren kenitischer Herkunft (1Chr 2,55).

Mitunter wird eine sog. K.-Hypothese vertreten, nach der die K., die gerne als wandernde Schmiede aufgefaßt werden (nach dem arab. *kain*, »Schmied«), zu den ersten Anhängern des Jahwedienstes gehört haben sollen. Mose habe seine rel. Kenntnisse erst in Midian von seinem Schwiegervater, der Priester war, erworben, worauf Israel am Sinai den Gott der K. als seinen Gott übernommen hätte. In der Bibel ist davon keine Rede, und die Erscheinung in 2Mo 3 erweckt durchaus nicht den Eindruck, als ob Mose dem Gott der K. begegnete. J.A.M.

KENNEN. Das hebr. *jāda'*, das die LXX mit *ginoskein* übersetzt, hat die Bedeutung »Kennen, Wissen, Erkennen«. Vom Kennenlernen und Wahrnehmen geht es zur Kenntnis und dann zum tieferen Eindringen in das Wesen der Dinge: zur Erkenntnis. Der allmächtige und zugleich allwissende Gott kennt den Menschen, d.h. er weiß um die offene und verborgene Wirklichkeit des Menschen, und seine Taten sind ihm bekannt (2Mo 33,12; 1Kön 8,39; Hiob 23,10; Ps 1,6; 37,18; 103,14; Joh 2,24). Das ist für den Menschen Grund zur Buße und zur Demut (Ps 103,14; 139,1; Jes 1,3; vgl. die Sendschreiben der Offb, die mit dem ernsten »Ich kenne deine Werke« beginnen: Offb 2,2.9.13.19; 3,1.8.15), weil Gott nicht nur die offenkundigen schlechten Taten, sondern auch die heimliche Schande und unerkannte Sünde kennt und ans Licht bringt. Das ist aber zugleich auch Grund zur Freude und Dankbarkeit (Nah 1,7), denn die Tatsache, daß Gott die Not kennt, ist der erste Schritt zu ihrer Behebung.

Die Kenntnis von Gott, die Adam aus dem Paradies mitnahm, ging in dem Maße und überall dort verloren, wo Menschen sich von Gott abwandten. Ebenso wurde in Israel die aus den Offenbarungen auf dem Wüstenzug gewonnene Kenntnis Gottes durch den Götzendienst verwischt (Ri 2,10; Jes 1,3; Jer 31,32ff). Doch was Gott in Jer 31,34 verheißen hat, ist in Jesus erfüllt worden (Hebr 8,11): durch die *Offenbarung Gottes in Jesus Christus ist es dem Menschen möglich geworden, Gott in Wahrheit zu erkennen (1Tim 3,16; Joh 14,7-9). Diese Kenntnis Gottes ist kein Vorrecht der Klugen und Weisen, sie ist allen zugänglich, und sogar in besonderer Weise den Törichten dieser Welt (1Kor 1,26-31), die zur echten Weisheit berufen und gekommen sind (Jer 9,22f; s.a. *Erkennen).

KENOSIS. Der Begriff ist abgeleitet von dem griech. Verb *heauton ekenōsen* (»er entäußerte sich selbst«, Phil 2,7) und kennzeichnet bestimmte Positionen in der Lehre von der Person Christi innerhalb der protestantischen Theologie, denen daran lag, die wahre Menschheit Christi zur Geltung zu bringen.

Unter Voraussetzung der Trinitätslehre, der Lehre von den zwei Naturen Christi und der lutherischen Lehre von der *communicatio idiomatum* (der Lehre von der Teilhabe der menschlichen Natur Christi an den Eigenschaften der göttlichen Natur und umgekehrt) stellte sich die Frage, wie das Menschsein Christi so gedacht werden kann, daß es als wahrhaft menschliches Sein zur Geltung kommt und nicht sozusagen von der Gottheit Christi aufgesaugt wird, oder, nach einer anderen Seite gewendet: wie das Jesusbild der Evangelien im Rahmen der Zwei-Naturen-Lehre der Christologie ernsthaft Raum findet.

Führende Vertreter der **älteren Kenotik** im 17. Jh. sind die Gießener Theologen Balthasar Mentzer und Justus Feuerborn. Sie vertreten die Auffassung, daß Christus im Stande der Erniedrigung sich hinsichtlich seiner menschlichen Natur *des Gebrauchs* der göttlichen Eigenschaften (vor allem ist an Allmacht, Allgegenwart und Allwissenheit gedacht) entäußert, wiewohl er sie auch hinsichtlich seiner menschlichen Natur *besitzt*. Demgegenüber vertreten die Tübinger Matthias Hafenreffer, Lukas Osiander und Theodor Thummius (»Kryptiker«) die Auffassung, Christus habe seiner menschlichen Natur nach die göttlichen Eigenschaften wohl gebraucht, aber nur im Verborgenen. Die *Wunder gelten beiden Schulen als Ausnahmen, in denen Christus seiner menschlichen Natur nach öffentlich von den göttlichen Eigenschaften Gebrauch macht.

Die **neuere Kenotik** entsteht um die Mitte des 19. Jh., zu einem wesentlichen Teil wohl unter der Herausforderung durch die These von David Friedrich Strauß, das Christusbild der Evangelien sei als Mythos zu verstehen. Demgegenüber versuchen die kenotischen Ansätze nun vom überlieferten christologischen Dogma aus darzutun, daß der Gottmensch als ein wirklicher, geschichtlicher Mensch zu verstehen sei, dessen Persönlichkeit und Bewußtsein sich ganz in menschlicher Weise entwickelt haben. Die K. wird nun nicht mehr wie in der älteren Kenotik als Werk des Menschgewordenen seiner menschlichen Natur nach verstanden, sondern als Tat der zweiten Person der Gottheit vor bzw. bei der Menschwerdung. Es ist dann sozusagen eine auf menschliche Dimensionen reduzierte göttliche Natur, die in die Einigung mit der menschlichen Natur eingeht. Im einzelnen wurde dieser Ansatz in mancherlei unterschiedlichen Weisen durchgeführt und war von großem Einfluß auf das spätere christologische und theologische Denken. Hauptvertreter sind Gottfried Thomasius (der wesentliche Urheber dieser Denkrichtung), Wolfgang Friedrich Geß, Johann Christian Konrad von Hofmann, Karl Theodor Albert Liebner, Johann Heinrich August Ebrard und Franz Hermann Reinhold Frank.

Während bei der älteren Kenotik die Gefahr besteht, daß die Einheit der Person Christi in die Differenz zwischen der göttlichen Natur und der sich des Gebrauchs der göttlichen Eigenschaften entäußernden menschlichen Natur zerfällt, entsteht bei den neueren kenotischen Theorien das Problem, ob so denn überhaupt noch die volle Gottheit von Christus ausgesagt werden kann. Andererseits ist das Anliegen, das bibl. Bild des Menschen Jesus und das bibl. Zeugnis von der Kondeszendenz und Selbsterniedrigung Gottes in die Beschränktheit unseres menschlichen Daseins hinein deutlicher zur Geltung zu bringen als dies in den älteren Formen der Christologie geschieht, aller Anerkennung wert. Es zeigt sich hier die grundsätzliche Schwierigkeit, die der Fixierung des kirchlichen Dogmas im Verhältnis zum bibl. Zeugnis bleibend anhaftet: die dogmatischen Formulierungen können nicht die ganze Fülle des bibl. Zeugnisses in sich aufnehmen. Die Einheit von menschlicher Abhängigkeit und göttlicher Vollmacht Jesu, wie sie uns im NT vor Augen gestellt wird (z.B. Joh 5,19-23.26f), übersteigt die begrifflichen Möglichkeiten der Lehre von den zwei Naturen Christi.

Literatur: O. Bensow: Die Lehre von der Kenose, 1903; M. Breidert: Die kenotische Christologie des 19. Jahrhunderts, 1977; P. Althaus: Die christliche Wahrheit, ^{8}1969, S. 451-455. H.Ha.

KEPHAS
s. Petrus

KERKERTOR
s. Jerusalem

KETZEREI
s. Häresie

KEREM. Der in der LXX-Liste der Städte Judas (Jos 15,59 LXX) genannte Ort (griech. *Karem*) ist identisch mit dem Bet Kerem (hebr. *bejt kerem*) von Jer 6,1 und Neh 3,14 (wo es als Wohnsitz des *Rechabiters *Malkija erscheint).

1. Wegen Jer 6,1 (Nähe zu *Thekoa; vgl. Hieronymus, CCL 74, 63) und der Ortsbeschreibung der Kupferrolle von *Qumran (3Q15 10,5f) ist K. beim Kibbuz Ramat Rahel ca. 3 km südl. von *Jerusalem zu suchen (DJD III 268). Dort bestanden nacheinander ein königlich israelit. Landgut (9./7. Jh.v.Chr.), ein pers. Verwaltungssitz (vgl. Neh 3,14), eine röm. Kolonie sowie aufgrund einer alten judenchristl. Legende (Hennecke-Schneemelcher I, 286f) ab ca. 450 n.Chr. eine Kirche zum Gedenken des Rastplatzes (griech. *kathisma*) *Marias. Die Ebene von *bejt kerem* erscheint in den Qumran-Schriften (1QGenAp 22,14 vgl. 1Mo 14,17f) sowie in der Mischna (Mid 3,4) und dürfte den Ostteil der Ebene von *Refaīm meinen.

Literatur: Y. Aharoni: EAEHL IV, 1978, 1000–1009; OLB 2, 1982, 596–606.

2. Früher wurde K. mit dem arab. Dorf *ʿaīn karīm*, heute die jüd. Siedlung En-Kerem, 7 km westl. von Jerusalem identifiziert (F.M. Abel, Géographie de la Palestine II, ^{3}1967, 295f). Hierher verlegt die älteste, ab dem Beginn des 6. Jh. greifbare Lokaltradition (ELS 44ff) den Geburtsort von *Johannes dem Täufer. Zwei byzantin. Kirchen (4. Jh.) bezeugen eine noch ältere Verehrung und die Ortsüberlieferung könnte schon hinter den judenchristl. Legenden des Protevangeliums (Hennecke-Schneemelcher I, 289) aus dem 2. Jh. stehen. Die Ortslage paßt gut zur Beschreibung in Lk 1,39: Maria geht zu *Elisabeth »in das Bergland (griech. *oreinē*) in eine Stadt Judas«. Das griech. Wort bezeichnet den Distrikt um Jerusalem (Plin.nat. V, 14). Lk 1,65 zeigt, daß der Ort in *Judäa (griech. *Ioudaia*) lag. Wenn Lukas in 1,39 die semit. klingende Form *Iouda* wählte, so könnte das eine Anspielung auf 2Sam 2,1 sein. Hier den Namen der Priesterstadt *Jutta (Jos 15,55; 21,16), 10 km südl. von Hebron, zu sehen (Th. Zahn, Das Evangelium des Lucas, ^{4}1920, 93-96), ist schon philologisch schwer möglich. Die Ortslage westl. von Jerusalem war in ntl. Zeit besiedelt und vielleicht deuten Funde auf die Anwesenheit von *Judenchristen. Die Entdeckung einer Venus-Statue könnte auf ein heidnisches Heiligtum hinweisen, das wie in *Bethlehem oder auf *Golgatha die christl. Verehrung verdrängen sollte.

Literatur: B. Bagatti: Il Santuario della Visitazione, 1948; B. Bagatti, E. Alliata: SBFLA 36 (1986), 277-296; C. Kopp: Die heiligen Stätten der Evangelien, ^{2}1964, 130-137; M. Küchler: Heiliges Land 9 (1981), 54-59; S.J. Saller, Discoveries at St. John's – ʿEin Karim, 1946. R.R.

KERIJOT-HEZRON. (»Hürden-Städte«?). Im Stamm *Juda im Gebiet des *Negeb gelegener Ort, den ein in der altsyr. Übersetzung fehlender Zusatz als *Hazor identifiziert (Jos 15, 25). K. ist wahrscheinlich mit Qarjetēn, 8 km nördl. von *Arad, gleichzusetzen, das heute neuhebr. Hurva Qerijot heißt. Einige, z.T. alte Handschriften (zu Joh 6,72; 12,4; 13,2.26; 14,22) nennen *Judas Iskariot, den Verräter Jesu, den Mann »aus K.«, *apo Karyōthou*. Es wäre dann ein hebr. *ʾJsch qerīōth* vorauszusetzen. Deshalb nehmen manche Forscher an, daß er der einzige uns bekannte Zwölferjünger aus *Judäa war. Legendär dürfte die Nachricht des Epiphanius Hagiopolita sein, Judas habe aus Skara (d.h. *Sychar) gestammt (PG 120,210).

Literatur: G. Sauer: BHH II, 1964, 934; R. Schnackenburg: Johannesevangelium II, ^{4}1985, 113f. R.R.

KERKER. Der Begriff bezeichnet im wörtlichen Sinn ein festes *Gefängnis (1Mo 39,20; Jer 32,2; 37,16; 38,9; 1Kön 22,27; Mt 11,2); im übertragenen Sinn steht K. für die Notlage des Frommen (Ps 142,8), die Verbannung nach Babylon (Jes 42,7; Jer 29,14; LÜ: Gefangenschaft; RevEB: Geschick) oder als Bild für Gottes endzeitliches Gericht (Jes 24,21f).

KESSEL. Es gibt verschiedene hebr. Begriffe, die topfartige Gefäße zum Kochen, vielleicht auch zum Braten von Fleisch bezeichnen. K. aus Kupfer (1Kön 7,38) fanden im Tempel Verwendung (1Sam 2,14; Hiob 41,12; 1Kön 7,38; 2Chr 4,6.14). Diese K. wurden u.a. auch auf fahrbare bronzene Gestelle (1Kön 7,27ff) aufgesetzt.

K. wurden nicht nur im sakralen Raum verwendet, sondern auch zum alltäglichen, profanen Kochen (Sach 14,20f; Hiob 41,12).

KETTE. Mit ehernen K.n wurden Gefangene gefesselt (Ri 16,21; 2Kön 25,7; 2Chr 33,11; 36,6). Dabei handelte es sich um Fußfesseln, die aus zwei durch einen kurzen Metallstab verbundenen Ringen bestanden, oberhalb der Knöchel angebracht wurden und nur kurze Schritte erlaubten. Außerdem werden Handfesseln erwähnt (Jer 40,4; Apg 12,6.7); sie sind wohl auch in Apg 21,33; Eph 6,20; 2Tim 1,16 gemeint. Besessene oder Wahnsinnige band man mit K.n (Mt 5,3.4; Lk 8,29; vgl. Dan 4,20). Hes 19,4 meint mit K.n Nasen- bzw. Lippenringe, an denen man Gefangene führte.

Goldene K.n fanden sich an der *Brusttasche des Hohenpriesters (2Mo 28,22ff) und als Schmuck im Tempel (2Chr 3,5 RevEB), auch das Allerheiligste und die ehernen Säulen hatten K.n als Verzierung (V. 16 RevEB; vgl. *Jachin u. Boas I). Silberne K.n werden Jes 40,19 bei Götzenbildern erwähnt (s.a. *Schmuck).

KETURA. (Hebr. *qetūrā*, »die Duftende«). *Abrahams zweite Frau nach dem Tode *Saras, die ihm Simran, Jokschan, Medan, Midian, Jischbak und Schuach gebar, die die Vorfahren einer Anzahl nordarab. Völker waren (1Mo 25,1-4; 1Chr 1,32-33). T.C.M.

KEUSCH, KEUSCHHEIT. Unter Keuschheit versteht die Bibel die Lauterkeit des Charakters und der Beweggründe, die Durchsichtigkeit von Geist und Seele in Liebe, Treue und Wahrhaftigkeit, im engeren Sinn die Beherrschung des Leibes vor allem im Blick auf das Geschlechtsleben aus solcher Haltung heraus. Das AT spricht zwar von der Sache (1Mo 39,7-12; 2Mo 20,14; 3Mo 20,10-23; Hiob 31,1), doch steht hier (in LÜ) nirgends das Wort K., sondern nur »rein« (Ps 51,12). Die Worte K. und Keuschheit kommen nur im NT vor als Übersetzung verschiedener griech. Wörter. In der Revision der LÜ wurde K. z.T. mit »Reinheit«, »Enthaltsamkeit«, »Lauterkeit«, »Anstand« wiedergegeben.

1. Griech. *hagnos, hagnotēs, hagnizō* und *hagneia* bezeichnen vor allem die sittliche Reinheit, Lauterkeit und Tadellosigkeit (2Kor 6,6; Phil 4,8; 1Tim 4,12; Tit 2,5; 1Petr 1,22; 3 2; Jak 3,17; 4,8; 1Joh 3,3; 2Kor 7,11: »unschuldig«; 2Kor 11,2: »keusch« im engeren Sinn).

Daneben kann *hagnizō* auch die atl. kultische Reinheit (vgl. *Rein/Unrein) bezeichnen (Joh 11,55; Apg 21,24.26; 24,18). Bei den griech. Wörtern *egkratēs* und *egkrateia* ist die zur K. nötige Selbstbeherrschung stärker betont (Apg 24,25; Tit 1,8; 2Petr 1,6). Das zugehörige Verb übersetzt LÜ mit »enthalten« in allgemeiner (1Kor 9,25) wie eingegrenzter Bedeutung (1Kor 7,9). Gal 5,23 steht *egkrateia* als Frucht des Geistes im Gegensatz zu Ehebruch, Hurerei, Unreinigkeit, Unzucht, Saufen und Fressen (V. 19f).

Unkeusch, d.h. zuchtlos (griech. *akratēs*; 2Tim 3,3) und Unkeuschheit (*akrasia*; 1Kor 7,5), d.h. Unenthaltsamkeit, Mangel an Selbstbeherrschung, beziehen sich nur auf *Ehe und Geschlechtlichkeit.

2. Im Gegensatz zur griech. Philosophie (für die ntl. Zeit sind besonders wichtig die Anfänge der *Gnosis; vgl. Kol 2,21-23), die den Leib und Liebestrieb als minderwertig, als Kerker der Seele und als böses Prinzip an sich ansieht, bezeugt die Bibel, daß in diesen Gaben Gottes Schöpferweisheit und Schöpfermacht offenbar wird (Hiob 10,8; Ps 139,14) und der Mensch sie dankbar empfangen soll (1Tim 4,3-5; Pred 9,9). Freilich muß er dabei in den Grenzen des Gotteswortes und -gebotes bleiben. Für verdienstliche Askese ist neben der Heilsgabe in Christus kein Platz mehr (Gal 5,4). M.H./Red.

KIBROT-HATTAAWA. (Hebr. *qibrōt hatt'awā*, »Lustgräber, Gräber der Gier«). Ein Lagerplatz der Israeliten, eine Tagereise von der Wüste Sinai entfernt. Als das Volk Fleisch zum Essen begehrt und Wachteln vom Herrn geschickt bekommen hatte, wurde es dort von einer Seuche überfallen, an der viele starben (4Mo 11,31-34; 33,16; 5Mo 9,22 vgl. Ps 78,27-31). Manche haben vermutet, daß das Ereignis am Tabera (4Mo 11,1-3) am gleichen Ort stattfand wie das von Kibrot-Hattaawa, aber 5Mo 9,22 scheint dagegen zu sprechen. Grollenberg identifiziert den Ort mit Ruweis el-Ebeirig, nordöstl. vom Berg Sinai. J.D.D.

KIBZAJIM. (Hebr. *qibzajim*). Eine Levitenstadt in *Ephraim (Jos 21,22). Nicht Tell Abu Qabūs, sondern vielleicht das heutige arab. Dorf Qusēn westl. von *Sichem (F.M. Abel, Géographie de la Palestine II, [3]1967, 417), wahrscheinlich aber ein Ort unbekannter Lage (M. Noth, Josua, [3]1971, 128). In 1Chr 6,53 ist K. wahrscheinlich in *Jokmeam verschrieben. R.R.

KIDRON. (Hebr. *nachal qidrōn* von *qdr* »dunkel, glühend sein«). So lautet heute neuhebr. der Name jenes Tals, das aus dem Zusammenfluß mehrerer Wadis nördl. der Altstadt von *Jerusalem entsteht. Es verläuft dann immer tiefer eingeschnitten in N-S-Richtung zwischen der Altstadt und dem *Ölberg im O. Darauf windet es sich durch die Wüste *Juda, um in den N-Teil des *Toten Meers zu münden. Arab. heißt der oberste Abschnitt (nach dem Mariengrab bei *Gethsemane) Wādi Sitt Mirjām, der folgende kurze Teil beim Dorf Silwān (*Siloah) Wādi Silwān, die Forsetzung Wādi En-Nār (Feuertal) und der unterste Lauf (nach dem berühmten griech.-orthodoxen Kloster) Wādi Mar Sāba. In bibl. Zeit hieß nur der oberste Abschnitt K. Er ist heute durch starke Trümmeraufschüttungen weniger tief eingeschnitten als früher, und auch die Wasserrinne hat sich um durchschnittlich 30m weiter nach O verlagert. Im K.tal entsprang zwar am O-Rand der Davidsstadt die ständig fließende *Gihon-Quelle. Aber schon die Ableitungen des Wassers in jebusitischer und israelischer Zeit verhinderten, daß es nach S abfloß. So bedeutet *nachal*, das die LXX und Josephus (ant.Jud. VIII, 17) gelegentlich mit *cheimarros* wiedergeben, einen »Winterbach«. Natürliche Rückhalte-

becken im obersten Teil mögen dafür gesorgt haben, daß nach starken Winterregenfällen ein Rinnsal länger als nur ein paar Stunden durch das K.tal floß. Manchmal heißt der K. im AT einfach der *nachal* (2Chr 33,14; Neh 2,15), während Josephus meist vom »Tal« (*pharagx*) des K. spricht (ant.Jud. IX, 151; bell.Jud. V, 147 u.ö.). *David überquerte bei seiner Flucht

Kidrontal. Blick auf die sog. »Zinne des Tempels«. Links das hasmonäische Grabdenkmal, das heute volkstümlich »Absalomsgrab« heißt. (RR)

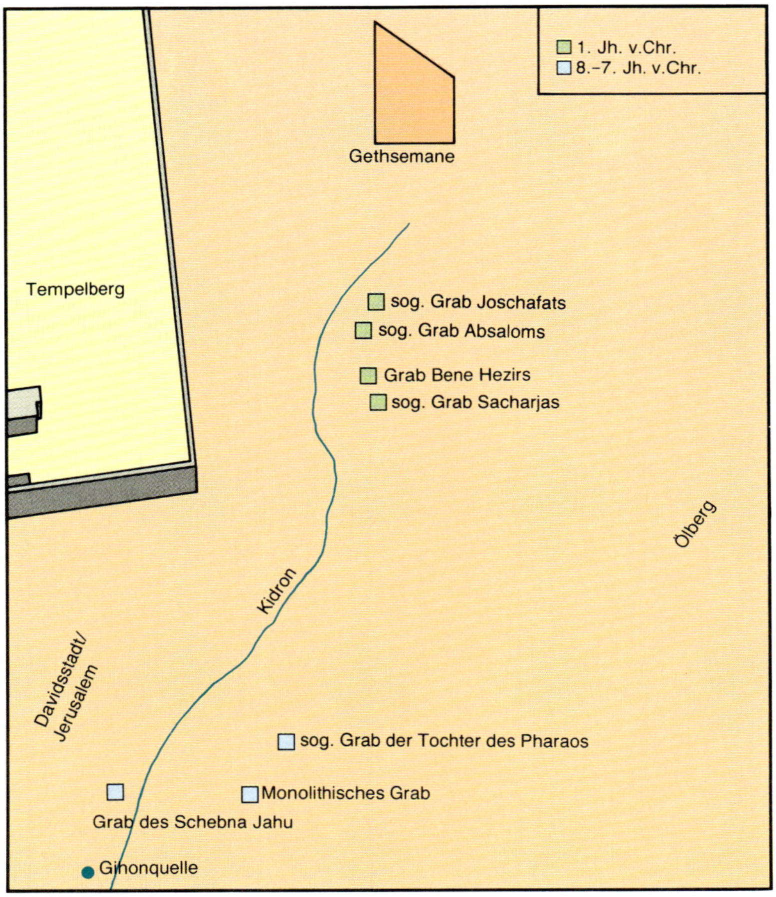

Das Kidrontal im Osten von Jerusalem. Der Ostabhang war ein bevorzugter Begräbnisort.

aus der heiligen Stadt den K., um *Jericho zu erreichen (2Sam 15,23). Das K.tal bildete die O-Grenze des Jerusalemer Stadtgebiets (1Kön 2,36f). Weil das Tal als Begräbnisplatz für das einfache Volk diente (2Kön 23,6), ließen fromme Könige hier die Götzenbilder aus dem Tempel verbrennen (1Kön 15,13; 2Kön 23,4.6; 2Chr 29,16). Die in diesem Zusammenhang genannten K.-Terrassen (hebr. *sadmot qidrōn*) wurden sehr wahrscheinlich am NO-Abhang der Davidsstadt wiederentdeckt (*Millo).

In der Prophetie des *Jeremia ist der K. auch die O-Grenze der endzeitlichen Stadt (Jer 31,40). *Hesekiel sieht unter der Tempelschwelle eine Quelle entspringen, die – wohl doch durch den K. (W.R. Farmer, BA 19, 1956, 17ff) – bis ins Tote Meer sprudelt (Hes 47,1–12). Dieselbe Vorstellung steht vermutlich auch hinter Sach 14,8. Vielleicht geht es schon auf eine ältere jüd./judenchristl. Überlieferung zurück, wenn der Pilger von Bordeaux (333 n.Chr.) das K.tal mit dem Tal *Joschafat identifiziert (CSEL 39, 23), in dem sich nach Joel 4,2.12 das Gericht über die Heiden vollziehen soll. Schon Euseb setzt den K. mit diesem Tal gleich, verwechselt es aber noch zusätzlich mit dem *Hinnom-Tal (onom. 70,2–4; 170,8–10). Wenn mit dem Tal Joschafat ein konkreter Ort bei Jerusalem gemeint ist, dann am ehesten der *Königsgrund (1Mo 14,17), wo vielleicht auch das »Tal der Schauung« (Jes 22,5) zu suchen ist. Vermutlich hat es schon in vorntl. Zeit in verschiedenen jüd. Gruppen unterschiedliche Ansichten über die endzeitlichen Gerichtsorte in Jerusalem gegeben. Daß zumindest manche Juden dem K.tal eine besondere Bedeutung beimaßen, ist wegen Hes 41,1ff und Sach 14,8 (vgl. 14,4) wahrscheinlich. Anscheinend war es für *Essener (3Q 15; 10,15–11,10) und dann später auch für Judenchristen ein bevorzugter Begräbnisplat (B. Pixner, RQ 11, 1983, 355f). Judenchristl. Gräber fand man bei *Gethsemane und weiter unten im K.tal (*Begräbnis- und Trauersitten II.5). In der rabbin. Literatur spielt der K. allerdings eine völlig unbedeutende Rolle (Bill. II, 567).

Joh 18,1 berichtet, daß Jesus in der letzten Nacht vor der Verhaftung vom *Obergemach herkommend den K. überschritt. Damit wird in typologischer Weise an die Flucht des Messiasahnen David erinnert. Doch weist die Erwähnung des »Winterbaches Kidron« (*cheimarros tou Kedrōn*) und vor allem des Gartens (*kēpos*; Joh 18,2; vgl. Lk 21,37; Joh 8,1), der nach den Synoptikern mit Gethsemane zu identifizieren ist (Mt 26,36/Mk 14,32), auf gute Ortskenntnis hin (B. Schwank, EA 57, 1981, 436). Nach Treppenfunden auf dem Gebiet der griech.-orthodoxen Stephanus-Kirche zu schließen, überquerte unmittelbar nördl. von Gethsemane ein Weg vom »Goldenen Tor« (O-Tor des Tempelplatzes?) herkommend den K. (B. Bagatti, Recherches sur le site du Temple, 1979, 15). Falls damals schon der K. als Tal Joschafat galt, dann steht vielleicht das Wort Jesu über das Eingreifen der Engelheere in Gethsemane (Mt 26,53, vgl. Joel 4,9) mit dieser Ortsüberlieferung in Verbindung (A. Carr, Exp. VI/5, 1902, 215–217). J. Jeremias nahm an, das Grab des Propheten *Sacharja habe sich ebenso wie das des *Haggai im K.tal befunden (Heiligengräber in Jesu Umwelt, 1958, 67–72). Dann könnte das Zitat aus Sach 13,7 beim Weg nach Gethsemane (Mt 26,30–32/Mk 14,26–28) auch davon angeregt sein. Das hellen. Monumentalgrab der Priesterfamilie Hezir gegenüber der SO-Ecke des Tempelplatzes wird allerdings erst seit dem 4. Jh.n.Chr. für das Grab des Sacharja gehalten. Mit den im Judentum und Christentum wie auch im Islam vertretenen Vorstellungen über die endzeitliche Bedeutung des K.tals ist zu erklären, daß es bis heute als bevorzugter Bestattungsort dient.

Literatur: F.M. Abel: Géographie de la Palestine I, [3]1967, 400f; B.C. Chapman: NIDBA 1983, 279f; G. Dalman: Jerusalem und sein Gelände, 1930, 159–189; ders.: Orte und Wege Jesu, [4]1967, 338f; H.E. Hutchbury: PEQ 93 (1961), 101–113; H. Kosmala: BHH II, 1964, 946f; J. Murphy-O'Connor: Das Heilige Land, 1981, 107–114; R. Schnackenburg: Johannesevangelium III, [5]1986, 250. R.R.

KIND, KINDSCHAFT. Die jüd. Einstellung zum K. läßt sich am besten dadurch verdeutlichen, daß man sie kontrastiert mit der Einstellung zum K. in der hellen.-röm. Antike. Hier war die Kindheit ein Lebensalter, in dem man erheblichen sozialen Gefahren ausgesetzt war. Der Familienvater (*pater familias*) übte über seine Kinder unumschränkte Macht aus. Er entschied nach der Geburt über das Schicksal des Kindes: hob er es nicht vom Boden auf, durfte es nicht aufgezogen werden; es wurde dann verkauft oder getötet. Auf den Sklavenmärkten gab es regelrechte Spezialmärkte für Kinder. Häufig wurden Kinder zur Prostitution gezwungen, oder sie wurden verstümmelt und zum Betteln benutzt, manchmal gerieten sie auch in vornehme Familien um hier den Kindern des Hauses als lebendiges Spielzeug zu dienen.

Im *Judentum, das extrem kinderlieb war (vgl. Ps 127; 128), waren Kinder nicht in derselben Weise gefährdet wie in der hellen.-röm. Antike. Kinder auszusetzen war verboten. Wirtschaftliche Notsituationen konnten freilich dazu führen, daß auch jüd. Kinder verkauft wurden, und zwar in die Schuldknechtschaft (vgl. Mt 18,25). Und dem störrischen, widerspenstigen Sohn drohte die Todesstrafe, wenngleich sie auch nicht (um Willkür auszuschließen) allein vom

Vater verhängt werden durfte, sondern in Übereinstimmung mit den Ältesten der Stadt (5Mo 21,18-21).

Als erstrebenswert galt es, sehr viele Kinder zu haben, und zwar vor allem Söhne. So wird *Rebekka beim Abschied von ihrer Familie mit folgenden Worten gesegnet: »Du unsere Schwester, wachse zu viel tausendmal tausend« (1Mo 24,60; vgl. ferner Hiob 5,25; Spr 17,6). Dementsprechend galt Unfruchtbarkeit als Schande und schwere Prüfung durch Gott (1Mo 20,18; 30,1f; 1Sam 1,5-7; Jes 47,9). Die Säuglingssterblichkeit dürfte in Israel hoch gewesen sein. Das läßt sich aus 3Mo 27,6 schließen, wo es um eine geldliche Taxierung verschiedener Personengruppen geht im Zusammenhang mit der Möglichkeit, rel. Gelübde durch Geldzahlungen abzulösen. Dabei wird deutlich, daß ein K. bis zu einem Monat noch keinen Wert hat – zu groß ist das Risiko, daß es sterben kann.

Am 8. Tag nach der Geburt fanden *Beschneidung und Namensgebung statt (1Mo 17,12; Lk 1,59; 2,21). Die ersten Jahre lagen in der Verantwortung der Mutter (Spr 6,20; 31,1), die das Kind lange stillte (nach 2Makk 7,28 drei Jahre). Später übernahm dann der Vater die Erziehung der Söhne, die er im Gesetz unterwies und sie ein Handwerk lehrte. Die Töchter blieben bis zu ihrer Heirat bei der Mutter und halfen ihr bei der Führung des Haushaltes. Den Kindern war es vom Gesetz her aufgetragen, die Eltern zu ehren (2Mo 20,12 u.ö.). In der Haustafelethik des NT kehrt diese Verpflichtung wieder, verbunden mit der mahnenden Anrede an die Väter, ihre Kinder nicht zum Zorn zu reizen bzw. zu verbittern (Eph 6,1-4; Kol 3,20 vgl. hier die spezifisch christl. Begründung »denn das ist wohlgefällig in dem Herrn«).

Neben der allg. Redeweise vom K., in der es in seiner konkreten Existenz angesprochen wird, findet sich in der Bibel auch eine übertragene metaphorische Redeweise. So wird Israel der erstgeborene Sohn Jahwes genannt (2Mo 4,22; Jer 31,9), der sein Lieblingskind ist (Jer 31,20). Jahwe hat Israel getragen, wie man sein K. trägt (5Mo 1,31). Auch das NT bedient sich in vielfacher Weise der Kind-Metaphorik. In 1Petr 2,2 werden die neu zur Gemeinde Hinzugekommenen mit neugeborenen Kindern verglichen; wie diese nach Milch verlangen, sollen die neu Hinzugekommenen Appetit nach geistlichen Gütern entwickeln. Besonders ausführlich bedient sich Paulus der Kind-Thematik. Häufig bezeichnet er mit »Kind« (griech. *teknon*) von ihm bekehrte Christen (1Kor 4,14.17; 2Kor 12,14; Gal 4,19; Phil 2,22; 1Thess 2,7.11f; Phlm 10) und sieht sich damit als Vater (oder auch als Mutter, Gal 4,19; 1Thess 2,7) der Gläubigen.

Großes theologisches Gewicht hat die metaphorische Redeweise vom K. in jenen ntl. Stellen, an denen es um Gotteskindschaft geht. Vorgebildet ist dieses Theologumenon im AT. Ist hier allerdings der Kindschaftsgedanke eher ein Motiv von nebengeordneter Bedeutung, und wird hier das Volk als Ganzes als Sohn bzw. Kind bezeichnet (vgl. die oben bereits genannten Stellen 2Mo 4,22; 5Mo 1,31; Jer 31,9.20 u.ö.), so rückt bei Jesus die Gotteskindschaft ins Zentrum der Verkündigung und wird bei ihm vom einzelnen Menschen ausgesagt (vgl. bes. Mt 5,45 und die Bezeichnung Gottes als Vater in Jesu gesamter Botschaft; diese Gottesbezeichnung schließt den Gedanken der Kindschaft mit ein).

Von Jesus läuft eine Linie zu Paulus und Johannes, bei denen der Kindschaftsgedanke weiter ausgearbeitet ist mit jeweils unterschiedlichen Schwerpunkten. Die entscheidenden Stellen bei Paulus zur Kindschaft bzw. Sohnschaft (griech. *hyiothesia*) sind Röm 8,14-25 und Gal 4,4-7. Der Begriff hat bei Paulus eine gewisse Nähe zur Rechtfertigung und bezeichnet den Stand, in den die Glaubenden versetzt sind, wobei in Röm 8,23 das volle Offenbarwerden der *hyiothesia* allerdings erst für das Eschaton (zukünftige Zeit) erwartet wird. Dem Begriff eignet also eine eigentümliche Doppelheit, er fügt sich ein in die paulinische Dialektik von »Schon und Noch-nicht«. – In den johanneischen Schriften findet sich der Begriff *hyiothesia* selbst nicht, sondern das Motiv der Kindschaft wird durch die Wendung *tekna theou*, »Kinder Gottes« entfaltet (Joh 1,12; 11,52; 1Joh 3,1f u.ö.). Im Zusammenhang der Kindschaft steht auch das Bild von der Wiedergeburt (Joh 3). Zu verstehen ist das johanneische Kindschaftsmotiv mit seinem starken Akzent auf der Gegenwärtigkeit des Heils im Gesamtzusammenhang der johanneischen Eschatologie, in der die Erfahrung des gegenwärtigen Heils die noch ausstehende unerfüllte Zukunft fast zu verdrängen scheint.

Literatur: B. Byrne: »Sons of God« – »Seed of Abraham«. A Study of the Idea of the Sonship of God of All Christians in Paul against the Jewish Background, 1979; G. Delling: Die »Söhne (Kinder) Gottes« im Neuen Testament, in: Die Kirche des Anfangs (FS H. Schürmann), 1978, S. 615-631; G. Haufe: Das Kind im Neuen Testament, ThLZ 104/1979, 625-638; J. Jeremias: Neutestamentliche Theologie I, [3]1979, S. 174-196; S. Légasse: Jésus et l'enfant, 1969; G. Schneider: EWNT III, 1983, 817-820; W. Stegemann: Lasset die Kinder zu mir kommen. Sozialgeschichtliche Aspekte des Kinderevangeliums, in: W. Schottroff, W. Stegemann (Hrsg.): Traditionen der Befreiung. Bd. 1, 1980, S. 114-144; R. de Vaux: Das AT und seine Lebensordnungen I, [2]1964, S. 78-95. W.R.

KIR. Name für einen Verbannungsort für die Syrer (2Kön 16,9; Am 1,5) und für ein Land (nicht unbedingt damit identisch), aus dem Jahwe sie hergeführt hat (Am 9,7). Vielleicht war es nicht ihre ursprüngliche Heimat, sondern ein Land, das sie früher eine Zeitlang bewohnten, ähnlich wie die Israeliten Ägypten bewohnten und die Philister in Kaftor. In Jes 22,6 wird Kir parallel mit Elam genannt. Ein Ort dieses Namens ist im Altertum unbekannt. Da Kir einfach »Stadt« bedeutet, muß es nicht unbedingt ein Eigenname sein. Die LXX benutzt in keinem der Abschnitte einen Eigennamen, sondern übersetzt »von einer Grube« (Am 9,7, griech. *ek bothrou*), »genannt wie ein Verbündeter« (Am 1,5, griech. *epiklētos*) und »Versammlung« (Jes 22,6, griech. *synagōgē*); es sind mögliche Übersetzungen eines hebr. Textes ohne Interpunktion. Die Vulgata folgt Symmachus' falscher Identifikation mit *Kyrene. Kir wurde auch zu »Koa« verändert und sollte angeblich Gutium in den kurdischen Bergen sein (vgl. Hes 23,23; Jes 22,5-6). *A.R.M.*

KIR-HERES. Eine befestigte Stadt im S von *Moab, angegriffen, aber nicht eingenommen von den Königen von Israel, Juda und Edom (2Kön 3,25). Während der Belagerung opferte König *Mescha von Moab seinen ältesten Sohn »zum Brandopfer auf der Mauer«.

Der hebr. Name (*qīr charäschät*) bedeutet »die Mauer aus Tonscherben«. Die LXX setzt in Jes 16,11 das hebr. *qīr chadeschet*, »die neue Stadt«, voraus. Normalerweise heißt die Stadt »Kir in Moab« (Jes 15,1). Manche Schreiber sehen in Jer 48,36-37a ein Wortspiel, in dem K. gleichgesetzt wird mit »kahl« (hebr. *qorchā*). Man meinte, daß der ursprüngliche moabitische Name *QRCHH* lautete, vermutlich die Stadt, auf die sich die *Mescha-Stele (Z. 22ff) bezieht. Dort errichtete Mescha ein Kemosch-Heiligtum und ließ ein Gebäude erstellen. Dann wäre die Stadt in der Nähe von *Dibon zu suchen.

Die meisten Schreiber jedoch identifizieren K. nach der Targum-Überlieferung mit Kerak in Moab. In diesem Fall wäre der Ort auf einem strategisch bedeutsamen Felsen errichtet gewesen, 1027 m über dem Meeresspiegel, umgeben von tiefen Tälern, etwa 18 km östl. vom Toten Meer und 24 km südl. vom Arnon-Fluß. Heute krönt eine mittelalterliche Burg diesen Berg. J.A.T.

KIRJATAJIM. Dualform des hebr. *qirjā*, »Stadt«. K. bedeutet daher »doppelte Stadt«. In der Bibel werden zwei Städte mit diesem Namen erwähnt.

1. Ort in dem *Ruben zugeteilten Gebiet (Jos 13,8f), der von den Rubenitern erobert und neu aufgebaut worden ist (4Mo 32,37). Es ist möglich, daß die Ebene K., die in dem Bericht über Kedor-Laomers Einfall z.Zt. Abrahams erwähnt wird (1Mo 14,5), sich auf diese Ortslage bezieht, obwohl das hebr. *schāwēh* ein seltenes Wort ist, dessen Bedeutung nicht sicher ist. Die Stadt war später in der Hand der Moabiter (Jer 48,1.23; Hes 25,9). Im 9. Jh.v.Chr. wird in einer In-

KINDER GOTTES
s. Söhne Gottes

KINNERET
s. Genezareth

KIRCHE
s. Gemeinde

KIRCHENVÄTER, SCHRIFTEN DER
s. Apostolische Väter

Eine Waldlichtung bei Kirjat-Jearim (»Stadt der Wälder«) südwestl. von Jerusalem, der Überlieferung nach der Ort, an dem die Bundeslade auf dem Weg nach Jerusalem ruhte. (RS)

schrift des Königs *Mescha von Moab die Stadt *qrjtn* (Z. 10) erwähnt, die von ihm wieder aufgebaut wurde. Daher kann sie nicht länger als drei Jh. unter israelit. Kontrolle gewesen sein. Die Stadt liegt vermutlich nahe dem heutigen El Quraijāt, etwa 10 km nordwestl. von *Dibon in Jordanien, aber ihre Lage ist bisher nicht genau ermittelt worden (vgl. H. Donner und W. Röllig, Kanaanäische und aramäische Inschriften, 1962-4, S. 174-175).

2. Levitische Stadt in *Naftali (1Chr 6,61), möglicherweise gleichzusetzen mit *Kartan aus Jos 21,32. Die genaue Lage von K. ist unbekannt.
T.C.M.

KIRJAT-ARBA. (Hebr. *qirjat 'arba'*, »Stadt der Vier« d.h. Tetrapolis), ein früherer Name *Hebrons. Nach Jos 14,15 war sie »die Heimat der Anakiter« (so LXX; MT wandelt das numerische *'arba'*, »vier«, in einen Eigennamen um). Der Name K. erscheint einmal in der Geschichte von *Abraham (1Mo 23,2) und einige Male im Zuge der Landnahme (Jos 14,15; 15,54; 20,7; Ri 1,10); danach wurde er offensichtlich nicht mehr verwendet. Man hat versucht, ihn in der Zeit nach dem Exil wieder in Erinnerung zu rufen (Neh 11,25), aber mit der idumäischen Besetzung des Ortes kurz darauf verschwand der alte Name völlig.
F.F.B.

KIRJAT JEARIM. (Hebr. *qirjat je'arim*, »Wälderstadt«). Der Ort kann zweifelsfrei auf dem Tell El-Azhar ca. 500 m nordwestl. des arab. Dorfs Abu Gosch lokalisiert werden, das 13 km nordwestl. von *Jerusalem nahe der modernen Hauptstraße nach Tel Aviv liegt. In der Nähe gab es schon in der vorkeramischen Jungsteinzeit (7. Jt.v.Chr.) eine Siedlung mit einfachen rechteckigen Steinhäusern (M. Lechevallier, Abu Gosh et Beisamoun, 1978).

Der Name K. ist typisch kanaan. Herkunft. Der Ort bildete zusammen mit *Gibeon, Kefira und Beerot (Jos 9,17) einen Vierstädtebund, dem es durch List gelang, sich den einwandernden Israeliten anzuschließen (Jos 9,3-18). Die Bewohner dieser Tetrapolis waren *Hiwiter (Jos 9,7 vgl. 11,19), die wohl aus *Zilizien in der SO-Türkei zugewandert waren. Der Unterschied der Hiwiter zu den übrigen Kanaanäern zeigte sich an der politischen Organisation: Sie wurden von einem Ältestengremium und nicht von einem König regiert. Die spätbronzezeitl. Hiwiter-Siedlung ist durch Scherben- und Terrakottafunde auf dem Tell belegt (OLB II,795). *Saul versuchte, die Mitglieder des gibeonitischen Bundes trotz ihres Bündnisses mit Israel auszurotten (2Sam 21,2 vgl. 4,2f). Wohl auch aus diesem Grund schloß sich K. an *Juda an (vgl. 2Chr 2,50-53). Die strategisch wichtige Höhe, die mit ihren 750 m einen weiten Blick über das Land ermöglicht, bildete einen judäischen Vorposten an der Dreistämme-Ecke Juda/Benjamin/Dan (Jos 15, 9.60; 18,12-15).

Der für K. ebenfalls gebrauchte Name Kirjat Baal (Jos 15,60; 18,14) geht wahrscheinlich auf ein altes kanaan. Heiligtum Baalah (vgl. Jos 15,9f) zurück, das in der Nähe der Stadt lag. Am Ort dieses Heiligtums stand die *Bundeslade (1Chr 13,6 vgl. 1Sam 6,1), ehe sie *David nach Jerusalem brachte. Im Namen des Tell El-Azhar und auch des islam. Heiligtums Nebi El-'Azeir in Abu Gosch könnte sich eine Erinnerung an *Eleasar, Sohn des *Aminadab, erhalten haben, dem die Aufsicht über die Bundeslade (1Sam 7,1) übertragen war (L.H. Vincent, RB 15,1906, 287). Zur Zeit des *Jeremia war K. die Hei mat des Propheten *Uria, der gegen den pro-ägypt. König *Jojakim weissagte, von Ägypten nach Jerusalem verschleppt wurde und den Märtyrertod starb (Jer 26,20-23). Aus dem Exi kehrten auch Bewohner von K. zurück (Esr 2,25; Neh 7,29). Einzelfund belegen, daß die Siedlung durch die hellen. und röm. Zeit bis zum ersten Jüd. Aufstand (66-70 n.Chr.) existierte. Nach dessen Niederschlagung errichtete hier an der strategisch wichtigen Straße von Jerusalem nach *Em maus-Nikopolis (M. Fisher, ZDPV 103, 1987, 117-136) die 10. Legion eine Straßenstation, von der noch ei 20 x 16 m großes Wasserbassin erhalten ist.

Auch in frühbyzantin. Zeit war di Lage von K. (griech. *Kariathiareim*) wohlbekannt (Eus.onom. 48,23; 144, 25). Die Byzantiner errichteten im 5. Jh. auf dem Tell eine dreischiffige Basilika (Theophaneia 22, 1970, 18f) in der noch im 8. Jh. ein Fest der Bundeslade gefeiert wurde (CSCO 205, 19). Als die Kreuzfahrer kamen fanden sie noch den Namen (latein. *Cariathiarim*). Sie errichteten ein Ka stell und mit dem röm. Reservoir als Krypta eine Kirche (R. de Vaux, Ab Gosh, 1950). Wegen der Entfernung nach Jerusalem (ca. 60 Stadien) loka lisierte man dann hier das Emmaus von Lk 24,13–25, ehe es nach El-Ku bebe wechselte (ELS 714ff). Die Kreuzfahrerkirche diente seit 1873 wieder dem christl. Gottesdienst. An Ort der byzantin. Basilika wurde

Die möglichen Lagen von Kirjatajim, Kirjat-Sefer (Debir) und Kirjat-Jearim.

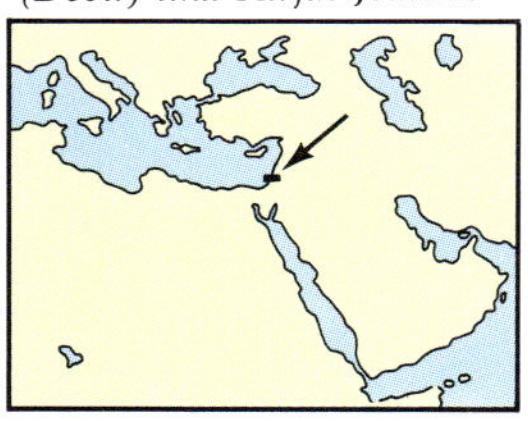

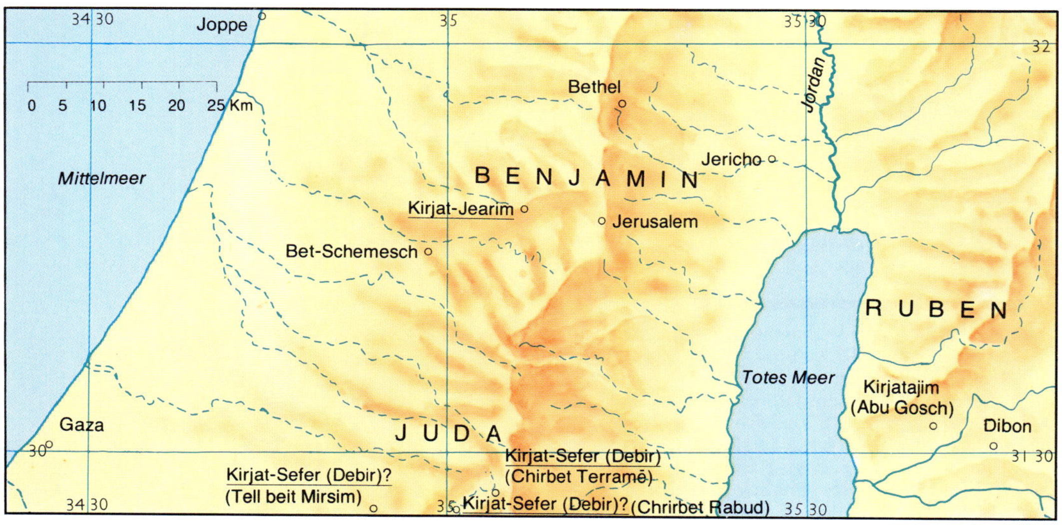

1924 eine neue Kirche zu Ehren *Marias, »der Lade des Neuen Bundes« (vgl. Lk 1,35 mit 4Mo 9,18–22) erbaut. Seit dem 16. Jh. hat der Name der Quelle ʿEn Et-Tut die Pilger veranlaßt, Jeremias Heimatort *Anatot fälschlich in K. zu suchen. Das Dorf Abu Gosch hieß früher arab. Karjet El-ʿIneb und wurde erst im 18./19. Jh. nach einem dort herrschenden gefürchteten Tscherkessen-Scheich umbenannt. Die alte arab. Bezeichnung »Traubenstadt« hat 1920 der 1 km nordöstl. gegründete jüd. Kibbuz Qirjat-ʿAnavim übernommen. Heute trägt die Gegend aufgrund großzügiger israelischer Aufforstungen den Namen »Waldlandschaft« (hebr. *sede jaʿar*, Ps 132,6 vgl. Jos 15,10) wieder zurecht.

Literatur: LDB 362-364; M. Avi-Yonah: EAEHL I, 1975, 3-8; F.M. Abel: Géographie de la Palestine II, [3]1967, 419-421; M.H. Heicksen: NIDBA, 1983, 280f; J. Murphy-O'Connor: Das Heilige Land, 1981, 149f; A. Negev: Archäologisches Lexikon zur Bibel, 1972, 10.216; OLB II, 793–802. R.R.

KISCH. (Hebr. *qîsch*, »Bogen«, »Macht«).
1. Benjaminiter, Sohn Abiëls und Vater König Sauls (1Sam 9,1; 14,51; vgl. Apg 13,21).
2. Sohn Jeiëls und Maachas (1Chr 8,30), vielleicht der Onkel von 1.
3. Levit, Enkel Meraris (1Chr 23,21).
4. Ein Levit, Sohn Abdis, ein Merariter, der an der Reinigung des Tempels z.Zt. Hiskias beteiligt war (2Chr 29,12).
5. Benjaminit, Urgroßvater von *Mordechai (Est 2,5).
6. Hauptstadt eines Stadtstaates 20 km östl. von Babylon (heute Tell el-Ochēmir), in der nach sumer. Überlieferung (Königsliste) die erste Dynastie nach der Flut herrschte. Sie konkurrierte mit *Erech und hatte ihre Blütezeit um 3200-3000 v.Chr., als sie mit dem legendären Etana und König Akka, der Gilgamesch bekämpfte, verbunden war. Es gibt Dokumente aus der frühen Zeit der Besiedlung und aus dem 2.Jt. Ein französisches Team (1914) und eine gemeinsame Expedition des Ashmolean Museum (Oxford) und des Field Museum (Chicago) führten Ausgrabungen durch (1922-33). Dabei stieß man auf Paläste, Tontafeln sowie eine größere Flutablagerung, die auf etwa 3300 v.Chr. datiert wird. D.J.W.

Goldringe vom Tell Ingharre, einem der Hügel des alten Kisch. Wahrscheinlich parthisch (3. Jh.v.Chr. – 1. Jh.n.Chr. (AMO)

In Kisch wurde eine gebrannte Ton-Figurine des Götterboten Papsukkal gefunden. 7. Jh.v.Chr. (AMO)

KISCHJON. (Hebr. *qischjōn*). Levitenstadt (Jos 21,28) in *Issaschar (Jos 19, 20). Nach den im Zusammenhang genannten Orten am ehesten im Gebiet der *Jesreel-Ebene gelegen. In 1Chr 6,57 steht dafür *Kedesch. Möglich wäre ein Schreibfehler (W. Rudolph: Chronikbücher, 1955, 62). Aber wenn man, wie es wahrscheinlicher ist, K. nicht mit Chirbet Qasjōn (LDB 164), sondern mit Tell Abu Qudēs (*Kedesch 2) identifiziert, dann hat der MT von 1Chr hier einen anderen Namen für denselben Ort aufbewahrt. R.R.

KISCHON. Fluß (heute Nahr el-Muqattaʿ), der in der Hügelkette von *Gilboa entspringt, in der Ebene von *Jesreel versickert und östl. vom Karmel in der Bucht von Akko ins Mittelmeer mündet. Der K. fließt in nordwestl. Richtung, parallel zu der Bergkette, die sich von *Samaria zum *Karmel erstreckt, in deren NO die Pässe *Taanach, *Megiddo und *Jokneam liegen. Der Name K. wird nicht oft gebraucht, da der Fluß manchmal durch den Hinweis auf eine der anliegenden Städte benannt wird. So wird er vermutlich zum ersten Mal in Jos

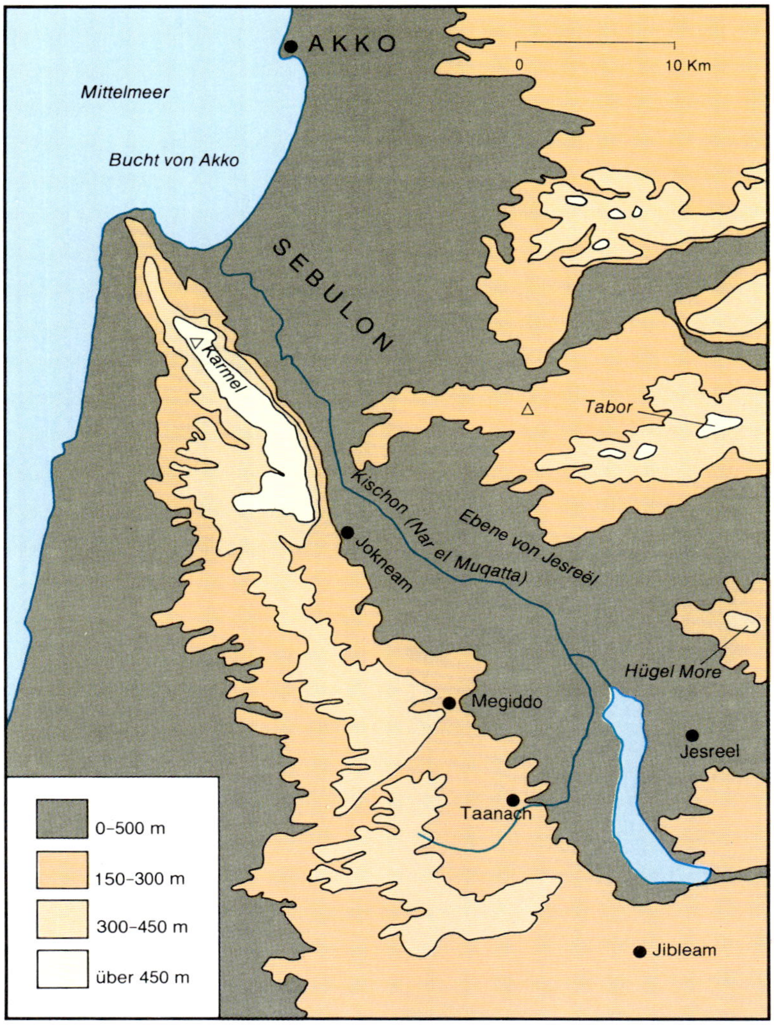

Der Lauf des Kischon.

19,11 erwähnt, wo der »Bach, der gegenüber von Jokneam fließt«, das Stammesgebiet vonSebulon begrenzt, obwohl in diesem Fall nur auf einen kleinen Abschnitt des Flusses in der Nähe von Jokneam Bezug genommen wird.

Die bekannteste Erwähnung des Flusses ist verbunden mit dem Sieg der Israeliten unter Barak über die Syrer unter Sisera (Ri 4-5; Ps 83,10). Siseras Streitkräfte waren schwer bewaffnet mit Streitwagen in der Ebene aufmarschiert. Die Israeliten griffen von den Bergen südwestl. vom Fluß aus an. Ihren Erfolg verdankten sie in großem Maße dem Fluß, der Hochwasser führte und den Boden der Ebene so tief gemacht hatten, daß die Streitwagen Siseras steckenblieben und nutzlos waren.

Das Deboralied nennt den Fluß »die Wasser Megiddos« (Ri 5,19). Aufgrund der Tatsache, daß Megiddo in diesem Bericht sonst nicht erwähnt wird, vermutet Albright, daß es zu dieser Zeit in Trümmern lag, während Taanach blühte. Die Ausgrabungen von Megiddo haben eine Besiedlungslücke um 1125 v.Chr. zwischen den Stufen VII und VI gezeigt. Es könnte sein, daß der israelit. Sieg während dieser Periode oder um 1125 v.Chr. anzusetzen ist.

Dann wird der Fluß K. erwähnt, als *Elia die Propheten Baals nach der Auseinandersetzung auf dem Karmel tötete (1Kön 18,40). Die Bezeichnung Bach (*nachal*) spielt darauf an, daß die lange Trockenheit, die den Ereignissen vorausging, den Fluß bis auf ein kleines Rinnsal ausgetrocknet hatte. Der Regen, der folgte, muß die Spuren der Hinrichtung weggewaschen haben. T.C.M.

KISLOT. (Hebr. *kesūlōth*). Das »Gebiet von Kislot-Tabor« lag an der O-Grenze von *Sebulon (Jos 19,12), aber außerhalb des Stammesgebiets (M. Noth, Josua, ³1971, 113). Daher ist K. auch mit dem K. bei *Sunem in *Issachar (Jos 19,18) zu identifizieren. Vielleicht ist *Tabor in 1Chr 6,62 eine verkürzte Form von K. (W. Rudolph, Chronikbücher, 1955, 62f). In ntl. Zeit lag der Ort (griech. *Exalōth*) an der S-Grenze von *Galiläa (Jos.bell.Jud. III, 39; vgl. vita 227). Eusebius gibt eine genaue Beschreibung seiner Lage (onom. 28,22 vgl. 22,3), die uns erlaubt, K. mit dem arab. Dorf Iksāl, 6 km südöstl. von *Nazareth, gleichzusetzen, das den ursprünglichen Namen bewahrt hat (LD,B 123f). Die alte Ortslage ist am ehesten bei Et-Tīreh zu suchen. Auch die rabbin. Quellen (GenR 212b) haben die Erinnerung an K. erhalten (G. Dalman, Orte und Wege Jesu, ⁴1967, 205). Die reichsten Funde stammen aus der hellen. bis byzantin. Zeit. Im 6. Jh. war K. ein galiläischer Bischofssitz.

Literatur: F.M. Abel: Géographie de la Palestine II, ³1967, 229; B. Bagatti: Antichi villaggi cristiani di Galilea, 1971, 256-261. R.R.

KITRON. Kanaan. Stadt, welche der Stamm *Sebulon nicht einnehmen konnte (Ri 1,30). Eine Identifizierung mit dem *Kattat von Jos 19,15 (F.M. Abel, Géographie de la Palestine II, ³1967, 415) ist unwahrscheinlich. K. muß man eher auf einem Tell am NW Rand der *Jesreel-Ebene suchen (LDB, 245). R.R

KITTÄER. Die K. sind Nachkommen Javans (1Mo 10,4; 1Chr 1,7 hebr. *kittīm*). Ursprünglich scheint der Name zu der Stadt Kition (heute: Larnaka) an der S-Küste *Zyperns zu gehören. Er bezeichnet dann die ganze Insel (Jes 23,1.12), deren Einwohner von den Phöniziern ebenfalls Kitti genannt werden, kann aber auch ander Inseln und Küstenstriche des Mittelmeers einschließen (Jer 2,10; Hes 27,6). Genauere geographische Beziehungen lassen sich weder hier noch bei den Schiffen aus Kittim (4Mo 24,24; Dan 11,30) festlegen. In Jer 2,10 bezeichnen die Inseln der Kittä den W, wie *Kedar für den O steht.

KLAGE.

1. Es entspricht dem bibl. Realismus, daß bes. im AT der Mensch in seiner ganzen körperlich-seelischen Hinfälligkeit gesehen wird. Der Mensch kann trotz der Erfahrung de Nähe Gottes in tiefe Verlassenheits- und Todeserfahrungen geführt werden. Die menschliche Neigung, Gott zu verlassen, wird schonunglos aufg deckt. Zugleich aber treten von Got erwählte Menschen im Gebet vor sein Angesicht und bringen ihre gar ze Not vor ihm zur Sprache – das geschieht in Form der K., die gerad in den *Psalmen einen weiten Raum einnimmt.

2. Aber auch in den Geschichtsbi chern des AT hat die K. ihren Ort. Die K. beginnt, weil der Fromme ei Mißverhältnis zwischen dem, was Gott ihm einmal zugesagt hat, und dem, was er erfährt, erkennt. So steht Abraham klagend vor Gott: »Mir hast du keine Nachkommen g geben; und siehe, einer von meinen Knechten wird mein Erbe sein« (1M 15,3). Die K. und die Berufung geh ren zusammen! So steht Mose meh mals vor Gott und klagt über Gott

angedrohtes Gericht nach der vollbrachten Erlösungstat am Schilfmeer.

3. Bei der Notklage – einer Form der K. neben der Totenklage – finden wir drei Elemente: der sich beklagende Beter, der angeklagte Gott und der verklagte Feind (z.B. Ps 13). Die K. ist kein bloßes Jammern, sondern ein Mensch steht vor Gott und beruft sich auf die von Gott zugesagte Bundestreue. Die K. im Sinne der Bitte um eine Wende geht dem Beter nie ohne das Bekenntnis der Zuversicht und den Lobpreis über die Lippen.

4. Beim Propheten *Jeremia (Jer 15,10; 20,14ff) ist die Verzweiflung unter dem erfolglosen Auftrag so groß, daß die Form der K. verlassen und das Fluchwort – unter Umgehung einer Anrede Gottes – angestimmt wird. Zu diesem alle übliche Frömmigkeit sprengenden Verhalten schweigt die Bibel – obwohl dies sicher nicht gebilligt wird. Doch entspricht auch dies der realistischen Sicht, die die Menschen des Alten Bundes in ihrer dem Irdischen ausgesetzten Seinsweise haben.

5. Von der Notklage ist die Totenklage zu unterscheiden. Einerseits drückt sich hierdurch der Protest der Lebenden gegenüber der dunklen Macht des Todes aus. Weil man Gott nur in diesem Leben erfahren kann, bäumt man sich auf gegen Gottes Ratschluß. Auf der anderen Seite gehört die Totenklage zur Ehrung dessen, der gestorben ist. Wer ohne K. begraben wird, wird nachträglich dadurch noch verunehrt (Jer 25,33). In der Totenklage erhebt sich der Schrei: Ach! Weh! Die normalen Kleider werden abgelegt, man hüllt sich in grobes Sackleinen und streut Asche auf das Haupt. Dennocht gibt es hier eine Grenze: es ist in Israel den Klagenden nicht erlaubt, sich Schnittwunden beizubringen, wie es die umliegenden Völker taten, oder sich über den Augen kahl zu scheren (5Mo 14,1; vgl. *Begräbnis- und Trauersitten).

6. Die Totenklage wird von den Propheten sehr häufig gebraucht, um dem Volk das kommende Gottesgericht drastisch vor Augen zu stellen. In der Aufforderung zur Totenklage nimmt der Prophet das kommende Gericht als schon gegenwärtig erfahrbares vorweg. Indem die Hörer anfangen, die Totenklage anzustimmen, stimmen sie dem Gerichtsurteil Gottes zu (Hes 19; Am 5,16f u.ö.). Das Heil wird von den Propheten oft als Wegnahme der Totenklage geschildert, der Reigen der Feiernden darf beginnen.

7. Mit dem Kommen Jesu wird den Trauergebräuchen stark Einhalt geboten (Lk 9,59f). Doch damit ist der Ritus der Totenklage noch nicht aus der Lebenspraxis der ersten Christen ausgeschieden. Nach dem Tod des Märtyrers *Stephanus wird dieser von gottesfürchtigen Männern beweint, die sicherlich zur christl. Gemeinde gehören (Apg 8,2). Ebenso weinen die Christen von *Jafo die Frau Tabita (Tabea), weil sie von ihnen gegangen ist (Apg 9,39). Durch den Sieg Jesu Christi ist zwar der Grund zur K. weggenommen; weil aber dieser Sieg noch nicht in allen Bereichen dieser Welt offenbar geworden ist, und weil die Christen sich nach der Vollendung sehnen, durchzieht auch die K. immer wieder ihr Leben. Nach Röm 8,26 seufzt der Heilige Geist in den Glaubenden. Erst in der neuen Welt, die mit der Wiederkunft Jesu Christi Wirklichkeit wird, sind Tränen, Leid, Geschrei und Schmerz endgültig vorbei (Offb 21,4).

D.Sch.

KLAGELIEDER.

I. NAME UND STELLUNG IM KANON.

»Klagelieder« ist die wörtliche Übersetzung des hebr. Begriffes *Qinōt* (2Chr 35,25; Talmud b. Baba batra 15a; vgl. *threnoi* in der LXX und *threni* bzw. *lamentationes* in der Vulgata). Danach sei das Klagelied des Propheten Jeremia auf den toten König *Josia unter den »Qinōt« schriftlich festgehalten. Diese hat man traditionellerweise mit dem bibl. Buch Klgl gleichgesetzt. Dem entgegen lautet der Name im hebr. AT (MT) *echa* und meint den Klageschrei, der drei der fünf Lieder einleitet (Klgl 1,1; 2,1; 4,1). Der Inhalt des hebr. Textes läßt keinerlei Rückschlüsse auf einen Zusammenhang mit dem Tod Josias zu. Erst ein Vorwort in der LXX vor Klgl 1,1 bringt die Abfassung mit dem Propheten Jeremia und dem Untergang Jerusalems in Zusammenhang, so daß der Name Jeremia später in den Titel aufgenommen wurde. In LXX folgen die Klgl unmittelbar auf das Jeremiabuch, während sie sich im MT als eine der fünf »Festrollen« (Megillot) fast am Ende des AT im dritten Teil des Kanons finden, den sog. »Schriften« oder »Hagiographen«, entsprechend ihrer Funktion, am nationalen Gedenktag an die Zerstörung Jerusalems 587 v.Chr. und 70 n.Chr. im Synagogengottesdienst verlesen zu werden.

Der Talmud (b. Baba batra 14b) zeigt, daß die Reihenfolge der einzelnen Schriften keineswegs von Anfang an feststand. Durch mehrere antike Schriftsteller ist die Zusammenordnung der Klgl mit Jer auch für den jüd. Kanon in vortalmudischer Zeit belegt. Damit vertritt die Anordnung in der LXX im Vergleich zum talmudischen Zeitalter eine ältere Tradition, die eine gewisse Vertrauenswürdigkeit besitzt. Darin liegt die älteste uns greifbare Tradition vor. So sehr der Wortlaut des MT in höherem Maße zuverlässig erscheint als der der LXX, so wenig ist dessen kanonische Einordnung unter die Hagiographen (poetische Schriften des AT, 3. Teil des atl. Kanons) die ursprüngliche.

II. DER GESCHICHTLICHE HINTERGRUND UND DIE PERSON DES PROPHETEN JEREMIA.

Der Vorspann in der LXX verknüpft die Abfassung der Klgl mit dem Untergang Jerusalems im Jahre 587 v.Chr. Das Geschehen der letzten Jahrzehnte des Königsreichs Juda bis zur Zerstörung der Stadt und der Wegführung großer Bevölkerungsteile ins Exil durch die Babylonier (vgl. 2Kön 22-25) hängt eng mit dem Schicksal Jeremias zusammen. Die Botschaft des Propheten in dieser Zeit macht deutlich, daß der König und die verantwortlichen Führer des Volkes nach dem Tode Josias ihre Politik am Willen Gottes vorbei trieben. Der Prophet konnte den Abfall nicht

Fragment aus dem Klagelieder-Text, gefunden in Höhle IV von Qumran. (4Q Lam.) (RM)

verhindern und wurde selbst in das Gericht mit hineingerissen (vgl. Jer 1,13-19). Das diplomatische Taktieren zwischen den Interessen der Großmächte und den eigenen Machtvorstellungen zwang Juda zunächst in ein Vasallenverhältnis gegenüber Ägypten und dann gegenüber Babylonien. Schließlich führte *Jojakims mangelnde Vasallentreue gegenüber dem babylon. Großkönig *Nebukadnezar zur ersten Einnahme Jerusalems am 16. März 597 v.Chr.

Unter Zedekias Regierung spitzten sich die Verhältnisse immer mehr zu. Im zehnten Monat des neunten Regierungsjahres *Zedekias begann eine zweieinhalb Jahre währende Belagerung Jerusalems (Stoll, Untergang, S. 88; vgl. Jer 37; 38), die am neunten Tag des vierten Monats im elften Regierungsjahr Zedekias mit der Einnahme der Stadt endete (Jer 39,2). Für die wenigen Überlebenden brachten die folgenden Tage und Wochen bitterstes Elend. Die Stadt wurde dem Erdboden gleichgemacht, jegliches Weiterleben war extrem erschwert. Hunger, Seuchen und Zwangsarbeit mußten die Letzten zermürben. Die Katastrophe in Zerstörung und Verlust der Heimat war dazuhin mit der Auflösung der sinngebenden Lebensmitte im Jerusalemer Tempel und dem damit zusammenhängenden Gottesglauben verbunden. Gottes Gericht war total. All dies wird aus den Klgl deutlich.

Jeremia gehörte zu den wenigen Überlebenden der Katastrophe Jerusalems. Diesen Besitzlosen (Jer 39,10) wurden vom nun herrenlosen Land Äcker und Weinberge zugewiesen, die sie neu kultivieren sollten. Die Vorräte waren aufgebraucht, die Felder verwahrlost. Erst zwei Monate später, im Herbst, konnte geerntet werden. So blieb der Hunger auch nach der Katastrophe zunächst ein Hauptproblem.

Nach der Ermordung des von den Babyloniern eingesetzten jüd. Statthalters *Gedalja durch Jismael, ein Glied der judäischen Königsfamilie (Jer 40,13-41,2), fürchteten die Übriggebliebenen nun eine weitere Strafmaßnahme der Babylonier, da Jismael auch die anwesenden babylon. Garnisonssoldaten umgebracht hatte. Allen gegenteiligen Aufforderungen und Ermutigungen durch den Propheten Jeremia zum Trotz setzten sie sich nach Ägypten ab und zwangen Jeremia, mitzuziehen.

Jeremias Verschleppung ist nur verständlich, wenn der Prophet für die Übriggebliebenen eine lebenswichtige Funktion wahrnahm. Er war offensichtlich ihr Gewährsmann für die Kontinuität des traditionellen Glaubens über den Zusammenbruch der Institutionen hinweg. Gerade die Tatsache, daß alles so gekommen war, hat die Glaubwürdigkeit und Autorität des Propheten gefördert. Jetzt waren sie bereit, ihm abzunehmen, was sie früher zurückgewiesen und an ihm bekämpft hatten. Allerdings wieder nur in der ersten Betroffenheit. Ihre eigenwillige Flucht gegen die göttliche Warnung Jeremias zeigt, daß der Prophet mit seinem Ruf zur Umkehr nicht in die Tiefe der Herzen vorgedrungen war.

Der Baruchbericht (Jer 37-45) liefert keine Einzelheiten über Jeremias Ergehen in jenen Tagen nach der Einnahme der Stadt bis zur überstürzten Flucht nach Ägypten. Es ist jedoch anzunehmen, daß der Prophet nach dem Zusammenbruch sich genauso um sein Volk bemüht und gekümmert hat wie früher, so wie er auch mit ihm gelitten hatte und nach wie vor litt. Dieses geistliche Bemühen und Mitleiden entspricht genau dem Duktus der Klgl. Von den Auslegern werden sie allg. der Zeit nach dem Untergang Jerusalems zugewiesen. Ihr theologisches Anliegen in Verbindung mit der unmittelbaren Trauersituation paßt mit dem Bemühen Jeremias nach der Katastrophe zeitlich und inhaltlich genau zusammen. Die traditionelle Zuordnung der Klgl zu dem Propheten hat deshalb einen berechtigten Grund.

III. ABFASSUNGSZEIT UND VERFASSER.

Die Flucht der Übriggebliebenen nach Ägypten scheint nur ungefähr zwei Monate nach der Zerstörung Jerusalems erfolgt zu sein (Jer 41,1). Mit dem »siebten Monat«, dem Herbstmonat »Tischri«, begann ein neues (Regierungs-)Jahr. Die Annahme, daß die Ermordung Gedaljas erst gut ein Jahr nach der Einnahme Jerusalems stattgefunden habe, ist wegen des nahtlosen Erzählungszusammenhangs in Jer 40; 41 nicht wahrscheinlich. Die zugespitzte Situation schwerster Not, wie sie aus Klgl 5 zu erheben ist, kann nur innerhalb dieser kurzen Zeit von knapp zwei Monaten nach der Einnahme der Stadt zutreffend verstanden werden. Mit der reichen Wein- und Obsternte im September/Oktober hatte sich die Lage zu sehr entspannt, um mit der Beschreibung in Kap. 5 zusammenzupassen. Auch hatte es die babylon. Besatzung, mit der Gedalja ja kooperierte, nicht auf die Unterdrückung allen Lebens abgesehen. Wenn sich Kap. 5 nicht auf die Zeit nach der Flucht nach Ägypten beziehen und die Abfassung damit den Letzten, die dennoch im Lande zurückgeblieben sind, zugeschrieben werden soll, bleibt nur die Zeit von drei Monaten zwischen der Eroberung der Stadt und der Flucht nach Ägypten für die ursprüngliche Abfassung.

Insbesondere die Zeit zwischen der Einnahme im vierten und der Zerstörung im fünften Monat (2Kön 25,3.8; Jer 52,6.12) muß für die Übriggebliebenen unerträglich gewesen sein. In dieser Zeit waren sie ständig von Übergriffen feindlicher Soldaten bedroht und mußten damit rechnen, noch zu den letzten zu gehören, die vor dem Abmarsch des Großheeres noch hingerichtet oder in die Kolonne der Gefangenen eingegliedert werden (2Kön 25,11.18-21; Jer 39,9; 40,1; 52,15.24-27.34).

Die Erwähnung der achtzig Pilger aus *Sichem, *Silo und *Samaria, die nach Jerusalem unterwegs waren und wie Gedalja von Jismael ermordet wurden (Jer 41,4f), zeigt, daß an der Stätte des zerstörten Tempels Buß- und Klagegottesdienste gehalten wurden, bei denen Trauergesänge im Mittelpunkt standen. In diesen Klageliedern wurde der Untergang der Stadt und des Tempels genauso beklagt wie das leidvolle Ergehen der Bevölkerung. Es ist davon auszugehen, daß die Klgl bei solchen Gottesdiensten in der Zeit unmittelbar nach der Einnahme der Stadt ihren Ort hatten. Solche gottesdienstähnlichen Trauerversammlungen werden, wie die einzigartige Bedeutung der Gottesstadt und des Tempels für die Judäer nahelegt, schon gleich nach der Einnahme zustandegekommen sein. Deshalb hat sich das notvolle Erleben in den Tagen nach Einnahme der Stadt entsprechend in den Gesängen niedergeschlagen. Es lebt dort so unmittelbar auf, daß Vergangenheit und Gegenwart nicht auseinanderzuhalten sind.

In dieser Zeitspanne der ungefähr zwei Monate nach Einnahme und Zerstörung der Stadt ist die Abfassung der Klgl anzusetzen. Der erste Ansatz könnte sogar noch in dem Monat zwischen Einnahme und Zerstörung angenommen werden (Stoll, Klagelieder, S. 25). Ab dem siebten Monat mit der Ernte hatte sich die Situation so verändert, daß sie nicht mehr mit den Bildern der Klgl zusammenpaßt. Auch theologisch ergab sich mit der Ermordung Gedaljas und dem Abzug nach Ägypten eine völlig neue Lage, die den Inhalt der Klgl auf den Kopf stellt. Nur in der unmittelbar nachhaltigen Wirkung der Katastrophe Jerusalems haben die Klgl einen sinnvollen Grund.

Angesichts der Liebe der Bevölkerung zu ihrer Stadt und ihrer Mitverantwortung für die Ereignisse ist es naheliegend, daß einer das Konzept der Klage in die Hand nahm und die anderen in den Gesängen leitete – zur Erkenntnis ihrer Schuld und zur Umkehr. Dafür war Jeremia geradezu prädisponiert. Ihm mußte man nunmehr beschämt Glauben schenken, nachdem er ja das drohende Gericht über einen Zeitraum von ungefähr vierzig Jahren hinweg immer wieder angekündigt hatte.

Eine weitreichende Umbesinnung nach dem totalen Zusammenbruch blieb weithin aus und ist wohl nur bei den wenigen Überlebenden in der Zeit unmittelbar nach dem Untergang zu erwarten. Nach der Ermordung Gedaljas jedenfalls setzte sich der Rest gegen die Warnung Jeremias nach Ägypten ab mit der Begründung, nicht die Verehrung der »Himmelskönigin« sei schuld am ganzen Desaster, sondern gerade weil man sie nicht genug verehrt habe (Jer 41-44; bes. 44,15-18). Damit können die Klgl, soweit sie als Gebetslieder des in seiner Lebenswurzel getroffenen Volkes verstanden werden, immer nur den Teil des Volkes repräsentieren, der sich in die von Jeremia erwartete Umkehrbewegung hineinnehmen ließ. Schon wenige Monate nach dem Untergang Jerusalems waren freilich keine Beter mehr da, die als Augenzeugen an der Stätte des zerstörten Heiligtums hätten Trauerfeiern abhalten können. Nur die Gruppe der Überlebenden in den ersten zwei Monaten nach der Katastrophe, zu der auch Jeremia gehörte, kommt so als der Kreis in Frage, in dem die Gebete ihren Ursprung hatten. Die Umkehrbewegung, die neue Hinwendung zu Gott, die Ausschließlichkeit der Verehrung, die ihm gilt, die Bereitschaft, die Schrecken der Katastrophe als sein prägendes und läuterndes Gericht anzunehmen, das alles sind Erkenntnisse und Einstellungen, die keine unmittelbare natürliche Antwort auf den Untergang sein können, sondern auf einen geistlichen Lehrer zurückzuführen sind. In diesem Sinne sind die Klgl als das pädagogische und zugleich seelsorgerliche Bemühen des Propheten Jeremia anzusehen, seinem Volk nach dem Gericht zurechtzuhelfen.

Die alte Tradition vom Zusammenhang der Klgl mit dem Propheten Jeremia kann man sich in solch pädagogisch-seelsorgerlichem Sinn begründet vorstellen, auch wenn genauere Anhaltspunkte dafür fehlen. Seit dem Kommentar von Hermann von der Haardt (1712), der die fünf Gebete *Daniel, Schadrach, Meschach, *Abed-Nego und König *Jojachin zuschrieb, hat sich der Zweifel an der Verfasserschaft Jeremias weithin durchgesetzt. Gründe dafür seien Widersprüche zwischen den prophetischen Aussagen im Jeremiabuch und denen der Klgl, eine sprachliche Nähe u manchen Aussagen im Hesekielbuch, eine andere theologische Werung des Tempel(kult)s, die allzu ünstliche Form der Akrostichen und ehlende Parallelen vieler sprachlicher Wendungen und Ausdrücke im Jeremiabuch. Diese Abweichungen könen jedoch auch aus der besonderen ituation und manchen weitergehenen Gemeinsamkeiten in der damalien Kultur begründet werden und nd nicht zwingend für eine fremde erfasserschaft, gibt es doch auch eie ganze Reihe auffälliger Gemeinamkeiten in Stil, Inhalt und Form er Verkündigung zwischen Jer und lgl (vgl. bes. die sog. »Konfessionen remias« mit Klgl 3; Jer 8,23 mit lgl 1,2.16; 2,11.18.19; 3,48-49.51; 17). Viele Worte und Formulieruner verbinden Klgl und die poetihen Teile bei Jer (»Schrecken um nd um«: Klgl 2,22; Jer 6,25; 20,3.10; ,5; 49,29; vgl. Ps 31,14; »meine ugen strömen von Tränen«: Klgl 16; 2,11.18; 3,48; Jer 8,23; 9,17; ,17; 14,17; »Zusammenbruch«: Klgl 11.13; 3,47.48; 4,10; Jer 4,6.20; 1.14; 8,11.21; 10,19.20; 14,17; ,12.15; 48,3.5; 50,22; 51,54; die rmel »Zusammenbruch der Tochter eines Volkes« gibt es nur in Klgl 11; 3,48; 4,10 und Jer 8,11.21; vgl. 6,14 u.ö.). Die Selbstaussage des annes, »der Elend sah« (Klgl 3,1), hat man von jeher auf den Autor bezogen und den engen Zusammenhang mit den Leiden Jeremias betont (vgl. Klgl 3,5.7.53 mit Jer 38). Gerade Jeremia hat die Leiden des Gerichtes an Jerusalem in ganz besonderer Weise, an vorderster Stelle und stellvertretend durchgemacht. Deshalb hat nur er das Recht, so von sich zu sprechen. Weder die Besonderheiten noch die Gemeinsamkeiten sprechen darum gegen Jer als Verfasser der Klgl.

IV. DIE POETISCHE FORM.

Die Klgl gehören wie die Psalmen zu den poetischen Teilen des AT. Bei allen offenen Fragen in der Erforschung der Gesetzmäßigkeiten hebr. Poesie läßt sich auch bei den Klgl deutlich der sog. »Parallelismus membrorum« (Parallelität der Satzglieder) erkennen. Insbesondere hebt sich der Sprachrhythmus der Totenklage von dem anderer poetischer Gattungen ab. Die Klgl gehören zu den sog. alphabetischen Akrostichen, in denen jede Strophe in der Reihenfolge der 22 Buchstaben des hebr. Alphabets mit einem neuen Buchstaben beginnt (vgl. Ps 9/10; 25; u.ö.). Mehrere Verse werden durch den gleichen Anfangsbuchstaben zu einer Strophe zusammengebunden. Neben dem Zweizeiler (Klgl 4) treten so auch Dreizeiler (Klgl 1; 2; 3) auf. Besonders kunstvoll erscheint Kap. 3, in dem nicht nur das erste Wort einer Strophe, sondern jeder der drei Teilverse mit dem gleichen Buchstaben beginnt. Im Unterschied dazu ist in Kap. 5 die poetische Form zurückgenommen. Hier umfassen die Strophen jeweils nur eine Zeile ohne akrostichische Bindung. An diese erinnert jedoch die Anzahl von 22 Versen, so daß die einheitliche Form darin erhalten bleibt. Gattungsmäßig ist Kap. 3 als Klagelied eines einzelnen anzusehen, Kap. 1; 2; 4 zählen zur Gattung der Totenklage (»Qinah«; vgl. Budde), durchzogen mit Elementen der Volksklage, und Kap. 5 zählt zur Gattung des Volksklageliedes. Letztere gehörte »denkbar eng und fest zusammen mit solchen schweren Erfahrungen des Volkes, einer Stadt oder einer Landschaft« (Westermann, Psalter, S. 30; dort weiteres zu den Gattungsformen).

Im Unterschied zum heutigen Leser oder Hörer waren die atl. Hörer und Sänger mit den Regeln hebr. Poesie aufs engste vertraut. So haben die Alten bei ihren täglichen Zusammenkünften im Tor (vgl. Köhler, S. 86ff) ihre Weisheit in poetische Spruchform gebracht. Die gottesdienstlichen Lieder und Gebete, die von der Gemeinde gemeinsam oder im Wechsel gesprochen oder gesungen wurden, waren ganz nach diesen Regeln gestaltet und boten damit auch für das auswendige und gemeinsame Sprechen eine zusätzliche Unterstützung. Umgekehrt muß gerade die kunstvolle sprachliche Form solcher Gebete als Hinweis auf den gottesdienstlichen Gebrauch verstanden werden. Dies entsprach den ganz anders gearteten kulturellen Voraussetzungen der Menschen des AT (vgl. Latacz, S. 13ff zu den parallelen Ergebnissen der Homerforschung). Aus diesem Grunde wäre es verfehlt, die äußere Form der Klgl als nachträgliche künstlerische Überarbeitung anzusehen. Ebenso ist große Zurückhaltung am Platz mit der Feststellung sog. Regelabweichungen, sei es, daß eine Zeile länger scheint als andere und scheinbar überschüssige Worte enthält, sei es, daß eine Strophe zusätzliche oder ausgefallene Zeilen einschließt. Solange die Regeln der hebr. Poesie nicht genau geklärt sind, sind endgültige Urteile unzulässig.

V. EINHEIT, AUFBAU UND INHALT.

Alle fünf Kap. bilden eine unauflösliche Einheit, angezeigt durch das gemeinsame Thema der Bewältigung des Untergangs Jerusalems und die durchgehende poetische Form. Zunächst bildet jedes Kap. für sich als Gebetslied ein geschlossenes Ganzes von inhaltlich wie formal eigenem Charakter. Der formal verbindende Rahmen ist die »akrostichische Form« (s.o.). Die Anzahl von 22 Strophen, entsprechend der Anzahl der Buchstaben im hebr. Alphabet, bringt die Abgeschlossenheit der einzelnen Lieder zum Ausdruck. Auch Kap. 5, das nicht mehr streng poetisch gebunden ist, ist davon nicht ausgenommen. Angesichts der wohldurchdachten Gesamtgestaltung muß mit der Möglichkeit gerechnet werden, daß der Aufbau aller fünf Lieder die Rücknahme poetischer Gestaltungskraft hier bewußt vorsieht. Auch hinter der Verkehrung der Reihenfolge der Buchstaben »Ajin« und »Pe« in Kap. 2-4, den mittleren drei der insgesamt fünf Lieder, wird ein bewußt gestaltetes Element zu sehen sein.

Die Strophen von Kap. 1-3 sind jeweils dreizeilig, jede Zeile im Parallelismus membrorum nach dem Rhythmus der »Qinah« gestaltet. In Kap. 1 und 2 beginnt jede dreizeilige Strophe mit dem nächsten Buchstaben des Alphabets. In Kap. 3 dagegen hat auch jede einzelne Zeile einer Strophe den gleichen Anfangsbuchstaben, was sich auch in der Zählung der Verse bemerkbar macht. Entsprechend der Dreizeiligkeit erhöht sich die Anzahl der Verse auf 66. Somit erfreut sich dieses Kapitel eines gesteigerten poetischen Ausdrucks. Im Vergleich dazu nimmt Kap. 4 die poetische Ausdrucksform merklich zurück. Die einzelnen Strophen umfassen nur noch zwei Zeilen. Wenn in Kap. 5 schließlich nur noch einzeilige Strophen vorliegen, ist die Vermutung fast zwingend, in dieser Rücknahme ein gezieltes Gestaltungsmittel zu sehen. Der Intensität in der äußeren Form entspricht die innere der Klageaussagen. Eindeutig erweist sich Kap. 3 damit als der formale Höhepunkt der fünf Lieder. Theologisch nimmt Klgl 3,22-23 (-39) die zentrale Stellung ein, von der her die ganze Klage aufgefangen und auf einen tragenden Grund gestellt wird. Die kunstvolle Form mit dem pyramidenartigen Gesamtaufbau (Naegelsbach; Kaiser) ist demnach nicht nur im gemeinsamen gottesdienstlichen Sprechen begründet, sondern noch mehr bedachte inhaltliche Gestaltungshilfe. Am Ende der durchbuchstabierten Klagegebete ist auch die Klage an sich inhaltlich wie formal am Ende und in Gottes Hände übergeben (Klgl 5,19-22). Auch mathematische Gesichtspunkte scheinen bei der Gestaltung eine Rolle gespielt zu haben, insofern Kap. 3 das mittlere der 5 Lieder darstellt. Auch die versmäßige Einteilung in Kap. 1 zwischen der Klage Jerusalems und der der Gemeinde deutet darauf hin. Die beobachtete Steigerung des sprachlichen Ausdrucks von Kap. 1 zu Kap. 3 und dessen Rücknahme von Kap. 3 zu Kap. 5 findet sogar innerhalb von Kap. 3 eine inhaltliche Entsprechung. Somit wird Kap. 3 zum Zentrum, zur theologischen Hauptaussage des ganzen Buches. Diese dem westl. Denken ungewohnte Denkstruktur entspricht der natürlichen Situation der Leidtragenden, die keinen linearen Prozeß darstellt, sondern um das tief einschneidende Erleben kreist. Das einmalige Aussprechen genügt nicht. Es muß auf die Dauer bis in die letzten Konsequenzen hinein durchdacht, durchlebt, durchlitten und bewältigt werden. So findet sich im kunstvollen Aufbau der Klgl auch eine seelsorgerliche Komponente.

In Kap. 1 erscheint Jerusalem in der Gestalt einer Witwe (V. 1), die von der klagenden Gemeinde als einsame und kinderlose betrauert wird. Umgekehrt trauert sie selbst um die zerstörte Stadt und ihre Bewohner wie um ihre Kinder (V. 5f.15f.18-20). In V. 1-11 wird Jerusalems Schicksal gewissermaßen von außen her beklagt. Vom Standpunkt eines mitleidenden Berichterstatters aus wird die Stadt als vom Tod Betroffene betrauert, fast so als ob sie selbst gestorben wäre. Hinter diesem Beter ist wohl die gottesdienstliche Gemeinde zu sehen, die am Ort des zerstörten Heiligtums zusammenkam. In V. 12-22 dagegen spricht Jerusalem selbst in der ersten Person. Es tritt auf in der Gestalt einer Frau, die völlig gezeichnet ist von ihrem Leid. Beide Teile nehmen jeweils die Hälfte des Gesamtgebets ein und stellen miteinander eine Einheit dar.

In Kap. 2 ist die Person des Klagenden nicht eindeutig. Es kann sich um die trauernde Gemeinde handeln, die in der zerstörten Stadt einen Gedenk- und Trauergottesdienst hält. Eher aber ist ein einzelner anzunehmen, der das grausige Geschehen als erbarmungslose Durchführung des Gerichtes Gottes zu fassen versucht (V. 1-10), erschüttert Jerusalem personhaft anspricht und zur Anrufung Gottes auffordert (V. 11-19). In V. 20-22 antwortet die Stadt mit der Anrufung Gottes. Auch dieser Teil ist wie im ersten Klagelied als von einem Teil der Gemeinde vorgetragen zu denken.

Kap. 3 ist im Unterschied zu den vorherigen Gebetsliedern die Klage eines einzelnen. Was Stadt und Volk als Ganzes durchgemacht haben, wird am Beispiel eines bestimmten Menschen veranschaulicht, der – seinem Leiden nach – als Soldat an vorderster Front gestanden hatte, dessen Not aber individuelle Züge trägt. Das einsam erlebte Leid hat so immer Teil am Leiden eines Menschen überhaupt.

Der erste Teil ist von der Klage des Mannes erfüllt (V. 1-18), die sich – wie in ähnlichen Psalmen – in Dankbarkeit umwandelt. Vertrauensvoll bekennt er sich zu Jahwe und beruft sich gegen allen Augenschein auf dessen bleibende Treue und Huld (V. 19-24). Im zweiten Teil geht die Klage über in eine Besinnung über die Bedeutung des Leidens überhaupt für den Lernprozeß, den der einzelne auf seinem Glaubensweg durchmacht (V. 25-33). Das lehrhafte Anliegen des Verfassers gegenüber seinen Mitbetern ist nicht zu übersehen und auch am unpersönlichen Stil zu erkennen, der sich vom ersten und dritten Teil unterscheidet. Seine grundsätzlichen Gedanken finden dann in der Erkenntnis ihren Höhepunkt, daß das Israel zugefügte empörende Unrecht immer noch der Verfügungsgewalt Gottes untersteht (V. 34-39). Die Folgerung daraus ist nicht, Gott anzuklagen, sondern angesichts der eigenen Sünde sich selbst (V. 39). Diese Forderung wird im dritten Teil von einer betenden und klagenden Gemeinde aufgenommen, wobei der Wechsel vom einzelnen Ich (V. 1-24.48-66) zum gemeinsamen Wir (V. 40-47) auffällt. Ab V. 48 wandelt sich das Bekenntnis der Gemeinde dann wieder zum Klage- und Dankgebet des einzelnen, das als vierter Teil das Kap. schließt.

In Kap. 4 wird das tiefeingeprägte Leiderleben nicht mehr nur metaphorisch in Bildern geschildert. Die grausige Wirklichkeit selbst wird nun in größerem Umfang beim Namen genannt. Im Aufbau der Klgl ist vielleicht gerade damit der Höhepunkt der Klage und zugleich die Spitze der theologischen Aussagen überwunden.

V. 1-11 weisen einen parallelen Aufbau auf. Sowohl V. 1.2 als auch V. 7.8 fassen die Trauer um die Jerusalemer Bevölkerung in Worte. Dabei wechseln sich Bildworte mit der ungeschminkten Darstellung der Wirklichkeit ab. Sowohl V. 3-5 als auch V. 9.10 stellen die unbarmherzigen Auswirkungen des Hungers während der Belagerung dar, wobei das Schicksal der kleinen Kinder im Mittelpunkt steht (V. 3.4 und V. 10). Sowohl V. 6 als auch V. 11 schließt die vorangegangene Darstellung mit einer theologischen Feststellung ab. Im zweiten größeren Abschnitt V. 12-20 geht es um die Begründung dafür, daß das Unmögliche (V. 12) geschehen konnte. Der erste Grund ist die Blutschuld der Priester und Propheten (V. 13-16) und der zweite das falsche und deshalb enttäuschte Vertrauen auf menschliche Hilfe (V. 17-20). V. 21.22 kündigt für Edom Vergeltung, für Zion dagegen Heil an.

Kap. 5 ist der Form nach ein Volksklagelied. Am Anfang steht die Anrufung Gottes (V. 1), es folgen Klage mit Anklage Gottes, Wir-Klage und Feindklage mit Schilderung der Not der Heimatlosigkeit, Schutzlosigkeit, Rechtlosigkeit, Unterdrückung, der gegenwärtigen Lebensbedrohung und Entehrung und den Auswirkungen auf das Gemüt (V. 2-18), Bekenntnis der Zuversicht (V. 19) und Bitte um Gottes Zuwendung und helfendes Eingreifen (V. 21). Letztlich wird die Größe und Heiligkeit Gottes damit herausgestellt und seine Treue zu seinem Volk vergewissert. Nach dem Höhepunkt mit der Erkenntnis und dem Bekenntnis zu Jahwes bleibender Gnade (Klgl 3,22-24) haben sich die Wellen mit dem gemäßigteren Ton und der Zweizeiligkeit der Verse in Kap. 4 immer mehr gelegt. Jetzt kommen sie mit dem weicheren Rhythmus und den Einzeilern vollends zur Ruhe bis hin zum Bekenntnis zur bleibenden Beständigkeit Jahwes über allem Unbeständigen und Aufreibenden des ergangenen Gerichtes (V. 19).

VI. THEOLOGISCHE AUSSAGE.

In den Klgl findet sich die gleiche theologische Konzentration wie in anderen Texten aus der Exils- und Nachexilszeit, deren Funktion es u.a. ist, zur Bewältigung der Katastrophe des Exils mit ihrem radikalen Umbruch im politischen, gesellschaftlichen und kultisch-kulturellen Bereich beizutragen. Die Verkündigung der Propheten konzentriert sich dabei nicht auf die politischen Fehler, sondern auf das Verhältnis des Volkes zu seinem Gott als dem entscheidenden Faktor. Dieses spiegelt sich in den zwischenmenschlichen Beziehungen wider, in Kultur, Gesellschaft und Politik.

Die einzelnen Ereignisse, die in der schmerzlichen und belastenden Erinnerung ganz konkret zur Sprache kommen, sind nicht das Entscheidende. Der durchgehende Tenor ist: Du, Gott, hast es getan. Gott hat nicht nur zugelassen, daß der judäische Staat in die Hand der Feinde fiel; er selbst wurde zum Feind, hat sich der politisch-militärischen Schachzüge des neubabylon. Großkönigs *Nebukadnezar und seines Heeres als Werkzeug bedient. Nicht Menschen machen Geschichte, sondern Gott. Daraus ergeben sich entscheidende Schlußfolgerungen für das Geschichtsverständnis. Schon in den Klgl, in denen es hauptsächlich um das Schicksal des Gottesvolkes selbst geht, zeichnet sich die Botschaft der apokalyptischen Bücher der Bibel ab, in denen Gott als der Lenker der Weltgeschichte hervorgehoben wird. Im Unterschied zur Verkündigung der Apokalyptiker kehrt Gottes Zorn sich jedoch gegen sein eigenes Volk, indem er nicht nur fremde, böse Gewalt zuläßt, die am Ende überwunden wird (vgl. Dan 7,25-27; 8,24.25; aber auch Dan 11,36) und die damit doch Gottes Heils- und Geschichtsplan erfüllen muß, sondern in erzieherischer Absicht handelt. Gottes Volk bedarf angesichts seiner fortwährenden Untreue und der Verfehlung seiner göttlichen Bestimmung der Läuterung – gerade in seiner Sonderstellung als das geheiligte und auserwählte Volk. Dabei will er den Menschen nicht erdrücken (Klgl 3,33). Gottes Zorn hat eine heilsame und heilende Funktion. Darin wird das auserwählte Volk auch für die Völker zum Beispiel. Diese Linie läßt sich zum stellvertretenden Sühnetod Jesu am Kreuz, wo dieser Zorn für alle Menschen zum Ziel gekommen ist, fortführen: Gott will den der Sünde und dem Tod verfallenen Menschen dahin führen, ein neuer Mensch zu werden.

Am Beispiel der hinter ihnen liegenden Katastrophe zeigen die Klgl, wie die Bewältigung fundamentalen Leids nicht in Selbstmitleid, Groll und Verbitterung enden muß, sondern damit zu tun hat, daß man sich ihm stellt und man sich gerade dem zuwendet, dem man die Schuld dafür gibt, und lernbereit die eigene Vergangenheit selbstkritisch unter die Lupe nimmt. Selbst das schlimmste Gericht, wie die Beter es hinter sich haben, wird so in der Einsicht um die eigene Schuld zu einem guten, in dem Gott sich als der Herrliche und immer noch Barmherzige erweist. Im Unterschied zu Fatalismus und Schicksalsglaube bringen solche Umkehr und das aktive Rechnen mit Gott und seinem konkreten Eingreifen in die Geschichte stets Neues und Hoffnungsvolles aus sich hervor.

Literatur: D. Bahat: Jerusalem, 4000 Jahre Geschichte der Heiligen Stadt, 1985; J. Begrich: Zur hebräischen Metrik, ThR 1932, S. 67-89; K. Budde: Das hebräische Klagelied, ZAW 2/1882, S. 1-52; 3/1883, S. 299f; 50/1932, S. 306-308; H. Donner: Geschichte des Volkes Israel und seiner Nachbarn in Grundzügen, Grundrisse zum Alten Testament, I,1984/II,1986; G. Fohrer: Glaube und Leben im Judentum, 1979; W.R. Garr: The Qinah. A Study of Poetic Meter, Syntax and Style, ZAW 95/1983, S. 54-75; R.K. Harrison: Jeremiah and Lamentations, TOTC, Leicester 1977; S. Herrmann: Geschichte Israels in alttestamentlicher Zeit, 1973; D. Hillers: Lamentations. The Anchor Bible, 1972; F. Horst: Die Kennzeichen der hebräischen Poesie, ThR 1953, S. 97-121; H. Jahnow: Das hebräische Leichenlied im Rahmen der Völkerdichtung, BZAW 36/1923; W.C. Kaiser jr.: A Biblical Approach to Personal Suffering, 1980; C.F Keil: Biblischer Commentar über den Propheten Jeremia und die Klagelieder, 1872; L. Köhler: Der hebräische Mensch, (1953), 1976; H.-J. Kraus: Gottesdienst in Israel. Grundriß einer alttestamentlichen Kultgeschichte, ²1962; ders.: Klagelieder (Threni), BKAT XX, ²1968; H. Lamparter: Das Buch der Sehnsucht. Das Buch Ruth. Das Hohe Lied. Die Klagelieder, BAT 16/II, 1962; W.F. Lanahan: The Speaking Voice in the Book of Lamentations, JBL 93/1974, S. 41-49; J. Latacz: Perspektiven der Gräzistik, Sonderdruck der Stiftung »Humanismus heute« des Landes Baden-Württemberg, 1984; M. Löhr: Alphabetische und alphabetisierende Lieder im Alten Testament, ZAW 25/1905, S. 173-198; F. Mayer: Die Klagelieder Jeremias. Ein Evangelium für Mühselige und Beladene, 1934; C.W.E. Naegelsbach: Theologisch-homiletisches Bibelwerk, hrsg. von J.P. Lange, Teil 15, 1868; M. Noth: Die Ka-

Ein Geschenk – Tuch oder Kleidung – wird als Tribut dargebracht. Bas-Relief, nördl. Treppe des Apadarna, Persepolis. Achämenidisch, Zeit des Xerxes, 485–465 v.Chr. (RH)

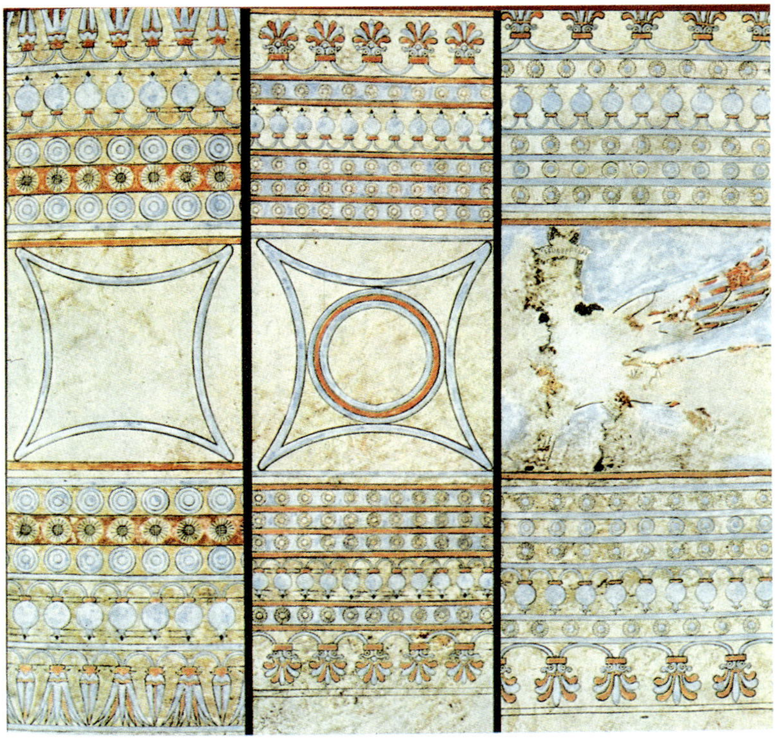

Assyrische Wandbemalung aus einer königlichen Provinzresidenz. Die Felder mit geometrischen Darstellungen sind typisch für die Formen, die in der Ausschmückung jener Periode gebräuchlich waren. Til Barsib/Kār Salmanassar (heute: Tell Achmar), 8. Jh.v.Chr. (AP)

tastrophe von Jerusalem im Jahre 587 v.Chr. und ihre Bedeutung für Israel, in: Gesammelte Studien zum Alten Testament, [3]1966, S. 346-371; B. Oded: Judah and the Exile, in: J.H. Hayes, J.M. Miller (Eds.): Israelite and Judaean History, 1977, S. 435-488; G. von Rad: Gerichtsdoxologie; in: ders.: Gesammelte Studien zum Alten Testament II, 1973, S. 245-254; W. Rudolph: Das Buch Ruth, Das Hohe Lied, Die Klagelieder, KAT XVII/3, 1962, S. 187-263; K. Schubert: Die Kultur der Juden im Altertum, 1970/1977/1980; C.D. Stoll: Die Klagelieder, 1986; ders.: Der Untergang Jerusalems - 587 oder 586 v.Chr.? in: JET 1987, S. 71-107; J.A. Thompson: The Book of Jeremiah, 1980; A. Weiser: Klagelieder, übersetzt und erklärt. ATD 16, [2]1967, S. 295-369; C. Westermann: Jeremia und Klagelieder, 1956; ders.: Der Psalter, 1967; D.J. Wiseman: Chronicles Museum, 1956; H.W. Wolff: Anthropologie des Alten Testaments, (1973), [2]1974. C.D.St.

KLARHEIT. Mit dem Begriff »Klarheit« wird in der LÜ an zwei Stellen (Lk 2,9; Apg 22,11) das griech. Wort *doxa* übersetzt, das 165 mal im NT vorkommt. Meist wird *doxa* mit Herrlichkeit (z.B. Joh 17,5; 1Petr 1,7), *Ehre (z.B. Lk 2,14; Joh 5,41.44), Verherrlichung (so Joh 11,4), *Verklärung (Mk 9,2-8 par.) und Ansehen (Apg 4,29) wiedergegeben. Die LÜ von 1914 übersetzt in 1Kor 15,41 und Offb 18,1 noch »Klarheit«, wo in der Revision von 1984 »Glanz« steht. 2Kor 3,7-18; 4,4-6 wird mit »Herrlichkeit« übersetzt, Lk 9,31f steht »verherrlicht«. So bleiben als Belege für K. Apg 22,11 und Lk 2,9. Die Verkündigung des Gottesboten an die Hirten (Lk 2,9) ereignet sich im Glanz von Gottes K., die das strahlend Reine der sichtbar gewordenen Gottesherrlichkeit wiedergibt. Bei seiner Berufung vor Damaskus umstrahlte Paulus ein Licht, dessen Glanz heller war als die Sonne, und aus dem Christus sprach; woraufhin Paulus nicht mehr sehen konnte und nach Damaskus geführt werden mußte (Apg 22,11; vgl. 26,13 und 1Tim 6,16).

Literatur: H. Baltensweiler: Die Verklärung Jesu, 1959; E. Fascher: RGG[3] III, 273-275; H. Hegermann: EWNT I, 1980, 832-841; G.v. Rad, G. Kittel: ThWNT II, 1935, 235-258; R. Schnackenburg: LThK III, 532-534; M. Weinfeld: ThWAT IV, 1984, 23-40. J.

Der reichgeschmückte Saum des für die königliche Robe des Marduk-nādin-ahhē, des Königs von Babylon (1116–1101 v.Chr.) benutzten Materials. (BM)

KLAUE. (Hebr. *parsāh*, von »trennen, zerreißen, abbrechen«, im weiteren Sinn »spalten«). Die (gespaltene) K. oder der Huf eines Tieres (Hes 32,1 steht (pars pro toto) für das Tier selbst (2Mo 10,26). Wiederkäuende Tiere mit gespaltenen K.n wie Rinde Schafe, Ziegen, Rehe etc. galten nac dem Gesetz als rein (3Mo 11,3; 5M 14,4-6) und durften gegessen und g opfert werden. Die K.n werden zerri sen, um an das dazwischen befindliche Fleisch zu gelangen. In Sach 11,16 und Ps 69,32 ist dieses »Zerre ßen« ein Bild für die Habgier. »Eherne Klauen« sind ein Bild für vernichtende Macht (Dan 7,19; Mi 4,13).

KLEIDUNG. Das AT gibt keine detaillierte Beschreibung der verschiedenen Bekleidungsarten in Palästina. Dennoch vermitteln ägypt., babylon. und hetitische Zeugnisse eine gute Vorstellung der damaligen Kleidung. Im Grab des Chnumhotep in Beni-Hasan (Ägypten) ist eine Prozession von Asiaten dargestellt, die Augenschminke nach Ägypten liefert. Die dargestellten Personen tragen lebhaft gemusterte, bunte Gewänder. Das läßt darauf schließen, wie Abraham und andere Nomaden etwa z.Zt. der 12. ägypt. Dynastie gekleidet waren. 1Mo 3,7.21 bringt den Ursprung der Kleidung mit dem Schamgefühl in Verbindung. Es ist eine Schande, nackt zu sein (1Mo 9,22-23), was besonders das Schicksal von Gefangenen und Flüchtlingen war (Jes 20,4; Am 2,16; Mk 14,52). Kinder liefen jedoch bis zur Pubertät nackt herum. Die wichtigsten Kleidungsstücke scheinen eine Art Lendentuch oder Hüftschurz, ein langes oder kurzes Hemd bzw. Hemdkleid, ein Obergewand und ein Umhang gewesen zu sein. Hinzu kommen Gürtel, Kopfbedeckung, Schleier und Sandalen.

1. Männerkleidung. Es gibt ein paar Hinweise auf einen Hüftschurz ('ēzōr), der von der Taille bis zu den Knien reicht. Dies war wohl während der Mittleren und Späten Bronzezeit die übliche Bekleidung. In der Späten Bronzezeit verschwand er langsam als bürgerliches Gewand, blieb jedoch militärische Bekleidung (Hes 23,15; Jes 5,27). Eine ähnlich einfache Kleidung bildeten Tierfelle und härener Mantel oder Umhang (Sach 13,4; 2Kön 1,8; Mt 3,4), die nur von Propheten oder armen Leuten (Sir 40,4) oder zum Zeichen der Buße getragen wurden. Nur die Priester mußten Hüften und Schenkel durch Hosen bedecken (2Mo 28,42; 39,28). Ansonsten war die Hose im AT und im alten Vorderen Orient unbekannt, au-

Verzierter Rock Assurbanipals, des Königs von Assyrien (668–627 v.Chr.) Relief einer Löwenjagd, Ninive. (BM)

*»Judäer«, dargestellt auf dem »Schwarzen Obelisken« Salmanassars III., der *Jehu, König von Israel erwähnt. Sie tragen ein* ketonet *mit gefranstem Saum, über das ein* simlah *mit Quastensaum gelegt ist, das über die linke Schulter geworfen wurde. Spitzzulaufende Kopfbedeckungen und Sandalen wurden für die Reise getragen. Kelach (Nimrud), 858–824 v.Chr.* (BM)

Reich verzierte Kleidung des Königs Marduk-nādin-ahhē von Babylon. Dargestellt auf einem Grenzstein, 1116–1101 v.Chr. (BM)

Elamitischer Bogenschütze der persischen Leibwache in zeremoniellem Gewand. Glasierte Ziegel, Höhe 1,85 m. Susa 5. Jh.v.Chr. (SMB)

ßer bei den Persern (pers. *schalwār;* hebr. *sarbāl;* vgl. Dan 3,21.27). Das Hemd, das in der Späten Bronzezeit und während der Eisenzeit die übliche Bekleidung war, heißt in der Bibel wohl *kuttōnet* (griech. *chiton*). Man trug es direkt auf der Haut, es reichte bis zu den Knien oder Knöcheln. Hergestellt wurde es mit und ohne Ärmel, kurz oder lang. Während der Arbeit oder beim Laufen wurde das Hemd hochgegürtet (2Mo

Oben links:
Königlicher Faltenrock und Robe aus feinem Leinen, getragen von König Amenophis I. (1527–1506 v.Chr.). Er trägt einen Krummstab als Zeichen der Königswürde. Wandbemalung aus Theben, ca. 1150 v.Chr. (BM)

Oben rechts:
Robe aus feinen Leinen, mit goldenem Kragen und Diadem, getragen von Königin Ahmose-Nefertati (ca. 1550 v.Chr.). Wandbemalung aus Theben, ca. 1150 v.Chr. (BM)

Halb-Nomadische, »asiatische« schmiede aus Palästina. Die mehrfarbigen Kleidungsstücke der Schmiede heben sich von der einfachen weißen Bekleidung der Ägypter ab. Grab Chnumhoteps III., ca. 1890 v.Chr. (PAC)

12,11; 2Kön 4,29). Die Bibel erwähnt auch ein *kuttōnet passīm*, ein spezielles Obergewand (LÜ: Rock, 1Mo 37,3.23.32), das auch von einer Prinzessin getragen wurde (2Sam 13,18-19). Es war vielleicht ein buntes Wikkelgewand, ähnlich einem Plaid, das spiralförmig um den Körper geschlungen wurde (vgl. die Abb. S. 792, die syr. Gesandte vor Pharao Thutmoses IV. zeigt). Das Hemd, das vermutlich darunter getragen wurde, war wohl der *sādin* (Ri 14,12; Spr 31,24; Jes 3,23; LXX: *sindon*). Zu dieser Art Gewand gehörte vielleicht auch der *me'īl*, der gewöhnlich zum Zeichen der Trauer zerrissen wurde (Esr 9,3; Hiob 1,20; 2,12). Bedeutende Männer wie Jonatan (1Sam 18,4), Samuel (1Sam 2,19; 15,27; 28,14), Saul (1Sam 24,5.12), Hiob und seine Freunde (Hiob 1,20; 2,12) und Esra (Esr 9,3) trugen es. Der gewöhnliche Mantel wird normalerweise im Hebr. *simlā* genannt. Er kann mit der »*'abāje*« der heutigen Fellachen (Bauern) gleichgesetzt werden. Er ist ein rechteckiges Stück Stoff, das über eine oder über beide Schultern geworfen wird. Auf beiden Seiten sind Öffnungen für die Arme. Einen solchen Umhang besaß jeder. Man konnte ihn nicht pfänden, da er nachts als Decke diente (2Mo 22,25-26; 5Mo 24,12). Zur Arbeit legte man ihn ab (Mt 24,18; Mk 10,50). Auch gebrauchte man ihn zum Tragen von Gegenständen aller Art (2Mo 12,34; Ri 8,25; 2Kön 4,39; Hag 2,12). Von einem aus kostbarem Material hergestellten Mantel *'adderet* berichtet Jos 7,21.24. Dieses Kleidungsstück trug der König (Jona 3,6), es findet sich aber auch bei Propheten (1Kön 19,13.19; 2Kön 2,13f). Die Bezeichnung für diesen

Syrische Tributbringer in hemdartiger Kleidung (hebr. ketonet*), die bis zu den Knöcheln reichte. Eine umgelegte Tuchrollle bildete die äußere Bekleidung (hebr.* simlach*) 1,32 × 1,12 m. Theben, Zeit Thutmoses' IV. (1412–1402 v.Chr.).* (BM)

Oben links:
Kleid eines ägyptischen Fürsten (links), Ramses III., 1195–1164 v.Chr. (PAC)

Oben rechts:
Bekleidung eines assyrischen Königs (Sargon II. 722–705 v.Chr.) und seiner Gefolgsleute. Rekonstruktion. Chorsabad. Höhe der mittleren Figur 3 m. (AP)

Unten links:
Jüdische Gefangene, Frauen und Kinder, mit langem Gewand. Reliefdarstellung der Kapitulation von Lachisch vor Sanherib, 701 v.Chr. Ninive, frühes 7. Jh.v.Chr. (MH)

Unten rechts:
Sumerische Frau beim Gottesdienst. Sie trägt ein kiltartiges Gewand, kaunakes, das aus Stoff- oder Wollstreifen gefertigt ist, vermutlich eine herkömmliche Darstellung des Schaffells. Der typische Stil läßt die rechte Schulter frei. Mari, ca. 2900–2461 v.Chr. (SI)

Mit Quasten gesäumtes Gewand des Königs Asarhaddon von Assyrien (681–669 v.Chr.). Ausschnitt aus einer Diorit-Stele, deren Höhe ca. 3,2 m beträgt. (SMB)

KLIMA
s. Palästina

KLOPAS
s. Kleopas

KLUFT
s. Höhle

Mantel kommt in der Alltagssprache jedoch nicht vor, sie findet sich auch im späten Hebr. nicht mehr. Als Kopfbedeckung trugen die Israeliten wohl ein gefaltetes Stück Stoff zum Schutz vor der Sonne, das gelegentlich auch zum Turban gewickelt wurde (hebr. *migbā'ōt,* »hohe Mützen«, 2Mo 28,40; 3Mo 8,13; hebr. *p'er* »Hauben«, Jes 3,20 und »leinene Hauben«, Hes 44,18). Angesehene Männer und Frauen trugen später den *sanīph* (»Kopftücher«, »Krone«, Jes 3,232; 62,3), ein um den Kopf gewickeltes Stück Stoff.

Arme gingen gewöhnlich barfuß. Man kannte jedoch Sandalen (vgl. 5Mo 25,10; Am 2,6; 8,6). Die Sohlen (*ne'ālīm*) bestanden aus Leder oder Holz und wurden mit Riemen am Fuß befestigt (hebr. *serōk,* 1Mo 14,23; Jes. 5,27; Mk 1,7; Lk 3,16). Sandalen wurden nicht im Haus getragen.

2. Frauenkleidung. Frauen trugen im wesentlichen dasselbe wie Männer. Doch muß der Unterschied erkennbar gewesen sein, denn es war den Männern verboten, Frauenkleidung zu tragen und umgekehrt (5Mo 22,5). Der Unterschied liegt wohl in feinerem Material, mehr Farben und dem Gebrauch eines Schleiers und einer Art Kopftuch (hebr.*mitpachat,* »Tücher«, Jes 3,23, »Tuch«, Rut 3,15), das auch zum Tragen von Lasten benutzt werden konnte. Meistens trugen die israelit. Frauen »Hemd« (hebr. *kuttōnet*) und »Mantel« (hebr. *simlā*). Aus feinerem Stoff war das Unterkleid (hebr. *sadīn,* Spr 31,24; Jes 3,23). Zu Festen trugen sie kostbarere Kleidung (1Tim 2,9). Hüften- und Lendenbekleidung wurde nicht getragen. Angesehene Damen trugen eine lange Schleppe oder einen Schleier (Jes 47,2; Nah 3,5). Die Jes 3,18ff genannten Kleidungsstücke lassen sich heute nicht mehr im einzelnen identifizieren.

3. Kleidung zu besonderen Anlässen. Festliche Kleidung unterschied sich von der alltäglichen nur durch kostbareres Material (1Mo 27,15; Mt 22,11-12; Lk 15,22). Die Farbe war vorzugsweise weiß (Pred 9,8; Mk 9,3; Offb 3,4). Begehrt waren Gewebe aus Byssus, Scharlach und Purpur (Spr 31,22; Sir 6,30; Jer 4,30). Frauen schmückten ihre Kleidung gerne mit Gold und Silber (2Sam 1,24; Ps 45, 10.14-15; Hes 16,10.13; s. *Schmuck). Trauer- und Bußkleiung (*saq*) bestand aus »härenem Tuch« ähnlich dem Mantel der Propheten. Man trug sie mit einem Gürtel und manchmal auf dem nackten Leib (1Mo 37,34; »Sack«, 2Sam 3,31; 1Kön 21,27; 2Kön 6,30).

4. Priesterkleidung. Das älteste priesterliche Kleidungsstück scheint der *'ēphōd bad* gewesen zu sein, vermutlich ein einfaches Lendentuch (2Sam 6,14.20). Die Priester von Nod waren als Männer bekannt, die den »leinenen Priesterschurz« trugen (1Sam 22,18). Samuel (1Sam 2,18) und David (2Sam 6,14) trugen einen einfachen leinenen *Efod. Dieser muß unterschieden werden von dem Efod des Hohenpriesters, der aus kostbarem Material war (Byssus: *schēsch*), verziert mit Gold, Purpur und Scharlach. Dieses Kleidungsstück reichte von der Brust bis zu den Hüften. Er wurde von zwei Schulterbändern gehalten und um die Hüfte festgebunden (2Mo 39,1-26). Es wird auch ein Efod erwähnt, der bei Orakeln verwendet und im Tempel aufbewahrt wurde (1Sam 21,10). Die Priester trugen während des Gottesdienstes ein Tuch, das Hüften und Lenden bedeckte (2Mo 28,42-43; 3Mo 16,4), und ein langes, besticktes, leinenes Unterkleid mit Ärmeln (2Mo 28,40; 39,27), dazu einen schön gearbeiteten Gürtel aus gezwirntem Leinen, blauem und rotem Purpur und Scharlach (2Mo 28,40; 39,29; vgl. Nötscher: Bibl. Altertumskunde, 1940). Die Priester trugen außerdem einen Kopfbund (hebr. *misnephet,* 2Mo 28,4.37.39; 29,6; 39,28). Wie in *Ägypten und *Babylonien war es den Priestern verboten, im Dienst wollene Kleidung (Hes 44,17) und im Tempel Sandalen zu tragen (2Mo 3,5; vgl. 29,20).

Literatur: M.G. Houston: Ancient Egyptian and Persian Costume and Decoration, 1954; ANEP, Abb. 1-66; I. Benzinger: Hebräische Archäologie, 1927; S. Bertman: Tasseled Garments in the Ancient East Mediterranean, BA 24, 1961, 119–128; H. Bonnet: Die ägyptische Tracht bis zum Ende des neuen Reiches, 1917, ND 1964; G. Dalman: Arbeit und Sitte in Palästina, V, 1937, ND 1964, 199–362; E. Haulotte: Symbolique du vêtement selon la Bible, 1966; B. Hrouda: Die Kulturgeschichte des assyrischen Flachbildes, 1965, 21–50.141–143; J.B. Pritchard: Syrians as Pictured in the Paintings of the Theban Tombs, BASOR 122, 1951, 36–41; Ph.J. Watson: Costume of Old Testament Peoples, 1987; H. Weippert: BRL[2], 185–188.

C.D.W.

KLEOPAS. Kurzform des griech. Namens Kleopatros, der offenbar für den semit. Namen Klōpas eintreten konnte (Bauer, Wb 858f.863f). Philologisch kaum haltbar ist die früher oft vertretene Gleichsetzung von Klopas und *Alphäus (Mt 10,3 par.). Beides sind nämlich Gräzisierungen verschiedener semit. Namen (*Qlōpā'* bzw. *Chalpaj/Chalāph*). K. war einer der beiden Jünger, denen der Auferstandene auf dem Weg nach *Emmaus begegnete (Lk 24,18), wo sie offenbar zu Hause waren (Lk 24,29). Unter den Frauen beim Kreuz nennt Joh 19,25 eine »Maria des Klopas« (*Maria hē tou Klōpa*). K. kann hier den Vater, Sohn, Mann oder Bruder meinen. Nach dem sonstigen ntl. Sprachgebrauch kommen am ehesten Sohn oder Mann in Frage. Laut Eusebius (h.e. III, 32,4) war diese Maria die Frau des Klopas, und so entscheiden sich auch die meisten modernen Forscher, die außerdem wie Eusebius Klopas und K. identifizieren. Nach dem judenchristl. Schriftsteller Hegesipp (um 180 n.Chr.) war K. ein Bruder des *Josef und damit ein Onkel Jesu (Eus.h.e. III, 11; 32; IV, 22). Sein Sohn Symeon wurde nach *Jakobus, dem »Herrenbruder«, zweiter Bischof von *Jerusalem. Gemäß einer schon von Origenes (cCels II, 62.68 u.ö.) bezeugten Überlieferung war er der ungenannte Begleiter des K. nach Emmaus (Th. Zahn, Lucas, [3/4]1920 [ND 1988], 711–713). Das setzt vielleicht auch die Textvariante Lk 24,34 voraus. Nach A. Schlatter wäre Symeon der Sohn des K. ein Gewährsmann für die lukanische Auferstehungsgeschichte (Kirche und Synagoge, 1966, 111–118).

Literatur: J. Blinzler: Die Brüder und Schwestern Jesu, [2]1967, 111-118; R. Schnackenburg: Johannesevangelium III, [4]1982, 321f; B. Pixner, in: J.G. Plöger, J. Schreiner: Heilige im heiligen Land, 1982, 300-304.

R.R

KLUG, KLUGHEIT. Mit K. geben die Bibelübersetzungen im AT, z.T.

Kaiser Nerva in vollem militärischen Ornat. (RS)

Links:
Römischer Bürger mit Toga über der Tunika; ca. 1. Jh.n.Chr. (RS)

abweichend voneinander, Formen und Ableitungen der hebr. Worte *bājan*, »einsehen, verstehen«, *chākam*, »weise sein«, *jādāc*, »erkennen, wissen«, *ʿāram*, »schlau, listig sein« und *sākal*, »klug, einsichtig sein«, wieder. Auch im Hebr. sind diese Begriffe nicht mehr scharf voneinander abzugrenzen und ergänzen sich häufig in paralleler Stellung (synonymer parallelismus membrorum). Im NT liegt meistens das griech. Wort *pais* zugrunde. K. gehört in das Bedeutungsumfeld des Begriffs »Weisheit«; der Gegenbegriff ist »Torheit«. K. meint ein zweckmäßiges Handeln, das die Situation richtig einschätzt, alle Möglichkeiten ausnutzt und sein Ziel erreicht, z.T. auch mittels einer List. Als derart »kluge und weise« Menschen werden dargestellt *Joseph (1Mo 41,39), *Abigail (1Sam 25,3.33), *Salomo (1Kön 2,6.9; 3,9ff; 5,9ff), die Frau aus Tekoa (2Sam 14), *Rehabeam (2Chr 11,23) und verschiedene Personen in Gleichnissen Jesu (Mt 7,24; 24,45ff; 25,1ff; Lk 14,28ff; 16,1-8 der unehrliche Verwalter!). Die atl. Weisheitsliteratur versteht unter K. eine Lebensführung, in der dem Menschen durch Erkenntnis der natürlichen und sozialen Ordnungen und Gesetzmäßigkeiten und die Einfügung in dieselben Leben gelingt. Ihm wird unter Rückgriff auf Lebenserfahrungen und rationale Argumente in vielen Einzelsentenzen unterbreitet, wie er k. werden und damit das wahre Leben erlangen kann (Spr 10,5.19; 11,12; 12,23; 13,10.16; 14,8.15; 15,5; 22,3 u.ö.; s.a. Weish und Sir). Zwar wird in diesem Traditionsbereich die K. bzw. Weisheit auch als Gabe Gottes verstanden (z.B. Spr 2,6; Hiob 35,11; vgl. auch 2Chr 9,23; Weish 7,7) und ihr Zusammenhang mit der Furcht Jahwes mehrfach hervorgehoben (Spr 1,7; 9,10; 10,27; 14,26f; 15,16.23; 16,6; 19,23; 22,4; 23,17f; 24,21f; 28,14; 31,10; vgl. auch Ps 111,10), sie wird jedoch nicht in Beziehung gesetzt zur Heilsgeschichte oder den Geboten Jahwes (anders: Ps 119,104.130; Sir 19,21). Hier liegt eine Grenze weisheitlichen Denkens vor.

Im NT wird die K. auch dem Christen für seine Lebensführung nahegelegt (Mt 7,24; 10,16; 24,45; 25,13; Eph 5,15-17), wobei der Kontext diese in der eschatologischen Situation der Jünger an den Willen Gottes bindet.

Wird K. damit in beiden Testamenten zumeist positiv gewertet, wird vor einer selbstherrlichen menschlichen K., die sich über den Willen Gottes hinwegsetzt, gewarnt bzw. das Gericht Gottes angesagt (Hiob 5,13; Spr 3,5-8; Jes 5,21-24; 10,12ff; 29,13-16; 44,25; Röm 12,16; 1Kor 3,18ff). Die Grenze aller menschlichen K. und Weisheit zeigen Mt 11,25 und 1Kor 1,18ff auf: die Heilsbedeutung Jesu und der Heilswille Gottes ist nur in der glaubenden Annahme der Offenbarung Gottes zugänglich, die aller menschlichen K. entgegen steht.

Literatur: J. Goetzmann: TBLNT I, 41986, 534-538; G. von Rad: Weisheit in Israel, 31985; H.D. Preuß: Einführung in die alttestamentliche Weisheitsliteratur, 1987.

F.Fe.

KNABE.

1. K. ist im AT zumeist die Übersetzung von *naʿar*, seltener von *jäläd*. *Naʿar* bezeichnet Säuglinge (2Mo 2,6; 1Sam 1,22; 4,21), Kleinkinder (Jes 7,16; 8,4), Kinder (1Mo 22,5.12; Ri 8,14; 2Kön 2,23; 4,18ff), Jugendliche (1Sam 17f; 2Sam 13,32; Jes 40,30) und den heiratsfähigen jungen Mann (1Mo 34,19). Der Gegenbegriff ist *sāqēn*, »alt, Alter«; das Oppositionspaar *naʿar* und *sāqēn* meint die Gesamtheit der betreffenden Menschenmenge (Stilmittel des Merismus; 1Mo 19,4; 2Mo 10,9; Jos 6,21; Ps 148,12; Jes 20,4; Jer 51,22). Bezeichnet K. also eindeutig jugendliches Alter – der hundertjährige K. in Jes 65,20 ist Kennzeichen der Heilszeit – , so läßt sich weder eine eindeutige Obergrenze ausmachen, noch deckt sich der Begriff mit einer bestimmten Altersstufe, wie die voneinander abweichenden Einteilungen der Lebensphasen in Est 3,13; Jer 6,11; 44,7; 51,22 zeigen. Wichtiger als das Alter ist der mit *naʿar* bezeichnete Rechtsstatus des ledigen, unmündigen und damit vom Familienvater abhängigen jungen Menschen. Zeichnet den K.n einerseits Kraft und Schnelligkeit aus (Jes 40,30), so wird doch häufiger seine Hilflosigkeit (1Mo 21,16) und Unfähigkeit hervorgehoben (2Kön 4,18ff; Jes 7,16; 8,4; Klgl 5,13). Weisheitliche Texte betonen die Notwendigkeit der Erziehung und Belehrung des K.n wegen seiner mangelnden Reife und Erfahrung (Spr 1,4; 7,7.22f; 22,6.15; 23,13f; 29,15). Daher eignet sich der K. nicht für Führungsaufgaben (Pred 10,16f; vgl. Jes 3,4). Die besondere Erwählung junger Menschen (*Gideon, *Simson, *Saul, *David) stellt die Wirksamkeit Jahwes heraus, auf den der Erfolg der Unternehmungen zurückzuführen ist. Daß Absalom in 2Sam 18,5.29 von David ein K. genannt wird, soll wohl dessen Aufstand verharmlosen, um eine möglichst milde Bestrafung zu erreichen. Die Selbstbezeichnung Salomos als »kleinen Knaben« in 1Kön 3,7 ist als formelhafte Demuts- und Selbsterniedrigungsaussage zu werten (vgl. 2Chr 13,7). Daß Jeremia sich einen *naʿar* nennt (Jer 1,6), beinhaltet wohl auch das Eingeständnis der Unfähigkeit für die prophetische Aufgabe, könnte aber von Jer 16,1-4 her auch bedeuten, daß Jeremia noch unmündig und damit nicht zum öffentlichen Reden berechtigt war, er somit »seine Vollmacht einzig und allein durch Jahwes Auftrag und Sendung selbst« erhält (Stähli, 129). Der hebr. Begriff *naʿar* bezeichnet auch den *Knecht in Rut 2,5ff und 2Sam 9,2; 19,18 gar den Gutsverwalter. Häufig ist die Verwendung von *naʿar* als militärischem Fachausdruck. In der Regel geht es hier um erfahrene (Berufs-) Soldaten (1Sam 21,2-10; 2Sam 2,12-17; 1Kön 20 u.ö.).

2. Im NT wird meistens *pais* durch K. wiedergegeben und meint Kinder verschiedenen Alters (Mt 2,16; 17,18; Lk 8,42; Joh 4,51; 6,9: *paidarion*). Der zwölfjährige »Knabe Jesus« setzt die Lehrer im Tempel in Erstaunen und erweist sich von Kindheit an als der menschgewordene Gottessohn (Lk 2,41ff). Eutychus wird sowohl *pais* wie auch *neanias* (Jüngling) genannt (Apg 20,9.12).

Literatur: J. Conrad: Die junge Generation im Alten Testament. Möglichkeiten und Grundzüge einer Beurteilung. AzTh I/42, 1970; H.-P. Stähli: Knabe – Jüngling – Knecht. Untersuchungen zum Begriff naʿar im Alten Testament, 1978; H.F. Fuhs: ThWAT, V 1986, 507–518 (Literatur!).

F.Fe.

KNECHT, KNECHTSCHAFT.

I. IM ALTEN TESTAMENT.

1. Einleitung.

Nach röm. Recht waren Sklaven (männlichen oder weiblichen Geschlechts) Personen ohne Persönlichkeitsrechte; wie über jeden anderen persönlichen Besitz konnten ihre Besitzer (Herren) über sie verfügen und sich ihrer Arbeitskraft bedienen. Im Vorderen Orient z.Zt. der Bibel konnten Sklaven allerdings gewisse (Gewohnheits-)Rechte erwerben. Dazu gehörte das Recht auf Besitz (selbst von anderen Sklaven) und das Recht, ein eigenes Geschäft zu führen, obwohl man unter der Kontrolle eines Herrn stand. Im ganzen Vorderen Orient ist die Knechtschaft seit frühester Zeit belegt und verdankt ihre Existenz und Fortdauer hauptsächlich wirtschaftlichen Faktoren.

2. Wege in die Knechtschaft.

a. Durch Gefangennahme.

Gefangene, besonders Kriegsgefangene, wurden gewöhnlich in die Sklaverei verkauft (der König von Sodom erhob Anspruch auf die Gefangenen, 1Mo 14,21; s.a. 4Mo 31,9; 5Mo 20,14; 21,10ff; Ri 5,30; 1Sam 4,9; 2Kön 5,2; 2Chr 28,8.10ff), ein Vorgehen, das so alt ist wie die schriftlichen Belege selber und zurückreicht bis um 3000 v.Chr. und wohl noch weiter (vgl. I. Mendelsohn, Slavery in the Ancient Near East, 1949, S. 1-3).

b. Durch Kauf.

Sklaven konnte man einfach von ihren Besitzern oder von Sklavenhändlern erwerben (vgl. 1Mo 17,12-13.27; Pred 2,7). Das Gesetz erlaubte den Hebräern, im eigenen Land oder im Ausland ausländische Sklaven von Ausländern zu kaufen (3Mo 25,44-46). Im Altertum verkaufte man Sklaven zusammen mit anderen Gütern von Land zu Land. Entsprechend verkauften die Midianiter und Ismaeliter *Josef an einen hohen ägypt. Beamten (1Mo 37,36; 39,1). Über die phönizische Stadt *Tyrus lief der Ankauf von Sklaven und Kupferwaren aus Kleinasien (Hes 27,13); die Bewohner von Tyrus verkauften aber auch Juden an Griechen und forderten somit ein göttliches Strafgericht heraus (Joel 4,4-8). (Zu der großen Zahl semit. Sklaven, die zur Zeit Josefs, wohl hauptsächlich durch Handel, nach Ägypten kamen, s. *Josef;

zum babylon. Handel mit ausländischen Sklaven, der z.B. über Tyrus abgewickelt wurde, s. Mendelsohn, op.cit., S. 3-5).

c. Durch Geburt.

Die »im Hause« (ihres Besitzers) geborenen Kinder von Sklaven gingen in seinen Besitz über. Solche Menschen werden in der Bibel seit der Zeit der Erzväter erwähnt (1Mo 15,3; 17,12-13.27; Pred 2,7; Jer 2,14) und ebenso in mesopotamischen Dokumenten (Mendelsohn, op.cit., S. 57-58).

d. Zum Zwecke der Entschädigung.

Wenn ein überführter Dieb keinen Schadenersatz leisten und seine Strafe nicht bezahlen konnte, war es möglich, ihn als Sklaven zu verkaufen (2Mo 22,2; vgl. eine ähnliche Bestimmung im Kodex Hammurabi §§ 53-54; AOT; S. 388).

e. Durch Zahlungsverzug.

Bankrotte Schuldner wurden oft gezwungen, ihre Kinder als Sklaven zu verkaufen, oder ihre Kinder wurden von dem Gläubiger als Sklaven genommen (2Kön 4,1; Neh 5,5.8). Der zahlungsunfähige Schuldner wurde gewöhnlich mit seiner Frau und Familie Sklave seines Gläubigers. Drei Jahre lang stellte er seine Arbeitskraft in dessen Dienst, um die Schuld abzuarbeiten und dann wieder frei zu sein (so der Kodex hammurabi, § 117: AOT, S. 392). Dies scheint der Hintergrund zu sein für das Gesetz in 2Mo 21,2-6 (und 7-11) und in 5Mo 15,12-18, nach dem ein hebr. Sklave sechs Jahre lang arbeiten mußte, also doppelt so lange, verglichen mit den drei Jahren im Kodex Hammurabi (vgl. Mendelsohn, S. 32-33). Bei seiner Freilassung wurde es ihm freilich materiell ermöglicht, einen Neuanfang zu machen (s.u. 4.). Zahlungsunfähigkeit war im Orient zur bibl. Zeit ein Hauptgrund für das Absinken auf den Sklavenstatus (Mendelsohn, S. 23, 26-29).

f. Durch Selbstverkauf.

Der freiwillige Verkauf in die Sklaverei, d.h. in die Abhängigkeit von einem anderen, um der Armut zu entgehen, kam häufiger vor (vgl. Mendelsohn, S. 14-19). 3Mo 25,39-43.47ff trug dem Rechenschaft, bestimmte aber das Erlaßjahr zur Freilassung bei ausländischen Besitzern noch nicht).

g. Durch Raub.

Auf die Entführung eines Menschen und seine Erniedrigung zum Sklaven stand sowohl im Kodex Hammurabi (§ 14; AOT, S. 384) als auch im Gesetz Moses (2Mo 21,16; 5Mo 24,7) die Todesstrafe. Die Brüder Josefs hatten sich eines solchen Vergehens schuldig gemacht (1Mo 37,27f; 45,4). Es ist daher verständlich, daß sie später »entsetzt« waren und Zuspruch brauchten (1Mo 45,3.5; vgl. 1Mo 50,15).

3. Preis von Sklaven.

Der Preis der Sklaven variierte je nach Umständen und Geschlecht, Alter und Konstitution des Sklaven, aber im Laufe der Geschichte stieg der Durchschnittspreis der Sklaven wie der Preis anderer Handelsgüter. Eine Sklavin im gebärfähigen Alter war z.B. mehr wert als ein Sklave. Im späten 3.Jt.v.Chr. lag der Durchschnittspreis eines Sklaven in Mesopotamien (Akkad und 3. Ur-Dynastie) bei 10-15 Silberschekeln (Hinweise in Mendelsohn, S. 117-155). Um 1700 v.Chr. wurde Josef für 20 Silberschekel an die Ismaeliter verkauft (1Mo 37,28), was dem üblichen Preis zur Zeit der Erzväter entsprach. Ein Drittel einer Mine betrug (um 1750 v.Chr.) 20 Schekel nach dem Kodex Hammurabi (§ 116, 214, 252; AOT, S. 392, 402), nach zeitgenössischen altbabylon. Tafeln (vgl. Mendelsohn,) und nach Texten von Mari (G. Boyer, Archives Royales de Mari, 8, 1958, S. 23, Nr. 10, Z. 1-4). Etwa um 1500 v.Chr. lag der Durchschnittspreis in Nuzi bei 20 Schekeln (B.L. Eichler, Indenture at Nuzi, 1973, S. 16-18,87) und konnte im 14./13. Jh.v.Chr. in Ugarit in Nord-Syrien 20, 30 oder 40 Schekel betragen (Mendelsohn, S. 118-155; J. Nougayrol, Palais Royal d'Ugarit, 3, 1955, S. 228), ein Preis, der gut zu vergleichen ist mit den 30 Schekeln in 2Mo 21,32. Unter den Assyrern, Babyloniern und Persern stieg der Durchschnittspreis für einen Sklaven auf 50-60 Schekel, stellenweise 90-120 Schekel (Mendelsohn, S. 117f.155). Mit 50 Schekeln hatten in assyr. Zeit (vgl. 2Kön 15,20) die vornehmen Israeliten unter Menahem ihren Wert als Sklaven zu bezahlen, um der Deportation nach Assyrien zu entgehen (D.J. Wiseman, Iraq 15, 1953, S. 135; JTVI 87, 1955, S. 28). Die stetig steigenden Durchschnittspreise für Sklaven sowohl in bibl. wie in außerbibl. Berichten lassen annehmen, daß erstere auf genauer Überlieferung aus dem frühen und späten 2. Jt. sowie dem frühen 1. Jt.v.Chr. beruhen.

4. Im Besitz von Privatleuten befindliche Sklaven in Israel.

a. Hebräische Sklaven.

Das Gesetz versuchte (wie der Kodex Hammurabi fünf Jh. früher) das Risiko zu vermeiden, daß unter wirtschaftlichem Druck auf kleine Bauern eine ganze Bevölkerungsschicht in die Sklaverei und Leibeigenschaft abrutschte, indem es die Dienstdauer für zahlungsunfähige Schuldner auf sechs Jahre begrenzte. Bei ihrer Freilassung mußten sie ein ausreichendes Vermögen für einen Neubeginn erhalten (2Mo 21,2-6; 5Mo 15,12-18). War ein Mann bereits verheiratet, nahm er seine Frau mit in die Sklaverei. War er jedoch unverheiratet und erhielt eine Frau von seinem Herrn, so gehörten Frau und Kinder weiter dem Herrn. Wenn er dauernd im Dienst seines Herrn und bei seiner Familie bleiben wollte, konnte er das tun (2Mo 21,6; 5Mo 15,16f). Im Erlaßjahr wurde er auf jeden Fall freigelassen (3Mo 25,40) wegen der Wiederherstellung des Erbes (3Mo 25,28), auch wenn er bereit war, für immer bei seinem Herrn zu bleiben. Zahlungsunfähige Schuldner in zeitlich begrenzter Knechtschaft, ähnlich jenen in 2Mo 21,2ff, meint wahrscheinlich 2Mo 21,26f; eine Körperverletzung, die einen nicht zu ersetzenden Schaden hinterließ, löste die Schuld ab und befreite sofort vom Gläubiger/Herrn (Mendelsohn, S. 87-88). Zur Zeit Jeremias mißbrauchten der König und die Reichen das Gesetz des Erlaßjahres schamlos, indem sie ihre Sklaven nur freiließen, um sie anschließend wieder zu ergreifen. Wegen dieser betrügerischen Praxis wurden sie scharf verurteilt (Jer 34,8-17). Ein Hebräer, der sich freiwillig in die Sklaverei verkaufte, um der Armut zu entgehen, mußte seinem Herrn bis zum Erlaßjahr dienen. Dann war er frei (3Mo 25,39-43) und erhielt sein Erbe zurück (3Mo 25,28). War sein Herr jedoch ein Ausländer, konnte er jederzeit vor dem Erlaßjahr seine Freiheit erkaufen oder durch einen Verwandten ausgelöst werden (3Mo 25,47-55). Für Sklavinnen gab es besondere Gesetze. Daß die Sklavin ihrem Herrn anstelle dessen kinderloser Frau Kinder gebären konnte, wird sowohl durch die Geschichte der Erzväter (1Mo 16) wie durch die Keilschriftdokumente z.B. aus Ur belegt (Wiseman, JTVI 88, 1956, S. 124). Wurde ein hebr. Mädchen als Sklavin verkauft (2Mo 21,7-11), so war ihr rechtlicher Status sorgfältig geschützt: sie konnte ihren Herrn oder seinen Sohn heiraten (und wurde bei Ablehnung freigelassen); sie konnte auch eine angemessen unterstützte Konkubine werden. Kam ihr Herr seinen Unterhaltsverpflichtungen nicht nach, war sie frei. In Mesopotamien waren solche Verträge gewöhnlich härter und enthielten oft keinerlei Schutz (vgl. Mendelsohn, S. 10ff.87).

b. Ausländische Sklaven.

Im Gegensatz zu hebr. Sklaven konnten diese lebenslang versklavt und mit anderem Familienbesitz weitergegeben werden (3Mo 25,44-46). Sie gehörten jedoch nach dem Beispiel der Erzväter zum Volk Israel (*Beschneidung, 1Mo 17,10-14.27) und nahmen an den Festen (2Mo 12,44; Passa; 5Mo 16,11.14) und an der Sabbatruhe (2Mo 20,10; 23,12) teil. Eine kriegsgefangene Frau konnte von einem Hebräer zur Frau genommen werden, womit ihr Sklavenstatus endete. Wurde sie später von ihrem Mann geschieden, blieb sie frei (5Mo 21,10-14)

c. Allgemeine Bedingungen.

Die Behandlung der Sklaven hing vom Charakter ihrer Herren ab. Es konnte sich ein Verhältnis des Vertrauens (vgl. 1Mo 24; 39,1-6) und der Zuneigung (5Mo 15,16) entwickeln, aber es gab auch strenge oder gar tödliche Züchtigung (vgl. 2Mo 21,20f); unrechtmäßige Tötung wurde aber bestraft (2Mo 21,20; 3Mo 24,17.22). Es ist gut möglich, wenngleich nicht erwiesen, daß die hebr. Sklaven ähnlich den babylon. ein äußeres Zeichen ihrer Knechtschaft trugen (Mendelsohn, S. 49). Unter bestimmten Umständen konnten Sklaven Recht verlangen (Hiob 31,13) oder vor Gericht gehen (Mendelsohn, S. 65, 70, 72); es geschah aber auch, daß sie, wie der von David geschonte

Ägypter, im Krankheitsfall von einem gleichgültigen Herren aufgegeben wurden (1Sam 30,13). Zur Zeit der Erzväter konnte ein kinderloser Herr einen Haussklaven adoptieren und ihn zu seinem Erben machen, wie dies von *Abraham und *Eliëser vor *Ismaels und *Isaaks Geburt berichtet wird (1Mo 15,3); eine solche Praxis belegen auch keilschriftliche Dokumente aus Ur (vgl. Wiseman, JTVI 88, 1956, S. 124).

Die vorhandenen Dokumente bezeugen, daß in der ganzen alten Geschichte zahlreiche Menschen versucht haben, sich durch Flucht der Sklaverei zu entziehen. Diejenigen, die ihnen dabei halfen und ihren Plänen Vorschub leisteten, mußten mit Strafe rechnen (Mendelsohn, S. 58ff). Für Sklaven, die in ein anderes Land flohen, galten andere Maßstäbe. Manche Staaten hatten die Auslieferung entlaufener Sklaven vertraglich vereinbart. Das könnte erklären, warum Schimi ohne Probleme zwei entlaufene Sklaven von König Achisch von *Gat im Philisterland zurückerhielt (1Kön 2,39-40). Manche Staaten verfügten jedoch zeitweise auch, daß ihre eigenen Landsleute, die im Ausland Sklaven waren, bei Rückkehr in die Heimat frei sein sollten und nicht ausgeliefert würden. Das war auch von Hammurabi von Babylon festgelegt worden (Kodex § 280; AOT, S. 406; vgl. Mendelsohn, S. 63-64, 75, 77-78). Diese Auffassung könnte 5Mo 23,16f zugrundeliegen (Mendelsohn, S. 63f).

d. Freilassung.

Nach dem hebr. Gesetz mußte ein versklavter Schuldner nach sechs Jahren (2Mo 21,2; 5Mo 15,12.18) oder als Ausgleich für erlittene Ungerechtigkeit (2Mo 21,26-27) freigelassen werden. Ein Mädchen konnte freigekauft oder freigelassen werden, wenn sie abgelehnt wurde oder die Arbeitsbedingungen nicht ehrbar waren (2Mo 21,8.11). Ein Hebräer, der sich selbst als Sklave verkauft hatte, mußte im Erlaßjahr freigelassen werden; er konnte aber auch jederzeit von einem ausländischen Herrn freigekauft werden (3Mo 25,39-43.47-55). Eine Gefangene konnte durch Heirat eine freie Frau werden (5Mo 21,10-14). Nach 1Chr 2,34f hatte der Hebräer Scheschan keine Söhne. So verheiratete er seine Tochter mit seinem ägypt. Sklaven Jarha, um seinen Familienbestand zu sichern. Es ist höchst wahrscheinlich, daß Jarha unter diesen Umständen freigelassen wurde (Mendelsohn, S. 57), wie auch Eliëser von Damaskus (1Mo 15,3), wenn er nicht als Erbe Abrahams von Ismael und dann von Isaak ersetzt worden wäre. Der hebr. Begriff, der anzeigt, daß jemand »frei« ist, nicht (oder nicht mehr) Sklave (z.B. 2Mo 21,2.5.26-27; 5Mo 15,12f.18; Hiob 3,19; Jer 34,8-11.14.16 etc.) ist *chophschī*. Er hat eine lange Geschichte im alten Orient und erscheint als *chupschu* in Keilschrifttexten vom 18. bis 7. Jh.v.Chr. Er bezieht sich gewöhnlich auf freie Bürger, die kleine Landbesitzer, Pächter oder gemietete Arbeiter waren. Wurde ein Hebräer freigelassen, zählte er zu dieser Klasse. Er wurde ein kleiner Landbesitzer, wenn er sein Erbe zurückerhielt (im Erlaßjahr), Pächter oder Arbeiter auf dem Land anderer (Mendelsohn, S. 74-91).

5. Staats- und Tempelsklaven.

a. Staatssklaverei in Israel.

Diese wurde in sehr begrenztem Umfang praktiziert. David verlangte von den gefangenen Amoritern Zwangsarbeit (2Sam 12,31). Salomo zog die überlebenden Nachkommen der Völker Kanaans zu einer staatlichen Arbeitstruppe ein, jedoch keine Israeliten (s. 1Kön 9,15,21-22: »Fronleute« bzw. »Träger«, »Steinhauer«: 2Chr 2,17). Die Israeliten leisteten nur im Libanon turnusmäßig Fronarbeit (1Kön 5,15f). Die bekannten Kupferminen nahe *Ezjon-Geber (Elat) dürften mit kanaan. und ammonitisch/edomitischen Sklaven betrieben worden sein (N. Glueck, BASOR 79, 1940, S. 4-5; Mendelsohn, S. 95; Haran, VT 11, 1961, S. 162). Solcher Einsatz von Kriegsgefangenen war im ganzen Nahen Osten üblich. In anderen Ländern außerhalb Israels wurden Kriegsgefangene und Sklaven bisweilen auch vom Staat übernommen (Mendelsohn, S. 92-99).

b. Tempelsklaven in Israel.

Nach dem Krieg gegen Midian hatte Mose einen Teil der erbeuteten Güter, aber auch einen Teil der Gefangenen auszusondern, damit sie dem Hohenpriester und den Leviten zum Dienst im Heiligtum zur Verfügung standen (4Mo 31,28.30.47). Dazu kamen die von Josua verschonten Gibeoniter, die »Holzhauer und Wasserschöpfer« für das Haus und den Altar des Herrn wurden (Jos 9,3-27), d.h. Diener für die Stiftshütte und deren Personal. Auch David und seine Beamten bestimmten Ausländer (Nethinim) zu ähnlichen Diensten für die Leviten, die im Tempel dienten. Manche von deren Nachkommen kehrten mit Esra aus der Verbannung zurück (Esr 8,20). Dazu kamen »Salomos Sklaven« (Esr 2,58). Hesekiel (44,6-9) erinnert daran, daß diesen unbeschnittenen Dienern ein Platz im Tempeldienst gegeben worden war, der ihnen nicht zustand. Unter Nehemia (Neh 3,26a.31) lebten einige von ihnen in Jerusalem und halfen beim Wiederaufbau der Mauer.

6. Schlußfolgerung.

Im allg. weht ein humaner Geist durch die atl. Gesetze und Ordnungen bezüglich Knechtschaft, wie sich in den wiederholten Befehlen Gottes, nicht unbarmherzig mit einem Mitisraeliten zu verfahren, zeigt (z.B. 3Mo 25,43.46.53.55; 5Mo 15,14f). Selbst wenn das hebr. Gesetz am allg. Erbe der alten semit. Welt teilhat, so gibt es hier doch eine einzigartige Fürsorge im Namen Gottes für solche Menschen, die ihrem juristischen Status nach keine Persönlichkeitsrechte besaßen. Das fehlt in den Gesetzen Babylons und Assyriens. Außerdem sollte nicht vergessen werden, daß die Wirtschaft im alten Vorderen Orient niemals in beträchtlichem Maß oder gar hauptsächlich auf Sklavenarbeit basierte wie das im »klassischen« oder späteren Griechenland der Fall war (vgl. Mendelsohn, S. 111f, 116f, 121; I.J. Gelb, FS für S.N. Kramer, 1976, S. 195-207 über Statistiken und Vergleiche; vgl. F.I. Andersen, Buried History II, 1975, S. 191-194). Hiob (31,13-15) vertritt im AT die Vorstellung von der Gleichheit aller Menschen vor ihrem Schöpfergott, welchen Standes sie auch sind.

II. IM NEUEN TESTAMENT.

1. Systeme der Sklaverei in ntl. Zeit.

Nach dem Talmud zu schließen wurde jüd. Sklaverei immer von der starken nationalen Einheit des Volkes bestimmt. Man unterschied scharf zwischen jüd. und heidnischen Sklaven. Die ersteren unterlagen der Sabbatjahrfreilassung, und alle jüd. Gemeinschaften hatten die Verantwortung, ihre Landsleute, die bei Heiden Sklaven waren, loszukaufen. Daher kannte man keinen wesentlichen Unterschied zwischen Unfreien und Freien. Das ganze Volk sah sich gleichzeitig als Knecht Jahwes. Im Gegensatz dazu wurde die griech. Sklaverei durch die klassische Theorie einer postulierten, naturgegebenen Sklavenklasse gerechtfertigt. Da strenggenommen nur die Angehörigen der Bürgerklasse als Menschen galten, waren Sklaven nicht mehr als Vieh. Obwohl diese Vorstellung nur in den seltenen Fällen, wo gesunder Menschenverstand und Humanität versagten, in die Praxis umgesetzt wurde, bleibt die Tatsache, daß die Sklaverei im gesamten klassischen Altertum einfach selbstverständlich war, selbst bei denen, die sich für Verbesserungen einsetzten. Zu verschiedenen Zeiten und je nach den Orten unterschieden sich Ausmaß und Ausprägung der Sklaverei beträchtlich. Die heutige Sicht ist geprägt von den Schrecken der Sklaverei in Italien und Sizilien in den zwei Jh. zwischen den Punischen Kriegen und Augustus, die durch eine Reihe von Sklavenrevolten gesteigert wurden. Die Sklaverei in dieser Form wa ein Nebenprodukt der schnellen röm Eroberung des Mittelmeerraumes. Das Überangebot an Sklaven ergab sich aus den zahllosen Kriegsgefangenen. In ntl. Zeit gab es wenig große Kriegszüge. Die fast ausschließlich von Sklaven betriebene Landwirtschaft war geradezu typisch röm. In Ägypten z.B. gab es fast überhaupt keine Sklaven in der Landwirtschaft. Das Land wurde von einer freien Bauernschaft unter bürokratischer Oberaufsicht bestellt. In Kleinasien und Syrien gab es große Tempelgüter, deren Pächter sich in einer gewi sen Art von Leibeigenschaft befande Nach den Gleichnissen Jesu zu urtei len, wurden die Sklaven in Palästina mehr in der Verwaltung der Landwirtschaftsbetriebe beschäftigt, während die Arbeiter als Tagelöhner je nach Arbeitsanfall beschäftigt wurden. Häusliche und öffentliche Sklaverei waren die am meisten verbreiteten Formen. Im ersten Fall wurden die Sklaven als Zeichen des Reichtums gekauft und beschäftigt. Gab es nur einen oder zwei Sklaven, arbeiteten sie neben ihrem Herrn an denselben Aufgaben. In Athen unterschieden sich Sklaven auf den Straßen nicht von den Freien, und das vertraute Verhältnis der Sklaven zu ihren Herren war ein ergiebiges Komödienthema. In Rom beschäftigten die vornehmen Häuser zahlreiche Sklaven zum reinen Luxus. Ihre Arbeit war hochspezialisiert und körperlich kaum anstrengend. Öffentliche Sklaven besaßen aufgrund ihrer Stellung beträchtliche Selbständigkeit und Anerkennung. Sie übernahmen während der Abwesenheit eines Beamten alle Arten von Aufgaben, in manchen Fällen sogar die Polizeigewalt. Sklaven waren oft auch als Ärzte oder Erzieher tätig.

Die Hauptursachen, in Knechtschaft zu geraten, waren: (1) Geburt, abhängig von der Gesetzgebung des jeweiligen Staates bezüglich der Elternschaft von Sklaven; (2) die weitverbreitete Praxis der Aussetzung unerwünschter Kinder, die dann demjenigen zur Verfügung standen, der sie aufzog; (3) der Verkauf der eigenen Kinder in die Sklaverei; (4) freiwillige Sklaverei zur Lösung z.B. des Schuldenproblems; (5) Sklaverei im Rahmen des Strafvollzugs; (6) Menschenraub und Piraterie; (7) Handel und Verkehr an den röm. Grenzen. Der Grad der Versklavung war unterschiedlich, und es ist unmöglich, den Anteil der Sklaven an der Bevölkerung zu berechnen. Er mag bis zu einem Drittel der Bevölkerung Roms und der großen Metropolen des Ostens ausgemacht haben. In bäuerlichen Gebieten betrug er jedoch nur einen kleinen Teil davon. Wenn sein Besitzer es wollte, konnte ein Sklave jederzeit freigelassen werden. In Rom geschah dies gewöhnlich durch Testament. Der Großzügigkeit der Besitzer mußte jedoch Grenzen gesetzt werden, um eine allzu schnelle Vermischung der röm. Bürger mit Personen ausländischer Abstammung zu verhindern.

In den griech. Staaten gab es zwei Möglichkeiten, daß sich Sklaven selbst freikaufen konnten. Die gesetzliche Unzuständigkeit des Sklaven wurde dadurch überwunden, daß das Besitzrecht theoretisch einem Gott übertragen wurde. Die Freilassung als Entgelt für einen Arbeitsvertrag bedeutete vielfach nur, daß der Sklave dieselbe Arbeit weiter tat, obwohl er jetzt nach dem Gesetz frei war. Die Bedingungen der Sklaverei wurden in …l. Zeit entschärft. Obwohl Sklaven keine Rechtspersonen waren, erkannten ihre Besitzer, daß sie besser arbeiteten, je mehr sich ihre Bedingungen denen der Freiheit annäherten. Eigentum und Eheschließung wurden normalerweise erlaubt. Das wachsende Gefühl für Humanität verurteilte Grausamkeit, und in manchen Fällen gab es entsprechende Kontrollen. In Ägypten z.B. war der Tod eines Sklaven Gegenstand einer Überprüfung. Während in griech. Staaten freigelassene Sklaven ausländische Mitbürger ihrer früheren Herren wurden, erhielten sie in Rom nach ihrer Freilassung automatisch die Staatsbürgerschaft. So bewirkte der starke Zustrom von Sklaven nach Italien, besonders in den letzten 2 Jh.v.Chr., die Internationalisierung der röm. Republik und griff damit der Regierungspolitik der allmählichen Ausweitung der Staatsbürgerschaft voraus.

2. Die Haltung des Neuen Testaments gegenüber der Sklaverei.

Die zwölf Jünger Jesu standen offensichtlich außerhalb des Sklavensystems. Sie waren weder Sklaven noch Sklavenbesitzer. Knechtschaft erscheint jedoch häufig in den Gleichnissen (z.B. Mt 21,34; 22,3), weil die königlichen und fürstlichen Haushalte, zu denen sie gehörte, einen Vergleich zum Reich Gottes lieferten. Jesus bezeichnete die Beziehung seiner Jünger zu ihm wiederholt als die von Knechten zu ihrem Herrn (z.B. Mt 10,24; Joh 13,16). Gleichzeitig betonte er die Unzulänglichkeit dieses Vergleichs. Die Jünger waren sozusagen *Freigelassene und hatten das Vorrecht einer größeren Vertrautheit mit Jesus (Joh 15,15). Andererseits übernahm Jesus zu ihrer Bestürzung selber die Rolle eines Knechtes (Joh 13,4-17), um sie zum gegenseitigen Dienst zu ermutigen.

Außerhalb Palästinas bildeten sich Gemeinden häufig in Form von Hausgemeinden. Zu ihren Mitgliedern gehörten sowohl Herren wie auch Knechte. Knechtschaft war eine der menschlichen Trennungen, die in der neuen Gemeinschaft Christi bedeutungslos wurden (1Kor 7,22; Gal 3,28). Das führte anscheinend zu Emanzipationsbestrebungen (1Kor 7,20) und bei einigen sogar zu unverantwortlichen Aktivitäten (1Tim 6,1ff). Paulus war nicht gegen Freilassung, wenn sie möglich war (1Kor 7,21), bemühte sich aber auch, keinen Druck auf die Besitzer von Sklaven auszuüben, auch wenn sein Gefühl es anders wollte (Phlm 8.14). Das geschah nicht nur aus dem praktischen Grund, die Gemeinden nicht der Kritik auszusetzen (1Tim 6,1f), sondern weil prinzipiell jeder menschliche Stand von Gott bestimmt ist (1Kor 7,20). Sklaven sollten deshalb danach trachten, Gott durch ihren Dienst zu gefallen (Eph 6,5-8; Kol 3,22). Der brüderliche Bund mit einem gläubigen Herrn war ein weiterer Grund, diesem gut zu dienen (1Tim 6,2). Andererseits sollte für den Herrn das brüderliche Gefühl ausschlaggebend sein (Phlm 16). Er sollte seine Sklaven maßvoll (Eph 6,9) und gerecht (Kol 4,1) behandeln.

Die Tatsache, daß Haussklaverei – die einzige Art, auf die sich das NT bezieht – für gewöhnlich von Freundlichkeit und Zuneigung bestimmt wurde, wird bei ihrem bildhaften Gebrauch im »Haushalt Gottes« (Eph 2,19) impliziert. Die Apostel sind Gottes Haushalter (1Kor 4,1; Tit 1,7; 1Petr 4,10) und sogar einfache Knechte (Röm 1,1; Phil 1,1). Den gesetzlichen Charakter des »Jochs der Knechtschaft« (Gal 5,1) vergaß man freilich nicht; die Freilassung der Sklaven und Aufnahme in die Familie ihrer Herren stehen am Schluß dieses Gedankenganges (Röm 8,15-17; Gal 4,5-7). So hielten die Apostel die Sklaverei sowohl praktisch als auch theoretisch für einen Teil einer zeitlich bedingten Ordnung. Die Bruderschaft der Kinder Gottes betrachtete letztlich alle ihre Mitglieder als Freigelassene durch Gottes Gnade.

Literatur: N. Brockmeyer: Antike Sklaverei, 1979; W.L. Westermann: The Slave Systems of Greek and Roman Antiquity, 1955; M.I. Finley: Die Sklaverei in der Antike, 1981; J. Jeremias: Jerusalem zur Zeit Jesu, ^{3}1963; I. Mendelsohn: Sklavery in the Ancient Near East, 1949; J. Vogt: Sklaverei und Humanität, ^{2}1972.

E.A.J.

KNECHT GOTTES.

I. ZUM BEGRIFF.

Das hebr. Wort für Knecht (*äbäd*) bedeutet »Sklave«, »Diener«, »Untertan«, »Beamter«, »Vasall«, aber auch »Verehrer Gottes«. Bezeichnet wird also ein Unterordnungs- und Abhängigkeitsverhältnis, das aber meistens auch ein Vertrauensverhältnis ist (vgl. der Knecht Abrahams: 1Mo 24). So sind die »Knechte des Königs« seine obersten Beamten, die eine persönliche Bindung an den König haben und in seine Familienverhältnisse mit einbezogen sind (vgl. z.B. 1Sam 25,40; 1Kön 1,47). Gott gegenüber kann die Gemeinde als »Knechte des Herrn« zum Lob aufgefordert werden (Ps 113,1). Sonst aber wurden hervorragende Männer Gottes als »Knecht des Herrn« bezeichnet: *Abraham, *Isaak und *Jakob, *Mose, *David, *Hiob und die Propheten (z.B. Jes 44,26). »Knecht des Herrn« ist also der Ehrentitel des von Gott zum besonderen Werkzeug Erwählten. In den Kap. 40-55 des Jesajabuches nennt Gott durch seinen Propheten das Volk Israel »mein[en] Knecht« (z.B. Jes 42,8-9; 44,1-2). Damit soll herausgestellt werden, daß der Herr sich dieses Volk als sein Eigentum erwählt hat, daß er es sich jetzt aus dem babylon. Exil wieder freigekauft und neu berufen hat als Zeugen (Jes 43,10) seines befreienden Handelns. Die Übersetzung »Knecht« Gottes gibt also die Fülle des Begriffs nicht wieder. Gemeint ist mit *äbäd* der ausgewählte Beauftragte.

II. DIE TEXTE.

Nun sind aber seit langer Zeit (am präzisesten durch Bernhard Duhm, 1892) vier Texte aus Jes 40-55 herausgestellt worden, die den Knecht des Herrn in geheimnisvoller Weise vorstellen. Er erscheint als eine Einzelgestalt, die einen besonderen göttlichen Auftrag an Israel und den Völkern erfüllt, leidet, sich aber nicht dagegen wehrt, schließlich für »unsere« Sünden stirbt und von Gott erhöht wird.

Duhm und viele nach ihm meinten, diese »Lieder« von ihrer Umgebung lösen und einem anderen »Dichter« zuweisen zu sollen (vgl. seinen Jesajakommentar 1892, S. 284f). Die heutige Forschung neigt eher dazu, in Jesaja selbst den Verf. zu sehen und Duhms Hypothese den Abschied zu geben (so z.B. T.N.D. Mettinger, A Farewell to the Servant Songs, Lund 1983). Im folgenden die von Duhm herausgestellten Texte, die u.U. an Zahl oder Umfang noch erweitert werden müssen:

Jes 42,1-4: Ein Präsentationswerk, in dem Gott selbst der Welt seinen Knecht vorstellt. Er ist erwählt und besitzt sein Wohlgefallen. Der Geist ruht auf ihm wie auf den Königen (z.B. 1Sam 16,13; Jes 11,2) und sein Auftrag ist, weltweit das »Recht« (dreimal!) und die »Weisung« Gottes zu den Völkern zu bringen, also eine neue Friedensordnung zu wirken (vgl. »Bund«, Jes 42,6). Auffällig ist die Art und Weise, in der der Knecht arbeiten soll, nämlich ohne Lärm (4,2) und mit Rücksicht auf die Schwachen, Geknickten (42,3).

Jes 49,1-6: Ein Berufungsbericht des Knechtes Gottes. Der Knecht teilt den Völkern mit, daß er (wie z.B. der Prophet Jeremia, Jer 1,5) von Mutterleib an berufen ist, und die Waffe seines Dienstes der Mund sei (Jes 49, 2); auch das verweist auf einen prophetischen Auftrag. Der Name des Knechtes ist »Israel« (!) und das Ziel seiner Arbeit ist die Verherrlichung Gottes (49,3). Die Vergeblichkeit seiner Arbeit läßt ihn fast resignieren (49,4). Aber der Herr erneuert seinen Auftrag und weitet ihn aus von Israel auf die Völkerwelt (49,5f; auch Jeremia erfährt auf seine Klagen hin eine erneute Beauftragung, z.B. Jer 15,10-21).

Jes 50,4-9: Wieder hören wir die Stimme des Knechtes (vgl. Jes 50,10), dieses Mal in einer Art Vertrauenspsalm (vgl. Ps 23). Doch noch mehr als an den Psalter erinnert dieser Text an die Propheten Jeremia (z.B. Jer 11,19-21; 20,10-12) und Hesekiel (z.B. Hes 3,8), die um ihrer Berufung willen leiden. Dieser Knecht bzw. »Jünger« hat sich dem Auftrag des geduldigen Hörens und der Seelsorge an den Müden nicht entzogen (Jes 50,4-5); er mußte dafür Prügel und Beschimpfung erdulden. Aber er verläßt sich auf die Hilfe und Rechtfertigung Gottes und vertraut – in einer großartigen Sprache formuliert – der Gewißheit (die z.T. von Paulus in Röm 8,33f aufgenommen ist), daß er über seine Widersacher triumphieren wird.

Jes 52,13-53,12: Der vierte Text vom Schicksal des Knechtes Gottes ist der bekannteste, umfangreichste, aber auch der am schwierigsten zu deutende. Im ganzen AT steht dieser Abschnitt in einsamer Größe da, sofern er vom Leiden für andere, also von stellvertretendem Aufsichnehmen der Folgen unserer Sünden, spricht: »Fürwahr, er trug unsere Krankheit. . .«. Hier wird zweifellos etwas Unüberbietbares von tiefster Erniedrigung und Leidensqualen wie aber auch einer letzten Überwindung und weltweiten Rehabilitierung des Knechtes Gottes gesagt. Der Form nach wechselt eine ankündigende Gottesrede im Rahmen (52,13-15; 53,11-12) mit den Wir-Stimmen einer Gemeinde, die den Weg des Knechtes und die eigene Schuld bezeugt (53,1-10). Der Text ist sehr schwierig zu übersetzen, und seine Auslegung hat von den Zeiten des NT an (Apg 8,30-35) bis heute die Ausleger immer wieder große Mühe gekostet. In den ersten 3 Versen (Jes 52,13-15) verheißt Gott die Erhöhung und internationale Bestätigung seines einst so häßlichen und verabscheuten Knechtes. Von Jes 53,1 an erzählt eine Gruppe von Augenzeugen den Leidensweg des verachteten und kranken Knechtes. Sie bekennt, daß seine Schmerzen nichts anderes waren als unsere Krankheit, die Übernahme der Folgen unserer Sünden. Wir aber sind jetzt im Frieden, sind geheilt. Von 53,7 ab könnte ein anderer Sprecher reden, weil von einem »Wir« nichts mehr verlautet und anstatt einer Krankheit eher ein Prozeß geschildert wird mit Folter (53,7), gewalttätigem Gericht (53,8), unwürdigem Grab (9,53). Der Knecht ist geradezu das »personifizierte Leiden«, der »Schmerzensmann«, der doch alles willig leidet, wie ein Schaf in der Hand des Metzgers (53,7, vgl. Jer 11, 19). Betont wird aber, daß alle diese unsäglichen Leiden vom Herrn auferlegt sind (Jes 53,6.10) und seinem Plan entsprechen. Zum Schluß spricht der Herr noch einmal und proklamiert die »Heilsbedeutung« des Knechtes: er macht viele gerecht, weil er ihre Sünden getragen hat. Seine eigene Ehre und sein Besitz wurden wieder hergestellt. Gott belohnt ihn großzügig, weil er für die Übeltäter sein Leben gegeben hat.

Dieser Knecht ist geradezu das Gegenbild eines prächtigen Zukunftskönigs, von einem leidenden Messias sagt das AT nichts. Manches bleibt zu fragen, z.B. ob hier wirklich von Tod und Auferstehung die Rede ist. Doch die Rede vom stellvertretenden Leiden und Tragen der Sünde anderer tritt umso klarer hervor.

III. DIE IDENTITÄT DES KNECHTES.

Die Frage des äthiopischen Kämmerers an Philippus: »Ich bitte dich, von wem redet der Prophet das, von sich selber oder von jemand anderem?« (Apg 8,34), hat die Ausleger immer wieder bewegt und gerade in unserem Jh. etwa 600 Fachbeiträge herausgefordert. (Vgl. die Zusammenfassung bei H. Haag, 1985) Es gibt kaum ein bibl. Problem, das so heftig diskutiert wurde und so wenig übereinstimmende Lösungen gefunden hat.

1. Kollektive Deutung: In Jes 49,3 wird der Knecht des Herrn mit »Israel« identifiziert, und die textkritischen Korrekturen vieler Ausleger überzeugen nicht. In Jes 40-55 wird der Knecht (19 Belege) fast immer mit dem Volk Israel identifiziert (s.o. unter I.). Wenn sich nun der Knecht aber an Israel wenden soll (z.B. Jes 49,5f), dann ist es immerhin möglich, daß ein Teil Israels (z.B. eine Rückwanderergruppe oder Prophetenschule) sich an das ganze Volk wenden soll. Diese kollektive Deutung befriedigt allerdings umso weniger, je mehr die individuellen Züge des Knechtes hervortreten, z.B. beim vierten Text. Die kollektive Deutung ist besonders im Judentum zu finden, wird aber auch von vielen christl. Auslegern vertreten.

2. Die individuelle Deutung ist im christl. Raum aus christologischen Gründen meistens bevorzugt worden und ist durch die Duhm'sche Herauslösung der vier »Lieder« aus dem Kontext noch verstärkt worden. Bei der Frage, welche Einzelgestalt der damalige Prophet denn wohl vor Augen gehabt hat, gehen die Meinungen meist auseinander zwischen einer königlichen Gestalt (David, Kyrus, Jojachim, Serubbabel, der Messias) oder einer prophetischen (Mose, Jeremia, ein unbekannter Prophet oder Jesaja). Heute denken viele Ausleger an Jesaja selbst (autobiographische Deutung), schreiben dann aber Jes 52/53 einer Schülergruppe dieses Propheten zu.

3. Die mythisch-kultische Deutung von sterbenden und auferstehenden Göttergestalten im Alten Orient her (z.B. Tammuz) wird heute kaum noch vertreten.

4. Die einleuchtendste Deutung scheint nach wie vor die der »corporate personality« zu sein. Mit dem modernen Ausdruck »korporative Persönlichkeit« (zuerst verwandt von H.W. Robinson, 1926) soll das typische atl. Denken auf einen Begriff gebracht werden, nachdem eine Gemeinschaft (Volk, Familie) durch ein Individuum oder eine »Rest«-gruppe vollgültig vertreten werden kann. Wie also Jakob oder David für ganz Israel stehen können, so auch der Knecht des Herrn. Einmal ist er ganz Israel wie an den meisten Stellen bei Jes 40-55 und besonders deutlich in Jes 49,3; dann aber auch eine Einzelgestalt, in der sich Israels wahre Sendung konzentriert. Diese Einzelgestalt, die besonders in Jes 52,13-53,1[2] hervortritt, ist aber keine vorfindliche, sondern eine erwartete Gestalt: sie wird einmal Israels Auftrag und Leiden zur Vollendung bringen, nämlich stellvertretend als Repräsentant des Volkes Gottes. Diese Deutung, die die kollektiven und individuellen Züge des Knechtes verbindet, wird außer im angelsächsischen Raum (z.B. H.H. Rowley) auch in Deutschland vertreten, und C. Westermanns Auffassung, daß vom Knecht zugleich offenbarend und verbergend geredet werde (Kommentar S. 20f), ist dieser Deutung verwandt.

IV. BIBLISCH-THEOLOGISCHE BEDEUTUNG UND WIRKUNG.

Im AT liegen allenfalls in Jes 61,1 und Dan 12,3 (vgl. noch Sir 48,10)

Anspielungen auf die Texte vom Gottesknecht vor. Das Judentum kann, nach allem, was wir wissen, kaum etwas mit den Texten vom Gottesknecht anfangen. Vom 11. Jh. an bis heute wird zunehmend der leidende Knecht Gottes mit dem Schicksal des jüd. Volkes identifiziert (kollektive Deutung). Je stärker die Juden verfolgt wurden, um so eher sahen sie sich in der Gestalt des Knechtes nach Jes 53 präfiguriert.

Das NT bezeugt unzweideutig, daß Jesus der Knecht Gottes des Jesajabuches ist, wie folgende Zitierungen zeigen: Mt 8,17 (Jes 53,4), Mt 12,18-21 (Jes 42,1-4), Lk 22,37 (Jes 53,12), Apg 8,32-35 (Jes 53,7-8), 1Petr 2,22-25 (Jes 53,6.9.11), Hebr 9,28 (Jes 53,12). – Unter den Auslegern sehr umstritten ist allerdings die Frage, ob Jesus selbst sich als den Gottesknecht gesehen habe. Die meisten deutschen Exegeten des NT halten die Deutung des Redens und Sterbens Jesu mit Hilfe der Texte vom Gottesknecht für Gemeindeüberlieferung (z.B. R. Bultmann, F. Hahn, E. Lohse, E. Schweizer). Sie verweisen darauf, daß allenfalls Apg 3,13.26; 4,27.30 den Titel »Knecht Gottes« für Jesus verwenden und die älteste Form der Passionsberichte Jesu Tod wohl nicht als Sühnetod gedeutet habe (z.B. G. Schneider). Die früheste Deutung des Weges Jesu sei vielmehr durch andere Hoheitstitel des AT erfolgt wie Menschensohn, Herr, Messias = Christus, Sohn Gottes. - Demgegenüber haben Forscher wie H.W. Wolff, J. Jeremias, M. Hengel, P. Stuhlmacher u.a. mit Nachdruck darauf verwiesen, daß sich in der Passionsüberlieferung ein authentisches Jesuswort finde, das ohne Jes 53 nicht so formuliert wäre: »...der Menschensohn ist nicht gekommen, daß er sich dienen lasse, sondern daß er diene und gebe sein Leben zu einer Erlösung für viele« (Mt 20,28; Mk 14,22-25). Danach sind Leiden und Sterben Jesu doch von Anfang an von Jes 53 her verstanden worden. – Vor allem aber sind die Person und das ganze Werk Jesu von den Gottesknechtsworten im Jesajabuch her gesehen worden. Das zeigt sich im Gotteswort über seiner Taufe und Verklärung (Mt 3,17; 17,5; vgl. Jes 42,1), bei seiner Antrittspredigt in Nazareth (Lk 4,16-21; vgl. Jes 42,7; 61,1f) und im Erfüllungswort bei seinen Heilungen (Mt 12,15-21; vgl. Jes 42,1-4).

Literatur: H. Frey: Das Buch der Weltpolitik Gottes, 1954, 71985; H. Haag: Der Gottesknecht bei Deuterojesaja, 1985; P. Stuhlmacher: Existenzstellvertretung für die Vielen: Mk 10,45 (Mt 20,28), in: Werden und Wirken des AT (FS C. Westermann), hrsg. von R. Alberts u.a., 1980, S. 412-427; C. Westermann: Das Buch Jesaja, Kap. 40-66 ATD 19, 51986; H.W. Wolff: Jesaja 53 im Urchristentum, (1950), 41984

W.E.

KNIE, KNIEN. Das Niederknien, der Kniefall vor einem anderen, drückt Bitte (1Kön 1,23; 2Kön 1,13; Mk 1,40; 10,17), Ehrung (Est 3,2.5), Anbetung (Ps 95,6; Jes 44,16.17), aber auch Spott (Mt 27,29) aus. Wer sich weigert, das K. zu beugen, versagt dem Menschen (Est 3,2) oder Götzen (1Kön 19,18; Röm 11,4) die Ehre. Vor Gott aber werden sich einst aller K. beugen und damit seine Herrschaft anerkennen (Ps 22,30; Jes 45,23; Röm 14,11; Phil 2,10). Vgl. *Gebet.

Das Beben (Schlottern, Straucheln) der K. ist Bild für Schwäche, Angst und Unsicherheit (Hiob 4,4; Ps 109,24; Jes 35,3; Hes 7,17; 21,12; Nah 2,11; Hebr 12,12). Auf den Knien freundlich gehalten wird das Kind, das die Pflege und den Schutz der Mutter genießt (Jes 66,12).

KOCHABA. Der christl. Schriftsteller Julius Afrikanus gibt am Beginn des 3. Jh. eine ältere Überlieferung wieder: »Die wegen ihrer Beziehung zur Familie des Erlösers 'Herrenverwandte' (griech. *desposynoi*) genannt werden, haben sich von den jüd. Dörfern *Nazareth und Kochaba über das ganze Land ausgebreitet« (Eus.h.e. I, 7,14). Da Nazareth offenbar eine Neugründung der Davidsfamilie war und einen messianischen Namen trug (»Sproßdorf«, vgl. Jes 11,1: *nezer*), kann man dasselbe für K. fragen, dessen Name »Sterndorf« dann auf die *Bileams-Weissagung in 4Mo 24,17 hinweisen würde: »Es wird ein Stern (*kōchāb*) aufgehen aus Jakob«. Diese Verheißung war in *Qumran lebendig (CD 7,12-21) und scheint besonders an der Gegend um *Damaskus gehaftet zu haben (J. Daniélou, Primitive Christian Symbols, 1964, 102-123). Nach Justin (Mitte des 2. Jh.) kamen die Magier (Mt 2,1-12) aus der um Damaskus gelegenen Landschaft *Arabien (Dial 106,4 vgl. 78,2.10). Für K. kommen mehrere Orte in Frage.

1. Kaukab El-Hawā (neuhebr. *Kōchāb Ha-Jarden)*, ca. 17 km südöstl. des *Tabor, heute die rekonstruierte Kreuzfahrer-Festung Belvoir (J. Murphy-O'Connor, Das Heilige Land, 1981, 177f) mit herrlicher Sicht in das *Ostjordanland. In ntl. Zeit existierte hier ca. 700 m südöstl. ein kleiner jüd. Ort, der bis ins 4. Jh. bewohnt war und auch eine Synagoge besaß (M. Ben-Dov, EAEHL I, 1975, 179f).

2. Kaukab, ein arab. Dorf, 15 km nördl. von Nazareth und 6 km westsüdwestl. von *Kana, wo offenbar ebenfalls Verwandte Jesu lebten (Joh 2,1f). Der Keramikbefund deutet auf eine Siedlung schon in röm. Zeit (A. Saarialo, JPOS 9, 1929, 40), die nach O ausgerichtete Moschee steht vielleicht am Ort einer früheren Kirche (B. Bagatti, Antichi villaggi cristiani di Galilea, 1971, 121-125).

3. Epiphanius von Salamis nennt Ende des 4. Jh. ein Dorf Kōkābe (Chōchābe) als Wohnort von rechtgläubigen (Nazoräern) und häretischen (essenisierenden Ebioniten) Judenchristen (Haer 29,7; 30,2.18), heute der gleichnamige kleine Ort Kaukab, zwischen den Quellflüssen des *Jarmuk Rukkad und Allan in Syrien nahe der Grenze zu Jordanien gelegen. In dieser südwestlichsten »Ecke der Batanäa« (Eus.onom. 18,6; 113,2; 136,3; *Baschan) lag wahrscheinlich ein Wirkungsort von *Johannes dem Täufer, und es gab hier Gruppen seiner Anhänger (*Betanien II). Zumindest im 4. Jh.n.Chr. existierte in der Nähe (Tsil) auch eine Siedlung von *Samaritanern; Einzelfunde in der Umgebung weisen auf eine stärkere Präsenz von Judenchristen (Bagatti 291f). Eine Inschrift aus Tafas (CIJ II Nr. 861) könnte eine judenchristl. Synagoge erwähnen (A. Alt, PJB 25, 1929, 89-95).

4. Ein arab. Dorf Kaukab liegt 15 km südwestl. von Damaskus. Hierher verlegt eine mittelalterliche Tradition die Bekehrung des *Paulus, welche die ältere byzantin. aber nahe an Damaskus sucht (O.F. Meinardus, BA 44, 1981, 58f). Man hat gefragt, ob eine ältere Überlieferung von einem Aufenthalt des Apostels bei den Judenchristen in *Arabien (Gal 1,17) am Ursprung stehen könnte (J. Daniélou, Geschichte der Kirche I, 1963, 54). Auf ältere Verehrung mögen die Reste einer byzantin. Kirche hinweisen; Keramikfunde deuten auf eine Besiedlung schon in hellen. Zeit (Bagatti 295-299).

5. Um ein weiteres K. dürfte es sich bei dem von Eusebius (onom. 172,1-3) genannten Chōbah handeln, wo ebenfalls Judenchristen wohnten. Der Ort ist als das *Hoba von 1Mo 14,15 nach dem Genesis-Apokryphon von Qumran (1QGenAp 22,10) mit *Helbon zu identifizieren. Da dieses nördl. von Damaskus liegt, kann man Chōbah nicht mit 4. gleichsetzen (so Bagatti).

Falls es sich bei allen oder wenigstens einigen der K. genannten Orte um Gründungen der Davidsfamilie handeln sollte, würden sich einige interessante Perspektiven ergeben:

a. Man könnte fragen, ob die Ansiedlung von Davididen in *Galiläa statt von S (*Bethlehem) sich nicht vor allem von N aus Babylonien (vgl. 2Kön 25,27ff) über Damaskus und die Pilgerstraße (Jos.ant.Jud. XVII, 23–27) durch die Batanäa vollzog.

b. Die Gegend um Damaskus war vor allem in der Erwartung essenisierender jüd. Gruppen mit dem Anbruch der Endzeit verbunden (*Hermon).

c. Die Herrenverwandten lebten in einem Gebiet, in dem auch jüd. Randgruppen vor allem essenisierender, täuferischer, aber auch samaritanischer Art wohnten.

d. In dieser Gegend, besonders im nördl. Transjordanien (*Pella) konnte es nach den Enttäuschungen der jüd. Aufstände von 66-70 und 132-135 unter Juden und Judenchristen leicht zur Ausbildung von Sekten einer dualistischen und synkretistischen *Gnosis kommen. Falls Dositheus, der Begründer der samaritanischen Gnosis (J. Fossum, The Name of God, 1985, 45-75), der ein Lehrer von *Simon Magus gewesen und auch Beziehungen zum Täufer gehabt haben soll, mit dem Dosetai der rabbin. Überlieferung (PesR 16) identisch wäre (J. Daniélou, Qumran, 1958, 126f),

KNECHTSGESTALT
s. Knecht Gottes
s. Kenosis

dann stammte er aus einem (transjordanischen?) K. Das ist aber schon aus chronologischen Gründen sehr unwahrscheinlich.

Literatur: A. von Harnack: Mission und Ausbreitung des Christentums, 1924, 633-638; H.J. Schoeps: Theologie und Geschichte des Judenchristentums, 1949, 270-277; B. Bagatti: SBFLA 11 (1960/1), 288-300; B. Pixner: Bethlehem, 1980, 9f; R. Riesner: TynB 38 (1987), 59f. B.P./R.R.

KOCHEN.

1. Das hebr. Wort für K. wird vereinzelt auch für Backen (2Sam 13,8) und Braten (5Mo 16,7; 2Chr 35,13; LÜ: kochten. . .am Feuer) verwendet. Sonst bezeichnet es das Garmachen eines Gerichtes in einer siedenden Flüssigkeit (2Mo 23,19; Hes 24,3ff).

Am häufigsten wird das K. von Fleisch erwähnt (3Mo 8,31; 1Sam 2, 13; 2Chr 35,13b; vgl. Ri 6,19), das Braten war seltener (vgl. 2Mo 12,9; 1Sam 2,15; Jes 44,16). Doch gehörte der Fleischgenuß keineswegs zum Alltag (vgl. Am 6,4; Lk 15,29.30), meist handelt es sich um die Opfermahlzeit (2Mo 29,31; 4Mo 6,19; 5Mo 16,7). Im allg. kochte man Gemüsegerichte (1Mo 25,29.34; 2Kön 4,38; Spr 15,17). Am Sabbat waren K. und Braten verboten (vgl. 2Mo 16,23; 35,3).

2. Das AT kennt wenigstens vier hebr. Bezeichnungen für Gefäße zum K. (3Mo 7,9; 1Sam 2,14; 2Kön 4,38; Mi 3,3), über deren Unterschiede wir allerdings nichts sagen können. Bei den Ausgrabungen fanden sich neben den topf- oder schüsselartigen Tongefäßen vereinzelt auch solche aus Metall (vgl. Hes 24,6.11.12).

3. Köche oder Köchinnen konnten sich nur reiche Haushalte leisten (1Sam 9,23f; 8,13). Das hebr. Wort für Koch bedeutet in erster Linie Schlächter; er war also vornehmlich mit der Zubereitung von Fleisch betraut. Das Schlachten und Zerlegen der Tiere scheint Sache des Hausvaters und seiner Knechte gewesen zu sein, während es Aufgabe der Hausfrau und der Mägde war, das Fleisch zu k. (1Mo 18,6f; Lk 15,23). Besondere Kochhäuser (LÜ: Küchen) und Herde werden nur beim Tempel Hesekiels ausdrücklich erwähnt (Hes 46,20-24). Zum Herausheben des Fleisches aus dem Kessel benützte man eine dreizinkige Gabel (1Sam 2,13).

KÖCHER
s. Waffen und Geräte

KOHORTE
s. Hauptmann,
s. Heer,
s. Julius,
s. Kornelius

KOHLE.

1. In der Bibel wird unter K. (LÜ auch oft: »Glut«) meistens Holzkohle verstanden (Jes 44,14. 15.19; Spr 26, 21). Die Verwendung von Steinkohle ist für Palästina in bibl. Zeiten nicht nachgewiesen, wenngleich es Kohlevorkommen im Libanon gibt. Wegen des Mangels an festem Holz wurde die Holzkohle vor allem aus Reisig und Gestrüpp gewonnen (Ps 120,4; vgl. EÜ: Ginsterkohlen). Sie diente zum Wärmen (Jes 47,14; Jer 36,22; Joh 18,18); Kochen, Backen und Braten (Jes 44,19; Hes 24,11), Entzünden von Räucherwerk (3Mo 16,12) und wurde bei der Metallverarbeitung gebraucht (Jes 44,12; 54,16). Zumeist jedoch begnügte man sich damit, Reisig, trockene Pflanzen und Mist zu verbrennen (Jes 44,15; Hes 15,2.4.6; Ps 58,10; Pred 7,6; Hes 4,12.15; Mt 6,30).

In Jes 6,6 ist möglicherweise nicht von glühender K. die Rede, sondern von einem heißen Stein, wie er zum Backen oder Rösten verwandt wurde (ZÜ). Nach ihm benannte man auch das geröstete Brot (1Kön 19,6; vgl. EÜ: ein Brotfladen, auf heißen Steinen 'gebacken').

2. Glühende K. spielt häufig im übertragenen Sinn und in Vergleichen eine Rolle. Das machtvolle Eingreifen Gottes wird mit Kohleglut verglichen (2Sam 22,9.13; Ps 18,9.13f; LÜ: Blitze; Ps 140,11), ebenso der Atem des Leviatan (Hiob 41,13; LÜ: Lohe). Hesekiel schaut in seiner Berufungsvision zwischen und unter den Cheruben flammende K.n (Hes 1,13; 10,2). Wer den letzten Sproß eines Geschlechtes beseitigt, löscht seine Kohle aus (2Sam 14,7 RevEB). Wer seinem Feind Gutes tut, sammelt feurige K.n auf dessen Haupt (Spr 25,22; Röm 12,20).

KOLLEKTE. Mit der Sammlung (griech. *logeia*), die Paulus in seinen nicht-jüdischen Gemeinden zur Linderung der Armut der Gemeinde in Jerusalem organisierte, befaßte er sich in den zwei Jahren vor seinem letzten Jerusalembesuch (57 n.Chr.) zunehmend.

I. HINTERGRUND.

Auf dem Jerusalemer Konzil (um 46 n.Chr.) war vereinbart worden, daß *Paulus und *Barnabas die Heidenmission weiterführen sollten, während sich die Führer der Jerusalemer Gemeinde auf die Missionierung der Juden konzentrieren wollten (Gal 2,1-10). Die Leiter der Jerusalemer Gemeinde baten Paulus und Barnabas jedoch, weiter »der Armen« zu gedenken – eine verständliche Bitte, wenn man an die Hungerhilfe denkt, die die Gemeinde von Antiochia den Gläubigen in Jerusalem durch Barnabas und Paulus hatte zukommen lassen (Apg 11,30). Bei der Weitergabe dieser Bitte fügt Paulus hinzu, daß er ihr selber besondere Beachtung schenkt. Bei seiner Mission in den Provinzen im O und W der Ägäis vergaß er sie nicht. In den letzten Jahren seiner Tätigkeit dort setzte er sich in den Gemeinden von *Galatien, *Asia, *Mazedonien und *Achaja sehr für die Organisierung eines Hilfsfonds für Jerusalem ein.

II. HINWEISE IN DEN KORINTHERBRIEFEN.

Über diesen Hilfsfonds erfahren wir zuerst aus Paulus' Anweisungen an die korinthischen Christen (1Kor 16,1-4). Sie hatten etwas davon gehört und wollten mehr darüber wissen. Aus den Worten des Paulus sehen wir, daß er den Gemeinden in Galatien bereits ähnliche Anweisungen gegeben hatte – vermutlich im Spätsommer 52 n.Chr., als er auf dem Weg von Judäa und Syrien nach Ephesus »durch das galatische Land und Phrygien« gekommen war (Apg 18,22ff). Dank der Korintherbriefe des Paulus sind Einzelheiten über die Organisation des Fonds bekannt.

Nach Paulus' Anweisungen an die Gemeinde in Korinth sollte jeder Haushaltsvorstand 12 Monate lang wöchentlich einen bestimmten Teil seines Einkommens beiseitelegen, damit der Beitrag der Gemeinde im Frühjahr des kommenden Jahres von Abgesandten der Gemeinde nach Jerusalem gebracht werden konnte. Die Spannungen, die sich kurz darauf zwischen vielen korinthischen Christen und Paulus entwickelten, haben möglicherweise zum Nachlassen ihres Eifers für diese gute Sache geführt. Das nächste Mal, als Paulus diesbezüglich an sie schrieb (nach einer Versöhnung aufgrund des strengen Briefes, den er ihnen durch Titus geschickt hatte), ging er davon aus, daß sie nach dem Empfang seiner Anweisungen regelmäßig Geld für den Fonds beiseitegelegt hatten. Er berichtet ihnen, daß er ihre Bereitwilligkeit den mazedonischen Gemeinden als Beispiel vorgehalten hat. Wenn man jedoch zwischen den Zeilen liest, merkt man, daß Paulus sich nicht ganz sicher ist, ob die Korinther seine Anweisungen befolgt haben. Daher schickt er Titus mit zwei Begleitern nach Korinth, um der Gemeinde bei dem Abschluß der K. zu helfen (2Kor 8,16-24). Manche Gemeindemitglieder empfanden dies vermutlich als moralischen Druck: sie sagten, er sei »heimtückisch« gewesen und habe sie mit »Hinterlist« gefangen (2Kor 12,16).

Als Paulus Titus und seine Begleiter in dieser Sache nach Korinth schickte, war er selber in Mazedonien, um den Gemeinden in jener Provinz zu helfen, ihren Anteil zu vervollständigen. Die mazedonischen Gemeinden waren durch eine Zeit uns unbekannter Schwierigkeiten gegangen. Dadurch besaßen sie jetzt – wenn überhaupt – nur noch das absolut Lebensnotwendige. Paulus meinte, daß er sie schwerlich bitten konnte, Mitchristen zu unterstützen, denen es ähnlich erging. Aber sie bestanden darauf, ihren Beitrag zu leisten, und Paulus war über dieses Zeichen göttlicher Gnade in ihrem Leben sehr bewegt (2Kor 8,1-5). Er äußert sich in seinem Brief sehr lobend über sie, um die Korinther zu ermutigen, ebenso großzügig von ihrem beträchtlichen Reichtum zu geben wie die Mazedonier in ihrer Armut.

III. HINWEISE IM RÖMERBRIEF.

Der Römerbrief enthält einen weiteren Hinweis auf den Unterstützungsfonds. Dieser Hinweis ist besonders informativ, weil er in einem Brief an eine nicht von Paulus gegründete Gemeinde steht, die er deshalb nicht in den Entwurf seines Hilfsfonds mit einbezogen hatte, und die tatsächlich noch gar nichts davon wußte. Als Paulus den Christen in Rom schrieb, daß er sie auf seiner Reise nach Spanien besuchen wollte, sagte er ihnen, daß die Sammlung vor Antritt seiner Reise nach W abgeschlossen sein müßte (Röm 15,25-28). Hier erhalten wir noch weitere Einsichten in die Motivation, die der K. zugrundelag. Die Stärkung der Gemeinschaft zwischen der Gemeinde in Jerusalem und den nicht-jüd. Gemeinden war Paulus ein wesentliches Anliegen, und die Einrichtung des Unterstützungsfonds diente weitgehend diesem Ziel. Er wußte, daß viele Mitglieder der Jerusalemer Gemeinde mit Mißtrauen auf die unabhängige Durchführung seiner Heidenmission blickten. Tatsächlich drangen wiederholt Juden aus Judäa in sein Missionsgebiet ein, die auf die eine oder andere Weise versuchten, seine Autorität zu untergraben und die Maßstäbe der *Judenchristen von Jerusalem den *Heidenchristen aufzuerlegen. Paulus verurteilte diese Juden, aber er hütete sich, die Gemeinde von Jerusalem oder ihre Ältesten zu kritisieren. Andererseits konnten viele Heidenchristen die Vorstellung nicht ertragen, daß sie in irgendeiner Form der Gemeinde von Jerusalem zu Dank verpflichtet waren. Paulus war eifrig bemüht, ihnen ihre tatsächliche Verpflichtung gegenüber Jerusalem vor Augen zu führen. Er selber hatte niemals zur Jerusalemer Gemeinde gehört und betonte nachdrücklich, weder sein Evangelium noch seinen Auftrag von dieser Gemeinde erhalten zu haben. Dennoch nahm sie seines Erachtens als die Muttergemeinde des Volkes Gottes einen einmaligen Platz in der christl. Gemeinschaft ein. Er war überzeugt, daß sein Wirken als Apostel sinnlos würde, wenn er von der Gemeinschaft mit der Jerusalemer Gemeinde abgeschnitten wäre.

Was hätte besser dazu beitragen können, die Verdächtigungen, die in der Jerusalemer Gemeinde über Paulus und seine Heidenmission gehegt wurden, zu beseitigen, als das sichtbare Zeugnis des Segens Gottes auf der Mission, das Paulus den Gläubigen in Jerusalem entgegenhalten sollte? Hierbei meinte Paulus nicht nur die finanzielle Gabe, die das praktische Interesse der heidenchristl. Gemeinden in Jerusalem bezeugte, sondern auch die Abgesandten jener Gemeinden, die die Gabe überbrachen. In dem Brief an seine Freunde in Korinth vertritt Paulus die Ansicht, daß ihre Jerusalemer Mitchristen zu einem tiefen Gefühl brüderlicher Zuneigung bewegt würden »wegen der überschwenglichen Gnade Gottes bei euch« (2Kor 9,14). Die tatsächliche Beseitigung ihres ganzen Mißtrauens war aber keine ausgemachte Sache – Paulus bittet die röm. Christen, sich ihm im Gebet anzuschließen, damit sein Dienst für Jerusalem den Heiligen willkommen sei (Röm 15,31). Paulus sah das Erscheinen der Heidenchristen in Jerusalem mit ihren Gaben womöglich als eine zumindest zeichenhafte Erfüllung der Prophezeiung, daß der »Reichtum der Völker« nach Jerusalem käme und »aus allen Völkern dem Herrn zum Weihegeschenk« dargebracht würde auf seinem »heiligen Berg« (Jes 60,5; 66,20). Diese Prophezeiung, die Paulus vor Augen hatte, war auch der Jerusalemer Gemeindeleitung bekannt, nur zog sie daraus andere Schlußfolgerungen. Im ursprünglichen Kontext ist der Reichtum der Nationen ein Tribut, den die Heiden nach Jerusalem bringen im Wissen um dessen Vorrangstellung. Für Paulus stellten die Beiträge seiner Gemeinden zum Jerusalemer Hilfsfonds eine freiwillige Gabe dar, einen Ausdruck christl. Barmherzigkeit und Dankbarkeit. Aber es ist möglich, daß die Empfänger die Gaben statt dessen als Tribut betrachteten, den die Heiden dem Sohn Davids schuldeten.

Selbst »die Ungläubigen in Judäa«, von denen Paulus einigen Widerstand erwartete (Röm 15,31), dürften durch das sichtbare Zeugnis so vieler Gläubiger aus heidnischen Ländern in ihrer Mitte beeindruckt gewesen sein. Wir wissen, daß Paulus gerade zu der Zeit, als er mit Gläubigen aus kleinasiatischen Gemeinden und deren Gaben nach Galiläa reisen wollte, über die Beziehung zwischen seiner Heidenmission und der letztendlichen Errettung Israels im göttlichen Heilsplan nachdachte, ein Thema, über das er im Brief an die Römer handelt.

IV. VERSCHWIEGENHEIT DER APOSTELGESCHICHTE.

Zu den Abgesandten der Gemeinden, die einen Beitrag leisteten, gehörten vermutlich alle Mitreisenden des Paulus aus Korinth oder Philippi, die in Apg 20,4 genannt sind: *Sopater aus *Beröa, *Aristarch und Sekundus aus *Thessalonich, *Gajus aus *Derbe und *Timotheus (ursprünglich aus *Lystra) sowie *Tychikus und *Trophimus aus der Provinz *Asia (von dem letzteren wissen wir aus Apg 21,29, daß er ein Heidenchrist aus *Ephesus war). Es wäre unklug, dem Fehlen eines korinthischen Namens in der Liste negative Bedeutung beizumessen. Die Liste ist möglicherweise nicht vollständig; sie könnte sich auf diejenigen beschränken, die von anderen Orten nach Korinth gereist waren, um sich Paulus anzuschließen. Paulus hatte einige Wochen bei seinem Gastgeber Gajus und anderen korinthischen Freunden verbracht; darüber hinaus hatte er gerade den röm. Christen berichtet, wie Gemeinden in Mazedonien und Achaja sich entschlossen hatten, zum Jerusalemer Unterstützungsfonds beizutragen. Für Paulus war Achaja identisch mit Korinth und den umliegenden Orten, und es gibt im Römerbrief nicht den geringsten Hinweis darauf, daß »Achaja« seinen Entschluß nicht ausgeführt hat. Es ist durchaus möglich, daß (ungeachtet eines gewissen Unwillens über das Verhalten des Paulus, der Titus mit dem Auftrag sandte, bei der Durchführung der Sammlung zu helfen) die korinthische Gemeinde Titus bat, ihre Gabe nach Jerusalem zu bringen. Wenn das der Fall ist, dann wird Titus hier aus demselben Grund nicht erwähnt wie in der gesamten Apg. Von der Gemeinde in *Philippi wird kein Abgesandter aufgeführt. Vielleicht fungierte der Erzähler selber als Abgesandter.

Als Paulus und seine Gefährten Jerusalem erreichten, wurden sie von Jakobus und den anderen Ältesten der Muttergemeinde empfangen, die sie willkommen hießen und die mitgebrachten Geschenke vermutlich dankbar annahmen. Das Adverb »vermutlich« ist notwendig, weil die Apg absolutes Stillschweigen über die K. wahrt, außer an der Stelle, wo Paulus zu seiner Verteidigung vor *Felix anführt, daß er nach Jerusalem gekommen sei, »um Almosen für mein Volk zu überbringen und zu opfern« (Apg 24,7).

Das nahezu völlige Schweigen des Lukas über dieses Thema mag apologetische Gründe haben. Abgesehen von dem ausdrücklichen Hinweis, daß es keinen Beweis für die Anschuldigung gab, Paulus habe die Heiligkeit des Tempels verletzt, hätte der Inhalt seiner Verteidigungsrede vor Felix mehr Bedeutung im Blick auf sein späteres Erscheinen vor dem kaiserlichen Gericht in Rom als im Blick auf sein Erscheinen vor dem Statthalter von Judäa. Das könnte auch für den Hinweis auf »Almosen und Opfer« gelten. Wenn nicht länger behauptet werden kann, daß die Apg als Verteidigungsrede des Paulus vor dem Kaiser geschrieben wurde, oder um als Dokument beim Fall zu dienen, dann bleibt die Möglichkeit, daß Lukas Material dieser Art als Quellenmaterial für die Apg benutzte. Die ausdrückliche oder implizierte Anschuldigung, daß Paulus für ein sektiererisches Ziel Geld abgezweigt habe, das zur Erhaltung des Tempels oder zur Linderung der Not der Judäer insgesamt hätte dienen sollen, sowie die Anschuldigung, daß er als »Rädelsführer der Nazarener« Unruhe stiftete bei den jüd. Bevölkerungsgruppen in der gesamten röm. Welt, wäre viel relevanter gewesen für einen Prozeß vor dem Kaiser als für einen Fall, der unter die Jurisdiktion des Felix fiel. Eine falsche Darstellung von Sinn und Zweck der K. war wohl der Inhalt der Anklage, die die Gegner des Paulus vorbereitet hatten. Dies könnte die Ursache für die Verschwiegenheit des Lukas in der Apg sein.

Literatur: D.Georgi: Die Geschichte der Kollekte des Paulus für Jerusalem, 1965; K. Holl: Der Kirchenbegriff des Paulus in seinem Verhältnis zu dem der Urgemeinden, in: Gesammelte Aufsätze zur Kirchengeschichte, [2]1928, S.47ff; F.F. Bruce: Zeitgeschichte des NT, 1986. F.F.B.

KOLOSSÄ. Stadt in der röm. Provinz *Asia, im W der heutigen Türkei. K. lag im Lykostal ca. 15 km östl. von *Laodizea am Fuße des 2571m hohen Honag Dag und der dort entspringenden Quellen. Daher hatte K. ausreichenden Wasservorrat. Ursprünglich liefen in K. die Handelsstraßen von

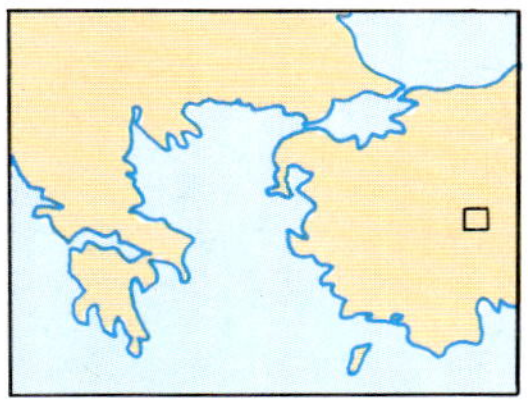

Kolossä in der römischen Provinz Asia.

*Sardes und *Ephesus zusammen. In der lydischen und pers. Zeit war K. eine wichtige Stadt, verlor aber an Einfluß, als die Handelsstraße über Sardes nach *Pergamon weiter westl. zu der aufstrebenden Neugründung *Laodizea verlegt wurde. Die Ortslage von K. ist heute nur noch an einigen in den Feldern aufragenden Säulen und an Zisternenresten erkennbar; sie liegt nahe bei Honaz, 16 km östl. der Stadt Denizli.

Als Paulus sich in Ephesus aufhielt (Apg 19,10), dürfte in K. das Evangelium schon verkündet worden sein, möglicherweise durch *Epaphras, der ein Kolosser war (Kol 1,7; 4,12-13). Paulus hatte K. offensichtlich noch nicht besucht, als er seinen Brief schrieb (Kol 2,1), aber sein Wunsch, die Gemeinde dort zu sehen (Phlm 22), könnte sich später erfüllt haben. *Philemon (Phlm 1) und sein Sklave *Onesimus (Kol 4,9; Phlm 10) gehörten zur ersten Gemeinde in K., was allerdings aus Phlm nicht direkt, sondern nur aus dem Vergleich mit Kol erschlossen werden kann. Die Vermischung jüd., griech. und phrygischer Elemente unter der Stadtbevölkerung gab es vermutlich auch in der christl. Gemeinde; dies würde die Art von spekulativen Irrlehren verständlich machen, die Paulus durch seinen Brief widerlegen wollte.

Die Umgebung von K. wurde durch ein Erdbeben vernichtet, das Tacitus auf 60 n.Chr. datiert (Ann. 14.27). Paulus' Brief an die Gemeinde in K. enthält keinen Hinweis darauf, was annehmen läßt, daß er geschrieben wurde, bevor die Nachricht von dem Unglück die Stadt Rom erreichte. E.M.B.G./C.J.H.

KOLOSSERBRIEF.

I. INHALT.

1. Briefzuschrift mit Segenswunsch (1,1f).

2. Eingangsteil (1,3-29).

a. Dank an Gott für sein Wirken in Kolossä (1,3-8).
b. Fürbitte um reiche Erkenntnis Christi (1,9-12).
c. Entfaltung des Evangeliums im Ton des Gotteslobs: (1,13-29): Christus-Lob (13-20) – Lob Gottes für die Rettung der Gemeinde (21-23) – Lob Gottes für den Segen im Wirken des Apostels (24-29).

3. Ermunterung und Unterweisung der Gemeinde (2,1-4,6).

a. Mahnung, bei der überkommenen Wahrheit zu bleiben (2,1-7);
b. Warnung vor Verführung durch Philosophie: Christus erfüllt alles (2,8-15);
c. Mahnung, sich in allen Dingen an Christus zu halten (2,16-19);
d. Christen sind mit Christus der Welt gestorben und leben Gott (2,20-3,4).
e. Darum gilt: Ablegen, was Gottes nicht würdig ist (3,5-11) und
f. Christus anziehen (3,12-17)!
g. Christl. Haustafel (3,18-4,1): Frauen und Männer (18f) – Kinder und Eltern (20f) – Sklaven und Herren (22-4,1).
h. Mahnung zu Gebet und weisem Verhalten gegenüber der Welt (4,2-6).

4. Schlußteil (4,7-18).

a. Der Bote Tychikus und sein Begleiter Onesimus (7-9).
b. Grußliste mit Anweisungen bzgl. des Briefes (10-17).
c. Schlußgruß und Gnadenzuspruch (18).

II. DER BRIEF UND SEINE EMPFÄNGER.

1. Die Empfänger des Briefes.

* Kolossä war eine Stadt in Phrygien, am Lykos gelegen. Sie gehörte mit den benachbarten *Laodizea und *Hierapolis (2,1; 4,13ff) eng zusammen. Paulus war mit den Christen in Kolossä nicht persönlich bekannt (2,1). Die Gemeinde war offenbar von Epaphras gegründet worden (1,7). Zu dieser Gemeinde gehörte wohl *Philemon, dessen Sklave *Onesimus ihm entlaufen war. Diesen Onesimus schickte Paulus nun zusammen mit dem Briefboten Tychikus zurück (4,7-9). Auch an die Gemeinde in Laodizea hat Paulus geschrieben. Die beiden Gemeinden sollten die Briefe untereinander austauschen (4,15f).

Der K. läßt erkennen, daß die Empfänger durch irreführende philosophische Propaganda in Gefahr sind: Der Apostel warnt sie eindringlich vor möglicher Verführung und mahnt sie, fest bei Christus und der erkannten Wahrheit zu bleiben (2,4-19).

2. Der Brief an die Kolosser.

Der wichtigste Unterschied des K.s zum Epheserbrief besteht in folgendem: im K. ringt Paulus um die Christen in Kolossä und um deren Treue im Glauben an Christus. Dieses Schreiben ist darum auch in einem engeren Sinn als der Epheserbrief wie ein Brief gestaltet: Der Verfasser geht auf die Lage der Empfänger ein, grüßte sie mit Namen, ermuntert einzelne (4,10-17) und hebt hervor, wie er mit ihnen verbunden ist (1,24). Somit ist der K. ein Mahn- und Unterweisungsschreiben. Der Stil, in dem er abgefaßt ist, erinnert stark an den des Epheserbriefs: Auch hier begegnen lange Satzperioden, zahlreiche Relativsätze und Partizipialkonstruktionen; der Ausdruck ist bisweilen geradezu hymnisch. Damit ist – wie beim Eph – die Frage gestellt, ob der K. wirklich von Paulus verfaßt ist.

3. Die Verfasserfrage.

Hymnisch geformte Stücke im K. sind in sich freilich kein Grund zur Annahme, daß der Brief nicht von Paulus stamme. Das meinen auch Ausleger, die Paulus nicht für den Verfasser halten (z.B. Conzelmann). Denn solche Verse sind durch die Überlieferung der Christenheit schon geprägt; sich an sie zu halten, dazu mahnt der Verfasser (2,6). Schwerer wiegen für jene Ausleger andere Beobachtungen: Die Bedeutung mancher Begriffe habe sich gegenüber den übrigen Paulusbriefen verschoben. »Fleisch« meine im K. eine Substanz, sonst hingegen die gottfeindliche Bestimmtheit des Menschen. Statt der Termini der Rechtfertigung begegne im K. die Wendung von der »Vergebung der Sünden« (1,14): womöglich als ein Ersatz für jene (Conzelmann)? Allerdings sind solche Verschiebungen nicht schlüssig nachgewiesen; denn Paulus spricht von der Sünde oder den Sünden durchaus im Zusammenhang des Werkes Christi, der Erlösung (vgl. Röm 3,23-26; 5,6-8; 1Kor 15,3f), und auch dann, wenn er die Rechtfertigung verdeutlichen will (Röm 4,6-8), wenn auch auf dem Grunde von atl. Zitaten. Und »Fleisch« hat auch für Paulus einen zugleich gegenständlichen Sinn (nicht nur: Bestimmtheit); man darf diese Nuancen nicht gegeneinander stellen (vgl. 2Kor 5,16).

Deutlich ist ein gewisser Unterschied der Aussagen zur Taufe in Ko 2,11ff.20-3,4 und in Röm 6,3-11. Nach dem Römerbrief sind wir mit Christus gestorben und werden mit ihm gewiß auferweckt werden; nach dem K. sind wir gestorben und mit Christus auferstanden. Dort ist alles am Christus-Geschehen festgemacht (»wir wissen«, »wir glauben«, »wir werden an seiner Auferstehung teilhaben«); hier hat Gott uns lebendig gemacht mit Christus durch die Vergebung der Sünden (2,13). Aber auc im K. gilt: Unser Leben ist mit Christus verborgen bei Gott (3,3 vgl. Rö 6,11 »haltet dafür«, nämlich gegen den Augenschein) und soll erst künftig offenbar werden (3,4).

Diese Unterschiede bestehen in d Ausdrucksweise, und diese wiederun ist offenbar durch die Auffassungen mitbedingt, gegen die sich der Verfa ser wehrt. In der Sache dagegen besteht kein Unterschied.

Endlich aber ist der Verfasser des K.s ein Gefangener (4,3.10.18; vgl. 1,24) wie auch im Eph und Phlm, ferner im Phil. Dieser Umstand bindet diese Briefe zusammen. Paulus dürfte auch den K. aus der Gefange schaft in Rom um das Jahr 60 n.Ch geschrieben haben.

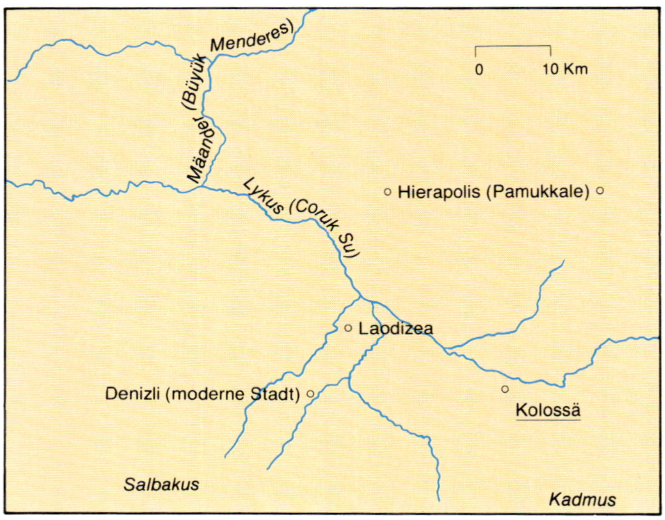

III. DIE PHILOSOPHIE IN KOLOSSÄ.

Paulus sieht die Christen in Kolossä durch Philosophie, leerer Trug und Menschenlehre gefährdet; sie könnten sich dadurch verführen lassen und sich von Christus entfernen (2,8). Offenbar erkennt er zwei Punkte als besonders wichtig und zugleich gefährlich: a. Gewisse Leute lehren in Kolossä, daß die Fülle der Gottheit in den Grundelementen der Welt gefaßt sei. b. Daraus ergibt sich, daß man in Übereinstimmung mit diesen Grundelementen sein Leben gestalten muß, und dabei kommt allerlei besonderen Frömmigkeitsübungen wie Fasten und Beobachten besonderer Tage Gewicht zu. Der Apostel geht auf diese Auffassungen und deren Hintergründe nicht näher ein. Sie lassen sich nur schwer rekonstruieren; offenbar sind stoische Anschauungen eine besondere Verbindung mit rel.-synkretistischen Elementen eingegangen. Derartige Verbindungen kann man durchaus voraussetzen, auch wenn sie nicht genauer bezeugt und uns daher undeutlich sind. In diesem Jh. feiert der Synkretismus überall Triumphe; und leicht gibt er sich philosophisch überhöht. Vielleicht spricht im K. wirklich schon eine frühe gnostische Anschauung mit. Die Neigung zur Askese scheint der gnostischen Leibfeindlichkeit bzw. der Abwertung des Leiblichen verwandt.

Paulus tritt solchen Auffassungen im K. dadurch entgegen, daß er die Christen unterweist und erinnert, daß sie mit Christus bereits dieser Welt abgestorben sind in der Taufe und daß sie fest gegründet sind in ihm, der selbst der Eine ist, in dem die Fülle der Gottheit leibhaftig (!) wohnt (2,9ff). Diese Unterweisung aus aktuellem Anlaß bereitet er im Eingangsteil des K.s seelsorgerlich und theologisch vor: Das Christuslied in 1,15-18 stellt den Herrn rühmend als den Einen vor die Gemeinde hin, den Gott zu seinem Bild gemacht und als Mittler der Schöpfung bestellt hat. Er erinnert die Gemeinde daran, was sie selbst durch das Werk des Christus gewonnen hat, und wie er, der Apostel unter dem Segen des Herrn getan hat, was ihm aufgetragen war: Christus, die Gemeinde und der Apostel, sind bereits der feste Gegengrund gegen alle Verführung durch Menschenlehre. Diese Weise, um der Gefahr in Kolossä zu begegnen, deutet übrigens auch auf die Verfasserschaft des Paulus hin, denn so baut er auch im 1.Korintherbrief seine Unterweisung auf, wenn er das Evangelium unter den Stichworten »Herr«, »Gemeinde«, »Apostel« entfaltet (1Kor 1,18-2,5).

IV. DER KOLOSSERBRIEF IN DER GESCHICHTE DER KIRCHE.

Für das Verständnis des K.s ist es wichtig, darauf zu achten, daß in den Gebieten von Phrygien und Lydien, zu ersterem zählt Kolossä, Gedanken von Schuld und Sühne verbreitet gewesen sind (Lohmeyer). Das bestätigen Zeugnisse aus dem 1.Jh.

Bedeutsam wurde der K. besonders in der Reformation. Die Warnung vor der Philosophie, die sich in 2,8 findet, hat die Reformatoren bewegt. Sie verstanden diese Warnung sogleich grundsätzlich, also gegen jede Art von Philosophie und Menschenlehre in den Dingen des Glaubens gerichtet. Ihnen ging es um die Verfremdung der Bibel durch ein Denken in den Bahnen der aristotelischen Philosophie. Sie sprachen dann gern von »Sophisterei« und meinten damit vor allem die Theologie der Scholastsik. Die Auslegung des K.s durch Melanchthon war lange Zeit wegweisend für das Verständnis des Briefes (1523). Daneben liegt die Bedeutung des K.s bis in die Gegenwart besonders in seiner Lehre von Christus. Daß in ihm Gott sein Ebenbild unter den Menschen aufgerichtet hat (1,15); daß er Mittler der Schöpfung ist (1,16-18); daß er so das Haupt und der Erste in Kosmos und Gemeinde ist (1,19ff): das ist im K. nachdrücklich bezeugt.

Bedeutung hat der K. auch für die Lehre über die Kirche. Hier wird die Kirche unter Christus analog zum Kosmos unter demselben Herrn gesehen – zugleich ein Unterschied zu den sonst weithin gleichlaufenden Aussagen im Epheserbrief. Auch im K. findet man den Gedanken des Leibes Christi (1,18).

Literatur: W. Barclay: Brief an die Kolosser, [7]1935; W. de Boor: Die Briefe des Paulus an die Philipper und an die Kolosser, [9]1982; H. Conzelmann: Der Epheser- und der Kolosserbrief, [16]1985; E. Lohmeyer: Die Briefe an die Philipper, Kolosser und an Philemon, 1964; E. Lohse: Die Briefe an die Kolosser und an Philemon, 1968; A. Schlatter: Die Briefe an die Galater, Epheser, Kolosser und Philemon, 1975; ders.: Paulus, der Bote Jesu. Eine Deutung seiner Briefe an die Korinther, [4]1969. H.G.

KÖNIG, KÖNIGTUM. Der Ursprung der Wörter *mäläk* im Hebr. und *basileus* im Griech. ist unklar. Ersteres erscheint in allen semit. Sprachen, aber nicht immer mit der gleichen Bedeutung. Letzteres könnte aus einer alten ägäischen Sprache stammen.

In Ägypten. Im alten Vorderen Orient gab es das Königsamt seit frühester Zeit. In *Ägypten wurde es sogar ab dem Tage der Schöpfung datiert. Pharao war Gott und Sohn eines Gottes, aber nur in seiner Eigenschaft als König. Ansonsten war er ein Mensch mit menschlichen Eigenschaften. Als Sohn des Schöpfergottes sollte er die Ordnung der Welt aufrechterhalten. Als Hirte sollte er sich um das Wohl seines Volkes bemühen.

In Mesopotamien. In *Mesopotamien wurde das Königtum eingeführt, um verschiedenen Notständen wie z.B. Krieg, Naturkatastrophen, etc., besser begegnen zu können. Schon sehr früh erwählte die Volksvertretung in Sumer einen König (*lugal*, »großer Mann«), der beauftragt wurde, alles Notwendige zu tun, um solche Mißstände zu beseitigen. Erst am Ende der ersten dynastischen Periode wurde der Titel König als Bezeichnung eines weitreichenden politischen Amtes verwendet.

Im Gegensatz zum Pharao waren die mesopotamischen Könige keine Götter, obwohl einige Herrscher zwischen 2300-1500 v.Chr. göttliche Determinative vor ihre Namen setzten. Warum sie das taten, kann nicht befriedigend erklärt werden. Der König war Mensch, aber er war der erwählte Diener der Götter. Somit hatte das Königtum göttlichen Ursprung.

Der assyr. König war Hoherpriester des Gottes *Assur. Deshalb konnte er den Kultus und den Tempeldienst zu seinen Gunsten beeinflussen. Im Krieg war er der Führer der Armee. Im Frieden hatte er hauptsächlich soziale Funktionen. Er war der Gesetzgeber und für die judizielle und soziale Gerechtigkeit verantwortlich. Auch diplomatische und kommerzielle Beziehungen zu anderen Ländern sah der König als einen Teil seiner Aufgaben an.

In Ugarit. Der König in Ugarit galt als der Sohn des Gottes El und war verantwortlich für Ruhe und Ordnung. Obwohl er kein Gott war, hatte er doch göttlichen Status, denn als König mußte es ihm möglich sein, sich frei zwischen göttlichen und menschlichen Sphären zu bewegen. Durch ihn flossen göttliche Kraft und Segen hin zur Menschheit. Die Thronfolge war wahrscheinlich dynastisch geregelt. Der König besaß die Autorität, seine Untergebenen von einer Gesellschaftsschicht in eine andere zu befördern. Als der ideale Herrscher kümmerte er sich um die Schwachen, Unterdrückten und Witwen. Da er auch der oberste Richter war, wurde von ihm absolute Gerechtigkeit erwartet.

In Kleinasien. Wie die mesopotamischen Könige waren auch die hetitischen die Geliebten der Götter. Ihre Autorität wurde durch den Adel sehr begrenzt, der unter gewissen Umständen über den König zu Gericht sitzen konnte.

In Persien. Der pers. König regierte als primus inter pares. Er stand als Haupt den sieben einflußreichsten Stämmen vor und hielt ständige Verbindung mit den führenden Stammesleuten.

In Griechenland. Im klassischen Griechenland bezeichnete *basileus* den legalen Erbherrscher. Er bestimmte das Leben des Volkes durch seine Gerechtigkeit oder Ungerechtigkeit. Es bestand aber ein Unterschied zum Tyrannen oder Usurpator. Die Macht des Königs stammte von Zeus. Unter Plato gab es eine Bewegung, die den König als einen »Wohltäter« ansah, dessen Willen Gesetz war. Das führte zu der Vorstellung eines »Gott-Königs« bei *Alexander dem Großen und den Cäsaren.

Der Ursprung des Königtums in Israel. Das Königtum im alten Israel hatte seinen Ursprung in den Verheißungen Gottes an die Patriarchen (1Mo 17,6.16; 35,11; 49,10). Bevor

»Investitur eines Königs«. Teil einer großflächigen Wandbemalung aus dem Palast von Mari, Syrien. Der König empfängt von der Göttin Ischtar Stab und Ring, Symbole der Herrschaftsautorität des Gesetzes und des Rechts. 18. Jh.v.Chr. (AP)

ein König in Israel herrschte, hatte Mose die Rechte und Pflichten des Königs schriftlich schon festgelegt (5Mo 17,14-20). Daß Samuel sich später gegen die Errichtung eines Königtums in Israel wehrte, hat seinen Grund in der Verwerfung der Theokratie durch das Volk (1Sam 8,4-8), nicht in der Schaffung eines Königtums (L. Eslinger, »Viewpoints and Point of View in 1Samuel 8-12«, JSOT 26/1983, 61-76). Denn schon Moses Aufgaben konnten mit denen eines Königs verglichen werden. Auch die sich immer wiederholende Vorankündigung des zukünftigen *Messias, der als König par excellence regieren wird, widerspricht dem Gedanken, daß das Königtum nicht gottgewollt war. Welche Bedeutung die Monarchie in ökonomischer und sozialer Hinsicht für Israel haben würde, wird in 1Sam 8,11-17 deutlich zum Ausdruck gebracht.

Das Königtum Sauls. Das atl. Königtum beginnt mit *Saul (um 1025 v.Chr.). Am Anfang war er nur – wie viele Richter – ein charismatischer Führer in Zeiten der Bedrängnis (1Sam 8,20; 11,6). Auch seine Erwählung gleicht der Berufung verschiedener Richter. Somit bildet das Königtum Sauls einen Übergang von der Zeit der Richter zum etablierten Königtum Davids und Salomos. Saul scheint sich hauptsächlich auf seinen Stamm *Benjamin gestützt zu haben (1Sam 22,6-8). Mit dem etablierten Königtum hatte er Hofhaltung, Verwaltung sowie die militärische Führung des gesamten Israel gemeinsam (1Sam 14,52; 17,19; 18,13; 21,8; 22,7.17), jedoch in einem wesentlich kleineren Rahmen. *Samuel blieb zeitlebens die geistliche Autorität.

Das Königtum Davids. Mit dem Königtum Davids (ca. 1006-966 v.Chr.) fängt eine neue und andersartige Dynastie an. Er hatte als König nicht nur eine politische, sondern auch eine geistliche Funktion (2Sam 6,12ff; 1Chr 15,27; 16,2). Diese lag aber außerhalb des mosaischen Gesetzes einer levitischen Priesterschaft. David war Priester nach der Art *Melchisedeks (1Mo 14,18-20; Ps 110,4) und stand in direktem Kontinuum der Verheißungen Abrahams (1Chr 15-17; A. Johnson, Sacral Kingship in Ancient Israel. 1955, 27-46). Im NT wird dieses Kontinuum auf Christus ausgeweitet (Mt 1,1; 21,9; 22,41-46; Hebr 7,8ff).

Wie Saul, so wurde auch David von Samuel im Auftrag Gottes zum König gesalbt (1Sam 16). Erst später, nach dem Tode Sauls und nach dem Tode seines Sohnes *Isch-Boschet, empfängt der König die Königsgewalt aus der Hand der Stämme (2Sam 2,1-4; 5,1-4). Der König war der Oberbefehlshaber der Streitkräfte (2Sam 5,6; 1Kön 11,15ff) und wohl auch oberster Richter (2Sam 12,1-6; 14,4-7; 15,2; 1Kön 3,16-28). Die Hofhaltung wurde vergrößert (2Sam 5,13; 9,13; 19,33-36). Ein Berufsheer mit Elitetruppen wurde aufgestellt (2Sam 23,8-39). Die Leibwache bestand vorwiegend aus Ausländern, die den König auf seinen militärischen Unternehmungen begleiteten (2Sam 15,18). Sie spielte auch eine wichtige Rolle bei der Krönung Salomos (1Kön 1,38) und *Joaschs (2Kön 11,4ff).

Die Administration des Reiches wurde zentralisiert (2Sam 8,15-18). Zur Verwaltung gehörten der Kommandeur der Leibwache, der Kommandeur der Armee, der königliche Herold, der königliche Sekretär, der Hohepriester, der Fronvogt und der Hofpriester (2Sam 20,23-26). Einen geringeren Beamtenstatus hatten die Verwalter der königlichen Güter (1Chr 27,25-31). Zwei dieser Ämter bedürfen der Interpretation.

Der königliche Herold war nach ägypt. Vorbild einer der wichtigsten Minister des Königs. Er war nicht nur der Chef des Protokolls, sondern teilte dem König auch mit, was in der Bevölkerung vor sich ging und verkündete dem Volk die Edikte des Königs. Er begleitete den König auf seinen Reisen, war für dessen Sicherheit verantwortlich und inspizierte im voraus die Aufenthaltsorte des Königs.

Der königliche Sekretär war Staats- sowie Privatsekretär des Königs. Er war für die in- und ausländische Korrespondenz zuständig. Es ist durchaus möglich, daß er, nach ägypt. Vorbild, einer der Siegelbewahrer war.

Manchmal wird bezweifelt, daß David einen Fronvogt hatte, aber bei richtiger Interpretation von 2Sam 12,31 wird deutlich, daß David die Ammoniter zur Fronarbeit zwang.

Der König ist der Gesalbte des Herrn (1Sam 10,1; 16,10-13; 24,7; 2Sam 1,14; 1Kön 1,38f). Als Hirte weidet er Gottes Volk (2Sam 5,2) und nimmt sich der Armen und Rechtlosen an (2Sam 14,17; 1Kön 2,1ff). Der König sollte Gottes Herrschaft auf Erden repräsentieren (Ps 2,7) und ein Vorbild der Treue zu Jahwe sein (5Mo 17,18-20; 2Sam 12,14). Deshalb wurde er auch von den Propheten getadelt, wenn er das Recht beugte oder das Volk zum Götzendienst anregte (2Sam 11,2-12,14; 1Kön 18,17f). Jedoch hörten die Könige oft nicht auf die Botschaft der Propheten.

Durch den Bund, den Gott mit David schloß, wurde der Dynastie Davids eine uneingeschränkte, immer währende Königsherrschaft verheißen (2Sam 7,12-16). Dadurch wurde jeder davidische Herrscher zum potentiellen *Messias (*David). In der prophetischen Literatur wird der Messias als Nachkomme Davids beschrieben, der Gerechtigkeit und Recht bringen wird (Jes 8,23-9,6; 11,1-9; 16,1-5; 32,1-8; 55,1-5; Jer 23,5f; 30,8f; Hes 34,23f; 37,24f).

Das Königtum Salomos. Salomo (ca. 966–926 v.Chr.) festigte das Reich, das sein Vater ihm hinterlassen hatte (1Kön 5,1). Seine Hofhaltung erreichte altorientalische Ausmaße (1Kön 5,2- 14; 11,3). Das Heer rüstete er mit Streitwagen aus und stationierte es in gut befestigten Garnisonstädten (1Kön 5,6; 9,17-19; 10,26).

Das Reich wurde in zwölf Regierungsbezirke eingeteilt, die nicht mit den Stammesgebieten identisch waren. Daher wurden sie nicht von Stammesfürsten, sondern von königlichen Statthaltern verwaltet (1Kön 4,7ff), die von einem Oberstatthalter beaufsichtigt wurden (1Kön 4,5). Für die Hofverwaltung war ein Palastvorsteher verantwortlich (1Kön 4,6; 18,3.18; s.a.Jes 22,15). Wie David, so hatte auch Salomo Ratgeber (2Sam 15,12.37; 1Kön 4,5; 1Chr 27,33), einen Staatssekretär (1Kön 4,3; LÜ: »Kanzler«) und einen königlichen Herold. Obwohl das Königtum in Israel unter Salomo seinen äußeren Höhepunkt erreichte, fing doch mit ihm der innere Verfall an (1Kön 10,14-11,13), der in der Reichsteilung (ca.926/5 v.Chr.) gipfelte. Von jener Zeit an gab es zwei Königreiche, das Nordreich und das Südreich. Letzter wurde bis zu seiner Zerstörung (586 v.Chr.) von einem davidischen Herrscher regiert. Im Nordreich kam es zu keiner dauerhaften Dynastiebildung. Mit der Eroberung *Samarias (722 v.Chr.) endete die Selbständigkeit des Nordreiches.

Das Königtum Gottes. Die Königswürde und -macht wird auch

Gott zuerkannt. Er wird immer und ewig König sein (1Mo 15,18; Ps 145,13; 146,10; Dan 4,31-6,27). Er sitzt auf einem Thron (Ps 33,14; 103,19) und ist vom himmlischen Heer umgeben (1Kön 22,19). Seine Herrschaft erstreckt sich über die gesamte Erde (2Kön 19,15; 1Chr 29,11-12; Ps 47,3.8). Irdische Herrscher werden von ihm ein- und abgesetzt (Dan 4,29; 5,20f). Seine Herrschaft ist gekennzeichnet von königlicher Macht und Pracht (Ps 96,13; 99,4). Deshalb soll er von allen Menschen gepriesen und gefürchtet werden (Ps 98,6ff; Jes 6,5; Jer 7,7-10).

Gott ist nicht nur allgemein der König der Erde, sondern speziell der König Israels (5Mo 33,5; 1Sam 12,12; Ps 10,16; Jes 33,22). Sein Thron ist im Tempel (Jes 6,1). Er wohnt in Jerusalem (Ps 46,5f). Israel war das Königreich Gottes (2Mo 19,6; 1Chr 17,14), dort setzte er seine Könige ein und ab (1Sam 15,11.35; 16,1; 2Chr 1,8-11).

Neben dieser allgemeinen und speziellen Königsherrschaft Gottes gibt es auch eine zukünftige. Sie ist mit dem Messias und dem Menschensohn unauslöslich verknüpft (2Sam 7,12-16; Jes 9,5f; Dan 7,13f; vgl. Dan 2, 44).

Eine Anzahl der Königspsalmen wird immer wieder benutzt, um aufzuzeigen, daß das Königtum Gottes jedes Jahr zum Neujahrsfest im Tempel gefeiert wurde analog zu einem babylon. Brauch. Einige meinen sogar, der hebr. König sei als ein gottähnliches Wesen betrachtet und bei dem Neujahrsfest mit dem sterbenden und auferstehenden Fruchtbarkeitsgott gleichgesetzt worden. Für diese Auffassungen gibt es keine Anhaltspunkte im AT. Die Propheten wären dem auf das heftigste entgegengetreten.

Das Königtum Jesu Christi. Die

Chronologische Tabelle der Könige von Israel und Juda.

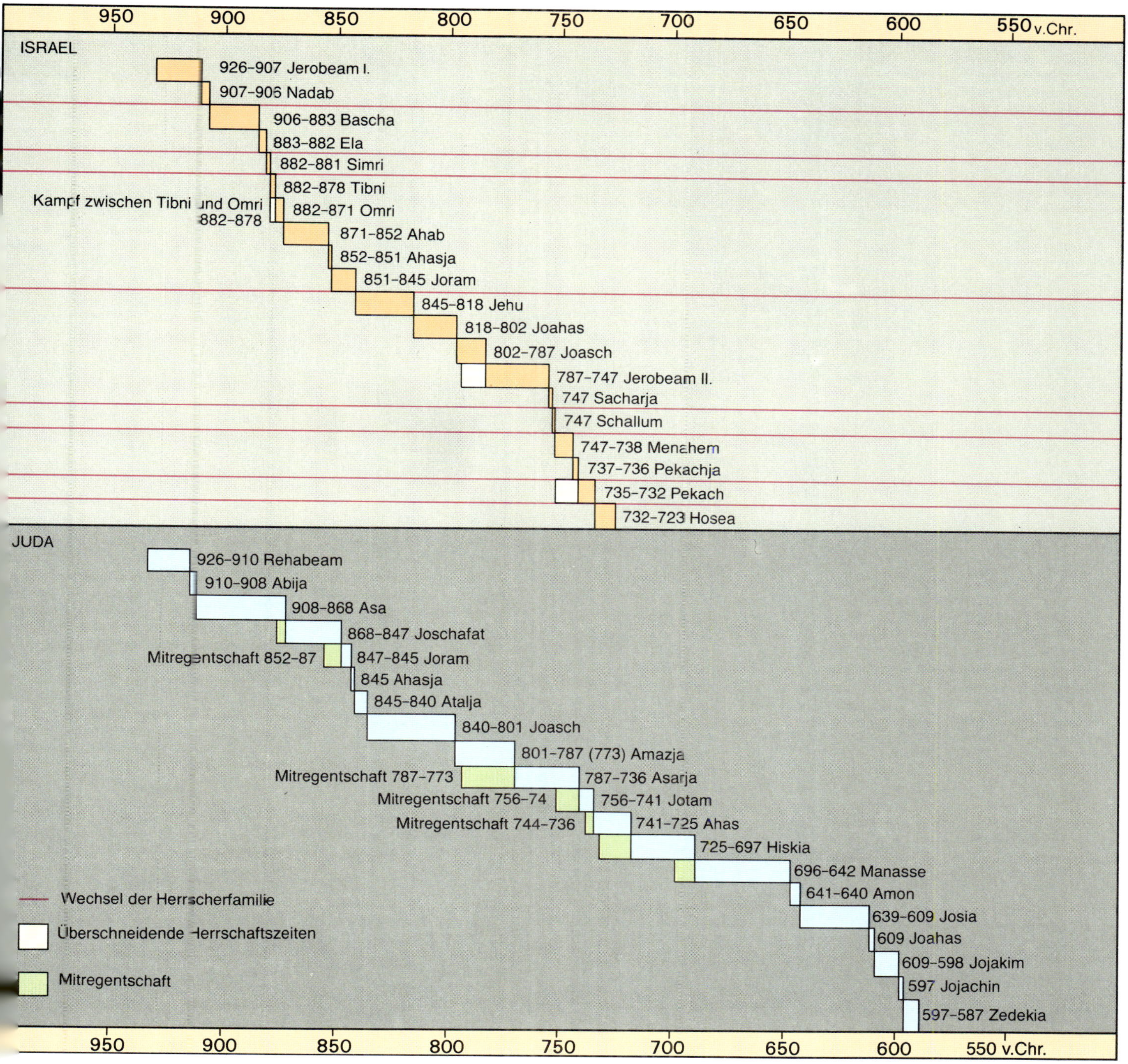

Geschlechtsregister in Mt 1,1-17 und Lk 3,23-38 machen deutlich, daß Jesus aus dem davidischen Königshaus stammte. Er wurde geboren, um der König der Juden zu sein (Mt 2,2; Lk 2,11; Joh 1,49; 18,37). Mit seiner Botschaft, die mit der Proklamation begann: »Das Reich Gottes ist herbeigekommen« (Mk 1,15) unterstreicht er seinen königlichen Anspruch. Er lehnte jedoch weltliche Macht ab, denn sein Reich war nicht von dieser Welt (Joh 18,36). Um in dieses Reich Gottes eintreten zu können, ist es notwendig, eine Sinnesänderung vorzunehmen und sich Christus anzuschließen (Mk 1,15-20). Das Lebensziel sollte das Königreich sein und nicht mehr die alltäglichen Dinge des Lebens (Mt 6,33; Lk 12,31). Wer so lebt, hat jetzt schon teil am Königreich Christi (Lk 12,32). Neben dieser inneren Königsherrschaft proklamierte Christus auch ein irdisches Königtum. Deshalb wurde er von den Juden gekreuzigt (Mk 15,2.9.12.18. 26.32). Dieses irdische Königtum ist jetzt noch zukünftig (Lk 22,29f; Apg 1,3-8). Christus wird es aufrichten, wenn er mit den Seinen wiederkommt, um auf dieser Erde mit Recht und Gerechtigkeit zu herrschen (Offb 1,7f; 19,6.14f; 20,4.6; 22,5).

Literatur: A. Alt: »Das Königtum in den Reichen Israel und Juda«. Kleine Schriften II, 1964, S.116-134; K.H. Bernhardt: Das Problem der altorientalischen Königsideologie im Alten Testament, 1961, S.57-66; 291-300; H. Donner: RGG^3, III, 1709-1712; A. Bentzen: King and Messiah, 1955; M. Buber: Königtum Gottes, 1956; G. Buccellati: Cities and Nations of Ancient Syria, 1967; J. Bright: Geschichte Israels, 1966; J. Coppens: Le messianisme royal, 1968; F. Crüsemann: Der Widerstand gegen das Königtum, 1978; J.H. Eaton: Kingship and the Psalms, JSOT Suppl., 1987; O. Eißfeldt: »Jahwe als König.« Kleine Schriften I, 1962, S.172-193; H.L. Ellison: The Centrality of the Messianic Idea for the Old Testament, 1953; I. Engnell: Studies in Divine Kingship in the Ancient Near East, 1943; H. Frankfort: Kingship and the Gods, 1958; J. Gray: The Biblical Doctrine of the Reign of God, 1979; J.F. Healey: »The Immortality of the King: Ugarit and the Psalms«, Or. 53/1984, 245-254; T. Ishida: The Royal Dynasties in Ancient Israel, BZAW 142/ 1977; A.R. Johnson: Sacral Kingship in Ancient Israel, 1967; H.-J. Krauss: Die Königsherrschaft Gottes im Alten Testament, 1951; W.G. Lambert: Iraq 25/1963, S.189f; T.G.N. Mettinger: Salomonic State Officials, 1971; D. Michel: »Studien zu den sogenannten Thronbesteigungspsalmen«, VT 6/1956, 40-68; S. Mowinkel: He That Cometh, 1959; M. Noth: »Gott, König, Volk im Alten Testament«, ZThK 47/1950, 157-191; ders.: Gesammelte Studien zum AT, 1975, S.188-229; G.v. Rad: ThWNT I, 1933, 563-69; A.F. Rainey: »The Kingdom of Ugarit«, The Biblical Archaeologist Reader 3, 1970, 76-99; H. Ringgren: »König und Messias«, ZAW 64/1952, 120-147; H. Ringgren, K. Seybold, Fabry: ThWAT IV, 1984, 926-957; W.H. Schmidt: Königtum Gottes in Ugarit und Israel, BZAW 80/ 1966; K. Seybold: Das davidische Königreich im Zeugnis der Propethen, 1972; W.v. Soden: »Gibt es ein Zeugnis dafür, daß die Babylonier an die Wiederauferstehung Marduks geglaubt haben?« ZA 51/ 1955, 130-166; ZA 52/1957, 224-234; J.A. Soggin: Das Königtum in Israel, BZAW 104/1967; S. Talmon: King, Cult and Calendar in Ancient Israel, ' `86; R. de Vaux: »Le roi d'Israel, vassal de Jahvé«, Bible et Orient, 1967, 287-301; ders.: Das Alte Testament und seine Lebensordnungen I, ^{2}1964.

H.Pe.

KÖNIGE, BÜCHER.

I. PLATZ IM KANON UND BEZEICHNUNG.

Die beiden K.-Bücher sind das elfte und zwölfte Buch in der deutschen Bibel. Im hebr. Kanon bringen sie als fünftes und sechstes Buch der Vorderen Propheten diesen Kanonteil zum Abschluß. Im hebr. Text, wo sie auch den Namen »Könige« tragen, formten sie ursprünglich ein Buch. Die das Buch beschließende Masora findet sich auch heute nur nach 2Kön. Die Teilung begegnet erstmals in einer Hss. des Jahres 1448 und dann in der Bibel von Felix Pratensis aus den Jahren 1517/18. Allerdings haben schon früher die Übersetzer der LXX eine Teilung vorgenommen und die so entstandenen zwei Bücher mit den *Samuelbüchern verbunden, indem sie im Anschluß an dieselben als 3. und 4. Buch von den Königsherrschaften bezeichneten. Die Vulg. wählte dann ebenfalls die Bezeichnung »Könige«. Wie 2Sam mit dem Hinweis auf den Tod Sauls beginnt, so 2Kön mit dem Hinweis: ». . .als Ahab tot war.« Durch diese Teilung der K.-Bücher wird allerdings der Bericht über *Ahasja auseinandergerissen (1Kön 22,52-54 und 2Kön 1,1-18). Während das Wirken *Elias in 1Kön 17-19.21 geschildert wird, erfolgt die Darstellung seiner Entrükkung in 2Kön 2. Bei *Elisa hingegen wird die Berufung 1Kön 19,19-21 erzählt, sein eigentliches Wirken aber erst in 2Kön dargestellt (2,1-9,3; 13,14-21). Es empfiehlt sich bei der Erarbeitung dieser Schriften die Teilung einfach zu übergehen.

II. INHALT UND AUFBAU.

Die K.-Bücher skizzieren die Geschichte des Königtums in Israel und Juda vom Regierungsantritt Salomos (965 v.Chr.) bis zum Untergang Israels (723/2) bzw. Judas (587/6 v.Chr.). Am Schluß wird noch die Begnadigung des judäischen Königs *Jojachin durch *Ewil-Merodach (561 v.Chr.) berichtet. Sie umfassen also einen Zeitraum von über 400 Jahren, von der goldenen salomonischen Zeit bis zur totalen Katastrophe. Die Darstellung kann bei einzelnen Königen äußerst gerafft sein, so daß nur die nackten Regierungsdaten genannt werden, etwa bei *Joahas (2Kön 23, 31-33) oder bei *Jerobeam II (2Kön 14,23-29), obwohl dieser 40 Jahre regierte und Israel nochmals zu einer politischen und wirtschaftlichen Blüte führte. Anderen Königen, die politisch vielleicht von geringerem Format waren, wird weiter Raum zugebilligt, wie etwa *Ahab (1Kön 16,29-2Kön 1,1). Was interessiert, sind weniger die politischen und wirtschaftlichen Leistungen, sondern wie der einzelne König zum Gott Israels stand. Israel steht und fällt nicht mit dem politischen Geschick des jeweiligen Königs, sondern sein Bestand ist gebunden an seinen Stand vor Jahwe, dem Gott Israels. So gilt, abgesehen von Salomo, die Aufmerksamkeit vor allem der Schilderung des Abfalls vom Glauben bzw. der Restauration des wahren Gottesdienstes. Die Geschichte des Königtums in Israel ist in den politischen Raum eingebettete Geschichte des Glaubens. Unter diesem Gesichtspunkt wurden die Materialien weitgehend ausgewählt und zusammengestellt.

Im Überblick ergibt sich folgende Grobgliederung:

1Kön 1-11: Salomos Thronbesteigung und Regierung

1Kön 12-2Kön17: Die geteilten Reiche Juda und Israel

2Kön 18-25: Juda allein bis zur Begnadigung Jojachins.

Salomos Herrschaft wird wie die keines anderen Königs in Juda und Israel ausführlich gewürdigt. Die Darstellung seines Regierungsantritts (1Kön 1,1-2,12) bildet den Abschluß der Thronfolgegeschichte (*Samuel, Bücher). Als *Adonija, der *Joab und den Priester *Abjatar für sich gewonnen hatte, sich an der *Gihonquelle zum König ausrufen ließ, entschied der alternde David auf Veranlassung von *Batseba und *Nathan: »Salomo. . . soll nach mir König sein, und er soll für mich auf meinem Thron sitzen« (1Kön 1,30). Als das bekannt wurde, flohen die Anhänger Adonijas, der sich nur durch Flucht an den Altar retten konnte. Mit dem Tode Davids wird berichtet: »Und Salomo saß auf dem Thron seines Vaters David, und seine Herrschaft hatte festen Bestand« (1Kön 2,12). 1Kön 2,13-46 wird die weitere Festigung seiner Herrschaft geschildert: Salomo schaltete Adonija, Abjatar und *Joab, dessen führende Parteigänger, sowie *Schimi, einen letzten Vertreter der Saulspartei, aus. Abschließend wird nochmals betont: »Und das Königtum wurde gefestigt durch Salomos Hand« (1Kön 2,46b).

1Kön 3-10 wird die Pracht- und Machtentfaltung Salomos ausgemalt. Dem König wird aufgrund seiner Bitte von Gott Weisheit gewährt (1Kön 3,1-15), die er dann im Rahmen der Rechtsprechung (1Kön 3,16-28), in der Erforschung der Natur und der Schaffung von Literatur (1Kön 5,9-13) bewährt. Die Weisheit Salomos wird weltbekannt (1Kön 5,14) und zieht Bewunderer wie die Königin von Saba von den äußersten Enden der damals bekannten Welt an (1Kön 10,1-13). Unter Salomo kommt es sowohl zu einer inneren Neuordnung des Reiches durch Verwaltungs- (1Kön 4,1-20) und Finanzreformen (1Kön 5,1-3.7f; 9,15-23) als auch zur Sicherung der Grenzen durch allgemeine Anerkennung seiner Herrscha und Tributleistungen durch die Nachbarstaaten (1Kön 5,1) und durch den Ausbau des Heeres (1Kön 5,6; 10, 26ff). Die Folge waren äußere und innere Sicherheit, »so daß Juda und Israel sicher wohnten, jeder unter seinem Weinstock und seinem Feigenbaum, von Dan bis Beerscheba« (1Kön 5,5) und allgemeiner Wohlstand: »Juda aber und Israel waren zahlreich wie der Sand am Meer, und sie aßen und tranken und waren fröhlich« (1Kön 4,20). Im Zuge großer Bauunternehmungen kam es zum Ausbau der Wirtschaftsbeziehungen mit *Tyrus (1Kön 5,15-32; 9,10-14) und in späterer Zeit sogar zu gemeinsamen Fernhandelsunternehmungen (1Kön 9,26-28; 10,14f. 22ff). Im Zentrum der Bemühungen Salomos stehen die zwanzig Jahre währenden großen Bauprojekte (1Kön 9,10). Alle anderen Maßnahmen bilden dazu nur den Rahmen, wie schon durch den Aufbau deutlich wird. Und obwohl der Bau des Palastes mit 13 Jahren fast doppelt so lange dauerte (1Kön 7,1-12) wie der sieben Jahre in Anspruch nehmende Tempelbau (1Kön 6,38), gilt dem Tempel und seiner Ausstattung die primäre Aufmerksamkeit (1Kön 5,14-6,38; 7,13-51). Das wird noch unterstrichen durch die Beschreibung der Tempelweihe und durch das Tempelweihgebet (1Kön 8). Nun, da Gott in einem Haus inmitten seines Volkes wohnt, hat auch das Volk selbst Ruhe gefunden und Gottes Wort ist eingelöst: »Es ist nicht eins dahingefallen von allen seinen guten Worten, die er geredet hat durch seinen Knecht Mose« (1Kön 8,56). Damit ist eine Klimax der Geschichte Israels erreicht. In der zweiten Gotteserscheinung und der Mahnung an Salomo (1Kön 9,1-9) klingen schon der sich anbahnende Abfall (1Kön 9) sowie der Zerfall des Reiches, der Verlust des Landes (1Kön 9,7) und der Untergang des Tempels (1Kön 9,8) an. Das letzte Urteil über Salomo orientiert sich nicht an seinen politischen, wirtschaftlichen und kulturellen Leistungen, sondern an seinem Glauben: »Der Herr aber wurde zornig über Salomo, daß er sein Herz von dem Herrn, dem Gott Israels, abgewandt hatte« (1Kön 11,9). Der Abfall war die Folge einer der Weisung Jahwes zuwiderhandelnden Heiratspolitik. Die Folgen waren Aufstände an den Grenzen (1Kön 11,14-25) sowie Aufruhr im Inneren (1Kön 11,26-40), der schließlich – nach Salomos Tod (1Kön 11,35; 12,1ff) – zum Abfall der Nordstämme führte (1Kön 12). Dabei werden in Prophetenart die politischen Geschehnisse als Handeln Gottes verstanden: »Der Herr erweckte Salomo einen Widersacher« (1Kön 11,14.23). Ja, der Prophet Ahija von Silo unterstützt sogar den inneren Widerstand, indem er Jerobeam in einer vergewissernden Zeichenhandlung zehn Stämme zuspricht und eine Dynastiebildung neben dem Hause Davids in Aussicht stellt (1Kön 11,29-; bes. V. 31.38).

Kein anderer König wird so ausführlich geschildert, kein anderer prägte die Vorstellung Israels so nachhaltig wie Salomo. An seine Gerechtigkeit und die Weite seiner Herrschaft (Ps 72), an seine Pracht (Ps 45; Mt 6,29) und seine Weisheit (Spr und Pred; Mt 12,42) wird erinnert. Und der Friede und Wohlstand seiner Zeit werden Symbol eschatologischer Seligkeit (Mi 4,4; Sach 3,10).

Im weiteren Verlauf der K.-Bücher werden zwar alle 20 auf Salomo folgenden Könige Judas und Israels erwähnt, doch nur wenige werden ausführlich gewürdigt.

Von herausragender Bedeutung erschienen dem Verfasser zunächst die Reichsteilung unter *Rehabeam und die Errichtung des Nordreiches unter Jerobeam (1Kön 12,1-24). Die Reichsteilung mag zwar durch das politische Ungeschick Rehabeams und den infolge des Fronzwangs aufgestauten Haß veranlaßt sein, aber gerade so verwirklichte sich Gottes Vorsatz: »So hörte der König nicht auf das Volk; denn so war es bestimmt von dem Herrn, damit er sein Wort wahr machte, das er durch Ahija von Silo geredet hatte« (1Kön 12,15). Und als man sich rüstet, um die abgefallenen Nordstämme mit Gewalt zu unterwerfen, wird der Kriegszug vom Propheten Schemaja untersagt mit dem Hinweis: »denn das alles ist von mir geschehen« (1Kön 12,24).

Mit der Errichtung des Nordreiches geht die Einrichtung von Opferstätten in Bethel und Dan einher (1Kön 12,25ff). Damit ist ein Tatbestand geschaffen, der das ganze weitere Geschick des Nordreiches bestimmt. Die »Sünde Jerobeams« (1Kön 14,16; vgl. z.B. 15,26; 16,26.31) vererbt sich von König zu König, weshalb Jerobeam und sein Geschlecht nach dem Wort des Propheten Ahija von Silo dem Urteil Gottes anheimfällt (1Kön 14, 1-20).

Das Nordreich hat von Anfang an keine Verheißung, Bestand zu haben (1Kön 13,2f). Eine Dynastie folgt auf die andere und meist bahnt sich das neue Herrschergeschlecht den Weg zur Macht durch einen mit einem Blutbad verbundenen Putsch (vgl. z.B. 1Kön 15,25-16,22).

Ein weiterer Schwerpunkt ist die Schilderung der Regierungszeit Ahabs (1Kön 16,29-2Kön 1,1) und seiner Nachkommen (1Kön 22,52-2Kön 10,14). Der Grund dafür ist, daß es nun in Israel zu einer Steigerung der »Sünde Jerobeams« kommt. In einer politischen Heirat verbindet sich Ahab mit Isebel, der sidonischen Königstochter, die den Baalsdienst offiziell in Israel einführt (1Kön 16,31-33) und zum Staatskult macht (2Kön 10,18-28 zeigt, daß in Samarien ein staatliches Baalszentrum war). Die Baalspropheten werden auf Staatskosten versorgt (1Kön 18,19), die Jahwepropheten aktiv bis aufs Messer verfolgt (1Kön 18,3f.13). Das führt dazu, daß das alte Boden- und Prozeßrecht Israels (3Mo 25) mit Füßen getreten wird, wie die Geschichte von Nabots Weinberg zeigt (1Kön 21). Hier bahnen sich die Verhältnisse an, die hundert Jahre später die Propheten *Amos und *Hosea geißeln. In dieser Situation macht *Elia durch das Gottesurteil auf dem Karmel die Frage, wer denn nun in Israel Gott sei, zur Staatsaktion (1Kön 18). Außenpolitisch hat Israel sich in dieser Zeit vor allem gegen den von Aram ausgehenden Druck zu wehren (1Kön 22; 2Kön 6,8ff).

Schließlich wird die Machtergreifung *Jehus breit geschildert, weil er das durch Elia angekündigte Gericht am Hause Ahabs vollzieht (2Kön 10,1ff vgl. 2Kön 21,21ff) und den Baalsdienst in Israel ausrottet (2Kön 10,15-19). Von den weiteren politischen Ereignissen seiner Herrschaft wird nichts berichtet, außer »zur selben Zeit fing der Herr an, Stücke von Israel abzutrennen« (2Kön 10,32).

Bislang wurden die Könige in Juda nur am Rande erwähnt. Die Verhältnisse in Jerusalem interessieren nun zum einen, weil durch einen Putsch die in Jerusalem regierende Schwester Ahabs, *Atalja, die sich die Ausrottung des Davidshauses zum Ziel gesetzt hatte, gestürzt wird (2Kön 11), und zum andern, weil der unter ihrer Herrschaft vernachlässigte Tempel unter Joasch restauriert wird (2Kön 12).

Die glanzvolle und lange Herrschaft Jerobeams II. (787-747 v.Chr.) wird nur mit wenigen Sätzen bedacht (2Kön 14.23-29). Auch die sich unter dem Druck des erstarkenden Assur tumultartig entwickelnden Verhältnisse in Samarien, wo in 15 Jahren 5 Könige jeweils durch blutige Aufstände an die Macht kommen, werden nur kurz skizziert (2Kön 15,8-31). Die letzten 10 Jahre des Nordreichs, die dreijährige Belagerung Samarias und dessen schließlicher Untergang werden auf kürzestem Raum abgehandelt (2Kön 17,1-6). Um so ausführlicher gerät der im Rückblick geschriebene theologische Kommentar zum Untergang des Nordreichs, der zeigt, daß dieser Untergang von Israel verschuldet und die Einlösung des von Gott durch seine Knechte, die Propheten, ergangenen Wortes war (17,7-23). Gleiches gilt für die Beschreibung der Entstehung des Volkes der Samariter (17,24-41).

Von nun an gilt: Juda allein. Die 50jährige Regierungszeit *Usijas (787-736 v.Chr.) wird nur im Vorbeigehen erwähnt (2Kön 15,1-7), wohingegen *Ahas von größerem Interesse ist (2Kön 16), denn im Rahmen einer Allianz mit dem König von Assur im syrisch-ephraimitischen Krieg (734 v.Chr., vgl. Jes 7) unterwirft er, der doch Jahwes Sohn und Knecht ist (2Sam 7,14; Ps 2,7), sich dem König von Assur als dessen »Sohn und Knecht« (2Kön 16,7), läßt einen dem Gott Assurs geweihten Altar im Tempel von Jerusalem aufstellen, opfert darauf und gebietet, den Altar Jahwes auf die Seite zu stellen (2Kön 16,10-18).

Von noch größerem Interesse ist die Herrschaft *Hiskias (2Kön 18-20): Er reformiert den Gottesdienst (2Kön 18,3f) und »er vertraute dem Herrn, dem Gott Israels, so daß unter allen Königen von Juda seinesgleichen nach ihm nicht war noch vor ihm gewesen ist« (2Kön 18,5). Dieser Glaube bewährt sich während der Belagerung Jerusalems durch *Sanherib (2Kön 18,13-19,37) und in seiner Krankheit (2Kön 20,1-11).

Die 55jährige Herrschaft *Manasses und die zweijährige *Amons (2Kön 21) interessiert um des Gegenteils willen; nämlich des totalen Abfalls, durch den das Ende des Staates Judas besiegelt wird (2Kön 21,10ff).

Ähnlich wie Hiskia wird auch die Gestalt Josias nochmals ins helle Licht gerückt: Er ist der König, unter dem der Tempel restauriert wird, und im Zusammenhang damit findet man das Buch des Gesetzes, aufgrund dessen es zu einer umfangreichen Reformation des Gottesdienstes und des Staatswesens Judas kommt (2Kön 22,1-24,6).

Was bleibt, ist der Abgesang, die letzten 30 Jahre des Staates Juda, Jerusalems und des Tempels, in denen drei Könige, *Jojakim, *Jojachin und *Zedekia eigentlich schon nicht mehr regieren, sondern nur noch versuchen, in der Einklammerung zwischen der neuen Großmacht Babel und Ägypten über die Runden zu kommen (2Kön 24,8-25,21). Es überrascht, wie knapp der Untergang Jerusalems und des Tempels geschildert wird. Die äußeren Geschehnisse interessieren wenig. Wie ein Nachwort nehmen sich die Episode von der Statthalterschaft *Gedaljas (2Kön 25,22-26) und die Erwähnung von der Freilassung *Jojachins aus (2Kön 25,27-30), wobei das letzte Geschehen gerade darum bedeutsam ist, weil damit signalisiert wird, daß Gottes Zusage an das Davidsgeschlecht (2Sam 7,16) über den Bestand des judäischen Staatswesens hinaus gilt.

In die Geschichte der Könige eingebettet sind Prophetengeschichten. Als Warner und Mahner waren die Propheten ständige Begleiter der Könige von Juda und Israel, angefangen vom Regierungsantritt Salomos, bei dem Nathan eine nicht unwesentliche Rolle zufällt (1Kön 1). Im folgenden werden nur die auffälligsten Prophetengestalten genannt:

Ahija von Silo – 1Kön 11,29-39; 14,1-16;
Der ungenannte Mann Gottes – 1Kön 13;
Jehu, der Sohn des Hanani – 1Kön 16,1.7.12;
Elia – 1Kön 17-19; 21; 2Kön 1,1-2,18;
Elisa – 1Kön 19,19-21; 2Kön 2,1-9,3; 13,14-21;
Jesaja – 2Kön 19,20;
Hulda – 2Kön 22,14-20;

Daneben werden im Zusammenhang mit Elia ungenannte Jahwepropheten erwähnt, die der Verfolgung Isebels zum Opfer fielen (1Kön 18,4), und im Rahmen der Elisageschichten begegnen sog. Prophetenjünger, die sich anscheinend in Schulen zusammengetan hatten (z.B. 2Kön 6; 9,1ff). Gerade im Wirken Elias, Michas ben Jimlas mußte deutlich werden, daß Jahwe, der Gott Israels, für alle Bereiche des Lebens zuständig ist: ob für Regen oder Landrecht, ob für Sieg im Krieg, für Krankheit, ja selbst für die Befreiung von Aussatz und für die Überwindung des Todes. Er macht giftige Speise unwirksam und Eisen schwimmend. Er erbarmt sich der Armen und nimmt sich der Elenden im Lande an. Es geht grundsätzlich um die Allmacht und die Einzigkeit Jahwes, die radikale Durchsetzung des Ersten Gebots und die bedingungslose Gültigkeit des Gottesrechtes (vgl. G. von Rad, Theologie des Alten Testaments II, 1975, S. 24-40). Auch z.Zt. Manasses treten Propheten auf, die namentlich nicht genannt werden (2Kön 21,10), und obwohl betont wird, daß Jahwes »Knechte, die Propheten« die ständigen Begleiter des Volkes Gottes waren, fällt auf, daß eine ganze Anzahl sog. Schriftpropheten wie *Jeremia, *Amos, *Hosea, *Micha von Moreschet, *Obadja, *Nahum, *Habakuk, *Zefanja, deren Wirken in die von den K.-Büchern beschriebe Zeit fällt, nicht erwähnt werden. Auch das ist ein Hinweis auf die fragmentarische, von bestimmten Interessen geleitete Auswahl des Materials und der Darstellung.

Im ganzen gesehen sind die K.-Bücher sehr verschieden von den Samuel-Büchern. Lange Erzähleinheiten fehlen fast völlig, und eine eindeutige Gliederung ist nur schwer erkennbar. Ein Rahmenwerk mit nahezu stereotypen Einleitungs- und Abschlußnotizen über die einzelnen Könige gewährleistet den Zusammenhalt des Materials und vermittelt den Eindruck einer fortlaufenden Geschichtsdarstellung. Eine erste Andeutung dieser Rahmennotizen begegnet 1Kön 2,10f im Zusammenhang mit dem Tod Davids, eine Weiterführung 1Kön 11,41ff, wo vom Ende Salomos berichtet wird. Voll ausgebaut finden sie sich ab Jerobeam und Rehabeam (1Kön 14,19-21; vgl. 29-31; 15,1-2 u.ö.).

Die Einleitungen enthalten maximal – und das nur bei den judäischen Königen – 5 Glieder:

1. die synchronistische Datierung des Regierungsantritts des jeweiligen Königs, wodurch der Regierungsantritt des Königs des einen Reiches nach dem Regierungsjahr des Königs des anderen Reiches gezählt wird. Zugleich wird damit die Zusammengehörigkeit der beiden Reiche ausgedrückt. Sich daraus ergebende Probleme für die Chronologie Israels sind unter *Chronologie des AT besprochen.

2. Das Alter des Königs bei der Thronbesteigung (nur bei bestimmten judäischen Königen, etwa *Joschafat, 1Kön 22,42; nicht bei Abija und Asa, 1Kön 15,1f.9f).

3. Feststellung der Regierungsjahre, wobei nicht eindeutig geklärt ist, ob das sog. Thronbesteigungsjahr, das allg. kein volles Jahr war, mitgezählt wird.

4. Der Name der Königsmutter – nur bei judäischen Königen – wohl dadurch begründet, daß die Könige mehrere Frauen hatten.

5. Das Urteil über die Frömmigkeit des Königs, das bei den Herrschern des Nordreichs durchweg negativ ausfällt, weil sie in der »Sünde Jerobeams« verharrten. Bei den Königen Judas finden sich auch positive Urteile, die aber außer bei Hiskia (2Kön 18,3-6) und Josia (2Kön 22,2; 23,25) eingeschränkt werden, weil sie die »Höhen« nicht entfernten (1Kön 15, 14 u.ö.). In diesem Zusammenhang finden sich auch Rückbezüge auf David, das Vorbild, an dem die Könige gemessen werden (1Kön 15,3.11 u.ö.) bzw. als Begründung dafür, daß Jahwe Juda noch bestehen läßt (1Kön 11,12f; 15,4; 2Kön 8,19 u.ö.).

Die Schlußbemerkungen haben allgemein 4 Glieder:

1. Den Hinweis auf die Quellen, in dem sich weitere Information über Leben und Werk des jeweiligen Königs befinden. Einzelne Leistungen werden gelegentlich stichwortartig angedeutet (1Kön 11,41; 14,19.29; 15,7 u.ö.).

2. Die Nachricht über den Tod des Königs, meist in Gestalt der Formel »legte sich zu seinen Vätern« (1Kön 14,31).

3. Eine Notiz über die Begräbnisstätte bei den Vätern - allerdings nur bei den judäischen Königen (1Kön 14,31).

4. Im allg. die Nennung des Nachfolgers: ». . .wurde König an seiner Statt.«

Dieses Schema wird nicht starr durchgehalten. Die Einleitung fehlt bei *Jerobeam I. und *Jehu; statt dessen steht eine ausführliche Erzählung über ihren Weg zum Thron. Bei *Atalja fehlt der gesamte Rahmen, ein Hinweis darauf, daß sie nicht unter die Könige Judas gezählt wurde. Wenn die Könige deportiert wurden bzw. ausführlich über ihr Ende erzählt wird, fehlt die Schlußbemerkung (s. z.B. 2Kön 25 für *Zedekia; 2Kön 9,23f für *Joram). Aus all dem ist ersichtlich, daß diese Bemerkungen nicht einfach übernommen, sondern bewußt gestaltet werden.

III. ENTSTEHUNG DER KÖNIGE-BÜCHER.

Die K.-Bücher schließen das *Deuteronomistische Geschichtswerk ab. Zur Entstehungszeit gilt das dort und bei den *Samuel-Büchern Gesagte.

Hinsichtlich der Entstehungsgeschichte konkurrieren im wesentlichen drei Hypothesen miteinander. Hölscher, Eißfeldt u.a. gehen davon aus, daß die Pentateuchquellen sich in die K.-Bücher hinein fortsetzten; man geht von einem hypothetischen vordeuteronomischen Königsbuch aus, das bis zur Entstehungszeit der jeweiligen Quellen (zwischen ca. 950 und 750 v.Chr.) reichte, aber nicht rekonstruierbar ist. Diese Sicht ist heute weitgehend überholt.

Jepsen rechnet mit einer die Zeit von David bis Hiskia umfassenden synchronistischen, vordeuteronomischen Königschronik, die im wesentlichen das oben skizzierte Rahmenwerk umfaßte. Nach 587 v.Chr. wurde sie im Vollzug einer priesterlichen, nebiistischen (der deuteronomischen) und levitischen Bearbeitung auf den heutigen Stand aufgefüllt. Nachdem man heute mit drei und mehr redaktionellen Bearbeitungen rechnet, wird diese Sicht wieder favorisiert (s. O. Kaiser, Einleitung in das Alte Testament, 1984; S. 167). Man muß sich indes fragen, von welchem theologischen Interesse ein rein synchronistischer Rahmen gewesen wäre. Zudem zieht sich gerade dieser Rahmen bis ans Ende durch, ist in einheitlicher Sprache gefaßt und von daher fast nur vom Ende her erklärbar.

Am einfachsten und überzeugendsten ist die von M. Noth vertretene Auffassung, wonach der oder die Verf. der K.-Bücher mit dem oder denen des Deuteronomistischen Geschichtswerkes identisch sind, wobei eine vorläufige, bis zum Untergang des Nordreiches reichende Fassung nicht ausgeschlossen ist.

Offensichtlich hatten der oder die Verfasser Zugang zu Quellen. Ausdrücklich erwähnt werden die »Chronik von Salomo« (1Kön 11,41), die »Chronik der Könige von Israel« (1Kön 14.19 u.ö.) und die »Chronik der Könige von Juda« (1Kön 14,29 u.ö.). Diese »Chronik« ist nicht mit den *Chronik-Büchern gleichzusetzen. Vermutlich handelte es sich um Tage- oder Jahrbücher, die an den Königshöfen geführt und in den Archiven verwahrt wurden. Daß bei *Hoschea, dem letzten König des Nordreichs, dieses Jahrbuch nicht mehr erwähnt wird (vgl. 2Kön 15,31: Pekach; 2Kön 17,1-6: Hoschea), mag damit zusammenhängen, daß in den Wirren des Untergangs diese Chronik nicht mehr weitergeführt werden konnte. Freilich fehlt bei Hoschea überhaupt die Schlußnotiz. Möglicherweise wurden diese Geschichtsunterlagen von Flüchtenden mit nach Juda überführt, wo sie den Verfassern der K.-Bücher zur Verfügung standen, so daß dann auch die entsprechenden synchronistischen Notizen entstehen konnten.

Daneben standen vermutlich nicht ausdrücklich erwähnte Vorlagen zur Verfügung. Die Tempelbeschreibung könnte sehr wohl auf Architektenakten zurückgehen. Die Elia- und Elisaerzählungen bilden in sich geschlossene Zyklen (2Chr 21,12 spricht von einem Brief Elias). Es ist sehr wohl möglich, daß auch die anderen Prophetenerzählungen in den Prophetenschulen geformt und weitergereicht wurden. 2Kön 19,1-20,11 ist weitgehend mit Jes 37,1-38,8 identisch, 2Kön 25,22-26 mit Jer 40,5-41,3 und 2Kön 25,27-30 mit Jer 52,31-34. Aus diesen Vorlagen wurde je nach Bedarf Material übernommen, wie es der Zielsetzung der oder des Verfasser(s) entsprach, denn diese Geschichte des Königtums in Israel und Juda will nicht nur Geschehen festhalten, sondern eine bestimmte theologische Botschaft vermitteln: sie ist Glaubens- bzw. Heilsgottesgeschichte. Wie planvoll die K.-Bücher gestaltet sind, zeigt sich nicht nur am durchgehend verwendeten Rahmenschema, sondern auch an den konsequent durchgehaltenen Themen.

IV. THEOLOGISCHE LEITGEDANKEN.

Man wird kaum nur von einem theologischen Schwerpunkt sprechen können, und die Reihenfolge der nachfolgenden Aufzählung ist nicht als Wertung zu verstehen.

Ein wesentliches Element liegt in dem Schema von Weissagung und Erfüllung. Das Wort Gottes erweist sich in der Geschichte als wirkmächtig und verläßlich. Das gilt schon im Blick auf die Entstehung des Tempels (1Kön 8,56). Das gilt hinsichtlich der Ankündigungen der Propheten, deren Eintreffen bewußt festgestellt wird. So ist die Herrschaft Salomos und der Tempelbau Einlösung und Weissagung Nathans (1Kön 8,20 vgl. 2Sam 7,12). Die Weissagung des Propheten Ahija von Silo (1Kön 11,29-39) wird 1Kön 12,15 als erfüllt dargestellt: ». . .so war es bestimmt von dem Herrn, damit er sein Wort wahr machte, das er durch Ahija von Silo geredet hatte«. Und Ahijas Ankündigung von 1Kön 14,6ff ist 1Kön 15,29 eingelöst. Die Weissagung des Propheten Jehu gegen Bascha (1Kön 16,1-4) wird V. 12 als erfüllt aufgeführt. Elias Gerichtswort an Ahab (1Kön 21,20.24ff) wird durch Jehu eingelöst (2Kön 9,7-10), und die Einlösung wird 2Kön 10,17 ausdrücklich vermerkt. Auch Elias Wort an Ahab (1Kön 21,19) erfüllt sich (1Kön 34-38), und Elias Gerichtsankündigung an Ahasja (2Kön 1,6) geht unmittelbar in Erfüllung: »So starb Ahasja nach dem Wort des Herrn, das Elia geredet hatte« (2Kön 1,17). Man kann weiter hinweisen auf die Einlösung des Wortes Jesajas an Hiskia (2Kön 20,17; s. 24,13), des Wortes der namenlosen Propheten an Manasse (2Kön 21,10ff vgl. 24,2), des Wortes der Hulda an Josia (2Kön 22,15ff; vgl. 2Kön 23,30; 24,20). Die Geschichte Israels ist nur vom Wort Jahwes her zu verstehen. Wie er in der Mitteilung der Heilsgaben zu seinem Wort stand, so auch im Hereinbrechen der Katastrophe. Jahwes Wort läuft schnell (Ps 147,15) und erreicht sein Ziel – auch im Gericht (2Kön 17,23). Selbst im Gericht blieb Gott sich und seinem Wort treu.

Die gleiche Treue Gottes zeigt sich, als er David eine Leuchte in Jerusalem bewahrt, indem er den Nachfolgern »einen Stamm« beläßt (1Kön 11,13.36). Daran wird gerade bei den Königen erinnert, die nicht in den Wegen Davids wandeln (1Kön 15,4; 2Kön 8,19). Dabei wird ausdrücklich darauf verwiesen, daß das um Davids und um Jerusalems willen geschieht. Diese Treue Gottes zeigt sich schließlich in der Begnadigung Jojachins, an der deutlich wird, daß das Davidshaus auch dann weiter besteht, wenn Staat und Hauptstadt verloren sind. So bewahrheitet sich das Wort: »Für ewig steht die Gnade fest« (Ps 89,3; vgl. 2Sam 7,16).

Weiter wird durchgehend nach der Frömmigkeit der Könige gefragt. Dabei stehen alle Könige des Nordreichs unter dem Verdikt, daß sie an der Sünde Jerobeams festgehalten haben. Die Könige des Südreichs werden an David gemessen, und das Urteil fällt unterschiedlich aus. Aber in dieser durchgehenden Linie wird deutlich, daß der Untergang Israels und Judas letztlich weder durch die weltpolitischen Machtkonstellationen noch durch das politische Ungeschick, sondern durch das rel. Versagen seiner Könige begründet ist. Deshalb wird über die politischen Errungenschaften der Könige allg. nur insoweit informiert, wie sie mit ihrer Frömmigkeit im Zusammenhang stehen.

Letztlich konzentriert sich das Interesse auf den Tempel und den damit verbundenen Gottesdienst in Jerusalem. Der Tempel kann zwar Jahwe nicht einschließen, den selbst der Himmel und aller Himmel Himmel nicht fassen können (1Kön 8,27). Aber Gott hat zugesagt, seinen Namen im Tempel wohnen zu lassen (1Kön 8,29). Das ist ein ausgesprochener Gnadenerweis Gottes, denn an dieser Stätte läßt er sich finden (1Kön 8,31ff): im Gebet, in der Buße, zur Vergebung u.a. Deshalb werden die Gefährdung, die Pervertierung, aber auch die Reinigung und Restaurierung des Tempels und des Gottesdienstes ausführlich besprochen, denn Israels Geschick hängt engstens mit seiner Stellung zum Tempel, der Stätte der Gegenwart Jahwes unter seinem Volk, zusammen. Für die Beurteilung der Könige des Nordreichs ist deren Festhalten an mit dem Tempel konkurrierenden Kultstätten (die Sünde Jerobeams) das entscheidende Kriterium, denn es kommt einer Verachtung der sich im Tempel manifestierenden Gnadengegenwart Gottes gleich. So wird im Tempelweihegebet schon der spätere Untergang von Staat, Stadt und Tempel, der Verlust des Landes und das Exil ins Auge gefaßt, aber auch die Vergebung und die mögliche Rückkehr ins Land (1Kön 8,46-51; vgl. dazu 2Kön 21,7f).

Während die K.-Bücher so insgesamt die Geschichte des Niedergangs beschreiben und aufzeigen, daß die Schuld bei den Königen und dem Volk und nicht bei Gott liegt, verkündigen sie zugleich die Treue Gottes, die über das Gericht hinaus gilt, rufen zur Umkehr und wirken Hoffnung auf ein neues Gnadenwerk Gottes (vgl. Jes 40,1ff).

Von daher erschließt sich auch die Bedeutung dieses Werkes für die bibl. Theologie als ganzes, für das Verständnis des AT und für die Verkündigung der Kirche.

Die K.-Bücher bilden den historischen Hintergrund, auf dem die Schriftpropheten erst das rechte Profil erhalten, ähnlich wie die Apostelgeschichte im NT den historischen Hintergrund für die Pauluskorrespondenz abgibt. Sie zeigen, wie der Gott Israels nicht ein ferner, sondern ein naher Gott ist, der sich hineinbegibt in die Geschichte seines Volkes und der

KÖNIGREICH
s. König,
s. Reich Gottes

Völker; er ist der in der Geschichte handelnde Gott. Diesbezüglich stimmen sie, die den Vorderen Propheten im hebr. Kanon zugehören, mit der Botschaft der Hinteren Propheten überein. Sie zeigen letztlich, wie Gottes Macht eine in der Geschichte handelnde ist und in Gericht und Gnade verläßlich ist. Für das Volk Gottes ist deshalb nicht das entscheidend, »was gemeinhin die Geschichte mit Lärm erfüllt«. »Entscheidend über Leben und Tod des Gottesvolkes ist Gottes in die Geschichte gesprochenes Wort. Diese deuteronomistische Geschichtstheologie hat zuerst das Phänomen der [*]Heilsgeschichte klar formuliert, nämlich als eines Geschichtsverlaufes, der durch fortgesetzt hineingesprochenes, richtendes und rettendes Gotteswort gestaltet und auf seine Erfüllung hingeführt wird« (G. von Rad: Theologie des Alten Testaments I, 1978, S. 355f). Dazu dienen die einzelnen Gestalten gerade der ausführlicher erzählenden Partie als Beispiele für die Seelsorge.

Literatur: J. Begrich: Die Chronologie der Könige von Israel und Juda und die Quellen des Rahmens der Königsbücher, BHTh 3, 1929; W. Dietrich: Prophetie und Geschichte. Eine redaktionsgeschichtliche Untersuchung zum deuteronomitischen Geschichtswerk, FRLANT 108, 1972; J. Fichtner: Das erste Buch von den Königen, BAT 12/I, 1964; K.D. Fricke: Das zweite Buch von den Königen, BAT 12/II, 1972; G. Hölscher: Das Buch der Könige, seine Quellen und seine Redaktion, in: FS H. Gunkel: FRLANT 36, 1923; H.D. Hoffmann: Reform und Reformen. Untersuchungen zu einem Grundthema der deuteronomistischen Geschichtsschreibung, AThANT 66, 1980; E. Jenni: Zwei Jahrzehnte Forschungen an den Büchern Josua bis Könige, VII Königsbücher, ThR NF 27/1961, S. 142ff; A. Jepsen: Die Quellen des Königsbuches, 1965; M. Noth: Überlieferungsgeschichtliche Studien, 1967, S. 66ff; G. von Rad: Die deuteronomistische Geschichtstheologie in den Königsbüchern, in: Deuteronomium-Studien, FRLANT 58, 1958; ders.: Theologie des Alten Testaments I, NA 1987, II, NA 1987; W.S. La Sor: 1. und 2. Könige, BKB I, 1980, S. 385-442; E. Würthwein: Das erste Buch der Könige, ATD 11/1, 1985; ders.: Die Bücher der Könige. 1Kön 17-2Kön 25, ATD 11/2, 1985.

H.E.

KÖNIGIN. (Hebr. *malkā*, griech. *basilissa*). Das Wort »Königin« wird in der Bibel wenig gebraucht. Es wird zur Beschreibung von selbständig regierenden Frauen außerhalb Palästinas verwendet, Beispiele dafür sind die Königin von Saba (1Kön 10,1; vgl. Mt 12,42; Lk 11,31) und *Kandake, die K. von Äthiopien (Apg 8,27).

In demselben Sinn wird das Wort in Israels Geschichte einmal verwendet für *Atalja, die sich widerrechtlich den Thron Judas angeeignet hatte und sechs Jahre lang regierte (2Kön 11,3). In der nachbibl. jüd. Geschichte regierte Salome Alexandra (76-67 v.Chr.), die Witwe des Alexander Jannäus, neun Jahre lang nach ihrem Mann als K.

Normalerweise befaßte sich die Frau des herrschenden Monarchen nicht selbst mit Staatsgeschäften. Zu den Ausnahmen zählen *Batseba (1Kön 1,15-31) und *Isebel (1Kön 21). Sowohl in Israel/Juda als auch in den umliegenden Ländern war die K.-Mutter die wichtigste Frau im Palast. Sie ragte unter den Frauen am Hofe hervor und saß gekrönt (Jer 13,18) zur Rechten des Königs (Batseba: 1Kön 2,19). In Judas Geschichte wird die K.-Mutter immer mit Namen genannt. Ein König konnte viele Frauen haben, aber er hatte nur eine Mutter, und er war verpflichtet, sie zu ehren (2Mo 20,12). Daß ihre Position mehr war als eine Ehrenstellung, geht aus dem Bericht über *Maacha hervor, die nicht nur während der Regierung ihres Sohnes *Abija, sondern auch während der ihres Enkels *Asa K.-Mutter war, bis dieser sie wegen Götzenverehrung absetzte (1Kön 15, 2.10.13; 2Chr 15,16). Die chaldäische K. aus Dan 5,10 war vermutlich die K.-Mutter; dasselbe könnte für die pers. K. aus Neh 2,6 zutreffen.

M.B.

KÖNIGSGRÄBER. Von *David bis *Ahas wurden die Könige *Judas in der Davidsstadt begraben (1Kön 2,10; 11,43; 14,31; 15,8.24; 22,51; 2Kön 8,24; 9,28; 12,22; 14,20; 15,7.38; 16,20). Doch hat man *Joram, *Joasch, *Asarja und *Ahas offenbar nicht direkt im königlichen Erbbegräbnis, sondern in dessen Nähe bestattet (2Chr 21,20; 24,25; 26,23; 28,27). Die Beschreibung in Neh 3,15f (*Jerusalem, VI) erlaubt eine verhältnismäßig genaue Lokalisierung der Begräbnisstätte. Sie lag auf dem S-Teil des südöstl. Altstadthügels nach dessen O-Mauer und damit zum *Kidron-Tal hin. In dieser Gegend, etwa 110 m nördl. des *Siloah-Ausflusses fand R. Weill 1913/4 drei große, waagrechte Grabschächte, deren längster 15 m mißt (La cité de David, I, 1920, 35-44.157-173). Nur noch spärliche Kalkputzstreifen und die Ansätze einer Holzbalkendecke sind zu erkennen. Da dieser Gräbertyp im syr.-palästin. Raum singulär ist, hat man an ägypt. Einfluß gedacht (A. Kuschke, BRL², 127). Die ganze Umgebung wurde nach dem Bar-Kochba-Aufstand durch röm. Steinbrucharbeiten absichtlich zerstört.

Um 133 v.Chr. versuchten der hasmonäische König Johannes Hyrkanus und später dann *Herodes der Große, die königliche Grablege zu plündern (Jos.ant.Jud. VII, 393f; XIII, 249; XVI, 179-183; bell. Jud. I, 61). Herodes errichtete unter großem Aufwand ein Sühnedenkmal aus weißem Stein (ant.Jud. XVI, 182), das kurz vor dem Bar-Kochba-Aufstand einstürzte (Dio Cassius LXIX, 14). Das Interesse der ntl. Zeit an den K.n illustriert ein Ossuar (kleiner Gebeinkasten), das 1931 im russischen Museum am *Ölberg auftauchte. Nach der Inschrift handelte es sich um die Zweitbestattung des Königs Asarja/Usija (EAEHL II, 1976, 631). Eine selbstverständliche Kenntnis des Ortes setzen die Schrift »Prophetenleben« (P. Riessler, Altjüd. Schrifttum, ⁵1984, 874f), das NT (Apg 2,29) und auch die rabbinische Literatur (Bill. II, 619) voraus, welche die Lage der Gräber innerhalb der Stadt erklären mußte. Nach dem Bar-Kochba-Krieg und der starken Zerstörung Jerusalems ging die Erinnerung verloren. Die jüd. Überlieferung und ihr folgend die christl. (Eus. onom. 42,12; Pilger von Bordeaux, CSEL 39,25) suchten die K. nun in *Bethlehem. Im 10. Jh. wurde das Davidsgrab aufgrund eines falschen Verständnisses von Apg 2,29 an den Ort des Abendmahlssaales (*Obergemach) verlegt (R. Riesner, BARev 9/6, 1983, 20.80f), wo es noch heute orthodoxe Juden, Muslims und unkritische christl. Pilger besuchen.

König *Hiskia wurde nicht im Erbbegräbnis, sondern »am Aufstieg zu den Gräbern der Nachkommen Davids« (2Chr 32,33), also etwas tiefer zum Kidron-Tal zu, beigesetzt. Ca. 80 m südl. der anderen drei Gräber entdeckte R. Weill 1923/4 ein weiteres, bei dem es sich um das Hiskia-Grab handeln könnte (La cité de David II, 1947, 112-127). Nach dem babylon. Talmud (BQ 16b) wurde über diesem Grab eine Jeschiwah (rabbin. Akademie) gebaut. In der Nähe der drei Königsgräber fand Weill die berühmte Theodotos-Inschrift (CIJ II, 332-335), die vielleicht zur »*Synagoge der Libertiner« gehörte (Apg 6,9). Am Beginn des 4. Jh.n.Chr. bezeichnete man eines der monumentalen hellen. Gräber im Kidron-Tal als das des Hiskia (CSEL 39,23). Heute wird das nördlichste dieser Gräber volkstümlich dem *Absalom (vgl. 2Sam 18,18) zugeschrieben.

Die Könige *Manasse und *Amon sind »im Garten Usas« bestattet worden (2Kön 21,18.26). Nach Hes 43, 7–9 befand sich diese Grabanlage in der Nähe des *Tempels. Sie wird wahrscheinlich von Josephus (bell.Jud. V, 147) als die »Königlichen Höhlen« in der Nähe der dritten N-Mauer von Jerusalem erwähnt (A. Kloner, Levant 18, 1986, 121–129). Es könnte sich um die prächtigen vorexilischen Gräber im Bereich der École Biblique handeln (G. Barkay, A. Kloner, BARev 12/2, 1986, 22-39). Zu diesem Gräberkomplex gehört auch das sog. Gartengrab »Garden Tomb« (ebd. 40-57), das schon allein aus diesem Grund nicht das Grab Jesu (*Begräbnis- und Trauersitten II.6.) sein kann (R. Riesner, BiKi 40, 1985, 21-26).

Eine immer zugängliche mächtige Grabanlage rund 500 m nördl. des heutigen Damaskustors wurde am Beginn des 19. Jh. von manchen für die K. gehalten und heißt auch heute noch (zur Verwirrung der Touristen) »Tombs of the Kings«. Durch eine 1863 entdeckte Inschrift kann die Nekropole als jene der zum Judentum konvertierten Königin Helena von Adiabene identifiziert werden, die Jerusalem zur Zeit der Hungersnot unter *Claudius (vgl. Apg 11,28) mit Nahrungsmitteln versorgte (Jos. ant.

Jerusalem/Davidsstadt: Diese beiden Schächte gehörten nach Ansicht der meisten Forscher zu den Gräbern der Könige von Juda. Auf dem Gelände im Vordergrund wurde die berühmte Theodotus-Inschrift gefunden, die zu einer Synagoge aus vorchristlicher Zeit gehörte. Vielleicht handelt es sich um dieselbe Synagoge, die in Apg 6,9 die der »Libertiner« genannt wird. (RR)

Jud. XX, 51f.95f). Josephus nennt dieses Grab bei der Mitte der dritten N-Mauer (bell.Jud. V, 147), was mit dem archäologischen Befund übereinstimmt. Das Helena-Grab gehört zu den beeindruckendsten Monumenten des ntl. Jerusalem (J. Murphy-O'Connor, Das Heilige Land 1981, 135-137), auch wenn die ganze Pracht der Außenfassaden erst auf Rekonstruktionszeichnungen deutlich wird (N. Avigad, in: Y. Yadin, Jerusalem Revealed, 1976, 19f).

Josephus nennt in Jerusalem zweimal ein »(Grab)-Denkmal des *Herodes« (bell.Jud. V, 108.507), ohne es allerdings näher zu beschreiben. Seine Ortsangabe könnte auf eine vornehme Familiengrabanlage mit Rollstein (L.H. Vincent, M.A. Stève, Jérusalem de l'Ancien Testament I, 1954, 342-346) beim King-David-Hotel passen (G. Dalman, Jerusalem, 1930, 142f). Wahrscheinlicher aber ist das Herodes-Mausoleum rund 300 m nördl. des Damaskustors an der Hauptausfallstraße nach N zu suchen. Dort befindet sich ein schon im letzten Jh. entdeckter doppelter Rundbau von 28 bzw. 12 m Durchmesser (C. Schick, ZDPV 2, 1879, 102-104). Er läßt sich ins 1. Jh.v.Chr. datieren, war aus dem in Palästina bisher nur von den herodianischen Königspalästen *Jerichos bekannten netzförmigen Mauerwerk (*opus reticulatum*) errichtet und gleicht dem *Augustus-Mausoleum in Rom (E. Netzer, IEJ 33, 1983, 163-175; BARev 9/3, 1983, 52-59). Begraben wurde Herodes der Große allerdings nicht in Jersualem, sondern auf der Festung Herodium südöstl. von Bethlehem (Jos. ant.Jud. XVII, 199; bell.Jud. I, 673). Das Grab ist wohl kaum im mächtigen O-Turm der Burg zu finden, sondern eher in einem Gebäude am W-Ende des für die Bestattungsfeierlichkeiten angelegten Paradeplatzes am Fuß des Festungshügels (E. Netzer, BARev 9/3, 1983, –51). Alle K. weisen letztlich auf die Vergänglichkeit menschlicher Macht und Größe hin. Nur das leere Grab des verworfenen Judenkönigs Jesus bezeugt den Triumph unzerstörbaren, göttlichen Lebens.

Literatur: N. Avigad: EAEHL II, 1976, 631-636; K. Galling: BRL, 1937, 247; J. Jeremias: Heiligengräber in Jesu Umwelt, 1958, 53-61; S. Krauss: PEQ 79, 1947, 102-112; N. Heutger: BiKi 41, 1986, 85f; R. Riesner: BiKi 41, 1986, 177f; H. Shanks: BARev 13/4, 1987, 54-56; S. Yeivin: JNES 7 (1948) 30-45. R.R.

KÖNIGSGRUND. (Hebr. *ʿēmäk hammäläk*). So bezeichnet ein erklärender Zusatz in 1Mo 14,17 die Ebene (*ʿēmäk*) Schawe, wo sich *Melchisedek und *Abraham trafen. Im K. bei *Jerusalem ließ sich *Absalom ein Grabdenkmal bauen (2Sam 18,18). 1Mo 14,17 setzt also offenbar Jerusalem und das *Salem des Melchisedek gleich. Nach Josephus (ant.Jud. VII, 243) lag der K. etwa 370 m nördl. von Jerusalem. Dafür könnte sprechen, daß sich die späteren *Königsgräber in dieser Richtung befanden. Vermutlich ist der K. auch mit dem »Tal der Schauung« (Jes 22,5) zu identifizieren (so das Targum Jeruschalmi zu 1Mo 14,17), denn die assyr. Streitwagen (vgl. Jes 22,7) konnten nur nördl. der Stadt auffahren. Weiter dürfte mit dem K. auch die »Ebene Joschafat«(s. *Joschafat, Tal) gleichzusetzen sein, deren Name der Prophet *Joel volkstümlich als »Ebene des Richtens (hebr. *schaphat*)« deutete (Joel 4,2.14). Mindestens seit Eusebius (onom. 70,2–4; 170,8–10) wird aber die Ebene Joschafat im *Kidrontal gesucht. Das Genesis-Apokryphon von *Qumran (1QGenAp 22, 13f) scheint den K. südl. von Jerusalem bei Ramat Rachel (*Kerem) Apocryphon, 1971, 173f). Es ist umstritten, ob das Ha-Schawe der Kupferrolle von Qumran (3Q15 8,10-13) damit zu identifizieren ist (Y. Yadin, Temple Scroll I, 1983, 302f) oder einen Ort (vgl. 1QGenAp 21,29) in der Gegend von *Damaskus meint (B. Pixner, RQ 11, 1983, 351). Mindestens die byzantin. Tradition (ELS 214-217) hat das Salem des Melchisedek südl. von *Bet Schean gesucht (*Änon).

Literatur: G. Dalman: Jerusalem und sein Gelände, 1930, 91-94; F.M. Abel: Géographie de la Palestine I, [3]1967, 402f; LDB, 144f (unbegründete Gleichsetzung mit *Kirjatajim in *Ruben). R.R.

KORACH. (Hebr. *qorach*, »Kahlheit«/»Glatze«?).

1. Fürst über *Edom, Sohn *Esaus (1Mo 36,5.14.18; 1Chr 1,35).

2. Fürst über Edom, Sohn *Elifas' (1Mo 36,16). Da der Name in 1Mo 36,11 und 1Chr 1,36 ausgelassen wird, halten manche 1Mo 36,16 für eine Glosse.

3. Sohn Hebrons (1Chr 2,43).

4. Enkel *Kehats und Vorfahr einer Gruppe von Tempelmusikern (»Söhne Korachs«), die in der Überschrift von 12 Psalmen (Ps 42-49; 84; 85; 87; 88) erwähnt werden (1Chr 6,22).

5. Levit. Kehatiter aus dem Hause von Jizhar (4Mo 16; Jud 11), vielleicht mit 4. identisch. Mit Datan, dessen Bruder Abiram und einem anderen Rubeniter namens On rebellierte er während der Wüstenwanderung gegen Mose und Aaron. 4Mo 16 berichtet über Unzufriedenheit aus folgenden Gründen: Mose und Aaron hätten sich über den Rest von Israel erhoben (V. 3.13); zweitens hätte Mose darin versagt, Israel in das verheißene Land zu führen (V. 14), und drittens hätten er und Aaron sich das Priesteramt angemaßt (V. 7-11). Als die Rebellen Weihrauch opfern wollten, entbrannte der Zorn Gottes gegen das ganze Volk. Mose und Aaron traten für das Volk ein; die Rotte K. starb, indem sich die Erde auftat und sie verschlang; die 250 Männer, die das Räucherwerk opfern wollten, kamen im Feuer um (vgl. 4Mo 26,10; 5Mo 11,6; Ps 106,17). T.H.J.

KORB. Folgende hebr. Worte werden mit K. übersetzt und bezeichnen verschiedene Arten von Körben:

1. *dûd*, ein runder Last- bzw. Tragekorb, groß genug, um einen menschlichen Kopf aufzunehmen (2Kön 10,7), normalerweise jedoch zum Transport von Feigen usw. gebraucht (Ps 81,7; Jer 24,1-2).

2. *thänä'* (Lehnwort aus dem Ägypt. *dnyt*, »Korb«), als Haushaltsgegenstand für das Lagern von Erzeugnissen verwendet (5Mo 26,2.4), parallel zum Backtrog (5Mo 28,5.17).

3. *kelûb*, K. mit durchbrochenem Flechtwerk, in dem in der Vision des *Amos das Obst lag (Am 8,1); er wurde ursprünglich jedoch als Vogelfalle benutzt (wie in Jer 5,26).

4. *sal*, ein flacher, offener Weiden- oder Bastkorb zum Tragen von Brot oder Feldfrüchten (2Mo 29,3.23.32; 3Mo 8,2.26.31; 4Mo 6,15.17.19; Ri 6,19). Der Bäcker des Pharao träumte, daß er drei mit Weißbrot gefüllte K. auf dem Kopf trug (1Mo 40,16).

Im Griech. begegnen zwei Ausdrücke, die mit »Korb« wiedergegeben werden, z.B. wird der Unterschied zwischen der Speisung der Fünf- bzw. der Viertausend betont durch den Gebrauch des griech. Wortes *kophinos* (großer, fester Tragekorb) in dem ersten Wunder (Mt 14,

KONVERSION
s. Bekehrung

KOPF
s. Haupt

KOR
s. Maße und Gewichte

KORALLEN
s. Edelsteine

Oben links: Mit Brotlaiben gefüllter, von einer ägyptischen Dienerin getragener Korb, zur »Versorgung« der Toten. Holz, Grabbeigabe, Höhe 38 cm, Mittleres Reich, ca. 1900 v.Chr. (BM)

Oben rechts: Korb mit Perücke, Kamm und Schöpfkrug, aus einem Grab der Mittleren Bronzezeit in Jericho, 1900–1600/1550 v.Chr. (JEF)

Rechts: Ägyptischer Fruchtkorb. 17. Dynastie, Länge ca. 20 cm, ca. 1400 v.Chr. (BM)

20; 16,9; Mk 6,43; 8,19; Lk 9,17; Joh 6,13) und des griech. Wortes *spyris* (runder, geflochtener K.) bei der Speisung der 4000 (Mt 15,37; 16,10; Mk 8,8.20). Beide Worte bezeichnen einen Geschenkkorb; *kophinos* kommt auch sonst im jüd. Kontext vor. Mit *spyris* wird auch das Gefäß bezeichnet, in dem Paulus über die Mauer in Damaskus herabgelassen wurde (Apg 9,25; parallel zum griech. *sarganē*, einem geflochtenen Behälter, 2Kor 11,33). *spyris* ist ein größeres Gefäß als der K., der mit *kophinos* bezeichnet wird. A.R.M.

KORES/KYRUS. (Hebr./aram. *kōrāsch*; elamit./alt-pers. *kūrusch*; babylon. *kurasch*). Pers. Könige der Achämeniden-Dynastie. »Kyrus« war viell. ein alter Dynastie-Name.

1. K. I. (645-602 v.Chr.) war ein Zeitgenosse *Assurbanipals von Assyrien (668-631 v.Chr.) und König der Stadt Anschan (E.F. Weidner, Kyros I., ein Zeitgenosse Assurbanipals, Archiv für Orientforschung, 1931, 1ff).

2. K. II. (der Große), Enkel von K. I., Sohn Kambyses' I. (600-559 v.Chr.) und der medischen Prinzessin Mandane, kam um 559 v.Chr. auf den Thron. 553 v.Chr. besiegte er den Vater seiner Mutter, König Astyages von Medien, seinen Oberherrn, nahm Ekbatana ein und gründete das pers. (achämenidische) Reich. Er nannte sich »König der Meder« und »König von Elam« (A.K. Grayson, Babylonian Historical-Literary Texts, 1975, S. 31). K. besiegte König Krösus von *Lydien und marschierte 547 v.Chr. durch Assyrien. 546 v.Chr. eroberte K. *Sardes und unterwarf die griech. Städe Ioniens. Einige Jahre später bedrohte er Babylon, aber erst am 16. Oktober 539 v.Chr. eroberten die Perser unter Gobryas die Stadt. Dazu hatten sie den Fluß umgeleitet und waren in einem Überraschungsangriff durch das trockene Flußbett in die Stadt eingedrungen (Babylon. Chronicle, ANET, S. 366; DOTT, S. 82, Herodot, 1.189-191; vgl. Dan 5,30). Siebzehn Tage später betrat K. selbst die Stadt im Triumphzug. Er nahm den Titel »König aller Länder« an, sein Sohn Kambyses den Titel »König von Babylon«. K. behandelte die Tempel, Feste und Riten mit Respekt, und die babylon. Priesterschaft begrüßte den neuen Herrscher mit Jubel.

Wie das AT zeichnen Inschriften K. als einen sympathischen Herrsche[r]. In seinem ersten Jahr (538 v.Chr.) verabschiedete er ein Gesetz, durch das er »alle Einwohner (Verbannte) sammelte und sie nach Hause zurückschickte«. K. erlaubte auch den Juden wieder heimzukehren. Alle geraubten Geräte des Tempels wurden zurückgegeben (Esr 1,1-8), die Juden durften ihren Tempel wieder aufbauen und seine Einrichtung erneuern (Esr 6,3). Über 42 000 Juden machten von dem Erlaß Gebrauch und wanderten nach Palästina zurüc[k]. Damit erfüllten sich die Worte über K., den Hirten Jahwes, der seinen Willen vollendet (Jes 44,28) über de[n] Gesalbten Jahwes (Jes 45,1) und den Gerechten (Jes 42,1). Jes 48,14-15 wird K. sogar als der erwartet, den

Das mutmaßliche »Grab des Kyrus« (Kyrus II., persischer König ca. 559–529 v.Chr.). Das Grabmal ist aus mit Eisenklammern verbundenen Kalksandsteinblöcken erbaut, Pasargadae. Fundament. 14,6 × 13,4 m. (MEPHA)

Jahwe aus dem O gerufen hat und liebt. In demselben Gesetz von 538 v.Chr. setzte K. die einheimischen Gottheiten wieder in ihrem neu erbauten Tempel ein (Kyrus-Zylinder: ANET, S. 316; DOTT, S. 92-94; Esr 6,1ff). Bis zu jener Zeit war es im Orient nicht Sitte gewesen, die Götter der unterworfenen Völker zu achten. K. unterschied sich weiterhin von anderen Herrschern darin, daß er seine Gegner schonte.

Daniel erlebte die drei ersten Regierungsjahre des K. »geehrt« in Babylon (Dan 1,21; 6,29; 10,1), scheint sich dann aber in der pers. Hauptstadt Susa aufgehalten zu haben (Jos.ant.Jud. 10.249; Dan 8,2). K.' Sohn und zeitweiser Mitregent Kambyses II. wurde 530 v.Chr. sein Nachfolger, nachdem K. im Kampf mit den Massageten, die immer wieder die NO-Flanke seines Reichs bedrängen, den Tod gefunden hatte.

Literatur: Acta Iranica, 1st Series, 1974, 1-3; Fischer Weltgeschichte, hrsg. von E. Cassin, J. Bottéro, J. Vercoutter, Bd. 4: Die Altorientalischen Reiche III, 1967; Bd. 5: Griechen und Perser, 1965; G. Maier: Der Prophet Daniel, 1982. D.J.W.

KORINTH. (Griech. *Korinthos*).

1. Lage.

Die Stadt lag am W-Ende der Landbrücke (Isthmus), welche die Halbinsel Peloponnes mit dem griech. Festland verbindet. K. war etwa 3 km vom Meer entfernt auf einer rund 60 m hohen Terrasse erbaut, die von dem steilen Burgfelsen Akrokorinthos (575 m) überragt wird. Am korinthischen Golf, rund 2,5 km nördl., lag der Hafen von Lechäon, 14 km entfernt im O am Saronischen Golf *Kenchreä. Die antike Straße zwischen den beiden Häfen führte durch K. (Wiseman, Land, 64). Die Stadt kontrollierte somit nicht nur den Verkehr vom übrigen Griechenland in den Peloponnes, sondern auch zwischen den beiden Meerzungen. Westl. der Stadt erstreckt sich am Nemea-Fluß eine überaus fruchtbare Ebene, die sogar Cicero in seinem Werk über die landwirtschaftlichen Gesetze erwähnte (Leg Agr I, 5; II, 51). Bis heute heißt eine bestimmte Rosinensorte »Korinthen«. Landwirtschaftliche Bilder (z.B. 1Kor 9,7–11; 2Kor 9,6) waren also den städtischen Lesern der Korintherbriefe durchaus vertraut. Seinen sprichwörtlichen Reichtum verdankte K. allerdings nicht dem Ackerbau, sondern der ungeheuer verkehrsgünstigen Lage.

Der kürzeste Weg von *Italien nach Kleinasien, ja in den gesamten östl. Mittelmeerraum (*Ägypten, *Sy-

KORIANDER
s. Kräuter und Gewürze

Der Kyrus-Zylinder. Der Bericht schildert, wie Kyrus Babylon kampflos eroberte und die Untaten seiner Vorgänger wiedergutmachte, indem er Gefangene aus Babylon in ihre Heimatländer zurückschickte und bei der Wiederherstellung von Tempeln half. Dieser Erlaß schloß die Juden ein. Gebrannter Ton, Länge 25 cm. Babylon, 536 v.Chr. (BM)

Gegenüberliegende Seite: Ruinen von Korinth. Vorn die gepflasterte Lechäon-Straße (die Hafenstadt Lechäon lag 5 km nördl. von Korinth); im Hintergrund (südwestlich) Akrokorinth. (ARM)

rien, *Palästina) führte über den Isthmus. Diese Verkehrsverbindung war um so wichtiger, als die S-Spitze des Peleponnes für ihre Stürme berüchtigt war. Schon im 6. Jh.v.Chr. unter dem Tyrannen Periander gab es die Absicht, die ca. 7km breite Landenge zu durchstechen (Diog Laert, I, 99). Dieser Plan wurde von König Demetrius von *Makedonien im 4. Jh.v.Chr. (Strabo I, 3,11), von Cäsar (Sueton, Julius 44) und Kaiser *Caligula (Sueton, Gaius 21) wieder erwogen. Aber erst unter *Nero hat man 66/67 n.Chr. tatsächlich mit den Arbeiten begonnen (Sueton, Nero 19). Soviel wir wissen, war er dabei der Erfinder des effektvollen »ersten Spatenstichs«. Mit einer Hacke brach der Kaiser als erster die Erde auf. Die wirkliche Arbeit hatten dann die Praetorianer und besonders Kriegsgefangene des Jüd. Aufstands (Jos.bell.Jud. III, 540) zu verrichten. Mit dem Tod Neros 68 n.Chr. wurde auch dieser Versuch aufgegeben. Einen für kleine Hochseeschiffe befahrbaren Kanal hat man erst in den Jahren 1881-93 angelegt. Anscheinend schon Periander ließ eine gepflasterte Straße (griech. *diolkos*; Strabo VIII, 6,22) über den Isthmus bauen. In Rillen liefen hölzerne Wagen, auf denen sogar kleine Schiffe befördert werden konnten (Plin. nat. IV, 10).

2. Vorneutestamentliche Geschichte.

Einzelfunde gibt es bereits aus neolithischer und frühhelladischer, recht spärlich auch aus mykenischer Zeit. Eine erste bescheidene Stadt wurde um 900 v.Chr. von Dorern aus Argos gegründet. Ab etwa 750 v.Chr. beginnt mit dem Zeitalter der griech. Kolonisation ein deutlicher Aufschwung. Noch im selben Jh. wurden von K. aus die Kolonien Kerkyra auf Korfu und Syrakus auf *Sizilien gegründet. Schon die erste literarische Erwähnung in der Homer zugeschriebenen Ilias (II, 570) hebt den Reichtum der Stadt hervor. Zu einer großen Blüte kam es während der Tyrannenherrschaft im 6. Jh.v.Chr. In den Perser-Kriegen des 5. Jh.v.Chr. spielte K. eine wichtige Rolle, geriet danach aber in den Schatten von *Athen. Ein erneuter wirtschaftlicher Aufschwung begann im 4. Jh.v.Chr., den auch die Eroberung durch Philipp von Makedonien, den Vater *Alexanders des Großen, nicht unterbrach. Philipp machte K. 338 v.Chr. sogar zum Sitz eines von ihm geschaffenen Bundes aller griech. Staaten. In dieser Zeit dürfte K. mit mehr als 50 000 Menschen die größte Stadt Griechenlands überhaupt gewesen sein. Der Historiker Xenophon und der kynische Philosoph Diogenes zählten zu ihren Einwohnern.

Die starke Stellung von K. machte allerdings auch einen Zusammenstoß mit dem imperialistisch ausgreifenden *Rom unausweichlich. 146 v.Chr. zerstörte der Konsul Mummius die Stadt völlig und entvölkerte sie durch Mord und Sklaverei. Allerdings waren im 1. Jh.v.Chr. einige der vertriebenen Bewohner wieder zurückgekehrt (Cicero, Tusc. III, 53), die wohl die alten geschichtlichen und rel. Überlieferungen wachhielten. Kurz vor seiner Ermordung gründete Cäsar 44 v.Chr. (Appian VIII, 136) K. neu als röm. Kolonie mit dem offiziellen Namen *Colonia Laus Iulia Corinthiensis.* Schon bald zog die aufstrebende Stadt nicht bloß Veteranen und *Freigelassene, sondern auch Unternehmungslustige aus ganz Griechenland und dem übrigen Römerreich an. Nach *Philo von Alexandria zu schließen, besaß K. um 41 n.Chr. eine der stärksten Judengemeinden Griechenlands (Leg 281). Bereits 142 v.Chr. ist eine jüd. Ansiedlung in Sikyon nahe K. bezeugt (1Makk 15,23).

Durch Kaiser *Augustus wurde K. dann 27 v.Chr. zur Hauptstadt der senatorischen Provinz *Achaja erhoben (Strabo XVII, 3,25). 15 n.Chr. allerdings schlug *Tiberius Achaja zur imperatorischen Provinz Mysien (Tac.ann. I, 76,4; 80,1). 44 n.Chr. stellte dann *Claudius wieder die alte Ordnung her (Dio XL, 24,1). 77 n.Chr. wurde K. wie später noch oft von einem schweren Erdbeben verwüstet (ANRW VII/1, 506). Über den Wiederaufbau hinaus hat man im 2. Jh.n.Chr. viele völlig neue Gebäude errichtet. Am Ende dieses Jh. besuchte Pausanias die Stadt und hinterließ uns die ausführlichste Beschreibung von K., die wir aus der Antike besitzen (II, 1,1-5,5). Kürzere Darstellungen entstanden um die Zeitenwende von dem Geographen Strabo (VIII, 6,20-23) und vor 69 n.Chr. von Plinius dem Älteren (Plin.nat. IV, 9-11).

3. Die neutestamentliche Stadt.

Als Paulus nach K. kam, war die Mauer der griech. Stadt wiedererrichtet. Die Befestigung umfaßte auch den Burgberg und schützte die Straße zum Hafen Lechäon auf beiden Seiten. Mit ca. 10 km Länge umschlossen die Mauern ein Areal von rund 4 km^2, so daß K. die flächenmäßig größte Stadt Griechenlands war. Die Einwohnerzahl können wir deswegen nicht schätzen, weil unbekannt ist, wieviele Gebiete damals unbebaut blieben. Seit 1896 wird K. von der American School of Classical Studies in Athen systematisch archäologisch erforscht. Das ausgegrabene Gebiet beträgt zwar nur etwa ein Hundertstel der Fläche, umfaßt aber mit der Agora und den sie umgebenden Bauten den wichtigsten Teil der Stadt.

Von den Gebäuden, die Paulus sah, seien nur einige hervorgehoben. Die große Zahl der bekannten Tempel illustriert, von wie verschiedenen falschen Göttern sich Mitglieder der Gemeinde K.s zum Glauben an Jesus gewandt hatten (vgl. 1Kor 8,4-6). Allein an der W-Seite der Agora waren Heiligtümer für die Tyche (Schicksalsgöttin), Herakles, Poseidon, alle Götter (Pantheon) und die Aphrodite aufgereiht. Das Wahrzeichen der Stadt war das Apollo-Heiligtum, das aus dem 6. Jh.v.Chr. stammt und so zu den ältesten Tempeln Griechenlands gehört. Obwohl von seinen ursprünglich 38 Säulen nur noch sieben stehen, bleibt er bis heute ein überaus beeindruckendes Bauwerk.

Den Mittelpunkt der Stadt bildete der zentrale Marktplatz (Agora), der bei der sog. Heiligen und der Peirene-Quelle angelegt wurde. Die südl. Stoa, eine Säulenhalle von 163 m Länge, war eines der größten und prächtigsten Bauwerke des antiken Griechenland. Bei der Gründung der röm. Kolonie hat man sie in der alten Form wieder aufgebaut. Ungefähr um den Besuch des Apostels herum wurden die Läden südl. davon zum Teil in öffentliche Räume wie Büros und Sitzungszimmer umgewandelt. Ebenfalls z.Zt. des Paulus existierten auch schon die NW-Stoa und die Zentralläden, welche die Agora in zwei verschieden große Abschnitte aufteilen. Etwa die Mitte dieser Zentralläden nimmt eine große gemauerte Tribüne (griech. *bēma*) ein, die früher durch ihre Verkleidung mit weißem und blauem Marmor einen prachtvollen Anblick geboten haben muß (E. Dinkler, Das Bema zu Korinth, 1944). Vielleicht hat der damalige Bauboom die vom Apostel in 1Kor 3,10–13 verwandten Bilder mit veranlaßt (Furnish, 16f). Paulus zeigt hier eine verhältnismäßig gute Kenntnis der architektonischen Fachsprache (J. Shanor, NTS 34, 1988, 461–471).

Das Theater konnte rund 18 000 Zuschauer fassen, was uns eine Mindestzahl für die damaligen Bewohner gibt. Vielleicht erklangen hier auch Bronzeglocken, wie sie Paulus in 1Kor 13,1 erwähnt (W. Harris, BARev 8/1982, 38–41). Jedenfalls war K. für seine Bronzeartikel berühmt, die unter reichen Römern eine geradezu krankhafte Sammelleidenschaft hervorriefen (J. Murphy-O'Connor, RB 90, 1983, 23-36). Zu den archäologisch belegten Objekten gehören auch Bronzespiegel (vgl. 1Kor 13,8–12; 2Kor 3,18). Eines der Tore des Tempels in *Jerusalem, das sog. Nikanor-Tor, war aus korinthischer Bronze gearbeitet, wie Josephus (bell.Jud. V 201) und die Mischna (Midd 2,3) übereinstimmend bezeugen. Etwa 1 km nordwestl. der Agora lag das Amphitheater. Wenn Paulus von Gladiatorenspielen mit wilden Tieren sprach (1Kor 15,32), so kannten die Korinther solche aus eigener Anschauung.

Einen Eindruck vom Wohlstand der Stadt vermag die aufwendig gepflasterte Lechäon-Straße zu geben. Aus einer gelegentlichen Bemerkung Plutarchs geht hervor, daß K. das Bankenzentrum Griechenlands war (Murphy-O'Connor, 105). Welchen Reichtum manche hier aufgehäuft hatten, sieht man daran, daß der Präsident der Isthmischen Spiele oftmals die ganze Stadt verköstigte (Plutarch Quaest Conv VIII, 4,1).

4. Paulus in Korinth.

Schon vor der Ankunft des Apostels gab es in K. Judenchristen wie Priszilla und *Aquila, die 49 n.Chr. von Kaiser *Claudius aus Rom ausgewiesen wurden (Apg 18,2). Als Paulus nicht lange danach in die Stadt kam, begann er seine Predigt in der *Synagoge (Apg 18,4), wo er zwar den

Gegenüberliegende Seite: Plan von Korinth in dem von den Römern 44 v.Chr. gestalteten Ausbau, der Elemente der griechischen Stadt von ca. 540 v.Chr. berücksichtigte.

Vorsteher *Krispus, aber sonst nicht viele andere Juden gewinnen konnte (Apg 18,5–8). Das wichtigste archäologische Zeugnis für die Anwesenheit von Juden in K. ist ein Türsturz mit der bruchstückhaften Inschrift »Synagoge der Hebräer« (BHH I, 988). Er wurde in der Nähe der Propyläen, d.h. des Eingangstors der Lechäon-Straße auf die Agora, gefunden. Es ist leider nicht möglich, aufgrund der sehr plump ausgeführten Buchstaben das Alter der Inschrift zu bestimmen. Meist nimmt man die nachntl. Zeit an, doch ist auch nicht ausgeschlossen, daß die Oberschwelle schon zur ersten Synagoge der Stadt gehörte (Murphy-O'Connor, 78f). Wohl auch von einer Synagoge stammt ein zweites Architekturfragment. Das Bruchstück eines Marmorgesimses, das dem 5. Jh.n.Chr. zugewiesen wird (Furnish, 26), zeigt jüd. Symbole (drei siebenarmige Leuchter, hebr. *menorōth*). Wahrscheinlich bei Amtsantritt des neuen Prokonsuls (diesen Titel gebraucht Apg 18,12 zutreffend) *Gallio im Jahr 51 n.Chr. wurde Paulus von Mitjuden verklagt (Apg 18,13f). Wegen des tumultartigen Verlaufs (Apg 18,17) kann die Verhandlung nur im Freien beim Bema (Apg 18,12) auf der Agora stattgefunden haben. Darauf weist auch eine kleine dreischiffi-

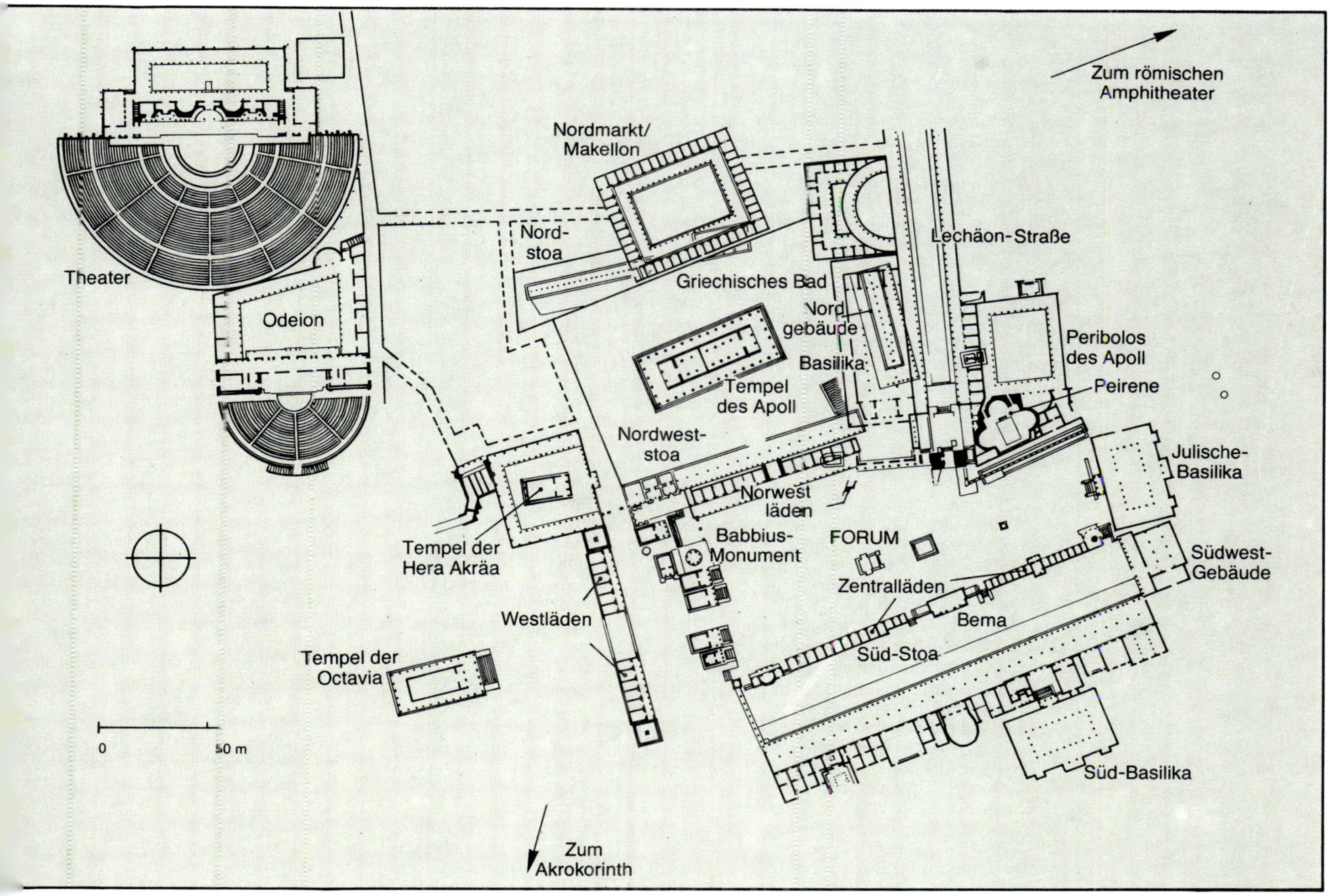

ge byzantin. Basilika, die im 10. Jh. an dieser Stelle errichtet wurde. Gallio wies die Klage ab, machte dabei aber aus seiner antisemit. Einstellung keinen Hehl (Apg 18,14-17), die er mit seinem Philosophen-Bruder Seneca teilte. Meist nimmt man an, daß Paulus von *Ephesus aus einen sogenannten »Zwischenbesuch« in K. unternahm (vgl. 2Kor 1,23-2,1; 12,14; 13,1f), doch ist diese Ansicht keineswegs zwingend (N. Hyldahl, ZNW 64, 1973, 289-306). Gesichert scheint dagegen, daß der Apostel vor seiner letzten Reise nach Jerusalem im Jahr 57 n.Chr. noch einmal die Stadt besuchte (Apg 20,1f vgl. 2Kor 9,5; 12,14).

Durch den vermutlich rund anderthalbjährigen (Apg 18,11) Aufenthalt des Paulus in K. entstand eine ganz überwiegend heidenchristl. Gemeinde. Noch rund sieben Jahre nach ihrer Gründung konnte sie sich in einem einzigen Privathaus, dem des *Gaius, versammeln (Röm 16,23 vgl. 1Kor 14,23). Aus der Zeit des Paulus kennen wir bisher in K. nur ein einziges Privathaus, die Anaploga-Villa nahe des W-Tors der Stadt (ANRW VII/1, 528; S.G. Miller, Hesp 41, 1972, 332-354). Sie gleicht in ihren Abmessungen den Häusern anderer wohlhabender Bürger, wie wir sie etwa aus der Reichshauptstadt kennen. Danach kann die korinthische Gemeinde damals kaum mehr als fünfzig Glieder gehabt haben (Murphy-O'Connor, 155-158). Wenn uns die beiden *Korinther-Briefe vierzehn Namen von Christen nennen (Theissen, 255f), so kennen wir damit also einen beträchtlichen Teil der Gemeinde!

Obwohl die Christengemeinde nicht sehr groß war, wurde sie doch durch Gruppenbildung in ihrer Einheit bedroht (1Kor 1,10-16). Das hing wohl auch damit zusammen, daß man sich über die Vollversammlungen hinaus in einzelnen Hauskreisen traf. Die sichtbar werdenden theologischen Differenzen wurden durch das gesellschaftliche Umfeld mit beeinflußt. In K. waren die sozialen Gegensätze kraß ausgeprägt wie in nur wenigen anderen Großstädten des Reichs. Die christl. Gemeinde bestand zwar in ihrer Mehrheit aus Angehörigen der unteren Schichten (1Kor 1,26–28), aber gerade die wenigen Wohlhabenden und Gebildeten waren ganz offensichtlich tonangebend (Theissen, 256f). Eines dieser führenden Mitglieder ist sehr wahrscheinlich auch inschriftlich bezeugt (Theissen, 240-245). *Erastus, den Röm 16, 23 als Stadtrentmeister (*oikonomos tēs poleōs*) bezeichnet (vgl. Apg 19,22; 2Tim 4,20), wurde offenbar später ein noch höherer Verwaltungsbeamter, nämlich Ädil. Als Dank für diese Beförderung ließ er etwas westl. vom Theater ein Pflaster legen, wie eine dort gefundene Inschrift bezeugt (J.H. Kent, Corinth VIII/ 3, 1966, 99). Für die Identifizierung spricht, daß Erastus kein sehr häufiger Name ist, und wir auch keinen weiteren korinthischen Beamten kennen, der so hieß (Furnish, 20f). Für den beträchtlichen Reichtum einiger Gemeindeglieder spricht ebenfalls die Gegenüberstellung von 2Kor 8,14 und 8,1–7.

Die starken sozialen Spannungen standen auch mit hinter den Gemeindekonflikten, für die Paulus vom Evangelium her Lösungen suchte. Reichere Gemeindemitglieder, die frei über ihre Zeit verfügen konnten, kamen früher zu den Gemeindeversammlungen und wurden dort von den gleichfalls wohlhabenden Gastgebern besonders zuvorkommend bewirtet (vgl. 1Kor 11,18-22.33f). Für die angesehenen Gemeindeglieder bedeutete die Teilnahme an Gastmählern in Tempeln, wobei denen politische Fragen erörtert und Geschäfte abgeschlossen wurden, eine gesellschaftliche Verpflichtung, der sie sich kaum entziehen konnten (vgl. 1Kor 8,10). Das Asklepios-Heiligtum im N der Stadt vermag anschaulich zu machen, wie an solchen Orten Religion, Geschäft und Erholung untrennbar verbunden waren (Murphy-O'Connor, 161-167). Fleisch war für Ärmere nur erschwinglich, wenn es sich um solches aus heidnischen Opfern handelte (vgl. 1Kor 8-10). In K. ist dieser spezielle Fleischmarkt (griech. *makellon*, 1Kor 10,25) wahrscheinlich nördl. des Apollo-Tempels zu suchen (H.J. Cadbury, JBL 53, 1934, 134-141; F.J. de Waele, AJA 34, 1930, 432-454). Dieser N-Markt stammt jedenfalls aus der Zeit des Tiberius.

Ein besonderes Problem bildete in K. die Prostitution. Während die Auseinandersetzung mit der Hurerei (griech. *porneia*) in den anderen paulin. Briefen nur eine untergeordnete Rolle spielt, steht sie in 1Kor 5,11 sowie 6,9 an der Spitze von Lasterkatalogen und wird in 6,12-20 ausführlich behandelt. Der Apostel kann hier zwar auch einige kritische Überlegungen stoischer Philosophen aufgreifen, begründet seine Ablehnung aber letztlich von der Existenz in Christus her (Elliger, 243-246). Man hat neuerdings in Frage gestellt, daß es in K. ein besonders ausgeprägtes Dirnenunwesen gab. Aber dagegen spricht schon allein, daß ein Verb *korinthiazesthai* als Spezialausdruck für »kuppeln« usw. gebildet wurde (Eustathius zu Ilias II, 570). Strabo nennt neben dem Handel und dem Touristenverkehr der Isthmischen Spiele die Prostitution als die wichtigste Einnahmequelle der Stadt (VIII, 6,20). Schon Platon sagte einfach »korinthisches Mädchen«, wenn er »Dirne« meinte (Resp 404D). Während für die griech. Zeit Tempelprostitution beim Aphrodite-Heiligtum auf Akrokorinthos nach wie vor wahrscheinlich ist (Elliger, 237-242), haben wir für die ntl. Zeit keinen Beleg. Es besteht daher auch kein Grund, die paulin. Ablehnung der Homosexualität (1Kor 6,9) nur als Absage an heidnische Kultpraktiken zu verstehen.

Das paulin. Bild vom Wettlauf (1Kor 9,24-27) findet in K. eine eindrückliche Veranschaulichung. Am O-Rand der Agora wurden Startlöcher gefunden, die allerdings schon aus der griech. Zeit stammen und während des Wirkens des Apostels bereits nicht mehr zu sehen waren. Zwischen 7 v. und 3 n.Chr. erhielt K. die Ausrichtung der Spiele in Isthmia (E.R. Gebhard, The Theatre at Isthmia, 1973), an der O-Mündung des heutigen Kanals, zurück, die den Olympischen Spielen nur wenig nachstanden. Hier waren auch Boxkämpfe zu sehen (1Kor 9,26). Wie weit in K. emanzipatorische Bestrebungen fortgeschritten waren (vgl. 1Kor 11,2-16), zeigt sich daran, daß bei den Isthmischen Spielen auch weibliche Lenkerinnen von Kampfwagen auftraten (Ditt 802). Da in Isthmia ein Siegeskranz aus getrockneten Blättern verliehen wurde (O. Broneer, HTR 64, 1971, 186), dürfte der »verwelkliche Kranz« von 1Kor 9,25 eine direkte Anspielung darauf sein (O. Broneer, BA 25, 1962, 1-31). Durch manchen Besucher der Wettkampfveranstaltungen mag sich auch der christl. Glaube in andere Teile Griechenlands verbreitet haben. Die Isthmischen Spiele fanden im Frühjahr 49 und 51 n.Chr. statt, also gerade um die Zeit, als Paulus in K. war.

Die Spiele boten Paulus eine Verdienstmöglichkeit als »Zeltmacher« (*skēnopoios*; Apg 18,3), denn viele der Besucher kampierten in Zelten. Wenn der Apostel es in K. ebenfalls vorzog, seinen Lebensunterhalt durch eigene Arbeit zu verdienen, anstatt sich von der Gemeinde versorgen zu lassen (vgl. 1Kor 9,3-19), so geschah das auch, um nicht mit den vielen, oftmals dubiosen Wanderphilosophen verwechselt zu werden. Er wollte nicht zu denen gehören, die das »Wort Gottes verhökern« (2Kor 2,17: *kapēleuein*). Er mochte sich auch nicht selbst empfehlen. Neben den damals üblichen Empfehlungsbriefen (vgl. Apg 18,27) nennt der Apostel noch steinerne Ehrentafeln (2Kor 3,1–3). An ihnen herrschte gerade in K. kein Mangel (Murphy-O'Connor, 170-172). Man könnte sich gut vorstellen, daß Paulus einen der kleinen Zentralläden (ca. 4 x 4 m) auf der Agora mietete. Diese halboffenen Läden boten einem Lederarbeiter wie ihm gute Geschäfts- und Kontaktmöglichkeiten (R.F. Hock, CBQ 41, 1979, 438-450). Am Ende des 1. Jh. wohnten ein Stoiker wie Dio Chrysostomus, aber auch ein wandernder Wundertäter wie Apollonius von Tyana zeitweise in K. Wundersucht und Erkenntnisleidenschaft gab es aber auch schon z.Zt. des Apostels (vgl. 1Kor 1,22).

5. Die nachneutestamentliche Zeit

Am Ende des 1. Jh. richtete Clemens, der damalige Bischof der Gemeinde in Rom, ein Schreiben an die korinthischen Christen, das zeigt, wie sie noch immer zu Streit und Spaltungen neigten (1Clem 1-3; 44-47). Für das 2. Jh. sind dann in K. Bischöfe sicher bezeugt (R. Janin, DHGE XII, 876ff). 267 wurde die Stadt von den Herulern verwüstet, 395 von den Goten unter Alarich. Aus dem 5. Jh.

Blick über den Apollo-Tempel zum Burgberg von Korinth (Akrokorinthos). *Bei den Läden im Vordergrund kann es sich um den von Paulus* (1Kor 10,25) *erwähnten Fleischmarkt* (makellon) *handeln.* (CR)

stammen drei byzantin. Kirchen. Eine von ihnen, die im Hafengebiet von Lechäon liegt, ist mit 200 m Länge die größte Kirche Griechenlands überhaupt. 521 zerstörte ein Erdbeben K., das Kaiser Justinian sogleich wieder aufbauen ließ. Ein Sklaveneinfall bereitete dann der antiken Stadt ein Ende. Heute halten die moderne Stadt Neakorinthos am Korinthischen Golf und das Dorf Palaiokorinthos in der Nähe des Ausgrabungsgebiets den alten Namen wach. Weltweit bekannt aber wurde K. durch die beiden Briefe, die der Apostel Paulus an die dortige Gemeinde schrieb und die wie kaum ein anderes Schreiben des NT Einblick in die konkreten Probleme der ersten städtischen Christen geben.

Literatur: W. Baird: The Corinthian Church, 1964; C.K. Barrett: Essays on Paul, 1982, 1-59; O. Broneer: Isthmia II: Topography und Architecture, 1973; ders.: BA 14, 1951, 78–96; R. Carpenter: AJA 33 (1929), 345-360; W. Elliger: Paulus in Griechenland, [2]1987, 200-251; G.D. Fee: The First Epistle to the Corinthians, 1987, 1-14; V.P. Furnish: BARev 15/3 (1988), 14–27; R.M. Grant: BHH II, 1964, 988-990; N. Hugedé: Saint Paul et la Grèce, 1982, 159-221; J.H. Kent: Corinth VIII/3: The Inscriptions, 1966; F. Kolb: Die Stadt im Altertum 1984, 75-95; W.L. Lane, in: R.K. Harrison: Major Cities of the Biblical World, 1985, 83-05; M. Lang: Cure and Cult in Ancient Corinth, 1977; W.A. Meeks: The First Urban Christians, 1983; S. Johnson: Paul the Apostle and His Cities, 1987, 94-105; J. Murphy-O'Connor: St. Paul's Corinth. Texts and Archaeology, 1983; ders.: BA 47 (1984), 147-159; E. Meyer: KlP III, 1969, 301-305; N. Papahatzis: Das antike Korinth, 1977; A. Schreiber: Die Gemeinde in Korinth, 1977; G. Theissen: Studien zur Soziologie des Urchristentums, [2]1983, 231-317; F.J. de Waele: Corinth and St. Paul, 1961; ders.: BL[3], 1982, 976-978; J. Wiseman: The Land of the Ancient Corinthians, 1978; ders.: ANRW VII/1, 1979, 438-548. Von der American School of Classical Studies in Athen sind über 27 Bände über die Ausgrabungen erschienen: Corinth. Results of Excavations 1929-75. Sehr knapp zusammengefaßt in dem Führer: Ancient Corinth, [6]1960.

R.R.

KORINTHERBRIEFE.

I. INHALT.

1. Korintherbrief.

a. Briefeingang mit Segenswunsch (1,1-3);

b. Dank für Gottes Gaben im Leben der Gemeinde (1,4-9);

c. Nachrichten aus Korinth: Gruppenbildung in der Gemeinde verdunkelt, was allein wichtig ist (1,10-17).

1. Das Wort vom Kreuz und die Weisheit der Welt (1,18-4,13).

a. Grundlegung: Das Wort vom Kreuz rettet, die Weisheit läßt verlorengehen (1,18-25);

b. Erweis aus der Erfahrung der Gemeinde (1,26-31);

c. dann aus der Eigenart der Missionspredigt (2,1-5).

d. Das Wort vom Kreuz enthüllt Gottes Weisheit (2,6-16).

e. Gruppenbildung ist Zeichen von Unreife (3,1-4).

f. Paulus und Apollos sind Mitarbeiter Gottes (3,5-17);

g. wer sich zu ihnen recht einstellen will, muß den Auftrag Gottes ansehen, den sie haben (3,18-4,5);

h. dann sieht man, daß ihre Gaben, ihre Mühen und Leiden dem Aufbau der Gemeinde dienen (4,6-13).

2. Antwort auf Anfragen aus der Gemeinde (4,14-11,1).

a. Paulus hat Timotheus geschickt, um seine eigene Ankunft in Korinth vorzubereiten (4,14-21).

b. Ein Blutschänder soll aus der Gemeinde ausgeschlossen werden (1,5-5);

c. so soll die Gemeinde von offenbaren Sündern gereinigt werden, nicht aber aus der Welt auswandern! (5,6-13).

d. Christen sollen ihr Recht gegen den Bruder nicht vor heidnischen Gerichten suchen (6,1-8).

e. Warnung: Ins Gottesreich geht nur ein, wer Christus angehört (6,9-11)!

f. Wer aber Christus durch den Geist zugehört, darf und kann nicht Hurerei treiben (6,12-20).

g. Anweisungen für Eheleute und »Versprochene«: Die Berufung durch das Evangelium macht den Menschen in der Ehe und in anderen Ordnungen des Lebens frei, löst diese aber nicht auf; ehelos mag bleiben, wer die Gabe dazu hat (7,1-40).

h. Die Freiheit, an heidnischen Opfermahlzeiten teilzunehmen, hat ihre Grenze am Gewissen des Bruders (8,1-13).

i. Paulus selbst als Beispiel für rechte Lebensweise: Nicht die eigene richtige Erkenntnis baut die Gemeinde auf, sondern die Liebe, die diese Erkenntnis nicht zu Lasten des Bruders durchsetzt (9,1-23).

j. Im Bild vom Wettkampf und der dafür nötigen Askese bekommt das Beispiel des Apostels allgemeine verpflichtende Bedeutung (9,24-26).

k. Das Beispiel des alten Israel beim Zug durch die Wüste warnt die Christenheit vor gleicher Verblendung: Wer befreit ist, ist darum doch nicht sein eigener Herr (10,1-13)!

l. Gemeinsame Anteilhabe am Herrenmahl schließt Teilhabe am Götzenopfermahl aus (10,14-22).

m. Die Losung für Christen: Alles zur Ehre Gottes, niemandem zum Ärgernis (10,23-11,1)!

3. Ordnung des Gottesdienstes und der Geistesgaben (11,2-14,40).

a. Zur Kopfbedeckung der Frauen im Gottesdienst (11,2-16).

b. Zur Ordnung der Feier des Herrenmahles (11,17-33):

Die Liebe darf nicht verletzt werden (17-22); im Mahl gibt sich Christus selbst (23-26); durch Selbstprüfung und durch Unterscheidung von allen sonstigen Mahlzeiten soll die Mahlfeier in Glaube und Liebe begangen werden (26-33).

c. Zu den Geistesgaben (12,1-14,40):

Grundlegung (12,1-31): Der Geist wird am Bekenntnis zu Christus erkannt (1-3); er ist der eine Geber in vielen unterschiedlichen Gaben (4-11); er gibt diese zum Dienst untereinander (Bild: Glieder am Leib, (12-31).

d. Die höchste Gabe ist die Liebe (13,1-13):

Ohne sie zählt nichts (1-3); sie gibt alles (4-7), sie bringt zur Vollendung (8-13).

e. Die besonderen Geistesgaben in Korinth (14,1-40):

Prophetische Rede und Zungenrede, ihr Gewinn für den Aufbau der Gemeinde (1-25); nötige Ordnung für die Übung dieser Gaben (26-36); abschließende Mahnung (37-40).

4. Werden die Toten auferstehen? (15,1-58).

a. Das eine Evangelium bringt den Auferstehungsglauben mit sich, weil es Jesu Auferweckung von den Toten verkündigt (15,1-11).

b. Wäre Christus nicht auferstanden, wäre unser Glaube umsonst (15,12-19).

c. Er ist aber auferstanden und hat dadurch die Auferstehung aller eröffnet (15,20-28).

d. Darum leben Christen aus der

Gewißheit der Auferstehung (15,29-34).
e. Wie die Toten im Gefolge Christi auferstehen werden (15,35-49).
f. Abschließende Vergewisserung (15,50-58).
5. Briefschluß.
a. Aufruf zur Sammlung für Jerusalem (16,1-4).
b. Reisepläne des Apostels (16,5-9).
c. Grüße und Wünsche (16,10-20).
d. Liturgisch geformter Briefschluß (16,21-24).

2. Korintherbrief.
a. Briefeingang mit Segenswunsch (1,1f).
b. Lob des Erbarmens Gottes: Er hat den Apostel aus Todesnot gerettet (1,3-11).

1. Paulus verteidigt sich gegen Vorwürfe (1,12-2,11).
a. Der Apostel ist nicht unwahrhaftig oder unlauter (1,12-14).
b. Nicht leichtfertig, sondern um die Korinther zu schonen, hat er seine Pläne geändert (1,15-2,1).
c. Aus großer innerer Not heraus hat er einen Brief unter Tränen an die Gemeinde geschrieben (2,2-4).
d. Paulus bittet darum, den Anlaß dieser Not als erledigt anzusehen (2,5-11).

2. Vom Dienst des Apostels Christi (2,12-6,10).
a. Die Verkündigung des Evangeliums gleicht einem Siegeszug (2,12-17).
b. Ein Beispiel dafür ist auch die Gemeinde in Korinth, weil man an ihr das Wirken des Christusgeistes erkennen kann (3,1-3).
c. Durch die Verkündigung der Apostel schafft Gott Gerechtigkeit und Leben dort, wo das Gesetz des Alten Bundes Tod wirkte (3,4-18).
d. Die Apostel verkündigen den Gekreuzigten und sind Zeugen der Herrlichkeit Gottes im Angesicht des Christus (4,1-6).
e. In den Leiden der Apostel wird Christi Tod für die Gemeinde erkennbar, im überwindenden Glauben aber sein Leben (4,7-18).
f. Der Glaube weiß, daß wir jetzt noch wie in der Fremde leben müssen, daß aber die Heimat, auf die wir warten, bereitet ist (5,1-10).
g. Was die Apostel Christi tun und leiden, hat einen Grund: die Liebe Christi (5,11-15).
h. So sind sie »Botschafter an Christi Statt« und rufen in seinem Namen zur Versöhnung (5,16-21).
i. Gott hat sie in Tun und Leiden zu Mitarbeitern gemacht, damit niemand die Gnade Gottes versäume (6,1-10).

3. Mahnung und Klärung (6,11-7,16).
a. Herzliche Anrede an die Korinther (6,11-13).
b. Mahnung: Nicht gemeinsame Sache mit dem Unglauben machen! (6,14-7,1)
c. Liebe und Zutrauen des Apostels zur Gemeinde in Korinth und die guten Nachrichten durch Titus (7,2-7).
d. Danach hat Paulus die Gemeinde in Traurigkeit versetzt durch seinen früheren Brief, aber diese hat nun Umkehr und Trost bewirkt (7,8-16).

4. Die Sammlung für die Heiligen in Jerusalem (8,1-9,15).
a. Das Beispiel der Gemeinden in Mazedonien (8,1-6); der Sinn der Sammlung: vom eigenen Reichtum an Gottes Gaben denen helfen, die Not leiden (8,7-15); Titus und ein weiterer Bruder sollen die Sammlung vollenden (8,16-24).
b. Paulus ist gewiß, die Korinther werden mit gutem Willen eine reichliche Gabe bereithalten (9,1-5); denn Gott verheißt ja reichen Segen denen, die gern geben (9,6-15).

5. Die Person des Apostels und sein Dienst (10,1-12,13).
a. Führt Paulus wirklich sein Leben in der Weise des Fleisches (10,1-6)?
b. Nein, aber die Korinther urteilen nach dem Augenschein (10,7-18).
c. So nötigen sie Paulus, sich selbst einmal zu rühmen: Er eifert um die Gemeinde mit dem Eifer Gottes (11,1-4); braucht den Vergleich mit den Überaposteln nicht zu fürchten, im Gegenteil (11,5-15); rühmt sich nun – der Blindheit der Gemeinde wegen – auch seiner Leiden in Verfolgungen um des Evangeliums willen (11,16-33); schließlich rühmt er sich auch der Offenbarungen, die ihm Christus gewährt hat: Das Wort des Erhöhten macht allen Ruhm zunichte außer den Ruhm der Gnade (12,1-10); Abschluß dieses Rühmens (12,11-13).

6. Briefschluß (12,14-13,13).
a. Paulus ist bereit, wieder nach Korinth zu kommen; doch soll jeder zusehen, daß dieses Wiedersehen nicht neuen Kummer bringt (12,14-13,4).
b. Die Gemeindeglieder sollen prüfen, ob sie im Glauben stehen; Paulus wird es bei seinem Kommen an der Vollmacht nicht fehlen lassen, die der Herr ihm gegeben hat (13,5-10).
c. Schlußmahnung und Gruß; Segenswunsch (13,11-13).

II. DIE ERSTE CHRISTENGEMEINDE IN KORINTH.
1. Die Umwelt.
Das glanzvolle alte *Korinth war 146 v.Chr. von den Römern zerstört worden. Erst Caesar ließ die Stadt als röm. Kolonie wieder neu aufbauen. Die günstige Lage an zwei Meeren – im W der Hafen Lechäon, im O der Hafen *Kenchreä – ließ die Stadt rasch aufblühen und zu überregionaler Bedeutung aufsteigen. Im Jahr 27 v.Chr. wurde Korinth Sitz des Prokonsuls der senatorischen Provinz *Achaja. Ein Bild vom Leben und Treiben in dieser Stadt geben die Nachrichten einiger antiker Schriftsteller und die Ausgrabungen, die den Besucher die Ausmaße der röm. Stadt mit Markt, Hallen und Bädern klar erkennen lassen. Die Bevölkerung war buntgemischt; neben Römern und Griechen lebten Orientalen und besonders Juden dort, wie Apg 18,2ff erzählt. Die Einwohner der Stadt verbindet hellen. Lebensart: der Wettstreit, immer der erste sein zu wollen, und die Lust an der Lebensklugheit machen dem Apostel gerade hier zu schaffen (1Kor 12; 14; 1-4).
2. Die Anfänge der Gemeinde.
Von *Athen kommt Paulus im Spätherbst 49 n.Chr. nach Korinth. Er trifft dort *Aquila und Priszilla und findet bei ihnen Arbeit und Unterkunft (Apg 18,1-3). Zunächst wirkt er nur an den Sabbaten in der Synagoge und gewinnt Juden und Griechen für den Glauben. Als *Silas und *Timotheus ihm Geldgaben aus Mazedonien bringen, widmet er sich ausschließlich der Verkündigung (Apg 18,5). Es kommt zum Bruch mit der Synagogengemeinde; im Haus des Titius Justus findet Paulus eine neue Wirkungsstätte. Die Gemeinde wächst. Eineinhalb Jahre kann er ungestört wirken. Ein Tumult, hervorgerufen durch die Judenschaft, macht dem ein Ende: Man zerrt Paulus vor den neuen Prokonsul *Gallio und verklagt ihn als Staatsfeind (Frühsommer 51 n.Chr.; Apg 18,12). Der erklärt die Sache für einen innerjüd. Streit und weist die Klage damit ab. Aber Paulus verläßt mit Aquila und Priszilla Korinth und reist nach *Ephesus (Apg 18,12ff). Nach seinem Fortgang kommt Apollos, ein Judenchrist aus Alexandria, geistbegabt und redegewandt, in die Stadt und setzt die Arbeit in Korinth fort (Apg 18,24-19,1). Während dessen Wirksamkeit wächst die Gemeinde weiter (1Kor 1,4-9). Als Paulus den 1Kor schreibt – im Frühjahr 54 (?) oder 55 (?) n.Chr. in Ephesus –, ist auch Apollos nicht mehr in Korinth (1Kor 16,8.12). Mündliche Nachrichten aus Korinth und schriftliche Anfragen der Gemeinden veranlassen Paulus, den 1Kor zu schreiben. Leute aus dem Hause der *Chloë berichten ihm über Gruppenbildungen, die er für schlimm ansieht. Schriftlich fragt man nach einer christl. Lebensführung in der Ehe (1Kor 7,1). Paulus wurde mit Fragen betreffend den vom heidnischen Kult geprägten Alltag (1Kor 8,1) und im Blick auf die *Gaben des Geistes (1Kor 12,1) konfrontiert. Den 2Kor schrieb Paulus vermutlich im Frühherbst des Jahres 55 n.Chr. von Mazedonien aus (vgl. 2Kor 12,2f und Apg 20,13). Zwischen diesen beiden Briefen liegen für den Apostel und die Gemeinde notvolle Ereignisse: Die Sendung des Timotheus (vgl. 1Kor 4,17; 16,10) hat keinen großen Erfolg gehabt. Timotheus scheint dem Apostel schlechte Nachrichten über den zunehmenden Vertrauensverfall zwischen der Gemeinde und dem Apostel mitgebracht zu haben. Danach ist Paulus wohl bald von Ephesus nach Korinth gereist. Doch diesen Besuch muß er nach kurzer Zeit enttäuscht abbrechen. Ein Teil der Gemeinde versagt ihm den Gehorsam und die Anerkennung (vgl. 2Kor 10,1.10). Paulus reist ab und schreibt den (nicht mehr erhaltenen) »Tränenbrief« (vgl. 2Kor 2,4; 7,8ff). Besonders ein Vorfall in der Gemeinde, der auch den Apostel persönlich tief verleumdete, wird darin ange-

sprochen und die schonungslose Bestrafung des Schuldigen gefordert (vgl. 2Kor 2,5ff; 7,11f). Überbringer dieses Briefes war *Titus (vgl. 2Kor 2,13; 7,6; 7,13ff). Paulus wartet auf die Nachrichten, die Titus bringt und reist diesem nach *Troas (vgl. 2Kor 2,13) entgegen. Als er ihn dort nicht trifft, bricht er eine hoffnungsvolle Evangelisation ab (vgl. 2Kor 2,13) und reist weiter nach Mazedonien. Dort trifft er Titus, der gute Nachrichten bringt (vgl. 2Kor 7,6f). Die Gemeinde in Korinth hat den Schuldigen bestraft (vgl. 2Kor 2,5ff) und ist, wenigstens zum großen Teil, wieder bereit zur vollen Gemeinschaft mit ihrem Apostel (vgl. 2Kor 7,4; 7,7). Noch aber gibt es Widersacher gegen ihn in Korinth (vgl. 2Kor 10,2; 11,5; 11,13ff; 12,11; 12,21; 13,2). Gegen sie will der Apostel nur mit ganzer Strenge vorgehen, um die Gemeinde wieder zu reinigen und tüchtig zu machen. Zur Vorbereitung seines Besuches und der Durchführung der Geldsammlung für Jerusalem sendet er noch einmal Titus mit zwei Brüdern nach Korinth, die auch diesen Brief überbringen (vgl. 2Kor 8,6; 8,16f; 22ff).

Daß es sich beim zweiten Korintherbrief um *einen* Brief handelt, wird von vielen Auslegern bestritten, denn Paulus hat mehr Briefe an die Korinther geschrieben, als uns erhalten sind.

a. 1Kor 5,9-13 spricht von einem Brief, der davor warnt, mit Leuten Gemeinschaft zu halten, die in großen Sünden leben (Brief »A«). Weil er mißverstanden worden war, verdeutlicht Paulus, daß er christl. Brüder gemeint hatte. Einige Ausleger nehmen an, dieser Brief sei in 2Kor 6,14-7,1 teilweise erhalten.

b. 2Kor 2,3f; 7,8 reden von einem »Schmerzensbrief«, der nicht mit 1Kor identisch sein kann (wegen Inhalt und Ton) und dem 2Kor vorhergehen muß (Brief »C«). Manche Ausleger vermuten, daß der Hauptteil dieses Briefes in 2Kor 10-13 enthalten ist.

Aus diesen Angaben folgt, daß Paulus vier Briefe an die Korinther geschrieben hat, unser 1Kor ist Brief »B«, 2Kor Brief »D«.

Einige Ausleger nehmen außerdem an, daß 2Kor 2,14-7,14 Teil eines weiteren Briefes ist, der vor dem »Schmerzensbrief« geschrieben war, weil Paulus hier überzeugt ist, mit seinen Worten Zustimmung zu finden und das vertraute Verhältnis zur Gemeinde wiederzugewinnen (2Kor 6,11f; 7,4). Davon wieder hebe sich ein »Versöhnungsbrief« ab, dem 2Kor 1-2,13; 7,5-16 angehören müßten, wahrscheinlich auch 2Kor 8 mit der Sendung des Titus nach Korinth (so Bornkamm). Der 2Kor bietet sich diesen Auslegern als eine Sammlung von Brieffragmenten an. Zwei Hinweise stützen ihre Annahme: Bei den Apostolischen Vätern an der Wende des 1. zum 2. Jh. (1Clem, Ignatius, Polykarp) wird der 1Kor reichlich, der 2Kor nicht zitiert. Außerdem entspricht es urchristl. Brauch, Warnungen vor Irrlehrern an den Schluß zu setzen, weil ihr Auftreten zu den Zeichen der Endzeit gehört.

Diese Aufteilungen des 2Kor bleiben Hypothesen. Ihnen steht der Befund der Handschriften entgegen, die uns den Brief so bieten, wie er jetzt von Kap. 1 bis Kap. 13 vor uns liegt. Teile des Briefes, die später eingeschoben und zugesetzt wurden, lassen sich nicht erkennen. Titus ist in 2Kor 2,13; 7,6; 7,13.14; 8,6.16.23 und 12,18 eingeführt, ohne daß deutlich gemacht werden kann, daß hier große zeitliche Abstände vorliegen.

Mit dem Hinweis auf die Änderung des Tones von Kap. 10-13 zu den vorhergehenden Kap. wird die Einheitlichkeit des 2Kor in Frage gestellt. Kap. 10-13 könnten unmöglich nach den freudigen Sätzen in Kap. 7 geschrieben worden sein. Aber die Kap. 10ff setzen deutlich voraus, daß der Friede zwischen der Gemeinde und Paulus wiederhergestellt ist. Ab Kap. 10 sind hauptsächlich die erbitterten Widersacher des Apostels angeredet. Ihnen begegnet er in schroffem Ernst. Ein anderer Hinweis, daß bei Paulus ein solcher Wechsel des Tons innerhalb eines Briefes möglich ist, findet sich in der Veränderung von Röm 9,1 gegenüber Röm 8,38f.

III. DIE SCHWIERIGKEITEN IN KORINTH – HINTERGRÜNDE UND ZUSAMMENHÄNGE.

1. Im **1Kor** geht es vor allem um die Auferbauung der Gemeinde als Leib Christi.

Paulus sieht sie in Gefahr durch die »Spaltungen« (1,10; 11,18); weiter durch die Meinung, »daß wir alle die Erkenntnis haben« (8,1); daß man übersieht, daß sich »der Geist zum Nutzen aller« offenbart (12,7), und daß man Christus nicht einmütig bekennt (1,10). Diesen Mißständen will er durch seinen Brief wehren.

a. Gegen allen Selbstruhm des Menschen und besonders jeden Versuch, die persönlichen Begabungen eines der »Mitarbeiter Gottes« gegen Mängel oder Schwächen eines anderen unter ihnen auszuspielen und so den einen zu verachten und den anderen im Überschwang zur Leitfigur zu erheben, der man sich zugehörig weiß, setzt Paulus »das Wort vom Kreuz« (1,18-4,21).

b. Zeigt sich in solcher Begeisterung für die persönlichen Vorzüge eines Menschen bereits eine Art von Schwärmerei, so auch in der mangelnden Klarheit, wie man mit bösem Frevel umgeht (5,1-5), ob man sein Recht gegen den Bruder vor heidnischem Gericht erstreiten soll (6,1-8), und in der Losung: »Alles ist mir erlaubt« (6,12). Christen vergessen, daß sie nicht sich gehören, sondern »teuer erkauft« sind (6,20)!

c. Wie blind eine Erkenntnis ist, die den Bruder übersieht, macht Paulus, die überheblichen Korinther beschämend, einsichtig. Sie fassen Freiheit ichbezogen auf, verletzen so die Liebe und richten trotz »richtiger« Erkenntnis den Bruder zugrunde (6,8). Daß der Kern christlicher Freiheit Liebe ist, dafür gibt Paulus selbst das Beispiel (6,9). Die Losung: »Alles ist erlaubt« wird ergänzt: »Niemand suche das Seine, sondern was dem andern dient« (10,23f).

d. Auch die Gaben des Geistes, die in Korinth reichlich geschenkt sind, werden mißbraucht, wenn sie nicht als Aufgabe am Bruder und damit als Mittel zur Auferbauung der Gemeinde erkannt werden. Schwärmerei setzt sich darüber hinweg, besonders wenn man meint, man sei schon satt und reich und herrsche im Gottesreich (12-14; vgl. 4,8).

e. Gegen die Auffassung, man lebe jetzt schon dank der reichen Begabungen im Leben der Auferstehung und habe nicht mehr auf die Auferweckung der Toten zu warten, beruft sich Paulus auf das eine Evangelium, das alle Apostel einmütig verkündigen (15,1-11). Auch damit bekämpft er jene Schwärmerei, die sich in unterschiedlicher Gestalt meldet, aber Glauben, Liebe und Hoffnung nicht wirklich erfaßt hat.

Die Schwärmerei gibt Askese und Libertinismus Raum. Die Gründe für beides können aus dem Streben nach höherer Erkenntnis oder aus dualistisch geprägter Leibverachtung kommen: Darin zeigt sich die besondere Gefahr, die dem Evangelium aus hellen. Lebensverständnis erwächst.

Daß man hier mit einer Frühform der später vertrauten *Gnosis zu rechnen hat, ist recht unwahrscheinlich. Alles, was Paulus sagt, läßt sich ohne diese Annahme hinreichend verstehen. Er spricht so konkret und typisch zugleich, daß gleiches Lebensverständnis heute unmittelbar getroffen wird.

2. Im **2Kor** geht es – sieht man von den Kap. 8 und 9 ab – um den Dienst des Apostels. Paulus legt grundsätzlich dar, welcher Art dieser Dienst ist (2,12-6,10), und verteidigt sich gegen Angriffe auf seine Person (10-12).

a. »Botschafter an Christi Statt«, so lautet die wichtigste Auskunft (5,20). Der Herr selbst bittet durch seinen Abgesandten: »Laßt euch versöhnen mit Gott!« Gerade im leidenden, bedrängten und verfolgten Apostel soll daher der Herr selbst gesucht und erkannt werden (4,7ff). Die Gemeinden, die durch seinen Dienst entstehen, sind ein Brief Christi und empfehlen das Evangelium jedermann als das Wort des Lebens und der Zuversicht zu Gott (3).

b. »Laß dir an meiner Gnade genügen; denn meine Kraft ist in den Schwachen mächtig«, hat der Herr seinem Apostel, Paulus, gesagt (12,9). Er ist zum Beispiel für die Gnade Gottes geworden. Damit verteidigt er sich gegenüber allen, denen diese Gnade nicht ein und alles ist.

Erwartet man von Paulus, daß er mit Begabungen und Fähigkeiten glänzt, hält man ihm vor, daß andere sich vor ihm durch Abkunft aus dem Judentum und Eifer für die Ausbreitung des Glaubens auszeichnen, so entgegnet er allein mit dem Hinweis auf das Evangelium, obwohl er –

auch an jenen Maßstäben gemessen – besser bestehen kann als seine Gegner.

Die Gegner, die Paulus gelegentlich »Überapostel«, aber auch »falsche Apostel« nennt, kommen sicher aus der Judenchristenheit (11,5.13). Ob sie mit denen zusammenhängen, die in den Gemeinden Galatiens Unruhe stifteten, läßt sich nicht klar erkennen: ihr Angriff richtet sich hier gegen Paulus und seinen apostol. Dienst; dort wird außerdem die Forderung nach Beschneidung erhoben, wovon bei Paulus nichts gesagt ist. Wie die Briefe des Apostels in Korinth aufgenommen worden sind, und ob sich das Verhältnis der Gemeinde zu ihm so gestaltet hat, wie er es hoffte, wissen wir nicht. Denn auch die Angaben über Besuche in Korinth geben uns keine hinreichende Klarheit: 1Kor 16,10 wird Timotheus' Besuch angekündigt; Paulus selbst spricht 2Kor 1,23 und 2,1 von einem eigenen Besuch, der von Kummer gekennzeichnet war; und was hat Titus ausrichten können, als Paulus ihn in Mazedonien wiedersah (2Kor 2,13; 7,5)? Ist es ihm gelungen, die Anschuldigungen, die ein Ungenannter gegen Paulus erhoben hatte, wirkungsvoll zu widerlegen (2Kor 2,5ff)? Oder hat er die Spaltungen in der Gemeinde überwinden können (2Kor 10-12)?

IV. AUSLEGUNGSGESCHICHTE.

Ethisch-praktische Gesichtspunkte haben die Auslegung der Korintherbriefe von der Zeit der Frühen Kirche an bestimmt (Chrysostomus; Cyrill; Ambrosiaster). Die Reformatoren richteten die Aufmerksamkeit auf die Seelsorge, mit der Paulus seine Gemeinde leitete (Calvin; Melanchthon). Historisch-kritische Arbeit fand besonders in diesen Briefen das Material, durch Tendenzkritik ein neues Bild von den Strömungen in der frühen Christenheit zu zeichnen (F.C. Baur): Wie aus dem Gegensatz von juden- und heidenchristl. Verständnis des Evangeliums die Kirche der kommenden Jahrhunderte wuchs. Nach zahlreichen Untersuchungen zu Einzelfragen hat sich in jüngster Zeit Besonnenheit bei der Beurteilung umstrittener Fragen durchgesetzt und so den Weg zu nüchterner Auslegung eröffnet, bei der das Wort des Apostels sich heute kräftig erweist.

Literatur: W. de Boor: Der erste Brief des Paulus an die Korinther, [8]1984; ders.: Der zweite Brief des Paulus an die Korinther, [6]1985; E. Fascher: Der erste Brief des Paulus an die Korinther, ThHK VII, 1., 1980; H. Krimmer: Erster Korintherbrief, 1985; ders.: Zweiter Korintherbrief, 1987; A. Schlatter: Die Korintherbriefe, (NA) 1983; ders.: Paulus der Bote Jesu, (1934) 1956; H.D. Wendland: Die Briefe an die Korinther, NTD 7, [15]1980; G. Bornkamm: Paulus, [4]1979; ders.: Die Vorgeschichte des sog. zweiten Korintherbriefes, in: Gesammelte Aufsätze, Bd. IV, 1971, S.162-194; D. Georgi: Die Gegner des Paulus im 2. Korintherbrief, WMANT11, 1964; W. Schmithals: Die Gnosis in Korinth, FRLANT 66, 1965. H.G./Red.

KORN
s. Ackerbau, Nahrungsmittel

KORNELIUS. Röm. Zenturio in *Cäsarea Maritima; der erste namentlich bekannte röm. *Heide, der Christ wurde (Apg 10,1-11,18).

Seit Publius Cornelius Sulla 82 v.Chr. 10 000 Sklaven entlassen und in seine *gens Cornelia* aufgenommen hatte, war C/Kornelius ein gebräuchliches *nomen gentile* (zum röm. Namenssystem vgl. *Pudens). In welcher Weise der ntl. K., von dem weitere Namen nicht überliefert sind, zu diesem größten röm. Patriziergeschlecht gehörte, welchem Zweig er zuzurechnen ist (Scipio, Sulla, Lentulus, Nepos o.a.; auch der Historiker Tacitus war ein Cornelius), ist ungeklärt. Als Zenturio (im griech. Text Apg 10,1: *hekatontarchēs*; vgl. Lk 7,2; 23,47; Apg 27,1; anderswo, z.B. Mt 8,5; 27,5 auch *hekatontarchos*; Mk 15,39: *kentyriōn*) war er »Kompaniechef« einer Hundertschaft (die meist nur aus achtzig Mann bestand). Eine *Legion hatte bis in die Zeit des NT sechzig, später neunundfünfzig Zenturionen, ranghöchster war der *primipilus*. Sechs, mitunter zehn Zenturien bildeten eine Kohorte; die Zenturie des K. gehörte zur Italischen Kohorte, einer Auxiliarkohorte, die möglicherweise als *Cohors II Italica Civium Romanorum* durch eine Inschrift aus neronischer Zeit für das benachbarte Syrien bezeugt ist (H. Dessau, Inscriptiones Latinae Selectae, Nr. 9168; »Proculus Rabili f. Col. Philadel. mil. optio coh. II Italic. c. R. Fa[us]tini ex vexil. sagit. exer. Syriaci stip. VII vixit an. XXVI Apuleius frater f.c.«).

Interessant ist hier auch, daß der *optio* Proculus, Sohn des Rabilus (Rabbel, nabatäischer Eigenname; *Nabatäa/Nabatäer), ursprünglich in Philadelphia (*Rabba) ansässig war (vgl. aber auch die Inschriften CIL VI 3528 und CIl XI 6117). Ort und Datum dieser Bezeugung haben gelegentlich zur Bezweiflung der historischen Authentizität der K.-Episode geführt (jüngst wieder bei G. Lüdemann). Gleichwohl ist wahrscheinlich, daß gerade diese Kohorte häufig verlegt wurde (die Inschrift wurde in Österreich gefunden, in Carnuntum bei Petronell; vgl. darüber hinaus auch M. Hengel; Jos.ant.Jud. 19, 364-66); auch gibt es keine inneren Anhaltspunkte für eine Unwahrscheinlichkeit des lukanischen Berichts: abgesehen davon, daß die datierte Inschrift die frühere Existenz der Kohorte keineswegs ausschließen darf, hat sich gezeigt, daß in *Judäa z.Zt. des K. Auxiliarkohorten (keine ganzen Legionen) fest stationiert waren. Da nach der Chronologie der Ereignisse des NT die K.-Episode vor 41/42 n.Chr. liegen dürfte (d.h. einige Zeit vor der Gefangenschaft des Petrus in Jerusalem unter *Herodes Agrippa I., Apg 12,1-3), erübrigt sich auch der einschränkende Hinweis darauf, daß während Agrippas Herrschaft über Judäa (41-44 n.Chr.) dort keine röm. Einheiten stationiert gewesen sein sollen (E. Haenchen). Zu erwägen bliebe auch gegen Haenchen, ob unter den fünf Kohorten, die Josephus neben der aus Caesarea und Sebaste rekrutierten und in Caesarea stationierten Schwadron eigens erwähnt (Jos.ant.Jud. 19, 365), nicht doch auch die Italische gewesen sein könnte; so stünde selbst eine hypothetische Datierung der K.-Episode auf die Herrschaft des Herodes Agrippa I. über Judäa, die er ohnehin mit seiner Rückkehr aus Rom erst im Frühjahr 41 antrat (vgl. Jos.ant.Jud. 19,292), nicht im Gegensatz zu den lukanischen Angaben. Wie jeder Zenturio trug K. einen Rebstock (*vitis*) und einen quergestellten Helmbusch (*crista transversa*) sowie Beinschienen (*ocreae*) und einen Goldring (*anulus aureus*) als Zeichen seines Ranges bzw. seiner Disziplinargewalt. Nach Tacitus (hist. 2,89,2) war ranghohen Zenturionen außerdem gestattet, bei Paraden in weißem Gewand (*candida vestis*) zu erscheinen, wodurch sie Offizieren aus dem Ritterstand gleichgestellt waren (ansonsten stand ihnen als Umhang das purpurfarbene *paludamentum* zu). K. genoß in Caesarea, dem Sitz der röm. Verwaltung von Judäa, offenbar hohes Ansehen auch unter der jüd. Bevölkerung (Apg 10, 22). Lukas beschreibt ihn als *»fromm« und *gottesfürchtig« (*eusebēs kai phoboumenos ton theon*, Apg 10,2) und bezeichnet ihn damit als einen Heiden, der von den Juden akzeptiert wurde, da er sich an jüd. Gepflogenheiten hielt (Verehrung nur eines *Gottes, in Grenzen auch Synagogenbesuch, *Sabbat-Beachtung, Einhaltung der Speisegebote (s. *Ernährung), Verzicht auf Bilder- und Statuenverehrung; Apg 10,2: *Gebet zu Gott und *Almosengeben), auch wenn er noch kein beschnittener *Proselyt war (vgl. Apg 11,3). So gab es denn auch keine volle Gemeinschaft zwischen K. und den Juden Cäsareas; die rel. Skepsis, die in *Palästina den *Gottesfürchtigen trotz allem entgegengebracht wurde, schlägt sich auch in der Reaktion der *judenchristl. Gemeinde in *Jerusalem auf den Bericht des *Petrus nach vollzogener Konversion (s. *Bekehrung) des K. zum christl. *Glauben nieder (Apg 11,2f; s.a. 10.28.45). I.H. Marshall vermutet daher, daß K. schon vor seiner Stationierung in Cäsarea in der liberaleren *Diaspora zum »Gottesfürchtigen« geworden war. Daß die Hinwendung zu jüd. Glaubensformen in *Rom fast zur Mode werden konnte, ironisiert der röm. Satiriker Juvenal (ca. 58 – ca. 128 n.Chr.) in seinen *Saturae* (14,96-106).

Da K. mit seinem ganzen Haushalt und Freunden Christ wurde (Apg 10,24.27; 44-48; 11,15-17), dürften wir es hier mit dem Entstehen der ersten *heidenchristl. *Hauskirche zu tun haben.

Literatur: A. Bludau: Die Militärverhältnisse in Caesarea im neutestamentlichen Zeitalter, ThPM 17, 1906, 136–43; F.F. Bruce: Chronological Questions in the Acts of the Apostles, BJRL 68/2, 198[illegible] 273-95; E. Haenchen: Die Apostelgeschichte, [16]1977; M. Hengel: Der Historiker Lukas und die Geographie Palästinas in der

Apostelgeschichte, ZDPV 99, 1983, 147-83; M. Junkelmann: Die Legionen des Augustus. Der römische Soldat im archäologischen Experiment, 1986; F. Lundgreen: Das palästinische Heerwesen in der neutestamentlichen Zeit, PJ 17, 1921, 46-63; G. Lüdemann: Das frühe Christentum nach den Traditionen der Apostelgeschichte. Ein Kommentar, 1987; I.H. Marshall: The Acts of the Apostles, 1980; J.A. Overmann: The God-Fearers Some Neglected Features, JSNT 32/1988, 17-26; A.N. Sherwin-White: Roman Society and Roman Law in the New Testament, 1963; C. Schneider: Der Hauptmann am Kreuz, ZNW 33, 1934, 1-17; C.P. Thiede: Simon Peter - From Galilee to Rome, ²1988, 140-48. C.P.Th.

KORNHAUS, KORNSTADT. Bezeichnung für einen Getreidespeicher oder Behälter für Lebensmittelvorräte (Jer 50,26; Joel 1,17 ; von 2 – 3 m Durchmesser, der sich nach oben verjüngte und an seiner Spitze eine Öffnung zum Einfüllen besaß. Für das Kornhaus des Tempels steht auch die allgemeinere Bezeichnung Vorratshaus (1Chr 26,15.17; Mal 3,10). Die staatlichen Kornmagazine des Pharao in Ägypten (1Mo 41,35.56), das Lagern von Getreidevorräten und die Buchführung darüber, die zu den Aufgaben der »Aufseher über die Kornhäuser« zählte, sind aus Wandmalereien, Grabmodellen und Inschriften gut bekannt.

Aus verwaltungstechnischen und militärischen Gründen wählte man gern bestimmte Städte zur Errichtung von größeren Magazinen. Die Israeliten mußten dem Pharao die Städte Pitom und *Ramses zu Vorratsstädten ausbauen, als Stützpunkte für die Feldzüge und die ägypt. Herrschaft in Syrien und Palästina (2Mo 1,11). Ebenso errichtete Salomo beim Ausbau seines Reiches Städte mit Kornspeichern (1Kön 9,19; Chr 3,4.6). Solche Distriktshauptstädte mit Magazinen für Korn und andere Naturalabgaben waren außer den hier genannten nach den Ausgrabungen auch Lachisch und *Bet-Schemesch. In der Kasemattenbauweise (vgl. *Festungsbau und Belagerungstechnik) der Stadtmauern von *Debir, Bet-Schemesch, *Geser, Tell Qasile (nördl. von Jafo) und *Hazor hat man ebenfalls einen Hinweis darauf gesehen, daß es sich hier um Vorratsstädte handelt. Die Abteilungen innerhalb der Mauer sind z.T. erst später mit Schutt aufgefüllt worden, ursprünglich wurden sie als Vorratsräume benutzt. Rehabeam (2Chr 11,11) und später Joschafat (2Chr 17,12) und Hiskia (2Chr 32, 27f) setzten diese Politik fort. Auch aus Israel hören wir von solchen Kornstädten (2Chr 16,4).

KOSMETIK UND PARFÜM.

EINLEITUNG.

1. Definition.

Unter Kosmetika wird hier die ganze Palette der Zubereitungen aus

Grabstein des Zenturionen Titus Calidius Severus, aus Carnuntum bei Petronell, Österreich, 1. Hälfte bis Mitte des 1. Jh. n.Chr. Der Stein zeigt die Rangbazeichen des Zenturionen: unter der Inschrift in der Mitte den Rebstock (vitis), *rechts den Helm mit quergestelltem Busch* (crista transversa), *darunter die Beinschienen* (ocreae). *Links ist ein Schuppenpanzer zu sehen, darunter ein Bediensteter (vgl. Apg. 10,7b) mit dem Pferd des Zenturionen. Titus Calidius Severus starb laut Inschrift nach 34 Dienstjahren, als deren Krönung er Zenturio wurde, im Alter von 58 Jahren. Wer die normale Laufbahn durchlief, dürfte durchschnittlich als Mittdreißiger Zenturio geworden sein.* (KHMW)

KORNMASS
s. Maße und Gewichte
KOSEBA
s. Achsib

pulverisierten Mineralien, pflanzlichen Ölen und Extrakten sowie Tierfetten verstanden, die seit Urzeiten zur Erhaltung, Verschönerung oder Wiederherstellung der äußeren Erscheinung (»optische Kosmetika«) oder zur Erzeugung angenehmer Düfte (»duftende Kosmetika«) gebraucht wurden.

2. Kosmetikgefäße und -hilfsmittel.

Die Bibel sagt wenig über die Dosen, Phiolen, Flaschen, Löffel und anderen Kosmetikutensilien, die aus der Archäologie bekannt sind. Neben den »Riechfläschchen« aus Jes 3,20 (die Übersetzung ist nicht gesichert) wird nur noch die Flasche mit kostbarem Salb- oder Parfümöl erwähnt, mit dem die Sünderin Jesu Haupt salbte (Lk 7,37; vgl. Mt 26,7; Mk 14,3). Aber in den ausgegrabenen israelit. Städten sind viele kleine, gemusterte Kosmetikschälchen aus Stein zutage getreten. In den meisten Perioden dienten kleine Keramikkännchen oder -flaschen wohl als Parfümbehälter. Aus Lachisch stammt eine prächtige Salbölflasche aus Elfenbein (14./13. Jh.v.Chr.). Die vornehmen ägypt. Frauen bevorzugten kunstvolle Kosmetiklöffel oder -schalen aus Elfenbein in der Form von Lotosblüten, Schwimmerinnen, Enten usw. Diese Geräte wurden manchmal auch in Palästina verwendet. Für die Augenkosmetik gab es viele kleine Dosen und Röhren; die Farbe trug man mit einem Stäbchen oder Spachtel (*spatula*) aus Elfenbein, Knochen oder Bronze auf. In Ägypten fand sich eine große Zahl solcher Gefäße und spatulae. (s.a. *Spiegel).

3. Körperpflege.

Im gesamten bibl. Orient war die Anwendung von Salböl, um die von der Sonne ausgetrocknete Haut zu pflegen, fast ebenso wichtig wie Essen und Trinken. Der Gebrauch von Salböl war allgemein üblich, außer in der Trauerzeit (5Mo 28,40; Rut 3,3; 2Sam 12,20; vgl. Mt 6,17). Ein sicher ungewöhnlicher Vorfall ist das Kleiden, Speisen und Salben der aus Kriegsgefangenschaft entlassenen Judäer z.Zt. des Königs Ahas (um 730 v.Chr.), wie es 2Chr 28,15 beschreibt. Wer zum Luxus neigte, benutzte teure Öle (Am 6,6), nach Spr 21,17 ein sicherer Weg, sein Geld loszuwerden.

Außerbibl. Quellen bestätigen das bibl. Bild. Im ramessidischen Ägypten (13. Jh.v.Chr.) erwähnt ein Papyrus 600 Hin »Salböl« für eine Gruppe Arbeiter; anderen Arbeitern wurde »Öl, sich zu salben, dreimal im Monat« bzw. »ihre Kornration und ihr Salböl« zugeteilt (siehe R.A. Caminos, Late Egyptian Miscellanies, 1954, S. 307f. 312.470). Derselben Situation begegnet man spätestens seit dem 18. Jh.v.Chr. in Mesopotamien. Die orientalischen Kosmetika dienten, das ist noch einmal zu betonen, ebensosehr der Körper- wie der Schönheitspflege. (s. die Öl-Austeilungs-Texte von Mari, J. Bottéro, Archives Royales de Mari, 7, Texte 5-85).

II. PARFÜMEURE UND PARFÜMHERSTELLUNG.

In 1Sam 8,13 beschreibt Samuel einen typischen König, »wie ihn alle Heiden haben«, der die Dienste von Parfümeuren, Köchen und Bäckern in Anspruch nimmt. Drei Aspekte dieser Textstelle finden in außerbibl. Quellen eine nähere Erläuterung: die Existenz von Palastparfümerien, die Verbindung von Parfümherstellung und Kochen und der hebr. Grundbegriff *rqch*.

1. Königliche Parfümerien.

Der große Palast in Mari am mittleren Euphrat (18. Jh.v.Chr.) hatte eine eigene Parfümerie, das bīt-raqqi, das große Mengen verschiedener Salben für die Würdenträger und Soldaten des Königs sowie die Parfüme für die Körperpflege, Rituale, Festtage und königlichen Festessen lieferte. Siehe J. Bottéro, Archives Royales de Mari, 7, 1957, Textes économiques et Administratifs, S. 3-27 (Texte 5-85), 176-183 (die verschiedenen Öle), 183-184 (große Mengen), 274,n2, und S. 360 (bīt-raqqi).

2. Herstellungsmethoden.

Die gemeinsame Nennung von Parfümeuren, Köchen und Bäckern in 1Sam 8,13 entspricht den damaligen Herstellungsmethoden. Die Arbeitsweise des Parfümeurs ähnelte stark der des Kochs. Das Parfüm von Blumen und anderen pflanzlichen Aromaträgern konnte auf drei verschiedene Arten gewonnen und haltbar gemacht werden. a. die Enfleurage: Einlegen der Blüten in Fett unter wiederholter Erneuerung der Pflanzenteile. b. die Mazeration: Eintauchen der Blüten usw. in heißes Fett oder Öl bei 65°C. Dies war die verbreitetste und dem Kochen ähnlichste Art. c. das Auspressen: Ausquetschen der duftenden Säfte durch Pressen der Blüten usw. in einem Beutel. Öl aus Myrrhe und anderen Gummi-Harzen gewann man durch Erhitzen in einem fettartigen »Fixier«-Öl oder -Fett (mit Wasser, um Aromaverflüchtigung zu vermeiden); die Duftstoffe der Myrrhe oder anderer Harze gingen dabei in das Öl bzw. Fett über, das schließlich als flüssiges Parfüm abgeschöpft werden konnte. (Zu diesem Prozeß s. R.J. Forbes, Studies in Ancient Technology, 3, 1955, S. 9-10 und Anm. sowie A. Lucas, JEA 23, 1937, S. 29-30,32-33). Die nordkanaan. Texte aus Ugarit erwähnen »Öl des Parfümeurs« (*schmn rqch*; s. Gordon, Ugaritic Literature, 1949, S. 130) und enthalten Angaben wie »10 Log Öl«, »3 Log Parfüm« (*tlt lg rqch*; s. Gordon, Ugaritic Textbook, 3, 1965, S. 427, Nr. 1354 – 14./13. Jh. v.Chr.; dieselbe Maßeinheit [Log] wird in 3Mo 14,10.12.15.21.24 verwendet, LÜ: Becher; s. *Maße und Gewichte).

Diese dem Kochen mit Fetten sehr ähnlichen Prozesse werden manchmal in ägypt. Grabmalereien des 15. Jh. v.Chr. dargestellt. Sie zeigen Menschen, die das Gemisch in erhitzte Pfannen gießen, es darin umrühren oder Weihrauch zu phantasievollen Formen modellieren. (Typische Beispiele zeigen Davies, JEA 26, 1940, Tafel 22 mit S. 133 und Forbes, op.cit., S. 13, Abb. 1). Daß bei der Parfümherstellung gekocht wurde, belegen deutlich ein ägypt. Begriff für »Parfümeur« (*ps-sgnn*, wörtl. »Kocher von Salböl«) und die Erwähnung von Feuer in den ausführlichen Kosmetikrezepten Assyriens (dazu s. E. Ebeling, Parfümrezepte und Kultische Texte aus Assur, 1950).

3. Die rqch-Terminologie.

Das Partizip *roqeach* bezeichnet in 2Mo 30.25.35; 37,29 den »Parfümeur« (LÜ: Salbenbereiter); in 1Chr 9,30 bezieht es sich auf Priester, die, von David beauftragt, Parfümsalben für die Stiftshütte herstellten. Es erscheint auch in Pred 10,1, wo es mit dem oben zitierten ugaritischen *schmn rqch* identisch ist. *raqqach*, weibl. *raqqacha*, ist das Substantiv für »Berufsparfümeur«; die weibliche Form findet man 1Sam 8,13, die männliche Neh 3,8: »Hananja, ein Mitglied (wörtl. Sohn) der Parfümeur(gilde)« (vgl. Mendelsohn, BASOR 80, 1940, S. 18). Wörter für »Parfüm« sind: *roqach* (2Mo 30,25. 35, RevEB: würzige Mischung), *riqquach*, »Salbe« (Jes 57,9), *räqach*, »gewürzter (Wein)« (Hld 8,2, s. *Ernährung), *märqach*, »Duft-« oder »Würzkraut« (Hld 5,13). *Meruqqachim* in der Wendung »gemischt nach der Kunst der Salbenmischung« (2Chr 16,14 RevEB), ist ein passives Partizip; *mirqachat* bedeutet »Salbenmischung« oder »Parfüm« (1Chr 9,30, 2Mo 30,25, LÜ: »Salböl«); *märqacha* bezeichnet den Salbentopf (Hiob 41,23, vgl. RevEB; und vielleicht Hes 24,10 in einem unklaren Zusammenhang).

III. OPTISCHE KOSMETIKA.

1. Bemalung von Gesicht und Körper.

Seit frühester Zeit ummalten die orientalischen Frauen ihre Augen und färbten die Augenbrauen dunkel mit Mineralpasten, die gewöhnlich schwarz waren. Zuerst geschah dies v.a. aus medizinischen bzw. magischen Gründen (um die Augen vor starkem Sonnenlicht oder Krankheiten zu schützen), bald aber wurde es vorwiegend zu einer weiblichen Mode, die die Augen größer erscheinen und stärker zur Geltung kommen ließ. Die Sitte ist für Ägypten, Palästina und Mesopotamien belegt.

Königin *Isebel (9. Jh.v.Chr.) soll solche K. gebraucht haben. 2Kön 9,3[0] vermerkt, daß sie ihre Augen mit Augenschminke (*puk*) behandelte und ihr Haupt schmückte, bevor sie an das Fenster trat, aus dem sie dann auf Jehus Befehl in den Tod gestürzt wurde. Mehr als zwei Jh. später beschrieben zwei judäische Propheten das götzendienerische Volk, das seinem Gott die Treue brach, als eine Frau, die sich für ihre außerehelichen Liebhaber zurechtmacht. Jeremia (4,30) sagt: »Du vergrößerst deine Augen mit Schminke« (*puk*; RevEB), und Hesekiel (23,40) tadelt: »Du hast deine Augen geschminkt« (*kachal*;

RevEB). Vgl. auch Kerenhappuch, den Namen von Hiobs dritter Tochter (42,14), »Schminkhörnchen«, d.h. Quelle der Schönheit. Die Augenfarbe stellte man her aus feingemahlenen Mineralien, die mit Wasser oder Harz zu einer Paste verrührt wurden, so daß man sie in einem Gefäß aufbewahren und mit dem Finger oder einem Spatel auftragen konnte (s.o. I. 2.).

Die verwendeten Mineralien: Zur Römerzeit verwendete man eine Antimonmasse für die Augenkosmetik. Das latein. Wort für Antimonsulfid und dann auch für Antimon selbst ist Stibium. Leider hat das dazu geführt, daß die altorientalischen Augenfarben oft mehr oder weniger pauschal als Antimon oder Stibium bezeichnet werden, großenteils fälschlich. In Ägypten wurde der grüne Malachit bald durch schwarze Augenfarbe (ägypt. *msdmt*) ersetzt. Analysen vieler ausgegrabener Proben haben ergeben, daß diese hauptsächlich aus Galenit (Bleiglanz), nie aus Antimon bestanden. (S. A. Lucas, Ancient Egyptian Materials and Industries, 1962, S. 80-84. 195-199). In Mesopotamien nannten die Babylonier ihre schwarze Augenfarbe *guhlu*. Man vermutet dahinter Galenit oder Antimon/Stibium. (Für das erste s. Forbes, Studies in Ancient Technology, 3, S. 18, der keinen Beweis für seine Ansicht beibringt; für das zweite s. R.C. Thompson, Dictionary of Assyrian Chemistry and Geology, 1936, S. 49-51, wo die Beweise nicht stichhaltig sind). Das babylon. *guhlu* entspricht dem hebr. *kachal*, »(die Augen) schminken«, und wurde als *kohl*, »Augenfarbe«, ins Arab. übernommen. Das heutige arab. *kohl* ist oft nur angefeuchteter Ruß; es kann Galenit enthalten, aber kein Antimon (vgl. Lucas, 101). Das hebr. *puk*, »Augenfarbe«, war daher wohl eher Galenit als Antimon. Und entsprechend waren die *'abne puk* im Tempelschatz (1Chr 29,2) wohl »Galenitbrocken«. Die Erwähnung von *puk* in Jes 54,11 (»Siehe, ich lege deine Steine in *puk*«) könnte auf die Verwendung von pulverisiertem) Galenit als Teil eines (dunkelfarbigen) Klebstoffes (z.B. Harz) für die assung von Edelsteinen hinweisen. Zur Verwendung von Harz und pulverisierten Mineralien für getönte Juwelenfassungen usw. s. Lucas, S. 12f).

In Ägypten könnte der häufig in räbern gefundene rote Ocker (rotes senoxyd) als Rouge zur Färbung der Wangen gedient haben (Lucas, S.)4). Ägypt. Frauen benutzten auch uderquasten (Forbes, 20) und Lippenpinsel. Im Altertum wurden die ätter der duftenden Hennapflanze u. IV 1.) gemahlen, um einen roten rbstoff für Füße, Hände, Nägel und aare zu gewinnen (Lucas, 107). In esopotamien benutzten die Sumer als Gesichtspuder gelben Ocker it dem klangvollen Namen »goldener Lehm« oder »Gesichtsblüte«; die bylonier verwendeten gewöhnlich ten Ocker (Forbes, 20). Derlei moche Bräuche gefielen zweifellos auch koketten israelit. Frauen wie denen in Jes. 3,18-26.

2. Frisuren und Verjüngungsmittel.

Frisuren waren Teil altorientalischer Moden. In Ägypten kümmerten sich fachkundige Friseure um die Frisuren (und Perücken) der Vornehmen. Auch Mesopotamien hatte seine Frisurmoden (vgl. B. Meissner, Babylonien und Assyrien, 1, 1920, S. 410-411; RA 48, 1954, S. 113-129, 169-177; 49, S. 9ff). Auch Kanaan und Israel bieten Beispiele verschiedener Frisuren mit langen oder kurzen Locken (s. G.E. Wright, Biblical Archaeology, 1957, S. 191 und Abb. 136-137.72). In diesem Zusammenhang ist Jesajas Hohn (3,24: »eine Glatze statt lockigen Haars«) und das »Schmücken des Hauptes« bei Isebel (2Kön 9,30) zu verstehen. Reich verzierte Kämme waren beliebt (s. z.B. ANEP, S. 21, Abb. 67). Die Männer der semit. Welt (im Gegensatz zu Ägypten) liebten prächtige Bärte und pflegten ihre Haare (vgl. Simsons sieben Zöpfe, LÜ: Locken, Ri 16,13.19). Barbiere und Rasiermesser waren in atl. Zeit durchaus bekannt (z.B. Hes 5,1) und gleichermaßen im Alten Orient (ANEP, S. 24, Abb. 80-83). Verjüngungsmittel zur Behebung von Alterserscheinungen waren sehr gefragt. Unter den Rezepten der medizinischen Papyri aus Ägypten befindet sich eines mit dem hoffnungsvollen Titel »Buch zur Umwandlung eines alten Mannes in einen jungen«; andere befassen sich mit der Verbesserung des Aussehens (s. die Wiedergaben in Forbes, 15-17).

IV. »DUFTENDE KOSMETIKA« ZUM PERSÖNLICHEN GEBRAUCH.

1. Parfüme im Hohenlied.

Für »Salböl« oder »Salbe« wird manchmal einfach das hebr. *schämän*, »Öl« gebraucht (1,3; 4,10). Das hebr. *reach*, »Duft«, kann auch auf den Duft von Parfümen oder Salben (1,3), aber auch auf natürliche Düfte (2,13) beziehen. Die in 1,12; 4,13f genannte Narde entspricht hier sehr wahrscheinlich dem *lardu* der assyr.-babylon. Inschriften, der Wurzel des Ingwergrases Cymbopogon schoenanthus, vielleicht aus Arabien importiert (s. R.C. Thompson, Dictionary of Assyrian Botany, 1949, S. 17), während das im NT erwähnte »unverfälschte, kostbare Nardenöl« (Mk 14,3; Joh 12,3) vermutlich das aus dem Wurzelstock des Nardostachys jatamansi, einer Pflanze des Himalajagebietes, gewonnene indische Nardenöl war, ein für das röm. Palästina sehr teurer Importartikel. Zu Myrrhe (1,13; 3,6; 4,6; 5,1) und flüssiger Myrrhe (5,5.13) s.u. V. 1., zu Weihrauch s.u. V. 2. Die Ausdrücke »Myrrhenberge«, »Weih-

Hölzerner Toiletten-Kasten aus Ägypten, mit Ebenholzfurnier und Elfenbeintäfelung sowie blauer Glasur ausgeschmückt. Theben, 18. Dynastie, ca. 1400 v.Chr. (BM)

Wandbemalung im Grabe des User-Het mit einem ägyptischen Friseur, der das Haar eines Rekruten Amenhoteps II. (1447–1421 v.Chr.) richtet. (PAC)

Israelitischer Kosmetiklöffel aus Elfenbein. Der Griff ist mit umgekehrter Palmette verziert, möglicherweise eine stilisierte Darstellung des Lebensbaumes. Zeit Jerobeams II., ca. 750 v.Chr. (YY)

rauchhügel« und »Balsamberge« (4,6; 8,14) weisen vielleicht auf die (auch in ägypt. Texten erwähnten) Terrassen hin, auf denen die entsprechenden Bäume wuchsen. Die Zyperblumen (hebr. *kophär*) in 1,14; 4,13; 7,12 sind die in aufrechtstehenden Trauben wachsenden Blüten des Hennastrauchs (Lawsonia alba). Aus den Blättern dieses Strauches wurde ein kosmetisch verwendeter gelbroter Farbstoff gewonnen (vgl. Lucas, 107, 355-357). Mit dem hebr. *karkom* in 4,14 (gewöhnlich mit »Safran« übersetzt) könnten der Safrankrokus (Crocus sativus) oder die Gelbwurz (Curcuma Longa) oder beide gemeint sein. Aus den getrockneten Blütenstempeln des Safrankrokus gewann man das gelbe Safranöl, das auch zum Färben von Kleidern und Speisen diente. Mit Wasser vermischt, war es im Altertum ein beliebtes Parfüm, mit dem man Kleider und Wohnräume besprengte. Der aus der Gelbwurz gewonnene Farbstoff fand ähnliche Verwendung (vgl. auch Thompson, 160f, und die Hinweise auf assyr. *azupiranu* und *kurkanu*). Zu Kalmus und Zimt (4,14) s.u. V. 1.; s.a. *Kräuter und Gewürze.

2. Andere Belege.

Das hebr. *bosäm*, im engeren Sinne Balsamöl vom Balsamstrauch, wird oft auch in der erweiterten Bedeutung »Parfüm« oder »Gewürz« gebraucht, so gewiß in Jes 3,24; 1Kön 10,2.10 (unter den Gaben der Königin von Saba), 2Kön 20,13 (unter den Schätzen Hiskias) und Hld 4,10.14.16. Kosmetische Einreibungen und Massagen sind wahrscheinlich mit dem hebr. *tamruq* gemeint (Est 2,3, RevEB: Schönheitsmittel, LÜ: daß man ihre Schönheit pflege), wodurch Ester und andere junge Frauen sich auf die Begegnung mit dem König Ahasveros vorbereiteten. Eine Bezeichnung für parfümiertes Hautöl war *schämän tob* (Pred 7,1; Hld 1,3; LÜ: gute Salbe); sie entspricht dem assyr. Begriff *schamnu tābu*, der bereits von einem Würdenträger in einer Mari-Tafel (18. Jh.v.Chr.) verwendet wurde, der es verlangte, um sich damit einzureiben (C.F. Jean, Archiv Orientalni 17,1, 1949, S. 329, A179, 1.6). Parfüme wurden auf Kleider (Ps 45,9) und Betten (Spr 7,17) gesprengt; parfümiertes Öl (*schämän tob*) wurde über das Haupt gegossen (vgl. die Salbung Aarons, Ps 133). Bei der Beerdigung von Vornehmen wurden Parfüme oder Gewürze verbrannt (2Chr 16,14).

V. SAKRALE DUFTMITTEL.

1. Das heilige Salböl.

Das heilige Salböl wurde aus verschiedenen Duftstoffen und Olivenöl hergestellt. Es diente zur Salbung der Stiftshütte und ihrer Geräte sowie der aaronitischen Priester bei ihrer Einsetzung, nicht zum profanen Gebrauch (2Mo 30,22-33). Mehrere seiner Bestandteile können identifiziert werden. Myrrhe, hebr. *mor*, ist ein duftendes Schleim-Harz des Strauches Balsamodendron (Commiphora) myrrha aus Süd-Arabien und Somalia. Das Harz enthält 7-8 % ätherische Öle mit starkem Duft. Indem man diese Substanz zusammen mit einem Fixieröl erhitzte und die leichteren Bestandteile abschöpfte, gewann man ein flüssiges Parfüm (s.o. II. 2.). Dieses flüssige Myrrheparfüm ist wohl mit der »flüssigen Myrrhe« in Hld 5,5.13, vielleicht auch mit der »feinsten Myrrhe« (*mar deror*) in 2Mo 30,23 gemeint und ist vermutlich auch das *schmn mr* in kanaan. Ugarittexten (14./13. Jh.; Gordon, Ugaritic Literature, 1949, S. 130: Texte 12 u. 97, Z. 2, 8, 14 und 120, Z. 15) und im gleichzeitigen Amarnabrief Nr. 25, IV, 51 (*schaman murri*). Das hebr. Wort *mor* ist somit früh, nicht »spät«, wie irrtümlich (BDB, 600b) behauptet wird. Das ägypt. *ʿntjw*, »Myrrhe«, wurde ebenfalls in dieser flüssigen Form zur Salbung und in der Medizin verwendet (Belege bei Erman und Grapow, Wörterbuch der Aegyptischen Sprache, I, S. 206, 7). Diese Art flüssiger Myrrhe ist die echte Stakte (Lucas, JEA 23, 1937, S. 29-33; Thompson, Dictionary of Assyrian Botany, S. 340).

Was mit dem »wohlriechenden Zimt« *qinnemon-bäsäm* (2Mo 30,23; vgl. Spr 7,17; Hld 4,14), gemeint ist, ist nicht genau festzustellen. Es gibt keinen förmlichen Beweis dafür, daß sich dieser Ausdruck auf das aus Ceylon stammende Cinnamomom zeylanicum bezieht. Auch andere Pflanzen mit aromatischer Rinde oder Holz aus dieser Zimt/Kassia-Gruppe wären denkbar (vgl. Thompson, 189f). Ob das ägypt. *tj-schps*-Holz Zimt ist (Forbes, Studies in Ancient Technology, 3, S. 8, Tafel II, und Lucas, 354, implizit), ist völlig unsicher. S.a. Kassia unten. (Zu duftenden Kosmetikhölzern in Ägypten (Proben) s. Lucas, 119; Schamschi-Adad I. von Assyrien verlangte sie ebenfalls; s. G. Dossin, Archives Royales de Mari, 1, Nr. 88, 27-30 – *isu riqu*).

Mit »Kalmus« (LÜ) oder »Würzrohr« (RevEB) wird das hebr. *qeneh bosäm* in 2Mo 30,23 übersetzt. Seine Gleichsetzung mit dem »köstlichen Gewürz aus fernen Landen« (Jer 6,20, und mit dem »Kalmus« aus Hes 27, 19), *qanä tob*, ist nicht sicher. Letzteres ist sehr wahrscheinlich das *qanu tābu*, das in assyr.-babylon. Texten ab dem 18. Jh.v.Chr. vorkommt (für das von Mari s. C.F. Jean, Archiv Orientálni 17,1, 1949, S. 328). Es handelt sich hier wohl um den Acorus calamus, der eine aromatische Stielwurzel hat (s. Thompson, 20f). Auch die im Neuen Reich Ägyptens (15.-12. Jh.v.Chr.) erwähnte duftende *knn*-Pflanze wird mit dem Acorus calamus identifiziert (G. Jéquier, Bulletin de l'Institut Français d' Archéologie Orientale 19, 1922, S. 44-45, 25[illegible] Caminos, Late-Egyptian Miscellanies 1954, S. 209 - *knnj*-Öl). Tatsächlich fand man im Grab Tutenchamuns derartige Pflanzenstengel in einem Gefäß mit einer Aufschrift »Parfüm« (um 1340 v.Chr.; Lucas, S. 119). Die »30 Talente Rohr«, die neben anderen aromatischen Substanzen auf einer ugaritischen Tafel aufgeführt werden (Gordon, Ugaritic Literature, S. 130, Text 120:9-10), könnten Würzrohr sein, aber wohl kaum Zi[illegible]

Doppelkamm aus Elfenbein, verziert mit einem Löwen und Bäumen. Kämme dieser Art waren im ganzen Alten Orient gebräuchlich. Kanaanitisch, aus Megiddo. 7,4 × 10,2 cm. 1350–1150 v.Chr. (OIUC)

(Sukenik, Tarbiz 18, 1947, S. 126; s. Gordon, Ugaritic Textbook, 3, 1965, S. 479, Nr. 2244).

Schließlich gibt es das als Kassia (LÜ) bzw Zimtblüte (RevEB) übersetzte hebr. *qidda* in 2Mo 30,24 und Hes 27,19 (LÜ hier: Kalmus). Was seine tatsächliche Identität auch sein mag, so ist doch ziemlich sicher, daß *qidda* dem ägypt. *qdt* im Papyrus Harris I (um 1160 v.Chr.) entspricht (so Forbes, 8. Taf. II). Die Bedeutung des anderen hebr. Wortes, das mit »Kassia« übersetzt wird, *qesi'a* (Ps 45,9), ist noch unklarer. Wenn seine Bedeutung dem arab. *salīcha* »geschält« entspricht, und dies wiederum dem assyr.-babylon. kasi sīri (wie Thompson, 191, vermutet), dann könnte es vielleicht das assyr. *qulqullānu* im heutigen Arab. *qulqul*, die Cassia tora, sein, deren getrocknete Blüten verwendet wurden (Thompson, 188-192). Vgl. den Namen von Hiobs zweiter Tochter (Hiob 42,14). (*Kräuter und Gewürze).

2. Das heilige Räucherwerk.

Zur Bedeutung des Räucherwerks, das nach seiner Verwendung auch »Weihrauch« genannt wird, s. *Weihrauch. Hier geht es nur um seine Zusammensetzung. Das allg. hebr. Wort für *Räucherwerk ist *qetorāt*, ein Wort, das auch im Ägypten des 12. Jh.v.Chr. als Lehnwort auftaucht (Erman und Grapow, Wörterbuch der Aegyptischen Sprache, 5, S. 82,3). In dem heiligen Räucherwerk von 2Mo 30,34-38 sind die letzten zwei Bestandteile leicht zu identifizieren. Der eine, hebr. *chälbena*, ist ziemlich sicher das Harz des Galbanumstrauchs, Ferula galbaniflua Boiss., der in Persien wächst und seit dem 3. Jt. in Mesopotamien bekannt war (babylon. *buluchchum*) (s. Thompson, 342-344; W. von Soden, Akkadisches Handwörterbuch, I, 1965, S. 101 und Belege).

Weihrauch, hebr. *lebona* »weiß«, verdankt seinen Namen dem Umstand, daß er das weißeste aller zur Herstellung von Räucherwerk verwendeten Gummiharze ist. Er stammt von der Boswellia carteri, einem Strauch, der in Süd-Arabien und Somalia wächst, und ist das klassische Olibanum. Die ägypt. Königin Hatschepsut hat offensichtlich um 1490 v. Chr. solche Sträucher nach Ägypten gebracht. In Tutenchamuns Grab (um 1340 v.Chr.) fand man kleine Weihrauchkugeln. (Lucas, 111–113).

Das hebr. *nataph*, »Tropfen«, wird von der LXX mit Stakte übersetzt; aber zur richtigen Stakte s.o. V. 1.: Myrrhe. Der Name »Tropfen« läßt eine natürliche Absonderung, die für Weihrauch verwendbar war, vermuten – vielleicht Storax, das Harz des Storaxstrauchs (vgl. dazu Lucas, 116; Thompson, 340-342), oder auch Balsam von Gilead, das Harz des Balsambaumes, Commiphora opobalsamum (dazu Thompson, S. 363-364).

Der an zweiter Stelle genannte Begriff, hebr. *schechelät*, ist ziemlich unklar. Die LXX übersetzt Onyx (»Nagel«, »Kralle«); daher übersetzen EÜ und RevEB »Räucherklaue«, das sind die Schalen einer Schneckenart, die beim Verbrennen einen intensiven Geruch erzeugen. Aber vielleicht war es auch ein Pflanzenprodukt, das *schichiltu* in der assyr. Medizin (aram. *schichla*; Thompson, Dictionary of Assyrian Chemistry, 1936, S. 73 und Anm.1); dagegen wohl kaum das assyr. *sachle*, »Kresse« (Thompson, Dictionary of Assyrian Botany, 1949, S. 55-61). Doch das *schhlt*, das in den ugarit. Texten 12 und 97 unter verschiedenen Aromastoffen und Nahrungsmitteln genannt wird (Gordon, Ugaritic Literature, S. 130, 1.4; Ugaritic Textbook, 3, S. 488, N. 2397) könnte sehr wohl das hebr. *schechelät* und sogar das bereits erwähnte assyr. *schichiltu* und aram. *schichla* sein. Eine weitergehende Lösung wäre im Augenblick zu gewagt. K.A.K.

KRAFT. Mit dem Begriff K. werden in der Bibel verschiedene hebr. (*'on, geburah, seroa', chajil, koach, me'od, 'os, 'äsrah, tuschijjah*) und griech. (*bia, dynamis, ischys, kratos*) Ausdrücke wiedergegeben. Die dt. Übersetzungen verwenden für diese hebr. oder griech. Worte neben K. auch Vermögen, Stärke, Macht, Pracht, Gewalt, Beistand, Hilfe, Stütze, Wucht u.a. Im Deutschen meint K. die Stärke, das Leistungsvermögen, die physischen oder geistigen Möglichkeiten eines Gegenstands, eines Tieres, eines Menschen oder auch Gottes. Im Gegensatz zur *Macht, die ausgeübt wird, die eine Wirkung z.B. der K. oder Stärke ist, verfügt man über K. oder Stärke auch dann, wenn man sie nicht einsetzt. Im Gegensatz zur Macht ist K. nicht übertragbar, sondern gehört zum »Kräftigen«.

1. K. ist ein **Merkmal des Wesens Gottes**. Ihm allein ist K. in ihrer Gesamtheit eigen, so daß *dynamis* ohne jeden Zusatz als Ausdruck für Gott selbst stehen kann (Mt 26,64). Bei der Erschaffung von Himmel und Erde wurde Gottes große K. (Jer 32,17; s.a. Ps 68,34; Jer 10,12) erkennbar. Seitdem ist Gottes unsichtbares Wesen, seine ewige K. und Gottheit in den Werken der Schöpfung allen Menschen sichtbar (Röm 1,20). Die Gestirne (Jes 40,26), die Berge (Ps 65, 7), das Meer (Ps 74,13) sind Zeugen seiner K. In der Geschichte wurde für Israel Gottes K. besonders erfahrbar, als er sein Volk aus Ägypten »mit großer Kraft« herausführte (2Mo 32, 11; 2Kön 17,36 u.ö.). Gott zeigt seine K. in seiner gnädigen Hilfe (5Mo 4,37; 2Chr 25,8), aber auch in seinen Gerichten (2Mo 9,16; Ps 21,14). Im Lob Gottes nimmt Gottes K. ihren festen Platz ein (u.a. Hiob 37,23; Ps 18,33; 21,14; 27,1; 65,7; 138,3; 147,5; Mt 6,13; Offb 4,11; 19,1).

2. Gottes Kraft ist dem verheißenen Messias, dem **Sohn Gottes**, eigen. Jesus Christus hatte in der »Kraft des Herrn« (Lk 5,17; vgl. 6,19; 8,46; Apg 10,38) den unsauberen Geistern geboten (Lk 4,36). Hierbei ist, wie schon im AT (Mi 3,8; vgl. Lk 1,17), Gottes Geist die K. im Sohn (Lk 4,14). Gottes K. erweist sich in der Auferstehung Jesu Christi, der, wenn auch in Schwachheit gekreuzigt, doch in der K. Gottes lebt (2Kor 13,4; vgl. Mt 22,29f). Jesus ist als »Sohn Gottes in Kraft« eingesetzt (Röm 1,4). Ihn und »die Kraft seiner Auferstehung« gilt es zu erkennen (Phil 3,10). Am Ende der Tage werden alle Geschlechter auf Erden den Menschensohn kommen sehen »mit großer Kraft und Herrlichkeit« (Mt 24,30; vgl. Offb 5,12f).

3. Mit seiner Kraft rüstet Gott die **Menschen** aus (Ps 18,33); er gibt der Seele große K. (Ps 138,3) und ist des Lebens K. (Ps 27,1). Gott gibt »dem Müden Kraft und Stärke«, (Jes 41,29) und »die auf den Herrn harren, kriegen neue Kraft« (Jes 41,31). Den Heiligen Geist, die K. Gottes (Lk 24,49), hat Jesus Christus seiner Gemeinde verheißen. Seine Kraft befähigt dazu, Zeuge Jesu Christi zu sein »bis an das Ende der Erde« (Apg 1,8). So kann *Stephanus, der der erste Märtyrer wurde, als Mensch »voll Gnade und Kraft« bezeichnet werden (Apg 6,8). Jüngern Jesu hat Gott nicht den Geist der Furcht, sondern den Geist der K. gegeben (2Tim 1,7). Sie will gerade im Falle menschlicher Schwachheit mächtig werden (2Kor 12,9). Das Evangelium (Röm 1,16), das Wort vom Kreuz (1Kor 1,18) ist eine K. Gottes für die, die gerettet werden. Kräftig und lebendig ist Gottes Wort (Hebr 1,3; 4,12). Menschliches Wort dagegen kann aufgeblasen, ohne K. sein (1Kor 4,19). Gottes Reich dagegen zeichnet sich nicht durch leere Worte, durch bloßen Schein aus, sondern durch Gottes K. Deshalb sollen Nachfolger Jesu Christi nicht auf irdisch-menschliche K. vertrauen, sondern auf Gottes K., mit der er sie ausrüstet und sie beschenkt, wenn er darum gebeten wird.

KRANKENHEILUNG

1. Sprachliches.

Die hebr. Wurzel *rp'* meint wohl ursprünglich »flicken, ausbessern, zusammennähen«, also einen ursprünglichen Zustand der Ganzheit wieder herstellen. In diesem Sinn wird der Begriff dann auch für die vor allem wundärztliche Tätigkeit gebraucht und zum Fachwort für Heilung. Häufigstes Parallelwort ist *chbsch*, »verbinden«. Im Griech. wechseln *therapeúō* und *iáomai* scheinbar ab. *therapeúō* bedeutet ursprünglich »dienen« und kommt im Griechentum auch innerhalb rel. Kontexte vor (Göttern dienen: anbeten). Der Dienst gegenüber Menschen meint allg. pflegendes und bedienendes Handeln und insofern das Handeln eines Arztes als Pfleger. Erst auf diesem Weg wird *therapeúō* auch mit dem gewünschten bzw. erreichten Ergebnis dieser Pflege, eben der Heilung, verbunden. Demgegenüber bezeichnet *iáomai* nur die effektive Heilung, entweder durch ärztliches Handeln oder durch göttliches Eingreifen; *hygiaínō/hygiés* bezeichnen den (leiblich) heilen Zustand.

2. Im Alten Testament.

Die dem modernen Menschen wichtige Unterscheidung von Krankheiten nach ihrem Erscheinungsbild (vgl. *Krankheit) ist für den atl. Menschen weithin belanglos. Entscheidend ist der Einblick in das Wesen der Krankheit (hebr. *holi*). Sie ist als »Schwäche-Zustand« definiert durch die Abwesenheit einer natürlicherweise vorhandenen und zu erwartenden Lebenskraft, eines Normalzustandes heilen Lebens (*schālōm*).

Natürlich weiß auch das AT um »natürliche« Ursachen von Krankheit und kennt auch »natürliche« Heilmittel (Balsam/Salbe, Jer 8,22; 46,11; 51, 8; Apotheker erst in Sir 38,8). Aber der Zusammenhang, der zwischen Krankheit und Schuld als Abwendung von Gott, von Jahwe als dem Herren seines Bundesvolkes, von seinen Geboten gesehen wird, prägt die bibl. Auffassung von Krankheit und damit auch die Frage nach der Heilung. Weil Schuld und Sünde in der Welt sind und immer mehr überhand nehmen, wird die »natürliche« Lebenszeit des Menschen beschränkt.

Diese Auffassung erklärt auch den weitgespannten metaphorischen Sprachgebrauch. Als Krankheiten werden die äußeren Katastrophen bezeichnet, in denen Gottes Gericht über das ganze Volk hereinbricht und ihm »Wunden« schlägt (Hos 5,13; Jes 19,22; 30,26; Jer 6,14; 30,13.17;33,6; u.ö.). Damit ist auch der Weg zur Heilung klar: Umkehr zu Jahwe und seinen Geboten, Abkehr von allen eigenen Wegen. Nur Gott selbst kann »den Abfall Israels heilen« (Jer 3,22; Hos 14,5; vgl. Jes 6,10; 57,18).

Damit wird klar, daß die Frage der Krankheit und der Heilung direkt zur atl. Gottesauffassung hinführt. Gott ist souveräner Herr der Geschichte. Er führt die Völker auf seinen Wegen in *Gnade und *Gericht, in *Erwählung und Verwerfung (Jes 45,1-7; 43,8-13 u.ö.). Er ist der Herr auch über den Einzelnen. Auch dessen Schuld zieht Gottes Gericht in Form von Krankheit auf sich (vgl. *Mirjam, 4Mo 12,9ff; vgl. 1Mo 20,17; 12,17; 3 Mo 26,16.25; 3Mo 28,27.35). Gerade im Gegenüber zu den Göttern der Völker zeigt Gott sich als der, der »tötet und lebendig macht« (5Mo 32, 39; 1 Sam 2,6). Er allein ist es, der heilen kann. Hier liegt der größere Zusammenhang, aus dem heraus Heilung gleichbedeutend neben Vergebung gestellt und gleichzeitig unablösbar im Gottesbild verankert wird (2Mo 15,6; Ps 10,3,3; 147,3; 2Chr 16,12). Die Bitte um Heilung wird mit dem Sündenbekenntnis verbunden (Ps 41,5; vgl. 32,1-5; 38; 102,1ff), ja Vergebung wird als Voraussetzung der Heilung bezeichnet (2Chr 7,14; 36,16). Heilung ist umfassend verstanden. Der Mensch ist nicht nur Leib, sondern leibhafte Existenz in seiner Beziehung zu Gott, zum *Nächsten und zu sich selbst. Heilung betrifft damit alle drei Beziehungsbereiche, die zwar unterschieden, aber nicht voneinander getrennt werden können. Insofern werden Heilung, Umkehr zu Gott und (sozial) gerechtes Handeln gegenüber dem Nächsten zur Einheit. Von dieser dreifachen Einheit ist die bibl. Auffassung von Krankheit und Heilung geprägt. Gottes Werkzeuge bei der Heilung im Geschichtsverlauf sind die Propheten durch ihr Wort und ihre Zeichenhandlungen (Jes 38,2.5; 1Kön 17,21; 2Kön 4,34; 20,7). Königen kommt im Alten Orient Heilungsfunktion zu, nicht aber in Israel (2Kön 5,7). Heilung gehört im großen Unterschied zum altorientalischen Umfeld (Ägypten!) auch nicht zur kultischen Funktion des Priesters. Die Heilungssuche bei Ärzten (handelt es sich dabei um ausländische Ärzte, evtl. sogar an Jahwe-feindlichen Kultstätten? vgl. 2Chr 16,12) wird zum Ausdruck des Abfalles von Jahwe.

Eine besondere Ausprägung gewinnt die Erwartung der Heilung in Jes 52,13-53,12. Der Zusammenhang von Krankheit und Schuld, von Heilung und Vergebung wird ausdrücklich hervorgehoben (53,4ff). Doch verkehrt Gottes Handeln die Verhältnisse in ihr Gegenteil. Die vermeintlich Gesunden werden durch den unschuldigen Knecht, der ihre Krankheit auf sich nimmt, vertreten. Die »Sünde des Volkes« ist Ursache seiner Krankheit (53,8). Heilung geschieht durch von Gott verordnete, stellvertretende Übernahme der Strafe (53,5) in der Form der Krankheit: »durch seine Wunden sind wir geheilt«.

Die Frage nach Krankheit und Heilung taucht – neben ihrer zentralen Einbettung in die Gottesauffassung – in weiteren theologisch wesentlichen Ausprägungen auf: Die *Weisheitslehre* neigt dazu, den Zusammenhang zwischen Sünde und Krankheit zu individualisieren. Das damit verbundene Kausalitätsdenken eröffnet der Beobachtung wesentliche Einsichten. Verwendet man diese Grundeinsicht als allg. geltendes Erklärungsprinzip, wird sie zum schweren Problem. Nicht in jedem Fall weist Wohlergehen auf Treue zu Jahwe, nicht immer weist Krankheit und Leiden auf Sünde hin (Hiob; Ps 73).

Die Gottesauffassung der Bibel ist darin einzigartig, daß sie in Jahwe den *einzigen* Herrn sieht, in dessen Hand Böses und Gutes liegt (vgl. Jes 45,7). Die Bibel hat keine dualistische Gottes- und Weltanschauung. Sie rechnet nicht mit zwei Mächten oder Prinzipien, die einander gegenüberstehen. Auch *das Böse* gehört in die Schöpfung, steht ihr nicht selbständig gegenüber. Hier differenziert das AT aber immer weiter und entfaltet einen in der Geschichte sich auswirkenden Dualismus. *Satan steht als Widersacher (der Menschen; nicht Gottes!) im Thronrat als Verkläger (Hiob 1,6ff; 2,1ff; Sach 3,1ff), muß aber für sein Handeln Gottes Zustimmung einholen und die ihm gesetzten Grenzen einhalten. Je länger desto tiefer hat Israel erkannt, daß dem Bösen ein geschichtlicher Freiraum gegeben ist, in dem es sich gegen Gott entfalten und zu geschichtlich vollständiger Größe auswachsen kann, ohne daß deshalb Gott die Herrschaft über die Geschichte entgleitet. *Das Böse wird zunehmend in seiner Personhaftigkeit erkannt und zugleich als Geist, als Macht und als geistiges Herrschaftssystem verstanden.* Damit bekommt die Frage nach Krankheit und Heilung einerseits einen vertieften, eschatologischen Charakter, während andererseits die Auseinandersetzung mit Krankheit als Teil des eschatologischen Kampfes um die Überwindung des Bösen erkannt wird.

Daraus wird verständlich, daß Heilung in der *eschatologischen Hoffnung* des AT ein zentraler Platz zukommt. Gottes kommendes Heil (vgl. *Reich Gottes), d.h. die eschatologische Überwindung des Bösen und der endgültige Herrschaftsantritt Gottes als König bringt auch körperliche Heilung: »Dann werden die Blinden sehen, die Lahmen gehen, den Blinden wird das Augenlicht geschenkt« (Jes 25,6-8; 29,17f; 33,24; 35,4-7; 42,6-7; 61,1f u.ö.). Kommendes Heil schien ohne körperliche Heilung unvorstellbar (vgl. u.a. äth.Hen 5,8f; 15,5-7; 93,3; Jub 23,26-30; syrBar 29,8f; 73,1f; 4Esr 7,28; 7,121; 8,52ff; slHen 65,9).

Traditionsgeschichtlich ist diese Hoffnung eng mit der *Erwartung des davidischen Messias* verbunden, der nach Jes 11,2 u.a. Träger des »Geistes der Kraft« (zu Wundern!) sein wird. Die messianisch verstandenen Hinweise auf den kommenden Gottesboten bei Jesaja präzisieren das Bild: die Wunder des Messias werden seine Heilungstaten und Befreiungstaten sein. Unter der »Befreiung der Gefangenen« und dem »Lösen der Bande« (Jes 61,1) wurden Befreiung von bösen Geisern (11QMelch), wahrscheinlich auch Reinigung vom Aussatz (als dem »erstgebornen Sohn des Todes«) und Totenerweckung (Lösung von den »Banden des Todes«) verstanden – vgl. die Anrufung Jesu als »Sohn Davids« – immer im Zusammenhang mit der Erwartung von Heilung: Mk 10,47f; Mt 9,27; 12,13; 20,30; 21,14f (vgl. Bittner, Jesu Zeichen, 136 ff).

3. Heilungen Jesu.

Jesus greift in seiner Botschaft die Hoffnung des AT auf. Er ist der Freudenbote (Jes 52,7), der die gute Botschaft bringt: »Gott hat seine Herrschaft als König angetreten« (Mt 4,1[illegible] par.). Nach der Ankündigung des Propheten (Jes 61,11) aber war der Freudenbote nicht nur an seiner Botschaft, sondern an seinen helfenden Taten erkennbar. Jesus hat diese doppelte Ausrichtung seiner Sendung bewußt aufgenommen (Lk 4,18ff) und durchgehalten. Er kam, zu predigen und zu heilen (Lk 4,31-44). Seine Heilungen, seine helfenden Taten und seine Befreiungen aus dämonischen Bindungen sind, auf dem Hintergrund des AT, unwiderlegbare Zeichen der mit ihm hereinbrechenden Herrschaft Gottes.

Jesus war dabei nicht einfach ein »Wunderheiler«. Er hat nach Glauben gesucht und, wo er ihn bei Menschen fand, ihn als Gabe des Vaters erkannt, auf die hin er sein Heil schenken konnte (Mt 8,10; 15,28; Joh 5,19f; vgl. Mk 6,5f). Wir kennen aus der jüd. und heidnischen Antike sowohl Beschwörer wie Gebetshelfer. Von beiden hebt sich Jesu Tätigkeit auffallend ab. Es werden keine Beschwörungsformeln, sondern nur kurze Befehlsworte gebraucht. Der Hauptmann von Kapernaum erkennt, daß hier jemand mit »Befehlsgewalt« (*exousia*) unter den Menschen steht. Keine der Handlungen Jesu läßt sich mit magischen Praktiken vergleichen. An die Stelle von Beschwörung und magischen Vorstellungen treten Befehlswort, in schweren Fällen Gebet und Fasten (Mk 9,29 par.). Daß Jesu Heilungen als »Krafttaten« (*dynámeis*) bezeichnet werden, hängt mit der bibl. Sprache (Jes 11,2: Geist der Kraft) zusammen. Hier kommt sofort die Frage auf, in wessen Kraft Jesus seine Taten tut. Er hat selbst deutlich gemacht, daß es in seinem Tun um Kampfhandlungen geht. Satan als der »Starke« wird vom Stärkeren »gebunden«, damit ihm der »Hausrat« geraubt werden kann (Mk 3,22-27). Gerade diese Aussage aber stellt Jesus gegen den Vorwurf, er treibe Zauberei in der Kraft »Beelzebuls«, also des Bösen. Der bibl. Bericht unterscheidet Jesu Handeln grundsätzlich von aller Zauberei. Zwischen den Kräften Gottes und den Kräften des Bösen gibt es keinen Übergang, keine Versöhnung. In der Kraft Gottes besiegt Jesus die Kräfte des Bösen – gerade in seinen Heilungen und Befreiungen.

Auffallend ist, daß Jesus auch nicht in die Nähe der jüd. Gebetsheiler (z.B. Choni, der Kreiszieher, mTaan 3,7; Chanina ben Dosa, bBEr 34b) zu stellen ist. Seine Heilungen sind Ausdruck seiner Befehlsgewalt, seiner eschatologischen Sendung, seiner steten Verbindung zum Vater, nicht aber seiner Gebetsvollmacht. Nur Joh 11,41f wird von einem Gebet Jesu im Zusammenhang einer Heilung berichtet: Jesus schützt durch die öffentliche Anrufung des Vaters seine Tat gegen den Vorwurf der Zauberei. Gerade die Differenz zu Magie und Gebetsheilung läßt erkennen, daß in Jesus Gott selbst als Herr über Krankheit, Leiden und Tod unter den Menschen steht. Daß es sich dabei nicht um Interpretation der Evangelisten handelt, machen sie selbst deutlich, indem sie das Echo des Volkes, ja sogar der Gegner Jesu wiedergeben. Auch die spätere jüd. und heidnische antichristl. Polemik hat, sofern sie noch historisches Wissen besaß, die Tatsache, daß Jesus und die frühen Christen geheilt haben, nicht bestritten (z.B. Eleasar ben Dama, TChull 2,22; jAbZar 2,40b; bAbZar 27b).

Auffallend und gleichzeitig Anlaß zum Anstoß war, daß Jesus *am Sabbat* geheilt hat (z.B. Mk 3,1-6; Lk 13,10-17; 14, 1-6; als Konflikt besonders deutlich bei Johannes herausgestellt: 5,1-17; 7,22-24; 9,1-40). Nach dem (nur pharisäischen?) Religionsgesetz schien das verboten (vgl. Lk 13, 14). Gerade der *Sabbat war in der Erinnerung an die Schöpfung (1Mo 2,1-3) und als Hinweis auf die eschatologische Erlösung (Jes 61,1f) der hervorragende Tag, an dem die »Vollendung« der Schöpfung Wirklichkeit werden sollte.

Eine feste *äußere Form* der Heilung hat Jesus nicht gekannt. Bloßes Befehlswort, Berührungen, Handauflegung, dazu Fernheilungen werden genannt, ohne daß eine Regel feststellbar wäre.

Bezeichnend für den Dienst Jesu ist, daß er *alle* heilte, die zu ihm kamen oder zu ihm gebracht worden sind (Mt 8,16; Lk 4,40; Apg 10,38). Keinen hat er weggeschickt, an keinem haben seine Macht und sein Wille zum Helfen versagt. Bei keinem hat er die Bitte um Heilung als ungehörig zurückgewiesen (auch Joh 4,48 ist positiv zu verstehen; vgl. Bittner, Jesu Zeichen, 122f). Einmal scheint Jesus gezögert zu haben: bei der Bitte der syrophönizischen Frau (Mt 15, 21ff). Das hat seinen Grund nicht in der Person der Frau, auch nicht in Jesu Unwilligkeit, sondern in der Begrenzung seines Auftrages zunächst auf Israel (Mt 15,24; vgl. 10,51). Dahinter steht Jes 49,1-6: Erst angesichts des Scheiterns an Israel wird der Auftragsbereich auf die Völker erweitert (Mt 28,18ff; vgl. Bittner, Heilung 42f).

4. Der Heilungsdienst der Jünger Jesu.

Die Evv. bezeugen einmütig, daß Jesus seine Jünger nach einer ersten Zeit der Begleitung zum eigenen Heilungsdienst beauftragt, begabt und ausgesandt hat (vgl. Mk 3,14ff mit 6,7f; Mt 10,2ff; Lk 9,11f). Der Auftragsbereich der Jünger war wie der Jesu auf »die verlorenen Schafe des Hauses Israel« beschränkt (Mt 10,5; 15,24). Die lukanische Tradition weiß davon, daß Jesus auch den weiteren Jüngerkreis der 70 (72?) ausgesandt hat. Der Auftrag Jesu enthält dieselben Elemente, die seinen Dienst prägen: die Proklamation der Herrschaft Gottes und die helfenden Taten, die Gottes Herrschaftsrecht zeichenhaft sichtbar werden lassen: »Heilet Kranke, wecket Tote auf, machet Aussätzige rein, treibt Dämonen aus« (Mt 10,8).

5. Heiler in der frühchristlichen Gemeinde.

Auch nach Tod und Auferstehung Jesu geht der Dienst der Heilung der Gemeinde weiter. Während der Missionsbefehl bei *Markus* (16,15-20) von Heilungen als den Zeichen spricht, die den Weg und Dienst der Glaubenden begleiten werden, nennt der Auftrag des Auferstandenen an die Jünger bei *Matthäus* (28,18-2) Heilungen nur indirekt. Mit »lehret sie alles halten, was ich euch befohlen habe« wird auf die Aussendungsrede in Kap. 10 zurückverwiesen. Die dort angeführten inhaltlichen Bestimmungen – also auch der Auftrag zur Heilung – sollen weitergegeben werden. Nur die Einschränkung des Geltungsbereiches auf Israel wird aufgehoben. Die Sendung gilt aller Welt, also nun auch den Heidenvölkern.

Auch *Johannes* läßt auf seine Weise erkennen, daß er um den Heilungsdienst durch die Jünger Jesu weiß. Hat Jesus seine Taten als »(Schöpfungs-)Werke« verstanden, die der Vater durch sein Tun »wirkt« (5,17.19f; 9,4), so wird der Dienst der Jünger auch diesen Teil fortsetzen, ja gar überbieten: Wer an mich glaubt, der wird die Werke, die ich tue, auch tun und wird größere als diese tun« (14,12; vgl. 20,21).

Die Darstellung der Frühzeit der Kirche durch die *Apostelgeschichte* macht deutlich, daß Heilungen zum hervorragenden Dienst der frühen Kirche gehört haben. Werden Taten des Petrus einzeln erwähnt (3,1ff; 5,15f; 9,32ff.36ff – Totenerweckung), so erscheinen die Apostel als Vollzieher des Heilungsauftrages in summarischen Berichten (2,43; 5,12). In welcher Weise die ganze Gemeinde den Heilungsdienst als Teil ihrer Sendung und gleichzeitig als Handeln des erhöhten Herrn in ihrer Mitte aufgefaßt hat, macht das Gebet der Gemeinde in 4,23ff (bes. 4,29f) deutlich. Lukas hebt besonders hervor, daß Heilung in der Gemeinde nicht in eigener Vollmacht, sondern in der abgeleiteten Vollmacht Jesu geschieht, also »im Namen Jesu« (vgl. Apg 3,6. 16; 4,29 u.ö.; vgl. Lk 10,17).

Wichtig ist, daß der Heilungsdienst schon früh über den engeren Jünger- und Apostelkreis hinausgeht und zentraler *Bestandteil des missionarischen Vorstoßes* wird (Stephanus, 6,8; Philippus, 8,6; vgl. Barnabas, 14,3).

Daß Heilungen auch im Dienst des Apostels *Paulus* eine wesentliche Rolle gespielt haben, sagen nicht nur die Apostelgeschichte (14,3; 14,8ff; 16,16ff; 19,11ff; 20,7ff, Totenerwekkung; 28,8ff), sondern ebenfalls die paulin. Briefe (Röm 15,18f; 2Kor 12,12). Paulus verweist auch auf den »Erweis des Geistes und der Kraft« (1Kor 2,4; 1Thess 1,5). Damit nimmt er den hebr. Begriff »Wunderkraft« (*gbr*) auf, der auch in den synoptischen Evv. Hauptbegriff für die Heilungstaten Jesu ist (*dynámeis*). Daß Heilungen auch für die *paulinischen Gemeinden* zum gemeindlichen Auftrag gehörten, erweist 1Kor 12,9.28. Auch die Tradition des *Hebräerbriefes* spricht davon, daß der Weg des Evangeliums von Gott selbst durch begleitende Zeichen und Wunder bestätigt worden ist (2,4; vgl. Mk 16, 15.20). Die detaillierteste Anweisung für einen Heilungsdienst gibt *Jakobus* (5,14-16). Sie zeigt, daß sich die Gemeinde vor der Krankheit nicht kampflos zurückziehen darf, sondern ihr im Vertrauen zu Gott, der aus Krankheitsnot retten kann und retten will, betend zu begegnen hat.

6. Theologische Grundfragen.

a. Bei aller Differenziertheit macht die bibl. Botschaft deutlich, daß die Zusammengehörigkeit von *Heil* und *Heilung* in Gottes Willen, den Menschen als sein Ebenbild zu erlösen, tief verwurzelt ist. Im Kommen Jesu wird *Gottes Wille* zur Heilung geschichtliches Ereignis, das sich in der Sendung der Kirche fortsetzt.

b. Heilungen gehören mit der Ankündigung, daß Gottes Herrschaft anbricht, zum zentralen *Auftrag* der Gemeinde. Wir haben von *einem* Auftrag zu sprechen, der in zwei Elemente zerfällt: Predigt und Heilungstätigkeit. Es gibt keinen bibl. Hinweis, daß die Gemeinde von einem Element dieses Auftrages je dispensiert worden ist. Alle bibl. Texte, die auf den Auftrag der Kirche verweisen, enthalten in irgendeiner Form neben dem Auftrag zur Predigt auch den Auftrag zur Heilung.

c. Es ist darum auch nicht angemessen, die Frage nach der Heilung primär unter dem *Blickwinkel der Gaben des Geistes* zu betrachten. Zunächst ist Heilung Auftrag der Gemeinde, auch wenn dieser Auftrag durch die Verleihung von besonderen Gaben (vgl. 1Kor 12,9.28) in der Gemeinde »spezialisiert« werden kann. Heilungsdienst aber ist nicht von Gaben, sondern vom Auftrag Jesu abhängig.

d. Innerhalb der *eschatologischen Geschichtsschau* der Bibel bleiben die Heilungen Anzeichen der mit Jesus anbrechenden Herrschaft Gottes. Sie weisen auf Gottes Königtum und die damit verbundene umfassende Überwindung des Bösen hin. So sehr diese in Jesus Christus *schon* Wirklichkeit ist, so sehr ist sie vor der Parusie *noch nicht* in Kraft durchgesetzt. Bis zur *Wiederkunft Jesu erscheinen Heilungen zwar als zu erwartende Zeichen, aber noch nicht als »Normalfall«.

e. Die ntl. Berichte unterscheiden einerseits deutlich zwischen *Krankheit* und *Besessenheit*, also auch zwischen Heilung und Befreiung, ohne andererseits beide streng voneinander zu scheiden.

f. Wird den Jüngern und damit den Gemeinden der Auftrag zur Heilung gegeben, so bleibt dieser Auftrag an Jesus gebunden. Er geschieht durch Gebet und also im Recht, *»im Namen Jesu«* zu bitten und zu handeln (Lk, Apg, Joh). Heilung ist also Funktion der Gemeinde. Subjekt allen Heilens aber bleibt Jesus selbst.

g. Entgegen dem neuzeitlichen Sprachgebrauch wird in der bibl. Sprache zwischen *Krankheiten* und *Leiden* streng unterschieden. Unter Leiden werden Verfolgungen, Schmähungen und handfeste Nachteile verstanden, die einen Christen um Jesu willen treffen können (Hebr 10,32f; 1Petr 2,19-25; 4,12), nicht aber Krankheiten. Die bibl. Hinweise, der Weg der Christen werde vom Leiden begleitet sein (Apg 14,22; Mt 10,38f par.; 16,24 par.), sind also nicht auf Krankheiten zu beziehen.

h. Ist *Paulus* eine Ausnahme? Bei ihm scheint eine Krankheit zum Dienstauftrag gehört zu haben (2Kor 12,7-10; ist es Krankheit?). Doch auch hier steht die Bitte um Heilung (dreimal) im Vordergrund. Der Verbleib seiner Schwachheit wird durch ein Offenbarungswort Gottes begründet und einsichtig gemacht, also nicht durch ausbleibende Heilung gefolgert.

i. Daß Krankheit im Leben eines Menschen *läuternde Wirkung* hat, mag seelsorgerlich im Einzelfall zutreffen, hat aber im Handeln Jesu und in der bibl. Auffassung von Krankheit und Heilung keine direkte Begründung.

Literatur: W. Bittner: Heilung, Zeichen der Herrschaft Gottes, 1984 (Literatur); ders.: Jesu Zeichen im Johannesevangelium, WUNT II/26, 1987; H. Doeberts: Das Charisma der Krankenheilung, 1960; J. Hempel, O. Michel: BHH II, 1964, 678ff; M. Marsch: Heilen. Biblische Grundlagen des Heilungsauftrages der Kirche, 1983; H.J. Stoebe: THAT II, 1979, 803ff.

W.B.S.

KRANKHEIT.

I. EINLEITUNG.

Die Erörterung von Gesundheit, Krankheit, Heilung und Tod in der Bibel wird begrenzt durch:

1. Die Zielsetzung der Bibel, die theologisch, nicht medizinisch ist. Nur die Einzelheiten, die im Gesamtzusammenhang des Weges Gottes zu den Menschen wichtig sind, werden genannt. So reicht z.B. die Mitteilung, daß ein Knecht »gelähmt« war und »große Qualen litt« (Mt 8,6). Wesentlich war die Schwere der K. und der Prognose im Gegensatz zu der Größe der Heilung und göttlichen Macht Christi. Diese K. könnte ein Beispiel von Poliomyelitis mit Atmungslähmungen gewesen sein. Wie bei den meisten K.en in der Bibel war diese Angabe unnötig, selbst wenn sie bekannt gewesen wäre. Es gibt keine Hinweise für eine genaue medizinische Begründung der K. des Knechtes, obwohl manche Krankheitsfälle im AT und NT auf einer anderen Ebene geistlich erklärt werden, z.B. Lk 13,11-16.

2. Das damalige medizinische Wissen. Beschreibungen waren einfach und meist auf das Sichtbare (z.B. Geschwür, Schwellung, Blutung) und/oder das für den Beobachter (Fieber) oder den Patienten (Ruhr, Lähmung) Fühlbare beschränkt.

3. Krankheitsbilder, die sich ständig ändern. Dies gilt besonders für K. mit mikrobiologischem Ursprung. »Pest« bezieht sich auf jede epidemische K. und ist nicht mit der heutigen Yersinia pestis gleichzusetzen. Andere blieben vielleicht jahrhundertelang unverändert. So ist z.B. die Erblindung bei Trachom im Nahen Osten noch häufig und war in bibl. Zeit wohl noch häufiger. Außerdem haben sich die Begriffe zur Beschreibung von K.en selbst in den letzten Jh. erheblich verändert. Trotzdem beruhen die bibl. Krankheitsberichte auf beobachteten Tatsachen. Ernsthafte und ehrliche Männer, zumeist ohne medizinische Kenntnisse, schrieben das, was sie beobachteten, so gut wie möglich auf. Wir haben sie als gewissenhafte Zeugen ernst zu nehmen. Außerdem war das Niveau der medizinischen Behandlung an sich sowie der öffentlichen Hygiene (s.u.) höher als bei den damaligen benachbarten Kulturen.

II. MEDIZINISCHE AUSDRÜCKE.

1. Einige allg. (nicht-medizinische) Begriffe zur Beschreibung von K., Heilung und Gesundheit.

a. Im Alten Testament.

Das hebr. *chālā* wird gebraucht für schwach sein« (Substantive *cholī* und *machalā*) und bedeutet allg. den Mangel oder die Abwesenheit der natürlichen Lebenskraft eines Menschen, unabhängig von ihrer Ursache (physisch oder psychisch); ebenso *madweh* (5Mo 7,15; 28,61) und *dābār* (Ps 41,8), was »eine Sache« (d.h. böse Sache) bedeutet. *rāpā'* (heilen) ist sehr gebräuchlich für Heilung und wird in 1Mo 50,2 (zweimal) für »Arzt« gebraucht; 2Chr 16,12; Hiob 13,4; Jer 8,22). Andere atl. Begriffe schließen *chājā* (wiederbeleben) und *schūb* (wiederherstellen) ein. Die Worte für Gesundheit werden im AT selten, und dann immer bildlich gebraucht (z.B. Jer 30,17; 33,6; Ps 42,11; Spr 12,18).

b. Im Neuen Testament.

K. wird gewöhnlich durch die griech. Substantive *astheneia* (Schwachheit), *malakia* (Unglück) – nur dreimal bei Mt benutzt – oder die Verben *astheneō* (schwächen) oder *kakōs echein* (wörtl. »es schlecht haben«) und einmal (Jak 5,15) *kamnō* (krank sein, schmerzen) beschrieben. Das Adjektiv *arrhōstos* (nicht kräftig) wird viermal gebraucht (z.B. 6,13); *mastix* (ein Schlag) wird nicht nur wörtl., sondern auch bildlich für K. verwendet – s.u. Pest. Die gebräuchlichsten nicht-fachlichen Ausdrücke für Heilung und Gesundheit sind *ischyō* (stark sein) und *hygiainō* (gesund sein), während *sōzō* und *diasōzō* (retten) sowohl für körperliche wie geistige Heilungen verwendet werden (s.u. Lepra). *stereoō* (aufrichten, stark machen) wird in Apg 3,16 gebraucht, wo auch *holoklēria* (vollkommene Gesundheit) erscheint, was möglicherweise aktive Wiederherstellung zum normalen Leben sowie physisches Wohlsein anzeigt.

2. Einige Fachausdrücke zur Beschreibung von Krankheit und Heilung im Neuen Testament.

Obwohl *nosos* (Krankheit) ein spezifischer Ausdruck ist, wurde er nur für K. allg., nicht für Einzelfälle benutzt (z.B. Mt 4,23; 8,17; Lk 4,40; 6,17; Apg 19,12 usw.). Zu spezifischeren Ausdrücken s.u. Die Verben für heilen sind *therapeuō* (pflegen), *iaomai* (heilen) und *apokathistēmi* (wiederherstellen). Die medizinische Fachsprache von Lukas und sein diskretes Schweigen über das Versagen seiner Kollegen bei der Behandlung der blutflüssigen Frau (vgl. Lk 8,43 mit Mk 5,26; s.u. Ausfluß, Blutfluß und Menstruation) weist hin auf seine medizinische Ausbildung. Nur Lukas zitiert »Arzt, hilf dir selber« (4,23). *ripsan* (niederwerfen; Lk 4,35) ist ein medizinischer Ausdruck zur Beschreibung epileptischer Krämpfe; auch *blaptein* (verletzen) ist ein medizinischer Fachausdruck (F.R.W. Stott, Men with a Message). *lēros* (Geschwätz; Lk 24,11) ist ein medizinischer Ausdruck zur Beschreibung des zusammenhanglosen Geredes eines fiebernden oder geisteskranken Patienten (W. Barclay, Commentary on Luke).

3. Weitere medizinische Ausdrücke.

Ausfluß; Blutfluß. Abgesehen von der allgemeineren Bedeutung von »Ausfluß« benutzt die Bibel das Wort auch im Zusammenhang mit K. In 3Mo 15,2ff bezeichnet das hebr. *zōb* eine Eiterung, die den Betroffenen rituell unrein machte. In 3Mo 12,7; Mt 9,20; Mk 5,25; Lk 8,43f, verweisen das hebr. *māqōr* und griech. *rhysis* und *haimorrhoeō* (das letztere wird in 3Mo 15,33 gebraucht, LXX) auf einen Blutfluß hin. Es ist möglich, daß die Frau aus Lk 8,43 eine Menorrhagie hatte, s.u. Menstruation.

Aussatz. Das übliche, so übersetzte atl. Wort ist *sāraʿat* (3Mo 12-14). Die LXX übersetzt es mit Lepra, das auch im NT verwendet wird. Beide Ausdrücke waren unspezifisch, laienhaft und ohne die Genauigkeit des heutigen Wortes »Lepra«, einer Infektion durch Mycobacterium leprae. *sāraʿat* ist hauptsächlich ein Wort, das rituelle Unreinheit oder Beschmutzung durch das Vorhandensein farbiger Flecken beschreibt. Dasselbe Wort wurde gebraucht zur Beschreibung menschlicher Hautkrankheit (3Mo 13,1-46), Verfärbung von Wolle, Leder, Leinen (V. 47-59) und sogar von Hauswänden (14,33-57). Daher dürfte *sāraʿat* nicht wirkliche Lepra bezeichnet haben (obwohl diese dazugehört haben könnte). Das Wort »Aussatz« erscheint im NT nur in den Evv. und wurde nur für menschliche K. gebraucht. Der Beweis für die Unreinheit, auf der die Diagnose basierte, hing ab vom Vorhandensein pigmentloser (blasser) Hautflecken oder verfärbter oder dunkler Flecken auf der Oberfläche von Gegenständen. Manche der in 3Mo 13-14 beschriebenen Züge treten bei Lepra nicht auf. Manche lassen andere Zustände vermuten wie eine an eine Eiterbeule anschließende Wundrose (3Mo 13,19), Infektion infolge einer Verbrennung (V. 24), eitrige Hautentzündung (V. 36) usw. Aussatz ist ein sich so langsam entwickelnder Prozeß, daß man ihn nicht in den 7 Tagen aus 3Mo 13,4-6 erkennen konnte. Zweifellos gab es um 600 v.Chr. Lepra in Indien und um 400 v.Chr. in Europa. Es gibt keinen Beleg aus der Zeit des AT oder gar des Auszuges aus Ägypten, obwohl es sie mit Sicherheit zur Zeit des NT gab. (Für eine genaue Untersuchung zu diesem Thema s. S.G. Browne, Leprosy in the Bible).

Blindheit. Hebr. *ʿiwwēr*, »geschlossen« oder »zusammengezogen«, und das verwandte *ʿiwwārōn*, *ʿawweret* und *sanwērīm*, »Blindheit«, griech. *typhlos*. Blindheit war in bibl. Zeit im ganzen Nahen Osten üblich. Vermutlich waren verschiedene Krankheiten dafür verantwortlich. Trachom könnte, wie heute noch in manchen Teilen, häufig aufgetreten sein und Blindheit im Säuglingsalter verursacht haben. Genorrhöe der Mutter kann die Augen des Kindes während der Geburt infizieren und zur Blindheit führen. Manchmal hielt man Blindheit für eine Strafe Gottes, wie in 5Mo 28,28-29. Markus beschreibt die faszinierende Begebenheit eines zweistufigen Wunders Jesu an einem Blinden (Mk 8,22-25) in Betsaida. Beim ersten Wunder führte Jesus den Blinden aus dem Dorf, legte Speichel auf seine Augen, und jener konnte »sehen«. Vermutlich weil er keine Vorstellung vom Sehen hatte, konnte er die Bilder, die er sah, jedoch nicht interpretieren (V. 24). »Menschen« sahen wie »Bäume« aus; das ist ein bekanntes Phänomen bei solchen, die nie sehen konnten und dann durch Operation das Sehvermögen erlangen. Jesus wirkte darauf ein weiteres Wunder. Wiederum auf eine einfache Berührung hin »sah er alles deutlich« (V. 25). Hätte der Mann einmal »sehen« gelernt und wäre dann blind geworden, wäre das zweite Wunder nicht notwendig gewesen (vgl. Mt 9,27-31; 12,22; 20,29-34; 21,14).

Brand. Hebr. *sārebet*, eine »Verbrennung« oder »Versengung«. Zweimal verwendet für eine Hautstörung (3Mo 13,24.28) und einmal bildlich (Spr 16,27). Es ist nicht klar, ob es sich hier um einen tatsächlichen Brand durch Feuer oder einfach eine Hautstörung mit brennendem Empfinden handelt.

Darmvorfall. Joram (2Chr 21, 15.18–19) wurde »mit einer unheilbaren Krankheit« in seinen Gedärmen geschlagen. Nach zwei Jahren traten seine Gedärme heraus und er starb »unter schlimmen Schmerzen« (*tachalūʾīm* – ein Pluralwort, das an keiner anderen Stelle so übersetzt wird; in Jer 16,4 wird es mit »böser Krankheit« und in Ps 103,3 mit »Gebrechen« übersetzt). Es war höchstwahrscheinlich chronische Ruhr, die, wenn sie sehr ernst und langandauernd ist, gelegentlich durch einen Dickdarmvorfall erschwert werden kann, der zu einer Darminvagination führt. Das könnte der Grund für diesen schmerzhaften Tod gewesen sein.

Eiterbeule. Hebr. *sechīn*, »brennend«; ein allg. Begriff, den das AT für verschiedene Arten örtlicher Entzündungen verwendet. Zu den »Blattern« s. *Plagen Ägyptens. 3Mo 13, 18-24 erwähnt Eiterbeulen im Zusammenhang mit dem, was dort als Aussatz bezeichnet wird, während Hiobs Geschwüre (2,7), die man verschieden diagnostiziert hat, möglicherweise tuberkulöse Lepra waren. »Das ägyptische Geschwür« von Kopf bis Fuß (5Mo 28,27.35) war vermutlich eine der vorwiegend in Ägypten vorkommenden Hautkrankheiten (vgl. Plin. nat. 26.5) wie epidemische Geschwüre oder bösartige Pusteln. Hiskias Geschwür (2Kön 20,7; Jes 38,21) war vermutlich ein Karbunkel.

Entzündung. Hebr. *dalleqet* (nur 5Mo 28,22). Die Schmerzen durch Schwindsucht, Fieber und Entzündung und durch das Klima (Hitze und Trockenheit) bildeten zusammen eine schreckliche Aussicht. Die Begriffe sind zu vage, um eine medizinisch genaue Interpretation zu erlauben.

Epilepsie. Griech. *selēniazomai*, »mondsüchtig sein«, erscheint zweimal (Mt 4,24; 17,15). Man glaubte, daß sich die Schwere der Epilepsie nach dem Mondverlauf richtete. Der in Mt 17,15 beschriebene Junge hatte scheinbar eine typische »Grand-mal«-Epilepsie (vgl. Mk 9,17-29; Lk 9,38-42). Außerdem war er wohl von Dämonen besessen, ein Zustand, der möglicherweise von Epilepsie unterschieden wurde (Mt 4,24).

Fieber. Hebr. *qaddachat*, »brennende Hitze« (5Mo 28,22); griech. *pyretos*, »feurige Hitze« (Lk 4,38; Joh 4,52; Apg 28,8 usw.). Ein allg. Ausdruck, der für verschiedene Leiden gebraucht wird, die eine erhöhte Temperatur bewirken. Lukas (4,38) beschreibt, daß die Schwiegermutter von Petrus »hohes Fieber« hatte. Das weist darauf hin, daß er im Gegensatz zu Mt (8,14) und Mk (1,30) die unterschiedlichen Temperaturhöhen und den Ernst ihres Zustandes erkannte.

Geburt. Obwohl die Entbindung ein normaler und gesunder Vorgang ist, erscheint es angemessen, ihn hier aufzunehmen. Geburtshilfe lag in der Hand von Frauen, die vermutlich beträchtliche Erfahrung, wahrscheinlich aber wenig medizinisches Fachwissen und kaum Ausbildung hatten (1Mo 38,27-30; 2Mo 1,15-21; Hes 16,4-5). Zum Geburtsstuhl (2Mo 1,16, hebr. *ʾobnajim*, wörtl. »Doppelstein«, was vermutlich seinen Ursprung anzeigt) wie er in Ägypten üblich war, s. *Hebamme.

Geisteskrankheit. Mehrere unterschiedliche, unspezifische Worte werden gebraucht. Die wichtigeren sind: Hebr. *hōlēlā*, *hōlēlūt*, »Torheit, Tollheit oder Prahlerei« (Pred 1,17; 2,12; 7,25; 9,3; 10,13). Hebr. *schiggāʿōn*, »Verrücktheit«, »Irrsinn«; Verrücktheit als Strafe Gottes (5Mo 28,28; Sach 12,4). Griech. *anoia*, »Vernunftlosigkeit«, die zu Torheit (2Tim 3,9) oder Raserei (Lk 6,11) führt. In keinem Fall ist im modernen Sinn eine geistige Krankheit, sondern unausgeglichenes Verhalten gemeint. Griech. *paraphronia*, »Torheit« (2Kor 11,23; 2Petr 2,16). Griech. *mania* (Apg 26, 25). Paulus sagte, er habe keine (wörtl.) Manie bekommen, nachdem Festus ihn der Raserei (*mainomai*) beschuldigt habe (vgl. Joh 10,20).

Die wiederholten Anfälle von Geisteskrankheit bei *Saul und der ernsthafte Anfall bei *Nebukadnezar sind mit einiger Ausführlichkeit geschildert. Saul (1Sam) hatte viele Gaben, aber er war in mancher Hinsicht einseitig. Z.B. war er sehr von der Meinung anderer abhängig. Er war wiederholt depressiven Stimmungen unterworfen. In seinem späteren Leben hatte er Wahnvorstellungen und war reizbar, was ältere Depressionspatienten charakterisiert, obwohl Mordneigungen wie die seinen bei Depressionen eher ungewöhnlich sind. Läßt sein Freitod auf das Krankheitsbild eines depressiven Neurotikers schließen? Nebukadnezar, agil und jähzornig, besaß eine übermanische Persönlichkeit, d.h. eine Neigung, eine manisch-depressive Psychose zu entwickeln. Seine Krankheit (Dan 4,28f) dauerte lange und trat auf, als er vermutlich Mitte der Fünfzig war. Obwohl er sein Bewußtsein behielt, war er zum Regieren völlig unfähig. Es gibt keinen Hinweis auf eine organische Ursache. Er erholte sich aber am Ende (V. 33) völlig. Heute würde man vielleicht von einer rückblickenden Melancholie sprechen.

Geschwulst. Hebr. *jabbelet* (3Mo 22,22; vgl. LXX *myrmēkiōnta*). Gehört zu einer Liste von Makeln, die ein Tier für das Opfer des Herrn ungeeignet machten. Gemäß der jüd. Tradition meint das hebr. Wort »an Warzen leiden«.

Jucken. Hebr. *cheres*, »Hitze, Jukken«. Ein Hautzustand, vermutlich einem Ekzem ähnlich; gehört zu den Plagen (»die nicht geheilt werden können«), womit die Ungehorsamen bestraft wurden (5Mo 28,27). Es gibt keine Angaben für eine medizinisch genaue Identifikation. Hebr. *neteq* (3Mo 13,30-37; 14,54). Ein allg. Ausdruck, wahrscheinlich ein störender Hautausschlag, manchmal für ein Zeichen von Lepra gehalten, s.a. Krätze.

Krätze, Pusteln. Hautkrankheiten sind im Orient häufig, und es ist oft schwierig, die in der Bibel erwähnten genau zu identifizieren und voneinander zu unterscheiden. »Krätze« z.B. steht für vier verschiedene hebr. Worte. *gārāb*, 5Mo 28,27; 3Mo 21,20; 22,22 (LXX *psora*; Vulg. *scabies*). Zu diesen Flüchen zur Strafe für die Ungehorsamen gehörte offensichtlich eine chronische Krankheit, die den Kopf mit einer dicken Kruste überzog und manchmal den ganzen Körper bedeckte. Sie wurde für unheilbar gehalten. *jallepet*, »schorfig« (LXX: *leichēn*). Ein Makel, die einen Mann zum Priesteramt (3Mo 21,20) aber auch ein Tier zum Opfer (3Mo 22,22) ungeeignet machte. Es könnte eine andere Form von *gārāb* sein. *sappachat*, »Fleck«, (3Mo 13,2; 14,56). *mispachat*, (3Mo 13,6-8). Eine Verbform (*sippach*) steht in Jes 3,17: »den Scheitel kahl machen«.

Lähmung, Ohnmacht. Die griech. Worte für einen Gelähmten, *paralytikos* (z.B. Mt 4,24; 9,2; Mk 2,3) und gelähmt sein, *paralyomai* (z.B. Lk 5, 18.24; Apg 8,7; 9,33) sind ähnlich und unspezifisch. Manche Arten von Lähmung in bibl. Zeit waren eindeutig nicht lebensgefährlich, da Patienten ungeachtet ihrer Lähmung viele Jahre überlebten. Der Knecht des Hauptmanns (Mt 8,6) war gelähmt und »litt fürchterliche Qual«. Das könnte eine Beschreibung der gefürchteten Atmungslähmung bei manchen Arten von spinaler Kinderlähmung sein.

Menstruation. Hebr. *dāwā* oder *dāweh*, »krank«, »menstruierend« (3Mo 12,2.5; 15,33; 18,19; 20,18). Dieser normale, physiologische Zug in der fruchtbaren Lebensphase der Frau machte sie rituell unrein. Vermutlich litt die blutflüssige Frau (Mk 5,25; Lk 8,43: *rhysei haimatos*, »ein Blutfluß«; Mt 9,20: *haimorrhoeō*, »den Blutfluß haben«; das zweite Wort wurde in griech. medizinischen Schriften und in der LXX in 3Mo 15,33 für »menstruierend« verwendet) an Menorrhagia, einer K., bei der der menstruelle Blutfluß unnormal lange dauert – in ihrem Fall 12 Jahre – und Anämie verursacht haben könnte.

Pest, Seuche. Hebr. *deber*, »Pest, Seuche«. Dieses Wort bedeutet ursprünglich »Vernichtung«, wird aber umfassend für alle Arten von Unglück gebraucht, oft im Zusammenhang mit Schwert und Hungersnot (diese drei Übel gehen gewöhnlich Hand in Hand, vgl. Jer 14,12; Hes 6,11 usw.) und mit göttlicher Strafe. Es beschreibt auch die ansteckende Seuche, die 70 000 Israeliten tötete, nachdem David das Volk gezählt hatte (2Sam 24,15; vgl. Jos.ant.Jud. 7.326) und ist vermutlich dasselbe Unglück, das 185 000 Männer Sanheribs vernichtete (2Kön 19,35; Jes 37,36). Dasselbe Wort findet sich in Salomos Weihegebet (1Kön 8,37; 2Chr 6,28) und wird in unüblicher Weise gebraucht zur Beschreibung der Wirkung Gottes auf den Tod in Hos 13,14. Als »Viehseuche« übersetzt meint es eine Tierkrankheit (2Mo 9,3; vgl. Ps 78,50). Hebr. *maggēpā*, »Seuche, Qual« (2Mo 9,14; Sach 14,12 usw.). Hebr. *makkā*, »quälend; schlagend« (3Mo 26,21; Jer 19,8 usw.). Hebr. *nēgaʿ*, »Berührung, Schlag, Qual«. Das Wort wird oft mit Aussatz in Verbindung gebracht (3Mo 13-14), kennzeichnet aber jedes große Unglück oder Elend (Ps 91,10 u.ö.) oder innere Krankheit (1Kön 8,38). Hebr. *negep*, »Fehltritt, Seuche« (2Mo 12,13; Jos 22,17 u.ö.). Griech. *mastix*, »Plage, Geißel, Seuche« (Mk 3,10; 5,29.34; Lk 7,21). Dies wird als allg. Bezeichnung für K. gebraucht. Griech. *loimos*, »Plage, Seuche« (Mt 24,7 in einzelnen Handschriften; Lk 21,11; vgl. Jos.bell.Jud. 6.421). In beiden Bibelstellen steht es mit Hungersnot (griech. *limos*) in Verbindung. Griech. *plēgē*, »Stoß, Seuche«. Dieses Wort wird so nur in Offb (9,20; 11,6 usw.) übersetzt in Verbindung mit dem Gericht, das über die Bösen kommt.

Ruhr. Die Übersetzung für griech. *dysenteria*, ein von Herodot, Plato, Aristoteles u.a. gebrauchter medizinischer Fachausdruck; die Infektionskrankheit, von der Paulus den Vater des Publius heilte (Apg 28,8). Man hat vermutet, daß die »unheilbare Krankheit« der Gedärme, mit der Gott *Joram belegte, eine chronische Amöbenruhr war (2Chr 21,15.18-19).

Schwindsucht. Hebr. *schahepet*, »abnehmen«. Erscheint in 3Mo 26,16; 5Mo 28,22. Hier ist die Bedeutung nicht völlig klar. Es könnte sich um Tuberkulose, Krebs oder zahlreiche andere Krankheiten mit begleitender Abmagerung handeln. Als die Kinder Israels in Ägypten waren, gab es dort Tuberkulose (D. Morse et al., Tuberculosis in Ancient Egypt).

Stummheit. Hebr. *ʾillēm*, »stumm, gebunden, festgebunden«, *dūmān*, »still«, *ʾālam*, »stumm, gebunden, festgebunden sein«. Griech. *alalos*, »sprachlos«, *aphōnos*, »stimmlos«, und sehr gebräuchlich *kōphos*, »stumpf, stumm oder taub«. Diese Krankheit erscheint in der ganzen bibl. Geschichte. Ihr kann keine spezielle Ursache zugeschrieben werden. Manchmal war es Zeichen der Besessenheit durch Dämonen (z.B. Mt 9,32.35; 12,22). Zacharias war zeitweilig stumm (Lk 1,20.22.64) durch ein Handeln Gottes aufgrund seines Unglaubens. Der taube Mann aus Mk 7,32 war mit großer Wahrscheinlichkeit nicht stumm, obwohl er der »Taubstumme« genannt wird.

Taubheit. Hebr. *chērēsch*, »still«; griech. *kōphos*, »abgestumpft, unempfindlich, stumm«. Die Israeliten mußten freundlich sein zu Tauben (3Mo 19,14). Jesaja prophezeite, daß der Taube hören sollte (29,18; 35,5; 42,18). Diese Prophezeiung wurde durch Jesus erfüllt (Mt 11,5; Mk 7,37). Ein von Jesus geheilter Mann war taub und hatte einen Sprachfehler (*mogilalos*, »Sprechen mit Schwierigkeit«, Mk 7,32). Dieser war wohl seiner Taubheit, aber offenbar auch einem mechanischen Fehler zuzuschreiben, wie der Ausdruck »die Fessel seiner Zunge« vermuten läßt. Es war zweifellos bedeutsam, daß sein Gehör zuerst geheilt wurde. Manche Gelehrte meinen, der Mann sei taubstumm gewesen, aber das Griech. legt das nicht nahe. Wahrscheinlicher ist, daß er Geräusche machen konnte. Diese formten jedoch, da er sie (oder die Worte anderer Menschen) nicht hören konnte, keine normale Sprache. Zacharias war zeitweise taubstumm (Lk 1,20.22.64).

Tumor. Die Philister in Aschdod eroberten die Bundeslade, und der Herr »schlug sie mit bösen Beulen« (hebr. *ʿopālīm*, »Tumor« oder »Beule«, 1Sam 5,6). Die Grundbedeutung des hebr. Wortes ist »aufschwellen«, daher der Name des Berges *Ofel in *Jerusalem. Das Wort könnte ein medizinischer Fachausdruck sein. Als die Bundeslade nach Gat gebracht wurde, brachen bei Jung und Alt Beulen aus (5,9), und viele starben (5,11-12). Nach sieben Monaten wurde die Bundeslade nach Israel zurückgebracht mit den goldenen Abbildern von fünf Beulen und fünf »Mäusen« (hebr. *ʿakbar*), ein ungenaues Wort, das »fressend« bedeutet und sich auf Mäuse, Ratten und Wüstenmäuse bezieht, die im Nahen Osten häufig sind (G.S. Cansdale, Animals of Bible Lands). Sowohl Ratten wie Wüstenmäuse sind bekannt als Überträger von Erregern der Beulenpest. Die Beschreibung, wie sich eine Seuche entlang der Handelswege ausbreitet und beulenartige Schwellungen oder Tumore sowie eine manchmal lebensgefährliche Krankheit verursacht, vergleicht diesen Vorgang mit vielen Mäusen, die das Getreide verderben, (6,5), was auf Beulenpest hinweisen könnte. Es ist möglich, daß auch die siebzig Toten in Bet-Schemesch ihr erlagen, »weil sie (in?) die Bundeslade des Herrn schauten« (6,19). Die Erklärung für die Anzahl der (fünf Mäuse- und Beulen-) Abbilder bietet 6,16-18.

Unfruchtbarkeit. Wenn eine Frau keine Kinder hatte, war das im Orient nicht nur eine traurige Sache, sondern eine Schande, die zur Scheidung führen konnte. Das ist der Grund für Saras verzweifeltes Lachen (1Mo 18,12), Hannas stilles Gebet (1Sam 1,10ff), Rahels leidenschaftliche Alternative von Kindern oder Tod (1Mo 30,1) und Elisabeths Ausruf, daß Gott ihre Schande von ihr genommen habe (Lk 1,25). Der Schrecken des kommenden Gerichtes über Jerusalem wird betont durch die unglaubliche Feststellung: »Gesegnet sind die Unfruchtbaren. . .« (Lk 23,29). Man glaubte, die Gabe von Kindern oder ihr Nichtbesitz sei ein Zeichen von Gottes Segen bzw. Fluch (2Mo 23,26; 5Mo 7,14), was auch für die Fruchtbarkeit oder Unfruchtbarkeit des Landes galt (Ps 107,33-34).

Verdorrte Hand. Griech. *xēros* (Mt 12,10; Lk 6,6.8), »trocken, verdorrt«, kennzeichnet eine Hand, bei der die Muskeln gelähmt und zurückgebildet sind, wobei das betroffene Glied kürzer und dünner als normal ist – ein chronischer Zustand, der in bibl. Zeit als unheilbar galt. Manche halten es für eine späte Komplikation der Kinderlähmung. Lukas berichtet, daß die rechte Hand des Mannes betroffen war.

Wassersucht. Griech. *hydrōpikos*, »voller Wasser« (Lk 14,2). Wassersucht (Aszites) ist an sich keine K., sondern Zeichen einer Herz-, Nieren- oder Leberstörung.

III. DIE BEHANDLUNG DER KRANKHEIT.

Die Therapien der Bibel sind die zu jener Zeit üblichen und werden in allg. Ausdrücken beschrieben, z.B. Spr 17,22; Jer 46,11. Lokale Anwendungen werden häufig für Wunden genannt (Jes 1,6; Jer 8,22; 51,8). Für die Eiterbeule von Hiskia empfahl Jesaja einen »Feigenkuchen« (Jes 38,21). Der barmherzige Samariter gebrauchte Wein und Öl (Lk 10,34). Solche Behandlung ist jedoch oft erfolglos, wie im Falle der blutflüssigen Frau (Mk 5,26). Oder der Zustand an sich ist unheilbar, wie bei *Mefiboschet (2Sam 4,4). Der Hinweis auf einige Krankheiten in 5Mo 28,27 enthält eine gewisse Verzweiflung. Es überrascht nicht, daß die Behandlung manchmal mit Aberglauben verbunden war wie bei Leas und Rahels Versuch, sexuelles Verlangen bei Unfruchtbarkeit durch Liebesäpfel zu steigern (1Mo 30,14-16). Wein wird zweimal als Medikament und Anregungsmittel erwähnt (Spr 31,6; 1Tim 5,23). Das Wort Arzt wird kaum gebraucht, beinhaltet aber weitgehend das uns bekannte Berufsbild (hebr. *rāpā*, z.B. 2Mo 15,26; Jer 8,22; griech. *iatros*, Mk 5,26; Lk 8,43). Asa wird verurteilt (2Chr 16,12), weil er »Ärzte« befragt hat. Es könnte sich dabei um heidnische Priester handeln, die mit ihrer Behandlung unter die Abhängigkeit fremder Götter führen. Der Grund der Verurteilung war, daß er nicht den Herrn suchte«. Hiob verurteilt seine Tröster als »unnütze Ärzte« (Hiob 13,4). Im NT werden Ärzte von Christus zweimal sprichwörtl. erwähnt (Lk 4,23; 5,31). Sie werden bei der Begebenheit mit der blutflüssigen Frau genannt (Lk 8,43). Paulus bezeichnet Lukas als »den geliebten Arzt« (Kol 4,14).

Die jüd. Religion unterschied sich von den meisten heidnischen dadurch, daß das Amt des Priesters und das des Arztes praktisch streng getrennt waren. Die Feststellung der Diagnose, ob es sich um Aussatz handelte oder nicht, war eine Ausnahme, da es sich dabei um eine kultische Unreinheit handelte (3Mo 13, 9-17; Lk 17,14). Propheten wurden nach der Prognose gefragt (s. z.B. 1Kön 14,1-13; 2Kön 1,1-4; 8,9; Jes 38,1.21). Eine primitive Form von Knocheneinrichtungen wird in Hes 30,21 erwähnt. Es ist bemerkenswert, daß die medizinische Praxis sich in ihren wesentlichen Teilen in den Jh., in denen die in der Bibel beschriebenen Ereignisse stattfanden, so wenig veränderten, daß es möglich ist, von der gesamten Periode zu sprechen, als sei es eine relativ begrenzte Zeit. Es gab darin, im Unterschied zur babylon. und ägypt. Heilkunde, kaum ein Element, das im modernen Sinn als wissenschaftlich bezeichnet werden könnte.

IV. HYGIENE UND SANITÄRE EINRICHTUNGEN.

Die jüd. Medizin übertraf die der zeitgenössischen Völker u.a. aufgrund der bemerkenswerten mosaischen Hygienegesetze (vgl. 3Mo 15). Obwohl im allg. von einem Gesetzeskodex gesprochen wird, sind die einzelnen Gesetze über den Pentateuch verstreut. Man darf dabei nicht vergessen, daß das, was wir heute als Hygiene bezeichnen, für Israel in den Zusammenhang der kultisch gedachten Reinheitsvorschriften fiel. Nicht die Gesundheit, sondern die Reinheit, also die Fähigkeit zur Teilnahme am Gottesdienst, war das höchste Ziel. Wichtig ist das vor allem für die bibl. Bewertung der Lepra, des Aussatzes, der nicht als K., sondern als Unreinheit bezeichnet wird. Die Grenze zwischen K. und Unreinheit wird für die Bibel sehr scharf gezogen. Und doch ist der im modernen Sinn »hygienische« Aspekt der kultisch gedachten Reinheitsvorschriften nicht zu übersehen. Die Juden hätten die Zeit in der Wüste und die vielen anderen Schicksalsschläge, die sie erlitten, ohne diese Gesetze vielleicht nicht überlebt. Sie befassen sich mit der öffentlichen Hygiene, der Wasserversorgung, der Abwasserbeseitigung, der Kontrolle und Auswahl der Nahrung und Kontrolle der Infektionskrankheiten. Das Interessanteste an diesen Gesetzen ist, daß sie ein Wissen implizieren, das die Israeliten unter den Gegebenheiten des Auszuges und der Wüstenwanderung schwerlich selber entdeckt haben konnten, z.B. das Verbot, Fleisch von Schweinen und eines natürlichen Todes gestorbenen Tieren zu essen, das Vergraben oder Verbrennen von Exkrementen und das Wissen um den ansteckenden Charakter mancher K.en. Das Verbrennen von Exkrementen (2Mo 29,14) war eine besonders kluge Vorschrift für ein wanderndes Volk, da zum gründlichen Vergraben keine Zeit bestand. Die Verbreitung von K. wurde dadurch wirksam vermieden. Das Wort »Quarantäne« geht zurück auf die jüd. Handhabung einer Absonderungsperiode von 40 Tagen bei Patienten mit unbekannter K. (3Mo 12,1-4). Dies wurde von den Italienern wegen der relativen Immunität der Juden gegenüber bestimmten K.n im 14. Jh. übernommen. In mancherlei Hinsicht hat die bibl. Sichtweise von K. und Gesundheit die moderne medizinische Praxis beeinflußt. Sie ist vielleicht moderner, als allg. angenommen wird. Die Geschichte vom barmherzigen Samariter (Lk 10,30-37) bietet ein Pflegeideal, das die medizinischen und para-medizinischen Berufe immer inspiriert hat und Selbstlosigkeit und Fürsorge symbolisiert. Man findet in der Bibel praktisch nichts über das Heilmittel »Familie«, obwohl bei den Juden das Ideal der Ehe sehr hoch im Kurs steht.

V. DÄMONISCHE BESESSENHEIT.

Das außergewöhnliche Phänomen der dämonischen Besessenheit, seit der apostol. Zeit beinahe ohne Parallele, ist eindeutig eine Erscheinung sui generis. Den Berichten nach trat es zur Zeit Christi häufiger auf als zu irgendeiner anderen Zeit. (Vgl. den Bericht über Saul: »ein böser Geist vom Herrn quälte ihn«, 1Sam 16,14-15). Es scheint, als ob Satan zu jener Zeit besonders aktiv gewesen sei, um die Wirkungen der Wunder Christi und seiner Apostel zu unterlaufen. Dämonische Besessenheit war real und kann nicht einfach als geläufige Interpretation rein physischer oder geistiger Gebrechen von unwissenden (aber ernsthaften) Menschen »erklärt« werden. Jesus selber stellte diese Diagnose und nahm sie von anderen an.

Diejenigen, die von »Dämonen besessen waren« (griech. *daimonizomenos*, »dämonisiert«) konnten von dem innewohnenden Geist als Sprachrohr gebraucht werden; sie besaßen oft begleitende körperliche Anzeichen wie Stummheit (Mt 9,32), Blindheit (Mt 12,22), Epilepsie (Lk 9,37-43) oder geistige Verwirrung (Mk 5,1-20). Insbesondere waren sie in der Lage, die Gottheit Jesu zu erkennen, und wußten, daß sie seiner Autorität unterworfen waren. Trotzdem kann man dämonische Besessenheit nicht zweifelsfrei mit Epilepsie oder geistiger Verwirrung im allg. identifizieren, und sie werden von den Synoptikern und in der Apg (5,16) auch unterschieden. Jesus beauftragte die Jünger, die Kranken »zu heilen«, (*therapeuō*), aber die Dämonen und unreinen Geister »auszutreiben«, (*ekballō*), wie Jesus den unreinen Geist »bedrohte«, d.h. tadelte (*epitimaō*) und den Knaben »heilte« (*iaomai*). Dabei legt er nahe, daß die Anwesenheit des unreinen

Geistes (der »getadelt« wurde) mit der körperlichen oder geistigen Krankheit - vermutlich Epilepsie –, die geheilt wurde, wohl in Verbindung gebracht wurde, aber davon unterscheidbar blieb. Es gibt unterschiedliche Grade der Besessenheit, wie es sich bei dem Mädchen zeigt, das »von einem bösen Geist übel geplagt« wurde (*kakos daimonizetai;* Mt 15,22). Zwischen dem Mann mit einem »unreinen Geist« (Mk 5,2), dem »Besessenen« (*daimonizomenos;* Mk 5, 15-16) oder dem Mann, der »von Dämonen besessen gewesen war« (V. 18), wie derselbe Mann beschrieben wird, gibt es keinen bemerkenswerten Unterschied.

V. DIE BIBLISCHE SICHT VON KRANKHEIT.

Die Themen von Leiden und K. in der Bibel stehen in engem Zusammenhang mit den Fragen nach dem Wesen und Ursprung des Bösen selber. Leiden ist eine menschliche Erfahrung mit unterschiedlichen Ursachen und eine der Folgen menschlicher Sünde. Im Falle des Leidens durch K. ist die Verbindung gewöhnlich nicht offensichtlich, obwohl die K. manchmal in direktem Zusammenhang steht. Aus dem Bericht über den Sündenfall des Menschen wird deutlich, daß der Mensch kurz darauf Unsicherheit, Furcht und Schmerz kannte (1Mo 3,16.17). Hier wird *ʿissābōn* besser mit »Schmerz« übersetzt, und zwar geistlicher Schmerz (1Mo 4,13). Der direkte Zusammenhang von Sünde und Leiden wird schnell komplexer, aber den Völkern, die Gott im allg. gehorsam waren, wurde Freiheit von K. versprochen (2Mo 15,25-16; 3Mo 26,14-16; 5Mo 7,12-16 und Kap. 28, besonders V. 22.27.58-61). Andererseits ist die Pest eines der drei schmerzhaften Gerichte über das Volk Gottes (Jer 24,10; 32,24; Hes 14,21) und andere Völker, z.B. Philister (1Sam 5,6) und Assyrer (2Kön 19,35). Es gibt Stellen wie Ps 119,67, wo der Sünder selber einbezogen ist, und den Fall des geheilten hilflosen Mannes (Joh 5,1-16), wo sein eigener Fehler vielleicht impliziert wird (V. 14). Davids Sünde bewirkte Trübsal für andere (2Sam 24,15-17). Insgesamt ist menschliches Leiden durch K. oder etwas anderes die Wirkung der geistlichen Kränklichkeit der menschlichen Gesellschaft auf den einzelnen. In Hiob 1 ist etwas von der Aktivität Satans zu sehen. Das wird auch deutlich in Apg 10,38, wo die Kranken als solche bezeichnet werden, die in der Gewalt des Teufels waren. Christus selber sprach von der Frau, die »der Satan gebunden hielt« (Lk 13,16).

Gott steht jedoch nicht hilflos dabei. Leiden wird manchmal als Strafe benutzt. Das kann auf nationaler Ebene geschehen. Es ist aber auch im Einzelfall möglich, wie bei *Mose (2Mo 4,24), *Mirjam (4Mo 12,10), *Usija (2Chr 26,16-21), *Jerobeam (2Chr 13,20), *Gehasi (2Kön 5,25-27), *Hananias und Saphira (Apg 5,5.10), *Herodes (Apg 12,21-23) und Elymas (Apg 13,11). Wesentlich mehr Einzelheiten gibt es über den schöpferischen Gebrauch des Leidens (Hebr 12,6-11), wie bei *Jakob, der, nachdem ihm Gott eine K. auferlegt hatte, lernte, Gott ganz zu vertrauen, und geistlich heranreifte, um seinem neuen Namen Israel gerecht zu werden (1Mo 32,24-32). Hiskias K. zeigte seinen Glauben an Gott und fällt vermutlich in diese Kategorie (2Kön 20,1-7). Das Buch Hiob zeigt, daß der wahre Zweck die Beziehung eines Menschen zu Gott ist, nicht seine Haltung gegenüber seiner K. Es geht darum, daß der Mensch Gottes Ehre dient, die von Satan in Frage gestellt wird, geht also über seine individuelle Existenz hinaus. Das AT verneint grundsätzlich die mit großem Geschick von Hiobs »Tröstern« vertretene Ansicht, daß es immer eine Verbindung zwischen persönlichem Leid und persönlicher Sünde gibt. Nach Verwerfung der nur teilweise richtigen Ansicht, daß der Grund für die Existenz des Leidens erzieherischer Natur sei, zeichnet das Buch Hiob das großartige Bild des getrösteten, gerechtfertigten und gesegneten Hiob. Wichtig ist die Erkenntnis, daß die bibl. Sichtweise kein reiner Dualismus ist. Vielmehr zeigt sie das Leiden im Licht der Ewigkeit und in der Beziehung zu einem Gott, der souverän ist und dennoch aufgrund seiner Liebe zu den Menschen Nachsicht übt in seinem Handeln mit der Welt (2Petr 3,9). Die ntl. Schreiber waren sich der sie umgebenden Sorgen und Schmerzen bewußt und schauten daher aus nach der letzten Vollendung, wenn kein Leiden mehr sein wird (Röm 8,18; Offb 21,4). Diese Vorstellung unterscheidet sich von der griech. Idee, daß dem Körper das Böse und dem Geist das Gute innewohne. Die bibl. Sicht der Vergänglichkeit und dennoch der Würde des Leibes findet man deutlich in 2Kor, besonders Kap. 5,1-10 (vgl. auch 1Kor 6,15). Sie ist integrierter Bestandteil des ganzen Menschen und Ausdruck seiner Persönlichkeit.

Literatur: G. Stählin: ThWNT I, 1933, 488ff; A. Oepke: ThWNT IV, 1942, 1084ff; E. Stiglmayr, N.H. Soe, D. Rössler: RGG^3, IV, 36ff; s.Literatur bei *Krankenheilung.

D.T./W.B.S.

KRAUT
s. Kräuter und Gewürze
s. Pflanzen

KRÄUTER UND GEWÜRZE. Hier wird im allg. Sinne von eßbaren, kulinarisch oder medizinisch verwendbaren Pflanzen gesprochen, obwohl Kräuter strenggenommen nur nichthölzerne ein- oder mehrjährige Pflanzen mit jährlich wechselndem Blattwerk sind. Ergänzende Informationen finden sich in den Artikeln *Ernährung, *Kosmetik und *Pflanzen.

Im AT bezeichnet *desche*ʾ normalerweise Gras; *chāsīr, ʿēeb* und das weniger übliche *jārāq* (5Mo 11,10; 1Kön 21,2; Spr 15,17) können »Gras«, aber auch »Kräuter« oder »Gemüse« bedeuten. *ʾōrōt* (2Kön 4,39) wird mit »Rankengewächs« (LÜ) oder »Koloquinten« (RevEB) übersetzt. Das NT gebraucht *chortos* für Weidegras, *lachanon* für Kräuter im üblichen Sinn.

Gewürze sind aromatische, von den Völkern im Nahen Osten von alters her sehr geschätzte pflanzliche Substanzen. Gewürzkarawanen bahnten sehr früh die Handelsrouten von N-Indien nach Sumer, Akkad und Ägypten, die später ein wichtiger Faktor im kulturellen Austausch wurden. Viele Gewürze wurden von Mesopotamien und Indien nach Palästina gebracht, einige der gebräuchlichen Produkte wurden in Palästina selbst gewonnen. Zur Zeit des AT wurde der palästin. Gewürzhandel sorgfältig geschützt. Salomo zog beträchtliche Einnahmen aus der Besteuerung der durch sein Territorium ziehenden Karawanen.

Kreuzkümmel, Dill, Zimt und Minze wurden bei der Zubereitung von Speisen (Hes 24,10) und zum Würzen von Wein (Hld 8,2) verwendet. Zur Herstellung von *Weihrauch zu Opferzwecken benötigte man reinen Weihrauch (Harzabsonderungen bestimmter Boswellia-Bäume), Stakte, Galbanum, Balsam und süßes Rohr (2Mo 30,34), während Substanzen wie Kassia, Aloe und Lavendel zu kosmetischen Zwecken verwendet wurden (Est 2,12; Hld 4,14; Mk 14,3; Joh 12,3).

Zu den Vorbereitungen einer Bestattung gehörte es, Gewürze als eine Art Einbalsamierung in die Totengewänder zu legen. Das waren Mixturen aus Myrrhe und Aloe (Joh 19,39) oder, allgemeiner gebräuchlich, »Öle und Salben« (Lk 23,56). Diese hemmten zwar nicht die Verwesung, dienten aber als Deodorants und Desinfektionsmittel.

Aloe (hebr. *ʾahālīm,* Spr 7,17; »Aloebäume« 4Mo 24,6; *ʾahālōt* in Ps 45,9; Hld 4,14) ist vermutlich das Adlerholz (Aquilaria agallocha), das heute in Ost-Bengalen, Malakka und Teilen Chinas vorkommt. Die aus Aloeholz gewonnenen Auszüge dienten in bibl. Zeit zur Parfümierung von Gewändern und Betten. Aloebäume wuchsen nie in bibl. Ländern. Ihre Erwähnung in 4Mo 24,6 läßt eher auf die Wertschätzung als auf tatsächliches Vorkommen schließen. Aloeholzauszüge wurden bei der Einbalsamierung von Leichen verwendet (Joh 19,39).

Aloe vera bzw. Aloe barbadensis ist eine völlig andere, lilienartige Pflanze, die ursprünglich im Yemen vorkommt und heute im Mittelmeerraum weit verbreitet ist. Nicht aloinhaltige Extrakte aus ihren fleischigen, schwertähnlichen Blättern werden in der Kosmetik und bei Verbrennungen angewandt.

Balsam (hebr. *serī, sorī;* LXX: *rhētinē*), dessen natürliche Vorkommensgebiete Arabien, Nubien, Somalia und Äthiopien sind, wurde nach Ägypten und Tyrus exportiert (1Mo 37,25; 43,11; Hes 27,17). Vom 11.-17. Jh. wurde der Balsambaum zur Balsamgewinnung in Ägypten und Palästina angebaut. Berühmt für seine Heilkräfte (Jer 46,11) und oft zu kosmetischen Zwecken gebraucht, galt Balsam auch als Symbol für die Befreiung von nationaler Not (Jer 8,22; 51,8). Balsam war vermutlich ein aromatisches Gummiharz (Gemisch aus wasserquellbarem Gummi, alkohollöslichem Harz und ätherischem Öl). Die ursprüngliche Bedeutung des Wortes ist unklar und kann heute keiner Pflanze zugeordnet werden. Manche verstehen unter dem *sorī* aus 1Mo 37,25 ein Gummiharz, ein Produkt des Strauches Pistacia lentiscus, das in Palästina gewöhnlich zu Heilungszwecken und von den Arabern zum Würzen von Kaffee und Süßigkeiten sowie als kaubares Harz verwendet wird. Autoren des Altertums gebrauchten den Namen »Balsam aus Gilead« für das heute als Mekkabalsam bekannte Harz der Commiphora opobalsamum, das noch immer von Arabien nach Ägypten exportiert wird. Das Gummi (hebr. *nekōt*) aus 1Mo 37,25; 43,11 könnte auch die Absonderung der Zweige des kleinen Dornbusches Astragalus gummifer sein (Tragant-Gummi). Er wächst auf den trockenen Hängen des Iran und der Türkei und gehört zur Familie der Schmetterlingsblütler (Erbsen).

Bittere Kräuter (hebr. *merōrīm;* griech. *pikrides*). Bitterkräuter als Teil des Passamahles (2Mo 12,8; 4Mo ,11) wurden gewöhnlich nach dem assalamm gegessen. Diese Kräuter verden nicht einzeln genannt. Die Mischna identifiziert sie aber als Lattich, Chicorée, Mannstreu, Meerettich nd Saudistel, obwohl vielleicht nicht lle in bibl. Zeit verfügbar waren. bschon hebr. *merōrīm* an anderer telle für »Bitterkeit« benutzt wird gl. Klgl 3,15), erinnerten die schnell ubereiteten Passakräuter die Israelin an die Eile, in der sie Ägypten erließen, nicht an die bittere Unterrückung dort.

Dill (griech. *anēthon*). Eine einjährige, doldenblütige Pflanze (Anethum aveolens) mit zierlich geteilten lättern und kleinen gelb-grünen lüten. Die Früchte und Blätter wuren im Altertum weithin zu kulinarihen und medizinischen Zwecken erwendet.

Gileadbalsam (hebr. *nātāph;* iech. *staktē*). Bestandteil des Räuerwerks (2Mo 30,34). Der hebr. ame läßt an »tropfen« denken, und leitet man seinen Ursprung von r Absonderung in Form von Tropn ab. Zwei Pflanzen kommen hier in Frage: der Gilead-Balsam ommiphora opobalsamum), der unachtet seines Namens aus Süd-Araen stammt, oder der Amberbaum quidambar orientalis) bzw. Storaxum aus dem Hügelland Palästinas. r Gilead-Balsam ist ein stark vereigter Busch mit schmalen, dreiseien Blättern. Das Harz des Amberer Storaxbaums nennt man Styrax er Storax. Bei beiden Pflanzen wird Harz gewonnen, indem man die eige anritzt. Neben Liquidambar entalis, der auf Zypern, Rhodos l in der Türkei wächst, kämen h weitere Styrax-Arten in Frage, wertvolle Benzoeharze liefern

Minze (Menta), *eine Gewürzpflanze, die von den Pharisäern verzehntet wurde.* (FNH)

Myrrhe (Commiphora myrrha). *Das rötliche Harz wird durch Einritzen der Zweige gewonnen.* (FNH)

Raute (Ruta graveolens) *war eines der von den Pharisäern verzehnteten Kräuter: Die Blätter der Pflanze enthalten ein ätherisches Öl, das als krampflösend gilt.* (FNH)

Henna (Lawsonia inermis), ein Streuch, dessen getrocknete Blätter für kosmetische Zwecke (Färben der Haare und der Haut) verwendet wurden. (FNH)

(Styrax tonkinensis: Siambenzoe oder Styrax benzoin: Sumatra-Benzoe), wobei nicht auszuschließen ist, daß diese Harze ebenfalls Eingang nach Palästina gefunden haben.

Henna. Ein Strauch (Lawsonia inermis; hebr. *kōpher*, Hld 1,14; 4,13), der milde klimatische Bedingungen wie in En-Gedi, wo Salomo Weingärten hatte, bevorzugt. Seine duftenden weißen Blüten wurden unter Freunden ausgetauscht. Seine pulverisierten Blätter verarbeitete man im Altertum zu einer kosmetischen Paste. Sie gab der Haut, besonders den Handflächen, aber auch Männerbärten und sogar den Mähnen und Schwänzen der Pferde, ein gelbes Aussehen. Heidnische Frauen, die als Kriegsgefangene von hebr. Männern geheiratet wurden, mußten zuvor sämtliche Spuren des kosmetischen Gebrauchs von Henna entfernen, da die orange bis hellgelbe Färbung heidnische Assoziationen weckte.

Kassia (hebr. *qiddā*; 2Mo 30,24; »Zimt«: Hes 27,19; *qesîot*, Ps 45,9). Diese beiden hebr. Worte beziehen sich nach traditioneller Ansicht auf die Rinde des Cinnamomum cassia (Chinesischer Zimt). Da dies aber ein fernöstl. Baum ist, ist es unwahrscheinlich, daß damit die duftende, aromatische Substanz des Salböls aus 2Mo 30,24 gemeint war. Das Wort »Kassia« war vermutlich in alter Zeit wie andere Pflanzenprodukte (z.B. Ebenholz) einer bestimmten Substanz zugeordnet. Später wurde es wohl auf ein anderes, einfacher zu erlangendes Produkt mit ähnlichen oder besseren Eigenschaften übertragen. Kassia und Zimt waren Duftstoffe, die die Römer bei Beerdigungen benutzten (zu einer Zeit, als die östl. Handelsstraßen angelegt waren und man die Produkte benutzte, die heute unter diesem Namen bekannt sind.

Koriander (Coriandrum sativum) besitzt als Gewürz auch einen gewissen Heilwert. (FNH)

Dill (Anethum graveolens), dessen Samen ebenfalls von den Pharisäern verzehntet wurden. (FNH)

Koriander (hebr. *gad*, 2Mo 16,31; 4Mo 11,7). Diese kleine, doldenblütige, im Mittelmeerraum heimische, einjährige Pflanze (Coriandrum sativum) wurde bereits um 1550 v.Chr. zu kulinarischen und medizinischen Zwecken verwendet. Ihr aromatischer Same ist grau-gelb und eingeschlossen in eine kugelförmige Frucht von ca. 4 mm Durchmesser.

Kreuzkümmel (hebr. *kammōn*, griech. *kyminon*). Aromatischer Same des Cuminum cyminum, einer in Westasien heimischen Pflanze, die seit frühester Zeit angebaut wird. In Geschmack und Aussehen dem Kümmel ähnlich, wird er zur Würzung von Speisen verwendet, besonders während des Fastens. Er soll auch medizinische Eigenschaften haben. Die Pflanze wird auch heute noch vorsichtig mit Stöcken gedroschen, um die kleinen, zerbrechlichen Samen nicht zu beschädigen (Jes 28,27). Die Schriftgelehrten und Pharisäer, die auch beim Kreuzkümmel auf die Entrichtung des Zehnten sorgsam achteten, wurden von Jesus beschuldigt, darüber wichtigere Angelegenheiten zu vernachlässigen (Mt 23,23).

Lavendel (hebr. *nērd*; griech. *nardos*). Das duftende Öl, das in Hld 1,12; 4,13f (Narde) als Parfüm erwähnt wird, ist sehr wahrscheinlich identisch mit dem *lardu* der assyr.-babylon. Inschriften, das aus dem Kamelgras (Cymbopogon schoenanthus) in den Wüsten Arabiens und Nordafrikas gewonnen wurde.

Lavendel wird im NT (Mk 14,3; Joh 12,3) als »unverfälscht« beschrieben. Man nimmt an, daß dieses Parfüm aus dem Öl der Wurzeln von Nardostachys jatamansi, einer angenehmer duftenden Verwandten des Baldrian, gewonnen wurde. Es stammt aus dem Himalaya und wird dort noch immer zur Haarpflege gebraucht.

Minze (griech. *hēdyosmon*, Mt 23,23; Lk 11,42). Viele Arten der Gattung Minze (Labiatae) sind wohlriechend, wahrscheinlich aber ist die Roßminze, eine Art der Mentha (M.longifolia), gemeint. Das ist eine winterharte Pflanze, etwa 40 cm hoch mit malvenfarbigen, quirlständigen Blüten. Die charakteristisch duftenden ätherischen Öle der Minze machen diese zu einer nützlichen Zutat. Ntl. Belege illustrieren jedoch nu die Skrupellosigkeit der Pharisäer, di selbst die gewöhnlichsten Gartenkräuter verzehnteten.

Myrrhe (akkad. *murru*; hebr. *mōr*) bezeichnet die harzige Absonderung aus Einschnitten in Ästen und Zweigen eines niedrigen Buschbaumes, entweder Commiphora myrrha (früher Balsamodendron myrrha) oder des eng verwandten Commiphora ka taf. Beide Arten stammen aus Süd-Arabien und benachbarten Teilen Afrikas. Der Saft sickert in Form vo »Tränen« aus den Wunden und verhärtet zu einem öligen, gelb-braune Harz. Myrrhe war ein Bestandteil de heiligen Salböls (2Mo 30,23-33). Sie wurde wegen ihrer aromatischen Eigenschaften geschätzt (Ps 45,9; Spr 7,17; Hld 3,6; 4,14; 5,5.13), fand bei der Schönheitspflege Verwendung (Est 2,12) und diente zur Kosmetikherstellung. Die Weisen brachten dem neugeborenen Jesus Myrrhe als Geschenk (Mt 2,11); bei der Kreuzigung war sie Bestandteil des Schmerzmittels, das Jesus angeboter wurde (Mk 15,23). Bei Jesu Begräbn wurde Myrrhe zusammen mit Aloe zu einer Art Einbalsamierung verwendet (Joh 19,39).

Die »Myrrhe« aus 1Mo 37,25; 43,11 (hebr. *lōt*), die von ismaelitischen Händlern nach Ägypten gebracht wurde, war vermutlich ein C stusharz, gewonnen von den Zistro sen (Cistus laurifolius oder C. cretic bzw. C. villosus). Das sind immergrüne Dornenbüsche mit großen weißen oder rosafarbenen, rosenähnlichen Blüten.

Safran (hebr. *karkōm*, LXX: *krokos*, Hld 4,14). Diese teure Substanz wird aus den Blüten von Crocus sativus, einer in Griechenland und Kleinasien heimischen Pflanze, gewonnen. Es werden nur die orangen Griffel und Blütennarben gesammelt, getrocknet und abgepackt. Im Altertum wurde Safran zur Färbung von Nahrungsmitteln verwendet. Man gebrauchte ihn auch therapeutisch als menstruationsförderndes, anregendes und krampflösendes Mittel. Die alten Ägypter benutzten eine andere Pflanze, Saflor (Carthamus tinctorius), die einen dem Safran ähnlichen Farbstoff zur Färbung der Grabkleidung der Mumien lieferte.

Schwarzer Kümmel (hebr. *qezach*). Die Nigella sativa oder Mußkatnußblume ist eine einjährige Pflanze mit feingefiederten Blättern und schwarzen Samen. Ihre trockenen Früchte wurden vorsichtig mit Stöcken aufgeschlagen (Jes 28,27), um eine Beschädigung der aromatischen, ölhaltigen Samen zu vermeiden, die bereits bei den Griechen und Römern und noch heute zur Würzung von Brot und als Mittel gegen Blähungen benutzt werden. S.a. Dill.

Stakte (hebr. *nātāph*; griech. *staktē*). Bestandteil des Räucherwerks (2Mo 30,34). Der hebr. Name läßt an »tropfen« denken, und so leitet man seinen Ursprung von der Absonderung in Form von Tropfen ab. Zwei Pflanzen kommen hierfür in Frage: der Gilead-Balsam (Commiphora gileadensis), der ungeachtet seines Namens aus Süd-Arabien stammt, und der Styrax (Styrax officinalis) aus dem Hügelland Palästinas. Der Gilead-Balsam, auch als Mekkabalsam bekannt, ist ein Busch mit zahlreichen Zweigen und schmalen, dreiseitigen Blättern. Der Styrax ist ein kleiner Baum mit weißen Blüten. Bei beiden wird das Harz gewonnen, indem man die Zweige anschneidet. Liquidambar orientalis, auch als Styrax/Starax bekannt, kommt kaum in Frage, da der Baum auf Zypern, Rhodos und in der Türkei wächst.

Süßes Rohr (hebr. *qāneh*; Jes 43,23; »köstliches Gewürz«, Jer 6,20). Die ganzen, getrockneten Wurzelstöcke des gemeinen süßen Kalmus (Acorus calamus), einer Sumpfpflanze der Arumgattung, wurden im Altertum als »süßes Rohr« gehandelt. Sie dienten als Stärkungs- und Anregungsmittel. Aus der klimatisch milden Zone Asiens wurde die Pflanze in Bereiche rauheren Klimas eingeführt. Das Zuckerrohr, mit dem das süße Rohr auch identifiziert wurde, gelangte erst in der Zeit nach dem AT nach O.

Zimt (hebr. *qinnāmōn*; griech. *kinnamōmon*). Traditionell das Produkt des Cinnamomum zeylanicum, einer Pflanze der Lorbeerfamilie, die auf Ceylon und Java angebaut wird. Vielleicht aber wurde Zimt, wie Kassia, von einer noch nicht identifizierten Pflanze gewonnen, die den Israeliten im Sinai leichter zur Verfügung stand. Zimt war ein Bestandteil des »heiligen Salböls« (2Mo 30,23), wurde aber auch benutzt, um das Bett zu parfümieren (Spr 7,17), war zur Zeit Salomos hoch geschätzt (Hld 4,14) und zählt zu den wertvollen Handelswaren des »großen Babylon« (Offb 18,13).

Literatur: M. Zohary: Pflanzen der Bibel, [2]1986. F.N.H.

Aloe (Aloe vera) stammt aus dem Yemen und kommt im gesamten Mittelmeerraum vor. (FNH)

Einige Arten der Zistrose sondern ein permanent riechendes Harz ab, das für medizinische Zwecke und bei der Parfümherstellung verwendet wurde. (FNH)

KREATUR. (latein. *creator*; »Schöpfer, Erzeuger«, *creare*, »ins Dasein rufen/erschaffen«).

Luther benutzt den Begriff in seiner Bibelübersetzung nur im NT für die griech. Worte *ktisis* und *ktisma*. Der Begriff K. schließt alles Geschaffene mit ein: Himmel und Erde, Sonne, Mond und Sterne, Sturm und Wasser, Steine und alle lebendigen Naturteile einschließlich des Menschen. K. verweist auf einen bestimmten Aspekt alles Geschaffenen: Es ist von Gott hervorgebracht, mit einer Bestimmung (Sinn) versehen und wird von ihm erhalten und zur Erfüllung seiner Bestimmung (Sinnes) geführt.

Der bibl. Sachverhalt, der mit dem Begriff K. ausgesagt wird, ist also folgender: Gott hat die K.en aus dem Nichts gerufen (Ps 102,26-28; 104,29; 5Mo 32,39; vgl. Hiob 34,14f) und auf ein Ziel hin bestimmt (z.B. 1Mo 1; Ps 104,10f.14f.19ff). K. verdankt sich dem göttlichen Handeln nicht nur in ihrem Anfang, in ihrem Sein, sondern auch in ihrer Besonderheit, ihrem So-Sein, das durch das Ziel bestimmt ist (Joh 1,3). Anfang wie Ziel ist Gott, Gott ist alles in allem (1Kor 15,28).

Das Kreatursein alles Geschaffenen entgöttert die Welt, indem es sie von mythisch-magischen Kräften befreit. In den K.en erscheint vielmehr Gottes wirkende Gegenwart, seine fortwährende Schöpfung (vgl. z.B. Jes 43,16-21; 2Petr 3,5-7). So zeugen die K.en in ihrer Größe und Schönheit von ihrem Schöpfer (z.B. Ps 95,4f; 89,38; Weish 13,5). Ihre jeweilige Besonderheit ehrt den Schöpfer (z.B. Ps 69,35; 104) und dient ihm (z.B. Jes 43,16-21). Umgekehrt lassen die Götzenbilder als K.en des Menschen ihre vergänglichen Hersteller erkennen (Röm 1,20-25). Das K.sein des Menschen ist in seiner Besonderheit durch die Zielbestimmung in 1Mo 1,26-28 gegeben. Seine Kreatürlichkeit hört mit der *Sünde nicht auf, sondern bedarf der *Erlösung. Sünde bedeutet zwar den Versuch des Menschen, sein K.sein zu leugnen und sich von seinem Schöpfer zu lösen, sich gleichsam in sich selbst zu verkrümmen, aber damit muß der Mensch aufgrund seines K.seins scheitern und bedarf also der Befreiung aus dieser »Selbstverkrümmung«, so daß er eine neue K. wird (2Kor 5,17; Gal 6,15; Kol 1,15). Die übrige K. ist von der Sünde des Menschen mitbetroffen, indem der Mensch auch ihr K.sein leugnet und sie für die eigenen Zwekke mißbraucht bis hin zur Vergötzung der K. (Röm 1,20-25). So leidet alle K. und soll befreit werden zur herrlichen Freiheit der Kinder Gottes (Röm 8,19-22; vgl. 2Petr 3,10-13). Diese Freiheit besteht in ihrer Bindung an den Schöpfer (Joh 1,3), also in ihrem K.sein. Die Kreatürlichkeit ist somit Grundlage für Schöpfung, Erlösung und Vollendung. U.K.

Babylonische Keilschrifttafel mit dem ersten Teil des Atranasīs-Epos, der die Schöpfung des Menschen beschreibt (zur Entlastung der Götter von der Landarbeit). Kopie ca. 1635 v.Chr., Höhe 25 cm. (BM)

KRETA. (Griech. *Krēte*). K., angeblich eine Tochter der Europa und des Asterios, ist mit 8331 km^2 die größte Insel Griechenlands, die fünftgrößte des Mittelmeeres, die südlichste Europas. 256 km lang und 15-57 km breit, gleicht sie in ihrer äußeren Gestalt einer Schnecke, die von O nach W kriecht. Am Südrand der Ägäis liegend bildet K. das Hauptglied eines gebirgigen Inselbogens, der sich von der SO-Spitze des Peloponnes über Kithyra, K., Karpathos und Rhodos bis nach Kleinasien erstreckt. Beherrscht von vier mächtigen Gebirgsmassiven (von W nach O: Weiße Berge 2452 m, Idagebirge 2456 m, Lassithigebirge 2148 m, Sitiagebirge 1476 m), die sich flach nach N zur Ägäis hin absenken und öffnen, mit ihrem steilen, unzugänglichen Gebirgsland aber dem Libyschen Meer und Afrika den Rücken zukehren. Die fruchtbaren Tiefebenen im N und die Messara in Zentralkreta bieten sich zu intensiver landwirtschaftlicher Nutzung an.

K. gilt als »Wiege« der abendländischen Kultur; Spuren menschlicher Besiedlung aus dem 5. Jt.v.Chr. finden sich auf der Insel, deren Vorgeschichte schon mit dem Neolithikum beginnt. Die von englischen Ausgräbern um 1900 wieder ans Tageslicht gebrachten architektonischen Formen, Wandmalereien und Vasen zeigen eine Kultur von hohem Alter und großer Vollkommenheit. Mehrere Tausend Linear B-Texte aus Knossos, Pylos und anderen Orten (erst 1952 von Michael Ventris entziffert) »beweisen, daß in Kreta seit 1450 v.Chr. Griechisch gesprochen wurde« und »daß die Griechen für ihre Sprache eine Schrift hatten, bevor sie um 900 von den Phöniziern das Alphabet übernahmen« (Haag, 52). Es zeigte sich auch, daß Kreta Handelsbeziehungen mit der Ägäis, der syr. Küste und vor allem mit Ägypten unterhalten hatte. Ägypt. Gegenstände, die auf K., und kretische Dinge, die in Ägypten gefunden wurden, ermöglichen eine gesicherte Datierung der Entwicklungsstufen der kretischen Kultur, die unter dem legendären Priesterkönig Minos, der ein Sohn des Zeus und der Europa gewesen sein soll, ihre Hochblüte erreichte. Sir A. Evans bezeichnet seine Zeit als das »Goldene Zeitalter« einer frühgriech. kretisch-mykenischen bzw. achäischen Kultur. Doch bei Minos handelt es sich vermutlich nicht um eine Einzelpersönlichkeit, sondern in Analogie zu Ägypten um eine Herrscherdynastie.

Nach Evans vollzog sich die Entfaltung dieser Kultur in drei Perioden zwischen 2800-1100 v.Chr.; Nikolaus Platon hingegen kommt 1962 aufgrund seiner Forschungen zu vier Epochen: der Vorpalastzeit (2600-2000), der Älteren Palastzeit (2000-1700), der Jüngeren Palastzeit (1450-1400) und der Nachpalastzeit (1400-1100).

Im AT begegnet uns K. unter dem Namen Kaftor (1Mo 10,14; 5Mo 2,23; Jer 47,4 u.ö.). Nach 2Sam 8,18; 15,18; 23,23 gehören die Kereter und Peleter, d.h. Kreter und Philister (vgl. *Kreter und Pleter) zu den »Helden Davids«. Als königliche Leibwache sind sie im »Haus der Helden« untergebracht. Im Kriege waren sie seine hervorragendsten Kämpfer (vgl. 2Sam 10,7f).

In vorchristl. Zeit lebten auch schon Juden in Gortyna und an anderen Orten K.s (1Makk 15,23; vgl. Jos.ant.Jud. XVII, 12,1; bell.Jud. II, 7,1). Gortyna (Gortis) war schon in minoischer Zeit besiedelt. Von der Bedeutung dieser Stadt, die in der hellen.-röm. Zeit eine führende Rolle spielte, zeugen die Ausgrabungen großartiger Bauten, die mit Abstand zu den wichtigsten der ganzen Insel gehören. »Das Prunkstück, das dabei zu Tage gefördert wurde«, ist »die Gesetzestafel der Stadt aus dem Ende des 5. Jh.v.Chr. Mit 1700 Schriftzeichen, 10 m lang und 3,5 m hoch noch genau so klar leserlich wie vor 2500 Jahren, eines der wichtigsten Dokumente zum Leben Kretas vor der römischen Besetzung« (R. Bryans). Als Zeugen des Pfingstwunders (Apg 2,11) brachten kretische Juden eine erste Kenntnis des Christentums in ihre Heimat. Im Herbst des Jahres 59 n.Chr. betrat Paulus als röm. Gefangener auf einem alexandrinischen Schiff, das im Hafen von *kaloi limenes* anlegte, erstmals kretischen Boden (Apg 27,8f). Nach seiner röm. Gefangenschaft kommt der Apostel ein zweites Mal nach K. und läßt dort seinen »Sohn« Titus zurück, damit er »vollends ausrichten« solle, »was noch fehlt« (Tit 1,5). Und dafür gab er ihm offenbar auf Grund eigener Erfahrungen mit jüd. »Schwätzern und Schwindlern« und dem Charakter der Kreter, wie ihn schon der kretische Dichter Epimenides im 6. Jh. v.Chr. beschrieben hat, eingehende pastorale Anweisungen (Tit 1,10ff). Nach örtlicher Überlieferung starb Titus hochbetagt als erster Bischof von Gortyna. So wurde Gortis, die alte kretische Hauptstadt in der fruchtbaren Messara-Ebene (ein »Brotkorb Roms«) das erste christl. Zentrum der röm. Provinz Kreta-Cyrenaica. An die Tätigkeit des Titus in Gortyna erinnert die dreischiffige Basilika aus dem 5./6. Jh., die sicher auf den Fundamenten eines früheren christl. Gebäudes errichtet wurde. Sie gilt als eines der bedeutendsten christl. Baudenkmäler der Insel.

Literatur: R. Bryans: Kreta, 51980; K. Gallas: Kreta, 1974; H. Haag: BiBe, Heft 2, 1962; M./L. Schmidt di Simoni: Kreta, 21981. A.D.

Ruinen des minoischen Palastes von Knossos, Kreta. Teil des Stierfreskos am Nordeingang. Bronzezeit, 1700–1570 v.Chr. (MH)

Kreta und das östliche Mittelmeer in alttestamentlicher Zeit.

KRETER UND PLETER. Leibwächtereinheit *Davids (2Sam 8,18; 15,18; 20,7.23; 1Kön 1,38.44; 1Chr 18,17). Ihr Anführer war *Benaja, der Sohn *Jojadas, dessen Amtseinsetzung 2Sam 23,22f berichtet. Nach Luther wird »Krethi und Plethi« sei dem 18. Jh. in der Literatur (G.A. Bürger, C. Zelter u.a.) und umgangssprachlich für eine gemischte, willkürlich zusammengewürfelte Gesellschaft oder Schar gebraucht.

Das hebr. *hakkeretī we-happeletī* (LXX: *ho kereththi kai ho phelettì,* aber auch zahlreiche Varianten; Vulg.: *Cherethi et Felethi*) ist in seiner Herkunft nicht eindeutig geklärt. Die »Plethi« erscheinen stets nur im Zusammenhang mit den »Krethi«, diese jedoch auch allein (1Sam 30,14; Hes 25,16; Zef 2,5), und zwar so, daß man sie als aus *Kreta stammende Nachbarn der *Philister im *Negeb begreift. Dorthin könnten sie um 1200 v.Chr. während der sog. Seevölker-Bewegung gekommen sein. Fraglich ist, ob »Plethi« nur ein assonierender Analogreim auf »Krethi« ist oder tatsächlich einen eigenen Volksstamm meint, so daß »Plethi« für die Philister (hebr. *Pelischtī*) stehen könnte, die ebenfalls zumindest vorübergehend auf Kreta (*Kaftor) beheimatet gewesen waren (Jer 47,4; Am 9,7). Ohne überzeugen zu können, ist auch der Vorschlag gemacht worden, hinter »Krethi« hebr. *karat* (»abschlagen«, vgl. das Wortspiel in Hes 25, 16!) und hinter »Plethi« hebr. *palat* (»weglaufen«) zu vermuten und damit die Leibgarde Davids als den röm. Liktoren vergleichbare »Scharfrichter« und »Läufer« zu sehen. Auf jeden Fall war es nicht ungewöhnlich, eine Leibgarde aus Fremdstämmigen zu bilden. So hatte auch Jojada einen Trupp Karer bei sich (2Kön 11,4.19; eine Kētib-Lesart bietet schon in 2Sam 20,23 statt der Krethi die Karer).

Die »Krethi und Plethi« standen während der Aufstände *Absaloms, *Schebas und *Adonijas treu zu David und waren anwesend, als *Salomo zum König gesalbt wurde. Aus der Tatsache, daß sie danach im AT nicht mehr vorkommen, hat man geschlossen, daß ihre Funktion auf persönlicher Loyalität zu David beruhte und mit seinem Tode endete.

Literatur: Jüdisches Lexikon, Bd. III, 1929, 892–93; M. Noth: Könige, BKAT IX 1, [2]1983, 25–26; R. de Vaux: Les Institutions de l'Ancien Testament, I, 1958, 189; II, 1960, 17–19. C.P.Th.

KREUZ/KREUZIGUNG. Archäologisch.

Das griech. Wort *stauros* (Verb: *stauroun;* latein *crux,* Verb: *crucifigere*) meint ursprünglich einen aufrecht stehenden Pfahl, dann aber auch das Folter- und Hinrichtungsinstrument. Im NT wird das Wort ausschließlich in letzterem Sinn gebraucht. Es weist auf den menschlichen Zug in der Ethik des AT, wenn dort die K.strafe unbekannt ist. Es war deshalb ein unerhörter Vorfall, als der hasmonäische König Alexander Jannäus (103-76 v.Chr.) 800 pharisäische Rebellen kreuzigen ließ (Jos. ant. Jud. XIII, 380), was von ihren essenischen Gegnern (4QpNah 1,7f vgl. 11QMiqd 64,6-9) aber offenbar gebilligt wurde (O. Betz, ANRW II 25/1, 1982, 603-612). Nur die Körper bereits Hingerichteter wurden nach dem AT zur Abschreckung und als Zeichen ihrer Verwerfung durch Gott an einen Baum gehängt (5Mo 21,22f vgl. Jos 10,26; Gal 3,13). Diese atl. Praxis führte im NT zur Redeweise vom K. als »Baum/Holz« (griech. *xylon*) zum Zeichen der Erniedrigung Jesu (Apg 5,30; 10,39; 13,29; 1Petr 2,24). Den ersten Hörern des »Wortes vom Kreuz« (griech. *logos tou staurou,* 1Kor 1,18) waren Kreuzigungen aus eigener Anschauung oder durch Erzählungen bekannt. »Ärgernis« (griech. *skandalon*) und »Torheit« (griech. *mōria*) des K.es (1Kor 1,23) lagen nicht bloß auf denkerischem Gebiet, sondern hingen zutiefst mit dem Charakter dieser unendlich grausamen Hinrichtungsart zusammen.

Man nimmt weithin an, daß die Kreuzigung von den Persern erfunden wurde (vgl. Herodot I, 128,2 u.ö.). Die LXX hat das Aufhängen (hebr. *talāh*) des *Haman in Est 7,10 als Kreuzigen (griech. *stauroun*) verstanden. Da die menschliche Grausamkeit universell ist, wurde das K. aber vielleicht auch schon früher bei anderen Völkern zur Hinrichtung angewandt. Alexander der Große bediente sich auf seinen Eroberungszügen dieser Strafe und auch für Griechenland ist sie bezeugt. Während der Punischen Kriege (3./2. Jh.v.Chr.) übernahmen die Römer die Kreuzigung von den Karthagern. Die Römer erkannten bald die ungeheure Abschreckungswirkung im Dienst ihrer imperialistischen Politik. Die Kreuzigung wurde massenweise gegen Sklaven, Straßenräuber und rebellierende Unterworfene, besonders auch in *Judäa (Jos.ant.Jud. XVIII, 259; XX, 129 u.ö.) angewendet. Röm. Bürger waren von dieser Hinrichtungsart ausgenommen, allerdings nicht unbedingt in Fällen von schwerem Landesverrat.

Der Schauder vor dieser Todesstrafe spiegelt sich auch in der Tatsache, daß uns aus der Antike keine ausführlicheren Beschreibungen einer Kreuzigung überliefert sind. Trotz ihrer Brutalität wurde sie aber praktisch von niemandem in Frage gestellt. Erst Kaiser Konstantin schaffte sie nach seiner Hinwendung zum Christentum 315 n.Chr. ab. Einmalig in der antiken Literatur ist die kurze Schilderung bei Seneca (4-65 n.Chr.), in der sich die Sätze finden: »Er stirbt Glied für Glied und haucht seine Seele tropfenweise aus« (Dial III, 2,2). Im Grund sind die Passionsgeschichten der Evv. die längsten antiken Darstellungen einer Kreuzigung (Hengel, Crucifixion 25). Das K. galt noch vor der Tierhetze und der Verbrennung als schlimmste (*summum supplicium*) röm. Todesstrafe (Cicero, In Verrem II, 5,168). Origenes faßte die antike Abscheu in der Wendung »der entstellendste Tod des Kreuzes (*mors turpissima curcis*)« zusammen (in Mt 27, 22ff; GCS 38,259).

Der Beitrag der Archäologie zu unserer Kenntnis der Kreuzigung ist bisher sehr begrenzt. Die 1966 veröffentlichte Tabula Puteolana (2,8-10) zählt bei der Kreuzigung verwendete Werkzeuge auf (G. Zaninotto,Shroud Spectrum 25, 1987, 3-12). Ebenfalls aus dem *Puteoli des 1. Jh.n.Chr. kennen wir ein K.-Graffito in einer Taverne (U.M. Fasola, in: La Sindone e la scienza, [2]1979, 75f. 328f). Bekannt ist das Graffito vom Palatin in *Rom aus der Zeit um 200 n.Chr., das einen Gekreuzigten mit Eselskopf zeigt (Kroll, 368). Entgegen einer neuen Hypothese von M. Canciani handelt es sich dabei nicht um ein Zeichen der Göttlichkeit, sondern um Spott des antiken Antisemitismus, der auch die ersten Christen traf. 1968 fand ein archäologisches Team unter V. Tsaferis in Givat Ha-Mivtar (Ammunition Hill) nördl. der Altstadt von *Jerusalem in einem Gebeinkasten die Knochen eines Gekreuzigten (IEJ 20, 1970, 18-32). Er hieß Jehochanan (*Johannes) Ben-Hazkul, war zwischen Mitte und Ende Zwanzig und wurde in der Zeitspanne von 7 bis 66 n.Chr. hingerichtet. Der ersten medizinischen Analyse (N. Haas, IEJ 20, 1970, 38-59) ist bald in Details (Y. Yadin, IEJ 23, 1973, 18-22; H.W. Kuhn, ZNW 69, 1978, 118-222) und neuerdings sehr grundsätzlich widersprochen worden (J. Zias, E. Sekeles, IEJ 35, 1985, 22-27; BA 48, 1985, 190f). Die Diskussion darüber dauert an (E. Nitowski, BARev 12/4, 1986, 67f; G. Zaninotto, Johohanan, Crucario di Gerusalemme, 1986) und deshalb sind alle Rekonstruktionsversuche vorläufig. Unbezweifelbar ist allerdings, daß ein ca. 10 cm langer Nagel seitlich durch den rechten Fersenknochen getrieben wurde. Auch angesichts anderer antiker Zeugnisse für die Annagelung (Philo, Somn II, 213; Plutarch, Mor 499D; Plin. nat. XXVIII, 41,46 usw.) ist es unverständlich, wie noch moderne Forscher von der Kreuzigung als einer »ihrem Wesen nach unblutigen Angelegenheit« sprechen können (E. Brandenburger, TBLNT II, 1969, 826). Die nachträgliche Bestattung der Gebeine Jehochanans setzt voraus, daß er auch vorher schon nicht in einem Massengrab verscharrt war (*Begräbnis und Trauersitten II).

Die Ausführung einer röm. Kreuzigung war sehr unterschiedlich, da Einzelheiten dem jeweiligen Sadismus des Exekutionskommandos überlassen blieben (vgl. Mt 27,27-31/Mk 15,16-20). Dem Urteilsspruch (*ibis in crucem.* »Du wirst an das Kreuz gehen!«) folgte in der Regel (vgl. Mt 20,19) d *Geißelung (*flagellatio*) mit Lederpeitschen, in die Bleistücke oder scharfkantige Knochensplitter geflochten waren. Bei Jesus wurde die Geißelung vorweggenommen (Joh 19,1 vgl. Mt 27,26/Mk 15,15). Schon allein diese barbarische Strafe konnte zum Tod

führen. Sie war dafür verantwortlich, daß Jesus sein K. nicht den ganzen Weg bis zur Hinrichtungsstätte tragen konnte (Mt 27,32 par., doch vgl. Joh 19,17). Neben dem einfachen Pfahl (*crux simplex*) gab es das T-förmige (*crux commissa*, Antonius-K.), X-förmige (*crux decussata*, Andreas-K.) und das †-förmige K. (*crux immissa*). Die älteste Überlieferung nennt für das K. Jesu die letztere Form (Iren. haer. I, 24,4). Dafür spricht auch die älteste, noch aus dem 1. Jh. stammende, christl. K.darstellung aus Herkulaneum (s.u.) und die Befestigung des *titulus* (griech. *titlos*) über dem Haupt Jesu (Mt 27,37/Mk 15, 26/Lk 23,38/Joh 19,19-22). Diese Tafel mit dem Schuldspruch wurde dem Delinquenten um den Hals gehängt oder vorangetragen. Der Kreuzweg führte zur Abschreckung oft über besonders belebte Straßen und Plätze (Quintilian, Decl. 274; Jos.bell.Jud. II, 246 vgl. 2Makk 6,10). Aus demselben Grund wurden für die Kreuzigung öffentliche Stätten wie Theater, Marktplätze oder große Ausfallstraßen bevorzugt (Zaninotto, Crocifissione, 29-33). Letzteres traf auf Jesu Kreuzigungsstätte *Golgatha zu (Mt 27,39; vgl. Mk 15,29; Joh 19,20). Oftmals waren die senkrechten Pfähle schon am Hinrichtungsort eingerammt, so daß der Verurteilte nur noch den Querbalken (*patibulum*) zu tragen hatte. Doch kann man nicht ausschließen, daß manchmal auch das ganze K. geschleppt werden mußte. Vielleicht griff Jesus eine grimmige Parole der *Zeloten auf (A. Schlatter, Matthäus, 1929, 350f), wenn er die Martyriumsbereitschaft seiner Nachfolger als Aufladen des Kreuzes bezeichnete (Mt 10,38 par.).

Zur Kreuzigung wurde der Verurteilte nackt ausgezogen (Mt 27,35 par.), aber aus Rücksicht auf jüd. Empfinden dürften die Römer einen Lendenschurz zugestanden haben (Blinzler, 366). Ein Zugeständnis war auch die Spendung eines betäubenden Tranks durch mitleidige Frauen (Bill. I, 1037, vgl. Lk 23,27), den Jesus allerdings zurückwies (Mk 15,23/Mt 27,34), um in vollem Bewußtsein zu sterben. Der Verurteilte mußte die Arme ausstrecken (vgl. Joh 21,18), wurde mit ihnen am Querbalken befestigt und dann hochgezogen (vgl. Joh 3,14; 8,28). In der Regel befand sich der Gekreuzigte nur wenig über der Erde, doch wird gelegentlich auch von besonders hohen Schaukreuzen berichtet (Sueton, Galba 9). Das K. Jesu scheint eher hoch gewesen zu sein (vgl. Mt 27,48/Mk 15,36). Bei der Annagelung, wie sie Joh 20,25 (vgl. Lk 24,39f) voraussetzt, wurden die Nägel wohl durch die Handwurzel oder zwischen Elle und Speiche hindurch getrieben. Die aus der christl. Kunstgeschichte vertraute Annagelung in der Mitte der Handflächen ist wegen des Körpergewichts anatomisch nicht möglich. Der Nagel konnte höchstens noch zwischen Mittelhand- und Handwurzelknochen durchgeschlagen werden (Zugibe, Cross, 56-77). Schon allein die Verletzung hochempfindlicher Nerven verursachte bei der geringsten Bewegung, ja bei einem Windhauch unerträgliche Schmerzen. Die Einzelheiten sind so entsetzlich, daß selbst die bloße Lektüre von Berichten über Kreuzigungen, wie sie in Konzentrationslagern des 20. Jh. vorkamen, kaum zu ertragen ist.

Den Gekreuzigten quälten furchtbarer Durst (vgl. Joh 19,28-30), rasende Kopfschmerzen, hohes Fieber und peinigende Angstzustände. Aufgrund der schweren Verletzungen und des starken Blutverlusts kam es oft zu Schockzuständen, die in einem Zusammenbruch des Kreislaufs endeten. Die Hängelage führte zu Atemnot, und der Gepeinigte konnte dem Erstickungstod nur entgehen, indem er sich immer wieder unter unsäglichen Qualen aufrichtete. Um den Todeskampf zu verlängern, dachte man sich als grausame Hilfe den Sitzpflock (*sedile*) aus, der wahrscheinlich auch an Jesu K. angebracht war (Justin, Dial 91,2). Dagegen ist ein Fußbrett (*suppedaneum*) nur sehr selten bezeugt (W. Bulst, in: Sindone, [2]1979, 37f). Wollte man den Tod beschleunigen, mußte das Hochziehen verhindert werden. Da nach dem jüd. Gesetz die Bestattung der Verurteilten noch vor der Nacht geschehen sollte (Joh 19,31 vgl. 5Mo 21,22f), brach man den beiden Mitgekreuzigten, nicht aber Jesus (Joh 19,31-34), die Unterschenkel (*crurifragium*).

Auch im Sterben Jesu sind seine volle Menschlichkeit und sein göttliches Geheimnis untrennbar verbunden. Es ist daher verständlich, wenn manche nur eine übernatürliche Ursache für den Tod Jesu gelten lassen wollen (N.W. Sharpe, BS 87, 1931, 423–452; vgl. Blinzler, 372f.381). Doch können medizinische Überlegungen nicht grundsätzlich ausgeschlossen werden (W.D. Edwards, W.J. Gabel, F.E. Hosmer, Journal of the American Medical Society 255, 1986, 1455–1463), wenn sie unseren begrenzten Wissensstand respektieren und für das Geheimnis Jesu offen bleiben.

Besonders dem vierten Evangelisten waren bereits die näheren Umstände des Todes Jesu wichtig. Wenn er das Austreten von »Wasser und Blut« nach dem auf Jesu Sterben folgenden Lanzenstich feststellt (Joh 19,34), so legt ihm an der Tatsächlichkeit seines Todes (vgl. 1Joh 4,2f; 5,5-8), auch wenn nebenbei noch Geist- und Sakramentssymbolik eine Rolle spielen mag (vgl. Joh 7,37-39). Für das Phänomen gibt es mehrere medizinische Erklärungsmöglichkeiten (W. Bulst, H. Pfeiffer, Das Turiner Grabtuch, 1987, 40-42; Czerwinski, 107f), die populäre Scheintod-Hypothesen überflüssig machen.

Angesichts des antiken Schauders vor dem K. wäre es nicht erstaunlich, wenn die frühen Christen es nicht als Symbol gebraucht hätten. Tatsächlich besagte eine weitreichende Forschungsmeinung, dazu sei es erst nach der Vision des K.es als Siegeszeichen unter Kaiser Konstantin gekommen (Dinkler). Doch stehen dem andere Beobachtungen gegenüber. Das K. von Herkulaneum bei Pompeji (zerstört durch den Ausbruch des Vesuv 79 n.Chr.) ist wahrscheinlich doch christl. (L. Falanga, La croce di Ercolano, 1981; L.W. Barnard, FS für B. Reicke I, 1984, 15–27). Christl. Texte des 2. und 3. Jh. weisen auf die Verwendung von K.symbolik (J. Daniélou, Primitive Christian Symbols, 1964, 136-146). In den ntl. Papyri P^{66} und P^{75} (um 200 n.Chr.) erscheint in den Worten für Kreuz/kreuzigen das Zeichen ⳨ (Finegan, 253f). Ein weites Feld sind die judenchristl. Kryptogramme (Geheimzeichen), auch wenn hier die Entschlüsselung naturgemäß schwierig ist (Testa). Meistens wird das K. mit anderen Symbolen wie Anker, Mast usw. kombiniert (Sauser, 219-22). Vielleicht gibt es eine jüd. Vorgeschichte des christl. K.symbols (Finegan, 223-228). Der letzte hebr. Buchstabe Taw (alte Schreibweise X) könnt schon in *Qumran-Handschriften (z.B. 1QJes [a]) ein eschatologisches Symbol darstellen (vgl. Hes 9,3-8).

Mit seiner Kreuzigung teilte Jesus das Los von Abertausenden in der Antike. Allein 6000 K.e säumten nach dem Spartakus-Aufstand die Via Appia zwischen *Rom und Capua (Appian, Bell. Civ. I, 120). So sehr es kein Zufall war, daß Jesus gerade den Tod erleiden mußte, der damals als der schändlichste und grausamste galt, so wenig kann man die Einzigartigkeit seines Sterbens allein von daher begründen. Manche Opfer hielten anders als er die Tortur mehrere Tage lang aus. Es ist aber für uns nicht zu ermessen, was es für den *Sohn Gottes bedeutete, in äußerster menschlicher Erniedrigung, ja Gottverlassenheit (Mt 27,46/Mk 15,34) zu sterben. Unauswechselbar wird das K. Jesu durch die Person dessen, der daran hängt: »Er, der in göttlicher Gestalt war ... wurde gehorsam bis zum Tod, ja zum Tod am Kreuz« (Phil 2,6–8). Hier liegt der eigentliche Skandal, der es unmöglich macht, das K. Jesu lediglich als Beispiel universellen menschlichen Leidens zu sehen. In all diesem Elend aber ist das K. der tiefste Beweis dafür, wie weit Gottes Liebe zu gehen bereit ist. Von dieser Liebe beginnen wir mehr zu ahnen, wenn wir uns das Leiden Jesu vergegenwärtigen, sei es mit Hilfe historischer Anschauungsmaterials oder in der Meditation von Passionsbildern und -liedern.

Literatur: Archäologie: J. Blinzler: Der Prozeß Jesu, ^{4}1969, 357-384; S. Czerwinski: FTA 4, 1986, 65-122; J.A. Fitzmyer, in: To Advance the Gospel, 1981, 125-146; M. Hengel: FS E. Käsemann, 1976, 125-184; ders.: Crucifixion, 1977; G. Kroll: Auf den Spuren Jesu, ^{10}1987, 252-268; H.W. Kuhn: ANRW II 25,2, 1982, 648-793; A. O'Raihilly: The Crucified, 1985; J. Schneider: ThWNT VII, 1964, 572-580; V. Tsaferis: BARev 11/1 (1985), 44-53; G. Zaninotto: La tecnica della crocifissione Romana, o. J. (1982); ders.: in: La Sindone, 1986, 83-102. Medizin: P. Barbet: A Doctor at Calvary, 1963; R. Gilly: Passion de Jésus, 1985; L. Malantrucco, G. delle Site, in: La Sindone, 1983, 243–248; R. Schmittlein: Umstände und Ursache von Jesu Tod, 1951; K.J. Schulte: Berliner Medizin 14 (1963), 177-185. 210-220; F.T. Zugibe: The Cross and the Shroud, 1982; ders.: Canadian Society of Forensic Science 17 (1984), 1-13.

Symbolik: E. Dinkler, in: Signum Crucis, 1967, 1-76; J. Finegan: The Archaeology of the New Testament, 1969, 220-260; E. Sauser: Frühchristliche Kunst, 1966, 218-289; G.F. Snyder: Ante Pacem, 1985, 26-29; E. Testa: Il simbolismo dei Giudeo-Cristiani, 1962, 230-360; ders, in: B. Bagatti, Il Golgota e la Croce, 1978, 69-154.

R.R.

KREUZ/KREUZIGUNG. Theologisch.

Das K. des Messias und Gottessohnes steht in der Mitte des ntl. Evangeliums; für *Paulus stellt es dessen alleiniges Thema dar (1Kor 2,2; vgl. 1,18.23). Das K. ist das Geheimnis der heilsgeschichtlich wirkenden Weisheit Gottes und das entscheidende Merkmal des christl. Glaubens. Die theologische Bedeutung der Dahingabe Jesu wurde mit Hilfe der Schrift herausgearbeitet; dabei spielten die auf die Kreuzigung bezogene Stelle 5Mo 21,22f und das messianisch verstandene Lied vom leidenden Gottesknecht Jes 52,13-53,12 (*Knecht Gottes) eine entscheidende Rolle. Vor allem aber dienten die Leidensankündigungen des irdischen Jesus als historische und theologische Grundlage für das *Evangelium vom K., das schon von der Urgemeinde verkündigt und dann vor allem durch den Apostel Paulus entfaltet wurde.

I. 5Mo 21,22f: Das Kreuz Jesu und der Fluch des Gesetzes.

1. In Gal 3,13f wird die Kreuzigung Jesu in das Licht von 5Mo 21,23 (*qilelat 'ălōhīm talūj*) gestellt: »Jeder ans Holz Gehängte ist verflucht.« Das geschah auch in der Verkündigung der Urgemeinde (Apg 5,30; 10,39; vgl. 1Petr 2,24). In der jüd. Polemik gegen das Evangelium galt Jesus als der *Talūj*, »der (ans Holz) Gehängte«, d.h. der Gekreuzigte war als solcher von Gott verflucht. Diese auf die Kreuzigung bezogene Auslegung von 5Mo 21,22f steht im Gegensatz zu der in der Mischna (Sanhedrin 6,4) vertretenen Auffassung der Pharisäer (s.o.). Aber sie wird auch in der erst vor kurzem entdeckten Tempelrolle von Qumran (11 Q Miqd) geboten. In der Tempelrolle ist 5Mo 21,22f ausführlich kommentiert (64,7-13). Dabei wird betont, mit dem Aufhängen an das Holz sei die Vollstreckung eines Todesurteils unter der Mitwirkung von fünf Zeugen zu verstehen (Z. 8f, beachte die Reihenfolge: Aufhängen-Sterben); diese Hinrichtung kommt der Kreuzigung gleich. Zu verhängen sei solche Strafe im Falle eines hochverräterischen Handelns an Israel, das an eine heidnische Nation ausgeliefert (Z. 7f) oder von einem ins Ausland geflohenen Verbrecher feierlich verflucht wird (Z. 9f). Diese beiden im AT noch unbekannten Vergehen wurden wohl dem mehrdeutigen Ausdruck »Fluch Gottes« (*qilelat 'ălōhīm*) in 5Mo 21,23 entnommen: Verrat und Verfluchung des Gottesvolkes sind Akte der Verfluchung Gottes, der Blasphemie, die den schmachvollen und grausamen Tod der Aufhängung an das Holz, d.h. der Kreuzigung, verdient. Daß diese Todesstrafe auch in jüd. Kreisen gelegentlich vollzogen wurde, beweist der von Josephus berichtete Fall der Kreuzigung von 800 Pharisäern durch den Hasmonäerkönig Alexander Jannäus (bell.Jud. 1,79f; ant.Jud. 13,380f, vgl. 4 Qp Nah 1,7f), aber auch die dunkle Nachricht von der Aufhängung von 80 »Hexen« in Aschkelon durch Schimon bän Schätach (m Sanh 6,4).

2. Von diesem Hintergrund her fällt auf wichtige ntl. Aussagen zum *Prozeß Jesu und zu seiner Kreuzigung neues Licht. Wenn nach Joh 11,50 der Hohepriester Kaiphas im Interesse von Volk und Tempel den Tod eines Menschen fordert, so legt er das messianische Wirken Jesu im Sinne von 11 Q Miqd 64,7f als hochverräterisch aus; die angemessene Bestrafung wäre nach der sadduzäischen Auslegung von 5Mo 21,22f das Kreuz. Das gleiche denken die Juden, die nach Joh 19,7 vor *Pilatus sagen: »Wir haben ein Gesetz, und nach dem Gesetz muß er sterben, weil er sich zum Sohn Gottes gemacht hat.« Das damit gemeinte Gesetz kann nur 5Mo 21,22f sein, und der von den Juden geforderte Tod ist der Tod am K. (Joh 19,15). Jesu Anspruch, der messianische König Israels (V. 15) bzw. der Sohn Gottes (V. 7) zu sein, galt als Blasphemie und als Hochverrat. Dementsprechend hat der Hohepriester beim Verhör Jesu nach Mk 14, 61-64 den Messiasanspruch Jesu als eine Gotteslästerung verurteilt, die den Tod verdient. Bei einer Auslieferung Jesu an das Gericht des röm. Statthalters war die Kreuzesstrafe zu erwarten, da ein jüd. Messiasprätendent als ein Anstifter zum Aufruhr (*seditio*) gelten konnte, der rechtlich dem bewaffneten Straßenräuber und dem Guerillakämpfer gleichgestellt wurde; die Strafe für solche Vergehen war der Tod am K.

3. In der Tempelrolle sind neben den Gott Fluchenden bzw. von Gott Verfluchten auch von Menschen verfluchte, am Holz aufzuhängende Verbrecher erwähnt (64,12). Mk 15, 29-31 berichtet von einer »Verfluchung« d.h. Lästerung des gekreuzigten Jesus auf Golgatha. Manche Zuschauer wiederholen spottend die zur Verurteilung führenden Anklagen der Tempelzerstörung (15,29 vgl. 14,58) und des Messiasanspruchs (15,32 vgl. 14,60-62). Ursprünglich mag damit beabsichtigt gewesen sein, Jesus kurz vor seinem Tod zu einem Erkennen und Bekennen seiner Schuld zu bewegen. Denn nach m Sanhedrin 6,2 soll ein zum Tod Verurteilter kurz vor der Hinrichtung ein Sündenbekenntnis ablegen, nach dem sein Tod als Sühne für seine Schuld angerechnet und ihm dadurch das Leben in der kommenden Welt ermöglicht werden soll. Jesus aber bat als Gerechter und Fürbitter für die Gottlosen (vgl. Jes 53,12), der Vater möge den Henkern vergeben (Lk 23,24), und versprach dem seine Schuld bekennenden, mit ihm gekreuzigten Übeltäter die Teilnahme an der kommenden Welt (Lk 23,40-43). Und di

Theophanieerscheinungen – Finsternis (Mk 15,33), Erdbeben (Mt 27,51) und Zerreißen des Tempelvorhangs (Mk 15,38) – sind ein Zeugnis Gottes für den Gerechten, vergleichbar dem Zeugnis der Himmelsstimme beim Martyrium Rabbi Aqibas (b Berakhoth 61 b).

4. Einem Juden mußte das Evangelium vom gekreuzigten Messias ein Ärgernis sein und zudem als gotteslästerliche Lehre gelten (vgl. 1Kor 1,23; Gal 5,11). Die bloße Tatsache der Kreuzigung erscheint im Licht von 5Mo 21,23 als das endgültige »Nein« Gottes zum messianischen Anspruch Jesu. Das geht auch aus dem Verhalten des Paulus hervor. Der eifernde Pharisäer und Gegner der Kirche hat aufgrund von 5Mo 21,22f das Bekenntnis zu Jesus Christus als Gotteslästerung verstanden. Aber durch die sichtbare Erscheinung des erhöhten Herrn vor Damaskus wurde ihm die wahre Bedeutung des Kreuzes Jesu und die christl. Auslegung von 5Mo 21,22f deutlich: Als ein ans Holz Gehängter war Christus in der Tat von Gott verflucht. Aber er hat als der Gerechte und als Sohn Gottes diesen Fluch stellvertretend für uns Sünder auf sich genommen und uns dadurch vom Fluch des Gesetzes losgekauft (Gal 3,13). Auf Golgatha vollzog Gott zu unseren Gunsten einen »seligen Tausch«: Er hat »den, der von keiner Sünde wußte (vgl. Jes 53,9), für uns zur Sünde gemacht, damit wir durch ihn die Gerechtigkeit Gottes würden« (2Kor 5,21). Weil der Tod Jesu keine Sühne (*kapparā*) für den Gekreuzigten sein konnte, stellte ihn Gott aus Gnaden als ein Sühnemittel (*hilastērion*) für alle Menschen dar, die sich glaubend zu dieser Heilstat bekennen (Röm 3,24f); Christus hat »unsere Sünden selber an seinem Leibe an das Holz hinaufgetragen, damit wir von den Sünden loskämen und der Gerechtigkeit lebten« (1Petr 2,24).

. Jesaja 52,13-53,12: Das Kreuz Jesu als Zeichen der Versöhnung und Entsühnung der Welt.

1. Die zuletzt erwähnten Stellen 1Petr 2,24 und 2Kor 5,21 sind auch von Jes 53 maßgeblich bestimmt, und der Abschnitt 2Kor 5,14-21 läßt erkennen, daß das neue Verstehen des Kreuzes bei Paulus gerade auch mit Hilfe der Weissagung vom leidenden Gottesknecht zustandekommen konnte. Die paulin. Ausführungen zur Bedeutung des Kreuzes Jesu werden auf dem Hintergrund von Jes 53 einsichtig:

a. Der Tod des Einen rettet alle: »die Vielen« (2Kor 5,14f; vgl. Jes 53,12);

b. Gott hat die ihm entfremdete Welt durch Christus mit sich versöhnt und deren Übertretungen nicht angerechnet (V. 18f; vgl. Eph 2,16; Kol 1,20). Denn die Züchtigung des Gottesknechts bewirkt nach Jes 53,5 »unseren Frieden«, d.h. die Versöhnung mit Gott (vgl. Röm. 5,1.10);

c. Die Verurteilung dessen, der von keiner Sünde wußte (vgl. Jes 53,9), führt zur Gerechtigkeit, Rechtfertigung der Vielen (V. 21, vgl. Jes 53, 11);

d. Das Wort vom Kreuz Christi (vgl. 1Kor 1,18) wurde unter uns von Gott als »Wort von der Versöhnung« aufgerichtet (V. 19f), so wie nach Jes 53,1 das Leiden des Gottesknechtes in einer frohen Botschaft (so das Targum) verkündigt werden kann.

Von daher ist eine neue Deutung des vielumstrittenen Wortes 2Kor 5,16 möglich. Das für den Apostel nunmehr überholte »fleischliche Erkennen« des Christus bedeutet keine Absage an den historischen Jesus (so W. Bousset; R. Bultmann u.a.). Vielmehr will Paulus sagen, er habe das vorher von ihm geteilte jüd., d.h. fleischliche (vordergründige) Verstehen Jesu überwunden: Am Holz des Kreuzes hing kein falscher Messias, kein zu Recht bestrafter Sünder; vielmehr wurden auf Golgatha die Liebe Christi (V. 14) und der Versöhnungswille Gottes manifest (V. 18-21). Eine analoge Wendung vom Irrtum zur Wahrheit muß bei den prophetischen Verkündigern des leidenden Gottesknechtes vor sich gegangen sein (vgl. Jes 53,3-5): dieser war keineswegs wegen seiner eigenen Schuld von Gott geschlagen und geplagt, sondern wegen unserer Sünden durchbohrt. Dabei mag der Apostel die Wendung »wegen unserer Sünden durchbohrt« (*mehōlal*; Jes 53,5) auch als »wegen unserer Sünden verflucht« (*meqōlal*, vgl. 11 Q Miqd 64,12; Gal 3,13f) verstanden haben; denn auch das Targum hat *mehōlal* in Jes 53,5 nicht als »durchbohrt« übersetzt.

2. Greift man auf Jes 53 als auf ein vorausverkündigtes Christus- und Kreuzesevangelium zurück, so lassen sich falsche Fragen und Alternativen vermeiden: Bedeutet das K. Christi Stellvertretung oder Sühne? Ist die Gerechtigkeit Gottes eine *iustitia activa* oder *passiva*? Hatte Paulus ein anderes Gottesbild als Jesus, der nur den liebenden Gott verkündigt haben soll? Außerdem kann man erkennen, daß die Theologie des Kreuzes im Wort und Wirken des irdischen Jesus verankert ist und von den Aposteln sachgemäß entfaltet wurde. Jesus hat die Notwendigkeit seines Leidens klar erkannt und sie gerade von Jes 53 her als schriftgemäß verkündigt. Als messianischer Menschensohn orientierte er sein Verhalten am Vorbild des Gottesknechts. Deshalb wollte er sich nicht bedienen lassen (vgl. Dan 7,14), sondern dienen und sein Leben als Lösegeld für die vielen (d.h. alle) in den Tod geben (Mk 10,45 par.). In dieser zentralen Aussage sind die Stellen Jes 43,4f (W. Grimm) und Jes 53,12 (S. Kim), die stellvertretende Lebenshingabe und das Bild des Loskaufs (griech. *lytron anti*: hebr. *kophär tachat*), miteinander verbunden: Die unter der Sünde Versklavten und dem Tod Verhafteten werden »losgekauft«. Paulus hat diesen Gedanken in 1Kor 6,20; 7,23 aufgenommen. Der Loskauf sowie die Verbindung von Jes 43 und 53 werden eindrucksvoll auch in 1Petr 1,18f zur Geltung gebracht (vgl. Lösegeld). Vor allem stellen die beim letzten Mahl gesprochenen Gabeworte zu Brot und Wein die beste, von Jesus selbst gebotene und an Jes 53 orientierte theologische Deutung seines Kreuzes dar: Im voraus gab der Christus Anteil an der Frucht seines Todes, an seinem Blut, das er mit dem »Ausschütten seiner Seele« vergoß (vgl. Jes 53,12), und an seinem Leib, »mit dem er unsere Sünden selber an das Holz hinauftrug« (1Petr 2,24; vgl. das Verteilen in Jes 53,12; Mk 14,22-24 par.). Auch in Geschichten wie der von der Verklärung Jesu (Mk 9,2-13 par., vgl. Jes 52,13; 53,12) und von seiner Salbung in Betanien (Mk 14,3-9, vgl. Jes 52,14 *mischchat*, *maschach*) wird das Leiden des Christus im Sinne von Jes 53 angekündigt. Diese in der Geschichte Jesu gegebene Vorausdarstellung von Art und Notwendigkeit seines Leidens wurde von den Gemeinden dadurch bestätigt und ergänzt, daß man bei der Feier des Herrenmahls »den Tod des Herrn verkündigte, bis daß er kommt« (1Kor 11,26). Wenn bei der theologischen Deutung des Kreuzes eher allg. Begriffe wie »Tod«, »Sterben«, »Leiden«, »Dahingegeben-Werden« gebraucht wurden (vgl. 1Kor 11,26; Röm 6,3-9; Phil 3,10; 1Thess 4,14; 5,10; 1Kor 15,3; Röm 5,6.8), so mag dies auch der Sprache von Jes 53 (auch Targum) zuzuschreiben sein; gemeint ist jedoch immer die »Tötung Jesu« (2Kor 4,10) am K. Daß Jesus selbst mit einem Tod am K. gerechnet hat, geht aus den Nachfolge-Worten vom »Aufnehmen« (Mk 8,34; Mt 16,24) bzw. vom »Nehmen« (Mt 10,38) und »Tragen« (Lk 14,27) des K.es hervor; in Mt 20,19; 26,2 sind die Leidensankündigungen auf den Kreuzestod hin präzisiert. Die Leidensangaben Jesu sind ebenfalls auf Jes 53 bezogen und enthalten von daher den nicht explizit ausgesprochenen Sinn des »Für uns«, des stellvertretenden und sühnenden Todes. Das Bekenntnis der ersten Christen bejaht die in den Leidensankündigungen angesagte Notwendigkeit des Leidens und der Auferstehung des Messias und stellt sie als die grundlegenden, von Gott gewollten und herbeigeführten Heilstatsachen dar (vgl. 1Kor 15,3f).

3. Die an Jes 53 orientierte Deutung des Kreuzes Jesu als des endgeschichtlichen Erlösungs- und Versöhnungshandelns Gottes wurde im Licht der Ostererfahrung und unter der Leitung des Heiligen Geistes schon früh vollzogen und den Gemeinden tradiert. Das läßt sich an vorpaulinischen, bekenntnisartigen Sätzen wie Röm 4,24f erkennen (vgl. Tg Jes 53,5.11f) oder auch an der Schilderung des Christusweges in Phil 2,6-11: Aus Hoheit und Herrlichkeit geht der Gottessohn hinab in die Niederung des menschlichen Daseins, bis hin zum schmachvollen Tod am K. (V. 6-8, vgl. Jes 52,13-53,9). Eben deshalb wird er dann von Gott über alle Maßen erhöht (vgl. Jes 52,13), und zwar in die gottgleiche Stellung eines himmlischen Herrn (V. 9-11,

vgl. Jes 53,10-12). Ferner wird in der von Paulus als fester Tradition übernommenen Summe des Evangeliums (1Kor 15,1-5) die Botschaft von Jes 53 als erfüllt bezeugt: Das Sterben Christi für unsere Sünden (vgl. Jes 53,4f.12), sein Begrabenwerden (vgl. Jes 53,99) und seine Auferweckung am dritten Tag (vgl. Hos 6,2; Jes 53,10f) sind schriftgemäß, weil von Jesaja vorhergesagt. K. und *Auferstehung bilden demnach eine feste Einheit; auch die Erscheinungen des Auferstandenen (griech. *ōphthē*; hebr. *nirʾā*, 1Kor 15,4ff) erinnern an das Schauen (*raʾā*) des Gottesknechts nach Jes 52,15. Das gilt auch von der paulin. Einführung der Christustradition in 15,1f: der Apostel bezeichnet sie als den Inhalt des Evangeliums, das man glauben muß; dies gilt ebenso von der im Targum als »Evangelium« interpretierten Kunde vom Gottesknecht (Jes 53,1).

4. Auch Paulus hat schon früh das K. zur Mitte seiner Verkündigung gemacht. Das zeigt u.a. auch die Art, wie man in den Gemeinden Judäas die Lebenswende des Apostels und dessen Verkündigung schlagwortartig beschrieben hat: Der ehemalige »Verfolger predigt jetzt als frohe Botschaft den Glauben, den er einst verwüstet hat« (Gal 1,23). Die Wendung »den Glauben als frohe Botschaft verkündigen« ist nach Jes 53,1 gebildet (vgl. auch Gal 3,2); außerdem wird in Gal 1,23 ein Wortspiel zwischen dem »Zerstörer« (*maschmīd*) und dem »Verkündiger« (*maschmīʿa*, nach Jes 53,1; 52,7) des Glaubens gemacht.

Das »Evangelium« (1Kor 15,1f; Röm 1,16 u.a.) ist identisch mit dem »Wort vom Kreuz« (1Kor 1,18) und als solches von Jes 53,1 hergeleitet (*shemūʿā* = *besōrethā* im Targum; vgl. den Parallelismus von *maschmīʿa* und *mebasser* in Jes 52,7). Die Themasätze für die beiden größten Briefe des Paulus, nämlich Röm 1,16 und 1Kor 1,18, offenbaren, daß die schreckliche Tatsache vom Kreuz des Messias als frohe Botschaft verkündigt werden konnte, weil dessen Tod wie das Leiden des Gottesknechts »für uns« geschah, uns von der Last der Sünde und des Todes befreit. Deshalb ist dieses Evangelium eine Gotteskraft (vgl. Röm 1,16; 1Kor 1,18.24.25; 2,4f); dem entspricht, daß nach Jes 53,1 die Botschaft vom Gottesknecht zur Offenbarung des »Arms des Herrn« parallel gestellt werden kann. Die Tatsache, daß die prophetische Kunde vom stellvertretenden Leiden des Gottesknechts durch das Evangelium von K., Auferstehung und Erhöhung des Christus bestätigt, als endzeitlich erfüllt gepredigt wurde, tritt in Röm 10,16 deutlich hervor; Paulus vergleicht den Gehorsam gegenüber seinem Evangelium mit dem Glauben an die Kunde von Jes 53,1; Gottesknechtslied und Christusgeschehen gehören zusammen wie Verheißung und Erfüllung. Aus Röm 10,16 ergibt sich ferner, daß der Gehorsam gegenüber dem Evangelium dem Glauben an die Kunde vom Gottesknecht in Jes 53,1 entspricht. Die paulin. Wendung vom »Gehorsam des Glaubens« (Röm 1,5; vgl. 15,18; 16,19; 1Thess 1,8) ist wohl aus dem Begriff *schemūʿā*, »Kunde«, in Jes 53,1 abgeleitet; das Verbum *schamaʿ* heißt sowohl »hören« als auch »gehorchen« (vgl. auch die Wendung »Kunde des Glaubens« in Gal 3,2). Weil es für die Vernunft des Menschen und für die Weisheit der Welt schlechterdings unbegreiflich ist, daß Gott seine rettende Macht im Leiden seines Knechtes und am K. des Messias offenbart, schließt der Glaube an solche Botschaft auch den Gehorsam mit ein. Wie Jesu Lebenshingabe als ein Akt des Gehorsams gegenüber Gott verkündigt wird (Phil 2,8; Röm 5,18f), ist auch der Glaube an das Wort vom K. Gottes Gabe und unsere gehorsame Tat.

5. Paulus betont, daß der Christus für unsere Sünden gestorben ist (1Kor 15,3); er spricht vom »Kreuz des Christus« (Gal 6,12; vgl. 1Kor 1,23; Gal 3,1; 5,24; 6,12.14; Phil 3,18). Denn nur das K. des Messias und Gottessohnes hat heilsgeschichtlichen Wert, kann eine Offenbarung der rettenden Macht und Gerechtigkeit Gottes sein. Deshalb ist es im Interesse einer *theologia crucis* wichtig, daß der irdische Jesus ein messianisches Sendungsbewußtsein besaß und daß er sich als der gehorsame Sohn Gottes von Anfang an für den Weg des Leidens entschied (vgl. Mk 2,20).

6. In Jes 53 werden Gesetz und Gesetzesgehorsam nicht erwähnt; vielmehr führt das Leiden des gerechten Gottesknechts zur Rechtfertigung der Vielen (V. 11), die sich als gerettete Sünder verstehen (V. 5). Der Knecht tritt auch als ein Fürsprecher für die Frevler ein (V. 12; vgl. Röm 8,34; 1Joh 2,1). Deshalb kann die nach Röm 3,21 von dem Gesetz und den Propheten bezeugte Offenbarung der Gerechtigkeit Gottes, die Rechtfertigung ohne Gesetzeswerke allein aus Gnaden (vgl. Röm 3,24), vor allem in Jes 53 (vgl. auch 56,1) gefunden werden. Für den Glaubenden ist von daher Christus das »Ende des Gesetzes« (Röm 10,4), weil durch das K. die Bedrohung des Sünders durch Fluch und Tod (Gal 3,10) aufgehoben ist. Nach Kol 2,14 hat Gott den Schuldbrief, der unsere Übertretungen dokumentiert, ans K. geheftet und so annulliert; dadurch sind auch Sünde und Tod für den Glaubenden entmachtet. In Eph 2,14-16 wird die Wirkung des K.es als ein Durchbruch durch die Mauer des Gesetzes und durch die Schranke der (Reinheits-) Gebote bezeichnet, der die Vereinigung von Juden und Heiden ermöglicht. Im Hintergrund dieser Aussage steht das mit der Todesstrafe bedrohte Verbot, die von Mose auf dem Berg Sinai gezogene Grenze zwischen Gott und dem Volk Israel zu durchbrechen; auch an die Schranke zwischen dem Vorhof der Heiden und den Vorhöfen Israels im Tempel ist wohl gedacht. Mit seinem Tod am K. hat Jesus für uns den Zugang zu Gott eröffnet (vgl. Röm 5,2); dieses Thema wird im Hebräerbrief ausführlich behandelt (*Hebräerbrief).

7. Die sühnende, sündentilgende Wirkung des Todes Jesu wird analog zum Opferkult im Tempel und vor allem zur Blutsprengung am Großen Versöhnungstag dem am K. vergossenen Blut zugeschrieben (vgl. Kol 1,20: »Das Blut seines Kreuzes«). Durch das Blut Christi hat Gott eine Sühne aufgerichtet (Röm 3,25), uns durch sein Blut gerechtfertigt (Röm 5,9); das Blut Jesu »erlöst uns von unseren Sünden« (Offb 1,5; vgl. 5,9; Apg 20,28), »reinigt uns von aller Sünde« (1Joh 1,7). Hier mag Jes 53,5 im Hintergrund stehen: Der Knecht wurde »um unserer Verschuldungen willen zerschlagen« (*medukkāʾ*); dieses selten gewordene Verb ließ sich mit dem geläufigen aram. Wort *dikkāʾ/zikkāʾ*, »reinigen« verbinden, wie das in der LXX und im Targum zu Jes 53,10 geschah. Auch das »Ausschütten der Seele« in Jes 53,12 sowie der Vergleich des Gottesknechts mit einem Lamm, das zur Schlachtbank geführt wird (53,7), haben die Lehre vom sühnenden Blut Christi beeinflußt: Nach 1Petr 1,18f (vgl. 2,22-25) hat uns Christus als ein makelloses Lamm durch sein teures Blut von Sünden losgekauft. Der Seher der Offenbarung schaut Christus als Lamm, das geschlachtet ward (5,6.12; 13,8). Johannes der Täufer bezeichnet Jesus als »das Lamm Gottes, das der Welt Sünde trägt« (Joh 1,29); für Paulus ist Christus »als unser Passalamm geschlachtet« (1Kor 5,7; vgl. *Lamm Gottes). Diese Bilder sind summarische Vergegenwärtigung der Heilsbedeutung des Kreuzes, wie sie besonders prägnant und theologisch vollendet in 1Kor 1,30 geboten wird: Am K. ist Christus »für uns zur Weisheit von Gott zur Gerechtigkeit, zur Heiligung und zur Erlösung geworden«, damit ist auch Jes 53 zusammengefaßt und für die theologische Deutung des Golgathageschehens verwendet. Die universale Geltung des K.es hat Paulus dadurch verdeutlicht, daß er in Röm 5,12-21 Christus als letzten Adam dem ersten Adam gegenüberstellt: Die verhängnisvollen Folgen des Ungehorsams des ersten Menschen, nämlich das Hereinkommen von Sünde und Tod, werden durch den Gehorsam Christi aufgehoben. Damit sind auch die Voraussetzungen für den Übergang vom alten zum neuen Bund geschaffen (1Kor 11,25; 2Kor 3,6; vgl. Jer 31,34).

8. Aufgrund von K. und Auferstehung des Christus wird eine besondere Gemeinschaft der Glaubenden mit Christus gebildet. Sie beginnt für den einzelnen Christen mit der Taufe. Diese bedeutet ein Getauftwerden auf seinen Tod (Röm 6,3), ein mit ihm Begraben-Werden und ein Auferstehen in ein Leben, das von der Herrschaft der Sünde frei ist (Röm 6,4; vgl. 7,4; 8,17; 2Tim 2,11f; 2Kor 4,10). Paulus spricht auch von einer »Gemeinschaft mit den Leiden Jesu« (Phil 3,10). Er mag dabei an Jes 53,5 gedacht haben: »Durch seine Wunde (*bachabūratō*) wird uns Heilung, d.h. Vergebung der Sünde, zuteil«; das

Knochenreste eines Gekreuzigten, gefunden in einem Grab in Jerusalem. Sichtbar sind die Sprungbeine, die von einem Nagel durchbohrt sind.
1. Jh.n.Chr. (JLH)

hebr. Wort *chabūrā*, »Wunde«, meint in ntl. Zeit vor allem »Genossenschaft, Gemeinschaft«. Ähnlich hat es auch das Targum verstanden, jedoch dabei an die Gemeinschaft mit dem die Tora lehrenden Messias gedacht (vgl. zu Jes 53,5; Jes 9,5; Tg O zu Gen 49,11; Ps Sal 17,42; Mt 23,37). Für Paulus ermöglicht die Gemeinschaft mit dem am K. gestorbenen und erhöhten Herrn das Leben und Leiden in einer ungläubigen Welt und den Dienst als Glied am Leibe Christi. (Unklar bleibt die Rede von einer »Mystik« des Apostels Paulus bzw. von einer »mystischen« Gemeinschaft des Christen mit seinem Herrn.)

9. Schließlich bezeichnet die paulin. Wendung »in Christus« die Gemeinschaft mit dem gekreuzigten und erhöhten Herrn. Auch sie mag auf Jes 53 hinweisen. Denn sie erscheint des öfteren in Aussagen, die auf das Lied vom Gottesknecht gegründet sind (vgl. Phil 2,5ff; 1Kor 1,30; 2Kor 5,16f.19). Die Mehrdeutigkeit der paulin. Verwendung der griech. Präposition *en* (hebr. *be*, »in, durch«) konnte die Entstehung der Wendung »in Christus« begünstigen, was etwa in 2Kor 5,21 sichtbar wird: Gott hat am K. den Sündlosen für uns zur Sünde gemacht, damit wir »in ihm«, d.h. »in« bzw. »durch« Christus zur Gerechtigkeit Gottes würden. Das »in Christus« wäre dann ein besonders knapper Hinweis auf die Heilsbedeutung des K.es und die durch es geschaffene neue Wirklichkeit des Glaubenden: »In Christus« ist er eine neue Kreatur (2Kor 5,17). Anschaulich und konkret wird das Sein »in Christus« von Jes 53 her, vor allem, wenn man etwa dessen christologische Anwendung in 1Kor 1,30 oder 2Kor 5,21 bedenkt.

III. Auch im **Johannesevangelium** wird die Deutung des Kreuzes Jesu mit Hilfe von Jes 53 vollzogen, jedoch werden auch andere Schriftworte und Bilder verwendet.

1. Jesus ist »das Lamm Gottes, das der Welt Sünde trägt« (1,29). Er wird dabei nicht nur mit dem Gottesknecht von Jes 53,7 verglichen, sondern ist auch das wahre Passalamm (vgl. 19,36 mit 2Mo 12,46). Nach der Chronologie des vierten Evs starb Jesus am Rüsttag des *Passa (19,14.31), d.h. zur Zeit, in der im Tempel die Passalämmer geschlachtet wurden. Jesus ist schließlich das von Gott zum Opfer ausersehene Lamm von 1Mo 22,8.

2. Johannes versteht die Kreuzigung Jesu als dessen Erhöhung (3,14; 8,28; 12,32.34). Dabei denkt er an Jes 52,13 (LXX), wonach der Gottesknecht »sehr erhöht und verherrlicht werden wird«. Er versteht diese Erhöhung in einem doppelten Sinn: Der von Menschen ans K. Gehängte ist »von der Erde erhöht« (vgl. 12,32f), aber wie den Gottesknecht so hat auch Gott ihn erhöht und verherrlicht. Am K. vollendet Jesus sein rettendes Werk (19,30) und offenbart die Liebesmacht Gottes (12,28; 13,31). Auch an die »Erhöhung« der ehernen Schlange durch Mose wird erinnert (4Mo 21,8f): Wer damals zu diesem Zeichen hinaufsah, konnte sein Leben aus Todesnot retten (4Mo 21,9); mit dem glaubenden Aufsehen auf den am K. erhöhten Christus wird das ewige Leben gewonnen (Joh 3,14f; vgl. 19,35-37). Sach 12,10 wird schließlich auf Golgatha erfüllt (19,37): Aus dem durchstochenen Leib Jesu flossen Wasser und Blut (19,34). Sie sind Zeichen für den Geist der Gnade und des Flehens, den Gott ausgießt und in den Sakramenten von Taufe und Abendmahl schenkt (vgl. Joh 19,37 mit Sach 12,10a).

Als der von der Erde Erhöhte will Jesus alle Menschen zu sich ziehen (Joh 12,32); durch seinen sühnenden Tod führt er sie aus dem Herrschaftsbereich von Sünde und Tod in den des ewigen Lebens (mit dem Verbum »ziehen« wird wohl eine weitere heilsgeschichtliche Deutung des Ausdrucks *mischchat me'īsch* in Jes 52,14 gegeben).

3. Der Ruf des Sterbenden: »Es ist vollbracht!« (Joh 19,30) bedeutet, daß das K. den Höhepunkt des messianischen Wirkens Jesu darstellt. Die mit den Bildern von Wasser, Brot, Licht angekündigte Gnadengabe des ewigen Lebens ist nunmehr verfügbar. Durch die Dahingabe seines Sohnes, durch dessen sühnenden Tod, hat Gott sie der Welt angeboten (Joh 3,16; vgl. Mk 10,45). Auch der Friede mit Gott ist nunmehr gewonnen. Im Aram. lautet der Ruf: »Es ist vollbracht!« *meschallam*: Gott hat durch den Tod seines Sohnes mit den Menschen Frieden (*schalom*) gemacht, die Welt durch Christus mit sich versöhnt (vgl. 2Kor 5,18-21; Jes 53,5). Deshalb verspricht der scheidende Jesus den Jüngern, er werde ihnen seinen Frieden geben (14,27), und der Auferstandene entbietet ihnen zweimal den Friedensgruß (20,19.21): Sein Vater ist auch ihr Vater, sein Gott ihr Gott (20,17).

4. Die Kreuzigung bedeutet nach Joh 2,19-21, daß der Tempel des Leibes Jesu niedergerissen wird. Dieser Tempel ist das wahre Heiligtum, weil in ihm der göttliche *Logos Wohnung genommen hat (1,14). Jesus selbst baut diesen niedergerissenen Tempel in drei Tagen wieder auf (2,19). Am Abend des Ostertages erscheint der Auferstandene, der kurz davor zum Vater aufgefahren ist (20,17), den Jüngern in seinem neuen Leib, der aber weiterhin die Male des Kreuzestodes aufweist (20,19f.25.27).

Literatur: O. Betz: Wie verstehen wir das Neue Testament?, 1981; ders.: Probleme des Prozesses Jesu, ANRW II, 25,1, 1982; ders.: Jesus, der Messias Israels, 1987; W. Grimm: Die Verkündigung Jesu und Deutero Jesaja, ²1981; S. Kim: The Origin of Paul's Gospel, 1981; ders.: »The 'Son of Man'« as the Son of God, 1983; R. Riesner: Jesus als Lehrer, ³1988. O.B.

KRIEG.

Hebr. *milchāmāh*, 313mal im AT, von *lācham*, »kämpfen«; vgl. arab. *lachama*, »eng aufstellen«, was sich auf eine Armee in Schlachtordnung bezieht, griech. *polemos*, im NT 18mal gebraucht.

I. DIE STRATEGISCHE BEDEUTUNG PALÄSTINAS.

Palästina bildete eine Achse zwischen *Mesopotamien und *Ägypten. Auch die große arab. Wüste zwischen diesen beiden alten Zivilisationszentren sorgte dafür, daß deren Kontakt weitgehend via Palästina ablief. Dieser Kontakt war häufig feindlicher Natur, so daß Palästina in den letzten zwei Jahrtausenden v.Chr. häufig zum Schauplatz von Kämpfen und zur Kriegsbeute wurde. Dazu kommt noch, daß das Volk Israel selbst sein Territorium durch einen Eroberungskrieg gewann und sich danach gegen die *Philister verteidigen mußte, die Israels Eigentumsanspruch auf *Kanaan anfochten. Auch Davids territoriale Gewinne jenseits der Grenzen Israels geschahen natürlich nicht ohne militärisches Engagement. Die Zeit des Großreiches war jedoch nur von kurzer Dauer, und die geteilten Reiche Juda und Israel mußten sich bald gegen ihre unmittelbaren Nachbarn und zuletzt gegen die Übermacht Assyriens und Babyloniens verteidigen. Es verwundert daher nicht, daß im AT so oft von Krieg die Rede ist.

II. KRIEG UND RELIGION.

Im Vorderen Orient war der Krieg gewöhnlich ein heiliges Unternehmen, in dem die Ehre des nationalen Gottes auf dem Spiel stand. Oberflächlich betrachtet ähnelt die Vorstellung der atl. Verfasser von den Kriegen Israels dieser Auffassung. Der Unterschied bestand darin, daß Israels Gott transzendent war und nicht mit dem Schicksal seines Volkes stand oder fiel. Trotzdem ist er »der Gott des Heeres Israels« (1Sam 17,45) und weit mehr an den Kämpfen seines Volkes beteiligt, als man es von Marduk von Assur jemals glaubte (vgl. 2Chr 20,22). Gott selber wird als »Kriegsmann« beschrieben (2Mo 15,3; Jes 42,13), und einer seiner Titel ist »Herr der Heerscharen«. Das kann sich sowohl auf das himmlische Heer (1Kön 22,19) wie auf die israelit. Armeen (1Sam 17,45) beziehen. Gott führte die Truppen Israels in den K. (Ri 4,14), und das älteste Verzeichnis der Siege Israels nannte man »das Buch von den Kriegen des Herrn« (4Mo 21,14). In der Tat war Israel sich in jedem Stadium der Kriegsvorbereitungen seiner Abhängigkeit von Gott bewußt. Zuerst befragte man den Herrn, ob es der geeignete Moment für einen Angriff war (2Sam 5,23f), dann mußten Opfer gebracht werden. Das Opfern scheint so wichtig gewesen zu sein, daß Saul sich in seiner Verzweiflung priesterliche Rechte anmaßte, damit die Schlacht erst begann, nachdem die Gunst des Herrn gesucht worden war (1Sam 13,8-12). Der Schlachtruf hatte rel. Bedeutung (Ri 7,18.20) und begrüßte außerdem die Gegenwart Gottes, die in der *Bundeslade symbolisiert war (1Sam 4,5-7; vgl. die Art, in der die Ankunft der Lade in Jerusalem gefeiert wurde: 2Sam 6,15). Weil Gott gegenwärtig war, konnten die Israeliten mit Siegeszuversicht in die Schlacht ziehen (Ri 3,28; 1Chr 5,22), selbst wenn Naturkräfte zu Hilfe gerufen werden mußten, um den Sieg zu sichern (Jos 10,11-14).

Nach der Schlacht kam es oft vor, daß die Israeliten den *Bann vollzogen (hebr. *chäräm*). Das bedeutete, daß eine ganze Stadt oder ein Land, das Volk samt seinen Besitztümern, für Gott in Beschlag genommen wurden. Ein Israelit durfte nichts und niemanden von einem Ort, der unter dem Bann stand, für seinen persönlichen Bedarf an sich nehmen; Ungehorsam zog die schrecklichsten Folgen nach sich (Jos 7; 1Sam 15). Nicht immer war der Bann so umfassend wie im Falle Jerichos (Jos 6,18-24), aber stets wurde das Recht Gottes am Ertrag des Sieges geltend gemacht. Der Bann war Gottes Art der Vergeltung für »die Missetat der Amoriter« (1Mo 15,16) und ist wesentlich für die atl. Vorstellung vom »heiligen Krieg«. Wenn unter den Israeliten selber heidnische Tendenzen sichtbar wurden, mußte an den Betroffenen in gleicher Weise der Bann vollstreckt werden (5Mo 13,13-19). Und wenn das ganze Volk Gott mißfiel, wie es ja oft geschah, dann konnten gerade die Heiden, die Gott zuvor bestraft hatte, die Werkzeuge seiner Vergeltung sein (Jes 10,5f; Hab 1,5-11). Am Ende der Monarchie kündigte Gott sogar an, daß er selber auf der Seite der Babylonier gegen Juda kämpfen werde (Jer 21,5-7). Längere Zeit jedoch hatte die prophetische Gemeinde die Hoffnung auf eine Zukunft, gekennzeichnet von der Ausrottung des K.s von der Erde und der Eröffnung einer neuen Zeit des Friedens durch den davidischen »Friedefürsten« (Jes 9,5f; vgl. Jes 2,4; Mi 4,3).

III. METHODEN DER KRIEGSFÜHRUNG.

Bevor Israel eine stehende Armee besaß, wurde die Volksmiliz durch Trompeten (Ri 3,27) oder Botschafter (1Sam 11,7) von überallher zusammengerufen. Vor einem Angriff ließen die Israeliten die Lage möglichst durch *Kundschafter klären (Jos 2; 2Kön 6,8-12). Da es keine Kriegserklärung gab, war der Angreifer meist im Vorteil. Gewöhnlich wurden die Feldzüge im Frühling durchgeführt, wenn die Straßen passierbar waren (2Sam 11,1). Die Taktik hing natürlich vom Gelände und der Anzahl der beteiligten Kämpfer ab, aber im allg. waren die israelit. Befehlshaber zumindest in Verteidigungsfällen in der Lage, ihre bessere Kenntnis der örtlichen Gegebenheiten auszunutzen. Im Falle eines Frontalangriffes, wie beim Kampf zwischen Josia und Pharao *Necho bei *Meggido, scheinen die Israeliten nicht so geschickt gewesen zu sein. Signale wurden außer durch Trompeten auch durch Feuerzeichen gegeben; das bezeugt ein Ostrakon aus *Lachisch. Alle konventionellen Methoden der Kriegsführung kommen auch im AT vor: Überfall (1Sam 14), Belagerung (1Kön 20,1) und Hinterhalt (Jos 8; s.a. (*Heer; *Waffen und Geräte).

IV. KRIEG IM NEUEN TESTAMENT.

Die Ausbreitung des Reiches Christi durch militärische Mittel ist eindeutig nicht Teil des ntl. Leitbildes. »Mein Reich ist nicht von dieser Welt. Wäre mein Reich von dieser Welt, würden meine Diener kämpfen« (Joh 18,36), war das Prinzip, das Jesus vor Pilatus verkündete. Und seine Worte an Petrus (Mt 26,52) werfen einen gewissen Schatten auf die Anwendung von Gewalt – wie die Umstände auch immer sein mögen. Aber der Christ ist Bürger zweier Welten und hat beiden gegenüber Pflichten. Spannungen zwischen den gegensätzlichen Forderungen sind unausweichlich, besonders weil die weltliche Obrigkeit von Gott eingesetzt ist und »das Schwert nicht umsonst trägt« (Röm 13,4). Als sein Leben in Jerusalem bedroht war (Apg 21), berief Paulus sich nicht nur auf sein röm. Bürgerrecht, sondern unterstellte sich auch dem Schutz der röm. Truppen. Außerdem hielt man Frömmigkeit durchaus nicht für unvereinbar mit einem militärischen Beruf: Jene Soldaten, die sich bei *Johannes dem Täufer nach ihrer höheren Pflicht erkundigten, wurden nicht dazu ermutigt, zu desertieren (s. Apg 10,1f; Lk 3,14). In der Frühen Kirche wurde ein militärischer Beruf bei einem Christen gewöhnlich mißbilligt. Dies geschah auch deshalb, weil der Militärdienst mit der Beteiligung am röm. Lagerkult (Mithrasreligion) verbunden war. Tertullians Meinung ist typisch, wenn er sagt, daß der Beruf des Söldners mit dem Christsein unvereinbar ist, obwohl er Ausnahmen für die gelten ließ, die bereits vor ihrer Bekehrung im militärischen Dienst standen.

Der Kampf des Christen ist vor allem ein geistlicher Kampf. Er verfügt über alle Waffen, die er zur Erlangung des Sieges braucht (Eph 6,10-20). Daraus folgt, daß er militärisch diszipliniert sein sollte, und deshalb sind zahlreiche ntl. Gebote und Verbote in militärische Sprache (vgl. 1Tim 1,18; 1Petr 5,9) und Bilder aus dem Militärischen (vgl. 2Tim 2,3f; 1Petr 2,11) gefaßt. Die Entscheidungsschlacht wurde auf *Golgatha gewonnen (Kol 2,15). Deshalb liegt die Betonung in Abschnitten wie Eph 6,10-20 nicht so sehr auf der Eroberung neuer Gebiete wie auf der Verteidigung des bereits Gewonnenen. Der letzte und vollständige Sieg wird erlangt, wenn sich Christus am Ende der Zeit vom Himmel her offenbaren wird (2Thess 1,7-10). Der Endkampf zwischen Christus und den Mächten der Finsternis wird in Offb 16; 19 und 20 beschrieben. Die entscheidende Schlacht wird gemäß Offb 16,16 bei *Harmagedon stattfinden. Die wahrscheinlichste Erklärung dieses Namens ist die, die ihn mit dem Ber (hebr. *har*) von Megiddo(n) in Verbindung bringt. Megiddo war in der Geschichte Schauplatz vieler großer Schlachten (vgl. 2Chr 35,22), und sein Erscheinen in einem apokalyptischen Kontext ist daher sehr passenc Für die Feinde Christi bedeutet diese Kampf Vernichtung (Offb 19,17-21). Aber Ps 110 und eine Vielzahl atl. Stellen werden auf diese Weise ihre Erfüllung finden, wenn das Zeitalter der messianischen Herrschaft beginn Die Vorzeichen dieses herrlichen Zeitalters werden in der Tat »Kriege und Kriegsgeschrei« (Mt 24,6) sein. Wenn aber der Messias regiert, wird »seine Herrschaft groß und des Friedens kein Ende sein« (Jes 9,6).

V. DIE KRIEGSROLLE VON QUMRAN.

Zu den ersten Schriften, die am Toten Meer gefunden wurden (*Schriftenfunde vom Toten Meer), gehört auch eine mit dem Titel »Der Krieg der Söhne des Lichtes gegen die Söhne der Finsternis«. Sie stammt ohne Zweifel von den Qumranessenern und enthält in Erwartung eines lang andauernden Krieges zwischen den Mächten des Guten – repräsentiert durch die Sektenmitglieder – und den Mächten des Bösen Anweisungen für die ersteren. Der erwartete K. wird in Übereinstimmung mit allen von Mose aufgezeichneten Kriegsgesetzen geführt werden. Obwohl der Sieg von Gott vorherbestimmt ist, wird es doch ernsthafte Rückschläge geben. Führend unter den »Söhnen der Finsternis« sind die »Kittim«, die man mit ziemlicher Sicherheit mit den Römern gleichsetzen muß. Diese Rolle ist wohl ein eher exotisches Produkt rel. motivierter Literatur z.Zt. der röm. Vorherrschaft in Palästina, einer Zeit, in der die *Apokalyptik hoch im Kurs stand und die messianische Erwartung ihren Höhepunkt erreichte.

Literatur: A. von Harnack: Militia Christi, 1905; G. von Rad: Der heilige Krieg im alten Israel, 1951; W. Bienert: Krieg, Kriegsdienst und Kriegsdienstverweigerung nach der Botschaft des NT, 1952, ^{2}1985; Y. Yadin: The Scroll of the War of the Sons of Light against the Sons of Darkness, 1962; ders.: The Art of Warfare in Biblical Lands, 1963; R. de Vaux: Das Alte Testament und seine Lebensordnungen, Bd. I, ^{2}1964, Bd. II, ^{2}1966. R.P.G.

KRIEGSGESCHREI. Es soll im Kampf die eigenen Krieger ermutigen und dem Gegner Furcht einflößen (Jos 6,5.10.16.20; vgl. 2Mo 32,17f). Außerdem dient es als Erkennungszeichen für Freund und Feind (vgl. 1Kön 22,32f; 2Chr 18,31f).

KRIPPE. Mehrfach ist eine Futter-K. (Hebr. *'ebûs*) im AT erwähnt (Hiob 39,9; Spr 14,4; Jes 1,3). In den Pferdeställen von *Megiddo wurden Futtertröge aus Kalkstein freigelegt, eine gemauerte K. aus der Zeit um 1200 v.Chr. fand sich in *Lachisch in einer Höhle. Nach Lk 2,7 legte *Maria den neugeborenen Jesus in eine K. (griech. *phatnē*). Ein Holzkasten auf Füßen war in Palästina nicht gebräuchlich und kam erst durch Franziskus von Assisi in die christl. Tradition. Die Rabbinen unterschieden bewegliche und bodenfeste K.n. Die in der Geburtskirche von *Bethlehem noch im 4. Jh. gezeigte Felsrinne mit einer Lehmmauer (ELS 89) paßt gut ins ntl. Palästina. Da die K. nach Lk 2,12 ein besonderes Erkennungszeichen für die Hirten war, und schon Origenes um 250 die Verehrung der K. bezeugt (Cels I, 51; ELS 84), kann die Ortsüberlieferung zutreffen. Weil in Jes 1,3 Ochse und Esel an der K. das Gegenbild zum treulosen Gottesvolk darstellen, kamen sie von dort aus in die christl. Ikonographie.

Literatur: G. Dalman: Orte und Wege Jesu, ^{4}1967, 42–48; M. Hengel: ThWNT IX, 1973, 51-57; E.M. Blaiklock: NIDBA 299. R.R.

KRIT. (Hebr. *kerijt*). Ein Winterbach (*nachāl*), in dessen Tal sich *Elia bei seiner Flucht vor König *Ahab verbarg (1Kön 17,3.5). Nach dem Zusammenhang befand er sich in Transjordanien und darum scheidet der neuere Vorschlag des Wadi Qelt, westl. von *Jericho, aus. Nach der Pilgerin Egeria (384 n.Chr.) handelte es sich um das Wadi El-Jabis (CSEL 39,58) in der Gegend von Elias Heimat *Tisbe. Das Wadi mündet gegenüber von *Änon, einem Taufort *Johannes des Täufers. In diesem damals wohl unter dem Einfluß von *Damaskus stehenden Gebiet wäre der Prophet vor Nachstellungen sicher gewesen (M. Rehm, Das erste Buch der Könige, 1979, 171). Wenn ab dem 6. Jh. das Wadi El-Charrār, östl. von Jericho, mit dem Bach K. identifiziert wird, so hat hier wohl eine ältere Überlieferung von der Himmelfahrt des Elia (*Betanien II) die Ortsbezeichnung nachgezogen.

Literatur: F.M. Abel: Géographie de la Palestine I, ^{3}1967, 484f; R. Riesner: TynB 38 (1987), 36. R.R.

KRONE. Ein oft reich verzierter Kopfschmuck, getragen von Königen und anderen hochgestellten Personen.

I. IM ALTEN TESTAMENT.

Die K. des Hohenpriesters war ein goldenes Stirnblatt, auf dem »Heilig dem Herrn« stand. Sie war mit einer blauen Schnur an seiner Mitra bzw. seinem Turban befestigt und war das Kennzeichen der Weihe (2Mo 29,6; 39,30f; 3Mo 8,9; 21,12). Nach dem Exil, 520 v.Chr., erhielt Sacharja (6,10-14) von Gott den Auftrag, goldene und silberne K.n zu machen und sie auf das Haupt des Hohenpriesters Jeschua zu setzen. Später bewahrte man diese K.n als Zeichen für Gottes Gunst im Tempel auf. Vielleicht wurden sie als Verbindung des priesterlichen und königlichen Amtes in einer Person zu einer Doppelkrone verbunden. Unter den Königskronen stellte Davids Goldkrone das Emblem seiner von Gott gegebenen Königsherrschaft dar (Ps 21,4; vgl. 132,18; zur Rücknahme von Gottes Gabe – und Krone! – vgl. Ps 89,40; Hes 21,31). Von *Joaschs Krönung wird ausdrücklich berichtet (2Kön 11,12 und 2Chr 23,11). David erbeutete die goldene, mit einem Edelstein besetzte K. des Königs (oder des Gottes Milkom) von Ammon, die einen Zentner

Bethlehem/Geburtskirche: Ursprünglich galt die ganze hier sichtbare Seitenhöhle der Geburtsgrotte als die Krippe von Lk 2,7.12. Erst später schuf man den marmorverkleideten Trog auf der rechten Seite. (RR)

KRISTALL
s. Edelstein

KRÖTE
s. Tiere

Krone Ramses' III., eine ungewöhnliche Verbindung der unterägyptischen roten Krone mit Doppelfedern. Grab von Amenkirchopschef, Tal der Königinnen, ca. 1170 v.Chr. (PAC)

Nächste Seite: Krone, wie sie König Marduk-nādin-ahhe von Babylon trug. Darstellung auf einem Grenzstein im Zusammenhang mit einer Landzuweisung 1116–1101 v.Chr. (BM)

wog (2Sam 12,30; 1Chr 20,2). Ammonitische Statuen zeigen Könige oder Götter mit großen, hohen K.n (s. F.F. Bruce, Israel and the Nations, 1969, Taf. 1). Zu mit Edelsteinen besetzten K.n vgl. Sach 9,16 RevEB. Die königliche K. von Wasti, der Frau des Ahasveros (Est 1,11), wurde Ester aufs Haupt gesetzt (2,17), und auch zur königlichen Tracht, mit der *Mordechai schließlich geehrt wurde, gehörte eine große goldene K. (Est 6,8; 8,15). Außer zum Kennzeichen der Königsherrschaft (Spr 27,24) wurde die Krone zum Sinnbild von Ehre und Herrlichkeit (Hiob 19,9; Jes 28,5; 62,3; Jer 13,18; Klgl 5,16; Spr 4,9; 12,4; 14,24; 16,31; 17,6), manchmal auch des Stolzes (Hiob 31,36; Jes 28,1.3). In der Welt der Bibel gibt es eine große Vielfalt von K. In *Ägypten trugen Könige und Götter hohe, kunstvoll gearbeitete K.n verschiedendster Bedeutungen wie auch einfache Goldreifen oder Diademe. Typisch ist die große Doppelkrone, Symbol der Vereinigung von Unter- und Oberägypten: die rote K. Unterägyptens (flache Kappe, mit einer Spirale vorne und einer hohen Spitze hinten) und darüber die weiße K. Oberägyptens (hoch, kegelförmig, mit einem Knauf am oberen Ende). Die Diademe des Pharaos hatten vorne immer den Uräus, die königliche Kobra. In Mesopotamien trugen die assyr. Könige eine kegelförmige Kappe, die mit farbigen Stickbändern oder kostbaren Steinen geschmückt war, oder ein schlichtes Diadem. Die babylon. Könige dagegen trugen eine gekrümmte Mitra, die in einer Spitze endete; (s. H. Frankfort, Art and Architecture of the Ancient Orient, 1954, Taf. 87-89; 95; 109-110; 114; 116; 120). Ausgrabungen in Palästina haben eine Reihe von Goldreifen oder Diademen ans Licht gebracht; eine davon aus Blattgold mit einem Muster aus Punkten (s. in W.M.F. Petrie, Ancient Gaza III, 1933, Taf. 14:6,15. Weitere Beispiele in BRL ²1977, S. 105.113f.121.)

K.A.K

II. IM NEUEN TESTAMENT.

Hier müssen zwei Worte behandelt werden. Das wichtigere ist *stephanos*, das strenggenommen einen Kranz oder einen Reif bezeichnet. Es wird für die Dornenkrone Christi verwendet. »Dornen« sind im Griech. ein ebenso allg. Begriff wie im Deutschen; deshalb ist es unmöglich, die verwendete Pflanze genau zu bestimmen. Klar ist aber, daß diese »Krone« ein Spottsymbol für Königtum, vielleicht auch Göttlichkeit, war (s. H.St.J. Hart, JTS n.s.3, S. 66-75). Obwohl *stephanos* durchaus eine Königskrone bezeichnen kann (Offb 6,2.8), wurde es doch häufiger für den Lorbeerkranz verwendet, den der Sieger bei Wettspielen erhielt, oder für ein Festgirlande bei Jubelfeiern. Dieser Gebrauch liegt den meisten ntl. Stellen zugrunde. So erinnert Paulus die Korinther daran, daß Athleten »um einen vergänglichen Kranz« kämpfen und er fügt hinzu: »wir aber um ei-

nen unvergänglichen« (1Kor 9,25). Wer nach der K. trachtet, muß »nach Vorschrift kämpfen« (2Tim 2,5 ZÜ). Manchmal erhält der Christ seine K. schon hier und jetzt. Paulus z.B. betrachtete die von ihm Bekehrten als seine K. oder seinen Ruhmeskranz (Phil 4,1; 1Thess 2,19). Normalerweise geschieht es jedoch erst nach dem Tod, daß »der Herr, der gerechte Richter, mir an jenem Tag die Krone der Gerechtigkeit geben wird« (2Tim 4,8). Es wird von der »Krone des Lebens« (Jak 1,12; Offb 2,10) und der »unvergänglichen Krone der Herrlichkeit« (1Petr 5,4) gesprochen. Die K. kann auch verlorengehen, denn die Christen werden ermahnt, sie festzuhalten, damit sie ihnen nicht genommen wird (Offb 3,11). Gott hat den Menschen mit »Preis und Ehre« gekrönt (Hebr 2,7), und von Jesus wird das gleiche gesagt; allerdings geschah seine Krönung »durch das Leiden des Todes«; »denn durch die Gnade Gottes sollte er für alle den Tod schmekken« (Hebr 2,9). Griech. *diadema* kommt selten vor (Offb 12,3; 13,1; 19,12). Im NT steht der Begriff immer als Symbol für Königtum oder Ehre.

L.M.

KRUG. Vorrats- und Transportgefäß in verschiedenen Formen und Größen, für das mehrere hebr. und griech. Bezeichnungen gebraucht werden.

Der normale Vorrats-K. ist henkellos, zwischen 60 und 120 cm hoch, faßt etwa 20-50 Liter und wird, da er meist eine gewölbte Unterseite hat, zum festen Stand in den Boden bzw. eine Stellage eingesenkt. Er dient zur Aufbewahrung von Mehl, Wasser, Wein, Öl und Getreide.

Andere Formen haben an der Oberseite einen, häufiger zwei Handgriffe, weil man sie – auf Kopf oder Schulter getragen – zur Beförderung des Wassers vom *Brunnen ins Haus benutzte (1Mo 24,15; 1Kön 18,34; RevEB: »Eimer«; Joh 4,28; RevEB: »Wasserkrug«), aber auch als Vorratsgefäß (1Kön 17,12). Solche Krüge hatten auch Gideons 300 Männer (Ri 7,16) bei sich. Das Wasserholen in Krügen war Sache der Frauen, ein Mann, der einen K. trug, erregte Aufmerksamkeit (Mk 14,13; Lk 22,10).

Normalerweise kaum zu tragen sind die aus Stein gehauenen Gefäße, die sich vor oder im Hause zur Aufbewahrung des Wassers für die Waschungen vor und nach Tisch befanden (Joh 2,6ff); ihr Fassungsvermögen geht oft noch über 100 Liter hinaus (vgl. *Maße und Gewichte).

Wichtig ist, daß die Krüge in israelit. Zeit öfter Stempel auf den Henkeln trugen, die sie als Gefäße für Abgaben kennzeichneten. Man hat einen Teil dieser Stempel aber auch als

Oben links: Kronen auf dem ägyptischen Relief im Tempel des Seti, Abydos, ca. 1300 v.Chr. (PAC)

Oben rechts: Assurbanipal, König von Assyrien (669–627 v.Chr.), mit der königlichen, verzierten Kopfbedeckung, möglicherweise eine Art Turban, der um eine Kappe gewickelt wurde (Fes). (BM)

König Darius I. von Persien (521–486 v.Chr.) mit Krone. Relief in Bisitun, Iran.

Warenzeichen für Krüge aus königlichen Töpfereien (vgl. 1Chr 4,23) gedeutet. In *Lachisch fand man ein Gefäß mit einem königlichen Eichvermerk.

Mehr flaschenartige Form haben die 1Kön 14,3; 17,12; 2Kön 9,1; Jer 19,1.10 erwähnten Gefäße, in denen man Honig oder Öl aufbewahrte. Auch kennt man unter einer dieser Bezeichnungen eine irdene, später auch metallene flache Feldflasche mit zwei Henkeln (1Sam 26,11; 1Kön 19,6).

KÜMMEL
s. Kräuter und Gewürze

KUH
s. Tiere

KUCHEN.
1. Als K. wird Backwerk aus ungesäuertem Teig (1Mo 19,3; 2Mo 12,39) bezeichnet, das schnell zubereitet werden konnte (1Mo 18,6). Der Teig besteht aus Semmel- oder Feinmehl (*Mehl) und Öl (3Mo 2,4; vgl. 1Kön 17,12.13); daher wird auch vom Ölkuchen gesprochen (vgl. 2Mo 29,23 mit V. 2; 4Mo 11,8). Durch den Zusatz von Öl unterscheidet sich der K. vom ungesäuerten Brot und ungesäuerten Fladen, der nur mit Öl bestrichen wurde (4Mo 6,15). Gebacken wurde im *Ofen (3Mo 2,4), auf heißen Steinen (1Kön 19,6 vgl. RevEB) oder in der heißen Asche. Beim Backen mußte man den K. rechtzeitig umwenden (vgl. Hos 7,8; *Brot).

2. Abweichungen von der üblichen Form flacher runder Scheiben sind zweimal angedeutet. Die K., die Tamar für *Amnon bereitete, hatten nach dem hebr. Wort vielleicht Herzform (2Sam 13,6.8.10), und die K. zur Verehrung der heidnischen Himmelskönigin (Jer 7,18) »wurden gebacken, um ein Bild von ihr zu machen« (Jer 44,19), »um sie nachzubilden« (RevEB).

3. Ob der Brotkuchen (2Sam 6,19) und die Gerstenfladen (Hes 4,12) aus ungesäuertem Teig bestanden, wird nicht gesagt: 3Mo 7,13 werden aber auch K. von gesäuertem Brot erwähnt. Bei dem K. V. 12b handelt es sich um mit Öl eingerührten, ungebackenen Weizengrieß. Die Schaubrote, die nach Josephus aus ungesäuertem Teig gebacken wurden, werden ebenfalls als K. bezeichnet (3Mo 24,5); jeder Laib enthielt zwei Zehntel Efa (vgl. *Maße und Gewichte) Semmelmehl.

4. Z.Zt. Davids werden wiederholt Feigen- und Rosinenkuchen erwähnt (1Sam 25,18; 30,12; 2Sam 16,1; 1Chr 12,41). Sie bestanden aus getrockneten und zusammengepreßten Früchten. Nach Hos 3,1 spielten Rosinenkuchen auch eine Rolle im Götzendienst.

Dieser Weihrauchständer des 9. Jh.v.Chr. wurde in Beerscheba bei den Resten einer kleinen Plattform (bama, Höhenheiligtum) gefunden, im Bereich des Stadttores der Strata IV–V. (TAU)

KULON. (Griech. *Koulon*). Nach der LXX-Liste von Jos 15,59 (vgl. auch Hieronymus, In Mich 5,2), die hier ursprünglicher als der MT sein dürfte, ein Ort im 10. Gau von *Juda mit der Hauptstadt *Bethlehem (M. Noth, Josua, ³1971, 99). Die Lage ist unbekannt (LDB, 369). Es spricht nichts dafür, K. mit einer späteren röm. Veteranensiedlung (*colonia*) bei *Moza (OLB II, 790) westl. von *Jerusalem zu identifizieren. R.R.

KULTGERÄTE.
1. Das AT berichtet von einer Vielzahl unterschiedlicher K. Neben den *Altären spielten die *Ascheren und *Masseben besonders im Höhenkult eine wichtige Rolle. Im Jerusalemer Tempel gab es auch das Eherne Meer (*Meer, ehernes), die Kesselwagen, den Schaubrottisch und die *Bundeslade. Für die Orakelbefragung wurden das *Efod, die Terafim (*Hausgötzen), sowie die *Urim und Tummim benützt. Daneben nennt schon der Tempelbaubericht Töpfe, Schaufeln und Sprengschalen (1Kön 7,40.45) sowie Schüsseln, Messer, Pfannen und Feuerbecken (1Kön 7,50) als Tempelinventar. Viele dieser meist aus Edelmetall gefertigten K. wurden bei der Zerstörung des Jerusalemer Tempels 587 v.Chr. von den Babyloniern entwendet und nach Babel gebracht (2Kön 25,14f; 2Chr 36,18). Dort wurden sie aufbewahrt und den Juden nach dem babylon. Exil für den neuerrichteten Tempel zurückgegeben (Esr 1,9-11). Einige der Kultgeräte des Herodianischen Tempels zeigt ein Relief am Titusbogen in Rom. Dort sind u.a. der Schaubrottisch, die *Menora und Trompeten abgebildet.

Die in den bibl. Texten erwähnten Töpfe, Schaufeln, Schüsseln, Becher und Schalen wurden im Rahmen der verschiedenen Opfer und Opfermahlzeiten verwendet. Auch bei Ausgrabungen in Tempeln konnten zahlreiche Gefäßtypen nachgewiesen werden, die von ihrer Form her ebensogut als Haushaltsgeräte bezeichnet werden könnten. Im sog. Grabentempel in *Lachisch (Schicht II; Späte Bronzezeit) entdeckte man allein 798 Gefäße verschiedenster Art, die nichts ausgesprochen Kultisches aufweisen. Andererseits läßt sich auch bei einigen Funden aus einem Tempel nicht mehr genau unterscheiden, ob sie im Kult verwendet wurden oder aber Weihegaben eines Kultteilnehmers darstellen. Auf dem Podest des spätbronzezeitlichen Tempels in Tell Mevorakh wurden beispielsweise Lampen, Pfeilspitzen, Perlen, Spielsteine, Ohrringe, Messer, Zymbeln, Schalen und ein Rollsiegel gefunden; wahrscheinlich handelt es sich dabei um Gaben aus dem Bereich der Gemeinde. Im folgenden werden solche archäologisch nachgewiesene K. behandelt, bei denen die außergewöhnliche Form auf eine besondere Bedeutung innerhalb des Kults schließen läßt.

2. Einige Geräte lassen sich nur im chalkolithischen Kult nachweisen. Hierzu gehören zahlreiche in einer Höhle im Nahal Mischmar gefundene kupferne »Kronen«, Keulenköpfe, »Zepter«, Beile und Meißel, die vielleicht im Rahmen einer Prozession im nahegelegenen Heiligtum von En-Gedi benützt wurden. Im Golan und nördl. Jordanien wurden in Privathäusern etwa 15-50 cm hohe pfeilerförmige Basaltstatuen gefunden, bei denen nur die Augen, Ohren und – besonders betont – die Nase ausgearbeitet sind. Auf den leicht vertieften Oberflächen wurden vielleicht dem Hausgott, der durch diese Statuen dargestellt werden soll, vegetabile Opfergaben dargebracht.

3. Vom Chalkolithikum bis zur späten Eisenzeit sind im gesamten Vorderen Orient hohe zylindrische Kultständer belegt. Diese Tongefäße wurden meist als Räucherständer bezeichnet, doch ist diese Funktion nur für einige wenige Exemplare gesichert. Ikonographische Darstellungen aus dem alten Orient zeigen, daß diese Ständer daneben auch als Stützen für Tischplatten, als Libationsgefäße, als »Blumentöpfe« für heilige Bäume oder als Untersatz für Lampen und Schalen gedient haben können. Meist sind die Ständer oben und unten offen. Einige Exemplare weisen anmodellierte Schalen auf, während nur für auffallend wenige Ständer passende Einsatzschalen gefunden wurden. Ein derartiger Einsatz aus Megiddo verengt sich zur Mitte hin trichterförmig und belegt damit die Verwendung als Libationsgefäß. In Nahariya, Byblos, Tell Qasile, *Megiddo, *Bet-Schean, *Hazor und *Ai wurden mittelbronze- bis eisenzeitliche Kultständer mit reliefierten antropomorphen

Bronze-Gestell für ein großes Becken oder eine Pfanne, mit einem Mann, der einen Kupferbarren in Form einer Tierhaut trägt. Zypern, 12. Jh. v.Chr. (MH)

ınd tierischen Darstellungen gefunlen.

4. Aus dem früheisenzeitlichen *Taanach (12.-10. Jh.v.Chr.) stammen nsgesamt drei rechteckige Tonständer mit einer flachen, leicht vertiefen Oberfläche. Sie sind mit zahlreihen mythologischen Motiven veriert. Diese Kultständer dienten entweder für Libationen oder zum Abtellen kleinerer Kultgeräte (z.B. Operschalen). Ähnlich war wohl die unktion der dreistöckigen, leicht abestuften Tonhäuschen aus Bet-Schen und Dibon. Sie sind mit männlihen und weiblichen Figurinen, Vöeln und sich durch die Öffnungen windenden Schlangen verziert. Rollegelabrollungen zeigen zweistöckige ansportable Altäre, auf deren Abatz kleinere Kultgeräte abgestellt erden konnten.

Ihnen ähnlich sind ca. 30 cm hohe ausmodelle, die in einigen Heiligtüern in unmittelbarer Nähe der zenalen Podeste gefunden wurden. Im Ostjordanland wurden sie auch in räbern entdeckt. Architektonische etails machen deutlich, daß es sich bei um Tempelmodelle handelt. Eige Exemplare weisen (freistehende) äulen vor dem Eingang auf, wie es ch bei den beiden Säulen *Jachin d Boas vor dem Jerusalemer Teml der Fall war. Bei einem Fundstück d statt der Säulen Göttinnen oder Priesterinnen abgebildet. Die Funktion dieser Tempelmodelle ist bislang noch nicht geklärt. Einige Forscher vermuten, daß in ihnen Götterfigurinen aufgestellt werden konnten, doch ist dies noch durch keinen archäologischen Fund gesichert.

5. Aus dem spätbronze- und eisenzeitlichen Zypern, aber auch aus Ugarit, Megiddo, Bet-Schean und Tell es-Sa'idiye sind drei- und vierfüßige Metallständer bekannt, die teilweise auch mit Rädern versehen und somit fahrbar waren. Die vierfüßigen Exemplare weisen meist auf den Seitenflächen noch ikonographische Darstellungen auf. In die oben angebrachte Randleiste konnten Flüssigkeitsbehälter eingesetzt werden. Eine sidonische Münze zeigt einen solchen Metallwagen, aus dessen Oberteil vier Zweige ragen. Abgesehen von der Größe stellen diese Metallständer die nächsten archäologischen Parallelen zu den Kesselwagen des salomonischen Tempels her.

6. Einzelne Gefäße, die mit großer Wahrscheinlichkeit im Zusammenhang mit Libationen stehen, sind im Mittelmeergebiet und - vornehmlich in der Nähe der Küste – in Palästina belegt. Hierzu gehören z.B. im mittelbronzezeitlichen Nahariya gefundene Miniaturnäpfe, die stets in Siebenergruppen kreisförmig zusammengefügt wurden. An vielen Grabungsorten fand man meist in kultischem Kontext ringförmige Hohlgefäße, an deren Oberseite mehrere teils mit Tierdarstellungen und Pflanzenmotiven verzierte Miniaturvasen befestigt waren (sog. *Kernoi*). Diese Gefäßtypen sind seit der Späten Bronzezeit auch in Palästina belegt. Vielleicht wurden in den Röhren verschiedene flüssige Substanzen gemischt, die dann in einem Libationsopfer der Gottheit überbracht wurden. Daneben gibt es oft tierförmige Gefäße mit einem Ein- und Ausguß. Die dargestellten Tiere weisen eine große Vielfalt auf; u.a. sind Vögel, Igel, Schildkröten und Rinder belegt. Ebenfalls für Libationen wurden Spitzrhyta (Rhyton: trinkhornartiges Spendengefäß) verwendet, die ursprünglich im Mittelmeergebiet beheimatet waren.

7. In den Tempeln des spätbronzezeitlichen Hazor entdeckte man basaltene Opferplatten mit rechteckigen Vertiefungen, die wahrscheinlich für Libationsopfer verwendet wurden. Töpferscheiben, Backplatten und Werkzeuge für Metallarbeiten belegen, daß in den Tempeln z.T. auch handwerkliche Erzeugnisse für den Bedarf des Kults oder für den Privatkult der Gemeinde erstellt wurden.

8. Aus Syrien, Palästina, Zypern, Griechenland und den punischen Ansiedlungen sind seit der Späten Bronzezeit tönerne Gesichtsmasken mit Augen- und Mundöffnungen bekannt. Steinerne Exemplare reichen sogar bis in das Neolithikum zurück. Viele der Tonmasken sind allerdings für ein menschliches Gesicht zu klein. Ihre genaue Verwendung ist noch immer nicht geklärt. Einige Forscher wollen in ihnen die atl. Terafim (1Mo 31,19. 34f; Ri 17,5; 18,14.17.18.20 u.ö.) sehen.

9. In 1Sam 2,13 wird erwähnt, daß der Diener des Priesters am Heiligtum in *Silo mit einem Dreizack Fleischstücke als Priesterlohn aus den verschiedenen Kesseln, in denen das Fleisch des Gemeinschaftsopfers gekocht wurde, herausfischte. Obwohl die bei Ausgrabungen im Vorderen Orient gefundenen Dreizacke auch als Harpune oder Waffe verwendet werden konnten, lassen sich einige Exemplare mit großer Wahrscheinlichkeit als K. bestimmen; allerdings wurde kein einziges Exemplar bislang in einem Tempel entdeckt. Die bislang bekannten Dreizacke datieren in das 14.-10. Jh.v.Chr. und stammen aus Palästina (Akko, Lachisch, Chirbet Dschedur), Syrien (Ugarit) und Zypern (Hala Sultan Tekke). Die Zinken sind teilweise bis zu 60 cm lang und belegen das Interesse der Priester, einen möglichst großen Anteil am Opfertier zu erhalten. In späterer Zeit wurde der Priesterlohn anders geregelt (vgl. 5Mo 18,3), so daß die Dreizacke an Bedeutung verloren.

Zum Entfernen der Ascheschichten auf dem Brandopfer- und Räucheropferaltar verwendete man Schaufeln, die in der Regel einen langen, in sich gedrehten Stiel aufwiesen. Solche Schaufeln wurden in Megiddo, Dan und Bet-Schemesch (Späte Bronze-

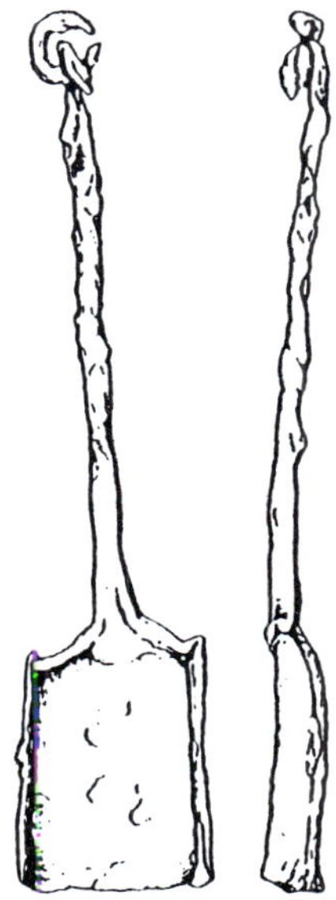

Ascheschaufeln aus Dan.

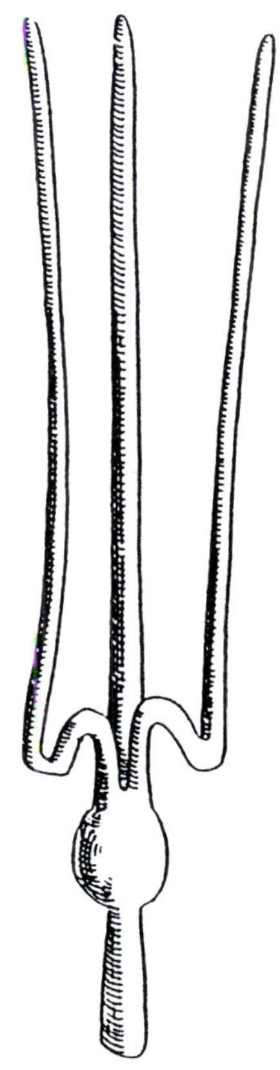

Dreizack aus Lachisch.

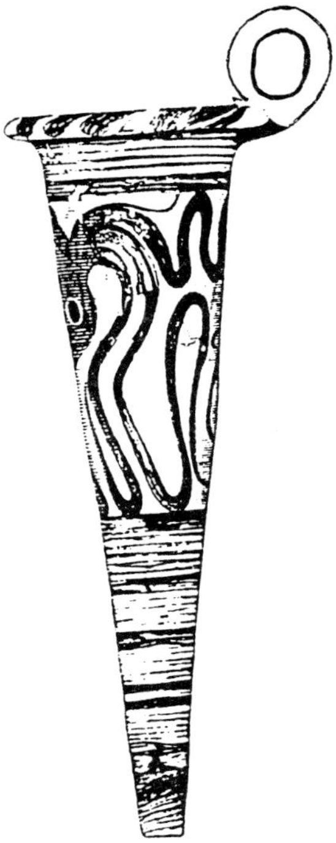

Rhyton aus Kamid el-Loz.

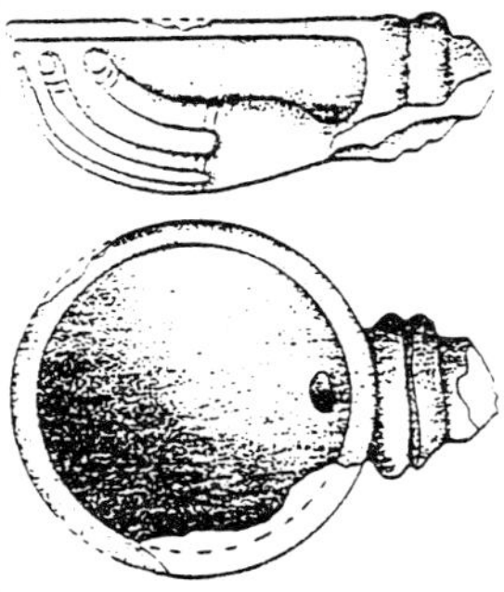

Syrische Salbschale aus Hazor.

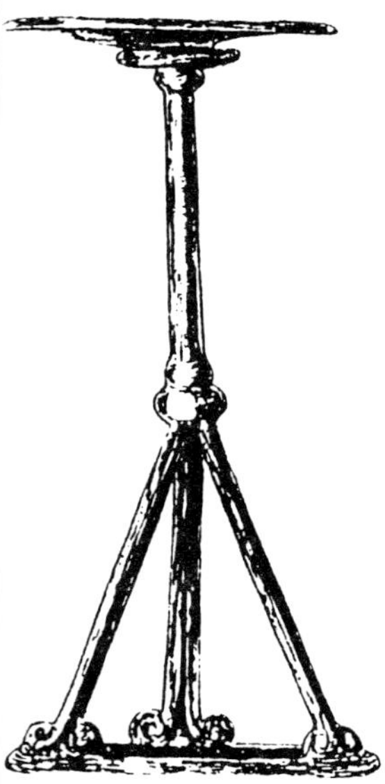

Bronzener Leuchter aus Megiddo.

und Eisenzeit) sowie in Tell es-Seba (*Beerscheba; hellen. Zeit) gefunden. Ähnliche Schaufeln sind aus Syrien, Zypern und Sardinien bekannt.

In ntl. Zeit waren über das ganze röm. Reich bronzene Räucherschaufeln mit kleinen Füßchen für das Räucheropfer verbreitet.

10. Meist aus Steatit waren kleine Schalen mit einem Zapfen an einer Seite und einer häufig handförmig gestalteten Unterseite gefertigt. Diese Fundstücke wurden vor allem in Syrien und Mesopotamien entdeckt, sind aber innerhalb Palästinas auch in En Gev, Evron bei Akko, Hazor, Megiddo, Tell Beit Mirsim, Tell Deir Alla, Tell Zeror und Kinneret gefunden worden. Während sie früher meist wegen ihrer Ähnlichkeit mit den ägypt. Räucherarmen als Räuchergerät angesehen wurden, hat sich inzwischen gezeigt, daß keines der Exemplare Brandspuren aufweist; sie müssen deshalb als Salbschalen angesehen werden. An dem Zapfen wurde ein Ledersack befestigt, in dem das Salböl aufbewahrt wurde. Möglicherweise wurde mit solchen Geräten die Königssalbung vorgenommen.

11. Aus dem Bereich der privaten Frömmigkeit stammen tassen- und kästchenförmige Räuchergeräte, die im Westjordanland nahezu ausnahmslos in Privathäusern gefunden wurden, während sie im Ostjordanland auch in Gräbern belegt sind. Die tassenförmigen Gefäße (englisch »tripod cups«) tauchen in der Späten Bronzezeit in Syrien und im Libanon auf, lassen sich dann ab etwa 1000 v.Chr. im Nordreich Israel nachweisen und sind ab etwa 800 v.Chr. auch im Südreich Juda verbreitet. Wahrscheinlich wurde mit Hilfe dieser Gefäße auch auf den Kulthöhen geräuchert. Ab etwa 700 v.Chr. treten dann die kästchenförmigen Räuchergeräte auf und verdrängen allmählich ihre Vorläufer. Die ältesten Exemplare dieses Typs stammen aus Kleinasien und N-Mesopotamien und lassen sich bis ins 3. Jt.v.Chr. zurückverfolgen. Im 1. Jt.v.Chr. waren sie auch in Mesopotamien und S-Arabien weit verbreitet.

Literatur: zu 2: C. Epstein: Basalt Pillar Figurines from the Golan, IEJ 25/1975, 193-201; P. Bar-Adon: The Cave of the Treasure. The Finds from the Caves in Nahal Mishmar, 1980;

zu 3: H.G. May: Material Remains of the Megiddo Cult, 1935; A. Mazar: Excavations at Tell Qasile I, 1980; C. Meyers: The Tabernacle Menorah, 1976;

zu 4: P.W. Lapp: The 1968 Excavation at Tell Ta'annek, BASOR 195/1969, 44; A. Rowe: The Four Canaanite Temples of Beth-Shan. Part I. The Temples and Cult Objects, 1940; R. Echt: Das Hausmodell KL 81:1 und sein kulturgeschichtlicher Kontext, in: R. Hachmann (Hrsg.): Kamid el-Loz 1977-1981, 1986, 101-122; S.S. Weinberg: A Moabite Shrine Group, MUSE 12/1978, 30-48; W. Khayata: Ein Altar in Form eines Tonhäuschens im Museum zu Aleppo, Acta Praehistorica et Archaelogica 5/6/1974/75, 171-174;

zu 5: H. Matthäus: Metallgefäße und Gefäßuntersätze der Bronzezeit der geometrischen und archaischen Periode auf Cypern, 1985, 299-340; W. Zwickel: Die Kesselwagen im salomonischen Tempel, Ugarit-Forschungen 18/1986, 459-461;

zu 6: A. Mazar: Excavations at Tell Qasile I, 1980, 101-112;

zu 7: Y. Yadin: Hazor. Die Wiederentdeckung der Zitadelle Salomos, 1976;

zu 8: S. Schroer: In Israel gab es Bilder. Nachrichten von darstellender Kunst im Alten Testament, 1987, 146-149;

zu 9: R.M. Boehmer: Die Kleinfunde von Bogazköy, 1972, 139-143; A. Biran: The Dancer from Dan, the Empty Tomb and the Altar Room, IEJ 36/1986, 168-187; Y. Yadin: The Finds of the Bar Kochba Period in the Cave of the Letters, 1963, 48-58; M. Narkis: The Snuff-Shovel as a Jewish Symbol, JPOS 15/1935, 14-28;

zu 10: U. Hübner: Die Löwenschale vom Tell el-'Oreme, Liber Annuus 35/1985, 307-312;

zu 11: J.B. Pritchard: On the Use of the Tripod Cup, Ugaritica VI/1969, 427-434; M. O'Dwyer Shea: The Small Cuboid Incense Burner of the Ancient Near East, Levant 15/1983, 76-109. W.Z.

KUNDSCHAFTER.

I. DER SEMANTISCHE BEFUND IM ALTEN TESTAMENT.

Das deutsche Substantiv K. hat im atl. Hebr. keine eigenständige nominale Entsprechung; es ist vielmehr die Wiedergabe einer Partizipialform des Verbums *rāgal*, »umherlaufen«, das die Masse der Belegstellen für die dt. Übersetzung aller Verbformen bietet, weshalb hier die verbalen Formen von »auskundschaften, erkunden« untersucht werden müssen. Das betrifft vier Verben, die mit »auskundschaften«, bzw. »erkunden« übersetzt werden können: 1. *rāgal*, 2. *chāqar*, 3. *tūr*, 4. *chāphar*.

1. *rāgal*: »umherlaufen« ist als Verb Sekundärbildung, abgeleitet von dem Nomen *rägäl*, »Fuß«, und erhält seine spezielle Bedeutung entweder aus seinem Kontext oder aus besonderen Wortverbindungen, so z.B. »mit seiner Zunge umherlaufen«, was meint: mit verleumderischer Zunge, also »verleumden« (2Sam 19,28; Ps 15,3). Sonst wird *rāgal* in der Bedeutung verwendet »[ein Land/eine Stadt] abwandern [und dabei] auskundschaften« (4Mo 21,32; 5Mo 1,24; Jos 6,25; 7,2; 14,7; Ri 18,2.14.17; 2Sam 10,3; 1Chr 19,3: als konjugiertes Verb »auskundschaften«; 1Mo 42,9. 11.14.16.30f.34; Jos 2,1; 6,22f; 1Sam 26,4 in unmittelbarer militärischer Bedeutung als »Kundschafter«). Einen Sonderfall stellt 2Sam 15,10 dar, wo ZÜ das Partizip von *rāgal* mit K. übersetzt, wo es sich aber eher um Geheimboten handelt, die einen Umsturz bekanntgeben sollen. Mit den K.n aber verbindet sie einerseits die Tatsache, daß sie ihren Auftrag heimlich ausführen müssen, andererseits, daß sie eine Entfernung überbrücken müssen. Eben das aber wirft ein charakteristisches Licht auf das Wesen des Kundschaftens im semantischen Hof von *rāgal*. Der Vorgang des (unbeobachteten) Gehens ist offenbar konstitutiv für das Verständnis der von dem Verb ragal herkommenden Bedeutung »auskundschaften«, bzw. K.

2. *chāqar*, »erforschen, auskundschaften«; im militärischen Sinn von einer Stadt: 2Sam 10,3; von einem Land: Ri 18,2; 1Chr 19,3; ein Land nach gefallenen Feinden absuchen: Hes 39,14 (die überwiegende Anzahl der Belegstellen zeigt eine Verwendung des Wortes im übertragenen Sinn, die hier nicht mitbedacht wird). An den drei erstgenannten Stellen steht *chāqar* parallel zu *rāgal* (»umhergehen, um auszukundschaften«), wodurch *chāqar* geradezu zum Synonym für *rāgal* wird. Das bestätigt Hes 39,14, wo sich *chāqar* (hier in der Bedeutung »ein Land durchsuchen«) ebenfalls in Verbindung mit Verben des Gehens (»umherziehen«, »Durchreisende«) befindet. Dort also, wo *chāqar* »auskundschaften« bedeutet, wird es durch den parallelen Wortgebrauch im Sinn von *rāgal* näher bestimmt: »zu Fuß« Erkundigungen einholen.

3. *tūr*: »erforschen, auskundschaften« hängt etymologisch mit dem akkad. *tarū* »beständig ausschauen« zusammen. Von den insgesamt 16 Belegstellen finden sich allein 11 in 4Mo 13f (K.-Sendung! Allerdings ist gerade hier das Substantiv K. nicht belegt). Für *tūr* in der Bedeutung »auskundschaften« ist sowohl von der Etymologie als auch von den verschiedenen Textzusammenhängen her der Vorgang des Beobachtens, des Ausspähens oder Observierens konstitutiv für seine besondere semantische Komponente (vgl. deutsch: »Späher«). Das gilt für 4Mo 13f, wo die K. das mitbringen, was ihnen »in die Augen fiel«: eine riesige Traube aus dem Traubental (13,23). Doch hatte man ebenso die anderen augenfälligen, und zwar erschreckenden Phänomene, Riesenstädte und Riesenmenschen »gesehen« (13,28). Aber auch wenn Jahwe in eigener Person, als K. für sein Volk einen Rastplatz in der Wüste (4Mo 10,33; 5Mo 1,33) oder gar das verheißene Land auskundschaftet, ist ein optischer Vorgang vorausgesetzt. Dies gilt ebenso von den K.n in Ri 1,23, die *Bethel observieren. Dabei »sehen« sie (V. 24) einen Bürger der Stadt, der ihnen schließlich einen geheimen Zugang in die Stadt zeigt (wörtl. »sie ... sehen läßt«). An den o.g. Stellen prägt den K. und seine Tätigkeit nicht das Überbrücken einer Distanz, wie es mit 1. erkennbar war, sondern das in Augenschein-Nehmen eines Gebietes, sei es zum Zweck des Ausruhens, sei es zu dem einer Eroberung.

4. *chāphar*: »scharren (von einem Pferd), graben (einen Brunnen), nachspüren, auskundschaften«; in letzterer Bedeutung nur 5Mo 1,22; Jos 2,2f. In Jos 2,2f fürchtet der Stadtkönig von Jericho die Spionage der hebr. K. Seine fast hysterische Reaktion einer dreitägigen Verfolgung kündigt sich bereits in der Bezeichnung der Tätigkeit der K. an: »das ganze Land zu durchgraben *(chāphar)*, sind sie gekommen« – eine völlige Überschät-

zung dessen, was zwei Nomaden im Kulturland leisten können, was aber Rahabs Charakterisierung der Stimmung in Jericho unterstreicht: »in keinem (von uns) blieb noch Mut euch gegenüber« (V. 11). Auskundschaften wird hier in einem speziellen Sinn als Arbeit verstanden, die etwas mit Scharren, Graben oder gar mit Durchwühlen zu tun hat (vgl. dt. »Wühlarbeit«, auch im übertragenen Sinn). Die bisherige Untersuchung hat drei Teilaspekte erkennen lassen, unter denen die Aufgabe des K.s im AT verstanden und semantisch zugeordnet wurde: den Aspekt des Gehens, des Sehens, des Wühlens. Während für das dt. Wort K. der Vorgang des Hörens konstitutiv ist, lassen die semantischen Zuweisungen im AT die das Kundschaften jeweils konkret charakterisierende Arbeit der Füße, der Augen, der Hände erkennen. Die hebr. Sprache differenziert also je nach dem speziellen Erfordernis, dem der K. sich gegenübersieht, so daß von daher bestimmte Textstellen in einem speziellen Licht erscheinen können und verstanden werden müssen (vgl. z.B. Jos 2,2f; Ri 1,23; 18,2.14.17). Auffallend ist endlich, daß das Verb als Partizip ausschließlich in der Pluralform begegnet. Das zeigt: Den Spion im modernen Sinn, der als Einzelgänger arbeitet, ja arbeiten muß, kennt das AT nicht. Ebensowenig vertreten die K. eine Berufssparte. Aufträge für K. ergeben sich ad hoc aus einer Situation und werden an nicht näher bezeichnete Zivilisten oder Krieger vergeben (in 4Mo 13,2 sind es Sprecher oder Häupter der Stämme; Jos 6,22: »junge Männer«; Ri 18,2: »tapfere Männer«), die für den jeweiligen Auftrag offenbar als geeignet erscheinen. Im Vordergrund steht nicht eine Titelbezeichnung, sondern die Aufgabe und die Sache des Auskundschaftens, ein Wesensmerkmal, das durch das Fehlen eines selbständigen Nomens und den entsprechenden partizipialen Gebrauch »Auskundschaftende« unterstrichen wird.

II. ANLÄSSE UND AKTIONSBEREICHE

Die Anlässe, die eine Entsendung von K.n nötig erscheinen ließen, waren überwiegend militärischer Natur. Dabei beschränkt sich der Einsatz von K.n auf den historischen Rahmen der Landnahme- bis frühen Königszeit. Für den geschichtlichen Bereich nach der Konsolidierung des Staatswesens durch David, das nicht mehr vom Heerbann, sondern einem schlagkräftigen stehenden Heer geschützt wird, ist der militärische Einsatz von K.n nicht mehr belegt. K. erscheinen also in einer geschichtlichen Periode als notwendiges militärisches Instrument, in der die Stämme dem Gegner an Bewaffnung und Taktik nichts Gleichwertiges entgegenzusetzen haben und somit einen direkten Angriff auf die durch Mauern und ein Ritterheer mit gepanzerten Kampfwagen geschützten kanaan. Städte scheuen müssen. Aus der Notwendigkeit, die eigene kampftechnische Unterlegenheit durch K. auszugleichen, ergeben sich deren Aufgaben. Es gilt, schlecht befestigte oder geschützte Grenzabschnitte, die »Blöße« eines Landes, auszuspähen (1Mo 42,9f); militärische Anlagen in Augenschein zu nehmen (4Mo 13,19.28; Jos 2,2f); die mögliche Truppenstärke abzuschätzen (4Mo 13,18; Jos 7,3); Geheimzugänge in befestigte Städte zu entdecken (Ri 1,24f; evtl. 2Sam 5,7f); die Verteidigungsbereitschaft der Bevölkerung zu prüfen (Ri 18,10); ggf. auch Verräter zu finden (Ri 1,24f; davon freilich, daß in Jos 2 eine »ursprüngliche Fassung« den Verrat der Stadt Jericho durch Rahab erzählt habe, läßt der Text selbst nichts erkennen). Auch für die militärische Abwehr wurden K. ausgesandt. Sie hatten das Aufmarschgebiet der feindlichen Truppen und speziell den Standort des gegnerischen »Hauptquartiers« zu bestimmen (1Sam 26,3f). In einem nur mittelbaren Zusammenhang mit kriegerischen Aktionen steht die Aufgabe von K.n, für ihr Volk oder ihren Stamm den zu ziehenden Weg zu erkunden (5Mo 1,22; Ri 18) sowie Recherchen über die Lebensmöglichkeiten in dem zu besiedelnden Gebiet einzuholen (4Mo 13,20.23; 14,7; 5Mo 1,25; Ri 18,9f). Einen besonderen Ausnahme- und Glücksfall stellt wohl 4Mo 21,32 dar, wo die K. ihren Spionageauftrag in der Stadt Jaser mit deren Eroberung krönen. Daß im Alten Orient mit militärischer Aufklärung durch fremde Mächte und Gruppen als einer stets möglichen Bedrohung gerechnet wurde, zeigten sowohl *Josefs (fingierte) Verdächtigung seiner Brüder als K. (1Mo 42,9-37) wie auch die verhängnisvolle Fehleinschätzung eines Jerusalemer Höflichkeitsbesuches in Ammon als eines getarnten Spionageunternehmens (2Sam 10,3; 1Chr 19,3).

III. THEOLOGISCHE BEOBACHTUNGEN.

1. Jos 2, die K. in Jericho: Hier fällt auf, daß der Text die eigentliche Arbeit der K. mit keinem Satz erwähnt. Die K. haben sich auf den Weg gemacht, um militärische Geheimnisse auszuspionieren, und erhalten Informationen ganz anderer Art: »Jahwe, euer Gott, ist Gott oben im Himmel und unten auf der Erde« (V. 11). Das Land, das zu besiedeln die Stämme sich anschicken, gehört Jahwe, der Israel aus Ägypten gerettet hat, und der deshalb von den Kanaanäern als einzig wahrer Gott erkannt wird. Dementsprechend fassen die K. das Ergebnis ihres Auftrages zusammen: »Jahwe hat das ganze Land in unsere Hand gegeben«, nämlich als Gott oben im Himmel und unten auf der Erde, der als solcher Herr des Landes und Herr der Geschichte ist und somit der einzig wahre Akteur in dem ganzen Landnahmeunternehmen. So bestätigen die K. mit ihrem Auftrag, was Jesus bereits in Kap. 1,3 von Gott zugesagt bekommen hatte: »Jeden Ort, den eure Fußsohlen betreten werden – euch habe ich ihn gegeben«.

2. Hes 20,6, Jahwe als K.: Auf dem Hintergrund der Untreue der Israeliten und »der Greuel ihrer Väter« (V. 4) erinnert Jahwe daran, daß er es war, der – im Anschluß an die Rettung aus Ägypten und die Gabe seines Bundesrechts am Sinai – seinem Volk das »Land, das von Milch und Honig überfließt« mit eigenen Augen »ausgekundschaftet« (s. I.3) hatte. In offenbar bewußter Anspielung auf die berühmte Kundschaftergeschichte aus 4Mo 13f greift Hesekiel hier den entsprechenden Terminus »auskundschaften« auf, der die Landsuche der 12 K. charakterisierte, um unmißverständlich klarzumachen: Es gibt nichts, was Israel nicht seinem Gott Jahwe verdankt. Rettung, Erwählung und Übereignung des Heilsgutes »verheißenes Land« gehen monokausal auf Jahwe zurück. In diesem Sinn sind auch 4Mo 10,33 und 5Mo 1,33 zu verstehen, wo in der Wüste, also bereits bevor Israel im verheißenen Land endgültig »zur Ruhe« kommt, das »Auskundschaften« von »Ruheplätzen« als Jahwes ureigenes Handeln erscheint. Nicht K. sind es, die Gottes Verheißung an die Väter den Söhnen in Erfüllung gehen lassen, sondern es ist ausschließlich der Gott Israels, Jahwe, der seinem Volk Leben im Zustand des Heils ermöglicht.

B.Br.

KUNST. In ihrer langen Geschichte wurden Palästina und Syrien von verschiedenen Völkern bewohnt. Es ist daher nicht einfach, hebr. oder

Durchbrochene Elfenbeinplatte mit eingelegten Glasaugen. Wahrscheinlich eine Möbelintarsie. Aus Megiddo. Höhe ca. 20 cm. Frühes 12. Jh.v.Chr. (OIUC)

Wandgemälde zweier assyrischer königlicher Beamter, aus Tell Barsip, Syrien. 8. Jh.v.Chr. (AP)

jüd. Kunst von der ägypt., syr., mesopotam. oder phön. Kunst zu unterscheiden oder die spätere jüd. Kunst von hellen. und griech.-röm. Importprodukten, Imitationen und Einflüssen. In jeder Periode kann man jedoch bestimmte örtliche Stilmerkmale feststellen, die sich einem archäologischen Kunstwerk zuordnen lassen.

I. PRÄHISTORISCHE KUNST.

Knochenschnitzereien der Natuf-Stufe aus dem Karmelgebiet (um 8000 v.Chr.), ein geschnitzter Sichelgriff, eine mit roter Ockerfarbe auf Kalkstein gemalte Gazelle oder die Verzierung von Totenschädeln mit Muschelschalen, eine im vorkeramischen neolithischen Jericho geübte Praxis (um 6500 v.Chr.), sind, zusammen mit Figurinen und Votivfiguren, Zeugnisse einer langen Kunstgeschichte. Die frühesten noch bestehenden Wandmalereien findet man in Teleilat Ghassul im Jordantal (um 3500 v.Chr.). Bei einem bunten Fresko gruppieren sich geometrische Muster um einen achteckigen Stern und werden von Figuren und Drachen (?) umgeben. Daneben gibt es die Abbildung eines Vogels oder einer Gruppe von Menschen, die (wahrscheinlich eine Gottheit) anbeten. Der Stil erinnert an den des zeitgenössischen Assyrien (Tell Halaf). Die neolithische Bevölkerung Jerichos verzierte auch rotgebrannte Keramik mit geometrischen Mustern. Anderswo wurden Elfenbein und Knochen zu kostbaren Gegenständen wie Figuren und Möbeln verarbeitet (z.B. Abu Matar, um 3900-3300 v.Chr.).

II. KANAANÄISCHE KUNST (ca. 3000-1200 v.Chr.).

Man muß sie gemäß ihren regionalen Entwicklungen untersuchen. Diese reichen von der zierlich bearbeiteten Statue von Tell Mardich (Ebla) und dem ziselierten Silberbecher von Ain Samijeh (beide zeigen mesopotam. Einflüsse) bis zu den örtlichen Versionen der Figurinen und Statuen. Metallfiguren aus Byblos, aber auch Elfenbeineinlegearbeiten und -schnitzereien aus dem Grab in El Jisr (Mittlere Bronzezeit II, ca. 2000-1550 v.Chr.) zeigen, wie groß der Einfluß Ägyptens war, während die Reliefsäulen aus Basalt vom Jarimlimpalast von *Alalah (18. Jh.v.Chr.) den in Anatolien und Palästina (*Hazor) gefundenen gleichen. Jarimlims Standbild scheint wie die spätere Skulptur der sitzenden Gestalt von Idrimi von Alalah (um 1460 v.Chr.) sumer. Abstammung zu sein.

In der Späten Bronzezeit (ca. 1550-1200 v.Chr.) gibt es bei den Skulpturen viele Mischformen, z.B. bei den Baal-Stelen, die eine Mischung aus ägypt. (Haltung und ein Teil der Kleidung), anatolischen (Helm und Haartracht) und syr. (Gewand) Formen sind. Elfenbeinschnitzereien aus dieser Zeit hat man sowohl mit der mykenischen wie der mesopotamischen Kunst verglichen. Eine schön gearbeitete Goldplatte aus Ugarit verwendet mythologische Motive. Gegen Ende dieser Periode erscheinen eine Anzahl von Reliefs nach der Tradition der Reliefstelen von Bet-Schean (unter ägypt. Einfluß) sowie Votivtafeln, die dem örtlichen Gott Mekal von Chirbet Balu'a (Transjordanland) geweiht sind. Zu diesen Götzenbildern zählen eine goldüberzogene Bronzestatue aus Megiddo und sorgfältig gearbeitete Elfenbeinschnitzereien aus *Lachisch, Tell el-Farah oder Megiddo (12. Jh.). Aus dieser Zeit stammt auch häufig vorkommende bemalte Keramik mit örtlichen Motiven. Manche Motive waren aber bereits aus Syrien und Mesopotamien bekannt. Eine charakteristische Spiral- und »Vogel«-Dekoration kennzeichnet die Krüge und Krater der an der Küste ansässigen Philister.

III. HEBRÄISCHE KUNST (ca. 1200-586 v.Chr.).

Die Landnahme der Israeliten scheint die einheimischen Produkte, die im gesamten Nahen Osten im Rückgang begriffen waren, wenig beeinflußt zu haben. Die Israeliten hatten anscheinend keine besonderen eigenen Formen, wenngleich sie die Kunst und das Kunsthandwerk wohl schätzten. Sie hatten sich kostbare ägypt. Juwelen geben lassen (2Mo 12,35) und kurz nach dem Auszug Gold und Silber zur Herstellung eines Stierbildes nach ägypt. Vorbild benutzt (2Mo 32,2-4). Sie gaben ihre Kostbarkeiten, um die Stiftshütte zu schmücken, die errichtet wurde unter Anleitung von Bezalel aus dem Stamm Juda, der ein geschickter Handwerker im Umgang mit Holz, Metall und Edelsteinen war (2Mo 35, 30-33). Mit wachsendem Wohlstand unter David und Salomo ließen die Hebräer ihre eigenen Handwerker durch phönizische Künstler ausbilden. Daß die Pläne für den Bau von Da-

Ossuar (Behältnis für Totengebeine) aus Jerusalem, mit dem charakteristischen Zickzackrahmenwerk und den Hexagonen (sog. Rosetten). Solche Funde verdeutlichen, daß jüdische Begräbnisse in Jerusalem zu jener Zeit das spätere Sammeln der Gebeine berücksichtigten. Zwischen 40 v.Chr. und 135 n.Chr. (JPK)

vids Palast und Salomos Tempel in Jerusalem die königliche Zustimmung fanden, könnte darauf hinweisen, daß sich der hebr. Geschmack nicht wesentlich von dem der syro-phönizischen Nachbarn unterschied.

Das zweite Gebot, das die Herstellung eines »Bildnisses oder Gleichnisses« von dem, »was oben im Himmel... unten auf Erden und im Wasser ist«, verbot (2Mo 20,4), verurteilte nicht die Kunst, sondern den vielleicht daraus resultierenden Götzendienst (V. 5). In der Praxis scheint das Gebot so ausgelegt worden zu sein, daß nur die Darstellung der menschlichen Gestalt verboten war, und es sind bisher auch keine Figuren gefunden worden, die eindeutig hebr. oder jüd. Ursprungs wären. Der Tempel und die Stiftshütte waren mit geflügelten Löwen mit Menschenköpfen (Cherubim), Greifen, Palmzweigen, Blüten- und Baummustern geschmückt. Daneben findet man Figuren und Symbole ägypt. Stils, Vögel, Reptilien und eine Vielzahl von Tieren (Löwen, Stiere) und Mustern (z.B. Guillochen) bei der Tempeldekoration (1Kön 6,18), bei zeitgenössischen Elfenbeinarbeiten aus Samaria und Hazor und bei den Mustern auf Keramik und Siegeln. Könige und wohlhabende Bürger beschäftigten Handwerker, um ihre Häuser zu verschönern (1Kön 22,39). Wo das verurteilt wird, geschieht es wegen der Unangemessenheit solchen Überflusses, der Ausdruck von Egoismus war, während das Haus Gottes und der Gottesdienst vernachlässigt wurden (Am 3,15; Ps 45,8; Hag 1,4). Man darf nicht vergessen, daß die Hebräer durch die Förderung von *Musik, *Dichtung und Rhetorik ein hohes Niveau »künstlerischen Ausdrucks« erreichten, der die spätere Kunst tiefgreifend beeinflußte.

IV. KUNSTARTEN.

1. Malerei.

Da die Ägypter und Amoriter (z.B. das Investiturfresko von Mari) gewöhnlich auf verputzte Wände malten, ist es möglich, daß auch die Hebräer dies getan haben, obwohl man bisher nur wenige Beispiele kennt. Man hat bei Ausgrabungen Farben gefunden (s.a. *Handwerk/Kunsthandwerk). Roter Ocker (hebr. *schāschēr*) wurde für Malereien auf Wänden und Holz benutzt (Jer 22,14; Hes 23,14). Oholiab (6. Jh.) sah Chaldäer, in Zinnoberrot auf eine Wand gemalt (*māschach*, »bestreichen, salben«; Hes 23,14).

2. Holzschnitzereien.

Bezalel und sein Helfer Oholiab leiteten die Holzschnitzarbeiten (*harōschet ez*) für die Stiftshütte, wozu auch Säulen mit geschnitzten Kapitellen (2Mo 36,38; 35,33) und ein gehörnter Altar mit Gitterwerk (38,1-4) gehörten. Salomos Tempel hatte ein Dach aus Zypressenbalken mit Palmen- und Blumenmustern (2Chr 3,5). Innen war er mit Zedernholz getäfelt (1Kön 6,15.16). Wände und Türen zierten Schnitzereien (*miqlā'ōt*) mit einem Muster aus Lotosknospen und Lilien oder dreifachen Straußenfedern, die eine Tripelblume bildeten. Auch gab es Palmenmuster und Darstellungen von Cherubim (1Kön 6,18.29). Die Türen aus Ölbaumholz zeigten ähnliche, geschnitzte (*chāqā*) oder in Intagliowerk ausgeführte Muster (V. 32-35). Das Ganze war, wie oft bei feinen Holz- oder Elfenbeinarbeiten, mit Gold überzogen. Da Harthölzer wie Sandel- und Ebenholz importiert werden mußten (1Kön 10,11) und fähige Schnitzer selten waren, hielt man Vertäfelungen (*sāphan*), erlesenes Holzwerk und geschnitzte Fenster für eine extravagante Zurschaustellung von Reichtum (Jer 22,14; Hag 1,4). Hesekiels Tempel hatte geschnitzte Paneele mit doppelgesichtigen Cherubim, die sich mit Palmen und jungen Löwen abwechselten. Die Außentüren waren umkleidet (*schehīph*; Hes 41,16-26). In den »Amoritergräbern« Jerichos fand man geschnitzte Möbel und andere Holzgegenstände wie Kästen, Löffel und Gefäße. Da ägypt. Holzschnitzerei (um 2000-500 v.Chr.) sowohl bei großen wie bei Miniaturarbeiten ein Niveau erreichte, das man in Europa erst in der Renaissance kannte, dürf-

Aus Onyx geschnitzte Schale, beschriftet mit dem Namen Asarhaddons, des Königs von Assyrien. Ca. 675 v.Chr. (BM)

Mosaikstandarte aus Muscheln, rotem Kalkstein und Lapislazuli in Bitumen. Detail einer Kriegsszene mit einem sumerischen Wagen. Aus dem königlichen Friedhof von Ur, Mesopotamien, ca. 2500 v.Chr. (BM)

Sterbende Löwin, von einem Jagdpfeil in ihrem Rücken gelähmt. Herausragendes Beispiel der assyrischen Kunstfertigkeit bei der Darstellung von Tieren. Palast des Assurbanipal, Ninive, ca. 640 v.Chr. (BM)

ten diese Arbeiten bei reichen Hebräern geschätzt gewesen sein.

3. Elfenbeinschnitzereien.

Bereits im 34.-33. Jh.v.Chr. (Abu Matar) wurden in Palästina Elfenbein und Knochen zu kostbaren Gegenständen, Figuren und Möbeln verarbeitet. Es wurde eingeritzt (meist in Platten), als Plastik geformt oder als offene Arbeit oder Relief geschnitten. Zu den »kanaanäischen« Elfenbeinarbeiten gehören eine Salbenvase in der Form einer Frau mit einem handförmigen (Lachisch, 14. Jh.v.Chr.) oder Hathor-köpfigen Stöpsel (Hazor, 13. Jh.v.Chr.), ein Salblöffel in der Form einer schwimmenden Frau, die eine Ente fängt (Tell Beit Mirsim) und einige Juwelenkästchen mit Darstellungen menschlicher Gestalten. Nach einer Zeit des Rückgangs in der Kunst zeigen geschnitzte Platten aus Megiddo (vermutlich einheimische Arbeiten, 12.-10. Jh.) lebendige Szenen: z.B. sitzt der König auf einem Thron, der dem später für Salomo gefertigten ähnlich gewesen sein muß (2Chr 9,17-18), und empfängt Tribut.

In Samaria gefundene Elfenbeinarbeiten aus der Zeit Ahabs zeigen den Einfluß der phönizischen Kunst mit ihren ägypt., syro-hetitischen und assyr. Elementen. Sie ähneln stark den in Arslan Tasch (Syrien) und Nimrud (Irak) gefundenen, zeitgenössischen Arbeiten und könnten aus derselben »Schule« oder Handwerksgilde stammen. Manche sind mit Gold überzogen oder haben Einlagen aus Gold, Lapislazuli, bunten Steinen und Glas. Zu den üblichen Mustern gehören Lotosblumen und die Cherubim, die bereits bei der Holzschnitzerei und verwandter Kunst erwähnt wurden; Darstellungen eines Frauenkopfes (Astarte?) an einem Fenster, liegende und säugende Tiere sowie »ägyptische« Figuren und Symbole, besonders der knieende Knabe Horus. Eine Kosmetikpalette mit passendem Gefäß israelit. Herkunft aus Hazor (8. Jh.) zeigt ein einfaches Schraffurmuster.

4. Plastik.

Man fand nur wenige Plastiken aus der »kanaanäischen« Periode (ca. 3150-1300 v.Chr.). Der sitzende Baal aus Basalt, die grob geritzte Stele mit einem Paar ausgestreckter Hände, die Altäre von Hazor und die sich schlangenartig windende Göttin auf einer Stele aus Beit Mirsim sowie die schön gearbeiteten Füße einer Statue aus Hazor (13. Jh.) zeigen, daß sowohl gute wie mittelmäßige Künstler dort am Werk waren. Eine steinerne Weihrauchkelle in Form einer Hand, die eine Schale umfaßt, aus derselben Stadt (8. Jh.) hat Ähnlichkeiten mit zeitgenössischer assyr. Kunst. Der Kopfstein im Wasserschacht von *Lachisch (9. Jh.v.Chr.), gearbeitet wie das Bild eines bärtigen Mannes, zeigt, daß die Bevölkerung Palästinas immer Phantasie hatte. Aber nur wenig blieb erhalten, und Kunstwerke ihrer Nachbarn (z.B. der mit Plastiken versehene Sarkophag von Ahiram aus Byblos) sind besser bekannt. Die gewundenen Kapitelle aus *Megiddo und *Samaria, Vorläufer des ionischen Typs, ähnelten vermutlich denen am Tempel. In der makkabäischen Periode schnitzten jüd. Dekora-

KUPFER

s. Bergbau und Metallgewinnung

Fragment eines Wandgemäldes aus dem Palast des Zimri-Lim in Mari. Eine übergroße göttliche Figur leitet eine Prozession, in der der König einen Opferstier führt. (MC)

teure die Früchte des Landes (Trauben, Zitronenbaum und Akanthusblätter), Symbole, die man auch auf Münzen findet (*Geld). Eine besondere Handwerkergilde fertigte Ossuarien an; man hat in Jerusalem mehrere solcher Kästchen entdeckt, auf denen sechseckige Sterne, Rosetten, Blumen und auch architektonische Muster eingraviert sind.

5. Siegelherstellung.

Rollsiegel, Skarabäen und Stempel aus Palästina tragen typisch phöniz. Motive, wie sie auf Elfenbeinarbeiten gefunden wurden, obwohl hier die geflügelte Scheibe und der geflügelte Skarabäus häufiger vorkommen. Bis zur Königszeit wurde oft eine menschliche Gestalt eingraviert, und die Einarbeitung des Eigennamens scheint in Israel gebräuchlicher gewesen zu sein als bei seinen Nachbarn. Bildliche Darstellungen sind auf judäischen Siegeln selten, was ein zunehmendes Bewußtsein des rel. Verbotes anzeigen könnte (vgl. 3.).

6. Metallarbeiten.

Es gibt Anhaltspunkte dafür, daß die Hebräer große Kunstfertigkeit im Umgang mit Metall hatten. Davon zeugt eine Miniaturstatuette aus Bronze. Sie stammt aus Megiddo und ist durchbrochen gearbeitet. Sie zeigt die Anrufung eines sitzenden Gottes (um 1000 v.Chr.). Das Gewicht des »Ehernen Meeres« in Salomos Tempel wird auf 23 000 kg geschätzt. Die Stärke der Wand aus gegossener Bronze betrug 8 cm, der Durchmesser 4,6 m und die Höhe 2,3 m, der Rand war verziert. Es ruhte auf dem Rükken von zwölf gegossenen Ochsen, die in vier Dreiergruppen angeordnet waren (1Kön 7,23ff). Das Becken faßte womöglich 50 000 l Wasser und muß ein bemerkenswertes technisches Werk gewesen sein (s.a. *Jachin und Boas). D.J.W.

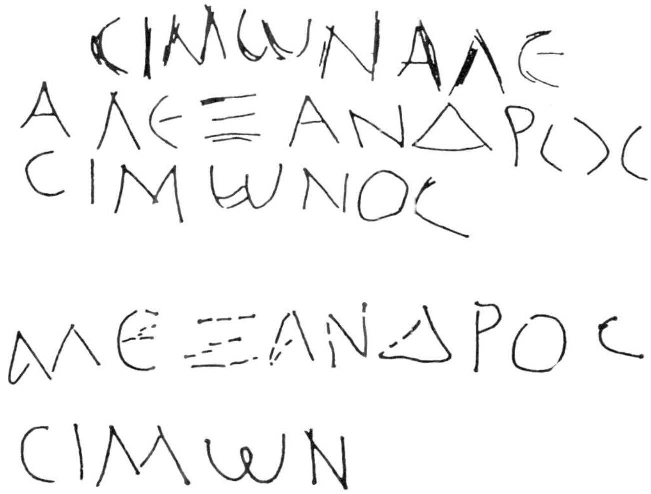

CIMΩN AΛE
AΛEΞANΔPOC
CIMΩNOC

AΛEΞANΔPOC
CIMΩN

Aus einem Kalksteinblock gearbeiteter Gebeinkasten mit der Inschrift auf drei Seiten: Alexander, Sohn des Simon.
Auf dem Deckel steht neben dem Namen Alexander in griech. und hebr. Buchstaben ein aram. Wort, das nach J.T. Milik »der Kyrenäer« bedeuten könnte. (KSJ)

Links:
Fayence-Kachel mit einem dunkelhäutigen (kuschitischen) Gefangenen, Höhe 25 cm. Aus dem Tempel Ramses' III. in Medinet Habu, West-Theben, ca. 1170 v.Chr. (OIUC)

KUSCH.

1. Ältester Sohn *Hams (1Mo 10,6-8; 1Chr 1,8-10), Stammvater arab. Völker, Vorfahr *Nimrods.

2. Benjaminit und Gegner Davids (Ps 7,1).

KUSCHI.

1. Vorfahr des Jehudi, der z.Zt. Jeremias lebte (Jer 36,14).

2. Vater des Propheten Zefanja (Zef 1,1).

KUSS. Übliche Begrüßung im Orient. Das Wort erscheint im AT als Zeichen der Zuneigung zwischen Verwandten (z.B. 1Mo 29,11; 33,4), als Ausdruck von Liebe (Hld 1,2) oder Lust (Spr 7,13), vielleicht auch als Zeichen der Huldigung (1Sam 10,1). Das Küssen von »Gottes Gesalbtem«, ist möglicherweise wie in Ps 2,11 ein rel. oder kultischer Ritus, analog je-

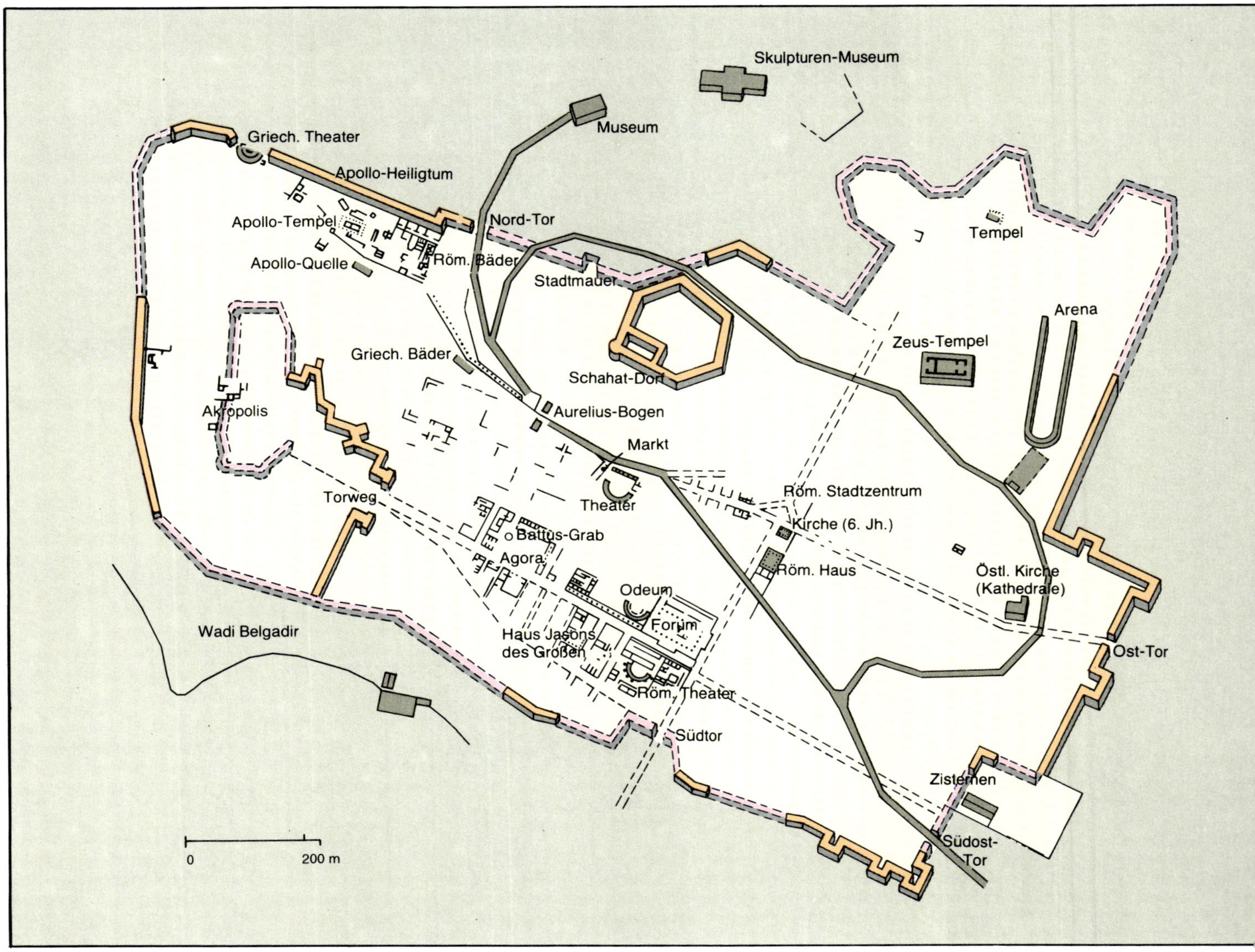

Plan von Kyrene, Nordafrika, gegründet von griechischen Emigranten ca. 631 v.Chr., mit Bauwerken aus alter und neuer Zeit.

nen Riten bei Götzenkulten: eine Kußhand zuwerfen (Hiob 31,27) oder das Küssen eines Götzenbilds (1Kön 19,18; Hos 13,2) ist ein Akt rel. Anbetung. Im NT wird das Verb *phileō* gebraucht; es drückt Freundschaft oder Zuneigung aus (z.B. Judas, Mt 26,48). Dessen stärkere Form ist *kataphileō* (z.B. Lk 7,38; 15,20; Apg 20, 37). Der »heilige Kuß« (Röm 16,16) oder der »Kuß der Liebe« (1Petr 5,14), der später in die Kirchenliturgie Eingang fand, war Ausdruck christl. Liebe innerhalb der Gemeinde und vermutlich auf das eigene Geschlecht begrenzt (vgl. Apostol. Konst. 2.57,12; vgl. W. Günther: TBLNT II, 901-903, bes. III,3). E.E.E.

KYRENE. Von Dorern gegründete Hafenstadt in N-Afrika, deren Reichtum vor allem auf dem Handel mit Korn, Wolle, Datteln und Silphium (Gewürz- und Heilkraut der Korbblättergattung) beruhte. Im 3. Jh. v.Chr. wurde die Stadt Teil des Ptolemäerreiches. 96 v.Chr. fiel sie Rom zu und wurde 74 v.Chr. eine Provinz. *Josephus zitiert die Aussage von Strabo, daß K. die Ansiedlung von Juden förderte, und daß die Juden eine der vier anerkannten Klassen der Stadtbevölkerung bildeten (Jos.ant.Jud. 14.114). Josephus erwähnt einen jüd. Aufstand zur Zeit Sullas, und Dio Cassius (68) erwähnt einen weiteren Aufstand zur Zeit *Trajans. Zu der jüd. Gemeinde gehörten Simon, der das Kreuz trug (Mk 15,21 par.), einige der Missionare in *Antiochia (Apg 11,20) und der antiochenische Lehrer Luzius. Leute aus der Gegend von K. waren auch auf dem Pfingstfest in Jerusalem vertreten (Apg 2,10) und besaßen offensichtlich ganz oder teilweise eine Synagoge in Jerusalem (Apg 6,9).

Literatur: P. Romanelli: La Civenaica Romana, 1943; A. Rowe, D. Buttle, J. Cray: Cyrenaican Expeditions of the University of Manchester, 1956; J. Reynolds: JTS n.s. 11/1960, S. 284ff. J.H.I

LABAN. (»Weiß«).

1. Enkel von Abrahams Bruder *Nahor (1Mo 22,20-23), Sohn Betuëls (1Mo 28,5), Bruder *Rebekkas (1Mo 24,47ff) und Schwiegervater *Jakobs (1Mo 27,43; 28,2). L.s Familie war in *Haran, in der Stadt Nahors (1Mo 24,10), geblieben. Die Volksverwandtschaft wurde aber durch Isaak und Jakob aufrechterhalten, die ihre Frauen dort fanden. Als Bruder Rebekkas hatte L. über ihre Heirat mit zu entscheiden (1Mo 24,29.50f). L. hatte mehrere Söhne (1Mo 30,35; 31,1) und die Töchter *Lea und *Rahel (1Mo 29,16). Zu ihm flüchtete Jakob, als er sich durch Esaus Rache bedroht sah (1Mo 27,43ff).

Es gab beträchtliche Differenzen zwischen den haranitischen und palästinischen Volksgruppen. L. wird als Aramäer bezeichnet (1Mo 28,5; 31, 20). Er pflegte einen Heiratsbrauch, der Jakob unbekannt war: die jüngere Tochter kann erst dann heiraten, wenn die ältere verheiratet ist (1Mo 29,26). L. war großzügig in seiner Gastfreundschaft. Daneben hatte er aber einige ungute Wesenszüge. Er diente fremden Göttern (1Mo 31,19; vgl. V. 53), obwohl er das Handeln Jahwes anerkannte (1Mo 24,50-51). Weiterhin wurden bei L. in seinem Umgang mit Jakob Doppelzüngigkeit und Egoismus sichtbar. Er nutzte Jakobs Liebe zu Rahel aus, um ihn 14 Jahre bei sich für seine Braut arbeiten zu lassen. Als Jakob schließlich nach 20jährigem Dienst mit seiner Familie und seinem erworbenen Besitz nach Palästina zog, verfolgte ihn L. zwar, wurde jedoch in einem Traum davor gewarnt, Jakob und den Seinen etwas anzutun (1Mo 31,24). Er schloß einen Bund bzw. Vertrag mit Jakob (1Mo 31,44-54) und kehrte wieder in seine Heimat zurück (1Mo 32,1).

2. Ein unbekannter Ort »jenseits des Jordans in der Wüste« (5Mo 1,1), der vermutlich in der Ebene von Moab lag und womöglich identisch ist mit *Libna, einem Rastplatz des Volkes Israel in der Wüste (4Mo 33,20f). M.J.S.

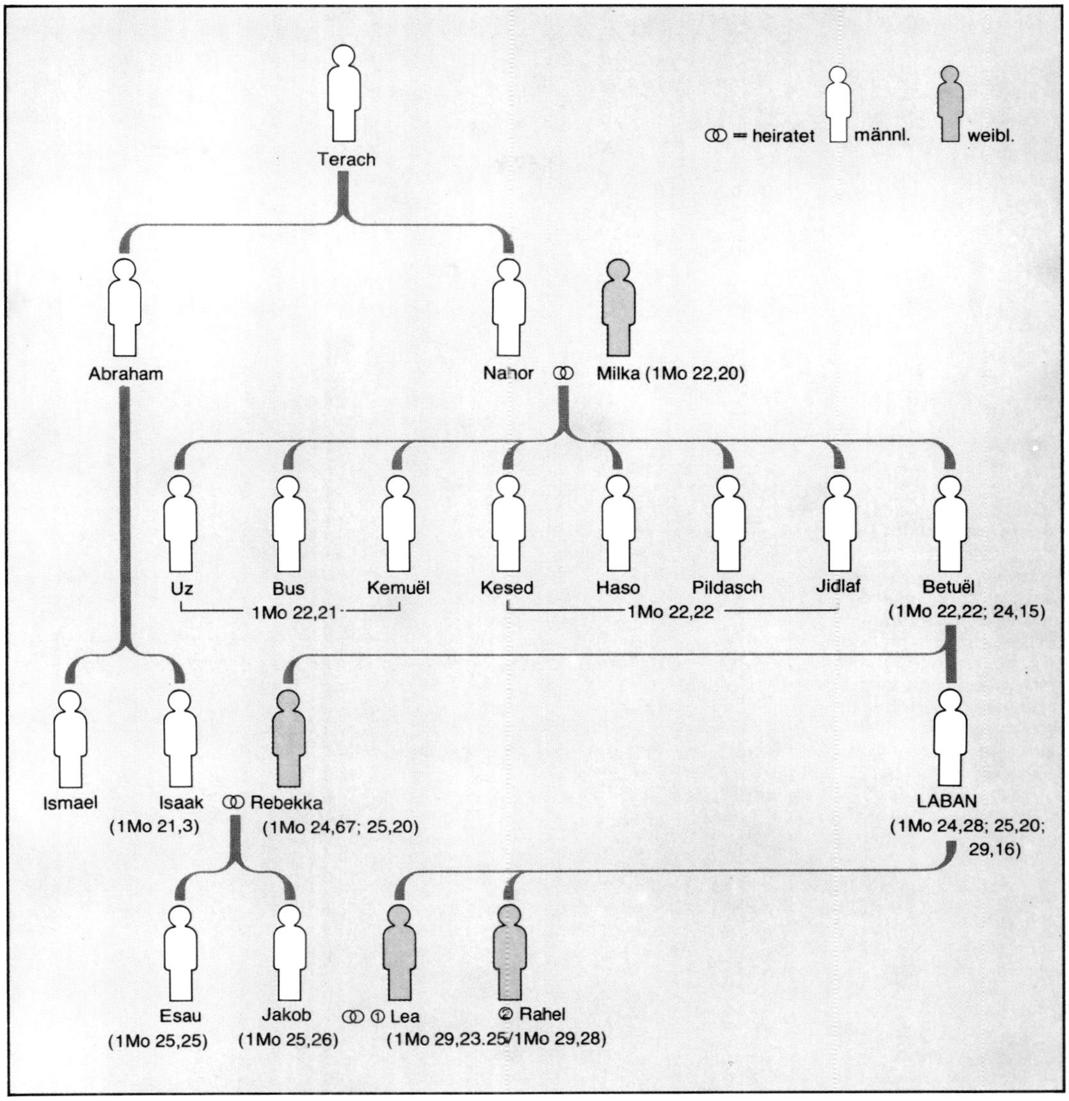

Die Familie Labans.

LACHEN. (Hebr. *zāchaq, sāchaq, sechōq*; griech. *gelaō*). L. kann in der Bibel Ausdruck von Freude und Sicherheit, Spott und Überlegenheit sein. Als L. eines Menschen, der sich für überlegen hält, kommt es u.a. in 1Mo 17,17; 18,12-15; 21,6 vor. Gottes L., sein Spott über die Menschen, die nicht nach ihm fragen (Ps 2,4; 37,13; 59,9), ist eine Bildrede, die sein überlegenes Verhalten mit dem des Menschen vergleicht (vgl. Hiob 30,1). Gegen die vermeintliche Sicherheit der lachenden, feiernden, wohlhabenden Menschen, die Gott nicht suchen, wenden sich Pred 2,2; 3,4; 7,3.6; 10,19; Lk 6,25; Jak 4,9. Umkehr, Trauer über die Sünde und Verlangen nach Weisheit sollte an seine Stelle treten. Die *Freude über Gottes eschatologische Hilfe kommt in Hiob 8,21; Ps 126,2; Lk 6,21 zum Ausdruck. Gott wendet das Leid seiner Frommen, er beendet ihre trauernde Klage und trocknet ihre Tränen (s.a. *Begräbnis- und Trauersitten, *Spott, *Weinen).

Literatur: H. Balz, G. Schneider: EWNT I, 1980, 577-578; W. Elert: Das Lachen in der Kirchengeschichte, in: Ein Lehrer der Kirche, 1967, 184-189; F.C. Grant: RGG[3] IV, 195; F.F. Hvidberg: Weeping and Laughter in the Old Testament, 1962; K.H. Rengstorf: ThWNT I, 1933, 656-660; W. Thiede: Das verheißene Lachen. Humor in theologischer Perspektive, 1986. J.E.

LACHISCH. (Hebr. *lākīsch*; LXX: *Lachis*). Eine große, befestigte Stadt, die mit dem heutigen Tell ed-Duweir, 40 km südwestl. von Jerusalem, identifiziert wird. Die Identifikation ist allerdings umstritten. Der Siedlungshügel wurde 1932-38 von der Wellcome Marston Archaeological Expedition und seit 1966 von der Universität Tel Aviv teilweise freigelegt.

Man geht davon aus, daß dieses Gebiet mindestens seit dem 8. Jt.v.Chr. von Höhlenbewohnern besiedelt war. Aber erst seit ca. 2500 v.Chr. war der Hügel, der den heutigen Tell ed-Duweir bildet, bewohnt. Um ca. 1750 v.Chr. wurde die Stadt mit einem Wall aus Stampferde befestigt, der steil in einen Graben am Fuß des Tells abfiel. Während dieser Periode dienten die umliegenden Höhlen als Gräber.

In Amarna wurden Briefe (Nr. 328,329) zweier Herrscher von L., Jabni'ilu und Zimredda, gefunden. In einem weiteren Brief (Nr. 288) klagt Abdiheba, König von Jerusalem, Zimredda des Paktierens mit den ʿApiru an, während ein Brief, der bei Tell el-Hesi gefunden wurde, besagt, daß er einen Vertrag mit König Schipti-Baʿlu geschlossen hatte. Eine Folge von Tempeln, die zwischen 1550 u. 1200 v.Chr. benutzt wurden und im Graben nordwestl. des Tells lagen, lassen die rel. Praktiken der Kanaanäer erkennen. Der Altar bestand aus unbehauenen Steinen (vgl. Jos 8,31), Treppenstufen führten zu ihm hinauf (vgl. 2Mo 20,24ff). Die Opfergaben wurden in Schalen gelegt, die auf den gemauerten Wandbänken im Tempel standen. Über 100 Lampen lagen rings um das Gebäude verstreut. Man fand sehr viele Knochen junger Schafe oder Ziegen. Fast alle identifizierbaren Knochen stammen vom rechten Vorderfuß, der im isralit. Kult den Anteil des Priesters am Dankopfer ausmachte (3Mo 7,32). Jafia, der König von L., gehörte zum Amoriter-Bündnis, dessen Mitglieder bei Gibeon gegen Josua kämpften (Jos 10,3.5). Er wurde nach Josuas Sieg bei Makkedar (Jos 10,22-27) hingerichtet. Darauf fiel L. an Josua (Jos 10,31f). Obwohl es Hinweise auf die Zerstörung der Stadt um 1200 v.Chr. gibt, wird vom AT nicht unbedingt Josua dafür verantwortlich gemacht (s. Jos 11,12). Eine mögliche Erklärung für die Ascheschicht, die die spätbronzezeitl. Stadt bedeckt, wäre ein ägypt. Überfall auf Palästina.

Vermutlich besetzten die Israeliten die Stätte während der Richterzeit. Aus dieser Zeit gibt es außer einigen Gräbern wenig Material vom Tell. In einem Grab von ca. 1000 v.Chr. waren zwei Leichen mit zahlreichen Gegenständen bestattet worden, darunter ein eiserner Dreizack, vielleicht ein Beispiel für die »Gabel mit drei Zacken« (hebr. *mazlēg;* 1Sam 2,13), die bei der Opferung verwendet wurde. Auf dem Tell wurde ein kleiner Raum ausgegraben, der auf ca. 925 v.Chr. datiert wird. Er enthielt zahlreiche Kultgegenstände, darunter einen Altar, eine *Massebe und einen Räucherständer. In der Nähe wurden Teile von Figurinen gefunden. Dies alles deutet auf ein Weiterleben der kanaan. Religion in Israel hin. Darauf könnte der Prophet *Micha Bezug nehmen (Mi 1,13), wenn er sagt, daß L. »für die Tochter Zion der Anfang zur Sünde« sei.

*Rehabeam baute die Stadt nach einem völlig neuen Grundplan wieder auf (2Chr 11,5-10), als Teil eines umfassenden Verteidigungssystems gegenüber Ägypten. Die Stadt hatte ein großes Verwaltungsgebäude. *Amazja suchte Zuflucht in L., als er vor Aufständischen aus Jerusalem floh. Sie verfolgten ihn und töteten ihn dort (2Kön 14,19; 2Chr 25,27). Zwei Mauern umgaben die Stadt. Die innere, sechs Meter dicke Mauer war auf der Kante des Scheitelplateaus errichtet, die zweite Mauer 16 Meter tiefer am Abhang, den sie abstützte. Ein großes Sechskammertor in der inneren Mauer führte zu einer ummauerten Rampe, die sich im rechten Winkel am Abhang des Tells hinunterzog bis zu einem zweiten Tor. Dieses Befestigungsssystem scheint in einem Relief aus Sanheribs Palast in Ninive abgebildet zu sein (jetzt im BrM). Das Relief zeigt Sanheribs Belagerung und

Lachisch Ostrakon IV: ein Brief Hoschajahus, des Kommandanten eines vorgeschobenen Postens, an Jausch, den kommandierenden Offizier in Lachisch. Hoschajahu berichtet, daß er nach Signalen aus Lachisch Ausschau hält, da er diejenigen aus Aseka nicht mehr sehen kann (vgl. Jer 34,7). Ca. 558–587 v.Chr. (IA)

Lachisch wird von König Sanherib von Assyrien im Jahre 701 v.Chr. belagert. Steinrelief aus dem Palast Sanheribs in Ninive. Höhe ca. 1,77 m. Ca. 690 v.Chr. (BM)

Eroberung der Stadt L. im Jahre 701 v.Chr. In der Nähe des Tors fanden sich Pfeilspitzen, Teile von Schuppenpanzern, Schleudersteine und eine assyr. Helmraupe als Zeugnisse dieser Schlacht, außerdem eine mächtige, aus Steinen aufgeschüttete Sturmrampe, die vom Fuß des etwa 40 m hohen Hügels bis an die Mauer heranführte, gegen deren Innenseite die Belagerten hier eine Erdrampe aufführten. Die Stadt selbst wurde durch die Assyrer dem Erdboden gleichge-

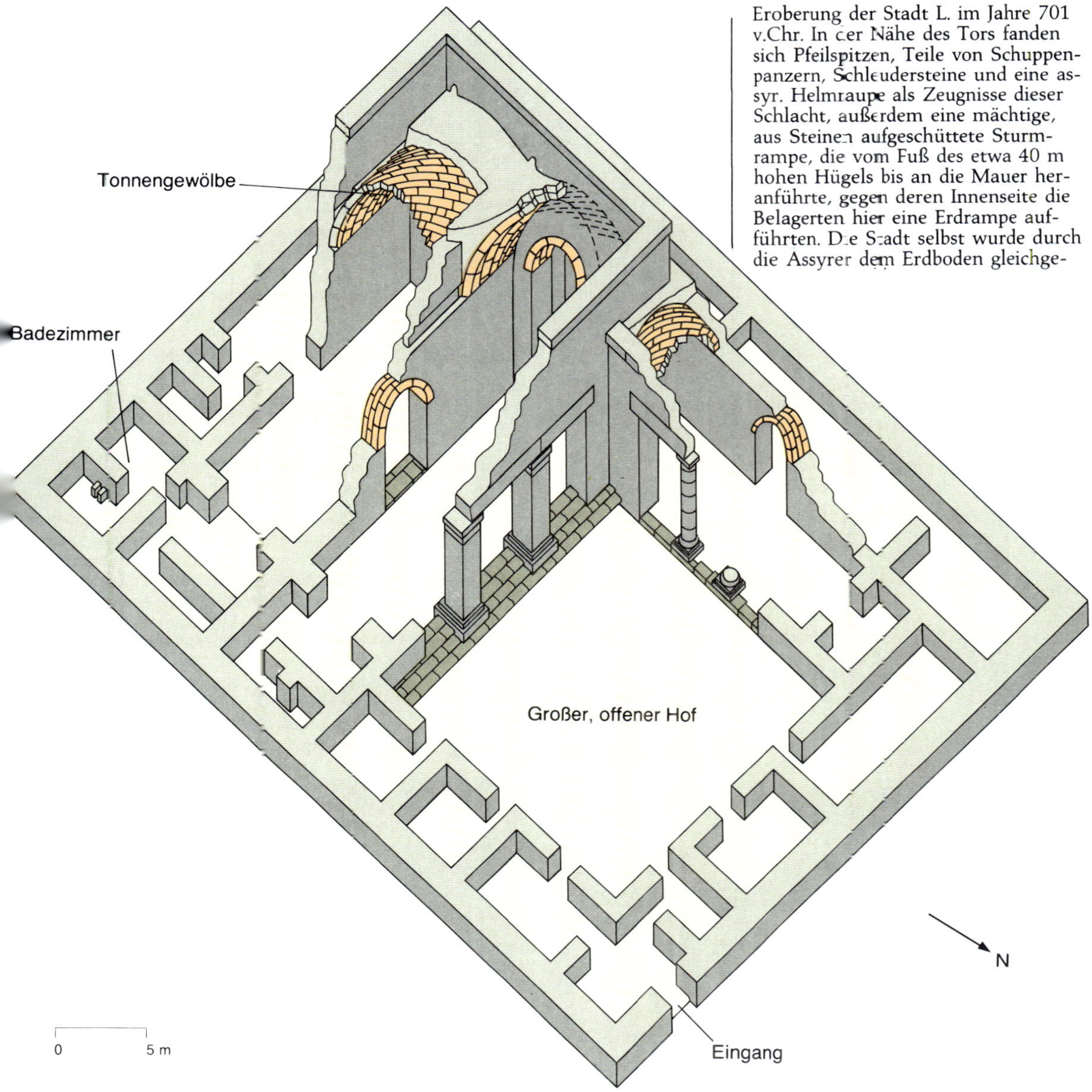

Rekonstruktion der Residenz des assyrischen Statthalters in Lachisch, spätes 8./frühes 7. Jh.v.Chr.

Rekonstruktion und Plan der Entwicklung des kanaanitischen (spätbronzezeitlichen) Tempels (»Fosse Temple«) am Fuß des Westabhangs in Lachisch. Ca. 1470 v.Chr.–1200 v.Chr.

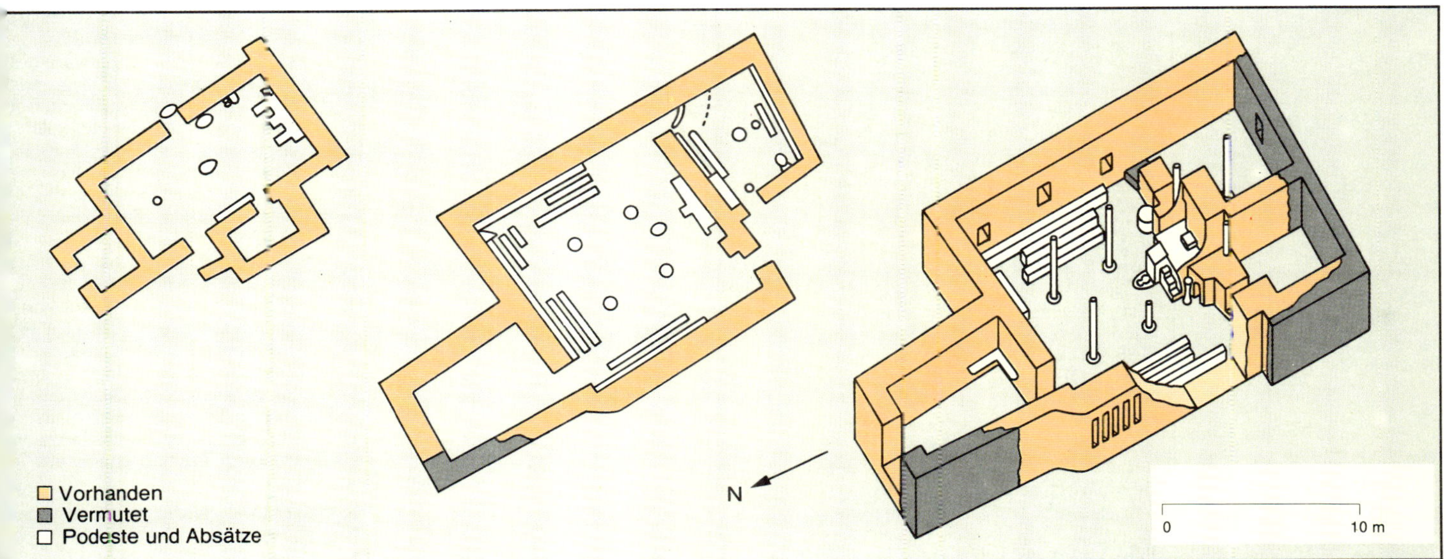

macht, eine Schutt- und Ascheschicht überzieht die Siedlungsfläche. Durch die Einnahme von L. unterband Sanherib jegliche ägypt. Unterstützung für Jerusalem, wohin er Boten sandte, die Hiskia zur Übergabe der Stadt auffordern sollten (2Kön 18,17; 19,8; Jes 36,2; 37,8).

Nach seinem Fall wurde L. von einem assyr. Statthalter verwaltet, zu dessen Aufgaben zählte, Abgaben von Philistäa zu erheben. Ein großes Gebäude, auf dessen Grundmauern in pers. Zeit ein Palast erstand, diente offenbar als Residenz des Statthalters. Die Mauern und Tore wurden wiedererrichtet, von der Stadt selbst aber konnten die Archäologen bisher nur wenig freilegen. Weder die Bibel noch die babylon. Chronik erwähnen eine Zerstörung von L. während Nebukadnezars frühen Feldzügen nach Palästina. Es wurde jedoch 588-587 v.Chr. zusammen mit dem übrigen Juda zerstört. L. und Aseka bildeten damals die einzigen befestigten Außenposten Jerusalems (Jer 43,7).

L. wurde erneut besiedelt von zurückgekehrten Israeliten (Neh 11,30). Man fand zwar nur wenige Wohnungen aus dieser Zeit, aber zwei Tempel, die einander und einem weit älteren Tempel in Arad auffallend ähneln. Während der pers. und griech. Zeit war die Stadt mit einer Mauer umgeben, danach war sie verlassen.

In L. wurden Inschriften aus der Bronzezeit entdeckt. Auf einem Dolch von ca. 1700 v.Chr. waren pictographische Inschriften eingeritzt. Protokanaan. Schriftzeichen finden sich auf einer Tonscherbe von ca. 1600 v.Chr. sowie einem Kessel und einer Schale von ca. 1250 v.Chr.

Zahlreiche Inschriften stammen aus der Zeit der judäischen Königszeit, die überaus wichtig für die Geschichte der hebr. Schrift sind. So fanden sich die ersten fünf Buchstaben des hebr. Alphabets in einer Treppenstufe eines großen Gebäudes von 800 v.Chr. eingeritzt. Ein Siegelabdruck erscheint auf einer Bulle von L., die Spuren von Papyrusfasern auf der Rückseite aufweist und damit anzeigt, daß sie ein gerolltes Papyrusdokument versiegelt hatte. Das Siegel trägt den Namen Gedaljas, des königlichen Haushofmeisters (»der über dem Hause [ist]«); wahrscheinlich handelt es sich um den durch Nebukadnezar eingesetzten Gouverneur von Juda (2Kön 25,22; Jer 40,11-12). Gefunden wurden noch weitere Tonbullen und viele Krughenkel, die Siegelabdrücke mit hebr. Namen tragen. Im Torgebäude entdeckte man insgesamt 21 Ostraka (beschriftete Tonscherben), die während der letzten Wochen vor Nebukadnezars Eroberung (588-587 v.Chr.) beschrieben worden waren. Obwohl es sich um bibl. Hebr. handelt, ist die Kursivschrift auf vielen Ostraka bis zur Unleserlichkeit zerstört. Die lesbaren Exemplare sind der Briefwechsel des untergeordneten Beamten Hoschajahu mit seinem Vorgesetzten Jausch. Hoschajahu war für einen Außenposten verantwortlich, Jausch der befehlshabende Offizier der Garnison in L. Hoschajahu beginnt seinen Brief mit dem Gruß »Möge Jahwe meinen Herrn heute Nachrichten des Heils hören lassen«, bevor er mit dem geschäftlichen Teil beginnt. Dieser besteht bei den meisten Briefen darin, den Vorwurf zu entkräften, daß er vertrauliche Briefe des Königs gelesen habe. In Brief II antwortet er mit Worten, die dem Wortwechsel zwischen Mefi-Boschet und David ähneln (2Sam 9,8): »An meinen Herrn Jausch. Es möge hören lassen Jahwe meinen Herrn heilvolle Nachricht gerade jetzt, gerade jetzt! Wer ist dein Knecht, der Hund, daß mein Herr gedacht hat an seinen Knecht? Möge Jahwe strafen, die sich auf etwas einlassen, wovon du nicht unterrichtet bist« (TGI, S. 75). Es wurde vermutet, daß die Ostraka jeweils bis zu einer Verhandlung im Torgebäude aufbewahrt wurden. Aber wahrscheinlicher ist, daß die Militärkommandantur, an die die Briefe gesandt worden waren, in dem Torgebäude ihren Sitz hatte. Brief IV schließt mit den Worten: »Und mein Herr soll wissen, daß wir auf die Signale von Lachisch achten, gemäß allen Anweisungen, die mein Herr gibt, jedoch sehen wir nicht (die Zeichen von) Aseka« (TGI, S. 77). Dies erinnert an die von Jeremia beschriebene Situation (Jer 34,7), als Aseka, L. und Jerusalem als einzige der befestigten Städte Judas übriggeblieben waren. Aseka lag 11 km nordöstl. von L. So könnte die Tatsache, daß Hoschajahu ihre Signale nicht sehen konnte, darauf hindeuten, daß die Stadt bereits gefallen war. Briefe III und XVI beziehen sich auf »den Propheten«. Wer dies war, ist umstritten. Denkbar wäre Jeremia oder aber Uria, der während Jojakims Regierung nach Ägypten floh (Jer 26,20-22). Dies würde aber eine entsprechende Rückdatierung der Briefe erfordern. Andere denken hier an einen unbekannten Propheten. In jedem Falle zeigt der Brief, daß im alten Israel Propheten Anerkennung genossen und Anteil nahmen an den Staatsangelegenheiten. Brief III erwähnt u.a. eine Reise des Generals Konijahu nach Ägypten. Dies könnte einen letzten verzweifelten Versuch Zedekias darstellen, ägypt. Unterstützung zu finden, um den bevorstehenden babylon. Angriff abzuwehren.

Literatur: H. Torczyner, O. Tufnell u.a.: Lachish I-IV, 1938-1958; O. Tufnell: Lachish, in: D.W. Thomas (Hrsg.): Archaeology and Old Testament Study, 1967, S. 296-309; Y. Aharoni: Trial Excavations in the 'Solar Shrine'at Lachish, Preliminary Report, JEJ 18, 1968, S. 157-169; ders.: Investigations at Lachish, V: The Sanctuary and the Residency, 1975; D. Ussishkin: Excavations at Tel Lachish 1973-1977, Tel Aviv 5, 1978, S. 1-97; ders.: Excavations at Tel Lachish 1978-1983, Tel Aviv 10, 1983, 97-181; ders.: The Conquest of Lachish by Sennacherib, 1982; Zur Lokalisierung:G.W. Ahlström: Is Tell ed-Duweir Ancient Lachish?, PEQ 112, 1980, S. 7-9; G.I. Davies: Tell ed-Duweir = Ancient Lachish: A Response to G.W. Ahlström, PEQ 114, 1982, S.25-28; G.W. Ahlström: Tell ed-Duweir: Lachish or Libnah?, PEQ 115, 1983, S. 103-104; G.I. Davies: Tell ed-Duweir: Not Libnah but Lachish, PEQ 117, 1985, S. 92-96; G.W. Ahlström: Lachis: Still a Problem, PEQ 117, 1985, S. 97-99; A.F. Rainy: Watching out for the Signal Fires of Lachish, PEQ 119, 1987, S. 149–151.

C.J.D.

LADE
s. Bundeslade

LAGER. Zu den einzelnen Lagerorten der Israeliten auf der Wanderung von Ägypten nach Kanaan vgl. *Wüstenzug/-wanderung.

1. Über die Lagerordnung der Israeliten auf dem Marsch durch die Wüste sind uns genaue Vorschriften erhalten (4Mo 2; 3,23.29.35.38). Die Stiftshütte als Ort der Gegenwart Gottes bildete den Mittelpunkt des L.s (4Mo 2,2). Um sie herum gruppierten sich die Stämme, je drei nach den vier Himmelsrichtungen. Im O lagerten die Stämme Juda, Issaschar und Sebulon, im S die Stämme Ruben, Simeon und Gad, im W die Stämme Ephraim, Manasse und Benjamin und im N die Stämme Dan, Asser und Naftali. In der gleichen Reihenfolge, wie sie sich lagerten, brachen sie auch zum Marsch auf (4Mo 10,11-28). Die einzelnen Stämme waren wieder nach ihren Sippen geordnet (4Mo 2,2). Zwischen ihnen und der Stiftshütte war der Platz der Leviten (V.17). Die *Kehatiter, die die heiligen Geräte trugen, lagerten im S (4Mo 3,29.31), die Gerschoniter (V. 23-26) und Merariter (V. 33-37), die für den Transport des Zeltes und Vorhofs verantwortlich waren, im W bzw. N. Vor dem Eingang der Stiftshütte im O schlugen Mose sowie Aaron und seine Söhne ihre Zelte auf (V. 38).

2. Die Wolke des Herrn bezeichnete den Israeliten die Stelle, an der sie lagern sollten; wenn sie sich erhob, war das das Zeichen zum Aufbruch (4Mo 9,15-23). Trompetensignale der Priester setzten das Volk in Marsch (4Mo 10,2.5-8). Unter dem Schutz des Herrn, um den Mose jedesmal bat (V. 35), zog die Bundeslade voraus und wies den Weg (V. 33). Seit dem Bundesschluß hatte Israel ständig – im L. (4Mo 9,15) und unterwegs (4Mo 10,34) in der Wolken- oder Feuersäule – die Gegenwart des Herrn vor Augen (4Mo 14,14).

3. Die Gegenwart des heiligen Gottes forderte aber auch die Heiligkeit und Reinheit des Volkes (5Mo 23,15). Alles Unreine mußte das L., den Raum der Lebensgemeinschaft mit dem Herrn, verlassen (3Mo 13,46; 4Mo 5,1-4; 5Mo 23,11ff).

Das Sündopfer wurde vor dem L. verbrannt (2Mo 29,14; vgl. Hebr 13,11-13), auch das Todesurteil wurde außerhalb vollstreckt (3Mo 24,14). Wer sich verunreinigt hatte, durfte erst nach vollzogener Reinigung das L. wieder betreten (4Mo 31,19-24).

Das Hinausgehen aus dem L. in Hebr 13,13 bedeutet das Verlassen der Lebensgemeinschaft Israels um Jesu willen.

LAKKUM. (Hebr. *laqqūm*). Nach Jos 19,33 ein Ort an der S-Grenze von

*Naftali (M. Noth, Josua, 31971, 121), vermutlich Chirbet El-Mansūra, westl. vom Ausfluß des *Jordan aus dem See *Genezareth. Die Ortslage beherrscht das Grenz-Wadi Fedschās (F.M. Abel, Géographie de la Palestine II, 31967, 368). Der Name war noch in talmudischer Zeit bekannt (j Meg 77a) und lebte in der arab. Geländebezeichnung Tajjaret El-Delaqē weiter. R.R.

LAMECH. (Hebr. *lämäch*, wahrscheinlich abgeleitet von einem arab. Wort mit der Bedeutung »starker junger Mann«).

1. Nachkomme *Kains (1Mo 4,18f), der die Polygamie einführte. Einer seiner Söhne war Tubal-Kain, der erste Erz- und Eisenschmied. L.s Lied in 1Mo 4,23f wird als »Schwertballade« bezeichnet, die die von seinem Sohn erfundenen Kriegswaffen verherrlicht. Er brüstet sich vor seinen Frauen Ada und Zilla damit, daß er Männer getötet habe. Wegen der Stärke seiner Waffen glaubt er, Gottes Schutz nicht mehr wie Kain nötig zu haben. Möglicherweise bezog sich Jesus auf diese Stelle, als er statt Rache Vergebung forderte.

2. Nachkomme *Sets, Sohn Metuschelachs und Vater *Noahs (1Mo 5,25-31; 1Chr 1,3; Lk 3,26). J.G.G.N.

LAMM.

1. Das L. bezeichnet das Junge eines Schafes bis zum vollendeten ersten Jahr. Das Hebr. hat kein Wort, das unserem »Schaf« entspricht. *'ajil* heißt »Widder«, *rāchēl* »Mutterschaf«. Für L. findet man die Wörter *käbäs* (junger Widder), *thālāh* (neugeborenes L.), *sāh* und *gedī* (das Junge des Schafes oder der Ziege).

2. In Israel und Mesopotamien stellt das Schaf (besonders das männliche L.) das weitaus häufigste Opfer dar. Die Verwendung der Opfertiere setzt gewöhnlich eine bestimmte Qualität des Tieres voraus, die durch die Attribute »männlich, fehlerlos, einjährig« (2Mo 12,5) bezeichnet wird. Weibliche Tiere werden selten als Opfer dargebracht (3Mo 4,32ff). Der Fettschwanz gehört zu den Stücken, die beim Opfer der Gottheit vorbehalten sind (3Mo 3,6-11).

3. Häufig wird das Motiv Hirte/Herde aufgegriffen, wobei neben der engen Zutraulichkeit von Mensch und Tier der Mut und die Kraft des Hirten steht. Jahwe, der Hirte seines Volkes (Ps 23), weidet die Schar seiner Herde, Lämmer trägt er im Gewandbausch (Jes 40,11). Nicht nur Israel als Ganzes wird als L. bezeichnet, auch der einzelne vergleicht sein Schicksal mit dem eines nichtsahnend zum Schlachten geführten Lammes (Jer 11,19; vgl. Jes 53,7). Im zukünftigen Friedensreich weiden Lämmer und Wölfe nebeneinander (Jes 11,6).

4. Das NT verwendet für L. die Wörter *amnos, arnion* und *arēn*. Fast ausnahmslos stehen die Wörter in christologischen Bezügen. Einzig in Joh 21,15 wird die Gemeinde als *arnion* bezeichnet. Das Wort *arēn* begegnet im Bildwort von den Lämmern und Wölfen (Lk 10,3).

Literatur: S. Schulz: BHH II, 1964, 1945f; G. Dautzenberg: EWNT I, 1980, 168-172; Ch. Dohmen: ThWAT IV, 1984, 45–54; OLB I, 1984, 109–112. W.Bm.

LAMM GOTTES. Der erhöhte Christus wird in der Offb 28mal Lamm (*arnion*) genannt. Die entsprechenden Texte schildern ihn als Erlöser und Weltherrscher. Die Bezeichnung Jesu als Lamm (*amnos*) Gottes kommt im NT jedoch nur zweimal vor (Joh 1,29.36). In beiden Fällen verweist *Johannes der Täufer mit diesen Worten seine Jünger auf Jesus. Joh 1,29 hat zu »Lamm Gottes« den erklärenden Zusatz: »das der Welt Sünde trägt.«

Daß im JohEv. an Jesu Kreuzestod als Erlösungstat gedacht ist, liegt nahe (vgl. Joh 19,14; 1Kor 5,7). Dennoch ist die Herkunft und die genaue Bedeutung der symbolischen Bezeichnung »Lamm Gottes« umstritten. Eine Erklärung besagt, daß hier durch eine Anknüpfung an Jes 53,7 (»... und tat seinen Mund nicht auf wie ein Lamm, das zur Schlachtbank geführt wird«) Jesus als der leidende *Knecht Gottes vorgestellt werde, der »die Sünde der Vielen« trägt (53,12). Andere Exegeten nehmen eine aram. Vorform dieses Textes des Johannes an, in der das Wort *taljā* gebraucht worden sei, das sowohl Lamm als auch Diener, Knecht bedeuten kann. Der Ausdruck »Lamm Gottes« dürfe aber dennoch nicht als Fehlübersetzung mißverstanden werden; vielmehr sei Jesu Tod im JohEv. mit der Schlachtung der Passalämmer in Verbindung gebracht worden. Jesus stirbt nach dem JohEv. zu der Stunde, da im Tempel die Passalämmer geschlachtet werden. Man hat auch versucht, »Lamm Gottes« allein aus der Bedeutung des Passalammes und dem jüd. Brauch, täglich im Tempel zwei Lämmer zu opfern, abzuleiten. Doch wird auch die Meinung, in dem Titel »Lamm Gottes« seien eine christl. »Passa-Theologie« und der Sinngehalt von »Knecht Gottes« (Jes 53) kombiniert worden, weiterhin vertreten (Schnackenburg).

Daß der so interpretierte Ausdruck »Lamm Gottes« gerade dem Täufer zugeschrieben wird, wäre ein anderes Problem der entsprechenden Texte. Die Vorstellung eines leidenden, sterbenden und dadurch die Welt erlösenden *Messias scheint schlecht mit dem von den Synoptikern wiedergegebenen messianischen Zeugnis des Täufers zusammenzupassen. Diese Schwierigkeit löst sich aber, wenn man bedenkt, daß im JohEv. häufig der geschichtliche Bericht mit der christl. Deutung verbunden wird. Mit dem Titel Lamm Gottes wurde, ausgehend vom Zeugnis des Johannes, zugleich das Besondere der Messianität Jesu herausgestellt.

Das Gotteslamm hat als die wohl älteste symbolische Darstellung Christi in der Kunstgeschichte eine bedeutende Rolle gespielt. In der Comodilla-Katakombe in *Rom (3. Jh. n.Chr.) ist es (nach Mk 6,41) mit erhobenem Fuße die Brote des Mahls segnend zu sehen; Apsismosaike, Fresken und Sarkophage zeigen das Lamm Gottes seit dem 4. Jh. in verschiedensten Formen (mit Kreuz, Kreuzesfahne, Kelch, Nimbus, Christusmonogramm usw.). Zur Durchsetzung des Lamm-Symbols trug auch eine Papst Sergius I. (687-701) zugeschriebene Anordnung bei, in der Meßliturgie die Worte »Agnus Dei qui tollis peccata mundi, miserere nobis« (Lamm Gottes, das du hinwegnimmst die Sünden der Welt, erbarme dich unser) zu singen. Das »Agnus Dei« ist als Gesang der Messe so auch in die Musikgeschichte eingegangen und bis in die Gegenwart von zahlreichen Komponisten vertont worden. In der evang. Abendmahlsliturgie hat es seinen festen Platz (»Christe, du Lamm Gottes«, »O Lamm Gottes unschuldig«, usw.).

Literatur: C.K. Barrett: The Lamb of God, NTS 1, 1953/54, S. 210-19; R. Bergemeier: Die Buchrolle und das Lamm (Apk 5 und 10), ZNW 76, 1985, S. 225-42; C.H. Dodd: Interpretation of the Fourth Gospel, 1963, S. 230-38; J. Jeremias: ThWNT I, 1933, 342-44; ders.: ThWNT I, 1933, 344-45; F. Nikolaschg: Das Lamm als Christussymbol in den Schriften der Väter, 1963. H.P.

LAMPE, LEUCHTER.

I. KONSTRUKTION UND ENTWICKLUNG.

Schmale, offene Tonschalen mit einer oder mehreren leichten Ausbuchtungen, die man als L.n erkennen kann (hebr. *nēr*; griech. *lychnos, lampas*), tauchen zuerst in der Mittleren Bronzezeit (2150-1550 v.Chr.) auf. Diese einfache Form wurde durchgängig auch während der Eisenzeit (1200-332 v.Chr.) benutzt, wobei die Ausbuchtung immer ausgeprägter wurde. Der letzte Entwicklungsschritt geschah dann in der hellen. Zeit. Die griech. L.nform war mit einem nach innen gewölbten Rand vollkommen geschlossen und hatte nur noch ein kleines Loch in der Mitte, durch das man Öl nachfüllen konnte (vgl. Mt 25,4). Durch die Verwendung von Schablonen – eine für das Unter- und eine für das Oberteil – wurde eine Massenproduktion dieser L.n möglich. Für die hellen. L.n ist eine sehr lange Tülle für den Docht charakteristisch; während der röm. Zeit wurde sie jedoch verkürzt. Manchmal hatten die L.n zusätzlich kleine Henkel. Die Schablonen für die Oberteile hatten häufig Aufdrucke mit Blumen- oder anderen Mustern. Während der röm. Periode waren die Deckel weit und konkav geformt und zeigten reliefartige Bilder. Ab dem 3. Jh.n.Chr. bestand die Dekoration aus christl. Symbolen wie Kreuz, Fisch, Alpha und Omega. Demgegenüber ist der siebenarmige Leuchter (*Menora) kennzeichnend für die jüd. L.n. Die Durchschnittslampe aus dem Palä-

Oben links: Siebenschnabelige Lampe aus einem Grab in Jericho. Größter Durchmesser 9,7 cm. Mittlere Bronzezeit II, ca. 1700 v.Chr. (SAOS)

Oben rechts: Vierschnabelige Lampe aus einem Grab in Jericho. Größter Durchmesser 14,25 cm. Mittlere Bronzezeit I, ca. 1900 v.Chr. (SAOS)

Diese Lampe mit ihrem offenen Becken ist ein ungewöhnliches Beispiel für sieben »Schnauzen« (vgl. Sach 4,2). Sie zeigt die seltene Entwicklungsform aus der früheren, verbreiteten offenen Tellerlampe. Länge 26,7 cm. Palästina, 2. Jh. n.Chr. (BM)

Unten rechts: Lampe aus einem Grab in Jericho. Größter Durchmesser 11,85 cm. Mittlere Bronzezeit II B, ca. 1650 v.Chr. (SAOS)

Unten links: Schnabellampe aus Juda. Durchmesser 12,5 cm. Eisenzeit II, ca. 700 v.Chr. (ARM)

stina der ntl. Zeit war flach und rund, hatte ein relativ großes Einfüllloch und eine Tülle für den Docht, der in das Lampeninnere hinein reichte.

Die L.n konnten in der Hand getragen bzw. auf ein Regal oder auf einen Ständer, »Leuchter«, gestellt werden (hebr. *menorah;* 2Kön 4,10; aram. *näberaschtā,* Dan 5,5; griech. *lychnia,* Mt 5,15). In den meisten Häusern wurde ein einfacher Holzständer benutzt. Einige L.n aus der Eisenzeit hatten jedoch einen massiven Fuß oder einen separaten hohen Sockel. Wo stärkeres Licht gebraucht wurde, verwendete man L.n mit mehreren Dochten. So wurden in Palästina aus dieser Zeit und aus früheren Perioden L.n mit sieben Schnäbeln gefunden. Aus röm. Zeit sind L.n mit Vorrichtungen für mehrere Dochte bekannt.

Die Tonformen wurden in Metall nachgebildet. Aus atl. Zeit sind allerdings nur wenige erhalten geblieben. In der Stiftshütte stand ein kunstvoll gestalteter goldener Leuchter (2Mo 25,31ff). Von beiden Seiten des Fußes gingen drei Arme aus, die in blumenförmigen Lampenfassungen endeten. Auch der Fuß selbst trug eine Lampenfassung. Hebr. Beschreibungen dieses Leuchters werden durch Darstellungen auf makkabäischen Münzen, durch eine Zeichnung auf Stein aus der herodianischen Zeit, die in Jerusalem gefunden wurde, und durch ein Relief auf dem Titusbogen in Rom bestätigt. Man darf annehmen, daß das Muster aus dem 2. Buch Mose überall als verbindlich galt. Zehn ähnliche Leuchter wurden für den Tempel Salomos hergestellt (1Kön 7,49).

Die oben beschriebenen L.n brannten mit Olivenöl oder Fett und konnten für ca. 2-4 Stunden Licht geben. Es scheint, als ob der Docht, der aus Flachs oder anderen Fasern bestand (hebr. *pischtäh;* Jes 42,3; 43,17), an manchen Stellen eingekniffen wurde. Nachts ließ man die L.n zum Teil ausgehen, zum Teil ließ man sie brennen (1Sam 3,3; Spr 31,18).

Außenlampen standen in Tongefäßen. Aus der Zeit vor der röm. Periode sind dafür jedoch keine Beispiele bekannt. Sie waren kuppelförmig mit einem flachen Boden, einem Henkel oben und einer Öffnung für das Licht an einer Seite. So etwa könnten die »Leuchten« (RevEB) aus Joh 18,3 (griech. *phanos;* LÜ: »Fackeln«) ausgesehen haben, möglicherweise waren sie bereits in weiter entwickelter Form aus Metall. Das griech. *phanos* kann auch »Fackel« bedeuten, und das könnte an dieser Stelle auch gemeint sein. Zu früherer Zeit hatten z.B. die Männer Gideons Fackeln (hebr. *lappīd;* Ri 7,16).

II. SYMBOLISCHER GEBRAUCH.

In Gräbern wurden von jeher L.n angebracht, die zunächst dazu dienten, die Grabkammer zu erleuchten, zugleich aber auch als Symbol des Lebens galten. So wird im AT der Ausdruck »seine Leuchte« bildlich gebraucht (Hiob 21,17; Spr 20,20; 24,20; vgl. 2Sam 21,17; 1Kön 11,36 u.ö.). Von ihrer Funktion her galt die L. als ein Symbol der Freude, des Wohlergehens und der Wegweisung, (vgl. Ps 119,105; 2Sam 22,29; Spr 6,23 und Eigennamen wie Neria, »Der Herr ist mein Licht«).

Literatur: D.M. Bailey: Greek and Roman Pottery Lamps, 1963; R.H. Smith: BA 27/1964, 1-31.101-124; 29/1966, 2-27.

A.R.M.

III. SYMBOLISCHE UND ANDERE BEDEUTUNG IM NEUEN TESTAMENT.

Im NT nach der LÜ erscheint das Wort »Lampe« fünfmal, wobei es meistens die Übersetzung von griech. *lampas,* einmal auch von *lychnos* ist. In Offb 4,5; 8,10 übersetzt LÜ das griech. *lampas* mit »Fackel«. Auch im Gleichnis von den Jungfrauen (Mt 25,1-13) sollte man statt L.n »Fak-

Keramiklampe, mit der Menora (dem siebenarmigen Leuchter) verziert. 2.–3. Jh.n.Chr. (MEPhA)

Frühe Eisenzeit-Lampe aus Geser, ca. 900 v.Chr. (BM)

keln« lesen. Die normale L. war für den innerhäuslichen Gebrauch bestimmt. Für eine Hochzeit hingegen wurde (und wird auch mitunter heute noch) eine *Fackel gebraucht. Die Stoffetzen, die dazu als Brennmaterial dienten, mußten vorher in Öl getränkt werden. Es sieht so aus, als ob die törichten Jungfrauen überhaupt kein Öl hatten (V. 3). Ihre Fackeln gingen also, nachdem sie sie angezündet hatten, sofort wieder aus (V. 8). Die klugen Jungfrauen hatten Öl in separaten Gefäßen mitgenommen, so daß sie es bei Bedarf benutzen konnten. Der Unterschied zwischen den beiden Gruppen von Jungfrauen besteht offenbar nicht in der Ölmenge, die sie hatten, sondern darin, ob sie überhaupt Öl besaßen oder nicht.

Lychnos wird regelmäßig symbolisch gebraucht. Das *Licht muß auf einen Leuchter gestellt werden, um allen zu leuchten, die im Hause sind (Mt 5,15). *Johannes der Täufer war »ein brennendes und scheinendes Licht« (Joh 5,35), das gekommen war, um von dem Licht (griech. *phos*) zu zeugen (Joh 1,7), das Christus ist. In Mt 6,22 wird das Auge das »Licht des Leibes« genannt, weil es das Licht von außen empfängt.

Lychnia gibt LÜ mit »Leuchter« wieder. Die sieben kleinasiatischen Gemeinden in der Offenbarung des Johannes (Offb 1,12f.20; 2,1.5) und die zwei Zeugen (Offb 11,4) werden durch Leuchter symbolisiert, die dem Leuchter in der Stiftshütte ähnlich sind (Hebr 9,2). R.E.N.

LANDNAHME.

Die Einnahme des Landes *Kanaan bedeutete die Erfüllung der Verheißung Gottes an *Abraham und seine Nachfahren (1Mo 12,7) sowie die Vollendung der göttlichen Zusage an *Mose in Ägypten (2Mo 3,8). Mit der L. konstituiert sich der spätere Staat Israel als Nation und wird zu einem politischen und wirtschaftlichen Faktor im palästin. Raum bis zur Zerstörung des Nordreiches *Israel im Jahre 722 v.Chr. durch die Assyrer (2Kön 17) bzw. des Südreiches *Juda im Jahre 587 v.Chr. durch die Babylonier (2Kön 24.25). Nach dem Exil spielte der jüd. Staat keine große Rolle mehr.

I. DER BIBLISCHE BEFUND.

Nachdem sich das Volk Israel aus dem Gebiet von *Kadesch aufgemacht hatte und in Richtung »Gelobtes Land« gezogen war, kam es an den Berg Hor im Grenzgebiet der Edomiter. Dort stirbt *Aaron und wird 30 Tage lang beweint (4Mo 20,22-29; 33,38). Nach mehreren Aufenthalten erreicht das Volk das Territorium Sihons, des Königs der *Amoriter. Als ihnen der Durchzug durch das Gebiet verweigert wird, erobern die Israeliten das Gebiet Sihons vom *Arnon bis zum *Jabbok mit der Hauptstadt *Heschbon. Auch das Gebiet nördl. des Jabbok, *Gilead und *Baschan, wird eingenommen (4Mo 21,21-35). Die so gewonnenen Siedlungsgebiete östl. des Jordan werden unter den Stammesangehörigen der Stämme *Gad, *Ruben und dem halben Stamm Manasse aufgeteilt (4Mo 32,33). Auf dem Berg *Nebo wirft Mose am Ende seines Lebens und seines Auftrages einen Blick auf das »Gelobte Land«. Gott hatte ihm den Zutritt in das Land verwehrt (5Mo 34,1-5).

Unter der Führung von *Josua, dem Nachfolger Moses, überschreiten die Israeliten den *Jordan. Priester tragen die Lade des Bundes, die dem Volk die Gegenwart Gottes zusichert, voran (Jos 3,14-17). Durch ein wundersames Eingreifen Gottes wird *Jericho im Jordangraben erobert, zerstört und verbrannt (Jos 6,1-21). Danach zieht Josua auf das Gebirge nach Ai. Die Stadt ereilt das gleiche Schicksal wie Jericho (Jos 8,1-29).

In einem Feldzug nach S wird eine Koalition von fünf amoritischen Stadtstaaten, die der König von Jerusalem anführt, zerschlagen. Die Könige werden getötet, alle strategisch wichtigen Städte des Südens fallen (Jos 10). Das ganze Land von Kadesch im S und *Gaza im W bis nach Gibeon im N wird nun von Israel kontrolliert (Jos 10,41).

Ein zweiter Feldzug führt Josua in den N des Landes. Dort zerschlägt er die militärische Koalition, an deren Spitze *Jabin, der König von *Hazor, steht (Jos 11,1-15). Die Einwohner des Landes – Kanaaniter, Hetiter, Hiwiter, Perisiter, Girgasiter, Amoriter und Jebusiter (Jos 3,10) – werden vertrieben. Auch die Gruppe der Enakiter, die die *Kundschafter so mutlos gemacht hatte (4Mo 13,33), wird ausgerottet (Jos 11,21.22). Das von Israel kontrollierte Gebiet weitete sich bis zum Berg *Hermon im N aus (Jos 11,16.17). Obwohl nicht alle Teile des Landes erobert wurden, das gesamte Siedlungsgebiet nicht unterworfen werden konnte (Jos 13,1ff), wird das Land unter den Stämmen durch das *Los aufgeteilt (Jos 14,2): Juda (Jos 15), Ephraim und Manasse (Jos 16-17), Benjamin (Jos 18,11-28), Simeon (Jos 19,1-9), Sebulon (Jos 19,10-16), Issaschar (Jos 19,17-23), Asser (Jos 19,24–31), Naftali (Jos 19,32-39) und Dan (Jos 19,40-48). Die Leviten erhalten kein Stammland, ihnen werden 48 Städte mit Weideland im Gebiet der übrigen Stämme zugesprochen (Jos 21,41). Obwohl die L. abgeschlossen erscheint (Jos 21,43-45), ist die militärische Eroberung noch längst nicht beendet. Das Buch Richter gibt Zeugnis von den immer wieder aufflammenden Kämpfen. Die eigentliche Konstitution des Staates Israel wird erst bei der Gründung der davidisch-salomonischen Monarchie gegeben sein.

Die bibl. Chronologie (1Kön 6,1; Ri 11,26; *Chronologie AT) setzt den Beginn der L. auf den Beginn des 14. Jh.v.Chr.

Für die Deutung der Ereignisse, wie sie in 5Mo, Jos und auch in Ri beschrieben werden, sind in der Vergangenheit verschiedene Modelle entwickelt worden.

Das erste Modell denkt nicht an eine einheitliche Invasion, sondern an mehrere Einwanderungswellen von Nomadenstämmen aus der Wüste. Diese kamen zu verschiedenen Zeiten und aus verschiedenen Richtungen (S und O). Eine dieser Gruppen stand unter der Führung von Mose. Die unterschiedlichen Nomadengruppen verschmolzen im Zuge ihrer Seßhaftwerdung zu »Israel«. Die Auseinandersetzung mit den Einwohnern des Landes verlief teils friedlich, teils kriegerisch.

Ein anderes Modell erklärt die L. mit der stufenweisen Entwicklung von Kleinvieh züchtenden Halbnomaden aus den Steppen- und Wüstenrändern zu seßhaften Bauern. Dieser Prozeß vollzog sich zunächst friedlich und ohne daß die kanaan. Bewohner wesentlich davon berührt wurden. Diese allmähliche Infiltration der isaelit. Stämme über eine längere Dauer hinweg in das kanaan. Kulturland war ein Vorgang aus räumlich und zeitlich voneinander getrennten Stammesbewegungen, begleitet von militärischen Auseinandersetzungen. Eine Modifikation dieses Modells interpretiert die Ereignisse als eine Symbiose von Israeliten mit der städtischen Bevölkerung. Bei den Israeliten habe es sich um Kulturlandnomaden gehandelt, bei denen sich Zeiten nomadischer Existenz mit Abschnitten relativer Seßhaftigkeit abwechselten. Ihre Lebensräume waren die an das Kulturland angrenzenden Gebiete. Sie hatten enge wirtschaftliche Beziehungen zu der ansässigen Bevölkerung. Mit dem Zusammenbruch des kanaan. Stadtstaatensystems ließen sich die Israeliten dauerhaft nieder, was zu militärischen Konflikten führte.

Ein dritter Versuch geht von dem Ansatz aus, daß nicht externe Impulse die politische Struktur Kanaans veränderten, sondern eine innere Revolution. Der Gegensatz zwischen Städtern und Landbewohnern weitete sich zu einem Aufstand gegen die Städte aus. Eine Gruppe von ägypt. Fremdarbeitern, die Moseschar, unterstützte diese Revolte. Die L. war keine Entwicklung, die von außen durch militärische Aktionen herbeigeführt wurde, sondern eine soziale Umschichtung und Reorganisation innerhalb der kanaan. Stadtstaaten.

II. ARCHÄOLOGISCHER BEFUND.

Palästina war in der Späten Bronzezeit (1550-1200 v.Chr.) eine ägypt. Provinz, die nach dem Stadtstaatensystem organisiert war. Ein König oder Gouverneur regierte die Stadt und kontrollierte das umliegende Territorium. Da die Küstenwege den Zugang nach Syrien und zum Gebiet des »fruchtbaren Halbmondes« gewährleisteten, wurden diese durch ägypt. Militärposten gesichert.

Die Hegemonie Ägyptens in Palästina und Syrien in der Epoche der 17. und 18. Dynastie begann im 14. Jh.v.Chr. wieder zu bröckeln. Innere Wirren und die Schwächung der ägypt. Macht in Asien ermöglichten es nomadischen und halbnomadischen Gruppen – wie den Hapiru oder den Schasu – von S und O her in das kanaan. Kulturland vorzustoßen und sich dort festzusetzen. In diesem Zusammenhang sind die Briefe palästin. und syr. Vasallen, die in dem Tell el-*Amarna-Archiv in Ägypten gefunden wurden, von Bedeutung.

Das Eindringen der Seevölker in die Küstengebiete Palästinas bricht die Vorherrschaft der Ägypter auch in diesem Raum. Zu diesen Seevölkern gehören die Philister, die sich in der südpalästin. Küstenebene ansiedeln und zu einem Widersacher Israels für eine lange Zeit werden.

Die zweite Hälfte der Späten Bronzezeit (14.-13. Jh.v.Chr.) weist in Palästina ein abruptes Ende der materiellen Kultur der kanaan. Stadtstaaten auf. Mit dem Einbruch verschiedenster Wandergruppen und vor allem der israelit. Stämme veränderte sich die politische und wirtschaftliche Situation. Während sich die Philister in den längst vorhandenen Städten der Küstenebene ansiedelten, wurden zunächst die Gebirgsregionen für die Israeliten von Bedeutung (z.B. Ai). Dort setzten sie sich zuerst fest. Die beiden Feldzüge in südl. und nörd. Richtung zu Beginn der L. wurden geführt, um die Macht der Stadtstaaten zu brechen. Die für die Israeliten zu starken Städte wurden umgangen. Die ehemaligen Nomaden siedelten sich allmählich in kleinen Siedlungen und Gehöften an.

Der Übergang vom Nomadentum zur Seßhaftwerdung im Zuge der L. ist kein abrupter Wechsel gewesen. Während eines Zeitraums von mehreren hundert Jahren vollzog sich dieser Wandel, begleitet von immerwährenden Auseinandersetzungen mit der einheimischen Bevölkerung. Nachdem sich Israel in den dünner besiedelten Gebirgsregionen etabliert hatte, wagte es sich langsam in das traditionelle Kulturland vor, dessen Zentren seit ältester Zeit in den Ebenen entlang der Küste, in der Gegend um *Jesreel und im Jordangraben lagen.

Einen Hinweis auf die Festigung und größere Einheit des israelitischen Stämmeverbandes finden wir auf der Siegesstele des Pharao Merenptah (um 1220 v.Chr.). In Zeile 27 rühmt sich der Pharao, im Zusammenhang mit der Eroberung palästin. Städte auch »Israel« vernichtet zu haben. Israel wird hier im Gegensatz zu den anderen palästin. Namen, die mit dem Zeichen für »Fremdland« näher bestimmt werden, mit dem Zeichen für »Fremdvolk« identifiziert.

Mit dem Beginn der Eisenzeit (um 1200 v.Chr.) zeichnet sich ein Wechsel in der Baukultur Kanaans ab. Die etablierten und befestigten Städte, die sich durch entwickelte Baustrukturen ausgezeichnet haben, werden von primitiveren Formen abgelöst. Es scheint, als ob die Israeliten ihre eigene Baukultur im Zuge der L. und ihrer Seßhaftwerdung entwickelt haben.

Literatur: H. Donner: Geschichte des Volkes Israel und seiner Nachbarn in Grundzügen (ATD Ergänzungsreihe 4/1), 1984, S. 117-145; M. Weippert: Die Landnahme der israelitischen Stämme in der neueren Diskussion, FRLANT 92/1967; M. Noth: Geschichte Israels, 91981, S. 67-82; Y. Aharoni: Nothing Early and Nothing Late: Re-Writing Israel's Conquest, BA 39/1986, S. 55-76; V. Fritz: Conquest or Settlement, BA 50/1987, S. 84-100; Y. Yadin: Is the Biblical Account of the Israelite Conquest of Canaan Historically Reliable?, BAR 8:2/1982, S. 16-23; G.E. Mendenhall: The Hebrew Conquest of Palestine, BA 25/1962, S. 66-87; Sh. Yeivin: The Israelite Conquest of Canaan, 1971.

F.N.

LAODIZEA. Eine Stadt im südwestl. Phrygien, in der röm. Provinz Asia, im W der heutigen Türkei. Die Stadt wurde von dem Seleukidenherrscher Antiochus II. im 3. Jh.v.Chr. gegründet und nach seiner Frau Laodizea benannt. L. lag im fruchtbaren Tal des Lykos (eines Nebenflusses des Mäander), in der Nähe von *Hierapolis und *Kolossae. L. wurde durch die zusätzliche Bezeichnung »am Lykos« von anderen Städten gleichen Namens unterschieden. Die Stadt lag an einem wichtigen Verkehrsknotenpunkt: eine der Hauptstraßen durch Kleinasien führte von den 160 km westl. von L. gelegenen Häfen *Milet und *Ephesus über L. nach Syrien. Die andere Straße verband *Pergamon über L. mit Attalia an der S-Küste.

Die günstige Lage machte L. zu einem reichen Handelszentrum, insbesondere während der röm. Regierungszeit. Nachdem L. 60 n.Chr. durch ein Erdbeben zerstört wurde (Tac.ann. 14,27), konnte die Stadt es sich leisten, ohne finanzielle Unterstützung durch den Kaiser *Nero an den Wiederaufbau zu gehen. Die Ruinen von zwei Theatern und von Tempeln sind heute noch zu sehen. L. war ein wichtiges Bank- und Handelszentrum (s. Cicero, ad Fam. 3.5.4 etc.). L.s Haupterzeugnis waren Gewänder aus glänzender schwarzer Wolle (Strabo, 12.8.16 – 578). Außer-

LANDPFLEGER – VOGT
s. Prokurator

LANZE
s. Waffen und Geräte

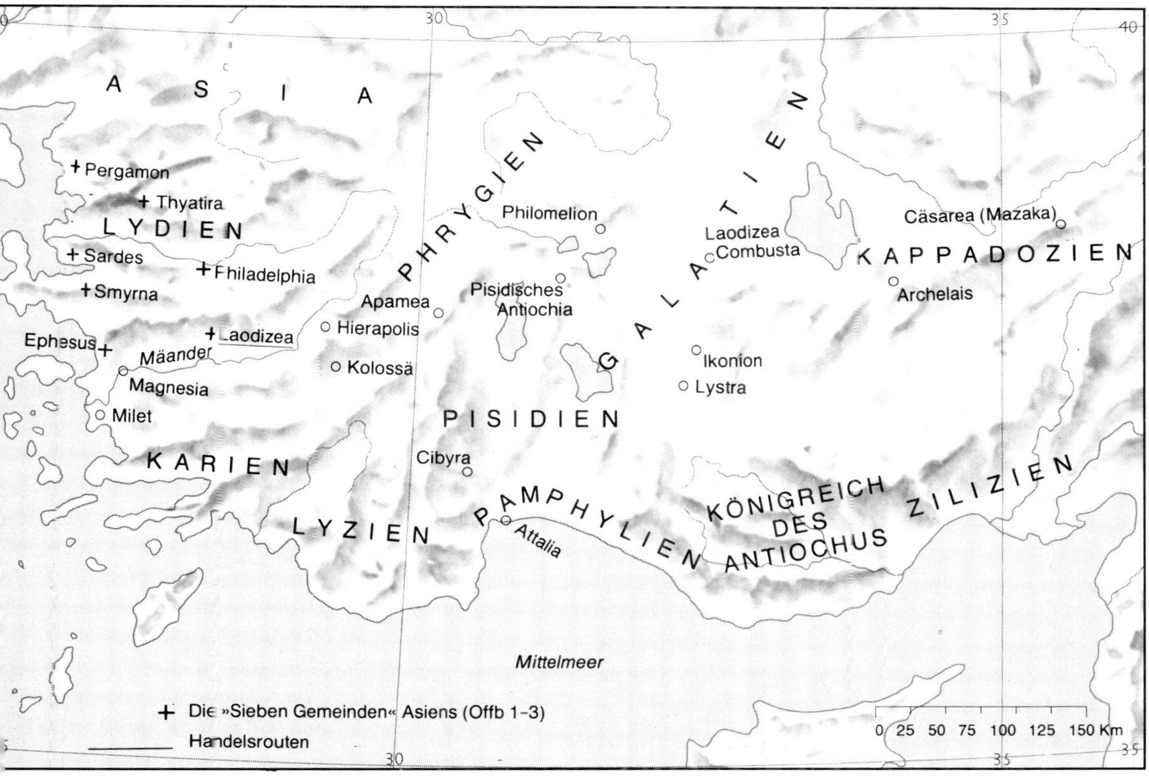

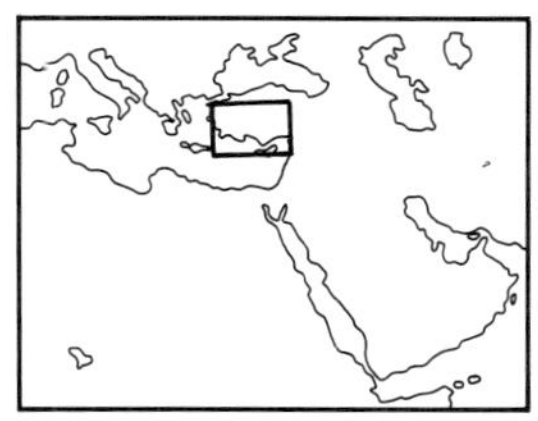

Die strategische Lage von Laodizea in Kleinasien.

Antike Wasserleitung bei Laodizea. Aus Steinblöcken gefertigt, ca. 1 m Durchmesser, durch Ablagerungen stellenweise verstopft. (CH)

dem war L. ein bekanntes Zentrum für Augenheilkunde.

Aufgrund ihrer geographischen Lage fehlte der Stadt eine ausreichende, ständige Trinkwasserversorgung. Aus der Gegend südl. der Stadt wurde Wasser herangeführt, das vermutlich lauwarm dort ankam. Die Reste eines Aquädukts sind heute noch im Ruinenfeld erkennbar. L. wurde aus unbekannten Gründen verlassen; eine neue Stadt (Denizli) wurde in der Nähe aufgebaut. In L. muß schon früh das Evangelium verkündet worden sein. Vielleicht geschah das durch Epaphras (Kol 4,12f) zu der Zeit, als Paulus in Ephesus lebte (Apg 19,10). Obwohl Paulus die Gemeinde von L. erwähnt (Kol 2,1; 4,13-16), weist nichts darauf hin, daß er sie auch besucht hat. Offensichtlich stand die Gemeinde in enger Verbindung mit den Christen in Hierapolis und Kolossä. Der »Brief aus Laodizea«, der in Kol 4,16 erwähnt wird, ist uns nicht erhalten. Das letzte Sendschreiben an die sieben Gemeinden in Kleinasien (Offb 3,14-22) ist an L. adressiert, weil die sieben Gemeinden geographisch im Uhrzeigersinn aufgeführt werden. Die bilderreiche Sprache dieses Sendschreibens enthält gezielte Anspielungen auf den Charakter der Stadt. Bei allem Reichtum konnte sich L. weder der Heilkraft des heißen Wassers seiner Nachbarstadt *Hierapolis rühmen, noch der erfrischenden Wirkung der kalten Quellen, die in der Nähe, in Kolossä, entsprangen. Mit dem Bild des lauwarmen Wassers wird die Gemeinde wegen ihrer Lauheit getadelt. »Er, der 'Amen' heißt«, rügt vor allem ihre Selbstzufriedenheit. In L. meint man, nichts und niemanden zu brauchen. In Wirklichkeit aber ist die Gemeinde geistlich arm, nackt und blind. Sie braucht »Gold«, »weiße Kleider« und »Augensalbe« dringender als ihre Bankiers, Stoffhändler und Ärzte.

Literatur: W.M. Ramsay: The Letters to the Seven Churches of Asia, 1904; M.J.S. Rudnick, E.M.B. Green: ExpT 69, 1957/58, S. 176ff; C.J. Hemer: Buried History 11/1975, S. 175-190; E.M. Blaiklock: Cities of the NT, 1965, 124-128; W. White, Jr.: ZPEB, 3/1975, 877-79. M.J.S.R./C.J.H.

LASA/KALLIRRHOË (ez-Zāra).

1. Die antike Ortslage der röm.-byzantin. Siedlung und Badestadt Kallirrhoë findet sich im Gebiet der Oase von ez-Zāra, etwa 1,5 km südl. der Mündung des Wadi Zerqa Mā'īn in unmittelbarer Strandnähe des Toten Meeres. Verschiedene antike Schriftsteller belegen ihre Bedeutung als Kur- und Badestadt schon in frühjüd.-herodianischer Zeit, vermutlich zunächst bis zum tragischen Einschnitt des röm.-jüd. Krieges. Plinius (nat. 5,72) erwähnt die heißen Quellen (*calidus fons medicae salubritatis*) und rühmt ihre medizinische Kraft. Josephus kommt des näheren (bell.Jud. I, 33,5 § 656-658; ant.Jud. XVII, 6,5Ä§ 168-173) auf einen Kuraufenthalt Herodes des Großen zu sprechen, der zum Ende seines Lebens hin (5/4 v.Chr.) den Ort aufgesucht hat, um Linderung und Befreiung von verschiedenen lästigen Krankheiten zu suchen. Obschon es beim abschließenden Ölbad zu einer Herzattacke kam und wenig später in Jericho der Tod nicht mehr aufgehalten werden konnte, muß im großen und ganzen mit einem gewissen Erfolg des ärztlichen Bemühens vor Ort gerechnet werden. Auch spätere jüd. und christl. Quellen kommen weiterhin auf die offenbar im 4. bis 6. Jh. n.Chr. erneut florierende Badestadt zu sprechen. Man war damals geneigt, sie mit Lescha (1Mo 10,19) gleichzusetzen. Wichtig ist vor allem das bildhafte Zeugnis der Ende des 19. Jh. freigelegten *Medeba-Karte, die eine Vignette bietet mit wenigstens drei Badebecken inmitten einer idyllischen Landschaft am Toten Meer, dazu näher bezeichnet als *Therma Kallirhoes* (»Thermen von Kallirrhoë«). Es scheint, daß der Ort bis zum Beginn der arab. Zeit eine gewisse Bedeutung besaß und wegen seiner heilkräftigen Wasser immer wieder aufgesucht wurde.

2. Zur Wiederentdeckung der antiken Siedlung Kallirrhoë kam es im frühen 19. Jh. Der deutsche Orientreisende U.J. Seetzen durchstreifte die Gegend im Januar 1807. Später wurde vor allem H.B. Tristram im Jahre 1872 auf verschiedene nicht unbedeutende Ruinen in Strandnähe aufmerksam. Spätere Reisende preisen die reiche Flora und Fauna der Oase, deren Abgelegenheit und Unzugänglichkeit dazu führte, daß ihre wissenschaftliche Erforschung erst in den 60er Jahren unseres Jh. begann. Besonders hervorhebenswert sind die Forschungsarbeiten des Deutschen Evangelischen Instituts für Altertumswissenschaft (Jerusalem), dessen Lehrkurse das Gebiet mehrfach vom W her zu Schiff aufgesucht haben (H. Donner, M. Noth). Früh wurde eine Reihe von Arbeiten veröffentlicht (u.a. H. Donner, H. Schult, A. Strobel), die seit 1984 Anlaß waren, eingehende Geländeaufnahmen und Ausgrabungen seitens des Instituts vorzunehmen (Leitung A. Strobel). Die Kenntnisse über die topographischen, geodätischen (W. Böser) und archäologischen Gegebenheiten (Chr. Clamer) wurden dadurch wesentlich erweitert. Aufgenommen wurde im Verlauf mehrerer Kampagnen das gesamte Gelände der wasser- und vegetationsreichen Oase, die amphitheatralisch vom Küstengebirge umrahmt wird. Erst seit den 80er Jahren wurde das Gebiet über eine Schnellstraße erreichbar, die in Kürze das gesamte Ostufer des Toten Meeres – bis dahin nur schwer zugänglich – für den Reiseverkehr erschließen wird.

3. Aus der Vielzahl von Beobachtungen und Erkenntnissen der verschiedenen Survey- und Grabungskampagnen heben wir hervor: die Reste einer in ihren Ursprüngen jüd.-röm. Hafenanlage mit einer Länge von ca. 150 m, ein größeres Terrassengebäude (ca. 80 x 40 m), vermutlich eine röm.-herodianische Villenanlage, später in röm.-byzantin. Zeit umgebaut zu einem zentralen Badehaus (mit einem größeren Badebekken), dem im Stadtplan (hippodamisch ?) eine Wohnzeile in Hanglage zugeordnet werden muß. Unweit entfernt in Strandnähe findet sich ein größeres Felsbecken, das vermutlich auch die Darstellung der Medeba-Karte bestimmt hat. Im Umfeld der zentralen Ortslage stößt man auf weitere Gebäude und mehrere Kanäle, die Beweis sind für eine gewisse landwirtschaftliche Autarkie der abgelegenen antiken Siedlung. Der Eingrenzung und dem natürlichen

Schutz der Siedlung (vor wilden Tieren) diente eine umfängliche km-lange Mauerkonstruktion, die das weite Gelände halbkreisförmig ein geschlossen hat. Die frühe Bedeutung des Hafens auch für die im Hinterland (700 m über NN) gelegene Staatsfestung *Machärus (heute: el-Mishneqa) bei Mukawer folgert sich aus einer jüngst im einzelnen untersuchten Straßenverbindung, die beide Ortslagen ebenso zentral wie bequem verbunden hat. Eine weitere wichtige Straße führte über das Wadi Zerqa Mā'īn auf der östl. Plateaustufe nach N zum Jordantal (mit Livias und Jericho). Nach S hin finden sich am Ostufer des Toten Meeres weitere antike Ortslagen (Farmhäuser und Villen), die Beweis sind für die allgemeine Erschließung der Küste schon in röm.-byzantin. Zeit.

Nicht haltbar ist die bis in jüngste Zeit hinein immer wieder erwogene Gleichsetzung der Siedlung mit Zereth Schahar (Jos 13,19).

Literatur: H. Donner: Kallirrhoë, ZDPV 79, 1963, 59-89; A. Strobel: Zur Ortslage von Kallirrhoë, ZDPV 82, 1966, 149-161; H. Schult: Zwei Häfen aus römischer Zeit am Toten Meer, ZDPV 82, 1966, 139-148; A. Strobel-Chr. Clamer: Excavations at ez-Zāra, ADAJ 30, 1986, 381-384 (mit Fotos). A.St.

LAST. Der Begriff L. wird ca. 80 mal gebraucht, um die hebr. Worte *massā', sābal, jāhab, 'aguddāh* und die griech. Worte *baros, phortion, gomos* zu übersetzen. Die Begriffe haben nur leichte Bedeutungsunterschiede und scheinen manchmal austauschbar zu sein.

Mit L. wird bezeichnet, was der Esel (2Mo 23,5) oder das Kamel (2Kön 8,9) trägt, was die Lastträger schleppen (1Kön 5,29) und was am Sabbat nicht getragen werden darf (Jer 17,21). Im übertragenen Sinn steht L. für etwas, was den Körper oder den Geist belastet (z.B. Zef 3,18), für die Gesamtverantwortung für ein Volk (4Mo 11,17), für Gottes schweres Gericht (Jes 13), für Arbeit, Gebundenheit, Leiden und Furcht (Ps 81,7; Mt 20,12), für die Gesetze Christi (Mt 11,20; Offb 2,24), für die Zeremonien der Menschen (Mt 23,4; Apg 15,28), für die Tagesarbeit (Mt 20,12), für die Unterdrückung durch die Besatzungsmacht (Jes 10,27; 14,25), aber auch für alles, was anderen Menschen das Leben erschwert (Gal 6,2).

LÄSTERN, LÄSTERUNG. L. ist ein gegen Gott oder Menschen gerichtetes Reden oder Handeln, das Verachtung, Verhöhnung, Herabsetzung und Schmähung ausdrückt. Das dt. Wort ist dabei die Übersetzung verschiedener hebr. und griech. Ausdrücke mit ähnlichen Bedeutungen (im AT: *nā'az, hārap, giddēp, nāqab, qillēl chillēl*; im NT: *blasphēmeō, loidoreō*, »lästern«, »verschmähen«, »verwerfen«, »verhöhnen«, »entweihen«, »verfluchen« u.a.).

1. Im Alten Testament.

Im AT ist die L. Gottes verboten (2Mo 22,27); Gotteslästerer sollen nach einem besonderen Ritus gesteinigt werden (3Mo 24,14-16; vgl. 1Kön 21,10.13). Nicht nur verbale Beschimpfung des Namens Gottes (3Mo 24,11; Ps 74,10.18), auch Ungehorsam ist L.: Unzufriedenheit und Rebellion gegen die von Gott eingesetzten Führer Mose und Aaron (4Mo 14,11; 16,30), Verwerfung des Gesetzes (Jes 5,24), Abwendung von Gott (Jes 1,4) und Bundesbruch durch fremde Kulte (5Mo 31,20; Hes 20,27). Ebenso kann scheinbar nicht gegen Gott gerichtetes Handeln letztlich L. Gottes darstellen: so die Bedrückung des Volkes Gottes (Jes 52,5), die Einschüchterung Hiskias durch Sanherib (2Kön 19,22/Jes 37,23), die Vergewaltigung des »Armen«, der unter Gottes besonderem Schutz steht (Spr 14,31). L. Gottes gilt geradezu als Charakteristikum des Gottlosen (Ps 10,3.13; 44,17; 73,8; 74,10.18; 139,20). Wenn (vor allem in den Klagepsalmen) von L. gegen Menschen die Rede ist, handelt es sich um üble Nachrede, Verleumdung und Spott (Ps 31,14; 35,15f).

2. Im rabbinischen Judentum.

Das rabbin. Judentum kennt drei Arten von L.: Gotteslästerung im weiteren Sinn, d.h. das Reden »gegen die Tora in frecher Weise« (SNum § 112(33a) zu 4Mo 15,30f), Götzendienst (ebd.) und Gotteslästerung im engeren Sinn, d.h. eigentliche Beschimpfung des Jahwenamens (bPes 93b; SLev 422a zu 3Mo 24,11ff), wobei dieser deutlich ausgesprochen sein muß (Sanh 7,5).

3. Im Neuen Testament.

Wenn Jesus für sich die Vollmacht der Sündenvergebung in Anspruch nimmt, stellt dies für die Pharisäer eine L. Gottes dar, weil er sich damit ein Recht anmaße, das nur Gott zukommt (Mk 2,7 par.). So führt denn auch Jesu Zeugnis von der Gottessohnschaft zum endgültigen Todesurteil durch den Hohen Rat (Mt 26,65; vgl. Joh 8,59; 10,31-39). Stephanus wird L. gegen Mose (d.h. das atl. Gesetz) und Gott vorgeworfen (Apg 6,11), seine Verteidigungsrede wird ebenfalls als Gotteslästerung empfunden, so daß er gesteinigt wird (Apg 7,58). Doch ist gerade die Verwerfung Jesu und seines messianischen Anspruchs L. (Mt 27,39 par.; Lk 22,65; 23,39). Überhaupt wird der Widerspruch der Ungläubigen gegen das *Evangelium als L. bezeichnet (Apg 13,45; 18,6; 1Tim 1,13; 1Petr 4,4; in diesem Sinn wohl auch 2Petr 2,10-12/Jud 8-10). Als Boten des Evangeliums sind Paulus und seine Mitarbeiter ihr besonders ausgesetzt (1Kor 4,13). L. Gottes ist in besonderem Maß Attribut der antichristl. Macht (Offb 13,1.6; 17,3) und der unbußfertigen Menschen (Offb 16,9.11.21). Dagegen ermahnen die sog. »Lasterkataloge« des NT die Christen, nicht zu lästern (Eph 4,31; Kol 3,8; Tit 3,2) und auch keinen Anlaß zur L. zu geben (1Tim 5,14; 6,1; Tit 2,5); Lästerer sind vom Reich Gottes ausgeschlossen (1Kor 6,10). L. durch Christen ist Abfall vom Glauben (1Tim 1,20); die L. (des Jesusnamens, wohl im Sinn von 1Kor 12,3), zu der Saulus die Christen treiben wollte (Apg 26,11), ist identisch mit der Abwendung vom Glauben an Jesus.

4. Blasphemie.

Das Fremdwort »Blasphemie«, im klass. und ntl. Griech. auch profan verwendet als »Verleumdung, Schmähung« (von Menschen, Tit 3,2), bezeichnet seit den Kirchenvätern ausschließlich Gotteslästerung.

5. Lästerung des Heiligen Geistes.

Wie alle Sünden kann auch L. vergeben werden (Mk 3,28), sogar die L. gegen Jesus (Mt 12,32; Lk 12,10). Davon ausgenommen ist jedoch die L. gegen den Heiligen Geist, für die es keine Möglichkeit der Vergebung gibt (Mt 12,31f; Mk 3,29; Lk 12,10). Unter dieser schwerwiegenden Sünde »kann unmöglich das Aussprechen irgendeiner Formel, in der das Wort *pneuma* vorkommt, verstanden sein, sondern allein die bewußte, frevelhafte Zurückstoßung der auf den Menschen zukommenden heilenden und rettenden Kraft und Gnade Gottes. Nur wer sich der Vergebung widersetzt, ist von ihr ausgeschlossen«. (H.W. Beyer, 623).

Literatur: L. Ruppert: ThWAT V, 1986, 129ff; E. Kutsch: ThWAT III, 1982, 223ff; J. Scharbert: ThWAT V, 1986, 589ff; H.W.

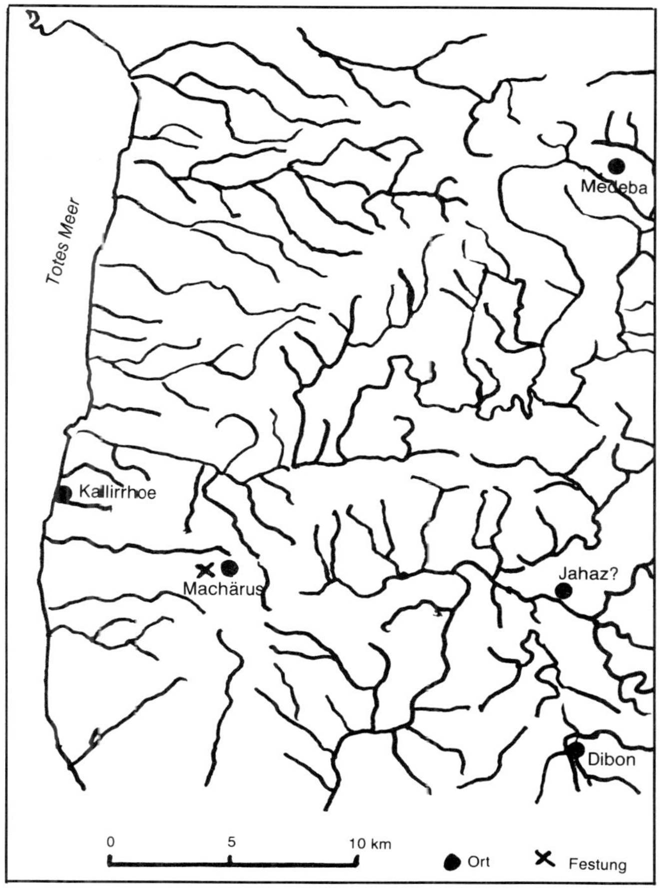

Die Lage von Lasa/Kallirrhoë am Toten Meer.

LASCHARON
s. Scharon

LAUBHÜTTE
s. Zelt

Beyer: ThWNT I, 1933, 620ff; H. Währisch, W. Mundle: TBLNT II, [4]1986, 1069ff; Bill. I, [8]1982, 1008ff; S.H. Blank: The Curse, Blasphemy, the Spell and the Oath, HUCA 23 (1950-51), 73-96. B.H.

LAUBHÜTTENFEST.

1. Das Laubhüttenfest ist das letzte der drei Wallfahrtsfeste, bei denen man in Israel vor Gott »erschien« und ihm dankbar die Erstlinge der Ernte als Opfergabe darbrachte (2Mo 23,14ff; 5Mo 16,16f). Die wichtigsten Bestimmungen für dieses herbstliche Fest finden sich in 2Mo 23,16; 34, 22; 3Mo 23,33-43; 4Mo 29,12-38; 5Mo 16,13–15; vgl. Sach 14,16; Neh 8,14-18. Der Name »Fest der Hütten« (*chag ha-sukkōt*) kommt daher, daß man für dieses Fest Hütten aus belaubten Zweigen errichtet, in denen die männlichen Glieder der Familie während der Feiertage wohnen (vgl. Neh 8,14-18; Suk 4,1). Das wird in 3Mo 23,42f damit begründet, daß Gott die Israeliten während der Herausführung aus Ägypten in Hütten wohnen ließ, so wie er selbst in der Stiftshütte mit seinem Volk umherzog (vgl. 2Sam 7,6; 1Chr 17,5).

2. Ursprünglich galt dieses Fest der Feier des Erntens (*chag ha-qāzīr;* 2Mo 23,16) und des Sammelns (*chag ha-ʾāsip,* 2Mo 23,16; 34,22) der Baumfrüchte, vor allem der Oliven und der Trauben der Weinberge, des Ertrags für Tenne und Kelter (2Mo 23,16; 34,22; 5Mo 16,13-15); dabei sollten alle fröhlich sein (5Mo 16,14). Zeitlich fiel dieses Erntefest mit der Wende des Jahres zusammen (2Mo 23,16; 34,22). Später hat man dafür die 7 (8) Tage vom 15.-21. (22.) des 7. Monats (Etanim bzw. Tischri) festgesetzt. Am ersten und letzten (8.) Tag wurde eine Festversammlung gehalten (3Mo 23,34-36).

3. Wie bei den anderen Wallfahrtsfesten wurde auch für das L. zusätzlich eine heilsgeschichtliche Begründung gegeben und der Herausführung aus Ägypten gedacht (3Mo 23,43). Die Bezeichnung »das Fest« (*hä-chāg,* 1Kön 8,2) bzw. »das Fest des Herrn« (*chag Jahwe,* 3Mo 23,39; Ri 21,19) spricht für dessen große Bedeutung; ebenso die Tatsache, daß man an diesem letzten Fest des Segens des ganzen Jahres gedachte (5Mo 16,15) und später für die einzelnen Feiertage eine große Zahl verschiedener Opfer vorschrieb (4Mo 29,12-38); für Josephus war es »das heiligste und größte Fest bei den Hebräern« (Jos.ant.Jud. 8,100).

4. Diese hervorragende Stellung des L.s hat einzelne Forscher dazu veranlaßt, es mit weiteren theologischen Themen zu verbinden, so mit der »Thronbesteigung Jahwes« analog zum babylon. Neujahrsfest (S. Mowinckel) oder mit der Bundeserneuerung (A. Weiser); auch als »königliches Zionsfest« wurde es inhaltlich näher bestimmt (H.-J. Kraus). All dies bleibt letztlich hypothetisch. Immerhin hat Salomo an diesem Fest den Tempel eingeweiht (1Kön 8,1ff; vgl. 2Makk 10,1ff) und Esra dem Volk das Gesetz vorgelesen und es erneut auf den Bund verpflichtet (Neh 8,14-18; vgl. 5Mo 31,10f). Andererseits wurde in Qumran und bei den Rabbinen der Bundeserneuerung bzw. Sinaigesetzgebung am Pfingstfest gedacht.

5. Im frühen Judentum wurde das L. immer stärker an Jerusalem gebunden (vgl. Sach 14,16). Nach Neh 8, 14-18 hat es die israelit. Kultgemeinde in Laubhütten gefeiert, die man auf den Höfen und Dächern Jerusalems und im äußeren Vorhof des Tempels erstellte. In der Tempelrolle der Qumrangemeinde werden nicht nur die verschiedenen Opfer an den jeweiligen Feiertagen genau vorgeschrieben (TR 27-29), sondern es sind auch im Plan für den idealen Tempel Balkengerüste auf dem Dach der äußeren (20 m hohen) Umfassungsmauer des Tempels vorgesehen, in die dann die Laubhütten für die 12 Stämme eingebaut werden sollen (TR 42,10-17).

6. Einen Höhepunkt der im Mischnatraktat Sukkoth (Suk) geschilderten Feier des L.s in Jerusalem bildet der 7. Tag, an dem man die Weidenzweige für den Feststrauß (*lulab*) abschnitt, und an dem die Priester in feierlicher Prozession siebenmal um den Brandopferaltar herumgingen (Suk 4,1-7). Ferner wurde an allen Feiertagen dieses Festes eine Wasserspende auf dem Brandopferaltar dargebracht, mit der man gesegnete Regengüsse für den Herbst erbitten wollte (Suk 4,9; T Sukka 3,18). Wenn Jesus nach Joh 7,2ff zum L. (*skēnopēgia*) nach Jerusalem hinaufzog und sich dort an dessen letztem und großem Tag einladend als Spender von Wasser für die Dürstenden vorstellte (vgl. Joh 7,37; Jes 55,1f), so mag er dies auch im Blick auf die Wasserspende im Tempel getan haben.

Literatur: E. Kutsch: Das Herbstfest in Israel (Diss.masch. 1955,); H.-J. Kraus: Gottesdienst in Israel, [2]1962, 79ff; Bill. II, 774-812. O.B

Laubhütte, in der der Besitzer des Feldes übernachtet, um die Ernte vor Dieben zu schützen.

LÄUFER. Dringende Nachrichten wurden in der antiken Welt von schnellen (Hiob 9,25; Pred 9,11) Läufern (hebr. *rāz/rāzīm*) überbracht (2Sam 18,19-27; Jer 51,31). Sie gehörten oftmals zur königlichen Leibwache (1Sam 22,17; 1Kön 14,27) und mußten vor dem Wagen des Königs herlaufen (1Sam 8,11; 2Sam 15,1; 1Kön 1,5). Berufsmäßige Botenläufer brachten Briefe in die Städte Israels (2Chr 30,6.10) oder in die pers. Provinzen (Est 3,13), deren straff organisierter reitender Botendienst (Est 8, 10.14) bekannt war (Hdt. Hist. VIII, 98). Die besondere Verbindung von Laufen und prophetischer Sendung deutet sich bei *Elia an, der vom *Karmel bis nach *Jesreel vor dem Wagen des Königs Ahab herlief (1Kön 18,46). Es verwundert, wenn Jahwe die Propheten nicht sendet und sie dennoch laufen, er nicht redet und sie dennoch als Propheten auftreten und reden (Jer 23,21; 8,6). Jahwe sendet seine Weisung zur Erde und sein Wort läuft schnell (Ps 147, 15; 2Thess 3,1), trifft auf willige Aufnahme: »Ich laufe den Weg deiner Gebote« (Ps 119,32). Der L. ist der eilfertige Gehorsame, der in seiner gesamten Lebenshaltung den Geboten Jahwes Ausdruck und Gestalt verleiht, d.h. in ihnen »wandelt«. Dies bestätigt sich dort, wo Paulus das Bild vom Stadionläufer (griech. *trechō*, »laufen«) aufnimmt (1Kor 9,24-27), das nur als Illustration des eilfertigen Gehorsams und der entschlossenen Zielorientierung verständlich ist, weil für die Christen nicht gelten kann, daß nur einer das Ziel erreicht, sondern daß alle im Gericht bestehen werden. Wie bei allen griech. Spielen war der Wettlauf auch bei den Isthmischen Spielen in *Korinth der populärste Wettkampf, weshalb das Bild vom L. den Korinthern lebendig vor Augen gestanden haben muß. Der atl. Hintergrund deutet sich auch dort an, wo rückblickend mit »Lauf« (griech. *dromos*) ein individuelles Menschenleben bezeichnet wird, das sich im Gehorsam gegenüber dem Auftrag Gottes verzehrt hat und dessen Ende erwartet wird (Apg 20,24), unmittelbar bevorsteht (2Tim 4,7) oder bereits erfolgt ist (Apg 13,25). Wenn Hebr 6,20 Jesus den »Vorläufer für uns« (griech. *prodromos hyper hēmōn*) nennt, so zeigt sich hier der priesterlich-sakrale Hintergrund, denn Jesus ist nicht nur das Vorbild für den Glaubensgehorsam geduldig Laufenden (Hebr 12,1f), vielmehr wurde durch seinen bis zum Ziel durchgeführten Lauf das »Laufen« derer, die ihm gehorchen, ermöglicht. M.Br.

LAUGE. Das hebr. Wort *nätär* (Spr 25,20; Jer 2,22; RevEB: »Natron«) bezeichnet die Soda (Natriumkarbonat), die sich kristallisiert als sog. Trona am Rande der ägypt. Natronseen findet und dort früh zu verschiedenen Zwecken gewonnen wurde. Sodalauge diente als Reinigungsmittel; aus Soda und Öl machte man Seife (Jer 2,22). Säure macht Soda unbrauchbar (vgl. Spr 25,20). Aus dem Zusammenhang dieser Stelle hat man vermutet, daß die Bezeichnung *nätär* auch das Natron (Natriumbikarbonat) umfaßt, das mit Säure zusammen heftig aufbraust.

LAUTER, LAUTERKEIT, LÄUTERN.
1. Die Bedeutung von L. zeigt bes. deutlich der griech. Begriff *eilikrinäs* (LXX u. NT), der aus den Wortstämmen »Sonne« und »prüfen« zusammengesetzt ist; L. heißt also »von der Sonne/ im Licht der Sonne geprüft«. L. ist demnach ein Mensch, dessen Tun die Sonne ohne Gefahr für ihn ans Licht bringen kann. Solches bezeugt Paulus von sich und seiner Predigt: 2Kor 1,12; 2,17. Er betet für die Gemeinde, daß sie am großen Gerichtstage »lauter« dastehen möge: Phil 1,10; 2,15. Der 2. Petrusbrief will der Gemeinde helfen, auf dem Fundament der Apostel und Propheten zu einer Klarheit der Erkenntnis und des Wandels zu kommen, die in den kommenden schweren Anfechtungen standhält: 2Petr 3,1. 1Petr. 2,2 steht ein sinnverwandtes Wort, das mit »unverfälscht« übersetzt wird.
2. Der Begriff »läutern« wird in der Bibel angewandt in bezug auf:
a. Metalle, die durch Feuer geschmolzen und gereinigt werden (Ps 66,10; Jes 48,10; Sach 13,9).
b. Menschen, die Gott zubereitet durch Prüfungen und Leidenswege, um zu erkennen, ob ihr Glaube rein, standhaft, geduldig und liebevoll ist: Ps 17,3; 66,10; Jes 48,10; Dan 12,10.
c. Gottes Wort (Ps 119,140), wobei aber durchläutert nur »rein«, nicht »gereinigt« bedeutet (vgl. Ps 12,7).

LAZARUS AUS BETANIEN. Leser des NT kennen die zwei Schwestern *Maria und *Marta aus *Betanien, aber sie wissen kaum etwas über ihren Bruder Lazarus. Die Theorie, daß er der reiche Jüngling gewesen sei, ist nicht mehr als eine bloße Vermutung. (Diese Theorie erscheint erstmalig in einem apokryphen Einschub zwischen V. 34 und 35 in Mk 10, der in einem Clemens von Alexandria zugeschobenen Brief als Beleg angeführt wird, s. M. Smith, Clement of Alexandria and a Secret Gospel of Mark, 1973). L. erscheint in dem Evangelium nicht wegen auffallender Charakterqualitäten oder überragender Leistungen, sondern einzig wegen des Wunders, das an ihm geschah. Vielleicht war er ein ganz durchschnittlicher Mann, der kaum über sein Heimatdorf hinaus bekannt war.
Wenn behauptet wird, die Jünger hätten mit L. ein Abkommen getroffen, er solle seinen Tod vortäuschen, damit Jesus ihn vom vermeintlichen Tode auferwecken könne und damit berühmt würde, und daß Jesus diesem Betrug zugestimmt habe, ist das allenfalls der Gewaltakt eines erfinderischen Skeptizismus. Die Erzählung klingt wie ein authentischer, nüchterner und überzeugender Bericht.

Der erste Teil von Joh 11 liest sich wie ein Augen- und Ohrenzeugenbericht: Einer, der sich mit Jesus östl. vom Jordan aufgehalten hat, wundert sich, warum er dort zwei Tage blieb, nachdem er von der Krankheit des L. gehört hatte (V. 6). Der Zeuge kann eindrucksvolle Aussprüche Jesu wiedergeben, wie etwa den von der Stundenzahl (V. 9) oder den gewaltigen Ausspruch, der in V. 25 berichtet wird. Er kennt die genaue Entfernung zwischen Betanien und Jerusalem, weil er diese Straße oft gegangen ist (V. 18). Die Worte, die Thomas und die anderen Jünger gesprochen haben, kann er wiedergeben (V. 8.12-16). All dies sind Hinweise darauf, daß das vierte Evangelium von jemand stammt, der die Taten Jesu gesehen und seine Worte gehört hat; jemand, der vertraut war mit den Gedanken, Ängsten und Schwierigkeiten der Jünger, weil er mit größter Wahrscheinlichkeit einer von ihnen war und uns Informationen aus erster Hand liefert. Da er die Begebenheiten im ersten Teil des Kap. vertrauenswürdig und nüchtern berichtet, besteht kein Anlaß, ihn der Übertreibung zu verdächtigen, wenn er vom Grab des L. berichtet. Das apokryphe Petrusevangelium mit seiner phantastischen Erzählung der Auferstehung Jesu zeigt uns, was erfinderischer Menschengeist zustandebringt, wenn er versucht, ein Ereignis zu beschreiben, das nie ein Mensch gesehen hat. Demgegenüber beweist die Nüchternheit des Auferweckungsberichts von L., daß hier ein Zeuge genau das beschreibt, was und wie er es gesehen hat. Die Geschichte enthält – so A.T. Olmstead – »Einzelheiten, die nur ein Augenzeuge berichtet. Sie ist in ihrer Form den literarischen Wundergeschichten vollkommen unähnlich. Angesichts zahlreicher Hinweise in sehr zuverlässigen Quellen, die Ereignisse nur konstatieren, darf der Historiker sie nur wiederholen, ohne psychologische oder andere Erklärungen zu suchen« (Jesus in the Light of History, 1942, S. 206).

Wäre es einleuchtend, daß ein Autor, der sich skeptischen Theorien verpflichtet weiß, mirakulöse Details verbreiten wollte, die Jesus schildern, wie er weint, kurz bevor er L. aus dem Grab ruft? Daß das Weinen Jesu erwähnt wird, darf als indirekter Beweis der Authentizität der Erzählung angesehen werden, denn »ein kalter, hartherziger Mensch, der von den Toten auferweckt, würde in den Bereich der Fiktion gehören« (E.W. Hengstenberg).

Es darf mit Recht gesagt werden, daß das Schweigen der Erzählung ebenso eindrucksvoll ist wie ihr Reden. Es wird nicht ein einziges Wort von L. wiedergegeben. Nichts wird uns gesagt über seine Erfahrung während »dieser vier Tage«, keine Enthül-

LAUTE
s. Musik

lungen werden gemacht über die Lebensbedingungen in der anderen Welt.

Fragen nach der Beziehung zwischen diesem L. und dem L. in Lk 16,19ff, der nicht von den Toten zurückkam, sind aufgeworfen, aber bisher nicht gelöst worden. Die Aussage in Joh 12,10f, daß die Hohenpriester die Ermordung des L. planten, weil so viele Menschen aufgrund der Auferweckung an Jesus glaubten, ist ein Beispiel für die Warnung in Lk 16,31: »Hören sie Mose und die Propheten nicht, so werden sie sich auch nicht überzeugen lassen, wenn jemand von den Toten auferstünde.«

Literatur: W. de Boor: Das Evangelium des Johannes, 2. Teil, WStB, 1970; G. Maier: Johannes-Evangelium, 1. Teil, 1984; J.N. Sanders: »Those whom Jesus loved«, NTS 1, 1954/5, S. 29-41. A.R./F.F.B.

LEA. (Hebr. *lē'āh*, »wilde Kuh«?). Die ältere Tochter des Aramäers *Laban. Durch seinen Betrug wurde sie *Jakobs Frau aufgrund des örtl. Brauches, daß die jüngere Tochter nicht vor der älteren heiraten durfte (1Mo 29,21-30). Sie war verständlicherweise eifersüchtig auf ihre attraktivere Schwester *Rahel.

Als Mutter von Ruben, Simeon, Levi, Juda, Issaschar, Sebulon und Dina wurde L. wie Rahel als Mitbegründerin des Hauses Israel verehrt (Rut 4,11). Sie verbündete sich mit Jakob und Rahel gegen Laban (1Mo 31,14ff). Als Jakobs Familie mit ihrem ganzen Besitz Esau entgegenzog, wurde L. ein Platz in der Mitte des Zuges zugewiesen (1Mo 33,2).

L. wurde in der Höhle *Machpela in *Hebron begraben, vermutlich vor Jakobs Reise nach Ägypten (1Mo 49,31). M.B.

LEBEN.

A. Im Alten Testament.

I. BEGRIFFE UND VORSTELLUNGEN.

1. Das Wort »Leben« (hebr. *chaj*, pl. *chajjim*) enthält den Gedanken der Aktivität. Leben ist das, »was sich regt« (1Mo 7,21f; Ps 69,35; vgl. Apg 17,28) im Gegensatz zu dem entspannten, ruhenden oder trägen Zustand des Nicht-Lebenden (vgl. Röm 7,8; Jak 2,17.20). Fließendes Wasser ist »lebendig« (1Mo 26,19) und eine schnelle Geburt ist ein Zeichen für die Lebenskraft der Mutter (2Mo 1,19). Die häufige Pluralform unterstreicht die Intensität der Idee. L. wird verbunden mit Licht, Glück, Fülle, Ordnung und aktivem Sein (Ps 27,1; Hiob 33,25ff; Spr 3,16; 1Mo 1), im Gegensatz zu Dunkelheit, Unglück, Leere, Chaos und Schweigen, den Charakteristika des Todes und des unbelebten Seins (Pred 11,8; Ps 115,17).

2. Die *Seele (hebr. *näphäsch*) als das Sein oder das »Selbst« eignet gleichermaßen dem Menschen und dem Tier, den Lebendigen und den Toten (wörtl. »zu keiner toten Seele« 3Mo 21,11; Hiob 12,10; vgl. Offb 16,3 RevEB). Doch der eigentliche sinnvolle Zustand ist »lebendige Seele« (*näphäsch chajjāh*, 1Mo 2,7), und das Wort kann daher auch einfach »Lebewesen« bedeuten. Sterben heißt, seine Seele aushauchen; und wiederbeleben heißt, sie zurückkehren lassen (Jer 15,9 RevEB; 1Kön 17,21 wörtl.: »Laß seine Seele... zurückkehren«; vgl. Apg 20,10 RevEB); nach einem anderen Bild wird sie, da ihr Sitz im Blut ist, beim Tode ausgeschüttet (3Mo 17,11 RevEB; Klgl 2,12 RevEB; Jes 53,12 RevEB). Obwohl es heißen kann, daß die Seele im vergossenen Blut weiter existiert (Offb 6,9 RevEB; 1Mo 4,10; 9,4 RevEB) oder korporativ in jemandes Namen oder seinen Nachkommen, so gehören »das Leben« und das »Selbst« des Menschen so eng zusammen, daß »das Leben verlieren« praktisch bedeutet »sein Selbst verlieren« (Pedersen, S. 151ff; Hiob 2,4; Hes 18).

3. Ähnlich können auch Geist (hebr. *rūach*) oder der Atem (*neschāmāh*) als auch, was die Lebenden von den Toten unterscheidet, mit »Leben« wiedergegeben werden. (1Sam 30,12 wörtl. »kehrte sein Geist zu ihm zurück«; Hiob 27,3). Sterben heißt, seinen Atem oder Geist zu verlieren (Hiob 27,3; Ps 104,29f; vgl. Mt 27,50 RevEB). Und Wiederbeleben kann daher auch heißen, Geist oder Atem »zurückkehren« lassen (vgl. Lk 8,55; Offb 11,11; 13,15 RevEB).

4. Das Leben ist dem Menschen als psychosomatische Einheit gegeben, in der »unsere Unterscheidungen zwischen physischem, intellektuellem und psychischem Leben nicht existieren« (von Allmen S. 231f). Nach atl. Vorstellung kann der Mensch daher als beseelter Körper beschrieben werden (Robinson S. 7). So kommt Seele parallel vor zu Fleisch oder Leib (Ps 63,2 RevEB; vgl. Mt 6,25 wörtl. »sorgt nicht um eure Seele«), zu Leben (Hiob 33,28 RevEB) und zu Geist (Ps 77,3f RevEB; vgl. Lk 1,46f). Alle diese Begriffe werden als das Selbst oder »Ich« gesehen. Es ist das »Ich«, das lebt – und das stirbt (vgl. 1Mo 7,21; Hes 18,4).

II. LEBEN ZUM TODE.

1. Was kann der Mensch geben für sein Leben (Hiob 2,4, vgl. Mk 8,37)? Er ist nicht nur ein zu einer Einheit gewordenes Wesen, sondern ein Wesen, das vom Tode bedroht ist – sterblich (Hiob 14,1), abgeschnitten vom Baum des Lebens (1Mo 3,24). Seine Existenz ist wie das geschnittene Gras oder der Tau des Morgens (Hiob 7,9; Ps 39,5f; 90,5f, vgl. 1Petr 1,24; Jak 4,14). Der Tod ist schon mitten im Leben am Werk, so daß das Leben ein Kampf gegen die Auflösung durch den Tod ist, wie Ebbe und Flut; man besitzt es immer nur in höherem oder geringerem Maße. Der müde Sklave soll sich am Sabbat ausruhen, um wieder neu »be-lebt« zu werden (2Mo 23,12 LÜ: »erquikken«). Befreiung von Krankheit, von einem Feind oder von Kummer ist Befreiung vom Tod; krank oder in Not zu sein heißt, in der Scheol zu sein (Ps 30,3f RevEB; 116,3 RevEB; vgl. Ps 72,20; 86,13). Nicht daß diese Zustände mit dem Tod gleichgesetzt würden, aber alles, was das Leben bedroht, wird immer auch als Angriff des Todes auf die Seele aufgefaßt. In diesem Sinne »starben« Adam und Eva, als sie ungehorsam waren (1Mo 2,17). Abimelech, der sich Gottes Zorn zuzieht, ist ein »toter Mann« (1Mo 20,3). Jona (Jona 2,2 RevEB) im Bauch des Fisches ist »in der Scheol«. Wer vom Tode bedroht ist, kann schon im Machtbereich des Todes gesehen werden (vgl. Lk 9,60).

2. Ebenso ist ein langes Leben als Gabe der Weisheit oder Gottes (Spr 3,16; 5Mo 5,16) meist gleichbedeutend mit dem guten Leben. »Siehe, ich habe dir heute vorgelegt das Leben und das Gute, den Tod und das Böse« (5Mo 30,15). Der Wunsch: »Lang lebe der König!« (1Sam 10,24) meint nicht einfach langes Leben, sondern ein Regiment des Friedens, des Wohlstands und Sieges. So ist der Tod des Gerechten in hohem *Alter und »lebenssatt« ein Segen, da hier ein Leben zur Fülle gelangt ist und eine von Gott gesegnete Nachkommenschaft für die Erhaltung des Namens sorgt (1Mo 25,8; 4Mo 23,10; Hiob 42,17).

3. Dennoch ist das gegenwärtige Leben ein Leben zum Tode. »Wo ist jemand, der da lebt und den Tod nicht sähe, der seine Seele errette aus des Todes Hand?« (Ps 89,49). Der Mensch wurde aus Ton geformt; er stirbt und wird wieder Staub (1Mo 3,19; Hiob 10,9; Ps 104,29; Pred 12,7). Man kann weiter »leben« in seinem Namen oder in seiner Nachkommenschaft (Ps 72,17; Jes 66,22); und beide werden in einem recht realen Sinne als eine Verlängerung der eigenen Seele betrachtet (Pedersen, S. 254ff). Aber das persönliche Leben endet, so daß das persönliche Sein nicht mehr zum »Land der Lebendigen« gehört (vgl. Ps 52,7; Jer 11,19). Zu leben bedeutet, von meinem Leben zu sprechen; im Tode gehen die Pläne des Menschen zugrunde, er kehrt zurück zur gemeinsamen Erde und wird zum Todesschlaf bei seinen Vätern versammelt (1Mo 25,8; 37,35; 5Mo 31,16). Das Ende eines Menschen ist »wie Wasser, das auf die Erde gegossen wird und das man nicht wieder sammeln kann« (2Sam 14,14).

4. Der Tod ist nicht einfach das momentane Geschehen des Sterbens, sondern der Zustand des Tot-Seins, d.h. die Scheol. Die Scheol ist »im Staub« (Hiob 17,13ff); von daher spricht man wohl von ihr am besten generisch als vom »Grab«. Als Synonym für Tod ist sie der gemeinsame Endpunkt und der abschließende Gleichmacher für alles Leben: für Menschen und Tiere, Gerechte und Böse, Kluge und Törichte (Hiob 3,13ff; Ps 49; Pred 2,14; 3,19). Sie ist ein Zustand des Schlafens, der Ruhe, der Dunkelheit, des Schweigens, ohne Gedanken oder Erinnerung (Hiob 3,16

17,13ff; Ps 6,6; Pred 9,5.10), der Ort, an dem man Gott nicht dankt, und von dem man nicht zurückkehrt (2Sam 12,23; Hiob 7,9; Ps 30,10; Jes 38,18). Der Tod ist wie ein unersättliches Ungeheuer, und man erwartet ihn (außer in der tiefsten Not) mit Furcht (Hab 2,5; vgl. 2Sam 22,5f). An einigen Stellen wird die Scheol als großes Grab dargestellt, wo es zwischen Maden ein kraftloses Geisterdasein gibt (Hes 31-32; Jes 14,4ff), ein Ort, von dem der Geist eines Menschen heraufgerufen werden kann (1Sam 28,8ff). Während die ersten beiden Bibelstellen offensichtlich poetische Darstellungen sind, weist die Szene mit der Seherin von Endor auf eine offenbar übliche – wenn auch verbotene – Praktik hin. Sie ist aber nicht charakteristisch für das AT, das Leben und Tod sonst vielmehr als unvereinbare Gegensätze sieht (gegen Johnson, S. 89). Obwohl die Scheol nicht unbedingt Nicht-Existenz bedeutet, so ist sie doch das Ende sinnvoller Existenz und »faktische Auslöschung« (Johnson S. 93). »Die Wege zu Ruhm und Herrlichkeit führen nur zum Grab«, und dieses Ende des menschlichen L.s läßt das Motto des Predigers entstehen: »Es ist alles ganz eitel, spricht der Prediger, ganz eitel« (Pred 12,8; Ps 89,48). Diesem Sieg des Todes aber stellt das AT eine hoffnungsvolle Antwort entgegen; sie liegt nicht in der Natur des Menschen, sondern in der Kraft des lebendigen Gottes.

III. DER LEBENDIGE GOTT.

1. Die verbreitete Schwurformel »So wahr der Herr lebt« (vgl. 4Mo 14,21.28; 1Sam 14,39) unterstreicht, daß Gott ein redender und handelnder Gott ist, weil er »der lebendige Gott« ist. Diese Eigenschaft unterscheidet Jahwe von allen Götzen und bestätigt nicht nur, daß er selbst der Lebendige ist, sondern weist darüber hinaus auf seine schöpferische Kraft und sein vorausschauendes Handeln hin (Jos 3,10; Jer 10,10; Jes 46,5ff). Er ist der Ursprung und der Erhalter allen Lebens, die Quelle lebendigen Wassers (Jer 17,13; Ps 36,9f). Er gibt dem Menschen den Lebensatem, er erlöst aus der Scheol und führt auf den Weg des Lebens (1Mo 2,7; Ps 16,10f; vgl. Spr 5,5f). Gott ist der Gott, der lebendig macht und tötet (1Mo 6,17; 5Mo 32,39; Ri 13,3.23; 1Sam 2,6; 2Kön 5,7).

2. Die Abhängigkeit menschlichen Lebens von Gott ist so groß, daß der Geist und Lebensatem des Menschen auch als »Hauch von Gott« und »Geist Gottes« bezeichnet werden kann (Hiob 27,3; 33,4; 1Mo 6,3; Jes 42,5). Gott gab Israel in der Wüste Manna, um ihm zu zeigen, daß auch das physische Leben erhalten wird »von allem, was aus dem Mund des Herrn geht« (5Mo 8,3; vgl. Mt 4,4; Lk 12,15.20f). Gott gibt Lebensatem, und der Mensch lebt (1Mo 2,7; vgl. Offb 11,11); wenn Gott »seinen Geist und Odem an sich zöge, so würde alles Fleisch miteinander vergehen und der Mensch würde wieder zu Staub werden« (Hiob 34,14f; vgl. Pred 12,7; Ps 90,3; 104,29f). Das menschliche Leben ist also Leihgabe, nach Gottes Wohlgefallen verliehen. Wahres L. besteht daher nicht im vergänglichen, wenn auch wohlhabenden Leben des Gottlosen, sondern darin, daß Gott »allezeit meines Herzens Trost und mein Teil« ist (Ps 73,17.26). Das L. eines Menschen ist geborgen, wenn es eingebunden ist »im Bündlein der Lebendigen bei dem Herrn«, seinem Gott (1Sam 25,29).

3. Weil L. ein »Leben in der Beziehung zu Gott« ist, sind L. und Tod auch ethische Alternativen. Das Schicksal des einzelnen und der Nation – ob es Segen und L. oder Unglück und Tod beinhaltet - ist abhängig von des Menschen Gerechtigkeit oder Sünde, von dem Gehorsam oder Ungehorsam Jahwe gegenüber (5Mo 30,15ff; Ri 2,18ff; Hes 18). Der Tod, generell gesehen – wenn er überhaupt generell gesehen wird –, gilt als Gericht über die Sünde; wegen seines Ungehorsams wurde der Mensch abgetrennt vom »Baum des Lebens« (1Mo 48). Gerechtigkeit führt zum L. und Ungerechtigkeit zum Tode (vgl. Ps 73,17; Spr 11,19), auch wenn das nicht immer so aussieht. Gerechtigkeit ist ein »Weg des Lebens«; durch sie wird der Mensch von den Schrecken der Scheol errettet (Am 5,4.14; Spr 6,23; Hab 2,4f).

4. Gott hat keine Beziehung zur Scheol oder zu ihren Bewohnern. Aber dies darf nicht so verstanden werden, als ob Gott keine Macht über die Scheol hätte. Grundlegend für den atl. Glauben ist, daß Jahwe, der lebendige Gott, auch über die Toten und über die Scheol regiert. Heilung (2Kön 5,7.14), Totenauferwekkung (1Kön 17,20ff; 2Kön 4,16.33ff), die Rettung Israels vor dem Untergang als Nation (Ri 7,2ff; Hos 13,14; Hes 37); das Aufkeimen neuen Lebens in einer unfruchtbaren Frau (1Mo 17,15ff; Ri 13,2f; 1Sam 1,11.19f; 2,6) – dies alles offenbart die Macht Gottes über die Scheol, denn auch die Krankheiten sind Einbrüche des Todes ins Leben, denen Gott seine Auferstehungskraft entgegensetzt.

Während Gottes Macht, Menschen aus der Scheol zu erretten, im ganzen AT zumindest implizit vorausgesetzt wird, kommt seine Absicht, dies zu tun, nur an wenigen Stellen zum Ausdruck (vgl. Jes 25,8; 26,19; Hiob 19,26; Ps 16,8-11; 49,15f; Dan 12,2). Wo es jedoch gesagt wird, da ist diese Überzeugung voll entwickelt und offenbar nicht neu (W.O.E. Oesterley, Jews and Judaism during the Greek Period, 1941, S. 183). Sie hängt zusammen mit zwei anderen Überzeugungen und ist vielleicht eine Folgerung daraus:

a. Gottes ausdrücklich ausgesprochene Beziehung zu dem gestorbenen Gerechten und

b. die Erlösung des Volkes Israel durch Gott, verstanden im Rahmen der »korporativen Persönlichkeit«, in der die Wirklichkeit des einzelnen in der Wirklichkeit des Ganzen aufgehoben und erhalten wird. Später greift Jesus – ebenso wie die anderen Rabbinen – den ersten Gedanken als Schlüssel zum rechten Verständnis des AT auf (Mt 22,31f; Lk 20,37f; vgl. Bill. 1, S. 893ff):

a. Gott sagt zu Mose »Ich bin der Gott Abrahams«;

b. Abraham ist in der Scheol;

c. Gott ist der Gott der Lebendigen und hat keine Beziehung zum Scheol;

d. daher ist zu schließen, daß Gott Abraham aus der Scheol auferwecken wird.

5. Das Auferstehungsleben wird (wie im Spätjudentum) materialistisch beschrieben. Es ist erneuertes Leben, in dem das »Leben« (d.h. Wohlstand, Frieden und Fülle) gesteigert ist und die Schrecken der Scheol gebannt sind (Jes 27; vgl. Offb 21-22). Seine Verwirklichung (Jes 26,19; Dan 12,2) gehört zu der zukünftigen messianischen Erlösung und ist, als neugeschaffenes Leben, ausschließlich das Ergebnis des souveränen und gnädigen Handelns Gottes. Gott, der durch sein schöpferisches Wort den Menschen ins L. gerufen hat, wird einst durch die *Auferstehung den Staub wieder ins L. rufen.

B. Im Neuen Testament.

I. BEGRIFFE UND VORSTELLUNGEN.

1. Das griech. Wort *bios* bedeutet sowohl »Lebenslauf« als auch »Lebensunterhalt« (Mk 12,44 RevEB; 1Tim 2,2; 1Joh 3,17 RevEB Anm.). Das andere griech. Wort für Leben, *zōē*, bezeichnet im NT besonders (und in den johanneischen Schriften durchweg) das Auferstehungsleben; daneben bedeutet es aber auch allg. »Lebenslauf« (Lk 16,25; Phil 1,20), das Seelenleben oder die natürliche Lebenskraft (Apg 8,33; 17,25; Phil 1,20; 1Tim 4,8; vgl. Joh 4,50) und die Lebensdauer (Jak 4,14). Die Begriffe »Seele«, *psychē*, und »Geist«, *pneuma*, behalten auch im NT ihre Doppelbedeutung »Selbst« bzw. »Leben«. Ebenso wie mit »Leben« ist auch mit »Seele« einfach »das Sein« oder »natürliches Leben« gemeint (Mk 8,36; vgl. Lk 9,25). Die Seele kann bis zum Auferstehungsleben bewahrt bleiben (Joh 12,25), aber zunächst ist sie identisch mit dem natürlichen L., das man beim Tode verliert (Mt 2,20; Joh 15,13; Apg 20,10; 1Joh 3,14) oder, noch wichtiger, mit dem adamitischen L., dem L. des alten Äons, dem L. unter Gottes Gericht (Lk 12,20; vgl. 1Kor 2,14; 15,44ff; Jak 3,15). »Geist« kann zwar auch, wie im alten Israel, das Lebensprinzip des adamitischen L.s bezeichnen (Joh 19,30 RevEB; Apg 7,59), wird jedoch meistens mit dem auferstehungsleben assoziiert. Als solches sucht es dann im Gegensatz zu dem natürlichen oder »seelischen« L., das ein L. unter dem Gericht ist (vgl. Jud 19; Joh 6,63; 1Kor 15,44f RevEB).

2. Ebenso wie im AT ist das L. und das Sein des Menschen, auch wenn es unter verschiedenen Aspekten betrachtet werden kann, eine psychoso-

matische Einheit. Der griech. Dualismus zwischen Seele und Leib tritt im Gleichnis Lk 16,19ff hervor; das ist aber nicht im Einklang mit der gesamten Schau und Lehre des NT.

II. LEBEN UNTER DEM SCHATTEN DES TODES.

1. Die atl. Sicht wird fortgesetzt:

a. L. ist eine Leihgabe, vergänglich, abhängig von Gott, und in seiner Hand (vgl. Mt 4,4). Der Mensch kann sein seelisches L. weder verlängern noch zerstören (Mt 6,25ff; Lk 12,25; Jak 4,14f). Gott kann es entweder verwerfen oder es zum Auferstehungsleben auferwecken (Mt 10,28; Lk 12,20; 1Kor 15,44; 1Joh 5,16; vgl. Jak 5,20).

b. Das L. ist wie Ebbe und Flut. Echtes L. bedeutet, in Gesundheit zu leben (Joh 4,50).

2. In radikaler Weiterentwicklung atl. Gedanken rückt die ethische Qualität des L.s in seiner Beziehung zu Gott ins Zentrum. Jemand, der in Verbindung mit Gott steht, kann, obwohl er tot ist, als lebendig betrachtet werden (Lk 20,38). Andererseits ist ein Gott entfremdetes L. überhaupt kein wirkliches L. (Eph 4,18f). Jemand, der so lebt, kann als »tot« angesehen werden (Lk 9,60; Röm 8,10; 1Joh 3,14; Offb 3,1; vgl. Lk 15,24). Einem solchen L., auch wenn es noch als solches bezeichnet wird, wird das wirkliche L. gegenübergestellt (1Kor 15,19; 1Tim 6,19). Das natürliche L. gewinnt Bedeutung nur vom neuen Äon her (Gal 2,22; Phil 1,22; 1Tim 4,8).

3. Der Ruf Johannes des Täufers: »Tut Buße« bildet den Auftakt des NT (Mt 3,2; vgl. Apg 11,18; 17,30f). Alles Leben steht unter dem nah bevorstehenden Gericht; und von jedem, der am Leben der neuen Welt teilhaben möchte, wird eine Entscheidung gefordert. Kriminelle, die sich todeswürdiger Verbrechen schuldig gemacht haben, gelten keineswegs als spezielle Sünder: »Wenn ihr nicht Buße tut, werdet ihr alle genauso umkommen« (Lk 13,3). Ebensowenig kann der Mensch sich auf seinen Reichtum als auf ein besonderes Zeichen der Gnade Gottes verlassen. Auf der Höhe menschlicher Sorglosigkeit spricht Gott: »Du Narr, diese Nacht wird man deine Seele von dir fordern« (Lk 12,20). Neben dieser (atl.) Sicht, daß der physische Tod das Gericht über das natürliche oder seelische L. ist, verlagert sich der Gerichtsgedanke jetzt häufiger auf die Parusie (Mt 24,36ff; 25,31ff), die Auferstehung zum Gericht (Joh 5,28), den zweiten Tod (Offb 21,8), wobei Gott »Seele und Leib« in der *Hölle vernichtet (Mt 10,28). Das natürliche oder seelische L. (*psychē*), im Gegensatz zum Auferstehungsleben (*zōē*), ist adamitisches L., L. unter dem Gericht, das ohne *zōē* zugrunde gehen muß (Joh 3,16). So ist denn auch der natürliche oder »seelische« Mensch ein Mensch, dessen L. auf den untergehenden alten Äon ausgerichtet ist. Der natürliche oder »seelische« Leib steht unter dem Einfluß der Scheol-Macht, die den alten Äon bestimmt (1Kor 2,14; 15,44; Jak 3,15; Jud 19).

4. Das Gericht des Todes ist stellvertretend an Jesus Christus vollzogen worden, dem eschatologischen Adam (1Kor 15,45), der »zur Sünde gemacht« wurde und freiwillig der Scheol seine Seele preisgab als ein »Lösegeld« (Mk 10,45; Joh 10,15; 2Kor 5,21; vgl. Mk 14,34; Jes 53,6.10; Apg 8,32ff; 1Petr 2,24), um der Welt das Auferstehungsleben zu geben (Joh 6,51). Aber die Seele Christi ist nicht in der Scheol geblieben. Durch seinen Auferstehungssieg nimmt er sein Leben zurück (Apg 2,31; Joh 10,17f). Kraft seines »unzerstörbaren Lebens« wird er zum »lebendigmachenden Geist«, der an seinem Sieg und *Auferstehungsleben seinen Auserwählten Anteil gibt (Hebr 7,3.16; 1Kor 15,45; Eph 4,8; Joh 5,21; 17,2). Dadurch hebt Christus für immer die Drohung der Scheol für die Menschenseele auf.

5. Das L. der Seele braucht nun nicht mehr preisgegeben werden. Wer es liebt oder es zu erhalten versucht, wird es verlieren. Wenn jemand es aber für Christus, das Evangelium oder die Glaubensgeschwister verliert oder aufgibt, wird er es erhalten und in das Auferstehungsleben hinein aufgehoben werden (Mk 8,35f; Joh 12,25; 1Joh 3,16; 2Kor 12,15; Phil 2,30; Offb 12,11). An Christus zu glauben oder einen Sünder zu bekehren, bedeutet, seine Seele vom Tode zu erretten (Hebr 10,39; Jak 1,21; 5,20; 1Petr 1,9 RevEB). Ein Mensch, der glaubt, wird nie wirklich sterben (Joh 8,51f; 11,26; vgl. Joh 10,28; Mk 9,1); denn in Christus wird der Tod verwandelt in ein zeitlich begrenztes »Schlafen in Christus« (1Thess 4,14; vgl. Mk 5,39; Joh 11,11). Sowohl das natürliche oder »seelische« L. als auch das Auferstehungsleben sind das L. des Selbst, des ganzen Menschen. Letzteres verdrängt das Erstere nicht, sondern erhält und verwandelt es.

III. AUFERSTEHUNGSLEBEN.

1. Die atl. Vorstellung vom guten L. findet im NT eine eschatologische Erfüllung als Auferstehungsleben (*zōē*). Weil es das allein wahre L. ist, kann es auch einfach als »Leben« bezeichnet werden (Apg 5,20; 11,18; Röm 5,17; 2Petr 1,3; 1Joh 5,16). Es wird in Verbindung gebracht mit Licht (Joh 8,12), Herrlichkeit (1Petr 5,1.4; vgl. Jak 1,12), Ehre (Röm 2,7), Fülle (Joh 10,10), Unvergänglichkeit (2Tim 1,10), Auferstehung und ewigem Leben (Joh 6,40; 11,25), dem Reich Gottes (Kol 1,13; Mt 25), mit Heiligkeit (Röm 6,22f), Freude (1Thess 2,19), Geist (Joh 6,63; vgl. 1Kor 15,45) und Unzerstörbarem (Hebr 7,16; 1Petr 1,23). Dem werden Finsternis (Kol 1,13), Trübsal (Röm 2,9), Tod (1Joh 3,14), Sterblichkeit (2Kor 5,4), Untergang (Mt 7,13f), Gericht (Joh 5,28f), Verderben (Gal 6,8), Zorn (Röm 2,7f; Joh 3,36) und ewige Strafe (Mt 25,46) gegenübergestellt. Das L. zu haben, bedeutet zu »bleiben« (Joh 6,27; 15,5). Es nicht zu haben, heißt, zu verdorren (Joh 15,6), als vertrockneter Ast verbrannt zu werden (Mt 7,19) und in der Hölle zugrundezugehen (Mt 10,28; Mk 9,43ff; Offb 20,14f).

2. Wie auch im AT ist L. letztlich das L. Gottes, des Ewiglebenden (Röm 5,21; Offb 4,9). Er hat das L. in sich selber und besitzt allein Unsterblichkeit (Joh 5,26; 1Tim 6,16). Er kann lebendig machen und er kann töten (Röm 4,17; 2Kor 1,9; 1Tim 6,13; Mt 10,28f; Jak 4,14f; Lk 12,20).

3. Das L. Gottes ist in Jesus Christus offenbar. In den synoptischen Evv. verheißt Jesus seinen Jüngern das Auferstehungsleben (Mk 8,34ff; 9,42ff; 10,29f; Mt 25,46) und offenbart seine Macht, es zu verleihen: heilen heißt »Leben retten« (Lk 6,9) und »Leben geben« (Mk 5,23). Die Scheol selbst wird beraubt durch das schöpferische Wort Christi (Mk 5, 39ff; Lk 7,14f; vgl. Joh 11,43).

Das vierte Ev. und die ntl. Briefe, stärker von der Auferstehung Christi bestimmt, heben das noch mehr hervor. Christus ist »wahrer Gott« und »das ewige Leben« (1Joh 5,20; Joh 1,4; 14,6). Er ist »der Fürst des Lebens« (Apg 3,15), dem der Vater gegeben hat, »Leben in sich selber« zu haben (Joh 5,26). Er ist »die Auferstehung und das Leben« (Joh 11,25), »das Brot des Lebens« (Joh 6,35) und seine Worte sind »Geist und Leben« (Joh 6,63). Durch seine Auferstehung erweist er sich als Herr und Richter der Lebendigen und der Toten (Mt 25,31ff; Mk 14,62; Joh 5,27ff; Apg 10,42; 17,31; Röm 10,9f; 14,9; 2Tim 4,1; vgl. 1Petr 4,5; Offb 11,18). Schon während seines irdischen Wirkens hat Jesus als Messias und Gottessohn sich dafür eingesetzt, den endzeitlichen Triumph des göttlichen L.s über die Macht des Todes zeichenhaft vorwegzunehmen; das tat er vor allem in seinen Heilungswundern. Auch am Sabbat hielt er es für geboten, »Leben zu retten« (*psychēn sōsai*, Mk 3,4) und »wiederherzustellen« (Mk 3,5), was unter der Herrschaft von Sünde und Tod geschädigt war und wahres L. beeinträchtigte. Denn der Sabbat ist der Tag, an dem der Mensch ruht und »Leben einholt« (2Mo 23,12), so wie das Gott selbst vorbildlich tat und noch immer tut (2Mo 31,17). Gerade durch sein heilendes, L. restaurierendes Handeln am Ruhetag erwies sich Jesus als »Herr auch über den Sabbat« (Mk 2,28). Nach dem vierten Ev. hat er dieses für die Juden befremdliche und als Sabbatbruch verurteilte Tun (vgl. Mk 3,6) mit dem Hinweis auf den göttlichen Vater verteidigt, der »bis jetzt arbeitet« (5,17): Gott sorgt immerzu und – trotz des Arbeitsverbots – auch am Ruhetag für seine Geschöpfe, um diesen den Gewinn neuer Lebenskraft zu ermöglichen; denn der Sabbat ist ja um des Menschen willen geschaffen (Mk 2.27). Auch Gott will am Sabbat Atem holen; er zieht »seine Seele [Leben] zurück«, rekreiert sie (*napasch* Niphal, 2Mo 31,17). Er hat das L. in sich (Joh 5,26), und aus der Fülle dieses L.s schenkt er L. gerade auch am

Ruhetag. Die Form *wajjinnafesch* (Niphal, 2Mo 31,17) kann auch als Piel gelesen werden, *wînappesch:* Gott »gibt Leben«, atmet L. aus am Sabbat, erneuert und erhält das L. der Kreatur. An dieser schöpferischen, L. schenkenden Arbeit beteiligt er auch den Sohn: Der Vater hat »auch dem Sohn gegeben, Leben zu haben in ihm selbst« (Joh 5,26). Das bedeutet eine revolutionäre Wendung, einen Sieg des Lebens in der messianischen Zeit: Der Menschensohn empfängt von Gott nicht etwa Herrschaft, Macht und Ehre, um die Völker zu beherrschen (vgl. Dan 7,14), sondern die Kraft, L. zu geben wie Gott selbst. Bei dieser Lebensübergabe an den Sohn hat der vierte Evangelist wohl an 1Mo 1,26; 2,7 gedacht: Der ewige *Logos wird an der Erschaffung des Menschen mitbeteiligt (vgl. 1Mo 1,26: »Lasset uns Menschen machen!«); als der Auferstandende haucht er die Jünger mit dem Geist des L.s an, so wie Gott dem ersten Menschen den Lebensodem gab (Joh 20,22, vgl. 1Mo 2,7). Deshalb hat Jesus auch am Sabbat L. gerettet und erneuert (Mk 3,4f), so etwa bei dem Mann mit der »vertrockneten«, leblosen Hand (Mk 3,1-6 par.) oder bei dem gelähmten und bewegungsunfähigen Mann am Teich Betesda (Joh 5,1ff). Dabei verströmte er das göttliche L., das er in sich selbst hat. Das ganze vierte Ev. offenbart Jesus als den Gottessohn, der mit den Gaben Wasser, Brot und Licht L. schenkt. Dieses L. ist das ewige L., und der Sabbat als ein Tag lebenschaffender Arbeit des Christus wird zum Vorschein des Tags des Menschensohnes und der Auferweckung der Toten (Joh 5,24-29). Lebensbringer ist Jesus vor allem dadurch, daß er sein L. für die Menschen in den Tod gibt (Joh 10,18) und die Sünden als die Ursache des Todes auf sich nimmt und wegträgt (Joh 1,29; vgl. Mk 10,45; Joh 3,16). Eben darum wird er am endzeitlichen Schöpfungswerk der Totenerweckung beteiligt: »Denn wie der Vater die Toten aufweckt und lebendig macht, so macht auch der Sohn lebendig, welche er will« (Joh 5,21). Die Kraft des ewigen L.s ist der Heilige Geist (Joh 6,63), den der Fleischgewordene bei seiner Taufe im Jordan als bleibende, auf ihm ruhende Gottesgabe erhalten hat (Joh 1,31. 33; vgl. Jes 11,2). Durch die Auferstehung Jesu Christi ist das unvergängliche L. in der Geschichte dieser Welt Ereignis geworden. Seine Auferstehung wird die Grundlage für die Auferstehung; und die Auferstehung aller muß von der Auferstehung Jesu her verstanden werden (vgl. 1Kor 15; Kol 3,4; 1Joh 3,2). Die Auferstehungshoffnung beruht nicht nur, wie im AT, auf prophetischer Vision oder auf logischen Schlußfolgerungen aus Gottes Bundesbeziehungen. Sie kann auch nicht mehr nur als erneuertes L. aus der Scheol aufgefaßt werden. Auferstehungsleben erhält jetzt seinen Sinn in seinem Vorbild Jesus Christus ... (Röm 8,29).

4. So ist für den Menschen wahres L. in Jesus Christus begründet, der »zum Geist« wurde, »der lebendig macht« (1Kor 15,45; vgl. Joh 6,63; 2Kor 3,17). Das Zentrum des Evangeliums ist, daß er, der tot war, in Ewigkeit lebt (Apg 2,31ff; 1Kor 15,3ff; Offb 1,5.18). Kraft seines unzerstörbaren L.s gibt er der Welt das L. (Hebr 7,16; Joh 6,33). Wäre Christus nicht von den Toten auferstanden, müßte der Tod eines Christen als Schlußstrich bezeichnet werden (1Kor 15,18.32). Nun ist Christus aber auferstanden und hat die »Schlüssel zur Scheol«; denn der Tod konnte ihn nicht überwältigen und ebensowenig kann er die Gemeinde Christi überwältigen (Mt 16,18; Offb 1,18). Und Jesu L. wird dem Gläubigen zuteil durch Buße, Glauben und Taufe (Apg 11,18; Joh 3,16; 11,25f; Röm 6,4). Durch dieses L. wird man »gerettet« (Röm 5,10). Im Tod Jesu Christi und in seiner Auferstehung dringt Gott radikal in die Welt des Menschen ein, um ihn die tödliche Wirkung der Sünde und die Größe der Gnade eines neuen L.s erkennen zu lassen – das ist ein unergründlicher, unerwarteter und frei geschenkter Akt der Rettung.

5. Ebenso wie das adamitische L. wird auch das Auferstehungsleben durch Gottes schöpferisches Wort verliehen und erhalten. Der Mensch verfügt nicht darüber, er kann lediglich dieses L. eingehen, es ererben oder empfangen (Mk 9,43ff; 10,17.30; Tit 3,7; 1Petr 3,7). Durch böse Taten oder Zurückweisung des Evangeliums kann er sich selber des L.s als unwürdig erweisen (Apg 13,46; vgl. Röm 1,32); andererseits kann er durch den Geist Dinge vollbringen, die zum ewigen L. führen (Mk 10,17ff; Joh 5,28f; Röm 2,7; 2Kor 5,10; Gal 5,22; 6,8). Solches Tun ist jedoch nur durch eine Beziehung zu Christus im Glauben möglich (Röm 1,17; Joh 20,31). Der Glaube an Christus vermittelt das L. (Joh 6,53f; Röm 6,23; Kol 3,3; 1Joh 3,14; 5,13).

Gott gibt das L. wem er will (Joh 1,13; 5,21), denen, die dafür bestimmt sind und deren Namen im »Buch des Lebens« stehen (Apg 13,48; Röm 9,11; Phil 4,3; Offb 17,8; 20,12ff) seit Grundlegung der Welt. Das neue L. ist Auferstehung, Wiedergeburt, ein souveräner und gnädiger Akt des Schöpfers (Joh 5,24f; Röm 6,4; Kol 3,1ff; Eph 2,1ff; Joh 1,13).

6. In den synoptischen Evv. wird dieses L. stets als zukünftig beschrieben und in Verbindung mit dem kommenden Reich Gottes gesehen (Mk 10,17.23; 9,43.47; Mt 25,46). Der Weg, der dorthin führt, ist durch die Sünde blockiert und wird nur von wenigen gefunden; und doch: das L. zu erreichen ist das höchste Ziel und eines jeden Opfers wert (Mk 9,42ff; Mt 7,14; 13,44f); denn nur so kann die Seele des Menschen erhalten werden (Mk 8,34ff; vgl. Joh 12,25).

7. In den johanneischen und paulinischen Schriften setzt sich diese auf die Wiederkunft Christi ausgerichtete Sicht fort (Joh 5,24.28f; 6,40; 11,24; 14,3.6.19; Röm 5,10; 6,22; 2Kor 5,4ff; 13,4; Phil 3,10f; vgl. 1Kor 15,52ff). Andererseits wird hier das Auferstehungsleben aber auch als schon gegenwärtiger Besitz des Gläubigen angesehen. In der Bekehrung zu Christus dringt der Mensch vom Tod zum L. hindurch (1Joh 3,14; vgl. Joh 5,24; Eph 2,1ff). Es kann daher sogar in der Vergangenheitsform davon gesprochen werden, daß die Gläubigen »mit Christus gekreuzigt« und »mit Christus lebendig gemacht« worden sind, daß sie in das Reich Christi »versetzt« worden sind, ja, daß sie mit ihm »verherrlicht« worden, für den Himmel auserkoren sind (Gal 2,19f; Eph 2,5f; Kol 1,13; Röm 8,30). Doch wird dies bei Paulus (und wohl auch bei Johannes) immer als eine korporative Teilhabe am Tod und an der Auferstehung Christi gesehen (Röm 6,4; 8,2; 2Tim 1,1; vgl. Joh 6,33.51ff), die uns durch den Heiligen Geist gewährt wird, das »Unterpfand« oder die »Anzahlung« für das L. im neuen Zeitalter (vgl. 2Kor 4,12; 5,5). Unser L. ist verborgen mit Christus in Gott (Kol 3,3); das L. zu haben bedeutet einfach, Christus zu haben (1Joh 5,11f). Für den Einzelnen wird das Auferstehungsleben jetzt schon verwirklicht in Form einer ethischen Erneuerung und inneren Verwandlung (Röm 8,10; 12,1; Gal 5,22f; Kol 3,1ff. 9f; Eph 4,18ff); doch das Selbst in seiner Sterblichkeit bleibt dem Tod unterworfen. Nur in der Parusie wird die Sterblichkeit »verschlungen vom Leben« und die Macht der Scheol überwunden (1Kor 15,26.52ff; 2Kor 5,4; vgl. Offb 20,13f). In der Gegenwart manifestiert sich der Sieg nur in Jesus Christus »als dem Erstling unter denen, die entschlafen sind«, »dem Erstgeborenen unter vielen Brüdern« (1Kor 15,20; Röm 8,29). Ebenso wie im alten Israel findet das Todesproblem keine Lösung in philosophischer Spekulation über die Unsterblichkeit oder in dem Schattenleben der Scheol, sondern gerade in der Erlösung aus der Scheol. Ein Kind Gottes zu sein bedeutet, ein Kind der Auferstehung zu sein (Lk 20,36). Und der auferstandene Sohn Gottes läßt seine Gemeinde an diesem Sieg teilhaben. Ebenso wie in Adam alle Menschen sterben müssen, so werden durch Christus alle zum L. auferweckt werden (1Kor 15,22).

Auferstehungsleben ist leibliches L., ein L. des ganzen Menschen (Lk 24,39ff; Joh 5,28f; 1Kor 15; Phil 3,21; Offb 20,13). Es bedeutet, bei Christus zu sein (Joh 14,3; Kol 3,4; 1Thess 4,17), Gott ganz von Angesicht zu sehen (1Kor 13,12; 2Kor 5,7; 1Joh 3,2; Offb 22,4), in das Reich Gottes einzutreten (Mt 25,34.46), die Erfüllung der Verheißung von »Gerechtigkeit und Friede und Freude in dem Heiligen Geist« zu erleben (Röm 14,17; vgl. Offb 21-22), wo alle Schrecken des Todes beseitigt sind.

Auferstehungsleben wird »mein Leben« sein. Die Kontinuität der Person besteht jedoch nicht in der immerwährenden Monade (Leibniz) oder in Platons dem Leib entfliehender Seele.

Sie ruht in Gott, »denn Ihm leben sie alle« (Lk 20,38), er ist der Gott, »der die Toten lebendig macht und das, was nicht ist, ruft, daß es sei« (Röm 4,17).

Literatur: O. Betz: Jesus und das Danielbuch, Bd II: Die Menschensohnworte Jesu und die Zukunftserwartung des Paulus (Dan 7,13-14), S. 37-64; ders., W.Grimm: Wesen und Wirklichkeit der Wunder Jesu, 1977; W. Grimm: Der Ruhetag, Sinngehalt einer fast vergessenen Gottesgabe, 1980. E.E.E./O.B.

LEBER. Dieses Wort findet sich nur im AT. Das hebr. *kābēd* stammt von der Wurzel »schwer sein«, bzw. im übertragenen Sinn: »geehrt werden«; daher ist die L. das schwere Organ. Das Wort kommt 14 mal vor, davon bezieht es sich 11 mal in 2Mo und 3Mo auf die L. eines Opfertieres. Der »Lappen an der Leber« (2Mo 29,13), der jeweils mit den Nieren zusammen erwähnt wird, wurde auf dem Altar verbrannt. Bei Josephus findet sich eine Liste der Teile, die auf dem Altar verbrannt wurden (Jos.ant.Jud. 3.229): die Nieren, die Lappen und das Fett, das an den Leberlappen hing.

Es ist jedoch unwahrscheinlich, daß sich der »Lappen«, *jōtärät*, auf einen Leberlappen bezieht, vermutlich jedoch auf das umgebende Fett oder möglicherweise auch auf die Bauchspeicheldrüse. Wörtl. bedeutet der Ausdruck »Überrest« oder »Anhang«. Von daher kann man nicht direkt sagen, ob die L. selber auf dem Altar verbrannt wurde so wie etwa das innere Fett oder die Nieren. Bei Hesekiel (Hes 21,26) erscheint die L. als Hilfsmittel zum Wahrsagen wegen ihrer inneren Maserung. Viele Tonmodelle von L.n, die zu diesem

Tonmodell einer Schafsleber aus Babylonien, mit »Omina« für den Gebrauch von Wahrsagern beschriftet. 13,3 × 8,3 cm, 1830–1530 v.Chr. (BM)

Zweck hergestellt worden waren, wurden im Vorderen Orient ausgegraben. Ein ähnlicher Brauch war bei den Etruskern bekannt, von wo aus er zu den Römern kam (latein. *haruspex*, »Eingeweideschauer«). Neben Hes 21,26 bezeichnet L. in der bildlichen Sprache von Spr 7,23 und Klgl 2,11 den Sitz und das Zentrum des Lebens (vgl. *Herz, *Nieren). B.O.B.

LEDER
s. Handwerk

LEGION. Griech. *legiōn* (von latein. *legio*), kommt im NT viermal vor. Die L. war die Hauptabteilung der röm. Armee, und umfaßte zwischen 4000 und 6000 Mann. Sie war in 10 Kohorten unterteilt, diese wiederum in je sechs Zenturien. Manchmal wurde eine kleine Kavallerie-Division (latein. *ala*) aus ca. 120 Leuten gebildet.

Im 1. Jh.v.Chr. standen in Syrien normalerweise drei bis vier L.en. Bis zum Ausbruch des jüd. Aufstandes (66 n.Chr.) leisteten Hilfskohorten Polizeidienste in Palästina.

Das Wort L. wird im NT dazu verwendet, eine große Anzahl zu beschreiben, wie in Mt 26,53 (Engel) und in Mk 5,9.15; Lk 8,30 (die Dämonen, die den besessenen Gerasener beherrschten). R.P.G.

Inschrift der Legio X Fretensis *auf dem Aquädukt in Cäsarea (M).* (AEHL)

LEHRAMT. Ein eigenständiges und offizielles L. bildete sich erst im nachexilischen *Judentum in Gestalt des Standes der *Schriftgelehrten heraus, und zwar im Zuge der Auseinandersetzung mit den Einflüssen der hellen. Kultur. Das NT kennt die Bindung der Gemeinde an Jesus Christus als ihren einzigen *Lehrer (Mt 23,8-10) und davon abgeleitet die Bindung an die *Lehre der Apostel (Apg 2,42; Röm 6,17; 16,17; Gal 1,6-9; 1Thess 2,15; 3,6). Dabei ist die Lehre stets eine integrierte Teilfunktion im Gesamtzusammenhang der Wortverkündigung und der Gemeindegründung bzw. des Gemeindeaufbaus und der Gemeindeleitung. Entsprechend weisen nur wenige Stellen des NT auf ein eigenes Amt der Lehre hin (*Lehrer, IV.); dieses dient dann der Unterweisung der Gemeinde im Willen und Plan Gottes unter Voraussetzung des *Evangeliums als vorgegebener Grundlage. Wo das L. mit den Leitungsämtern verknüpft ist, verbindet sich damit auch der Kampf um die rechte Lehre und eine gewisse Aufsichtsfunktion über die Lehre in der Gemeinde (Apg 20,28-31; Tit 2,1-10, vgl. 1Tim 1,3; 1Petr 5,2f). Dabei wird aber keinem Amt als solchem die Vollmacht zugewiesen, letztgültig und verbindlich über die Lehre zu entscheiden. Die Empfänger der Pastoralbriefe sollen die ihnen aufgetragene Aufsicht über die Lehre nicht als Inhaber eines kirchlichen Amtes, sondern als Beauftragte des Apostels ausüben. Und auch der Apostel selbst ist der Gemeinde gegenüber kein Machthaber, sondern tritt als Ermahnender, Zurechtweisender, Lehrender an ihre Einsicht, ihre Erkenntnis und ihren Gehorsam Appellierender vor sie hin (2Kor 1,24; Galaterbrief; Kol 2; vgl. 1Petr 5,3); dabei ist auch die *Gemeinde als Gesamtheit keine Instanz, die letztlich über die Lehre entscheiden könnte, sondern bleibt unter das ihr verkündigte und vorgehaltene Wort gestellt. Insofern vollzieht sich der Kampf um die rechte Lehre jenseits institutioneller Abgesichertheit. Amtsträger und Gemeinde bleiben an das unvertretbare Lehren Christi und des Geistes gewiesen (Joh 16,13-15; 1Joh 2,20f.27).

Über der Gemeinde des Alten wie des Neuen Bundes steht die eschatologische Perspektive, daß der Dienst der Lehre aufhören wird, weil alle Glieder der Gemeinde selbst in der vollen *Erkenntnis Gottes stehen werden (Jer 31,33f; 1Kor 13,8ff; vgl. Joh 16,22f).

Zum Ganzen vgl. *Lehre und *Lehrer. H.H.

Nachbildung eines in Jerusalem gefundenen Ziegels mit dem Stempel der Legio X. Fretensis, der 10. röm. Legion, die an der Eroberung Jerusalems im Jahre 70 n.Chr. beteiligt war und anschließend die ständige Besatzung Judäas bildete. (Vgl. Jos.bell.Jud. 5,69.269; 7,17; Dio Cassius, Römische Geschichte 55, 23, 3). (RP)

Die 22. römische Legion (aus Alexandria, vgl. Tac.hist. 5,1) wurde zeitweise von Caelius kommandiert, der auf dieser Grabstele des 1. Jh. n.Chr. dargestellt ist. (RS)

LEHRE. (Neben Lehre und lehren sind weitere Stichworte in der LÜ: belehren, Belehrung, unterrichten, unterweisen, Unterweisung, z.T. auch kundtun).

I. IM ALTEN TESTAMENT.

Im AT sind es vorwiegend drei Bereiche, in denen L. eine wesentliche Rolle spielt:

1. Es ist Aufgabe des Familienvaters, der nachwachsenden Generation eine elementare Einführung in die Grundlagen von Israels Existenz zu geben, vor allem wohl anläßlich der *Feste Israels. Inhalt dieser Elementarlehre sind einerseits die grundlegenden Taten Gottes an seinem Volk (2Mo 12,26f; 13,8), andererseits die Gebote Gottes (5Mo 6,6f; 11,18f) und ihr Zusammenhang mit seiner Rettungstat (5Mo 6,20-25).

2. Aufgabe der Priester ist es, das Volk im Willen Gottes, im kultischen und allgemeinen Recht zu unterweisen, vielfach in unmittelbarem Zusammenhang mit konkreten Rechtsentscheidungen (3Mo 10,10f; 5Mo 17,8-13; 2Chr 17,7-9; Hes 44,23). Vernachlässigung oder falsche Ausübung dieser Lehraufgabe führt dazu, daß das Volk die Beziehung zu seinem Gott verliert und von ihm abfällt (5Mo 13,6; 2Chr 15,3; Jes 9,14; 29,13; Hes 22,26; Hos 4,1.4-6).

3. Weisheitslehrer unterrichten ihre Schüler in Fragen praktischer Lebensklugheit (Spr 4,1ff; 13,14; Pred 12,9; Hiob 8,8ff). Auch diese L. steht aber letztlich unter der Frage nach dem Willen und Gebot Gottes (Pred 12,13f; Spr 1,7; 9,10).

4. Auf dieser Grundlage wird auch der Rückblick auf Israels Geschichte zum Gegenstand lehrhafter Betrachtung in weisheitlichem Stil (5Mo 32; Ps 78).

5. In zusammenfassender Perspektive dient L. dazu, ihren Hörer auf rechtem Weg zu leiten (2Mo 18,20; 1Sam 12,23; 2Chr 6,27; Ps 25,4.9; 51,15; Jes 2,3), ihm die Furcht Gottes (Ps 34,12; Tob 1,10) und Erkenntnis Gottes (Hos 4,1.6; Jer 31,34) zu vermitteln.

6. Vor allem auf weisheitlichem Hintergrund bildet sich verbreitet ein Sprachgebrauch heraus, der von »Lehre« schlechthin spricht und sie preist, ohne einen bestimmten Inhalt oder Gegenstand dieser L. zu nennen (Spr 4,19; 9,9; 16,16.21-23); so sehr erscheint das Belehrtwerden selbst als ein lebenswichtiges Gut. Dabei bleibt aber bewußt, daß alles auf den rechten Inhalt der L. ankommt, damit sie nicht in die Irre führt (Ps 119,37; Spr 19,27; Sir 16,24; 21,12-23; 39,1-15).

II. IM NACHEXILISCHEN JUDENTUM.

Im nachexilischen Judentum wird die L. zur Sache eines autorisierten Standes von *Schriftgelehrten. Auf der Grundlage, daß nunmehr »das Gesetz« als fest umrissener Schriftenkanon vorliegt, wird L. zur Schriftauslegung nach festen Regeln. Freilich nicht im Sinne einer Beschränkung auf die expliziten Inhalte der Schrift, sondern so, daß die L. umfassend allen Orientierungsbedürfnissen zu dienen hat, daß aber alle ihre Inhalte durch geregelte Auslegungsmethoden auf die Schrift zurückgeführt und begründet werden müssen.

III. IM NEUEN TESTAMENT.

1. Die Evv. stellen das Lehren als einen wesentlichen Bestandteil des Wirkens Jesu dar. Aufgrund der überlieferten Worte Jesu lassen sich auch Inhalte und thematische Schwerpunkte seines Lehrens benennen: das Kommen der Herrschaft Gottes (Mk 1,15; Mt 13), der Wille Gottes (Mt 5,17-48; Lk 10,25-37), die Nähe und Fürsorge Gottes (Mt 6; 10,28-31) usw. Es ist aber auffällig, wie weitgehend die Ev. vom Lehren Jesu absolut sprechen, ohne Angabe eines Inhalts. Darin spiegelt sich zweierlei:

a. Jesu L. erschöpft sich nicht darin, dem Hörer bestimmte Inhalte zu vermitteln; durch die Inhalte seiner L. will Jesus seine Hörer *ganz* in die Gegenwart und unter den Willen Gottes stellen: Es geht nicht nur darum, *etwas* von ihm zu lernen, sondern sich schlechthin von ihm lehren zu lassen.

b. Entsprechend sieht die ntl. Gemeinde Jesus als den *Lehrer schlechthin, neben dem es keinen anderen gibt (vgl. Mt 23,8-10). Die Auseinandersetzung Jesu mit den Schriftgelehrten (Mt 16,1-12; 19,1-9; 22,15-46; 23,1-36; Mk 7,1-23) wurzelt in der eben angedeuteten Grundausrichtung seiner L.; der hier aufbrechende Gegensatz schließt zwar die Auseinandersetzung um einzelne Lehrinhalte ein, greift aber tiefer und betrifft die letzten Grundvoraussetzungen der L. (vgl. Mt 7,28) und des Lebens (Mt 23,1-36; Mk 7,6-13).

2. In der Apostelgeschichte ist »Lehre« ein zusammenfassender Begriff für die christl. Verkündigung im ganzen (Apg 2,42; 5,28; 13,12; 17,19). Ähnlich kann der Begriff auch in den Pastoralbriefen (1Tim 6,1; Tit 2,10) und – allerdings in anderer, auf die Bindung der Gemeinde an die L. zielender Akzentuierung - im Römerbrief (6,17; 16,17) verwendet werden.

3. Der Begriff kann aber auch eine spezielle Gabe und Aufgabe meinen, die im Zusammenwirken mit anderen Gaben dem inneren Aufbau der Gemeinde dient (1Kor 1,5; 14,6.26; 1Tim 3,2; 5,17; 2Tim 4,2; Tit 2,7) und darin etwa von der Missionspredigt zu unterscheiden ist. Die ntl. Briefe sind in gewisser Weise selbst Beispiele solcher L.; an verschiedenen Stellen ermöglichen sie uns auch einen gewissen Einblick in zentrale Themen und Inhalte grundlegender Gemeindeunterweisung in ntl. Zeit (z.B. 1Kor 15,3-5; 1Thess 1,9f; Tit 2,11-15; Hebr 6,1f). Zur L. gehört dabei wesentlich auch die Auslegung des AT (2Tim 3,16; vgl. 1Kor 15,3-5; Gal 4,21-31).

4. In der L. steht für die Gemeinde Wesentliches auf dem Spiel: sie ist gefährdet durch fremde, falsche, menschliche L.n, die sie vom Evangelium Gottes abbringen und auf Irrwege führen (Eph 4,14; Kol 2,8.22; 1Tim 4,1; 5,13; Tit 1,11; Hebr 13,9). Demgegenüber gilt es, an der L. festzuhalten, die die Gemeinde vom Apostel empfangen hat (2Thess 2,15; 3,6; vgl. Gal 1,6-9). Die Pflege und Bewahrung der rechten L. ist in besonderer Weise ein Anliegen der Pastoralbriefe (1Tim 4,6.16; 6,3f; 2Tim 1,13; 4,2f; Tit 1,9; 2,1.7). (S.a. *Irrlehre).

IV. ZUSAMMENFASSUNG.

Lehre ist durch die ganze Bibel hindurch nicht vom Akt des Lehrens und Gelehrtwerdens zu trennen. Sie ist nicht eine für sich bestehende theoretische Wahrheit, nicht ein bloßer wahrer Gedankeninhalt. L. ist ein Geschehen; sie trägt in konkreter Unterweisung ihre Wahrheit in das Leben der Hörer hinein, damit es durch sie gestaltet werde (vgl. Röm 15,4; 2Tim 3,16). Dabei spricht die L. nicht nur und nicht primär den Intellekt an, sondern den Willen bzw. den Menschen als ganzen (freilich auch nicht unter Umgehung des Intellekts!). Ihr Inhalt ist darum entscheidend, weil er die inhaltliche Bestimmung dieses Geschehens ist: an ihm entscheidet sich die rechte oder in die Irre führende Ausrichtung des Lebens der Gemeinde und des einzelnen Christen.

Literatur: K.H. Rengstorf: ThWNT II, 1935, S. 138-168; ders.: ThWNT IV, 1943, S. 392-465; W. Bittner: EGL, ²1986, S. 325f; J. Schniewind: Theologie und Seelsorge, in: ders.: Zur Erneuerung des Christenstandes, 1966, S. 58–64. H.Ha.

LEHRER.

I. IM ALTEN TESTAMENT.

Das AT kennt zwar das Lehren als eine wichtige Aufgabe der Priesterschaft, aber keinen besonderen Stand von Lehrern und Lernenden. Wohl sind die Weisen L. des Volkes, und ihr Verhältnis zu denen, die von ihnen lernen, wird im Bild des Verhältnisses von Vater und Sohn dargestellt (Spr 1,8; 3,1; 4,1.20; 5,1.7 u.ö.); aber sie haben dabei kein offizielles Amt, und ihre Lehre zielt auf alle, die von ihnen lernen wollen, und nicht auf einen besonderen Kreis von Schülern und Anhängern. – In aller rechten menschlichen Lehre geht es letztlich um die Unterweisung im Willen Gottes, wie er im Gesetz offenbart ist, und auch Weisheit wird als eine Gabe Gottes zur Leitung der Menschen angesehen (Spr 2,6; Pred 2,26). Darum steht über allem Lehren von Menschen Gott selbst als der eigentliche L. seines Volkes (2Chr 6,27; Ps 25,4.9; 71,17; 90,12; 119,7.12.66.102; Jes 30,20f; 48,17f) und aller Völker (Jes 2,3; Jer 16,21). Diese Linie hält sich auch im NT durch (Mt 23,8-10; Joh 6,44-47; 7,16f; 8,28; 14,26; 16,13-15; 1Joh 2,20f.27; Gal 1,11; 1Kor 2,13; 1Thess 4,9).

II. IM NACHEXILISCHEN JUDENTUM.

Das Schriftgelehrtentum des nachexilischen Judentums übernimmt die Bildung von *Jüngergemeinden, wie sie in den hellen. Philosophenschulen üblich war, und macht sie der Bewahrung des väterlichen Glaubens dienstbar. Der Schüler ist ganz dem L. untergeordnet und ihm Dienst und Gehorsam schuldig. Er bewahrt die Lehre seines Meisters und überliefert sie weiter, so daß eine feste Traditionskette entsteht, die sich in letzter Instanz auf Mose als den grundlegenden L. Israels zurückführt (vgl. Mt 23,2; Joh 9,28f). Autorisiertes Glied des Standes der Schriftgelehrten wird der Schüler erst durch eine formelle Ordination unter *Handauflegung.

III. IM NEUEN TESTAMENT.

Jesus lehrte in der Form, wie sie bei den Schriftgelehrten üblich war, und sammelte wie sie einen Kreis von Jüngern um sich; dementsprechend wird er auch allg. als »Lehrer« (bzw. »Rabbi«; LÜ: »Meister«) angeredet. Dabei unterscheidet ihn aber dreierlei von den Schriftgelehrten:

1. Er hat nicht die vorgeschriebene Ausbildung durchlaufen und ist durch keine Ordination legitimiert (Joh 7, 15; vgl. Mt 13,54-57 par.).

2. Er bezieht sich mit seiner Lehre zwar immer wieder auf die Schrift und erkennt ihre Autorität an, aber er tritt nicht als Tradent der von Mose überkommenen Lehre auf, sondern lehrt in eigener Vollmacht und stellt sich dabei auch pointiert in ein Gegenüber zu Mose (Mk 2,18-28; 12,13-17; Mt 5,21-48; 7,28f).

3. Er erzieht seine Jünger nicht in erster Linie zu Schriftgelehrten, die eine Lehre weiterzugeben haben, sondern er zielt mit seiner Lehre darauf, die Menschen für das Kommen des Reiches Gottes zu öffnen und sie in die unverstellte Gegenwart Gottes zu rücken, so daß sie bereit werden, sich im ganzen Gehorsam auf den Willen Gottes und in zuversichtlichem Glauben auf Gottes Güte und Fürsorge einzulassen (Mt 5-7; 19,3-9; 12,49f; 25,31-46; Lk 13,22-30; 11,5-13; 17,5f). So werden die Jünger Jesu nicht selbst zu L. und Tradenten einer neuen Lehrtradition, für die sie sich auf ihn als das Schulhaupt berufen könnten, vielmehr gilt in der ntl. Gemeinde Jesus als der einzige von Gott autorisierte L., dessen Autorität sich mit keiner Autorität irgendeines Nachfolgers verbinden läßt (vgl. Mt 23,8-10; s.a. *Lehre, III).

In der **Apostelgeschichte** wird die Wortverkündigung der Apostel analog zur Tätigkeit Jesu als ein Lehren beschrieben (Apg 2,42; 4,2.18; 5,21.25.28.42 u.ö.). Von einer Lehrtätigkeit des Paulus ist auch in den Briefen die Rede (1Kor 4,17; Kol 1, 28; 1Thess 4,1; 1Tim 2,7; 2Tim 1,11 An einigen Stellen werden L. als Inhaber eines besonderen Dienstes in der Gemeinde erwähnt (Apg 13,1; Röm 12,7; 1Kor 12,28f; Eph 4,11; Ja 3,1; vgl. auch Gal 6,6; 2Tim 2,2); bezüglich des Inhalts ihrer Tätigkeit wurden verschiedene Möglichkeiten vermutet bzw. erschlossen: Paränese (auf Christus ausgerichtete) Auslegung des AT, Pflege und Weitergabe von Jesustradition und Bekenntnisformeln. Sicherlich handelte es sich nicht um ein Amt, das eigene Befugnisse zu verbindlichen Lehrentscheidungen gehabt hätte. In den *Pastoralbriefen, für die die Bewahrung der rechten Lehre und die Ausscheidung falscher Lehre ein wichtiges Anliegen ist, ist die Lehre wesentlich als Aufgabe des *Bischofsamtes und des unter apostolischem Auftrag stehenden Briefempfängers gesehen (1Tim 1,3ff; 3,2; 4,11.13; 2Tim 2,2; 2,24 Tit 2,7; 3,8); und auch in Eph 4,11 ist wohl mit »Hirten und Lehrer« ein einziger Dienst gemeint.

Literatur K.H. Rengstorf: ThWNT II, 1935, 150-162; ders.: ThWNT IV, 1943, 417-464; G. Harder: BHH II, 1964, 1064-1066; R. Riesner: Jesus als Lehrer, [3]1988; H. Greven: Propheten, Lehrer, Vorsteher bei Paulus, in: ZNW 44/1952-53, S. 1-43; H. Schürmann: »...und Lehrer« in: ders.: Orientierungen am Neuen Testament, 1978, S. 116-156; A.F. Zimmermann: Die urchristlichen Lehrer, [2]1987. H.Ha.

LEIB/KÖRPER. Das hebr. Wort für Leib, Körper, Fleisch, *bāsār* wird im AT sowohl für das Tier wie für den Menschen gebraucht. Es beschreibt die Leiblichkeit der Lebewesen. Den gleichen Sinn hat das griech. Wort *sōma* im NT und auch die deutsche Wiedergabe mit Leib, Körper. Es werden aber mit diesem Begriff jeweils ganz unterschiedliche Aussagen über den Menschen gemacht, je nachdem, in welchem Zusammenhang er verwendet wird. Interessant ist, daß das deutsche Wort »Leib« ursprünglich »Leben« bedeutet hat; das zeigt sich in Zusammensetzungen wie »leibeigen« und »Leibrente«, sowie im englischen Wort life, »Leben«.

I. IM ALTEN TESTAMENT.

1. Das hebr. *bāsār* meint zuerst einmal den sichtbaren Körper des Menschen bzw. des Tieres. Es gehört wesenhaft zum Menschen, daß er eine körperliche Gestalt hat (*Mensch). Das wird ohne jede Abwertung festgestellt. Im Gegenteil: es gibt im AT eine unbefangene Freude an der Schönheit des Menschen. Von Saul wird ausdrücklich vermerkt, daß »niemand unter den Israeliten so schön wie er« war (1Sam 9,2). Ebenso gilt das von David (1Sam 16,12.18). In besonderer Weise beschreibt das Hohelied begeistert den Körper des geliebten Mannes (Hld 5,10-14) und des geliebten Mädchens (Hld 7,2-6 u.a.). So kennt das AT eine ganz unverdorbene Freude am menschlichen Körper. Allerdings ist äußerliche Schönheit kein Maßstab zur Beurteilung eines Menschen: »Lieblich und schön sein ist nichts; ein Weib, das den Herrn fürchtet, soll man loben« (Spr 31,30).

2. Das AT weist aber auch auf die andere Seite der menschlichen Leiblichkeit hin: sie macht die Begrenztheit des menschlichen Lebens offenbar. Der Körper wird mit zunehmendem Alter welk, und nach dem *Tod wird der Mensch wieder zu Erde (1Mo 3,19). Er ist eben nur *Fleisch (Ps 78,39). Darum ist es töricht, sich auf Fleisch, d.h. auf Menschen in ihrer begrenzten Macht, zu verlassen (Jer 17,5). Das AT weiß um diese Versuchung, auf natürliche Kräfte zu bauen und sich von menschlicher Macht blenden zu lassen. Gerade die körperliche Kraft des Menschen kann Anlaß sein, Gott zu vergessen. Wenn aber die Schwachheit seines Leibes den Menschen einholt, wird er Gott wieder suchen: »...darum kommt alles Fleisch zu dir. Unsere Missetat drückt uns hart, du wollest unsere Sünde vergeben« (Ps 65,3f). So umschreibt das hebr. Wort *bāsār* den ganzen Menschen auch in seiner Schuld, Schwachheit und Begrenztheit (Ps 63,2).

3. Sein Körper gibt dem Menschen die Organe, mit denen er Gott begegnen kann. Er hat ein Ohr, mit dem er auf Gottes Rede achten kann. »Gott der Herr hat mir das Ohr geöffnet« (Jes 50,5). Im *Hören auf sein Wort wird Gott erlebt, wird seine Weisung und Kraft empfangen. Im Hören auf Gott ist der Mensch erst wirklich Mensch. Und mit dem Mund kann er zu Gott sprechen, kann vor ihm klagen und ihn bitten, ihn loben und preisen. »Herr, tu meine Lippen auf, daß mein Mund deinen Ruhm verkündige« (Ps 51,17). Darin liegt der entscheidende Unterschied zum Tier, daß der Mensch mit Gott ins Gespräch kommen kann und darf. Die Möglichkeit solchen Gesprächs ist ganz konkret körperlich gegeben, mit Ohr und Mund und einem *Herzen, das verstehen kann. Darum kann das AT nicht gering vom Körper des Menschen denken. Gott hat ihn so geschaffen und mit der Möglichkeit begabt, ihm begegnen zu können.

4. Zudem weiß das AT um die Verflochtenheit von seelischem und körperlichem Erleben. Was ein Mensch seelisch empfindet, äußert sich auch körperlich, und körperliche Vorgänge drücken sich auch seelisch aus. Ps 73,26: »Wenn mir gleich Leib und Seele verschmachtet...«, zeigt, wie unlösbar beides ineinanderwirkt, in schweren wie auch in guten Erlebnissen: »Mein Leib und Seele freuen sich in dem lebendigen Gott« (Ps 84,3). So wird der Mensch als Ganzheit von Leib und *Seele gesehen, und in solcher Einheit ist er offen zu Gott hin, auf ihn angewiesen.

II. IM NEUEN TESTAMENT.

Die Aussagen des NT gehen grundsätzlich in die gleiche Richtung. Das griech. Wort *sōma* meint ebenfalls nicht nur den Körper des Menschen als einen Teil von ihm, sondern den ganzen Menschen als körperliche Person.

1. Besonders bei *Paulus spielt das Wort eine wichtige Rolle. Hier wird es zum zentralen Begriff für das persönliche Ich des einzelnen Menschen. Von der Art und Weise, wie er mit seinem Körper umgeht, wird sein ganzes Wesen geprägt. Von sich aus hat der Mensch seinen Leib in den Dienst der *Sünde gestellt (Röm 6,19); darum wird er von der Sünde beherrscht (Röm 6,6). Er ist den körperlichen Begierden verfallen (Röm 6,12; *Begehren). Paulus deckt vom *Kreuz Jesu her die völlige Gebundenheit des Menschen unter die Macht der Sünde auf, die sich im körperlichen Leben auswirkt. Das Kreuz Jesu aber richtet und tötet den Leib, erlöst ihn so vom Ungehorsam (Röm 6,6). Die Macht der Sünde ist damit gebrochen. Darum kann der Christ sein Leben ganz unter die Herrschaft Jesu Christi geben (Röm 6,13). Daß der Christ frei von der Macht der Sünde ist, zeigt sich gerade in einem neuen Umgang mit den Schwächen und Begierden seines körperlichen Lebens (Röm 13,13f). Er lebt konzentriert wie ein Sportler: »Ich bezwinge meinen Leib und zähme ihn« (1Kor 9,27). Diese Körperbeherrschung wird z.B. konkretisiert im Umgang mit Essen und Trinken, mit Geschlechtlichkeit und Gefühlen (Röm 13,13), mit Arbeit und Ruhe, Wachen und Schlafen (Mk 14,37) und in bezug auf Bindungen jeglicher Art (1Kor 6,12). Der Leib mit seinen Kräften und Fähigkeiten wird bewußt zum *Opfer hingegeben (Röm 12,2). So bekommt er eine neue Ausrichtung: »der Leib für den Herrn«, und eine neue Würde: »der Herr für den Leib« (1Kor 6,13). Auch die Aussagen des Paulus über leibliche Enthaltsamkeit oder Ehelosigkeit (1Kor 7) rühren keineswegs von einer leibfeindlichen Einstellung her, sondern meinen einen besonderen Verzicht um der besonderen Sache des Reiches Gottes willen. Die »christliche« Leibfeindlichkeit stammt in Wahrheit aus dem Griechentum. Besonders der Philosoph Platon (427-347 v.Chr.) gewann großen Einfluß mit seiner Lehre, daß der Leib das Gefängnis der Seele sei, die erst mit dem Tod von dieser unwürdigen Fessel frei würde und als unsterbliche in die obere, göttliche Welt zurückkehre. Mit dieser Vorstellung wurde die bibl. Sicht des Menschen als körperlich-seelische Einheit auseinandergerissen, die Seele als gottähnliche Größe verselbständigt und der Leib als bloß irdische Hülle der Seele abgewertet. Für den Christen gilt vielmehr die höchste Aussage, die überhaupt vom menschlichen Körper gemacht werden kann: er darf »Tempel des heiligen Geistes« sein (1Kor 6,19f).

2. Dennoch bleibt der Leib der kreatürlichen Begrenztheit unterworfen, er bekommt die Auswirkungen von Sünden und das Leid von Krankheiten zu spüren, er ist dem Tod verfallen (Röm 7,24). So wartet er noch auf die vollkommene *Erlösung (Röm 8,23), die Gott in der Auferweckung der Toten schaffen wird. In der *Auferstehung erhält der Mensch einen neuen Leib (1Kor 15,35ff) gleich dem verherrlichten Leib Jesu Christi (Phil 3,21).

Paulus gebraucht den Ausdruck Leib weiterhin auch bildlich für die organische Einheit der *Gemeinde Jesu (Röm 12,5; 1Kor 12,12ff) und für die Verbundenheit der Gemeinde mit ihrem Herrn (Eph 4,15f; Kol 2,19). K.H.M.

LEIB CHRISTI. Der Begriff »Leib Christi« (*sōma Christou*) begegnet im NT ausschließlich in Briefen, deren Absenderangaben den Namen des Paulus tragen. Dabei lassen sich drei Bedeutungsvarianten unterscheiden, die jedoch miteinander in engem Zusammenhang stehen.

1. Leib Christi als Kreuzesleib.

Durch den Tod am Kreuz, in den Christus seinen Leib hingegeben hat, hat er die Gemeinde in das Heil Gottes gestellt, damit sie für Gott fruchtbar und heilig lebt (Röm 7,4; Kol 1,22; vgl. Hebr 10,10; zur Redeweise vom Leichnam Jesu als »Leib Jesu« bzw. »des Herrn Jesus« vgl. Mk 15,43 par.; Lk 24,3; Joh 20,12).

2. Leib Christi als der im Herrenmahl gegenwärtige Kreuzesleib.

Der am Kreuz das Heil bewirkende Leib Christi wird beim Herrenmahl der Gemeinde zuteil. Er ist für sie in den Tod gegeben (1Kor 11,24), und sein Genuß in Gestalt des Brotes bedeutet nicht nur Andenken und Verkündigung des Todes Jesu (11,24.26), sondern auch und vor allem Gemeinschaft (*koinōnia*) mit und Teilhabe (*metecho*) an Jesu sühnendem Sterben (10,16f; vgl. Röm 6,3-6 bzgl. der Taufe). Dieser in der Heilsverbindung mit Christus erhaltende Segen (vgl. 1Kor 10,16) geht vom Herrenmahl aber nur aus, wenn dabei der Leib Christi von normaler Speise unterschieden, d.h. unter Achtung der Heilstat Christi am Kreuz das Brot eingenommen wird (11,29), da andernfalls Züchtigung durch Gott erfolgt (11,32).

3. Der Leib Christi als Symbol für die Gemeinde bzw. die Kirche.

a. Erster Korintherbrief und Römerbrief.

Zur Redeweise von der Gemeinde als Leib dürfte Paulus durch die Anschauung des Christusleibes beim Herrenmahl gelangt sein. Denn aus der *Gemeinschaft mit dem einen Leib Christi* folgert der Apostel das *Ein-Leib-Sein* aller das Herrenmahl Feiernden, d.h. der Gemeinde (1Kor 10,16f). Dabei verrät die parallele Formulierung »*ein* Brot, *ein* Leib«, zu dem die Teilhabe an dem einen Brot zusammenschließt (V. 17), daß der Ausdruck »*ein* Leib« symbolhaft die Einheit der Gemeinde beschreibt.

Inwieweit diese Einheit der Gemeinde »in Christus« gewährleistet ist, die Gemeinde also den Leib *Christi* bildet, verdeutlicht 1Kor 12,12-27. Dabei ist vor allem die Deutung der grundlegenden Aussagen in V. 12f sehr umstritten, weshalb alles Folgende nur unter einem gewissen Vorbehalt gesagt werden kann. Zunächst einmal ist festzustellen, daß V. 12 – entgegen der Auffassung vieler Exegeten – nicht auf die Identität von Christus und dem Leib abzielt und von daher auch die weithin vertretene Gleichsetzung: Christus = Leib Christi = Kirche unzulässig ist (in diese Richtung könnte man den Vers aufgrund des unvollständig formulierten Schlusses: »so auch der Christus«, interpretieren). Vielmehr hat Paulus bei der Sache, die er mit dem Bild des menschlichen Leibes vergleicht, die *Gemeinde* als Einheit »in Christus« in der Vielheit ihrer Glieder vor Augen und nicht Christus selbst als Leib, den die Gemeinde bildet, wie der Duktus des Abschnitts deutlich zeigt. Vermutlich hat der Apostel V. 12 nicht – wie man erwarten sollte – mit »so auch der Leib Christi« abgeschlossen, um nicht als Vergleichspunkt eines Bildes wiederum ein Bild zu erhalten. Demzufolge dürfte der Vers sinngemäß wie folgt aufzulösen sein: ... so hat auch der Christus viele Glieder (vgl. 1Kor 6,15), die aber, obgleich viele, *ein* Leib sind. Paulus kommt es dabei auf die – nicht substantielle, sondern relationale – *Zugehörigkeit* der Glieder zu Christus an, wodurch der Leib Christi erst konstituiert wird.

Das zeigt V. 13, allerdings wiederum mit einer exegetischen Schwierigkeit: *Eis hen sōma ebaptisthēmen* dürfte - entgegen der Auffassung der Mehrzahl der Exegeten – nicht mit »*in einen* (bereits vorhandenen) Leib *hinein*getauft« zu übersetzen sein, sondern mit »*zu einem* Leib getauft«. Denn andernfalls bräuchte Paulus die Einheit des Leibes nicht mehr mit der Einheit des Geistes zu begründen; sie wäre ja als der *eine* Kreuzesleib Christi, in den hinein die Gläubigen getauft würden, bereits vorgegeben. (Wie sollte außerdem die Teilhabe am Kreuzesleib Christi im Herrenmahl – 1Kor 10,16f - gedacht sein, wenn die Christen ohnehin in diesen Leib bereits einverleibt wären?) Der Leib Christi ist also das *Ergebnis* von Geistverleihung und Taufe der einzelnen Gläubigen, deren neue, »in Christus« gewonnene Identität nun derart Gestalt gewinnt, daß sie als Glieder Christi *einen* Leib »in Christus« bilden. Anders ist Christsein für Paulus nicht möglich. Dabei ist ihm die Einheit des Leibes gewährleistet in der Einheit des Geistes, sie entsteht durch Taufe und Geistverleihung und wird erhalten, aktualisiert, sichtbar und erfahrbar im Herrenmahl.

In diesem einen Leib sind alle ethnischen und soziologischen Unterschiede zu einer organischen Einheit verbunden (V. 13; vgl. Gal 3,28), in der jedem Glied eine spezifische und für die Gesamtheit des Leibes als *Dienstgemeinschaft* unentbehrliche Funktion zukommt (V. 14-26). Das Bild, mit dem dieser Sachverhalt verdeutlicht wird, hat Paulus sehr wahrscheinlich dem stoischen Organismusgedanken entlehnt (vgl. die Fabel des Menenius Agrippa nach T. Livius 2,32, wo die soziologische Gemeinschaft des röm. Volkes mit einem Leib und dem Verhältnis seiner Glieder zueinander verglichen wird).

Der Apostel nennt diese Dienstgemeinschaft deswegen »Leib Christi« (V. 27), weil er seine Identität nur von seinen Gliedern »in Christus« her gewinnt. Denn die Taufe »auf Christus« führt zur Einheit der Glieder »in Christus« (Gal 3,28), im Geist Christi realisiert sich die Verbindung der Glieder mit Christus (1Kor 6,17), und im Herrenmahl werden die Glieder immer wieder neu vom Heilsgeschehen in Christus her als ein Leib konstituiert. Die Gemeinde ist Leib Christi als Dienstgemeinschaft der verschiedenen Glieder nur »in Christus«, nur in der ständigen Bezogenheit auf ihn und in der Verbundenheit mit ihm. Deswegen nennt Paulus sie in Röm 12,5 auch ausdrücklich »*ein* Leib in Christus«. Leib Christi ist für ihn also »weder eine bloße Metapher für die *Gemeinde* noch ein Synonym für *Christus,* sondern eine Interpretation des *In-Christus-Seins*« als »eine *leib*-hafte Wirklichkeit, die im gegenseitigen Dienst der In-Christus-Seienden zu sich selbst kommt« (Merklein, 339f, Hervorhebung im Original). Aus diesem Grund hat für den Apostel die Rede vom Leib Christi ihren angestammten Ort in der Paränese (Röm 12,4f; 1Kor 10,16f; 12,12-27).

b. Kolosserbrief.

Das ändert sich im Kol, wo vom Leib Christi auch in lehrhaftem Kontext gesprochen wird und gegenüber 1Kor und Röm unverkennbar eine Weiterentwicklung stattgefunden hat: Die Kirche als der eine Leib Christi ist *als solche* zum Gegenstand der Reflexion geworden, und zwar in dreierlei Hinsicht: Erstens ist vom Leib Christi – im Gegensatz zu 1Kor und Röm – primär im Sinne der Universalkirche die Rede (1,18.24; 2,19) und nur noch sekundär im Hinblick auf die konkrete Ortsgemeinde (3,15). Zweitens ist das Haupt nicht mehr nur eines von vielen Gliedern des Leibes (so 1Kor 12,21), sondern Christus selbst als der dem Leib übergeordnete Herr (1,18; 2,19). Drittens erscheint neu der Gedanke des Wachstums des Leibes, das von Christus als dem Haupt aus vonstatten geht (2,19).

Um diese Weiterentwicklung der Leib-Christi-Vorstellung im Kol zu erklären, ist es nicht erforderlich, der Brief einem anonymen Verfasser zuzuschreiben, denn alle drei Punkte erweisen sich als durchaus paulinisch:

– Die Universalkirche ist zweifello[s] bereits in Röm 12,4f mit im Blick.

– Das Bild vom Hauptsein Christi über den Leib ist grundgelegt in dem Gedanken seines Herrseins über die Gemeinde (1Kor 12,5).

– Die Vorstellung vom Wachstum des Leibes entspricht dem Bild vom Wachstum der Gemeinde als Gottes Acker (1Kor 3,6-9).

c. Epheserbrief.

Im Eph, der aus sprachlichen und vor allem inhaltlichen Gründen als wahrscheinlich deuteropaulinisch angesehen wird, ist die Leib-Christi-Konzeption schließlich zu umfassender Dichte und Komplexität entwikkelt. Dabei dürfte der Kol dem Verfasser vorgelegen haben, denn viele Redeweisen des Eph lassen sich als Weiterführung des Kol verstehen. So ist Christus das Haupt des Leibes in seiner Herrscherstellung als Haupt über das All (1,22f; im Kol als Schöpfungsmittler 1,15-18), und der Leib ist Christi Fülle selbst, mit der er das All erfüllt (1,23), d.h.: »Innerhalb des das All umfassenden Herrschaftsbereiches Christi ist die Kirche... der von Gottes Heils- und Segenskräften erfüllte Raum« (Schnackenburg, 316); im Kol findet sich nur die Aussage, daß die Gläubigen in Christus »Erfüllte« sind (2,10). Entscheidend weitergeführt wird das in Kol 2,19 vorgegebene Bild vom Wachstum des Leibes. Dieses von Christus als dem Haupt selbst gewirkte Wachstum findet sein Ziel in der in Liebe sich vollziehenden »Erbauung« des Leibes (4,15f), zu deren Zweck auch bestimmte Funktionsträger innerhalb der Kirche eingesetzt sind (4,11f). Völlig neu ist gegenüber dem Kol die Qualifizierung des Leibes Christi als die eine Kirche aus Juden und Heiden mit ihrer christologisch-soteriologischen Fundierung im Kreuzestod und -leib Christi (2,15f; vgl. 5,23) und darüber hinaus die Verbindung mit weiteren Symbolen bzw. Begriffen der Kirche: Fülle Christi (1,23), neuer Mensch (2,15f), Bau (4,12), Braut und Ehefrau Christi (5,23-33).

d. Aussageintention des Symbols.

Die Aussageintention, mit der das Symbol des Leibes Christi ekklesiologisch eingesetzt wird, dürfte dahingehend zusammenzufassen sein, daß Paulus auf die Einheit der Glieder der jeweiligen Ortsgemeinde als Dienstgemeinschaft »in Christus« abzielt und ferner im Kol andeutet, was im Eph dann in voller Breite entfaltet wird: die Einheit der weltweiten Kirche in ihrer unlöslichen und existenzbegründenden Verbindung mit Christus, und ihre Unterordnung unter ihr Haupt, Christus, zu dem sie unaufhaltsam in der Liebe hinwachsen soll, um die ihr von Gott in seinem Heilsplan zugedachte Funktion, der Welt sein Heil kundzutun, sinn- und machtvoll ausüben zu können (vgl. 1,9f.22f; 3,10f).

e. Religionsgeschichtliche Fragen.

Die religionsgeschichtliche Herleitung des Verständnisses der Kirche bzw. der Gemeinde als Leib Christi ist äußerst umstritten. Ableitungen sind versucht worden aus der stoischen Weltvorstellung, aus dem gnostischen Urmensch-Erlöser-Mythus, aus der hellen.-jüd. Weisheitsspekulation, aus dem jüd. Stammvatergedanken, genauerhin der »corporate personality«, und aus der in der Antike allg. verbreiteten Allgottvorstellung. Bislang ist allerdings noch keine lückenlose religionsgeschichtliche Erklärung des Symbols erfolgt. Vieles spricht dafür, daß Paulus aus dem Gedanken der gemeinsamen Teilhabe der Gemeindeglieder am Leib Christi im Herrenmahl die Redeweise von der Gemeinde selbst als dem einen Leib Christi bzw. in Christus gefolgert haben dürfte (1Kor 10,16f; vgl. oben). Ob ihm bei der weiteren Entfaltung neben dem Organismusgedanken noch weitere Vorstellungen vor Augen standen, ist nicht eindeutig zu erheben, zumal im Kol eine (kosmische) Ausweitung der Konzeption erfolgt. Beim Eph tendiert die Forschung dahin, eine Anlehnung an die Allgottvorstellung, vor allem in ihrer Ausprägung bei Philo von Alexandria, anzunehmen.

Literatur: K. Berger, C. Colpe: Religionsgeschichtliches Textbuch zum Neuen Testament, NTD Textreihe 1, 1987, 248f. 280f.283; H. Conzelmann: Der erste Brief an die Korinther: KEK 5, [11]1969; ders.: Grundriß der Theologie des Neuen Testaments, bearbeitet von A. Lindemann, [4]1987, 295-299; J. Ernst: Pleroma und Pleroma Christi. Geschichte und Deutung eines Begriffs der paulinischen Antilegomena, BU 5, 1970, 105-120.154-190; L. Fazekas: Gemeinde als Leib Christi im Epheserbrief, 1982; K.M. Fischer: Tendenz und Absicht des Epheserbriefes, FRLANT 111, 1973, 48-78; L. Goppelt: Theologie des Neuen Testaments, hrsg. von J. Roloff, [3]1978, 475f; F. Hahn, K. Kertelge, R. Schnackenburg: Einheit der Kirche. Grundlegung im Neuen Testament, QD 84, 1979, 35-46.63-67.73-78.98-108; E. Käsemann: Das theologische Problem des Motivs vom Leibe Christi, in: ders.: Paulinische Perspektiven, 1969, 178-210; W.G. Kümmel: Einleitung in das Neue Testament, [21]1983, 302.314-320; ders.: Die Theologie des Neuen Testaments nach seinen Hauptzeugen Jesus, Paulus, Johannes, GNT 3, [4]1980, 185-189; F. Lang: Die Briefe an die Korinther, NTD 7, [16]1986; H. Merklein: Entstehung und Gehalt des paulinischen Leib-Christi-Gedankens, in: ders.: Studien zu Jesus und Paulus, WUNT 43, 1987, 319-344; E. Percy: Der Leib Christi in den paulinischen Homologumena und Antilegomena, 1942; H. Schlier: Grundzüge einer paulinischen Theologie, 1978, 194-200; R. Schnackenburg: Der Brief an die Epheser, EKK 10, 1982; E. Schweizer: Der Brief an die Kolosser, EKK 12, [2]1980; ders.: Die Kirche als Leib Christi in den paulinischen Homologumena, in: ders.: Neotestamentica. Deutsche und englische Aufsätze 1951-1963, 1963, 272-292; ders.: Die Kirche als Leib Christi in den paulinischen Antilegomena, in: ders.: Neotestamentica, 293-316; ders.: EWNT 3, 775-779; ders.: ThWNT VII, 1964, 1064-1079; S. Wibbing: TBLNT II, [4]1986, 872f; U. Wilckens: Der Brief an die Römer. 3. Teilband: Röm 12-16, EKK 6/3, 1982. R.G.

LEICHE, LEICHNAM. Bezeichnung für den leblosen – im Gegensatz zu den »Gebeinen« schon länger Verstorbener – jedoch noch erhaltenen Körper eines Menschen (1Kön 13,24f.29f; 2Kön 19,35; Jes 37,36; Nah 3,3; Apg 9,40 u.ö.). Der Leichnam wurde noch am Todestag begraben (5Mo 21,23; Jos 8,29; Joh 19,31); so sollte vermieden werden, daß die ihm anhaftende Unreinheit sich auf das Land überträgt. Unbegraben sein ist Zeichen der Gottverlassenheit, des Gerichts (3Mo 26,30; 5Mo 28,26; 1Sam 17,46; u.ö.). Als Gottes Gericht über ganz Israel wird die Preisgabe ihrer Leichname an Vögel und Tiere des Feldes 5Mo 28,26 angedroht; auch von Jeremia wird dasselbe mehrmals angekündigt (Jer 7,33; 16,4; 19,7). Bei der Kreuzigung Jesu sorgten *Josef von Arimathäa und *Nikodemus (Mk 15,43ff par.; Joh 19,38ff) dafür, daß Jesu Leichnam abgenommen und ins Grab gelegt wurde, bevor der Festtag begann.

In 3Mo 26,30; Hes 6,4.5 wird gedroht, die erschlagenen Götzendiener auf ihre Götzen und vor ihre Bilder zu werfen. Durch die Leichname sollten die Götzenaltäre verunreinigt werden. König *Josia verwirklichte diese Drohung bei seiner Zerstörung der israelit. Höhenheiligtümer (2Kön 23,15-20). (Vgl. *Begräbnis- und Trauersitten)

LEID, LEIDEN.

1. Vom Ursprung des Leidens.

L. hat es in der Welt, die nach Gottes Urteil »sehr gut« war (1Mo 1,31), nicht gegeben. Durch den Schritt, mit dem sich der Mensch von Gott trennte, brachte er sein Leben unter das *Gericht Gottes, unter die Macht und Drohung des Todes (1Mo 2,17; 3,19): Und weil er als *Bild Gottes in der Schöpfung stand (1Mo 1; 2), leiden die übrigen Geschöpfe mit (Röm 8,18-23). Werden und Vergehen, Leben und Tod, sind nun die durch Gott bestimmte Ordnung (1Mo 3,17-19). Sie sind ein Anzeichen dafür, daß der gesamte Kosmos dem Gericht Gottes entgegengeht. So finden im L. zunächst die Gottferne menschlichen Lebens, insbesondere aber - für die, die sich zu Gott halten und von ihm gehalten werden - das Zerwürfnis zwischen Gott und seiner Welt ihren Ausdruck. Unter Gottes Gericht wirkt im Leiden die Welt des Todes in unser Leben hinein, am stärksten da, wo der Tod durch das neue Leben seine Macht zu verlieren droht; so wird tiefstes L. in den Leidenspsalmen geradezu mit »Tod« gleichgesetzt (Ps 18,5f; 22.16; 56,14; 116,3.8). Der Mensch kann sich daraus aus eigener Kraft nicht befreien; der Zugang zu der Welt, in der kein L. und kein Tod ist, zum *»Paradies«, ist ihm verschlossen (1Mo 3,24). Wenn die Bibel vom Menschen spricht, sieht sie ihn zutiefst als den Menschen im L., der – bewußt oder unbewußt – der Erlösung harrt.

2. Vom Charakter des Leidens.

a. Das L. trifft unser ganzes Menschsein: den Leib (z.B. in organischer Krankheit, in Verfolgung und Gefangenschaft), die Seele (z.B. im Leid des Herzens um den Verlust lieber Mitmenschen) und den Geist (z.B. in der Frage nach dem Sinn des Lebens und der Gerechtigkeit Gottes). *Hiob, der Urtyp des Leidenden, hat alle diese Formen des L.s erfahren. Neben ihm stehen Menschen wie David (Tod seiner Söhne), der Sänger des 73. Psalms, der Prediger Salomo, der Apostel Paulus (2Kor 11,23-29) und die Gemeinde der Erwählten, wie die Offenbarung sie uns zeigt (Offb 6,9-11; 17,6; 18,24).

b. Über den Charakter des Leidens gibt auch der griech. Sprachgebrauch im NT Aufschluß. Es finden sich vor-

LEIBROCK
s. Efod

LEIBWACHE
s. Wache

wiegend die beiden Ausdrücke »Kraftlosigkeit, Schwäche« (*astheneia*) und »Erleiden« (*pathēma*). Sie bezeichnen zwei Seiten derselben Sache: der Mensch ist kraftlos, ohne Widerstandskraft. Deswegen muß er das Wirken einer fremden Macht erleiden, die sein Leben schmälert und hinrafft. Dieser Zustand macht offenbar, was des Menschen Leben als ganzes bestimmt: er ist nicht sein eigener Herr, sondern anderen Mächten ausgeliefert. Wo er dies erkennt, fällt die Entscheidung über die weitere Richtung seines Lebens: ob er Gott anklagt und sich von ihm abwendet, sich also unter die Macht des Bösen stellt (Offb 16,9), oder ob er sein L. als aus Gottes Hand kommend erkennt (Ps 39,12; 94,12; Hebr 12,6; Offb 3,19), als eine Gelegenheit, sich mit seinem L. völlig dieser Hand zu ergeben, von ihr allein Hilfe zu erhoffen (Ps 38; Ps 66,10-12).

c. Urheber des L.s und des Todes ist, wie das Buch Hiob beispielhaft zeigt, der *Satan, der Böse (Hiob 2,4ff; vgl. auch 2Kor 12,7; 1Petr 5,8f). Gott läßt das zerstörerische Wirken anderer zu als Gericht über die Sünde (Jer 21,5ff), zur Läuterung (Jes 48,10), ja als Bewahrung vor Sünde (2Kor 12,7; vgl. auch 1Petr 4,1). Gerade auf dem Hintergrund des Buches Hiob zeigt sich der geheimnisvolle Sinn der Austreibung aus dem Paradies in die Welt des L.s und des Todes, »auf daß er nicht . . . breche von dem Baum des Lebens und esse und lebe ewiglich« (1Mo 3,22): Gott stellt den Menschen unter das Gericht und läßt ihn die Folgen seines Abfalls erfahren in L. und Tod; aber es bleibt noch Raum, diese Gottferne zu überwinden.

3. Von der Überwindung des Leidens.

a. Das Kommen des Sohnes Gottes ins Fleisch (Joh 1,14) zur Erlösung der Menschen (Lk 4,17-21) aus Gottferne und L. ist zunächst ein Schritt in die Tiefe des L.s (Hebr 12,2). Er sah diesen Weg als ein göttliches Muß über seinem Leben (Mt 16,21 u.ö.), in dem er den unter dem Gericht Gottes stehenden Menschen gleich wurde (Hebr 2,14-18). So gab er sich in freiwilligem Gehorsam ganz in die Abhängigkeit von seinem Vater (Hebr 5,7f; Phil 2,8) und wurde – ohne Notwendigkeit, weil ohne Sünde – der mitleidende Bruder aller Menschen (Hebr 4,14f). Aber dies alles geschieht zur Erfüllung des göttlichen Willens: was von ihm in der Schrift gesagt wird, mußte erfüllt werden (Lk 24,44). Was das bedeutet, zeigt Jes 52,13-53,12: »Die Strafe liegt auf ihm, auf daß wir Frieden hätten.« So vollzieht Gott an ihm sein Gericht über den Menschen in L. und Tod (2Kor 5,21), aber mit diesem Tod und der ihm folgenden Auferweckung ist nun dem Teufel wie dem Tod die Macht genommen (2Tim 1,10; Hebr 2,14f). Daß Jesus von Sünde, L., Krankheit und Tod heilt – vor seinem Todesleiden auf Golgatha als »Zeichen« der Rettung, nach der Auferstehung durch die Gabe des *Lebens aus Gott –, ist die Frucht seines Sieges über den »Fürsten dieser Welt«, »der des Todes Gewalt hatte« (Joh 12,31; Hebr 2,14; Offb 7,13ff). Der in seiner Person Auferstehung und Leben ist (Joh 11, 25), konnte nicht im Tode bleiben (Apg 2,24). Wer an ihn glaubt, der hat Teil an der Überwindung von Sünde, L. und Tod (Röm 6,3-11).

b. Wie aber der Auferstandene die Wundmale seines Kreuzestodes trägt, so stellt die Gemeinschaft mit ihm zugleich in die »Gemeinschaft seiner Leiden« (Phil 3,10). Das gilt für die Zeit, in der diese Welt des L.s und des Todes noch nicht abgetan ist, für den einzelnen wie für die Gemeinde, den Leib Christi (Kol 1,24). In dieser Welt bleibt das Leiden als eine Schule des Gehorsams und der Bewährung im Glauben (2Kor 1,8f; 4,7-12). Aus der Gemeinschaft der Leiden Christi aber erwächst auch die Teilhabe an seiner Auferstehung (Phil 3,10f).

So stellt Gott denen, die in der Gemeinschaft mit Christus leiden, die Aufgabe, »darunterzubleiben« (griech. *hypomonē*, LÜ: Geduld) und in der eigenen Schwäche Gottes Kraft zu ihrem vollen Maße und Ziel kommen zu lassen (2Kor 12,9). Geduld und Glaube in allen Verfolgungen und Bedrängnissen sind Anzeichen dafür, des Reiches Gottes gewürdigt zu werden (2Thess 1,5). Und sie lehren erkennen, daß alle Leiden dieser Zeit in keinem Vergleich stehen zu der Herrlichkeit, die der Gemeinde Gottes offenbart werden soll (Röm 8,18).

c. Wenn auch bis jetzt in dieser Welt des L.s und des Todes noch nicht offenbar ist, was die Überwindung des Todes am *Kreuz von Golgatha bedeutet (2Kor 5,7), so erfährt und bezeugt es doch die Gemeinde aus dem ihr gegebenen Wort der göttlichen Offenbarung, daß in Christus Himmel und Erde einmal so erneuert werden, daß »kein Leid mehr sein wird« (Offb 21,4; vgl. auch Offb 7,17; Jes 25,8; 35,10; 65,19).

LEIHEN
s. Schuld

LEINEN. Das hebr. Wort *schēsch* bedeutet »feines Leinen«. Folgende hebr. Wörter werden mit »Leinen« übersetzt: *bad, pischtāh, būz* und *'ēthūn* (vgl. ägypt. *'idmy*). Das Wort *pischtāh* meint eigentlich Flachs, aus dem Leinen gewonnen wird. Schon im 14. Jh. v.Chr. wurde das Wort *pischtāh*, bzw. Plural *pischtīm* im Ugarit. für L. gebraucht. *buz* taucht nur in späteren Büchern auf (vgl. griech. *byssos*). In den deutschen Übersetzungen werden folgende griech. Wörter mit L. übersetzt: *sindōn, othonion* und *linon*.

Nach entsprechender Aufbereitung läßt sich aus den Samen der Flachspflanze (*Linum usitatissimum*) Leinöl gewinnen. Die Fasern der Flachspflanzen werden gesponnen und zu Gewebe verarbeitet (Spr 31,1.2). In Palästina wurde zu bibl. Zeit Flachs nie in großem Ausmaß angepflanzt. Nach 2Mo 9,31; Hos 2,7 und evtl. Jos 2,6

Leinentuch, als Hülle oder »Einband« für eine Qumranrolle gebraucht. Wahrscheinlich an Ort und Stelle auf einem Webstuhl mit Kettengewichten hergestellt. Die abgeschnittenen Ränder wurden durch Eindrehen und Umsäumen gesichert. 33,6 × 26,7 cm, 1. Jh.n.Chr. (BM)

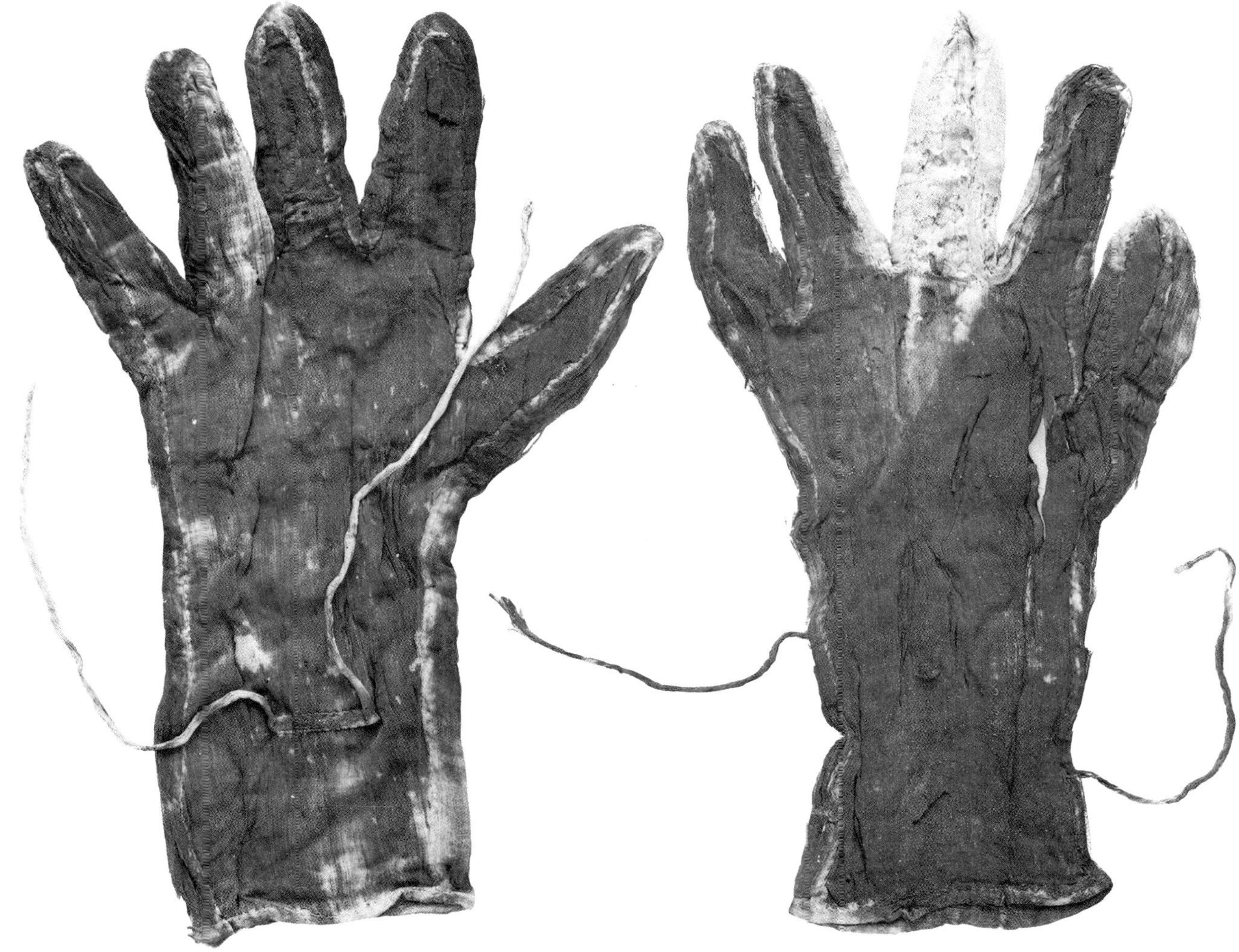

Leinenhandschuhe des Königs Tutenchamun; Tal der Könige, Theben, Grab des Tutenchamun, ca. 1340 v.Chr. (GIO)

vurde er jedoch von alters her kulti-iert. Einen außerbibl. Beleg bietet er Geser-Kalender (ca. 1000 v.Chr.), er einen Monat des »Sichelns (?) des lachses« erwähnt (AOT, 444). Der roße Flachsanbauer und -exporteur var Ägypten. Spr 7,16 (RevEB) pricht von buntem ägypt. L. Rotes L. var im alten Ägypten besonders ostbar und wurde »Königsleinen« enannt. Wahrscheinlich wurde von rühester Zeit an L. (vgl. die ägypt. Wörter *ss* und *'idmy* als mögliche ehnwörter im Hebr. und Kanaan.) on den Bewohnern Palästinas aus gypten importiert. Aus ägypt. Do-umenten wissen wir, daß über Jh. inweg L. von Ägypten nach Phöni-en (vgl. auch Hes 27,7) und beson-ers nach Byblos exportiert wurde.

Das Tragen von Leinengewändern ar in atl. Zeit für die Priester vorge-hrieben (2Mo 28,39). Mantel, Tur-n und Gürtel mußten aus feinem L. in. Dies ist (nach Hes 44,17f) wegen r Kühle des Materials vorgeschrie-n. Der Hohepriester trug einen ollenen Übermantel, aber am Gro-n Versöhnungstag war er in Leinen kleidet (3Mo 16,4.23). Aus dem aus gypten mitgebrachten L. stellten die aeliten die zehn Teppiche der Stiftshütte her (2Mo 26,1), den Vorhang (2Mo 26,31) und die Decke für den Eingang des Zeltes (2Mo 26,36). Samuel trug einen Priesterschurz aus L. (1Sam 2,18). David tanzte vor der Bundeslade in einem leinenen Priesterschurz (2Sam 6,14). Möglicherweise wurde das Tragen von L. mit Personen assoziiert, die speziell berufen waren, z.B. der Mann mit dem Schreibzeug (Hes 9,2) und der Mann, den Daniel sah (Dan 10,5; 12,6-7). Leinwand und feines L. galten als kostbare Geschenke des Mannes an die Frau, die er liebte. In Hes 16, 10.13 spricht der Herr zu Jerusalem wie ein Ehemann zu seiner Frau und erinnert sie daran, wie er sie mit Leinwand und kostbarem L. gekleidet hat. Aus Spr 31,22 wird deutlich, daß der Gebrauch von Leinwand bei Frauen sehr geschätzt war (z.B. für Stickereiarbeiten). Das hebr. Wort *bûz* bezeichnet in den späteren atl. Büchern Stoffe, die reiche und bedeutende Leute trugen. So kam z.B. Mordechai mit einem Mantel aus feinem L. zum pers. König (Est 8,15). L. wurde daneben auch zur Herstellung von Segeln und zum Schutz kostbarer Teppiche gebraucht.

Im NT kommt das Wort L. nur selten vor. Das Gleichnis vom reichen Mann und armen Lazarus beschreibt den Reichen als mit kostbarem L. (griech. *byssos*) und Purpur bekleidet (Lk 16,19). Der junge Mann, der Jesus nach Gethsemane folgte, verlor sein Leinengewand (oder Laken) auf der Flucht (Mk 14,51). Nach Mt 27,59 par. wurde der Leichnam Jesu in L. gewickelt. Die Braut des Lammes ist nach Offb 19,8 mit kostbarem L. bekleidet, das die Gerechtigkeit der Heiligen symbolisiert. In Offb 19,14 wird das eschatologische Heer als mit weißem, reinem L. angetan beschrieben. F.C.F.

LENDEN.

1. Der Teil von Rücken und Seiten zwischen dem Hüftknochen und den untersten Rippen. Die Bibel kennt verschiedene hebr. Worte für L., die z.T. auch die Hüft- und Gesäßgegend mit einschließen. LÜ gibt sie daher manchmal auch mit »Hüfte« wieder (z.B. 1Mo 24,2; 32,26.32; 47,29; 2Mo 28,42; 4Mo 5,21).

Die L. werden häufig in Verbindung mit dem Gürtel (2Mo 12,11; 1Kön 2,5; 2Kön 1,8; Mt 3,4) oder

■ **LEOPARD**
s. Tiere

dem Schwertgurt (2Mo 32,27) genannt, der sie umspannt, dem ganzen Körper Halt gibt und zugleich die weite Kleidung zusammenfaßt (1Kön 18,46). Daher ist das Gürten der L. auch ein Bild des Aufbruchs, der Bereitschaft (Hiob 38,3; Jer 1,17; Eph 6,14; 1Petr 1,13). Die Trauerkleidung wurde ebenfalls um die L. angelegt (1Mo 37,34; 1Kön 20,32; Jes 20,2; Am 8,10), ließ also vermutlich den Oberkörper frei.

2. »Aus den Lenden kommen« ist verhüllender Ausdruck für die Zeugung (1Mo 35,11; 46,26; 1Kön 8,19; Hebr 7,5.10; Ri 8,30 s. RevEB). Die Frucht der L. (Apg 2,30 s. RevEB) ist leibliche Nachkommenschaft. Von diesem Zusammenhang her ist wohl auch das freche Wort *Rehabeams in 1Kön 12,10 zu verstehen.

LESEN. Mit L. werden das hebr. Wort *qāra'*, »rufen«, »laut vorlesen« und das griech. Wort *anaginoskein* »erkennen«, »vor-lesen« übersetzt.

Die Fähigkeit des L.s ist abhängig von der Entwicklung der Schrift. Die Entwicklung der Alphabetschrift, die durch einen Fund in Ugarit für die Zeit um 1400 v.Chr. (Noth, 193f) und durch Inschriften in Byblos sowie für Palästina durch beschriftete Pfeilspitzen aus der Gegend von Bethlehem aus der Zeit um 1100 v.Chr. nachgewiesen ist (Noth, 191), bot gegenüber den komplizierten Hieroglyphen- und Keilschriftsystemen die Möglichkeit einer wesentlich weiteren Verbreitung der Lesefähigkeit.

Inschriften und Tonscherben (Ostraka) belegen Schreiben und L. in Palästina seit etwa 1000 v.Chr., damit beinahe für die gesamte Zeit israelit. Herrschaft im Land. Der Bericht des Wen-Amon, der Papyruslieferungen von Ägypten nach Syrien für die Zeit um 1100 v.Chr. bezeugt, läßt darauf schließen, daß auch in Israel dieses leicht zerstörbare Material verwendet wurde.

Dokumente aus dem Wirtschafts- und Militärbereich weisen darauf hin, daß die Lesefähigkeit schon recht früh nicht mehr auf den Kreis professioneller Schreiber (neben Hofschreibern, 2Sam 8,17; 20,25; 1Kön 4,3 u.ö., auch Priester, Jer 29,29, und Privatsekretäre wie Baruch, Jer 36) beschränkt, sondern einem weiteren Kreis zugänglich war (Millard; darauf könnten auch Ri 8,14; Jes 8,1f; Hab 2,2 sowie 5Mo 6,9; 11,20 hinweisen). Zugleich sagt Jes 29,12f, daß längst nicht jeder l. kann.

In der bibl. Tradition spielt das Schreiben und L. erstmals im Zusammenhang mit dem Auszug aus Ägypten und dem Bundesschluß am Sinai eine Rolle (2Mo 17,14; 24,4.7). Der Wille Jahwes wird im »Buch des Bundes« (2Mo 24,4.7), das im jetzigen redaktionellen Kontext die Rechtssammlung 2Mo 21,1-23,33 meint, niedergelegt und der Volksgemeinde vorgelesen. Die sog. josianische Reform (s. *Josia) am Ende des 7. Jh. v.Chr. beginnt mit der Auffindung und Verlesung eines Buches – manche vermuten heute eine Urform des 5. Buches Mose – zunächst vor dem König Josia, dann auch vor der Volksgemeinde in Jerusalem (2Kön 22-23; vgl. hierzu auch das sog. Königsgesetz, 5Mo 17,14-20).

In ähnlicher Weise lesen *Esra und einige Leviten nach der Rückkehr aus dem babylon. Exil dem Volk bei einem Fest aus dem »Buch mit dem Gesetz des Mose« vor und erklären dessen Sinn (Neh 8,1-8; der *sēphär tōrat mōschäh*, »das Buch des Gesetzes des Mose« erscheint in diesem Text schon als festumrissene Größe, in seiner Verbindung mit Mose schlägt sich die u.a. in 5Mo 31,9 greifbare Tradition nieder).

Gerade im babylon. Exil erwiesen sich Schreiben und L. als überlebenswichtig, ermöglichten sie doch die Sammlung, Redigierung und das neue Bedenken der mitgebrachten Traditionen, was den jüd. Exulanten (Golah) die Katastrophe zu überstehen half. Ein wichtiger Schritt auf dem Weg zur »Buchreligion« wurde hier geleistet. Schon früh steht, wie die Targume bezeugen, die Lesung aus der Tora und den Propheten im Mittelpunkt des Synagogengottesdienstes (vgl. auch Lk 4,16; Apg 13,27). Das L. der Tora wird zum Inbegriff des rel. Lebens, wofür die wohl relativ späten Torapsalmen 1 (V. 2: *hāgah*, »murmelnd lesen«), 19,8-11 und 119 stehen.

Jesus kann immer wieder wie selbstverständlich auf das L. des »Gesetzes« oder der Propheten verweisen (Mk 2,23-28 par.; 12,10 par.; 12,26 par.; Mt 21,16.42; Lk 10,26).

In den christl. Gemeinden hat das L. der Heiligen Schrift von Anfang an eine große Rolle gespielt, wie der häufige Rückgriff auf das AT in den Paulusbriefen, im MtEv. und im Hebräerbrief zeigt. Neben dem AT wurden auch die Briefe, wohl bei den Zusammenkünften, vorgelesen (2Kor 3,2; Kol 4,16; 1Tim 4,13, wo es wohl um die Schrift geht; 2Petr 3,15f).

Ganz im Sinne Jesu (Joh 5,39) las man das AT in der Überzeugung, ihn selbst dort bezeugt zu finden. Die Predigthörer in Beröa kamen durch das Forschen (*anakrino*) in den Heiligen Schriften zum Glauben an Jesus (Apg 17,11f).

Literatur: M. Noth: Die Welt des Alten Testaments, 1974; J. Friedrich: Geschichte der Schrift, 1966; J. Millard: The Practice of Writing in Ancient Israel, in: BA 35 (1972), S. 98-111. F.Fe.

■ **LEUCHTER**
s. Lampe

■ **LEUGNEN**
s. Verleugnen

■ **LEVITEN**
s. Priester u. Leviten

LEVI.

1. Dritter Sohn *Jakobs und *Leas (1Mo 29,34). Der hebr. Name *lēwī* wird hier mit der Wurzel *lāwā*, »sich jemand anschließen« verbunden; ein Wortspiel findet sich dazu in 4Mo 18,2.4.

Außer den Ereignissen, die allen Söhnen Jakobs gemeinsam waren, ist uns als einzige Begebenheit aus L.s Leben bekannt, daß er zusammen mit *Simeon die Stadt *Sichem überfiel (1Mo 34,25f). Sie töteten alle Männer, um die Vergewaltigung ihrer Schwester Dina zu rächen. Im Segen Jakobs wird den Nachkommen der beiden Brüder Zerstreuung verheißen (1Mo 49,5-7). Für den Stamm L. verwandelte sich dieser Fluch später in Segen (2Mo 32,26-29; 5Mo 33,8-11). Mit Jakob zog L. nach Ägypten (1Mo 46,1). Seine Söhne waren Gerschon, Kehat und Merari (1Mo 46,11). L. starb im Alter von 137 Jahren (2Mo 6,16).

2. Sohn des Alphäus, einer der 12 Jünger, der auch den Namen Matthäus trug (Mk 2,14).

3. Personen aus dem Stammbaum Jesu (Lk 3,24.29). H.L.E./Red.

LEVIATAN. Dies ist die Übertragung eines hebr. Wortes, das nur an fünf Stellen im AT auftaucht. Es wird von der Wurzel *lāwah* hergeleitet (vgl. arab. *lāwa*, »Krümmung, Drehung«). Danach wäre, die wörtl. Bedeutung »der Gewundene«, d.h. »sich selbst in Falten legend«. Einige Wissenschaftler sind der Ansicht, es handle sich um ein fremdes Lehnwort von möglicherweise babylon. Herkunft. Sein Kontext im AT deutet auf eine Art Wasserungeheuer hin. In Ps 104,26 (RevEB) stammt es eindeutig aus dem Meer, von daher wird an einen Wal oder auch an einen Delphin gedacht. In Jes 27,1 wird L. zweimal symbolisch gebraucht und bezieht sich auf die Reiche Assyrien (die »flüchtige« Schlange ist der schnellfließende Tigris) und Babylonien (die »gewundene« Schlange ist der Euphrat). In Ps 74,14 taucht es in Zusammenhang mit dem Pharao und dem Exodus auf in Parallele zu dem hebr. Wort *tannīn*, »Meer-« oder »Flußungeheuer«.

Im Buch Hiob kommt der L. zweimal vor. In Hiob 3,8 wird dahinter allg. der Drache vermutet, dem nach alter Volksmythologie die Finsternis zugeschrieben wurde, weil er seine Schlingen um die Sonne warf. Die längste Beschreibung des L. hat Hiob 40,25-41,26. Hier stimmen die meisten Ausleger darin überein, daß das Wesen ein Krokodil ist (*Tiere). Dagegen wurde eingewendet, daß ein Krokodil nicht als unangreifbar geschildert worden wäre und daß es im AT keinen Hinweis auf Krokodile in Palästina gibt. Jedoch hat der Autor vermutlich an das Nilkrokodil gedacht, die Beschreibung der Unbesiegbarkeit des Wesens wäre von daher eine rhetorische. Eine alternative Deutung sieht den L. als mythisches Monster, das eventuell mit der babylon. Muttergöttin Tiamat identifizier[t] werden könnte, die nach dem Schöpfungsepos gegen Marduk kämpft un[d] »Zaubersprüche zitiert und Zauberformeln ausstößt«. Das Wort ist mit dem ugaritischen *ltn*, der Bezeichnung für das siebenköpfige Monster, verwandt, dessen Beschreibung als »flüchtige Schlange/gewundene Schlange« an die Ausdrucksweise vo[n] Jes 27,1 erinnert. D.G.S.

LEVITIKUS/3. BUCH MOSE.

A. Name des Buches.

Das 3. Buch Mose wird fachspezifisch als »Levitikus« bezeichnet. Dieses Wort wurde aus der latein. Übersetzung übernommen (Vulg.: *Leviticus*, »Priester«) und ist nicht die hebr. Bezeichnung (*wajjiqrā'*, »er rief«) für das Buch. Ursprünglich kommt der Name aus dem Griech. (LXX: *leuitikon, leuetikon*). Die syr. Übersetzung (Peschitta) bezeichnet 3Mo als »Buch der Priester«, wahrscheinlich weil es die Funktion und den Inhalt der priesterlichen Aufgaben beschreibt. Im Grunde genommen schildert das Buch den israelitischen Gottesdienst. Deshalb sind die darin enthaltenen Vorschriften gültig für das gesamte Israel. Nur einige kleinere Abschnitte lassen sich speziell auf die Priester anwenden (Kap. 8-10; 16,1-28; 21-22), an einigen Stellen (Kap. 10,10; 14,57; 15,31) wird auf deren pädagogische Rolle hingewiesen. Die Priester des mosaischen Bundes waren vom Stamm Levi.

B. Aufbau und Inhalt des Buches.

I. DIE OPFERGESETZE – Kap. 1-7.
1. Weisungen für den israelitischen Bürger (1,1-6,7; vgl. Mt 5,26) hinsichtlich des:
a. Brandopfers (*'ōlāh*): 1;
b. Speisopfers (*minchāh*): 2;
c. Dankopfers (*schelāmîm*): 3;
d. Sündopfers (*hattā't*): 4,1-5,13;
e. Schuldopfers (*'āschām*): 5,14-26;
2. Weisungen für den Priester (6,1-7,38) hinsichtlich des:
a. Brandopfers: 6,1-6;
b. Speisopfers: 6,7-11;
c. täglich. priesterl. Speisopfers: 6,12-16;
d. Sündopfers: 6,17-23
e. Schuldopfers: 7,1-10;
f. Dankopfers: 7,11-36;
g. Zusammenfassung: 7,37-38.

II. DIE INSTITUTION DES PRIESTERTUMS – Kap. 8-10
1. Priesterweihe: 8;
a. Befehl zur Priesterweihe: 8, 1-3;
b. Weihe der Priester: 8,4-36;
2. Erste Amtshandlungen: 9;
3. Bestrafung der falschen Amtshandlungen: 10,1-11;
4. Verantwortungsbewußte Amtshandlung: 10,12-20.

III. DIE REINHEITSGESETZE – Kap. 11-16.
1. Reine und unreine Tiere: 11;
2. Kultische Rein- und Unreinheit der Wöchnerin: 12;
3. Diagnose und Therapie des Aussatzes: 13-14;
4. Kultische Rein- und Unreinheit bei Ausfluß: 15;
5. Entsühnung des Heiligtums und des Volkes: 16 (der Große Versöhnungstag).

IV: DIE HEILIGKEITSGESETZE – Kap. 17-25.
Die Heiligkeit:
1. des Blutes: 17;
2. der Ehe (deshalb Verbot heidnischer Sexualpraktiken): 18;
3. Gottes, der Eltern, des Sabbats, der Opfer, des Nächsten, des Landes: 19;
4. verschiedener Gesetze: 20;
5. der Priester: 21;
6. der Opfer: 22;
7. der Feste: 23;
8. der Stiftshütte: 24,1-9;
9. des Lagers: 24,10-23;
10. des Grundbesitzes und der Schuldner: 25;
11. der Gelübde: 27.

V. WEISUNGEN FÜR DAS VOLK – Kap. 26.
Gehorsam bringt Segen, Ungehorsam bringt Fluch.

VI. HINWEISE.
Wie aus der Einteilung ersichtlich ist, besteht das Buch hauptsächlich aus kultischen und ethischen Verordnungen, die dem Volk Israel am Berg Sinai gegeben worden waren. Nach den Zeitangaben in 2Mo 40,17 und 4Mo 1,1 geschah dies im Verlauf eines Monats. Unter dem Sinaibund war das Volk aufgerufen worden, »ein Königreich von Priestern und ein heiliges Volk« zu werden (2Mo 19,6). Die Kapitel 1-16 behandeln fast ausschließlich die priesterliche Verantwortung, während in den Kapiteln 17-27 das Volk hauptsächlich zum heiligen Leben aufgerufen wird, denn der Herr, sein Gott, war heilig (19,2; 20,7.8.26; 21,6.8.15.23; 22,9.16.32). Dabei ist es bezeichnend, daß alle Verordnungen in einen narrativen Rahmen eingebettet sind.

Die meisten Kapitel beginnen mit dem Satz: »Der Herr redete mit Mose (und/oder Aaron) und sprach. . .«, worauf der göttliche Auftrag folgt, eingeleitet mit einem Imperativ (z.B. rede, befiehl, etc.). Daran schließt sich eine göttliche Weisung von unterschiedlicher Länge an (s. 1,1-3,17; 4,1-5,26; 6,1-11.12-16.17-7,21; 7,22-27.28-38; 8,1-4 (10,8-11); 11,1-47; 12,1-8; 15,1-33; 16,1-34; 17,1-16; 18,1-30; 19,1-37; 20,1-27; 21,1-24; 22,1-16.17-33; 23,1-8.9-22.23-32.33-44; 24,1-9.13-23; 25,1-26,46; 27,1-34).

Ein wichtiger Hinweis auf die Homogenität des Buches sind die Themen, die im ersten sowie auch im zweiten Teil des Buches vorkommen. Blutgenuß wird in 3,17; 7,26f und in 17,10-12 verboten. Der Sinn der blutigen Opfer, von denen in den Kap. 7-11 die Rede ist, wird in 17,11 erklärt. Verordnungen hinsichtlich der Unreinheit werden in 7,21 und in den Kap. 11-15 gegeben. In 10,10; 11,1-47 und 20,25 wird ein Unterschied zwischen rein und unrein gemacht (vgl. Kap. 11-15 und 18-20). Kap. 16,1 weist auf die Strafe hin, mit der man rechnen muß, wenn man die Wohnung Gottes verunreinigt (15,31); außerdem weist es zurück auf Kap. 10,1f.

In 11,44f; 19,2; 20,7; 21,1-22,16 wird geboten, daß Israel heilig sein soll, weil der Herr heilig ist. In Kap. 7,37f sowie 25,1 ist der Ort angegeben, an dem der Herr zu Mose sprach. Die Aussage in 17,2: »Dies ist's, was der Herr geboten hat. . .« findet sich bereits in 8,5.

3Mo ist die Fortsetzung des 2. Mose-Buches. Letzteres endet mit dem Bericht über die Aufstellung der Stiftshütte. Zu der Funktion der Stiftshütte gehört, daß die Priester die verschiedenen Opfer auf ihren Altären darbringen. Welche Opfer wann und bei welcher Art von Vergehen gebracht werden sollen, wird in 3Mo 1-7 erläutert. Das 8. Kap. beschreibt die in 2Mo 29 angeordnete Priesterweihe. Grundlegende Bestimmungen aus 2Mo werden in 3Mo 26 wieder aufgegriffen (vgl. 3Mo 26,1 mit 2Mo 20,4f; 3Mo 26,2 mit 2Mo 31,12ff). Segen wird verheißen bei Erfüllung der am Sinai gegebenen Gesetze (26,3-13), aber Fluch bei Nichterfüllung (26,14-38). In Kap. 26,39-45 werden die Worte aus 2Mo 6,2-8 wiederholt.

Die o.g. Ausführungen zeigen, daß 3Mo ein gut organisiertes, zusammenhängendes Ganzes bildet.

C. Verfasser und Abfassungszeit.

Der Autor selbst wird im Buch nicht genannt, obwohl sehr oft gesagt wird, daß der Herr zu Mose oder Aaron oder zu beiden sprach. Die Aufforderung, das vom Herrn Gehörte niederzuschreiben, wie sie in 2Mo 17,14; 24,4 und 34,27 vorkommt, fehlt jedoch in 3Mo. Es steht allerdings an drei signifikanten Stellen, daß der Herr alle Gesetze, Gebote und Satzungen Mose auf dem Berg Sinai gegeben hatte. Dies geschah einmal nach den kultischen und ethischen Verordnungen (7,37-38; 25,1), dann nach dem Segen und Fluch (26,46) und zuletzt am Ende des Buches (27,34). Das alles besagt aber nicht, daß Mose der Verfasser des Buches sein muß, sondern bringt lediglich zum Ausdruck, daß sich die in dem Buch beschriebenen Ereignisse z.Zt. Moses zugetragen haben. Aus diesem Grund ist es nicht verwunderlich, wenn jüd. und christl. Traditionen eine mosaische Verfasserschaft annehmen.

Folgende Sachverhalte sprechen für eine Abfassung des Buches z.Zt. Moses und gegen eine exilische oder nach-exilische Abfassung:

I. HINWEISE INNERHALB DES BUCHES.
Die Zeit der Wüstenwanderung des Volkes Israel wird nicht nur zu Beginn jeder Kategorie von Gesetzen erwähnt, sondern oft auch in den Gesetzen selbst angedeutet. Die Opfer werden innerhalb der Stiftshütte dargebracht und nicht im Tempel (Kap. 1-17). Aussätzige müssen sich außerhalb des Lagers aufhalten und nicht außerhalb der Stadt (13,46). Die Israeliten leben alle in der Nähe der Stiftshütte und nicht im Lande ver-

streut (17,1-9). Gesetze, die nur für seßhafte Israeliten gelten, werden im allg. mit dem Hinweis eingeleitet, daß der Herr Israel noch in das Land Kanaan bringen wird (14,34; 18,3; 23,10; 25,2). Ein Vergleich zwischen 2Mo 40,1.7 und 4Mo 1,1 macht deutlich, daß die Gesetze und Verordnungen in 3Mo während des ersten Monats des zweiten Jahres nach dem Auszug gegeben worden waren.

Das Buch bietet keine Lösungen für die Probleme des Volkes in der exilischen oder nachexilischen Zeit. So wird eines der Kardinalprobleme der nachexilischen Zeit, die Mischehe (Esr 9-10; Neh 13,23ff), in dem ausführlichen Abschnitt über die Ehe (3Mo 18.20) nicht erwähnt. 3Mo idealisiert das Amt des Hohenpriesters; z.Zt. Nehemias (Neh 13) ist dieser gegen die rel. Reform.

II. HINWEISE AUSSERHALB DES BUCHES.

Außerbibl. Dokumente der Priestergilde des alten Vorderen Orients sind grundsätzlich früher anzusetzen als die anderen, da von frühester Zeit an der Tempel und die Priester das Leben des Volkes bestimmten. 3Mo zeigt wenig Evidenz einer Revision der alten priesterlichen Terminologie. Verschiedene Ausdrücke und Abschnitte (5,14ff; 19,20; 21; 25,35-45; 27,12) konnten erst richtig verstanden werden, nachdem man Keilschrifttexte aus dem 18.-15. Jh.v.Chr. hinzugezogen hatte (E.A. Speiser, »Leviticus and the Critics.« Oriental and Biblical Studies. 1967, S. 123-142; A. Hurvitz, »The Evidence of Language in Dating the Priestly Code.« RB 81, 1974, 24-57).

Medizinische Anweisungen sind aus Sumer und Babylonien bekannt sowie auch – mindestens vom 2. Jt. v.Chr. an – aus Ägypten.

Weder das Opfersystem noch die Stiftshütte noch der Festkalender müssen eine späte Entwicklung in Israel sein, wie von manchen Kritikern behauptet wird. Bei einem Vergleich mit den Opfersystemen, Gottesbehausungen und Festkalendern der umliegenden Völker des frühen Israel wirken die in 2Mo und 3Mo beschriebenen Kulte, Kultstätten und Festkalender sehr bescheiden, ja fast schon primitiv, und waren von daher für ein herumziehendes Volk geradezu ideal (K.A. Kitchen, The Bible In Its World. 1977, S. 85-86; J.C. Moyer, »Hittite and Israelite, Cultic Practices: A Selected Comparison.« Scripture in Context II. 1983, 19-38; B.A. Levine, In the Presence of the Lord. 1974, S. 8-20.102.115-117.123-127.128-132. CIS I, 145. 166; R. de Vaux, Das Alte Testament und seine Lebensordnungen II, 1960, S. 280-289).

Die Hinweise innerhalb und außerhalb des Buches sprechen nicht für die Wahrscheinlichkeit einer Spätdatierung. Dagegen weisen die oben genannten Ausführungen auf eine sehr frühe Abfassungszeit hin. Die Hinweise innerhalb des Buches lassen auf eine Abfassung zur Zeit Moses schließen.

D. Lehre des Buches.

Nur indem das Volk seine äußere und innere Heiligkeit wahrte, konnte es erwarten, daß Gott in seiner Mitte wohnen bleiben und die Verheißungen, die er im Bund versprochen hatte, erfüllen würde.

Die Verordnungen über die unterschiedlichen Opfer gingen von einer Voraussetzung aus: Der Mensch ist ein Sünder. Um Vergebung für seine Sünden zu erlangen, bedurfte es eines lebendigen Opfers, das die Priester für ihn vor Gott darbrachten.

Die Priester waren nicht nur verpflichtet, die Verordnungen und Gesetze des Kultus einzuhalten, sie waren auch verpflichtet, ein Leben der moralischen Reinheit und der geistlichen Hingabe zu leben, um so für das Volk Israel ein Vorbild der göttlichen Heiligkeit zu sein. Die Aufgabe des Priesters betraf aber nicht nur den Dienst am Heiligtum, er sollte vielmehr das Volk Gottes die Gebote lehren, insbesondere den Unterschied zwischen heilig/unheilig und rein/unrein. Dieser sah folgendermaßen aus: *Heilig ist Gott und alles, was ihm gehört (11,44f; 19,2; 20,26). Sein Name ist heilig (22,2.32). Er kann durch Götzendienst (18,21), Meineid (19,12) und andere Sünden (21,6; 22,2) entheiligt werden. Heiligkeit gehört zum Wesen Gottes. Was Gott geweiht wird, wird heilig, z.B: der Anteil des Priesters am Opfer, die Stiftshütte mit ihrer Einrichtung, der Sabbat und die anderen rel. Feiertage, ein einzelner Mensch, aber auch im allg. Sinn das gesamte Volk (2Mo 40,9; 29,36; 30,29; 3Mo 23; 21,6ff; 20,26). Heiligkeit bedeutet »imitatio dei«, *Nachahmung Gottes – ein Leben in Frömmigkeit.

Israel sollte Gottes Heiligkeit widerspiegeln, indem es sich von allem trennte, was unheilig war. Die Heiligkeit des Volkes war aber nicht ein Prozeß, sondern ein Status, den es seit der Befreiung von Ägypten innehatte. Dadurch, daß Israel die göttlichen Gebote hielt, zeigte es seinen Status als heilige Nation (22,31-33; 19,2). Diesen Status galt es aber nicht nur in seiner Verbindung mit Gott zu zeigen, sondern auch in seiner Verbindung zu den Mitmenschen. Das Verhältnis der Israeliten zueinander wie auch Fremden gegenüber sollte von der Liebe bestimmt sein (19,18. 34). Dieses Gebot der Liebe war nicht nur als eine Idee gedacht, sondern sollte sich in hilfreichen Taten äußern (24,16.22; 25,35-58; 19,9-10). Deshalb sind Handlungen, die einem anderen schaden könnten, verboten (19,14.16-18.33).

Unheilig: »profan« wäre hier ein besserer Ausdruck. Die profanen Dinge kann man in zwei Kategorien einteilen: rein und unrein. Die reinen Objekte werden heilig, wenn sie Gott geweiht werden; die unreinen können nicht geheiligt werden.

Rein sind Gegenstände oder Lebewesen entweder von Natur aus (s.a. die Liste der Tiere in Kap. 11) oder dadurch, daß sie mit Feuer oder Wasser rein gemacht wurden. Somit beinhaltet der Ausdruck zwei Bedeutungen. Zum einen ist der ursprüngliche Zustand von Dingen oder Lebewesen, die nicht von innen her (intrinsisch) unrein sind, rein. Zum anderen beschreibt er auch den Status von Gegenständen oder Personen, die nach einer Verschmutzung rein gewaschen worden sind.

Unrein können Dinge und Lebewesen von Natur aus sein. Diese Unreinheit kann nicht abgewaschen werden, ist jedoch nicht ansteckend. So können unreine Tiere ihre Unreinheit nicht an andere weitergeben. Solche Tiere dürfen einfach nicht gegessen werden.

Es gibt vorübergehende Unreinheiten, die folgenschwerer sind und eine Reinigung erfordern. Einige davon sind ansteckend. Entsprechend der verschiedenen Arten von vorübergehender Unreinheit sind die Reinigungsriten unterschiedlich.

Unreines und Heiliges schließen sich gegenseitig aus (7,20f; 22,3). Gott hatte seine Wohnung, die Stiftshütte, im Lager der Israeliten errichten lassen. Das bedeutete, der Heilige wohnte unter den Unreinen, die ständig der Reinigung durch Opfer und Waschungen bedurften. Da die heiligen Dinge durch die Unreinheit der Menschen unrein wurden, mußte die Wohnung Gottes einmal im Jahr am Versöhnungstag gereinigt werden (15,31; 16,16.19).

Die Opfer waren dazu da, die Beziehung zwischen Gott und dem einzelnen, aber auch dem ganzen Volk, nach einer vorgefallenen Sünde wiederherzustellen. Der Bund vom Sinai enthielt die Ordnungen für das Leben untereinander und mit Gott. Wenn irgend etwas, wie z.B. Tod, Krankheit oder Sünde, dieses Gefüge durchbrach, so bedeutete dies eine Gefahr für die gesamte Volksgemeinschaft. Durch die Opfer konnte die Ordnung und Harmonie innerhalb des Volkes und gegenüber Gott wieder aufgerichtet werden. Für die verschiedenen Arten von Sünden und Verunreinigungen waren korrelierende (in Wechselbeziehung stehende) Opfer vorgeschrieben.

Das Blut der Tieropfer wurde benutzt, um Gegenstände – besonders die des Heiligtums – zu reinigen und damit zu heiligen. Die Opfer mußten, um wirksam zu sein, genau nach bestimmten Gesetzesvorschriften dargebracht werden. Es reichte aber nicht, nur den Buchstaben des Gesetzes zu erfüllen. Die Propheten und Psalmisten haben wiederholt darauf hingewiesen, daß zu einem wirksamen Opfer die Abkehr von der Sünde und die Hinwendung zu Gott dazu gehören (1Sam 15,22-23; Ps 51,18-19; Jes 1,1-19; Hos 6,6; Mi 6,6-8).

Der Sinai-Bund, der alle diese Gesetze enthielt, hatte seinen Ursprung im Willen Gottes. Für den Israeliten war es ein Zeichen von Treue den Bundesverpflichtungen gegenüber, wenn er diese Gesetze und Verordnungen, wie sie in 3Mo beschrieben sind, einhielt. Die Bundesverpflichtungen, also die Gesetze, wurden den

Israeliten gegeben, nachdem Gott sie aus der Knechtschaft Ägyptens befreit hatte. Aus diesem Grund waren sie nicht als ein Mittel der Erlösung gemeint. Wenn in 3Mo von dem Auszug die Rede ist, dann dient dies als Motivation für das Halten der Gesetze (11,45; 18,3; 23,43; 19,43).

Weil Gott das Volk Israel aus Ägypten befreit hatte, waren die Israeliten nicht frei zu tun, was sie wollten. Als eine heilige Nation mußten sie sich von Sünde rein halten. Wenn sie Gottes Ordnungen nicht befolgten, seine Gebote vergaßen und ihren eigenen Weg gingen, dann konnte Gott sein ungehorsames Volk bestrafen (26,24.28; vgl. Am 3,2). Es würde Dinge erleben, die von allen Völkern des Altertums gefürchtet wurden: Krankheit, Trockenheit, hohe Kindersterblichkeit, Hungersnot, Fremdherrschaft oder Deportation in fremde Länder. Die Absicht einer Strafe Gottes, wie sie in den Flüchen zum Ausdruck kommt (Kap. 26), war es, Israel zur Abkehr von dem eigenen Weg und zur Umkehr zu Gott zu bewegen (26,18.21.23.27). Der Segen Gottes für sein Volk hängt von dessen Gehorsam ab. Ungehorsam mündet nicht in totale Ablehnung, sondern in ein fortwährendes göttliches Gericht.

E. Bezug zum Neuen Testament.

Der in 3Mo beschriebene Kultus wird im NT christologisch interpretiert. Das Alte ist ein Vorbild auf das Neue. Besonders der Hebräerbrief nimmt in seiner Auseinandersetzung zwischen altem und neuem Bund wiederholt Bezug auf 3Mo. Christus wird als das endgültige Opfer dargestellt, das die levitischen Opfer nach 3Mo für immer abgelöst hat (Hebr 9,14.24-28; 10,14). Da Christus sowie die Schreiber des NT seinen stellvertretenden Opfertod in Zusammenhang mit dem altisraelitischen Kultus verstanden, ist es notwendig, dieses Opfersystem zu verstehen.

Das hohepriesterliche Amt Christi ist dem Amt Aarons weit überlegen, da Jesus sündlos war und nicht für sich selbst Opfer darbringen mußte (Hebr 7,26-28; 4,14-5,10). Diese beiden großen Themen im Hebräerbrief sind aber nicht die einzige Erwähnung von 3Mo im NT. Jesus selbst zitiert 3Mo 19,18 als das zweite Hauptgebot des AT-Gesetzes, das noch heute Gültigkeit besitzt (Mt 5, 43; 19,19; 22,39; Mk 12,31; Lk 10, 27; Röm 13,9; Gal 5,14).

Weitere ntl. Schriftstellen, die die Kenntnis des 3Mo-Buches voraussetzen, sind u.a.: Mt 8,2-4; 27,51; 2Kor 6,16; 1Petr 1,16; 2,9.

Literatur: Kommentare: H. Cazelles: Le Levitique Bible de Jerusalem, [3]1972; K. Elliger: Leviticus, 1966; W.H. Gispen: Het Boek Leviticus, 1950; R.K. Harrison: Leviticus, 1980; P. Heinisch: Leviticus, 1935; C.F. Keil: Leviticus, Numeri und Deuteronomium, [3]1987; M. Noth: Das dritte Buch Mose, Leviticus, [5]1986; N.H. Snaith: Leviticus, 1967; G.J. Wenham: Leviticus, 1978;

Einleitungen: B. Childs: Introduction to the Old Testament as Scripture, 1979; R.K. Harrison: Introduction to the Old Testament, 1970; O. Kaiser: Einleitung in das Alte Testament, [5]1984; R. Rendtorff: Das Alte Testament, [2]1985;

Monographien: A. Cody: A History of Old Testament Priesthood, 1969; G.B. Gray: Sacrifice in the Old Testament, 1971; H. Graf Reventlow: Das Heiligkeitsgesetz formgeschichtlich untersucht, 1961; M. Haran: Temples and Temple Service in Ancient Israel, 1978; J.Y. Kaufmann: The Religion of Israel from its Beginning to the Babylonian Exile, 1969; F.D. Kidner: Sacrifice in the OT, 1952; R. Kilian: Literarkritische und formgeschichtliche Untersuchung des Heiligkeitsgesetzes, 1963; W. Kornfeld: Studien zum Heiligkeitsgesetz, 1963; S.R. Külling: Zur Datierung der »Genesis P-Stücke«, 1964; J. Milgrom: Studies in Levitical Terminology, 1970; ders.: Cult and Conscience, 1976; W. Paschen: Rein und Unrein. Untersuchung zur biblischen Wortgeschichte, 1970; R. Rendtorff: Die Gesetze in der Priesterschaft, [2]1963; ders.: Studien zur Geschichte des Opfers im alten Israel, 1967; J.-M. de Tarragon: Le culte à Ugarit d'aprés les textes de la pratique en cunéiformes alphabétiques, 1980; R.J. Thompson: Penitence and Sacrifice in Early Israel Outside Levitical Law, 1963; R. de Vaux: Le Sacrifice dans L'Ancien Testament, 1964; J.G. Vink: The Date and Origin of the Priestly Code in the Old Testament, 1969;

Artikel: F.J. Budd: Priestly Instruction in Pre-Exilic Israel, VT 23, 1973, 11-14; J. Gray: Cultic Affinities between Israel and Ras-Shamra, ZAW 62, 1949/50, 207-220; M. Haran: The Divine Presence in the Israelite Cult and the Cultic Institutions, Bib 50, 1969, 251-267; J.Y. Kaufmann: Der Kalender und das Alter des Priestercodex, VT 4, 1954, 307-313; ders.: Probleme der israelitischen jüdischen Religionsgeschichte, ZAW 48, 1930, 23ff; B.A. Levine: Ugaritic Descriptive Rituals, JCS 17, 1963, 105-111; J. Milgrom: The Biblical Diet Laws as an Ethical System, Int 17, 1963, 288-301; ders.: The Alleged Wave Offering in Israel and in the Ancient Near East, IEJ 22,

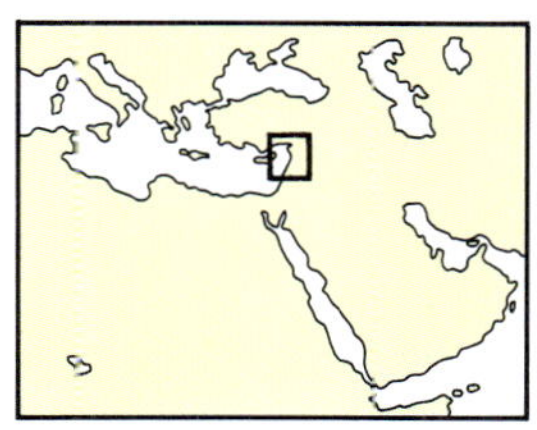

Das Libanon-Gebirge.

1972, 33-38; W. Thiel: Erwägungen zum Alter des Heiligkeitsgesetzes, ZAW 81, 1969, 40-73; L. Urie: Sacrifice Among the West Semites, PEQ 81, 1949, 67-82; H. Wenschkewitz: Die Spiritualisierung der Kultusbegriffe Tempel, Priester und Opfer im Neuen Testament, Angelos 4, 1932, 70-230; J. Wilkinson: Leprosy and Leviticus: The Problem of Description and Identification, SJT 30, 1977, 153-169; P. Wurster: Zur Charakteristik und Geschichte des Priestercodex und Heiligkeitsgesetzes, ZAW 4, 1884, 112-133; Z. Zevit: Converging Lines of Evidence Bearing on the Date of P, ZAW 94, 1982, 481ff; W. Zimmerli: Heiligkeit nach dem sogenannten Heiligkeitsgesetz, VT 30, 1980, 493-512.
H.Pe.

LIBANON. »Das weiße Gebirge«. Höchstes und bekanntestes Gebirge Syriens, benannt nach seinen schneebedeckten Gipfeln (vgl. Jer 18,14). Die im N über 3000 m hohe Bergkette erstreckt sich 170 km längs der Mittelmeerküste zwischen Tyrus und Arwad. Nach Jos 13,5 gehörte der L. zum verheißenen Land, lag aber meist jenseits der israelit. N-Grenze. Das Gebirge war reich an Wild (2Kön 14,9; Hab 2,17), Wäldern (Jes 40,16; 60,13; Ps 72,16) und Quellen (Hld 4, 15). Berühmt waren seine Zedern (Jes 2,13; Hes 17,3). Vom L. holte Salomo Bauholz und Steine für den Tempel- und Palastbau (1Kön 5,20. 28ff).

Östl. vom L. liegt die Tallandschaft Zölesyrien oder der Bekaa, an deren O-Seite sich die Kette des Antilibanon mit dem *Hermon erhebt.

LIBNA.

1. Eine bedeutende Stadt in der *Schefela, der Ebene zwischen dem Gebirge Juda und dem Mittelmeer. L. war von Josua eingenommen und dann den Priestern übereignet worden (Jos 10,29f; 15,42; 21,13). Sie fiel von König *Joram (850-844 v.Chr.; 2Kön 8,22) ab. Später wurde L. von *Sanherib (704-681 v.Chr.) belagert (2Kön 19,8.35). L. war der Geburtsort von König *Josias (640-609 v.Chr.) Frau Hamutal (2Kön 23,30f; 24,18). Die von Bliss und Macalister vorgeschlagene Identifizierung L.s mit Tel es-Safi (das Blanchegarde der Kreuzfahrer), das auf einem Kalksteinausläufer 7 km westl. von Aseka liegt, wird inzwischen weithin bestritten. Sanherib wäre kaum daran vorübergezogen, um zuerst *Lachisch anzugreifen, und Jos 15,42 deutet auf eine Ortschaft weiter südöstl. Es gibt wenig Alternativen. Tel Bornat (W.F. Albright, BASOR 15, S. 19) ist zu klein; Tel Judeideh (Tel Goded), nördl. des Beit-Guvrin-Beckens wäre möglich, ist aber nicht gesichert (vgl. Kallai-Kleinmann, VT 8, 1958, 155; G.E. Wright, BA 34, 971,81-85).

2. Ein nicht identifizierter Lagerplatz der Israeliten während ihrer Wüstenwanderung (4Mo 33,20; evtl. auch 5Mo 1,1). J.P.U.

Zedern auf dem Libanon. (RS)

Gegenüberliegende Seite: Zedern des Libanon werden von syrischen Fürsten auf Befehl des ägyptischen Königs Sethos I. gefällt. Relief von der N-Mauer der Großen Halle in Karnak, Ägypten, ca. 1300 v.Chr. (BPK)

Gegenüberliegende Seite unten: Schneebedeckte Bergkette im Libanon mit Zedern bei Kadesch. (MEPhA)

LIBNI.
1. Sohn Gerschons und Bruder Schimis, der in 2Mo 6,17. 4Mo 3,18; 1Chr 6,2.5 erwähnt wird. In 1Chr 6,29 steht L. unter den Söhnen Meraris. Die Nachkommen L.s, die »Libniter«, werden als Stamm in 4Mo 3,21; 26,58 erwähnt. »Ladan« in 1Chr 23,7f; 26,21 ist identisch mit L.
2. Levit, Nachkomme Meraris und Sohn Machlis (1Chr 6,14).

LIBYEN. Es taucht erstmalig als *Rbw* (»Libu«) in ägypt. Texten aus dem 13.-12. Jh.v.Chr. auf als feindlicher libyscher Stamm (A.H. Gardiner »Ancient Egyptian Onomastica« 1, 1947, S. 121-122). *Libu* wurde in der Form *lūbīm* der hebr. Ausdruck für L. und die Libyer. *Libys* lautet der allg. griech. Ausdruck für »Libyer«, d.h. für das Land und das Volk westl. von Ägypten. Von daher umfassen der hebr. und griech. Ausdruck noch andere libysche Stämme außer dem Stamm »Rbw«. Während des 12.-8. Jh.v.Chr. kamen die Libyer als Reiter, Siedler oder Soldaten in der ägypt. Armee nach Ägypten. Daher rührt die Berühmtheit der Libyer in der Streitmacht *Schischaks (2Chr 12,3), *Serachs (vgl. 2Chr 14,9 mit 16,8) und bei den Truppen der äthiop. Pharaonen, die No-Amon (Theben) nicht vor der assyr. Verwüstung schützen konnten (Nah 3,9). Dan 11,43 kommt ebenfalls auf diese Ereignisse zu sprechen. K.A.K.

LIBERTINER
s. Freigelassene

LICHT.
1. L. (hebr. *ʼōr*, griech. *phōs*), die physische Ursache, durch die etwas sichtbar wird, ist der Gegensatz zu *Finsternis. Die Bibel und auch das

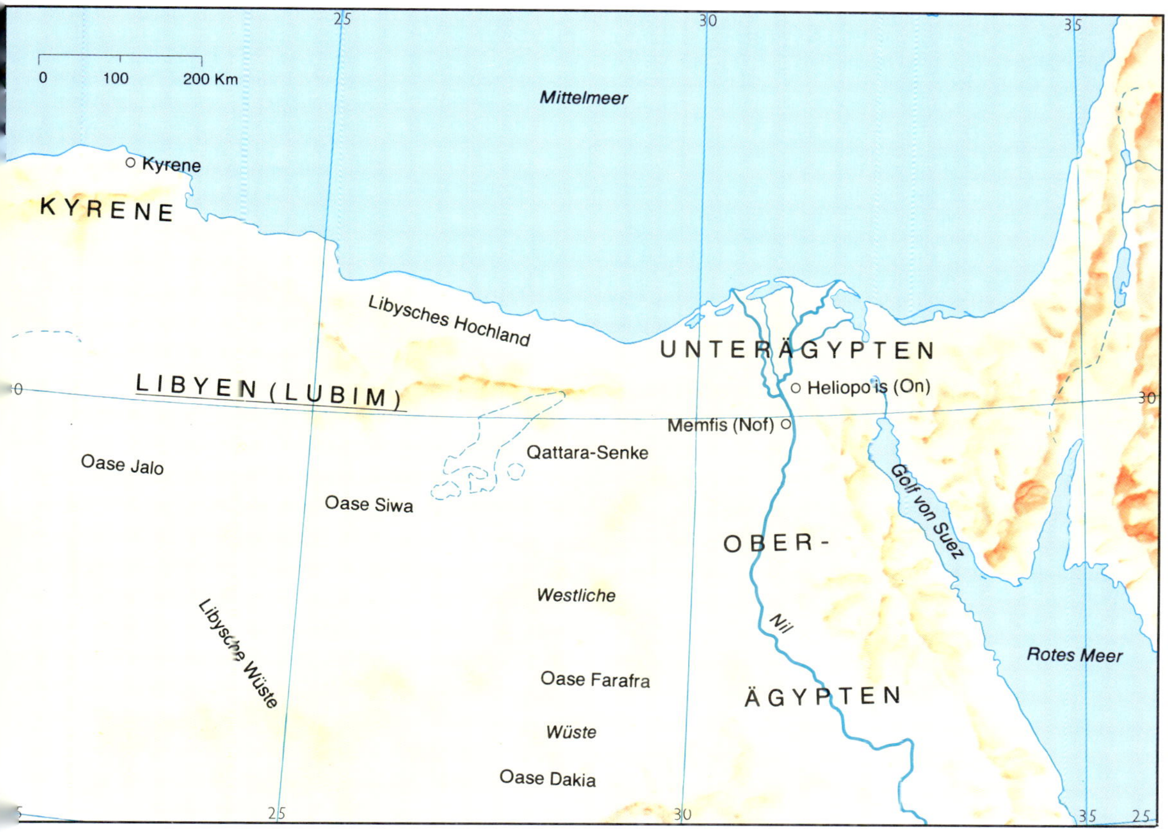

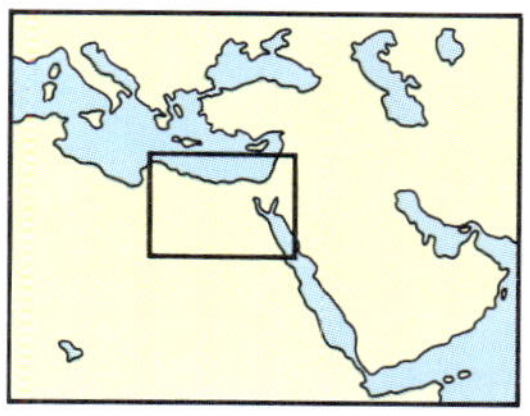

Das antike Libyen und seine Nachbarn.

rabbinische Schrifttum gebrauchen das Wort L. häufig.

a. L. entsteht durch die freie Schöpfertat Gottes (1Mo 1,3-5) am ersten Schöpfungstag, noch bevor am vierten Tag Lichtquellen, die »Lichter an der Feste des Himmels« (V. 14ff) genannt werden. Gott selbst ist also der »Vater der Lichter« (Jak 1,17).

b. In bildlichen Redewendungen kommt das Wort L. vor, z.B. »redet im Licht« (Mt 10,27), was bedeutet: das sollt ihr vor der Öffentlichkeit bekennen, oder: »wer Arges tut, der haßt das Licht« (Joh 3,20), d.h. der Übeltäter lebt in Angst, seine Taten der Kenntnis anderer preiszugeben.

c. Im übertragenen Sinne wird mit L. bezeichnet, was L. ausstrahlt, also Lichtträger, Leuchtkörper, Fackel, *Lampe, Leuchter. Zuweilen wird L. genannt, was vom L. bestrahlt wird: »was offenbar wird, das ist Licht« (Eph 5,14). »Offenbar« aber ist der Gläubige, der durch die göttliche Offenbarung zu einem L. und Träger der göttlichen Zeugnisse über die Welt geworden ist: »Ihr seid das Licht der Welt« (Mt 5,14).

d. In der rabbinischen Literatur findet sich der Ausdruck L.:

- im ethischen Sinne für alles, was der *Sünde abgewandt oder entgegengesetzt ist, bes. für die Werke der Lauterkeit, Gerechtigkeit und Wahrheit;
- im heilsgeschichtlichen Sinne für Glück, Freude, Heil, Erlösung;
- speziell als L. des *Messias, das ihn umleuchtet, das er den Gerechten bringt, sowie als Messiasname schlechthin.

2. Biblische Sinndeutung.

Im Sprachgebrauch der Bibel ist L. – besonders in den Briefen des Paulus und bei Johannes – ein theologischer Begriff. Gott ist es, der sich als der Herr erweist über L. und Finsternis; er ist es, der das L. macht und die Finsternis schafft, so wie er Frieden gibt und das Übel schafft (Jes 45,7). L. bezeichnet Gott und die Sphäre des Göttlichen. Im Prolog des JohEv.s (Joh 1,1-18) treten Wort und L. in Wechselbeziehung. Das Wort macht den Menschen zum Hörenden, das L. hingegen gewährt ihm die Wahrnehmung, aus der die Erkenntnis entsteht. L. ist jene höchste Gabe Gottes, die dem Leben erst die bewußte, erkennende Innerlichkeit und Geistlichkeit verleiht. So nennt Eph 5,9 als »Frucht des Lichts«: »Güte und Gerechtigkeit und Wahrheit.«

a. »Gott ist Licht« (1Joh 1,5): in diesem Bild für Gottes Wesen ist zusammengefaßt, was Johannes der Gemeinde zu verkünden hat. Gott wird L. genannt, weil er die lautere *Wahrheit und Allwissenheit ist; »er offenbart, was tief und verborgen ist; er weiß, was in der Finsternis liegt, denn bei ihm ist lauter Licht« (Dan 2,22).

b. Gott ist nicht nur sich selbst wesenhaftes L., sondern läßt auch sein Volk teilhaben an seiner lichten Wesenheit; er erhebt über die Seinen das L. seines Antlitzes (4Mo 6,25; Ps 4,7) als Erweis seiner Güte und Erbarmung (vgl. Ps 89,16). So wird Gott L. genannt, weil er den Menschen zum Himmel voranleuchtet (vgl. 2Sam 22,29; Ps 27,1; Jes 60,3.19; 1Joh 1,5), und die Weisung Gottes ist das »Licht der Völker« (Jes 51,4; vgl. Ps 119,105).

c. Jesus als Sohn des Vaters ist der »Abglanz seiner Herrlichkeit und das Ebenbild seines Wesens« (Hebr 1,3). In Jesus Christus ist *Leben und L. (Joh 1,4), wobei diese beiden Begriffe gleichgesetzt werden. Jesus bezeichnet sich als das »Licht der Welt« und sichert denen, die ihm nachfolgen, das »Licht des Lebens« zu (Joh 8,12). Er fordert auf zum Wandel im L. und zum Glauben an das L., damit wir »des Lichtes Kinder« werden (Joh 12,36).

d. Wie Christus wird auch die Gemeinde, sein Leib (Eph 1,22f), als L. bezeichnet (Mt 5,14; Eph 5,8). Das weist darauf hin, daß der Wandel im L. (1Joh 1,7-9) in seinem Gegensatz zum Weg ohne Gott (vgl. Hiob 24, 13) auch das *Bekenntnis vor Menschen und die Seelsorge mit einschließt (Joh 3,20; Eph 5,13; Hebr 13,17). Wer sich selbst richtet, d.h. sich als schuldig bekennt, den wird Gott nicht mehr richten (1Kor 11, 31), während er das im Finstern Verborgene im Endgericht ans L. bringen und den Rat der Herzen offenbaren wird (1Kor 4,5).

e. Im himmlischen *Jerusalem, wenn unser Glaube erfüllt sein wird in unmittelbarer Gottesschau, sehen wir in Gottes L. das L. (Ps 36,10), denn Gott ist wesenhaftes L., von Grund auf Vollkommenheit, Wahrheit und Weisheit. Durchdrungen vom Gotteslicht der Klarheit und Reinheit, werden wir in seinem L. ihn erkennen als die Ursache der Ursachen, als die Ursache seiner selbst, und werden im L. dieser Erkenntnis selig sein, erleuchtet von der Herrlichkeit Gottes (Offb 21,23ff).

LICHT UND RECHT
s. Urim und Tummim

LIEBE.

I. IM ALTEN TESTAMENT.

1. Die Bedeutung des Begriffs.

L. benennt im AT die den Menschen bestimmende Grundkraft in Wille und Gefühl, die ihn in seinen Beziehungen zu Gott und den anderen Menschen antreibt. In verschiedenen hebr. Begriffen wird differenziert zwischen der L. als geschlechtlichem Begehren, als Bestimmung der familiären Bindung, der L. als Beschreibung freundschaftlicher Zuneigung bis hin zur L. als der Begegnungshaltung des Glaubenden gegenüber Gott.

2. Die Liebe Gottes.

Gottes L. ist eine freie, erwählende L., auf die keiner einen Anspruch hat; so lautet die atl. Grundaussage. In solcher L. hat Gott Israel erwählt (vgl. 5Mo 7,7f; Hos 11,1.3). Erwählung und L., in dieser Zusammenstellung, bezeugen die Gottesliebe als Retterliebe. Gott ist zu Israel wie ein liebender Vater und will dieses Volk, das er wie einen erstgeborenen Sohn liebt, aus seiner Not retten (vgl. Jer 31,3-11). Seine L. zu Israel ist erbarmende L., wie die L. einer Mutter, die ihr Kind tröstet (vgl. Jes 66,13). Doch ist die L. Gottes, die Israel erwählt hat, nur konzentrierter Ausdruck seines umfassenden Retterwillens. Schon die Schöpfung ist Liebestun Gottes: Er bereitet dem Menschen, seinem Ebenbild, den Lebens- und Entfaltungsraum. Auch im Sündenfall und seinen zerstörenden Folgen scheint die L. Gottes durch: Die Menschen sterben nicht auf der Stelle; Gott macht ihnen Röcke aus Fellen; der Acker wird verflucht, nicht der Mensch; Gott gibt die Verheißung eines Retters (vgl. 1Mo 3,15).

Die Erwählung Israels in *Abraham ist der konzentrierte Angriff der Gottesliebe zum Heil der Menschen gegen das ausufernde Böse, denn in Abraham sollen alle Geschlechter auf Erden (zeitlich und räumlich) gesegnet werden. Auch die Gebote Gottes sind Erweis seiner L., denn sie wollen nicht Leben pressen und zwingen, sondern erfülltes Leben ermöglichen. Sie sind keine Zwangsmaßnahmen, sondern Schutzräume zur Lebensentfaltung. Gott ist zu Israel ein liebender und deshalb erziehender Vater (5Mo 8,5). An Israel und durch Israel sollen endlich alle Völker die L. Gottes ablesen und erfahren können (vgl. 1Mo 12,1-3; 5Mo 33,3; Jes 42,6).

Gottes L. zu Israel ist eine L. durch Enttäuschungen, Schmerz und Leiden hindurch, denn sein Volk verläßt ihn immer wieder im Ungehorsam (vgl. Jes 1,2ff). Doch Israels Untreue hebt Gottes L. und Treue nicht auf. Er bewahrt seinem Volk – auch durch Gerichte hindurch – seine L. und gibt ihm darin die Verheißung der Rettung. In Hosea 1-3 wird diese Leidensgeschichte der L. Gottes zu seinem Volk am Beispiel einer ungetreuen Ehefrau, die ihr Ehemann doch nicht fallen läßt, eindrücklich entfaltet. Hier (vgl. Hos 11) leuchtet das auf, was dann im NT klar bezeugt wird (vgl. 1Joh 4,16): Das Wesen Gottes ist L.

3. Du sollst lieben ...

L. ist im bibl. Sinn nicht zuerst Gefühl, sondern tätiger Wille und hingebende Treue. L. ist ein Tun. Deshalb kann solche L. geboten werden (vgl. 5Mo 6,5). Israels Antwort auf Gottes Rettung, auf sein L.-Tun, soll Gehorsam, geübte L. gegenüber Gottes Willen sein. Auch schon das AT sieht mit diesem: »Du sollst lieben, Gott deinen Herrn...« (5Mo 6,5) den Gehorsam als Ermöglichung persönlicher, engster Hingabe an Gott. Gott lieben heißt, in allen seinen Wegen wandeln und seinen Geboten gehorchen (vgl. 5Mo 10,12; Jos 22,5). Darin erlebt der Gehorsame die Freude der Gemeinschaft mit Gott und seine rettende Hilfe (vgl. Ps 18,2ff; Ps 116,1ff; Jer 2,2). Israel kann Gott lieben, weil er dieses Volk zuerst in L. erwählt hat.

Diese L. bestimmt aber auch die Lebensverhältnisse der Glieder des Gottesvolkes untereinander. Auch da ist das Gebot »Du sollst deinen Nächsten lieben wie dich selbst«

(3Mo 19,18) begründet in dem »Ich bin der Herr«, und beschreibt ein Liebe-Tun. Wohl ist zunächst der »Nächste« (vgl. 5Mo 22,1-4), der Volksgenosse, im Blick, dann aber auch das liebende Tun gegenüber dem Fremdling (vgl. 3Mo 19,33f) und sogar die hilfreiche Tat gegenüber dem Feind (vgl. 2Mo 23,4f; Spr 25,21) geboten.

II. IM NEUEN TESTAMENT.

1. Die verschiedenen Begriffe.

Im Griech. werden gemäß den verschiedenen Ausprägungen der L. unterschiedliche Worte verwendet. *Philia* bezeichnet vornehmlich die Zuneigung blutsmäßiger Beziehungen; *Eros* hat die sinnliche L. im Blick, während *Agape* das allgemeinste Wort für L. ist. Das NT verwendet *Agape* hauptsächlich für die Beziehung zwischen Gott und dem Menschen und nimmt darin die atl. Linie der Gottesliebe auf, vertieft sie und weitet sie aus.

2. Gottes Liebe zur Welt.

An Jesus Christus, dem Gottessohn, wird klar, daß auch die ntl. Grundlage aller L. das erwählende Liebeshandeln Gottes ist, das in Christus nicht nur Israel gilt, sondern auf alle Menschen ausgeweitet ist (vgl. Joh 3,16). »Gott ist Liebe« (1Joh 4,16) ist eine universale Aussage und gilt als Retterliebe der ganzen Welt (vgl. auch 1Tim 2,4). Die Grundlage dieser Gottesliebe zur Welt ist die L. des Vaters zum Sohn (vgl. Mk 12,6; Joh 15,9). Diese L. des Vaters befähigt den Sohn in und zu seinem Rettungswerk (vgl. Joh 3,35).

Jesus Christus lebt diese L. Gottes zur Welt. Seine Taten, Heilungen, Wunder, Totenauferweckungen sowie seine Verkündigung verdeutlichen und vergewissern die L. Gottes. Solche L. ist Retterliebe und Sünderliebe, wie das Gleichnis vom verlorenen Sohn zutiefst einprägsam verkündigt (vgl. Lk 15,11ff). Gott liebt in Jesus Christus nicht das Liebenswerte, sondern die Sünder, uns Sünder, sogar als wir noch »Feinde waren« (vgl. Röm 5,10). Die L. zum Sünder besiegelt der Sohn Gottes mit seinem Tod am Kreuz. Dort nimmt er unsere Strafe auf sich und versöhnt die Menschen mit Gott. Und der Vater bestätigt und besiegelt dieses Tun der L., indem er den Sohn auferweckt von den Toten und zum Erstling der neuen Schöpfung setzt. Dabei ist die Gottesliebe nicht allgemein, sondern immer personal und individuell; sie meint den einzelnen Menschen ganz persönlich und ruft den einzelnen in die Liebesgemeinschaft der Nachfolge Jesu Christi: In 1Kor 13, dem sogenannten Hohenlied der L., wird die Person Jesu Christi vor Augen gemalt. Er ist so, wie es von der »Liebe« gesagt wird. Jedes einzelne Wort ist durch sein Leben, Reden und Tun gedeckt. In dem Christuslied Phil 2,5ff wird das Liebeshandeln Gottes von Ewigkeit her in seiner geschichtlichen Wirklichkeit an dem »Lebensweg« Jesu Christi gepriesen. Gottes L. ist persönlich und trifft den Menschen deshalb auch als Person.

3. Das Doppelgebot der Liebe.

Dem Jünger Jesu ist die L. geboten (vgl. Mt 22,36ff). L. meint bibl. nie nur einen emotionalen Bereich; die christl. L. geht vom Willen aus und wird gelebt im Tun. Dabei ist das Tun ein Leben im Gehorsam gegenüber dem bibl. Wort. Jesus zu lieben heißt, seine Gebote zu halten (vgl. Joh 14,15). Denn die L. ist des Gesetzes Erfüllung (vgl. Röm 13,10). Das Gesetz, die Gebote Gottes, sind dem Glaubenden keine Zwangsanweisungen mehr, die er nur unter Strafandrohung befolgt; für den Jünger ist es Herzensanliegen, seinem Herrn zuliebe zu leben, aus L. seinen Willen zu tun. Erst der Jünger kann nämlich auch erkennen, daß die Gebote der L. Gottes entspringen; Gott will damit Leben ermöglichen, Leben schützen, Leben zur vollen Entfaltung kommen lassen, ja, die Gebote Gottes leiten zu der Christusbegegnung, zum vollen, d.h. ewigen Leben; die Gebote Gottes nehmen uns in Verwahrung auf den Glauben hin, das Gesetz ist Zuchtmeister auf den Christus zu (vgl. Gal 3,23ff).

»Du sollst Gott lieben«, damit ist die Ermöglichung für den Jünger mitgesetzt. Was das Gesetz unter Strafandrohung fordert, das wirkt im Glaubenden der Geist Gottes (vgl. Gal 5,22f). L. zu Gott ist deshalb nicht rel. Pflicht, sondern die neue Wirklichkeit des Geistbegabten, des Wiedergeborenen, des Kindes Gottes. Wirklichkeit freilich, die ich wollen soll, die ich tun kann, in der ich wachsen darf. Diese Gottesliebe wird kenntlich in ihrer horizontalen Auswirkung. Wer Gott liebt, liebt auch den Bruder (vgl. 1Joh 3,17; 4,20f).

Die Bruderliebe ist die neue Lebensform der Gemeinde Jesu Christi. Der Herr selbst hat sie geboten; sie ist Kennzeichen wahrer Jüngerschaft (vgl. Joh 13,34f; 1Joh 4,21; auch Gal 6,2). Die brüderliche L. ist ein Tun. Die Urgemeinde lebt solche L. in Lebens-, Güter- und Gottesdienstgemeinschaft vor (vgl. Apg 2,42-47). Die brüderliche L. ist tragende L., die auch Sünde deutlich benennt (vgl. Mt 18,15ff), die Lasten des andern mitträgt (Gal 6,2), um den Bruder ringt (vgl. Gal 6,1), mit dem Bruder leidet und sich mit ihm freut (vgl. 1Kor 12,26). Solche L. ist nicht unsere Möglichkeit, sondern vielmehr *die* Frucht des Geistes (vgl. Gal 5,22), ohne die alle anderen Gaben nichts sind (vgl. 1Kor 13,1-3).

Solche L. ist auch nicht auf den Bruder beschränkt. Sie erreicht in helfendem Tun und werbendem Zeugnis auch den Nächsten, nämlich den, der mir in meinem unmittelbaren Lebensbereich begegnet (vgl. Lk 10,25ff). Jesus sieht solche geistgewirkte L. auch als den Maßstab für die Begegnung mit dem Feind und dem Verfolger (vgl. Mt 5,44ff; Lk 6,27ff). Gerade dabei gilt: L. kann geboten werden, weil sie die Lebenswirklichkeit des Jüngers in der Kraft des Heiligen Geistes sein darf.

Ein Christ ist ein zur L. Erweckter, zur L. Befähigter und in Gottes L. Geborgener. H.K.

LIED.

I. EINFÜHRUNG.

1. Lied und Sprache.

Die Fähigkeit des Menschen, sich durch *Sprache anderen mitzuteilen und Wirklichkeit zu beschreiben, zu beeinflussen und neu zu setzen, also schöpferisch zu sein, ist das größte Geschenk, das der Schöpfer seinem Geschöpf gegeben hat. Er läßt den Menschen teilhaben an seiner Macht, was der Bericht über die Namensgebung der Tiere im Paradies hervorhebt. Wer das Wort hat, hat Macht. Im Wort bemächtigt sich der Sprecher des Angesprochenen. Indem er etwas oder jemand anspricht oder bespricht, teilt er seine Sicht darüber mit und beeinflußt so - ob er will oder nicht – seine Hörer oder Leser. Die beiden Pole der Wortmächtigkeit sind Segnen und Fluchen: Großmachen und Gutes wünschen, oder Kleinmachen und Böses herbeischwören. Je eindrücklicher das Wort, desto tiefer die Wirkung. Darum der Versuch, die Wirkung des Wortes zu steigern, indem es in bestimmte Formen gebracht oder bei besonderen Anlässen gesagt wird. Worte wollen wirken. Dazu dient in bestimmten Situationen in hervorragender Weise die *Dichtung. Und hierzu gehört dann auch das L. als eine besonders eindrucksvolle Form des Sprechens.

2. Funktionen des Liedes.

Die Möglichkeiten menschlicher Sprache werden im L. gesteigert und bereichert. Dies zeigt das »Prahllied« (G.v. Rad, ATD ad loc.) Lamechs in 1Mo 4,23b.24, wo das erste Lied, das von einem Menschen überliefert ist, zugleich ein Ausdruck menschlicher Brutalität und Sünde ist: das Lied bereitet Handlungen vor, indem es maßlose Rache verherrlicht und in des Menschen Hand legt (vgl. dagegen: 5Mo 32,35 und Offb 15,3: das »Lied des Lammes« zur Verherrlichung der Gerechtigkeit Gottes). Auch 1Mo 4,21 (Lamechs Sohn Jubal als Stammvater der »Zither- und Flötenspieler«) zeigt, daß Musik und Gesang von Urzeit an dem Menschen eigen ist. Dabei ist zu beachten, daß das L. im bibl. Denken nicht Kunst um der Kunst willen ist, sondern eine bestimmte Funktion hat. Es dient dem »Binden und Entbinden von Kraft« (C. Westermann, RGG³ IV, 1201) und »war in bibl. Zeit ein wesentlicher unentbehrlicher Bestandteil des gesamten Lebens, für den einzelnen wie für die Gemeinschaft« (ders., BHH II, 1086). Die Beziehung des gesamten Lebens auf Gott führte dazu, daß eine scharfe Trennung zwischen geistlichen und weltlichen Liedern oft nicht zu ziehen ist (vgl. z.B. Ps 45: »Hochzeitslied eines Königs«).

Eine kleine, bei weitem nicht vollständige Liste von »profanen« Liedern gibt W.J. Martin (*Dichtung). Weitere Bereiche, wo Lieder wichtig waren, sind Krieg (Kampf- und Siegeslieder, vgl. z.B. Ri 5), der Jerusalemer Hof des Königs (vgl. 2Sam 19,35; 23,1), wo seit Davids Königsherrschaft »das

LIEBESMAHL

s. Abendmahl

bewußt gepflegte Singen und Dichten von Liedern einen wichtigen Faktor des kulturellen Lebens bildete« (BHH II., 1091) und natürlich der *Gottesdienst. Das Singen von Liedern wurde schon im AT als Opfer der Lippen (Hos 14,3; vgl. auch Ps 51,17-19) verstanden (so auch in *Qumran, wo keine Tieropfer möglich waren, 1QS 9,4f; 10,6.8.14; vgl. auch TestLev 3,8 und TestGad 7,2), das NT nimmt diesen Gedanken auf (Hebr 13,15), der bis heute in den Gesangbüchern der christl. Kirchen lebendig ist (vgl. EKG 346,3). Einzelne Sammlungen von Liedern sind in der Bibel enthalten: Das *Hohelied, eine Sammlung von Liebes- und Hochzeitsliedern, die *Klagelieder und der *Psalter, der eine Fülle verschiedener Liedgattungen und -sammlungen enthält. Die LXX enthält nach dem Psalter eine Sammlung von Gebeten und Liedern aus dem AT und NT, die unter dem Stichwort *odai*, »Lieder«, zusammengefaßt sind. Diese Sammlung macht wie der Psalter ein Phänomen deutlich, das für das Verständnis der bibl. Lieder entscheidend ist: Gedicht und L. sind nicht zu trennen. Die Psalmen z.B. können als Lieder, Gedichte oder Gebete bezeichnet werden. Besonders ihre Überschriften zeigen, wie hier die begrifflichen Grenzen verschwimmen (vgl. Ps 72,20: Abschluß der *tephillōt*, »Gebete« Davids; zahlreiche Davidspsalmen sind aber in der Überschrift als *schīr*, »Lied«, oder *mismōr*, »Lied, Psalm«, bezeichnet; das Psalmbuch als Ganzes heißt in der hebr. Bibel *tehīlīm*, »Loblieder, Preislieder, Hymnen«). Der Grund dafür liegt in der Rolle der Poesie in Israel und überhaupt im Vorderen Orient: »Es besteht Grund zu der Annahme, daß ein Priesterspruch am Heiligtum oder eine Prophetenrede an die Gemeinde, ja sogar politische Parolen in der Regel rhythmisch gefaßt waren und rhythmisch gefaßt sein mußten. Während für uns öffentliche Rede und Dichtung zweierlei sind, war es für die Israeliten offenbar anders. Während die moderne westliche Gesellschaft letzte Wahrheiten prosaisch zur Sprache bringt, sei es in einer philosophischen Schrift oder in kirchlicher Verkündigung, und Gedichte nach unsrer Meinung nur sinnbildlich davon reden, vermag der alte Orient die tiefen Fragen des menschlichen Daseins nur poetisch zu erörtern. Poesie entsteht weithin nicht durch absichtliches Komponieren nach ästhetischen Regeln, sondern aus sprachlichem Gefühl. Wahrscheinlich traute man darüber hinaus der gebundenen Sprache eine größere Wirkungskraft zu als der gewöhnlichen.

Weiter ist zu bedenken, daß der Semit viel schneller von Prosa zur Poesie überwechselt als unsereiner« (K. Koch, Was ist Formgeschichte?, ²1967, S. 119). So entstanden vielfach aus der jeweiligen Situation heraus kurze, ein- oder zweizeilige Volkslieder (wie z.B. 2Mo 15,21; 4Mo 10,35f; 21,17f; Ri 16,23f; 1Sam 18,7; auch einzelne hymnische Elemente in den ntl. Briefen und der Offb sind wohl Teile im und für den Gottesdienst entstandener L.er), die von den Anwesenden aufgenommen, instrumental oder durch Klatschen begleitet und wiederholt wurden. Neben diese spontane Form des Liedes tritt das planmäßig gearbeitete und komponierte L. bzw. Gedicht des Dichters. In der ganzen Bibel finden sich zahlreiche Beispiele, wie Menschen in Situationen intensiver Gottesbegegnung ihre Gefühle in Liedform ausdrückten (z.B. 2Mo 15,1.20f; Ri 5; 1Sam 2,1-10; Jona 2,2-10; Lk 1,46-55.68-79; 2,29-32). Die Befähigung dazu wird als eine Begabung mit dem Geist Gottes verstanden (vgl. 2Sam 23,2; 1Kön 5,9-14; Lk 1,67; Apg 1,16; Eph 5,19; Kol 3,16). Wie dem frühen Christentum (vgl. Mk 12,36) galt in Teilen des Judentums z.Zt. Jesu besonders David als inspirierter Prophet, wie wir aus einer Psalmenrolle der Höhle 11 von Qumran wissen. Dort wird von David gesagt, daß er 4050 Psalmen gedichtet hat, aufgeteilt in 3600 Hymnen (*tehillīm*), 446 Lieder (*schīr*) und 4 Lieder »die über Besessenen zu spielen sind« (vgl. 1Sam 16,4), und »alle redete er durch Inspiration, die ihm vom Höchsten gegeben war« (11 QPs^a XXVII, 4-11, auch als 11 QDav Comp bezeichnet).

II. ZUM WORTGEBRAUCH.

1. Im Alten Testament.

a. Die häufigste Wortwurzel für »singen« und damit verbundenen Ausdrücken ist *schjr*; das Subst. *schīr* »Gesang, Lied« kommt im AT 77mal vor (42mal in den Psalmen, davon 30mal in den Überschriften), *schīrāh* (»einzelnes, bestimmtes Lied«) 13mal. Mit letzterem Ausdruck werden bezeichnet: 2Mo 15,1: Meerlied; 4Mo 21,17: Brunnenlied; 5Mo 31,19.21f.30 und 32,44: das Lied des Mose; das Weinberglied Jes 5,1 und das Spottlied auf eine Hafendirne in Jes 23,15f. Die letzten beiden Stellen sind die einzigen rein profanen Lieder, während Ps 18,1 (2Sam 22,1) ein Davidspsalm so bezeichnet ist und in Am 8,3 die Tempellieder. Hier wie bei den anderen Vorkommen der Wurzel ist deutlich, daß es bei *schjr* nicht um ein nur auf ästhetische Wirkung ausgerichtetes Singen geht, sondern um eine poetisch geformte Anrede Gottes, meist in Form des Lobes, die in der Regel von Musikinstrumenten begleitet vorzustellen ist. Besondere Beachtung verdient die Gruppe der sog. Wallfahrtslieder (Ps 120-134; alle tragen die Überschrift *schīr hamma'alōt*), die eine Art »Wallfahrtsliederbuch« (H.J. Kraus) darstellen, das den Zionpilger während seiner Zeit in Jerusalem begleiten und als »Vade mecum« (K. Seybold) geistlich leiten sollte. Die Bedeutung des Zion für die Lieder Israels zeigen ferner Ps 137,3 und 1Chr 6,16; 25,6.

Die LXX übersetzt das Verb meist mit *adō*, das Substantiv mit *ōdē*; letzteres gelegentlich auch mit *asma*, *hymnos* oder *psalmos*.

b. Ähnlich wichtig ist die Wurzel *smr*, »singen, spielen«. Das Verb kommt 45mal im AT vor, bis auf 4mal immer im Psalter (die 4 Ausnahmen: Ri 5,3; 2Sam 22,50; Jes 12,5; 1Chr 16,9 aber in psalmenähnlichem Kontext), und wird fast ausschließlich als Aufruf zum Lobpreis gebraucht. Die Substantive *sāmīr* (6mal) und *simrāh* (7mal, beide mit der Bedeutung »Lied, Gesang«) können ebenfalls profane (z.B. 2Sam 23,1: Volkslieder zu Ehren Davids) oder geistliche Lieder (Am 5,23: Lieder beim Opfergottesdienst) bezeichnen. Das von derselben Wurzel abgeleitete *mismōr* (»Gesang mit instrumentaler Begleitung«) begegnet 57mal, und zwar ausschließlich in den Psalmenüberschriften. In der LXX wird die Wurzel *smr* überwiegend mit *psallō* »singen, lobsingen«, im klass. Griech. eigentlich: »ein Saiteninstrument zupfen/spielen, zur Harfe singen«, wiedergegeben.

c. Zu diesen beiden Wurzeln kommen seltener gebrauchte Vokabeln für L. Als »Kunstlied« im Sinne von »kunstvoll gestaltetem Lied« ist nach H.J. Kraus das in den Psalmenüberschriften häufige (Ps 32,42; 44f; 52-55; 74; 78; 88f; 142 und Ps 47,8) *maskīl* zu verstehen. Das »'Kunstlied' sucht das treffende, erhebende, mächtige Wort, das dem besungenen und gepriesenen Gegenstande angemessen ist« (H.J. Kraus, BK XV/1, S. XXIII).

In Ps 7,1 steht einzig im AT das Wort *schiggājōn* als Bezeichnung für einen Psalm, den David Jahwe sang. Gemeint ist wahrscheinlich ein »erregtes Klagelied« (ebd.). Zweifelhaft ist weiter die Überschrift der Ps 16; 56-60: *miktām*, die Kraus (a.a.O. S. XXII) nach der LXX (»Stelenin-schrift«) als »Gedicht oder Lied, das ein Geschehen unauslöschlich festhält« (wie Hiob 19,23f beschrieben), verstehen will.

2. Im Neuen Testament.

Auch im Bereich des Liedes zeigt sich das NT vielfach und eng mit dem AT verbunden, sowohl von der Terminologie her als auch inhaltlich. Trotz griech. Begriffe finden wir im NT keinen Versuch, den Stil der griech. Götterhymnen nachzuahmen, die ein strenges, von den betonten und unbetonten Silben abhängiges Metrum besaßen. Als Vorbilder wirkten vielmehr die atl. Psalmen, die als Christusprophetie ja ohnehin eine immense Rolle für das Urchristentum spielten. Die LXX stellte die sprachlich-sachliche Verbindung her. Von ihr bekannte Begriffe wie *psalmos*, »Lied, Loblied, Psalm«, *hymnos*, »Hymnus, Lobgesang«, und *ōdē*, »Lied«, bezeichnen auch die ntl. Lieder, wobei die drei Begriffe nicht unterschiedliche Liedgattungen meinen (vgl. Eph 5,19 und Kol 3,16), sondern den geistgeschenkten Reichtum im Gottesdienst wiedergeben.

Bei *psalmos* (7mal im NT) ist zu beachten, daß hier ein doppelter Wortgebrauch vorliegt: Es bezeichnet zum einen den einzelnen atl. Psalm (Apg 13,33) bzw. den Psalter als Teil des AT (Lk 20,42; 24,44; Apg 1,20) und zum anderen die vom Geist gewirkte Neudichtung, die der Erbauung der Gemeinde im Gottesdienst dient (so in 1Kor 14,26; Eph 5,19; Kol 3,16).

III. DIE BEDEUTUNG DES LIEDES FÜR DEN GOTTESDIENST.

Thema aller geistlichen Lieder der Bibel ist Gott und sein Handeln. Davon wird in der Gemeinde mittels L. berichtet und Gott zugleich singend gedankt. Das Hebr. kennt kein eigentliches Wort für »danken«; wo es im Dt. vorkommt, hat der bibl. Text oft »loben«. Das Lob geschah in Form des Liedes.

1. Im Alten Testament und in der intertestamentaren Zeit.

a. Zwar wissen wir nur sehr wenig über die Einzelheiten des atl. Gottesdienstes, aber daß darin Lieder und Gesang eine herausragende Stellung innehatten, ergibt sich außer aus dem Psalter zweifelsfrei aus Am 5,21-23 und den zahlreichen Angaben der Chronikbücher über die levitischen Sängergilden (vgl. 1Chr 13,8; 15,16-22; 25; 2Chr 5,12f; 29,25-30 u.ö.).

b. Daran ändert sich auch nichts in der sog. intertestamentaren Zeit, wie 1Makk 4,54; 2Makk 1,30 Josephus und Philo belegen (vgl. ThWNT VIII, 499f). Unabhängig vom Tempelgottesdienst entstehen in dieser Zeit zahlreiche neue Lieder und -sammlungen (vgl. JSHRZ Bd. IV und J.H. Charlesworth, The Old Testament Pseudepigrapha Bd. II, 1985, S. 607-771: Prayers, Psalms and Odes). Besondere Bedeutung haben hier zwei Sammlungen aus *Qumran, die sog. »Loblieder« oder »Hodajot-Lieder« (1QH), die zumindest teilweise vom Gründer der Qumran-Gemeinschaft aus dem 2. Jh.v.Chr. stammen. Die über 30 Lieder sind Weiterentwicklungen der bibl. Dankpsalmen (Text und Übers. bei E. Lohse, Die Texte aus Qumran, ³1981, S. 109-175). Die andere Gruppe sind die »Lieder für das Sabbatopfer« (4QSirShabb und 11QSirShabb), die der *Essenergemeinde als Ersatz für den im Gesetz Moses beschriebenen Tempelgottesdienst dienten. Die Lieder sind ein Versuch, am himmlischen Gottesdienst der Engel teilzunehmen, sich durch das Singen gleichsam in den Himmel zu versetzen. (Text und Übers. bei C. Newson, Songs of the Sabbath Sacrifice: A Critical Edition, Harvard Semitic Studies 5,1985). In reicher Fülle bieten die Texte der jüd. Hekhalot-Mystik Weiterentwicklungen dieser Gedanken. Wie stark diese Tradition war, zeigen ähnliche Vorstellungen im Hebräerbrief und Offb ; 5.

2. Im Neuen Testament.

a. Eine wirkliche Beschreibung eines urchristl. Gottesdienstes gibt es im NT nicht. Dennoch reichen die unter II. 2. genannten Stellen aus für folgenden Befund: »1. Das gottesdienstliche Lied besaß in den Versammlungen der urchristlichen Missionsgemeinden eine wesentliche Bedeutung und war ein konstitutiver Teil derselben. 2. Es handelte sich dabei durchaus nicht nur um traditionelle Gesänge, sondern wohl mindestens ebenso häufig um spontane Dichtungen. Sie wurden nicht als bloße menschliche Schöpfungen betrachtet, sondern als Werke des Heiligen Geistes. 3. Inhaltlich war das gottesdienstliche Lied in erster Linie bestimmt durch das in Christus vollbrachte Heilsgeschehen, d.h. es stellte sich überwiegend als Christushymnus dar. 4. Seiner Form nach war es wohl, bei aller Vielfalt der Möglichkeiten, ein 'Psalm', d.h. es fehlte ihm die strenge Metrik des griechischen religiösen Hymnus« (M. Hengel, a.a.O., S. 5). Offb 4 und 5 schildern einen »himmlischen Gottesdienst vor dem Throne Gottes« (ebd.), ebenfalls mit Liedfragmenten, die denen der urchristl. Gottesdienste ähnlich sein dürften.

Die Anmerkung Apg 2,46 über die Abendmahlsfeiern »mit Jubel« (*en agalliasei*, vgl. *Jauchzen) läßt ferner vermuten, daß von Anfang an auch bei diesen Gelegenheiten das Singen geistgewirkter Lieder dazugehörte.

b. Die Bestimmung von Liedern innerhalb der ntl. Schriften ist aufgrund des fehlenden Metrums nicht völlig eindeutig, zumal die Abgrenzung gegenüber Akklamationen, Benediktionen, Doxologien und Bekenntnisformeln schwierig bleibt. Ein Konsens besteht weitgehend bei Joh 1,1-18; Phil 2,5-11; Kol 1,15-20; 1Tim 3,16; 1Petr 2,21-24; Hebr 1,1-4. Dazu kommen noch folgende ernsthaft erwogene Texte: Röm 11,33-36; Eph 1,20-23; 2,14-18; 1Petr 3,18-22; Offb 5,9-13; 15,3f; 19,5-8.

Hypothetisch bleiben aber alle Versuche, den genauen Umfang der Lieder herauszuarbeiten. Sehr wahrscheinlich ist, daß viele Lieder von Anfang an im Wechselgesang gesungen wurden, wobei zwei Arten zu unterscheiden sind: Entweder der Vorsänger singt vor und die Gemeinde wiederholt es, oder zwei Gruppen singen im Wechsel.

c. Das »neue Lied«.

In dieser Gestalt findet sich der Ausdruck schon im AT als Aufforderung (Ps 33,3; 96,1; 98,1; 144,9; Jes 42,10 u.ö.), Gott für seine neuen Taten mit einem neuen L. zu danken. Das alte L. war nicht länger ausreichend, weil Gott Neues und Wunderbares geschaffen hat. Im gleichen Sinn ist dieser Gedanke in Offb 5,9 und 14,3 verwendet: Die eschatologische Erneuerung der Schöpfung durch den Messias Gottes ist Ursache des neuen Liedes, denn »über den Inhalt prosaisch formulierter Bekenntnisformeln hinaus drängte der Geist dazu, im 'neuen Lied' des Christushymnus Neues, Gewagteres, Größeres auszusprechen, weil die menschliche Sprache aufgrund ihrer Erdenschwere Gott immer zu wenig zutraut. Der Geist suchte wie im alten Israel bei David, den Propheten, aber auch bei den Griechen, die poetisch gebundene Form, um hyperbolisch Dinge zu sagen, die für die Sprache der Prosa noch nicht reif waren, die man nur in der Form preisender Erzählung des Liedes, im gottbegeisterten Singen zur Sprache bringen konnte« (M. Hengel, a.a.O., S. 22). Wesentlich ist, daß die ganz überwiegende Anzahl aller ntl. und frühchristl. Stücke mit hymnischem Charakter nicht mehr auf Gott den Vater bezogen sind (wie die atl. Hymnen), sondern das Heilswerk Jesu im L. nacherzählen. So sind die Christuspsalmen inhaltlich und nicht formal als »neues Lied« zu verstehen.

3. In der nachapostolischen Zeit.

Aus allem, was wir über diese Zeit wissen, geht hervor, daß Lieder immer wichtiger Bestandteil der christl. Gottesdienste waren (vgl. Plin.epist. X, 96,7; IgnRö 2,2; IgnEph 4,1f; Eus.h.e. V, 28,5). Doch hörte im 2. Jh. das freie, spontan vom Geist inspirierte Singen auf, weil Gnostiker und andere Häretiker bevorzugt dieses Medium benützten, um ihre Lehren in die Gemeinden zu tragen (vgl. Eus.h.e. VII, 30,10f; M. Hengel, a.a.O., S. 14). Statt dessen wurden wieder die bibl. Lieder, besonders die Psalmen, als »Gesangbuch« verwendet. So erklärt es sich auch, daß aus dieser Zeit zwar eine reiche Anzahl gnostischer Lieder und Hymnen bekannt ist, aber nur sehr wenig kirchliches Liedgut (IgnEph 7,2; 19,1ff enthält hymnische Texte; eine Sammlung und Besprechung aller einschlägigen Texte für das 2. und 3. Jh. bietet M. Hengel a.a.O.).

Literatur: EWNT III, 1983, 1208f; H. Balz: EWNT III, 1983, 1183-1186; H. Bardtke: RGG³, V, 596-602; Ch. Barth: ThWAT II, 1977, 603-612; K.-H. Bartels: TBLNT II ⁴1986, 906-911; R. Deichgräber: Gotteshymnus und Christushymnus in der frühen Christenheit, StUNT 5, 1967; G. Delling: ThWNT VIII, 1969, 492-506; R. Ficker: THAT II, ³1984, 895-898; K.E. Grözinger: Musik und Gesang in der Theologie der frühen jüdischen Literatur, TSAJ 3, 1982; M. Hengel: Hymnus und Christologie, in: Wort in der Zeit, FS K.H. Rengstorf, 1980, 1-23; ders.: Das Christuslied im frühesten Gottesdienst, in: Weisheit Gottes - Weisheit der Welt, FS Kardinal Ratzinger, 1987, 357-404; H.J. Kraus: Psalmen, BKAT XV/1, ⁵1978, bes. §§ 1-5 der Einleitung; M. Rutenfranz: EWNT III, 1983, 938-940; H. Schlier: ThWNT I, 1933, 163-165; K. Seybold: Die Wallfahrtspsalmen, BThSt 3, 1978; ders.: Die Psalmen, 1986; C. Westermann: RGG³ IV, 1201-1205; ders.: BHH II, 1086-1093.

R.D.

LINUS. (Griech. *Linos*). Alter griech. Eigenname, abgeleitet aus der gleichlautenden Bezeichnung für ein Lied zur Weinernte (Homer, Ilias 18, 569-72); personifiziert als Sohn des Apoll und Lehrer des Herakles. Plinius d.Ä. nennt diesen L. als Musterbeispiel eines Komponisten und Kitharaspielers (Hist. nat. 7, 204; abgeschlossen 77 n.Chr.).

Im NT (2Tim 4,21) ist L. mit Eubulus, *Pudens und Klaudia von *Paulus namentlich als ein Mitchrist genannt, der Grüße an Timotheus sendet. Der wahrscheinlich in *Rom geschriebene *2. Timotheusbrief läßt L. als vertrautes und wohl auch führendes Mitglied der röm. Gemeinde erscheinen. Irenäus (Iren. 3,3,3; ca.

LILIE
s. Pflanzen
LINKE, LINKS
s. Rechts/Links
LINSE
s. Ernährung

180 n.Chr.) bietet die älteste uns erhaltene Zusatzinformation: Er kennzeichnet L. als den ersten *»Bischof« von Rom nach *Petrus, von diesem selbst in sein Amt eingeführt. Diese Angabe setzte sich trotz einer Abweichung bei Tertullian, der Clemens als Petrus-Nachfolger nennt (De praescriptione haereticorum 32, ca. 200 n.Chr.) allg. durch. Euseb (h.e. 3,2; ca. 325 n.Chr.) bestätigt diese Angabe und betont wie Irenäus ausdrücklich die Identität mit dem L. des 2. Timotheusbriefs. In h.e. 3,13 ergänzt er, daß L. nach zwölf Amtsjahren während des zweiten Jahres des Kaisers *Titus (25. Juni 79 – 24. Juni 80) Anenclet zu seinem Nachfolger machte. Im Rückschluß ermöglichen diese Daten auch eine Aussage über den Tod des Petrus (2. Halbjahr 67, spätestens Mitte 68), die Hieronymus' Fassung des Chronikons des Euseb bestätigt, in dem der Tod des Petrus auf das 14. Jahr *Neros (14. Oktober 67 – 9. Juni 68) datiert wird. Die präzisen Angaben Eusebs sind später Berechnungen gewichen, die – vom irrtümlichen Petrus-Todesjahr 64 ausgehend – den Tod des L. ins Jahr 76 verlegten. Nach dem Liber Pontificalis (6. Jh.) stammte L. aus der Regio Tusciae. In den Apostolischen Konstitutionen 7, 46 (ca. 380 n.Chr.) findet sich die Angabe, daß er ein Sohn der Klaudia war, was wohl auf die Klaudia der Grußliste 2Tim 4,21 schließen lassen soll. Später kam die Hypothese auf, auch der Pudens dieser Liste stehe in verwandtschaftlicher Beziehung und könnte der Vater des L. gewesen sein. Solche Überlegungen fanden ihren Anlaß auch darin, daß alle drei Namen in den Epigrammen des zeitgenössischen spanischen, aber lange in Rom ansässigen Dichters Martial (ca. 40-102 n.Chr.) erscheinen: 1,76 (Linus); 1,31 (Pudens); 4,13 (Pudens und Klaudia). Eine glaubhafte Beziehung der Personen Martials zu denen des 2. Timotheusbriefs ist jedoch noch nicht hergestellt worden. In der Kunstgeschichte erscheint L. vergleichsweise selten. Ein Fresko des 11. Jh. in San Pietro a Grado bei Pisa zeigt ihn beim Begräbnis des Petrus. Die röm.-katholische Kirche führte L. bis 1969 als Märtyrer-Heiligen; sein Festtag war der 23. September.

C.P.Th.

LIPPE. Sowohl das hebr. Wort *sāpāh,* als auch (weniger häufig) das griech. Wort *cheilos* bezeichnen nicht nur die menschliche L., sondern auch den Strand, die Küste des Meeres oder das Ufer eines Flusses (1Mo 22,17; 41,3; Hebr 11,12). Das hebr. Wort bezeichnet auch den Saum eines Gewandes (2Mo 28,26); seine primäre Bedeutung jedoch ist L. Ein anderes hebr. Wort, *sāpām,* bezieht sich auf die Oberlippe oder den Schnurrbart; deswegen auf den Schnurrbart, weil er die L. bedeckt, so wie die Hand oder das Kleid, als Zeichen des Kummers oder der Scham (3Mo 13, 45) die L. bedecken können (vgl. die Bemerkung zum Bedecken des Gesichtes in 2Sam 19,5).

In bezug auf die L.n finden wir klare Beispiele über die hebr. Sprechweise, wobei die Organe selber zu fühlen und zu handeln scheinen, was teilweise auf das Pars-Pro-Toto-Denken, teilweise aber auf die physiologische Unkenntnis des Nervensystems zurückgeht. Die Verbindung zwischen L. und Geist bzw. dem Herzen kommt in Spr 16,23 zum Ausdruck.

Die L.n sprechen nicht nur (Hiob 27,4), sie lobsingen laut vor Freude (Ps 71,23), zittern vor Furcht (Hab 3, 16), bewahren die Erkenntnis (Spr 5, 2), preisen (Ps 63,4), verantworten sich (Hiob 13,6) und besitzen ethische Qualitäten wie Vertrauenswürdigkeit oder Gerechtigkeit. Im Gegensatz dazu können sie auch sündigen oder lügen (Hiob 2,10; Spr 12,19 RevEB; 16,13 RevEB). Die Parallele zu *Zunge oder *Mund liegt in der Natur der Sache, so daß sie auch weitgehend im gleichen Sinne gebraucht werden (Ps 34,14; 51,17). Ebenso wie Zunge oder Mund kann L. auf Rede oder Sprache (1Mo 11,1; Hiob 12,20; Jes 19,18) übertragen werden.

B.O.B.

LIST.

1. In der Jakobsüberlieferung (1Mo 30,25-43) ist L. im positiven Sinn gemeint: der Einsatz geistiger Kraft seitens des Schwächeren gegenüber dem Mächtigeren. Das hebr. Wort *ʿārūm,* »listig«, hat in der alten Weisheit die Bedeutung von »schlau« (Spr 12,23; LÜ: verständig; RevEB: klug), wird aber in der späteren Weisheit auch negativ im Sinne von »Verschlagenheit« verstanden (Hiob 5,12f; LÜ, RevEB: klug).

2. Das im NT verwendete Wort *dolos,* »List, Betrug« bezeichnet in der atl. Tradition den Gott abgewandten, trügerischen Menschen, der heimtückische Machenschaften einsetzt. Die Weisheitsliteratur verwendet dafür ganz verschiedene Wörter (Spr 12,5. 20; 16,28; Weish 1,5; 4,11). In den Ps ist das Treiben der Feinde im Reden und Handeln als listig, falsch, heimtückisch charakterisiert (36,2-5).

3. Auf dem Hintergrund der atl. Tradition vom leidenden Gerechten wird in der Passionsgeschichte darauf hingewiesen, daß die Gegner Jesu beabsichtigten, ihn »mit List« gefangenzunehmen (Mk 14,1 par.). In der Apg wird das glaubensfeindliche Verhalten des Zauberers Elymas als das eines Menschen »voll aller List« charakterisiert (13,8-10).

4. In den ntl. Lasterkatalogen kennzeichnet L. den in Gottlosigkeit, Ungerechtigkeit und Bosheit lebenden Menschen (Mk 7,22; Röm 1,18-32).

5. Bei Paulus steht die L. auch als Kennzeichen »falscher Apostel« (2Kor 4,2; 11,3f.13). Die Verkündigung des Apostels erfolgt »ohne List« (1Thess 2,3).

6. Zweimal taucht im NT das Wort *methodeia,* »trügerisches Spiel, listige Anschläge«, auf (Eph 4,14; 6,11); es bezeichnet ein arglistiges Vorgehen, welches zum Irrtum führt.

7. Im Sinn von Täuschung, Verführung, Trug steht im NT auch *apatē* (Mk 4,19; Eph 4,22; 5,6; 2Thess 2,10).

Literatur: A. Oepke: ThWNT I, 1933, 383f; W. Michaelis: ThWNT V, 1954, 106-108; S. Wibbing: BHH II, 1964, 1095; O. Keel: Feinde und Gottesleugner, 1969, 155-215; W. Bühlmann: Vom rechten Reden und Schweigen, 1976, 232f; L. Oberlinner: EWNT I, 1980, 830–832.

W.Bm.

LOB. Im AT sind die gebräuchlichsten Wörter für L. *hālal,* dessen ursprüngliche Bedeutung mit »Krach machen« verbunden war, *jādah,* das ursprünglich die Körperbewegung und die Gestik, die ein L. begleitet, bezeichnete, und *sāmar,* das das L. Gottes durch Gesang und Instrumente bezeichnet. Im NT ist *eucharistein* (wörtl. »dankbar sein«) am gebräuchlichsten. Es betont eine stärkere Innigkeit des Lobenden mit der gelobten Person als das mehr formale *eulogein,* »preisen«.

Die ganze Bibel ist voll von Ausbrüchen des Lobes. Sie entstehen spontan aus einer »Grundstimmung« der Freude, die das Leben des Volkes Gottes kennzeichnet. Gott hat Freude und Wohlgefallen an seinen Schöpfungswerken (1Mo 1; Ps 104,31; Spr 8,30-31). Alle Geschöpfe, einschließlich der Engel, drücken ihre Freude im L. aus (Hiob 38,4-7; Offb 4,6-11). Der Mensch wurde geschaffen, um sich an Gottes Werken zu erfreuen (Ps 90,14), und erfüllt seine Bestimmung, wenn er Gottes Gaben bejaht (Pred 8,15; 9,7; 11,9; Phil 4,4).

Das Kommen des Reiches Gottes mitten in diese Welt hinein wird gekennzeichnet durch die Erneuerung der Freude und des Lobes bei Gottes Volk und bei der gesamten Kreatur (Jes 9,2; Ps 96,11-13; Offb 5,9-14; Lk 2,13-14). Ein Vorgeschmack dessen wird im Ritus und im Gottesdienst des Tempels erfahrbar, wo aus reiner Freude über die erlösende Gegenwart Gottes L. aufbricht (5Mo 27,7; 4Mo 10,10; 3Mo 23,40). Gott wird auf der Erde gelobt für das Werk der Schöpfung und der Erlösung (Ps 24; 136); hierin spiegelt sich das irdische Abbild des himmlischen Lobes wider (Offb 4,11; 5,9-10). Von daher ist das L. Gottes ein Kennzeichen des Volkes Gottes (1Petr 2,9; Eph 1,3-14; Phil 1,11). Charakteristisch für die Heiden ist die Verweigerung des Lobes Gottes (Röm 1,21; Offb 16,9). Der Akt des Lobens schließt die innige Gemeinschaft mit demjenigen, der gelobt wird, ein. »Von daher ist Lob nicht nur der Ausdruck, sondern die Erfüllung der Freude – es ist praktizierte Vollendung ... Mit seiner Aufforderung, ihn zu preisen, lädt Gott uns ein, mit ihm zur Freude zu gelangen« (C.S. Lewis, Reflections on the Psalms, 1958, S. 95).

Außerdem wird das L. Gottes häufig nachdrücklich als eine Pflicht des Menschen dargestellt, die nicht von einer Stimmung, einem Gefühl oder den Umständen abhängt (vgl. Hiob 1,21). Das »vor dem Herrn fröhlich sein« ist ein Teil des angeordneten Rituals im öffentlichen Leben seines Volkes (5Mo 12,7; 16,11f). Darin spornen sich Menschen gegenseitig zum L. an oder ermahnen einander. Es gibt Psalmen, in denen das L. des einzelnen ausgedrückt wird, aber immer war das Bewußtsein vorhanden, daß innerhalb der Versammlung das Loben am besten verwirklicht werden kann (Ps 22,23f; 34,3f; 35,18). Dort bringt es nicht nur Dank und Ehre Gott dar (Ps 50,23), sondern wird auch zum Zeugnis für Gottes Volk (Ps 51,12-15).

Die Leviten trafen aufwendige Vorbereitungen für die Durchführung des Lobes Gottes im Tempel. In der Liturgie und in heiligen Prozessionen »mit Frohlocken und Danken« (Ps 42,5) wurden die Psalmen gesungen. Der Gesang war vermutlich antiphonisch, mit zwei Chören oder mit Solist und Chor. Der Tanz, der von alters her Ausdruck des Lobes war (2Mo 15,20; 2Sam 6,14), wurde ebenfalls im Tempel gepflegt (Ps 149,3; 150,4). Ps 150 zählt Musikinstrumente auf, die zum L. Gottes verwendet wurden (*Musik und Musikinstrumente). Auch die ersten Christen drückten ihre Freude durch ihre Teilnahme am Tempelgottesdienst aus (Lk 24,53; Apg 3,1). Aber ihre Erfahrung eines neuen Lebens in Christus strebte nach neuen Formen des Lobes (Mk 2,22). Freude war die vorherrschende Stimmung des christl. Lebens; und so wurde der liturgische Gottesdienst und das L., das ja von der Freude inspiriert wurde, nirgendwo beschrieben oder vorgeschrieben, denn es wurde für selbstverständlich gehalten. Menschen, die die heilende und reinigende Kraft Jesu erfahren hatten, brachen in spontanes L. aus (Lk 18,43; Mk 2,12). Ebenso gibt es in der apostol. Gemeinde zahlreiche Beispiele spontanen Lobes, wo Menschen anfingen, die Macht und Güte Gottes in Christus zu sehen und zu erfassen (Apg 2,46f; 3,8; 11,18; 16,25; Eph 1,1-14).

Die Psalmen wurden zweifellos verwendet, um das L. der frühen Kirche auszudrücken (Kol 3,16; vgl. Mt 26,30). Es gab aber auch neue christl. Hymnen (vgl. Offb 5,9-14), worauf in Kol 3,16 und in 1Kor 14,26 Bezug genommen wird. Wir haben Beispiele solcher Inspirationen zu neuen Formen des Lobes im Magnificat, Benedictus und Nunc Dimittis (Lk 1,46-55.68-79; 2,29-32). An anderen ntl. Stellen haben wir Beispiele des liturgischen Lobes der frühen Kirche. Von einer literarischen Form und seinem Inhalt her scheint Phil 2,6-11 als Lobhymnus auf Christus geschaffen und rezitiert worden zu sein. Vermutlich haben wir in Stellen wie 1Tim 3,16 Wiedergaben oder Zitate alter Hymnen. Die Doxologien in der Offenbarung (vgl. Offb 1,4-7; 5,9-14; 15,3-4) dürften in Gottesdiensten benutzt worden sein, um das L. der Versammlung auszudrücken.

Bemerkenswert ist auch die enge Verbindung zwischen L. und Opfer. Im Opferritus des AT gab es ebenso wie für die Sühnung einen Platz für das Dankopfer (vgl. 3Mo 7,11-21). Dankbarkeit sollte das grundlegende Motiv für die Darbringung der Erstlingsgaben zum Altar sein (5Mo 26,1-11). Ein Opfer, das Gott gefällt, ist das Darbringen des Lobes als eine Frucht der Lippen (Hebr 13,15; Hos 14,2; Ps 119,108). In der priesterlichen Selbstdarbringung Jesu hat dieser Aspekt der Danksagung seinen Platz (Mk 14,22-23.26; Joh 17,1-2; Mt 11,25-27). Das Leben der Christen sollte dementsprechend eine dankbare Selbsthingabe sein (Röm 12,1) in Erfüllung ihrer königlichen Priesterschaft (Offb 1,5-6; 1Petr 2,9). So verbindet ein solches Opfer der Selbsthingabe im Leben der Christen ganz real inmitten des Leides L. und Leiden miteinander (Phil 2,17). Danksagung heiligt nicht nur das Leiden, sondern alle Aspekte des christl. Lebens (1Tim 4,4-5; 1Kor 10,30-31; 1Thess 5,16-18). So sollte ein Gebet, wie sorgenbeladen es auch sein mag, immer auch L. enthalten (Phil 4,6).

Literatur: C. Westermann: THAT I, ³1978, 493-502; ders.: Lob und Klage in den Psalmen, ⁶1983; H. Bärend: BBW 1982, S. 245-249. R.S.W.

LOBGESANG. In Mt 26,30 par. Mk 14,26 ist vom L. (so die LÜ für griech. *hymnēsantes*) die Rede, den Jesus mit seinen Jüngern nach der Einsetzung des *Abendmahls gesungen hat. Weil das Abendmahl ein Passamahl war, ist es am wahrscheinlichsten, hinter diesem L. das jüd. »Hallel« zu sehen. Der Ausdruck bezeichnet die liturgische Verwendung der Ps 113-118. Während der Zeit des Jerusalemer Tempels waren sie Bestandteil der Festtagsliturgie bei den Wallfahrtsfesten, ebenso bei einigen anderen Feiertagen. An bestimmten Tagen wurden Ps 115,1-11 und 116,1-11 ausgelassen. Man spricht dann vom »halben« oder »kleinen Hallel«. Am *Passafest wurde das Hallel bei der Schlachtung der Passaopfer rezitiert, als Ausdruck des Dankes für die Wundertaten beim *Auszug aus Ägypten (daher auch der Name »ägypt. Hallel«, vgl. Ber 56a). Bei der häuslichen Passamahlfeier wird es in zwei Teilen gesungen bzw. rezitiert: Ps 113 und 114 vor der eigentlichen Mahlzeit, Ps 115-118 folgten dem Dankgebet nach der Mahlzeit. Gesungen wird entweder von allen Tischgenossen gemeinsam (so wohl Jesus zusammen mit den Jüngern) oder im Wechselgesang, wobei einer als Vorsänger fungiert (vgl. *Lied).

Literatur: Bill. IV, 1, 45f.69-73; M.E. Jernensky: Encyclopaedia Judaica VII, 1931, 875f. R.D.

LOD/LYDDA. Ort am Rand der *Scharon-Ebene (vgl. Apg 9,35), etwa 18 km südöstl. von Tel Aviv, an der Straße von *Jafo nach *Jerusalem (vgl. Apg 9,32.38) in der Nähe des heutigen israelischen Großflughafen Ben Gurion. L. ist schon in einer Liste (Nr. 64) des Pharao Thutmosis III. (15. Jh.v.Chr.) erwähnt. Laut 1Chr 8,12 wurde es von dem Benjaminiten *Schemer gegründet und nach dem Exil wiederbesiedelt (Esr 2,33; Neh 7,32; 11,35). Es ist allerdings unsicher, ob die Gegend von L. in pers. Zeit zur Tempelprovinz Jehud gehörte (LDB, 431f). Seit der hellen. Zeit trug Lod den Namen Lydda. Während des Makkabäer-Aufstands wurde es von *Samaria abgetrennt (145 v.Chr.) und kam unter jüd. Herrschaft (1Makk 11,34.57). Unter den Römern hatte L. im 1. Jh.v.Chr. eine wechselvolle Geschichte (Jos.ant.Jud. XIV, 208.275). In ntl. Zeit war es ein großer jüd. Ort (Jos.bell.Jud. II, 515; ant.Jud. XX, 130) und Sitz einer Toparchie (Jos.bell.Jud. III, 55; Plin.nat. V. 14,70).

Schon früh (vor 44 n.Chr.) gab es hier eine christl. Gemeinde (Apg 9,32). Altkirchliche Nachrichten über eine Gründung durch *Josef von Arimathäa oder einen Jesus-Jünger namens Zenas sind unsicher (Bagatti 160). Während seiner erfolgreichen Evangelisationstätigkeit in der Scharon-Ebene heilte Petrus in L. den gelähmten Äneas (Apg 9,33–35), dessen Namen auf die Hellenisierung der dortigen Juden hinweist. Während des jüd. Aufstands wurde L. 66 n.Chr. zerstört (Jos.bell.Jud. II, 515), aber schon zwei Jahre später siedelte Kaiser Vespasian hier friedlich gesinnte Juden an (Jos.bell.Jud. IV, 444). Für einige Zeit wurde der Ort ein Zentrum jüd. Gelehrsamkeit, auch Rabbi Akkiba hielt sich hier auf (Bill. II, 693). Vielleicht hat man während der Zeit Domitians (81–96 n.Chr.) Rabbi Eliezer Ben Hyrkanus wegen des Verdachts christl. Neigungen in L. vor ein röm. Gericht gestellt (A. Schlatter, Kirche und Synagoge, 1966, 103–106). Unter Septimius Severus (193–211 n.Chr.) wurde L. röm. Kolonie und hieß Diospolis. Der Name setzte sich aber auf Dauer nicht durch, denn die Araber nannten es El-Ludd, heute heißt es wieder Lod. In byzantin. Zeit wurde L. Bischofssitz, und hier fand das Verhör des Pelagius statt (451 n.Chr.).

Im 5. Jh. hat man zu Ehren des heiligen Georg eine Kirche errichtet, als dessen Geburts- und Begräbnisort L. galt. Nach einer schwer faßbaren Legende (J.G. Plöger, Heilige im heiligen Land, 1982, 98–103) starb er als röm. Soldat während der diokletianischen Verfolgung (303–305) den Märtyrertod. Unter dem Namen El-Khader (der Grüne) vermischten sich in der moslemischen Legende Züge des heiligen Georg und des *Elia. Anstelle der zerstörten Basilika errichteten die Kreuzfahrer im 12. Jh. eine befestigte Kathedrale. Durch die engl. Kreuzritter unter Richard Löwenherz wurde Georg zum Nationalpatron Englands (seit 1222). Über dem zerstörten Kreuzfahrerbau steht eine Moschee, in welche Architekturteile der älteren Kirchen einbezogen sind. In der 1973

LOBOPFER
s. Opfer

daneben errichteten griech.-orthodoxen Kirche sind in der Krypta Teile des Kreuzfahrer- und im Hof solche des byzantin. Baus zu sehen. Nicht weit von L., ca. 11 km südwestl., liegt Modein (R. Hanhart, BHH II, 1964, 1232) die Heimat der *Makkabäer-Familie (1Makk 2,1), der Ausgangspunkt ihres Aufstands gegen *Antiochus IV. (1Makk 2,23) und schließlich ihre Grabstätte (1Makk 13,25-30).

Literatur: F.M. Abel: Géographie de la Palestine, [3]1967, 370; C. Möller, G. Schmitt: Siedlungen Palästinas nach Flavius Josephus, 1976, 131; M. Hengel: ZDPV 99 (1983), 170; B. Bagatti: Antichi villaggi cristiani di Samaria, 1979, 160-169; R. Gonen: Führer zu den Heiligen Stätten der Christenheit, 1988, 182f. R.R.

LODEBAR. »Ohne Worte«. Ort östl. des Jordan (2Sam 9,4; 17,27; Jos 13, 26). Vielleicht das heutige Umm ed-Dabar südl. vom Wadi el Arab, einem linken Nebenfluß des Jordan südl. vom *Jarmuk.

Dort lebte Mefi-Boschet, der Sohn Jonatans, bevor ihn David zu sich an den Hof holen ließ (2Sam 9,4ff). Aus L. stammte Macher, der Sohn Ammiëls, der David auf seiner Flucht vor Absalom zu Hilfe kam (1Sam 17,27; s.a.*Debir 3). J.D.D.

LÖFFEL. (Hebr. *kappōt*, »hohle Hände«). L. werden in der Bibel nur als Geräte des Heiligtums genannt (4Mo 4,7; 7,13f; 1Kön 7,50; 2Kön 25,14; 2Chr 4,22). Vermutlich handelt es sich um kleine, mit Handgriffen versehene Schalen, in denen das Räucherwerk auf den Räucheraltar gebracht wurde.

LOG
s. Maße und Gewichte

LOGOS.

I. WORTBEDEUTUNG.

Das griech. Wort *logos*, das im außerbibl. Griech. eine große Bedeutungsvielfalt aufweist (s. dazu ThWNT IV, S. 73f; 76ff), ist im NT – wie schon in der LXX – ganz überwiegend in der Bedeutung »Wort« gebraucht. Besonderes Gewicht kommt dabei dem Ausdruck »das Wort Gottes« bzw. »das Wort des Herrn« zu, für den auch die Kurzform »das Wort« stehen kann. Der Ausdruck bezeichnet vor allem folgende Größen:

1. einzelne Gottesworte des AT (Mk 7,13 par.; Joh 10,35; Röm 9,6 – Paulus hat hier die Segensverheißung von 1Mo 12,2f im Blick);

2. die Botschaft Jesu (Mk 2,2; 4,33; Lk 5,1; 8,11.21; 11,28);

3. das Offenbarungswort Jesu Christi, das die »Wahrheit« Gottes und damit das »ewige Leben« erschließt (Joh 17,6.14.17; vgl. 3,34; 5,38; 6,63.68; 15,3);

4. das zunächst von den *Aposteln und dann auch von den frühchristl. Predigern und *Lehrern verkündigte *Evangelium von Jesus Christus und das in ihm beschlossene Heil (Mk 16,20; Lk 1,2; Apg 4,29.31; 6,2.4.7; 8,4.14.25; 10,36 u.ö.; 1Kor 14,36; 2Kor 2,17; 4,2; Gal 6,6; Phil 1,14; Kol 1,25; 1Thess 1,6.8; 2,13; 2Thess 3,1; 2Tim 2,9; 4,2; Tit 1,3; 2,5; 1Petr 1,23; 2,8; 1Joh 1,10; 2,5.14; Hebr 13, 7; Offb 1,9; 6,9; 20,4).

An drei Stellen des NT findet sich ein ganz eigentümlicher Gebrauch des Begriffs *logos*, insofern hier Jesus Christus selbst als das »Wort« bezeichnet wird: Joh 1,1-18 (V. 1.14); 1Joh 1,1; Offb 19,13.

II. JOHANNES 1,1–18.

1. Dem Prolog des JohEv.s (Joh 1, 1-18) liegt ein Hymnus zugrunde, der zu jenen frühchristl. »Psalmen und Liedern« gehört, die »Christus, das Wort Gottes, besingen, indem sie seine Gottheit verkündigen« (Eus.h.e. V, 28,5). Der Hymnus umfaßt folgende Verse: 1-5; 9-12b (»... Gottes Kinder zu werden«), 14 und 16. Der Evangelist hat diesen Hymnus an vier Stellen durch Anmerkungen kommentiert (V. 6-8; V. 12c.13; V. 15; V. 17.18); in den Wortlaut des Hymnus selbst hat er jedoch nicht eingegriffen und schon dadurch dokumentiert, daß er sich dessen Aussagen voll und ganz zu eigen macht.

2. Thema des Hymnus – und entsprechend auch des Prologs – ist der *Logos* Jesus Christus, seine Person und sein Werk. Dabei handeln die V. 1-9 von dem präexistenten, die V. 10ff von dem menschgewordenen L.

a. Die ersten Sätze des Hymnus (V. 1.2) sprechen von dem ewigen Sein des L. und beschreiben es als ewiges Sein in der personalen Zugehörigkeit zu Gott und in der vollkommenen Wesensidentität mit Gott. Der L. ist zwar nicht personidentisch mit Gott, dem Vater; er ist aber wie dieser wahrer und wirklicher Gott (V. 1c). In V. 3 schreitet die Betrachtung weiter von dem Gott-Sein des L. zu seinem Schöpfer-Sein: Er, der selbst nicht auf die Seite der Kreatur gehört, ist der Schöpfungsmittler, dem alles Geschaffene sein Dasein verdankt (vgl. Kol 1,16; Hebr 1,2). Aus dieser Schöpfungsmittlerschaft folgt notwendig, daß die ganze Schöpfung - und also auch jeder Mensch! – unter dem Herrschaftsanspruch des L. steht. Die kosmologischen Aussagen von V. 4f kennzeichnen sodann (unter Bezugnahme auf 1Mo 1,3-5) den L. als das Lebensprinzip der Schöpfung. Durch ihn, der als das »Licht« die chaotische Finsternis ein für allemal in ihre Grenzen gewiesen hat, wird alles Geschaffene kontinuierlich im Sein erhalten und bewahrt. V. 9 führt diesen Gedanken anthropologisch weiter: Als das »wahre« Licht, das »jeden Menschen erleuchtet«, ist der L. der Spender und Erhalter allen menschlichen Lebens.

b. Mit V. 10 wendet sich der Hymnus dem Kommen des L. in die Welt und seiner Gegenwart in der Welt zu. In V. 10f ist zunächst von der Abweisung des menschgewordenen L. durch die ungläubige Welt die Rede (die Welt »erkannte ihn nicht«, V. 10c, bedeutet: sie »wollte nichts von ihm wissen«). Dem stellen die durch V. 12c.13 sachgemäß erläuterten Sätze V. 12a.b die positive Aussage entgegen, daß es aufgrund göttlicher Erwählung doch Menschen gab, die den L. im Glauben »aufnahmen« und von ihm das Geschenk der Gotteskindschaft empfingen. Die damit angesprochene glaubende Gemeinde ergreift in der bekennenden »Wir«-Rede von V. 14.16 das Wort. Diese »Wir-Rede«, die den Höhepunkt des Hymnus bildet, spricht von dem Wunder der Menschwerdung des ewigen göttlichen L. als dem Wunder der heilvollen Gegenwart Gottes »unter uns«. Der L. wurde »Fleisch«, d.h. ein wirklicher und sterblicher Mensch, dessen Weg in den Tod führen sollte (dieser Gedanke ist in dem Begriff »Fleisch« mit enthalten!). In dem Fleischgewordenen aber schaute die glaubende Gemeinde die göttliche »Herrlichkeit«, die dem einen und einzigen »Sohn« des »Vaters« eignet; und aus seiner Heilsfülle empfing sie überreiche und unerschöpfliche Gnade - nämlich, wie der vierte Evangelist dann sagen wird, die Gabe des »ewigen Lebens« (s. Joh 3,15f; 10, 10b.28; 17,2 u.ö.).

3. Der religionsgeschichtliche Hintergrund des Hymnus und des in ihm begegnenden »Logos«-Begriffs ist weder in griech.-philosophischen »Logos«-Anschauungen (s. dazu ThWNT IV, S. 79ff) noch in der *Gnosis zu suchen. Er liegt vielmehr in der atl.-frühjüd. Weisheitslehre, wie sie vor allem in Spr 8,22ff; Sir 24,1ff; Weish 7,22ff; Bar 3,9ff und äthHen 42,1f zu Wort kommt. In diesen Texten erscheint die göttliche »Weisheit« (griech. *sophia*) als eine Hypostase, d.h. als ein neben Gott stehendes und sein Wollen und Wirken repräsentierendes Mittlerwesen. Von der »Weisheit« wird u.a. gesagt, daß sie bereits vor der Weltschöpfung bei Gott weilt (Spr 8,22ff; Sir 24,4; Weish 9,4), am Schöpfungswerk beteiligt ist (Spr 8, 27ff; Weish 8,4f; 9,1f.9), auf der Erde erscheint (Bar 3,38; vgl. Weish 9,10), von den Menschen abgewiesen wird (äthHen 42,1f) und in Israel Wohnung nimmt (Sir 24,7ff). Die »Weisheit« kann dann im hellen. Judentum mit dem »Wort« Gottes gleichgesetzt werden – so z.B. in Weish 9,1f (vgl. auch Weish 7,23; 9,4.10 mit Weish 18,15) und bei Philo von Alexandria (ca. 20 v.Chr. – 50 n.Chr.). Diese Identifizierung setzt voraus, daß auch das göttliche »Wort« als eine Hypostase aufgefaßt wird. Bereits atl. Texte wie Jes 55,10f; Ps 107,20; 147,15 beschreiben das »Wort« Gottes als eine von Gott ausgesandte und in seinem Auftrag handelnde Größe. Hier sind die Ansätze greifbar, aus denen im hellen. Judentum die Vorstellung des personifizierten »Logos« Gottes entwickelt wurde (s. dazu besonders Hab 3,5 LXX; Weish 18,14-16).

4. Der Logos-Hymnus von Joh 1 setzt die atl.-frühjüd. Weisheitslehre zwar voraus, seine entscheidenden Aussagen haben in dieser Tradition jedoch keine Entsprechung und sind dort auch nicht vorgeprägt: zum einen das ewige *Gott-Sein* des streng

als göttliche Person gedachten L. (die »Weisheit« ist dagegen als ein Geschöpf, Spr 8,22ff; Sir 2,4; 24,12, oder als ein Ausfluß Gottes, Weish 7,25f, verstanden); zum andern die *Inkarnation* des L. und seine geschichtliche, auf den Tod zugehende Existenz. Erst wenn man diese beiden Aussagen bedenkt, wird deutlich, aus welchem theologischen Grund der Hymnus den »Logos«-Begriff aufgenommen hat. Der Evangelist selbst hat diesen Grund mit dem kommentierenden Satz 1,18 in Klarheit namhaft gemacht: Jesus Christus, der menschgewordene Gottessohn, ist der »Logos«, weil er – und er allein – den Vater »offenbart« (vgl. Joh 12,45; 14,9). In ihm tritt der lebendige Gott, der seinem Wesen nach bislang unerkennbar geblieben ist (vgl. Joh 6,46), auf den Plan – und zwar so, daß er sich selbst den Menschen erschließt und mitteilt. Das heißt: Jesus Christus *bringt* nicht nur, sondern er *ist* in seiner Person und in seinem Werk die volle und endgültige Heilsoffenbarung Gottes – die rettende Zuwendung des Schöpfers zu seinen verlorenen Geschöpfen.

III. 1 JOHANNES 1,1ff.

Dem Prolog des JohEv.s sind die Aussagen von 1Joh 1,1ff verpflichtet. Wird Jesus Christus hier »das Wort des Lebens« genannt (V. 1), so ist damit knapp zusammengefaßt, was die V. 1-3 insgesamt zur Sprache bringen: Der menschgewordene Sohn Gottes, in dem Gott sich in personhafter Weise den Menschen zuwendet, gibt den Glaubenden, was er selbst aufgrund seines uranfänglichen Seins beim Vater und seiner wesenhaften Einheit mit dem Vater in Fülle in sich trägt: das »ewige Leben« (vgl. 5,11f.13). Im Glauben an den von den apostol. Zeugen verkündigten Gottessohn gewinnt der Mensch so die »Gemeinschaft« mit dem lebendigen Gott selbst.

Der Verf. des 1Joh bezeugt nicht bloß die *Inkarnation des L. (»das Leben ist *erschienen*,« V. 2; vgl. 3,5.8), sondern er betont auch mit Nachdruck deren Realität (»was wir mit unseren Augen *gesehen* ... und unsere Hände *angefaßt* haben«, V. 1). Er wendet sich damit gegen doketische Irrlehrer (2,18; 4,1f), die bestreiten, daß der Sohn Gottes ein wirklicher Mensch geworden und als solcher am Kreuz gestorben ist (2,22; 4,2f; 5,6a).

IV. OFFENBARUNG 19,11–21.

Während das Wort »Logos« in Joh 1,1ff und in 1Joh 1,1 den präexistenten und menschgewordenen Gottessohn bezeichnet, in dem die Fülle des Heils beschlossen liegt, findet sich im Kontext der apokalyptischen Vision von Offb 19,11-21 eine entschieden anders akzentuierte Verwendung des Logos-Begriffs: Der zum Weltgericht erscheinende Christus, der die Feinde Gottes mit dem aus seinem Mund hervorgehenden Schwert vernichtet (V. 15.21), trägt den Namen »das Wort Gottes« (V. 13). Hier liegt zum einen der Gedanke des richtenden und tötenden Wortes Gottes vor, wie er bereits im AT (z.B. Jer 5,14; 23,29; Hos 6,5) und dann auch Hebr 4,12 belegt ist. Zum andern besteht – insbesondere was die Personifizierung des Wortes Gottes anlangt – ein deutlicher traditionsgeschichtlicher Zusammenhang zwischen Offb 19,13 und Weish 18,14-16. Der weisheitliche Text schildert nämlich, wie Gottes »allmächtiges Wort« (V. 15) als ein »unerbittlicher Krieger« vom königlichen Thron im Himmel herabfährt, um »als scharfes Schwert« den unwiderruflichen Befehl Gottes auf der Erde auszuführen und die Erstgeburt der Ägypter zu töten. Wenn der Weltrichter nach Offb 19,13 den Namen »das Wort Gottes« trägt, so besagt das, daß die gottfeindliche Welt in der Person des wiederkehrenden Christus definitiv der Macht des tödlichen Gerichtswortes Gottes begegnen wird.

Literatur: H. Gese: Der Johannesprolog, in: Zur biblischen Theologie, [2]1983, S. 152-201; O. Hofius: Struktur und Gedankengang des Logos-Hymnus in Joh 1,1-18, ZNW 78/1987, S. 1-25; J. Jeremias: Zum Logos-Problem, ZNW 59/1968, S. 82-85; R. Schnackenburg: Das Johannesevangelium I, 1965 ([4]1978), S. 197-269 (weitere Lit. ebd. VI, 1984, S. 190ff.201ff); K. Wengst: Der erste, zweite und dritte Brief des Johannes, 1978, S. 31-45; G. Maier: Johannes-Evangelium 1. Teil, 1984. O.H.

LOHN. Der Begriff kommt in der Bibel in doppeltem Sinn vor:

1. Entlohnung.

Jede Arbeit muß bezahlt werden. Der Taglöhner soll noch am gleichen Tag seine Entlohnung empfangen (5Mo 24,14f; Jer 22,13). Er soll nicht leiden müssen. Auch Jesus spricht davon, daß ein Arbeiter seine Entlohnung bekommen soll (Luk 10,7; vgl. 1Tim 5,18; Joh 4,36; s.a. Jak 5,4). Getadelt wird, wenn die Priester ihren Dienst nur wegen der Entlohnung tun (Mi 3,11). Um diesem Vorwurf zu entgehen, verzichtet Paulus auf den L. der Verkündigung (1Kor 9,15-18), betont aber, daß er das freiwillig tut und jeder Diener am Wort Geld empfangen darf (1Kor 9,7-14; vgl. das deutsche Wort »Lohn«, das in seiner indogermanischen Wurzel »erbeuten« und »genießen« bedeutet). Im rel. Bereich weiß das AT um den Zusammenhang zwischen Tun und Ergehen des Menschen. *Lea empfängt ihren Sohn *Issaschar als Gotteslohn (1Mo 30,18; vgl. Ps 127,3). Auch die Sünde trägt ihre Strafe, ihren L. in sich (vgl. Am 1,3-2,16; Ps 19,2). Jesus weiß um den L., den wir empfangen, wenn wir andere lieben (Mt 5,46), Heuchler haben ihn schon; sie sind gesehen und bewundert worden (Mt 6,2). Von der Entlohnung ist zu unterscheiden

2. Belohnung.

Manche Bibelstelle erweckt den Anschein, als ob wir durch unser Tun bei Gott L. bekämen. So spricht Jesus unbefangen vom L. des Propheten oder des Gerechten (Mt 10,41f). Die Antwort liegt in dem Geheimnis: Gott ist wie ein souveräner Herr, der über seine Knechte bestimmen kann. Er belohnt, ohne daß er festgelegt wäre durch irgendeine geleistete Arbeit. Er schenkt (Ps 127,3), so wie Jesus im Gleichnis von den Arbeitern im Weinberg (Mt 20,1-16) in freier Entscheidung allen Arbeitern die gleiche Summe »schenkt«; er entlohnt nicht, er belohnt. Die Belohnung hat ihre Wurzel allein in dem Wesen Gottes, der so gütig ist (Mt 20,15). Gott fordert Gehorsam, da gibt es keinen Anspruch auf L. Aber aus Güte will er sogar den kleinsten Dienst belohnen (Mt 10,42), und zwar im Himmel (Lk 6,23.35). Beachte W. Löhes Satz: »Mein Lohn ist, daß ich darf.«

Paulus hat diese Gedanken begrifflich neu formuliert. Von der Gnade Jesu herkommend erkennt Paulus: Gott gibt »Lob« (Röm 2,29), »Herrlichkeit«, »Ehre«, »unvergängliches Leben« (Röm 2,7), den »Siegespreis der himmlischen Berufung« (Phil 3, 14). All das ist nicht L., sondern unberechenbare Belohnung. Wir verdienen nur den Tod. Aber die Gnade schenkt, was sie fordert.

Der Gnade entsprechend verzichtet der Christ auf Entlohnung. Wer zu stolz ist, sich vom gnädigen Gott beschenken zu lassen, dem geht es wie dem Hochzeitsgast, der das hochzeitliche Gewand ausschlug. Belohnung ist verheißen für den Tag der Wiederkunft Jesu (Offb 11,18 »die Zeit, den Lohn zu geben deinen Knechten«; Offb 22,12 »ich komme bald und mein Lohn mit mir«).

Worin besteht der L.? Gott sagt es zu Abraham klar: »Ich bin dein sehr großer Lohn« (1Mo 15,1; vgl. Jes 40,10; vgl. auch die Worte vom »Erbteil«: »Wenn mir gleich Leib und Seele verschmachtet, so bist du doch, Gott, allezeit meines Herzens Trost und mein Teil« Ps 73,26). Daß Gott unser Lohn ist, seine Liebe, seine Gemeinschaft, das kann nur der Glaube fassen, hoffen und davon leben. M.H.

LÖSEGELD. Im AT ist L. (*kōphär*) ein Mittel, um gefährdetes oder verwirktes Leben vor dem Tod zu retten. So kann dem Eigentümer eines Rindes, das einen Menschen durch die Mitschuld des Eigentümers tödlich verletzt hat, statt der Todesstrafe ein L. auferlegt werden (2Mo 21,28-30). Dies ist eine Ersatzzahlung für das Leben des Schuldigen, auch wenn es der Familie des Getöteten zugute kommt. Das L. tritt an die Stelle des eigentlich verwirkten Lebens; es ist als Existenzstellvertretung verstanden.

In Jes 43,3f will Gott selbst andere Völker als L. für Israel geben, damit sein Volk die Freiheit zurückgewinnt und in die Heimat zurückkehren kann. Das L. ist der Preis für den Loskauf aus dem babylon. Exil, das als Sklaverei angesehen wurde. Umgekehrt kann kein Mensch Gott ein ausreichendes L. bezahlen, um sich vom Tod loszukaufen (Ps 49,8f).

Im frühen Judentum sind diese

LOS
s. Urim und Tummim

beiden Stellen auf das Endgericht ausgelegt worden: Kein Mensch kann Gott dann ein L. für sich darbieten (Ps 49,8f), aber Gott gibt die Heidenvölker an Israels Statt als L. der Verdammnis preis (Jes 43,3f). Jesus bestätigt die erste Aussage, daß niemand Gott einen Gegenwert für sein Leben geben kann (Mk 8,36f). Doch werden nicht die Völker an Israels Statt dem Tod preisgegeben, sondern Jesus selbst gibt sein Leben freiwillig als L. in den Tod, und zwar nicht nur für Israel, sondern für »die Vielen«, d.h. für alle Menschen (Mt 20,28; Mk 10, 45). Der von Jesus stellvertretend erlittene Tod am Kreuz ist das L. für alle Menschen, die ihr Leben auf Grund ihrer Sünde verwirkt haben und deshalb eigentlich nur den Tod im Gericht Gottes zu erwarten haben (vgl. 1Tim 2,5f).

Literatur: (s.a. Literatur zu *Erlösung); K. Kertelge: EWNT II, 1981, 901-905; P. Stuhlmacher: Existenzstellvertretung für die Vielen: Mk 10,45, in: Werden und Wirken des AT, FS C. Westermann, hrsg. v. R. Albertz u.a., 1980, S. 412-427; B. Janowski: Auslösung des verwirkten Lebens, ZThK 79/1982, S. 25-59. W.H.

LÖSEN. (Hebr. *pādah, gā'al*, griech. *lyō, lytroomai*).

I. IM ALTEN TESTAMENT.

1. Wörtliches Verständnis.

In Israels Rechtsordnungen ist in mehreren Fällen angegeben, wie ein Loskauf von Verbindlichkeiten möglich ist.

Unter Hinweis auf den *Auszug Israels aus Ägypten hat Gott auf alle Erstgeburt von Mensch und Tier ein Anrecht (2Mo 13,1f u.a.). Mit welchem Gegenwert diese Erstgeburt im speziellen Fall ausgelöst werden kann, wird 2Mo 13,13ff; 34,19f; 4Mo 18, 15f näher erläutert. Der Zehnte an Früchten (3Mo 27,31) oder an dem Herrn geweihten Dingen (V. 15.19) konnte unter bestimmten Voraussetzungen gelöst, d.h. in Geldgaben umgewandelt werden.

Hatte ein Israelit aus Not seinen Besitz oder sich selbst als Knecht verkauft, so sollte sein nächster Verwandter als Löser (hebr. *gō'ēl*, s. *Erbe), für ihn eintreten und den verkauften Besitz oder Menschen einlösen (3Mo 25,24-34.47-55). Dazu konnte auch die Verpflichtung zur Levirats- oder Schwagerehe treten (vgl.*Boas, *Rut).

2. Übertragene Bedeutung.

Gott selber tritt als Löser auf, der Israel von dem, der um ihrer Sünden willen ein Anrecht auf das Volk hat, loskauft (Jes 52,3; vgl. 50,1). Er tut das, weil er die Menschen mehr liebt, als das der nächste Blutverwandte tun könnte. Gott ist dazu nach dem Gesetz des Blutes nicht verpflichtet, sondern tut es freiwillig. So wird er zum *gō'ēl*: »Erlöser« (s.*Erlösung).

II. IM NEUEN TESTAMENT.

L. kommt im NT vor allem im übertragenen Sinn vor: Gott ist in Jesus Christus Löser und Erlöser von Sünden (Mk 2,5.9 u.a.), Krankheit (Lk 13,16) und Tod (vgl. 1Kor 15,54ff).

Mt 16,19; 18,18 bezeichnet mit L. – im Gegensatz zum Binden und Belassen der Sünde – das Losbinden eines Menschen von Sünde und Schuld.

LOT. (Hebr. *lōth*, »Verhüllung/Schleier«). Sohn Harans, Neffe Abrahams. Außer dem Bericht über sein Leben in 1Mo und im Zusammenhang mit seinen Nachkommen kommt sein Name im AT nicht vor (5Mo 2,9; Ps 83,9). Im NT wird er in Lk 17,28-32 und 2Petr 2,7f erwähnt.

L. begleitete Terach, Abraham und Sara auf ihrer Reise von Ur in Chaldäa nach Haran. Dann zog er mit Abraham und Sara weiter nach Kanaan, hinab nach Ägypten und wieder nach Kanaan zurück (1Mo 11,31; 12,4-5; 13,1). Danach konnten sie nicht mehr zusammenbleiben, weil auch L. viel Vieh besaß. Abraham ließ ihn sich einen Teil Kanaans auswählen. L. wählte das gut bewässerte Jordantal und zog nach Sodom (1Mo 13,8-13), litt dort aber unter dem, was er an Ausschweifungen und Zuchtlosigkeiten bei seinen Mitbürgern täglich sehen und hören mußte (2Petr 2,7f). Abraham befreite L., als er mit seiner Habe bei kriegerischen Auseinandersetzungen verschleppt worden war (1Mo 14,14-16).

Beim Untergang Sodoms rettete Gott L. durch zwei Engel, weil Gott Abrahams gedachte (1Mo 19,29), der um der Gerechten willen um die Stadt gerungen hatte (1Mo 18,16-33)

L.s Frau, die sich während der Flucht trotz des Verbots noch einmal nach Sodom umsah, wurde zur Salzsäule (1Mo 19,27.26).

L. blieb zuerst in Zoar, zog dann aber mit seinen beiden Töchtern aufs Gebirge (1Mo 19,30). Aus dem blutschänderischen Umgang L.s mit seinen beiden Töchtern, die ihn betrunken gemacht hatten, gingen zwei Söhne hervor: Moab (»Wasser«, d.h. Same, Nachkomme des Vaters), der Sohn der älteren Tochter, wurde der Stammvater der *Moabiter; von Ben-Ammi (»Kind meines Volkes«), dem Sohn der jüngeren Tochter, stammen die *Ammoniter ab (1Mo 19,31-38; vgl. 5Mo 2,9.19; Ps 83,9).

Jesus vergleicht die Zeit vor seiner Wiederkunft mit dem Verhalten der Leute in Sodom z.Zt. L.s (Lk 17,28-30). In 2Petr 2,7f wird ausdrücklich

Die Familie Lots.

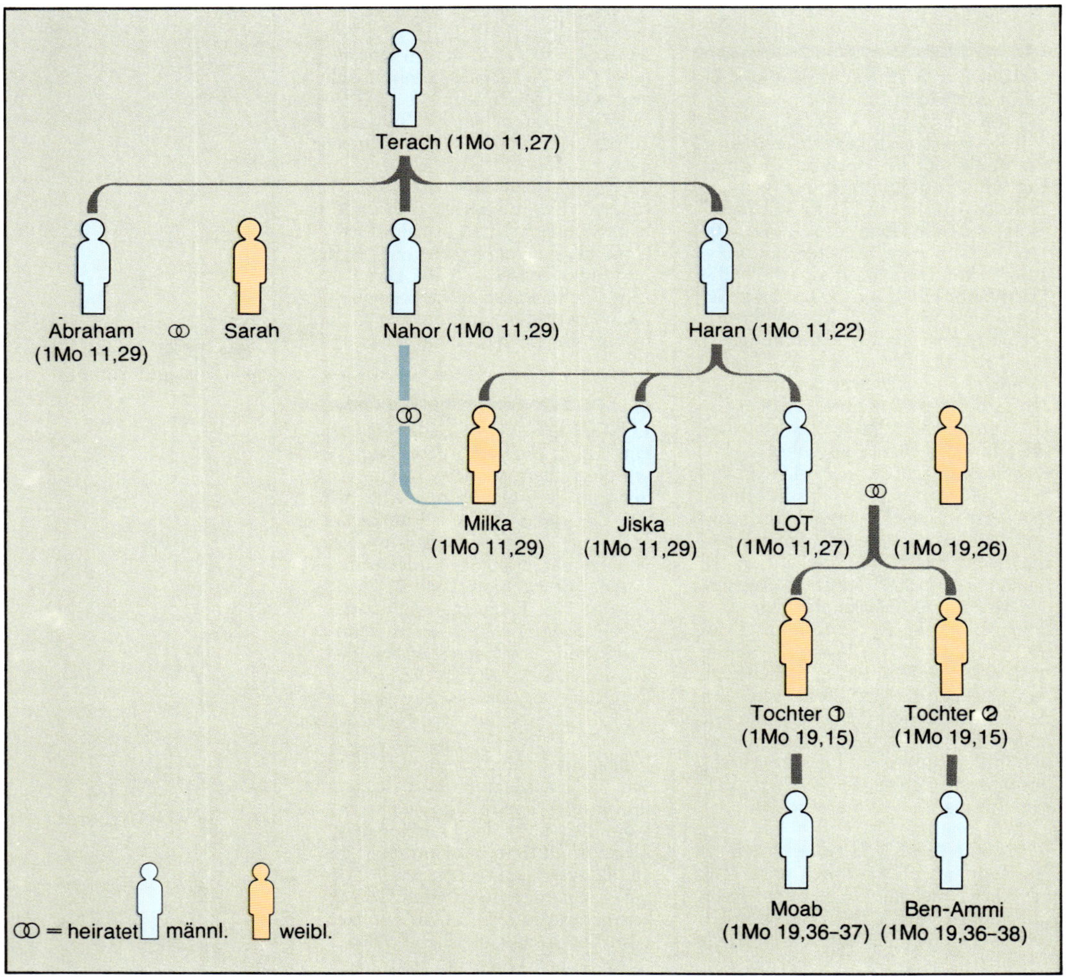

Die Reisen Lots, des Neffen Abrahams.

..s Gerechtigkeit hervorgehoben, die ..ich darin äußerte, daß er nicht am ..usschweifenden Leben der Leute in ..odom teilhatte. G.W.G./Red.

..ÖWE VON JUDA. Die abgekürzte ..orm eines messianischen Titels Chri..i in Offb 5,5: »der Löwe aus dem ..tamm Juda«. Als offensichtliche An..pielung auf 1Mo 49,9 »Juda ist ein ..nger Löwe«, beschreibt dieser Titel ..hristus als den Inbegriff des Mutes, ..er Macht und der Wildheit des ..tammes Juda. Wie ein Löwe um..chleicht Satan die Heiligen (1Petr ..8), aber Christus ist der siegende ..öwe, der würdig ist, die sieben Sie..el des Gerichtes zu öffnen (Offb ..-8). Der Gebrauch des Ausdrucks ..Löwe« im Zusammenhang mit dem ..ericht mag auf Stellen wie Jes ..3,13; Klgl 3,10; Hos 5,14; 13,8 hin..eisen, wo Gottes Gericht mit dem ..ngriff eines Löwen verglichen wird. ..thiopische Herrscher, die davon ..berzeugt waren, daß sie von Juda als ..achfahren Salomos und der Königin ..on Saba abstammten, eigneten sich ..esen Titel an (»siegender Löwe Ju..a«). D.A.H.

..UD, LUDIM. Nach 1Mo 10,22 und ..Chr 1.17 ist Lud ein Nachkomme ..Sems. Josephus (ant.Jud 1,144) er..ähnt die Lydier (*Lydien) als dessen ..achfahren. Der Bericht Herodots ..ber die Lyder (Hist. 507) schließt ..ds semit. Abstammung nicht aus. .. Jes 66,19 wird ein heidnisches ..olk mit dem Namen Lud erwähnt. Nach Hes 27,10 und 30,5 sind die Lyder mit Persern und Libyern aliiert. Neubabylon. Annalen erwähnen *Ludu* als Aliierten.

Die Luditer (Ludim) erscheinen in 1Mo 10,13 und 1Chr 1,11 als Nachkommen Hams und in Jer 46,9 als bogentragende Hilfstruppe Ägyptens. Hier dürfte es sich um ein unbekanntes afrikanisches Volk handeln, wenngleich einige Fachleute Ludim in Lubim (Libyen) und die Singularform zu Lub korrigieren. K.L.Mck.

LÜGE, LÜGEN. (Hebr. *'āwän, kāsab, kachasch, schäqär,* griech. *pseudos* und Derivate).

Mit den Worten »Lüge«, »Lügen« werden verschiedene Worte aus dem Hebr. und Griech. im Deutschen wiedergegeben. Vom Inhalt her können auch die Bedeutungen »Verleugnung«, »Verstellung«, »Täuschung«, »Untreue« und »Vertragsbruch« gemeint sein. Als gegensätzliche Begriffe stehen ihnen »Wahrheit«, »Gerechtigkeit«, »Recht«, »Treue« und »Beständigkeit« gegenüber.

»Lüge« ist zuerst die Wortlüge: Unwahres wird ausgesagt, vor allem im täglichen Umgang der Menschen untereinander (3Mo 19,11; Spr 30,8; Ri 16,10; Dan 11,27). Sodann ist die L. vor Gericht gemeint (Spr 6,19; 19,9; 21,28). Dem lügenden Zeugen steht der treue Zeuge gegenüber, der die Wahrheit sagt (1Kor 15,15; vgl. Mt 26; Joh 18). Neben das lügnerische Wort tritt die Tat der L.: die Täuschung, die Untreue und der Vertragsbruch (vgl. 1Mo 21,23). Mi 2,11 spricht von der verwerflichen Lügenpredigt, die beim Volk Gefallen finden will. Das untreue Volk Israel bricht seinen Bund mit Gott; Kennzeichen dieses Bundesbruchs ist die Lüge (Jer 6,13; 23,14). Falsche Propheten führen L. im Mund (Jer 14,14; 29,31) und vollbringen lügenhafte Zeichen und Wunder (2Thess 2,9). Der Götzendienst fällt ebenso unter das Urteil »Lüge« (Jer 16,19) wie der falsche Eid (Sach 5,4). Auch die Verleugnung des Petrus ist an dieser Stelle zu nennen (Mt 26,34.69-75).

Gott ist wahr, treu und gerecht, er lügt nicht (Hebr 6,18) und unterscheidet sich gerade darin von den Menschen (4Mo 23,19). Gott ist wahrhaftig, alle Menschen dagegen sind Lügner (Ps 116,11; Röm 3,4). Der Mensch in seiner Verkehrtheit liebt die L. (Ps 4,3; Spr 30,8; Apg 5,1-

LÖWE
s. Tiere

Der Löwe war in Juda und Assyrien ein Symbol des Königtums und erscheint auf Siegeln der königlichen Verwaltung. Dieser Abdruck zeigt Assurbanipal, König von Assyrien, der als Ausdruck seiner königlichen Macht einen Löwen tötet. Aus Ninive, Durchmesser des Siegels 1,75 cm, ca. 650 v.Chr. (BM)

11; Offb 21,8.27; 22,15). Denn hinter den Taten und Worten des lügenhaften Menschen wird der Einflußbereich dessen sichtbar, der »Vater der Lüge« und »Antichrist« genannt wird (Joh 8,44; Apg 5,3; 1Joh 2,22). Deshalb ergeht der Aufruf an die Gläubigen, die L. abzulegen und die Wahrheit zu reden (Eph 4,25). Sie sollen sich dadurch dem Gott, der treu, beständig und wahr ist, gleichgestalten lassen (Spr 13,5; Kol 3,9; 1Joh 2,21).

Literatur: U. Becker, H.G. Link: TBLNT II, [4]1986, 917-921; H. Conzelmann: ThWNT IX, 1973, 590-599; H. Gießen, H. Balz, J. Beutler: EWNT III, 1983, 1187-1195; M. Heuberger-Gloor: BBW, 1982, S. 250-252; M.A. Klopfenstein: Die Lüge nach dem Alten Testament, 1964; ders.: THAT I, [4]1984, 817-823.825-828; II, [3]1984, 1010-1019; R. Mosis: ThWAT IV, 1984, 111-130; K.D. Schunck: ThWAT IV, 141-145. J.E.

LUKAS.

1. Lukas im Neuen Testament.

L. (griech. *Loukas*) ist eine Verkleinerungsform des griech. männlichen Vornamens Lukios (griech. *Loukios*, latein. *Lucius*). Im NT kommt der Name an zwei (bzw. drei) Stellen vor: In Kol 4,14 findet sich in der Liste der nach Kolossä grüßenden Paulusbegleiter »Lukas, der Arzt, der Geliebte«, in Phlm 24 wird L. ebenfalls im Rahmen der Grußliste als Mitarbeiter des Paulus genannt. Zu Apg 20,13 gibt es eine wohl ins frühe 2. Jh. n.Chr. zurückreichende, abweichende Lesart, in der es heißt: »Aber ich, Lukas, und jene, die bei mir waren, gingen an Bord.« Sie wird kaum ursprünglich sein, zeigt aber, wie alt die Tradition ist, L. als den Verfasser der Apg zu identifizieren. Mehr Anspruch auf Originalität kann eine andere Stelle erheben: In Röm 16,21 grüßt ein »Lukios« die röm. Gemeinde. Schon der Kirchenvater Origenes hat angenommen, daß sich hinter dem Namen die latein. Form für »Lukas« verbirgt. Das könnte in der Tat zutreffen.

2. Die ältesten Quellen.

Der ntl. Befund zeigt uns nicht mehr, als daß sich unter den Mitarbeitern und Reisebegleitern des Paulus ein gewisser L. befunden hat, der offenbar Paulus' Wertschätzung genoß. Die alten Schriften der Kirchenväter gehen einen Schritt weiter. Irenäus schreibt (um 180 n.Chr.), L. sei ein Nachfolger des Paulus gewesen und habe das von jenem verkündigte Evangelium in einem Buch aufgeschrieben (adv. haer. III, 1,1). In dem etwa gleich alten Canon Muratori findet sich dieselbe Meinung. Die ältesten Evangelienprologe fügen hinzu, L. sei aus dem syr. Antiochia gewesen, sei ehelos geblieben und 84jährig in Böotien gestorben. Mangels weiterer Quellen entziehen sich die Einzelheiten einer Nachprüfung, jedoch gibt es nirgendwo eine Alternativtradition. Mithin können wir von der Zuverlässigkeit der Aussagen ausgehen.

3. Das lukanische Doppelwerk.

Stammt das LkEv. von dem Paulusbegleiter und Arzt, so haben wir ihm auch die damit untrennbar verbundene sog. »Apostelgeschichte« zu verdanken (vgl. Apg 1,1f). Man hat längst versucht, diese Vermutung durch sekundäre Überlegungen zu erhärten. So ging man mit unterschiedlichem Ergebnis der Frage nach, ob beide Werke deutlich die medizinischen Kenntnisse eines Arztes verraten. Jedenfalls sprechen keine gewichtigen Argumente dagegen. Auch weisen uns die sog. »Wir-Berichte« in Apg auf einen Verfasser aus der Begleitung des Paulus.

4. Lukas als Historiker und Literat.

In Stil, Aufbau und Inhalt seines Werkes gibt sich L. als Gebildeter seiner Zeit zu erkennen. Das Vorwort (Lk 1,1-4) paßt sich dem Stil der damaligen Historiker an. Es verrät, daß L. nicht irgendeinen Bericht über Jesus und die Urgemeinde niedergeschrieben hat, sondern daß er Quellenstudium betrieben, Augenzeugen befragt und das so Erhobene einer kritischen Sichtung unterzogen hat. Dazu hatte er ja durchaus Gelegenheit. Heutige Historiker stellen ihn ebenbürtig neben die Großen der antiken Geschichtsschreibung, nur, daß er Größeres als sie zu berichten hatte. Aber auch als Theologe verdient L. Beachtung, wie ein Blick in sein Doppelwerk zeigt.

Literatur: I.H. Marshall: Luke – Historian and Theologian, 1970; J. Roloff: Die Apostelgeschichte, NTD 5, 1981; H.-W. Neudorfer: Apostelgeschichte 1986.

H.W.N.

LUKASEVANGELIUM.

I. AUFBAU DES EVANGELIUMS.

Der Aufbau des LkEv.s ist – wie auch der Apg des Lukas – geographisch und chronologisch orientiert. Im Vergleich mit den beiden anderen *Synoptikern fällt auf, daß *Lukas sein Doppelwerk durch das **Vorwort** (Lk 1,1-4) ausdrücklich als Resultat von Nachforschungen und Quellenauswertung verstanden wissen möchte. Mit Matthäus teilt er das Interesse an Jesu Herkunft und frühem Wirken, worüber er in den **Vorgeschichten** berichtet. Die Übereinstimmung im groben Aufbau mit den beiden anderen synoptischen Evv. erklärt sich am einfachsten daraus, daß alle drei dem Leben Jesu entlanggingen. Lk hat darüber hinaus einen **Reisebericht** (Lk 9,51-19,10) eingeschoben. Hier werden bes. Jesu Kontakte zu den halbheidnischen Samaritern und zu den Heiden hervorgehoben. Dies ist verständlich, schreibt Lukas doch offensichtlich für nichtjüd. Leser (*Theophilus). Sein Ev. läßt sich so gliedern:

1,1-4: Vorwort;
1,5-2,52: Vorgeschichten;
3,1-4,13: Vorbereitung des Auftretens Jesu;
4,14-9,50: Jesu Wirken in Galiläa;
9,51-19,10: Auf dem Weg nach Jerusalem;
19,11-21,38: Jesu Wirken in Jerusalem;
22,1-24,53: Seine Passion und Auferstehung.

II. QUELLEN.

Der Verfasser des Ev.s gibt in Lk 1,1 an, daß er bereits Berichte über Jesus vorgefunden habe. Stellt er sein Ev. in eine Reihe mit ihnen, so kann man mit Recht vermuten, daß es sich hierbei um **schriftliche Quellen** gehandelt hat. Lukas hat jedoch die Mühe nicht gescheut, den Vorlagen kritisch nachzugehen und ihre Zuverlässigkeit zu überprüfen. Dazu hatte Lukas als Begleiter des *Paulus genügend Gelegenheit. Er selbst gibt sich durch sein Vorwort (1,1-4), das literarischen Vorbildern der großen antiken Geschichtsschreibung ähnlich ist, als einer zu erkennen, der auf gleichem wissenschaftlichen Niveau wie jene arbeitet. Zugleich legt sein Vorwort nahe, daß er auch auf **mündliche Quellen** zurückgegriffen hat, nämlich auf die Berichte jener Augenzeugen, die er 1,2 erwähnt.

Besteht bis hierher weitgehend Einigkeit unter den Forschern, so bleibt die Frage, welche schriftlichen Quellen Lukas benützt hat, sehr umstritten. Die Mehrzahl geht heute davon aus, daß Lukas das nach ihrer Meinung älteste erhaltene Ev., das des *Markus, und eine weitere, von Markus kaum benutzte Redequelle Q verwertet habe. In jüngster Zeit haben aber einige Forscher darauf hingewiesen, daß die Bedeutung der mündlichen Überlieferung weit höher einzuschätzen ist, als bisher angenommen (in Skandinavien etwa B. Gerhardsson und H. Riesenfeld, in Deutschland O. Betz und R. Riesner). Vor allem geben die sog. »minor agreements« zu denken, also textliche Übereinstimmungen zwischen den Evv. des Matthäus und des Lukas gegen die Version des Markus. Es ist anzunehmen, daß die Entstehungs- und Überlieferungsgeschichte der Synoptiker komplizierter verlaufen ist, als die sog. »Zwei-Quellen-Theorie« annimmt (s.a. *Evangelien). Auch ergaben sich in jüngster Zeit neue Einsichten über das Verhältnis der Synoptiker zu den Quellen des *JohEv.s. Insgesamt müssen wir davon ausgehen, daß Lukas zwar mündliche und schriftliche Quellen verarbeitet hat, daß wir sie aber nicht mehr im einzelnen identifizieren können. Der synoptische Vergleich ergibt jedoch hilfreiche Einzelerkenntnisse, die eine endgültige Klärung der Gesamtfrage aber nicht erlauben.

III. VERFASSER, ZEIT UND ORT DER ABFASSUNG.

LkEv. und Apg sind deutlich als das Werk eines Verfassers zu erkennen (Apg 1,1). Traditionell wird spätestens und unwidersprochen seit dem 2. Jh. der Arzt und Paulusbegleiter *Lukas als Autor angegeben (vgl. Kol 4,14; Phlm 24; vielleicht Röm 16,21). Der Kirchenvater Irenäus von Lyon schreibt (um 180 n.Chr.), Luka habe das von *Paulus verkündigte *Evangelium in einem Buch aufgeschrieben (Iren., adv. haer. III 1,1). In den ältesten Prologen zu den Evv. lesen wir, Lukas sei aus dem syr. *Antiochia gewesen und in hohem Alter in Böotien gestorben. Erst in neuerer Zeit wurde die Meinung angefochten.

Versuche, den Verfasser anhand seiner Berichte als Mediziner zu identifizieren oder diese Ansicht zu widerlegen, haben zu keinem überzeugenden Ergebnis geführt. Jedenfalls hat die Annahme einiges für sich, der Verfasser des Lukas sei ein Begleiter des Paulus gewesen (vgl. die »Wir-Berichte« der Apg). Hat er wirklich das von Paulus verkündigte Evangelium in Buchform aufgeschrieben, so hat er sich historisch wie theologisch dem Apostel nicht sklavisch verpflichtet gefühlt. Das zeigen mindestens die Übereinstimmungen mit den anderen Evv. Insgesamt wird es hilfreich sein, davon auszugehen, daß der Arzt Lukas, der Mitarbeiter des Paulus, das Doppelwerk geschrieben hat. Ob er - wie manche vermuten – mit einem dritten Werk über das weitere Ergehen des Apostels seine Darstellung abgeschlossen hat oder abschließen wollte, bleibt überaus fraglich.

Eng mit der Frage nach der Verfasserschaft und den Quellen des LkEv.s verwoben ist die Frage nach der Zeit der Abfassung. Frühestmöglicher Termin könnten unter Einbeziehung des Prologs, der einen gewissen zeitlichen Abstand zur Lebenszeit Jesu impliziert, etwa die 50er Jahre des 1. Jh. sein. Apg 1,1f legt nahe, die Abfassung von Lk und Apg zeitlich nicht zu weit auseinanderzuziehen, da Lukas beide für denselben Personenkreis schrieb. Widmung an eine einflußreiche Persönlichkeit (Theophilus) und sachliche Darstellung des Verhaltens der Römer und der Juden gegenüber Jesus legen die Vermutung nahe, Lukas habe sein Werk als eine Art Verteidigungsschrift für den gerade angeklagten Apostel Paulus geschrieben, um zu zeigen, wie ungefährlich das Christentum dem röm. Imperium sei. Diese Ansicht wird untermauert durch die Tatsache, daß die Apg ohne eigentlichen Höhepunkt endet, und zwar mit der Situation des Paulus im röm. Hausarrest. Hätte der Verf. zu diesem Zeitpunkt schon vom Märtyrertod seines »Helden« gewußt, so wäre kaum begreiflich, daß er ihn verschweigt, gleichwohl aber das Martyrium des *Stephanus in größter Breite schildert (Apg 7,54-60). Da aber der Tod des Paulus unter *Nero etwa in die Jahre 66-68 fallen muß, dürfen wir vermuten, daß Lukas sein Werk vorher abgeschlossen hat. Die äußeren Möglichkeiten dazu standen ihm während des Verweilens in Rom zur Verfügung.

Gegen diese Annahme wird seit langem eingewandt, daß Lukas zum einen das MkEv. schon vorgefunden hat, das nach dieser Meinung erst kurz vor 70 geschrieben wurde, und daß er zum andern schon auf den Untergang Jerusalems im Jahre 70 zurückblickt (Lk 21,20ff; so etwa W.G. Kümmel, Einleitung in das Neue Testament, 17 1973, S. 119). Kümmel sieht in Lk 21,20.24 eine erst im Rückblick auf das schon geschehene Ereignis nachträglich gestaltete und Jesus in den Mund gelegte Weissagung. Dasselbe gilt nach seiner Ansicht auch für Lk 19,43f, weil diese Drohweissagung genau den späteren Schilderungen über Belagerung und Zerstörung der Stadt entspricht. Sieht man es so, dann wird eine hermeneutische Voraussetzung (nämlich die, daß *Jesus keine wirklichen Weissagungen zugetraut werden können) zum Kriterium der Datierung des LkEv.s Da freilich ist mit großer Vorsicht vorzugehen. Denn zum einen kann nach neueren Forschungen das MkEv. (in einer Vorform des heutigen Textes?) schon wesentlich früher entstanden sein, und zum andern enthält die Bibel eine ganze Reihe sehr präziser Weissagungen, die unbestreitbar erfüllt wurden. Wir werden kaum fehlgehen, wenn wir die Abfassung des LkEv.s in die Zeit der Untersuchungshaft des Paulus in Rom Anfang der 60er Jahre legen.

Für den Ort der Abfassung bieten uns die Quellen keine Hinweise. Vom Adressaten und auch von inhaltlichen Gründen her ist davon auszugehen, daß das LkEv. jedenfalls außerhalb des palästin. Raumes geschrieben wurde, sehr wahrscheinlich in Rom.

IV. ZWECK DES EVANGELIUMS.

Im Prolog gibt Lukas den Zweck seiner Schrift an: Er widmet sie einem gewissen Theophilus, der wohl ein wohlhabender und damit sicher auch einflußreicher Mann gewesen sein muß; denn mit der Widmung war nach damaliger Sitte die Verpflichtung verbunden, das Werk durch Veröffentlichung (Abschreiben- und Verbreitenlassen) einem größeren Publikum zugänglich zu machen. Ob er nach Lk 1,4 bereits ein im Evangelium unterrichteter und getaufter Christ war, der nun zusätzliche, zuverlässige Informationen erhielt, oder ob er (vielleicht im Zusammenhang mit einem staatlichen Amt, das er innehatte und durch das er mit dem Paulusprozeß zu tun hatte) nur unzuverlässige Informationen über die Christen hatte, die Lukas ergänzen wollte, läßt sich nicht sicher sagen. Beides wäre möglich. Jedenfalls signalisiert Lukas nach Art antiker Geschichtsschreiber, daß er kein novellistisches Werk, keinen Jesusroman schreiben wollte, sondern solide historische Informationen weitergab. Im Vergleich mit dem »Missionsevangelium« des Markus möchte das LkEv. zwar auch der Verbreitung der Frohen Botschaft dienen (vgl. die Bedeutung der Wortgruppe *euangelion* im LkEv.!) möchte aber auch bestehenden Glauben stärken und der Heilsvergewisserung bes. der Nichtjuden dienen.

V. THEOLOGISCHE AKZENTE.

Die theologischen Eigenarten des LkEv.s erkennen wir am besten an den Textstücken, die es im Unterschied zu den anderen Evv. bietet (»Sondergut«), an manchen ihm eigentümlichen Formulierungen sowie an bestimmten, deutlich erkennbaren redaktionellen Bemerkungen (etwa

Griechische Handschrift, Papyrus p⁴⁵ (Papyrus-Kodex Chester Beatty I), frühes 3. Jh. Der p⁴⁵ enthält fragmentisch die vier Evangelien und die Apostelgeschichte. Hier das Fragment mit Lk 9,45–10,1. (CBL)

Lk 1,1-4). Auf sechs Akzentsetzungen sei hingewiesen:

1. Die Frohe Botschaft vom Heil der Welt.

Schon ein Blick in die Konkordanz zeigt, daß Lukas im Vergleich mit den übrigen Evv. besonders oft von der Verkündigung der Frohen Botschaft (*euangelizomai*) und vom Heil (*soteria*) spricht. Programmatisch kommt in der Botschaft der Engel an die Hirten (Lk 2) die heilschaffende Kraft des Kommens Jesu zum Ausdruck. Sie reflektiert, was die Verkündigung *Johannes des Täufers, Jesu und der frühen Kirche ausmacht. Lukas steht terminologisch und theologisch darin sehr dicht bei Paulus: Er berichtet vom Weg des Heils zu den Menschen in der Geschichte.

2. Lukas als Evangelist der Heilsgeschichte.

*Heilsgeschichte nennt man die Geschichte des Heilshandelns Gottes in und an der Menschheit. Sie ist der Vollzug des göttlichen Heilsplans und setzt bereits früh im AT ein (vor allem 1Mo 12,1-3), zieht sich wie ein roter Faden hindurch bis ins NT. Die enge Verflechtung der Weltgeschichte mit Gottes Heilsgeschichte macht Lukas in Lk 3,1f deutlich, dem sog. »heilsgeschichtlichen Synchronismus«. Hier verwebt er die Fäden der Weltgeschichte (Regierungszeit der damals Mächtigen) mit dem Faden der Heilsgeschichte (hier: Auftreten des Täufers Johannes). Es wird deutlich, daß und wie Gott Menschen gebraucht, um seinen Heilswillen durchzuführen. Das Gebot des Kaisers veranlaßt, daß Jesus in *Bethlehem geboren und so die atl. Verheißung erfüllt wird (Lk 2,1). Lukas zeigt aber auch, daß Jesu Leben und Sterben mit dem AT übereinstimmt (vgl. Lk 24,25-27.45-48), und daß sich die mit Israel begonnene Heilsgeschichte in der christl. Gemeinde fortsetzt. Lukas, der Heidenchrist, steht – wie auch seine gute Kenntnis des griech. AT zeigt – fest auf dem Boden des AT.

3. Die Betonung des Wirkens des Heiligen Geistes.

Auch hier lehrt ein Blick in die Konkordanz, wie wichtig für Lukas das Wirken des Gottesgeistes in der Geschichte Jesu und der Urgemeinde ist. An allen Schlüsselstellen des Berichts kommt er vor (vgl. Lk 1,35; 4,1.14.18; 24,49 u.ö.; ebenso in der Apg etwa 8,29; 16,7; 19,21 u.ö.). Durch seinen Geist leitet der erhöhte Herr seine Gemeinden auch nach seiner Erhöhung zum Vater.

4. »Dieser nimmt die Sünder an!«

Was die *Pharisäer Jesus zum Vorwurf machen (Lk 15,1f), ist ein Kennzeichen des Wirkens Jesu nach Lukas. Jesus wendet sich besonders denen zu, die von den Frommen Israels schon abgeschrieben waren. Vor allem in den Verlorenengleichnissen (Lk 15) erklärt Jesus sein Verhalten mit der Liebe des Vaters, der seine Geschöpfe für so wertvoll hält, daß er sie nicht einfach aufgeben kann. Jesus weiß sich zu den Verlorenen gesandt, weil sie ihn brauchen. Er selbst zeigt, daß diese Sendung auf atl. Verheißung beruht (Lk 4,18). In den Menschen sieht er solche, die seine Hilfe dankbar annehmen (Lk 17,11ff), und solche, die sie nicht zu brauchen meinen.

5. Arm und reich.

Das LkEv. wurde ein »soziales Evangelium« genannt, weil Jesus sich hier auf die Seite der Armen und Unterdrückten stelle im Kampf gegen die reichen Ausbeuter. In Wirklichkeit zeigt eine genaue Untersuchung der Texte aber, daß Jesus die Reichen nicht wegen ihres Reichseins angreift, sondern weil sie sich auf ihren Reichtum verlassen und von ihm her Sicherheit und Glück erhoffen (etwa Lk 12,16-21: der reiche Kornbauer). »Arm« ist jeder, der keine menschliche Hilfe zu erwarten hat (Lk 18,1-8) und sich in seiner Not zu Gott flüchtet. So kann auch ein materiell Reicher »arm« und ein materiell Armer »reich« sein! Hinzu kommt, daß irdischer Reichtum nicht nur als Gabe, sondern auch als Aufgabe verstanden werden muß (Lk 16,19-31). Jesus ändert die sozialen Verhältnisse, indem er das Verhältnis zu Gott und damit auch die Einstellung zum Mitmenschen ändert.

6. Jesu Tod nach dem Lukasevangelium.

Im LkEv. steht die Deutung des Todes Jesu als Sühne für unsere Sünden weniger im Zentrum als etwa in der – Lukas natürlich bekannten – Verkündigung des Paulus. Nach Lukas wird im Sterben Jesu die Schuld der Vertreter Israels bes. gezeigt, während *Pilatus Jesus freispricht. Dies führt für den Evangelisten wie auch für Paulus zu einer vorläufigen Verwerfung Israels. Der Weg der Frohen Botschaft zu den Heiden ist durch die Ablehnung des Gottessohnes durch die Juden frei geworden. Lukas wird ihn in seiner Apg dann ausführlich beschreiben und auch dort immer wieder das Verhalten der Juden in den *Diasporasynagogen drastisch darstellen. Jedoch gehört für Lukas Jesu Tod auch in Gottes Heilsplan. Die politischen Erlösungshoffnungen selbst im engsten Jüngerkreis macht Jesus selbst zunichte (vgl. Lk 24,21).

Der griechische Text von Lk, 16,16–21. p^{75} (Papyrus-Kodex Bodmer XIV/XV), spätes 2. Jh. Der p^{75} enthält weite Teile des Lukas- und des Johannes-Evangeliums und ist neben dem p^{69} (spätes 2./frühes 3. Jh.) das bisher älteste bekannte Handschriftenfragment des LkEv.s. (FMB)

VI. ZUSAMMENFASSUNG.

Das Ev. nach Lukas stimmt im Aufbau und in den wesentlichen Inhalten mit den anderen, vor allem den synoptischen Evv., überein. Lukas, der für die Heiden schreibt, hebt einige Punkte deutlich hervor. Er überliefert uns Taten und Worte Jesu, die die anderen nicht in ihre Schriften aufgenommen haben. Das ganze Ev. zeigt uns Jesus als den Heiland der Verlorenen. In seinem heilsgeschichtlichen Denken zeigt sich Luka[s] dem AT tief verbunden.

Literatur: J. Jeremias: Die Sprache des Lukasevangeliums, 1980; I.H. Marshall: Luke – Historian and Theologian, 1970; A. Schlatter: Das Evangelium des Lukas, ^{3}1975; Kommentare: H. Schürmann: Das Lukasevangelium. Kap 1-9,50, HThK III/1 ^{3}1984; E. Schweizer: Das Evangelium nach Lukas, NTD 3, ^{19}1986; G. Schneider: Das Evangelium nach Lukas, ÖTKNT 3/1 und 3/2, ^{2}1984; W. Grundmann: Das Evangelium nach Lukas, ThHK III, ^{10}1984; W. Schmithals: Das Evangelium nach Lukas, ZBK 3.1, 1980.

H.W.[B.]

LUS. (Hebr. *lūs*, »Mandelbaum«). Ursprünglicher Name des Ortes, den *Jakob *Bethel nannte, als er nahe bei der Stadt geschlafen und von der Himmelsleiter geträumt hatte (1Mo 28,19; 35,6; 48,3). Es war mehr das Gebiet in der Nähe der Stadt, in der sich Jakob aufgehalten hatte, als die Stadt selber, das den Namen Bethel erhielt (Jos 16,2). Aber der Name wurde später auch auf die Stadt übertragen (Jos 18,13; Ri 1,23). Als die Israeliten z.Zt. der *Landnahme die Stadt einnahmen, zwangen sie einen Kanaanäer, ihnen als Preis für sein Leben den Eingang zur Stadt zu zeigen. Dafür erhielt er freien Abzug mit seiner ganzen Familie. Er flüchtete in das »Land der Hetiter« und gründete dort eine neue Stadt mit dem Namen L. (Ri 1,23-26). T.C.M.

LUST, GELÜSTEN. L. ist zunächst weder gut noch böse. Auch Gott hat L., Freude, Wohlgefallen an Handlungen und Menschen (Hos 6,6; 2Sam 22,20). L. wird gut oder böse je nach dem, worauf sie sich richtet.

Die L. des Menschen gefällt Gott, wenn sie sich auf das Gute richtet: auf Gott selbst (Hiob 22,26; Ps 37,4; Jes 58,14), auf die Werke Gottes (Ps 111,2 RevEB; LÜ: Freude), auf sein Gesetz (Ps 1,2; 119,16 RevEB; LÜ: Freude), auf die Wahrheit (Ps 51,8 RevEB; LÜ: dir gefällt Wahrheit), auf das Zusammensein mit Christus in der Herrlichkeit (Phil 1,23). Verderblich ist die auf das Böse gerichtete L., die Schaden tut (Spr 12,12), sich im Zanken (1Kor 11,16) und im Spott (Spr 1,22) befriedigt und damit Gottes Ordnungen stört.

Im NT erscheint die L. im bösen Sinn als Mittel der Gott widerstrebenden Mächte, die Lebensführung des Menschen in ihrem Sinne zu bestimmen. Solche Mächte sind: *Satan (Joh 8,44), Fleisch (Gal 5,16 RevEB), Welt (1Joh 2,17) und das eigne Ich (Jak 1,14 RevEB). Wer seine L. von diesen Mächten beherrschen läßt, findet keine Befriedigung, sondern nur eine Steigerung der L. bis zur alle Ordnung durchbrechender *Begierde (Röm 1,21-32).

Das Gesetz verbietet dem Menschen nicht nur die sündige Tat, sondern auch die L., die zur Sünde drängt (Röm 7,7 RevEB). Am Verbot aber weckt die Sünde die Begierde zur Übertretung (V. 8). Ist die L. erregt, so braucht sich nur die Gelegenheit zu bieten, um die Sünde zur Tat werden zu lassen (Jak 1,15). Diese Wirkung des Gesetzes kann nur überwunden werden im radikalen Durchbruch zum Wandel im Geist Gottes (Röm 8,1.14; Gal 5,16 RevEB), also durch die Wiedergeburt, die von den gottfeindlichen Mächten und Lüsten befreit. Wo der Geist über das Fleisch siegt (Gal 5,16-25), da richtet das von Gott geschenkte neue Herz seine L. im Gehorsam ganz auf den Herrn (Hes 36,26f). (s.a. *Begierde, Freude)

LYDIA. Eine Frau aus *Thyatira in Lydien, die durch die missionarische Predigt des Paulus als erste in *Philippi gläubig wurde und Silas, Lukas und ihm Gastfreundschaft gewährte (Apg 16,14f.40). L. kann eine adjektivische Form (»die lydische Frau«) sein (solche ethnischen Namen waren verbreitet), aber ebenso ein Eigenname (z.B. Horaz, Od. 1,8; 3.9). L. war offensichtlich eine angesehene Frau (vgl. Apg 17,4.12), stand einem Haushalt vor und war von daher entweder verwitwet oder verheiratet. Die lydische Purpurfarbe, mit der sie handelte, war berühmt (vgl. Homer, Ilias 4.14). L. war jüd. Proselytin und pflegte sowohl das Gebet, als auch am Sabbat die Waschungen am Fluß. Ihre Anlehnung an den jüd. Glauben ging möglicherweise zurück auf die jüd. Kolonie in Thyatira. Denn dort siedelte sich auch die christl. Gemeinde an (vgl. Offb 1,11; 2,18-29). L. könnte zwar in der Empfehlung des Paulus in Phil 4,3 eingeschlossen sein, aber da sie namentlich unerwähnt bleibt, wäre auch denkbar, daß sie inzwischen verstorben war oder die Stadt verlassen hatte. Ihre Gastfreundschaft wurde in der dortigen Gemeinde zur Tradition (vgl. Phil 1,5; 4,10). B.F.H.

LYDIEN. Ein Gebiet Kleinasiens, das sich zwischen den fruchtbaren, hochzivilisierten Flußtälern von Kayster und Hermus erstreckt und in den Tmolus-Bergen bis zu einer Höhe von 2000 m aufragt. Sein natürlicher Reichtum und die Lage an der von der Küste ins Innere Kleinasiens führenden Handelsstraße ließ die Städte *Sardes, *Thyatira und *Philadelphia zu bedeutenden Handelszentren aufblühen. L. grenzte an *Mysien, *Phrygien und Karien. Die Küstenstädte (darunter *Smyrna und *Ephesus) wurden zeitweise als lydische, zeitweise als griech. bezeichnet.

Die Herkunft der lydischen Bevölkerung ist unbekannt, sie könnte jedoch semit. Elemente haben (*Lud). Kroisus, der letzte König von L., beherrschte ganz Kleinasien, bevor er durch *Kores/Kyrus, den Perser, 546 v.Chr. besiegt wurde. Das Gebiet von L. wurde in der Folgezeit von Alexander und seinen Nachfolgern beherrscht. Es wurde Teil des attalischen Königreiches von Pergamon. 133 v.Chr. wurde L. dann ein Teil der röm. Provinz Asia. Lydische Inschriften aus dem 4. Jh.v.Chr. wurden entdeckt, aber zu Beginn des christl. Zeitalters war Griech. die allg. Sprache geworden, so daß Lydisch kaum mehr gesprochen wurde (nach dem Urteil Strabos). L. war das erste Land, das im 7./6. Jh.v.Chr. Münzgeld verwendete. Außerdem kamen aus L. einige Neuerungen in musikalischer Hinsicht.

Literatur: A.H.M. Jones: The Cities in the Eastern Roman Provinces, 1971; H.W. Hoehner: ZPEB 3/1975, S. 1011-13.

K.L.Mck.

Ein Gold-Stater *aus Lydien, dem ersten Land, das Münzen prägte. Metallklumpen einheitlicher Größe wurden mit Prägestempeln markiert. Durchmesser 15 mm, ca. 600 v.Chr.* (RG)

LUSTGRÄBER
s. Kibrot Hattaawa

LUZIFER
s. Satan

LYDDA
s. Lod

LYKAONIEN. Ein Gebiet im südl. Zentral-Kleinasien, das seinen Namen von den dort siedelnden Lykaoniern hat, die in der Geschichtsschreibung von Xenophon an (frühes 4. Jh.v.Chr.) erwähnt werden. Das Besiedlungsprogramm, das Pompejus im westl. Kleinasien durchführte (64 v.Chr.), teilte den westl. Teil L.s *Zilizien zu,

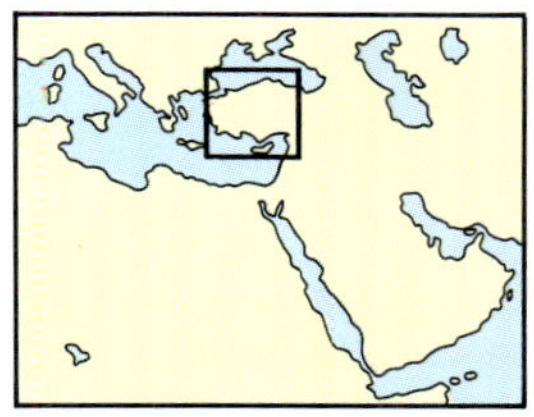

Die Lage von Lystra und weiteren Orten in Lykaonien, die Paulus besuchte.

den östl. Teil *Kappadozien, und den nördl. Teil *Galatien, das 25 v.Chr. röm. Provinz wurde. Das östl. L. wurde später unabhängig von Kappadozien und war von 37 n.Chr. an als *Lycaonia Antiochiana* ein Teil des Königreiches von Antiochus, des Klientelkönigs von Kommagene. Im NT bezeichnet L. die Region, die zur Provinz Galatien (*Lycaonia Galatica*) gehörte. *Lystra und *Derbe werden in Apg 14,6 als »Städte Lykaoniens« bezeichnet. Der Kontext hier besagt, daß *Ikonion auf der phrygischen Seite der regionalen Grenze lag, die Lycaonia Galatica von Phrygia Galatica trennte. Diese geographische Bemerkung läßt u.a. die historische Zuverlässigkeit der Apostelgeschichte erkennen. Paulus und Barnabas hörten in Lystra, nahe dem heutigen Hatunsaray, die einheimische Bevölkerung »auf lykaonisch« sprechen (Apg 14,11, griech. *lykaonisti*).

In diesem Gebiet konnten lykaonische Eigennamen auf Inschriften identifiziert werden, so z.B. eine in Sedasa, die eine Hermesstatue als Gabe an Zeus ausweist (vgl. Apg 14,12). Als Paulus und Barnabas Lystra verlassen hatten, nach Derbe (nahe beim heutigen Dorf Kerti Hüyük gelegen) gekommen waren und dort eine Gemeinde gegründet hatten, kehrten sie auf demselben Weg zurück.

Literatur: W.M. Ramsay: Historical Commentary on Galatians, 1899, S. 185f; 215ff; A.H.M. Jones: The Cities of the Eastern Roman Provinces, 1971, S. 75-109; B. Van Elderen: »Some Archaeological Observations on Paul's First Missionary Journey« in: Apostolic History and the Gospel, hrsg. von W.W. Gasque, R.P. Martin, 1970, S. 156-161.

F.F.B.

LYNKURER
s. Edelsteine

LYSANIAS. Nach Lk 3,1 im 15. Jahr des *Tiberius (26/7 n.Chr.) *Tetrarch (Viertelfürst) von *Abilene, dem Gebiet um die Stadt Abila am S-Ende des Anti-*Libanon nordwestl. von *Damaskus. Man hat an den 34 v.Chr. auf Betreiben Kleopatras durch Antonius hingerichteten König von *Ituräa (Jos.ant.Jud XIV, 330; XV, 92) gedacht und Lukas einen historischen Irrtum vorgeworfen (J. Wellhausen, Evangelium Lucae, 1904, 4). Aber schon die Hinweise des Josephus auf das »Abila des Lysanias« (ant.Jud. XIX, 275; XX, 138; vgl. bell.Jud.II, 215.247; ant.Jud. XVIII, 237) zeigen, daß es einen späteren Tetrarchen dieses Namens gegeben haben muß. Das wird bestätigt durch eine in die Jahre zwischen 14 und 29 n.Chr. datierbare Stifterinschrift aus einem Tempel in Abila, die von einem Freigelassenen des »Tetrarchen Lysanias« stammt (CIG 4521). Eine weitere Inschrift nennt zwei Mitglieder derselben Familie aus verschiedenen Generationen mit Namen L. (CIG 4523). Ob Münzen mit der Umschrift »Lysanias, Tetrarch und Hoherpriester« vom älteren oder jüngeren Herrscher stammen, ist unsicher. Als Gründe für die Erwähnung eines sonst im Ev. keine Rolle spielenden Territoriums wurden entweder seine Einbeziehung in jüd. Gebiet (37 n.Chr.) unter Herodes *Agrippa I. genannt (Jos.ant.Jud. XVIII, 237) oder eine Herkunft des Evangelisten *Lukas aus *Syrien.

Literatur: R. Savignac: RB 9 (1912), 533-540; H.S. Cronin: JTS 18 (1917), 147-151; J.M. Creed: St. Luke, 1953, 307-309; E. Schürer: History of the Jewish People I, 1973, 565-569; I.H. Marshall: Gospel of Luke, 1978, 134; W.H. Mare: NIDBA 294; G. Kroll: Auf den Spuren Jesu, [10]1987, 154.

R.R.

LYSTRA. In ntl. Zeit eine Stadt auf der Hochebene von *Lykaonien, heute der einsame Tell Zoldera, etwa 2 km nördl. des Dorfes Hatunsaray. Am Fuß des Tells liegen bei einer Quelle alte Säulen; in die Pfeiler einer Brücke über dem Fluß Köprü Tschai sind Steine mit latein. Inschriften eingemauert. Die Stadt wurde von Augustus als Ausgangspunkt einer der röm. Kolonien bestimmt, die der neuen Provinz Galatien Rückhalt bieten sollten. Die Abgelegenheit und Nähe zu den unbesiedelten, südl. der Stadt gelegenen Bergen lassen Verteidigungsbasichten erkennen. Von den latein. sprechenden Siedlern zeugen Inschriften mit Buchstaben von beachtlicher Größe. Wenn es die Sicherheit des Ortes war, die Paulus und Barnabas auf ihrem hastigen Rückzug aus *Ikonion (Apg 14,6) zu diesem Ort hinzog, so sahen sie sich getäuscht. Der abergläubische Versuch, die Apostel wie Götter anzubeten, gegen den sie sich verwahrten, schlug in Feindschaft um, so daß Paulus gesteinigt wurde (V. 19). Es gibt keinen Hinweis auf eine röm. Ordnung oder ein röm. Gesetz. Das NT weist die Stadt auch nicht als röm. Kolonie aus. Jedenfalls gab es dort eine Bevölkerungsgruppe, die nicht griech., sondern lykaonisch sprach (V. 11), daneben aber auch Gruppen von Griechen und Juden (Apg 16,1). Trotzdem wuchs in L. eine Gemeinde (Apg 14,20-23), aus der *Timotheus, der treueste Mitarbeiter (»Sohn«), des Paulus kam (falls er nicht, was auch möglich wäre, aus dem nahegelegenen Derbe, Apg 16,1-2, stammte).

E.A.J

LYZIEN. Ein kleines Gebiet an der S-Küste Kleinasiens. Geographische Merkmale sind das breite Flußtal des Xanthos und Berge, die über 3000 m aufragen. In L. liegen die Seehäfen *Patara und *Myra (Apg 21,1; 27,5). Obwohl einige Inschriften und Skulpturen erhalten sind, ist die Herkunft der Bevölkerung L.s ungewiß. Von allen Völkern des westl. Kleinasien konnte L. allein den lydischen Königen widerstehen, unterlag jedoch 546 v.Chr. den Persern.

Im folgenden Jh. wurde L. von den Griechen befreit, stand unter dem Einfluß griech. Zivilisation und ergab sich im Laufe der Zeit freiwillig *Alexander. L. nahm die griech. Sprache und Schrift an und wurde im 3. und 2. Jh.v.Chr., als es unter röm. Schutzherrschaft kam, vollends hellenisiert. 43 n.Chr. gliederte *Claudius L. der Provinz *Pamphylien an, was *Nero offensichtlich wieder rückgängig machte, denn Vespasian machte L. von neuem zu einer Provinz (Sueton, Vespasian 8). Durch alle diese Veränderungen hindurch bewahrte der lyzische Städtebund jedoch einen gewissen Zusammenhalt.

K.L.Mc

Rechts: Vermutlich eine Münze des Lysanias, des Königs der Ituräer. Durchmesser: 118 mm, 30–36 v.Chr. (RG)

Die römische Provinz Lyzien.

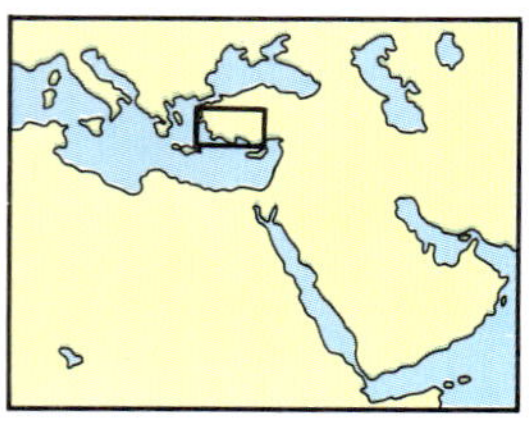

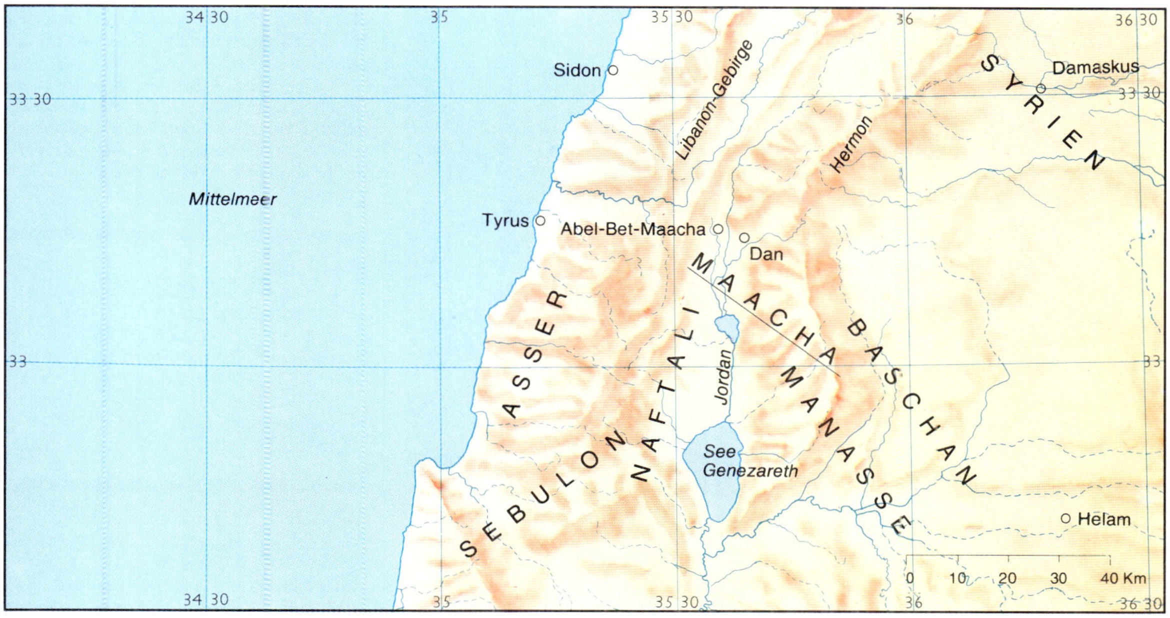

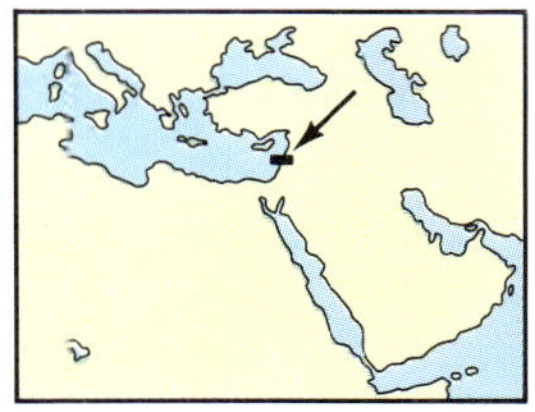

Maacha, ein Kleinstaat zur Zeit Davids

MAACHA. (Vielleicht nach dem arab. »Dumm, töricht«).

1. Landschaft in N-Palästina zwischen dem Hermon im N, Geschur im S, Baschan im O und dem Wadi el Hasbani, einem Quellfluß des Jordan, im W. In diesem Gebiet liegt *Abel-Bet-Maacha. Anfangs konnte das Land, obwohl es dem Stamm Manasse zugesprochen war, von den Israeliten nicht erobert werden (Jos 13,13). In den ersten Jahren der Herrschaft Davids war M. noch ein selbständiges Königreich (2Sam 10,6), das von ihm erobert wurde (2Sam 10,19). Z.Zt. von Schebas Aufstand war Abel-Bet-Maacha eine israelit. Stadt; eine kluge Frau aus der Stadt nennt sie eine Mutter in Israel (2Sam 20,19). In 1Chr 19,6 wird die Landschaft das »Aramäerland von Maache« genannt (RevEB: Aran Maacha).

2. Tochter *Talmais, des Königs von Geschur, Frau Davids und Mutter *Absaloms (2Sam 3,3).

3. Lieblingsfrau König *Rehabeams und Mutter König *Abijas (1Kön 15, 2; 2Chr 11,20-22; 13,2 heißt sie Michaja). Sie war die Tochter Uriels von Gibea und Enkelin Absaloms und hatte die Stellung der Königin-Mutter noch z.Zt. ihres Enkels *Asa inne (1Kön 15,10), der sie absetzte, weil sie ein Ascherabild hatte machen lassen (V. 13; 2Chr 15,16).

4. Schwester Machirs (1Chr 7,15).

5. Frau Jeïëls, des Vorfahren Sauls (1Chr 8,29; 9,35).

6. Nebenfrau *Kalebs, des Sohnes Hezrons, Mutter Schebers und Tirhanas (1Chr 2,48).

7. Sohn des *Nahor von seiner Nebenfrau Rëuma (1Mo 22,24).

8. Vater Hanans, eines der Helden Davids (1Chr 11,43).

9. Vater Schefatjas, des Fürsten von Simeon z.Zt. Davids (1Chr 27,16).

10. Vater des Königs Achisch von Gat z.Zt. Salomos (1Kön 2,39).

MAASEJA. »Werk des Herrn«.

1. Levit und Sänger bei der Überführung der Bundeslade nach Jerusalem (1Chr 15,18.20).

2. Sohn Adajas, einer der Obersten, die *Jojada halfen, *Atalja zu stürzen (2Chr 23,1).

3. Beamter König *Usijas, der mit dem Schreiber Jeïël das Heer zählte (2Chr 26,11).

4. Judäischer Prinz, der z.Zt. des Königs *Ahas bei einem Einfall Pekachs, des Königs von Israel, von dem Ephraimiter Sichri getötet wurde (2Chr 28,7).

5. Stadthauptmann in Jerusalem z.Zt. des Königs *Josias (2Chr 34,8).

6. Vater des falschen Propheten *Zedekia (Jer 29,21).

7. Vater des Priesters Zefanja z.Zt. *Jeremias (Jer 21,1; 29,25; 37,3).

8. Sohn des levitischen Torhüters Schallum z.Zt. Jeremias (Jer 35,4).

9. Drei Priester z.Zt. Esras, die heidnische Frauen genommen hatten (Esr 10,18.21.22). Der Name kommt noch Neh 8,4.7; 12,41.42 bei Priestern (bzw. Leviten) vor, ohne daß wir wissen, mit wieviel verschiedenen Personen wir es zu tun haben.

10. Israelit aus dem Geschlecht *Pahat-Moab, der eine heidnische Frau genommen hatte (Esr 10,30).

11. Vater des *Asarja z.Zt. Nehemias (Neh 3,23).

12. Israelit, der die Verpflichtung auf das Gesetz z.Zt. Nehemias unterzeichnete (Neh 10,26).

13. Judäer, Sohn Baruchs, der nach der babylon. Gefangenschaft in Jerusalem wohnte (Neh 11,5).

14. Sohn des Itiël, ein Benjaminit (Neh 11,7).

MACHÄRUS. Eine im NT nicht direkt erwähnte Festung östl. oberhalb des *Toten Meeres, ca. 22 km südwestl. von *Medeba in Jordanien. Nach Plinius (nat V, 17,72) handelte es sich um die zweitstärkste jüd. Befestigung nach *Jerusalem. Über ihre Geschichte sind wir durch Flavius Josephus (besonders bell. Jud. VII, 165-177. 190-209) unterrichtet. M. wurde vom Hasmonäer-König Alexander Jannäus (103-76 v.Chr.) zum Schutz gegen *Arabereinfälle erbaut, von den röm. Feldherren Pompejus (63 v.Chr.) und Gabinius (57/6 v.Chr.) zerstört, schließlich durch *Herodes den Großen größer und prächtiger wieder aufgebaut. Er schätzte die heißen Quellen von Kalirrhoe (*Lasa). Dieses mit einem Hafen am Toten Meer versehene herodianische Luxusbad wird seit 1985 vom Deutschen Evangelischen Institut für Altertumswissenschaft des Heiligen Landes unter Leitung von A. Strobel ausgegraben (ZDPV 103, 1987, 215). M. fiel mit *Peräa, dessen S-Grenze es schützte, zur Tetrarchie des *Herodes Antipas. Dessen Niedergang begann um 28 n.Chr., als seine erste Frau von M. aus zu ihrem Vater, dem *Nabatäer-König *Aretas IV., zurückkehrte, nachdem sie von Herodes' Scheidungsabsicht zugunsten der »Herodias gehört hatte.

Diese Verbindung wurde auch von *Johannes dem Täufer wegen ihrer Gesetzwidrigkeit öffentlich getadelt, was zu einem der Gründe für seine Verhaftung und Hinrichtung wurde (Mt 14,3-12/Mk 6,17-29). Die traditionelle Taufstelle Jesu lag in Peräa (*Jericho II), aber vielleicht wollte Herodes den Täufer mit der Haft auf M. auch von seinen Anhängern im N isolieren, wo er ebenfalls gewirkt hatte (*Änon, *Betanien II). Nach Josephus starb der Täufer in M. (ant.Jud. XVIII, 119). Die Ausgrabungen auf Chirbet El-Mukawer durch franziskanische Archäologen (V. Corbo, S. Loffreda, SBFLA 31, 1981, 257–286) vermögen Licht auf ein historisches Detail der evangelischen Erzählung zu werfen, die nach dem Vorbild von Est 5–6 geformt ist. Mar-

Machärus. Die beiden getrennten Speisesäle (triclinia). (RR)

kus, der auf Überlieferungen der Täuferjünger zurückgreifen konnte, deutet offenbar auf die jüd. Sitte hin, daß Männer und Frauen beim Geburtstag des Königs in getrennten Räumen feierten (Mk 6,22–25). Tatsächlich wurden zwei Festsäle gefunden (F. Manns, SBFLA 31, 1981, 287–290). Eine rasche Verständigung, wie sie Mt 11,2f/Lk 7,18f zwischen dem Täufer und seinen Jüngern voraussetzt, wurde durch eine gut ausgebaute Straße nach M. ermöglicht (A. Strobel, ZDPV 97, 1981, 81–92). Die Überlieferung, nach der Johannes von M. überführt und in *Samaria beigesetzt wurde, ist ernsthaft zu erwägen. Als die Festung 44 n.Chr. an die röm. Provinz *Judäa fiel, erhielt sie eine röm. Garnison, die den Ort bei Ausbruch des Jüd. Krieges 66 n.Chr. räumte. 71 n.Chr. ergab sich die zelotische Besatzung dem Gouverneur Lucilius Bassus. Das großräumige röm. Belagerungswerk (*circumvallatio*) konnte nachgewiesen werden (A. Strobel, ZDPV 90, 1974, 128–184).

Literatur: W. Bühlmann: Wie Jesus lebte, 1987, 43-45; C. Kopp: Die Heiligen Stätten der Evangelien, [2]1964, 173-176; G. Kroll: Auf den Spuren Jesu, [10]1987, 189-192; C. Möller, G. Schmitt: Siedlungen Palästinas nach Flavius Josephus, 1976, 135; R. Riesner: BiKi 39 (1984) 176; W. Schottroff: ZDPV 82 (1966) 168-174; A. Strobel: ZDPV 93 (1977) 247-267. R.R.

MACHIR.

1. Sohn *Manasses und Vater *Gileads (1Mo 50,23; 4Mo 26,29; Jos 17,1; 1Chr 7,14). Die Söhne M.s eroberten Gilead und bekamen es von Mose als Eigentum (4Mo 32,39f; 5Mo 3,15; Jos 13,31). Nach Jos 17,1 wurde M. neben Gilead auch *Baschan zuteil.

2. Der Sohn Ammiëls, der *Mefi-Boschet, den Sohn *Jonatans, in Lodebar schützte (2Sam 9,4ff). Später war M. unter denen, die Davids Heer in *Mahanajim Vorräte brachten (2Sam 17,27-29). E.J.Y.

MACHLI.

1. Ältester Sohn *Meraris aus dem Geschlecht *Levi (2Mo 6,19; 4Mo 3,20; 1Chr 6,32; 23,21; 24,26.28; Esr 8,18). Seine Nachkommen werden in 4Mo 3,33; 26,58 erwähnt.

2. Sohn Muschis, eines weiteren Sohnes Meraris, daher Neffe von 1. (1Chr 23,23; 24,30). J.D.D.

MACHPELA. Der Name steht für das Feld, die Höhle und das umgebende Land, die *Abraham als Grabstätte für seine Frau *Sara kaufte (1Mo 23). Er kaufte M. Efron, einem Hetiter, für 400 Schekel Silber ab (VV 7-16). M. lag östl. von *Mamre (1Mo 23,17; 5,9) im Gebiet von *Hebron. Hier wurden später Abraham (1Mo 25,9), *Isaak und *Rebekka sowie *Lea (1Mo 49,31) und *Jakob (1Mo 35,27-29; 50,13) bestattet.

Hebr. *hammachpēlā*, »das Doppelte«, in der LXX als *to diploun* übersetzt, beschreibt wahrscheinlich die Form der Höhle in 1Mo 23,17. Die Lesart »Sichem« für Hebron in Apg 7,16 ist vielleicht auf die zusammenfassende Art der Aufzeichnung dieser Rede zurückzuführen, die sich ursprünglich auch auf Josefs Grabstätte in Sichem bezieht.

Die heutige Lage der Grabhöhle (60 m x 34 m) ist mit dem S-Ende des Charam el-Chalīl in Hebron verbunden. Hier ist für Juden, Christen und Moslems ein Ort, um Verehrung darzubringen. Die Höhle ist von wuchtigen Steinmauern umgeben, wahrscheinlich eine Arbeit aus der Zeit *Herodes des Großen (37-4 v.Chr.), obwohl das Alter der Höhle selbst und ihre Ausstattung durch archäologische Nachforschung nicht ausgemacht werden kann. Das »Ehrengrabmal Saras« ist – neben anderem – in der Moschee über der Höhle zu sehen (s. Vincent, Mackay und Abel: Hebron, le Haram al Khalil, 1923).

Zu Einzelheiten des Kaufvertrages zwischen Abraham und Efron (1Mo 23) könnten mittelassyr. und hetitische Gesetze (vor 1200 v.Chr.) Anhaltspunkte liefern (BASOR 129, 1953, 15-23), was aber z.Zt. nicht als gesichert angesehen wird (JBL 85, 1966, 77-84). D.J.W

Machpela, die traditionelle Ortslage der Grabhöhle der Erzväter, markiert heute eine Moschee, in der Schreine der Patriarchen aufbewahrt werden. (MEPhA)

MACHT, GEWALT. Der dt. Begriff M. umfaßt ein weites Bedeutungsfeld, das sich teilweise mit dem der Begriffe *Kraft, *Herrschaft, *Vollmacht überschneidet. Allg. bezeichnet M. die allen Widerständen überlegene Möglichkeit, seine oder eines anderen Ab

sichten handelnd durchzusetzen. Während »Kraft« einem Wesen (naturhaft) innewohnt, wird M. (rechtlich) übertragen. Während Kraft auch im Ruhezustand vorhanden ist, wird von M. nur gesprochen, wenn sie ausgeübt wird und so (Über- und Unter-)Ordnung bewirkt. Im einzelnen steht das dt. Wort M. u.a. für folgende ursprachliche Begriffe mit je besonderem Bedeutungsschwerpunkt: Im Hebr. bezeichnen *kōach* *'ōs* und *gebūrāh* physische Stärke wie auch Herrscher-M.; daneben bedeuten auch *serōa'* (»Arm«) und *jād* (»Hand«) häufig M. Im Griech. finden u.a. Verwendung: *exousia* (von *exestin*, »es ist erlaubt«) für M.-Befugnis, *Autorität, Verfügungsrecht (auch *Obrigkeit), z.B. Joh 19,10; *dynamis* für M.-Potenz, Fähigkeit, Vermögen (auch Kraft, Machttaten, *Wunder), z.B. Apg 18,24 (RevEB); *ischys* sowie *kratos* für effektive M.-Entfaltung, Wirksamkeit, Gewalt (letzteres auch *Herrschaft), z.B. Apg 19,20.

I. GOTTES MACHT.

M. ist ein besonderes Kennzeichen des Wesens und der Herrschaft Gottes.

1. Charakteristisch für die M. Gottes ist ihre Einzigartigkeit (»Wer ist dir gleich?«, 2Mo 15,11). Angesichts seiner M. erweisen sich alle Götzen als nichtig (Jer 10,3-6). »Gott allein ist mächtig« (Ps 62,12), und er ist *allmächtig (Hiob 40,2). Er erweist seine M. in seinen mächtigen Taten (Ps 77,12-14), dennoch sind nicht eigentlich die M.-Demonstrationen als solche entscheidend, sondern sein Wille, der hinter ihnen steht, sein Wille zum Heil, zur Rettung (Ps 77, 15f u.ö.). Dem entspricht, daß in der Bibel die M. Gottes nicht abstrakt postuliert, sondern persönlich bezeugt wird; die angemessene Reaktion des Menschen auf Gottes M. sind anbetender Lobpreis (Ps 59,17), staunender Rückblick (5Mo 29,1f und preisendes Bekenntnis (Ps 78,3f; 105,1ff).

2. Die M. Gottes erweist sich besonders in der Schöpfung, in der Geschichte und gegenüber einzelnen Menschen.

a. In der Schöpfung: Gott schuf in seiner M. Himmel und Erde (Jes 40,26; Jer 10,12); und er – nicht der im Vergleich zu ihm ohnmächtige und unwissende Mensch (Hiob 38; 39) – ist der wahre Beherrscher und Erhalter der Schöpfung (ebd.).

b. In der Geschichte: Gottes M. ist für das AT u.a. Geschichts-M.; Zentralereignis ist die Erlösung seines Volkes aus der ägypt. Sklaverei »mit mächtiger Hand und ausgerecktem Arm« (5Mo 26,8f u.ö.). Er setzt Könige ein und ab (Dan 2,21), baut und zerstört Weltreiche (Jer 18,7-10), er benutzt sie, um zu seinem Ziel zu kommen (Jes 44,24-45,8 *Kyrus). Er regiert als der König der Könige, als Herr seiner Heerscharen (Zebaoth; Ps 24,7-10; 47).

c. Über den einzelnen Menschen: Der Mensch ist wie Ton in der Hand des Töpfers (Jes 29,16). Ist dies einerseits Warnung vor Selbstüberhebung des Menschen, so doch auch andererseits Ermutigung, sich diesem Starken anzuvertrauen, der »mächtig ist zu helfen« (Jes 63,1). Darum sehnt sich der Fromme nach dem Erweis der M. Gottes (Ps 63,3), die er als Heilsmacht erkennt (Ps 118,14).

II. GEISTIGE MÄCHTE.

1. Das NT rechnet mit der Existenz geistiger Mächte (»Mächte, Gewalten, Herrschaften« u.ä.; oft in Reihung, 1Kor 15,24; Eph 1,21; Kol 1,16). Sie herrschen unsichtbar im geistigen Raum (*pneumatika*, Eph 6,12; LÜ: Geister). Zu 1Petr 3,22 (u.a. auch *Engel) vgl. 2Petr 2,4.

2. Diese geistigen Mächte sind in den Prozeß der Abfalls- bzw. Heilsgeschichte einbezogen.

a. Sie gehören zur guten Schöpfung Gottes (Kol 1,16).

b. Sie sind jedoch gefallen und Werkzeuge Satans (Eph 6,12 wörtl.: Geistesmächte des Bösen), wenngleich sie noch von Gottes M. umschlossen sind (vgl. Hiob 1; 2 – kein *Dualismus). Sie versklaven die Ungläubigen unter die M. der Finsternis (Eph 2,2f; Kol 1,13; vgl. Lk 22,53).

c. Aber Christus hat sie in seiner Erhöhung (Eph 1,20f) entmachtet (Kol 2,9f.12.15). Die in Christi Tod Getauften sind von ihrer M. befreit (Eph 2,1-6; Röm 8,38f), haben freilich noch mit ihnen zu kämpfen (Eph 6, 12). In diesem *Kampf müssen sie sich mit der M. Christi wappnen (Eph 6,10f).

d. Bei seiner Wiederkunft wird Christus diese Mächte endgültig vernichten (1Kor 15,24).

III. DIE MACHT JESU CHRISTI.

Jesu M. gründet in seiner Gottessohnschaft (Joh 17,2 u.ö.). Gott, der Vater, hat seinen Sohn gesandt und ihm »alle Macht gegeben« (Mt 11,27; 28,18; vgl. Joh 5,19 und bereits Mi 5,3), um die Welt zu erlösen (Joh 3,16f; 17,2; vgl. 1,12).

1. Schon in seinem Erdenleben war ihm M. in Taten und Worten (Lk 24,19) vom Vater gegeben (Joh 5,36; 17,8). Seine Predigt war wirkmächtig; sie überführte das Gewissen: »Er lehrte mit Vollmacht« (Mt 7,29). Sein vollmächtiges Wort wirkte auch in seinen M.-Taten, er gebot Krankheiten und dämonischen Mächten (Lk 4,36; vgl. 1Joh 3,8), selbst dem Tod und der Sünde, und nahm damit göttliche Vollmacht in Anspruch (Mt 9,6; vgl. 21,23).

2. In Tod, Auferweckung und Erhöhung erfüllte sich sein Erlösungswerk. Gerade in der tiefsten Erniedrigung (Phil 2,8), in der offensichtlichen Ohnmacht, brach er die M. der Finsternis. Nahm er schon »durch seinen Tod« dem Tod und »dem, der Gewalt über den Tod hatte, nämlich dem Teufel«, die M. (Hebr 2,14; 2Tim 1,10), so ist seine Auferweckung der triumphale Erweis der M. Gottes und Angeld auf unsere Auferweckung (1Kor 6,14). In seiner Erhöhung hat Gott ihn »eingesetzt zu seiner Rechten im Himmel über alle Reiche, Gewalt, Macht, Herrschaft und alles, was sonst einen Namen hat« (Eph 1,20f; vgl. Kol 2,10).

3. Als der Gegenwärtige wirkt er durch die M. seines Wortes (*Evangelium, Wort vom Kreuz ist Gotteskraft, Röm 1,16; 1Kor 1,18; vgl. Hebr 4,12), um selig zu machen und durch die »Kraft des heiligen Geistes« (Apg 1,8) zu stärken und zum Zeugendienst zuzurüsten (vgl. Joh 14,15ff; 15,26ff).

4. Bei seiner Wiederkunft wird er sich »alle Dinge untertan machen« (Phil 3,21; 1Kor 15,23-27), und alle Zungen werden bekennen, daß Jesus Christus der Herr sei zur Ehre Gottes des Vaters (Phil 2,11).

IV. MENSCHLICHE MACHT.

Gott allein ist mächtig (1Tim 6,15). Aber er kann in seiner Freiheit M. an Menschen verleihen (Dan 4,14b).

1. Die Existenz menschlicher M. wird in der Bibel nicht von vornherein negativ oder positiv beurteilt. Maßstab für rechten M.-Gebrauch ist, ob der M.-Träger anerkennt, bloß Verwalter einer ihm verliehenen M. zu sein. Kriterium für rechten Gebrauch bzw. Mißbrauch von M. ist somit die Bindung bzw. die Durchbrechung der Bindung an drei Größen:

a. an einen bestimmten Geber (empfängt oder usurpiert der Mensch M.): Unterstellt sich der Mensch Gott in Bindung an sein Gebot (s.u. 2.) bzw. in personaler Glaubensbindung an ihn (s.u. 3), oder reißt er autonom M. an sich?

b. an seinen bestimmten Bereich (umgrenzt oder unbegrenzt): Beschränkt sich der Mensch auf den ihm zugewiesenen M.-Bereich, oder strebt er nach unumschränkter M.?

c. an einen bestimmten Auftrag (zweckgebunden oder Selbstzweck): Nutzt der Mensch seine M. als Mittel, um einen ihm gegebenen Auftrag zu erfüllen, oder überzieht er diesen Auftrag und pervertiert damit seine M. zum Selbstzweck? - Menschliche M. kennt die Bibel sowohl im Reich Gottes zur Linken (Welt) als auch im Reich Gottes zur Rechten (Gemeinde).

2. In der Welt hat Gott dem Menschen M. über die Schöpfung und auch über andere Menschen anvertraut.

a. Über die Schöpfung gab Gott dem Menschen M. (1Mo 1,28; vgl. Ps 8), verbunden mit dem Auftrag zu bebauen und zu bewahren (1Mo 2,15), sowie der Eingrenzung seines M.-Bereichs (1Mo 2,16.17).

b. Auch Menschen verleiht Gott M. über ihresgleichen. Gott überträgt den Regierenden (*Staat) M. (Röm 13,1) mit dem Auftrag, seine Ordnung zu schützen (»das Strafgericht an denen, die Böses tun« zu vollziehen; Röm 13,4b). Wer staatliche M. verneint, widersetzt sich also der Verfügung Gottes (Röm 13,2). Doch steht der Staat als »Diener Gottes« (Röm 13,4) unter der M. und dem Gebot Gottes. Daher hat auch der Gehorsam dem Staat gegenüber Grenzen: Apg 5,29. Und Mächtige, die in selbstherrlicher Weise keinerlei M. - weder menschliche noch göttliche – über sich anerkennen (Dan 4,27-29) und Gottes Gebote mißachten (1Kön 9,4-7; vgl. 1Thess 2,3-8), die ihren M.-Bereich überschreiten (z.B. in Form von Ausbeutung, Am 5,11-17 u.ö.) oder ihren Auftrag überziehen (Jes 8,7; 10,5-19), verfallen dem Gericht Gottes. Übertragene M. steht ständig in der Gefahr, zur Gewaltherrschaft pervertiert zu werden; M. kann zur Versuchung werden (Lk 4,6), oft gehen »Gewalt und Unrecht« zusammen (Mal 3,5), geht »Gewalt vor Recht« (Hab 1,3). Daher setzt das Gebot Gottes der direkten Verfügung von Menschen über Menschen enge Grenzen (vgl. 5Mo 15,12-18; Spr 14,31) und warnt immer wieder davor, die eigene M. zum Abgott zu machen (Ps 62,11; Hab 1,11).

3. In der Gemeinde ist eine andere Ordnung als in der Welt prägend.

a. Nicht Herrschaft, sondern *Dienst soll die Beziehungen in der Gemeinde bestimmen (Mt 20,25-28; 1Petr 5,3). Die gemeinsame Unterordnung unter den Meister (Mt 23, 8ff) hebt Rangunterschiede in der Gemeinde auf (Gal 3,28; vgl. Jak 2,1ff).

b. Christus beschenkt seine Jünger durch den Heiligen Geist mit M. und Kraft (Apg 1,8; »Geist der Kraft«, 2Tim 1,7): »Ich vermag alles durch den, der mich mächtig macht, Christus« (Phil 4,13). Wer in Christus ist, erhält Anteil an Christi Macht, so z.B. über dämonische Mächte (Lk 10, 19) und über die Sünde (Röm 6,11. 12) sowie *Vollmacht zur Verkündigung (1Kor 2,4). Die Ermächtigung erfolgt zur Erfüllung konkreter Aufträge (z.B.: »Zeuge sein«, Apg 1,8; »widerstehen«, Eph 6,10.11; »Gemeinde bauen«, 2Kor 13,10b). M. eignet dem Nachfolger Jesu nicht aus sich selbst heraus (Apg 3,12), sondern nur durch die personale Verbindung mit Christus (Joh 15,5; Phil 4,13); wer M. um der M. willen usurpieren will, (d.h. sie an sich reißen, »mit Gewalt« an sich bringen will) vergeht sich an Gott (vgl. *Zauberei; Apg 8,18-21; 19,13-16). Gott bedient sich gerade der Schwachen, in sich selbst Ohnmächtigen (2Kor 12,9), um in ihnen seine M. zu verherrlichen (hierzu ausführlich *Vollmacht; vgl. auch *Autorität).

Literatur: O. Betz: TBLNT II, [4]1986, 922-929; Foerster: ThWNT II, 1935, 557-572; W. Grundmann: ThWNT II, 1935, 286-318. W.Sch./M.J.

Vorgeschlagene Lage von Madmanna (Jos 15,31), Madmen (Jer 48,2), Madmena (Jes 10,31) und Madon (Jos 11,1; 12,19).

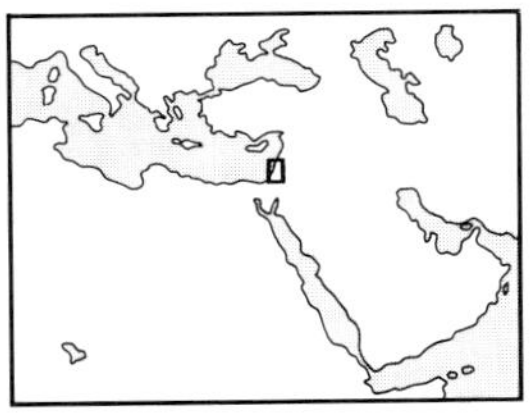

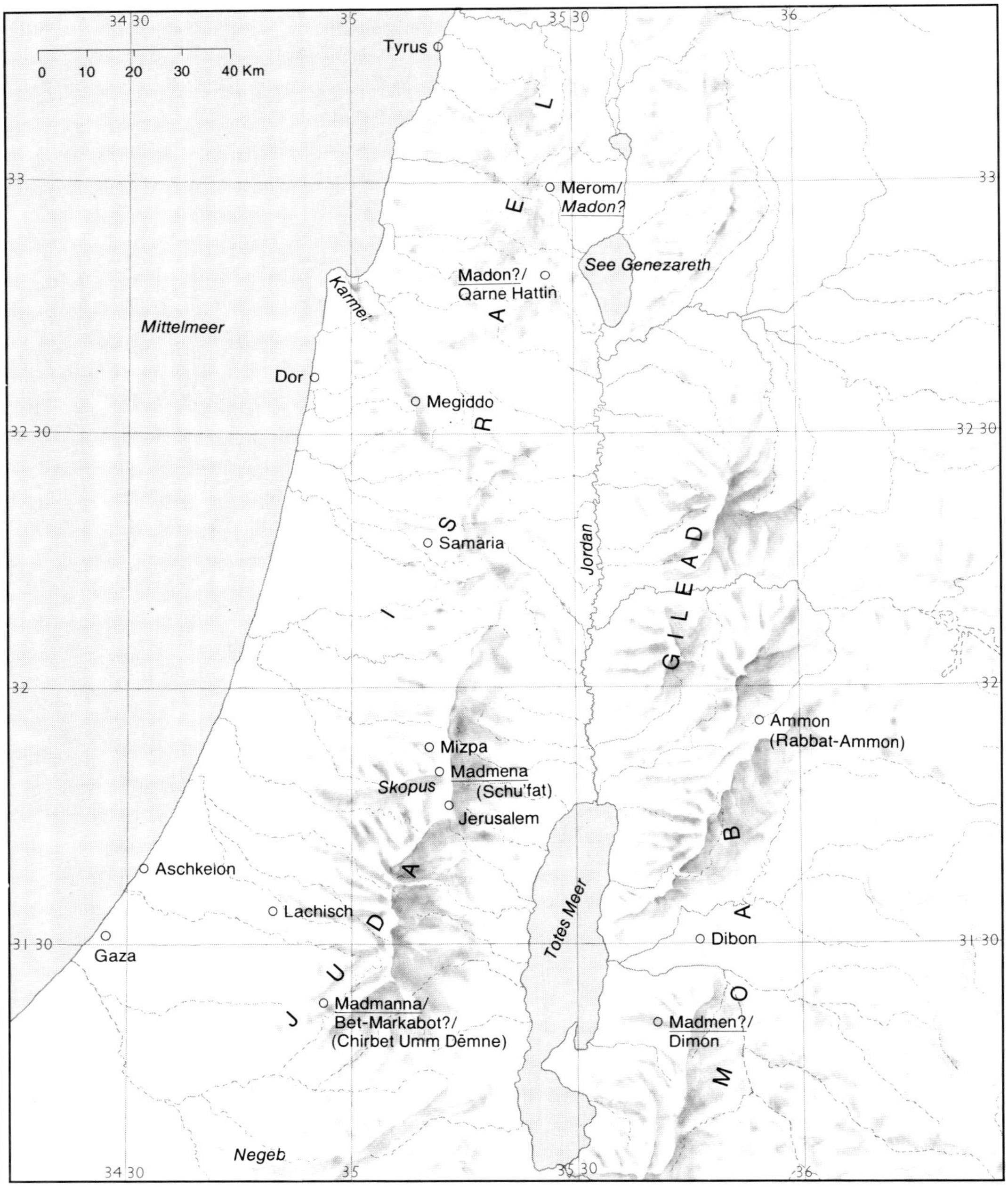

MADMANNA. Stadt in SW-Juda. Zunächst kalebitisch (1Chr 2,49), ging sie möglicherweise auf Simeon über und wurde als Bet-Markabot bekannt (vgl. Jos 15,31 mit 19,5; LDB, 259f.275). Chirbet Dimne, ca. 20 km nordöstl. von *Beerscheba wurde als mögliche Ortslage von M. vorgeschlagen. J.P.U.L.

MADMEN. Eine Stadt in *Moab, gegen die *Jeremia prophezeite (48,2).

Da dieser Ort sonst unbekannt ist, wurde vorgeschlagen, daß der hebr. Text *gm-dmm-tdmm* gelesen werden muß, »du (Moab) mußt auch vernichtet werden« (LXX, syr., Vulg.), oder daß er für Dimon steht, eine mögliche (aber unwahrscheinliche) Wiedergabe des Namens der moabitischen Hauptstadt Dibon. Das heutige Chirbet Dimne wäre die mögliche Ortslage. M. ist zu unterscheiden von *Madmanna, das im *Negeb lag (Jos 15,31; 1Chr 2,49), und von *Madmena, nördl. von Jerusalem (Jes 10,31). D.J.W.

MADMENA. Ort nördl. von *Jerusalem (Jes 10,31), vermutlich das heutige Chirbet Schoma auf einer weit sichtbaren Erhebung der Wasserscheide, unmittelbar südl. des höhergelegenen Tell el-Ful (*Gibea Sauls) und nördl. von Schu'fat (Gebim).

MADON. (Das hebr. Wort heißt sonst »Streit«). Eine kanaan. Stadt, deren König in der Schlacht »beim Wasser von Merom« (Jos 11,7) von *Josua besiegt wurde (Jos 11,1; 12,19). Ein *mdn* wird auch in der Liste des Pharao Thutmosis III. erwähnt (Nr. 20), doch ist die Identität mit M. umstritten. Viele lokalisieren M. bei Chirbet Madīn, 9 km westnordwestl. von *Tiberias (M. Noth, Josua, [3]1971, 67). Die Ortslage wäre dann allerdings auf Qarn Hattin, 500 m weiter nördl. zu suchen, das Siedlungsspuren aus Bronze- und Eisenzeit aufweist. In der Ebene unterhalb erlitten die Kreuzfahrer am 4. Juni 1187 ihre

Magdala. KLeine Synagoge aus neutestamentlicher Zeit, die vielleicht später in ein heidnisches Quell-Heiligtum (Hymphäum) umgewandelt wurde. (RR)

entscheidende Niederlage gegen Saladin. In diese Gegend verlegt auch eine historisch wertlose (*Kapernaum IV) Tradition seit dem Ende des 15. Jh. (C. Kopp, Stätten der Evangelien, ^{2}1964, 268f) die Bergpredigt (Mt 5-7) und die erste Brotvermehrung (Mt 14,31-21 par.), was gelegentlich unbegründet für zutreffend gehalten wird (B. Schein, Following the Way, 1980; 210f). Hattin wird jetzt aber von Y. Aharoni (LDB, 172) mit *Adama in *Naftali (Jos 19,36) gleichgesetzt, das auch mit dem Schemesch-Adam ägypt. Quellen gemeint sein kann. Nun schreibt die LXX in Jos 11,1; 12,19 wie in 11,7 Marrōn und deshalb könnte es sich im MT um eine leicht erklärbare Verschreibung des Namens der im Gegensatz zu M. auch sonst bekannten Stadt *Merom in Ober-*Galiläa handeln.

Literatur: F.M. Abel: Géographie de la Palestine II, ^{3}1967, 372f; LDB, 119f. R.R.

MAGD. Das Wort M. entspricht in jeder Verwendung dem Gebrauch von *Knecht. Im AT ist damit die fremde, leibeigene (3Mo 25,44) wie die hebr. Sklavin (Jer 34,9), im NT ebenfalls die Sklavin gemeint (Lk 12,45; Apg 16,16). Bei der Anrede eines Höhergestellten nennt sich die Frau aus Ehrerbietung seine M. (Rut 3,9; 1Sam 25,24; 2Sam 14,6), das gilt auch für die Frauen des Königs dem Herrscher gegenüber (1Kön 1,13). Außerdem kann sich eine Frau als Gottes M. bezeichnen, womit sie ausdrückt, daß sie ganz ihm angehört, zu seinen Diensten steht (1Sam 1,11; Lk 1,38.48; vgl. auch Ps 116,16: »ich bin dein Knecht, der Sohn deiner Magd«).

MAGDALA. (Von hebr. *migdal*, »Turm«). Rabbinische Quellen kennen einen Ort Migdal, für den an Parallelstellen und in Textvarianten auch die Namen *migdal nūnajā*, »Fischturm« (b Pes 46a), und *migdal zebā'ā*, »Färberturm«, gegeben werden. Wenngleich man zwei verschiedene Orte angenommen hat (S. Klein, Beiträge zur Geographie und Geschichte Galiläas, 1909, 79-81), so liegt es doch näher, beide Bezeichnungen auf dieselbe Gegend zu beziehen, vielleicht auf zwei unterschiedliche Teile derselben Stadt (Manns, Studia, 320-329). Der Ort lag nördl. von *Tiberias (GenR 79,69) und in eben dieser Gegend lokalisiert Josephus die Stadt Tarichea (vita 403f, vgl. bell.Jud. III, 443ff). Der griech. Name *taricheai* »Fischpökeleien«, den der jüd. Historiker ausschließlich gebraucht (C. Möller, G. Schmitt, Siedlungen Palästinas, 1976, 182f), läßt sich gut mit dem aram. *migdal nūnajā* verbinden. Byzantin. Pilgerberichte und solche aus der Kreuzfahrerzeit (ELS 261-264) führen auf das ehemalige arab. Dorf El-Medschdel, das den alten Namen erhalten hat. Diese in der Neuzeit von C.W. Wilson (PEFQS 1877, 10-13) wieder begründete Ansicht hat sich vor allem durch den Einfluß von W.F. Albright heute allg. durchgesetzt. Früher wurde nach einer Bemerkung des Plinius (nat. V, 71) auch eine Lokalisierung bei Chirbet Kerak (Bet Jerach/Philoteria) südl. von Tiberias vertreten (E. Robinson, Biblical Researches II, 1841, 387). Aber es handelt sich nicht um den einzigen geographischen Irrtum des röm. Schriftstellers. Eine Identifizierung mit dem atl. *Migdal-El von Jos 19,38 (E.W. Saunders, BHH II, 1964, 1121) scheidet aus.

M. lag rund 5 km nordnordwestl. von Tiberias am S-Ende der fruchtbaren Ebene von *Genezareth. Hier tritt der Berg Arbel dicht an den See heran und so läßt sich die Straße an seinem Ufer leicht sperren. Von der großen Seestraße zweigte eine wichtige Verbindung durch das Wadi El-Hamām (Taubental) nach W-*Galiläa und zum Mittelmeer ab. Deshalb wurde hier in der Nähe während der Makkabäer-Kriege heftig gekämpft (1Makk 9,2), und Josephus befestigte M. später während des Kriegs gegen die Römer (vita, 188). Sie hatten 52 v.Chr. unter dem Feldherren Cassius die Stadt eingenommen (Jos.ant.Jud. XIV, 120), wobei sie einen großen Teil ihrer Einwohner zu Sklaven machten. Ein Brief des Cassius an Cicero vom 7. März 43 v.Chr. ist die erste literarische Erwähnung von Tarichea. Vor der Gründung von Tiberias durch *Herodes Antipas (18 n.Chr.) war M. der jüd. Vorort am westl. Seeufer (Alt II, 449). Die Angabe von 40 000 Einwohnern bei Josephus (bell.Jud. II, 608) ist allerdings verderbt oder übertrieben.

Immerhin kennt auch Sueton Tarichea als bedeutenden jüd. Ort (Titus, 4,4). Die Pökelfische und die fruchtbare Umgebung wurden von Strabo lobend hervorgehoben (XVI 2,4). Der ausgedehnte Handel brachte einen stärkeren hellen. Einfluß mit sich, wie ihn auch die Anlage einer Pferderennbahn nahelegt (Jos.bell.Jud. II, 599). Rabbin. Nachrichten bringen M.s Untergang mit seiner Unmoral in Verbindung (Bill. I, 1047). Andererseits sollen in der Stadt auch Vorhänge für den Tempel gewoben worden sein (b Ket 106a). 44 n.Chr. fiel die Stadt mit dem übrigen Galiläa an die röm. Provinz *Judäa, wurde dann aber von Kaiser Nero (54-68 n.Chr.) an *Agrippa II. geschenkt (Jos. ant.Jud. XX, 159). Während des Jüd. Aufstands war M. ein Zentrum der *Zeloten in Galiläa (Jos.vita, 142). Die Befestigung erwies sich allerdings als nutzlos, weil der röm. Kronprinz Titus 66 n.Chr. vom See her angriff (bell.Jud. III, 462ff). Die Rebellen versuchten zwar auf Booten zu flüchten, wurden aber durch röm. Flöße versenkt. Unter den Bewohnern richteten die Soldaten ein furchtbares Blutbad an, die Stadt selber wurde jedoch nicht zerstört. Nach dem Bar-Kochba-Aufstand (132-135 n.Chr.) ließ sich in M. die Priesterordnung Jechezkel nieder (Dalman, 136).

1971–1977 wurde von den Franziskaner-Archäologen V. Corbo und S. Loffreda ein größeres Areal von M. ausgegraben. Man fand dabei nicht nur ein byzantin. Kloster, sondern auch Reste des ntl. Orts. Seine Architektur gibt ihm im Gegensatz zu einem Großdorf wie *Kapernaum einen ausgesprochen hellen.-städtischen Charakter. Trotz der Nähe zum See existieren z.B. eine verhältnismäßig hochentwickelte Wasserversorgungsanlage und Bäder in Privathäusern. In N-S-Richtung verlief eine schön gepflasterte Hauptstraße, an der später ein Aquädukt errichtet wurde. Aus ntl. Zeit stammen wohlhabende Wohnhäuser und Läden. Ein kleines Gebäude mit umlaufenden Sitzbänken und herzförmigen Ecksäulen dürfte eine *Synagoge aus der Zeit vor 70 n.Chr. sein. Schwer zu datieren ist in seinen einzelnen Phasen ein ehemals von vier überdachten Säulenhallen umgebener großer quadratischer Platz. Aus dem 1. Jh.n.Chr. stammt ein schönes Bootsmosaik (*Schiffe II). Nach Josephus besaß M. eine Fangflotte von 230 Booten (bell.Jud. I, 635). Ausgedehnte Hafenanlagen konnten über und unter Wasser nachgewiesen werden (C.T. Fritsch, I. Ben-Dor, BA 24, 1961, 56–58; M. Nun, The Sea of Kinneret, 1977, 85–87).

An zwei Stellen der Evv. lesen wenige späte Handschriften den Namen

MAGADAN
s. Dalmanuta

MAGIE
s. Zauberei

MAGOG
s. Gog u. Magog

M. als Landungsort Jesu nach der zweiten Brotvermehrung (Mt 15,32-39/Mk 8,1-10). Doch der ursprüngliche Text ist in Mt 15,39 Magadan und in Mk 8,10 *Dalmanuta. Man hat in beiden Bezeichnungen Varianten bzw. Verderbnisse des Namens M. gesehen (Manns, Studia 329-331). Doch könnte mit den zwei Ortshinweisen auch der Siebenquell bei Tabgha gemeint sein (Kapernaum IV.). Es dürfte aber kein Zweifel daran bestehen, daß Jesus auch durch M. kam. Eine seiner treuesten Nachfolgerinnen, *Maria genannt Magdalena (Mt 27,55f; 28,1 und par.; Lk 8,1-3), stammte von hier. In byzantin. Zeit wurde ihr zu Ehren eine Kirche errichtet (ELS 261f), die noch nicht wiederentdeckt worden ist.

Literatur: F.M. Abel: Géographie de la Palestine I, [3]1967, 373.476f; W.F. Albright: AASOR 2/3 (1921/2), 29-46; A. Alt: Kleine Schriften II, [4]1978, 447-452; V.C. Corbo: SBFLA 24 (1974), 5-37; 28 (1978), 232-240; ders.: Studia Hierosolymitana I, 1976, 358-378; G. Dalman: Orte und Wege Jesu, [4]1967, 134-136; C. Kopp: Die heiligen Stätten der Evangelien, [2]1964, 246-251; G. Kroll: Auf den Spuren Jesu, [10]1987, 206-211; S. Loffreda: Studia Hierosolymitana I, 1976, 338–354; ders.: BeO 18 (1976), 133–136; F. Manns: Studia Hierosolymitana I, 1976, 307–337; ders.: MB 38 (1985), 43f; W.H. Mare: NIDBA 1983, 297. R.R.

MAHANAJIM. (»Zwei Lager«). Ein Ort in *Gilead, wo *Jakob die Engel Gottes sah, bevor er *Pnuël erreichte und *Esau traf (1Mo 32,3). Zu einer Stadt der Merariter (Leviten) im Gebiet von Gad ernannt (Jos 21,38f; 1Chr 6,65), lag M. an der Grenze Gads zu Manasse hin (Jos 13,26.30). M. diente für kurze Zeit Isch-Boschel, Sauls Sohn, als Hauptstadt (2Sam 2, 8.12.29), war später Davids Zufluchtsort vor Absalom (2Sam 17, 24.27; 19,33; 1Kön 2,8) und wurde dann Amtssitz von Salomos Gebietsbeamten Ahinadab (1Kön 4,14). Die Lokalisierung von M. ist ungewiß (vgl. J.R. Bartlett in POTT, S. 252, Anm. 47). M. wird in der Mitte von N-Gilead als Chirbet Mahneh, 20 km nördl. des Jabbok lokalisiert. Aber da die Grenze Gads mit dem Flußufer des Jabbok zusammenfällt, verlegt man M. wahrscheinlich besser irgendwo an (oder mit Blick auf) das N-Ufer des Jabbok. M. lag in einiger Entfernung zum Jordan, je nachdem wie »Bitron« (2Sam 2,29) gedeutet wird. Wenn (wie allg. angenommen) Bitron »Spalte, Schlucht« bedeutet, ging *Abner vom Jordan aus das Jabboktal nach O entlang und durch dessen Engstelle, bevor er M. erreichte. Wenn man die Lesart von LÜ und RevEB zugrunde legt, brauchte Abner die ganze Nacht für seine Flucht nach O. Daher könnte sich M. vielleicht auch im Gebiet von Jerasch oder 10-15 km südsüdwestl. von Jerasch mit Blick auf das N-Ufer des Jabbok befunden haben (s. K.-D. Schunck, ZDMG 113, 1963, S. 34-40; *Gad, *Gilead). K.A.K.

MAHL/MAHLZEITEN.

I. AUSSERBIBLISCHE QUELLEN.

Die wahrscheinlich weltweit älteste Darstellung eines Banketts ist auf einem zylinderförmigen Lapislazuli-Siegel erhalten, das aus dem Schutthügel von Ur in Mesopotamien geborgen wurde. Das Kunstwerk stammt aus der Zeit der Königin Schub-ad (ca. 2600 v.Chr.) und befindet sich jetzt im Museum der Universität von Philadelphia (USA). Es zeigt ein Mahl, bei dem königliche Gäste auf niedrigen Schemeln sitzen und von Dienern in Wollkleidern Weinbecher gereicht bekommen. Ein Harfenist sorgt für musikalische Unterhaltung, während andere Diener den Gästen mit Fächern Kühlung verschaffen.

Ähnliche Szenen wurden auch von babylon. Künstlern in späterer Zeit festgehalten. Eine dieser Darstellungen, ein großes Flachrelief aus Assyrien, zeigt König Assurbanipal mit seiner Frau im Garten des königlichen Palastes in Ninive. Der König lehnt sich auf einem mit Kissen gepolsterten Diwan zurück und führt eine Schale Wein an seine Lippen. Seine Frau trinkt ebenfalls aus einer Schale, aber sie sitzt auf einem kleinen Stuhl, der eine Fußstütze hat. Wie bei dem Kunstwerk aus Ur stehen Diener mit Fächern bereit, um den Speisenden Luft zuzufächeln und Insekten zu vertreiben. Das Relief zeigt neben Weinreben und Palmen einige Musikinstrumente auf dem Boden, die auf die Hofmusikanten warten.

Das früheste detaillierte Menü, das wir kennen, bezieht sich auf ein Fest, das Assurbanipal II. zur Einweihung seines neuen Palastes in Nimrud gab. Zu dem Fest, das 10 Tage dauerte, waren 69 574 Gäste geladen. Die Einzelheiten sind auf einem Denkmal festgehalten, das 879 v.Chr. aufgestellt wurde (s. IBA, Abb. 43).

II. BIBLISCHE ZEUGNISSE.

1. Mahlzeiten im Palast.

Die eingangs beschriebene Eleganz war charakteristisch für das alte Mesopotamien, wurde aber von der Feinheit und dem feierlichen Rahmen, die die königlichen Mahlzeiten im alten Ägypten prägten, weit übertroffen. Wandmalereien in Gräbern und anderen Gebäuden haben bemerkenswerte Zeugnisse für die Pracht solcher Feiern geliefert, wie das Geburtstagsbankett des Pharao im Palast zu *Josefs Zeit eine war (1Mo 40,20). Bei solchen Gelegenheiten saßen die Gäste, mit Perücken bekleidet und parfümiert, auf Sofas vor niedrigen Tischen. Aufgetragen wurden eine große Auswahl an gebratenem Geflügel, Gemüse, Rinderbraten, vielerlei Pasteten und Konfekt. Beliebte Getränke waren Bier, aus Gerste gebraut, und Wein. Abbildungen auf Grabwänden zeigen Diener, die große Weinbehälter hereintragen und den Gästen gebogene Glasröhren als »Trinkhalme« reichen.

Essensbräuche im Persien des 5. Jh.v.Chr. sind im Buch Ester überliefert, das nicht weniger als fünf Festbankette in Susa beschreibt. Eines dieser Feste, das vom König zu Ehren von Fürsten und Heerführern aus Persien und Medien gegeben wurde, dauerte 180 Tage (Est 1,3ff). Diesem folgte ein 7tägiges Bankett im königlichen Garten, zu dem alle Palastbediensteten eingeladen wurden. Vor der Sonne schützten die Gäste Baldachine in den persischen Königsfarben blau, grün und weiß; die Diwane waren mit Gold und Silber eingelegt. Weiter berichtet das Buch Ester von einem Fest, das für die Frauen des Palastes gegeben wurde (Est 1,9), dem Hochzeitsfest der Königin Ester (2,16-18), einem Wein-Bankett, das Ester für Ahasveros und Haman gab (5,4; 7,1-8), und vom jüd. Purimfest (9,1-32).

Im Gegensatz dazu waren die M. im hebr. Palast bis zu den Tagen Salomos einfach. Gäste und Gefolgsleute waren schon zur Zeit Sauls zahlreich, und wenn man die Einladung des Königs, mit ihm zu speisen, ablehnte, konnte man sich seinen Unwillen zuziehen (1Sam 20,5-7). Die Großzügigkeit Davids zeigte sich darin, daß er Mefi-Boschet, den verkrüppelten Sohn Jonatans und Erben Sauls, an seine Tafel lud (2Sam 9,7). Salomo ahmte in der Ausführung und Pracht seiner Feste die Monarchen der Nachbarstaaten nach. Im Sommer soll Salomo M. in einem Garten gehalten haben, wie er im Hohenlied beschrieben wird. Am königlichen Hof in *Samaria versorgte die Königin *Isebel ein Gefolge von 400 Propheten der Aschera und 450 Propheten Baals (1Kön 18,19). Die Armut Judas nach der babylon. Gefangenschaft bildete einen scharfen Gegensatz zu der Verpflegung, die der Statthalter *Nehemia zur Verfügung stellte. Er bewirtete neben 150 Juden noch weitere Gäste; für den täglichen Bedarf standen ihm sechs Schafe, ein Ochse, Geflügel, Obst und Wein zu (Neh 5,17-19).

2. Mahlzeiten der einfachen Bevölkerung.

Für die arbeitende Volksschicht in bibl. Zeit sah die Situation ganz anders aus. Der Tag begann früh; die Arbeiter trugen kleine Brote, Ziegenkäse, Feigen, auch Oliven in ihren Gürteln und aßen auf dem Weg zur Arbeit. Die Ägypter hatten ihre Hauptmahlzeit offenbar mittags (1Mo 43,16), aber hebr. Arbeiter waren gewöhnlich mit einem leichten Essen und einer Ruhepause zufrieden (Rut 2,14). Diese Mahlzeit auszulassen und nur am Abend zu essen bedeutete zu fasten (Ri 20,26; 1Sam 14,24). Das Abendessen als wichtigste Tagesmahlzeit fand nach getaner Arbeit statt (Rut 3,7). Wenn das Essen vorbereitet war, speiste die ganze Familie zusammen, gegebenenfalls mit Gästen. Bei festlichen Gelegenheiten war es üblich, für Unterhaltung zu sorgen; dazu gehörten Rätsel (Ri 14,12), Musik (Jes 5,11f) und Tanz (Mt 14,6; Lk 15,25). Z.Zt. der Erzväter saß man beim Essen in einer Gruppe auf dem

Boden (1Mo 18,8; 37,25); später wurde es üblich, nach ägypt. Art an einem Tisch zu sitzen (1Kön 13,20; Ps 23,5; Hes 23,41), wahrscheinlich in halbliegender Stellung (Est 7,8).
3. Sitzgelegenheiten.

In ntl. Zeit wurden M. oft im *Obergemach eingenommen (vgl. Mk 7,28). Gäste durften auf Sofas Platz nehmen, die an drei Seiten eines niedrigen Tisches aufgestellt waren. Auf jedem Sofa befanden sich Kissen, auf denen nach griech.-röm. Sitte der linke Ellbogen ruhte, während der rechte Arm frei blieb. Die Gäste ließen sich so auf den Sofas nieder, daß jeder seinen Kopf an der Brust des hinter ihm Liegenden anlehnen konn-

Ein ägyptisches Bankett. Die Gäste, die durch Salbkegel auf ihren Köpfen erfrischt werden, werden von einem blinden Harfenisten unterhalten. Gemälde im Grab des Schreibers Nakht in Theben. 18. Dynastie, ca. 1415 v. Chr. (RS)

Elamitische Gefangene, die beim Essen und Trinken von einem assyrischen Soldaten bewacht werden. Ninive, Palast des Assurbanipal, ca. 640 v.Chr. (BM)

te. Er lag so »an der Brust« seines Nächsten (Joh 13,23; vgl. Lk 16,22), dessen unmittelbare Nähe es erlaubte, vertrauliche Unterhaltungen zu führen. Der Ehrenplatz oder das »höchste Sofa« befand sich gleich rechts neben dem Eingang, durch den die Diener eintraten, um das Essen zu servieren. Umgekehrt war der »niedrigste Raum« links von den Dienern, direkt gegenüber dem »höchsten Sofa«. Die drei Gäste auf jedem Sofa wurden als höchster, mittlerer und niedrigster bezeichnet, da der Gast, der an der Brust eines anderen ruhte, immer unter ihm zu sein schien. Der begehrteste Platz (Mt 23,6) war daher der »höchste« auf dem »höchsten Sofa«.

4. Das Essen.

Die Hauptmahlzeit des Tages fand meistens in entspannter, fröhlicher Stimmung statt. Gäste wuschen immer ihre Hände, bevor sie am Mahl teilnahmen, da alle aus einer Schüssel aßen. Das war eine große Keramikschale, die mit Gemüse und Fleisch gefüllt auf dem Tisch in der Mitte stand. Im AT wird nur berichtet, daß vor dem Essen ein Segen gesprochen wurde (1Sam 9,13), aber das NT erwähnt des öfteren, daß Jesus ein Dankgebet sprach, bevor das Mahl begann (Mt 15,36; Lk 9,16; Joh 6,11).

Während normalerweise jeder Gast seine Hand in die gemeinsame Schüssel tauchte (Mt 26,23), kam es doch auch vor, daß jedem Gast getrennte Portionen vorgelegt wurden (1Mo 43,34; Rut 2,14; 1Sam 1,4f). Zwischen dem Daumen und zwei Fingern der rechten Hand hielt man kleine Brotstücke, die man in die Schüssel tauchte (Joh 13,26). Zum Abschluß des Mahles sprach man gewöhnlich noch einmal ein Dankgebet, wie es nach 5Mo 8,10 geboten war; danach wuschen die Gäste ihre Hände ein zweites Mal.

Berichte wie von Rut (Rut 2,14), Elkana und seinen beiden Frauen (1Sam 1,4f) sowie den Töchtern und Söhnen Hiobs (Hiob 1,4) lassen darauf schließen, daß die Frauen zusammen mit den Männern aßen.

In atl. Zeit teilte das Familienoberhaupt das Essen aus (1Sam 1,4), nachdem es zubereitet war (1Sam 9, 23f). Die Größe der Portionen konnte davon abhängen, welcher der Anwesenden ihm besonders lieb und wichtig war (1Mo 43,34; 1Sam 1,5).

5. Besondere Mahlzeiten.

Besondere Feste wie Geburtstage, Hochzeiten oder die Anwesenheit eines Ehrengastes wurden aufwendiger gestaltet. Die Besucher wurden vom Gastgeber mit einem Kuß empfangen (Lk 7,45) und erhielten ein erfrischendes Fußbad (Lk 7,44). Zu bestimmten Anlässen wurde besondere Kleidung bereitgelegt (Mt 22,11), die Gäste wurden mit Blütenkränzen geschmückt (Jes 28,1). Wenn es einen wichtigen Anlaß zu feiern gab, wurden Kopf, Bart, Gesicht und manchmal auch die Kleidung parfümiert oder gesalbt (Ps 23,5; Am 6,6; Lk 7, 38; Joh 12,3). Das Bankett selbst fand unter der Leitung einer besonderen Person statt, die in ntl. Zeit als »Speisemeister« bekannt war (Joh 2, 8); er kostete die verschiedenen Gerichte und Getränke, bevor sie auf den Tisch kamen.

Die Gäste nahmen ihrem Rang entsprechend Platz (1Mo 43,33; 1Sam 9,22; Mk 12,39; Lk 14,8; Joh 13,23), und bekamen häufig einzelne Portionen gereicht (1Sam 1,4f; 2Sam 6,19; 1Chr 16,3). Ehrengäste wurden meistens mit größeren (1Mo 43,34) oder delikateren (1Sam 9,24) Portionen als die übrigen Gäste bewirtet.

Z. Zt. des Paulus war ein Bankett eine ausgedehnte Mahlzeit, der gewöhnlich ein Symposium, eine intellektuelle Diskussion, folgte. Dabei dauerten die Unterhaltungen oft bis spät in die Nacht und behandelten Themen aus Politik und Philosophie.

6. Mahlzeiten, bei denen Jesus anwesend war.

Das NT verzeichnet mehrere Anlässe, bei denen Jesus Gast eines Mahles war. Das Hochzeitsfest in Kana (Joh 2,1-11) war ein Fest, für das formelle Einladungen ausgegeben worden waren; so war es auch im Gleichnis von der königlichen Hochzeit (Mt 22,2-14). Das Bankett, zu dem Matthäus eingeladen hatte (Mt 9,10), folgte dem Muster der griech.-röm. M. im 1. Jh.n.Chr. Jesus lag zu Tisch mit seinen Jüngern, den Zöllnern und anderen geladenen Gästen. Wahrscheinlich war das Eßzimmer zur Straße hin offen und nur mit Vorhängen in der Nähe des Eingangs vor neugierigen Blicken der Passanten geschützt. Die Sitte jener Zeit erlaubte es den Leuten jedoch, durch die Vorhänge zu sehen und über die Anwesenden zu sprechen. Diese Gegebenheit könnte den Pharisäern Anlaß zur ihrer Kritik an Jesus gegeben haben, daß er mit Zöllnern und Sündern aß (Mt 9,11).

Bei einer ähnlichen Gelegenheit (Lk 7,36-50) wurde Jesus von einer vorübergehenden Frau erkannt, die mit einem Alabasterkrug zurückkehrte und Salbe auf Jesu Füße goß. Ihre Handlung hat man so gedeutet, daß sie die traditionelle Salbe der Gastfreundschaft brachte, die der Gastgeber zurückgehalten hatte. Er scheint auch kein Wassergefäß aufgestellt zu haben, in dem der Gast seine Füße waschen konnte – eine Unterlassung, die in jenen Tagen einen schweren

Bankettszene auf einem frühen Zylinder-Siegel aus Ur, mit Abdruck. Die untere Reihe zeigt u.a. einen mit Früchten gedeckten Tisch und einen Musiker, der Gäste unterhält. Ca. 2600 v.Chr. (UMUP)

Verstoß gegen die Gastlichkeit bedeutete. Das Essen, das Jesus in *Jericho von Zachäus gegeben wurde (Lk 19,6), war wahrscheinlich sehr großzügig. Bescheidener waren die M. in *Betanien (Lk 10,40; Joh 12,2) und in Emmaus (Lk 24,30-33) am ersten Ostertag. Lk 11,37-42 berichtet, daß Jesus das traditionelle Waschen der Hände vor dem Essen unterließ, um eine geistliche Lehre zu erteilen (Lk 11,37-42).

7. Mahlzeiten auf Reisen.

Auf Reisen in Gegenden, in denen man nicht mit Gastfreundschaft rechnen konnte, nahm man im allg. einen Vorrat an Wasser (1Mo 21,14) und Nahrungsmitteln mit wie Feigen- oder Rosinenkuchen, Brot und geröstetes Korn. Die Lage derer, die »vergessen hatten, Brot mitzunehmen« (Mk 8,1-9.14) konnte unter Umständen bedrohlich werden.

III. RELIGIÖSE BEDEUTUNG VON MAHLZEITEN.

1. In den semitischen Kulten.

Der Gemeinschaftsaspekt eines Mahles wurde bei allen semit. Völkern in die rel. Sphäre übertragen. Archäologische Entdeckungen in *Ugarit (Ras Schhamra) haben die weite Verbreitung solcher M. in der kanaan. Religion gezeigt. Baal-Tempel wurden häufig mit lang andauernden Festen eingeweiht. In *Sichem zeigen die Überreste eines Hyksos-Tempels, daß es Räume für Bankette gab, die sich den Opferritualen anschlossen. Die Hebräer suchten sowohl Gemeinschaft mit Gott als auch Vergebung durch bestimmte Mahle (*Passa, *Opfer, *Feste), bei denen jeweils Blut und Fett eines Opfertieres Gott gehörten, während die Priester und das Volk festgelegte Anteile empfingen (3Mo 2,10; 7,6). Solche Opferfeste waren in der Königszeit allg. üblich (1Sam 9,11-14.24; 1Chr 29,21f; 2Chr 7,8-10), allerdings ohne die für kanaan. rel. Feiern charakteristischen Ausschweifungen.

2. Im Christentum.

Das heilige Mahl der Christen ist das *Abendmahl, das von Christus vor seiner Kreuzigung eingesetzt wurde (Mk 14,22-25; Mt 26,26-29; Lk 22,14-20). In der frühen Kirche ging das Agape-Mahl (Liebesmahl), ein Gemeinschaftsmahl als Kennzeichen brüderlicher Liebe unter Gläubigen, häufig der Feier des Abendmahls voraus (vgl. *Götzenopferfleisch).

Literatur: EB(C)3, 2989-3002; E.W. Heaton: Everyday Life in Old Testament Times 1956, S. 81ff; A.C. Bouquet: Everyday Life in New Testament Times, 1954, S. 69ff. R.K.H.

MAJESTÄT. Der Begriff »Majestät« (hebr. *gōdäl, hōd, ga'ōn, kābōd*; griech. *megaleiontēs, megalōsynē*) erscheint in der LÜ des AT und NT etwa zehnmal. Es handelt sich um einen altertümlichen Begriff, der darum in neueren Übersetzungen fast immer durch andere Worte wie »Größe«, »Hoheit« oder »Herrlichkeit« ersetzt und angemessener wiedergegeben wird. Seinen speziellen Inhalt bekommt der Begriff durch die traditionelle höfische Sprache. »Majestät« besitzt der ägypt. Pharao und wird dementsprechend unterwürfig von *Mose und *Aaron angeredet (2Mo 8,5). Der Wortlaut der EÜ ist an dieser Stelle besser: »Verfüg über mich«, denn der Begriff »Majestät«, der im Deutschen die Verfügungsgewalt noch einmal verstärkt, hat im hebr. Text keinen direkten Anlaß. In ähnlicher Ausdrucksweise wird Est 1,4 vom babylon. König gesprochen. Die Befürchtung des einflußreichen Silberschmiedes in *Ephesus, daß die Stadtgöttin Artemis ihre göttliche Anerkennung einbüßt, wird ebenfalls dadurch unterstrichen, daß ihre Berühmtheit durch das Attribut M. hervorgehoben wird (Apg 19,27). In bezug auf die Aussagen über Gott wirken diese höfischen Vorstellungen nach und werden auch auf den »König der Könige« übertragen. So redet der König *David, wie es sicher zum guten Stil an seinem Königshof dazugehörte, Gott im Gebet mit einer ganzen Ansammlung von überschwenglichen Ehrenbezeichnungen an: »Dein, Herr, sind Majestät und Kraft und Glanz und Hoheit. . .« (1Chr 29,11; EÜ: Größe; vgl. auch den Lobpreis Gottes am Schluß des Judasbriefes, Jud 25).

Ein ähnlicher Stil findet sich auch in der Sprache des Propheten *Jesaja (Jes 2,10, hebr. *ga'ōn*; vgl. Jes 3,8, hebr. *kābōd*) und besonders bei Hiob, wo er in der Gottesrede provozierend aufgefordert wird (Hiob 40,10): »Schmücke dich mit Pracht und Hoheit; zieh Majestät und Herrlichkeit an!«

Die Kennzeichen des irdischen Königs (vgl. z.B. Ps 21,6; 45,4) werden damit ohne weiteres auf Gottes Königsherrschaft übertragen (vgl. Ps 96, 6; zu Chr 29,11 s.o.). Nicht immer handelt es sich allerdings um eine solch überlegene, abstrakt anmutende Herrscherfülle; 5Mo 5,24 blickt vielmehr sehr konkret auf die Heilstat Gottes im Ereignis der Rettung Israels aus der Sklaverei in Ägypten zurück:

»Siehe, der Herr. . .hat uns seine Herrlichkeit und Macht gezeigt. . .« (nach der besseren EÜ; vgl. auch 5Mo 3,24; 9,26; 11,2 und auch 32,3).

Eine besondere Note enthalten die beiden Stellen im Hebräerbrief, in denen »Majestät« als Umschreibung des Gottesnamens erscheint: Hebr 1,3; 8,1 (vgl. 12,2). Im Anschluß an die griech. Übersetzung des AT wird im NT durchweg der Gottesname mit »Herr« anstelle von »Jahwe« wiedergegeben. Darüber hinaus sind wie im *Judentum weitere ehrfurchtsvolle Umschreibungen des Gottesnamens gebräuchlich (ähnlich wie hier im Hebräerbrief spricht Jesus von Gott als Kraft (griech. *dynamis*; Mk 14,62), oder Lukas beschreibt das Staunen der Menschenmenge (Lk 9,43; vgl. auch 2Petr 1,17). Diese sehr sensible Art im Sprechen von Gott bildet ein verbindendes Glied zwischen Christentum und Judentum.

Literatur: C. Spicq: Notes de Lexicographie Neo-testamentaire Bd. 2 (OBO 22,2) 1978, S. 546. G.Sch.

MAKHELOT. »Zusammenkünfte«. Lagerplatz der Israeliten in der Wüste (4Mo 33,25), vielleicht Kuntillat Quraja oder Ajrud, ca. 50 km südl. von *Kadesch-Barnea. Hier finden sich Brunnen und eine Zisterne (vgl. *Wüstenwanderung).

MAKKABÄER. (Wahrscheinlich abzuleiten von hebr. *maqqābāh*, »Hammer«). M. war ursprünglich der Beiname des jüd. Freiheitskämpfers *Judas, der im 2. Jh.v.Chr. eine Aufstandsbewegung gegen die von Syrien ausgehende hellen. Überfremdung anführte. Später ging der Name M. auf die ganze Familie des Judas und die ganze Bewegung über. Noch heute hat der Begriff M. im *Judentum einen starken symbolischen Wert im Sinne von Selbstbehauptung.

I. DIE GRÜNDE FÜR DEN MAKKABÄER-AUFSTAND.

Palästina geriet nach dem Tode *Alexanders des Großen (323 v.Chr.) zunächst unter die Herrschaft des ägypt. Ptolemäerreiches. Während dieser Zeit infiltrierte die hellen. Kultur, die sich seit dem Alexanderzug im ganzen Vorderen Orient verbreitete, zwar das Judentum, vermochte dessen Identität jedoch nicht ernsthaft in Frage zu stellen. Die Situation änderte sich aber, als Palästina an das Diadochenreich der Seleukiden in Syrien fiel (200 v.Chr.; nach älterer Datierung: 198). Kurze Zeit nach diesem Herrschaftswechsel begann unter dem syr. König Antiochus IV. Epiphanes (175-164 v.Chr.) eine programmatische Hellenisierung des Judentums, die in weiten Kreisen der Bevölkerung (vor allem in der Oberschicht) wegen der Überlegenheit der hellen. Kultur durchaus auf Zustimmung stieß. In Jerusalem wurde ein Gymnasium erbaut, in dem junge Männer unbekleidet Sport trieben. Im Tempel wurde an der Stelle des Brandopferaltars ein heidnischer Altar errichtet. Die jüd. Religion drohte in die allg. Religionsmischung hineingezogen zu werden und ihre Konturen zu verlieren und wurde schließlich ganz verboten; unter Androhung der Todesstrafe war es nun untersagt, den Sabbat zu halten und Kinder beschneiden zu lassen. Konservative jüd. Kreise ließen sich dadurch freilich nicht einschüchtern und nahmen lieber Martyrium und Tod in Kauf, als ihren Glauben preiszugeben; ein beredtes Zeugnis dieser Unbeugsamkeit bietet 2Makk 7 (Martyrium der sieben Brüder und ihrer Mutter).

II. DER BEGINN DES MAKKABÄER-AUFSTANDS.

Über den Beginn des M.-Aufstands (167 v.Chr.) informiert uns 1Makk 2,15-28: Bei ihren Bemühungen, die Bevölkerung zum Abfall vom jüd. Glauben zu bewegen, kamen die Ab-

MAHLEN
s. Mühle

gesandten des syr. Königs auch nach Modein, einem Dorf nordwestl. von Jerusalem. Der alte Priester Mattatias widersetzte sich dem Ansinnen der Kultgesandten und erschlug einen Juden, der bereit war, auf einem heidnischen Altar zu opfern. Er tötete auch einen königlichen Beamten und floh daraufhin mit seinen fünf Söhnen und einer Schar Gleichgesinnter in die Wüste *Juda, um von hier aus die *Hellenisten zu bekämpfen.

Bereits der Beginn des M.-Aufstands mit der Tötung eines Juden macht deutlich, daß es hier nicht nur um Widerstand gegen eine Fremdherrschaft (die der *Seleukiden) ging, sondern zugleich um ein Kräftemessen zwischen orthodoxen und liberalen, reformwilligen Kreisen im Judentum selbst. Insofern war der M.-Aufstand in gewisser Weise auch ein Bürgerkrieg, obwohl er in die Geschichte primär als Krieg gegen die Seleukiden eingegangen ist. Dabei muß man berücksichtigen, daß auch die liberalen, reformwilligen Kreise ein – aus ihrer Sicht – berechtigtes Anliegen vertraten: Sie wollten sich so weit wie möglich an den Hellenismus annähern und dürften wohl ihrerseits behauptet haben, damit einen Beitrag zur Erneuerung des Glaubens der Väter zu leisten.

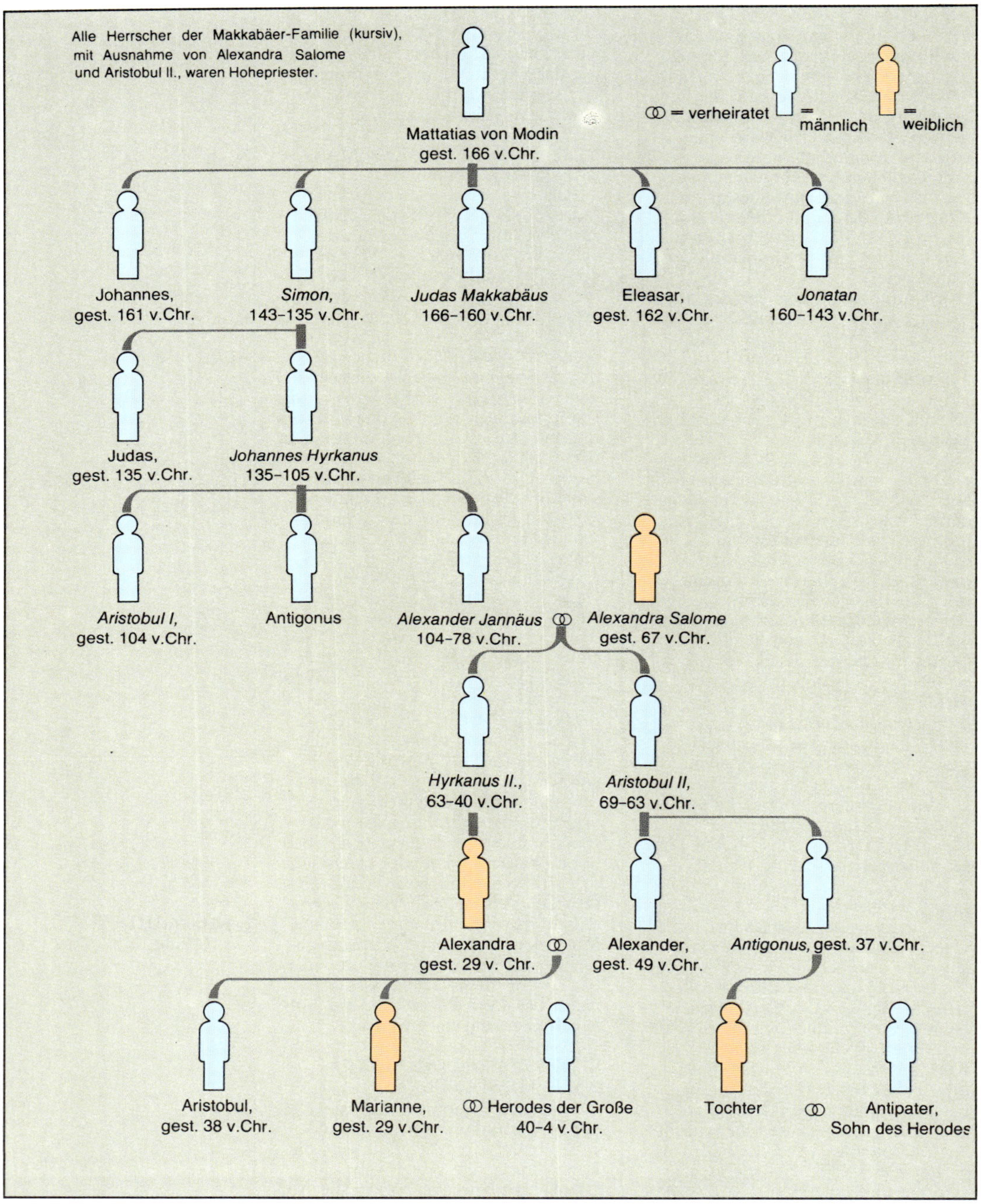

Die Familie der Makkabäer

III. DER WEITERE VERLAUF DER ERHEBUNG.

Nachdem Mattatias 166 v.Chr. gestorben war, ging die Leitung seines Partisanenunternehmens in die Hände seines Sohnes Judas über, der den Beinamen M. erhielt (s.o.). Judas operierte kraftvoll und geschickt und wird völlig zu Recht als jüd. Nationalheld angesehen. Ohne sein Auftreten wären die Juden durch die Seleukiden möglicherweise um ihre Identität gebracht worden und wären vielleicht – ähnlich wie die Nachfahren der alten Phönizier und *Philister – vollständig in der Kultur des Hellenismus aufgegangen.

Antiochus IV. hatte im O gegen die Parther zu kämpfen und schickte gegen den aufständischen Judas und dessen Freischaren seinen Militärgouverneur *Lysias ins Feld. Es gelang Judas, den syr. Einheiten mehrere empfindliche Niederlagen beizubringen und schließlich siegreich in Jerusalem einzuziehen. Er reinigte den Tempel von heidnischen Kulten und stellte am 25. Kislev (Dezember) des Jahres 164 v.Chr. den levitischen Opferkult wieder her; dieses Ereignisses wird seitdem im Judentum alljährlich im Fest der *Tempelweihe (Chanuka-Fest) gedacht (vgl. Joh 10,22).

Nun neigte sich das Kriegsglück jedoch den Syrern zu. Aber in Syrien ausbrechende Thronstreitigkeiten hinderten Lysias daran, seine Überlegenheitsposition voll auszuspielen zu können; er schloß mit den Juden ein Übereinkommen, das ihnen freie Religionsausübung gestattete um den Preis, daß sie die syr. Oberhoheit anerkannten (162 v.Chr.).

Während weite Teile des jüd. Volkes mit diesem Ergebnis des Freiheitskampfes zufrieden waren, wollten Judas und seine Freunde mehr: nämlich auch die politische Unabhängigkeit. Im Verlauf der nun folgenden wechselhaften Kampfhandlungen fiel Judas 160 v.Chr., sein Bruder *Jonatan trat an seine Stelle. Durch geschicktes Taktieren vermochte es Jonatan, den Syrern eine Reihe von Zugeständnissen abzuhandeln und seinen Einflußbereich beträchtlich zu erweitern. Schließlich gelang es ihm sogar (mit Hilfe der Zustimmung der Syrer), das Amt des Hohenpriesters zu übernehmen. Die Personalunion von militärischer und priesterlicher Tätigkeit schadete allerdings der Sache der M. beträchtlich; in frommen Kreisen der jüd. Bevölkerung, die bisher den Aufstand mitgetragen hatten kam Bestürzung auf: der Hohepriester durfte sich nicht, so meinte man hier durch das Kriegshandwerk beflecken.

Nach dem Tode Jonatans (ermordet 143 v.Chr.) rückte sein Bruder *Simon an die Spitze der makkabäischen Bewegung. Er nahm jene Doppelfunktion ein, die auch Jonatan innegehabt hatte: Feldherr (und damit auch informeller politischer Führer) der Juden und Hoherpriester. Es gelang Simon, Syrien gegenüber Steuerfreiheit zu erwirken, womit das Judentum de facto in die Selbständigkeit geführt war (142 v.Chr.). In

Kleine Bronzemünze der Makkabäerzeit, 135–105 v.Chr. Durchmesser 13 mm (RG)

Architektur der Makkabäerzeit: das sog. »Zachariasgrab« im Kidrontal, Jerusalem, 2.–1. Jh. v.Chr. (RS)

1Makk 14 wird die Zeit des Simon, die eine relativ friedliche Epoche war, überschwenglich gepriesen. Freilich sorgte die von Simon weitergeführte Personalunion von militärisch-politischer und priesterlicher Tätigkeit weiterhin für massive interne Spannungen im Judentum.

Ab der Zeit des Simon nennt man die M.-Familie auch Hasmonäer (nach Hasmon, dem Großvater oder Urgroßvater des Mattatias); mitunter wird diese Bezeichnung auf die gesamte M.-Familie ausgedehnt.

IV. DIE DYNASTIE DER HASMONÄER.

Simon wurde im Jahre 140 v.Chr. aufgrund seiner Verdienste vom Volk als Hoherpriester, Heerführer und Ethnarch (politischer Führer) bestätigt. Damit war eine neue jüd. Dynastie begründet, die der Hasmonäer, die später sogar die Königswürde für sich beanspruchte (unter Aristobul I., 104-103 v.Chr.).

Nach Simon, der 134 v.Chr. einem Mordanschlag zum Opfer fiel, gelangte sein Sohn Johannes Hyrkan I. an die Macht. In seiner langen Amtszeit (134-104 v.Chr.) bewies er eine glückliche Hand als Heerführer und konnte den jüd. Machtbereich beträchtlich erweitern. 128 v.Chr. zerstörte er den Tempel der Samaritaner auf dem *Garizim und später auch das hellen. Kulturzentrum *Samaria. Ferner fiel Hyrkan in das Gebiet der Idumäer (*Idumäa) ein und zwang die idumäische Bevölkerung, sich zum Judentum zu bekehren.

Mit diesem unverhohlenen Machtstreben des Hasmonäerherrschers Hyrkan waren die gesetzestreuen Kreise der sog. Chassidim, d.h. jene bereits genannten Frommen, die zunächst den makkabäischen Aufstand unterstützt hatten, nicht einverstanden. Wie sie bereits Jonatan und Simon abgelehnt hatten, so stellten sie sich nun auch gegen Hyrkan.

Nach dem Tode Hyrkans riß sein Sohn Aristobul I. die Herrschaft an sich. Er gebärdete sich wie ein orientalischer Despot und legte sich den Königstitel zu (s.o.). In religionsgeschichtlicher Hinsicht sehr bedeutsam war es, daß Aristobul Galiläa eroberte und die Bevölkerung zwangsjudaisierte. Das Heimatland Jesu war seit dem Fall des Nordreichs (722 v.Chr. Zerstörung Samarias durch die Assyrer) von einer Mischbevölkerung besiedelt gewesen und hatte sich bisher jüd. Einfluß weitgehend entziehen können.

Auf Aristobul I. folgte sein Bruder Alexander Jannäus (103-76 v.Chr.). In den vielen Kriegen, die er führte, war er meist erfolgreich; er eroberte so viele Gebiete hinzu, daß es fast so aussah, als sei das alte Davidsreich wiedererstanden. Blutig unterdrückte er Unruhen in der Bevölkerung, die durch den andauernden Widerspruch der Frommen gegen die Hasmonäerherrschaft zustande kamen. Nach seinem Tode übernahm seine Gattin Salome Alexandra die Regierung; sie erwies sich als eine weise und behutsam vorgehende Königin. Vor allem gelang es ihr, sich mit den Pharisäern zu verständigen, die zu den frommen Gruppen gehörten, die aber ihr Mann blutig verfolgt hatte. Als Salome Alexandra 67 v.Chr. starb, kam es zwischen ihren beiden Söhnen Hyrkan II. und Aristobul II. zum Kampf um die Macht. In diese Auseinandersetzung griffen die Römer ein, indem sie ihrerseits die Oberhoheit an sich zogen und damit den Untergang des hasmonäischen jüd. Königtums, das inzwischen völlig abgewirtschaftet hatte und sich nicht mehr auf die Unterstützung des Volkes berufen konnte, herbeiführten (63 v.Chr. Besetzung Jerusalems durch Pompeius).

Literatur: E. Bickermann: Der Gott der Makkabäer. Untersuchungen über Sinn und Ursprung der makkabäischen Erhebung, 1937; T. Fischer: Seleukiden und Makkabäer, 1980; S. Herrmann: Geschichte Israels in alttestamentlicher Zeit, ²1980, S. 432-477. J. Maier: Grundzüge der Geschichte des Judentums im Altertum, 1981, S. 25-58; B. Reicke: Neutestamentliche Zeitgeschichte, ³1982, S. 56-83; E. Schürer: Geschichte des jüdischen Volkes im Zeitalter Jesu Christi. 1.Bd., 1964 (1901), S. 165-301. W.R.

MAKKEDA. Eine Stadt in der *Schefela, die von *Josua eingenommen wurde (Jos 10,28; 12,16), in der Gegend von *Lachisch (Jos 15,41). Die Könige der *Amoriter versteckten sich in einer Höhle in der Nähe von M. nach ihrer Niederlage, wurden von Josuas Leuten entdeckt, gefangengenommen und getötet (Jos 10, 16ff). Eusebius (*Onom. S. 126) lokalisierte M. 8 röm. Meilen östl. bzw. südöstl. von Eleutheropolis (Bēt dschibrīn; vgl. LDB, 226f). J.P.U.L.

MAL, MALZEICHEN.

1. Feldzeichen zur Erinnerung (vgl. 2Mo 17,15), häufig ein einzeln aufgerichteter Stein (1Mo 28,18) oder ein Steinhaufen (1Mo 31,51.52). *Jakob setzte einen Stein als M. (wohl auch zum Schutz des Grabes) auf das Grab *Rahels (1Mo 35,20), und *Absalom setzte sich selbst ein M. (LÜ: Säule; RevEB: Gedenkstein; hebr. *mazzebah*, s. *Massebe) »zu seines Namens Gedächtnis« (2Sam 18,18).

Wo solche Steinmale aber nach heidnischer Sitte zu Anbetungsstätten wurden, waren sie verboten (3Mo 26,1).

2. Das M. in 3Mo 19,28; 21,5 (wörtl. »Einschnitt«) ist eine selbst beigebrachte Verletzung, ein in Israel verbotener heidnischer Trauerbrauch (vgl. auch 1Kön 18,28).

3. Paulus sagte, daß er die »Malzeichen Christi an seinem Leibe tra-

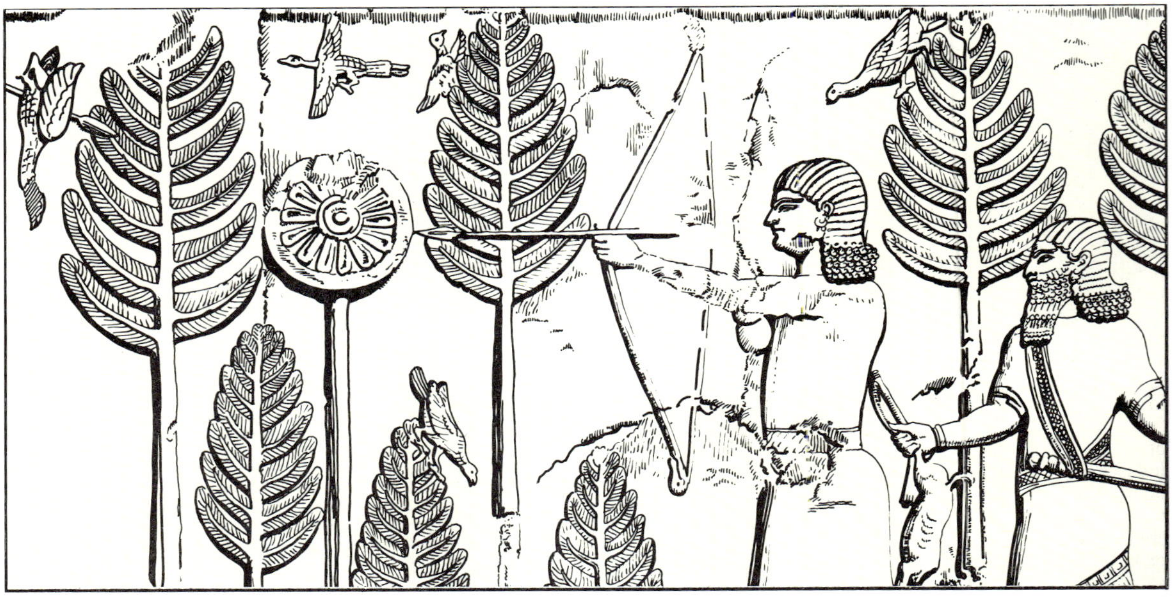

Ein Malzeichen, das ein assyrischer Bogenschütze zwischen Bäumen aufgestellt hat. Relief aus dem Palast Sargons II. (721–705 v.Chr.) in Chorsabad.

ge« (Gal 6,17). Das griech. Wort *stigma,* das er hier verwendet, bezeichnet u.a. das Eigentumszeichen des Besitzers, das dem Sklaven in die Haut gebrannt wurde. Vermutlich denkt Paulus dabei an die Narben, die er etwa bei der Steinigung in *Lystra (Apg 14,19) und sonst (vgl. 2Kor 11, 23-25) davongetragen hat (vgl. auch 2Kor 4,10).

4. Das antichristl. M. des Tieres (Offb 13,16f; 14,9.11; 16,2; 19,20; 20,4) ist nach dem griech. Wort ein Stempel, ein eingeritztes oder eingebranntes Zeichen (*charagma*), das alle, die sich der Herrschaft des *Antichristen unterwerfen, auf die Stirn oder die rechte Hand empfangen werden. Das M. besteht aus dem Namen des Tieres oder seiner Zahl (Offb 13,17f; vgl. dagegen Offb 7,3ff; 14,1; 22,4).

MALCHUS. (Griech. *Malchos,* hebr. *Mäläk,* aus semit. Wurzel *mlk,* König). Diener des *Hohenpriesters *Kaiphas, dem *Petrus in *Gethsemane bei der Gefangennahme *Jesu das rechte Ohr abschlägt (Joh 18,10; Lk 22,50; Mk 14,47; Mt 26,51). Malchus (andere griech. Formen auch *Malichos* und *Malchaios* u.a.) war ein verbreiteter *nabatäischer Eigenname, den auch Könige trugen (Malchus I., 50-28 v.Chr.; Malchus II., 40-71 n.Chr.). Auch Josephus (ant.Jud. 13,131; vgl. 1Makk 11,39 LXX) kennt einen »Araber« namens M. Daraus und aus zahlreichen palmyrenischen (s. *Tadmor) Inschriften hat man geschlossen, daß M. ein arab. Sklave gewesen sein könne. Im Haushalt des Hohenpriesters hatte er noch einen Verwandten (Joh 18,26). Die ausführlichsten Informationen über M. stammen von *Johannes, der mit dem Hohenpriester und offenbar auch mit dessen Haushalt bekannt war (Joh 18,15). *Lukas ergänzt, daß Jesus die Wunde heilt (Lk 20,51), ein besonderes Beispiel für eine medizinisch-chirurgische *Krankenheilung Jesu ohne psychosomatisches Element.

Petrus bewies mit seinem Angriff auf M. nicht nur spontanen physischen Mut, sondern auch absichtsvolles Handeln: nach 2Sam 10,4 (vgl. Mt 21,35) war es nicht ungewöhnlich, den Diener anstelle des Herrn zu bestrafen, um damit diesen zu erniedrigen; darüber hinaus war die Verletzung der Ohren, namentlich des rechten, ein stellvertretender Akt besonderer Schwere gegen den Diener eines Hohenpriesters; so berichtet Josephus (ant.Jud. 14,366), daß das Abschlagen der Ohren den Verstümmelten vom Amt des Hohenpriesters ausschloß (vgl. auch Tosefta Para 3,8). Da Petrus ein Kurzschwert (*machaira*) benutzte, ist die Wahrscheinlichkeit groß, daß es sich nicht um einen Zufallstreffer handelte.

Literatur: D. Daube: Three notes having to do with Johanaan ben Zaccai, JThS 11, 1960, 53-62 (hier: 59-62); C.P. Thiede: Simon Petrus – From Galilee to Rome, ²1988, 76-79.

C.P.Th.

MALEACHI, BUCH.

I. INHALT.

Nach einer Überschrift in Mal 1,1 enthält das Buch sieben Botschaften in drei Kapiteln:

1. Gottes Liebe zu Israel (1,2-5);
2. Gottes Gericht über die israelit. Priesterschaft (1,6-2,9);
3. Anklage wegen Mischehe und Ehescheidung (2,10-16);
4. Das kommende Gericht Gottes (2,17-3,5);
5. Die Notwendigkeit der Bekehrung (3,6-12);
6. Heil und Unheil am Tage des Gerichts (3,13-22);
7. Der Vorläufer des Messias (3,23-24).

Die griech. LXX hat 4 Kap., weil sie Mal 3,19-24 als Kap. 4,1-6 zählt.

II. ABFASSUNGSZEIT UND VERFASSER.

Die Forschung datiert das Buch sehr verschieden. Auszugehen ist von folgenden Beobachtungen: Der zweite Tempel, der 515 v.Chr. vollendet wurde, existiert bereits (vgl. 1,7ff; 2,13; 3,1.8.10). Die weltliche Gewalt in *Juda liegt bei einem pers. Provinzgouverneur (1,8). Wir befinden uns also noch in der Perserzeit, die 332 v.Chr. mit der Unterwerfung durch die Mazedonier endete. Die Abgaben an den Tempel lassen zu wünschen übrig (1,8.14; 3,8-10). Die Freude am neuen Tempel scheint also schon vorbei zu sein. Ferner beklagt Maleachi ähnliche Mißstände wie *Esra oder *Nehemia (vgl. Mal 1,6ff; 3,8ff mit Neh 10,33ff; 13,10ff und Mal 2,11 mit Esr 9,2; Neh 10,31f). Demnach scheint die Reform Esras und Nehemias noch nicht stattgefunden zu haben. Der Hinweis auf *Edom (1,2ff) deutet auf den Zeitraum um 500 v.Chr., als die Edomiter Südjudäa besetzten. Schließlich schweigt das Buch über die Samaritaner, vielleicht deshalb, weil deren Abspaltung, die endgültig unter Nehemia (um 450 v.Chr.) erfolgte, noch nicht stattgefunden hatte (vgl. Neh 3–6).

Alle diese Indizien weisen in dieselbe Richtung, nämlich auf die Zeit von etwa 480-450 v.Chr. In dieser Zeit muß der Prophet Maleachi gewirkt haben, grob gesprochen also zwischen *Haggai/*Sacharja einerseits (um 515 v.Chr.) und Esra/Nehemia andererseits (um 450 v.Chr.).

Ob der Prophet selbst oder ein Schüler das Buch verfaßt hat, läßt sich nicht mehr sagen. Die Abfassungszeit kann aber nicht viel später als die Wirkungszeit gewesen sein. Vermutlich ist das Buch also um 480-450 v.Chr. niedergeschrieben worden.

III. ZUR ZEITGESCHICHTLICHEN SITUATION.

Maleachis Wirken fällt in die Zeit der pers. Herrschaft über Juda. Die Perser haben nach ihrem Sieg über die Babylonier 539 v.Chr. das Erbe des (neu-)babylon. Weltreiches angetreten.

Der Prophet Maleachi (»Maleachi« ist sehr wahrscheinlich ein Eigenname, der so viel bedeutet wie »mein [Gottes] Bote«) wirkte vermutlich unter den pers. Großkönigen Darius I. (522-486 v.Chr.), Xerxes I. = Ahasveros (486-465 v.Chr.) und evtl. Artaxerxes I. = Artahsasta (465-424 v.Chr.). Damals lebten die Juden in drei großen Zentren: in Persien/Babylonien (vgl. Esterbuch), in Ägypten (vgl. 2Kön 25,26; Jer 41-44) und in der Provinz Juda um Jerusalem. Ob Juda einen Teil der Provinz Samaria oder eine selbständige Provinz bildete, ist umstritten. Mal 1,8 spricht eher für das letztere. Jedenfalls gehörte Juda zur pers. Satrapie Ebirnari, »Jenseits des Euphrat«, die damals *Syrien, *Phönizien, *Palästina und *Zypern umfaßte. Teilweise hatte es jüd. Gouverneure wie *Serubbabel (um 520 v.Chr.) und Nehemia (um 445 v.Chr.). Z.Zt. Maleachis war der Tempel wiederaufgebaut (seit 515 v.Chr.). Aber Juda erholte sich nur langsam von der Verwüstung, die es unter den Babyloniern erlitten hatte. Es wurde nach dem Exil sehr langsam besiedelt. Zwar hatte Juda keine so schweren Stürme mehr zu überstehen wie unter den Assyrern und Babyloniern. Auch gewährte die pers. Reichsverwaltung einen gewissen Rechtsschutz. Dennoch bot sich ein trauriges Bild der Lage: Immer noch fehlte ein Mauerring um Jerusalem, die Stadt war somit für Raub und Plünderung offen. Manche Statthalter suchten nur ihren eigenen Gewinn (vgl. Neh 5,15). Es gab immer wieder Mißernten (Mal 3,11) und damit wirtschaftliche Not. Dazu kamen Spannungen mit den Edomitern, die Südjudäa besetzten, ebenso mit den mißgünstigen Arabern und mit den Samaritanern, die damals mächtiger waren als Juda. Führer der Priesterschaft waren *Jojakim, der Sohn Jechuas (vgl. Neh 12,10 mit Hag 1,1), und sein Sohn Eljaschib (seit 433 v.Chr. Hoherpriester?).

IV. ZUR GESCHICHTE DER AUSLEGUNG.

Meist steht Maleachi im Schatten »berühmterer« Propheten. Dennoch ist die Auslegungsgeschichte interessant. Schon für das Sirachbuch (ca. 175 v.Chr.) gehört Mal zum Kanon des AT; es spricht von den »zwölf Propheten« (49,12). Sirach zitiert in 48,10 Mal 3,23f. Im 4. Esrabuch (um 90-100 n.Chr.) wird ebenfalls auf Mal 3,23f angespielt (6,26). Auch in Qumran studierte man Mal, wie die Funde von Fragmenten mit Zitaten und Erläuterungen von Mal 1,13-14 beweisen. Die Gesetzeslehrer des Talmud diskutierten an vielen Stellen (s. Maier, Maleachi, S. 108, Anm. 7) Texte aus Mal, z.B. Mal 1,11; 2,7.9; 3,5.10.21.23f. Maleachi wird dort mit Haggai und Sacharja zu den letzten Propheten gerechnet, nach denen – so die Anschauung der Rabbinen – der Heilige Geist aus Israel gewichen sei.

Die frühchristl. Ausleger befaßten sich vor allem mit Mal 1,10-14; in der Didache wird das »reine Opfer« als sittliche Reinheit gedeutet. Justin (100-170 n.Chr.) und Irenäus (um 177 n.Chr.) setzen die geistliche Deutung fort. In der Reformationszeit gewann Mal 1,10ff eine neue Bedeutung. Luther deutete das »reine Opfer« auf Christus und das Evangelium. Das Konzil von Trient (1562) dagegen stützte sich ausdrücklich auf Mal 3,11, um damit das röm. Meßopfer zu begründen. Mal 1,10-14 und 3,23-24 sind also die Abschnitte, die am häufigsten ausgelegt wurden.

V. BEZIEHUNG ZUM NEUEN TESTAMENT.

Trotz seines geringen Umfangs hat Mal eine große Bedeutung für das NT. Dies vor allem deshalb, weil es das Kommen des zweiten *Elia ankündigt, der in *Johannes dem Täufer erschienen ist (vgl. Mt 11,7ff; 16,14; 17,10ff; Mk 1,2; 9,11; 15,35f; Lk 1,16f; 7,24ff; 9,8.19; Joh 1,21.25). Ferner greift Paulus in Röm 9,13 auf Mal 1,2f zurück bei der Erörterung der Erwählung Israels.

VI. THEOLOGISCHE EIGENART DES BUCHES.

1. Das Buch baut auf dem Mosegesetz auf (vgl. Mal 1,2.6.8.14; 2,2.4ff.14ff; 3,5.6ff.16-22) und steht zugleich in einer Linie mit den vorexilischen Propheten. Vor allem aber besitzt es eine enge Beziehung zum Buch Hesekiel, so daß man in Maleachi schon einen »Schüler und Anhänger des Priesters Ezechiel« erblickte (vgl. Hes 36,23; 39,21; 44,15-24). An Mal kann man erkennen, daß Gesetz und Prophetie zusammengehören.

2. Andererseits beginnt mit Maleachi die Schule der jüd. Schriftgelehrten. Er studierte das Gesetz (3,22). Seine Botschaft erfolgte häufig im Diskussionsstil, genauer gesagt: im Frage- und Antwortstil des Dialoges. Vielleicht darf man Maleachi sogar zu den Gründern der Schriftgelehrtenschulen nach dem Exil rechnen, auf die Esra und Nehemia zurückgreifen konnten (vgl. Neh 8,7ff).

3. Maleachi ist ein Prophet der Umkehr. Umkehr ist möglich, weil Gott Israel liebt (1,2ff). Vor allem richtet sich der Ruf zur Umkehr an die Priesterschaft (2,1ff). Die Priester bringen durch ihren Ungehorsam den Levibund in Gefahr. Aber auch an die Israeliten richtet sich der Umkehrruf (2,10ff). Dabei wird die Ehe als ein »Bund« bezeichnet (2,14), der nicht gebrochen werden darf. Mit dieser Ablehnung der Ehescheidung steht Maleachi zwischen 5Mo 24 und Mt 19, er arbeitet gewissermaßen der Bergpredigt und der Ehepredigt Jesu vor (vgl. Mt 5,27ff; 19,3ff).

4. Ein weiterer Schwerpunkt der Verkündigung Maleachis ist die *Eschatologie (Endzeitverkündigung). Besondere Bedeutung kommt dabei dem zweiten Elia zu, der als Vorläufer der Heilszeit geweissagt wird (3,23f). Diese Weissagung verbindet Mal engstens mit dem NT, das ja den zweiten Elia in Johannes dem Täufer erkennt. Sodann deutet Maleachi mit dem geweissagten Gericht über das levitische Priestertum schon an, daß künftig ein neues Priestertum entstehen wird. Dieses neue Priestertum hat dann in Jesus und seiner Gemeinde Gestalt gewonnen. Schließlich sagt uns Maleachis Botschaft Wichtiges über das kommende Gericht: die Scheidung von Guten und Bösen, die Rolle des »Buches des Gedenkens« (3,16), die Herrlichkeit des Heils für die Gerechten (3,1-21). Ja, in Mal 1,11 wird bereits für die Zeit des Neuen Bundes der Gottesdienst der Gemeinde aus allen Völkern geweissagt.

5. Schließlich ermutigt die Botschaft Maleachis zu einem Glauben, der auch im Äußerlichen auf Gott vertraut (3,10ff) und zugleich gegen allen Augenschein und gegen alle Verführung die Hoffnung auf das endzeitliche Heil festhält (3,13-24).

Literatur: M. Adinolfi: Il ripudio secondo Mal 2,14-16, BeO, 12, 1970, S. 247-256; J.G. Baldwin: Haggai, Zechariah, Malachi, TOTC 1978; G.J. Botterweck: Jakob habe ich lieb – Esau hasse ich, BiLe, 1, 1960, S. 28-38; H. Brandenburg: Die Kleinen Propheten II, [2]1982; A. von Bulmerincq: Der Prophet Maleachi, 2 Bde., 1920/1932; A. Caquot: Brève explication du livre de Malachie, PosLuth, 17/1969, S. 87-201; 18/1970, S. 4-16; K. Elliger: Maleachi und die kirchliche Tradition, Tradition und Situation 1973, S. 43-48; J.A. Fischer: Notes on the Literary Form and Message of Malachi, CBQ, 34, 1972, S. 315-320; K. Galling: Studien zur Geschichte Israels im persischen Zeitalter, 1964; A. Gelin: Aggee, Zacharie, Malachie, SB (J), 26, [2]1953; J. Halevy: Le prophete Malachie, RSEHA, 17, 1909, S. 1-44; O. Holtzmann: Der Prophet Maleachi und der Ursprung des Pharisäerbundes, ARW, 29, 1931, S. 1-21; A. van Hoonacker: Les Douze Petits Prophètes, EtB, 3. 1908; O. Isopescul: Der Prophet Malachias, 1908; C.F. Keil: BCAT III, 4, [3]1888; G. Maier: Der Prophet Haggai und der Prophet Maleachi (WStB), 1985; B. Mariani: De sacrificio a Malachia praedicto, Anton., 9, 1934, S. 193-242; 361-382; 451-474; M. Rehm: Das Opfer der Völker nach Mal 1,11, Lex tua veritas, FS H. Junker, 1961, S. 193-208; A. Renker: Die Tora bei Maleachi, FThSt, 112, 1979; G.A. Smith: The Book of the Twelve Prophets, II, 1928; P.A. Verhoef: Maleachi, COT, 38, 1972; R. Vuilleumier: Malachie, CAT, XIc, 1981; G. Wallis: Wesen und Struktur der Botschaft Maleachis, Das ferne und nahe Wort. FS L. Rost, hrsg. von F. Maass, 1967, S. 229-237. G.M.

MALKIJA. (Hebr. *malkijjah*, »jah ist König«)

1. Nachkomme *Gerschons und Vorfahr *Asafs (1Chr 6,25).

2. Vorfahr des Priesters Adaja (1Chr 9,12; Jer 21,1).

3. Oberhaupt eines Priestergeschlechts (1Chr 24,9), viell. dieselbe Person wie 2.

4. Israeliten, die in nachexilischer Zeit fremde Frauen genommen hatten (Esr 10,25.31).

5. Goldschmied, der half, die Stadtmauer Jerusalems wiederherzustellen (Neh 3,31).

6. Einer der Männer, die neben *Esra standen, als er dem Volk das Gesetz vorlas (Neh 8,4).

7. Einer der Priester, der die Verpflichtung zur Beachtung des Gesetzes mit versiegelte und bei der Reinigung der Mauer mitwirkte (Neh 10,4; 12,42).

8. Mitglied der Königsfamilie, Besitzer der Zisterne, in der *Jeremia gefangengesetzt wurde (Jer 38,6).

J.D.D.

MALTA/MELITE. (Griech. *Melite*). Als Augenzeuge berichtet uns *Lukas von der stürmischen Überfahrt mit *Paulus von *Kreta nach Melite im Herbst des Jahre 59 n.Chr., von der Strandung des Schiffes, ihrem dreimonatigen Aufenthalt und dem Wirken des Apostels auf der Insel (Apg 27,27-28,10).

Ist dieses Melite »in der Adria« (27,27) identisch mit Malta im sizilisch-afrikanischen Meer (so neben den neueren Apg-Kommentaren vor allem W. Burridge, Seeking the Site of Paul's Shipwreck, 1952; C.J. Hemer, Euraquilo und Melita, JThS 26/1975, 100-111; N. Heutger, Paulus auf Malta im Lichte der maltesischen Topographie, BZ 28, 1984, 86–88; J. Smith: Voyage and Shipwreck of Paul, [4]1880)?

Folgen wir der Darstellung der Ereignisse in Apg 27 und 28: Das Schiff verläßt den Hafen »Kaloi limenes« (Schönhafen) an der S-Küste Kretas, »um womöglich Phönix, einen Hafen Kretas (*limena tēs Krētēs*) zum Überwintern zu erreichen« (27,12). Deutsche, französische und italienische Übersetzungen sprechen von einem Hafen auf Kreta, in einer englischen aber heißt es: »there was a Cretan port«. Ein kretischer Hafen muß freilich nicht auf Kreta sein. Bei der Suche nach diesem auf Kreta angenommenen Hafen an drei verschiedenen Orten fanden sich keinerlei Beweise für eine Existenz im 1. Jh.n.Chr. noch für die in Apg 27,12 genannten günstigen Bedingungen. Der angezielte kretische Hafen war offenbar der von Phönix an der Südküste Messeniens, der mit den beiden benachbarten Medone und Pylos die für die 276 Personen des Paulus-Schiffes geeigneten Überwinterungsmöglichkeiten bot. Er ist auch mit Sicherheit für das 1. Jh. n.Chr. bezeugt. Dazu kommt, daß seit jeher der Seeweg von Kreta nach *Italien von der Südspitze Messeniens beherrscht wurde. Und daß es sich bei dieser beabsichtigten Reise nicht um eine kurze Fahrt entlang der S-Küste Kretas gehandelt haben kann, bestätigt der Vorwurf des Paulus: »Man hätte mir folgen und nicht von Kreta wegfahren sollen« (27,10.21).

Gegen ein Abdriften nach Malta, wie weithin angenommen wird, sprechen die in Apg 27,13-28 genannten meteorologischen und nautischen Fakten zu Beginn des Winterhalbjahres mit dem für den westgriech. Meeresraum typischen, heftigen, winterlichen (*heimazomenōn* und *heimōn*, V. 18.20) Wirbelsturm (*typhonikos*, V. 14) und dem ONO-Wind (*eurakylon*, V. 14) mit extrem starker Wolkenbildung, die jede Orientierung am Stand der Sterne bzw. der Sonne vereitelt. Sein Auftreten kündigt sich in der Regel durch den feuchten Südwind (*notos*, V. 13) an. Es läßt sich bei dieser Wetterlage schwer nachvollziehen, daß dieser Sturm das Schiff in 14 Tagen zu dem 1000 km entfernten und genau westl. von Kreta liegenden Malta, womöglich auf einem langen Zickzackkurs, verschlagen hat. Berücksichtigt man dazu die ganzjährige Oberflächenströmung im zentralen Mittelmeerraum von W nach O mit 2,8-3,7 km/h, dann müßte das Schiff mit gerefften Segeln rund 6 km in der Stunde zurückgelegt haben. »Endgültig scheitert die angebliche Maltafahrt an der Überlegung, daß Zyklone nicht stationär sind, sondern – mit teils erheblicher Geschwindigkeit – ostwärts wandern« (Warnecke, 45). Aber gerade »dank der Gesetzlichkeit der Luftströme« läßt sich die Abdrift des Schiffes »relativ exakt rekonstruieren – denn 'die Winde allein sind seit Hesiod beständig geblieben'« (Warnecke, 46). Der winterliche Südwind, der vermutlich Paulus Anlaß bot, vor einer Weiter-

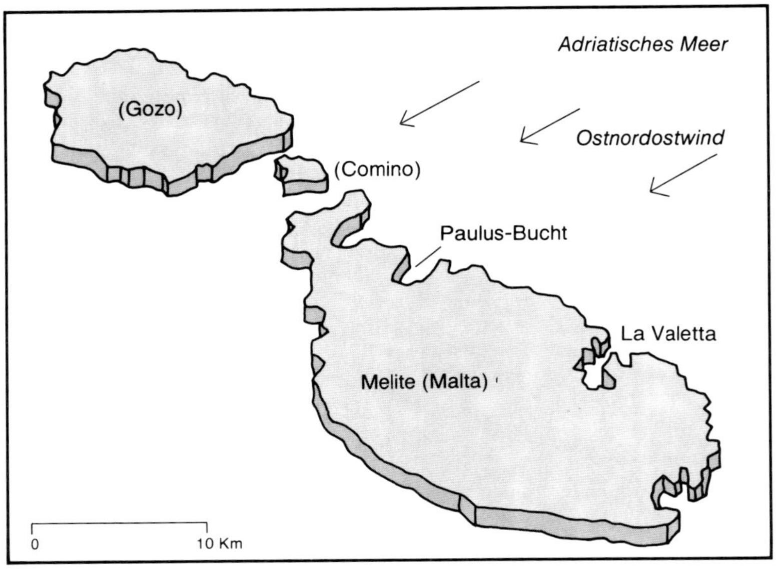

Die St. Paul's Bay, Malta, der Überlieferung zufolge der Ort des Schiffbruchs des Paulus (Apg 28,1) (FNH)

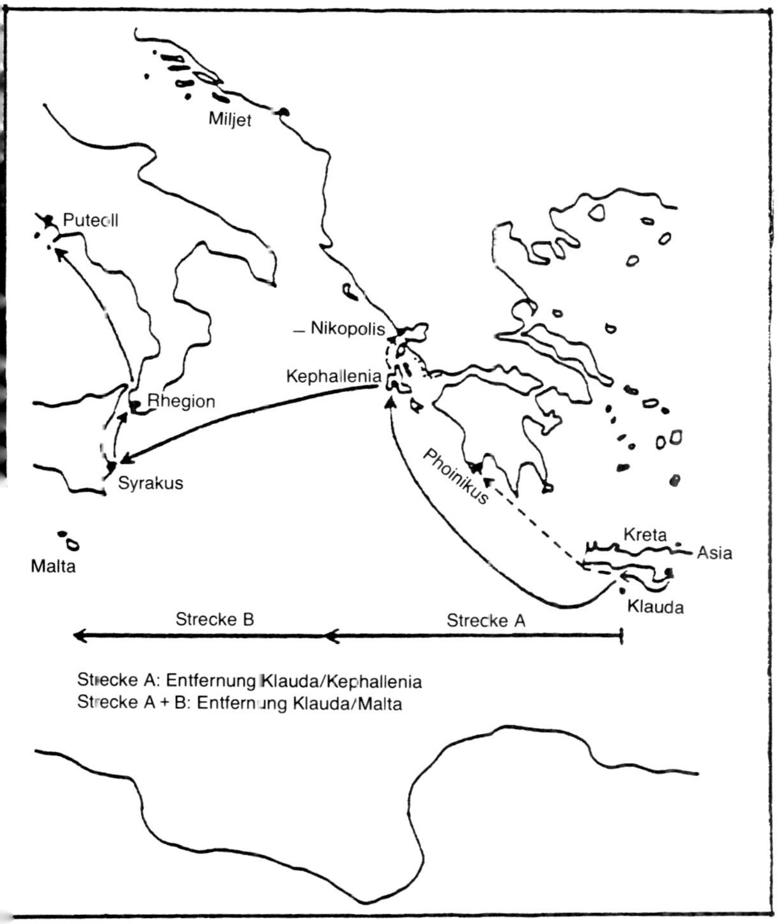

Die nach den meteorologischen, geographischen und nautischen Angaben zu rekonstruierende Route der Romfahrt des Paulus. (nach Warnecke)

ahrt zu warnen (27,9), hatte offenbar eine Ursache in einem barometrichen Tief im jonisch-sizil schen Meer ınd einer ihm gegenüberliegenden \gäis-Hochdruckzelle, »an deren iüdseite die antizyklonal im Uhrzeigersinn) entlangströmenden Winde ls NO-Stürme in die Vorderseite des on W nahenden Sturmtiefs abfließen« und dabei das Schiff nach VNW vor sich her schleuderten. So elangten sie in der 14. Nacht in den onisch-adriatischen Meeresraum 27,27; vgl. Warnecke, 48). Das chiff hatte bis dahin einen Weg von a. 600 km zurückgelegt, was einer ealistischer erscheinenden Durchchnittsgeschwindigkeit als der für die trecke nach Malta anzunehmenden ntspricht.

»Als wir gerettet waren, erfuhren ir, daß die Insel Mĕlitē hieß« (Apg 8,1).

Der Name, der uns mehrfach bei estgriech. Inseln begegnet, verweist ıf eine Niederlassung der Phönizier, ie bevorzugt auf Landzungen siedeln. Dies bestätigen die **topographichen Daten** auch für diese Insel »in er Adria« (27,27) mit ihrem kleinen Ieerbusen (*kolpos*), einem flach ablenden Strand (*aigialos*), auf den as Schiff aufgelaufen ist und sich ann auf der Landzunge (*topos dithassos*, »Land zwischen zwei Meeren«) stgebohrt hat. In der St. Pauls-Bay aber auf Malta, an der der Schiffbruch lokalisiert wird, fällt der Strand sehr schnell ab. Dazu kommt, daß bei einer nächtlichen Kursänderung von NO nach S das Schiff mit Sicherheit an den Klippen der Insel zerschellt wäre (vgl. 27,29). Dagegen erfüllt die westgriech. Insel **Kephallenia** mit dem Golf von Livadi, der schon in der Antike als *kolpos* bezeichnet wurde, »sämtliche Bedingungen für ein angemessenes Verständnis des biblischen Textes« (Warnecke, 89). Das Mĕlitē von Apg 28,1 liegt auf der Landzunge von Argostoli (27,41), auf dem Terrain der heutigen Inselhauptstadt, in der archäologische Funde die Existenz der antiken Stadt bestätigen. »Mĕlitē bezeichnet also lediglich die Halbinsel des Landungsortes«, der sich heute noch relativ genau bestimmen läßt (vgl. Warnecke, 97). Auch die **klimatischen Verhältnisse** haben sich seit Hesiods Tagen kaum verändert, während Malta »zu den Teilen des Mittelmeerraumes gehört, die im Winterhalbjahr die mildesten Temperaturen aufweisen, gehören die westgriechischen Inseln« mit starken Regengüssen, Kälte und auch Schnee »zu den kühlsten« (Warnecke, 103, Anm. 5).

Die einzige **Tierart**, die Apg 28,3 erwähnt, ist die von den Inselbewohnern gefürchtete Sandviper (*echidna*), von deren Häufigkeit die Bezeichnung Echinaden für die westgriech. Inseln spricht. Die auf Malta lebenden Schlangen sind ungiftig.

Die **Inselbevölkerung**, die unter röm. Herrschaft stand, bezeichnet Lukas als Barbaren (28,2). Die Bewohner Maltas aber hatten bereits um 44 v.Chr. das röm. Bürgerrecht erhalten. Nicht zuletzt darf man in der Verehrung der Göttin der Gerechtigkeit (*Dike*) ein weiteres wichtiges Indiz für den Schiffbruch des Paulus im westgriech. Inselraum sehen (vgl. Warnecke, 110).

Und wenn der Inselgouverneur Publius auf seinem Landgut unweit der Strandungsstelle den 276 Schiffbrüchigen drei Tage lang Obdach und Verpflegung bieten konnte, dann mußte der Repräsentant Roms über eine recht geräumige Residenz in der fruchtbaren Ebene verfügen, wie man sie sich im felsigen Gelände der St. Pauls-Bay nicht vorstellen kann.

Auch die Heilung des Vaters des Publius vom **Sumpffieber** (Malaria) spricht gegen Malta, das von jeher malariafrei ist.

Apg 28,8f schließlich verweist auf ein erfolgreiches missionarisches Wirken des Apostels. In der Tat gehört die Insel Kephallenia »nachweislich zu den ältesten christlichen Gemeinden Europas und sie war noch im 2. Jh. die einzige im zentralen Mittelmeerraum zwischen den christlichen Gemeinden« in der Ägäis und Rom mit Puteoli (vgl. Warnecke, 136). Für Malta hingegen ist das Christentum erst für die nachkonstantinische Zeit bezeugt.

Literatur: Heinz Warnecke: Die tatsächliche Romfahrt des Apostels Paulus, 1987.

A.D.

MAMMON. Der Begriff erscheint in der Bibel nur in Mt 5,24 und Lk 16, 9.11.13. Es ist eine Umschreibung des aram. *māmōnā* und bedeutet ungefähr das, was wir »Vermögen« nennen (vgl. im Babylon. *Mimma* »überhaupt alles«). »Die Vorstellung 'Reichtum' hängt am Wort nicht; nicht erst angehäufter, sondern jeder Besitz ist Mamon« (A. Schlatter, Matthäus, S. 225). Für Jesus steckt im M. die Tendenz und die Macht, den Menschen zu besitzen und ihn Gott zu entfremden (Mt 6,19ff). »Ungerechter Mammon« (Lk 16,9) ist auf unehrliche Weise oder aus selbstsüchtigen Motiven heraus erworbener Gewinn (F. Hauck, ThWNT IV, S. 390-392). Die Auslegung der Stelle ist unsicher (vgl. die Kommentare!).

Literatur: F. Hauck: ThWNT IV, 1943, 390-392; M. Hengel: Eigentum und Reichtum in der frühen Kirche, 1973; A. Schlatter: Der Evangelist Matthäus, [3]1963.

E.E.E./H.W.N.

MAMRE. (Hebr. *mamrē*).

1. Ein Ort bei *Hebron, westl. von *Machpela (1Mo 23,17.19; 49,30; 50,13), der mit dem heutigen 4 km nördl. von Hebron gelegenen Rāmet el-Chalīl identifiziert wird. M. wird im Zusammenhang mit *Abraham

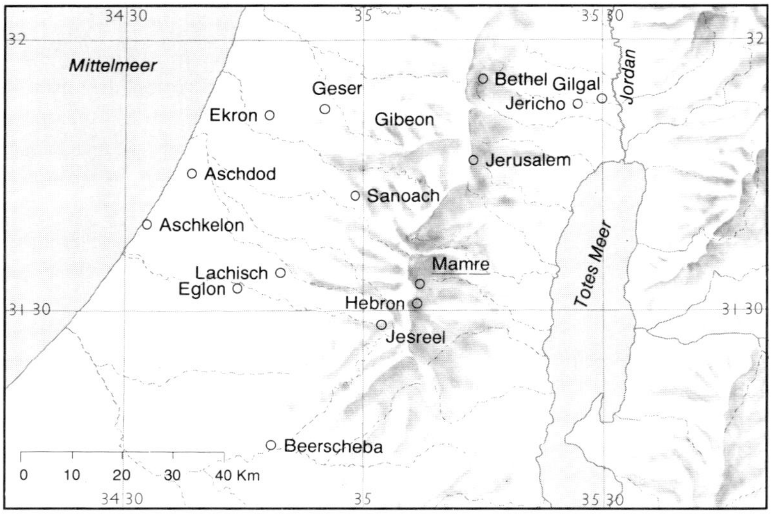

Mamre, das heutige Haram Ramet el Chalil.

Mamre, bei Hebron. Ansicht der herodianischen Ruinen. (MEPhA)

(1Mo 13,18; 14,12; 18,1) und *Isaak (1Mo 35,27) erwähnt. Abraham wohnte lange Zeit unter der Terebinthe von M. und baute dort einen Altar. M. war der Ort, an dem Abraham von der Gefangennahme *Lots hörte, wo er sich für Sodom einsetzte und von dort auch den Rauch aus Sodom und seinen Nachbarstädten aufsteigen sah. In M. versprach Gott Abraham einen Sohn.

Bei Ausgrabungen wurde ein ca. 65 x 50 m großer Bezirk entdeckt, der einen Brunnen, einen Baum und einen Altar umschloß. Schon vor Abrahams Zeit war hier ein heiliger Ort. Herodes der Große (37-4 v.Chr.) ließ die Erinnerungsstätte mit Umfassungsmauern und einem Plattenbelag im Innern versehen. Kaiser Hadrian ließ M. in ein heidnisches Heiligtum umwandeln. Unter Konstantin (306-337 n.Chr.) entstand eine Basilika an diesem Ort.

2. Ein Amoriter, der mit seinen Brüdern Eschkol und Aner an Abrahams Feldzug gegen Kedor-Laomer und die mit ihm verbündeten Könige teilnahm (1Mo 14,13.24). F.F.B.

MANAHAT, MANAHATITER.

1. Sohn Schobals, Nachkomme des Horiters Seïr (1Mo 36,23; 1Chr 1,40), nach dem jene Sippe am Berg Seïr benannt wurde, die später von Edom absorbiert wurde.

2. Name einer Stadt, zu der eine Gruppe Benjaminiter als Gefangene gebracht wurden (1Chr 8,6); die Stadt könnte in der Nachbarschaft Bethlehems gelegen haben (so GTT, S. 155). ISBE und Grollenberg identifizieren sie mit Manocho, einer Stadt im Gebirge Judas (südwestl. Jerusalems), die in Jos 15,59 (LXX), aufgeführt wird und wahrscheinlich mit dem heutigen Maliha gleichzusetzen ist. Der Amarna-Brief 292 (ANET, S. 489) erwähnt ein Manhatu im Gebiet von Geser; hier könnte der gleiche Ort gemeint sein.

Die Einwohner M.s, die Manahatiter, werden in Chr 2,52.54 erwähnt. Sie waren Nachfahren *Kalebs, zur Hälfte *Schobals und zur Hälfte *Salmons Nachkommen. J.D.D.

MANAHEN. (Griech. *Manaēn* von hebr. *menachem,* »Tröster«). M. gehörte als *Lehrer und *Prophet zusammen mit *Paulus zur christl. Gemeinde in *Antiochia. M. wird der *syntrophos* des *Herodes (Antipas) genannt (Apg 13,1). Versteht man das wörtlich, dann wäre er der »Nährbruder« des späteren Königs gewesen, d.h. wohl M.s Mutter dessen Amme. Der Ausdruck kann aber auch im weiteren Sinn bedeuten, daß M. zusammen mit dem Prinzen erzogen wurde, was nach Josephus in Rom geschah (ant.Jud. XVII, 20). Da die griech. Bezeichnung auch als Ehrenname gebraucht wurde, könnte M. vor seiner Bekehrung eine einflußreiche Stellung am Hof des Antipas bekleidet haben. Oft wird M. für einen ehemaligen essenischen Propheten gehalten, wobei der unter *Herodes dem Großen genannte Essener Menahem (Jos.ant.Jud. XV, 373ff) sein Großvater gewesen sein könnte. Manche setzen M. auch mit dem königlichen Beamten gleich, der sich aufgrund der Heilung seines Sohns (oder Knechts) mit seiner ganzen Familie (Joh 4,46–54) Jesus anschloß (BL[3] 1088). Vielleicht verdankt der Antiochener *Lukas einige Informationen über das herodianische Herrscherhaus M. Die Nachricht des röm. Martyrologiums über seinen Zeugentod ist höchst unsicher.

Literatur: F.X. Pölzl: Mitarbeiter des Weltapostels, 1911, 96f; F.F. Bruce: Zeitgeschichte des NT, 1986, 97.209; A. Zimmermann: Die urchristlichen Lehrer, [2]1988, 130-132. R.R.

MANASSE. (»Vergessen machend«).

1. Erster Sohn *Josefs, den ihm in Ägypten *Asenat, die Tochter *Potiferas, des Priesters zu On (1Mo 41, 50f) gebar. Jakob akzeptierte seinen Enkeln M. und dessen Bruder *Ephraim als gleichrangig mit seinen eigenen Söhnen *Ruben und *Simeon, jedoch segnete er den Erstgeborenen hebr. (*bekōr*) M. nach dessen jüngerem Bruder Ephraim (1Mo 48,5.14). Eine interessante und frühe Parallele findet sich in der ugaritischen Literatur, Keret Legend (Tafel 128, 3.15): »Den jüngsten von ihnen werde ich zum Erstgeborenen (*abrkn*) machen.«

2. Der Stamm M. besaß Land zu beiden Seiten des Jordan, der östl. Teil wurde ihnen von Mose zugeteilt, der westl. von Josua (Jos 22,7). Nach der Überquerung des Jordan und ihrer Niederlassung im Land, erlaubte Josua dem Halbstamm M., zusammen mit *Ruben und *Gad in das eroberte Gebiet Sihons, des Königs von Heschbon, und Ogs, des Königs von Baschan, zurückzukehren (Jos 22,7f; 4Mo 32,33). Der östl. siedelnde Teil des Halbstammes M. beherrschte einen Teil Gileads und das ganze Baschan (5Mo 3,13). Dem westl. angesiedelten Teil des Stammes wurde gutes Land nördl. von Ephraim und südl. von *Sebulon und *Issaschar gewährt (Jos 17,1-12). Dieser Westteil war in zehn Teile aufgegliedert: fünf für die Familien, die männliche Nachkommen hatten, und fünf für M.s sechste Familie, d.h. die Nachkommen Hefers, die Töchter Zelofhads (Jos 17,3). Auf dem Gebiet von W-Manasse lag eine Reihe kanaan. Festungen, darunter *Megiddo, *Taanach, *Jibleam und *Bet-Schean (Jos 17,11).

Diese konnten die Manassiter nicht erobern, aber sie brachten ihre Einwohner schließlich dazu, ihnen Tribut zu zahlen. Obwohl der Anteil M.s und Ephraims, der Nachkommen Josefs, groß war, beklagten sie sich bei Josua und wollten mehr Land. In seiner Antwort wies er sie an, die nichtbeanspruchten Waldgebiete der Perisiter und Refaïter zu roden (Jos 17, 14-18). *Golan, eine Stadt in Baschan, war im Gebiet des Stammes M. eine der sechs *»Freistädte Israels« (Jos 20,8; 21,27).

Der Stamm M. war für seine Tapferkeit bekannt; zu seinen Helden zählten *Gideon im W (Ri 6,15) und *Jeftah im O (Ri 11,1). Einige Stammesmitglieder liefen bei *Ziklag zu David über (1Chr 12,20ff) und unterstützten ihn auch bei Hebron (V. 32). Manassiter waren auch unter denen, die von Tiglatpilesar III. (745-727 v.Chr.) nach Assyrien verbannt wurden (1Chr 5,18-26).

3. Sohn und Nachfolger des Königs *Hiskia von Juda und dessen Frau Hefzi-Ba. M. wurde mit 12 Jahren Mitregent seines Vaters in Jerusalem und regierte 55 Jahre (696-642 v.Chr.; 2Kön 21,1; 2Chr 33,1); als Alleinherrscher seit 686 v.Chr. (E.R. Thiele, The Mysterious Numbers of the Hebrew Kings, 1951, S. 154ff). Unter *Hiskia war Juda 705 v.Chr. von Assur abgefallen. 701 v.Chr. zog Sanherib von *Assur gegen Juda. Es gelang ihm jedoch nicht, Jerusalem zu erobern. Er zog ab, nachdem er von Hiskia hohen Tribut erhalten hatte (2Kön 18-19; 2Chr 32). Als M. die Herrschaft in Juda übernahm, erbte er von Hiskia die Verpflichtung, an Assur Tribut zu zahlen. Damit war verbunden, daß die von seinem Vater abgeschafften heidnischen Kulte wieder eingeführt wurden (2Kön 21,2ff; 2Chr 33,2ff). Dazu gehörten der babylon.-assyr. Gestirndienst, Menschenopfer, Zauberei, Wahrsagerei und Mantik. Im Tempel in Jerusalem stellte M. ein Astarte-Bild auf (2Kön 21,3.7).

Mehrere Propheten machten ihm seine Verachtung der Weisungen Gottes zum Vorwurf (Jer 15,1-4; Zef 1,4ff; 2Kön 21,10ff).

Der Name »Manasse, König von Juda« erscheint auf dem Tonprisma Asarhaddons (*Me-na-si-i schar Ia-u-di*; ANET, S. 291) sowie auf dem Prisma Assurbanipals (Mi-in-si-e schar Ia-di) unter 222 Tributpflichtigen Assyriens (ANET, S. 294). Auch 2Chr 33,11ff berichtet von M.s Verbannung nach Babel durch den assyr. König , aber auch von seiner Reue und Freilassung. Eine Parallele dazu ist die Gefangennahme und die folgende Freilassung Nechos I., des ägypt. Pharaos, durch Assurbanipal (Rassam Cylinder, ANET, S. 295). Da unter M.s Herrschaft ein Aufstand gegen Assyrien stattfand, mit dem Schamasch-schum-Ukin, der Vizekönig von Babel, unterstützt werden sollte, ist es gut möglich, daß M. darin verwickelt war (ANET, S. 298).

M.s Umkehr zu Gottes Wegen scheint oberflächlich gewesen zu sein.

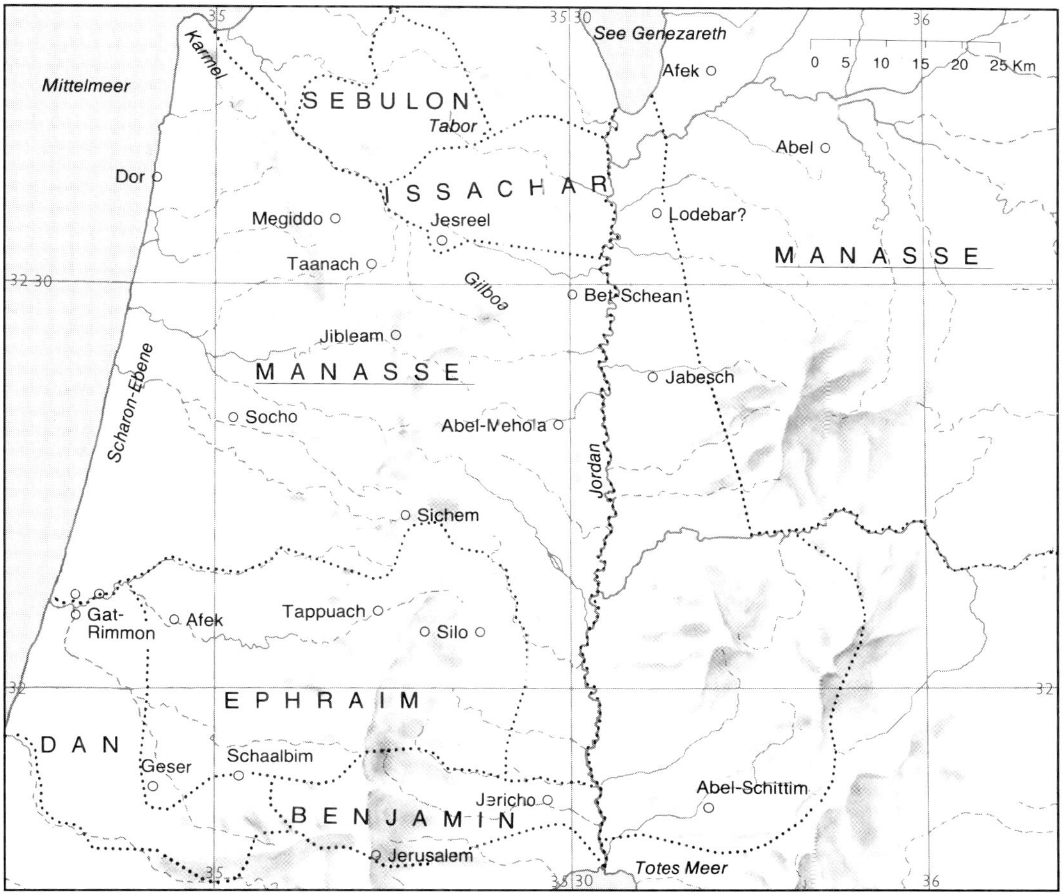

Oben: Das Gebiet, das dem Stamme Manasse zugeteilt wurde.

Unten: Manasse, König von Juda (Me-na-si-i šar-ú-di), *wird auf diesem Tonprisma unter den Herrschern genannt, die von Asarhaddon von Assyrien gezwungen wurden, Baumaterial für seinen neuen Palast in Ninive zu schicken. Ca. 673–672 v.Chr.* (BM)

Das Volk folgte ihm nicht darin (2Chr 33,17), die Herrschaft seines Sohnes Ammon ließ M.s Reformansätze bald in Vergessenheit geraten. R.J.A.S./Red.

MANN.

1. Der hebr. Begriff für Mann (*isch*) bezeichnet im AT zunächst den Mann im Unterschied zur *Frau. An manchen Stellen kann er die spezielle Bedeutung von »Ehemann« (1Mo 3, 6.16), an anderen Stellen die allg. Bedeutung von *»Mensch« (2Mo 21, 12; Spr 12,25; Ps 1,1) annehmen. In der allg. Fassung von »Mensch« dient das Wort manchmal dazu, den Unterschied von Mensch und Gott zu betonen (Ps 39,6; 62,10; 4Mo 23,19; Hos 11,9). An einigen wenigen Stellen wird der Begriff aber auch auf Gott übertragen (2Mo 15,3; Hos 2,4.9.18).

2. Im NT bezeichnet der griech. Begriff *anēr* auch zunächst den Mann im Unterschied zur Frau. Er kann aber auch hier die spezielle Bedeutung von »Ehemann« (Mk 10,2.12 par.; Röm 7,2f; Eph 5,22ff) und die allg. Bedeutung von »Mensch« (Lk 5,8; Apg 2,5; Jak 1,20 u.ö.) annehmen. Daneben findet sich auch die Bedeutung »Erwachsener« (1Kor 13,11; Jak 3,2).

3. In theologischer Hinsicht gehen AT und NT davon aus, daß M. und Frau gleichwertig sind: Sie besitzen die gleiche Würde als Ebenbild Gottes (1Mo 1,27) und als in Christus erlöste Kinder Gottes (Gal 3,28; Joh 1,12). Eine rel. oder sittliche Höherbewertung des Mannes ist dem bibl. Offenbarungszeugnis fremd. Sowohl bezüglich ihrer von Gott verliehenen Würde als Geschöpfe und durch den Glauben gerechtfertigte Kinder Gottes als auch hinsichtlich ihrer durch die Sünde bedingten Verlorenheit befinden sich beide Geschlechter grundsätzlich in der gleichen Situation.

MANDELBAUM
s. Pflanzen

Mit ähnlichem Nachdruck wie die Gleichwertigkeit der Geschlechter betont die Bibel allerdings auch die schon mit der Schöpfung gegebene Wesensverschiedenheit von Mann und Frau, die für beide Geschlechter unterschiedliche Gaben und Aufgaben beinhaltet. Dem Mann ist nach dem bibl. Schöpfungszeugnis als Ursprung (1Mo 21,21f) und Ziel (1Mo 2,18) der Frau von Anfang an eine besondere Verantwortung und Führungsaufgabe übertragen:

Er erhält den Auftrag, das göttliche Gebot zu wahren (1Mo 2,16f) und die ihm anvertraute Welt sowohl praktisch umzugestalten (1Mo 21,15; 3,17ff) als auch geistig zu durchdringen. Die Namengebung der Tiere, mit der Adam in 1Mo 2 betraut wird (V. 19f), ist nach bibl. Verständnis nicht ein Akt willkürlicher Benennung, sondern eine Begriffszuteilung, die auf einer Wesenserkenntnis der Tiere beruht und gleichzeitig eine Herrschaftsstellung Adams zum Ausdruck bringt. Auch in der Namengebung der Frau durch Adam (V. 23) manifestiert sich daher für atl. Denken sowohl eine Wesenserkenntnis (»Bein von meinem Bein und Fleisch von meinem Fleisch«, »vom Manne genommen«) als auch eine Führungsstellung des Mannes. Diese darf freilich nicht als Ermächtigung zur Unterdrückung der Frau mißverstanden werden, sondern muß in ihrem schöpfungsmäßigen Ursinn als Regentschaft dienender Liebe begriffen werden, die sich am geistlichen, geistig-seelischen und leiblichen Wohl der Frau als der Liebe des Mannes anbefohlenen Gefährtin (V. 18) zu orientieren hat. Wegen der aus seiner gottgewollten Leitungsaufgabe resultierenden besonderen Verantwortung des Mannes zieht Gott Adam nach dem Sündenfall noch vor der Frau zur Rechenschaft (1Mo 3,9-12), obwohl diese das göttliche Gebot als erste übertrat. Auch Paulus betont die vornehmliche Verantwortlichkeit des Mannes, wenn er in Röm 5 schreibt, daß erst durch Adam »die Sünde in die Welt gekommen ist und der Tod durch die Sünde« (V. 12). Am klarsten aber wird die besondere Verantwortung und die Leitungsaufgabe des Mannes in jenen ntl. Versen zum Ausdruck gebracht, welche das Hauptsein des Mannes betonen (1Kor 11,3; Eph 5,22ff; Kol 3,18; Tit 2,5; 1Petr 3,1). Diese Stellen lassen keinen Zweifel daran, daß nach dem NT der Mann als »Haupt der Frau« zum Dienst der verantwortlichen Leitung in Ehe und Familie berufen ist. Um einem möglichen Mißbrauch zu wehren, werden die Männer mit großem Nachdruck dazu ermahnt, diese Führungsaufgabe mit jener selbstlosen Liebe wahrzunehmen, die in der hingebenden Liebe Jesu Christi zu seiner erlösten Gemeinde ihr Leitbild besitzt und auf das Beste der Frau bedacht ist (Eph 5,25-33).

Aus der Hauptstellung des Mannes ergab sich für die Apostel nicht nur dessen Führungsaufgabe in *Ehe und *Familie, sondern auch in der *Gemeinde: Anknüpfend an das AT, welches (in auffallendem Gegensatz zur heidnischen Umgebung!) das Priesteramt ausschließlich Männern vorbehielt (2Mo 28; 29; 3Mo 8; 9), herrschte auch in den apostol. Gemeinden die verbindliche Regelung, daß mit den Ämtern der öffentlichen *Lehre und Gemeindeleitung nur Männer betraut wurden (1Kor 14,34f; 1Tim 2,12; 3,2; Tit 1,5).

Das NT begründet die Hauptstellung des Mannes und das sich daraus ergebende Leitungsamt in Ehe, Familie und Gemeinde nicht pragmatisch, sondern sehr grundsätzlich mit der göttlichen Schöpfungsordnung (1Kor 11,3.8.9; 1Tim 2,13) und Erlösungsordnung (Eph 5,22ff), ja sogar mit dem Wesen des dreieinigen Gottes (1Kor 11,3) und mit einem Gebot Jesu (1Kor 14,37). In Anbetracht des hohen theologischen Stellenwertes dieser Begründungen wird verständlich, daß die apostol. Zuordnung von Mann und Frau einschließlich der daraus abgeleiteten Gemeindeordnung »in allen Gemeinden der Heiligen« (1Kor 14,33; vgl. 1Kor 11,16) Geltung besaß und eine Beseitigung dieser Ordnung in 1Kor 11,38 mit dem Gericht Gottes bedroht wird.

Zusammenfassend läßt sich sagen, daß das NT jeder Form männlicher Despotie die Legitimation entzieht und die im Altertum herrschende Minderbewertung der Frau endgültig überwindet, gleichzeitig aber die wesenhafte geschöpfliche Unterschiedenheit der Geschlechter und die daraus resultierenden besonderen Aufgaben des Mannes in Ehe, Familie und Kirche betont. Leitbild sowohl für den ehelosen (Mt 19,12) als auch für den verheirateten christusgläubigen Mann (Eph 5,25ff) ist nach dem NT Jesus Christus, der als menschgewordener Sohn Gottes in vollkommener Weise vorgelebt hat, was geheiligte Männlichkeit bedeutet. Leitbild für den Mann als *Vater ist die von Jesus offenbarte barmherzige Vaterschaft Gottes (Lk 15,11-32), »der der rechte Vater ist über alles, was da Kinder heißt im Himmel und auf Erden« (Eph 3,15). Dieses Leitbild ist nicht nur auf die natürliche, sondern auch auf die geistliche Vaterschaft zu beziehen, die das NT – ähnlich wie eine geistliche Mutterschaft (Röm 16,2) – an mehreren Stellen als pneumatische Realität bezeugt (1Kor 4,15; 1Tim 1,2; 2Tim 1,2; 2,1; Tit 1,4; Phlm 10; 1Petr 5,13).

Literatur: G. Biehlmeyer: Der Mann Jesus, 1948; H. David: Über das Bild des christlichen Mannes, 1953; S.B. Clark: Man and Woman in Christ. An Examination of the Roles of Men and Women in Light of Scripture and the Social Sciences, 1980; M. Hauke: Die Problematik um das Frauenpriestertum vor dem Hintergrund der Schöpfungs- und Erlösungsordnung, ²1986; J. Kühlewein: THAT I, 1971, 130-138; W. Neuer: Mann und Frau in christlicher Sicht, ³1985; A. Oepke: ThWNT I, 1933, 362ff; K.H. Rengstorf: Mann und Frau im Urchristentum, 1954; H. Vorländer: TBLNT II, ⁴1986, 935f.

W.N.

MANNA. M. war das Hauptnahrungsmittel der Israeliten während ihres 40jährigen Aufenthalts in der Wüste (2Mo 16,35). Als Israel sich über fehlende Nahrung in der Wüste Sinai beklagte, gab Gott ihnen »Brot vom Himmel« (1Mo 16,4; Ps 78,23ff). Diese Versorgung dauerte trotz ihres Murrens (4Mo 11,6; vgl. Neh 9,20) an, bis sie die Grenze nach Kanaan überquerten und die Nahrung dieses Landes essen konnten (Jos 5,12). Jeder Israelit mußte fünf Tage lang je einen Gomer (s. RevEB; LÜ: Krug, vgl. *Maße und Gewichte) sammeln und die doppelte Menge am sechsten Tag, die auch für den Sabbat reichen sollte, da das Volk Israel an diesem Tag kein M. erhielt. Normalerweise konnte man das M. nicht über Nacht aufbewahren, es wurde madig und übelriechend, aber das M. für den Sabbat war davon ausgenommen (2Mo 16, 4.5.16-30). Jeden Morgen, wenn der Tau weg war, fand man auf dem Boden eine Substanz, »rund und klein wie Rauhreif«, »wie weißer Koriandersamen« und mit einem »Geschmack wie Semmel mit Honig«; man konnte es mahlen und zum Backen und Kochen verwenden. Die Menschen sagten, »Was (hebr. *mān*) ist es?« und nannten es Manna (*man hū'*, s. 2Mo 16,14.15.31; 4Mo 11,7-9). Ein Gomer M. wurde nach Gottes Geheiß von Aaron als Zeugnis für zukünftige Generationen aufbewahrt (2Mo 16,33f; Hebr 9,4).

Über die Beschaffenheit des M. wurden mancherlei Vermutungen angestellt. Auf keines der zur Erklärung herangezogenen Phänomene treffen die bibl. Angaben jedoch ganz zu, so daß die Versorgung mit M. auch wegen ihrer Stetigkeit und ihrer Periodizität als Wunder anzusehen ist (Sabbat!).

Das M. wurde von Gott gebraucht, um Lektionen sowohl über geistliche Nahrung als auch über physische Erhaltung zu erteilen. Das Fehlen anderer Nahrung, seine Versorgung mit M. sollte Israel erkennen lassen, daß der Mensch nicht vom Brot allein lebt, »sondern von allem, was aus dem Mund des Herrn geht« (5Mo 8,3, vgl. V. 16). Gott gebrauchte die Versorgung der Gemeinde mit M. an 6 Tagen und dessen Ausbleiben am 7. Tag, um Israel Gehorsam zu lehren (2Mo 16,19, vgl. V. 20.25-30).

Jesus Christus gebraucht das M., das gottgegebene »Brot vom Himmel«, als Symbol für sich selbst, das wahre Brot des Lebens, und stellt dem Schatten die Substanz gegenüber: »Eure Väter haben in der Wüste das Manna gegessen und sind gestorben« (Joh 6,49), aber »ich bin das lebendige Brot. . .das vom Himmel kommt; wer von diesem Brot ißt, der wird leben in Ewigkeit« (Joh 6,35.51). In Offb 2,17 steht das »verborgene Manna« für den Reichtum Christi.

K.A.K.

MANOACH. Vater *Simsons. Sein Name (hebr. *mānōach*) ist von der Form her identisch mit einem Wort, das »Ruheplatz, Zustand oder Form der Ruhe« bedeutet (von der Wortwurzel *nwh*, »ruhen«). M. war ein Daniter aus Zora (Ri 13,2). Beide Namen lassen sich voneinander ableiten. Eine Verbindung mit den Manahitern in 1Chr 2,54 ist unwahrscheinlich. Sie waren eine kalebitische Sippe aus Juda (1Chr 2,50ff) und haben womöglich zu den Judäern gehört, die nach der Gefangenschaft in Zora lebten (Neh 11,29). M. und seiner Frau war die Geburt ihres Sohnes Simson durch einen Engel angekündigt worden. M. erscheint als ein Mann des Gebets und der Gottesfurcht; er versuchte seinen Sohn davon zu überzeugen, sich nicht außerhalb des Bundes zu verheiraten (Ri 14,3). M. starb vor seinen Söhnen und wurde zwischen Zora und Eschtaol begraben (Ri 16,31). A.G.

MANTIK. Das Wort wird abgeleitet vom griech. Wort *mainomai*, »rasen«. Damit ist auf die *Ekstase als einem häufig vorkommenden Element jener zusammenfasssend als M. bezeichneten Phänomene verwiesen. Sie sind ihrer Art nach sehr unterschiedlich, so daß für sie auch andere Ausdrücke wie Divination, Wahrsagekunst, Opferschau, Orakel u.a. gebräuchlich sind. Sachlich geht es einmal um Mittel und Wege, zukünftige Ereignisse vorherzuwissen, sodann aber auch um Auskunft, wie man sich im Hinblick auf das, was kommen wird, verhalten soll. M. kann nur von dazu befähigten oder besonders ausgebildeten Personen betrieben werden. Die Mittel, deren sie sich dazu bedienen, sind vielfältig und unterschiedlich wie z.B. Träume oder Visionen, aber auch »technische« Mittel wie Lossteinchen und Becher. Häufig werden bestimmte Übungen wie Fasten und Kasteiungen für notwendig angesehen, um wahrsagen zu können; auch der Gebrauch von Drogen kommt vor. Menschen, die über die genannten Fähigkeiten und das erforderliche Wissen verfügen, genießen meist ein großes Ansehen in ihrer Umgebung.

M. und entsprechende Phänomene kommen fast überall vor; sie spielen auch in vielen Religionen eine bedeutende Rolle. Denn den Göttern wird in allg. ein umfassenderes Wissen zugeschrieben als den Menschen, und war ein Wissen, das sich auch auf Zukünftiges erstreckt. So kann dann die Gottheit als Urheberin und Spenderin dessen erscheinen was die M. zu erfahren sucht. Die von dem Mantiker verwandten Medien gelten als von den Göttern geschenkte Hilfe, um hinter die Geheimnisse zu kommen. In vielen Religionen haben wohl vor allem die Priester die mantische Kunst ausgeübt. Die konkreten Weisen, in denen die M. praktiziert wird, stehen in einem engen Zusammenhang mit den jeweiligen Gottesvorstellungen.

Im AT wird der Brauch, Gott über den Ausgang einer Unternehmung (Ri 18,5; 1Sam 14,36f), über den Verlauf einer Krankheit (1Kön 14,5), um die Lösung nach einer erfolglosen Suche (1Sam 9,6-10), über die Treue oder Untreue einer Frau (4Mo 5,14f), bzgl. der Ursache einer Not im Lande (2Sam 21,1) zu befragen, bezeugt. Die Antwort Gottes wird entweder durch einen Priester (5Mo 33,8) oder Propheten (5Mo 18,15 vgl. dazu 1Sam 28,6) bzw. Seher (1Sam 9,9) erteilt. Eine Gleichsetzung von Seher und Prophet läßt sich aber wohl nicht behaupten. Antworten oder Weisungen Gottes können auch durch Träume ergehen (4Mo 12,6; 1Sam 28,6).

Die Rolle des Priesters als Vermittler des göttlichen Willens ist häufig betont. Eine seiner wichtigsten Aufgaben scheint die Orakelvermittlung gewesen zu sein (5Mo 33,8; von Mose: 2Mo 18,15f; 33,7-11). Dem Priester gehörte die Weisung (5Mo 33,10; Jer 18,18); von ihm wurden aber auch Entscheidungen in schwierigen Rechtsfragen erwartet (5Mo 17,8-13). Für die Findung einer Antwort wurden *Urim und Tummim (5Mo 33,8; nach 2Mo 28,30; 3Mo 8,8 das Vorrecht des Hohenpriesters) und der *Efod (1Sam 14,3.18.36f;23,6.9-12; 30,7f) gebraucht. Wie die genannten Gegenstände aussahen und gehandhabt wurden ist ungewiß; wahrscheinlich gehören sie in den Bereich des sakralen Loses. Daß man das Los geworfen hat, um Gottes Willen zu erfahren, bezeugen z.B. 1Sam 10,19-21; 14,38-42; im NT Apg 1,26. Es wurde aber auch gelost, um Schuldige zu entdecken (Jona 1,7). Bekannt und anerkannt waren in Israel wohl auch Baumorakel, wie die Hinweise auf die Orakel-Terebinthe (1Mo 12,6; 5Mo 11,30; Ri 9,37) zeigen. Das Rauschen bestimmter Bäume galt als Zeichen für Jahwes Beistand (2Sam 5, 24). Andere Formen der Wahrsagerei wie Leberschau (Hes 21,26) oder Pfeilorakel (2Kön 13,15-19; Hes 21, 26) waren teils als in anderen Ländern gebräuchlich bekannt, teils wurden sie wohl auch in Israel ausgeübt. Die Totenbeschwörung (Nekromantie) wurde sowohl in Israel (1Sam 28,3-25; Jes 8,19; 65,3f; 2Kön 21,6) als auch in seiner Umgebung (*Kanaan und *Ägypten) vorgenommen (5Mo 18,9-11; Jes 19,3).

Speziell die Totenbeschwörung war aber dem Gesetz nach verboten (3Mo 19,31; 5Mo 18,11). Die Könige *Saul (1Sam 28,3.9) und *Josia (2Kön 23, 24) sowie der Prophet *Jesaja (8,19) haben sie bekämpft. Saul ließ sie dennoch für sich selbst praktizieren, als er auf andere Weise keine Antwort Gottes erhielt (1Sam 28,6-19). König *Manasse etablierte sie offiziell (2Kön 21,6). Obwohl in Israel viele Arten mantischer Bräuche praktiziert wurden und somit als mit dem Jahwe-Glauben vereinbar angesehen wurden, gilt doch das Verbot von Wahrsagerei allg. für spezielle Formen wie Hellseherei, geheime Künste, Zauberei, Bannung, Geisterbeschwörung, Zeichendeuterei, durchs Feuer gehen, Feuer gehen, auf Vogelgeschrei und Zeichen achten und wird damit begründet, daß es »dem Herrn ein Greuel« ist (3Mo 19,26f; 5Mo 18,10. 12; 2Kön 21,6). H.P.

MAON, MAONITER/MËUNITER.

1. Nachkomme des kalebitischen Zweiges des Stammes Juda. M. war der Sohn Schammais und Vater der Einwohner Bet-Zurs (1Chr 2,45).

2. Eine Stadt mit Namen M. in Juda wird in der Liste von Jos 15,55 aufgeführt. Nabal, der erste Mann Abigajils, lebte dort (1Sam 25,2f). Chirbet-el-Maʿin, 14 km südl. von *Hebron und 20 km südwestl von *Gaza, dürfte die ursprüngliche Ortslage markieren. Spuren von Keramik aus der frühen Steinzeit und eine bemerkenswerte Synagoge mit Mosaiken aus dem späten 4.-6. Jh.v.Chr. wurden hier gefunden. Chirbet-el-Maʿin ist von Weideland umgeben; es ist wahrscheinlich die »Wüste Maon«, in der David Schutz vor Saul suchte (1Sam 23,24f) und durch einen Philisterstreifzug gerettet wurde (1Sam 23,27f).

3. Ein Volk im *Ostjordanland, das zusammen mit den *Amalekitern und den Sidoniern als Unterdrücker Israels erscheint (Ri 10,12: Maoniter). Die M. sind ein Hirtenvolk, das von den Königen *Hiskia (1Chr 4,41: Mëuniter) und *Usija (2Chr 26,7: Mëuniter) angegriffen wurde. Ihre Verbindung mit Arabern und *Ammonitern (2Chr 20,1: Mëuniter) legt Ma'an, südöstl. von *Petra, als ihre Heimat nahe.

Die Mëuniter werden in der offiziellen Liste der Heimkehrer aus dem babylon. Exil erwähnt (Esr 2,50; Neh 7,52). J.A.T.

MARA. (Hebr. *mārāh*, »bitter«). Der erste namentlich genannte Lagerplatz der Israeliten nach der Durchquerung des Roten Meeres wurde M. genannt, weil man dort nur bitteres Wasser fand (2Mo 15,23; 4Mo 33,8f), vielleicht auch im Gegensatz zu dem süßen Wasser des Niltales, an das sie gewöhnt waren. Im Zusammenhang mit der Annahme, daß der Weg der Israeliten anschließend zu den Bergen im S der Sinaihalbinsel führte, wird M. allg. mit dem heutigen Ain Hawarah, ca. 75 km südsüdöstl. von Suez identifiziert. H.H. Rowley (From Joseph to Joshua, 1950, S. 104) und J. Gray (VT 4, 1954, S. 149f) jedoch identifizierten M. mit *Kadesch, eine Ansicht, die von GTT, S. 252, Anm. 218 widerlegt wird; B. Rothenberg und Y. Aharoni (God's Wilderness, 1961, S. 11, 93f, 142ff) geben beide Ansichten wieder. (*Wüstenwanderung)

J.D.D./G.I.D.

MARANATA. Aram. Ausdruck (*māranā thā*), der in den griech. Mss. nicht übersetzt wird (im NT allein in 1Kor 16,22); M. wurde offenbar auch in den griech. sprechenden Gemeinden in der aram. Form gebraucht wie Amen und Halleluja (s. Did 10,6). M. kann »Unser Herr, komm!« oder »Unser Herr kommt« bedeuten. Die erste Bedeutung, die Bitte um Jesu baldige Wiederkunft, ist in Offb 22, 20 aufgenommen, und lautet dort in griech. Sprache: *erchou kyrie Iēsou.*

MARCHESCHWAN
s. Jahr

MARESCHA.

1. Nachkomme Judas (1Chr 2,3; 4,21).

2. Judäische Stadt in der *Schefela (Jos 15,44), von der aus die Straße durch das Wadi Zeita nach *Hebron verlief; heute Tell Sandahanna (Tel Marescha). Rehabeam (926-910 v.Chr.) befestigte M. (2Chr 11,8). Serach aus Kusch wurde in diesem Gebiet von König Asa (908-868 v.Chr.) besiegt (2Chr 14,8ff). In M. wurde der Prophet *Eliëser geboren (2Chr 20, 37), der z.Zt. Joschafats (868-847 v.Chr.) wirkte. In der *Makkabäerzeit war M. eine sidonische Kolonie und ein wichtiger Rückhalt Idumäas (1Makk 5,66; 2Makk 12,35; Zeno, Cairo Museum Pap. 59006; Jos.ant. Jud. 12.353; 14.75). Die Parther zerstörten es 40 v.Chr. (Jos.ant.Jud. 14.364); an seiner Stelle entstand 1,5 km weiter nördl. Eleutheropolis, heute Beit Guvrin oder Jibrin; ein Dorf westl. davon heißt heute Chirbet Marʿasch. Der Name, der wahrscheinlich von hebr. *rōʾsch* (Kopf) abgeleitet ist, scheint häufiger vorgekommen zu sein. J.P.U.L.

MARI. Ausgrabungen in M., heute Tell Harīri im Südosten Syriens, ca. 12 km nordnordwestl. von Abu Kemal am Euphrat gelegen, wurden 1933-39 und 1951-64 von André Parrot für den Louvre in Paris durchgeführt. Im AT wird der Ort nicht erwähnt, aber es zeigte sich, daß M. in strategisch bedeutender Lage Hauptstadt eines größeren *amorit. Stadtstaates im 2. Jt.v.Chr. gewesen war. Über 22 000 beschriebene Tontafeln, ein Viertel davon Staatsbriefe, geben wichtige Hintergrundinformation über die Zeit der bibl. Patriarchen.

Im 3. Jt.v.Chr. gegründet, war M. schon ein mächtiges Zentrum, als es eine Zeitlang unter der Oberhoheit von Ebrum von *Ebla stand; ca. 2250 v.Chr. wurde es von Sargon von Aga-

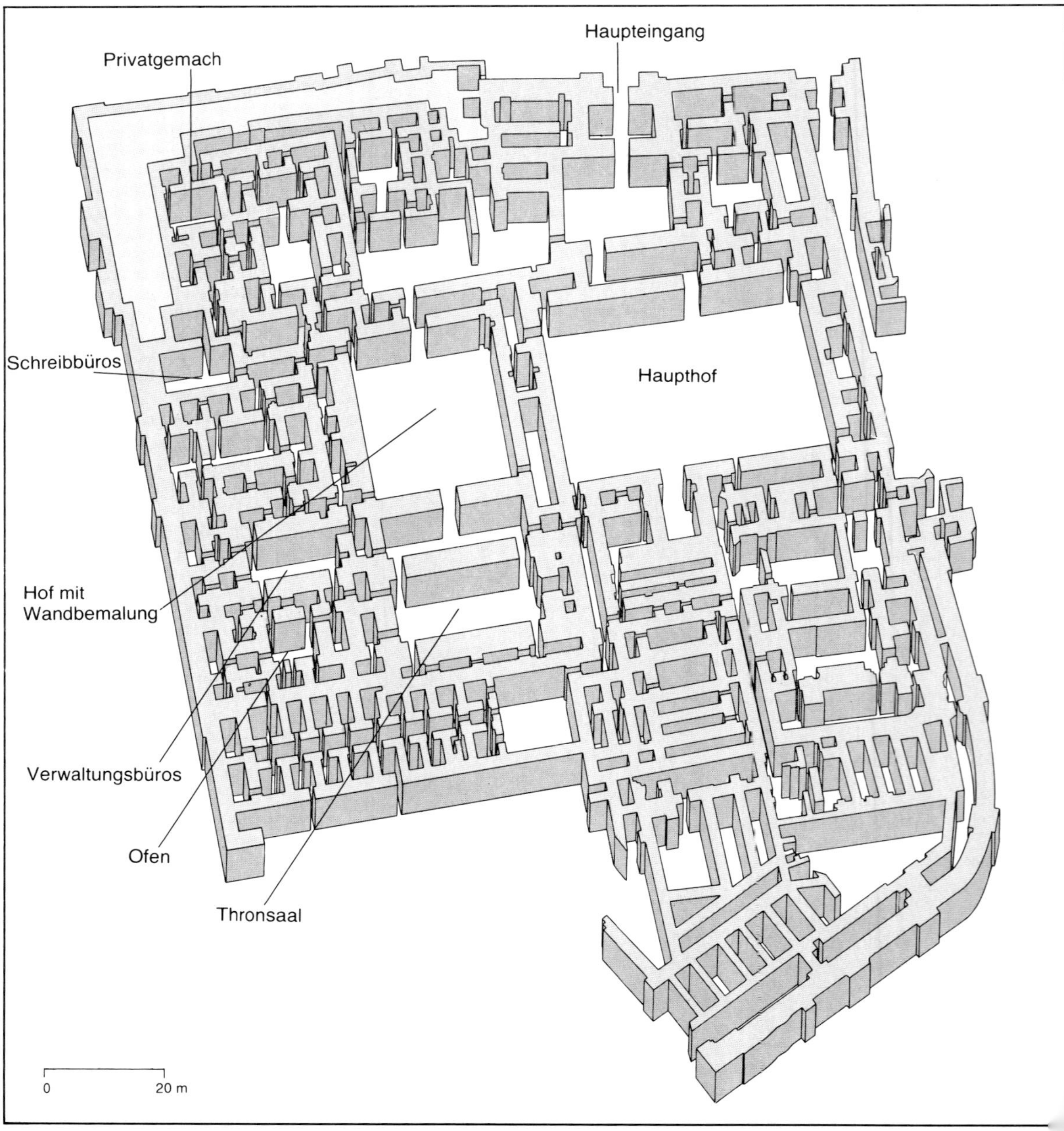

Marî, Palast des Zimrīlim in axiometrischer Darstellung. Ca. 1775 v.Chr.

de/*Akkad eingenommen. Danach wurde M. von Statthaltern die von *Ur abhängig waren, regiert, bis es von dem Amoriter Ischbierra befreit wurde. Ab ca. 1820 v.Chr. kontrollierte ein mächtiges Herrscherhaus unter König Jahdun-Lim, einem Sohn Jaggid-Lims, das Gebiet bis zum Mittelmeer. Er regierte die halbnomadischen Stämme in der Umgebung mit fester, aber gerechter Hand, zu ihnen gehörten die Sutu, Amnanum, Benjamini (»Benjaminiter«) und später die Hapiru (»Hebräer«), die mit den bibl. Hebräern nicht identisch sind. Seine Nachfolger Jasmah-Adad und Zimri-Lim (ca. 1775 v.Chr) waren mächtig, aber von den starken Stadtstaaten Aleppo (Jamhad), *Assyrien (Ninive) und *Babylon eingeschlossen. Die Dynastie fiel ca. 1769 v.Chr. an *Hammurabi von Babylon, von dem einer der Agenten Zimri-Lims berichtete, daß »es keinen König gibt, der wirklich selbst mächtig ist. Zehn von fünfzehn Königen gehen mit Hammurabi von Babylon, die gleiche Anzahl mit Rimschin von Larsa, mit Ibal-pi'el von Eschnunna und mit Amut-pi'el von Watānum. Zwanzig gehen mit Jarimlim von Jamhad.«

Diplomatische Angelegenheiten bestimmten die internationale Korrespondenz und den Austausch von Geschenken unter den Herrschern (Iraq 18,1958, S. 68-100). Gleichgestellte redeten sich gegenseitig mit »Bruder« an, Vasallen sprachen ihre Herren als »Vater« oder »Herr« an. Stammesführer bezeichnete man als »Väter«, und da wie in Ebla die örtliche Verwaltung in der Hand von Unterstatthaltern lag (*schāpitum;* vgl. hebr. *schopet,* oft fälschlicherweise mit »Richter« übersetzt), waren sie verantwortlich für Gesetz und Ordnung, Steuereintreibung, Wahrung der Gastfreundschaft gegenüber reisenden Würdenträgern usw., ähnlich der Rolle, die Abraham übernahm (BS 134, 1977, S. 228-237). Die Beziehungen zu den Nachbarn wurden durch schriftlichen Vertrag oder *Bund geregelt. Diese folgten einem Muster, das dem Syriens, Mesopotamiens und Palästinas in den folgenden Jh. ähnlich war. In M. wurden einige Bundesschlüsse in einem Ritual ratifiziert, daß das »Töten eines Esels« verlangte (*hajaram qatālum*). Auch im Hebr. ist davon die Rede, anscheinend wurde es von dem Sichemiten Bene Hamar (»Söhne eines Esels«) überliefert, der einen Bund mit *Jakob schloß (1Mo 33,14; 34,1-3). In M. stellten Propheten, die *āpil(t)u,* »männliche (oder weibliche) Antworter«, einer Gottheit Fragen. Sie konnten auch in einer Gruppe auftreten und wurden vom Herrscherhaus versorgt. Daneben gab es *muhhū,* Kultbeamte von niedrigem Rang, die möglicherweise in Ekstase anstelle der Gottheit in der ersten Person sprachen. Andere wieder wurden »Sprecher« (*qabbātum*) genannt und gehörten jeweils zu einem Gott oder Tempel. Auch Laien gaben göttliche Botschaft weiter oder berichteten von Visionen. In Verbindung mit Musik erklärten einige Tempelbeamte (z.B. *assinnu*): »So spricht der Gott...«. Ein Bericht von Ituraschdum an König Zimri-Lim enthält eine Traumoffenbarung im Tempel Dagans in Terqa. Die Botschaft war nicht gut, da der König versäumt hatte, regelmäßig seinem Gott zu berichten. »Hätte er dies getan, hätte er die Scheichs der Benjaminiter an Zimri-Lim ausgeliefert.« So wurde dem König auch mitgeteilt, welche Opfer von ihm erwartet wurden. Ein Prophet soll den Fall einer Stadt vorhergesagt haben. Dieses »prophetische« Wirken stützte sich größtenteils auf Wahrsagerei, magische Techniken, Träume, Eingeweideschau von Opfertieren und astronomische Beobachtungen und stand somit in deutlichem Gegensatz zu der Klarheit, Reichweite, dem Inhalt und Zweck der Prophezeiungen in Israel. In M. war die Volkszählung wie in Israel von besonderer rel. und ritueller Wichtigkeit und hatte keine unmittelbare politische, militärische oder wirtschaftliche Bedeutung (vgl. 2Sam 24). Der Vollzug politischer Reformen und die Klärung der Landverteilung sollte zur Reinigung des Volkes beitragen (hebr. *kōpher,* Mari: *tebibtum*), aber auch zu seinem inneren Zusammenhalt (*pqd,* »jeder, der gezählt ist«; vgl. 2Mo 30,13f) und Selbstwertgefühl. Die vielen Listen enthalten Personennamen eines weiten kosmopolitischen Bereichs, einige der darin erwähnten Personen sind Gestalten des AT ähnlich, aber nicht

Wandgemälde im Audienzsaal des Palastes Zimrīlims in Mari, Syrien, mit der Göttin Ischtar, die eine Gabe erhält. 18. Jh. v.Chr. (AP)

Sitzfigur des Ebih-il (Ebichil) aus dem Ischtar-Tempel. Er trägt einen »Kaunakes«-Rock mit stilisierten Blütenblättern. Höhe 0.52 m. Mitte des 3. Jt.v.Chr. (MC)

mit ihnen zu identifizieren: Ariukku (vgl. Arjoch aus 1Mo 14,1), Abarama, Yaqub-'el oder der Titel dawīdum, »Oberhaupt« (vgl. »David«), von dem man neuerdings annimmt, daß er »Niederlage« bedeutet (JNES 17,1958, S. 130). Ortsnamen in den Texten lassen an Har(r)an, Nahur (Nahor), Til-Turahi (Terach) und Sarug (Serug; vgl. 1Mo 11,20ff) denken. Die einzige Stadt in Palästina, die direkt erwähnt wird, ist *Hazor.

Die Texte geben einen detaillierten Einblick in das tägliche Leben, besonders im königlichen Palast mit seinen 300 Räumen, seinen verschiedenen Archiven, die nicht nur zwischenstaatliche Angelegenheiten, sondern auch Einzelheiten im Blick auf Importe von Wein, Honig, Öl, Wolle, Eis und anderen Luxusgütern behandeln. Weitere Briefe sprechen vom Bedarf des Palastes, der sich aus den Pflichten der königlichen Gastfreundschaft ergab sowie aus den rituellen Festen, die zu Ehren verstorbener Vorfahren gegeben wurden. Zur Götterwelt in M. zählten die Sonne (Saps), der Mond (Sin, Jerah), der Sturmgott (Adad) sowie die Göttin Ischtar, 'Attar, der Gott Dagan (*Dagon), Ba'al, 'El, Rasap (Gott der Unterwelt) und viele andere (einschließlich Lim, »die tausend Götter«). Alle diese Gottheiten könnten Terach bekannt gewesen sein (Jos 24,2).

Ergiebige Quellen, die auch über die Stellung der Frau und der Familie Auskunft geben, sind in einem semit. Dialekt geschrieben, der manchen Teilen des Pentateuch ähnlich ist. Von ihnen sind noch viele Informationen über das Leben zur Zeit der Patriarchen zu erwarten.

Literatur: A. Parrot: Mari, Capitale fabuleuse, 1974; G. Dossin et al.: Archives royales de Mari, 1-15, 1941-78; B.F. Batta: Studies in Women at Mari, 1974; E. Noort: Untersuchungen zum Gottesbescheid in Mari, 1977; zu den Prophezeiungen s.VT. S 15/1966, 207-227; 17/1969, 112-138; VT 27/1977, 178-195; HTR 63/1970, 1–28. D.J.W.

MARIA.

Der Name erscheint im NT als Maria oder Mariam. Beides sind griech. Formen des hebr. Namens Miriam, der in der LXX (für die Schwester Moses) Mariam geschrieben wird. Er läßt sich möglicherweise von dem ägyptischen Marye, »Geliebte« ableiten (vgl. aber A.H. Gardiner: JAOS 56, 1936, S. 194-197). Im NT bezieht sich der Name auf folgende Personen:

1. Maria, die Mutter des Herrn.

Unsere Informationsquellen über Jesu Mutter sind weitgehend beschränkt auf die Kindheitserzählungen bei Matthäus und Lukas. Dort erfahren wir, daß M., als ein *Engel ihr die Geburt Jesu ankündigte, in *Nazareth in *Galiläa lebte und mit einem Zimmermann namens *Josef verlobt war (Lk 1,26f). Lukas berichtet auch, daß Josef ein Nachkomme Davids war (a.a.O.). Über die Empfängnis Jesu wird gesagt, daß sie »von dem heiligen Geist« kam (Mt 1,18; vgl. Lk 1,35); geboren wurde er in Bethlehem gegen Ende der Herrschaft *Herodes des Großen (Mt 2,1; Lk 1,5; 2,4; s. *Jungfrauengeburt).

Sowohl Mt 2,23 und Lk 2,39 berichten, daß die heilige Familie nach der Geburt Jesu in Nazareth lebte. Matthäus berichtet darüber hinaus von einer Flucht nach Ägypten vor dem eifersüchtigen Zorn des Herodes. Lukas erzählt von M.s Besuch bei ihrer Verwandten *Elisabeth, die sie als »Mutter meines Herrn« mit den Worten begrüßte: »Gepriesen bist du unter den Frauen« (1,42f). Lukas überliefert auch M.s Lobgesang (Magnifikat: 1,46-55), wo einige alte Handschriften »Elisabeth« als Sprecherin statt »Maria« lesen. Eine Begebenheit aus Christi Kindheit berichtet Lukas (2,41-51), der die für eine ängstliche Mutter typischen Worte der Maria (V. 48) als auch die bekannte Antwort Jesu überliefert: »Wißt ihr nicht, daß ich sein muß in dem, was meines Vaters ist?« (V. 49).

In den Evv. finden sich nur wenige Hinweise auf M. Offenbar begleitete sie Jesus nicht auf seinen Reisen, nahm aber mit ihm an der Hochzeit in *Kana teil (Joh 2,1ff). Der Tadel, den sie bei dieser Gelegenheit von Jesus erfährt: »Was geht's dich an, Frau, was ich tue?« (V. 4), drückt eher Erstaunen aus als Härte (vgl. Lk 2,49 und den zärtlichen Gebrauch des Wortes *gynai*, »Frau«, in Joh 19,26; s. auch Mk 3,31ff, wo der Herr geistliche Treue über die Familienbeziehung stellt; zu V. 35 vgl. Lk 11,27f). Schließlich treffen wir M. unter dem Kreuz wieder (Joh 19,25), wo Jesus sie der Fürsorge des Jüngers, den er lieb hatte, anvertraut (V. 26f). Eine deutliche Bezugnahme auf M. im NT steht in Apg 1,14, wo von ihr und den Jüngern gesagt wird, daß alle stets beieinander waren, »einmütig im Gebet«.

Die knappe ntl. Skizze von M. und ihrer Beziehung zu Jesus hat viele Lücken, die schnell von frommen Legenden gefüllt wurden. Aber wir können die Berichte der Evv. nicht über ihre geschichtlichen Grenzen hinaus auspressen; d.h. wir müssen damit zufrieden sein, M.s Demut, Gehorsam und Hingabe an Jesus zu sehen. Da sie die Mutter des Herrn war, kann man nicht weniger von ihr sagen als ihre Verwandte Elisabeth: daß sie »gepriesen ist unter den Frauen«.

Literatur: I. de Satge: Mary and the Christian Gospel, 1976; R.E. Brown (Hrsg.): Mary, 1977; I. McHugh: The Mother of Jesus in the New Testament, 1975.

2. Maria, die Schwester Martas.

Sie wird nur bei Lukas und Johannes namentlich erwähnt. Lk 10,38-42 berichtet, daß Jesus, nachdem die Zweiundsiebzig zu ihm zurückgekehrt waren (V. 17), in ein »Dorf« kam (in Joh 11,1 als *Betanien identifiziert, etwa 3 km östl. vom Gipfel des Ölberges), wo ihn *Marta, die eine Schwester namens M. hatte, in ihrem Haus aufnahm. In der folgenden Erzählung wird Marta vom Herrn getadelt, weil sie sich über ihre Schwester M. beklagt, die lieber sein Wort hört, als bei der Arbeit zu helfen. Joh 11 beschreibt das Treffen zwischen Jesus und den Schwestern M. und Marta in Betanien anläßlich des Todes ihres Bruders *Lazarus. M. wird hier (V. 2) als die bezeichnet, »die den Herrn mit Salböl gesalbt und seine Füße mit ihrem Haar abgetrocknet hatte«; diese Salbung wird dann fast unmittelbar im Anschluß an die Auferwekkung des Lazarus (11,43f) berichtet (12,1ff).

Alle vier Evv. enthalten einen Bericht von der Salbung Jesu durch eine Frau (Mt 26,6-13; Mk 14,3-9; Lk 7,37-50; Joh 12,1-8). Die Schwierigkeit besteht darin, zu entscheiden, ob diese vier Berichte sich auf die gleiche Begebenheit beziehen, und wenn nicht, ob jeweils dieselbe Frau daran beteiligt war. Matthäus und Markus stimmen in ihren Darstellungen mehr oder weniger überein; Lukas' Bericht weicht weitgehend von ihnen ab (besonders darin, daß er die Begebenheit nach Galiläa verlegt, als Johannes der Täufer im Gefängnis saß, statt nach Betanien kurz vor Jesu Tod); der Bericht des Johannes ist von den anderen drei unabhängig. Nur bei Johannes wird die Frau mit Namen genannt und – wie wir sahen - klar als M., die Schwester Martas, identifiziert. Lukas allein fügt hinzu, daß die Frau »eine Sünderin« war (7,37); bei Matthäus und Markus findet die Szene in Betanien »im Haus Simons des Aussätzigen« statt; und beide stimmen entgegen Lukas und Johannes darin überein, daß der Kopf und nicht die Füße Jesu gesalbt wurden.

Verschiedene Versuche sind gemacht worden, um diese Unterschiede aufzulösen. Ein Vorschlag lautet, daß Lukas eine andere Begebenheit beschreibt, aber daß es die gleiche Frau ist, die die Salbung vornimmt. Die Schwierigkeit dieser Ansicht (die besonders in der latein. Kirche vertreten wird) ist die Bezeichnung »Sünderin« für die fromm lebende M. von Betanien. Es waren in der Tat diese Beschreibung und das Fehlen weiterer Nachrichten, die mittelalterliche Gelehrte dazu brachten, die Sünderin aus dem Bericht des Lukas mit Maria Magdalena gleichzusetzen (eine Erörterung darüber s.u. 3. »Maria Magdalena«), und diese wiederum aufgrund der oben beschriebenen Verwirrung mit M. von Betanien. Johannes muß jedoch die wahre Identität der beiden Frauen bekannt gewesen sein, und ihm konnte nicht daran gelegen sein, seine Leser zu verwirren. Es gibt keine Rechtfertigung dafür, M. von Betanien mit Maria Magdalena gleichzusetzen und sicherlich genauso wenig, eine von beiden mit der Sünderin von Lk 7 in Verbindung zu bringen.

Die zweite hauptsächliche Ansicht ist die, daß zwei Salbungen des Herrn stattfanden, eine von einer reuigen Sünderin in Galiläa und eine weitere von M. von Betanien. In diesem Fall bezieht sich die Bezeichnung von M. in Joh 11,2, als die, die »den Herrn mit Salböl gesalbt hat«, auf ein erst später kommendes Ereignis. Die einzige Schwierigkeit bei dieser Ansicht besteht darin, daß das, was Jesus offenbar als eine einzigartige Handlung betrachtet hat, deren einmaligen Charakter er mit seinem Lob klar unterstreichen will (Mt 26,13; Mk 14,9), wiederholt worden wäre. Dennoch ist diese Interpretation die am meisten befriedigende; sie löst mehr Probleme, als sie aufwirft. Origenes vertrat die Ansicht, daß mindestens drei Salbungen durch zwei oder drei verschiedene Personen stattgefunden haben. M.s Handlung ist als spontaner Ausdruck ihrer Hingabe an Jesus zu verstehen, der in seiner Art und in der Zeitwahl Jesu Tod vorwegnimmt und daher mit ihm verbunden ist.

3. Maria Magdalena.

Der Name ist wahrscheinlich von der galiläischen Stadt *Magdala abgeleitet. Vor Beginn der Passionsgeschichten wird sie nur in Lk 8,2 erwähnt, wo wir lesen, daß zu den Frauen, die von Geistern besessen und geheilt worden waren und die den Herrn und seine Jünger bei ihrem evangelistischen Dienst begleiteten, auch »Maria, genannt Magdalena« gehörte, »von der sieben böse Geister ausgefahren waren« (vgl. Mk 16,9, im längeren Schlußteil).

Die Krankheit, von der M. geheilt wurde, auf den physischen, geistigen oder moralischen Bereich zu begrenzen, ist jedenfalls vom bibl. Bericht her nicht möglich. Dies ist ein weiterer Grund, sich einer Identifikation von M. Magdalena mit der »Sünderin« von Lk 7 zu widersetzen (s.o. 2.). Wenn Lukas gewußt hätte, daß die M. aus Kap. 8 die gleiche Person war wie die Sünderin aus Kap. 7, hätte er dann die Verbindung nicht deutlich gemacht?

Zusammen mit den anderen Frauen, die mit Jesus aus Galiläa gekommen waren (s.u. 4.), taucht M. Magdalena wieder bei der Kreuzigung auf. Im Bericht des Johannes von der Auferstehung wird beschrieben, wie der Herr M. allein erschien. Die Version im längeren Schluß des MkEv.s ist kurz und nicht chronologisch eingeordnet. Kleine Unterschiede gibt es in den Berichten von der Ankunft der Frauen am Grab. M. geht zusammen mit den anderen los (Mt 28,1; Mk 16,1), läuft dann aber offenbar voraus und trifft als erste am Grab ein (Joh 20,1). Darauf erzählt sie Petrus und dem Lieblingsjünger, was geschehen war (Joh 20,2), und wird dort von den anderen Frauen eingeholt (Lk 24,10). Sie kehrt mit Petrus und dem Lieblingsjünger zum Grab zurück und bleibt, nachdem diese wieder gegangen waren, weinend allein (Joh 20,11). Jetzt sieht sie zwei Engel (V. 12) und schließlich den auferstandenen Christus selbst (V. 14), der den berühmten Befehl: *noli me tangere*, »Rühr mich nicht an!« an sie richtet (V. 17). M.s Beziehung zu ihrem Herrn mußte nach seiner Auferstehung natürlich von anderer Art sein und sich in einer anderen Dimension fortsetzen.

4. Maria, die Mutter des Jakobus; »die andere Maria«; Maria »des *Klopas«.

Es ist sehr wahrscheinlich, daß alle drei Namen sich auf die gleiche Person beziehen. M., die Mutter des *Jakobus und *Josef, wird zusammen mit M. Magdalena bei den Frauen aufgeführt, die Jesus nach Jerusalem begleiteten und bei der Kreuzigung anwesend waren (Mt 27,55f). Wenn gleich darauf (V. 61) gesagt wird, daß M. Magdalena und »die andere Maria« nach dem Begräbnis dem Grab gegenüber saßen, kann man wohl annehmen, daß damit die gleiche M., die Mutter des Jakobus, gemeint ist. »Die andere Maria« erscheint mit Maria Magdalena auch am Morgen des Auferstehungstages (Mt 28,1).

Von den anderen Synoptikern erfahren wir weitere Einzelheiten. Markus nennt sie (15,40) »Maria, die Mutter Jakobus des Kleinen und des Joses«, die mit Maria Magdalena und Salome die Kreuzigung beobachtete. In Mk 15,47 wird sie *Maria hē Iōsētos* (»Maria, die des Joses«, LÜ: »die Mutter des Joses«) genannt, und in 16,1 erscheint sie wieder (als *Maria hē Iakōbou*, »Maria, die des Jakobus«, LÜ: »Maria, die Mutter des Jakobus«) mit Salome und Maria Magdalena und bringt am Morgen des Auferstehungstages Gewürze zum Grab, um den Leichnam Jesu zu salben. Lukas fügt hinzu (24,10), daß auch Johanna wie Maria Magdalena und Maria, die Mutter des Jakobus, unter den Frauen war, die die Kreuzigung Christi beobachtet hatten und den Aposteln von den Ereignissen bei der Auferstehung berichteten.

Johannes bezeichnet diese M. als *hē tou Klōpa* (»die des Klopas«), als er erzählt (19,25), daß bei Jesu Kreuz seine Mutter und die Schwester seiner Mutter, »Maria, die Frau des Klopas« und Maria Magdalena standen. Der Genitiv *Klōpa* ist wahrscheinlich als »(Frau) des Klopas« und nicht »(Tochter) des Klopas« zu übersetzen. Nach der Liste in Mk 15,40 zu urteilen, ist es ziemlich klar, daß »Maria, die des Klopas« die gleiche Person ist wie M., die Mutter des Jakobus. Hegesippus überliefert (s. Eus., h.e. III, 11), daß *Klopas der Bruder Josefs, des Mannes der Maria (der Mutter Jesu) war. (Der »*Kleopas« in Lk 24,18 ist ein anderer.)

5. Maria, die Mutter des Markus.

Der einzige Hinweis im NT auf diese M. findet sich in Apg 12,12. Nachdem Petrus aus dem Gefängnis entkommen war (12,6ff), ging er zuerst zum Haus dieser M. in Jerusalem, das offenbar ein Versammlungsort der Christen war. Da *Markus der Vetter des Barnabas genannt wird (Kol 4,10), war Barnabas also der Neffe dieser M.

6. Maria, die von Paulus gegrüßt wird.

Ihr Name erscheint unter den 24 Personen in Röm 16, an die Paulus Grüße sendet (V. 6). Dort wird sie als eine beschrieben, die »viel Mühe und Arbeit« um die Gemeinde gehabt hat. Sonst ist nichts weiter von ihr bekannt. S.S.S.

MARKT, MARKTPLATZ. Im AT wird damit das hebr. *ma'arāb*, »Ware, Tauschartikel« (Hes 27,13.17.19.25) übersetzt. Jes 23,3 steht hebr. *sechar* für den Handelsplatz von Tyrus. Beide hebr. Worte beschreiben das Handelszentrum einer orientalischen Stadt.

Im NT steht das griech. Wort *agora*, »Versammlungsplatz«, für den Ort, der nicht nur Handelsplatz, sondern auch öffentlicher Aufenthaltsort war. Oft war der M. verziert mit Statuen und Säulengängen. Auf dem M. spielte sich das öffentliche Leben ab. Hierher wurden die Kranken gebracht (Mk 6,56), Kinder spielten (Mt 11,16; Lk 7,32) und Tagelöhner warteten, um ihre Dienste anzubieten (Mt 20,3; vgl. Apg 17,5, *agoraioi*, »[üble Männer] aus dem Pöbel [die dort herumstanden]«). Auf dem M. wurden in heidnischen Städten auch gerichtliche Voruntersuchungen abgehalten (Apg 16,19; vgl. 19,38ff) und philosophische und rel. Diskussionen geführt (Paulus in Athen: Apg 17,17.28). Eine alte Beschreibung dieser *agora* bietet Pausanias (1,2-17); zu den Ergebnissen der Ausgrabungen vgl. American School of Class. Studies: The Athenian Agora, 1962. B.F.H.

MARKUS (JOHANNES). Seit alters gilt Johannes Markus als Autor des *Markusevangeliums. Er war offenbar ein Jude aus *Jerusalem. Sein hebr. Name war Jochanan (»Jahwe ist gnädig«, vgl. 2Kön 25,23 LÜ: »Johanan«). Sein latein. Name Marcus ist nicht so leicht zu erklären. Zwar nahmen manchmal jüd. Sklaven den Sippennamen ihrer früheren Herren an, wenn sie freigelassen wurden; doch Markus ist kein Sippen-, sondern ein Vorname. War sein Vater ein Römer, seine Mutter eine Jüdin (vgl. Apg 12.12)? Trug er den hebr. Namen nur aus rel. Gründen? Unsere Quellen geben keine Klarheit. Der Kirchenvater Hippolyt gab ihm den Beinamen *kolobodaktylos*, d.h. »der Stummelfingrige« (ref. VII, 30). Vermutlich weist diese Bezeichnung auf eine körperliche Anomalie, die M. an der Ausübung levitischer Dienste hinderte. Daß M. ein Levit war, ergibt sich daraus, daß sein Vetter *Barnabas als Levit bezeichnet wird (Apg 4,36; Kol 4,10). Eine alte Tradition berichtet, M. habe sich nach seiner Bekehrung durch Abschneiden des Daumens selbst verstümmelt, um jede Brücke zu seiner Vergangenheit zu zerstören (vgl. Mk 9,43).

*Maria, die Mutter des M., war mit *Barnabas verwandt (Kol 4,10). Sie scheint eine wohlhabende Frau gewesen zu sein. In ihrem Haus konnte sich die Urgemeinde versammeln (Apg 12,12). Sie verfügte über Hauspersonal. Ihr Ehemann war zu diesem Zeitpunkt wohl bereits verstorben, weil er nirgends erwähnt wird (oder wird er nicht genannt, weil er röm. Heide war? Dann wäre die missionarische Stoßrichtung des MkEv.s noch verständlicher!).

Modell des Marktplatzes (Agora) von Athen im 2. Jh.n.Chr. (ASCS)

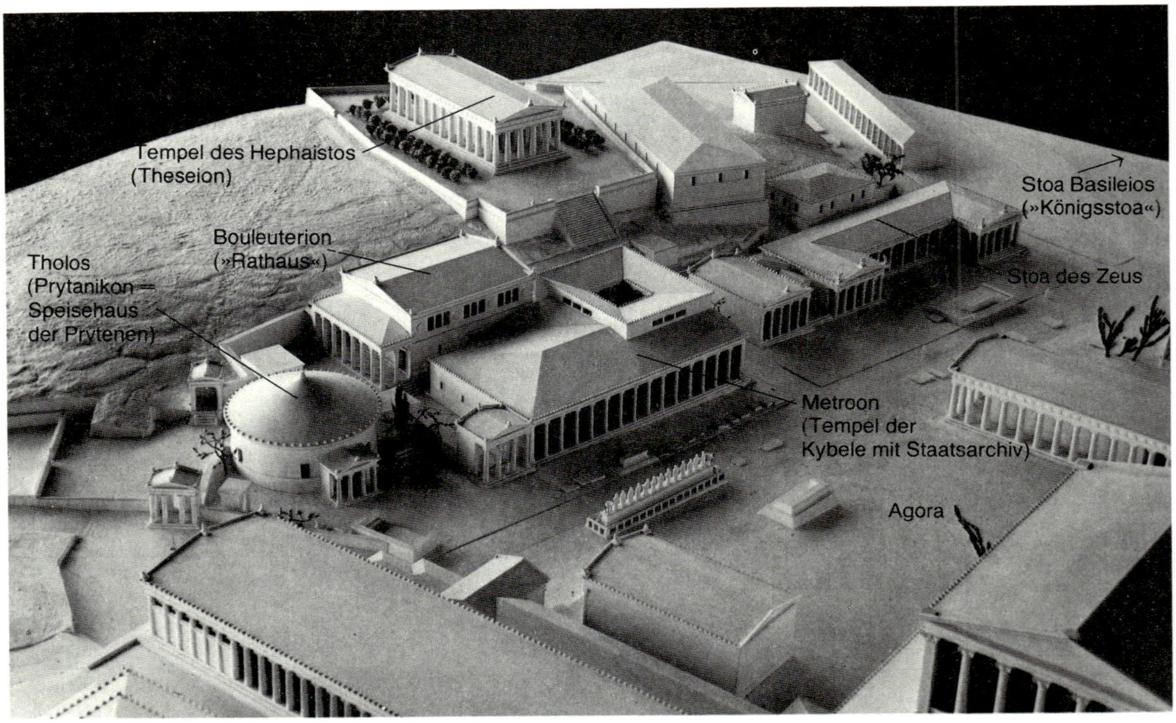

Vermutungen, M. in dem Mann mit dem Wasserkrug von Mk 14,13 bzw. in dem flüchtenden Jüngling von 14,51f zu erkennen, lassen sich letztlich nicht beweisen, wenngleich manches dafür spricht, daß sich der Autor des Ev.s hier – mittelalterlichen Malern gleich - selbst abgebildet hat. Noch weiter geht die Annahme Th. Zahns, daß das Haus des letzten Mahls Jesu das elterliche Haus des M. gewesen sei (Die Dormitio Sanctae Virginis u.d. Haus d. Joh. Markus, 1899). Fest steht nur, daß M. in der Urgemeinde eine wohlbekannte Person gewesen sein muß, auf die man sich ohne weitere Erklärung beziehen konnte.

Diese Bekanntheit erlangte er aber wohl erst später, als er von *Barnabas und *Paulus von *Jerusalem aus mitgenommen und in die Gemeinde von *Antiochia eingeführt wurde (Apg 12,25). M. begleitete sie als ihr Gehilfe zu Beginn ihrer ersten Missionsreise nach Zypern (Apg 13,5). Bei der Weiterreise auf dem Festland verließ er die Gruppe jedoch in *Perge und kehrte zurück nach Jerusalem (!). Wegen dieser Trennung weigerte sich *Paulus vor Beginn der zweiten Reise, M. abermals mitzunehmen, worauf es zum Bruch mit Barnabas kam (Apg 15,38). M. begleitete daraufhin zunächst seinen Vetter Barnabas auf dessen Reise.

Den weiteren Lebensweg des M. können wir aus den ntl. Briefen nur schwer rekonstruieren. Als Paulus – vermutlich von Rom aus – den *Kolosserbrief schrieb, war M. bei ihm (Kol 4,10). Paulus hatte wohl die Absicht, ihn mit einem Auftrag nach *Kolossae zu senden, weshalb er der dortigen Gemeinde seinetwegen besondere Weisung erteilte (auch hier wirkt das vordem schwierige Verhältnis offenbar noch nach). In Phlm 24 wird M. in einem Atemzug mit *Lukas genannt, was im Blick auf die beiden Evv. aufschlußreich ist. Als Paulus den 2. Timotheusbrief diktierte, war M. zusammen mit *Timotheus unterwegs, möglicherweise auf der in Kol 4,10 genannten Mission in Kleinasien (2Tim 4,11).

Das besondere enge Verhältnis zu *Petrus zeigt sich in 1Petr 5,13 (»mein Sohn Markus«). Sehr wahrscheinlich ist *Babylon in diesem Vers Deckname für *Rom. Dann aber ist hier ein Hinweis auf die röm. Ursprünge des MkEv.s gegeben.

In den Schriften der frühen Kirchenväter findet sich eine Reihe von

Der Marktplatz (Agora) von Athen unterhalb des Tempels des Hephaistos, 5. Jh.v.Chr. und später. (SH)

Hinweisen auf M. Gut belegt ist, daß zum einen das MkEv. auf M. zurückgeht, zum anderen, daß er ein besonders enges Verhältnis zu Petrus hatte, und daß schließlich Rom dabei eine wichtige Rolle spielte. Hinzu kommen mehr oder weniger gut bezeugte, teilweise vermutlich legendäre Traditionen. M. war der »Hermeneut« (Dolmetscher?/Interpret?) des Petrus (so Papias unter Berufung auf den Presbyter Johannes, bei Eus.h.e III, 39, 15), der in loser Reihenfolge aufschrieb, was Petrus verkündigte. Nach dem monarchianischen Prolog zum MkEv. soll er von Petrus getauft und später der erste Bischof von *Alexandria gewesen sein (nach Eus.h.e. II,24 bis zum Jahr 62). Der röm. Märtyrerkalender nennt M. unter dem 25. April mit Todesort Alexandria. M. wäre dann nach seinem Lehramt in Alexandria mit Petrus zusammen in Rom gewesen und (nach dessen Tod?) dorthin zurückgekehrt. Das Ende seines Lebens läßt sich am wenigsten sicher darstellen. Als gesichert darf aber seine Verbindung zu Petrus und seine Verfasserschaft des gleichnamigen Ev.s angesehen werden.

Literatur: W. Grundmann: Das Evangelium nach Markus, [7]1977, § 4; s.a. Literatur zu *Markus, Evangelium.

A.C./H.W.N.

MARKUS, EVANGELIUM.

I. AUFBAU.

1,1: Bucheröffnung;
1,2-13: Jesus beginnt seinen Weg;
1,14-45: Jesus ruft in Galiläa die Gottesherrschaft aus;
2,1-3,6: Streitgespräche in Galiläa;
3,7-6,29: Scheidung zwischen Volk und Jüngern;
6,30-8,26: Gottes Herrschaft kommt zu Juden und Heiden;
8,27-10,52: Auf dem Weg nach Jerusalem;
11,1-12,44: Jesu Wirken in Jerusalem;
13,1-37: Die Abschiedsrede Jesu;
14,1-16,8: Leiden, Tod und Auferstehung Jesu;
14,3-42: Jesu Abschied von den Jüngern;
14,43-15,20: Verhandlung vor der jüd. und röm. Rechtsbehörde;
15,21-47: Kreuzigung und Tod;
16,1-8: Ereignisse am Ostermorgen;
16,9-20: Schluß: Ostererscheinungen und Himmelfahrt.

Das MkEv. als schriftlicher Befund vom Ausbruch des Reiches Gottes durch das Wirken Jesu in Worten und Taten gliedert sich in zwei große Teile. Der Einschnitt liegt nach 8,26. Unter geographischem Gesichtspunkt ist festzustellen, daß Jesu Reisetätigkeit ihren nördlichsten Punkt erreicht hat. Von hier führt sein Weg zielstrebig nach S, nach Jerusalem. Inhaltlich verlagert sich der Schwerpunkt von der Wandertätigkeit Jesu auf seine Jüngerbelehrung. Der 2. Teil bringt nur noch drei Machttaten Jesu, die unter dem Gesichtspunkt der Belehrung erzählt werden (9,14-29; 10,46-52; 11,12-14.20-25). Im 1.Teil wird zwar die Tatsache der Belehrung erwähnt, jedoch mit Ausnahme von Kap. 4 nicht deren Inhalt. Weiterhin läßt sich inhaltlich feststellen, daß – abgesehen von 1,1 – erst im 2. Teil der Titel »Christus« vorkommt (8,29; 9,41; 12.35; 13,21; 14,61; 15,32). Das Messiasgeheimnis wird fortschreitend gelüftet. Im 1. Teil hält Jesus die Antwort bzgl. des Geheimnisses seiner Person zurück.

Die Himmelsstimme identifiziert ihn, aber nur in der persönlichen Anrede »Du« (1,11). Die Dämonen kennen ihn, erhalten aber das Gebot zu schweigen (1,25.34; 3,12; 5,6.8). Den Zeugen machtvoller Wunder gebietet Jesus ebenfalls Schweigen (5,43; 1,44a; 7,36; 8,26). Im 2. Teil dagegen wird Jesus im Jüngerkreis als der Christus bekannt (8,29; vgl. 9,7), danach vor den Pilgern (10,47-49), angesichts Jerusalems (11,9f), vor dem Hohen Rat (14,61f), vor Pilatus (15,2) und vor ganz Israel (15,9.12.26.32.39). Der Auflösung des Messiasgeheimnisses geht die Aufrichtung des Leidensgeheimnisses parallel. Das Leidensgeheimnis ist mit dem Menschensohn-Titel verbunden. 12 (der 14) Stellen, in denen der Titel »Menschensohn« begegnet, erscheinen im 2. Teil. Wie das Messias-Geheimnis vom 1. Teil im 2. Teil gelüftet wird, wird das Menschensohn-Geheimnis vom 2. Teil in der Auferstehung offenbar (wie 9,9 angekündigt). Der Hauptmann unter dem Kreuz (15,39) ist Platzhalter der neuen Gemeinde des Auferstandenen, die sich 16,7 abzeichnet.

II. FRAGEN DER VERFASSERSCHAFT

Die älteste Handschrift, die größere Teile des MkEv.s enthält, der Chester Beatty Papyrus I (Cp [45]) aus dem 3. Jh., beginnt erst bei 4,36 und enthält somit die uns geläufige »Überschrift« des Ev.s »nach Markus« nicht. Diese Information überliefern erst der Kodex Vaticanus und der Kodex Sinaiticus aus dem 4. Jh. Eine solche Überschrift kommt bei allen vier Evv. vor, was es wahrscheinlich macht, daß sie von anderer Hand, z.B. vom Bibliothekar zwecks Katalogisierung, eingeführt wurden (vgl. *Evangelien).

Im MkEv. selbst kommt der Name Markus nicht vor. Daraus kann geschlossen werden, daß der Verfasser seinen ersten Lesern wohlbekannt war, da er sonst nicht den Auftrag

Markus 8,10–26; Blatt aus dem Papyrus-Kodex p^{45} *(Chester Beatty I), spätes 2./frühes 3. Jh.* (CBI.)

zur Niederschrift erhalten hätte und sein Werk solches Ansehen errungen hätte. Der Verfasser war wohl auch deswegen bekannt, weil die ersten Christen in überschaubaren Gemeinden lebten. Das Buch selbst liefert auch kein Selbstzeugnis (»Fingerabdrücke«), das eine klare Auskunft über den Verfasser zuließe.

Allerdings: die Kenntnis der ersten Lesergeneration über den Verfasser hat sich fortgepflanzt. Euseb zitiert in seiner Kirchengeschichte (h.e. III, 39, 15; Text bei Aland, Synopse, S. 531) nach 337 n.Chr. aus dem Werk des 200 Jahre vor ihm lebenden Bischofs Papias (um 70 n.Chr. geboren; Michaelis, S. 26), der wiedergibt, was er (Papias) in seiner Jugend in *Ephesus gehört hat: daß Markus als Mittelsmann des Petrus das Ev. aufzeichnete und große Sorgfalt darauf verwandte.

Diese Papias-Notiz wurde erst in der Neuzeit als »historisch wertlos« (Marxsen; in diesem Sinn auch Bultmann, Conzelmann, Vielhauer, Haenchen, Niederwimmer u.a.) erklärt, wobei andere Forscher sie als »im Ganzen richtig dargestellt« bezeichnen (Michaelis, S. 51; in diesem Sinn H.J. Holtzmann, Schniewind, Wikenhauser, Schmid, Kurzing, Gnilka, Hengel). Für die Forscher der ersten Gruppe gilt, daß sie den »Stoff« der Evv. fast ausschließlich auf die Kreativität der nachösterlichen Gemeinde zurückführen. Dazu paßt dann nicht, daß nach Papias Markus das weitergibt, was er bei Petrus (aus dem Zwölferkreis) gelernt hat, und somit die Wurzeln des »Evangelienstoffes« in das irdische Leben Jesu hinabsenkt.

Für die Notiz des Papias spricht, daß Markus schon um 100 n.Chr. unbeanstandet als Verfasser gilt. In dieser kurzen Zeit seit der Entstehung des Ev.s konnte sich eine Legende nicht etablieren. Zum andern: warum sollte eine Legende ausgerechnet einen Nichtapostel, einen Nichtjünger, einen Mann aus dem dritten Glied und dazu keine Glanzfigur der Urchristenheit als Verfasser und damit auch als Garant des Ev.s wählen?

Der Text des MkEv.s bekräftigt, daß dem Verfasser Nachrichten aus erster Hand vorgelegen haben, da er auch entbehrliche Nebensachen genau und farbig schildert (z.B. 2,2; 2,14; 3,17; 4,38; 5,22; 6,39; 10,46; 14,3; 14,66; 15,21; 15,40; 16,1).

III. ZUR PERSON DES MARKUS (JOHANNES).

In Apg 12,12 erfahren wir, daß er der Sohn der *Maria ist. Er trug den jüd. Namen Johannes, als späterer Heidenmissionar ist er besser bekannt unter seinem latein. Namen Markus (so Apg 15,39; Kol 4,1; Phlm 24; 2Tim 4,11; 1Petr 5,13; nur Johannes in Apg 13,5.13; mit Doppelnamen noch Apg 12,25; 15,37). Seine Familie könnte aus *Zypern gestammt haben, zumindest sein Vetter *Barnabas kam von dort (Kol 4,10). Barnabas war ein Levit (Apg 4,36), nach der Überlieferung gilt dies auch für Markus. Seine (verwitwete?) Mutter besaß in Jerusalem ein Anwesen (Apg 12,12-14), in dem sich die Gläubigen versammelten, nach V. 3 waren sie auch in der Passanacht dort zusammen. Nach Ostern wurde Markus durch Petrus für Christus gewonnen (1Petr 5,13). Er siedelte, veranlaßt durch Barnabas und Paulus, nach Antiochien über (Apg 12,25). Sie nahmen ihn mit auf ihre 1. Missionsreise (Apg 13,5). Markus ließ sie aber unterwegs im Stich und kehrte nach Jerusalem zurück (Apg 13,13). Als Barnabas ihn auf eine weitere Reise mitnehmen wollte, kam es zum Bruch mit Paulus. Barnabas zog allein mit Markus. Nach rund 10 Jahren scheint Markus wieder in Paulus' Umgebung zu leben (Kol 4,10f; Phlm 24), und zwar in Ephesus oder in Rom. Später bat Paulus ihn, nach Rom zu kommen. Er sei ihm »nützlich zum Dienst« (2Tim 4,11).

Markus gilt als *hypēretēs*, als »Gehilfe« (Apg 13,5; 15,38). Den Missionaren war er nicht gleichgestellt. Er entfaltete und vertiefte wohl deren Evangelisation, indem er die Erweckten und Fragenden in der Jesusüberlieferung »lehrte« (Mt 28,20).

Aus allen diesen Gründen erschien Markus wohl als die geeignete Person, um nach dem Tode der Apostel die Jesusüberlieferung niederzuschreiben und für die nächste Generation zu dokumentieren.

IV. DER ORT DER ABFASSUNG UND DER ERSTEN LESER.

Nach 1Petr 5,13 ist (Johannes) Markus mit Petrus in Rom. Um oder nicht lange nach 64 n.Chr. erlitten Petrus und Paulus dort den Märtyrertod (vgl. 1Clem 5,1). Auf Rom als Abfassungsort weisen auch die Latinismen (die latein. Fremdwörter im griech. Text, aber auch griech. Wendungen, bei denen noch der latein. Sprachhintergrund durchschimmert), die im MkEv. besonders häufig sind (vgl. bes. 15,16 mit Mt 27,27; s.a. 12,42). Daß Markus zehnmal ausdrücklich anmerkt, daß er übersetzt, daß er jüd. Sitte erklärt (z.B. 7,3; 10,12), verstärkt den Eindruck, daß seine Leser weit vom Schauplatz der Handlung entfernt sind.

So urteilt heute z.B. R. Pesch: »Gegen eine römische Herkunft des Markusevangeliums spricht nichts«.

Diese Christengemeinde in Rom z.Zt. des Markus ist eine der ältesten und traditionsreichsten Gemeinden des röm. Reiches. Der zahlenmäßig starken Gemeinde war im Kreis der Gemeinden im Reich immer mehr eine Vorrangstellung zugewachsen. Sie bekam frühzeitig heidenchristl. Prägung. Durch die Ausweisung unter *Claudius (50 n.Chr., vgl. Apg 18,2) und die Verfolgung unter *Nero (64 n.Chr.) war sie eine Gruppe von in Leiden erprobten Christen.

V. DIE ZEIT DER ABFASSUNG.

Die neueren Antworten entscheiden in der Frage der Abfassungszeit des MkEv.s entweder für ein Datum vor 70 n.Chr. (Wickenhauser, Schmid, Schweizer, Riesner, Hengel, Robinson, Reicke, Thiede u.a.) oder danach (Grundmann, Pesch, Gnilka, Schmithals). Nach Clemens von Alexandria (bei Eus.h.e. 6,14,7; danach h.e. 2,15,2) verfaßte Markus sein Ev. in zwei Redaktionen noch zu Lebzeiten des Petrus. Entsprechend dürfte *exodos* bei Irenäus (haer. 3,1,1) nicht Tod, sondern Weggang meinen und damit das Ev. auf die Zeit nach dem ersten Rom-Aufenthalt des Petrus (42-44?) datieren. Damit bliebe für die Endfassung des Ev.s die Zeit bis zum zweiten Rom-Aufenthalt des Petrus (ab 59/60?).

VI. DIE QUELLEN DES (JOHANNES) MARKUS.

Die Papias-Notiz (Eus.h.e. 3,39,15) gibt für Markus nur Petrus als Quelle an. Doch als Sohn eines Hauses, in dem die erste Gemeinde ein- und ausging, verdankte er seine Kenntnisse nicht einem einzigen Zeugen. Aus dem LkEv. wissen wir, daß es zunächst eine größere Zahl von Augenzeugen und ersten Niederschriften gab. Auch das MkEv. selbst liefert Anhaltspunkte. Sein mitunter uneinheitlicher Sprachgebrauch deutet auf Vorlagen, in die Markus nur hier und dort zurückhaltend eingriff. Sein wesentlicher Beitrag bestand in der Auswahl, Anordnung und Strukturierung des Stoffes, im Übersetzen aram. Wörter, im Erklären jüd. Sitten (7,3f), in kleinen Verstehenshilfen und Hinweisen (2,28; 7,11b.19b; 13,14; 14,48), in aktualisierenden Erweiterungen (10,12) und besonders in Zusammenfassungen (z.B. 3,7-12). Doch für den heutigen Leser läßt sich sein Werk nicht mehr entflechten; zwar werden einige literarkritisch »perfekte« Lösungen angeboten, doch gehen diese Rekonstruktionsversuche so weit auseinander, daß dies ihren hypothetischen Charakter nur betont.

VII. DAS VERHÄLTNIS ZU MATTHÄUS UND LUKAS.

In der Vorgeschichte gibt es zwischen Matthäus und Lukas keine Parallelen in der Reihenfolge der Einzelberichte. Erst da, wo sie mit *Johannes dem Täufer beginnen, beginnen – parallel zum MkEv. – ihre Gemeinsamkeiten. Sie verlassen immer wieder die Ordnung des MkEv.s, sobald sie aber zurückkehren, halten sie sich an die dort gebotene Abfolge. Aus der Tatsache, daß MtEv. und LkEv. untereinander übereinstimmen, wenn sie mit dem MkEv. übereinstimmen, und voneinander abweichen, wenn sie vom MkEv. abweichen, läßt sich folgern, daß das MkEv. beiden als Leitfaden diente (vgl. *Evangelien).

Vergleicht man die Synoptiker unter sprachlichen Gesichtspunkten, ergibt sich, daß Mt und Lk den feineren Ausdruck und auch den glatteren Gedankengang haben. Es ist weniger wahrscheinlich, daß jemand einen gehobenen und gefälligen Text so bearbeitet, daß daraus eine holprige und umständliche Darstellung wird. Aus den angeführten Gründen halten viele Forscher das MkEv. für das älteste. Doch läßt sich diese These nicht in allen Fällen eindeutig belegen. Deshalb tendieren heute manche Ausleger wieder dazu, das MtEv. für das älteste zu halten. Weil das Verhältnis der Synoptiker zueinander nie mehr völlig durchsichtig zu machen ist, ist jeder Lösungsvorschlag nur unter Vorbehalten anzubieten (vgl. *Evangelien).

VII. CHARAKTERISTISCHE ZÜGE DER BOTSCHAFT DES MARKUS-EVANGELIUMS.

(Johannes) Markus stellt sein Buch vom Kommen des Reiches Gottes in der Person Jesu gleich im ersten Vers unter das Wort »*Evangelium«, »Freudenbotschaft«. Zu Beginn des öffentlichen Wirkens Jesu (in 1,14f) erscheint »Evangelium« gleich zweimal. Aber auch den vom Passionsgeschehen bestimmten 2. Teil seines Buches durchzieht »Evangelium« (8,35; 10,29; 13,10; 14,9; vgl. 16,15). Diese Freudenbotschaft verknüpft Markus sofort (1,1) mit der Person Jesu Christi, in der das Evangelium ganz und gar aufgeht (dagegen Mt 4,23; 9,35; 24,14: »Evangelium vom Reich«). Das ganze MkEv. ist durchzogen von der Frage: Wer ist Jesus? (vgl. 8,29). Immer neue Ist-Aussagen werden gemacht. »Du bist mein lieber Sohn« (1,11; 9,7). Oder als Frage der Jünger (4,41) und seiner Landsleute (6,3). Die Dämonen müssen bekennen: »Du bist der Heilige Gottes« (3,11), »der Sohn Gottes« (5,7). Petrus bekennt: »Du bist der Messias« (8,29). Bartimäus und die Festpilger nennen ihn »Sohn Davids« (10,47; 11,9f; vgl. 12,35). Kaiphas fragt: »Bist du der Messias?« (14,61) und Pilatus: »Bist du der König der Juden?« (15,2). Der Hauptmann unter dem Kreuz bekennt: »Wahrlich, dieser Mensch war Gottes Sohn!« (15,39).

Eine Fülle von Titeln antwortet auf die Frage nach der Identität Jesu (vgl. *Hoheitstitel Jesu Christi). Hierbei kommt den Namen der jüd. Heilshoffnung besondere Bedeutung zu. »Menschensohn«, »Messias« und »Gottessohn« ragen heraus, wobei sie nicht zueinander in Konkurrenz stehen. Das beweist ihr Vorkommen in der Passion Jesu, wo er »Sohn« (15,39), »Messias« (15,26) und auch »Menschensohn« (8,31) ist. Wer ist Jesus? Diese Frage beantwortet das MkEv. auch, indem es die Taten Jesu in besonderer Weise in den Vordergrund stellt. Sie sind der Erweis der heilsgeschichtlichen Vollendung. Jesus ist der Herr, der Vollmacht hat über Dämonen und Krankheit, über die Natur und sogar über den Tod. Seine Worte ordnen sich dem Geschichtsverlauf ein. Die Verkündigung Jesu wird entfaltet in *Gleichnissen (4,1-34; 12,1-12) und in Gesprächen mit seinen Gegnern (2,1-3.6; 7,1-23; 12,13-40) und mit seinen Jüngern (vor allem in 8,27-10,52). Zusammenhängende Reden überliefert nur Kap. 13 mit Jesu Belehrung über das Ende der Welt und dessen Vorzeichen.

Jesu Verhalten wird deutlich in der Art, wie er Verfolgung, Leiden und Haß begegnet. Seinem ersten Auftreten in Galiläa folgen Streitgespräche, die so ausgehen, daß seine Feinde beschließen, ihn zu töten (3,6). Dieser Entschluß zieht sich durch das ganze Ev. und kommt Kap. 14f zum Ziel in den letzten Stationen von Jesu Leidensweg. In Jesu Tod enthüllt sich sein Persongeheimnis und die Bedingung aller seiner Titel. In seiner Tiefe war Jesus schon vor seinem Kreuz der »Gekreuzigte« (vgl. 1Kor 2,2). Martin Kählers Urteil von 1892, daß die Evv. Passionsgeschichten mit ausführlicher Einleitung seien, trifft in besonderer Weise auf das MkEv. zu. Am Kreuz starb allerdings kein frommer Anonymus (Märtyrerakten seit Beginn des 2. Jh.n.Chr.), sondern der durch Worte und Taten ausgewiesene Freudenbote. Er starb im Gehorsam gegenüber dem Vater zur Befreiung unserer Existenz nach Leib, Seele und Geist, so daß sein Tod gerade zum Kern des Evangeliums wird. Jesus starb nicht durch den Willen der Römer oder Juden, sondern Gott selbst gab ihn preis, damit er stellvertretend für die ganze Welt das Gericht trug. Neben der Passionsthematik bestimmt das MkEv. als charakteristisches Thema das Verhältnis zwischen Jesus und seinen Jüngern. Die Berufung der Jünger steht am Beginn des MkEv.s (1,16-20). Inhalt ihrer Berufung ist, »daß sie bei ihm waren« und »daß sie predigen« (3,14). Zu Jesu Erdenzeit stand ersteres im Vordergrund. Sie sollten in der Gegenwart Jesu leben und dabei seine Identität erfassen. Ihr Mit-Ihm-Sein bezog sich in besonderer Weise auf seinen Leidensweg und sein Sterben, da Jesus die Jünger berief, als er bereits Todeskandidat war (3,6). Doch Jesus starb allein. Die Jünger flohen. Nach 15,40f waren die Frauen stellvertretend für die Zwölf anwesend. Noch mehr: »einer von den Zwölfen« verriet Jesus. Alles Versagen der Jünger war von Jesus vorhergesagt (3,19; 14,18.27.30.72). Und trotzdem litt er unter ihnen und für sie. Daraus erwuchs ein neues Mit-Ihm-Sein. Ihr Mit-Ihm-Sein und sein Für-Sie-Sein zielte auf den anderen Inhalt ihrer Berufung, das Predigen. Durch die Zwölf wollte Jesus über seine unmittelbare Umgebung und Zeit hinaus wirken bis an die Ränder der Erde. Darum gehören die Jünger wesentlich in das »Evangelium von Jesus Christus« mit hinein.

Literatur: W. Barclay: Markusevangelium, [4]1986; R. Bultmann: Die Geschichte der synoptischen Tradition, FRLANT N.F. 12, [5]1961; H. Conzelmann: Grundriß der Theologie des Neuen Testaments, 1967; J. Gnilka: Das Evangelium nach Markus, EKK II 1, [2]1986, 2, [2]1986; W. Grundmann: Das Evangelium nach Markus, THKNT 2, [6]1986; E. Haenchen: Der Weg Jesu – Eine Erklärung des Markusevangeliums und der kanonischen Parallelen, 1966; M. Hengel: Zur urchristlichen Geschichtsschreibung, 1979; ders.: Entstehungszeit und Situation des Markusevangeliums, in: H. Cancik (Hrsg.): Markus-Philologie, 1984, 1-45; H.J. Holtzmann: Die Synoptiker – Die Apostelgeschichte, [2]1892; J. Kurzinger: Die Auslegung des Papias von Hierapolis zur literarischen Form des Markusevangeliums, BZ 21/1977, Heft 2, S. 245ff; E. Lohmeyer: Das Evangelium des Markus, KEK I, 2, [17]1967; D. Lührmann: Das Markusevangelium, 1987; W. Marxsen: Der Evangelist Markus. Studien, 1956; W. Michaelis: Einleitung in das Neue Testament, 1961; K. Niederwimmer: Johannes Markus und die Frage nach dem Verfasser des zweiten Evangeliums, ZNW 1967, S. 172ff; B. Orchard, M. Riley: The Order of the Synoptics, 1987; R. Pesch: Das Markusevangelium, HThK II/1. [4]1984, II/2. [3]1984; A. Pohl: Das Evangelium des Markus, WStB, 1986; F. Rienecker: Das Evangelium des Markus, [10]1985; B. Reicke: The Roots of the Synoptic Gospels, 1986; R. Riesner: Jesus als Lehrer. Eine Untersuchung zum Ursprung der Evangelien – Überlieferung, [3]1988; J.A.T. Robinson: Wann entstand das Neue Testament, 1986; A. Schlatter: Der Evangelist Markus, 1935; J. Schmid: Das Evangelium nach Markus, RNT 2, [4]1958; J. Schniewind: Das Evangelium nach Markus, NTD 1, [12]1977; J. Schreiber: Theologie des Vertrauens, 1967; E. Schweizer: Das Evangelium nach Markus, NTD 1, [11]1969; C.P. Thiede: Simon Peter – From Galilee to Rome, 1986; ders.: Die älteste Evangelienhandschrift? Das Markusfragment von Qumran und die Anfänge der schriftlichen Überlieferung des Neuen Testaments, 1986; A. Wikenhauser: Einleitung in das Neue Testament, [4]1961. H.G.

MARMOR. (Hebr. *schēsch*, schajisch; griech. *marmaros*). M. bezeichnet in der Bibel neben dem hellen, kristallisierten Kalkstein auch andere feingekörnte Ziersteine. Zum Tempelbau Salomos scheint der weiße oder gelbliche Kalkstein verwendet worden zu sein, der im Libanon abgebaut wurde und aus dem auch der Sonnentempel zu Baalbek erbaut war (1Chr 29,2; vgl. 1Kön 5,28-32, LÜ: kostbare Steine). Auch im herodianischen Tempel fand weißer M. Verwendung. Aus verschiedenfarbigem M. waren Fußboden und Säulen im pers. Königspalast in Susa (Est 1,6). Die Offb erwähnt Gerät aus M. (Offb 18,12).

MARTA. (»Herrin«). M. wohnte in *Betanien, das nach Joh 11,18 ca. 15 Stadien (ca. 3 km) von Jerusalem entfernt am östl. Abhang des Ölbergs lag. Der Ort heißt heute El-ʿAzārīje (»Lazarusdorf«), wobei allerdings die Ortslage gegenüber dem alten Betanien verändert ist. M. ist die Schwester der *Maria und des *Lazarus (Joh 11,19). Sowohl nach Lk 10,38 als auch nach Joh 11,19 war sie die ältere der beiden Schwestern und leitete das Haus, das offensichtlich wohlhabend war. Darin nahm sie Jesus und seine Jüngerschar auf und diente ihnen (Lk 10,38ff).

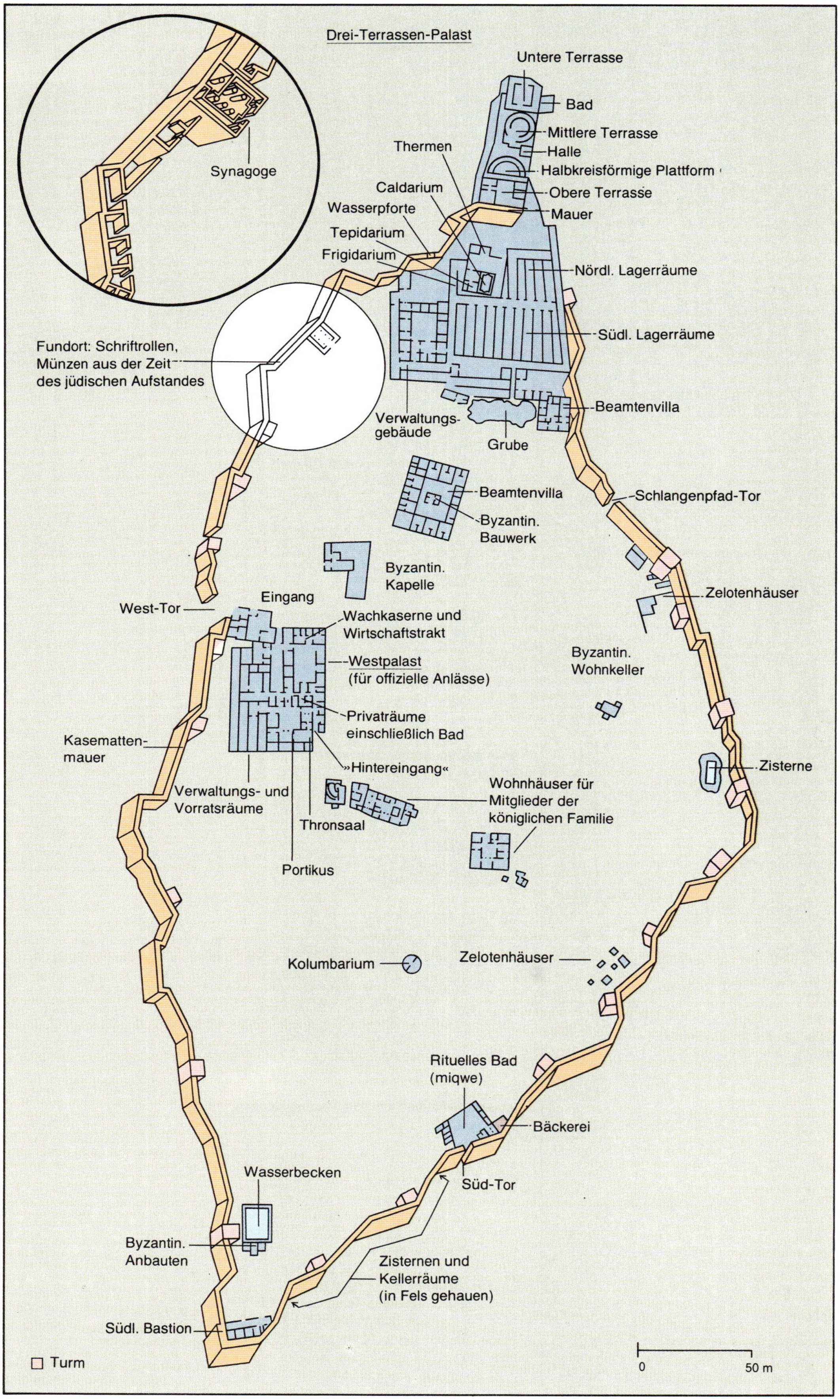

Jesus schätzt ihren Dienst, weist sie aber auf noch Wichtigeres hin: ihn zu hören und sich von ihm dienen zu lassen (Lk 10,41f). Wie in Lk 10,38 ist M. auch nach dem Tod des Lazarus wieder die zuerst Handelnde (Joh 11,19), ohne bei aller Glaubenserkenntnis (V. 24.27) das alte Vorgreifen im Urteil verloren zu haben (V. 39). Bei dem Gastmahl im Haus Simons des Aussätzigen (Mt 26,6; Mk 14,3; Joh 12,1-3) ist M. ebenfalls dabei und dient bei Tisch.

Literatur: G. Maier: Johannes-Evangelium 1. Teil, 1984; ders: Matthäus-Evangelium 2. Teil, [3]1988; K.-H. Rengstorf: Das Evangelium nach Lukas, NTD 3, [17]1978.

MASADA. (Von hebr. *mezudāh*, »Festung«). Diese Burg rund 20 km südl. von *En-Gedi in der Nähe des W-Ufers des *Toten Meers wird in der Bibel nicht erwähnt, aber von Flavius Josephus (bell.Jud. VII, 280-303) ausführlich und – wie die modernen Ausgrabungen gezeigt haben – weitgehend ortskundig beschrieben. Eine bereits bestehende hasmonäische Festung hat *Herodes der Große zwischen 39 und 31 v.Chr. aus Furcht vor Umsturzversuchen (Jos.bell.Jud. VII, 300; vgl. Mt 2,1ff) zu einer Fluchtburg ausgebaut, in der sich modernste Militärtechnik und höchster Luxus vereinigten. Für den heutigen Israel-Besucher ist das auf einem isolierten Tafelberg gelegene M. ein landschaftlicher und archäologischer Höhepunkt. Bei den von Y. Yadin 1963-1965 durchgeführten Ausgrabungen wurden die meisten Gebäude freigelegt und teilweise auch rekonstruiert. Architektonischer Höhepunkt ist ein dreiteiliger, »hängender« Palast am N-Ende des Plateaus. Im W-Teil der Kasemattenmauer wurde von den *Zeloten, die nach Ausbruch des Jüd. Aufstands M. durch eine List besetzen konnten, eine wahrscheinlich schon vorher bestehende *Synagoge weiter ausgebaut, in der man Schriftenfragmente (darunter 5Mo, Hes, Sir) fand. Zu den Manuskriptfunden auf M. gehört außerdem ein Bruchstück der aus *Qumran bekannten Sabbatlieder und ein Vergil-Fragment. Ein Gebäude (Nr. XIII) in der Nähe des W-Palasts wurde offenbar von den Zeloten als Schulraum eingerichtet. So wird anschaulich, wie für fromme Juden selbst angesichts des sicheren Todes Lernen eine unaufhebbare Pflicht war (R. Riesner, Jesus als Lehrer, [3]1988, 198f). Der von Josephus (bell.Jud. VII, 304–406) dramatisch geschilderte letzte Kampf der zelotischen Besatzung endete 73 n.Chr. mit einem Massenselbstmord, wie er erst in unseren Tagen durch das Massaker von Guayana eine geschichtliche Parallele erhielt. Die röm. Belagerungsrampe am W-Hang, der Belagerungswall (*circumvallatio*) und mehrere Kastelle sind gut sichtbar. Der christl. Pilger kann auf M. von widerstreitenden Gefühlen erfaßt werden. Er freut sich über die neue

Staatlichkeit Israels, für das M. ein Nationaldenkmal ist, und denkt gleichzeitig an die warnenden Worte Jesu (Mt 7,15; 24,23-26).

Literatur: V. Fritz: Kleines archäologisches Lexikon zur Bibel, 1987, 125f; R. Posner, A. van der Heyden: Masada, 1981; J. Murphy – O'Connor: Das Heilige Land, 1981, 300–303; A. Schalit: König Herodes, 1969, 343–356; Y. Yadin: IEJ 15 (1965) 1–120; ders.: Masada, [6]1975; ders.: EAEHL III, 793–816. R.R.

Masada. Blick vom Osten (Totes Meer) auf den Festungsfelsen. An seinem rechten Absturz ist der sog. »hängende« Nord-Palast zu erkennen. (RR)

MASSA UND MERIBA. Nach 5Mo 6,16 und 9,22 ein Ort in der Wüste, an dem Israel Gott auf die Probe stellte: Massa (hebr. *massāh*; von *nāssah*, »prüfen, versuchen, auf die Probe stellen«). In 2Mo 17,7 ist der Name gepaart mit Meriba (hebr. *merībāh*; »Streit, Klage«, von *rīv*, »kämpfen, klagen«). Voraus geht Israels Auflehnung gegen Gott bei Refidim während ihrer Wüstenwanderung, weil es ihm an Wasser mangelte (2Mo 17, 1ff). Als Mose auf Gottes Geheiß an den Fels schlug (in der Nähe des Horeb), kam Wasser heraus. Diesen Ort benannte Mose »Massa und Meriba«. Die beiden Namen erscheinen wieder zusammen in Ps 95,8, wo jener Vorfall einer späteren Generation als Warnung vor Augen geführt wird. Auch 5Mo 33,8 verweist tadelnd auf das Ereignis von M. und M.

Der Name Meriba erscheint ohne Massa in Verbindung mit *Kadesch in einer Grenzliste (Hes 47,19; LÜ: Haderwasser) und als Ort in der Wüste *Zin, an dem ein ähnliches Ereignis stattfand, bei dem allerdings *Mose und *Aaron eigenmächtig für Wasser sorgten. Das hatte zur Folge, daß Mose und Aaron das gelobte Land nicht betreten durften (4Mo 20,1-13; vgl. V. 24; 27,14; 5Mo 32, 48ff; Ps 106,32). G.I.D.

MASSE UND GEWICHTE.

A. Im Alten Testament.

Metrologie, eine präzise Wissenschaft, bedarf eines gesetzlichen Rahmens, um der einem spezifischen Maßsystem verliehenen Autorität Allgemeingültigkeit zu verschaffen. Im Nahen Osten der Antike variierten die Maßstäbe von Ort zu Ort, und es gibt keinen Beleg dafür, daß Israel ein einheitliches System besaß oder verwendete. *David (2Sam 14, 26) und *Hesekiel (45,10) kannten gewisse Grundeinheiten für Gewichte und Abmessungen. Die rabbin. Überlieferung, daß Einheitsmaßstäbe im Tempel deponiert waren, ist nicht verifiziert (vgl. 1Chr 23,29). Das Gesetz schrieb den Hebräern jedoch gleiche Gewichte, Maße und Waagen vor (3Mo 19,35f; Hes 45,10). Die Propheten wandten sich gegen Händler, die durch Beschwerung oder Erleichterung ihrer Gewichte (5Mo 25, 13) oder den Gebrauch falscher Gewichte (Mi 6,11) oder Waagen (Spr 11,1; 20,23) ihre Mitbürger betrogen. Da antike Waagen einen Abweichungsfaktor von bis zu 6 % besaßen (PEQ 74, 1942, 86) und bisher nur wenige hebr. Gewichte gefunden wurden, die bei gleicher Etikettierung auch tatsächlich gleich schwer waren, läßt sich die Bedeutung dieser Mahnung ermessen. Dieser Sachverhalt hat zur Folge, daß antike M. u. G. nur ungefähr in den ihnen heute entsprechenden Einheiten wiedergegeben werden können.

I. GEWICHTE.

Als Gewichte verwendete man in der Antike modellierte, einseitig abgeplattete Steine (hebr. *'eben*), die einfach zu handhaben und zu unterscheiden waren (z.B. Schildkröten, Enten, Löwen). Häufig waren sie mit dem Gewicht und dem ihnen zugrundeliegenden Maßstab beschriftet. Gewichte wurden in einem Beutel oder in der Manteltasche mitgeführt (5Mo 25,13; Mi 6,11; Spr 16,11), damit der Kunde überall mit »dem Gewicht, das im Kauf gang und gäbe war« vergleichen konnte (1Mo 23,16).

1. Das Talent (LÜ: »Zentner«; hebr. *kikkār*, »ein Rundes«; akkad. *biltu*, »eine Last«; griech. *talanton*, »ein Gewicht«) war die größte Einheit, wahrscheinlich nach der charakteristischen Form benannt, in die große Metallklumpen gegossen wurden (vgl. Sach 5,7 RevEB). In Talenten wurde Gold (2Sam 12,30 etc.), Silber (1Kön 20,39), Eisen (1Chr 29,7) und Bronze gewogen (2Mo 38,29). Zu Salomos jährlichem Einkommen gehörten 666 Talente Gold (1Kön 10,14).

Die von Hiskia als Tribut gezahlten 30 Talente Gold (2Kön 18,14) entsprechen der Summe, die Sanherib erhalten zu haben behauptet (Annalen), was nahelegt, daß zu dieser Zeit in Juda und Assyrien ein ähnliches Talent in Gebrauch war. Dies könnte das »leichte« Talent von ca. 30 kg gewesen sein; mit »Talent« beschriftete »Entengewichte« aus Babylon variieren zwischen 29,76 und 30,27 kg. Ein bei Tell beit Mirsim gefundenes Gewicht (4565 g) wurde als dieses Talent von 30,43 kg, oder eher 28,53 kg, interpretiert (d.h. 8 Minen à 570,6 g = 8x50 Schekel à 11,41 g; s.u.). Andere babylon. Gewichte zeigen, daß auch ein »schweres« oder doppeltes Talent verwendet wurde, gewogene Muster schwankten zwischen 58,68 und 59,82 kg, also etwa 60 kg.

2. Die Mine (LÜ: »Pfund«; hebr. *māneh*; akkad. *manū*) wurde zum Abwiegen von Gold (1Kön 10,17), Silber (Esr 2,69; Neh 7,71f) und anderen Materialien verwendet. Das Talent war in 60 Minen à 50 Schekel oder in 50 Minen à 60 Schekel unterteilt. Man kann davon ausgehen, daß in Palästina die Mine à 50 Schekel wie in Ras Schamra in vorexilischer Zeit üblich war. Die Abgabe einer Zählsteuer von 1/2 Schekel (s. 6. Beka) von 603 550 Männern ergab 100 Talente und 1775 Schekel, d.h. pro Talent 3000 Schekel (wie in Ras Schamra), könnte jedoch nach dem jeweiligen Maßstab interpretiert werden. In jedem Fall scheint ein Vielfaches von 50 Schekel (z.B. 400: 1Mo 23,15; 500: 2Mo 30,24; 5000: 1Sam 17,5; 16750: 4Mo 31,52) den Gebrauch der Mine à 59 Schekel ausreichend zu belegen.

Hesekiels metrologische Reformen betrafen auch die Neudefinition der Mine à 60 Schekel (Hes 45,12 RevEb: 20+25+15). Damit blieb der Wert der neuen hebr. Mine mit 20 (Gera) x 60 (Schekel) in unveränderter Relation zur babylon. Mine, die einen Wert von 24 (*girū*) x 50 (*schiqlu*) = 1200 Gera hatte.

3. Der Schekel (LÜ: »Lot«; hebr. *scheqel*; akkad. *schiqlu*; aram., ugarit. *tql*) war als Grundgewicht in allen semit. Metrologien üblich (*schāqal*, »abwiegen«). Sein Wert variiert entsprechend den unterschiedlichen Zeiten und Regionen:

a. Der königliche Schekel, festgesetzt »nach dem königlichen Gewicht« (2Sam 14,26), war ein auch in Babylonien bekannter Maßstab. Er ist wahrscheinlich der »schwere« Schekel aus Ras Schamra (*kbd*). Analysen von

Gegenüberliegende Seite: Grundriß der Festung von Masada.

MÄRTYRER
s. Zeuge

MASORA
s. Texte und Übersetzungen

Assyrer beim Abwiegen von Tributgütern auf einer Balkenwaage. Derstellung auf dem Schwarzen Obelisken Assurnasirpals II. Nimrud, ca. 880 v.Chr. (BM)

Löwen-Gewichte aus Bronze, die zum Teil auf aramäisch und in assyrischer Keilschrift mit dem Namen des Königs beschriftet sind, für den sie hergestellt wurden, sowie mit der Gewichtseinheit, die sie repräsentieren (von 3 Schekel bis 15 Minen). Länge zwischen 25,4 und 5,08 cm. Nimrud, 8. Jh. v.Chr. (BM)

in Gibeon, Geser, Megiddo und Tell en-Nasbeh gefundenen Gewichten ergeben einen »schweren« Schekel von 12,5-12,88 g, d.h. etwa 13 g.

b. Der gewöhnliche Schekel wurde häufig zum Abwiegen von Metallgegenständen (1Sam 17,5: Goliats Rüstung wog 5000 Schekel = 56,7 kg), Lebensmitteln (2Kön 7,1) und von Gold oder Silber verwendet, was auf seine Verwendung als Zahlungsmittel schließen läßt. Silberschekel als Münzen (*sigloi*) tauchen erstmals unter Darius I. auf (*Geld).

Etwa 50 beschriftete Gewichte von einem Schekel oder einem Vielfachen davon schwanken zwischen 11,08 g und 12,25 g; der Durchschnitt beträgt 11,38 g. Dies stimmt mit den auf der Kennzeichnung kleinerer Gewichte basierenden Kalkulationen überein (s. u.), die dem Schekel eine mögliche Abwertung in nachexilischer Zeit auf ca. 11,7-11,4 g bescheinigen.

Beschriftungen auf den Gewichten verwenden die Symbole I; II; III; ᒣ; Λ; IΛ; IIΛ;T; TL; –; =; ≡; x. Y. Yadin (Scripta Hierosolymitana 8, 1961, S. 1–62) interpretiert diese Zeichen als 1, 2, 3, 4, 5, 6, 7, 8, 9, 10, 20, 30, königlich (*lmlk*). Andere Forscher (Scott, Aharoni) sehen in diesen Markierungen die dem Schekel entsprechenden ägypt. Gewichte: 8 Schekel = 1 *deben* = 10 *qedet* (1 *deben* = ca. 91 g). Deshalb gravierte man hieratische ägypt. Ziffern auf den Gewichten ein, um ihren Wert anzuzeigen; I und II für 1 und 2 Schekel; 4 und 8 Schekel-Gewichte wurden in *qedet* umgerechnet und trugen die Zahlen 5 und 10 (Λ und –).

c. Der Tempelschekel oder das »Münzgewicht des Heiligtums« (2Mo 30,12; 3Mo 5,15 etc.) entsprach einem Beka oder 1/2 Schekel (LÜ: »halbes Lot«, 2Mo 38,26) und 20 Gera (Hes 45,12), obwohl er später 1/3 Schekel entsprach (Neh 10,33). Diesen Schekel hält man für den *nsp* (s. 4.), von dem Exemplare mit einem Gewicht von 9,28-10,5 g gefunden wurden, d.h. etwa 10 g, abgewertet auf ca. 9,8 g.

4. *nsp* oder »Teil« war ein 5/6 Schekel. 13 Muster geben ihm ein Gewicht von ca. 10 g (s. 3.c.).

5. Pim (hebr. *pīm* oder *pajim*) wird nur in 1Sam 13,21 erwähnt und heute in der LÜ mit »ein Zweidrittellot Silber« übersetzt. Das Gewicht betrug 2/3 einer Einheit, wahrscheinlich des üblichen Schekels, da zwölf gekennzeichnete Pim (aus Lachisch, Jerusalem, Geser, Tell en-Nasbeh, etc.) durchschnittlich 7,8 g wogen.

6. Beka (LÜ: »halbes Lot«; hebr. *beqaʿ*, »Bruch, Teilung«) wurde zum Abwiegen von Gold (1Mo 24,22) und zur Bezahlung der Zählsteuer verwendet und bezeichnete »ein halbes Lot nach dem Gewicht des Heiligtums« (2Mo 38,26). Sieben mit *bqʿ* oder der Abkürzung *b* beschriftete Gewichte (gefunden in Lachisch, Jerusalem, Geser und Bet-Zur) lassen Rückschlüsse auf den Wert des Schekels zu. Die *bqʿ* haben ein Durchschnittsgewicht von 6,02 g.

7. Mit *chmsch*, »1/5«, war ein schildkrötenförmiges Gewicht aus Samaria beschriftet, das 2,499 g wog. Es entspricht einem mit »1/4 *nsp*, 1/4 *schql*« beschrifteten Gewicht, das auf eine Unterteilung des von Hesekiel erwähnten Schekels schließen läßt.

8. Das Gera (LÜ: »Gramm«; hebr. *gērā*; assyr. *girū*) wurde als 1/20 Schekel definiert (2Mo 30,13; Hes 45,12).

9. Weitere Gewichte. Das Peres (aram. pl. *parsin*) aus Dan 5,25.28 war als Untereinheit des Schekels in Babylon gebräuchlich (vgl. altbabylon. *paras*) und entsprach wie das *parisu* (Alalah) wahrscheinlich 1/2 Schekel, nachdem jeder Ausdruck für ein Gewicht (hier »Bruch«) auch einen bestimmten Wert besaß. Damit ist die Schrift an der Wand primär eine Gewichtsangabe: »Mine, Mine, Schekel, halber Schekel«. Das *qesītā* (LÜ: »Goldstück«, 1Mo 33,19; Jos 24,32; Hiob 42,11) scheint eine bislang unbekannte Gewichtseinheit zu sein. Ein Steingewicht von Darius II. trägt die Beschriftung 120 *krsch* = 20 Minen.

Die Tabelle auf S. 936 zeigt die Relation dieser Gewichte zueinander und gibt die ungefähren heutigen Werte an, die aber unter Berücksichtigung der in der Antike variierenden Maßstäbe zu betrachten sind.

II. LÄNGENMASSE.
Längenmaße basierten auf »natürlichen« Einheiten, deren Anwendung einfach war.

1. Die Rute (*qāneh*), obwohl häufig eher ein Meßinstrument als ein Maß bezeichnend, war 6 Ellen lang und ausreichend definiert, um als Maßeinheit zu gelten (Hes 40,5; vgl. »Rohr«, Offb 21,15).

2. Die Elle (hebr. *ʾammā*; akkad. *ammātu*; latein. *cubitus*) war der Abstand zwischen Ellenbogen und Fingerspitze. Diese »natürliche« Elle (LÜ: »gewöhnliche Elle«, 5Mo 3,11) wurde zur Größenangabe von Personen (4 Ellen war die Größe eines Mannes; vgl. 1Sam 17,4; 1Chr 11,23) oder Gegenständen benutzt (Est 5,14; Sach 5,2). Sie bezeichnete Höhe (1Mo 7,20) oder Entfernung (Joh 21,8).

Eine präziser definierte Elle wurde für exakte Messungen verwendet. Diese hebr. Standardelle war 44,45 cm lang, etwas kürzer als die gewöhnliche ägypt. Elle (44,7 cm). Diese allg. anerkannte Zahl ist ungefähr deckungsgleich mit der im Siloahtunnel angegebenen Länge von »1200 Ellen«, was gemessenen 533,1 m entspricht und für die Elle 44,42 cm ergibt. Freigelegte Gebäude in *Megiddo, *Lachisch, *Geser und *Hazor lassen Grundrisse erkennen, die auf dieser Einheit basieren. Nach R.B.Y. Scott (JBL 77, 1958, 210–212) ergeben die Maße von Salomos Ehernem Meer (1Kön 7,23–26; 2Chr. 4,2.5; s. *Meer, Ehernes), wenn man eine Halbkugelform annimmt, 44,48 cm pro Elle (R.B.Y. Scott, JBL 77, 1958, 210–212).

Die lange oder »königliche« Elle war eine Handbreit länger als die Standardelle von 6 Handbreit (Hes 40,5), d.h. 51,81 cm. Sie entspricht in etwa der babylon. Elle von 50,3 cm (30 Finger lang, nach der Markierung auf einer Statue des Gudea, vgl. Bd.I, S. 109), die 3 Finger kürzer war als die ägypt. Elle von 52,45 cm (Herodot, Hist. 1. 178).

3. Hebr. *gōmed* (LÜ: »Hand«) erscheint nur in Ri 3,16, wo sie das Maß einer Waffe angibt, eher eines Dolches als eines Schwertes, und wurde daraufhin als Untereinheit (evtl. 2/3) einer Elle interpretiert oder als die kurze Elle von 5 Handbreit, die in der Mischna erwähnt wird.

4. Die Spanne (*zeret*), der Abstand zwischen Daumen und kleinem Finger bei gespreizter Hand, war eine halbe Elle (1Sam 17,4; 2Mo 28,16; Hes 43,13): ca. 26 cm, wobei eine »halbe Elle« auch wörtl. ausgedrückt werden konnte (2Mo 25,10).

5. Die Handbreit (*tēpach; tōpach*) war die Breite der Hand am Ansatz der vier Finger (Vulg. deshalb: *quattuor digitis*), d.h. 7,37 cm. Sie gab die Wandstärke des Ehernen Meeres an (1Kön 7,26; 2Chr 4,5) und die Höhe der Leiste des Tisches in der Stiftshütte (2Mo 25,25; 37,12) und im Tempel Hesekiels (40,5; 43,13). Das Leben eines Menschen hat nur die Länge einer Handbreit (Ps 39,6).

6. Der Finger (*ʾesbaʿ*) war 1/4 Handbreit (Jer 52,21) und die kleinste

Figur mit einer Waage in der rechten und einem Beutel mit Gewichten in der linken Hand. Teil einer neohetitischen Stele aus Marasch. 8. Jh.v.Chr. (MC)

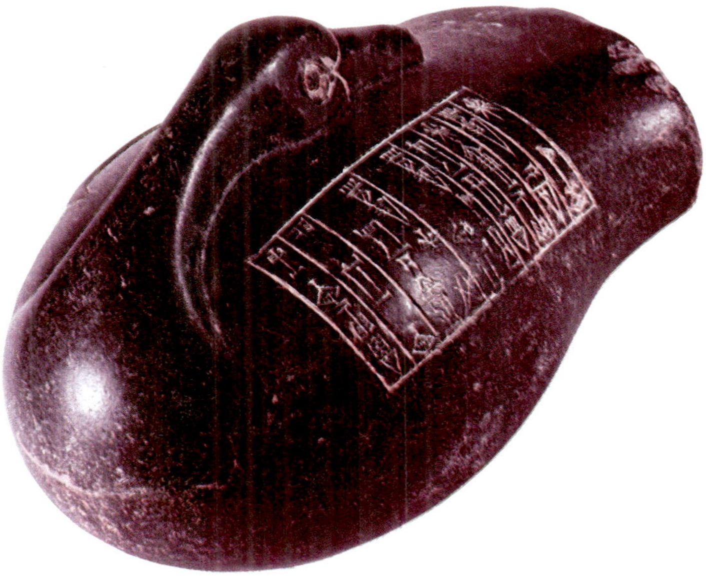

Enten-Gewicht aus Diorit. Die Inschrift besagt, daß der König das Gewicht von 5 Minen garantiert. Aus Ur, ca. 2090 v.Chr. (SI)

Alttestamentliche Maße

Längenmaße				Metrische Maße*
		1 Finger	=	1,85 cm
4 Finger	=	1 Handbreit	=	7,40 cm
12 Finger 3 Handbreit	=	1 Spanne	=	22,25 cm
24 Finger 6(7) Handbreit 2 Spannen	=	1 Elle	=	44,45 cm (königl. Elle: 51,81 cm)
12 Spannen 6 Ellen (7 königl. Ellen)	=	1 Rute	=	2,67 m (3,10 m)

Hohlmaße ++				Metrische Maße*
		1 Log +	=	0,3 l
4Log	=	1 Kab	=	1,2 l
		1 Gomer	=	2,4 l
12 Log 2,5 Kab	=	1 Hin +	=	3,6 l
24 Log 5 Kab 2 Hin	=	1 Sea	=	7,3 l
72 Log 15 Kab 10 Gomer 6 Hin 3 Sea	=	1 Efa 1 Bat +	=	22 l
360 Log 75 Kab 50 Gomer 30 Hin 15 Sea 5 Efa	=	1/2 Homer	=	110 l
720 Log 150 Kab 100 Gomer 60 Hin 30 Sea 10 Efa 2 Halbe Homer	=	1 Homer ++	=	220 l

* Näherungswerte + Flüssige Stoffe ++ für trockene und flüssige Stoffe

Gewichte				Metrische Maße*
		1 Gera	=	0,5 g
10 Gera	=	1 Beka	=	5 g
13,3 Gera 1,33 Beka	=	1 Pim	=	7 g
20 Gera 2 Beka 1,5 Pim	=	1 Schekel	=	10 g
1000 Gera 100 Beka 75 Pim 50 Schekel	=	1 Mine	=	500 g
60000 Gera 6000 Beka 4500 Pim 3000 Schekel 60 Minen	=	1 Talent	=	30 kg

Neutestamentliche Maße

Längenmaße				Metrische Maße*
		1 Elle	=	44,45 cm (röm.) 52,5 cm (palästin.)
34 Ellen	=	1 Faden	=	2,1 m 1,8 m (griech.)
100 Faden	=	1 Stadion	=	185 m
8 Stadien	=	1 Meile	=	1478,5 m

Hohlmaße für trockene Stoffe				Metrische Maße*
		1 choinix	=	1 l
8 Choinikes	=	1 medimnos	=	52,5 l
10 medimnoi	=	1 koros	=	525 l

Hohlmaße für flüssige Stoffe				Metrische Maße*
		1 sextarius	=	0,5 l
16 sextarii	=	1 modius	=	8,75 l
72 sextarii 4,5 modi	=	1 batos bzw. 1 metrêtês	=	38,5 l
6 modii	=	1 medimnos	=	52,5 l

Zwei Beispiele für Maßverhältnisse

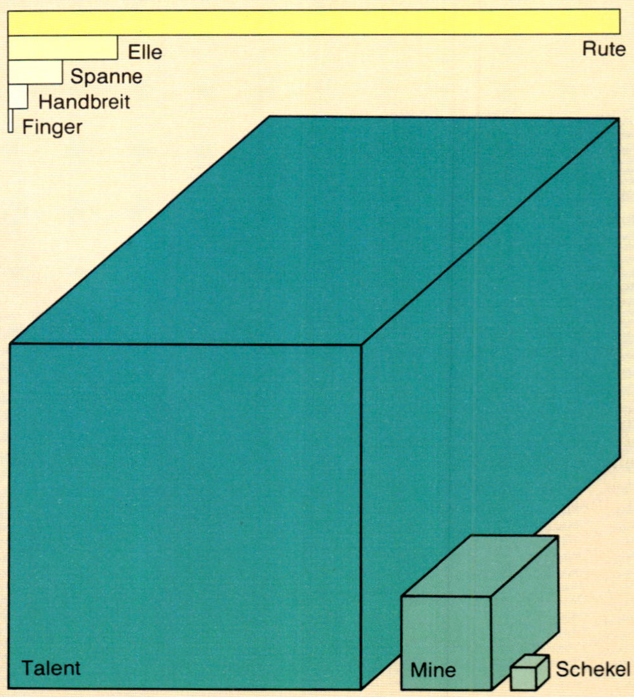

Polierte Steingewichte aus Babylonien (von 25,57 g bis 83,70 g). Länge zwischen 3,5 und 11 cm. Warku, 18. Jh.v.Chr. (BM)

Gegenüberliegende Seite: Alt- und neutestamentliche Maßangaben mit ihren ungefähren neuzeitlichen Entsprechungen.

übliche Unterteilung der Elle in Palästina wie auch in Ägypten und Mesopotamien. Er wird allg. mit 1,85 cm veranschlagt.

7. Entfernungen wurden in vorexilischer Zeit im Gegensatz zu Abmessungen von Gegenständen durch Gleichsetzung mit bekannten Durchschnittswerten angegeben. Die Einstufung erfolgte als »Bogenschuß« (1Mo 21,16), Länge eines gepflügten Ackers (1Sam 14,14), »Tagereise« (4Mo 11,31; 1Kön 19,4) oder als »drei Tagereisen« (1Mo 30,36; 2Mo 3,18; Jona 3,3). Es ist nicht erwiesen, daß »drei Tagereisen« nur allg. eine große Entfernung andeuten sollte (vgl. die »sieben Tagereisen«, 1Mo 31,23), denn die Babylonier verwendeten exakte Maßstäbe; z.B. *bēru*, »Zweistunden«-Marsch von 10,692 km (AfO 16, 1953, S. 20, n. 138).

Der Schritt (*pesa'*) in 1Sam 20,3 war eher metaphorisch gemeint im Vergleich zu dem damaligen assyr. »Fuß« (32,92 cm). Ähnlich war die »Strecke Weges« (*kibrat hā'āres*, 1Mo 35,16; 48,7; 2Kön 5,19) nur eine vage Entfernungsangabe.

In der Zeit der *Makkabäer wurden hellen. Maße eingeführt. So war Bet-Zur etwa 5 *schoinoi* von Jerusalem entfernt (2Makk 11,5; LÜ: »Stunden«), d.h. 30,5 km nach dem ptolemäischen Maß von 6,1 km pro *schoinos*. Das alexandrinische *Stadion* von 184,9 m wurde eingeführt. Es waren 600 Stadien von Jerusalem nach Skythopolis (2Makk 12,29), was der bekannten Entfernung von 110 km zwischen diesen beiden Städten entspricht.

III. FLÄCHENMASSE.

Oberflächenstrukturen wurden nicht durch spezifische Ausdrücke, sondern durch Umschreibungen der jeweiligen Ausmaße bezeichnet. So bestand das Quadrat aus vier Seiten gleicher Länge (*merubba'at*, LÜ: »Viereck«, 1Kön 7,31; »Geviert«, Hes 40,47; 45,2), der Umfang eines Kreises (1Kön 7,23) und der Durchmesser war der Abstand »von einem Rand zum andern« (2Chr 4,2).

Land wurde nach empirisch ermittelten Werten abgeschätzt. So wurden Weinberge (Jes 5,10) oder Felder (1Sam 14,14) in *semed* (»Morgen«) gemessen, d.h. soviel Land, wie ein Joch Ochsen an einem Tag pflügen konnte (vgl. arab. *faddan*). Diese Fläche war in Babylonien mit 6480 Quadratellen definiert, was 2/5 Morgen entspricht (ca. 1600m^2). Später wurde sie durch das latein. *jugum, jugerum* von 28 800 röm. Quadratfuß bezeichnet, was 5/8 Morgen entsprach (ca. 2500 m^2). Eine weitere Methode war die Einschätzung nach der für die Aussaat auf einem Landstück erforderlichen Samenmenge (*se'ā*; 3Mo 27,16; 1Kön 18,32). In der hellen. Periode waren dies 3 3/5 Seah für ein *jugerum* Land, d.h. 0,173 Morgen (700 m^2) pro Seah oder 5,19 Morgen (2,1 ha) pro Homer = 30 Seah (JBL 64, 1945, 372); im 2. Jh. n.Chr. scheinen die Flächen auf 0,193 bzw. 5,79 Morgen erhöht worden zu sein.

Die genauen Abmessungen der Weiden, die die Städte der Leviten umgaben, sind schwierig zu berechnen (4Mo 35,4-5). Es könnte ein Gebiet von 2000 Ellen im Quadrat gewesen sein (V. 5), wobei die Mittelpunkte der Seiten jeweils 1000 Ellen von der Stadtmauer entfernt waren (V. 4).

IV. HOHLMASSE FÜR TROCKENE STOFFE.

Die verwendeten Ausdrücke leiten sich von den Gefäßen ab, die eine vereinbarte Menge enthielten und dadurch als Maß dienten.

1. Homer (hebr. *chōmer*; akkad. *imēr*, »eine Eselladung«) war als Getreidemaß im 2. Jt.v.Chr. und später in ganz Asien südl. von Anatolien und westl. des Euphrat gebräuchlich. Das Homer ist älter als das Kor (RA 67, 1973, 78); vgl. 3Mo 27,16; Hes 45, 13. Das Sammeln von 10 Homer Wachteln (LÜ: »100 Scheffel«, 4Mo 11,32) deutet Völlerei an, wogegen der Ertrag von nur einem Bat Weizen aus einem Homer Samen ein Bild des Mißlingens war (Jes 5,10). Auf ein Homer kamen zehn Bat, was etwa 220 l entsprach (nach anderen Berechnungen 360-400 l).

2. Kor (LÜ: »Faß«, hebr. *kōr*; sumer. *gur*; akkad. *kurru*) war ein dem Homer entsprechendes großes Hohlmaß (Hes 45,14), nach dem für feines (*sōlet*) und grobes Mehl (*qemah*, 1Kön 5,2), Weizen und Gerste (2Chr 2,9; 27,5) gemessen wurden. Es taucht auch als Flüssigkeitsmaß für Öl auf (Hes 45,14), obwohl in 2Chr 2,9 und im Griech. Bat steht (vgl. die Parallelstelle 1Kön 5,25).

3. Halber-Homer (hebr. *letek*, LÜ: »fünfzehn Scheffel«) erscheint nur in Hos 3,2 als Maß für Gerste. Da es nach dem Homer benannt ist, interpretieren Aquila (griech. Übersetzung des AT, um 140 n.Chr.), Symmachus (griech. Übersetzung des AT, ca. 170 n.Chr.) und Vulg. es als 1/2 Kor oder 1/2 Homer, aber es gibt dafür keine eindeutigen Belege. *letek* könnte ein phöniz. Maß sein.

4. Efa (hebr. *'ēphā*; ägypt. *ipt*) ist der Name eines Gefäßes, das groß genug ist, eine Person aufzunehmen (LÜ: »Tonne«, Sach 5,6-10) und infolgedessen ein exaktes Maß (LÜ: »Scheffel«, 3Mo 19,36). Verwendet wurde es nur für Getreide, und in

Unterteilungen von 1/6 (Hes 45,13) oder 1/10 (3Mo 5,11) war es seit früher Zeit gebräuchlich (Ri 6,19). Das Efa durfte niemals verringert werden, sondern mußte immer ein gleiches (rechtes) Maß sein (5Mo 25,14; Spr 20,10). Das Efa entsprach dem Flüssigkeitsmaß Bat, beide faßten 1/10 eines Homer (Hes 45,11).

5. Sea (hebr. *seā*; akkad. *sūtu*) war ebenfalls ein Maß für Mehl und Getreide (1Mo 18,6; 1Kön 18,32).

6. Das Gomer (hebr.*'ōmer*, vgl. arab. *'umar*, »eine kleine Schale«) erscheint nur im Bericht über das Sammeln des *Manna (2Mo 16). Es wurde sowohl zum Abmessen (V. 18.32-33) als auch zum Benennen der Menge verwendet (V. 16.22). Das Gomer entsprach 1/10 Efa (V. 36; LÜ: »Krug«).

7. Ein »Zehntel« (hebr. *'issārōn*) war ein Maß für Mehl (4Mo 15,4). Es entsprach 1/10 Efa (4Mo 28,5) und somit dem Gomer.

8. Kab (hebr. *qab*), ein Hohlmaß, daß nur in 2Kön 6,25 erscheint (LÜ: »eine Handvoll«), wird im Kontext der inflationären Preise während der Belagerung Samarias genannt. 1/4 Kab Johannisbrotschoten wurde für 5 Silberstücke (Schekel) verkauft. Das Kab = 4 Log = 1/5 Sea = 1/6 Hin = ca. 2 Liter.

9. Das »Maß« (hebr. *schālīsch*) aus Ps 80,6 (LÜ: »großer Krug«) und Jes 40,12 lautet wörtl. »ein Drittel«, ohne daß eine Einheit genannt würde, so daß das Hohlmaß unbekannt ist. Es ist anzumerken, daß diese Maße das babylon. Sexagesimalsystem (1 *kur* = 30 *sutu* = 180 *qa*) mit dem von den Assyrern auch verwendeten Dezimalsystem kombinieren. Vgl. Aufstellung S. 936.

V. HOHLMASSE FÜR FLÜSSIGE STOFFE.

1. Das Bat (hebr. *bat*; griech. *batos*, nur Lk 16,6) war das Gegenstück des Efa (Hes 45,11.14). Es wurde zum Abmessen von Wasser (1Kön 7,26), Wein (Jes 5,10) und Öl verwendet (2Chr 2,9; s.a. 1Kön 5,25). Es war ein exaktes Standardmaß (Hes 45,10): etwa 22 Liter.

2. Mit Hin (LÜ: »Kanne«; hebr. *hīn*; ägypt. *hnw*, »ein Krug«) wurden Behälter bezeichnet (3Mo 19,36), die als Maß für Wasser (Hes 4,11), Öl (2Mo 29,40) oder Wein (3Mo 23,13) dienten. Nach Josephus (ant.Jud. 3. 197; 4. 234) entsprach das Hin 1/6 Bat.

3. Log (LÜ: »Becher«; hebr. *lōg*) wird nur 3Mo 14,10 als Maß für Öl bei der rituellen Reinigung von Lepra verwendet. Nach dem Talmud entsprach es 1/12 Hin.

Die Werte dieser Flüssigkeitsmaße richten sich nach denen des Bat, sind jedoch unsicher, nachdem die einzigen mit *bt* (Tell beit Mirsim) und *bt lmlk* (Lachisch) markierten Behälter unvollständig sind und nicht präzise rekonstruiert werden können. So wurde das Fassungsvermögen des Bat unterschiedlich zwischen 20,92 und 46,6 l veranschlagt. Unter der Voraussetzung, daß das Bat die Hälfte des »königlichen Bat« fassen konnte, und daß die Inschriften die volle Kapazität der Behälter angaben, wird die Vorgabe von 22 l in bibl. Zeit (Albright) und 21,5 l in hellen. Zeit gemeinhin als Kalkulationsbasis übernommen. Das unterschiedliche Volumen des Ehernen Meeres (1Kön 7,26: 2000 Bat; 2Chr 4,5: 3000 Bat) versucht C.C. Wylie so zu erklären, daß im ersten Fall von einem halbkugelförmigen, im zweiten Fall von einem zylinderförmigen Gefäß auszugehen sei (BA 12/1949, 86–90).

B. Im Neuen Testament.

I. GEWICHTE.

Nur zwei Gewichte werden im NT erwähnt. Litra aus Joh 12,3; 19,39 (LÜ: »Pfund«, vgl. latein. *libra*, von dem die englische Abkürzung *Lb* für Pfund abgeleitet ist), war eine röm. Gewichtseinheit, die 327,45 g entsprach. In Offb 16,21 wird das Adjektiv *talantiaios*, »ein Talent wiegend« (LÜ: »Zentnergewichte«), zur Beschreibung von Hagelkörnern verwendet: Arndt behauptet, daß dieses Talent 125 librae entsprach und somit etwa 41 kg schwer war, wogegen HDB ein Gewicht von ca. 20,5 kg veranschlagt.

II. LÄNGENMASSE.

1. Die *Elle*. Wie im AT wurden die Maßstäbe von Körperteilen abgeleitet, die Grundeinheit war der *pēchys* (»Unterarm«), die Elle. Bei den Römern gab es zwei verschiedene Maßstäbe für die Elle: die röm. Elle von 6 Handbreit à 74 mm = 44,4 cm, und die philetarische Elle von 52,5 cm. Julian von Askalon berichtet, daß letzteres Maßsystem in Palästina und Ägypten gebräuchlich war (Jeremias, S. 11), und diese Länge wird wahrscheinlich auch in Joh 21,8; Offb 21,17 angedeutet. Auch in Mt 6,27 und Lk 12,25 wird der Ausdruck verwendet.

2. *orgyia* (»Faden«, Apg 27,28) war die Länge der ausgebreiteten Arme, also ungefähr 1,8 m. Es war eine griech. Maßeinheit, abgeleitet von dem Verb *oregō*, »ich breite aus«. Nach Herodot (Hist. 2. 149) entsprach sie 6 griech. Fuß oder 4 griech. Ellen.

3. Das *Stadion* (Lk 24,13 RevEB; Joh 6,19; 11,18 RevEB; Offb 14,20; 21,16 RevEB) hatte 100 *orgyiai* und war ca. 185 m lang. Nachdem man für die Rennbahn von Olympia genau die Länge eines Stadions annahm, wurde das Wort auch für Arenen verwendet (1Kor 9,24).

4. *Milion* (»Meile«, Mt 5,41) war eine griech. Transliteration der röm. Maßangabe *mille passuum*, »tausend Doppel-Schritte«. Sie war 1478,5 m lang, entsprach 8 Stadien und auf der Basis von 5 röm. Fuß (à 29,57 cm) pro Doppel-Schritt (1,48 m) veranschlagt.

5. Der in Apg 1,12 erwähnte Sabbatweg war keine eigentliche Entfernungsangabe, sondern vielmehr das Produkt rabbin. Exegese von 2Mo 16,29 und 4Mo 35,5 (vgl. Lumby in CGT, ad loc.). Er war auf 2000 Ellen festgesetzt (Talmud 'Erubin 51a) und wurde *tehūm ha-schabbāt*, genannt – »das Höchstmaß des Sabbat«.

III. FLÄCHENMASSE.

Im NT kommen keine Flächenmaße vor, aber die Basiseinheit unter den Römern war das *jugerum*, basierend auf der Landfläche, die ein Joch Ochsen an einem Tag pflügen konnte. Er errechnete sich aus einem *actus*, bzw. einer Furche (36,6 m) mal zwei (73,2 m); das *jugerum* entsprach 2 Quadratactus: 0,27 ha bzw. 2/3 Morgen.

IV. HOHLMASSE FÜR TROCKENE STOFFE.

1. Das *choinix* (»Viertel«, Offb 6,6) wird unterschiedlich auf 0,8-1,2 l geschätzt, der beste Näherungswert beträgt wohl gut 1 l. Es war ein griech. Maß, und Herodot berichtet (Hist. 7. 187), daß es die tägl. Kornration der Männer von Xerxes' Invasionstruppen war.

2. Das *saton* (aram. *sā'tā*; hebr. *se'ā*) war das *Sea* des AT: Josephus (ant.Jud. 9. 85) stuft es als Äquivalent zu 1 1/2 *modii* ein (s. u.). Es wird als Maß in Mt 13,33; Lk 13,21 erwähnt, wo Sauerteig unter drei *sata* Weizenmehl gemengt wird. Das Maß faßte etwa 12,3 l.

3. Das *koros* aus Lk 16,7 (ein »Weizenmaß«) entspricht dem hebr. *kōr*. Josephus (ant.Jud. 15. 314) setzt es 10 attischen *medimnoi* gleich, demnach wäre das *Kor* bei 525 l anzusiedeln, da ein *medimnos* 48 *choinikes* enthielt. Da Hes 45,11 ein *baton* als ein Zehntel eines *Kor* einstuft, wird vermutet, daß Josephus hier *medimnos* mit *metrētēs* verwechselt hat, und daß das *Kor* 10 *metrētai* faßte, etwa 395 l. Es wurde sowohl als Trocken- als auch als Flüssigkeitsmaß verwendet.

4. Der *modios* (LÜ: »Scheffel«) in Mt 5,15; Mk 4,21; Lk 11,33, bezeichnet jeweils das Gefäß, das man zum Abmessen dieser Menge benutzte. Es handelt sich um ein Kornmaß von 16 *sextarii* Fassungsvermögen: 6 *modii* entsprachen dem griech. *medimnos* (Cornelius Nepos, Attica 2). Somit faßte der *modius* 8 *choinikes*, etwa 8,75 l.

V. HOHLMASSE FÜR FLÜSSIGE STOFFE.

1. Der *xestēs* in Mk 7,4 (LÜ: »Krug«) bezieht sich wiederum auf das zum Abmessen dieser Menge verwendete Gefäß und wird von den meisten Wissenschaftlern (s. jedoch Moulton, Howard: Grammar of New Testament Greek, 2, 1929, S. 155) für eine Ableitung des latein. *sextarius* gehalten. Es war ein Flüssigkeits- und Trockenmaß von 1/16 *modius*, etwa 500 cm^3.

2. *batos* (»Maß« für Öl in Lk 16,6) ist die griech. Form des hebr. *bat* (s.o.). Nach Josephus (ant.Jud. 8. 57) faßte es 72 *sextarii* oder 4 1/2 *modii* – etwa 39,5 l.

3. *metrētēs*, erwähnt in Joh 2,6 (LÜ: »Maße«), war ein griech. Flüssig-

Rekonstruktion des Stelen-Heiligtums in Hazor. Späte Bronzezeit. (IM)

keitsmaß, ungefähr dem hebr. *bat* entsprechend, und faßte somit ca. 39,5 l. Die Wasserkrüge auf der Hochzeit zu Kana faßten demnach jeder zwischen 80 und 120 l.

Literatur: J. Jeremias: Abba. Studien zur neutestamentlichen Theologie und Zeitgeschichte, 1966. D.J.W./D.H.W.

MASSEBE. Eine M. (hebr. *massebah;* LÜ: Steinmal) ist ein von Menschenhand aufgerichteter monolithischer Stein mit rel. Bedeutung. Genauer sollte man zwischen den unbeschrifteten und häufig auch unbehauenen M.n und den ikonographisch oder epigraphisch verzierten Stelen (z.B. *Mescha-Stele) unterscheiden. Bibl. und archäologische Zeugnisse verdeutlichen die herausragende Bedeutung der M.n und Stelen für die Religion des Vorderen Orients.

*Jakob stellte eine M. zum Zeichen eines Vertragsabschlusses auf (1Mo 31,45). Eine ähnliche Funktion hatten auch die bei *Gilgal aufgestellten 12 Denksteine (Jos 4,1-9.20; vgl. 2Mo 24,4) und der Stein im Heiligtum von *Sichem (Jos 24,27). 5Mo 27,1-8 und Jos 8,30-35 zeigen, daß in Palästina derartige Steine mit Kalk übertüncht und beschrieben werden konnten. Diese Steine sollen die Erinnerung an ein bestimmtes Geschehen wachhalten. Dies gilt in gewisser Weise auch für den Stein auf *Rahels Grab (1Mo 35,20). Vergleichbar hiermit sind die in *Petra im *Ostjordanland auf nabatäischen Gräbern aufgestellten oder aus dem Felsen reliefiert herausgearbeiteten »Obelisken« aus griech.-röm. Zeit. In Jes 19,19 wird eine M. möglicherweise im Sinne eines Grenzsteins gebraucht. Einen weiteren Anlaß zur Errichtung einer M. belegt 2Sam 18,18f. Danach hat sich *Absalom einen solchen Stein aufgestellt, um trotz seiner Kinderlosigkeit seinen Namen fortbestehen zu lassen.

In der Mehrheit stellen M.n jedoch Kulteinrichtungen dar, die (wegen ihrer phallusartigen Form) eine (männliche) Gottheit repräsentieren können. Die von Jakob aufgestellte M. gibt Anlaß zur Gründung des Heiligtums in *Bethel (1Mo 28). In späteren Texten ändert sich das Urteil der bibl. Autoren diesen Steinen gegenüber. Sie sahen in ihnen einen heidnischen, mit der Jahwereligion unvereinbaren Kult (2Mo 23,24; 34,13; 3Mo 26,1; 5Mo 7,5; 12,3; 16,22; 2Kön 3,2 u.ö.). M.n gehörten zusammen mit Ascheren zur Grundausstattung der kanaan. Kulthöhen (1Kön 14,23 u.ö.). Im Zuge der Kultreform Hiskias

Die Macrinus-Münze aus Byblos (217 n.Chr.) zeigt eine Massebe in einem Heiligtum. (BRL)

Massebenreihe in Geser. Mittlere Bronzezeit II. (BRL)

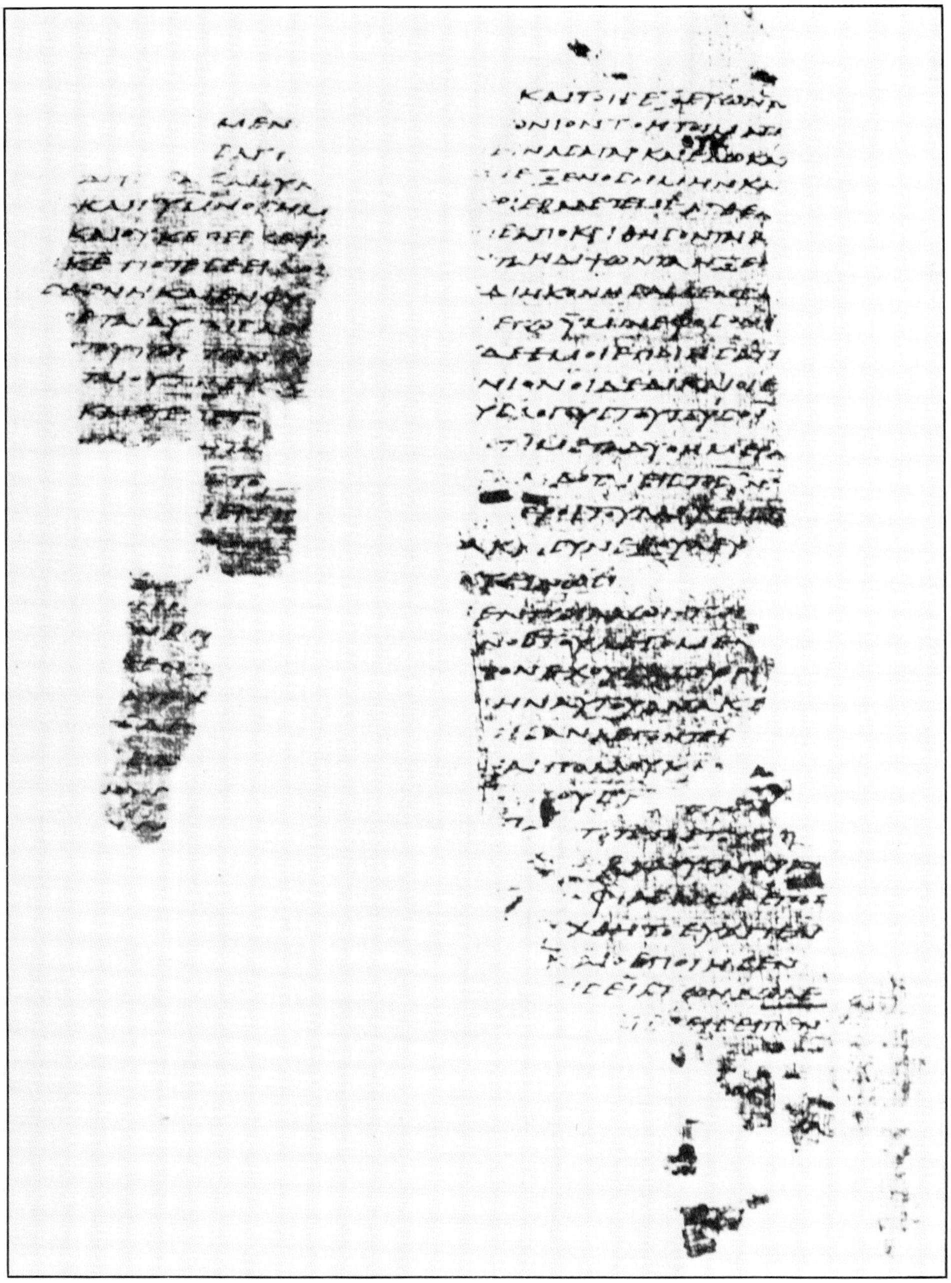

Kap. 25,41–26,18 des Matthäusevangeliums: Papyruskodex p^{45} *(Chester Beatty).* (TNT)

MASTIX

s. Pflanzen

MATTHÄUS

s. Matthäus, Evangelium III.

(2Kön 18,4) und Josias (2Kön 23,4-20) wurden die M.n dann vernichtet. Archäologische Funde zeigen jedoch, daß diese Reformen nur zum Teil erfolgreich waren.

Das älteste Beispiel einer M. stammt aus dem neolithischen *Jericho. Bis in die röm. Zeit hinein sind M.n, meist in Verbindung mit einem Heiligtum, nachzuweisen. So standen etwa M.n im Allerheiligsten des eisenzeitlichen Tempels von Arad, während sie, den Säulen *Jachin und Boas des Jerusalemer Tempels vergleichbar, zu beiden Seiten des Eingangs des Tempels in *Sichem aufgestellt waren. Eine Besonderheit stellt die mittelbronzezeitl. Massebenreihe aus *Geser dar. Die zehn dort in N-S-Richtung aufgestellten, bis zu 3,25 m hohen Monolithen stehen wahrscheinlich in einem kultischen Zusammenhang. Nur etwa 10-65 cm hoch sind die zehn in einem Heiligtum des spätbronzezeitl. *Hazor gefundenen Basaltsteine, von denen einer mit erhobenen (betenden ?) Händen und einem Sonnen-Mond-Emblem verziert ist. Bei diesem auffallend kleinen Kultplatz handelt es sich wahrscheinlich um einen Memorialschrein. Im sog. »Obeliskentempel« in Byblos (Mittlere Bronzezeit) waren zahlreiche M.n aufgestellt. Kulthöhen mit M.n konnten bislang noch nicht archäologisch nachgewiesen werden. Eine byblische Münze aus dem Jahr 217 n.Chr. (!) zeigt das Heiligtum in Byblos mit einem aufgerichteten Stein, der kultische Verehrung genoß.

Literatur: V. Fritz: Tempel und Zelt, WMANT 47, 1977, 48-52; K. Galling: Erwägungen zum Stelenheiligtum von Hazor, ZDPV 75/1959, 1-13; C.F. Graesser: Standing Stones in Ancient Palestine, BA 35/1972, 34-63; K. Jaros: Die Stellung des Elohisten zur kanaanäischen Religion, OBO 4, ²1982, 83-118. W.Z.

MATTANJA. »Gabe des Herrn«.

1. Sohn *Hemans, Leiter der 9. levitischen Sängerabteilung z.Zt. Davids (1Chr 25,4.16).
2. Levit aus dem Geschlecht *Asafs (2Chr 20,14).
3. Levit aus dem Geschlecht Asafs z.Zt. Hiskias (2Chr 29,13).
4. Sohn des Königs *Josia, den *Nebukadnezar unter dem Namen *Zedekia als letzten König von Juda einsetzte (2Kön 24,17).
5. Levit aus dem Geschlecht Asafs, Sohn des Micha (Neh 11,22) oder Michaja (Neh 12,35). Seine Urenkel Usi und Sacharja lebten z.Zt. Nehemias.
6. Levit, dessen Enkel Hanan z.Zt. Nehemias lebte und die Vorräte zu verwalten hatte (Neh 13,13).
7. Levit aus dem Geschlecht Asafs, der Sohn Michas, der z.Zt. Nehemias das Dankgebet anstimmte (Neh 11, 17; 12,8.25).
8. Vier Israeliten aus verschiedenen Geschlechtern, die z.Zt. *Esras heidnische Frauen genommen hatten (Esr 10,26.27.30.37).

MATTHÄUS, EVANGELIUM.

I. INHALT.

1,1-4,11: Die doppelte Vorgeschichte:

1,1-2,23: Jesu Geburt und Kindheit;
3,1-17: Johannes der Täufer;
4,1-11: Jesu Versuchung:

4,12-11,1: Die Frühzeit des Wirkens Jesu:

4,12-25: Jesu erstes Wirken;
5,1-7,29: Entfaltung der Lehre Jesu;
8,1-9,34: Jesu vollmächtige Taten;
9,35-11,1: Jesu Mission unter Israel:

11,2-16,20: Jesu Ringen um Israel.

11,2-19: Ringen um Johannes und seine Jünger;
11,20-24: Ringen um die Städte Galiläas;
11,25-30: Jesus, der Heiland der Beladenen;
12,1-45: Ringen mit den Pharisäern;
12,46-50: Jesu Ringen mit seiner Familie;
13,1-58: Ringen um das Volk des Landes;
14,1-12: Jesus und Herodes;
14,13-15,39: Jesus als der helfende und vollmächtige Messias;
16,1-12: Auseinandersetzung mit den Sadduzäern;
16,13-20: Messiasbekenntnis des Petrus im Namen der Jünger.

16,21-27,66: Die Passion Jesu:
16,21-18,35: Zurüstung der Jüngergemeinde für ihren Weg unter der Gegnerschaft in der Welt;
19,1-20,34: Auf dem Weg nach Jerusalem;
21,1-25,46: Jesu Wirken in Jerusalem;
26,1-27,66: Jesu Leiden und Tod.
28,1-20: Begegnungen mit dem Auferstandenen, Sendung der Jüngerschaft.

II. AUFBAU UND EIGENART DES MATTHÄUS-EVANGELIUMS.

Das Ev. liegt uns in einer Gestalt vor, in der die Gesichtspunkte, die Jesu Sendung und Weg kennzeichnen, den Bericht vom Wirken des irdischen Jesus prägen. Diese besondere Gestalt vermitteln ebenso die Reden, zu denen Jesu Worte mehrmals zusammengefaßt sind (Mt 5-7; 10; 13; 23; 24f), als auch die den Bericht von seinem Wirken in Israel tragenden umfangreichen wörtl. Zitate aus dem AT (vgl. 4,15f; 12,18-21). Anfang und Ende des MtEv.s sind dem deutlich zugeordnet: Aus der Nachkommenschaft Abrahams wird der geboren, dem man den Namen »Gott mit uns« gibt. Der Gekreuzigte, den Gott aus dem Tode erweckt hat, nimmt das Reich ein und sendet die Seinen, nun unter allen Völkern durch Taufe und Unterweisung in seinen Worten Jünger für dieses Reich zu gewinnen.

Vergleicht man das MtEv. mit den beiden anderen synoptischen Evv., wird deutlich, daß Matthäus besonders eindrücklich herausarbeitet, daß und wie Jesus der verheißene Messias Gottes ist. Ebenso betont das MtEv., in welcher Weise Gottes Wille die Menschen zum Gehorsam bindet und wie von ihnen Rechenschaft verlangt werden wird. Auch das Verhältnis der Kirche Jesu zu dem Israel des Alten Bundes wird nachdrücklich gezeichnet.

Solche Beobachtungen lassen verstehen, daß das MtEv. in der Geschichte der Kirche immer besonders geschätzt wurde. Ihm gegenüber traten MkEv. und LkEv. zurück. Im MtEv. meinte man, die Anbindung des NT an das AT festhalten zu können. Diese Beobachtungen ließen die neuere Auslegung des MtEv.s, die mit der Frage nach der Redaktion des überlieferten Stoffes durch den Evangelisten eingeleitet wurde, gerade hier den Versuch machen, eben diese Arbeit des Evangelisten von dem Bild abzuheben, das die Jünger von Jesus hatten, und demjenigen, das sich bei der Weitergabe des Überlieferungsgutes daraus abzeichnete.

III. VERFASSER, ABFASSUNGSORT UND -ZEIT.

1. Die Angaben des MtEv.s. und die Nachrichten aus der Alten Kirche.

Mt 9,9 berichtet, wie Jesus bei Kapernaum einen Menschen am Zoll sitzen sah, der Matthäus hieß, und ihn in die Nachfolge rief. Nach Mk 2,14 trägt dieser Zöllner den Namen Levi, ebenso nach Lk 5,27. Mt 10,3 nennt diesen Zöllner neben dem Alphäussohn *Jakobus als *Apostel. Mk 3,18 führt ebenso wie Lk 6,15 Matthäus neben Thomas und dem Alphäussohn Jakobus auf, ohne ihn als Zöllner zu kennzeichnen. In Kap. 9,9 und 10,3 hebt das MtEv. den Zöllner besonders hervor. Ist er der Verfasser des MtEv.s? Das ist offenbar die Auffassung der Nachrichten, die Euseb in seiner Kirchengeschichte zum MtEv. gesammelt und aufbewahrt hat. Alle diese Nachrichten – es handelt sich um Hinweise von Irenäus, Origenes, Euseb selbst und Hieronymus – gehen vermutlich auf eine Quelle zurück, nämlich auf die ebenfalls von Euseb zitierte Angabe des Papias von Hierapolis, wonach Matthäus in hebr. Weise (oder Sprache?) die Überlieferung zusammengestellt habe (Eus. h.e. III, 39,16). Dort wird noch hinzugefügt: »Ein jeder berichtete (übersetzte ?/ deutete?) sie so, wie er dazu in der Lage war.«

Diese Angaben lassen sich kaum klar verstehen; Euseb teilt auch nur einen Auszug aus Papias mit. Außerdem hält er seinen Gewährsmann nicht für theologisch besonders kundig – doch das könnte gerade für die Zuverlässigkeit seiner Nachricht sprechen, eben weil er kein besonderes theologisches Interesse gehabt hätte. Zwingend vermögen also die altkirchlichen Nachrichten nicht zu begründen, daß der Zöllner Matthäus der Verfasser des MtEv.s ist; andererseits gibt es keinerlei abweichende Überlieferung (vgl. *Evangelien).

2. Ist der Evangelist als Sprecher einer Gemeinde zu verstehen?

In diese Richtung haben mehrere Gelehrte die Forschung gewiesen. A. Schlatter mit seiner Schrift »Die Kirche des Matthäus« (1929) muß hier genannt werden, aber auch G. Bornkamm und seine Schüler Barth und Held mit ihren Untersuchungen zum MtEv. (1960). Mt 13,52 konnte wie ein Selbstbildnis des Evangelisten wirken: ein Schriftgelehrter, der aus seinem Schatz Neues und Altes hervorholt. Seine Gemeinde, offenbar judenchristl. bestimmt (wegen des Interesses am Gesetz des AT und am Verhältnis zu Israel), steht in Gemeinschaft mit der Kirche aus den Völkern, hält jedoch an ihrer Besonderheit fest: sie beachtet das Gesetz des AT. Wohl nicht in Palästina, aber im nahen Syrien wird man sie suchen dürfen, weil auch dort eine starke Judenschaft lebte und darum Sprache, Sitte und Brauch der palästin. Juden durchaus so vertraut waren, wie dies das MtEv. offenkundig voraussetzt. Diese Gemeinschaft lebte wohl noch im Verband der Synagoge und entrichtete die Tempelsteuer (Bornkamm). Was sich im MtEv. findet, spiegelt unmittelbar die Lage dieser Gemeinde wider. Ihr Sprecher also ist der Evangelist.

Daß aber der Evangelist in solch unmittelbarem Sinn nicht der Sprecher einer Gemeinde sein kann, wurde bald deutlich. G. Strecker und andere zeigten, daß im MtEv. die Zeit Jesu von derjenigen der Kirche deutlich unterschieden wird. Jene hat ihr eigenes Gewicht durch die Verkündigung Jesu und die Erfüllung seiner Forderungen durch ihn selbst; gerade so hat diese Zeit dann auch Gewicht für die folgende Zeit der Kirche. In einer solchen Sicht tritt der Evangelist als theologischer Lehrer ins Licht, gerade darum aber angeblich auch als ein Mann der 2. oder 3. Generation der Kirche.

Sagen aber solche Beobachtungen und Überlegungen mehr, als daß der Evangelist in einer bestimmten Gemeinde gewirkt hat und im Blick auf sie sein Ev. niedergeschrieben hat? Er hat sie angeredet, aber darüber doch die ganze Kirche nicht aus dem Sinn verloren. Läßt er sich wirklich als Judenchrist in dem Sinn kennzeichnen, daß er nur eine Teilkirche vor Augen haben will?

3. Kann ein Jünger des irdischen Jesus der Verfasser sein?

Nach Meinung der Mehrzahl unter den Forschern sprechen gegen diese Auffassung vor allem folgende Gründe:

a. Das MtEv. bietet seinen Bericht in dem durch das MkEv. gezeichneten Rahmen für das Wirken Jesu, was Orte und Zielablauf angeht. Es bringt auch den größten Teil des Stoffes wie bei Markus und Überlieferung, deren Spuren sich auch im LkEv. finden (»Logienquelle«): solche Berichtsweise kann man von einem Augen- und Ohrenzeugen nicht erwarten.

b. Das MtEv. hat mit dem MkEv. gemeinsame Berichte oft anders (Bornkamm: neu) erzählt, und zwar

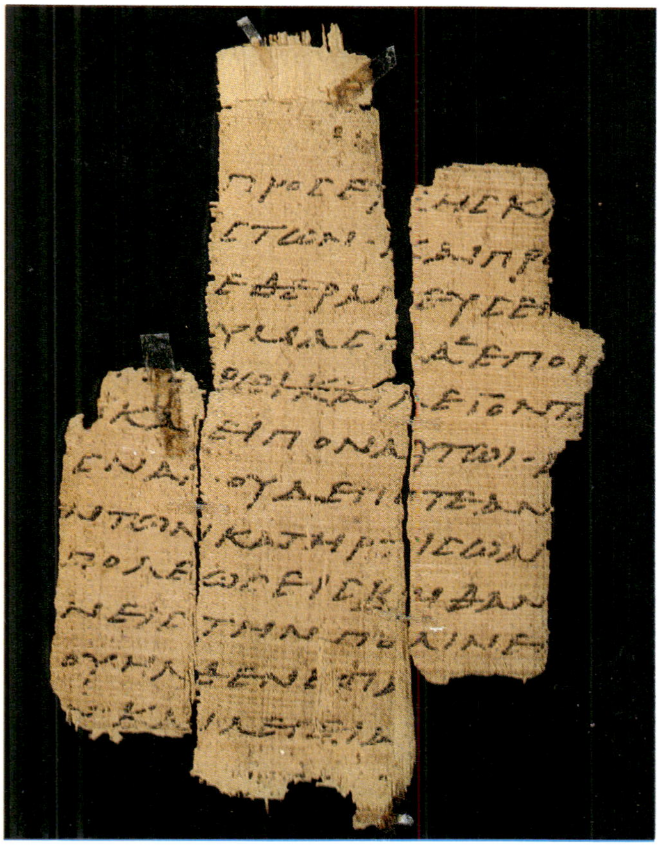

Fragment des Matthäus-Evangeliums in griech. Sprache (Mt 21,13–19). Teil des Papyrus-Kodex p^{45} (Chester Beatty I), spätes 2./frühes 3. Jh. n.Chr. (CBL)

theologisch vertieft: das weist auf einen späteren Erzähler.

c. Das MtEv. bietet sich seinen Lesern in theologisch durchdachter Komposition: auch das deutet auf Verfasserschaft in zeitlichem Abstand zu den Begebenheiten (vgl. JohEv.).

d. Es gibt Anhaltspunkte, die auf eine Abfassung nach dem Jahr 70 n.Chr. deuten (Mt 22,7): damit wäre die nachapostol. Zeit gesichert; also wird es sich um einen Mann der 2. oder 3. Generation handeln.

e. Die Nachrichten aus der Alten Kirche sind unklar und zudem nur vorsichtig aufzunehmen: Man legte Wert darauf, die Schriften des NT auf Apostel zurückführen zu können.

Es gibt jedoch erwägenswerte Gegengründe zu den hier genannten:

a. Lk 1,1-4 zufolge sind die Augen- und Ohrenzeugen Urheber der Überlieferung, also an Auswahl und Gestaltung beteiligt. Sehen sie sich in der Lage, die durch die mündliche Verkündigung lebendige Überlieferung gültig schriftlich festzulegen, legen sie eben diese fest und zwar so, daß dabei Gestalt wird, was Gottes Geist ihnen erinnernd an Sendung und Weg Jesu verdeutlicht (vgl. Joh 16,13-15): Man kann das MtEv. als Urkunde solchen Berichts verstehen.

b. An allen kanonischen Evv. kann man erkennen, wie die Aufgabe der Christenheit von Jesu Sendung und Weg zu künden, bei den Evangelisten Gaben entbunden hat, die sie als Schriftsteller und als Theologen in einen einzigartigen Rang erheben: im MtEv. zeichnet sich diese Begabung gerade in der Gesamtsicht von Jesu Sendung und Weg ab, die dieser Evangelist seinen Lesern weitergibt.

c. Mit dem Hinweis auf den Ausgang der apostol. Zeit als der Zeit, in welcher das MtEv. abgefaßt ist, dürfte das Rechte getroffen sein: Eben weil die Augen- und Ohrenzeugen sterben, faßt einer unter ihnen die Überlieferung, für die alle stehen, gültig, d.h. schriftlich ab. Das kann nach dem Jahr 70 n.Chr., aber durchaus auch ein bis zwei Jahrzehnte früher gewesen sein.

Ergebnis: Das MtEv. nötigt nicht zu der Annahme, daß ein Christ der 2. oder 3. Generation sein Verfasser ist. Es wird um das Jahr 70, eher jedoch erheblich früher (vgl. u.a. J.A.T. Robinson, B. Reicke, B. Orchard/M. Riley) in einer Gemeinde im palästin.-syr. Raum geschrieben worden sein. Sein Verfasser ist mit großer Wahrscheinlichkeit Matthäus, der Jünger Jesu.

IV. DIE BOTSCHAFT DES MATTHÄUSEVANGELIUMS.

1. Jesus der verheißene Messias Israels.

Daß Jesus der verheißene Messias ist, macht der Evangelist auf verschiedene Weise deutlich. In der Kindheitsgeschichte zitiert er messianische Stellen des AT als in Christus erfüllt; so Jes 7,14 in 1,23; Mi 5,1.3 in 2,6; auch Hos 11,1 in 2,15. Ähnlich überschreibt er die beiden Teile seines Berichtes vom Wirken Jesu mit Zitaten aus Jes 8,23f; 9,1 (4,15f) und aus Jes 42,1-4 (12,18-21): Der Eine, in dem Gott selbst sich seines im Finstern wohnenden Volkes annimmt, ist gekommen. Dieser Eine aber geht seinen Weg so, daß er die Weissagung vom Gottesknecht erfüllt. Auch einzelne Begebenheiten aus dem Wirken Jesu werden mit Wortlauten aus dem AT als Erfüllung der Verheißung des kommenden Helfers erwiesen (etwa 8,17), besonders in der Passionsgeschichte (26,31; 27,9.46). Andererseits zeichnet der Evangelist Jesus betont als den Demütigen und Niedrigen (11,29; 21,5) und legt so die Verheißungen des AT von Jesu Wort und Weg her aus. Dem entspricht, daß jüd. Messiasprädikate und -vorstellungen nicht einfach auf Jesus übertragen werden. Vielmehr erfüllt Jesus die Erwartungen des Volks nur antithetisch: als Davidsohn bringt Jesus die Geschichte Israels ans Ende; als Sohn Gottes offenbart er den Vater endgültig; als Herr aber ist er der Helfer und Schützer der Menschen (vgl. 8,25; 9,27; 14,33; 15,22; 16,16; 21,9). Das von Sendung und Weg Jesu her erhellte AT erweist seinerseits ihn als den von Gott verheißenen *Messias (vgl. *Hoheitstitel Jesu Christi).

2. Die Erfüllung von Gesetz und Propheten.

An wichtiger Stelle ist davon die Rede, daß Jesus das Gesetz erfüllt hat (5,17; 7,12; 22,40). 5,17-20, aber auch 9,13; 12,7; 15,1-20 und 23,1-33 lassen keinen Zweifel: Die Gerechtigkeit der Schriftgelehrten und Pharisäer tut nicht, was vor Gott recht ist. Das bringt vielmehr nur die Gerechtigkeit des Himmelreiches (5,20). Doch welcher Art ist sie?

Der Evangelist macht das in seiner Weise klar. Er verbindet den Bericht von Jesu Vollmacht, an Gottes Stelle zu heilen und Sünden zu vergeben (8f), mit dem Bericht von seiner vollmächtigen Verkündigung (7,29). In ihr sagt er den im Geist Armen und den um Gerechtigkeit willen Verfolgten das Himmelreich zu – und zwar jetzt. Derjenige, der mit Wort und Tat den Menschen den Glauben abgewinnt, der bringt das Himmelreich. Durch den Glauben an Gott in Christus aber bricht an, was Jesus selbst tut und wirkt, nämlich daß Menschen sich ganz, ungeteilt, Gott zuwenden, aus seiner Art sehen, was er will, und so barmherzig und demütig werden wie er selbst, Christus, es ist (vgl. 11,29). Kurz: Gesetz und Propheten werden von Christus selbst und von denen erfüllt, die ihm als Jünger zugehören.

Daß dabei keine Automatik waltet, zeigen Worte wie 7,21ff deutlich. Man muß Jesu Worte hören und tun, also unter dem Wort bleiben, nicht müde werden, es zu hören, und so das Herz bewegen und erfüllen lassen von dem, der vollmächtig redet. Dann wird das Herz Gedanken und Willen bewegen können, daß man in Worten und Taten – als den Früchten – erkennen kann, wer im Herzen Herr ist und das Gesetz und die Propheten erfüllen lehrt.

3. Israel und die Kirche aus Juden und Heiden.

Das MtEv. läßt erkennen, daß Jesus ausschließlich an Israel gesandt ist (15,24), und daß er auch seine Jünger vor Ostern nur an Israel sendet (10,5). In der Begegnung Jesu mit Israel kommt die Geschichte dieses Volkes zu ihrem Ziel. Darauf deutet bereits der Stammbaum Jesu, der von Abraham auf den Christus hinführt (1,1-17). »Sein Volk von ihren Sünden zu retten«, ist Jesu Sendung (1,21). Während seines Wirkens wird immer deutlicher, daß die Volksmenge ihm zujubelt, die rel. Autoritäten sich jedoch in Feindschaft gegen ihn verhärten (z.B. 9,33f). Jesus will alle gewinnen, auch die Schriftgelehrten und die Pharisäer, er sucht das Gespräch mit ihnen und weicht ihren Fragen nicht aus (9,10-13; 14-17 u.ö.). Das gilt auch von Jesu Wirken in Jerusalem (Kap. 21f). Seine Gegner bleiben bei dem, was sie bereits nach 12,14 planen: Jesus muß sterben. Und am Ende fällt ihnen auch das Volk zu und nimmt Pilatus gegenüber (27,24f) ausdrücklich die Schuld am Tode Jesu auf sich.

Die Entscheidung, die Israel in diesen Ereignissen dem Verheißenen Gottes in seiner Mitte gegenüber trifft, wird eindrücklich und grundsätzlich gedeutet. Jesu Gleichnisse von den bösen Weingärtnern (21,33-46) und von der königlichen Hochzeit (22,1-14) reden davon, daß die Verwerfung Jesu den äußersten Fall des Ungehorsams gegen Gott in einer langen Reihe solcher Taten bildet. Diese Entscheidung gegen Jesus hat zur Folge, daß nun das Gottesreich von Israel genommen und einem anderen Volk gegeben werden wird (21,43). Das zweite Gleichnis wiederholt die Ankündigung des Gerichts über Israel, verbindet sie aber sogleich mit der weiteren Ansage, daß Gottes Gericht auch gegen jeden verhängt wird, der, obwohl aus dem neuen Gottesvolk kommend, doch das hochzeitliche Kleid nicht trägt.

In dem allen deutet sich schon an: Die Kirche löst Israel nicht einfach ab. Vielmehr gilt: Jesus sammelt mitten unter Israel in seinen Jüngern die Schar um sich, aus der die Kirche wachsen wird. Im Zusammenhang mit dem Bekenntnis des Petrus – im Namen der anderen Jünger – zu Christus fällt das Wort »Kirche«, griech. *ekklēsia*, das so nur im MtEv. begegnet (16,18); vgl. auch Apg 9,31; 1Kor 6,4; 12,28; Eph 1,22; 3,10.21; 5,23-33; Phil 3,6; Kol 1,18.24; 1Tim 5,16). Simon erhält von Jesus den Namen »Fels« (griech. *petra*). Auf ihn, den Apostel *Petrus, will Jesus seine *ekklēsia* bauen, d.h. Petrus wird das erste Fundament unter den Aposteln bilden. Damit weist Jesus auf die Zeit voraus, in welcher er nach der Verwerfung durch Israel als »Licht der Völker« alle Völker zu Jüngern berufen will. Durch Taufe und Unterweisung in den Worten Jesu wird es zu dieser Jüngerschaft kommen. Er selbst, Jesus, wird hierbei den Seinen nahe sein (28,19f). Die auf neue Weise gewährte bleibende Gegenwart Jesu bei den Seinen begründet und erhält die Kirche (vgl. auch 18,20). Dabei stimmt die Kirche in das Petrusbekenntnis ein: Sie bekennt Jesus als den Christus, den Sohn des lebendigen Gottes (16,16). Dadurch nimmt sie im Ansatz die gesamte Geschichte Gottes mit Israel in ihr Bekenntnis auf. Diese Geschichte wird somit niemals für sie »erledigt« sein können. Und die Kirche »huldigt« durch die Taufe dem Herrn, der die Kreuzesmale an sich trägt, also selbst von den Wunden dieser Geschichte für immer gezeichnet ist. Israel bleibt für sie Beispiel der Treue Gottes und seiner Geduld mit den Menschen. Und Israel dient als Warnung, solche Gabe zu verachten. Die Gemeinderegeln in Mt 18 und vor allem das Gleichnis vom Schalksknecht schärfen der Kirche eben dies unvergeßlich ein. Nur so wird sie als Jüngerschaft in der Welt Licht und Salz sein können, Stadt auf dem Berge und Zuflucht für die Völker (5,13-16).

V. DIE BEDEUTUNG DES MATTHÄUSEVANGELIUMS FÜR DIE GESCHICHTE DER KIRCHE.

Das MtEv. ist bereits in der Alten Kirche nicht als das Ev. eines Judenchristen und für solche aufgefaßt worden, sondern als Ev. für die universale Kirche. Es hat wesentlich dazu beigetragen, daß die Christenheit am AT und am Bekenntnis zu Jesus, dem Christus Gottes, festgehalten hat.

Ähnlich wichtig ist das MtEv. und darin besonders die Bergpredigt für die Ethik und die Frömmigkeit der Kirche geworden. Die sog. Zwei-Stufen-Ethik: Gottes Gebote gelten allen Christen, Jesu evangelische Ratschläge den Vollkommenen unter ihnen, hat Jahrhunderte hindurch prägend wirken können. Der Wille, alle Worte Jesu für alle Christen gelten zu lassen und diese so einfach wie möglich, eben »wörtlich« zu verstehen, hat immer wieder besondere Bewegungen hervorgerufen, die zur Auseinandersetzung mit solchem Verständnis der Bergpredigt nötigten. Weiter hat die reformatorische Zwei-Reiche-Lehre die Worte Jesu neu verstehen lassen: daß die Bergpredigt die Jünger Jesu meint und sie in ein Leben einweist, wie er es selbst im Gehorsam gegen Gott geführt hat, aber nicht mit einem Programm zur Gestaltung der Welt verwechselt werden sollte. Wieder anders suchte die sog. Gesinnungsethik mit Jesu Worten ihre Auffassung zu bekräftigen, daß es nämlich auf die rechte Gesinnung ankomme, man sich aber mit dem häufigen Versagen in der Wirklichkeit menschlichen Zusammenlebens abfinden müsse. Alle diese unterschiedlichen Deutungen aber hat Jesu Weisung zur Feindesliebe als im Kern christl. Ethik überstrahlt und unverwechselbar erhalten. Das Christentum konnte noch am Anfang des 20. Jh. einfach als »Religion der Nächsten- und Feindesliebe« gekennzeichnet werden.

Am wichtigsten aber ist das MtEv. für das Bild geworden, das die Christenheit mit ihrer Frömmigkeit und Kunst von Jesus, dem Christus, hat. Der barmherzige König in Niedrigkeit, der geschundene und verhöhnte Gottesknecht, der Sohn Gottes, der die Sünden seines Volkes trägt, der Bruder und Helfer aller Gedemütigten und Verstoßenen, der Eine, der alles Zutrauen zu Gott und alle Zuversicht zu ihm begründet und erhält: Jesus Christus, wie ihn dieses Ev. bezeugt.

Literatur: W. Barclay: Matthäusevangelium, [3]1980; R.T. France: Matthew, 1985; W. Grundmann: Das Evangelium nach Matthäus, ThHK 1, [4]1968; E. Lohmeyer/ W. Schmauch: Das Evangelium nach Matthäus, KEK Sonderbd., [3]1962; U. Luz: Das Evangelium nach Matthäus, EKK Bd. 1, 1985; G. Maier: Matthäusevangelium 1, [3]1983, 2, [3]1988; W. Michaelis: Das Evangelium nach Matthäus, 2 Bde. 1948/1949; B. Orchard/M. Riley: The Order of the Synoptics, 1987; B. Reicke: The Roots of the Synoptic Gospels, 1986; F. Rienecker: Das Evangelium des Matthäus, WStB, [13]1985; J.A.T. Robinson: Wann entstand das Neue Testament?, 1986; A. Schlatter: Der Evangelist Matthäus, 1929, [5]1959; J. Schniewind: Das Evangelium nach Matthäus, NTD 2, [5]1950; E. Schweizer: Das Evangelium nach Matthäus, NTD 2, 1973; Th. Zahn: Das Evangelium des Matthäus, ([4]1922) 1984; G. Bornkamm, Barth/Held: Überlieferung und Auslegung im Matthäusevangelium, WMANT 1, 1960; G. Strecker: Der Weg der Gerechtigkeit, 1962; W. Trilling: Das wahre Israel, 1969. H.G.

MATTHIAS. Nachfolger des *Judas Iskariot im Apostelkreis (Apg 1,15-26). Sein Name scheint eine Verkürzung von Mattatias (»Gabe des Herrn«) zu sein. M. erfüllte die in den V. 21.22 genannten Anforderungen, d.h. er war von der Taufe Jesu bis zu seiner Auferstehung mit im Jüngerkreis. Das wird durch die Feststellung des Euseb (h.e. 1.12), daß M. einer der Siebzig war, noch unterstrichen.

M.' späterer Werdegang ist nicht bekannt. Sein Name wurde oft mit Matthäus verwechselt, ein Vorgang, dem gnostische Gruppen Vorschub leisteten, indem sie für sich in Anspruch nahmen, geheime Traditionen von ihm zu besitzen (Hippolyt, Philos. 7.8). Ein Buch sog. Traditionen war Clemens von Alexandria bekannt (Strom. 2.9; 3.4; vgl. 7,17). Andere apokryphe Literatur wird M. zugeschrieben.

Eine Gleichsetzung des M. mit *Zachäus (Strom. 4.6) kann auch aus der Verwechslung mit *Matthäus dem Zöllner entstanden sein. A.F.W.

MAZEDONIEN. Eine gebirgige Region nördl. von Achaja, südwestl. von Thrakien, die sich von der Ägäis bis zur Adria erstreckt. Trotz fruchtbarer Ebenen im Inneren des Landes entstanden die wichtigsten Siedlungen an der Ägäisküste. Im 3. Jt.v.Chr. waren Völker aus Europa und aus dem O nach M. vorgedrungen; ihnen folgten die Thraker, Mazedonier sowie einige Seevölker. Das mazedonische Königreich hatte sich im 7. Jh. v.Chr. gebildet; Philipp II. von Ma-

MAUERN
s. Festungsbau und Belagerungstechnik;
s. Handwerk
s. Haus

MAULBEERBAUM
s. Pflanzen

MAULESEL – TIER
s. Tiere

MAUER

MAUS
s. Tiere

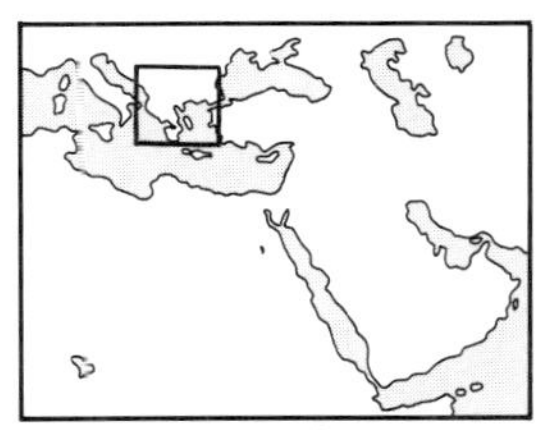
Die Lage Mazedoniens.

Mazedonien als röm. Provinz umfaßte zehn Kolonien, zu denen auch Philippi gehörte. Im Bild die Ruinen der von Paulus besuchten Stadt (Apg 16,12). (PP)

Gegenüberliegende Seite oben:
Teil der in Medeba (Madeba), St. Georgs-Kirche, gefundenen Mosaik-Karte mit den Straßen, Toren und Kirchen Jerusalems. Jordanien, 6. Jh. n.Chr. (GNJ)

unten:
Medien, später Teil des altpersischen Reiches.

Mazedonische Münze aus Philippi, aus der Zeit Claudius' I. (41–54) n.Chr. (RG)

zedonien (259-336 n.Chr.) konnte die mazedonischen Stämme einigen und errang die Herrschaft über das griech. Festland. Philipp wurde ermordet; sein Sohn *Alexander übernahm die Macht (336-323 v.Chr.) und schuf ein Reich, das sich von der Levante bis zum Indus erstreckte. Nach Alexanders Tod kam eine Zeit politischer Instabilität. 148 v.Chr. wurde M. schließlich röm. Provinz. Röm. Herrschaft zeigte sich auch in der Anlage der Via Egnatia, die von der Adria im W nach *Philippi im O M.s führte.

Nach 44 v.Chr. hatte der Prokonsul seinen Sitz in Thessalonich, während sich die Versammlung der griech. Staaten in Beröa traf, dem Sitz des Kaiserkultes. Zu der Provinz gehörten sechs röm. Kolonien, eine davon war Philippi. Darüberhinaus gab es noch nach Stämmen organisierte Gemeinwesen. Trotz dieser politischen Vielfalt wird das Gebiet M. im NT als eine politische und geographische Einheit behandelt, wie es röm. Brauch entsprach.

Paulus' Vision von »einem Mann aus Mazedonien« (Apg 16,9) markiert eine bestimmte Entwicklung in seiner Praxis der Evangelisation. In Philippi (Apg 16,37) beruft er sich zum ersten Mal auf sein röm. Bürgerrecht und genießt von da an die Unterstützung der angesehenen Kreise, die seiner Reise zunächst skeptisch begegnet waren (Apg 13,50; 14,5). Die Erinnerung an M. hat sich Paulus tief eingeprägt (1Thess 1,3; Phil 4,1); er wollte gerne ein weiteres Mal dorthin kommen (Apg 20,1; 2Kor 1,16). Die Gemeinde in M. hatte willig gespendet für die verarmte Jerusalemer Gemeinde (2Kor 8,1-4), einige von Paulus' Gefährten stammten aus M. (Apg 19,29; 20,4).

Literatur: A. Rupprecht: ZPEB, 4/1975, S. 22-25. E.A.J.

MEDEBA. (Hebr. *mējdebā̆*, viell. »Wasser der Ruhe«). M. hieß eine Ebene und eine Stadt nördl. des Arnon, ca. 35 km südl. von *Rabba, im Stammesgebiet *Rubens (Jos 13,9.16). Die alte Moabiterstadt war von Sihon, dem König der Amoriter, eingenommen worden und ihm im Zuge der *Landnahme von den Israeliten entrissen worden (4Mo 21,21-30). Z.Zt. Davids lagerten dort die syr. Verbündeten Ammons nach der Niederlage, die ihnen Joab zugefügt hatte (1Chr 19,6-15). Danach scheint M. von einer Hand in die andere gefallen zu sein. Auf der *Mescha-Stele wird erwähnt, daß Omri die Stadt – womöglich von den Moabitern - erobert hat, Mescha sie zurückgewonnen und befestigt hat. Jerobeam II. nahm M. zwar wieder ein, z. Zt. von Jes 15,2 ist die Stadt jedoch wieder moabitisch.

M. spielte auch in der intertestamentarischen Zeit eine Rolle (1Makk 9,36: »Medaba«; Jos.bell.Jud. 1,63), bevor sie von Hyrkan I. nach langer Belagerung eingenommen wurde (Jos. ant.Jud. 13.11,19).

Die Ortslage, heute Mādabā genannt, liegt 10 km südl. von Heschbon. Dort wurde 1896 bei Ausgrabungen am Fundort einer Kirche eine Mosaikkarte aus dem 6. Jh.n.Chr. entdeckt, die einen Teil Palästinas von Bet-Schean bis zum Nil zeigt (s. M. Avi-Yonah, The Madaba Mosaic Map, 1954). Neben eindrucksvollen Ruinen von Gebäuden aus christl. Zeit, einschließlich eines Tempels und großer Zisternen, fand man Gräber aus der Eisenzeit. J.D.D.

MEDER, MEDIEN. (Hebr. *Māday;* LXX Mēdoi, 1Mo 10,2, wo *Madoi* und 1Chr 1,5, wo *Madaim* als »Madai« transkribiert wird). Ein indogermanisches Volk, das in der 1. Hälfte des 1. Jt. v.Chr. bis zum Aufstieg der Perser unter *Kores das Hochland des nordwestl. Iran beherrschte. Die M. waren mit den Persern eng verwandt und wurden von den Assyrern, Ägyptern und Griechen nicht immer von ihnen unterschieden, die beide Völker »Meder« nannten.

1. Geographie.

Das Kernland der M. lag im nördl. Zagros-Gebirge, im heutigen Kurdistan und Luristan. Medien ist ein Hochland zwischen 915 und 1525 m über dem Meeresspiegel, von Bergen in parallel verlaufende Täler unterteilt, die sich von NW nach SO erstrecken. Die Hauptstadt Mediens war *Ekbatana, das heutige Hamadan, an der von *Mesopotamien nach O. führenden Handelsstraße gelegen. Assyr. Texte besagen, daß M. so weit östl. wie der Berg Bikni (Demawend) nordöstl. von Teheran, zu finden waren.

Das Klima M.s ist die meiste Zeit des Jahres gemäßigt, und die Perserkönige haben Ekbatana als ihre Sommerresidenz benutzt. Die Winter sind jedoch hart. Obwohl in den Tälern der Regen manchmal spärlich ist, gibt es beträchtlichen Niederschlag in Form von Schnee.

2. Biblische Bezüge.

Es gibt zahlreiche Bezugnahmen auf die M. für die vorexilische Zeit (z.B. 2Kön 17,6; Jes 13,17; Jer 25,25; 51,11.28) und besonders für die Zeit des Exils selbst (Esr 6,2; Est 1,19 und Dan 5,28; 6,9,13,16). Bezüge (Dan 6,1; 9,1; 11,1) zu *Darius dem Meder, der in außerbibl. Quellen nicht unter diesem Namen gefunden wird, veranlaßten H.H. Rowley zu der Annahme, daß Daniel irrtümlich an ein medisches Reich gedacht hat, das als das zweite Reich in seiner Vision (Dan 7) vorkommt. Andere halten dafür, daß das zweite Reich das medo-pers. Reich gewesen ist, und daß Darius der Meder entweder Gubaru (so Whitcomb) oder aber ein Titel des *Kores (so Wiseman) sein könnte (zur Diskussion vgl. G. Maier, Das Buch Daniel, WStB, 34ff).

Der einzige Bezug auf die M. im NT findet sich in der Liste derer, die am Pfingsttag die Botschaft hörten (Apg 2,9).

3. Außerbiblische Quellen.

Da wir keine zusammenhängenden Texte in medischer Sprache besitzen, sind wir in erster Linie auf assyr., neu-babylon. und griech. Dokumente angewiesen. Die *Māda* (oder Meder) werden zuerst im Jahre 836 v.Chr. erwähnt, zur Regierungszeit von *Salmanassar III. Danach kommen sie in den Texten jedes assyr. Königs bis *Assurbanipal vor. Die M. nehmen in neu-babylon. Urkunden eine hervorragende Stellung ein, da sie Verbündete der *Chaldäer bei der Überwindung des assyr. Reiches waren. In diesen Texten werden die M. manchmal *Ummān-Manda* genannt, ein allg. Wort für »Horden«.

Herodot liefert wertvolle Informationen über die M. und Perser; einige seiner Angaben können durch Keilschrifttexte vervollständigt werden.

4. Medische Geschichte.

Assyr. Könige stießen seit Salmanassar III. (9. Jh.v.Chr.) auf iranische Stämme, darunter »die mächtigen Meder« und »die fernen Meder« in der Gegend um Ekbatana als auch südl. des Kaspischen Meeres.

Herodot zufolge (1.96-99) gründete ein gewisser Dejokes eine Hauptstadt in Ekbatana und vereinte die M. Ein Häuptling namens Daiaukku wurde von *Sargon II. 715 v.Chr. gefangengenommen und nach Hamat in Syrien verbannt. Ein Jahr später besiegte Sargon auch einen medischen Fürsten, Metatti, der über Zakirtu herrschte, eine Gegend südöstl. des Urmiasees. 672 v.Chr., als *Asarhaddon seinen Sohn Assurbanipal als Kronprinzen einsetzte, legte er medischen Fürsten Lehensverträge auf. Die Texte dieser Verträge, zu ihren zählen auch einige der größten Keilschrifttafeln, die je entdeckt wurden – eine von ihnen mißt 45,7 mal 30,5 cm – wurden 1955 in Nimrud (*Ke-

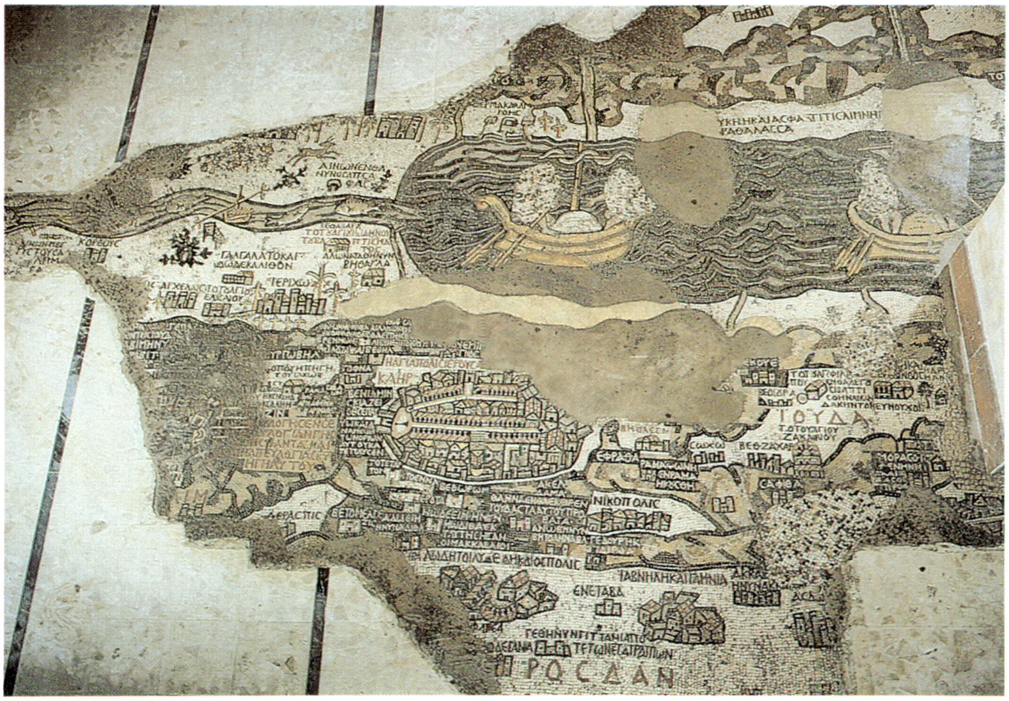

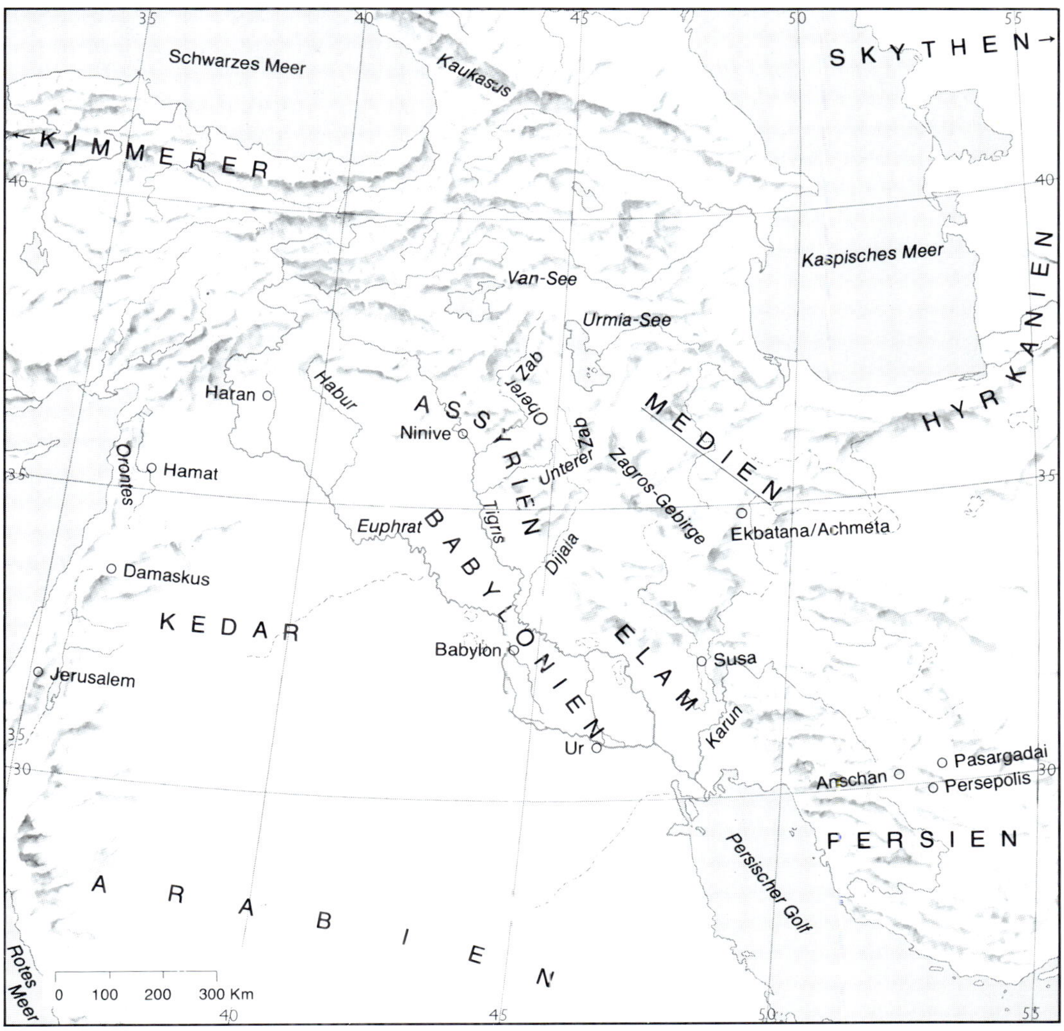

Meder mit runden Kopfbedeckungen und kurzen Kleidern werden hier von den Persern unterschieden, die hohe Kronen und knöchellange Roben tragen. Relief vom Apadana, Persepolis, Iran. Höhe der Gestalten ca. 0,80 m, ca. 485–465 v.Chr. (BPL)

lach) entdeckt und von Wiseman 1958 veröffentlicht. Die Vertragstafeln waren von den Medern zerschlagen worden, als sie im Jahre 612 v.Chr. Nimrud eroberten. Texte aus der Regierungszeit Asarhaddons verweisen auf einen Häuptling im zentralen Zagros-Gebirge, der die M., Mannäer und Kimmerier in einer anti-assyr. Koalition zu vereinen trachtete. Nach Herodot war dies Phraortes (675-653 v.Chr.), ein Sohn oder Enkel des Dejokes. Herodot zufolge (1.102) unterwarf sich auch Phraortes den Persern.

Herodot (1.103 und 3) beschreibt ein Interregnum von 28 Jahren, das durch nomadische Skythen verursacht wurde, die von Kyaxares II. (625-585 v.Chr.), dem Sohn des Phraortes, schließlich vertrieben wurden. Herodot zufolge hat Kyaxares eine disziplinierte medische Armee geschaffen. Verbündet mit dem neubabylon. Nabopolassar waren in erster Linie die M. für den Fall *Assurs im Jahre 614 v.Chr., für den Nimruds und Ninives im Jahre 612 v.Chr. sowie für den Fall *Harans 610 v.Chr. verantwortlich. Während der letzten fünf Jahre seiner Herrschaft kämpfte Kyaxares mit Aljattes von Lydien (Herodot 1,73-73); eine Auseinandersetzung wurde durch eine von Thales angekündigte Sonnenfinsternis und durch Vermittlung von Nabonidus beendet. Eine lydische Prinzessin wurde mit Astyagos (585-550 v.Chr.), dem Sohn des Kyaxares', verheiratet.

Astyages' Tochter Mandane heiratete den Perser Kambyses I. und war die Mutter des *Kores. Der halb medische, halb pers. Kores rebellierte im Jahre 553 gegen seinen Großvater und führte die Perser zum endgültigen Sieg im Jahre 550 v.Chr.

Danach spielten die M. eine untergeordnete, jedoch nicht unbedeutende Rolle unter den Persern während der achämenidischen Periode.

5. Die Herkunft der Meder.

R. Ghirshman datiert das Vordringen der M. in den Vorderen Orient auf 1000 v.Chr. Aufgrund der giebelförmigen Grabmäler postuliert er einen nördl. Ursprung der M. aus der Gegend des Kaukasus. In neuerer Zeit ist T. Cuyler Young Jr. für eine frühere Völkerwanderung um 1300 v.Chr. aus der Gurgan-Ebene südöstl. des Kaspischen Meeres eingetreten. Young macht geltend, daß es in der Älteren Eisenzeit (1000-750 v.Chr.) keinen größeren archäologischen Bruch gegeben habe, der mit dem Beginn der Jüngeren Eisenzeit vergleichbar wäre. Die frühere Periode ist charakterisiert durch die ausgedehnte Verbreitung einer gleichförmigen grauen Keramik. Ein möglicher Einwand gegen die These Youngs ist der große Zeitraum, der zwischen der Keramik von Hissar III. C (2000-1850 v.Chr.) und jener der Älteren Eisenzeit liegt. Deshayes glaubt, daß die Siedler von Tureng Tepe in der Gurgun-Ebene die indogermanischen Ahnen der Iraner gewesen sind. Möglicherweise im Zusammenhang mit einer frühen iranischen Völkerwanderung ist der reichhaltige Friedhof aus der Älteren Eisenzeit (14.-13. Jh. v.Chr.) zu sehen, der von E. Negahban in Mārlik, nahe dem südwestl. Ufer des Kaspischen Meeres, freigelegt wurde.

6. Medische Kunst und Archäologie.

Die auf den Reliefs von Persepolis abgebildeten M. tragen gewölbte Filzmützen, kurze gekräuselte Bärte, bis zu den Knien reichende lederne Tuniken und hohe Schnürschuhe. Sie sind mit rechteckigen Schilden und kurzen Schwertern in verzierten Scheiden bewaffnet.

Das einzige sichere Beispiel medischer Kunst ist eine verzierte goldene Scheide aus dem Oxus-Schatz. Barnett hat darauf hingewiesen, daß die auf der Scheide abgebildete Figur Astyagos sein könnte. Die Verzierungen vereinen assyr., skythische und urartische Elemente.

Felskammergräber sind von Herzfeld und Ghirshman als medisch angesehen worden. Das Grabmal in Kizkapan trägt ein Relief, das zwei Männer in medischer Tracht darstellt.

Bis 1965 hatten wir keine Beispiele medischer Architektur. Neuere Ausgrabungen an den Fundstellen südl. von Hamadan haben die ersten medischen Bauwerke zugänglich gemacht. C. Meade meint, daß das in Baba Jan Tepe, in Luristan, siedelnde Volk M. gewesen seien. Ausgrabungen von Young in Godin Tepe haben einen medischen Herrensitz ans Licht gebracht. Ausgrabungen durch Stronach in Nūsch-i Dschān, ca. 60 km südl. von Hamadan, legten im Jahre 1967 medische Gebäude (ca. 750-550 v.Chr.) frei.

Literatur: HdArch, 275ff; A.T. Olmstead: History of Assyria, 1923; H.H.

Rowley: Darius the Mede and Four World Empires in the Book of Daniel, 1935; J. Whitcomb: Darius the Mede, 1959; K. Bittel (Hrsg.): Vorderasiatische Archäologie, 1964, 88-94; D. Stronach: Excavations at Tepe Nushi-i Jan, 1967, Iran 7/1969, 1-20; M. Roaf, D. Stronach: Tepe Nushi-i Jan, 1970, Iran 13/1973, 129-40. E.M.Y.

MEER. (Hebr. *jām;* griech. *thalassa* bzw. *pelagos;* letzterer Begriff, »offenes Meer«, erscheint nur einmal in Apg 27,5).

Das im AT vornehmlich erwähnte M. im AT ist das Mittelmeer. *jām* bedeutet in der Tat auch »Westen«, »westwärts«, d.h. »seewärts« von der geographischen Lage Palästinas aus betrachtet. Das Mittelmeer wird »das große Meer« (Jos 1,4), »das Meer im Westen« (5Mo 11,24) und »das Meer der Philister« (2Mo 23,31) genannt.

Andere im AT genannten M.e sind das »Rote Meer«, wörtl. »Schilfmeer« (2Mo 13,18); das »Tote Meer«, wörtl. »Salzmeer« (1Mo 14,3); das »Meer von Galiläa«, wörtl. »See Kinneret« (4Mo 34,11). *jām* wurde auch für besonders breite Flüsse verwendet wie Euphrat (Jer 51,35f) und Nil (Nah 3,8 RevEB). Außerdem kommt der Begriff in der Bezeichnung des großen Wasserbeckens im Tempelhof vor (1Kön 7,23; s. *Meer, Ehernes).

Griech. *thalassa* steht im NT für die gleichen M.e, die im AT erwähnt werden.

Die Hebräer zeigten wenig Interesse oder Begeisterung für das M. Wahrscheinlich stammte ihre Furcht vor dem M. aus dem alten semit. Glauben, daß die Tiefe jene Macht personifiziert, die gegen die Gottheit kämpft. Aber für Israel war der Herr sein Schöpfer (1Mo 1,9f) und daher sein Erhalter (Ps 104,7-9; Apg 4,24). Er zwingt das M., zum Wohl der Menschen beizutragen (1Mo 49,25; 5Mo 33,13) und sein Lob auszubreiten (Ps 148,7). In der bildlichen Sprache Jesajas (17,12) und Jeremias (6,23) ist das M. völlig unter Gottes Herrschaft. Mehrere Offenbarungen der Macht Gottes waren gegen das M. gerichtet (2Mo 14 bis 15; Ps 77, 17; Jona 1-2). So auch Jesu Gang auf dem Wasser und die Stillung des Sturms (Mk 4,35ff par.; 6,45ff par.). Nach Gottes endgültigem Triumph wird es in der neuen Welt, die kommen wird (Offb 21,1), kein M. mehr geben. J.G.S.S.T.

MEER, EHERNES. Dicht beim Brandopferaltar, etwa nach SW, stand im Vorhof des salomonischen Tempels das eherne M., ein großes Wasserbecken aus Bronze (1Kön 7, 23-26; 2Chr 4,2-6). Das Gefäß war rund, sein Durchmesser betrug 10 Ellen (etwa 5,25m), die Dicke des Randes eine Handbreit (etwa 7,5 cm), das Maß der Oberkante 30 Ellen. Nach 2Chr 4,5 betrug der Inhalt 3000 Bat, nach 1Kön 7,26 nur 2000 Bat. Bei einem Durchmesser von 10 Ellen und einer Höhe von 5 Ellen (1Kön 7,23) ergibt sich – bei einem Bat à 22 l und einer »langen« Elle à 52 cm – als Inhalt des M.es: rund 1730 Bat, ca. 38 000 l, wenn es eine Halbkugel war, rund 2300 Bat, ca. 50 000 l, wenn es zylinderförmig war (vgl. *Maße und Gewichte).

Unter dem oberen Rand, der wie ein Lilienkelch geformt war, befanden sich Verzierungen: LÜ: »Knoten«, ZÜ: »wilde Gurken«; RevEB: »Koloquinten(blätter)« (1Kön 7,24). A.v.Selms will nach 2Chr 4,3 »Blumenkelche« verstehen und denkt an geöffnete Blüten; ein Blumenkelch auf einem Dreifuß aus Ugarit kann eine Vorstellung davon vermitteln. Das M. stand auf 4 Gruppen von je 3 Rindern, nach jeder Windrichtung eine. Gewöhnlich stellt man sich die Rinder stehend vor, der Text gibt keinen Hinweis auf ihre Haltung. Auch über eine symbolische Bedeutung von Meer und Rindern macht die Bibel keine Andeutung.

Das M. diente für die Reinigungswaschungen der Priester (2Chr 4,6) und wohl auch zum Nachfüllen der 10 Kessel, in denen alles, was zum Brandopfer gehörte, abgespült wurde. Vermutlich schöpfte man aus dem M. auch das heilige Wasser zum Eifersuchtsopfer (4Mo 5,17f).

Woher das Wasser für das M. genommen wurde, wissen wir nicht. Die sog. Teiche Salomos südwestl. von *Bethlehem und die Wasserleitung von dort bis zum Tempelplatz sind erst in hellen. Zeit sicher nachzuweisen (vgl. *Jerusalem).

Bei der Eroberung Jerusalems wurde das M., das schon König Ahas von den tragenden Rinderskulpturen herabgenommen hatte (2Kön 16,17), mit den übrigen Tempelgeräten zerschlagen, das Kupfer brachte man nach Babel (2Kön 25,13).

MEFI-BOSCHET. Die ursprüngliche Form des Namens dürfte Merib ba'al, vielleicht *»Baal ist Fürsprecher« (1Chr 8,3f.9.10a), oder Merī ba'al, »Held des Baal« (1Chr 9,40b) gewesen sein.

Im AT werden zwei Männer dieses Namens erwähnt.

1. Der Sohn *Jonatans und Enkel *Sauls. Als Saul und Jonatan starben, war M. fünf Jahre alt und erlahmte aufgrund einer Verletzung, die er auf der Flucht mit seiner Kinderfrau erlitten hatte (2Sam 4,4). David schonte sein Leben, gab ihm um Jonatans willen einen Ehrenplatz am Hof in Jerusalem, überließ ihm die Nutznießung von Sauls Besitz und berief Ziba, einen der Sklaven Sauls, zu seinem Diener (2Sam 9; 21,7). Von Zibas Verrat und M.s Aussöhnung mit David z.Zt. der Revolte Absaloms berichtet 2Sam 16,1-4; 19,25-31.

2. Ein Sohn Sauls, den dieser von seiner Nebenfrau Rizpa hatte. M. war unter denen, die von den Gibeonitern hingerichtet wurden, um Sauls Massaker zu sühnen (2Sam 21,8f). A.G.

MEGIDDO. Bedeutende Stadt im AT, am SW-Rand der Megiddo- bzw. Jesreelebene gelegen, etwa 30 km südöstl. der heutigen Hafenstadt Haifa.

Futterkrippe und Pfosten zum Festbinden der Pferde. Megiddo, aus der Zeit Omris/Ahabs, 9. Jh.v.Chr. (RS)

Modell von Megiddo im 1. Jt.v.Chr., mit den Magazinen, den Verwaltungsgebäuden und dem Tor. (NPAI)

I. BIBLISCHE BELEGE.
M. (hebr. *megiddō*) wird unter den Städten erwähnt, die *Josua im Zuge der *Landnahme einnahm (Jos 12,21), sie wurde danach *Manasse im Gebiet von *Issaschar zugeteilt (Jos 17, 11; 1Chr 7,29). Manasse vertrieb die Kanaanäer jedoch nicht aus der Stadt, sondern ließ sie Fronarbeit verrichten (Ri 1,28). Ein indirekter Hinweis auf M. findet sich im Debora-Lied, wo von den »Wassern Megiddos« die Rede ist (*ʿal-mē megiddō*, Ri 5,19). Der nächste Hinweis auf die Stadt stammt aus der Zeit *Salomos, in der sie seinem fünften Verwaltungsbezirk zugeteilt wurde (1Kön 4,12) und mit *Hazor, *Geser und *Jerusalem zu einer Festungs- und Garnisonsstadt ausgebaut wurde. M. wird kurz als der Ort erwähnt, an dem *Ahasja von Juda starb, nachdem er bei seiner Flucht vor *Jehu verwundet worden war (2Kön 9,27). Bei M. kam später Josia ums Leben, als er versuchte, Necho von Ägypten daran zu hindern, Assyrien zu Hilfe zu kommen (2Kön 23,29.30; 2Chr 35,22.24). Der Name der Stadt erscheint in der Form *megiddōn* bei Sacharja (12,11), es ist dieselbe Form,

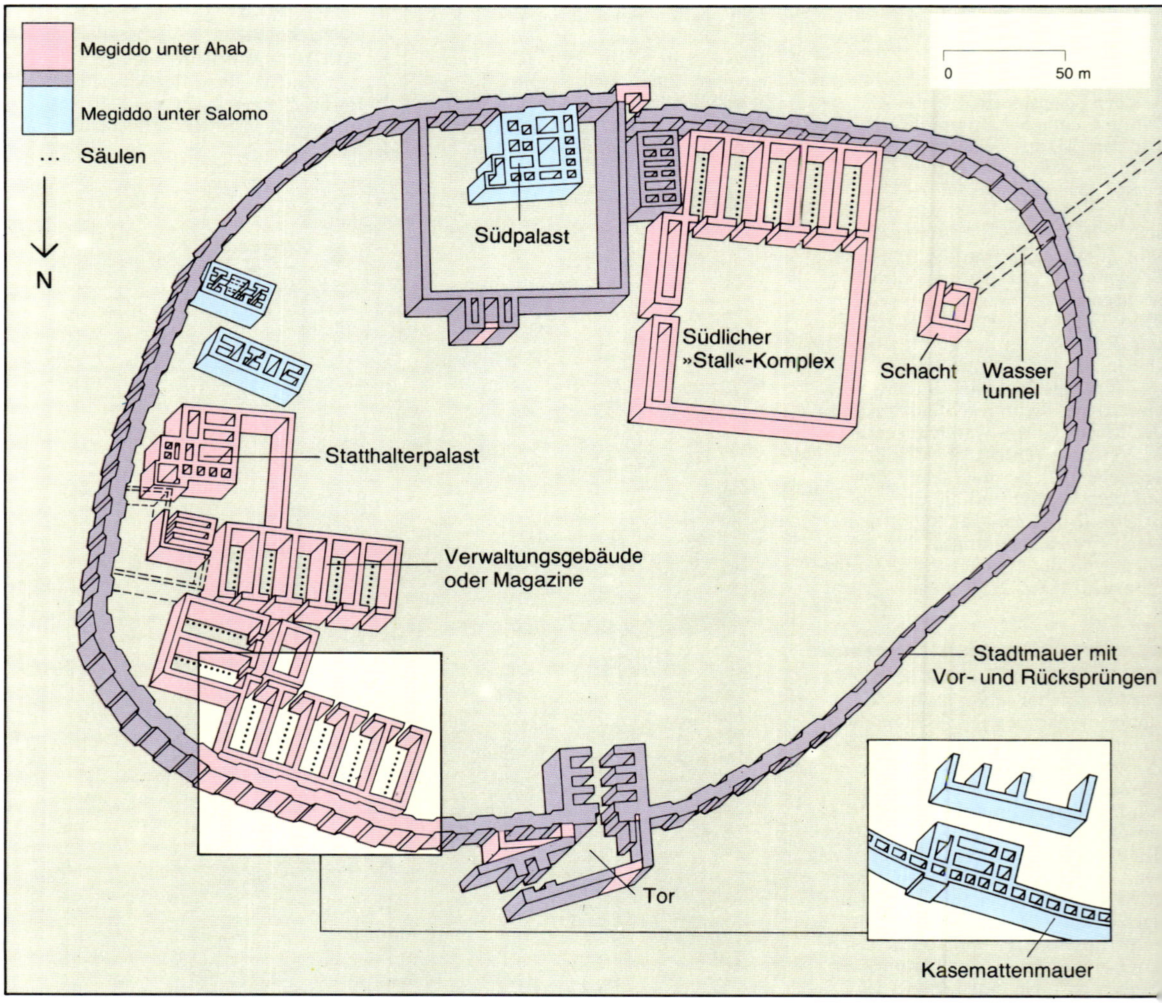

Megiddo. Plan der ausgegrabenen Gebiete der Stadt, die aus der Zeit Salomos und Ahabs stammen. (Straten V A-IV B = Salomo, Stratum IV A = Ahab).

Megiddo. Ahabs »Ställe«, von Säulen getragene Gebäude, die neuerdings eher für Magazine oder Soldatenunterkünfte gehalten werden. Stratum IV A, 9. Jh. v.Chr. (SH)

Elfenbeindose mit Löwen und Sphinxen, phönizischer Stil. Teil des Elfenbeinschatzes, der in Megiddo gefunden wurde. Höhe ca. 6 cm, mittleres 14. bis 12. Jh. v.Chr. (IM)

Dieses Fragment einer akkadischen Tontafel mit einem Teil des babylonischen Gilgamesch-Epos wurde beim Tor von Megiddo gefunden. Es weist auf die frühen literarischen Kontakte zwischen Palästina und Mesopotamien hin. 14. Jh. v.Chr. (IM)

die als *Harmagedon (*har-megiddōn*, »Hügel von Megiddo«; Offb 16,16) im NT auftritt.

II. AUSSERBIBLISCHE BELEGE.

M. wurde mit dem heute verlassenen Ruinenhügel Tell el-Mutesellim identifiziert, der am Nordfuß des südöstl. Ausläufers des *Karmelgebirges liegt und den wichtigsten Paß von der Küsten- in die Jesreelebene (*Wādī ʿAra*) kontrolliert. Der Tell ist fast 21 m hoch, die Scheitelfläche beträgt mehr als 10 ha, und die älteren Städte, in den tieferen Lagen des Hügels, waren noch größer. Die ersten Ausgrabungen wurden von einer deutschen Expedition unter G. Schumacher von 1903 bis 1905 durchgeführt. Ein Schnitt wurde quer über den oberen Teil des Hügels gelegt; man fand eine Anzahl von Gebäuden, erzielte aber wegen der begrenzten Kenntnis der Keramik zu jener Zeit wenig an siedlungsgeschichtlicher Erkenntnis. Erst wieder 1925 war der Tell Schauplatz von Ausgrabungen, als das Orientalische Institut der Universität Chicago unter der Leitung von J.H. Breasted ihn als erstes größeres Projekt im Rahmen eines ehrgeizigen Plans, der Ausgrabungen im gesamten Vorderen Orient vorsah, auswählte. Die Arbeiten wurden nacheinander von C.S. Fisher (1925-27), P.L.O. Guy (1927-35) und G. Loud (1935–39) geleitet. Es war ursprünglich die Absicht, den ganzen Hügel Stufe um Stufe bis zum gewachsenen Boden abzutragen. Zu diesem Zweck wurde zunächst am Fuß des Abhangs gegraben, um Platz zu schaffen für den Abraum des Tells. Der Krieg setzte den Arbeiten ein Ende. Zwar wurde der Grundplan der eisenzeitlichen Stadt freigelegt, doch gewann man über die älteren Schichten nur in einem relativ geringen Maße Aufschluß.

Weitere Ausgrabungen fanden 1960, 1966-67 und 1971 unter Y. Yadin statt, um einige offene Probleme der früheren Unternehmungen zu klären. Zwanzig Besiedlungsschichten wurden identifiziert; sie gehen zurück bis auf Siedlungen des Chalkolithikums im frühen 4. Jt. (Schichten XX, XIX). Ein interessanter Fund der Schichten XIX ist ein kleiner Schrein mit einem Altar. Während der Frühen Bronzezeit (3. Jt.) war M. eine ansehnliche Stadt (Schichten XVIII-XVI). Bemerkenswert ist eine kreisförmige Plattform aus Felsblöcken, zu der eine Treppe hinaufführte; die Scheitelfläche war mit Tierknochen und zerbrochener Keramik bedeckt. Möglicherweise war dies eine »Höhe« (*bāmā*). Diese Plattform war auch noch in der Mittleren Bronzezeit in Gebrauch (Schichten XV-X; erste Hälfte des 2. Jt.), eine Zeit ägypt. Einflusses, deren Beginn von ausgedehntem Wiederaufbau gekennzeichnet war, in dem die kreisförmige Plattform Kern dreier megaronförmiger Tempel (rechteckiger Saal mit offener Vorhalle) mit *Altären wurde. Ein schöner Torweg mit dreifacher Pilastergliederung nach mesopotamischem Muster wurde ebenfalls in diesen Schichten gefunden. Die Notwendigkeit starker Tore zeigt sich an einigen Zerstörungen größeren Ausmaßes im letzten Abschnitt dieser Epoche, die mit einer großen Verwüstung endete. Sie muß wahrscheinlich mit der äygpt. Wiedereroberung Palästinas nach der Vertreibung der Hyksos aus Ägypten in Verbindung gebracht werden.

Die Zeugnisse periodisch auftretender Gewalt sind in der Späten Bronzezeit seltener (Schichten VIII, VII). Obwohl eine Zeit ägypt. Vorherrschaft, spiegelte die Kultur Palästinas die kanaan. Zivilisation des Nordens in beträchtlichem Maß wieder. In dieser Zeit wurde die wohl am besten dokumentierte Schlacht des Altertums geschlagen, als Thutmosis III. eine asiat. Koalition in M. ca. 1468 v.Chr. in die Flucht schlug. Überreste der Architektur dieser Zeit schließen einen Tempel, einen Palast und ein Tor ein. Der kulturelle Einfluß des N ist klar erkennbar an einem großen Hortfund von über 200 Objekten aus geschnitztem Elfenbein, der in einer unterirdischen Schatzkammer unter dem Palast der Schicht VII gefunden wurde.

Das ist eine der frühesten Sammlungen einer Kunstgattung, die in der Eisenzeit aus *Samaria und dem weit entfernten *Assyrien wohlbekannt war. Obwohl in Phönizien bisher praktisch keine Beispiele gefunden wurden, ist es wahrscheinlich, daß viel davon entweder in phöniz. Handwerksbetrieben oder von phöniz. Handwerkern im Ausland hergestellt wurden. Daß es zu dieser Zeit Kontakte mit Mesopotamien gab, zeigt ein Fund jüngeren Datums an der Kante des Schutthügels. Es handelt sich um ein Fragment des babylon. Gilgamesch-Epos, das aufgrund seiner Keilschrift in das 14. Jh.v.Chr. datiert werden kann.

Eine andere Entdeckung, wahrscheinlich aus derselben Zeit, war das Wasserversorgungssystem der Stadt. In einer unbebauten Zone des Schutthügels wurde eine 37 m tiefe Grube gefunden, deren unterer Abschnitt aus einem Schacht mit einer Treppe bestand, die an der Wand entlang in den Felsen gehauen war. Vom Fuß des Schachtes führte die Treppe in einen Tunnel, der – annähernd horizontal verlaufend – etwa 50 m weiter in eine Höhle mit einer Wasserquelle mündete. Diese Quelle scheint ursprünglich (VI A) über die Böschung außerhalb der Stadt abgeflossen zu sein; später aber wurde der Tunnel von der Stadt aus vorgetrieben, der Abfluß der Quelle versperrt und die Höhle von außen her aus strategischen Gründen getarnt.

Obwohl es Anzeichen für eine Zerstörung gegen Ende des 12. Jh.v.Chr. – also einige Zeit nach der Landnahme der Israeliten - und Indizien für eine zeitweilige Aufgabe nach dieser Zerstörung gibt, scheinen die Menschen, die für eine erneute Besiedlung des Schutthügels sorgten (Schicht V), keine Israeliten gewesen zu sein. Dies würde mit der bibl. Aussage übereinstimmen, daß die Einwohner M.s zur Zeit der Eroberung des Landes nicht vertrieben wurden und später Fronarbeit leisten mußten (Ri 1,27.28). Eine Anzahl von Kultobjekten, gehörnte

Räucheraltäre aus Kalkstein, tönerne Räucherständer und Feuerbecken aus dieser und der folgenden Schicht, gehen wahrscheinlich auf Kanaanäer zurück, die entgegen Gottes Befehl nicht vertrieben worden waren. Wahrscheinlich sind dem letzten Teil dieser und dem Anfang der nächsten Schicht (V A-IV B) ein Stadttor mit sechs Kammern und eine daran angeschlossene Kasemattenmauer (*Architektur) zugerechnet werden, wie Y. Yadin gezeigt hat. Sie sind von ihrer Anlage her fast identisch mit entsprechenden Funden aus *Hazor und *Geser, sind wahrscheinlich in die Zeit Salomos zu datieren und würden somit 1Kön 9,15-19 veranschaulichen.

Die Ausgrabungen vor dem Krieg brachten eine Reihe von Ställen ans Licht, die bis zu 450 Pferde aufnehmen konnten. Die Ausgräber brachten sie mit Salomo in Verbindung, der bekanntlich seine Armee mit einer Streitwagenmacht ausrüstete; Yadins Nachforschungen haben aber gezeigt, daß diese Ställe aus dem jüngeren Teil dieser Schicht (IV A) stammten, deren Stadt wahrscheinlich nach der Zerstörung der salomon. Stadt durch Pharao Scheschonk (*Schischak) wiederaufgebaut wurde. Die Ställe gehen daher sehr wahrscheinlich auf *Ahab zurück, der laut *Salmanassars Annalen über 2000 Streitwagen verfügte. Die letzte israelit. Schicht (III) wurde wahrscheinlich 733 v.Chr. von Tiglatpilesar III. zerstört. Damals wurde M. Hauptstadt einer assyr. Provinz. Mit dem Schwinden der assyr. Macht wurde M. (Schicht II) wieder Teil des israelitischen Territoriums. Die Niederlage und der Tod *Josias dort (609 v.Chr.) stehen vielleicht im Zusammenhang mit seiner neuerlichen Zerstörung.

Literatur: G.I. Davies: Megiddo (Reihe: Cities of the Biblical World), 1986 (Literatur!); G. Schumacher, C. Steuernagel: Tell el-Mutesellim, 1, Fundbericht, 1908; C. Watzinger: 2, Die Funde, 1929; R.S. Laman, G.S. Shipton: Megiddo I: Seasons of 1925-34; 1939; G. Loud: Megiddo II: Seasons of 1935-39, 1948; H.G. May: Material Remains of the Megiddo Cult, 1935; P.L.O. Guy, R.M. Engberg: Megiddo Tombs, 1938; G. Loud: The Megiddo Ivories, 1939; Y. Yadin: BA 33/1970, S. 66-96; ders.: Hazor (Schweich Lectures, 1970), 1972, S. 150-164.
T.C.M.

MELCHISEDEK.

1. M. (hebr. *malkī-zädäq*) wird im AT nur an den beiden Stellen 1Mo 14,18-20 und Ps 110,4 erwähnt. Der altkanaan. Name bedeutet entweder »König ist (der Gott) Sedek«, »(der Gott) Melek ist gerecht« oder »mein König ist gerecht«.

Dem Bericht 1Mo 14,18-20 zufolge war M. ein Zeitgenosse *Abrahams. Er wird als »König von Salem« und als »Priester des Höchsten Gottes« (des *ᵓēl ʿäljōn*) bezeichnet (V. 18). Das heißt: Er ist der kanaan. Stadtkönig von Jerusalem (zu Salem vgl. Ps 76,3) und als solcher zugleich der oberste Priester des als »Schöpfer des Himmels und der Erde« (V. 19) verehrten Stadtgottes El Eljon (»El, der Hocherhabene«). Abraham empfängt aus den Händen des Priesterkönigs Brot und Wein (V. 18); er wird von ihm gesegnet und bekundet durch die Abgabe des Zehnten die Anerkennung seines Priestertums (V. 19f). Dieser Bericht stellt die Exegese im einzelnen vor mancherlei Probleme (s. dazu die Kommentare von G. von Rad, ATD 2/4, W. Zimmerli, ZBK 1.2, C. Westermann, BKAT I/2 und C.F. Keil). Deutlich dürfte sein, daß der bibl. Text den El Eljon mit dem wahren Gott Abrahams gleichsetzt (vgl. V. 22 sowie Ps 78,35), in dem Priesterkönig M. das Urbild und den Vorläufer *Davids bzw. der Davididen erblickt und herausstellen will, »daß sich schon Abraham dem Ort und dem König Jerusalems verpflichtet wußte« (von Rad).

Daß Israel nach der Eroberung Jerusalems durch David bestimmte vorisraelit. Kulttraditionen der alten Jebusiterstadt übernommen hat, zeigt exemplarisch der Gottesspruch Ps 110,4: Dem König von Jerusalem wird bei der Inthronisation auch die Würde eines »Priesters nach der Weise Melchisedeks« übertragen. Dementsprechend finden sich z.B. in 2Sam 6,13f.17f; 24,18ff; 1Kön 8,54ff Berichte über ein priesterliches Handeln Davids bzw. Salomos.

2. Die Gestalt des Priesterkönigs von Salem hat das antike *Judentum lebhaft beschäftigt (s. dazu Horton, S. 54ff). In einem Fragment aus Höhle 11 von *Qumran wird Ps 82,1 auf M. gedeutet: »Der Himmlische (Melchisedek) steht da in der Gottesversammlung; inmitten der Himmlischen (d.h. der Engel) hält er Gericht.« M. ist hier als ein himmlisches Wesen verstanden, das in Gottes Auftrag als Richter fungiert (11QMelch 9ff).

3. Im NT ist ausschließlich im *Hebräerbrief von M. die Rede. Aufgrund der messianisch-christologischen Deutung von Ps 110 (s. Hebr 1,13; 10,12f) gilt dem Verf. des Briefes einzig und allein Jesus Christus als der in dem Psalm angeredete ewige Priester bzw. Hohepriester »nach der Ordnung Melchisedeks« (5,6.10; 6,20; 7,11.15.17.21).

Von M. selbst handelt der Abschnitt 7,1-10, der eine ausführliche

Teilweise Rekonstruktion des »Stall-« oder Magazin-Komplexes aus der Zeit Ahabs in Megiddo (Stratum IV A). Steine aus der früheren Mauer und aus der Kasemattenmauer wurden von Ahabs Bauleuten wieder verwendet. (OIUC)

MEHL
s. Brot, Ernährung

MEINEID
s. Eid

MEISTER
s. Hoheitstitel Jesu Christi

Deutung des Textes 1Mo 14,18-20 bietet. In etymologischer Exegese des Namens *malkī-zädäq* und des Titels »König von Salem« (hebr. *mäläk schālēm*) wird M. als »König der Gerechtigkeit« (*mäläk zädäq*) und »König des Friedens« (*mäläk scha*) charakterisiert (V. 2). Die negativen Bestimmungen von V. 3a (»ohne Vater, ohne Mutter, ohne Geschlechtsregister, hat weder Anfang der Tage noch Ende des Lebens«), die exegetisch aus dem Schweigen des AT über Herkunft und Lebensende M.s erschlossen sind, und die Worte »er bleibt Priester auf immer« (V. 3c) lassen erkennen: Der Hebräerbrief schreibt M. sowohl eine überirdische Präexistenz wie auch ein vom Tod unberührtes ewiges Sein zu und erblickt in ihm offenbar – wie 11QMelch – eine himmlische Gestalt, ein Engelwesen. Man kann diese Stelle aber auch so verstehen, daß der Hebräerbrief nicht unmittelbar von der geschichtlichen Person Melchisedeks redet, sondern von dem Bild, das die Bibel von ihr entwirft (so E. Riggenbach, Der Brief an die Hebräer (2/3 1922), ND 1987).

Daß der geheimnisvolle Priesterkönig, der kein Nachkomme *Levis und *Aarons ist (V. 6a), die levitisch-aaronitischen Priester weit überragt, legt der Verf. in V. 4-10 dar. Er begründet es zum einen damit, daß Abraham, der als Stammvater zugleich auch Repräsentant der levitischen Priester ist (V. 9f), von M. gesegnet wurde und ihm mit der Übergabe des Zehnten gehuldigt hat (V. 4-7); und er verweist zum andern darauf, daß die levitischen Priester »sterbliche Menschen« sind, M. dagegen ewig »lebt« (V. 8).

Nach Hebr. 7,3b (»er gleicht dem Sohne Gottes«) ist der Priesterkönig M. ein *Abbild* des himmlischen Königs und Hohenpriesters Jesus Christus. Was nun von dem Abbild M. gilt, das gilt – wie in 7,11ff aufgezeigt wird – erst recht von dem Urbild Jesus Christus: Er, der seiner menschlichen Herkunft nach nicht dem Stamm Levi angehört (V. 13f), ist Priester »aufgrund der Kraft unzerstörbaren Lebens« (V. 16) und deshalb den Priestern »nach der Ordnung Aarons« (V. 11) unvergleichlich überlegen. Die soteriologischen Konsequenzen dieser Überlegenheit kommen in 7,11-10,18 ausführlich zur Sprache: Während die levitischen Priester durch die im Gesetz vorgeschriebenen Riten keine Sühne und Sündenvergebung zu erwirken vermochten (7,11.18f; 9,6ff; 10,1ff.11), hat der ewige Hohepriester »nach der Ordnung Melchisedeks« durch sein einmaliges und ein für allemal gültiges Selbstopfer die heiligende, von der Sünde befreiende Sühne verwirklicht (7,24ff; 9,11ff; 10,10ff).

Literatur: M. Delcor: Melchizedek from Genesis to the Qumran Texts and the Epistle to the Hebrews, JSJ 2/1971, S. 115-135; F.L. Horton: The Melchizedek Tradition, 1976 (dort S. 64ff die ältere Lit. zu 11QMelch); O. Michel: ThWNT IV, 1942, 573-575 (weitere Lit.: ThWNT X/2, 1979, 1173ff); außerdem die Kommentare zum 1. Mosebuch, zu den Psalmen und zum Hebräerbrief. O.H.

MEMFIS. In der Bibel wird die Stadt M. (auch unter den Namen Mof oder Nof) mehrere Male von Propheten erwähnt (Jes 19,13; Jer 2,16; 44,1; 46,14.19; Hes 30,13; Hos 9,6).

Der Name ist zurückzuführen auf ägypt. *Mn-nfr-Ppj*, »Es bleibt die Schönheit Phiops'I.« Nach der Überlieferung Herodots soll M. ursprünglich eine Festungsanlage »Weiße Mauern« gewesen sein, auf die von der benachbarten Pyramidenstadt der Name *Mn-nfr* übertragen wurde. Die Könige des Alten Reiches (*Ägypten) residierten in M. Als Djoser (2624-2605 v.Chr.) in der Nähe der Stadt Grabanlagen bauen ließ, war das der Auftakt zur Errichtung einer Reihe von Pyramiden und weiterer Grabanlagen. In der Zeit zwischen Altem und Mittlerem Reich war M. nicht mehr Residenzstadt, allerdings war der in M. befindliche Ptah-Tempel von zentraler Bedeutung. Statuen, die in Tanis und weiteren Städten des Deltas gefunden wurden, scheinen Ramessidenkönige aus M. weggeholt und in ihren neuen Bauwerken in den Deltastädten aufgestellt zu haben, denn die Kunstwerke sind memfitischen Göttern geweiht. Während des Neuen Reiches residierten in M. die Prinzen, die den militärischen Oberbefehl innehatten; M. war demzufolge Garnisonsstadt und Verwaltungszentrum. Mit der 18. Dynastie (1552-1306 v.Chr.) entwickelte sich M. zur Weltstadt, in der sich ausländische Kultur und Religion (*Baal, *Astarte) etablierten. Später lebten dort Karer, Griechen und Juden in eigenen Stadtvierteln. Während der Ptolemäerzeit (305-30 v.Chr.) war M. das rel. Zentrum Ägyptens, verlor aber an Bedeutung, je mehr *Alexandria wirtschaftlich und kulturell in den Vordergrund trat. Ein Großteil der mittelalterlich-arab. Gebäude in Kairo ist aus Abbruchmaterial von M. errichtet worden. K.G.

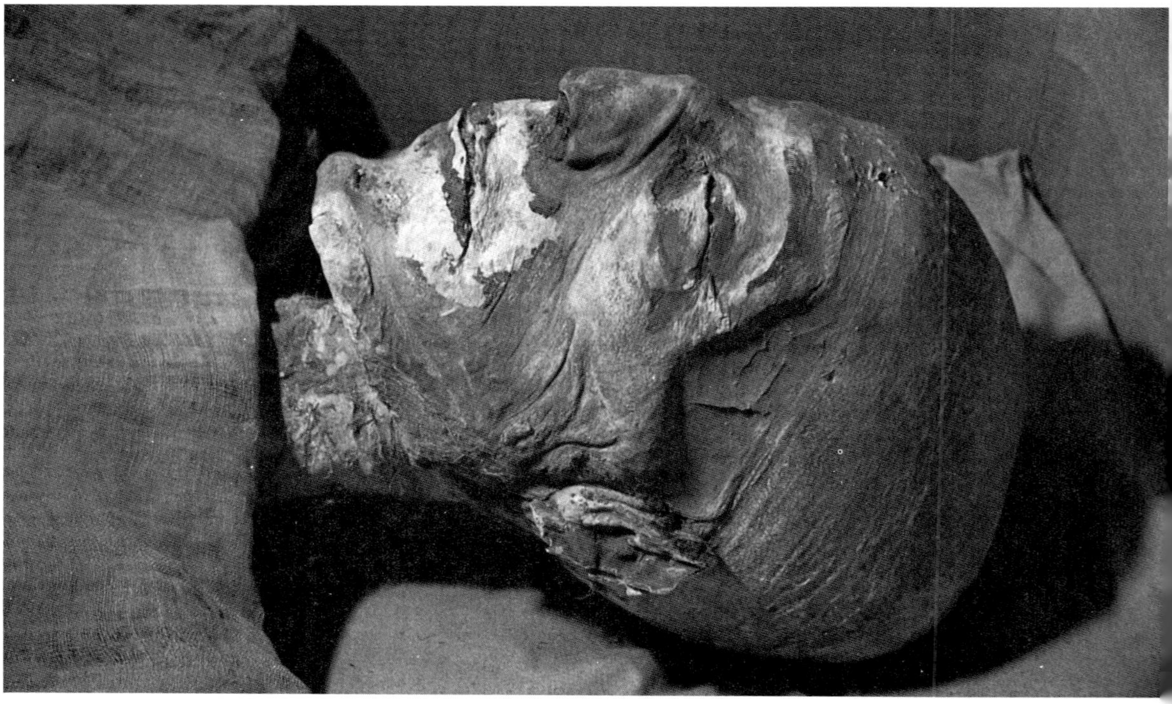

Mumie des Pharaos Merenptah (ca. 1220 v.Chr.), der in Memfis ausgiebige Bauprojekte durchführte. (PAC)

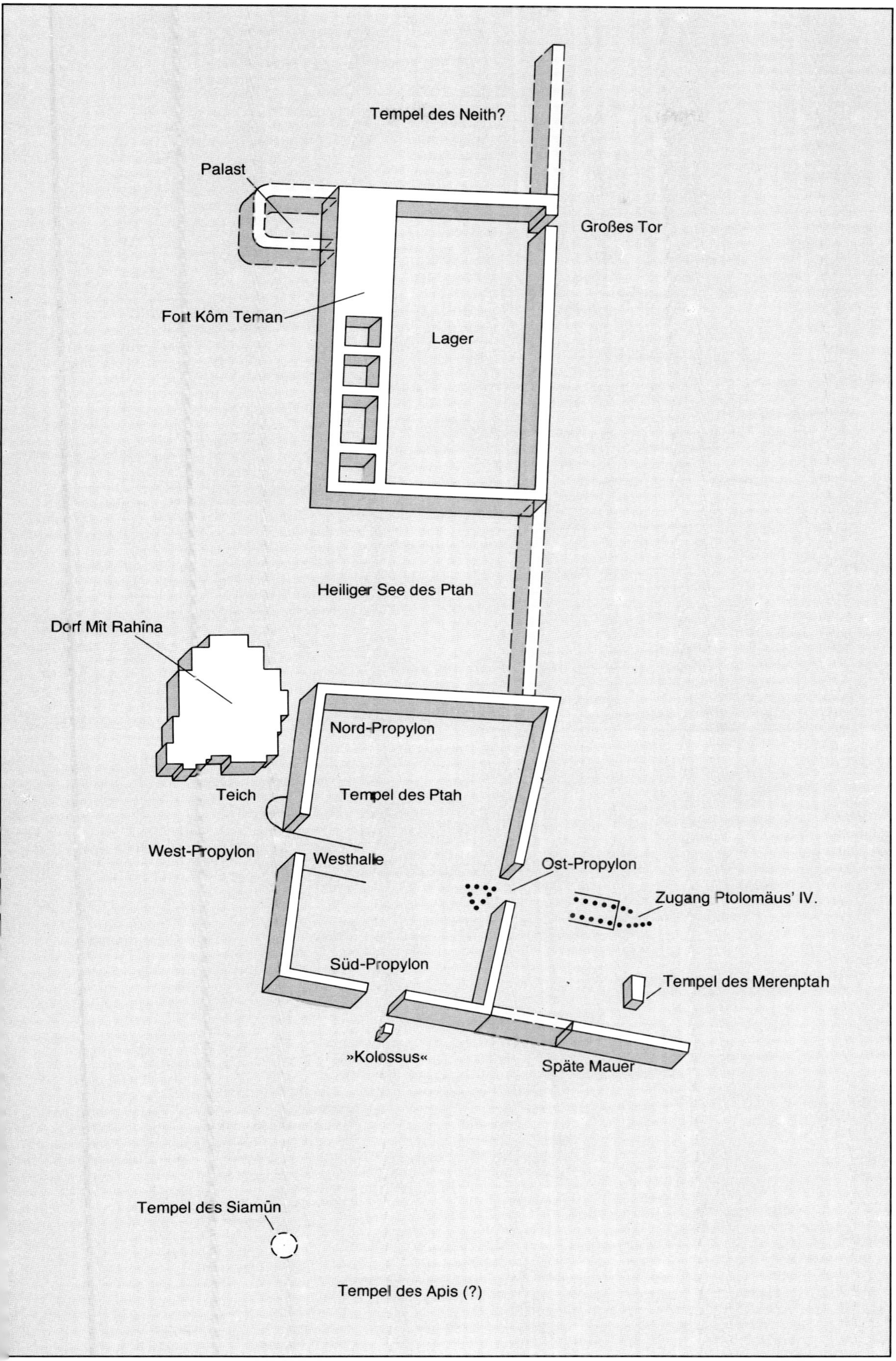

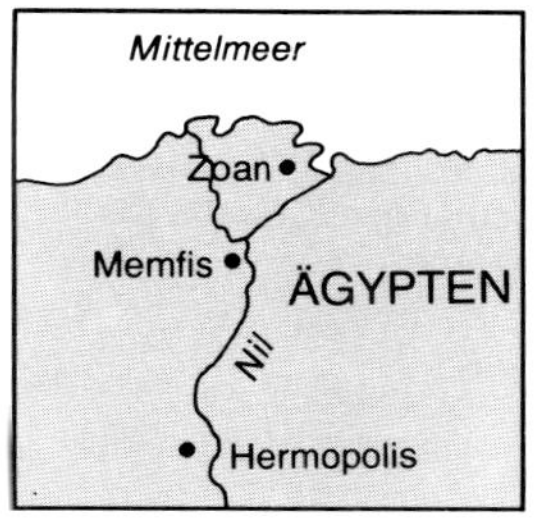

Plan des ausgegrabenen Tempelareals von Memfis.

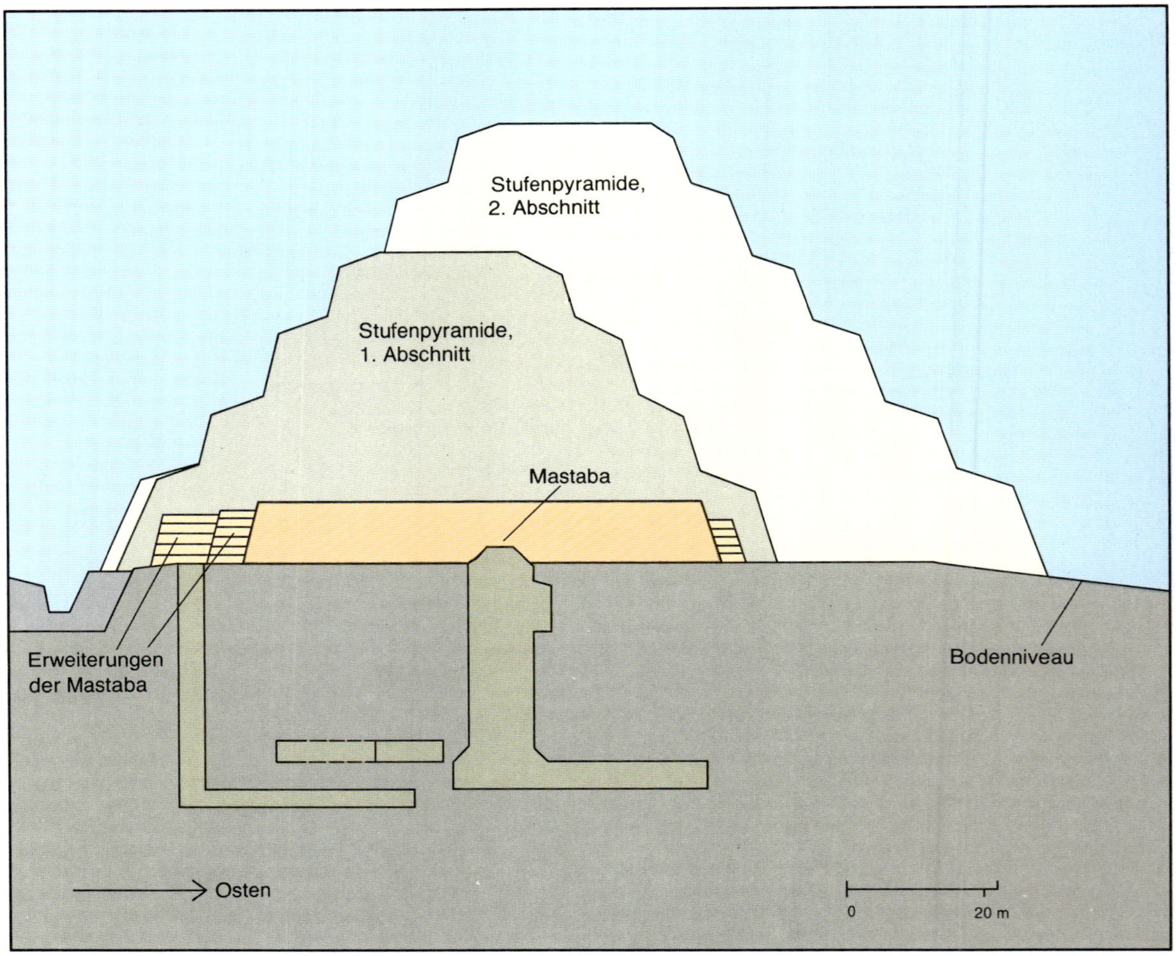

Schnitt durch die Pyramide des Djoser in Memfis, zur Verdeutlichung ihrer Entwicklung aus einer einfachen Mastaba *(Bankgrab).*

Die Pyramide des Djoser in Memfis (Saqqara). Neue Bauabschnitte wurden über der ursprünglichen Mastaba (Bankgrab) hinzugefügt, bis diese erste Stufenpyramide der 3. Dynastie entstand (Altes Reich, ca. 2686–2613 v.Chr.) (PAC)

Menahem erscheint als einer der Namen in aramäischer Sprache auf diesem Ostrakon aus Kelach (Nimrud), Irak. Die Namen sind wahrscheinlich diejenigen von Männern, die dorthin aus Palästina oder einem Nachbarland ins Exil gebracht worden waren. Ca. 700 v.Chr. (BSAI)

MENAHEM. (Hebr. *menachēm*, »Tröster«, 2Kön 15,14-22). Der Sohn Gadis war Militärstatthalter von *Tirza, das *Jerobeam I. zur Hauptstadt des Nordreiches gemacht hatte. Als *Schallum während einer Zeit der Anarchie nach dem Tod Jerobeams II. den Thron im Nordreich Israel an sich riß, leistete M. Widerstand, griff Schallum in Samaria an, nahm die Stadt ein, tötete den Usurpator und wurde selbst zum König ausgerufen (ca. 752 v.Chr.). Eine gewisse Opposition gegen ihn bestand weiter, und in der Stadt Tifsach unterdrückte M. einen Aufstand mit offenbar unnötiger Grausamkeit. Um seine Position zu stärken, wurde er ein Vasall Puls, des Königs von Assyrien (*Tiglatpilesar III., 745-727 v.Chr.; DOTT, S. 53-58; ANET, S. 283). Dieses Privileg kostete M. 1000 Zentner Silber, die er von den reichsten Männern seines Reiches eintrieb. Die Allianz erwies sich als verhängnisvoll für Israel, da sie schließlich zur assyr. Annexion des Gebietes führte. Eine anti-assyr. Partei in Israel widersetzte sich M.s Politik, aber er hielt seine Stellung bis zu seinem Tod aufrecht (ca. 742/1 v.Chr.). M.s Sohn Pekachja wurde sein Nachfolger. M. war der letzte König Israels, dessen Sohn ihm auf dem Thron folgte.

Zur Chronologie seiner Herrschaft s. H. Tadmor, Scripta Hierosolymitana 8, 1961, S. 248-266. J.D.D.

MENE MENE TEKEL U-PARSIN. Eine Schrift, die während Belsazars Feier für seine mächtigsten Männer an der Wand erschien (Dan 5,25) und dem Herrscher von *Daniel interpretiert (Dan 5,26-28) wurde. Was den Sinn der Worte »mene mene tekel uparsin« angeht, hat die theologische Forschung – unabhängig von Daniels Deutung - mancherlei Lösungsvorschläge angeboten:

1. Die Worte bedeuten: »die persische Falle ist aufgestellt« (Zimmermann, S. 203ff).

2. Man findet in ihnen die Gewichtseinheiten Mine – Schekel – Halbschekel bzw. Halbmine und deutet diese dann auf Personen: Nebukadnezar/Ewil-Merodach/Belsazar (so Cross, S. 167; Freedman, S. 32).

3. Man bezieht sie auf die genannten Gewichtseinheiten, ohne daß man sie auf Personen deutet. (So z.B. Alt, S. 303ff; Beek, S. 17; Eißfeldt, ZAW 63, S. 109ff; Finkel, S. 359; Plögel, S. 83; Baldwin, S. 123f; Sahlin, S. 47; Schmökel, S. 146; Tiele, S. 604; D.J. Wiseman bei Thomas, S. 134).

»Tekel«, hebr. *Schekel* meint wohl den 50. Teil einer Mine (Albright, BASOR, S. 24; Plögel, S. 83). Da »parsin« eigentlich »Teilstücke« oder »Hälften« bedeutet, schwankt man zwischen der Übersetzung mit »Halbschekel« und mit »Halbmine«. (Vgl. Baldwin, Eißfeldt, Plöger und Sahlin, S. 47, sowie Rosenthal, Grammatik, S. 58).

Um eine halbe Silbermine konnte man z.B. um 700 v.Chr. eine Sklavin kaufen.

Auch bezüglich der Lesbarkeit der Schrift gibt es verschiedene Auslegungen. A. Alt (S. 303ff) ist der Ansicht, die Gewichtseinheiten hätten abgekürzt an der Wand gestanden, und Daniel habe die Abkürzungen entschlüsselt, was die Weisen nicht konnten. Umgekehrt urteilt M.A. Beek (S. 17): Die Babylonier konnten die Gewichtseinheiten entschlüsseln, aber nur Daniel habe daraus das Gottesurteil abgelesen. J. Baldwin (S. 124) berichtet mit Sympathie von einer Auslegung, wonach die Gewichtseinheiten in einem Wirtschaftsraum des Palastes aufnotiert waren, dessen Tür in den Festsaal führte, daß dann einer der Diener die Tür offen ließ und das Auge des vom Wein beeinflußten Königs gerade auf diese Notiz fiel, als sein Gewissen sich regte.

Im Danielbuch selbst werden die Gründe, weshalb »die Schrift« nicht gelesen werden konnte, nicht genannt. V. 25 hält nur fest, daß Daniel sie lesen konnte. Der Inhalt der Schrift besteht aus vier aram. Worten, wobei »u« vor »parsin« »und« bedeutet.

Klar unterschieden vom Lesen wird die Deutung: »Das ist die Deutung des Wortes« (bzw. der Sache, der Botschaft). Jedes der gelesenen Worte wird in seinem Bedeutungsgehalt aufgeschlossen.

»Mene« bedeutet: »gezählt hat Gott dein Königreich und es beendet«. Das erste Wort dieser Deutung, »gezählt«, hat im Aram. ganz regulär eine Doppelbedeutung. Entweder heißt es »Mine«, was einen hohen Geldwert ausdrückt, oder eben »gezählt«. Unsere deutsche Wendung: »seine Tage sind gezählt« macht klar, daß die betreffende Zeit zu Ende geht. Diese Wendung geht vermutlich auf Dan 5,26 zurück. Daniel macht deutlich, daß Gott dem babylon. Reich ein Ende gesetzt hat.

Warum das »mene« doppelt steht, können wir nicht sagen. Die Deutung knüpft jedenfalls nur an das einfache »mene« an.

»Tekel« entspricht dem hebr. »Schekel« und bezeichnet als Münzwert den 50. Teil einer »Mine«. Es entstammt derselben Wortwurzel wie das aram. Wort für »wiegen«. Genau in diese Richtung verläuft die Deutung Daniels: »gewogen bist du worden auf der Waage«. Ging es in V. 26 um die Herrschaft des Babylonierkönigs Belsazar, so jetzt in V. 27 um seine Person. Seine Persönlichkeit bringt auf der göttlichen Waage nicht das Gewicht, das sie bringen müßte: er wird »zu leicht befunden«. In der sozialen Gesetzgebung des AT wird es streng verurteilt, wenn das erforderliche Gewicht schuldhaft fehlt. Von da aus wird die »Waage« zum Bild des göttlichen Gerichts. Belsazar besteht hier nicht.

»Peres« ist die Einzahl zu »parsin« in V. 25 und heißt »Hälfte«. Zugleich hängt es mit dem aram. und hebr. Wort für »abreißen« bzw. »teilen« zusammen. Wiederum knüpft Daniel an beide Bedeutungen an, wenn er so auslegt: »zerteilt ist dein Reich«. Da »teilen« die Zerstörung eines bisherigen Ganzen zur Folge hat, hat das Wort auch einen zerstörerischen Sinn. Der Sinn ist, daß das babylon. Reich zerstört wird. Aber nun tritt eine dritte Bedeutung hervor. Denn dieselbe Wortwurzel, die für »abreißen« oder »teilen« benutzt wird, bezeichnet auch »Persien«. Auch unser deutsches Wort »Persien« stammt von ihr ab. Die Auslegung Daniels kündigt an, daß mit dem »peres« nicht nur das Ende der Babylonier zum Ausdruck gebracht ist, sondern auch der Übergang der Herrschaft auf die Perser, noch präziser: Belsazars

Rekonstruktionsversuch des Thronsaals der Süd-Zitadelle von Babylon, die möglicherweise Belsazar benutzte, während er für Nabonid die Regentschaft führte, d.h. vermutlich zur Zeit der »Schrift an der Wand«.

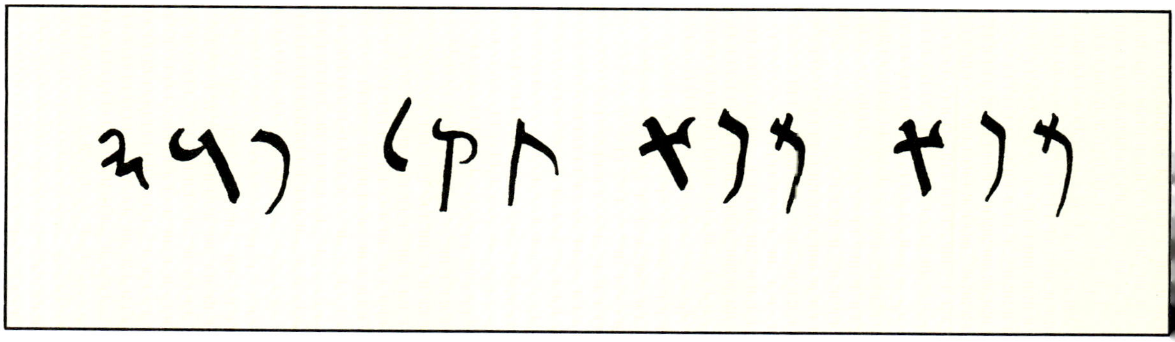

Mene mene tekel u-parsin (mn' mn' tql prs), *in aramäischer Schrift des 6.–5. Jh. v.Chr.*

Reich wird Medien und Persien gegeben.

Literatur: W.F. Albright: New Canaanite historical and mythological data, BASOR, 63, 1936, S. 23-32; A. Alt: Zur Menetekel-Inschrift, VI, 4, 1954, S. 303-305; J.G. Baldwin: Daniel, TOTC, 1978; M.A. Beek: Das Danielbuch, 1935; F.M. Cross Jr.: The Ancient Library of Qumran and Modern Biblical Studies, [2]1961; O. Eißfeldt: Die Menetekel-Inschrift und ihre Deutung, ZAW 63, 1951, S. 105-114; A. Finkel: The Pesher of Dreams and scriptures, Rd Q, 4, 1963, S. 357-370; D.N. Freedman: The Prayer of Nabonidus, BASOR, 145, 1957, S. 31f; H.L. Ginsberg: Studies in Daniel, TSJTSA, XIV, 1948; G. Maier: Der Prophet Daniel, WStB, 1982; O. Plöger: Das Buch Daniel, KAT, XVIII, 1965; F. Rosenthal: A Grammar of Biblical Aramaic, PLO, Neue Serie, V, [2]1963; H. Sahlin: Antiochus IV. Epiphanes und Judas Makkabäus, StTh, 23, 1969, S. 41-68; H. Schmökel: Ur, Assur und Babylon, Große Kulturen der Frühzeit, 2, 1955; D.W. Thomas (Hrsg.): Archaeology and Old Testament Study, 1967; C.P. Tiele: Babylonisch-assyrische Geschichte, 2. Teil, in: Handbücher der alten Geschichte, I. Serie, 4. Abt., 1888; F. Zimmermann: The writing on the wall: Dan 5,25f, JQR, 55, 1964, S. 201-207. G.M.

MENORA. Unter einer M. versteht man heute in der Regel den siebenarmigen Leuchter des Jerusalemer Tempels, der auch Bestandteil des Wappens des Staates Israel geworden ist. Der hebr. Begriff umfaßt jedoch alle Arten von Ständern, auf denen (Öl-) *Lampen abgestellt werden konnten, um so eine bessere Ausleuchtung des Raumes zu erreichen (vgl. Mt 5,15). Eine M. konnte somit auch zur Ausstattung eines (vornehmen) Privathauses gehören (vgl. 2Kön 4,10).

Im Salomonischen Tempel gab es insgesamt zehn aus Gold gefertigte Leuchter (1Kön 7,49; 2Chr 4,7). Es handelte sich dabei entweder um zylindrische Ständer, wie sie seit dem Chalkolithikum (allerdings nur aus Ton gefertigt) nachgewiesen sind, oder aber um künstlerisch gefertigte Kandelaber mit einer Abstellfläche. Beispiele für den zweiten Typ wurden in *Bet-Schean und in *Megiddo gefunden. Auch die Leuchtervision Sach 4,1-14 setzt einen Metallständer voraus, auf dem eine Schale steht, auf deren Rand sieben Öllampen mit je sieben Schnauzen angebracht sind.

Im Gegensatz dazu sind die Leuchterarme des siebenarmigen Leuchters (Ex 25,31-40) nebeneinander angebracht. Die Form dieses Leuchters mit seinem zentralen Ständer und den drei Armpaaren ist stilisierten Bäumen entlehnt, wie sie ursprünglich als Symbol der Fruchtbarkeit im Bereich der vorderorientalischen Ikonographie zu finden sind.

Ein derartiger Leuchter wurde 169 v.Chr. von Antiochus IV. Epiphanes aus dem nachexilischen Tempel geraubt (1Makk 1,21). Judas Makkabäus ließ jedoch ein neues Exemplar anfertigen (1Makk 4,49), das dann wiederum von Herodes durch ein größeres ersetzt wurde. Josephus beschreibt und deutet diese M. folgendermaßen: »Sie war aus kleinen Kugeln, Lilien, Granatäpfeln und Kelchen, im Ganzen siebzig an der Zahl, aus einem Fuß heraus in die Höhe gearbeitet. Sie ging nämlich in Spitzen aus, die in gleichen Abständen voneinander sich befanden und in einer Reihe standen. Auf denselben leuchteten sieben Lampen, ebensoviele als Planeten sind und sie sahen gegen Osten und Süden, da der Leuchter schräg stand« (Jos.ant.Jud. III, 6, 7). Das Relief am Titusbogen in Rom zeigt die von den Römern 70 n.Chr. aus dem Jerusalemer Tempel verschleppte M. In der Folgezeit wurde sie zu einem Symbol des Judentums und immer wieder, z.B. auf den Mosaiken der Synagogen, abgebildet.

Literatur: H. Matthäus: Metallgefäße und Gefäßuntersätze der Bronzezeit, der geometrischen und archaischen Periode auf Cypern, 1985, 321ff; C. Meyers: The Tabernacle Menorah, 1975; V. Fritz: Tempel und Zelt, WMANT 47, 1977, 160-163; W. Eltester: Der siebenarmige Leuchter und der Titusbogen, BZNW 26, 1960, 62-70.

W.Z.

Korinthisches Kapitell von der Synagoge in Kapernaum mit einer Darstellung des siebenarmigen Leuchters (Menora), des Widderhorns (Schofar) und einer Ascheschaufel, Gegenstände, die in der alten jüdischen Kunst häufiger dargestellt werden. Mitte des 4. Jh. (JPK)

MENSCH. Der Bibel ist, anders als dem Griechentum, ein philosophisches, spekulatives Nachdenken über den Menschen fremd. Weder im AT noch im NT findet sich eine systematisch ausgeformte Anthropologie, in der das Wesen des Menschen als solches in diskursiven Gedankengängen bestimmt und erörtert wird. Nichtsdestoweniger bieten die bibl. Schriften eine Fülle von anthropologischen Einzelerkenntnissen, die jedoch stets eingebunden sind in theologische Argumentationszusammenhänge. Der M. kommt nur in den Blick in seinem Verhältnis zu Gott, in seiner Geschöpflichkeit, seiner Gottebenbildlichkeit, seiner Verlorenheit, seiner Erlösungsbedürftigkeit, seiner Verantwortung dem Schöpfer gegenüber. Dabei ist das Bild, das vom Menschen gezeichnet wird – und hier liegt ein weiterer Unterschied zum Griechentum vor – ein ganzheitliches: Der M. ist nicht dichotomisch oder trichotomisch aus verschiedenen Teilen zusammengesetzt, die sich ontologisch voneinander abgrenzen lassen, sondern er steht vor seinem Schöpfer, der ihn zu seinem Partner berufen hat und mit ihm Geschichte machen will, als personale Ganzheit, als eine Ganzheit, die sich freilich unter mehreren Aspekten beschreiben läßt (dazu unten mehr). Die geschichtsmäßige Anrede Gottes trifft den bibl. Menschen also in seiner ganzen Person und konstituiert ihn als Person; zu einer spekulativen Wesensbestimmung des Menschen kann es unter der Wucht dieser Anrede nicht kommen.

Die Aussagen über den Menschen sind im AT und im NT weitgehend deckungsgleich, besser gesagt: In der Anthropologie des NT wird das atl. Erbe vorausgesetzt bzw. ausdrücklich aufgenommen. Dennoch bringt die spezielle ntl. Soteriologie, in der das Christusereignis im Hinblick auf das Heil des Menschen ausgelegt wird, mit sich, daß gegenüber dem AT entscheidende Aussagen über den Menschen dazugewonnen werden, insbesondere über seine ihm nun geschenkte neue Lebensmöglichkeit »in Christus«. Es ist daher nicht empfehlenswert, die atl. und ntl. Aussagen über den Menschen zusammenzuziehen und gemeinsam zu behandeln, sondern AT und NT sollten getrennt voneinander untersucht werden.

I. DAS MENSCHENVERSTÄNDNIS DES ALTEN TESTAMENTS.

Nicht alle Texte des AT lassen sich in gleicher Weise für das Thema Anthropologie auswerten. Einen besonderen Stellenwert nimmt die Urgeschichte (1Mo 1-11) ein, sie bietet eine wahre Fülle von Erkenntnissen über den Menschen und seine Situation in der Welt. Der Urgeschichte steht die atl. Weisheitsliteratur nur wenig nach; hier geht es allerdings nicht so sehr darum, daß die Situation des Menschen grundsätzlich bedacht und theologisch ventiliert wird, sondern geboten wird eher ein Schatz von Erfahrungswissen zur praktischen Lebensführung, angesammelt in vielen Generationen. Bemerkenswert ist, daß auch dieses Erfahrungswissen nicht sozusagen »säkulares« Wissen ist, also psychologische Einsicht in die Natur des Menschen, sondern auf dem Hintergrund des Jahwe-Glaubens entfaltet wird; was mit dem Menschen und im Menschen selbst geschieht, wird immer wieder (wenn auch nicht in jedem einzelnen Fall) in Beziehung gebracht mit dem Handeln Jahwes (man lese unter diesem Gesichtspunkt einmal – als beliebiges Beispiel – Spr 16). Als Hauptbezeichnungen für den Menschen begegnen im AT *ʾādām* und *ʾänōsch*, wobei *ʾādām* das weitaus bedeutendere Wort ist. Sowohl *ʾādām* als auch *ʾänōsch* sind Kollektivbegriffe und bezeichnen den Menschen als Art, die Menschheit schlechthin, nicht den Einzelmenschen (dafür steht *bän-ʾādām*). Die wichtigsten Belege von *ʾādām* finden sich in 1Mo 1-11, wo u.a. die Erschaffung des Menschen (1,26-29; 2,4b-25), die Vertreibung aus dem Paradies (Kap. 3), die *Sintflut (6,5-9,17) und die Zerstreuung der Menschen (11,1-9) erzählt werden. Dabei werden drei Grundaussagen gemacht, die für die gesamte atl. und ntl. Anthropologie leitend sind:

1. Der M. ist Gottes Geschöpf und sein Ebenbild;
2. Der M. hat seine wahre Bestimmung verfehlt und sich schuldig gemacht;
3. Durch den Sündenfall ist der gottgewollte paradiesische Urzustand verlorengegangen, das Leben des Menschen ist nunmehr gezeichnet von Arbeit, Mühe und Leiden; im Gegensatz zu Gott hat der gefallene M. eine Existenz, die begrenzt ist.

Als Wesen, das seinem Schöpfer ebenbildlich, aber dennoch von ihm getrennt ist (durch den Sündenfall), befindet sich der M. in einem eigentümlichen Widerspruch. Nicht nur die Urgeschichte selbst (mit ihrer narrativen Theologie) deutet diesen Widerspruch an (indem sie zwischen den Theologumena Gottebenbildlichkeit - 1Mo 1,26f – und Sündenfall – 1Mo 3 – keinen Ausgleich schafft, sondern sie spannungsvoll nebeneinander stehen läßt), vielmehr ist das »Leben im Widerspruch« ein Hauptcharakteristikum der bibl. Anthropologie überhaupt. Immer wieder bringt das AT (bzw. die apokryphe Literatur des AT) die widersprüchliche Situation des Menschen zum Ausdruck, indem einerseits von seiner Größe gesprochen wird (vgl. z.B. Sir 17,1-4; Weish 2,23), andererseits von seinem Abstand zu Gott, seiner Ohnmacht und Vergänglichkeit (vgl. z.B. Jes 45,9; Hiob 25,6); beide Aussagen können sogar im selben Atemzug gemacht werden (vgl. Ps 8,5ff).

Die bibl. Dialektik zwischen menschlicher Größe und Niedrigkeit darf nicht parallelisiert werden mit entsprechenden griech. Vorstellungen. Der M. bildet gemäß der Bibel keine Persönlichkeit aus und erhebt sich dadurch aus einem niedrigen Zustand in einen höheren; das Ideal der Persönlichkeit fehlt im bibl. Denken vollständig. Auch fehlt der Gedanke der Bildung und bildenden Erziehung: Die Niedrigkeit des Menschen kann durch Bildung prinzipiell nicht überwunden werden.

Der Gedanke der Niedrigkeit und Ohnmacht des Menschen ist in einem Teil der Weisheitsliteratur radikalisiert worden (Pred; Hiob 14). Das Buch Pred nähert sich dabei bedenklich einer tragischen Auffassung von Welt und M. und steht damit am äußersten Rand des bibl. Denkens; seine Anthropologie ist auf keinen Fall repäsentativ für die gesamte Bibel.

Zu beachten ist, daß das Menschenverständnis des AT uneschatologisch-diesseitig ist. Die Erfüllung seines Daseins hat der M. in dieser Welt zu suchen, und das (diesseitige) Leben ist das höchste erstrebenswerte Gut: »Alles, was der Mensch besitzt, gibt er für sein Leben hin« (Hiob 2,4; vgl. Spr 13,12b; 14,27; Ps 27,13; 34,13). Das Ideal ist es, alt und lebenssatt zu sterben (1Mo 15,15; 25,8; 35,29; Ri 8,32 u.ö.). Totenauferstehung und ewiges Leben kennt die frühe Überlieferung nicht. Abgesehen von einigen »erratischen Blöcken« (z.B. 2Kön 13,21: Elisas Gebeine erwecken einen Toten), meldet sich ein solches Denken erst mit Dan 12,2, setzt sich gegen den Widerstand konservativer Kreise (*Sadduzäer) durch und ist zur Zeit Jesu im *Judentum beherrschend. Es ist weiter oben bereits angedeutet worden, daß der M. nach bibl. Verständnis eine Ganzheit ist, die sich unter mehreren Aspekten beschreiben läßt. Jeder der tragenden anthropologischen Begriffe des AT (*näphäsch*, »Seele«, *rūach*, »Geist«, *bāsār*, »Fleisch«, *lēb*, *lēbāb* »Herz«) meint nicht einen Teil des Menschen, sondern den ganzen Menschen in je spezifischer Hinsicht. *näphäsch*, ursprünglich vielleicht »Kehle« und »Atem«, ist die vitale, den Körper »beseelende« Lebenskraft, die beim Tod entweicht; das spätere Seelenverständnis der christl. Dogmatik, das sich zu einem guten Teil aus dem griech. Denken speist, darf in den atl. Seelenbegriff nicht hineingelesen werden; mit *näphäsch* ist also nicht etwa seine »unsterbliche Seele« gemeint.

Ähnlich wie bei *näphäsch* ist auch bei *rūach* eine der Grundbedeutungen »Atem, Hauch«. Semasiologisch besteht zwischen *näphäsch* und *rūach* kaum ein Unterschied, auch *rūach* meint die belebende Kraft, die den Menschen überhaupt erst zu einer Person macht, zu einem erkennenden und empfindenden Wesen.

bāsār bezeichnet zunächst die fleischliche Substanz des Körpers. In theologisch qualifiziertem Sinne steht der Begriff für den Menschen in seiner Vergänglichkeit: »Alles Fleisch ist Gras. . .« (Jes 40,6). *lēb* schließlich ist das Innere des Menschen, das für den Mitmenschen verborgen, für Gott aber offenbar ist.

II. DAS MENSCHENVERSTÄNDNIS DES NEUEN TESTAMENTS.

Das ntl. Menschenverständnis ist ohne das atl. Erbe nicht sachgemäß zu erfassen. Zu berücksichtigen ist dabei, daß vieles, was das AT über den Menschen aussagt, im NT nicht noch einmal ausdrücklich thematisiert, sondern lediglich angedeutet wird (bzw. es ist einfach vorausgesetzt); zu nennen sind hier vor allem die drei o.g. anthropologischen Grundaussagen, die anhand der Urgeschichte gewonnen wurden. Ferner wird – ganz im Sinne des AT – auch im NT der M. als Ganzheit verstanden, wenngleich diese Sichtweise in den ntl. Spätschriften nicht konsequent durchgehalten wird (vgl. dazu unten).

Radikalisiert worden ist im NT der atl. Gedanke, daß der M. ein Sünder ist. Mit untrüglichem Blick erkennt Jesus, wie seine Zeitgenossen versuchen, das lebendige Wort Gottes zu einer Manövriermasse zu machen, um liebgewordene rel. Traditionen aufrechterhalten und sich dem Anspruch der Liebe entziehen zu können. Seine Umkehrforderung ist deshalb von schneidender Schärfe; zwar steht sie in der Linie der prophetischen Umkehrpredigt, überbietet diese jedoch und individualisiert sie, d.h. läßt sie auf den einzelnen zulaufen. Bei Paulus ist dann die Sünde eine beinahe personale, dämonische Macht, an die der M. sein Subjektsein verloren hat und aus deren Klammergriff er nur durch das Kreuz Christi errrettet werden kann; der natürliche M. ist also ein fremdbestimmtes Wesen, das sich selber, seine Bestimmung, ständig verfehlt.

Die vom AT her überkommene Vorstellung, daß der M. eine Ganzheit sei, findet sich am deutlichsten herausgearbeitet in der Theologie des Paulus. Dazu genötigt, diesen Aspekt der atl. Anthropologie besonders hervorzuheben, war der Apostel durch die *Gnosis, die sogar eine seiner eigenen Gemeinden infiziert hatte, nämlich *Korinth. In dieser Gemeinde dachte man – in den Bahnen der Gnosis – dualistisch, konkret gesprochen: Die korinthischen Enthusiasten meinten, was sie mit ihrem *sōma* (»Leib«) trieben, ginge ihr eigentliches Ich nichts an; wenn sie zu Dirnen gingen (vgl. 1Kor 6,12ff), war das für sie Ausdruck einer weltanschaulichen Position, sie bekundeten damit ihre Freiheit gegenüber dem der Materie verhafteten Leib. Für Paulus meint *sōma* jedoch den ganzen Menschen (unter einem bestimmten Blickwinkel), der M. kann also nicht zwischen seinem eigentlichen Ich und seinem *sōma* eine Trennung vornehmen, er ist *sōma*. Und zwar ist der M. *sōma* insofern, als er an die Welt gebunden und auf andere ausgerichtet ist, als er sich selber und anderen faßbar ist, als er sich selbst gegenübertreten und ein Verhältnis zu sich selbst entwickeln kann; *sōma* ist damit der umfassendste anthropologische Begriff des Paulus überhaupt.

Die weiteren anthropologischen Hauptbegriffe des Apostels (die ebenfalls jeweils den ganzen Menschen unter einem bestimmten Blickwinkel beleuchten) lauten: *sarx*, »Fleisch«, *psychē*, »Seele«, *pneuma*, »Geist«, *kardia*, »Herz«, *nous*, »Verstand«, *syneidēsis*, »Gewissen«. *sarx* ist der M., insofern er aus seinen eigenen Ressourcen lebt, sich nicht von Gott her, sondern von der Welt her versteht. *psychē* bezeichnet wie das atl. *näphäsch* die beseelende Lebenskraft. *pneuma* (im anthropologischen Sinn) kann für das menschliche Ich stehen. *kardia* ist der Sitz der Empfindungen, des Denkens, Wünschens, Wollens und Fühlens. Unter *nous* versteht Paulus den Menschen, insofern dieser ein vernünftiges, verstehendes Subjekt ist. Der Begriff *syneidēsis* schließlich bezeichnet das Wissen des Menschen um sich selbst, das ihn zu einem verantwortlichen Entscheiden und Handeln befähigt.

Gelegentlich finden sich im Corpus Paulinum Wendungen, die auf den ersten Blick einer ganzheitlichen Auffassung des Menschen entgegenzustehen scheinen, so die trichotomische Formulierung in 1Thess 5,23: ». . .euer Geist samt Seele und Leib. . .«. Aber Paulus könnte statt dessen genausogut sagen »euer Geist« oder »ihr«; in 1Thess 5,23 liegt einfach nur liturgischer Stil vor mit seiner Neigung zur Dreigliedrigkeit. Auch Stellen wie 1Kor 5,3 oder 2Kor 4,16, wo dichotomisch formuliert wird, dürfen nicht als Annäherung des Paulus an das griech. Menschenbild gewertet werden. Allerdings ist es so, daß in den ntl. Spätschriften diese Annäherung tatsächlich erfolgt, vgl. z.B. 1Petr 1,9, wo von der »Rettung der Seelen« gesprochen wird und die Seele eine gewisse Selbständigkeit im Sinne einer separaten Instanz gewinnt.

Entscheidend verändert hat sich im NT gegenüber dem AT das Weltverhältnis des Menschen, ein Vorgang, der nicht ohne Einfluß auf das ntl. Menschenbild blieb. Während für das AT die Welt die Heimat darstellt, ist sie für das NT zur Fremde geworden. Im Urchristentum wurde erkannt, daß menschliches Sein von allem welthaften Sein grundsätzlich verschieden ist, vgl. insbesondere die schroffe Formulierung des Paulus in Gal 6,14, daß ihm durch das Kreuz Jesu Christi die Welt gekreuzigt sei und er der Welt. Eingebürgert in den *Leib Christi und bereits jetzt der neuen Welt Gottes zugehörig, mußten die Christen sich auf dieser Welt notwendigerweise als Fremdlinge verstehen (vgl. z.B. 1Petr 1,1; 2,11). In noch anderer, tieferer Weise als im AT ist daher im NT menschliches Leben »Leben im Widerspruch«, nämlich ein Leben auf dieser Welt und in den Weltbezügen, jedoch ohne Zugehörigkeit zur Welt.

Literatur: P. Althaus: Paulus und Luther über den Menschen, ⁴1963; E. Brandenburger: EKL³ I, 1986, 159-163; E. Brunner: Der Mensch im Widerspruch. Die christliche Lehre vom wahren und vom wirklichen Menschen, ⁵1985; R. Bultmann: Das Urchristentum im Rahmen der antiken Religionen, ⁵1986; H. Fischer (Hrsg.): Anthropologie als Thema der Theologie, 1978; J. Jervell: Imago Dei. Gen 1,26f im Spätjudentum, in der Gnosis und in den paulinischen Briefen,FRLANT 76, 1960; E. Käsemann: Zur paulinischen Anthropologie, in: ders.: Paulinische Perspektiven, 1969, 9-60; R. Koch: Bibeltheologisches Wörterbuch II, 834-842; H. Köhler: Theologische Anthropologie. Die biblische Sicht des Menschen und der Mensch der Gegenwart, 1967; L. Köhler: Der hebräische Mensch, (1953) 1976; W.G. Kümmel: Das Bild des Menschen im Neuen Testament, in: ders.: Römer 7 und das Bild des Menschen im Neuen Testament. Zwei Studien, TB 53, 1974, 161-214; J. Moltmann: Mensch. Christliche Anthropologie in den Konflikten der Gegenwart, ²1983; H.-R. Müller-Schwefe: Der Mensch - das Experiment Gottes, EvEnz 4, 1966; W. Pannenberg: Anthropologie in theologischer Perspektive, 1983; G. von Rad: Theologie des Alten Testaments II, 1975, 357-379; A. Sand: EWNT I, 1980, 240-249; L. Scheffczyk (Hrsg.): Der Mensch als Bild Gottes (WdF CXXIV), 1969; W.H. Schmidt: EKL³ I, 1986, 156-158; W. Schmithals: Die theologische Anthropologie des Paulus 1980; J.-W. Taeger: Der Mensch und sein Heil. Studien zum Bild des Menschen und zur Sicht der Bekehrung bei Lukas, StNT 14, 1982; V. Warnach: Handbuch theologischer Grundbegriffe II, 145-160; H.W. Wolff: Anthropologie des Alten Testaments, 1973. W.R.

MERAB. Sauls ältere Tochter (1Sam 14,49). Sie war David versprochen, wurde aber stattdessen Adriël von Mehola zur Frau gegeben (1Sam 18, 17-20), ein Ereignis, das der Text der LXX ausläßt. Ihre Söhne wurden später gehenkt, um *Sauls Massaker an den Gibeonitern, das ein Bruch des Friedensschlusses mit Israel war (Jos 9), zu sühnen (2Sam 21,8; der MT schreibt an dieser Stelle »Michal«). M.B.

MERARI, MERARITER. M. war der dritte Sohn Levis, Stammvater einer der drei großen levitischen Familien. Seine Familie war in die Häuser Machli und Muschi unterteilt (4Mo 3,33). In der Wüste trugen die Merariter die Bretter, Riegel, Säulen und Fußgestelle der Stiftshütte sowie alle Geräte, die Säulen des Vorhofs mit ihren Fußgestellen, Pflöcken und Seilen (4Mo 3,36f). Vier Wagen und acht Ochsen standen ihnen für diese Aufgabe zur Verfügung (4Mo 7,8). Sie lagerten an der N-Seite der Stiftshütte (4Mo 3,35) und zählten 6200 männliche Mitglieder, die älter als einen Monat waren; 3200 standen im Dienst (Altersgruppe 30-50; 4Mo 3,34; 4,42-45). In Palästina wurden ihnen zwölf Städte aus den Gebieten Rubens, Gads und Sebulons zugeteilt (Jos 21,7).

Nach *Davids Ordnung des Gottesdienstes hatte die Merariterfamilie von Etan (Jedutun) teil an der Pflicht, im Tempel zu singen, während andere Torhüter waren (1Chr 6,32-48; 26,10-19). M. werden auch beim Hinaufbringen der Lade aus *Kirjat-Jearim erwähnt (1Chr 15,6), bei der Reinigung des Tempels unter König *Hiskia (1Chr 29,12) und bei den Ausbesserungsarbeiten am Tempel unter *Josia, bei denen das Gesetzbuch gefunden wurde (2Chr 34,12). Einige der M. sind auch als Heimkehrer aus dem babylon. Exil beim Dienst unter *Esra (Esr 8,19) und *Nehemia (vgl. Neh 11,15 mit 1Chr 9,14) aufgeführt. D.W.G.

MEREMOT
s. Arad

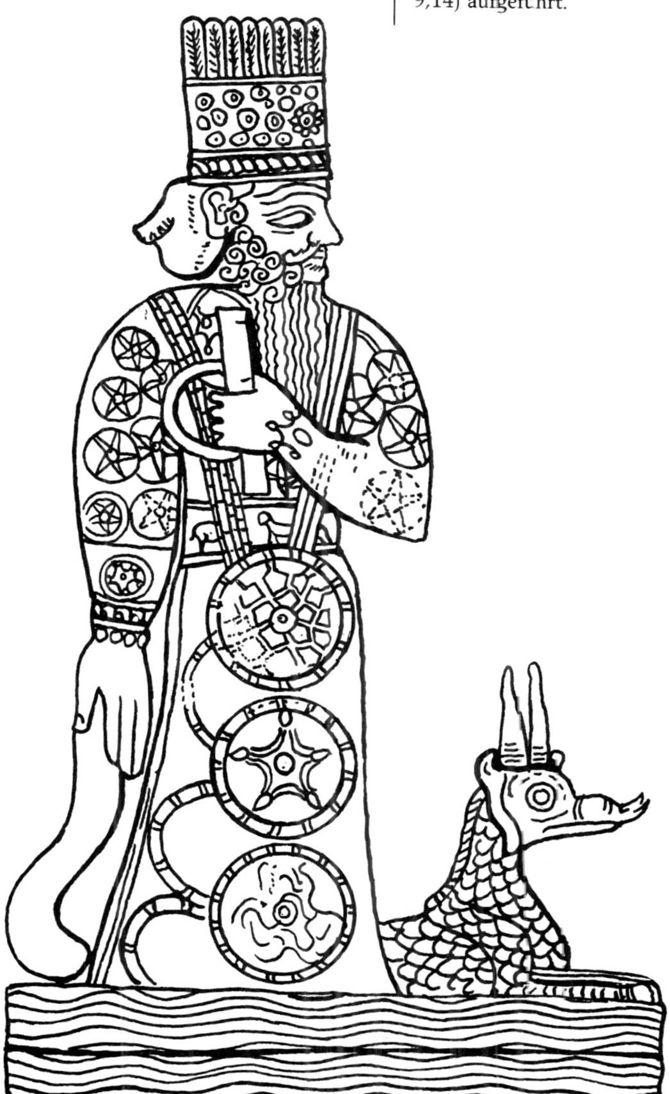

Die babylonische Gottheit Marduk (hebr. Merodach), mit einer königlichen Robe, dem Stab und dem Ring als Symbolen ihrer Autorität. Hier ist sie auf ihrem Symbol dargestellt, einem drachenartigen Wesen mit Schlangenleib (mušḫuššu). *Zeichnung nach einem geschnitzten Zylinder aus Babylon.*

Abdruck eines neu-babylonischen Siegels mit einem Anbeter vor dem Spaten-Symbol (Marru) des Merodach (Marduk) auf dem Rücken des Rachens der Gottheit (muschruschschu) (BM)

MERODACH. Hebr. Namensform des babylon. Gottes Marduk. Z.Zt. *Hammurabis (ca. 1750 v.Chr.), hatte der Gott Marduk (sumer. *amar. utu*) viele Attribute des Gottes Enlil übernommen. Marduk war die erste Gottheit *Babylons und wurde später mit seinem Beinamen Bēl (*ba ʿal*) bezeichnet, so daß seine Niederlage gleichbedeutend mit der seines Volkes war (Jer 50,2), was auch auf den früheren kanaan. *Baʿal' zutraf. Der babylon. Schöpfungsepos (*enuma elisch*) erinnert an den Sieg Gottes über die Kräfte des Bösen und seine Ehre als »König der Götter«. M. erscheint als göttliches Element in der hebr. Wiedergabe der babylon. Namen, *Ewil-Merodach, *Merodach-Baladan und *Mordechai. D.J.W.

MERODACH-BALADAN. Aus Keilschrifttexten ist M. bekannt als Name der Marduk-apla-iddina II. (721-710, 705-703 v.Chr.), des Königs von Babylon, der eine Gesandtschaft an Hiskia sandte (Jes 39,1). Sein Vater, in Keilschriftquellen nicht genannt, könnte Bēl-Iddin gewesen sein (2Kön 20,12; Jes 39,1: *balʾadān*).

M. war ein Herrscher des chaldäischen Territoriums Bit-Jakin, nördl. des Pers. Golfs, er führte seine Abstammung auf Erība-Marduk zurück, den König von Babylon (782-762 v.Chr.). Als Tiglatpilesar III. 731 v.Chr. in Babylon einrückte, brachte M. ihm Geschenke nach Sapia und unterstützte die Assyrer gegen den rebellierenden Scheich Ukīn zēr (Iraq 17, 1953, S. 44-50). Bei der assyr. Thronübernahme durch Sargon II., 721 v.Chr., rückte M. in Babylon ein und beanspruchte den Thron. Die Assyrer griffen daraufhin die Elamiter, die Verbündeten Babylons, im folgenden Jahr an. Der Ausgang der Schlacht ist unbekannt bis auf die Tatsache, daß M. bis 710 v.Chr. regierte, als Sargon, der vorher die Elamiter neutralisiert hatte, in Babylon ohne Gegenwehr einrückte. Als die Assyrer in Bit-Jakin (s.o.) einrückten, blieb M. lokaler Herrscher und widersetzte sich während des Rests seiner Herrschaft nicht offen seinem Oberherrn.

Nach Sargons Tod 705 v.Chr. bemühte sich M., Unabhängigkeit von Assyrien zu erlangen. Diesem Zweck dürfte auch der Besuch einer diplomatischen Gesandtschaft bei Hiskia, dem König von Juda, gedient haben, der in Jerusalem der Staatsschatz und das Waffenarsenal gezeigt wurden (2Kön 20,12-19; Jes 39). Nicht nur Jesajas Warnung durchkreuzte M.s

Grenzstein mit der Beschreibung des von dem Beamten gehaltenen Besitzes; hier bei der Entgegennahme der Land-Urkunde von Merodach-Baladan (Marduk-apla-iddina II.), König von Babylon (721–710, 705–703 v.Chr.). Über den zwei Figuren Embleme von vier babylonischen Gottheiten auf Podesten. Höhe 0,46 m, schwarzer Marmor. (SMB)

Plan; die Babylonier selbst kamen M. zuvor, indem sie 704 v.Chr. ihren eigenen Kandidaten aufstellten, Marduk-zakir-schumi. Er setzte den neuernannten König in Babylon ab und regierte vom nahegelegenen Borsippa aus. Trotz der militärischen Unterstützung, die der elamitische König M. leistete, besiegte der Assyrer Sanherib die Rebellen bei Gefechten in Kutha und Kisch und rückte in Babylon ein, wo er Bel-Ibni auf den Thron setzte. Bit-Jakin (s.o.) wurde geplündert; M. floh in das südwestl. gelegene Elam, wo er starb.

Literatur: J.A. Brinkmann: Merodach Baladan II, in: Studies presented to A.L. Oppenheim, 1964, S. 6-53; HdArch, 218-247 u.ö. D.J.W.

MEROM. (Von hebr. *rūm* »hoch sein«?). Beim »Wasser von Merom« besiegten nach Jos 11,5.7 die Israeliten im Zug der *Landnahme durch eine Art Überrumpelungstaktik eine Koalition kanaan. Stadtkönige, die offenbar unter Führung von *Hazor stand. Vielleicht ist das in diesem Zusammenhang genannte *Madon (Jos 11,1; 12,19) nach der LXX in M. zu korrigieren. M. wird schon im 15. Jh. v.Chr. in den Annalen des Pharao Thutmosis III. erwähnt (ANET 283), danach in Eroberungslisten von *Ramses II. und *Tiglatpilesar. Es muß deshalb eine bedeutende Stadt gewesen sein. Über ihre Lage herrscht allerdings keine Einigkeit.

1. Früher verstand man unter dem »Wasser von Merom« oft den *Hule-See, der in ntl. Zeit Semechonitis hieß. Unter dieser Voraussetzung versuchte F.M. Abel die Überraschungsstrategie der Israeliten zu rekonstruieren (RB 56, 1949, 335ff). Gegen diese Ansicht, die heute kaum noch vertreten wird, wendet man ein, daß Josephus den Ort der Schlacht (*Berōthē*) bei *Kedesch in Ober-*Galiläa lokalisiert (ant.Jud. V, 62). Das von ihm befestigte [*A*]*merō*[*th*] (bell.Jud. II, 573; III, 39; Vita 88) ist vielleicht dieselbe Stadt (C. Möller, G. Schmitt Siedlungen Palästinas, 1976, 138).

2. Der beste Kandidat für das [*A*]*merō*[*th*] des Josephus ist nach den neuen Ausgrabungen (E.M. Meyers, D. Barag, EAEHL III, 1977, 856-862) das heutige jüd. Dorf Meiron 5 km nordwestl. von Safed und 13 km südwestl. von Hazor (vgl. Jos 11,10) in schöner waldreicher Lage unter dem Har Merom (1208 m), dem höchsten Berg Ober-Galiläas (J. Murphy-O'Connor, Das Heilige Land, 1981, 307-310). Der alte arab. Name (*meirōn*) zeigt, daß es sich um den in rabbinischen Quellen genannten Ort *Meirōn* handelt. Der Jerusalemer Talmud (Schebi'it 9,2) redet wie schon Josephus (bell.Jud. II, 591-593) vom Olivenreichtum der Gegend. Meiron war nach Mischna (Ta'anit 4,2) und Tosefta (Demai 4,13) eine Priestersiedlung. Dorthin floh Rabbi Simon bar Jochai, einer der berühmtesten Schüler von Rabbi Akiba (135 n.Chr.). Die Siedlungsreste reichen vom späthellen. bis in die byzantin. Zeit. Wichtigstes Gebäude ist eine Synagoge (3./4. Jh.), deren monumentale Eingangsfassade erhalten blieb (F. Hüttenmeister, Die Antiken Synagogen I, 1977, 311-314). Aus dem 1. Jh. n.Chr. stammt ein Ritualbad (*miqveh*). Um 360 hat man die Siedlung, wahrscheinlich wegen zu hoher Steuerlastenm verlassen. Als im 14. Jh. das kabbalistische Werk Zohar herausgegeben wurde, das die Geheimlehre Simon Bar Jochajs überliefern will, zog die angebliche Gruft des Rabbis zunehmend jüd. Pilger an. Meiron ist heute ein Zentrum des mystischen Judentums. Zum Fest Lag Be'omer (33 Tage nach *Passa) strömen Zehntausende zusammen. Während W.F. Albright vereinzelte Keramik aus Bronze- und Eisenzeit fand (BASOR 35, 1934, 8), konnten die modernen Ausgrabungen keine nennenswerte Siedlung aus vorexilischer Zeit nachweisen (E.M. Meyers, BASOR 214, 1974, 2f). Das ist eine erhebliche Schwierigkeit für die Identifizierung mit dem atl. M. Außerdem eignet sich die Gegend um die starken Quellen von Meiron, die durch das Wadi El-Ammūd in den See *Genezareth entwässern, kaum für eine größere Schlacht (Abel I, 494).

3. Deshalb gewinnt heute der ältere Vorschlag (J. Garstang, Joshua-Judges, 1931, 191f.395) Anhänger, M. mit Tell El-Chīrbe zu identifizieren, ca. 7 km westsüdwestl. von *Kedesch Naftali im Libanon unmittelbar an der israel. Grenze gelegen. In der Nähe dieses kanaan. Ruinenhügels, der zu den größten Ober-Galiläas gehört, gibt es Flurnamen wie Dschebel Mārūn und Mārūn Er-Rās (LDB, 234f).

4. Neuerdings wird das *Mērōth* des Josephus mit Chīrbet Marūs, 3 km nordwestl. von *Hazor, gleichgesetzt (Z. Ilan, E. Damati, MB 53, 1988, 50-55), weil sich hier Reste von Befestigungen finden, die vielleicht vor 70 n.Chr. datieren. Dagegen spricht aber, daß *Mērōth* als westlichster Grenzpunkt von Ober-Galiläa genannt wird (Jos.bell.Jud. III, 40). Chīrbet Marūs wurde im 2. Jh.v.Chr. gegründet, am

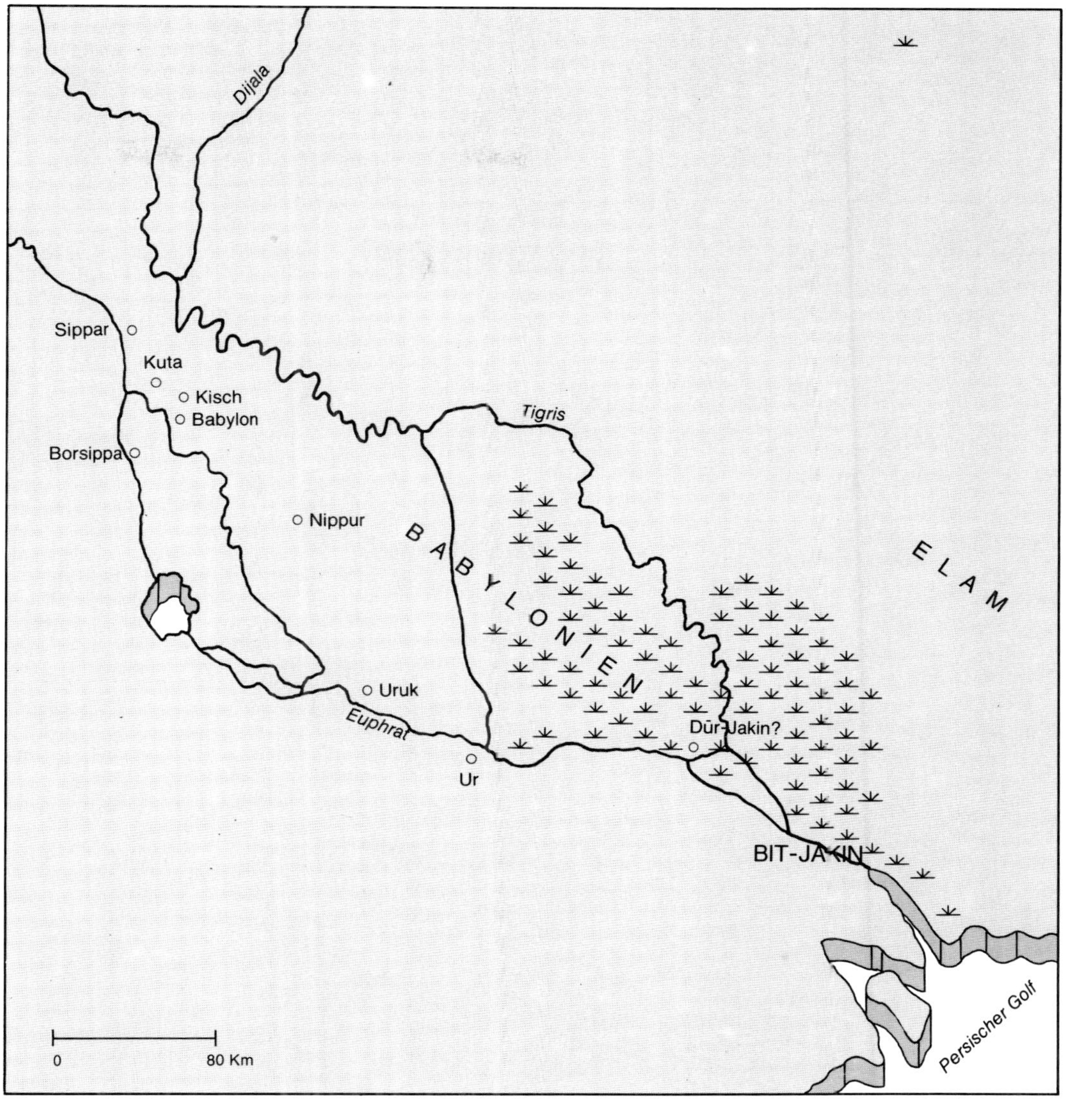

Das von Merodach-Baladan (Marduk-apla-iddina II.) kontrollierte Gebiet.

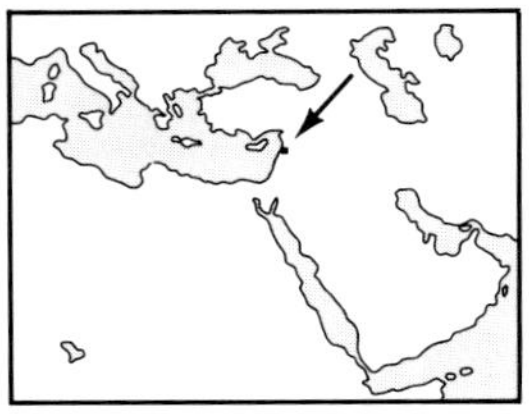

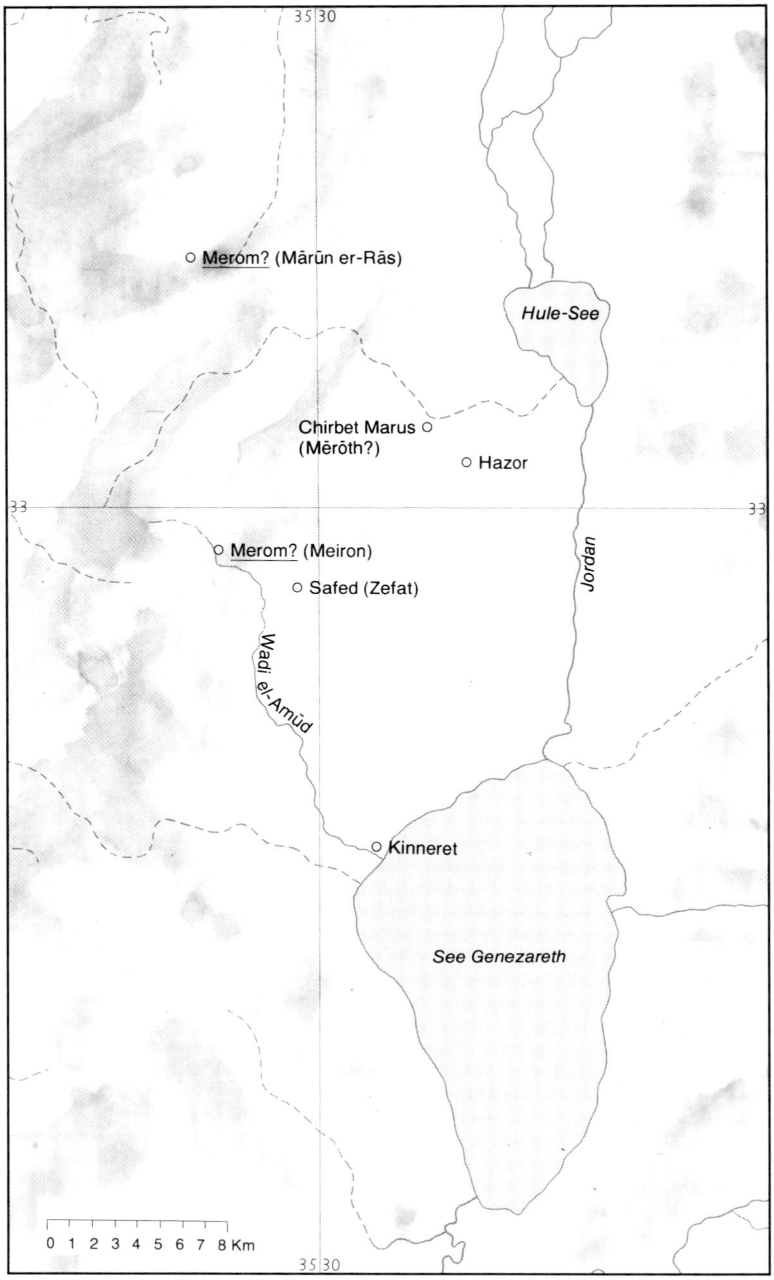

Mögliche Stätten für das biblische Merom.

Ende des 12. Jh.n.Chr. verlassen und war während dieser ganzen Zeit von Juden bewohnt. Die Mosaiken der Synagoge (4./5. Jh.) und des Lehrhauses (7. Jh.) zeigen bibl. Szenen, ein Hinweis, wie wenig streng das Bilderverbot selbst in der talmudischen Zeit mancherorts aufgefaßt wurde.

Literatur: F.M. Abel: Géographie de la Palestine, [3]1967, I 493f; II 385; M. Noth: Josua, [3]1971, 67f; A. Negev: Archäologisches Lexikon zur Bibel, 1972, 241–243.

R.R.

MESCHA.

1. König von Moab, Nachfolger seines Vaters, der 30 Jahre lang regiert hatte und den Gott *Kemosch verehrte (Meschastein, 2-3 i.AOT, 51ff). Er fiel nach *Ahabs Tod von Israel ab (2Kön 1,1; 3,5). Da eine Invasion in sein Gebiet durch Juda, Israel und Edom scheiterte, mag sein Abfall ca. 853 v.Chr. erfolgt sein, als Ahab und Israel Assyrien angriffen. Einzelheiten seiner Herrschaft auf dem *Meschastein berichten von seinem Städtebau und der Regulierung der Wasserversorgung. Sein Aufstand mag ein Versuch gewesen sein, direkte Kontrolle über den beträchtlichen Wollhandel mit Tyrus zu gewinnen (2Kön 3,4f; POTT, S. 235.275).

2. Kalebs ältester Sohn (1Chr 2,42).

3. Ein Benjaminiter, der in Moab geboren wurde, ein Sohn Schaharajims und der Hodesch (1Chr 8,9).

D.J.W.

MESCHA-STELE. Eine Inschrift auf einer schwarzen Basaltstele, die *Mescha, der König von *Moab, in *Dibon aufrichten ließ, um die Erinnerung an seinen Aufstand gegen Israel und den nachfolgenden Wiederaufbau einer Reihe wichtiger Städte der Nachwelt zu erhalten (2Kön 3,4f).

Der Stein wurde am 19. August 1868 von F. Klein, einem deutschen Missionar, gefunden. Ein arab. Scheich namens Zattam zeigte ihm eine Platte mit einer Inschrift, etwa 110 cm hoch, 60 cm breit und 6 cm dick. Sie war oben abgerundet und enthielt 34 Schriftzeilen. Klein schrieb einige Worte ab und unterrichtete Dr. Petermann, den deutschen Konsul, von diesem Fund. Dieser begann Verhandlungen, um die Inschrift für Berlin zu erwerben. Gleichzeitig versuchte auch C.S. Clermont-Ganneau vom französischen Konsulat, sie für Paris zu erwerben. Er sandte unabhängige Boten, um einen Abklatsch der Inschrift zu erhalten, aber als ein Streit entstand, flohen die Boten mit dem in mehrere Teile zerbrochenen Abklatsch. Die Beduinen, die den Wert des Steines erkannt hatten, versuchten, den Preis in die Höhe zu treiben. Als türkische Beamte sich einmischten, entzündeten die Beduinen ein Feuer unter dem Stein und gossen Wasser über ihn, daß er zersprang. Die Bruchstücke nahmen sie als Glücksbringer für ihre Getreideernte mit. Clermont-Ganneau fand später mehrere Teile wieder, machte neue Abdrücke und rekonstruierte den Stein schließlich im Louvre in Paris (s. IBA, S. 54). Von den geschätzten 1100 Buchstaben wurden 669 gerettet, aber der ursprüngliche Abdruck bewahrte, obwohl er etwas beschädigt war, den größten Teil der Geschichte.

Die Inschrift bezieht sich auf den Sieg des »Mescha, Sohn des *Kemosch, König von Moab«, dessen Vater 30 Jahre über Moab regiert hatte. Er erzählt, wie er das Joch Israels abwarf und seinen Gott *Kemosch ehrte, indem er ihm zum Dank ein Höhenheiligtum in Qericho *(QRCHH)* baute. Der Bericht fährt dann fort: »Omri war König über Israel und hatte Moab lange Zeit gedemütigt, denn Kamosch war erzürnt über sein Land. Und sein Sohn folgte ihm, und auch er sprach: 'Ich werde Moab demütigen.' Noch in meinen Tagen sprach er so, aber ich sah meine Lust an ihm und seinem Hause. Und 'Israel ist dahin, dahin für immer!' Omri hatte sich des ganzen Landes von Madeba bemächtigt, und [Israel] wohnte darin während seiner Regierungszeit und des Abschnittes der Regierungszeit seiner Söhne – vierzig Jahre, aber während meiner Regierungszeit wohnte Kamosch darin.« Dies stimmt chronologisch überein mit 2Kön 1,1 und 3,5.

Die Mescha Stele erinnert an den Aufstand Meschas, des Königs von Moab, gegen Israel (vgl. 2Kön 3,5–27) und beschreibt seinen Wiederaufbau mehrerer Städte, darunter Aroër, Medeba, Qarhoh, mit Hilfe israelitischer Sklavenarbeit. Schwarzer Basalt, Höhe 1 m, Breite 0,60 m, ca. 830 v.Chr. (MC)

Der Bericht auf dem Stein fährt ort mit dem Wiederaufbau von Baal-Meon, Qirjaton, Qericho, Aroër, Ba-not-Baal, Bezer, Medeba, Bet Diblaajim, Bet-Baal-Meon. Atarot, die tadt, die der König von Israel für ich gebaut hatte, wurde eingenommen, seine Einwohner wurden vernichtet, und der Altar Jahwes vor amosch in Qerejoth geschleppt. Neo wurde eingenommen und 7000 ewohner der (zweigeschlechtlichen?) ottheit Aschtar-Kamosch geopfert. haz, vom König Israels erbaut und ine Basis während des Feldzuges, urde eingenommen und Dibon angegliedert.

Mescha berichtet von den Staubeken und Zisternen, den Mauern, Ton, Türmen und dem Königspalast, e israelit. Fronarbeiter in Qericho richten mußten, ebenso mit einer traße im Arnontal.

Die Bedeutung dieser Inschrift in sprachlicher, rel. und historischer Hinsicht liegt in ihrer engen Verwandtschaft mit dem AT. Die Sprache kommt dem Hebr. sehr nahe. Kamosch/Kemosch, der Gott Moabs, und Jahwe, der Gott Israels, werden erwähnt. Wir erhalten einen interessanten Einblick in den moabitischen Glauben, der in einigen Dingen dem Israels ähnlich war. Kamosch kann seinem Volk zürnen, ihm vergeben, es an seine Feinde ausliefern und schließlich retten. Er kann Mescha Befehle erteilen in Worten, die auch Jahwe gegenüber seinen Dienern gebrauchte. Der Ritus des *Bannes und die Heiligtümer auf Höhen erscheinen hier wie auch im AT. Obwohl die Echtheit des Steins gelegentlich in Frage gestellt wurde, gibt es dafür keine hinreichenden Argumente. Er muß auf das Ende von Meschas Regierungszeit, ca. 840 v.Chr., datiert werden.

Literatur W.F. Albright: ANET, S. 320f: BASOR 89/1943, S. 16; F.I. Andersen: ›Moabite Syntax‹, Orientalia 35/1966, S. 81-120; G.A. Cooke: A Text-Book of North-Emitic Inscriptions, 1903, S. 1-14; H. Donner und W. Röllig: Kanaanäische und aramäische Inschriften, I, 1962; S.R. Driver: Notes on the Hebrew Text of the Books of Samuel, [2]1913; R. Dussaud: Les monuments palestiniens et judaique, 1912, S. 4-22; E. Ullendorff in DOTT; A.H. van Zyl: The Moabites, 1960; J.R. Bartlett, POTT, S. 229-258. J.A.T.

MESCHECH. (MT: *mäschäk;* LXX: *Mosoch*). Einer der Söhne *Jafets (1Mo 10,2; 1Chr 1,5), der hier und anderswo mit Tubal in Zusammenhang gebracht wird. 1Mo 10,23 und 1Chr 1,17 nennen ihn unter dem Na-

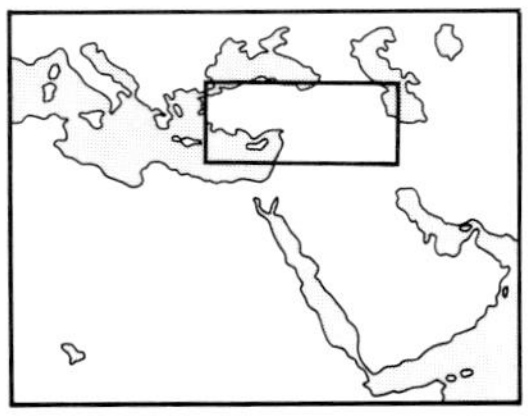

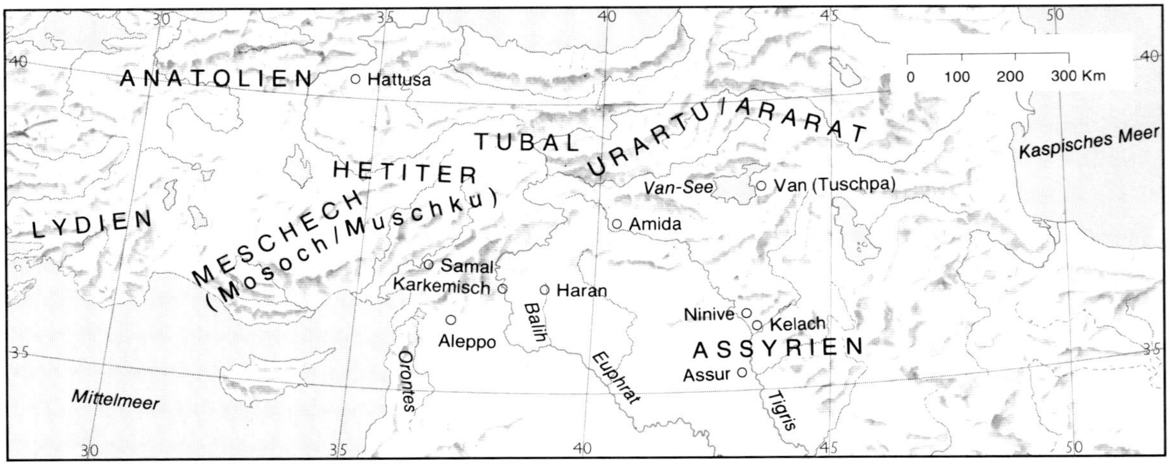

Die Lage von Meschech.

Das Gebiet von Mesopotamien.

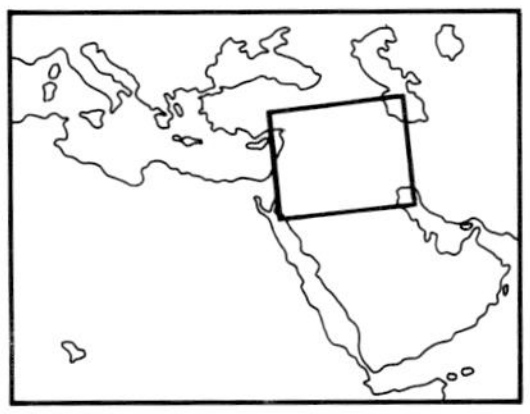

men »Masch« als einen Nachkommen *Sems und *Arams.

Von den Nachkommen M.s wird später gesagt, daß sie Sklaven und Kupfer exportierten (Hes 27,13). Sie sollen ein kriegerisches, barbarisches Volk gewesen sein, das Israel von N her bedrohte (Hes 32,26; 38,2.3; 39,1; s.a. Ps 120,5). Die enge Verbindung mit dem Namen Tubal legt nahe, sie mit dem Volk gleichzusetzen, das oft zusammen als Tabāl und Muschku

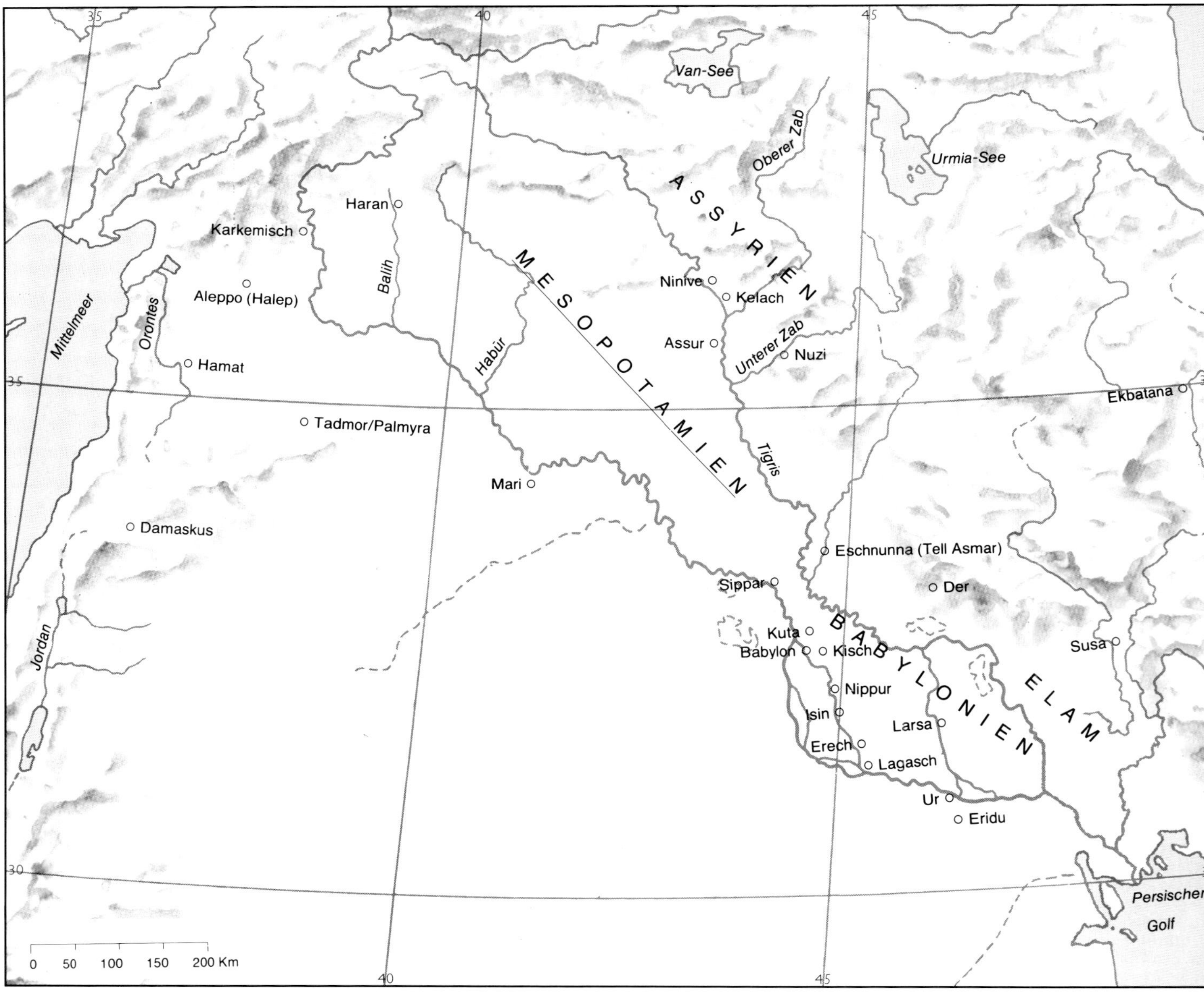

Der Lauf des Euphrat durch Ost-Syrien, einen Teil Mesopotamiens. (MEPhA)

oder Musku in assyr. Inschriften erscheint, und das Herodot als Tibarēnoi und Moschoi bezeichnet. Von den *muschka-a-ia* ist in den Annalen Tiglatpilesars I. (ca. 1100 v.Chr.) die Rede, daß sie im N eine Armee von 20000 Mann aufstellten. Es ist möglich, daß sie schon ein Jh. früher im Gebiet südöstl. des Schwarzen Meeres waren, da hetitische Texte einen Mitas in diesem Gebiet erwähnen; dieser Name ist dem eines Königs der Muschki im 8. Jh. ähnlich. In den Annalen Tukulti-Ninurtas II. und Assurnasirpals II. im 9. Jh. und Sargons im 8. Jh.v.Chr. werden sie ebenfalls erwähnt. Letzterer gibt den Namen ihres Herrschers mit *mi-ta-a* an; einige Gelehrte schlagen vor, ihn mit Midas von Phrygien zu identifizieren, dessen Königreich in Kleinasien dem der *Hetiter folgte; demnach würden die Muschki den Phrygern entsprechen. Der Name Muschku kommt in den achämenidischen Inschriften nicht vor, aber Herodot sagt von den Moschoi, daß sie zur 19. Satrapie des Darius gehörten (3.94) und ein Kontingent in Xerxes' Armee bildeten (7.78). Diese Information führt zu dem Schluß, daß der Name M. sich auf ein Volk aus dem indoeuropäischen Sprachraum bezieht, das, aus der Steppe im N kommend, in den Vorderen Orient eindrang und die in O-Anatolien ansässige Bevölkerung unter seine Herrschaft brachte.

Literatur: R.D. Barnett: CAH, 1975, S. 417-442; S. Parpola: Neo Assyrian Toponyms, 1970, S. 242f; J.N. Postgate: Iraq 35, 1973, S. 21-34. T.C.M.

MESOPOTAMIEN. (Griech. *hē Mesopotamia*, »Land zwischen den Strömen«, hebr. *ᵃram nahᵃrajim*). M. bezeichnet das fruchtbare Land östl. des Orontes, am oberen und mittleren Euphrat gelegen, sowie die Gebiete, die vom Habur und Tigris bewässert wurden, heute O-Syrien und N-Irak. M. schließt *Haran ein (wohin Abraham zog, nachdem er Ur in Babylon verlassen hatte; 1Mo 11,31) und die umgebenden Stadtgebiete, in denen *Eliëser nach einer Frau für *Isaak suchte (1Mo 24,10). Aus M. stammte *Bileam, der Sohn Beors (5Mo 23,4); Kuschan-Rischatajim regierte dort und unterdrückte Israel (Ri 3,8-10). M. unterstützte mit Wagenlenkern und Reitern Davids ammonitische Gegner (1Chr 19,6). Dies stützt die Annahme, daß das Gebiet von den pferdezüchtenden indogermanischen Völkern der Mitanni und *Horiter/Hurriter im 2. Jt.v.Chr. besetzt worden ist.

Nach dem 4. Jh.v.Chr. dehnten griech. und röm. Geschichtsschreiber den Begriff »Mesopotamien« auf das ganze Tigris-Euphrat-Tal aus, was dem heutigen Staat Irak entspricht. So nennt *Stephanus Abrahams ursprüngliche Heimat Ur in Babylonien »Mesopotamien. . . ehe er in Haran wohnte« (Apg 7,2). Die Zusammenfassung von Bewohnern M.s mit Parthern, Medern und Elamitern (Apg 2,9) könnte darauf hindeuten, daß Diasporajuden aus Babylonien in Jerusalem waren, um Petrus zu hören. So folgt das NT der geographisch weiter gefaßten Bezeichnung, die auch die moderne Forschung teilweise beibehalten hat.

S.a. *Aram, *Syrien, *Assyrien und *Babylonien.

Literatur J.J. Finkelstein: JNES 21, 1962, S. 73-92; HdArch; S. Lloyd: Die Archäologie Mesopotamiens, 1981. D.J.W.

MESSEN.

1\. M. bedeutet die Feststellung einer Länge, eines Umfangs oder eines Gewichtes (vgl. *Maße und Gewichte). Es wird in der Bibel hauptsächlich gebraucht für die Längen- und Raumbegrenzung von Gebäuden (vgl. Hes 40,5) oder Stadtgebieten (vgl. Sach 2,5f). Man mißt mit einem Holz-

oder Rohrstab (Meßrute, Hes 40,5) oder mit der Meßschnur (Jes 34,11; Jer 31,29; Hes 47,3; Sach 1,16), die auch Bleilot (Jes 34,11; Am 7,7; RevEB: Senkblei) genannt wird. Die Schnur legt die Begrenzung fest (Jer 31,29), und ihr Anlegen kennzeichnet den Beginn eines Baus (Sach 1,16).

2. Im übertragenen Sinne wird M. vielfach als Bild für das Handeln Gottes gebraucht. In Offb 11,1 bedeutet das Abmessen die Kennzeichnung eines geschützten Raumes; in der Regel allerdings bedeutet Gottes M. die Verurteilung zum *Gericht, d.h. zur Zerstörung und Verwüstung einer Stadt oder eines Landes (vgl. Jes 34,11; 2Kön 21,13; Klgl 2,8). Gottes Maßstab ist dabei sein Recht und Wille (Jes 28,17); was diesen nicht entspricht, verfällt dem Gericht. Für Gottes Größe, ja selbst für das Werk seiner Schöpfung, fehlt dem Menschen der Maßstab (Hiob 38,5; Jes 40,12; 46,5). Und ebensowenig wie der Mensch jemals den Himmel ausmessen kann, hat die Barmherzigkeit Gottes für sein Volk je ein Ende (Jer 31,35-37).

3. Der Mensch soll sich und seine Mitmenschen an dem von Gott gesetzten Maßstab, nicht aber an seinen selbstgemachten Idealen messen (2Kor 10,12). Gott beurteilt uns, wie wir den andern beurteilen (Mt 7,2a). Wo wir aber geben und dem anderen zumessen, was er braucht, wird Gott uns in noch reicherem Maße schenken, was wir nötig haben (Lk 6,38; Mt 7,2b).

MESSER
s. Waffen und Geräte

MESSIAS.

A. Im Alten Testament.

Dieser als offizieller Titel für die zentrale Gestalt der Erwartung benutzte Ausdruck wurde als Begriff im wesentlichen vom späten *Judentum geprägt. Sein Gebrauch ist vom NT her legitimiert, der Begriff selbst findet sich im AT jedoch nur zweimal (Dan 9,25-26).

Der Gedanke der *Salbung und des Gesalbten ist im AT fest verankert. Ein Beispiel, das der atl. Auslegung manchmal Schwierigkeiten bereitet hat, ist eigentlich besonders hilfreich, um den Begriff zu erklären. In Jes 45,1 wird der Perser *Kores/Kyrus als »sein (d.h. Jahwes) Gesalbter (*mesiho*)« bezeichnet. Hier begegnen fünf Merkmale, die im Lichte der übrigen Schrift für bestimmte Hauptlinien des atl. Messianismus kennzeichnend sind. Kores ist ein von Gott auserwählter Mann (Jes 41,25), zu einem Erlösungsauftrag am Volk Gottes (Jes 45,11-13) und zum Richteramt über dessen Feinde bestimmt (Jes 47). Ihm ist die Herrschaft über die Nationen gegeben (Jes 45,1-3), und in seinem ganzen Wirken ist Jahwe selbst der eigentlich Handelnde (Jes 45,1-7). Die Tatsache, daß Kores als Gesalbter gelten kann, zeigt, daß es auch einen – wenn man so will – »säkularen« Gebrauch der messianischen Terminologie gibt (vgl. die »Salbung« *Hasaëls, 1Kön 19,15, und die Bezeichnung *Nebukadnezars als »mein Knecht«, Jer 25,9). Es könnte keine bessere Zusammenfassung der atl. Anschauung von einem »Gesalbten« geben; darüber hinaus ist deutlich, daß diese fünf Punkte in ganz besonderer Weise für Jesus Christus zutreffen, der sich selbst als die Erfüllung der atl. messianischen Erwartungen verstanden hat. Aufgrund dessen ist es für unsere Darstellung das beste und einfachste Verfahren, den Begriff »messianisch« auf alle jene Weissagungen anzuwenden, bei denen eine bestimmte Person als Erlösergestalt im Mittelpunkt steht. Wie alt ist nun die messianische Erwartung? Häufig vertreten wird bei der Erörterung dieser Frage der von S. Mowinckel aufgestellte Grundsatz, der Messias sei eine eschatologische Gestalt im strengen Sinn des Wortes: nicht nur eine Gestalt zukünftiger Hoffnung, sondern ganz betont den »letzten Tagen« zuzuordnen. Da alle richtig bestimmten eschatologischen Texte auf den Niedergang der davidischen Monarchie als auf ein Ereignis der vergangenen Geschichte zurückblickten, müsse demgemäß der Messias der nachexilischen Zeit angehören und sei als Gegenstand einer Weissagung in vorexilischen Schriften nicht zu finden. Scheinbar messianische Texte aus der Königszeit seien einfach als Lobpreis für den regierenden König zu verstehen und besäßen keine messianische, d.h. eschatologische Bedeutung. Eine spätere Redaktion, so wird behauptet, mag sie messianisch gedeutet haben, und spätere messianisch orientierte Verfasser mögen manche ihrer Vorstellungen daraus bezogen haben; für sich genommen und sachgemäß betrachtet, seien sie jedoch nicht messianisch.

Dagegen wird (z.B. von Knight) mit guten Gründen geltend gemacht, es sei kaum anzunehmen, daß die uns aus den Königsbüchern bekannten Monarchen im Ernst auf solche Weise gepriesen oder mit solchen Begriffen bedacht wurden, wie sie etwa in den Königspsalmen begegnen. Wir müssen dieser strittigen Frage sogleich genauer nachgehen, müssen uns aber zunächst mit der Feststellung begnügen, daß solche Schriftabschnitte auf eine Vorstellung vom israelit. Königtum als solchem hindeuten und auf eine Erwartung, die das königliche Amt selbst betraf. Auch wenn Mowinckel mit Recht betont hat, der Messias müsse eine eschatologische Gestalt sein, so würden ihm doch keineswegs alle Alttestamentler darin zustimmen, daß Eschatologie nachexilisch sein müsse (vgl. z.B. Vriezen). Vielmehr darf man sicherlich fragen, ob er den Begriff der Eschatologie nicht zu eng gefaßt hat. Wenn er z.B. die Bezeichnung »eschatologisch« jeder Schriftstelle abspricht, die das Übrigbleiben und Überleben eines »Restes« nach dem göttlichen Eingreifen schildert, dann muß man - als logische Konsequenz daraus – auch verneinen, daß Jesus Christus eine eschatologische Gestalt sei, und damit der bibl. Sicht von den »letzten Tagen« widersprechen (z.B. Hebr 1,2; 1Joh 2,18). Es ist weit angemessener, den Messias als eine »teleologische Gestalt« zu bestimmen. Einmalig war die in Israel herrschende Auffassung von einem Plan im Weltablauf. Dieses Bewußtsein besaßen die Israeliten von Anbeginn (vgl. 1Mo 12,1-3), und dies machte sie zu den einzig wahren Historikern der damaligen Welt.

Die spezifische Verknüpfung dieser Hoffnung mit einer königlichen Gestalt der Zukunft hängt keineswegs mit dem historischen Niedergang des Königtums zusammen. Denn die davidische Dynastie war von Anfang an ein Fehlschlag, und die Erwartung, ja Sehnsucht nach einem königlichen Messias braucht nicht später als in der salomonischen Zeit entstanden zu sein. Wir werden daher so vorgehen, daß wir im AT nach einer »Erlösergestalt« suchen. Indem wir unsere Untersuchung mit der israelit. Teleologie anstatt mit einem enggefaßten Eschatologiebegriff verbinden, werden wir gute Gründe für die Annahme finden, daß eine solche Hoffnung recht früh von dem erwählten Volk gehegt wurde und ihren Anfang bereits mit dem berühmten »Protevangelium« (1Mo 3,15) nahm.

I. DER MESSIAS ALS ANTITYPUS GROSSER GESCHICHTLICHER GESTALTEN.

Israels teleologische Sicht des irdischen Weltablaufs wurzelte in der Erkenntnis des einzigartigen Gottes, der sich ihm offenbart hatte. Die Treue und Beständigkeit seines Gottes gab ihm einen Schlüssel für die Zukunft, sofern es für den Glauben notwendig war, kommende Dinge wahrzunehmen. Gott hatte »typisch« und charakteristisch in bestimmten Persönlichkeiten und Ereignissen der Vergangenheit gehandelt, und da Gott sich nicht ändert, handelt er auch in Zukunft so. Drei dieser Gestalten der Vergangenheit wurden ganz besonders mit dem messianischen Gedanken verbunden: Adam, Mose und David.

1. Der Messias und Adam.

Es gibt einige Merkmale der messianischen Zukunft, die sehr deutlich an paradiesische Zustände erinnern: zweckmäßigerweise seien sie zusammengefaßt unter den beiden Stichworten Wohlstand (Am 9,13; Jes 4,2; 32,15.20; 55,13; Ps 72,16) und Frieden (Harmonie in der Welt der lebendigen Kreaturen, Jes 11,6-9, und der Welt menschlicher Beziehungen, Jes 32,1-8). Betrachtet man den Sündenfall in seiner Auswirkung lediglich auf diese Welt, so sind es gerade diese Dinge, die durch den Fluch Gottes verlorengingen. Wenn der Fluch aufgehoben wird und der »Mensch Gottes« alle Dinge wiederherstellt, treten wieder »paradiesische« Zustände ein. Dies ist nicht nur »Wunschdenken«, sondern eine logische und angemesse ne Weiterführung der Lehre von der Schöpfung durch einen heiligen Gott. Alle oben genannten Schriftstellen betreffen den messianischen König und das Wesen seiner Herrschaft und seines Königtums. Hier ereignet sich die wirkliche Wiederkehr des ersten Menschen, der die »Herrschaft« über die übrige Schöpfung hatte (1Mo 1,28; 2,19-20), jedoch fiel, als er sich seine Herrschaft nehmen ließ (vgl. 1Mo 3,13). Die Herrschaft wird im Messias wiederhergestellt werden. Man darf offen zugeben, daß der Gedanke des Messias als eines neuen *Adam weder ausführlich noch besonders deutlich entfaltet ist, »es ist jedoch nicht unwahrscheinlich, daß wir Hinweise dafür haben, daß die Königsideologie manchmal durch die Vorstellung eines Paradies-Königs beeinflußt worden ist« (Mowinckel). Die Lehre des NT über den »zweiten Adam« hat in den angeführten Stellen deutlich eine atl. Wurzel.

2. Der Messias und Mose.

Es überrascht nicht, daß der *Auszug aus Ägypten und die Gestalt des Mose das Denken Israels so geprägt haben, daß auch die Zukunft nach diesem Vorbild gesehen wurde. In der Art, wie dieses Ereignis aufgezeichnet und den nachfolgenden Generationen des Volkes überliefert wurde, stellte das Muster des ersten Exodus eine ewiggültige Offenbarung Gottes dar (2Mo 3,15). Der Gedanke eines zweiten Exodus begegnet nicht immer in spezifisch messianischem Kontext. Manchmal wird betont, Gott werde das, was er beim Exodus getan hat, wieder tun, nur in einer noch großartigeren Weise; doch wird dabei nicht irgendein Mensch erwähnt, durch den Gott so handeln werde wie er einstmals durch Mose gewirkt hat (z.B. Hos 2,16-25; Jer 31,31-34; Hes 20,33-44 - beachte »König« in V. 33 (RevEB); möglicherweise wird Mose in 5Mo 33,5 als »König« bezeichnet). Manchmal jedoch ist die Voraussage des zweiten Exodus messianisch, z.B. Jes 51,9-11; 52,12; Jer 23,5-8. Auch hier muß man so ehrlich sein, darauf hinzuweisen, daß der messianische Bezug allenfalls durch Schlußfolgerung in Sicht kommt. Was Mose betrifft, so können wir die Untersuchung jedoch einen Schritt weiterführen; denn in 5Mo 18,15-19 haben wir seine eigene Prophetie vorliegen, daß der Herr einen Propheten »wie mich« erwecken werde.

Im allg. neigten die Ausleger dieses Abschnittes dazu, ausschließlich den einen oder den anderen Standpunkt zu befürworten: entweder den, daß hier der Messias vorhergesagt sei, oder jenen, daß hier lediglich versichert werde, Gott wolle für eine kontinuierliche Reihe von Propheten sorgen. In neueren Studien wird hauptsächlich die letztere Ansicht vertreten, obwohl gelegentlich auch eine messianische Bedeutung – wenn auch erst in zweiter Linie – in Betracht gezogen wird. Der Text selbst jedoch scheint beide Auslegungen zu fordern, denn manchen der in ihm enthaltenen Elemente wird nur die Reihe von Propheten, anderen hingegen nur der Messias gerecht.

Der Kontext erschwert die messianische Auslegung erheblich. Mose warnt seine Hörer eindringlich vor den kanaan. Greueln und erinnert dabei besonders an mantische Praktiken zur Erforschung der Zukunft. Diese Warnung wird durch die Vorhersage des »Propheten wie Mose« unterstützt. Dies, sagt Mose, ist Israels Alternative zur Wahrsagerei; die Lebenden sollen nicht die Toten befragen, denn der Gott Israels wird zu seinem Volk durch einen zu diesem Zweck berufenen Mann sprechen. Das scheint eine Zusicherung kontinuierlicher Offenbarung zu sein; die Ankündigung eines noch weit entfernten Messias würde dem Bedürfnis nach Leitung, von dem Mose spricht, nicht abhelfen.

Zudem können 3Mo 18,21f mit dem dort gegebenen Kriterium zur Beurteilung von Propheten als Vorwegnahme der Situation angesehen werden, welche oftmals in den Tagen der bibl. Propheten eintrat und Jeremia solche Seelenqual bereitete (Jer 23,9ff). Diese Überlegung ist jedoch nicht von gleichem Gewicht wie die vorhergehende; denn es wäre durchaus nicht unangemessen, auch für den Messias ein Kriterium anzugeben. Ein falscher Messias ist ja genauso gut möglich wie ein falscher Prophet. Tatsächlich stützte Jesus selber seinen Anspruch auf die Übereinstimmung zwischen seinen Worten und Taten, und seine jüd. Gegner bestanden immer wieder auf einem unzweideutigen messianischen Zeichen.

Wenn wir die Worte Moses als Vorhersage einer Reihe von Propheten verstehen, gingen sie natürlich in reichem Maße in Erfüllung. Jeder wahre Prophet war »wie Mose«, denn er lebte, um die Tora Moses zu lehren. Sowohl Jeremia (Jer 23,9ff) als auch Hesekiel (Hes 13,1-14,11) unterscheiden den wahren vom falschen Propheten nach dem Inhalt seiner Botschaft; der wahre Prophet hat ein Wort gegen die Sünde zu sagen, der falsche nicht. Das bedeutet schlicht, daß die Theologie der wahren *Prophetie vom Sinai herkommt. Diese Wahrheit wird auch im 5. Buch Mose gelehrt; denn die Frage der falschen Prophetie wird in Kap. 13 aufgeworfen, und dort wird genau das verlangt, daß jeder Prophet an der Exodus-Offenbarung (V. 6.11) und an der Lehre Moses gemessen wird (V. 19). Mose ist der normative Prophet; so ist jeder wahre Prophet als solcher schon ein Prophet »wie Mose«. Jedoch hat die Auslegung dieses Abschnitts noch eine andere Seite. Nach 5Mo 34,10 ist Mose einzigartig und bisher ohnegleichen. Wie man auch immer das 5. Buch Mose datieren mag - jedenfalls deutet dieser Vers darauf hin, daß 5Mo 18,15ff messianisch zu verstehen sei. Denn ob nun das Buch so jung ist, wie manche annehmen, oder ob 5Mo 34,10 den späteren Kommentar eines Herausgebers darstellt – hier wird uns mitgeteilt, daß weder ein einzelner Prophet noch die Propheten in ihrer Gesamtheit die Weissagung von 5Mo 18,15ff bis dahin erfüllt haben.

Ferner: Wenden wir uns dem Abschnitt selbst zu, so sollten wir dem sehr präzisen Wortlaut des Vergleichs mit Mose besondere Aufmerksamkeit schenken. Die Worte besagen nicht etwa in allg. und unbestimmter Weise, daß irgendein Prophet »wie Mose« aufstehen werde, sondern genauer: ein Prophet, der im Blick auf seine Person und sein Werk mit Mose am Horeb verglichen werden kann (5Mo 18,16). Und diesem Vergleich hielt keiner der atl. Propheten stand. Mose war am Horeb der *Mittler des Bundes; die Propheten waren Verkündiger des Bundes und Ankündiger seiner Erneuerung. Mose war Urheber, die Propheten dagegen waren Verbreiter und Verfechter des Toragehorsams. Mit Mose trat Israels Glaube in ein neues Zeitalter ein, die Propheten kämpften für die Aufrichtung und Erhaltung dieses Zeitalters und bereiteten den Weg für das nächste, auf das sie vorausblickten. Die exakte Forderung von 5Mo 18,15-16 kann daher nur vom Messias erfüllt werden.

Wie können aber nun diese beiden Auslegungen miteinander in Einklang gebracht werden? Wir stellten zuvor fest, daß Israels fortdauerndes Angewiesensein auf die Stimme Gottes nicht durch einen weit entfernten Messias befriedigt werden könne. Dabei redeten wir jedoch so, als habe die Information des 20. Jh. den alten Israeliten zur Verfügung gestanden. Der Abschnitt kündigt gewiß den Propheten-Messias an, sagt aber nichts davon, daß dieser noch »weit entfernt« sei. Erst der tatsächliche Ablauf der Zeit konnte das erweisen. Dies ist also die Lösung, die beide Auslegungen vereint: Für die Propheten in Israel traf genau dasselbe zu, was für seine Könige galt (vgl. weiter unten). Die Reihe der Könige setzte sich fort im Schatten der Verheißung des »einen großen kommenden Königs«. Jeder neue König wurde daher mit bewußt messianischen Worten begrüßt; dies sollte ihn an seine Berufung zu einem besonderen Königtum erinnern und zugleich der nationalen Hoffnung Ausdruck geben, daß endlich der Messias gekommen sein könnte. Genauso verhält es sich mit den Propheten. Auch sie stehen unter dem Schatten der Verheißung, auch sie haben eine ganz bestimmte Erwartung zu erfüllen. Jeder König muß nach seinem besten Vermögen wie der König der Vergangenheit (David) sein, bis der Eine kommt, der den Typus Davids neu darzustellen und der König der Zukunft zu sein vermag. So muß auch jeder Prophet nach seinem besten Vermögen wie der Prophet der Vergangenheit (Mose) sein, bis der Eine kommt, der den Typus Moses neu darzustellen und der Prophet, Gesetzgeber und Mittler des zukünftigen, neuen Bundes zu sein vermag

3. Der Messias und David.

Vom sterbenden Jakob wird überliefert, er habe von der Zukunft seiner Söhne geweissagt (und wir haben keinen Anlaß, ihm diese Prophezeiung abzusprechen). Mit Recht hat dabei die Prophetie über Juda (1Mo 49,9-12) stets große Beachtung gefunden. Die Diskussion konzentriert sich zwangsläufig auf die Bedeutung der Wendung *'ad kī jabo' schīloh* (V. 10). Hes 21,32 scheint die Deutung nahezulegen: »bis der kommt, der das Recht hat«; dies ist sicherlich die angemessenste Lösung des Problems. In neuerer Zeit wurde auch der Standpunkt vertreten, hier liege ein akkad. Lehnwort mit der Bedeutung »sein (d.h. Judas) Herrscher« vor. Auf jeden Fall wird die Herrschaft über die Stämme Juda übertragen, und ein besonders herausragender judäischer Regent wird als die Vollendung der Oberherrschaft vorhergesehen. In einem ersten und zugleich normativen Sinn erfüllte sich dies in David von Juda, mit dem alle nachfolgenden Könige verglichen wurden – ob sie nun gut oder schlecht dabei abschnitten (z.B. 1Kön 11,4.5; 14,8; 15,3.11-14; 2Kön 18,3; 22,2). Aber auch wenn man erkannt hat, daß David tatsächlich als der normative König galt, hat man damit noch lange nicht erklärt, warum er auch der Typus des kommenden Königs sein sollte.

Die Nathanweissagung (2Sam 7, 12-16) muß nicht unbedingt durch einen einzelnen König erfüllt werden; sie sagt dem David vielmehr voraus, sein Haus (Dynastie), Königtum und Thron würden Bestand haben. Wir müssen annehmen, daß die Zeit Davids angesichts der Mißstände und des Niedergangs, die schon in den späteren Regierungsjahren Salomos einsetzten, in der Erinnerung Israels immer heller zu leuchten begann, und daß die Hoffnung sich deshalb auf einen zukünftigen »David« richtete (z.B. Hes 34,23). Diese Erwartung spricht vor allem aus zwei Gruppen atl. Texte:

a. Aus den Psalmen. Es gibt einige Psalmen, die speziell vom König handeln und ein sehr genaues Bild von dessen Persönlichkeit und Amt zeichnen. Wir fassen zusammen: Dieser König wird von der Welt bekämpft (Ps 2,1-3; 110,1); durch seine Siege jedoch (Ps 45,4-6; 89,23-24) und durch das Eingreifen Jahwes (Ps 2,6.8; 18,47-51; 21,2-14; 110,1-2) richtet er eine Weltherrschaft auf (Ps 2,8-12; 18,44-46; 45,17-18; 72,8-11; 89,26; 110,5-6), die auf den Zion gegründet (Ps 2,6) und durch den Eifer für Gerechtigkeit gekennzeichnet ist (Ps 45, 5.7f; 72,2f.7; 101,1-8). Seine Herrschaft währt ewig (Ps 21,5; 45,7; 72,5); sein königliches Regiment ist mit Frieden (Ps 72,7) und Wohlstand gesegnet (72,16) und weicht nicht von der Verehrung Jahwes ab (Ps 72,18f). Er ist besonders ausgezeichnet unter den Menschen (Ps 45,3.8), ein Freund der Armen und ein Feind der Unterdrücker (Ps 72,2-4.12-14). Unter ihm blühen die Gerechten (Ps 7,27). Seiner wird ewig gedacht (Ps 45,18), er besitzt einen ewigen Namen (Ps 72,17) und ist Gegenstand unendlichen Dankes (Ps 72,15). Jahwe gegenüber ist er der Empfangende: er erhält dessen ewig währenden Segen (Ps 45,3). Er ist der Erbe des Davidbundes (Ps 89,29-38; 132,11-12) und des Priestertums Melchisedeks (Ps 110,4). Er gehört Jahwe an (Ps 89,19) und ist ihm ganz hingegeben (Ps 21, 2.8; 63,2-9.12). Er ist sein Sohn (Ps 2,7; 89,28), sitzend zu seiner Rechten (Ps 110,1) und selber von göttlicher Wesensart (Ps 45,7).

Die messianische Modellvorstellung, wie sie oben aus der Kores/Kyrus-Prophetie abgeleitet wurde, tritt hier deutlich zutage. Es ist undenkbar, daß man solche Vorstellung direkt mit der Person eines der Thronfolger Davids in Judäa verbinden konnte. Somit haben wir hier entweder die übertriebenste Lobhudelei vor uns, welche die Welt je gehört hat, oder aber den Ausdruck eines hohen Ideals.

Dazu muß noch gesagt werden, daß in Ps 45,7 dem König göttliche Würde zugeschrieben wird. Es gibt zweifellos Möglichkeiten, die Anrede des Königs als »Gott« in legitimer Weise zu umgehen (vgl. Johnson). Solche Interpretationen sind aber unnötig angesichts der an anderen Stellen des AT klar bezeugten Tatsache, daß ein göttlicher Messias erwartet wurde. Man kann nicht als Argument dagegen anführen, daß im 8. V. des Psalms, der sich immer noch an den König richtet, gesagt wird: »Gott, dein Gott«. Sicherlich sollen wir daraus schließen, daß ein Unterschied zwischen Gott und dem König besteht, auch wenn vom König als »Gott« gesprochen wird. Dies braucht aber nicht zu überraschen; denn genau dasselbe begegnet uns überall in der Messiaserwartung, wie wir sehen werden, und ebenfalls z.B. dort, wo der Engel des Herrn auftritt, der selber göttlich und doch zugleich von Gott verschieden ist.

b. Aus Jesaja 7-12 u.ö. Am längsten wird das Thema vom davidischen Messias bei Jes 1-37 durchgehalten, und insbesondere erscheint es dort in der selbständigen Einheit Kap. 7-12. Ab 734 v.Chr. zwang der Druck, den der erwachende Imperialismus Assyriens auf den Westen ausübte, alle Staaten Palästinas, für ihre Sicherheit zu sorgen. Aram und Israel (Ephraim) schlossen ein Bündnis zur gegenseitigen Verteidigung und suchten zusätzliche Verstärkung durch eine vereinigte palästin. Front. Als Juda sich offenbar von diesem syrisch-ephraimitischen Bündnis fernhielt, wurde Druck ausgeübt, um das Südreich zu besserer Einsicht zu zwingen. Es ist unnötig, den Verlauf der Ereignisse hier zu wiederholen (vgl. dazu 2Kön 15,37-16,20; 2Chr 28); vielmehr müssen wir unsere Aufmerksamkeit darauf richten, wie Jesaja die Lage beurteilte. Es ist klar erkennbar, daß er die Bedrohung als vorübergehend (Jes 7,7.16), den geschichtlichen Augenblick jedoch als entscheidend für die Zukunft des Volkes Gottes ansah. Sollte man angesichts dieser Bedrohung sich weigern, allein in Jahwe Sicherheit zu finden und sich durch irgendeinen politischen Pakt absichern wollen, so würde in den Augen der Propheten nicht allein der gegenwärtige König (Ahas), sondern die gesamte davidische Dynastie sich als glaubenslos erweisen. Sie hätte damit die Verheißungen und den Beistand ihres Gottes in entschiedener und unwiderruflicher Weise zurückgewiesen und das Verderben heraufbeschworen. Deshalb identifiziert Jesaja Ahas mit der gesamten Dynastie (Jes 7,2.13.17), fordert eine Politik des alleinigen Vertrauens auf Jahwe (Jes 7,4; »Hüte dich und bleibe stille«) und kündigt warnend an, daß die Frage des Glaubens die Zukunft der Dynastie und des Volkes entscheiden werde (Jes 7,9). In Jahwes Namen bietet er ein so gewaltiges Zeichen an, das praktisch zum Glauben zwingen müßte (Jes 7,10-11), und spricht, als dieses Angebot abgelehnt wird, von einem anderen Zeichen, Immanuel, an dem zu erkennen ist, daß die Hoffnung des Volkes durch den Triumph Assyriens zunichte gemacht wird (Jes 7,14ff).

Es liegt also eine Folgerichtigkeit in Jes 7,1-25. Da kommt ein Augenblick, wo der Glaube als entscheidender Faktor angeboten wird und jenseits dieses Angebotes nur das Gericht steht, das über den Unglauben kommt. Für Jesaja freilich werden dadurch ebenso viele Probleme geschaffen wie gelöst. Einerseits kann man sagen, der ungläubige Ahas werde durch sein mangelndes Gottvertrauen verurteilt und reiße die Dynastie und das Volk mit sich ins Verderben. Aber andererseits muß man fragen: Wie steht es mit den Verheißungen selbst? Nimmt Gott sein Wort zurück? Tritt die Verheißung eines davidischen Königs als solche außer Kraft, nur weil Ahas durch seinen Unglauben sie nicht für sich in Anspruch nimmt? Hängt Gottes messianischer Heilsplan so sehr an menschlichen Entscheidungen? Eben diesen Fragen widmet sich Jesaja in diesem Abschnitt seines Buches, und seine Gedanken dazu konzentrieren sich auf die Gestalt des Immanuel.

Wenden wir uns nun diesem Immanuel zu, so müssen wir zuerst beachten, was über dessen Geburt gesagt wird: die Geburt wird als ein »Zeichen« und die Gebärende als *'almā* beschrieben. Bei keiner dieser beiden Aussagen ist unumstritten, was Jesaja damit gemeint hat. Der Begriff »Zeichen« wird im AT für ein Überzeugungsmittel, das sofort eingesetzt wird (wie in Jes 7,11; vgl. 5Mo 13,2), und auch für eine Bestätigung, die erst in der Zukunft eintritt (z.B. 2Mo 3,12), gebraucht. In welchem Sinne ist nun Immanuel ein »Zeichen«? Was die Mutter des Immanuel betrifft, so steht die Mehrheit der Forscher auf dem Standpunkt, das Wort *'almā* meine eine junge Frau im heiratsfähigen Alter, die in diesem Fall – wegen ihrer Schwangerschaft – als verheiratet anzusehen sei; hätte Jesaja eine *virgo intacta* (Jungfrau) gemeint, so hätte er unbedingt ein anderes Wort, nämlich *betulā*, gebrauchen müssen. Dieser Sachverhalt ist jedoch noch nicht so weit geklärt, wie manche Ausleger suggerieren wollen. »Aus einem Überblick über außerbiblisches Belegmaterial können wir mit Sicherheit schließen, daß das Wort *ʿalmā*, soweit sich das überhaupt feststellen läßt, niemals für eine verheiratete Frau gebraucht wurde«, sagt E.J. Young (Studies in Jesaja, 1954, S. 170); und bei den acht anderen Stellen, an denen der Begriff in der Bibel benutzt ist, besteht in keinem Falle Grund dazu, einen verheirateten Stand anzunehmen. Die Abfolge in 1Mo 24,14.16.43 ist dabei besonders beachtenswert: Abrahams Diener betet um ein »Mädchen« (V. 14; *naʿarā*); als Rebekka kommt, bemerkt er, daß sie heiratsfähig, jedoch unverheiratet ist (V. 16; eine *betulā*, noch von keinem Mann erkannt); mit diesem Wissen im Hintergrund erzählt er, kurz zusammengefaßt, die ganze Geschichte der Familie Rebekkas und gebraucht dabei den Begriff *ʿalmā* (V. 43). Nebenbei muß auch gefragt werden, warum *betulā*, wenn es doch angeblich ein Spezialbegriff für »Jungfrau« ist, an manchen bedeutsamen Stellen präzisierender Beifügungen bedarf, wie etwa 1Mo 24,16 (vgl. 3Mo 21,3; Ri 11,39; 21,12). In der Tat kann man mit gutem Grund den Standpunkt vertreten, daß Jesaja *ʿalmā* gebrauchte, weil es im Hebr. das passendste Wort für *virgo intacta* ist, und daß Matthäus nicht leichtfertig handelte, als er die griech. Wiedergabe *parthenos* übernahm (Mt 1,23).

Zweitens stellt Jesaja Immanuel in den Kontext der Hoffnung Israels. Die Kap. 7-11 bilden eine zusammenhängende Einheit prophetischer Lehre, wobei sich Jes 7,1-9,6 auf das Südreich (Juda) und Jes 9,7-11,16 auf das Nordreich (Jakob; Jes 9,7) beziehen. In beiden Abschnitten folgen die gleichen vier Unter-Abschnitte aufeinander: der Augenblick der Entscheidung (Jes 7,1-17; 9,7-10,4), das Gericht (Jes 7,18-8,8; 10,5-15), der Rest (Jes 8,9-22; 10,16-34) und die herrliche Hoffnung (Jes 9,1-6; 11,1-16). Während diese Abfolge durchlaufen wird und der Zielpunkt schließlich klar in Sicht kommt, wird der wunderbar geborene Immanuel (der Besitzer: Jes 8,8; und die Sicherheit seines Volkes: Jes 8,10) zum königlichen Erlöser von Jes 9,1-6 und zum König der Gerechtigkeit von Jes 11,1-16. An beiden Stellen ist er ein Weltenherrscher (Jes 9,6; 11,10), und an beiden Stellen bleibt das seine Person umgebende Geheimnis bestehen. In Jes 9,5 ist der auf Davids Thron Sitzende (V 6) auch »mächtiger Gott« (»Gott-Held«) – angesichts des identischen Wortlauts in Jes 10,21, der sich ganz eindeutig auf Jahwe bezieht, ist es exegetisch sinnlos, hier entweder die Übersetzung zu verweigern oder die klare Bedeutung des Ausdrucks abzustreiten –, und in Jes 11,1.10 ist der, welcher aus dem Stamm Jesse entspringt, zugleich die Wurzel Jesse. Wir müssen versuchen, Immanuel und *mahēr-schālāl-chāsch-baz* zueinander in Beziehung zu setzen (Jes 8,1-4). Wir haben zuvor schon die Frage angesprochen, ob Immanuel als Wunderzeichen ein Überzeugungsmittel für die unmittelbare Gegenwart oder eine Beglaubigung, die erst in der Zukunft eintrifft, darstelle. Es sieht fast so aus, als ob die Folgerung aus Jes 7,15-17, daß er als Erbe der assyr. Verwüstung Judas geboren werde, dieses Problem löse. Jesaja scheint jedoch – mit einigem Nachdruck und Bedacht – die Aufgabe, ein unmittelbar gegenwärtiges Zeichen zu sein, auf seinen eigenen Sohn zu übertragen (Jes 8,1-4), und in den weiteren Aussagen der Kap. 8-9 zeigt sich ein deutlicher Gegensatz zwischen diesem schon bald erscheinenden Kind mit seinem vierfachen Unheilsnamen (Jes 8,1-4) und jenem, dessen Geburt »in späterer Zeit« (Jes 8,23) erfolgt und der einen vierfachen Herrlichkeitsnamen trägt (Jes 9,5). Hat Jesaja demnach seine Meinung über den Immanuel und die Zeit seiner Geburt geändert? Oder wie sollen wir sonst diese eigentümliche Spannung in den Aussagen verstehen?

Wir kommen wohl einer Lösung mit der Annahme am nächsten, daß Jesaja von Anfang an die Geburt des Immanuel als zukünftige Bestätigung der göttlichen Verwerfung des Ahas und der davidischen Dynastie – in der Art, wie sie durch ihn vertreten wurde – ansah: der große erwartete König würde als Abkomme des Ahas geboren werden, um einen leeren Titel, eine bedeutungslose Krone und ein unterworfenes Volk zu erben. Hätte Immanuel damals und dort zur Welt kommen müssen, so wäre dies der Fall gewesen. Wir wissen: als der Immanuel dann wirklich geboren wurde, war dies immer noch der Fall. Jesaja löst die Geburt des Immanuel behutsam aus der Gegenwart heraus und verlegt sie in eine undatierte Zukunft, indem er die Geburt seines eigenen Sohnes an ihre Stelle setzt und von dem offenen Datum der »späteren Zeit« (Jes 8,23) spricht.

II. ANDERE MESSIANISCHE GESTALTEN:

1. Der Knecht Gottes.

Jes 40-55 wird von der messianischen Beschreibung des Gottesknechtes beherrscht (Jes 42,1-4; 49,1-6; 50,4-9; 52,13-53,12). Der *Knecht Gottes ist Jahwes Auserwählter (Jes 42,1); er übt die königlichen Ämter der Rechtsprechung (*mischpat*, Jes 42,1.3f) und der Herrschaft aus (Jes 53,12), trägt vorwiegend die Kennzeichen eines Propheten (Jes 49,1-2; 50,4), verrichtet einen Dienst an den Heiden (Jes 42,1.4; 49,6b) und an Israel, ist die Zentralgestalt einer weltweiten Offenbarung (Jes 42,1.3-4) und Heilszuwendung (Jes 49,6) und unterwirft sich aus freiem Willen – nicht als Priester, sondern als Opfer – einem Tod, der in den Stellvertretungskategorien der levitischen Opfer beschrieben wird (Jes 53,4-6.8.10-12).

Das Verbindungsglied zwischen dem ersten Gottesknechtslied und seinem Kontext mag man in dem doppelten »Siehe« von Jes 41,29 und Jes 42,1 sehen. Der erstere V. ist der Höhepunkt von Jesajas Beschreibung der Verlorenheit der Heiden, der letztere die Vorstellung desjenigen, der *mischpat* zu den Heiden bringen wird. Sowohl im Blick auf die Schöpfung (Jes 40,12-31) als auch auf die Geschichte (Jes 41,1-29) ist der Gott Israels der einzige Gott. Dies stellt die Grundlage für ein Trostwort an Israel dar (Jes 40,1-11; 41,8-20), macht aber auch die bedrückende Not des größeren Teils der geschaffenen und geschichtlichen Welt deutlich (Jes 40, 18-20.25; 41,5-7.21-24.28-29). Der Gottesknecht ist von Gott dazu begabt, aus eben dieser Not herauszuhelfen (Jes 42,1b.3b.4).

Zwischen dem ersten und zweiten Gottesknechtslied findet ein bedeutsamer Gedankenfortschritt statt. Das erste Lied stellt nicht die Frage nach der Identität dieses Knechtes, sondern konzentriert sich auf seine Aufgaben. Aber kaum hat Jahwe diese Aufgaben als seinen Willen für seinen Knecht bestätigt (Jes 42,5-9) und sich zu deren Durchführung verpflichtet (Jes 42,10-17), da beginnt der Prophet, die bedrückende Not Israels zu enthüllen (Jes 42,18-25). Dieser bedeutsame Textabschnitt muß von jedem genau bedacht werden, der diesen zentralen Teil der jesajanischen Schriften verstehen will: das Volk Israel ist blind, taub (V. 18-19), versklavt (22), verurteilt wegen seiner Sünde (23-25a) und geistlich abgestumpft (25b). Aus der Abfolge der Texteinheiten erfahren wir also, daß der Gottesknecht nicht das Volk Israel sein kann. Jesajas Denken kreist jedoch nicht so sehr um die Identität des Gottesknechtes wie das unsrige; vielmehr fährt er fort (Jes 43, 1-44,23), in Form von Verheißungen anzuzeigen, daß sich Jahwe sowohl der politischen (Jes 43,1-21) als auch der geistlichen Nöte Israels (Jes 43, 22-44,23) annehmen werde. Sein Werkzeug im ersteren Fall ist Kores/Kyrus (Jes 44,24-48,22), durch den Babylon fällt (Jes 46,1-47,15) und Israel aus der Gefangenschaft freikommt (Jes 48,20-22).

Eines der Hauptthemen in Jes 48 ist die Sündhaftigkeit Israels (V. 1.4f. 7f.18.22). Zwei Dinge liegen also eng beieinander: die Freilassung aus Babylon und das Verharren in der Sünde. V. 22 ist ein passender Höhepunkt und eine nicht minder passende Überleitung zum zweiten Lied. Ein Wechsel des Aufenthaltsortes (von Babylon in die Heimat) bedeutet noch nicht eine Änderung des Herzens; das Volk mag in sein Land zurückgekehrt sein – zu Jahwe muß es erst noch zurückkehren. Was an geistlicher Erlösung verheißen wurde (Jes 43,22-44,23), soll von dem Gottesknecht erfüllt werden, der den Namen erhält, den sie verwirkt haben (Jes 49,3; vgl. 49,1), und der – ohne die Aufgabe zu verlieren, den Heiden das Heil zu bringen – auch die Aufgabe übernimmt, Jakob zu Jahwe zurückzuführen (Jes 49,5-8).

Das dritte Gottesknechtslied zeigt den Gottesknecht als den völlig Gehorsamen, der um seines Gehorsams willen leidet, und hebt in seinem Kontext den Knecht sogar von den Getreuen im Gottesvolk ab. Im Gegensatz zum verzagten (Jes 49,14-26) und verstummten Zion (Jes 50,1-3) redet der Gottesknecht zu Jahwe (Jes 50,4-5) aus fröhlichem, optimistischem Glauben (Jes 50,6-9) und wird so zum Vorbild aller, die Jahwe fürchten (Jes 50,10): ohne den Knecht Gottes bleibt der Mensch tatsächlich seinen eigenen Kräften zur Selbsterleuchtung überlassen und dem göttlichen Verdammungsurteil verfallen (Jes 50,11).

Das Gebot, aufzumerken (»Siehe«, Jes 52,13), ist der Höhepunkt einiger Ansprachen an die Getreuen (Jes 51, 1.4.7), die entweder als einzelne Personen gesehen oder als Jerusalem/ Zion versinnbildlicht werden (Jes 51, 17; 52,1). Jesaja unterscheidet somit weiterhin den Gottesknecht von dem glaubenden Rest, bis dieser Knecht schließlich in »unmißverständlich individuellen« Umrissen hervortritt (H.H. Rowley, The Servant of the Lord, 1965, S. 52): er triumphiert über die Völker (Jes 52, 13-15), wird verworfen (Jes 53,1-3), trägt die Sünden (Jes 53,4-6), erleidet als Unschuldiger freiwillig die Strafe für die Gesetzlosigkeit, ist dazu bestimmt, »sein Grab bei Gottlosen« zu haben und »bei Reichen, als er gestorben war« (Jes 53,7-9); doch kommt er wieder zum Leben, um die heilsame Frucht seines Sterbens weiterzugeben; er ist der würdige Empfänger der göttlichen Ehrung: »Ich will ihm die Vielen zur Beute geben, und er soll die Starken zum Raube haben« (Jes 53,10-12). In alledem ist auch die Universalität des Erlösungswerkes des Gottesknechtes nicht vergessen. Zunächst ergeht der Ruf an das unfruchtbare Zion (Jes 54,1-17), dem Friedensbund beizutreten (Jes 54,10) und Gerechtigkeit zu erben (Jes 54,14.17), dann aber auch an die ganze Welt, das geschenkte Heil anzunehmen (Jes 55,1-2) und die David verheißenen Gnaden zu empfangen (Jes 55,3).

Die Beschreibung des Gottesknechtes ist somit eindeutig und einheitlich gestaltet, die Person dieses Knechtes aber behält den ihr eigenen Wesenszug des Geheimnisvollen: ein Mensch unter Menschen (Jes 53,2-3), der aber auch der »Arm des Herrn« ist (Jes 53,1). Mowinckel setzt hier den Akzent richtig: »Wer hätte glauben können, was wir gehört haben? Wer hätte hier den Arm des Herrn sehen können?« (Jes 53,1).

Denn der »Arm des Herrn« ist niemand anderes als Jahwe selber (Jes 52,10), der wieder in der gleichen Weise handelt, wie er beim Exodus und am Roten Meer gehandelt hat: erlösend und befreiend (Jes 51,9-11).

2. Der gesalbte Eroberer.

Der dritte Teil der jesajanischen Schriften vervollständigt die messianischen Weissagungen. In Kap. 1-37 hat Jesaja einen König mit weltweiter Herrschaft vorgestellt, ohne jedoch anzudeuten, wie die Heiden gewonnen werden können. In seiner Beschreibung des Gottesknechtes hat er sodann ein universales Heil vorausgesagt, das alle Erlösten unter der Herrschaft Davids vereinigt. Diese beiden Abschnitte haben auch die Rache über die Feinde Jahwes beinhaltet, ohne sie jedoch besonders zu betonen (z.B. Jes 9,3-5; 42,13.17; 45,16.24; 49,24-26). Dieses Thema wird nun aber beherrschend, als einer die Szene betritt, der wie der König (Jes 11,2.4) und der Gottesknecht (Jes 42,1; 49,2) mit dem Geist und dem Wort begnadet ist (Jes 59,21).

Die Vision des Bethauses, das der ganzen Welt offensteht (Jes 56,1-8), droht zerstört zu werden von der bedrückenden Realität: der Herrschaft selbstsüchtiger Regenten (Jes 56,9ff), rel. Korruption (Jes 57,3ff) und der Unfähigkeit, zu einer wahrhaft geistlichen Religion zu gelangen (Jes 58, 1ff) und den Weg des Friedens zu finden (Jes 59,1ff). Unter diesen Umständen und in Ermangelung irgendeines anderen Erlösers legt Jahwe selber die Heilskleider an (Jes 59,16-20) und bringt Zion einen Retter. Geheimnisvollerweise wird der daraus folgende Bund jedoch einem zugesprochen, der mit dem Geist Jahwes begabt ist und Jahwes Worte redet (Jes 59,21); offensichtlich ist aber dieses auf den Zion ausgerichtete Heilswerk weltumfassend, denn sogleich erfolgt der universale Heilsruf (Jes 60,1ff). In einer Weise, die an die literarische Methode von Kap. 40-55 erinnert, geht die Verheißung, daß Jahwe diese große Vision eilends verwirklichen werde (Jes 60,22), in das Zeugnis von Einem über, der mit dem Geist und Wort Jahwes bevollmächtigt ist, um Trost (Jes 61,1-2a) und Gericht (V. 2b) zu verkündigen. Die Aufgabe der Tröstung beschäftigt den Propheten Jesaja bis zum Ende von Kap. 62, und nun ist es der Eine, Geistbegabte, der die Kleider des Heils anlegt (Jes 61,10-11), wie es zuvor Jahwe selbst getan hat (Jes 59, 16f). Das mächtige Gerichtsbild aus Jes 63,1-6 setzt das Erlösungswerk in Beziehung zu dessen Kehrseite, dem Gericht, in dem wieder einer allein (wie zuvor Jahwe Jes 59,16) die Kelter tritt und ein umfassendes Strafgericht ausübt.

In seiner Person unterscheidet sich dieser messianische Eroberer kaum vom König und dem Gottesknecht. Er hat die gleiche geistliche Ausrüstung; er ist ein Mensch unter Menschen. Zwei weitere Akzente werden jedoch gesetzt. Erstens wird er als der Eroberer *Edoms beschrieben – eine Aufgabe, die durch keinen anderen israelit. König außer durch David vollbracht worden war (vgl. 4Mo 24,17-19). Dürfen wir nicht hieraus die Identität des gesalbten Eroberers mit dem davidischen Messias ersehen? Zweitens ist er bei der weiteren Entfaltung des Themas derjenige, der schließlich das Gewand des Heils und des Gerichts trägt, das in einer früheren Version Jahwe selbst angelegt hatte (Jes 59,16ff). Wieder stellt der Prophet hier das messianische Motiv vor: die Identität und die Unterschiedenheit von Jahwe und seinem Gesalbten.

3. Der »Sproß«.

Unter dieser messianischen Bezeichnung findet sich eine wunderbar einheitliche Reihe von Voraussagen. Jer 23,5ff und 33,14ff sind praktisch identisch. Jahwe wird »dem David« einen Sproß erstehen lassen. Es ist ein König, in dessen Tagen Israel gerettet werden wird. Seine Herrschaft ist von Recht und Gerechtigkeit gekennzeichnet. Sein Name lautet »Der Herr unsere Gerechtigkeit«.

Der zweite dieser Abschnitte verbindet die Verheißung des Sprosses mit der Zusicherung, es werde den Priestern nie an einem Manne fehlen, der Opfer darbringt. Das erschiene vielleicht etwas abseitig, würde nicht später Sacharja in ebensolcher Weise von der gleichen messianischen Gestalt reden. In Sach 3,8 werden Jeschua und seine Mitpriester ein Zeichen für die Absicht Jahwes genannt, »meinen Knecht, den Sproß«, hervorzubringen, der das priesterliche Werk der Reinigung des Landes von der Sünde an einem einzigen Tag vollenden soll. In Sach 6,12ff kommt Sacharja wiederum auf den Sproß zu sprechen, der an seinem Ort aufwachsen, den Tempel Jahwes bauen, ein Priester auf seinem Thron sein und vollkommenen, besiegelten Frieden mit Jahwe genießen soll. Der Sproß ist somit eindeutig der Messias in seinem königlichen und priesterlichen Amt. Er ist die Erfüllung von Ps 110, der den König zu einem ewigen Priester nach der Weise Melchisedeks designiert.

Von diesem Punkt aus können wir nun mit gutem Recht zu Jes 4,2-6 übergehen. Die messianische Bedeutung von V. 2 ist strittig und wird oft geleugnet. Nimmt man jedoch zur Kenntnis, daß die folgenden Verse genau mit den Aussagen über den »Sproß« in den eben zitierten Abschnitten übereinstimmen, braucht man sich nicht gegen den Rückschluß zu sperren, daß hier ebenfalls vom Messias die Rede sei. Er ist der »Sproß Jahwes« und wird mit dem priesterlichen Amt der Beseitigung der Unreinheit der Töchter Zions in Verbindung gebracht (V. 4), sowie mit der königlichen Herrschaft Jahwes in Jerusalem (V. 5-6). Das Bild des Sprosses faßt in einer Gestalt zusammen, was Jesaja an anderen Stellen auseinandergefaltet und auf das Werk des Königs, Gottesknechts und Eroberers verteilt hat. Die messianischen Motive der Menschheit und Gottheit, des Gleichseins und Verschiedenseins der Göttlichkeit, sind wieder vorhanden; denn der Sproß »gehört zu David« und ist doch »Jahwes« – eine eindrückliche Sprechweise bzgl. Abstammung und Wesen; er ist »mein Knecht«, und gleichzeitig ist sein Name »der Herr unsere Gerechtigkeit«.

4. Der »Nachkomme der Frau«.

Wir haben im Laufe dieser Studie

immer wieder festgestellt, daß die Menschheit des Messias betont wird. Insbesondere wird die menschliche Abstammung oft durch den Hinweis auf die Mutter dargelegt. Einzelheiten werden zwar leicht überbetont; aber trotzdem sollte man beachten, daß sowohl beim Immanuel (Jes 7,14) als auch beim Gottesknecht (Jes 49,1) die Mutter ins Blickfeld gerückt wird. Ebenso spricht Mi 5,2 von »der, die gebären soll«, und auch das schwierige Wort Jer 31,22 bezieht sich sehr wahrscheinlich auf die Empfängnis und Geburt eines besonderen Kindes. Die bemerkenswerteste Prophetie über den »Nachkommen der Frau« – sie ist zugleich die Weissagung, aus welcher der ganze Gedanke erwachsen sein könnte – findet sich in 1Mo 3,15. Es ist fast allg. üblich, hier jeglichen messianischen Bezug zu leugnen und das Wort als »eine ganze allgemeine Aussage über Menschen und Schlangen und den Kampf zwischen ihnen« (Mowinckel) anzusehen. Da dieser Vers aber unmittelbar zur Exegese der ersten Kapitel des 1. Mosebuches gehört, kann man ihn nicht einfach aus seinem Zusammenhang herauslösen und lediglich als Ätiologie behandeln. Um die gewaltige Größe des Versprechens, das in Jes 3,15 gegeben wird, zu erkennen, müssen wir darauf achten, welche Rolle die Schlange bei der Tragödie des Sündenfalls gespielt hat. 1Mo 2,19 zeigt die Überlegenheit des Menschen über die geschaffene Tierwelt. Der Schöpfer belehrt den Menschen freundlich darüber, daß er sich von den Tieren unterscheidet: er kann über sie Macht ausüben, aber unter ihnen wird keine »Gehilfin« gefunden, »die zu ihm paßt«. Seinesgleichen ist nicht vorhanden

In 1Mo 3 jedoch begegnen wir einem gänzlich anderen Phänomen: einem sprechenden Tier, einem Tier, das sich irgendwie über die ihm zukommende Stellung erhoben hat und als gleichwertiges Gegenüber des Menschen auftritt, ihn in ein vernünftiges Gespräch verwickeln kann, ja ihm sogar überlegen ist und ihn in Dingen unterweisen kann, in denen er zuvor irregeleitet war, und das ihm erst das angeblich richtige Verständnis von Gottes Gesetz und Gottes Person vermitteln will. Die Schlange spricht so, als habe sie Gott »gewogen und zu leicht befunden«, als könne sie die innersten Gedanken des Allmächtigen erkennen und seine verborgenen Motive bloßlegen! Ja, sie zeigt sogar offene Feindschaft gegen Gott: sie haßt Gottes Wesen, sie möchte seinen Schöpfungsplan zerstören, sie spricht dem Allerhöchsten Hohn. Es ist einfach zu wenig, in dieser Schlange lediglich den Geist der unstillbaren Neugier des Menschen (Williams) oder etwas Ähnliches zu sehen. Die Bibel kennt nur einen, der von dieser gottlosen Überheblichkeit und diesem Gotteshaß durchdrungen ist, und es ist nicht verwunderlich, daß die Schlange des Paradieses zu der »alten Schlange« wird, »das ist der Teufel und der Satan« (Offb 20, 2). Wo jedoch die Sünde mächtig wird, wird die Gnade umso mächtiger. Deshalb wird genau in dem Augenblick, in dem Satan einen entscheidenden Sieg errungen zu haben scheint, erklärt, daß der »Nachkomme der Frau« Satan zertreten und vernichten wird. Er wird dabei selber verletzt werden, aber den Sieg davontragen. Der »Nachkomme der Frau« wird das ganze Unheil des Sündenfalls wiedergutmachen.

5. Der Menschensohn.

Im Blick auf Dan 7, ein Kap., das zu sehr vielen Diskussionen und Meinungsverschiedenheiten Anlaß gab, kann hier – wie durchweg in diesem Artikel – nur ein bestimmter Standpunkt aufgezeigt werden. Kernstück der Vision ist die Gerichtsszene, in welcher der »Alte an Tagen« die weltlichen, feindlichen Mächte unterwirft - nebenbei fällt hier die Wiederkehr des Königsmotivs von Ps 2 auf - und in welcher »mit den Wolken des Himmels. . .einer wie eines Menschen Sohn« vor ihn gebracht wird und eine universale und ewige Herrschaft empfängt. Es ist klar, daß die Grundaussage hier in irgendeiner Weise zu der in den messianischen Texten bereits beobachteten universalen Herrschaft in Beziehung gesetzt werden muß. Die Frage jedoch, ob der »eine wie eines Menschen Sohn« die Person des Messias oder eine Personifikation des Gottesvolkes darstellen soll, darf nicht so schnell und pauschal entschieden werden. Es wird vorgebracht, daß in V. 18 und 22 das Gericht und das Reich den »Heiligen des Höchsten« gegeben werde und daß deshalb logischerweise auch mit der einzelnen Person von V. 13-14 dieselben Empfänger gemeint sein müßten.

Wir haben dabei jedoch auch zu beachten, daß eine doppelte Beschreibung der Tiere gegeben wird, die als Feinde der Heiligen auftreten. V. 17 spricht von »vier großen Tieren«, welche »vier Könige« sind, V. 23 dagegen von einem vierten Tier als dem »vierten Königreich«. Die Gestalten sind sowohl individuell (Könige) als auch korporativ (Königreiche) gesehen. Die gleiche Vorbemerkung haben wir nun auf den »einen wie eines Menschen Sohn« zu übertragen. Zudem muß die Beziehung König-Königreich im gesamt-atl. Kontext gesehen werden. Dabei ist der König vorgeordnet, das Königreich von ihm abgeleitet: Nicht das Reich macht den König, sondern umgekehrt. Was die Tier-Könige betrifft, so sind sie die personalen Gegner des Reiches der Heiligen und sie ziehen ihre Reiche mit in den Kampf hinein. Ebenso empfängt auch der »eine wie eines Menschen Sohn« eine universale Herrschaft, in der die Herrschaft seines Volkes inbegriffen ist (vgl. die Mitherrschaft Israels bei der Herrschaft des Eroberers, Jes 60 etc.). Aus diesem Grunde kann man die Überzeugung vertreten, daß der »eine wie eines Menschen Sohn« der Messias als Individuum ist. Als solcher stimmt er mit dem Grundmuster überein, das sich in der gesamten Reihe der Messiaserwartungen findet: er ist ein König, von der Welt angefeindet, der aber durch den Eifer des Herrn – nach Daniels Vision: vom »Alten an Tagen« – universale Herrschaft erlangt; seinem Titel nach ist er ein Mensch, geht jedoch nicht aus den Menschen hervor, sondern kommt »mit den Wolken des Himmels«, was Gott als Charakteristikum zusteht (vgl. z.B. Ps 104,3; Nah 1,3; Jes 19,1). Hier besteht die gleiche Polarität zwischen Menschlichkeit und Göttlichkeit wie sie fast ausnahmslos den gesamten atl. Messianismus kennzeichnet und uns inzwischen nicht mehr überraschen sollte.

6. Der gesalbte Fürst.

Es ist immer etwas gewagt, wenn man von irgendeinem Abschnitt des AT behauptet, er habe mehr Interpretationsbemühungen und Vermutungen hervorgerufen als jeder andere – aber auf Dan 9,24-27 trifft dies wahrscheinlich zu. Es ist jedenfalls angemessen, diesem Abschnitt ein oder zwei allg. Bemerkungen zu widmen. Denn da wir unsere Untersuchung mit einem säkularen »Gesalbten«, Kores/Kyrus, begonnen haben, dient es zumindest der Ordnung, wenn wir sie nun mit dem gesalbten Messias selbst beschließen.

Die Verse 24-27 zerfallen in zwei ungleiche Hälften: V. 25-27 bieten offensichtlich ein Programm, das in der Geschichte verwirklicht werden soll. Es beginnt mit der Aufforderung, Jerusalem wieder aufzubauen (V. 25), von da an erstreckt sich ein Zeitraum von 62 Wochen bis zu dem Kommen »eines Gesalbten, eines Fürsten«. V. 26 blickt auf das Geschehen »nach den zweiundsechzig Wochen«, und V. 27 führt hin zu einem »beschlossenen Verderben«. V. 24 jedoch steht für sich: er beinhaltet eine Gesamtaussage über die Ziele, die mit jenen Geschehnissen erreicht werden sollen. Drei dieser Ziele sind negativ formuliert: das Beenden des Frevels, das Abtun der Sünde und die Sühnung der Schuld (*kappēr*, wörtl.: »den Versöhnungspreis bezahlen«), drei dieser Ziele positiv: das Heraufführen ewiger Gerechtigkeit, die Bestätigung der Wahrheit der Vision und des Propheten und schließlich die Salbung eines hochheiligen Ortes (wörtl. eine »Heiligkeit des Heiligsten« – ein Begriff, der anderswo gebraucht wird für den innersten Raum des Heiligtums: 2Mo 26,33; den Brandopferaltar: 2Mo 29, 37; das Heiligtum und seine ganze Einrichtung 2Mo 30,29; das Räucheropfer: 2Mo 30,36; den priesterlichen Anteil an den Speisopfern, Sündopfern und Schuldopfern: 3Mo 2,3.10; 6,18; 7,1.6; die Schaubrote: 3Mo 24,9; 4Mo 4,7, und alles »Gebannte« einschließlich Personen: 3Mo 27,28). Obwohl es in dieser Absichtserklärung manche Schwierigkeiten mit einzelnen Begriffen und ein paar einmaligen Ausdrücken gibt, kann doch die Bedeutung des Ganzen nicht zweifelhaft sein: »das messianische Zeitalter ist durch das Abtun und die Vergebung der Sünde sowie dauerhafte Gerechtigkeit gekennzeichnet« (S.R. Driver, Daniel, 1960, S. 136).

Es ist sehr schwer einzusehen, wie ein so erhabenes Ziel durch jene Interpretationen erklärt werden kann, welche diese Prophezeiung auf Antiochus Epiphanes beziehen: 7 »Wochen« sollen vergehen zwischen der Prophetie Jeremias (vgl. Dan 9,2) und dem gesalbten Fürsten, Kores/Kyrus; 62 Wochen sollen die Geschichte Jerusalems ausfüllen bis zum Hohenpriestertum Onias' III. (175 v.Chr.), der – obwohl er ein Gesalbter war – »ausgerottet« wurde, nämlich ermordet, und durch seinen Bruder ersetzt wurde. Der »Fürst« von V. 26 soll dann Antiochus selber sein. Wo aber – so darf man mit gutem Grund fragen – bleibt dann die Beendigung der Sündenherrschaft, die Bezahlung des Versöhnungspreises, die Aufrichtung ewiger Gerechtigkeit?

Die Deutung des Abschnittes auf Jesus Christus ist zwar nur im historischen Rückblick möglich – das gilt aber nicht minder von der Antiochus-Theorie; sie hat dieser jedoch voraus, daß durch sie der Gebrauch einzelner Ausdrücke viel einleuchtender wird und die in V. 24 genannten Ziele vollständig erreicht werden. Der Zeitraum zwischen dem Ergehen der Weisung und dem gesalbten Fürsten beträgt insgesamt 69 Wochen (V. 25 sagt wörtl.: »Von dem Ergehen des Wortes... sieben Wochen und zweiundsechzig Wochen«). Die Zweiteilung könnte sehr wohl die beiden Zeiträume a. zwischen Kores/Kyrus und Esra/Nehemia (einem bedeutsamen Datum in der Geschichte Jerusalems) und b. von da an bis zum Kommen »eines Gesalbten, eines Fürsten«, bezeichnen. Während seiner »Woche« wird der Gesalbte (wörtl.) »einen Bund mit den Vielen bekräftigen« (V. 27) und die Opfer »aufhören lassen« – freilich wurde, wie wir wissen, die nach Golgatha wertlose rituelle Schlachtung von Opfertieren weiterbetrieben, bis der »Verwüster« dem alten Tempel selbst ein Ende bereitete.

Zwar sollte man Worte nicht verdrehen und gewaltsam zurechtbiegen, damit sie zu einem späteren Erkenntnisstand passen. Aber andererseits kann das Wissen einer späteren Zeit doch erleuchtend sein, wenn es darum geht, dunkle Worte zu erhellen – und diese Hilfe sollte man dann nicht verschmähen. Daß Daniel die Weisung erhielt, einen zu erwarten, welcher der langen Herrschaft der Sünde ein Ende bereiten, die ewige Rechtsordnung aufrichten und die wahre Gottesverehrung einführen würde, kann nicht bestritten werden. Es kann aber auch nicht im entferntesten bestritten werden, daß weder vor Jesus noch jemals nach ihm solches vollbracht wurde und daß auch in keinem anderen die atl. Messiaserwartung in ihrer ganzen Vielfalt ihre Erfüllung gefunden hat – die Bestätigung »der Vision und des Propheten« (vgl. Dan 9,24). J.A.M.

B. Im zwischentestamentlichen Judentum.

Fremdherrschaft, Religionsnot und Zerstreuung der Juden haben im frühen *Judentum zu einer lebhaften, auf der Schrift gegründeten Messiaserwartung geführt, die als Hintergrund für das messianische Wirken Jesu und die Christusbotschaft der Apostel von großer Bedeutung ist. Dabei blieb aber Gott selbst der eigentliche Urheber des Heils. Außerdem war die messianische Hoffnung nicht einheitlich; so hielten sich etwa Philo und Josephus als Vertreter des hellen. Judentums – nicht zuletzt aus politischen Gründen – hinsichtlich der Endzeiterwartung sehr zurück.

1. Die in Abschnitt A eingehend besprochenen Texte aus der Tora, den Propheten und den Psalmen wurden im zwischentestamentlichen Judentum fast durchweg auf den Messias aus Davids Haus bezogen. Das geht vor allem aus ihrer aram. Wiedergabe in den Targumen hervor, in die der Titel »Messias« (*meschichā*) des öfteren als Interpretament eingefügt ist – so in 1Mo 49,10 für den dunklen Ausdruck »Schilo« (RevEB), in 4Mo 24,17 für das Bild vom »Zepter« aus Israel, in Jes 9,5 für den »Fürsten des Friedens«, in Jes 11,1 für den »Sproß« aus den Wurzeln Isais und in Jes 42,1; 43,10; 52,13 zusätzlich zur Bezeichnung »Gottesknecht« (*'abdī meschīchā*). Außerdem erscheint der Titel »Messias« in Jer 23,5; Mi 5,1; Sach 6,12; auch Sach 9,9 und 12,10 werden auf die messianische Zeit bezogen. Der Messias ist der Sieger über die Feinde Israels (zu 4Mo 24,17f und Jes 53,3) und der Herrscher über die Völker (zu 1Mo 49,10f), aber auch der Richter, der die Gottlosen bestraft und den Armen aufhilft (zu Jes 11,4), der Mittelpunkt der Gerechten und der Täter der Tora (zu 1Mo 49,11; Jes 11,5; 53,5). Er ist der Fürsprecher für die bußfertigen Sünder (zu Jes 53,4. 11.12); die Gerechten – und nicht etwa die Sünder! – werden durch die Weisheit des messianischen Knechts gerechtfertigt (zu Jes 53,11), den Torabeflissenen sollen die Sünden vergeben werden (zu Jes 53,5). Ein grundlegender Wandel in politischer wie auch in geistlicher Hinsicht tritt in den Tagen des Messias ein: Es geschehen viele Wunder (zu Jes 53,8), die Exulanten kehren wieder zurück (ibid.), der Tempel in Jerusalem wird wieder aufgebaut (zu 1Mo 49,10f; Jes 53,5; Sach 6,12f; vgl. Mk 14,58 nach 2Sam 7,13). Die Knechtung Israels durch die Heiden hört auf; aber der messianische Knecht »knechtet« (*scha'bed*) viele unter die Tora (zu Jes 53,11f). Gerechtigkeit ist der Inbegriff des messianischen Regiments (zu Jes 9,5f; 11,5; 53,11; vgl. Jer 23,5). Zu ihrer Durchsetzung ist der Messias deshalb in besonderem Maße berufen und befähigt, weil auf ihm der Geist Gottes beständig ruht (zu Jes 11,2) und weil er das Gesetz Gottes aufrichten, es lehrend aktualisieren wird; der Friede, den die Messiasherrschaft bringen soll, kommt vor allem den »Tätern der Tora« zugute (zu Jes 9,5f). Der Messias wird »Erfolg haben« (*jaslach*: zu Jes 52,13; Jer 23,5), und die auf das Gesetz gegründete Gerechtigkeit garantiert den endzeitlichen, d.h. bleibenden Erfolg (zu Jes 9,6; 11,5f). Obwohl der Targum erst nach der Abfassung des NT schriftlich fixiert wurde, darf man dessen Messiasbild für die Zeit Jesu und der Apostel als mehr oder minder bekannt voraussetzen. Vor allem gilt das von der messianischen Deutung der hier erwähnten atl. Texte. Der messianisch verstandene Vers 1Mo 49,10 liegt dem Jesuswort Mt 10,23 als auch Hebr 7,14 zugrunde. 4Mo 24,17 ist in Mt 2,2ff und Offb 22,16 verwendet, Jes 11,3 in Mk 1,16-20 par. sowie in Joh 1,40-50 und 2,22f. Jes 11,4 und 61,1f sind auf Mt 5-7 und 11,5 zu beziehen. Jes 42,1-4 wird in Mt 12,18-21 zitiert, Sach 9,9 in Mt 21,5 und Joh 12,15. Das Lied vom leidenden Gottesknecht (Jes 52, 13-53,12) hat Jesu Entschluß, sein Leben dahinzugeben (Mk 10,45; 14, 24; vgl. Mk 2,23, 9,31), entscheidend mitbestimmt und den Aposteln geholfen, die Heilstatsachen des Christusgeschehens als Frohbotschaft zu verkündigen und als Bekenntnis der Christenheit zu formulieren (1Kor 15,1-5; Phil 2,6-11); das wird aus vielen weiteren Stellen des NT ersichtlich.

Dabei werden freilich an der jüd. Messiaserwartung wichtige Korrekturen vollzogen; das tritt schon bei der Darstellung der Versuchung Jesu (Mt 4,1-11 par.) klar zutage. Die Rolle des Messias als eines Befreiers Israels in politischem Sinne tritt hinter der Erlösung der Menschen von den Sünden zurück (vgl. Mt 1,21), und die Gerechtigkeit Gottes wird im Sinne Jesajas als helfende Macht verstanden (vgl. Mt 6,33). Die »Leiden des Messias«, d.h. die Geburtswehen der messianischen Zeit, werden vom Menschensohn, d.h. messianischen Gottesknecht selbst getragen (Kol 1,24; Phil 3,10).

2. Die Tatsache, daß das Messiasbild der Targume schon vor der Zeitenwende im wesentlichen feststand, wird ferner von den PsSal 17 und 18 und den Texten aus Qumran bezeugt, die noch vor Christi Geburt entstanden sind. Auch in diesen Schriften wird von den hier besprochenen, messianisch interpretierbaren, atl. Stellen reichlich Gebrauch gemacht.

Besonders repräsentativ für die frühjüd. Messiaserwartung sind die PsSal 17 und 18, die in der Notzeit nach der Eroberung Jerusalems durch Pompeius (63 v.Chr.) entstanden. In ihnen wird vor allem die Weissagung des Propheten Nathan aufgenommen (2Sam 7,12-15); sie hat auch den Ausgangspunkt der Messiaserwartung des Alten Israel gebildet (vgl. Ps 89; 110; 132; Jes 11; 55,3; Amos 9,11). Im frühen Judentum hat man 2Sam 7,12-15 aktualisiert und zur Grundlage der messianischen Hoffnung gemacht.

Die eidliche Zusage Gottes, er werde Davids »Samen aufstellen« (2Sam 7,12), d.h. einen leiblichen Nachkommen des Königs als Thronfolger einsetzen und für immer regieren lassen (V. 13), rechtfertigt die Bitte um das baldige Kommen des Messias in den PsSal (17,4-10.21.42); damit verbunden wird die Weissagung vom idealen König in Jes 11 (vgl. V. 2-5 in PsSal 17,22.24.29.35-40; 18,7), ferner Ps 2,9 (17,23-25). Vom Messias wird die Vernichtung der Feinde Israels und der Sünder erwartet, sowie die Sammlung Israels und die Herrschaft über dessen Stämme (17,22-26.27-28.36). Sein Erscheinen offenbart die Treue und die Macht Gottes (17,3), sowie die Wirklichkeit des heiligen Geistes (17,37); mit dem Regiment des Gesalbten Gottes (18,8f) werden die Gerechtigkeit und die Wahrheit im Weltmaßstab durchgesetzt (17, 29.32). Der Messias ist der gute Hirte der Herde Gottes (17,40); er reinigt und heiligt Jerusalem und Israel (17,22.26f.30; 18,5). Das löst eine große Völkerwallfahrt aus (17, 31.44), zumal – wie im Targum zu Jes 53,5 – der Messias als großer Lehrer auftritt, dessen Worte und Rechtsprechung hilfreich sind (17,32.43).

Aber auch hier steht die königliche Herrschaft Gottes über dem Messiasregiment: Gott selbst ist der König und Retter (17,1.3.34.37.46) und wird als solcher vom Messias anerkannt (17,38-40); die »Aufstellung« des Messias geht ganz von Gott aus und wird als Gebetserhörung durch sein Erbarmen ausgelöst (17,1-3; 18,1-3).

An messianischen Titeln erscheinen in den PsSal der »Davidssohn« (17,21), der bei den Rabbinen zur gebräuchlichsten Bezeichnung für den Messias wurde, ferner der »Gesalbte des Herrn« (*christos Kyriou*), 17,32; 18,1.7). Es fehlt der »Gottessohn«, denn diese Bezeichnung ist dem Volk Israel vorbehalten (17,21; 18,4).

3. Wie sehr gerade dieses auf 2Sam 7,12-15 aufgebaute und in PsSal näher ausgeführte Bild des messianischen Davidssohns zum Allgemeingut im Judentum der ntl. Zeit geworden ist, geht auch aus der 14. Bitte des Achtzehn-Bitten-Gebets hervor: »Erbarme Dich der Königsherrschaft des Hauses Davids, Deines Gesalbten!«; dabei wird in der 11. Bitte dieses Gebets Gott selbst als der königliche Herrscher über Israel gepriesen.

Von daher gesehen darf man die Königsherrschaft Gottes und das messianische Wirken Jesu, wie sie in den Evangelien des NT verkündigt werden, nicht etwa als einander ausschließende Größen beurteilen. Vielmehr gehören beide eng zusammen: Gott offenbart seine Herrschaft über die Welt eben dadurch, daß er am Ende der Geschichte einen Davididen als König der Gerechtigkeit und des ewigen Friedens »aufstellt«. Dabei spielt die Weissagung 2Sam 7,12-15 auch im NT eine große Rolle. Sie liegt der Frage nach dem Davidssohn (Mk 12,41-44: David kann ihn als »Herrn« bekennen, weil dieser auch der Sohn Gottes ist, vgl. Ps 110,1 mit 2Sam 7,14) und dem Verhör Jesu vor dem *Sanhedrin (Mk 14,53-64) zugrunde (das Wort vom Tempelbau in Mk 14,58 ist wegen 2Sam 7,13 ein indirekter Hinweis auf den Messiasanspruch). Die Ankündigung der Geburt Jesu durch den Engel Gabriel (Lk 1,32f) und das Evangelium vom Davidssohn und Gottessohn nach Röm 1,3f sowie die große Rede des Petrus an Pfingsten (Apg 2,14ff, vgl. besonders V. 25-34) und die des Paulus im pisidischen Antiochia (Apg 13,16ff, vgl. besonders V. 32-37) bezeugen die endzeitliche Erfüllung der Nathansweissagung; aus ihr wird auch der messianische Titel »Gottessohn« abgeleitet (vgl. 2Sam 7,14 und Ps 2,7). Dagegen hat die Bezeichnung »Herr« (*Kyrios*) für den erhöhten Christus den viel zitierten Psalmvers 110,1 als Ausgangspunkt (vgl. Apg 2,34-36).

4. In den apokalyptischen Büchern äthHen und 4Esr wird die Vision des Propheten Daniel vom Menschensohn (»Menschenähnlichen«, *kebar 'änasch*, 7,13f) aufgenommen und weiter ausgeführt. Der Menschensohn wird als eine bei Gottes Thron befindliche Gestalt geschaut (äthHen 46,1ff), als Messias bezeichnet (ibid. 48,10) und auch mit den Zügen des jesajanischen Gottesknechts ausgestattet: Er ist von Anbeginn von Gott erwählt (ibid. 46,3; vgl. Jes 42,1) und wird als endzeitlicher Richter die Könige und Machthaber der Welt bestrafen (46,5-7, vgl. 61,8; 62,1ff; 48,2f, vgl. Jes 52,15). Er tritt für die Gerechtigkeit ein (48,8; 51,3, vgl. Jes 11,2.4) und ist der Stab der Gerechten (48,1-10, vgl. Jes 11,4f; 53,11), denn er wird mit Gottes Geist begabt (49,3, vgl. Jes 11,2). Aber auch hier stehen das Gericht (47,1-4) und die Verherrlichung Gottes (63,1-12) neben der endzeitlichen Richterfunktion und dem Triumph des Menschensohns (vgl. auch 50,1ff; 62,1ff).

Unhaltbar ist deshalb die scharfe Trennung zwischen einem irdisch-national gedachten Messias (= Davidssohn) und einem himmlischen, das Universum beherrschenden Menschensohn. Denn der Letztere ist keine selbständige Erlösergestalt. In Dan 7,13f steht er für den Messias und bringt speziell dessen Beauftragung und Einsetzung durch Gott zum Ausdruck. Auch der nach 4Esr 13,1-11.25-38 aus dem Meer aufsteigende Erlöser ist nach Dan 7 gebildet, wird aber als Messias und Gottessohn bezeichnet (13,32.37.52). Es fehlt der für Jesus kennzeichnende Dienst des Menschensohns und dessen Bereitschaft, für das Heil der Menschen das eigene Leben in den Tod zu geben. Der Menschensohn des äthHen scheint von Anbeginn stets bei Gott verborgen zu sein (62,7; vgl. Jes 49,2); sein Name wurde vor der Erschaffung der Sterne »vor dem Herrn der Geister« genannt (48,3). Aber das ihm gegebene Prädikat der Gerechtigkeit dürfte auf eine vorausgehende, bei der gottlosen Menschheit verbrachte Zeit der Bewährung hinweisen, wie das von *Henoch gilt, der nach äthHen 71,14-17 zum Himmel erhöht und von Gott als »Menschensohn« angeredet wurde.

5. Die endzeitlich orientierte und von Priestern geleitete Qumrangemeinde erwartete außer dem traditionellen »Messias Israels« aus Davids Haus auch einen »Messias Aarons« (vgl. die Bezeichnung *meschīhē 'aharōn wejisra' el*, 1 QS 9,11; CD 7,17-21; 12,23ff; 14,19f; 19,10f; 20,1; vgl. 1 QS a 2,11-22). Maßgebend für das Bild des »Messias Israels«, des Königs der Endzeit und Retters des Gottesvolkes (vgl. 4 Q Flor 1,12f), waren die Weissagungen 1Mo 49,10 (4 Q Patriarchensegen, vgl. 1 QS 9,10f) und 4Mo 24,17 (4 Q Testimonia 9-13, CD 7,17-21), ferner Jes 11,1-5 (1 QS b 5,20-29) und Amos 9,1 (4 Q Flor 1,12f); Grundlage und einigendes Band für all diese Aussagen ist wieder 2Sam 7,12-14 (4 Q Flor 1-13). Der »Messias Aarons«, den man nicht nur als Leiter des Kults, sondern vor allem auch als Toragelehrten für das Leben im Neuen Bund erhoffte, konnte aufgrund der Vision Sacharjas von den beiden Ölbäumen (= Gesalbten, 4,11-14) und aus dem Segen Moses für Levi (5Mo 33,8-11 in 4 Q Testimonia 14-20) erschlossen werden und Gestalt gewinnen. Zu den beiden Messiassen gehört als Vorläufer der Prophet (1 QS 9,11), mit dessen Wirken die in 5Mo 18,15-22 gegebene Verheißung eines Propheten wie Mose erfüllt wird (4 Q Testimonia 5-8). Außer dem Titel »Messias« wird in dem aram., nur fragmentarisch erhaltenen Text 4 Q 243 auch ein »Sohn des Höchsten« (*bar 'eljōn*) und »Sohn Gottes« (*berēh dī 'el*) erwähnt (II, 1; vgl. Lk 1,32f).

6. Auch in den Testamenten der Zwölf Patriarchen wird ein endzeitlicher Hoherpriester, und zwar als Nachkomme Levis (T Ruben 6,8; T Sim 5,6; 7,2; T Levi 17,2; 18,1-14), neben dem traditonellen Messias aus dem Stamm Juda verheißen (T Sim 5,6; 7,2; T Levi 8,11-14; T Juda 24,1-5). Voraussetzung für die Sendung dieser Messiasgestalten ist, daß Israel Buße tut bzw. die Gebote hält (T Juda 23.5; 26,1, vgl. 1Mo 49,10 Targum). Die königliche Herrschaft wird in der Endzeit dem Priestertum untergeordnet sein (T Juda 21,1); deshalb steht in den Qumranschriften der Messias Aarons an erster Stelle. Aber das Auftreten des Endzeit-Königs aus Davids Haus bringt die Erlösung Israels und markiert den Beginn der Zeitenwende; auf ihn dürfte sich auch die Bezeichnung »Sohn Gottes« in 4 Q 243 beziehen (vgl. 2Sam 7,14f).

Jesus hat sich als Messias und Davidssohn verstanden (vgl. Mk 12,35-37 par.). In seinem irdischen Wirken, vor der Zeit seiner »Aufstellung« = Inthronisation (vgl. 2Sam 7,12; Röm 1,3f), hat er auch die Aufgabe eines endzeitlichen Propheten wie Mose (vgl. Mk 9,7; Mt 5-7) und *Elia/*Elisa (vgl. Lk 4,25-27) erfüllt und aufgrund seines Opfertodes am Kreuz den Dienst eines endzeitlichen Hohenpriesters auf vollkommene Weise vollzogen (vgl. die Darstellung des Hebräerbriefs).

7. In der *Apostelgeschichte des Lukas und in den beiden Hauptwerken des Flavius *Josephus wird für die ntl. Zeit das Auftreten von jüd. »Propheten« erwähnt, so etwa des Theudas (Apg 5,36) oder des Ägypters (Apg 21,38). Auch diese Männer wollten wohl die in 5Mo 18,15-22 gegebene Verheißung eines »Propheten wie Mose« verwirklichen und wie dieser nicht nur Künder des Gotteswillens, sondern auch Erlöser Israels sein. Nach dem Bericht des Josephus haben sie der ihnen nachfolgenden Menge »Zeichen« (*sēmeia*) versprochen, so etwa die Spaltung des Jordanflusses oder den Einsturz der Mauern Jerusalems (Jos.bell.Jud. 2,261-264; ant.Jud. 20,97-99). Diese »Zeichen« waren als von Gott gewirkte, schriftgemäße und deshalb legitimierende Wunder gedacht, welche die anhebende Befreiung Israels signalisieren sollten. Jesus hat das Verlangen nach solchen legitimierenden »Zeichen vom Himmel her« zurückgewiesen (Mk 8,11f), obwohl diese in den Beglaubigungswundern Moses (*'othoth*, 2Mo 4,1-9, 7,8-13) ein gewisses Vorbild hatten: Solche »Zeichen« sollen das Wagnis des Glaubens durch eine objektive, alle überzeugende Wundertat ersetzen. Sie wären Merkmal eines »messias gloriae«, während der Sohn Gottes gehorsam den Weg des Leidens geht, weil er sein Volk von Sünden erlösen will (vgl. Mt 1,21; 4,1-11). O.B.

C. Im Neuen Testament.

Christus, »der Gesalbte«, ist die griech. Entsprechung zum hebr. *māschiach* und aram. *meschichā* (in Joh 1,41; 4,25 als *messias* transkribiert und beide Male mit *christos* erläutert). Bei der überwiegenden Mehrzahl der Stellen, an denen das Wort im NT vorkommt, entweder für sich oder in der Verbindung *Iesūs Christos*, wird es offenbar lediglich als Name für Jesus, ohne direkten Bezug zu seiner ursprünglichen Bedeutung, gebraucht – so wie man »Christus« ja auch in unserem modernen Sprachgebrauch verwendet. Schriftstellen dieser Art (vor allem in den ntl. Briefen, manchmal auch in Apg und Offb und wenige Male in den Evv.) werden hier nicht erörtert.

1. Die Evangelien.

Besonders im JohEv. (1,20.25.41; 4,25.29; 7,26f.31.41f; 9,22; 10,24; 11,27), aber auch in den synoptischen Evv. (Mk 8,29; 14,61; Lk 2,11.26; 3,15; 4,41) bezeichnet *christos* in der Regel den erwarteten Erlöser in einem ganz allg. Sinn. Diese Gebrauchsweise vermittelt den Eindruck, daß eine weitverbreitete und lebendige Erwartung vorhanden war, ohne daß diese sich an eine spezifische Person oder an ein spezielles Thema der atl. Hoffnung geknüpft hätte. Manchmal schwingt jedoch ein nationalistischer Nebenton mit, wenn *christos* in den Evv. auf Jesus bezogen wird, besonders wenn der Titel »König der Juden« damit verbunden ist (Mt 2,4; 26,68; 27,17. 22; Mk 12,35; 15,32; Lk 23,2). Während es im Palästina des 1. Jh. viele Richtungen messianischer Erwartung gab, von denen auch einige im NT sichtbar werden (besonders der »Prophet wie Mose«, vgl. oben A.I.2., der von Juden und Samaritanern erwartet wurde: vgl. Joh 6,14; dazu Mt 21,11; Lk 7,16; diese Erwartung steht auch bei Joh 4,25 im Hintergrund), richtete sich die populäre Hoffnung vorwiegend auf einen König wie David, betraut mit der Aufgabe politischer Befreiung und Eroberung, und dies scheint offensichtlich das landläufige Verständnis vom *christos* = Messias gewesen zu sein.

Von diesem Hintergrund her müssen wir die auffallende Abneigung Jesu verstehen, den Titel *christos* auf sich anzuwenden. Die einzige Gelegenheit, bei der er dies nach dem Bericht der Evv. getan hat (abgesehen von zwei Stellen, wo der Titel nichts weiter als »ich« zu besagen scheint und die vielleicht eine spätere Ergänzung sind: Mk 9,41; Mt 23,10), ist die Begegnung mit der samaritanischen Frau, die sich unter *christos* wohl eher einen Propheten wie Mose als einen jüd. König vorgestellt hat (Joh 4,25f). In seiner Diskussion über den Status des Messias in Mk 12,35-37 nimmt Jesus den Titel nicht ausdrücklich für sich in Anspruch und zielt zudem darauf ab, ihn von den politischen Erwartungen, die man mit dem »Sohn Davids« verband, loszulösen.

Das heißt aber nicht, daß Jesus geleugnet hätte, der Messias zu sein! Sein ständiges Hervorheben der Tatsache, daß in seinem Wirken sich atl. Hoffnungen erfüllen, schließt notwendig ein messianisches Selbstbewußtsein mit ein. *Johannes der Täufer fragte, als er von den Werken des *christos* hörte, ob er der sei, »der da kommen soll«, und Jesus antwortete mit dem Hinweis darauf, daß er die Weissagungen Jes 35,3f und Jes 61,1 wörtlich erfülle – wovon die letztere eindeutig eine messianische Aussage ist (Mt 11,2-5). Von demselben Schriftwort sagte er in *Nazareth, daß es »heute« erfüllt sei (Lk 4,18ff).

Als *Petrus ihn jedoch als *christos* bekannte, verpflichtete Jesus seine Jünger zum Stillschweigen, und in der folgenden Zeit belehrte er sie darüber, daß es seine Aufgabe sei, zu leiden und verworfen zu werden – eine Rolle, die für Petrus gänzlich unvereinbar mit seiner Messiasvorstellung war. Der Titel, den Jesus bei seiner Leidensankündigung für sich gebrauchte, war jedoch nicht *christos*, sondern »Menschensohn« (Mk 8,29-33). Und als der Hohepriester Jesus aufforderte zu sagen, ob er der *christos* sei, antwortete er bejahend (obwohl der Wortlaut bei Matthäus und Lukas ein gewisses Zögern angesichts des benutzten Begriffs andeutet), fügte aber sogleich hinzu, seine Stellung (als »Menschensohn«, nicht *christos*) erweise sich in zukünftiger Rechtfertigung und Vollmacht, nicht in der Ausübung gegenwärtiger politischer Macht (Mk 14,61f par.).

Dies alles zeigt, daß Jesu Auffassung von seiner messianischen Rolle so stark von den populären Vorstellungen abwich, die das Volk mit dem Begriff *christos* verband, daß er es vorzog, den Titel zu vermeiden. Seine Sendung hatte mit der Deklaration Gottes bei seiner Taufe begonnen (Mk 1,11), deren Wortlaut auf zwei atl. Kernstellen Bezug nahm; die eine (Ps 2,7) bezeichnete seine Stellung als messianischen König in der Linie Davids, die andere jedoch (Jes 42,1) deutete darauf hin, daß diese Rolle durch den Gehorsam, das Leiden und das Sterben des *Knechtes Gottes verwirklicht werden sollte. Diese Gotteszusage prägte offensichtlich Jesu Verständnis von seiner messianischen Berufung. Das läßt sich an der sorgfältigen Auswahl der atl. Worte erkennen, mit denen er sein Wirken erläuterte; unter ihnen nimmt Jes 53 – wo in klaren Umrissen das Bild eines Gottesknechtes gezeichnet wird, der leidet und stirbt, um sein Volk zu erlösen – den vornehmsten Platz ein. Die zahlreichen Voraussagen eines davidischen Königs jedoch bezog Jesus nicht auf sich (außer implizit in Mt 12,35-37; hier soll aber dieser Aspekt der Messianität gerade zurückgedrängt werden), und er vermied solche Titel wie »Sohn Davids« und »König Israels«, die andere ihm beilegten (z.B. Mk 10,47f; 15,2; Mt 12,23; 21,9.15; Joh 12,13; 18,33ff), ebenso konsequent wie *christos*. Die öffentliche Demonstration der Messianität beim Einzug in Jerusalem (Mk 11,1-10) wurde bewußt inszeniert, um an Sacharjas Prophetie von einem demütigen König zu erinnern, der Frieden und nicht Krieg bringt (Sach 9,9f). Als ihn aber die aufgeregte Menge zu einem König im traditionellen, nationalistischen Sinn machen wollte, entwich er (Joh 6,15). Erst nach seinem Tod und nach seiner *Auferstehung, als sein Auftrag nicht mehr als politische Befreiung mißverstanden werden konnte, bezeichnete er seinen Weg des Leidens ausdrücklich als den des *christos* (Lk 24,26.46).

Bei zwei bedeutsamen Gelegenheiten hat Jesus, wie wir schon sahen, zwar die Vermutung, er sei der *christos*, nicht zurückgewiesen, aber diesen Titel sogleich fallengelassen zugunsten des Ausdrucks »Menschensohn«. Daß dies die von ihm selbst gewählte Bezeichnung für seine Person war, kann aufgrund ihres Vorkommens im NT (41 mal, ohne die Parallelen, in den synoptischen Evv. und 12 mal bei Joh, immer aus dem Munde Jesu; im übrigen NT, außer Apg 7,56, nicht eigentlich als Titel gebraucht) nicht bestritten werden. Nur von der radikalen Kritik wird dies geleugnet, die zu diesem Zweck die meisten dafür bedeutsamen Worte als unecht herausschneidet. Es ist ebenso klar, daß Jesus diesen Titel nicht nur für den Stand seiner kommenden Herrlichkeit benutzte (wie es dessen Herkunft aus Dan 7,13f nahelegen würde), sondern auch für seine irdische Erniedrigung und insbesondere für sein Leiden und Sterben. Offensichtlich wählte Jesus also diesen Ausdruck, um den ganzen Umfang seines messianischen Wirkens zu bezeichnen – im Gegensatz zur populären Vorstellung vom *christos*. Der Grund dafür war vermutlich, daß diese Bezeichnung – abgesehen von ihrer speziellen Verwendung in den »Bilderreden« des äthHen (einer ursprünglich wohl selbständigen Schrift, möglicherweise erst nach der Zeit Jesu entstanden; s. *Apokryphen AT), kein gängiger Titel für den Messias war (vgl. dazu R.T. France, Jesus and the Old Testament, 1971, S. 184; Dan 7,13f wurde zwar als messianische Weissagung verstanden, doch wurde der gebräuchliche aram. Ausdruck »Sohn des Menschen« dadurch nicht zu einem Titel). So konnte Jesus ihn aufgreifen, um seine eigene, einzigartige Auffassung vom Messiasamt zum Ausdruck zu bringen, ohne dabei fremde Vorstellungen, wie sie den Titeln »*christos*« oder »Sohn Davids« anhafteten, mit übernehmen zu müssen (vgl. dazu auch *Hoheitstitel Jesu Christi).

2. Apostelgeschichte und Briefe.

Im Zentrum der frühesten christl. Predigt, wie sie die Apg überliefert, steht die Verkündigung, Jesus, der von den jüd. Führern Verworfene und Gekreuzigte, sei in der Tat der Messias. Diese Gewißheit gründet in der Auferstehung, die seinen Anspruch endgültig beglaubigt hat: »So wisse nun das ganze Haus Israel gewiß, daß Gott diesen Jesus, den ihr gekreuzigt habt, zum Herrn und Christus gemacht hat« (Apg 2,36).

Diese Versicherung war im Lichte der populären Messiasvorstellung so unwahrscheinlich, daß viel Sorgfalt auf den Schriftbeweis für Verwerfung, Tod und Auferstehung des Messias verwandt wurde (z.B. Apg 2,25-36; 3,20-26; 13,27-37; 18,28). Bei derer apologetischen und missionarischen Tätigkeit unter den Juden hatten die ersten Christen offensichtlich keine Bedenken, direkt den Ausdruck *christos* zu benutzen. In der Apg begegnet er häufig in diesem Zusammenhang – nicht als Name Jesu, sondern in seiner ursprünglichen Bedeutung als Titel des erwarteten Erlösers (z.B. Apg 2,31.36; 3,18.20; 5,42; 9,22; 17,3; 18,5.28). Was zur Zeit der Wirksamkeit Jesu ein irreführender Begriff war, konnte nun, nach dessen Tod und Auferstehung, nicht mehr in politischem Sinne mißdeutet werden und wurde von den Anhängern Jesu begeistert aufgenommen, um den Juden seinen Anspruch deutlich zu machen.

Ihre Botschaft besagte nicht nur, ja nicht einmal primär, daß Jesus während seiner Erdenzeit der Messias gewesen sei, sondern vielmehr, daß er jetzt, zur Rechten Gottes erhöht, als der messianische König inthronisiert wurde. Ps 110,1, worauf Jesus in diesem Zusammenhang hingewiesen hatte (Mk 14,62), wird von Petrus an Pfingsten aufgenommen (Apg 2,34-36) und wird schließlich zum wohl meistzitierten atl. Vers im NT. Jesus ist nicht ein König auf dem Thron Davids in Jerusalem, sondern – als der Herr Davids - der Herrscher eines ewigen und himmlischen Reiches; zur Rechten Gottes wartet er darauf, daß alle seine Feinde zu seinen Füßen liegen. Der Messias, dessen irdische Erniedrigung in so auffallendem Kontrast zur politischen Macht der populären Messiaserwartung stand, übertrifft nun bei weitem jene volkstümliche Hoffnung auf ein Königtum mit nur nationaler Bedeutung.

Die Siegesbotschaft der ersten Christen, Jesus sei – allem Anschein zum Trotz – tatsächlich der *christos*, scheint schnell zu einer so unwidersprochenen Annahme dieser Wahrheit in christl. Kreisen geführt zu haben, daß *christos* – entweder für sich allein oder in Verbindung mit Jesus – als Name für Jesus in Gebrauch kam und die Anhänger Jesu als *christianoi* bezeichnet werden konnten (Apg 11,26). Schon zur Zeit der ersten Paulusbriefe hat *christos* seine Bedeutung als Spezialbegriff abgelegt und ist bereits zu einem Namen geworden. Zweifellos behielt dieser Name auch weiterhin für einen *Judenchristen seinen tiefen Sinn. Es ist jedoch bemerkenswert, daß unter den nahezu 400 Stellen, an denen *christos* in den Paulusbriefen erscheint (die meisten dieser Briefe sind allerdings an vorwiegend heidenchristl. Gemeinden gerichtet), sich nur eine einzige findet, wo der Ausdruck in seinem ursprünglichen Sinn gebraucht wird (Röm 9,5 – bezeichnenderweise in einem Abschnitt, der die Frage der Rettung Israels behandelt). Dasselbe trifft, wenn auch weniger auffällig, für die anderen ntl. Briefe zu, obwohl in 1Petr 1,11 *christos* für den Messias der atl. Verheißung steht, und aus 1Joh 2,22; 5,1 hervorgeht, daß die Frage, ob Jesus der *Christos* sei, immer noch lebendig war (allerdings nun wohl in einem andern Sinne, nämlich eher in Abgrenzung gegen gnostische als gegen jüd. Gegner).

Wenn jedoch der ursprüngliche Inhalt des *christos*-Titels schon bald durch dessen Gebrauch als Personenname verdrängt wurde, so bedeutet dies noch lange nicht, daß die Kirche das Interesse an der Erfüllung der atl. Erwartungen durch Jesus verloren hatte. Paulus betonte, daß die grundlegenden Ereignisse des Wirkens Jesu »nach der Schrift« geschehen seien (1Ko 15,3f). Diese Unterstreichung war nicht nur für eine erfolgreiche Predigt unter den Juden nötig, sondern fesselte zweifellos auch das Interesse der Christen selber: nach dem Vorbild Jesu, der ihnen ausgelegt hatte, »was in der ganzen Schrift von ihm gesagt war« (Lk 24,27), forschten sie weiter im AT nach Worten, die Licht auf seine messianische Wirksamkeit werfen konnten. Beginnend mit den Predigten in Apg 2; 7 und 13 fuhren sie fort, Sammlungen relevanter Texte zusammenzustellen (z.B. Röm 10,5-21; 15,9-12; Hebr 1,5-13; 2,6-13 etc.) und atl. Themen zu erschließen, die auf das Wirken Jesu vorauswiesen (z.B. das wiederholte Bild des »Steines/*Ecksteines«, oder das Priestertum *Melchisedeks nach Ps 110,4, welches dem Verfasser des Hebräerbriefes eine reiche Fundgrube bot, Hebr 5,5-10; 7,1-28).

Besonders der Hebräerbrief, der vom *christos*-Titel nur sehr sparsam Gebrauch macht, besteht zum großen Teil aus einer ausführlichen Entfaltung atl. Themen und ihrer Erfüllung in Jesus: Er ist gekommen, um den neuen Bund zu schließen und die wahre Realität herbeizuführen, von der die atl. Heilsordnung mit ihren Institutionen nur ein Schatten war.

Wenn auch die Bezeichnung *christos* in zunehmendem Maße bloß noch als Name für Jesus benutzt wurde, blieb dennoch die Tatsache, daß Jesus der Eine war, durch den Gott jetzt seinen lange zuvor verheißenen Heilsratschluß zum Ziele führte. Denn die ntl. Autoren begnügten sich nicht damit, nur die Tatsache zu bestätigen, daß Jesus der Messias sei, sondern bemühten sich, Inhalt und Bedeutung dieses Erlösungswerkes immer gründlicher und eingehender zu erforschen.

Literatur: O. Betz: Jesus und das Danielbuch, Bd. II: Die Menschensohnworte Jesu und die Zukunftserwartung des Paulus (Daniel 7,13-14), ANT 6/1 1985; ders.: Jesus, der Messias Israels, WUNT 42, 1987; W. Bousset (ed.H. Greßmann): Die Religion des Judentums im neutestamentlichen Zeitalter, HAT 21, ³1926; W. Eichrodt: Die Hoffnung des ewigen Friedens im alten Israel, 1920; J. Klausner: The messianice idea in Israel, 1956; S. Mowinckel: Han som kommer, 1951, engl. Übers: He that cometh, 1956; H. Ringgren: Der Messias im Alten Testament. R.T.F./O.B.

MICHA. (Kurzform von Michael, »Wer ist wie Gott?«)

1. Mann vom Gebirge Ephraim (Ri 17; 18). Er entwendete seiner Mutter 1100 Silberstücke, gab sie ihr aber aus Furcht vor ihrem Fluch wieder zurück. Die Mutter ließ darauf für 200 Silberstücke ein geschnitztes und gegossenes Bild anfertigen, das in M.s Haus aufgestellt wurde. M. ließ dazu *Efod (Leibrock) und einen Hausgötzen machen und weihte einen seiner Söhne zum Priester. Später kam ein Levit aus Bethlehem in Juda zu ihm, den er als Priester bei sich behielt. Als die Daniten auf dem Weg zur Eroberung von Lajisch bei M. vorbeikamen, nahmen sie den Priester mitsamt Götzenbildern und Efod mit sich fort. Die Geschichte zeigt den geistlichen und sittlichen Verfall zur Richterzeit, als es keinen König in Israel gab, und jeder tat, was ihm gefiel (Ri 17,6). Nach spätjüd. Tradition wohnte M. in Gerab, dem heutigen Chirbet Dscherabe, ca. 2 km westl. von *Silo.

2. Prophet z.Zt. Jesajas (Mi 1,1), s.*Micha, Buch.

3. Sohn *Mefi-Boschets oder Merib-Baals, Enkel Jonatans (2Sam 9,12f; 1Chr 8,34f; 9,40f).

4. Sohn Usiëls, ein Levit (1Chr 23,20; 24,24.25).

MESSING
s. Bergbau und Metallgewinnung

METALL
s. Bergbau und Metallgewinnung

Gegenüberliegende Seite oben:
Die Lage von Michmas.

unten:
Das Territorium der Midianiter.

MIDRASCH
s. Talmud u. Midrasch

5. Sohn Jimlas, der als Prophet Gottes König Ahab die Wahrheit zu sagen wagte und ihm im Namen Gottes seinen Tod ankündigte (1Kön 22,5-28; 2Chr 18,4-27).

6. Sohn Schimis, Vater Reajas, ein Rubeniter (1Chr 5,5).

7. Levit, der z.Zt. Nehemias die Verpflichtung auf das Gesetz unterschrieb (Neh 10,12f).

8. Levit aus dem Geschlecht Asafs, Vater des Mattanja, der z.Zt. Nehemias beim Gebet den Lobgesang anzustimmen hatte (Neh 11,17; 1Chr 9,15).

9. Weiterer Levit aus dem Geschlecht Asafs, Vater eines Mattanja, dessen Urenkel Usi z.Zt. Nehemias lebte (Neh 11,22). Er könnte identisch sein mit *Michaja (6).

MICHA, BUCH.

1. Aufbau und Entstehungsgeschichte des Michabuches.

Die Mehrzahl der Ausleger rechnet mit einer komplizierten Entstehungsgeschichte des Prophetenbuches.

Jede Rekonstruktion der Entstehungsgeschichte behält hypothetische Züge.

Evidenter ist die Architektur der Endgestalt des Buches, die eine planvolle Redaktion vermuten läßt. Drei Sammlungen (?) beginnen jeweils mit einem Ruf zur Aufmerksamkeit (1,2/3,1/6,1), bieten dann Unheilsankündigungen (1,2-2,11/3,1-12/6,1-7,7) und schließen mit Heilsworten (2,12f/4,1-5,14/7,8-20).

2. Zur Person Michas. Ort und Zeit seiner Verkündigung.

Aus Jer 26,18 und besonders aus Mi 1-3 können wir einiges Wesentliche über die Person Michas von Moreschet (eine Tochtersiedlung von Gat in der Schefela, 35 km südwestl. von Jerusalem gelegen) und über den zeitlichen Rahmen, über Anlässe und Motive seiner Predigt entnehmen. Der Überschrift (Mi 1,1) zufolge muß er zwischen 740 und 700 v.Chr. gewirkt haben, während der Herrschaft der judäischen Könige *Jotam (756-741 v.Chr.), *Ahas (741-725 v.Chr.) und *Hiskia (725-697 v.Chr.). Unter Jotam und seinem Vorgänger *Usija waren Reichtum und Luxus ins Land eingezogen. Die Lage änderte sich, als unter Tiglatpilesar III. (745-727 v.Chr.) Assyrien erstarkte. *Pekach von Israel und *Rezin von Damaskus bildeten eine Koalition gegen Assyrien. Ahas von Juda trat ihr nicht bei, sondern rief Tiglatpilesar III. gegen Damaskus und Israel zu Hilfe. Damit wurde Juda zum Satellitenstaat Assyriens. 732 v.Chr. nahmen die Assyrer Damaskus ein, annektierten das Gebiet Israels nördl. der Ebene *Jesreel und ließen *Hosea den Rest des nördl. Reiches Israel als Vasall regieren. Als er sich dagegen auflehnte, belagerte Tiglatpilesars Nachfolger Salmanassar V. (727-722 v.Chr.) Samaria (732/22 v.Chr.) und Sargon II. (722-705 v.Chr.) nahm es im Jahr seines Regierungsantritts ein. M., ein Zeitgenosse Jesajas, trat wie dieser im Südreich auf, vor allem in seiner Heimat (Mi 1-2), aber auch in Jerusalem (vgl. Mi 3,10.12). Das Buch teilt die Umstände von M.s Berufung zum Propheten ebensowenig mit wie andere biographische Einzelheiten. Vielleicht dürfen wir aus der Art und Weise, wie M. mit den Geschundenen »seines Volks« mitfühlt, sich sorgt und Verantwortung trägt (vgl. Mi 1,9; 2,8f; 3,3.5), schließen, »daß Micha als ein Ortsältester. . .von Moreschet fungierte« (H.W. Wolff), bevor er zum Propheten berufen wurde. Besonders auch Mi 3,8: »Dagegen ich, ich bin erfüllt mit Vollmacht, mit dem Geist Jahwes, mit Rechtsspruch und Tapferkeit, Jakob seine Aufsässigkeit vorzuhalten und Israel seine Verirrung«, ein Zeugnis von außerordentlichem prophetischen Selbstbewußtsein, könnte diese Annahme stützen. Dies ist gegen die bestechlichen Propheten gesagt und spiegelt die Zivilcourage, mit der M. für den *mischpat*, den konkreten Rechtsspruch im Tor der Stadt eintritt, was tatsächlich die primäre Pflicht der Ältesten ist.

3. Anklage und Strafankündigung in Michas Verkündigung.

M. bezichtigt in erster Linie die führenden Stände der Korruption und der Zerstörung der brüderlichen Jahwe-Gemeinschaft: Richtern, Propheten und Priestern, denen die Vermittlung von Recht, Gerechtigkeit und Tora (Weisung für das kultische und sittliche Leben) obläge (Mi 3,9-11), gibt er Jahwes Anklage weiter. Angeklagt werden besonders auch habgierige Großgrundbesitzer (Mi 2,1ff) und »die Beamten, Offiziere und Soldaten aus den Garnisonen der Nachbarschaft, die . . . Häuser und Grundstükke konfiszieren und freie Menschen zu Arbeitssklaven degradieren; diese judäischen Truppenteile wirken wie eine feindliche Besatzungsmacht« (H.W. Wolff; s. Mi 2,1f.8-10).

M. sieht wegen der angehäuften Schuld unabwendbares Unheil in Gestalt eines brutalen Eroberers kommen, der einen Vernichtungskrieg bis hin zur Zerstörung Jerusalems und des Tempels führen wird (Mi 3,12; vgl. Mi 1,16; 2,3f).

4. Das Programm der Verkündigung Michas.

Wie M. den Menschen in allen Dimensionen des Lebens in Verantwortung vor Jahwe sieht, zeigt eindrücklich Mi 2,1-11. Ein Verbrechen an Gott und Mensch geschieht, wo sich die Macht – als vorgegebene Struktur (Mi 2,1: »denn es steht in der Allmacht ihrer Hand«) – mit der Begehrlichkeit des einzelnen Menschenherzens paart (Mi 2,1-2 mit unüberhörbarem Bezug auf das 10. Dekalogwort). Doch bleibt M. nicht bei der Freilegung der doppelten Wurzel des Bösen stehen, sondern nennt, durch Zwischenrufe (Mi 2,6f) herausgefordert, Untaten konkret beim Namen (Mi 2,8-10). Dieselbe Skizze eines Auftritts ist ein Musterbeispiel dafür, wie ein Prophet gegen die zum steinernen Dogma und geschichtslosen »Heilsbesitz« erstarrten Bekenntniswahrheiten Israels den Willen des lebendigen Gottes ins Spiel zu bringen hatte. M.s Gegner pochten auf heilige Traditionen Israels: auf die Sicherheitsgarantie Zion, die feste Burg, auf den Jakobssegen, auf die »Geduld« und auf die Rettermentalität Jahwes (vgl. mit Mi 2,6-7 und 3,11b Ps 46; Jer 26,11;1Mo 49,28;Ps 103,8; 2Mo 34,6/Ps 103,6; 2Mo 34,10). Alle diese Traditionen erklärt M. für gegenstandslos, sobald Israel nicht mehr den geraden Weg geht (Mi 2,7). An einer Stelle wird dieser gerade Weg auf einen schon auf Jesu Doppelgebot vorausweisenden Begriff gebracht: »Es ist dir gesagt, o Mensch, was gut ist, was Jahwe von dir fordert, nämlich unbedingt Recht tun und Treue und Liebe, in Ehrfurcht den Weg gehen mit deinem Gott« (Mi 6,8).

5. Die Verkündigung Michas.

Die Heilsanweisungen (Mi 2,12f; 4,1-8.14; 5,1-14) zeigen viele Berührungen mit dem Jesajabuch (z.B. Jes 2,2-5). Wie Jesaja erhofft M. den künftigen Schalom (Frieden) nicht mehr von den in Jerusalem regierenden Davididen, sondern vom Wurzelstumpf Isai in Bethlehem: »Jahwe beginnt aufs neue sein messianisches Werk am ruhmlosen Ort unter kleinen Leuten« (H.W. Wolff).

6. Die Sprache Michas.

Die Prophetie M.s leidet nirgends an gedanklicher Blässe. Sie verdankt ihre (sicher anzunehmende) Durchschlagskraft einem farbenprächtigen Stil: Alliteration, Assonanzen, Wortspiele und derb-drastische Metaphern. Die Predigt wirkt dialogisch-lebendig. Öfters zitiert M. seine Gegner, um ihnen aggressiv zu widersprechen. Wenn er bald mit grausigen Bildern schockiert, bald zartes Mitgefühl für seine geschundenen Mitmenschen bekundet, so zeigen sich darin nur zwei Seiten erregter Leidenschaft, in der er seines prophetischen »Amtes« waltet.

Literatur: H. Brandenburg: Die kleinen Propheten I, ³1982; A.S. van der Woude: Micha, 1976; H.W. Wolff: BKAT XIV/4, 1982.

W.G.

MICHAEL. (Hebr. *mîkā'ēl*, »wer ist wie Gott?« - synonym mit *Michaja und *Micha).

1. Engelfürst, der in pseudepigraphischer Literatur als Patron Israels und dessen Fürsprecher betrachtet wird (äthHen 20,5; 89,76). Im Buch Daniel ist er der Beschützer der Juden vor der Bedrohung durch die gottlose Macht Persien (Dan 12,1). Er wird »der Engelfürst« und »euer Engelfürst« genannt (Dan 10,13.21). Damit stimmt zusammen, daß M. der Erzengel ist, der (nach Jud 9) »mit dem Teufel stritt. . .um den Leichnam des Mose«. M. erscheint wieder in Offb 12,7, wo er im Himmel gegen den Drachen Krieg führt. Hier steht er an der Spitze der Engel Gottes, und zwar als Vertreter der Gemeinde Jesu.

2. Vater Seturs, einer der Kundschafter z.Zt. der *Wüstenwanderung aus dem Stamm *Asser (4Mo 13,13).

3. Gaditer, der im Land *Baschan wohnte (1Chr 5,13f).

4. Mitglied der levitischen Sängerfamilien (1Chr 6,25).
5. Sohn Jisrachjas, aus dem Geschlecht *Issaschar (1Chr 7,3).
6. Sohn Berias, aus dem Geschlecht *Benjamin (1Chr 8,16).
7. Einer der Männer aus dem Stamm *Manasse, der sich *David im Kampf gegen Saul anschloß (1Chr 12,21).
8. Vater *Omris, des Fürsten des Stammes Issaschar z.Zt. Davids (1Chr 27,18).
9. Sohn des Königs *Joschafat, der von seinen Brüdern beim Regierungsantritt ihres Bruders *Joram umgebracht wurde (2Chr 21,1ff).
10. Vater des Sebadja, einer von den Söhnen Schefatjas, der unter der Herrschaft Artahsastas aus dem Exil in Babel nach Jerusalem zurückkehrte (Esr 8,8). J.D.D.

MICHAJA. Kurzform von Michajahu »Wer ist wie der Herr?«
1. Name der Mutter des Königs *Abijas, die eine Tochter Uriëls aus *Gibea war (2Chr 13,2). Der Vergleich mit 2Chr 11,20 zeigt, daß M. mit *Maacha, der Enkelin Absaloms, gleichzusetzen ist.
2. Einer der Fürsten Joschafats, die er mit den Leviten in die Städte Judas sandte, das Volk im Gesetz zu unterrichten (2Chr 17,7).
3. Vater Achbors, eines Hofbeamten des Königs *Josia.(2Kön 22,12; 2Chr 34,20).
4. Sohn des Gemarja z.Zt. Jeremias (Jer 36,9-13).
5. Priester z.Zt. Nehemias (Neh 12,41).
6. Levit aus dem Geschlecht Asafs und Vater eines Mattanja, dessen Urenkel Sacharja z.Zt. Nehemias lebte (Neh 12,35). Wahrscheinlich ist er identisch mit *Micha (9.)

MICHAL (Hebr. *mīkal*) M. war *Sauls jüngere Tochter (1Sam 14,49). Sie wurde anstelle ihrer Schwester *Merab mit David für einen Brautpreis von hundert Vorhäuten von Philistern verheiratet (1Sam 18,20ff). Ihr schnelles Eingreifen und ihr Erfindungsreichtum retteten David vor Saul (1Sam 19,11-17). Während seiner Verbannung wurde sie mit Palti(ël) verheiratet, dem Sohn Lajischs aus Gallim (1Sam 25,44). Als Abner nach Sauls Tod zu David übergehen wollte verlangte David von ihm, ihm M. zurückzubringen – wohl aus politischen Gründen, um seinem Anspruch auf die Thronfolge Nachdruck zu verleihen (2Sam 3,14-16). Als die Bundeslade nach Jerusalem gebracht wurde, tanzte David mit solcher Hingabe, daß M. ihn verachtete (2Sam 6,12ff). M.B.

MICHMAS. Eine Stadt in Benjamin, östl. von Bethel und 12 km nördl. von Jerusalem, 600 m über dem Meeresspiegel, am Paß von Bethel nach *Jericho. In *Gibea, etwas südl. von diesem Paß, hatte Jonatan einen erfolgreichen Raubzug gegen die Philistergarnison geführt (1Sam 13,2). Die Philister sammelten eine große, gutausgerüstete Armee in Geba (oder Gibea), bei deren Anblick etliche aus dem Heer Sauls desertierten (1Sam 13,5ff).

Ohne Sauls Wissen stiegen Jonatan und sein Waffenträger von Geba herab, bestiegen den Südabhang und lösten durch die Ermordung der Wachposten Verwirrung im Lager der Philister aus. Jonatans Handlung trug entscheidend zum Sieg über die Philister bei (1Sam 14,1ff).

In seiner Beschreibung des drohenden Angriffs auf Jerusalem stellt Jesaja (Jes 10,24.28) die Einnahme M. durch die Assyrer dar. Nach der babylon. Gefangenschaft wurde M. wieder besiedelt (Esr 2,27; Neh 7,31; 11,31). Im 2. Jh.v.Chr. war M der Wohnort des Jonatan Makkabäus (1Makk 9,73).

Die Ortslage markiert das heutige Muchmas, ein Ruinendorf am Nordkamm des Wadi Suweinit. J.D.D.

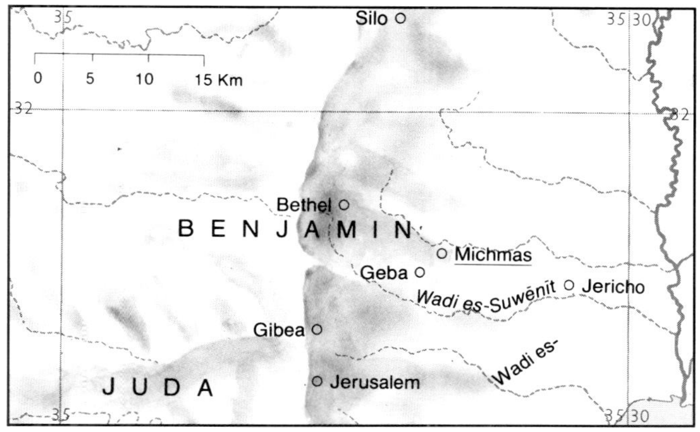

MIDIAN/MIDIANITER. (»Streit, Zank«).

Die Midianiter stammen von M. ab, einem Sohn *Abrahams und seiner zweiten Frau *Ketura (1Mo 25,2; 1Chr 1,32). Alle Söhne Keturas sandte Abraham noch zu seinen Lebzeiten nach O, d.h. in die syr.-arab. Wüste (1Mo 25,6). Die späteren arab. Geographen kennen noch eine Stadt M. östl. vom Golf von Aqaba. Die Söhne M.s waren Efa, Efer, *Henoch, Abida und Eldaa (V. 4; 1Chr 1,33). Der Edomiterkönig *Hadad schlug die Midianiter im Felde Moabs (1Mo 36,35; 1Chr 1,46). 1Mo 37,28.36 erwähnt midianitische Kaufleute, die Josef nach Ägypten verkauften. *Mose floh aus Ägypten ins Gebiet von M., das sich damals im S und SO Kanaans erstreckte (2Mo 2,15). Der midianitische Priester *Jitro wurde Moses Schwiegervater (2Mo 2,21; 3,1; vgl. *Keniter).

Seinen Schwager Hobab bat Mose, mit Israel durch die Steppe (»Wüste«) zu ziehen (4Mo 10,29-32).

Als Israel ins *Ostjordanland kam, waren die M. aufs engste mit den Moabitern verbunden (4Mo 22,4.7); sie verleiteten auf den Rat *Bileams hin Israel zu Unzucht und Götzendienst (4Mo 25,6), so daß Gott Mose befahl, sie als Feinde zu behandeln (V. 16-18). 4Mo 31 berichtet über ihre Vernichtung durch Israel, wobei ihre Könige Ewi, Rekem, Zur, Hur und Reba fielen (V. 8) und alle ihre Städte und Zeltdörfer verbrannt wurden (V. 20). Aus Jos 13,21 geht hervor, daß die fünf Midianiterkönige Vasallen des Amoriterkönigs Sihon gewesen sind. Die M., die Israel während der Richterzeit unterdrückten, erlitten eine vernichtende Niederlage durch *Gideon (Ri 6-8; 9,17). Danach werden sie nur noch Jes 60,6 und Hab 3,7 erwähnt.

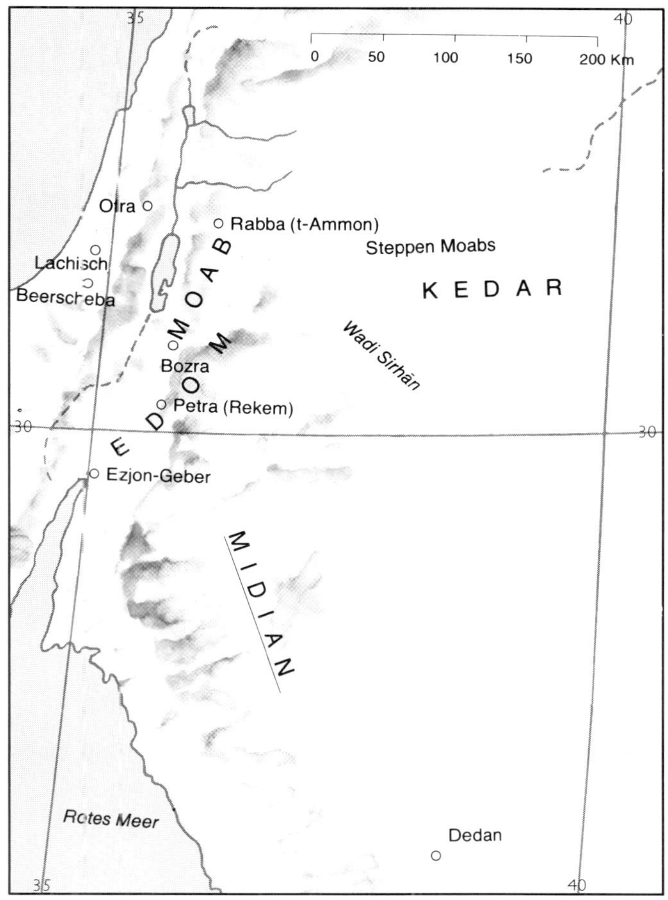

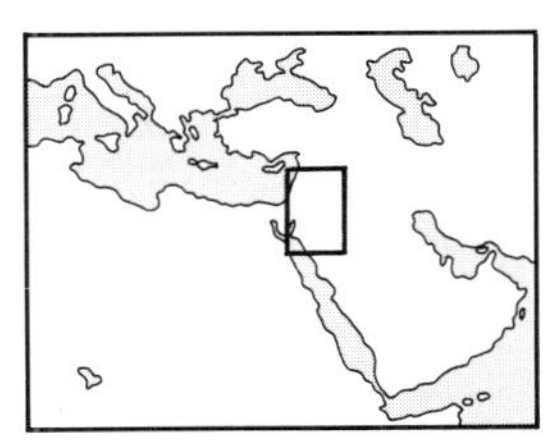

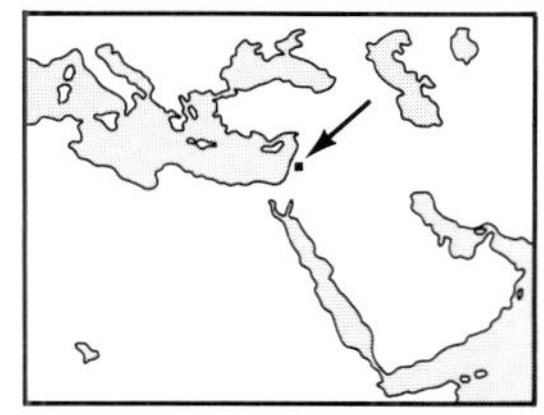

MIGDAL-EDER. (Hebr. »Herdenturm«). Nach 1Mo 35,21 ein Lagerplatz *Jakobs, der zumindest nach dem heutigen MT in der Nähe von *Bethlehem (vgl. 1Mo 35,19) lag und jedenfalls nicht mit dem Gader von Jos 12,13 zu identifizieren ist. Hieronymus (Onom. 43,22; 63,3) kannte bei Bethlehem einen Turm Ader, wo die Hirten die Engelsbotschaft empfingen Lk 2,8ff). Wahrscheinlich hat diese Ortstradition vorchristl. jüd. Wurzeln (P. Winter, JQR 45, 1955, 238–241). Schon vor 70 n.Chr. verehrte man das *Rahel-Grab an seiner heutigen Stelle nordwestl. von Bethlehem. Die Mischna (Schek 7,4) kennt ein M. bei *Jerusalem (G. Dalman, Orte und Wege Jesu, [4]1967, 53f) und die Angabe des essenernahen Testaments Ruben »Gader ganz nahe bei Ephrata des Hauses Bethlehem« (TestR 3,31) könnte auf Ortskenntnis beruhen. In Mi 4,8 bezeichnet M. den »*Ofel der Tochter *Zion«, d.h. Jerusalem, als eine Schafhürde, »zu der die frühere Königsherrschaft Israel zurückkehren wird«. Dieses Heilswort steht in engem Zusammenhang mit der Verheißung des davidischen Endzeitherrschers aus Bethlehem (Mi 5,1). Nach dem Targum Jonathan I zu 1Mo 35,21 und dem Propheten-Targum zu Mi 4,8; 5,1 erwarteten jüd. Kreise die Erscheinung des *Messias bei M. (B.Z. Luria, Bet Mikra 71, 1977, 413–416). Vielleicht steht die kleine Hirtensiedlung aus dem 1. Jh.n.Chr. am Rand der Ebene von Bet Sahūr, ca. 2 km östl. von Bethlehem (OLB 2, 647f), wo mindestens schon im 4. Jh. das Hirtenfeld von Lk 2,8 lokalisiert wurde (Kopp 57–59), mit solchen Erwartungen in Verbindung (H. Schürmann, Lukasevangelium, [2]1981, 108f). Lk 2,1–14 ist jedenfalls von der Weissagung Mi 4,7–5,5 geprägt (R. Laurentin, Lk. Kindheitsgeschichte, 1967, 99–102). Die Prophetie Mi 4,8 spielte offenbar schon in der Familie Jesu (vgl. Eus h.e. II, 23,7) eine wichtige Rolle (B. Pixner, HlL 111/2–3, 1981, 9f).

Literatur: C. Kopp: Heilige Stätten der Evangelien,[2]1964, 55-66; F.M. Abel: Géographie de la Palestine II, [3]1967, 309f; OLB 2, 639-650. R.R.

MIGDAL-EL. (Hebr. »Turm Gottes«). Ort im N von *Naftali (Jos 19,38). Unter allen Lokalisierungsversuchen (F.M. Abel, Géographie de la Palestine II, [3]1967, 386f) hat der mit Chīrbet El-Medschdel, 6 km nordnordwestl. von *Kedesch Naftali (*Kedesch 4.), am meisten für sich (M. Noth, Josua, [3]1971, 120). R.R.

MIGDOL. Der Name bezeichnet eine kanaan. Festung. Als Ortsname ist M. in 2Mo 14,2; 4Mo 33,7; Jer 44,1; 46, 14; Hes 29,10; 30,6 erwähnt. Mehrere solcher Festungen wurden in der Nähe der ägypt. Grenze gebaut, aber keine kann genau lokalisiert werden. Das M. der Propheten im N Ägyptens (vielleicht im heutigen Tell el-Her, 40 km südöstl. von Port Said) ist ein anderes als das im S (Papyrus Anastasi V), das wahrscheinlich das M. Sukkots ist. M. im N mag das Magdolum des Itinerarium Antonini sein, 12 röm. Meilen von Pelusium entfernt. C.D.W.

MILCH. (Hebr. *chālāb*; griech. *gala*). In Israel wurde die M. von Kühen und Schafen (5Mo 31,14; Jes 7,21f), von Ziegen (Spr 27,27) und von Kamelen (vgl. 1Mo 32,16) zur Nahrung verwendet. M. wurde in ledernen Schläuchen aufbewahrt (Ri 4,19) und in Schalen gereicht (Ri 5,25).

Chālāb (1Mo 18,8; Ri 4,19; Jes 55,1 u.ö.) bezeichnet wohl meist die mit Hilfe von kleinen Stücken Labmagen gedickte oder durch Gärung gesäuerte M. Sie wird als erfrischendes Getränk und mit Grütze gekocht genossen. Süße Milch trinkt man verhältnismäßig wenig, da sie sich während des größten Teils des Jahres nicht hält.

Butter (hebr. *chām'āh*) wird aus der noch frischen, süßen M. bereitet, die man in ein Ziegenfell füllt, das an Stöcken aufgehängt ist. Das stößt man mit den Fäusten, bis durch die Bewegung Butter entsteht (vgl. Spr 30,33). Diese Butter, die infolge des warmen Klimas stets weich bleibt, wird frisch gegessen, indem man das Brot hineintaucht; zur Aufbewahrung kocht man sie auf.

Aus geronnener M. wird durch Seihen Quark und daraus durch Salzen und Trocknen Käse gewonnen. LÜ gibt drei verschiedene hebr. Ausdrücke mit »Käse« wieder: *charīzē chālāb* (wörtl. »Schnitten [geronnener] Milch«, also Käse- oder Quarkscheiben, 1Sam 17,18), *schepōt bāqār* »Rinderquark oder -käse«, (2Sam 17,29) und *gebīnah*, »Käse oder Quark«, (Hiob 10,10).

Kanaan galt als ein Land, »darin Milch und Honig fließt« (2Mo 3,8 u.ö.), d.h. das Nahrung in Überfluß hatte. Im NT wird die M. als Bild für die (erste) geistliche Lehre gebraucht (1Kor 3,2; 1Petr 2,2; Hebr 5,12-14).

Migdol (Festungsturm) als Eingangstor zum Tempel Ramses' III. (ca. 1180 v.Chr.) in Medinet Habu, West-Theben, Ägypten. (KAK)

MILET. Die am weitesten südl. gelegene der großen ionischen (griech.) Städte an der Westküste Kleinasiens, ein blühendes Handelszentrum; im 8., 7. und 6. Jh.v.Chr. gründete sie Kolonien am Schwarzen Meer und hatte auch Kontakt mit Ägypten. Pharao Necho opferte in einem miletischen Tempel nach seinem Sieg bei *Megiddo 608 v.Chr. (2Kön 23,29; 2Chr 35,20ff). Die Milesier hielten der Expansion *Lydiens stand und begannen 499 v.Chr. die ionische Revolte gegen Persien; ihre Stadt wurde 494 v.Chr. zerstört. Zur Zeit des großen Reichtums war M. die Heimat der griech. Philosophen Thales, Anaximander und Anaximenes sowie des Chronisten Hekatäus. M.s Wol waren waren weltberühmt.

Nach der Zerstörung durch die

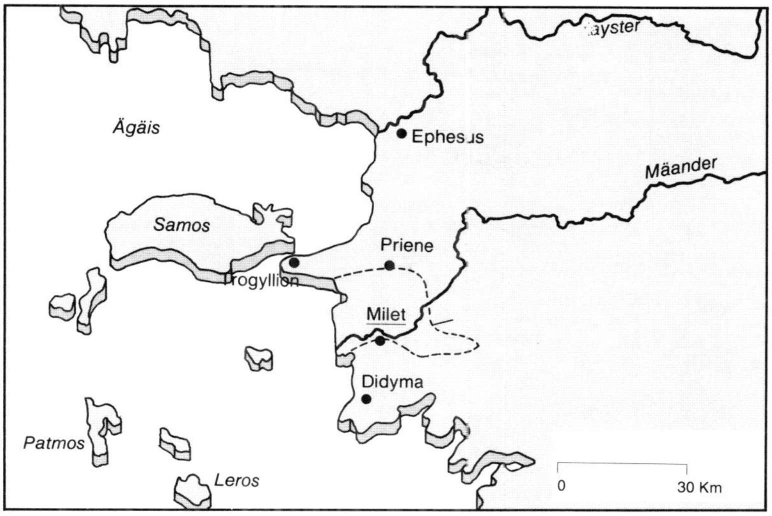

Die Lage der griechischen Stadt Milet.

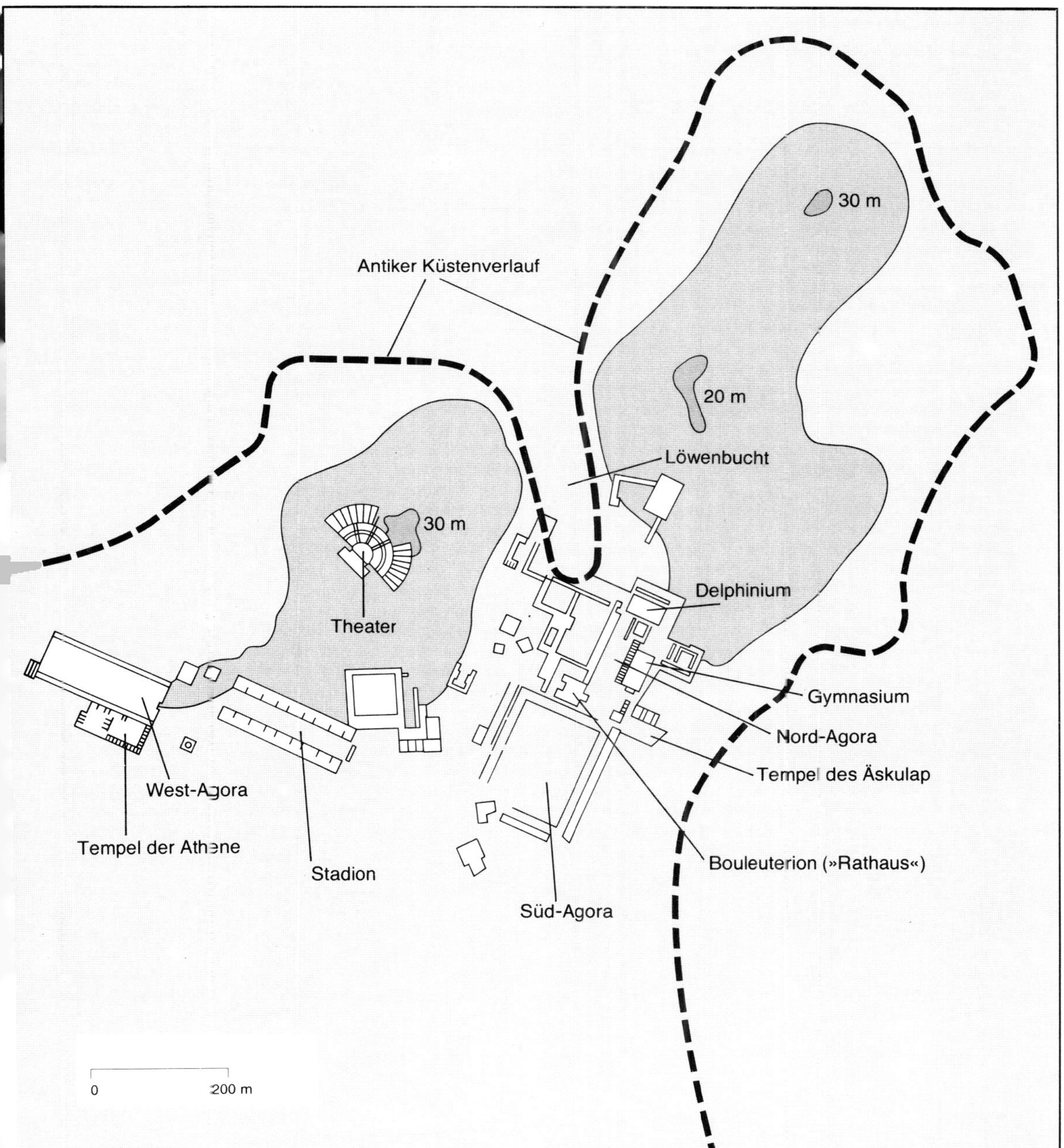

Plan des antiken Milet.

Das Theater von Milet, ursprünglich im 4. Jh. v.Chr. erbaut, in hellenistischer und römischer Zeit mehrfach verändert. (RVS)

MINE
s. Maße und Gewichte

MINZE
s. Kräuter und Gewürze

Perser war die Geschichte der Stadt wechselvoll; als Paulus dort weilte (Apg 20,15; 2Tim 4,20), zehrte M. weitgehend von vergangenem Ruhm. Zu jener Zeit gehörte M. zu der röm. Provinz Asia. Wegen der Ablagerungen des Mäanderflusses verlandete der Hafen (heute ein Binnensee), und der Handel ging zurück. Eine Inschrift in den Ruinen zeigt den Platz im Theater an, der für Juden und »Gottesfürchtige« reserviert war. K.L.Mck.

MILKA. (Hebr. *milkā*, »Rat«).
1. Tochter *Harans, Nichte und Frau *Nahors (1Mo 11,29). Mit Nahor hatte M. die Kinder Uz, Bus, Kemuel, Kesed, Haso, Pildasch, Jidlaf und Betziel (1Mo 22,20ff). *Rebekka, die Tochter Betuels, war ihre Enkelin (1Mo 24,15.24.47).
2. Eine der fünf Töchter *Zelofhads. Da sie keine Brüder hatten, gab man ihnen ein Erbteil, als das Land aufgeteilt wurde (4Mo 26,33; 27,1; 36,11; Jos 17,3). J.D.D.

MILLO. (Hebr. *millō̂* von *mālē̂*, »voll sein«, vgl. akkad. *mīlū*, »Aufschüttung, Höhe«).
1. Ein Teil der Befestigung von *Jerusalem, die *Salomo errichten ließ (1Kön 9,15.24). Wohl wegen der hohen Kosten und damit verbundener Fronarbeit trug dieses Bauprojekt zur Erhebung *Jerobeams bei (1Kön 11, 27). König *Joasch (836-797 v.Chr.) wurde im »Haus Millo« umgebracht (2Kön 12,21), und *Hiskia verstärkte den M. (2Chr 32,5). 2Sam 5,9 und 1Chr 11,8 brauchen nur zu bedeuten, daß der Verfasser Baumaßnahmen *Davids mit Hilfe eines zu seiner Zeit bekannten Ortsnamens beschreibt, nicht aber, daß schon David den M. baute (Vincent). K.M. Kenyon hielt von ihr entdeckte Terrassen am NO-Abfall der Davidsstadt ins *Kidron-Tal für den M. (Digging Up Jerusalem, 1974, 100-103) und viele Forscher sind dieser Identifizierung gefolgt. Aber diese Struktur ist schon kanaan. und wahrscheinlich mit den Kidron-Terrassen (*sadmot qidrōn*) von 2Kön 23,4 gleichzusetzen (Stager). Wahrscheinlich handelt es sich beim M. um jenes mächtige Treppenpodium im äußersten N der Davidsstadt, das schon von Frau Kenyon angegraben und von Y. Shiloh (Excavations at the City of David, 1984, 27f) weiter freigelegt wurde. Diese Struktur hat man vermutlich unter Salomo am Ort des kanaan. und späteren davidischen Königspalasts errichtet (*Ofel). Da Salomo seinen Palast auf den *Tempel-Berg verlegte, stand auf dem Podium ein anderes öffentliches Gebäude (»Haus Millo«). Manche nehmen an, daß an dieser Stelle unter *Antiochus IV. 168 v.Chr. (Jos.ant.Jud XIII. 215-217) die seleukidische Zwingburg (Akra) errichtet wurde (G. Dalman, Jerusalem und sein Gelände, 1930, 133f).
2. Ein »Haus Millo« wird neben den Bürgern der Stadt für *Sichem erwähnt (Ri 9,6.20). Vielleicht handelte es sich um den Stadtrat, der (ähnlich wie der *Areopag in *Athen) seinen Namen nach dem Versammlungsort trug (G. Sauer, BHH II, 1964, 1218). Auch in Sichem wurde eine große, künstlich angelegte Terrasse gefunden, welche die Akropolis, wohl einschließlich des Tempels des *Baal-Berit (Ri 9,4.46), trug (J. Nelis, BL^3, 1982, 1155f). Das weist ebenfalls darauf hin, daß wir es bei M. nicht einfach mit einem Ortsnamen, sondern mit einem Spezialausdruck für einen Teil der Stadtbefestigung zu tun haben.

Literatur: B. Mazar: Der Berg des Herrn, 1979, 155-158; J. Simons: Jerusalem in the Old Testament, 1952, 60-68; ders.: OTS 2 (1943), 35-78; L.E. Stager: JNES 41 (1982), 111-121; L.H. Vincent: Jérusalem antique, 1912, 142-170. R.R.

MIRJAM. (Ableitung s. *Maria).
1. Die Tochter Amrams und *Jochebeds, Schwester *Aarons und *Moses (4Mo 26,59). In 2Mo 2,4ff wird M. ohne Namensnennung erwähnt als Moses Schwester, die ihn im Schilf beaufsichtigte und der Tochter des Pharao ihre Mutter als Amme vorschlug. M. führte als Prophetin die Frauen beim Tanz und Lobgesang an, um die Durchquerung des Roten Meeres und den Untergang der Ägypter zu feiern (2Mo 15,20f).
M. und Aaron wiedersetzten sich zu einem späteren Zeitpunkt Mose. M. wurde von Gott mit Aussatz gestraft; Mose legte für sie Fürsprache ein, so daß sie nach sieben Tagen geheilt wieder in die Gemeinschaft zurückkehren konnte (4Mo 12).
M. starb in *Kadesch und wurde dort begraben (4Mo 20,1). Mit Achtung spricht der Prophet Micha (6,4) von ihr. In der Bibel gibt es keinen Hinweis auf eine Heirat M.s, aber die rabbinische Überlieferung macht sie zur Frau Kalebs und Mutter *Hurs.
2. Tochter *Esras aus dem Geschlecht Juda (1Chr 4,17). M.B.

MISCHAËL (»Wer ist, was Gott ist?«).
1. Sohn Usiëls, ein Levit (2Mo 6, 22), der mit seinem Bruder *Elizafan die Leichen von Aarons Söhnen Nadab und Abihu aus dem Lager trug, nachdem sie für ihre Altarschändung getötet worden waren (3Mo 10,1-5).
2. Königlicher Zögling wie Daniel (Dan 1,6.11 usw.; 1Makk 2,59), dessen Name von den Babyloniern in Meschach umgeändert wurde (Dan 1,7). D.W.B.

MISCHNA.
1. Name.
Der Name M. (von hebr. *schānāh*, »wiederholen, lernen, lehren«) bezeichnet a. die mündlich tradierte Lehrentscheidung eines »Tanna«, d.h. eines der rabbin. Weisen aus der Zeit von der Mitte des 2. Jh.v.Chr. bis zum Ende des 2. Jh.n.Chr.; b. die Gesamtheit der tannaitischen Lehren (Mischnajoth), die gegen Ende dieses Zeitraums von Rabbi Jehuda ha-Nasi (dem »Fürsten«) gesammelt, geordnet und schriftlich niedergelegt wurden (b BM 86 a). Die Form der Darstellung, die Wiedergabe der Diskussion im Lehrhaus, ferner gelegentliche Wiederholungen und Widersprüche lassen erkennen, daß der Redaktor die Meinung verschiedener Schulen, vor allem die Kontroversen zwischen dem Haus Hillel und dem Haus Schammai, möglichst unverändert wiederge-

ben wollte. Vorstufen dieser Mischna waren Sammlungen von Rabbi Aqiba und Rabbi Meïr (Mitte des 2. Jh. n.Chr.), die aber im Text als solche nicht mehr in Erscheinung treten. Nach rabbin. Verständnis bietet die M. die am Sinai von Gott dem Mose gegebene Weisung, die zur schriftlichen Tora als erklärender Kommentar notwendig hinzugehört und schon im Alten Israel getreulich weitergegeben wurde (vgl. Aboth 1,1; b Chag 6 a.14 a). Tatsächlich aber wird diese in hebr. Sprache abgefaßte Überlieferung als Lehrmeinung der Tannaim dargestellt; außerdem weisen manche nicht-bibl. Begriffe und Lehnwörter, vor allem aus dem Griech., auf eine spätere Herkunft dieser Lehre.

2. Inhalt.

Die M. enthält vor allem Halacha, d.h. Weisung für den rechten »Wandel« in allen Lebensbereichen der jüd. Gemeinde. Diese Weisung wurde einmal durch Auslegung (vgl. *Talmud und Midrasch) der schriftlichen Mosetora gewonnen, wobei die Beweisführung aus der Bibel allerdings nur selten explizit erfolgt. Zum andern erscheinen neue Satzungen (Halachoth), die aufgrund der sich ändernden Lebensbedingungen notwendig geworden waren (vgl. Chag 1,8). Anders als bei den halachischen Kommentaren (z.B. Mekhilta oder Sifra) wird der Lehrstoff der M. nach sechs großen Sachgebieten geordnet vorgetragen (*Sedarim*, »Ordnungen«):

a. *Zera'im* »Saaten«, Ackerbau;
b. *Mo'adim*, »bestimmte Zeiten«, heilige Tage;
c. *Nashim*, »Frauen«, Eherecht;
d. *Neziqin*, »Schäden«, Zivilrecht und Strafrecht;
e. *Qodaschim*, »heilige Dinge«, Darbringung der Opfer im Tempel;
f. *Toharoth*, »reine Dinge«, Durchführung der rituellen Reinigung.

Jede dieser Ordnungen, die wohl schon wesentlich früher sind (von Hillel?), enthält 7-12 Traktate (*massekhtoth*, »Gewebe«); insgesamt sind es deren 63. Die Traktate werden wieder in einzelne Abschnitte (*peraqim*) und diese in Halakhoth unterteilt. Man zitiert deshalb eine bestimmte Stelle in der M. durch die Angabe von Traktat, Abschnitt und Halacha (z.B.: Berakhoth 5,5).

Die M. mit ihren kurz gefaßten Entscheidungen einzelner Lehrer, denen die maßgebende Meinung der Mehrheit oft hinzugefügt ist, wurde ihrerseits zu einem heiligen Buch, das zum Studium und zur weiterführenden Diskussion einlud; die letztere ist in der Gemara (»Lehre«) der beiden *Talmudim enthalten. Von den 63 Mischnatraktaten sind 26 1/2 ohne Kommentar geblieben. Weisungen der tannaitischen Zeit, die nicht in die M. des Rabbi Jehuda aufgenommen sind, werden in der wie die Mischna aufgebauten Tosefta (»Ergänzung«) geboten bzw. in Baraithoth (»außerhalb« der Mischna tradierten Sätzen) in den Talmudim überliefert.

3. Theologische Absicht.

Die Mischnatradition konnte bildlich als »Zaun« (*sejag*, Aboth 1,1) beschrieben und als »Schutz« (*mischmärät*) für die eigentlichen Gebote Gottes betrachtet werden (vgl. *phylakē tōn nomōn*, Jos.ant.Jud. 18,16). Vor allem wird mit ihr die Heiligung des Volkes Israel angestrebt, dessen Lebensmitte der Jerusalemer Tempel ist. Auch Haus und Tisch der einzelnen Familie soll eine Art von Heiligtum sein, in dem der Hausvater einen priesterlichen Dienst tut.

Die in der M. gebotene, vom humanen Geist des Pharisäismus beseelte Lehre mildert manche Härten der mosaischen Tora, vor allem beim Strafvollzug, dann hinsichtlich der strikten Einhaltung der Sabbatruhe (Sicherung und Rettung des Lebens, vgl. schon 1Makk 2,29-41; Anlegen eines Erub); das Ausleihen von Geld vor dem Sabbatjahr wurde durch den Prosbul (Hillel) ermöglicht. Das Eherecht wurde durch das Abschließen eines Ehevertrags (Ketubbā) verbessert; in ihm ist die wirtschaftliche Absicherung der Frau im Falle einer Scheidung vorgesehen. Allerdings konnte die von den Weisen vollzogene kasuistische Entfaltung und Absicherung der Tora mit der Diskussion auch über extrem schwierige und konstruierte Fälle das Volk belasten (vgl. Mt 23,4). Die *Sadduzäer lehnten die von den Weisen als heilsnotwendig eingeschätzte mündliche Tora ab (Jos.ant.Jud. 18,16); Jesus hat sie als »Überlieferung der Menschen« dem Gebot Gottes gegenübergestellt und die Gültigkeit des letzteren betont: Die als Schutz für das Gebot gedachte Lehre der Weisen kann im Gegenteil sogar zu dessen Aufhebung führen (Mk 7,8-10.13).

4. Mischna und Neues Testament.

Zu den frühesten und besten Zeugen für das der schriftlichen Abfassung voraufgehende Stadium der mündlichen »Überlieferung« gehört das NT, vor allem die in den Evv. gebotene Lehre Jesu. In dieser wird die Lehre der Weisen als »Satzung der Ältesten« bezeichnet (Mk 7,3). In Mk 7,2-4 (vgl. Mt 15,2) ist das rituelle Abspülen der Hände vor einer Mahlzeit als Sitte der Pharisäer und aller Juden vorausgesetzt; eine entsprechende Weisung findet sich in Mischna Yadayim 1,1 (*netilath yadayim*). Zum Reinigen der Gefäße (Mt 23,25) vergleiche man Kelim 2,1; 11,1; Miqwaoth 10,1. Ferner erwähnt Jesus in Mk 7,11 (vgl. Mt 15,5) ein Gelübde, das im gleichen Wortlaut in der Mischna (Nedarim 8,7) aufgeführt ist: »Gabe (griech. *doron*, hebr. *qorban*) sei, was du (Vater bzw. Mutter) von mir zur Nutznießung erhalten würdest!« Nach Jesu Urteil verstößt solch ein Gelübde zugunsten des Tempels gegen das Gebot, die Eltern zu ehren (Mk 7,10-13 par.). Für die Frage, ob am Sabbat Heilung oder Hilfeleistung erlaubt sei (Mt 12,10f), sind Mischna Joma 8,6f und Shabbat 18,3 heranzuziehen, mit Jesu Ablehnung der Ehescheidung (Mk 10,1-12; Mt 5,31f) vergleiche man die Bestimmungen hinsichtlich des Scheidebriefs (Gittin 2,2-5; 4,2). Die von Jesus betonte Vollmacht des von Gott gesandten Menschensohns (Mk 2,10) hat die rechtliche Bestimmung Berakhot 5,5 (vgl. auch Traktat Quiddushin) zum Hintergrund. In der Frage der Steuerzahlung (Mk 12,13-17) dürfte sich Jesus (V. 17) auf die theologische Bewertung des menschlichen Lebens beziehen, die nach der M. bei der Verwarnung der Zeugen in einem Kapitalprozeß zur Sprache gebracht wird: Jedermann wurde gleichsam als Gottes Münze mit dem Prägestock des ersten Menschen gebildet, besitzt aber seine unverwechselbare Individualität und kann wie Adam zum Ahnherrn einer ganzen Welt werden (Sanhedrin 4,5). Will man ermessen, wie die Vertreibung der Geldwechsler aus dem Tempelvorhof (Mk 11,15-19) von den Juden bewertet werden mußte, so sind die Bestimmungen für das Einwechseln des Halbschekels der Tempelsteuer und für dessen Verwendung (Opfer der Gesamtgemeinde) zu beachten (Sheqalim 1,6 vgl. 2Mo 30,16; so J. Neusner). Für die Feier des letzten Mahles Jesu (Mk 14,12-25) ist der Traktat Pesachim wichtig, vor allem dessen Weisung zum Ablauf (Seder) des Passamahls (10,1-7). Der Traktat Sanhedrin ist zum besseren Verstehen des Prozesses Jesu heranzuziehen. Zwar gibt er die pharisäische Rechtsauffassung wieder, während die Verhaftung, das Verhör und die Auslieferung Jesu an Pilatus von den sadduzäischen Vertretern im Hohen Rat maßgeblich veranlaßt worden waren, die konservativer und strenger dachten (Jos.bell.Jud. 2,166). Dennoch sind für das Zeugenverhör (Mk 14,55-59) die Bestimmungen Sanhedrin 3,6; 4,5 und für das Urteil der Blasphemie (Mk 14,64) die Weisung Sanhedrin 7,4 in sprachlicher und sachlicher Hinsicht von Belang.

Nach dem Talmud haben vor allem Maimonides (1135-1204), Obadja ben Abraham von Bartinoro († 1510), Jom Tob Lippmann Heller (1579-1654) und Israel Lippschütz (1782-1861) die Mischna kommentiert. Neuere Ausgaben mit Kommentar sind die von Ch. Albeck (hebr.), die Gießener Mischna (hrsg. v. K.H. Rengstorf) und vor allem die Übersetzungen mit Kommentar von J. Neusner, der die Mischna historisch-kritisch erforschen und deren eigene Logik darstellen will: A History of the Mishnaic Law (of Purities etc., 1974ff); ders.: The Tosefta translated from the Hebrew, 1977-81.

Literatur: H.L. Strack, G. Stemberger: Einleitung in Talmud und Midrasch (1887),[7]1982; H. Danby: The Mishnah, 1933; Ch. Albeck: Einführung in die Mischna, 1971.

O.B.

MISREFOT-MAJIM. Bis M. verfolgten *Josua und sein Kriegsvolk das Heer der Könige aus dem nördl. Kanaan (Jos 11,8). M. bildete die Grenze des Reiches von Sidon (Jos 13,6). Wenn es die felsige Landspitze von Rosch Haniqra war, hat Chirbet Muscherif (am nördl. Ende der Akko-Ebene) den Namen bewahrt. Womöglich ist mit M. aber auch der Litani-

MISSETAT
s. Sünde

MISSION
s. Senden, Sendung

MISTTOR
s. Jerusalem

fluß gemeint, der namentlich in der Bibel nicht vorkommt (LDB, S. 216). J.P.U.L.

MIST. Dung oder Kot wird zur Düngung des Landes verwendet (2Kön 9, 37; Jer 9,21; Lk 13,8; 14,35). In Jes 25,10 ist bildlich von einer Mistlache die Rede, in deren Jauche das Stroh zertreten wird. Getrockneter Kamel- und Kuhmist diente als Brennmaterial (vgl. Hes 4,15).

Beim Sündopfer galt die Vorschrift, daß der M. des Opfertieres außerhalb des Lagers verbrannt werden mußte (2Mo 29,14; 3Mo 4,11 u.ö.), ebenso sollte die menschliche Notdurft vor dem Lager verrichtet werden (5Mo 23,13f). Von daher wird deutlich, wie entehrend es war, wenn als Strafe ein Haus zum Misthaufen bzw. zur Stätte des Unrats gemacht wurde (2Kön 10, 27; vgl. Esr 6,15; Dan 2,5; 3,29, LÜ: Schutthaufen), und wie vernichtend das Prophetenwort Mal 2,3 die Priester trifft. Das Liegen im Misthaufen (Klgl 4,5, LÜ: Schmutz; 1Sam 2,8, LÜ: Staub; Ps 113,7, LÜ: Schmutz) ist Zeichen äußerster Not und Erniedrigung eines Menschen (vgl. Jes 25,10).

MITARBEITER. Das griech. Wort »*synergos*« bedeutet im Profangriech. das »Mit-oder Zusammenwirken« verschiedener Umstände. Wo das Wort auf Personen bezogen ist, wird damit normalerweise die »Unterstützung, Hilfeleistung, Zuwendung« eines Menschen für einen anderen bezeichnet oder das »Mitwirken« einer Person.

1. Der Begriff »Mitarbeiter« in der Bibel.

Im AT kommt der Begriff nicht vor, im NT begegnet er uns nur in den Paulusbriefen, hier allerdings häufig. Paulus gebraucht das Wort oft, um damit eine Person zu bezeichnen, die mit ihm oder wie er als Beauftragter Gottes im selben Dienst steht, in der Arbeit am Reich Gottes. Auch wenn der Begriff in den Evv. nicht vorkommt, könnte man der Sache nach aber auch schon die Jünger Jesu als seine M. bezeichnen.

2. Die Jünger Jesu als seine Mitarbeiter.

Wir sehen in den vier Evv., daß Jesus seine Jünger von Anfang an in Dienst genommen hat. Petrus soll Menschenfischer werden (Lk 5,10). Jesus sendet die zwölf und die siebzig Jünger aus, damit sie wie er die Botschaft vom Reich Gottes verkündigen (Mt 10,5ff; Lk 10,1ff). Er sendet seine Jünger in alle Welt (Mt 28,18ff; Joh 17,18; 20,21). Sie dürfen in Jesu Auftrag Sünden vergeben und behalten (Mt 18,18). Petrus bekommt vom auferstandenen Herrn den Befehl: »Weide meine Schafe« (Joh 21,16).

3. »Mitarbeiter Gottes«.

Paulus bezeichnet sich und andere als »Mitarbeiter Gottes« (1Kor 3,9; 2Kor 6,1; 1Thess 3,29). Dabei geht es nicht um M. im Sinn von gleichberechtigten Partnern. Der M. ist ein Werkzeug, das Gott gebraucht, um sein Werk zu tun. Er ist von Gott abhängig und steht im Dienst Gottes. Er tut das, wozu Gott ihn sendet und beauftragt. Damit die Arbeit des M.s Frucht bringt, muß Gott selbst Gedeihen schenken (1Kor 3,6). Nicht jeder M. hat dieselben Gaben und dieselbe Aufgabe. Gott gibt seinen M.n verschiedene Gaben und verschiedene Aufgaben (vgl. z.B. 1Kor 3,6).

Kennzeichen des M.s ist das Dienen (1Kor 3,5). Der M. ist nicht Herr über die, die ihm anvertraut sind, sondern Gehilfe zur Freude (2Kor 1,24).

Der Dienst des M.s kann mit Mühe und *Kampf verbunden sein. Nicht umsonst bezeichnet Paulus manche seiner M. als Mitstreiter (Phil 2,25) oder Mitkämpfer (Phil 4,3) und sieht Mitarbeit im Reich Gottes und Mühe und Kampf ganz eng zusammen (1Kor 16,16).

Am Tag des Gerichts wird das Werk des M.s geprüft werden; dann wird sichtbar werden, ob sein Werk Bestand hat. Der M., dessen Werk Bestand hat, wird dafür *Lohn erhalten, jedoch nicht nach Leistung, sondern aufgrund der Gnade Gottes (1Kor 3,12-15).

4. Paulus und seine Mitarbeiter.

*Paulus steht in seiner Arbeit im Reich Gottes nicht allein. In seinen Briefen bezeichnet er einige Personen ausdrücklich als »meinen« oder »unseren« M. So Priska und *Aquila (Röm 16,3), *Urbanus (Röm 16,9), *Timotheus (Röm 16,21), *Titus (2Kor 8,23), *Epaphroditus (Phil 2, 25), Klemens und andere Mitarbeiter (Phil 4,3), *Aristarch (Kol 4,10; Phlm 24), Jesus Justus (Kol 4,11), *Markus (Kol 4,10f, Phlm 24), *Philemon (Phlm 1), *Demas, *Lukas (Phlm 24).

Wenn Paulus sie als M. bezeichnet, dann bringt er damit zum Ausdruck, daß sie mit ihm in der selben Arbeit, im selben Dienst als Handlanger Gottes stehen.

Paulus hat M., die ihn auf seinen Missionsreisen begleiten. Oft sendet er einen seiner M. mit einem bestimmten Auftrag zu einer Gemeinde (Phil 2,19.25).

Die Aufgaben der M. bestehen z.B. im Unterweisen der Gemeinde (1Kor 4,17), im Stärken und Ermahnen im Glauben (1Thess 3,2ff), im Verkündigen des Evangeliums (2Kor 1,19; Phil 2,22), in der Durchführung der Kollektensammlung für die Gemeinde in Jerusalem (2Kor 8).

5. Verschiedene Arten der Mitarbeit.

Mitarbeit kann in der Wahrnehmung von verschiedenen Aufgaben im Reich Gottes geschehen (s.o.). 3Joh 8 nennt als weitere Art der M. das Unterstützen der Boten Jesu. Auch Beten und materielle Unterstützung für andere M. im Dienst Jesu sind Formen der Mitarbeit. Jeder Christ kann und darf an seinem Platz ein M. Gottes sein.

Literatur: G. Bertram: ThWNT VII, 1964, 869-875; W.-H. Ollrog: EWNT III, 1983; W.-H. Ollrog: Paulus und seine Mitarbeiter, 1979; W. Stoy: Mitarbeiter Gottes- einige oder alle. Voll- und teilzeitlicher Dienst für Gott nach dem Neuen Testament heute, 1980; F. Schwarz: Überschaubare Gemeinde Bd. I/II, 1980, III, 1981; ders., Chr. Schwarz: Theologie des Gemeindeaufbaus, [2]1985 K.W./W.T.

MITKA. Der Name hängt vielleicht mit hebr. »süß sein« zusammen.

Lagerort der Israeliten in der Wüste (4Mo 33,28.29), möglicherweise Wadi Abu Takije, das von Nakb el Arud zum Wadi Dscherafi, nordwestl. von El Aqaba (*Elat), hinabführt, s. *Wüstenwanderung.

MITLEID. Bei diesem Begriff ist zwischen zwei Bedeutungen zu unterscheiden, die jedoch nicht immer streng auseinanderzuhalten sind: Mitleid mit einem Leidtragenden empfinden (griech. *sympathein*) und Teilhaben an dem Leide eines anderen (griech. *sympaschein*).

1. Die zweite Bedeutung finden wir im AT nur 1Kön 2,26. *Salomo verschont den Priester Abjatar, obwohl er zu seinen Gegnern zählt, weil dieser als Kampf- und Leidensgefährte mit seinem Vater David gelitten hatte. Alle anderen Stellen des AT sprechen von M. in der ersten Bedeutung. »Wer will denn sich dein erbarmen, Jerusalem? Wer wird denn Mitleid mit dir haben?« (Jer 15,5; vgl. Nah 3,7). M. kann von Gott gefordert (Jer 48,17), aber auch verboten werden (Jer 16,5).

2. Im NT ist das Mit-Leiden in erster Linie Ausdruck der bis ins letzte gehenden Gemeinschaft mit Christus, die ein reales Anteilhaben an seinem Leben bezeichnet, an seinem Weg durch Leiden zur Herrlichkeit. Der Mit-Leidende hat die Verheißung der Mitherrlichkeit (Röm 8,17f; 1Petr 4, 13). Wer in der »Gemeinschaft seiner Leiden« steht, hat aber auch auf Erden schon den vollen Trost der Gemeinschaft mit dem Auferstandenen (Phil 3,10) und Erhöhten (2Kor 1,5.7). So ist dem Mit-Leidenden schon ein Abglanz dessen gegeben, was ihm in vollem Maße zuteil werden wird bei der Offenbarung der Herrlichkeit Christi.

Das Mit-Leiden mit Christus ist nicht ausschließlich Sache des einzelnen, sondern zum guten Teil gliedhaftes Mit-Leiden mit dem *Leib Christi (1Kor 12,26) und geschieht um des *Evangeliums willen (2Tim 1,8; 2,3). Der Christ leidet mit bei der Verfolgung der Gemeinde (Hebr 10, 32-34), andererseits hat die Gemeinde teil am Leid der einzelnen (1Kor 12,26). Im Mit-Leiden kommt die Gemeinschaft der Jünger zur Vollendung. Hier erfüllen sie das Gesetz Christi (Gal 6,2; vgl. Mt 16,24f; s.a. *Nachfolge).

Von hier aus werden die Worte im NT mitbestimmt, in denen von M. als Mitempfinden die Rede ist. Christus kann mit unseren Schwachheiten M. haben, weil er wie wir versucht worden ist, doch ohne Sünde blieb (Hebr 4,15). Sein Verständnis für uns und sein tätiges Teilhaben an unserem Elend, wodurch er uns befreite, gehören eng zusammen. Darum werden auch die Christen zu gleicher Haltung, zum M., zum Mittragen der Not anderer ermahnt (1Petr 3,8). Vgl. auch *Leid.

MITTAG. Bezeichnung für die hellste (5Mo 28,29; Hiob 5,14; Jes 59,10), strahlendste (Hiob 11,17; Ps 37,6; Jes 58,10) und heißeste Zeit des *Tages (2Sam 4,5; Hld 1,7). In älteren Bibelübersetzungen bedeutet M. auch die Himmelsrichtung S und das im S gelegene Land, z.B. in 1Mo 24,62; Hiob 9,9; Pred 11,3; Jer 13,19; Mt 12,42.

MITTERNACHT. Neben der zeitlichen Bedeutung steht im semit. Sprachgebrauch M. auch für die Himmelsrichtung *Norden (s. z.B. 1Mo 13,14; Jer 1,14; Hes 38,6), aus der häufig Israels Feinde kamen (Jes 41, 25). Das M.s-land, bzw. das Land des Nordens (Sach 2,10) ist Babylon.

MITTLER.

Der Begriff M. (griech. *mesitēs*) entstammt der hellen. Rechtssprache und bezeichnet

a. den unparteiischen Vertrauens- und Schiedsmann in bürgerlichen Rechtshändeln, der eine gütliche Einigung vermitteln soll;

b. den Zeugen und Bürgen, der die Durchführung eines Rechtsgeschäftes garantiert;

c. den Treuhänder, bei dem die streitenden Parteien das Streitobjekt hinterlegen.

Im griech. AT (LXX) kommt *mesitēs* nur einmal vor (Hiob 9,33). In seinem Leiden wünscht sich Hiob einen Schiedsmann, der im »Streit« zwischen ihm und Gott vermitteln bzw. schlichten soll. Der im rabbinischen *Judentum entsprechend verwendete Begriff aus der Handelssprache (*sarsōr*) meint den Unterhändler bzw. Makler, der zwei zuvor beziehungslose Partner zusammenbringt und zwischen ihnen Geschäftsabschlüsse vermittelt. In diesem Sinn gebraucht auch das hellen. Judentum den Begriff des M.s. Im frühen Judentum wird er auf das Verhältnis zwischen Gott und Menschen übertragen. Dabei ist fast ausschließlich *Mose der M. zwischen Gott und Israel. Er brachte Gott und sein Volk zusammen, übermittelte ihnen das Gesetz und trat fürbittend für das Volk bei Gott ein, um es nach dessen Abfall wieder mit Gott zu versöhnen. Im rabbinischen Judentum ist Moses fürbittendes Eintreten für das schuldig gewordene Volk (2Mo 32,30-32) so interpretiert worden, daß Mose stellvertretend für die Israeliten sterben wollte, um sie mit Gott zu versöhnen; das AT selbst spricht an dieser Stelle nur davon, daß Mose das gleiche Schicksal wie das Volk erleiden wollte. Als fürbittende M. kennt das frühe Judentum auch Engel (Test Dan 6,2; TestLev 5,6f).

Von Mose als M. spricht auch Gal 3,19f: Das Gesetz ist »von Engeln verordnet durch die Hand eines Mittlers«. Weil die *Engel viele sind, konnten sie nicht direkt mit Israel in Verbindung treten, sondern bedienten sich eines M.s (Unterhändlers), nämlich Moses. Die Funktion des M.s wird von Paulus nicht negativ gewertet, vielmehr hat das Gesetz im Verhältnis zur von Gott selbst an Abraham gegebenen Verheißung eine geringere Stellung.

Am häufigsten spricht der Hebräerbrief von Christus als *mesitēs* (8,6; 9,15; 12,24). An allen drei Stellen ist er der *mesitēs* der neuen, besseren Heilsverfügung (*diathēkē*; LÜ: »Bund«) Gottes. Betont wird, daß Christus als *mesitēs* der Bürge bzw. Garant dieser neuen Heilsverfügung ist (vgl. 7,22). Da das durch Christus bewirkte Heil im Hebräerbrief in erster Linie als ein verheißenes, aber noch in der Zukunft liegendes Geschehen verstanden ist (vgl. 9,15), bürgt Christus als *mesitēs* für die Erfüllung der endgültigen göttlichen Verheißung (vgl. auch 6,17). Die Grundlage der neuen Heilsverfügung – und damit auch der Verheißung des von Gott zugeteilten ewigen Erbes – ist die von Christus durch seine Selbsthingabe bewirkte *Sühne, die den jährlichen Versöhnungstag überbietet und ablöst (9,11-15). Insofern ist die Funktion des *mesitēs* für Christus nicht nur auf die Verbürgung des zukünftigen verheißenen Heils beschränkt, sondern umfaßt auch die durch seinen Tod bewirkte Verbindung zwischen Gott und den Menschen. Christus ist im Hebräerbrief *mesitēs* zum einen als der M., durch dessen Tod die Gemeinschaft mit Gott hergestellt und eine neue, bessere Heilsverfügung Gottes in Kraft gesetzt worden ist, deren Erfüllung Christus verbürgt. Zum anderen ist er M. im priesterlichen Amt des Fürbitters (7,23-25).

Anders als im Hebräerbrief ist in 1Tim 2,5f die Mittlerstellung Christi nicht auf das zukünftige Heil bezogen, sondern hat Christus durch seine Selbsthingabe als *Lösegeld die Gemeinschaft zwischen Gott und Menschen hergestellt. Der M. kommt hier dem Versöhner nahe. Ausdrücklich wird hervorgehoben, daß Christus der einzige M. zwischen Gott und Menschen ist. Damit werden alle anderen Mittlervorstellungen ausgeschlossen; dies richtet sich insbesondere gegen die jüd. Betonung des M.s Mose. Christus ist nicht nur der M. zwischen Gott und den Menschen, der sich selbst als Lösegeld und Sühne für alle Menschen hingegeben hat. Sein stellvertretender Tod am Kreuz hat Gott und Menschen versöhnt und sie, die vorher keine Beziehung hatten, zusammengebracht. Christus wird so in einer Mose überbietenden Weise verkündigt als der einzigartige M. der Endzeit, als der messianische Erlöser.

Unabhängig vom Begriff des M.s, der im NT nur an den fünf genannten Stellen vorkommt, wird noch in zweifacher Weise von einer Mittlerfunktion Christi gesprochen. Der präexistente Christus wird als Schöpfungsmittler bezeichnet, durch den Gott die Welt geschaffen hat (Joh 1, 3.10; 1Kor 8,6; Kol 1,15f; Hebr 1,2f). Diese Vorstellung basiert auf jüd. Weisheitstradition (vgl. Weish 7,26f; 9,9; Spr 8,22-31), geht aber über sie hinaus. Im Christushymnus Kol 1,15-20 wird am ausführlichsten von der Schöpfungsmittlerschaft Christi gesprochen. Der unsichtbare Gott hat durch Jesus Christus die Welt, das All, geschaffen. Da Christus der Erlöser ist, bedeutet dies, daß die Welt von ihrem Ursprung und Ziel her nicht sinnlos, sondern von Gottes Liebeswillen getragen ist. Durch die Schöpfungsmittlerschaft Christi ist sie von Anfang an auf die Erlösung hin geschaffen worden (Kol 1,19f; vgl. Eph 1,4f).

Eine weitere Mittlerfunktion wird im NT vom erhöhten Christus ausgesagt. Weil der für uns Gekreuzigte auferweckt und zur Rechten Gottes erhöht worden ist, kann es jetzt und in aller Zukunft niemanden mehr geben, der die an ihn Glaubenden verdammt (Röm 8,34; vgl. 1Joh 2,1). Christus steht am Ort des zukünftigen Endgerichts, an der Seite Gottes und tritt für sie ein. Paulus knüpft hier an die fürbittende Funktion des M.s im frühen Judentum an und vertieft sie. Daß der erhöhte Christus gegen jede anklagende Macht für die Glaubenden eintritt, ist darin begründet, daß er sie durch seinen Tod ein für allemal aus der Macht von Gesetz, Sünde und Tod befreit hat. In Hebr 7,24f ist das fürbittende Eintreten Christi für die Seinen als priesterliche Funktion beschrieben. In der Situation der Anfechtung, in der Krise der Endzeit tritt Christus ständig für seine Gemeinde ein. Als der selbst Versuchte und Angefochtene versteht er seine angefochtene Gemeinde und kann ihr helfen (Hebr 2,17f; 4,15f). Indem er fürbittend für sie eintritt, rettet er sie vollkommen und trägt sie auch durch die letzte Not der Endzeit.

Literatur: O. Becker: TBLNT I, [4]1986, 162-164; K. Goldammer, K.H. Rengstorf: RGG[3] IV, 1063-1065; W. Haubeck: Loskauf durch Christus, 1985, S. 214-223; H.W. Huppenbauer: BHH II, 1964, 1227f; A. Oepke: ThWNT IV, 1943, 602-629; D. Sänger: EWNT II, 1981, 1010-1012. W.H.

MITYLENE. Die Hauptstadt der Insel Lesbos. Ihre Lage am Kreuzungspunkt von Europa und Asien brachte sie politisch oft in Gefahr, bis sie unter der Pax Romana zur Ruhe kam, von den Römern als Feriengebiet hochgeschätzt. Im großen Hafen, der über die Meerengen auf das Festland von Kleinasien blickte, machte auch Paulus' Schiff auf der Fahrt nach Palästina während seiner dritten Missionsreise fest (Apg 20,14). E.A.J.

MIZPA, MIZPE. Die Grundbedeutung des Wortes ist »Warte«, »Wachturm«, »hoch und frei gelegene Stelle,

MITTELMEER
s. Meer

MITTELTOR
s. Jerusalem

Luftansicht des Hafens und der Stadt von Mitylene. (RVS)

von der aus man spähen kann«. Es wird *mizpāh* oder *mizpäh* vokalisiert und kommt meistens mit dem Artikel vor. Orte dieses Namens wird man daher an hohen Aussichtspunkten suchen müssen. Zwischen folgenden Orten ist zu unterscheiden:

1. Der Ort, an dem *Jakob und *Laban einen *Bund schlossen und einen Steinhaufen zum Zeugnis aufschichteten (hebr. *gal'ēd*; aram. *jegar sāhadūtā*). Gott sollte über ihrem Bund wachen (1Mo 31,44-49).

2. Entweder der gleiche Ort wie 1. oder eine Stadt in *Gilead, östl. des *Jordan. Der Artikel wird sowohl in 1Mo 31,49 (*hammizpāh*) als auch in Ri 10,17; 11,11.34 gebraucht. Dieser Ort spielt eine Rolle in der Geschichte des Richters *Jeftah. Als die *Ammoniter in Gilead eindrangen, versammelten sich die Israeliten in M. (Ri 10,17), der Heimat Jeftahs, von der aus er seinen Angriff startete und in die er zurückkehrte, um sein vorschnelles Gelübde einzulösen (Ri 11,11.29.34). Manche wollen M. mit Ramot in Gilead identifizieren (J.D. Davis, WDB, S. 401); F.M. Abel und du Buit dagegen identifizierten M. mit Dschal'ūd. Möglicherweise meint M. das gleiche wie Ramat-Mizpe oder »Höhe von Mizpe« (Jos 13,26).

3. Ein Ort in *Moab, an dem David seine Eltern in Sicherheit brachte (1Sam 22,3); möglicherweise das heutige Rujim el-Mes'hrefeh, westsüdwestl. von Madaba (*Medeba).

4. Ein Ort am Fuße des Berges *Hermon (Jos 11,3), auf den als »Land von Mizpe« oder »Ebene von Mizpe« hingewiesen wird (V. 8); die Heimat der *Hiwiter. Die Ortslage ist unbekannt.

5. Eine Stadt in der *Schefela (Tiefland) von Juda, die zusammen mit Jokteel, *Lachisch und *Eglon (Jos 15,38f) genannt wird. Das Gelände von Chirbet Safijeh, 4 km nordöstl. von Beit Dschibrin, und Sufijeh, 10 km nördl., kämen für dieses M. als Ortslagen in Frage.

6. Eine Stadt in Benjamin (Jos 18, 26), in der Nachbarschaft von Geba und *Rama (1Kön 15,22). Zur Richterzeit, als die Benjaminiter von Gibea die Nebenfrau eines Leviten geschändet hatten, versammelten sich hier die Männer Israels (Ri 20,1.3; 21,1.5.8). Hier rief auch *Samuel Israel zum Gebet zusammen, nachdem die Lade wieder nach *Kirjat-Jearim zurückgebracht worden war (1Sam 7,5f). Die Philister griffen M. an, wurden aber zurückgeworfen (V. 7.11). Samuel errichtete daraufhin in der Nähe einen Gedenkstein und nannte ihn *Eben-Eser (V. 12). *Saul wurde hier vom Volk als König anerkannt (1Sam 10,17ff). M. war auch einer der Orte, die Samuel jährlich aufsuchte, um Israel zu richten (1Sam 7,16).

König *Asa von Juda befestigte M. gegen *Bascha von Israel. Dabei verwendete er Material, das seine Männer von Baschas Festung in *Rama genommen hatten, nachdem der Syrer *Ben-Hadad auf Bitten Asas Israel angegriffen hatte (1Kön 15,22; 2Chr 16,6). Nach der Zerstörung *Jerusalems durch *Nebukadnezar 587 v.Chr. wurde *Gedalja zum Statthalter über den Rest des Volkes ernannt mit Residenz in M. (2Kön 25,23.25). Der Prophet *Jeremia, von Nebusaradan, dem Hauptmann der Garde, entlassen, ging zu Gedalja nach M. (Jer 40,6), auch die jüd. Flüchtlinge kehrten bald dorthin zurück (Jer 40,8.10.12f.15). Kurz darauf erschlug Jismaël aus königlichem Stamm auf Betreiben Baalis, des Königs von Ammon, Gedalja und seine ganze Garnison. Zwei Tage später ermordete er auch eine Pilgergruppe und warf ihre Leichen in die große Zisterne, die Asa gebaut hatte. Andere nahm er gefangen und wollte sie nach Ammon bringen, wurde aber von Johanan daran gehindert (Jer 41).

Zwei Erwähnungen eines M. in der Zeit nach der babylon. Gefangenschaft kommen in Neh 3,15.19 vor. Es ist möglich, daß sie sich auf M. in Benjamin beziehen, es können jedoch auch andere Orte gemeint sein.

M. war Schauplatz einer wichtigen Versammlung, als *Judas Makkabäus die Männer Judäas zur Beratung und zum Gebet zusammenrief (1Makk 3, 46), »denn Israel hatte vorzeiten in Mizpa angebetet«.

Zwei Identifizierungen werden für M. heute vorgeschlagen – Nebi Samwil, 7 km nordwestl. von Jerusalem, 895 m über dem Meeresspiegel und 150 m über dem benachbarten Gebiet, und Tell en-Nasbeh auf der Spitze eines einzelnen Hügels etwa 12 km nördl. von Jerusalem. Es spricht allerdings mehr für Tell en-Nasbeh als für Nebi Samwil, da man sich gut vorstellen kann, wie die Konsonanten *mzph* sich in *nzbh* veränderten. Archäologische Spuren unterstützen diese Annahme.

Die Ortslage selbst ist alt und war, nach Gräbern in diesem Gebiet zu urteilen, schon in der Frühen Bronzezeit (3150-2150 v.Chr.) bewohnt. In der Mittleren und Späten Bronzezeit war der Ort offenbar verlassen, wur-

Ramses II. empfängt zwei seiner Söhne, die ihm bei der Stadt Batora gefangene Anführer der Moabiter bringen. Relief vom Tempel von Luxor, Ägypten, 13. Jh. v.Chr. (KAK)

Zwei gefangene Anführer der Moabiter aus Batora zwischen den zwei Söhnen Ramses' II. Relief vom Tempel von Luxor, 13. Jh. v.Chr. (KAK)

Die wichtigsten Orte in Moab.

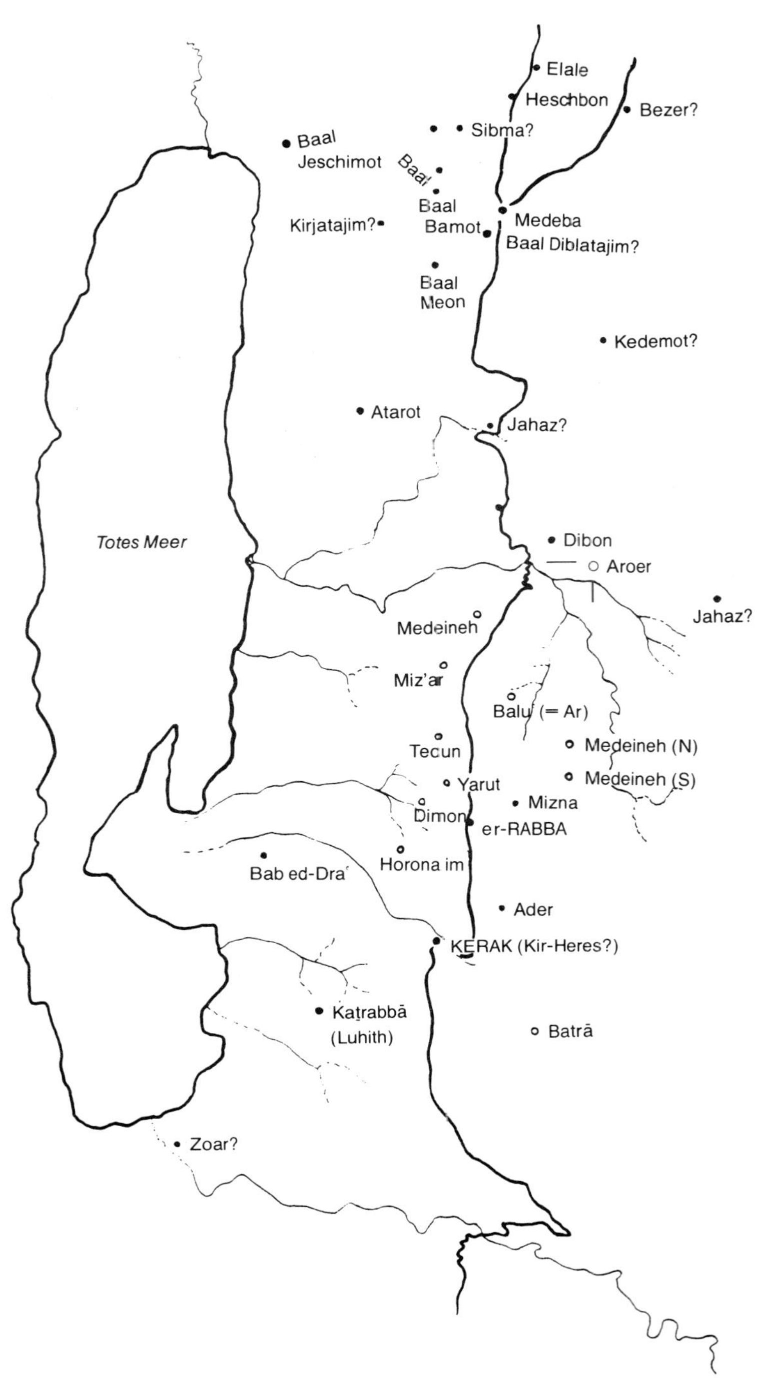

de aber in der Eisenzeit I (1200-1000 v.Chr.) bis ca. 400 v.Chr. wieder besiedelt; er gehört also in die Zeit der israelit. Seßhaftwerdung. Während der Königs- und der Perserzeit war die Stadt, wie aus den relativ reichen Gräbern ersichtlich ist, durchaus wohlhabend. Reichtum läßt sich auch an den architektonischen Überresten erkennen, dem schweren Tor, einer großen Anzahl von Zisternen und Silos, einigen Färbereien, unzähligen Spinnwirteln, Gewichten für Webrahmen, Wein- und Ölpressen, Keramik, Ketten aus Halbedelsteinen, Nadeln, Armreifen und Metallschmuck. Die Stadt dehnte sich während der Eisenzeit II (1000-587 v.Chr.) über ihre Mauern hinaus aus, ging aber im 5. Jh.v.Chr. wieder zurück. Teile griech. Keramik in der späteren Stadt weisen auf Handel mit der Ägäis hin. Zahlreiche epigraphische Entdeckungen, Skarabäen, gestempelte Krughenkel mit den Buchstaben MTH und MZP (d.h. Mizpa), eine Keilinschrift mit den Worten *schar kischschati*, »König der Welt«, die auf ca. 800-650 v.Chr. datiert wird, und ein Siegel mit der Inschrift *lʾ znjhw ʿbd hmlk*, »Jaasanja gehörend, dem Knecht des Königs« (vgl. 2Kön 25,23), bestätigen die Bedeutung der Stadt.

Literatur: F.M. Abel: Géographie de la Palestine II, 1933, S. 388-390; LDB passim; D. Diringer: Mizpah, AOTS, S. 329-342; C.C. McCowan: Excavations at Tell En-Nasbeh, 1947. J.A.T.

MIZRAJIM.

1. Zweiter Sohn *Hams und Vorfahr der Luditer, Anamiter, Lehabiter, Naftuhiter, Patrosiker, Kasluhiker und Kaftoriker (1Mo 10,6.13; 1Chr 1,8.11).

2. *mizrajim* ist die geläufige hebr. (und häufige semit.) Bezeichnung für Ägypten (s. *Ägypten II). K.A.K.

MOAB. M. (hebr. *mōʾāb*) war der älteste Sohn *Lots, den dieser mit seiner älteren Tochter gezeugt hatte (1Mo 19,37). Die Nachfahren des Stammvaters bewohnten das zentrale ostjordanische Hochland (ca. 800-1000 m) zwischen dem *Arnon (heute: *Wādī el-Mōgib*) im N und dem Zered (*Wādī el-Chēsa*) im S. Neuere Forschungen haben ergeben, daß die von Waditälern zerschnittenen Abhänge zum *Toten Meer und zum Arnon (4Mo 21,14) während der Eisenzeit (ca. 1200-500 v.Chr.) ebenfalls besiedelt waren (vgl. dazu Jer 48,8).

1. Wirtschaft Moabs.

Der verwitterte cenomanische Kalkstein Palästinas hinterläßt eine rötlich-braune Ackerkrume, die als sehr fruchtbarer Mutterboden sowohl auf dem zentralmoabitischen Plateau als auch nördl. des Arnon reichlich Weizen, Gerste und Hafer wachsen ließ und vor allem den Weinanbau um *Sibma begünstigte (Jes 16,8.9; Jer 48,32). Schafzucht in den östl. Steppenrandgebieten und auf den almenähnlichen Abhängen zum Toten Meer und zum Arnon war in bibl. Zeit eine über die Grenzen M.s hinaus bekannte Wirtschaftsgrundlage des Landes (1Kön 3,4).

2. Archäologie und Geschichte.

Das AT enthält eine Notiz über die »Ureinwohner« M.s, die Emiter (*ʾēmīm*, 5Mo 2,10-11), von denen wir jedoch keine weiteren Kenntnisse besitzen. Die bibl. Notiz bezeugt aber dennoch das Wissen um eine vormoabitische Bevölkerung, die mit den mittelbronzezeitl. Siedlungen (ca. 2200-1500 v.Chr.) in Zusammenhang gebracht werden kann. Mit diesen Menschen hatte Lot Kontakt, als er sich im *Ostjordanland niederließ. Auch die vier Könige aus dem O trafen auf die Emiter, als sie auf der »Straße der Könige« (4Mo 21,22), die auch Israel später gezogen ist, in die Ebene *Kirjatajim vorstießen. Die vermutlich aus dem 14. Jh.v.Chr. stammende Sihan-Stele, die einen hetitischen (oder ägypt.) Krieger mit Lanze zeigt, gehört vielleicht noch zu der emitischen Bevölkerung M.s.

Die früheste außerbibl. Erwähnung des Landes M. findet sich auf einer

Inschrift von Ramses II. (1290-1224 v.Chr): die Stadt *bu-ta-r-ta* im Lande *mu-ʾ-bu.* Die Stadt ist nicht lokalisierbar (vielleicht die Ruine (arab.) *batrā* auf dem gleichnamigen Bergzug ca. 20 km südöstl. von Kerak). Etwa aus demselben Zeitraum stammt die Stele von *Bālūᶜ*, die die »Investitur« eines wohl moabitischen Scheichs durch zwei links und rechts plazierte ägypt. Gottheiten zeigt. Vermutlich stammt die schwer lesbare Inschrift frühestens aus der Zeit von Sethos I. (um 1300 v.Chr.). Dies ist jedoch auch die Zeit der »Staatsgründungen« mehrerer palästin. Reiche wie Moab, Ammon und Israel.

Schon die Moseschar hatte nach der bibl. Überlieferung Kontakte unterschiedlichster Art mit den Moabitern: unfreundlich (5Mo 2,9), dann nur auf wirtschaftlicher Ebene (5Mo 2,28.29) oder gar feindselig durch *Balak von M., dessen Verfluchung Israels durch *Bileam jedoch mißlang (4Mo 22-24). Die das spätere gaditische und rubenitische Territorium bewohnenden *Amoriter unter Sihon von Heschbon wurden besiegt (4Mo 21,21-31) und so der Weg in die »Gefilde Moabs« (4Mo 22,1) freigemacht. Hier kam es zu den ersten für Israel sehr abträglichen Kontakten mit der fremden Religion des *Baal-Peor (4Mo 25,1-3; Hos 9,10).

Wie neuere Forschungen zeigen, war das moabitische Kernland in der Richterzeit durch einen Kranz früheisenzeitl. Wehranlagen gesichert, die unmittelbar an der Abbruchkante des moabitischen Plateaus zum Toten Meer, zum Arnontal und am Rande der östl. Wüstensteppe errichtet worden waren. Ob Eglon von Moab, dessen Stadt nicht erwähnt wird, vom moabitischen Kernland nach N ausgriff, um *Jericho dem dort siedelnden Stamm *Benjamin zu entreißen, ist nicht sicher (Ri 3,12-30). Jedoch läßt diese Episode etwas von dem Machtkampf der rivalisierenden Stämme um die Vorherrschaft im Ostjordanland ahnen.

Die atl. Stellen in 4Mo 21,31 und Ri 3,30 deuten bereits auf die israelit. Präsenz im moabitisch-amoritischen Territorium nördl. des Arnon hin. Obgleich die atl. Texte von guten persönlichen Beziehungen zwischen einzelnen Israeliten und Moabitern wissen, z.B. Rut (Rut 4,18-22, vgl. Mt 1,5-16) oder David, der seine Eltern in die Obhut eines Moabiterkönigs gibt (1Sam 22,3.4), bleiben kriegerische Konflikte nicht aus: Saul mußte sich mit den Moabitern auseinandersetzen (1Sam 14,47), David unterwarf sie völlig (2Sam 8,2.12). Es ist nicht klar, ob David auch das moabitische Kernland in seine Gewalt gebracht hatte, oder ob sich die Kontrolle des Landes nur auf das Siedlungsgebiet des Stammes Gad nördl. des Arnon (4Mo 32,34-38) beschränkt hat, wo ebenfalls Moabiter ansässig waren.

Während der Regierungszeit Salomos und vor allem nach der Reichsteilung 932/931 v.Chr. genoß M., wie andere ostjordanische Staaten (z.B. *Edom, 1Kön 11,21-25), eine gewisse Bewegungsfreiheit, die jedoch um 875 v.Chr. durch den israelit. König *Omri beendet wurde. Noch bis zum Tode seines Sohnes *Ahab blieb M. in strenger Vasallenschaft, dies impliziert jedenfalls 2Kön 3,5 und wird durch die Inschrift auf der *Mescha-Stele ganz lapidar gesagt: »Omri war König von Israel. Er unterdrückte Moab lange Zeit.« Schließlich konnte der Moabiterkönig Mescha, dessen Geburtsstadt *Dibon war, über den Arnon nach N hin seine Herrschaft bis *Nebo, *Heschbon und *Medeba ausdehnen. Allerdings ist dies wohl erst unter *Joram um 845 v.Chr. geschehen (2Kön 3,4ff).

Obgleich der archäologische Befund für M. immer noch recht dünn ist, zeichnet sich bereits ab, daß der Vater Meschas, Kamoschjat, nur über das moabitische Kernland herrschte, denn eine 1964 bei Ausschachtungsarbeiten in Kerak gefundene fragmentarische Weihinschrift läßt vermuten, daß er Kir-Hareseth (Kerak?) favorisierte, während sein Sohn Mescha Dibon zur Hauptstadt machte. Nach Mescha wurde von den Propheten das Land nördl. des Arnon vom 8.-6. Jh.v.Chr. immer als moabitisch angesehen. Bemerkenswert ist aus jener Zeit der Prophetenspruch gegen Moab in Jes 15, wonach Ar und Kir-Moab (Jes 15,1) die Ausdehnung des Kernlandes meinen, das hart getroffen wurde – wir kennen nicht das genaue Ereignis (Naturkatastrophe?) –, während die Orte nördl. des Arnon in Jammergeschrei ausbrechen. Inzwischen sind auch die Orte »Dimon« und *»Horonaijm« (Jes 15, 5.9) genauer lokalisiert. Das bibl. Dimon (Madmen) liegt unterhalb der röm.-byzantin. Siedlung, dem heutigen *ed-Dimnāh*, auf einem Felsplateau unmittelbar an einem wasserreichen Wadi (die Wasser von Dimon). Horonajim (heute die Ruine *ed-Dēr*) befindet sich auf einem Tafelberg im westl. Gebirgsabfall zum Toten Meer. In der Nähe führt eine antike Straße zum Toten Meer, der »Weg nach Horonajim«, parallel zur »Steige von Luhit« (Jes 15,5). Keramiktypologisch datieren die Orte in das 8.-6. Jh.v.Chr.

Die innen- und außenpolitische Schwäche der Reiche Juda und Israel verführte die ostjordanischen Staaten Moab, Ammon und Edom dazu, den Judäerkönig Joschafat zu überfallen,

Die Inschrift auf einem Basaltgefäß (Durchm. ca. 16 cm) zeigt die Buchstraben »t – m – l – k« (von rechts nach links gelesen). Das Wort für »König« (m – l – k) ist klar. Das vorgesetzte »t« könnte Teil eines anderen Wortes sein oder der Bestandteil des westsemitischen Namens TMLK. (PHAN)

Das Arnontal mit den Ausläufern des zentralmoabitischen Hochlands rechts im Bild. Blickrichtung nach SO. (FN)

jedoch mißlang dieser Angriff aufgrund einer Verwirrung in den Reihen der Angreifer (2Chr 20,1-30). Die Moabiter unternahmen danach noch mehrere Versuche, nach W vorzustoßen (z.B. 2Kön 3,20); blieben dabei aber erfolglos.

Am Horizont der Weltgeschichte hatte längst die neuassyrische Macht nach W ausgegriffen und Damaskus, Israel und Ammon in Vasallenschaft genommen. Was M. angeht, so haben jüngste Grabungen (1987) in Bālūʿ (bibl. Ar?) in Zentralmoab einen Administrativkomplex vom Typus des assyr.-babylon. Hofhauses angeschnitten, ein Haustyp, der vor dem 8. Jh. v.Chr. in Palästina nicht bekannt war. Ein aus Phönizien oder Ägypten stammender Siegelabdruck (Tonbulle) mit dem Motiv des Menschen schlagenden Löwen hat dazu gedient, eine Dokumentenrolle zu versiegeln und beweist somit die Bedeutung Zentralmoabs, das auch mehr und mehr ins Blickfeld der Propheten rückte (Jes 15;16). Auch keramiktypologisch ist der assyr. Einfluß erkennbar (assyrisierende Knickwandschalen). Aus den assyr. Inschriften sind uns immerhin die Namen von vier moabitischen Königen (Salamanu, Kamosch-nadbi, Musuri, Kamosch-chalta) überliefert sowie zwei Namen von Moabitern, die im neubabylon. Reich gelebt haben. Auch sind in Moab mehrere Siegel gefunden worden, deren Eigentümer Namen mit dem theophoren Element Kamosch/*Kemosch, dem Hauptgott der Moabiter (1Kön 11,7; 2Kön 23,13), tragen.

Schon bald nach dem Untergang des neuassyr. Reiches versuchten die Moabiter zusammen mit den Chaldäern, Aramäern und Ammonitern, während der Regierungszeit von *Jojakim das Land Juda erneut zu attakkieren (2Kön 24,1-6). Aber bald darauf wurde M. selbst von Nebukadnezar unterworfen (Jos.ant.Jud. 10,181) und blieb ein abhängiger Staat bis in die Perserzeit. Aus dieser Epoche wissen wir recht wenig über M.; denn es begann nun ein im ganzen Ostjordanland zu beobachtender Niedergang der urbanen Zentren. Die Ursache dafür mögen die nach W drängenden arab. Stämme gewesen sein, mit denen bereits der Moabiterkönig Kamosch-chalta (um 650 v.Chr.) zu tun gehabt hat. Obgleich die Moabiter noch um 450 v.Chr. als unabhängig existierende Nation erwähnt werden (Esr 9,1; Neh 13,1.23), sind sie allmählich in den z.T. unbekannten arab. Stämmen aufgegangen. Mit großer Wahrscheinlichkeit hat Alexander Jannäus im 2. Jh.v.Chr. schon eine Mischbevölkerung aus ehemaligen Moabitern und Arabern unterworfen (Jos.ant.Jud. 13,374).

Die israelit. und judäischen Propheten haben M. des öfteren erwähnt und vor den kommenden göttlichen Strafgerichten gewarnt (Jes 15; 16; 25,10; Jer 9,26; 25,21; 27,3; 48; Hes 25,8-11; Am 2,1-3; Zef 2,8-11).

Literatur: F.M. Abel: Géographie de la Palestine, I, 1933, 278-281; N. Glueck: The Other Side of Jordan, 1940; G.L. Harding: Auf biblischem Boden, 1961; S. Mittmann: The Ascent of Luhith, in: A. Hadidi, ed.: Studies in the History and Archaeology of Jordan, I, 1982, 175-180; J.R. Kautz: Trakking the Ancient Moabites, BA 44 (1981) 27-35; A.D. Tushingham: The Excavations at Dibon (Dhiban) in Moab, AASOR 40, 1972; U. Worschech, E. Knauf: Dimon und Horonaim, BN 31, 1986, 70-95; U. Worschech et. al.: Northwest Ard el-Kerak 1983 and 1984, BNB 2, 1985; ders.: The Fourth Survey Season in the Nort-West Ard el-Kerak, and Soundings at Bālūʿ, 1986, ADAJ 30, 1986, 285-319; A.H. van Zyl: The Moabites, 1960. U.W.

MOLADA. Eine Stadt Simeons im *Negeb in der Nähe von *Beerscheba (Jos 15,26; 19,2; 1Chr 4,28). Von zurückkehrenden judäischen Exulanten wieder besiedelt (Neh 11,26), wurde M. später in eine idumäische Festung umgewandelt. Der Standort ist nicht klar identifiziert. Tell el-Milch, südöstl. von Beerscheba, wurde zwar mit M. identifiziert, aber jetzt nimmt man an, daß dies die Ortslage des kanaan. *Arad ist. Möglich erscheint als Ortslage nun Chereibet el-Waten, östl. von Beerscheba, was eine arab. Entsprechung des hebr. Namens sein könnte (vgl. LDB, 275.423). W.O.

MOLOCH. Im AT wird des öfteren berichtet, daß Israeliten in Zeiten des Glaubensabfalls ihre Kinder »dem Moloch durchs Feuer gehen ließen« (2Kön 23,10; vgl. Jer 7,31; 19,5). An einigen Stellen bezieht sich der Hinweis klar auf eine Gottheit, der Menschenopfer dargebracht wurden, und zwar vor allem im *Hinnom-Tal im W von *Jerusalem (2Kön 23,10; Jer 32,35), an einer Stelle, die als Tofet (»Feuerloch« im Syr.) bekannt war. Diese Gottheit wird in 1Kön 11,7 mit Ammon in Verbindung gebracht, indem M. ein »Götze der Ammoniter« genannt wird. Die Verehrung M.s scheint mit der Opferung von Kindern im Feuer einhergegangen zu sein (3Mo 18,21; 20,2-5; 2Kön 23,10; Jer 32,35; vgl. 2Kön 17,31).

Im Blick auf die Herkunft des Wortes nimmt man an, daß die hebr. Konsonanten von *mäläk*, »König«, mit den Vokalen von *böschät*, »Schande«, verbunden wurden, um *mōläk* zu bilden und auf diese Weise Verachtung für den heidnischen Gott auszudrücken. Aber es ist auch möglich, daß sich der Begriff M. an einigen Stellen gar nicht auf eine Gottheit bezieht. Einige karthagisch-phönizische (punische) Inschriften aus der Zeit von 400-150 v.Chr. lassen erkennen, daß das Wort *mlk* (nach latein. Inschriften aus Karthago etwa 200 n.Chr. als *molk* ausgesprochen) ein Allgemeinbegriff für »Opfer« oder »Darbringen« war. Mehrere atl. Stellen könnten so interpretiert werden, daß die Menschen ihre Kinder durch das Feuer gehen ließen »für ein *mōläk*-Opfer oder eine Votivgabe«. An Stellen wie 3Mo 18,21; 20,2-5; 2Kön 23,10; Jer 32,35 bleibt die richtige Übersetzung eine offene Frage.

Diese Beobachtungen widerlegen jedoch nicht, daß in der Bibel auf eine Gottheit M. Bezug genommen wird (Apg 7,43). Als Nationalgott Ammons kennt ihn 1Kön 11,7. M. kann mit dem Gott *muluk* identifiziert werden, der in Mari um etwa 1800 v.Chr. verehrt wurde, und dem *malik* aus akkad. Texten, der in 2Kön 17,31 in der zusammengesetzten Form Adrammelech und Anammelech vorkommt. An einigen atl. Stellen hat das Wort M. den Artikel; das legt die Vermutung nahe, daß es ein Gattungsname für »den, der herrscht« (hebr. *mäläk*, »König«) gewesen ist (3Mo 18,21; 20,2-5; 2Kön 23,10; Jer 32,35). Nach Jer 32,35 scheint es eine Verbindung mit *Baal zu geben, dessen Name ebenfalls ein Gattungsname ist (»Herr«), und dem in *Tyrus als Baal-Melkart Menschenopfer dargebracht wurden.

Die Praxis, Kinder als Menschenopfer darzubringen, wurde im alten Israel verurteilt. Auch abgesehen von allg. Hinweisen auf M. in Jer 49,1.3 (RevEB Anm.) und vielleicht Am 1,5, oder auf den Molochkult in 1Kön 11,7.33; Zef 1,5 (RevEB Anm.) und von einigen besonderen Abschnitten, auf die oben hingewiesen wurde, ergibt sich aus dem AT eindeutig, daß Kinderopfer sogar von einem Teil Israels durchgeführt wurden. Das Gesetz Moses forderte den Tod eines je-

Die babylonische Mondgottheit Sīn (Sīe steht in der Sichel des zunehmenden Mondes, ihrem Symbol. Neubabylonisches Siegel aus Achat, 7.–6. Jh. v.Chr. (BM)

den, der sein Kind dem M. weihte oder opferte (3Mo 18,21; 20,2-5). Salomo jedoch baute eine Höhe für diesen Gott »auf dem Berge, der vor [östl. von] Jerusalem liegt«, d.h. auf dem Ölberg (1Kön 11,7). Mehrere atl. Hinweise auf Kinderopfer, die M. nicht ausdrücklich nennen, können hier mit einbezogen werden (Ps 106, 38; Jer 7,31; 19,4f; Hes 16,21; 23, 37.39). König *Ahas, ca. 730 v.Chr., verbrannte seine Kinder im Feuer (2Chr 28,3), und *Manasse tat das gleiche (2Kön 21,6). *Samaria wurde auch wegen dieser Sünde von Gott verworfen (2Kön 17,17). *Josia zerstörte in Juda die Höhen M.s (2Kön 23,10.13). *Hesekiel verurteilt diese Opferpraxis im frühen 6. Jh. v.Chr. noch immer (Hes 16,20ff; 20,26.31; 23,37). Das Exil scheint in Israel dieser Art der Gottesverehrung ein Ende gesetzt zu haben, aber sie lebte in Nordafrika unter den karthagischen Phöniziern bis in die christl. Zeit fort.

Literatur: W.F. Albright: Archaeology and the Religion of Israel, 1953, S. 162ff; H. Ringgren: Die Religionen des alten Orients, 1979, S. 232; M. Weinfeld: ‚The Worship of Molech and the Queen of Heaven', UF 4/1972, S. 133-154; A.R.W. Green: The Role of Human Sacrifice in the Ancient Near East, 1976, S. 176ff; O. Eißfeldt: Molk als Opferbegriff im Punischen und Hebräischen und das Ende des Gottes Moloch, 1935.

J.A.T.

MOND/-KALENDER. Mit seiner sich ständig verändernden Gestalt am nächtlichen Himmel hat der Mond zu allen Zeiten die besondere Aufmerksamkeit des Menschen auf sich gezogen. In **Ugarit** trat die Sonne als »Leuchte der Götter« und »Zeuge der Wahrheit« hinter den Mond, den »Beleuchter des Himmels« zurück. Mit dem Gott der Unterwelt verbunden, verursachte sie die trockene Jahreszeit, der Mond dagegen gewährte die Fruchtbarkeit des Bodens. Und bei den **Sumerern** galt der Mond als das größte der Himmelslichter. Sein Licht repräsentierte die Weisheit, der Sonnengott aber war der »Aufdecker und Richter«. **Ägypten** verehrte den Mondgott Chons, den Sohn des Schöpfergottes Amun und der Himmelsgöttin Mut. Dargestellt mit der Mondsichel verband sich mit ihm, wie mit Osiris und Horus, auch der Gedanke einer wiederholten Auferstehung.

Das hebr. *jāreāh*, »Mond«, in seinen Wurzelkonsonanten gleich dem Protosemitischen, bezeichnet ihn als »Reisenden«, als »Wanderer«. Doch anders als im kanaan. Kulturraum, wo dem M., dem Gott der Fruchtbarkeit neben dem Mondgott Sin göttliche Verehrung zuteil wird, findet sich im AT kein Beleg für eine direkte Divinisation des Mondes. Aber auch Israel konnte sich seiner Faszination

MONAT
s. Jahr

Die Mondsichel war das Symbol der Mondgottheit Sīn, hier auf einer Stele König Nabonids von Babylon, der den Mondtempel von Haran wiedererrichtete, eines der Zentren des Mondkultes. 555–539 v.Chr. (BM)

nicht entziehen. Dies zeigt sich in der Verwendung des Verbums *hodesch*, »erneuern«, »verjüngen« zur Verdeutlichung des Beginns eines neuen Monats (*jerāh*). Häufig hat das AT den Mond auch mit der Sonne, der großen Lichtquelle, in Verbindung gebracht. Sonne, Mond und Sterne sind Zeugen der Größe Gottes und Objekte des menschlichen Staunens (Ps 8,4; 136,9). Ihnen gegenüber erscheint der Mensch klein und unbedeutend. Seine Größe verdankt er allein der Teilhabe an der göttlichen Ehre und Herrlichkeit (Ps 8,5ff; vgl. Hiob 7,1ff). Der Mensch, dem Gott die Herrschaft über die irdische Schöpfung anvertraut hat, ist mit Sonne, Mond und Sternen aufgerufen zum Lobpreis Gottes (Ps 148,3). Und weil Gott der Schöpfer größer ist als das von ihm Geschaffene, wird eine Fülle von Licht und Herrlichkeit das Zeichen der Heilszeit sein, die das Licht von Sonne und Mond weit übersteigt, denn jenes Licht kommt direkt von Gott, ein Licht, das nicht mehr von Sonne und Mond empfangen wird (vgl. Jes 60,19). Dann werden alle, die auf Jahwe vertrauen und sich konsequent unter seine Fürsorge stellen, von allen Gefahren der Naturgewalten bewahrt, die Sonne wird sie bei Tag nicht versengen und der Mond nicht bei Nacht (hier ist an den im Altertum weit verbreiteten Glauben an die verletzenden Strahlen des Mondes zu denken). Diesem Glauben an die Überlegenheit Jahwes über die Naturgewalten und dem Vertrauen, entspringt Josuas Appell an Sonne und Mond, still zu stehen (Jos 10,12).

Die ständige Gegenwart des Mondes am nächtlichen Himmel wurde zum Symbol für Dauerhaftigkeit und Helligkeit. So wünschte Israel dem verheißenen König, er möge bleiben, »solange die Sonne bleibt und der Mond bis zu den fernsten Geschlechtern«, und unter seiner Herrschaft möge die Gerechtigkeit aufblühen und großer Friede »bis der Mond nicht mehr ist«, und wie der Mond, so soll seine Herrschaft »für immer bestehen« (Ps 72,5.7; 89,38; vgl. 2Sam 7,1-17). Hiob 25,5 aber verdeutlicht die überwältigende Größe Gottes damit, daß ohne ihn »der Mond nicht glänzt und die Sterne nicht rein sind«. Und *Josef schaut im Traum, wie sich »Sonne, Mond und Sterne« (Vater, Mutter und Brüder) vor ihm verneigen, seine überragende Stellung (1Mo 37,9). Doch in der Verfinsterung des hellleuchtenden Mondes sehen Jesaja (13,10) und Joel (2,10; 4, 14) den Tag Jahwes, an dem der Mond »blutrot wird«. Diese Vorstellung vom Tag des Gerichts entspricht den Erfahrungen mit den Naturphänomenen, den dunklen Gewitterwolken und der Rotfärbung des Mondes beim Sandsturm (vgl. Hes 32,7).

Das Verbot des Mondkultes in 5Mo 4,19; 17,3; 2Kön 23,5 und Jer 8,2 zeigt, daß dieser Kult in den letzten Jahren des Königtums und während des Exils auch in Israel Eingang gefunden hatte. Am deutlichsten zeigt sich dies bei der Feier des Passafestes, bei der eine Reihe lunarer Merkmale zutage treten. Reste des alten Mondkultes erhielten sich auch im Tragen von Mondanhängern als Amuletten (vgl. Ri 8,21.26 u. Jes 3,18). Zu den grundlegenden Erkenntnissen der Alten Welt mit ihrem Verständnis der Zeit gehört auch Israels Zeitrechnung. Monat (*jerāh*) und Jahr orientieren sich an den leicht zu beobachtenden Phasen des Mondes (*jāreāh*), wobei es vor allem um den Anfang und die Mitte des Monats ging. 12 lunare Monate mit je 29 Tagen, 12 Stunden und 14 Minuten ergaben das lunare Jahr mit etwas mehr als 354 Tagen. Es ist also ca. 11 Tage kürzer als das solare Jahr. Die daraus sich ergebenden Probleme für die Entwicklung eines zufriedenstellenden Kalenders führten schon früh zu verschiedenen Kalendersystemen.

Nach Ps 104,19 schuf Gott den M. zum Messen der Zeiten und »zu herrschen über die Nacht« (1Mo 1,16; Ps 136,9). Während in Ägypten die Zeit vom Zeitpunkt des Vollmonds aus berechnet wurde, folgte Israel, wie die Übernahme der kanaan.-phönizischen Monatsnamen in 1Kön 6,37.38; 8,2 zeigt, in der Berechnung der meisten bibl.Zeitperioden dem Erscheinen des Neumonds. Bezeichnenderweise wurde dafür in späterer Zeit zur Aufzeichnung von Daten konstant *hodesch*, »erneuern«, »verjüngen«, benutzt. Daneben finden sich auch Belege für *jerāh jamim*, »ein Monat von Tagen«, zur Beschreibung der Mondzyklen als Zeitperioden (5Mo 21,13; 2Kön 15,13 u.ö.). So wurde die Menstruation mit ihrer periodischen Wiederkehr, die Tage der Unreinheit mit dem Mondzyklus in Beziehung gebracht (3Mo 15,19 u.ö.). Und ein Neugeborenes durfte nicht, wenn es jünger als einen Monat war, in die Volkszählung einbezogen werden.

Der ursprünglich landwirtschaftliche Charakter der jüd. Feste führte zur Entstehung eines lunar-solaren Festkalenders. Das gilt insbesondere für die drei Hauptfeste (vgl. *Feste):

a. das Fest der Ungesäuerten Brote (Mazzot, Passa) in der Vollmondnacht vom 14./15. Nisan (Abib; 2Mo 23,14; 3Mo 23,4-8), im 1. Monat des Frühlingshalbjahres (2Mo 12,2);

b. 50 Tage danach das Wochenfest, Fest der Weizenernte (Schabu'ot, 3Mo 23,15ff) und

c. das Laubhüttenfest, Fest der (Wein)lese (Sukkot) am 15. Tag des 7. Monats des Frühlings bzw. des 1. Monats des Herbsthalbjahres (3Mo 23,33ff; 2Mo 23,14ff). Mazzot und Sukkot sind Äquinoktialfeste.

Das Licht des Mondes, so künden uns die Schriften des NT (Mt 24,29; Mk 13,24; Lk 21,15; Apg 2,20; Offb 6,12; 8,12; 12,1) wird mit all den Lichtern dieser alten Schöpfung erlöschen, und die neue Schöpfung wird seiner nicht mehr bedürfen (Offb 21,23).

Literatur: Clements: ThWAT, III, 1977; North: ThWAT. II, 1977; R. de Vaux: Das Alte Testament und seine Lebensordnungen, 1960. A.D.

MORD.

1. Das mosaische Gesetz unterscheidet zwischen M. und Totschlag: Wer einen Menschen absichtlich so schlägt, daß er stirbt, soll getötet werden, selbst wenn er zum Altar geflohen ist. Hat er ihm aber nicht böswillig nachgestellt, so wird ihm ein Ort bestimmt, wohin er fliehen soll (2Mo 21,12.13; vgl. *Blutrache/Bluträcher; *Freistädte) und wo er weiter leben darf. Es müßte demnach von der Gemeinde untersucht werden, ob Feindschaft bzw. Haß zwischen Täter und Opfer bestanden hatte (4Mo 35,21-25). Nur wenn der eine den andern überfiel und vorsätzlich totschlug, galt sein Handeln als M. (5Mo 19,4.11ff RevEB; LÜ: Totschläger). Für den Mörder gab es grundsätzlich nur die Todesstrafe (2Mo 21,12; 4Mo 35,31). Jedoch erkannte das Gesetz das Recht der Notwehr an. Wurde ein Dieb beim Einbruch ertappt und erschlagen, lag auf dem Täter keine Blutschuld, sofern es nicht nach Sonnenaufgang geschah. Dann gab es keine Notwehr mehr, weil man jemanden hätte zu Hilfe rufen können (2Mo 22,1f).

2. Das Blut eines Getöteten verunreinigte das Land; deshalb war eine Versöhnung nur durch den Tod des Mörders möglich (4Mo 35,33). Blieb der Mörder unbekannt, so mußte ein besonderes Bittopfer gebracht werden, damit die Schuld nicht auf dem Land lastete (5Mo 21,1-9). Auch das Töten im Krieg, selbst in dem vom Herrn befohlenen, wirkte verunreinigend und machte die Entsündigung nötig (4Mo 31,7ff). Nach 1Chr 22,8; 28,3 verhindert das von David vergossene Blut, daß er den Tempel des Herrn bauen darf.

3. Nachdem schon im AT die Tat wesentlich nach ihrem Motiv beurteilt wird, bezeichnet Jesus im NT vollends die Grundhaltung des Herzens als die entscheidende Voraussetzung für die böse Tat. Deshalb ist bereits der, der böse Gedanken hegt, dem Gericht verfallen; auch wenn sie nicht zur Ausführung eines M.es geführt haben. Der Betreffende ist schuldig vor Gott (Mt 5,21f; 15,19; vgl. 1Joh 3,15).

Nach Offb. 21,8; 22,15 gehören die Mörder zu denen, die außerhalb des Gottesreiches stehen.

MORDECHAI, MORDOCHAI. Der Name könnte von dem der babylon. Hauptgottheit *Marduk abgeleitet sein.

1. Israelit, der mit *Serubbabel aus der Verbannung zurückkehrte (Esra 2,2; Neh 7,7).

2. Benjaminit, der zur Zeit des *Ahasveros (Xerxes) in der Verbannung in der pers. Hauptstadt Susa lebte. Er hatte die verwaiste Tochter seines Onkels, Hadassa oder *Ester, als seine Tochter angenommen (Est 2,5-7). Nachdem Ester von Ahasveros zur Königin gemacht worden war, gelang es ihr und M., die Pläne Hamans, der als Günstling des Perserkö-

nigs einen Befehl zur Ausrottung der Juden erwirkt hatte, zu vereiteln und das Volk zu retten. Beim Sturz Hamans wurde M. an dessen Stelle der höchste Regierungsbeamte des Perserkönigs (Est 8,2; 10,3).

MORE. (Hebr. *mōrāh*, »Lehrer«, »Wahrsager«).

1. Name eines Ortes nahe *Sichem, erwähnt in 1Mo 12,6, wo *'ēlōn mōrāh* mit »die Eiche (oder «Terebinthe») des Lehrers« übersetzt werden kann 5Mo 11,30 weist auf die »Eiche von More« gegenüber von *Gilgal hin. Es wird berichtet, daß *Abraham dort sein Lager errichtete, als er von Haran nach Kanaan kam; dort offenbarte Gott sich Abraham und versprach, das Land Kanaan seinen Nachkommen zu geben (1Mo 12,6f). Es mag auch der in 1Mo 35,4 erwähnte Baum gewesen sein, an dem *Jakob die fremden Götter vergrub, die in seinem Haus Einlaß gefunden hatten. Vielleicht ist mit der Eiche (Ri 9,6) oder der Zaubereiche (Ri 9,37; RevEB Anm. 24: Terebinthe der Zauberer) in der Begebenheit mit *Abimelech derselbe Ort gemeint.

2. Der Hügel M. an der N-Seite der Ebene *Jesreel, südl. vom Berg *Tabor, 2 km südl. von Nain ist der heutige Dschebel Dahi; der Name begegnet Ri 7,1, als bei der Auseinandersetzung zwischen *Gideon und den *Midianitern Gideons Heer an der Quelle Harod lagerte, während das Heer der Midianiter, nördl. von Gideons Lager im Tal vor den Hügeln M. lag.

3 Der Gründer der Qumran-Gemeinde wurde *mōrāh zädäq*, »Lehrer der Gerechtigkeit«, genannt auf Joel 2,23 bezugnehmend, wo *morāh lizedāqāh* wiedergegeben wird mit »(er gibt einen) Lehrer der Gerechtigkeit« (s. RevEB, Anm. 29), oder auf Hos 10,12, wo *jōrāh zädäq* übersetzt wird mit »(er läßt euch) Gerechtigkeit regnen«, wobei die Gründung jener Sekte als Erfüllung dieser Verheißungen angesehen wurde.

Literatur: F.F. Bruce: The Teacher of Righteousness in the Qumran Texts, 1957; J. Weingreen: From Bible to Mishna, 1976, S. 100ff. R.A.H.G./F.F.B.

MORESCHET. Heimatort des Propheten *Micha (Mi 1,1; Jer 26,18) nahe dem Philistergebiet *Gat (daher Mi 1,14: Moreschet-Gat); wahrscheinlich das heutige Tell el-Dschudde, 32 km südwestl. von Jerusalem und 10 km nordöstl. von *Lachisch. M. ist eine der zwölf Städte, die der Prophet Micha nennt (Mi 1,14), deren Namen durch Wortspiele mit ihrem bevorstehenden Schicksal während der Belagerung durch Assur verknüpft werden; bzgl. M. kündigt Micha dem Staat Juda an: »Du wirst dich scheiden müssen von Moreschet-Gat«. N.H.

MORGEN, MORGENLAND. Der Ausdruck M. wird in neueren Bibelübersetzungen nur noch für die »Weisen aus dem Morgenland«, die dort den Stern des neugeborenen Königs der Juden sahen, beibehalten (Mt 2, 1f.9). In älteren Bibelübersetzungen bezeichnete M. die Himmelsrichtung O, z.B. in 1Mo 2,8; 4Mo 32,19; 1Kön 17,3. Das Morgenland war das Gebiet der syr.-arab. Wüste (1Mo 25,6); die gegen M. wohnen (Hiob 1,3; Jes 11, 14; Jer 49,28), die aus dem Morgenland (Ri 6,3; 7,12) oder die Kinder des Morgenlands (Hes 25,4) waren die arab. Nomaden der Wüste.

In Jes 5,10 wird M. (hebr. *zämäd*) als Flächenmaß verwendet (RevEB: Juchart). Ein M. entspricht der Fläche, die man mit einem Joch Ochsen an einem Tag pflügen konnte.

MORGENSTERN. Bezeichnung für den Planeten Venus, der am Abend als erster, am Morgen als letzter Stern sichtbar ist. Der M. ist ein Bild für den König von Babylon (Jes 14, 12), aber auch für Christus (Offb 22, 16; vgl. 2Petr 1,19; Offb 2,28).

Hiob 38,7 wird das Wort im weiteren Sinne für die Gestirne verwendet. Nach Jes 14,12 versinnbildlicht der M. die Herrschaftsgelüste des Tyrannen.

MORIJA. Nach 1Mo 22,2 befahl Gott *Abraham, seinen Sohn *Isaak in »das Land Morija« zu bringen und ihn dort als Brandopfer auf einem der Berge (*har*) darzubringen. Der gewählte Berg war drei Tagereisen (22,4) vom Land der Philister entfernt (21,34) und war aus der Ferne sichtbar (22,4).

Der Name wird nur noch einmal in 2Chr 3,1 erwähnt, wo der Standort von Salomos Tempel »auf dem Berge Morija« sein sollte, auf der Tenne Araunas, des Jebusiters, wo Gott David erschienen war (3,2; s.a. 1Chr 21,18-26). Hier wird in Verbindung mit dem Standort kein Hinweis auf Abraham gegeben. Es wurde eingewendet, daß Jerusalem nicht weit genug vom S des Philisterlandes entfernt sei, um eine dreitägige Reise dorthin notwendig zu machen, und daß eines der Merkmale Jerusalems sei, daß der Tempelberg erst sichtbar sei, wenn der Reisende ziemlich nahe ist, so daß eine Gleichsetzung der beiden Orte nicht in Frage käme. Die samaritanische Überlieferung identifiziert den Standort der Opferung mit dem Berg *Garizim (daher Morija = *More; vgl. 1Mo 12,6); dieser soll die Bedingungen von 1Mo 22,4 ausreichend erfüllen. Die Entfernung vom S des Philisterlandes nach Jerusalem beträgt jedoch ca. 80 km, was eine dreitägige Reise erforderlich gemacht haben mag; zudem ist der nach 1Mo 22,2 in Frage kommende Ort nicht ein »Berg Morija«, sondern einer von mehreren Bergen in einem Land dieses Namens. Die Berge, auf denen Jerusalem steht, sind aus der Ferne sichtbar. Es ist also daher auch möglich, daß Abrahams Opfer an der Stelle des späteren Jerusalems stattfand, wenn nicht sogar auf dem Tempelberg.

Literatur: F.M. Abel: Géographie de la Palestine I, 1933, S. 374f. T.C.M.

MORGENGABE
s. Ehe

MORGENWACHE
s. Nachtwache

Mörser aus Basalt, ausgegraben in Kapernaum. 1. Jh.v.Chr. – 7. Jh. n.Chr. (SH)

MÖRSER UND STÖSSEL. Eine Alternative zur *Mühle aus Stein. Während der Wüstenwanderung mahlten die Israeliten das *Manna entweder in Mühlen oder in einem M. (4Mo 11,8; hebr. *medōkāh*); Olivenöl wurde auf die gleiche Art gewonnen (»zerstoßene Oliven«: 2Mo 27,29). Spr 27,22 besagt, daß die Torheit aus einem Menschen nicht entfernt wird, auch wenn man den Toren zerstieße (hebr. *maktēsch*, »Mörser«; *ʿālī*, »Stößel«). Der M. war entweder ein ausgehöhlter Stein oder eine tiefe Holzschüssel, der Stößel (Stampfer) ein kräftiger Holzstock. Eine kleine Einbuchtung in der Erde konnte von ihrer Form her auch »Mörser« genannt werden (so Ri 15,19, *maktēsch*, LÜ: »Höhlung«; Zef 1,11). A.R.M.

MOSE.

M. war der große Führer und Gesetzgeber, den Gott gebrauchte, um die Hebräer aus Ägypten herauszuführen. Durch ihn wurde das Volk Israel zu einer Nation. Er führte es bis an die Grenze des Landes, das Gott den Vorvätern zugesichert hatte.

I. NAME.

In 2Mo 2,10 heißt es: »Sie nannte ihn *Mōschāh*, und sie sagte: 'Weil ich ihn aus dem Wasser gezogen habe' (*meschītīhū*)«. Die meisten Ausleger vertreten die Meinung, »sie« verweise auf die Tochter des Pharao. Dadurch ließen sie sich verleiten, einen ägypt. Ursprung für den Namen »Mōschāh« anzunehmen. Dazu bot sich das ägypt. *ms* an, das »Kind« oder »einer, der geboren wurde« bedeutet. Es ist jedoch sinnvoller, das »sie« auf die Frau in V. 9 zu beziehen, das heißt, auf die Mutter von M., die auch seine Amme wurde. Somit hätte M.s Mutter ihm selbst den Namen gegeben. Das würde auch indirekt durch 2Mo 2,10 bestätigt werden, denn der Name »Moschāh« wird mit »Aus-dem-Wasser-Ziehen« (*māschāh*) in Zusammenhang gebracht. Solch ein Wortspiel ist für einen Hebräer gängig, für einen Ägypter jedoch weniger.

Das in diesem Text gebrauchte Wort »Moschāh« ist ein Partizip im Aktiv und bedeutet: Der, der herauszieht. Es könnte eine Abkürzung für eine längere Bezeichnung sein. In Ägypten wurde zum Beispiel das Wort *ms*, »Kind« (sowie auch verwandte grammatische Formen in Namen wie »Ramose«, »Rē ist geboren«) im 14./13. Jh.v.Chr. ungefähr wie »maschä« ausgesprochen. Es gibt eigentlich keinen philologischen und auch keinen anderen Grund, warum die ägypt. Adoptivmutter M.s das semit. *māschi* oder »Moschāh« nicht dem in ihrer Sprache üblichen Namenswort *Masä* Moschāh angeglichen haben könnte. Die Mehrheit der Ausleger ist der Ansicht, daß die Tochter des Pharao ihn *Mōse*, »Kind«, nannte (oder – unpassender – mit einem theophorischen Namen auf -mose endend), was dann als »Moschāh« in die hebr. Sprache übernommen worden sein sollte. Diese Ansicht würde aber das semit. Wortspiel nicht ausreichend erklären. Objektiv gesehen besteht kein Grund, es als unhistorisch anzusehen, denn in Ägypten und anderswo (das AT eingeschlossen) war dies ein allg. Brauch lange bevor M. geboren war. Daraus ergeben sich allerdings sehr große phonetische Schwierigkeiten, denn wie kann das ägypt. »s« in hebr. Namen zum einen als »sch« erscheinen, wie z.B. in »Mōschāh«, und zum anderen als »s«, wie z.B. in »Pinhas«? A.H. Gardiner hat diese Probleme aufgezeigt (JJAOS 56, 1936, 192-194). J.G. Griffiths bietet zwar eine sehr gute Beschreibung dieser Ansicht, findet aber auch keine plausible Erklärung (JNES 12, 1953, 225-231).

II. LEBEN UND HINTERGRUND.

1. Vorfahren.

M. gehörte zum Stamm *Levi, zum Geschlecht *Kehat, zur Familie des *Amram (2Mo 6,16ff). Man vermutet, daß er nicht der Sohn, sondern ein entfernter Verwandter des Amram und der *Jochebed war, denn seine Eltern werden in dem detaillierten Bericht über seine Geburt (2Mo 2) nicht namentlich erwähnt. Diese Vermutung wird dadurch gefestigt, daß Amram und seine drei Brüder in dem Jahr nach dem Exodus viele Nachkommen hatten (4Mo 3,27f). (*Chronologie des AT).

2. Ägyptische Erziehung.

Um ihren Sohn vor den Auswirkungen des pharaonischen Ediktes zu bewahren, welches forderte, daß alle hebr. Knaben umzubringen waren, legte M.s Mutter ihn in ein Kästchen aus Schilfrohr oder Papyrus, das sie vorher mit Bitumen und Pech wasserfest abgedichtet hatte. Dieses Kästchen wurde im Uferschilf des Nils versteckt, und M.s Schwester Mirjam bekam den Auftrag, das Kästchen zu beobachten. Bald darauf kam eine Tochter des Pharao mit ihren Dienerinnen, um im Fluß zu baden. Sie fanden das Kästchen mit dem Säugling und hatten Mitleid mit ihm. Mirjam trat herzu und bot an, eine Amme für das Kind zu finden. So kam M. zu seiner Mutter zurück und blieb am Leben. Als er entwöhnt worden war, wurde er seiner ägypt. Adoptivmutter, der Tochter des Pharao, wieder zurückgebracht (2Mo 2,1-10). Über die Erziehung und das Aufwachsen M.s am ägypt. Hof wird in der Bibel nur wenig berichtet. Aber gemäß ägypt. Überlieferungen in bezug auf die Ausbildung junger Prinzen dürfte M. eine gründliche und solide Unterweisung in der Weisheit der Ägypter erhalten haben. Das erwähnt auch Stephanus in seiner Rede (Apg 7,22).

Durch archäologische Funde wurden reichhaltige Hintergrundinformationen über das Leben des jungen M. am ägypt. Hof ans Licht gebracht. Die Pharaonen des Neuen Reiches (ca. 1550-1070 v.Chr.) besaßen nicht nur in den großen Hauptstädten Theben, Memfis und Pi-Ramesse (Raʿamses) Paläste und *harīm*, son-

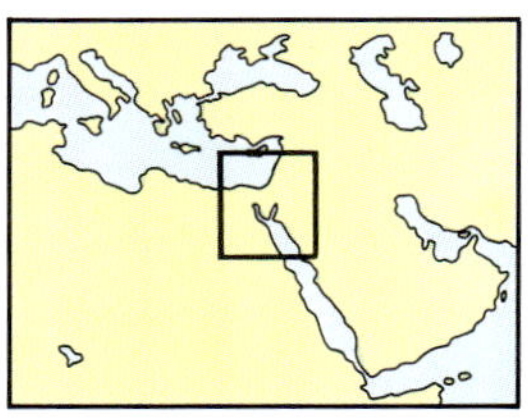

Karte zum Leben Moses.

dern auch in anderen Teilen Ägyptens. Charakteristisch dafür war der alte *harīm* in Fayum, wo königliche Frauen verschiedene heimische Industriezweige beaufsichtigten (A.H. Gardiner, JNES 12, 1953, 145-149, besonders S. 149). Einer dieser *harīm* war wohl das erste ägypt. Zuhause von M.

Im alten Ägypten konnten die Kinder der *harīm*-Frauen von dem Oberaufseher des *harīm* (nach F.L. Griffith, P.E. Newberry, El Bersheh 2, 1894, 40 war dieser auch ein Lehrer für die Kinder des Königs) erzogen werden. Zu gegebener Zeit erhielten die Prinzen dann einen privaten Hauslehrer. Meistens war dies ein hoher Hofbeamter oder ein im Ruhestand lebender Offizier, der dem König nahestand (H. Brunner, Altägyptische Erziehung, 1957, 32-33). Eine solche oder ähnliche Erziehung hatte auch M. durchlaufen müssen.

Für M. als einen Semiten dürfte es auch nicht schwierig gewesen sein, das mindestens 20 Buchstaben umfassende proto-kanaan. Linearalphabet zu erlernen, besonders wenn er die weitaus kompliziertere ägypt. Schrift mit ihren vielen Buchstaben, Wort- und Silbenzeichen gelernt hatte. Die Tatsache, daß Ägypten und nicht Palästina seine Heimat war, dürfte für M. kein Hindernis gewesen sein, sich mit der einfachen Linearschrift vertraut zu machen. Die proto-sinaitischen Inschriften des 15. Jh. v.Chr. sind informelle Widmungen, Arbeitsnotizen oder kurze Grabinschriften von semit. Gefangenen aus dem östl. Nildelta (oder aus der Kolonie in Memfis), die in den Türkisminen beschäftigt waren (s.a. W.F. Albright, BASOR 110, 1948, 12f.22). Diese Inschriften illustrieren den zwanglosen Gebrauch dieser Schrift durch Semiten, die unter ägypt. Herrschaft lebten. Die Schriftgewandtheit der in Ägypten lebenden Semiten ist sehr eindrucksvoll auf einem Ostrakon aus dem Königinnental in der Nähe von Theben, etwa 560 km südl. des Nildeltas, dargestellt (J. Leibovitch, Annales du Service des Antiquités de l'Egypte, 40, 1940, 119, Abb. 26 und Pl. 16, 19:50). Auf diesem Ostrakon ist das hebr. Wort *'mht*, »Sklavinnen«, vollständig erhalten (s.a. Albright, ibid., S. 12).

3. Ausländer am ägyptischen Hof. Semiten und andere Asiaten konnte man schon von frühester Zeit an in allen Gesellschaftsschichten Ägyptens finden (O. Tufnell, W.A. Ward, »Relations between Byblos, Egypt and Mesopotamia at the End of the Third Millennium B.C.« Syria 43, 1966, 165-241, bes. 221-223; W. Helck, Die Beziehung Ägyptens zu Vorderasien, ^{2}1971; A. Erman, H.Ranke, Ägypten,^{2}1981, 92-99; W.F. Albright, Northwest-Semitic Names in a List of Egyptian Slaves from the Eighteenth Century B.C., JAOS 74, 1954, 222-233). Durch die mehrmaligen Eroberungen Kanaans mit Waffengewalt wurden Tausende von Kriegsgefangenen als Sklaven nach Ägypten gebracht (s.a. ANET, 246b, 247b). Ausländische Handwerker, syr. Söldner, asiatische junge Männer als Lakaien, Wedelträger etc. standen im Dienste des ägypt. Hofes (R.A. Caminos, Late-Egyptian Miscellanies, 1954, 117.200f). Semiten konnten zu den höchsten gesellschaftlichen Positionen in Ägypten aufsteigen (s. Josef). Sie wurden als Kuriere zwischen Syrien und Ägypten (ANET, 258b) oder als Wagenlenker, die sogar eigene Diener besaßen, eingesetzt (J. Cerny, JEA 23, 1937, 186), oder sie waren Kaufleute (Caminos, ibid., 26: »Aper-Baʿal«). Die Tochter des syr. Seekapitäns Ben-ʿAnath konnte sogar einen Prinzen heiraten (W. Spiegelberg, Recueil de Travaux 16, 1894, 64).

Auch unter den ramessidischen Königen hatten die Asiaten prominente Stellungen inne. Einer der vertrauten Mundschenken des Königs Merenptah war der Syrer Ben-'Ozen von Sur-Baschan (Felsen von Baschan), welcher den Wesir begleitete, der die Arbeit am Grab des Pharao im Tal der Könige beaufsichtigte (JEA, 34, 1948, 74). Gegen Ende der 19. Dynastie übernahm sogar ein Syrer für kurze Zeit die Herrschaft in Ägypten. Sehr wahrscheinlich war dies der äußerst einflußreiche Kanzler Bay (Cerny, in Gardiner, JEA 44, 1948, 21f).

Im Neuen Reich Ägyptens waren die kanaan. und andere asiatischen Gottheiten (z.B. *Baal, Rescheph, Aschtaroth, Anath, etc.; s.a. ANET, 249f) genauso wie auch unzählige Lehnwörter akzeptiert. Kanaan. und literarische Themen waren geläufig und wurden entweder in die ägypt. Sprache übernommen oder assimiliert (W.F. Albright, Archaelogy and the Religion of Israel, 1953, 197f; T.H. Gaster, BO 9, 1952, 82-85.232; G. Posener, Mélanges Isidore Lévy, 1955, 461-478). Einige der ägypt. Beamten brüsteten sich damit, nicht nur die kanaan. Sprache zu beherrschen, sondern auch die Geographie des Landes zu kennen (ANET 477b). Diejenigen, die im diplomatischen Dienst tätig waren, mußten die babylon. Keilschrift erlernen (W.F. Albright, Vocalization of the Egyptian Syllabic Orthography, 1934, 13; Anm. 50; JEA 23, 1937, 191.196-202).

4. In Midian und auf dem Sinai.

M. hatte Mitleid mit seinen versklavten Volksgenossen (Apg 7,24) und erschlug einen ägypt. Aufseher, der einen Hebräer mißhandelt hatte (2Mo 2,11f). Der Pharao hörte jedoch von dieser Tat und M. mußte fliehen, um der königlichen Strafe zu entgehen. Er floh nach O über die ägypt. Grenze nach *Midian (2Mo 2,15ff). Dieser Fluchtweg war einige Jahrhunderte früher von Sinuhe, einem hohen Hofbeamten der 12. Dynastie (ANET 19) sowie später von entlaufenen Sklaven (ANET 259b) benutzt worden.

M. half dann den Töchtern des midianitischen Hirten und Priesters Reguël/Jitro, ihre Herden zu tränken. Er heiratete *Zippora, eine Tochter Reguëls, die ihm einen Sohn, *Gerschom, gebar (2Mo 2,16-22).

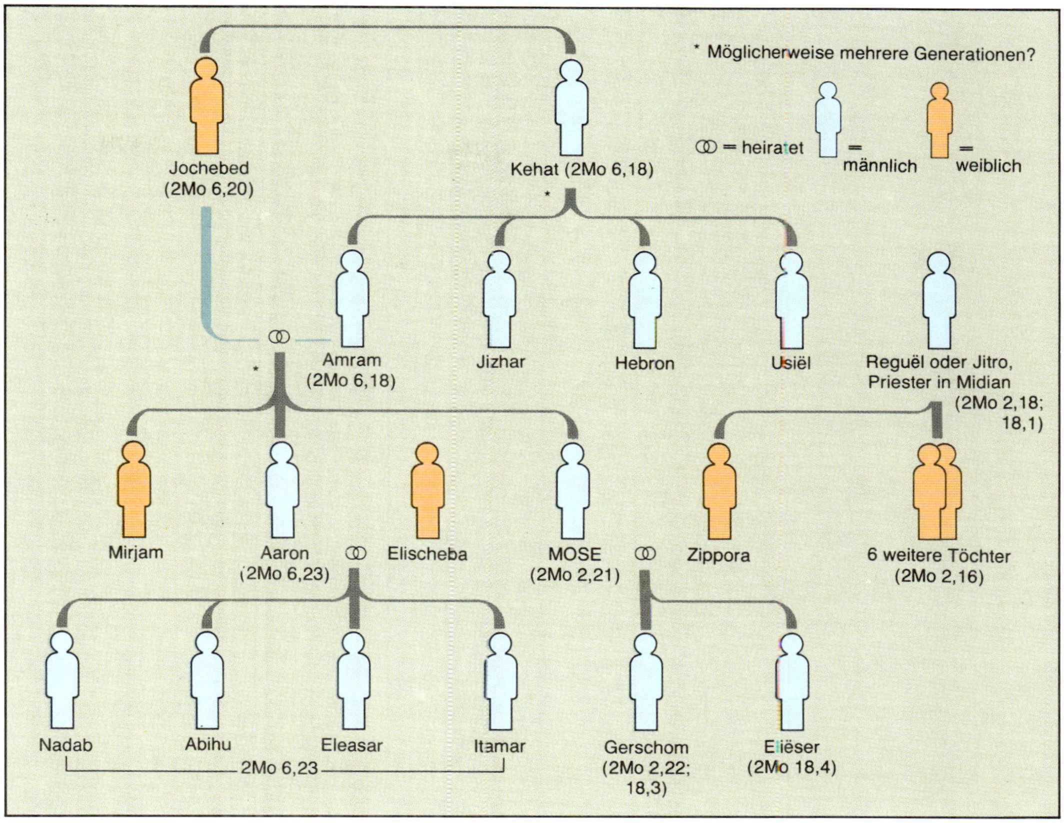

Die Familie Moses.

Durch das Wunder des brennenden Busches, der nicht von den Flammen verzehrt wurde, erging der Ruf Gottes an M., seine Volksgenossen aus der Gefangenschaft in Ägypten herauszuführen. Es war der Gott seines Vaters, der Gott Abrahams, Isaaks und Jakobs (2Mo 3,6) und nicht nur der Gott seiner midianitischen/kenitischen Schwiegereltern, die auch Nachkommen Abrahams gewesen waren (1Mo 25,1-6) und wohl noch die Anbetung des Gottes Abrahams pflegten. Nach einigem Zögern gehorchte M. dem Ruf Gottes (2Mo 3f).

Wahrscheinlich unter Zipporas Einfluß hatte M. es offensichtlich unterlassen, seinen Sohn zu beschneiden. Als er auf dem Weg zurück nach Ägypten war, trat Gott ihm entgegen und drohte, ihn wegen dieser Unterlassung zu töten. Da nahm Zippora ein Steinmesser und beschnitt ihren Sohn. Sie nannte ihren Mann einen »Blutsbräutigam« (2Mo 4,24-26), weil die Beschneidung für ihn und sein Volk verbindlich war (aber vielleicht nicht für ihr Volk?). Von diesem Zeitpunkt an scheint M. alleine weitergezogen zu sein, denn erst später kehrt Zippora aus der Obhut ihres Vaters Jitro zu M. zurück (2Mo 18,1-6).

5. Am Vorabend des Auszuges.

Nachdem M. sich mit seinem Bruder *Aaron und den hebr. Ältesten getroffen hatte (2Mo 4,27-31), ging er zusammen mit Aaron zur Audienz des Pharaos, um von ihm die Freilassung des Volkes Israel zu einem Fest des Herrn in der Wüste zu erbitten. Der König jedoch entließ beide mit Verachtung, denn es gab bereits genügend rel. Feierlichkeiten und Festtage, an denen keine Arbeit getan wurde. Für den Pharao war ihre Bitte nur ein Vorwand, faul zu sein (2Mo 5,8.17).

Es ist nicht verwunderlich, daß M. freien Zugang zum Pharao hatte, denn er war ja als Prinz am ägypt. Hof erzogen worden. Außerdem waren manche Pharaonen recht zugänglich für die Petitionen ihrer Untergebenen (P. Montet, L'Égypte et la Bible, 1959, 71, mit einem Hinweis auf den Papyrus Anastasi III; s.a. ANET 471b).

Die Einteilung der Arbeiter in Gruppen, die jeweils von einem Vorarbeiter geleitet wurden, der vor den königlichen Beamten Rechenschaft ablegen mußte, wird von ägypt. Quellen oft belegt.

Manche der ägypt. Ostraka sind Teile eines Arbeitstagebuches, in dem täglich die Namen der Abwesenden sowie die Gründe für ihre Abwesenheit festgehalten wurden. Ein Ostrakon berichtet, daß die Arbeiter an einem königlichen Grab an 30 von 48 Arbeitstagen untätig waren (A. Millard, Schätze aus biblischer Zeit, [2]1987, 75). In einem anderen Arbeitstagebuch steht die Bemerkung, daß einige Arbeiter abwesend waren, weil sie »ihrem Gott opferten« (Erman, Ranke, Ägypten, 140). Nicht selten findet man die lakonische Eintragung *wsf*, »faul«. Daß die Hebräer eine dreitägige Reise in die Wüste unternehmen wollten, um dort, ohne den rel. Widerstand der Ägypter hervorzurufen, ein rel. Fest zu feiern (2Mo 8,26f; 10,9.25f), war durchaus realistisch (s.a. Montet, ibid., 99-101).

Nachdem M. vom Pharao abgewiesen worden war, versicherte ihm Gott, daß er seinen *Bund mit den Nachkommen erfüllen und sie aus Ägypten nach Palästina bringen würde (2Mo 6,2-9). Zu beachten ist, daß 2Mo 6,3 nicht das Wissen um den Namen JHWH (Jahwe) bei den Patriarchen dementiert (G.J. Wenham, The Religion of the Patriarchs. Essays on the Patriarchal Narratives, 1983, 183-193), obwohl es möglich wäre, daß sie die wirkliche Bedeutung des Namens noch nicht erfaßt hatten (s.a. W.J. Martin, Stylistic Criteria and the Analysis of the Pentateuch, 1955, 16-19; J.A. Motyer, The Revelation of the Divine Name, 1959, 11-17). Die aufeinander folgenden *Plagen demonstrierten die Macht dieses Gottes über den ägypt. König (2Mo 7,14-12,36).

Am Vorabend der letzten Plage, bei der Jahwe die Erstgeborenen töten wollte, mußte jedes hebr. Familienoberhaupt ein fehlerloses Lamm schlachten. Mit dem Blut dieses Tieres sollte der Türrahmen bestrichen werden, damit Gott in seinem Gericht nicht auch die Erstgeborenen der Hebräer vernichten würde (2Mo 12). B. Couroyer ist der Meinung, das hebr. Wort *psch* sei von dem ägypt. *p(')-sch*, »Schlag, Hieb« (Gottes), abgeleitet. Diese Theorie entspricht jedoch nicht allen hebr. Angaben und bleibt somit fragwürdig.

6. Von Sukkot zum Sinai.

In Blick auf den *Auszug aus Ägypten s.a. *Chronologie des AT; *Wüstenwanderung.

Als Israel am *jam sūph*, »Schilfmeer«, lagerte, glaubten der Pharao und sein Stab, daß die Hebräer in einer Falle wären (2Mo 14,1-9). Die dann aufgebotenen 600 ägypt. Streitwagen (2Mo 14,7) waren keine außergewöhnliche Anzahl. Bei zwei Feldzügen des Pharao Amenophis II. waren einmal 730, das nächste Mal 1092 (60 + 1032) Streitwagen in Kanaan erbeutet worden (ANET 246f. Zu der Rolle, die Streitwagen in der ägypt. Armee gespielt haben, s.a. R.O. Faulkner, JEA 39, 1953, 43). Gott teilte jedoch das Wasser, führte sein Volk in Sicherheit durch und ließ das Wasser über dem nachfolgenden ägypt. Heer zusammenschlagen, so daß es ertrank. Da stimmten M. und das Volk ein Loblied über Gottes Triumph an (2Mo 15).

Israel schlug sein Lager am Fuße des Berges *Sinai auf, und M. stieg auf den Berg, um mit Gott Gemeinschaft zu haben und die Bedingungen des Bundes zu empfangen: die Zehn Gebote (2Mo 20), welche das Fundament für Israel als Gottes Volk darstellten. Gott war sein König. Es erhielt auch eine Reihe von Verordnungen, wie die Gebote in das praktische Leben umzusetzen sind (2Mo 21-23).

Nach dem Abfall Israels von Jahwe durch die Anbetung des goldenen Kalbes und der darauffolgenden Wiederherstellung des Bundes, der so schnell gebrochen worden war (2Mo 32,1-35,3), wurde M. beauftragt, die Stiftshütte mit der Bundeslade und dem dazugehörigen Mobiliar herzustellen und der Anbetung Gottes zu weihen (2Mo 35,4-40,33). Die technischen Einzelheiten, die für das transportable Zeltheiligtum berichtet werden, reflektieren M.s ägypt. Schulung, denn solche Bautechniken für transportfähige Konstruktionen (rel. oder anderer Art) waren von den Ägyptern schon mehr als 1000 Jahre vor M. Zeit angewandt worden (K.A. Kitchen, THB 5/6, 1960, 7-13).

Die repräsentative und didaktische Handhabung der Opfer im Zeltheiligtum stand allerdings in starkem Kontrast zum ägypt. Kultus. Die mit den hebr. Opfern verbundenen Symbole sprechen von der Widerwärtigkeit der Sünde aus Gottes Sicht und von der Notwendigkeit der Sühne zu ihrer Vergebung. Sie waren also nicht wie die ägypt. Rituale eine bloße magisch-wirksame Neuinszenierung des täglichen Lebens, die nötig war, um die Gottheiten satt und zufrieden zu erhalten.

Am Sinai wurde eine Volkszählung durchgeführt und die Lager- und Marschordnung festgesetzt (vgl. *Numeri/4. Buch Mose). Auch wurden u.a. die levitischen Aufgaben am Zeltheiligtum eingeteilt (4Mo 1-4), bevor das Volk vom Sinai aus weiterzog (4Mo 5,1-10,10). Die räumliche Anordnung der Stämme in einem Rechteck rings um das Zeltheiligtum war wohl ein Zeichen, daß Gott hier wieder M.s ägypt. Ausbildung gebrauchte, um seinen Plan auszuführen (Kitchen, a.a.O., 11). Die Benutzung der langen, silbernen Fanfaren für die Einberufung der Ratsversammlungen sowie für rel. und militärische Zwecke (4Mo 10,1-10) wird auch durch zeitgenössische, ägypt. Dokumente belegt (H. Hickmann, La Trompette dans l'Égypte Ancienne, 1946. bes. 46-50).

Die Ochsenwagen, die die Hebräer bei dem Auszug gebrauchten, stellten auch keine Neuheit dar. Solche Ochsenwagen waren schon bei den ägypt. Feldzügen von Thutmosis III. (1490-1436 v.Chr.) in Syrien (ANET, 240a) und von Ramses II. bei Kadesch (ca. 1270 v.Chr.) verwendet worden (C. Kuentz, La Bataille de Qadesch, 1928/34, Abb.30). Die hebr. Wagen, die jeweils von einem Paar Ochsen durch das Sinaigebirge gezogen wurden, können mit den zehn Wagen der Ägypter (ägypt. *ʿgrt* vom hebr. gleichen Wort *ʿglt;* 4Mo 7,3.6f) verglichen werden, die jeweils von sechs Paar Ochsen gezogen wurden, um Nachschub für die 8000 Steinbrucharbeiter Ramses' IV. (ca. 1160 v.Chr.) aus dem Niltal in das Wadi Hammamat, das zwischen dem Nil und dem Roten Meer lag, heranzuschaffen. Die Beschaffenheit der Landschaft dort entspricht in etwa derjenigen auf dem Sinai (Breasted, Ancient Records of Egypt, 1906-7, 4, 467).

7. Vom Sinai zum Jordan.

Das Volk Israel zog im zweiten Jahr nach dem Auszug aus Ägypten vom Sinai nach Kadesch-Barnea (4Mo 10,11). Von dort sandte M. *Kundschafter in das Land *Kanaan. Das Land erwies sich als sehr fruchtbar, die Städte waren jedoch befestigt (4Mo 13,17-33). Als das Volk Israel den Bericht der Kundschafter hörte, rebellierte es und weigerte sich, der Verheißung Gottes zu glauben. M. flehte zu Gott, das Volk zu verschonen (4Mo 14,5-19). Statt das Volk zu vernichten, ließ Gott es 40 Jahre in der Wüste umherziehen, bis der letzte der rebellierenden Generation gestorben und eine neue Generation herangewachsen war (4Mo 14,20-35).

Es wird leicht vergessen, daß vor dieser tragischen Episode das Volk Israel von Ägypten über die Sinaihalbinsel innerhalb weniger Jahre direkt in das verheißene Land ziehen sollte. Die 40 Jahre in der Wüste waren nur eine umgewandelte Strafe (4Mo 14, 12.20-30,33) und nicht ein Teil von Gottes erstem und bestem Plan für Israel. Daran sollte man sich erinnern, wenn man die Gesetze in 2Mo 22f in bezug auf den Acker- und Weinbau, etc. liest. Das Volk hatte vier Jahrhunderte lang in Ägypten, umgeben von Viehwirtschaft und Ackerbau, gelebt (5Mo 11,10). Weder es selbst noch seine Vorfahren waren geborene Wüstennomaden (1Mo 26, 12; 37,6-8). Am Sinai befand sich das Volk Israel in unmittelbarer Nähe des Landes, in dem diese Gesetze eine prompte Anwendung gefunden hätten. Es bestand keine Notwendigkeit für Israel – wie oft fälschlicherweise behauptet wird – in Kanaan ansässig zu sein, bevor diese Gesetze gegeben werden konnten (s.a. Kitchen, a.a.O., 13f).

Zu dem Aufstand der Sippe *Korach gegen die geistliche (4Mo 16,3) sowie der Rebellion von Datan und *Abiram gegen die zivile Autorität (4Mo 16,12) M.s und Aarons s.a. *Wüstenwanderung. Nach dieser doppelten Revolte drohte ein allg. Aufstand (4Mo 17,6-28).

In Kadesch-Barnea, wo Mirjam starb, übernahmen M. und Aaron in gotteslästerlicher Weise die Rolle Jahwes: »Höret, ihr Ungehorsamen, sollen wir [nicht Gott] euch Wasser aus diesem Felsen hervorbringen?« (4Mo 20,10ff). Gottes Antwort darauf war die Strafe, daß keiner von beiden in das verheißene Land einziehen durfte (5Mo 3,24-27).

Auf dem Wege zum verheißenen Land verwehrten die Edomiter (4Mo 20,14-21) und auch die Moabiter (Ri 11,17) dem Volk Israel den Durchzug durch ihre Gebiete, so daß es gezwungen war, einen Umweg um diese Länder zu machen. Zu dieser Zeit starb Aaron und wurde am Berg Hor beerdigt (4Mo 20,22-29). Kurz danach rebellierte das Volk Israel wieder. Gott bestrafte es, indem er Schlangen in das Lager schickte, und wieder trat M. für das Volk ein. Gott befahl ihm daraufhin, eine kupferne Schlange an einem Pfahl aufzurichten (4Mo 21,4-9), zu der diejenigen, die gebissen worden waren, aufsehen sollten, damit sie durch ihren Glauben an Gott, der dies befohlen hatte, geheilt wurden. Israel kam dann an die Grenze des amoritischen Königreiches von Sihon. Sihon zog ohne Grund gegen die Israeliten zu Felde, worauf Gott ihn und sein Reich in die Hände Israels gab; ein ähnliches Schicksal traf auch den feindseligen Og von *Baschan (4Mo 21,21-35).

Zuletzt lagerte Israel in der Ebene *Moab (4Mo 22,1; 25,1). Eine zweite Volkszählung wurde durchgeführt und die Vorbereitung für die Landverteilung getroffen. Ein Straffeldzug wurde gegen Midian geführt. Die Stämme Ruben, Gad und der halbe Stamm Manasse erhielten unter der Bedingung, daß sie ihren Brüdern bei der Eroberung des verheißenen Landes helfen würden, die Erlaubnis, sich im *Ostjordanland anzusiedeln.

Das *Deuteronomium/5. Buch Mose beinhaltet M.s Abschiedsrede an das Volk Israel. Der Bund zwischen Jahwe und Israel wurde erneuert. Bei Nichteinhaltung des Bundes mußte Israel mit dem Fluch und dessen Auswirkungen rechnen, bei Gehorsam dem Bund gegenüber würde es aber unter dem Segen Gottes stehen. Diese Art und Weise, die Partner auf die Folgen des Einhaltens oder Nichteinhaltens der Vertragsbedingungen aufmerksam zu machen, war während dem 14./13. Jh.v.Chr. gebräuchlich, was aus zeitgenössischen hetitischen Staatsverträgen ersichtlich ist (G.E. Mendenhall, Law and Covenant in Israel and the Ancient Near East, BA 17, 1954, 53-60 passim; F.C. Fensham, »Maledictions and Benedictions in Ancient Near Eastern Vassal-Treaties and the Old Testament. ZAW 74, 1962, 1-19; V. Korosec, Hethitische Staatsverträge, 1931). Zuletzt bemühte sich M. noch darum, daß Israel das Bundesgesetz in schriftlicher Form erhielt. Es wurde zusammen mit der Bundeslade aufbewahrt (5Mo 31,24). M. hinterließ, kurz bevor er starb, dem Volk ein Lied, das den Aufruf zum Gehorsam gegenüber dem Bundesgesetz enthielt (5Mo 33), dann stieg er auf den Berg *Nebo, um einen Blick auf das Heilige Land zu werfen, in das er nicht einziehen durfte. Dort starb er und wurde im Lande Moab begraben (5Mo 32, 48-52; 34,1-8).

III. MOSES AUFTRAG.

1. Führer Israels.

M. war nicht nur der durch seine ägypt. Erziehung und Ausbildung technisch begabte Leiter seines Volkes, sondern auch eine Persönlichkeit, die in unerschütterlichem Glauben auf Gott vertraute (Hebr 11,23-29; Apg 7,23-37). Immer wieder unterließ es Israel, Gott zu vertrauen. Es übertrat die Gesetze und lehnte Gottes Führung ab, rebellierte gegen M. und manchmal gegen M. und Aaron, durch die Gott seine Herrschaft offenbar gemacht hatte (4Mo 14,4.10; 16,4f). Sogar M.s eigene Familie ließ ihn im Stich (2Mo 32,1ff. 21; 4Mo 12,1f). Ausdauernd (4Mo 12,3) trat M. fürbittend vor Gott für das sündigende Israel ein (4Mo 14,13ff; 16,46; u.ö.) und beschwor das Volk, seinem Gott, der es befreit hatte, treu zu sein (4Mo 14,5-9). Allein die Tatsache, daß M. ein Mann von ausdauerndem Vetrauen in den unsichtbaren Gott war (Hebr 11,27b) und um Gottes Ehre eiferte (4Mo 14,13ff), erklärt sein großartiges Werk (Phil 4,13).

2 Prophet und Gesetzgeber.

M. wurde dadurch, daß er den Willen und die Gebote Gottes in besonderer Weise verkündete, das charakteristische Vorbild der späteren Propheten, bis zu der Ankunft des einen großen Propheten, dessen Vorläufer er war (5Mo 18,18; Apg 3,22f) und von dem alle anderen Propheten redeten (Apg 10,43). Er war von Gott nicht nur dazu berufen worden, das Volk aus der Knechtschaft zu führen, sondern auch dazu, den Willen Gottes zu verkünden. Typisch dafür ist 2Mo 19,3.7: Gott redet zu M., und dieser teilt das Gehörte dann dem Volk mit.

M. hatte oft und lange Gemeinschaft mit Gott (2Mo 24,18; 33,7-11), wie es auch später die Propheten hatten (s.a. Samuels Gebetsleben, 1Sam 7,5; 8,6; 12,23; 15,11). In der Weise, wie der Bund durch M. verkündet und erneuert wurde (5Mo 29,1), wurde Israel später wiederholt von den Propheten wegen seines Nichteinhaltens des Bundes und dessen Bedingungen gerügt (z.B. 1Kön 18,18; 2Kön 17,15.35-40; 2Chr 15,1f.12; Jer 6,16.19; 8,7f; 11,1-5.6-10; Hos 6,7; Am 2,4; Hag 2,5; Mal 2,4ff); *Jeremia wartete allerdings schon auf einen neuen Bund in der Zukunft (Jer 31, 31-34).

Verschiedene Teile des Pentateuch werden oft fälschlicherweise als »Gesetzbuch« bezeichnet: M. war nicht der bloße Verkündiger irgendeines vorbildlichen »Zivilkodex« für Israel gewesen. Zeitgenössische Vertragsdokumente des 13. Jh.v.Chr. aus dem Nahen Osten beweisen, daß M. – von Gott veranlaßt – Israels Beziehung zu Jahwe in Form eines Staatsvertrages oder *Bundes zum Ausdruck brachte, mit dem ein großer König (in diesem Fall Gott, der König der Könige) einen Vasallen (hier Israel) zur Treue ihm gegenüber verpflichtete. Die entsprechenden Vertragsbedingungen wurden in die rel. und geistliche Sphäre übertragen, wodurch bestimmte Eigenarten entstanden, die in den politischen Verträgen nicht vorhanden sind. Diese Art der Formulierung wurde zu jener Zeit allg. verstanden. Für Israel umfaßten die Zehn Gebote die Grundsatzerklärungen des Bundes, im wesentlichen das moralische Gesetz als Ausdruck des Willens Gottes. Die einzelnen Bundesverpflichtungen stellten eine Art »Bürgerliches Gesetzbuch« dar, das im moralischen Gesetz der Zehn Gebote (2Mo 21-23; 5Mo 12-26; etc.) und sogar in Verordnungen gegründet war, die maßgebend für die zulässigen und autorisierten kultisch-rel. Praktiken waren (2Mo 25,1ff; 35,10ff; 3Mo). Israels Lebensstil sollte in jeder Beziehung von *Gerechtigkeit und *Heiligkeit, die sich aus dem Gehorsam dem Bund gegenüber – oder mit anderen Worten: aus der Erfüllung des Gesetzes – ergeben, gekennzeichnet sein. Die endgültige Erfüllung folgte jedoch erst (wie in Gal 3,23ff beschrieben) nach weiteren göttlichen Maßnahmen (s.a. Gal 3,15-22, bes. V. 21).

Israels Bund war keine bloße Anhäufung politischer Bedingungen, er sollte vielmehr das tägliche Leben vor Gott regeln, und deswegen dienten seine Verordnungen auch als Mindestgrundlage für das »Bürgerliche Gesetzbuch« des Volkes.

Umfang und Menge der »bürgerlichen Gesetze« im Pentateuch sind im Vergleich mit anderen Sammlungen zu jener Zeit in keiner Beziehung außergewöhnlich oder übertrieben. Der Abschnitt 2Mo 21-23 enthält ungefähr 40 »Paragraphen«, 3Mo 18-20 mehr als 20 und 5Mo 12-26 nahezu 90 »Paragraphen«, unterschiedlicher Länge; manche umfassen in den heutigen Texteinteilungen ein ganzes, andere nur ein halbes Kapitel, einige bestehen aus nur einem Satz; im ganzen sind es ungefähr 150 Paragraphen, abgesehen von den eindeutig rel. Vorschriften. Diese Anzahl läßt sich gut mit den 282 Paragraphen des »Kodex Hammurabi«, den 115 noch erhaltenen Paragraphen (viele davon gingen verloren) der mittelassyr. Gesetze oder den 200 Paragraphen der hetitischen Gesetze vergleichen.

3. Autor.

In der heutigen Zeit gehen die Meinungen über die Verfasserschaft der Mosebücher weit auseinander. Manche Ausleger schreiben M. die Urheberschaft an jedem einzelnen Buchstaben zu, andere bestreiten selbst seine Existenz.

Daß M.s Name von Anfang an mit Teilen des Pentateuch in Verbindung steht, besagt schon der bibl. Text. In den jeweils folgenden Texten kommt zum Ausdruck, daß sie von M. geschrieben wurden: ein kurzer Abschnitt über Gottes Gericht gegen Amalek (2Mo 17,14); das »Buch des Bundes« (2Mo 24,4-8; als äußere Beweise eingeschlossen noch 2Mo 20 und 21-23 mit den Geboten und dazugehörigen Gesetzen); die Wiederherstellung des Bundes (2Mo 34,27 mit Bezug auf 34,10-26); die Beschreibung einer Marschroute (4Mo 33,1f in bezug auf 33,3-40); der größte Teil des 5. Mosebuches bis Kap. 31 (5Mo 31,9-13.24ff in bezug auf die Erneuerung des Bundes und auf die im vorangegangenen Kap. beschriebene Wiedereinführung der Gesetze) und zwei Gedichte (5Mo 32; s.a. 31,22 und Ps 90 mit M.s Namen in der Überschrift). Es gibt keine objektiven Gründe, die Richtigkeit dieser Psalmen anzuzweifeln. Verschiedene Wissenschaftler (wie z.B. E.J. Young, An Introduction to the Old Testament, 1949, 50f; W. Möller, Grundriß für Alttestamentliche Einleitung, 1958, 107-124; C. Rogers, »Die Entstehung des Pentateuch«. Fundierte Theologische Abhandlungen, 4, 1986, 8-63; G.L. Archer, Einleitung in das Alte Testament, Bd. I, 1987, 135-149) sammelten in diesem Zusammenhang atl. und ntl. Hinweise auf M.s Verfasserschaft.

Daß ein einzelner Mann Gedichte verfassen, historische Begebenheiten und Gesetze aufschreiben konnte, war nicht außergewöhnlich. Ein Beispiel dafür war einige Jahrhundert vor M. der Ägypter Cheti (oder Achtoi), Sohn des Duauf, ein Schreiber z.Zt. des Pharaos Amenemhat I. (ca. 1991-1962 v.Chr.). Er war Erzieher, politischer Propagandist und Poet. Seine bedeutenden Werke waren: »Die Lehre des Cheti«, eine Satire, die in den Schreiberschulen verwandt wurde, um den Beruf des Schreibers gegenüber anderen Berufen hervorzuheben; »Die Lehre des Amenemhat I.«, ein politisches Pamphlet, dem er im Auftrag des Königs eine literarische Form gab. Wahrscheinlich war er auch der Autor der bekannten Nilhymne, die oft von den Schreibern mit den anderen beiden Werken abgeschrieben wurde (Gardiner, Hieratic Papyri in the British Museum, Third Series, 1935, 1, 40.43f; Posener, Literature et Politique dans l'Égypte de la XIIe Dynastie, 1956, 4-7; 19, Fußnote 7,72f). Außer den wenigen Schriftstellen, die oben aufgeführt wurden, gibt es keine objektiven Gründe, warum M. nicht noch weitere Teile des Pentateuch selbst geschrieben oder das Schreiben veranlaßt haben sollte (vielleicht durch Diktat, was auch die Personalpronomen der 3. Person erklären würde). Wieviel das im einzelnen umfaßt, muß der persönlichen Meinung überlassen werden.

4. Spätere Berühmtheit.

Von der Zeit Josuas (8,31; 1Kön 2,3; 2Kön 14,6; Esra 6,18; etc.) bis zur Zeit des NT (Mk 12,26; Lk 2,22; Joh 7,23) bleibt der Name M. immer mit dem AT, insbesondere mit dem Pentateuch, verbunden. In 2Kor 3,15 steht M. *pars pro toto* für das gesamte AT. M. und Elia waren die Repräsentanten des atl. Gesetzes und der Prophetie, die mit Christus zusammen auf dem Berg der Verklärung standen (Mt 17,3f).

Literatur: W.F. Albright: Moses in Historical and Theological Perspective. Magnalia Dei, FS G.E. Wright, 1976, 120-131; O.T. Allis: God Spoke by Moses, 1951; D.M. Beegle: Moses: The Servant of Yahweh, 1972; J.J. Bimson: Redating the Exodus and Conquest, 1981; B.S. Childs: The Birth of Moses, JBL 84/1965, 109-122; H. Gressmann: Mose und seine Zeit, 1913; J.G. Griffiths: The Egyptian Derivation of the Name Moses, JNES 12/1953, 225-231; W. Helck: Die Beziehungen Ägyptens zu Vorderasien, [2]1971; ders.: »Tkw und die Ramses-Stadt«. VT 15, 1965, 35-48; S. Herrmann: Israels Aufenthalt in Ägypten, 1970; ders.: Mose, EvTh 28/1968, 301-328; lölööKeller: Vom Stand und Aufgabe der Moseforschung, ThZ 13/1957, 430-441; K. Koch: Der Tod des Religionsstifters, KuD 8/1962, 100-123; J. Lehmann: Mose – der Mann aus Ägypten, 1983; W.A. Meeks: The Prophet-King, NTS 14, 1967; E.M. Merrill: Kingdom of Priests, 1987; E. Osswald: Das Bild des Mose in der kritischen alttestamentlichen Wissenschaft seit Julius Wellhausen, 1962; G. Posener: Les Asiatiques en Égypte sous les XIIe et XIIIe dynasties, Syria 34/1957, 145-163; W.H. Propp: The Skin of Moses' Face - Transfigured or Disfigured, CBO 49/1987, 375-386; R. Rendtorff: Mose als Religionsstifter? Gesammelte Studien AT, 1975, 152-171; H. Schmid: Die Gestalt des Mose, EdF 237, 1986; ders.: Mose, Überlieferung und Geschichte, BZAW 110, 1968; W.H. Schmidt: Exodus, Sinai und Mose, EdF 191, 1983; H. Seebaß: Mose und Aaron, Sinai und Gottesberg, 1962; R. Smend: Das Mosebild von Heinrich Ewald bis Martin Noth, 1959; F. Stier, E. Beck (Hrsg.): Moses in Schrift und Überlieferung, 1963; R.J. Thompson: Moses and the Law in a Century of Criticism, 1970; R. de Vaux: Histoire ancienne d'Israel, 1971, 227-440; P. Volz: Mose und sein Werk, [2]1932; P. Weimar: Die Berufung des Mose, 1980; G. Widengren: What do we know about Moses? FS D.H. Davies, 1970, 21-47.

K.A.K./H.Pe.

MOSER, MOSEROT. Ein Lagerplatz der Israeliten während der Wüstenwanderung (4Mo 33,30f), an dem *Aaron starb (5Mo 10,6). Der Name könnte »Strafe(n)« bedeuten, unter Hinweis auf Israels Hadern gegen Gott in Meriba (*Massa und Meriba 2Mo 17,1ff; 4Mo 20,24; 5Mo 32,51). Der Standort ist nicht zu identifizieren, könnte aber in der Nähe des Berges *Hor gewesen sein, der auch als der Ort gilt, an dem Aaron starb und begraben liegt (J.A. Thompson, Deuteronomy, TOTC, 1974, 145).

D.F.P.

MOZA.

1. Judäer, Sohn *Kalebs (1Chr 2, 46).

2. Benjaminit, Nachkomme *Jonatans (1Chr 8,36f; 9,42f), der vielleicht als Stammvater der gleichnamigen Siedlung galt (OLB 2, 792).

3. Ein Ort in Benjamin (Jos 18,26: *ha-mōzāh*, »die Presse«?, LXX: *Amōsa*), der nach dem Keramikbefund wahrscheinlich südl. von *chirbet bēt mizze* ca. 7,5 km westl. von *Jerusalem im Tal des *Sorek lag. Der Ortsname findet sich auf vorexilischen (*ha-mōza'*, »der Ausfluß«?) und nachexilischen (*mōzah*) Henkeln von Weinkrügen (N. Avigad, IEJ 8, 1958, 113-119; 22, 1972, 5-9). Sie weisen ebenso wie die terrassierten Hänge (G. Edelstein, M. Kislev, BA 44, 1981, 53-56) auf intensiven Weinbau hin. Die jüd. Siedlung, die bis in talmudische Zeit (*moza'*) bestand (Bill. II, 217), wird von manchen mit *Emmaus (Lk 24,13) identifiziert.

Literatur: E. Eisenberg, RB 82 (1975), 587; OLB 2, 790-793.

R.R.

MOSE, BÜCHER
s. Exodus
s. Levitikus
s. Numeri
s. Deuteronomium
s. Pentateuch

MOST
s. Wein

MOTTE
s. Tiere

MÜCKE
s. Tiere

MÜHE, MÜHSAL. (Hebr. *jāga', jegija' 'amal*; griech. *kopiaō, kopos*).

Das Leben des Menschen im AT ist von Arbeit und M. geprägt (1Mo 5,29; 3Mo 26,20), es steht unter dem Fluch Gottes über das Ackerland (1Mo 3,17-19). Die bekannte Stelle Ps 90,10 ist wohl zu übersetzen: »was mit Stolz erfüllt, ist M. und Arbeit«. Mit besonderer Deutlichkeit ist das Problem in der atl. Weisheitsliteratur im Buch Prediger erfaßt (vgl. 1,3.8.13; 2,11 22 u.ö.): Der Ertrag der menschlichen M. ist nicht aufweisbar. Alles zerrinnt dem angefochtenen Gläubigen zwischen den Fingern. Mit der M. geht der Prozeß des Müdewerdens einher. Übertragen auf Gott kann von seiner M. mit den *Sünden des Volkes gesprochen werden (Jes 43,23f).

Im NT kommt die griech. Wortwurzel 41mal vor. Sie kann sowohl das Müdewerden (Joh 4,6) als auch den Vorgang des Sichabmühens beschreiben, sowohl die tägliche Arbeit (Lk 5,5) als auch, im übertragenen Sinn, die Arbeit am Reich Gottes (z.B. Röm 16,12). Die Bedeutung von M. als Arbeit in der christl. Gemeinde und für die Gemeinde ist spezifisch ntl., sie wurde evtl. von Paulus geprägt (vgl. Röm 16,6.12; 1Kor 4,12; 15,10; 16,16 u.ö.). Paulus arbeitet in seinem herkömmlichen Beruf, um nicht in den falschen Verdacht zu geraten, sein Apostelamt aufgrund finanzieller Interessen zu versehen. Seine Missionsarbeit ist die Bemühung um die Menschen.

Sowohl im AT (z.B. Hiob 3,17) als auch im NT ist die *Ruhe von der Arbeit im Tod das Ende der menschlichen M. (Offb 14,13). Der Mühsal ist eine eschatologische Grenze gesetzt. Im Heilandsruf (Mt 11,28) fordert Christus die sich unter der Gesetzesforderung abmühenden Menschen auf, bei ihm selbst Erholung, Erquickung und Gnade zu finden.

Literatur: A. von Harnack: kopos (kopian, hoi kopiontes) im frühchristlichen Sprachgebrauch, ZNW 27/1928 1-10; H. Fendrich: EWNT II,1981, 760-761 1981; G. F. Hasel: ThWAT III 1982, 413-420; F. Hauck: RAC I, 1950, 585-590; ders.: ThWNT III, 1938, 827-829; C. Heyd-Westerhausen: BBW, 1982, 22-23; K.H. Schelkle: TRE III, 1978, 622-624; M. Seitz, H.G Link: TBLNT II, [4]1986, 836f. J.E.

MÜHLE, MÜHLSTEIN. Die älteste und häufigste Methode, Korn zu mahlen, war, es auf einem flachen Stein zu verteilen und mit einem runden Reibstein zu mahlen. Solche Handmühlen mit *Mörsern aus Stein aus der frühen Jungsteinzeit wurden in *Jericho gefunden (PEQ 85, 1953, Tafel 38.2). Drehmühlen wurden seit der Eisenzeit verwendet. Sie bestanden aus zwei runden Steinscheiben je ca. 50 cm Durchmesser, die obere (hebr. *rekeb*, »Reiter«) mit einem Loch in der Mitte, so daß sie sich auf einem auf der unteren Scheibe befestigten Zapfen drehen konnte. Mit einem Holzstab, der in einer Bohrung am Rand des oberen Steins steckte, wurde die M. per Hand angetrieben. Das Korn wurde durch die Bohrung in der Mitte des oberen Steins geschüttet und durch dessen Drehung zermahlen. Mahlen zählte zu den Aufgaben der Frauen (2Mo 11,5; Mt 24,41), aber es wurde auch Gefangenen als niedrige Arbeit aufgebürdet (Jes 47,2). Größere Drehmühlen wurden von Tieren oder Gefangenen angetrieben (Simson, Ri 16,21).

Da der Israelit eine Handmühle zur Herstellung seines täglichen Brotes brauchte, durfte er sie nicht verpfänden (5Mo 24,6). Das Aufhören des Geräuschs der M. ist ein Zeichen für Einsamkeit, Alter und Tod (Jer 25,10; Offb 18,22; Pred 12,4). Den oberen Stein einer M. warf eine Frau von der Burgmauer herab auf *Abimelech, der die Stadt Tebez angriff (Ri 9,53; 2Sam 11,21). Der Mühlstein wurde auch als Gewicht verwendet, um damit jemand zu ertränken (Mt 18,6, griech. *mylos onikos* bezeichnet einen Mühlstein, der so groß war, daß ein Esel benötigt wurde, um ihn in Betrieb zu nehmen; Offb 18,21). A.R.M.

MUND. (Hebr. *päh, chēk, midbār, sāpāh*; griech.: *stoma*). Der M. ist vor allem das Organ zum Sprechen. Den M. auftun (4Mo 22,28; Hes 21,27) bedeutet sprechen, den M. zuhalten (Hiob 5,16; Jes 52,15) steht für schweigen, ebenso wie »den Mund halten« (Ri 18,19) oder »die Hand auf den Mund legen« (Hiob 21,5; Mi 7,16). Eines anderen M. sein meint, für den anderen reden (2Mo 4,16; Jer 15,19). »Von Mund zu Mund mit jemand reden« (4Mo 12,8; Jer 32,4) bedeutet, persönlich mit jemand zu reden. Der M. kann auch für »Wort« stehen (4Mo 35,30; 5Mo 17,6). Vom M. als Organ zur Nahrungsaufnahme ist bildlich die Rede bei der Erde, die ihr Maul öffnet, um jemand zu verschlingen (1Mo 4,11). Die Tendenz, vom M. zu sprechen, als ob er unabhängig handelte, ist nicht so ausgeprägt wie bei den Lippen. B.O.B./Red.

MUNDSCHENK. Hofbeamter aus der Umgebung des Königs, der - allein oder mit anderen zusammen – für die Versorgung der Hoftafel mit Getränken verantwortlich war. Bei den nicht seltenen Giftmordversuchen handelte es sich um eine besondere Vertrauensstellung, wodurch der M. zugleich großen Einfluß beim Herrscher besaß. In der Bibel werden M.en am Pharaonenhof (1Mo 40,1), am Hof Salomos (1Kön 10,5; 2Chr 9,4) sowie am pers. Hof erwähnt (Neh 1, 11).

MURREN. M. ist die Wiedergabe des hebr. Verbs *lūn* (vierzehnmal) bzw. des Substantivs *telūnnōt* (achtmal). In 5Mo 1,27 und Ps 106,25 wird das Verb *ragan* ebenso übersetzt (Buber: hetzen). Die LXX übersetzt an diesen Stellen *(dia-)goggyzō*, »laut (durcheinander) murren«.

Lūn bzw. *telūnnōt* kommen außer in Jos 9,18 und wahrscheinlich Ps 59,16 (vgl. die Kommentare adloc.) nur in 2Mo 15-17 und 4Mo 14-17, also im Zusammenhang der Wüstenwanderung des Volkes Israel vor. 4Mo 16 berichtet, daß zum einen *Korach und seine Gefolgsleute, zum andern *Datan und *Abiram murrten (beide Ereignisse fallen im jetzigen Zusammenhang zeitlich zusammen, haben aber unterschiedliche Anlässe und Ziele, s.u.). Alle weiteren Belegstellen sprechen vom M. Israels (»alle Kinder Israels«, »die ganze Gemeinde der Kinder Israels«, »das ganze Volk«). Das M. richtet sich gegen *Mose (2Mo 15,24; 17,3; 4Mo 14,36), gegen Mose und Aaron (2Mo 16, 2; 4Mo 14,2; 16; 17,6.20), gegen Jahwe direkt (2Mo 16,7f; 4Mo 14,27.29; 17,25), in Jos 9,18 gegen die Anführer Israels. Das M. entzündet sich an konkreten Nöten, die Israel in der Wüste begegnen: Durst wegen Wassermangels (2Mo 15,24; 17,3), Hunger (2Mo 16,2) und Furcht vor den Bewohnern des verheißenen Landes (4Mo 14,2ff). Der Anlaß des M.s von Korach ist die Erwählung Aarons zum Priester, dessen Sippe gegenüber die Leviten Gleichstellung verlangen (4Mo 16,3-10). Das M. Datans und Abirams richtet sich gegen die Herausführung aus Ägypten, das sie als Land, in dem Milch und Honig fließt, bezeichnen, und gegen die andauernde Führerschaft des Mose (4Mo 16,12-15). Am tödlichen Gericht über Korach und seine Leute entsteht das M. in 4Mo 17,6.

Das M. geschieht zu dem Zweck, Essen und Trinken zu erlangen, um dem Tod zu entgehen. Aber auch die Tötung von Mose und Aaron (4Mo 14,10; 17,6), ja, die Rückkehr nach Ägypten kann beabsichtigt werden (4Mo 14,4; wohl auch in 4Mo 16,12-14 intendiert). Subjekte und Objekte sowie Anlässe und Ziele machen klar, daß das M. ein offenes und willentliches Aufbegehren, ein Rebellieren gegen die jeweilige Situation und die dafür Verantwortlichen ist. In allen Berichten, die vom M. handeln, ist eine eindeutige Wertung erkennbar: das M. ist letztlich immer gegen Jahwe, sein in der Vergangenheit geschehenes und für die Zukunft versprochenes Heilshandeln gerichtet. M. ist Versuchung (2Mo 17,7; 4Mo 14,22) und Lästerung (4Mo 14,11; 16, 22) Jahwes, ist Unglaube (4Mo 14,11) und Sünde (4Mo 16,22.26). Vor der Gesetzgebung am Sinai wird das M. mit Wasser- und Speisungswundern beantwortet (2Mo 15-17), nach dem Sinaiereignis jedoch hat es Jahwes tödliches Gericht zur Folge (4Mo 14,36; 16,31; 17,14); 4Mo 14,11-25 muß die gesamte Wüstengeneration außer *Josua und *Kaleb sterben. Dennoch setzt sich der Heilswille Jahwes gegen alle Herausforderung und Rebellion durch: wenn auch die Wüstengeneration sterben muß, so steht Israel am Ende des Pentateuch

MÜLLER
s. Handwerk

MÜNZE
s. Geld

doch an den Grenzen des den Vätern verheißenen Landes, das es nach dem Zeugnis des Buches Josua einnehmen darf.

In der historisch-kritischen Bibelforschung ist die Frage nach dem überlieferungsgeschichtlichen Ursprung des Motivs des M.s umstritten. Noth sieht ihn in 4Mo 11,4ff; Coats dagegen in der Jerusalemer Kultpolemik gegen den Anspruch des Nordreiches, allein den Gott des Auszuges recht zu verehren. De Vries hält theologische Reflexion zum Zwecke des Ausgleichs zwischen der Tradition der *Landnahme vom S her und derjenigen vom O her für die Keimzelle, während Knierim und Schunck den Ausgangspunkt in 4Mo 16 annehmen. Gemeinsam ist allen Positionen, daß sie von dem jeweiligen überlieferungsgeschichtlichen Ausgangspunkt her das Motiv des M.s in die anderen Überlieferungen eingetragen sehen und es nur als literarisch-theologische Interpretation verstehen können, nicht aber mit der historischen Zuverlässigkeit der bibl. Zeugnisse rechnen.

Außerhalb der Komplexe 2Mo 15-17 und 4Mo 14-17 wird der Widerstand Israels gegen Jahwe während der Wüstenzeit zumeist mit *mārah*, »widerspenstig/ungehorsam sein«, »sich empören«, ausgedrückt (z.B. 4Mo 20,10.24; 27,14; 5Mo 9,7.23f; 31,27; Ps 78,8.17; 106,7.43; Jes 63,10; Hes 20,13.21). In der theologischen Rezeption der Wüstenzeit innerhalb des AT findet sich neben den negativen Zügen (z.B. Hes 20; Ps 106), auch eine positive Bewertung dieser Zeit (z.B. Hos 2,16f; Jer 2,2f).

Im NT wird das Verb *goggyzō*, »murren« siebenmal, das Verb *diagoggyzō* zweimal, das Substantiv *goggysmos* viermal und in Jud 16 *goggystēs* verwendet. Dabei kann man einen profanen Gebrauch von einem theologischen unterscheiden.

1. Profaner Gebrauch liegt vor in Mt 20,11 innerhalb des Gleichnisses von den Arbeitern, die den ganzen Tag im Weinberg gearbeitet haben; sie begehren unzufrieden dagegen auf, daß sie den gleichen Lohn erhalten haben wie andere für nur eine Stunde Arbeit. Ihre Unzufriedenheit gründet in der Meinung, nicht zu ihrem Recht gekommen zu sein.

Auch das M. der hellen. Christen in Jerusalem (Apg 6,1) ist Äußerung aufbegehrender Unzufriedenheit wegen ungerechter Behandlung; es wird positiv beantwortet durch die Wahl der sieben Diakone.

Wenn 1Petr 4,9 die Christen zu »Gastfreundschaft ohne Murren« auffordert, heißt das, daß auch Mißbrauch und Enttäuschung nicht zu einem inneren Vorbehalt oder gar zur Verweigerung dieser wichtigen Form christl. Liebe führen sollen (N. Brox, Der erste Petrusbrief, EKK Bd. XXI, 1979, 206).

2. Lukas bezeichnet mit (*dia*)*goggyzō* (zweimal) die Kritik der rel. Führer am Umgang Jesu mit Sündern, der ihrer Gesetzesauslegung zufolge unangemessen ist (Lk 5,30; 15,2), und (einmal) die Kritik der Volksmenge an seiner Zuwendung zu dem Zöllner *Zachäus (Lk 19,7). Daß für den Evangelisten das Verhalten Jesu dem Willen Gottes entspricht und nicht die Auffassung der rel. Führer und der Menge, ferner, daß Lukas in 5,30 *goggyzō* gegenüber *'elegon* (»sie sprachen«) in den Parallelen Mt 9,11 und Mk 2,16 wählt, spricht wohl dafür, daß das Verb hier schon eine theologische Kritik impliziert, d.h. ein Aufbegehren gegen Gottes Willen ausdrückt und nicht mehr rein profan gebraucht ist (gegen Rengstorf, 733).

Paulus greift in 1Kor 10,10 auf die atl. Berichte vom M. zurück (wohl 4Mo 17,6ff in jüd. Auslegungstradition). Hier ist M. eindeutig die Rebellion gegen Gottes Willen und Handeln. Diese Möglichkeit sieht Paulus auch für die Christen und ermahnt sie mit dem atl. Beispiel zu Treue und Glaubensgehorsam. Auch in Phil 2,14 ist das M. wohl jenes Rebellieren gegen Gottes Willen, das im Gegensatz zu Vertrauen und Gehorsam, also der Glaubenshingabe steht.

Im Joh-Ev. ist das M. der »Juden« (6,41-43) bzw. der Jünger (6,61) jeweils Ausdruck ablehnender Kritik an Jesus und seinem Wort. Wie die Fortsetzung jeweils zeigt, ist das M. damit zugleich Ablehnung des Heilswillens Gottes (6,45f; 6,64) und bestätigt, was nach Joh 1,11 die Erdentage Jesu kennzeichnet. In Joh 7,12.32 ist das M. ein »Schwanken zwischen dem Ja und dem Nein« (Rengstorf, S. 735) zu Jesus und damit im Kern Ablehnung des Gottessohnes, Unglauben und somit Auflehnung gegen Gottes Handeln wie in der Wüstengeneration.

Literatur: G.W. Coats: Rebellion in the Wilderness. The Murmuring Motif in the Wilderness Traditions of the Old Testament, 1968; V. Fritz: Israel in der Wüste, 1970; de Vries: The Origin of the Murmuring Tradition, JBL 87/1968, 51-58; R. Knierim: THAT I, [4]1984, 527-530; L. Schwienhorst: ThWAT V, 1986, 6-11; K.H. Rengstorf: ThWNT I, 1933, 727-737.

F.Fe.

MUSIK/MUSIKINSTRUMENTE.

I. MUSIK.

Das Musikverständnis in Israel z.Zt. der Bibel ist geprägt von einem elementaren Gedanken, der noch heute im orientalischen Raum zu finden ist: Gesang, Instrumentalspiel und Tanz bilden eine Einheit als Ausdruck der Lebenszusammenhänge der Gemeinschaft. Der musikalische Terminus »Rhythmik« im ursächlichen Verständnis von Bewegung des Körpers und der Stimme unter Beteiligung von Musikinstrumenten (vgl. W. Seidel, S. 69) bildet dabei das Bindeglied. Im AT sind viele Hinweise dieser Musikausübung zu finden (z.B. Ps 149; 150). Als Saul und David aus dem Kampf gegen die Philister heimkehrten, gingen »die Frauen aus allen Städten Israels heraus . . . mit Gesang und Reigen dem König Saul entgegen unter Jauchzen, mit Pauken und mit Zimbeln« (1Sam 18,6). Auch »David und ganz Israel« tanzten »vor dem Herrn her mit aller Macht im Reigen, mit Liedern, mit Harfen und Psaltern und Pauken und Schellen und Zimbeln« (2Sam 6,5; vgl. 2Sam 6,14f; 1Chr 13,8; 15,16-29).

Der hohe Stellenwert der Musik im alten Israel wird bereits bei der ersten Textstelle der Bibel deutlich, in der Bezug auf die Musik genommen wird: Lamechs Sohn Jubal, »von dem sind hergekommen alle Zither- und Flötenspieler« (1Mo 4,21; vgl. *kinnor* und *'ugab* bei der Beschreibung der Musikinstrumente), gilt als der »Erfinder« der Musik, sein Bruder Jabal steht für den Beginn der nomadischen Herdenwirtschaft (1Mo 4,20) und der Bruder Tubal-Kain vertritt das Metallhandwerk (1Mo 4,22).

Die Musik in Alt-Israel diente sowohl kultischen Handlungen als auch säkularen Anliegen. Die »weltliche« Musik hatte ihren festen Sitz im Alltag, im Krieg, bei der Arbeit, bei Festen, zu Hochzeiten, zur Unterhaltung oder als Trauermusik. Ohne einen Anspruch auf Vollständigkeit zu erheben, nennt die folgende Übersicht eine Vielzahl von Lebensbereichen, in denen die auf Gott hin ausgerichtete Lebenshaltung der Juden mit Musik in Verbindung gebracht wird.

Einige Textstellen zeigen, daß die Musik als therapeutisches Mittel eingesetzt wurde. »Sooft nun der böse Geist von Gott über Saul kam, nahm David die Harfe und spielte darauf mit seiner Hand. So wurde es Saul leichter, und der böse Geist wich von ihm« (1Sam 16,23; vgl. 1Sam 18,10; 19,9). Auch magische Wirkungen (Jos 6,1-21) und prophetische Weissagung (1Sam 10,5; 2Kön 3,15) wurden durch Musik inspiriert.

Neben den dargestellten Aufgaben der Musik im sozialen Leben der Hebräer entwickelte sich um 1000 v.Chr. mit der anbrechenden Königszeit eine auf Prachtentfaltung ausgerichtete Kultur, die das rel. Leben und damit den Dienst im Tempel prägte. Die Tempelsänger kamen aus dem Stamm Levi (1Chr 6,16ff) und wurden von allen Aufgaben befreit, »denn Tag und Nacht waren sie in ihrem Amt« (1Chr 9,33).

Bei den Vorbereitungen zur Überführung der *Bundeslade in das Offenbarungszelt gibt der Chronist einen ausführlichen Bericht, wie David den musikalischen Dienst organisierte (1Chr 15,16ff). Heman, Asaf und Etan waren die Vorsänger »mit kupfernen, hell klingenden Zimbeln« (V. 19). Ihnen waren acht Sänger zur Seite gestellt, die »mit Psaltern« spielten (V. 20), und weitere sechs, die auf »Harfen von acht Saiten« (V. 21) den Gesang begleiteten. Die Gesamtleitung und Ausbildung übernahm Kenanja, »denn er verstand sich darauf« (V. 22).

Von diesem Zeitpunkt an wurde die Musik zum festen Bestandteil des gottesdienstlichen Ritus (1Chr 16, 7.37). Als David die Vorbereitungen zum künftigen Tempelbau traf, entwickelte er einen Plan, um die insge-

Ein sumerischer Musiker spielt eine elfsaitige Leier bei einem königlichen Bankett. Teil einer Intarsie der sogenannten Königsstandarte von Ur. Ca. 2500 v.Chr. (BM)

Bronze-Zimbeln aus Luristan (Iran). 9.–7. Jh. v.Chr. (BM)

Textstellen säkularer Musik im alten Israel

Musikalische Gattung	Bibelstelle	Inhalt
Kriegs- und Triumphgesänge	2Mo 15,1ff 2Mo 15,21 Ri 5,1ff 1Sam 18,7 2Chr 20,21 Jes 14,4ff	Siegeslied des Mose nach dem Auszug aus Ägypten Mirjams Siegeslied Deboras und Baraks Lied Rückkehr Davids nach Erschlagung der Philister Rückkehr Joschafats nach siegreicher Schlacht Triumphlied über den Sturz des Königs von Babel
Trauer- und Klagelieder	2Sam 1,18ff 2Chr 35,25 Ps 12; 44; 60; 74; 79;80;83;85; 106;123;129;137 Jer 9,18ff Klgl 1-5 Hes 27,32ff Hes 28,2ff	Davids Klagelied über Saul und Jonatan Jeremias Klagelied über Josia Klagepsalmen des Volkes Klagelied in Zion Trauer über die Zerstörung Jerusalems Klagelied über den Untergang von Tyrus Klagelied über den König von Tyrus
Tanzlieder	2Mo 32,17ff Ri 11,34 Ri 21,21 1Sam 18,6f 2Sam 6,5.14f 1Chr 13,8;15,29	Tanz um das goldene Kalb Tanz der Tochter Jeftahs Raub der tanzenden Mädchen von Silo Tanz der Frauen nach Davids Sieg über die Philister David tanzt vor der Bundeslade
Lieder zu Festen	Jes 5,12 Jes 16,10 Am 6,5	Weingelage mit Musik Weinlesefest Gesang der Vornehmen
Hochzeits- und Liebeslieder	Ps 45 Jer 7,34;25,10; 33,11 1Makk 9,39	Hochzeitslied für den König Freuden- und Wonnerufe der Braut und des Bräutigams
Arbeitslieder	4Mo 21,17f Jes 5,1ff Jes 9,2 Jer 25,30; 48,33	Lied am lebenspendenden Brunnen ›Beer‹ Lied vom unfruchtbaren Weinberg Lieder zur Ernte Singen der Kelterer
Musik im Alltag	1Sam 16,18 Pred 2,8 Jes 23,16	Musik des Hirtenjungen David Musiker des Königs Musik steigert die verführerische Macht der Hure

samt 4000 Musiker (1Chr 23,5) unter der Leitung von Asaf, Heman und Jedutun (1Chr 25,1) in Sängerklassen einzuteilen. Asaf hatte vier, Jedutun sechs und Heman vierzehn Söhne, die als Leiter der insgesamt vierundzwanzig Gruppen mit jeweils zwölf Sängern eingesetzt wurden. Nach 1Chr 25,7 waren diese zweihundertachtundachtzig »allesamt Meister« und scheinen eine engere Auswahl der Musikerzunft gewesen zu sein. Um die Reihenfolge der Dienstverrichtung im Tempel wurde das Los geworfen (1Chr 25,8).

Aus den angegebenen Bibelstellen wird deutlich, daß die Leviten gleichzeitig Sänger und Instrumentalisten waren (vgl. auch 1Chr 16,41f). Weiterhin ist anzunehmen, daß die Ausbildung eines levitischen Sängers bereits im Kindesalter begann. Der Dienst im Tempel durfte aber erst mit dem 30. Lebensjahr aufgenommen werden (1Chr 23,3).

In dem Bericht über die Tempeleinweihung erhalten wir einen Einblick, welch hohen Stellenwert die Musik z.Zt. Salomos hatte. Ein Orchester von mehr als vierhundert Sängern und Instrumentalisten hatte sich eingefunden: »alle Leviten, die Sänger waren, nämlich Asaf, Heman und Jedutun und ihre Söhne und Brüder«, also mindestens die zweihundertachtundachtzig ausgewählten Musiker, »standen östlich vom Altar mit Zimbeln, Psaltern und Harfen und bei ihnen hundertundzwanzig Priester, die mit Trompeten bliesen« (2Chr 5,12). Der Klang muß überwältigend gewesen sein, »als wäre es einer, der trompetete und sänge, als hörte man eine Stimme loben und danken dem Herrn« (V. 13). Der

Hebräischer Name	Übersicht der Musikinstrumente mögliche Übersetzung	Revidierte Lutherübersetzung	Ausgewählte Bibelstellen
Saiteninstrumente			
kinnor	mehrsaitige Leier	Zither und Harfe	1Mo 4,21
nebel	Winkelharfe	Harfe	1Sam 10,5 Jes 5,12 Am 5,23;6,5
ʾasor oder nebel ʾasor	zehnsaitige Harfe	Psalter mit zehn Saiten	Ps 33,2; 92,4; 144,9
sabbeka	kleine viersaitige Harfe	Zither	Dan 3,5.7.10.15
Blasinstrumente			
ʾugab	Pfeifen- oder Flöteninstrument	Flöte Pfeife (Ps 150,4)	1Mo 4,21 Hiob 21,12; 30,31 Ps 150,4
chalil	Schalmei oder oboenähnliches Instrument	Flöte Pfeife (Jes 5,12)	1Sam 10,5 1Kön 1,40 Jes 5,12; 30,39 Jer 48,36
maschrokita	Panflöte (?), Pfeife	Trompete	Dan 3,5.7.10.15
sumponya	Dudelsack oder der Zusammenklang verschiedener Instrumente	Laute	Dan 3,5.10.15
chazozerah	silberne Trompete	Trompete	4Mo 10,2;31,6
schofar	Widderhorn	Posaune	2Sam 6,15; 15,10 1Chr 15,28
keren	Horn	Posaune	Jos 6,5
Schlaginstrumente			
tof	Handtrommel	Pauke	2Mo 15,20 Ri 11,34 Ps 68,26
zelzelim oder meziltayim	Zimbeln	Zimbeln	1Chr 16,5; 25,1.6 Ps 150,5
menaʾanʾim	Rassel	Schelle	2Sam 6,5
paʾamonim	Schelle oder Glöckchen	Schelle	2Mo 28,33; 39,25f

Tempel war erfüllt mit einer Wolke, »so daß die Priester nicht zum Dienst hinzutreten konnten ...; denn die Herrlichkeit des Herrn erfüllte das Haus Gottes« (V. 14; vgl. 2Chr 7,6; 8,14). An keiner anderen Stelle in der Bibel findet sich ein deutlicherer Hinweis auf die gnädige Gegenwart Gottes, hervorgerufen durch Musik, als in dieser vom Chronisten formulierten »Musikkritik«. Der Grad der Künstlerschaft scheint hier zu einem Höhepunkt gekommen zu sein (vgl. A. Sendrey, S. 52).

Über den Charakter der Musik im alten Israel läßt sich heute immer noch nichts Genaues sagen. Die Sprache, *Dichtung und Poesie besitzt keine nach unserem Verständnis eigene Metrik. Die Musik dient dem Text als Interpretation ähnlich wie die Interpunktion der Schrift. »Der Text wird nicht vertont, d.h., die Melodie steht in keinem Verhältnis zum Inhalt des Textes, sondern er wird musikalisch strukturiert« (Rauhe/Flender, S. 122). Wie bei den Griechen – verdeutlicht in dem Terminus *mousike* – besteht hier eine Einheit von Musik und Sprache im Gegensatz zur abendländischen Entwicklung in der Trennung dieser Bereiche (vgl. Th. Georgiades, S. 6f).

Da es vermutlich kein Notationssystem gab, wurde die Musik von Generation zu Generation mündlich tradiert. Einige Überschriften der Psalmen (z.B. Ps 57; 58; 59; 75 nach der Weise »Vertilge nicht«) weisen auf bestimmte Melodiemodelle (Modi) hin, die mit dem *maqām*-Prinzip aus dem arab.-pers. Kulturraum oder dem indischen *raga*-Prinzip vergleichbar sind (vgl. H. Oesch, VIII, S. 238ff und IX, S. 156ff).

Umfangreiche Aufzeichnungen besonders von A.Z. Idelsohn aus der ersten Hälfte unseres Jh. zeigen, daß das Singen der Psalmen (*Psalmodie*) Parallelen zum gregorianischen Choral aufweist (vgl. Notenbeispiel S. 1000). Ein Melodieanstieg, Verweilen auf dem Rezitationston mit Halbschlußwendung und der Melodieabstieg sind vergleichbar mit der gregorianischen Struktur mit *initium*, *tenor* mit *mediatio* und *finalis* (vgl. E. Gerson-Kiwi, Israel, S. 210).

Der Aufbau vieler Psalmen deutet darauf hin, daß sie entweder als Wechselgesang von zwei Chören (*antiphonal*) oder zwischen einem Vorsänger (Priester) und einer Gruppe (Chor oder Gemeinde) aufgeführt wurden (*responsorial*).

Als weiterer liturgischer Gesangstil muß die *Lectio* genannt werden, das solistische Vortragen der bibl. Texte. Diese Form ist bis in das 5. Jh.v.Chr. belegt und wird noch heute praktiziert. E. Gerson-Kiwi hält die Lectio für die »wesentlichste musikalische Erbschaft, die das Judentum ... dem Christentum vermachte« (E. Gerson-Kiwi, Israel, S. 209).

Eine dritte Gesangsform ist die *Hymnodie*, die sich vermutlich aus der Psalmodie entwickelt hat. Der mehr liedhafte Charakter gilt als eine typische Form der frühen Christenheit (vgl. H.H. Eggebrecht, S. 383).

II. MUSIKINSTRUMENTE.

Die in der Bibel erwähnten Musikinstrumente werden in ihrer Form und Konstruktion nur selten beschrieben. Da es aber in den benachbarten Kulturen größtenteils vergleichbare Arten gibt, können heute aufgrund der Überlieferungen (u.a. Münzen, Wandreliefs, Vasenmalereien) und der etymologischen Betrachtung genauere Aussagen gemacht werden.

1. Saiteninstrumente.

a. Der **kinnor** ist das erste in der Bibel erwähnte Musikinstrument und wird in der LÜ mit »Zither« übersetzt (1Mo 4,21). Es handelt sich um das Begleitinstrument Davids, eine mehrsaitige (fünf bis neun Saiten?) Leier vermutlich assyr. Ursprungs. Die Abbildung des kinnor-Spielers auf der kanaan. Elfenbeinschnitzerei von *Meggido zeigt, daß das Instrument schräg unter dem linken Arm getragen und mit der rechten Hand oder mit einem Plektron gespielt wurde (vgl. Abb. S. 1000 oben).

Der *kinnor* wurde aus Holz angefertigt, Salomo ließ sogar Instrumente aus dem wertvollen Sandelholz herstellen (1Kön 10,12). Im allg. wurde das Instrument bei freudigen Anlässen gespielt (1Sam 10,5; Hiob 21,12) und besaß einen »lieblichen« oder »süßen« Klang (Ps 81,3).

Es gibt keinen Hinweis, daß der *kinnor* zur Totenfeier verwendet wurde. Davids Klagelied über Saul und *Jonatan (2Sam 1,17ff) blieb unbegleitet, und der Klang verstummte, wenn die Freude gewichen war (z.B. Ps 137,2), auch warnen die Propheten, daß »die Freude der Harfe ein Ende hat« (Jes 24,8) und »den Klang (der) Harfen soll man nicht mehr hören« (Hes 26,13), wenn das Gottesgericht über die Erde kommt. Außerdem spielten die Vornehmen und Reichen des Landes den kinnor bei ihren Saufgelagen (Jes 5,11f; Am 6,5).

b. Ein zweites in der Bibel häufig

Rahmentrommel, Leiern und Becken, gespielt von Musikern einer assyrischen »Militärkapelle«. Höhe 0,37 m. Steinrelief aus dem Palast König Assurbanipals in Ninive, ca. 640 v.Chr. (PP)

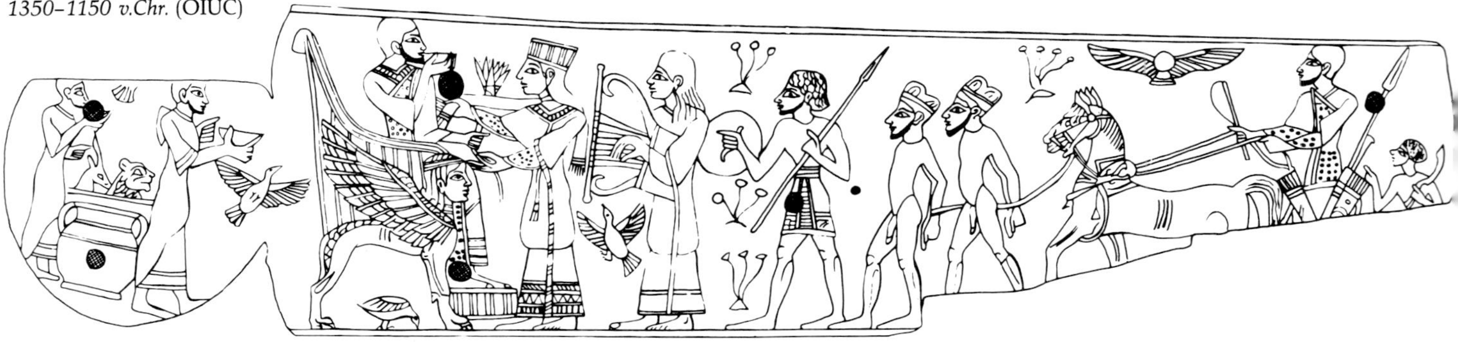

Elfenbeinschnitzerei. Musikalische Unterhaltung am Hof eines kanaanäischen Königs. Megiddo, 1350–1150 v.Chr. (OIUC)

Ein semitischer Leierspieler mit Plektron. Teil einer Prozession auf der Wand des Grabes des Chnumhotep, Beni-Hasan, Ägypten, ca. 1900 v.Chr. (PAC)

Bronzefigur eines Trompeters aus Karien (Südwest-Türkei). Höhe 6 cm, ca. 800 v.Chr. (BM)

genanntes Saiteninstrument ist der **nebel** (z.B. 1Sam 10,5), der generell als eine Art Winkelharfe betrachtet werden kann. Die griech. Bibelübersetzung verwendet hauptsächlich den Begriff *psalterion* (Psalter), mit dem ein Instrument gemeint ist, das mit den Fingern gezupft wird (*psallo*). Viele Abbildungen harfenähnlicher Instrumente aus dem gesamten Kulturraum (vgl. Abb. S. 1002, 1004, 1005) haben in der Forschung immer wieder zu unterschiedlichsten Interpretationen geführt (vgl. A. Sendrey, S. 260ff). Der aus Zypressen- und später aus Sandelholz hergestellte *nebel* war röhren- oder schlauchartig gebogen und trat in verschiedenen Größen auf, so daß er in der größeren Ausführung auch als eine Art Baßinstrument angesehen werden kann.

Das Wort *'asor* stammt von einer Wurzel mit der Bedeutung »zehn« und kommt an drei Stellen in der Bibel in Verbindung mit dem *nebel* vor (Ps 33,2; 92,4; 144,9). Demzufolge wird allg. angenommen, daß es sich um eine zehnsaitige Harfe (LÜ: »Psalter mit zehn Saiten«) handelt. In Ps 92,4 werden die Begriffe allerdings unterschieden. Daher liegt die Vermutung nahe, daß zwei verschiedene Instrumente gemeint sein könnten (vgl. J. Montagu, II, S. 759; A. Sendrey, S. 272 hält *'asor* für eine primitive Zither).

c. Ein weiteres Saiteninstrument wird im Buch Daniel bei der Beschreibung der Instrumente aus Nebukadnezars Orchester erwähnt: die **sabbeka** (Dan 3,5.7.10.15). Gewöhnlich wird das Instrument mit der griech. *sambykē* und der latein. *sambuca* identifiziert, einer kleinen dreieckigen Harfe mit vier Saiten und einem hohen, scharfen Ton. Es gilt als sicher, daß die *sabbeka* im alten Israel keine große Bedeutung hatte, zumal sie bei der Anbetung eines Götzenbildes erwähnt wird, einer Handlung, die den Israeliten zuwider lief.

2. Blasinstrumente.

a. Der hebr. Begriff **'ugab** erscheint nur viermal in der Bibel und bezeichnet offensichtlich »kein bestimmtes Instrument, sondern eine Familie von Blasinstrumenten« (A. Sendrey, S. 289, vgl. auch J. Montagu, III, S. 694). Die erste Erwähnung in 1Mo 4,21 steht im Zusammenhang mit dem *kinnor*, der dort als Oberbegriff für alle Saiteninstrumente erscheint. In Ps 150,4 heißt es: »Lobet ihn mit Saiten (*minnim*) und Pfeifen (*'ugab*)«. Unter *minnim* werden allg. Saiteninstrumente gefaßt, so daß unter *'ugab*

Elamitische Musiker mit ägyptischer Winkelharfe und Doppeloboe bei der Thronbesteigung des Fürsten Ummanigasch. Südwest-Palast, Ninive, ca. 640 v.Chr. (BM)

ebenfalls eine generelle Bezeichnung für alle Pfeifen- oder Flöteninstrumente, also Holzblasinstrumente verstanden werden kann. Die Textstellen in Hiob 21,12 und 30,31 bestätigen diese Deutung.

Der Ursprung des Wortes *'ugab* kommt möglicherweise von dem hebr. Verb *'agab*, »verliebt sein«, »gelüsten«. Die enge Beziehung der Flöteninstrumente zum Liebeszauber findet sich im gesamten Kulturraum wieder.

b. Ein anderes Blasinstrument wird mit **chalil** bezeichnet und kommt an sechs Stellen im AT vor: 1Sam 10,5; 1Kön 1,40; Jes 5,12; 30,29; Jer 48,36 (hier zweimal). Der Wortstamm bedeutet »durchbohren« und läßt vermuten, daß ein hohles Rohr aus Schilf oder ähnlichem pflanzlichen Material gemeint ist. Ob es sich um ein oboeähnliches Instrument mit Mundstück, entsprechend dem griech. *aulos*, oder um eine Schalmei gehandelt hat, ist nicht mit letzter Sicherheit zu sagen. Der Ton war im Gegensatz zu dem mehr lieblichen Klang der Pfeifen- oder Flöteninstrumenten (*'ugab*) scharf und durchdringend. Die Textstellen weisen darauf hin, daß der *chalil* ein Instrument zum Ausdruck der Freude war, aber auch in Zeiten der Trauer (Jer 48,36) gespielt wurde.

c. Bei der Aufzählung der Instrumente am Hofe Nebukadnezars wird die **maschrokita** angeführt (Dan 3,5. 7.10.15). Das Wort wird abgeleitet von dem Verb *scharak* mit der Bedeutung »pfeifen« oder »zischen«. Gewöhnlich entstehen bei den Pfeifen- oder Flöteninstrumenten Zischlaute, so daß die Vermutung nahe liegt, daß die *maschrokita* zu den Holzblasinstrumenten gehört und möglicherweise eine Art Panflöte darstellt.

d. Ein weiteres Instrument, das nur in der erwähnten Textstelle in Dan 3 auftritt, ist die **sumponyah**. Bis heute gehen die Meinungen über das aus dem Aram. kommende Wort auseinander. Viele halten es für eine Transliteration des griech. Wortes *symphōnia* und schließen daraus, daß es ein sackpfeifenartiges Instrument wie der Dudelsack gewesen sein muß. Andere Erklärungen sehen in dem Begriff den Zusammenklang einer Gruppe von Instrumenten im Sinne eines Orchesters (vgl. A. Sendrey, S. 304ff).

e. Die **chazozerah**, die den Israeliten aus Ägypten bekannt war, ist eine meist aus Silber gefertigte Trompete. Sie besteht aus einem ca. 60 cm langen, dünnen Rohr mit Schalltrichter (vgl. Abb. S. 1001). Entsprechend der Bedeutung des Namens (*chazar*, »versammeln«) wurde die *chazozerah* als Signalinstrument im Krieg (4Mo 31,6), bei feierlichen Anlässen (1Chr 15,24; 16,6.42; 2Chr 5,12f; 7,6), bei allen rel. Festen, den täglichen Brand- und Dankopfern sowie bei allen Festen des Volkes (2Kön 11,14; 2Chr 23,13; Esr 3,10) verwendet. 4Mo 10,1ff enthält genaue Anweisungen Gottes an Mose, welche Bedeutung und Aufgaben das Blasen der Trompeten besitzt.

f. Der **schofar** wird von allen in der Bibel erwähnten Instrumenten am häufigsten genannt (72mal) und hat in seiner Form und Funktion im gottesdienstlichen Gebrauch bis heute überlebt. Es handelt sich um ein aus dem Widderhorn gefertigtes Blasinstrument, das sowohl im rel. (2Sam 6,15; 1Chr 15,28; Ps 81,4) als auch im profanen Leben des Volkes (2Sam 15,10; 1Kön 1,34) gespielt wird. Viele Textstellen deuten auch auf eine magische Wirkung des *schofars* hin (2Mo 19,7ff; Jos 6,4ff). Die ursprüngliche Form des *schofars* war die des gekrümmten Widderhorns, später war es möglich, das Horn zu strecken und mit einer scharfen Biegung an der Schallöffnung zu versehen (vgl. Abb. S. 602). Auf dem *schofar* können hauptsächlich nur sehr kurze Töne gespielt werden, so daß das Instrument als Signalinstrument eingesetzt wird.

g. Das hebr. Wort **keren** kann entsprechend seiner ursprünglichen Bedeutung (das »Feste«) ebenfalls mit Horn übersetzt werden und wird oft dem *schofar* gleichgestellt. In der Bibel finden sich unterschiedliche Auslegungen, die aber alle einen Ausdruck von Macht und Stärke beinhalten (1Mo 22,13; 3Mo 4,7.18.25; 1Sam 16,1; 1Kön 1,39; Jer 48,25). Somit ist zu vermuten, daß der *keren* als ein aus Horn gefertigtes Instrument ei-

Rekonstruktion einer Leier aus den Königsgräbern von Ur. Die Saiten wurden am Querholz befestigt und über eine Brücke am hölzernen Resonanzkörper festgemacht. Die Mosaikdekoration ist aus Lapislazuli, Muscheln und rotem Kalkstein. Höhe 1,20 m. Ca. 2500 v.Chr. (SI)

nen sehr kräftigen, lauten Ton erzeugt haben muß. Es gilt als sicher, daß er niemals im heiligen Dienst verwendet wurde (vgl. A. Sendrey, S. 338ff).

3. Schlaginstrumente.

a. Hebr. **tof** ist ein Sammelbegriff für alle Arten von Handtrommeln, die als rhythmische Begleitinstrumente in der Bibel genannt werden. Ägypt. und assyr. Abbildungen zeigen, daß über einem meist runden Klangkörper aus Holz oder Metall ein tierisches Fell gespannt war. Die Trommel wurde mit den Fingern oder dem Handballen meistens zum Reigentanz der Frauen geschlagen (2Mo 15,20; Ri 11,34; Ps 68,26). In einigen Stellen werden aber auch Männer als Spieler des *tof* genannt (1Sam 10,5; 2Sam 6,5; 1Chr 13,8; vgl. J. Montagu, III, S. 603; E. Werner, S 619). 1Mo 31,27 deutet darauf hin, daß der *tof* entsprechend dem *kinnor* als Symbol der Freude angesehen wurde. Ursprünglich wurde das Instrument auch im heiligen Dienst verwendet, später mußte es aber weichen, weil die Mitwirkung von Frauen an der gottesdienstlichen Handlung verboten war.

b. **Zimbeln** waren für den Gottesdienst zugelassene Schlaginstrumente. Die ältere Form hieß *zelzelim*, die jüngere *meziltayim*. Im Griech. wurden sie mit *kymbalon* übersetzt, das eine Schüssel oder Platte mit Vertiefung bedeutet. Besonders assyr. Ab-

Blinder Harfenspieler auf einem Relief aus dem Grab des Paatenemheb bei Saqqara, ca. 1350 v.Chr. (RVO)

bildungen zeigen zwei unterschiedliche aus Metall gefertigte Formen: »entweder waren sie tellerförmig flach oder glockenförmig mit einem langen Griff« (V. Schmidt, S. 10). Die Zimbeln wurden immer paarweise benutzt und durch das Gegeneinanderschlagen entstand ein heller, klirrender Ton (Ps 150,5), der zunächst die Eröffnung der gottesdienstlichen Handlung andeutete, später aber als Zeichen für den Beginn des Chorgesanges diente. Nur den höchsten Würdenträgern, so z.B. Asaf (1Chr 16,5) und nach der festen Organisation der Tempelmusik durch David auch Heman und Jedutun (1Chr 25, 1.6), war der Gebrauch der Zimbeln vorbehalten.

c. Der hebr. Ausdruck *mena'an'im* kommt nur im 2Sam 6,5 vor und kann mit **Rassel** übersetzt werden. Der Klang wurde durch Schüttelbewegungen wie bei dem ägypt. *sistrum* erzeugt. An einem Metallrahmen waren Stäbe angebracht, an denen kleine Metallplatten lose hingen. Ein Handgriff diente zum Schütteln der Instrumente.

d. In 2Mo 28,33 und 39,25f werden kleine **Schellen** oder **Glöckchen** aufgeführt, die am unteren Saum des Gewandes des Hohenpriesters befestigt waren. Sie heißen *pa'amonim*, was soviel wie »schlagen« bedeutet. Diese aus Gold hergestellten *Schellen* hatten die Funktion, den jeweiligen Platz des Hohenpriesters im Heiligtum hörbar zu machen und nach dem alten Aberglauben die bösen Geister zu vertreiben (vgl. A. Sendrey, S. 355f; E. Werner, S. 619).

Literatur: H. Avenary: Geschichte der jüdischen Musik, in: Die Musik in Geschichte und Gegenwart, VII, 1949-1968, 225-261; F. Behn: Musikleben im Altertum und frühen Mittelalter, 1954; H.H. Eggebrecht: Hymnus, in: Riemann Musiklexikon, 12/1967, S. 383f; R. Flender: Der Biblische Sprechgesang und seine mündliche Überlieferung in Synagoge und griechischer Kirche, 1988; Th. Georgiades: Musik und Sprache, (1954) 1984; E. Gerson-Kiwi: Israel. Biblische Zeit, in: H. Honegger, G. Massenkeil (Hrsg.):, Das große Lexikon der Musik, IV, 1978 und 1987 (dt. Ausgabe), S. 208-210; E. Gerson-Kiwi: Jewish music, II Secular, in: S. Sadie (Hrsg.): The new Grove, IX, 1980, S. 634-645; P. Gradenwitz: Die Musikgeschichte Israels, 1961; H. Hartmann: Die Musik der sumerischen Kultur, 1960; A.Z. Idelsohn: Hebräisch-Orientalischer Melodienschatz, 10 Bde., 1914-1932; W. Kurzschenkel: Die theologische Bestimmung der Musik, 1971; J. Montagu: Art. 'Asor, Halil, Hatzotzerah, Kaithros, Kinnor, Metziltayim, Minnim, Nevel, Qarna, Tof, Tziltzelim, 'Ugav, in: S. Sadie (Hrsg.), The new Grove Dictionary of Musical Instruments, Bd. I-III, 1984; H. Oesch: Außereuropäische Musik, in: C. Dahlhaus (Hrsg.): Neues Handbuch der Musikwissenschaft, VIII,1984; IX, 1987; O. Plöger: Das Buch Daniel, KAT, Bd. 18, 1965; H. Rauhe,R. Flender: Schlüssel zur Musik, 1986; A. Riethmüller, F. Zaminer: Musik im Altertum, in: C. Dahlhaus (Hrsg.): a.a.O., I, 1988; C. Sachs: A History of Musical Instruments, 1940; V. Schmidt: Musik im alten Israel, in: H. Schmidt (Hrsg.): Blickpunkt Gemeinde, 1987, S. 7-12; W. Seidel: Rhythmus, in: H. Honegger,G. Massenkeil (Hrsg.): a.a.O., VII, S. 69-73; A. Sendrey: Musik in Alt-Israel, 1970; E. Werner, Jewish music, I Liturgical, in: S. Sadie (Hrsg.): a.a.O., IX, S. 614-634; C. Westermann: Instrumentale Musik, Gesang und Dichtung in Israel, RGG³, IV, 1201-1205.

V.S.

MUT. Im Althochdeutschen bezeichnet das Wort »Mut« (*muot*) die Kraft des Denkens, Empfindens, Wollens, der Gedanken; den Geist, die Gesinnung, den Gemütszustand und den Entschluß. M. haben meint, sich mit klarem Verstand einer Situation stellen.

Die hebr. und griech. Ausdrücke, die in der Bibel mit M. übersetzt sind, sind sehr vielfältig. »Herz«, »Geist«, »Kraft«, »wachsen«, »hoch werden«, »sich stark erweisen«, »zuversichtlich« oder »tatkräftig sein« sind nur eine Auswahl für das Bedeutungsspektrum.

Guten M.s sein meint: »sich nicht fürchten« (1Mo 43,23) bei allen Mühen des Lebens (Pred 3,13; 5,17; 9,7). Begründet ist solche frohe Zuversicht in vorherigem Erleben von Gutem, das Gott getan hat (1Kön 8,66; 2Chr 7,10) im Zuteilwerden besonderer Anerkennung (Est 5,9) oder Vergebung (2Sam 2,7) durch Menschen. M. im Sinne von Zuversichtlichkeit kann sich gründen auf die eigene Macht (1Kön 21,7), die materielle Sicherheit

Ägyptische Frauen mit Harfe, Laute und Doppeloboe. Die mittlere Frau tanzt beim Spielen. Wandmalerei in einem Grab der Nekropole von Theben, Neues Reich, 1435–1405 v.Chr. (MEPhA)

(Lk 12,19) oder den vorangegangenen Erfolg (Neh 3,38).

Der M. kann einem Menschen von Gott genommen werden (Hiob 23,16; den Oberen des Volks: Hiob 12,24; Ps 76,13). Menschen können sich durch ihr Reden oder Handeln gegenseitig den M. nehmen (Esr 4,4; Neh 6,16; Jer 4,9; 38,4). Der M. kann entfallen angesichts auswegloser Situation (2Sam 4,1; Apg 27,36).

M. ist für *Joschafat nötig, um den Götzendienst im Lande abzuschaffen (2Chr 17,69). Die *Kundschafter bedürfen z.Zt. der Wüstenwanderung des M.s, um in das ihnen unbekannte Gebiet vorzudringen. M. bedarf es, um zu beten (1Chr 17,25), zur Kriegsführung (Jer 4,9; 2Sam 11,25), zum Neuaufbau (Neh 3,38), zur Beseitigung von Ungerechtigkeit (2Chr 23,1), zur Führung eines Volkes (5Mo 1,38), um in Leiden (Spr 18,14) und Schwachheit zu bestehen (2Kor 12,10). M. bedarf es, um als Nachfolger Christi dem Widerstand der Nichtchristen standzuhalten (Hebr 12,3) und das *Evangelium zu sagen (1Thess 2,2). Um neuen M. zu gewinnen, um das bekümmerte Herz zu trösten (überwinden), bedarf es anderer Menschen, die durch ihr zielbewußtes Handeln neue Wege aufzeigen (Neh 3,38; Apg 27,36). M. findet der Mensch in der Hinwendung zu dem Gott, dem nichts unmöglich ist (1Thess 2,2; Mt 19,26; Lk 1,37; Apg 28,15; 2Kor 5.6.8). M.H./Red.

MUTTER. Das Wort hat in vielen Sprachen den gleichen Wortstamm. Sprachforscher halten es für wahrscheinlich, daß ihm ein kindliches »Lallwort« zugrunde liegt, etwa wie »ma«. Das Wort M. steht und fällt immer mit der Beziehung, die es schafft.

1. Muttersein – eine vom Schöpfer gestaltete lebendige Beziehung.

In der Bibel ist das Wort M. eine Bezeichnung des Ursprungs. Nach 1Mo 3,20 ist *Eva die »Mutter aller, die da leben«. Das prägt das Lebensgefühl des atl. Frommen in vielen Worten und Gebeten: »Auf dich habe ich mich verlassen von Mutterleib an. Du hast mich aus meiner Mutter Leibe gezogen« (Ps 71,6). »Du hast mich gebildet im Mutterleib« (Ps 139,13). Von diesem Ursprung her beklagt der Prophet in tiefer Anfechtung, daß seine M. nicht sein Grab geworden ist (Jer 20,17). Diese Unmittelbarkeit der Beziehung prägt auch das Ende des Lebens, wenn z.Zt. der Verwüstung Jerusalems die Verwundeten »in den Armen ihrer Mütter den Geist aufgeben« (Klgl 2,12). So wie Anfang und Ende des Lebens von der Beziehung zur M. geprägt ist, so auch das Leben selbst: das erste, was der Knabe rufen wird, ist: »lieber Vater, liebe Mutter« (Jes 8,4). Die rechte M. verzichtet lieber auf ihr Kind, als es nach Salomos Urteil zerteilen zu lassen (1Kön 3,27). Die M. hegt das Kind an ihrer Brust (Ps 131,2). *Hanna, die M. Samuels,

Die Felsengräber von Myra (heutiges Demre) in Lyzien, Südl. Türkei. Ca. 4. Jh. v.Chr. (MEPhA)

kommt jährlich zum Heiligtum und bringt ihrem Sohn, den sie Gott geweiht hat, ein Oberkleid (1Sam 2,19) als Zeichen ihrer Liebe. Darum heißt es andererseits: »Ein törichter Sohn ist seiner Mutter Grämen« (Spr 10,1). Und umgekehrt trägt der Sohn Leid um seine M. und beugt sich in Trauer (Ps 35, 14). Erst durch seine Braut *Rebekka wird *Isaak getröstet über den Tod seiner M. (1Mo 24,67).

2. Muttersein ist Geschenk von Gott.

Erst der emanzipierte Mensch plant Kinder, »macht« sie, »schafft sie sich an« oder bedient sich sogar der Leihmutter. Der glaubende Mensch der Bibel ist in allem abhängig von Gott. Kinderlosigkeit ist tiefstes Leid, sie wird von der Umwelt als Schmach betrachtet. Aber sie kommt von Gott. Er verschließt den Mutterleib. Die Kinderlose leidet an Gott. So schüttet die kinderlose Hanna ihr Herz vor dem Herrn aus (1Sam 1,15) und dann erfährt sie: »Und Elkana erkannte Hanna, seine Frau, und der Herr gedachte an sie.« (1Sam 1,19f). Kinder sind also Gabe Gottes (Ps 127,3). So handelt Gott allein auch an *Maria mit seiner einzigartigen Erwählung und macht sie zur M. des Sohnes Gottes durch die Kraftwirkung des Heiligen Geistes (Lk 1,35).

3. Muttersein ist eine von Gott geschützte Beziehung.

Es ist Gottes Gebot und Ordnung, Vater und Mutter zu ehren (2Mo 20, 12 u.ö.) Das Gebot gilt, auch wenn Anlaß zum Ärger sein sollte, denn es heißt: »Wer Vater oder Mutter flucht, soll des Todes sterben (2Mo 21,17). Der Gehorsam gegen dieses Gebot fließt als Segen in das Leben der Kinder zurück (2Mo 20,12). Bestraft wird, wer die »Blöße aufdeckt« (3Mo 18,7). Nicht erst der perverse Geschlechtsverkehr, sondern schon die Verletzung der Scham ist gegen Gottes Willen – entgegen dem heutigen Bedürfnis, durch Nacktheit »Hemmungen« abzubauen.

4. Muttersein hat keine göttliche Relevanz.

Das ist bedeutsam, spielen doch die Muttergottheiten in Babylon und Ägypten eine große Rolle. Von dorther wird dann auch im röm. Reich Isis die Göttin mit Weltgeltung; sie herrscht im Himmel, auf und unter der Erde, sie rettet aus Not, Krankheit und Unfruchtbarkeit. Ähnliches kehrt heute wieder im Reden von der »Mutter Erde«. *Natur wird als mit göttlichen Kräften beseelt angesehen. Auch im Lauf der Geschichte wurde immer wieder Mutterschaft als solche verherrlicht, wie es etwa im »Dritten Reich« geschah. Das ist der Bibel fremd.

Von großer Nüchternheit sind dagegen die bibl. Zeugnisse geprägt. Auch die M. ist Glied in der Kette der gefallenen Menschheit: »Meine Mutter hat mich in Sünden empfangen« (Ps 51,7), wobei hier die Deutung, der Geschlechtsakt sei Sünde, eine verheerende Fehldeutung mit Tabuwirkung bis ins 20. Jh. war. Die M. hat die besondere Möglichkeit und Gabe, die Kinder zu prägen und zu führen. Seine Großmutter Lois und seine Mutter Eunike sind dem jungen *Timotheus Vorbilder im Glauben (2Tim 1,5). Zugleich berichtet die Bibel von dem verwerflichen Einfluß, der von der M. ausgehen kann: *Ahasjas M. hielt ihren Sohn dazu an, gottlos zu sein (2Chr 22,3). *Rebekka gibt sich dazu her, ihren Sohn zum Betrug des Vaters zu verleiten (1Mo 27). In der Bibel begegnet also kein abgehobenes Mutterbild, sondern die Teilhabe der M. an der Sündhaftigkeit des Menschen wird ernstgenommen.

5. Muttersein wird durch das Reich Gottes relativiert.

Der Blick geht auf die neue Welt, in der die Kinder Gottes den Engeln gleichen werden und kein Heiraten mehr stattfindet (Lk 20,35f). So leben

Christen heute schon in der Spannung, Vater und M. zu ehren und sie doch nicht mehr zu lieben als ihren Herrn, der sie zum Reich Gottes beruft (Mt 10,37). Ja, Lukas bezeugt sogar: Vater und Mutter sind zu hassen um der Jüngerschaft willen (Lk 14, 26), wobei nicht emotionaler Haß gemeint ist, sondern die Absage an natürliche Ansprüche und Bindungen. Das mußte Jesu Mutter lernen, schon bei dem 12-jährigen Jesus (Lk 2,49) und bei der Hochzeit zu *Kana (Joh 2,4).

6. Muttersein wird für geistliches Leben transparent.

Der Glaubende erfährt die mütterliche Liebe Gottes: »Ich will euch trösten, wie einen seine Mutter tröstet« (Jes 66,13). So ist der Mensch also geborgen bei Gott »wie ein kleines Kind bei seiner Mutter« (Ps 131,2). Das Urbild bleibt aber immer größer als das Abbild: »Kann auch ein Weib ihres Kindleins vergessen... Und ob sie seiner vergäße, so will ich doch deiner nicht vergessen« (Jes 49,15). Die Zartheit der mütterlichen Liebe ist allerdings nicht Anlaß, geschlechtsspezifisch von Gott zu denken, sondern ihn als den uns mütterlich liebenden Gott und zugleich als den Herrn zu erfahren. Als Gottes Apostel leidet Paulus um die galatische Gemeinde Geburtsängste und -schmerzen (Gal 4,19) und ist bei den Thessalonichern »mütterlich gewesen: wie eine Mutter ihre Kinder pflegt«, so hatte er Herzenslust an ihnen (1Thess 2,7f). Auch das himmlische Jerusalem wird »unsere Mutter« genannt (Gal 4,26). Wieder ist sie nicht Idealgestalt, sondern kann sogar die Verkörperung des Antichristentums sein: Babylon, die M. der Hurerei (Offb 17,5). Immer bedeutet M. Ursprungs- und Ausgangspunkt. Durch Jesus erfährt das Wort wunderbare Begnadung. Dem Naturanspruch seiner Familie gegenüber beruft er die, die seinen Willen tun in den Stand seiner Brüder, Schwestern und Mütter (Mk 3,33-35).

Durch Gottes Gnade werden Menschen geistliche Mütter wie *Debora, die eine M. in Israel genannt wird (Ri 5,7) oder wie die M. des Rufus, die für Paulus wie eine M. geworden ist (Röm 16,13).

Gottes Gnade beschenkt die einsame, kinderlose Frau mit dem Muttersein. »Die Einsame hat mehr Kinder, als die den Mann hat.« Ja, »der dich gemacht hat, ist dein Mann...dein Erlöser« (Jes 54,1-6). K.B.

MYRA. Mit ihrem Hafen, etwa 4 km entfernt, war M. eine der Hauptstädte *Lyziens, einer Provinz an der SW-Spitze Kleinasiens. Die Stadt war in ntl. Zeit ein wichtiger Getreidehafen. In M. bestiegen Paulus und sein Begleiter, ein röm. Hauptmann, ein Kornschiff aus Alexandria, das nach Italien fahren sollte (Apg 27,5f). In M., unter der Herrschaft der Türken Dembre genannt, finden sich heute eindrucksvolle Ruinen einschließlich eines guterhaltenen Theaters. J.D.D.

MYSIEN. Das Ursprungsland eines der prähellenischen Stämme Kleinasiens war in klassischer Zeit nie eine politische Einheit und ist daher nicht genau zu bestimmen. M. lag in dem stark bewaldeten Hügelland zu beiden Seiten der Handelsstraße von *Pergamon nach Cyzicus am Marmarameer, ein Gebiet, das sich im W *Phrygien anschloß und bis *Troas erstreckte. Troas selbst dürfte zusammen mit Assos und weiteren griech. Küstenstädten wie auch Pergamon im Landesinnern zu M. gehört haben. M. war der Nordteil der röm. Provinz Asia. Paulus hatte deren O-Grenze auf seinem Weg durch Phrygien nach Bithynien erreicht (Apg 16,7), mußte dann aber – Gottes Willen folgend (V. 8) – nach Troas abbiegen und dürfte dabei durch den S des Gebiets von M. gezogen sein. E.A.J.

MYRRHE
s. Pflanzen

MYRTE
s. Pflanzen

MYSTERIUM
s. Geheimnis

Gegenüberliegende Seite: Plan der nabatäischen Hauptstadt Petra.

NAAMA. (»Lieblich«).
1. Tochter der Zilla und Schwester des Tubal-Kain (1Mo 4,22).
2. »Die Ammoniterin«, Mutter des Königs *Rehabeam von Juda, eines Sohnes Salomos (1Kön 14,21).
3. Stadt im Gebiet Judas (Jos 15, 41), die möglicherweise mit dem heutigen Naneh, 10 km südl. von *Lod/ Lydda, identisch ist. Zofar, einer der »Tröster« Hiobs, war ein Naamatiter, aber es ist ungewiß, ob er aus dieser Stadt stammt. G.W.G.

NAAMAN. (Hebr. *na'amān*, »lieblich«). Nach den Texten von *Ugarit ein Mitte des 2. Jt.v.Chr. gebräuchlicher nordsyr. Name.
1. Sohn Benjamins; Stammvater des Geschlechts der Naamaniter (1Mo 46,21; 4Mo 26,40; 1Chr 8,4.7).
2. Befehlshaber der syr. Armee während der Herrschaft *Ben-Hadads I. (2Kön 5). Er behielt seine hohe Stellung, obwohl er von Lepra befallen war. Auf den Rat einer israelit. Kriegsgefangenen hin wandte er sich, mit einem Empfehlungsschreiben seines Königs und mit Geschenken ausgestattet, mit der Bitte um Heilung an den König von Israel, wahrscheinlich Joram. N. wurde an den Propheten *Elisa verwiesen, der ihm Heilung durch siebenmaliges Untertauchen im Jordan verhieß, was N. empört zurückwies, bis ihn seine Diener doch dazu bewegen konnten (V. 8-14). Nachdem er geheilt war, bekannte N. Jahwe, den Gott Israels, als einzig wahren Gott (V. 15-17), war aber als Diener seines Königs gezwungen, im Tempel des Rimmon anzubeten. Die jüd. Sage, die Josephus überliefert (Jos.ant.Jud. 8.414), die aber nicht belegt ist, setzt N. mit demjenigen gleich, der *Ahab tötete, indem er seinen Bogen »in aller Einfalt« spannte (1Kön 22,34). Auch in Lk 4,27 wird auf den Syrer N. hingewiesen. D.W.B.

Die Sīq-Schlucht, eine natürliche geologische Öffnung, die nach Petra führt. Im Hintergrund das sogenannte Schatzhaus des Pharao, Chaznet Fira'un. (SH)

NABAL. (»Tor/Narr«). Ein wohlhabender Einwohner *Maons, südöstl. von *Hebron, aus dem Stamm Kaleb; N. gehörten Schaf- und Ziegenherden, die auf dem *Karmel-Gebirge weideten.

Auf seiner Flucht vor *Saul hörte *David davon, daß N. mit der Schafschur beschäftigt war, die traditionell eine Zeit besonderer Gastfreundschaft war. David sandte zehn seiner Männer zu N. mit der Bitte, er möge seine Truppen bewirten, nachdem diese ihn und seine Herden vor Räubern geschützt hatten. N., dessen aggressive Torheit seinem Namen entsprach (1Sam 25,25), reagierte mit Beleidigungen, woraufhin David mit 400 Männern aufmarschierte. Als *Abigajil, N.s schöne und intelligente Frau, von dem Besuch der Boten hörte, sorgte sie dafür, daß Essen und Wein vorausgeschickt wurden und machte sich selbst auf, um David zu treffen. Dadurch konnte sie David von einem Racheakt abhalten.

Bei ihrer Rückkehr fand Abigajil ihren Mann betrunken vor. Als er am folgenden Tag von der Tat seiner Frau hörte, erlitt er einen Lähmungsanfall und starb ca. zehn Tage später (1Sam 25,37f). R.A.H.G.

NABATÄER. In der hellen. und röm. Zeit hatte Palästina außer dem syr. Reich im N (*Seleukiden) und dem ägypt. im S (*Ptolemäer) noch einen dritten mächtigen Nachbarn: das Reich der N. im O. Die Frage nach der »Herkunft« der N. kann, vereinfachend, so beantwortet werden: Sie stammen aus dem Innern Arabiens und sind im 6./5. Jh.v.Chr. in ehemals edomitischem Gebiet vorherrschend geworden. Historisch faßbar werden sie erstmals im Raum von *Petra: Dort bekämpft sie 312 v.Chr. der syr. König Antigonus (Diodor. 19.94-100). Die wenigen literarischen Angaben über die N. lassen viele Fragen offen. Um so wertvoller wird ihre Ergänzung durch archäologische Funde, nicht zuletzt durch viele Münzfunde.

Bei Aretas I. sucht um 168 v.Chr. der abtrünnige Hohepriester *Jason vergeblich Zuflucht (2Makk 5,8); in dieser Zeit sind die *Makkabäer mit den N.n befreundet (1Makk 5,25; 9, 35; nur an diesen zwei Stellen werden in der Bibel die N., *nabataioi*, ausdrücklich erwähnt). Aretas II. (110-96 v.Chr.) nannte sich wohl als erster »König« (*Aretas ho Arabōn basileus*, Jos.ant.Jud. XIII, 360); wahrscheinlich stammen von ihm die ältesten nabatäischen Münzen; er unterstützt *Gaza gegen den Hasmonäerkönig Alexander Jannäus (ebd.). Spätestens hier zeigt sich der Wunsch der N., ihre von der arab. Halbinsel kommenden Handelswege auch auf der Route von Petra durch den *Negeb bis zum Mittelländischen Meer zu sichern.

Obodas I. (etwa 90-87 v.Chr.) wird von demselben jüd. König ohne Erfolg angegriffen (Jos.ant.Jud. XIII, 375; Jos.bell.Jud. I, 90).

Nicht klar faßbar ist sein Nachfolger Rabilos I.

Auf ihn folgt (84-62 v.Chr.) der große Aretas III., der »Griechenfreund«, wie er sich auf seinen in Damaskus geprägten Münzen nennt (*basileōs Aretou philellenos*). Selbst Pompejus der Große und sein Feldherr Scaurus können ihn nicht besiegen. Das Selbstbewußtsein der N. wächst.

Aretas' Sohn Obodas II. (62–60 v.Chr.) wird von keinem Geschichtsschreiber erwähnt und wurde daher früher mit Obodas III. (30-9 v.Chr.) verwechselt. Doch er beschriftet als erster seine Münzen nicht mehr mit griech., sondern mit aram. Buchstaben, die ihrer besonderen Form wegen »nabatäisch« genannt werden. (Arab. Buchstaben gab es noch nicht!) Diese Buchstaben gehören überhaupt zu den frühesten Belegen eindeutig nabatäischer Epigraphik. (Die jüd. Könige beginnen umgekehrt ab 40 v.Chr. von der hebr. zur griech. Münzbeschriftung überzugehen; dieser Zustand dauert in Palästina über 100 Jahre an!)

Malchos I. ist während seiner Regierungszeit (60-30 v.Chr.) mehrfach in Kämpfe mit *Herodes I. verwickelt.

Obodas III. (30-9 v.Chr.) ist der erste König der N., über den Josephus Einzelheiten berichtet; er war politisch schwach; sein »Bruder« Syllaeus intrigierte in Rom (Jos.ant.Jud. XVI, 220). Er kann sogar eigene Silbermünzen prägen, denn Augustus lehnt zunächst den rechtmäßigen Nachfolger ab, weil er Rom vor der Regierungsübernahme nicht um Erlaubnis gebeten hatte. Dieser neue Herrscher war Aretas IV. (9 v.-40 n.Chr.) mit dem nabatäischen Beinamen »der sein Volk liebt« (*rchm 'mh*, gemeint ist das hellen. *philodemos*). »Unter Aretas IV., dem ausgezeichnetsten und außergewöhnlichsten König der Nabatäer, erreichte das Land den Höhepunkt seiner kulturellen, sozialen und politischen Entwicklung« (Meshorer, Nabataean, 41). Viele der klar datierbaren Funde stammen aus der Zeit dieses Herrschers, vor allem Bauinschriften, wunderbar bemalte, »hauchdünne« mittelnabatäische Keramik und eine riesige Menge von Münzprägungen. Mit 48 Jahren ist seine Regierungszeit eine der längsten in der ganzen Menschheitsgeschichte. Durch seine Tochter, die mit *Herodes Antipas, dem Landesherrn Jesu, vermählt ist (Jos.ant.Jud. XVIII, 109), berührt er direkt das ntl. Geschehen. Antipas verstößt diese Aretastochter, um Herodias zu heiraten (vgl. Mk 6,18 über die Vorwürfe, die *Johannes der Täufer dem Antipas deshalb macht). Der erzürnte Vater zieht gegen Antipas

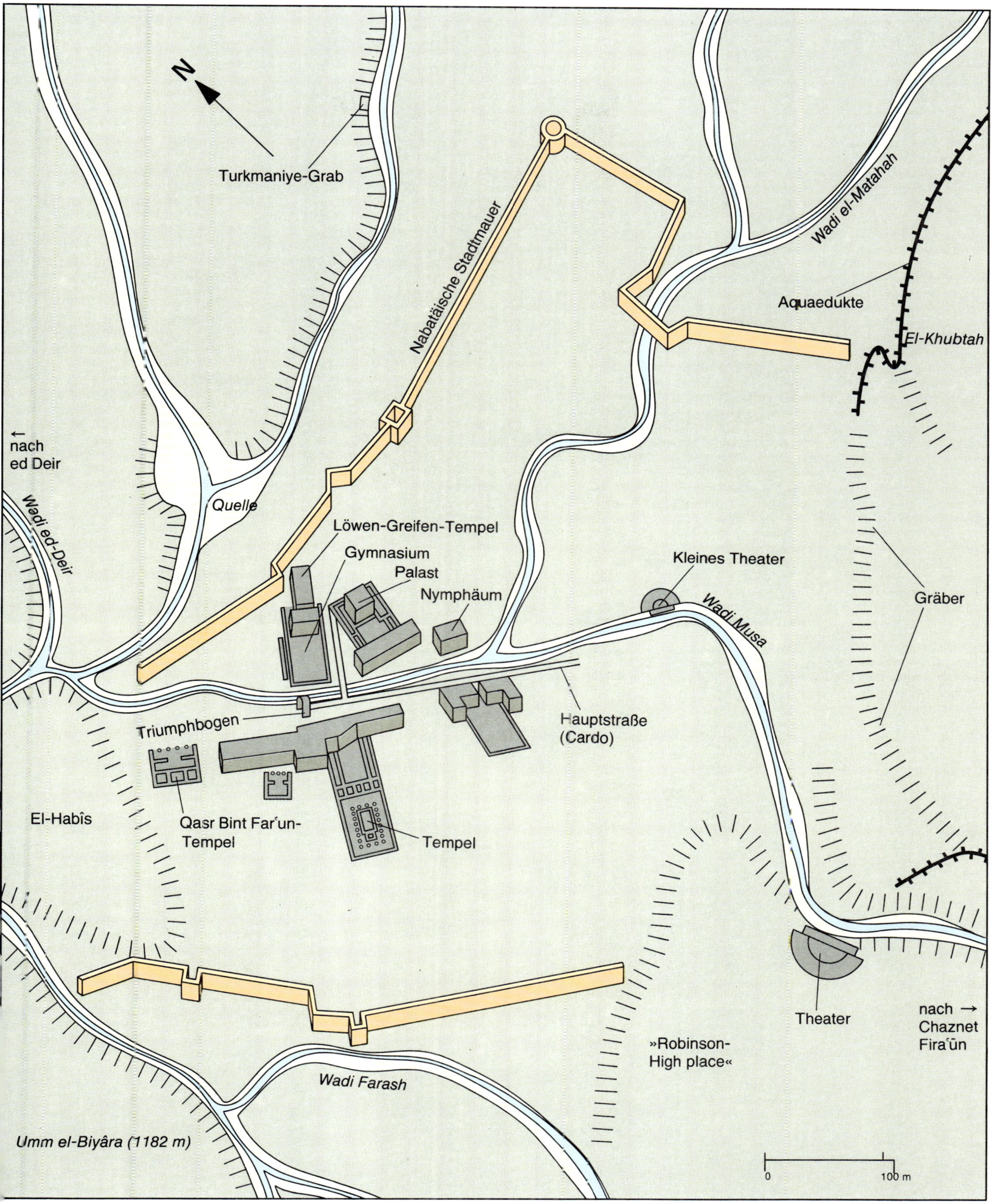
N
Turkmaniye-Grab
Nabatäische Stadtmauer
Wadi el-Matahah
Aquaedukte
El-Khubtah
← nach ed Deir
Wadi ed-Deir
Quelle
Löwen-Greifen-Tempel
Gymnasium
Palast
Nymphäum
Kleines Theater
Wadi Musa
Gräber
Triumphbogen
Hauptstraße (Cardo)
El-Habîs
Qasr Bint Far'un-Tempel
Tempel
Theater
nach → Chaznet Fira'ûn
»Robinson-High place«
Wadi Farash
Umm el-Biyâra (1182 m)
0
100 m

Mittelnabatäische Keramik-Fragmente. Das besonders feine, dünne Material ist mit Blumenmustern verziert. 20 v.Chr. – 50 n.Chr. (BM)

Grabfassaden mit einfachem und doppeltem Zinnenfries. Petra, beim Theater. (SH)

Ed-Dēr, die 40,23 m hohe, 46,94 m breite Grabfassade, die um 60 n.Chr. aus dem Felsen bei Petra gehauen wurde. (RH)

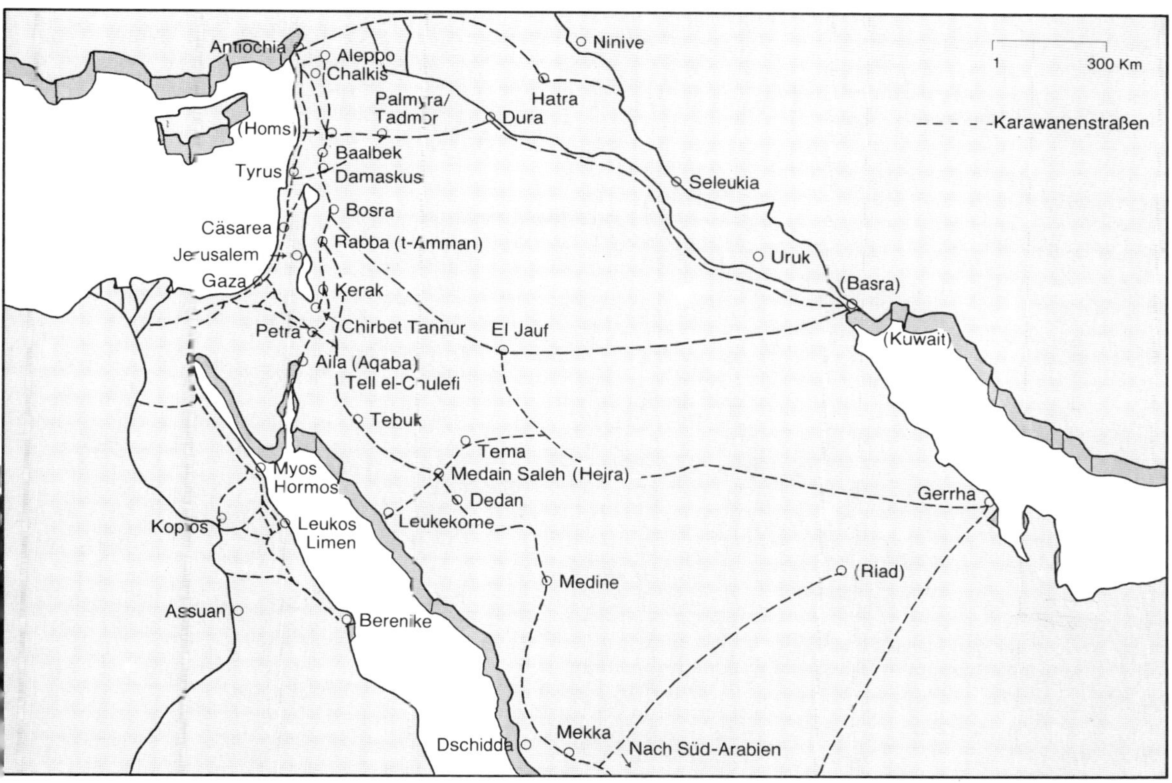

Karawanenstraßen in nabatäischer Zeit.

zu Felde und besiegt ihn. Das Volk sieht darin eine Strafe des Himmels, weil Antipas den Täufer (*baptistäs*, Jos.ant.Jud. XVIII, 116) hingerichtet hatte. In die Regierungszeit dieses Aretas fällt auch das Ereignis, von dem Paulus in 2Kor 11,32 berichtet: »In Damaskus ließ der Statthalter des Königs Aretas (*ho ethnarches Areta tou basileōs*) die Stadt der Damaszener bewachen, um mich festzunehmen.« Ob *Damaskus um das Jahr 38 n.Chr. nochmals zum Reich der N. gehörte (so Meshorer, Nabataean, 64.67), ist bisher inschriftlich nicht bewiesen.

Malchos II. (40-70 n.Chr.) unterstützt die Römer im Jüd. Krieg und schickt Hilfstruppen (Jos.bell.Jud. III, 68). Die Macht der N. schwindet, Damaskus geht verloren; die Hauptstadt wird von Petra nach Bostra verlegt.

Der letzte König der N., Rabilos II. (70-106 n.Chr.), wird bei keinem Geschichtsschreiber erwähnt, aber archäologisch ist er gut bekannt. Auf mehreren Inschriften von El-Hejra

Nabatäische Münze (Drachme) mit dem Bildnis Aretas' IV. (9 v.Chr. – 40 n.Chr.). Durchmesser 16 mm. (RG)

und Avdat, vom Hauran und in Papyrusbriefen vom Nachal Hever wird er als der König bezeichnet, der »sein Volk wieder belebte und rettete«. Er hatte mit Erfolg versucht, in der Umgebung der Nabatäerstädte im *Negeb Ackerbau zu treiben und so die N. vom Handel unabhängig zu machen, der sich ohnedies immer mehr auf den Weg über *Alexandria oder über Palmyra (*Tadmor) verlagerte. Trotzdem wurde das Königreich der N. 106 n.Chr. anscheinend kampflos zu einem Teil der röm. Provinz Arabia. Die nabatäischen Münzen wurden von Kaiser *Trajan teilweise als Schrötlinge benutzt und neu überprägt, wie die Münzfunde von Mampsis beweisen. Nur die nabatäische Schrift und Kultur überlebten noch bis in die byzantin. Zeit.

In den Nabatäerstädten im Negeb läßt sich dieses Fortleben klar nachweisen. Sie sind zwar von den N. gegründet worden, erreichen aber ihre höchste Blüte im 4.-7. Jh.n.Chr.

In Avdat (griech. Eboda oder Oboda) stammen die ältesten (Import-) Scherben vom Ende des 4. oder Anfang des 3. Jh.v.Chr.; in der Regierungszeit von Aretas IV. wurde ein prächtiger Tempel errichtet, ein nabatäisches Militärlager sicherte in dieser Zeit die Karawanenstraße, und eine Töpferwerkstatt stellte die feine »mittelnabatäische« Keramik her, die durch gleichzeitig verkaufte Importkeramik auf die augusteische Zeit datierbar ist. Zwei nabatäische Inschriften aus den Jahren 107 und 126 n.Chr. belegen, daß die Bautätigkeit in Avdat auch nach der Annexion des Königreichs der N. durch die Römer weiterging. Nach Zwischenstufen röm. Bautätigkeit entstehen in der byzantin. Zeit auf den nabatäischen Fundamenten zwei prachtvolle Kirchen. Auch in anderen Nabatäerstädten bestimmen die byzantin. Kirchenbauten den Gesamteindruck des heutigen Besuchers: in Kurnub, sehr wahrscheinlich das Mampsis (nicht Mamschit!) der Madabakarte (*Medeba), befinden sich die zwei ältesten Negebkirchen (Ende 4. Jh.n.Chr.), die Kirchen in Schivta, Nizzana, Elusa und Ruhebe stammen aus dem 5.-7. Jh.n.Chr. Neuerdings sind auch nabatäische Stationen auf der alten »Spice Route« (Spezereien-Straße) ausgegraben worden, deren Aussehen nicht oder kaum durch byzantin. Überbauungen verändert wurde. So liegen auf halbem Weg zwischen Petra und Avdat auf zwei Hügeln und in der Senke dazwischen die einsamen Ruinen von Moyet Awad, wohl das Mo'a der Madabakarte. Die vielen mittelnabatäischen Scherben, die herumliegen, erinnern auch hier an eine Blütezeit unter Aretas IV.

Literatur: R. Cohen: Israel Land & Nature 13 (1987/88), 2, 65-69; DuMont Kunst-Reiseführer: Jordanien, 1985; OLB II, 1982; Y. Meshorer: Nabataean Coins (Qedem 3),1975; A. Negev: Tempel, Kirchen und Zisternen. Ausgrabungen in der Wüste Negev. Die Kultur der Nabatäer, 1983; ders.: Antike Welt 3 (1972), Heft 4; ders.: EAEHL II, 345-355; B. Schwank: NTS 29 (1983), 429-435. B.Schw.

NABOT. Jesreeliter, der einen Weinberg neben dem Palast des Königs *Ahab in Jesreel besaß (1Kön 21). Er hatte sich gegenüber dem König geweigert, seinen Weinberg zu verkaufen oder gegen einen anderen einzutauschen. Daraufhin veranlaßte *Isebel, die Frau Ahabs, daß N. und seine Söhne (die rechtmäßigen Erben, vgl. 2Kön 9,26) nach einem Schauprozeß, in dem falsche Zeugen auftraten, gesteinigt wurden mit der Begründung: »Nabot hat Gott und den König gelästert« (1Kön 21,13).

Nach der Ermordung N.s nahm Ahab den Weinberg in Besitz. Im Auftrag Gottes trat der Prophet *Elia Ahab entgegen und sagte ihm Gottes Gericht an: vollständige Vernichtung des Hauses Ahab und schmachvoller Tod Isebels (vgl. 1Kön 22,34ff; 2Kön 9,24.33ff; 10,1-11). W.O./Red.

NACHAHMUNG. Die Wortgruppe, die den Bedeutungsgehalt des Begriffes »Nachahmung« in der Bibel zum Ausdruck bringt - *mimeomai* (nachahmen), *mimētēs* (Nachahmer) und *symmimētēs* (Mitnachahmer) – begegnet vorwiegend in Schriften aus dem paulin. Bereich (achtmal, daneben noch Hebr. 6,12, 13,7; 3Joh 11). Dem AT ist der Gedanke der N. relativ fremd, er erscheint explizit nur in den Apokryphen mit uneinheitlicher Bedeutung (Weish 4,2; 9,8; 15,9; 4Makk 9,23; 13,9). Die ntl. Verwendung der Wortgruppe ist geprägt von ihrem profanen Sprachgebrauch, wie er seit dem 6. Jh. vorherrscht mit der Hauptbedeutung: etwas nachahmen bzw. nachmachen, was man an einem anderen wahrnimmt.

In den paulin. Briefen stellt sich der Apostel in den meisten Fällen selbst als das Vorbild dar, das es nachzuahmen gilt. Dabei bedeutet N. nicht deckungsgleiche Lebensführung, so daß es in den Gemeinden lauter Paulus-»Kopien« gäbe, sondern Realisierung eines bestimmten vorbildlichen Verhaltens, einer Handlungsweise, einer Gesinnung, die beim Apostel wahrnehmbar war bzw. ist. Dabei variieren die nachzuahmenden Vorbildaspekte von Fall zu Fall und werden im einzelnen deutlich gemacht: In 1Kor 4,16 ermahnt Paulus die geistlich überheblichen Korinther (4,6-8. 10) zur Niedrigkeit der an ihm sichtbaren Kreuzesnachfolge (4,9-13); in 1Kor 11,1 fordert er die Gemeinde auf, sein vorbildhaftes Bestreben zu verwirklichen, »nicht den eigenen Vorteil, sondern das Beste für die anderen zu suchen«, d.h. »letztlich die Rettung im Endgericht« (10,33; Lang, 133); nach Phil 3,17 soll es die Gemeinde dem Apostel und allen anderen gleichtun, die ihr Leben auf das himmlisch-zukünftige Ziel ausgerichtet haben (3,10-14.20f), unter Absehung von denen, die auf Irdisch-Gegenwärtiges gesinnt sind (3,18f); und in 2Thess 3,7.9 werden die dortigen Christen aufgefordert, das Beispiel der Selbstversorgung des Paulus und seiner Mitarbeiter zu befolgen und nicht anderen zur Last zu fallen (3,8).

Schlüsselstelle für das paulin. Verständnis der N. dürfte 1Kor 11,1 sein, wo der Apostel die Aufforderung zur N. mit dem Bekenntnis begründet, seinerseits Nachahmer Christi zu sein. Das bezieht sich zwar im vorliegenden Fall auf den Einsatz für den Vorteil und d.h. letztlich für das Heil der Menschen (vgl. Röm 15,1-3; 2Kor 8,9; Phil 2,4ff; Mk 10,45 par.), dürfte aber weiter zu fassen sein, wonach N. des Paulus für die Gemeinde letztlich N. bzw. Nachfolge Christi bedeutet (1Thess 1,6) – obgleich sich die konkreten Motive der N. nicht immer unmittelbar vom Vorbild Christi her ableiten lassen (so etwa 2Thess 3,7f). Dennoch gilt grundsätzlich: Nur »vermittelt durch ... den Apostel ... kann die Gemeinde 'Nachfolger' Christi werden. Von einer direkten 'Nachfolge Christi' redet Paulus nicht« (Holtz, 48). Deshalb ist es für ihn von eminenter Wichtigkeit, mit seiner gesamten Existenz als nachahmenswertes Vorbild zu dienen (Phil 4,9). »Wort und Beispiel hängen unzertrennlich zusammen« (Gnilka, 203) und ergehen unter Umständen mit der erklärten Zielsetzung, befolgt bzw. nachgeahmt zu werden (2Thess 3,9). Somit geht die N. Pauli weit über bloßen Gehorsam und Anerkennung seiner Autorität seitens der Gemeinden hinaus. Der Apostel ermahnt seine Gläubigen vielmehr, in je verschiedener Hinsicht seinem Beispiel zu folgen und sich damit letztlich als Nachfolger Christi zu bewähren.

Aus dem Rahmen der in den Paulusbriefen vorherrschenden Nachahmungsvorstellung fallen 1Thess 2,14 und Eph 5,1 heraus. Im ersten Fall dürfte die Rede von der – unfreiwilligen – N. des Leidens der judäischen Gemeinden durch die Thessalonicher nicht nur stilistisch dem Zweck der Parallelisierung dienen (»so wie jene von ihren Landsleuten drangsaliert wurden, so auch ihr«; vgl. Phil 1,30), sondern auch theologisch die Erstrebenswürdigkeit des Leidens um Christi willen (Phil 1,29; vgl. Kol 1,24; 2Kor 1,6) zum Ausdruck bringen. Die – im NT einzigartige – Mahnung zur N. Gottes (!) in Eph 5,1 ließe sich so erklären, daß für die nachahmende

NACHBAR
s. Nächster

Haltung der Vergebung und der Liebe (4,32-5,2) letztlich nur Gott selbst als Vorbild denkbar (vgl. Lk 6,36), die Aufforderung zur N. Gottes also von der Aussageintention her zwangsläufig ist. Die Nachahmungsvorstellung im Hebräerbrief und 3. Johannesbrief steht mit der aus dem paulin. Bereich im Einklang. Nach Hebr 6,12 gilt es, Glaube und Geduld der atl. Väter, nach 13,7 den Glauben der »früheren Vorsteher der Gemeinde« (Michel, 335) nachzuahmen, während 3Joh 11 allg. zum Nachtun des Guten mahnt. Gerade die letzte Stelle macht deutlich, daß es bei der N. im NT nicht um die Kopie von Menschen geht, sondern um die Realisierung bestimmter Handlungs- bzw. Verhaltensweisen, die bereits von anderen vorbildhaft gelebt werden. Darin unterscheidet sich auch die N. von der Nachfolge, bei der es nicht primär auf die Ausrichtung an Vorbildern in je verschiedener Hinsicht ankommt, sondern auf die ganzheitliche Indienstnahme durch Jesus für das Reich Gottes.

Literatur: G. Holtz: Die Pastoralbriefe, ThHK XIII, ^{4}1986; J. Gnilka: Der Philipperbrief, HThK X/3, ^{3}1980; O. Michel: Der Brief an die Hebräer, KEK XIII, ^{14}1985; W. Michaelis: ThWNT IV, 1943, 661-678; W. Bauder: TBLNT II, ^{4}1986, 953f; E. Larsson: EWNT II, 1981, 1053-1057. R.G.

NACHFOLGE.

1. Das Wesen der Nachfolge:

a. – ist erkennbar am Ruf Jesu.

Der äußere Rahmen der N. Jesu ist von der damaligen Tradition geprägt. Rabbinen hatten einen Kreis von Schülern um sich. Sie hatten sich bei ihren *Lehrern beworben und lernten von ihnen, bis sie selber Rabbi wurden. Die Jünger nennen auch Jesus Rabbi und Lehrer. Jesus lehrte in der *Synagoge und im Kreis seiner *Jünger.

Das ganz Neue bei Jesus aber ist: er legt nicht einfach die alten Traditionen aus, sondern formuliert Antithesen: »Ich aber sage euch...« (Mt 5,22). Darum entsetzt man sich über seine Lehre (Mk 1,22). Und vor allem: nicht Menschen bewerben sich, mit ihm zu gehen, sondern Grundlage für die N. ist sein vollmächtiger Ruf: »Komm, folge mir nach!« (Mk 1,17). Die Antwort auf diesen Ruf bewirkt einen radikalen Bruch mit dem bisherigen Leben und eine Übergabe an Jesus (Mt 4,18-22; 9,9); sie duldet keine Vorbehalte (Mt 8,19-22). Wer ihm nachfolgt, holt ihn nie ein. »Jüngerschaft ist kein Durchgangsstadium« (Bornkamm). Man bleibt in ihr. Und Jesus allein ist Meister (Mt 23,8). Grundlage der N. ist Jesu Wort: »Nicht ihr habt mich erwählt, sondern ich habe euch erwählt« (Joh 15,16).

b. – ist geprägt von der Person Jesu.

Von der Frage, wer Jesus Christus ist, hängt das Verständnis der N. ab. Ist er ein Mensch mit herausragendem ethischen, sozialpolitischen Verhalten oder gar der Revolutionär, der an den versklavenden Strukturen scheitern mußte, dann gilt für die N. das Prinzip der Nachahmung, zu glauben und zu handeln wie Jesus. Dieser Rabbi Jesus aber ist der Sohn Gottes (Mt 11,27 und das ganze JohEv.). Er allein kann mit Absolutheit sagen: »Ich bin es.« Er allein offenbart Willen und Wesen des Vaters. Darum ist sein Ruf die Stimme des guten Hirten, auf die seine Jünger hören und ihm folgen (Joh 10,27). Also kann nicht die Welt »die Tagesordnung der Kirche« bestimmen, sondern der Sohn Gottes. Seine Stimme wird gehört von denen, die in seiner Rufweite bleiben und mit ihm eng verbunden sind.

c. – ist gegründet im Werk Jesu.

Das erste in der N. ist nicht der eigene Einsatz, wie Petrus zunächst

Das »Schatzhaus«, Chaznet Fira'un in Petra. Wahrscheinlich das Grab von Aretas IV. (9 v.Chr. – 40 n.Chr.). Der Name wird auf die Legende zurückgeführt, daß die »Urne« auf dem Gipfel der Fassade einen Schatz enthalten soll. (RH)

meinte: »Ich will mein Leben für dich lassen« (Joh 13,37). »Diesmal nicht«, sagt ihm Jesus, denn Petrus wird an sich selbst scheitern. Grundlage für jede N. ist: Christus für uns (1Petr 2,21.24). Er hat unsere Sünde an seinem Leibe ans Holz hinaufgetragen, damit wir der Gerechtigkeit leben. Vgl. die Fußwaschung: »Wenn ich dich nicht wasche, so hast du kein Teil an mir« (Joh 13,8). Jesu Dienst, für uns Lösegeld zu sein, befreit zur N. (Mk 10,45). Jesus selbst ist der *archēgos*, der Durchbrecher für den Weg hinter ihm her (Hebr 2,10, LÜ: »der Anfänger ihres Heils«).

2. Die Gestalt der Nachfolge.

a. – ist geprägt vom Vorbild Jesu.

Darum heißt es: »nachfolgen seinen Fußtapfen« (1Petr 2,21). Er bekennt als der Sohn Gottes, daß er nichts von sich aus tun kann (Joh 5,19). So gilt für die Jünger auch: »Ohne mich könnt ihr nichts tun« (Joh 15,5). Nicht auf ein Nachfolge-Prinzip, sondern auf die tägliche Abhängigkeit von Jesus kommt es an. Darum heißt es: Aufsehen auf ihn, wie er lebte und duldete: »er drohte nicht, als er litt« (1Petr 2,23), und er tat den demütigen Dienst der Fußwaschung; so sollen wir einander auch dienen (Joh 13,14). Er gibt das Vorbild der Liebe: er ißt und trinkt mit den Sündern (Lk 15,1f). Aber weil seine Liebe heilig ist, lernen die Nachfolger, daß es nicht einfach um Solidarität geht, sondern um Hilfe zu einem neuen Leben (Lk 19,1ff). Er nimmt die, die ihm folgen, als Schwestern und Brüder an (Mk 3,35) – aber er selbst bleibt der Herr.

b. – ist Bewegung.

Das Substantiv »Nachfolge« kommt im NT nicht vor, sondern nur das Verb. N. ist also Bewegung und nicht Standpunkt. N. ist geprägt vom Ziel, dem Reich Gottes, nach dem jetzt getrachtet wird (Mt 6,33). Wer aber die Hand an den Pflug legt und zurückschaut, ist nicht wert des Reiches Gottes (Lk 9,62). Der Jünger bleibt nicht mystisch in sich versunken, sondern lebt zielgerichtet (vgl. Phil 3,12-14). Das bedeutet Kampf mit dem alten Ich (1Kor 9,25-27).

c. – ist Verleugnung des eigenen Lebens.

Das steht dem heutigen Drang nach Selbstverwirklichung entgegen. Wer Jesus nachfolgt, erkennt, daß er ohne das Nein zu seinem natürlichen Leben nicht Jünger bleiben kann. Wie Jesus – als Weizenkorn in die Erde gesenkt – sterben mußte (Joh 12,24), so ist durch sein Kreuz unser natürlicher Mensch auch zum Sterben verurteilt (Röm 6,6). Das geschieht nicht durch Selbstquälerei, sondern durch das Wunder, daß Jesu Sterben uns miterfaßt und durch seinen Tod zum neuen Leben führt. Bei einer Selbstverneinung ohne Jesus bleibt der Mensch tot auf der Strecke; mit Christus gekreuzigt werden heißt mit den Worten des Paulus: »So lebe nicht mehr ich, sondern Christus in mir« (Gal 2,19f). Diese N. schenkt Freiheit von sich selbst, von den eigenen Sorgen und von der verzehrenden Angst vor der Zukunft.

d. . . . führt zum Dienst und Leiden.

Jesus beruft die Jünger, daß sie bei ihm sein sollen und zugleich ausgesandt werden zum Dienst (Mk 3,13-15). Eins geht nicht ohne das andere. Sein Gebot, »Menschenfischer« (Mt 4,19) zu sein, ist zugleich Verheißung zum Fruchtbringen. Aber Dienst in der N. führt in *Leiden und Anfechtung. So wie die Jünger einst erschraken, als Jesus ihnen voran nach Jerusalem ging (Mk 10,32), so wartet Leiden auf ihrem eigenen Weg. Sie werden Kreuzträger wie Jesus vor ihnen. Aber nie liegt Jesu Kreuz auf ihrer Schulter - das trug er ein für allemal –, sondern es ist unser eigenes, uns zugeordnetes Kreuz des Leidens: die feinen Nadelstiche des Mitleids oder die Einsamkeit in der Familie (Lk 14,26; Mt 10,35) oder gar die Not der Verfolgung und der Verhöre (Mt 10,17-22). Aber Jesu Nähe und Seligpreisung wird hindurchtragen (Mt 5, 11; 1Petr 4,12-14).

e. – hat die Verheißung der Herrlichkeit.

Wer Jesus nachfolgt, für den steht er mit seinem Wort ein: »Wo ich bin, da soll mein Diener auch sein, und wer mir dienen wird, den wird mein Vater ehren« (Joh 12,26). Ja, Jesus wagt, vom *Lohn der N. zu sprechen. Keiner verläßt Familie und Besitz, dem Jesus es nicht hier und einst vielfach vergelten wird (Mk 10,28-30).

Literatur: H.D. Betz: Nachfolge und Nachahmung Jesu Christi im Neuen Testament, 1967; E. Larsson: Christus als Vorbild, 1962; A. Schulz: Nachfolgen und Nachahmen, 1962; M. Hengel: Nachfolge und Charisma, 1968.

K.B.

NACHLESE.

1. In 3Mo 19,9; 23,22 wird vorgeschrieben, bei der Ernte nicht N. (hebr. *läqäth*) zu halten, d.h. den Ernterest den Armen und den Fremdlingen zu überlassen. Entsprechendes gilt nach 3Mo 19,10 auch für die Trauben bei der Weinlese. Um eine größere N. zu sichern, war den Bauern geboten, den Rand eines Feldes nicht mit abzuernten. Auch die »vergessene Garbe« gehörte den Fremden und Armen (5Mo 24,19-22). Es handelt sich wohl ursprünglich um eine kultisch begründete Sitte. Dieser Ernterest galt als ein Opfer für die Götter oder Geister, die eigentlichen Eigentümer oder Schutzherren des Bodens. In Israel wurden die Bräuche ihres heidnisch-rel. Charakters entkleidet und zu sozialen Pflichten gemacht (vgl. Rut 2,2-8). Die Befolgung der N.-Bestimmung war aber nicht nur ein Aspekt der Armenpflege, sondern vor allem ein Bekenntnis zu Jahwe. Im Heiligkeitsgesetz werden die Bestimmungen mit der Selbstvorstellungsformel »Ich bin Jahwe« abgeschlossen (3Mo 19,37), während im *Deuteronomium/5. Buch Mose für die Einhaltung dieser Gebote Jahwes Segen verheißen wird (5Mo 26,12-19).

2. Im übertragenen Sinn wird ein anderes Wort für N. (hebr. *ʿōlēlōt*) öfter, meist als Bild eines besonders gründlichen Gerichts, gebraucht. In Jes 3,12 beschreibt das Wort die Aufseher als Nachleser im Weinberg, die das Letzte aus dem Volk pressen. Ebenfalls im Bild der N. wird in Jes 17,6 die Erniedrigung Jakobs am Tage des Untergangs von Damaskus beschrieben. Auch im Buch Jeremia wird das Wort metaphorisch verwendet. In Jer 49,9-16 (vgl. Obd 1-6) wird von Edom gesagt, daß nichts zum Nachlesen übrig bleibt, d.h. daß *Edom ganz vernichtet werden wird.

Literatur: A.S. Kapelrud: BHH II, 1964, 1274; K. Elliger: Levitikus, HAT I/4, 1966, 257; H. Ringgren: ThWAT IV, 1984, 594-595; H.-J. Fabry: ThWAT VI, 1987, 151-153.

W.Bm.

NACHSCHON. (Hebr. *nachschōn*, wahrscheinlich von *nāchāsch*, »Schlange«, griech. *Naassōn*). Schwager *Aarons (2Mo 6,23), Sohn des Amminadab und Stammesfürst von Juda (4Mo 1,7; 2,3; 7,12.17; 10,14; 1Chr 2,10). Rut 4,20 erwähnt N. als Vorfahr des *Boas und damit auch als Vorfahr *Davids; Mt 1,4 und Lk 3,32 führen N. in Jesu Stammbaum an.

J.G.G.N.

NÄCHSTER.

1. Im Alten Testament.

Das Wort »Nächster« (hebr. *rēa*) kommt im AT 187mal vor; dazu kommen einige Ableitungen und die weibliche Form. Das Verb bedeutet ursprünglich »sich einlassen mit«. Die Bedeutung des Substantivs wird am besten durch »Mitmensch« getroffen. Das Wort steht oft in enger Beziehung mit Worten für Verwandte oder den Freund.

Im engeren Sinn meint N. den persönlichen Freund, Gefährten und Genossen. Die Freunde *Hiobs etwa werden so bezeichnet (Hiob 2,11; 16, 20; 19,21; 32,3; 35,4; 42,7.10). Häufig wird auch ein konkreter Name hinzugefügt (z.B. 1Mo 38,12.20; 2Sam 16,16f). Dabei wird das Wort oft in einer Reihe mit Verwandtschaftsbegriffen benutzt, um besonders enge Beziehungen aufzuzählen (z.B. 2Mo 32,27; 1Kön 16,11; 5Mo 13,7: ». . .dein Bruder, . . . dein Sohn, . . . deine Frau in deinen Armen oder dein Freund, der dir so lieb ist wie dein Leben. . .«). Das vertraute Verhältnis kann sehr eng gefaßt sein, ja, es kann sogar der Liebhaber (Jer 3,1; Hos 3,1; Hld 5,16) und im Hohenlied »meine Freundin« (Hld 1,9.15; 2,2. 10.13; 4,1.7; 5,2; 6,4) gemeint sein.

Im weiteren Sinne kann das Wort jeden bezeichnen, der einem Menschen begegnet. Diese Bedeutung umschließt zwar auch den Volksgenossen, ist aber nicht auf ihn beschränkt, wie das die spätere jüd. Auslegung festlegte (vgl. die Ausweitung des Gebotes der Nächstenliebe in 3Mo 19, 18 auf den Fremdling, der im Land wohnt: V. 34). Diese weitere Bedeutung erscheint vor allem in Gesetzestexten (vgl. die Zehn Gebote oder die Liebesgebote), in den Sprüchen oder in den Gerichtspredigten der Propheten (z.B. 3Mo 19,13; 5Mo 27,24; Spr 3,28f; 26,19; Jer 5,8; 22,13; Hes 22, 11f). Ein großer Teil der Gesetze im AT regelt das Verhalten dem »Nächsten« gegenüber, so daß das Liebesgebot in 3Mo 19,18 zu einer der im NT am häufigsten zitierten Stellen wird (zusammen mit 3Mo 6,5 in Mt 22,34-40 und Mk 12,28-31 sowie in Gal 5,14; Röm 13,8-10; Jak 2,8).

2. Im Neuen Testament.

Der Begriff »Nächster« (wörtliche Übersetzung von griech. *plēsion*) erscheint im NT an zwölf Stellen in Zitaten des AT oder Anspielungen darauf (neben den o.g. Stellen nur noch Lk 10,25-28; Mt 5,43-48). Hier wird vor allem das Liebesgebot des AT zum Zentrum des Gesetzes erklärt. Daneben erscheint das Wort nur zweimal in freiem Gebrauch (Röm 15,2; Jak 4,12).

In den Evv. steht die Auseinandersetzung mit der jüd. Einengung des Liebesgebotes auf den liebenswerten N. im Mittelpunkt. In der *Bergpredigt wird der Feind wieder ausdrücklich zu den Nächsten gezählt (Mt 5, 43-48). Das *Gleichnis vom barmherzigen Samariter dient zur Beantwortung der gleichen Frage. Allerdings wird nicht der Verletzte als Nächster gesehen, sondern Jesu Frage bezieht sich auf die vorbeigehenden Personen: »Wer von diesen dreien, meinst du, ist der Nächste gewesen dem, der unter die Räuber gefallen war?« (Lk 10, 36). Damit werden die Menschen aufgefordert, anderen Menschen, denen sie begegnen, der N. zu werden.

Literatur: J. Kühlewein: THAT II, [3]1984, 793ff; J. Fichtner: Der Begriff des Nächsten im AT, WuD NF 4/1955, S. 23-52; ders.: Gottes Weisheit, 1965, S. 88-114; ders., H. Greeven: ThWNT VI, 1959, 309ff; A. Nissen: Gott und der Nächste im antiken Judentum, 1974.

T.Sch.

NACHTWACHE. In atl. Zeit waren die Stunden von Sonnenuntergang bis Sonnenaufgang entsprechend der militärischen Sitte in drei Nachtwachen eingeteilt (2Mo 14,24; Ri 7,19; 1Sam 11,11; Ps 90,4; Klgl 2,19). Die erste N. dauerte etwa von 18-22 Uhr, die mittlere von 22-2 Uhr und die letzte, die Morgenwache, von 2-6 Uhr. Z.Zt. des NT waren diese drei N.n durch die griech.-röm. Einteilung der Nacht in vier N.n ersetzt worden (Lk 12,38; Mk 6,48). Ihre Namen waren: Abend, Mitternacht, Hahnenschrei und Morgen (Mk 13,35). Außerdem war die Nacht wie der *Tag in 12 Stunden eingeteilt, die in Apg 23,23 genannte dritte Stunde der Nacht entsprach also dem Ende der ersten N.

NACKT. Die Bibel faßt mit hebr. *ʿārōm* und griech. *gymnos* vier Bedeutungsnuancen zusammen:

1. völlig unbekleidet (1Mo 2,25; 3,7.10f; Hiob 1,21; Mk 14,51f);
2. armselig bekleidet (Jes 58,7; Hiob 22,6; 24,7.10; Mt 25,36ff; Jak 2,15);
3. ohne Obergewand, nur mit dem Untergewand bekleidet (1Sam 19,24; Jes 20,2-4; Mi 1,8; Joh 21,7);
4. gewaltsam entkleidet (2Chr 28,15; Apg 19,16; Offb 17,16).

Dabei bringt die Nacktheit in der Regel die Verfassung und den Zustand der Menschen anschaulich zur Darstellung. So ist sie Ausdruck tiefer Demut (Hiob 1,21; Pred 5,14), völliger Hilflosigkeit (Jes 58,7; Hos 2,5; Mt 25,36ff) oder aufopfernden Leidens (Röm 8,35; 2Kor 11,27).

Bei den Propheten tritt neben den Aspekt der Hilflosigkeit der des Gerichts. Hatte Jahwe Israel aus äußerster Hilflosigkeit erwählt (Hes 16, 7.22; hebr. *ʿārōm weʿärejāh*, LÜ: »nackt und bloß«; Hos 2,5; Hes 16,8), so liefert er Israel nun hilflos jenen umliegenden Weltmächten aus (Hos 2,11f; Hes 16,37; 23,29), denen sich Jerusalem in schamloser Offenheit angebiedert hatte (Hes 16,36; 23,18). Im Bild der treulosen Frau wird die Nacktheit und Blöße als Ausdruck völliger Hilflosigkeit, engster Abhängigkeit und tiefster Verletzlichkeit zum Bild für die grundlose Erwählung Jahwes, die Untreue Israels und das Jerusalem der Schande der Entblößung preisgebende Gericht Jahwes (Hes 16,39). Nackt oder leicht bekleidet zu sein wird so zum anschaulichen Schicksal derer, die, vom Gericht Gottes getroffen, in die Verbannung ziehen müssen (Jes 20,2-4; Mi 1,8.11; vgl. Jes 3,18; Am 2,16; hebr. *gālāh*, transitiv: »aufdecken«, intransitiv: »fortgehen, in die Verbannung geführt werden«; in Am 5,5; 7,11.17; Jer 20,4).

Übertragen kann »nackt« auch »unverhüllt«, »aufgedeckt« und »offenbar« (Hiob 26,6; Hebr 4,13; vgl. äthHen 9,5) bedeuten. Da ab dem 5. Jh.v.Chr. die meisten sportlichen Wettkämpfe in der Antike nackt ausgetragen wurden, konnte *gymnazō* auch für »üben« stehen, was sich in 1Tim 4,7; Hebr 5,14; 12,11; 2Petr 2,14 findet. 1Tim 4,8 stellt allerdings keine Polemik gegen die hellen. Körperkultur dar, sondern wendet sich eher gegen eine mißverstandene Askese (4,3). In 1Kor 15,37 stellt Paulus dem »bloßen« (*gymnos*) Samenkorn die daraus hervorgehende Pflanze gegenüber, um beispielhaft deutlich zu machen, daß Gott durch den Tod des irdischen *Leibes den Auferstehungsleib schaffen kann (vgl. b Sanh 90b [Bill. I, 552]). Die Leiblichkeit der Auferstehung betont Paulus auch in 2Kor 5,3, wo er der festen Gewißheit Ausdruck verleiht, daß die Christen in der Parusie »bekleidet und nicht nackt gefunden werden«, weil sie mit dem himmlischen Leib »überkleidet« werden. Innerhalb der ntl. Forschung ist umstritten, was mit diesem »Nacktsein« gemeint ist: Die Annahme eines Zwischenzustandes der Leiblosigkeit zwischen Tod und Parusie wird dadurch erschwert, daß Paulus in Phil 1,13 von einem »Zwischenzustand« als dem »Sein mit Christus« spricht. Der Apostel könnte in 2Kor 5,3 ebenso gnostische Vorstellungen einzelner Glieder der Gemeinde in Korinth zurückweisen, nach denen das Ziel der Erlösung in einer »Leiblosigkeit« bestehen würde. Allerdings ist eine *Gnosis in Korinth umstritten, da keine gnostischen Texte aus dem 1. Jh. belegt sind. So bleibt übrig, unter dem »Nacktsein« das Schicksal der Unerlösten zu verstehen, die als Verdammte keinen Auferstehungsleib erhalten, wie es die samaritanische Liturgie für den Abend des Versöhnungstages beschreibt.

Zentrale Bedeutung gewinnt die Rede von der »Nacktheit« im Kontext von Schöpfung, Sündenfall, Erhaltung und Erlösung. Während ihre Erwähnung als Zeugnis ungebrochener Offenheit und tiefen Vertrauens zwischen Mann und Frau bzw. Gott und Mensch die Erzählung von der Erschaffung des Menschen beschließt (1Mo 2,25), wird sie nach der Übertretung des Gebotes Gottes schamhaft empfunden (1Mo 3,7.10f). Scham ist damit das »erste vorbewußte Signal eines geheimnisvollen Bruches« (G. von Rad, Theologie des AT I, [7]1978, 171), die »nicht zu beseitigende Erinnerung des Menschen an seine Entzweiung mit dem Ursprung« und das »ohnmächtige Verlangen, sie rückgängig zu machen« (D. Bonhoeffer, Ethik, [9]1981, 22). Die Verhüllung der Nacktheit (1Mo 3,7; 9,21-23; 2Mo 20,26; 29,42f) bedeutet somit zugleich die Bestätigung der geschehenen Entzweiung als auch die von Gottes Barmherzigkeit gewährte Erhaltung des Menschen (1Mo 3,21). Überwunden wird die Scham nur dort, wo die ursprüngliche Einheit wiederhergestellt wird, wo der Mensch von Gott her mit Gerechtigkeit und Heil bekleidet wird (Jes 61, 10; Hiob 29,14; Ps 132,9.16; vgl. Sach 3,3-5), wo die Gemeinde durch Glaube und Taufe »Christus anzieht« (Röm 13,14; Gal 3,27; Kol 3,9) und so Anteil an Gottes Neuschöpfung gewinnt, die dort zum Ziel kommt, wo die Christen mit dem neuen Auferstehungsleib »bekleidet/überkleidet« werden (1Kor 15,37; 2Kor 5,1-4). So kennt die Bibel das Festkleid als Kennzeichen der Heilszeit (Lk 15, 22.24; vgl. Mk 2,21 par.; äthHen 61,13-16; JosAs 14,12; 15,5). Wo die in Christus gewährte Erneuerung nicht das Leben bestimmt, d.h. wo »kein hochzeitliches Gewand« (Mt 22,11; vgl. Offb 3,18; 16,15) die Bereitschaft zur Teilnahme am Festmahl anzeigt, da droht das Gericht, weshalb mit allem Ernst gilt: »Gott bietet Dir das reine Gewand des Heils und der zugesprochenen Gerechtigkeit an. Zieh es an, einen Tag vor dem Anbruch der Sintflut, einen Tag vor der Besichtigung der Hochzeitsgäste – heute!« (J. Jeremias, Die Gleichnisse

NACHT
s. Tag

NADEL
s. Waffen und Geräte

Jesu, [9]1977, 188f).

Literatur: A. Oepke: ThWNT I, 1933, 773-775; ders.: ThWNT II, 1935, 318-321; H. Weigelt: TBLNT,I, [4]1986, 79-83; C. Westermann/R. Albertz: THAT I, [3]1978, 418-426. M.Br.

NADAB. »Er (Gott) hat sich freigebig gezeigt«.

1. Ältester Sohn *Aarons (2Mo 6, 23), Bruder *Abihus.

2.Sohn und Nachfolger *Jerobeams I. als König des Nordreichs Israel (907-906 v.Chr.). Er setzte den Stierkult seines Vaters fort. Als er die Philisterstadt *Gibbeton belagerte, erschlug ihn *Bascha, und wurde König an seiner Stelle. Mit N. wurde das ganze Haus Jerobeams ausgerottet, wie der Prophet Ahija von Silo angekündigt hatte (1Kön 14,10f; 15,25-31).

3. Sohn des Judäers Schammai (1Chr 2,28.30).

4. Benjaminit, Sohn *Jeïëls und *Maachas (1Chr 8,30; 9,36).

NAFISCH. Elfter Sohn *Ismaels (1Mo 25,15; 1Chr 1,31). Seine Nachkommen sind nicht sicher zu identifizieren, könnten aber die »Nafisch« aus 1Chr 5,19, »die Söhne der Nefusiter« aus Esr 2,50 und die »Nefusiter« aus Neh 7,52 sein. J.D.D.

NAFTALI. (Nach 1Mo 30,8 als »Kämpfer« gedeutet.)

1. Sechster Sohn *Jakobs und zweiter Sohn *Bilhas, der Magd *Rahels (1Mo 30,7f; 35,25). N. hatte vier Söhne: Jachzeel, Guni, Jezer und Schillem (1Mo 46,24; 4Mo 26,48f; 1Chr 7,13). Im Segen Jakobs wird N. mit einem »schnellen Hirsch« verglichen, womit entweder auf seine Beweglichkeit oder auf seine Impulsivität angespielt wird (1Mo 49,21; vgl. 5Mo 33,23).

2. Der Stamm N. wird in den meisten administrativen Listen zuletzt genannt (z.B. 4Mo 1,15.42f; 2,29ff; 7,78; 10,27). Im Segen Moses wird N. befohlen, »gegen Westen und Süden Besitz« zu nehmen (5Mo 33,23). Bei der Verteilung umfaßte das Stammesgebiet einen breiten Streifen im W des Sees Genezareth und des oberen Jordan, einschließlich des größeren Teils von O- und Zentralgaliläa. Dieses Gebiet, inklusive 19 befestigter Städte, wird in Jos 19,32-39 grob skizziert. Die Grenze im N ist nicht definiert, und weil zwei der erwähnten Städte – Bet-Anat und Bet-Schemesch, Teile einer von der Küste bis Obergaliläa reichenden Kette kanaan. Festungen – in Ri 1,33 als nicht vollständig unterworfen genannt werden, ist es wahrscheinlich, daß sie sich nach der *Landnahme noch erheblich veränderte. N. schloß auch die Stadt *Hazor mit ein, die mit einer Fläche von 80 ha die größte kanaan. Stadt war. Sie beherrschte eine belebte Handelsstraße. Obwohl Hazor von den Israeliten unter Josua zerstört worden war (Jos 11,10f), konnte es doch wieder an Einfluß gewinnen und wurde bis weit in die Zeit der Richter hinein nicht völlig unterworfen (Ri 4, 2). Eine weitere bedeutende Stadt in N. war *Kedesch, ein Wohnort der Leviten und eine der Freistädte Israels (Jos 20,7; 21,32).

Das starke kanaan. Element spiegelt sich in Ri 1,33 wider: »Naftali . . . saß mitten unter den Kanaanitern«. Dem Synkretismus dürfte diese geographische Situation Vorschub geleistet haben, womit die relativ geringe historische Bedeutung dieses Stammes zumindest teilweise zu erklären wäre. Allerdings war Barak, den die Richterin *Debora als Heerführer bei der Befreiung Israels aus kanaan. Vorherrschaft eingesetzt hatte, ein Mann aus N. (Ri 4,6), und sein Stamm zeichnete sich in der Schlacht gegen *Sisera in der *Jesreel-Ebene aus (Ri 5,18). Eine spätere Generation diente tapfer unter *Gideon im Kampf gegen die *Midianiter (Ri 6,35; 7,23); und David erfuhr von N. ebenfalls Unterstützung (1Chr 12,35.41), als Jeremot Stammesfürst war (1Chr 27,19). In der Zeit nach Davids Regierung war N. aufgrund seiner Grenzlage mehreren Angriffen aus dem N ausgesetzt. Während der Herrschaft Baschas von Israel wurde N.s Gebiet durch Ben-Hadad I. von Syrien verwüstet (1Kön 15,20). Etwa 150 Jahre später (734 v.Chr.) wurde N. unter der Regierung Pekachs als erster Stamm westl. des Jordan durch Tiglatpileser unterworfen und nach Assur deportiert (2Kön 15,29); Jes 8,23 bezieht sich auf dieses Ereignis.

Im Gebiet N.s lagen einige der fruchtbarsten Gegenden des gesamten Landes. N. gehörte zu den Gebieten, aus denen schon *Salomo seinen Hof versorgte; Ahimaaz, einer der Schwiegersöhne Salomos, verwaltete das Gebiet (1Kön 4,15). In Hesekiels Neuverteilung der Stammesbesitzungen bekamen Dan, Asser und N. Abschnitte im N zugewiesen, wogegen die anderen nördl. Stämme, Issaschar und Sebulon, weiter südl. angesiedelt wurden (Hes 48,17.23-29). Jesu öffentliches Wirken spielte sich zum größten Teil im Gebiet von N. ab,

Das Gebiet des Stammes Naftali.

das, bedingt durch seine bewegte Geschichte aus Deportationen und Ansiedlung neuer Bevölkerungsgruppen, von den Juden Jerusalems verachtet wurde. Aus diesen Zusammenhängen erklärt sich auch, warum *Galiläa das Zentrum der reaktionären *Zeloten, der erbitterten Gegner der röm. Herrschaft, wurde.

In Mt 4,15 wird die vom Propheten (Jes 8,23; 9,1) verkündete Befreiung des Landes N. durch das Auftreten Jesu als erfüllt angesehen. A.E.C.

NAGEL.

1. Fingernagel (hebr. *zippōrän;* aram. *thepar*). Wollte ein Israelit eine Kriegsgefangene heiraten, mußte sie ihr Haar abscheren und die Nägel beschneiden (5Mo 21,12). Von *Nebukadnezar heißt es, daß seine »Nägel wie Vogelklauen« wurden (Dan 4,30; vgl. 7,19).

2. Einen hölzernen Zeltpflock (Ri 4,21, hebr. *jātēd*) benutzte *Jaël, um *Sisera zu töten. Manchmal wurde der Pflock gebraucht, um Dinge daran aufzuhängen, wie in Hes 15,3. Jesaja verglich Eljakim mit einem »Nagel ... an einem festen Ort«, an dem »die ganze Schwere seines Vaterhauses« hängen könnte (22,23-25). Derartige N. wurden in die Wand geschlagen.

3. Ein N., Stift oder (*jātēd*) Pflock aus Metall, zum Einschlagen in Holz oder andere Materialien, um damit Dinge zu verbinden, oder hervorstehend, um Dinge daran aufzuhängen. Die Pflöcke der Stiftshütte bestanden aus Kupfer (2Mo 27,19; 35,18; 38,20.31; 39,40; 4Mo 3,37; 4,32). Delila benutzte einen solchen Pflock, um Simsons Haar festzubinden (Ri 16,14). Das hebr. Wort *masmēr* bezieht sich auf N. aus Eisen (1Chr 22,3) oder aus Gold (2Chr 3,9), die in die Wand geschlagen wurden (Pred 12,11), um Götzenbilder zu befestigen (Jes 41,7; Jer 10,4).

4. Z.Zt. des NT gab es die Todesstrafe der Kreuzigung (*Kreuz, Kreuzigung). Dabei wurden den Delinquenten Nägel (griech. *hēlas*, Joh 20,25), durch Hand- und Fußgelenke getrieben. J.A.T.

NAG HAMMADI. Ort am *Nil, nahe bei al-Qasr, dem antiken Chenoboskion (Wirkungsbereich des ersten großen Mönchtum-Stifters im 4. Jh., Pachomius). In N. wurde im Dezember 1945 von zwei Bauernbrüdern, Muhammad und Kalifah Ali al-Samman, ein Krug entdeckt, der zwölf Papyrus-Kodizes und acht Blätter eines dreizehnten mit insgesamt zweiundfünfzig Texten enthielt. Der mit der Entdeckungsgeschichte der *Schriftenfunde vom *Toten Meer vergleichbare, abenteuerliche Weg bis zu ihrer wissenschaftlichen Erforschung ist nicht beendet; selbst die Texte sind noch immer nicht vollständig ediert.

Es handelt sich um koptische (d.h. ägypt.-christl.), jedoch ursprünglich griech. verfaßte Texte mehrheitlich des vierten, in Teilen ursprünglich vielleicht sogar dritten oder späten zweiten Jahrhunderts, die im Umfeld der christl. *Gnosis benutzt wurden und zu deren wichtigsten Dokumenten gehören, auch wenn sie nicht immer – wie etwa der in Kodex VI enthaltene Auszug aus Platons *Staat* – christl. Verfasser haben oder, wie die *Lehren des Silvanus* (Kodex VII) und die *Sprüche des Sextus* (Kodex XII) christl., aber nicht gnostischen Ursprungs sind. Über die Autoren, ihre Herkunft und ihre Übersetzer ist so gut wie nichts bekannt; die mögliche Beziehung zu den Mönchen des Pachomius wird zur Zeit diskutiert; Ausgrabungen im Bereich von N. sol-

Die Berge bei Safed (Zefat) in Naftali, ein Gebiet, in dem Jesus lehrte. (FNH)

Nag Hammadi. Die Kodizes wurden mit einem ledernen Einband geschützt. Es handelt sich, soweit bekannt, um die ältesten erhaltenen ledernen Bucheinbände (4. Jh. n.Chr.). Abgebildet ist eine Seite aus der »Titellosen Schrift« Über den Ursprung der Welt *(Kodex II).* (KMK)
seum.

len weitere Aufschlüsse erbringen.

Von besonderer Bedeutung für die Entwicklungs- und Verbreitungsgeschichte des frühen Christentums sind die in N. gefundenen, teils schon vorher in Auszügen oder dem Namen nach bekannten sog. *Evangelien: das *Thomas-* und das *Philippus-Evangelium* (Kodex II), das *Ägypter-Evangelium* (Kodizes III und IV) und das *Evangelium Veritatis* (Kodizes I und XII). Das oft in diesem Zusammenhang behandelte sahidisch-koptische *Evangelium der Maria* stammt nicht aus N., ist jedoch mit den dort gefundenen gnostischen Evangelien verwandt. Der koptische Berliner Kodex BG 8502, der es enthält, überliefert auch das in N. gefundene *Apokryphon des Johannes* (s.u.) und die *Sophia Jesu Christi* (s.u.), sowie als vierten Text die nicht in N. gefundene, aber gleichfalls pro-gnostische *Tat des Petrus.*

Weitere das Leben Jesu betreffende N.-Texte sind der *Brief des Jakobus* (Kodex I), der *Dialog des Erlösers* (Kodex III), die erste und zweite *Jakobus-Apokalypse* (Kodex V), das *Apokryphon des Johannes* (Kodizes II, III, IV), die *Abhandlung über die Auferstehung* (Kodex I), die *Sophia Jesu Christi* (Kodex III) und der *Brief des Petrus an Philippus* (Kodex VIII).

Zu nennen ist ferner die *Apokalypse des Petrus* (Kodex VII), die weitgehend auf das *Matthäus-Evangelium zurückgreift und ein überaus positives Bild des *Petrus zeichnet. Weitere »Petrus-Literatur« in N. bieten die *Taten des Petrus und der zwölf Apostel* (Kodex VI). Auch *Paulus spielt in N. eine Rolle: mit ihm sind ein Gebet (Kodex I) und eine Apokalypse (Kodex V) verbunden. Bei den mit Namen ntl. Personen versehenen Schriften handelt es sich ausnahmslos um *Pseudepigraphen; davon abgesehen wird jedoch vor allem dem Thomas-Evangelium die Bewahrung authentischer Jesus-Überlieferung in einigen Teilen zugetraut. (Weiteres siehe *Gnosis II.2.)

Literatur: C.L. Blomberg: Tradition and Redaction in the Parables of the Gospel of Thomas, in: D. Wenham (Hrsg.): Gospel Perspectives V, 1985, 177-205; A. Böhlig, F. Wisse: Zum Hellenismus in den Schriften von Nag Hammadi, 1975; B. Chilton: The Gospel According to Thomas as a Source of Jesus' Teaching, in: D. Wenham (Hrsg.): Gospel Perspectives V, 1985, 1551-75; The Facsimile Edition of the Nag Hammadi Codices, 1972-77; J. Jeremias: Unbekannte Jesusworte, [4]1965; J. Leipoldt/ H.M. Schenke: Koptisch-gnostische Schriften aus den Papyrus-Codices von Nag-Hammadi, 1960; J.E. Menard (Hrsg.): Les Textes de Nag Hammadi, 1975; J.M. Robinson (Hrsg.): The Nag Hammadi Library in English, [2]1984; W. Schneemelcher (Hrsg.): Neutestamentliche Apokryphen, I, [5]1987; D.M. Scholer: Nag Hammadi Bibliography 1948-49, 1971 – jährliche Aktualisierungen mit Informationen über den Editionsstand in Novum Testamentum; C.M. Tuckett: Nag Hammadi and the Gospel Tradition, 1986; W.C. van Unnik: Evangelien aus dem Nilsand, 1960; R.Mc. L. Wilson: Nag Hammadi and the New Testament, NTS 28/1982, 289-302.

Zum abgebildeten Kodex II s.a. A. Böhlig, P. Labib: Die koptisch-gnostische Schrift ohne Titel aus Codex II von Nag Hammadi, 1962; C.P. Thiede: A Pagan Reader of 2 Peter, Journal for the Study of the New Testament 26, 1986, 76-96, hier 96.

C.P.Th.

NAHALAL/NAHALOL. Eine Stadt im Gebiet von *Sebulon, die jedoch von fronpflichtigen Kanaanitern bewohnt wurde (Jos 19,15; 21,35; Ri 1,30). Möglicherweise unweit des heutigen Nahalal, 9 km westl. von *Nazareth gelegen. Simons (GTT, S. 182) favorisiert als Ortslage Tell el-Beida im S; Maʿlul im NO (»Mahalul«, Talmud Megillah 1.1) ist nicht alt genug, um dafür in Frage zu kommen. Albright (AASOR 2-3, 1923; S. 26) vermutet N. in Tell en-Nahl, nahe Haifa (vgl. 1Mo 49,13), aber diese Ortslage befindet sich außerhalb des Stammesgebietes von Sebulon.

J.P.U.L.

NAHALIEL. (»Tal Gottes« oder »Besitz Gottes«). Einer der Lagerplätze der Israeliten während ihrer Wüstenwanderung; N. lag nördl. des *Arnon (4Mo 21,19), das heutige Wadi Zerka Maʿin. In röm. Zeit war N. berühmt für seine warmen Quellen, die 16 km vom Jordan entfernt in das Tote Meer flossen (JBJ 1.657; 7.185).

J.P.U.L.

NAHASCH. »Schlange«.

1. König von Ammon, der *Jabesch in Gilead belagerte. Als ihm die Männer der Stadt die Übergabe anboten, machte er zur Bedingung, daß allen Einwohnern das rechte Auge ausgestochen werden sollte. In den sieben Tagen Frist, die er ihnen ließ, Hilfe zu suchen, kam *Saul als Retter heran und schlug die *Ammoniter (1Sam 11,1-15). Wahrscheinlich ist dieser N. derselbe wie der in 2Sam 10,2 und 1Chr 19,1f genannte Ammoniterkönig, der mit David Freundschaft hielt.

2. Vater von *Abigal und *Zeruja, den Halbschwestern Davids (2Sam 17,25; 1Chr 2,16).

3. Vater Schobis aus Rabba (2Sam 17,27).

4. Die in 1Chr 4,12 genannte Stadt N. (der hebr. Name Ir-Nahasch bedeutet hier wahrscheinlich nicht »Schlangen-«, sondern »Kupferstadt«) vermutet man im heutigen Chirbet Nahasch, einem Ort mit Gruben und Schmelzhütten, 7,5 km nordwestl. von *Punon.

NAHOR.

1. Sohn des Serug und Großvater *Abrahams (1Mo 11,22-26; 1Chr 1,26f).

2. Sohn des *Terach und Bruder Abrahams und *Harans. Er heiratete seine Nichte *Milka, Harans Tochter (1Mo 11,26-27.29). Wahrscheinlich reiste N. zusammen mit Terach, Abraham und Lot nach Haran, obwohl sich 1Mo 11,31 darüber ausschweigt. Haran wurde als die »Stadt Nahors« bekannt (1Mo 24,10; vgl. 27,43). N. war der Vorfahr von zwölf aram. Stämmen (1Mo 22,20-24). Die engen Beziehungen zwischen Hebräern und Aramäern treten hier zutage. Ein Ort namens Nahur in der Nähe von Haran wird in den Mari-Texten genannt (18. Jh.v.Chr.).

Die zwei anderen Abschnitte, in denen N. erwähnt wird, lassen erkennen, daß N. ein Anhänger des falschen Gottes seines Vaters Terach war (1Mo 31,53; vgl. Jos 24,2). Dies läßt darauf schließen, daß der *Bund zwischen *Laban und *Jakob zu *Mizpa (1Mo 31,43ff) vor Jahwe und Terachs Gott geschlossen wurde. R.J.W.

Zitate aus Nahum 3,6-9 mit Kommentar (4 Q p Nah, 3. Kolumne), Schriftrollenfragment aus Qumran, Höhle 4. Spätes 1. Jh. v.Chr. (RM)

NAHUM, BUCH.

I. ZUR PERSON DES PROPHETEN.
Über den Propheten Nahum (hebr. *nachûm*, »Gott hat getröstet«) ist aus seinem Buch nur bekannt, daß er (Nach 1,1) aus Elkosch stammte, einem Ort, der wahrscheinlich in Juda lag. Nach 3,18 wirkte er vor dem vor ihm angekündigten Untergang Ninives, d.h. vor 612 v.Chr. Vor 627 v.Chr. hat N. kaum gepredigt, nachdem zu jener Zeit »der Arge« (2,1 – wohl Assurbanipal, 669-628 v.Chr.) schon tot gewesen sein dürfte. N.s Wirken dürfte zwischen 627 und 612 v.Chr. anzusetzen sein. In der Bibel wird N. sonst nicht erwähnt. Als Prophet bezeichnete sich N. nicht, wohl weil er nicht zu den Heilspropheten gezählt werden wollte (vgl. Am 7,14ff). Der Begriff war durch den Mißbrauch der Heilspropheten problematisch geworden. N. trat in Juda, vermutlich im Tempel zu Jerusalem, auf. Seine Aufgabe war, den Untergang Ninives anzukündigen.

II. DIE ZEIT NAHUMS.
N. trat auf, als Assur mit der Eroberung von Memfis 671 v.Chr. und mit dem Sieg über Theben (3,8: No-Amon) 663 v.Chr. den Höhepunkt seiner Macht überschritten hatte. Der assyr. Herrscher Assurbanipal verbreitete äußerlich den Glanz einer unumstrittenen Weltmacht um sich (Keilschriftenbibliothek in Ninive, glanzvolle Bauten). Doch der Niedergang kündigte sich schon in der Zahl der Aufstände an: 650-648 v.Chr. – Revolution seines Bruders; 625 v.Chr. – der 1. Skythensturm; unter Nabupolassar (*Chaldäer) macht sich Babylon selbständig; 616 v.Chr. – Kämpfe um das assyr. Kernland; 612 v.Chr. – Fall und Zerstörung Ninives, womit das Ende der Weltmacht Assyrien besiegelt war.

Israel bestand in dieser Zeit aus dem Südreich Juda. Das Nordreich war 701 v.Chr. von Assyrien unter Sanherib erobert, seine Bevölkerung nach Assyrien deportiert worden. Z.Zt. N.s war Josia (639-609 v.Chr.) König auf dem Davidsthron. Er schickte sich an - angesichts des zerfallenden assyr. Weltreichs –, sein Königreich nach N hin auszudehnen. Nach 2Chr 34,4-7 hatte Josia schon zu Beginn seiner Regierung mit rel. Reformen begonnen. Aber erst im Jahre 622 v.Chr. beginnt infolge der Auffindung einer Gesetzesrolle im Jerusalemer Tempel – die in einer nicht näher feststellbaren Weise mit dem Deuteronomium/5.Buch Mose in Zusammenhang stand – Josias umfassende Kultreform (2Kön 23). Er schaffte die Höhenheiligtümer ab, die eine Mischform aus Jahweglauben und Baalskult (Sexualkult zur Garantie der Fruchtbarkeit des Landes) pflegten. Nun gab es fortan nur noch in Jerusalem die Möglichkeit, Gott die gebotenen Opfer darzubringen. Diese an sich lobenswerte Reform, für die ihm die Bibel auch höchstes Lob zuteil werden läßt, führt aber zu neuen Schwierigkeiten. Es ist anzunehmen, daß der »arbeitslos« gewordene »niedere Klerus«, z.B. die oft von *Jeremia erwähnten Prophetenscharen, nunmehr am zentralen Heiligtum in Jerusalem erschien und sich äußerlich der Kultreform anpaßte. Diese Propheten vertraten eine fatale Heiligtumstheologie: weil Gott im Tempel ist, kann dieser Tempel nicht zerstört werden.

Mit der rel. Reform ging eine Ausdehnung der politischen Macht einher. Die Grenzen des ehemaligen davidischen Großreichs standen manchem Judäer wieder vor Augen. 609 v.Chr. stellte sich Josia dem Pharao Necho in der Schlacht bei Megiddo entgegen, der Palästina als Durchzugsgebiet benutzen wollte, um die Assyrer gegen die Babylonier zu unterstützen. Josia fiel in der Schlacht.

III. AUFBAU DES NAHUM-BUCHS.
1,1: Überschrift;
1,2-14: Warnung vor Gottes Zorn;
2,1.3: Gottes Volk soll loben;
2,2.4-14: Gott wendet sich gegen Ninive;
3,1-7: Ninives Schuld und Strafe;
3,8-17: Vergleich Ninives mit dem ägypt. Theben (No-Amon);
3,18-19: Gottes unabwendbares Gericht.

NAHRUNG
s. Ernährung

IV. STIL.

In Kap. 1,2-14 entsprechen die Anfangsbuchstaben der Zeilen dem hebr. Alphabet (alphabetischer Psalm). Allerdings bereiten Anfang (V. 2f) und Ende (V. 11-14) Schwierigkeiten; entweder ist der Text erweitert, umgestellt oder verstümmelt. Manche Sätze sind kaum zu übersetzen, bisweilen hilft die LXX weiter. Das Belagerungsheer und der Sturm auf Ninive (2,4f; 3,2f) werden in lebendiger, bildhafter Sprache geschildert. Der Bericht vermittelt einen unmittelbaren Eindruck von dem, was N. geschaut und gehört hat.

V. DIE BOTSCHAFT NAHUMS.

N. freut sich auf den Fall Ninives (612 v.Chr.) und auf Assurs Untergang. Diese Feinde hatten zwar das Gericht an Israel vollstrecken müssen, aber so, wie sie es taten, wurde es ihnen zur Schuld. N. läßt Gottes Gerechtigkeit ahnen, die es Assur nicht erlaubt, seinerseits nun Unrecht zu tun. Zwar wird N., weil er kein Bußwort an Juda richtet, mitunter zu den Heilspropheten gerechnet, gegen die Jeremia zu sprechen hatte (z.B. 6,14; 8,11; 23,9ff; 28). Aber wer Gott als den Richter allen Unrechts so deutlich darstellt wie N., der läßt seine Zuhörer nicht im unklaren darüber, daß Gott auch ihr Richter ist und Judas Unrecht strafen wird. Um 621 v.Chr., als Josia die Tempelreform durchführte, die im Zusammenhang mit einer Erweckungsbewegung (s. *Deuteronomium) zu sehen ist, war ein Bußwort an Juda nicht nötig - auch nicht durch Jeremia.

Merkwürdig ist, daß die Propheten jener Zeit, *Habakuk, *Zefania, *Jeremia, *Obadja und Nahum sich gegenseitig nicht erwähnen (vgl. auch die Zeitgenossen *Amos und *Hosea, *Jesaja und *Micha). Hat ihr Schweigen theologische Gründe? Beruft sich keiner zur Unterstützung seiner Autorität auf einen anderen, weil alle von Gottes Offenbarung erfüllt sind, die eine Unterstützung durch menschliche Autoritäten nicht erträgt? Gott kämpft leidenschaftlich gegen alles Böse. Er wacht darüber, daß sein Wille eingehalten wird. Die Völker werden gewarnt (V. 2; vgl. Am 1f), denn Gott läßt ihr Unrecht nicht ungestraft. Juda muß das erlittene Unrecht nicht selbst rächen (s.a. Röm 12,9). In großartigen Bildern (3-5) werden Gottes Macht, seine Güte und Geduld beschrieben, mit der er sein Volk zurückholen will. Trotz des Gerichtes über Israel (722 v.Chr.) bleibt Gott seinem Volk treu, die Geschichte beweist seine Liebe für »die, die auf ihn trauen« (V. 7).

Zu Kap. 2,1-14:

Kap. 2 ist Freudenbotschaft und ein Triumphlied (V. 1.3); es beginnt mit dem Trost an Juda, das lange unterdrückt war. V. 4-12 schildern den Grund der Freude: Ninive ist gefallen. Der Prophet sieht schon den Sieg voraus. Gott läßt »Frieden« (Schalom, V. 1) ansagen, der äußeres Glück und inneres Wohlbefinden umschließt. Gott sagt eine Heilszeit an, Rettung, Heil und Herrlichkeit. Er selbst schafft diesen Schalom. Vom Sieg Judas ist nicht die Rede. Gottes Bote sieht den Sieg als gewiß voraus. Deshalb ruft er zu Freudenfesten auf, die schon jetzt Gottes Sieg feiern.

V. 4-14 bilden eine meisterhafte Schilderung der Eroberung einer Stadt (vgl. die Beschreibung des Seesturms und Schiffbruchs in Apg 27, 13-44). Aber nicht der Tathergang, sondern Gottes Handeln steht im Mittelpunkt. Der Vorwurf, es fehle der theologische Tiefgang, trifft nicht, da das Kap. als Ganzes verstanden sein will: Gott hält hier das Gericht (beachte V. 2 den Befehl: »bewahre!«, den Gott gibt; beachte auch V. 14). Nach der Beschreibung, wie die Stadt Ninive erobert wird (2,4-11), z.B. wie die Schleusen geöffnet werden (V. 7), so daß Ninive zum Teich wird (V. 8), folgt das Klagelied (12f), das die Vorzüge und Taten des Verstorbenen besingt. Nicht Ironie, sondern Tiefsinn (vgl. Jes 46,1ff), wird deutlich: Gottes Jammer darüber, daß seine Geschöpfe so handeln und so bestraft werden müssen. Am Ende (V. 14) steht Gottes Urteil: »Ich bin gegen dich!«. Dem Herrn Zebaoth (»dem Herrn der himmlischen Heere«) stehen genügend irdische Heere zur Verfügung. So tröstet Gott Juda mitten im Gericht über Israel (das Nordreich ist in assyr. Gefangenschaft), daß die Weltmächte nur so lange (V. 14) Angst verbreiten können, wie er es zuläßt.

Zu Kap. 3:

V. 1-7 gewähren eine Offenbarung der Pläne Gottes: Ninive muß fallen, ein für N.s Zeitgenossen unvorstellbarer Gedanke angesichts der Macht dieser Weltstadt. Gott nennt (V. 1) auch die Gründe für sein Urteil: »Blutschuld« (die mörderische Umsiedlungspolitik der Assyrer – 2Kön 17,6 – und ihre Eroberungskriege, die Gewalttätigkeit einer Weltmacht), »Lüge« (Diplomatie und Vertragsbrüche) und »Rauben« (unredlich erworbener Besitz). V. 4 schildert die Pracht der Weltstadt, die mit wirtschaftlichen Vorteilen und Annehmlichkeiten des Lebens die Oberschicht in ihren Bann schlägt. Auch »Hurerei« (Verführung des Volkes Gottes zum Aberglauben) gehört mit zu den Reizen Ninives, bzw. Assurs. Der Prophet sieht mit Gottes Augen hinter die Kulissen und läßt sich vom äußeren Glanz nicht täuschen. In V. 8-17 finden wir ein Klagelied. Der ungläubigen Stadt Ninive werden bedeutende Städte vor Augen gestellt, die alle schon gefallen sind. Im Hochmut vom Erfolg geblendet, erkennt der Mensch die drohende Katastrophe nicht. Nachdem die Soldaten verblutet sind (V. 13), haben sich auch die Kaufleute davongemacht, die glänzende Verwaltung des Weltreichs ist zusammengebrochen (V. 17). V. 18f stimmt N. die Totenklage über Assur an. Die eigene Sünde rächt sich. Für Assur gibt es keine Rettung mehr. 612 v.Chr. wird Ninive erobert und dem Erdboden gleichgemacht. Assur wird durch Babylon verdrängt.

Literatur: A. Alt: Zur Geschichte des Volkes Israel, (hrsg. von S. Herrmann) ²1979; H. Brandenburg: Die kleinen Propheten, ³1982; O. Eißfeldt: Einleitung in das Alte Testament, ³1964; K. Ellinger: Die Propheten Nahum, Habakuk, Zephanja, ATD 25, ⁷1975; S. Fohrer: Geschichte der israelitischen Religion, 1969; F. Horst: Die zwölf Kleinen Propheten, II, ²1954; O. Kaiser: Einleitung in das Alte Testament, 1969; E. Kautzsch: Die Heilige Schrift des Alten Testaments, ⁴1923; M. Noth: Geschichte Israels, ²1954; G. von Rad: Theologie des Alten Testaments I, 1962, II, 1965; W. Rudolph: Die kleinen Propheten, KAT, 1975; E. Sellin: Das Zwölfprophetenbuch, Bd. II, ³1930; R. von Ungern-Sternberg, H. Lamparter: Der Tag des Gerichtes Gottes, ²1975; A. Weiser: Das Buch der zwölf kleinen Propheten, ATD 24, ²1956.

M.H./Red.

NAIN. Der Name des Orts kommt wahrscheinlich von hebr. *nāʿīm*, »lieblich« (GenR 98, 62a), worauf vielleicht auch die Namensform der altlatein. Übersetzung (*Naim*) hinweist. Nach Lk 7,11-17 erweckte Jesus in N. den Sohn einer Witwe von den Toten, als der Trauerzug (wohl gegen Spätnachmittag) »das Tor der Stadt« (Lk 7,12) verließ. Man hat gelegentlich an einen von Josephus (bell.Jud. IV, 511) genannten, textlich aber nicht ganz sicheren Ort (*N)ain* in *Judäa gedacht (H. Klein, EvTh 32, 1972, 469). Aber dabei handelt es sich eher um ʿAin (vgl. Jos 15,32 RevEB; Jos 19,7) bei *Hebron (O. Michel, O. Bauernfeind, Jüd. Krieg II/1, 1963, 229).

Nach dem Zusammenhang von Lk 7,1-11 ist der Ort jedoch nahe bei *Galiläa zu suchen. Lk 7,17 besagt nur: Die Nachricht vom Wunder verbreitete sich über die unmittelbare Umgebung bis hin nach *Judäa (M. Bachmann, Jerusalem, 1980, 109-112), so daß *Johannes der Täufer auf *Machärus in *Peräa davon hörte (vgl. Lk 7,18ff). Die Überlieferung weist auch mindestens seit dem 4. Jh. (Eus.onom. 141,5) ohne jedes Schwanken auf einen Ort, der mit dem kleinen arab. Dorf Nein, 8 km südöstl. von *Nazareth und 35 km südwestl. von *Kapernaum (vgl. Lk 7,1), zu identifizieren ist (ELS, 341-343). N. liegt am O-Rand der fruchtbaren *Jesreel-Ebene, ein Grund zur Identifizierung mit dem atl. *Nea besteht aber nicht. Daß N. nicht schon zu *Samaria, sondern noch zu Galiläa gehörte, ist gut möglich (Dalman, 207), allerdings nicht sicher (W. Oehler, ZDPV 28, 1905, 67). Wenig nördl. von N. verlief ein Zweig der großen Überlandstraße von *Ägypten nach *Damaskus, mit welcher der Ort durch einen heute noch nachweisbaren schnurgeraden Stichweg verbunden war.

N. liegt auf einem Plateau, und der frühere (röm. oder byzantin. ?) Ort war wesentlich größer als das heutige Dorf. Ein Rätsel ist bisher der Keramikbefund, denn auch eine neuere Oberflächenuntersuchung förderte nur wenige byzantin. und früharab. Scherben zutage (J.F. Strange, IEJ 32,

1982, 255). Die rabbinische Literatur bezeugt aber mindestens für die spätröm. Zeit einen jüd. Ort N. (Bill. II, 161). Wenn Lk 7,11f von einer Stadt (griech. *polis*) spricht, kann dahinter der doppeldeutige Ausdruck einer semit. Quelle stehen (hebr. *ʿîr*, das ähnlich wie »Ort« im Dt. eine Stadt oder ein Dorf meinen kann). So mag das »Stadttor« (Lk 7,12) nicht mehr als die Ausmündung der Dorfstraße aus den eng zusammengebauten Häusern gewesen sein. Endgültige Klarheit könnten aber erst systematische Grabungen bringen.

5 km von N. entfernt liegt am S-Fuß des Hügels *Moreh (arab. Dschebel Ed-Dahī, Kleiner *Hermon) *Sunem, wo *Elisa einen Jungen vom Tode erweckte (2Kön 4,18-37). Auf eine parallele Auferweckungsgeschichte des *Elia (1Kön 17,17-24) verweist die Ausdrucksform in Lk 7,15 (vgl. 1Kön 17,23). Offenbar war aber auch schon den Zeugen des Wunders der Bezug zu Elia bewußt, denn wenn sie Jesus als »neuerweckten großen Propheten« (Lk 7,16) preisen, so denken sie wohl an den wiedergekehrten Elia. Auch das Stadttor in Lk 7,12 könnte an die Elia-Geschichte erinnern (1Kön 17,10). Wohl ohne Wert sind die widersprüchlichen Angaben von Apokryphen (PO 14, 828) über Namen und Geschick der Witwe und ihres Sohns. Gräber aus ntl. Zeit liegen südöstl. des Orts zum Berghang hin (Bagatti, 268–270). In der byzantin. Epoche war N. Hauptort eines Unterdistrikts von Skythopolis (*Bet-Schean) und besaß eine Kirche zum Andenken an das Wunder. Auch unter dem Kreuzfahrern muß eine solche bestanden haben. Noch im letzten Jh. sahen Besucher die Ruinen zweier Kirchen, die in Moscheen umgewandelt waren (V. Guérin, Galilée I, 1868, 115–117). Derjenige an der Quelle erwarben die Franziskaner und bauten darüber eine Kapelle. Archäologische Untersuchungen wurden dabei nicht vorgenommen.

Literatur: F.M. Abel: Géographie de la Palestine II, [3]1967, 394f; B. Bagatti: Antichi villaggi cristiani di Galilea, 1971, 261-272; G. Dalman: Orte und Wege Jesu, [4]1967, 205-207; C. Kopp: Heilige Stätten der Evangelien, [2]1964, 294–299; G. Kroll: Auf den Spuren Jesu, [10]1987, 232f; W.H. Mare NIDBA 328; R. Riesner: Zuversicht und Stärke 5/1983, 45f; H. Schürmann: Lukasevangelium I, [2]1981, 398-405. R.R.

NAJOTH. (Hebr. *nwjt*). Wie der LXX-Kodex Alexandrinus (*nauiōth*) zeigt, dürfte die rabbinische Korrektur (Qerē) in *najōt* richtig sein. Zusammen mit *Samuel hielt sich *David »zu Najoth in *Rama« auf (1Sam 19,18f.22, vgl. 20,1). N. ist kaum ein Ortsname, sondern wahrscheinlich ein Spezialausdruck für eine Gemeinschaftssiedlung von *Propheten (R. Riesner, Jesus als Lehrer, [3]1988, 280). R.R.

NAME/NAMENGEBUNG.
Den Menschen der Bibel war die heute allg. übliche Sitte, für sein Kind den N.n zu wählen, der einem gefällt, durchaus bekannt. Warum sonst würde man ein kleines Mädchen wohl *Debora (»Biene«, Ri 4,4) oder *Ester (hebr. *hadassā*, »Myrte«) nennen? Selbst da, wo der N. einen hochtönenden moralischen oder rel. Klang hat, darf man nicht ohne weiteres annehmen, daß die Eltern ihn wegen seiner Bedeutung gewählt haben und nicht vielmehr einfach deshalb, weil er ihnen besonders gut gefiel. Aus einem N.n wie *Ahīkam (»mein Bruder ist auferstanden«) kann man z.B. düstere Vermutungen ableiten über den voraufgegangenen Verlust eines Familienangehörigen, der dann durch die Geburt eines weiteren Sohnes ausgeglichen wurde. Ahīkam ist jedoch ein angenehm klingender N. und mag, wo Gegenbeweise fehlen, lediglich aus diesem Grunde gewählt worden sein.

Obwohl man mit zu hohen Erwartungen an die N.n und die Namengebung der Bibel herangehen kann, ist doch ohne Zweifel durchweg ein gedanklicher Hintergrund vorhanden, der bei der Übertragung eines N.ns sehr oft voll zur Geltung kam und auch dort, wo er keine (oder keine uns erkennbare) Rolle bei der ursprünglichen Namengebung zu spielen schien, im späteren Leben der betreffenden Person seinen Anspruch geltend machte. Ein Beispiel: Während Jesaja seine Söhne ganz bewußt so benannte, daß sie bestimmte Aspekte von Gottes Botschaft an sein Volk verkörperten (Jes 7,4; 8,1-4), hätte sein eigener (nach unserer Betrachtungsweise »zufälliger«) N. Jesaja (»Jahwe rettet«) nicht passender sein können für diese Prophetengestalt. Die bibl. Auffassung von N.n und Namengebung würde mißachtet, ginge man von der reinen Zufälligkeit der elterlichen Wahl aus: die Verbindung, welche die Bibel zwischen N. und Person sieht, ist dafür zu eng und auch zu dynamisch.

I. BEDEUTUNGSVOLLE NAMENGEBUNG.

Der allg. Eindruck, den wir von über die ganze Bibel verstreuten Aussagen gewinnen, bestätigt unsere Ansicht, daß der große Heilsprophet nicht zufällig einen theophoren N.n hatte, der sich auf die Heilsthematik bezog. Die Bibel erkennt darin Gottes lenkende Vorsehung, die den gesamten Lebenslauf vorherbestimmt. Sie beurteilt den N.n vermutlich noch spezieller als Verkörperung eines Wortes Gottes, das seinen Träger zu dem Menschen formt, dessen Leben den Namensinhalt zum Ausdruck bringt. Das ist jedenfalls die dynamische Sicht von N. und Namengebung, die man in der ganzen Bibel findet und die sich so deutlich abhebt von unserer statischen Sicht vom N.n als einem »Etikett«, das seinen Träger von anderen Menschen unterscheidet.

Die folgenden sieben Kategorien umfassen die meisten Situationen dynamischer Namengebung:

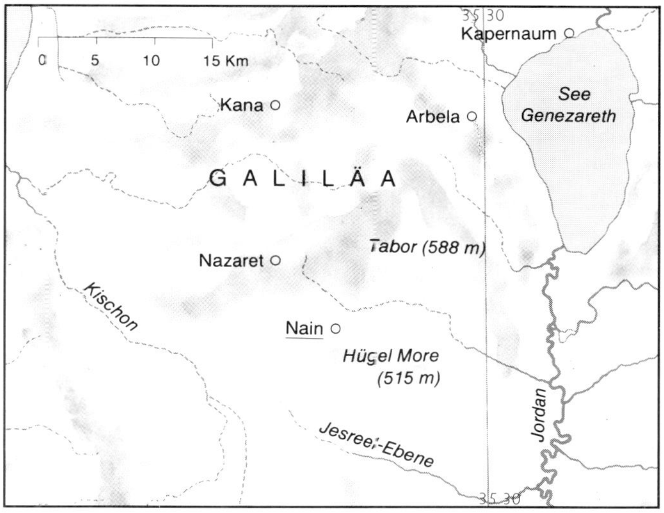

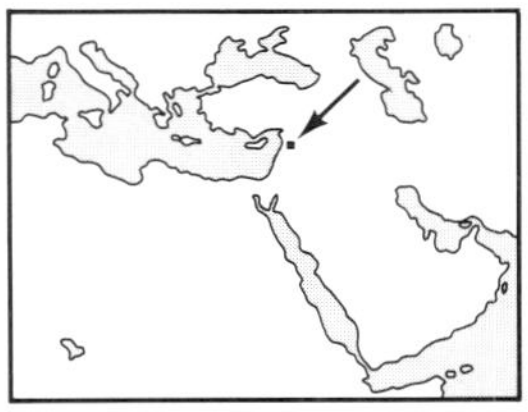

Die Lage von Nain (Lk 7,11).

1. Der Status-Name.
Der erste Mann sagte von seiner Frau, daß sie »Männin« heißen solle, um so auf ihre gleichrangige (oder besser: ergänzende) Stellung hinzuweisen: Er ist *ʾîsch*; sie ist *ʾischschā*. In der Bibel ist die Namengebung zumeist die Aufgabe einer Autorität: Der Schöpfer nennt den Mann und seine Frau »Mensch« (1Mo 5,2); in seiner Eigenschaft als Herr der Schöpfung gibt der Mensch den Tieren ihre N.n (1Mo 2,19f); die Eltern tun das für ihre Kinder (die Mutter in 23, der Vater in 18 Fällen); ein besiegter König erhält einen anderen N.n (2Kön 23,34) usw. Aber in 1Mo 2,23 »erkennt« der »Mann« seine Frau als »Männin«, d.h. als gleichwertige Ergänzung, als diejenige, die gemeinsam mit ihm an der von Gott gegebenen Herrschaft über die Welt teilhat (1Mo 1,28ff).

2. Der Anlaß-Name.
Die Geburt ihres Erstgeborenen hält *Eva für den wichtigen Zeitpunkt, in dem die Verheißung von einer siegreichen Nachkommenschaft in Erfüllung ging. Deshalb sagt sie: »Mit Hilfe des Herrn« – er erfüllte seine Verheißung; sie brachte ein Kind zur Welt – »habe ich einen Mann ›erworben‹« (*qanā*), und nannte das Kind »Kain« (*qayin*, 1Mo 4,1).

3. Der Ereignis-Name.
Manchmal beinhaltet ein N. ein ganzes geschichtliches Ereignis: z.B. »Babel« (1Mo 11,9) oder »Peleg« (1Mo 10,25). Beide Male ist die Namengebung von der gleichen Art. Aber der ausführlich berichtete Fall von Babel läßt besser erkennen, um was es geht: Eigentlich war der N. ein Gottesurteil. Die Menschen hatten bereits bei sich selbst eine Neigung zur Trennung oder Zerstreuung entdeckt (11,4), und sie beabsichtigten, ihre eigenen Retter zu sein und durch ihren technischen Fortschritt (V. 3) diese Gefahr zu beheben. Der göttliche Erlaß der Sprachenverwirrung (V. 6f) richtet sich gegen diese stolze Zuversicht und Eigenmächtigkeit. Das Wort, das die Menschen zu der von ihnen befürchteten Unfähigkeit zur Kommunikation (V. 8) verurteilte,

NAMEN JESU CHRISTI
s. Hoheitstitel Jesu Christi

geht durch den Ortsnamen »Babel« (Verwirrung, V. 9) in die Menschheitsgeschichte ein. Es bleibt der böse Genius in der Bibel bis hin zum Ende (vgl. z.B. Jes 13,1; 21,1-10; 24,10; Offb 17,5; 18,2; *Babylon).

4. Der Umstands-Name.

Isaak erhielt seinen Namen, weil seine Eltern im Zusammenhang mit ihm lachten (1Mo 17,17; 18,12; 21, 3-7); Samuel , »von Gott erhört«, weil seine Mutter ihn erbeten hatte (1Sam 1,20); Mose, weil die Tochter des Pharao ihn aus dem Wasser »zog« (2Mo 2,10); Ikabod, weil der Verlust der Bundeslade als Zeichen der Entziehung von Gottes Herrlichkeit und Gnade galt (1Sam 4,21); Jakob wegen der Lage der Zwillinge bei der Geburt (1Mo 25,26). In vielen solcher »Fälle« weist die Bibel nach, daß solche »Zufälle« tatsächlich symbolisch waren: Der Sieg am Roten Meer macht Mose ganz klar zu dem Mann, der aus dem Wasser herauskam; Samuels Geschichte ist genau die Geschichte des Mannes, der weiß, daß Gebet erhört wird, usw. Mit anderen Worten: Es besteht eine fortwährende Verbindung zwischen dem Gedanken der Namengebung und der Dynamik des immer-wirksamen Wortes Gottes, welches das schafft, was es ausspricht.

5. Der auf eine Umgestaltung oder Veränderung weisende Name.

N.n wurden verliehen, um zu zeigen, daß etwas Neues in das Leben der betreffenden Person eingetreten ist, daß ein Kapitel abgeschlossen war und ein neues begann. Obwohl die Verleihung eines neuen N.ns meistens hoffnungsvoll und verheißend ist, beginnt diese Kategorie mit der betrüblichen Umbenennung von *'ischschā,* »Männin« (1Mo 2,23), in Eva »Mutter der Lebenden« (1Mo 3,20); der Name, der Stellungsgleichheit und Ergänzung der Beziehung ausdrückt, wird durch den einer Funktion ersetzt. Der erste N. drückte aus, was ihr Ehemann in ihr sah (und worüber er sich freute). Der zweite gab an, wozu er sie gebrauchen würde: Als Gegenleistung für ihr Verlangen nach ihm würde er über sie herrschen (1Mo 3,16).

In diese Kategorie gehört aber auch die Umbenennung von Abram in *Abraham; sie bezeichnet den Beginn eines neuen Menschen mit neuen Kräften: Der kinderlose »Abram« (dessen N. »Hoher Vater« nur ein trauriger Scherz war) wird zu Abraham, was grammatikalisch zwar nicht »Vater vieler Völker« bedeutet, aber doch klanglich hinreichend verwandt ist mit den Worten, die diesen Gedanken (freilich nicht ganz so kurz) ausdrücken würden. Viele bedeutsame N.n kommen auf eben solch einer Basis der Assonanz zustande. So wurde an ein und demselben Tag Benoni zu Benjamin (1Mo 35,18); der Umstandsname, der Schmerz und Verlust ausdrückte, wurde zum Status-Namen: »Sohn der Rechten« bzw. »des Glücks«.

6. Der prophetische/warnende Name.

Die beiden Söhne Jesajas ragen in dieser Kategorie heraus. Die Gewißheit des Propheten hinsichtlich des von ihm verkündigten Gotteswortes zeigt sich in seiner Bereitschaft, dieses Wort in seinen Söhnen Gestalt gewinnen zu lassen. So waren sie zu ihrer Zeit das »fleischgewordende Wort«, das größte Beispiel für eine prophetische »Zeichenhandlung« im AT. Vgl. Jes 7,3; 8,1-4.18; s.a. 2Kön 24,17, wo der N. *Zedekia das Element der Gerechtigkeit (*zedeq,* »Gerechtigkeit«) verkörpert; diese zu praktizieren wird damit dem neuen König dringend geraten.

7. Bittende und theophore Namen.

Ein N. wie *Nabal (*nābāl,* »Tor«; 1Sam 25,25) konnte nur aufgrund eines mütterlichen Gebetes gegeben werden – »Laß ihn nicht einen Toren werden!« – ein Gebet, das gewiß begreiflich ist. Wahrscheinlich enthielten viele theophore N.n dasselbe Element des Gebets – oder zumindest die meisten Namen, die im Hebr. auf der Imperfekt-Form eines Verbs basieren: *Hesekiel (»Möge Gott stärken«); Jesaja (»Möge Jahwe retten«). Auch die, welche in direkter Übersetzung eine Bestätigung bedeuten (z.B. *Joahas, »Jahwe hat ergriffen«), sind höchstwahrscheinlich das Ergebnis frommer elterlicher Wünsche – die sich nicht immer erfüllten, wie der traurige Fall von Nabal (1Sam 25) zeigt, oder der des Königs *Ahas, dessen N. vermutlich eine Abkürzung von »Joahas« ist: Die Annahme, er habe das theophore Element in seinem N.n vorsätzlich fallen lassen, würde völlig mit dem Bericht von dem politisch listigen, geistlich aber dummen König übereinstimmen.

II. DER NAME GOTTES.

Wir sahen, daß es sich beim N.n und der Namengebung für den Menschen der Bibel um eine bedeutsame und sogar kraftgeladene Sache handelt, um etwas, das den Namensträger nicht nur kennzeichnet, sondern auch gestaltet. Das gilt in noch stärkerem Maße für die Vorstellung vom N.n Gottes (*Gott, *Name Gottes), die zur Mitte der Schrift gehört. Ein »göttlicher Name« ist natürlich kein ausgesprochen bibl. Gedanke. So versuchte z.B. bei den alten Griechen Hesiod tiefer in das Verständnis der Götter einzudringen, indem er ihre N.n studierte, eine Tätigkeit, die man, mutatis mutandis, wohl als eine zentrale Aufgabe der bibl. Theologie ansehen könnte.

In einem ganz realen Sinn beruht die Bibel auf der Offenbarung des göttlichen Namens. Im AT benannten die Patriarchen ihren Gott mit Titeln (z.B. 1Mo 14,22; 16,13; 17,1); auch die Bezeichnung »Jahwe« war ihnen bekannt, aber noch nicht erklärt (vgl. 2Mo 6,3). Die Bedeutung Moses und des Auszuges besteht darin: Was seither lediglich eine etikettartige Bezeichnung gewesen war, wurde jetzt offenbart – und zwar nicht als ein (wenn auch noch so erhabener) Titel, sondern als ein persönlicher N.
Die in dem N.n verborgene Offenbarung (2Mo 3,14ff) wurde mit den Ereignissen des Auszuges – der Erlösung des Gottesvolkes, dem *Passa und dem Durchzug durch das Schilfmeer – erschlossen und bestätigt. Im NT bilden Jesu Dienst und Erlösungswerk die heilsgeschichtliche Entsprechung: die endgültige Offenbarung von Gottes »Namen« als der heiligen Dreieinigkeit von Vater Sohn und Heiligem Geist geschah bei der Taufe Jesu (Mk 1,9-11). »Jahwe« ist die heilige Dreieinigkeit inkognito.

Als Form ist der Gottesname Jahwe entweder ein einfacher oder ein kausativer Indikativ des Verbs »sein« und bedeutet »er ist (lebendig, gegenwärtig, aktiv)« oder »er bringt ins Sein«. Die Worte, mit denen der N. enthüllt wird (2Mo 3,14: Ich bin, der ich bin) besagen entweder »ich offenbare meine aktive Gegenwart wann und wie ich will« oder »ich lasse geschehen, was ich geschehen lassen will«. Im Kontext von 2Mo 3,20 verweist dies sowohl auf die Geschehnisse des Auszuges als solche, in denen Jahwe aktiv gegenwärtig ist (und die er absichtlich geschehen ließ), wie auch auf die vorangehende theologische Interpretation (2Mo 3,1-4,17; 5,22-6,8) der Ereignisse, die Mose erleben durfte. Jahwe ist so der Gott der *Offenbarung und der Geschichte und offenbart sich besonders als der Gott, der sein Volk (gemäß den Bundesverheißungen) rettet und diejenigen stürzt, die sich seinem Wort entgegenstellen.

Wie reichlich dieses offenbarte Wissen von Gott auch ist - dennoch enthält der Gottesname ein geheimnisvolles Element. Die Wendung »Ich bin, der ich bin« drückt nichts anderes aus, als daß Gott sein eigenes Wesen kennt. Sie bezeugt die Souveränität Gottes bei seiner Selbstoffenbarung: Wenn irgend etwas gesagt werden muß, muß er es sagen; und er wird nur das sagen, was er will (vgl. 1Mo 32,29; Ri 13,17). Das hat keinesfalls etwas mit magischen Vorstellungen zu tun. In der heidnischen Umwelt glaubte man, die Kenntnis eines Gottesnamens verleihe eine gewisse Macht über diesen Gott – eine logische Weiterführung der Vorstellung, daß »Namengebung« die Handlung eines Höherstehenden, Mächtigeren ist. Jahwe hat keine Offenbarung seines Wesens zurückgehalten aus Angst, der Mensch könne Macht über ihn gewinnen. Seine Selbstoffenbarung ist vielmehr Teil eines Programms von Privilegien, das er für sein Volk ausgearbeitet hat und durch das die etwas distanzierte Beziehung, die sich in Titeln ausdrückt, zu einem höchst persönlichen Verhältnis wird zu einem Gott, der seinem Volk die Freiheit gab, ihn beim N.n zu nennen. Das, was jetzt noch zurückgehalten wird, ist nur deshalb verborgen, weil der Augenblick der höchsten Offenbarung noch aussteht. Was bisher bekannt ist, ist dennoch weder etwas Falsches, das man später beiseite legt, noch ist es eine Teilwahrheit (»das ist mein N. auf ewig«, 2Mo 3,15), die auf Vervollständigung wartet, sondern eine Art und Weise, die ganze Wahrheit auszudrücken, die freilich einen noch größeren und vollständigeren Ausdruck erfahren wird. Der »Name« Gottes gehört zur Mitte einer immer weitergehenden Offenbarung.

Obwohl der N. keine »Macht« im magischen Sinne verleiht (vgl. Apg 19,13ff), bringt die Kenntnis des N.ns Menschen in eine völlig neue Beziehung zu Gott. Sie sind seine Vertrauten, denn das ist die Bedeutung der Werdung »(Gott) beim Namen kennen« (vgl. 2Mo 33,12.18f; Joh 17,6). Die Eröffnung dieser Beziehung liegt auf Gottes Seite: Kollektiv und individuell wird Gottes Volk »bei seinem Namen gerufen« (vgl. 2Chr 7,14; Jes 43,7; Jer 14,9; 15,16; Am 9,12). Das Motiv, das hinter dieser göttlichen Zuwendung liegt, wird oft beschrieben als Gottes Handeln »um seines Namens willen« (vgl. besonders Hes 20,9–14.22.44), und zwar mit Hilfe von Werken, durch die er »sich selbst einen Namen machte« (z.B. 2Sam 7,23; Neh 9,10). Der N. ist somit eine Art summarischer Beschreibung dessen, was Gott an sich ist (sein N. ist alles, was als Wahrheit über ihn und seine Motive des Handelns bekannt ist) und auch von dem, was Gott für andere ist, wenn er es ihnen erlaubt, seinen N.n zu kennen (ihnen Zugang zu seiner Wahrheit gewährt), und ihnen seinen N.n mitteilt (sie in seine Gemeinschaft aufnimmt).

Fünf Aspekte dieser Grundsituation sind ausreichend klar in der Bibel nachgewiesen, so daß sich eine kurze Aussage über jeden rechtfertigen läßt, wenn auch nicht alle gleichmäßig über die Bibel verteilt sind.

1. Die menschliche Seite der Offenbarung des göttlichen N.ns wird im Joh.Ev. betont. Der Mensch erfährt die Wirklichkeit und das Wesen Gottes dadurch, daß er an den N.n des (eingeborenen) Sohnes glaubt (1,12; 3,18; 1Joh 3,23). Denn Jesus ist im N.n seines Vaters gekommen (5,43), den er als der von ihm Gesandte auf Erden voll vertritt und dessen N.n er durch sein vollmächtiges Wirken offenbart (17,26). Das Glauben (*hä 'ämîn*) an den N.n des Sohnes schließt die Hingabe der ganzen Person und das »Bleiben« (*he'amen*) an ihm mit ein.

2. Diejenigen, die das Volk Gottes bilden, werden in seinem N.n »bewahrt« (Joh 17,11). Dabei wird das charakteristische atl. Bild vom N.n als einem starken Turm aufgegriffen (z.B. Spr 18,10), zu dem man seine Zuflucht nehmen kann, sowie das Bild vom N.n des Mannes, den die Ehefrau erhält, wodurch ihr Fürsorge und Schutz garantiert sind (vgl. oben: »beim Namen gerufen«). Wenn es von den Christen heißt, sie seien »gerechtfertigt in dem Namen« (1Kor 6,11), hat das dieselbe Bedeutung: Der N. als das unveränderliche Wesen Jesu und als die Summe all dessen, was Jesus ist und getan hat, ist die Grundlage des sicheren Besitzes aller in diesem N.n enthaltenen Segnungen.

3. Gottes Anwesenheit unter seinem Volk ist dadurch sichergestellt, daß »sein Name unter ihnen wohnt« (vgl. 5Mo 12,5.11.21; 14,23f; 16,2.6; 2Sam 7,13 u.ö.). Manchmal wurde törichterweise behauptet, es gäbe im AT einen Unterschied, wenn nicht gar eine Kluft, zwischen einer »Namens-Theologie« und einer »Herrlichkeits-Theologie«. Aber hier handelt es sich um zwei Weisen, die gleiche Wahrheit auszudrücken: Als z.B. Mose Jahwes Herrlichkeit sehen wollte, stellte er fest, daß diese Herrlichkeit durch den N.n in Worte gefaßt werden mußte (2Mo 33,18-34,8). Der Deuteronomist ersetzte keineswegs eine grobe Vorstellung von innewohnender Herrlichkeit durch eine verfeinerte Vorstellung eines innewohnenden Namens: Vielmehr ist es so, daß mit dem Begriff »Herrlichkeit« gern das »Empfinden« von Gottes realer Gegenwart ausgedrückt und dabei vieles einbezogen wird, was tatsächlich unnahbar und unaussprechlich ist; der »Name« erklärt, warum das so ist, faßt das Numinose in Worte, denn der Gott der Bibel handelt nirgendwo in stummen Sakramenten, sondern immer in verständlichen Erklärungen.

4. Besonders oft wird Gottes N. als sein »heiliger Name« beschrieben (das Attribut »heilig« tritt zum »Namen« häufiger als alle andern adjektivischen Attribute zusammengenommen). Dieses Gefühl für die Heiligkeit des N.ns führte im Judentum schließlich zur Weigerung, das Tetragramm JHWH, »Jahwe«, zu verwenden, was zum Verlust dieses Gottesnamens in der griech. Version und in den späteren Übersetzungen führte. Die »Heiligkeit« des N.ns sollte aber nicht dessen Gebrauch, sondern dem Mißbrauch wehren: Das ist der Grund dafür, warum die Offenbarung des Gottesnamens niemals mit irgendeinem Gedanken an magische »Macht im Verein mit dem Göttlichen« vermischt werden darf. Der Mensch kann »den Namen« überhaupt nicht zur Kontrolle Gottes verwenden; statt dessen kontrolliert »der Name« den Menschen, sowohl bei der Anbetung Gottes (z.B. 3Mo 18,21) als auch beim Dienst am Menschen (z.B. Röm 1,5). Der »Name« ist daher das Motiv des Dienstes; er ist auch die Botschaft (z.B. Apg 9,15) und das Mittel der Kraft (z.B. Apg 3,16; 4,12).

5. In der ganzen Bibel ist Gottes N. die Grundlage des Gebets (Ps 25,11); nach Joh 14,13.26; 15,16; 16,23.26 werden die Jünger im N.n Jesu den Vater bitten.

Für die jüd. Partei der *Essener, die mit der Qumrangemeinde und den Schriftrollen vom Toten Meer zusammengehört, spielten die N.n der *Engel eine große Rolle (Jos.bell.Jud. 2, 142; Angelic Liturgies von 4 Q, ed.J. Strugnell; vgl. Kol 2,18). Die mystische Bewegung der jüd. Kabbala hat viel über die Offenbarung des Gottesnamens nachgedacht: Die Selbsterschließung des unendlichen und uns verborgenen Gottes (*'En Sōph*) durch die Amanation von zehn geistigen Kräften (*Sephiroth*) bedeutet gleichzeitig die Enthüllung der verschiedenen Gottesnamen, von denen jeweils einer zu einer der Sephiroth gehört. Am ausführlichsten und klarsten wird diese Offenbarung des Gottesnamens im Werk des Kabbalisten Joseph ben Abraham Gikatilla (13. Jh.) dargestellt (hrsg. von Joseph ben Schlomo, Jerusalem 1970). Vorbereitet wurde diese Lehre in der Hekhaloth-Literatur; dagegen hat man in der christl. *Gnosis der ersten Jahrhunderte vor allem über die Bedeutung der N.n Jesus, Nazoräer, Christus spekuliert (vgl. Das Evangelium nach Philippus aus Nag Hammadi, Logion 19, 104, Log. 47, 110, Log. 53, 111).

Im NT verweisen die N.n »Jesus« und »Immanuel«, dazu auch die wie N.n gebrauchten Titel »Christus« und »Herr« deutlich auf das messianische Erlösungswerk Jesu und auf die einzigartige Stellung des erhöhten Gottessohnes; sie erschließen darüber hinaus auch den N.n und das Wesen Gottes, des Vaters.

1. Es ist bezeichnend, daß der Sohn der Maria sowohl den in die Zukunft weisenden, prophetischen N.n Jesus, »Gott wird retten« (Mt 1,21), als auch den Erfüllungsnamen Immanuel, »Gott mit uns« (Mt 1,23), erhält, der anzeigt, daß Gott seine auf die Endzeit gerichteten Pläne hier und jetzt verwirklicht. Bei der Deutung des N.ns »Jesus« fällt auf, daß er nicht – wie das bei den prophetischen N.n des AT der Fall ist – sich auf das zukünftige Handeln Gottes bezieht. Vielmehr ist Jesus selbst das Subjekt des mit dem N.n angezeigten Heilshandelns der Sündenvergebung (Mt 1,23), das auf die Verwirklichung des Neuen Bundes weist (Mt 26,28; vgl. Jer 31,31.34).

2. Dem Gekreuzigten wurde nach seiner Erhöhung (von Gott) der »Name gegeben, der über alle Namen ist« (Phil 2,9 vgl. Eph 1,20–23). Das bedeutet, daß alle Geschöpfe des Universums den Gottessohn ehrfurchtsvoll als ihren »Herrn« bezeugen und vor ihm sich beugen werden (V. 10f). Was nach Jes 45,23 von dem N.n Gottes gesagt ist, wird jetzt auf Jesus übertragen, der gehorsam den Weg des Gottesknechts gegangen ist (vgl. Phil 2,6–11 mit Jes 52,13–53,12). Ebenso wird die auf Gott bezogene Aussage (Joel 3,5): »Wer den Namen des Herrn anruft, wird gerettet werden« (Röm 10,13 LXX) als durch Jesus erfüllt verkündigt (vgl. Apg 2,21; 4,12). Deshalb bringt auch das Bekenntnis: »Herr ist Jesus!« (1Kor 12,3) den vom Heiligen Geist geschenkten Glauben an das Heil und die Herrschaft Jesu zur Sprache; dieser handelt im Auftrag und an der Stelle Gottes. Als Schriftbeweis für diese Namensübertragung diente vor allem Ps 110,1, wonach der »Herr« (Gott) den zu seiner Rechten inthronisierten Christus als »Herrn« anredet. Dessen Herrschaft wird allerdings als Dienst an den Gliedern der Kirche ausgeübt, denen er die Geistesgaben schenkt (1Kor 12,5) und für die er vor Gott fürbittend eintritt (Röm 8,34).

3. Schon vom irdischen Christus

wurde diese Namengebung dadurch vorbereitet, daß er den Ps 110 messianisch gedeutet und mit der Verheißung aus 2Sam 7,12-14 verbunden hat. So konnte dann nach Apg 2,21 Petrus als Sprecher der Urgemeinde Joel 3,5 auf Christus anwenden und wenig später erklären, daß es in keinem anderen N.n Heil gibt (Apg 4,12).

Der Titel »Christus« wurde für die Bezeichnung seiner Bekenner verwendet; die Jünger Jesu wurden erstmals in *Antiocha »Christen« genannt (Apg 11,26). Denn sie wurden »in den Namen Jesus Christus« bzw. »in den Namen des Herrn Jesus« getauft (Apg 2,38; 8,16; 19,5), sie riefen seinen N.n an (Apg 9,14.21; 1Kor 1,2), lehrten und verkündigten in diesem N.n (Apg 4,17f; 5,40). Sie machten diesen N.n vor den Heiden bekannt, die auf ihn ihre Hoffnung setzten (Apg 9,15; vgl. Mt 12,21), sie verherrlichten ihn (Apg 19,17), heilten Krankheiten und Gebrechen in diesem N.n (Apg 3,6.16; 4,7.10.30; 19,13) und litten für ihn (Apg 5,41; 9,16; vgl. Mk 13,13). Kraft dieses N.ns wurden Sünden vergeben (Apg 10,43; 22,16). Das ganze christl. Handeln geschieht in diesem N.n (vgl. Eph 5,20; Kol 3,17), der alle anderen N.n überragt (Eph 1,21; Hebr 1,4): In der Kraft des von ihm geschenkten Geistes ist der Erhöhte anwesend, wo man sich in seinem N.n versammelt (Mt 18,20), diesen N.n anruft und sich vor Gott auf das Heilshandeln Jesu beruft.

4. Nach Matthäus wird die Offenbarung des Gottesnamens durch den Messias auch in dessen N.n (Jesus, »Gott rettet«) angezeigt (1,21). Denn wo Gott seinen N.n offenbarte, erwies er sich dabei als Retter (vgl. 2Mo 3,14-17; Jes 43,10f). Der N. »Jesus« bedeutet nach Mt 1,21 freilich, daß der Messias das Gottesvolk nicht etwa von den politischen Feinden, sondern von ihren Sünden retten wird. Dieses rettende Heilandswirken Jesu wird im ersten Ev. aufgezeigt: Es geschieht durch das Erfüllen aller Gerechtigkeit (3,13), des Gesetzes und der Propheten (5,17), d.h. durch den radikalen Vollzug des Liebesgebots, das Jesus als Messias im Sinne von Jes 53 verstand (Mt 8,17: Jes 53,5; Mt 20,28 vgl. Jes 53,11f; 26,28 vgl. Jes 53,12). In der Tat wollte Jesus nur »andere retten« und nicht sich selbst (Mt 27,42).

Der Jesus gegebende N. Immanuel, »Gott mit uns« (Mt 1,23 nach Jes 7,14), wird sowohl durch das Wirken des Irdischen als auch durch die schützende Gegenwart des Erhöhten bewahrheitet (Mt 9,6; 18,20; 28,20). Denn der Menschensohn hatte als Gesandter Gottes die Vollmacht, an dessen Stelle zu handeln (vgl. Mt 9,6 mit Ps 103,3; Mt 28,18 mit Dan 7,14). Darum kann nach Mt 28,19 die Taufe auch im N.n des Vaters, des Sohnes und des Heiligen Geistes vollzogen werden: Das Gesandtenrecht (vgl. Mt 10,40 und Mischna Berakhoth 5,5) sichert ebenso wie die Namengebung und Offenbarung des Gottesnamens die funktionale Einheit von Vater, Sohn und Heiligem Geist, der vom Vater im N.n des Sohnes gesandt wird (Joh 14,26). Schließlich mag die trinitarische Formel in Mt 28,19 analog zum dreimaligen Vorkommen des Gottesnamens im Aaronitischen Segen gebildet worden sein (vgl. 4Mo 6,24-26).

5. Auch nach dem Joh.Ev. und der Offb hat Jesus den N.n Gottes durch sein endzeitliches Wirken offenbart (Joh 17,6.26). Gott hat seinen N.n dem Sohn gegeben (17,11f) und verherrlicht seinen N.n durch ihn (12,28). Da Gott sich selbst durch den Sohn verherrlicht (13,31f), bedeutet dies, daß mit der Offenbarung und Verherrlichung des N.ns das innerste Wesen Gottes enthüllt wird. Nach Johannes hat Jesus vollbracht, was Mose erfahren, aber nicht verwirklicht hat, nämlich die geschichtliche Enthüllung des N.ns und Wesens Gottes als eines Gnädigen und Barmherzigen (vgl. 2Mo 33,19; 34,6f). Anders als Mose (2Mo 33,20) hat der eingeborene Sohn Gott gesehen und davon Kunde gegeben (Joh 1,19); deshalb konnten die Gnade und Wahrheit (Gottes) durch ihn geschichtlich »geschehen« (vgl. 1,17). Vollendet wird die Offenbarung und Verherrlichung Gottes am Kreuz (13,31f). Bei den Juden wird das Martyrium, die Lebenshingabe des Gerechten, als »Heiligung des N.ns (Gottes)« (*qiddûsch ha-schem*) bezeichnet. Jesus offenbart und verherrlicht den Namen: Gott erweist sich als der Gnädige und Barmherzige, gerade auch auf Golgatha. Und als der Messias und Gottessohn heiligt sich Jesus am Kreuz für die Seinen, damit auch sie durch die Wahrheit geheiligt seien (17,19). Diese Wahrheit ist mit der Weissagung vom leidenden Gottesknecht (Jes 52,13-53,15) vorhergesagt und durch Jesus verwirklicht: Durch seinen stellvertretenden Tod trägt er die Sünde weg (vgl. Joh 1,29 mit Jes 53,5-12) und schenkt den Frieden mit Gott (vgl. Joh 14,27; 20,17.20-23 mit Jes 53,5). In den johanneischen *»Ich-Bin-Worten« Jesu wird der Gottesname und das Gnadenhandeln Gottes ausgelegt (vgl. 2Mo 3,14; Jes 55,1f). Mit den Bildern von Wasser, Brot, Licht offenbart Jesus sich selbst und den Vater als Retter und Geber des ewigen Lebens, das durch das Kreuz für die Menschheit gewonnen wird (3,16). Und wenn ein absolut gesetztes »Ich bin es« als Ziel und Inhalt allen christologischen Erkennens und Glaubens dargestellt wird (8,28; 13,19), so deckt dadurch Jesus die Heilsbedeutung des Gottesnamens auf: An der Wirklichkeit des »Ich bin« soll die Welt den allein wahren Retter erkennen (Jes 43,9-11).

In der Offb wird die im Gottesnamen in 2Mo 3,14 verborgene und in Jes 41,43; 44,6 offenbarte Zeitüberlegenheit und Ewigkeit Gottes auch auf den zum Himmel erhöhten Christus übertragen. Diese Übertragung wird schon in Joh 8,58 angezeigt und in Offb 22,13 mit der Selbstprädikation: »Ich bin das A und das O, der Erste und der Letzte« offen ausgesprochen; sie wird in Offb 1,8 (vgl. 21,6) von Gott selbst gesagt.

6. Bei den Jüngern Jesu kann die durch die Berufung zur Nachfolge erfolgte Lebenswende nicht nur durch eine geänderte Berufsbezeichnung (»Menschenfischer«, Mk 1,17), sondern auch durch einen von Jesus gegebenen Beinamen zum Ausdruck gebracht werden. Simon, der Sprecher der Zwölf, erhielt den N.n *Kephā*, »Petros (Fels)«: Als Felsfundament des Glaubens (nach Jes 28,16) soll er auch durch die Pforten des Totenreiches nicht überwunden werden (Mt 16,18, vgl. 1 QH 6,24ff; Mk 3,16; Joh 1,42; Lk 22,31f). Die durch ihren Ehrgeiz und stürmischen Eifer hervortretenden Jünger Jakobus und Johannes werden *Boanerges* genannt, was als »Donnersöhne« übersetzt wird (Mk 3,17), aber genauer *bene regisch*, »Söhne des Lärmens, Sturmgesellen«, bedeutet; sie sind nach Art und Stellung den gewalttätigen Jakobssöhnen Simeon und Levi zu vergleichen (Mk 3,16-18, vgl. 1Mo 49,5; 5Mo 33,8-10; Lk 9,54f; Mk 10,35-45). Auch bei Matthäus bzw. Levi ist an einen solchen Beinamen zu denken: »Matthäus« bedeutet wie »Nathanael« das »Gottesgeschenk« und »Levi« den »Nachfolgenden« (vgl. 4Mo 18,2.4); wie in Qumran (CD 4,3) wird der N. Levi vom Verbum *nilwā*, »sich anschließen«, her gedeutet.

7. Dem von den Juden heilig gehaltenen Gottesnamen wurde in hellen.-heidnischen Kreisen vielfach magische Kraft zugeschrieben, so daß er für Zauber-Praktiken benutzt werden konnte (R. Wünsch, Antike Fluchtafeln, S. 7.17.19.21f). Nach Apg 19,13-19 wurde das von jüd. Beschwörern auch mit dem N.n Jesus versucht. Die im N.n Jesu vollzogenen Heilungen (Apg 3,6; 4,7.10) beruhen aber nicht auf einer magischen Wirkung dieses Namens. Vielmehr bezeugen die Jünger, daß sie nicht aus eigener Kraft, sondern im Auftrag ihres Herrn das Wunder vollziehen, ferner, daß es allein im N.n Jesu Heil geben kann (Apg 4,12). Die bei der ersten Aussendung verliehene Vollmacht zur Verkündigung und Heilung (Mt 10, 7f) wird vom Auferstandenen erneuert und durch die Kraft des Heiligen Geistes in die Tat umgesetzt (Apg 1,8; 6,8; 8,6f). Heilungen sind notwendige Begleiterscheinungen des Evangeliums der messianischen Zeit.

Literatur: J.E. Fossum: The N. of God and the Angel of the Lord, WUNT 36, 1936; R. Wünsch: Antike Fluchtafeln, in: H. Lietzmann: Kleine Texte 20, [2]1912; H. Bietenhard: TBLNT II, 958–963; G. von Rad: Gesammelte Studien zum Alten Testament I, [4]1971, II (hrsg. von R. Smend), 1973.

O.B.

NAMEN GOTTES. Im AT begegnet eine große Vielfalt an Gottesbezeichnungen. Die drei häufigsten (El und seine Verbindungen, Elohim und Jahwe) werden im folgenden jeweils mit ihrem sprachlichen und religionsgeschichtlichen Umfeld und ihrem Gebrauch nebst dessen theologischer Bedeutung dargestellt. Dabei wird sich sowohl die Nähe zur altorientalischen Umwelt als auch die schrittweise Herausbildung unverkennbarer Eigenarten des Glaubens Israels zeigen. Das AT gewährt als Zeugnis der Geschichte des Gottes Israels mit seinem Volk Einblicke in diese Entwicklung, die es als stufenweise Offenbarung Gottes und seines Namens verstehen lehrt.

1. El und seine Verbindungen.

Das Wort El (hebr. *'ēl*) findet sich schon früh und in allen wichtigen semit. Sprachen als Begriff für »Gott«. Dabei kann es, wie im AT, sowohl als reines Appellativum (Gattungsbezeichnung im Sing.: Gott; im Plur. *'ēlīm*, »Götter«) als auch als Eigenname einer bestimmten Gottheit verwandt werden.

Eine besondere Nähe zur atl. Rede vom Gott Israels als El weisen die seit 1929 ausgegrabenen ugaritischen Textfunde von Ras Schamra (10 km nördl. von Ladakije) auf (vgl. dazu im AT z.B. Ps 82,1: »Versammlung Els«; Ps 29,1 und 89,7: »Göttersöhne«; LÜ: »Himmlische«). Der El dieser Keilschrifttexte tritt als Haupt des Pantheons, als Vater der Götter und als ihr König auf. Er herrscht und richtet bisweilen streng, aber auch mit großer Güte, Toleranz und immer weise. Die bisher bekannten Abbildungen zeigen ihn als einen älteren Mann mit Vollbart, der, majestätisch auf einem Thron sitzend, Opfergaben entgegennimmt (WM 1/1, Syrien, Tafel 10).

Im AT begegnet der Begriff El an 328 Stellen, und zwar besonders häufig in poetischen Texten (Psalter: 77 mal; Hiob: 55 mal; Jes 40-46: 15 mal) und in archaisierender (alte Formen verwendender) Sprache (Hiob). Pluralformen sind selten und eine feminine Verwendung (»Göttin«) fehlt im Unterschied zu anderen semit. Sprachen völlig.

In den Vätergeschichten des 1. Mosebuches finden sich verschiedene mit El zusammengesetzte Gottesbezeichnungen, die direkt oder indirekt mit einem bestimmten Heiligtum verbunden sind (z.T. in dt. Übersetzungen nur schwer zu erkennen). Dazu gehören *'ēl 'ōlām* (1Mo 21,33; philologisch deutbar als »Gott 'Olam« und als »der ewige Gott«; Beerscheba), *'ēl bēthēl* (1Mo 31,13; 35,7; »der Gott (von) Bethel«), *'ēl ro'ī* (1Mo 16,13; »Gott, der mich sieht«; *Beer-Lahai-Ro'i, »Brunnen des Lebendigen, der mich sieht«, 1Mo 16,14; 24,62; 25,11) und *'ēl 'äljōn* (1Mo 14,19.22; »El, der Höchste« oder »der höchste Gott«; Jerusalem, vgl. V. 18 Salem).

Eine Sonderstellung nimmt die ortsungebundene Bezeichnung *'ēl schaddaj* ein (48 mal, u.a. 1Mo 17,1; 28,3; 35,11; 48,3; 2Mo 6,3). Ihr Verständnis ist bis heute strittig. Schon in der vorchristl. Zeit kannte man die Bedeutung des Gottesnamens nicht mehr sicher (LXX übersetzt vor allem mit *theos, kyrios* und *pantokrator*; von letzterem leitet sich – nach LÜ und ZÜ: »der allmächtige Gott« ab). Nach heutigem Kenntnisstand spricht trotz bleibender Vorbehalte einiges für die von W. Albright vorgeschlagene und von F.M. Cross neugefaßte Herleitung vom neuassyr. *schaddā'ū/schaddājū*, »Bergbewohner«. Danach wäre *'ēl schaddaj* zu erklären als »der El des Berges«, der zugleich als göttlicher Krieger seinem Volk beistand (vgl. WM 1/1, S. 208-213).

Eine besondere Bedeutung gewinnt dieser Gottesname im AT nach 2Mo 6,2b.3. Nach diesem Text offenbarte sich Gott seit Abraham als *'ēl schaddaj* und seit Mose als Jahwe: »Ich bin Jahwe. Ich erschien dem Abraham, Isaak und Jakob als *'ēl schaddaj*, aber unter meinem Namen Jahwe habe ich mich ihnen nicht geoffenbart« (2Mo 6,2b.3). Dieser Text zeigt schlaglichtartig, wie die atl. Zeugnisse die verschiedenen Stadien der Geschichte Israels samt deren Ursprüngen verstanden wissen wollen. Unter verschiedenen Namen in verschiedener Form begegnete der eine Jahwe, der Gott Israels. Jahwe wird im Gott der Väter genauso handelnd gewußt wie in den verschiedenen Erscheinungen Els. Dies zeigt sich auch in der Verwendung von El als Name für den Gott Israels, wie sie sich in den Bileamsprüchen (4Mo 23/24), bei Hiob und im elohistischen Psalter findet (Ps 43-83; so genannt wegen des überwiegenden Gebrauchs von El oder Elohim anstelle des Gottesnamens Jahwe; vgl. Ps 53 mit Ps 14!).

Daneben begegnet vor allem in späteren Texten häufig der Gebrauch von El in Verbindung mit Adjektiven wie »der heilige Gott« (Jes 5,16), »der eifernde Gott« (2Mo 20,5; 34,14; 5Mo 4,24 u.a), »der große Gott« (Ps 95,3) und »der barmherzige und gnädige Gott« (2Mo 34,6; 5Mo 4,31; Jona 4,2; Ps 86,15 u.a.). Hier zeigen sich Anfänge einer Lehre von den Eigenschaften Gottes, die es u.a. erlauben, die besondere, sich aus dem allg., altorientalischen Gottesverständnis heraushebende Erfahrung und Erkenntnis Gottes zu formulieren (z.B. »der eifernde Gott«, besonders im *Deuteronomium/5. Buch Mose, als Kennzeichen einer Ausschließlichkeit der Beziehung zwischen Gott und Volk, die mehr als einen bloßen Vorrang vor anderen Göttern beansprucht).

Einen Höhepunkt erreicht solche Einsicht in Jes 40-55 und seiner Verkündigung der Einzigkeit Jahwes als Gott. Dabei wird besonders in Kap. 40-66 häufig auf *'ēl* als Appelativum für »Gott« zurückgegriffen. Allein Jahwe kann sich mit Recht El (oder Elohim) nennen.

Abschließend sei noch auf solche Stellen hingewiesen, an denen *'ēl*, »Gott«, dem Menschen gegenübergestellt wird (4Mo 23,19; Hiob 9,2; 25,4; Jes 31,3; Hes 28,2-9; Hos 11,9). Betont solche Redeweise die Distanz zwischen beiden, so kann El als Gebetsanrede auch die enge Verbindung zu Gott ausdrücken (Ps 42,9 »Gott meines Lebens«; in Klage- und Dankliedern wie Ps 22,2; 118,28: »mein Gott«).

2. Elohim.

'ēlohim, das mit 2600 Belegen zweithäufigste Substantiv im AT, wurde im Unterschied zu *'ēl* ursprünglich nur als Begriff für »Gott« verwandt. Erst in späterer Zeit nimmt es den Charakter eines Eigennamens an. Grammatisch liegt eine Pluralform vor, die wohl zuerst den numerischen Plural »Götter« bezeichnete und erst nach und nach zum Abstrakt oder Intensivplural wurde. Für das AT ist jedenfalls deutlich, daß neben der Singularform *'ălōah* (57 mal; vor allem in späteren Texten, davon 41 mal in Hiob 3-42; daneben im aram. Teil des AT 95 mal *'ĕlāh*) auch der Plural an den meisten Stellen singularischen Sinn hat.

Die Etymologie ist wie bei El umstritten. Eine genaue Entsprechung zum AT findet sich nur im Aram. und Arab. Vielleicht entstand Elohim als zweite Pluralform zu El. In der seltenen Pluralbedeutung wendet das AT Elohim auf fremde Götter wie die »Götter der Völker« (5Mo 6,14; Ps 96,5), die »Götter der Fremde« (1Mo 35,2.4; Ri 10,16), die »Götter der Ägypter« (Jer 43,12f) und »andere Götter« (Hos 3,1) an. Der Gebrauch von Elohim für den Gott Israels zeigt folgende Eigenheiten des atl. Zeugnisses von Gott. In den Vätergeschichten des 1Mo findet sich mit der Wendung »Gott meines/deines Vaters« oder »Gott Abrahams (etc.)« eine Verbindung Gottes mit einem einzelnen Menschen bzw. seiner Sippe (1Mo 24,12.27.42.48; 31,42; 46,3; 50,17). In 1Mo 31,53 ist noch erkennbar, daß ursprünglich damit verschiedene Sippen je ihren Gott benannt haben: »Der Gott Abrahams und der Gott Nahors sollen richten zwischen uns«, nämlich der Sippe Abrahams und der *Nahors (*Betuël, *Laban, vgl. 1Mo 24,47ff). Das AT erkennt in den verschiedenen Bezeichnungen auch dieser Zeit immer zugleich den einen Gott Israels und sperrt sich mit diesem Bekenntnis gegen weitergehende religionsgeschichtliche Neugier (2Mo 3,15f).

Die besondere Hinwendung Jahwes zu Israel findet ihren Niederschlag in Ausdrücken wie »der Gott Israels« und »dein/unser/euer Gott« und in festgefügten Formeln wie »Ich bin Jahwe (LÜ: der HERR), dein/euer Gott« (Selbstvorstellungsformel) und »Ich will ihr Gott sein, und sie sollen mein Volk sein« (Bundesformel; 2Mo 6,7; 5Mo 26,17f; 2Sam 7,24; Jer 11,4b; 30,22 u.ö.). In verschiedenen inhaltlichen und zeitlichen Zusammenhängen wird damit immer neu ausgesagt, daß Jahwe in ein besonderes Verhältnis zu diesem Volk getreten ist. In gnädigem Eingreifen (z.B. im Krieg: Jes 10,14.42; Ri 6,8-10; in der Rettung aus Ägypten und Babylon: 4Mo 15,41; 5Mo 6,4f.20-24; Jes 41,8-13) und segensreicher Gegenwart (1Mo 12,1-3; 5Mo 28; 3Mo 9,22f; 4Mo 6,22-27 u.a.) zieht sich diese Zuordnung wie ein Cantus firmus durch das AT (vgl. auch die Verbindungen »Gott meines Heils«: Ps 18,47; 24,5; Ps 51,16; »Gott meiner Gnade«: Ps 59,11.18; »Gott der Treue«: Jes 65,16 und »der lebendige Gott«: 1Sam 17,26.36).

Dabei kann exemplarisch an 5Mo 32,8f abgelesen werden, daß ursprünglich nicht die Existenz anderer Götter in Abrede gestellt wurde: »Als Eljon (der Höchste) den Völkern ihr Erbe gab, als er die Menschenkinder schied, da setzte er fest die Gebiete der Völker... Da wurde Jahwes Anteil sein Volk, Jakob das ihm abgesteckte Erbe.« (vgl. mit Jahwe als Zuteilendem 5Mo 4,15-20; weiter Mi 4,5; Jona 1,5f; Monolatrie – Verehrung eines Gottes - im Unterschied zum Monotheismus – Glaube an einen einzigen Gott unter Leugnung aller anderen). Zu Israel gehört Jahwe als Elohim, so wie andere Völker ihre Götter haben. Ihm gebührt die ausschließliche Verehrung der Israeliten. Über solche Ausschließlichkeitsforderungen besonders in 5Mo, Jos – 2Kön und Jer führte die Entwicklung der Gotteserkenntnis bis zu den Unvergleichbarkeitsaussagen in Jes 40-55 (u.a. 43,10-13). Dabei kennzeichnet einen/den Gott vor allem seine Wirksamkeit als Herr der Geschichte (46,9-11).

Neben der Verbindung mit Menschen kann auch eine besondere Beziehung zu Orten signalisiert werden. Dazu gehört die Rede vom »Gottesberg« (2Mo 3,1; 4,27; 18,5; 24,13, dort identifiziert mit dem Sinai; 1Kön 19,8; Ps 68,16; Hes 28,14.16), der »Gottesstadt« (Ps 46,5; 48,2.9; 87,3; Jerusalem) und dem »Gottesgarten« (Hes 28,13; 31,8f). Hier finden altorientalische Vorstellungen ihre spezifische Aufnahme (vgl. dazu auch die »Gottessöhne« in 1Mo 6,1-4). Diese Wendungen weisen in der Regel auf Orte der Offenbarung und Gegenwart Gottes hin.

Andere Genitivverbindungen geben den Wirkungs- und Machtbereich Gottes an: »Gott des Himmels« (1Mo 24,7; 2Chr 36,23; Esr 1,2; Neh 1,4f; Jona 1,9), »Gott des Himmels und der Erde« (1Mo 24,3), »Gott allen Fleisches« (Jer 32,27, vgl. auch 4Mo 16,22; 27,16), »Gott aller Götter« (5Mo 10,17; Ps 136,2, d.h. der höchste Gott) und »Gott der Ewigkeit« (Jes 40,28). Auffällig ist, daß die universalen Aussagen vor allem in späten, nach der babylon. Gefangenschaft entstandenen Texten begegnen.

Zum Schluß seien noch solche Abschnitte hervorgehoben, die betont anstelle des Gottesnamens »Jahwe« Elohim gebrauchen. Dazu gehören Teile von 1-3Mo, der elohistische Psalter, Ps 42-83, das Predigerbuch und in Teilen die Chronikbücher sowie Hiob. Dabei wird der Jahwename aus verschiedenen Gründen vermieden. In den entsprechenden Teilen des Pentateuch soll auf diese Weise Israels Gott als Elohim der gesamten Menschheit bekannt werden. Dieser Gott beginnt eine besondere Geschichte mit Israel, indem er sich Abraham als *'ēl schaddaj* und Mose als Jahwe offenbart. Für die anderen atl. Partien mag einerseits gelten, daß die Bedeutung des Jahwenamens in dem Moment zurücktrat, als dieser als einzig wahrer Gott, als Gott schlechthin, anerkannt wurde. Andererseits betont vor allem das Predigerbuch durch diese Gottesbezeichnung den Abstand zwischen Gott und Mensch. Der transzendente »Gott« tritt als allmächtiger und dem menschlichen Erkennen entzogener seinem Geschöpf gegenüber.

3. Jahwe.

Diese Gottesbezeichnung ist ausschließlich Eigenname. Durch ihn wird der Gott Israels unterscheidbar von allen anderen Göttern und anrufbar im Gebet. Das Wissen um die zutreffende Aussprache des Tetragramms (der vier Konsonanten) JHWH ging in der jüd. Tradition des Mittelalters verloren. Dahinter steht eine Entwicklung, die in der Zeit des zweiten Tempels begann und das Aussprechen des Gottesnamens wegen seiner Heiligkeit mehr und mehr vermied. Als Ersatz dienten Wörter wie *'adōnaj* (»der Herr«; LXX: *kyrios*, »Herr«), Elohim und in frühjüd. und rabbinischer Zeit *haschschēm* (»der Name«). Entsprechend versahen die jüd. Schriftgelehrten des Mittelalters die Konsonanten JHWH mit den Vokalzeichen für *'adōnaj* als Hinweis darauf, daß hier das Ersatzwort zu lesen sei. Dies führte christlicherseits zur falschen Lesung Jehova. Auf Grund philologischer Überlegungen und der Zeugnisse altchristl. Kirchenväter läßt sich als ursprüngliche Aussprache *jahwäh* - Jahwe erschließen.

Für den Jahwenamen gibt es auch einige außerbibl. Belege von z.T. hohem Alter. Dazu gehören die *Mescha-Inschrift (*Mescha-Stele 9. Jh. v.Chr.), Ostraka von Tell Arad (Ende 7. Jh.v.Chr.), die Lachisch-Briefe aus der letzten Zeit des judäischen Königtums kurz vor 587 v.Chr. und Eigennamen, die mit dem Wortelement Jahwe gebildet sind, auf samarischen Ostraka und Siegeln (vgl. M. Noth, S. 103-107). Neu entdeckte ägypt. Listen aus vorisraelit. Zeit nennen das »Land der Schasu(-Beduinen) Seir« auch das »Land der Schasu Jhw«. Hier könnte vielleicht eine erste, vom israelit. Jahweglauben unabhängige Bezeugung des Jahwenamens vorliegen. Falls sich diese bestätigt, weist dieser Fund zusammen mit bibl. Aussagen (5Mo 33,2; Ri 5,4f; 1Kön 19,8; Ps 68,8f.18; Hab 3,3) auf die Gegend beiderseits des Wadi *Araba, südl. des Toten Meeres bis zum Golf von Aqaba (andere Forscher: östl. oder südl. von Aqaba) als Ort früher Jahweverehrung.

Eine sichere Etymologie von »Jahwe« gibt es bis heute nicht. Zur Klärung seiner Bedeutung greift man vor allem auf *hwh* (»fällen«; »der Wehende« oder »der Fällende«, d.h. »der Blitzeschleuderer«) oder *hjh* (»sein«) zurück. Dabei überzeugt am ehesten die letztgenannte Herleitung, so daß Jahwe als Nominal- oder Verbalform von *hjh* besagt: er ist, er erweist sich als wirksam. Diese heute weithin für wahrscheinlich gehaltene Ableitung deckt sich mit der Deutung, die 2Mo 3,14 (Hos 1,9) gibt. Auf die Frage des Mose nach Gottes Name bekommt er die Antwort: »Ich bin, der ich bin (*'ehjēh 'aschēr 'ahjēh*). ›Ich bin‹ hat mich zu euch gesandt.« Gegen verbreitete Mißverständnisse muß angemerkt werden, daß diese Antwort weder Gottes Unbestimmbarkeit und Unfaßbarkeit – dies widerspricht ihrer Absicht, nämlich Antwort auf Moses bestimmte Frage zu sein – noch seine Einzigkeit im Sinne des Monotheismus (s.o.) noch gar sein immergleiches, ewiges Sein feststellt (dies wäre eine griech. Deutung des Verbs »sein«). Dem hebr. Gebrauch von *hjh* entsprechend kennzeichnet das Wortspiel (vgl. 2Mo 33,19) Jahwe vielmehr als den Tätigen und für sein Volk bleibend Wirksamen. In seiner machtvollen und hilfreichen Gegenwart (vgl. 2Mo 3,12: »Ich bin mit dir«: *'ēhjēh*) erwies und erweist er sich als Jahwe, der Gott Israels.

Zur Verwendung des Jahwenamens (6828 mal im AT) können hier nur einige Anmerkungen gemacht werden. Neben der engen Verbindung mit der Geschichte Israels (vgl. die Selbstvorstellungsformel, die Jahwe mit bestimmten Rettungstaten für sein Volk verbindet und auf Grund dieses helfenden Eingreifens Gehorsam gegenüber seinem guten Willen fordert, 2Mo 20,1ff; 5Mo 5 u.ö.) dient der Name auch als Gebetsanrede. Weiter finden sich zahlreiche Personennamen, die Jahwe enthalten (am Anfang: *jō- oder jehō* wie Jonatan, Josua; am Ende: *-jāhu* oder *-jāh* wie Jeremia(hu)). Dagegen begegnet Jahwe selten (Hiob) oder gar nicht (Pred) in der Weisheitsliteratur. Sie steht damit ganz in der Tradition altorientalischer Weisheit, allg. Ausdrücke für Gott zu bevorzugen und so die Distanz zwischen Mensch und Gott hervorzuheben (s.o.).

In der Zeit des nachexilischen Judentums tritt die Verwendung des Jahwenamens zurück. Dies mag damit zusammenhängen, daß nun die Einzigkeit Jahwes als Gott schlechthin erkannt und anerkannt war. Er mußte nun nicht mehr durch einen besonderen Namen aus der polytheistischen Welt von Mächten herausgehoben werden. »Gott« ist nun (selbstverständlich) der Gott Israels (vgl. den heutigen christl. Sprachgebrauch). Seine zweite wesentliche Aufgabe blieb jedoch erhalten. In der Gebetsanrede dient der Name Gottes (oder entsprechender Ersatz) weiter als Ausdruck des persönlichen Umgangs und der Möglichkeit, ihn anzurufen.

Diese Linie setzt sich auch im NT fort, das allerdings keine speziellen eigenen Gottesnamen kennt. Hier dient neben der atl. Redeweise der »Name Jesu« (oder nur *»Jesus Christus« bzw. »der Name«) als umfassende Kennzeichnung des göttlichen Ge-

genübers. Nun hat sich Gottes Name und sein Wirken untrennbar mit dem Namen und der Geschichte Jesu von Nazareth verbunden. Dementsprechend kann etwa Phil 2,6-11 ihn als den *kyrios* (»Herr«) bezeichnen, »dem sich alle Knie beugen werden und den alle Zungen bekennen werden« (vgl. Jes 45,23f; s. *Hoheitstitel Jesu Christi).

Literatur: W.H. Schmidt: THAT, I, [3]1978, 142-149. 153-167 E. Jenni: ibid., 701-707; Cross: ThWAT I, 1973, 259-279; Ringgren: ibid. 285-305; Freedman, O'Connor: ThWAT III, 1982, 533-554; M. Noth: Die israelitischen Personennamen, [2]1980; M.H. Pope: WM 1/1, 279-284. J.v.O.

NASIRÄER. N. ist die üblich gewordene Wiedergabe von hebr. *nāsir*, »Geweihter« (aus der Wurzel *nāsar* mit der Grundbedeutung: »dem üblichen Gebrauch entziehen«). Ein N. war in Israel ein Mensch, der sich in besonderer Weise Jahwe zur Verfügung stellte und dazu eine Reihe von Verpflichtungen einging. Die atl. Nachrichten zum Nasiräat sind recht spärlich und vermitteln nur ein ungenaues Bild dieser Erscheinung, ihrer Entstehung, ihrer Geschichte, ihrer Bedeutung und ihrer verschiedenen Formen. Mit aller Vorsicht wird man jedoch sagen dürfen, daß sich eine ältere, charismatisch geprägte und im Dienst des Volksganzen stehende Form des Nasiräats von einer jüngeren unterscheiden läßt, die zu einem rel. Brauch, zu einer frommen Übung, geworden ist.

Zu der älteren Form des Nasiräats führt uns Am 2,11f hin. Die N. werden hier den Propheten zur Seite gestellt; beide, Propheten und N., werden von Jahwe »erweckt«. Kennzeichnend für die N. ist nach Am 2,12, daß sie keinen Wein trinken dürfen. Anzunehmen ist, daß die N. – genauso, wie es bei den Propheten der Fall ist – von Jahwe eine Aufgabe anvertraut bekamen; aber von einer solchen Aufgabe erfahren wir aus Am 2,11 nichts. Hier hilft Ri 13-16 weiter, der einzige atl. Text, der das Wirken eines N.s der älteren Zeit (gemeint ist Simson) näher beschreibt. *Simson tritt als charismatischer Kriegsheld auf, der gegen die Philister kämpft. Die ursprüngliche Aufgabe des N.s scheint demnach darin bestanden zu haben, als von Gott ausersehener Heerführer dem Volk im Heiligen Krieg voranzustehen. Ob man sich allerdings alle älteren N. analog der Gestalt des Simson als Kriegshelden vorzustellen hat, ist fraglich; die zum Nasiräat Berufenen dürften wohl auch andere Aufgaben wahrgenommen haben.

Aus Ri 13 erfahren wir, was über das Verbot des Weingenusses hinaus einem N. auferlegt ist: Er darf seine Haare – ein Symbol der Lebenskraft – nicht scheren lassen (V. 5) und nichts Unreines essen (V. 14). Ferner ist V. 7 zu entnehmen, daß die Berufung zum N. für das ganze Leben gilt.

Wie Simson war auch *Samuel Gott für das ganze Leben geweiht und stand ebenfalls unter dem Verbot, sich die Haare scheren zu lassen (1Sam 1,11). Obwohl sich im Text die Bezeichnung »Nasiräer« für Samuel nicht findet, dürfte auch er ein solcher gewesen sein. Bemerkenswert ist, daß Samuels Nasiräat auf ein Gelübde hin zustande kommt (seitens seiner Mutter *Hanna), anders als bei Simson, der von Mutterleib an von Gott berufen ist. Im Gelübde der Hanna deutet sich jenes Gelübde an, das für die spätere Form des Nasiräats kennzeichnend sein wird (abgelegt wird es dann allerdings vom N. selbst und nicht von einer anderen Person).

Unklar ist, was zum Ausdruck gebracht werden soll, wenn *Josef in 1Mo 49,26; 5Mo 33,16 als N. bezeichnet wird. Wahrscheinlich ist hier lediglich gemeint, daß er unter seinen Brüdern eine besondere, abgesonderte Stellung innehatte.

Über die jüngere Form des Nasiräats informiert uns 4Mo 6,1-21. In diesem Gesetzestext werden die Verpflichtungen desjenigen, der sich der frommen Übung des Nasiräats unterziehen will, aufs genaueste geregelt. Zu welcher Zeit aus dem charismatischen Nasiräat das als fromme Übung verstandene Nasiräat geworden ist, läßt sich nicht sagen; vielleicht haben auch beide Formen nebeneinander bestanden. 4Mo 6,1-21 jedenfalls führt die jüngere Form des Nasiräats nicht erst ein, sondern kodifiziert sie lediglich und paßt sie dem levitischen Ritual an.

Aus der lebenslangen Weihe ist in der Nasiräats-Verordnung von 4Mo 6 eine zeitlich befristete geworden. (Das spätere Recht verlangte eine Dauer von mindestens 30 Tagen, vgl. Jos bell.Jud. II, 15,1; Mischna-Traktat Nazir.) Am Anfang des Nasiräats steht ein Gelübde, durch das sich die betreffende Person (Mann oder Frau) Gott in besonderer Weise übereignet. Dabei ist zu beachten, daß das Nasiräats-Gelübde einer Frau – gemäß den allg. Bestimmungen über Gelübde (4Mo 30,2-17) – vom Vater bzw. Ehemann annulliert werden kann. Scheint gemäß 4Mo 6,2 der Grund für das Eingehen des Nasiräats-Gelübdes der Wunsch nach einer selbstlosen Hingabe an Gott zu sein, so wissen wir aus der späteren Zeit, daß man Nasiräats-Gelübde auf sich nahm, um die Hilfe Gottes bei einer Krankheit oder in einer anderen Not zu erlangen und um auf Reisen bewahrt zu sein (Jos.bell.Jud. II, 15,1; Mischna-Traktat Nazir). Als Verpflichtungen des N. werden in 4Mo 6,1-21 genannt:

1. Er hat auf Wein zu verzichten und überhaupt auf alles, was vom Weinstock gewonnen wird (Trauben, Rosinen, Rankenspitzen);
2. Er hat sich die Haare wachsen zu lassen;
3. Er hat sich von Leichen fernzuhalten.

Umständliche Reinigungszeremonien werden für den Fall angeordnet, daß neben dem N. plötzlich jemand stirbt und somit Verunreinigung eintritt. Umständlich ist auch die Beendigung des Nasiräats: Zunächst müssen verschiedene Opfer dargebracht werden. Danach wird das geweihte Haupthaar des N. geschoren und der Opferflamme übergeben (um es vor Profanisierung zu schützen). Nach einigen weiteren, vom Priester ausgeführten Riten ist der ehemals Gottgeweihte wieder berechtigt, Wein zu trinken.

Das Nasiräat ist auch im NT nachweisbar. Es wurde in der Jerusalemer Urgemeinde gepflegt (Apg 21,23), und auch Paulus hat es möglicherweise auf sich genommen, das legt jedenfalls Apg 18,18 nahe. Problematisch ist in Apg 18,18, daß das Scheren des Haupthaares zu Beginn der Weihezeit stattgefunden haben soll.

Literatur: W. Eichrodt: Theologie des Alten Testaments. Teil I, [7]1962, 200-202; J. Kühlewein: THAT II, 50-53; G.von Rad: Theologie des Alten Testaments. Bd. I, [7]1978, 76ff; H. Salmanowitsch: Das Naziräat nach Bibel und Talmud, 1931; H.L. Strack; P. Billerbeck: Kommentar zum NT aus Talmud und Midrasch II, [4]1965, 80-88.747-751.755-761; R. de Vaux: Das Alte Testament und seine Lebensordnungen II, [2]1966, 319–321. W.R.

NATHAN.

1. Der Prophet, der *David nach dem Ehebruch mit *Batseba und dem Mord an *Uria das Urteil Gottes verkündete (2Sam 12). Früher schon hatte er dem König die Offenbarung Gottes überbracht, daß der Tempelbau, den David geplant und N. zunächst gutgeheißen hatte, nicht durchgeführt werden sollte, daß der Herr aber statt dessen das Haus Davids bauen und segnen werde (2Sam 7; 1Chr 17). Als *Adonija sich zum König machen wollte, griff N. zugunsten *Salomos, den er erzogen hatte (2Sam 12,25), ein und bewirkte, daß David ihn noch rechtzeitig zum König salben ließ (1Kön 1). Gad und N. waren die Propheten, durch die der Herr David die Anweisung zukommen ließ, den Dienst der levitischen Sänger und Musiker zu ordnen (2Chr 29,25) N. schrieb auch ein Geschichtswerk über die Regierungen Davids und Salomos (1Chr 29,29; 2Chr 9,29), doch braucht er deshalb nicht die ganze Herrschaftszeit Salomos erlebt zu haben. Ob eine der in 1Kön 4,5 und 1Chr 2,36 genannten Personen namens N. mit dem Propheten gleichzusetzen ist, bleibt fraglich (s. 2. und 5.).
2. Judäer, Sohn Attais (1Chr 2,36).
3. Vater eines der Helden Davids, der aus Zoba stammte (2Sam 23,36).
4. Bruder Joels, eines der Helden Davids (1Chr 11,38).
5. Einer der in Jerusalem geborenen Söhne Davids (2Sam 5,14; 1Chr 3,5; 14,4). Er könnte der Vater zweier Beamter Salomos gewesen sein (1Kön 4,5). Sein Geschlecht wird noch Sach 12,12 genannt, er selber Lk 3,31 als Vorfahr Jesu.
6. Einer der Männer, die *Esra nach Kasifa sandte, um Leviten für den Zug aus der babylon. Gefangen-

NARDE
s. Pflanzen

NATIONEN
s. Völker

NATTER
s. Tiere

schaft zurück nach Jerusalem zu gewinnen (Esr 8,16f).

7. Israelit, der eine heidnische Frau genommen hatte und sie auf Esras Anraten hin entließ (Esr 10,39).

T.H.J./Red.

NATHANAEL. (Von hebr. *nātan,* »Gott hat gegeben«). N. war einer der zwölf *Jünger Jesu. Er kam (nach Joh 21,2) aus *Kana in *Galiläa, aus derselben Gegend wie Jesus. N. wurde durch *Philippus zu Jesus gebracht (Joh 1,45-51). Im Gegensatz zu Philippus trägt er einen echt jüd. Namen. Joh 1,45ff zeigt ihn als überdurchschnittlichen Schriftkenner, als einen Mann, der nach pharisäischen Grundsätzen lebte. Jesus bezeichnet ihn als »Israelit ohne Hinterhalt«, d.h. als überzeugten Angehörigen des Volkes Israel, nicht nur aufgrund fleischlicher Abstammung. Womöglich hat N. nach pharisäischer Sitte das Studium des Gesetzes im Schatten eines Baumes betrieben (1,48). Daher ist es verständlich, daß ihn Philippus auf die messianischen Aussagen im Gesetz und bei den Propheten ansprechen konnte (Joh 1,45).

N. glaubt und schließt sich dem Jüngerkreis an. Nach Joh 21,2ff wird er Zeuge der Auferstehung Jesu. Daß er bis zum Schluß des Ev.s im Jüngerkreis verbleibt, offenbart seine Treue zu Jesus. Es wird vermutet, daß N. derselbe Jünger ist, der bei den Synoptikern unter dem Namen *Bartholomäus ein Mitglied des Zwölferkreises ist. Dort kommt er in den Jüngerlisten jeweils nach Philippus (Mt 10,3; Mk 3,18; Lk 6,14).

J.E.N./Red.

NATUR.

I. ZUM BEGRIFF.

Der Begriff »Natur« hat in unserem allg. Sprachgebrauch vielerlei Bedeutungsvarianten, die alle miteinander zusammenhängen und z.T. durch einen bestimmten Ansatz der Weltsicht gekennzeichnet sind: »Natur« ist die Welt insofern, als sie aus ihr innewohnenden Zusammenhängen und Gesetzmäßigkeiten zu verstehen ist; etwas hat eine bestimmte »Natur«, sofern es durch eine ihm innewohnende verläßliche Eigenart bestimmt ist und von da aus verstanden werden kann oder muß. Vielfach wird der Bedeutungsgehalt des Begriffs mitbestimmt durch die Gegensätze, in die er gestellt wird: Natur/Geist, Natur/Kultur, Natur/Geschichte, Natur/Gnade, natürlich/übernatürlich, natürlich/geistlich.

Das dt. Wort ist eine Entlehnung von latein. *natura;* dessen Bedeutungsgehalt ist grundlegend dadurch bestimmt, daß es als Übersetzung des griech. *physis* (»Wuchs«, »Werden«, »Abstammung«, »Beschaffenheit«, dann auch »das Gewächs«) diente; ursprünglich nur in bezug auf Pflanzen gebraucht, dann auch auf Tiere und Menschen übertragen, bekam dieses Wort seine umfassende und vielschichtige Bedeutung durch seine Verwendung bei den griech. Philosophen (und die Philosophien und das Lebensgefühl späterer Jh. haben weiter daran geprägt). Eine hebr. Entsprechung zu diesem Begriff gibt es nicht; er begegnet darum in der Bibel erst in den ursprünglich griech. abgefaßten Teilen der LXX (in einigen der apokryphen Bücher) und im NT.

II. IM BIBLISCHEN SPRACHGEBRAUCH.

Grundlegend bezeichnet er das Wesen oder die Beschaffenheit einer Sache, so die N. der Tiere als Gegenstand der Erkenntnis (Weish 7,20) oder die Eigenschaft des Wassers, Feuer zu löschen (Weish 19,20; LÜ: 19,19), dann auch »Arten« von Lebewesen (Jak 3,7). Der Begriff bleibt stets auf begrenzte Bereiche bezogen (nicht »die Natur« als Gesamtheit), erfaßt diese aber als Ordnungszusammenhang und begründet so die Unterscheidung zwischen Naturgemäßem und Widernatürlichem: in diesem Sinn »lehrt« die N. das rechte Verhalten des Mannes und der Frau (1Kor 11,14f), oder es wird zwischen naturgemäßen und widernatürlichem Sexualverhalten unterschieden (Röm 1,26f).

Verschiedentlich tritt der Begriff im Zusammenhang der Thematik des Verhältnisses von Juden und Heiden auf. So wird aus jüd. Perspektive gesagt, daß die Menschen, bei denen Unwissenheit über Gott herrschte (also die Heiden), »von Natur«, d.h. von Grund auf und gänzlich, nichtig seien (Weish 13,1); viell. ist Eph 2,3 als Aussage über die Juden (-christen) zu verstehen und verträte dann im gleichen sachlichen Kontext die gegenläufige Tendenz, nämlich die Juden als »Kinder des Zorns von Natur« den Heiden gleichzustellen. Von N., d.h. durch Geburt, sind *Petrus und *Paulus Juden (Gal 2,15) – aber nicht mehr das Gesetz, sondern allein Christus ist jetzt die Grundlage ihrer Gerechtigkeit. Heiden tun allein aufgrund der natürlichen Bestimmtheit ihres Verhaltens die Werke des Gesetzes (Röm 2,14) und werden so in ihrer natürlichen Unbeschnittenheit zum Richter des beschnittenen Übertreters des Gesetzes (Röm 2,27). Andererseits gibt Paulus heidenchristl. Überheblichkeit zu bedenken, die Heidenchristen seien als wilde Zweige »gegen die Natur« dem edlen Ölbaum eingepfropft, während die Wiedereinpflanzung der edlen Zweige doch nur »naturgemäß« sei (Röm 11, 21.24).

Die Götzen sind »ihrer Natur nach«, d.h. in Wahrheit, keine Götter (Gal 4,8). Irrlehrer werden dargestellt als Menschen, die wie unvernünftige Tiere auf bloß Naturhaftes beschränkt sind (Jud 10; 2Petr 2,12). Demgegenüber ist den Gliedern der Gemeinde verheißen, daß sie der göttlichen Natur teilhaftig werden, d.h. Anteil an Gottes Unvergänglichkeit bekommen (2Petr 1,4).

In der Gegenüberstellung zu »geistlich« geben manche Übersetzungen (auch LÜ) das griech *psychikos* (seelisch) auch sachgemäß mit »natürlich« wieder (1Kor 2,14: natürlicher/geistlicher Mensch; 15,44.46: natürlicher/geistlicher Leib).

Gegebenheiten und Zusammenhänge des natürlichen Lebens sind auch im bibl. Begriff *»Fleisch« angesprochen, (zumeist) in spezieller Weise akzentuiert durch die Abschließung des Natürlichen in sich selbst und durch seine Entgegensetzung gegen den Willen Gottes und das schöpferische Wirken seines Geistes. Ähnlich verhält es sich z.T. mit dem Begriff *»Welt«. Am umfassendsten wird die natürliche Welt in der Bibel als *»Schöpfung« (s.u. IV. 3-5) erfaßt (und damit z.T. in eine wesentlich andere als die durch unseren Begriff der N. eröffnete Perspektive gerückt).

III. DIE NATUR IM BLICKFELD DER BIBEL.

Der Begriff der N. als eines in sich geschlossenen gesetzmäßigen Seinszusammenhanges ist der Bibel fremd und – wenn absolut genommen – mit ihrem Zeugnis unverträglich. Ebensowenig kennt sie eine grundsätzliche Unterscheidung oder gar Trennung zwischen Naturwelt und Menschenwelt (als Welt menschlicher Verantwortung und Sittlichkeit); vielmehr sind natürliches Geschehen und menschliches Tun und Ergehen unmittelbar ineinander verflochten und gemeinsam vom Handeln Gottes umgriffen (1Mo 6,5-7; 8,21f; 3Mo 26; Hos 2,10f.14.20.23f; Am 1,2; Mt 5,45; Röm 8,19-23). Dies ist durchgängig im Auge zu behalten.

1. Das Erscheinen Gottes kann sich in bestimmten (vor allem meteorologischen) Naturphänomenen manifestieren (2Mo 3,2; 13,21f; 19,16-19; Ri 5,4f; 1Kön 19,11-13; Ps 18,7-16; 29, 3-9; 77,17-19; 97,2-5; vgl. Offb 4,5).

2. In seinen Gerichts- und Heilstaten gebietet Gott auch über die N., macht sie zu seinem Werkzeug und offenbart so seine Macht (1Mo 3,14-19; 6-8; 2Mo 7-11; 14 u. 15; 1Kön 17 u. 18; Ps 104,4; 114; Jes 41, 17-20; 43,19-21; Hos 2,20-25; Am 1,2; 4,6-11; vgl. Mk 4,35-41; 16,17f).

3. Weisheitliche Betrachtung erkennt die Welt samt ihren natürlichen Gegebenheiten und Prozessen als ein wohlgeordnetes Ganzes (Ps 104; 147; 148; Spr 30,18-33; Pred 3,1-15); dessen unumstößliche Ordnung tritt dabei nicht in Gegensatz zur souveränen Freiheit des Handelns Gottes, sondern bezeugt einhellig mit dieser die Herrschaft und Macht Gottes (Jes 40,26-31; Ps 33,6-11). Gott ist als der in den Naturvorgängen Wirkende gesehen, aber er geht nicht in diesem Wirken auf.

4. Die Betrachtung der N. und das Wissen um das Wirken des Schöpfers in ihr führt den Menschen zum Lob Gottes (Ps 8; 33,1-9; 95,3-5; 104; 135,5-7; 136,5-9; 147,4-9). Ja, die N. selbst erscheint als erfüllt von der Verkündigung des Lobes Gottes (Ps 19,1-5), und sie wird aufgerufen zum Lobgesang (Ps 103,22; 148; 150,6).

5. Wenn die N. solchermaßen die

Macht und Herrlichkeit ihres Schöpfers widerspiegelt und von seinem Lob erfüllt ist, so erscheint es widersinnig, daß die Menschen sich vor der in ihr aufleuchtenden Erkenntnis des wahren Gottes verschließen und dem Götzendienst verfallen (Weish 13,1-9; Röm 1,18-25; vgl. Apg 14,15-17).

6. Jesus lenkt den Blick seiner Zuhörer immer wieder auf Naturvorgänge (wie auch auf Vorgänge des menschlichen Alltagslebens): wenn man sie recht betrachtet, kann man an ihnen lernen, wie Gott wirkt, und darum auch, wie es sich mit dem Reich Gottes verhält (Mt 5,45; 6,25-34; 13; Mk 4; Joh 12,24).

7. Überall in der Welt hat es der Mensch letztlich nur mit dem Schöpfer selbst und mit seinem Willen zu tun; daneben kann keine andere Macht Geltung und Beachtung beanspruchen. Daraus ergibt sich für den Menschen, der durch das Wort Gottes ermächtigt ist und sich im Dank an Gott bindet, die Freiheit im Gebrauch der natürlichen Dinge (1Mo 1,28; 1Kor 8,4-6; 10,25f; Röm 14,5-18; Kol 2,16-23; 1Tim 4,3-5).

8. Im Gegenüber zu Gott erscheint das Natürliche und Ohnmächtige (2Chr 32,8; Hiob 34,14f; Ps 56,5.12; 103,14-16; Jes 40,6-8); sich darauf zu verlassen statt auf Gott, führt zum Scheitern und bedeutet Schuld (Jes 31,3; Jer 17,5.7; Gal 6,8). Wird schon im AT die »natürliche« Vergänglichkeit des Menschen mit seiner Schuld und dem Zorn Gottes in Verbindung gebracht (1Mo 2,17; 3,19.22f; Ps 90,5-9), so sieht Paulus ihn in seiner natürlichen Art grundsätzlich in der Abwendung von Gott befangen und unfähig, Gottes Willen zu tun (Röm 7; 8,7.13; Gal 6,8). In diesen Zusammenhang ist die ganze Schöpfung hineingezogen (Röm 8,19-23). So erscheint in den Plagen der Offenbarung des Johannes die N. auch nicht nur als Schauplatz und Mittel der Gerichte Gottes, sondern als von diesen mitbetroffen (Offb 8; 9; 15,5-16,21).

9. Wo der Mensch sich Gott zuwendet und sein Leben auf die Verheißung der zukünftigen Welt ausrichtet, erscheint angesichts des Zusammenhanges von N., Sünde und Vergänglichkeit das Irdisch-Natürliche als etwas, das es letztlich hinter sich zu lassen gilt (Mt 5,29f; Röm 8,18; 1Kor 7,29-35; Kol 2,17; 3,1-3; 1Joh 2,15-17; Jak 4,4).

10. Aber auch die N. wird von der Heilsverheißung umspannt und erfaßt: Sie wird in den Jubel über das Kommen des Heiles Gottes hineingezogen und zum Lobpreis aufgefordert (Ps 96,11-13; 97,1; 98,4-9; Jes 43,20; 44,23; 49,13; 55,12). Zu den Bildern des endzeitlichen Heils gehört der ewige Friede der N., in dem die Feindschaft der Geschöpfe untereinander aufgehört hat (Jes 11,6-9; 65,25), und das Bild von dem lebenspendenden Strom, der vom Heiligtum ausgeht und von fruchtbaren Bäumen umsäumt ist (Hes 47,1-12; Offb 22,1f). Das NT ist hier zurückhaltender als das AT, bewahrt aber grundsätzlich diese Linie (Röm 8,19-23; Offb 21,1-5).

Literatur: O.H. Steck: Welt und Umwelt. (Biblische Konfrontationen), 1978.

H.Ha.

NAZARENER. Griech. *nazarēnos* oder *nazoraios*, insgesamt 19 mal in den Evv. und Apg. Nach Mk wurde die Bezeichnung *Nazarēnos* für Jesus von Dämonen (1,23), der Menge (10,47), einer Magd (14,67) und dem Boten der Auferstehung benutzt (16,6). Sie wird auch in Lk 4,34 (Mk 1,24) und Lk 24,19 verwendet (Emmausjünger). Aber Mt, Lk und Joh verwenden üblicherweise *Nazoraios* (Mt 26,71; Lk 18,37; Joh 18,5ff; 19,19; Apg 2,22; 3,6; 4,10; 6,14; 22,8; 26,9). Beide Ausdrücke werden üblicherweise mit »von Nazareth« wiedergegeben. *Nazoraios*, »Nazoräer«, wird in bezug auf Jesus auch in Mt 2,23 benutzt und taucht als populäre Bezeichnung für die »Sekte« der N. in Apg 24,5 auf. Im jüd. und arab. Sprachgebrauch hat sich dies erhalten (vgl. die älteste palästin. Form des Schemoneh 'Esreh, in dem um 100 v.Chr. ein Fluch auf die *nosrim* ausgesprochen wird), scheinbar als allg. Bezeichnung für Christen (vgl. R. Bell, The Origin of Islam in its Christian Environment, 1926, S. 147ff). Die Väter der Christenheit wußten von jüd.-christl. Gruppen, die sich »Nazarener« (Hieronymus, De vir. ill. 2-3; Ep. 20.2) oder »Nazoräer« nannten (Epiphanius, Haer. 29.7.9, als judenchristl. Häretiker gemeint), und Epiphanius – in solchen Dingen nie sehr zuverlässig – erwähnt eine seltsame jüd.-häretische Sekte, die Nasarener (Haer. 1.18).

Die Bezeichnung wird im NT auf Jesus nie ohne den Namen »Jesus« angewendet, wobei es unter Juden üblich war, einen Mann anhand seines Heimatortes zu identifizieren. Linguistische Einwände wurden dagegen erhoben, *Nazarēnos*, geschweige denn *Nazoraios*, von Nazareth abzuleiten, was sogar zu der Vermutung führte, daß der Ort »Nazareth« aus einem falschen Verständnis des Titels Nazoräer gewählt wurde (vgl. E. Nestle, ExpT 19, 1907-8, S. 523f; s. a. *Nazareth).

Die Anspielung auf *Nazoraios* als einen dem Messias prophezeiten Titel wurde häufig als Verweis auf den »Zweig« (hebr. *nēser*) in Jes 11,1 und ähnlichen Passagen betrachtet, oder auf den *Nasiräer (*nāzir*, vgl. Ri 13,7) in seinem Wesen als Heiliger Gottes (*nāzir* wird nicht als Verfahrens-Begriff benutzt und mag in 1Mo 49,26 und 5Mo 33,16 messianisch interpretiert worden sein; s.a. H. Smith, JThS 28, 1926, S. 60). Eine weitere antike Vorstellung geht dahin (Hieronymus, a.a.O.), daß Mt auf jene Stellen anspielt, die den Messias als verachtet darstellen (vgl. Joh 1,46). In jedem Fall läßt der Unterschied in der Zitierweise von Mt 2,23 und z.B. Mt 1,22; 2,15.17 darauf schließen, daß eine prophetische Thematik, nicht eine spezifische Voraussage im Hintergrund steht.

Die Tatsache, daß die gnostischen Sekten der Mandäer und Manichäer sich selbst Nasorayya nennen, hat Aufmerksamkeit erregt. M. Black akzeptiert Lidzbarskis Ableitung von Nasorayya aus *nāsar*, »beschützen« (d.h. die Tradition), und weist auf den Anspruch der Mandäer hin, die Riten Johannes des Täufers zu bewahren. Jegliche Verbindung von *Nazōraios* und *nēser* oder *nāzir* weist er aus linguistischen Gründen zurück. Für die Nachfolger des Johannes hält er den Titel »Nazarener« passend, der von den Mandäern und eventuell von Epiphanius bewahrt wurde und den man auf die »Jesus-Bewegung« bezogen haben soll, die im Gefolge Johannes' entstanden sei. So ingeniös dies auch ist, so überzogen ist es möglicherweise. Fraglich bleibt die Verwicklung durch das Wortspiel mit *nēser* oder *nāzir* oder mit beiden und dem Namen »Nazareth«; und es muß angemerkt werden, daß die syr. Versionen des NT Nazareth mit s, nicht mit z schreiben. Eine andere Paronomasie benutzt der Koran (Sure 3,45; 11,14), und eine weitere Ableitung ist in dem Philippus-Evangelium aus *Nag Hammadi aufgetaucht, Log. 47.

Literatur: M. Black: An Aramaic Approach to the Gospels and Acts, [3]1967; K.H. Rengstorf: TBLNT II, [4] 1986, 759f; R. Riesner: Jesus als Lehrer, [3]1988, 222-37; H.P. Rüger: ZNW 72/1981, 257–263.

A.F.W.

NAZARETH.

1. Der Name.

N. wird weder im AT, in den Apokryphen und Pseudepigraphen, bei Josephus oder in der rabbin. Literatur erwähnt. Das führte im letzten Jh. zu einer Debatte, ob N. in ntl. Zeit überhaupt existierte (Dalman, 61f). Manche glaubten, Jesu Beiname, »der *Nazarener«, sei fälschlich auf seine Herkunft bezogen worden, man habe einen Ort N. zuerst angenommen und dann in byzantin. Zeit auch gegründet. Doch eine 1962 in *Cäsarea Maritima gefundene hebr. Inschrift aus dem 3./4. Jh.n.Chr. bezeugt N. als Sitz einer der 24 Priesterordnungen (M. Avi-Yonah, IEJ 12, 1962, 137-139). Dieser erste nichtchristl. Beleg sichert zusammen mit Hieronymus (PL 23,842) und zwei Klageliedern des Eleasar Ha-Qalir, die N. nach dem Bar-Kochba-Aufstand als Wohnort der Priesterklasse Happizzez (1Chr 24,15) erwähnen (S. Klein, Beiträge zur Geographie und Geschichte Galiläas, 1909, 199), die Schreibung mit Zade, nicht mit Sajin (wie *Nasiräer). Griech. *Nazaret* (Varianten *th/d*) dürfte auf die hebr. Normalform *nāzerat* zurückgehen, griech. *Nazara* (so der bessere Text in Mt 4,13; Lk 4,16) auf eine hebr. (H.P. Rüger, ZNW 72, 1981, 257-263) oder aram. Nebenform *nazerah* (G. Dalman, Grammatik des jüd.-palästin. Aramäisch, 1960, 152). Die Beziehung, die Mt 2,23 zwischen N. und der Prophetie Jes 11,1 über den messianischen Sproß (hebr. *nēzär*) herstellt, ist also

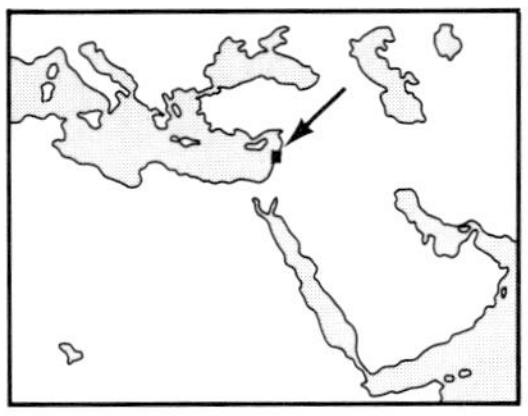

Die Lage von Nazareth.

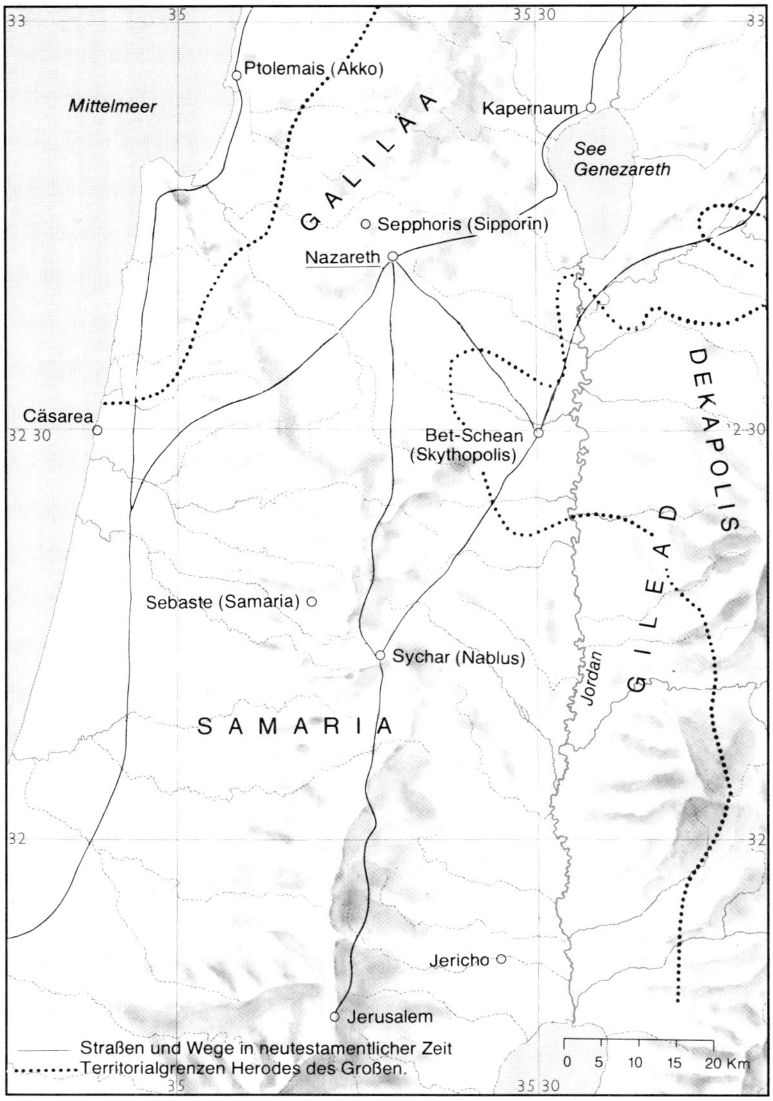

auch philologisch möglich. Von vielen Forschern wird N. als aram. *nāzerat,* »Warte, Wachturm«, verstanden (Kuhli, 1115), aber dagegen spricht seine Lage (s.u.). In der ersten Hälfte des 3. Jh. teilt Julius Africanus mit, daß sich die Familie Jesu von N. und *Kochaba über das heilige Land verbreitet habe (Eus.h.e. I, 7,6-12). Auffällig ist, daß sich beide Ortsnamen mit messianischen Weissagungen verbinden lassen. Es kann daher erwogen werden, ob die Wiedergründung von N. in spät-hellen. Zeit durch Angehörige der *Davidsfamilie (von Babylonien oder der Gegend um *Damaskus her) geschah (*Kochaba), wobei sie ihren Siedlungen messianische Namen gegeben hätten. Welche Bedeutung Jes 11,1 für manche jüd. Kreise besaß, zeigen die *Qumran-Schriften. Von ihnen her scheint auch möglich, daß eine auf dem Gleichklang beruhende Verbindung mit der hebr. Wurzel *nzr,* »bewahren, schützen«, bewußt gewollt war (B. Gärtner, Die rätselhaften Termini Nazoräer und Iskariot, 1957, 5-36).

2. Der Ort.

N. liegt in einem Hochtal auf einem der letzten S-Ausläufer der Kalkberge des *Libanon. Nach S fällt der Bergzug steil zur *Jesreel-Ebene (um 100 m) ab. Die durchschnittliche Höhe des Talbodens beträgt 350-370 m, die Randberge erheben sich mit dem Nebi Sain im N bis 488 m. Von dieser Höhe reicht der Blick im W bis zum *Karmel und auf das Mittelmeer, im N zum lange schneebedeckten *Hermon, im O über den *Tabor und die *Jordan-Senke bis zu den Bergen von *Gilead, im S über die geschichtsträchtige Jesreel-Ebene bis zum Gebirge von *Samaria. »Vor dem Betrachter liegt eine Karte der atl. Geschichte« (G.A. Smith bei Bösen, 99). Das milde Klima schafft gute Voraussetzungen für eine ertragreiche Landwirtschaft (vgl. Meg 6a; Ket 111b). Der Talgrund eignet sich für Getreide- und Flachsanbau, die Berghänge für Wein, Feigen- und Ölbäume. Der heutige Besucher kann sich das frühere Aussehen des Hochtals allerdings nur noch schwer vorstellen, das von der modernen arab. Stadt En-Nazira mit 30 000 - 50 000 in ihrer Mehrheit christl. Bewohnern eingenommen wird. Die jüd. neue Oberstadt (Nazerat Illit) zählt über 10 000 Einwohner.

Vorgeschichtliche Funde stammen vom Dschebel El-Qafze (397 m) am S-Abhang (BL, ^{3}1982, 1221). Das geschichtlich bekannte N. lag auf einem Hügelsporn, der sich vom Nebi Sain nach S in das Hochland sieht. Am NO-Hang des Hügels existiert eine verhältnismäßig starke Quelle (heute Marienquelle), bei der sich allerdings keine Siedlungsreste aus vorbyzantin. Zeit fanden. Eine schwächere Quelle (arab. ʿEn El-Dschedīde, »Neue Quelle«) entspringt nordwestl. oberhalb des Hügelsporns bei der sog. »Mensa Christi« (nach einer Legende des 17. Jh.) und ist für das Tal auf seiner W-Seite verantwortlich. Vom Hügelsporn reicht der Blick nur über das Hochtal, so daß eine Deutung des Namens N. als »Beobachtungswarte« sehr fraglich ist. Es haben sich auch keinerlei archäologische Hinweise auf eine »Grenzbefestigung« (E.W. Saunders, BHH II, 1964, 1291) gefunden. Spuren einer kontinuierlichen Besiedlung im 2. Jt.v.Chr. wurden am S-Ende des Hügelsporns im Bereich der Verkündigungskirche in Form von Gräbern entdeckt. Die bronzezeitl. Siedlung hat man aber noch nicht gefunden. Eine eisenzeitl. Siedlung wurde (ab dem 13. Jh.v.Chr.) im Bereich des alten Gräberfeldes angelegt, wie vor allem in den Felsen gehauene Silos bezeugen (S. Loffreda, SBFLA 27, 1977, 135-144). Vielleicht ist die veränderte Ortslage ein Hinweis auf die Ansiedlung von Israeliten (S. Loffreda, MB 16, 1980, 9). N. gehörte zum Gebiet des Stammes *Sebulon und wurde vermutlich von dem in Jos 19, 12 erwähnten *Jafia aus gegründet (Alt II, 443), auf dessen strategisch hervorragende Lage eine Bezeichnung wie »Warte« oder »Befestigung« viel besser passen würde. Nach dem Exil gab es offenbar während der ganzen pers. Zeit eine Siedlungslücke.

Eine Wiederbegründung erfolgte erst in der späthellen. Zeit. Erhalten blieben vom ntl. Dorf vor allem in den weichen Kalkfelsen gehauene Installationen wie Wasserzisternen, Reservoire für Wein und Öl sowie birnenförmige Getreidesilos (Bagatti, Excavations, 27-76). Bei ihrer Anlage nutzte man oft schon bestehende Naturhöhlen aus. Von daher ist es zur Annahme gekommen, die Nazarethaner seien Höhlenbewohner gewesen (so u.a. Negev, 256). Doch die Grotten gehörten in der Regel zu Wohnhäusern, deren Steine in späteren Bauten wiederverwendet wurden. Eine solche Vorratshöhle hat wohl das Jesus-Wort Lk 11,33 im Sinn (E. Alliata, SBFLA 34, 1984, 53–66). Die Einzelfunde aus ntl. Zeit umfassen u.a. herodianische Lampen, bemalte Scherben, Platten mit zwei Henkeln sowie Krüge verschiedenster Art (A. Brunot, MB 16, 1980, 39). Die Grenzen des Orts werden durch die Gräber der hellen.-röm. Zeit bezeichnet, von de-

Gegenüberliegende Seite: Steintafel aus Nazareth mit einem Erlaß, der die Todesstrafe für jeden fordert, der die Versiegelung eines Grabes aufbricht und den Leichnam entfernt oder raubt. Gelegentlich wird die Auffassung vertreten, daß dieser Erlaß im Zusammenhang mit den Vorwürfen gegen die Jünger Jesu nach der Auferstehung zu sehen sei (vgl. Mt 28,11–15). Höhe 0,61 m, ca. 50 n.Chr. (BN)

nen wir mehr als zwanzig kennen (C. Kopp, JPOS 18, 1938, 191–205). Das ntl. N. erstreckte sich in einer Länge von etwa 500 m vom mohammedanischen Friedhof im N bis südl. der Verkündigungskirche. Im SW ebim Kloster der Dames de Nazareth hat die Besiedlung bis ins Tal gereicht (MB 16, 1980, 2), während sie sonst auf den Hügelsporn beschränkt blieb. Die Einwohnerzahl mag um zweihundert gelegen haben (Bösen, 104f).

Jesu Mutter *Maria wohnte vor seiner Geburt in N. (Lk 1,26), dagegen stammte ihr Mann *Josef aus »Bethlehem (Mt 2,1–11 vgl. Lk 2,4f). Erst nach der Rückkehr aus *Ägypten (Mt 2,19–23) ließ er sich in N. nieder (P. Benoit, Exégèse et théologie IV, 1982, 95–112). N. als Heimatort Jesu ist (z.B. von H. Stegemann; W. Schmithals, ÖTK 1, 1979, 83) zugunsten von *Kapernaum mit unzureichenden Gründen (J. Blinzler, BiKi 25, 1970, 14–20) bestritten worden. Dafür spricht neben dem Beinamen »der *Nazarener« die enge Beziehung zwischen Jesus und N., die in voneinander unabhängigen Quellen wie Mk (1,9), lukanischem (Lk 1,26; 2,4.39.51; 4,16; Apg 10,38) und matthäischem (2,23; 4,13; 21,11) Sondergut sowie Joh (1,45f) hergestellt wird. In N. lernte Jesus von Josef (Mt 13,55/Lk 6,3) den Beruf eines Bauhandwerkers (*Zimmermann). In den Jahren nach der Geburt Jesu wurde die 5 km nördl. liegende galiläische Landeshauptstadt *Sepphoris wieder großzügig aufgebaut. Wegen ihrer Nähe darf man sich N. nicht zu abgeschlossen von der damaligen Zivilisation vorstellen. Ein Zweig der großen Überlandstraße von Cäsarea am Meer nach Damaskus zog ca. 3 km östl. von N. am Rand der Jesreel-Ebene vorbei. Eine Stichstraße nach Sepphoris muß in unmittelbarer Nähe von N. verlaufen sein (Dalman, 68f). Dadurch war der Ort Zeuge von Kämpfen während des jüd. Aufstands. Am 13. Juli 67 n.Chr. wurde das Großdorf Jafia, zu dem N. damals wohl politisch zählte, von den aus Sepphoris kommenden Römern erobert und die Bewohner in einem furchtbaren Blutbad niedergemetzelt.
(Jos.bell.Jud. III, 289-306). Nach dem Bar-Kochba-Aufstand kennen wir N. als Priestersiedlung (s.o.). Den rein jüd. Charakter des Orts im 4. Jh. bezeugt Epiphanius (Haer. XXX 11,9f), wobei seine Ausdrucksweise *Judenchristen nicht ausschließen muß. Im 5. Jh. wurde N. Bischofssitz (Kopp, 94). Doch selbst am Ende des 6. Jh. existierte in N. noch eine starke jüd. Gemeinde (ELS 4). Aus Rache für ihre Unterstützung der Perser wurde sie 629/30 von Kaiser Heraklius ausgerottet (Euthychius, PG 111, 1083. 1090).

3. Die Synagoge.

Nach den Evv. (Mt 13,54/Mk 6,1f/Lk 4,16) gab es in N. eine *Synagoge, die neben den Mosebüchern mindestens noch eine *Jesaja-Rolle besaß (Lk 4,17). Der in Lk 4,20 erwähnte Synagogendiener (griech. *hypēretēs*) fungierte oft als Elementarlehrer und

so wird Jesus über das Elternhaus hinaus seine rel. Bildung hier erhalten haben (vgl. Lk 4,16). Noch 570 n.Chr. will der anonyme Pilger von Piacenza diese Synagoge gesehen haben (ELS 4), aber sicher handelte es sich um ein späteres Gebäude, das jedoch vielleicht am selben Platz stand (F. Hüttenmeister, G. Reeg, Die antiken Synagogen I, 1977, 339-342). Eine Kirche am Ort der Synagoge ist erst für die Kreuzfahrerzeit sicher be-

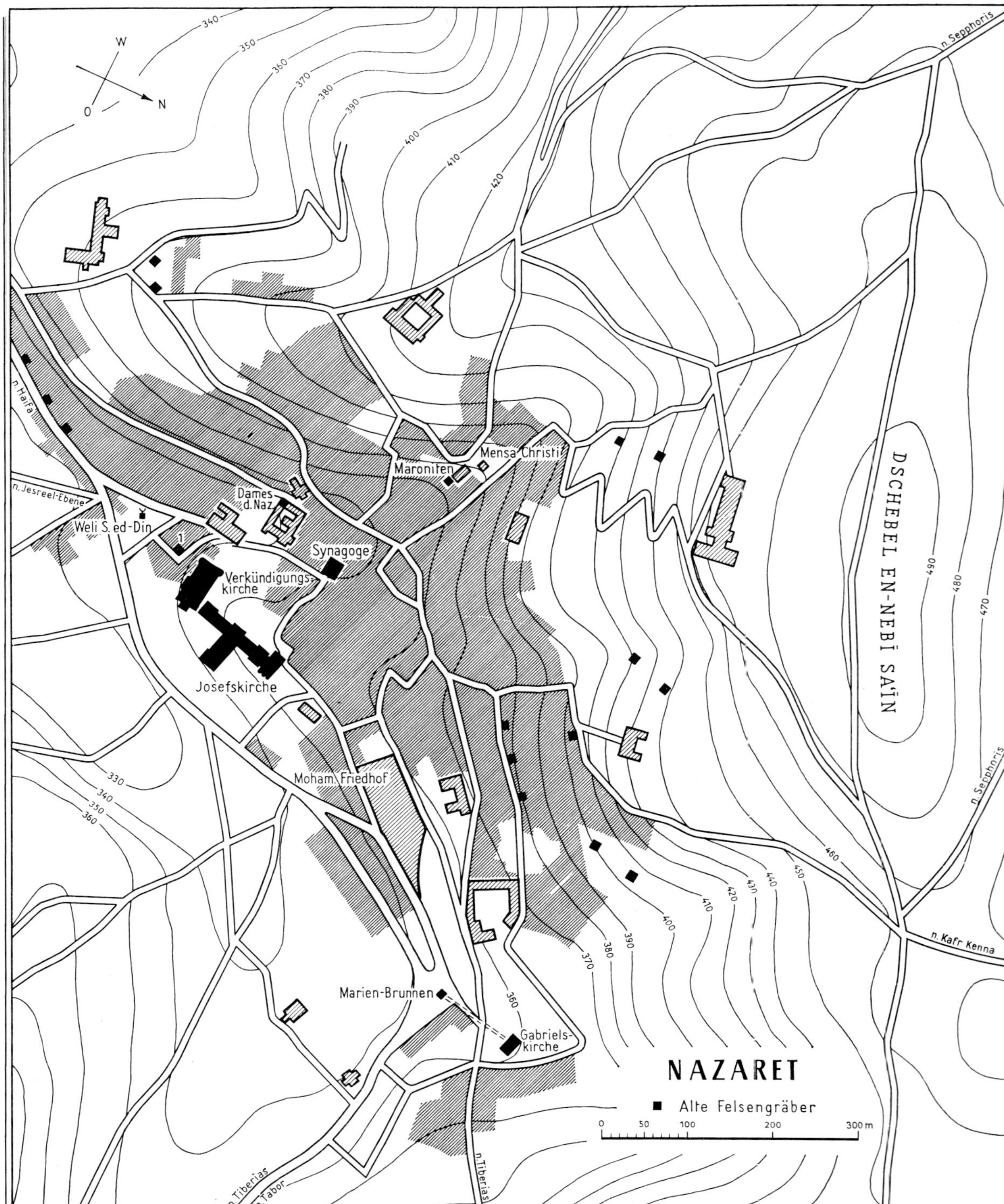

zeugt (ELS 18). Kaum auf diesen Bau bezieht sich die anonyme Quelle des Petrus Diaconus (ELS 10; vgl. P. Maraval, Egerie, SC 296, 1982, 94). Ortstraditionen, die auf die griech.-katholische Kirche bzw. die Kirche der Vierzig Märtyrer (vermutlich auf dem mohammedan. Friedhof) weisen, können bisher nicht vor das 17. Jh. verfolgt werden (Kopp, 116-122). Nordöstl. des Franziskaner-Klosters wurden Säulenbasen mit hebr. Buchstaben gefunden. Wahrscheinlich handelt es sich um Überreste der byzantin. Synagoge (Bagatti, Excavations I, 23-25.233f). Der ntl. Vorgängerbau war vermutlich eine bescheidene Haussynagoge (*Hauskirche) ohne architektonische Besonderheiten.

Lk 4,16-30 schildert die erste öffentliche Predigt Jesu in seiner Heimatsynagoge. Die Reaktion war ein Versuch, ihn zu Tode zu stürzen (Lk 4,29), wie es die spätere rabbin. Gesetzgebung vor einer Steinigung vorsah (Sanh 6,4). Der »Abhang (griech. *ophryos*), auf dem die Stadt erbaut war« (Lk 4,29) wird seit dem 9. Jh. fälschlich mit einer Steilwand des in die Ebene abfallenden Dschebel El-Qafze identifiziert (Kopp, 124-129). Felsabhänge an den Rändern des Hügelsporns sind noch auf einer Lithographie von D. Roberts aus dem Jahr 1842 zu sehen. Archäologisch wurden sie an der W-Seite der Verkündigungskirche nachgewiesen (MB 16, 1980, 9). Wenn Lk (1,26; 2,4.39; 4,29) ebenso wie Mt (2,23) N. eine Stadt

Das Tal zwischen Nazareth und Kana. (SH)

Nazareth zwischen den südlichsten Ausläufern der Libanon-Kette. (RS)

(griech. *polis*) nennt, so mag das auch mit der doppeldeutigen Ausdrucksweise semit. Quellen zusammenhängen. Das hebr. *'ir* kann wie das deutsche »Ort« eine Stadt oder ein Dorf meinen. Die beiden Evangelisten kannten also den kleinen Weiler offenbar nicht aus eigener Anschauung. Die Darstellung des Lk läßt viele Fragen offen. Vielleicht spiegelt sich in ihr der Zusammenstoß zwischen der nationalen Messiashoffnung der davidischen Großfamilie (vgl. Lk 1,51-54) und Jesu Niedrigkeitsweg (vgl. Lk 4,22). Auch andere Texte scheinen auf eine Ausstoßung aus dem Familienverband hinzuweisen (Mk 3,21; 3,31-35 par.; 6,4). Nur ein Teil seiner Familie folgte Jesus nach *Kapernaum (vgl. Joh 2,12), das er für eine Zeitlang zu seinem neuen Wohnsitz und zum Mittelpunkt der Wirksamkeit in *Galiläa machte (Mt 4,12-17). Der Satz des *Nathanael: »Was kann aus Nazareth Gutes kommen?« (Joh 1,47) bezieht sich nicht auf einen besonders schlechten Ruf des Orts, sondern deutet verborgen auf die Weissagung über die Geburt des Messias in Bethlehem hin (vgl. Joh 7,41f).

4. Die verehrten Häuser.

Unter Kaiser Decius (249/51 n.Chr.) starb in Kleinasien ein Konon den Märtyrertod, der nach seiner eigenen Aussage ein Verwandter Jesu war und aus N. stammte (Kopp, 90). Bis mindestens ins 3. Jh. hinein lebten dort also *Judenchristen. Die Lage von N. war Eusebius am Beginn des 4. Jh. bekannt (onom. 141,1) und am Ende hören wir bereits von heidenchristl. Pilgern (Hieronymus, Epist. 108,13). Der jüd. Konvertit Joseph von Tiberias erhielt von Kaiser Konstantin († 337 n.Chr.) die Erlaubnis, auch in N. eine Kirche zu errichten (Epiphanius, Haer. XXX, 11, 9f). Die erste sichere Nachricht über einen Kirchbau, und zwar an der Stelle des Hauses der Maria, gibt uns 570 der anonyme Pilger aus Piacenza (ELS 4). Nach dem Abriß einer Behelfskirche 1954 war es dem Franziskaner-Archäologen B. Bagatti möglich, am traditionellen Ort der Verkündigung Marias (vgl. Lk 1,26-38) Ausgrabungen durchzuführen (Excavations, 77–218). Er fand nicht nur die Reste einer mächtigen Kreuzfahrerkirche, sondern auch die einer kleineren byzantin. Basilika aus dem 5. Jh. Sie war aber nicht das erste christl. Gebäude an dieser Stelle. Unter dem südl. Stylobat der byzantin. Kirche liegt eine ältere Mauer. Zu diesem Gebäude gehörten auch verstreute, mit weißem Putz versehene Kapitäle, Säulenbasen und -trommeln, von denen einige Graffiti trugen. Eine aram. Inschrift könnte ein Fragment des *Targum (aram. Übersetzung) zu Jes 55,1-13 darstellen (E. Testa, SBFLA 27, 1967, 259-289). Bei einer männlichen Figur handelt es sich vielleicht um die erste bekannte Darstellung von *Johannes dem Täufer (B. Bagatti, OA 3, 1964, 61–66, anders J.E. Taylor, PEQ 119, 1987, 142-48). Außerdem fand man den griech. Engelsgruß (vgl. Lk 1,28): *ch(air)e Maria,* »Gegrüßt seist du, Maria!« (Kroll, 91). Es gab hier also schon vor dem 5. Jh. einen Kultort mit Marienerinnerungen. Das Alter des Baus ist umstritten. Während der Ausgräber es für eine judenchristl. Synagoge des 3. Jh. hält (Bagatti, Excavations, 173), rechnen andere mit der im 4. Jh. durch Joseph von Tiberias errichteten Kirche (J.E. Taylor, 147-148). Älter als der Kultbau ist ein unter ihm gelegenes jüd. Ritualbad, das Judenchristen als Taufbecken gedient haben könnte, wie Graffiti (Schiffe, Kreuze, Pflanzen) nahelegen (Kroll, 90). Eine Präsenz von Judenchristen mindestens im 3. Jh. bezeugt der bemalte Putz in einer kleinen Höhle (sog. Martyrium des Konon) links von der traditionellen Verkündigungsgrotte. Die abgebildeten Zweige könnten sich auf die Verheißung vom Sproß nach Jes 11,1 beziehen (F. Manns, MB 16, 1980, 18). Die traditionelle Verkündigungsgrotte wird zum ersten Mal am Beginn des 12. Jh. erwähnt (Kopp, 101-106). Aber die Anordnung der vorkonstantinischen Kultanlagen spricht dafür, daß sie auch damals schon eine Rolle spielte (S. Loffreda, MB 16, 1980, 12f). Die Judenchristen hielten Ereignisse der Heilsgeschichte oft im Zusammenhang mit Höhlen wach (Meyers, Strange, 137-139). Es kann sich ursprünglich um eine Vorratsgrotte gehandelt haben, die in der Nähe von Marias Wohnhaus lag, das wohl schon bei Errichtung des Vorgängerbaus der byzantin. Basilika abgetragen wurde (S. Loffreda, SBFLA 36, 1986, 211–234). Die moderne, sehr große Verkündigungskirche hat auch die Aufgabe, die ausgedehnten Ausgrabungen zu schützen.

Als zweite Kirche von N. erwähnt Arkulf (670 n.Chr.) diejenige, wo das Haus gestanden haben soll, in dem Jesus aufwuchs (ELS 5). Die Tradition über die Werkstatt Josefs an der Stelle der heutigen Franziskanerkirche unter seinem Namen ist nicht älter als der Beginn des 16. Jh. (Kopp, 113-116). Hier stand zwar eine Kreuzfahrerkirche, aber Spuren eines byzantin. Baus wurden nicht gefunden (B. Bagatti, SBFLA 21, 1971, 5-32). Allerdings existiert unter der Kirche ein jüd. Ritualbad, zu dem wie bei jenem unter der Verkündigungskirche (latein. *annuntiatio*) sieben Stufen herunterführen (Bagatti, Excavations, 219–233). Ein Mosaik macht die Verwendung als Taufbecken wahrscheinlich, und eine benachbarte Höhle (vgl. Eph 5,14) könnte ebenfalls mit der Taufliturgie der Judenchristen in Verbindung stehen (Testa, Nazaret, 10–53). Man hat für die Erziehungskirche (latein. *nutritio*) auch an das Gelände der »Marienquelle« gedacht (Kopp, 107–113), die 150 m nördl. von ihrem heutigen Ausfluß entspringt. Seit dem 18. Jh. steht hier die griech.-orthodoxe Gabrielskirche. Sie hatte vielleicht eine Vorgängerin in der Kreuzfahrerzeit (ELS 9ff), wo man nach dem apokryphen Protevangelium des Jakobus (11,1f; Hennecke-Schneemelcher I, [5]1987, 343) eine erste Begegnung Marias mit dem Erzengel Gabriel lokalisierte. Bisher wurden allerdings keine Bauteile archäologisch nachgewiesen, die älter sind als das 18. Jh. (Mb 16, 1980, 42). Die relativ genaue Ortsbeschreibung des Arkulf paßt hervorragend auf den Komplex unter dem Kloster der Dames de Nazareth westl. der Verkündigungskirche (J.B. Livio, MB 16, 1980, 27–34). Bei der von Arkulf erwähnten Quelle kann es sich um eine Zisterne handeln, die durch einen Kanal von der etwa 200 m entfernten »Neuen Quelle« gespeist wurde. Eine noch unveröffentlichte Sondierung von 1987 (E. Nitowski) bestätigte eine Kreuzfahrerkirche, ein byzantin. Gebäude mit zwei Bauphasen sowie Reste eines Wohnhauses aus dem 1. Jh.n.Chr. Auf dem Gelände existiert auch ein schönes Rollsteingrab. Für die Frage nach der Echtheit sind zwei Sachverhalte wichtig: a. Die byzantin. Quellen nennen stets nur zwei Kirchen (ELS 4-6), eine davon muß unter dem Kloster gelegen haben. b. Eine anonyme Nachricht bei Petrus Diaconus (ELS 10), die von Jesu Wohnung bei einer Quelle spricht, bezieht sich offenbar auch auf diesen Komplex. Vielleicht stammt die Notiz aus Egerias Pilgerbericht von 384 n.Chr. (Kopp, 110). Die erwähnte verehrte Höhle könnte auf eine judenchristl. Ortstradition zurückweisen.

In der Kreuzfahrer-Zeit, als N. Erzbischofssitz wurde (J. Prawer, IEJ 24, 1974, 241-251), blühten auch in N. die Legenden und verwirrten die älteren Ortstraditionen. 1263 wurde der Ort zerstört und blieb rund vierhundert Jahre ein Ruinenfeld. 1620 gelang es den Franziskanern zurückzukehren und unter Lebensgefahr auszuharren. 1799 besiegte Napoleon Bonaparte in der Nähe von N. den Pascha von Damaskus in zwei Schlachten. Zu einem Aufschwung des Ortes kam es am Ende des 19. Jh., woran christl. Institutionen wesentlichen Anteil hatten. Im galiläischen *Bethlehem (R. Rosenthal, IEJ 25, 1975, 176), 11 km westnordwestl. gründeten württembergische Templer eine Kolonie. Wegen der Nähe zu N. hielten manche Forscher diesen Ort für die Geburtsstätte Jesu (J. Klausner, Jesus von Nazareth, 1952, 315f).

Literatur: F.M. Abel: Géographie de la Palestine II, [3]1967, 395; A. Alt: Kleine Schriften II, [4]1978, 436-455; B. Bagatti: SBFLA 5 (1955) 1-23; Excavations in Nazareth I, 1969; DBS VI, 1960, 318-333; EAEHL II, 1977, 919-922; W. Bösen: Galiläa als Lebensraum und Wirkungsfeld Jesu, 1985, 97-132; J. Briand: L'Eglise Judéo-Chrétienne de Nazareth, 1975; W. Bühlmann: Wie Jesus lebte, 1987, 22-29; M.J.S. Chiat: Handbook of Synagogue Architecture, 1982, 84-86; G. Dalman: Orte und Wege Jesu, [4]1967, 61-88; C. Kopp: Die heiligen Stätten der Evangelien, [2]1964, 86-129; G. Kroll: Auf den Spuren Jesu, [10]1987, 79-92; H. Kuhli: EWNT II, 1981, 1114-1117; S. Loffreda: MB 16 (1980), 8-13; F. Manns: MB 16 (1980), 14-20; J. Murphy-O'Connor: Das Heilige Land, 1981, 319-324; E.M. Meyers, J.F. Strange: Archaeology, the Rabbis and Early Christianity, 1981, 56f. 130-137; A. Negev: Archäologisches Lexikon zur Bibel 1972, 255-257; R. Riesner: Jesus als Lehrer, ^{3}1988, 222-237; E. Testa: Nazaret Giudeo-Cristiana, 1969; T. Tobler: Nazareth in Palästina, 1868; P. Viaud: Nazareth et ses deux Eglises, 1910; B. Vlaminck: Report of the Recent Excavations... at the Sanctuary of Nazareth, 1900. R.R.

NAZARETH-INSCHRIFT. Diese Inschrift wurde 1878 von *Nazareth nach Europa gesandt, aber erst durch F. Cumont veröffentlicht (RH 163, 1930, 241-266). Ihr Text lautet: »Anordnung des Kaisers (griech. *diatagma Kaisaros*). Es gefällt mir, daß Gräber und Grabhügel für diejenigen, die sie zur Verehrung ihrer Vorfahren, Kinder oder Angehörigen errichtet haben, auf ewig unberührt bleiben. Wenn aber einer jemanden meldet, der ein Grab zerstört, oder auf eine andere Weise die Bestatteten entfernt, oder sie böswillig an einen anderen Platz überführt hat, um ihnen Schaden zu tun, oder den Verschluß oder die Steine beseitigt, gegen den, befehle ich, soll ein Verfahren stattfinden hinsichtlich der Verehrung der Toten in derselben Weise wie hinsichtlich der Götter. Denn man soll viel mehr die Verstorbenen ehren. Es soll strengstens verboten sein, sie zu stören. Wer dem zuwiderhandelt, soll nach meinem Willen als Kapitalverbrecher unter die Anklage der Grabschändung gestellt werden« (Übersetzung C.K. Barrett, Die Umwelt des NT, 1959, 26).

Die Echtheit der N. wird heute nicht mehr ernsthaft bestritten. Ihre zeitliche Ansetzung schwankt allerdings zwischen dem 1. Jh.v.Chr. und dem 2. Jh.n.Chr. Es handelt sich um eine 60 x 37,5 cm große Marmorplatte, die jetzt in der Nationalbibliothek zu Paris ausgestellt ist. Der griech. Text stellt die ziemlich sklavische Übersetzung eines kaiserlichen latein. Edikts oder Reskripts (Antwort auf Anfragen lokaler Behörden) dar. A. Momigliano (Claudius, 1934, 35-37) nahm an, daß Kaiser *Claudius (41-54 n.Chr.) durch die Unruhen nach dem Tod von *Herodes Agrippa I. (44 n.Chr.) seine Aufmerksamkeit verstärkt den jüd. Angelegenheiten zugewandt und dabei auch Notiz von den Christen genommen habe. Die Aufstellung der kaiserlichen Anordnung im Heimatort Jesu sei eine Reaktion auf die Auferstehungsbotschaft und gegen sie gerichtete jüd. Verdächtigungen (vgl. Mt 28,12-15) gewesen. Später widerrief Momigliano seine Ansicht, die aber manche Forscher weiter vertreten (E. Smallwood, The Jews under Roman Rule, ^{2}1981, 213). Auf jeden Fall zeigt die Inschrift, wie schwer Grabraub und Grabschändung geahndet wurden (F.E. Brown, AJPh 52, 1931, 1-29; F. de Zulueta, JRS 22, 1932, 184-197). Sollte die Inschrift in Nazareth aufgestellt gewesen sein, wäre auch das ein Beleg für die weite Verbreitung von Griechischkenntnissen in *Galiläa (R. Riesner, Jesus als Lehrer, ^{3}1988, 391).

Literatur: J. Irmscher: ZNW 42 (1949), 172-184; S. Lösch: Diatagma Kaisaros, 1936; B.M. Metzger: FS W.G. Kümmel, ^{2}1978, 221-328; A. Parrot: Malédictions et violations de tombes, 1939, 64–76; J. Schmitt: DBS VI, 1960, 333-363. R.R.

NEA. Nach Jos 19,13 ein Ort an der N-Grenze von *Sebulon zwischen *Rimmon und *Hannaton. Die genaue Lage ist unbekannt, vermutlich ein Tell in der Netofa-Ebene (M. Noth, Josua, ^{3}1971, 115) nördl. von *Nazareth. Eine Gleichsetzung mit dem Noah der Ostraka (Nr. 50) von *Samaria aus der Zeit von *Jerobeam II ist höchst unsicher, für eine Identifizierung mit dem ntl. *Nain spricht nichts. R.R.

NEAPOLIS. (Griech. »Neustadt«). Name mehrerer griech. Stadtgründungen, so z.B. von Neapel. Eine davon ist die heutige mittelgroße Hafenstadt Kavalla in O-Mazedonien. Sie hieß früher Daton und trägt ihren jetzigen Namen nach einem ehemaligen türkischen Kavallerieposten. Ein Landvorsprung zwischen zwei Buchten ermöglichte die Anlage eines Hafens. Die gegenwärtige Stadt liegt wie ein Amphitheater zwischen den Granitfelsen. Sie wird beherrscht von einer byzantin. Festung, an deren Stelle in griech.-röm. Zeit ein Parthenon-Tempel stand, der auf das 6./5. Jh.v.Chr. zurückgeht. Einzelne Bauteile (Kapitäle und Reliefs) sind im Museum ausgestellt. Von der antiken Stadtmauer blieben einige Reste im N übrig. Eindrucksvoll erhalten ist ein doppelter röm. Aquädukt. In vorntl. Zeit erlebte N. eine Blüte durch die Bergwerke im Panhagion-Gebirge. Danach war es vor allem als Hafen des 16 km landeinwärts nordwestl. gelegenen *Philippi von Bedeutung. Bei N. nahm die Via Egnatia ihren Ausgang, von der ein Zweig bis nach Dyrhachium (heute Durazzo in Albanien) an der *Adria führte. Ab dem Jahr 45 n.Chr. erhielt die kaiserliche Straße eine Fortsetzung nach O. Um 50 n.Chr. betrat auf der sog. zweiten Missionsreise *Paulus in N. zum ersten Mal europäischen Boden (Apg 16,11). Vielleicht berührte er die Stadt auch auf der dritten Missionsreise (O.F.A. Meinardus, Die Reisen des Apostels Paulus, 1981, 160). Ob sich bei der teilweise alten Kirche St. Nikolaus eine Erinnerung an den Landungsplatz des Apostels erhalten

Symbol des babylonischen Gottes Nebo (Nabû), ein Keil auf der Basis eines Schreins. Teil eines Grenzsteins Nebukadnezars I. (12. Jh. v.Chr.) (BM)

Der Nebo (Dschebel-en-Nebā) in Jordanien. (MEPhA)

hat, ist schwer zu sagen (Hugédé, 34f). Paulus erreichte von N. auf der Via Egnatia Philippi, *Amphipolis, *Apollonia und schließlich *Thessalonich (Apg 17,1). Zwischen N. und Philippi ist ein ansehnliches Stück der imperialen Straße erhalten.

Literatur: P. Collart: Philippes, 1937, 102-132; W. Elliger: Paulus in Griechenland, 1987, 28f; M. Hugédé: Saint Paul et la Grèce, 1982, 31-37; S.E. Johnson: Paul the Apostle and His Cities, 1987, 72f; E. Oberhummer: PW XVI, 2124-2126; G. Mpakalakis: JAA (1934/5), 1-48. R.R.

NEBAJOT. Ältester Sohn *Ismaels (1Mo 25,13; 28,9; 36,3; 1Chr 1,29). Seine Nachkommen, ein arab. Stamm, in Jes 60,7 in Verbindung mit *Kedar erwähnt (auch in assyr. Aufzeichnungen werden beide gemeinsam genannt), sind möglicherweise die späteren *Nabatäer (s.a. JSSt 18, 1973, 1-16). J.D.D.

NEBO.

1. Der Berg, von dem aus *Mose das gelobte Land erblickte. Mit der vorspringenden Landspitze der Transjordanischen Hochebene (*Abarim), wird er gelegentlich gleichgesetzt (5Mo 32,49; 34,1), ist aber als Dschebel-En-Neba zu identifizieren, etwa 16 km östl. vom N-Ende des Toten Meeres. Der N. ermöglicht einen weiten Blick vom *Hermon bis zum *Toten Meer. Dschebel-Oscha, etwa 45 km weiter nördl., wird von der lokalen moslemischen Tradition und einigen Gelehrten favorisiert (s.a. G.T. Manley, The Book of the Law, 1957, 163f), liegt aber außerhalb des Landes *Moab. Die ursprüngliche Grenze lag nahe Wadi-Hesban (4 Mo 21, 26ff; die *Mescha-Stele verweist ebenfalls auf Dschebel-En-Neba).

2. Eine Stadt in Moab (4Mo 32,3. 38; Jes 15,2), möglicherweise Chirbet-Ajn-Musa. Um 830 v. Chr. hat *Mescha von Moab die Stadt eingenommen.

3. Eine Stadt in Juda (Esr 2,29; Neh 7,33). D.J.W.

4. Der (abgekürzte?) Name eines Vorfahren mehrerer Juden, die fremdländische Frauen geheiratet hatten und diese auf Esras Anordnung hin wieder entließen (Esr 10,43).

5. Bezeichnung der babylon. Gottheit Nabu, der Sohn des Bēl (Marduk), und solcherart als Umschreibung der Macht *Babylons selbst gebraucht (Jes 46,1). Der Name N. taucht als Teil von Appellationen wie *Nebukadnezar und evtl. *Abed-Nego auf. Nabū wurde als Gott des Lernens betrachtet und damit auch als Gott der Schrift, der Astronomie und aller Wissenschaft. Sein Symbol war ein Keil auf einem Stab, entweder als Zeichen für die Keilschrift oder für ein astronomisches Instrument. Er war die Obergottheit von Borsippa (12 km südsüdwestl. von Babylon), aber ein Ezida-Tempel (»Haus des Wissens«) wurde ihm in jeder größeren Stadt Babyloniens und Assyriens gewidmet. G.G.G.

NEBUKADNEZAR. Der König von *Babylon (605-562 v.Chr.) wird bei den Propheten *Jeremia, *Hesekiel und *Daniel, sowie in der Geschichte der letzten Tage *Judas häufig erwähnt. Sein hebr. Name (*nebūkadrä ʾzzar*) ist die Transliteration des babylon. *Nabu-kudurri-ussur*, was etwa »Nabu hat die Nachfolge-Rechte beschützt« bedeutet. Die hebr. Alternative (*nebūkadrä ʾzzar*; vgl. griech. *Nabochodonosor*) ist eine ungenauere Wiedergabe des Namens (ZA 65, 1975, S. 227-230).

Nach den babylon. Chroniken befehligte dieser Sohn Nabopolassars, des Gründers der chaldäischen Dynastie, zunächst als »Kronprinz« die babylon. Armee in den Kämpfen in N-Assyrien im Jahre 606 v.Chr. Im folgenden Jahr besiegte er *Necho II. und die Ägypter vor *Karkemisch und *Hamat (2Kön 23,29f; 2Chr 35, 20ff; Jer 46,2). »Zu dieser Zeit eroberte er ganz Hatti« (d.h. Syrien und Palästina, so die babylon. Chronik; 2Kön 24,7; Jos.ant.Jud. 10,86). Daniel war unter den Geiseln aus Juda (Dan 1,1ff), die N. im vierten Jahr der Regierung *Jojakims, des Königs von Juda, nach Babylonien bringen ließ. Auf dem Schlachtfeld hörte N. vom Tod seines Vaters und eilte zurück, um seine Rechte auf den babylon. Thron geltend zu machen, den er am 6. September 605 v.Chr. bestieg.

Im folgenden Jahr, dem ersten seiner Regierung, erhielt N. in Syrien Tribut u.a. von den Königen von *Damaskus, *Tyrus und *Sidon, einschließlich *Jojakims, der ihm aber nur drei Jahre lang untertan blieb (2Kön 24,1; Jer 25,1). *Aschkelon weigerte sich, Tribut zu zahlen, und wurde geplündert. In einem Feldzug im Jahre 601 v.Chr. wurden die Babylonier von den Ägyptern besiegt, woraufhin sich Jojakim trotz der Warnungen Jeremias (Jer 27,9-11) den Siegern zuwandte. Nach der Neuformierung seiner Armee überfiel N. 599/98 v.Chr. die Araberstämme von *Kedar und im Ostjordanland und bereitete die Vergeltung an Jojakim und Juda vor (2Chr 36,6), wie sie Jeremia vorhergesagt hatte (Jer 49,28-33). Im 7. Jahr seiner Regierung marschierte N. »nach Palästina und besiegte die Stadt Judas, die er am zweiten Tag des Monats Adar einnahm« (16. März 597 v.Chr.). Dann »nahm er ihren König gefangen und ernannte einen König seiner eigenen Wahl, nachdem er großen Tribut erhalten hatte, den er zurück nach Babylon sandte« (babylon. Chronik,

B.M. 21946). Diese Einnahme Jerusalems und die Gefangennahme ihres Königs Jojachin (Jojakims Sohn und Thronfolger), die Einsetzung Mattanja-Zedekias als dessen Nachfolger und die Mitnahme von Beute und Gefangenen sind Gegenstand der in 2Kön 24,10-17 aufgezeichneten Geschichte. N. ließ die Jerusalemer Tempelgeräte in den Tempel des Bēl-Marduk nach Babylon bringen (2Chr 36,7; 2Kön 24,13; Esr 6,5). Die Gefangenen aus Juda wurden etwa im April 597 abtransportiert, als »das Jahr zu Ende ging« (2Chr 36,10), was den Beginn des achten Regierungsjahres N.s markiert (2Kön 24,12). Inschriften aus Babylon, die aus der Zeit dieses babylon. Königs datieren, erwähnen Jojachin und andere jüd. Gefangene (ANET, S. 308; DOTT, S. 83-86).

596 v.Chr. kämpfte N. gegen *Elam, und im Jahr darauf schlug er einen Aufstand im eigenen Land nieder. Danach fehlen babylon. Geschichtsaufzeichnungen, aber in seinem 17.-19. Regierungsjahr unternahm N. wieder Feldzüge im W. Die

Ofengebrannter Ziegel mit eingestempelter Inschrift zur Erinnerung an die Wiedererrichtung der Tempel des Marduk (Esagila) und des Nabû (Ezida) durch Nebukadnezar II. (602–562 v.Chr.) in Babylon (Süd-Irak). (BM)

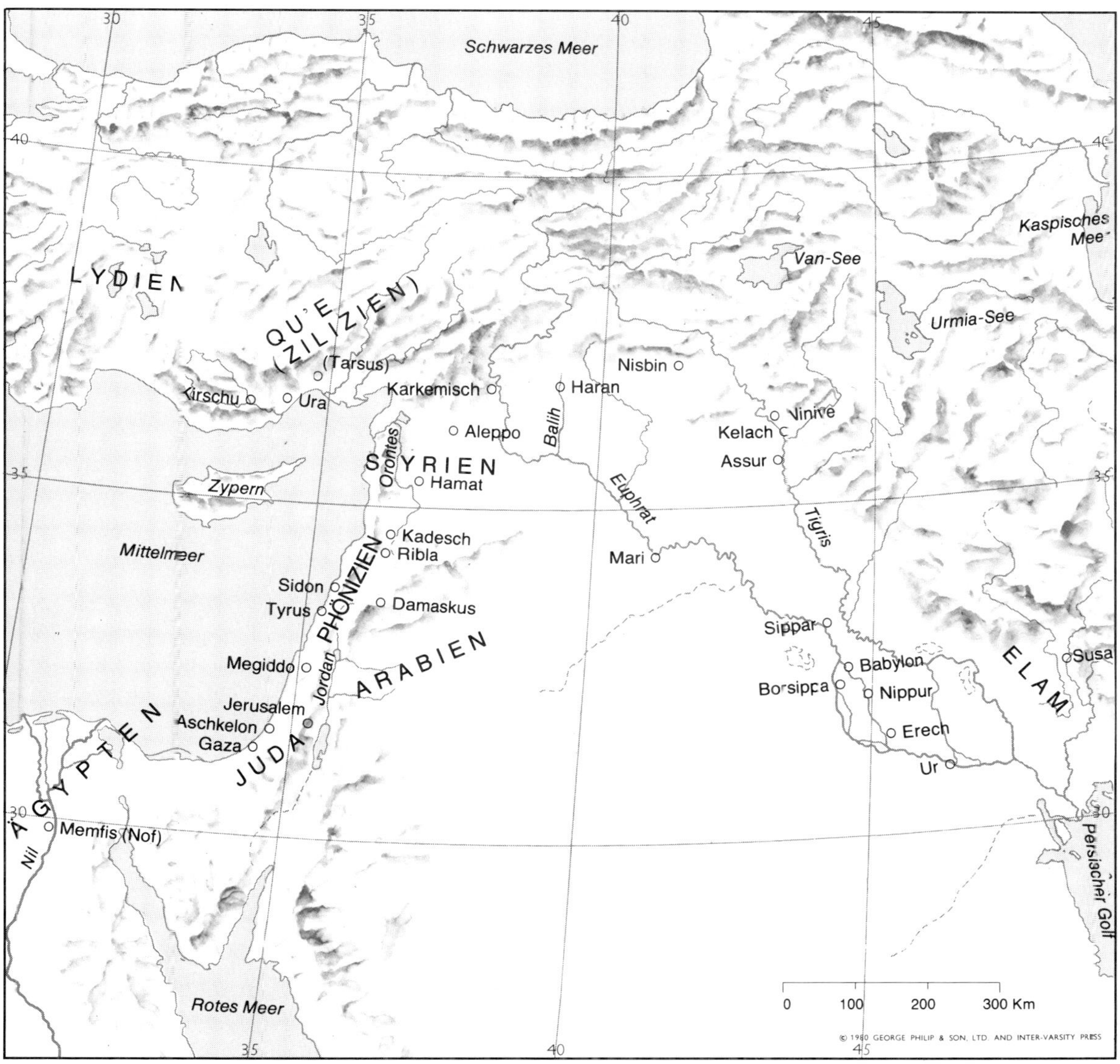

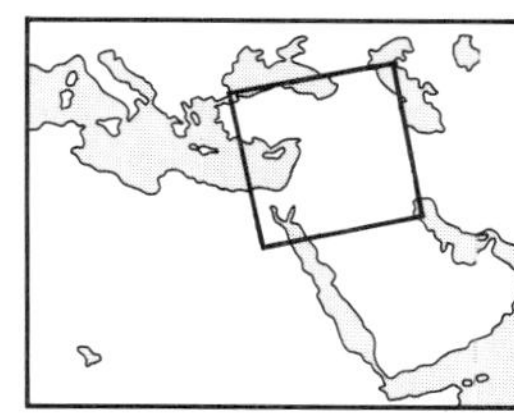

Babylonischer (chaldäischer) Einflußbereich zur Zeit Nebukadnezars II.

Das Ischtar-Tor in Babylon, aus der Zeit Nebukadnezars II. (605–562 v.Chr.), nach archäologischen Funden rekonstruiert. (SOAB)

Pharao Necho II. auf einem Fragment eines Tempelreliefs (unten rechts), unter der Kartusche, die seinen Namen und seine Titel nennt. Kalkstein, Höhe 14,6 cm, wahrscheinlich Unterägypten, 26. Dynastie, 610–595 v.Chr. (WAG)

Operationen leitete er von seinem Hauptquartier in Ribla aus. Das Ergebnis war die Plünderung Jerusalems und die Gefangennahme des Rebellen *Zedekia (Jer 39,5f; 52). Eine Zeitlang wurde die Belagerung aufgehoben, als Apries, der Nachfolger *Nechos II. von Ägypten, in *Phönizien und *Gaza einfiel (Jer 47,1). Im 23. Regierungsjahr N.s (582 v.Chr.) wurde eine weitere Deportation von Judäern nach Babylon angeordnet (Jer 52,30). Etwa um diese Zeit begann auch die 13 Jahre dauernde Belagerung von *Tyrus (Hes 26,7).

Ein babylon. Textfragment erzählt von N.s Invasion in Ägypten im Jahre 568/67 (vgl. Jer 43,8-13). Über die letzten 30 Jahre der Herrschaft N.s ist wenig bekannt. Es gibt keine Bestätigung seines Wahnsinns, der ihn für sieben Monate (oder »Zeiten«) überkam, worüber Dan 4,22-33 berichtet. Mit Hilfe seiner Frau Amytis unternahm N. den Wiederaufbau und die Verschönerung seiner Hauptstadt Babylon. Er ließ die Tempel von Marduk und Nabu mit vielen Altären in Babylon wieder aufbauen und sorgte für regelmäßige Opfergaben und Gewänder für die göttlichen Standbilder (vgl. das goldene Bild aus Dan 3,1). Er ließ auch Tempel in Sippar, Marad und Borsippa wiederherstellen und rühmte sich seiner Errungenschaften, besonders der zwei Verteidigungswälle, des Ischtar-Tores, der Zikkurate und der Prozessionsstraße durch seine eigene Stadt, die er mit neuen Kanälen ausstattete. Einige seiner architektonischen Werke wurden zu den Sieben Weltwundern gezählt. Bei Herodot kommen N. und Nabonides (556-539 v.Chr.) unter dem Namen Labynetus vor. N. starb im August/September 562 v.Chr. Sein Nachfolger wurde sein Sohn Amel-Marduk (*Ewil-Merodach).

Literatur: D.J. Wiseman: Chronicles of Chaldacan Kings, 1956; A. Malamat: A New Record of Nebuchadrezzar's Palestinian Campaigns, JEJ 6, 1956, S. 246-256; HdArch, 274f. D.J.W.

NEBUSARADAN. (Akkad. *Nabu-zer-iddin*, »Nabu gibt Nachkommen«).

Der Befehlshaber von *Nebukadnezars Leibwache, der das eroberte Jerusalem völlig zerstörte und die Bevölkerung Judas 587 v.Chr. in die babylon. Gefangenschaft führte (2Kön 25,8-20; Jer 39,9f; 41,10; 43,6; 52,12-26.30). Er sorgte auch für die Freilassung des Propheten *Jeremia und stellte es ihm frei, mit nach Babel zu ziehen oder in Jerusalem zu bleiben. Jeremia entschied sich für den Verbleib im Land (Jer 39,11-14; 40,1-6).

NECHO. (Ägypt. *Ni-k'w*, griech. *Nechao*). Pharao der 26. Dynastie in *Ägypten um 610-595 v.Chr., Sohn und Nachfolger Psammetichs I. In Fortsetzung der Politik seines Vaters, der ausgeglichene Machtverhältnisse in W-Asien zu erhalten versuchte, marschierte Necho II. 609 v.Chr. in Syrien ein, um Assuruballit II., dem

Bronzene Balkenhalterung, beschriftet mit Hieroglyphen, die den Namen des Pharaos Necho II. wiedergeben (610–595 v.Chr.). Höhe ca. 20 cm. (BM)

Unfruchtbare Landschaft, wie sie für Teile des Negeb charakteristisch ist. (MEPhA)

letzten König von Assyrien, gegen Babylon beizustehen. *Josia von Juda erzwang jedoch eine Schlacht mit N. bei *Megiddo. Die Verzögerung der ägypt. Hilfe für die Assyrer besiegelte deren Schicksal um den Preis von Josias eigenem Leben (2Kön 23,29; 2Chr 35,20-24). Auf seinem Rückweg nach Ägypten setzte N. Josias Sohn *Joahas ab und ernannte dessen Bruder *Jojakim zu einem tributpflichtigen König und Vasallen Ägyptens in Jerusalem (2Kön 23,31-35; 2Chr 36, 1-4). Ägypten beanspruchte Palästina als seinen Anteil des früheren assyr. Reiches, aber in der Schlacht von *Karkemisch, im Mai/Juni 605 v.Chr., erstürmte *Nebukadnezar diesen ägypt. Vorposten und verfolgte die fliehenden ägypt. Streitkräfte; so tauschte Juda einen ägypt. gegen einen babylon. Oberherrn (2Kön 24,1-7).

N. hielt sich von weiteren Unternehmungen in Palästina fern. Die babylon. Chroniken verzeichnen jedoch, daß Nebukadnezar 601 v.Chr. gegen Ägypten aufmarschierte; N. begegnete ihm in einer offenen Schlacht, und beide Seiten erlitten schwere Verluste. Nebukadnezar mußte daraufhin das folgende Jahr in Babylon verbringen, um seine Armee neu aufzubauen. Diese Schwächung der Babylonier könnte Jojakim veranlaßt haben, sich gegen Babylon zu erheben, aber aus dem neutralen Ägypten kam ihm keine Hilfe.

Im eigenen Land folgte N. II. der Politik seines Vaters, d.h. der Förderung von Ägyptens Wohlstand und innerer Einheit. Zu diesem Zweck vergab er Handelskonzessionen an griech. Kaufleute. Er begann mit dem Bau eines Kanals vom Nil zum Roten Meer, den Darius, der Perser, vollendete, und sandte eine phönizische Flotte aus, die Afrika umsegelte, wie Herodot berichtet (4.42). Herodots Zweifel an der Durchführung dieser Umsegelung werden durch ihre eigene Ursache widerlegt, nämlich durch den Bericht der Reisenden, daß sie die Sonne schließlich auf der rechten Seite aufgehen sahen.

Literatur: Drioton, Vandier: L'Egypte, Coll. Clio, 1952; H. De Meulenaere: Herodots over de 26ste Dynastie, 1951; D.J. Wiseman: Chronicles of Chaldaean Kings (626-556 BC), 1956. C.D.W.

NEGEB. Hebr. *nägäb*, »ausgetrocknetes, dürres Land«, bezieht sich auf die südl. Teile *Palästinas. Mißverständlich ist die Übersetzung von N. mit »Südland«. Die Region ist nicht exakt umgrenzt, sie umfaßt mit etwa 1 200 000 ha fast die Hälfte des heutigen Israel. Die N-Grenze läßt sich relativ genau südl. der Straße von *Gaza nach *Beerscheba ziehen, als Verbindungslinie der Orte mit 200 mm jährlichem Niederschlag, von Beerscheba nach O durch Ras Ez-Zuweira zum Toten Meer. Die S-Grenze, die ehemals mit den Hochebenen der Sinai-Halbinsel zusammenfiel, wird als politische Grenze heute südl. des Wadi El-Arisch bis zur Spitze des Golfs von Aqaba bei Elat gezogen. Das Wadi *Araba, heute die politische Grenze zu Jordanien, bildet die O-Grenze des N. (Zur Beschreibung der geographischen Gegebenheiten des N. s. *Palästina).

Die Erwähnung des N. ist nahezu genau auf vor-exilische Zeiten beschränkt, abgesehen von Andeutungen in Sach 7,7 und Obd 20. Auf fünf Distrikte des nördl. N. wird Bezug genommen: auf den N. von Juda, den der Jerachmeeliter, der Keniter (1Sam 27,10), der Kreter und Kalebs (1Sam 30,14). Diese Geschlechter besetzten das Weide- und Ackerland zwischen Beerscheba, Bir *Richmeh und den westl. Hängen der zentralen Hochebene von Kurasche-Kurnub. Bewohnt wurde das N.-Gebiet von den Amalekitern (4Mo 13,29). Die Ruinen ihrer befestigten Siedlungen sind noch immer zwischen Tell Arad (4Mo 21,1; 33,40), ca. 32 km östl. von Beerscheba, und Tell Dschemmeh oder *Gerar (1Mo 20,1; 26,1) zu sehen. Z.Zt. der Wüstenwanderung waren die *Kundschafter der Israeliten von den Befestigungsanlagen der Amalekiter beeindruckt (4Mo 13,17-20.27-29), die intakt blieben bis zum 6. Jh.v.Chr., in dem sie wahrscheinlich von den Babyloniern zerstört wurden (Jer 13,19; 33,13). Die Lage der 29 Städte und ihrer Dörfer im N. ist unbekannt, nur Beerscheba (»Brunnen der Sieben« oder »Brunnen des Schwurs«, 1Mo 21,30), Arad, Chirbet Arʿareh oder Aroër (1Sam 30,28), Fein oder Punon (4Mo 33,42) und Tell El-Kheleifeh oder Ezjon-Geber wurden identifiziert.

Der N. war von strategischer und ökonomischer Bedeutung. Der »Weg nach Schur« durchlief ihn von Zentral-Sinai in nordöstl. Richtung nach Judäa (1Mo 16,7; 20,1; 25,18; 2Mo 15,22; 4Mo 33,8), eine Route, der die Erzväter (1Mo 24,62; 26,23) und der Edomiter Hadad folgten (1Kön 11, 14.17.21f), die wahrscheinlich *Jeremia (Jer 43,6-12) und später *Josef und *Maria auf ihrem Fluchtweg folgten (Mt 2,13-15). Der Weg verlief entlang einer von Brunnen abhängigen Besiedlung, daher auch die häufigen Erwähnungen von Brunnen (z.B. 1Mo 24,15-20; Jos 15,18f; Ri 1,14f). *Usija versuchte, Jerusalem durch Förderung der Landwirtschaft und die Errichtung befestigter Siedlungen am N-Rand des N. abzusichern (2Chr 26,10). Die Geschichte des Vorderen Orients zeigt, daß der N. ein Vakuum bot, wann immer der Bevölkerungsdruck Menschen aus dem fruchtbaren Küstengürtel vertrieb. Bedeutend war ein Vorkommen von Kupfererz im O-Negeb und dessen Transport zur Verhüttung in der *Araba. Das Vorhandensein solcher Industrie ist der Grund für Sauls Auseinandersetzungen mit den Amalekitern und Edomitern (1Sam 14,47) bzw. Davids Siege über die Edomiter (1Kön 11,15f). Auf diesem wirtschaftlichen Faktor ist auch die Anlage des Hafens von Ezjon-Geber durch Salomo zurückzuführen und nachdem dieser Hafen verlandete, der Bau des neuen Hafens von Elat durch Usija (1Kön 9,26; 22,49; 2Kön 14,22). Die Feindschaft mit den Edomitern erklärt sich aus den Kämpfen um die Kontrolle dieses Wirtschaftszweiges (vgl. Hes 25,12ff und Obadja).

Zwischen dem 4. Jh.v.Chr. und dem Beginn des 2. Jh.n.Chr., errichteten die *Nabatäer, ein semit. Volk südarab. Abstammung, eine großartige Bewässerungskultur im N. Reichtum ergab sich aus dem Gewürz- und Weihrauchhandel zwischen Arabien und der Mittelmeerküste und der Handel mit exotischen Gütern zwischen Somalia und Indien. Später wurde der N. eine Hochburg des Christentums. N. Glueck hat dort über 300 frühchristl. byzantin. Siedlungen entdeckt, die aus dem 5. und 6. Jh.n.Chr. stammen.

Literatur: Y. Aharoni: IEJ 8, 1958, S. 26ff; 10, 1960, S. 23ff; 97ff; N. Glueck: Deities and Dolphins (The story of the Nabataeans), 1966; C.L. Woolley, T.E. Lawrence: The Wilderness of Zin, 1936; M. Evenari: Ökologisch-landwirtschaftliche Forschungen im Negev. Analyse eines Wüsten-Ökosystems, 1982 J.M.H.

NEHEMIA. (Hebr. *Nechämja,* »Jahwe hat getröstet«). N. findet sich im AT als Eigenname dreier zu unterscheidender Personen. Auffälligerweise gehören alle der nachexilischen Zeit an:

1. Die Liste der ersten Rückkehrer aus dem Exil (Esr 2,1-67; Neh 7,6-72) führt eine Gruppe von elf namentlich erwähnten Männern auf mit *Serubbabel und *Jeschua an der Spitze und einem N. an dritter Stelle (Esr 2,2; Neh 7,7). Dies legt die Vermutung nahe, daß er wie diese im Unterschied zu den nachfolgend aufgezählten Namenlosen zur führenden Oberschicht gehörte. In der weiteren Geschichte des Wiederaufbaus Jerusalems findet er keine Erwähnung mehr.

2. Die Liste der Bauleute beim Wiederaufbau der Stadtmauer Jerusalems (Neh 3,1-32) unter dem Statthalter Nehemia (s.u.) erwähnt einen N., Sohn des Asbuk, als Verantwortlichen für ein Baulos im Süden der Davidsstadt, also einer besonders steilen Stelle. Dieser war »Vorsteher des halben Bezirkes von *Bet-Zur« (Neh 3,16), wohl eine Art Bürgermeister im Gebiet der wiederaufgebauten Stadt auf den Höhen des judäischen Gebirges nördlich von *Hebron, und nahm wie viele andere von außerhalb Jerusalems seine Mitverantwortung für den Wiederaufbau der Stadtmauer wahr.

3. Nehemia, Sohn des Hachalja, wird in dem nach ihm benannten Buch vorgestellt als Mundschenk am pers. Königshof unter Artaxerxes I. (464-424 v.Chr.; Neh 1,11; 2,1) und als Statthalter Judas von 445 bis 433 v.Chr. mit einem weiteren Aufenthalt nach einigen Jahren (Neh 5,14; 13,6). Sein Name wird erwähnt in Neh 1,1; 8,9; 10,2; 12,26.47. Die Liebe zu seiner Vaterstadt, die er dem Alter nach vorher noch nie gesehen hat, drängt ihn, sich für ihre Wiederbefestigung einzusetzen. Mit königlicher Unterstützung, ausgezeichnetem Organisationstalent und strategischem Geschick gelingt es ihm, den Wiederaufbau der Stadtmauer *Jerusalems gegen den starken Widerstand einer intrigierenden Opposition durchzuführen und der verunsicherten Bevölkerung – auch durch Reformen und Beseitigung von Mißständen - ein gefestigtes Selbstbewußtsein als Gottesvolk zu vermitteln. Die persönlichen Memoiren Nehemias (»Nehemia-Denkschrift« in Neh 1-7; 12,27-43; 13,4-31) machen deutlich, daß er in all den Auseinandersetzungen getragen ist von einem starken Glauben, der ihn in der Durchführung seiner Pläne beharrlich bleiben und Zuflucht finden läßt. Seine Unerschrockenheit, seine persönliche Verzichtbereitschaft und seine Gottesfurcht und Gesetzestreue machen ihn zum Vorbild für die nachexilische Gemeinde. C.D.St.

NEHEMIA, BUCH.

I. NAME.

Das Buch ist nach dem Statthalter und Reformer *Nehemia benannt. Vor allem dessen Werk des Wiederaufbaus der Stadtmauer *Jerusalems und ergänzende Reformen zur Neuordnung der jüd. Gemeinde werden darin beschrieben. Der Name wie die eigenständige Zählung des Buches ist erst in der christl. Tradition seit Origines (3. Jh.n.Chr.) belegt und von daher wieder im Mittelalter in den MT übernommen worden. Bis heute weist die Benennung, wenn auch unterscheidende Zählung, in LXX und Vulg. darauf hin, daß Esra und Nehemia zusammen ursprünglich ein einheitliches Buch unter dem Namen *Esra darstellten. Die jüd. Tradition gibt dafür eindeutige Hinweise (Josephus; Melito von Sardes; Talmud; masoretische Zählung u.a.).

II. GLIEDERUNG UND INHALT.

1,1-11: Nehemias Trauer über den Zustand Jerusalems und sein Gebet führen zu dem Entschluß, den König um Unterstützung zu bitten.

2,1-10: Nehemia erhält die Erlaubnis zur Reise, verbunden mit umfassenden Vollmachten.

2,11-20: Nächtliche Untersuchung der zerfallenen Mauern und gemeinsamer Beschluß zum Wiederaufbau; Widerspruch seitens des samaritischen Statthalters *Sanballat.

3,1-32: Liste der Bauleute mit genauer Beschreibung der einzelnen Baulose.

3,33-4,17: Bericht über die Durchführung des Mauerbaus mit Maßnahmen gegen feindliche Anschläge seitens der samaritischen Nachbarn.

5,1-13: Beseitigung von Mißständen mißbräuchlicher Schuldsklaverei unter der Bevölkerung, die die Motivation zum Mauerbau lähmen.

5,14-19: Vorbildlichkeit Nehemias in Verzicht und persönlichem Einsatz beim Mauerbau.

6,1-14: Nehemia durchschaut Sanballats Intrigen und entgeht ihnen.

6,15-19: Fertigstellung der Mauer

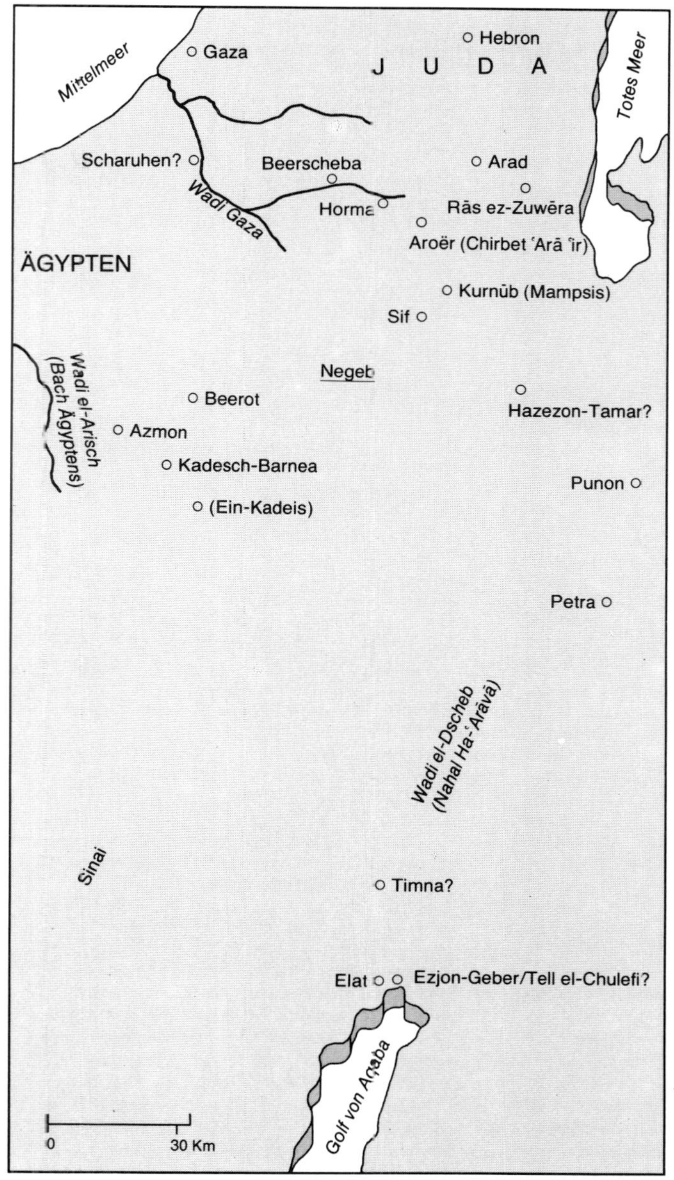

Der Negeb.

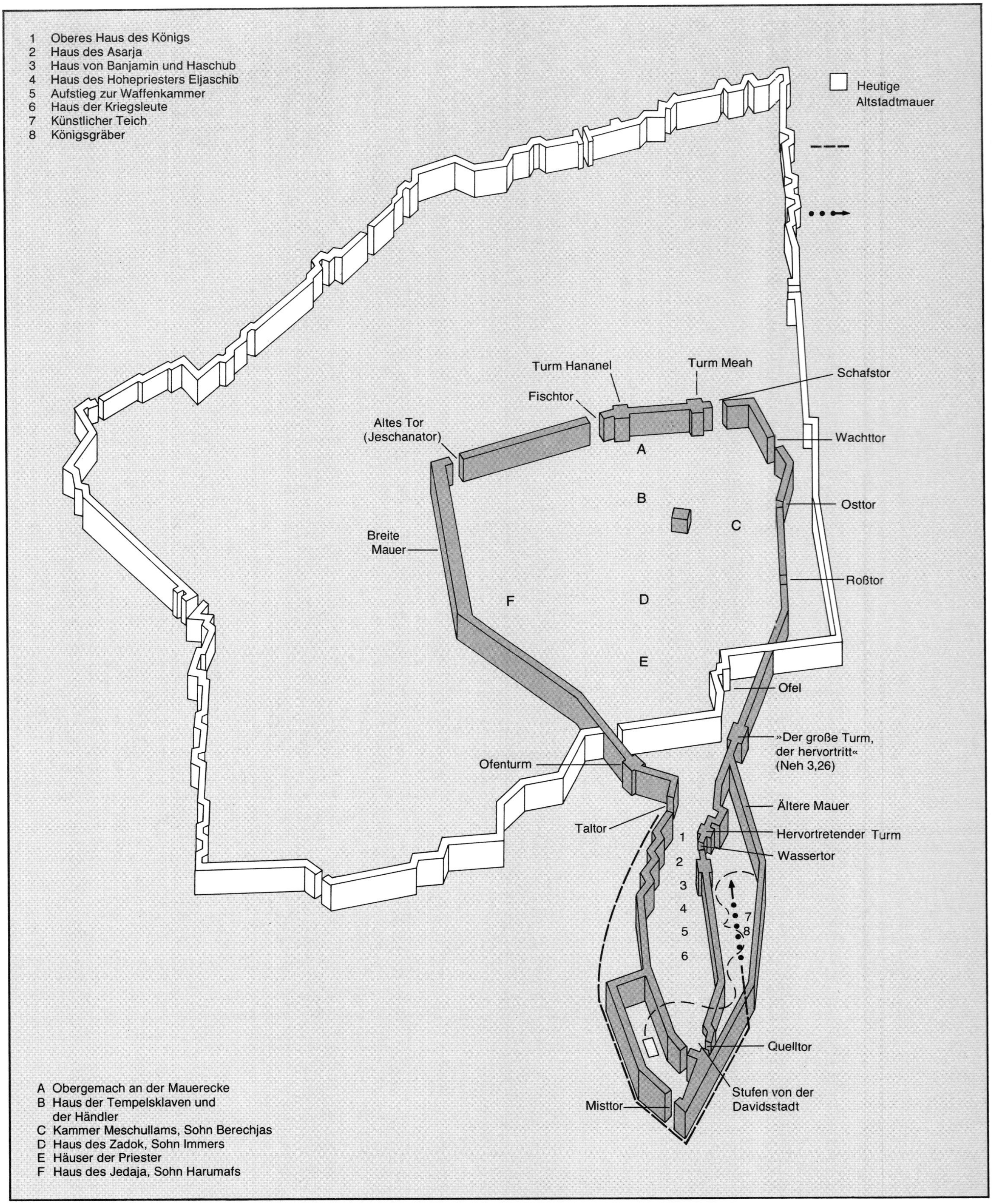
1 Oberes Haus des Königs
2 Haus des Asarja
3 Haus von Banjamin und Haschub
4 Haus des Hohepriesters Eljaschib
5 Aufstieg zur Waffenkammer
6 Haus der Kriegsleute
7 Künstlicher Teich
8 Königsgräber
Heutige Altstadtmauer
Turm Hananel
Turm Meah
Schafstor
Fischtor
Altes Tor (Jeschanator)
Wachttor
Osttor
Breite Mauer
Roßtor
Ofel
»Der große Turm, der hervortritt« (Neh 3,26)
Ofenturm
Ältere Mauer
Taltor
Hervortretender Turm
Wassertor
Quelltor
Stufen von der Davidsstadt
Misttor
A Obergemach an der Mauerecke
B Haus der Tempelsklaven und der Händler
C Kammer Meschullams, Sohn Berechjas
D Haus des Zadok, Sohn Immers
E Häuser der Priester
F Haus des Jedaja, Sohn Harumafs

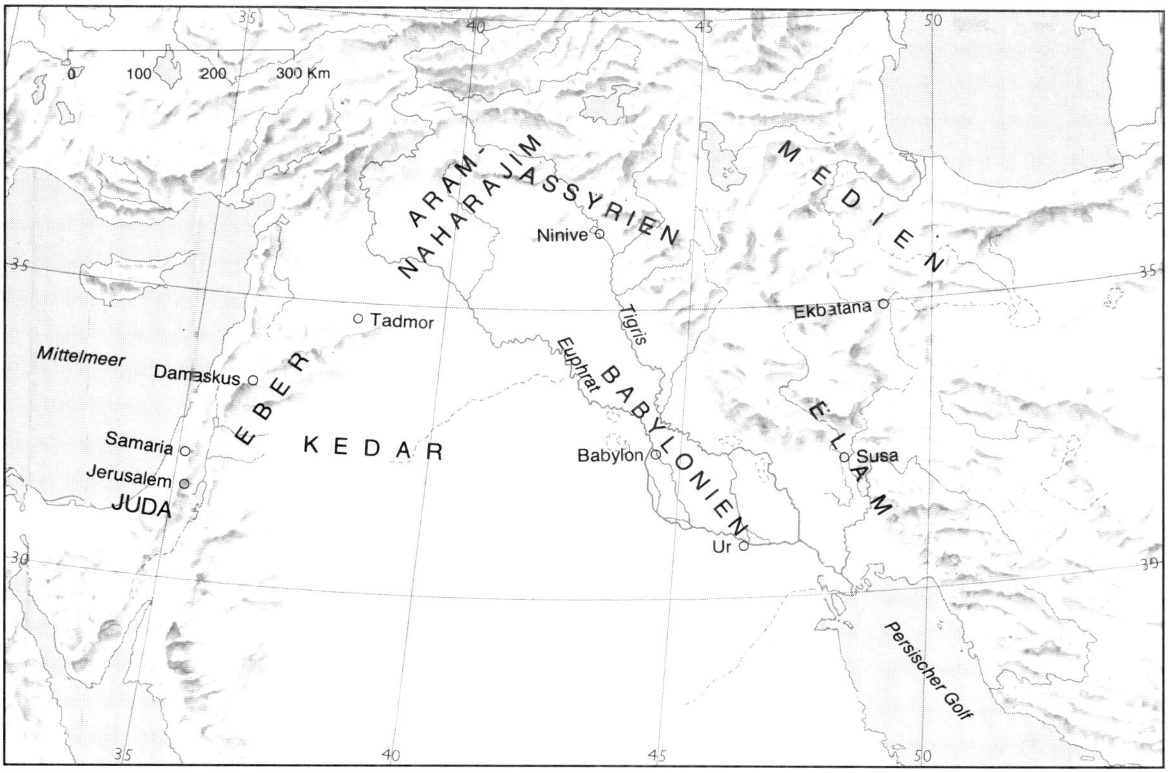

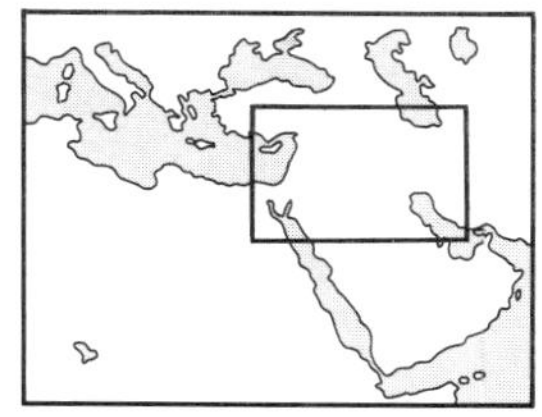

Das persische Reich zur Zeit Nehemias

nach 52 Tagen Bauzeit. Weitere Intrigen des *Tobia.

7,1-3: Einführung von Ordnungen, die die Sicherungsfunktion der Mauer gewährleisten sollen.

7,4-68: Die Notwendigkeit zur Verstärkung der Stadtbevölkerung führt zur Überprüfung der aus dem Exil Zurückgekehrten anhand einer aufgefundenen Rückkehrer-Liste.

7,69-72: Aufzählung verschiedener Spenden und Beiträge zum Bau.

8,1-18: Gesetzesverlesung durch Esra und Feier des Laubhüttenfestes.

9,1-37: Bußgebet des Volkes.

10,1-30: Einleitung zum nachfolgenden Vertrag mit Aufzählung derer, die sich verpflichten.

10,31-40: Vertrag zur Einhaltung des Gesetzes.

11,1-20: Fortführung von 7,4f mit Liste der in Jerusalem ansässigen Familien. Jeder zehnte Landbewohner soll zur Ansiedlung in der Stadt verpflichtet werden.

11,21-36: Liste der Wohnorte verschiedener Levitenfamilien.

12,1-26: Stammbäume verschiedener Priester- und Levitenfamilien.

12,27-43: Fest zur Einweihung der Stadtmauer.

12,44-47: Durchführung einer Abgabenordnung für den Tempeldienst.

13,1-3: Ausschluß von Ausländern aus der jüd. Gemeinde.

13,4-31: Verschiedene Reformen Nehemias nach seiner Rückkehr.

III. QUELLEN UND ZUSAMMENSETZUNG.

1. Die umfassendste Quelle ist die sog. Nehemia-Denkschrift, die sich in Neh 1; 2; 3,33-7,5; 12,31-43 und 13,4-31 findet. Sie ist an der »Ich-Form« zu erkennen und den einzeln eingestreuten Kurzgebeten, meist eingeleitet mit der »Gedenke-Formel«: 5,19; 13,14.22.31 (positiv) und 6,14; 13,29 (negativ). Die Denkschrift geht vermutlich auf einen Rechenschaftsbericht an den König zurück, den Nehemia nach einjähriger Tätigkeit ablegen mußte. Diesen hat er nach seiner späteren Rückkehr überarbeitet und mit den »Gedenk-Formlen« ergänzt, um seine nicht immer geliebten Reformmaßnahmen auch gegenüber der Jerusalemer Gemeinde zu legitimieren.

2. Verschiedene Listen lagen dem Verfasser vor und wurden in die Darstellung eingefügt: 3,1-32; 7,6-68; 10,2-28; 11,3-20.

3. Neh 8; 9; 10 können nicht als Teil der Nehemia-Denkschrift angesehen werden. Neh 8 erweist sich als Teil der Esra-Denkschrift und dürfte ursprünglich in deren Zusammenhang zwischen Esr 8 und Esr 9 gestanden haben.

4. Einzelne Abschnitte, in denen Nehemias Anliegen geteilt, er selbst aber kaum erwähnt wird, könnten auf die Jerusalemer Gemeinde in den Jahren nach Nehemias erster Statthalterschaft oder sogar in der Zeit zwischen Esra und Nehemia zurückgehen. Sie weisen die Tendenz auf, die volle Mitverantwortlichkeit und Einsatzbereitschaft der ganzen Gemeinde beim Reformwerk herauszustellen. Dazu gehören 7,69-72; 11,1-20 und teilweise 10,1-40 und 12,27-43.

5. Bei der Zusammenstellung des Quellenmaterials Esras (ausgenommen Esr 1-6) und N.s, zu dem wohl auch schon die gemeindlichen Abschnitte gehörten, mußte der Bearbeiter eigene Ergänzungen oder Zusammenfassungen erstellen. Dazu zählen besonders Neh 9 und die Zusammenstellung von Neh 8-10, evtl. auch 12,44-13,3.

6. Die beiden Listen 11,21-36 und 12,1-26 stammen aus levitischen Kreisen und sind erst unter Darius II. (423-404 v.Chr.) zusammengestellt worden (vgl. Neh 11,17 mit 11,22; 12,22).

7. Eine spätere Überarbeitung stellte dem bis dahin zusammenhängenden Werk Esr 7 – Neh 13 noch Esr 1-6 voran, um die Legitimität und Kontinuität der jüd. Gemeinde gegenüber dem Anspruch der Samaritaner und ihrem neuen Heiligtum auf dem Garizim zu begründen.

IV. VERFASSERFRAGE UND ENTSTEHUNGSZEIT.

1. Die unterschiedlichen Quellen zeigen, daß der größte Teil des N.-Buches tatsächlich auf den Statthalter N. zurückgeht. Die im Buch verarbeiteten Quellen sind wie die Nehemia-Denkschrift entsprechend der berichteten Zeit zuzuordnen.

2. Die Zusammenstellung der Quellen zum Gesamtbuch Esr 7 – Neh 13 dürfte nicht allzulange nach dem Ende des Wirkens N.s erfolgt sein, also nach ca. 430 v.Chr. und nicht später als der Jahrhundertwende nach dem Tode Darius II. um 404 v.Chr. und der Wirkungszeit des auch

Gegenüberliegende Seite: Jerusalem zur Zeit Nehemias.

Teil der unter Nehemia wiedererbauten Stadtmauer Jerusalems. (KK)

aus den Elephantine-Briefen bekannten Hohenpriesters Jochanan (Neh 12,22). Die Person des Bearbeiters läßt sich nicht weiter bestimmen. Ihm kam es auf die Einheit der Reformen Esras und Nehemias an.

3. Die spätere Überarbeitung setzt die Auseinandersetzung mit dem samaritanischen Anspruch der Legitimität des Garizim-Heiligtums voraus und gehört damit in die Zeit um 300 v.Chr. Der Überarbeiter muß in den entsprechend interessierten priesterlichen Kreisen gesucht werden.

V. DAS VERHÄLTNIS VON ESRA-NEHEMIA ZU DEN CHRONIK-BÜCHERN.

Der über lange Zeit in der Forschung behauptete Zusammenhang mit den Chronik-Büchern läßt sich nicht mehr so selbstverständlich behaupten. Die auch bei Esra und Nehemia zu findenden pro-priesterlichen und -levitischen Interessen hängen einerseits mit der natürlichen Aufgabe zusammen, unter den besonderen Bedingungen der nachexilischen Zeit eine neue Identität als Gottesvolk zu finden, und sind insofern schon mit dem Reformwerk Esras und Nehemias gekoppelt. Andererseits können sich hier auch die Spuren der späteren Überarbeitung niedergeschlagen haben. Nicht auszuschließen ist, daß auch die Chronikbücher eine ähnliche Überarbeitung erfahren haben. Nach Dumbrell sollen die Chronik-Bücher sogar als nachträgliche Einleitung zum abgeschlossenen Werk Esra-Nehemia angesehen werden können.

VI. HISTORISCHER HINTERGRUND.

Nach der Rückkehr aus dem Exil blieben die Bemühungen um einen Wiederaufbau Jerusalems und des Tempels zunächst ohne Erfolg. Die trostlose Situation im Land und die bedrohliche Rivalität seitens der Samaritaner nahmen den Rückkehrern jeden Mut. Der intensive Einsatz der Propheten Haggai und Sacharja führte zunächst zum Wiederaufbau des Tempels, der 516 v.Chr. eingeweiht wurde. Die Stadt selbst blieb ungesichert. Die Bevollmächtigung Nehemias durch Artaxerxes I., der ihn dann auch zum Gouverneur der von Samaria wieder abgelösten Provinz Juda einsetzte, erlaubte dann innerhalb kürzester Zeit die Restauration der Stadtmauer, die teils auch – wie die archäologischen Ausgrabungen im Bereich der Davidsstadt zeigen – weiter oberhalb neu angelegt wurde. Das Jerusalem Nehemias war damit eindeutig von kleinerem Umfang als vor dem Exil. Die Beschreibung der nächtlichen Erkundigung (Neh 2,11-15) und die Liste der Bauleute (Neh 3) ist so zu verstehen, daß die Ausdehnung der Stadt im S nicht über die Grenzen der alten Davidsstadt hinausgekommen ist, während die nördl. Ausdehnung im Bereich des Tempels nicht größer als das Areal des heutigen Tempelplatzes gewesen sein dürfte.

Die weiteren Maßnahmen Nehemias zur Festigung der äußeren und inneren Sicherheit haben wie die Reformen Esras entscheidend dazu beigetragen, daß die Identität des jüd. Volkes und des Judentums in seiner späteren festen Prägung entstanden ist.

VII. THEOLOGISCHE BEDEUTUNG.

In der vorliegenden Fassung des Buches dient die Darstellung des Werkes Nehemias dazu, Gottes heilsames Wirken zur Erneuerung und zur Fortführung des Gottesvolkes deutlich zu machen. Ohne daß ein direktes göttliches Eingreifen berichtet wird, ist Gott im Wirken einzelner Menschen, insbesondere Nehemias, gegenwärtig und bedient sich auch des Großkönigs als Werkzeug.

Daß die Reformen Nehemias keinen Idealzustand erreichen und der Glanz vergangener Heilszeiten trotz an sie erinnernder Formulierungen nicht wieder herbeigeführt werden kann, wird nicht verschwiegen, dafür aber die Hoffnung auf Gottes zukünftiges Wirken gefördert. Die von Nehemia berichtete Kleinarbeit im Mühen, Verzichten und Angefochtensein und seine trotzige Beharrlichkeit machen ihn zum Vorbild für den Glaubenden kommender Zeiten, in denen weitere Auseinandersetzungen nicht ausbleiben.

Literatur: D.J.A.Clines: Ezra, Nehemiah and Esther, NCB,1984; W.Dumbrell: The Purpose of the Book of Chronicles, JETS 26/1983, 257-66; F.C.Fensham: The Books of Ezra and Nehemia, NICOT, 1982; ders.: Some Theological and Religious Aspects in Ezra and Nehemiah, JNSL 11/1983, 59-68; K.Galling: Die Bücher der Chronik, Esra, Nehemia, ATD 12, 1954; ders.: Studien zur Geschichte Israels im persischen Zeitalter, 1964; S.Japhet: The Supposed Common Authorship of Chronicles and Ezra/Nehemia, VT 18/1968, 330-371; U.Kellermann: Nehemia. Quellen, Überlieferung und Geschichte, BZAW 102, 1967; D.Kidner: Ezra and Nehemiah, TOTC, 1979; S.Mowinckel: Studien zu dem Buche Ezra-Nehemia. I. Die nachchronistische Redaktion des Buches. Die Listen, SNVAO II NS 3, 1964; II. Die Nehemia-Denkschrift, SNVAO II NS 5, 1964; M. Noth: Überlieferungsgeschichtliche Studien, 1943; G.von Rad: Die Nehemia-Denkschrift: ZWA 76/1964, 176-187; W.Rudolph: Esra und Nehemia, HAT I, 20, 1949; H.G.M.Williamson: Ezra-Nehemiah, WBC 16, 1985; E.M.Yamauchi: The Archaeological Background of Nehemiah, BSac 137/1980,291-309.

C.D.St.

NEHMEN.

I. IM ALTEN TESTAMENT.
Das hebr. Verbum *lāqach* »nehmen«, weist eine große Bedeutungsbreite auf.

1. Es meint zunächst, einen Gegenstand mit der Hand »nehmen, fassen, ergreifen«. Dann bedeutet *lāqach* »fortnehmen, wegnehmen, mit sich nehmen«. Weiter kann es mit »annehmen, (aus der Hand jemandes) entgegennehmen« wiedergegeben werden.

2. Das Verbum steht häufig im Zusammenhang mit kultischen Handlungen, z.B. ein Tier für ein Opfer nehmen.

3. Weiter wird *lāqach* für einen Verfügungsberechtigten gebraucht. Josef nahm Simeon als Geisel (1Mo 42,24). Hierhin gehört auch der Ausdruck »sich eine Frau nehmen« für die Eheschließung.

4. Im übertragenen Sinn stehen auch »Rache nehmen, Schmach auf sich nehmen« (Jes 47,3; Hes 36,30).

5. Besonders in den prophetischen und poetischen Büchern ist Gott Subjekt des Nehmens. Am häufigsten ist die Rede davon, daß Jahwe sein Volk aus der Zerstreuung hole (5Mo 30,4; Jer 3,14). Ferner kann das Wort im Sinne von »Erwählung, Berufung« verwendet werden (vgl. 1Mo 24,7; Ps 78,70; Am 7,15).

6. Das »Nehmen Gottes« kann eine visionäre Versetzung an einen andern Ort bedeuten. 1Mo 5,24 und 2Kön 2, 3.5 reden von der Entrückung *Henochs und *Elias.

II. IM NEUEN TESTAMENT.
In der LXX und im NT entspricht dem hebr. *lāqach* das griech. *lambanō*, »anfassen, ergreifen, nehmen, erreichen, aufnehmen, empfangen«.

1. Der aktive Gebrauch ist vor allem in der Speisungs- und Mahlterminologie (Mk 6,41; 14,22f; 1Kor 11, 23ff etc.) bekannt.

2. Die passivische Seite »annehmen, empfangen« tritt an zentralen Stellen der ntl. Verkündigung auf und kann z.B. das Wechselverhältnis zwischen Bitten und Empfangen umschreiben (Mk 11,24). Vielfach geht es um das geschenkhafte, aus Gnade gewährte Empfangen. Die Gabe selbst kann unterschiedliche Ausprägung aufweisen: Geist, Gnade, Versöhnung, Gerechtigkeit, Vergebung der Sünden, das verheißene Erbe.

3. In diesem Zusammenhang ist auch die eschatologische Ausrichtung von *lambanō* im Sinne von »erlangen, erreichen« zu erwähnen. Sie findet sich in der Ankündigung Jesu vom Lohn der Nachfolge (Mk 10,30). Abschließend kann festgehalten werden, daß im NT vor allem die passivische Seite im Sinne von »annehmen, empfangen« überwiegt, besonders in den theologisch bedeutsamen Aussagen. Daraus wird deutlich, »wie sehr das NT ... das Verhältnis des Menschen zu Gott als das des Beschenkten zum Schenkenden ... faßt« (Delling, 6).

Literatur: G. Delling: ThWNT IV, 1942, 5-16; H.H. Schmid: THAT I, 1971, 875-879; A. Kretzer: EWNT II, 1981, 829-833; H. Seebass: ThWAT IV, 1984, 588-594.

W.Bm.

NEID. Das dt. Wort N. meinte im Althochdeutschen Haß und Zorn, konnte später auch für Eifersucht und Mißgunst stehen. N. steht in einem sprachlichen Zusammenhang mit »nieder«. Der Neider sieht sich »niederer« als der, dem er etwas neidet. N. meint »dasselbe haben wollen wie ein anderer, das des andern begehren«. N. im Sinne von *Begierde richtet sich auf Menschen wie auf Sachen. Die Frau, der Mann, der Mitarbeiter des andern ist Objekt des Begehrens (2Mo 20,17f; 5Mo 5,21).

Im AT werden manchmal Begriffe der hebr. Wurzel *qānāʾ*, »eifern für jemand, eifersüchtig sein, Eifersucht erregen« mit N. oder neidisch sein übersetzt. Im NT wird griech. *zēlos* mit »Eifer, Eifersucht« wiedergegeben, 2Kor 12,20; Jak 3,14.16 jedoch mit N. Das im allg. für N. im Griech. verwendete Ausdruck *phthonos* meint: dem anderen etwas nicht gönnen, ihm übelwollen, ihn kleinmachen; *phthonos* führt leicht zum Streit. N. und Streit begegnen im NT häufig zusammen (2Kor 12,20; Gal 5,20f; Jak 3,14.16).

N. ist eine Eigenschaft des Menschen unter der Sünde (Röm 1,29; Gal 5,21). Wohin N. führen kann, wird z.B. an *Kain (1Mo 4,3ff) oder den Brüdern *Josefs vor Augen geführt (1Mo 37,11). Deshalb ist die Warnung vor dem Neidischen angebracht, »denn in seinem Herzen ist er berechnend« (Spr 23,6). Aus N. handelte der Hohe Rat, als er Jesus der staatlichen Gewalt, *Pilatus, auslieferte (Mt 27,18; Mk 15,10). Mit derselben menschlichen Eigenschaft waren auch Paulus und seine Mitarbeiter in der Synagoge in *Antiochia konfrontiert (Apg 13,45). Die Rechte, der Einfluß und der Besitz des andern sollen geschmälert werden, um selbst das zu haben, was man für lebensnotwendig hält.

Schon im AT wird dazu aufgefordert: »sei nicht neidisch« auf die Übeltäter oder die bösen Menschen (Ps 37,1; Spr 24,1). In der Gemeinde Jesu darf N. ebensowenig wie Eifersucht, Streit, Zorn u.ä. herrschen (2Mo 12,20; 1Petr 2,1; Jak 3,14.16); denn sie zerstören die Gemeinschaft unter Christen. Weil Jesus sich in Liebe den Menschen zuwendet und für sie sorgt, ist das Gefühl, zu kurz zu kommen (Tit 3,3), nicht angebracht.

M.H./Red.

NERGAL. (Hebr. *nergal*; sumer. U.GUR; babylon. *ner(i)gal*, »Herr der großen Stadt«, d.h. der Unterwelt). Das Kult-Zentrum dieser babylon. Gottheit war Kuta (heute Tell Ibrahim, nordöstl. von Babylon), wo N. zusammen mit seiner Gemahlin Ereschkigal als Herrscher der Unterwelt verehrt wurde. Männer aus Kuta hielten auch im Exil in Samarien an seiner Verehrung fest (2Kön 17,30); obwohl N. der Gott der Jagd war, fürchteten sie die Löwen (sein Kult-Tier), die Jahwe sandte (V. 26). N. galt in ganz Assyrien und Babylonien als Gott der versengenden Sonne, der Krankheit, des Krieges, der Überschwemmung und der Zerstörung. Er wurde mit Mekal, dem Gott von *Bet-Schean, und später mit Mars gleichgesetzt. Tempel in Larsa, Isin und Assur waren N. geweiht. Sein Name findet sich als göttliches Element in Personennamen wie etwa *Nergal-Sarezer (Jer 39,3.13).

Literatur: E. von Weiher: Der babylonische Gott Nergal, 1971.

D.J.W.

NERGAL-SAREZER. Das hebr. Äquivalent zum babylon. *Nergal-schar-usur* (griech. Neriglissar) bedeutet »O Nergal, beschütze den König«. N. ist der Name eines Obersten der Armee *Nebukadnezars in Jerusalem, 587 v.Chr. (Jer 39,3.13). Möglicherweise nennt V. 3 zwei Personen gleichen Namens. In diesem Fall könnte der erste Neriglissar sein, einer der Befehlshaber der babylon. Armee, ein Sohn des Bel-schum-ischkun und Schwiegervater Nebukadnezars. Im Jahre 560 v.Chr. folgte er auf den babylon. Thron. Der andere, auch als Rabmag bezeichnete N. hätte dann eine niedrigere Position innegehabt.

D.J.W.

NERO. Röm. Kaiser, geboren am 15. 12. 37, gestorben am 9. 6. 68 n.Chr. Ursprünglich L. Domitius Ahenobarbus, Sohn des Gn. Domitius Aheno-

NEPHISITER
s. Nafisch

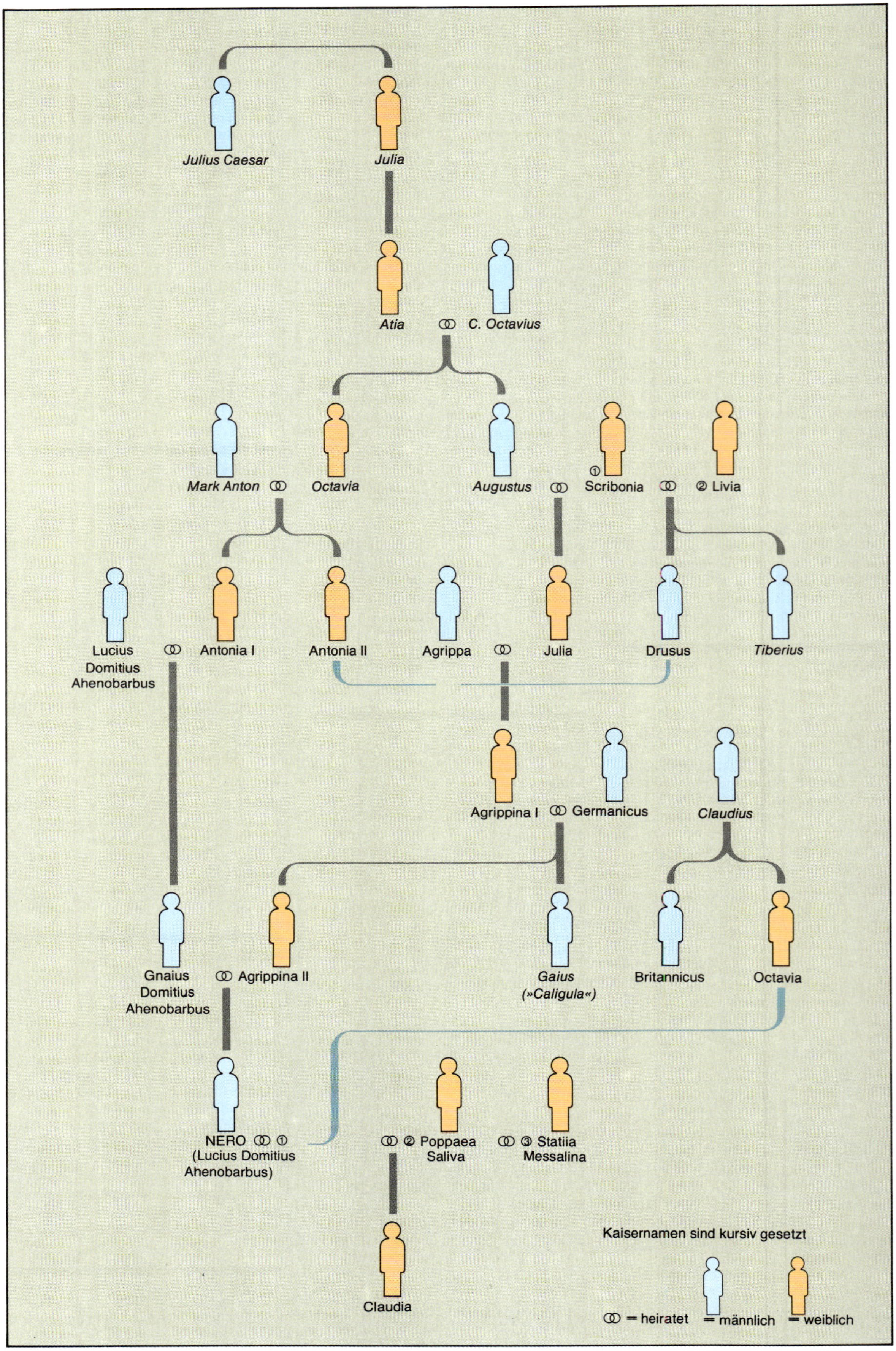
Julius Caesar
Julia
Atia
C. Octavius
Mark Anton
Octavia
Augustus
① Scribonia
② Livia
Lucius Domitius Ahenobarbus
Antonia I
Antonia II
Agrippa
Julia
Drusus
Tiberius
Agrippina I
Germanicus
Claudius
Gnaius Domitius Ahenobarbus
Agrippina II
Gaius (»Caligula«)
Britannicus
Octavia
NERO ① (Lucius Domitius Ahenobarbus)
② Poppaea Saliva
③ Statiia Messalina
Claudia
Kaisernamen sind kursiv gesetzt
= heiratet
= männlich
= weiblich

barbus und der Julia Agrippinia d.J. Am 25. 2. 50 von Kaiser *Claudius adoptiert, Annahme des Namens Nero, eines *Cognomens* der *gens Claudia*. Kaiser vom 13. 10. 54 (Ermordung des Claudius; Akklamation N.s durch die Prätorianer und Bestätigung durch den Senat) bis zu seinem Selbstmord am 9. 6. 68. Schüler des Philosophen Seneca, den er 65 n.Chr. zum Selbstmord zwang und dem später ein (als *Pseudepigraphon erhaltener) Briefwechsel mit *Paulus zugeschrieben wurde. In N.s Herrschaftszeit fallen wesentliche Ereignisse der Ausbreitung des frühen Christentums (*Chronologie des Neuen Testaments), darunter die Gefangenschaft des Paulus in *Cäsarea unter den Statthaltern *Felix und *Festus. In Cäsarea berief sich Paulus auf den Kaiser (Apg 25,11), d.h. auf N., dessen unmittelbarer Untertan er als röm. Bürger war. *Rom-Reise und Romaufenthalt (mit möglichen Unterbrechungen) bis zum Martyrium fallen in N.s Herrschaftszeit. Es ist nicht auszuschließen, daß N. das röm. Verhör des Paulus selbst geleitet hat, da er auch sonst großes Interesse an Fällen aus der »Provinz« hatte, bei denen an den Kaiser appelliert worden war.

Persönliche Berührungen N.s mit anderen Christen sind ebenfalls denkbar: in seinem Haushalt gab es gläubige Christen (Phil 4,22). Mit Hilfe von Röm 16,5-15 unternahm J.B. Lightfoot den Versuch, einige Namen mit N.s Umfeld in Verbindung zu bringen, vor allem Patrobas (Röm 16,14), Philologus (Röm 16,15) und »die aus dem Haus des Aristobul« (Röm 16,10; vgl. F.F. Bruce). Auch Kontakte zu Juden und jüd. Denken sind zu vermuten: N.s Mätresse und spätere Frau (ab 62 n.Chr.) Poppaea Sabina pflegte enge Beziehungen zu jüd. Kreisen und galt als »gottesfürchtig« (*theosebes*, Jos.ant.Jud. 20, 195; vgl. Jos.vita 16).

Noch unter N. begann 66 n.Chr. der jüd. Aufstand in *Judäa, in dessen Frühphase, 66/67 n.Chr. die Christen aus *Jerusalem nach *Pella zogen (Eus. h.e. 3,5,3) und der mit der Zerstörung Jerusalems und des *Tempels durch *Titus im Jahre 70 endete.

Das für das frühe Christentum folgenreichste Ereignis der Herrschaft N.s war der Brand Roms, 18./19.7.64, mit der darauf begründeten, wenngleich vielleicht sogar erst im Frühjahr 65 einsetzenden ersten großen, systematischen Christen-*Verfolgung (vgl. Tac. ann. 15,38-44; Sueton, De Vita Caesarum Liber VI, 16,2; 38,1-3; Seneca, Ep. ad Lucilium 95,30-33). Daß N. selbst das Feuer gelegt habe, ist ein schon früh kolportiertes, hartnäckiges Gerücht. Allerdings dürfte ihm die Vernichtung von zehn der vierzehn Stadtbezirke nicht ungelegen gekommen sein, ermöglichte sie ihm doch die Wiedererrichtung der teilweise zu Slums heruntergekommenen Stadt durch ein großangelegtes und großzügiges Bauprogramm, das durchaus nicht nur der Bevölkerung, sondern auch seiner Selbstverherrlichung diente (Domus Aurea). Tacitus zufolge benutzte N. die unschuldigen Christen als willkommene Opfer, um von der immer häufiger auf ihn selbst gerichteten Suche nach den Schuldigen abzulenken. Daran, daß die Christen ohnehin unter der Bevölkerung Roms nicht sonderlich beliebt waren, lassen allerdings die Nero-Kritiker Tacitus und Sueton keinen Zweifel. Tacitus nennt das Christentum eine *exitiabilis superstitio*, einen »unheilvollen Aberglauben« (ann. 15,44,2), Sueton bezeichnet die Christen als ein *genus hominum superstitionis novae ac maleficae*, eine »Menschensorte mit einem neuartigen und böswilligen Aberglauben« (De Vita 16,2). Es ist auch denkbar, daß einige Christen aus fehlgeleitetem apokalyptischem Denken heraus in dem Feuer Gottes Urteil über das babylon. Rom sahen, möglicherweise sogar den Be-

»Nero Caesar Augustus«, Inschrift auf einem Gold-Aureus des Kaisers Nero. Durchmesser 19 mm. (RG)

Gegenüberliegende Seite: Vereinfachter Stammbaum des römischen Kaiserhauses mit der in Nero auslaufenden männlichen Linie.

Büste Neros, röm. Kaiser von 54–68 n.Chr. (PP)

NESSEL
s. Pflanzen

NETHINIM
s. Tempeldiener

Gegenüberliegende Seite oben:
Netze und Pflöcke werden während einer Jagd von Dienern König Assurbanipals getragen. Relief aus Ninive, ca. 640 v.Chr. (BM)

Unten:
Hirsche und Rehe werden in Netzen gefangen. Relief aus Ninive, ca. 650 v.Chr. (BM)

ginn des Weltenbrandes, und mit solchen Parolen für Unruhe unter Nichtchristen ebenso wie unter Christen sorgten. Dafür scheint u.a. das Vorgehen der Christen gegeneinander zu sprechen, von dem Tacitus berichtet (Denunziation, *indicium*), aber auch die Angabe des Clemens von Rom, in seinem 1. Korintherbrief (1Clem 5,1-5), in dem Uneinigkeit und Eifersucht als Gründe für die im Zuge der Verfolgungen eintretenden Hinrichtungen des Petrus und Paulus genannt werden.

Dauer und Auswirkung der neronischen Christenverfolgung sind umstritten. Während nicht nachweisbar ist, daß sie von Amts wegen auch außerhalb Roms systematisch durchgeführt wurde, sind sich der röm. Historiker Sueton (De Vita 16,2), der christl. Apologet Tertullian (Adversus Nationes 1,7,9) und der christl. Historiker Sulpicius Severus (Chronik 2,29,3) darin einig, daß die Strafverfolgungen gegen Christen fortdauerten (d.h. auch während der vorübergehenden Abwesenheit N.s von Rom, September 66 bis Januar 68) bis zu seinem Tode, möglicherweise (nach Tertullian) durch Erneuerung auch darüber hinaus.

Als Schreibtischmörder (Britannicus, 55 n.Chr; Agrippina, 59 n.Chr.; Octavia, 62 n.Chr.) und Anstifter zum zwangsweisen Selbstmord (Seneca, 65 n.Chr.; Petronius, 66 n.Chr.) war N. besonders in der oberen Gesellschaftsschicht verachtet und verhaßt. Vor allem der Muttermord, in Senecas doch wohl echter Tragödie »Octavia« ca. 62/63 n.Chr. und in zahlreichen auch öffentlich verbreiteten Schimpf- und Spottgedichten thematisiert (vgl. Sueton, De Vita 39,2; dort auch Beispiele für den Spott über seine Auftritte als Sänger und Schauspieler und über seine Selbstvergöttlichung) trug zum allg. zunehmenden Haß auf ihn bei. Die sogenannte Pisonische Verschwörung 65 n.Chr. hatte N. noch grausam niederschlagen lassen, doch Anfang 68, nach seiner Rückkehr von einer »Künstlertournee« aus Griechenland, erhoben sich gegen ihn verschiedene Statthalter, namentlich Vindex in Gallien und Galba in Spanien. Auch die röm. Prätorianer versagten ihm die Gefolgschaft. N. wurde zum Staatsfeind erklärt; auf der Flucht aus Rom beging er im 32. Lebensjahr, an dem Tag, »an dem er einst Octavia ermordet hatte« (Sueton, De Vita 57,1), mit Hilfe seines Sekretärs Epaphroditus Selbstmord, indem er sich einen Dolch in die Kehle stieß. Die Nachricht von seinem Tode löste in Rom ein Volksfest aus, während Anhänger behaupteten, er lebe noch und werde als strafender Richter wiederkehren (Sueton, De Vita 57,1).

Noch im späten 1. Jh. wurde N. explizit mit dem *Antichristen gleichgesetzt (Ascensio Isaiae 4; vgl. Sibyllinische Orakel 3,66; 4,117; 5,100, u.ö.). Ob in diesem Sinne auch Offb 13,18 oder 17,10-18 auf N. zu beziehen sind, ist umstritten, im Falle von Offb 13,18 jedoch schon philologisch zweifelhaft.

In der Literaturgeschichte ist N. der wohl am häufigsten dargestellte röm. Kaiser. Das *Carmen Apologeticum* des Commodian (2./3. Jh.), die *Legenda Aurea* des Jacobus de Voragine (vor 1264) und der *Roman de la Rose* (vor 1300) gehörten zu den beliebtesten Werken, die Motive und Legenden aus dem Leben N.s verwenden. In neuerer Zeit sind Lope de Vegas *Roma abrasada* (1629), Monteverdis Oper *L'Incoronazione di Poppea* (1664), Lohensteins *Agrippina* (1665), Racines *Britannicus* (1669), Händels Oper *Nero* (1705) und Feuchtwangers Roman *Der falsche Nero* (1936) zu nennen. Die größte Popularität erhielt der Nero-Stoff aber wohl durch den Roman *Quo vadis?* von Henryk Sienkiewicz (Nobelpreis 1905) und dessen Verfilmungen.

Kunstgeschichtlich ist N.s Bildnis durch zahlreiche zeitgenössische Münzen, Büsten und Skulpturen dokumentiert, die ihn vom Knaben neben seiner Mutter (Rom, Kapitolinisches Museum) bis zum aufgeschwemmten Dreißigjährigen zeigen (Paris, Louvre).

Literatur: J.H. Bishop: Nero. The Man and the Legend, 1965; J.W.Ph. Borleffs: Institutum Neronianum, in: R. Klein (Hrsg.): Das frühe Christentum und der römische Staat, 1982, 217-35; F.F. Bruce: The Letter of Paul to the Romans, [2]1985, 256-62; G. Edmundson: The Church in Rome in the First Century, 1913; E.G. Hardy: Christianity and the Roman Government, 1925; K. Heinz: Das Bild Kaiser Neros bei Seneca, Tacitus und Cassius Dio, 1948; J.B. Lightfoot: The Epistle to the Philippians, 1886, 171-78; F. Neugebauer: Zur Deutung und Bedeutung des 1. Petrusbriefs, in: C.P. Thiede (Hrsg.): Das Petrusbild in der neueren Forschung, 1987, 109-44; J.A.T. Robinson: Wann entstand das Neue Testament?, 1986, 152-60, 253-59; G. Scheda: Nero und der Brand Roms, Historia 16, 1967, 111-15; A.N. Sherwin-White: Roman Society and Roman Law in the New Testament, 1963; C.P. Thiede: Simon Peter - From Galilee to Rome, [2]1988, 178-79, 185-92; B.H. Warmington: Nero – Reality and Legend, 1969; J. Zeiller: Institutum Neronianum – Hirngespinst oder Wirklichkeit?, in: R. Klein (Hrsg.): Das frühe Christentum im römischen Staat, 1982, 236-43. C.P.Th.

NERVA. Marcus Cocceius N., röm. Kaiser von 96-98, um 30 in Narnia geboren, entstammte einer vornehmen Familie, war gebildet und erfreute sich der Gunst *Neros sowie der flavischen Kaiser. Nachdem *Domitian am 16.9.96 ermordet worden war, bestieg N. als »Mann des Senats« den Thron. Seine auf Wohlfahrt und Gerechtigkeit zielende Politik sah eine verbesserte Getreideversorgung vor, »Erziehungsbeihilfen« für bedürftige Kinder und eine Konsolidierung der öffentlichen Finanzen. Die unter Domitian Verfolgten rehabilitierte er. Dem Druck der Armee mußte N. nachgeben, indem er die Mörder Domitians hinrichten ließ und schließlich *Trajan, einen der führenden Militärs, am 27.10.97 adoptierte und somit zu seinem Nachfolger designierte. K.G.

NETANEL. (Hebr. *netan'ēl*, von *nātan*; »Gott hat gegeben«).

1. Sohn Zuars, Stammesfürst von *Issaschar z.Zt. der *Wüstenwanderung (4Mo 1,8; 2,5; 7,18.23; 10,15).
2. Sohn *Isais und Bruder *Davids (1Chr 2).
3. Priester z.Zt. Davids (1Chr 15, 24).
4. Vater des Schreibers *Schemaja, ein Levit (1Chr 24,6).
5. Levit aus dem Geschlecht *Korach, Sohn Obed-Edoms, eines Torhüters z.Zt. Davids (1Chr 26,4).
6. Einer der Oberen z.Zt. der Regierung *Joschafats (868-847 v.Chr.), die das Volk in den Städten Judas im Gesetz unterweisen sollten (2Chr 17,7).
7. Vorsteher der Leviten z.Zt. der Regierung *Josias (639-609 v.Chr.; 2Chr 35,9).
8. Priester aus dem Geschlecht Paschhur, der z.Zt. *Esras eine heidnische Frau genommen hatte (Esr 10, 22).
9. Levit aus dem Geschlecht *Jedaja, der mit *Serubbabel aus dem babylon. Exil zurückgekehrt war (Neh 12,21.36).

NETANJA. (Hebr. *netanjāhū*, »Jahwe hat gegeben«; LXX: *Nathanias*; vgl. *Nathanael).

1. Vater Jismaels, des Mörders *Gedaljas (Jer 40,8.14f; 41,9). In 2Kön 25,23 liest die LXX: Mathanias.
2. Leiter der fünften Gruppe des Tempel-Chores aus dem Geschlecht *Asaf (1Chr 25,2.12).
3. Vater des Jehudi (Jer 36,14).
4. Levit, der die von *Joschafat nach Juda zur Belehrung gesandte Abordnung von Oberen begleitete (2Chr 17,8). D.J.W.

NETOFA. (»Gefallenes«). Eine Stadt oder eine Gruppe von Gehöften (1Chr 9,16; Neh 12,28) nahe *Bethlehem (Neh 7,26). Die Einwohner werden »Netofatiter« genannt. N. war die Heimat einiger »Helden« Davids (2Sam 23,28f). N. wird als einer der Orte erwähnt, an denen sich Rückkehrer aus dem babylon. Exil niederließen (Esr 2,22). Daß N. in der Nähe von Bethlehem lag, ist eindeutig, aber die Ortslage konnte bislang nicht identifiziert werden. G.W.G.

NETZ. Netze begegnen in der Bibel als Geräte zum Fischen oder Jagen aus geflochtenen Seilen, aber auch als netzartige Muster oder Gitter.

I. NETZE ZUM FISCHEN UND JAGEN.

Ableitungen aus vier hebr. Wortstämmen werden im AT mit »Netz« übersetzt.

NEUES TESTAMENT
s. Bibel
s. Bund
s. Chronologie (NT)
s. Kanon (NT)

NEUMOND
s. Jahr

NEUTESTAMENTL. APOKRYPHEN
s. Apokryphen NT

1. Hebr. *järasch,* »in Besitz nehmen«. Mit *räschät* ist ein N. zum Fangen von Vögeln (Spr 1,17) oder Wassertieren gemeint (Hes 32,3). Der Begriff steht oft figurativ für Intrigen (z.B. Ps 9,16, »als Falle ausgelegt«) oder für Gottes Gericht (z.B. Hes 12,13, »über die Beute werfen«).

2. Hebr. *cherām,* »etwas Durchlöchertes«. Bezeichnung für ein großes N., wie es am Ufer zum Trocknen ausgelegt wird (Hes 26,5), und figurativer Ausdruck für das Herz einer bösen Frau (Pred 7,26), für Gottes Gericht über den Pharao (Hes 32,3), für räuberische Individuen (Mi 7,2) und für die Macht des chaldäischen Militärs (Hab 1,15).

3. Hebr. *mezōdāh* (von *zud,* »jagen«) meint ein Fischnetz (Pred 9,12); *māzūd* und *mezūdāh* stehen für das Gericht Gottes (Hiob 19,6, »das Opfer umschließen«; Ps 66,11), und *māzōd* aus Spr 12,13 könnte eine Falle für böse Menschen bezeichnen.

4. Das hebr. *mikmōrät* (von dem Stamm *kāmar,* der im Arab. »überwinden« oder »bedecken« bedeutet) benennt das von den ägypt. Fischern auf dem Wasser ausgebreitete N. (Jes 19,8); *mikmärät,* (LÜ: »Garn«), ist ein Symbol für die chaldäische Armee (Hab 1,15), *mikmor* wird zum Antilopenfang benutzt (Jes 51,20), *mikmār* bezeichnet die Intrigen der Gottlosen (Ps 141,10).

Im NT werden drei griech. Wörter mit »Netz« übersetzt.

1. *diktyon* (von *diktyō,* »ein Netz auslegen«), das allg. gebräuchliche Wort für N.; diese Art N. wurde von den Jüngern Jesu benutzt (Mt 4,20f). Es wurde auf dem Wasser ausgeworfen (Lk 5,4; Joh 21,6), entweder ins Boot ausgeleert (Lk 5,7) oder an Land gezogen (Joh 21,8).

2. *amphiblēstron,* »Wurfnetz« (von *amphiballō,* »rundum werfen«), ein N., das ebenfalls von den Jüngern Jesu benutzt wurde (Mt 4,18).

3. *sagēnē* (von *sassō,* »füllen«), ein Schleppnetz, mit dem Jesus das Himmelreich vergleicht (Mt 13,47). Mehrere Männer waren erforderlich, um dieses große N. ans Ufer zu ziehen (Mt 13,48).

Zur Pflege der N.e gehört das Waschen (Lk 5,2), Trocknen (Hes 47,10) und Flicken (Mt 4,21).

II. NETZE ALS MUSTER UND GITTER.

Den Sockel des ehernen Brandopferaltars in der Stiftshütte umgab ein Gitter mit Netzmuster (hebr. *ma'asēh räschät,* 2Mo 27,4f) oder Netzwerk (*räschät,* 2Mo 38,4). Dieses Gitter kann sowohl künstlerischen als auch praktischen Zwecken gedient haben, da es leichter zu transportieren war als massives Metall und die für die Verbrennung nötige Luftzufuhr ermöglichte.

Die Kapitelle der beiden Säulen vor Salomos Tempel waren mit einem Netzmuster dekoriert (hebr. *sebākāh,* vom Stamm *sābak,* »verflechten«, 1Kön 7,17; Jer 52,22).

Literatur: G. Dalman: Arbeit und Sitte, 6, 1939, S. 335-337. 343-363; H.G. May: The Two Pillars before the Temple of Salomon, BASOR 88/1942, S. 19-27. J.T.

NICHTS.

I. DIE SCHÖPFUNG AUS DEM NICHTS.

Die Lehre von der creatio ex nihilo (»Schöpfung aus Nichts«) besagt die absolute Voraussetzungslosigkeit der Schöpfung. Gottes Allmacht und seine schöpferische Freiheit sind ihr einziger Grund. Weder äußerer noch innerer Zwang bewegte Gott zu seinem Schaffen. Als gänzlich von seinem Werk unabhängiger Schöpfer bleibt so einerseits die Andersartigkeit und absolute Überlegenheit Gottes gewahrt, zugleich drückt das Begriffspaar Schöpfer und Schöpfung eine Beziehung zueinander aus: Der Schöpfer will und duldet sein Geschöpf, das anders ist als er selbst, bei sich. Dieses Geliebtsein des Geschöpfes ist ebenfalls einzig in Gottes Freiheit begründet. Seine Zuwendung ist also dem Menschen gleichsam ex nihilo, »ohne Verdienst und Würdigkeit« gewährt.

1. Im Alten Testament.

Zwar findet sich im AT die Lehre einer Schöpfung aus dem Nichts nirgends in einer begrifflichen Zuspitzung, doch der Sachverhalt ist im ersten Vers der Bibel ausgedrückt. Es wird kein Stoff, keine Urmaterie vorausgesetzt, aus der Gott etwas schuf. Das N. darf nicht als etwas irgendwie Materielles mißverstanden werden. Es ist das Nicht-Seiende, das Abwesende, das nicht einmal gedacht werden kann. Die Bibel markiert mit Gottes Schöpfung »im Anfang«, daß damit der Anfang von Raum und Zeit gesetzt ist. Davor ist nur Gott in seinem trinitarischen Zueinander. Die Erschaffung der Welt geschah durch das Wort (Ps 33,9), nicht durch einen urweltlichen Kampf oder Zeugungsvorgang Gottes, wie es in anderen altorientalischen Kosmogonien der Fall ist.

2. Im Neuen Testament.

Auch hier ist die creatio ex nihilo vorausgesetzt, ohne daß sie ausdrücklich so genannt wird: In Joh 1,3 wird betont, daß »nichts« ist, das sein Dasein nicht dem Schöpferwort »im Anfang« verdankt (vgl. Kol 1,16). Und Hebr 11,3 betont, nur der Glaube (!) erkenne, daß alles, was man sieht, »aus nichts geworden ist«. So bekennt das Urchristentum wie das AT Gott als den freien und allmächtigen Schöpfer, wobei über das Wie der Weltschöpfung nicht besonders nachgedacht wurde. Die Einheit von Schöpfer und Erlöser der Welt war noch nicht wie in der späteren *Gnosis problematisiert, deshalb finden sich im NT keine kosmologischen Theorien, wie sie in gnostischen Texten häufig sind. Erst als der christl. Glaube im 2. Jh. sich damit auseinandersetzte und in das Gespräch mit der griech. Philosophie eintreten mußte, war er zum Durchdenken des eigenen Schöpfungsverständnisses und zur begrifflichen Formulierung des Satzes von der Schöpfung aus nichts genötigt. Nur so war es möglich, die Voraussetzungslosigkeit und Freiheit von Gottes Schaffen begrifflich den neuen Herausforderungen angemessen zu formulieren. Die Ansätze dazu waren seit dem AT in der intertestamentaren Literatur weiterentwickelt worden. So gilt 2Makk 7,28: »sieh an den Himmel und die Erde und alles, was drinnen ist und erkenne, daß Gott dieses aus nicht Seiendem [*ouk ex ontōn*] gemacht hat und so ist auch das Werden der Menschen«, als ältester Beleg für die Lehre der creatio ex nihilo, doch ist es schwierig zu beurteilen, ob hier nicht nur von einer ersten Gestaltung der ewigen Urmaterie (wie bei Weish 11,17 und Philo, De opificio mundi 21f) durch Gott die Rede ist. G. May sagt in seiner diesem Thema gewidmeten Studie zu Recht: »Die hellenistisch-jüdische Theologie hat die Allmacht und das Schöpfertum Gottes nachdrücklich betont, sie ist jedoch nicht zu einer grundsätzlichen Auseinandersetzung mit der platonischen und stoischen Prinzipienlehre gelangt. So konnte sie auch eine Lehre von der creatio ex nihilo nicht entwickeln. Die Aussagen über die Schöpfung des Nichtseienden oder aus dem Nichtseienden, die eine Interpretation in diesem Sinne nahezulegen scheinen, sind nicht als Antithese zur Annahme einer ewigen Materie und zum Prinzip 'ex nihilo nihil fit' zu verstehen, sondern es handelt sich hier um unreflektierte, alltagssprachliche Wendungen, die zum Ausdruck bringen sollen, daß durch den Schöpfungsakt bisher nicht Existierendes entstanden ist. Sobald man freilich erkannte, daß das Schaffen des biblischen Gottes mehr ist als die Gestaltung der Materie, daß er in souveräner Freiheit ohne jede äußere Voraussetzung die Welt hervorbringt, bot sich der Ausdruck 'Schöpfung aus dem Nichts' als eine Formel an, die prägnant die Eigenart des biblischen Schöpfungsbegriffs bezeichnete« (a.a.O., S. 21). Hier knüpfte die kirchliche Tradition an, die zudem in der Lehre von der neuen Schöpfung (2Kor 5,17; vgl. Offb 21,1.5) eine reale Anschauung von dem hatte, was creatio ex nihilo auch soteriologisch bedeutet.

II. DIE GÖTZEN DER HEIDEN SIND NICHTSE.

1. Das dt. Wort *Götze bekam seine theologische Bedeutung durch die Bibelübersetzung M. Luthers, der in Ps 96,5 ein hebr. Wortspiel (die *'ălohē 'ammim,* die »Götter [Pluralform von *'ēl,* Gott] der Völker« sind *'ălīlim,* »Nichtse« [Plural von *'ălīl* »Nichtigkeit«]) im Dt. nachahmte. Da *'ălīlīm* so ähnlich wie *'ălohīm* klingt, sollte das entsprechende dt. Wort sich ähnlich wie Götter anhören, aber abschätzige Bedeutung haben. Diese Bedingungen sah Luther in dem Wort Götze zu Recht als gegeben an.

2. Das von Luther mit »Götze« übersetzte Wort *'ălīl* kommt 20 mal im AT vor und bezeichnet 17 mal in

einer polemisch-abschätzigen Weise fremde Götter. Die Nichtigkeit ihres Seins wird deutlich, wenn die drei anderen Stellen beigezogen werden: Jer 14,14 spricht von den falschen Propheten als solchen, die betrügerisch prophezeien, indem sie künstlich hervorgebrachte Wahrsagerei betreiben. Dieses Verhalten wird als nichtig (ʾǟlīl) bezeichnet.

In Sach 11,17 (vgl. 11,15) wird der die Herde vernachlässigende und ausbeutende Hirte als *roʿēh hāʾǟlīl*, als »nichtsnutziger Hirte« (LÜ) angeredet. Ähnlich Hiob 13,4, wo die Ratschläge der Freunde Hiobs mit denen von nichtsnutzigen Pfuschärzten verglichen werden. In der Polemik gegen die Götzen schwingt also mit: Sie sind Nichtsnutze, Schädlinge und Betrüger. Ihr Wesen ist nicht schöpferisch, sondern zerstörend. Sie sind vor Gott »Nichtse« weil Israels Gott allein die Welt erschaffen hat und erhält. Für den Menschen und die ganze Schöpfung aber stellen sie eine dauernde und gefährliche Macht dar, die Gottes Ordnung ins Chaos stürzen will. Die Macht der Nichtse ist das N. Sie wollen aus etwas nichts machen, während es nach Luthers Auslegung von Ps 38,22 (in der Auslegung der 7 Bußpsalmen von 1525) »Gottes Natur ist, daß er aus Nichts Etwas macht«. Die atl. Vorstellung vom Kampf Gottes gegen die zerstörenden Chaosmächte in den Psalmen (vgl. 74,12-15; 89,10-12) und Propheten (Jes 51,9f) zeigt, wie konkret Israel in der eigenen Existenz und der der Welt die Bedrohung durch diese Mächte sah.

Gott selber mußte ihnen wehren, da der Mensch zu schwach dazu ist, ja diesen Mächten durch seine Sünde Einfalltore öffnete.

Jedes Übertreten von Gottes Ordnung war ein Einbruch dieser nichtenden Macht. So diente das Gerichtshandeln Gottes dem Wiederherstellen der bedrohten Ordnung, der allein die Welt und Israel ihren Bestand verdankten. Symbol der Zerstörung ist das Wasser, die große Flut, wobei 1Mo 1,2 und der Sintflutbericht als Anschauung dienen. Das Werk dieser Mächte ist eine Rückführung der geordneten Schöpfung in das *tohū wābohū* (1Mo 1,2), das als Fehlen jeder schöpfungsbedingten Ordnung zu verstehen ist. Das hebr. Wort *tohū* kommt 19 mal im AT vor und bedeutet meistens »das Leere, Nichtige, Eitle« und wird so auch im Zusammenhang mit Götzen gebraucht, vgl. Jes 41,29: »Die von Götterbildern dargestellten Götzen sind alle nichtig (statt *ʾawēn* ist *ʾājin*, wörtlich: nicht existierend, zu lesen, vgl. Jes 41,24), nichts (*ʾephes*, eigentlich Ende, dann auch das, was nach dem Ende kommt: Nichts) sind ihre Taten, Wind und Leere (*tohū*) sind ihre Bilder.« Zugleich unterstreichen diese Jesajastellen, wie reich das Hebr. an Ausdrücken ist, um das N. zu beschreiben (Jes 40,17.23 zeigt ferner, daß N. gelten oder zu N. werden Zeichen von Gottes Hoheit und seines Gerichtes sein können), was als Hinweis darauf gewertet werden muß, daß das N. als Gefahr und Bedrohung real empfunden wurde.

3. Auf ein bisher nicht behandeltes Wort ist am Schluß noch zu verweisen, da es alle Nuancen des N. enthält: *hebel* (so der hebr. Namen von Abel, 1Mo 4,2). Es ist ein Wort, das die Vergänglichkeit des Seins in einen fast schwermütig klingenden Klagelaut faßt: So wie das Leben Abels steht alles unter der Bedrohung, wie ein »Windhauch«, ein »Dampf« (so kann *hebel* an einigen Stellen übersetzt werden) zu verwehen ins N. (vgl. Ps 39,6f.11). Besonders der Prediger hat dieser Stimmung Ausdruck verliehen: Über die Hälfte der atl. Vorkommen des Wortes sind bei ihm, in der LÜ meist mit »eitel« übersetzt. Auch die Götzen werden so bezeichnet, vgl. Jer 10,3.8; Jes 57,13.

4. Die LXX übersetzt *ʾǟlīl* und *hebel* mit unterschiedlichen Vokabeln, die nur z.T. den Gehalt des hebr. Wortes wiederzugeben vermögen. Am häufigsten ist *cheiropoiēta* (»Menschenwerk«), das die Nichtigkeit des im Götzenbild Dargestellten nicht so zum Ausdruck bringt wie das andere Wort *eidōla* (3Mo 19,4; 5Mo 32,21; 1Chr 16,26; Ps 97,7; Jer 14,22; 16,19; Hab 2,18), das im Griech. eigentlich Spiegelbilder im Wasser oder Schattenbilder bezeichnet. Dadurch werden die so Bezeichneten als wirklichkeitslose Wesen, eben als Nichtse bloßgestellt. Dieselbe Bezeichnung ist dann auch im NT häufig (Apg 7,41; 15,20; Röm 2,22; 1Kor 8,4.7; 10,19; 12,2 u.ö.). Es gibt keine Götter außer dem einen, sie sind nichts (*ouden*, 1Kor 8,4) im Vergleich zu dem Gott, der alles geschaffen hat. Dennoch stehen hinter ihnen Mächte: Was ihnen geopfert wird, empfangen Dämonen (1Kor 10,19f; vgl. schon Ps 96,5, wo *ʾǟlīlīm* mit *daimonia* übersetzt wird). Wie die Chaosmächte im AT sind die Dämonen hier verstanden als die Zunichtemacher, die Gottes Ordnung ins N. zurückstürzen möchten.

III. DAS NICHTS UND DIE LIEBE.

Zwei Stellen des NT zeigen, daß alles Tun der Christen vom N. bedroht ist, wenn es nicht aus der Verbindung mit Jesus heraus geschieht. In Joh 15,5 mahnt Jesus seine Jünger, daß sie »nichts« ohne ihn tun können, so wie er selbst ohne den Vater nichts tat (Joh 5,19.30), und Paulus zeigt in 1Kor 13,1-3, daß alles Faszinierende an der Religion (Weissagungen, Geheimnisse, Erkenntnisse, Wunder wirkender Glaube, Opferbereitschaft und Martyrium), der heidnischen wie der christlichen (!) nichts ist, wenn es ohne *Liebe, ohne *agapē* geschieht. Diese Christusliebe ist Gottes Gabe (Röm 5,5), die erst, wie Paulus sagt, den Menschen vom N. zu etwas macht (vgl. Röm 4,17; 1Kor 1,28). Sie ist der Grund, auf den der Christ bauen muß, wenn sein Werk bestehen und nicht zu N. werden soll (vgl. 1Kor 3,11-13). Auch für den Menschen selbst gilt, sein Nichtssein gegenüber Gott anzuerkennen (vgl. Ps 39,6; 62,10; 2Kor 12,11), um so, gleichsam mit leeren Händen, alles von Gott zu erwarten: »Gottes Natur ist, daß er aus Nichts Etwas macht; darum wer noch nicht Nichts ist, aus dem kann Gott auch nichts machen; die Menschen aber machen aus Etwas ein Anderes, das ist aber eitel unnütz Werk« (M. Luther, a.a.O.).

IV. DIE SÜNDE ALS DAS NICHTIGE.

Ganz kurz sei hier auf die Lehre Karl Barths vom Nichtigen eingegangen (KD III/3, § 50), die hilfreich und problematisch zugleich ist. Von der Erkenntnis der Bedrohung der Schöpfung durch das Chaos ausgehend, fragt Barth nach dem Wesen dieser zerstörenden Macht, die sich seiner Meinung nach weder vom Schöpfer noch vom Geschöpf her erklären läßt. Da er alle Vorstellungen eines Gegengottes völlig ausschließen will, erklärt er das bedrohende Nichtige als die Schattenseite der Schöpfung, die entsteht, wo Gott »Ja« sagt. Jedes Ja impliziert ein Nein, doch wird dem Verneinten alle Wirklichkeit durch das Nein gerade verwehrt. Und doch hat dieses Verneinte so große Macht, daß sich der Gottessohn ihm aussetzen muß, um den Menschen aus dem ihn bedrohenden Nein zu erlösen. So hat Gott selber das von ihm Verneinte sich zum Feind gemacht, indem er auf die Seite des Menschen trat. Dadurch ist das Nichtige entlarvt als »Gegensatz zu Gottes ganzer Schöpfung« und »zu Gott dem Schöpfer selber« (KD III/3, S. 346). Von da aus wird dann nach Übel, Tod, Teufel und Hölle sowie des Menschen Sünde gefragt. Es ist das Nichtige, das »was Gott nicht will« (S. 406). Es ist nur, »weil und indem und solange Gott dagegen ist« (S. 407). »Gerade nur Gottes Unwille darf als der Grund seiner Existenz verstanden werden« (ebd.). Das so Charakterisierte setzt Barth dann mit dem Bösen gleich, das er in Christus als gerichtet und damit abgetan ansieht. »Wo Gott Nein gesagt hat, da hat er es gesagt, da braucht er es hinfort nicht mehr zu sagen, wo aber Gott nicht mehr Nein sagt, da ist auch das Verneinte nicht mehr« (S. 419). Diese von Barth auf die Erhöhung Christi bezogene Aussage zeigt die Problematik seines Ansatzes: Sünde, Tod und Teufel sind nur vorübergehende Nichtse, die keinen Bestand haben. Ihre Macht ist nur da, wo sie sich den Schein des Göttlichen aneignen können. Das richtige Anliegen, aus dem Teufel keinen zweiten Gott zu machen und die zu Recht starke Betonung des Sieges Jesu über alle Mächte, die die Schöpfung bedrohen, bringt Barth dazu, dem Bösen nur noch eine Scheingeltung zu belassen. Demgegenüber gilt es zu betonen, daß die Bibel den Teufel und seine Dämonen als nichtende, reale Mächte ernstnimmt. Sie sind Nichtse vor Gott, weil auch sie seinem Regiment und seiner erhaltenden Zuwendung ihre Existenz verdanken. Sie sind geschaffene Wesen

■ **NIEDRIG**
s. Erniedrigen/Erhöhen

Die Ruinen des Odeion in der röm. Kolonie Nikopolis. (RH)

und das Nein Gottes ihnen gegenüber gilt ihrem Mißbrauch des geschöpflichen, d.h. verdankten Lebens zur Rebellion, ohne aber das ursprüngliche Sein in ein Nicht-Sein zu verwandeln. Auch als Gottes Feinde bleiben sie seine Geschöpfe. Sie erhielten sogar Macht, den Gottessohn am Kreuz zu töten. Aber gerade darin wurden sie zu Handlangern der Erlösung und ihrer eigenen Niederlage. Obwohl sie nicht nichts sind, sind sie vor Gott zunichte geworden.

Literatur: Zu I.: Vgl. die Kommentare zu *Genesis, bes. C.F. Keil, F. Delitzsch, G. von Rad, C. Westermann, H. Bräumer; außerdem: O. Bayer: Schöpfung als Anrede, 1986; G. Gloege: RGG³ V, 1478-1890; G. May: Schöpfung aus dem Nichts. Die Entstehung der Lehre von der creatio ex nihilo (AzK 48), 1978; H.G. Pöhlmann: Abriß der Dogmatik, ⁴1985, 137-159. Zu II.: F. Büchsel: ThWNT II, 1935, 373-375; F. Melzer: Art. Götze, in: Das Wort in den Wörtern (1965) 193f; ders.; Götzendienst, in: Die Christus-Botschaft über die Religionen, 1981, 26-44. Zu III.: F. Melzer: Art. Nichts, in: a.a.O. (1965) 277-281; ders.: Religion ohne Liebe ist – nichts, in: a.a.O. (1981) 66-78. Zu IV.: K. Barth: KD III/3, 327-425.608-623; E. Böhl: Dogmatik, 1887, 177-202; E. Brunner: Dogmatik II, 1950, 153-172; H. Jochums: Die große Enttäuschung, 1986, 20-26.47f; W. Krötke: Sünde und Nichtiges bei Karl Barth (NBST 3), ²1983.
R.D.

NIEREN. In der LÜ wird das hebr. Wort *kelājōt* mit »Nieren« übersetzt, wenn von den physischen Organen der Opfertiere die Rede ist, vor allem in 3Mo (3,4; 4,9; 7,4 u.ö.). Es war Praxis, daß die zwei N. zusammen mit dem Fett und Teilen der Leber als Anteil Jahwes beim Sünd- und Dankopfer auf dem Altar verbrannt wurden, während die Opfernden das Übrige selbst verbrauchten. Gemeinsam mit dem Blut und anderen inneren Organen sah man die N. als Sitz des Lebens an.

kelājōt wird verschieden übersetzt, wenn es sich – in bildlicher Verwendung – auf menschliche Organe bezieht, denen man psychische Funktionen nachsagte. Die LÜ spricht vom »Herzen«, das sich sehnt (Hiob 19, 27), und den N., denen etwas »wehe tat« (Ps 73,21). Dieser parallele Gebrauch offenbart, wie sehr das Herz und die übrigen inneren Organe (*Eingeweide, *Herz) als Zentrum der Persönlichkeit und des Willens betrachtet wurden, ohne daß es eine deutliche Unterscheidung zwischen ihnen gab. B.O.B.

NIKODEMUS. N. (griech. »Sieger des Volkes«) kam nachts zu Jesus (Joh 3,1-21; 7,50; 19,39). Er war ein Mitglied des Hohen Rates (*Sanhedrin) und hatte damit eines der höchsten Ämter des *Judentums der damaligen Zeit inne. Nach Joh 3,10 gehörte N. zu den hervorragendsten Schriftgelehrten seiner Zeit. Jesus hält er für einen, der Gottes Willen versteht und lebt. Er bezeichnet ihn als »Rabbi« (Joh 3,2) und sah ihn zuerst vielleicht in der Linie der wundertätigen Rabbinen seiner Zeit. Die Nacht, für jüd. Lehrer die Zeit für Studium und Lehrgespräch (Ps 1,2; 119,148), wählte N., um von ihm zu lernen. Jesus sprach mit ihm über die Notwendigkeit, neu, d.h. aus Wasser und Geist geboren zu werden, um in Gottes Reich zu kommen. Jesus wirbt um N., doch der Ausgang dieser Unterredung wird nicht mitgeteilt.

Von N. wird weiter berichtet, daß er, der Pharisäer, am Schluß des Laubhüttenfestes in eine Debatte der Pharisäer eingriff (Joh 7,50-52). Hierbei trat er für die Gerichtsdiener – und damit für Jesus – ein, indem er auf das Gesetz, die Richtschnur des Handelns im Pharisäismus, verwies.

Nach Jesu Kreuzigung bekannte sich N. öffentlich zu ihm. Zusammen mit *Josef von *Arimathäa, der von Pilatus den Leichnam Jesu erbat und sein eigenes Grab zur Verfügung stellte, richtete N. den Leichnam Jesu für die Bestattung her (Joh 19,50-52). Die dazu benötigten Spezereien stellte N. zur Verfügung. Daß er mit Josef von Arimathäa bei Jesu Grablegung zusammenwirkte, läßt darauf schließen, daß sich beide vorher schon kannten. Jetzt nahmen beide das Risiko auf sich, als Nachfolger Jesu behandelt zu werden. Nachrichten im Talmud deuten darauf hin, daß N. später zu den Christen gerechnet und aus der Synagoge ausgestoßen wurde. Im *Talmud wird er als Naqdemon oder Nakai erwähnt.

Literatur: G. Maier: Johannes-Evangelium 1., 1984 und 2., 1986. Ri.Sch.

NIKOLAITEN. Man nimmt an, daß Nikolaus aus *Antiochia (Apg 6,5) einer Gruppe von Irrlehrern seinen Namen gegeben hat. Als deren atl. Vorbilder gelten *Bileam (4Mo 22-24), und *Isebel (1Kön16, 29ff; 2Kön9, 22). In den Sendschreiben nach *Ephesus und *Pergamon (Offb 2, 6.15) werden als Nikolaiten dieselben Menschen bezeichnet, die (nach Offb 2,2), Lügner sind, zum Essen von *Götzenopferfleisch verführen und *Hurerei treiben (Offb 2,14.20). Als ihre atl. Vorbilder gelten ebenfalls Bileam (4Mo 22-24) und Isebel (2Kön 9,22). In dieser Gruppe der N. spielte wohl eine prophetische Frau eine führende Rolle (Offb 2,20f). Neben der Offb warnen Jud 11 und 2Petr 2,15 vor Menschen, die »den Weg Bileams« gehen. Erwähnungen bei Irenäus, Tertullian und Clemens v. Alexandria lassen darauf schließen, daß die N. einem angeblich christl. Kommunismus huldigten, wobei sich die Gemeinschaft nicht nur auf das Vermögen, sondern auch auf die Frauen bezog. E.M.B./Red.

NIKOPOLIS. (»Siegesstadt«). Als Hauptstadt von Epirus ließ *Augustus N. auf einer Halbinsel des Ambrakischen Golfes erbauen, wo er vor seinem Sieg bei Actium im Jahre 31 v.Chr. sein Lager hatte. N. war eine freie Stadt, die durch die Aktischen Spiele, die von Augustus dorthin verlegt worden waren, eine gewisse Bedeutung erlangte.

Obwohl es noch weitere Städte mit Namen N. gab, war nur diese bedeutend genug, um Paulus' Aufenthalt für einen ganzen Winter zu rechtfertigen (Tit 3 12), und N.s geographische Lage käme der Wahl als Treffpunkt mit Titus sowie als Stützpunkt für die Missionierung von Epirus entgegen. K.L.Mck.

NIL.

I. NAME.

Der Ursprung des griech. *Neilos* und latein. *Nilus*, unseres Wortes »Nil«, ist ungewiß. Im AT wird, mit wenigen Ausnahmen, das Wort *je'ōr*, »Fluß«, »Strom«, »Kanal«, benutzt, wann immer der ägypt. Nil gemeint ist. Dieses hebr. Wort leitet sich aus dem ägypt. *'itrw* ab, seit der 18. Dynastie in der Form *'i'r(w)* gebräuchlich, was »Nil-Fluß«, »Strom«, »Kanal« bedeutet und den Nil mit seinen verschiedenen Armen und Kanälen bezeichnet (A. Erman, H. Grapow: Wörterbuch der Ägyptischen Sprache, 1, 1926, S. 146; T.O. Lambdin: JAOS 73, 1953, S. 151). In der Bibel verbirgt sich das Wort *je'ōr* hinter allg. Bezeichnungen wie »Fluß«, »Flut« etc. Nur einmal wird das Wort *nāhār*,

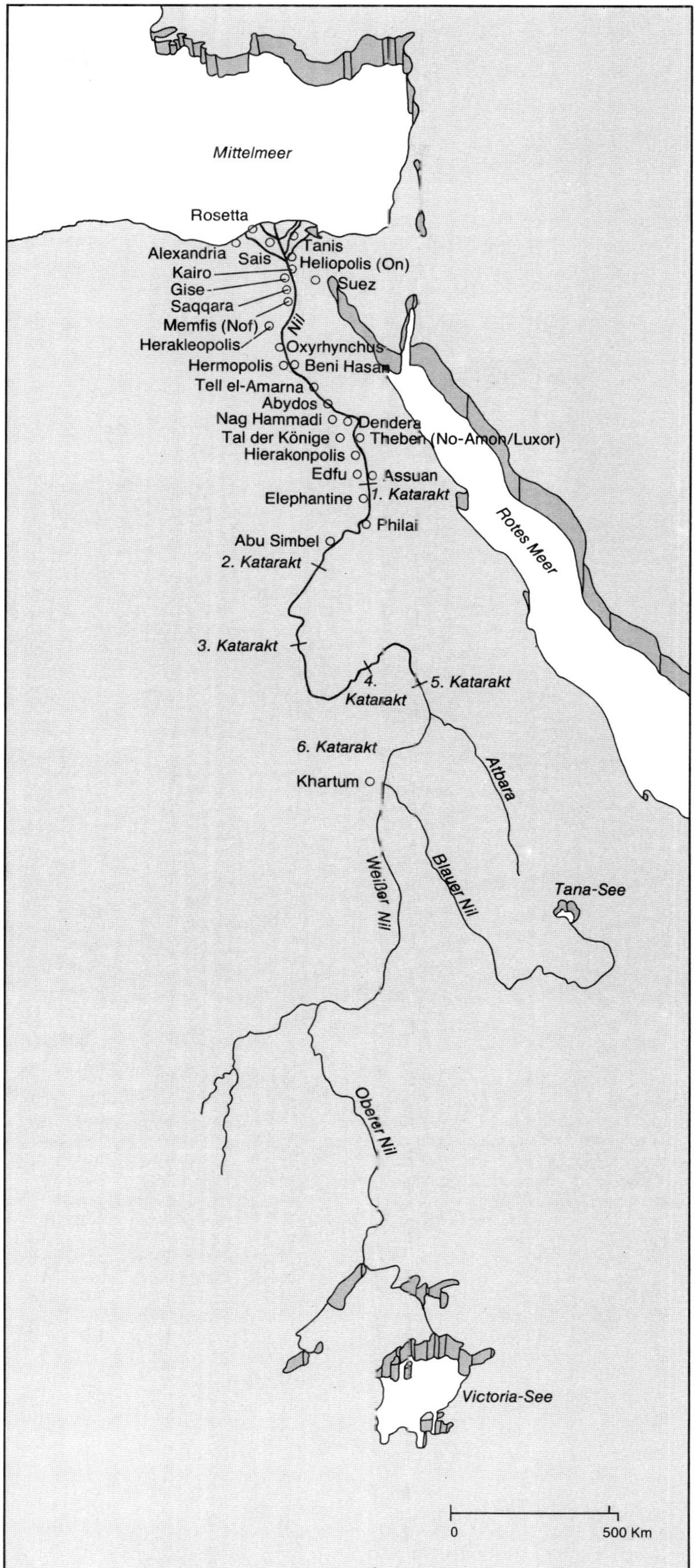

Der Lauf des Nil.

Der Nil und von ihm bewässertes, fruchtbares Land. (BPL)

»Fluß«, für den Nil als den Strom Ägyptens parallel zum Euphrat benutzt. Das Gelobte Land liegt zwischen diesen beiden großen Markierungen (1Mo 15,18). Hebr. *nachal,* »Wadi«, wird offensichtlich nie für den Nil verwendet, sondern für das Wadi El-ʿArisch oder den *»Bach Ägyptens«

II. DER FLUSSLAUF.

Den Ursprung des Nils bilden Ströme wie der Kagera, die in den Viktoriasee in Tansania fließen; dessen Abfluß nach N, der seinen Weg über den Albertsee und die ausgedehnten Sudd-Sümpfe des südl. Sudan nimmt, ist der Weiße Nil. Bei Karthum vereinigt er sich mit dem Blauen Nil, der vom Tanasee im äthiopischen Hochland kommt, zum eigentlichen Nil. Nach der Einmündung des Atbara, etwa 320 km nordöstl. von Karthum, fließt der Nil ohne weitere Zuflüsse 2700 km durch den Sudan und Ägypten nach N zum Mittelmeer. Seine Gesamtlänge vom Viktoriasee bis zum Mittelmeer beträgt etwa 5600 km. Zwischen Karthum und Assuan stehen sechs »Schwellen« aus Granit quer zum Flußbett (Katarakte), die die Schifffahrt in diesem Teil des Nil behindern.

In Nubien und Oberägypten fließt der Nil in einem engen Tal, daß in Ägypten selten breiter als 20 km ist, oft sehr viel enger. Hinter den Hügeln und Steilhängen, die das Niltal begrenzen, erstrecken sich felsige Wüsten nach O und W (*Ägypten, B.). Etwa 20 km nördl. von Kairo teilt sich der Fluß in zwei Hauptarme, die das Mittelmeer bei Rosetta im W und Damietta im O erreichen; zwischen diesen beiden großen Mündungsarmen und über sie hinaus erstreckt sich das flache, sumpfige Schwemmland des ägypt. Deltas. Im Ägypten der Pharaonenzeit scheint man neben diversen kleineren Armen und Kanälen drei Mündungsarme näher bezeichnet zu haben: den »Westlichen Fluß« (den Kanoptischen Arm?), den »großen Fluß« (evtl. den heutigen Damietta-Arm), die »Wasser zu Rēʿ« (östl., Pelusischer Arm, hebr. Schihor). Griech. Reisende und Geographen zählten zwischen fünf und sieben Arme und Mündungen des Nils (vgl. A.H. Gardiner: Ancient Egyptian Onomastica, 2, 1947, S. 153*-170*; J. Ball: Egypt in the Classical Geographers, 1942; M. Bietak: Tell El-Dabʿa, 2, 1975).

III. ÜBERSCHWEMMUNG UND LANDWIRTSCHAFT.

Ein entscheidendes Merkmal des Nils ist seine jährliche Überschwemmung. Im Frühjahr und Frühsommer verwandeln ergiebige Regenfälle in Äthiopien und im S-Sudan sowie die Schneeschmelze in den Bergen den Oberen Nil – vor allem den Blauen Nil – in eine reißende Flut, die feine, rötliche Erde mit sich führt, die sich in Ägypten und Nubien auf dem überfluteten Land ablagert. Bis zur Errichtung von Bewässerungssystemen wie z.B. dem Assuan-Staudamm erhielten die Gebiete im ägypt. Tal und Delta jährlich eine neue dünne Ablagerung an frischem, fruchtbarem Schlamm. Das schlammige Hochwasser wurde zudem noch in Becken zurückgehalten und dann abgelassen, wenn der Wasserstand des Nils wieder sank. In Ägypten erreicht der Nil im Mai den niedrigsten Pegelstand; sein Anstieg beginnt im Juni, die größten Wassermassen erreichen Ägypten im Juli/August, danach fällt der Pegel wieder. Ohne den Nil und seine Überschwemmung wäre Ägypten so unfruchtbar, wie die Wüsten zu beiden Seiten des Tals. Ägyptens Landwirtschaft war vom Hochwasser abhängig, dessen Niveau mittels Flußstands-Anzeigern oder Nilometern abgelesen wurde. Eine hohe Flut brachte vorzügliche Ernten, die Ägyptens landwirtschaftlichen Reichtum sprichwörtlich machten. Niedriger Wasserstand bedeutete ähnlich wie Trockenheit in anderen Ländern Hungersnot; gefürchtet war aber auch allzu großes Hochwasser, das die Bewässerungssysteme fortriß und Zerstörung anrichtete. Der regelmäßige Rhythmus des Nils war den Hebräern vertraut (vgl. Jes 23,10; Am 8,8; 9,5), ebenso die Abhängigkeit der ägypt. Bauern und Fischer sowie der Vegetation von diesem Wasser (Jes 19,5-8; 23,3). Mehrere Propheten verkündeten Gericht über Ägypten in der Gestalt, daß der Nil austrocknen sollte (Hes 30,12; vgl. 29,10; Sach 10,11), so wie andere Länder durch das Ausbleiben von Regen gezüchtigt wurden (vgl. *Hunger und Durst). Jeremia (46,7-9) vergleicht das Vorrücken der ägypt. Armee mit dem Anschwellen des Nil (zum Nilhochwasser s. G. Hort: ZAW 69, 1957, S. 88-95; J. Ball: Contributions to the Geography of Egypt, 1939; D. Bonneau: La crue du Nil, 1964).

IV. WEITERE ASPEKTE.
Durch seine Dominanz in der Landwirtschaft beeinflußte der Nil auch den Kalender, der drei Jahreszeiten aufweist (jede mit vier Monaten, 30 Tagen, plus fünf zusätzliche Tage): die *'Akhet*, »Überschwemmung«, *Peret*, »Hervorkommen« (des Landes aus dem zurückgehenden Wasser), und *Schemu*, »Trockene« (?) oder Sommerzeit. Die Wassermassen des Nils förderten nicht nur die Ernte, sondern schufen auf dem Schwemmland auch die Grundlage für Weideland (vgl. 1Mo 41,1-3.17-18) und Papyrus (*Papyri und Ostraka); sie waren Lebensraum für Fische, die mit Angel und *Netz gefangen wurden (Jes 19,8, *Fisch/Fischfang). (Zu den Plagen eines blutroten Nil, toten Fischen und Fröschen etc., s. *Plagen Ägyptens. Zu Nah 3,8 s. *Theben.) Die Prahlerei der Assyrer, die Ströme Ägyptens austrocknen zu lassen (2Kön 19,24; Jes 37,25), mag auf Wallgräben und ähnliche Flußverteidigungsanlagen anspielen. (Zu Mose, der als Säugling im Schilf am Nil verborgen wurde, s. *Mose). Der Nil war auch Ägyptens Hauptverkehrsweg, Schiffe konnten nach N fahren, indem sie sich mit dem Strom treiben ließen, ebenso war es möglich, mit Hilfe des kühlen N-Windes, der vom Mittelmeer her blies, Richtung S nilaufwärts zu segeln. Nach der rel. Überzeugung der Ägypter war der Gott Ha'pi, der Spender von Fruchtbarkeit und Fülle, verantwortlich für die jährlich wiederkehrende Überschwemmung des Niltals.

K.A.K.

Bronzekopf eines akkadischen Herrschers, gelegentlich als Naram-Sin oder Sargon von Akkad identifiziert. Ninive, ca. 2250 v.Chr. (SI)

NIMRIM, WASSER ZU. Zweimal werden im AT die Wasser zu N. erwähnt (Jes 15,6; Jer 48,34). Die Propheten sprechen vom Sturz *Moabs; Klageschreie werden aus den Städten Moabs emporsteigen, und »die Wasser Nimrims sollen versiegen«. Die Aufzählung der Ortsnamen läßt auf einen Ort in S-Moab schließen, auf die heute übliche Identifizierung mit Wadi en-Numeira, 16 km südl. des Toten Meeres. N. ist zu unterscheiden von Nimra (4Mo 32,3) oder Bel-Nimra (4Mo 32,36), etwa 16 km nördl. vom Toten Meer im Wadi Nimrin gelegen. J.A.M.

NIMROD. Der Sohn des Kusch, ein Krieger und Held (*gibbōr*), der in Babylonien lebte, und dessen Reich *Babel, *Erech, *Akkad und *Kalne umfaßte (1Mo 10,8-10; 1Chr 1,10). N. war der Gründer von *Ninive, Rehobot-Ir und *Kelach in Assyrien (1Mo 10,11) und berühmt als Jäger (V. 9). Das an Assyrien grenzende Land wurde später als »das Land Nimrods« bezeichnet (Mi 5,5). Sein Name wurde in verschiedenen Ortsnamen verewigt, darunter Birs Nimrud (Borsippa), südwestl. von Babylon, und Nimrud in Assyrien (*Kelach). Dies läßt zusammen mit den vor allem in sumer. und assyr. Literatur erhaltenen Legenden über ihn auf seine Bedeutung schließen. In der Forschung vergleicht man ihn deshalb mit Sargon von Akkad, um 2300 v.Chr., der ein großer Krieger und Jäger sowie der Herrscher von Assyrien war. Er leitete Feldzüge zur Mittelmeerküste, nach S-Anatolien und Persien, und der Glanz seiner Zeit und seiner Taten führte zu der Benennung »Goldenes Zeitalter«. N.s Taten werden auch zu denen bekannter Herrscher wie Narāmsīn von Akkad und Tukulti-Ninurta I. von Assyrien (1244-1208 v.Chr.; Eretz Israel 5, 1958, S. 32-36) in Beziehung gesetzt. Teilweise versucht man, N. auch mit Gottheiten wie Ninurta (Nimurda), dem babylon. und assyr. Gott des Krieges und der Jagd gleichzusetzen, oder mit Amar-Utu, wie der sumer. Name des Gottes Marduk lautete (*Merodach). Eine gesicherte Zuordnung ist nicht möglich. D.J.W.

NINIVE. Eine bedeutende Stadt in Assyrien, letzte Hauptstadt des assyr. Reiches. Die Ruinen Ninives markieren die Qujunguk und Nebū Junus (»Prophet Jona«) genannten Schutthügel, die am Tigris, gegenüber Mosul im N-Irak liegen.

I. NAME.

Das hebr. *nīneweh* (griech. *Nineuē*; latein. *Ninos*) entspricht dem assyr. *Ninuā* (altbabylon. *Ninuwā*), einer Ableitung aus dem älteren sumer. Namen *Nina*. Das war ein Name der Göttin Ischtar, dessen Schriftbild ein umrahmter Fisch war. Trotz des Vergleichs mit der Geschichte *Jonas gibt es wohl keine Verbindung zu dem hebr. Begriff *nun*, »Fisch«.

Nach 1Mo 10,11 war N. eine der von *Nimrod im N. gegründeten Städte, nachdem er Babylonien verlassen hatte. Ausgrabungen, die erst in Tiefen von bis zu 25 m unberührten Boden erreichten, zeigen, daß der Ort seit ca. 4500 v.Chr. besiedelt war. Keramik vom 'Ubaid- (und Samarra-) Typ und Piséebauten (Bauten aus gestampftem Lehm), lassen auf südl. Einflüsse schließen. Obwohl erstmals in den Inschriften Gudeas von Lagasch erwähnt, der in diesem Gebiet um 2200 v.Chr. Feldzüge unternahm, berichten die Texte von Tukulti-Ninurta I. (um 1230 v.Chr.) davon, wie er den Tempel der Göttin Ischtar wiederherstellte, der bereits um 2300 v.Chr. von Manischtusu, dem Sohn Sargons, gegründet worden war.

Relief einer Löwenjagd aus dem Palast Assurbanipals in Ninive (ca. 640 v.Chr.). (BM)

Die Eroberung Ninives durch eine Streitmacht von Babyloniern, Medern und Skythen (Ummanmanda) ist in dieser babylonischen Chronik auf die Jahre 616–609 v.Chr. festgehalten. (BM)

Im frühen 2. Jt.v Chr.unterhielt N. Kontakte zu der assyr. Kolonie von Kanisch in *Kappadozien, und als Assyrien unter Schamschi-Adad I. (um 1800 v.Chr.) unabhängig wurde, restaurierte man den gleichen Tempel der Ischtar (genannt E-masch-masch) erneut. *Hammurabi von Babylonien ließ den Tempel verzieren; die Expansion der Stadt war eine Folge des aufblühenden assyr. Wohlstandes unter Salmanassar I. (um 1260 v.Chr.), und unter der Herrschaft von Tiglatpilesar I. (1117-1077 v.Chr.) wurde N. neben Assur und Kelach zur königlichen Residenz. Sowohl Assurnasirpal II. (884-858 v.Chr.) als auch Sargon II. (722-705 v.Chr.) besaßen dort Paläste. Es ist deshalb wahrscheinlich, daß die Tribute von Menahem im Jahre 744 v.Chr. (2Kön 15,20) und von Samaria 722 v.Chr. (Jes 8,4) direkt nach N. gebracht wurden.

Sanherib baute mit Hilfe seiner westsemit. Königin Naqi'a-Zakutu die Stadt mit Wehrmauern, Toren und Wasserversorgung großzügig wieder auf. Er legte einen Kanal an, der von dem Fluß Gomel aus 48 km nach N führte, und regulierte den Flußlauf des Khasr, der durch die Stadt floß. Sanherib sorgte auch für neue Verwaltungsgebäude und Parks. Die Wände seines neuen Palastes waren mit Reliefs dekoriert, die siegreiche militärische Unternehmungen zeigten, darunter auch die erfolgreiche Belagerung von *Lachisch. Der Tribut, den *Hiskia von Juda bezahlen mußte (2Kön 18,14), wurde nach N. gesandt, wohin sich Sanherib nach dem Feldzug zurückgezogen hatte (2Kön 19,36; Jes 37,37). Möglicherweise stand der Tempel des Nisroch, in dem Sanherib ermordet wurde, in N. Sanheribs Bericht über seinen Angriff auf Hiskia in Jerusalem findet sich auf Tonprismen, die in N. als Sockelinschriften verwendet wurden.

Assurbanipal (669-629/627 v.Chr.) erhob N. wieder zu seiner Hauptresidenz, nachdem er schon als Kronprinz dort gelebt hatte. Die für seinen Palast angefertigten Basreliefs mit der Abbildung einer Löwenjagd sind ausgezeichnete Beispiele für diesen Zweig der assyr. Kunst. Der Fall der großen Stadt N., von den Propheten *Nahum und *Zefanja vorhergesagt, ereignete sich im August 612 v.Chr. Die babylon. Chroniken berichten davon, wie die vereinigten Streitkräfte der Meder, Babylonier und Skythen die Stadt belagerten. Sie fiel aufgrund der Breschen, die umgeleitete Flüsse in die *Verteidigungsanlagen gerissen hatten (Nah 2,6-8). Die Stadt wurde von den Medern geplündert, der König Sinscharischkun kam in den Flammen um, seine Familie entkam. Übrig blieb von der Stadt nur noch ein Trümmerhaufen (Nah 2,10; 3,7); ein Weideplatz für die Herden (Zef 2, 13-15), der dem Hügel der Zitadelle seinen heutigen Namen Tell Qujunğik gibt (»Hügel der vielen Schafe«). Als Xenophon und die zurückweichende griech. Armee im Jahre 401 v.Chr. vorüberzogen, war N. bereits ein Schutthügel.

Während seiner Blütezeit umschloß N. eine innere Mauer mit einer Gesamtlänge von 12 km, innerhalb derer, nach Felix Jones' Vermessung von 1834, mehr als 175000 Menschen hätten leben können. Die Bevölkerungszahl dieser »großen Stadt« wird im Buch *Jona mit 120000 angegeben, »die nicht wußten, was rechts oder links ist«. Diese Angabe läßt sich mit den 69574 Einwohnern von Kelach (Nimrud) im Jahre 865 v.Chr. vergleichen, einer Stadt, etwa halb so groß wie N. Die »drei Tagereisen« müssen nicht unbedingt die Ausdehnung N.s kennzeichnen (Jona 3,3), auch nicht ihren Umfang oder den gesamten Verwaltungsbezirk. Es könnte bedeuten: einen Tag für die Anreise ab den Vororten, einen für Geschäfte und einen für die Rückreise. Durch die einheitliche Bezeichnung *nīnwēh* konnte die hebr. Übersetzung nicht zwischen dem Bezirk (assyr. *ninua(ki)*) und der Metropole (*(al)ninuā*) differenzieren. Es gibt

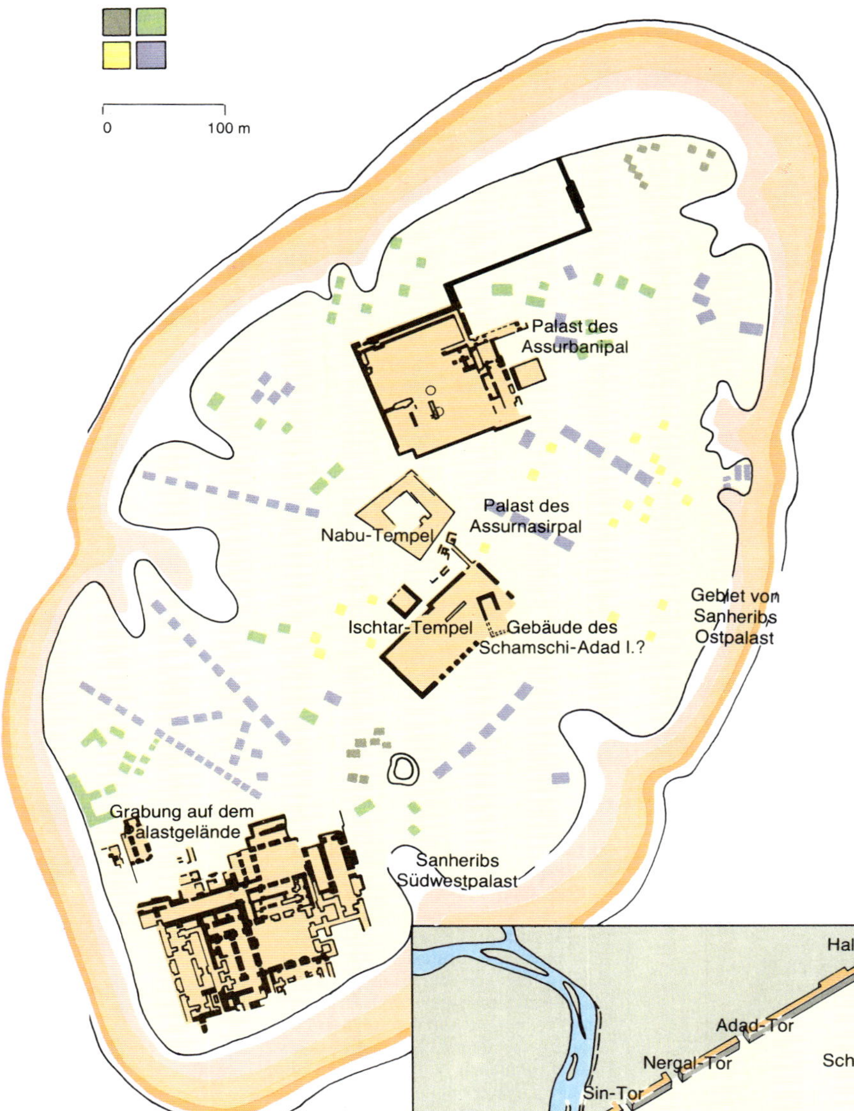

Paläste in Ninive.

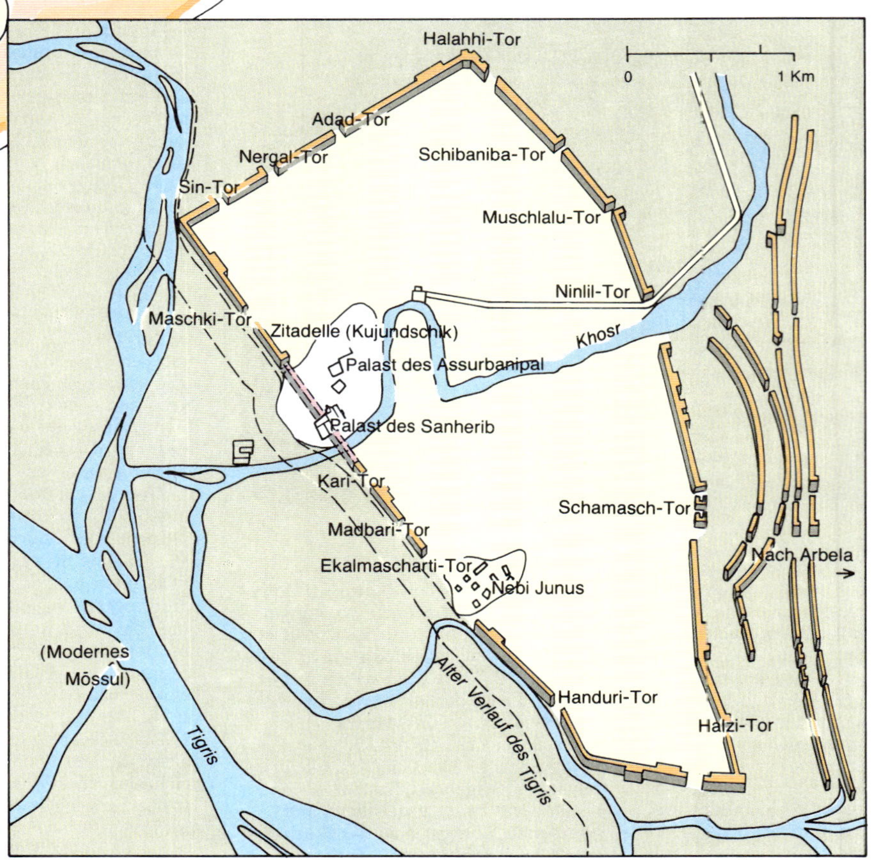

Plan Ninives.

keinen außerbibl. Beleg für die Reue der Menschen in N. (Jona 3,4f), es sei denn, daß sich ein Text über die Herrschaft Assurdāns III. aus Gosan darauf bezieht, der von einer totalen Sonnenfinsternis im Jahre 763 v.Chr. berichtet, der Überschwemmungen und Hungersnot folgten. Zeichen dieser Art hätten die Assyrer so interpretiert, daß sie den König betrafen, der dann vorübergehend seinen Thron verlassen hätte (Jona 3,6). Diese Zeichen, einschließlich eines Erdbebens z. Zt. Jonas, des Sohnes Amittais (2Kön 14,25), könnten sehr wohl die Leute von N. zu der von Jesus kommentierten Umkehr veranlaßt haben (Lk 11,30; Mt 12,41).

II. FORSCHUNGSLAGE.

Berichte von Forschungsreisenden wie John Cartwright (17. Jh.), und Pläne, gezeichnet 1820 von C.J. Rich, weckten das Interesse an der Erforschung dieser atl. Stadt neu. Zuerst unternahm P.E. Botta Ausgrabungen (1842-43), jedoch mit geringem Erfolg, woraufhin er den Ort verließ und in Chorsabad (16 km nördl.) das bibl. N. vermutete. Die Grabungen von Layard und Rassam (1845-54), die in der Entdeckung der Reliefs und vieler Inschriften der Paläste von Sanherib und Assurbanipal gipfelten, stellten die Identifizierung jedoch sicher. Die Funde, darunter die 25 000 Schrifttafeln aus den Bibliotheken Assurbanipals, der Tempel des Nabu (*Assyrien) und (1872) ein babylon.

Die Stadtmauer von Ninive mit dem Schamasch-Tor, mit zum Teil originalen Steinen wiedererrichtet. (DJW)

Bericht über die Sintflut (Gilgameschepos), veranlaßten das Britische Museum, erneut Ausgrabungen unter G. Smith (1873-76), E.A. W. Budge (1882-91), L.W. King (1903-5) und R. Campbell Thompson (1927-32) vorzunehmen. Die irakische Regierung hat die Arbeiten vor Ort weitergeführt (1963, 1966-74). Der Hügel von Nebī Junus, unter dem ein Palast *Asarhaddons liegt, wurde bis heute wenig erforscht, da er besiedelt ist.

N. hat mit seiner Vielzahl an Reliefs und Inschriften mehr zur Erhellung der Geschichte des alten *Assyrien und *Babylonien beigetragen als jeder andere assyr. Ort, und die Epen, die Geschichtsschreibung, die sprach- und naturwissenschaftlichen Texte und Briefe machten assyr. Literatur bekannter als die jedes anderen semit. Volkes mit Ausnahme der Hebräer (*Archäologie, *Schrift).

Literatur: R.C. Thompson, R.W. Hutchinson: A Century of Exploration at Nineveh, 1929; A. Parrot: Nineveh and the Old Testament, 1955; S. Lloyd: Die Archäologie Mesopotamiens, 1981; HdArch, 226f. passim. D.J.W.

NOAH. (Griech. *noe*) heißt »Ruhe«. In 1Mo 5,29 wird der Name N. von dem Zeitwort »trösten« (hebr. *nicham*) hergeleitet. Das hebr. Wort für »trösten« heißt wörtlich übertragen: »heftig atmen lassen, durchatmen lassen«. Als N. die Arche verlassen hatte, konnte er wieder durchatmen. Gott hatte ihn und seine Familie durch die Flut hindurchgerettet. N. ist für die gesamte Menschheit der Inbegriff des Trostes. Seit N. gilt für die Welt und die Menschen das Gotteswort: »Solange die Erde steht, soll nicht mehr aufhören Saat und Ernte, Kälte und Hitze, Sommer und Winter, Tag und Nacht« (1Mo 8,22).

I. GOTT RETTET NOAH.

N. war ein Sohn *Lamechs (1Mo 5,28). Er entging als einziger mit seiner Familie und den in der Arche geborgenen Tieren dem Strafgericht, das die verderbte Menschheit vernichtete (1Mo 6,5-8,22).

Von N. heißt es: »er wandelte mit Gott« (1Mo 6,9). Die besondere Auszeichnung: »er war seinen Weg mit Gott gegangen« (hebr.: *halach be*) teilt N. allein mit *Henoch, den Gott von dieser Welt entrückte (1Mo 5,22-24). Die im AT nur zweimal vorkommende schwer verständliche Formulierung »wandeln mit Gott« erklärt die rabbinische Schriftauslegung mit dem Gleichnis: »Noah ist zu vergleichen mit dem Freund eines Königs. Als der König sah, daß sein Freund in dunklen Gassen herumtappte, rief er ihm zu: 'Komm und wandle mit mir!'«

N., *Hiob und *Daniel nennt der Prophet *Hesekiel die einzigen, die ihr Leben in Folge der Gerechtigkeit retteten (Hes 14,14). Petrus sieht in N. den »Prediger« oder »Herold der Gerechtigkeit« (2Petr 2,5). Die Flutgeschichte selbst berichtet nichts davon, daß N. seinen Zeitgenossen Buße predigte. Der gerechte N. aber ist für Petrus nicht anders denkbar als ein »Mahner zur Gerechtigkeit«.

Im Hebräerbrief wird N. »Erbe der glaubensgemäßen Gerechtigkeit« (Hebr 11,7) genannt. N.s Glaube und Gerechtigkeit bestanden darin, daß er ein Gottesgebot befolgte, obgleich noch nichts von all dem zu sehen war, was es beinhaltete. Die Geschichte Gottes mit N. zeigt, daß Gottes Gericht nicht blindes Schicksal ist. Sein Gericht ist immer ein Teil seines gnädigen Handelns. Mit N. werden folgende Güter des Lebens und Glaubens in Verbindung gebracht: Gnade (1Mo 6,8), Ruhe (1Mo 8,4), Ruheplatz (1Mo 8,9), Behagen (1Mo 8,21) und Trost (1Mo 5,28.29).

II. NOAH FEIERT DEN ERSTEN GOTTESDIENST AUF DER ERNEUERTEN ERDE.

Nachdem die Todesgefahr vorüber war und N. die Arche verlassen hatte, dankte er seinem Gott für das wiedergeschenkte Leben auf der Erde. Die Opfergabe bestand in dem Wertvollsten und Kostbarsten, das N. besaß. Er nahm dazu zwei Exemplare von jeder Gattung der reinen Tiere. Um zu zeigen, daß er nichts für sich von den Gaben zurückbehalten wollte, verbrannte er sie vollständig auf dem Altar. Der Gottesdienst N.s umfaßt die sieben Grundmotive jeden wahren Gottesdienstes:

1. Der Gottesdienst ist die Antwort des Geretteten.
2. Die Antwort auf Gottes Rettung ist Dank.
3. Der Gottesdienst steht vor aller Arbeit und vor aller Sorge um das zukünftige Leben.
4. Im Gottesdienst gibt der Mensch Gott das Kostbarste und Wertvollste.
5. Der Gottesdienst ist ein »Ganzopfer«, das heißt, der Mensch behält nichts zurück.
6. Im Gottesdienst kommt es auf das Herz an. »Gott sieht das Herz an (1Sam 16,7).
7. Im Gottesdienst kommt der Mensch zur Ruhe.

III. GOTT SCHLIESST MIT NOAH EINEN BUND.

Das Zeichen des ersten Gottesbundes ist der Regenbogen. Der Regenbogen ist ein Ursymbol der Menschheit. Bundeszeichen aber ist der Regenbo-

NISAN
s. Kalender

gen nur in der im AT und NT festgelegten Bedeutung.

1. Der Regenbogen ist der beiseite gestellte Kriegsbogen. Das hebr. Wort für Regenbogen bedeutet soviel wie Kriegsbogen (hebr. *käschät*), Bogen (*Waffen und Geräte). Die Vorstellung vom Kriegsbogen in der Hand Gottes entspricht dem Bild der Pfeile, die die Blitze Gottes genannt werden (Hab 3,9-11; Ps 7,13f). «Er hat seinen Bogen gespannt wie ein Feind. Er hat mich als Zielscheibe hingestellt für seine Pfeile» (Klgl 2,4; 3,12). Im Gegensatz zum Angriffsbogen ist der Regenbogen keine schußbereite Waffe, sondern der beiseite gestellte Vernichtungsbogen. Er ist das Zeichen, daß der Mensch in einem neuen Gnadenverhältnis und in der Stabilität der Naturordnung leben darf.

2. Der Regenbogen ist das Zeichen der Herrlichkeit Gottes.

In seiner Gottesschau sieht *Hesekiel Gott in einem strahlenden Licht, das aussieht wie der Bogen, der an Regentagen erscheint (Hes 1,28). Von der Farbenpracht des Regenbogens ist im Buch Jesus Sirach die Rede (Sir 43,11). Die in der Natur erscheinende Farbenfolge deutet Gottfried von Viterbo folgendermaßen: Die Blautöne sind Zeichen für die Sintflut. Eine Vernichtungsflut wird nicht mehr über die Erde hereinbrechen. Die Grün- und Gelbtöne sind Hinweise auf die neue Erde. Das Rot symbolisiert den künftigen *Weltenbrand, der der neuen Erde vorausgeht.

3. Der Regenbogen ist Zeichen des wiederkommenden Christus.

Einmal werden alle Menschen zugleich einen mächtigen Regenbogen sehen. Es ist der Regenbogen um den Thron des kommenden Christus (Offb 4,3). Auch der das Ende ankündigende Engel ist umgeben von einem Regenbogen (Offb 10,1). Es wird keine totale Weltzerstörung mehr geben, bis Jesus wiederkommt. Die Welt wird nicht durch Seuchen oder Waffen zerstört. Gott erhält seine Welt bis zum Tag des letzten Gerichtes. Es wird keine erneuerte Erde mehr geben, sondern einen neuen Himmel und eine neue Erde nach dem letzten Gericht (Offb 21,1-6).

N. lebte 950 Jahre (1Mo 9,28-29). Die Zahl der Lebensjahre hat wie alle Zahlen in der Ur- und Endgeschichte zeichenhafte Bedeutung (vgl. Bräumer, 1. Mose 1-11, S. 134f). N. hatte drei Söhne: *Sem, *Ham und *Jafet (1Mo 5,32; 9,18.19; 10,1). Sie sind die Urväter des Menschengeschlechtes auf der erneuerten Erde (1Mo 9,19; 1Mo 10). Auf der erneuerten Erde pflanzte N., «der Ackermann», als erster einen Weinberg (1Mo 9,20). Der gerechte N. war kein Mensch ohne Sünde. Einmal betrunken, mußte er erleben, daß der Wein Sinne und Kräfte schwächen und den Menschen seiner Würde berauben kann (vgl. Spr 20,1; Klgl 4,21; Hos 4,11; Hab 2,15). Dennoch repräsentiert N. «die Hoffnung der Welt» (Weish 14,6; Sir 44, 17). Er zählt zu den Ahnherren Jesu (Lk 3,36).

Literatur: H. Bräumer: Das erste Buch Mose, 1. Teil, Kapitel 1-11, 1983; U. Cassuto: A Commentary on the Book of Genesis, Part II, From Noah to Abraham, [2]1974; F. Delitzsch: Neuer Kommentar über die Genesis, 1887; S.R. Hirsch: Der Pentateuch, übersetzt und erläutert, 1. Teil, Die Genesis, 1867; B. Jacob: Das erste Buch der Tora, 1934; G. von Rad: Das erste Buch Mose, ATD 2-4, 1961; C. Westermann: Genesis 1-11, BKAT I/1, 1974. H.Br.

NOB. Eine Gegend, die in drei Abschnitten des AT erwähnt wird, die sich wahrscheinlich alle auf den gleichen Ort beziehen.

1Sam 22,19 erwähnt N. als eine Stadt der Priester; vermutlich waren die Priester Jahwes in ihrer Amtstracht dorthin geflohen, nachdem die *Bundeslade erobert und *Silo zerstört worden war (1Sam 4,11). Nachdem er Saul entkommen war, kam David nach N., als Ahimelech dort Priester war, und aß die Schaubrote (1Sam 21,7). Als Saul von der Hilfe des Priesters für den Flüchtling David hörte, zerstörte er das Heiligtum und brachte Ahimelech zusammen mit 85 weiteren Priestern um (1Sam 22,9. 11.18f).

Jesaja prophezeite, daß die assyr. Invasoren N. erreichen würden, das zwischen *Anatot (4 km nordöstl. von Jerusalem) und der Hauptstadt selbst lag (Jes 10,32). Neh 11,32 erwähnt N. als eine der Ortschaften, die nach der Rückkehr aus dem Exil wieder besiedelt wurden.

Die beiden letzten Erwähnungen lassen auf eine Gegend nahe Jerusalem schließen, wahrscheinlich das heutige Rās Umm et-Tala auf der O-Seite des Skopus, nordöstl. von Jerusalem. (Grollenberg, Atlas of the Bible, 1956). S.R. Driver (Notes on the Hebrew Text of the Book of Samuel, [2]1913, S. 172) vermutet den Platz evtl. auf dem Rās el-Meschārif, knapp 2 km nördl. von Jerusalem, ein Grat jener Bergkuppe (818 m), von der aus der Pilger zum erstenmal die heilige Stadt (790 m) erblickt.

R.A.H.G.

NOBACH.

1. Eine Ortschaft der Amoriter, besiedelt und umbenannt von N. (s. 2.) und seiner Familie (4Mo 32,42). Falls der amoritische Name Kenat auf das heutige Kanawat (Eus. onom. Kanatha) schließen läßt, ca. 95 km östl. vom See Genezareth, kann dieses kaum das N. aus Ri 8,11 sein, das auf dem Berg Gilead liegen muß.

2. Ein Anführer der Manassiter (4Mo 32,42). J.P.U.L.

NOD. Ein Land östl. von oder vor Eden (*qidmat - ʿēdān*, 1Mo 4,16), in das *Kain nach seinem Mord an *Abel verbannt wurde. Der Name (*nōd*) gleicht formal dem Infinitiv des Verbs *nud* (*nwd*), »sich vor und zurück bewegen«, »wandern«, dessen Partizip in 1Mo 4,14 benutzt wird, als Kain darüber klagt, daß er nun ein »Vagabund« sein wird (LÜ: »unstet und flüchtig«). Außerhalb der Bibel taucht der Name nicht auf, aber Form und Kontext lassen darauf schließen, daß es sich um ein Gebiet handelt, das nomadische Lebensform vorschrieb, wie man es auch heute noch in Teilen des Vorderen Orients findet. T.C.M.

NOMADEN. Volksgruppen, die ihr Wohngebiet innerhalb eines größeren Bereiches, der ihr Heimatterritorium darstellt, je nach Jahreszeit wechseln.

I. IN DER BIBEL.

Das Wort »Nomade« kommt in der Bibel nicht vor; die entsprechenden Volksgruppen werden durchweg anders bezeichnet. Der erste Nomade war *Kain, der von seiner Verwandtschaft vertrieben wurde, um »unstet und flüchtig zu sein auf Erden« (1Mo 4). Eine Reihe nomadischer Gruppen wird in der Völkertafel von 1Mo 10 erwähnt (*Völkertafel). Unter den Nachkommen *Jafets erscheinen *Gomer (Kimmerer), Madai (*Meder), Meschech (vielleicht Phryger) und *Aschkenas (Skythen) – Völker, die ursprünglich wohl aus der nördl. Steppe kamen. Het, unter den Söhnen Hams, könnte für die *Hetiter Kleinasiens stehen, aber auch für die späteren neuhetitischen Staaten in Nord-Syrien. Unter den Nachkommen Sems werden *Aram (Aramäer) und einige arab. Stämme aufgezählt, die von der Arabischen Halbinsel kamen und von denen einige auch noch in jüngerer Zeit nomadisch lebten.

Die Erzväterzeit war für die Auserwählten Gottes weitgehend eine Zeit des Nomadentums. Ob Abraham tatsächlich ein seßhaftes Leben in der Stadt Ur führte, als Gott ihn rief, ist ungewiß. Da er »der Hebräer« genannt wird (1Mo 14,13), könnte er einer der Habiru (*Hebräer) gewesen sein, die außerhalb der Stadt, vielleicht in abhängiger Stellung, lebten. In solch einer Lage konnte er dennoch der vermögende Mann sein, der er zweifellos war. Wie lange er und seine Vorväter in Ur lebten, ist nicht geklärt, aber als er die Gegend verließ, begann für ihn ein Nomadendasein, das *Isaak und *Jakob übernahmen, bis die Kinder Israel in Ägypten seßhaft wurden (vgl. Hebr 11,9). Dies war nicht das übliche saisonbedingte Weiterziehen von N. innerhalb eines bestimmten Gebietes, sondern eine Wanderung von Ort zu Ort. Abraham besaß zwar auch Kamele (z.B. 1Mo 24), aber seine Herden bestanden größtenteils aus Schafen, Ziegen und Eseln (1Mo 22,3). Diese Lebensweise paßt gut in die Zeitverhältnisse, wie sie durch die Zeugnisse aus den Archiven von *Mari belegt werden. Daß *Terach, Abram und *Lot in der Stadt Haran blieben, führte zu ihrem Anschluß an einen anderen Nomadenstamm, die Aramäer; 5Mo 26,5 (RevEB) wird dementsprechend »ein umherirrender Aramäer« als Vorfahr der Israeliten genannt.

Schasu-Nomaden, die nur in ägyptischen Quellen aus der Zeit des Exodus erwähnt werden, auf einem Relief aus Memfis (Nof). Grab des Haremhab, Saqqara, Memfis, ca. 1330 v.Chr. (RVO)

Nachdem die Israeliten in Ägypten trotz Unterdrückung die Vorzüge eines seßhaften Lebens erfahren hatten, kehrten sie beim *Auszug aus Ägypten nur widerwillig zu den Unbequemlichkeiten der Wanderschaft zurück.

Nach der Besiedlung des Gelobten Landes endete für die Israeliten das nomadische Leben, obwohl sich im AT noch verschiedene Hinweise darauf erhalten haben. So wird etwa das Haus eines Mannes in vielen Fällen sein »Zelt« genannt (z.B. Ri 20,8; 1Sam 13,2; 2Sam 20,1; 1Kön 12,16 RevEB). Um den Gedanken des frühen Aufstehens auszudrücken, wird das Verb *schākam* gebraucht, das eigentlich »die Rücken (von Lasttieren) beladen« bedeutet (z.B. Ri 19,9; 1Sam 17,20). In der Dichtung weisen bestimmte Metaphern auf einen nomadischen Hintergrund: In Hiob 4,21 steht das Abbrechen eines Zeltes für den Tod; in Jer 10,20 zeigen zerrissene Zeltseile Zerstörung an, und umgekehrt bedeutet ein festes Zelt Sicherheit (Jes 33,20). Jes 54,2 bezeichnet ein aufblühendes Volk durch die Aufforderung, den Raum des Zeltes zu erweitern. Nachdem sie sich im Lande niedergelassen hatten, ergaben sich für die Israeliten Kontakte zu verschiedenen Nomadenvölkern. Die Aramäer waren im 1. Jt.v.Chr. weitgehend in den Stadtstaaten Syriens seßhaft geworden, so daß die Bedrohung durch N. hauptsächlich aus O und S kam, wo die *benē cädäm*, »die Söhne des Ostens« (vgl. Hes 25,4) – darunter sind Völker wie die *Midianiter, *Amalekiter, *Moabiter, *Edomiter, *Ammoniter und *Kedariter zu verstehen – jede Schwäche in den besiedelten Gebieten ausnutzten. *Salomos wirtschaftlicher Aufstieg im 10. Jh.v.Chr. führte zu Kontakten mit *Arabien und den Karawanenhändlern jener Region. Im 9. Jh.v.Chr. war *Joschafat in der Lage, von den Arabern Tribut zu fordern (2Chr 17,11), aber die Familie seines Sohnes *Joram wurde von dem gleichen Volk bei einem Überfall entführt (2Chr 21,16f). Während der Königszeit treten die Araber immer wieder in Erscheinung (z.B. Jes 13,20; 21,13; Jer 3,2; 25,23f; Hes 27,21).

Nach der Rückkehr der Juden aus dem Exil steht Geschem, der Araber, der den Wiederaufbau Jerusalems verhindern wollte (Neh 2,19; 6,6), stellvertretend für die nomadischen Händler aus den östl. Randgebieten Syriens und Palästinas, denen in ntl. Zeit die *Nabatäer folgten.

Gegen den moralischen Verfall, mit dem die Besiedlung des Landes einherging, stellten die Propheten das Ideal des nomadischen Lebens als Bild geistlicher Gesundheit. Sie verurteilten den Luxus des städtischen Lebens (Am 3,15; 6,8) und sprachen von der Rückkehr zu der Einfachheit der früheren Tage Israels in der Wüste (Hos 2,16f; 12,10). Diesen Ruf in die Wüste nahm die *Qumran-Gemeinschaft in der zwischentestamentlichen Zeit auf, später auch *Johannes der Täufer und auch Jesus mit seinen Jüngern. Obwohl dies kein Nomadentum im eigentlichen Sinne war, war es doch ein Hinweis auf die Werte, die dem Volk Gottes als Ziel vor Augen stehen sollten: in dieser Welt Pilger zu sein und sich auf Erden keine Schätze zu schaffen.

II. LEBENSWEISE.

Ein Nomadenstamm bezieht seinen Lebensunterhalt von seinen Tierherden (Pferde, Kamele, Schafe, Ziegen oder Rinder), und die Weidegründe der Herden bestimmen das Weiterziehen der Gemeinschaft. Diese Lebensweise wird durch den Lebensraum erzwungen, der gewöhnlich aus Steppen und Niederungen besteht, die in der feuchten und kühlen Jahreszeit vorübergehendes Weiden erlauben, und aus Oasen oder Hochlandzonen, in die man sich während der Trokkenzeit zurückzieht. Normalerweise besitzt jeder Nomadenstamm ein anerkanntes Stammesgebiet, das im jahreszeitlichen Ablauf durchzogen wird. Zelte aus Leder, Filz oder Wolle dienen als mobile Behausungen, die gesamte Ausrüstung ist auf das Nötigste begrenzt. Manche Gruppen, vor allem Kamelhirten, verzichten auf das Flachland nur dann zugunsten der Oasen oder des Hochlandes, wenn Dürre sie dazu zwingt; Schafhirten lassen sich für längere Zeit in den Oasen nieder, treiben Ackerbau und ziehen nur dann weiter, wenn der Nahrungsbedarf der Tiere es erfordert. Solche Volksstämme werden dann Halbnomaden genannt.

Eine derartige Wirtschaft ist den geographischen und klimatischen Umständen angepaßt; das Gleichgewicht wird allenfalls durch das Bevölkerungswachstum gestört, wenn größer werdende Gruppen auf das angestammte Gebiet eines Nachbarn übergreifen und die schwächere Gruppe vertrieben. Seßhafte Bauerngemeinschaften sind eine leichte Beute für vielköpfige Nomadengruppen, die sich als militärische Aristokratie zur Herrschaft über die weniger kriegerische Bevölkerung aufschwingen. Innerhalb weniger Generationen jedoch werden die Eindringlinge von der zwar weniger aggressiven, aber dominierenden Kultur der seßhaften Völker aufgesogen.

Die größten Vorteile bieten sich N. in Ländern, in denen sich Stadtstaaten und das sie umgebende Ackerland mit weniger dicht besiedelten Gebieten abwechseln, in denen die N. ihre Lager aufschlagen und die ungeschützten Siedlungen ausbeuten können sowohl durch plötzliche Überfälle als auch durch Erzwingung von Diensten als Söldner oder als Arbeiter.

Aus den Anforderungen des nomadischen Lebens erwachsen bestimmte Wertvorstellungen. Die gegenseitige Abhängigkeit der Stammesmitglieder führt zusammen mit dem Bewußtsein gemeinsamer Herkunft zu großer Solidarität (*Familie) mit Begleiterscheinungen wie *Blutrache für Mord oder Totschlag. Aus der Notwendigkeit zur Mobilität entsteht eine Verringerung des Besitzes auf das, was transportabel ist; Wohlstand zeigt sich im Viehbestand. Die harten Lebensbedingungen gebieten Gastfreundschaft gegenüber den Reisenden.

III. DER VORDERE ORIENT IM ALTERTUM.

Es gab in alter Zeit zwei Haupt-Lebensräume für nomadische Volksgruppen, aus denen die dichter besiedelten Regionen des Nahen Ostens den Einbruch der Plünderer erdulden mußten: die Arabische Halbinsel und die Steppe Süd-Rußlands. Der Zugang von Arabien aus war leichter als der aus dem N, da die nördl. Gebiete hinter einem Bergmassiv lagen. Einige der von den N. N-Arabiens jährlich besuchten Oasen gehörten ohnehin schon zu den Randbezirken der besiedelten Gebiete Palästinas und Syriens.

1. Die Nomaden aus dem Süden.

Es ist anzunehmen, daß *Arabien die eigentliche Heimat der Semiten (Semitisch-Sprechenden) ist, und da die semit. Akkadier seit der Frühgeschichte Teil der mesopotamischen Bevölkerung waren, wird man auf einen kontinuierlichen Zustrom von N. aus der Arabischen Halbinsel schließen können. Erkenntnisse über die Einwanderung von N. aus Arabien sind stark von den erhaltenen Dokumenten abhängig. Schriftliche Aufzeichnungen finden sich in Palästina nur spärlich, in Syrien lückenhaft, aber ausreichender in *Mesopotamien. Die ausführlichsten Aufzeichnungen aus Mesopotamien entstammen jedoch Zeiten politischer Stärke, in denen eindringenden N. Widerstand entgegengesetzt werden konnte. Tatsächlich war der aus Dokumenten am besten belegte Zugang nach Mesopotamien der aus dem N, obwohl man auch von friedlicher Einwanderung nach Babylonien aus dem W ausgehen kann. Das frühe 2. Jt.v.Chr. war als Folge des Falls der 3. Dynastie von Ur eine Zeit der Schwäche Babyloniens und nachfolgender nomadischer Invasionen aus dem N. Die Invasoren, vor allem die *»Amoriter«, setzten sich schließlich selbst als Herrscherdynastien in den Städten Babyloniens ein. Aus der Zeit der größten dieser Dynastien, der ersten von Babylon, vermitteln die diplomatischen Archive, die in *Mari am Mittellauf des Euphrat entdeckt wurden, eine Ahnung von den Verhältnissen in Nordmesopotamien/Syrien, wo zwischen den Stadtstaaten Territorien lagen, die von N. besetzt waren. Eine dieser Gruppen, bekannt als Hanäer (*Hanū*), versorgte den König von Mari mit Söldnern; obwohl sie in Lagern lebten, begannen einige von ihnen, sich an festen Wohnsitzen niederzulassen. Mehr Unruhe stifteten die Jaminiter (gelegentlich *Bini-Jamin* geschrieben; wahrscheinlich aber hat man *mārū jamīn* gelesen, *Benjamin), die sich über das Steppengebiet zwischen den Flüssen Habur und Euphrat und weiter westl. ausbreiteten, vor allem in der Umgebung von *Haran. Ihre Überfälle auf Siedlungen und Angriffe auf Städte werden häufig erwähnt. Die Sutäer (*Sutū*) verübten ihre Raubzüge weiter südl. vor allem entlang den Handelsrouten, die den Euphrat mit Syrien verbanden. Eine weitere Volksgruppe, die Habiru (*Hebräer), die in der zweiten Hälfte des 2. Jt.v.Chr. in Dokumenten aus Nuzi, Alalah, Hattuscha, Ugarit, El-Amarna und in ursprünglich ägypt. Dokumenten auftauchen, wird bereits früher (18. Jh.v.Chr.) in den Maribriefen und in Dokumenten des gleichen Zeitraums aus Alalah, Kappadozien und S-Mesopotamien erwähnt. Die Habiru scheinen N. oder Halbnomaden gewesen zu sein, die einmal als Räuber, ein andermal als Siedler in Städten auftraten, als Söldner dienten, mitunter auch als Arbeiter oder sogar als Sklaven.

Dies sind die bedeutendsten der in den Archiven von Mari erwähnten Nomadenstämme aus diesem Zeitabschnitt, aber sie waren zweifellos typisch auch für die Völker anderer Zeiträume, die Stadtstaaten vor allem in N-Mesopotamien und Syrien/Palästina bedrohten. Einige waren sicherlich eher fahrende Handwerker als Räuber; eine solche Gruppe ist auf einem Wandgemälde aus dem 19. Jh. v.Chr. im ägypt. Beni Hasan abgebildet.

Ein weiterer Nomadenstamm, der sich in den folgenden Jh. über Syrien/Palästina bis nach *Ägypten ausbreitete, waren die Hyksos, und ebenfalls hauptsächlich im 2. Jt.v.Chr. gewann noch eine andere Nomadengruppe, die *Aramäer und die ihnen verwandten Ahlamu, an Bedeutung. Um die Wende vom 2. zum 1. Jt.v.Chr. überschwemmten diese Völker W-Asien, wobei sie der wachsenden Dominanz Assyriens Einhalt geboten und viele Stadtstaaten in Syrien und N-Mesopotamien gründeten.

Dies sind die wichtigsten Nomadenstämme, die uns aus schriftlichen Quellen bekannt sind und wahrscheinlich von der Arabischen Halbinsel stammten. Unmittelbar von der Halbinsel stammten Araber (*Arabien), die in assyr. Inschriften erwähnt und auf Flachreliefs als Kamelreiter und Zeltbewohner abgebildet sind. Im späten 1. Jt.v.Chr. wurden Städte wie *Petra und *Palmyra (*Tadmor) in den Randbezirken des besiedelten Landes von Araberstämmen gehalten, die vom Karawanenverkehr profitieren konnten.

2. Die Nomaden aus dem Norden.

Der Zugang zum Nahen Osten war für die N. aus dem N, die in der südrussischen Steppe lebten, schwieriger; der Hauptzugang lag zwischen dem Kaspischen und dem Schwarzen Meer in Richtung Kleinasien und Iran. Anzeichen eines Zustroms solcher N. finden sich bereits Mitte des 3. Jt. v.Chr. in den »Königsgräbern« von Alaka Hüjük in Zentral-Kleinasien, wo sich eine Kriegerkaste zu Herren über die Landbevölkerung gemacht hatte. Es waren Vorgänger der indogermanisch sprechenden *Hetiter, die im 2. Jt.v.Chr. in Kleinasien ein Reich errichteten. Es ist erwiesen, daß viele der Invasoren aus dem N wie die Hetiter indogermanische Sprachen hatten. Im 2.Jt.v.Chr. verraten die Namen und bestimmte Elemente des Vokabulars der Kassiter in Babylonien und der Herrscher der Mitanni in N-Mesopotamien ihre indogermanische Abstammung. Diese Völker gehörten zu den ersten, die *Pferde und *Streitwagen in W-Asien einführten; eine Kombination, die wahrscheinlich in der Steppe entwickelt worden war. Im späten 2. Jt.v.Chr. folgten die Phryger in Kleinasien dem Muster einer herrschenden Kriegerkaste, und später begegnet man den Kimmerern als kriegerischen Räubern. Im 1. Jt.v.Chr. gewannen im Iran die *Meder und Perser an Bedeutung. Die Perser errichteten schließlich ein Reich, das den gesamten Nahen Osten beherrschte. In assyr. Inschriften tauchen die frühen Gruppen der Raub- und Kriegsnomaden als Ummanmanda auf (*Assyrien).

Literatur: HdArch; R. de Vaux: Ancient Israel, 1961, 3-15.19f; D.J. Wiseman: The Word of God for Abraham and Today, 1959, 10-12; C. Friedrich: Geschichte der Hethiter, ³1979; H.J. Nissen: Gründzüge einer Geschichte der Frühzeit des Vorderen Orients, 1983. T.C.M.

NOOMI. (Hebr. *nā'ămī*, »lieblich«). Während der Richterzeit entstand eine Hungersnot im judäischen Bethlehem. Sie veranlaßte Elimelech, einen Einwohner jener Gegend, mit seiner Frau N. und seinen Söhnen Machlon und Kiljon nach *Moab zu ziehen. Dort wurde N. Witwe. Ihre Söhne heirateten die Moabiterinnen *Orpa und *Rut. Beide Schwiegertöchter N.s wurden ebenfalls bald Witwen.

N. beschloß nach 10 Jahren Aufenthalt in Moab, in ihre Heimat zurückzukehren. Ihren Schwiegertöchtern gab sie den Rat, ins Haus ihrer Eltern zurückzukehren und sich wieder zu verheiraten. N. wollte nach den schweren Erlebnissen in ihrem Leben nicht mehr N. (»lieblich«), sondern Mara (hebr. *mārā'*, »bitter«) heißen (Rut 1,20f). In *Bethlehem bahnte N. für Rut eine Leviratsehe mit ihrem Verwandten *Boas an. Das erste Kind aus dieser Ehe, *Obed, wurde von N. umsorgt (Rut 4,16f). Obed wurde der Großvater *Davids (Rut 4,17). M.B.

NORDEN. Der N. (in älteren Übersetzungen meist »Mitternacht«) wird im AT über 150 mal und im NT zweimal erwähnt. Dabei lassen sich drei Bedeutungsbereiche unterscheiden. Angesichts der Häufigkeit des Vorkommens können nicht alle Belegstellen nachgewiesen und besprochen werden.

1. Der geographische Norden.

An einigen Stellen des AT wird der N. mit hebr. *semʾōl* bezeichnet (1Mo 14, 15; Jos 19,27; Hiob 23,9; Jes 54,3; Hes 16,46), was eigentlich »links, linke Seite« bedeutet. Der Ausdruck gehört zu einem Orientierungssystem, in dem der *Osten als »vorne« (*qädäm*), der *Westen als »hinten« (*ʾāchōr*) und der *Süden als »rechts« (*jāmīn*) bezeichnet wird.

Überwiegend wird jedoch *zāphōn* (LXX: *borrās*) verwendet, das ursprünglich wohl der Name des Berges Dschebel-el-ʾakraʿ nördl. von *Ugarit war und dann auf die Himmelsrichtung ausgeweitet wurde. »Es läge hier dieselbe Bedeutungsentwicklung vor wie bei *negeb* und *jām*, von denen das erste ›trockenes Land‹, speziell die regenarme Landschaft des südl. Palästina, das zweite ›Meer‹, speziell das Mittelmeer, bedeutet, und die dann ... zu Bezeichnungen der betreffenden Himmelsrichtungen geworden sind« (Eißfeldt, S. 17).

Der N. umfaßte für die Menschen des AT auch Gebiete, die nordöstl. oder gar östl. von Palästina liegen, was wohl damit zusammenhängt, daß die Hauptverkehrswege nach Mesopotamien über Aleppo bzw. *Damaskus, also zunächst in nördl. Richtung führten.

Als nördl. gelegen sind Phönizien (vor allem *Tyrus und *Sidon) und *Syrien (vgl. Jer 46,10; Dan 11,26 u.ö.) bezeugt, ferner *Assyrien (Zef 2,13; Jer 3,12.18; 31,8), *Babylonien (Hes 23,24; Sach 2,6f; 6,6.8), Persien (Jes 41,25) und *Medien (u.a. Jer 51, 28.48).

Die »eigentliche nördliche Weltgegend war Kleinasien mit Umgebung. . .« (Lauha, S. 19). Aus 1Mo 10 sowie einigen verstreuten Stellen läßt sich, soweit die hebr. Namen heute identifizierbar sind, schließen, »daß sich der geographische Gesichtskreis des AT in nördlicher Richtung nur bis in die Schwarzmeergebiete und die Kaukasusgegend erstreckt« (Lauha, S. 33; Näheres zu den offenbar bekannten Völkern und Staaten s. bei Lauha, S. 15-35).

Die Reihung der vier Himmelsrichtungen wird dazu verwendet, um das ganze Land bzw. die ganze bekannte Welt zu umschreiben (z.B. 1Mo 13, 14f; Ps 89,13; Jes 43,5f; Lk 13,29).

In Hld 4,16 bezeichnet *zāphōn* den Nordwind.

2. Der heilvolle Norden.

In Ps 48, einem Hymnus auf Jahwe, wird der *Zion gepriesen als »schön aufragend, Freude des ganzen Landes (oder: der ganzen Welt), Berg Zion im entlegensten Norden, Stadt des Großkönigs« (V. 3). Im AT sind der im S liegende *Sinai/Horeb und der Zion als Gottesberge, d.h. als Berge, auf denen Gott erscheint bzw. wohnt, bezeugt. Daß der Zion aber *jarketē zāphōn*, d.h. im äußersten Norden (die Übersetzung »auf dem Gipfel des Zaphon« gilt heute als unzutreffend) gelegen sei, ist eine einmalige Aussage, die sich aus der geographischen Lage des Berges nicht erklären läßt. Hilfreich ist hier die Beobachtung, daß u.a. in Ugarit (s. dazu W.H. Schmidt, Königtum Gottes) wie auch in Mesopotamien, wenn auch dort in Verbindung mit anderen Elementen, die Vorstellung vom Gottesberg im N belegt ist. Der N gilt dort als der heilige Bereich der Götter; dort versammeln sie sich; von dort aus wirken sie. Im AT greifbar und anschaulich wird diese Vorstellung im Spottlied auf den König von Babylon in Jes 14,4-21. Dort wird dessen Absicht aufgedeckt: »Du sprachst in deinem Herzen: In den Himmel werde ich steigen, hoch über die Sterne Gottes, will aufrichten meinen Thron und wohnen auf dem Berg der Versammlung (*har mōʿēd*) im äußersten N (*bejarketē zāphōn*). Ich werde aufsteigen über die Wolkenhöhen, werde gleichen dem Höchsten« (V. 13f). Wenn Ps 48 diese Vorstellung für den Zion beschlagnahmt, wird damit bekannt, daß weder der Baal Zaphon aus Ugarit noch sonst eine babylon. Gottheit, sondern Jahwe allein Gott und Herrscher ist, und daß er auf dem Zion, in Jerusalem (V. 2), zu finden ist, weil er sich diesen Ort gewählt hat.

Ohne direkte Erwähnung des Gottesberges erscheint der N. als heilvolle Gegend in Hes 1,4 und Hiob 37, 22. Gottes Offenbarung wird dem *Hesekiel »im Sturmwind von Norden« zuteil, was wohl bedeutet, »daß Gott aus der Ferne der überirdischen Welt herbeikommt, um sich dem Propheten des verbannten Volkes gegenwärtig zu zeigen« (Ohler, S. 35; vgl. auch Zimmerli, BKAT XIII/1, S. 52). In der letzten Elihurede wird dies so ausgedrückt: »Vom Norden naht Goldglanz herbei, um Gott (liegt) furchterregende Hoheit« (Hiob 37,22), d.h. Gott naht dem Menschen von seinem himmlischen Ort »im Norden« her. Im Zusammenhang mit dem Kultus wird der N. mehrfach erwähnt, ohne daß mit Sicherheit auszumachen ist, ob hier lediglich eine genaue Ortsbestimmung gegeben werden soll, oder ob der N. auch hier eine heilvolle Bedeutung hat.

So wird in 2Mo 40,22 berichtet, daß Mose den Schaubrottisch im Zeltheiligtum an der »Nordseite der Wohnung« aufstellt.

Nach 3Mo 1,11 sollen Kleintiere für ein Brandopfer an der Nordseite des Altars geschlachtet werden, nach 3Mo 6,18 ebendort auch die Tiere für ein Sündopfer.

Hesekiel schaut in einer *marʾōt ʾälōhīm* (»Schauung/Vision Gottes«) den Frevel einer Skulptur (»Bild, das den Eifer Jahwes erregt«) in Verbindung mit einem Altar vor dem Nordtor der Stadtmauer Jerusalems (Hes 8,3.5) sowie im Nordtor des Tempelhofes den Vollzug eines Tammuzkultes, vermutlich das Klageritual anläßlich des »Sterbens« dieser babylon. Vegetationsgottheit in den Sommermonaten (8,14). Die dreimalige Nennung des N.s fällt auf, aber ihre Funktion ist nicht genau zu erheben; vielleicht spiegelt sich darin der N. als Bereich der Gottheit. Daß *Ahas den alten Bronzealtar an die Nordseite des Tempels versetzen läßt, um an dessen Stelle einen neuen Steinaltar nach aram. Muster errichten zu lassen (2Kön 16,14), auf dem für Jahwe geopfert wird, könnte bedeuten, daß er auf dem Nebenaltar an der Nordseite die erzwungenen assyr. Bräuche praktiziert (vgl. dazu E. Würthwein: ATD 11,2, 1984, S. 390f), während der Jahwedienst in Richtung O vollzogen wurde.

3. Der unheilvolle Norden.

Unabhängig von der heilvollen Bedeutung des N.s findet sich im AT auch der N. als Ort, von dem Unheil und Gefahr kommt.

So offenbart Gott dem *Jeremia: »Vom Norden her ergießt sich das Unheil über alle Bewohner des Landes« (Jer 1,14). In Jer 4-6 ist dann von einem »Feind aus dem Norden« die Rede, den Jahwe gegen Juda kommen lassen will. Dieser Feind wird nicht mit Namen genannt; seine Charakteristik ist teilweise recht unbestimmt: er kommt aus dem N., aus der Ferne, spricht eine fremde Sprache, ist von grausamer Entschlossenheit, von unüberwindlicher militärischer Stärke. Seinen Hilfsmitteln (Pferde, Wagen, Waffen) werden Eigenschaften zugeschrieben, die natürliche Fähigkeiten überschreiten. Hier bestehen zahlreiche Fragen und Verstehensprobleme.

a. Es gibt im AT ähnliche Schilderungen von feindlichen Mächten, ohne daß ihre Herkunft »aus dem Norden« bestimmt wird: 5Mo 28,49ff; Jes 5, 25-30; 13, 1-22; Nah 2,1-14; Hab 1,5-11; auch Hes 38f wird oft dazugerechnet. In der exegetischen Forschung faßt man diese Texte zusammen und sieht in ihnen verschiedene Ausprägungen einer zugrundeliegenden Vorstellung vom »Feind aus dem Norden«. Haben aber diese bibl. Zeugnisse dieselbe Figur vor Augen, oder sind sie je für sich zu verstehen?

b. In der Forschung wurde über den »Feind aus dem Norden« zumeist unter der Fragestellung diskutiert, ob er eine geschichtliche oder eine mythologische Gestalt bzw. Größe sei. Während Staerk und andere ihn mit zum Teil sehr unterschiedlichen Mythologien in Zusammenhang brachten, Greßmann, Lauha und Lutz ihn als »sagenhafte Vorstellung« verstehen wollen, hat Childs sich darum bemüht, den historischen Hintergrund der einzelnen Stellen aufzuweisen. Nach Childs sind in den meisten Texten – vor allem in nachexilischer Zeit – historische Erfahrungen in mythische Sprachformen gekleidet worden. Die Waage neigt sich heute zu einem historischen Verständnis der Aussagen über den Feind (u.a. Ohler, W.H. Schmidt, Liwak).

c. Unter der Perspektive der Historizität des »Feindes aus dem Norden« wurde lange Zeit darum gestritten, mit welcher Großmacht in der Geschichte Israels er denn zu identifizieren sei. Hier hat man an die Skythen (zum Problem vgl. Liwak, S. 136ff; 235f), Assyrer, Ägypter, Babylonier, Meder gedacht, ja sogar Alexander den Großen vorgeschlagen.

Dagegen betonen einige Exegeten, daß die Unbestimmtheit jenes Feindes von den Propheten bewußt gewählt sei und deshalb eine Identifizierung sinnlos sei (Volz, Weiser, Rudolph, Lauha).

Die neueste Untersuchung zum Jeremiabuch geht hier einen differenzierenden Weg. Liwak möchte in Jer 4,27-31; 5,15-19 und 6,22ff die Skythen, in 4,11f die Edomiter, in 4,5-8; 4,13-18 und 5,1-6 die Babylonier im Hintergrund sehen. Die unterschiedlichen »Feinde« stammten aus verschiedenen Wirksamkeitsperioden des Jeremia.

Die Unbestimmtheit der Schilderung des »Feindes aus dem Norden« war nun »von unschätzbarem Wert, denn jetzt, nachdem die Babylonier Jerusalem in Schutt und Asche hatten versinken lassen, konnten alle Texte im Rückblick auf die babylonische Eroberung gelesen werden« (Liwak, S. 306f), später auch eschatologisch gedeutet werden.

d. Hilfreich erscheint hier eine Unterscheidung der Aussagen über den Feind vom Standpunkt der jeweils von seinem Wirken Betroffenen aus. Gegen Israel bzw. Juda tritt er auf in 5Mo 28,49ff; Jes 5,25ff; Jer 4-6; 10, 22; 13,20; 25,9; Hab 1,5ff; vgl. auch Hes 38f; Am 3,11; 6,14. Gegen andere Völker wird er angesagt in Jes 14,31; Jer 46,20.24; 47,2; 50,3.9.41; 51,4.8; Hes 26,7. Nach Jes 41,25 wird *Kores/Kyrus »im Norden geweckt«, um Babylon zu zerstören. Gemeinsam ist allen diesen Stellen, daß Jahwe diesen Feind als sein Strafwerkzeug zu seinem Tun ermächtigt. Und so kann er auch dieses Werkzeug wieder vertreiben bzw. vernichten, wenn es seinen Auftrag überschreitet (Hes 39, 2f; Joel 2,20). Es erscheint daher angemessen, die verschiedenen Texte auf verschiedene Großmächte hin zu lesen und sie nicht pauschal auf eine Größe hin zu interpretieren.

e. Eindeutig eine endzeitliche Figur ist der »Feind aus dem Norden« in Jes 13,1-27; Hes 38f und Joel 2.

Abgesehen von diesen Stellen scheint der »Feind aus dem Norden« bei den Propheten eine zeitgeschichtliche Größe zu sein. Da die bibl. Zeugnisse jedoch einen anderen Zugang zu geschichtlichen Ereignissen haben als das neuzeitliche Geschichtsverständnis, »können sich spätere Tradenten so stark auf das Beispielhafte beziehen und so ... die Gleichzeitigkeit des Ungleichzeitigen betonen« (Liwak, S. 321).

f. Schließlich sei noch auf eine schwierige Stelle hingewiesen. Der Prophet *Sacharja schaut im letzten seiner »Nachtgesichte« (6,1-8) u.a. einen von schwarzen Pferden gezogenen Wagen, der in das Nordland fährt, um den Geist Jahwes dorthin zu bringen (oder: um den Zorn Jahwes zu stillen). Schon die Übersetzung des hebr. Wortlautes ist umstritten, erst recht die Auslegung. Sehen die einen darin ein Gerichtswort über das Nordland, wohl Babel (»um den Zorn Jahwes zu stillen«), so verstehen andere dies Wort als Heilsverheißung für die in den N. Verschleppten, denen die Heimführung aus jener Gegend des Unheils angesagt wird. Hingewiesen sei noch darauf, daß der N. als Ort des Unheils bei vielen Völkern bekannt ist (Babylonier [babylon. Omenterate = unheimliche Erscheinung, Wunder], Griechen u.a.). Auch im jüd.-rabbin. Schrifttum (wie auch z.B. in Hen 34) gilt der N. als böse Gegend, aus der Unheil für die Menschenwelt kommt.

Literatur: B.S. Childs: The Enemy from the North and the Chaos Tradition, in: JBL 78, 1959, S. 187-198; O. Eißfeldt: Baal Zaphon, Zeus Kasios und der Durchzug der Israeliten durchs Meer, 1932; A. Lauha: Zaphon. Der Norden und die Nordvölker im Alten Testament, 1943; R. Liwak: Der Prophet und die Geschichte. Eine literarhistorische Untersuchung zum Jeremiabuch. BWANT 121, 1987; H.M. Lutz: Jahwe, Jerusalem und die Völker. Zur Vorgeschichte von Sach 12,1-8 und 14,1-5, 1968; A. Ohler: Mythologische Elemente im Alten Testament. Eine motivgeschichtliche Untersuchung, 1969 (bes. S. 33ff; 154ff); W.H. Schmidt: Königtum Gottes in Ugarit und Israel, BZAW 80, ^{2}1966; ders.: THAT II, 1976, 575-582; F. Stolz: Strukturen und Figuren im Kult von Jerusalem. BZAW 118, 1970; Walter Zimmerli: Ezechiel. BKAT XIII/1 und 2, ^{2}1979. F.Fe.

NORDWIND
s. Wind

NOT.

1. Die Not als Bedrängnis.

Was den Menschen bedrängt, einschnürt und ihm das Leben unmöglich zu machen droht, das versteht der bibl. Mensch unter N. Dies zeigt sich in den Begriffen, die er dafür verwendet.

a. Der häufigste Ausdruck für N. im AT ist das Substantiv *zārāh* (70 mal, davon 22 mal im Psalter), das von einer Wurzel *zrr* (I) abgeleitet ist, die »zusammenbinden« oder »zusammengedrängt werden« bedeuten kann (zu unterscheiden von der Wurzel *zrr* (II), »anfeinden, befehden«). Auch das seltenere Substantiv *māzōr* ist von dieser Wurzel gebildet und bedeutet neben »Bedrängnis« besonders die Belagerung, d.h. Einschließung einer Stadt (5Mo 20,19; 2Kön 24,10; Hes 5,2 u.ö.). Die LXX, die griech. Übersetzung des AT, übersetzt meistens mit *anankē* (»Nötigung, Zwang«), allerdings ohne die rel. Implikationen, die das Wort im griech. Denken hat. Es sah in ihr das beherrschende Weltprinzip und verehrte so die *anankē* als Personifikation der mächtigsten Gottheit des Seins. Im Verhältnis Geist – Materie wiesen die Griechen zudem die *anankē* einseitig der Materie zu, als das dem Geist widerstrebende Prinzip. Dagegen verstehen die LXX, Josephus und auch das NT *anankē* von hebr. *zrr* her im Sinne einer bedrängten Lage (vgl. z.B. Lk 21,23; 1Kor 7,26; 2Kor 12,10), wobei diese – anders als im griech.-hellen. Denken – nicht in der natürlichen (d.h. leiblich-materiellen) Beschaffenheit des Menschen begründet liegt. Denn nicht der Dualismus Geist – Materie ist für den bibl. Menschen das eigentliche Problem, sondern die Bedrückungen und Bedrängungen des Volkes oder Einzelner durch Verfolgung, Feindschaft, soziales Unrecht, Krankheit oder Tod. Diese Nöte erfährt er als Gottverlassenheit oder strafende Heimsuchung Gottes. Und gerade darin liegt seine eigentliche, seine größte Not. Greifbar wird dieses Verständnis von N. durch den Kreuzesruf Jesu aus Ps 22: »Mein Gott, mein Gott, warum hast du mich verlassen« (Mk 15,34). Die eigentliche N. über allen anderen Schmerzen, Qualen, Verspottungen und Bedrohungen liegt in der Gottverlassenheit.

b. Neben *zārāh* kennt das AT noch eine ganze Reihe von Ausdrücken, die sich schwer gegeneinander abgrenzen lassen, da sie oft im Parallelismus membrorum (vgl. *Dichtung) einander ergänzend verbunden sind. Den weitesten Bedeutungsumfang besitzt *ʿāmāl*, das »Arbeit« heißen kann, wobei aber immer der Gedanke von Mühe, Plage und Vergeblichkeit derselben mitschwingt (vgl. besonders Pred 1,12-2,26), in denen ein einzelner oder das ganze Volk sich befinden. In Ri 10,16 und Ps 107,12 ist die N. Folge des Gerichtes Jahwes. Häufig ist die Verbindung von *ʿāmāl* mit *ʾāwen* (»Macht«), wobei dann die Bedrängnis gemeint ist, die einer dem anderen auf Grund seiner überlegenen Macht zufügt.

Unglück, N. oder Verderben wird ferner mit *ʾēd* (von der Wurzel *ʾwd*, »niederbeugen, niederdrücken«, vgl. 5Mo 32.35; Ps 18,19; Hiob 18,12; 21,30 u.ö.), *ʿoni* (eigentlich »Leiden, Elend«), gelegentlich auch mit *raʿ/ rāʿāh* (eigentlich »böse, schlecht«) bezeichnet. Besonders auf Geburtsschmerzen (s.u.) ist das seltene Wort *chalchālāh* (eigentlich das Zittern und Schütteln der Gebärenden, Jes 31,3, und daraus »Angst, Not« wie in Hes 30,4.9; Nah 2,11) bezogen. Die LXX gibt die hier beschriebenen Vokabeln meist mit *kopos* (»Mühsal, Beschwerde«), *mochthos* (»Anstrengung, Mühe«) und *ponos* (»Arbeit, Mühe, Schmerz«) wieder, die in diesen Bedeutungen auch im NT erscheinen (vgl. *Arbeit, *Mühe, *Unglück).

2. Die Not des Beters in den Psalmen.

a. Israels Nöte und Bedrohungen sind aufgehoben in den Klagepsalmen der Gemeinde (Ps 44; 60; 74; 79; 80; 83; 85; 89, 90; 137). Dort bringt das Volk vor Gott, wodurch es bedrängt wird. Ort dieser Klage waren vielfach Bußtage, die das Volk in großer Not abhielt (Jos 7,6; Ri 20,23.26; Sach 7, 3-5; Neh 9).

b. Gleichermaßen sind die Klagepsalmen Einzelner (Ps 3,5-7; 13; 17; 22; 25-28; 35; 39; 41-43; 5 54-57; 59; 61; 63; 64; 69; 71; 86; 88; 102; 109; 130; 140; 141; 143) eine wichtige Quelle um zu erkennen, welche N. den atl. Beter im Gebet zu Gott trieb. Auch die Sünde ist als eine mögliche

Art der N. zu nennen. Nicht umsonst werden sechs der sog. sieben Bußpsalmen (6; 38; 51; 102; 130; 143; Ps 32 ist ein Danklied für die erfahrene Vergebung) zu dieser Gattung gerechnet. Aber sie ist nur eine unter vielen Nöten, von denen der Mensch bedroht wird, so daß eine vorschnelle Identifizierung von N. und Sünde den bibl. Texten nicht gerecht wird. Vielmehr gilt, daß auch die materielle oder existentielle N. die Gefahr mit sich bringt, daß der so Angefochtene sich gegen Gott auflehnt. Denn N. lehrt nicht nur beten, sondern auch fluchen.

c. Neben den Klagepsalmen sind weiter die Dankpsalmen zu nennen (Ps 30; 32; 34; 40; 41; 66; 92; 116; 118; 138), sowie weitere Texte, in denen Menschen Gott danken, daß die Ursache des Dankes oft die Erhörung eines Klage- oder Hilferufes ist. Ein Kompendium dessen, was an Nöten begegnen konnte, bietet Ps 91, der in seiner lehrhaften Tendenz den Leser auf den verweisen will, der aus all diesen Nöten retten will und kann (V. 15).

d. Für die ntl. Zeit sind ähnlich umfassend die paulin. Leidenskataloge (2Kor 4,8f; 6,4; 11,23-28; 12,7-10; vgl. Röm 8,35-39) und die Texte, die von der großen *Trübsal sprechen (Mt 24; Mk 13; Lk 21,5-36; Offb 6; 8,6-9.21; 13; 16). Auch hier geht es äußerlich meistens um Bedrohung des Lebens, die eigentliche Gefahr aber ist die Trennung von Gott, die einerseits durch Verführung oder Verfolgung, andererseits aber auch durch Undankbarkeit entstehen kann. Gerade weil der Mensch auf Gottes bewahrende Zuwendung angewiesen bleibt in Gefahren des Glaubens (vgl. Joh 10,28) wie in äußerlichen Bedrängnissen (s.o. die Leidenskataloge), ist er darauf verwiesen, seinem Schöpfer, Erhalter und Bewahrer zu danken, wie es vor allem Luther in den Katechismen zum 1. Glaubensartikel gelehrt hat.

3. Die Geburt als Zeichen höchster Not.

Höchstes Glück und zugleich höchste Gefährdung war für die Frau in der Antike das Gebären. Leben schenken war aber in einem von drei Fällen mit dem Tod der Mutter verbunden. Die Schmerzen der Frau bei der Geburt wurden so zum Bild der N. als ständige Bedrohung des Lebens, zugleich auch Zeichen der Strafe, die Gott wegen des Sündenfalls über den Menschen verhängte (vgl. 1Mo 3,16). So wird besonders in der prophetischen Gerichtsandrohung die N. der Gebärenden als Bild für die zukünftige, von Gott verhängte N. gebraucht (Jes 21,3; Jer 4,31; 6,24; 49,24; 50,43). In Zef 1,14-17 wird der kommende, schreckliche Tag Jahwes mit allen seinen furchtbaren Auswirkungen beschrieben. Da heißt es, daß selbst der starke Held schreien wird, d.h. in dieselbe N. wie eine Gebärende gerät. So versteht schon der atl. Gläubige Notzeiten als Geburtswehen des kommenden Gottesreiches, ein Gedanke, den das NT aufnimmt und fortführt

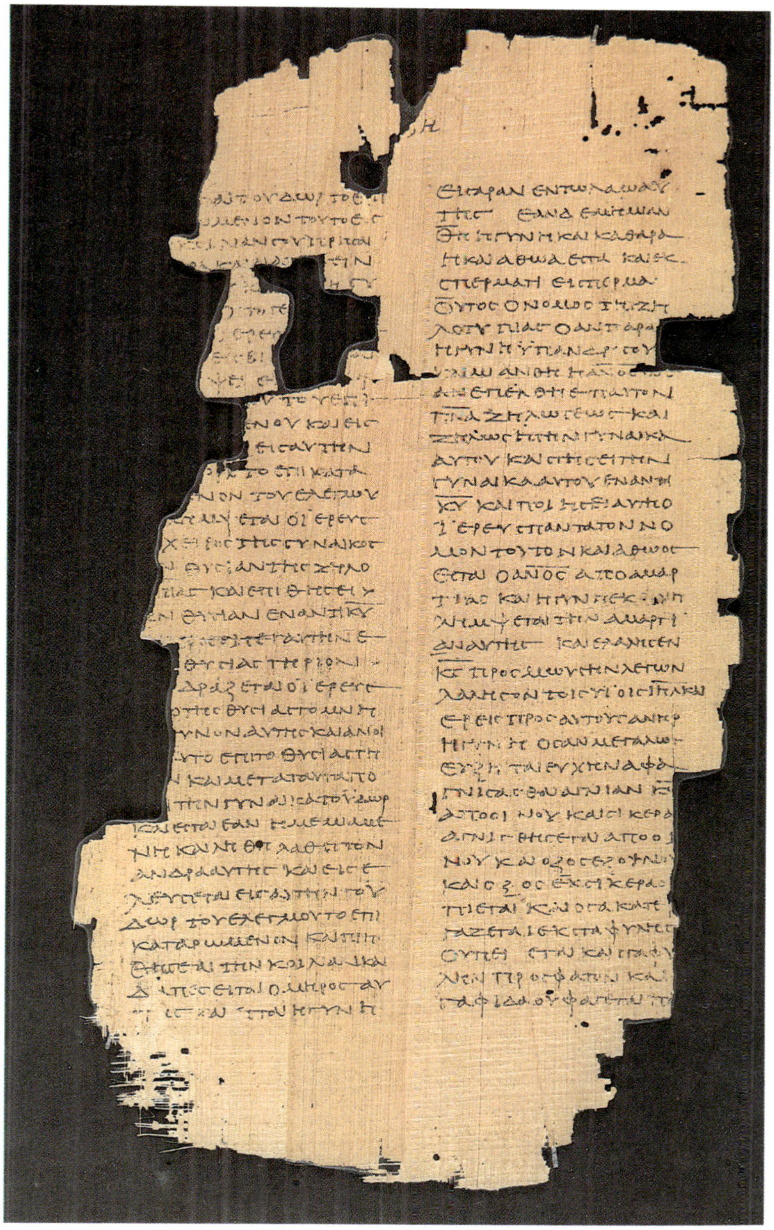

Griechisches Papyrusfragment mit 4. Mose (Numeri) 5,22–6,4. (Chester Beatty VI, 3. Jh. n.Chr.) (CBL)

(vgl. Mt 24,8; Mk 13,8 und zum jüd. Hintergrund Bill. I, S. 950).

Literatur: A. Baumann: ThWAT II, 1977, 898-902; W. Grundmann: ThWNT I, 1933, 347-350; R. Morgenthaler: TBLNT II, [4]1986, 977f; B. Otzen: ThWAT VI, 213-220; S. Schwertner: THAT II, [3]1983, 332-335; K. Seybold: Die Psalmen, 1986; E. Stauffer: ThWNT I, 1933, 624-627. R.D.

NÜCHTERN. (Griech. *nēphalios, nēpho*).

Der Begriff begegnet neunmal im NT. Er hat keine direkte Parallele im AT. Allerdings sagt das AT oft dasselbe, wenn der Begriff der Trunkenheit fast ausschließlich in negativen Zusammenhängen begegnet.

Das Adjektiv *nēphalios* kommt dreimal im NT vor (1Tim 3,2.11; Tit 2,2). Von den Bischöfen, den Frauen der Diakone und von den alten Männern wird Nüchternheit gefordert. Da es im Umfeld dieser Bibelstellen Aussagen zur Trunksucht, die bei Bischöfen, Diakonen und alten Frauen nicht vorkommen soll, gibt (1Tim 3,3.8; Tit 2,3), wird der Begriff nüchtern in diesem Zusammenhang eher wörtl. als in übertragenem Sinn, etwa als kultische Reinheit, zu verstehen sein.

Das Verb *nēpho* wird im NT nur in übertragener Bedeutung verwendet. Sein Inhalt erschließt sich aus 1Thess 5,1-11: Die Aufforderung zur Nüchternheit kennzeichnet das Leben des Christen. Christen sind Kinder des Tages und des Lichts, nicht der Nacht, der Finsternis und des Schlafs. Deshalb sollen sie wachen und n. sein (vgl. Mt 25,1-13; 26,40-41). Sie sollen Nüchternheit im geistlichen Kampf mit geistlichen Gaben erweisen (1Thess 5,8). In der Anfechtung durch den Teufel gilt es, n. dem Tag des

Heils entgegenzusehen (2Tim 2,26; 4,5). Der von Paulus geprägte Wortgebrauch begegnet wieder im 1Petr. Hier wird angesichts der Versuchung durch den Teufel und des nahen Endes (1Petr 5,8) Nüchternheit und Wachsamkeit in der Hinwendung zum Gebet gefordert (4,7). 1Petr 1,13 betont das Nüchternsein in Zuspitzung auf das geheiligte Leben des Christen auf der Grundlage der Gnade in Christus.

Literatur: W. Bauer: Griechisch-deutsches Wörterbuch, [5]1975, 1065-1066; O. Bauernfeind: ThWNT IV, 1942, 935-938; E. Lövestam: StTh 12/1958, 80-102. J.E.

NUMERI/4. BUCH MOSE

I. DER NAME.

N. ist die latein. Bezeichnung für das 4. Buch der Tora bzw. des Pentateuchs, eine Übersetzung der griech. Überschrift in der LXX: *Arithmoi*, und heißt »Zahlen«. Diese Bezeichnung bezieht sich weniger auf die vielen Zahlenangaben, die im Buch enthalten sind, als auf die zwei Volkszählungen (Kap. 1 bzw. 1-4, und Kap. 26), die Hauptmomente in der Entwicklung von N. bilden. Diese Deutung wird durch die im rabbin. Judentum weit verbreitete Bezeichnung »das Fünftel der Musterungen« unterstützt. Somit ist N. das einzige Buch des Pentateuchs, das einen eigenen Namen im Talmud hat und dessen griech. Bezeichnung ins Latein. übersetzt statt als Lehnwort übernommen wurde. Der hebr. Titel *bemidbar*, »in der Wüste«, nach dem fünften Wort des Buches (oder *wayedabbēr*, »und er sprach«, nach dem ersten Wort) wird manchmal als inhaltlich passender angesehen.

II. AUFBAU UND INHALT.

R. Rendtorff behauptet: »Das Buch Numeri ist von allen Büchern des Pentateuch am schwierigsten zu überschauen. Es enthält vierlerlei Material höchst unterschiedlicher Art und wirkt als Ganzes sehr heterogen« (Das Alte Testament. Eine Einführung, S. 156). Noch negativer urteilt M. Noth, der von der »verworrenen Unordnung des Inhalts« spricht (Numeri, S. 7). Zwar enthält das Buch mit seinen Erzähltexten, Gesetzen und Ordnungen, Namenlisten und Reisebeschreibungen, Liedern und prophetischen Orakeln eine bunte Mischung von literarischen Gattungen. Diese Vielfalt schließt aber einen einheitlichen Aufbau nicht aus.

Der Anfang des 4. Mosebuches (1,1) »der Herr sprach zu Mose in dem Zelt der Begegnung in der Wüste von Sinai« zeigt eine Entwicklung gegenüber 3Mo 27,34, wonach Mose noch »auf dem Berg Sinai« ist. 4Mo beschreibt nicht mehr die Konstituierung des Bundesvolkes, sondern seinen Marsch zum verheißenen Land, ein Marsch, der durch Rebellionen gekennzeichnet und durch einen fast vierzigjährigen Wüstenaufenthalt unterbrochen wird.

Am Ende des Buches (26,13) befindet sich das Volk fast am Ziel, »auf der Ebene Moab am Jordan gegenüber Jericho«. Doch wird den verschiedenen geographischen Bewegungen des Volkes keine besondere Bedeutung beigemessen (10,12; 11,35; 12,16; 20,1.22; 21,4.10-13.16. 18-20. 33; 22.1).

Noch spärlicher als die Ortsangaben in 4Mo sind die Zeitangaben (1,1; 9,1.5; 10,11; 20,1; 33,3.38). Aus diesen Versen kann man schließen, daß zum einen Kap. 7-9 sich zeitlich mit 2Mo 40 und wahrscheinlich mit 3Mo überschneiden (vgl. 9,1.5 mit 7,1 und 2Mo 40,1.17: 1. Monat des 2. Jahres nach dem Auszug aus Ägypten), zum andern die Volkszählung stattfindet (vgl. 1,1: 2. Monat des 2. Jahres) und des weiteren nach dem Anfang des Marsches (10,11) nur ein Vorfall datiert wird, und dieser nur ungenau: »im ersten Monat« (20,1: vermutlich des 40. Jahres nach dem Auszug, vgl. 33,38).

Da die Zeitangaben in 4Mo kein strukturtragendes Element bilden, liegt es nah, daß die einzelnen Abschnitte in 4Mo hauptsächlich nach thematischen Überlegungen ausgewählt und geordnet sind. Im Mittelpunkt stehen die zwei Volkszählungen (Kap 1 und 26), die zwei Generationen des Gottesvolkes darstellen (vgl. D. Olson, The Death of the Old and the Birth of the New, S. 83). Die erste Generation, die Gott aus Ägypten geführt hat, wird trotz ihrer verheißungsvollen Vorbereitungen zum Marsch (Kap 1-10) verurteilt, in der Wüste zu sterben (Kap 11-25). Die Generation der ersten Volkszählung wird als Empfänger der Landesverheißung durch die Generation ihrer Kinder ersetzt (14,29-31), die in der zweiten Volkszählung erfaßt wird (26,63-65). Auffallend ist, daß die zweite Volkszählung unmittelbar nach dem Tod der letzten Verurteilten der ersten Generation stattfindet (26,1 vgl. 25,9). Diese neue Generation bereitet sich nun vor, das Land zu erobern (Kap 26,36).

Vorbereitung zum Marsch 1,1-10,36:

1. Militärische Ordnung: 1,1-2.34;
   a. Erste Volkszählung: 1,1-54;
   b. Lagerordnung: 2,1-34;
2. Kultische Ordnung: 3,1-6,27;
   a. Für die Leviten: 3,1-4,49;
   b. Reinheit im Lager: 5,1-6,21;
   c. Der Segen Jahwes: 6,22-27
3. Letzte Vorbereitungen: 7,1-10,10;
4. Anfang des Marsches: 10,11-36.

Ungehorsam und Ausrottung der ersten Generation 11,1-25,18:

1. Rebelionen: 11,1-12,16;
   a. Gegen die Schwierigkeiten: 11,1-3;
   b. Gegen die Speise: 11,4-35;
   c. Gegen die Führung: 12,1-16;
2. Verweigerung des Volkes und Strafe Gottes: 13,1-14,45;
   a. Die Kundschafter: 13,1-33;
   b. Die Rebellion des Volkes gegen Gottes Land: 14,1-45;
3. Kultanordnungen für das Land: 15,1-41;
4. Rebellion gegen die Führung: 16,1-17,28;
   a. Aufstand der Rotte Korachs: 16,1-17,5;
   b. Aufstand des Volkes: 17,6-28;
5. Kultanordnungen: 18,1-19,22;
6. Rebellion gegen die Wassernot: 20,1-29;
7. Sieg über Arad – erste Eroberung: 21,1-3;
8. Rebellion gegen die Schwierigkeiten: 21,4-9;
9. Erfolge: 21,10-35;
10. Gottes Segen durch Bileam: 22,1-24,25;
11. Letzter Ungehorsam – Götzendienst und Hurerei: 25,1-18.

Vorbereitung auf die Eroberung des Landes 26,1-36,13:

1. Zweite Volkszählung: 26,1-65;
2. Zelofhads Töchter: 27,1-11;
3. Ernennung Josuas zum Nachfolger Moses: 27,12-23;
4. Anordnung über Opfergaben: 28,129,40;
5. Gelübde: 30,1-16;
6. Rache gegen Midian: 31,1-54;
7. Vermiedene Rebellion der zweieinhalb Stämme: 32,1-42;
8. Zusammenfassung der Reiseabschnitte: 33,1-49;
9. Befehle hinsichtlich der Eroberung und Aufteilung des Landes: 33,50-35,34;
10. Zelofhads Töchter: 36,1-12.

Nach diesem Schema lassen sich auch die diversen Texte des 4. Mosebuches verständlich einordnen. Im ersten Teil (Kap 1-10) wird die Ordnung des Lagers beschrieben. Als militärische Vorbereitung werden alle kriegstüchtigen Männer gezählt (Kap 1) und die Aufstellung der einzelnen Stämme im Lager bestimmt (Kap 2; s. Lagerordnung S. 1069). Aber weil der Herr in ihrer Mitte wohnt (5,3 vgl. 2Mo 29,45-56), muß das Lager auch kultisch geordnet werden (Kap 3-6). Kap 3-4 betonen die Aufgaben der Leviten, die dem Volk stellvertretend dienen, Aaron und seinen Söhnen helfen und das Heiligtum schützen (3,5-13). Israel muß die kultische Reinheit des Lagers wiederherstellen, wenn sie z.B. durch Krankheit (5,1-4), Verbrechen (5,5-10), Verdacht der Untreue (5,11-31) oder das Nicht-Einhalten eines Gelübdes (6,1-21) verletzt wird. Nur dann kann Aaron den Segen des Herrn über das Volk aussprechen (6,22-27).

Dann folgen die letzten Vorbereitungen zum Marsch (Kap 7-10). Die Einweihung der Stiftshütte (7,1-89), die Aufstellung der Lampen (8,1-4), die Einsegung der Leviten (8,5-26) und die Passafeier (9,1-14) werden gleich wie die Erscheinung der führenden Wolke (9,15-23) und die Herstellung der Silbertrompeten (10,1-10) als notwendige Voraussetzung dazu dargestellt. 10,11-36 beschreibt ausführlich den ersten Marschabschnitt: nach langem Aufenthalt am Berg des

Lagerordnung

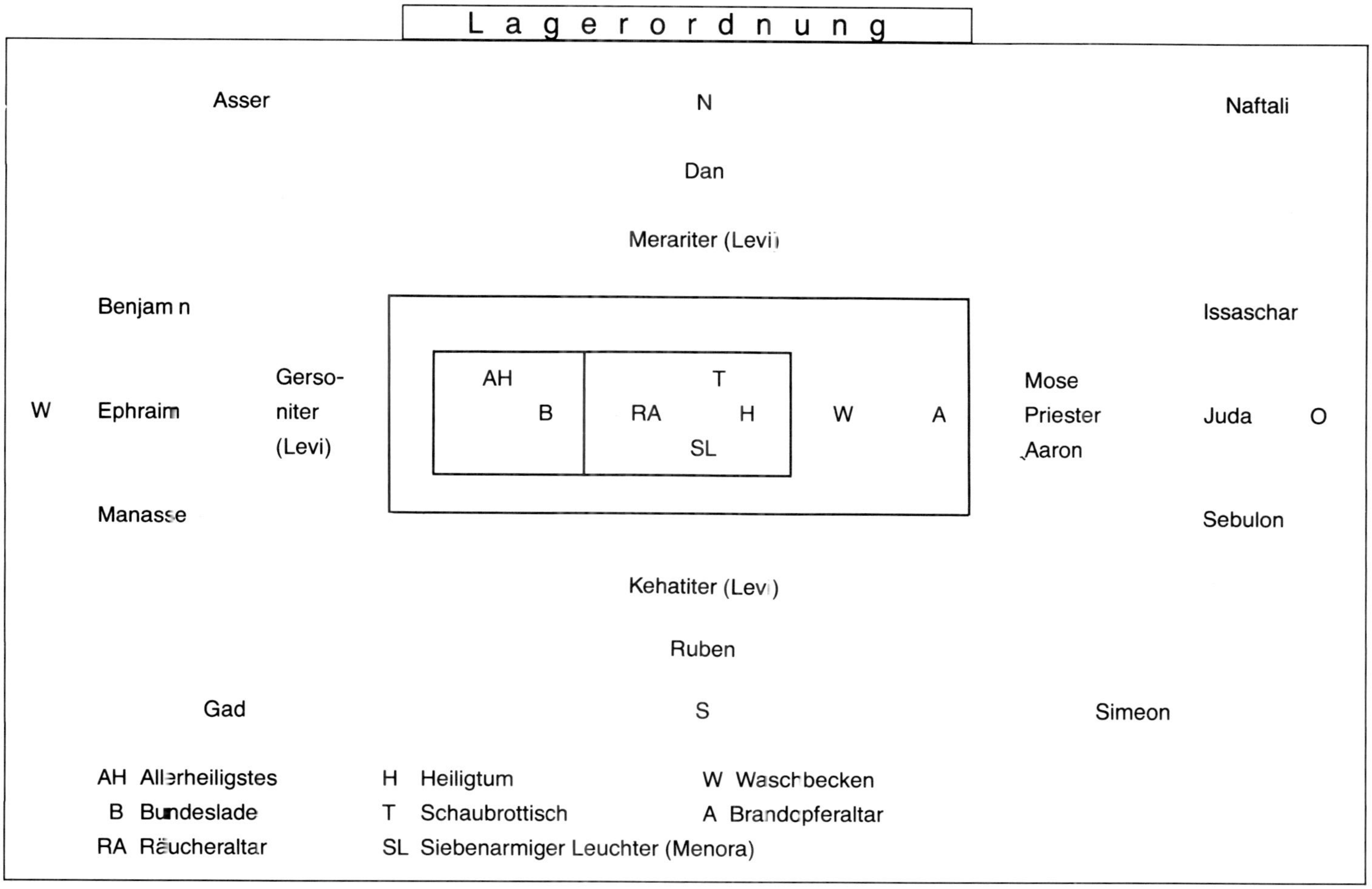

Herrn geht es endlich voran. Dieser Teil von 4Mo betont immer wieder den Gehorsam des Volkes (1,19.54; 2,33-34; 3,16.51; 4,37.49; 5,4; 8,3-4.20-22; 9,5.18.20.23). Die Zukunft ist verheißungsvoll (10,29.32), denn der Herr geht voran (10,33-36; s. Marschordnung).

Ganz unerwartet bricht dann der Ungehorsam des Volkes im zweiten Teil von 4Mo ein, der seine vollständige Ausrottung verursacht (Kap 11-25). Im Mittelpunkt stehen die Erzählungen über sieben Rebellionen des Volkes, wobei mehrere Elemente erscheinen (vgl. Tabelle S. 1070). Ein ähnlicher Aufbau ist in diesen Rebellionsgeschichten klar erkennbar, wenn auch die verschiedenen Elemente nicht jedesmal gleich gut vertreten sind. Der verhängnisvollste Aufstand (Kap. 13 und 14) steht im Zentrum, in dem sich die Verbindungslinien zwischen den Ereignissen von 11,1-3 und 21,49, von 11,4-34 und 20,1-13, von Kap. 12 und Kap. 16-17 treffen.

Nachdem das Volk plötzlich beginnt, sich (wörtlich) »wie Klagende«, *kemit'ōnenīm*, zu benehmen (11,1-3), murrt es über die göttliche Speise Manna (11,4-34), angesteckt vom Pöbel (11,4). Dann murren Mirjam und Aaron über Moses einzigartige Stellung vor dem Volk (Kap. 12) und kritisieren, daß er eine kuschitische Frau hat. Nach jeder dieser Rebellionen werden einige bestraft; doch nachdem das Volk, reagierend auf den negativen Bericht der zehn Kundschafter (13,31-33), Gottes verheißenes Land ablehnt, wird die Generation, die über zwanzig Jahre alt ist, verurteilt, in der Wüste zu sterben (14,29-30). Nur die treuen Kundschafter *Kaleb und *Josua werden das gute Land sehen.

Die Kultanordnungen in Kap. 15 und 18-19, die die Darstellung der Rebellionen (Kap 11-14; 16-17; 20,1-13; 21,4-9) unterbrechen, scheinen auf den ersten Blick hier nicht zu passen. Aber thematisch kann man ihre Stellung im Buch gut verstehen, obwohl eine allg. chronologische Reihenfolge auch nicht auszuschließen ist (vgl. 15,32). 15,1-21 bezieht sich auf die Zeit, wenn Israel schon in dem gelobten Land wohnt (15,2,18-19). Nach der Gerichtsankündigung in Kap. 14 wirken diese Anordnungen über Opfergaben wie eine Verheißung. Gott wird die nächste Generation in das gelobte Land einziehen lassen. Die Sündhaftigkeit des Volkes ist überall zu erkennen: in den Sündopfergesetzen (15,22-31), in der Mißachtung des Sabbats (15,32-36 – dieser Abschnitt bietet ein konkretes Beispiel von absichtlicher Sünde, 15,30-31), in der Bestimmung über Quasten (15,37-41, bes. V.39) und in dem Aufstand der Rotte Korachs (und des Volkes) gegen Mose und Aaron (Kap. 16-17). Auf den verzwei-

Marschordnung

Dan Asser Naftali	Ephraim Manasse Banjamin	Mobiliar der Stiftshütte Kehatiter (Levi)	Ruben Simeon Gad	Zerlegte Stiftshütte Gerschoniter Merariter (Levi)	Juda Issaschar Sebulon	Bundes lade

→

felten Ausruf des bestraften Volkes (»wir werden alle umkommen!«, 17, 27-28), nach Schutz und Sühnung, geben dann Kap. 18-19, die von den priesterlichen Pflichten und dem Reinigungswasser sprechen, eine klare Antwort (vgl. 18,7; 19,20).

Kap 20-25 enthalten eine Mischung von negativen und positiven Ereignissen. In Kap. 20, als das Volk über Wassernot klagt, versagen sogar Mose und Aaron; Mirjam und Aaron sterben. Kap. 21 beschreibt sowohl die letzte Rebellion, nach der Israel zum ersten Mal seine Sünde ernsthaft bekennt (vgl. 14,40) und Gottes Heilsmittel im Glauben annimmt, als auch die ersten militärischen Siege. Die Bileamtexte (Kap. 22-24) zeigen, daß es immer noch Gottes Wille ist, Israel trotz seiner Sünde zu segnen. Statt Fluchworten muß *Bileam weitreichende Verheißungen über Israels Zukunft aussprechen (22,18.20,35.38; 23,12.26; 24,1.13). Wie die Eselin wird der heidnische Wahrsager zum Sprachrohr Gottes. Die sexuelle Ausschweifung und der Götzendienst in Verbindung mit *Baal von Peor (Kap. 25) bezeugen, daß diese Generation bis zum Ende unverändert bleibt. In der strafenden Plage sterben die letzten 24 000 Israeliten.

Der dritte Teil des 4. Mosebuches (Kap. 26-36) beschreibt die Vorbereitungen der neuen Generation für die Eroberung des Landes. Auffallend ist, daß jetzt kein Ungehorsam und keine Todesfälle beschrieben werden. Die Wehrfähigen werden gezählt (Kap. 26), Josua wird zum Nachfolger Moses ernannt (27,12-23). Nach verschiedenen Anordnungen über Opfergaben (Kap. 28-29) und Gelübde (Kap. 30) folgen spezifische Beispiele des Gehorsams – die Rache gegen *Midian (Kap. 31, bes. V. 7.31), der Kriegsdienst der zweieinhalb Stämme (Kap. 32, bes. V. 25). Eine Zusammenfassung der Reisestationen (33,1-49) leitet zum Befehl zur Eroberung und Aufteilung des Landes über (33,50-35,34 vgl. 33,49.51; 34,2). Die Vorfälle mit Zelofhads Töchtern (27,1-11 und 36,1-12) umschließen diesen Teil (inclusio). Mit der Erwähnung ihres Gehorsams (36,10ff. vgl. 27,3) endet 4Mo positiv. Das Buch weist kein Durcheinander, sondern eine wohldurchdachte, geordnete Struktur auf.

III. DIE HERKUNFT.

Es ist wohl unmöglich, die Frage nach dem Verfasser des 4. Mosebuches zu behandeln, ohne die weitreichende Frage der Entstehung des *Pentateuchs aufzugreifen. Doch wirft jedes Buch des Pentateuchs auch seine eigenen Fragen auf. Typisch für die historisch-kritische Haltung zu 4Mo ist die Meinung von M. Noth, der schreibt: »Von einer Einheitlichkeit des 4. Mosebuches und damit von einer Herkunft des Buches aus der Hand eines einzelnen Verfassers kann keine Rede sein« (Numeri, S. 7). Die Unordnung des Inhalts und die verschiedenen Stile, die sich widersprechenden Auffassungen und abhängigen sekundären Stücke in 4Mo sind für Noth Hinweise auf eine »lange und komplizierte Entstehungsgeschichte« (a.a.O.).

Noth und andere sehen hinter diesen »Uneinigkeiten« im Text verschiedenene Quellen, die über Jahrhunderte niedergeschrieben, ergänzt, überarbeitet und kombiniert wurden. Die älteren sog. JE-Quellen finden sie hauptsächlich in den Erzähltexten in 10,29-25, 18 und 32, obwohl diese in 4Mo nicht so leicht als solche zu identifizieren und voneinander zu unterscheiden sind (Noth, a.a.O., S. 10-11). Nach einer religionsgeschichtlichen Vorstellung, die ein gründlich organisiertes Priestertum und geordneten Kultus (wie 4Mo sie darstellt) als eine späte, negative Entwicklung sieht, werden fast zwei Drittel des Buches auf nachexilische priesterliche Kreise zurückgeführt. (Doch weisen archäologische Funde eher auf eine sehr frühe Entstehung des Priester-

Text	11,1-3	11,4-34	12	(13); 14	16; 17	20,1-13	21,4-9
Ursache	Schwierigkeiten	Nahrung	Führung	Gottes Land/ Feind	Führung	Wassernot	Schwierigkeiten
Klage	V. 1a	V. 4	V. 1.2	(13,31-33) V. 1.2a	16,1-3 17,6	V. 2.3	V. 1.5a
Sehnsucht nach Ägypten	–	V. 5.6	–	V. 2b-4	16,13.14 –	V. 4.5	V. 5b
Moses Rolle/ Fürbitte	V. 2	V. 13	V. 13	V. 13-19	16,15.22 17,11	V. 11a	V. 7.9
Gottes Offenbarung	–	V. 25	V. 5	V. 10	16,19 17,7	V. 6	–
Gottes Gnade/ Fürsorge	V. 2	V. 31	V. 14	V. 20.24.31	16,23 17,13	V. 11b	V. 9
Strafe	V. 1b	V. 33	V. 10	V. 29.36	16,31-33.35 17,14	V. 12	V. 6
Namengebung (Ätiologie)	V. 3	V. 34	–	–	–	V. 13	–

tums und Kultus im Alten Orient).

Dem gegenüber steht die traditionelle Auffassung, daß Mose der Verfasser des Buches sei. Einiges spricht dafür:

1. 33,2: »Und Mose beschrieb die Stationen ihrer Reise nach dem Befehl des Herrn« – hier wird festgestellt, daß mindestens dieser Abschnitt (33,3-49) von Mose niedergeschrieben wurde.

2. Ungefähr fünfzigmal liest man in 4Mo »und der HERR sprach zu Mose«. Von Mose als Empfänger göttlicher Offenbarung, insbesondere von Gesetzen und Anordnungen, die Israel in jeder Generation gelten sollten, ist zu erwarten, daß er sie schriftlich aufbewahrte.

3. Inhaltliche Details lassen darauf schließen, daß der Text in der dargestellten Zeitperiode verfaßt wurde.

a. Die quadratische Aufstellung des Lagers (Kap. 2) ähnelt der des ägypt. Heeres von Ramses II. im 13. Jh. v.Chr., wo das Zelt des Pharaos in der Mitte stand. In der späteren Zeit, z.B. bei den Assyrern, war die Aufstellung eher kreisförmig (G. Wenham, Numbers, S. 67).

b. Die in 4Mo beschriebenen Aufgaben der Leviten haben fast ausschließlich mit der Pflege und dem Umzug der Stiftshütte zu tun, Pflichten, die mit dem Bau des Tempels überflüssig wurden (vgl. auch die Gesetze die von »außerhalb des Lagers« sprechen, 5,1-4; 15,32-36).

c. Die Listen der Vertreter der Stämme (1,5-15; 13.4-16; 34, 19-29) und Reisestationen (33,3-49) enthalten veraltete Personennamen (vgl. Wenham, a.a.O., S. 58.116f.232) und Ortsnamen, die anderswo in der Pentateucherzählung (oder überhaupt im AT) nicht erscheinen. Umgekehrt fehlen in Kap. 33 einige Ortsnamen, die anderswo in 4Mo erwähnt sind (vgl. 21,10-20 mit 33,44-48). Daß solche Listen nachexilische Erfindungen sein sollten, neben den anderen bekanntlich alten Stücken in 4Mo, wie z.B. das » Buch der Kriege des Herrn« (21,14), »die Dichter sagen« (21,27), die Bileambotschaften (W.F. Albright datiert sie nach ihren Spracheigenschaften ins 13. oder 12. Jh.v.Chr.: The Oracles of Balaam, JBL 63, 1964, S. 207-33), ist wenig überzeugend. (Zur Echtheit von 33,3-49 vgl. G.I. Davies, The Wilderness Itineraries and the Composition of the Pentateuch, VT 33, 1983, S. 1-13; ders., The Way of the Wilderness, 1979).

Dagegen werden einige Stellen erwähnt, die angeblich nicht von Mose stammen können: die Darstellung Moses als »sehr demütig« (12,3 – LÜ: »sehr geplagt«), die Erwähnung Moses in der 3. Person (15,22); das Buch der Kriege des Herrn (21,14-15); die Beschreibung der Ebene Moab als »jenseits des Jordans« (22,1), die Bileamerzählung und Botschaften (Kap. 22-24), die Tätigkeiten der zweieinhalb Stämme in Transjordanien (32,34-42), die Erwähnung des »hohen Priesters« (35,25.28). Einerseits ist es möglich, daß diese Stellen, richtig verstanden, von Mose stammen könnten. Andererseits würde die Feststellung einiger Zusätze oder Nachträge in 4Mo der grundlegenden Historizität als auch der mosaischen Verfasserschaft des Buches keineswegs widersprechen.

Angesichts der inhaltlichen Vielfalt von 4Mo ist es hilfreich, Mose nicht allein als Verfasser, sondern auch als Herausgeber des Buches zu verstehen. Während mehrerer Jahrzehnte wurde viel von Mose und anderen niedergeschrieben (in Kap. 18 spricht der Herr zu Aaron, nicht zu Mose) und aufbewahrt: Urkunden von den Volkszählungen, diverse Listen (Reisestationen, Landesgrenzen, Stammesvertreter), Gesetze und Anordnungen für Priester und Volk, eine narrative Darstellung der Hauptbegebenheiten während der Reise von Ägypten nach Kanaan, Lieder (21,17-18). Vor seinem Tode stellte Mose dann die verschiedenen Bücher des Pentateuchs nach thematischen Überlegungen und in ungefähr chronologischer Folge zusammen. Der in II. dargelegte Aufbau macht wahrscheinlich, daß die jetzige Form von 4Mo ursprünglich ist und nicht erst durch eine spätere, etwa wegen der Länge der Schriftrollen notwenige Einteilung in einzelne »Bücher« zustande kam.

Immerhin ist es gut zu bedenken, daß die mosaische Verfasserschaft dieses Buches weder in 4Mo oder im AT behauptet wird noch beweisbar ist. Doch als zentrale Figur dieses Zeitabschnitts, als Führer Israels und einzigartiger Prophet (12,6-8; Dt 34,10-12), bleibt er bei weitem der wahrscheinlichste Kandidat für eine solche Aufgabe.

IV. DIE BOTSCHAFT.

Obwohl das 4. Buch Mose die großen Themen des Pentateuchs teilt, z.B. die zentrale Bedeutung des Bundes, hat es auch seine eigene Botschaft mitzuteilen. Manchmal wird 4Mo als ein sehr pessimistisches Buch, eine Darstellung des Versagens Israels »in der Wüste« betrachtet. Dieses Element der Botschaft ist sicher vorhanden. Aber in dem Aufbau des Buches ist dieser negative zentrale Teil (Kap. 11-25) von zwei positiven Teilen (Kap. 1-10, 26-36) umgeben, die wiederholt vom Gehorsam der Führer und des Volkes sprechen und durchaus optimistisch sind. In diesen beiden Teilen werden die Befehle Gottes betont; als Ausdruck seiner Herrschaft über sein Volk ordnen sie jeden Lebensbereich, ob öffentlich oder privat – Kultus, Erbschaft, Krankheit, Verbrechen, Ehe, Gelübde. Gehorsam bringt Segen: so wohnt der Herr mitten unter seinem Volk (5,3), sein Segen ruht auf ihm (10,33-34), so fliehen seine Feinde vor ihm (10,35).

Im mittleren Teil des Buches wird die große Gefahr eines mürrischen Geistes dargestellt. Mit undankbarem Herzen klagt das Volk über alles – Nahrung, Führung, Schwierigkeiten – und sehnt sich nach Ägypten. Sogar Mirjam und Aaron, Korach und endlich auch Mose werden davon angesteckt. Hinter dieser Unzufriedenheit, die in der Ablehnung des verheißenen Landes gipfelt, verbergen sich Aufstand gegen Gott (14,9), Unglauben (14,4) und Ungehorsam (14,22), sogar Gottesverachtung (14,11).

In der Wüste werden Gottes Kraft, seine Gerechtigkeit und seine Gnade immer wieder geschildert. Er ist der Gott, der viele Wundertaten für sein Volk getan hat (14,11), dessen Herrlichkeit die ganze Erde füllt (14,21-22). Er schafft das Einmalige, tut »den Mund der Erde« auf, um die Rotte Korachs zu verschlingen (16,28-30). Ihm ist es nicht zu schwer (11,23), Israel in der Wüste mit Manna oder mit Wachteln zu versorgen. Häufig wird bezweifelt, daß Israel tatsächlich 603 000 Krieger zählte (1,46; vgl. 26,51); es gibt viele Vorschläge, wie man diese hohe Zahl erklären oder reduzieren könnte (vgl. J.W. Wenham, Handbuch zur Bibel, S. 191-92). Doch will diese Zahl (vgl. 10,36; 11,21; 23,10; 2Mo 12,37; 38,25) als indirekter Hinweis auf Gottes fürsorgende Allmacht ernstgenommen werden.

Gottes Gerechtigkeit wird gesehen, indem er jedesmal straft, wenn sein Volk gegen ihn murrt. Davon werden sogar Mirjam, Aaron und Mose nicht verschont. Doch seine Gnade ist gerade dort auch zu sehen. Gott läßt Mose für Israel eintreten, setzt dem Gericht ein Ende (11,2; 12,13-14; 17,13; 21,7-9), vergibt (14,20) und schenkt dem Volk, worum es bittet (11,31; 20,11). Die Väterverheißungen (z.B. 1Mo 12, 1-3) bilden die Grundlage für Gottes Umgang mit seinem Volk. In 4Mo steht die Verheißung, daß Israel das Land Kanaan bekommen soll, im Mittelpunkt (14,3.8.16.23.24.30.31). Weil Gott sich entschlossen hat, sein Volk zu segnen, ist Bileam machtlos, es zu verfluchen (24,13). Statt dessen bestätigt er weitere Verheißungen der Väter (23,10 vgl. 1Mo 13,16; 28,14; 24,9 vgl. 1Mo 27,29). Die erste Generation muß in der Wüste sterben, aber die zweite Generation wird in das Land kommen. Das 4.Buch Mose hat ein offenes Ende; die Verheißungen im Blick auf das Land sind noch nicht erfüllt. Aber Israel, vorbereitet und gehorsam, darf erwartungsvoll in die von Bileam geschilderte Zukunft gehen.

Obwohl Gottes Heiligkeit grundlegend für *Leviticus/3.Buch Mose ist, macht 4Mo noch deutlicher, welche praktischen Folgen diese Heiligkeit für das Leben des Volkes hat. Gottes Gegenwart im Lager fordert kultische Ordnung und Reinheit (5,3) und Versöhnung durch Blut (35,33-34, vgl. 25,10-13). Wer sich unerlaubt dem Heiligtum nähert, muß sterben (3.10); sogar die Leviten dürfen die heiligen Gegenstände der Stiftshütte nicht einmal anschauen (4,20). Einerseits soll Israel Gottes Gebote halten und ihm heilig sein (15,40). Andererseits, wenn Korach und seine Rotte behaupten, daß die ganze Gemeinde heilig sei (16,3) und Mose und Aaron folglich keine Sonderstellung haben

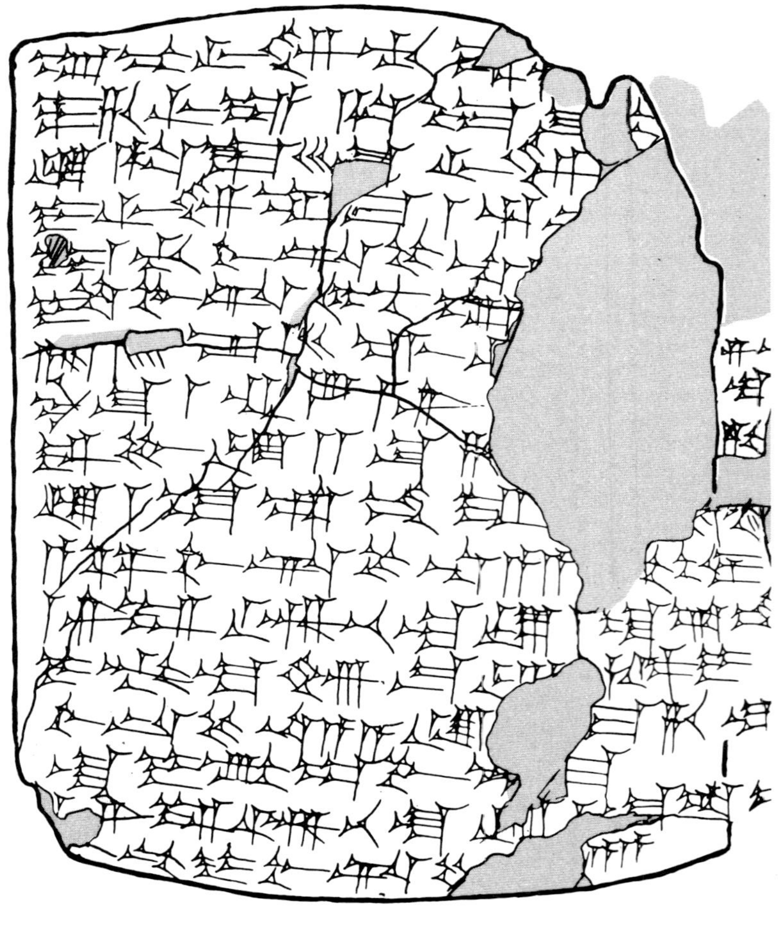

Abschrift eines Keilschrifttextes aus Nuzi, dem »Testament« eines gewissen Hupitaja, mit dem er seiner Frau die volle Erziehungsgewalt über ihre Söhne überträgt. Das Erbe ist so aufgeteilt, daß der älteste Sohn den doppelten Anteil erhält (vgl. 5Mo 21,15–17). Gefunden in der Nähe von Kirkuk, Irak, 15.–14. Jh. v.Chr. (HSM)

sollten, muß Gott zeigen, wer ihm zum besonderen Dienst geweiht ist (16,5-7). Und wenn Mose Gott vor dem Volk nicht heiligt, muß Gott auch Mose strafen, um sich als heilig zu erweisen (20,12-13). In Hinblick auf Gottes Heiligkeit und Israels Neigung zur Sünde sind die vielen Gesetze und Vorschriften in 4Mo unerläßlich.

V.DIE BEDEUTUNG.

Das 4. Buch Mose wird selten im NT zitiert (9,12 vgl. Joh 19,36; 16.5 vgl. 2Tim 2,19; 30,3 vgl. Mt 5,33), aber Prinzipien und Analogien werden häufig aus den Anordnungen und Ereignissen in 4Mo gezogen (das Zehntel der Leviten, 18,21-24 vgl. Hebr 7,5; das Reinigungswasser, Kap. 19, vgl. Hebr 9,13-14; die eherne Schlage, 21,8-9, vgl. Joh 3,14; Mose, 12,7, vgl. Hebr 3,2.5; Bileam, 2Petr 2,15-16; Jud 11; Off 2,14; Korach, Jud 11).

Die Wüstenzeit (dazu muß man auch 2Mo 13-17 und 32 einbeziehen) wird im AT und NT sowohl als eine positive Zeit göttlicher Fürsorge als auch eine negative Zeit des Unglaubens und des Gerichts dargestellt, woraus das Gottesvolk lernen sollte (5Mo 1-3; Ps 78; 95; 105; 106; Neh 9; Hes 20; Hos 9,10; Apg 7,36; 13,18; Hebr 3,7-4,13). Das bekannteste Beispiel ist 1Kor 10,1-13, wo Paulus die ernste Botschaft von N. so zusammenfaßt: »Daher wer zu stehen meint, sehe zu, daß er nicht falle« (V.12).

Literatur: P.J. Budd: Numbers, WBC 5, 1984; W.H. Gispen: Het boek Numeri I-II, Commentaar op het Oude Testament, 1959, 1964; P. Heinisch: Das Buch Numeri, 1936; C.F. Keil: Leviticus, Numeri, Deuteronomium, BC, [3]1870, ND 1987; M. Noth: Das vierte Buch Mose/Numeri, ATD 7, 1966; J. de Vaux: Les Nombres, 1972; J.A. Thompson: 4. Mose, BKB I, 1980, S.199-239; G.J. Wenham: Numbers, TOTC 4, 1981; V. Fritz: Israel in der Wüste, Traditionsgeschichtliche Untersuchung der Wüstenüberlieferung des Jahwisten, 1970; M Noth: Überlieferungsgeschichte des Pentateuch, 1948; D.T. Olson: The Death of the Old and the Birth of the New, The Framework of the Book of Numbers and the Pentateuch, Brown Judaic Studies 71, 1985; R.N. Whybray: The Making of the Pentateuch, A Methodological Study, 1987; J.S. Wright: The Composition of the Pentateuch, EQ 25, 1953, S. 2-17. R.Sz.

NUZI. Die Ausgrabungen in N. (Jorgan Tepe) und den angrenzenden Hügeln nahe Kirkuk, Irak, wurden zwischen 1925 und 1931 von E. Chiera und anderen ausgeführt als Kooperation zwischen der American Schools of Oriental Research, dem Irak-Museum und dem Semitischen Museum, Harvard. Die älteste Besiedlungsschicht datiert aus der Ubaid-Periode, während die jüngsten Spuren röm. Zeit entstammen. Es gab zwei Hauptphasen der Besiedlung: eine im 3. Jt. v.Chr., als der Ort unter dem Namen Gasur bekannt war, und eine im 14.-15. Jh.v.Chr., als die Stadt unter hurritischem Einfluß stand und den Namen N. trug. Im Palast und in Privathäusern wurden über 4000 Tontafeln gefunden, beschrieben in einem lokalen hurritischen Dialekt des Akkadischen. Diverse Archive wurden entdeckt, am bekanntesten das des Tehiptilla (ca. 1000 Tafeln), das des Prinzen Schilwateschub und das Archiv einer erfolgreichen Geschäftsfrau, Tulpunnaja. Die Texte umfassen etwa fünf Generationen und geben damit ein detailliertes Bild des Lebens in einem alten mesopotam. Gemeinwesen innerhalb eines relativ kurzen Zeitraums.

In der Hauptsache enthalten die Tafeln private Verträge und öffentliche Aufzeichnungen. Neben Listen der verschiedenen Waren und Gegenstände wird ein breites Themenspektrum abgedeckt wie Land, Preise, Familiengesetze, Frauen, Recht und Ordnung, Sklaven. Von besonderer Bedeutung sind Dokumente, die sich auf Themen wie Adoption, Testament, Heirat, Rechtsstreit, Kreditsicherung, Tausch von Personen, Waren und Land beziehen. Noch vor vergleichsweise kurzer Zeit waren Texte dieser Art andernorts kaum aufgetaucht, aber Ausgrabungen in Tell al-Fikhar (Kurruhanni), ca. 30 km südwestl. von N., haben ähnliches Material aus einem vergleichbaren Zeitraum zutage gefördert, das jedoch weitgehend unveröffentlicht blieb.

Im Gegensatz dazu finden sich kaum Verständnishilfen zur politischen Geschichte und zum rel. Leben. N. scheint zum hurritischen Königreich von Mitanni gehört zu haben, obwohl die vorhandenen Texte darauf oder auf die wachsende Macht Assyriens kaum verweisen. Literatur, einschließlich Mythen, Epen, Spruchweisheiten und Lehrtexten, ist ebenfalls sparsam vertreten. Die Nuzitexte enthalten auffallend viele Berührungspunkte mit dem AT, am deutlichsten mit den Erzählungen über die Patriarchen. Diese Verbindungen zwischen den Sitten und sozialen Umständen der Menschen in N. und denen der Patriarchen brachten einige Wissenschaftler dazu, auch für eine Datierung Abrahams und seiner Nachkommen ins 15. Jh.v.Chr. zu plädieren, ungeachtet dessen, daß viele dieser Gebräuche bereits seit Jahrhunderten gepflegt wurden. In jüngerer Zeit wurden Verbindungen zwischen N. und den Patriarchen weitgehend in Frage gestellt. Die unten angeführten Beispiele zeigen jedoch auffällige Parallelen, und einige der angesprochenen Bräuche finden sich auch an anderen Orten Mesopotamiens. Die Verhältnisse in N. ähneln weit mehr mesopotamischen als hurritischen Mustern.

Ein Großteil der Dokumente behandelt Erbschaftsangelegenheiten. Überall im Nahen Osten des Altertums erbte der älteste Sohn einen größeren Anteil als seine Brüder, obwohl die genaue Aufteilung variierte. Die Praxis, daß der älteste Sohn einen doppelt so großen Anteil wie seine Brüder erbte, war in N. geläufig und ist auch in anderen Keilschrifttexten aus dem 2. Jt.v.Chr. überliefert. Sie weist deutliche Parallelen zu 4Mo 21,17 auf, obwohl die Patriarchen auch anders verfuhren (1Mo 25,5-6). Die häufigste Bezeichnung für den ältesten Sohn in N. (*rabû*, »Ältester«) findet sich auch in Ugarit und Alalah, in Texten aus Mittelassyrien sowie auf hebr. (*rab*) in 1Mo 25,23 anstelle des üblichen *bekōr*.

Es bleibt ungewiß, ob das Erstgeburtsrecht in N. verändert werden konnte wie im Falle von *Jakob und *Esau (1Mo 25,29-34). Obwohl Beispiele bekannt sind, wonach Teile einer Erbschaft schließlich zwischen Brüdern wechselten, ist kein ältester Sohn feststellbar, der definitiv in derartige Transaktionen verwickelt war. Ähnliche Beispiele eines Erbschaftstransfers gibt es aus Assyrien und Babylonien; sie sind also nicht auf N. beschränkt.

Jeder Erbe konnte jedoch auch enterbt werden. Ein derart drastisches Vorgehen war nur bei Vergehen gegen die Familie gestattet, und die Verweise auf »Respektlosigkeit« und »Ungehorsam« gegenüber den Eltern geben einen Verständnishintergrund für Rubens Zurücksetzung (1Mo 35, 22; 49,3f), aber auch hierzu lassen sich andernorts ähnliche Beispiele finden.

Man vermutete, daß der Besitz der Hausgötter in N. gleichbedeutend mit Erbschaftsanspruch war, und daß *Rahels Diebstahl von *Labans *Hausgötzen – um Jakobs willen? – ähnlich erklärt werden könnte (1Mo 31,19ff). Wahrscheinlicher ist jedoch, daß die Familiengötzen nur vom Vater vererbt werden konnten, gewöhnlich dem erstgeborenen Sohn, und daß ihr Diebstahl die Ansprüche eines Erben nicht erhöhen konnte.

Die *Adoption nimmt ebenfalls einen wesentlichen Platz in den Texten ein. Ein Mann ohne Erben konnte einen Außenstehenden adoptieren, der dadurch seinen Adoptiveltern gegenüber bestimmte Verpflichtungen übernahm. Ähnliche Praktiken sind auch aus anderen mesopotamischen Texten bekannt. Zu den Pflichten der Erben zählte die Versorgung der Eltern mit Nahrung und Kleidung, vor allem in deren hohem Alter, und die Sorge für eine angemessene Bestattung. Es ist anzunehmen, daß Abraham *Eliëser aus diesem Grund vor *Isaaks Geburt adoptiert hatte (1Mo 15,2-4). In N. erhielt ein leiblicher Sohn später gewöhnlich einen größeren Anteil vom Erbe als ein adoptierter. Gelegentlich wird auch die Adoption eines Sklaven erwähnt. Das Verfahren der Adoption wurde in N. auch rein fiktiv gehandhabt, wobei Eigentum, legal offenbar unveräußerlich, verkauft werden konnte. Tehiptilla wurde beispielsweise auf diese Art etwa 150 mal »adoptiert«.

Neben der Adoption erwähnen die N.-Texte drei weitere Möglichkeiten für kinderlose Ehen, Erben zu bekommen. Der Mann konnte wieder heiraten oder eine Konkubine nehmen, die Frau konnte ihrem Gatten aber auch die eigene Sklavin anbieten. Letzteres Verfahren, welches der kinderlosen Frau auch Sicherheiten bot, hat seine Parallele bei *Sara, *Rahel und *Lea (1Mo 16,1-4; 30,1-13). Für N. ist nur ein solcher Fall belegt (Text. 5.67), aus Babylonien und Assyrien sind weitere bekannt. Ein von einer Sklavin geborener Sohn mußte nach mesopotamischem Recht vom Vater adoptiert oder legitimiert werden; die N.-Texte äußern sich zu diesem Punkt nicht genau. Text 5.67 deutet zumindest an, daß die Frau das Erziehungsrecht über die Kinder ihrer Sklavin behielt, und es gibt Hinweise darauf, daß Sara, Rahel und Lea von der Namensgebung an Verantwortung für die Sprößlinge ihrer Sklavinnen übernahmen.

Obwohl die N.-Texte nichts über väterlichen Segen nach Art von 1Mo 27,29.33; 48,1ff aussagen, enthalten sie doch gelegentlich mündliche Zusagen, die eindeutig Rechtsgültigkeit besaßen. Eine solche Zusage gab ein kranker, bettlägeriger Vater seinem Sohn (vgl. *Isaak). Sowohl N.-Texte als auch Berichte aus 1Mo kennen mündliche Vereinbarungen, die sich auf gesetzliche oder gewohnheitsrechtliche Sicherheiten stützen; symbolische Handlungen wie *Handauflegung waren dabei üblich.

Frauen werden in den N.-Texten häufig erwähnt. So haben Töchter das Recht, wenn keine Söhne vorhanden sind, Familienbesitz zu erben. Hierzu gibt es vergleichbare Belege aus Babylonien (vgl. 4Mo 27,8). Manche Heiratsverträge enthielten eine Klausel, die dem Mann untersagte, eine zweite Frau zu heiraten, eine Sicherheit, die auch Laban für Rahel anstrebte (1Mo 31,50). Ein Mädchen konnte allerdings auch von einem Mann zur wahlweisen Heirat mit ihm oder mit seinem Sohn erworben werden (vgl. 2Mo 21,7-11). Zu den Beschwerden der Töchter Labans, ihr Vater habe ihre Mitgift zurückbehalten (1Mo 31,15), tauchen Parallelen im gleichen Wortlaut in fünf N.-Texten auf (*kaspa akālu*).

Einige Erwähnungen geschäftlicher Transaktionen sind für das AT relevant. Gelegentlich wurde Land durch Losentscheid aufgeteilt (4Mo 26,55f; Jos 18,2-10), und man kannte einen periodischen »Erlaß« von Schulden (5Mo 15). Ein Landverkauf wurde manchmal bestätigt, indem der Verkäufer seinen Fuß hob und der Käufer den seinen auf den Grund setzte, während Schuhe bei einigen Transaktionen als Gesetzessymbole fungierten (vgl. Rut 4,7-8; 1Sam 12,3 LXX; Am 2,6; 8,6). N.-Texte bieten Anhaltspunkte, daß die Lesart »einen dreijährigen Stier« in 1Sam 1,24 berechtigt ist.

Die Erwähnungen der *ʿapiru* (*habiru*) in N.-Texten als Personen, von denen viele offenbar Ausländer waren, die sich freiwillig in Knechtschaft begeben hatten, erinnert an den Ausdruck »Hebräersklaven« und den abfälligen Gebrauch des Wortes »Hebräer« in bezug auf Israeliten durch Ägypter und Philister (1Mo 39,14; 2Mo 1,15; 21,1-6; 1Sam 14,21).

Literatur: R.F.S. Starr: Nuzi, Report on the Excavations at Yorghan Tepe, 1939; E. Chiera et al.: Joint Expedition at Nuzi, 1927-39; E.R. Lacheman et al.: Excavations at Nuzi, 1929-62; M. Dietrich et al.: Nuzi-Bibliographie, 1972; T.L. Thompson: The Historicity of the Patriarchal Narratives, 1974: J.van Seters: Abraham in History and Tradition, 1975; M.J. Selman: TynB 27/1976, S. 114-136; W. Mager: Nuzi-Studien I. Die Archive des Palastes und die Prosopographie der Berufe, 1978. M.J.S.

NYMPHA, NYMPHAS. Besitzer(in) eines Hauses in *Kolossä (evtl. auch in der Nähe von Kolossä), in dem sich eine Gemeinde versammelte (Kol 4,15). Der Name steht im Akkusativ und könnte, da unbetont, sowohl in der männlichen Form Nymphas (Koseform von Nymphodorus?) wie auch in der weiblichen Form Nympha gelesen werden. Nympha(s) ist, wie *Philemon und Archippus, Paulus' Kontaktperson (vielleicht sind sie sich in Ephesus begegnet) in einem Gebiet, das der Apostel selbst nicht besucht hat (vgl. Kol 2,1). A.F.W.

OBADJA. (1.-3.: hebr. Langform *ʿōbadjāhū* 4.-12.: Kurzform *ʿōbadjāh*, »Diener Jahwes« bzw. »Verehrer Jahwes«).

1. Haushofmeister des nordisraelit. Königs *Ahab (1Kön 18,3-16). Er war einer der 7000 (1Kön 19,18), die angesichts der synkretistischen Religionspolitik der Omriden Jahwe die Treue hielten: Als »Diener zweier Herren« bewährt er in der Auseinandersetzung seinen Namen, versteckt und ernährt 100 Propheten Jahwes in zwei Höhlen, nachdem deren Leben durch *Isebels Ausrottungsplan gefährdet war. Durch O. läßt *Elia Ahab seine Rückkehr nach der Dürrezeit melden und prüft dabei O.s Vertrauen.

2. Ein Mann aus dem Stamm Sebulon z.Zt. Davids, Vater des Stammesfürsten Jischmaja (1Chr 27,19).

3. Levitischer Aufseher bei der Tempelrenovierung z.Zt. *Josias (2Chr 34,12).

4. Nachexilischer Nachkomme Davids, Sohn *Hananjas (1Chr 3,21).

5. Sippenoberhaupt im Stamm *Issaschar (1Chr 7,3).

6. Nachkomme *Sauls (1Chr 8,38; 9,44).

7. Levit, Bewohner des wiederaufgebauten Jerusalem z.Zt. *Nehemias (Neh 12,25), auch Abda genannt (1Chr 9,16; Neh 11,17).

8. Gaditer, der in *Ziklag zu David überging (1Chr 12,9f).

9. Fürst Judas, den König *Joschafat aussandte, um mit anderen zusammen das Volk in der Kenntnis der Tora zu unterweisen (2Chr 17,7ff).

10. Sippenoberhaupt Israels, das mit Esra aus der babylon. Gefangenschaft nach Jerusalem zurückkehrte (Esr 8,9).

11. Priester, Unterzeichner der Selbstverpflichtung des Volkes z.Zt. Nehemias (Neh 10,6).

12. Prophet, wahrscheinlich aus Juda. Nur sein Name ist überliefert (Obd 1), was für eine baldige Niederschrift seiner Verkündigung spricht (H.W. Wolff). Die Gebräuchlichkeit des Namens schließt jedenfalls eine rein symbolische Verwendung aus. Eine Identifizierung mit einer der oben genannten Personen ist – einerseits aufgrund der Schwierigkeit der chronologischen Einordnung des *Obadja-Buches, andererseits aufgrund des bei ihnen jeweils fehlenden prophetischen Elementes – nicht möglich. M.W.

OBADJA, BUCH.

I. GLIEDERUNG.

1a: Überschrift

1b-14: Gericht über Edom:

2-4 Strafansage (Erniedrigung) und Strafbegründung (Hochmut, V. 3),

5-9: Verschärfung der Strafansage (Vernichtung),

10-14: Vertiefung der Strafbegründung (Beteiligung an einer nationalen Katastrophe Israels);

15.16: Gericht über Edom als Teil des Völkergerichtes;

17-21: Wiederherstellung Israels und Aufrichtung der Königsherrschaft Gottes

II. OBADJAS ZEIT.

Für die zeitl. Ansetzung des Buches, das (wie etwa auch *Joel) keine Angaben zur Datierung in der Überschrift enthält, ergeben sich mehrere Möglichkeiten.

1. Äußere Kriterien: Die jüd. Tradition ordnet O. ausnahmslos vorexilisch ein. So identifiziert etwa der babylon. Talmud (Sanh. 39b) Obadja mit dem Haushofmeister *Ahabs (9. Jh.v.Chr.; s. *Obadja 1.). Das Hauptgewicht trägt jedoch die Einordnung im Zusammenhang der sog. »Kleinen Propheten«. Allem Anschein nach ist deren Anordnung zumindest epochenmäßig chronologisch durchgeführt und verstanden worden. Obd hat hier jedenfalls seine Stellung inmitten der Propheten des 8. Jh.v.Chr.

2. Innere Kriterien: Ohne Zweifel sind in Obd 10-14 Vergehen der *Edomiter anläßlich einer schweren militärischen Niederlage Judas angesprochen. Die Konkretheit der Schilderung setzt dabei Nähe zu den Ereignissen voraus. Die meisten Forscher setzen diese Ereignisse mit der Eroberung Jerusalems durch *Nebukadnezar 587 v.Chr. in eins. Dafür spricht vor allem die in Klgl 4,21f; Ps 137,7; Hes 25,8.12-14; 35,1-15 erwähnte und beklagte Beteiligung Edoms an jener Eroberung. Andererseits sind auch schon bei Amos (1,11f) und *Joel (4,19) ähnliche Anklagen überliefert. Zudem bleibt es verwunderlich, daß innerhalb der so konkreten Schilderung dann doch weder von der Zerstörung Jerusalems und des Tempels noch von den Babyloniern, sondern nur allg. von »Fremden« die Rede ist; auch die vorgenommene Wegführung von Bevölkerungsgruppen scheint durchaus begrenzter Art zu sein (V. 19f).

Daher ist auf frühere Einnahmen Jerusalems nach dem Abfall Edoms von Juda unter *Joram (2Kön 8,20ff) hingewiesen worden:

a. auf den in 2Chr 21,16f berichteten Einfall der Araber und Philister, womit Obd in eben jene Zeit Jorams von Juda einzuordnen wäre (9.Jh.);

b. auf die Wirren unter *Ahas (8.Jh.); hier sind ausdrücklich edomit. Überfälle erwähnt (2Chr 28,17).

Für vorexilische Einordnung sprechen weiter zwei Parallelüberlieferungen; zum einen scheint Obd 17 in Joel 3,5 als früheres, bekanntes Wort Jahwes zitiert zu sein, zum anderen werden Obd 1-4.5 in Jer 49,14-16.9 neu aufgenommen.

Bei Abwägung aller Argumente spricht vieles für eine vorexilische Abfassung des Buches Obd. Diese schließt keineswegs die schuldhafte Beteiligung Edoms an der Katastrophe 587 v.Chr. aus.

III. STIL.

Auffällig sind erstens der Bilderreichtum (V. 4.5.16.18), zweitens die (in den dt. Übersetzungen oft nicht ersichtliche) Wiederaufnahme von Begriffen, wodurch Abschnitte verklammert werden, z.B.: (»Herz« V. 3a.b); »zu Boden stoßen« (V. 3b.4b); »betrügen« (V. 3a.7.a); »ausrotten« (V. 9b.10b.14a); »entrinnen« (V. 14a.17a); u.ö. – drittens die fast durchgängige, achtfach parallele Struktur der V. 12-14: »du sollst nicht. . . zur Zeit (wörtl.: am Tag). . .«, wodurch eine besondere Eindringlichkeit gewonnen wird.

IV. BOTSCHAFT.

Das zentrale Thema des Buches ist das Verhältnis der beiden Brudervölker Israel und Edom. Wie schon *Esaus Geschick sich in Schuld und Erwählung an *Jakob entschied, so entscheidet sich nun das seiner Nachkommenschaft am Haus Jakob. Diese partikulare Sicht wird universal ausgeweitet, indem Edoms Geschick als exemplarisch für die gesamte Völkerwelt erfaßt ist.

Obd zeigt zunächst auf (V. 2–4): Es ist die menschliche Selbstsicherheit Edoms – durchaus einsichtig in der geographischen Lage (V. 3), Bündnissen (V. 7), in Weisheit (V. 9) und Mut (V. 9) begründet – die den Anlaß für Jahwes Strafdrohung bietet. Entspräche dieser Selbstüberhebung (V. 3b) die Erniedrigung durch Jahwe (V. 2.4b), so hat indessen die Androhung der Auslöschung des Volkes auf seinem angestammten Gebiet (5Mo 2,5) einen tieferen Hintergrund.

Es ist das Verhalten gegenüber dem Brudervolk (V. 10-14), durch das Edom das eigene Sein in Frage gestellt hat. Indem Edom sich auf die Seite der Fremden stellt und damit gegen Jakob, macht es sich selbst zum Fremden (V. 11b). Indem es den Bruder mißachtet, leugnet es letztlich Gottes Erwählung (V. 13a; vgl. Hes 25,8) und damit die eigene Verheißung (5Mo 23,8).

Damit richtet Edom sich selbst und stellt sich unter das Urteil, das über die Völker ergeht, ja, das eigene Tun wird zum Maßstab dessen, was ihm getan werden wird (V. 15).

Mit dem Bild vom Trinken des Zornbechers (V. 16a; vgl. Klgl 4,21; Jer 25,15–29) macht Obd deutlich, daß auch das Heil, das Israel erwartet, Heil durch das Gericht hindurch ist. Konkret vollzieht sich jenes Heil in einer Art neuer *Landnahme. Ziel ist dabei letztlich nicht die Herrschaft der Erwählten, sondern die Herrschaft des Erwählenden (V. 21b).

So ist es in vielfacher Weise nicht nationalistische Enge, die das Buch Obd prägt, sondern die Gewißheit, daß sich Heil und Unheil in der gesamten Weltgeschichte an der Erwählung Gottes entscheiden. Insofern diese Erwählungslinie auch in Jesus Christus nur über Israel führt, ist die ntl. Gemeinde in die Krisis der Botschaft Obadjas gestellt, führt ein direkter Weg von Obd zu den Ausführungen des Apostels Paulus in Röm 9–11.

Literatur: A. Weiser: Das Buch der Zwölf Kleinen Propheten I., [8]1985; H.W. Wolff: Dodekapropheton, Obadja und Jona, BKAT XIV/3., 1977. M.W.

OBED. »Diener«.

1. Der Sohn von *Rut und *Boas (Rut 4,13ff), Davids Großvater (Rut 4,21f; 1Chr 2,12; Mt 1,5; Lk 3,32). O.s Geburt war *Noomi in ihrem Alter ein großer Trost.

2. Ein Mann aus dem Geschlecht Juda (1Chr 2,37f).

3. Einer der Helden Davids (1Chr 11,47).

4. Ein Sohn Schemajas und Enkel *Obed-Edoms aus der Familie der *Korachiter (1Chr 26,7).

5. Vater Asarjas, eines Hauptmannes, der unter dem Priester *Jojada um die Einsetzung *Joaschs zum König über Juda kämpfte (2Chr 23,1).

J.D.D.

OBED-EDOM. (Hebr. *ōbēd-'ĕdōm*, »Diener [des Gottes] Edoms«).

1. Ein Philister aus *Gat, der in der Nähe *Jerusalems wohnte. Bei ihm hinterließ *David die *Bundeslade für drei Monate nach dem Tode Usas, ehe er sie nach Jerusalem holte. Die Gegenwart der Lade wurde seinem Haus zum Segen (2Sam 6,10ff; 1Chr 13,13f; 15,25).

2. Vorfahr mehrerer Torhüter (1Chr 15,18ff; 16,38; 26,4ff; 2Chr 25,24).

3. Eine Sängerfamilie aus der Zeit vor dem Exil (1Chr 15,21; 16,5).

J.D.D.

OBEN, DROBEN. In seiner allg. Bedeutung ist o. die Kennzeichnung dessen, was im Raum höher erscheint als der Standpunkt des Betrachters. Deshalb spricht die Bibel auch vom *Himmel, dem Sitz Gottes so, daß sie ihn sich o. vorstellt (2Mo 20,4; Ps 104,3). Von dort her empfängt Gottes Volk den Segen durch Gaben der Natur (1Mo 27,39) wie die Gerechtigkeit und das Heil (Jes 45,8). Von o. heißt damit zugleich von Gott her, aus seiner Hand, wie Jak 1,17 für alle gute Gabe, Joh 19,11 für die obrigkeitliche Gewalt, Jak 3,17 für die Weisheit erkennen läßt. Im NT wird mit »oben« und »unten« der Gegensatz des Göttlichen zum Menschlich-Irdischen schlechthin ausgedrückt (Joh 8,23). Von o. her kommt Jesus (Joh 3,31); und alle, die an ihn glauben, sind wiedergeboren von o. her (Joh 3,3 LÜ, RevEB: von neuem). Wenn das Jerusalem, das droben ist, unser aller Mutter genannt wird (Gal 4,26), so ist damit die Zugehörigkeit zum wahren Gottesvolk gemeint. In diesem Sinne heißt »nach dem, was droben ist, trachten« (Kol 3,1f): sich ganz auf Gottes Willen ausrichten. Bei Tisch gelten die in der Rangordnung hervorgehobenen Plätze als obenan (1Sam 9,22; Mt 23,6), die der Jünger nicht von sich aus einnehmen, sondern die er sich nur anweisen lassen soll (Lk 14,7ff).

OBERGEMACH

1. Im Alten Testament.

Ein O. (hebr. *'alījāh*) war oft ein auf dem flachen Dach aufgemauerter (vgl. 2Kön 4,10), mit Fenstern versehener Raum (*Haus). Obergemächer gab es im Tempel (1Chr 28,11; 2Chr 3,9), in Königspalästen (Ri 3,20-25; 1Kön 1,2; 2Kön 23,12; Jer 22,13f), in Toren (2Sam 19,1) und sogar auf Stadtmauern (Neh 3,31f). In Privathäusern dienten sie wegen ihres durch häufigeren Luftzug (vgl. Jer 22,14) angenehmen Klimas oft als Gasträume (1Kön 17,19.23; 2Kön 4,10f). Gelegentlich trat auch ein Zelt an die Stelle des O.s (2Sam 16,22 vgl. Neh 8,16). *Daniel ließ in ein O. (aram. *'elītāh*) Fenster nach *Jerusalem einbauen und betete in dieser Richtung (Dan 6,11). Vielleicht auch aus diesem Grund hatten die Rabbinen eine Vorliebe für Versammlungen in einem O., das ihnen oft ebenfalls als Studierzimmer oder Gebetsstätte diente (Bill. I, 594f). Im übertragenen Sinn steht O. auch für die Gemächer des Himmels (Ps 104,3.13).

2. Im Neuen Testament.

Als O. (griech. *anagaion*) wird der mit Polstern für das *Passamahl ausgelegte *Abendmahls-Saal bezeichnet (Mk 14,15/Lk 22,12). Mit einem anderen griech. Wort (*hyperōon*), das auch für O.er in *Synagogen vorkommt (CIJ I, 694), benennt Lk die Räume, wo sich die Urgemeinde in Jerusalem versammelte (Apg 1,13), die zu einer Witwengemeinschaft in Joppe (*Jafo) gehörige *Tabita aufgebahrt war (Apg 9,37.39) und die Gemeinde von *Troas mit vielen Lampen zum Abendgottesdienst zusammenkam (Apg 20,8). Das Haus in Troas hatte drei Stockwerke (Apg 20,9) und gehörte also einem wohlhabenden Gemeindeglied. Vielleicht umfaßte das O. hier das ganze oberste Stockwerk, so daß sich die gesamte Gemeinde darin versammeln konnte. Man hat aufgrund der verschiedenen Ausdrücke, die Lukas gebraucht, angenommen, daß er Abendmahls-Saal und erstes Zentrum der Urgemeinde voneinander unterscheiden wolle. Aber beide griech. Begriffe meinen dasselbe. Während Lukas im Ev. dem Sprachgebrauch einer Quelle folgen dürfte, verwendet er in der Apg seine eigene Ausdrucksweise. Das griech. Wort *hyperōon* bezeichnet bei ihm offenbar urchristl. Gottesdiensträume, für die der erste Versammlungsort der Jerusalemer Gemeinde das Vorbild darstellt. Von ihm zu unterscheiden ist das Haus der *Maria, Mutter des Johannes *Markus, das Lukas durch eine Beschreibung als weitere Versammlungsstätte einführt (Apg 12,12-14). Hier trafen sich Angehörige der freieren *Hellenisten (vgl. Apg 12,11f), während das O. der Mittelpunkt der strengen *Judenchristen unter dem Herrenbruder *Jakobus war (vgl. Apg 12,17 mit 1,13f). Ob die syr. Markus-Kirche nahe dem Lutherischen Hospiz, an deren Stelle auch schon Kirchen der Byzantiner und Kreuzfahrer standen (E. Hoade, Guide to the Holy Land, [10]1979, 364-366), eine zuverlässige Ortsüberlieferung bewahrt hat, ist schwer zu sagen.

3. Abendsmahls-Saal und Urgemeinde-Zentrum.

Schon 130 n.Chr. bestand auf dem mindestens seit Beginn des 2.Jh.n.Chr. *Zion genannten SW-Hügel Jerusalems am Ort des O.s von Apg 1,13 eine *Synagogenkirche (Epiphanius, De mens 14 [ELS 477f]). Mauern dieses Gebäudes, das um 75 n.Chr. von den unter Simon, Sohn des *Kleopas, aus *Pella in die heilige Stadt zurückgekehrten Judenchristen errichtet wurde (Pixner), sind noch unter dem traditionellen Abendmahls-Saal (Kreuzfahrer-Zeit) im sog. Davidsgrab (*Königsgräber) erhalten (Kroll 315-319). Eine auf *Golgatha (und also nicht wie bei späteren Kirchen nach O) ausgerichtete Apsis (hier eine Tora-Nische) und Graffiti zeigen den judenchristl. Charakter des Gebäudes (Bagatti, 118-120). Am Ende des 4.Jh. wurde, wie auch das berühmte *Medeba-Mosaik (6.Jh.) zeigt, unmittelbar neben der judenchristl. Synagoge eine byzantin. Kirche erbaut (Kroll 338). Diese Hagia-Sion-Basilika hatte Nachfolgerinnen in der Kreuzfahrer-Kirche St. Maria in Monte Sion und der heutigen Dormitio-Abtei deutscher Benediktiner. Die Ortsüberlieferung vom ersten Versammlungsort der Urgemeinde darf damit als gesichert gelten. Damit werden auch Nachrichten aus Apokryphen (ELS 737-739) bedenkenswert, *Maria, die Mutter des Herrn, sei auf dem Zion gestorben (daher lat. *dormitio* von griech. *koimesis*) und dann nahe *Gethsemane bestattet worden. Am Ort des O.s könnte man sich auch das *Apostelkonzil (Apg 15,4ff) und den Besuch des *Paulus bei Jakobus (Apg 21,18-25) vorstellen.

Unbestreitbar bezeugt ist die Feier des letzten Abendmahls Jesu an derselben Stelle des Zion seit dem Beginn des 5.Jh. (ELS 479ff). Das vorherige Schweigen der Quellen ist vor allem auf eine bewußte Unterdrükkung judenchristl. Traditionen durch die heidenchristl. Großkirche zurückzuführen. Andeutungen einer Herrenmahlsüberlieferung auf dem Zion finden sich schon am Beginn des 4.Jh. bei Eusebius (DemEv I 4 [ELS 473f]) und in der ersten Hälfte des 3.Jh. bei Origenes (In Mt 26,27 [PG 13,1737]). Daß auch die Ortstradition des Abendmahls-Saals ernstzunehmen ist, zeigt sich weiter daran, daß nie eine wirkliche Konkurrenz-Überlieferung gebildet wurde. Eine zusätzliche Unterstützung können neue archäologische Erkenntnisse bieten. Schon früher wurde die Ansicht vertreten, das von Josephus (bell.Jud. V 145) genannte »Tor der Essener« (O. Michel-O. Bauernfeind, Flavius Josephus: De Bello Judaico II/1, 1963, 246) habe seinen Namen nach einer in der Nähe gelegenen Siedlung dieser jüd. Sondergruppe (L.H. Vincent, M.A. Stève, Jérusalem de l'Ancien Testament I, 1954, 65; H. Kosmala, BHH I, 1964, 846 u.a.) erhalten. 1979ff

Großes jüd. Ritualbad in der Nähe des Abendmahlssaales. In solch einem Bad könnte man sich auch die Taufen der Urgemeinde vorstellen, von denen die Apg berichtet. (RR)

wurde dieses in der SW-Ecke der hasmonäischen Stadtmauer liegende frühherodianische Tor ausgegraben (B. Pixner, D. Chen, S. Margalit, ZDPV 104, 1988). Die erhaltenen Teile machen es zum ersten Mal möglich, von einem Tor des ntl. Jerusalem eine Rekonstruktionszeichnung anzufertigen. Das Tor wurde offenbar eigens von *Herodes dem Großen angelegt, als er bei Beginn seiner Regierung (seit 39 v.Chr.) einem Teil der von ihm geschätzten *Essener die Ansiedlung in der heiligen Stadt erlaubte. Auf ein essenisches Viertel im Areal nordwestl. des Tores weisen Ritualbäder inner- und vor allem auch außerhalb (vgl. 1QM 7,6f aufgrund von 5Mo 23,13-15) der Mauer sowie einige Schatzverstecke der Kupferrolle (3Q15 1,1-4,5) aus *Qumran (B. Pixner, RQ 11, 1983, 342-347). Bei dem von Josephus in unmittelbarem Zusammenhang mit dem Tor genannten *Bethsō* dürfte es sich um eine spezielle Sanitäreinrichtung der Essener handeln, die auch in der Tempelrolle erwähnt wird (11QMiqd 46, 13-16). Für die Anlage eines Jerusalemer Essenerquartiers unter Herodes dem Großen spricht auch, daß

des dem Großen spricht weiter, daß während seiner ganzen Regierungszeit das klösterliche Zentrum in Qumran zerstört und unbewohnt blieb.

Abendmahlssaal bzw. Obergemach lagen in unmittelbarer Nähe dieses Essenerviertels. Es wurde deshalb erneut erwogen, ob Jesus das letzte *Passa-Mahl nach dem essenischen Sonnenkalender in der Nacht von Dienstag auf Mittwoch feierte (R. Ruckstuhl, BiKi 40, 1985, 77-83; SNTU 10, 1985, 27-61; 11, 1986, 97-129). Weiter scheint möglich, daß sich viele Angehörige des Essenerviertels zum neuen Messiasglauben bekehrten (vgl. Apg 2,5ff; 6,7). Das könnte erklären, warum sich in der frühchristl. Liturgie und Kirchenordnung auch eine Reihe von Elementen finden, die eher an den Essenismus als an das synagogale Judentum denken lassen wie Bischofsamt, Ehelosigkeit, Gebetszeiten, Losverfahren (nach Apg 1,15-26 wohl im O.), Sonnenkalender und vor allem die anfängliche *Gütergemeinschaft (B.J. Capper, JSNT 19, 1983, 117-131; RQ 12, 1986, 223-236).Manche bekehrten Essener schlossen sich anscheinend der

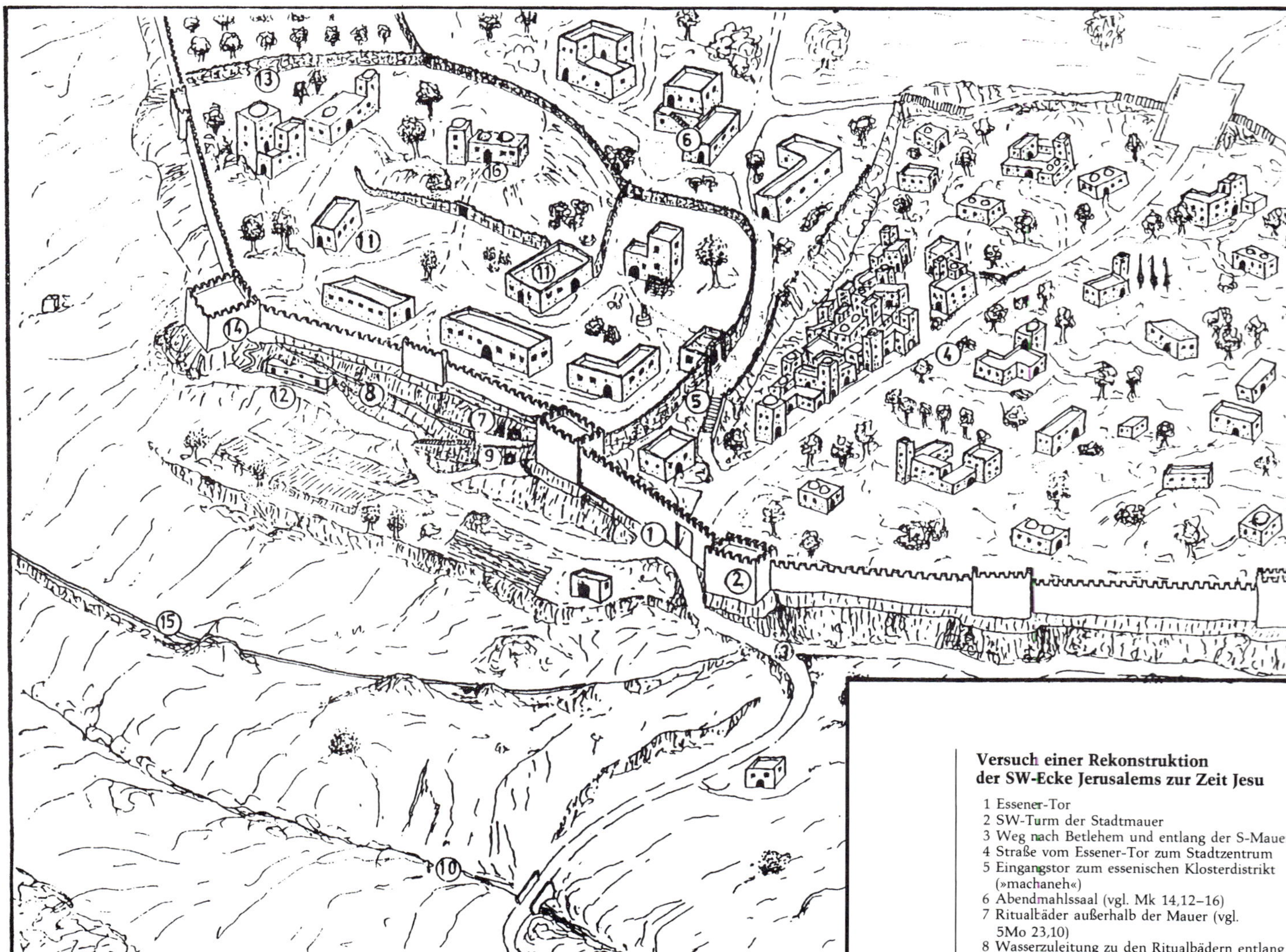

Versuch einer Rekonstruktion der SW-Ecke Jerusalems zur Zeit Jesu

1 Essener-Tor
2 SW-Turm der Stadtmauer
3 Weg nach Betlehem und entlang der S-Mauer
4 Straße vom Essener-Tor zum Stadtzentrum
5 Eingangstor zum essenischen Klosterdistrikt (»machaneh«)
6 Abendmahlssaal (vgl. Mk 14,12–16)
7 Ritualbäder außerhalb der Mauer (vgl. 5Mo 23,10)
8 Wasserzuleitung zu den Ritualbädern entlang der Felsböschung
9 Bewässerungszisterne für Gartenanlagen
10 Hinnom-Tal (Gehenna)
11 Ritualbad innerhalb des Klosterbereichs
12 Bethso (Essener-Latrinen; vgl. 5Mo 23,12–14)
13 Mauer um Klostergelände; dahinter Gartenanlage des Herodianischen Palastes (Zitadelle)
14 Eckturm
15 Wasserkanal des Pontius Pilatus (?)
16 Tel Kochlit

tempelkritischen *Stephanus-Richtung an, während andere zu sehr ihrer Herkunft verhaftet blieben und für nomistische und spekulative (vgl. z.B. Kol 2,9ff; Hebr 1,4ff) Irrlehren anfällig waren (J. Daniélou, Qumran und der Ursprung des Christentums, 1958, 115–127). Besonders die späteren häretischen Ebioniten, die vor allem im nördl. Transjordanien ansässig waren (*Betanien II), zeigen Beziehungen zum Essenismus. Die Anschauungen des Koran über Jesus gehen letztlich auf die Berührung Mohammeds mit ebionitischen Restgruppen am Rand der arab. Wüste zurück.

Literatur: W. Baier, BL, [3]1982, 299f; B. Bagatti: The Church from the Circumcision, 1971, 116-122; W. Bühlmann: Wie Jesus lebte, 1987, 108-110; G. Dalman: Orte und Wege Jesu, [4]1967, 331-338; C. Kopp: Die heiligen Stätten der Evangelien, [2]1964, 376-387; G. Kroll: Auf den Spuren Jesu, [10]1987, 312-319; O. Michel: Das Zeugnis des NT von der Gemeinde, [2]1983, 116–126; R. Pesch: Die Apostelgeschichte I, 1986, 77-81; B. Pixner: HlL 111/2-3 (1979) 3-13; 113/2-3 (1981) 3-14; in: FS L. Klein, 1986, 65–76; ZDPV 104 (1988); R. Riesner: Formen gemeinsamen Lebens im NT. [2]1984, 26-35; BiKi 40 (1985) 64-76; ZDPV 104 (1988); ANRW II 26/4 (1989); L.H. Vincent, F.M. Abel: Jerusalem Nouvelle II, 1922, 421–481. R.R.

OBERSTER, OBERSTE. Übersetzung verschiedener hebr. und griech. Wörter.

1. O. steht allg. für den, der in einer bestimmten Ordnung an erster Stelle steht: den König (d.h. den röm. Kaiser; 1Petr 2,13), den Richter *Jeftah (Ri 11,11), Daniel als den Leiter der Weisen in Babylon (Dan 2,48; 4,6), den Erstgeborenen unter seinen Brüdern (1Mo 49,3), ebenso den Höchsten der bösen Geister (Mt 12,24).

2. Im Zusammenhang mit der Geschlechter- und Stammesgliederung Israels sind die O. des Volkes (2Mo 22,27; 4Mo 25,4; Hiob 12,24, Neh 11,1) oder der Sippen (2Chr 1,2; Esr 1,5; Neh 7,70) die leitenden Männer (vgl. *Haupt, *Fürst). Die O. oder Vorsteher der Gemeinde sind offenbar die Stammesfürsten (2Mo 16,22; 34,31; Jos 9,15). Weiter werden O. der Leviten (1Chr 15,16; Neh 11,16) und O. der Stadt Jerusalem genannt (2Chr 29,20).

3. In ntl. Zeit sind mit »Obersten« meist die Mitglieder des Hohen Rates (Sanhedrin) gemeint (Lk 18,18; 23,35; 24,20; Joh 3,1; 7,48; 12,42).

4. Auch verschiedene Offiziersränge werden als O. bezeichnet, so die israelit. Hauptleute über 1000 und 100 (2Kön 11,4.9; 2Chr 1,2) und die Befehlshaber der Wagentruppe (1Kön 16,9; 22,31f). Vgl. *Hauptmann.

5. Ebenso werden im NT verschiedene Titel der höchsten Beamten in den Städten *Philippi (Apg 16,19; vgl. *Hauptmann), *Thessalonich (Apg 17,8), in der Provinz Asien (Apg 19,31) mit O. wiedergegeben. Weiter ist vom O. der Zöllner in Jericho die Rede (Lk 19,2).

OBOT. Station des *Wüstenzuges zwischen Punon und Ije-Abarim (*Ijim; 4Mo 21,10.11; 33,43.44). Vermutlich die heutige Oase Ain el-Weibe (neuhebr. Ein Yahav), rund 30 km westl. von Feinan (Punon).

ODED.

1. Vater des Propheten *Asarja (2Chr 15,1), der z.Zt. *Asas im Namen Gottes wirkte (2Chr 15,2ff).

2. Ein Prophet aus Samaria (2Chr 28,9-15), der dem siegreichen Heer des Nordreiches entgegentrat, als dieses mit einer Anzahl Gefangener aus Juda zurückkehrten. Er veranlaßte, daß die Gefangenen zurückgebracht wurden; seine Fürsprache unterstützten einige Sippenoberhäupter aus Ephraim. M.A.M.

OFEL. (Hebr. *'ōphäl*, »Anschwellung«). Ein O. wird nicht nur für *Jerusalem, sondern auch für *Samaria (2Kön 5,24) und *Dibon (*Mescha-Stele, Z. 22) erwähnt. Es handelt sich deshalb nicht um einen eigentlichen Ortsnamen, sondern vielmehr um einen Spezialausdruck für einen Teil der Stadtbefestigung (vgl. Jes 32,14). Wahrscheinlich war der O. von Jerusalem der erhöhte Ort des kanaan. und später davidischen Königspalasts, der am äußersten N-Ende der Davidsstadt (SO-Hügel) zu suchen ist. Da der SO-Hügel *Zion hieß, kann man in O. nicht den Namen für diese ganze Anhöhe sehen (so z.B. Vincent). Wohl in salomonischer Zeit errichtete man auf dem O. eine mächtige Treppenplattform (*Millo). Die Könige *Jotam (742–735 v.Chr.) und *Manasse (687–642 v.Chr.) verstärkten am O. die Mauern (2Chr 27,3; 33,14). Zur Zeit *Nehemias (Neh 3,26f [Wohnort der Tempelknechte] vgl. 11,21) und des NT (Jos.bell.Jud. V, 145 [griech *ophlas*]) war O. die Bezeichnung einer Gegend südl. des Tempelbergs. Die hier vorgeschlagene, archäologisch gestützte Deutung kann die Prophetie Mi 4,8 verständlich machen: »Zu dir, Herdenturm, Ofel der Tochter Zion, soll zurückkehren die frühere Herrschaft, das Königtum über das Haus Israel.« Der auf dem O. stehende Davidspalast bewachte Jerusalem wie ein Herdenturm. Von ihm aus beginnt die Herrschaft des endzeitlichen Davididen (*Hirte). Schon die jüd. Erwartung verlegte dann die Erfüllung dieser Weissagung in die Gegend bei *Bethlehem (*Migdal Eder). Vielleicht trug der Herrenbruder *Jakobus, der nicht weit vom O. als Märtyrer starb, seine Ehrenbezeichnung Oblias (Eus.h.e. II. 23,7) in Anspielung auf die Micha-Prophetie (B. Pixner, HlL 111/2-3, 1979, 9f).

Literatur: G. Dalman: Jerusalem und sein Gelände, 1930, 123-130; B. Mazar: Der Berg des Herrn, 1979, 155-158; H. Shanks: BARev 11/6, 1985, 27-30; J. Simons: Jerusalem in the Old Testament, 1952, 60-68; L.H. Vincent: Jérusalem antique, 1912, 142-170. R.R.

OFEN.

1. Im technischen Sinn.

a. Mit dem glühenden Ofen (5Mo 4,20; 1Kön 8,51) ist ein Hochofen zur Metallgewinnung aus Eisenerz gemeint. Dan 3,21.23 scheint auf eine obere Einfüllöffnung, V. 26 auf eine untere Öffnung zur Entnahme des Metalls zu weisen.

b. Schmelzöfen zur Reinigung und Weiterverarbeitung von Gold, Silber, Kupfer, Eisen, Blei und Zinn (Spr 17,3; Hes 22,20; Offb 1,15).

c. Zum Backofen s. *Brot (Bd. 1, Abb. S. 214).

d. Ziegelöfen zum Brennen von Lehmziegeln (die man allerdings meist nur in der Sonne trocknen ließ) werden 2Sam 12,31; Nah 3,14 erwähnt. Zu Brennöfen für Tongefäße vgl. *Töpferei/-waren.

2. Ir übertragener Bedeutung.

Wie Öfen zum Vollzug der Todesstrafe benutzt wurden (Dan 3; vgl. Jer 29,22), so dient vor allem der Schmelzofen vielfach auch als Bild für Knechtschaft (5Mo 4,20; 1Kön 8,51), Prüfungszeiten (Jes 48,10; vgl. Jer 9,6) und den Tag des Herrn (Mal 3,19; vgl. V 3).

OFFENBARUNG.

I. DER BEGRIFF DER OFFENBARUNG.

Dem deutschen Wort »offenbaren« entspricht das hebr. *gālāh* und das griech. *apokalyptō* (Substantiv *apokalypsis*). Beide Begriffe drücken denselben Gedanken aus: die Entschleierung von etwas Verborgenem, so daß gesehen und erkannt werden kann, was es wirklich ist. Wenn die Bibel von O. spricht, soll dementsprechend gesagt werden, daß Gott, der Schöpfer, dem Menschen aktiv seine Macht und seinen Ruhm, seine Natur und seinen Charakter, seinen Willen, seine Denkweise und seine Absichten – kurz gesagt, sich selbst – enthüllt, so daß der Mensch ihn erkennen kann. Das Offenbarungsvokabular ist in beiden Testamenten weitgefaßt; mit ihm kann zum Ausdruck gebracht werden, daß unklare Dinge klar werden, Verstecktes ans Licht kommt, Zeichen gezeigt werden, Worte gesprochen werden und diejenigen, die angesprochen sind, dazu gebracht werden, zu sehen, zu hören, wahrzunehmen, zu verstehen und zu erkennen. Von den atl. Worten ist keines ein spezifisch theologischer Begriff – jedes hat seinen weltlichen Gebrauch –, aber im NT werden *apokalyptō* und *apokalypsis* nur im theologischen Zusammenhang verwendet, und ihr normaler weltlicher Gebrauch taucht nicht auf, selbst wo man ihn erwarten würde (vgl. 2Kor 3,13ff). Dies legt nahe, daß beide Begriffe für die Verfasser des NT nahezu *termini technici* waren. Andere Wort im NT, die die Idee der O. ausdrücken, sind *phaneroō*, »sichtbar machen«,; *epaphainō*, »sich zeigen, erscheinen« (Substantiv: *epiphaneia*, »Erscheinung«), *deiknuo*, »zeigen, beweisen«;

OBRIGKEIT
s. Macht, Gewalt, Obrigkeit

exegeomai, »auseinandersetzen, erzählen, beschreiben«; (vgl. Joh 1,18); *chrēmatizō,* »eine Weisung erteilen« (im weltlichen Griech. für göttliche Orakel benutzt, vgl. Arndt, MM; Substantiv *chrēmatismos,* »Gottesspruch«, Röm 11,4).

Im Hinblick auf ihren Inhalt ist göttliche O. sowohl indikativisch als auch imperativisch und in jeder Hinsicht normativ. Gottes O.en stehen immer im Zusammenhang mit einem Aufruf zu Vertrauen und Gehorsam gegenüber dem, was offenbart wird – d.h. einer Antwort, die völlig von dem Inhalt der O. selbst bestimmt wird. Anders ausgedrückt: Gottes O. kommt zum Menschen nicht als eine Information ohne Verpflichtung, sondern als eine verpflichtende Regel des Glaubens und des Lebens. Das Leben des Menschen darf weder von privaten Launen und Einfällen bestimmt sein noch von Vermutungen über göttliche Dinge, die nicht offenbart sind, sondern vom ehrfurchtsvollen Glauben an nicht mehr und nicht weniger als das, was Gott ihm offenbart hat; das führt zu gewissenhafter Befolgung all der Gebote, die in der O. enthalten sind (5Mo 29,28). O. hat zwei Brennpunkte: Gottes Ziele und Gottes Wesen.

1. Einerseits vermittelt Gott den Menschen Kenntnis über sich selbst – wer er ist, was er getan hat, tut und tun wird, und was er von ihnen fordert. So zog er *Noah, *Abraham und *Mose ins Vertrauen, sagte ihnen, was er geplant hatte und welches ihre Aufgabe in seinem Plan sein sollte (1Mo 6,13-21; 12,1ff; 15,13-21; 17,15-21; 18,17ff; 2Mo 3,7-22). Ferner verkündete er Israel die Gesetze und Verheißungen seines *Bundes (2Mo 20-23; 5Mo 4,13f; 28; Ps 78,5ff; 147,19). Er enthüllte seine Absichten den Propheten (Am 3,7). Christus tat seinen Jüngern »alles« kund, »was ich von meinem Vater gehört habe« (Joh 15,15), und versprach ihnen den Heiligen Geist, der sein Werk der Jünger-Unterweisung vollenden sollte (Joh 16,12ff). Gott offenbarte *Paulus das »Geheimnis« seines ewigen Ratschlusses in Christus (Eph 1,9ff; 3,3-11). Christus offenbarte Johannes, »was in Kürze geschehen soll« (Offb 1,1). Da das Evangelium Gottes eigene genaue Enthüllung seines Rettungswillens und -werkes ist, nannte es Paulus »die Wahrheit« im Gegensatz zu Irrtum und Lüge (2Thess 2,11-13; 2Tim 2,18 u.ö.). Daher also der Gebrauch des Begriffes »geoffenbarte Wahrheit« in der christl. Theologie, um anzuzeigen, was Gott den Menschen über sich selbst gesagt hat.

2. Auf der anderen Seite konfrontiert Gott die Menschen auch mit sich selbst, wenn er ihnen sein Wort sendet. Die Bibel faßt O. nicht als einfache Weitergabe von göttlich garantierten Informationen auf, sondern als Gottes persönliches Kommen zu einzelnen Menschen, um sich ihnen bekannt zu machen (vgl. 1Mo 35,7; 2Mo 6,3; 4Mo 12,6-8; Gal 1,15f). Das ergibt sich aus den Theophanien des AT (vgl. 2Mo 3,2ff; 19,11-20; Hes 1 u.ö.) und aus der Rolle, die jener rätselhafte »Engel (Bote) des Herrn« spielt, der ganz offensichtlich eine Manifestation Jahwes selbst ist (vgl. 1Mo 16,10; 2Mo 3,2ff; Ri 13,9-23): Gott ist nicht nur Urheber und Inhalt seiner Botschaften an die Menschen, sondern auch sein eigener Botschafter. Wenn ein Mensch Gottes Wort begegnet – wie unerwartet oder zufällig diese Begegnung auch erscheinen mag – dann begegnet Gott diesem Menschen, spricht ihn persönlich an und erwartet eine persönliche Antwort, die an ihn als Urheber gerichtet ist.

Im allg. verstanden die älteren protestantischen Theologen die O. allein als Gottes Mitteilung von Wahrheiten über sich selbst. Sie wußten natürlich, daß Gott die bibl. Geschichte gestaltete und daß er jetzt die Menschen erleuchtet, damit sie die bibl. Botschaft annehmen, aber sie behandelten ersteres unter der Überschrift »Vorsehung« und letzteres unter der Überschrift »Erleuchtung«; formal bezogen sie ihre Auffassung von O. auf keines von beiden. Der Brennpunkt ihrer Offenbarungslehre war die Bibel; sie betrachteten die heilige Schrift als geoffenbarte Wahrheit in schriftlicher Form und O. als das göttliche Werk, das zu ihrer Entstehung führte. Sie bezogen O. auf *Inspiration, indem sie O. als Gottes Mitteilung einer sonst unzugänglichen Wahrheit über sich selbst an die bibl. Schreiber definierten, und Inspiration als seine Befähigung, daß sie alles wahrheitsgemäß, seinem Willen entsprechend niederschreiben konnten. (Diese Formulierung wurzelt offensichtlich im Buch Daniel: vgl. Dan 2,19.22.28ff.47; 7,1; 10,1; 12,4.). Viele moderne Theologen stellen sich aufgrund einer angeblichen Notwendigkeit, die Vorstellung von der Schrift als geoffenbarter Wahrheit aufzugeben, gegen diese Lehre und sprechen von der O. einzig und allein als Gottes Lenkung der bibl. Geschichte und davon, daß der Einzelne von Gott auf seine Gegenwart, Aktivität und Ansprüche aufmerksam gemacht werde. Der Brennpunkt der Offenbarungslehre wird also auf die *Heilsgeschichte, die in der Bibel aufgezeichnet ist, verschoben. Damit geht im allgemeinen die Behauptung einher, daß es streng genommen eine von Gott mitgeteilte Wahrheit (»propositionale« oder »Satz-Offenbarung«) nicht der Charakter der O. sei im wesentlichen non-verbal. Aber das hieße, daß die bibl. Vorstellung eines *sprechenden* Gottes (die allgemeinste und fundamentalste Offenbarungshandlung, die die Schrift ihm zuschreibt) nur eine irreführende Metapher wäre; doch das leuchtet nicht ein. Auf dieser Grundlage wird weiter vertreten, daß die Bibel streng genommen keine O. sei, sondern menschliche Antwort auf O. Dies dürfte jedoch unbiblisch sein, da das NT Aussagen des AT - prophetische, poetische, gesetzliche, hinstorische, feststellende und ermahnende – einheitlich als maßgebliche Äußerungen Gottes zitiert (vgl. Mt 19,4f; Apg 4,25f; Hebr 1,5ff; 3,7ff u.ö.). Die bibl. Ansicht ist die, daß Gott sich sowohl in Werken als auch in Worten offenbart: zunächst, indem er die Heilsgeschichte gestaltete, sodann, indem er einen schriftlichen Bericht zur Deutung dieser Geschichte inspirierte, damit spätere Generationen unterwiesen werden zur Seligkeit (vgl. 2Tim 3,15ff; 1Kor 10,11; Röm 15,4) und schließlich, indem er Menschen aller Zeiten dazu erleuchtet, die Bedeutung der so gegebenen und aufgezeichneten O. zu erkennen und ihre Autorität anzuerkennen (vgl. Mt 16,17; 2Kor 4,6). Die beiden Offenbarungsverständnisse, die oben einander gegenüber gestellt wurden, sind daher in dem, was sie positiv vertreten, eher komplementär als einander widersprechend; sie müssen miteinander verbunden werden, um das bibl. Konzept von O. vollständig zu erfassen.

II. DIE NOTWENDIGKEIT DER OFFENBARUNG.

Die Bibel setzt durchweg voraus, daß Gott sich erst offenbaren muß, wenn der Mensch ihn erkennen soll. Der aristotelische Gedanke eines untätigen Gottes, den der Mensch erkennen kann, indem er eine Schlußfolgerung durchführt, ist unbiblisch. Eine Offenbarungsinitiative ist notwendig, erstens, weil Gott überweltlich ist. Er ist in seiner Seinsweise so weit vom Menschen entfernt, daß der Mensch ihn weder sehen (Joh 1,18; 1Tim 6,16; vgl. 2Mo 33,20), noch durch Suche finden (vgl. Hiob 11,7; 23,3-9) und auch seine Gedanken nicht durch scharfsinnige Vermutungen lesen kann (Jes 55,8f). Selbst wenn der Mensch nicht gesündigt hätte, hätte er deshalb Gott nicht ohne O. erkennen können. Wir lesen in der Tat, daß Gott zu dem noch nicht gefallenen Adam im Garten Eden sprach (1Mo 2,16). Es gibt jetzt jedoch noch einen zweiten Grund, warum das Wissen des Menschen von Gott abhängen muß, von Gottes Offenbarungsinitiative. Der Mensch ist sündig. Seine Wahrnehmungskraft im Bereich göttlicher Dinge wurde vom *Satan (2Kor 4,4) und der *Sünde (vgl. 1Kor 2,14) so geschwächt, und sein Geist ist so von seiner eigenen eingebildeten »Weisheit«, die der wahren Gotteserkenntnis entgegensteht, eingenommen (Röm 1,21ff; 1Kor 1,21), daß es über seine natürlichen Kräfte hinausgeht, Gott zu begreifen, wie auch immer er ihm erscheint. Nach Paulus erscheint Gott ständig jedem Menschen durch seine Werke in Schöpfung und Vorsehung (Röm 1.19ff; Apg 14.17; vgl. Ps 19,1ff) und durch die spontanen Regungen des natürlichen Gewissens (Röm 2,12-15; vgl. 1,32); trotzdem wird er nicht erkannt oder verstanden. Der Druck dieser ständigen Selbstoffenbarung von Gottes Seite her bringt Götzendienst hervor – der gefallene Sinn versucht in seiner Perversität, das Licht zu löschen, indem er es in Dunkelheit verwandelt (Röm

1,23ff; vgl. Joh 1,5) –, aber er führt nicht zu Gotteserkenntnis oder zu einem gottesfürchtigen Leben. Gottes »allgemeine O.« (wie sie meistenes genannt wird) seiner Ewigkeit, Macht und Herrlichkeit (Röm 1,20; vgl. Ps 19,2), seine Güte den Menschen gegenüber (Apg 14,17), sein moralisches Gesetz (Röm 2,12ff), sein Anspruch auf Anbetung und Gehorsam (Röm 1,21) und sein Zorn gegen die Sünde (Röm 1,18.32) führen also nur dazu, daß die Menschen »keine Entschuldigung haben« für ihr »gottloses Wesen und ihre Ungerechtigkeit« (Röm 1,18-20). Dies zeigt, daß die Notwendigkeit von O. für den gefallenen Menschen in zweifacher Hinsicht über diejenige Adams hinausgeht. Erstens braucht er eine O. Gottes als des Erlösers und Wiederherstellers, als jemand, der den Sündern gnädig ist. Gottes O. durch Schöpfung und *Gewissen spricht von *Gesetz und *Gericht (Röm 2.14f; 1,32), aber nicht von *Vergebung. Vorausgesetzt – zweitens –, daß Gott eine solche O. gewährt (die Bibel ist eine einzige lange Verkündigung, daß dies tatsächlich der Fall ist), braucht der gefallene Mensch immer noch eine geistliche Erleuchtung, bevor er sie begreifen kann; sonst wird er sie verfälschen, so wie er die natürliche O. verfälscht hat. Die Juden hatten im AT eine O. der Gnade, die sie auf Christus hinwies, aber vor dem Herzen der meisten hing eine Decke, die sie daran hinderte, diese O. zu verstehen (2Kor 3,14ff); so wurden sie Opfer eines legalistischen Mißverständnisses der O. (Röm 9,31-10,4). Selbst Paulus, der auf diese Tatsachen aufmerksam macht, hat das christl. *Evangelium schon vor seiner Bekehrung gekannt – und versuchte doch, es auszumerzen. Erst als »es Gott wohlgefiel. . ., daß er seinen Sohn offenbarte in mir« – *in*, d.h. durch innere Erleuchtung – erkannte Paulus es als das Wort Gottes. Die Notwendigkeit göttlicher Erleuchtung, die dem Einzelnen die Wirklichkeit, Autorität und Bedeutung der objektiv gewährten O. zeigt und ihr Leben damit in Übereinstimmung bringt, wird schon im AT gelegentlich angedeutet (Ps 119,12.27 u.ö.; Jer 31,33f); im NT wird sie besonders von Paulus betont sowie in der Lehre Christi (Mt 11,25; 13,11-17; Joh 3,3ff; 6,44f.63ff; 8,43-47; 10,26ff; vgl. 12,37ff).

III. DER INHALT DER OFFENBARUNG.

1. Das Alte Testament.

Grundlage und Rahmen der rel. Einstellung Israels war der Bund, den Gott zwischen sich und Abrahams Samen verkündete (1Mo 17,1ff). Ein *Bund ist eine klar umrissene Beziehung von Verheißung und Verpflichtung, die zwei Parteien aneinander bindet. Dieser Bund war eine königliche Verfügung, durch die Gott sich Abraham und seinen Nachkommen gegenüber als *ihr* Gott verpflichtete und ihnen so das Recht gab, ihn als *unseren* bzw. *meinen* Gott anzurufen.

Die Tatsache, daß Gott Israel seinen Namen Jahwe bekannt gab (2Mo 3,11-15; 6,2ff; zur Auslegung vgl. J.A. Motyer, The Revelation of the Divine Name, 1960), bezeugt diese Beziehung. Der »Name« steht für all das, was eine Person ist; daß Gott den Israeliten seinen Namen nannte, war ein Zeichen, daß er sich so wie er war, in all seiner Kraft und Herrlichkeit, ihrem Wohlergehen verpflichtete. Das Ziel seiner Beziehung zu Israel war die Vervollkommnung der Beziehung selbst: d.h., daß Gott Abrahams Samen mit der Fülle seiner Gaben segnete, und daß Abrahams Samen auf vollkommene Weise, durch vollkommenen Gottesdienst und Gehorsam, Gott segnen sollte. Daher offenbarte sich Gott auch weiterhin der Bundesgemeinde durch seine Worte in Gesetz und Verheißung und durch seine Erlösungstaten als Herr der Geschichte für die Verwirklichung dieser Bundeseschatologie. Den königlichen Charakter seines Bundes machte Gott noch klarer am Sinai: dort wurde er, nachdem er seine Rettermacht beim *Auszug aus Ägypten dramatisch gezeigt hatte, formell als Israels Herrscher anerkannt (2Mo 19,3-8; 5Mo 33,4f). Durch Mose, das Urbild eines Propheten (vgl. 5Mo 18,15), verkündigte er die Bundesgesetze und machte klar, daß Gehorsam ihm gegenüber Voraussetzung für den Genuß des Bundessegens war (2Mo 19,5; vgl. 3Mo 26,3ff; 5Mo 28). Diese Gesetze wurden niedergeschrieben – die Zehn Gebote zuerst von Gott selbst (2Mo 34,27f; 5Mo 31,9ff.24ff; vgl. 2Mo 24,7). Es ist bemerkenswert, daß Gott später durch *Hosea von der ganzen Niederschrift des Gesetzes als von seinem Werk spricht, obwohl die Überlieferung einstimmig der Meinung ist, daß es Mose war (Hos 8,12); dies ist eine der Wurzeln der bibl. *Inspirationslehre. Das Gesetz galt, nachdem es einmal niedergeschrieben war, als definitive und stets gültige Enthüllung des Willens Gottes für sein Volk, und die Priester wurden dauerhaft dafür verantwortlich gemacht, es zu lehren (5Mo 31,9ff; vgl. Neh 8,1ff; Hag 2,11f; Mal 2,7f).

Gott verbot Israel den Gebrauch von Zauberei und Wahrsagung bei alltäglichen Entscheidungen, wie es bei den Kanaanitern gebräuchlich war (5Mo 18,9ff); sein Volk sollte nur von ihm Führung erbitten (Jes 8,19). Er versprach ihnen Propheten, Männer, in deren Mund er seine eigenen Worte legen würde (5Mo 18,18; vgl. Jer 1,9; 5,4.14; Hes 2,7-3,11; 4Mo 22,35.38; 23,5), damit sie seinem Volk die regelmäßige Führung gäben, die es brauchte (5Mo 18,15ff). Propheten erfüllten in Israel ein wichtiges Amt. Die großen Propheten sprachen auf Jahwes Gebot hin Gottes Wort und interpretierten sein Denken für die Könige und das Volk; sie erläuterten sein Gesetz und wandten es an, baten in seinem Namen zur Buße und drohten Gericht an. Sie erklärten, was Gott sowohl im Gericht als auch zur Erfüllung der Bundeseschatologie tun würde, nämlich daß sein Reich kommen würde, nachdem das Gericht vorüber war. Möglicherweise hatten Propheten auch im Kult eine Aufgabe als Seher, um einzelnen, die bestimmte Fragen nach Führung und nach der Zukunft stellten, Antworten von Gott zu geben (vgl. 1Sam 9,6ff; 28,6-20; 1Kön 22,5ff; s. A.R. Johnson, The Cultic Prophet in Ancient Israel, 1944). Ein weiteres Mittel der Führung im vorexilischen Israel war das heilige Los, *Urim und Tummin, das von den Priestern gehandhabt wurde (5Mo 33,8ff; vgl. 1Sam 14,36-42; 28,6). Gott wohlgefällige Lebensführung brachten auch die Sprüche der »Weisen« zum Ausdruck, deren Weisheit als gottgegeben angesehen wurde (vgl. Spr 1,20; 8). Zusätzlich zu diesen Einrichtungen verbaler oder quasi-verbaler Kommunikation mit Gott kannte Israel bestimmte Manifestationen Gottes durch Theophanien und Erfahrungen, die die Nähe Gottes anzeigten: die »Herrlichkeit« (vgl. 2Mo 16,10; 40,34, 4Mo 16,19; 1Kön 8,10f; Hes 1 u.ö.), das Gewitter (Ps 18,6-16; 29), das Schauen seines »Angesichts« und das freudige Bewußtsein seiner »Gegenwart«, nach der sich gläubige Beter ausstreckten (Ps 11,7; 16,11; 17,15; 51,11f).

Atl. Gottesoffenbarung betont besonders:

a. Gottes Einzigartigkeit als Schöpfer und Herr aller Dinge;

b. seine *Heiligkeit, d.h. die Vereinigung ehrfurchtgebietender Eigenschaften, die ihn von den Menschen unterscheiden – Majestät und Größe und Kraft auf der einen Seite, Reinheit, Gerechtigkeitsliebe und Haß gegen Sünden auf der anderen;

c. seine Bundestreue, Geduld und Gnade sowie seine Treue zu den eigenen Gnadenabsichten gegenüber dem Bundesvolk.

2. Neues Testament.

Im NT sind Jesus Christus und die *Apostel Organe neuer O., Moses und den Propheten im AT entsprechend. Die atl. Bundeseschatologie erfüllt sich im Reich Christi und in der christlichen Herrlichkeitshoffnung. Der eine Gott des AT wird als Dreieinigkeit (Trinität) offenbart, im Kommen Christi zunächst und dann des heiligen Geistes und in der Enthüllung des göttlichen Erlösungszieles, auf das hin alle drei Personen der Gottheit zusammenwirken (vgl. Eph 1,3-14; Röm 8). Zwei Ereignisse, die Gottes Plan für die Menschheitsgeschichte zu ihrem Höhepunkt bringen werden, werden als noch ausstehende Offenbarungsakte bezeichnet (das Erscheinen des Antichristen, 2Thess 2,3.6.8. und Christi, 1Kor 1,7; 2Thess 1,7-10; 1Petr 1,7.13). Das NT nimmt in Anspruch, daß die O. des AT um zwei Hauptlinien erweitert wurde.

a. Die Offenbarung Gottes in Christus.

Das NT verkündet, daß »Gott. . . in diesen letzten Tagen zu uns geredet hat durch seinen Sohn« (Hebr 1,2). Dies ist die krönende und endgültige O. Gottes, sein letztes Wort an die Menschen. Durch seine Worte und Werke und durch den Gesamtcharakter seines Lebens und Dienstes offenbarte Jesus Christus Gott in vollkommener Weise (Joh 1,18; 14,7-11). Sein persönliches Leben war eine vollendete O. des Charakters Gottes, denn der Sohn ist das Ebenbild Gottes (2Kor 4,4; Kol 1,15; Hebr. 1,3), sein fleischgewordener *logos* /das »Wort«, das seinen Geist ausdrückte (Joh 1,1ff), in dem die ganze Fülle der Gottheit wohnte (Kol 1,19; 2,9). Gleichermaßen offenbarte sein messianisches Werk in vollkommener Weise die Heilsabsichten Gottes; denn Christus ist Gottes Weisheit (1Kor 1,24), durch den als Mittler (1Tim 2,5) alle Heilsabsichten Gottes in die Tat umgesetzt werden und alle Weisheit, die der Mensch für seine Erlösung braucht, gefunden werden kann (Kol 2,3; 1 Kor 1,30; 2,6f). Die O. des Vaters durch den Sohn, den die Juden, weil er sich als Sohn bekannte, als Betrüger und Gotteslästerer verdammten, ist ein Hauptthema des Johannesevangeliums.

b. Die Offenbarung von Gottes Plan durch Christus.

Paulus verkündet, daß das »Mysterium« (Geheimnis) des göttlichen »Ratschlusses« zur Rettung der Gemeinde und Wiederherstellung des Kosmos durch Christus jetzt offenbart ist, während es bis zur Zeit der *Inkarnation verborgen war (Röm 16,25f; 1Kor 2,7-10; Eph 1,9ff; 3,3-11; Kol 1,19ff). Er zeigt, wie diese O. den alten Zaun zwischen Juden und Heiden abgebrochen hat (Röm 3,29ff; 9-11; Gal 2,15-3,29; Eph 2,11-3,6), und auf ähnliche Weise zeigt der Autor des Hebräerbriefes, wie sie den alten jüd. Priester-und Opferkult abgeschafft hat (Hebr 7-10).

IV. DIE ART DER OFFENBARUNG.

Aus dem Vorhergehenden wird klar, daß die Bibel O. zuerst und fundamental als verbale Kommunikation versteht – Gottes *tōrāh,* »Lehre, Weisung, Gesetz« oder *debārīm,* »Worte«, im AT und sein *logos* oder *rhēma,* »Wort«, »Rede«, im NT. Der Gedanke, daß Gott sich in seinen Werken offenbart, ist sekundär und hängt in seiner Gültigkeit von der Voraussetzung verbaler O. ab. Denn der Mensch kann aus der Beobachtung von Gottes Geschichtshandeln nur »erkennen, daß er Jahwe ist«, wenn Gott spricht, um klar zu machen, daß es sein Werk ist, und um zu erklären, was es bedeuten soll. Ebenso hätten die Menschen nie erkennen oder ermitteln können, wer und was Jesus von Nazareth war, wenn es Gottes Erklärungen über ihn im AT sowie Jesu Selbstzeugnis nicht gegeben hätte (vgl. Joh 5,37-39; 8, 13-18; s.a. *Inspiration, *Prophetie.)

Literatur: A. Oepke:ThWNT III, 1938, 565-597; C.F.D. Moule: IDB, 4, 54-58; B.B. Warfield: The Inspiration and Authority of the Bible, 1949; W. Lütgert: Schöpfung und Offenbarung, [2]1984, H.H. Rowley: The Faith of Israel, 1956; L. Köhler: Theologie des Alten Testaments, [3]1953; H.W. Robinson: Inspiration and Revelation in the Old Testament, 1946; E.F. Scott: Revelation in the New Testament, 1935; G.C. Berkouwer: General Revelation, 1955. J.I.P.

OFFENBARUNG DES JOHANNES.

Kein anderes bibl. Buch hat im Laufe der Kirchengeschichte eine so unterschiedliche Auslegung erfahren wie die Offenbarung des Johannes (Offb). Kein anderes hat auch so tiefgreifende Wirkungen auf die christl. Gemeinde, aber auch auf Kunst und Kultur und – indirekt – auf die Politik ausgeübt. Angesichts seines Anspruchs, protokollarisches Dokument einer direkten *Offenbarung des erhöhten Jesus Christus an seine Gemeinde zu sein, verpflichtet es jede Generation neu, um sein richtiges Verständnis zu ringen. In unserer Zeit wachsender Lebens- und Zukunftsangst vermag die Offb in einzigartiger Weise der Gemeinde Trost und Hoffnung zu vermitteln, und zwar sowohl durch den Zuspruch der unmittelbaren Nähe ihres Herrn (1,12f) als auch durch die Gewißheit, daß alles Weltgeschehen im Plan und Willen Christi verankert ist (5,6ff), und schließlich durch den Ausblick auf die Neuschöpfung von Himmel und Erde (Kap. 21 und 22).

I. VERFASSERSCHAFT.

Aus dem Text der Offb läßt sich die Verfasserfrage nicht eindeutig klären. Der früheste Hinweis, daß der Verfasser der Zebedäussohn *Johannes sei, stammt von dem Apologeten Justin (Dial.c.Tr. 81,4; ca. 160 n.Chr.). Irenäus von Lyon, Hieronymus u.a. äußern sich ebenso. Seit ca. 250 n.Chr. wurden Zweifel an der Verfasserschaft des Zebedaiden geäußert, zuerst von Bischof Dionysius aus Alexandria. Seine Argumente waren literarkritischer Art. Sprachstil und Vokabular des *Johannesevangeliums und der *Johannesbriefe auf der einen und der Offb auf der anderen Seite seien zu unterschiedlich. Nach Dionysius muß als Verfasser der Offb ein Presbyter Johannes angenommen werden. In der deutschen akademischen Exegese unseres Jahrhunderts haben sich die literarkritischen Hypothesen gegen eine Verfasserschaft des Zebedaiden bzw. gegen eine einheitliche Verfasserschaft der johanneischen Literatur weitgehend durchgesetzt (Ausnahmen: E. Lohmeyer, W. Michaelis, E. Stauffer, W. Hadorn u.a.). Trotzdem sind diese Argumente nicht zwingend. Als Gegenargumente lassen sich u.a. sprachliche Übereinstimmungen in der johanneischen Literatur sowie die erstaunliche Verbreitung der Offb in den ersten Jahrhunderten anführen, die nur mit apostol. Autorität des Buches begründet werden kann. Über die Abfassungszeit sagt die Offb nichts. Nach Irenäus soll sie z.Zt. des römischen Kaisers *Domitian (81-96 n.Chr.) geschrieben worden sein.

II. DIE OFFENBARUNG UND DIE APOKALYPTIK.

1 Um das Verhältnis der Offb zur *Apokalyptik bestimmen zu können, müssen zunächst Apokalyptik und Prophetie verglichen werden und dann muß zwischen atl. – also kanonischer – und spätjüd. Apokalyptik unterschieden werden.

Apokalyptik läßt sich grundsätzlich definieren als »Enthüllung von Geheimnissen über den Weltlauf und vor allem über die letzte Zeit und das Weltende« (H. Ringgren in RGG[3] I, 464), bzw. als »Ausblick auf eine Geschichtsvollendung mit allen ihren Begleiterscheinungen« (G.v. Rad, Theologie des Alten Testaments, II, 5., S. 329). Die Schau des Weltlaufs ist gekennzeichnet von Periodisierung und Depravation (Verschlechterung des Ordnungszustandes der Welt), die Darstellungsform steht in der weisheitlichen Tradition: Rätsel und ihre Deutungen wechseln sich ab, der Verfasser apokalyptischen. Schriften gibt sich als »Weiser« zu erkennen (J. Lebram, in TRE III, 1978, S. 192). Die Apokalyptik will nicht missionarisch das Volksganze erreichen, sondern nur den Kreis der Treuen einweihen (A. Pohl, Die Offenbarung des Johannes, 1. Teil, [7]1984, S. 34).

Mit diesen Merkmalen sind schon wesentliche Unterschiede zur atl. Prophetie genannt. In der Prophetie wird Israel in einer bestimmten geschichtlichen Situation gemahnt und getröstet, die Apokalyptik dagegen will während des gesamten geschichtlichen Wegs Einsicht in seine göttliche Planung vermitteln. Die Prophetie spricht in nationalen Kategorien (die Adressaten sind Israel bzw. Israel und die Völker), die Apokalyptik ist global und kosmologisch ausgerichtet. Die Prophetie ist missionarisch, die Apokalyptik esoterisch. Trotz dieser Unterschiede muß man aber nicht wie G.v. Rad einen Gegensatz zwischen Prophetie und Apokalyptik sehen und diesen dann mit der Übernahme »iranischer Wissensstoffe« durch die Apokalyptik erklären (a.a.O., S. 329). Vielmehr kann der Eigenwert der Apokalyptik als Sonderform bibl. Prophetie in einem Sonderzweck gesucht werden, wie es u.a. C.A. Auberlen getan hat (Der Prophet Daniel und die Offenbarung Johannis, S. 71). Nach ihm sind die beiden bibl. Apokalypsen, Daniel (*Daniel, Buch) und Offb »der Gemeinde Gottes als prophetische Leuchten für die offenbarungslosen Zeiten« gegeben, »in welchen sie in der Heiden Hände dahingegeben ist«.

2. Der Unterschied zwischen der atl. Apokalyptik des Daniel und der sog. spätjüd. Apokalyptik, die sich in ca. 20 Apokalypsen bzw. Apokalypsenfragmenten aus der Zeitspanne des 2.Jh.v.Chr. bis zum 1.Jh.n.Chr. niedergeschlagen hat, ist chronologischer und inhaltlicher Art.

Da an der Frühdatierung des Danielbuches (Entstehung im 6.Jh.v.Chr.) mit guten Gründen festgehalten werden kann (vgl. G. Maier: Der Prophet Daniel, S. 34-62), liegt ein beachtlicher Abstand zu den spätjüd. Apokalypsen vor. Damit gehört Dan noch in die Zeit genuiner atl. Prophetie und ist also als Dokument göttlichen Offenbarungshandelns anzusehen, was nicht zuletzt durch die zahlreichen Verweise Jesu auf Dan bestätigt wird. In dieses Schrifttum gehören die spätjüd. Apokalypsen nicht. Sie sind – mit unterschiedlichen Graden literarischer Abhängigkeit von Dan – weitgehend aus dem Bedürfnis zu verstehen, »die Heilsaussagen der Propheten mit dem tatsächlichen Zustand auszugleichen« (H. Ringgren, a.a.O.). Die inhaltlichen Unterschiede sind auffällig. Aus dem Plan Gottes, den Daniel andeutend enthüllen soll, ist in der spätjüd. Apokalyptik der »Plan-Gott«, die »Planhaftigkeit der Gesamtgeschichte von Adam bis zur Wiederherstellung des Paradieses« geworden (Pohl a.a.O., S. 36). Eine dualistische Äonenlehre wird entwickelt, nach welcher Gott zwei Äonen, den gegenwärtigen und den kommenden geschaffen haben soll (4Esr 7,40). Man berechnet spekulativ die Dauer des gegenwärtigen Äons (äthHen 16,1 u.ö.) und entwickelt eine ausführliche Lehre von den gefallenen Engeln und dem Satan. Ferner fällt an der spätjüd. Apokalyptik die grundsätzliche Pseudonymität auf.

3. Wie ist nun das Verhältnis der Offb zur Apokalyptik zu bestimmen? Die Hauptzüge der atl. Apokalyptik treten in ihr klar zutage: der Ausblick auf die Geschichtsvollendung, die Periodisierung, die zunehmende Verschlechterung der Weltordnung und der Lebendsbedingungen, die übernationale, globale Schau, die Esoterik. In einer Beziehung greift die Offb sogar noch weiter als Dan. Sie enthüllt Vorgang und Folgen der Neuschöpfung von Himmel und Erde. Die erwähnten spezifischen Aspekte der spätjüd. Apokalyptik lassen sich in der Offb dagegen nicht feststellen. Auch in ihrer Zahlensymbolik geht die Offb nicht über Dan hinaus. Spekulation ist ihr fremd. Sie ist »ein Muster urchristl., konkreter Seelsorge« (Pohl, a.a.O., S. 37). Und vor allem: in ihr ist der erhöhte Herr durchweg der Handelnde.

III. TYPEN DER OFFENBARUNGS-AUSLEGUNG.

Wie unterschiedlich und unübersehbar vielfältig die Offb im Laufe der Kirchengeschichte ausgelegt wurde, hat G. Maier in seinem Buch »Die Johannesoffenbarung und die Kirche« gezeigt. Trotzdem läßt sich mit einem Überblick über Grundtypen der Auslegung diese Vielfalt systematisieren.

1. Die kirchengeschichtliche bzw. weltgeschichtliche Auslegung.

Sie geht von der Voraussetzung aus, daß die Offb den Verlauf der Kirchen- und Weltgeschichte weissagt. Bedeutende geschichtliche und zeitgeschichtliche Ereignisse werden mit der Offb verglichen und aus ihr abgelesen. Dieser Auslegungstypus sieht in den Visionen der Offb eine chronologisch fortschreitende geschichtliche Vorausschau abgebildet (Joachim v. Fiore, M. Luther, A. Bengel, E.W. Hengsterberg, L. Harms).

2. Zeitgeschichtliche Auslegung.

Vertreter dieses Typus sind der Meinung, daß die Offb aus den kirchlichen und politischen Verhältnissen z.Zt. ihrer Abfassung auszulegen sei. Die übergreifende theologische Bedeutung der Offb ergibt sich hier aus der Annahme, daß die Botschaft des Johannes an die damalige Gemeinde exemplarischen Charakter für die ganze Christenheit habe. »Johannes will keine Vorausdarstellung des Weltfahrplans für die spätere Kirche geben, er wendet sich vielmehr in einer ganz konkreten zeitgeschichtlichen Situation an bedrängte Christen, um diese im Lichte des Glaubens an die Herrschaft des erhöhten Christus über die Geschichte zu deuten und so die Angeredeten dessen gewiß zu machen, was für sie an der Zeit ist.« Die Offb helfe auf diese Weise der Kirche, »ihre Verantwortung in der Geschichte zu erkennen« (J. Roloff: Die Offenbarung des Johannes, S. 23). In der heutigen akademischen Exegese hat sich die zeitgeschichtliche Auslegung weitgehend durchgesetzt. (Frühere Vertreter: Semler, Herder, Fr. Lücke; heutige: A. Strobel, J. Roloff).

3. Traditions- und religionsgeschichtliche Auslegung.

Dieser Typus kam am Ende des 19. Jh. im Umfeld der religionsgeschichtlichen Schule auf. Religionsvergleichende Untersuchungen brachten viele Texte aus der babylon., iranischen und ägypt. Mythologie sowie aus den Mysterienreligionen und der mandäischen und manichäischen Literatur zutage, die mit der Offb in Verbindung gesetzt wurden. Besonders für Offb 12 wurden viele Parallelen gefunden. Begründet wurde diese Auslegung von H. Gunkel und W. Bousset; weitere Vertreter sind E. Lohmeyer, H. Kraft und E. Lohse.

4. Endgeschichtliche Auslegung.

In dieser Perspektive wird die Offb weitgehend als Enthüllung einer knapp bemessenen letzten Zeit vor der Wiederkunft des Herrn ausgelegt (Kliefoth, Beck, Zahn).

5. Reichsgeschichtliche Auslegung.

Dieser Typus setzt ein stufenweises Ausreifen des Reiches Gottes: in Zeit und Ewigkeit voraus und sieht die beiden bibl. Apokalypsen als Offenbarung dieses Gesamtprozesses an. K. Hartenstein nennt »drei Zeiten« des Reiches Gottes: die Zeit der atl. Prophetie, die Zeit der Gemeinde Christi unter den Völkern, in welcher sich in Welt und Kirche allmählich das Antichristentum entwickelt, und die Zeit der Vollendung und der neuen Welt Gottes, die durch die Wiederkunft Jesu eingeleitet wird (K. Hartenstein: Der wiederkommende Herr, S. 217ff). Vertreter dieser Auslegung waren C.A. Auberlen, J.Chr.K.v. Hofmann

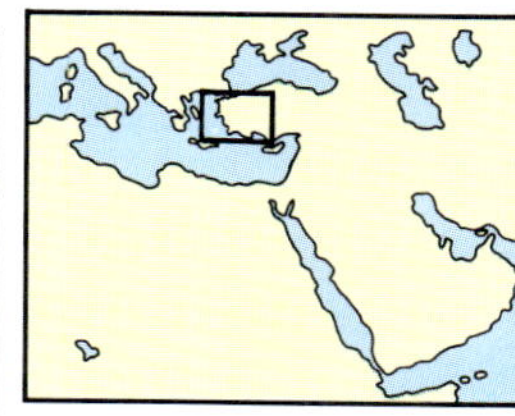

Die »sieben Gemeinden in der Provinz Asien« (Offb 1,4–3,22), und die Insel Patmos, auf der Johannes der Überlieferung zufolge die Offenbarung empfing.

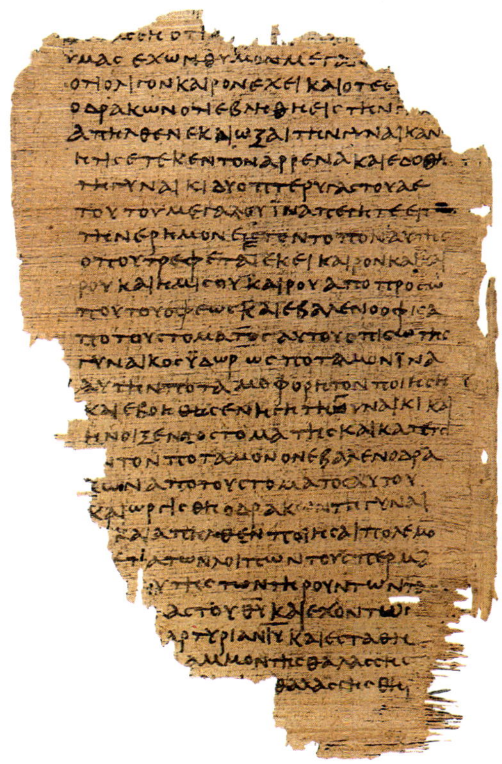

Griech. Papyrus-Fragment mit Offb 12,12–13,1. p[47] (Chester Beatty III), 3. Jh. n.Chr., heute in Dublin. (CBL)

und K. Hartenstein. In der heutigen akademischen und gemeindebezogenen Offenbarungsliteratur gibt es Monographien und Auslegungen aus allen aufgezählten Typen sowie viele Mischformen. (Eine knappe Übersicht über die Forschungsgeschichte seit dem 18.Jh. vermittelt O. Böcher: Die Johannesapokalypse).

IV. HERMENEUTISCHE GRUNDFRAGEN.

Angesichts der nahezu unübersehbaren Vielfalt und oft auch Gegensätzlichkeit der Offenbarungsauslegungen und der eben skizzierten Auslegungstypologie steht jeder, der die Offb zu verstehen versucht, bald vor hermeneutischen Grundfragen und -entscheidungen. Im folgenden sollen einige dieser Fragen aufgegriffen werden.

1. Das Verhältnis der Offenbarung zum Danielbuch.

Über 70mal nimmt die Offb deutlich Bezug auf Daniel, die versteckten Andeutungen nicht eingerechnet. Nimmt man den hohen Stellenwert der atl. Apokalypse in den Reden Jesu und im übrigen NT hinzu, dann ergibt sich schon rein statistisch eine starke Beziehung zwischen Jesus, dem Apostelkreis und Daniel (vgl. G. Maier, Der Prophet Daniel, S. 63ff). Noch wichtiger ist aber die richtige inhaltliche Bewertung von Dan. Wenn die Apokalyptik eine »Eschatologisierung der Weisheit« (v.Rad) ist, also geoffenbarte Tiefenschau der Weltvollendung zu sein beansprucht, dann muß Dan als eine im AT einzigartige Prophetie des Eschaton ernstgenommen werden, dann verdient auch Auberlens These, daß Dan das Trostbuch Gottes für Israels Weg durch die Zeit bis zur Wiederkunft Christi sein will, neu diskutiert zu werden. Ein Ernstnehmen von Dan in diesem Sinn bedeutet zunächst, daß die Visionen in Kap. 2 und 7 gemäß ihrem apokalyptischen Anspruch als Totalschau der Weltzeit bis zur Wiederkunft Christi auszulegen sind. Für die erwähnte enge Beziehung zwischen Dan und Offb bedeutet dies vor allem, daß wir in Offb 13-19, wo die vierte Tiergestalt von Dan 7 geschildert wird, ebenfalls eine geschichtliche Totalschau vor uns haben. Da sich aus Dan 7 – unter Berücksichtigung von Dan 2 - als Bedeutung der vierten Tiergestalt zwingend das röm. Reich ergibt, muß auch in Offb 13-19 das »Tier aus dem Meer« dieses Reich in seinen ganzen, bis zur Wiederkunft Christi währenden politischen Mutationen meinen. Auf die anderen Beziehungen zwischen Dan und Offb, z.B. auf die Übernahme des dreieinhalb-Zeiten-Schemas durch Johannes, kann hier nicht eingegangen werden.

2. Israel.

Wenn Dan das Trostbuch Gottes für Israel und die Offb das entsprechende Buch für die ntl. Gemeinde ist, dann hat dies für die Auslegung erhebliche Konsequenzen. Die Hinweise der Offb auf Israel verlieren dann ihre Eindeutigkeit. Wie in einem Israel geltenden Buch keine Ausführungen über die heidenchristl. Gemeinde erwartet werden können, so liegt es auch keineswegs nahe, daß die Offb Israel behandelt. Die oft auf Israel bezogenen Stellen 7,3-8 (vgl. 14,1-5); 11,1f und 12,1-17 können demzufolge durchaus auf die ntl. Gemeinde bezogen werden, die nach Röm 11,17ff zwar in den Ölbaum Israel eingepfropft ist, aber selber aus Heidenchristen besteht.

3. Endzeit.

Durch eine oberflächliche Exegese und sog. »Endzeitliteratur« entsteht immer wieder die Meinung, als ob die Endzeit ein relativ kurzer Zeitabschnitt unmittelbar vor der Wiederkunft Christi sei. Nach dem Zeugnis des NT, z.B. nach 1Petr 1,20; 1Joh 2,18 oder Hebr 1,2 beginnen die »letzten Tage« mit dem ersten Kommen Jesu und enden mit seinem zweiten Kommen. Diese Tatsache hat für die Auslegung der Offb erhebliche Folgen. Die auf die »Endzeit« hinweisenden Zeichen (Mt 24 par.; vgl. Offb 6,1-17) sollen von der Gemeinde seit Christi Himmelfahrt beobachtet und beachtet werden. Dessen ungeachtet gibt es nach Dan 2 und 7 den schon erwähnten »Depravationsfaktor«, also eine zunehmende Entfremdung der Menschheit von Gott, eine wachsende Auflösung ethischer Normen und sozialer Ordnungen und im Letztstadium vor der Wiederkunft eine Eskalation der Christenverfolgung und des Hasses auf Gott.

4. Rekapitulation oder Sukzession?

Eine wichtige hermeneutische Grundfrage betrifft die Kontinuität der von Johannes geschauten Ereignisse. Ist von einem durchlaufenden roten Faden, von einer linearen Folge des Geschehens oder von Wiederholungen und Überschneidungen auszugehen? Die Vertreter der kirchen- und weltgeschichtlichen Auslegung gehen von der linearen Folge aus und kommen demzufolge zu ganz anderen Ergebnissen als die Vertreter der Rekapitulationsthese, also der Annahme wiederholter Schilderungen derselben Ereignisse. Auch in dieser Frage kann ein Blick auf Dan weiterbringen. Zweimal werden dort die Weltreiche geschaut, von Nebukadnezar und von Daniel. Dieses Prinzip der Doppelung bzw. der Wiederholung, das sich auch in Form des sog. Parallelismus membrorum in der hebr. Poesie des AT gut beobachten läßt (*Dichtung), ist auch für die Offb, die auch in ihrer Sprache ausgesprochen hebr. Züge trägt, unbedingt anzunehmen.

5. Die Siebener-Struktur.

Daß sich die Sieben-Zahl wie ein roter Faden durch die Offb zieht, ist schon oft beobachtet worden. So wie der siebente Tag in 1Mo 1 die Schöpfung vollendet hat, so unterstreicht die Sieben-Zahl in der Offb Totalität und Vollendung des Geschehens. Der schon bei Dan festgestellte apokalyptische Totalitätsanspruch wird in der Offb durch die Sieben-Zahl immer wieder dokumentiert. Die sieben Sendschreiben sind also an alle Gemeinden, d.h. an die Gesamtgemeinde des Neuen Bundes durch die ganze Kirchengeschichte hindurch gerichtet. Die drei Siebenerreihen der göttlichen Gerichte in Gestalt der Siegel, Posaunen und Zornschalen symbolisieren Totalität, aber auch Vollendung des Zornes Gottes. Wer die Offb sorgfältig durchliest, findet 49 Visionen des Apokalyptikers. Johannes schaut also in sieben Siebenerreihen den Weg des Volkes Gottes durch die Gerichte Gottes hindurch bis hin zur Vollendung. Diese sieben Siebenerreihen scheinen jeweils in einem inneren Zusammenhang zu stehen, dem nachzugehen lohnend wäre.

1. Reihe: 1,12-5,14;
2. Reihe: 6,1-6,17;
3. Reihe: 7,1-9,21;
4. Reihe: 10,1-13,18;
5. Reihe: 14,1-16,21;
6. Reihe: 17,1-20,3;
7. Reihe: 20,4-22,5.

V. PERSPEKTIVEN THEOLOGISCHER AUSLEGUNG.

Im Rahmen eines Lexikonartikels kann keine Auslegung der Offb erfolgen. Dennoch sind angesichts der wachsenden Zahl eschatologisch bzw. endzeitlich ausgerichteter Veröffentlichungen und auch wegen der Gefahr eigener Auslegungswillkür Leitlinien für die Auslegung nötig. Im folgenden werden deswegen einige theologische Perspektiven genannt, die für eine Auslegung, die sich dem theologischen Erbe der Reformation verpflichtet weiß, unverzichtbar bleiben.

1. Die christologische Perspektive.

In der Offb ist der erhöhte Herr der »Erste und der Letzte« (22,13), der Versöhner, der Richter, der Herr, der Bestimmende und der Handelnde. Er ist das Lamm, das mit seinem Blut Menschen erkauft hat (5,9) und nach seiner Auferstehung und Himmelfahrt mit einem erhabenen Lobgesang vor dem Thron Gottes begrüßt wird (5,6ff). Er ist würdig, das versiegelte Buch zu öffnen und damit die Zornesgerichte Gottes über die gottlose Menschheit zu entfesseln. Er ist der starke Herr, der seine Gemeinde fest in seiner Hand bewahrt und sie durch alle Anfechtung, Sichtung und Läuterung hindurch zur Vollendung führt (1,12ff). Er ist der Bräutigam, der seine Braut, die Gemeinde, heimholt (19,6ff). Er ist der zum Gericht wiederkommende Herr, der allein mit seinem Wort die gottlosen Völker schlagen wird (19,11ff). Er wird 1000 Friedensjahre über eine von Satan befreite Welt regieren (20,1ff), und er wird nach dem Endgericht in ewiger Gemeinschaft mit den Seinen leben (19,11-22,5). Von Kap. 1,7 an durchzieht die Offb eine immer stärker werdende Sehnsucht nach der Wiederkunft Christi, die dann in Kap. 19,11ff geschaut wird. Die Offb erweist sich buchstäblich vom ersten bis zum letzten Satz als »Offenbarung Jesu Christi« (1,1), als testamentarisches Trost-, Hoffnungs- und Erkenntniswort des Erhöhten für seine Gemeinde. Jede Auslegung ist diesem Selbstanspruch der Offb verpflichtet. Jede Auslegung, die diese Perspektive sucht, steht aber auch unter der Seligpreisung (1,3), der einzigen in der Schrift, die über einem einzelnen Buch ausgesprochen ist.

2. Die ekklesiologische Perspektive. Der erhöhte Herr erscheint dem Apokalyptiker inmitten der Gemeinde. Johannes schaut, was Jesus in Mt 28,20 den Jüngern verheißen hatte: »Ich bin bei euch alle Tage bis an der Welt Ende.« Die Botschaft der Offb ist Botschaft an und für die Gemeinde. Jede der (unter IV 5.) genannten sieben Visionenreihen steht in einer bestimmten Beziehung zur Gemeinde. Die erste gibt der Gemeinde geistliche Ermahnung, die zweite entschlüsselt ihr die Siegelgerichte als Endzeitzeichen, in der dritten empfängt sie die Zusage der Versiegelung und Bewahrung, die vierte enthüllt ihr eine Verfolgungszeit im Letztstadium der Endzeit, die fünfte spricht ihr persönliche Stärkung durch das Lamm zu, in der sechsten wird das Gericht über die abgefallene Gemeinde enthüllt und in der siebenten die Vollendung der Gemeinde geschaut. Diese von der Offb vorausgesetzte enge Beziehung zwischen dem erhöhten Herrn und seiner Gemeinde gilt es in der Auslegung im Blick zu behalten. Christus will der Gemeinde durch die Worte der Offb Ermahnung, Trost, Hoffnung und Erkenntnis vermitteln. Das »eschatologische Schweigen« in vielen Gemeinden muß überwunden werden. Die Gemeinde muß immer wieder in der lebendigen Hoffnung verankert werden, wenn sie nicht krank werden soll. Aber auch für die missionarische Strategie der Kirche ist die bibl. *Eschatologie wichtig. Der Mensch lebt wesensmäßig von der Hoffnung. Wenn die christl. Hoffnung ihn nicht mehr erreicht, dann sucht er sich säkularisierte und innerweltliche Hoffnungen.

3. Die pneumatologische Perspektive.

Wenn es richtig ist, daß die Offb eine Botschaft des erhöhten Herrn für seine Gemeinde ist, und daß sie geistliche Güter, vor allem Glaube, Liebe und Hoffnung vermitteln soll, dann wird die Auslegung zu einer geistlichen Herausforderung. Die siebenmalige Aufforderung der Sendschreiben »Wer Ohren hat, der höre, was der Geist den Gemeinden sagt!« lenkt den Blick auf den Heiligen Geist als den einzig kompetenten Boten der Offenbarungsbotschaft. Nur wenn er selbst redet, kommt sie an. Deswegen führt die Auslegung der Offb ins Gebet. Hier ist auch der Grund dafür zu suchen, daß die verfolgte Gemeinde zu allen Zeiten in der Offb einen besonderen Trost fand. Der Geist spricht zu dem, der »Ohren« hat, der betend Christus sucht. Das eigentliche Auslegungsproblem der Offb ist nicht ihre Vieldeutigkeit, sondern die Vernachlässigung der pneumatologischen Perspektive.

4. Die eschatologische Perspektive. O. Michel spricht in seinem Aufsatz »Unser Ringen um die Eschatologie«, in dem er sich kritisch mit der Enteschatologisierung der Theologie auseinandersetzt, von der eschatologischen Dimension des Glaubens. Man müsse »jede Glaubensaussage so formulieren, daß die Ewigkeit über uns und die Ewigkeit vor uns nicht vergessen werden. Wenn man vom gegenwärtigen Glauben so spricht, daß man die Zukunft darüber vergißt, kann man keine christl. Endhoffnung begründen. Im Glauben ist die Hoffnung selbst gesetzt« (Dienst am Wort, S. 30). Damit ist die zentrale Aufgabe jeder theologischen Offenbarungsauslegung genannt. Es gilt, den christl. Glauben als wesenmäßig eschatologisch wiederzuentdecken. Er lebt aus der Hoffnung, daß Christus die Weltgeschichte und die sie bestimmenden Mächte in der Regie hat, daß er schützend seine Hand über den Weg der Gemeinde hält, und daß er bei seiner Wiederkunft Satan binden und Himmel und Erde neu schaffen wird. Diese Hoffnung gilt es, in der bibl. Apokalyptik zu entdecken.

Literatur: Kommentare: J.Chr.K.v. Hofmann: Die Offenbarung St. Johannis, hrsg. von E.v. Lorentz, 1896; H. Lilje: Das letzte Buch der Bibel, ^{7}1961; K. Hartenstein: Der wiederkommende Herr, ^{4}1969; A. Pohl: Die Offenbarung des Johannes (WStB), 2 Bde., ^{7}1984/85; E. Lohse: Die Offenbarung des Johannes, ^{12}1979; F. Grünzweig: Johannesoffenbarung, 2 Bde., 1981/82; J. Roloff: Die Offenbarung des Johannes, 1984; Zu Daniel: G. Maier: Der Prophet Daniel (WStB), 1982.

Monographien: C.A. Auberlen: Der Prophet Daniel und die Offenbarung Johannis, ^{3}1874 (ND 1986); O. Böcher: Die Johannesapokalypse, 1975; G. Bornkamm: Die Komposition der apokalyptischen Visionen in der Offenbarung Johannis, ZNW 1937; A.G. Fruchtenbaum: Handbuch der biblische Prophetie, 1984; A.A. Hoekema: The Bible and the future, 1978; T. Holtz: Die Christologie der Apokalypse des Johannes, ^{2}1971; J. Lebram: TRE III, 1978, S. 192–202; G. Maier: Die Johannesoffenbarung und die Kirche, 1981; O. Michel: Dienst am Wort. Gesammelte Aufsätze hrsg. von K. Haacker, 1986; G.v. Rad: Theologie des Alten Testaments Bd. 2, ^{8}1984; O. Roller: Das Buch mit sieben Siegeln, ZNW 1937; A. Schlatter: Das Alte Testament in der johanneischen Apokalypse, 1912; A. Strobel: Apokalypse des Johannes, TRE III, 1978, 174-189.

J.C.

OFIR. (Hebr. *ʼōphir*, 1Mo 10,29, *ʼōphīr*, 1Kön 10,11).

1. Name des Sohnes Joktans aus dem Geschlecht Sems (1Mo 10,29; 1Chr 1,23). Dieses Geschlecht ist aus vorislamischen Inschriften bekannt (G. Ryckmans, Les noms propres sud-sémitiques, 1934, S. 298.339f). Sein Gebiet erstreckt sich zwischen Saba im Jemen und Hawila (Hawlan) wie in 1Mo 10,29 beschrieben. Islamische Tradition setzt Joktan mit Qachtan, einem Sohn *Ismaels und »Vater aller Araber« gleich.

2. Das Land, aus dem feines Gold nach Juda eingeführt wurde (2Chr 8,18; Hiob 22,24; 28,16; Ps 45,10; Jes 13,12), mitunter in großen Mengen (1Chr 29,4) und zusammen mit wertvollem Sandelholz (1Kön 10,11), Silber, Elfenbein, Affen, Pfauen (1Kön 10,22) und Edelsteinen (2Chr 9,10). O. wurde von Salomos Flotte von Ezjon-Geber (bei Elat) aus über den Golf von Aqaba angefahren (1Kön 9,26), und zwar mit Hilfe von Schiffen aus Tarsis, die wohl normalerweise für den Erztransport eingesetzt wurden (1Kön 22,48). Diese Reisen nahmen »3 Jahre« in Anspruch, was vielleicht ein Jahr und Teile von zwei

Die Inschrift auf diesem bei Tell Qasilē (Jarkon) bei Tel Aviv gefundenen hebräischen Ostrakon lautet: zhb ʼphr lbyt chrn sch =, *d.h. »Gold aus Ofir für Bet Horon 30 Schekel«. 8. Jh. v.Chr.*

Gegenüberliegende Seite links oben:
Öl wird aus der Frucht des Ölbaums gewonnen, latein. olea *bzw.* olivia. (FNH)

anderen bedeutet. Der Handel war so bedeutend, daß O. z.T. stellvertretend für Gold stand, das sein Hauptausfuhrgut war (Hiob 22,24 RevEB); und Jes 13,12 steht O. parallel mit *ʾōqir,* »ich will wertvoll machen« (HUCA 12-13, 1937-8, S. 61). Einen Beleg für den Handel liefert ein Ostrakon aus Tell Qasile, nordöstl. von Tel Aviv, das 1946 gefunden wurde. Es trägt die Inschrift *zhb ʾphr lbyt chrn sch* ≡, »Gold aus Ofir für Bet Horon 30 Schekel«, (JNES 10,1951, 265-267).

Über die geographische Lage von O. gibt es mehrere Theorien:

a. S-Arabien wie unter 1. beschrieben. R. North verbindet (Sch)ōpha(i)r(a) (= Ofir) mit Parvaim (Farwa) im Jemen als Quelle des Goldes von Saba (vgl. Ps 72,15; Jes 60,6).

b. SO-Arabien: Oman. Das ist nicht weit von Ezjon-Geber, entfernt. Diese Deutung erfordert die Annahme, daß die dreijährige Fahrt eine Unterbrechung während des heißen Sommers erforderlich machte und daß Frachtgüter (z.B. Affen), die es nicht in Arabien gab, von weiter entfernten Orten nach O. als Zwischenlager gebracht wurden.

c. Ostafrikanische Küste: Somaliland, d.h. das ägypt. Punt, eine Quelle für Weihrauch und Myrrhe und alle die O. zugeschriebenen Güter (W.F. Albright, Archaeology and the Religion of Israel, 1953, S. 133-135.212; van Beek, JAOS 78, 1958, S. 146).

d. (S)upara, 75 km nördl. von Bombay/Indien. Josephus (ant.Jud. 8.164), LXX und Vulg. (Hiob 28,16) verstanden unter O. Indien. Dafür spricht, daß es alle genannten Güter im alten Indien gab. Ferner ist bekannt, daß vom 2.Jt.v.Chr. an lebhafter Seehandel zwischen dem Persischen Golf und Indien getrieben wurde.

Literatur: V. Christides: RB 77, 1970, S. 240-247; R. North: Fourth World Congress of Jewish Studies, Papers 1, 1967, S. 197-202.
D.J.W.

OFRA.

1. Stadt in Benjamin (Jos 18,23; 1Sam 13,17; 2Chr 13,19), Efron (*Qerē ʿephraim*) genannt; das heutige et-Tajibe auf einer beherrschenden Anhöhe 9 km nördl. von *Michmas. Die Araber setzten im Mittelalter *tajibe* (»glücklich«) an die Stelle von *ʿophra* als Ortsname, weil dieser auf schwarze Magie hinwies (Abel, JPOS 17, 1937, S. 38). Ob O. zu dem Ephraim von Joh 11,54 wurde, ist ungewiß (s. K.-D. Schunck, VT 11, 1961, S. 188-200; J. Heller, VT 12, 1962, S. 339ff).

2. O., die Stadt der Abiësriter, in Manasse. *Gideons Heimat, wo sein Altar, den er »Der Herr ist Friede« (Ri 6,24) genannt hatte, in späteren Zeiten gezeigt wurde. Mögliche Ortslagen sind:

a. Ferʿata, westl. vom Berg *Garizim, nahe Sichem; der Ort liegt jedoch ziemlich weit vom Ort des Geschehens entfernt und ist möglicherweise *Pirathon aus Ri 12,15.

b. et-Tajibe auf halbem Wege zwischen Bet-Schean und dem Berg Tabor, doch deutlich innerhalb des Stammesgebiets Issaschars und damit womöglich das Hafarajim aus Jos 19,19.

c. Afula in der Jesreel-Ebene. Tell el-Farʿa, 10 km nordöstl. von Sichem wurde zwar erwogen, ist aber jetzt mit Tirza identifiziert worden.

3. Name eines Familienoberhaupts aus dem Stamm Juda (1Chr 4,14).
J.P.U.L.

OG. Ein Amoriterkönig aus *Baschan, aus der Rasse der »Riesen« von Refaïm zur Zeit der Eroberung Palästinas (4Mo 21,33; Jos 13,12). Sein Königreich war mächtig und hatte »sechzig Städte. . ., die befestigt waren mit hohen Mauern, Toren und Riegeln« (5Mo 3,4f). Es erstreckte sich vom *Hermon bis zum *Jabbok. Zu den sechzig Städten gehörten die zwei königlichen Städte Aschtarot und Edreï (Jos 9,10). Bei Edreï (4Mo 21,33ff) besiegten und töteten ihn die Israeliten (5Mo 3,11). Sein Gebiet fiel zur Hälfte an den Stamm Manasse (5Mo 3,13), der östl. des Jordan blieb. Die Niederlage Ogs war Auftakt einer Reihe von Siegen Israels (vgl. Jos 9,10; Neh 9,22; Ps 135,11; 136,20).
M.A.M.

OHOLIBAMA, OHOLA, OHOLIBA. Ohalibama war ein edomit. Name, den sowohl Männer als auch Frauen trugen. O. hieß *Esaus zweite Frau, eine Kanaaniterin, eine Tochter Anas; sie gebar Jeüsch, Jalam und *Korach (1Mo 36,1-28). Ein edomit. Stammeshäuptling trug den gleichen Namen mit der Bedeutung: »Zelt der Höhe« (1Mo 36,41; 1Chr 1,52). In 1Mo 36,40f und 1Chr 1,51f erscheint dieser Name neben Timna. Bei *Timna im Negeb, im Gebiet des alten *Edom, wurden Spuren eines Zeltheiligtums gefunden. Das Heiligtum wird in die midianitische Zeit datiert, dürfte also zur gleichen Zeit wie die Stiftshütte des Volkes Israel in der Wüste entstanden sein. Der Name deutet an, daß *Höhen (Heiligtümer) in früher Zeit Zelte gewesen sein könnten (vgl. Hes 16,16).

Ohola und Oholiba sind allegorische Namen für die Königreiche des *Nordens und Südens in Hes 23. Beide Namen gehen auf Oholibama zurück und bedeuten »Zeltanbeter«. Die Namen bringen Kritik an Israels Untreue gegenüber Gott zum Ausdruck. Die beiden Königreiche werden als zwei Schwestern dargestellt, die mit Gott verheiratet sind. Sie begehen aber fortwährend Ehebruch,indem sie sich mit anderen Völkern verbinden. Oholiba wird davor gewarnt, dem Beispiel ihrer Schwester zu folgen; Gericht wird ihr angesagt. Die hier und an anderen Stellen in der Bildrede vorkommende Sexualität (vgl. Hes 16; Hos 1-3; Am 5,1ff) ist insofern zutreffend, als viele der Religionen der Nachbarvölker Israels Fruchtbarkeitskulte beinhalteten.
J.T.W.

OHR.

1. Im AT wird das hebr. *ʾōsän* bei Tieren (Am 3,12), häufiger aber bei Menschen gebraucht. Das Verb *ʾāsan* bedeutet »Ohren zuneigen«, »hören«. Im ntl. Griech. wird gewöhnlich *ous* gebraucht. Gelegentlich (z.B. Apg 17,20) findet sich *akoē*, das von *akouō* abgeleitet ist. Mt 26,51 steht das Wort *ōtion*, das bes. die äußere Ohrmuschel bezeichnet. Während das NT die gegenseitige Abhängigkeit der Körperteile voneinander hervorhebt (1Kor 12,16), sieht das AT sie mehr als selbständige Organe. Das wird deutlich im Falle des von Gott »gepflanzten« (Ps 94,9) und des »aufgetanen« Ohres (Ps 40,7) und aus der Tatsache, daß es nicht nur hört, sondern auch »aufmerkt« (Neh 1,6), »Rede prüft« (Hiob 34,4), »verstopft« werden kann (Jes 33,15) oder »nicht hört« (Jes 6,10). Von Gott wird auch

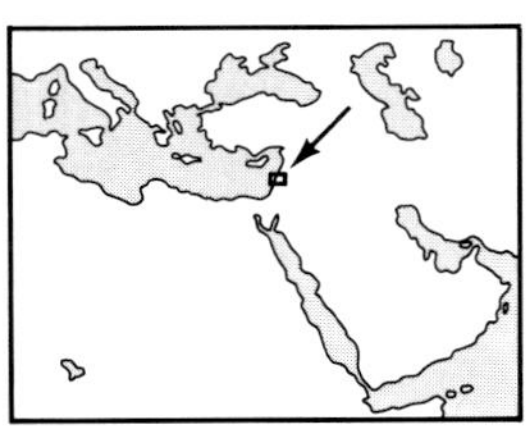

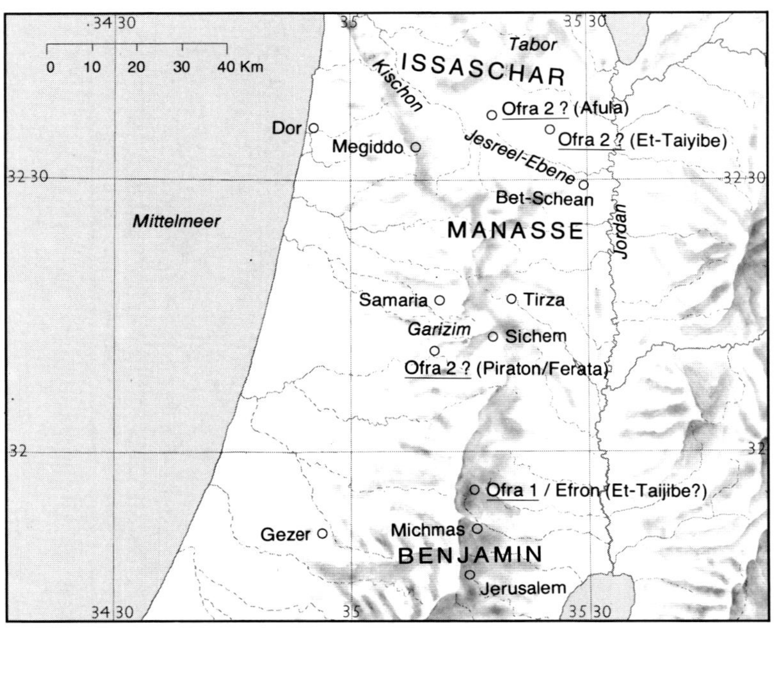

Vorschläge für die Lage von Ofra.

gesprochen, als habe er Ohren (Jes 59,1) - im Unterschied zu den nichthörenden Ohren der Götzen (Ps 135,17). Die Ohren müssen mit Verstand gebraucht werden, damit man Worte recht versteht (Mt 11,15).

Zwei atl. Anordnungen beziehen sich auf das Ohr. Einmal besagt die Anordnung für hebr. Sklaven (2Mo 21,6), daß das Ohr eines Sklaven an der Tür seines Herrn mit einem Pfriem zu durchbohren ist. Dadurch wird ausgedrückt, daß der Sklave sich zu freiwilligem, lebenslangem Dienst bei diesem Herrn verpflichtet hat (2Mo 21,6). Bei anderer Gelegenheit nahm Mose das Blut des Opfertieres und tupfte es auf das rechte Ohr, den Daumen der rechten Hand und auf den Zeh des rechten Fußes von Aaron und dessen Söhnen (3Mo 8,23f). Beide Handlungen sollten wohl auf die Verpflichtung zum Gehorsam hinweisen.

Das »Ohr öffnen« ist im Hebr. ein bildhafter Ausdruck für »etwas offenbaren« (Jes 50,5; s.a. *Hören). B.O.B.

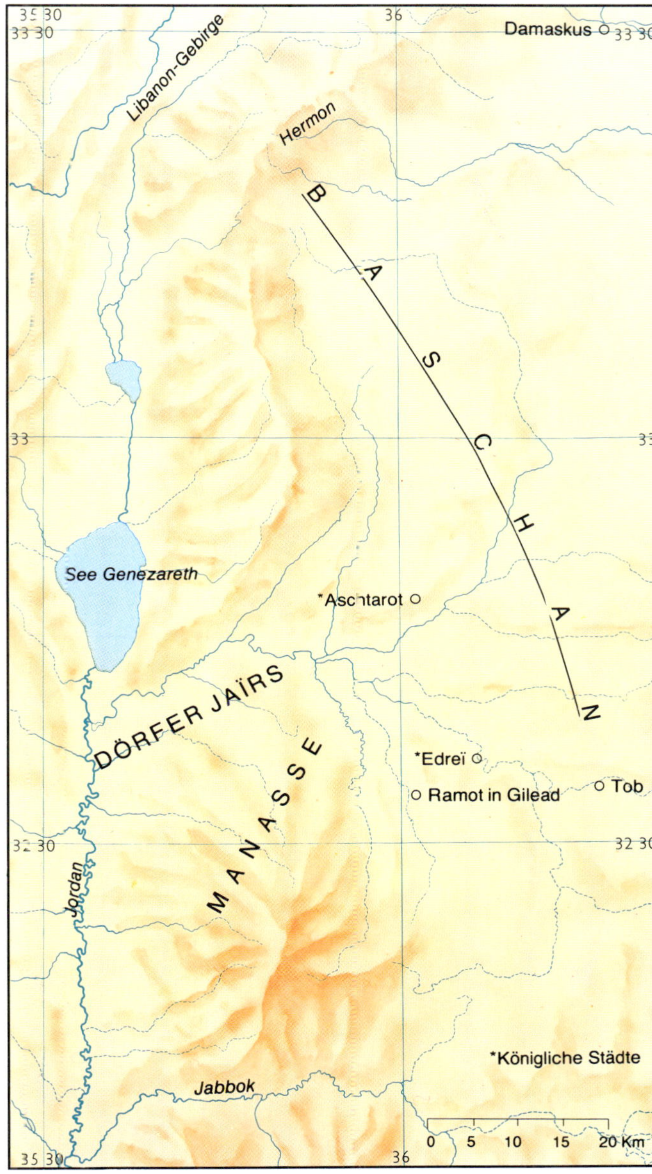

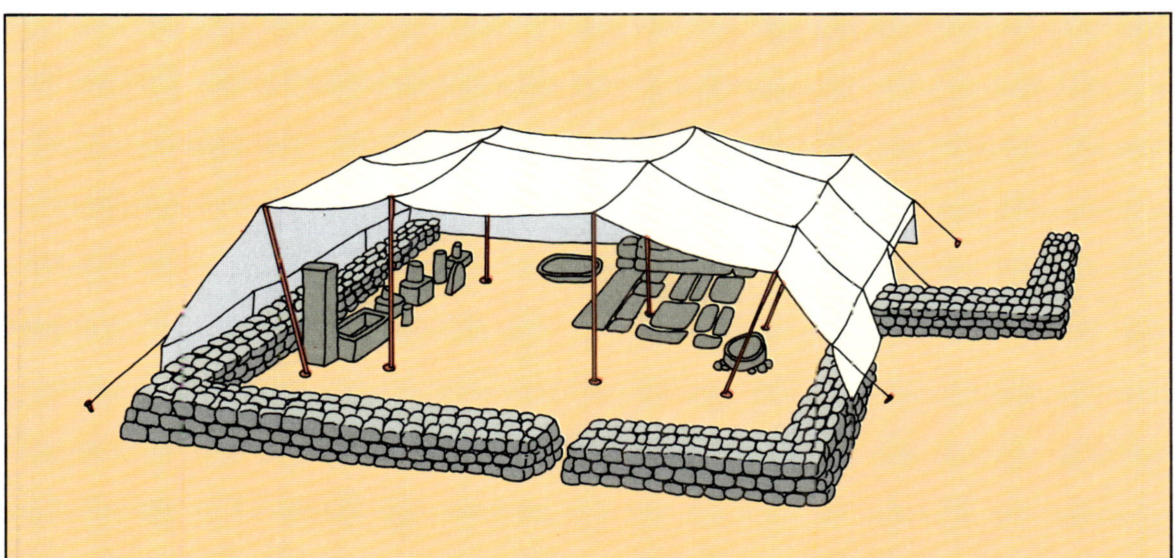

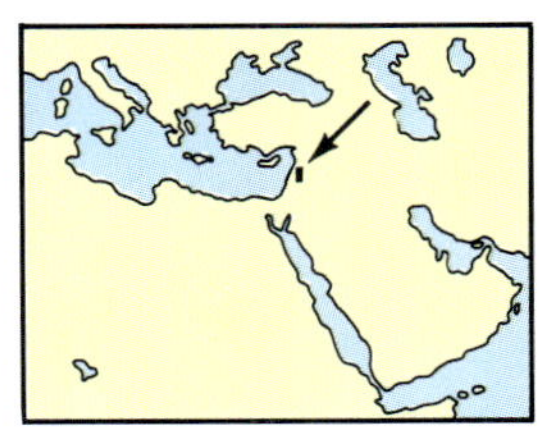

Das von Og, dem König von Baschan, beherrschte Gebiet.

Rekonstruktion eines in Timna entdeckten midianitischen Zeltheiligutms aus der Mitte des 12. Jh. v.Chr. (vgl. Oholibama)

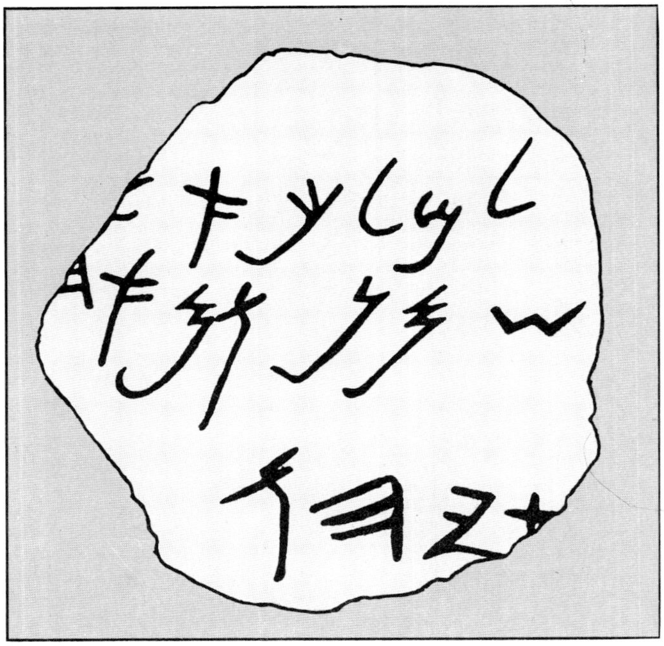

links:
Kopie einer Notiz, die in eine Tonscherbe (Ostrakon) geritzt wurde. Alt-Hebräisch: »Für den König, 1000 [. . .] Öl und 100 [. . . von?] Ahijahu«. Gefunden in Tell Qasile (Jarkon) bei Tel Aviv, ca. 7000 v.Chr.

rechts:
Olivenöl wurde auch als Lampenöl gebraucht. Die Lampe stammt aus Jericho, ca. 37–3 v.Chr. (ZR)

ÖL. Wo nicht kosmetische Salben (Rut 3,3; 2Sam 14,2; Ps 104,15) oder Myrrhenöl (Est 2,12) gemeint sind, handelt es sich bei allen Bibelstellen, an denen der Begriff vorkommt, um das ausgepreßte Öl der Olive. Der Reichtum an *Olivenbäumen (Olea europaea) im alten Palästina ermöglichte einen blühenden Öl-Handel mit Tyrus und Ägypten. Salomo lieferte Hiram große Mengen Öl als Teilzahlung für den Tempelbau (1Kön 5,25; Hes 27,17); Ägypten führte beträchtliche Mengen aus Palästina ein (vgl. Hos 12,2), weil das ägypt. Klima keinen fruchtbringenden Anbau ermöglicht.

Öl gehörte zum Erstlingsopfer (2Mo 22,28 RevEB Anm.); es wurde verzehntet (5Mo 12,17). Die Speisopfer wurden oft mit Öl vermengt (3Mo 8,26; 4Mo 7,19), und die Lampe im Heiligtum (2Mo 25,6) wurde mit frischgepreßtem Öl gefüllt (3Mo 24,2). Rituelle Anwendung fand Öl bei der Priesterweihe (2Mo 29,2), bei der Reinigung von Aussätzigen (3Mo 14,10-18), während des täglichen Opfers (2Mo 29,40) und beim Abschluß des *Nasiräer-Gelübdes (4Mo 6,15). Manche Opfer jedoch wurden ohne Öl vollzogen, etwa das Eifersuchtsopfer (4Mo 5,15) und das Sündopfer (3Mo 5,11).

Olivenöl wurde bei der Zubereitung vieler Speisen verwendet (1Kön 17,12-16). Daneben diente es im Haushalt als Brennstoff für die kleinen *Lampen, die man praktisch in

Ölpresse mit Vertiefung und Stein zum Zerdrücken der Oliven. En-Naschut, Golan-Höhen, ca. 3. Jh. n.Chr. (JPK)

jedem Haus bereits in der Frühzeit Palästinas finden kann. Diese Lampen hatten gewöhnlich eine Ausbuchtung am Rande, in die ein Flachsbüschel (Jes 42,3) oder ein Stück Stoff als Docht gesteckt wurde. Wenn die Lampe mit Olivenöl gefüllt war, brannte der Docht mit gleichmäßiger Flamme, bis der Ölvorrat aufgebraucht war. Wenn solche Lampen über größere Strecken mitgetragen wurden, war es z.Zt. des NT üblich, daß der Träger einen kleinen Ölbehälter dabeihatte. So war jederzeit ein Vorrat vorhanden, wenn die Lampe nachgefüllt werden mußte (vgl. Mt 25,1-13).

Neben dem Gebrauch bei der Priesterweihe (2Mo 29 2) war Öl ein wichtiger ritueller Bestandteil bei der Berufungszeremonie für das Königsamt (1Sam 10,1; 1Kön 1,39).

Als Medizin wurde Olivenöl sowohl innerlich als auch äußerlich angewandt. Seine lindernden Eigenschaften machten es zu einem wertvollen Heilmittel bei Magenbeschwerden, aber auch seine mild abführende Wirkung war im Altertum bekannt. Äußerlich wurde es bei Prellungen und Wunden angewandt (Jes 1,6; Mk 6,13; Lk 10,34).

In atl. Zeit wurden Oliven entweder mit dem Stößel im Mörser ausgequetscht (2Mo 27,20), oder man gewann Olivenöl durch Treten oder Quetschen der Früchte in einer Steinkelter. Ausgrabungen bei Taanach, Megiddo und Jerusalem förderten Keltern zutage, die aus Felsen gehauen waren. Eine große Steinwalze, von zwei Menschen gedreht, zerquetschte die Oliven zu einem Brei, der dann mit den Füßen (5Mo 33,24) oder auf andere Weise gepreßt wurde. Nach dem Beseitigen von Verunreinigungen war das Öl gebrauchsfertig. Der Garten von *Gethsemane (aram. *gat-schämän*, »Ölkelter«) erhielt seinen Namen von den Steinpressen, die der Ölgewinnung aus den Früchten des *Ölberges dienten.

Öl war allgemein gebräuchlich als Creme nach einem Bad (Rut 3,3; 2Sam 12,20) oder als Element festlicher Anlässe (vgl. Ps 23,5). Im alten Ägypten salbte ein Diener jedem Gast das Haupt, während dieser Platz nahm. In ntl. Zeit wurde die Krankensalbung (Jak 5,14) durch die Ältesten der christlichen Gemeinde üblich. Josephus berichtet, daß die Essener sich nicht mit Öl salbten, weil sie das als »Verschwendung« ansahen (bell.Jud. 2.123).

Das Vorhandensein von Öl versinnbildlichte Freude (Ps 45,8; Jes 61,3), sein Fehlen dagegen Kummer oder Demütigung (Joel 1,10). In ähnlicher Weise wurde Öl als Sinnbild für Trost, geistliche Nahrung oder

Ölbaum (FNH)

Wohlstand gebraucht (5Mo 33,24; Hiob 29,6).

Literatur: H.N. und A.L. Moldenke: Plants of the Bible, 1952, S. 97f.158ff: A. Goor: 'The place of the olive in the Holy Land and its history through the ages', Economic Botany 20/1966, S. 223-243; A. Goor und M. Nurock: The Fruits of the Holy Land, 1968, S. 89-120; M. Zohary: Pflanzen der Bibel, [2]1986, S. 56f. R.K.H.

ÖLBAUM. (Hebr. *sajit*; griech. *elaia*). Einer der wertvollsten *Bäume für das alte Israel. Er wird in der Bibel das erste Mal in 1Mo 8,11 erwähnt, wo eine Taube mit einem Zweig vom Ö. im Schnabel zur Arche zurückkehrt. Als die Israeliten *Kanaan einnahmen, galten die Ölbäume als ein typisches Merkmal der dortigen Flora (vgl. 5Mo 6,11). Später wurde der Ö. neben dem Weinstock als einträgliche Einkommensquelle geschätzt (1Sam 8,14; 2Kön 5,26).

Obwohl sein botanischer Name *Olea europaea* lautet, kommt der Baum wahrscheinlich aus Westasien, und wurde erst allmählich in den Mittelmeerraum eingeführt. Die Orientalen sahen im Ö. ein Symbol für Schönheit, Stärke, göttlichen Segen und Wohlstand. In Übereinstimmung mit der Überlieferung von Noah ist die Taube mit dem Ölzweig seither Symbol für Freundschaft und für Frieden (vgl. Ps 52,10).

In vielen Teilen Palästinas ist der Ö., von dem es im Vorderen Orient zahlreiche Varianten gibt, der einzige Baum nennenswerter Größe. Der kultivierte Ö. wird ca. 6 m hoch, hat einen drehwüchsigen Stamm und zahllose Äste. Der Baum wächst langsam, erreicht aber oft ein Alter von mehreren hundert Jahren. Wird er abgeschlagen, wachsen aus dem Wurzelstock neue Triebe, so daß bis zu fünf neue Stämme auf diese Weise entstehen können. Auch absterbende Olivenbäume treiben so wieder aus (vgl. Ps 128,3). Olivenhaine wurden vor allem wegen ihres Ertrags an Öl geschätzt, doch auch als Schutz gegen die brennende Sonne und als ein Ort, an den man sich zum Gebet oder zur Meditation zurückziehen konnte (Lk 22,39).

Im Altertum waren Ölbäume in Palästina weit verbreitet. Besonders eindrucksvoll waren die Haine am Rande der phönizischen Ebene, wie auch die in der *Jesreel-Ebene und im Tal von *Sichem. Bethlehem, Hebron, Gilead, Lachisch und Baschan waren zu bibl. Zeiten für ihre Olivenhaine bekannt.

Die Früchte des Ö.s reifen im Frühherbst und werden gegen Ende November geerntet. Die primitive und schädigende Erntemethode, die schon 5Mo 24,20 beschrieben wird, nämlich den Baum zu schütteln oder mit Stangen zu schlagen, wird noch vielfach angewandt. Im Altertum ließ man einige Früchte am Baum hängen oder auf dem Boden liegen, damit die Armen davon nehmen konnten. Die Oliven wurden in Körben zu den Keltern transportiert. Das Öl wurde gewonnen, indem man die Beeren in einem in Stein gehauenen Becken und mit einem aufrechtstehenden Mühlstein zerquetschte. Gelegentlich wurden die Beeren auch von Erntehelfern mit den Füßen zertreten (5Mo 32,24; Mi 6,15), doch war dieses Verfahren nicht so ergiebig. Wenn es eine Weile stand, schied sich das Öl von Fremdstoffen und wurde dann in Krügen gelagert.

Die Cherubim im salomonischen Tempel waren aus Ölbaumholz hergestellt (1Kön 6,23f) und da sie etwa 4,5 m hoch waren und die Spannweite ihrer Flügel ebenso viel betrug, müssen sie aus mehreren Holzteilen zusammengefügt worden sein. Zwar wird Ölbaumholz in Palästina noch heute für die Möbeltischlerei verwandt, die kurzen verdrehten Stämme geben jedoch keine langen bearbeitungsfähigen Stücke her. Nach mehrjähriger Lagerung kann das harzreiche Holz zu schönem Glanz poliert werden.

Der Ö. galt als König der Bäume (Ri 9,8), das Öl seiner Früchte wurde bei Krönungen als Zeichen der Herrschaft verwandt. Ölzweige dienten als Baumaterial der Hütten anläßlich des *Laubhüttenfests (Neh 8,15). Frische oder eingelegte Oliven, mit Brot gegessen, waren in Palästina Hauptbestandteil der täglichen Ernährung. Das Öl diente als Grundlage vieler Salbenzubereitungen und wurde auch als Haarpomade, Brennstoff (Mt 25,3), Medizin (Lk 10,34; Jak 5,14) und Nahrungsmittel (2Chr 2,9) gebraucht.

Vom Ö. war unter den Israeliten vielfach auch symbolisch die Rede. Die Kraft und Fruchtbarkeit des Baumes machen ihn zum Sinnbild des auf Gott vertrauenden Gerechten (Ps 52,10; Hos 14,7), dessen Nachkommen auch als »junge Ölbäume« beschrieben werden (Ps 128,3). Hiob 15,33 erwähnt die Blüten des Ö.s. In Sach 4,3 sind die zwei Ölbäume Zeichen der Fruchtbarkeit und erinnern an den Reichtum, den Gott den Menschen verleiht.

Die Ölbäume in Jes 41,19 (hebr. *'ēz-schāmän*) sind gelegentlich als eine mit dem Ö. botanisch nicht verwandte Art *Elaeagnus angustifolia* identifiziert worden, die ein minderwertiges Öl liefert. Der Kontext läßt jedoch an den echten Ölbaum denken.

Die wilde Olive ist klein und unbrauchbar. Daher wird der Ölbaum okuliert, wobei man einen veredelten Zweig auf einen wilden Busch pfropft. Paulus formt diesen Vorgang zu einem tiefgründigen Bild (Röm 11,17ff), um zu zeigen, wie die Heiden dem wahren Israel verpflichtet sind; er betont, daß es eigentlich »wider die Natur« ist, einen wilden Ölzweig auf einen edlen Baum zu setzen.

Literatur: A. Goor: 'The place of the olive in the Holy Land and its history through the ages', Economic Botany 10/1966, S. 223-243; A. Goor, M. Nurock: The Fruits of the Holy Land, 1968, S. 89-120; M. Zohary: Pflanzen der Bibel, [2]1986, S.56f. R.K.H./F.N.H.

ÖLBERG.

1. Name und Lage.

Das hebr. *har hassētīm* (Sach 14,4) wird im NT meist wie in der LXX mit *oros tōn elaiōn*, »Berg der Ölbäume«, wiedergegeben. Nur Lk schreibt (außer in Lk 19,37; 22,39) wie Josephus *ho elaiōn*, »Ölbaumhain/-pflanzung«. Im Aram. (Targum) hieß der Ö. *tūr setaijā'*. Daraus wurde im Arab. Tūr Zētā und schließlich Dschebel Et-Tur. Der eigentliche Ö. bildet nur einen Teil der Ö.-Kette. Dieser Bergzug im N und O der Altstadt von *Jerusalem ist von ihr durch das *Kidron-Tal getrennt (vgl. Jos.bell.Jud. V, 70). Geologisch gehört das Massiv der Oberen Kreide (Senon) an. Obwohl er nur in seinem allernördlichsten Teil die Wasserscheide zwischen Mittelmeer und *Jordan-Graben bildet, stellt der Ö.-Zug doch eine sehr klar ausgeprägte Klima- und Vegetationsscheide dar. Während er die kalten N- und die heißen O-Winde (vgl. Ps 125,2) abhält, zwingt er die vom Meer im W kommenden Wolken immer wieder dazu, aufzusteigen und sich abzuregnen. Am W-Hang findet man deshalb die typische Mittelmeer-Vegetation (vor allem Ölbäume), während am O-Abfall das Kulturland rasch in die Steppe übergeht. Von den Erhebungen sind von N nach S hervorzuheben: Östl. der Straße nach Nablus (*Sichem) als höchster Berg in der Umgebung Jerusalems der Rās Abu Chalāwi (835 m), dann der Rās El-Mescharīf (819 m), El-Medbase (Hebr. Universität, 827 m), Umm Et-Tala' (Auguste-Viktoria-Hospital, 815 m), Dschebel Et-Tūr (Himmelfahrtskuppe, 809 m). Hier teilt sich der Ö.-Zug in zwei Ausläufer, den Bāten El-Hawā (»Berg des Ärgernisses«, 742 m) im S und den Rās Esch-Schijāch (767 m) im SO. Nach allen Quellen vom AT bis ins Mittelalter ist der Dschebel Et-Tūr als der eigentliche Ö. anzusprechen.

2. Altes Testament.

*David mußte vor seinem Sohn *Absalom über den Kidron und die Ö.-Steige (*ma'alēh hazzētīm*) fliehen (2Sam 15,30). Auf dem Ö. selbst befand sich damals offenbar ein Heiligtum (2Sam 15,32). Das in diesem Zusammenhang als »jenseits des Gipfels« liegend genannte *Bahurim (2Sam 16,1.5) ist vielleicht auf dem Rās Et-Tmīm 1 km nordöstl. vom Auguste-Viktoria-Hospital zu suchen (H.J. Stoebe, BHH I, 1962, 191f). Auf dem »Berg, der Jerusalem gegenüberliegt«, baute *Salomo für seine heidnischen Frauen Höhenheiligtümer (1Kön 11,7). Der Ort wird in 2Kön 23,13 näher beschrieben: »Östlich von Jerusalem, südlich vom Berg des Verderbens (*har ham-maschchīt*)«. Vielleicht handelt es sich um eine absichtliche Änderung des nachbibl. bezeugten Namens *har-ham-mischchāh*, »Berg der (Öl)-Salbung« (Dalman, Jerusalem, 40f). Das Targum und auch der Babylonische Talmud (Schab 56b) haben hier jedenfalls den Ö. Die Götzenaltäre standen deshalb sehr wahrscheinlich auf dem »Berg des

Der Ölberg mit alten Ölbäumen, Dattelpalmen und Zypressen. In der Bildmitte die röm.-katholische Kirche der Nationen mit dem Garten Gethsemane, rechts oberhalb davon die russ.-orthodoxe Maria-Magdalena-Kirche. (MH)

Ärgernisses«; der diesen Namen allerdings erst seit der Kreuzfahrer-Zeit (ab dem 12. Jh.) trägt.

Vielleicht meint Jes 10,32 mit der Stelle, von der aus der heranziehende Assyrer »seine Hand gegen den Berg der Tochter Zion schwingt«, den Rās El-Meschārīf (Dalman, Jerusalem 28-32). Die zuvor genannte Priestersiedlung *Nob lag nach Ansicht mancher bei der Auguste-Viktoria-Stiftung (J. Simons, Geographical and Topographical Texts, 1959, 569). Der arab. Name geht auf ein hebr. *har ha-ṣofīm*, »Berg der Späher«, zurück, der bei Josephus *saphein* (nach aram. *saphīm*) bzw. griech. *skopos*, »Schauort«, heißt (ant.Jud. XI, 329). Hier hat der Hohepriester Jaddua *Alexander den Großen begrüßt (ant.Jud. XI, 329ff), der röm. Statthalter Cestius Gallus 66 n.Chr. bei seinem vergeblichen (bell.Jud. II, 528.542) und der Kronprinz Titus 70 n.Chr. bei seinem erfolgreichen Zug gegen Jerusalem das Lager aufgeschlagen (bell.Jud. V. 67). Heute wird ganz ohne historische Begründung der Hügel der Hebr. Universität Skopus genannt. Hier fand man Gräber aus ntl. Zeit, darunter das eines *Nasiräers (Y. Yadin (Hrsg.), Jerusalem Revealed, 1976, 66–68). Der in Jes 10,30 genannte Ort Lajescha könnte bei El-ʿEsāwīje zu suchen sein, einem arab. Dorf in jenem Wadi, das zwischen Hebr. Universität und Auguste-Viktoria-Stiftung nach O führt. Auf eine Siedlung in ntl. Zeit weist ein gut erhaltenes jüd. Ritualbad (R. Reich, IEJ 34, 1984, 220–223). Beim »Berg im Osten der Stadt«, über den *Hesekiel die Herrlichkeit Gottes den Tempel verlassen sieht (Hes 11,23), muß es sich um den eigentlichen Ö. handeln. Sach 14,4 gibt dazu das prophetische Gegenbild: Vom Ö. her tritt Gott zum endzeitlichen Kampf gegen die Jerusalem bedrängenden Heidenvölker an. Das Azal von Sach 14,5 (RevEB) vermutet Dalman (Jerusalem 51) bei Chirbet Ibqeʿdān an der Römerstraße nach *Jericho (s.u.).

Auf den Waldreichtum des Ö.s in nachexilischer Zeit weist vielleicht Neh 8,16. Eine Siedlung der Rückkehrer war ʿAnanja in Benjamin (Neh 11,32), das vermutlich mit dem ntl. *Betanien zu identifizieren ist. Die Wichtigkeit der Ö.-Gegend für die *Essener zeigt die Tempelrolle aus *Qumran, nach der im O von Jerusalem drei Aussätzigensiedlungen angelegt werden sollen (11QMiqd 46,16-18). Auf dem Ö. stand die erste der Signalstationen, über welche die für den Kalender entscheidende Neulichtbeobachtung von Jerusalem nach Babylonien gemeldet wurde (Dalman, Orte 279). Nach den Rabbinen soll eine Brücke vom Tempel über das Kidron-Tal zum Ö. geführt werden, über welche die Rote Kuh (vgl. 4Mo 19) aus der Stadt geführt und auf dem Ö. verbrannt wurde (Para 3,6f; Middot 2,4). Diese Angabe bestärkte E.L. Martin (The Place of the Crucifixion, 1984) in seiner phantastischen Annahme, Jesus sei auf dem Ö. gekreuzigt worden. In der jüd. Endzeiterwartung spielte der Ö. eine sehr wichtige Rolle (Bill. I 840–842). Schon *Noahs Taube soll ihren Ölzweig vom Ö. geholt (GenR 33,22c) und Salomo ihn als Ort der künftigen Totenauferstehung geweissagt haben (Targum Hld 8,5). Dreieinhalb Jahre habe die Herrlichkeit Gottes auf dem Ö. verweilt, um Israels Umkehr zu erwarten (LamRab 39a; Pesiqta 115a). Die außerhalb des Heiligen Landes Verstorbenen werden in Untergrundhöhlen (Kethubot 111a) zurückrollen und am Ö. auferstehen (H. Loewe – C.G. Montefiore, Rabbinic Anthology, 1938, 660ff). So hören wir auch, daß der ägypt. Pseudoprophet (Apg 21,38) seine Anhänger auf den Ö. führte, um hier die endzeitliche Erstürmung Jerusalems zu beginnen (Jos.ant.Jud. XX, 168–172; bell. Jud. II, 261–263.

3. Neues Testament.

Die verhältnismäßig häufige Erwähnung des Ö.s im Zusammenhang mit Jesus weist darauf hin, daß sich in ihm die atl. Verheißung erfüllt. Der Ö. war ein häufiger Aufenthaltsort für ihn und seine Jünger (Lk 21,37 vgl. Joh 8,1), wohl auch, weil er innerhalb der *Sabbatgrenze lag (Apg 1,12) und während der großen Wallfahrtsfeste zum Jerusalemer Stadtgebiet gerechnet wurde (R. Pesch, Markusevangelium II, [3]1984, 379). Diese Tatsache spricht gegen die Annahme (W. Schmauch), wenn Jesus sich am Ö. und damit außerhalb von Jerusalem aufhalte, weise das bei Mt und Mk auf die Verwerfung der heiligen Stadt. Auf seiner letzten Reise in die heilige Stadt erreichte Jesus in der Nähe der Orte *Betfage und *Betanien den Ö. (Mt 21,1/Mk 11,1/Lk 19,29), wo sein messianischer Einzug begann (vgl. auch Joh 12,12-19). Die Römerstraße von Jericho her überquerte den östl. auf dem unmittelbar südl. der Auguste-Viktoria-Stiftung gelegenen Sattel (R. Beauvéry, RB 64, 1957, 72–77). Hier, wo die Stadt mit einem Mal sichtbar wird, kann man sich gut Jesu Tränen über die ausgebliebene Umkehr Jerusalems vorstellen (Lk 19,41-44). Mit dem »Abstieg (griech. *katabasis*) des Ölberges« (Lk 19,37) dürfte das hier beginnende, steil abfallende gerade Straßenstück gemeint sein, dessen Verlauf noch heute eine moderne Straße folgt. Erst eine Nach-Kreuzfahrertradition (ELS 437ff) lokalisiert Jesu Weinen oberhalb von *Gethsemane in der Gegend der heutigen, eindrucksvollen Franziskanerkapelle Dominus Flevit (Kopp 330f). Hier stand im 5. Jh. eines der vielen byzantin. Klöster des Ö.s, und auf seinem Gelände hat man eine jebusitische Grabstätte (S.J. Saller, The Excavations at Dominus Flevit I, 1964) sowie einen jüd. Friedhof aus der Zeit zwischen dem 2. Jh. v. und dem 1. Jh.n.Chr. gefunden (B. Bagatti, SBFLA 3, 1952/3, 149-184; ders. J.T. Milik, Gli scavi del Dominus flevit' I, 1958). Einige der Gräber könnten Judenchristen gehört haben (P. Seidensticker, BiKi 13, 1959, 13-19). Eine andere große jüd. Grabanlage aus ntl. Zeit, die heute völlig grundlos den Propheten Haggai, Sacharja und Maleachi zugeschrieben wird, liegt noch etwas höher (L.H. Vincent, RB 10, 1901, 72-88). Manche denken bei diesen »Prophetengräbern« an die von Josephus »Taubenschlag« (griech. *peristereōn*) genannte Stätte (bell.Jud. V, 505). Die letzte Nacht vor seiner Verhaftung verbrachte Jesus im Landgut *Gethsemane (Mt 26,36/Mk 14,32) am Fuß des Ö.s (vgl. Mt 26,30/Mk 14,26/Lk 22,39 und auch Joh 18,1f).

Als Zeichenhandlung ist es anzusehen, wenn Jesus prophetische Worte über das Geschick Jerusalems und der Welt gerade auf dem Ö. sprach (Mt 24,3/Mk 13,3). Eine sehr alte (2. Jh.) Tradition in den gnostischen Johannes-Akten (ActJoh 97; Hennecke-Schneemelcher II, 157) nennt eine Höhle auf dem Ö. als Ort geheimer Jüngerlehre. Über ihr ließ Kaiser Konstantin ab 326 n.Chr. die Eleona als eine der drei ersten Basiliken des heiligen Landes erbauen (Eusebius, VitConst III 41,43, vgl. ELS 384ff). 1910 wurden auf dem Gelände des Karmeliterinnen-Klosters die heilige Höhle und die Reste der Kirche ausgegraben (L.H. Vincent, 64, 1957, 48–71; Vincent, Abel, 337–360). An dieser Stelle hat man auch mindestens seit Beginn des 4. Jh. der Himmelfahrt Jesu gedacht (Eusebius, DemEv VI, 18). Die lukanischen Angaben »auf dem Ölberg« (Apg 1,12) »in Richtung (griech. *pros*) von Betanien« (Lk 24,50) sind mit dieser Lokalisierung vereinbar. Es ist kaum Zufall, daß die Jünger gerade auf dem Ö. nach der Zukunft Israels fragten (Apg 1,6f; vgl. 1,12). Die liturgische Feier zum Gedächtnis der Himmelfahrt fand im 4. Jh. auf einem kleinen benachbarten Hügel statt (Egeria, ELS 388–390), auf dem dann vor 392 n.Chr. Poimenia, eine Angehörige des Kaiserhauses, eine Kirche errichten ließ (Kopp 461f). Von diesem Rundbau, der zum Himmel hin offen war, wurden ebenso wie vom achteckigen Nachfolgebau der Kreuzfahrer die Grundmauern gefunden (V. Corbo, SBFLA 10, 1959/60, 205–248; Ricerche 97–172). Schon seit dem 5. Jh. zeigte man etwas allzu exakt die Fußspuren Jesu (Kopp 462f). Heute dient der Kreuzfahrerbau als Moschee, die aber besichtigt werden kann. In unmittelbarer Nähe der Ruine der Eleona-Basilika steht die 1910 errichtete Paternoster-Kirche. Seit dem 12. Jh. galt Eleona aufgrund einer Harmonisierung von Lk 10,38-11,4 mit Mk 11,12-25 auch als der Ort, wo Jesus das Vaterunser lehrte (ELS 404ff). Einer Praxis der Kreuzfahrer folgend, hat man in der Kirche auf Kachelplatten das Herrengebet in rund hundert Sprachen angebracht. Im 14. Jh. wird schließlich auch noch die legendäre Abfassung des Glaubensbekenntnisses durch die zwölf Apostel hierhin verlegt (ELS 411). Zum ersten Mal im 6. Jh. (ELS 396) läßt sich die Ansicht nachweisen, *Galiläa in Mt 26,32; 28,10 par. meine eine Örtlichkeit auf dem Ö., was sich aber erst in der Kreuzfahrerzeit durchsetzte (ELS 410ff). Ohne überzeugende Gründe wurde diese Annahme an der Wende

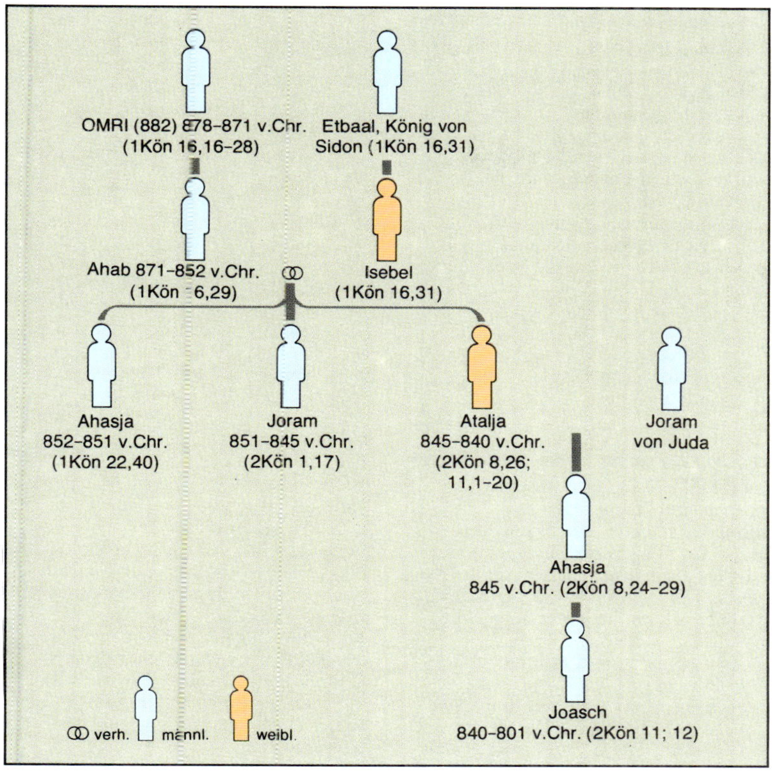

Die Dynastie Omris, des Königs von Israel (ca. 878–871 v.Chr.).

des Jahrhunderts verteidigt (R. Hofmann, Galiläa auf dem Ölberg, 1896; A. Resch, Das Galiläa bei Jerusalem, 1910). Ob die Bezeichnung des Ö.s als »Berg der Galiläer« in einem syr. Gedicht des Jakob von Sarug um 500 n.Chr. (A. Baumstark, OrChr 5, 1905, 95) auf einen Rastplatz galiläischer Pilger weist (so Quaresimus im 17. Jh.), ist mehr als zweifelhaft. Vor allem geben die Evangelisten nirgends zu erkennen, daß sie mit Galiläa etwas anderes als die Landschaft meinen. Das griech.-orthodoxe Kloster Viri Galilaei nördl der Himmelfahrtsmoschee (vgl. Apg 1,11) erinnert heute an diese falsche Ortstradition. Auf dem Gelände sind jüd. und frühchristl. Gräber sowie die Reste einer byzantin. Kapelle zu sehen. Können wir auch manche evangelische Stätte nicht ganz genau lokalisieren, so bedeutet doch der ganze Ö. mit seinen weißgekalkten Gräbern und dem hochragenden Turm der russisch-orthodoxen Himmelfahrtskirche eine stumme Erinnerung an die ntl. Verheißung: »Dieser Jesus, der von euch weg hinaufgenommen worden ist, wird ebenso kommen, wie ihr ihn habt zum Himmel auffahren sehen« (Apg 1,11).

Literatur: F.M. Abel: Géographie de la Palestine I, [3]1967, 372-375; B. Bagatti: DBS VI, 1960, 688-699; W. Baier: BL, [3]1982, 1259-1261; V. Corbo: Ricerche archeologiche al Monte degli Ulivi, 1965; J.B. Curtiss: HUCA 28 (1957) 137-180; G. Dalman: Jerusalem und sein Gelände, 1930, 21-55. 258-263; ders.: Orte und Wege Jesu, [4]1967, 211-230; G. Klameth: Die Ölbergüberlieferungen, 1923; C. Kopp: Die heiligen Stätten der Evangelien, [2]1964, 452-465; G. Kroll: Auf den Spuren Jesu, [10]1987, 300-311. 419-429; J. Murphy-O'Connor: Das Heilige Land, 1981, 115-131; G. Sauer: BHH II, 1964, 1339f; W. Schmauch: ThLZ 77 (1952), 391-396; A. Storme: Le Mont des Oliviers, 1971; L.H. Vincent, F.M. Abel: Jérusalem Nouvelle I, 1914, 301-419. R.R.

OMRI. (Hebr. *ʿomri*).

1. Sechster König (882-871 v.Chr.) des Nordreiches Israel und Gründer einer neuen Dynastie nach dem Tode *Elas. Nach dem Tode Baschas rief das Heer, das gerade *Gibbeton belagerte, O. zum König aus, nachdem es von der Verschwörung *Simris Kunde bekommen hatte (1Kön 16,15-17). Daraufhin marschierte O. zur Hauptstadt *Tirza und belagerte diese, bis Simri Selbstmord verübte (V. 18). Tibni, der auch Anspruch auf den Thron erhob, widerstand O. vier Jahre lang, wurde schließlich aber geschlagen. Danach regierte O. noch sieben Jahre (1Kön 16,23.29).

2. Sohn Bechers aus dem Stamm Benjamin (1Chr 7,8)

3. Judäer, Vorfahr Utais (1Chr 9,4).

4. Königlicher Beamter des Stammes Issaschar während der Herrschaft Davids (1Chr 27,18).

Aram, das unter Ben-Hadad I. so stark war, daß es einen Teil Israels während Baschas Regierung annektieren konnte, war noch z.Zt. O.s eine Bedrohung für Israel (vgl. 1Kön 20, 34). O. verband sich mit Etbaal, dem König von Sidon, indem er dessen Tochter *Isebel für seinen Sohn *Ahab als Frau gewann (16,31) und dadurch einen Teil der Gefahr abwandte. Er war ebenfalls stark genug, Moab zum Vasallen zu machen, wie es Mescha auf der *Moabiter-Stele (11,4.5; ANET, S. 320; DOTT, S. 196; vgl. 2Kön 3,4) vermerkte.

O. ist auch wegen seiner baulichen Aktivitäten bekannt. Deren wichtigste war die neue israelit. Hauptstadt bei *Samaria auf einem Grundstück, das er Schemer abgekauft hatte (1Kön 16,24). Die Stadt verfügte über eine hervorragende strategische Stellung und blieb Hauptstadt bis zum Fall Israels im Jahre 722 v.Chr. Ausgrabungen bei *Megiddo und *Hazor haben ebenfalls Gebäude zutage gefördert, die O. zugeschrieben werden.

Zu O.s Regierung sind nur wenige Einzelheiten bekannt, aber assyr. Quellen belegen, daß bis zur Herrschaft *Sargons II. (722-705 v.Chr.) Israel unter dem Namen *māt/bīt Humri*, »Land/Haus Omris«, bekannt war (ANET S. 281-285). Da er heidnische Kulte duldete, ging O. als schlechter König in die Chronik der Könige Israels ein (1Kön 16,25f). D.W.B.

ON.

1. Eine ehrwürdige Stadt, ägypt. *ʾIwnw* (Stadt des Pfeilers), griech. *Heliopolis*, von der heute lediglich noch zerstörte oder verschüttete Überreste bei Tell Chisn und Matarijeh, 16 km nordöstl. Kairos, zeugen. On war die Hochburg der ägypt. Sonnenverehrung, wo die Sonnengottheiten Rēʿ und Atun besonders verehrt wurden, sowie Entstehungsort eines der theologischen Systeme Ägyptens. Die Pharaonen schmückten den Tempel Rēʿs mit vielen Obelisken – hohen, monolithischen Pfeilern mit rechteckigem oder quadratischem Grundriß und einer pyramidenartigen Spitze. Solch ein »Pyramidion« stellte das *benben* oder den heiligen Stein Rēʿs dar, der zuerst die Strahlen der Morgensonne empfing. Jeder Pharao seit der 5. Dynastie (25. Jh.v.Chr.) wurde als »Sohn Rēʿs« bezeichnet. Die Priesterschaft von On/Heliopolis war ebenso einflußreich wie die des Gottes Ptah von Memphis; an Bedeutung übertraf sie nur noch diejenige des Gottes Amun von Theben zwischen 1600-1100 v.Chr. Die herausragende Bedeutung Ons spiegelt sich in 1Mo 41,45.50; 46,20, als Josef als Minister des Pharaos mit Asenat, der Tochter Potiferas, des Priesters zu On verheiratet wird. Der Titel könnte besagen, daß Potifera dort Hoherpriester war. Sein Name ist deshalb zutreffend mit dem des Sonnengottes Rēʿ verbunden (vgl. A. Rowe, PEQ 94, 1962, S. 133-142). On erscheint danach in der Geschichte Israels unter dem Namen *Bet-Schemesch, »Sonnenhaus«, als Jeremia (43,13) androht, daß Nebukadnezar »die Pfeiler Bet-Schemeschs« zerstören wird, d.h. die Obelisken von On/Heliopolis. Ob auch Jesajas »Sonnenstadt« (19,18; vgl. RevEB) On meint, ist ungewiß. Die Textvariante Awen (hebr. *ʾawen*) aus Hes 30,17 (vgl. RevEB Fußnote) könnte als Wortspiel *ʾawen*, »Schrecken, Boshaftigkeit«, in der Gerichtsandrohung Hesekiels über die ägypt. Städte auf On deuten.

2. On, ein Sohn Pelets, aus dem Stamm Ruben, erhob sich mit *Korach gegen Mose während der Wüstenwanderung (4Mo 16,1). K.A.K.

Obelisk bei On (Heliopolis, vgl. Jer 43,13). Ursprünglich im Tempel des Sonnengottes Rē errichtet (KAK)

ONAN. (Hebr. *'ōnān*, »kraftvoll«). Der zweite Sohn *Judas (1Mo 38,4; 46,12; 4Mo 26,19; 1Chr 2,3). Nach dem Tod seines älteren Bruders Er sollte O. – so wollte es *Juda – mit *Tamar, Ers Witwe, eine Leviratsehe eingehen. O. wollte diesem Brauch nicht nachkommen und verhinderte das Ziel dieser Verbindung, die Zeugung von Nachkommen für seinen Bruder Er, indem er seinen Samen »auf die Erde fallen ließ« (V. 9). Das mißfiel Gott, so daß er O. mit dem Tode schlug (1Mo 38, 10). Anscheinend maß Juda danach einen Teil der Schuld am Tode seiner Söhne Tamar selbst zu (V. 11; vgl. *Ehe, Ehescheidung, Ehelosigkeit).

J.D.D.

ONESIMUS. O., um dessentwillen der Apostel *Paulus den bibl. *Philemonbrief schrieb, war Sklave im Haus des *Philemon, eines leitenden Gliedes der Christengemeinde in *Kolossae. Der Name O., der bei Sklaven häufig vorkam, bedeutet »der Nützliche«.

Wie sich aus dem Phlm erschließen läßt, war O. aus dem Hause seines Eigentümers geflohen und hatte dabei wahrscheinlich auch Geldmittel entwendet (V. 18f). Auf seiner Flucht war er dann - sei es zufällig, sei es gesucht – zum Kreis um den inhaftierten Paulus gestoßen; wahrscheinlich in Rom, wohin es viele entlaufene Sklaven trieb. Paulus konnte ihn zum Glauben an Christus führen (»mein Sohn Onesimus, den ich gezeugt habe in der Gefangenschaft«; V. 10) und setzte ihn für verschiedene Dienstleistungen ein (V. 13). Daß O. sich dabei – im Gegensatz zu seinem früheren treulosen Verhalten – ausgesprochen bewährte, erhellt aus dem Wortspiel, das Paulus in V. 11 mit der Wortbedeutung von O., »der Nützliche«, macht (»der dir früher unnütz war, jetzt aber dir und mir sehr nützlich ist«). Er gibt dem Philemon zu verstehen, daß er O. gern bei sich behalten hätte, da er ihm ans Herz gewachsen ist (V. 12). Da Paulus aber die Eigentumsrechte des Philemon an O. achtet, sendet er O. an ihn zurück, allerdings nicht ohne mit warmen Worten für eine gnädige Aufnahme des entlaufenen Sklaven zu bitten. Entlaufene Sklaven wurden in der Antike von professionellen Fangkommandos verfolgt, die sie aufspüren und den Eigentümern zurückbringen sollten (*fugitivarii*). Diese konnten sie dann nach Gutdünken bestrafen, weiterverkaufen oder gar töten. Darum bittet Paulus ausdrücklich, daß O. aufgenommen werde wie der Apostel selbst. Paulus sprengt also nicht die irdischen Ordnungen (auch nicht die der Sklaverei), sondern leitet die Christen an, sie im Gehorsam gegen Gott und in der Liebe zum Bruder zu gestalten.

Die Gelegenheit, O. nach Hause zurückzuschicken, ergab sich dadurch, daß der Apostel durch seinen Mitarbeiter Tychikus einen Brief an die Gemeinde in Kolossae senden wollte (*Kolosserbrief). So konnte der entlaufene Sklave unter dem Schutz des Tychikus sicher zurückkehren. Auch der Gemeinde in Kolossae wird O. als »treuer und lieber Bruder« empfohlen (Kol 4,9).

J. Knox hat die Behauptung aufgestellt, daß O. später Bischof in Ephesus geworden sei und als solcher eine Sammlung der Paulusbriefe veranstaltet habe; daher sei es gekommen, daß der kleine Philemonbrief nicht wie andere Briefe verlorenging, sondern in unser NT aufgenommen wurde. Tatsächlich erwähnt Ignatius von Antiochien um 110 n.Chr. in seinem Brief an die Epheser (*Apostolische Väter) O. als den Namen ihres Bischofs, des »in der Liebe Unbeschreiblichen« (Ign. Eph. 1,3; 2,1; 6,2). Wenn der Phlm und der Kol etwa im J. 62 n.Chr. entstanden sind und O. damals rund 20 Jahre alt war, dann hatte er z.Zt. des Ignatius fast das achte Lebensjahrzehnt erreicht. Chronologisch ist die These von Knox also gerade noch möglich; da aber jeder positive Beweis dafür fehlt, bleibt sie im Rahmen einer bloßen Vermutung. Daß der Phlm trotz seines eher privaten Charakters und seiner Kürze in das NT kam, erklärt sich zur Genüge aus seiner engen Verbindung mit dem Kolosserbrief.

Literatur: P. Ewald: Die Briefe des Paulus an die Epheser, Kolosser und Philemon, KNT Bd. X, ²1910; H. Bürki: Der zweite Brief des Paulus an Timotheus, die Briefe an Titus und an Philemon, WStB, 1975; J. Knox: Philemon among the Letters of Paul, ²1959; E. Lohse: Die Briefe an die Kolosser und an Philemon, KEK IX/2, ²1977; J. Gnilka: Der Philemonbrief, HThK X/4, 1982.

U.S.

ONESIPHORUS. In seinem zweiten Brief, den Paulus an *Timotheus in Ephesus schrieb, läßt er dem Haus eines O. Grüße bestellen (4,19). In der Fürbitte gedenkt Paulus des O. und seines Hauses (1,16-18). Dieser treue Christ hatte dem Apostel oft Erleichterung in seiner Gefangenschaft in Rom geschafft und viele Mühen auf sich genommen, um ihn in Rom ausfindig zu machen. Sein Verhalten stand in bemerkenswertem Gegensatz zu dem anderer Christen Kleinasiens, die Paulus in der größten Not allein ließen. Wie schon *Onesimus, erfüllte auch O. den Anspruch seines Namens, der »Nutzbringer« bedeutet. Der Apostel erinnert Timotheus daran, daß er besser als Paulus wisse, wieviele Dienste O. den Christen in Ephesus erwiesen hat (1,16-18).

Literatur: E.E. Ellis: Paul and his Co-Workers, NTS 17, 1970-71, S. 437-452; F.J. Badcock: The Pauline Epistles, 1937, S. 150-158; H. Bürki: Der zweite Brief des Paulus an Timotheus, die Briefe an Titus und Philemon, 1975.

R.V.G.T./R.P.M.

OPFER

I. Im Alten Testament.

I. OPFERBEGRIFFE.

Das AT gebraucht kein allgemeines, zusammenfassendes Wort für »Opfer«. Eine Ausnahme bildet der ziemlich selten verwendete Begriff *qorbān*, »das, was dargebracht wird« (*qrb*, »darbringen«; praktisch ist dieses Wort auf die gesetzlichen Bestimmungen der Priestertora beschränkt. (Im NT erscheint *qorbān* als Fremdwort nur Mk 7,11). Auch *ʾischscheh* könnte in den Opferbestimmungen eine allg. Bedeutung haben; es wird jedoch erwogen, ob es nicht auf die Bedeutung »Feueropfer« (*ʾēsch*) beschränkt werden sollte (vgl. aber 3Mo 24,9). Die restlichen, häufig verwendeten Begriffe meinen spezielle Arten von Opfern. Sie sind etwa von der Art der Darbringung näher bestimmt, so etwa *zebach* (Schlachtopfer) »das, was geschlachtet ist« (*zābach*) und *ʿōlā* (Brandopfer), »das, was aufsteigt« (*ʿālā*), oder von ihrem Zweck, wie *ʾascham* (Schuldopfer), »für eine Schuld« (*ʾascham*), und *chattaʾt* (Sündopfer), »für eine Sünde« (*chattaʾt*). Teilweise werden sie auch nach der Verwendung des Opfertiers unterschieden. Dieses kann entweder vollständig verbrannt (*ʿōlā*, 3Mo 1), von Priestern und Opfernden gemeinsam verzehrt (*zebach*, 3Mo 3) oder von den Priestern allein gegessen werden (*chattʾāt* und *ʾascham*, 3Mo 4-5). Zum Unterschied von *ʿōlā* und *zebach* s. 5Mo 12,27 (vgl. Jer 7,21, wo der Prophet ironisch eine Nichtbeachtung solchen Unterschieds unterstellt).

Auch die unblutigen Opfergaben, die »Weihegaben«, fallen unter den Sammelbegriff *qorbān*: die Speisopfer (*minchā*, 3Mo 2), die Erstlingsfrüchte (*reʾschit, bikkūrīm*), die Garbe am 16. Nisan, der Teig am Wochenfest und der Zehnte.

II. THEORIEN ÜBER DIE ENTSTEHUNG DES OPFERKULTS.

Opfer waren unter den Völkern der Antike nicht auf Israel beschränkt (vgl. Ri 16,23; 1Sam 6,4; 2Kön 3,27; 5,17); viele parallele Kultbräuche bei den Nachbarvölkern wurden zur Erklärung der israel. Opfer herangezogen. W.R. Smith (»Sacrifice«, EBr, 21, 1886, 132-138; The Religion of the Semites, 1889), konstruierte aus den prä-islamischen nomadischen Arabern einen hypothetischen »Semiten«, für den das Opfermahl die früheste Form des Kults darstellte; dabei bildete die Gemeinschaft der Opfernden mit der Gottheit das leitende Motiv. In der »Pan-babylonischen Bewegung« (H. Winckler, A. Jeremias, von etwa 1900 an) dachte man eher an die höhere Kultur Mesopotamiens und an das dort praktizierte hochentwickelte Ritual der Sühnopfer.

R. Dussaud bevorzugte einen kanaan. Hintergrund und fand zunächst Parallelen in den Listen für Opfersteuern in Karthago (Le sacrifice en Israël et chez les Phéniciens, 1914; Les origines cananéennes du sacrifice israélite, 1921) und später in den Ras Schamra/*Ugarit Texten (Les découvertes de Ras Schamra et l'Ancien Testament, 1937). Dabei deuteten die Textfunde von Ugarit (um 1400 v.Chr.) auf ein hochentwickeltes Kultritual mit verschiedenen Opfern, die ähnliche Namen wie die im AT begegnenden Opferbegriffe tragen. *schrp* war ein Brandopfer, das *dbch* ein Schlachtopfer für ein Mahl, *schlm* möglicherweise ein der Beschwichtigung dienendes Opfer und *ʾatm* die Entsprechung zum hebr. *ʾascham* (diese Gleichsetzungen stammen nicht von Dussaud). Die Schule »Myth and Ritual« (S.H. Hooke, The Origins of Early Semitic Ritual, 1938; I. Engnell, Studies in Divine Kingship in the Ancient Near East, 1943), hob diesen ortsgebundenen Charakter der israelit. Opfer hervor und betonte die stellvertretende Rolle des leidenden Königs im Kult.

Für A. Alt war dies nicht überzeugend. Er hatte schon vorher behauptet (Der Gott der Väter, 1929 jetzt in: Kleine Schriften, Band 1, 1953, S. 1-78), daß die wahren Vorstufen des irsaelit. Glaubens eher bei den nomadischen Erzvätern zu suchen seien, die eine auf den Gott des Clan-Oberhauptes ausgerichtete Religionsform praktiziert hätten (der »Gott Abrahams«, der »Gott Isaaks«, der »Gott Jakobs«). V. Maag (»Der Hirte Israels«, Schweizerische Theologische Umschau 28, 1958, 2-28) führte diese These noch weiter und verwies auf die beherrschende Bedeutung des Bildes vom Hirten in den Beschreibungen dieses Gottes. Vom Hintergrund der nomadischen Hirtenkulturen der asiat. Steppen ausgehend, vertrat er die Ansicht, das Opfer dieser Nomaden sei ein Gemeinschaftsmahl gewesen, bei dem der Gott die Verantwortung für das vergossene Blut übernahm, das sonst nach Vergeltung geschrien hätte (vgl. A.E. Jensen, »Über das Töten als kulturgeschichtliche Erscheinung«, Paideuma 4,1950, 23-28; H. Baumann, »Nyama, die Rachemacht« ibid., 191-230). Israelit. Religion, wie sie im AT sichtbar werde, sei ein Synkretismus, in dem das nomadische *zebach*-Opfer neben den Gabeopfern des *ʿōlā*-Typus existiere, die von den im Lande seßhaften Kanaanäern übernommen wurden (V. Maag, VT 6, 1956, S. 10-18).

Eine derartige Sicht der Dinge gibt sowohl den Einflüssen der im Land ansässigen (kanaan.) Bevölkerung als auch dem nomadischen Aspekt (der Patriarchenüberlieferung) Raum. Aber sie wird doch subjektiv-einseitig, sobald man sie auf bestimmte Einzelerzählungen des AT anwendet. Das AT beschreibt das frühe Israel weniger als nomadisch, sondern eher als ein Volk im Stadium der Seßhaftwerdung. Die Erzväter besitzen bereits größere Weidetiere und betreiben etwas Ackerbau, und es wäre gut möglich, daß eine bessere Parallele für den hebr. Opferkult bei einem Stamm wie den afrikanischen Nuer gefunden werden kann. Wie E. E. Pritchard beschreibt (Nuer Religion, 1956), war in deren Opferkult die Darbringung eines Ochsen zur Sühne von Sünde vorgesehen. Die Schule Wellhausens zeichnete eine Entwicklung von einem fröhlichen Opfermahl in der frühen Zeit bis zu den Sünd- und Schuldopfern, die es erst in der nachexilischen Ära gab; (J. Wellhausen, Prolegomena zur Geschichte Israels, 1878, [6]1905; W.R. Smith, op. cit.); sie sah in der Verbindung von Opfer und Sühne die späteste Entwicklungsstufe. Diese Theorie ist jedoch nicht länger haltbar (vgl. die Studie des Verfassers: Penitence and Sacrifice in Early Israel, 1963), wie die folgende historische Skizze zeigen wird.

Prozession von Opfertieren. Basaltrelief aus Karkemisch. Höhe 1 m. 9.–8. Jh. v.Chr. (BM)

III. DIE GESCHICHTLICHE ENTWICKLUNG.

1. Die Zeit der Patriarchen.

Es ist bezeichnend, daß die ersten in der *Genesis/1. Buch Mose erwähnten Opfer keine *zebachim* Opfermahle sind, sondern die Opfergaben von Kain und Abel (*minchā*, 1Mo 4,3-4) und das Brandopfer Nohas (ʿ*ōlā*, 1Mo 8,20; hier ist auch zum erstenmal von einem *Altar die Rede). Altäre werden für die Patriarchenzeit oft beschrieben (z.B. 1Mo 12,6-8); unglücklicherweise fehlen jedoch nähere Angaben über die Art des dargebrachten Opfers. Maag denkt dabei an das *zebach* Gemeinschaftsmahl, T.C. Vriezen (An Outline of Old Testament Theology, 1958, 26) hält jedoch das ʿ*ōlā* Brandopfer für charakteristischer. Eine Stütze für diese Ansicht bietet 1Mo 22: Isaak weiß, daß Abraham, wie gewohnt, ein ʿ*ōlā* darbringen will, und daß ein Lamm da-

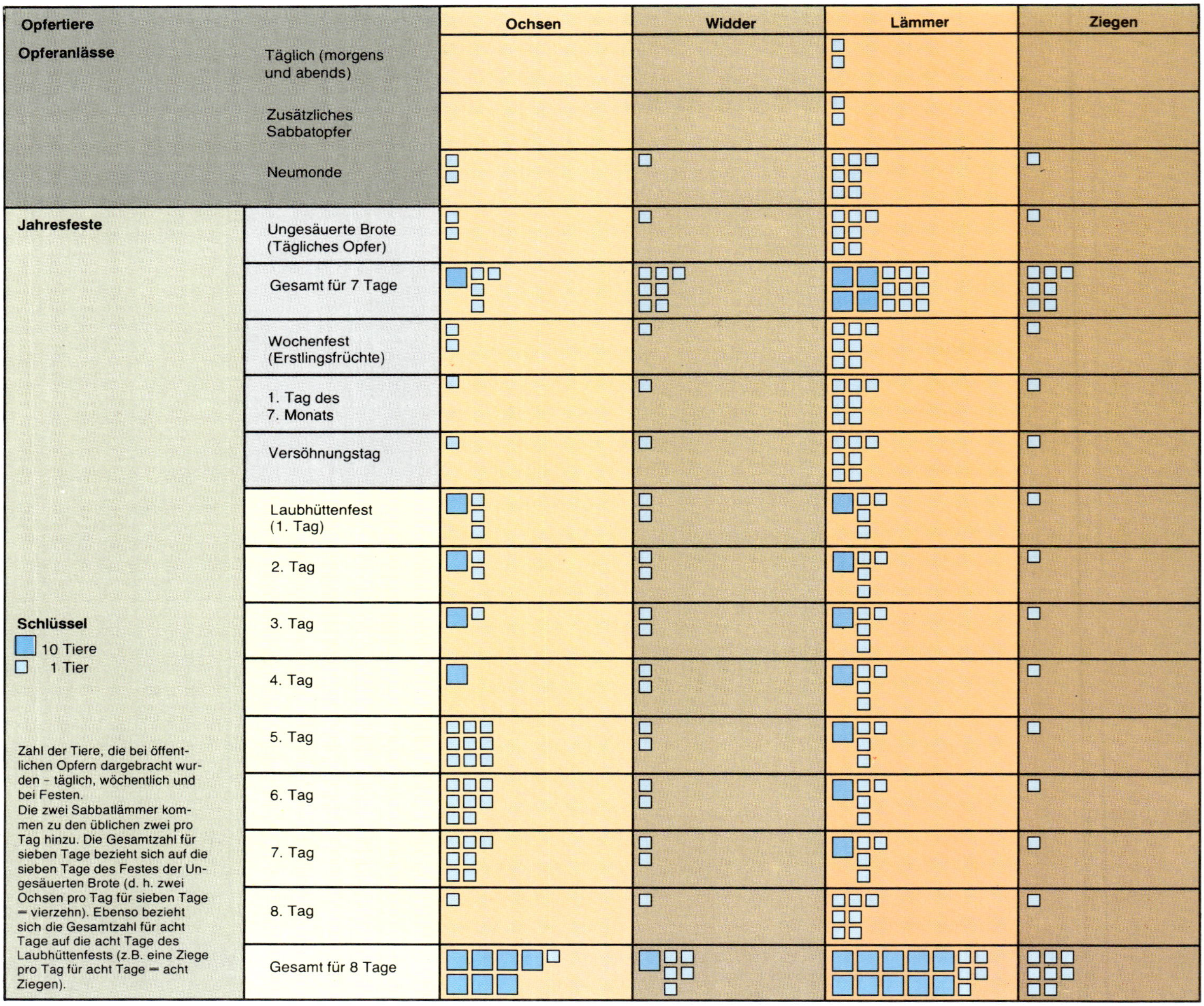

Opfer	Morgen		Abend	
Bibelstellen	ʿōlā (Brand-opfer)	minchā (Speise-opfer)	ʿōlā	minchā
2Mo 29,38–42	□	□	□	□
4Mo 28,3–9	□	□	□	□
1Kön 18,29				□
2Kön 3,20		□		
2Kön 16,15	□			□
Hes 46,13–15	□	□		

Die wichtigsten Hinweise auf die zweimal täglich stattfindenden Opferungen, ʿōlā *und* minchā.

für als Opfertier in Frage kommt (V. 7). Opfermahle dagegen besiegeln Bündnisse (1Mo 31,54; dort haben wir den ersten Gebrauch von *zebach*); aber nicht jeder Bund ist von dieser Art. So läßt sich 1Mo 15,9-11 am besten als Reinigungsritual verstehen, wie es ähnlich in einem von O. Masson übersetzten hetit. Text erscheint (RHR 137, 1950, 5-25; vgl. O.R. Gurney, The Hittites, 1952, 151).

Was die Motive des Opferns in dieser Zeit anlangt, so ragen die Ehrung Gottes und die Danksagung für seine Güte hervor; noch tiefere Absichten lassen sich jedoch nicht ausschließen. Noahs Opfer darf nicht einfach als ein Dankopfer für die Rettung angesehen werden, sondern sollte der Sündentilgung und Sühne dienen. Als Jakob nach Ägypten zog (1Mo 46,1), machte er halt, um nach dem Willen Gottes zu fragen, und brachte Opfer dar (*zebach*), die wahrscheinlich die Tilgung von Sünden herbeiführen sollten (vgl. L. Rost, VT Suppl 7, 1960, p. 354; ZDPV 66, 1943, 205-216). In Ägypten wurde Israel zu einem feierlichen Opfer in die Wüste gerufen (2Mo 5,3, *zebach*) das Opfertiere erforderte (2Mo 10,25-26) und sich von jedem Opfer, wie es die Ägypter darbrachten, unterschied (2Mo 8,26).

2. Die Zeit des Stämmebundes.

Die Organisation Israels als eines Stämmebundes, die nach M. Noth erst auf dem Boden Palästinas und in der Zeit der Richter zustandekam (vgl. Geschichte Israels, [7]1963), wird durch eine feste bibl. Überlieferung in die Zeit Moses zurückgeführt. Herausragend unter den gemeinsamen Angelegenheiten der Stämme waren die drei Feste, an denen Opfer dargebracht werden mußten: »Keiner soll mit leeren Händen vor mir erscheinen!« (2Mo 23,15). Die uns am besten bekannten Opfer waren das Passa und das Bundesopfer. Beim Passa sind die Motive: Opfer als Abwehrmittel gegen dämonische Schäden (apotropäisch) und Opfer als Gemeinschaftsmahl miteinander verbunden. In der Gewißheit, daß das Blut des Passalammes vergossen worden war, um Unheil abzuwehren, konnten sich die Glieder einer jeden Familie zusammen zu fröhlichem Mahl niedersetzen (2Mo 12; Jos 5,5-12). Ähnliche Motive hatten wahrscheinlich in das Bundesopfer und seine Wiederholungsfeiern Eingang gefunden (2Mo 24,1-8; 5Mo 27,1ff; Jos 8,30ff; 24; vgl. Ps 50,5). Beim Bundesopfer reinigte die Blutsprengung den Bund, und das Essen des Mahles kennzeichnete den Bundesschluß.

Darüber hinaus gab es viele weitere Opfer, sowohl auf nationaler wie auf lokaler Ebene. Typische Opfer des ganzen Volkes waren solche, die in Krisen- und Kriegszeiten dargebracht wurden (Ri 20,26; 21,4; 1Sam 7,9); Buße und Reue standen dabei wohl im Vordergrund (vgl. Ri 2,1-5). Weihen und Neuanfänge wurden durch Opfer ausgezeichnet (Ri 6,28; 2Mo 32,6; 1Sam 6,14; 11,15; 2Sam 6,17); das galt auch für persönliche Anlässe zum Feiern (1Sam 1,3), zur Fürbitte (3Mo 23,1ff) und evtl. zur Gastfreundschaft (2Mo 18,12).

3. Die Königszeit.

Der Bau des Tempels durch Salomo bot die Gelegenheit zu Opfern speziell bei der Einweihung (1Kön 8,62ff) und danach zu regelmäßigen Opfern (1Kön 9,25). Da unsere Quellen jedoch Bücher über »Könige« sind, sprechen sie weit mehr von der Beteiligung des Königs (vgl. 2Kön 16,10ff) als von der des Volkes. Daß ein täglicher Opferdienst im Entstehen war, wird jedoch durch eine Stelle wie 2Kön 12,16 bezeugt, ferner durch die häufige Erwähnung von Opfern in den Prophetenbüchern und in den Psalmen. Die vielen positiven Aussagen in den Psalmen zeigen, daß die gelegentliche Opferkritik der Propheten nicht als grundsätzliche Verwerfung zu bewerten ist, so als hätten Prophet und Priester einander bekämpft. Die Propheten wandten sich weniger gegen den Opferkult als solchen; vielmehr verurteilten sie die den Fruchtbarkeitskulten entlehnten Vorstellungen automatischer (»ex opere operato«) Wirksamkeit (Am 4,4f; Jes 1,11–16) und solche Neuerungen wie Götzendienst und Kinderopfer, die durch zum Abfall neigende Herrscher eingeführt wurden (Jer 19,4; Hes 16,21).

Ein *Jesaja konnte seine Berufung im Tempel empfangen (Jes 6), und ein *Jeremia oder *Hesekiel fanden in

Gegenüberliegende Seite oben: Ausrüstung für das Opfer, vielleicht für das Morgenritual, vor einem stufenförmigen Tempelturm (Zikkurat), mit Altären und Libationsgefäßen. Bronze, aus Susa, Iran. Länge 60 cm, Breite 40 cm. 12. Jh. v.Chr. (MC)

Im Anschluß an eine erfolgreiche Löwenjagd werden von Assurbanipal, dem König von Assyrien, Opfer dargebracht. Er gießt eine Libation (Trankspende) über tote Löwen, vor einem mit Opfergaben bedeckten Altar und einem Weihrauchständer. Relief aus dem Nordpalast von Ninive, ca. 640 v.Chr. (BM)

ihrem Bild von der Zukunft Gottes auch einen Platz für einen gereinigten Kult (Jer 17,26; Hes 40-48). Die positive Haltung zum Kult überwiegt auch im Psalter, wo immer wieder von Opfern des Dankes bei der Einlösung von Gelübden gesprochen wird (z.B. Ps 66,13-15). Es gibt auch Äußerungen der Buße und der Freude über die Vergebung (Ps 32; 51), und obwohl in diesem Zusammenhang ein Opfer nicht oft erwähnt wird, kann es wohl aufgrund der Tatsache vorausgesetzt werden, daß Vergebung im Tempel erfahren wird (Ps 65,1-5). Alle derartigen Aussagen müssen nicht notwendigerweise als nachexilisch eingestuft werden; auch gilt es, die Klage der Propheten darüber zu bedenken, daß in der späteren Königszeit die Opfer nicht oft genug von der Buße begleitet waren.

4. Die nachexilische Zeit.

Die Katastrophe des Exils wird gewöhnlich so beurteilt, als habe sie zu einem tieferen Bewußtsein von Sünde geführt, was zweifelsfrei richtig ist (vgl. 2Kön 17,7ff; Neh 9). Wellhausen irrt jedoch mit seiner Meinung, daß erst im Exil die Tilgung von Sünden, wie wir das in Stellen wie 3Mo 1-7 und 3Mo 16 finden, in die Religion Israels Eingang gefunden habe. Hinweise auf Opfer, die sich außerhalb der priesterlichen Gesetze vor und nach dem Exil finden, sind zwar in der Regel zu knapp für eine endgültige Entscheidung in dieser Frage; aber sie sprechen auch kaum zugunsten von Wellhausens Annahme einer späten Entwicklung. Die Freude und ebenso die Reue bestimmen weiterhin den Charakter des Opfers (Esr 6,16-18; Neh 8,9ff). Tempel und Opferdienst haben einen hohen Stellenwert (Hag 1-2; Joel 2,14 und besonders die Chronikbücher), aber nur dann, wenn sie Ausdruck eines aufrichtigen Gottesdienstes sind (Mal 1,6ff; 3,3ff). In den apokalyptischen Schriften und in der Weisheitsliteratur erscheint der Opferkult als selbstverständliche Einrichtung (Dan 9,21.27; Pred 5,3; 9,2), dazu wird aber auch die moralische Seite des Kultus- wie bei den Propheten – weiterhin eingeschärft (Pred 4,17; Spr 15,8).

IV. DIE GESETZLICHEN ANORDNUNGEN FÜR DEN OPFERKULT.

Opfergesetze sind verstreut in allen Gesetzesbüchern (wie Bundesbuch, Heiligkeitsgesetz usw.) anzutreffen (2Mo 20,24ff; 34,25ff; 3Mo 17; 19,5ff; 4Mo 15; 5Mo 12 usw.); aber die Opfertorah par excellence befindet sich im Abschnitt 3Mo 1-7. Kap. 1-5 behandeln nacheinander das Brandopfer (*ʿōlā*), Speisopfer (*minchā*), Heilsopfer (*zebach*), Sündopfer (*chattaʾt*) und Schuldopfer (*ʾascham*), während Kap. 6-7 zu allen fünf Opferarten Ergänzungsregeln geben: 6,8-13 (Brandopfer); 6,14-18 (Speisopfer); 6,24-30 (Sündopfer); 7,1-10 (Schuldopfer); 7,11ff (Heilsopfer). Aus diesen Kapiteln und anderen Aussagen wurden die Daten für die folgende systematisierende Darstellung der Opfer zusammengetragen.

1. Die Art der Opfer und Abgaben.

Nur rituell reine Tiere, darunter auch Vögel, durften zum Opfer geschlachtet werden (1Mo 8,20), so etwa Stiere, Ziegen, Schafe, Turteltauben oder Tauben (vgl. 1Mo 15,9), nicht aber Kamele und Esel (2Mo 13,13; vgl. *Rein/Unrein). Diese Vorschriften sollte man nicht auf die Vorstellung zurückführen, das Opfer sei »Nahrung für die Götter« (nämlich, daß Götter äßen, was Menschen essen) – das könnte aus 3Mo 3,11; 21,6; Hes 44,7 geschlossen werden – denn Fisch (3Mo 11,9) und Wild (5Mo 12,22) durfte zwar gegessen, nicht aber geopfert werden. Stattdessen scheint der Grundsatz des Eigentums und seiner Hergabe zu gelten (vgl. 2Sam 24,24). Wild wurde gewissermaßen ohnehin schon als Gottes Besitz angesehen (Ps 50,10ff; vgl. Jes 40,16), während Haustiere durch die Arbeit und Mühe des Menschen zu dessen Eigentum geworden waren (1Mo 22,13 ist nur scheinbar eine Ausnahme) und in einer Art von »Lebensgemeinschaft« mit ihm verbunden waren. Noch deutlicher war dies bei den unblutigen Opfergaben der Fall: sie waren vom Menschen »im Schweiße seines Angesichts« produziert worden (Korn, Mehl, Öl, Wein etc.), und gehörten auch zu den Grundnahrungsmitteln. Unrechtmäßig erworbenes Eigentum wurde nicht als Opfer angenommen (5Mo 23,18).

Der Grundsatz: »Das Beste für Gott!« wurde durchweg beachtet, so hinsichtlich des Geschlechts: man zog männliche Tiere den weiblichen vor (3Mo 1,3; vgl. jedoch 3Mo 3,1; 1Mo 15,9; 1Sam 6,14; 16,2), und im Blick auf das Alter: Ausgewachsene Tiere hatten einen besonderen Wert (1Sam 1,24). Wichtig war physische Vollkommenheit; das Prädikat: »ohne Fehler« wird beständig hervorgehoben (3Mo 1,3; 3,1; 5Mo 15,21; 17,1; 22,17-25; vgl. Mal 1,6ff; zu beachten ist jedoch die Ausnahme bei freiwilligen Opfern 3Mo 22,23) und in einigen Fällen auch die Farbe: Rot wurde gewählt (4Mo 19,2), vielleicht, weil es Blut darstellte (vgl. die prähistorische Höhlenmalerei von Tieren). Den Unterschied zwischen Israel und seinen Nachbarn verdeutlicht die Ablehnung einer Ausweitung dieses Grundsatzes: »Das Beste für Gott!« auf seine scheinbar logisch denkbare Klimax, nämlich die Darbringung der menschlichen Erstgeburt. Das Kinderopfer, das es in der späteren Königszeit gab (2Kön 21,6), und die für frühere Zeiten gelegentlich berichteten Menschenopfer (Ri 11,29ff), waren durch fremde Einflüsse verursacht und wurden verurteilt durch Prophetenwort (Jer 7,31ff), striktes gesetzliches Verbot (3Mo 20,4) und durch beispielhafte Erzählung (1Mo 22). Die scheinbar anders lautende Weisung 2Mo 22,29b ist ganz sicher im Sinne von 2Mo 34,19-20 und 2Mo 13,12-16 zu verstehen. Der Grundsatz der Stellvertretung gilt nicht nur für die Auslösung der menschlichen Erstgeburt durch ein Tieropfer, sondern auch bei der zusätzlichen Anordnung für die Armen, als Sündopfer die erschwinglicheren Tauben (3Mo 5,7) oder, falls auch das noch zu viel war, ein Speiseopfer darzubringen (3Mo 5,11). Die Klausel: ». . .so wie er es aufbringen kann« (3Mo 14,22 etc.) ist dafür sehr bezeichnend. Trankopfer von Öl (1Mo 28,18), Wein (1Mo 35,14) und möglicherweise Wasser (1Sam 7,6) scheinen ihren Platz im Kult gehabt zu haben; aber nur die Weinspenden werden in den grundlegenden Opfergeboten erwähnt (4Mo 28,7 etc.). Das Verbot von Sauerteig und Honig (mit einigen Ausnahmen), möglicherweise auch von Milch, ist wohl auf deren leichte Verderblichkeit zurückzuführen. Den gegenteiligen Effekt sollte wahrscheinlich die Beigabe von Salz zu den Opfern haben, und zwar aufgrund seiner damals gut bekannten Konservierungseigenschaften (erwähnt nur in 2Mo 2,13 und Hes 43,24; vgl. jedoch Mk 9,49). Weihrauch (*lebōnā, qetōret*) spielte eine beträchtliche Rolle, sowohl als eigenständiges Opfer (2Mo 30,7; vgl. die Anweisungen für seine Herstellung in V. 34-38) und auch als Beigabe für die Speisopfer (3Mo 2). Viele Gelehrte, die an seiner Verwendung in der früheren Zeit zweifeln, da Weihrauch weder eßbar noch ein einheimisches Erzeugnis war (Jer 6,20), meinen, *qetōret* bezeichne in den Geschichtsbüchern eher die Verbrennung von Fett (*qtr*) als den Weihrauch, was jedoch nicht sicher ist (siehe N.H. Snaith, IB 3, 1954, 40 und J.A. Montgomery, ICC Kings, 1952, 104, auch VT 10, 1960, 113–129).

2. Die Anlässe für den Opferdienst.

Die gesetzlichen Bestimmungen handeln sowohl von nationalen als auch von privaten Opfern sowie von alltäglichen und festlichen Anlässen. Die ersten gut bezeugten Opfer des ganzen Volkes gab es bei den jahreszeitlich bedingten Erntefesten: dem Fest der ungesäuerten Brote, dem Erstlingsfrüchte- oder Wochenfest und dem Lese- oder *Laubhüttenfest (2Mo 23,14-17; 34,18-23; 5Mo 16). Mit dem ersten war schon früh das Passa verbunden (Jos 5,10-12) und mit dem letzten aller Wahrscheinlichkeit nach die Zeremonie der Bundeserneuerung (vgl. 2Mo 23; 5Mo 31,10ff; Jos 24) und vielleicht Neujahrs- und Versöhnungsriten (vgl. 3Mo 23,27ff). Ein reichhaltiges Verzeichnis für die Opfer bei diesen und weiteren gebotenen Anlässen – bei der monatlichen Feier des Neumonds, bei der wöchentlichen Sabbatfeier und dem täglichen Morgen- und Abendopfer – findet sich in 4Mo 28-29 (Tabelle auf S. 1092).

Die Frage, wann das zweimal täglich stattfindende Opfer eingeführt wurde, ist umstritten, und wegen der Zweideutigkeit des Begriffs *minchā*, der Speis- und Brandopfer bedeuten kann, ist Gewißheit nur schwer zu erreichen (siehe Tabelle auf S. 1093). Ohne Zeitangabe werden auch *ʿōlā* und *minchā* in 1Sam 3,14; Jer 14,12; Ps 20,3 erwähnt, *ʿōlōt* und *minchōt* als dauernde Einrichtung in Esr 3,3ff und Neh 10,33.

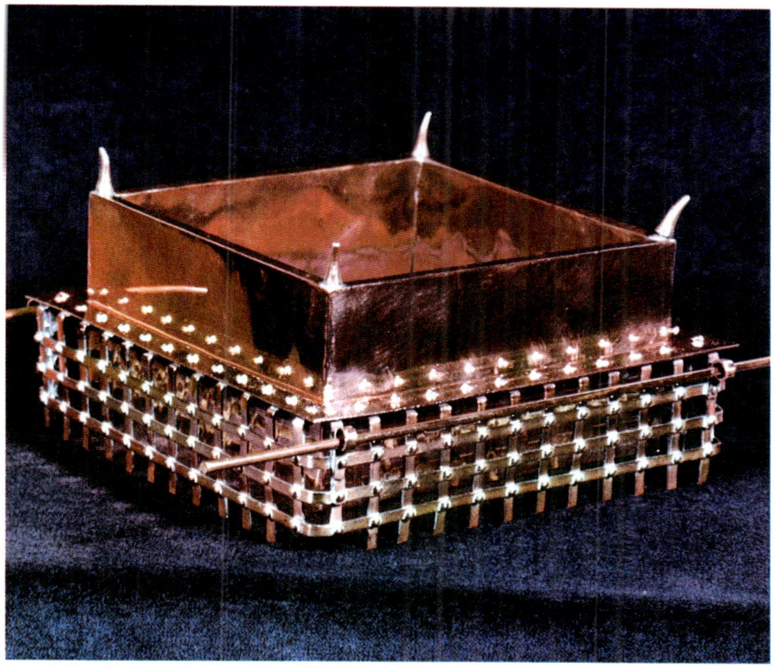

Rekonstruktion des Opferaltars aus Akazienholz und Kupfer, der in der Stiftshütte stand (2Mo 27,1-5). (JCL)

Reihenfolge						
Hebr. Begriffe	*hiqrīb*	*sāmach*	*schāchat*	*zāraq*	*hiqtīr*	*ʿāchal*
ʿōla (Brandopfer) 3Mo 1,1–17						
männliches Rind	3Mo 1,3	3Mo 1,4	3Mo 1,5a	3Mo 1,5b	3Mo 1,9b	
Schaf oder Ziege	3Mo 1,10b	–	3Mo 1,11a	3Mo 1,11b	3Mo 1,13b	
zebach (Friedensopfer/Dankopfer) 3Mo 3,1–17						
männl. oder weibl. Rind	3Mo 3,1b	3Mo 3,2a	3Mo 3,2a	3Mo 3,2b	3Mo 3,5	
Lamm	3Mo 3,6b	3Mo 3,8a	3Mo 3,8a	3Mo 3,8b	3Mo 3,11	
Ziege	3Mo 3,12b	3Mo 3,13a	3Mo 3,13a	3Mo 3,13b	3Mo 3,16	

Die Verfahrensweise beim Brand- und Heilsopfer nach 3Mo 1; 3.

Ein Opfer eher privater Natur war das Passa, das für die feiernde Familie bestimmt war (2Mo 12; vgl. 1Sam 20,6, wo es jedoch beim Neumond und nicht beim Vollmond stattfand), sowie Opfer einzelner Personen, wie die in Erfüllung eines Gelübdes (1Sam 1,3; vgl. V. 21; 2Sam 15,7ff) oder zur Bestätigung eines Vertrages (1Mo 31,54), zur Verehrung Gottes (Ri 13,19), bei einer persönlichen Kulthandlung (1Kön 3,4), bei einer Weihe (1Sam 16,3) oder Sühnehandlung (2Sam 24,17ff). Es wird nicht deutlich, ob auch die Aufnahme eines Gastes immer als Anlaß für ein Opfer angesehen wurde (1Mo 18; 4Mo 22,40; 1Sam 28,24 betreffen wohl keine Riten am Altar, vgl. jedoch 1Sam 9). Weitere in den Gesetzen erwähnte Anlässe sind die Reinerklärung eines Aussätzigen (3Mo 14), die rituelle Reinigung nach einer Geburt (3Mo 12), die Weihe eines Priesters (3Mo 8-9) oder Leviten (4Mo 8) und die Lossprechung eines *Nasiräers von seinem Gelübde (4Mo 6). Seltener waren die Opfer bei der Weihe eines Heiligtums (2Sam 6,13; 1Kön 8,5ff; Hes 43,18ff; Esr 3,2ff), der Krönung eines Königs (1Sam 11,15; 1Kön 1,9) und an den Tagen nationaler Buße (Ri 20,26; 1Sam 7) oder bei der Vorbereitung zum Kampf (1Sam 13,8ff; Ps 20).

Zu den saisonbedingten Opfern, die man in jedem Jahr in Anerkennung von Gottes Anteil am Wachstum darbrachte, gehörten erstgeborene Tiere und Erstlingsfrüchte (2Mo 13; 23,19; 5Mo 15,19ff; 18,4; 4Mo 18; vgl. 1Mo 4,3-4; 1Sam 10,3; 2Kön 4,42), der *Zehnte sowie die Darbringung der ersten Garbe (3Mo 23,9ff) und der Teighebe (4Mo 15,12-21; Hes 44,30; vgl. 3Mo 23,15ff). Wahrscheinlich war der Zweck dieser Darbringung nicht etwa der, die restliche Ernte zu weihen, sondern sie für den profanen Gebrauch zu gewinnen. Alles gehörte Gott, solange nicht der erste Teil dargebracht und anstelle des Ganzen von Gott angenommen worden war. Erst dann war das Übrige für die Nutzung durch den Menschen freigegeben (3Mo 23,14; vgl. 19,23-25). Selbst der dargebrachte Anteil wurde gewöhnlich nur symbolisch zum Altar gelegt und anschließend wieder weggenommen und für die Priester oder für ein Opfermahl verwendet. Mit den wöchentlichen Schaubroten wurde ebenso verfahren.

3. Das Opferritual.

Die wichtigsten Altaropfer von 3Mo 1-5 sind in den Rahmen eines stereotypen Rituals eingeordnet, das sechs Akte enthält, von denen je drei den Opfernden und den Priester betreffen. Am Brandopfer (*ʿōlā*) und am Schlachtopfer (*zebach*) sollen diese Akte veranschaulicht werden (vgl. R. Rendtorff, Die Gesetze in der Priesterschrift, 1954; dazu die Tabelle auf S. 1094). Die Anordnungen für das Sündopfer (*chattāʾt*) werden für vier Gruppen bzw. Standespersonen nacheinander gegeben (3Mo 4,1-12.13-21.22-26.27-31) und folgen dabei – mit Ausnahme kleiner Details – dem gleichen Schema. Das Brandopfer eines Vogels (3Mo 1,14.17) und das Speiseopfer (3Mo 2) weisen notwendigerweise größere Abweichungen auf, sind jedoch nicht völlig verschieden. Für das Schuldopfer wird kein vergleichbares Formular gegeben (vgl. aber 7,1-7); es kann jedoch als unter das Sündopfergesetz fallend verstanden werden (3Mo 7,7).

a. Der Opfernde »bringt« seine Gabe »dar« (*hiqrīb*, auch *hēbī*, *ʿāsā*). Der Ort für die Opferschlachtung ist der Vorhof der Stiftshütte auf der N-Seite des Altars (für die Brand-, Sünd- und Schuldopfer, nicht aber für die zahlreicheren Heilsopfer), obwohl es in früheren Zeiten der Eingang zur Stiftshütte (3Mo 17,4) oder der eines lokalen Heiligtums (1Sam 2,12ff) gewesen sein kann, oder ein einfacher Altar aus Steinen oder Erde (2Mo 20,24ff), ein Felsblock (1Sam 6,14) oder Malstein (1Mo 28,18). Das Töten auf dem Altar, obwohl in 1Mo 22,9 und 2Mo 20,24 vorausgesetzt (in Ps 118,27 ist der hebr. Text korrupt), gehört nicht zum gewöhnlichen Ritual.

b. Der Opfernde stemmte (*sāmak*) seine Hände – in der bibl. Zeit eher eine Hand (vgl. 4Mo 27,18) – auf das Opfertier und bekannte möglicherweise seine Sünden. Das Letztere wird ausdrücklich, freilich nur in Verbindung mit dem Sündenbock, erwähnt, dessen Blut nicht vergossen wurde (3Mo 16,21), und bei einigen Sünd- (3Mo 5,5) und Schuldopfern (4Mo 5,7) (vgl. jedoch 5Mo 26,3; Jos 7,19-20), so daß *semika* nicht mit Sicherheit als das Übertragen von Sünde bestimmt werden kann. Andererseits scheint es nicht angemessen zu sein, das Ganze einfach als einen Akt der Identifikation des Besitzers mit seinem Eigentum anzusehen (»Existenzstellvertretung«, H. Gese), denn diese Identifikation wurde bei unblutigen Opfern nicht vollzogen, wo sie gleichfalls angemessen gewesen wäre. Repräsentation, wenn nicht Übertragung, scheint in jedem Fall mitgedacht worden zu sein (vgl. den Gebrauch des Begriffs *semika* für die Beauftragung Josuas, 4Mo 27,18, und der Leviten, 4Mo 8,10, und bei der Steinigung eines Gotteslästerers, 3Mo 24,13d. Vgl. P. Volz, ZAW 21, 1902, 93-100, und zur gegenteiligen Meinung J.C. Matthes, ibid. 23, 1903, 97-119).

c. Das Schlachten (*schāchat*) wird vom Opfernden ausgeführt, mit Ausnahme der nationalen Opfer (3Mo 16,11; 2Chr 29,24). In den Schriften außerhalb der Priestergesetze wird das Verb *zābach*, »schlachten« verwendet, das sich jedoch auf das nachfolgende Zerteilen des Opfertiers und das Hinauflegen seiner Teile auf den Altar (*mizbēach*, nicht *mischchat*) bezogen haben mag (so K. Galling, Der Altar, 1925, pp. 56ff). Normalerweise steht dafür jedoch *ntcḥ* (1Kön 18,23; 3Mo 1,6), während *zābah* eher die *zebahim* Opfer beschreibt, einige wenige Stellen ausgenommen (2Mo 20,24; 1Kön 3,4; vgl. 2Kön 10,18ff), wo es bei den *ʿōlōt* erscheint. Diese Ausnahmen sind vielleicht einem unpräzisen Gebrauch des Verbs *zābach* zuzuschreiben, das in verwandten Sprachen sogar für Gemüseopfer benutzt werden kann, und im Hebr. scheint es sehr allg. für das ganze Wesen des gewöhnlich entarteten Opferkults zu stehen. Es ist deshalb nicht sicher, ob jeder Gebrauch von *zebah* mit Opfern zu tun hatte, oder ob Fleisch nur in Verbindung mit Opfern gegessen werden konnte, obwohl dies in der Antike oft der Fall war (vgl. das Problem des *Götzenopferfleisches in Korinth; s. N.H. Snaith, VT 25, 1975, 242-246).

d. Das Sprengen (*zāraq*) des Blutes war Sache des Priesters, der es in einer Schale auffing und so an die NO- und SW-Ecken des Altars schüttete, daß alle vier Seiten benetzt wurden. Dies geschah bei den Opfern von Tieren: den Brand- (3Mo 1), Heils- (3Mo 3) und Schuldopfern (3Mo 7,2), nicht aber bei Brandopfern von Vögeln (3Mo 1,15), deren Blutmenge nicht ausreichte, weshalb man sie an der Seite des Altars ausbluten ließ. Für das Sündopfer (3Mo 4) wird eine andere Gruppe von Verben gebraucht, nämlich *hizzā*, sprengen, oder *nātan*, »geben«, je nachdem ob das Opfer erstrangig oder zweitrangig ist (s.u.). Der Rest des Blutes wird dann am Sockel des Altars ausgeschüttet (sāphak). In den Geschichtsbüchern wird der Blutritus nur 2Kön 16,15 erwähnt (vgl. aber 1Sam 14,31-35; 2Mo 24,6-8. S. Th.C. Vriezen, OTS 7, 1950, pp. 201-235; D.J. McCarthy, JBL 88, 1969, pp. 166-176; 92, 1973, pp. 205-210; N.H. Snaith, ExpT 82, 1970-71, pp. 23f).

e. Das teilweise Verbrennen (*hiqtīr*) gehörte zu allen Opfern. Nicht nur das Blut, sondern auch das Fett gehörte Gott und wurde als erstes verbrannt (1Mo 4,4; 1Sam 2,16). Das betraf nicht das Fett generell, sondern speziell das von Nieren, Leber und Eingeweiden. Von den Heils-, Sünd- und Schuldopfern wurde nur dies verbrannt, von den Speisopfern wurde ein *ʾazkārā* genannter Anteil abgetrennt und verbrannt. Aber die Brandopfer gingen vollständig in Rauch auf, mit Ausnahme der Haut, die zu den Vorrechten der Priester gehörte (3Mo 7,8). Eine andere Verbrennungsmethode (*sāraph*) abseits des Altars, bei der auch die Haut nicht ausgenommen war, wurde den Sündopfern primären Ranges zuteil.

f. Die restlichen Teile des Opfers wurden bei einem Opfermahl verzehrt (*ʾākal*), entweder von den Priestern und den Opfernden gemeinsam (Heilsopfer) oder von den Priestern und ihren Familien oder von den Priestern allein. Die Speise der Priester wurde als heilig oder als hochheilig eingestuft. Unter die erste Rubrik fielen die Heilsopfer (3Mo 10,14; 22,10ff), Erstlingsfrüchte und Zehnten (4Mo 18,13), die durften von der Familie des Priesters an jedem reinen Ort gegessen werden. Zur zweiten Kategorie zählten die Sündopfer (3Mo 6,26), Schuldopfer (3Mo 7,6), Speisopfer (3Mo 6,16) und die Schaubrote (3Mo 24,9); diese durften nur von den Priestern selber und nur im Tempelbereich verzehrt werden. Das Opfermahl des Volkes von den Heilsopfern war eine beliebte Nebenhandlung des örtlichen Gottesdienstes in früher Zeit (1Sam 1; 9), tendierte aber mit der Zentralisation des Kultus in Jerusalem dazu (vgl. 5Mo 12), hinter die formalen Aspekte eines wirklichen Gottesdienstes zurückzutreten. Allerdings wurde es auch in der späten Zeit bis hin zu Hes 46,21-24 noch vorgesehen.

4. Die Arten des Opfers

a. *ʿōlā*. Das Brandopfer scheint mehr Anspruch darauf zu haben, das typische hebr. Opfer genannt zu werden, als das von der Schule Wellhausens favorisierte *zebach*. Es ist von Anfang an da (1Mo 4; 8,20; 22,2; 2Mo 10,25; 18,12; Ri 6,26; 13,16), wurde früh ein regelmäßiger Ritus (1Kön 9,25; vgl. 1Kön 10,5), fehlte nie bei großen Anlässen (1Kön 3,4; Jos 8,31) und behielt seine dominierende Rolle bis zu den spätesten Zeiten (Hes 43,18; Esr 3,2-4; s. R. Rendtorff, Studien zur Geschichte des Opfers im Alten Israel, 1967). Was immer zu Robertson Smiths Ansicht von einem anfänglichen Heilsopfer, aus dem sich das Brandopfer später entwickelte, gesagt werden mag: soweit es das AT angeht, war es das *ʿōlā*, von dem Speiseopfer (*minchā*), Schuldopfer (*ʾaschām*), Sündopfer (*chattaʾt*) und sogar die Heilsopfer (*selāmīm*) abzustammen scheinen. Auch das fünfmal erwähnte *kālīl* (1Sam 7,9; Ps 51,21; 5Mo 33,10; vgl. 5Mo 13,16 und 3Mo 6,22-23) ist nur ein anderer Name für *ʿōlā*, obwohl es in den Listen von Karthago und Marseille scheinbar etwas verschieden ist.

Obwohl Rosts Ansicht, der Kultbrauch des *ʿōlā* sei auf Griechenland und die Region »in den Grenzen des

Taurus im N, dem Mittelmeer im W und der Wüste im O und S« begrenzt gewesen, zum Teil zutrifft (Erwägungen zum israelitischen Brandopfer in: Von Ugarit nach Qumran, FS Eißfeldt, 1958, 177-183), so ergibt sich daraus nicht, daß seine Ursprünge in Israel, im Menschenopfer (2Kön 3,27) oder in Abwehrriten nach Art der griech. zu suchen seien. Sein unstrittiger Gabecharakter ist ersichtlich aus der Sublimierung der Opferelemente in eine Form, in der sie zu Gott gebracht werden können (Ri 6,21; 13,20; vgl. 5Mo 33,10), was jedoch nichts über den Zweck der Gabe aussagt, der Huldigung und Danksagung oder Tilgung von Sünde sein konnte. Die zuletzt genannte Sinngebung ist in Hiob 1,5; 42,8 und vielen frühen Textstellen enthalten und wird als Grund für das Opfer in 3Mo 1,4 angegeben (vgl. den Ugarittext 9,7, wo das Brandopfer [*schrp*] mit Vergebung für die Seele verbunden ist [*slh npsch*]). Als das Sündopfer die erste Stelle in der Rangfolge der Opfer einnahm (Mischna, *zebachim* 10,2), tendierte es zur Übernahme dieser Aufgabe, die es ursprünglich jedoch nicht besaß (vgl. 4Mo 28-29; vgl. auch 4Mo 6,14 mit 6,11).

b. *minchā* (»Mehlopfer«, LÜ: »Speisopfer«). Es ist etwas verwirrend, daß dieser Ausdruck im AT in drei verschiedenen Bedeutungen verwendet wird: 34 mal bedeutet er einfach »Geschenk« oder »Tribut« (vgl. Ri 3,16; 1Kön 5,1 – die Wurzel ist wahrscheinlich *mānah*, »geben«, vgl. die besondere Pluralform in Ps 20,4 MT); 97 mal bezeichnet er das Getreideopfer in den priesterlichen Gesetzen (z.B. 3Mo 2); eine unbestimmte Zahl der übrigen Belege hat auch diese Bedeutung (z.B. Jes 43,23; 66,20), wogegen er in den restlichen sich auf Opfer im allg. (1Sam 2,29; 26,19 und wahrscheinlich bei Maleachi) und Tieropfer im besonderen bezieht (1Sam 2,12-17; 1Mo 4,3-4; siehe aber N.H. Snaith, VT 7, 1957, 314-316). S.R. Driver definiert den Begriff *minchā* richtig so, daß er nicht nur die wertfreie Idee einer Gabe zum Ausdruck bringe, sondern ein Geschenk bezeichne, »das gemacht wird, um Wohlwollen zu gewinnen oder zu erhalten« (HDB, 3, 1900, 587; vgl. 1Mo 33,10); dieser auf Versöhnung und Huld zielende Sinn steht auch in solchen Opferstellen wie 1Sam 3,10-14; 26,19 im Vordergrund.

In diesen Stellen ist *minchā* als ein eigenständiges Opfer, wogegen es in den Gesetzen eine zusätzliche Gabe bei Brand- und Heilsopfern darstellt (4Mo 15,1-16), mit Ausnahme von 4Mo 5,15.25; 3Mo 5,11-13; 6,19-23. Nach 3Mo 2 soll es entweder aus Mehl (2,1-3), gebackenen Kuchen (2,4-10) oder ungemahlenem Korn bestehen (2,14-16), zusammen mit Öl und Weihrauch (*lebōnā*). Mit diesem »*minchā* des Vorhofes« läßt sich vergleichen, was J.H. Kurtz das »*minchā* der heiligen Stätte« nannte – der Räucheraltar, die Schaubrote auf dem Tisch und das Öl in der Lampe (The Sacrificial Worship of the Old Testament, 1865). Andere Zutaten könnten Salz (3Mo 2,13) und Wein sein (3Mo 23,13). Keine dieser Gaben wurde von den Opfernden verzehrt (aber 3Mo 7,11-18). Sie gingen an die Priester, aber erst dann, wenn ein »Teil des Gedenkens« (3Mo 2,2) auf dem Altar verbrannt worden war. Die Übersetzung »Gedenkanteil« setzt eine Ableitung des Wortes *'azkārā* von *zākar*, »gedenken«, voraus. G.R. Driver hat jedoch die Bedeutung »Zeichen« vorgeschlagen: ein Teil für das Ganze sei gemeint (ISS 1, 1956, 97-105); das wäre noch ein weiterer Beleg für das Prinzip der Stellvertretung bzw. Ersatzleistung in den Opfern.

c. Schlachtopfer (*zebach*) und Heilsopfer (*selāmīm*).

Wieder variiert der Gebrauch, nachdem *zebach* und *selāmīm* manchmal austauschbar (3Mo 7,11-21; 2Kön 16,13.15) und dann wieder unterschieden sind (Jos 22,27; vgl. 2Mo 24,5; 1Sam 11,15), manchmal unabhängig voneinander auftreten (2Sam 6,17-18; 2Mo 32,6) und dann wieder zu einem zusammengesetzten Ausdruck *zebach selāmīm* oder *zibehē selāmīm* verbunden sind (so gewöhnlich im priesterlichen Gesetz). Es ist zu fragen, ob all diese Verwendungen einfach als Bezug auf das *zebach*-Opfermahl verstanden werden können. Möglicherweise war *selāmīm*, allein verwendet, überhaupt kein Mahl (vgl. jedoch 2Sam 6,19), sondern ein feierliches Sühnopfer, ähnlich dem Brandopfer (*'ōlā*) (so R. Rendtorff, Studien zur Geschichte des Opfers); es kann in Verbindung mit anderen Opfern diese Bedeutung noch behalten haben. In Ugarit scheint man ein *schlm* als eine Art von Sühneritus gekannt zu haben (D.M.L. Urie, 'Sacrifice among the West Semites', PEQ 81, 1949, 75-77), was in solchen Stellen wie Ri 20,26; 1Sam 13,9; 2Sam 24,25 reflektiert wird. Keinesfalls aber wäre ein anschließendes Freudenmahl ein Widerspruch, falls die Freude die der Vergebung war, denn das *zebach*-Bundesmahl war für gewöhnlich auch ein Kennzeichen der Aussöhnung nach der Entfremdung (1Mo 31,54; vgl. S.I. Curtiss, 'The Semitic Sacrifice of Reconciliation', The Expositor, 6th series, 6, 1902, 454-462).

Jeder der vorgeschlagenen Ableitungsversuche von *schelem* - aus *schalōm*, »Frieden«, d.h. »Frieden schließen« (vgl. G. Fohrer, »vervollständigen«, d.h. »abschließendes Opfer«; ThWNT VIII, 1960, 1022f), oder aus *schillēm*, »wieder gutmachen«, d.h. »bezahlen, sühnen« (vgl. B.A. Levine, »ein Tribut, eine Gabe, ein Grußgeschenk«. In the Presence of the Lord, 1974) – wäre angemessen und der Reduktion des Heilsopfers auf das, was in Wahrheit ein Teil des Ganzen wäre, vorzuziehen; nämlich »Gelübdeopfer« oder »Dankopfer«. Diese beiden zusammen mit dem »freiwilligen Opfer« bildeten drei Arten innerhalb des eigentlichen »Heils-(Friedens)-opfers«, und die sie betreffenden Regelungen (3Mo 7,11ff) sind eine Ergänzung zu 3Mo 3. Alle drei waren Dankopfer, aber das Gelübdeopfer, das zum Zeitpunkt seiner Darbringung von einem früheren Versprechen entband, stand nicht mehr wie die anderen frei zur Wahl. Aus diesem Grund wurde wahrscheinlich für das Gelübde auf die strengere Regelung zurückgegriffen, daß ein männliches Opfertier ohne Makel erforderlich sei (3Mo 22,23). 3Mo 7 fügt auch die Regeln für das Opfermahl hinzu, die in Kap. 3 fehlten – nämlich daß das Dankopfer noch am selben Tag gegessen werden mußte, und das Gelübde- und freiwillige Opfer nicht später als am folgenden Tag. Die Anteile der Priester werden als »Webopfer-« Brust und »Hebopfer-« Schulter definiert. G.R. Driver (op.cit.) vermutet in den Ausdrücken »Weben« (»Schwingen«) (tenūpa) und »Heben« (*terūmā*) etwa die Bedeutung »Beitrag«, was plausibler erscheint als die ältere Ansicht von horizontalen und vertikalen Bewegungen am Altar, die kaum angebracht sind, wenn die Objekte Widder, Ziegenböcke und Leviten sind (4Mo 8,11). (Siehe W.B. Stenvenson, ›Hebrew‹ ›Olah and Zebach Sacrifices', FS A. Bertholet, 1950, 488-497; vgl. J. Milgrom, 'The Alleged Wave-Offering in Israel and in the Ancient Near East', IEJ 22, 1972, 33-38).

4. *'ascham* und *chatta't*.

Die Namen dieser Opfer »Schuldopfer« (Übertretungsopfer) und »Sündopfer« bezeichnen die Art von Übertretungen, die sie sühnen sollen: *'ascham*, »Schuld«, und *chatta't*, »Sünde«. Im Kontext des Kults meinen diese Termini nicht so sehr moralische Vergehen als vielmehr solche, die in rituellem Sinne verunreinigen, obwohl der moralische Aspekt keineswegs ausgeschlossen ist. Die rituelle Reinheit betreffen die Sündopfer des (geheilten) Aussätzigen (3Mo 14; vgl. Mk 1,44) und der Mutter nach einer Geburt (3Mo 12; vgl. Lk 2,24). Der moralische Aspekt erscheint bei den Opfern für Betrug, Veruntreuung (3Mo 6,1-7) und sexuelles Fehlverhalten (3Mo 19,20-22). Diese Fälle können jedoch kaum mehr als zufällige Ausschnitte zur Illustration der Gesetze sein und sollten nicht als vollständige Aufzählung des Opfers für Sünde in diesen Gesetzen betrachtet werden, geschweige denn im gesamten Bereich des Kults. Z.B. spielen diese Opfer in der im AT berichteten Geschichte so gut wie keine Rolle. Im *Deuteronomium/5. Buch Mose werden sie nicht erwähnt (vgl. 5Mo 12) und sind wahrscheinlich auch in Hos 4,8 nicht angesprochen. Dies ist jedoch weniger auf ihren nachexilischen Ursprung zurückzuführen, wie Wellhausen behauptete – denn dem Hesekiel sind sie wohl vertraut (vgl. 40,39; 42,13) und könnten in Ps 40,7; 2Kön 12,16; 1Sam 6,3 angedeutet sein (es sei denn, dies sind nur Geldopfer) – als auf die Tatsache, daß sie auf einzelne Personen und Fälle bezogen sind (was auch das Schweigen bezüglich des *'ascham* erklären würde, das kein Festopfer war) und auf den fragmentarischen Charakter der Texte. Auch für die nachexilische Zeit werden sie kaum erwähnt (ʾascham hat einen – unsicheren – Beleg nur in Esr 10,19, *chattaʾt* erscheint in Neh 10,35 und in der wohl formelhaften Wendung des Chronisten (Esr 6,17; 8,35; 2Chr 29,21ff). Ähnlich unklar ist auch, in welcher Beziehung die beiden Opfer zueinander stehen (z.B. werden sie in 3Mo 5,6 synonym verwendet). Mit Sicherheit läßt sich nur sagen, daß für Sünden gegen den Nächsten eher das *ʾascham* und für die gegen Gott eher das *chattaʾt* zuständig ist. Demgemäß erfordert das *ʾascham* eine finanzielle Entschädigung zusätzlich zum Opfer. Der Wert der Unterschlagung plus einem Fünftel mußte dem geschädigten Nächsten bezahlt werden (3Mo 5,24) oder, falls dieser oder sein Vertreter nicht verfügbar waren, dem Priester (4Mo 5,8). Das Opfertier beim Schuldopfer, gewöhnlich ein Widder, fiel ebenfalls dem Priester zu und konnte nach dem vorgeschriebenen Blut- und Fettritual von den Priestern als »Hochheiliges« verzehrt werden (3Mo 7,1-7). Die gleiche Anordnung gilt (3Mo 6,17-22) für die Sündopfer des Herrschers (3Mo 4,22-26) und des gewöhnlichen Israeliten (3Mo 4,27-31); in diesen Fällen wird jedoch das Blut auf die Hörner des Altars gestrichen. Die Sündopfer des Hohenpriesters (3Mo 4,1-12) und der ganzen Gemeinde (3Mo 4,13-21) folgen einem noch feierlicheren Ritual, bei dem das Blut vor dem Vorhang des Heiligtums versprengt wird (*hizzā*, nicht *zāraq*) und die Leiber der Opfertiere nicht gegessen, sondern außerhalb des Lagers verbrannt werden (*sāraph*, nicht *hiqtir*) (3Mo 6,30; vgl. Hebr 13,11). Ergänzend zu den Opfern dieser vier Stände werden Anordnungen für Ersatzopfer der Armen gegeben (3Mo 5,7-13). Die Kap. 4 und 5 enthalten somit eine Stufenskala von Opfertieren: Stier (Hohepriester und Gemeinde, vgl. jedoch 4Mo 15,24; 3Mo 9,15; 16,5), Bock (Herrscher), Ziege oder Lamm (gewöhnlicher Israelit), Turteltauben oder Tauben (Armer), Mehl (extrem Armer). Folgende Prinzipien können herausgestellt werden: Jedermann mußte irgendein Sündopfer darbringen; niemand durfte von seinem eigenen Sündopfer essen; je wichtiger das Motiv der Versöhnung war, desto näher mußte das Blut zu Gott gebracht werden. Am großen Versöhnungstag ging man sogar hinter den Vorhang und sprengte das Blut auf die Lade. (Siehe D. Schötz, Schuld- und Sündopfer im Alten Testament, 1930; L. Morris, 'Asham', EQ 30, 1958, 196-210; J. Milgrom, VT 21, 1971, 237-239; D. Kellermann, TDOT 1, 429-437).

5. Die Bedeutung.

Der oft betonte Zweck der Opfer im 3. Buch Mose ist es, »zu sühnen« (*kipper*, 3Mo 1,4, etc.). Dieses Verb kann nach einer von drei möglichen Bedeutungen erklärt werden: »bedekken«, vom arab. *kafara*; »fortwischen«, vom akkad. *kuppuru*; »durch ein Substitut freikaufen«, von dem hebr. Substantiv *kōpher*, »Lösegeld«. Obwohl die meisten heutigen Exegeten die zweite Bedeutung bevorzugen, ist es die dritte, die am besten zu der in 3Mo 17,11 gegebenen Opfertheorie zu passen scheint – ». . . des Fleisches Leben ist im Blut . . . das Blut bewirkt Entsühnung für die Seele« (vgl. jedoch J. Milgrom, JBL 90, 1971, 149-156) –, wie auch zu dem in vielen der obigen Praktiken herrschenden Grundsatz: die Wahl und Art der Opfergabe steht in einem »biotischem Verhältnis« zum Opfernden; sie werden durch das Aufstemmen der Hand als solche bestimmt; ein symbolischer Teil wie das Fett oder die *ʾazkārā* wird verbrannt; der Erstling wird dargebracht und der Erstgeborene ausgelöst (vgl. S.H. Hooke, 'The Theory and Practice of Substitution', VT 2, 1952, 1-17, und zur gegenteiligen Ansicht A. Metzinger: Bib 21, 1940). Zu diesen Hinweisen können die Riten der Färse (junge Kuh) in 5Mo21 und des Sündenbocks in 3Mo 16 hinzugefügt werden, die, obwohl sie unblutige Opfer sind, Ansichten offenbaren, die erst recht a fortiori für blutige Opfer gegolten haben müssen. In diesem Sinne wurde 3Mo16 in der jüd. Tradition verstanden (z.B. Mischna, Yoma 6,4: »Trage unsere Sünden und gehe dahin«!).

Solche Aussagen der Schrift warnen uns davor, die Versöhnung auf einen einzelnen Vorgang zu begrenzen, als könne nur der Tod oder aber nur die Darbringung des Blutes oder die völlige Dahingabe des Opfertieres Sühne bewirken. Der Tod war wichtig – der lebendige, hinausgejagte Sündenbock macht nur die Hälfte des Rituals in 3Mo16 aus (vgl. V. 15 mit 14,4-7; 5,7-11). Auch der Blutritus war wichtig – in 2Chr 29,24 scheint er nach dem Schlachten des Opfertiers Sühne zu erwirken. Die völlige Dahingabe des Opfertieres durch Feuer, Verzehr oder Übereignung an *Asasel gehörte ebenfalls dazu – das Essen des Sündopfers durch die Priester in 3Mo 10,16-20 ist mehr als nur Verfahrensbeschreibung. Die Ansicht, der Tod des Tieres sollte nur das Leben freigeben, das im Blut war, und daß Sühne nur durch Blut erwirkt werden konnte, ist ebenso einseitig wie diejenige, die den Tod als eine Wiedergutmachung durch eine quantitativ entsprechende Strafe bewertet. Gegen letztere Ansicht wurde eingewendet, daß die Sünden, für die ein Opfer dargebracht wurde, nicht unter Todesstrafe standen, daß Sündopfer nicht immer einen Tod erfordert (vgl. 3Mo 5,11-13), und daß das Töten nicht Mittelpunkt gewesen sein konnte, anderenfalls wäre es Sache der Priester und nicht der Laien gewesen. Diese Einwände richten sich nur gegen extreme Ausformungen der Substitutionstheorie, nicht gegen das Prinzip der Substitution selbst.

Der eigentliche Vorzug der Substitutionstheorie liegt in ihrem Festhalten an den Kategorien persönlicher Verbindlichkeit, während andere Deutungen zum Absinken auf unterpersönliche (subpersonale) dynamistische Kategorien tendieren, in denen das Blut selbst als Urheber einer mystischen Vereinigung gedacht ist oder auf halbmagische Weise nue Lebenskraft spenden soll (vgl. die Theorien von H. Hubert und M. Mauss, Sacrifice: Its Nature and Function, 1964; A. Loisy, RHLR n.s. 1, 1910, 1-30, und Essai historique sur le sacrifice, 1920; S.G. Gayford, Sacrifice and Priesthood, 1924; A. Bertholet, JBL 49, 1930, 218-233, ders., Der Sinn des kultischen Opfers, 1942; E.O. James, The Origins of Sacrifice, 1933).

Ein gewichtigerer Einwand gegen die Substitutionstheorie sieht eine Schwierigkeit in der Tatsache, daß das Sündopfer nach seiner Darbringung als »hochheilig« bezeichnet und den Priestern als Speise zuerkannt werden konnte. Falls eine Übertragung von Sünde stattgefunden hätte, wäre dann das Opfer nicht unrein und nur noch zur Beseitigung durch Verbrennung (*sāraph*) geeignet? Bei Sündopfern ersten Grades war dies tatsächlich der Fall. In den übrigen Fällen ist es vielleicht möglich, das Essen der Priester dahingehend zu interpretieren, daß die durch Salbung empfangene höhere »Heiligkeit« in den Priestern die Unreinheit der Opfergabe absorbierte (vgl. 3Mo 10,16-20; Hartland 'Sin-Eating', ERE, 11, 1920, 572-576). Daß es hier um Kategorien von »Heiligkeit« geht, die nicht die unsrigen sind, zeigt sich in der Anweisung, die irdenen Gefäße zu zerbrechen, in denen das Sündopfer gesotten worden war (3Mo 6,21; vgl. *Rein/Unrein). Eine andere Erklärung bestünde darin: Der Tod des Opfertieres ließ sich so verstehen, daß er die Infizierung durch Sünde aufhob; so daß das Blut und Fett ohne Hinderungsgrund als Opfer für Gott zum Altar gebracht werden konnten.

Die Frage, ob andere Auffassungen von Opfer, wie etwa »Huldigung« und »Gemeinschaft«, neben den hier erörterten möglich sind – sie wird von den meisten Exegeten bejaht (A. Wendel, Das Opfer in der altisraelischen Religion, 1927; W.O.E. Oesterley, Sacrifices in Ancient Israel, 1937; H.H. Rowley, The Meaning of Sacrifice, 1950) – oder ob bestimmte Opferarten einen dieser Aspekte mehr als einen anderen zum Ausdruck bringen (z.B. Brandopfer die Huldigung und Heilsopfer die Gemeinschaft) bleibt besser offen. Aber in den Gesetzen wird dem Brand-, Speise- und sogar dem Heilsopfer (obwohl selten; vgl. 2Mo 29,33; Hes 45,15) jedenfalls sühnende Kraft zugeschrieben, genauso wie dem Sünd- und Schuldopfer. Und was für die Gesetze gilt, scheint auch für die Geschichte zuzutreffen. Ebenso schwer ist die Frage zu beantworten, ob die Opfer sowohl Tilgung (nämlich der Sünde) als auch Beschwichtigung (nämlich des göttlichen Zorns) oder nur Tilgung und Sühne bewirken sollten. Zweifelsfrei bedeutet *kipper* in einigen Fällen Beschwichtigung (4Mo 16,41-50; 2Mo 32,30), was durch den

Gebrauch des Ausdrucks *rēah nīhōah*, »lieblicher Geruch« - so durchweg in den Gesetzen – gestützt wird (vgl. 1Mo 8,21; 5Mo 33,10 LXX). *rēah nīhōah* kann jedoch auch eine abgeschwächte Bedeutung haben (G.B. Gray, Sacrifice in the Old Testament, 1925, 77-81, weist darauf hin, daß es – wo man es kaum erwarten würde – im Zusammenhang mit Speise- und Schlacht(*zebach*)-Opfern verwendet wird, nicht aber, wie anzunehmen wäre, bei Sünd- und Schuldopfern). Und das tritt im Falle von *kipper* noch deutlicher zutage, wenn es in Verbindung mit so materiellen Dingen wie der Stiftshütteneinrichtung steht (2Mo 29,37; Hes 43,20; 45,18) und einfach durch »reinigen« wiedergegeben werden muß.

Wichtig für unsere Erörterung ist die Erkenntnis, daß Gott selbst den Sühne-Ritus dem sündigen Menschen gab (3Mo 17,11: »... Das Blut: Ich habe es für euch als Altargabe gegeben, um Sühne zu schaffen für euer Leben!«). Die Opfer sind so zu beurteilen, daß sie im Bereich des Bundes und der den Bund stiftenden und erhaltenden Gnade wirksam sind. Sie waren nicht »das Mittel des Menschen für seine eigene Erlösung«, wie L. Köhler behauptet, sondern »die Frucht der Gnade, nicht ihre Wurzel« (A.C. Knudson, The Religious Teaching of the Old Testament, 1918, 295). Die Frage, inwieweit Beschwichtigung in diesen Kontext gehört, stellt sich im NT ähnlich; ihre Beantwortung hängt von der Definition von Sünde, Gesetz und Wesen Gottes ab (*Versöhnung; s.a. L. Morris, The Apostolic Preaching of the Cross, 1955).

Es muß noch erwähnt werden, daß im AT selbst vieles dafür spricht, daß seine Ordnung noch nicht endgültig war. Kein Opfer half z.B. gegen einen Bruch des Bundes (vgl. 2Mo 32,30ff) – in diesem Licht muß auch die prophetische Ablehnung von Opfern gesehen werden – oder gegen vorsätzlich begangene Sünden, die den Menschen aus dem Bund ausschlossen (4Mo 15,30); Götzendienst und Abfall von Gott waren Beispiele dafür. Freilich teilen wir die Ansicht nicht, daß die Wirkung von Opfern auf unbeabsichtigte Sünden beschränkt war, die eigentlich gar keine richtigen Sünden sind, und ebensowenig das Urteil, Propheten und fromme Psalmisten hätten überhaupt keinen Wert im Opferkult gesehen. Richtig ist jedoch, daß der Kultus in der Gefahr des Mißbrauchs stand, sobald das innere Band zwischen dem Opfernden und den für das Opfer eingesetzten Mitteln verlorenging. Prophetische Religion wurde notwendig, damit die Priorität einer persönlichen Beziehung zu Gott betont werden konnte. Es ist jedoch kein Zufall, daß der höchste Punkt der atl. Religion da erreicht wird, wo sich priesterliche und prophetische Religion in der Figur des *Knechtes Gottes aus Jes 53 begegnen. Denn alles, was im Opferkult wertvoll ist, wird dort in einer Gestalt verkörpert, die sowohl eine Sühne durch Opfer vollzieht (vgl. die Begriffe: *hizzā*, »Lamm«, »Schuldopfer«) als auch Liebe und Hingabe des menschlichen Herzens bewährt und eindrücklich macht. R.J.T./O.B.

B. Im Neuen Testament.

Verwendet werden die griech. Wörter *thysia*, *dōron*, *prosphora* und verwandte Ausdrücke, sowie *anapherō*, »Opfer, Geschenk, Opfergabe, darbringen«, (*thysia* in Mk 12,33 bedeutet wahrscheinlich »Mehlopfer«); *holokautōma*, »vollständig verbrannte Opfergabe«, Brandopfer; *tymiama*, »Weihrauch«; *spendō*, »als Trankopfer ausschütten«. Sie alle, wie auch die anderen unten erwähnten Termini, wurden von der Septuaginta übernommen.

I. OPFER DES ALTEN TESTAMENTS IM NEUEN TESTAMENT.

Die Opfer des AT (s.o. A.) wurden praktisch während des gesamten im NT behandelten Zeitraums noch dargebracht, und es überrascht deshalb nicht, daß sie sogar in ihrer wörtl. Bedeutung zu einigen erhellende Ausführungen dient.

Wichtige Leitsätze finden sich in Mt 5,23-24; 12,3-5 par.; 17,24-27; 23,16-20; 1Kor 9,13-14. Es ist beachtenswert, daß auch für Jesus oder von ihm selbst geopfert wurde – bei seiner Darstellung im Tempel, seinem letzten Passa und wahrscheinlich bei jenen anderen Anlässen, wenn er zu den Festen nach Jerusalem hinaufzog. Das Verhalten der Apostel nach dem Bericht der Apg entzieht der Meinung, nach dem Selbstopfer Christi müsse der Gottesdienst des jüd. Tempels als Greuel vor Gott betrachtet werden, jegliche Grundlage. Wir hören, wie die Apostel häufig den Tempel besuchten, und Paulus selbst ging zum Pfingstfest nach Jerusalem und brachte bei dieser Gelegenheit die Opfer - einschließlich Sündopfer – für die Unterbrechung von Gelübden dar (Apg 21; vgl. 4Mo 6,10-12). Freilich waren nun diese Opfer eigentlich nicht mehr nötig, denn der alte Bund war jetzt tatsächlich »alt« und »seinem Ende nahe« (Hebr 8,13), so daß sogar die nichtchristl. Juden keine Opfer mehr darbrachten, als die Römer den Tempel zerstörten.

Am ausführlichsten geht der *Hebräerbrief auf die Opfer des AT ein. Die Lehre dieses Autors enthält auch ein positives Urteil über die Opfer (11,4). Aber sein großes Anliegen ist es, klarzumachen, daß sie unzulänglich sind, und nur als Vorausdarstellung des eigentlichen Opfers Bedeutung haben. Die Tatsache, daß sie den Menschen den Zugang zum Allerheiligsten nicht verschaffen können, beweist, daß sie das Gewissen nicht von Schuld befreien, sondern nur äußere, »fleischliche« Anordnungen sind, die bis zur Zeit der Erneuerung auferlegt wurden (9,6-10). Ihr Ungenügen, Sühne zu wirken, geht auch aus der Tatsache hervor, daß nur Tiere geopfert wurden (10,4), und vor allem daraus, daß die Opfer wiederholt werden mußten (10,1-2). Sie können die Sünden nicht so sehr heilen; vielmehr bringen sie diese in Erinnerung (10,3).

II. »GEISTLICHE OPFER«.

»Geistliche Opfer« (1Petr 2,5; vgl. Joh 4,23-24) sind der ntl. Ersatz für »fleischliche« Anordnungen; sie werden häufig erwähnt (Röm 15,15-17; Phil 2,17; 4,18; 2Tim 4,6; Hebr 13,15-16; Offb 5,8; 6,9; 8,3-4). Freilich verwenden schon im AT Propheten und Psalmisten manchmal die Opfersprache in übertragenem Sinn (z.B. Ps 50,13-14; Jes 66,20), und dieser Gebrauch setzt sich in der zwischentestamentlichen Literatur fort (Sir 35,1-3; Test Levi 3,8; Qumran 1 QS 8-9; Philo, De Somniis 2,183). Der Versuch von F.C.N. Hicks (The Fulness of Sacrifice, ³1946), solche Aussagen auf Opfer in buchstäblichem Sinn zu beziehen, muß aufs Ganze gesehen als Fehlschlag bezeichnet werden. Die in den oben erwähnten Stellen gemeinten Opfer sind zwar nicht immer immateriell und schließen manchmal den Tod mit ein; sie sind in dem Sinne »geistlich«, als sie zum Zeitalter des Heiligen Geistes gehören (Joh 4,23-24; Röm 15,16). Aber manchmal sind sie immateriell, und nie ist für sie ein bestimmtes Ritual vorgeschrieben. Es wird deutlich, daß man in der Tat jedes Handeln des vom Geist erfüllten Menschen als geistliches Opfer bewerten kann, und zwar ist es Opfer in dem Sinne, daß es Gott gewidmet und ihm wohlgefällig ist. Es hat selbstverständlich keine sühnende Wirkung. Die Entsprechung zum sühnenden Opfer ist nicht in solchen geistlichen Opfern zu suchen, sondern im Opfer Christi zu sehen, ohne das geistliche Opfer bei Gott kein Gefallen finden könnten (Hebr 13,15; 1Petr 2,5).

III. DAS OPFER CHRISTI.

Das Opfer Christi ist eines der Hauptthemen des NT. Seine rettende Wirkung wird manchmal mit ethischen oder auch strafrechtlichen Begriffen, oft aber auch in der Opfersprache dargestellt. Christus wird als das geschlachtete Lamm Gottes bezeichnet, dessen teures Blut die Sünde der Welt wegnimmt (Joh 1,29.36; 1Petr 1,18-19; Offb 5,6-10; 13,8) – Lämmer wurden ja für mehrere Arten von Opfern verwendet. Noch spezieller ist die christologische Rede vom wahren Passalamm (*pascha*, 1Kor 5,6-8), vom Sündopfer (*peri hamartias*, Röm 8,3; vgl. LXX, 3Mo 5,6-7.11; 9,2-3; Ps 40,7; etc.) und in Hebr 9,10 von der Erfüllung der Opfer des Bundes (2Mo 24), der roten Kuh (4Mo 19) und der Opfer am Großen Versöhnungstag. Das NT identifiziert Christus beständig mit dem leidenden Knecht aus Jes 52-53, der ein Schuldopfer ist (Jes 53,10), und mit dem Gesalbten (Christus) in Dan 9, der für das Unrecht sühnen soll (V. 24). Das NT gebraucht die Ausdrücke »versöhnen« und »erlösen« (*Versöhnung, *Erlösung) bei Christus im Sinne der Opfersprache, und das gilt auch von der Vorstellung des Gereinigt-Werdens durch sein Blut (1Joh 1,7; hebr. *passim*; vgl. *Heiligung).

Im Hebräerbrief wird die Lehre vom Opfer Christi besonders entfaltet. Der Autor unterstreicht beim Opfer Christi die Bedeutung seines Todes (2,9.14; 9,15-17.22.25-28; 13,12.20) und die Tatsache, daß dieses Opfer Vergangenheit ist (1,3; 7,27; 9,12.25-28; 10,10.12-14.18). Seine anderen Äußerungen haben jedoch einige Anglo-Katholiken (z.B. S.C. Gayford, Sacrifice and Priesthood, 1924) und den Presbyterianer W. Mulligan (The Ascension and Heavenly Priesthood of our Lord, 1892) zur gegenteiligen Ansicht verleitet, daß der Tod nicht das ausschlaggebende Element im Opfer Christi sei und daß sein Opfer bis in alle Ewigkeit weitergehe. Es trifft allerdings zu, daß der Hebräerbrief den priesterlichen Dienst und das Heiligtum Christi auf den Himmel beschränkt (8,1-5; 9,11.24). Aber er betont ausdrücklich, daß dies nicht vom Akt der Opferung gilt. Er stellt wohl fest, daß Jesus dort geopfert hat (8,3). Aber »Opfern« ist ein Wort, das sowohl für den Mann verwendet wird, der ein Opfertier stiftet und es außerhalb des Heiligtums schlachtet, als auch für den Priester, der es entweder draußen auf dem Altar oder drinnen im Heiligtum »darbringt«. Der Hebräerbrief denkt in 8,3 zweifellos an das »Sprengen« oder »Darbringen« von Blut im Allerheiligsten durch den Hohenpriester am Versöhnungstag (9,7.21-26) als einen »vor-bildlichen« Vorgang, den Christus auf endzeitliche Weise erfüllt hat. Alles, was bei einer Opferung etwas kostet: Der Preis, den der Opfernde, und der Preis, den das Opfer bezahlt, war am Kreuz ein für allemal entrichtet worden. Noch zu vollziehen war lediglich die Aufgabe des Priesters, nämlich die Darbringung des Opfers vor Gott durch einen würdigen (akkreditierten) Mittler. Das tat Christus, als er nach seiner Himmelfahrt vor den Vater trat; seitdem ist das gesprengte Blut dort verblieben (12,24). Es gibt keinen Grund, an eine wörtliche Darbringung seiner Person oder seines Blutes nach der Himmelfahrt zu denken. Es reicht aus, daß Christus als Priester des Opfers in den Himmel eintrat, das ein für allemal am Kreuz für alle geschlachtet worden war, daß er willkommen geheißen wurde und sich auf dem Thron der Herrlichkeit niederließ. Seine ewig währende priesterliche Fürsprache im Himmel (7,24f; vgl. Ps 99,6; Joel 2,17) ist nicht etwa irgendeine zusätzliche Tätigkeit, sondern ganz und gar Teil davon, »jetzt vor dem Angesichte Gottes zu unseren Gunsten zu erscheinen« (9,24). Auf der Grundlage seines abgeschlossenen Werkes am Kreuz und seiner nun ganz hinter ihm liegenden Leiden ist Christi bloßes Auftreten in Gottes Gegenwart für uns beides: sowohl eine beständige Fürsprache für uns als auch beständige »Sühnung« oder »Versöhnung« für unsere Sünden (2,10.17f); die Zeitform des Präsens im Griech. ist zu beachten (s.a. *Priester und Leviten).

Es ist ein Fehler, wenn man das Opfer Christi wörtlicher verstehen will als die geistlichen Opfer. Beide überschreiten ihre atl. Vorbilder und für keines von ihnen gibt es ein Ritual.

Die Behauptung von Owen und anderen, das Opfer Christi sei ein wirkliches Opfer gewesen, richtete sich gegen die Ansicht der Sozinianer, der Tod Christi erfülle nicht, was die Opfer des AT bezweckten und nicht erreichten – eine Ansicht, die leugnet, daß durch den Tod Christi Versöhnung und Sühne bewirkt wird. Aber außer der Tötung (und diese wird nicht wie im AT-Ritual vom Opfernden ausgeführt) ist am Opfer Christi alles vergeistigt. An die Stelle des Körpers des Opfertiers tritt der Leib des Gottessohnes (Hebr 10,5.10); statt der Makellosigkeit wird Sündlosigkeit dargeboten (Hebr 9,14; 1Petr 1,19). Anstelle des »lieblichen Geruchs« finden wir wirkliches Wohlgefällig-Sein (Eph 5,2); statt der Besprengung unserer Leiber mit Blut haben wir Vergebung (Hebr 9,13-14.19-22). An die Stelle symbolischer Versöhnung tritt wirkliche Versöhnung (Hebr 10,1-10).

IV. OPFER UND ABENDMAHL.

Opfer und *Abendmahl sind untrennbar miteinander verbunden - freilich nicht in der Weise, in der einige röm.-kath. Interpreten, Eidesverweigerer des 17. Jh. und Traktarianer sie gerne verbinden wollten, indem sie aus der Eucharistie einen Opfervorgang machten, sondern als gegenseitige Ergänzung. Die Wörter »tun« und »Gedenken« (Lk 22,19; 1Kor 11,24-25) als technische Termini des Opferkults zu deuten, kann lediglich nachträgliche Konstruktion von Leuten sein, die schon vorher aus der Eucharistie ein Opfer gemacht haben, und zwar mit Gründen, die nicht schriftgemäß sind. Das gleiche gilt für den Versuch, eine zukünftige Bedeutung aus den Partizipien »gegeben« und »vergossen« auszuschließen (Mt 26,28; Mk 14,24; Lk 22,19-20). Und es ist unmöglich, das Abendmahl dem ewigen Opfer Christi im Himmel zuzuordnen, wenn dieses ewige Opfer (wie oben gezeigt) von der Schrift her widerlegt werden kann. Dagegen erfordert die Argumentation in 1Kor 10,14-22, das Abendmahl als Feier im Rückblick auf das Opfer Christi zu verstehen. Dafür spricht der von Paulus angestellte Vergleich mit jüd. und heidnischen Opfermahlen. Das gleiche gilt von der Anspielung auf 2Mo 24,8 in Mt 26,28; Mk 14,24 und von der traditionell gedeuteten Stelle Hebr 13,10. Da das Opfer Christi an so vielen Punkten geistlich gedeutet werden muß, ist auch die Sprache bei der Feier zum Gedächtnis dieses Opfers ohne Zweifel im geistlichen Sinne zu deuten, darf jedoch ihrer ursprünglichen Bedeutung nicht beraubt werden. Die Absicht eines Opfermahls war nicht so sehr, die Versöhnung mit Gott zu erreichen, als vielmehr die dadurch bewirkte Gemeinschaft mit Gott; zum Zeichen dafür wurde über dem Opfer ein Fest mit Gott gefeiert. Ob wir beim Erleben dieser Gemeinschaft auch wahrhaftig an Christus oder an seinem Leib und Blut teilhaben – das ist der zentrale Punkt in den Kontroversen über das Sakrament. Nachdem aber Joh 6 lehrt, daß alle, die an Jesus glauben – wenn sie ihn sehen oder seine Worte hören – kraft des Geistes wirklich von ihm, von seinem Leib und von seinem Blut, Leben empfangen, scheint es keinen Grund dafür zu geben, das bezweifeln zu wollen: Was durch Jesu Worte geschieht, wird auch durch die von ihm eingesetzten Zeichen von Brot und Wein bewirkt, jedoch auf gleichermaßen geistliche Weise.

Literatur: Zum Opfer im AT: R.de Vaux: Les Sacrifices de l'Ancien Testament, 1964; ders.: Studies in Old Testament Sacrifice, 1964; ders.: Das Alte Tesament und seine Lebensordnung I, ^{2}1964, II,´21966; F.C.N. Hicks: The Fulness of Sacrifice, ^{3} 1946; F.D. Kidner: Sacrifice in the Old Testament, 1952; R.K. Yerkes: Sacrifice in Greek and Roman Religions and Early Judaism, 1952; H. Ringgren: Die Religion des Alten Orients, 1979; ders.: Israelite Religion, 1965; G. Fohrer: Geschichte der israelitischen Religion, 1969; ders.: Glaube und Leben im Judentum, ^{2}1985; B.A. Levine: In the Presence of the Lord, 1974; F.M. Young: Sacrifice and the Death of Christ, 1975; O. Eißfeldt: Erstlinge und Zehnte im Alten Testament, 1917; K. Galling: Der Altar in den Kulturen des Alten Orients, 1925; J. Hoftijzer: Das sogenannte Feueropfer UTS 16, 1967, 114-34; R. Schmid: Das Bundesopfer in Israel. Wesen, Ursprung und Bedeutung der alttestamentlichen Schelamim, 1964; D. Schötz: Schuld- und Sühnopfer im Alten Testament. 1930; A. Wendel: Das Opfer in der israelitischen Religion, 1927;

Zum Opfer im NT: s. Literatur zum *Hebräerbrief; F.Thiele: TBLNT II, ^{4}1986, 993-997(Lit.); J. Jeremias: Der Opfertod Jesu Christi, ^{5}1965; R. Rendtorff: Studien zur Geschichte des Opfers im alten Israel, 1967; O. Schmitz: Die Opferschauung des späteren Judentums und die Opferaussagen des Neuen Testaments, 1910. R.T.B./O.B.

OPFERFLEISCH
s. Götzenopferfleisch

ORDINATION
s. Handauflegung

ORDNUNG. »Gott ist nicht ein Gott der Unordnung, sondern des Friedens« (1Kor 14,33). Diese Aussage des Paulus spiegelt am deutlichsten das Wesen bibl. O. wider.

O. und *Friede entsprechen einander – wie auch Unordnung und Unfriede einander entsprechen. O. ist das Walten, das den Frieden schafft und ihn zu bewahren vermag. Wo O. das Handeln bestimmt, kommt jedes Ding »in Ordnung«. O. schaffen wird somit zum Leitprinzip der *Erlösung.

Aus dem anfänglichen »wüst und leer« der Erde (1Mo 1,2) wurde die geordnete Schöpfung, die »sehr gut« war (V. 31), indem Gott O.en setzte: O. der Zeiten, O. unter den Wassern, O. unter den Gestirnen, O. unter den

Lebewesen (Jer 31,35f). Die Fortdauer dieser O.en (vgl. 1Mo 8,22) dient der Bewahrung der Schöpfung, sie sind Mauern gegen vernichtende Unordnung.

Der Erlösungswille Gottes steht auch hinter allen O.en, die er dem gefallenen Menschen gesetzt hat. Weil in der Welt Unordnung und Unfriede, Mord und Totschlag herrschen würden, darum hat Gott die O. der Obrigkeit eingesetzt (*Macht, Gewalt; Röm 13,1f), die bewahrende Mauer und mahnender Ruf sein soll für den, der das Böse tun will; sie ist »Gottes Dienerin« an dem, der Böses tut (V. 4).

Aber nicht nur die gefallene Welt braucht die O. Gottes, sondern auch seine Gemeinde, weil sie in der Anfechtung durch das Böse steht. O.en und Anordnungen zur Ausübung eines friedevollen Lebens in der Gemeinde durchziehen daher die Bibel. Neben der allg. Mahnung, »alles ehrbar und ordentlich zugehen zu lassen« (1Kor 14,40), stehen Worte, die im einzelnen in die O. des praktischen Gemeindelebens eingreifen: Daß man beim Brotbrechen die nötige O. bewahre und nicht das Mahl durch Zuchtlosigkeit entwerte (1Kor 10); daß man sich beim Gottesdienst den sittlichen Ordnungen unterstelle (1Kor 11), um nicht dem Teufel Raum zu geben; daß man mit den Geistesgaben nach göttlicher O. verfahre (1Kor 12); daß man die Gottesdienstordnung nicht verletze und Außenstehenden nicht unnötigen Anstoß gebe (1Kor 14).

Gemeindeälteste werden im NT besonders zu ordentlichem Wandel und Dienst ermahnt (1Tim 3,1ff; 2Tim 2,1ff), und auch im AT ist die O. der Priester und ihres Dienstes ausführlich geregelt (3Mo 1ff), damit nicht an dem Ort wo der wahre Gottesfriede vermittelt werden soll, Unordnung und Unfrieden entstehen. (Vgl. *Friede).

War im AT der Friede des Menschen mit Gott an den Glaubensgehorsam, an die durch Gott verordneten Satzungen, Opfer und Willensäußerungen geknüpft, so ist im NT einzig Jesus Christus und die Sühnkraft seines Todes der Weg zum Frieden mit Gott. Wohl bewahrt ein »ordentlicher« Wandel, d.h. ein Wandel nach dem Willen Gottes, den Frieden mit Gott, aber diesen Frieden gewinnt man allein durch den Glauben an den Sühntod Jesu für uns. »Er ist unser Friede« (Eph 2,14). Weil Jesu Tod die Hölle überwunden hat (1Kor 15,55), darum ist dem, der »in Christus« ist, der Friede Gottes geschenkt (Röm 5,1) und ist ihm die Macht gegeben, in einem neuen Leben zu wandeln (Röm 6,4), einem Leben, das dem Willen und den O.en Gottes entspricht. Ein »ordentliches« Leben führen kann darum nur heißen, zuerst die neue Heilsordnung, die mit Jesu Sterben und Auferstehen gegeben ist, glaubend zu ergreifen. Der neue Wandel folgt dann im Maße des Ergriffenseins durch Jesus (vgl. Röm 6,16ff). Die neue Heilsordnung ordnet sich – im Gegensatz zum AT – also der Lebensordnung vor (vgl. *Gesetz).

ORPA. Eine Moabiterin, Schwiegertochter *Noomis und *Ruts Schwägerin (Rut 1,4). Nachdem O.s und Ruts Männer gestorben waren, zogen sie mit ihrer Schwiegermutter von Moab nach Juda, um in deren frühere Heimat zurückzukehren (Rut 1,6ff). Unterwegs schickte Noomi ihre Schwiegertöchter wieder zurück nach Moab. Rut blieb jedoch bei Noomi und ging mit ihr nach Bethlehem. O. kehrte in ihre Heimat und zu ihrem Gott Kemosch zurück (Rut 1,15; 1Kön 11,33).
M.B.

OSTEN. Diese Himmelsrichtung wird im AT durch Ausdrücke wie »Aufgang der Sonne«, »Sonnenaufgang« (gebr. *mizrach schemesch;* 4Mo 21,11; Ri 11,18) oder einfach »Aufgang« (hebr. *mizrach;* Jos 4,19) oder Ausgang (= Aufgang, hebr. *mōsā;* Ps 75,7) bezeichnet. Im NT findet sich die entsprechende griech. Wendung *anatolē*, »Aufgang« (LÜ: Morgenland, Mt 2,1).

Das Aufgehen der Gestirne bildete für die Völker der Antike eine verbindliche Richtungsangabe. Der hebr. Begriff *qädäm*, »vorne«, »Vorderseite«, oder eine Ableitung aus der hebr. Wurzel *qdm* ist seit 2000 v.Chr. als ein Lehnwort im Ägypt., in der »Geschichte des Sinuhe«, belegt, seit dem 14. Jh.v.Chr. in ugarit. Texten. Die Weisheit des O.s (wohl eher Mesopotamiens als Moabs) war sprichwörtlich und der ägypt. durchaus ebenbürtig (1Kön 5,10; Mt 2,1–12).

Als »die aus dem Osten« oder »Söhne des Ostens« (hebr. *bene-qädäm*) wurden diejenigen Stämme und Völker bezeichnet, die östl. oder nordöstl. von Kanaan lebten (1Mo 29,1); zu diesen zählten die Midianiter, Amalekiter, Moabiter, Ammoniter und Kedoniter (Ri 6,3; Hes 25,10; Jer 49,28). Mitunter werden Nomaden erwähnt (Hes 25,4); »die aus dem Osten« können aber auch die Bewohner von Mesopotamien sein (1Kön 5, 10). Hiob zählte, nach dem Vergleich von Hiob 1,3 zu schließen, zu den *bene-qädäm.*
T.C.M.

OSTJORDANLAND. Die große arab. Scholle, die im N bis zu den iranischen Bergen, im S bis nach Afrika und im O bis nach Babylon reicht, wird an ihrem Westrand durch Palästina begrenzt. Hier durchtrennt der von N nach S verlaufende sogenannte »syrische Grabenbruch«, der von Nordsyrien über Palästina nach Ägypten bis nach Zentralafrika reicht, das palästinische Tafelland. Die im Grabenbruch liegenden Bekken des Sees *Genezareth und des *Toten Meeres gehören zu den tiefsten Landsenken der Erdoberfläche (Totes Meer bei ca. 392 m unter N.N.). Das aus horizontalen Schichten des Cenoman und Senon bestehende palästin. Tafelland fällt im W in vielen kleinen Stufen, im O in drei großen Verwerfungen zum Toten Meer, zum Jordangraben und zur Wüste *Araba ab. Das palästinische Hochland setzt sich nach dieser Unterbrechung nach O (Ostjordanland) und S als Teil der arab. Scholle fort, mit einer Höhe zwischen 700-100 m über Normalnull, was auch dem westjordanischen Hochland entspricht.

Vier große perennierende (ganzjährig wasserführende) Wadis und dazu viele kleine im Sommer ausgetrocknete Bäche, die sich im Winter nach W hin entleeren, haben das Ostjordanland zum Jordangraben hin eingesägt und bilden umfangreiche und weitverzweigte Talsysteme. Nördl. des in der Bibel nicht erwähnten Jarmuk (Scherīʿat el-Menādire; s. auch Plin., nat. V,74) befand sich das Land Baschan (5Mo 3,10.13, u.ö.; heute in Syrien en-Nuqrā). Südl. des Jarmuk bis zum *Jabbok (Nahr ez-Zerqā) lag *Gilead. Surveys und Grabungen (z.B. Zeraqōn, Umm Qēs, Pella; im Jordangraben Tell Dēr ʿAllā/Sukkot, Tell es-Saʿīdīye) haben nachgewiesen, daß dieses Land von der Frühen Bronzezeit bis in das ausgehende arab. Mittelalter bewohnt war.

Das etwa 800-1000 m hohe Tafelland zwischen dem Jabbok und dem Arnon (Wadi el-Mōǧib), der alte Grenzfluß zwischen *Moab und *Ammon und Israel vor Mēsaʿ (4Mo 21,13; Jes 16,2 u.ö.) wird heute el-Belqa genannt, wurde aber im AT als »*mīschor*« bezeichnet (Jos 13,9 u.ö.), der ein dauerndes Streitobjekt zwischen Moab und Israel wegen seiner allseits bekannten Fruchtbarkeit war (vor allem um *Heschbon, *Medeba bis Dibon): eine orientalische Kornkammer noch zur Römerzeit. In den letzten drei Jahrzehnten sind hier mehrere Grabungen durchgeführt worden, die ebenfalls alle wesentlichen prähistorischen und historischen Besiedlungsepochen, die auch sonst in Palästina bekannt sind, nachgewiesen haben: z.B. in und um Amman, Telēlāt Ġassūl am Toten Meer, ʿAin Ġazāl, Sachāb, Heschbon, Medeba, Chirbet Iskander (Jahaz?), Dibon, Aroër, Lechun, u.a.m.

Der tiefe (ca. 600 m) und sehr breite (ca. 3-4 km) Canyon des Arnon begrenzt das zentralmoabitische Territorium im N, während im S der »Bach« Zered (4Mo 21,12; heute Wādī el-Chesā), ein allerdings sehr beeindruckender Canyon, das moabitische vom edomitischen Territorium trennt. In Zentralmoab und weiter nach S bis *Edom hinein wird der Streifen des im nördl. O. relativ breiten Kulturlandes (z.B. in Gilead und um Amman) immer schmaler, und auch die antike Besiedlungsdichte nimmt gegenüber dem N doch rasch ab, wie Surveys nachgewiesen haben. Grabungen sind hier noch recht spärlich, bezeugen aber eine mit den oben erwähnten Gebieten identische Siedlungsgeschichte: Bāb ed-Drāʿ, Numēra, Mudēneh, Bālūʿ (Ar?), Kerak (Kir Cheres; Zufallsfunde), ʿAdīr, er-Rabba, Leǧǧun. Auch die hier erfolgten Grabungen und Surveys belegen,

OSTERN
s. Auferstehung

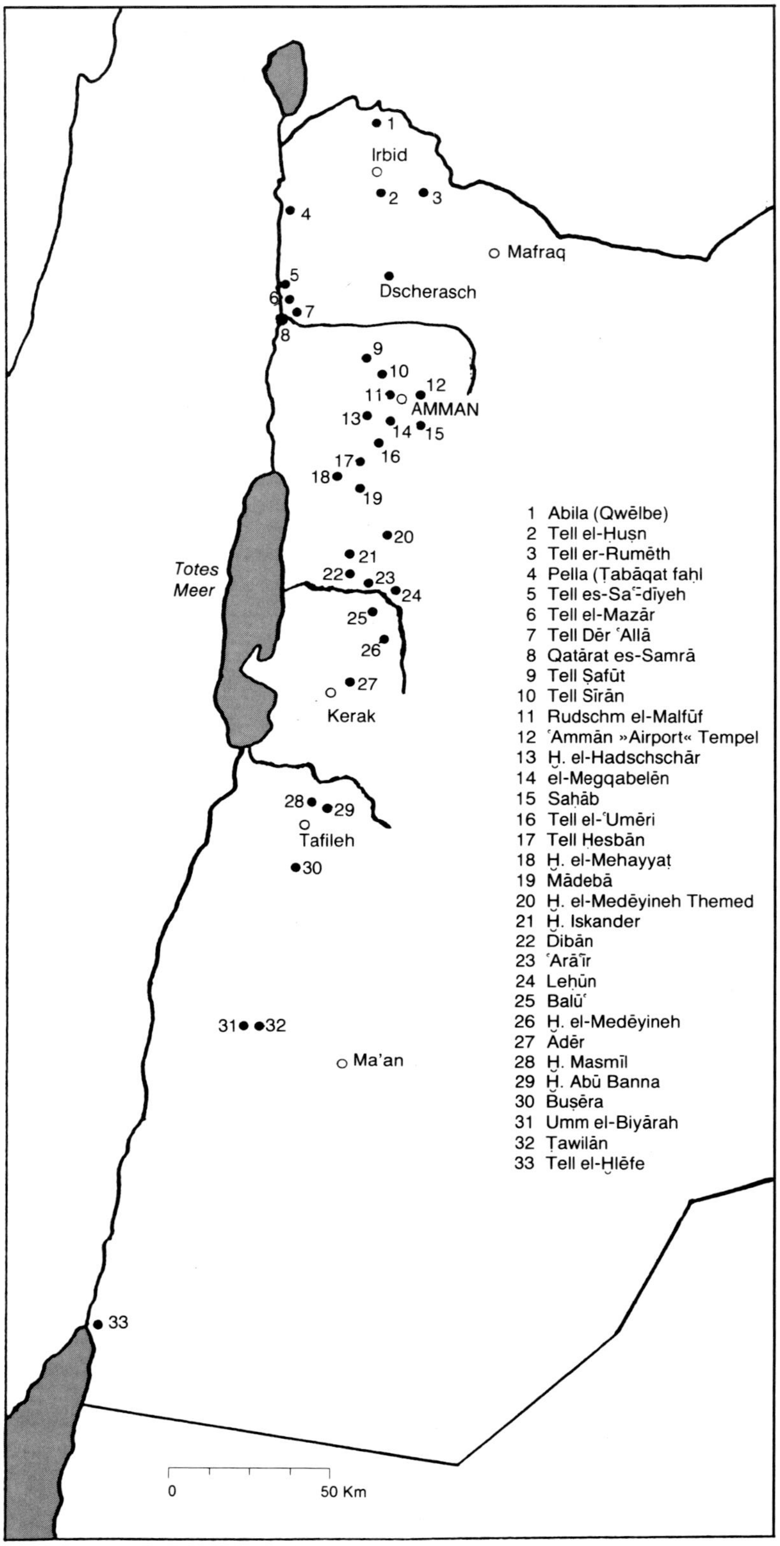

Wichtige eisenzeitliche Grabungsplätze, Grabanlagen und Sondagen in Jordanien. (UW)

daß die zentrale Moabitis vom Chalkolithikum bis in das ausgehende arab. Mittelalter besiedelt gewesen ist.

Zwischen dem »Bach« Zered und der N-Spitze des Golfes von Aqaba steigt das jordanische Hochplateau bis auf Höhen von ca. 1600 m an (z.B. um Petra). In ägypt. und bibl. Quellen wird dieses Gebiet oft »Seīr« bzw. Edom genannt (1Mo 14,6; 5Mo 2,4ff; Ri 5,4 u.ö.). Hier war das Siedlungsgebiet der Nachfahren *Esaus, den Edomitern, mit ihrer Hauptstadt Sela, vermutlich auf dem Umm el-Biyārā (vgl. Obadja 2-4). Bei Rās en-Naqb fällt das Plateau auf eine Höhe von ca. 1000 m ab, und es tut sich eine bizarre Landschaft auf mit rötlichen Tafelbergen und »Zuckerhüten«, die sich aus der Ebene erheben. Das starken Erosionen ausgesetzte Land fällt dann in mehreren kleinen Wellen zum Golf von Aqaba ab. Aufgrund der starken Bodenerosion sind hier vermutlich jüngere Besiedlungsschichten abgetragen worden, denn Surveys haben nachgewiesen, daß dieses Gebiet bis zurück in das Epipaläolithikum besiedelt gewesen ist. Grabungen, die vor allem Besiedlungsphasen der Eisenzeit nachgewiesen haben, fanden statt in Busērā (Bosra) Umm el-Biyārā (Sela?), Tawilān, Tell el-Hlēfe (Ezjon-Geber) und Chirbet et-Tannūr (nabatäisch) und Udruh (römisch).

Von Aqaba bis *Damaskus waren die vier großen Landschaften im O. durch die »Straße der Könige« miteinander verbunden (4Mo 20,17; die spätere Via Traiana).

Literatur: N. Glueck: The Other Side of the Jordan, 1940; G.L. Harding: Auf biblischem Boden, 1961; H. Donner: Einführung in die biblische Landes- und Altertumskunde, 1976, 1-29. U.W.

OTHO. Marcus Salvius O., röm. Kaiser 69 n.Chr., wurde 32 n.Chr. geboren. Als Freund *Neros verwaltete er von 58-68 Lusitanien. Im Jahr 68 schloß er sich Galbas Erhebung an, stürzte diesen aber am 15.1.69. O. fühlte sich als Erbe *Neros, stand dessen Anhängern wohlwollend gegenüber und gewann auch Anerkennung bei den Truppen, jedoch nicht bei Vitellius, der gegen Rom vorrückte. O. wurde von ihm bei Betriacum in Oberitalien besiegt. Daraufhin beging er am 16.4.69 Selbstmord. K.G.

OTNIEL.

1. Sohn des Kenas, Bruder (oder Neffe) *Kalebs (Ri 1,13; vgl. Jos 15,17). Wenn »Sohn des Kenas« eine Familienbezeichnung ist, müssen O. und Kaleb Brüder oder Halbbrüder gewesen sein. Nachdem er sich bei der Belagerung Kirjat-Sefers (*Debir) ausgezeichnet hatte, heiratete er Achsa, Kalebs Tochter. Später erlebte O. die Anfänge des Glaubensabfalles und die Herrschaft Kuschan-Rischatajims (Ri 3,10 RevEB), gegen den er eine erfolgreiche Revolte anführte und so der erste der Richter wurde. Ri 3,10 deutet an, daß O. ein charismatischer Führer war, der Recht und Autorität wiederherstellte (»Richten« bedeutet in diesem Zusamenhang soviel wie Befreiung; vgl. 1Sam 7,15; 8,20).
2. Netofatiter (s. *Tempeldiener), dessen Nachfahre Heldai einer von Davids Heerführern war (1Chr 27,15).

J.P.U.L.